修订版

周易辞典

顾廷龙题

张善文 撰

上海古籍出版社

图书在版编目(CIP)数据

周易辞典 / 张善文撰. —修订本. —上海：上海古籍出版社，2021.11（2025.3重印）
ISBN 978-7-5732-0050-1

Ⅰ.①周… Ⅱ.①张… Ⅲ.①《周易》-词典 Ⅳ.①B221-61

中国版本图书馆 CIP 数据核字(2021)第 231152 号

周易辞典(修订版)

张善文 撰

上海古籍出版社出版发行

(上海市闵行区号景路 159 弄 1-5 号 A 座 5F 邮政编码 201101)

(1) 网址：www.guji.com.cn
(2) E-mail：guji1@guji.com.cn
(3) 易文网网址：www.ewen.co

江阴市机关印刷服务有限公司印刷

开本 890×1240 1/32 印张 28 插页 6 字数 1,250,000
2021 年 11 月第 1 版 2025 年 3 月第 4 次印刷
印数：5,301—6,350

ISBN 978-7-5732-0050-1
B·1221 定价：138.00 元

如有质量问题，请与承印公司联系

序

黄寿祺

程子尝云："《易》道广大，推远则无穷，近言则安静而正。天地之间，万物之理，无有不同。"又云："《易》之道，其至矣乎！圣人以《易》之道崇大其德业也！"（《河南程氏经说》）诚哉斯言！《易》之为书，其象数义理所包，实可触类旁通，广大无涯，乃至数千年以降，前哲传之，后学述之，蔚为繁富多彩之《易》学著述宝藏。

然则，古今述《易》著作固丰多矣，而《易》学之流别亦因之纷然多歧。《四库提要》既称《易》有"两派六宗，已互相攻驳"，又曰："《易》道广大，无所不包，旁及天文、地理、乐律、兵法、韵学、算术以逮方外之炉火，皆可援《易》以为说，而好异者又援以入《易》，故《易》说愈繁。"此其有识之士所以慨叹《易》之难读欤？故先师行唐尚节之先生尝序余所著《易学群书平议》云："最多者《易》解，最难者《易》解，苟非真知灼见之士，为扬榷其是非，厘订其得失，后学将胡所适从哉？"

张君善文，从余问学十有余载，于《易》覃思研精，深有所入，余尝以朱子门下之有蔡季通称许之。彼既与余合撰《周易译注》书成，复详探群籍，旁蒐博采，考两派六宗之源流，辨历代《易》学于一帙，纂为《周易辞典》。其用力之勤，诚可佳也。今观其书，凡收词目四千馀条，所列经传词语、《易》学概念、诸家义例、治《易》名儒、历代《易》著等项，条分缕析，商定解剖，无不显微阐幽，判然明畅。学者苟能缘此书以求之，不虞经传之难解，众说之纷歧也！其为有功于《易》学，斯足贵矣！

公元一九九〇年六月十三日
夏正庚午芒种后七日
六庵老人序于福州，时年七十有九

目　　录

序 …………………………………… 黄寿祺（ 1 ）

修订版前言 ………………………… 张善文（ 1 ）

凡例 …………………………………………（ 1 ）

图表 …………………………………………（ 1 ）

词目表 ………………………………………（ 1 ）

正文 …………………………………………（ 1 ）

分类词目表 ………………………………（721）

词目汉语拼音索引 ………………………（780）

后记 ………………………………………（788）

修订版前言

苏子瞻诗云："人生到处知何似,应似飞鸿踏雪泥。"

追忆往昔,《周易辞典》始创于公元1988年夏,历二载,至1990年6月书稿初成,先师黄寿祺教授闻之乃扶疾作序,不意仅隔四十四日,师竟匆匆弃我而去,仙逝道山。遂于怆然伤哀之余,奋笔增删修润八阅月,终使全书告竣。又经二春秋,1992年12月,《周易辞典》由上海古籍出版社刊行,然已耗却四岁光阴,而先师则不及亲睹门弟子拙作之面世矣!继而再思,《辞典》出版至今,羲和驭日更越十有三载,每览旧日师序,墨色如新,而先师墓木已拱久矣!虑及于斯,人生到处,当知何似哉?是堪作一慨叹也。

此书刊行后,尝奉一册请益于顾老先生廷龙教授。时顾老任国家古籍整理出版规划小组顾问、《续修四库全书》总编,我承乏忝任续修经部特约编委,遂有幸获间面聆顾老教诲。令我难忘者,顾老极称先师学殖深厚,勉我当以恢闳门墙为己志。并称《辞典》颇专精可佳,足以传世。因赐我"周易辞典"题签,嘱他日重版时用。尤激我感念者,某日趋府拜谒,顾老当席运毫,赠我墨宝曰:"无一事而不学,无一时而不学,无一处而不学,成功之路也。"以朱子语,诲我日毋忘所亡,月毋忘其所能。前辈学者奖掖后学之情,又曷深于兹?今奉当时墨签,欲修订《辞典》而重刊之,却悲乎顾老已作古有年矣!粤思宇内哲人云萎,因何总如是遽尔亟亟哉?是又堪作一慨叹也。

有此二叹,遂促成拙编《周易辞典》不可不尽心修订以期再版矣。一则不敢忘先师厚望,再则不忍负顾老策勉,三则亦不愿疏忽读者长年垂爱也。于是即书中正文、词目、图表、索引各项,一一详为检审勘校,虽句读标点亦皆着意察核,凡所纠舛正讹之字词、标读计约三数百处,庶使全书尽可能有所优化。唯书中论列评析之观点,除偶或略加润饰调理外,概皆不作更改,以存原貌而不违情实。学术者,诚天下之公物,"非一人所得私","非偏执所能改"(行唐尚节之先生《周易尚氏学自序》语)。世之君子,倘有指谬匡误,固作者之厚幸矣。

　　襄助我修订全书、重制卷首诸图表者,风雅颂电脑工作室章夏、陈华、连玲玲也。斯役或云微甚,然足以辅我所未逮,允非浑噩敷衍者流所可替。因纪焉。

　　然修订盖已竣事,我心伊何茫然!前贤"经国"、"不朽"之论,其将何有于我哉?实愧恧良多矣。必也僭拟"雪泥鸿爪"之旨,或亦有藉而自安自谕焉欤?

张 善 文
公元二〇〇五年一月二十六日
谨记于福建师范大学易学研究所

凡　　例

一、本辞典共收词目4 608条。包括易学常识、易派易例、经传要语、易辞衍用、治易名家、易学要籍、别类参列等七类。

二、词目表按词目首字笔画数编排，画数相同者以起笔笔形一、丨、丿、丶、乛（包括各种折笔，如𠃍、乃、く、𠃊等）为序。第一字相同的词目，字数少的在前，多的在后；字数相同的则按第二字笔画及起笔笔形排列。

三、一词多义的词目，用①②③④等分项解释，但仅限于有关《周易》经传及易学内容者。

四、"经传要语"词目，含卦名、爻名、《十翼》篇名、经传重要辞语等，为本辞典的主体部分。

五、后人融合《周易》言辞铸为成语者，亦间为采撷简释，列为"易辞衍用"一类，以明《周易》对汉语言文学之影响。

六、"治易名家"词目，一般以人物本名作正条，重要人物的字号酌列参见条。所收易家，汉唐以前力求详备，两宋以后乃选列影响较大者；而现代治易学者，其卒年下限止于二十世纪五十年代初。

七、"易学要籍"词目，以采录目前尚存的历代重要易类著述为主。凡旧籍版本，一般选择一种较善或较常见者著录之；现当代排印版书籍，一般著录其出版单位及第一版年月。

八、"别类参列"词目，含易学与其他学科的关系及未能归入前六类的内容。

九、历史纪年，中国古代史部分一般用旧纪年，夹注公元纪年；近现代史（1840年鸦片战争以后）一般用公元纪年，必要时兼附旧纪年。使用公元纪年时，一般省略"公元"二字；括号内的公元纪年，一般省略"年"字。

十、《易》之为书，以"象数"为根柢；象数的实质，又在于揭示"义理"。易学史中的"象数"、"义理"两派，既各有可取之说，亦互有偏颇之处。本辞典立足于客观、科学的撰写宗旨，对前贤旧说择善而从，不敢先存门户之见，唯期阐明诸词本义。

十一、对主要词目的解说，酌采有关材料以为佐证，以明立说之本，亦资读者考索。所采古今学者的言论，一般限取一说，重要词目乃兼取数说略加分析；或有两三种不同之说并录者，则存其异以备参考。其间须发表编著者看法，及考异辨疑之处，加"按"字以别之。

十二、编著者曾与本师黄寿祺教授合撰《周易译注》一书（上海古籍出版社1989年5月出版），本师尝举朱子以《易学启蒙》属稿于蔡季通之例嘉许之。本辞典所释"经传词语"条目，多采《周易译注》的既有成果；读者或欲系统了解《周易》经传大义者，亦可取彼书参照阅读。本辞典解说间有与《周易译注》互异之处，则以辞典之说为准。

十三、本辞典采摭诸家论说，颇有及于马振彪先生《周易学说》及尚秉和先生《易说评议》。两书系马、尚二先生未刊手稿及打印稿，分别庋于福建师范大学图书馆、福建师范大学"易学研究所"。

十四、本辞典卷首刊有诸家重要易图、易表二十九幅，每幅图表后略附简要说明，均正文条目所涉及者。卷末附《分类词目表》、《词目汉语拼音索引》，以利读者寻检考览。

十五、本辞典为专业性较强的专题辞书，所收内容覆盖面较大，其中收录词条之妥当与否，解说词义之准确与否，均有待于研《易》专家及广大读者的评审匡正。

张善文
一九八八年十月四日初稿
一九九一年二月十日定稿

图　　表

自《易》图、《易》表流行之后，诸家所制各类图表至为繁多。今检其影响较大者，列图二十二幅、表七幅，附载书首，以备省览。

图

一、十二辟卦图 ……………… 2
二、卦气六日七分图 ………… 3
三、卦气七十二候图 ………… 4
四、杭氏卦气六日七分图 …… 5
五、爻辰图 …………………… 6
六、爻辰所值二十八宿图 …… 7
七、参同契纳甲图 …………… 8
八、虞翻纳甲图 ……………… 10
九、太极图 …………………… 11
十、水火匡廓图 ……………… 13
十一、三五至精图 …………… 14
十二、天地自然之图 ………… 15
十三、古太极图 ……………… 16
十四、河图 …………………… 17
十五、洛书 …………………… 18
十六、伏羲八卦次序图 ……… 19
十七、伏羲八卦方位图 ……… 20
十八、伏羲六十四卦次序图 … 21
十九、伏羲六十四卦方位图 … 22
二十、文王八卦次序图 ……… 23
二十一、文王八卦方位图 …… 24
二十二、朱熹卦变图　　（插页）

表

一、四正卦表 ………………… 25
二、卦气七十二候表 ………… 26
三、卦气六十卦次序表 ……… 29
四、卦气六十卦次序解说表 … 30
五、八卦六位表 ……………… 34
六、八宫卦表 ………………… 36
七、世卦起月例表 …………… 37

图一

十二辟卦图

〔说明〕

一、此图根据朱震《汉上易传》所传李溉《卦气七十二候图》而制。

二、图中阳盈为息,阴虚为消。自《复》至《乾》六卦为息卦,自《姤》至《坤》六卦为消卦。十二卦分直十二月。

三、参阅第 7 页"十二辟卦"。

图二

卦气六日七分图

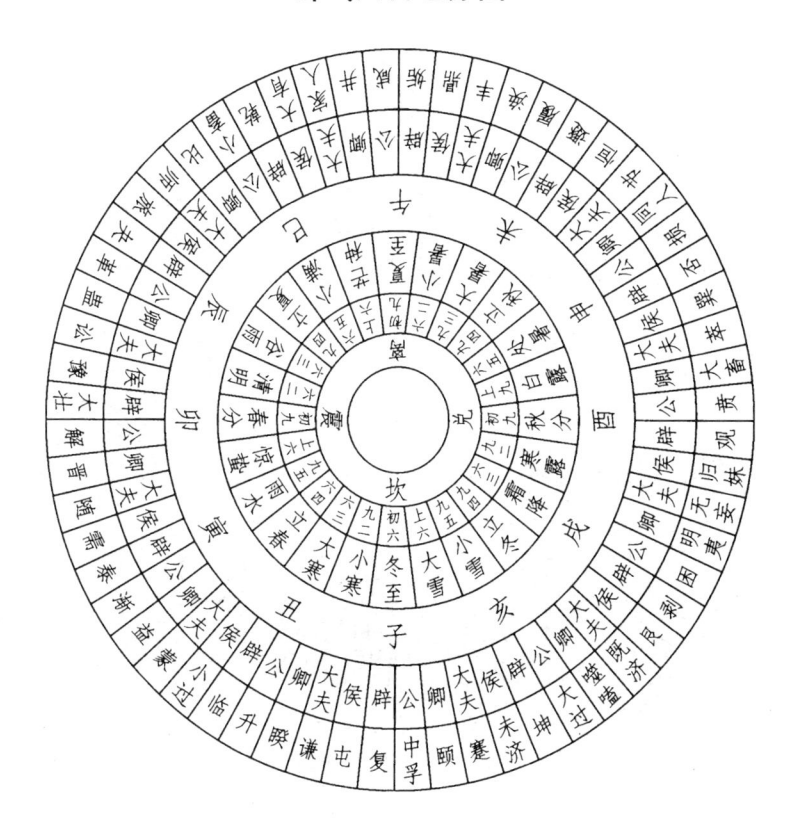

〔说明〕

一、本图采自惠栋《易汉学》。

二、据图所示,可见汉代《易》家以卦气解《易》的大略体例。

三、图内《坎》、《离》、《震》、《兑》四卦分居四正,主四时;外六十卦分属十二月,卦主六日七分。

四、参阅第338页"卦气图"。

图三

卦气七十二候图

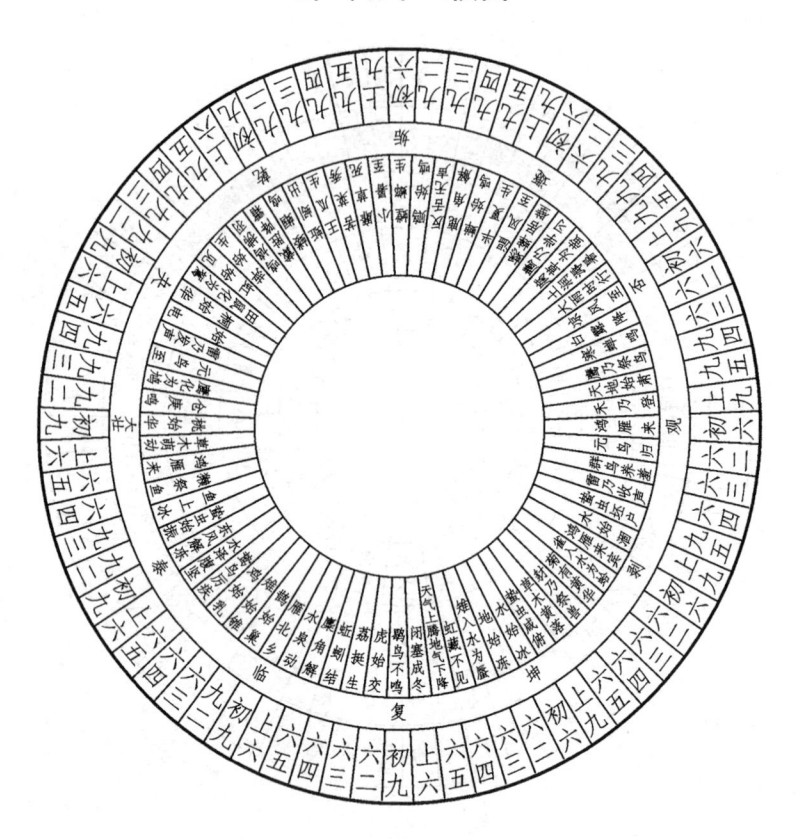

〔说明〕

一、本图采自朱震《汉上易传》，原系李溉所传。

二、图中以七十二候配十二辟卦的七十二爻，展示自然界四季的气候规律。此图宜与《卦气六日七分图》相对照，庶可见"卦气说"之大例。

三、参阅第 338 页"卦气图"。

图四

杭氏卦气六日七分图

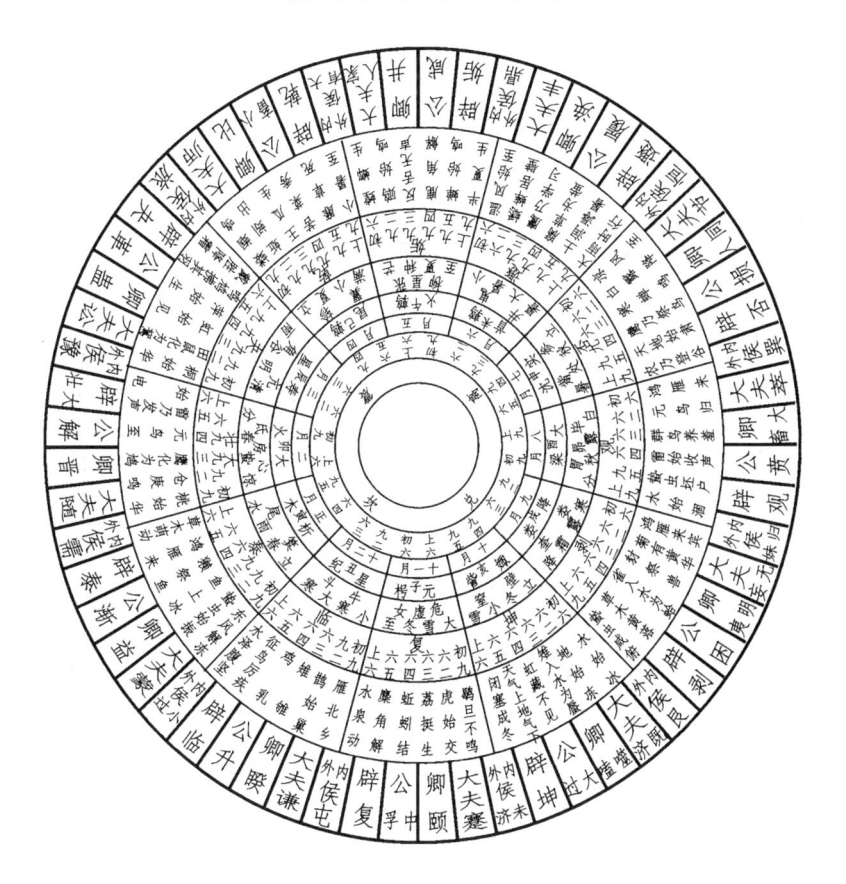

〔说明〕

一、本图采自杭辛斋《易楔》。

二、杭氏此图,在诸家所制《卦气图》中最为详明,于四正卦、十二辟卦、六十卦所主,皆一览无遗。

三、图中十二星次系杭氏所加,盖本于《荀爽九家周易集解》之说。

四、参阅第 338 页"卦气图"。

图五

爻 辰 图

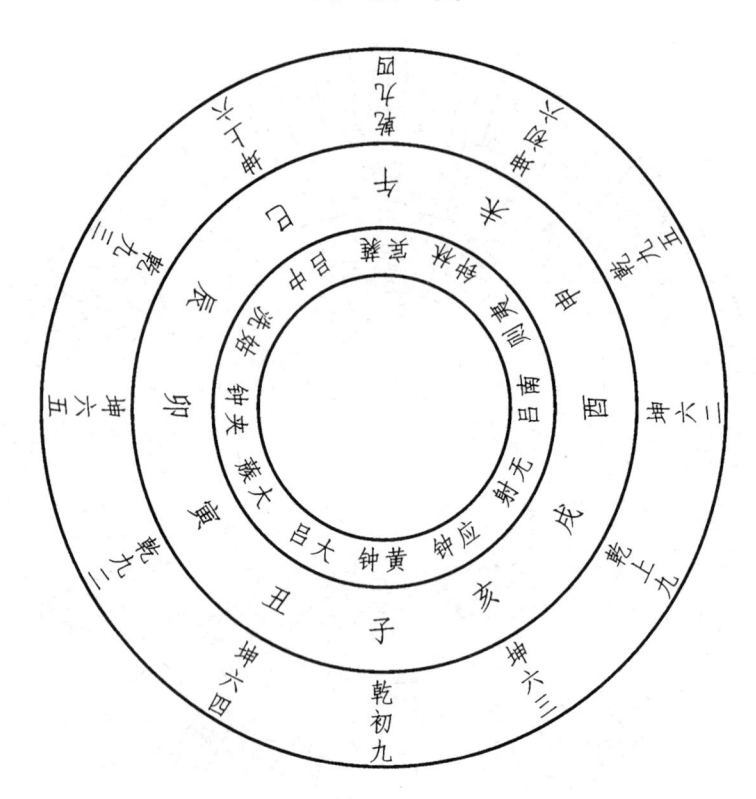

〔说明〕

一、本图采用惠栋《易汉学》。

二、此图所示,即郑玄以《乾》、《坤》十二爻配十二辰,又与十二律吕相值之例。其中《乾》六爻自初至上,配子、寅、辰、午、申、戌,值黄钟、大蔟、姑洗、蕤宾、夷则、无射六律;《坤》六爻自初至上,配未、酉、亥、丑、卯、巳,值林钟、南吕、应钟、大吕、夹钟、中吕六吕。

三、郑玄取爻配辰,盖沿用京房"八卦六位"旧例而小有所变。

四、参阅第134页"爻辰"。

图六

爻辰所值二十八宿图

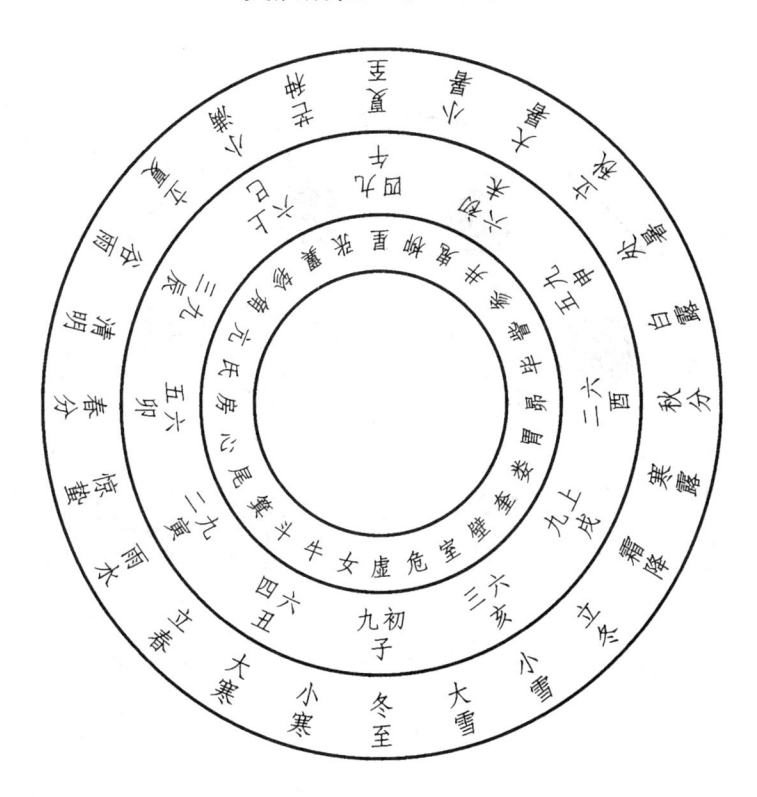

〔说明〕

一、本图采自惠栋《易汉学》。

二、图中所示,说明郑玄以"爻辰"解《易》之例,除以《乾》、《坤》十二爻配十二辰、十二律外,尚与二十八宿相值,并兼及二十四节气。

三、此图可与《爻辰图》相对照以明郑氏"爻辰"条例。

四、参阅第134页"爻辰"。

图七

参同契纳甲图

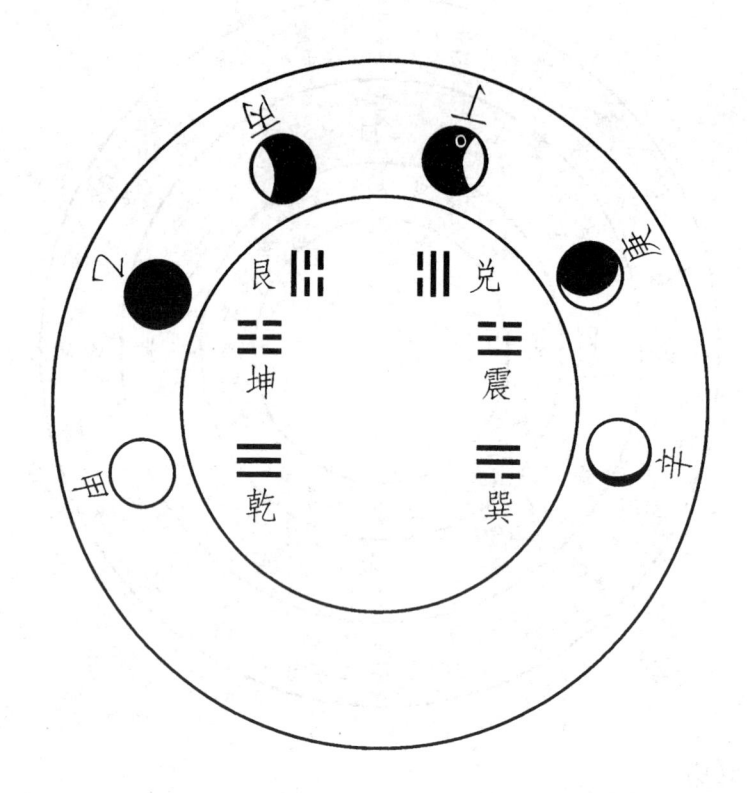

〔说明〕

一、本图采自邹䜣(即朱熹)《周易参同契考异》。

二、此图之用,乃以月魄盈虚喻示炼丹火候。

三、图中六个圆圈的黑白多寡,代表月魄盈虚规律。全白者为十五月望,全黑者为三十月晦,余或上弦、或下弦。

四、六卦所示,自初三震(庚)、至初八兑(丁)、又至十五乾(甲),为上弦月盈;自十六巽(辛)、至二十三艮(丙)、又至三十坤(乙),为下弦月虚。正与六卦阴阳画的消长情状相合。

五、八卦之内不见坎、离,乃以坎、离为日月交易之象,配成戊、己而主于中;十干之内不见壬、癸,乃复配乾、坤,以明"终始"之义。

六、虞翻以"纳甲"解《易》,其法本于《参同契》此图。

七、参见第 322 页"纳甲"。

图八

虞翻纳甲图

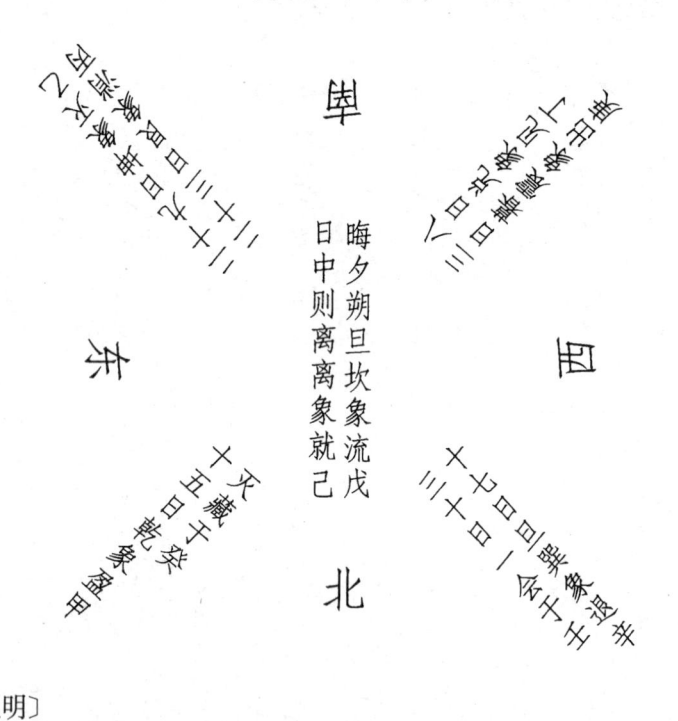

南

晦夕朔旦坎象流戊
日中则离离象就己

二十三日下弦巽象辛

十六日旦退辛

东

西

十五日月望壬象甲

十五日月望壬象甲

北

〔说明〕
一、本图采自李锐《周易虞氏略例》。
二、图中所明"纳甲"之次,与《参同契》全然一致,为乾纳甲、坤纳乙、艮纳丙、兑纳丁、坎纳戊、离纳己、震纳庚、巽纳辛;八卦既终,循环复始,故乾又纳壬,坤又纳癸(即"三十日一会于壬","灭藏于癸")。
三、图中"三日"、"八日"云云,乃取喻于月魄盈虚。
四、虞翻以"纳甲"解《易》,即如本图之例。
五、参阅第322页"纳甲"。

图九

太 极 图

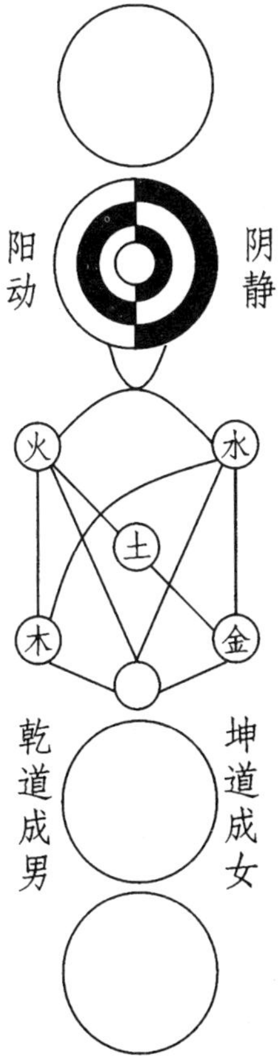

阳动　阴静

火　水

土

木　金

乾道成男　坤道成女

生化物万

〔说明〕

一、本图采自朱熹《晦庵集》。亦称"周子太极图",系北宋周敦颐制,与所撰《太极图说》并行。图及《图说》均经朱熹校定。

二、图中自上而下,分五层展示"太极"生成万物的衍化模式。第一层象征"太极"本体;第二层象征"太极"动而生阳、静而生阴,或称"三轮图"、"水火匡廓图";第三层象征阴阳、五行交合无间,或称"三五至精图";第四层象征阴阳五行所生成者皆禀"男"、"女"气质;第五层象征万物循"太极"之理而化生无穷。

　　三、参阅第 96 页"太极图"。

图十

水火匡廓图

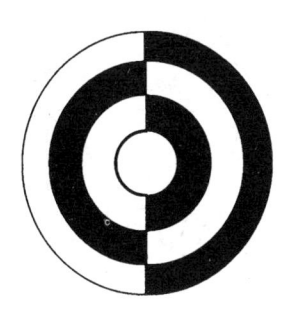

〔说明〕

一、本图采自毛奇龄《太极图说遗议》，亦称"三轮图"或"水火二用图"。

二、毛奇龄称此为彭晓所传旧本《周易参同契》中的一图，左半轮为"离"(☲)，右半轮为"坎"(☵)，中含一小圈为"坎离之胎"；并谓北宋周敦颐《太极图》中的第二层图式即取此图、变乱原意而用之。后人颇有不同意毛氏之说者。

三、参阅第96页"太极图"及第159页"水火匡廓图"。

图十一

三五至精图

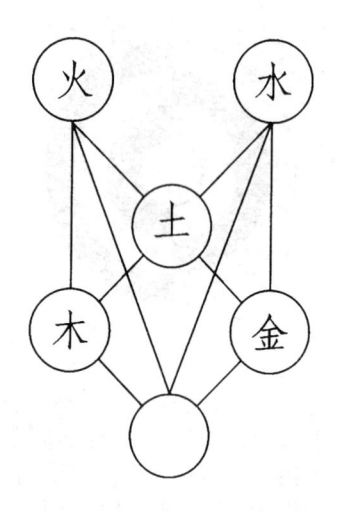

〔说明〕

一、本图采自毛奇龄《太极图说遗议》。

二、毛奇龄称此图为彭晓所传旧本《周易参同契》中的一图，谓原指五行"土"五，"火二、木三"亦五，"水一、金四"亦五，三者为"三五"；其下一小圈为"三五之精"归于一元的象征。并谓北宋周敦颐《太极图》中的第三层图式即取此图、变乱原意而用之。后人颇有不同意毛氏之说者。

三、参阅第96页"太极图"及第20页"三五至精图"。

图十二

天地自然之图

〔说明〕

一、本图采自明赵撝谦《六书本义》,亦称"先天太极图"、"太极真图",又简称"先天图"、"太极图"。

二、《六书本义》谓世传蔡元定得此图于蜀之隐者。张惠言《易图条辨》认为元初始出,明人盛传之,而托于蔡元定。杭辛斋《易楔》则以为是"三代以上故物"。

三、图中黑白回互环抱,像"太极"生阴阳两仪。若将全图划分八块(见"古太极图"),可见其间包涵八卦之象。

四、参阅第84页"天地自然之图"。

图十三

古 太 极 图

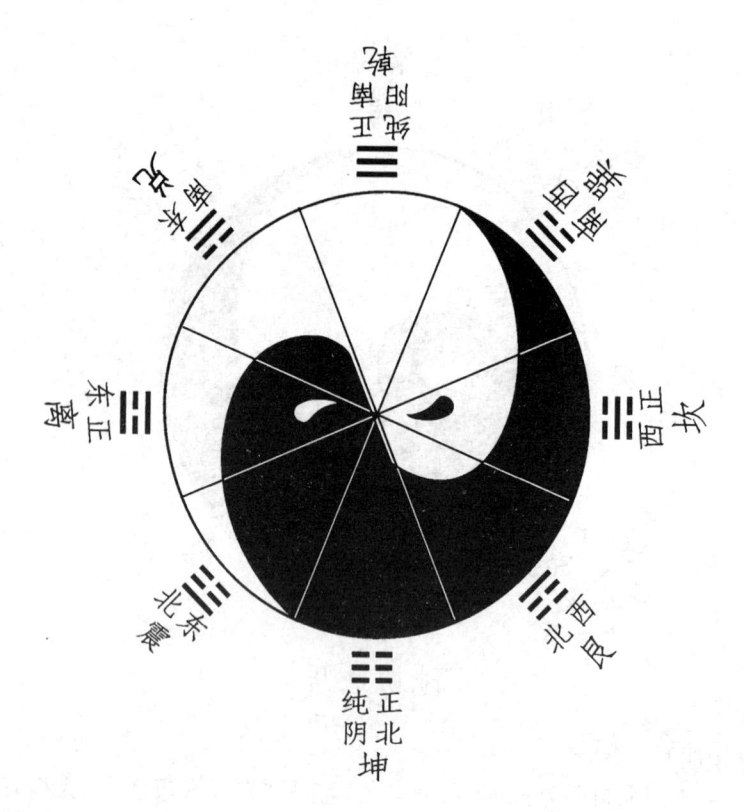

〔说明〕

一、本图采自胡渭《易图明辨》，胡氏据明赵仲全《道学正宗》而制。

二、此图与《天地自然之图》无异，唯将黑白环互体划分为八块，则图中所涵"先天八卦"之象更为显明。

三、参阅第 84 页"天地自然之图"。

图十四

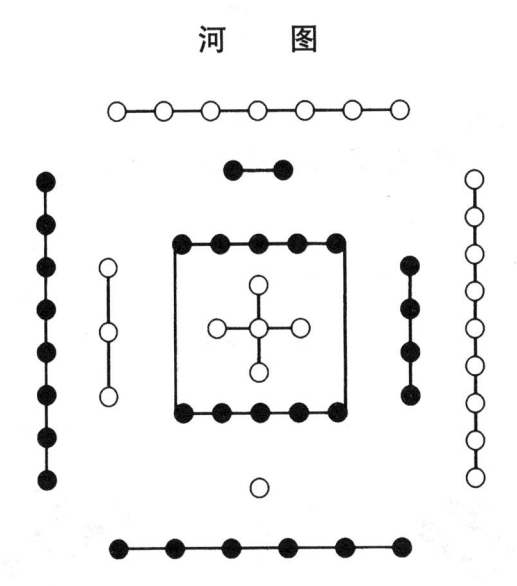

河　图

〔说明〕

一、本图采自朱熹《周易本义》卷首。

二、图旨在于解说《系辞上传》"河出图"之语及"天地数"之义。《系辞上传》曰："天一,地二,天三,地四,天五,地六,天七,地八,天九,地十。"此图即取以排成"一六居下,二七居上,三八居左,四九居右,五十居中"的方位,《本义》卷首云："此《河图》之数也。"

三、图中白点表示奇数(阳),即"天数";黑点表示偶数(阴),即"地数"。

四、参阅第451页"河图洛书"。

图十五

洛　书

〔说明〕

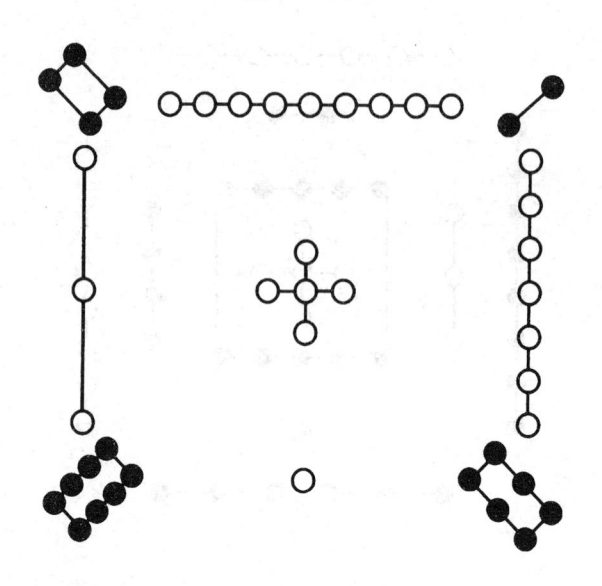

一、本图采自朱熹《周易本义》卷首。又称"戴九履一图"。

二、图旨在于解说《系辞上传》"洛出书"之语,并以一至九数排成"戴九履一,左三右七,二四为肩,六八为足,五居中央"的方位。《本义》卷首云:"《洛书》盖取龟象。"

三、图中白点表示奇数(阳),黑点表示偶数(阴)。

四、参阅第 451 页"河图洛书"。

图十六

伏羲八卦次序图

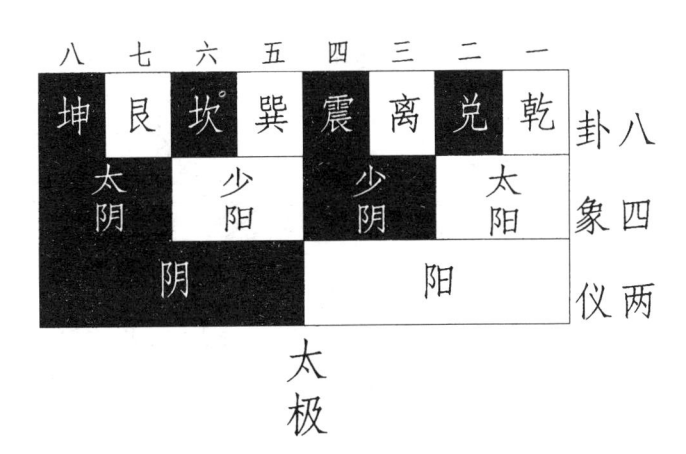

八	七	六	五	四	三	二	一	八
坤	艮	坎	巽	震	离	兑	乾	卦
太阴		少阳		少阴		太阳		四象
阴				阳				两仪
太极								

〔说明〕

一、本图采自朱熹《周易本义》卷首。亦称"先天八卦次序图"或"三横图"。

二、图中黑白横格三层,白为阳,黑为阴,旨在解说《系辞上传》"太极生两仪,两仪生四象,四象生八卦"之义。

三、参阅第233页"伏羲八卦次序"。

图十七

伏羲八卦方位图

〔说明〕

一、本图采自朱熹《周易本义》卷首。亦称"先天八卦方位图"或"乾南坤北图"。

二、图中据《说卦传》"天地定位"一节,将八卦排成"乾南坤北,离东坎西,震东北兑东南,巽西南艮西北"的方位。

三、参见第 233 页"伏羲八卦方位"。

图十八

伏羲六十四卦次序图

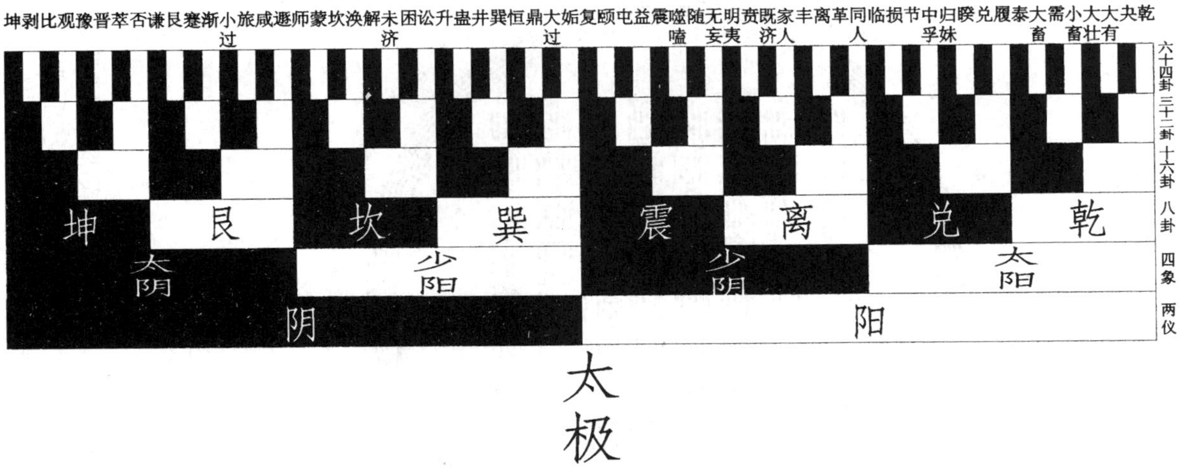

〔说明〕

一、本图采自朱熹《周易本义》卷首。亦称"先天六十四卦次序图"、"六十四卦横图"或"六横图"。

二、图中黑白横格六层，白为阳，黑为阴，旨在以"加一倍法"衍说六十四卦的生成次序。

三、图内下半部分，即以"伏羲八卦次序图"（"三横图"）当之。

四、参阅第234页"伏羲六十四卦次序图"。

图十九

伏羲六十四卦方位图

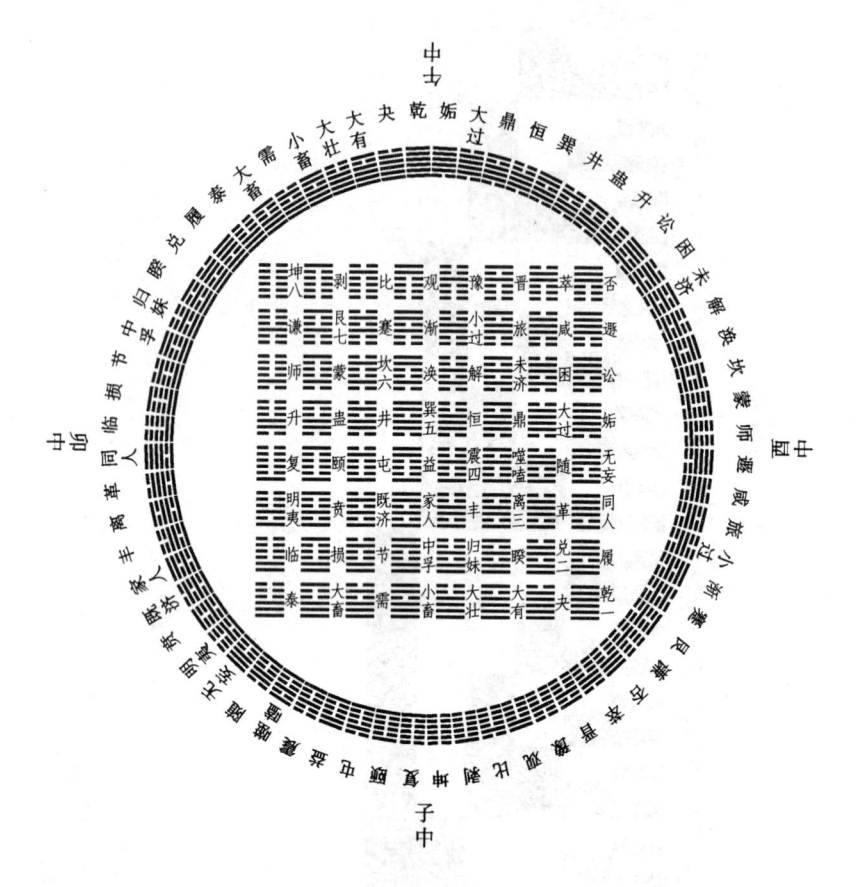

〔说明〕

一、本图采自朱熹《周易本义》卷首。亦称"先天六十四卦方位图"或"六十四卦方圆图"。

二、图中将六十四卦排成外圆与内方的形式,展示诸卦方位及运行规律。

三、方圆图内,各分六十四卦为阴阳两类,《复》至《乾》为阳卦三十二,《姤》至《坤》为阴卦三十二。阳卦始《复》终《乾》,阴卦始《姤》终《坤》,阴阳循环消长,生息不已。

四、参阅第 234 页"伏羲六十四卦方位"。

图二十

文王八卦次序图

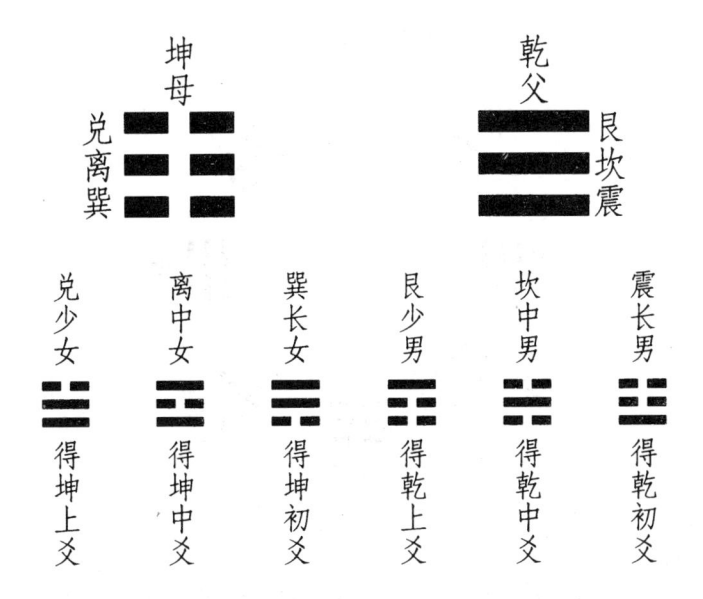

坤母			乾父		
兑 离 巽			艮 坎 震		
兑少女	离中女	巽长女	艮少男	坎中男	震长男
得坤上爻	得坤中爻	得坤初爻	得乾上爻	得乾中爻	得乾初爻

〔说明〕

一、本图采自朱熹《周易本义》卷首。亦称"后天八卦次序图"。

二、图中将八卦排成乾坤"父母"居上，震至兑"三男"、"三女"列下的次序，以释《说卦传》所言"乾坤六子"之义。

三、参阅第144页"文王八卦次序"。

图二十一

文王八卦方位图

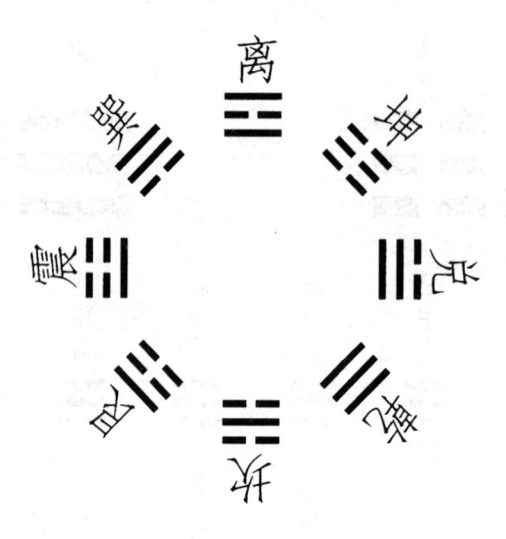

〔说明〕

一、本图采自朱熹《周易本义》卷首。亦称"后天八卦方位图"、"帝出乎震图"或"离南坎北图"。

二、图中据《说卦传》"帝出乎震"一节,将八卦排成"离南坎北,震东兑西,艮东北巽东南,坤西南乾西北"的方位。

三、参阅第143页"文王八卦方位"。

表一

四 正 卦 表

爻主一气\主四方\主四时\四正卦	震 ☳	离 ☲	兑 ☱	坎 ☵
	春	夏	秋	冬
	东	南	西	北
初 爻	春 分	夏 至	秋 分	冬 至
二 爻	清 明	小 暑	寒 露	小 寒
三 爻	谷 雨	大 暑	霜 降	大 寒
四 爻	立 夏	立 秋	立 冬	立 春
五 爻	小 满	处 暑	小 雪	雨 水
上 爻	芒 种	白 露	大 雪	惊 蛰

〔说明〕

一、此表据西汉《易》家"卦气"学说制成。

二、表中以《震》、《离》、《兑》、《坎》四卦分主四时、四方;并以各卦的初爻代表春分、夏至、秋分、冬至,其余诸爻亦各代表一个节气。

三、参阅第180页"四正卦"。

表二

卦气七十二候表

常气(月中节四正卦) \ 六十卦配候	初候 / 始卦	次候 / 中卦	末候 / 终卦
冬至(十一月中 坎初六)	蚯蚓结 / 公 中孚	麋角解 / 辟 复	水泉动 / 侯 屯(内)
小寒(十二月节 坎九二)	雁北乡 / 侯 屯(外)	鹊始巢 / 大夫 谦	野雉始雊 / 卿 睽
大寒(十二月中 坎六三)	鸡始乳 / 公 升	鸷鸟厉疾 / 辟 临	水泽腹坚 / 侯 小过(内)
立春(正月节 坎六四)	东风解冻 / 侯 小过(外)	蛰虫始振 / 大夫 蒙	鱼上冰 / 卿 益
雨水(正月中 坎九五)	獭祭鱼 / 公 渐	鸿雁来 / 辟 泰	草木萌动 / 侯 需(内)
惊蛰(二月节 坎上六)	桃始华 / 侯 需(外)	仓庚鸣 / 大夫 随	鹰化为鸠 / 卿 晋
春分(二月中 震初九)	玄鸟至 / 公 解	雷乃发声 / 辟 大壮	始电 / 侯 豫(内)
清明(三月节 震六二)	桐始华 / 侯 豫(外)	田鼠化为鴽 / 大夫 讼	虹始见 / 卿 蛊

续 表

常气 (月中节) (四正卦) \ 六十卦配候	初 候 始 卦	次 候 中 卦	末 候 终 卦
谷雨 (三月中 / 震六三)	萍始生 公 革	鸣鸠拂其羽 辟 夬	戴胜降于桑 侯 旅(内)
立夏 (四月节 / 震九四)	蝼蝈鸣 侯 旅(外)	蚯蚓出 大夫 师	王瓜生 卿 比
小满 (四月中 / 震六五)	苦菜秀 公 小畜	靡草死 辟 乾	小暑至 侯 大有(内)
芒种 (五月节 / 震上六)	螳螂生 侯 大有(外)	鵙始鸣 大夫 家人	反舌无声 卿 井
夏至 (五月中 / 离初九)	鹿角解 公 咸	蜩始鸣 辟 姤	半夏生 侯 鼎(内)
小暑 (六月节 / 离六二)	温风至 侯 鼎(外)	蟋蟀居壁 大夫 丰	鹰乃学习 卿 涣
大暑 (六月中 / 离九三)	腐草为萤 公 履	土润溽暑 辟 遯	大雨时行 侯 桓(内)
立秋 (七月节 / 离九四)	凉风至 侯 恒(外)	白露降 大夫 节	寒蝉鸣 卿 同人
处暑 (七月中 / 离六五)	鹰祭鸟 公 损	天地始肃 辟 否	禾乃登 侯 巽(内)

续 表

常气(月中节)(四正卦) \ 六十卦配候	初候 / 始卦	次候 / 中卦	末候 / 终卦
白露(八月节 离上九)	鸿雁来 / 侯 巽(外)	玄鸟归 / 大夫 萃	群鸟养羞 / 卿 大畜
秋分(八月中 兑初九)	雷乃收声 / 公 贲	蛰虫培户 / 辟 观	水始涸 / 侯 归妹(内)
寒露(九月节 兑九二)	鸿雁来宾 / 侯 归妹(外)	雀入大水为蛤 / 大夫 无妄	菊有黄华 / 卿 明夷
霜降(九月中 兑六三)	豺乃祭兽 / 公 困	草木黄落 / 辟 剥	蛰虫咸俯 / 侯 艮(内)
立冬(十月节 兑九四)	水始冰 / 侯 艮(外)	地始冻 / 大夫 既济	雉入水为蜃 / 卿 噬嗑
小雪(十月中 兑九五)	虹藏不见 / 公 大过	天气上腾地气下降 / 辟 坤	闭塞而成冬 / 侯 未济(内)
大雪(十一月节 兑上六)	鹖鸟不鸣 / 侯 未济(外)	虎始交 / 大夫 蹇	荔挺生 / 卿 颐

〔说明〕

一、此表据《新唐书·历志》所载"卦气七十二候图"制成。

二、表中以《坎》、《离》、《震》、《兑》四正卦的二十四爻主二十四节气,其余六十卦配七十二候。此即汉代《易》家"卦气"说中以卦配候的条例。

三、表中"侯"卦十二,因分属前后两候,故各以内卦属前候,外卦属后候,并各注"内"、"外"以别之。

四、参阅第8页"七十二候"。

表三

卦气六十卦次序表

月　　次	六　十　卦　次　序				
十一月				中孚	复
十二月	屯	谦	睽	升	临
正　月	小过	蒙	益	渐	泰
二　月	需	随	晋	解	大壮
三　月	豫	讼	蛊	革	夬
四　月	旅	师	比	小畜	乾
五　月	大有	家人	井	咸	姤
六　月	鼎	丰	涣	履	遯
七　月	恒	节	同人	损	否
八　月	巽	萃	大畜	贲	观
九　月	归妹	无妄	明夷	困	剥
十　月	艮	既济	噬嗑	大过	坤
十一月	未济	蹇	颐		

〔说明〕

一、此表据《易纬·稽览图》之说制成。

二、汉代《易》家以"四正卦"之外的六十卦与十二月气候配合，其六十卦的相承次序即如此表。

三、参阅第148页"六十卦次序"。

表四

卦气六十卦次序解说表

月　次	卦序(节气)	六十卦次序解说
十一月	中孚(冬至)	万物萌芽于中。
	复	阳气复始。
十二月	屯(小寒)	一阳微动,生物甚难。
	谦	阳气澹然温和,万物于土中始自錽幼。
	睽	睽,外也,万物将自内而外。
	升(大寒)	万物为阳气所育,将射地而出。
	临	阴气在外,万物扶疏而上。
正　月	小过(立春)	小为阴,小过者,阴将过也。
	蒙	万物孚甲而未舒。
	益	阳气日益。
	渐(雨水)	阳气渐生。
	泰	阳气日盛,万物畅茂。
二　月	需(惊蛰)	阳尚在上,滋生舒缓。
	随	万物随阳气而遍。
	晋	万物日晋而上。
	解(春分)	阳气温暖,万物解甲而生。
	大壮	阳气内壮。

续 表

月 次	卦序(节气)	六十卦次序解说
三 月	豫(清明)	阴消阳息,万物和悦。
	讼	万物争讼而长。
	蛊	蛊,饬也,万物至此整饬。
	革(谷雨)	万物洪舒,变形易体。
	夬	阳气决然,无所疑忌。
四 月	旅(立夏)	微阳将升,阳气若处乎旅。
	师	万物众多。
	比	万物盛而相比。
	小畜(小满)	纯阳据位,阴犹畜而未肆。
	乾	万物犹强盛。
五 月	大有(芒种)	阳气充满,将衰。
	家人	阳将休息于家。
	井	万物井然不乱。
	咸(夏至)	阳极阴生,感应之理。
	姤	微阴初起,与阳相遇。
六 月	鼎(小暑)	阴阳之气相和,若调鼎然。
	丰	阴阳相济,而物茂盛。
	涣	阴阳相杂,涣有其文。
	履(大暑)	阴进阳退,有宾主之礼。
	遁	阴进阳遁。

续　表

月　次	卦序(节气)	六十卦次序解说
七　月	恒(立秋)	阴阳进退,不易之常道。
	节	阳不可过,故阴以节之。
	同人	阴气虽盛,阳气未去,与之相同。
	损(处暑)	万物相损。
	否	阳上阴下,万物否塞。
八　月	巽(白露)	巽,伏也,阳气将伏。
	萃	万物阳气萃于内。
	大畜	大为阳,阳气畜聚于内。
	贲(秋分)	坤为文,阴升阳降,故文见而贲。
	观	阳养其根,阴成其形,物皆可观。
九　月	归妹(寒露)	阳在下,故曰归。
	无妄	无妄,灾也,万物凋落。
	明夷	物受伤。
	困(霜降)	物受伤而困。
	剥	阴剥阳几尽。
十　月	艮(立冬)	物上隔于阴,下归于阳,各止其所。
	既济	岁功已成。
	噬嗑	噬嗑,食也,物美其根而得食。
	大过(小雪)	阳之受伤,将过。
	坤	阳上阴下,不相逆而相顺。

续　表

月　次	卦序(节气)	六十卦次序解说
十一月	未济(大雪)	阳将复而未济。
	蹇	阴极阳生,故为之蹇。
	颐	阳得养而复。

〔说明〕

一、此表据黄宗羲《周易象数论》之说制成。

二、表中对汉代《易》家以六十卦配十二月气候的相承次序,作了简要解释。黄氏之说,远本于扬雄《太玄经》。

三、参阅第148页"六十卦次序"。

表五

八卦六位表

兑属金	艮属土	离属火	坎属水	巽属木	震属木	坤属土	乾属金
丁未土	丙寅木	己巳火	戊子水	辛卯木	庚戌土	癸酉金	壬戌土
丁酉金	丙子水	己未土	戊戌土	辛巳火	庚申金	癸亥水	壬申金
丁亥水	丙戌土	己酉金	戊申金	辛未土	庚午火	癸丑土	壬午火
丁丑土	丙申金	己亥水	戊午火	辛酉金	庚辰土	乙卯木	甲辰土
丁卯木	丙午火	己丑土	戊辰土	辛亥水	庚寅木	乙巳火	甲寅木
丁巳火	丙辰土	己卯木	戊寅木	辛丑土	庚子水	乙未土	甲子水

〔说明〕

一、此表据惠栋《易汉学》载《火珠林》之"八卦六位图"制成。表中八卦次序由右至左横读,各卦六爻位次由下而上纵观。

二、诸卦所纳干支,阳卦纳阳干阳支,阴卦纳阴干阴支。

三、诸卦所纳天干,《乾》纳甲、壬,《坤》纳乙、癸,《震》纳庚,《巽》纳辛,《坎》纳戊,《离》纳己,《艮》纳丙,《兑》纳丁。此即魏伯阳《周易参同契》及虞翻"纳甲法"所祖。

四、《乾》、《坤》十二爻所纳十二地支,《乾》六爻配子、寅、辰、午、申、戌,《坤》六爻配未、巳、卯、丑、亥、酉。此即郑玄"爻辰"法所自出。

五、干宝《易》说有言及"土爻"、"木爻"者,即用此表之例。

六、参阅第 11 页"八卦六位"。

表六

八宫卦表

兑	离	巽	坤	艮	坎	震	乾	本宫／世魂
困	旅	小畜	复	贲	节	豫	姤	一世
萃	鼎	家人	临	大畜	屯	解	遯	二世
咸	未济	益	泰	损	既济	恒	否	三世
蹇	蒙	无妄	大壮	睽	革	升	观	四世
谦	涣	噬嗑	夬	履	丰	井	剥	五世
小过	讼	颐	需	中孚	明夷	大过	晋	游魂
归妹	同人	蛊	比	渐	师	随	大有	归魂

〔说明〕

一、此表据惠栋《易汉学》本《京氏易传》所绘之《八宫卦次图》制成。表中各卦次序由上至下、由右而左。

二、荀爽、干宝《易》说有言及"某世"卦者,即用此表之例。

三、朱熹《周易本义》卷首附《分宫卦象次序歌》,即根据京房"八宫卦"说而作,唯删去世次、游魂、归魂诸名,增入卦象,并略改易八宫宫次。

四、参阅第 10 页"八宫卦"。

表七

世卦起月例表

月　次	月建	世　卦	六十四卦值月	阴阳
十一月	子	一世卦	《复》(☷☳)、《贲》、《节》、《小畜》	阳
十二月	丑	二世卦	《临》(☷☱)、《大畜》、《解》、《鼎》	阳
正　月	寅	三世卦	《泰》(☷☰)、《既济》、《恒》、《咸》	阳
正　月	寅	归魂卦	《大有》、《渐》、《蛊》、《同人》	阳
二　月	卯	四世卦	《大壮》(☳☰)、《睽》、《革》、《无妄》	阳
二　月	卯	游魂卦	《晋》、《大过》、《讼》、《小过》	阳
三　月	辰	五世卦	《夬》(☱☰)、《履》、《井》、《涣》	阳
四　月	巳	八纯卦	《乾》(☰☰)、《艮》、《巽》、《离》	阳
五　月	午	一世卦	《姤》(☰☴)、《豫》、《旅》、《困》	阴
六　月	未	二世卦	《遯》(☰☶)、《屯》、《家人》、《萃》	阴
七　月	申	三世卦	《否》(☰☷)、《损》、《益》、《未济》	阴
七　月	申	归魂卦	《随》、《师》、《比》、《归妹》	阴
八　月	酉	四世卦	《观》(☴☷)、《升》、《蒙》、《蹇》	阴
八　月	酉	游魂卦	《明夷》、《中孚》、《需》、《颐》	阴
九　月	戌	五世卦	《剥》(☶☷)、《丰》、《噬嗑》、《谦》	阴
十　月	亥	八纯卦	《坤》(☷☷)、《震》、《坎》、《兑》	阴

〔说明〕

一、此表据胡一桂《易学启蒙翼传》"世卦起月例"之说制成。

二、表中十二月消息卦居首,并附卦象,以明京氏世月之例实由消息卦引申而来。

三、干宝《易》说有言及"世月"者,即用此表之例。

四、参阅第 174 页"世卦起月例"。

词 目 表

一 画

- 一 ································ 1
- 一行 ······························ 1
- 一爻变 ··························· 1
- 一爻动 ··························· 1
- 一世卦 ··························· 1
- 一阳生 ··························· 1
- 一九之数 ························ 1
- 一六为水 ························ 1
- 一阳来复 ························ 1
- 一阴一阳 ························ 2
- 一挂二扐 ························ 2
- 一奇一偶 ························ 2
- 一奇二偶 ························ 2
- 一画开天 ························ 2
- 一握为笑 ························ 2
- 一谦四益 ························ 2
- 一德之卦 ························ 2
- 一阳主五阴 ···················· 2
- 一阴主五阳 ···················· 3
- 一卦备四卦 ···················· 3
- 一卦不问二事 ················· 3
- 一阴一阳之谓道 ·············· 3
- 一人行则得其友 ·············· 3
- 一人行三则疑也 ·············· 3

二 画

- 二 ································ 4
- 二爻 ······························ 4
- 二体 ······························ 4
- 二系 ······························ 4
- 二爻变 ··························· 4
- 二爻动 ··························· 4
- 二世卦 ··························· 4
- 二月卦 ··························· 4
- 二德之卦 ························ 4
- 二筮应有时 ···················· 4
- 二筮可用享 ···················· 5
- 二多誉四多惧 ················· 5
- 二气感应以相与 ·············· 5
- 二人同心其利断金 ··········· 5
- 二程论易横渠撤讲 ··········· 5
- 二女同居其志不相得 ······· 5
- 二女同居其志不同行 ······· 5
- 十 ································ 6
- 十翼 ······························ 6
- 十月卦 ··························· 6
- 十一月卦 ························ 6
- 十二月卦 ························ 6
- 十二辟卦 ························ 7
- 十言之教 ························ 7
- 十二消息卦 ···················· 7
- 十八变成卦 ···················· 7
- 十年乃字反常也 ·············· 7
- 十年勿用道大悖也 ··········· 7
- 丁宽 ······························ 7
- 丁晏 ······························ 8
- 丁易东 ··························· 8
- 丁将军 ··························· 8
- 七 ································ 8
- 七月卦 ··························· 8
- 七八九六 ························ 8
- 七十二候 ························ 8

· 1 ·

七日得以中道也	9
卜钱	9
卜商	9
卜筮	9
八	9
八卦	9
八象	10
八月卦	10
八纯卦	10
八宫卦	10
八卦台	11
八白易传	11
八卦六位	11
八宫卦次序	12
八卦观象解	12
八卦取象歌	12
八卦方位守传	12
人道恶盈而好谦	13
人更三圣世历三古	13
九	13
九二	13
九三	13
九四	13
九五	13
九师	13
九月卦	13
九卿卦	13
九五之尊	13
九正易因	14
九家逸象	14
九公山房易问	14
九家易象辨证	14
九家周易集注	14
九二之孚有喜也	15
九二贞以中也	15
九四之喜有庆也	15
九五含章中正也	15
九二贞吉得中道也	15
九二悔亡能久中也	15
九五之吉位正中也	15
九二贞吉中以行正也	15

九二利贞中以为志也	15
入于穴	15
入于其宫不见其妻	15
入于左腹获心意也	15
入于幽谷三岁不觌	15
入于幽谷幽不明也	15
入于其宫不见其妻不祥也	16
入于左腹获明夷之心于出门庭	16
几微	16
乃徐有说以中直也	16
乃徐有说利用祭祀	16
乃乱乃萃其志乱也	16
刁包	16
了翁易说	16

三　画

三	17
三才	17
三少	17
三爻	17
三玄	17
三奇	17
三偶	17
三材	17
三多	17
三易	17
三接	18
三月卦	18
三世卦	18
三公卦	18
三公爻	18
三爻变	18
三轮图	18
三爻动	18
三才之道	18
三陈九卦	19
三阳交泰	19
三阳开泰	19
三变成爻	19
三易洞玑	19
三变受上	20

词目	页码	词目	页码
三易备遗	20	大过卦辞	27
三德之卦	20	大过象传	27
三五至精图	20	大过颠也	28
三百八十四爻	21	大有九二	28
三多凶五多功	21	大有九三	28
三年克之惫也	21	大有九四	28
三人行则损一人	21	大有上九	28
三岁不兴安行也	21	大有六五	29
干宝	21	大有初九	29
干事	22	大有卦辞	29
干宝周易注	22	大有象传	29
干父之蛊用誉	22	大壮九二	30
干母之蛊不可贞	22	大壮九三	30
干父之蛊终无咎也	22	大壮九四	30
干母之蛊得中道也	22	大壮上六	31
干父之蛊意承考也	23	大壮六五	31
干父用誉承以德也	23	大壮初九	31
干父之蛊有子考无咎	23	大壮卦辞	31
干父之蛊小有悔无大咎	23	大壮象传	31
士孙张	23	大观在上	32
士孙邓衡之学	23	大君之宜	32
丈人吉	23	大易择言	32
大卜	23	大易通解	32
大人	23	大易缉说	32
大过	23	大易粹言	33
大有	24	大往小来	33
大壮	24	大哉乾元	33
大易	24	大衍一说	33
大象	24	大衍之数	33
大畜	25	大衍守传	34
大夫爻	25	大衍索隐	34
大夫卦	25	大畜九二	34
大象传	25	大畜九三	35
大人虎变	25	大畜上九	35
大车以载	25	大畜六五	35
大过九二	25	大畜六四	36
大过九三	26	大畜初九	36
大过九五	26	大畜卦辞	36
大过九四	26	大畜象传	36
大过上六	26	大蹇朋来	37
大过初六	27	大师克相遇	37

大过大象传 ……………… 37	大有初九无交害也 ……… 43
大有大象传 ……………… 37	大有上吉自天祐也 ……… 43
大壮大象传 ……………… 38	大有众也同人亲也 ……… 43
大畜大象传 ……………… 38	大吉无咎位不当也 ……… 43
大过受之以坎 …………… 38	大君有命以正功也 ……… 43
大有受之以谦 …………… 38	大君有命开国承家 ……… 43
大壮大者壮也 …………… 38	大亨以正天之道也 ……… 43
大壮受之以晋 …………… 39	大亨以正天之命也 ……… 43
大畜受之以颐 …………… 39	大师相遇言相克也 ……… 43
大易类聚初集 …………… 39	大明终始六位时成 ……… 43
大过九二小象传 ………… 39	大畜时也无妄灾也 ……… 43
大过九三小象传 ………… 39	大蹇朋来以中节也 ……… 44
大过九五小象传 ………… 39	大车以载积中不败也 …… 44
大过九四小象传 ………… 39	大君之宜行中之谓也 …… 44
大过上六小象传 ………… 40	万物资生 ………………… 44
大过初六小象传 ………… 40	万物资始 ………………… 44
大过之时大矣哉 ………… 40	万远堂易蔡 ……………… 44
大有九二小象传 ………… 40	万物睽而其事类 ………… 44
大有九三小象传 ………… 40	下互 ……………………… 44
大有六五小象传 ………… 40	下卦 ……………………… 44
大有九四小象传 ………… 40	下体 ……………………… 44
大有上九小象传 ………… 41	下系 ……………………… 44
大有初九小象传 ………… 41	下济 ……………………… 44
大壮九二小象传 ………… 41	下经 ……………………… 44
大壮九三小象传 ………… 41	下象 ……………………… 44
大壮九四小象传 ………… 41	下象 ……………………… 45
大壮上六小象传 ………… 41	下观而化 ………………… 45
大壮六五小象传 ………… 41	与日月合其明 …………… 45
大壮初九小象传 ………… 41	与天地合其德 …………… 45
大易象数钩深图 ………… 41	与四时合其序 …………… 45
大畜九二小象传 ………… 42	与鬼神合其吉凶 ………… 45
大畜九三小象传 ………… 42	上 ………………………… 45
大畜六五小象传 ………… 42	上九 ……………………… 45
大畜六四小象传 ………… 42	上六 ……………………… 45
大畜上九小象传 ………… 42	上爻 ……………………… 45
大畜初九小象传 ………… 42	上互 ……………………… 45
大人虎变其文炳也 ……… 42	上体 ……………………… 45
大人否亨不乱群也 ……… 42	上经 ……………………… 45
大人之吉位正当也 ……… 42	上系 ……………………… 45
大壮利贞大者正也 ……… 42	上卦 ……………………… 45
大壮则止遯则退也 ……… 42	上象 ……………………… 45

词条	页码	词条	页码
上象	45	凡益之道与时偕行	49
上下经	45	义理	49
上天下泽	46	义理学	49
上火下泽	46	义理派	50
上逆而下顺	46	之正	50
上下经卦变歌	46	之变	50
上下无常非为邪	46	之卦	50
上下交而其志同	46	己日乃孚	50
上六引兑未光也	46	己日乃革之	50
上刚下险险而健	46	己日乃孚革而信也	50
上下经卦名次序歌	46	己日革之行有佳也	50
上下敌应不相与也	47	已事遄往	50
上六失道凶三岁也	47	已事遄往尚合志也	50
上六无实承虚筐也	47	习坎	50
上不在天下不在田	47	习坎重险也	51
上坎为云下坎为雨	47	习坎入于坎窞	51
上下不交而天下无邦	47	习坎入坎失道凶也	51
山火贲	47	女归吉	51
山风蛊	47	女壮勿用取女	51
山水蒙	48	女子贞不字十年乃字	51
山地剥	48	女正位乎内男正位乎外	51
山泽损	48	女承筐无实士刲羊无血	51
山雷颐	48	小过	51
山上有水	48	小象	52
山上有雷	48	小畜	52
山上有泽	48	小利贞	52
山上有木	48	小事吉	52
山上有火	48	小象传	52
山下有泉	48	小人革面	52
山下有泽	48	小过九三	52
山下有火	48	小过九四	53
山下有雷	48	小过上六	53
山下有风	48	小过六二	53
山天大畜	48	小过六五	54
山附于地	48	小过初六	54
山下有险险而止	48	小过卦辞	55
夕惕	48	小过象传	55
夕惕若	49	小往大来	56
亿无丧有事	49	小畜九二	56
亿丧贝跻于九陵	49	小畜九三	56
久非其位安得禽也	49	小畜九五	56

小畜上九	56	飞龙在天上治也	63
小畜六四	57	飞龙在天大人造也	63
小畜初九	57	飞龙在天乃位乎天德	63
小畜卦辞	57	飞鸟以凶不可如何也	63
小畜彖传	58	飞鸟遗之音不宜上宜下	63
小过大象传	58	子夏	64
小有言终吉	59	子克家	64
小者过而亨	59	子夏易传	64
小畜大象传	59	子克家刚柔接也	65
小贞吉大贞凶	59	马融	65
小畜受之以履	59	马其昶	65
小人吉大人否亨	59	马王易义	65
小子厉有言无咎	59	马融易传	65
小利贞浸而长也	60	马匹亡绝类上也	66
小过九三小象传	60	卫瓘	66
小过九四小象传	60	卫元嵩	66
小过上六小象传	60		
小过六二小象传	60	四　画	
小过六五小象传	60	元	67
小过初六小象传	60	元包	67
小过受之以既济	60	元吉	67
小狐汔济濡其尾	61	元亨	67
小畜九二小象传	61	元士爻	67
小畜九三小象传	61	元亨利贞	67
小畜九五小象传	61	元包数总义	67
小畜上九小象传	61	元者善之长	67
小畜六四小象传	61	元亨而天下治	68
小畜初九小象传	61	元吉在上大成也	68
小人勿用必乱邦也	62	元亨利贞譬诸谷	68
小人道长君子道消	62	元吉无咎不厚事也	68
小人用壮君子用罔	62	元吉在上大有庆也	68
小人用壮君子罔也	62	云雷屯	68
小子之厉义无咎也	62	云上于天	68
小狐汔济未出中也	62	云龙风虎	68
小过过也中孚信也	62	云从龙风从虎	68
小畜寡也履不处也	62	云行雨施品物流形	68
小人革面顺以从君也	62	云行雨施天下平也	68
小人剥庐终不可用也	62	开国承家	69
飞伏	62	井	69
飞龙在天	63	井养	69
飞鸟以凶	63	井九二	69

井九三	69	无妄六三	76
井九五	70	无妄初九	76
井上六	70	无妄往吉	76
井六四	70	无妄卦辞	76
井初六	70	无妄彖传	77
井卦辞	71	无德之卦	77
井彖传	71	无号终有凶	77
井大象传	72	无妄大象传	77
井以辩义	72	无妄行有眚	78
井谷射鲋	72	无极而太极	78
井收勿幕	72	无攸遂在中馈	78
井泥不食	73	无攸利柔乘刚也	79
井甃无咎	73	无所往其来复吉	79
井受之以革	73	无鱼之凶远民也	79
井养而不穷	73	无初有终遇刚也	79
井洌寒泉食	73	无妄九五小象传	79
井德之地也	73	无妄九四小象传	79
井九二小象传	73	无妄之往得志也	79
井九三小象传	73	无妄之往何之矣	79
井九五小象传	73	无妄六二小象传	79
井上六小象传	73	无妄六三小象传	79
井六四小象传	73	无妄上九小象传	79
井居其所而迁	74	无妄初九小象传	79
井泥不食下也	74	无妄受之以大畜	80
井初六小象传	74	无求备斋易经集成	80
井谷射鲋无与也	74	无平不陂无往不复	80
井通而困相遇也	74	无丧无得往来井井	80
井渫不食行恻也	74	无妄之疾勿药有喜	80
井甃无咎修井也	74	无妄之药不可试也	80
井渫不食为我心恻	74	无妄之行穷之灾也	80
无妄	74	无往不复天地际也	80
无咎	75	无不利撝谦不违则也	80
无不利	75	无号之凶终不可长也	80
无交害	75	夫妇为人伦之始	80
无攸利	75	夫子制义从妇凶也	81
无初有终	75	夫征不复妇孕不育	81
无妄之灾	75	夫征不复离群丑也	81
无妄九四	75	夫妻反目不能正室也	81
无妄九五	75	天子爻	81
无妄上九	76	天子卦	81
无妄六二	76	天山遯	81

天水讼	81	王同	86
天风姤	81	王宏	86
天与火	81	王济	87
天行健	81	王易	87
天地否	81	王弼	87
天泽履	81	王肃	88
天下有风	82	王通	88
天下有山	82	王湜	88
天下随时	82	王璲	89
天火同人	82	王横	89
天在山中	82	王禀	89
天地之数	82	王骏	89
天地不交	82	王夫之	89
天地定位	82	王心敬	89
天地交泰	83	王申子	89
天造草昧	83	王弘撰	90
天尊地卑	83	王宗传	90
天雷无妄	83	王昭素	90
天与水违行	83	王闿运	90
天地自然之图	84	王凯冲	90
天地闭贤人隐	84	王树枏	91
天险不可升也	84	王嗣宗	91
天地交而万物通	84	王三锡命	91
天地节而四时成	85	王假有家	91
天地革而四时成	85	王假有庙	91
天地鬼神恶盈	85	王肃易注	91
天地解而雷雨作	85	王用享于帝	91
天地睽而其事同	85	王用享于西山	92
天命不祐行矣哉	85	王用享于岐山	92
天道亏盈而益谦	85	王假之尚大也	92
天道下济而光明	85	王用三驱失前禽	92
天下雷行物与无妄	85	王居无咎正位也	92
天地相遇品物咸章	85	王三锡命怀万邦也	92
天地盈虚与时消息	86	王公设险以守其国	92
天地感而万物化生	86	王用出征以正邦也	92
天施地生其益无方	86	王用出征有嘉折首	92
天地之道恒久而不已	86	王臣蹇蹇终无尤也	92
天地不交而万物不兴	86	王臣蹇蹇匪躬之故	92
天地不交而万物不通	86	王弼改定周易体制	93
天地以顺动故日月不过而四时 　不忒	86	王假有庙致孝享也	93
		王假有家交相爱也	93

王假有庙王乃在中也 ········· 93	不节若则嗟若 ·············· 101
王用亨于岐山顺事也 ········· 93	不克讼归而逋 ·············· 101
五 ····················· 93	不胜而往咎也 ·············· 101
五爻 ···················· 93	不耕获未富也 ·············· 101
五行 ···················· 93	不耕获不菑畬 ·············· 101
五易 ···················· 94	不及其君遇其臣 ············· 101
五月卦 ··················· 94	不宁方来后夫凶 ············· 101
五爻变 ··················· 94	不克讼归逋窜也 ············· 101
五爻动 ··················· 94	不克讼复即命渝 ············· 101
五世卦 ··················· 94	不利为寇利御寇 ············· 101
五行易 ··················· 94	不家食吉养贤也 ············· 102
五十学易 ················· 94	不远之复以修身也 ··········· 102
五鹿充宗 ················· 95	不出门庭失时极也 ··········· 102
五行生成之数 ·············· 95	不出户庭知通塞也 ··········· 102
太卜 ···················· 95	不宁方来上下应也 ··········· 102
太阴 ···················· 95	不节之嗟又谁咎也 ··········· 102
太阳 ···················· 95	不利东北其道穷也 ··········· 102
太极 ···················· 96	不戒以孚中心愿也 ··········· 102
太玄经 ··················· 96	不恒其德无所容也 ··········· 102
太极图 ··················· 96	不恒其德或承之羞 ··········· 102
太极图说 ················· 97	不拯其随其心不快 ··········· 102
太极真图 ················· 98	不拯其随未退听也 ··········· 102
太极生两仪 ················ 98	不事王侯志可则也 ··········· 102
太极图说述解 ·············· 99	不事王侯高尚其事 ··········· 103
太极图说遗议 ·············· 99	不及其君臣不可过也 ·········· 103
不当位 ·················· 100	不习无不利地道光也 ·········· 103
不远复 ·················· 100	不永所事讼不可长也 ·········· 103
不明晦 ·················· 100	不利有攸往小人长也 ·········· 103
不出门庭 ················· 100	不利涉大川入于渊也 ·········· 103
不出户庭 ················· 100	不知易不足以言太医 ·········· 103
不成乎名 ················· 100	不终日贞吉以中正也 ·········· 103
不言所利 ················· 100	不富以其邻利用侵伐 ·········· 103
不永所事 ················· 100	不能退不能遂不详也 ·········· 103
不易乎世 ················· 100	不鼓缶而歌则大耋之嗟 ········· 104
不家食吉 ················· 100	屯 ····················· 104
不速之客 ················· 100	屯坎 ···················· 104
不习无不利 ················ 100	屯困 ···················· 104
不可荣以禄 ················ 100	屯否 ···················· 104
不利有攸往 ················ 100	屯剥 ···················· 104
不利君子贞 ················ 100	屯难 ···················· 104
不见是而无闷 ·············· 101	屯亶 ···················· 104

屯蒙	104	比初六小象传	113
屯邅	105	比六四小象传	113
屯塞	105	比上六小象传	113
屯九五	105	比受之以小畜	113
屯上六	105	比之无首无所终也	113
屯六二	105	比之自内不自失也	113
屯六三	106	比之匪人不亦伤乎	113
屯六四	106	比之初六有它吉也	113
屯其膏	106	互体	113
屯初九	106	互卦	114
屯卦辞	106	木上有火	114
屯彖传	107	木上有水	114
屯大象传	107	止而丽乎明	114
屯如邅如	107	止而说男下女	114
屯屫否塞	107	止而巽动不穷也	114
屯受之以蒙	108	少阴	115
屯九五小象传	108	少阳	115
屯六二小象传	108	曰动悔有悔征吉	115
屯六三小象传	108	曰闲舆卫利有攸往	115
屯六四小象传	108	日月为易	115
屯上六小象传	108	日昃之离	115
屯初九小象传	108	日可见之行	115
屯其膏施未光也	109	日讲易经解义	116
屯见而不失其居蒙杂而著	109	日月得天而能久照	116
比	109	日中见斗幽不明也	116
比九五	109	日中则昃月盈则食	116
比六二	110	日昃之离何可久也	116
比六三	110	中	116
比六四	110	中爻	116
比上六	110	中正	117
比初六	110	中吉	117
比卦辞	111	中孚	117
比彖传	111	中馈	117
比大象传	112	中不在人	117
比之自内	112	中行独复	117
比之无首	112	中孚九二	118
比之匪人	112	中孚九五	118
比乐师忧	112	中孚上九	118
比九五小象传	112	中孚六三	118
比六二小象传	113	中孚六四	119
比六三小象传	113	中孚初九	119

词目	页码	词目	页码
中孚卦辞	119	升九二	124
中孚彖传	120	升九三	125
中孚大象传	120	升上六	125
中行告公从	120	升六五	125
中孚九二小象传	121	升六四	125
中孚九五小象传	121	升初六	126
中孚六三小象传	121	升卦辞	126
中孚六四小象传	121	升彖传	126
中孚上九小象传	121	升虚邑	127
中孚初九小象传	121	升大象传	127
中孚受之以小过	121	升受之以困	127
中行无咎中未光也	121	升九二小象传	127
中行独复以从道也	121	升九三小象传	127
中孚以利贞乃应乎天也	121	升上六小象传	127
见龙在田	121	升六五小象传	127
见恶人无咎	121	升六四小象传	127
见霜而知冰	122	升初六小象传	128
见金夫不有躬	122	升虚邑无所疑也	128
见群龙无首吉	122	丰	128
见舆曳其牛掣	122	丰九三	128
见龙在田时舍也	122	丰九四	128
见恶人以辟咎也	122	丰六二	129
见舆曳位不当也	122	丰六五	129
见龙在田天下文明	122	丰上六	130
见龙在田德施普也	122	丰初九	130
见豕负涂载鬼一车	122	丰卦辞	130
见险而能止知矣哉	123	丰彖传	131
见善则迁有过则改	123	丰大象传	131
内互	123	丰川易说	131
内卦	123	丰亨豫大	132
内象	123	丰受之以旅	132
内阳而外阴	123	丰九三小象传	132
内阴而外阳	123	丰九四小象传	132
内柔而外刚	123	丰六二小象传	132
内健而外顺	123	丰六五小象传	132
内小人而外君子	123	丰上六小象传	132
内君子而外小人	123	丰初九小象传	132
内文明而外柔顺以蒙大难	123	丰其屋蔀其家	133
升	124	丰其沛日中见沬	133
升阶	124	丰其蔀日中见斗	133
升降	124	丰其屋天际翔也	133

词目	页码	词目	页码
丰其蔀位不当也	133	风天小畜	140
丰多故也亲寡旅也	133	风自火出	140
丰其沛不可大事也	133	风行天上	140
长子帅师以中行也	133	风行水上	140
长子帅师弟子舆尸	133	风行地上	140
化光	133	风泽中孚	140
仁者见仁知者见知	134	反汗	140
爻	134	反卦	140
爻位	134	反身修德	140
爻辰	134	反复其道七日来复	140
爻变	135	反复其道七日来复天行也	140
爻辞	135	今文易学	140
爻位消息推卦所来	135	从或戕之凶如何也	141
凶	136	从周易方面研究中国之元学及道德哲学	141
介石	136	毛奇龄	141
介于石不终日	136	毛莫如	141
分刚上而文柔	136	方申	141
分宫卦象次序	136	方以智	141
分而为二以象两	137	方实孙	142
公卦	137	方伯卦	142
公用亨于天子	137	方闻一	142
公弋取彼在穴	137	方雨亏悔	142
公用射隼以解悖也	137	方氏易学五书	142
公辟侯大夫卿名义	137	文言	142
公用射隼于高墉之上	138	文王课	142
公用亨于天子小人害也	138	文言传	142
月卦	138	文王演易	143
月几望	138	文王八卦方位	143
月几望马匹亡	138	文王作卦爻辞	143
勿用取女	138	文王八卦次序	144
勿逐七日得	139	文明以止人文也	145
勿用师自邑告命	139	文明以说大亨以正	145
勿用取女行不顺也	139	文明以健中正而应	145
勿恤其孚于食有福	139	六	145
勿用取女不可与长也	139	六二	145
勿忧宜日中宜照天下也	139	六三	145
风山渐	139	六五	145
风水涣	139	六四	145
风地观	139	六爻	145
风雷益	139	六位	146
风火家人	139		

词目	页码	词目	页码
六爻动	146	火雷噬嗑	150
六爻变	146	火动而上泽动而下	151
六月卦	146	卞伯玉	151
六横图	146	夬	151
六十四卦	146	夬九二	151
六十杂卦	147	夬九三	151
六日七分	147	夬九五	152
六爻贵贱	147	夬九四	152
六爻皆静	148	夬上六	153
六十卦次序	148	夬初九	153
六十四卦横图	148	夬卦辞	153
六十四卦经解	148	夬彖传	154
六四当位疑也	148	夬大象传	154
六十四卦方圆图	149	夬履贞厉	154
六二之难乘刚也	149	夬受之以姤	154
六五之吉有庆也	149	夬九二小象传	154
六五之吉有喜也	149	夬九三小象传	155
六五贞疾乘刚也	149	夬九五小象传	155
六四元吉有喜也	149	夬九四小象传	155
六二之吉顺以巽也	149	夬上六小象传	155
六二之吉顺以则也	149	夬初九小象传	155
六二之动直以方也	149	夬决也刚决柔也	155
六二征凶行失类也	149	夬履贞厉位正当也	155
六五之吉离王公也	149	引兑	155
六五元吉自上祐也	149	引吉无咎	155
六爻发挥旁通情也	149	引伸触类	156
亢龙	149	引吉无咎中未变也	156
亢悔	149	书不尽言言不尽意	156
亢龙有悔	149	孔子	156
亢龙有悔与时偕极	150	孔颖达	156
亢龙有悔穷之灾也	150	孔子作十翼	156
亢龙有悔盈不可久也	150	孔子晚而喜易	157
火山旅	150	孔子读易韦编三绝	157
火风鼎	150	孔子赞易以义理为教	157
火地晋	150	双剑誃易经新证	157
火泽睽	150	以杞包瓜	158
火珠林	150	以虚受人	158
火天大有	150	以亨行时中	158
火水未济	150	以言者尚其辞	158
火在天上	150	以动者尚其变	158
火在水上	150	以美利利天下	158

以卜筮者尚其占	158	未济九四	162
以木巽火亨饪也	158	未济上九	162
以其邻不戒以孚	158	未济六三	163
以制器者尚其象	158	未济六五	163
以宫人宠终无尤也	158	未济初六	163
以贵下贱大得民也	158	未济卦辞	164
以旅与下其义丧也	158	未济彖传	164
以旅在上其义焚也	159	未济征凶	164
以讼受服亦不足敬也	159	未济大象传	164
以祉元吉中以行愿也	159	未济男之穷也	165
允升大吉	159	未济九二小象传	165
允升大吉上合志也	159	未济九四小象传	165
水山蹇	159	未济上九小象传	165
水天需	159	未济六三小象传	165
水风井	159	未济六五小象传	165
水地比	159	未济亨柔得中也	165
水泽节	159	未济初六小象传	165
水涉至	159	未济征凶位不当也	166
水雷屯	159	节	166
水火相息	159	节九二	166
水火既济	159	节九五	166
水在火上	159	节上六	166
水火二用图	159	节六三	167
水火匡廓图	159	节六四	167
水流而不盈	160	节初九	167
水流湿火就燥	160	节卦辞	167
尹涛	160	节彖传	167
毋将永	160	节大象传	168
邓彭祖	160	节九二小象传	168
		节九五小象传	168
五　画		节上六小象传	168
正义	161	节六三小象传	168
正月卦	161	节六四小象传	168
正位凝命	161	节初九小象传	168
正易心法	161	节受之以中孚	169
正家而天下定	161	节以制度不伤财不害民	169
正大而天地之情可见	161	左传国语易筮	169
击蒙	161	左次无咎未失常也	169
未济	161	玉铉	169
未占有孚	162	玉铉在上刚柔节也	169
未济九二	162	平施	169

词目	页码
本义	169
本卦	170
本象	170
本宫卦	170
本义九图	170
本乎天者亲上本乎地者亲下	170
丙子学易编	170
古周易	171
古文八卦	171
古太极图	171
古文易学	171
古文易经	171
古易音训	172
古周易订诂	172
古周易章句外编	173
可贞无咎	173
可小事不可大事	173
可贞无咎固有之也	173
可用行师征邑国也	173
可用汲王明并受其福	173
甘节	173
甘临	173
甘临位不当也	173
甘节之吉居位中也	173
世	173
世爻	173
世月	174
世位	174
世应	174
世卦	174
世卦起月例	174
厉	175
东坡易传	175
东谷易翼传	175
东北丧朋乃终有庆	175
东邻杀牛不如西邻之时也	176
东邻杀牛不如西邻之禴祭	176
龙飞	176
龙见	176
龙潜	176
龙仁夫	176
龙德而隐者	176
龙德而正中者	177
龙战于野其血玄黄	177
龙战于野其道穷也	177
田何	177
田王孙	177
田无禽	177
田间易学	177
田获三品	178
田有禽利执言	178
田获三狐得黄矢	178
田获三品有功也	178
由颐	178
由吉免咎	178
由豫大有得	178
由颐厉吉大有庆也	178
由豫大有得志大行也	178
申命行事	178
四	179
四爻	179
四易	179
四营	179
四象	179
四德	179
四爻动	180
四爻变	180
四月卦	180
四正卦	180
四世卦	181
四德之卦	181
四圣一心录	181
四象生八卦	181
四时变化而能久成	181
叹卦三体	181
叶山	181
占筮	181
史徵	182
卢氏	182
卢景裕	182
旧井无禽	182
旧井无禽时舍也	182

出处	182	失得勿恤往有庆也	188
出位	182	白光	188
出处语默	182	白贲无咎	189
出处默语	182	白孟翟之学	189
出门交有功	182	白贲无咎上得志也	189
出涕沱若戚嗟若	182	仪羽	189
出入无疾朋来无咎	183	乐行忧违	189
出门交有功不失也	183	乐则行之忧则违之	189
出门同人又谁咎也	183	鸟焚其巢	189
出可以守宗庙社稷	183	外互	189
归妹	183	外卦	189
归魂	183	外象	189
归藏	183	外比之	189
归妹九二	184	外比于贤以从上也	189
归妹九四	184	用九	189
归妹上六	185	用六	189
归妹六三	185	用大牲吉	189
归妹六五	185	用易详解	189
归妹以娣	186	用晦而明	190
归妹初九	186	用拯马壮吉	190
归妹卦辞	186	用冯河不遐遗	190
归妹彖传	186	用史巫纷若吉	190
归妹大象传	186	用六永贞以大终也	190
归妹女之终也	187	用九天德不可为首也	190
归妹受之以丰	187	用见大人勿恤有庆也	190
归奇于扐以象闰	187	用大牲吉利有攸往顺天命也	190
归妹人之终始也	187	包承	191
归妹九二小象传	187	包荒	191
归妹九四小象传	187	包羞	191
归妹上六小象传	187	包蒙	191
归妹六三小象传	187	包有鱼	191
归妹六五小象传	187	包牺氏	191
归妹以须未当也	188	包无鱼起凶	191
归妹以娣以恒也	188	包羞位不当也	191
归妹初九小象传	188	包有鱼义不及宾也	191
归妹以须反归以娣	188	包荒得尚于中行以光大也	191
归妹天地之大义也	188	丘园	191
归妹愆期迟归有时	188	生生之谓易	191
失正	188	主爻	192
失位	188	主父偃	192
失律	188	主卦之主	192

词目	页码
主敬存诚	192
立不易方	192
立心勿恒	192
玄黄	192
永终知敝	192
永贞之吉终莫之陵也	192
兰言	192
半象	193
冯商	193
冯椅	193
汉易	193
汉上易传	194
汉上易丛说	194
汉上易卦图	194
汉儒传易源流	194
汉魏二十一家易注	194
汉石经周易残字集证	195
训故举大义	195
议狱缓死	195
司马光	195
司马谈	195
司马季主	195
圣人以神道设教	196
圣人作而万物睹	196
圣人养贤以及万民	196
圣人感人心而天下和平	196
圣人久于其道而天下化成	196
圣人以顺动则刑罚清而民服	196
圣人亨以享上帝而大亨以养圣贤	196
弗损益之	196
弗遇过之已亢也	197
弗遇过之飞鸟离之	197
弗过防之从或戕之	197
弗过遇之位不当也	197
弗过遇之往厉必戒	197
弗损益之大得志也	197
发蒙	197
皮锡瑞	197

六 画

词目	页码
吉	198
吉凶悔吝循环	198
西铭述解	198
西谿易说	198
西汉易学两京房	198
西南得朋乃与类行	198
西南得朋东北丧朋	198
老阴	199
老阳	199
老子知易之体	199
老妇士夫亦可丑也	199
老夫女妻过以相与也	199
至临	199
至赜	199
至日闭关	199
至哉坤元	199
至静而德方	199
至于八月有凶	199
至临无咎位当也	199
至于八月有凶消不久也	200
有孚	200
有厉利已	200
有孚比之	200
有孚挛如	200
有孚改命	200
有孚窒惕	200
有孚颙若	200
有言不信	200
有渝无咎	200
有攸往凤吉	200
有孚惠我德	200
有飞鸟之象焉	201
有孚在道以明	201
有孚血去惕出	201
有命无咎畴离祉	201
有孚于饮酒无咎	201
有孚在道明功也	201
有命无咎志行也	201
有不速之客三人来	201
有厉利已不犯灾也	201
有戎勿恤得中道也	201
有孚不终乃乱乃萃	202

有孚中行告公用圭	202	地中有山	205
有孚挛如不独富也	202	地中有水	205
有孚挛如位正当也	202	地险山川丘陵	206
有孚挛如富以其邻	202	地道卑而上行	206
有孚惕出上合志也	202	地道变盈而流谦	206
有孚惠心勿问之矣	202	地道无成而代有终	206
有孚惠心勿问元吉	202	巩用黄牛之革	206
有孚盈缶终来有它	202	巩用黄牛不可以有为也	206
有攸往夙吉往有功也	202	扬雄	206
有言不信尚口乃穷也	203	扬于王庭孚号有厉	206
有孚发若信以发志也	203	扬于王庭柔乘五刚也	207
有陨自天志不舍命也	203	执之用黄牛之革	207
在师中吉	203	执用黄牛固志也	207
在下位而不忧	203	权象	207
在师中吉承天宠也	203	夷于左股用拯马壮	207
过揲	203	存象忘意	207
过涉灭顶	203	当位	207
过其祖遇其妣	203	当位不当位	207
过涉之凶不可咎也	203	当位贞吉以正邦也	207
过以利贞与时偕行也	203	贞	207
邢融	203	贞一	208
成既济定	204	贞凶	208
成卦之主	204	贞厉	208
成都隐者未济说	204	贞吉	208
成性存存道义之门	204	贞观	208
列其夤厉薰心	204	贞吝	209
动爻	204	贞明	209
动而以顺行	204	贞悔	209
动乎险中大亨贞	205	贞下起元	209
动悔有悔吉行也	205	贞者事之干	209
动静不失其时其道光明	205	贞疾恒不死	209
地山谦	205	贞固足以干事	209
地水师	205	贞厉无咎得当也	209
地天泰	205	贞吉悔亡志行也	209
地风升	205	贞大人吉以刚中也	209
地泽临	205	贞吉升阶大得志也	210
地势坤	205	贞吉悔亡未感害也	210
地雷复	205	同人	210
地上有水	205	同人九三	210
地火明夷	205	同人九五	210
地中生木	205	同人九四	211

同人六二	211	师彖传	218
同人上九	211	师大象传	218
同人于门	211	师出以律	218
同人于宗	211	师或舆尸	218
同人于郊	211	师受之以比	219
同人于野	211	师九二小象传	219
同人初九	211	师六三小象传	219
同人卦辞	212	师上六小象传	219
同人彖传	212	师六五小象传	219
同人大象传	212	师六四小象传	219
同人九三小象传	213	师初六小象传	219
同人九五小象传	213	师出以律失律凶也	220
同人九四小象传	213	师或舆尸大无功也	220
同人上九小象传	213	刚中	220
同人于宗吝道也	213	刚反	220
同人六二小象传	213	刚揜	220
同人初九小象传	213	刚决柔	220
同人受之以大有	214	刚以动故壮	220
同人之先以中直也	214	刚来而不穷	220
同人于郊志未得也	214	刚来而得中	220
同心之言其臭如兰	214	刚柔分而刚得中	220
同声相应同气相求	214	刚柔始交而难生	221
同归殊途一致百虑	214	刚上而尚贤能止健	221
吕羌	214	刚中而应行险而顺	221
吕柟	214	刚过而中巽而说行	221
吕嵩	214	刚来而下柔动而说	221
吕祖谦	214	刚应而志行顺以动	221
吕子易说	215	刚柔之际义无咎也	222
曳其轮贞吉	215	刚巽乎中正而志行	222
曳其轮濡其尾	215	刚遇中正天下大行	222
曳其轮义无咎也	215	刚健中正纯粹精也	222
师	215	刚上而柔下巽而止蛊	222
师律	216	刚上而柔下雷风相与	222
师九二	216	刚中正履帝位而不疚	222
师上六	216	刚中而柔外说以利贞	222
师六三	216	刚当位而应与时行也	223
师六五	216	刚健笃实辉光日新其德	223
师六四	217	刚浸而长说而顺刚中而应	223
师左次	217	刚柔分动而明雷电合而章	223
师初六	217	刚失位而不中是以不可大事也	223
师卦辞	218	合订删补大易集义粹言	224

词条	页码	词条	页码
众允悔亡	224	自天祐之吉无不利	228
众允之志上行也	224	自我西郊施未行也	228
乔莱	224	自我致戎又谁咎也	228
乔中和	224	自求口实观其自养也	228
乔氏易俟	224	自我致寇敬慎不败也	228
向秀	224	朱云	228
向晦入宴息	225	朱氏	228
后夫	225	朱轼	229
后京房	225	朱震	229
后天之学	225	朱鑑	229
后天八卦方位	225	朱熹	229
后天八卦次序	225	朱元昇	229
后天而奉天时	225	朱仰之	229
后得主而有常	225	朱骏声	229
后入于地失则也	225	朱文公易说	229
后夫凶其道穷也	225	朱熹卦变图	230
先天之学	225	多识前言往行	230
先天四图	225	负乘	230
先否后喜	225	负且乘致寇至	230
先号后庆	226	负且乘亦可丑也	231
先号后笑	226	朵颐	231
先筮后卜	226	杂卦	231
先天太极图	226	杂卦传	231
先天象数学	226	伏羲	232
先迷后得主	226	伏曼容	232
先天八卦方位	226	伏羲四图	232
先天八卦次序	226	伏羲画八卦	232
先天而天弗违	226	伏羲八卦方位	233
先号咷而后笑	226	伏羲八卦次序	233
先天六十四卦方位	226	伏戎于莽敌刚也	233
先天六十四卦次序	226	伏羲六十四卦方位	234
先甲三日后甲三日	226	伏羲六十四卦次序	234
先庚三日后庚三日	227	伏羲画八卦自然次序	235
先迷失道后顺得常	227	伏戎于莽升其高陵三岁不兴	235
先秦汉魏易例述评	227	任安	235
先秦诸子易说通考	227	任良	235
先王以茂对时育万物	227	任启运	235
自昭明德	227	伊川易传	235
自强不息	227	休否	236
自上下下其道大光	227	休复	236
自下讼上患至掇也	228	休复之吉以下仁也	236

仲氏易	236	讼卦辞	242
行地	236	讼彖传	242
行有尚往有功也	236	讼大象传	243
行其庭不见其人	236	讼受之以师	243
行险而不失其信	237	讼九二小象传	243
行人得牛邑人灾也	237	讼九五小象传	243
行过乎恭丧过乎哀用过乎俭	237	讼九四小象传	243
牝马地类行地无疆	237	讼上九小象传	243
延寿问易孟喜	237	讼六三小象传	244
旨远辞文	237	讼初六小象传	244
名卦存时	237	讼元吉以中正也	244
交	237	许适	244
交爻	237	许曼	244
交钱	237	许峻	244
交孚无咎志行也	237	许衡	244
亥下伏乾	238	刘安	244
庄氏	238	刘昆	245
庄存与	238	刘牧	245
安节	238	刘表	245
安贞吉	238	刘轶	245
安甫遗学	238	刘辅	245
安节之亨承上道也	239	刘琨	245
安贞之吉应地无疆	239	刘𫘤	246
庆余	239	刘瓛	246
江藩	239	刘宗周	246
江承之	239	壮于趾	246
汔至亦未繘井未有功也	239	壮于顄有凶	246
汔至亦未繘井羸其瓶凶	239	壮于趾其孚穷也	246
汤武革命顺乎天而应乎人	239	壮于前趾往不胜为咎	246
讲习	239	关朗	246
讲周易疏论家义记残卷	240	关氏易传	246
设险	240	问卦	247
设教	240	问易	247
讼	240	问易补	247
讼九二	240	艮	247
讼九五	241	艮九三	248
讼九四	241	艮上九	248
讼上九	241	艮六二	248
讼六三	241	艮六五	248
讼元吉	242	艮六四	248
讼初六	242	艮止也	249

艮为山	249	阴爻	253
艮其限	249	阴阳	253
艮其身	249	阴四宫	253
艮其趾	249	阴宏道	253
艮其腓	249	阴阳老少	254
艮初六	249	阴阳候灾变	254
艮卦辞	249	阴疑于阳必战	254
艮彖传	250	阴阳不测之谓神	254
艮覆碗	250	阴阳只是一气消息	255
艮大象传	250	防得无咎	255
艮下艮上	250	阮咸	255
艮下兑上	251	阮浑	255
艮下坎上	251	观	255
艮下坤上	251	观光	256
艮下乾上	251	观盥	256
艮下离上	251	观九五	256
艮下巽上	251	观上九	256
艮下震上	251	观六二	256
艮为少男	251	观六三	256
艮宦易说	251	观六四	257
艮受之以渐	251	观初六	257
艮九三小象传	251	观卦辞	257
艮上九小象传	251	观彖传	258
艮六二小象传	251	观大象传	258
艮六五小象传	251	观物取象	258
艮六四小象传	251	观国之光	258
艮初六小象传	252	观易外编	258
艮其辅言有序	252	观变玩占	259
艮其止止其所也	252	观象玩辞	259
艮其背不获其身	252	观我生进退	259
艮其身止诸躬也	252	观九五小象传	259
艮其限危薰心也	252	观上九小象传	259
艮其辅以中正也	252	观六二小象传	259
艮其趾未失正也	252	观六三小象传	259
羽仪	252	观六四小象传	260
阳爻	252	观我生观民也	260
阳复	252	观初六小象传	260
阳四宫	252	观颐自求口实	260
阳贵阴贱	253	观受之以噬嗑	260
阳遇阴则通	253	观我生君子无咎	260
阳卦多阴阴卦多阳	253	观国之光尚宾也	260

观其生君子无咎	260	否	265
观其生志未平也	260	否泰	265
观颐观其所养也	260	否九五	265
观乎天文以察时变	260	否九四	266
观乎人文以化成天下	260	否上九	266
观我生进退未失道也	261	否六二	266
观我朵颐亦不足贵也	261	否六三	267
观天之神道而四时不忒	261	否初六	267
好谦	261	否卦辞	267
好遯	261	否彖传	268
妇人吉夫子凶	261	否大象传	268
妇子嘻嘻终吝	261	否之匪人	268
妇贞厉月几望	261	否极反泰	268
妇子嘻嘻失家节也	261	否极泰来	268
妇孕不育失其道也	261	否九五小象传	268
妇人贞吉从一而终也	261	否九四小象传	268
妇三岁不孕终莫之胜	261	否上九小象传	268
妇丧其茀勿逐七日得	262	否六二小象传	269
孙盛	262	否六三小象传	269
孙期	262	否初六小象传	269
孙虞	262	否受之以同人	269
孙奇逢	262	否泰反其类也	269
孙星衍	262	否终则倾何可长也	269
约象	262	严元	269
纪磊	262	严望	269
纪大奎	263	严君平	269
寻门余论	263	丽泽兑	269
玗臂	263	远小人不恶而严	270
驯致	263	连山	270
驯致其道至坚冰也	263	连蹇	270
		克家	270
七 画		李光	270
两仪	264	李过	271
两象易	264	李杞	271
两少一多	264	李简	271
两多一少	264	李昺	271
两奇一偶	264	李轨	271
两派六宗	264	李贽	271
两偶一奇	265	李塨	271
两仪生四象	265	李衡	271
两汉易学史	265	李觏	271

李之才	271	坎六三	277
李心传	272	坎六四	278
李中正	272	坎中满	278
李光地	272	坎为水	278
李富孙	272	坎初六	278
李淳风	272	坎陷也	278
李道平	273	坎卦辞	278
李鼎祚	273	坎彖传	278
李氏易传	273	坎大象传	279
李氏周易集解	273	坎下兑上	279
李氏易解賸义	273	坎下艮上	279
志在随人所执下也	273	坎下坎上	279
来兑	273	坎下坤上	279
来知德	273	坎下乾上	279
来之坎坎	273	坎下离上	279
来氏易注	274	坎下巽上	279
来章有庆誉吉	274	坎下震上	279
来徐徐志在下也	274	坎为中男	279
来徐徐困于金车	274	坎受之以离	279
来之坎坎终无用也	274	坎九二小象传	279
来兑之凶位不当也	274	坎九五小象传	280
求而往明也	274	坎上六小象传	280
求王明受福也	274	坎不盈祇既平	280
求小得未出中也	274	坎六三小象传	280
进德修业	274	坎六四小象传	280
进退志疑也	274	坎有险求小得	280
进退无恒非离群	274	坎初六小象传	280
进退利武人之贞	274	坎不盈中未大也	280
进得位往有功也	274	形而下者谓之器	280
进德修业欲及时	275	形而上者谓之道	280
进以正可以正邦也	275	折足	281
苋陆夬夬中行无咎	275	折首	281
苏轼	275	折像	281
苏氏易传	275	折鼎	281
劳谦	275	折足覆餗	281
劳民劝相	275	折狱致刑	281
劳谦君子万民服也	275	折其右肱无咎	281
坎	276	折其右肱终不可用也	281
坎九二	276	抎谦	281
坎九五	277	杨义	281
坎上六	277	杨何	281

词条	页码	词条	页码
杨政	282	困于葛藟未当也	289
杨雄	282	困于酒食中有庆也	289
杨秉	282	困于酒食朱绂方来	289
杨简	282	困蒙之吝独远实也	290
杨藻	282	时大	290
杨瓒	282	时义	290
杨爵	282	时用	290
杨万里	283	时变	290
杨氏易传	283	时乘之梦	290
极深研几	283	时乘六龙以御天	290
拟议	283	时止则止时行则行	290
声气应求	284	吴沆	291
寿山堂易说	284	吴澄	291
邴丹	284	吴仁傑	291
杜育	284	吴曰慎	291
杜田生	284	吴桂森	291
医易同源	284	吴园易解	291
医易相通	284	吴园周易解	291
困	284	邑人不诫上使中也	291
困蒙	285	别卦	291
困九二	285	别象	291
困九五	285	男女睽而其志通	291
困九四	285	男女正天地之大义	292
困上六	286	财成天地之道	292
困六三	286	里堂易学	292
困初六	287	里堂读杂卦而病愈	292
困卦辞	287	孚	292
困象传	287	孚兑	292
困大象传	288	孚于嘉	292
困以寡怨	288	孚乃利用禴	292
困穷而通	288	孚于剥有厉	292
困受之以井	288	孚于剥位正当也	293
困德之辨也	288	孚兑之吉信志也	293
困九二小象传	288	孚于嘉吉位正中也	293
困九五小象传	288	孚号有厉其危乃光也	293
困九四小象传	289	余庆	293
困上六小象传	289	余殃	293
困六三小象传	289	含章可贞	293
困初六小象传	289	含万物而化光	293
困于石据于蒺藜	289	含章有陨自天	293
困于葛藟于臲卼	289	含弘光大品物咸亨	293

含章可贞以时发也 …………… 293	利于不息之贞 ………………… 298
告公从以益志也 ……………… 293	利贞者性情也 ………………… 298
告自邑不利即戎 ……………… 293	利用为依迁国 ………………… 298
告自邑不利即戎所尚乃穷也 … 294	利物足以和义 ………………… 298
系辞 …………………………… 294	利出否以从贵也 ……………… 298
系遯 …………………………… 294	利用行师征邑国 ……………… 298
系辞传 ………………………… 294	利用祭祀受福也 ……………… 298
系于金柅 ……………………… 295	利有攸往刚长也 ……………… 299
系辞上传 ……………………… 295	利西南不利东北 ……………… 299
系辞下传 ……………………… 295	利西南往得中也 ……………… 299
系辞传论 ……………………… 295	利西南往得众也 ……………… 299
系小子失丈夫 ………………… 295	利艰贞吉未光也 ……………… 299
系丈夫失小子 ………………… 295	利艰贞晦其明也 ……………… 299
系小子弗兼与也 ……………… 295	利见大人以从贵也 …………… 299
系丈夫志舍下也 ……………… 295	利见大人尚中正也 …………… 299
系于金柅柔道牵也 …………… 295	利见大人往有功也 …………… 299
系用徽纆寘于丛棘 …………… 296	利用刑人以正法也 …………… 299
系遯之厉有疾惫也 …………… 296	利用刑人用说桎梏 …………… 299
饮食衎衎不素饱也 …………… 296	利用侵伐征不服也 …………… 299
饮酒濡首亦不知节也 ………… 296	利用御寇顺相保也 …………… 299
我仇有疾不我能即 …………… 296	利有攸往上合志也 …………… 300
我仇有疾终无尤也 …………… 296	利有攸往中正有庆 …………… 300
我有好爵吾与尔靡之 ………… 296	利涉大川木道乃行 …………… 300
利 ……………………………… 296	利涉大川应乎天也 …………… 300
利贞 …………………………… 296	利涉大川往有功也 …………… 300
利女贞 ………………………… 296	利涉大川往有事也 …………… 300
利永贞 ………………………… 296	利武人之贞志治也 …………… 300
利西南 ………………………… 297	利用御寇上下顺也 …………… 300
利用狱 ………………………… 297	利见大人亨聚以正也 ………… 300
利居贞 ………………………… 297	利贞刚柔正而位当也 ………… 300
利艰贞 ………………………… 297	利用恒无咎未失常也 ………… 300
利建侯 ………………………… 297	利有攸往终则有始也 ………… 301
利见大人 ……………………… 297	利有攸往刚长乃终也 ………… 301
利有攸往 ……………………… 297	利幽人之贞未变常也 ………… 301
利涉大川 ……………………… 297	利涉大川乘木有功也 ………… 301
利用为大作 …………………… 297	利涉大川乘木舟虚也 ………… 301
利用宾于王 …………………… 297	作乐崇德 ……………………… 301
利牝马之贞 …………………… 297	作事谋始 ……………………… 301
利者义之和 …………………… 298	体仁足以长人 ………………… 301
利幽人之贞 …………………… 298	体用一源显微无间 …………… 301
利建侯行师 …………………… 298	何氏 …………………………… 302

词目	页码	词目	页码
何妥	302	兑说也	308
何晏	302	兑彖传	308
何楷	302	兑大象传	309
何天之衢	303	兑下乾上	309
何校灭耳	303	兑下坤上	309
何晏疑易中九事	303	兑下震上	309
何天之衢道大行也	303	兑下巽上	309
何校灭耳聪不明也	303	兑下坎上	309
位乎天位以正中也	303	兑下离上	309
谷永	303	兑下艮上	309
邹湛	303	兑下兑上	309
免咎后吉	303	兑为少女	309
删订来氏易注象数图说	303	兑受之以涣	309
亨	304	兑九二小象传	309
亨嘉	304	兑九四小象传	310
亨衢	304	兑九五小象传	310
亨者嘉之会	304	兑上六小象传	310
言象	304	兑六三小象传	310
言有物而行有恒	304	兑见而巽伏也	310
吝	304	兑初九小象传	310
良马逐利艰贞	304	弟子舆尸使不当也	310
序卦	304	闲邪	310
序卦传	304	闲有家	310
序卦分宫图	305	闲邪存其诚	310
序卦六门往摄	305	闲有家志未变也	310
应	305	冶容	310
应贞	306	沈该	311
应天顺人	306	沈骥士	311
宋忠	306	沈麟士	311
宋易	306	沈氏改正揲蓍法	311
宋衷	306	补周易口诀义阙卦	311
兑	307	初	311
兑九二	307	初九	311
兑九五	307	初六	311
兑九四	307	初爻	311
兑上六	308	初吉终乱	311
兑上缺	308	初上无定位	312
兑六三	308	初六之吉顺也	312
兑为泽	308	初吉柔得中也	312
兑初九	308	初筮告再三渎	312
兑卦辞	308	初筮告以刚中也	312

初九虞吉志未变也	312	张根	316
初六鸣豫志穷凶也	312	张浚	316
初六童观小人道也	312	张轨	317
初登于天后入于地	312	张禹	317
初登于天照四国也	312	张理	317
君子易	313	张烈	317
君平卜	313	张辉	317
君子有终	313	张鲂	317
君子征凶	313	张载	317
君子豹变	313	张璠	318
君子以经纶	313	张行成	318
君维有解	313	张次仲	318
君子夬夬独行	313	张惠言	318
君子几不如舍	313	张献翼	318
君子以同而异	314	张彭之学	318
君子以懿文德	314	改邑不改井	318
君子终日乾乾	314	改命之吉信志也	318
君子之光有孚吉	314	改邑不改井乃以刚中也	319
君子以成德为行	314	陆绩	319
君子以饮食宴乐	314	陆希声	319
君子尚消息盈虚	314	陆德明	319
君子之光其晖吉也	314	陆氏易解	319
君子于行三日不食	314	陆绩易述	319
君子于行义不食也	314	陈元	320
君子夬夬终无咎也	314	陈抟	320
君子有解小人退也	314	陈寔	320
君子舍之往吝穷也	315	陈瓘	320
君子好遯小人否也	315	陈士元	320
君子征凶有所疑也	315	陈应润	320
君子道长小人道消	315	陈寿熊	320
君子得舆小人剥庐	315	陈祖念	320
君子得舆民所载也	315	陈梦雷	320
君子豹变其文蔚也	315	陈氏易说	321
君子道长小人道忧也	315	即墨成	321
君子以顺德积小以高大	315	即鹿无虞	321
张氏	315	即象名卦	321
张讥	316	即鹿无虞以从禽也	321
张兴	316	邵雍	321
张伦	316	邵伯温	322
张英	316	邵康节	322
张栻	316	邵村学易	322

邵易补原	322	范围天地曲成万物	328
纷若之吉得中也	322	或跃在渊	328
纳甲	322	或之者疑之也	328
纳妇吉	324	或从王事无成	328
纳约自牖	324	或跃在渊自试也	328
		或益之外来也	328
		或益之十朋之龟	328

八　画

画地记爻	325	或击之自外来也	329
画沙成卦	325	或跃在渊乾道乃革	329
画奇象阳画偶象阴	325	或跃在渊进无咎也	329
苦节贞凶	325	或从王事无成有终	329
苦节不可贞	325	或从王事知光大也	329
苦节贞凶其道穷也	325	或鼓或罢位不当也	329
苦节不可贞其道穷也	325	或鼓或罢或泣或歌	329
直方大	325	或得其桷顺以巽也	329
丧牛于易	325	或锡之鞶带终朝三褫之	329
丧羊于易	326	或系之牛行人之得邑人之灾	329
丧其资斧	326	苟非其人道不虚行	329
丧马勿逐自复	326	武人为于大君	330
丧羊于易位不当也	326	武人为于大君志刚也	330
丧其资斧正乎凶也	326	坤	330
丧牛于易终莫之闻也	326	坤乾	330
茂育	326	坤德	330
其人天且劓	326	坤载	331
其匪正有眚	326	坤舆	331
其羽可用为仪	326	坤上六	331
其子和之中心愿也	326	坤文言	331
其吉则困而反则也	326	坤六二	331
其亡其亡系于苞桑	326	坤六三	331
其来复吉乃得中也	327	坤六五	331
其位在中以贵行也	327	坤六四	332
其行次且位不当也	327	坤六断	332
其行次且行未牵也	327	坤为地	332
其事在中大无丧也	327	坤用六	332
其邑人三百户无眚	327	坤初六	332
其初难知其上易知	327	坤卦辞	332
其羽可用为仪吉不可乱也	327	坤象传	333
其君之袂不如其娣之袂良	327	坤灵图	333
其德刚健而文明应乎天而时行	327	坤顺也	333
范升	328	坤下乾上	334
范长生	328	坤下坤上	334

坤下震上	334	卦肆	338
坤下巽上	334	卦辞	338
坤下坎上	334	卦筮	338
坤下离上	334	卦气表	338
坤下艮上	334	卦气图	338
坤下兑上	334	卦气解	339
坤大象传	334	卦爻辞	339
坤称乎母	334	卦气续考	340
坤乾之义	334	卦体爻用	340
坤上六小象传	334	卦变考略	340
坤六二小象传	334	卦象蓍数	340
坤六三小象传	334	卦气直日考	340
坤六五小象传	334	卦气起中孚	341
坤六四小象传	335	卦无定象爻无定位	341
坤用六小象传	335	卦有小大辞有险易	341
坤初六小象传	335	欧阳修	341
坤至柔而动也刚	335	取女吉	342
坤厚载物德合无疆	335	剡木	342
拆	335	剡舟剡楫	342
拆爻	335	罔孚裕无咎	342
拆钱	335	图书	342
拂颐	335	图书辨惑	342
拂经居贞吉	335	易	342
拘系之上穷也	336	易用	342
拘系之乃从维之	336	易考	342
拔茅茹以其汇	336	易传	343
拔茅贞吉志在君也	336	易守	343
拔茅征吉志在外也	336	易问	343
林至	336	易纬	344
林栗	336	易林	344
林希元	336	易例	344
杭辛斋	336	易学	345
枚筮	337	易话	345
玩易篇	337	易经	345
卦	337	易贯	345
卦气	337	易图	346
卦主	337	易衍	346
卦时	338	易音	346
卦者	338	易祓	346
卦变	338	易说	347
卦候	338	易酌	347

易原	348	易翼宗	358
易家	348	易翼说	358
易通	348	易纂言	358
易理	349	易大义补	358
易笺	349	易义别录	358
易雅	349	易之失贼	358
易释	349	易之失鬼	359
易象	349	易之忧患	359
易楔	349	易长于变	359
易筮	350	易长于数	359
易解	350	易以神化	359
易蔡	350	易以道化	359
易碓	350	易本田何	359
易纂	350	易本杨何	359
易大义	350	易史吟草	359
易大传	351	易外别传	359
易广记	351	易汉学考	360
易小传	351	易有四象	360
易小帖	351	易传评诂	360
易飞候	352	易纬八种	361
易内传	352	易纬略义	361
易汉学	352	易陈负乘	361
易传灯	353	易林勘复	361
易图说	353	易林逸象	361
易图略	353	易者象也	362
易独断	354	易明其知	362
易祖师	354	易变体义	362
易音注	354	易学十讲	362
易说醒	354	易学丛书	362
易通变	354	易学论丛	362
易通例	355	易学变通	363
易通释	355	易学启蒙	363
易章句	355	易学新论	363
易续考	356	易学新探	363
易博士	356	易学滥觞	363
易释文	356	易学辨惑	364
易象正	356	易经古本	364
易象钞	357	易经本意	364
易辞危	357	易经存疑	364
易裨传	357	易经衷论	365
易璇玑	357	易经通论	365

易经通注	365	易理中正论	374
易经揆一	365	易数钩隐图	374
易经象类	365	易精蕴大义	375
易经蒙引	366	易纂言外翼	375
易图明辨	366	易义清明条达	375
易图通变	366	易为五学之原	375
易说求源	366	易为群经之首	375
易载羲农	366	易为忧患之作	376
易原奥义	367	易以卜筮独存	376
易原就正	367	易生行谱例言	376
易兼五义	367	易汉学师承表	377
易象三样	367	易有内象外象	377
易象钩解	368	易穷通变化论	377
易象通义	368	易纬乾坤凿度	377
易象意言	368	易学丛书续编	377
易象彙解	369	易学启蒙小传	377
易象集解	369	易学启蒙通释	378
易童子问	369	易学启蒙意见	378
易辞衍义	369	易学启蒙翼传	378
易数偶得	369	易学群书平议	378
易道广大	369	易教洁静精微	379
易筮通变	370	易象大意存解	379
易翼述信	370	易象图说内篇	379
易一名三义	370	易象图说外篇	379
易义古象通	370	易本义附录纂疏	379
易气从下生	371	易纬乾元序制记	380
易以道阴阳	371	易经系辞传新解	380
易为君子谋	371	易象妙于见形论	380
易纬坤灵图	371	易有圣人之道四焉	380
易纬是类谋	371	易有意象以统三象	380
易纬通卦验	371	易是假托说包含说	380
易纬乾凿度	372	易道在天三爻足矣	380
易纬稽览图	372	易数钩隐图遗论九事	381
易纬辨终备	372	易穷则变变则通通则久	381
易学讨论集	372	明夷	381
易学启蒙补	372	明两作	381
易学象征说	373	明僧绍	381
易学象数论	373	明入地中	381
易经论文集	373	明出地上	382
易经异文释	373	明夷九三	382
易经徵实解	373	明夷上六	382

词目	页码	词目	页码
明夷六二	382	周弘正	389
明夷六五	383	周易义	389
明夷六四	383	周易述	390
明夷初九	383	周易注	390
明夷卦辞	384	周易指	390
明夷彖传	384	周易说	391
明罚敕法	384	周敦颐	391
明夷大象传	384	周氏易注	391
明以动故丰	385	周易大义	391
明夷九三小象传	385	周易大全	392
明夷上六小象传	385	周易口义	392
明夷六二小象传	385	周易内传	392
明夷六五小象传	385	周易文诠	393
明夷六四小象传	385	周易孔义	393
明夷初九小象传	385	周易本义	393
明夷于飞垂其翼	385	周易正义	394
明夷受之以家人	386	周易古义	394
明庶政无敢折狱	386	周易外传	394
明慎用刑而不留狱	386	周易玄义	394
明夷于南狩得其大首	386	周易考异	395
尚秉和	386	周易传注	395
贤人在下位而无辅	386	周易名义	395
果行育德	387	周易杂论	396
虎变	387	周易会通	396
虎尾春冰	387	周易论略	397
虎视眈眈其欲逐逐	387	周易讲座	397
盱豫悔	387	周易观象	397
盱豫有悔位不当也	387	周易折中	397
忠信所以进德	387	周易译注	398
鸣谦	387	周易证签	398
鸣豫	387	周易补疏	398
鸣谦志未得也	387	周易玩辞	398
鸣谦贞吉中心得也	387	周易择言	398
鸣鹤在阴其子和之	387	周易述义	399
周公	388	周易述传	399
周氏	388	周易述补	399
周易	388	周易述闻	399
周醜	389	周易述翼	399
周霸	389	周易明报	400
周王孙	389	周易易解	400
周文王	389	周易浅述	400

词目	页码	词目	页码
周易注疏	400	周易新义	410
周易浅释	400	周易新论	410
周易详说	401	周易窥余	410
周易参义	401	周易筮考	410
周易要义	401	周易筮述	410
周易图说	402	周易稗疏	410
周易洗心	402	周易劄记	411
周易洞林	402	周易辨录	411
周易衍义	403	周易辨画	411
周易音义	403	周子太极图	411
周易音训	403	周公作爻辞	411
周易总义	403	周易丁氏传	411
周易举正	403	周易大象解	412
周易说余	404	周易口诀义	412
周易统略	404	周易王氏义	412
周易原旨	404	周易王氏注	412
周易兼义	404	周易王氏音	413
周易消息	404	周易互体徵	413
周易通义	404	周易示儿录	413
周易通论	404	周易古占法	413
周易通略	404	周易古史观	413
周易理解	405	周易古筮考	414
周易探玄	405	周易卢氏注	414
周易探原	405	周易对象释	414
周易探源	405	周易朱氏义	414
周易劄记	405	周易庄氏义	414
周易略例	405	周易李氏音	414
周易释文	406	周易何氏解	415
周易集义	406	周易宋氏注	415
周易集传	406	周易张氏义	415
周易集注	406	周易纵横录	415
周易集说	407	周易易简说	415
周易集解	407	周易尚氏学	415
周易释贞	407	周易郑氏注	416
周易象义	408	周易郑荀义	416
周易象考	408	周易参同契	416
周易象辞	408	周易孟氏学	416
周易禅解	409	周易故训订	417
周易概论	409	周易姚氏注	417
周易辑闻	409	周易姚氏学	417
周易解故	409	周易侯氏注	418

周易校勘记	418	周易何氏讲疏	427
周易徐氏音	418	周易沈氏要略	427
周易倚数录	418	周易张氏讲疏	428
周易黄氏注	418	周易张氏集解	428
周易乾凿度	419	周易卦变举要	428
周易崔氏注	419	周易卦象集证	428
周易韩氏传	419	周易玩辞集解	428
周易程氏传	419	周易郑康成注	429
周易傅氏注	420	周易京氏章句	429
周易象理证	420	周易注疏賸本	429
周易虞氏义	420	周易孟氏章句	430
周易虞氏学	420	周易函书约存	430
周易蜀才注	421	周易函书约注	430
周易新讲义	421	周易函书别集	430
周易像象述	421	周易经传训解	430
周易大传今注	422	周易经传集解	430
周易大传新注	422	周易思想研究	431
周易义证类纂	422	周易图书质疑	431
周易义海撮要	422	周易施氏章句	431
周易互体详述	422	周易通论月令	432
周易内传发例	423	周易乾坤凿度	432
周易今注今译	423	周易章句证异	432
周易爻变义蕴	423	周易董氏章句	432
周易孔义集说	423	周易集解纂疏	432
周易引经通释	423	周易象旨决录	433
周易古经今注	424	周易虞氏义笺	433
周易本义爻徵	424	周易虞氏消息	434
周易本义卦歌	424	周易虞氏略例	434
周易本义通释	424	周易新论传疏	434
周易本义集成	425	周易爻辰申郑义	434
周易本义辩证	425	周易系辞明氏注	434
周易旧疏考正	425	周易系辞荀氏注	434
周易考文补遗	425	周易系辞桓氏注	434
周易传义大全	426	周易译注与考辨	435
周易传义合订	426	周易玩辞困学记	435
周易传义附录	426	周易的构成时代	435
周易杂卦证解	426	周易注疏及补正	435
周易刘氏义疏	427	周易参同契新探	435
周易刘氏章句	427	周易研究论文集	435
周易讼卦浅说	427	周易原义新证实	436
周易寻门余论	427	周易虞氏义笺订	436

周易本义辨证补订	436	知非斋易释	441
周易经传象义阐释	436	知存而不知亡	441
周易淮南九师道训	436	知进而不知退	441
周易程朱传义折衷	436	知得而不知丧	441
周易解题及其读法	437	知至至之可与言几	441
周子望月岩而悟太极	437	知终终之可与存义	441
周濂溪太极图说考辨	437	知进退存亡而不失其正	442
周易经传集程朱解附录纂注	437	和兑	442
受兹介福于其王母	437	和兑之吉行未疑也	442
受兹介福以中正也	437	物相杂故曰文	442
帛书周易	437	制数度议德行	442
帛书周易校释	438	瓮敝漏	442
舍尔灵龟观我朵颐	438	非礼弗履	442
舍车而徒义弗乘也	438	咎	442
舍逆取顺失前禽也	438	兒易外仪	442
金钱卜	438	兒易内仪以	442
金钱代蓍	438	京房	443
垂裳	439	京氏易	444
肥遯	439	京氏之学	445
肥遯无不利无所疑也	439	京氏爻变	445
朋簪	439	京氏易传	445
朋盍簪	439	京房钱卜	445
朋友讲习	439	京氏易传笺	445
朋亡得尚于中行	439	京房学易以亡身	445
服生	439	宗庙爻	445
往蹇来反	439	享于帝立庙	445
往蹇来连	440	实象假象	445
往蹇来誉	440	实受其福吉大来也	446
往蹇来硕	440	宝巴	446
往遇雨则吉	440	宝位	446
往无咎上巽也	440	宜日中	446
往蹇来誉宜待也	440	宜建侯而不宁	446
往蹇来反内喜之也	440	官有渝	446
往蹇来连位当实也	440	官有渝从正吉也	446
往蹇来硕志在内也	440	学易记	446
往厉必戒终不可长也	440	学易枝言	446
往得疑疾有孚发若吉	440	学易初津	447
征凶	440	学易浅论	447
征凶位不当也	440	学聚问辩	447
知临	441	学易笔谈二集	447
知非斋易注	441	学易笔谈初集	447

词目	页码	词目	页码
学以聚之问以辩之	447	河洛精蕴	453
单	447	河出图洛出书	453
单爻	447	河图洛书原舛编	454
单钱	447	治历明时	454
单拆重交	447	泣血涟如何可长也	454
变爻	448	居贤德善俗	454
变动不居周流六虚	448	居上位而不骄	454
郎宗	448	居贞之吉顺以从上也	454
郎顗	448	贯鱼	454
郑众	448	贯鱼之次	455
郑玄	448	贯鱼以宫人宠	455
郑氏易	449	承	455
郑氏学	449	承家	455
郑刚中	449	承乘比应	455
郑汝谐	449	承天而时行	455
郑氏易谱	449	参伍以变错综其数	455
郑氏爻辰补	450	孟但	456
视履考祥其旋元吉	450	孟喜	456
诚斋易传	450	孟氏易	456
泽山咸	450	孟氏之学	457
泽天夬	450	孟子善用易	457
泽无水	450	孟氏易传授考	457
泽火革	450	建万国亲诸侯	457
泽水困	450	艰贞无咎	457
泽灭木	451	艰则无咎	457
泽雷随	451	艰则吉咎不长也	457
泽上于天	451	弥纶	457
泽上于地	451	终吉	457
泽上有风	451	终日戒有所疑也	457
泽上有水	451	终日乾乾行事也	457
泽上有地	451	终以誉命上逮也	458
泽上有雷	451	终凶讼不可成也	458
泽中有火	451	终则有始天行也	458
泽中有雷	451	终止则乱其道穷也	458
泽风大过	451	终日乾乾与时偕行	458
注疏	451	终日乾乾反复道也	458
注系辞十家	451	终莫之胜吉得所愿也	458
河图	451	经卦	458
河洛	451	经传诂易	458
河图洛书	451		
河洛数释	453		

九　画

词目	页码
茹敦和	459
荀辉	459
荀爽	459
荀氏学	459
荀氏易	459
荀柔之	460
荀氏卦变	460
荀爽周易注	460
革	460
革命	461
革面	461
革九三	461
革九五	461
革九四	461
革上六	462
革六二	462
革初九	462
革卦辞	462
革彖传	463
革大象传	463
革言三就	463
革故鼎新	464
革受之以鼎	464
革九三小象传	464
革九五小象传	464
革九四小象传	464
革上六小象传	464
革之时大矣哉	464
革六二小象传	464
革初九小象传	464
革而当其悔乃亡	465
革去故也鼎取新也	465
革言三就又何之矣	465
南征吉	465
南轩易说	465
南征吉志行也	465
南狩之志乃大得也	465
贲	465
贲九三	466
贲上九	466
贲六二	466
贲六五	466
贲六四	467
贲其须	467
贲初九	467
贲卦辞	468
贲彖传	468
贲大象传	468
贲如濡如	469
贲受之以剥	469
贲九三小象传	469
贲上九小象传	469
贲六二小象传	469
贲六五小象传	469
贲六四小象传	469
贲初九小象传	469
贲其须与上兴也	469
贲其趾舍车而徒	470
贲于丘园束帛戋戋	470
贲如皤如白马翰如	470
牵复	470
牵羊悔亡闻言不信	470
牵复在中亦不自失也	470
厚载	470
厚下安宅	470
厚斋易学	470
厚德载物	471
威如之吉反身之谓也	471
威如之吉易而无备也	471
咸	471
咸临	471
咸九三	471
咸九五	472
咸九四	472
咸上六	472
咸六二	473
咸初六	473
咸其拇	473
咸其腓	473
咸其脢	473

咸卦辞	473	研几	478
咸彖传	474	查慎行	478
咸大象传	474	赵汸	478
咸其辅颊舌	474	赵采	479
咸受之以恒	474	赵以夫	479
咸速也恒久也	474	赵汝楳	479
咸九三小象传	474	赵彦肃	479
咸九五小象传	475	赵善誉	479
咸九四小象传	475	枯杨生华何可久也	479
咸上六小象传	475	枯杨生华老妇得其士夫	479
咸六二小象传	475	枯杨生稊老夫得其女妻	479
咸初六小象传	475	栋桡凶	479
咸其股执其随	475	栋隆吉	479
咸其脢志末也	475	栋桡本末弱也	479
咸其拇志在外也	475	栋桡利有攸往	480
咸其股亦不处也	475	栋隆之吉不桡乎下也	480
咸临贞吉志行正也	475	栋桡之凶不可以有辅也	480
咸其辅颊舌滕口说也	475	显比	480
咸临吉无不利未顺命也	476	显比之吉位正中也	480
春秋占筮书	476	是类谋	480
括囊	476	思不出其位	480
括囊守禄	476	思患而豫防之	480
括囊无咎无誉	476	虽不当位有与也	480
括囊无咎慎不害也	476	虽磐恒志行正也	480
挂扐之数	476	虽不当位未大失也	480
挂一以象三	476	虽小有言以终吉也	480
胡广	476	虽小有言其辩明也	480
胡瑗	477	虽不当位刚柔应也	480
胡煦	477	虽凶无咎畏邻戒也	481
胡渭	477	虽凶居吉顺不害也	481
胡震	477	虽旬无咎过旬灾也	481
胡一桂	477	贵而无位	481
胡方平	477	眇能视	481
胡居仁	477	眇能视不足以有明也	481
胡炳文	478	临	481
郝敬	478	临九二	482
城隍	478	临上六	482
城复于隍	478	临六三	482
城复于隍其命乱也	478	临六五	482
项生	478	临六四	482
项安世	478	临初九	482

词目	页码	词目	页码
临卦辞	483	复象传	490
临彖传	483	复大象传	490
临大象传	483	复以自知	491
临受之以观	484	复斋易说	491
临九二小象传	484	复德之本也	491
临上六小象传	484	复上六小象传	491
临六三小象传	484	复六二小象传	491
临六五小象传	484	复六三小象传	491
临六四小象传	484	复六五小象传	491
临初九小象传	484	复六四小象传	492
临观之义或与或求	484	复小而辨于物	492
幽赞	485	复受之以无妄	492
幽人之贞	485	复自道何其咎	492
幽人贞吉中不自乱也	485	复初九小象传	492
省方观民设教	485	复自道其义吉也	492
毘陵易传	485	复其见天地之心乎	492
咥人之凶位不当也	485	复即命渝安贞不失也	492
哑哑	485	鬼神害盈而福谦	492
食旧德	485	顺以说刚中而应	492
食旧德从上吉也	485	顺而止之观象也	492
重	485	顺以动故天地如之	493
重爻	485	顺而巽中正以观天下	493
重钱	485	顺而丽乎大明柔进而上行	493
重刚而不中	485	独立不惧遯世无闷	493
重巽以申命	485	保八	493
重订周易小义	486	保巴	493
重订周易二闾记	486	保合太和乃利贞	493
重定周易费氏学	486	侯果	494
重明以丽乎正乃化成天下	486	侯卦	494
皇极经世书	486	侯行果	494
皇极经世索隐	487	俭德辟难	494
皇清经解易类汇编	487	钟会	494
皇极经世观物外篇衍义	487	钟繇	494
复	487	郤巡	494
复上六	488	种放	494
复六二	488	段嘉	494
复六三	488	看易须看卦爻未画以前	495
复六五	489	俞琰	495
复六四	489	俞樾	495
复初九	489	俞氏易集说	495
复卦辞	489	帝乙归妹	495

· 40 ·

帝出乎震	495	恒九三	501
帝出乎震图	496	恒九四	501
突如其来如	496	恒上六	501
突如其来如无所容也	496	恒六五	501
宣舒	496	恒初六	502
闻言不信聪不明也	496	恒卦辞	502
养正则吉	496	恒彖传	502
首出庶物万国咸宁	496	恒大象传	503
前京房	496	恒以一德	503
前言往行	497	恒其德贞	503
类聚	497	恒杂而不厌	503
类族辨物	497	恒受之以遯	503
迷复	497	恒德之固也	503
迷复之凶反君道也	497	恒九二小象传	503
神草	497	恒九三小象传	504
神卦	497	恒九四小象传	504
施讎	497	恒上六小象传	504
施氏易	497	恒六五小象传	504
施氏之学	497	恒初六小象传	504
施命诰四方	497	恒不死中未亡也	504
施孟梁丘之学	497	费直	504
施禄及下居德则忌	498	费元珪	504
说卦	498	费氏易	505
说易	498	费氏之学	505
说卦传	498	费氏古易订文	505
说而丽乎明	499	柔中	506
说之大民劝矣哉	499	柔变刚	506
说以动所归妹也	499	柔遇刚	506
说而巽乎乃化邦	499	柔以时升	506
说以先民民忘其劳	499	柔来而文刚	506
说以犯难民忘其死	499	柔丽乎中正	506
说以行险当位以节中正以通	499	柔在内而刚得中	506
洛书	499	柔顺利贞君子攸行	506
洗心革面	499	柔得位乎外而上同	507
洗心斋读易述	500	柔得位而上下应之	507
洊至	500	柔得中乎外而顺乎刚	507
洊雷	500	柔得中是以小事吉也	507
洊雷震	500	柔得位得中而应乎乾	507
洼丹	500	柔履刚也说而应乎乾	507
恒	500	柔进而上行得中而应乎刚	507
恒九二	501	柔得尊位大中而上下应之	508

退思易话 …… 508	姚信 …… 514
既济 …… 508	姚规 …… 514
既济九三 …… 508	姚配中 …… 514
既济九五 …… 509	姤 …… 515
既济上六 …… 509	姤九二 …… 515
既济六二 …… 509	姤九三 …… 515
既济六四 …… 509	姤九五 …… 516
既济初九 …… 510	姤九四 …… 516
既济卦辞 …… 510	姤上九 …… 516
既济彖传 …… 511	姤其角 …… 516
既忧之无咎 …… 511	姤初六 …… 516
既济大象传 …… 511	姤卦辞 …… 517
既忧之咎不长也 …… 511	姤彖传 …… 517
既济九三小象传 …… 511	姤大象传 …… 518
既济九五小象传 …… 511	姤受之以萃 …… 518
既济上六小象传 …… 511	姤九二小象传 …… 518
既济六二小象传 …… 512	姤九三小象传 …… 518
既济六四小象传 …… 512	姤九五小象传 …… 518
既济亨小者亨也 …… 512	姤九四小象传 …… 518
既济初九小象传 …… 512	姤上九小象传 …… 518
既雨既处尚德载 …… 512	姤初六小象传 …… 518
既雨既处德积载也 …… 512	姤之时义大矣哉 …… 519
既济受之以未济终焉 …… 512	姤其角上穷吝也 …… 519
险之时用大矣哉 …… 512	姤遇也柔遇刚也 …… 519
险且枕入于坎窞 …… 513	十 画
险以动动而免乎险 …… 513	
险在前也刚健而不陷 …… 513	晋 …… 520
险以说困而不失其所亨 …… 513	晋九四 …… 520
象 …… 513	晋上九 …… 520
象传 …… 513	晋六二 …… 521
象辞 …… 513	晋六三 …… 521
象上传 …… 514	晋六五 …… 521
象下传 …… 514	晋初六 …… 521
象传论 …… 514	晋卦辞 …… 522
彖象论 …… 514	晋其角 …… 522
彖辞传 …… 514	晋彖传 …… 522
彖象解经意 …… 514	晋大象传 …… 523
结绳之政 …… 514	晋如摧如 …… 523
除戎器戒不虞 …… 514	晋如愁如 …… 523
昼接 …… 514	晋如鼫鼠 …… 523
姚平 …… 514	晋九四小象传 …… 523

晋上九小象传	523	损	530
晋六二小象传	523	损益	530
晋六三小象传	523	损九二	531
晋六五小象传	523	损上九	531
晋初六小象传	524	损六三	531
晋受之以明夷	524	损六五	532
晋昼也明夷诛也	524	损六四	532
晋如摧如独行正也	524	损初九	532
莫益之或击之	524	损卦辞	532
莫益之偏辞也	524	损彖传	533
泰	524	损大象传	533
泰九二	524	损上益下	533
泰九三	525	损以远害	533
泰上六	525	损德之修也	534
泰六五	526	损受之以益	534
泰六四	526	损九二小象传	534
泰初九	526	损上九小象传	534
泰卦辞	527	损六三小象传	534
泰彖传	527	损六五小象传	534
泰大象传	527	损六四小象传	534
泰轩易传	528	损初九小象传	534
泰筮有常	528	损刚益柔有时	534
泰受之以否	528	损先难而后易	535
泰九二小象传	528	损益盛衰之始也	535
泰九三小象传	528	损其疾亦可喜也	535
泰上六小象传	528	损其疾使遄有喜	535
泰六五小象传	528	损上益下民说无疆	535
泰六四小象传	529	损下益上其道上行	535
泰初九小象传	529	损益盈虚与时偕行	535
匪其彭	529	振民	535
匪躬之节	529	振恒	535
匪寇婚媾	529	振民育德	535
匪我求童蒙	529	振恒在上大无功也	535
匪寇婚媾终无尤也	529	获匪其丑无咎	536
匪其彭无咎明辩晢也	529	桓玄	536
原始要终	529	桥庇	536
原筮元永贞	529	夏恭	536
致远	530	都絜	536
致命遂志	530	耿南仲	536
恐惧修省	530	素履	536
酌损之	530	素履之往独行愿也	536

顾欢	536	眚	541
袁安	537	豹变	541
袁良	537	离	541
袁京	537	离九三	542
袁敞	537	离九四	542
袁悦之	537	离上九	543
晏斯盛	537	离六二	543
晖光日新	537	离六五	543
乘	537	离中虚	543
乘弘	537	离为火	543
乘其墉弗克攻	537	离初九	543
乘其墉义弗克也	538	离丽也	544
乘马班如求婚媾	538	离卦辞	544
乘马班如泣血涟如	538	离彖传	544
乘马班如匪寇婚媾	538	离大象传	544
钱一本	538	离下乾上	544
钱义方	538	离下坤上	544
钱澄之	538	离下震上	544
称名小取类大	538	离下巽上	544
倾否	538	离下坎上	544
倪元璐	538	离下离上	544
健而说决而和	538	离下艮上	544
健而巽刚中而志行	539	离下兑上	544
徐昂	539	离为中女	544
徐爱	539	离南坎北图	545
徐郎	539	离上而坎下也	545
徐邈	539	离九三小象传	545
徐总幹	539	离九四小象传	545
射鲋井谷	540	离上九小象传	545
射雉一矢亡终以誉命	540	离六二小象传	545
殷荐	540	离六五小象传	545
殷嘉	540	离初九小象传	545
殷荐之上帝以配祖考	540	高相	545
积善余庆	540	高康	545
积善之家必有余庆	540	高氏易	545
积不善之家必有余殃	540	高攀龙	546
笑言哑哑后有则也	541	高氏之学	546
候卦	541	高而无民	546
息卦	541	高宗伐鬼方三年克之	546
卿卦	541	畜牝牛吉	546
修辞立其诚	541	畜臣妾吉	546

畜臣妾吉不可大事也	546	益九五小象传	555
旁通	546	益上九小象传	555
家人	547	益六二小象传	555
家人九三	547	益六三小象传	555
家人九五	547	益六四小象传	555
家人上九	548	益初九小象传	555
家人六二	548	益长裕而不设	556
家人六四	548	益用凶事固有之也	556
家人初九	548	益动而巽日进无疆	556
家人卦辞	549	唐檀	556
家人彖传	549	唐写本周易释文残卷	556
家人大象传	549	唐写本周易王注残卷	556
家人受之以睽	549	郭京	556
家人九三小象传	550	郭雍	557
家人九五小象传	550	郭璞	557
家人上九小象传	550	郭忠孝	557
家人六二小象传	550	郭氏传家易说	557
家人六四小象传	550	读易述	558
家人初九小象传	550	读易三种	558
家人嗃嗃未失也	550	读易大旨	558
家人嗃嗃悔厉吉	550	读易日钞	558
容民畜众	551	读易会通	558
容保民无疆	551	读易余言	558
宽居仁行	551	读易杂识	559
宽以居之仁以行之	551	读易考原	559
兼山	551	读易纪闻	559
兼山艮	551	读易私言	559
益	551	读易贵时	560
益九五	551	读易别录	560
益上九	552	读易图说	560
益六二	552	读易详说	560
益六三	552	读易举要	561
益六四	553	读易新纲	561
益初九	553	读易笔记	561
益卦辞	553	读易当分三等	561
益彖传	554	读易老人解说	561
益大象传	554	读易汉学私记	562
益以兴利	554	读卦爻如占筮所得	562
益之用凶事	555	旅	562
益受之以夬	555	旅次	562
益德之裕也	555	旅九三	562

旅九四	562	涣初六	569
旅上九	563	涣卦辞	569
旅六二	563	涣彖传	570
旅六五	563	涣大象传	570
旅贞吉	564	涣奔其机	570
旅初六	564	涣受之以节	570
旅卦辞	564	涣汗其大号	571
旅彖传	564	涣其群元吉	571
旅大象传	565	涣九二小象传	571
旅受之以巽	565	涣九五小象传	571
旅九三小象传	565	涣上九小象传	571
旅九四小象传	565	涣六三小象传	571
旅上九小象传	565	涣六四小象传	571
旅六二小象传	565	涣其血去逖出	571
旅六五小象传	566	涣其血远害也	571
旅初六小象传	566	涣初六小象传	571
旅人先笑后号咷	566	涣离也节止也	572
旅之时义大矣哉	566	涣有丘匪夷所思	572
旅于处未得位也	566	涣奔其机得愿也	572
旅琐琐志穷灾也	566	涣其躬志在外也	572
旅琐琐斯其所取灾	566	涣其群元吉光大也	572
旅焚其次丧其童仆	566	诸侯爻	572
旅焚其次亦以伤矣	566	诸侯卦	572
旅即次怀其资得童仆贞	566	诸家易象别录	572
旅于处得其资斧我心不快	566	栾肇	572
悔	567	冥升	572
悔亡	567	冥豫	572
浚恒	567	冥升在上消不富也	572
浚恒之凶始求深也	567	冥豫在上何可长也	572
酒食贞吉以中正也	567	通卦验	573
消卦	567	通书述解	573
消息卦	567	剥	573
涉川	567	剥上九	573
涣	567	剥六二	573
涣九二	568	剥六三	574
涣九五	568	剥六五	574
涣上九	568	剥六四	574
涣王居	568	剥无咎	574
涣六三	568	剥初六	574
涣六四	569	剥卦辞	575
涣其躬	569	剥彖传	575

剥大象传	575	萃六三	581
剥床以足	575	萃有位	581
剥床以肤	575	萃初六	581
剥床以辨	575	萃卦辞	582
剥复之机	576	萃彖传	582
剥受之以复	576	萃大象传	583
剥上九小象传	576	萃如嗟如	583
剥六二小象传	576	萃受之以升	583
剥六三小象传	576	萃九五小象传	583
剥六四小象传	576	萃九四小象传	583
剥六五小象传	576	萃上六小象传	584
剥初六小象传	576	萃六二小象传	584
剥烂也复反也	576	萃六三小象传	584
剥之无咎失上下也	576	萃初六小象传	584
剥床以足以灭下也	577	萃有位志未光也	584
剥床以肤切近灾也	577	萃聚而升不来也	584
剥床以辨未有与也	577	梦吞三爻	584
能以众正可以王矣	577	赦过宥罪	584
继照	577	探赜	584
继明照于四方	577	探赜索隐钩深致远	584
		推易始末	585
十一画		据于蒺藜乘刚也	585
		硕果不食	585
黄泽	578	教思无穷	585
黄颖	578	辅相天地之宜	585
黄以周	578	辅嗣易行无汉学	585
黄宗炎	578	乾	585
黄宗羲	578	乾九二	586
黄道周	578	乾九三	586
黄离元吉	579	乾九五	587
黄裳元吉	579	乾九四	587
黄中通理正位居体	579	乾三连	587
黄离元吉得中道也	579	乾上九	587
黄裳元吉文在中也	579	乾文言	587
龚原	579	乾为天	587
曹端	579	乾用九	588
萧汉中	579	乾初九	588
萃	579	乾卦辞	588
萃九五	580	乾彖传	588
萃九四	580	乾健也	589
萃上六	580	乾凿度	589
萃六二	581		

乾大象传	589	蛊六四	595
乾下乾上	589	蛊初六	595
乾下坤上	589	蛊卦辞	596
乾下震上	589	蛊彖传	596
乾下巽上	589	蛊大象传	597
乾下坎上	589	蛊受之以临	597
乾下离上	589	蛊九二小象传	597
乾下艮上	589	蛊九三小象传	597
乾下兑上	589	蛊上九小象传	597
乾大坤广	589	蛊六五小象传	597
乾称乎父	590	蛊六四小象传	597
乾坤六子	590	蛊初六小象传	598
乾坤易简	590	常德行习教事	598
乾坤升降	591	崔铣	598
乾坤凿度	591	崔憬	598
乾刚坤柔	591	崔觐	598
乾元序制记	591	虚一不用	598
乾南坤北图	591	唯君子为能通天下之志	598
乾坤占二用	591	晦庵易学探微	598
乾坤变坎离	591	豚鱼吉	598
乾九二小象传	592	豚鱼吉信及豚鱼也	599
乾九三小象传	592	船山易学研究	599
乾九五小象传	592	第一营	599
乾九四小象传	592	第二营	599
乾上九小象传	592	第三营	599
乾用九小象传	592	第四营	599
乾初九小象传	592	第五元先	599
乾坤受之以屯	593	得正	599
乾坤为万物之始	593	得位	599
乾坤其易之门邪	593	得敌	599
乾坤其易之缊邪	593	得臣无家	599
乾乾因其时而惕	593	得象忘言	599
乾元用九乃见天则	593	得意忘象	599
乾元用九天下治也	594	得妾以其子	600
乾元者始而亨者也	594	得其资斧心未快也	600
乾道变化各正性命	594	得童仆贞终无尤也	600
蛊	594	逸易	600
蛊九二	594	商瞿	600
蛊九三	595	商兑未宁介疾有喜	600
蛊上九	595	商旅不行后不省方	600
蛊六五	595	章句守师说	601

麻衣道者	601	渐六二小象传	608
康侯用锡马蕃庶	601	渐六四小象传	609
庸言之信庸行之谨	601	渐初六小象传	609
庚运	601	渐受之以归妹	609
密云不雨已上也	601	渐女归待男行也	609
密云不雨尚往也	601	渐之进也女归吉也	609
密云不雨自我西郊	601	羝羊触藩羸其角	609
惕厉	601	羝羊触藩不能退不能遂	609
惕号莫夜有戎勿恤	602	盖宽饶	609
惧以终始其要无咎	602	维心亨乃以刚中也	610
梁恭	602	维用伐邑道未光也	610
梁竦	602	婚媾有言	610
梁寅	602	逯中立	610
梁丘临	602	续经解易类汇编	610
梁丘贺	603	隐而未见行而未成	610
梁丘易	603	随	610
梁武帝	603	随九五	610
梁丘之学	603	随九四	611
渎蒙	603	随上六	611
鸿仪	604	随六二	611
鸿渐	604	随六三	612
鸿渐于干	604	随风巽	612
鸿渐于陆	604	随有获	612
鸿渐于陵	604	随初九	612
鸿渐于木或得其桷	604	随卦辞	612
鸿渐于磐饮食衎衎	604	随彖传	613
淙山读周易记	604	随大象传	613
淮南九师	605	随有求得	613
渐	605	随受之以蛊	613
渐九三	605	随九五小象传	613
渐九五	606	随九四小象传	613
渐上九	606	随上六小象传	614
渐六二	606	随六二小象传	614
渐六四	606	随六三小象传	614
渐初六	607	随初九小象传	614
渐卦辞	607	随有获其义凶也	614
渐彖传	607	随时之义大矣哉	614
渐大象传	608	随无故也蛊则饬也	614
渐九三小象传	608		
渐九五小象传	608	**十二画**	
渐上九小象传	608	惠栋	615

惠士奇 ……………………… 615	鼎新革故 ……………………… 622
惠我德大得志也 ……………… 615	鼎受之以震 …………………… 622
焚如死如弃如 ………………… 615	鼎黄耳金铉 …………………… 622
厥宗噬肤 ……………………… 615	鼎九二小象传 ………………… 622
厥孚交如威如 ………………… 615	鼎九三小象传 ………………… 622
厥宗噬肤往有庆也 …………… 615	鼎九四小象传 ………………… 622
厥孚交如信以发志也 ………… 615	鼎上九小象传 ………………… 623
董楷 …………………………… 616	鼎六五小象传 ………………… 623
董遇 …………………………… 616	鼎初六小象传 ………………… 623
董守谕 ………………………… 616	鼎颠趾未悖也 ………………… 623
董真卿 ………………………… 616	鼎颠趾利出否 ………………… 623
韩生 …………………………… 616	鼎耳革失其义也 ……………… 623
韩伯 …………………………… 616	鼎有实慎所之也 ……………… 623
韩商 …………………………… 616	鼎黄耳中以为实也 …………… 623
韩婴 …………………………… 616	鼎折足覆公餗其形渥 ………… 623
韩氏易 ………………………… 617	鼎耳革其行塞雉膏不食 ……… 623
韩邦奇 ………………………… 617	紫岩易传 ……………………… 623
韩康伯 ………………………… 617	跛能履 ………………………… 624
敬义立而德不孤 ……………… 617	跛能履吉相承也 ……………… 624
敬以直内义以方外 …………… 617	跛能履不足以与行也 ………… 624
揲蓍 …………………………… 617	景鸾 …………………………… 624
揲之以四以象四时 …………… 617	遇卦 …………………………… 624
援传连经 ……………………… 617	遇主于巷 ……………………… 624
彭宣 …………………………… 618	遇元夫交孚 …………………… 624
确乎其不可拔 ………………… 618	遇其夷主吉 …………………… 624
朝乾夕惕 ……………………… 618	遇毒位不当也 ………………… 624
鼎 ……………………………… 618	遇其夷主吉行也 ……………… 625
鼎革 …………………………… 618	遇主于巷未失道也 …………… 625
鼎铉 …………………………… 618	遇其配主虽旬无咎 …………… 625
鼎九二 ………………………… 618	遇雨之吉群疑亡也 …………… 625
鼎九三 ………………………… 619	遇雨若濡有愠无咎 …………… 625
鼎九四 ………………………… 619	遏恶扬善顺天休命 …………… 625
鼎上九 ………………………… 620	遗爻举体 ……………………… 625
鼎六五 ………………………… 620	象 ……………………………… 625
鼎玉铉 ………………………… 620	象传 …………………………… 626
鼎有实 ………………………… 620	象辞 …………………………… 626
鼎初六 ………………………… 620	象数 …………………………… 626
鼎卦辞 ………………………… 620	象上传 ………………………… 626
鼎彖传 ………………………… 621	象下传 ………………………… 626
鼎象也 ………………………… 621	象辞传 ………………………… 626
鼎大象传 ……………………… 621	象数派 ………………………… 626

象数学	627	敦艮	633
傅氏	627	敦临	633
释郑氏爻辰补	627	敦复	633
鲁伯	627	敦艮之吉以厚终也	633
智旭	627	敦临之吉志在内也	633
程传	627	敦复无悔中以自考也	633
程迥	627	谦	633
程颐	628	谦光	633
程颢	628	谦谦	633
程大昌	628	谦九三	633
程廷祚	628	谦上六	634
惩忿窒欲	628	谦六二	634
焦循	628	谦六五	634
焦延寿	629	谦六四	634
焦氏易林	629	谦初六	635
焦氏易诂	629	谦卦辞	635
焦氏易林注	629	谦彖传	635
税與权	630	谦大象传	635
善世而不伐	630	谦以制礼	636
谢万	630	谦尊而光	636
湘芗漫录	630	谦谦君子	636
温公易说	630	谦受之以豫	636
曾贯	631	谦德之柄也	636
裒多益寡称物平施	631	谦九三小象传	636
游归	631	谦上六小象传	636
游魂	631	谦六二小象传	636
富家大吉	631	谦六五小象传	636
富家大吉顺在位也	631	谦六四小象传	636
寒泉之食中正也	631	谦初六小象传	637
裕蛊	631	谦轻而豫怠也	637
裕无咎未受命也	631	谦谦君子卑以自牧也	637
裕父之蛊往见吝	631	谦尊而光卑而不可逾	637
裕父之蛊往未得也	632	巽	637
童观	632	巽入也	638
童蒙	632	巽九二	638
童蒙吉	632	巽九三	638
童牛之牿	632	巽九五	638
童溪易传	632	巽上九	639
童蒙求我	632	巽下断	639
童蒙求我志应也	632	巽六四	639
童蒙之吉顺以巽也	632	巽为风	639

巽初六	639	雷电皆至	643
巽卦辞	640	雷电噬嗑	643
巽彖传	640	雷雨作解	643
巽大象传	640	雷泽归妹	643
巽下乾上	640	雷雨之动满盈	643
巽下坤上	640	蔀家	644
巽下震上	640	楚蒙山房易经解	644
巽下巽上	640	蒙	644
巽下坎上	641	蒙上九	644
巽下离上	641	蒙九二	645
巽下艮上	641	蒙六三	645
巽下兑上	641	蒙六五	645
巽在床下	641	蒙六四	646
巽以行权	641	蒙初六	646
巽为长女	641	蒙卦辞	646
巽称而隐	641	蒙彖传	646
巽受之以兑	641	蒙大象传	647
巽德之制也	641	蒙受之以需	647
巽九二小象传	641	蒙九二小象传	647
巽九三小象传	641	蒙上九小象传	647
巽九五小象传	641	蒙六三小象传	647
巽上九小象传	641	蒙六五小象传	648
巽六四小象传	642	蒙六四小象传	648
巽乎水而上水	642	蒙初六小象传	648
巽而耳目聪明	642	蒙以养正圣功也	648
巽初六小象传	642	颐	648
巽在床下上穷也	642	颐上九	648
巽而动刚柔皆应	642	颐六二	649
巽而顺刚中而应	642	颐六三	649

十三画

		颐六五	649
		颐六四	650
雷水解	643	颐初九	650
雷火丰	643	颐卦辞	650
雷风恒	643	颐彖传	650
雷地豫	643	颐大象传	651
雷思齐	643	颐上九小象传	651
雷山小过	643	颐之时大矣哉	651
雷天大壮	643	颐六二小象传	651
雷在天上	643	颐六三小象传	651
雷在地中	643	颐六五小象传	651
雷出地奋	643	颐六四小象传	651

颐初九小象传	652	解蒙	661
颐受之以大过	652	解九二	661
颐中有物曰噬嗑	652	解九四	661
颐养正也既济定也	652	解上六	661
虞翻	652	解六三	662
虞氏学	652	解六五	662
虞氏易	652	解初六	662
虞氏互体	653	解卦辞	662
虞氏卦变	653	解彖传	663
虞氏易礼	653	解大象传	663
虞氏易言	654	解受之以损	663
虞氏易候	654	解九二小象传	664
虞氏易事	654	解九四小象传	664
虞氏逸象	654	解上六小象传	664
虞翻周易注	654	解之时大矣哉	664
虞氏易义补注	655	解六三小象传	664
虞氏易象彙编	655	解六五小象传	664
虞氏逸象考正	655	解初六小象传	664
虞吉有它不燕	655	解缓也塞难也	664
虞翻五世治孟易	655	解而拇未当位也	664
虞翻注易益美东南	656	解而拇朋至斯孚	664
蜀才	656	褚氏	665
蜕私轩易说	656	褚仲都	665
愚一录易说订	656	褚氏易注	665
频复	656	数	665
频巽	657	数象	665
频巽之吝志穷也	657	意象	665
频复之厉义无咎也	657	慎辨物居方	665
辞变象占	657	慎言语节饮食	665
愆期之志有待而行也	657	新本郑氏周易	665
觟阳鸿	657	辟卦	666
筮人	657		
筮仪	657	十四画	
筮宗	657	静爻	667
筮法	657	蔡公	667
筮验	660	蔡清	667
筮类谋	660	蔡渊	667
筮渎不告	660	蔡元定	667
筮短龟长	660	蔡景君	667
解	660	蔡氏易说	667
解作	661	嘉遯	668

词目	页码	词目	页码
嘉会足以合礼	668	睽象传	675
嘉遘贞吉以正志也	668	睽大象传	676
舆说輹	668	睽受之以塞	676
舆说輹中无尤也	668	睽九二小象传	676
舆说辐夫妻反目	668	睽九四小象传	676
需	668	睽上九小象传	676
需九二	668	睽六三小象传	676
需九三	669	睽六五小象传	677
需九五	669	睽初九小象传	677
需上六	669	睽之时用大矣哉	677
需六四	669	睽外也家人内也	677
需初九	670	裴蕴	677
需卦辞	670	蜥易说	677
需象传	670	管辂	677
需大象传	670	箕子之明夷	678
需于酒食	671	箕子之贞明不可息也	678
需受之以讼	671	僧一行	678
需九二小象传	671	像钞	678
需九三小象传	671	像象	678
需九五小象传	671	像象管见	678
需上六小象传	671	遯	678
需于血出自穴	671	遯尾	678
需于沙小有言	672	遯九三	678
需于郊利用恒	672	遯九五	679
需于泥致寇至	672	遯九四	679
需六四小象传	672	遯上九	679
需初九小象传	672	遯六二	679
需于血顺以听也	672	遯初六	680
需于泥灾在外也	672	遯卦辞	680
需于沙衍在中也	672	遯象传	680
需于郊不犯难行也	672	遯大象传	680
需不进也讼不亲也	672	遯世无闷	681
睽	672	遯九三小象传	681
睽孤	673	遯九五小象传	681
睽九二	673	遯九四小象传	681
睽九四	673	遯上九小象传	681
睽上九	673	遯六二小象传	681
睽六三	674	遯初六小象传	681
睽六五	674	遯受之以大壮	682
睽初九	675	遯之时义大矣哉	682
睽卦辞	675	遯尾之厉不往何灾也	682

慢藏	682		震下兑上	689
慢藏诲盗冶容诲淫	682		震为长男	689
演易台	682		震行无眚	690
端木国瑚	682		震往来厉	690
彰往察来微显阐幽	682		震巽特变	690
愬愬终吉志行也	683		震受之以艮	690
廖平	683		震九四小象传	690
翟玄	683		震上六小象传	690
翟牧	683		震六二小象传	690
翟子玄	683		震六三小象传	690
翟玄易义	683		震六五小象传	691
熊过	684		震初九小象传	691
熊良辅	684		震起也艮止也	691
			震来厉乘刚也	691
十五画			震索索视矍矍	691
横渠易说	685		震遂泥未光也	691
樊英	685		震往来厉危行也	691
潢益	685		震苏苏位不当也	691
震	685		震索索中未得也	691
震九四	686		震来虩虩恐致福也	691
震上六	686		震来虩虩笑言哑哑	691
震六二	686		震惊百里不丧匕鬯	692
震六三	687		震来虩虩后笑言哑哑	692
震六五	687		震不于其躬于其邻无咎	692
震来厉	687		震惊百里惊远而惧迩也	692
震仰盂	687		震用伐鬼方三年有赏于大国	692
震为雷	688		稽览图	692
震初九	688		德博而化	692
震苏苏	688		磐桓	692
震动也	688		憧憧往来未光大也	692
震卦辞	688		憧憧往来朋从尔思	692
震彖传	689		翩翩不富	693
震遂泥	689		翩翩不富皆失实也	693
震大象传	689		潘士藻	693
震下乾上	689		潜龙勿用	693
震下坤上	689		潜龙勿用下也	693
震下震上	689		潜龙勿用阳在下也	693
震下巽上	689		潜龙勿用阳气潜藏	693
震下坎上	689		履	693
震下离上	689		履尾	694
震下艮上	689		履霜	694

履九二	694	噬嗑	700
履九五	694	噬肤灭鼻	700
履九四	694	噬嗑九四	700
履上九	695	噬嗑上九	700
履六三	695	噬嗑六二	701
履初九	695	噬嗑六三	701
履卦辞	695	噬嗑六五	701
履彖传	696	噬嗑初九	701
履大象传	696	噬嗑卦辞	702
履以和行	696	噬嗑彖传	702
履和而至	696	噬腊肉遇毒	702
履霜之戒	696	噬嗑大象传	702
履受之以泰	696	噬嗑受之以贲	703
履德之基也	697	噬干胏得金矢	703
履霜坚冰至	697	噬干肉得黄金	703
履九二小象传	697	噬肤灭鼻乘刚也	703
履九五小象传	697	噬嗑九四小象传	703
履九四小象传	697	噬嗑六二小象传	703
履上九小象传	697	噬嗑上九小象传	704
履六三小象传	697	噬嗑六三小象传	704
履初九小象传	697	噬嗑六五小象传	704
履虎尾不咥人	698	噬嗑初九小象传	704
履虎尾咥人凶	698	噬嗑食也贲无色也	704
履虎尾愬愬终吉	698	默语	704
履错然敬之无咎	698	雕菰楼易义	704
履道坦坦幽人贞吉	698	雕菰楼易学三书	704
履错之敬以辟咎也	698	衡咸	705
履霜坚冰阴始凝也	698	衡胡	705
屦校灭趾	698	劓刖志未得也	705
屦校灭趾不行也	698	劓刖困于赤绂	705
		穆修	705
十六画		辨中备	705
薛虞	699	辨终备	705
颠颐吉	699	辩上下定民志	705
颠颐拂经于丘颐	699	羲经	705
颠颐之吉上施光也	699	羲文之易	705
樽酒簋贰用缶	699	豫	706
樽酒簋贰刚柔际也	699	豫九四	706
翰音登于天	699	豫上六	706
翰音登于天何可长也	699	豫六二	707
獱豕之牙	700	豫六三	707

豫六五	707	蹇九三小象传	715
豫初六	707	蹇九五小象传	715
豫卦辞	708	蹇上六小象传	715
豫彖传	708	蹇六二小象传	715
豫大象传	708	蹇六四小象传	715
豫受之以随	709	蹇初六小象传	715
豫九四小象传	709	蹇之时用大矣哉	715
豫上六小象传	709	濡首	715
豫六二小象传	709	濡其尾吝	715
豫六三小象传	709	濡其首厉	715
豫六五小象传	709	濡其首有孚失是	716
豫初六小象传	709	濡其尾亦不知极也	716
豫之时义大矣哉	709	濡其首厉何可久也	716
盥而不荐	710	濡其尾无攸利不续终也	716
		臀困于株木	716
十七画		臀无肤其行次且	716
		繻有衣袽终日戒	716
藉用白茅	711		
藉用白茅柔在下也	711	**十八画**	
藏器	711		
戴宾	711	覆悚	717
戴憑	711	覆公悚信何如也	717
戴崇	711	藩决不羸尚往也	717
戴九履一图	711	藩决不羸壮于大舆之輹	717
魏满	711	鼫鼠贞厉位不当也	717
魏濬	711		
魏了翁	711	**十九画**	
魏伯阳	711		
蹇	712	羸其瓶是以凶也	718
蹇连	712	羸豕孚蹢躅	718
蹇剥	712	阚观	718
蹇九三	712	阚观女贞亦可丑也	718
蹇九五	712	阚其户阒其无人自藏也	718
蹇上六	713	阚其户阒其无人三岁不觌	718
蹇六二	713		
蹇六四	713	**廿一画**	
蹇初六	713		
蹇卦辞	713	齎咨涕洟	719
蹇彖传	714	齎咨涕洟未安上也	719
蹇大象传	714		
蹇受之以解	714	**廿二画**	
		囊括	720

一　画

【一】《系辞上传》所列"天数"之一。见"天地之数"。

【一行】(687—727)　唐僧,魏州(今河北大名东北)人,一说巨鹿(今属河北)人。俗姓张,名遂。少聪敏,博览经史,尤精历象、阴阳、五行之学。时道士尹崇博学先达,素多藏书,一行诣崇借扬雄《太玄经》归读,数日复诣崇还书,崇曰:"此书意旨稍深,吾读积年尚不能晓,吾子试更研求,何遽见还也?"一行答:"究其义矣!"因出所撰《大衍玄图》及《义决》一卷,以示崇。崇大惊,谓人曰:"此后生颜子也!"一行由是大知名。武则天时,为避武三思,出家为僧。初师嵩山普寂,后从善无畏、金刚智学密法。开元间,玄宗强之至京,置于光太殿,数访以安国抚人之道。曾与梁令瓒共制黄道游仪。改制浑天仪。发起全国性天文观测,首次计算出相当于子午线纬度的长度。卒年四十五,谥"大慧禅师"。天文、历法、佛学诸方面的著述甚丰(见《旧唐书》本传及《高僧传》、《佛祖统纪》等)。其《易》学专著,《中兴书目》列有《一行易传》十二卷,王应麟《困学纪闻》引作《一行易纂》。已佚。清马国翰《玉函山房辑佚书》辑《易纂》一卷。

【一爻变】指《易》筮过程中筮得一爻变动的卦。亦称"一爻动"。其占断条例,朱熹《易学启蒙》曰:"一爻变,则以本卦变爻辞占。"这是说,筮得一爻变的卦,应当取本卦变爻的爻辞占断吉凶。但据旧籍所载筮例,并非尽如朱熹所言。尚秉和先生指出:"此论其常耳。古人殊不尽取动爻辞。以辞往往与我疏,故弃而不用,用其象之亲于我者,以推我事。又陈敬仲遇《观》之《否》,取动之爻辞矣,又何以兼推互体(见《左传》庄公二十二年筮例)?可见筮无定法,专察卦象之于我何如,不能执一以推也。"(《周易古筮考》)

【一爻动】即"一爻变"。

【一世卦】　西汉京房倡"八宫卦"说,每宫本宫卦凡第一爻(初爻)变所成之卦称"一世卦"。"八宫卦"中,一世卦有八:《乾》宫一世为《姤》卦,《震》宫一世为《豫》卦,《坎》宫一世为《节》卦,《艮》宫一世为《贲》卦,《坤》宫一世为《复》卦,《巽》宫一世为《小畜》卦,《离》宫一世为《旅》卦,《兑》宫一世为《困》卦。参见"八宫卦"。

【一阳生】见"一阳来复"。

【一九之数】　在《易》学概念中,阳数始于一,终于九。故一可代表阳之初微,九可代表阳之终极。宋人所制《洛书》图式中,以一居北,以九居南,谓之"戴九履一",亦含此义。《周易参同契》云:"子南午北,互为纲纪;一九之数,终而复始。"鲍照《字谜诗三首》(见《鲍参军集》)之一曰:"乾之一九,<ruby>卜</ruby>立无偶;坤之二六,宛然双宿。"(谜底"土"。)

【一六为水】　宋人所制《河图》中,以一、六为北方之数,实本《说卦传》坎水居正北之义,于四季象征中又属冬。扬雄《太玄经·玄数》云:"一六为水,为北方,为冬。"故后世术数家又有"一六同宗"之说,《三命会通》论十干合曰:"经云:一六同宗,二七同道,三八为朋,四九为友,五十同途,阖辟奇偶是也。"

【一阳来复】《周易》六十四卦中的《复》卦,上五爻为阴,下一爻为阳(䷗),有阴气剥尽而一阳回复之象;在汉代《易》家的十二月消息卦说中,此卦配属十一月之卦,其时为冬至,故有冬至"一阳来复"之说。亦称"一阳生"。李鼎祚《周易集解》于《复》卦辞"复,亨"引何妥曰:"复者,归本之名。群阴剥阳至于几尽,一阳来下,故称反复;阳气复反而得交通,故云

'复,亨'也。"朱熹《周易本义》亦取消息卦之说阐释此卦,云:"复,阳复生于下也。《剥》尽则为纯《坤》十月之卦,而阳气生于下矣。积之逾月,然后一阳之体始成而来复。故十有一月,其卦为《复》。以其阳既往而复反,故有亨道。"

【一阴一阳】 《周易》哲学所展示的大自然赖以化生万物的既相对立又相依存的二气:阴气与阳气。语本《系辞上传》"一阴一阳之谓道"。扬雄《太玄经·玄图》:"一阴一阳,然后生万物。"班固《答宾戏》(见《班孟坚集》):"一阴一阳,天地之方;乃文乃质,王道之纲;有同有异,圣哲之常。"

【一挂二扐】 《周易》筮法,凡"四营"之间,必须从临撰算的蓍策中取出一根挂于左手小指间,又须将两次揲余之策分别夹扐于左手无名指、中指间,此谓"一挂二扐"。参见"筮法"。

【一奇一偶】 犹言一阴一阳,谓《周易》之数,体现于阴阳奇偶的交互递生。《朱子语类》:"天下之万数,出于一奇一偶。"又云:"盈乎天地之间,无非一阴一阳之理。"

【一奇二偶】 指一为奇数,二为偶数,即《周易》哲学中的阴阳数理象征。《宋史·蔡元定传》载蔡沉述其父元定论"洪范数"曰:"体天地之撰者,《易》之象;纪天地之撰者,《范》之数。数始于一奇,象成于二偶;奇者数之所以立,偶者数之所以行。故二四而八,八卦之象也;三三而九,九畴之数也。"此类理论,对古代中医学亦有影响。清张志聪《黄帝内经灵枢集注》于《邪气脏腑病形篇》注曰:"夫数始于一奇二偶,合而为三,三而两之成六,三而三之成九,此三才三极之道也。"

【一画开天】 《系辞传》称伏羲画八卦,而八卦首卦乾(☰)的第一画便是一条代表阳的符号"—";乾卦之象为天,故有"一画开天"之称。南宋陆游《读易诗》(见《陆放翁全集》)有"无端凿破乾坤秘,祸始羲皇一画时"句。

【一握为笑】 《萃》卦初六爻辞之语。意为:一握手间重见欢笑。这是说明初六当"萃"之时,以阴处下,上应九四,但前有二、三两阴相阻,遂对九四疑虑重重,与之真诚会聚之心未能保持至终,乃至行为紊乱而妄聚;但初六毕竟与九四为阴阳正应,若能执情呼号九四,四必来应,两者将顷刻间握手言欢,欣然会聚,故曰"一握为笑"。参见"萃初六"。

【一谦四益】 指凡谦逊者,必获天道、地道、神道、人道四方面的施益。语本《谦》卦的《象传》。班固《汉书·艺文志》:"《易》之嗛嗛。一谦而四益。"颜师古注:"四益,谓'天道亏盈而益谦,地道变盈而流谦,鬼神害盈而福谦,人道恶盈而好谦'也。此《谦》卦《象辞》。嗛字与谦同。"《后汉书·梁节王刘畅传》载汉和帝诏曰:"一日克己复礼,天下归仁。王其安心静意,茂率休德。《易》不云乎:一谦而四益。"

【一德之卦】 《乾》卦卦辞有"元,亨,利,贞"之语,《文言传》谓之"四德";孔颖达认为,六十四卦的卦辞中更有只言及"四德"中的一德者,共十五卦,称为"一德之卦"。《文言传》:"君子行此四德者,故曰'乾,元,亨,利,贞'。"孔氏《周易正义》云:"亦有一德者,若《蒙》、《师》、《小畜》、《履》、《泰》、《谦》、《噬嗑》、《贲》、《复》、《大过》、《震》、《丰》、《节》、《既济》、《未济》,凡十五卦,皆一德也。并是'亨'也,或多在事上言之,或在事后者,《履》卦云'履虎尾,不咥人,亨',由有事乃得亨。"

【一阳主五阴】 三国魏王弼倡"卦主"之例,谓《易》卦凡含五阴爻、一阳爻者,即以阳爻为卦主。王弼《周易略例·明象》曰:一卦"五阴而一阳,则一阳为之主矣。夫阴之所求者阳也,阳之所求者阴也。阳苟一焉,五阴何得不同而归之?"邢璹注:"《师》、《比》、《谦》、《豫》、《复》、《剥》之例是也。"即言《师》(☷☵)、《比》(☵☷)、《谦》(☷☶)、《豫》(☳☷)、《复》(☷☳)、《剥》(☶☷)六卦均为一阳主五阴之例。参见"卦主"。

【一阴主五阳】 三国魏王弼倡"卦主"之例，谓《易》卦凡含五阳爻、一阴爻者，即以阴爻为卦主。王弼《周易略例·明彖》曰："一卦五阳而一阴，则一阴为之主矣。"又曰："故阴爻虽贱，而为一卦之主者，处其至少之地也。"邢璹注："《同人》、《履》、《小畜》、《大有》之例是也。"即言《同人》(䷌)、《履》(䷉)、《小畜》(䷈)、《大有》(䷍)四卦均为一阴主五阳之例。参见"卦主"。

【一卦备四卦】 《易》卦"互体"条例之别称，亦谓"一卦含四卦"。晁公武《郡斋读书志》于《京氏易传》题下释"互体"曰："会于中而以四为用，一卦备四卦者谓之'互'。"朱震《汉上易传自序》："一卦中含四卦，四卦之中复有变动，上下相揉，百物成象……此见于互体者也。"王应麟《辑周易郑注自序》云："郑康成学费氏《易》，为注九卷，多论互体。以互体求《易》，《左氏》以来有之。凡卦爻二至四、三至五，两体交互，各成一卦，是谓一卦含四卦。"参见"互体"。

【一卦不问二事】 《周易》占筮中的一项条例，谓每次占筮，不兼问二事。此与《蒙》卦的卦辞"初筮告，再三渎，渎则不告"的含义略有相近之处。

【一阴一阳之谓道】 揭示《周易》阴阳变化哲学的一个重要命题。语出《系辞上传》，意思是：大自然万物一阴一阳的矛盾变化就叫作"道"。视《周易》八卦、六十四卦，无不本于阴爻(--)、阳爻(—)两种基本象征符号；而诸卦诸爻之间，又有阴卦阳卦、阴爻阳爻、阴位阳位的变易敌应情状，因之而反映出事物无不在对立矛盾的环境中发展变化。《庄子·天下篇》谓："《易》以道阴阳"，《史记·太史公自序》云："《易》著天地阴阳四时五行，故长于变"，均言《周易》本旨在于揭示阴阳变化的自然规律。韩康伯《系辞传注》承王弼以《老》、《庄》解《易》的宗旨，谓"一阴一阳"之道本于"虚无"，指出："道者何？'无'之称也。无不通也，无不由也，况之曰'道'。寂然无体，不可为象，必有之用极，而无之功显，故至乎'神无方而易无体'而道可见矣。故穷变以尽神，因神以明道，阴阳虽殊，'无'一以待之。在阴为无阴，阴以之生；在阳为无阳，阳以之成，故曰'一阴一阳'也。"这一说法事实上是把《周易》的"阴阳"之道纳入《老》、《庄》"虚无"之道的范畴中去，认为"阴之与阳虽有'两气'，恒用虚无之'一'以拟待之"(孔颖达《周易正义》语)。于是，"一阴一阳之谓道"的《易》学命题被添上了玄学色彩。宋儒程颐、朱熹对此命题作了较简明切近的解说，以为"阴阳"是大自然万物的"二气"，而一阴一阳的交变则是事物运动发展之"道"，与其"理气"之说相互发明。程颐指出："一阴一阳之谓道，道非阴阳也；所以一阴一阳，道也，如一阖一辟谓之变。"(《河南程氏遗书》卷三《谢显道记忆平日语》)朱熹说："阴阳迭运者气也，其理则所谓道。"(《周易本义》)又说："以一日言之，则昼阳而夜阴；以一月言之，则望前为阳，望后为阴；以一岁言之，则春夏为阳，秋冬为阴。从古到今，恁地滚将去，只是个阴阳。是孰使之然哉？乃'道'也。"(《朱子语类》)

【一人行则得其友】 《损》卦六三爻辞之语。意思是：一人独行专心求合，就能得其刚健友朋。一人，指《损》卦六三爻。这是说明六三当"减损"之时，以阴居下兑之极，应于上九之阳，悦而求之，欲损己以益彼，但此时若偕群阴并行以求，将有损于上九一阳；惟当以己一人独往，则不但有益于上九，且阴阳专情和合，必能得己之"友朋"，故曰"一人行，则得其友"。辞义主于"损益"之间要恰到好处。参见"损六三"。

【一人行三则疑也】 《损》卦六三爻的《小象传》辞。旨在解说六三爻辞"三人行则损一人，一人行则得其友"义。意思是：一人独行可以专心求合，三人同行将使对方疑惑无主。参见"损六三小象传"。

二　画

〔一〕

【二】　①《周易》六十四卦中，凡居第二位之爻，不论阴阳，均可简称为"二"。如"九二"、"六二"，《易》家常谓之"二"。《系辞下传》曰"二多誉"，言第二爻处位多获美誉。《周易集解》于《乾》九二爻辞"见龙在田，利见大人"引干宝注："二为地上，田在地之表而有人功者也。"参见"爻位"。②《系辞上传》所列"地数"之一。见"天地之数"。

【二爻】　《易》卦六爻中，居卦下第二位的爻。亦称"二位"，简称"二"。参见"爻位"。

【二体】　《周易》六十四卦均由八卦两两相重而成，故每卦中各含两个八卦符号，凡居下者称"下体"、"下卦"或"内卦"（《左传》谓为"贞"卦），凡居上者称"上体"、"上卦"或"外卦"（《左传》谓为"悔"卦）。两者又合称"二体"。上下二体可以象征事物发展的两个阶段，下体为"小成"阶段，上体为"大成"阶段；又可象征事物所处地位的高低，或所居地域的内外、远近等。

【二系】　《系辞上传》与《系辞下传》的合称。《陈书·周弘正传》："弘正启梁武帝《周易疑义》五十条，又请释《乾》、《坤》二《系》。"《南史·顾欢传》："欢口不辩，善于著论，又注《王弼易》二《系》，学者传之。"

【二爻变】　指《易》筮过程中筮得两爻变动的卦。亦称"二爻动"。其占断条例，朱熹《易学启蒙》曰："二爻变，则以本卦二变爻辞占，仍以上爻为主。经传无文，今以例推之，当如此。"这是说，筮得二爻变的卦，应当取本卦两个变爻的爻辞占断吉凶，而以居上一爻的爻辞为主。但据旧籍所载筮例，并非尽如朱熹所言。尚秉和先生撰《周易古筮考》，辑录史传有关二爻变的筮案，其中多有以"世应"、"纳甲"之法为占者。故指出："二爻动，经无明文，传记则数见也，朱子未详考耳。其占法，亦不如朱子所言也。"

【二爻动】　即"二爻变"。

【二世卦】　西汉京房倡"八宫卦"说，每宫本宫卦凡变至第二爻所成之卦称"二世卦"。"八宫卦"中，二世之卦有八：《乾》宫二世为《遯》卦，《震》宫二世为《解》卦，《坎》宫二世为《屯》卦，《艮》宫二世为《大畜》卦，《坤》宫二世为《临》卦，《巽》宫二世为《家人》卦，《离》宫二世为《鼎》卦，《兑》宫二世为《萃》卦。参见"八宫卦"。

【二月卦】　①指"十二辟卦"中代表二月的《大壮》卦。　②汉代《易》家孟喜、京房等倡"卦气"说，以四正卦之外的六十卦分值十二月气候，其中代表二月之卦的为《需》、《随》、《晋》、《解》、《大壮》五卦。详"六十卦次序"。　③西汉京房创"八宫卦"条例，以"八宫卦"分值一年十二个月，其中代表二月之卦的为"四世卦"《大壮》、《睽》、《革》、《无妄》及"游魂卦"《晋》、《大过》、《讼》、《小过》等八卦。详"世卦起月例"。

【二德之卦】　《乾》卦卦辞有"元,亨,利,贞"之语，《文言传》谓之"四德"；孔颖达认为，六十四卦的卦辞中更有只言及"四德"中的二德者，共七卦，称为"二德之卦"。《文言传》："君子行此四德者，故曰'乾,元,亨,利,贞'。"孔氏《周易正义》云："有二德者，《大有》、《蛊》、《渐》、《大畜》、《升》、《困》、《中孚》凡七卦。此二德，或在事上言之，或在事后言之，由后有事乃致此二德故也。"

【二簋应有时】　《损》卦的《象传》语。意为：奉献两簋淡食(给尊者及神灵)必须应合其时。此言施行"减损"必须适时,即使以"二簋"薄物奉上亦当顺时而不可滥为,以释《损》卦辞"二簋可用享"之义。孔颖达《周易正义》:"二簋至约,惟在损时;应时行之,非时不可"。

【二簋可用享】 《损》卦的卦辞之语。意为:两簋淡食就足以奉献给尊者及神灵。二簋,喻微薄之物,与《坎》卦六四爻辞"簋贰"之义同(见"坎六四");享,奉献,泛指贡物给尊者或献祭于神灵之事。此言当"减损"之时,其道本于"损下益上",应以"诚信"为前提,唯其内心诚信,则所损虽微薄之物亦足以奉献于上,故曰"二簋可用享"。参见"损卦辞"。

【二多誉四多惧】 指《周易》六十四卦的爻位象征特点之一,凡诸卦第二爻因处下居中,故多含美誉之义;凡第四爻因居上之下而靠近第五爻"君位",故多寓惕惧之旨。语出《系辞下传》:"二与四同功而异位,其善不同;二多誉,四多惧,近也。"二,谓六十四卦的第二爻,居下卦中位,犹如能行"中和"之道;四,谓六十四卦的第四爻,居上卦的下位;同功,指二、四同属阴位;异位,指二、四所居位次有异;近,谓第四爻接近象征"君位"的第五爻,故"多惧"。韩康伯《系辞注》释"同功"曰:"同阴功也",释"异位"曰:"有内外也";又曰:"二处中和,故'多誉'也";又曰:"(四)位逼君,故'多惧'也"。

【二气感应以相与】 《咸》卦的《彖传》语。意为:阴阳二气交感互应而两相亲和。与,陆德明《经典释文》引郑玄曰"犹亲也"。这是举《咸》上卦兑为阴卦、下卦艮为阳卦之象,谓上下卦象有阴阳刚柔交感相亲的寓意,以释卦名"咸"为"感"之义。孔颖达《周易正义》:"艮刚而兑柔,若刚自在上,柔自在下,则不相交感,无由得通;今兑柔在上而艮刚在下,是二气感应,以相授与。"按,孔氏训"与"为"授与",于义亦通。

【二人同心其利断金】 《系辞上传》语。谓两人心意相同,犹如利刃可以切断金属。与"同心之言,其臭如兰"相承为义,以释《同人》卦九五爻的象征内涵,说明"君子"深知事物有同有异的道理,故能选择适宜的时机与人"同心",正见"同人"之旨。后代语言中常用的"金兰之交",即本于此。朱熹《周易本义》:"君子之道,初若不同,而后实无间。'断金'、'如兰',言物莫能间,而其言有味也。"俞琰《周易集说》:"金乃至坚之物,二人同心,则其利可以断金;兰乃芬香之物,同心之言相合则似之,愈久而愈不厌。"

【二程论易横渠撤讲】 二程,即程颢、程颐;横渠,张载之号。这是张载推崇程颢、程颐《易》学,谦逊让贤,与二程论《易》一夕,即主动撤去讲席,并鼓励弟子改从二程学《易》的轶事。《河南程氏外书》卷十二载祁宽(字居之)所记尹和靖语曰:"横渠昔在京师,坐虎皮,说《周易》,听者甚众。一夕,二程先生至,论《易》。次日,横渠撤去虎皮,曰:'吾平日为诸公说者,皆乱道。有二程近到,深明《易》道,吾所弗及,汝辈可师之。'(原注:逐日虎皮出,是日更不出虎皮也。)横渠乃归陕西。"(按,《宋史·道学传·张载传》记述略同。)

【二女同居其志不相得】 《革》卦的《彖传》语。意思是:两个女子同居一室,双方志趣不合终将生变。二女,指《革》卦下离为中女、上兑为少女。此以《革》卦的上下卦象释卦名"革"之义。语意与《睽》卦的《彖传》"二女同居,其志不同行"相近(参见"睽彖传")。孔颖达《周易正义》:"此就人事明'革'也。中、少二女而成一卦,此虽形同而志革也。一男一女,乃相感应;二女虽复同居,其志终不相得。志不相得,则变必生矣,所以为'革'。"

【二女同居其志不同行】 《睽》卦的《彖传》语。意思是:两个女子同居一室,志向不同而行为乖背。二女,指《睽》卦下兑为少女、上离为中女。此举《睽》卦的上下卦象,谓"二女"共处,长成后必各有不同的归适心志,以释卦名"睽"之义。孔颖达《周易正义》:"中、少二女共居一家,理应志同;各自出适,志不同行,所以为异也。"按,《周易折中》分析"二女"之象曰:"二女同居之卦多矣,独于《睽》、《革》言之者,以其皆非长女也。凡家有长嫡,则有所统率而分定;其不同行不相得而至于乖异变易者,无长嫡而分不定之故尔。"此说可备参考。

【十】《系辞上传》所列"地数"之一。见"天地之数"。

【十翼】即相传孔子所作的《易传》七种十篇,旨在阐释《周易》六十四卦经义,犹如"经"的十个"羽翼",故称《十翼》。"十翼"之名,盖起于汉代。《汉书·艺文志》谓"孔氏为之《彖》、《象》、《系辞》、《文言》、《序卦》之属十篇。"言"十篇",实即"十翼"的另一种说法。《易纬·乾坤凿度》卷下云:孔子"停读礼,止史削,五十究《易》,作《十翼》"。东晋释道安《二教论》曰:"伏羲作八卦,文王重六爻,孔子弘《十翼》。"至唐代,《十翼》之名已十分普遍。陆德明《经典释文序录》云:"孔子作《彖辞》、《象辞》、《文言》、《系辞》、《说卦》、《序卦》、《杂卦》,是为《十翼》。班固有:'孔子晚而好《易》,读之韦编三绝,而为之传。''传'即《十翼》也。"《左传正义》于昭公二年疏中解释"翼"字之义曰:"《易》有六十四卦,分为上下篇;及孔子又作《易传》十篇,以翼成之也。"但关于《十翼》各篇的名数,旧说略有歧异。《周易正义卷首》云:"其《彖》、《象》等《十翼》之辞,以为孔子所作,先儒更无异论。但数《十翼》,亦有多家。既文王《易经》本分为上下二篇,则区域各别,《彖》、《象》释卦,亦当随经而分。故一家数《十翼》云:《上彖》一、《下彖》二、《上象》三、《下象》四、《上系》五、《下系》六、《文言》七、《说卦》八、《序卦》九、《杂卦》十。郑学之徒,并同此说,故今亦依之。"尚秉和先生《周易尚氏学》亦指出:"《十翼》篇名,《史》、《汉》皆未详说。依扬子云所拟,则《象传》、《文言》、《说卦》、《序卦》、《杂卦》共五篇;而《玄摛》、《玄莹》、《玄掜》、《玄图》、《玄告》,皆拟《系辞》,似《系辞》原为五篇,足成《十翼》之数。然孔颖达谓经有上下,则以《上彖》一、《下彖》二、《上象》三、《下象》四、《上系》五、《下系》六、《文言》七、《说卦》八、《序卦》九、《杂卦》十。后儒又各有分配。然无关宏旨,故略而不详。"参见"易传"。

【十月卦】① 指"十二辟卦"中代表十月的《坤》卦。 ② 汉代《易》家孟喜、京房等倡"卦气"说,以四正卦之外的六十卦分值十二月气候,其中代表十月之卦的为《艮》、《既济》、《噬嗑》、《大过》、《坤》五卦。详"六十卦次序"。 ③ 西汉京房创"八宫卦"条例,以"八宫卦"分值一年十二个月,其中代表十月之卦的为"八纯卦"《坤》、《震》、《坎》、《兑》四卦。详"世卦起月例"。

【十一月卦】① 指"十二辟卦"中代表十一月的《复》卦。 ② 汉代《易》家孟喜、京房等倡"卦气"说,以四正卦之外的六十卦分值十二月气候,其中代表十一月之卦的为《未济》、《蹇》、《颐》、《中孚》、《复》五卦。详"六十卦次序"。 ③ 西汉京房创"八宫卦"条例,以"八宫卦"分值一年十二个月,其中代表十一月之卦的为"一世卦"《复》、《贲》、《节》、《小畜》四卦。详"世卦起月例"。

【十二月卦】① 即"十二辟卦",亦称"十二月消息卦"。《系辞上传》:"变通配四时",《周易集解》引虞翻注:"变通趋时,谓十二月消息也。《泰》、《大壮》、《夬》配春,《乾》、《姤》、《遯》配夏,《否》、《观》、《剥》配秋,《坤》、《复》、《临》配冬,谓十二月消息相变通而周于四时也。" ② 指"十二辟卦"中代表第十二月份的《临》卦。 ③ 汉代《易》家孟喜、京房等倡"卦气"说,以四正卦之外的六十卦分值十二月气候,其中代表十二月之卦的为《屯》、《谦》、《睽》、《升》、《临》五卦。详"六十卦次序"。

④西汉京房创"八宫卦"条例,以"八宫卦"分值一年十二个月,其中代表十二月之卦的为"二世卦"《临》、《大畜》、《解》、《鼎》四卦。详"世卦起月例"。

【十二辟卦】 汉代《易》家取六十四卦中的十二个特殊卦形,配合一年十二月的月候,指示自然界万物"阴阳消息"的意义,谓之"十二辟卦",又称"月卦"、"候卦"、"消息卦"。十二辟卦的来源甚古,其说首见于《归藏》:"子《复》,丑《临》,寅《泰》,卯《大壮》,辰《夬》,巳《乾》,午《姤》,未《遯》,申《否》,酉《观》,戌《剥》,亥《坤》。"(马国翰《玉函山房辑佚书》)尚秉和先生以为,《左传》成公十六年载晋侯筮与楚战,"得《复》卦,曰'南国蹙,射其元,王中厥目',以《复》居子",是运用十二辟卦说《易》的显著例证(见《周易尚氏学》)。"辟"字之义,犹言"君"、"主",谓此十二卦为十二月之主。今据朱震《汉上易传》所传李溉《卦气七十二候图》,绘《十二辟卦图》(见书首图版一)以示其大旨。图中阳盈为息,阴虚为消。自《复》至《乾》六卦为息卦,即《复》一阳生,属子,十一月卦;《临》二阳生,属丑,十二月卦;《泰》三阳生,属寅,正月卦;《大壮》四阳生,属卯,二月卦;《夬》五阳生,属辰,三月卦;至《乾》则六阳生,属巳,四月卦。自《姤》至《坤》六卦为消卦,即《姤》一阴消,属午,五月卦;《遯》二阴消,属未,六月卦;《否》三阴消,属申,七月卦;《观》四阴消,属酉,八月卦;《剥》五阴消,属戌,九月卦;至《坤》则六阴消,属亥,十月卦。而《乾》、《坤》两卦,又为消息之母。《易纬·乾凿度》曰:"圣人因阴阳,起消息,立乾坤,以统天地。"又曰:"消息卦,纯者为帝,不纯者为王。"《易纬·乾元序制记》亦曰:"辟卦,温气不效六卦,阳物不生,土功起。"郑玄注:"六卦,谓《泰》卦、《大壮》也、《夬》、《乾》、《姤》也。"(《四库》馆臣谓"《姤》下尚当有《遯》卦,疑脱文。")又曰:"寒气不效六卦,不至冬荣,实物不成。"郑玄注:"六卦,谓《否》、《观》、《剥》、《坤》、《复》、《临》。"《易纬》所叙,足征辟卦的应用由来已久。历代《易》家,自西汉孟喜、京房,东汉马融、郑玄、荀爽、虞翻,以迄清季治汉《易》的学者,莫不采用十二辟卦为说,影响甚大。尚秉和先生指出:"后汉人注《易》,往往用'月卦'而不明言,以月卦人人皆知,不必揭出。其重要可知矣。"(《周易尚氏学》)

【十言之教】 谓《周易》卦形象征的基本要素"乾、坤、震、巽、坎、离、艮、兑、消、息",相传创自上古的伏羲氏。《左传》定公四年"夫子语我"节孔颖达疏:"《易》云伏羲作十言之教,曰'乾、坤、震、巽、坎、离、艮、兑、消、息'。"按,《周易》经传无"十言之教"一词,据孔颖达《礼记正义》大题下疏文引,当为郑玄《六艺论》之语。

【十二消息卦】 即"十二辟卦"。因为这十二卦喻示十二月阴阳变化消长的规律,所以也称"十二消息卦"。《系辞下传》"刚柔相推,变在其中矣",《周易集解》引虞翻注:"谓十二消息。九六相变,刚柔相推而生变化,故变在其中矣。"

【十八变成卦】 《周易》筮法,以五十根蓍策揲算,通过"四营"三变成一爻,反复经历十八变成一卦。《系辞上传》:"十有八变而成卦",孔颖达《周易正义》曰:"三变既毕,乃定一爻;六爻则十有八变,乃始成卦也。"参见"筮法"。

【十年乃字反常也】 《屯》卦六二爻的《小象传》语。旨在解说六二爻辞"女子贞不字,十年乃字"的象征内涵。意思是:六二久待十年才许嫁,说明难极至通、事理又恢复正常。反,通"返"。参见"屯六二小象传"。

【十年勿用道大悖也】 《颐》卦六三爻的《小象传》辞。旨在解说六三爻辞"十年勿用"的象征内涵。意思是:十年之久不可施展才用,说明六三的行为与颐养正道大相背逆。参见"颐六三小象传"。

【丁宽】 西汉梁(治所今河南商丘)人,字子襄。其初,作梁项生的从者。项生向田何学《易》，丁宽亦随之，读《易》精敏，才气高过项生，遂正式投入田何门下。学成，田何告诉丁宽可以归去了。宽东归，田何对门人说："《易》以东矣！"丁宽至洛阳，又向田何的一位弟子周王孙学习《周易》古义。汉景帝时，曾为梁孝王的将军，领兵拒吴楚之乱，人称"丁将军"。作《易说》三万言（按，《汉书·艺文志》谓"《丁氏》八篇"），以"训故举大谊"为特色，学者视为《小章句》。以所学授同郡砀县的田王孙，王孙又授施雠、孟喜、梁丘贺。于是《易》有施、孟、梁丘之学（见《汉书·儒林传·丁宽传》）。丁宽在西汉初《易》学界是极为重要的人物，他不但得到田何的真传，撰《易》说行世，而且造就了各成一家学说的施、孟、梁丘学派。故汉儒或称他为"《易》祖师"（《汉书·外戚传》），足见影响之大。

【丁晏】(1794—1875) 清江苏山阳（今淮安）人。字俭卿，号柘堂。少时多疾病，及长，读书养气，日益强固。治一书毕，方治它书；手校书籍极多，必彻始终。阮元为漕督时，曾以"汉易十五家"发策，晏条对万余言，精奥为当世冠。道光元年(1821)举人。咸丰中，以在籍办团练，由侍读衔内阁中书加三品衔。卒年八十二。所著书四十七种凡一百三十六卷（见《清史稿·儒林传》、《清史列传》及《续碑传集》）。《易》学专著今存《周易述传》二卷、《周易解故》一卷、《易经象类》一卷、《周易讼卦浅说》一卷。

【丁易东】 元武陵（今湖南常德市）人。字汉臣，号石坛。咸淳进士，官朝奉大夫、太府寺簿兼枢密院编修官。入元，屡征不仕，建"石坛精舍"，教授生徒，资以廪费。事闻于朝廷，赐额"沅阳书院"，授以山长。《易》学著述有《周易象义》、《周易上下经解》、《大衍索隐》等（见《湖广总志》、《经义考》及《四库全书提要》）。其书今存《周易象义》十六卷、《大衍索隐》三卷。

【丁将军】 即"丁宽"。

【七】 ①《系辞上传》所列"天数"之一。见"天地之数"。 ②《易》筮时三变两偶一奇所得"少阳"之数，以符号"⚊"表示。详"七八九六"。

【七月卦】 ①指"十二辟卦"中代表七月的《否》卦。 ②汉代《易》家孟喜、京房等倡"卦气"说，以四正卦之外的六十卦分值十二月气候，其中代表七月之卦的为《恒》、《节》、《同人》、《损》、《否》五卦。详"六十卦次序"。 ③西汉京房创"八宫卦"条例，以"八宫卦"分值一年十二个月，其中代表七月之卦的为"三世卦"《否》、《损》、《益》、《未济》及"归魂卦"《随》、《师》、《比》、《归妹》等八卦。详"世卦起月例"。

【七八九六】 七，少阳之数；八，少阴之数；九，老阳之数；六，老阴之数。四者合称"阴阳老少"。七、八不变，九、六可变；《周易》以变动为占，故《易》中阳爻称"九"，阴爻称"六"，而《乾》、《坤》两卦又有"用九"、"用六"之辞。《周易》筮法，以"单"、"拆"、"重"、"交"称七、八、九、六，并画⚊、⚋、□、×四种符号表示之。《易纬·乾凿度》曰："阳动而进，阴动而退，故阳以七、阴以八为象"，"阳变七之（按，之，谓变动趋赴，下同）九，阴变八之六"。郑玄注："阳动而进，变七之九，象其气息也；阴动而退，变八之六，象其气消也。"孔颖达《周易正义》于《乾》卦初九云："张氏（按，惠栋《易例》谓即陈谘议参军张机）以为，阳数有七有九，阴数有八有六。但七为少阳，八为少阴，质而不变，为爻之本体；九为老阳，六为老阴，文而从变，故为爻之别名。"参见"阴阳老少"、"单拆重交"。

【七十二候】 一年十二月风雨寒温规律反映于各类物候的总称；古代气象学家以五日为一候，每月六候，故每年有七十二候。如正月六候，其中"立春"含"东风解冻"、"蛰虫始振"、"鱼上冰"三候，"雨水"含"獭祭鱼"、"鸿雁来"、"草木萌动"三候即是。汉代《易》家孟喜等，倡"卦气"

说,取《坎》《离》《震》《兑》为四正卦,卦主四时,爻主二十四气;余六十卦,卦主六日七分,爻主三百六十五日四分日之一,内十二辟卦主十二辰,爻主七十二候。这是将《易》卦与四季物候相配,作为占验阴阳灾异之用。考"七十二候"之说,先秦时代已颇流行,《逸周书·时训篇》载记甚详。自汉儒推行"卦气七十二候"之术,其说虽用于占灾变,但对后代历学甚有影响,而汉魏以降治《易》者亦常援用于解说经传大义。《新唐书·历志》载有卦气七十二候图,将四正卦主二十四气、余六十卦配七十二候分列得十分详明,今据以改制成《卦气七十二候表》(见书首表二),以备省览。清人俞樾《七十二候考》采撷资料较丰,可资检阅。参见"卦气图"。

【七日得以中道也】《既济》卦六二爻的《小象传》辞。旨在解说六二爻辞"七日得"的象征内涵。意思是:过不了七日必将失而复得,说明六二能守持中正不偏之道。参见"既济六二小象传"。

〔丨〕

【卜钱】 以掷钱求卦爻。参见"金钱卦"。

【卜商】 见"子夏"。

【卜筮】 古人占问吉凶休咎的方法,卜用龟甲或兽骨,筮用五十根蓍草;《周易》占卦即为筮法。后世往往将"卜筮"合为一个概念理解。《系辞上传》:"以卜筮者尚其占。"《尚书·洪范》:"择建立卜筮人。"《诗经·卫风·氓》:"尔卜尔筮,体无咎言。"《荀子·天论》:"卜筮然后决大事。"

〔丿〕

【八】 ①《系辞上传》所列"地数"之一。见"天地之数"。 ②《易》筮时三变两奇一偶所得"少阴"之数,以符号"--"表示。详"七八九六"。

【八卦】 以阴(--)阳(—)符号三叠而成的八种三画卦形,《周礼》称为"经卦"。八卦各有一定的卦名、卦形及基本象征物,其对应关系如下:

卦 名	卦 形	象征物
乾	☰	天
坤	☷	地
震	☳	雷
巽	☴	风
坎	☵	水
离	☲	火
艮	☶	山
兑	☱	泽

八卦又各具特定的象征意义,分别是:乾为健、坤为顺,震为动,巽为入,坎为陷,离为丽(附着),艮为止,兑为说(悦)。八卦的八种象征意义是大体不变的,但其象征物则可依类博取。如"乾"既象天,又可象君、龙、金、玉、良马等与"刚健"之义相符的物类。其他诸卦亦如此例。八卦的取象问题,《说卦传》叙之甚详。此外,西汉焦延寿的《易林》、三国虞翻的《易注》等,载有许多《说卦传》未叙及的八卦"逸象",也是研讨卦象可资参考的资料。八卦的最初创作者,《系辞下传》以为是伏羲,并述其创作过程云:"古者包牺(即伏羲)氏之王天下也,仰则观象于天,俯则观法于地,观鸟兽之文,与地之宜,近取诸身,远取诸物,于是始作八卦,以通神明之德,以类万物之情。"这是带有一定崇古心理的传说。但八卦的出现,实是远在古老的时代。《周礼·春官》云:太卜"掌《三易》之法,一曰《连山》,二曰《归藏》,三曰《周易》。其经卦皆八,其别皆六十有四。"可见,《周易》之前的筮书《连山》《归藏》,其基本符号"八卦"即与《周易》无异,则八卦出现之早是无庸置疑的。由于八卦的象

征旨趣,在《周易》六十四卦大义中得到反复印证,因此,理解、熟悉八卦的构成形式与名义,是探讨《周易》这部特殊的哲学著作的最初"阶梯"。

【八象】 八卦之象,即乾为天、坤为地、震为雷、巽为风、坎为水、离为火、艮为山、兑为泽之类。《文选》载潘岳《为贾谧作赠陆机诗》:"肇自初创,二仪烟煴。粤有生民,伏羲始君。结绳阐化,八象成文。"

【八月卦】 ①指"十二辟卦"中代表八月的《观》卦。 ②汉代《易》家孟喜、京房等倡"卦气"说,以四正卦之外的六十卦分值十二月气候,其中代表八月之卦的为《巽》、《萃》、《大畜》、《贲》、《观》五卦。详"六十卦次序"。 ③西汉京房创"八宫卦"条例,以"八宫卦"分值一年十二个月,其中代表八月之卦的为"四世卦"《观》、《升》、《蒙》、《蹇》及"游魂卦"《明夷》、《中孚》、《需》、《颐》等八卦。详"世卦起月例"。

【八纯卦】 六十四卦中,以八卦自身相重成的八个六画卦。其卦各以三画的八卦之名为名。即两"乾"相重为《乾》卦(☰),两"坤"相重为《坤》卦(☷),两"震"相重为《震》卦(☳),两"巽"相重为《巽》卦(☴),两"坎"相重为《坎》卦(☵),两"离"相重为《离》卦(☲),两"艮"相重为《艮》卦(☶),两"兑"相重为《兑》卦(☱)。因这八个卦的上下卦各自相同,故称"纯卦"。贾公彦《周礼注疏》于太卜"掌《三易》之法"疏曰:"《连山易》,其卦以纯《艮》为首","《归藏易》,其卦以纯《坤》为首"。

【八宫卦】 西汉京房的《易》学条例。其说以八纯卦(六画卦)各变为八卦,凡初爻变所成之卦为一世卦;二爻变所成之卦为二世卦;三爻变所成之卦为三世卦;四爻变所成之卦为四世卦;五爻变所成之卦为五世卦;上爻不变,再回变已变之第四爻,遂成游魂卦;再变游魂卦的下体三爻,终成归魂卦。如此由八纯卦衍变为六十四卦,纯卦为本宫,八纯卦分领八宫,成为

有特殊规律的组合,称"八宫卦"。惠栋依《京氏易传》之说作《八宫卦次图》(见《易汉学》),今据以制成《八宫卦表》(见书首表六)。表中《乾》宫初爻变,成一世卦《姤》;二爻变,成二世卦《遯》;三爻变,成三世卦《否》;四爻变,成四世卦《观》;五爻变,成五世卦《剥》;上爻不变,回变《剥》之第四爻,成游魂卦《晋》;再变《晋》之下体三爻,成归魂卦《大有》。余七宫以此类推,故《震》宫一世卦《豫》,二世卦《解》,三世卦《恒》,四世卦《升》,五世卦《井》,游魂卦《大过》,归魂卦《随》;《坎》宫一世卦《节》,二世卦《屯》,三世卦《既济》,四世卦《革》,五世卦《丰》,游魂卦《明夷》,归魂卦《师》;《艮》宫一世卦《贲》,二世卦《大畜》,三世卦《损》,四世卦《睽》,五世卦《履》,游魂卦《中孚》,归魂卦《渐》;《坤》宫一世卦《复》,二世卦《临》,三世卦《泰》,四世卦《大壮》,五世卦《夬》,游魂卦《需》,归魂卦《比》;《巽》宫一世卦《小畜》,二世卦《家人》,三世卦《益》,四世卦《无妄》,五世卦《噬嗑》,游魂卦《颐》,归魂卦《蛊》;《离》宫一世卦《旅》,二世卦《鼎》,三世卦《未济》,四世卦《蒙》,五世卦《涣》,游魂卦《讼》,归魂卦《同人》;《兑》宫一世卦《困》,二世卦《萃》,三世卦《咸》,四世卦《蹇》,五世卦《谦》,游魂卦《小过》,归魂卦《归妹》。《京氏易传》曰:"孔子《易》云:'有四《易》,一世、二世为地《易》,三世、四世为人《易》,五世、八纯(按,"八纯"本作"六世",据惠栋《易汉学》说改)为天《易》,游魂、归魂为鬼《易》。'"此说盖托古于孔子,但亦可知京氏"八宫卦"或有所本。"八宫卦"之用,在于占筮,尤与"世应"密不可分。"世应"之例,具见《京氏易传》,谓某卦为某宫的第几世,则以第几爻为世;一卦之"世爻",必有与其相应之爻。如初爻为世,则与四爻应;二爻为世,则与五爻应;三爻为世,则与上爻应。反之亦然,上为世则与三应,五为世则与二应,四为世则与初应。游魂卦同四世,归魂卦同三世。后代术数

家占筮之法，即出于此。但汉魏两晋治《易》者亦常援据此法阐释《周易》经传，其中以荀爽、干宝诸家所用尤显著。如《周易集解》于《解》卦引荀爽曰："《解》者，《震》世也"，即谓《解》系《震》宫二世卦，卦气主春分，以释该卦《象传》"百谷草木皆甲坼"语；同书又于《井》卦引干宝曰："自《震》化行于五世"，言《井》为《震》宫五世卦，并比附殷周沿革之事，以释该卦卦辞"改邑不改井"语。又，陆德明《经典释文》于《周易》六十四卦下悉注某宫一世、二世、三世、四世、五世、游魂、归魂之名，引而附参于经义；朱熹《周易本义》卷首载《分宫卦象次序歌》，亦本于京房"八宫卦"说。足见京氏此说对唐、宋《易》学仍有影响。

【八卦台】 台名，在今河南淮阳县北。一名"八卦坛"，坛后有"伏羲画卦台"。《元和志》："古者伏羲氏始画八卦于此。"

【八白易传】 明叶山撰。十六卷。《四库全书》本。此书广采历代史事及诸子杂说以证《易》，大旨与杨万里《诚斋易传》相类。全书只释六十四卦爻辞，而不涉及《象传》、《系辞传》、《文言传》、《说卦传》、《序卦传》、《杂卦传》等。《四库全书提要》指出："是书屡易其稿，《自序》凡四。其初《序》略云：'予十岁读《周易》，越十年能厌学究语，又十四年为嘉靖丁卯，又六年从鹿田精舍见松溪斋《易传》，又九年为今壬子。'云云。再《序》题'癸丑六月'，三《序》题'丁巳三月'，四《序》题'嘉靖三十九年七月'。考壬子为嘉靖三十一年，由壬子逆数十六年，当为丁酉，《序》云'丁卯'者，由原本'酉'字用古体作'丣'，故传写误也。据其所言，此书始于壬子，迄于庚申，凡九年而蒇事。以初《序》年月考之，山当生于弘治十七年甲子。至庚申书成时，年已五十七矣。其书专释六十四卦爻辞，而于《象》、《彖》、《文言》'十翼'皆不之及。大旨以《诚斋易传》为主，出入子史，佐以博辨。盖借《易》以言人事，不必尽为经义之所有。然其所言，亦往往可以昭法戒也。"

【八卦六位】 西汉京房的《易》学条例。《火珠林》载有《八卦六位图》，用五行、天干、地支配入八纯卦（六画卦）的各爻，作为占卜之用，前人谓即京房之术。惠栋《易汉学·京君明易》载此图，云"出《火珠林》"。今据以制成《八卦六位表》（见书首表五）。表中八卦每卦均配以五行，每卦六位各以干、支、五行相属。如《乾》配金，初九为甲子水，九二为甲寅木，九三为甲辰土，九四为壬午火，九五为壬申金，上九为壬戌土；《坤》配土，初六为乙未土，六二为乙巳火，六三为乙卯木，六四为癸丑土，六五为癸亥水，上六为癸酉金；《震》卦配木，初九为庚子水，六二为庚寅木，六三为庚辰土，九四为庚午火，六五为庚申金，上六为庚戌土；《巽》卦配木，初六为辛丑土，九二为辛亥水，九三为辛酉金，六四为辛未土，九五为辛巳火，上九为辛卯木；《坎》卦配水，初六为戊寅木，九二为戊辰土，六三为戊午火，六四为戊申金，九五为戊戌土，上六为戊子水；《离》卦配火，初九为己卯木，六二己丑土，九三为己亥水，九四为己酉金，六五为己未土，上九为己巳火；《艮》卦配土，初六为丙辰土，六二为丙午火，九三为丙申金，六四为丙戌土，六五为丙子水，上九为丙寅木；《兑》卦配金，初九为丁巳火，九二为丁卯木，六三为丁丑土，九四为丁亥水，九五为丁酉金，上六为丁未土。略寻其中的规律，可析为三端：其一，就诸卦所纳干支言，卦之阴阳正合干支之阴阳，项安世指出："阳卦纳阳干支，阴卦纳阴干阴支；阳六干皆进，阴六干皆退。惟《乾》纳二阳，《坤》纳二阴，包括首尾，则天地父母之道也。"（《项氏家语》）其二，就诸卦所纳之天干言，以《乾》纳甲、壬，《坤》纳乙、癸，《震》纳庚，《巽》纳辛，《坎》纳戊，《离》纳己，《艮》纳丙，《兑》纳丁，这即是魏伯阳《周易参同契》及虞翻"纳甲法"所祖。故朱熹《答袁机仲书》曰："《参同契》所言纳甲之法，则今所传京房占法,见于《火珠林》,是其遗说。"(《朱文公集》)张行成《元包数总义》亦曰:"《火珠林》之用,祖于京房。"其三,就《乾》、《坤》两卦十二爻所纳之十二支(即十二辰)言,《乾》六爻配子、寅、辰、午、申、戌,《坤》六爻配未、巳、卯、丑、亥、酉,正是东汉郑玄"爻辰法"之所自出。考《抱朴子》曰:"案《玉策记》及《开名经》,皆以五音六属知人年命之所在,子午属庚(原注:震初爻庚子、庚午),丑未属辛(巽初爻辛丑、辛未),寅申属戊(坎初爻戊寅、戊申),卯酉属己(离初爻己卯、己酉),辰戌属丙(艮初爻丙辰、丙戌),巳亥属丁(兑初爻丁巳、丁亥)。"此与京氏"八卦六位"相合。又《礼记·月令》孔颖达《正义》引《易林》曰:"《震》主庚子午,《巽》主辛丑未,《坎》主戊寅申,《离》主己卯酉,《艮》主丙辰戌,《兑》主丁巳亥。"(今本《易林》无此文)这段话也与"六位"干支数合。《易林》为焦延寿所撰,延寿是京房的受业师。惠栋据此论京氏"八卦六位"说的产生渊源曰:"案《玉策记》、《开名经》皆周秦时书,京氏之说本之焦氏,焦氏又得之周秦以来先师之所传,不始于汉也。"(《易汉学》)京房"八卦六位"的主要应用,在于占卜;《火珠林》一书沿用此法,益增其影响。朱熹曾举例说:"《火珠林》占一《屯》卦,则初九是庚子,六二是庚寅,六三是庚辰,六四是戊午(惠栋谓"当是戊申",见《易汉学》),九五是戊申(惠栋谓"当是戊戌",同前),上六是戊戌(惠栋谓"当是戊子",同前)。"(《朱子语类》)然而,古代《易》家也常有运用"八卦六位"以解说《周易》经传义旨者,晋干宝《易》说所用尤多。如《井》卦初六爻辞"井泥不食",《周易集解》引干宝注曰:"在井之下,体本土爻,故曰'泥'也;井而为泥,则不可食,故曰'不食'。"此因初六处《井》下巽初爻,遂用《巽》初六"辛丑土"之例,称为"土爻"。又如《震》卦六二《象传》"震来厉,乘刚也",《周易集解》引干宝注曰:"六二木爻,震之身也,得位无应,

以乘刚为危;此记文王积德累功,以被囚为祸也。"此因六二处《震》下卦之中,遂用《震》六二"庚寅木"之例,称为"木爻"。类此者,在干宝《易》说中甚多。故"八卦六位"虽为占筮之别术,与《易》理亦颇有关涉。

【八宫卦次序】 西汉京房倡"八宫卦"说,以八纯卦领八宫,每宫八卦,构成特定的六十四卦组合。八宫的宫次,以《乾》宫、《震》宫、《坎》宫、《艮》宫、《坤》宫、《巽》宫、《离》宫、《兑》宫为顺序。其中前四宫为阳宫,以四纯卦皆为阳卦;阳宫《乾》为父居首,《震》为长男次之,《坎》为中男次之,《艮》为少男又次之。后四宫为阴宫,以四纯卦皆为阴卦;阴宫《坤》为母居首,《巽》为长女次之,《离》为中女又次之,《兑》为少女又次之。这种排列,实即依据《说卦传》所谓乾坤父母生六子之说为序。各宫中八卦的次序,则本宫卦居首,次一世卦,次二世卦,次三世卦,次四世卦,次五世卦,次游魂卦,次归魂卦。其顺序依本宫卦的爻变为次。参见"八宫卦"。

【八卦观象解】 清庄存舆撰。二卷。参见"象传论"。

【八卦取象歌】 朱熹《周易本义》卷首所附"卦歌"之一,旨在以形象的语言描述八卦的形状,以便学者记住卦形。全文八句:"☰乾三连,☷坤六断,☳震仰盂,☶艮覆碗,☲离中虚,☵坎中满,☱兑上缺,☴巽下断。"

【八卦方位守传】 清茹敦和撰。一卷。《茹氏经学十二种》本。此书节录《系辞传》"《易》有太极"、"天一地二"及《说卦传》"天地定位"各节,以象数方位之学说之,体例与茹氏所著《大衍守传》、《大衍一说》略同;其大旨谓五十五、四十五二图,为八卦之所由生,即方位之所由起。全书发论,多出于己见,援据则未充实。吴承仕先生指出:"铺观茹氏《易》学,原本象数,旁及名物训诂,间涉傅会,终有义据;惟此篇分别方位,似多荒忽。过而存之,

以备一家之说可也。"(《检斋读书提要》)

【人道恶盈而好谦】 《谦》卦的《象传》语。意为：人类的规律是憎恶盈满而爱好谦虚。此举"人道"为例，说明宇宙间的事理无不抑满扶谦，进一步申明《谦》卦辞"谦，亨"之义。李鼎祚《周易集解》引崔憬曰："满招损，谦受益，人之道也。"

【人更三圣世历三古】 三圣，指伏羲、周文王、孔子；三古，谓上古、中古、下古。这是东汉班固语，说明《周易》经传的创作过程经历了上古伏羲、中古周文王、下古孔子这三个阶段。此为汉代学者的通行说法。班固《汉书·艺文志》："《易》曰：'宓戏（即伏羲）氏仰观象于天，俯观法于地，观鸟兽之文，与地之宜，近取诸身，远取诸物，于是始作八卦，以通神明之德，以类万物之情。'至于殷、周之际，纣在上位，逆天暴物，文王以诸侯顺命而行道，天人之占可得而效。于是重《易》六爻，作上下篇。孔氏为之《彖》、《象》、《系辞》、《文言》、《序卦》之属十篇。故曰：《易》道深矣，人更三圣，世历三古。"颜师古注引韦昭曰："伏羲、文王、孔子。"又引孟康曰："《易·系辞》曰'《易》之兴，其于中古乎？'然则伏羲为上古，文王为中古，孔子为下古。"

【九】 ①《周易》六十四卦中阳爻的通称。阳爻居卦下第一位者为"初九"，居第二位者为"九二"，居第三位者为"九三"，居第四位者为"九四"，居第五位者为"九五"，居卦终第六位者为"上九"。 ②《系辞上传》所列"天数"之一。见"天地之数"。 ③《易》筮时三变皆奇所得"老阳"之数，以符号"□"表示。详"七八九六"。

【九二】 《周易》六十四卦三百八十四爻中，以数字"九"代表阳爻，故凡是阳爻居卦第二位者，均称"九二"。孔颖达《周易正义》于《乾》卦九二云："阳处二位，故曰九二。"参见"六爻"。

【九三】 《周易》六十四卦三百八十四爻中，以数字"九"代表阳爻，故凡是阳爻居卦第三位者，均称"九三"。孔颖达《周易正义》于《乾》卦九三云："以阳居三位，故称九三。"参见"六爻"。

【九四】 《周易》六十四卦三百八十四爻中，以数字"九"代表阳爻，故凡是阳爻居卦第四位者，均称"九四"。参见"六爻"。

【九五】 《周易》六十四卦三百八十四爻中，以数字"九"代表阳爻，故凡是阳爻居卦第五位者，均称"九五"。参见"六爻"。

【九师】 西汉淮南王刘安所聘九位通晓《周易》的学者。此九人在刘的招集下，共研《易》义，撰成《淮南九师道训》。任昉《答陆倕知己赋》："探三诗于河间，访九师于淮曲。"《文中子·天地》："盖九师兴而《易》道微，《三传》作而《春秋》散。"参见"淮南九师"。

【九月卦】 ①指"十二辟卦"中代表九月的《剥》卦。 ②汉代《易》家孟喜、京房等倡"卦气"说，以四正卦之外的六十卦分值十二月气候，其中代表九月之卦的为《归妹》、《无妄》、《明夷》、《困》、《剥》五卦。详"六十卦次序"。 ③西汉京房创"八宫卦"条例，以"八宫卦"分值一年十二个月，其中代表九月之卦的为"五世卦"《剥》、《丰》、《噬嗑》、《谦》四卦。详"世卦起月例"。

【九卿卦】 西汉《易》家倡"卦气"说，取六十四卦中的《坎》、《离》、《震》、《兑》为"四正卦"，主四时；余六十卦每卦主六日七分，每五卦值一月，分别配以"公"、"辟"、"侯"、"大夫"、"卿"的名称。"九卿卦"，亦简称"卿卦"，凡十二，为《睽》、《益》、《晋》、《蛊》、《比》、《井》、《涣》、《同人》、《大畜》、《明夷》、《噬嗑》、《颐》。参见"公辟侯大夫卿名义"。

【九五之尊】 《易》卦九五爻，以阳刚中正为一卦最尊贵之爻，故旧时以"九五之尊"喻天子之位。《乾》卦九五爻辞："飞龙在天，利见大人。"孔颖达《周易正义》云："犹若圣人有龙德飞腾而居天位，德备天下，为万物所瞻睹，故天下利见此居王位之大人。"《履》卦《象传》："刚中正，履帝位而不疚。"《周易正义》:"以刚处中,得其正位,居九五之尊,为'刚中正履帝位'也。"

【九正易因】 明李贽撰。不分卷。明末毛氏汲古阁刊本。此书体例,每卦先列卦爻辞、《彖传》、《象传》之文,次以己意总论卦旨,又附录诸家之说于每卦之后。书止六十四卦,《系辞》以下诸传皆未之及。李氏晚年先有《易因》之作,凡二卷,明万历间秣陵陈邦泰曾为刊刻行世(张国祥《续道藏》亦收入此书);后又多次删订改正,遂成《九正易因》。其《自序》云:"《易因》一书,予既老复游白下而作也。三年就此,封置笑笥。上济北,读《易》于通州马侍御经纶之精舍,昼夜参详,更两年,而《易》之旧者存不能一二,改者且至八九矣。侍御曰:'乐必九奏而后备,丹必九转而后成;宜仍旧名'易因',而加"九正"二字。'予喜而受之,遂定其名曰《九正易因》也。"《四库全书提要》列此书于"易类存目",并指出:"贽所著述,大抵皆非圣无法。惟此书尚不敢诋訾孔子,较他书为谨守绳墨云。"

【九家逸象】 《荀爽九家易解》本《说卦》所列八卦的卦象中,有三十一种为今本《说卦》所无,称"九家逸象"。陆德明《经典释文》于《说卦》后具录此三十一象,谓:"乾"后更有龙、直、衣、言四象,"坤"后更有牝、迷、方、囊、裳、黄、帛、浆八象,"震"后更有王、鹄、鼓三象,"巽"后更有杨、鹳二象,"坎"后更有宫、律、可、栋、丛棘、狐、蒺藜、桎梏八象,"离"后更有牝牛一象,"艮"后更有鼻、虎、狐三象,"兑"后更有常、辅颊二象。惠栋《易汉学》认为,这三十一象是古《周易》中《说卦传》的遗文,并指出:"今考之六十四卦,其说若印圈钥,非后儒所增也。"

【九公山房易问】 明郝锦撰。二卷。清初刻本。此书以上经为一卷,下经又为一卷,而不及《系辞传》、《说卦传》、《序卦传》、《杂卦传》诸篇。书名《易问》之意,如任天成《序》所云:"有问而后有答,卦不必赅,爻不必备,随其所问而答之。"黄寿祺先生指出:"全书演绎义理,大抵以《程传》为宗,然间有言象学而取古义者",有"不拘于一先生之言者",有"明于'阴阳为朋友'及'阴遇阴、阳遇阳则阻塞'之理"而"发前儒所未发者",亦有失之"臆造"而"不可尽通"者,当"分别其是非而详辨之"(《易学群书平议》)。

【九家易象辨证】 清纪磊撰。一卷。《吴兴丛书》本。陆德明《经典释文》曾载《荀爽九家集解》本所列八卦逸象三十一例,宋以来朱震、项安世、朱熹、吴澄等皆有训说;惠栋著《易汉学》,取各家义而考其得失,纪氏又依惠书略加辨证,撰为是编。吴承仕先生指出:纪氏所辨,颇有"无以自持其说者","然惠氏以逸象为古《易》之遗文,纪氏则云'此为汉经师释《易》义训,如虞氏逸象之类,《集解》乃误入经中,朱子又从而信之,殊无谓也',斯说得之。"

【九家周易集注】 集汉魏间人注,撰人不详。清黄奭辑。一卷。《汉学堂丛书》本。对九家《易》注的辑录,清王谟、张惠言、孙堂等均曾为之。其中孙堂辑本,载《汉魏二十一家易注》中,共采一百四十六条;此本复增七条,共一百五十三条。是书《经典释文》、《隋书·经籍志》、《新唐书·艺文志》皆称《荀爽九家集注》,十卷。谓之"荀爽九家"者,前人有三种不同说法:一、陆德明认为,此书汇集荀爽等九人《易》解,以荀说为主,故称"荀爽九家"。其《经典释文·序录》云:"不知何人所集,称'荀爽'者,以为主故也。其《序》有荀爽、京房、马融、郑玄、宋衷、虞翻、陆绩、姚信、翟子玄。子玄不详何人,为《易义》。注内又有张氏、朱氏,并不知何人。"二、陈振孙《直斋书录解题》认为:"九家者,汉淮南王所聘明《易》者九人,而荀爽尝为之集解。"以"九家"为西汉《易》师,以《集注》为荀爽所辑。尚秉和先生赞同此说,指出:"依陈氏之言,则名与实符矣。此虽不知陈氏之所本,然以《九家注》证之,其言颇可信。"(《易说评议》)三、惠栋《易汉学》认为:"《九家易》,魏、晋以后人所撰,其说以荀爽为宗。"张惠言从其说,并谓:"今以李氏(按,指李鼎祚《周易集解》)所引九家之义往往指释《荀注》,则九家解荀非荀解九家又明。要之,九家所以述荀,而旁引他家以证成之。"(《张皋文笺易诠全集·周易荀氏九家》)《九家易注》中载八卦之象三十一例,为今本《说卦传》所无,颇为后人注意。

【九二之孚有喜也】《升》卦九二爻的《小象传》辞。旨在解说九二爻辞"孚"的象征内涵。意思是:九二的诚信美德,必将带来喜庆。参见"升九二小象传"。

【九二贞吉以中也】《大壮》卦九二爻的《小象传》辞。旨在解说九二爻辞"贞吉"的象征内涵。意思是:九二守持正固可获吉祥,是由于阳刚居中的缘故。参见"大壮九二小象传"。

【九四之喜有庆也】《兑》卦九四爻的《小象传》辞。旨在解说九四爻辞"有喜"之义。意思是:九四的抉择颇为可喜,这是值得庆贺的。参见"兑九四小象传。"

【九五含章中正也】《姤》卦九五爻的《小象传》语。旨在解说九五爻辞"含章"的象征内涵。意思是:九五内心含藏章美,是由于居中守正。参见"姤九五小象传"。

【九二贞吉得中道也】《解》卦九二爻的《小象传》辞。旨在解说九二爻辞"贞吉"的象征内涵。意思是:九二守持正固可获吉祥,说明有得于居中不偏之道。参见"解九二小象传"。

【九二悔亡能久中也】《恒》卦九二爻的《小象传》辞。旨在解说九二爻辞"悔亡"的象征内涵。意思是:九二悔恨消亡,说明能恒久守中不偏。参见"恒九二小象传"。

【九五之吉位正中也】《巽》卦九五爻的《小象传》辞。旨在解说九五爻辞"吉"的象征内涵。意思是:九五吉祥,是由于居位得正又能守持中道。参见"巽九五小象传"。

【九二贞吉中以行正也】《未济》卦九二爻的《小象传》辞。旨在解说九二爻辞"贞吉"的象征内涵。意思是:九二守持正固可获吉祥,说明此时要遵循中道而行事端正不偏。参见"未济九二小象传"。

【九二利贞中以为志也】《损》卦九二爻的《小象传》辞。旨在解说九二爻辞"利贞"的象征内涵。意思是:九二利于守持正固,说明应当坚守中道作为自己的志向。参见"损九二小象传"。

【入于穴】《需》卦上六爻辞之语。意思是:落入陷穴。谓上六以阴居《需》卦之终,"需待"至极转躁,不复待时,故陷入"坎"穴,未能自脱。参见"需上六"。

【入于其宫不见其妻】《困》卦六三辞之语。意思是:即使退回自家居室,也盼不到配人为妻的一天。宫,居室;见其妻,此处犹言"得以配人为妻"。这是说明六三当"困"之时,阴柔失正无应,上比九四之阳,下乘九二之刚,欲求二、四为配,但求四不得反如困于"石"下,求二不得亦如错足"蒺藜";值此穷厄至甚之时,六三纵使退居其室,以其失应不正之身,也只能茕茕独处,终难以配人为妻,故有"入于其宫,不见其妻"之象。爻义主于六三处困失道,必有凶险。参见"困六三"。

【入于左腹获心意也】《明夷》卦六四爻的《小象传》辞。旨在解说六四爻辞"入于左腹"的象征内涵。意思是:顺入退处于左方腹部地位,说明六四能够深刻了解光明殒伤时的内中情状。参见"明夷六四小象传"。

【入于幽谷三岁不觌】《困》卦初六爻辞之语。意思是:退入幽深的山谷,三年不见露出面目。觌,音敌 dí,见也。这是说明初六处"困"之始,柔弱卑下,困穷不能自拔,进则难获援应,居又无以安处,只得退避于"幽谷",多年不露面目,以待困情解缓,故曰"入于幽谷,三岁不觌"。参见"困初六"。

【入于幽谷幽不明也】《困》卦初六爻

的《小象传》辞。旨在解说初六爻辞"入于幽谷"的象征内涵。意思是：退入幽深的山谷，说明初六苟且藏身在幽隐不明的处所。参见"困初六小象传"。

【入于其宫不见其妻不祥也】《困》卦六三爻的《小象传》语。旨在解说六三爻辞"入于其宫，不见其妻"的象征内涵。意思是：即使退回自家居室，也盼不到配人为妻的一天，这是不吉祥的现象。参见"困六三小象传"。

【入于左腹获明夷之心于出门庭】《明夷》卦六四爻辞。意思是：顺入退处于左方腹部地位，深刻了解光明殒伤时的内中情状，于是毅然跨出门庭远去。左，含"退"、"顺"之义，喻《明夷》六四柔顺处事；腹，喻六四居腹要之位；心，心意，犹言"内情"，此处指天下"明夷"的内在缘故。这是说明六四居上卦坤体之始，犹如当"明夷"之时，身在暗地，以柔顺退处于"腹要"之位，遂能获知"明夷"时的内情，而及时抉择去从，毅然出门远邈，故曰"入于左腹，获明夷之心，于出门庭"。参见"明夷六四"。

【几微】谓事物发展的细微前兆。语本《系辞下传》"几者动之微，吉之先见者也"。《汉书·萧望之传》："愿陛下选明经术，温故知新，通于几微谋虑之士。"

【乃徐有说以中直也】《困》卦九五爻的《小象传》语。旨在解说九五爻辞"乃徐有说"的象征内涵。意思是：将会渐渐摆脱困境，这是九五守中正之道所致。参见"困九五小象传"。

【乃徐有说利用祭祀】《困》卦九五辞之语。意思是：将会渐渐摆脱困境，利于举行祭祀。说，通"脱"。这是说明九五当"困"之时，以阳居阳，行事刚猛而困居于尊位；然因有阳刚中正之德，遂能改正过猛行为，渐脱困境，故"乃徐有说"；而九五此时亟须广泛取信于人、神，才能保其"社稷宗庙"，永脱其困，故爻辞又诫之曰"利用祭祀"。参见"困九五"。

【乃乱乃萃其志乱也】《萃》卦初六爻的《小象传》辞。旨在解说初六爻辞"乃乱乃萃"的象征内涵。意思是：行为紊乱而与人妄聚，说明初六的心志产生迷乱。参见"萃初六小象传"。

〔一〕

【刁包】（1601—1667）明末清初直隶祁州（今河北安国）人。字蒙吉，晚号用六居士。明天启举人。再上春官，不遇，遂绝举子业。明亡，曾任李自成所授官。入清不仕，归隐于乡，择城隈避地筑"潜室斋"、"肥遯亭"，著书养母二十余年。其学以谨言行为要，尤好高攀龙之书，置主奉之，偶有过，必展谒悔谢。年六十七，以居母忧哀毁卒，学者私谥"文孝先生"。（见《清学案小识》及《清史稿·儒林传》）。《易》学著述有《易酌》十四卷、《杂卦图》一卷、《诸图附考》一卷。

【了翁易说】北宋陈瓘撰。一卷。《四库全书》本。旧钞本或题《了斋易说》。陈氏此书，以艰深难读之语解说《易》旨，只涉及六十四卦。《四库全书提要》指出："此本为绍兴中其孙正同所刊。冯椅谓尝从其孙大应见了翁有《易全解》，不止一卷，多本卦变，与朱子发之说相类；胡一桂则谓尚见其初刊本，题云《了翁易说》，并未分卷。此本盖即一桂所见也。邵伯温《闻见录》称瓘说得康节之学。沈作喆《寓简》则曰：陈莹中尝以邵康节说《易》，讲解象数，一切屏绝，质之刘器之，器之曰：'《易》固经世之用，若讲解象数，一切屏绝，则圣人设卦立爻，复将何用？惟知其在象数者皆寓也，然后可以论《易》。故曰得意忘象，得象忘言。方其未得之际而遽绝之，则吉凶与民同患之理将何以兆？恐非筌蹄之意。'云云。然则瓘之《易》学，又尝质之刘安世，不全出邵子矣。其造语颇诘屈，故陈振孙《书录解题》病其辞旨深晦。然晁公武《读书志》谓其以《易》数言天下治忽多验，则瓘于《易》实有所得，非徒以艰深文浅易者，正未可以难读废矣。"

三　画

〔一〕

【三】①《周易》六十四卦中，凡居第三位之爻，不论阴阳，均可简称为"三"。如九三、六三，《易》家常谓之"三"。《系辞下传》曰"三多凶"，言第三位处位多遇凶危。《周易集解》于《乾》卦九三爻辞引荀爽注云："三居下体之终"。②《系辞上传》所列"天数"之一。见"天地之数"。

【三才】　指天、地、人，也作"三材"。《周易》八卦符号由三画组成，前人以为下画象征"地"，中画象征"人"，上画象征"天"；合天、地、人而言，则含"三才"之义。由八卦重成的六十四卦，各具六爻，古人又将六爻位序分为三级层次，认为初、二两爻象征"地"，三、四两爻象征"人"，五、上两爻象征"天"；三者相合，亦含"三才"之义。《系辞下传》曰："《易》之为书也，广大悉备：有天道焉，有地道焉，有人道焉。兼三才而两之，故六；六者，非它也，三才之道也。"《说卦传》亦曰："昔者圣人之作《易》也，将以顺性命之理。是以立天之道曰阴与阳，立地之道曰柔与刚，立人之道曰仁与义。兼三才而两之，故《易》六画而成卦；分阴分阳，迭用柔刚，故《易》六位而成章。"这些，均是揭明六爻配"三才"的条例。这种认识，是从另一个角度观察"爻位"，也可以表明《易》卦六爻的高低等级区别。

【三少】《易》筮三变得"三奇"之数（五、四、四），亦称"三少"，为"老阳"爻。孔颖达《周易正义》云：三变"若三者俱少为老阳。谓初得五，第二第三俱得四也。"参见"三奇"。

【三爻】《易》卦六爻中，居卦下第三位的爻。亦称"三位"，简称"三"。参见"爻位"。

【三玄】《周易》、《老子》、《庄子》的总称。因三书皆阐玄奥幽深的哲理，故得是名。《颜氏家训·勉学》："《庄》、《老》、《周易》，总谓三玄。"

【三奇】《周易》筮法，凡三变所得"挂扐之数"为五、四、四称"三奇"，亦称"三少"，即成"老阳"爻，画作"□"，谓为"重"。朱熹《周易本义》卷首载《筮仪》："挂扐三奇合十三策，则过揲三十六策而为老阳，其画为□，所谓'重'也。"参见"筮法"。

【三偶】《周易》筮法，凡三变所得"挂扐之数"为九、八、八称"三偶"，亦称"三多"，即成"老阴"爻，画作"✕"，谓为"交"。朱熹《周易本义》卷首载《筮仪》："挂扐三偶，合二十五策，则过揲二十四策而为老阴，其画为✕，所谓'交'也。"参见"筮法"。

【三材】　即"三才"。

【三多】《易》筮三变得"三偶"之数（九、八、八），亦称"三多"，为"老阴"爻。孔颖达《周易正义》云：三变"若三者俱多为老阴，谓初得九，第二第三俱得八也。"参见"三偶"。

【三易】①《连山》、《归藏》、《周易》三书的合称。三者均是古占筮书，皆含有八卦、六十四卦符号。旧传《连山》为伏羲时代的筮书，其六十四卦以《艮》卦居首，盛行于夏代；《归藏》为黄帝时代的筮书，其六十四卦以《坤》卦居首，盛行于商代。这两书亡佚已久，唯《周易》尚存。《周礼·春官·太卜》云："掌《三易》之法，一曰《连山》，二曰《归藏》，三曰《周易》。其经卦皆八，其别皆六十有四。"郑玄注："名曰《连山》，似山出内气也；《归藏》者，万物莫不归而藏于其中。杜子春云：'《连山》宓戏，《归藏》黄帝。'"贾公彦疏："《连山易》，其卦以纯《艮》为首，艮为山，山上山下，是名《连山》，云气出内于山"；"《归藏易》，以纯

· 17 ·

《坤》为首,坤为地,故万物莫不归而藏于中"。孔颖达《周易正义》又引郑玄《易赞》及《易论》云:"夏曰《连山》,殷曰《归藏》,周曰《周易》。"王应麟《玉海》亦引《山海经》云:"伏羲氏得河图,夏后因之,曰《连山》;黄帝得河图,商人因之,曰《归藏》;列山氏得河图,周人因之,曰《周易》。"这是对"三易"的产生时代及命名之义的较通行的看法。前人还认为,《连山》《归藏》不仅在"首《艮》"、"首《坤》"的卦序方面与《周易》"首《乾》"不同,在占法上也有差异。即以为《周易》占九、六,以动爻为占;而《连山》《归藏》占七、八,以静爻为占。《左传正义》于襄公九年"遇艮之八"曰:"周世之卜,杂用《连山》《归藏》《周易》也。"又曰:"《周易》以变为占,占九、六之爻;《传》之诸筮,皆占变爻也。其《连山》《归藏》,以不变为占,占七、八之爻。二《易》并亡,不知实然以否。" ②指"伏羲之《易》"、"文王之《易》"、"孔子之《易》"。汉代学者认为《周易》经传的创作经历了伏羲、文王、孔子三个阶段,谓伏羲画卦、文王撰卦爻辞、孔子作《易传》(见《汉书·艺文志》)。于是,后人遂以八卦及六十四卦为"伏羲之《易》",以卦爻辞为"文王之《易》",以《易传》为"孔子之《易》"。朱熹《周易本义》卷首"九图"末的说明文字,即言及此三者。明黄道周《三易洞玑》,亦取此义以名其书。

【三接】 谓当晋升之时,荣获尊长的三次接见。语出《晋》卦辞"昼日三接"。左思《魏都赋》(见《文选》):"三接三捷,既昼亦月。"李善注:"《易》曰:'晋,康侯用锡马蕃庶,昼日三接。'《诗》云:'一月三捷。'"参见"晋卦辞"。

【三月卦】 ①指"十二辟卦"中代表三月的《夬》卦。 ②汉代《易》家孟喜、京房等倡"卦气"说,以四正卦之外的六十卦分值十二月气候,其中代表三月之卦为《豫》《讼》《蛊》《革》《夬》五卦。详"六十卦次序"。 ③西汉京房创"八宫卦"条

例,以"八宫卦"分值一年十二个月,其中代表三月之卦的为"五世卦"《夬》《履》、《井》《涣》四卦。详"世卦起月例"。

【三世卦】 西汉京房倡"八宫卦"说,每宫本宫卦凡变至第三爻所成之卦称"三世卦"。"八宫卦"中,三世卦有八:《乾》宫三世为《否》卦,《震》宫三世为《恒》卦,《坎》宫三世为《既济》卦,《艮》宫三世为《损》卦,《坤》宫三世为《泰》卦,《巽》宫三世为《益》卦,《离》宫三世为《未济》卦,《兑》宫三世为《咸》卦。参见"八宫卦"。

【三公卦】 西汉《易》家倡"卦气说",取六十四卦中的《坎》《离》《震》《兑》为"四正卦",主四时;余六十卦每卦主六日七分,每五卦值一月,分别配以"公"、"辟"、"侯"、"大夫"、"卿"的名称。"三公卦",亦简称"公卦",凡十二,为《中孚》《升》《渐》《解》《革》《小畜》《咸》《履》《损》《贲》《困》《大过》。参见"公辟侯大夫卿名义"。

【三公爻】 即"三第爻"。《易》卦六爻分居六位,凡为第三爻者亦称"三公"爻。《周易乾凿度》:"三为三公。"《京氏易传》于《师》卦曰:"世主三公,应为宗庙。"此处"三公"即指六三。

【三爻变】 指《易》筮过程中筮得三个爻变动的卦。亦称"三爻动"。其占断条例,朱熹《易学启蒙》曰:"三爻变,则占本卦及之卦彖辞(即卦辞)。"这是说,筮得三爻变的卦,应当取"本卦"和"之卦"的卦辞占断吉凶。但据旧籍所载筮例,并非尽如朱熹所言。故尚秉和先生《周易古筮考》指出:"按晋文公筮得贞《屯》(䷂)悔《豫》(䷏),取两卦彖辞曰'利建侯',与朱子《启蒙》说合;而又兼取卦体,则不执于一也。此外皆与朱子说不甚合。盖筮法不能执一,执一则扞格不通。变而通之,神而明之,存乎其人。"

【三轮图】 见"水火匡廓图"。

【三爻动】 即"三爻变"。

【三才之道】 三才,指天、地、人。《周

《易》的八卦每卦由三画组成，上画象天，中画象人，下画象地，称"三才"。由八卦两两相重而成的六十四卦，每卦六爻，也含"三才"之象，即初、二爻象地，三、四爻象人，五、上爻象天，故亦称"三才之道"。语见《系辞下传》："《易》之为书也，广大悉备，有天道焉，有地道焉，有人道焉。兼三才而两之，故六；六者，非它也，三才之道也。"两之，指八卦两两相重以成六十四卦；六，指六十四卦每卦六爻。李鼎祚《周易集解》引崔憬曰："言重卦六爻，亦兼天、地、人道。两爻为一才，六爻为三才，则是'兼三才而两之，故六'；六者，即三才之道也。"李道平《周易集解纂疏》："初、二为地道，三、四为人道，五、上为天道。"按，《说卦传》亦云："昔者圣人之作《易》也，将以顺性命之理。是以立天之道曰阴与阳，立地之道曰柔与刚，立人之道曰仁与义。兼三才而两之，故《易》六画而成卦；分阴分阳，迭用柔刚，故《易》六位而成章。"此文与《系辞下传》论"三才之道"之文大义略同，可互为参照。

【三陈九卦】 反复三次陈述阐说《周易》九卦的大义。九卦，指六十四卦中的《履》、《谦》、《复》、《恒》、《损》、《益》、《困》、《井》、《巽》。语本《系辞下传》："《易》之兴也，其于中古乎？作《易》者，其有忧患乎？是故《履》，德之基也；《谦》，德之柄也；《复》，德之本也；《恒》，德之固也；《损》，德之修也；《益》，德之裕也；《困》，德之辨也；《井》，德之地也；《巽》，德之制也。《履》，和而至；《谦》，尊而光；《复》，小而辨于物；《恒》，杂而不厌；《损》，先难而后易；《益》，长裕而不设；《困》，穷而通；《井》，居其所而迁；《巽》，称而隐。《履》以和行，《谦》以制礼，《复》以自知，《恒》以一德，《损》以远害，《益》以兴利，《困》以寡怨，《井》以辨义，《巽》以行权。"据此文内容分析，是先总论《周易》为"忧患"之作，然后举出六十四卦中的九卦为例，三度反复陈说，以窥探作《易》者防忧虑患，重视道德修养的创作思想。其"初陈"之旨，立义于"德"，孔颖达《周易正义》云："明九卦各与德相为用也。"其"再陈"之旨，在于进一步申明诸卦的性质，《周易正义》云："辨九卦德性也。"其"三陈"之旨，则重申前两陈之义，但主于诸卦的功用，《周易正义》云："论九卦各有施用而有利益也。"又曰："六十四卦悉为修德防患之事，但于此九卦最是修德之甚，故特举以言焉。"

【三阳交泰】 《周易》六十四卦中的《泰》卦，上三爻为阴，下三爻为阳（☷☰），有三阳下交于三阴，阴阳和融而万物通泰之象；在汉代《易》家的十二月消息卦说中，此卦配属正月之卦，故旧俗称正月为"三阳"，岁首元旦祝颂之辞曰"三阳交泰"。亦曰"三阳开泰"。《翰墨全书·节序门》："元旦，三阳交泰，万象昭苏。"《岁时百问》："立春半月，三阳交泰，雪消为雨，降为水，故曰雨水。"

【三阳开泰】 见"三阳交泰"。

【三变成爻】 《周易》筮法，以五十根蓍策，通"四营"为一变，三变成一爻。详"筮法"。

【三易洞玑】 明黄道周撰。十六卷。《石斋先生经传九种》本。此书乃约天文历数，以归之于《易》。题曰"三易"，乃谓伏羲之《易》、文王之《易》、孔子之《易》；曰"洞玑"，乃因古人有测天之器玑衡，遂谓以《易》测天毫忽不爽。一、二、三卷为《伏羲经纬》上、中、下，即陈抟、邵雍所传之先天图；四、五、六卷为《文图经纬》上、中、下，即《周易》上下经次序；七、八、九卷为《孔图经纬》上、中、下，即《说卦传》"出震齐巽"之方位；十、十一、十二卷为《杂图经纬》上、中、下，即《杂卦传》之义；十三卷为《余图总纬》，即因《周礼·太卜》之说而述及占梦之六梦，眡祲之十辉，以及后世奇门太乙等术；十四、十五、十六卷为《贞图经纬》上、中、下，与"杂图"相准。《四库全书》钞列此书于"子部术数类"，《提要》指出："是书之作，意欲网罗古今，囊括三才，尽入其中。虽其失者时时流于禨祥,入于驳杂,然《易》道广大,不泥于数,而亦不离于数;不滞于一端,而亦不遗于一端。纵横推之,各有其理。唐李鼎祚《周易集解序》云,郑多参爻象,王全释人事。天道难明,人事易习;《易》之为道,岂偏滞于天人哉?"并谓黄氏此书,乍观似属创获,然其言岁气、星名颇本于郑玄之说。又云:"卦气值日,始于京房,充之则为元会之运;推策定历,详于一行,衍之则为章蔀之纪。推其源流,各有端绪。史称其殁后,家人得其小册,自推终于丙戌,年六十二。则其于藏往知来之道,盖非徒托空言者。然旁见侧出,究自为一家之学,以为经之正义则不可,退而列诸术数,从其类也。"

【三变受上】 三国吴《易》家虞翻所倡《易》学条例,谓第三爻变而与上爻易位。亦称"权",或"权象"。《周易集解》于《家人》上九爻辞引虞翻曰:"谓三已变,与上易位","易则得位,故终吉也";又于《象传》引曰:"谓三动","上之三,成《既济》定"。此言《家人》卦唯上九一爻失正,遂以九三已正之爻变阴与上九交易其位,则六爻皆正而成《既济》。按,虞翻此例,《周易集解》所引注文仅见《家人》、《渐》两卦,均属三爻、上爻为阳爻之卦。三爻为阳,本已得正,却变为不正之爻与上九易位而两爻俱正;此法与"之正"成《既济》之例相违,故虞氏自名为"权宜"之法。《集解》于《渐》卦上九爻虞翻注,指出:"三已得位,又变受上,权也。孔子曰:'可与适道,未可与权',宜无怪也。"

【三易备遗】 南宋朱元昇撰。十卷。《通志堂经解》本。此书专述《连山》、《归藏》、《周易》之旨,故称《三易备遗》。首卷述"河图洛书",二至四卷述《连山》,五至七卷述《归藏》,八至十卷述《周易》。书前载铉翁《进书状》及元昇《自序》,书末有元昇之子士立《跋》。《四库全书提要》指出:"元昇《自序》亦兼称《三易》,而铉翁《进书状》特称其著《中天归藏书》数万言',未详其故。岂以'先天'、'后天'皆儒者所传述,而'中天'之说元昇创之,故标举见异耶?然干宝《周礼注》称伏羲之《易》小成为'先天',神农之《易》中成为'中天',黄帝之《易》大成为'后天'。则'中天'实亦古名,非新义也。元昇学本邵子,其言河图、洛书,则祖刘牧。其言《连山》,以卦位配夏时之气候。其言《归藏》,以干支之纳音配卦爻。其言《周易》,则阐反对、互体之旨。虽未必真合周官太卜之旧,而冥心求索,以求一合,亦可谓好学深思者。过而存之,或赤足备说《易》者之参考耳。"

【三德之卦】 《乾》卦卦辞有"元,亨,利,贞"之语,《文言传》谓之"四德";孔颖达认为,六十四卦的卦辞中更有只言及"四德"中的三德者,共六卦,称为"三德之卦"。《文言传》:"君子行此四德者,故曰'乾,元,亨,利,贞'。"孔氏《周易正义》云:"亦有三德者,即《离》、《咸》、《萃》、《兑》、《涣》、《小过》凡六卦。就三德之中,为文不一,或总称三德于上,更别陈余事于下,若《离》、《咸》之属是也。就三德之中,上下不一,《离》则云'利贞,亨',由'利贞'乃得'亨'也;亦有先云'亨',更陈余事,乃始云'利贞'者,以有余事乃得'利贞'故也。"

【三五至精图】 清毛奇龄称彭晓所传旧本《周易参同契》中之一图(见书首图版十一),谓北宋周敦颐《太极图》曾取用之。图中以水、火、木、金、土"五行"分居于五方;下系一小圈"〇",周敦颐《太极图说》谓为"二五之精",即代表阴阳二气、五行之交合无间。毛奇龄则以为此图本意当指五行"三五之精",非"二五之精",并谓周氏乃取此图改变原意而为《太极图》之第三层图式。毛氏《太极图说遗议》曰:"至于《三五至精图》,则取(《周易参同契》)'三五与一,天地至精'语,而分五行为'三五'。中央土,一五也:天五生土也。左火与木,共一五也:地二生火,天三生木也,二、三'五'也。右水与金,又共一五也:天一生水,地四生金也,一、四亦'五'

也。故其为生序，则水承坎下，火承离下；其为行序，则金盛为水，木盛为火。而合而复归于一元，则此一'○'者，三五之合，非二五之合；三五之精，非二五之精。盖丹家水火必还一元，故其后复有'含元播精，三五归一'之语。"胡渭《易图明辨》承此说，毛氏之论遂对后人至有影响。按，周学武撰《周濂溪太极图说考辨》（台北学海出版社1981年4月出版），提出不同看法，认为毛氏所述《彭晓旧本》《参同契》之图盖后人所附益，未必可信。并谓《参同契》言"三五与一"，三指水一、火二，五指土五，其意是"水、火、土三者融合而化为一气"，内寓"取坎填离"之旨，与周氏《太极图说》"二五之精"指阴阳五行者异趣，未可据以责难周氏。其书指出："毛氏据此以难濂溪，谓'三五之精，非二五之精；三五之合，非二五之合'。疑若可以凭信。然详案濂溪《图说》，所谓'无极之真，二五之精，妙合而凝'云云，'二五'一词，乃统二气五行而言，非专指五行也。此在《图说》属第四节，盖继朱子所谓一理、二气、五行之后以说阴阳二气与五行妙合者，文意清晰，前后通贯，学者颇能解之，不俟朱子分析而后明也。则毛氏之说，信不足以难濂溪矣。"

【三百八十四爻】 《周易》六十四卦，每卦六爻，共三百八十四爻。其中阴阳之爻各半，故阳爻一百九十二，阴爻亦一百九十二。程颐《易序》（见《二程集》）："六十四卦三百八十四爻，皆所以顺性命之理，尽变化之道也。"又曰："六十四卦为其体，三百八十四爻互为其用。"

【三多凶五多功】 指《周易》六十四卦的爻位象征特点之一，凡诸卦第三爻因处下卦之极，故多寓凶危之旨；凡第五爻因居上卦尊位而处中，故多含成就功勋之义。语出《系辞下传》："三与五同功而异位，三多凶，五多功，贵贱之等也。"三，谓六十四卦的第三爻，居下卦终位；五，谓六十四卦的第五爻，居上卦尊高而"中"之位；同功，指三、五同属阳位；异位，指三、五所居位次有异；贵贱，指居上卦者贵，居下卦者贱。孔颖达《周易正义》："五为贵，三为贱，是'贵贱之等'也。"又曰："三居下卦之极，故'多凶'；五居中处尊，故'多功'也。"

【三年克之惫也】 《既济》卦九三爻的《小象传》辞。旨在解说九三爻辞"三年克之"的象征内涵。意思是：持续三年终于获胜，说明九三为安保其成必须持久努力到疲惫的程度。参见"既济九三小象传"。

【三人行则损一人】 《损》卦六三爻辞之语。意思是：三人同行欲求一阳，必将损彼阳刚一人。三人，泛指多人，此处特谓阴性；一人，指《损》卦上九爻。这是说明六三当"减损"之时，以阴居下兑之极，应于上九之阳，悦而求之，欲损己以益彼；但此时若偕群朋并行以求，将反而有损上九一阳，故曰"三人行，则损一人"。辞义主于"损益"之间要恰到好处。参见"损六三"。

【三岁不兴安行也】 《同人》卦九三爻的《小象传》语。旨在解说九三爻辞"三岁不兴"的象征内涵。意思是：三年也不敢兴兵交战，怎敢冒然行进呢？参见"同人九三小象传"。

【干宝】 东晋新蔡（今属河南）人。字令升。年少勤学，博览史记。元帝时，以佐著作郎领修国史，著《晋纪》二十卷。又撰《搜神记》二十卷，多述神祇灵异人物故事，被誉为"鬼之董狐"。好阴阳术数，留思京房、夏侯胜等传，为《春秋左氏义》，注《周易》、《周官》凡数十篇及杂文集，皆行于世（见《晋书·干宝传》）。陆德明《经典释文序录》列干宝《周易注》十卷，吴承仕先生云："《隋·唐志》同。《隋·唐志》又有《爻义》一卷。《隋志》又云：'梁有《周易宗塗》四卷，亡。'《册府元龟》有《周易问难》二卷，《周易玄品》二卷，《周易爻义》一卷。宋宣和四年，蔡攸上《干传》十卷，《爻义》一卷，故《中兴书目》、《遂初堂书目》得载之,后旋散佚。屠曾曰:'干《注》仅存三十卦,唯《乾》备六爻,余止一象一爻而已,要皆自《古易类萃》中摘抄。'"(《经典释文序录疏证》)明姚士粦辑有《干常侍易解》三卷,清孙堂《汉魏二十一家易注》、马国翰《玉函山房辑佚书》、黄奭《黄氏逸书考》等均有补辑本。关于干宝《易》学的特点,吴承仕先生又指出:"《中兴书目》云:'宝之《易》学,以卦爻配月,或配日时,傅诸人事,以前世已然之迹证之,训义颇有据。'昔人皆谓干氏用京君明占候之法以为象,而援文、武、周公遭遇之期运,一一比附之。然则干以察往,京以知来。生东晋以后,排遣玄言而专明象数,此干《易》所由独异也。"(同前)

【干事】 贞固有才、堪任其事之称。语出《乾》卦《文言传》"贞固足以干事"。《后汉书·景丹传》:"丹以言信为固德侯相,有干事称,迁朔调连率副贰。"《三国志·魏志·钟会传》:"历职内外,干事有绩。"又《邴原传》:"清静足以厉俗,贞固足以干事。"又《蜀志·郤正传》:"尽心干事,有治理之绩。"

【干宝周易注】 东晋干宝撰,清孙堂辑。一卷。《汉魏二十一家易注》本。干氏《易注》十卷,见《经典释文序录》;《隋书·经籍志》又有《周易爻义》一卷,又云"梁有《周易宗塗》四卷,亡",《册府元龟》又载《周易问难》二卷、《周易元品论》二卷,并干宝撰,今皆散佚。元屠曾有辑佚之作,明正德间其孙屠毋雍重订其书,刻在《盐邑志林》,即孙堂所据而补订之本;明姚士粦又别辑《干常侍易解》三卷,清丁杰补订,张惠言刊入《易义别录》,马国翰又据而参校重刊之,载《玉函山房辑佚书》中。黄寿祺先生指出:"孙、马二家辑本互有详略,然马多者一事,孙多者九事。较其得失,孙本为优。史称宝好阴阳术数,留心京房、夏侯胜之传,故其注《易》,尽用京氏占侯之法以为象,而援文、武、周公遭遇之期运一一比附之。谓《易》道猥杂,实自此始。张惠言更发挥其说,以为干氏《易》非京氏之《易》,斥其以干支纳卦爻而生五行、四气、六亲、九族、福德、刑杀之说为颠倒乖舛,又斥其比附周家之事则是以《易》为谶数之言,妖妄之纪。词甚严峻。平情论之,干氏之注如《蒙》初爻戊寅当平明之时,诚为庞杂,然纳甲为汉儒所通用,五行坎水、离火、坤土、震巽木,《彖》、《象》且明言,又经文于《泰》言'帝乙',于《蛊》、《巽》言'先甲后甲'、'先庚后庚',于《革》言'己日',是以干支、五行说《易》未足为干氏之病,惠言所斥,不为尽公。独其择言不雅,遇卦则比附殷、周故事,怪诞支离,浮泛少当。除以粤为花朵,恰合震象,与《易林》相同外,余可取者甚少也。"(《易学群书平议》)

【干父之蛊用誉】 《蛊》卦六五爻辞。意思是:匡正父辈的弊乱,备受称誉。干,犹言"匡正";用,语气助词,修饰动词"誉"。这是说明六五以柔居《蛊》尊位,下应九二,犹如匡正"父弊"有方,故获称誉。参见"蛊六五"。

【干母之蛊不可贞】 《蛊》卦九二爻辞。意思是:匡正母辈的弊乱,情势不许可则不勉强而要守持正固以待时。干,谓"匡正";不可贞,犹言"不可则守正以待"。这是说明九二处《蛊》下卦之中,于"拯弊治乱"之时,阳居阴位,上应六五,有刚而能柔之象;犹如匡正"母弊",当其性阴辟不从之时,不强行"干蛊",而能守正待时,故曰"不可贞"。参见"蛊九二"。

【干父之蛊终无咎也】 《蛊》卦九三爻的《小象传》辞。旨在解说九三爻辞"干父之蛊"的象征内涵。意思是:匡正父辈的弊乱,说明九三最终必无咎害。参见"蛊九三小象传"。

【干母之蛊得中道也】 《蛊》卦九二爻的《小象传》辞。旨在解说九二爻辞"干母之蛊"的象征内涵。意思是:匡正母辈的弊乱,说明九二能够掌握刚柔适中的方法。参见"蛊九二小象传"。

【干父之蛊意承考也】 《蛊》卦初六爻的《小象传》辞。旨在解说初六爻辞"干父之蛊"的象征内涵。意思是：匡正父辈的弊乱，说明初六的意愿在于继承前辈的成就。参见"蛊初六小象传"。

【干父用誉承以德也】 《蛊》卦六五爻的《小象传》辞。旨在解说六五爻辞"干父之蛊，用誉"的象征内涵。意思是：匡正父辈的弊乱而备受称誉，说明六五用美德来继承先业。参见"蛊六五小象传"。

【干父之蛊有子考无咎】 《蛊》卦初六爻辞之语。意思是：匡正父辈的弊乱，有正直的儿子，则父辈必无咎害。干，犹言"匡正"；考，先辈，此处特指"父"。这是说明初六当"蛊"之时，以柔处下卦之始，初临"弊乱"，有子正弊之象，故曰"干父之蛊"；子能"干蛊"，父辈遂能免遭咎害，故称"有子，考无咎"。参见"蛊初六"。

【干父之蛊小有悔无大咎】 《蛊》卦九三爻辞。意思是：匡正父辈的弊乱，稍致悔恨，但没有重大咎害。干，谓"匡正"；小有悔，即"稍有悔"。此言九三当"蛊"之时，以阳居下卦之极，与上九无应，犹如匡正"父弊"而不被理解，故"小有悔"；但阳刚居正，直道遽行，故"无大咎"。参见"蛊九三"。

【士孙张】 西汉平陵（今陕西咸阳市西北）人。字仲方。为博士。官至扬州牧、光禄大夫给事中。与邓彭祖、衡咸共受《易》于梁丘贺的再传弟子五鹿充宗。三人治《易》知名于世，故汉《易》梁丘一派又有"士孙、邓、衡之学"。（见《汉书·儒林传·梁丘贺传》）。

【士孙邓衡之学】 西汉士孙张、邓彭祖、衡咸所传《易》学。三人皆受业于梁丘贺的再传弟子五鹿充宗，属梁丘氏《易》学派别的一个分支。参见"梁丘易"。

【丈人吉】 《师》卦的卦辞之语。丈人，犹言"贤明长者"，兼具"德"与"长"的素质。意谓统率"兵众"依赖贤明的"丈人"可获吉祥。参见"师卦辞"。

【大卜】 "大"读"太"，即"太卜"，古代执掌卜筮的首要长官。《周礼·春官》：大卜"掌《三易》之法，一曰《连山》，二曰《归藏》，三曰《周易》。"又《春官》序官"大卜"郑玄注："卜筮官之长。"

【大人】 《周易》经传中的常用语。犹言"大人物"。其义可析为二：第一，指地位不高但有道德有作为的人。如《乾》卦九二爻辞"见龙在田，利见大人"，王弼《周易注》："德施周普，居中不偏，虽非君位，君之德也。"第二，指有道德并高居尊位的人。如《乾》卦九五爻辞"飞龙在天，利见大人"，孔颖达《周易正义》："犹若圣人有龙德，飞腾而居天位，德备天下，为万物所瞻睹，故天下利见此居王位之大人。"

【大过】 六十四卦之一。列居篇中第二十八卦。由下巽（☴）上兑（☱）组成，卦形作䷛，卦名为《大过》，象征"大为过甚"。自然界及人类社会中，事物的发展有时将导致阳刚过甚、阴柔极弱，或主体因素过甚、附属因素极弱等情形；于是"生态"失调，物象反常。这就是《大过》卦所揭示的"大为过甚"的事状。卦辞先取"栋梁"曲折下挠为喻，表明阳刚者"大过"而阴柔者不胜其势的景况；再指出此时亟待"大过人"之举奋力拯治，则可以调济阴阳，走向"亨通"。卦中六爻分别说明善处"大过"的道理，其主于：上下两阴须取刚济柔，中间四阳须取柔济刚；如此互济，才能救"大过"之弊，成调和之功。但诸爻处时各异，遂致吉凶有别：初六、九二相比，善于互调刚柔，故初"无咎"、二"无不利"；九五、上六也相比，但阴阳悬殊太甚，虽竭力调济，终难圆满成功，故五"无咎无誉"、上"凶，无咎"；唯九三、九四两阳最远于两阴爻，必当自损刚阳、静居顺调，而三违逆此道致"凶"，四遵循此道获"吉"。可见，拯治"大过"的根本原则是"刚柔相济"，力求平衡。当然，拯治过程中，"大过人"的举动又是至为关键的；卦中所取"枯杨"生稊、开花、"老夫"、"老妇"得配"女妻"、"壮夫"等喻象,即含"非同寻常"之义。最使后人警醒,莫过于上六涉水"灭顶"所寓含的"杀身成仁"以救"大过"之旨。《大象传》称"独立不惧",《论语·季氏》曰:"危而不持,颠而不扶,将焉用彼相矣",并可启发此爻的意蕴。

【大有】 六十四卦之一。列居篇中第十四卦。由下乾（☰）上离（☲）组成,卦形作"䷍",卦名为《大有》,象征"大获所有"。传说中国上古时代的舜帝曾作《南风》歌,发出"南风之时兮,可以阜吾民之财兮"的赞语（《孔子家语·辩乐解》引）;又撰《祠田》辞:"荷此长耜,耕彼南亩,四海俱有"（《文心雕龙·祝盟》引）;战国时的"道旁襄田者"也有"五谷蕃熟,穰穰满家"的祝词（《史记·滑稽列传》引）。可见,天下昌盛富有,是自古以来人们的一种普遍心愿。《大有》卦辞称"大有,元亨",正含盛赞"富有"之义。六爻所示,则是当"大获所有"之时,如何善处"大有"的道理。视诸爻情状:初九,"富庶"之始,不滥交则"无咎";九二,有"车载斗量"之富,慎行中道也获"无咎";九三,富若"王公",恭敬献享于"天子"则有利;九四,虽富而能自抑,不为过盛必"无咎";六五,居"大有"之尊,诚信遍施上下获"吉";上九,谦顺安处,得"天祐"长保富有。显然,各爻情状虽不一致,但均主于妥善安保"富庶"。当然,卦旨并非仅仅示人居处"大有"之道。从上下象取"火在天上"及卦中六五喻"明君"、群阳喻"贤臣"的蕴义看,似又表露着"大有"之世的出现,与"政治昌明"的必然联系。杨万里《诚斋易传》指出:"六爻亨一、吉二、无咎三。明主在上,群贤毕集:无一败治之小人,无一害治之匪德。"此说正把"大有"视为"盛世明治"的直接体现,这一点,实为本卦象征大义的一个重要侧面。

【大壮】 六十四卦之一。列居篇中第三十四卦。由下乾（☰）上震（☳）组成,卦形作"䷡",卦名为《大壮》,象征"大为强盛"。大为强盛,是事物发展的美好阶段,此时如何善葆"盛壮",是至为关键的问题。《大壮》卦辞以"贞吉"二字,揭示了守"正"处"壮",必获吉祥的道理。卦中诸爻,具体说明"大壮"之时不可恃强"用壮",而要谦退持中。于是九二、九四两刚以谦柔获吉,初九、九三两阳若妄动必凶;六五、上六两阴,刚壮已过,更宜柔和自守。马振彪先生《周易学说》既引刘沅曰:"不用壮而弥壮,此《大壮》之义也。"又进一步推论云:"匹夫之勇,不得谓'大壮';自反而缩,理直气壮,乃所以为正也。天地有正气,可贯古今;君子有正气,可配道义。董子言:'与其不由道而胜,不如由道而败。'不由道而胜,是小人之'用壮','亢龙有悔'也;由道而败,是君子之'用罔','潜龙勿用'也。《易》义多扶阳抑阴,而《乾》与《大壮》则戒人用阳太过,推'用罔'之义,殆'知进退存亡而不失其正者'乎!"此论所明《大壮》推重"不用壮"的义理,实属全卦大旨的核心。许慎《说文解字》谓"止戈为武",《周易》称"大壮贞吉":两者论事发端诚然有异,但关于"刚武"、"强盛"必须建立在"正"的基础上,不得滥用妄施的观点,则是颇可相通。《大壮》卦的《彖传》极言"正大而天地之情可见",也是强调这一宗旨。

【大易】 《周易》之别称。《文选》载左思《魏都赋》:"览《大易》与《春秋》。"又载王融《永明九年策秀才文》:"议狱缓死,《大易》深规。"刘良注:"《大易》,《易》也。"《周易参同契》:"《大易》情性,各如其度。黄老用究,较而可御。"又:"宴然闲居,乃撰斯文。歌序《大易》,三圣遗言。察其旨趣,一统共论"。

【大象】 ① 八卦的八种基本象征物:天、地、雷、风、水（月）、火（日）、山、泽,称为"大象"。《易纬·乾坤凿度》卷上:"大象八:天（乾）、地（坤）、日（离）、月（坎）、风（巽）、雷（震）、山（艮）、泽（兑）。" ②《易》传之一的《象传》中,凡释每卦总体卦象的文字,称《大象》。《大象》每卦一则,共六十四则。其体例是先释每卦上下象相重之旨,然后从重卦的卦象中推衍出切近人事的象征意义。如《乾》卦的《大象》云:"天行健,君子以自强不息。"孔颖达《周易正义》:"总象一卦,故谓之《大象》。"

【大畜】 六十四卦之一。列居篇中第二十六卦。由下乾(☰)上艮(☶)组成,卦形作☶,卦名为《大畜》,象征"大为畜聚"。《大畜》卦所谓"大为畜聚",表明事物发展过程中,必须竭力畜聚刚健正气的道理。用此卦经传文中拟取的"人事"为喻,犹如"君子"广畜美德,"君王"遍聚贤者。于是卦辞强调"守正"、"养贤",指出畜聚刚正德是"大畜"的关键所在。全卦六爻可分三层辨析:初九、九二两阳为阳刚被"畜"之象,必须先能"自畜其德",不宜躁进,故初九知危不前则"利",九二"大车"不行"无尤";六四、六五两爻为尊者"畜"下之象,必须规正、制约"健"者,使所畜尽善尽美,故六四束缚初九之"童牛"获"元吉",六五制约九二之"豕牙"得吉祥;至于上下卦终极的九三、上九两爻,并为"畜德"至盛之象,不存"畜"与"被畜"的关系,故九三如"良马"奔逐,利有所往,上九如置身"天衢"、亨通畅达。可见,《大畜》卦六爻之义,初、二、四、五诸爻揭示善处"大畜"之道,三、上两爻展现"大畜"的美盛结果。胡炳文《周易本义通释》曰:"他卦取阴阳相应,此取相畜。内卦受畜,以'自止'为义;外卦能畜,以'止之'为义。独三与上居内外卦之极,畜极而通,不取止义。"然而,九三虽"畜极",尚须不忘"艰贞"才能长保美德;上九则是"大畜"最为完美的象征,其深意既包含"自身道德盛美",更体现"天下贤路大开",即游酢所谓"'畜'道已成,贤路自我而四达矣"(《周易折中》引)。显然,上九爻的象征本质,已经把"畜德"的功用,充分反映在"畜贤"、"养贤"的意义上,与《象传》"刚上而尚贤"正相吻合。这一点,似乎又流露着《周易》作者"授贤与能"的思想。韩愈《元和圣德诗》谓"天锡皇帝,为天下主,并包畜养,无异细钜"(《韩昌黎集》),实道出对统治阶级"畜养贤者"的期望,与《大畜》喻者亦有相合之处。

【大夫爻】 即"第二爻"。《易》卦六爻分居六位,凡为第二爻者亦称"大夫"爻。《周易乾凿度》:"二为大夫。"《京氏易传》于《临》卦曰:"九二大夫立世,六五至尊应上位。"

【大夫卦】 两汉《易》家倡"卦气"说,取六十四卦中的《坎》、《离》、《震》、《兑》为"四正卦",主四时;余六十卦每卦主六日七分,每五卦值一月,分别配以"公"、"辟"、"侯"、"大夫"、"卿"的名称。"大夫卦"凡十二,为《谦》、《蒙》、《随》、《讼》、《师》、《家人》、《丰》、《节》、《萃》、《无妄》、《既济》、《蹇》。参见"公辟侯大夫卿名义"。

【大象传】 《象传》中专释六十四卦内外卦象的文辞,共六十四则,称《大象传》。亦简称《大象》。孔颖达《周易正义》:"总象一卦,故谓之《大象》。"参见"象传"。

【大人虎变】 《革》卦九五爻辞之语。意思是:大人像猛虎一样推行变革。此言九五当"革"之时,以阳刚中正高居尊位,犹如"大人"彻底推行激烈变革,势如猛虎奋威,故曰"大人虎变"。参见"革九五"。

【大车以载】 《大有》卦九二爻辞之语。意思是:用大车运载财富。这是比喻九二以阳刚处"大有"之时,居下卦中位,上应九五,有见信于"君"、殷实富有、任重道远之象,故称"大车以载"。参见"大有九二"。

【大过九二】 《大过》卦九二爻。以阳爻居卦第二位。爻辞曰:"枯杨生稊,老夫得其女妻,无不利。"意思是:枯槁的杨树生出嫩芽新枝,龙钟老汉娶了个年少娇妻,无所不利。稊,音题 tí,通"荑",树木新生的枝芽,尚秉和先生《周易尚氏学》:"稊、荑同字","荑为木新生之条"。这是说明九二当"大过"之时,阳刚过甚,但能以阳处得中位,下比初六柔弱之阴,犹如枯杨生新枝、老汉娶幼妻,即能以柔济刚,刚柔各自获益;以此处"大过",故"无不利"。王弼《周易注》:"老过则枯,少过则稚。以老分少,则稚者长;以稚分老,则枯者荣,过从相与之谓也。"《周易折中》引王申子曰:"《大过》诸爻,以刚柔适中者为善。初以柔居刚,二以刚居柔而比之,是刚柔适中,相济而有功者也。其阳过也,如杨之枯,如夫之老;其相济而有功也,如枯杨而生稊,如老夫得女妻。言阳虽过矣,九二处之得中,故无不利。"按,《大过》九二获"无不利",在于阳居阴位,又济之以初之阴柔。故司马光《温公易说》指出:"《大过》刚已过矣,正可济之以柔,而不可济之以刚也。故《大过》之阳,皆以居阴为吉,而不以得位为美也。"

【大过九三】《大过》卦九三爻。爻辞曰:"栋桡,凶。"意思是:栋梁曲折弯挠,有凶险。栋,即栋梁;桡,音挠náo,通"挠",谓曲折。这是说明九三当"大过"之时,阳刚过甚,又以阳居阳位,且处下卦之极,而应于上卦之终,刚亢益烈,正如"栋"之中体过于刚盛而本末必弱,以至挠曲,故有"栋桡"之象;以此处"大过",必致凶险。李鼎祚《周易集解》引虞翻曰:"本末弱,故挠。"程颐《周易程氏传》:"以过甚之刚,动则违于中和,而拂于众心,安能当'大过'之任乎? 故不胜其任,如栋之桡,倾败其室,是以凶也。"按,若在他卦,九三得正且有应于上,本可佳美;但居"大过"反常之时,其刚可损不可益。故爻辞谓其过刚必致凶,《小象传》又曰"不可以有辅"。

【大过九五】《大过》卦九五爻。以阳爻居卦第五位。爻辞曰:"枯杨生华,老妇得其士夫,无咎无誉。"意思是:枯槁的杨树开出新花,龙钟老太配了个强壮丈夫,不遭咎害也不获佳誉。这是说明九五当"大过"之时,阳刚壮盛,以居尊位,能亲比上六衰极之阴,犹如繁花开于"枯杨",壮夫配与"老妇",两者勉强调济,阴阳遂调和合;又因九五的行为,旨在以过盛之刚济极柔之阴,不失"大过人"之举,以此处"大过",故能"无咎";但既是极刚配极柔,终难善成其功,且有对偶不适之憾,故曰"无誉"。按,《大过》九二爻辞曰"枯杨生稊,老夫得其女妻",因其下比于初六,故有其象,正与九五相对。朱熹《周易本义》云:"九五阳过之极,又比过极之阴,故其象占皆与二反。"《周易折中》引沈该曰:"九二比于初,近本也,'生稊'之象;九五承于上,近末也,'生华'之象。"又按,《大过》九五以极刚济极柔,虽不能完满成功,但总算竭尽了最后的努力。因此,其"无咎无誉"的结局,实是大势所然,非人力所能改易。

【大过九四】《大过》卦九四爻。以阳爻居卦第四位。爻辞曰:"栋隆,吉;有它,吝。"意思是:栋梁隆起平复,吉祥;要是有应于它方,必生憾惜。栋,即栋梁;隆,隆起,指栋梁下挠之势平复;有它,谓有应于它方(参见"比初六")。这是说明九四处《大过》上卦之始,于阳刚过甚之时,阳居阴位,犹如能自损过刚之质,以救"栋梁"首尾之挠折弯曲,遂使栋体隆起平复,故获吉祥;又因九四本与初六有应,但此时既已损刚,若再趋下应初则将过柔,反而不能救"大过",故爻辞特戒其不可再应于"它方",否则必"吝"。朱熹《周易本义》:"以阳居阴,过而不过,故其象'隆'而占'吉'。然下应初六,以柔济之,则过于柔矣,故又戒以'有它'则'吝'也。"按,《大过》九三、九四两爻均不宜与应爻相应,其原因不同:九三以强健刚亢之体应上,得应则益亢,必使"栋梁"挠折更甚;九四以刚柔调济之质应初,趋下则过柔,必致"栋梁"隆起而复挠折。因此,九四之"吉",只须自损阳刚,不与初应即可获得;九三之"凶",若兼以躁动应上将更添凶险。

【大过上六】《大过》卦上六爻。以阴爻居卦最上之位。爻辞曰:"过涉灭顶;

凶,无咎。"意思是:涉水过深以至淹没头顶;有凶险,但不致咎害。这是说明上六当"大过"之时,以阴柔之极而居卦终,虽下比九五刚,竭力取阳济阴,但因才力过弱,终究难免亡身,犹如涉水过深淹溺,遭灭顶之灾,故曰"过涉灭顶";但视其"独立不惧"以救"大过"之时的毅力,结局虽"凶",而"杀身成仁"之义则"无咎"。朱熹《周易本义》:"处过极之地,才弱不足以济,然于义为'无咎'矣;盖杀身成仁之事,故其象占如此。"按,《大过》上六爻犹如"栋梁"的"末端",因过弱不胜重负而下曲;当极力拯救仍未能承压之时,毅然自损其身,保存主体,大屋赖以不陷。马振彪先生《周易学说》引李士鉁曰:"时无可为,祸无可避,甘罹其凶。"正是爻辞"凶"而"无咎"的寓意。

【大过初六】《大过》卦初六爻。以阴爻处卦下初位。爻辞曰:"藉用白茅,无咎。"意思是:用洁白的茅草衬垫承放(奉献尊者的物品),免遭咎害。藉,谓衬垫,陆德明《经典释文》引马融曰:"在下曰藉",即用物垫于下以承物;白茅,洁白的茅草。这是说明初六当"大过"之时,一阴在下,柔弱位卑,应当极为敬慎地承事上之阳刚,济己之柔,才能免咎;故爻辞拟其以白茅衬地承物以奉上为喻,明其敬慎承阳而有大过凡常之义。李鼎祚《周易集解》引侯果曰:"以柔处下,履非其正,咎也。苟能洁诚肃恭不怠,虽置羞于地可以荐奉;况藉用白茅,重慎之至,何咎之有矣?"按,时当"大过",以柔弱卑小处于极下,自宜敬慎承阳,才能以彼刚济己之柔,避害趋利。《系辞上传》引孔子语,释此爻之义甚明:"苟错诸地可矣,藉之用茅,何咎之有?慎之至也。夫茅之为物薄,而用可重也。慎斯术以往,其无所失矣。"

【大过卦辞】《大过》卦的卦辞。其文曰:"大过,栋桡;利有攸往,亨。"意思是:《大过》卦象征大为过甚,犹如栋梁曲折弯挠,利于有所前往,亨通。大过,卦名,象

征"大为过甚",《易》中阳刚称"大",此卦四阳居中过盛,故名"大过";栋,即梁,屋脊的主要部分;桡,音挠 náo,通"挠",陆德明《经典释文》:"曲折"。卦辞全文,先以栋梁两端柔弱不胜重压以至曲折弯挠,喻示事物刚大者片面过甚,柔小者不胜其势的反常状态,而卦中四阳过强、二阴虚弱则正呈此"大过"之象;然后说明当"大过"之时,物既反常,亟待整治,而卦中九二、九五两爻阳刚居中,上下卦又有驯服、和悦以治"大过"之象,故"利有攸往"且得"亨通"。孔颖达《周易正义》:"四阳在中,二阴在外,以阳之过越之甚也。"朱熹《周易本义》:"大,阳也,四阳居中过盛,故为'大过'。上下二阴,不胜其重,故有'栋桡'之象。又以四阳虽过,而二、五得中,内巽外说,有可行之道,故'利有攸往'而得'亨'也。"按,卦名《大过》的"过"字之义,马其昶《重定周易费氏学》云:"《易》卦名每兼数义。过,越也,过差也,过误也。义各有当。"此说可资参考。

【大过象传】《大过》卦的《象传》。旨在解说《大过》卦的卦名、卦辞之义。其文为:"《象》曰:大过,大者过也。栋桡,本末弱也。刚过而中,巽而说行,利有攸往,乃亨。大过之时大矣哉!"意思是:"《象传》说:大为过甚,指刚大者过甚;栋梁曲折弯挠,说明首尾两端过于柔弱。阳刚过甚而能适中调济,驯顺、和悦地施行整治,因此利于有所前往,可获亨通。大过之时的功效多么弘大啊!"全文可分四节理解。第一节,"大过,大者过也"二句,谓《大过》卦中阳爻过盛,喻事物刚大因素过甚的情状,以释卦名"大过"之义。第二节,"栋桡,本末弱也"二句,举《大过》卦首尾两爻为阴爻柔弱之象,说明栋梁之所以弯曲也正是由于两端柔弱而难胜重压,以释卦辞"栋桡"之义。第三节,自"刚过而中"至"乃亨"四句,举《大过》卦二、五两爻阳刚居中及下卦巽为驯顺、上卦兑为和悦之象,说明阳刚能居中调济,沿顺、悦之道而

行,则利于整治"大过",往必有亨,以释《大过》卦辞"利有攸往,亨"之义。第四节,"大过之时大矣哉"句,归结《彖传》大旨,叹美"大过"之"时"的盛大功效。

【大过颠也】 《杂卦传》语。说明《大过》卦象征"大为过甚",含有事物颠殒常理之义。颠,犹"殒",《大过》卦取"泽灭木"为象,木灭于泽中,故谓"颠殒"。李鼎祚《周易集解》引虞翻义:"颠,殒也。顶载泽中,故颠也。"

【大有九二】 《大有》卦九二爻。以阳爻居卦第二位。爻辞曰:"大车以载,有攸往,无咎。"意思是:用大车运载财富,有所前往,必无咎害。这是比喻九三以阳刚处"大有"之时,居下卦中位而应于上卦九五,有见信于"君"、殷实富有、任重道远之象,故所往必无咎。王弼《周易注》:"健不违中,为五所任;任重不危,致远不泥,故可以往而无咎。"孔颖达《周易正义》:"能堪受其任,不有倾危,犹若大车以载物也。此假外象以喻人事。"按,《大有》九二身负重任,前景光明,其"富有"犹如用车载斗量。但能获"无咎",则关键在于居位适中,行为不偏,因此《小象传》以"积中不败"发其义。

【大有九三】 《大有》卦九三爻。以阳爻居卦第三位。爻辞曰:"公用亨于天子,小人弗克。"意思是:王公向天子献礼致敬,小人不能担当大任。公,王公,喻《大有》九三爻;亨,通"享",《左传》僖公二十五年引作"享",犹言"朝献",指古代诸侯向天子献礼致敬的仪式;天子,喻《大有》六五爻。这是说明九三处《大有》下卦之上,刚健居正,犹如"大有"之世的"王公",故以"亨于天子"设喻;但此时若为"小人",则不可当此"亨天子"的大任,意谓九三必须修德守正,不可稍懈,故特诫以"小人弗克"。孔颖达《周易正义》:"小人德劣,不能胜其位,必致祸害"。朱熹《周易本义》:"亨,《春秋传》作'享',谓朝献也。古者亨通之亨,享献之享,烹饪之烹,皆作

'亨'字。九三居下之上,公侯之象;刚而得正,上有六五之君,虚中下贤,故为'享于天子'之象"。按,时当"大有",物阜民丰;"王公大臣"必归此功于"君上":既致敬意,又藉以歌颂昇平。程颐《周易程氏传》曰:"'率土之滨,莫非王臣',在下者何敢专其有?凡土地之富,人民之众,皆王者之有也。"这是九三爻"王用亨于天子"的时代背景。又按,王弼《周易注》释"亨"为"通",可备一说。

【大有九四】 《大有》卦九四爻。以阳爻居卦第四位。爻辞曰:"匪其彭,无咎。"意思是:富有不过盛,则无咎害。匪,通"非";彭,盛多之状。这是说明九四以阳刚居《大有》上卦之始,"富有"渐盛;但能以阳居阴位,有不为过盛、谦恭顺承六五之象,故获"无咎"。程颐《周易程氏传》:"九四居'大有'之时,已过中矣,是'大有'之盛者也。过盛则凶咎所由生。故处之之道,'匪其彭'则得'无咎':谓能谦损,不处太盛,则得无咎也。四近君之高位,苟处太盛,则致凶咎。彭,盛多之貌,《诗·载驱》云'汶水汤汤,行人彭彭',行人盛多之状;《雅·大明》云'驷騵彭彭',言武王戎马之盛也。"按,《大有》九四近"君"处危,"知几"自抑,是获得"无咎"的重要因素。爻旨颇含"明哲"才能"保身"的诫意。《周易折中》引沈该曰:"以刚处柔,谦以自居,而惧以戒其盛,得'明哲保身'之义。"又按,陆德明《经典释文》引《子夏传》训"彭"为"旁"。王弼《周易注》云:"三虽至盛,五不可舍,能辩斯数,专心承五,常匪其旁,则无咎矣。旁谓三也。"其说于义亦通。

【大有上九】 《大有》卦上九爻。以阳爻居卦最上之位。爻辞曰:"自天祐之,吉无不利。"意思是:从上天降下祐助,吉祥而无所不利,此谓上九以阳刚之德居《大有》卦终,超然安处于"无位"之地,犹如获"天祐"长保富有,故"吉无不利"。《系辞上传》引孔子语释曰:"祐者,助也。天之

所助者,顺也;人之所助者,信也;履信思乎顺,又以尚贤也。是以'自天祐之,吉无不利'。"王弼《周易注》依此为说,指出:"五为信德,而己履焉,'履信'之谓也;虽不能体柔,而以刚乘柔,'思顺'之义也;居丰有之世,而不以物累其心,高尚其志,'尚贤'者也。爻有三德,尽夫助道,故《系辞》具焉。"根据王弼的理解,上九阳刚在上、下比六五的居位特点,含有履信事君、以刚顺柔、崇尚贤者("君"、"柔"、"贤"均指六五)这三项美德,故终获"天祐"之吉;孔颖达《周易正义》谓"天尚祐之,则物无不祐",即明此意。此说宜资参考。按,物获"大有"极盛之时,欲长保不衰,唯须守顺谦下、诚信接物、见贤思齐。这三者又以"顺"为首要前提。《大有》上九的《小象传》发"顺天休命"之义,正与上九爻辞所言"天祐"有合。又按,郭雍《郭氏传家易说》认为上九"天祐"、"无不利",是"终六五之义",指出:"六五之君实尽此,而言于上九者,非上九之才能得此也;盖言《大有》之吉以此终也。"可备一说。

【大有六五】《大有》卦六五爻。以阴爻居卦第五位。爻辞曰:"厥孚交如,威如,吉。"意思是:用诚信交接上下,威严自显,吉祥。厥,其也;孚,信也;如,语气助词。这是说明六五以柔居《大有》"君"位,以信交接上下众阳,为富有至盛、大获人心之象,故曰"厥孚交如";六五既以诚信待物,其威自显,故获吉祥。王弼《周易注》:"居尊以柔,处大以中,无私于物,上下应之,信以发志,故'其孚交如'也。夫不私于物,物亦公焉。既公且信,何难何备?不言而教行,何为而不'威如'?为'大有'之主,而不以此道,吉可得乎?"按,《大有》六五以柔居尊,有"谦虚"之象;又处"中"位,即《象传》所谓"大中"之义。马振彪先生《周易学说》引刘沅曰:"惟五居尊而虚中,孚于无形,不严而威,故'威如';刚柔兼济,故'吉'。诚能动物,人自信之,此所以'大中而上下应之'也。"

【大有初九】《大有》卦初九爻。以阳爻处卦下初位。爻辞曰:"无交害,匪咎;艰则无咎。"意思是:不交往不惹祸,自然不致咎害;但必须牢记艰难才能无所咎害。交,犹言"交往"、"交接";害,承前文省一"无"字,即"无害";匪,通"非"。这是说明初九处"大有"之始,以阳居下,与上卦的九四无应,有获物丰多却不与人相交往之象,因此不惹祸害、不致咎患;然而,初九既当"大有"之时,物始丰多,虽"无交害,匪咎",尚须牢记艰难,才能长保"无咎"。马其昶《重定周易费氏学》引黄淳耀曰:"以九居初,是初心未变,无交故无害也。"尚秉和先生《周易尚氏学》:"无交故无害,然须艰贞自守,方无咎也。"按,《大有》初九爻义体现于两方面:一是身虽处"大有",但能慎守静居,不滥与物"交",遂能"无害"、"匪咎"。二是当此之时,又不可因"大有"而忘艰难,故爻辞特称"艰则无咎"。就警戒意义言,后一点尤为深切。程颐《周易程氏传》云:"若能享富有而知难处,则自'无咎'也;处富有而不能思艰兢畏,则骄侈之心生矣,所以有咎也。"又按,无交害,孔颖达《周易正义》释为"无交切之害",《周易程氏传》释为"未涉于害",均可备参考。

【大有卦辞】《大有》卦的卦辞。其文曰:"大有,元亨。"意思是:《大有》卦象征大获所有,至为亨通。大有,卦名,李鼎祚《周易集解》引虞翻注,释为"大富有"。此卦六五以阴爻居尊位,广获五阳之应,正具"大有"之象;物当"大有"之时,必然至为畅达亨通,故称"元亨"。王弼《周易注》:"不大通,何由得大有乎?大有,则必元亨矣。"孔颖达《周易正义》:"柔处尊位,群阳并应,大能所有,故称'大有'。既能大有,则其物大得亨通,故云'大有,元亨'。"程颐《周易程氏传》:"一柔居尊,众阳并应,居尊执柔,物之所归也。上下应之,为大有之义。大有,盛大丰有也。"

【大有象传】《大有》卦的《象传》。旨

在解说《大有》卦的卦名、卦辞之义。其文为："《彖》曰：大有，柔得尊位，而上下应之，曰大有。其德刚健而文明，应乎天而时行，是以元亨。"意思是："《彖传》说：大获所有，譬如阴柔者得居尊位、高大而能保持中道，上下阳刚纷纷相应，所以称大获所有。此时能够秉持刚健而又文明的美德，顺应天的规律而万事按时施行，这样前景必然至为亨通。"全文可分两节理解。第一节，自"大有"至"曰大有"四句，以《大有》卦九五爻阴居尊位而获五阳应合之象释卦名"大有"之义。第二节，自"其德刚健而文明"至"是以亨通"三句，以《大有》下卦乾为刚健、上卦离为文明之象，释卦辞"元亨"之义。

【大壮九二】《大壮》卦九二爻。以阳爻居卦第二位。爻辞曰："贞吉。"意为：守持正固可获吉祥。此言九二当"大壮"之时，阳刚失正，本有咎害；但阳居阴位，刚中守谦，为趋正自养其"壮"而获吉之象，故称"贞吉"。王弼《周易注》："居得中位，以阳居阴，履谦不亢，是以'贞吉'。"按，《周易》崇尚"谦"的思想，愈是"大壮"之时，愈以谦柔不用"壮"为美。故《大壮》九二称"贞吉"，亦即卦辞"利贞"之义，均明不可滥用其"壮"。易祓《周易总义》云："《易》之诸卦，阴阳贵乎得位。惟《大壮》之卦阳刚或过，则以阳居阴位者为吉。盖以虑其阳刚之过于壮者也，故二爻与四爻皆言'贞吉'。"

【大壮九三】《大壮》卦九三爻。以阳爻居卦第三位。爻辞曰："小人用壮，君子用罔；贞厉，羝羊触藩，羸其角。"意思是：小人妄用强盛，君子虽强不用；守持正固以防危险，若象大羊强触藩篱，羊角必被拘累缠绕。罔，即"无"，"用罔"犹言"不用壮"；贞厉，犹言"守正防厉"；羝，音低 dī，牡羊，慧琳《一切经音义》五七："牡三岁曰羝"，此处泛指大羊。藩，藩篱；羸，音雷 léi，孔颖达《周易正义》："拘累缠绕也"。爻辞全文说明，九三当"大壮"之时，居下乾之终，得位应上，刚亢强盛，此时若为"小人"，必恃强妄动，凶险立至；若为"君子"，必不用强，守正养德，故曰"小人用壮，君子用罔"。九三既居"多惧"之位，又阳刚过盛，故爻辞又发诫语，特明其"守正防危"之义，并拟大羊触藩被缠其角之象为喻，再度深阐此时不可用壮之理。董真卿《周易会通》引京房曰："壮，一也，小人用之，君子有而不用。"《周易口义》述胡瑗曰："小人居强壮之时，动则过中，进则不顾，是犹刚狠之羊，虽藩篱在前，亦触突而进，以至反羸其角，进退不能，凶之道也。"按，马其昶《重定周易费氏学》云："三、上俱值穷位，故皆有'触藩'之象。然三刚而上柔，是上本非壮，恃三之应而壮。曰'君子用罔'者，戒三勿以应故，逞其壮而为小人所用也。"此说辨析《大壮》九三、上六两爻关系，可备参考。又按，王弼《周易注》训"罔"为"网"，曰："君子用之以罗己"，即"君子克己"之谓。于义亦可通。

【大壮九四】《大壮》卦九四爻。以阳爻居卦第四位。爻辞曰："贞吉，悔亡；藩决不羸，壮于大舆之輹。"意思是：守持正固可获吉祥，悔恨必将消亡，犹如藩篱触开了缺口而羊角不被拘累缠绕，又似大车的轮輹强盛适用。藩，指藩篱；决，开也，谓被触开决口；羸，音雷 léi，谓拘累缠绕（见"大壮九三"）；輹，古代大车的轮輹，指车箱下钩住轮轴的木制器件（见"大畜九二"）。这是说明九四当"大壮"之时，居上卦之初，失位无应而有"悔"，但处卦中四阳爻最盛之际，阳居阴位，为行谦持正之象，故能以"贞"获"吉"而免悔；九四既能以此处"大壮"，则前行必无阻，前路遇阴必通，犹如羊触"藩篱"豁然决开，其角不被缠住，又如车下轮輹强壮适用、车行快速。爻义主于九四强盛适当，利于施用。王弼《周易注》："下刚而进，将有忧虞；而以阳处阴，行不违谦，不失其壮，故得'贞吉'而'悔亡'也。已得其壮，而上阴不罔己路，故'藩决不羸'也；'壮于大舆之輹'，无有能说其輹者,可以往也。"按,《大壮》九二、九四两爻都以阳居阴位获"贞吉",是其所同。朱熹又辩析两者的区别曰:"九二贞吉,只是自守而不进;九四却是有可进之象。盖以阳居阴,不极其刚,而前遇二阴,有藩决之象,所以为进;非如九二前有三、四二阳隔之,不得进也。"(《周易折中》引《朱子语类》)

【大壮上六】《大壮》卦上六爻。以阴爻居卦最上之位。爻辞曰:"羝羊触藩,不能退,不能遂,无攸利,艰则吉。"意思是:大羊抵触藩篱,不能退却,不能前进,无所利益;若在艰难中自守可获吉祥。羝,音低(dī),泛指"大羊";遂,与"退"相对,犹言"进";艰,犹言"艰贞自守"。这是说明上六居《大壮》卦终,处震动之极,求进心切,但无奈体柔质弱,其壮已衰,犹如羊触藩篱,进退两难,故无所利;但阴柔不刚,下应九三,若能以"艰"自守,终将有阴阳相合并进之时,故曰"艰则吉"。朱熹《周易本义》:"壮终动极,故触藩而不能退;然其质本柔,故又不能遂其进也。"尚秉和先生《周易尚氏学》:"上当位有应,艰贞自守,终吉也。"按,《大壮》上六既言"无攸利",又言"艰则吉",正是从两方面揭示爻义:谓此时若盲目强进必不利,若守艰缓图则有吉。朱熹曰:"上六取喻甚巧,盖壮终动极,无可去处,如羝羊之角挂于藩上,不能退、遂。然艰则吉者,毕竟有可进之理,但必艰始吉耳。"(《朱子语类》)

【大壮六五】《大壮》卦六五爻,以阴爻居卦第五位。爻辞曰:"丧羊于易,无悔。"意思是:在田畔丧失了羊,无所悔恨。易,通"埸"(音易yì),即田畔,陆德明《经典释文》:"陆作'埸',谓'疆埸'也",朱熹《周易本义》:"《汉·食货志》'埸'作'易'。"这是说明六五处《大壮》卦"壮"已过之时,犹如刚壮之羊丧失于田畔;但能以柔居上卦之中,不用刚壮,故"无悔"。来知德《周易集注》:"易,即'埸',田畔地也。"又曰:"本卦四阳在下,故名'大壮';至六五无阳,则丧

失其所谓'大壮'矣,故有'丧羊于易'之象。"按,王弼《周易注》训"易"为"难易"之"易",曰:"丧壮于易,不于险难,故得无悔。"可备一说。

【大壮初九】《大壮》卦初九爻。以阳爻处卦下初位。爻辞曰:"壮于趾,征凶;有孚。"意思是:足趾强盛,往前进发必有凶险;应当以诚信自守。孚,信也。这是说明初九以阳刚处"大壮"之始,无应欲进,有壮在足趾之象,躁动必伤,故诫以"征凶";但阳刚诚信,处位端正,故又勉德以"孚信"自守,庶可不进以避凶。来知德《周易集注》:"初九阳刚处下,当壮之时,壮于进者也,故有'壮趾'之象。以是而往,凶之道也。然阳刚居正,本有其德,故教占者惟自信其德,以其穷困,不可所往,往则凶矣。"按,"趾"为动象,《大壮》初九"壮趾",犹言"盛于进";阳刚初壮即动,必遭凶险。故诫以守"信"不进,善养其"壮"。此亦《周易》"慎始"之义。又按,《大壮》初九爻辞,王弼《周易注》以"征凶有孚"为句,谓"以斯而进,穷凶可必",释"有孚"之义犹言"信其必然"。可备一说。

【大壮卦辞】《大壮》卦的卦辞。其文曰:"大壮,利贞。"意思是:《大壮》卦象征大为强盛,利于守持正固。大壮,卦名,象征"大为强盛",陆德明《经典释文》引郑玄曰:"壮,气力浸强之名";此卦四阳爻刚健盛长,故名为"大壮"。卦辞说明,事物当"大为强盛"之时,其利在于守正,才能长葆"盛壮",故曰"大壮,利贞"。孔颖达《周易正义》:"壮者,强盛之名;以阳称大。阳长既多,是大者盛壮,故曰'大壮'。"程颐《周易程氏传》:"大壮之道,利于贞正也。大壮而不得其正,强猛之为耳,非君子之道壮盛也。"

【大壮彖传】《大壮》卦的《彖传》。旨在解说《大壮》卦的卦名、卦辞之义。其文为:"《彖》曰:大壮,大者壮也;刚以动,故壮。大壮,利贞,大者正也。正大而天地之情可见矣!"意思是:"《彖传》说:大为强

盛,指刚大者强盛;气质刚健又能奋动,所以称强盛。大为强盛,利于守持正固,说明刚大者必须正直不阿。保持正直刚大而天地的性情也就可以明白了!"全文可分三节理解。第一节,自"大壮"至"故壮"四句,举《大壮》卦四阳爻盛长之象及下卦乾为刚、上卦震为动之象,说明阳刚盛长且刚健能动者,正是事物"大为强盛"的状态,以释卦名"大壮"之义。第二节,"大壮,利贞,大者正也"三句,谓刚大强盛者而能守正,必可长保其"壮",以释卦辞"大壮,利贞"之义。第三节,"正大而天地之情可见矣"一句,归结全文,举"天地"既正且大之例,赞美《大壮》卦所揭示的"盛大而须守正"之义。

【大观在上】 语出《观》卦的《象传》。意为:宏大壮观的气象总是呈现在崇高之处。大观,喻指《观》卦九五爻阳刚中正而居尊位。这是以九五爻象释卦名"观"之义,谓道德崇高者足以让"天下"观仰。程颐《周易程氏传》:"五居尊位,以刚阳中正之德为下所观,其德甚大,故曰'大观在上'。"

【大君之宜】 《临》卦六五爻辞之语。意为:大人君主应当这样。此言六五居《临》尊位,以柔处中,下应九二,犹如任用刚健大臣以辅正"君临"天下,正见"君主"明智之象,故称"大君之宜"。参见"临六五"。

【大易择言】 清程廷祚撰。三十六卷。《四库全书》本。此书解《易》,专崇义理之学,而力排象数之说。《四库全书提要》指出:"是编因桐城方苞绪论,以六条编纂诸家之说:一曰'正义',诸说当于经义者也;二曰'辨正',订异同也;三曰'通论',谓所论在此而义通于彼,与别解之理犹可通者也;四曰'余论',单辞片语可资发明者也;五曰'存疑',六曰'存异',皆旧人讹舛之文,似是者谓之疑,背驰者谓之异也。六条之外,有断以己意者,则以'愚案'别之。其阐明爻象,但以《说卦》健、顺、动、入、

陷、丽、止、说八义为八卦真象,八者之得失则以所值之重卦为断。其明爻义,则求之本爻,而力破承、乘、比、应诸旧解。其稽六位,则专据《系辞》'辨贵贱者存乎位'之旨,凡阳爻阴位、阴爻阳位之说,亦尽芟除。盖力排象数之学,惟以义理为宗者也。"按,中国科学院图书馆今藏此书清乾隆十九年(1754)道宁堂刻本,卷数同,可资参考。

【大易通解】 清魏荔彤撰。十五卷,《附录》一卷。《四库全书》本。此书阐解《易》义,颇有所见;卷后《附录》为《读启蒙杂说》、《太极说》、《书范论》。《四库全书提要》指出:"是编乃其罢官后所作。其论画卦,谓与河图、洛书只可谓其理相通,不必穿凿附会;又以乾一、兑二、离二、震四、巽五、坎六、艮七、坤八,非生卦之次序。其论爻,则兼变爻言之,谓占法二爻变者以上爻为主;五爻变者占不变爻;四爻变者占二不变爻,仍以下爻为主;余占本爻与象辞。至论上经首《乾》、《坤》,中间变之以《泰》、《否》;下经首《咸》、《恒》,中间变之以《损》、《益》,尤得二篇之枢纽。皆颇有所见。惟不信先儒扶阳抑阴之说,反覆辨论。大意谓:'阴阳之中,皆有过、不及,皆有中正、和平。德皆有美凶,品皆有邪正,非阳定为君子,阴定为小人,阴阳中皆有君子、小人。阳之美德刚健,其凶德则暴戾;阴之美德柔顺,其凶德则奸佞。阴阳之君子俱当扶,小人俱当抑。阴阳二者,一理一气,调济刚柔,损益过不及,务期如天地运化均平之时。此四圣人前民之用,赞化之心,而《易》所以作也。'云云。其说甚辨。然观于《乾》、《坤》、《姤》、《复》之初爻,圣人情见乎词矣,荔彤究好为异论也。"

【大易缉说】 元王申子撰。十卷。《通志堂经解》本。此书前二卷述河图洛书之义,不取陈抟、邵雍旧说而自创新意;后八卷训解《周易》经传,大致平实,亦颇有发明。《四库全书提要》指出:王氏"说《易》

则力主数学,而持论与先儒迥异。大旨以河图配先天卦,以洛书配后天卦,而于陈抟、邵子、程子、朱子之说一概辨其有误。于古来说《易》七百余家中,惟取六家:一、河图洛书,二、伏羲,三、文王,四、周公,五、孔子,六、周子太极图也。其自命未免太高,不足为据。同时有玉井阳氏者(原注:案阳氏佚其名字,惟其姓见申子此书中,字为阴阳之阳,盖宋阳枋之族也,朱彝尊《经义考》作'杨氏'误,谨附订于此),受《易》于朱子门人晏渊,已传五世,著《易说》二卷以驳之。申子又一一辨答,其大端具见于书中。盖万事不出乎奇偶,故图书之学,纵横反覆,皆可以通,彼亦一是非,此亦一是非耳。然考申子之缴绕图书者,仅前二卷。至于三卷以后,诠解经文,仍以辞变象占、比应乘承为说,绝不生义于图书,其言转平正切实,多有发明。然则又何必绘图作解,缅缅然千万言乎?读是书者,取其诂经之语,而置其经外之旁文可也。所解惟上下经为详,《系辞》稍略,《说卦》、《杂卦》尤略;《序卦》一传则排斥非孔子之言,但录其文而无一语之诠释。盖自李清臣、朱翌、叶适以来,即有是说,不始于申子。其论《易》中错简、脱简、羡文凡二十有四,但注某某当作某某,而不改经文,亦尚有郑氏注书之遗意。与王柏诸人毅然点窜者异焉。"

【大易粹言】 南宋方闻一编。十卷。《四库全书》本。此书乃采辑宋程颢、程颐、张载、杨时、游酢、郭忠孝、郭雍等七家《易》说,以明《周易》经传之义,故称《粹言》。《四库全书提要》指出:"闻一,舒州人,淳熙中为郡博士;时温陵曾穜守舒州,命闻一辑为是书,旧《序》甚明。朱彝尊《经义考》承《宋志》之误,以为穜作,非也。其书《宋志》作十卷;《经义考》作七十卷、又《总论》五卷。盖原本每卦、每传各为一篇,刊板不相联属,故从其分篇之数称七十有五。然宋刻明标卷一至卷十,则《经义考》又误也。所采凡二程子、张子、杨时、游酢、郭忠孝及穜师郭雍七家之说。今忠孝之书已不传,惟赖是书以存。穜初刻版置郡斋,后孳印漫漶,张嗣古、陈造元先后修之。此本出苏州蒋曾莹家,即嗣古嘉定癸酉所补刻,佚穜《自序》一篇,而移嗣古之《跋》冠其首。今从《经义考》补录穜《序》,仍移其《跋》于卷末焉。"

【大往小来】 语出《否》卦的卦辞。意思是:刚大者往外而柔小者来内。大往,指《否》卦三阳爻居于外卦;小来,指《否》卦三阴爻居于内卦。这是就《否》卦的上下卦为外乾内坤之象,说明"否闭"之时阳刚者衰亡而往去,阴柔者盛长而来附,即《彖传》所言"小人道长,君子道消"之义,故此时"天下"无利,唯君子应当独守正道。参见"否卦辞"。

【大哉乾元】 语出《乾》卦《彖传》。旨在叹美《乾》卦辞"元"之义。意思是:伟大啊,开创万物的春天阳气!"乾元",谓"天"的元始之德,即充沛宇宙间、开创万物的阳气;以季节为喻,犹如春天景象。故《易》家以《乾》卦之"元"德配属"春"。孔颖达《周易正义》:"阳气昊大,乾体广远;又以元大,始生万物,故曰'大哉乾元'。"尚秉和先生《周易尚氏学》:"乾元者,乾之元气也,于时配春。"

【大衍一说】 清茹敦和撰。一卷。《茹氏经学十二种》本。此书删取《易传》"圣人作《易》"、"天数五地数五"、"参伍以变"、"大衍之数"各节而详释之,体例与茹氏所作《大衍守传》同,说义也互为详略。书中观点,又有见于《周易二闾记》者。吴承仕先生指出:茹氏之书"属稿先后不可知,疑茹氏《易》义各种,皆平时丛稿,有写定可付梓人者,有错杂重复以俟删正者。就是编与《大衍守传》观之,亦可见矣。"(《检斋读书提要》)

【大衍之数】 《周易》占筮中,用以推衍揲卦的基本数字为五十,筮者用五十根"蓍草"代表,即称"大衍之数"。而揲卦过程所实用之数乃为四十九,习称"虚一不用"。此概念出《系辞上传》："大衍之数五十，其用四十有九。分而为二以象两，挂一以象三，揲之以四以象四时，归奇于扐以象闰；五岁再闰，故再扐而后挂。"又曰："是故四营而成《易》，十有八变而成卦，八卦而小成。引而伸之，触类而长之，天下之能事毕矣。"文中简要介绍了"分二"、"挂一"、"揲四"、"归奇"，历"四营"、"十八变"而成卦的《易》筮程序，是保留至今的较早期的有关占筮条例的记载（见"筮法"）。然《系辞上传》既言"大衍之数"为五十、"用数"为四十九，而另文又云"天地之数"为五十五（见"天地之数"），这三者的关系，旧说纷歧，莫衷一是。如韩康伯《系辞注》引王弼说，指出"虚一不用"是"不用而用以之通，非数而数以之成"。李鼎祚《周易集解》以为，"大衍之数五十"，是"天地之数五十五"中"将五合之数配五行"，则五十五去其五；"更减一以并五，备设六爻之位，蓍卦两兼"，则五十五共减其六，余四十九为"用数"。两说并可参考。按，李鼎祚《周易集解》引虞翻曰："天二十五，地三十，故五十有五。天地数见于此，故大衍数略其奇五，而言五十也。"张惠言《周易虞氏义》云："《太玄》曰'五与五相守'，地之十还是五，故略之也。"此亦言"大衍之数"乃"天地数"五十五减其五而得，认为"大衍数"来自"天地数"。而尚秉和先生《周易尚氏学》又明确认为："天地数为大衍数之本，而大衍数却不用天地数，变之化之，其妙通于鬼神。"此亦可备一说。

【**大衍守传**】 清茹敦和撰。一卷。《茹氏经学十二种》本。此书摘取《系辞传》"天数五地数五"、"参伍以变"、"大衍之数"、"乾之策"及《说卦传》"昔者圣人之作《易》"各节，前后不次，自为图说，以明河图之数、大衍揲蓍之法，并论兴郑玄注"大衍"章之语。全书未免有抒义未了之处，但亦多能旁引比解，以成一家之说。吴承仕先生谓其："释《传》虽近附会，实能隐据

旧义，自成其说。以四十五数本于五十五数，而五十五数实原于《大传》，一善也；大衍之数，本以揲蓍，不与八卦方位相配，二善也；二数皆为河图，于洛书无涉，略与'河图画卦，洛书演畴'之古义相近，三善也。以视宋、元以来般旋于刘长民、朱元晦、蔡季通、张仲纯脚下者，盖远过之矣。"（《检斋读书提要》）

【**大衍索传**】 元丁易东撰。三卷。《四库全书》录《永乐大典》本。此书专明"大衍之数"，详列前人论说，而以己意断之。全书篇第，自"大衍之数五十，其用四十九"以下三十六图为《原衍》，自"图五十五数衍成五十位"以下二十九图为《翼衍》，自"乾凿度"以下列诸家之说而系以论断者为《稽衍》；凡三卷，卷各有序。《四库全书》钞列"子部术数类"，《提要》曰："《永乐大典》既脱去目录及《原衍》之序，又讹《翼衍》为《翼行》，而错《稽衍》篇题于《翼衍》内，前后至为紊杂。朱彝尊《经义考》则误以《原衍序》为全书《自序》；而世所传别本又全佚去《稽衍》一篇。盖流传既稀，益滋讹谬。幸别本所载，原目尚有全文。谨据《永乐大典》补足《稽衍》一卷，其次序之凌乱者，则据原目厘正，仍为完帙焉。"

【**大畜九二**】 《大畜》卦九二爻。以阳爻居卦第二位。爻辞曰："舆说輹。"意思是：大车脱卸轮輹不前行。说，通"脱"；輹，音复 fù，许慎《说文解字》："车轴也，"即"轮輹"，指车箱下钩住大车轮轴的木制器件，亦称"伏兔"，《左传》僖公十五年"车说其輹"杜预注"輹，车下缚也"，孔颖达疏曰："车下'伏兔'也，今人谓之车屐，形如伏兔，以绳缚于轴，因名'缚'也。"这是用大车"脱輹"不行，比喻九二当"大畜"之时，阳刚居下处中，被六五"畜止"、规正，遂能审度其势，停止不前而自我畜德。程颐《周易程氏传》："二虽刚健之体，然其处得中道，故进止无失；虽志于进，度其势之不可，则止而不行，如车舆说去轮輹，谓不行也。"按，《大畜》九二自卸轮輹，

"畜德"缓进，故能无害；《小畜》九三车辐解散、与人冲突，故"夫妻反目"：两卦的爻辞"輹"、"辐"不同，象旨亦大异。陈梦雷《周易浅述》云："'辐'脱则车破败，'輹'脱但不欲行而已。故《小畜》之'脱辐'在人，而《大畜》之'脱輹'在己。"

【大畜九三】《大畜》卦九三爻。以阳爻居卦第三位。爻辞曰："良马逐，利艰贞；曰闲舆卫，利有攸往。"意思是：良马在奔逐，利于牢记艰难而守持正固；不断熟练车马防卫的技能，利于有所前往。曰，语气词；闲，陆德明《经典释文》："马、郑云'习'"，犹言"熟练"；舆卫，指车马防卫之技。爻辞全文先以"良马奔逐"比喻九三当"大畜"之时，畜德既充、强健至盛，又与上九阳刚"合志"，故可展其才用；但因三位"多惧"，恐其刚亢过甚、冒进有失，故又诫以利在知"艰"守"正"。当此之时，九三不可自恃其刚、忘乎艰难，应不断练习"舆卫"之技，自我畜德不已，才能利于有"往"，故又曰"曰闲舆卫，利有攸往"。程颐《周易程氏传》："三以刚健之才，而在上者与合志而进，其进如良马之驰逐，言其速也。虽其进之势速，不可恃其才之健与上之应而忘备与慎也，故宜艰难其事，而由贞正之道。舆者，用行之物，卫者，所以自防。当自日常闲习其车舆与其防卫，则利有攸往矣。三乾体而居正，能贞者也；当其锐进，故戒以知难而不失其贞正也。"按，"曰"字，陆德明《经典释文》引郑玄云"人实反"，则郑读"日"；李鼎祚《周易集解》引虞翻注亦作"日"，故程颐依"日"解，朱熹《周易本义》谓"当为'日月'之'日'"，于义可通。又按，《大畜》九三与上九爻位对应，两阳相峙本为"不应"之象；但在"大畜"之时，却为阳德并盛而"合志"之征，故九三《小象传》云"上合志也"，程颐《周易程氏传》谓两爻"不相畜而志同"。视上九所取"大路"之象，正为九三"良马奔逐"提供了宽畅的场所：由此可以看出两者"合志"的象旨。

【大畜上九】《大畜》卦上九爻。以阳爻居卦最上之位。爻辞曰："何天之衢，亨。"意思是：何等畅达的天上大路，亨通。何，感叹词，含"何等通达"之意；衢，音渠 qú，陆德明《经典释文》引马融曰："四达谓之衢"，即四面畅通的大路。这是说明上九当"大畜"之时，以阳刚居上艮之终，为"止健"至极、"畜德"至盛之象，犹如《大象传》所称"多识前言往行"的"君子"；故其时大通，如置身于四面畅达的"天衢"，所向必"亨"。朱熹《周易本义》："何天之衢，言何其通达之甚也。畜极而通，豁达无碍。"按，上九为"畜德"大通之象，为《大畜》卦最理想的一爻，其义颇为广泛。《周易折中》引胡炳文曰："此不徒为仕者之占。《大学章句》所谓'用力之久，一旦豁然贯通'，亦是此意；'多识前言往行，以畜其德'者，以之可也。"又按，爻辞"何"字，诸家训释不同，兹引三说以备参考。一、王弼《周易注》认为"何"作语气辞，犹言"何畜"，即孔颖达《周易正义》所谓"更何所畜"。意指"畜"极已"通"。二、李鼎祚《周易集解》引虞翻注，训"何"为"当"；李道平《周易集解纂疏》云："何与'荷'通"，"训'当'者犹担当也，刚在上能胜其任，故为'何'。"然察虞氏训"当"之意，似宜释如今语"正处于"，则于义可通。三、胡瑗疑"何"为衍字，爻辞当作"天之衢，亨"（《周易口义》）。

【大畜六五】《大畜》卦六五爻，以阴爻居卦第五位。爻辞曰："豮豕之牙，吉。"意思是：制约被阉割过的猪的尖牙，吉祥。豮，音坟 fén，陆德明《经典释文》引刘表曰："豕去势曰豮"；豕，即猪。这是说明六五当"大畜"之时，柔中居尊，下应九二，志在"畜止"九二之刚；而九二此时既已脱卸"车輹"、停止不前，犹如猪被阉割，凶性已除，其"牙"亦未足惧，六五遂能"畜止"而规正制约之，故获吉祥。此亦《大畜》卦《象传》"能止健"之义。程颐《周易程氏传》："豕，刚躁之物，而牙为猛利，若强制其牙,则用力劳而不能止其躁猛,虽絷之维之,不能使之变也;若豮去其势,则牙虽存而刚躁自止。其用如此,所以吉也。"按,用猪去势为喻,足见《大畜》六五爻辞取象奇异。但其喻旨却甚明确:表明六五居尊,以柔制刚,犹"畜"人先治其本。程颐《周易程氏传》又云:"君子法'豮豕'之义,知天下之恶不可以力制也,则察其机,持其要,塞绝其本原。故不假刑法严峻,而恶自止也。"

【大畜六四】《大畜》卦六四爻。以阴爻居卦第四位。爻辞曰:"童牛之牿,元吉。"意思是:在无角小牛头上加缚的木牿,至为吉祥。童牛,陆德明《经典释文》:"无角牛也",犹言"小牛",喻《大畜》初九爻;牿,音固 gù,《经典释文》:"《九家》作'告',《说文》同,云'牛触人,角着横木,所以告人'",即"木牿",喻《大畜》六四爻。这是说明六四当"大畜"之时,柔正得位,与下卦的初九相应,志在畜初之阳,止初之健,于初九过恶未萌之时先施"畜止",犹如在无角"童牛"头上加"牿",妥为规正;此亦《大畜》卦《象传》"能止健"之义,故获"元吉"。王弼《周易注》:"处艮之始,履得其位。能止健初,距不以角;柔以止刚,刚不敢犯。"按,《大畜》六四爻辞,取象颇为别致:"童牛"本未长角,却制以角牿,这在生活现象中未必实有,而在《易》理中却体现"止恶于未萌"的喻旨。朱熹以为,《大畜》下卦"取其能自畜而不进",上卦"取其能畜彼而不使进",并曰:"四能止之于初,故为力易;五则阳已进而止之,则难。"(《朱子语类》)此说可资参考。

【大畜初九】《大畜》卦初九爻。以阳爻处卦下初位。爻辞曰:"有厉,利已。"意思是:有危险,利于暂停不进。厉,危也;已,谓停止。此言初九处"大畜"之时,阳德卑微,为上卦的六四所"畜止"、规正;此时若急于求进则"危",若暂停不进、自畜已德则"利"。王弼《周易注》:"四乃畜己,未可犯也;进则灾危,有厉止也,故能'利

已'。"按,阳刚处下,当被"畜止"之际,必须接受"规正"、"自畜"待时,这是《大畜》初九获"利"的前提。朱熹《周易本义》云:"乾之三阳,为艮所止,故内外之卦各取其义。"

【大畜卦辞】《大畜》卦的卦辞。其文曰:"大畜,利贞;不家食吉;利涉大川。"意思是:《大畜》卦象征大为畜聚,利于守持正固;不使贤人在家中自食可获吉祥;利于涉越大河巨流。畜,含有"畜聚"、"畜止"、"畜养"三义,而以"聚"为本(参见"小畜卦辞");大畜,卦名,象征"大为畜聚",义取"所畜至大";不家食,谓不使(贤者)在家自食,即畜聚于朝廷。卦辞全文说明,"大畜"之时,利于以"正道"畜物,所畜者亦须有"正德",故曰"利贞";此时"大"者必须广"畜"贤者,故又取"君主养贤"为喻,谓不使贤者"家食"而食禄于朝则"吉";若能如此"守正畜贤",则可成"大畜"之美,必利于涉难排险,故曰"利涉大川"。孔颖达《周易正义》:"己有大畜之资,当须养赡贤人,不使贤人在家自食,如此乃吉也。'利涉大川'者,丰则养贤,应于天道,不忧险难,故'利涉大川'。"程颐《周易程氏传》:"在人,为学术道德充积于内,乃所畜之大也。凡所畜聚,皆是专言其大者。人之蕴畜,宜得正道,故云'利贞'。"朱熹《周易本义》:"不家食,谓食禄于朝,不食于家也。"按,胡炳文《周易本义通释》云:"不家食,是贤者不畜于家而畜于朝;涉大川,又似有畜极而通之意。要之,两'利'字,一'吉'字,占辞自分为三,不必泥而一之也。"这是分析《大畜》卦辞拟象的三个层次,义有可取。

【大畜象传】《大畜》卦的《象传》。旨在解说《大畜》卦的卦名、卦辞之义。其文为:"《象》曰:大畜,刚健笃实,辉光日新其德;刚上而尚贤,能止健,大正也。不家食吉,养贤也。利涉大川,应乎天也。"意思是:"《象传》说:大为畜聚,犹如刚健笃实者畜聚不已,乃至光辉焕发、日日增新自

身的美德；又如阳刚者居上而崇尚贤人，能够畜止制约健强者，这是极大的正道。不使贤人在家中自食可获吉祥，说明要畜养贤人（让他们食禄于朝）。利于涉越大河巨流，说明畜德美善者的行为应合天的规律。"全文可分四节理解。第一节，自"大畜"至"辉光日新其德"三句，举《大畜》卦下乾为刚劲健强之象、上艮为静止充实之象，说明"大畜"之时，畜物者"刚健笃实"，所畜者"光辉美德"，极称卦义之佳，并释卦名"大畜"之义。第二节，自"刚上而尚贤"至"大正也"三句，举《大畜》上九爻阳刚在上而能礼贤下士之象及上卦艮为止、下卦乾为健之象，说明"大畜"之时既有"畜贤"之旨，又有制约规正强健者之旨，并谓此为至大的"正道"，以释《大畜》卦辞"利贞"之义。第三节，"不家食吉，养贤也"二句，谓"大畜"之时应"养贤"于朝，以释《大畜》卦辞"不家食吉"之义。第四节，"利涉大川，应乎天也"二句，谓畜德至美，其行必应于"天"，以释《大畜》卦辞"利涉大川"之义。按，《周易折中》引郑汝谐曰："'畜'有三义，以'蕴畜'言之，畜德也；以'畜养'言之，畜贤也；以'畜止'言之，畜健也。'刚健笃实，辉光日新其德'，此蕴畜之大者；'养贤'以及万民，此畜养之大者；乾天下之至健，而四、五能畜之，此畜止之大者。故《象传》兼此三者言之。"郑氏分"三义"辩析《大畜》卦《象传》旨趣，颇见理致。又按，"辉光日新其德"，陆德明《经典释文》引郑玄注，以"日新"绝句，"其德"连下文"刚上而尚贤"为读。其义亦通，可备一说。

【**大蹇朋来**】《蹇》卦九五爻辞。意为：大为蹇难，友朋纷纷来归。这是说明九五居《蹇》上卦坎中，正当"大蹇"之时；然以阳刚中正之德下应六二，遂致友朋纷来，共济蹇难，故曰"大蹇，朋来"。参见"蹇九五"。

【**大师克相遇**】 语出《同人》卦九五爻辞。意思是：大军出战告捷、志同者相遇

会合。大师，即大军，克，战胜。此言九五当"同人"之时，阳刚中正，尊居"君位"，与下卦六二同心相应，但因九三、九四为敌欲争，故开初与六二不能会合，直至以"大师"克敌制胜之后才与六二"相遇"。参见"同人九五"。

【**大过大象传**】《大过》卦的《大象传》。其辞曰："泽灭木，大过；君子以独立不惧，遯世无闷。"意思是：水泽淹没树木，象征"大为过甚"；君子因此处身"大过"之时能够独自屹立而毫不畏惧，毅然逃世而无所苦闷。遯，即逃避。这是先揭明《大过》卦上兑为泽、下巽为木之象，谓泽水过盛乃至灭木，正属"大为过甚"的象征；然后推阐出"君子"观此象，须悟知处"大过"之时而"独立不惧，遯世无闷"的道理。程颐《周易程氏传》："泽，润养于木者也，乃至灭没于木，则过甚矣，故为'大过'。君子观《大过》之象，以立其'大过人'之行。君子所以大过人者，以其能独立不惧，遯世无闷也。天下非之而不顾，独立不惧也；举世不见知而不悔，遯世无闷也。如此然后能自守，所以为大过人也。"按，《大过》卦辞"栋桡"，是喻示事物"大过"的反常情状，《大象传》"木灭泽"亦明此事；"独立"、"遯世"，则阐发"君子"处"大过"的非凡气魄。孔颖达《周易正义》认为《大过》卦有二义："一者，物之自然大相过越常分"；"二者，大人大过越常分以拯患难"。此说可备参考。

【**大有大象传**】《大有》卦的《大象传》。其辞曰："火在天上，大有；君子以遏恶扬善，顺天休命。"意思是：火焰高悬天上（无处不照），象征"大获所有"；君子因此在所获丰多时应当遏止邪恶、倡扬善行，顺从天的意志、休美万物性命。休，用如动词，犹言"休美"；休命，孔颖达《周易正义》释为"休美物之性命"。全文先揭明《大有》卦上离为火、下乾为天之象，谓火在天上以照万物，正为"大获所有"的象征；然后推阐出"君子"观《大有》之象，须悟知在所

获丰多之时,应当不忘止恶扬善,顺从"天意"、休美"物命"的道理。程颐《周易程氏传》:"火高在天上,照见万物之众多,故为'大有'。大有,繁庶之义。君子观《大有》之象,以遏绝众恶,扬明善类,以奉顺天休美之命。万物众多,则有善恶之殊;君子享大有之盛,当代天工,治养庶类。治众之道,在遏恶扬善而已;恶惩善劝,所以顺天命而安群生也。"按,《穀梁传》宣公十六年谓"五谷大熟为大有年",正见"大获所有"之义。《大有》卦《大象传》"遏恶扬善,顺天休命",则是衍发"火天"明照之象,指出"大有"之时当守正行善。故司马光《温公易说》指出:"火在天上,明之至也。至明则善恶无所遗矣。善则举之,恶则抑之,上之职也;明而能健,庆赏刑威得其当,然后能保有四方,所以顺天美命也。"

【大壮大象传】《大壮》卦的《大象传》。其辞曰:"雷在天上,大壮;君子以非礼弗履。"意思是:震雷响彻天上(刚强威盛),象征"大为强盛";君子因此不践行非礼的事情(以长葆盛壮)。履,犹言"践行"。这是先揭明《大壮》卦上震为雷、下乾为天之象,谓雷在天上、刚强威盛,正为"大为强盛"的象征;然后推阐出"君子"观此象,须悟知于强盛之时应守正履礼,善葆其"壮"的道理。王弼《周易注》:"壮而违礼则凶,凶则失壮也。故君子以大壮而顺礼也。"孔颖达《周易正义》:"震雷,为威动;乾天,主刚健。雷在天上,是刚以动,所以为'大壮'。"又曰:"盛极之时,好生骄溢。故于大壮,诫以'非礼勿履'也。"按,项安世《周易玩辞》云:"君子所以养其刚大者,亦曰'非礼勿履'而已。"此说与《孟子·公孙丑上》"我善养吾浩然之气",义略接近。

【大畜大象传】《大畜》卦的《大象传》。其辞曰:"天在山中,大畜;君子以多识前言往行,以畜其德。"意思是:天包涵在山中,象征"大为畜聚";君子因此多方记取前贤的言论及往圣的事迹,以此畜聚自身的美德。识,音志 zhì,即"记";前言往行,

指前代圣贤的言行。这是先揭明《大畜》卦下乾为天、上艮为山之象,谓天涵于山中,正为"大为畜聚"的象征;然后推阐出"君子"应效法此象,多记"前言往行"以畜美德的道理。李鼎祚《周易集解》引向秀曰:"止莫若山,大莫若天;天在山中,大畜之象。"程颐《周易程氏传》:"人之蕴畜,由学而大,在多闻前古圣贤之言与行。考迹以观其用,察言以求其心,识而得之,以畜成其德。"按,《大畜》卦的卦形为"天在山中",这在现实中是不存在的,属于虚构的喻象。朱熹《周易本义》云:"不必实有其事,但以其象言之耳。"至于《大象传》所发"多识前言往行,以畜其德"的意义,则是古代教育理论中颇有影响的观点;其要旨与《尚书》"学古""师古"(《说命下》)、《礼记》"博闻强识"(《曲礼上》)、《论语》"博学笃志"(《子张》)诸说并可相通。

【大过受之以坎】《周易》六十四卦,以象征"大为过甚"的《大过》卦列居第二十八卦;事物不能终久过甚,过极必险,所以接《大过》之后是象征"险陷"的第二十九卦《坎》卦。此称"《大过》受之《坎》"。语本《序卦传》:"物不可以终过,故受之以《坎》,坎者,陷也。"韩康伯《序卦注》:"过而不已,则陷没也。"李鼎祚《周易集解》引崔憬曰:"《大过》不可以极,极则'过涉灭顶',故曰'物不可以终过,故受之以《坎》'也。"

【大有受之以谦】《周易》六十四卦,以象征"大获所有"的《大有》卦列居第十四卦;人若大获所有,切不可盈满自傲,应以谦逊虚心为本,所以接《大有》之后是象征"谦虚"的第十五卦《谦》卦。此称"《大有》受之以《谦》"。语本《序卦传》:"有大者不可以盈,故受之以《谦》。"李鼎祚《周易集解》引崔憬曰:"富贵而自遗其咎,故有大者不可盈,当须谦退,天之道也。"

【大壮大者壮也】《大壮》卦的《彖传》语。意为:大为强盛,指刚大者强盛。此举《大壮》卦中四阳爻盛长之象,谓阳称

大,阳刚盛长正是事物"大为强盛"的状态,以释卦名"大壮"之义。孔颖达《周易正义》:"阳爻浸长已至于四,是大者盛壮。"程颐《周易程氏传》:"所以名'大壮'者,谓大者壮也。阴为小,阳为大。阳长以盛,是大者壮也。"

【大壮受之以晋】 《周易》六十四卦,以象征"大为强盛"的《大壮》卦列居第三十四卦;事物不可能终久安守壮盛而无所进取,所以接《大壮》之后是象征"晋长"的第三十五卦《晋》卦。此称"《大壮》受之以《晋》"。语本《序卦传》:"物不可以终壮,故受之以《晋》;晋者,进也。"李鼎祚《周易集解》引崔憬曰:"不可以终壮于阳盛,自取'触藩',当宜柔进而上行,受兹'锡马'。"程颐《周易程氏传》:"物无壮而终止之理,既盛壮则必进,《晋》所以继《大壮》也。"

【大畜受之以颐】 《周易》六十四卦,以象征"大为畜聚"的《大畜》卦列居第二十六卦;事物既已大为畜聚,则可施用于颐养,所以接《大畜》之后是象征"颐养"的第二十七卦《颐》卦。此称"《大畜》受之以《颐》"。语本《序卦传》:"物畜然后可养,故受之以《颐》;颐者,养也。"李鼎祚《周易集解》引崔憬曰:"《大畜》刚健辉光日新,可以观其所养,故言物畜然后可养。"程颐《周易程氏传》:"夫物既畜聚,则必有以养之,无养则不能存息,《颐》所以次《大畜》也。"按,程氏谓物既被畜聚,将有资以养之,故承之以《颐》。于义亦通。

【大易类聚初集】 赵韫如编。精装十六开本二十册。1983年10月台北新文丰出版公司出版。全书搜集自汉魏以讫现代《易》学专著一百零八种。各种《易》著,均取历代刊本或钞本影印成帙。凡采入之著,各附前人所作提要或书录;无此类著录文字者,则由编者另撰该书"识小",以简介其书内容。各书或经后代校勘名家校正者,均将校记依次附印于相应之卷末;或原有序跋被刊落而未流行者,皆一搜集复原;或有经历数次重编新辑而后本胜前本者,则收较胜之本。全书编次,整体按时代先后,局部则以类相从,即某书若有后人补正、补阙诸作,皆直接附于该书之后,不论作者时代。如唐史徵《周易口诀义》后,续以近人徐芹庭《周易口诀义补阙》;清惠栋《易汉学》后,继以陈寿熊《读易汉学私记》,又殿以沈绍勋《惠栋易汉学正误》等。视其编纂体例,颇有条秩。

【大过九二小象传】 《大过》卦九二爻的《小象传》。其辞曰:"老夫女妻,过以相与也。"意思是:龙钟老汉配上年少娇妻,说明九二阳刚过甚但能和初六阴柔相互亲与。这是解说《大过》初六爻辞"老夫得其女妻"的象征内涵。程颐《周易程氏传》:"老夫之说少女,少女之顺老夫,其相与过于常分。谓九二、初六阴阳相与之和,过于常也。"按,程氏释"过"为二、初两爻之相与"过于常",于义亦通。

【大过九三小象传】 《大过》卦九三爻的《小象传》。其辞曰:"栋桡之凶,不可以有辅也。"意思是:栋梁曲折弯挠而有凶险,说明九三的刚势不能再加以辅助。这是解说《大过》九三爻辞"栋桡,凶"的象征内涵。辅,助也;谓九三不可应于上六,若得应上六,刚势获助益烈,则"栋桡"益甚。李鼎祚《周易集解》引虞翻曰:"辅之益'桡',故不可以有辅。阳以阴为辅也。"

【大过九五小象传】 《大过》卦九五爻的《小象传》。其辞曰:"枯杨生华,何可久也?老妇士夫,亦可丑也。"意思是:"枯槁的杨树开出新花,生机怎能长久呢?龙钟老太配了个强壮士夫,说明九五的情状也太可羞丑。"这是解说《大过》六五爻辞"枯杨生华,老妇得其士夫"的象征内涵。程颐《周易程氏传》:"枯杨不生根而生华,旋复枯矣,安能久乎?老妇而得士夫,岂能成生育之功?亦为可丑也。"

【大过九四小象传】 《大过》卦九四爻的《小象传》。其辞曰:"栋隆之吉,不桡乎下也。"意思是:栋梁隆起平复而获吉祥,说明九四使栋梁不再往下曲折弯挠。这是解说《大过》九四爻辞"栋隆，吉"的象征内涵。程颐《周易程氏传》："栋隆起则吉，不桡曲以就下也，谓不下系于初也。"

【大过上六小象传】《大过》卦上六爻的《小象传》。其辞曰："过涉之凶，不可咎也。"意思是：涉水过深以至淹没头顶而有凶险，说明上六救时亡身而不可视为有咎害。这是解说《大过》上九爻辞"过涉灭顶，凶，无咎"之义。孔颖达《周易正义》："本欲济时拯难，意善功恶，无可咎责。"程颐《周易程氏传》："过涉至溺，乃自为之，不可以有咎也，言无所怨咎。"

【大过初六小象传】《大过》卦初六爻的《小象传》。其辞曰："藉用白茅，柔在下也。"意思是：用洁白的茅草衬垫承放（奉献尊者的物品），说明初六柔顺处下而行为要敬慎。这是解说《大过》初六爻辞"藉用白茅"的象征内涵。孔颖达《周易正义》："以柔道在下，所以免害。"程颐《周易程氏传》："以阴柔处卑下之道，惟当过于敬慎而已。以柔在下，为以茅藉物之象，敬慎之道也。"

【大过之时大矣哉】《大过》卦的《彖传》语。意为：大过之时的功效多么弘大啊！此言"大过"之时，事物反常，亟待整治，"君子"正可施为，故《彖传》叹美其"时大"。王弼《周易注》："是君子有为之时也。"程颐《周易程氏传》："大过之时，其事甚大，故赞之曰'大矣哉'。如立非常之大事，兴百世之大功，成绝俗之大德，皆'大过'之事也。"

【大有九二小象传】《大有》卦九二爻的《小象传》。其辞曰："大车以载，积中不败也。"意思是：用大车运载财富，说明要装积在正中不偏之处才不致危败。这是解说《大有》九二爻辞"大车以载"的象征内涵。李鼎祚《周易集解》引卢氏曰："体刚履中，可以任重，有应于五，故所积皆中而不败也。"程颐《周易程氏传》："壮大之车，重积载于其中而不损败，犹九二材力

之强，能胜'大有'之任也。"

【大有九三小象传】《大有》卦九三爻的《小象传》。其辞曰："公用亨于天子，小人害也。"意思是：王公向天子献礼致敬，要是小人当此大任必致祸害。这是解说《大有》九三爻辞"公用亨于天子，小人弗克"之义。程颐《周易程氏传》："公当用亨于天子，若小人处之，则为害也。自古诸侯能守臣节，忠顺奉上者，则蕃养其众，以为王之屏翰，丰殖其财，以待上之徵赋。若小人处之，则不知为臣奉上之道，以其为己之私，民众财丰，则反擅其富强，益为不顺，是小人'大有'则为害，又'大有'为小人之害也。"

【大有六五小象传】《大有》卦六五爻的《小象传》。其辞曰："厥孚交如，信以发志也；威如之吉，易而无备也。"意思是：用诚信交接上下，说明六五以自己的诚信启发他人的忠信之志；威严自显的吉祥，说明六五行为简易、无所防备（而人自敬畏）。这是解说《大有》六五爻辞"厥孚交如，威如，吉"的象征内涵。孔颖达《周易正义》"由己诚信，发起其志，故上下应之，与之交接也。"又曰："以不私于物，唯行简易，无所防备，物自畏之。"按，程颐《周易程氏传》释"易"作"易慢"，以为指六五"若无威严，则下易慢而无戒备也。"可备一说。

【大有九四小象传】《大有》卦九四爻的《小象传》。其辞曰："匪其彭无咎，明辩晢也。"意思是：富有不过盛则无咎害，说明九四具有明辨事理、权衡自身处境的智慧。这是解说《大有》九四爻辞"匪其彭，无咎"的象征内涵。辩，通"辨"；晢，音哲zhé，明智，许慎《说文解字》："晢，昭晢，明也，从日折声。《礼》曰'晢明行事'。"孔颖达《周易正义》："由九四才性ященное而晢知，能斟酌事宜。"程颐《周易程氏传》："能不处其盛而得无咎者，盖有明辩之智也。晢，明智也。贤智之人，明辩物理，当其方盛，则知咎之将至，故能损抑，不敢至于满

极也。"

【大有上九小象传】 《大有》卦上九爻的《小象传》。其辞曰："大有上吉,自天祐也。"意思是:《大有》卦上九爻的吉祥,是从上天降下的祐助。这是解说《大有》上九爻辞"自天祐之,吉无不利"之义,乃直取爻辞之文为解。程颐《周易程氏传》:"上九在上,履信思顺,故在上而得吉,盖自天祐也。"

【大有初九小象传】 《大有》卦初九爻的《小象传》。其辞曰："大有初九,无交害也。"意思是:《大有》卦的初九爻,说明不交往也就不惹祸害。这是解说《大有》初九爻辞"无交害"之义,然《传》文乃直录爻辞之文以为释。

【大壮九二小象传】 《大壮》卦九二爻的《小象传》。其辞曰："九二贞吉,以中也。"意思是:九二守持正固可获吉祥,是由于阳刚居中的缘故。这是解说《大壮》九二爻辞"贞吉"的象征内涵。程颐《周易程氏传》:"所以贞正而吉者,以其得中道也。中则不失正,况阳刚而乾体乎?"

【大壮九三小象传】 《大壮》卦九三爻的《小象传》。其辞曰："小人用壮,君子罔也。"意思是:小人妄用强壮,说明君子虽强却能不用。这是解说《大壮》九三爻辞"小人用壮,君子用罔"之义,但即取爻辞自以为释。来知德《周易集注》:"言用壮者小人之事,君子则无此也。"

【大壮九四小象传】 《大壮》卦九四爻的《小象传》。其辞曰："藩决不羸,尚往也。"意思是:藩篱触开了缺口而羊角不被拘累缠绕,说明九四利于往前进取。这是解说《大壮》九四爻辞"藩决不羸"的象征内涵。程颐《周易程氏传》:"刚阳之长,必至于极。四虽已盛,然其往未止也。以至盛之阳,用壮而进,故莫有当之。藩决开而不羸困,其力也;尚往,其进不已也。"

【大壮上六小象传】 《大壮》卦上六爻的《小象传》。其辞曰："不能退不能遂,不详也;艰则吉,咎不长也。"意思是:不能退却、不能前进,说明上六处事不够周详审慎;在艰难中自守可获吉祥,说明上六所遭咎害不至于长久。这是解说《大壮》上六爻辞"羝羊触藩,不能退,不能遂"、"艰则吉"的象征内涵。详,陆德明《经典释文》:"详审也",犹言"周祥审慎"。程颐《周易程氏传》:"非其处而处,故进退不能,是其自处之不详慎也。"尚秉和先生《周易尚氏学》:"三、上为正应,终必和合,故曰'咎不长'。"按,"详"字,陆德明《经典释文》又引郑玄、王肃作"祥",谓"善也",故孔颖达《周易正义》云:"进退不定,非为善也。"于义亦可通。

【大壮六五小象传】 《大壮》卦六五爻的《小象传》。其辞曰："丧羊于易,位不当也。"意思是:在田畔丧失了羊,说明六五居位不甚适当。这是解说《大壮》六五爻辞"丧羊于易"的象征内涵。来知德《周易集注》:"位不当者,以柔居五位也。"按,《周易折中》指出:"位当、位不当,《易》例多借爻位以发明其德与时、地之相当不相当也。此'位不当',不止谓以阴居阳不任刚壮而已,盖谓四阳已过矣,则五所处非当壮之位也,于是而以柔中居之,故为'丧羊于易'。"此说似合《大壮》六五《小象传》之旨,宜资参考。

【大壮初九小象传】 《大壮》卦初九爻的《小象传》。其辞曰："壮于趾,其孚穷也。"意思是:足趾强盛,说明初九应当以诚信自守而善处困穷。这是解说《大壮》初九爻辞"壮于趾"、"有孚"的象征内涵。孚穷,犹言"孚于穷",即诚信自守以处穷困。来知德《周易集注》:"既无应援,又卑下无位,故曰'穷';当壮进之时,有其德而不能进,进则必凶,乃处穷之时也。故惟自信其德,以自守可也。"

【大易象数钩深图】 元张理撰。三卷。《通志堂经解》本。此书罗列各种《易》图,有取自周敦颐《太极图说》,有溯源于河图洛书之说,有本之《说卦传》、《序卦传》、《杂卦传》而为之图者,更有以六十四卦衍为图说者。《四库全书提要》指出："盖纯主陈抟先天之学，朱子所谓'《易》外别传'者也。其书初少传本，《通志堂经解》刻本与刘牧之书均从《道藏》录出。诸家著录，卷帙亦复不同，朱睦㮮《授经图》载理之书有《周易图》三卷、《易象钩深图》六卷、《易象图说》六卷。焦竑《经籍志》书目与《授经图》同而《钩深图》则作三卷。朱彝尊《经义考》止载《易象图说》六卷，而不载此书之名。盖由未见其本，但据书目传钞，故辗转歧误。白云霁《道藏目录》以《易数钩隐图》与理此书并属之刘牧，亦由但据标题缮录，未及核作者之异同。今以徐氏刻本定著三卷，并详考舛异之故，以祛来者之疑焉。"

【大畜九二小象传】《大畜》卦九二爻的《小象传》。其辞曰："舆说輹，中无尤也。"意思是：大车脱卸轮輹不前行，说明九二居中谨慎所以不犯过错。这是解说《大畜》九二爻辞"舆说輹"的象征内涵。程颐《周易程氏传》："舆说輹而不行者，盖其处得中道，动不失宜，故无过尤也。"

【大畜九三小象传】《大畜》卦九三爻的《小象传》。其辞曰："利有攸往，上合志也。"意思是：利于有所前往，说明九三与上九的意志相合。这是解说《大畜》九三爻辞"利有攸往"的象征内涵。程颐《周易程氏传》："所以'利有攸往'者，以与在上者合志也。上九阳性上进，且畜已极，故不下畜三，而与三合志上进也。"

【大畜六五小象传】《大畜》卦六五爻的《小象传》。其辞曰："六五之吉，有庆也。"意思是：六五的吉祥，说明止健得法值得庆贺。这是解说《大畜》六五爻辞"吉"之义。孔颖达《周易正义》："柔能制刚，禁暴抑盛，所以吉也。非唯独吉，乃终久有庆，故《象》云'六五之吉，有庆也'。"

【大畜六四小象传】《大畜》卦六四爻的《小象传》。其辞曰："六四元吉，有喜也。"意思是：六四至为吉祥，说明止健有方值得欣喜。这是解说《大畜》六四爻辞"元吉"之义。孔颖达《周易正义》："柔以止刚，刚不敢犯，以息强争，所以大吉而有喜也。"

【大畜上九小象传】《大畜》卦上九爻的《小象传》。其辞曰："何天之衢，道大行也。"意思是：何等畅达的天上大路，说明上九畜德之道大为通行。这是解说《大畜》上九爻辞"何天之衢"的象征内涵。孔颖达《周易正义》引何氏曰："天衢既通，道乃大亨。"

【大畜初九小象传】《大畜》卦初九爻的《小象传》。其辞曰："有厉利已，不犯灾也。"意思是：有危险而利于暂停不进，说明初九不可冒着灾患前行。这是解说《大畜》初九爻辞"有厉，利已"的象征内涵。孔颖达《周易正义》："己今若往，则有危厉；唯利休已，不须前进，则不犯祸凶也，故《象》云'不犯灾也'。"

【大人虎变其文炳也】《革》卦九五爻的《小象传》辞。旨在解说九五爻辞"大人虎变"的象征内涵。意思是：大人像猛虎一样推行变革，说明九五的美德文彩炳焕。参见"革九五小象传"。

【大人否亨不乱群也】《否》卦六二爻的《小象传》辞。旨在解说六二爻辞"大人否，亨"的象征内涵。意思是：大人否定小人之道可获亨通，说明不能被小人的群党所乱。参见"否六二小象传"。

【大人之吉位正当也】《否》卦九五爻的《小象传》辞。旨在解说九五爻辞"大人吉"的象征内涵。意思是：大人的吉祥，说明九五居位中正得当。参见"否九五小象传"。

【大壮利贞大者正也】《大壮》卦的《彖传》语。意思是：大为强盛，利于守持正固，说明刚大者必须正直不阿。此谓刚大强盛者而能守正，必可长保其"壮"，以释卦辞"大壮，利贞"之义。孔颖达《周易正义》："大者获正，故得'利贞'。"

【大壮则止遯则退也】《杂卦传》语。说明《大壮》卦象征"大为强盛"，含有盛壮知止之义；而《遯》卦象征"退避"，含有时穷乃退之义，两卦旨趣可相对照。李鼎祚《周易集解》："《大壮》止阳，阳故止；《遯》阴消阳，阳故退。"俞琰《周易集说》："《大壮》之时，阴既衰而阳既盛，则君子不可以不知止也；《遯》之时，阴浸长而阳浸消，则君子不可以不知退也。"

【大有初九无交害也】《大有》卦初九爻的《小象传》辞。旨在解说初九爻辞"无交害"之义，然其文乃直录爻辞之文以为解。意思是：《大有》卦的初九爻，说明不交往也就不惹祸害。参见"大有初九小象传"。

【大有上吉自天祐也】《大有》卦上九爻的《小象传》辞。旨在解说上九爻辞"自天祐之，吉无不利"之义，乃直取爻辞之文为解。意思是：《大有》卦上九爻的吉祥，是从天上降下的祐助。参见"大有上九小象传"。

【大有众也同人亲也】《杂卦传》语。说明《大有》卦象征"大获所有"，含有所获众多之义；而《同人》卦象征"和同于人"，含有与人亲近之义，两卦旨趣可相对照。俞琰《周易集说》："所有者大，故众；善与人同，故亲。"

【大吉无咎位不当也】《萃》卦九四爻的《小象传》辞。旨在解说九四爻辞"大吉无咎"的象征内涵。意思是：大为吉祥然后才无咎害，说明九四居位尚不妥当。参见"萃九四小象传"。

【大君有命以正功也】《师》卦上六爻的《小象传》语。旨在解说上六爻辞"大君有命"的象征内涵。意思是：天子颁发命令，是为了定功封赏。参见"师上六小象传"。

【大君有命开国承家】《师》卦上六爻辞之语。意思是：天子颁发命令，封赏功臣为诸侯、为大夫。大君，指"天子"；开国，谓功大者封为诸侯；承家，谓功小者封为卿、大夫。此言上六居《师》卦之终，时当班师告捷，故有"开国承家"之赏。参见

"师上六"。

【大亨以正天之道也】《临》卦的《象传》语。意思是：获得至大亨通又要守持正固，这才顺合大自然的规律。此释《临》卦辞"元亨，利贞"之义，谓"监临"之时为亨通而又长守正固，则可顺应"天之道"。程颐《周易程氏传》："刚正而和顺，天之道也。化育之功所以不息者，刚正和顺而已。以此临人，临事，临天下，莫不大亨而得正也。"

【大亨以正天之命也】《无妄》卦的《象传》语。意思是：大为亨通而万物守持正固，这是天的教命所致。此言"无妄"之时可致"大亨"，必须守正，是"天之命"而不可违抗，以释《无妄》卦辞"元亨，利贞"之义。孔颖达《周易正义》："威刚方正，私欲不行，何可以妄？此天之教命也。"又曰："既是'天命'，岂可犯乎？"

【大师相遇言相克也】《同人》卦九五爻的《小象传》语。旨在解说九五爻辞"大师克相遇"之义。意思是：大军出战才与志同者相遇会合，说明九五与敌对者交战获胜。参见"同人九五小象传"。

【大明终始六位时成】《乾》卦《象传》语。与下句"时乘六龙以御天"共同阐发《乾》卦辞"利"之义。意思是：光辉灿烂的太阳反复运转带来秋天，《乾》卦六爻按不同的时位组合而有所成。大明，谓太阳；六位，指《乾》卦六爻；时，作副词，即按时。此言太阳运转，光阴推移，万物终趋成熟而各有利，正如秋季景象；故《易》家以《乾》卦之"利"德配属"秋"。尚秉和先生《周易尚氏学》："此释'利'义。于时配秋。乾为日，故曰大明"；"六位者，六爻，爻各有时；时而至秋，万物成熟，故曰时成。"

【大畜时也无妄灾也】《杂卦传》语。说明《大畜》卦象征"大为畜聚"，含有赞扬适时畜聚之美；而《无妄》卦象征"不妄为"，含有谕人谨防飞灾之诫，两卦旨趣适可对照。韩康伯《序卦注》："因时而畜，故能大也。"朱熹《周易本义》："无妄而灾自

外自。"马其昶《重定周易费氏学》:"无妄灾由天运,乃谓之'灾'。"

【大蹇朋来以中节也】 《蹇》卦九五爻的《小象传》辞。旨在解说九五爻辞"大蹇朋来"的象征内涵。意思是:大为蹇难而友朋纷纷来归,说明九五保有阳刚中正的气节。参见"蹇九五小象传"。

【大车以载积中不败也】 《大有》卦九二爻的《小象传》辞。旨在解说九二爻辞"大车以载"的象征内涵。意思是:用大车运载财富,说明要装积在正中不偏之处才不致危败。参见"大有九二小象传"。

【大君之宜行中之谓也】 《临》卦六五爻的《小象传》辞。旨在解说六五爻辞"大君之宜"的象征内涵。意思是:大人君主应当这样,说明六五应奉行持中不偏之道。参见"临六五小象传"。

【万物资生】 语出《坤》卦《彖传》"万物资生,乃顺承天"。旨在阐释《坤》卦辞"元"之义。意思是:万物依靠"坤元"的滋育而成长,而"坤元"顺从禀承"天"的志向。此谓地在生养万物的同时,又始终顺承于天,此即"坤元"之德。李鼎祚《周易集解》引刘瓛曰:"万物资生于地,故地承天而生。"孔颖达《周易正义》:"万物资生者,言万物资地而生。初禀其气谓之始,成形谓之生。《乾》本气初,故云'资始';《坤》据成形,故云'资生'。乃顺承天者,《乾》是刚健,能统领于天;《坤》是阴柔,以和顺承于天。"

【万物资始】 语出《乾》卦《彖传》"万物资始,乃统天"。旨在阐释《乾》卦辞"元"之义。统,谓统领;天,犹言"大自然"。意思是:万物依靠"乾元"阳气开始产生,它统领着大自然。这是表明《乾》卦的刚健"元"德为万物之始,故能"统天"。孔颖达《周易正义》:"万物资始者,释其'乾元'称大之义。以万象之物,皆资取乾元,而各得始生,不失其宜,所以称'大'也。乃统天者,以其至健而为物始,以此乃能统领于天。天是有形之物,以其至健能总统有

形,是'乾元'之德也。"

【万远堂易蔡】 明蔡鼎撰。无卷数。明崇祯间刊本。亦简称《易蔡》。此书以《周易》上经为上篇、下经为下篇;又以《系辞上传》为上篇,《系辞下传》为下篇;末из《说卦传》、《序卦传》、《杂卦传》。名曰《易蔡》,乃仿《诗》有毛、韩,《书》有欧阳、夏侯之义。全书于六十四卦符号上,必颜曰"羲";于卦辞上,曰"文";爻辞上,曰"周";《彖传》、《象传》上,曰"孔",意取《周易》经传乃伏羲、文王、周公、孔子所作之旧说。尚秉和先生《易说评议》云:"独其说《易》,以程、朱为宗,末附以己意,错误甚多。"又云:"盖明代学者,皆以《程传》、《朱义》为正宗,敷衍文理。及其末流,浮伪虚妄,直于《易》无涉。"

【万物睽而其事类】 《睽》卦的《彖传》语。意为:天下万物尽管乖背睽违但禀受天地阴阳气质的情实却相类似。此举"万物"事状为例,说明事物虽"睽"却有可同之理,以推阐《睽》卦所揭示的"合睽"之义。程颐《周易程氏传》:"生物万殊,睽也;而得天地之和,禀阴阳之气,则相类也。"

【下互】 《易》卦"互体"中第二至第四爻所组成的三画卦。详"互体"。

【下卦】 见"二体"。

【下体】 见"二体"。

【下系】 见《系辞下传》。

【下济】 指尊高者本谦和之德下施泽惠以济生万物。语本《谦》卦《彖传》:"天道下济而光明。"颜延之《车驾幸京口侍游蒜山作诗》(见《文选》):"宣游弘下济,穷远凝圣情。岳滨有和会,祥习在卜征。"李善注:"《周易》曰:'天道下济而光明。'《晋中兴书》:孝武诏曰:'躬俭以弘下济之惠。'"

【下经】 指《周易》六十四卦中的"下篇"部分,即《咸》至《未济》三十四卦。

【下象】 《象传》的下部分,亦称《象下传》。详"象传"。

【下象】 ①《象传》的下部分,亦称《象下传》。详"象传"。 ②指《周易》六画卦中的内卦之象。见"外象"。

【下观而化】 语出《观》卦的《彖传》。意为:在下者通过观仰能够领受美好的教化。这是说明"观仰"的目的是为了使天下顺从教化,并释《观》卦辞"观,盥而不荐,有孚颙若"之义。李鼎祚《周易集解》引虞翻曰:"下观其德,而顺其化。"程颐《周易程氏传》:"为观之道,严敬如始盥之时,则下民至诚瞻仰而从化也。"

【与日月合其明】 《乾》卦《文言传》语。旨在赞扬《乾》九五"大人"的圣治贤明,谓其圣明像日月一样普照大地。孔颖达《周易正义》:"与日月合其明者,谓照临也。"李鼎祚《周易集解》:"威恩远被,若日月之照临也。"

【与天地合其德】 《乾》卦《文言传》语。旨在赞扬《乾》九五"大人"的美盛道德,谓其美德像天地一样覆载万物。合,犹言"符合"、"相同"。孔颖达《周易正义》:"与天地合其德者,庄氏云,谓覆载也。"李鼎祚《周易集解》:"谓抚育无私,同天地之覆载。"

【与四时合其序】 《乾》卦《文言传》语。旨在赞扬《乾》九五"大人"的执政赏罚有度,谓其施政象四时一样井然有序。孔颖达《周易正义》:"与四时合其序者,若赏以春夏,刑以秋冬之类也。"李鼎祚《周易集解》:"赏罚严明,顺四时之序也。"

【与鬼神合其吉凶】 《乾》卦《文言传》语。旨在赞扬《乾》九五"大人"善于把握事物吉凶祸福的奥旨,谓其示人吉凶像鬼神一样奥妙莫测。孔颖达《周易正义》:"与鬼神合其吉凶者,若福善祸淫也。"李鼎祚《周易集解》:"祸淫福善,叶鬼神之吉凶矣。"

〔丨〕

【上】 即"上爻"。

【上九】 《周易》六十四卦三百八十四爻中,以数字"九"代表阳爻,故凡是阳爻居卦最上之位者,均称"上九"。参见"六爻"。

【上六】 《周易》六十四卦三百八十四爻中,以数字"六"代表阴爻,故凡是阴爻居卦最上之位者,均称"上六"。参见"六爻"。

【上爻】 《易》卦六爻中,居卦上最末位的爻。亦称"上位",简称"上"。参见"爻位"。

【上互】 《易》卦"互体"中第三至第五爻所组成的三画卦。详"互体"。

【上体】 见"二体"。

【上经】 指《周易》六十四卦中的"上篇"部分,即《乾》至《离》三十卦。

【上系】 见"系辞上传"。

【上卦】 见"二体"。

【上象】 ①《象传》的上部分,亦称《象上传》。详"象传"。 ②指《周易》六画卦中的外卦之象。见"外象"。

【上彖】 《彖传》的上部分,亦称《彖上传》。详"彖传"。

【上下经】 《周易》的六十四卦分上下两篇:自《乾》至《离》三十卦称"上经",自《咸》至《未济》三十四卦称"下经"。上下两篇的区分,由来已久。《序卦传》前后两段,即是分叙上下经的卦次;《汉书·艺文志》屡称汉人《易》注"二篇",盖以上下经分篇。张载指出:"《序卦》相受,圣人作《易》当有次序。"(《横渠易说》)项安世也说:"《易》之称上下经者,未有考也。以《序卦》观之,二篇之分,断可知矣。"(《周易玩辞》)至于"上下经"区分的原委,似因全经卷帙较长,分后便于检阅之故。但前人或有认为"上经明天道,下经明人事"者。孔颖达曰:"先儒皆以上经明天道,下经明人事。然韩康伯注《序卦》破此义,云:'夫《易》六画成卦,三才必备;错综天人,以效变化。岂有天道、人事偏于上下哉?'"孔氏并举《讼》、《师》两卦为例,指出:"上经之内,明饮食必有讼,讼必众起,是兼于人事,不专天道。既不专天道,则下经不专人事,理则然矣。"(均见《周易正义》)此谓上下经皆是结合自然界与人类社会的规律(即"天道"、"人事")阐述《易》理,似有可取。

【上天下泽】 《履》卦的《大象传》语。意在揭明《履》卦上乾为天、下兑为泽之象,谓天、泽尊卑有别,正为循礼"小心行走"的象征。参见"履大象传"。

【上火下泽】 《睽》卦的《大象传》语。意在揭明《睽》卦上离为火、下兑为泽之象,谓上火下泽、其势相背,正为"乖背睽违"的象征。参见"睽大象传"。

【上逆而下顺】 《小过》卦的《彖传》语。意思是:向上行刚大之事则违逆事理而向下施柔小之事则顺合其义。上逆,指《小过》六五居上卦而乘刚为逆;下顺,指六二处下卦而承阳为顺。此举《小过》卦的二、五爻象,释卦辞"飞鸟遗之音,不宜上,宜下,大吉"之义。谓"飞鸟"欲留其音,高翔则逆,低飞则顺;以明处"小过"之时,行"宜下"之道乃可"大吉"。孔颖达《周易正义》:"此就六五乘九四之刚,六二承九三之阳,释所以'不宜上,宜下,大吉'之义也。上则乘刚而逆,下则承阳而顺。"程颐《周易程氏传》:"鸟飞迅疾,声出而身已过,然岂能相远也?事之当过者,亦如是。身不能甚远于声,事不可远过其常,在得宜耳。不宜上,宜下,更就鸟音取宜顺之义。过之道,当如飞鸟之遗音。夫声逆而上则难,顺而下则易。"

【上下经卦变歌】 朱熹《周易本义》卷首所附"卦歌"之一,旨在将六十四卦的卦变规律用歌诀形式揭示出来,便于学者记诵。全文十四句:"《讼》自《遯》变《泰》《归妹》,《否》从《渐》来《随》三位。首《困》《噬嗑》《未济》兼,《蛊》三变《贲》《井》《既济》。《噬嗑》六五本《益》生,《贲》原于《损》《既济》会。《无妄》《讼》来《大畜》《需》,《咸》《旅》《恒》《丰》皆疑似。《晋》从《观》更《睽》有三,《离》与《中孚》《家人》系。《蹇》

利西南《小过》来,《解》《升》二卦相为赘。《鼎》由《巽》变《渐》《涣》《旅》,《涣》自《渐》来终于是。"此篇歌诀,可与《本义》卷首所附《卦变图》相对照阅读。但朱熹的"卦变"说,颇为后代《易》家所不取。参见"朱熹卦变图"。

【上下无常非为邪】 《乾》卦《文言传》语。旨在衍释《乾》九四"或跃在渊,无咎"之义。意思是:贤人的上升、下降未必一定,并非出于邪念。此谓九四处《乾》卦可上可下之位,须根据不同情况决定上下,而非"为邪"。张惠言《周易虞氏义》引虞翻曰:"上谓承五,下谓应初。"孔颖达《周易正义》:"上而欲跃,下而欲退,是无常也;意在于公,非是为邪也。"

【上下交而其志同】 《泰》卦的《彖传》语。意思是:君臣上下交合而人们的思想意识协同。上,喻君;下,喻臣。此以"人事"为喻,说明"通泰"之时社会昌和、上下交融的景象,以释《泰》卦辞"吉,亨"之义。李鼎祚《周易集解》引何妥曰:"此明人事泰也。上之与下,犹君之与臣;君臣相交感,乃可以济养万民也。"

【上六引兑未光也】 《兑》卦上六爻的《小象传》辞。旨在解说上六爻辞"引兑"的象征内涵。意思是:上六引诱他人相与欣悦,说明处悦的正道未能光大。参见"兑上六小象传"。

【上刚下险险而健】 《讼》卦的《彖传》语。意思是:阳刚居上,险陷居下,临险而强健。刚、健,指《讼》上卦乾;险,指《讼》下卦坎。这是举《讼》卦的上下卦象,譬喻临险刚健则能争讼,释卦名"讼"之义。程颐《周易程氏传》:"若健而不险,不生讼也;险而不健,不能讼也。险而又健,是以讼也。"

【上下经卦名次序歌】 朱熹《周易本义》卷首所附"卦歌"之一,旨在将上下经六十四卦次序用歌诀形式表示,以便于学者记诵。全文十四句:"《乾》《坤》《屯》《蒙》《需》《讼》《师》,《比》《小畜》兮《履》

《泰》《否》；《同人》《大有》《谦》《豫》《随》《蛊》《临》《观》兮《噬嗑》《贲》；《剥》《复》《无妄》《大畜》《颐》《大过》《坎》《离》三十备。《咸》《恒》《遯》兮及《大壮》《晋》与《明夷》《家人》《睽》；《蹇》《解》《损》《益》《夬》《姤》《萃》《升》《困》《井》《革》《鼎》《震》继《艮》《渐》《归妹》《丰》《旅》《巽》，《兑》《涣》《节》兮《中孚》至；《小过》《既济》兼《未济》，是为下经三十四。"此歌诀前六句叙上经三十卦的次序，后八句叙下经三十四卦的次序。

【上下敌应不相与也】《艮》卦的《象传》语。意思是：上下之间相互敌对，不相交往亲与。这是举《艮》卦上下六爻皆敌对而不相应合之象，说明《艮》卦所揭示的"抑止邪欲"应当"相背"而使被止者不见邪欲的道理，以释卦辞"不获其身，行其庭，不见其人，无咎"之义。孔颖达《周易正义》："此就六爻皆不相应，释《艮》卦之名，又释卦辞'不获其身'以下之义。凡应者，一阴一阳，二体不敌；今上下之位，虽复相当，而爻皆峙敌，不相交与，故曰'上下敌应，不相与也'。然八纯卦皆六爻不应，何独于此言之者？谓此卦既止而不交，爻又峙而不应，与'止'义相协，故兼以明之也。"

【上六失道凶三岁也】《坎》卦上六爻的《小象传》辞。旨在解说上六爻辞"三岁不得，凶"的象征内涵。意思是：上六违失履险之道，凶险将延续三年之久。参见"坎上六小象传"。

【上六无实承虚筐也】《归妹》卦上六爻的《小象传》辞。旨在解说上六爻辞"女承筐，无实"之义。意思是：上六阴虚无实，正如手奉空虚的竹筐。参见"归妹上六小象传"。

【上不在天下不在田】①《乾》卦《文言传》语。释《乾》九三的爻位特征。谓九三所处之位是上不达于高天，下不立于地面。观此卦诸爻的爻辞，九五"飞龙在天"，九二"见龙在田"，九三则介乎"天"、"田"之间，故称"不在天"、"不在田"。孔颖达《周易正义》："上不在天，谓非五位；下不在田，谓非二位也。" ②《乾》卦《文言传》语。释《乾》九四的爻位特征。与释九三之"上不在天，下不在田"的意义相同。但《文言传》释九四于此二句之后，又有"中不在人"一语，则是异于九三之处。参见"中不在人"。

【上坎为云下坎为雨】三国吴虞翻说《易》之语。《乾》卦《象传》"云行雨施"，《周易集解》引虞翻曰："已成《既济》，上坎为云，下坎为雨，故'云行雨施'。"这是以"之正"而成《既济》之例为说，谓《乾》卦二、四、上爻不正，当变而之正，则成《既济》卦，而上卦坎象云、下互（二至四爻）坎象雨，遂称"云行雨施"。李道平《周易集解纂疏》曰："二、四、六皆失正，之坤成两坎，为《既济》。上成坎为云，如《需》之坎，在上则象云；下互坎为雨，如《解》之坎，在下则象雨是也。"按，王应麟《困学纪闻》曰："上坎为云，下坎为雨，虞翻之说也。郭子和之。"（原注："坎在上为云，故云雷《屯》；坎在下为雨，故雷雨作，《解》。"又注："即郭雍《传家易说》中语。"）

【上下不交而天下无邦】《否》卦的《象传》语。意思是：君臣上下互不交合而天下离异不成邦国。上，喻君；下，喻臣。这是以"人事"为喻，说明"否闭"之时社会否塞、上下离异的景况，并释《否》卦辞"否之匪人"之义。李鼎祚《周易集解》引何妥曰："此明人事否也。《泰》中言'志同'，《否》中云'无邦'，言人志不同必致离散而乱邦国。"又引崔憬曰："君臣乖阻，取乱之道，故曰'无邦'。"

【山火贲】朱熹《周易本义》卷首所附《分宫卦象次序》歌诀中语。说明六十四卦之一的《贲》卦(☲)，其卦象由上艮(☶)下离(☲)即"山"与"火"组成。

【山风蛊】朱熹《周易本义》卷首所附《分宫卦象次序》歌诀中语，说明六十四卦之一的《蛊》卦(☶)，其卦象由上艮(☶)下巽(☴)即"山"与"风"组成。

【山水蒙】 朱熹《周易本义》卷首所附《分宫卦象次序》歌诀中语,说明六十四卦之一的《蒙》卦(䷃),其卦象由上艮(☶)下坎(☵)即"山"与"水"组成。

【山地剥】 朱熹《周易本义》卷首所附《分宫卦象次序》歌诀中语,说明六十四卦之一的《剥》卦(䷖),其卦象由上艮(☶)下坤(☷)即"山"与"地"组成。

【山泽损】 朱熹《周易本义》卷首所附《分宫卦象次序》歌诀中语,说明六十四卦之一的《损》卦(䷨),其卦象由上艮(☶)下兑(☱)即"山"与"泽"组成。

【山雷颐】 朱熹《周易本义》卷首所附《分宫卦象次序》歌诀中语,说明六十四卦之一的《颐》卦(䷚),其卦象由上艮(☶)下震(☳)即"山"与"雷"组成。

【山上有水】 《蹇》卦的《大象传》语。意在揭明《蹇》卦下为山、上坎为水之象,谓高山上有恶水,攀行弥艰,正为"蹇难"的象征。参见"蹇大象传"。

【山上有雷】 《小过》卦的《大象传》语。意在揭明《小过》卦下艮为山、上震为雷之象,谓山上响动着震雷,其声过常,正为"小有过越"的象征。参见"小过大象传"。

【山上有泽】 《咸》卦的《大象传》语。意在揭明《咸》卦下艮为山、上兑为泽之象,谓山上有大泽、山泽相通,正为"交感"的象征。参见"咸大象传"。

【山上有木】 《渐》卦的《大象传》语。意在揭明《渐》卦下艮为山、上巽为木之象,谓山上有树木,渐渐高大,正为"渐进"的象征。参见"渐大象传"。

【山上有火】 《旅》卦的《大象传》语。意在揭明《旅》卦下艮为山、上离为火之象,谓山上燃烧着火,火势流动,正为"行旅"的象征。参见"旅大象传"。

【山下有泉】 《蒙》卦《大象传》语。意在揭明《蒙》卦上艮为山、下坎为水之象,谓山下流出泉水,必渐汇成江河,正为"蒙稚"渐启的象征。参见"蒙大象传"。

【山下有泽】 《损》卦的《大象传》语。意在揭明《损》卦上艮为山、下兑为泽之象,谓山下有深泽,犹如泽自损以增山高,正为"减损"的象征。参见"损大象传"。

【山下有火】 《贲》卦的《大象传》语。意在揭明《贲》卦上艮为山、下离为火之象,谓山下燃烧着火焰,山形披彩,正为"文饰"的象征。参见"贲大象传"。

【山下有雷】 《颐》卦的《大象传》语。意在揭明《颐》卦上艮为山、下震为雷之象,谓山下响动着震雷,下动上止,如口嚼食,正为进食以"颐养"的象征。参见"颐大象传"。

【山下有风】 《蛊》卦的《大象传》语。意在揭明《蛊》卦上艮为山、下巽为风之象,谓山下吹来大风,物遭损坏待治,正为"拯弊治乱"的象征。参见"蛊大象传"。

【山天大畜】 朱熹《周易本义》卷首所附《分宫卦象次序》歌诀中语,说明六十四卦之一的《大畜》卦(䷙),其卦象由上艮(☶)下乾(☰)即"山"与"天"组成。

【山附于地】 《剥》卦的《大象传》语。意在揭明《剥》卦上艮为山、下坤为地之象,谓高山而委附于地面,正为事物被"剥落"的象征。参见"剥大象传"。

【山下有险险而止】 《蒙》卦的《彖传》语。旨在以上下卦象解说卦名"蒙"之义。谓高山下有险阻,遇险止步,徬徨不前,正像"蒙稚"的情况。山、止,为上卦艮之象;险,为下卦坎之象。李鼎祚《周易集解》引侯果曰:"艮为山,坎为险,是'山下有险';险被山止,止则未通,蒙昧之象也。"

〔夕〕

【夕惕】 谓敬慎修德,每日至夜晚仍戒惕自省。语出《乾》卦九三爻辞"君子终日乾乾,夕惕若,厉无咎"。《文选》载沈约《齐安陆昭王碑文》:"如仁夕惕之志,中夜九回,尢世拯乱之情,独用怀抱。"《晋书·赵至传》:"朝霞启晖,则身疲而遄征;太阳戢曜,则情劬而夕惕。"《南齐书·明帝纪》："寅忧夕惕，罔识攸济。"

【夕惕若】 《乾》卦九三爻辞之语。惕，警惕；若，语助词。意思是：直到夜间还时时警惕慎行。喻九三朝夕振作修省之义。参见"乾九三"。

【亿无丧有事】 《震》卦六五爻辞之语。意思是：慎守中德而万无一失，可以长保祭祀盛事。亿，以数之多喻"大"，作副词，"亿无丧"犹言"大无丧"，即"万无一失"之意；事，谓祭祀之事。这是说明六五当"震"之时，阴柔居尊，上往则遇阴得敌，下行则乘刚有失，往来皆有危厉；但因禀具"柔中"美德，能以危惧之心慎守中道，不冒然"往来"，遂能万无一失，长保祭祀之事，即《震》卦辞"不丧匕鬯"之义，故曰"亿无丧，有事"。参见"震六五"。

【亿丧贝跻于九陵】 《震》卦六二爻辞之语。意思是：大失货贝，应当跻登远避于峻高的九陵之上。亿，数之多，犹言"大"，此处作副词；贝，古代货币之称；跻，登也；九，以阳数之极喻高，"九陵"犹言"峻高之陵"。这是说明六二当"震"之时，以柔乘刚，面临严重危险，其身将受大损，正如其人大失财币；唯因禀具"柔中"之德，虽遇危却能守中不躁，自避于"九陵"而不顾其"贝"，如此则可无虞，故曰"亿丧贝，跻于九陵"。参见"震六二"。

【久非其位安得禽也】 《恒》卦九四爻的《小象传》辞。旨在解说九四爻辞"田无禽"的象征内涵。意思是：九四久居不当之位，田猎哪能获得禽兽呢？参见"恒九四小象传"。

【凡益之道与时偕行】 《益》卦的《彖传》语。意思是：事物当增益之时所体现的道理，都说明要配合其时施行得当。这是归结《益》卦《彖传》全文，说明此卦所揭示的"增益"之道必须适时而行的义旨。王弼《周易注》："益之为用，施未足也；满而益之，害之道也。故'凡益之道，与时偕行'也。"

【义理】 《周易》六十四卦、三百八十四爻所蕴含的象征意义及哲学理致。以"义理"解《易》，是《易》学史上的一个重要的治《易》方法。《礼记·礼器》："义理，礼之文也。"孔颖达疏曰："礼虽用忠信为本，而又须义理为文饰也；得理合宜，是其文也。"此言"义理"二字之始。《系辞下传》云："夫《易》，彰往而察来，而微显阐幽，开而当名辨物，正言断辞则备矣。其称名也小，其取类也大，其旨远，其辞文，其言曲而中，其事肆而隐。"又云："《易》之为书也，广大悉备，有天道焉，有地道焉，有人道焉。"此虽未涉"义理"概念，但实言《周易》具有深刻广泛的义理内涵。朱熹曾谓："《易》为卜筮作，非为义理作"。（《朱子语类》）但他的阐《易》之书却不乏义理之说。故皮锡瑞尝议朱熹此语，曰："孔子见当时之人，惑于吉凶祸福，而卜筮之史加以穿凿傅会，故演《易》系辞，明义理，切人事，借卜筮以教后人，所谓以神道设教。其所发明者，实即羲、文之义理，而非别有义理；亦非羲、文并无义理，至孔子始言义理也。当即朱子之言而小变之，曰：《易》为卜筮作，实为义理作。"（《经学通论》）历代《易》家主"义理"之学以研《易》者颇众，其流变亦甚为显著。参见"义理学"。

【义理学】 以义理阐释《周易》的学说。与以象数解《易》的"象数学"并为《易》学史上最重要的两大学说。其说因时代不同又有显著的变化与发展。三国时期，魏王弼尽扫西汉以来滥言"象数"之风，独标新帜，以《老》、《庄》玄理释《易》，开倡《周易》义理学之先声。北宋时，胡瑗、程颐专以儒家哲理阐发《易》义，使《易》学与理学密切结合，蔚为一代研《易》新风。至南宋，李光、杨万里又广引历代史事证解《易》理，另辟独具特色的义理《易》学之途。《四库全书提要·经部易类小序》曾就这三阶段《周易》义理学的流变简述云："王弼尽黜象数，说以《老》、《庄》；一变而胡瑗、程子，始阐明儒理；再变而李光、杨万里，又参证史事，《易》遂日启其论端。"

【义理派】 以义理阐释《周易》的学派。与以象数解《易》的"象数派"并为《易》学史上最重要的两大学派。其发展及流变过程,约经三个阶段:一是三国时王弼扫象数而以玄理说《易》,二是北宋时期胡瑗、程颐专以儒理说《易》,三是南宋时李光、杨万里参证史事以说《易》。参见"义理学"。

〔丶〕

【之正】 之,犹言"变";正,指阴爻居阴位(偶位)、阳爻居阳位(奇位)。三国吴《易》家虞翻所倡"卦变"条例之一。谓六画卦中,凡爻位不正者,皆当变而之正,即《易传》所言"正位"或"当位",亦称"之变"。依此例,则初爻阳,二爻阴,三爻阳,四爻阴,五爻阳,上爻阴,六爻皆正,卦成《既济》,爻位乃定,故又称"成《既济》定"。虞翻用此说解《易》之例甚多。如《屯》卦六二爻辞"十年乃孚",《周易集解》引虞翻曰:"坤数十,三动反正,离女大腹,故十年反常乃孚,谓成《既济》定也。"此言《屯》震下坎上,惟六三不正,变动之正,成《既济》而下体为离,遂有上说。又如《未济》卦九二《象传》,《集解》引虞翻曰:"谓初已正,二动成震,故行正",九四引曰:"动正,得位",六五引曰:"之正则吉",上九引曰:"终变之正,故无咎。"此卦六爻皆失正,《集解》所引虞注涉及五爻,均谓当变之正,唯六三一爻注缺,宜据例推之。

【之变】 三国吴虞翻《易》例。即"之正"。

【之卦】 《易》筮过程中,凡筮得一卦,称"遇卦"(亦称"本卦");若遇卦有变爻,须变为另一卦,则所变的卦称"之卦"。《左传》闵公元年载:"初,毕万筮仕于晋,遇《屯》(☳)之《比》(☷)。"杜预注:"《屯》初九变,而为《比》。"即指"遇卦"为《屯》,"之卦"为《比》。

〔一〕

【己日乃孚】 《革》卦的卦辞之语。意为:在亟须转变的"己日"推行变革才能取信于众。己日,古代以"十干"纪日,"己"正当前五数与后五数中转相变之时,含有"转变"的象征寓意;孚,信也。这是说明推行"变革"必须把握时机,以信为本,故取"己日"为象,谓面临当须变革的"己日"果断行革,并能够心怀"孚信",则天下也将以"信"应之,这样变革即可成功。参见"革卦辞"。

【己日乃革之】 《革》卦六二爻辞之语。意思是:在亟须转变的"己日"断然推行变革。己日,为"转变"之时的象征,与《革》卦辞"己日"取象之意同。这是说明六二处"革"之时,柔中得正,上应九五,又居下离之中,犹如时当"日中将昃",正值"己日"待变之际,亟须把握时机,断然奉行变革,故曰"己日乃革之"。参见"革六二"。

【己日乃孚革而信也】 《革》卦的《象传》语。意思是:在亟须转变的"己日"推行变革才能取信于众,于是变革过程就赢得天下纷纷信服。这是解说《革》卦辞"己日乃孚"的象征内涵。参见"革象传"。

【己日革之行有佳也】 《革》卦六二爻的《小象传》辞。旨在解说六二爻辞"己日乃革之"的象征内涵。意思是:在亟须转变的"己日"断然推行变革,说明六二努力前行必获佳美之功。参见"革六二小象传"。

【已事遄往】 《损》卦初九爻辞之语。意为:完成了自我修养之事就迅速前往辅助尊者。已,竟也;事,此处犹言"修养德业"之事;遄,迅速。这是说明初九当"损"之时,阳刚处下,上应六四,于"自修"之事已成之后,宜速往应四,以相辅助,故曰"已事遄往"。参见"损初九"。

【已事遄往尚合志也】 《损》卦初九爻的《小象传》辞。旨在解说初九爻辞"已事遄往"的象征内涵。意思是:完成了自我修养之事就迅速前往辅助尊者,说明初九与尊上心志合一。参见"损初九小象传"。

【习坎】 六十四卦中的《坎》卦,其卦辞

首曰"习坎",故亦称此卦为《习坎》。习,谓"重迭";坎,为"险"象,故其意犹言"重重险陷"。参见"坎卦辞"。

【习坎重险也】 《坎》卦的《彖传》语。意为:两坎重迭,表示重重险陷。此举《坎》卦上下坎两"险"相重之象,释卦名及卦辞"习坎"之义。程颐《周易程氏传》:"习坎者,谓重险也。上下皆坎,两险相重也。"

【习坎入于坎窞】 《坎》卦初六爻辞之语,意思是:面临重重险陷,落入陷穴深处。习,重也;坎,险也;窞,音旦 dàn,犹言"深坑"。这是说明初六当"坎"之时,以阴处重险之下,柔弱失正,难以出险,为临重险而深陷"坎窞"之象,故曰"习坎,入于坎窞"。参见"坎初六"。

【习坎入坎失道凶也】 《坎》卦初六爻的《小象传》辞。旨在解说初六爻辞"习坎,入于坎窞"的象征内涵。意思是:面临重重险陷而又落入陷穴深处,说明初六违失履险之道必有凶象。参见"坎初六"。

【女归吉】 《渐》卦的卦辞之语。意为:譬如女子出嫁循礼渐行可获吉祥。归,女子出嫁之称。这是取古代女子出嫁须备礼渐进然后有吉为喻,说明《渐》卦所寓含的事物徐进宜渐之理。参见"渐卦辞"。

【女壮勿用取女】 《姤》卦的卦辞之语。意思是:要是女子过分强盛,不宜娶作妻室。取,通"娶"。这是说明,《姤》卦所揭示的"遇合"之旨,主于"柔遇刚"、"阴遇阳",而此时阴柔者不可过"壮",犹如"女子"若过于强盛,遇男必多,则不宜娶其为妻,故曰"女壮,勿用取女"。辞义譬喻"相遇"之道当正,不可违"礼"致乱。参见"姤卦辞"。

【女子贞不字十年乃字】 《屯》卦六二爻辞之语。意思是:女子守持正固不急于出嫁,久待十年才缔结良缘。字,女子许嫁之称;十年,指时间之久,又含时极转通之义。此言六二当"屯难"之时,不轻于动,守正待时,故以"十年乃字"为喻。参见"屯六二"。

【女正位乎内男正位乎外】 《家人》卦的《彖传》语。意思是:女子在家内居正当之位,男子在家外居正当之位。女,指《家人》六二爻阴柔得正而居内卦;男,指《家人》九五爻阳刚得正而居外卦。这是举《家人》卦二、五爻象,说明"家人"之道,在于女以正主家内事,男子以正主家外事,以释卦名及卦辞"家人,利女贞"之义。李鼎祚《周易集解》引王廙曰:"谓二、五也。'家人'之义,以内为本,故先说女也。"孔颖达《周易正义》:"此因二、五得正,以释'家人'之义,并明'女贞'之旨。"

【女承筐无实士刲羊无血】 《归妹》卦上六爻辞之语。意思是:女子手奉竹筐,无物可盛;男子刀屠其羊,不见血星。实,指"筐"中之物;刲,音亏 kuī,谓割杀;"承筐"、"刲羊",当指"夫妇祭祀"之事,为古代贵族婚礼中有关献祭宗庙的习俗。这是说明上六当"归妹"之时,极居卦终,位穷而无所适,下又无应,犹如女子承筐无实可盛,男子刲羊无血可取;既无实、无血,难以献享,则夫妇祭祀之礼难成,譬喻"妹"无所"归",故曰"女承筐,无实;士刲羊,无血"。参见"归妹上六"。

【小过】 六十四卦之一。列居篇中第六十二卦。由下艮(☶)上震(☳)组成,卦形作 ䷽,卦名为《小过》,象征"小有过越"。《小过》卦的喻义,是揭示事物有时必须"小有过越"的道理。全卦宗旨约见于两方面:一是此理必须用在处置"柔小之事",即卦辞所谓"可小事,不可大事";二是"过越"的本质体现于谦恭卑柔,亦即卦辞所谓"不宜上,宜下"。然而,所"过越"者虽为"柔小之事",也必须建立在"正"的基础上;否则,必将导致大凶:这又是卦辞强调"利贞"之所以然。卦中诸爻的吉凶情状,——围绕上述意义而发。其中六二、六五以阴柔居中,最得"小过"之旨;初、上虽亦阴爻,但均违"宜下"之道而致"凶";三、四两阳,前者过刚不能自下,后者居柔能下,故一"凶"一"无咎"。可见,"宜下"的准则,在本卦大义中至关重要。《大象传》谓:"行过乎恭,丧过乎哀,用过乎俭",《左传》桓公五年郑伯称:"君子不欲多上人",正与《小过》卦"宜下"之义切合。

【小象】《易传》之一的《象传》中,凡释各爻爻象的文字,称《小象》。《小象》每爻一则,共三百八十六则(《周易》六十四卦只三百八十四爻,因《乾》、《坤》两卦各多出"用九"、"用六"文辞,《小象》也相应多出释"用九"、"用六"之辞,故共有三百八十六则)。《小象》的体例,是根据每爻的性质、处位特点,分析爻义吉凶利弊之所以然。如《乾》卦六爻之《小象》云:"潜龙勿用,阳在下也;见龙在田,德施普也;终日乾乾,反复道也;或跃在渊,进无咎也;飞龙在天,大人造也;亢龙有悔,盈不可久也。"孔颖达《周易正义》:"自此以下至'盈不可久也',是夫子释六爻之《象辞》,谓之《小象》"。

【小畜】六十四卦之一。列居篇中第九卦。由下乾(☰)上巽(☴)组成,卦形作"䷈",卦名为《小畜》,象征"小有畜聚"。《小畜》卦旨,揭示事物发展过程中"小畜大"、"阴畜阳"的道理。就畜聚的主体看,是"小"者、"阴"者;就畜聚的程度看,是微小、不过甚。卦辞以"密云不雨"为喻,正是从这两方面指明卦义,强调"阴"只能在适宜的限度内畜聚"阳",以略施济助于己任,形成浓云而不降雨的情状:这是"小有畜聚"的至美之道。换言之,阴聚阳而不制阳,犹如臣畜君而不损君,于是"小畜"可致"亨通"。马振彪先生《周易学说》引李士鉁曰:"《孟子》曰:'畜君何尤?畜君者,好君也。'臣能畜君,君能从臣,所以亨也。"卦中五阳爻为被畜的对象,六四阴爻为畜阳的主体。下卦三阳不宜被六四所畜,在于阳质尚弱,被"畜"必被制,故初九、九二两爻能返复、自畜阳刚获"吉",九三躁进被畜遂致"脱辐"、"反目"之灾;上

九居"小畜"穷极之际,被"畜"必被损,故以凶设诫;唯九五阳刚中正,与六四如君臣相得,诚信相推,成为"畜"与"被畜"之间最完美的象征。可见,本卦虽以阴为主爻,其大旨还是以"扶阳"为根本归宿,体现了《周易》崇尚阳刚之德的思想。

【小利贞】《遯》卦的卦辞之语。意为:柔小者利于守持正固。小,喻柔小者,并喻《遯》卦中两阴爻。此言当"遯"之时,阴渐长而阳渐衰,阳刚"君子"退隐避世,而柔小者之利唯在守正,不宜妄动以害阳刚者,故曰"小利贞"。参见"遯卦辞"。

【小事吉】《睽》卦的卦辞之语。意为:小心处事可获吉祥。小,阴柔之称,此处含"小心"之意。这是说明凡物相"睽"之时,必须以柔顺的方法,小心寻求其中可合之处,才能转"乖睽"为"谐和",故曰"小事吉"。参见"睽卦辞"。

【小象传】《象传》中专释诸卦六爻爻象的文辞,称《小象传》,亦简称《小象》。孔颖达《周易正义》:"夫子释六爻之《象辞》,谓之《小象》"。参见"象传"。

【小人革面】《革》卦上六爻辞之语。意思是:小人纷纷改变旧日倾向。面,谓朝向,"革面"犹言"改变倾向"。这是说明上六处《革》之终,"革"道大成,为协助"大人"变革而建功的"君子"之象;此时变革全局已定,"小人"亦纷纷顺应大势,改变倾向,故曰"小人革面"。参见"革上六"。

【小过九三】《小过》卦九三爻。以阳爻居卦第三位。爻辞曰:"弗过防之,从或戕之,凶。"意思是:不肯过为防备,将要遭人残害,有凶险。防,谓防备;从,作副词,犹"随着"、"从而";戕,音枪 qiāng,害也。这是说明九三当"小过"之时,正值阴柔者过越之际,然因阳刚得位,自恃强健,不肯过为防备,必将为人所害,其凶可知,故曰"弗过防之,从或戕之,凶"。朱熹《周易本义》:"小过之时,事每过当,然后得中。九三以刚居正,众阴所欲害者也;而自恃其刚,不肯过为之备,故其象占如此"。按,

九三之"凶",在于轻忽"小事",不愿"过防"。《周易折中》指出:"小过者,小事过也;小事过者,敬小慎微之义也。九三过刚,违于斯义矣,故为不过于周防,而或遇戕害之象。传曰:'君子能勤小物,故无大患。'此爻之意也。"又按《小过》九三爻辞"从"字,王弼《周易注》训"应",谓三应上六,将受其害。故孔颖达《周易正义》云:"上六小人,最居高显,而复应而从焉;其从之也,则有残害之凶至矣。尚秉和先生《周易尚氏学》认为:"言三若应上,则四或害之也。"此并可参考。

【小过九四】《小过》卦九四爻。以阳爻居卦第四位。爻辞曰:"无咎,弗过遇之,往厉必戒;勿用,永贞。"意思是:无所咎害,不过分强求遇合阴柔者,若急往求应将有危险而务必自戒;此时不可施展才用,要永久守持正固。遇之,指《小过》九四遇合初六。这是说明九四当"小过"之时,阳居阴位,慎退自守,有谦柔而不为过刚之象,故获"无咎";此时九四虽与下卦初六为阴阳正应,初六以阴柔"过越"之质而上,然九四却不可过分强求与应,唯静居以"遇之"则无妨,若急往求应必遭危害,宜随时自戒,故曰"弗过遇之,往厉必戒";当此"小者过越"之际,九四的处身之道,以不施才用,永守正固为妥,如此才能长保"无咎",故爻辞又强调"勿用,永贞"之义。王弼《周易注》:"虽体阳爻,而不居其位,不为责主,故得'无咎'。失位在下,不能过者也。以其不能过,故得合于免咎之宜,故曰'弗过遇之'。夫宴安酖毒,不可怀也。处于'小过'不宁之时,而以阳居阴,不能有所为者也。以此自守,免咎可也;以斯攸往,危之道也。不交于物,物亦弗与,无援之助,故危则必戒而已,无所告救也。"王申子《大易缉说》:"阳刚失位,宜有咎者,然以刚用柔,不过于刚,故'无咎'。阴过之时,阳虽居上,终不能过。与初为应,初方有飞扬上进之势,终与相遇;但不可往而从之,从之则小

人之势愈张,而危厉立至矣。故戒勿用往,唯常永正固以待之可也。盖阴过之世,阳不中正,或慕乎阴,故戒之。"按,当阴柔者有所过越的"小过"之时,就九四与初六的对应关系来看,九四只可"遇"之而不可"往"应以求之,即要求九四谨慎不妄动。否则,若一意孤行,必将化"无咎"为有"凶"。

【小过上六】《小过》卦上六爻。以阴爻居卦最上之位。爻辞曰:"弗遇过之,飞鸟离之;凶,是谓灾眚。"意思是:不能遇合阳刚却更超过阳刚,犹如飞鸟飞不已必遭射杀;有凶险,这就是灾殃祸患。离,通"罹",犹言"遭受",此指飞鸟遭射;灾眚,即灾祸(见"复上六")。这是说明上六居《小过》之终,阴处穷高,"柔小者"已过越至极,不仅不能遇合于下卦九三之阳,且自身之高亢已远超过阳刚,适如飞鸟穷飞而不止,终必遭受射杀,故曰"弗遇过之,飞鸟离之";以此处"小过",大失"小有过越"之道,难免遭凶罹祸,故爻辞特警之曰"凶,是谓灾眚"。王弼《周易注》:"小人之过,遂至上极,过而不知限,将何所托?灾自己致,复何言哉!"孔颖达《周易正义》:"以小人之身,过而弗遇,必遭罗网;其犹飞鸟,飞而无托,必离矰缴。"马其昶《重定周易费氏学》:"阴阳之气,同类则相拒,异类则相感。上变阳则与三相失,弗能亲遇,但有过之而已。先曰:'弗遇',见上本有可遇之道,其弗遇也,其自为之也。"按,《周易折中》指出:"《复》之上曰'迷复,凶,有灾眚',此曰'飞鸟离之,凶,是谓灾眚',辞意不同。'凶'由己作,'灾眚'外至。迷复则因'凶'而致'灾眚'者也,此则'凶'即'灾眚'也。盖时当过之极,不能自守,而徇俗以至于此;与初六当时未过,而自飞以致'凶'者稍别。"此说比较《小过》与《复》两卦上六爻辞"灾眚"寓义的不同之处,及《小过》初六、上六两爻所以致"凶"之微别,宜资参考。

【小过六二】《小过》卦六二爻。以阴

爻居卦第二位。爻辞曰："过其祖，遇其妣；不及其君，遇其臣，无咎。"意思是：超越祖父，得遇祖母；但远不如其君主，君主于是遇合贤臣，必无咎害。祖，谓祖父，喻《小过》九四爻；妣，谓祖母，与下句"君"皆喻《小过》六五爻；臣，喻《小过》六二爻。这是说明六二当"小过"之时，以阴居下卦中位，柔顺得正，其进畅遂，可以逾迈九三而超越上卦九四之阳，乃至得遇居尊位之六五，犹如越过"祖父"而幸遇"祖母"，故称"过其祖，遇其妣"；此时六五尊居"君位"，六二既处"小有越过"之际，过越太甚必失，遂不敢妄超六五，惟恭顺臣事之，五乃得遇贤臣，故曰"不及其君，遇其臣"；以此处"小过"，能适中合宜地既过又不过，必可致福免害，故称"无咎"。朱熹《周易本义》："六二柔顺中正，进则过三、四而遇六五，是过阳而反遇阴也；如此则不及六五，而自得其分，是'不及其君'而'遇其臣'也；皆过而不过，守正得中之意，'无咎'之道也。"按，六二所以"无咎"，正是在"过"与"不过"之中妥善周旋，恰到好处。王宗传《童溪易传》云："或过，或不及，皆适当其时与分，而不愆于中焉。此在'过'之道为'无过'也，故曰'无咎'。"又按，《小过》六二爻辞之义，诸家解释颇歧。兹举三说以备参考。一、李鼎祚《周易集解》引虞翻注，释"祖"为"祖母"，又谓"母死称妣"，并以初六为"祖"、九三为"妣"、为"臣"，六五为"君"，认为："二过初，故'过其祖'；五变，三体《姤》遇，故'遇妣'也。"又曰："五动为君，《晋》坤为臣，二之五隔三艮为止，故'不及其君'；止如承三，得正，体《姤》遇象，故'遇其臣，无咎'也。"二、王弼《周易注》释"祖"为"始"，谓初为"祖"，二为"妣"，指出："过而得之谓之'遇'。在'小过'而当位，过而得之之谓也。祖，始也，谓初也；妣者，居内履中而正者也。过初而履二位，故曰'过其祖'而'遇其妣'。过而不至于僭，尽于臣位而已，故曰'不及其君，遇其臣，无咎'。"

三、尚秉和先生《周易尚氏学》别为之解，曰："艮为祖，二承三故'过其祖'；巽为妣，二当巽初，故'遇其妣'。《尔雅》'母曰妣'，妣谓二，祖谓三。二应在五，五震为君，乃五不应，故'不及其君'。艮为臣，三艮主爻，二承之，故'遇其臣'。"

【小过六五】《小过》卦六五爻。以阴爻居卦第五位。爻辞曰："密云不雨，自我西郊；公弋取彼在穴。"意思是：浓云密布却不降雨，云气的升起来自我方西邑郊外；王公射取隐藏穴中的恶兽。西，古人以为象征"阴方"；我，《小过》卦以"阴"为主，故称"西方"为"我方"（见"小畜卦辞"）；公，指《小过》六五，王弼《周易注》："臣之极也，五极阴盛，故称'公'也"；弋，音亦 yì，用缴（细绳）系在箭矢上射，《诗经·郑风·女曰鸡鸣》"弋凫与雁"，《郑笺》"弋，缴射也"；在穴，即藏于穴中的狡兽，喻隐患弊端。这是说明六五当"小过"之时，以阴居上卦尊位，阴质至盛，但下无阳应，犹如西郊阴方唯浓云密布，无阳而不能化雨，正合《小过》卦"柔小者有所过越"、"不可大事"之义，故曰"密云不雨，自我西郊"；六五此时虽不可独担"天下大事"，但作为"王公"，却能进行其臣职，犹如亲自射取穴中狡兽一样，竭力除害矫弊，无隐而不至，故曰"公弋取彼在穴"。王弼《周易注》："小过，小者过于大也。六得五位，阴之盛也，故'密云不雨'，至于'西郊'也。夫雨者，阴在于上，而阳薄之而不得通，则蒸而为雨；今艮止于下而不交焉，故'不雨'也。是故《小畜》尚往而亨，则不雨也；《小过》阳不上交，亦不雨也。虽阴盛于上，未能行其施也。"《周易口义》述胡瑗曰："弋者，所以射高也；穴者，所以隐伏而在下也。公以弋缴而取穴中之物，犹圣贤虽过行其事，意在矫下也。"

【小过初六】《小过》卦初六爻。以阴爻处卦下初位。爻辞曰："飞鸟以凶。"意思是：飞鸟逆势上翔将有凶险。以，连词，犹"而"。这是说明初六处"小过"之始,以柔居初,本当谨守谦恭"宜下"之道,却如"飞鸟"行空,逆势上翔,往应上卦九四之阳,必有凶险,故曰"飞鸟以凶"。王弼《周易注》:"'小过'上逆下顺,而应在上卦,进而之逆,无所错足,'飞鸟'之'凶'也。"按,《小过》初六居位已不中正,又有六二在前为阳,却反其安顺"宜下"之道而应上,因此自取凶咎。

【小过卦辞】《小过》卦的卦辞。其文曰:"小过,亨,利贞;可小事,不可大事;飞鸟遗之音,不宜上,宜下,大吉。"意思是:《小过》卦象征小有过越,亨通,利于守持正固;可以施行寻常柔小之事,不可践履天下刚大之事;譬如飞鸟要留下它的鸣声,不宜向上飞翔,应当向下低飞,则大为吉祥。小过,卦名,象征"小有过越";小事,指柔小之事;大事,指刚大之事。卦辞全文可分三层理解。第一层,说明事物处于必须"小有过越"之时,可致亨通;但"过越"又不能不以"正"为本,其利乃在守正,故称"小过,亨,利贞"。孔颖达《周易正义》:"过为小事,道乃可通,故曰'小过,亨'也。'利贞'者,矫世励俗,利在归正。"第二层,说明"小过"之时,其理唯见于处置"柔小之事",不可广推于"刚大之事",故曰"可小事,不可大事"。俞琰《周易集说》:"'小过'之时,可过者小事而已,大事则不可过也。"《周易折中》:"大事,谓关系天下国家之事;小事,谓日用常行之事。"第三层,说明处"小过"之理,主于谦恭柔下,此时宜于居下而不宜于居上;犹如飞鸟鸣声,其鸟若飞行过高则其音难闻于人,若向下低飞,略高于人,则鸣声可闻,以此处"小过",乃有大吉,故曰"飞鸟遗之音,不宜上,宜下,大吉"。王弼《周易注》:"飞鸟遗其音声,哀以求处,上愈无所适,下则得安。愈上则愈穷,莫若飞鸟也。"马其昶《重定周易费氏学》:"飞鸟,高过于人矣;然遗音可闻,是亦未能过高,特'小过'耳。逆顺者飞而向上,有风气阻力;就下则势顺也。《管子》云:鸟之飞也,必还山集谷。不还山则困,不集谷则死。故曰'不宜上,宜下,大吉'。"按,卦名"小过"之义,与"大过"可相对照。《小过》卦外四阴超过中二阳,阴称"小",故谓"小过",与《大过》的卦象正为相反(见"大过卦辞")。而"小过"的寓理,又兼含小事过越、小有过越等义。程颐《周易程氏传》:"小者过其常也,盖为小者过;又为小事过,又为过之小。"朱熹《周易本义》:"小谓阴也,为卦四阴在外,二阳在内,阴多于阳,小者过也。"

【小过象传】《小过》卦的《象传》。旨在解说《小过》卦的卦名、卦辞之义。其文为:"《象》曰:小过,小者过而亨也;过以利贞,与时偕行也。柔得中,是以小事吉也;刚失位而不中,是以不可大事也。有飞鸟之象焉;飞鸟遗之音,不宜上,宜下,大吉,上逆而下顺也。"意思是:《象传》说:小有过越,说明在寻常柔小之处稍有过越而能亨通;有所过越而利于守持正固,说明应当配合适当之时奉行此道。譬如阴柔者居中不偏,所以施行寻常柔小之事可获吉祥;阳刚者有失正位而不能持中,所以不可践履天下刚大之事。卦辞中有飞鸟的喻象:飞鸟要留下它的鸣声,不宜向上飞翔,应当向下低飞,则大为吉祥,说明向上行刚大之志则违逆事理而向下施柔小之事则顺合其义。"全文可分三节理解。第一节,自"小过"至"与时偕行也"四句,说明"小过"之时,行柔小之事而稍有过越则能通;但处"小过"之道,则须以"正"行于其时,不可随意妄为,以释此卦的卦名、卦辞"小过,亨,利贞"之义。第二节,自"柔得中"至"是以不可大事也"四句,举《小过》卦六二、六五两爻阴柔居中及九三、九四两爻阳刚失中、失位之象,说明"小过"之时柔中谦和则吉,刚大亢盛则不利,以释卦辞"可小事,不可大事"之义。第三节,自"有飞鸟之象焉"至"上逆而下顺也"六句,说明"飞鸟"欲留其音,高翔则逆，低飞则顺；正如《小过》卦六五爻居上乘刚而逆，六二爻处下承阳而顺，以释卦辞"飞鸟遗之音，不宜上，宜下，大吉"之义。

【小往大来】《泰》卦的卦辞之语。意思是：柔小者往外、刚大者来内。小往，指《泰》卦三阴爻居于外卦；大来，指《泰》卦三阳爻居于内卦。这是就《泰》卦的上下卦为内乾外坤之象，说明"通泰"之时阳刚者盛昌而来归，阴柔者衰亡而往去，即《象传》所言"君子道长，小人道消"之义，故此时既吉且亨。参见"泰卦辞"。

【小畜九二】《小畜》卦九二爻。以阳爻居卦第二位。爻辞曰："牵复，吉。"意思是：被牵连复返阳刚之道，吉祥。牵，谓牵连。此言九二以阳处《小畜》下卦之中，本欲上行以畜于六四，因初九返回阳刚之道不为阴者所"畜"，故亦被所"牵"而"复"其阳，遂与初九并获吉祥。《周易折中》引何楷曰："与初相牵连而复居于下，故吉。"

【小畜九三】《小畜》卦九三爻。以阳爻居卦第三位。爻辞曰："舆说辐，夫妻反目。"意思是：车轮辐条散脱解体，结发夫妻反目离异。说，通"脱"。辐，车轮中的直木，许慎《说文解字》："轮轑也"；《老子》："三十辐共一毂"，陆德明《经典释文》云："辐，本亦作'輹'，马云'车下缚也'，郑云'伏菟'"；《说文解字》又释"輹"为"车轴缚"。据此诸说，则"脱辐"或"脱輹"，均言车不能行。这是说明九三当"小畜"之时，居下卦之终，刚亢躁动，比近六四之阴，受其所畜，三、四遂成"轮"、"辐"或"夫"、"妻"的关系；但六四乘凌九三之刚，三受其所制，终致冲突而"脱辐"、"反目"。马其昶《重定周易费氏学》："三之畜以迫近于阴，为其所制，曰'不能正室'者，罪三之不自敛而受制于阴也。"按，《小畜》下卦三阳处六四之下，有受"畜"之象；但均不宜被"畜"，应当自畜阳德。原因是阳在下刚质未盛，被畜必危。因此，初九、九二能"复"阳获"吉"；九三独进被畜，乃致"说

辐"、"反目"，其凶难免。

【小畜九五】《小畜》卦九五爻，以阳爻居卦第五位。爻辞曰："有孚挛如，富以其邻。"意思是：心怀诚信而牵系群阳共信一阴，用阳刚充实丰富近邻。挛，犹言"牵系"、"连接"，许慎《说文解字》："系也"，陆德明《经典释文》引马融曰："连也"；如，语气助词，富，阳称"富"，此处作动词，犹言"增富"；邻，指《小畜》六四爻。这是说明九五当"小畜"之时，阳刚中正，以诚信之德牵系下卦三阳共同施信于六四，蔚成《象传》所言"柔得位而上下应之"的盛况，故称"有孚挛如"；且九五不但牵系群阳施信于六四，更以自身的阳刚之美增富比邻于己的六四，故曰"富以其邻"，此亦《小象传》所称"不独富"之义。尚秉和先生《周易尚氏学》："孚，谓孚于四；四卦主，阳喜阴，故下三阳亦孚于四。挛，引也，牵也，言阳皆孚四，有若牵引连接也。"按，《周易折中》曰："此爻之义，从来未明。今以卦意推之，则六四者近君之位，所谓'小畜'者也；九五君位也，能畜其德以受臣下之畜者也。"又曰："四与五相近，故曰'邻'。又'邻'即'臣'也，《书》曰'臣哉邻哉'是也。'富'者，积诚之满也；积诚之满，至于能用其邻，则其邻亦以诚应之矣。"此说分析爻理颇通，宜备参考。

【小畜上九】《小畜》卦上九爻。以阳爻居卦最上之位。爻辞曰："既雨既处，尚德载；妇贞厉，月几望；君子征凶。"意思是：密云已经降雨，阳刚已被畜止，至高极上的阳德被阴气积载；此时妇人必须守持正固以防危险，要像月亮将圆而不过盈；君子若往前进发必将遭凶。处，谓"止"，即阳被阴所"畜止"；尚，即"上"，"尚德"犹言"阳德"；载，谓积载；妇，喻阴，贞厉，谓守正防危；几，接近，"几望"即"月将圆"；君子，喻阳，征，进也。这是说明上九居《小畜》之终，"小畜"穷极，已化"不雨"为"既雨"，上九的阳刚尽为六四之阴所畜，遂有"已降雨"、"被畜止"、"阳德被积载"

诸象,故曰"既雨既处,尚德载";但"小畜"之道宜"密云"而不宜"既雨",即阴畜阳宜微小而不可极大,遂特戒"阴"不得满盛,乃取妇人守正防危当如月将圆不过盈为喻,故称"妇贞厉,月几望";至于"阳刚"者,此时更不可沿着"小畜"穷极之道向前发展,若让阴气尽载阳德,必致危亡,故又取"君子征凶"为戒,谓阳刚君子进必遭凶。程颐《周易程氏传》:"九以巽顺之极,居卦之上,处'畜'之终,从畜而止者也,为四所止。既雨,和也;既处,止也。阴之畜阳,不和则不能止;既和而止,畜之道成矣。"又曰:"四用柔巽之德,积满而至于成也。阴柔之畜刚,非一朝一夕能成,由积累而至,可不戒乎?载,积满也。"按,"小畜"义在"密云不雨",上九"既雨"已见物极致穷;故程氏"畜之道成",当解为:"小畜之道穷尽"。又按,《周易折中》引杨时曰:"月,溯日以为明者也。望,则与日敌。故'几望',则不可过。君子至此而犹征焉,则凶之道也。《小畜》以阴畜阳为主,其极必疑阳,故戒之如此。"此说承王弼《周易注》"妇制其夫,臣制其君","阴疑于阳,必见战伐"之义,认为"小畜"至极必反。于理亦通,可资参考。又按,本爻辞取象略为复杂,可分三层理解:一、"既雨既处,尚德载",总说《小畜》至极必反的道理;二、"妇贞厉,月几望",戒"阴"不可盛满;三、"君子征凶",戒"阳"不可被"阴"尽畜。全爻大义是强调"小畜"只能守持"所畜者微小"之道,反之必致凶厉。

【小畜六四】《小畜》卦六四爻。以阴爻居卦第四位。爻辞曰:"有孚;血去惕出,无咎。"意思是:阳刚施予诚信;于是离去忧恤、脱出惕惧,必无咎害。孚,信也,指九五施信于六四;血,陆德明《经典释文》引马融曰:"当作恤,忧也";惕,犹言"惕惧"。这是说明六四当"小畜"之时,柔顺得正,为一卦"畜阳"之主,此时九五刚健中正,下施诚信于六四,故"有孚";而六四既获九五下施之"孚信",又以柔正承

阳,"畜阳"有道,故能脱离忧惧,无所咎害。李鼎祚《周易集解》引虞翻曰:"孚,谓五。尚秉和先生《周易尚氏学》:"四卦主,五阳孚之,故曰'有孚'。按,《周易折中》引项安世曰:"以阴畜阳,以小包大,能无忧乎?独恃与五有孚,故能离其血惕,去而出之,以免于咎。臣之畜君,必信而后济,非与上合志,不可为也。"项氏读"血"如字,盖承荀爽、王弼义(见李鼎祚《周易集解》引王弼《周易注》),其说亦通。又按,《小畜》六四柔正承上,九五刚中有信:两者相得,为"小畜"至美的象征。

【小畜初九】《小畜》卦初九爻。以阳刚之爻处于卦下初位。爻辞曰:"复自道,何其咎?吉。"意思是:复返自身的阳刚之道,哪有什么咎害呢?必有吉祥。复自道,犹言"自复其道"。此谓初九以阳处《小畜》之始,上应六四,有"被畜"之象;但初阳质甚弱,被畜有危,遂"知机"自复阳道,故无咎获吉。《周易折中》引龚焕曰:"初九以阳刚之才,位居最下,为阴所畜,知几不进,而自复其道焉,何咎之有?九二'牵复',亦谓与初牵连而内复也。"按,《小畜》初九获"吉",在于及时觉悟反正;能"复其道",正可以"自畜"阳德。又按,程颐《周易程氏传》、朱熹《周易本义》均释"复"为"上进",乃承王弼《周易注》"以阳升阴"之说,可备参考。

【小畜卦辞】《小畜》卦的卦辞。其文曰:"小畜,亨;密云不雨,自我西郊。"意思是:《小畜》卦象征小有畜聚,亨通;浓云密布却不降雨,(云气的升起)来自我方西邑郊外。小畜,卦名,象征"小有畜聚"。"畜"字,兼有"畜聚"、"畜养"、"畜止"诸义;聚物既可以养物,又可以止物,则卦名之义当以"聚"为本,以"养"、"止"为引申,故陆德明《经典释文》训"畜"为"积也,聚也",又引郑玄曰:"养也";程颐《周易程氏传》曰:"畜,止也,止则聚矣。""小"字,象征阴,又指程度大小,卦中"六四"一阴居五阳之间,正是小者畜大、所畜甚微之象,

故《周易程氏传》以为六四"能畜群阳之志","谓以小畜大,所畜聚者小"。西,古人以为象征"阴方";我,《小畜》卦以"阴"为主,故称"西方"为"我"。卦辞的寓义,可从两方面理解:首先,说明物能以小畜大,以下济上,则有益于刚大者之行,可致亨通,故称"小畜,亨";就卦象看,指六四所畜唯小,又能以柔济九五中正之阳刚,故《彖传》云"刚中而志行,乃亨"。其次,再举"云气"为譬喻,说明以阴畜阳,不能盛大,犹如阴气先从阴方升起,聚阳甚微,未足以和阳成雨,故有"密云不雨,自我西郊"之象。李鼎祚《周易集解》引崔憬曰:"云如不雨,积我西邑之郊,施泽未通,以明'小畜'之义。"《周易程氏传》:"云,阴阳之气。二气交而和,则相畜固而成雨。阳倡而阴和,顺也,故和;若阴先阳倡,不顺也,故不和,不和则不能成雨。云之畜聚虽密,而不成雨者,自西郊故也。东北,阳方;西南,阴方。自阴倡,故不和而不能成雨。以人观之,云气之兴,皆自四远,故云'郊'。据'四'而言,故云'自我',畜阳者'四',畜之主也。"按,朱熹《周易本义》曰:"西郊,阴方;我者,文王自我也。文王演《易》于羑里,视岐周为西方,正《小畜》之时也。"此可备一说。又按,"小畜"之义,为小畜大、阴畜阳;用人事来比喻,可视为"臣畜君"。譬如"臣"既能畜聚"君"之美德,又能抑止"君"之过误,即可致卦辞所谓"亨"。但由于所畜只能"微小",不得"越轨",犹言不可制约其"君",所以"小畜"之德,体现于"密云不雨";若"既雨",则道必穷厄。

【小畜彖传】《小畜》卦的《彖传》。旨在解说《小畜》卦的卦名、卦辞之义。其文为:"《彖》曰:小畜,柔得位而上下应之,曰小畜。健而巽,刚中而志行,乃亨。密云不雨,尚往也;自我西郊,施未行也。"意思是:"《彖传》说:小有畜聚,譬如柔顺者得位而上下阳刚与之相应,所以称'小有畜聚'。又如健强而又逊顺,阳刚居中而志

向可以施行,因此获得亨通。浓云密布却不降雨,说明阳气畜聚未足而犹上行离去;(云气的升起)来自我方西郊,说明阴阳交和之功方施却未畅行。"全文可分四节理解。第一节,自"小畜"至"曰小畜"三句,谓卦中六四阴柔得正,上下五阳爻与之相应,犹如阴者正畜聚阳者,释卦名"小畜"。第二节,自"健而巽"至"乃亨"三句,谓《小畜》卦上巽下乾有逊顺、刚健之象,九二、九五又有阳刚居中而其志能行之象,释卦辞"亨"。第三节,"密云不雨,尚往也"两句,谓阳气犹在上行,犹言阴气畜阳不足,故未成雨,以释卦辞"密云不雨"之义。第四节,"自我西郊,施未行也"两句,谓阴阳交和之功方施而未畅行,犹言"小畜"不能成大,以释卦辞"自我西郊"之义。

【小过大象传】《小过》卦的《大象传》。其辞曰:"山上有雷,小过;君子以行过乎恭,丧过乎哀,用过乎俭。"意思是:山顶上响动着震雷(其声过常),象征"小有过越";君子因此行为举止稍过恭敬,身临丧事稍过悲哀,资财费用稍过节俭。这是揭明《小过》卦下艮为山、上震为雷之象,谓山上有雷,其声过常,正为"小有过越"的象征;然后推阐出"君子"观此象,须悟知在行止之恭、丧事之哀、用费之俭这些寻常小事上,应当稍能过越,以正俗弊的道理。孔颖达《周易正义》:"小人过差,失在慢易、奢侈,故君子矫之以'行过乎恭,丧过乎哀,用过乎俭'也。"程颐《周易程氏传》:"雷震于山上,其声过常,故为'小过'。天下之事,有时当过,而不可过甚,故为'小过'。君子观《小过》之象,事之宜过者则勉之,'行过乎恭,丧过乎哀,用过乎俭'是也。"按,《大象传》所举三例,均为谦慈柔惠的行为,与《小过》卦辞"可小事"、"宜下"的意义正合。朱熹指出:"'小过',是过于慈惠之类;'大过',则是刚严果毅底气象。"又曰:"小过,是小事过,又是过于小。如'行过乎恭,丧过乎哀,用过

乎俭',皆是过于小,退后一步,自贬底意思。"(《朱子语类》)

【小有言终吉】 ①《需》卦九二爻辞之语。意思是:九二尽管略受言语中伤,但坚持需待至终必获吉祥。此谓九二处《需》下卦之中,离上卦坎险不远,犹如稍受言语中伤,喻其虽未及"难",却正在向危难靠近;但由于九二阳刚居中,能坚持冷静需待而不躁,故获"终吉"。参见"需九二"。 ②《讼》卦初六爻辞之语。意思是:初六尽管略受言语中伤,但(不久缠于讼事)终将获得吉祥。此言初六处《讼》卦之初,与上卦的九四有应,九四阳刚好讼,乃以"言语"向初六挑起"讼事",但初六阴柔能退,不久缠于讼,故终能辨明是非而获吉。参见"讼初六"。

【小者过而亨】 《小过》卦的《象传》语。意思是:在寻常柔小之处稍有过越而能亨通。这是解说《小过》卦的卦名及卦辞"小过,亨"之义。《周易折中》引朱震曰:"小过,小者过也。盖事有失之于偏,矫其失必待小有所过,然后偏者反于中。谓之过者,比之常理则过也;过反于中,则其用不穷而亨矣。"

【小畜大象传】 《小畜》卦的《大象传》。其辞曰:"风行天上,小畜;君子以懿文德。"意思是:和风飘行天上(微畜未发),象征"小有畜聚";君子因此修美文章道德以待时。懿,指德行美好,许慎《说文解字》"懿,姕久而美也",此处用如动词,犹言"修美"。这是先揭明《小畜》卦上巽为风、下乾为天之象,谓风飘行天上,微畜而未下行,正为"小有畜聚"的象征;然后推阐出"君子"应效法此象,以修美文章道德的意义。李鼎祚《周易集解》引《九家易》曰:"风者,天之命令也。今风行天上,则是令未下行,畜而未下,'小畜'之义也。"孔颖达《周易正义》:"以于其时施未得行,喻君子之人,但修美文德,待时而发。"按,本卦《大象传》直接从卦名"小畜",阐发"君子以懿文德"之理。《周易正义》指出,

"凡《大象》'君子'所取之义,或取二卦之象而法之者","或直取卦名,因其卦义所有,'君子'法之,须合卦义行事者";并认为此处"懿文德"不取"风行天上"之象,属于后一例。可备参考。

【小贞吉大贞凶】 《屯》卦九五爻辞之语。意思是:柔小者,守持正固可获吉祥;刚大者,守持正固以防凶险。小,谓阴柔处下者;大,谓阳刚居上者。此言《屯》九五之时,"屯难"将通,尊者将有"膏泽"广施,故柔小处下者守正待时必能获吉;但刚大居上者尚须谨慎济"屯",不可疏忽大意而功败垂成,故当守正防凶。参见"屯九五"。

【小畜受之以履】 《周易》六十四卦,以象征"小有畜聚"的《小畜》卦列居第九卦;事物既已相畜聚,则要用礼节规范行为,所以接《小畜》之后是象征循礼"小心行走"的第十卦《履》卦。此称《小畜》受之以《履》。语本《序卦传》:"物畜然后有礼,故受之以《履》。"韩康伯《序卦注》:"履者,礼也。礼所以适用也。"李鼎祚《周易集解》引崔憬曰:"履,礼也。物畜不通,则君子先懿文德,然后以礼导之,故言物畜然后有礼也。"

【小人吉大人否亨】 《否》卦六二爻辞之语。意思是:小人获得吉祥;大人否定小人之道,可获亨通。小人,喻《否》卦六二;大人,喻九五;否,不也,犹言"否定"。此谓六二当"否"之时,上应九五,犹如"小人"以柔顺之道包容于尊者而奉承之,故有"小人吉"之象;但九五作为居尊的"大人",值此"否闭"之世,则应当否定"小人"之道,不与六二相"包承",方可致亨,故曰"大人否,亨"。参见"否六二"。

【小子厉有言无咎】 《渐》卦初六爻辞之语。意思是:童稚小子遭逢危险,蒙受言语中伤,但不遭咎害。有言,指言语中伤。这是说明初六处《渐》之始,柔弱卑下,上无应援,所进尚浅,未获安宁,有"小

子"面临危厉而身受言语中伤之象;但因能渐进不躁,虽遭"厉"、"有言",终可免害,故曰"小子厉,有言,无咎"。参见"渐初六"。

【小利贞浸而长也】《遯》卦的《象传》语。意思是:柔小者利于守持正固,说明阴气浸润而渐渐盛长(但不可妄动害阳)。浸,渐也;长,指《遯》卦初六、六二两爻阴气渐长。这是举《遯》卦初、二两阴爻之象,说明当"遯"之时,柔小者势虽渐盛,却利在守正,不宜妄动害阳,以释《遯》卦辞"小利贞"之义。来知德《周易集注》:"浸而长,其势必至于害君子,故戒以'利贞'。"

【小过九三小象传】《小过》卦九三爻的《小象传》。其辞曰:"从或戕之,凶如何也!"意思是:将要受人残害,说明九三的凶险多么严重啊!这是解说《小过》九三爻辞"从或戕之"的象征内涵。程颐《周易程氏传》:"阴过之时,必害于阳;小人道盛,必害君子,当过为之防。防之不至,则为其所戕矣,故曰'凶如何也',言其甚也。"

【小过九四小象传】《小过》卦九四爻的《小象传》。其辞曰:"弗过遇之,位不当也;往厉必戒,终不可长也。"意思是:不过分强求遇合阴柔者,说明九四未居适当的阳位而不可强自用刚;若急往求应将有凶险务必自戒,说明九四要是强行终究不能长保无害。这是解说《小过》九四爻辞"弗过遇之,往厉必戒"的象征内涵。王申子《大易缉说》:"以阳居阴,故曰'不当'。往则厉,必戒勿往;谓小人凶恶,不可长之,长之则愈过也。"

【小过上六小象传】《小过》卦上六爻的《小象传》。其辞曰:"弗遇过之,已亢也。"意思是:不能遇合阳刚却更超过阳刚,说明上六已经处在过分亢极的境地。这是解说《小过》上六爻辞"弗遇过之"的象征内涵。孔颖达《周易正义》:"释所以'弗遇过之',以其已在亢极之地故也。"

【小过六二小象传】《小过》卦六二爻的《小象传》。其辞曰:"不及其君,臣不可过也。"意思是:远不如其君主,说明六二作为臣属不可超越君上。这是解说《小过》六二爻辞"不及其君"的象征内涵。程颐《周易程氏传》:"过之时,事无不过其常,故于上进则戒及其君,臣不可过臣之分也。"王宗传《童溪易传》:"刘仲平博士云:过乎祖,则有继世之誉;过乎君,则有犯上之嫌。故《象》曰'不及其君,臣不可过也'。"

【小过六五小象传】《小过》卦六五爻的《小象传》。其辞曰:"密云不雨,已上也。"意思是:浓云密布却不降雨,说明六五阴气旺盛已经高居在上。这是解说《小过》六五爻辞"密云不雨"的象征内涵。已上,指阴已居上,未得阳和,故"不雨"。按,此爻《小象传》称"密云不雨,已上也",与《小畜》卦《象传》谓"密云不雨,尚往也",其义略可比较。《周易折中》引龚焕曰:"密云不雨,《小畜》谓其'尚往'者,阴不足以畜阳,而阳'尚往'也;《小过》谓其'已上'者,阴过乎阳,而阴已上也。一为阳之过,一为阴之过,皆阴阳不和之象,故不能为雨也。"

【小过初六小象传】《小过》卦初六爻的《小象传》。其辞曰:"飞鸟以凶,不可如何也。"意思是:飞鸟逆势上翔将有凶险,说明初六自取凶咎而无奈其何。这是解说《小过》初六爻辞"飞鸟以凶"的象征内涵。不可如何,犹言"无可奈何",谓难以解救。来知德《周易集注》:"不可如何,莫能解救之意。"

【小过受之以既济】《周易》六十四卦,以象征"小有过越"的《小过》卦列居第六十二卦;凡人美善的行为有所过越,办事必能成功,所以接《小过》之后是象征"事已成"的第六十三卦《既济》卦。此称"《小过》受之以《既济》"。语本《序卦传》:"有过物者必济,故受之以《既济》。"韩康伯《序卦注》:"行过乎恭,礼过乎俭,可以矫世厉俗,有所济也。"程颐《周易程氏传》:"能过于物,必可以济,故《小过》之后,受之以《既济》也。"

【小狐汔济濡其尾】 《未济》卦的卦辞之语。意思是:小狐渡河接近成功,被水沾湿尾巴。汔,谓接近。这是说明当"事未成"之时,于"未济"之中求"济",须有小心谨慎的精神及坚持不懈的毅力,若处事不敬慎,未能始终坚持如一,而像"小狐"涉水未竟,却濡湿尾巴,必将不能成济,终究徒劳无益,故曰"小狐汔济,濡其尾"。取象之义,在为处"未济"者诫。参见"未济卦辞"。

【小畜九二小象传】 《小畜》卦九二爻的《小象传》。其辞曰:"牵复在中,亦不自失。"意思是:被牵连复返阳刚之道而居守中位,说明九二也能不自失阳德。中,谓九二阳刚居中;不自失,指不失阳德。这是解说《小畜》九二爻辞"牵复"的象征内涵。《周易折中》引杨万里曰:"初安于复,故为自复;二勉于复,故为牵复。能勉于复,故亦许其'不自失'。"按,《小畜》初九位正,九二得中,两者当"小畜"之时,均能复阳获吉。可见,"中"、"正"是这两爻获吉的要素。

【小畜九三小象传】 《小畜》卦九三爻的《小象传》。其辞曰:"夫妻反目,不能正室也。"意思是:结发夫妻反目离异,说明九三不能规正妻室。正,用作动词,犹言"规正";室,谓妻室,《礼记·曲礼上》:"三十曰壮,有室",郑玄注:"有室,有妻也,妻称室。"这是解说《小畜》九三爻辞"夫妻反目"之义。程颐《周易程氏传》:"夫妻反目,盖由不能正其室家也。三自处不以道,故四得制之不使进,犹夫不能正其室家,故致反目也。"

【小畜九五小象传】 《小畜》卦九五爻的《小象传》。其辞曰:"有孚挛如,不独富也。"意思是:心怀诚信而牵系群阳共信一阴,说明九五不独享自身的阳刚富实。这是解说《小畜》九五爻辞"有孚挛如,富以其邻"的象征内涵。谓九五既能与下卦三阳相牵系而施信于六四,且以自身阳刚之美增富比邻于己的六四,以成六四的"小畜"盛况,故有"不独富"之义。参见"小畜九五"。

【小畜上九小象传】 《小畜》卦上九爻的《小象传》。其辞曰:"既雨既处,德积载也;君子征凶,有所疑也。"意思是:密云已经降雨、阳刚已被畜止,说明此时阳德被阴气积累满载;君子若往前进发必遭凶险,说明往前将使阳质被阴气凝聚统化。这是解说《小畜》上九爻辞"既雨既处,尚德载"及"君子征凶"的象征内涵。疑,通"凝";指上九处"小畜"至极之时,阴气畜阳盛盈,若上九不抑止被"畜",而沿此以往,其阳必被阴气所凝聚统化,故爻辞有"征凶"之戒。按,程颐《周易程氏传》云:"既雨既处,言畜道积满而成也。阴将盛极,君子动则有凶也。阴敌阳则必消阳,小人抗君子则必害君子,安得不疑虑乎?若前知疑虑而警惧,求所以制之,则不至于凶矣。"此说释"疑"为"疑虑",可备参考。

【小畜六四小象传】 《小畜》卦六四爻的《小象传》。其辞曰:"有孚惕出,上合志也。"意思是:阳刚施予诚信、于是脱出惕惧,说明六四与阳刚尊上意志相合。上合志,指六四上承九五。这是解说《小畜》六四爻辞"有孚"、"惕出"的象征内涵。李鼎祚《周易集解》引荀爽:"从五,故曰'上合志也'。"按,尚秉和先生《周易尚氏学》以为"上"谓五、上两爻,曰:"五、上皆阳,四承之,阴遇阳得类,故曰'合志'。"于义亦通。

【小畜初九小象传】 《小畜》卦初九爻的《小象传》。其辞曰:"复自道,其义吉也。"意思是:复返自身的阳刚之道,说明初九行为合宜可获吉祥。这是解说《小畜》初九爻辞"复自道"的象征内涵。义,犹言"宜",即不悖理。《周易折中》引张浚曰:"能反身以归道,其行己不悖于理,是能自畜者也,故曰'其义吉'。"

【小人勿用必乱邦也】 《师》卦上六爻的《小象传》语。旨在解说上六爻辞"小人勿用"的象征内涵。意思是:小人不可重用,说明若用小人必将危乱邦国。参见"师上六小象传"。

【小人道长君子道消】 《否》卦的《彖传》语。意思是:小人之道增长,君子之道消亡。小人,指《否》内卦坤;君子,指《否》外卦乾。这是根据《否》卦的上下卦象,揭示"否闭"之时利于"小人",不利于"君子"的道理。其中又寓含"君子"当戒防"小人"的意思。按,马振彪先生《周易学说》云:"君子道消,盖处'否'之时,道不得行,不若小人之盛长;其实君子之道自在,并未尝消。使其道果消,则'否'运何由而'泰'?此不过对'小人道长'而言也。"此说释理甚切,与李鼎祚《周易集解》引崔憬曰"君子在野,小人在位之义"有合。

【小人用壮君子用罔】 《大壮》卦九三爻辞之语。意思是:小人妄用强盛,君子虽强不用。罔,即"无","用罔"犹言"不用壮"。这是说明九三当"大壮"之时,居下乾之终,得位应上,刚亢强盛,此时若为"小人",必恃强妄动,凶险立至;若为"君子",必不用强,守正养德。辞意褒贬甚明,故曰"小人用壮,君子用罔"。参见"大壮九三"。

【小人用壮君子罔也】 《大壮》卦九三爻的《小象传》辞。旨在解说九三爻辞"小人用壮,君子用罔"之义,但即取爻辞自以为释。意思是:小人妄用强盛,说明君子虽强却能不用。参见"大壮九三小象传"。

【小子之厉义无咎也】 《渐》卦初六爻的《小象传》辞。旨在解说初六爻辞"小子厉"的象征内涵。意思是:童稚小子遭逢危险,从初六渐进不躁的意义看是不致咎害的。参见"渐初六小象传"。

【小狐汔济未出中也】 《未济》卦的《彖传》语。意思是:小狐渡河接近成功,说明尚未最后脱出险中。这是解说《未济》卦

辞"小狐汔济"之义。未出中,指《未济》九二居下坎之中,尚未出险。陈梦雷《周易浅述》:"未出中,指二也。九二在坎险之中,未能出也。"

【小过过也中孚信也】 《杂卦传》语。说明《小过》卦象征"小有过越",而《中孚》卦象征"中心诚信";或稍过常理,或信实不渝,两卦旨趣可相对照。李鼎祚《周易集解》引翟翻曰:"五以阳过阳,故过;信及豚鱼,故信也。"俞琰《周易集说》:"《小过》四阴在外,而过其常;《中孚》二阴在中,而守其信也。"

【小畜寡也履不处也】 《杂卦传》语。说明《小畜》卦象征"小有畜聚",则所畜寡少;而《履》卦象征循礼"小心行走",则未敢安处中道。朱熹《周易本义》:"不处,行进之义。"按,俞琰《周易集说》:"《小畜》之主六四也,不足以制在下之三阳,盖其阴单弱,故曰'《小畜》寡也';《履》之主六三也,虽弱而应乎乾,然其位不当,而猖狂妄行,故曰'《履》不处也'。"可备一说。

【小人革面顺以从君也】 《革》卦上六爻的《小象传》语。旨在解说上六爻辞"小人革面"的象征内涵。意思是:小人纷纷改变旧日倾向,这是顺从君主的变革。参见"革上六小象传"。

【小人剥庐终不可用也】 《剥》卦上九爻的《小象传》语。旨在解说上九爻辞"小人剥庐"的象征内涵。意思是:小人(摘取硕果)必致剥落万家,说明小人终究不可任用。参见"剥上九小象传"。

【飞伏】 西汉京房所倡《易》学条例。"飞",指"八宫卦"中某宫某世爻及游魂、归魂卦已显现的"世爻"的卦象;"伏",指"世爻"所由变成的、或与之相对的隐伏不显之卦象。凡飞、伏之象,必阴阳相对;飞阳则伏阴,飞阴则伏阳。朱震《汉上易传》曰:"凡卦见者为飞,不见者为伏。飞,方来也;伏,既往也。"六十四卦飞伏,《京氏易传》所述至为详备。寻其大例,可约为三点:一是,"八宫卦"中的本宫卦,以阴阳

相对者互为飞伏。如《乾》与《坤》相对，《乾》为飞则《坤》为伏、《坤》为飞则《乾》为伏，象主"世爻"（上九、上六）。他卦《震》与《巽》、《坎》与《离》、《艮》与《兑》亦然。二是，"八宫"所化生之卦，自一世至五世，前三卦与内卦飞伏，后二卦与外卦飞伏。如《乾》宫一世卦《姤》，世爻初六已显现而居内巽，所由化生的《乾》初九乃隐伏而居内乾，故《姤》卦飞在内巽、伏在内乾，象主初爻。同理，二世卦《遯》飞在内艮、伏在内乾，象主二爻；三世卦《否》飞在内坤、伏在内乾，象主三爻；四世卦《观》飞在外巽、伏在外乾，象主四爻；五世卦《剥》飞在外艮、伏在外乾，象主五爻。余七宫依此类推。三是，游魂卦与本宫五世卦的外卦为飞伏，归魂卦与本宫游魂卦的内卦为飞伏。如《乾》宫游魂卦《晋》，世爻九四已显而居外离，所由游趋复变的五世卦《剥》六四乃隐而居外艮，故《晋》卦飞在外离、伏在外艮，象主四爻；归魂卦《大有》，世爻九三已显而居内乾，所由返归复变的游魂卦《晋》下三阴爻乃隐而为内坤，故《大有》卦飞在内乾、伏在内坤，象主三爻。余七宫依此类推。"飞伏"之例，实为京氏运用《周易》阴阳矛盾对立盈虚消息的原理衍伸推展而得，故徐昂《京氏易传笺》云："阴阳消长，斯有飞伏。显者飞而隐者伏，既飞则由显而隐，既伏则由隐而显。飞中有伏，伏中有飞，消息循环，罔有尽时。"但京氏又参入五行、干支、五星、四气、六亲、九族、福德、刑杀等术数，以施于卜筮占验，故后世卜筮家推求阴阳，占说灾异皆取京氏"飞伏"之法。汉魏《易》家如荀爽、虞翻等，则常用"飞伏"例中"阳下伏阴，阴下伏阳"之旨解说《易》义。《坤》卦《文言传》"《易》曰'履霜坚冰至'，盖言顺也"，《周易集解》引荀爽曰："霜者乾之命令，坤下有伏乾，履霜坚冰；盖言顺也，乾气加之，性至坚，象坚顺君命而成之"。又，《困》卦《大象传》"君子以致命遂志"，《周易集解》引虞翻曰："君子，谓三，伏阳也。"

【飞龙在天】《乾》卦九五爻辞之语。意思是：巨龙高飞上天。象征阳气盛美，事业大成。参见"乾九五"。

【飞鸟以凶】《小过》卦初六爻辞。意思是：飞鸟逆势上翔将有凶险。以，连词，犹"而"。此言初六处"小过"之时，以柔居初，本当谨守谦恭"宜下"之道，却如"飞鸟"行空，逆势上翔，往应上卦九四之阳，必有凶险，故曰"飞鸟以凶"。参见"小过初六"。

【飞龙在天上治也】《乾》卦《文言传》语。以"上治"释《乾》九五爻辞"飞龙在天"之义。上，通"尚"；"上治"犹言最好的政治局面。此言六五高居尊位，阳刚中正，其治美盛，故"飞龙在天"之象。按，旧说"上"指尊高之位，于义亦通。李鼎祚《周易集解》引何妥曰："此当尧、舜冕旒之日，以圣德而居高位，在上而治民也。"孔颖达《周易正义》："言圣人居上位而治理也。"

【飞龙在天大人造也】《乾》卦九五爻的《小象传》辞。意思是：巨龙高飞上天，说明大人奋起大展雄才。此以"大人造也"释九五"飞龙在天"的象征内涵。参见"乾九五小象传"。

【飞龙在天乃位乎天德】《乾》卦《文言传》语。以"乃位乎天德"释《乾》九五爻辞"飞龙在天"之义。位，犹言尊居"天位"。此谓九五高居阳刚中正之位，具备充沛美盛之"天德"，故有"飞龙在天"之象。孔颖达《周易正义》："位当'天德'之位。言九五阳居于天，照临广大，故云'天德'也。"

【飞鸟以凶不可如何也】《小过》卦初六爻的《小象传》辞。旨在解说初六爻辞"飞鸟以凶"的象征内涵。意思是：飞鸟逆势上翔将有凶险，说明初六自取凶咎而无奈其何。参见"小过初六小象传"。

【飞鸟遗之音不宜上宜下】《小过》卦的卦辞之语。意思是：飞鸟要留下它的鸣声，不宜向上飞翔，应当向下低飞。这是说明当"小过"之时，事物"小有过越"，其理主于谦恭柔下,此时宜于居下而不宜于居上;犹如飞鸟欲留下鸣声,其鸟若飞行过高则其音难闻于人,若向下低飞,略高于人,则鸣声可闻,故曰"飞鸟遗之音,不宜上,宜下"。参见"小过卦辞"。

【子夏】(前507—前400) 春秋末晋国温(今河南温县)人,一说卫国人。姓卜名商,以字行。孔子的学生。曾为莒父(今山东高密东南)宰。孔子逝世后,子夏讲学于魏国西河(济水、黄河间),为魏文侯、李克、吴起师。长于文学。旧说曾序《诗》、传《易》。汉以后有题为《子夏易传》之书行世,今佚,未可考其真伪。《史记·仲尼弟子列传》:"卜商,字子夏。少孔子四十四岁。""孔子既没,子夏居西河教授,为魏文侯师。其子死,哭之失明。"按,《史记》未载子夏传《易》之事,司马贞《史记索隐》云:"子夏文学著于四科。序《诗》,传《易》;又孔子以《春秋》属商;又传《礼》,著在《礼志》。而此史并不论,空记《论语》小事,亦其疏也。"

【子克家】《蒙》卦九二爻辞之语。谓身为儿辈却能治家。此喻九二处《蒙》下卦中位,爻位虽低,却主持一卦"治蒙"之功,并能为上卦六五尊者之师,故有"子克家"之象。参见"蒙九二"。

【子夏易传】 旧题周卜子夏撰。十一卷。《通志堂经解》本。陆德明《经典释文序录》载"《子夏易传》三卷",并注云:"卜商,字子夏,卫人,孔子弟子,魏文侯师。《七略》云:汉兴,韩婴传。《中经簿录》云:丁宽所作。张璠云:或馯臂子弓所作,薛虞记。虞不详何许人。"《隋书·经籍志》云:"《周易》二卷,魏文侯师卜子夏传,残阙。梁六卷。"据此可知,《释文序录》、《隋书·经籍志》所著录之《子夏易传》,在隋、唐时代已残缺不全,且其作者亦颇有可疑。以陆德明所载,当时对《子夏易传》的作者凡有四说:一谓卜子夏作,二谓韩婴作,三谓丁宽作,四谓馯臂子弓作、薛虞记。考《汉书·艺文志》,于《易》学著述未载《子夏易传》,但有"《韩氏》二篇",注云"名婴",学者或以为此二篇即《隋志》所载《子夏易传》。张惠言《易义别录》指出:"案《汉书·艺文志》,《易》有《韩氏》二篇、《丁氏》八篇,而无馯臂子弓,则张璠之言不足信。丁宽受《易》田何,上及馯臂子弓受之商瞿,非自子夏,则荀勖言丁宽亦非。刘向父子博学近古,以为韩婴,当必有据。《儒林传》称'韩生亦以《易》授人,推《易》意而为之传',不闻其所受。意者出于子夏,与商瞿之传异邪?"张惠言的意见,是排除其它三说,认为韩婴远承子夏之传,故作解《易》之书而题曰《子夏易传》。这是对韩婴作《子夏易传》的一种认识。《唐会要》载开元七年(719),诏令儒官详定《子夏易传》,司马贞曰:"又王俭《七志》引刘向《七略》云:'《易传》子夏,韩氏婴也。'"臧庸据此认为"子夏"是韩婴之字,非卜子夏(孙冯翼辑、臧庸述《子夏易传》)。尚秉和先生曰:刘向"恐人不知,误以为卜商,故云'子夏,韩氏婴'。"又曰:"班固及荀勖,盖不知婴字子夏。故《汉志》从其实,曰'《韩氏》二篇',注曰'名婴',而不注子夏之名,以惑后学。荀勖疑丁宽所作,张璠疑馯臂子弓所作,皆不以为卜子夏所作,盖与班氏意同,而不知韩婴即字子夏,《七略》有明文。"(《易说评议》)此说认为《子夏易传》是韩婴所作,即《汉书·艺文志》所云"《韩氏》二篇",与卜子夏无关。这是对韩婴作《子夏易传》的另一种认识。至宋代,又出现十卷本的《子夏易传》。王尧臣等撰《崇文总目》著录此本,指出:"此书篇第略依王弼式,决非子夏之文。又其言近而不笃。然学者尚异,颇传习之。"晁公武《郡斋读书志》曰:"景迂云:'张弧伪作。'"陈振孙《直斋书录解题》曰:《子夏易传》"隋唐时久残阙,宋安得有十卷?陆氏《释文》所引隋《子夏易传》,今本皆无之。岂直非汉世书,并非隋唐之书矣!"吴承仕先生《经典释文序录疏证》指出:"至宋世《崇文总目》

所载《子夏易传》十卷,则为唐末人张弧所伪作,晁以道(按,名说之,字以道,自号景迂)故明言之矣。"至于今传十一卷本《子夏易传》,不但陆德明《经典释文》、李鼎祚《周易集解》所引《子夏传》文无之,即使南宋末王应麟《困学纪闻》所引亦无之。可见今《子夏易传》是继唐末张弧伪本之后的又一种伪本,其流传时期当在南宋以后。据上所述,《易》学史上出现过三种不同的《子夏易传》:一是《隋书·经籍志》所载二卷残本,二是《崇文总目》所载张弧伪作之十卷本,三是今传十一卷本。前二种已佚,后一种尚存。故《四库全书总目》于《子夏易传十一卷提要》云:"说《易》之家,最古者莫若是书;其伪中生伪,至一至再而未已者,亦莫若是书。"又曰:"然则今本又出伪托,不但非子夏书,亦并非张弧书矣。流传既久,姑存以备一家云尔。"按,《隋书·经籍志》所载《子夏易传》,虽已久佚,而清代学者多有辑本,如孙堂辑一卷(见《汉魏二十一家易注》),黄奭辑一卷(见《汉学堂丛书》),张惠言辑一卷(见《易义别录》),马国翰二卷(见《玉函山房辑佚书》),张澍辑一卷(见《二酉堂丛书》),孙冯翼辑、臧庸述一卷(见《问经堂丛书》),此均可参照考览。

【**子克家刚柔接也**】 《蒙》卦九二爻的《小象传》辞。旨在解说九二爻辞"子克家"的象征内涵。意思是:身为儿辈却能治家,说明九二阳刚和六五阴柔互为应合。参见"蒙九二小象传"。

【**马融**】(79—166) 东汉右扶风茂陵(今陕西兴平东北)人。字季长。为人美辞貌,有俊才。受业于儒师挚恂,博通经籍。恂奇马融之才,以女妻之。曾任校书郎、议郎、南郡太守等职。遍注群经。于《周易》,传西汉"费氏学"。才高博洽,为一世通儒。生徒常至千余人,郑玄、卢植均出其门下。又常坐高堂,施绛纱帐,前授生徒,后列女乐。弟子以入门先后递相传授,很少有入其室者。晚年以病去官,延熹九年(166)卒于家,年八十八(见《后汉书·马融传》及《儒林列传》)。

【**马其昶**】(1855—1930) 安徽桐城人。字通白(一作通伯)。以书室名"抱润轩",故晚号抱润翁,学者称抱润先生。少以文名,恪守桐城家法,尝主讲潜川书院三年。清宣统时,任学部主事、京师大学堂教习。辛亥革命后,历任省议员、安徽高等学校校长、参政院参政、清史馆总纂等职。为桐城派末期代表作家,经学、佛学、文学著作甚丰。治《易》本西汉费直"以《十翼》解经"之法。杂采汉、宋以降注《易》之说,间参以己意,纂为《周易费氏学》八卷。

【**马王易义**】 东汉马融、三国魏王肃撰,清臧庸辑。一卷。《问经堂丛书》本。马融曾著《周易章句》十卷,王肃著《周易注》三十卷,均已久佚。臧庸据陆德明《经典释文》、孔颖达《周易正义》、李鼎祚《周易集解》等书所引,辑二家遗说合为一卷,并于诸说多加按语以作简要辨析。柯劭忞指出:"庸受学卢文弨,长于校勘,书中按语,殊多精核。"又云:"融之《易》学为郑先河,肃则康成诤友。庸辑二家之注,合为一书,将以参同甄异,备从事郑学者之研究,亦不可少之书矣。"(《续修四库全书提要》)

【**马融易传**】 东汉马融撰,清黄奭辑。一卷。《汉学堂丛书》本。马融《易》注,陆德明《经典释文序录》载有"十卷",今佚无传。黄氏所辑,以《经典释文》、《周易正义》、《周易集解》三书所引为主。此书又有孙堂辑本,名《马融周易传》,载《汉魏二十一家易注》中,亦作一卷;马国翰辑本,名《周易马氏传》,载《玉函山房辑佚书》中,作三卷。然黄、孙之辑,内容稍详。荀悦《汉纪》尝谓:马融著《易解》,颇生异说。尚秉和先生举马融所云"卦辞作于文王,爻辞作于周公"之说,详证其非,认为"荀悦所谓'异说'者,殆即指此";至于其它可取之说,"虽甚精审,然病其少,无关大义"(《易说评议》)。

【马匹亡绝类上也】《中孚》卦六四爻的《小象传》辞。旨在解说六四爻辞"马匹亡"的象征内涵。意思是：良马亡失匹配，说明六四要割绝其配偶而上承尊者。参见"中孚六四小象传"。

【卫瓘】(220—291) 西晋河东安邑（今山西夏县西北）人。字伯玉。十岁丧父，至孝过人。性贞静，有名理，以明识清允称。初仕魏为廷尉卿，监邓艾、钟会军攻蜀。蜀既平，钟会谋自主，瓘纠集诸将杀会。入晋，咸宁初征拜尚书令。与尚书郎索靖均善草书，时称"一台二妙"。晋武帝以太子（惠帝）不慧，欲废立，瓘赞其事，深为太子妃（贾后）所怨。官至太保。惠帝立，瓘被杀，时年七十二。后追封兰陵郡公，谥曰"成"（见《晋书·卫瓘传》）。治《易》，著有《易义》。张璠集魏晋二十二家《易》说，撰为《周易集解》十二卷，卫瓘亦属被采入诸家之一（见陆德明《经典释文序录》）。

【卫元嵩】 北朝北周蜀郡（今四川成都）人。明阴阳历算，好言将来事。天和中著诗，预言周、隋废兴事，颇有征验。不信释教，曾上疏极论之。仿扬雄《太玄经》，著《元包》一书（见《周书·褚诜传》、《北史·强练传》及《四库全书提要》）。其书今存五卷，列入《四库全书》子部术数类，对后代《易》家之以术数言《易》者较有影响。

四　画

〔一〕

【元】《周易》卦爻辞中的常用语。有两种基本含义：其一，为"元始"、"创始"之意。许慎《说文解字》："元，始也。从一兀声。"李鼎祚《周易集解》、孔颖达《周易正义》于《乾》卦卦辞均引《子夏传》曰："元，始也。"其二，为"大"之意。《尚书·大禹谟》"汝终陟元后"，孔氏传："元，大也。"《坤》六五爻辞"元吉"，《周易正义》："元，大也。以其德能如此，故得大吉也。"

【元包】 北朝北周卫元嵩撰。五卷，附《元包数总义》二卷。唐苏源明传、李江注，宋韦汉卿释音，其《总义》二卷则张行成所补撰。《津逮秘书》本。此书仿扬雄《太玄经》而作。《四库全书》列入"子部术数类"，《提要》云："是书体例近《太玄》，序次则用《归藏》，首坤而继以乾、兑、艮、离、坎、巽、震卦，凡七变，合本卦其成八八六十四。自系以辞，文多诘屈，又好用僻字，难以猝读。及究其传、注、音释，乃别无奥义，以艰深而文浅易，不过效《太玄》之颦。宋绍兴中，临邛张行成以苏、李二氏徒言其理，未知其数，复编采《易》说以通其旨，著为《总义》。元嵩书《唐志》作十卷，今本五卷，其或并、或佚，盖不可考。"又云："今术数家从无用以占卜者，徒以流传既久，姑录存之。行成书，《玉海》作二卷，与今本合，与《元包》本别著录。然考昇子张洸《跋》，已称以行成疏义与临邛韦汉卿释音合为一编。则二书之并，其来已久。"此书对后代《易》家之以术数言《易》者较有影响。

【元吉】《周易》卦爻辞中的常用语。谓"大吉"，犹言"至为吉祥"。《坤》卦六五爻辞"黄裳，元吉"，孔颖达《周易正义》："元，大也。以其德能如此，故得大吉也。"

【元亨】《周易》卦爻辞中的常用语。元，大也；犹言"至为亨通"。如《大有》卦辞"元亨"，孔颖达《周易正义》释为"大得亨通"。

【元士爻】 即"初爻"。《易》卦六爻分居六位，凡为初爻者亦称"元士"（即士民）爻。《周易乾凿度》："初为元士。"《京氏易传》于《复》卦曰："初九元士之世，六四诸侯见应。"

【元亨利贞】 ①《乾》卦的卦辞，意思是：元始，亨通，和谐有利，贞正坚固。此即盛赞《乾》卦所象征的"天"的四种美德，事实上亦是赞美大自然的阳刚之德。参见"乾卦辞"。　②除《乾》卦之外，另有《坤》、《屯》、《临》、《随》、《无妄》、《革》六卦的卦辞中含有"元亨利贞"四德，但于"四德"之外兼有其它文辞，不像《乾》卦只言"四德"而别无它辞；故诸卦"元亨利贞"之义与《乾》卦颇有区别，当就该卦的具体内容加以分析。孔颖达《周易正义》曰："其余卦'四德'之下，则更有余事，以'四德'狭劣，故以余事系之，即《坤》卦之类是也。亦有'四德'之上，即论余事，若《革》卦云'己日乃孚，元亨利贞，悔亡'也，由'乃孚'之后有'元亨利贞'乃得'悔亡'也。"又曰："亦有其卦非善而有'四德'者，以其卦凶，故'四德'乃可也。故《随》卦有'元亨利贞'乃得'无咎'是也。'四德'具者，其卦未必善也。"参见"四德"。

【元包数总义】 南宋张行成撰。二卷。《津逮秘书》本。参见"元包"。

【元者善之长】《乾》卦《文言传》语。释《乾》卦辞"元"字之义。意思是：元始，是众善的尊长。朱熹《周易本义》："元者，生物之始，天地之德莫先于此，莫不嘉美，故于时为春，于人则为仁，而众善之长也。"按，《左传》襄公九年载穆姜云："元者,体之长也。"与《文言传》之语略同,可备参考。

【元亨而天下治】 《蛊》卦的《彖传》语。意为:至为亨通而后必能重见天下大治。这是说明当"拯治蛊乱"之时,只要努力施为、合理拯治,必可化"乱"为"治",以释《蛊》卦辞"元亨"之义。王弼《周易注》:"有为而大亨,非天下治而何也?"程颐《周易程氏传》:"夫治乱者,苟能使尊卑上下之义正,在下者巽顺,在上者能止齐安定之,事皆止于顺,则何蛊之不治也?其道大善而亨也,如此则天下治矣。"

【元吉在上大成也】 《井》卦上六爻的《小象传》辞。旨在解说上六爻辞"元吉"的象征内涵。意思是:上六高居上位而至为吉祥,说明此时井功已经大成。参见"井上六"。

【元亨利贞譬诸谷】 南宋朱熹认为,《易》辞"元亨利贞"四字,可以用稻谷的萌芽、长苗、抽穗、结实这四个阶段来譬喻,是展示事物不断循环地"生生不已"的道理。朱熹指出:"元亨利贞,譬诸谷可见。谷之生,萌芽是元,苗是亨,穟是利,成实是贞。谷之实,又复能生,循环无穷。"(《朱子语类》卷六十八)

【元吉无咎不厚事也】 《益》卦初九爻的《小象传》辞。旨在解说初九爻辞"元吉无咎"的象征内涵。意思是:至为吉祥而无所咎害,说明初九原本不能胜任大事(但此时获益则可以大有作为)。参见"益初九小象传"。

【元吉在上大有庆也】 《履》卦上九爻的《小象传》辞。旨在解说上九爻辞"元吉"之义。意思是:至为吉祥而高居上位,说明上九大有福庆。参见"履上九小象传"。

【云雷屯】 《屯》卦的《大象传》语。意思是:乌云雷声交动,象征"初生"。这是揭明《屯》卦上坎为云、下震为雷之象,谓云在雷上犹如将雨未成,故象征"初生"之际的情状。参见"屯大象传"。

【云上于天】 《需》卦的《大象传》语。意在揭明《需》卦上坎为云(雨)、下乾为天之象,谓云气上集于天、待时降雨,正为"需待"的象征。参见"需大象传"。

【云龙风虎】 语本《乾》卦《文言传》"云从龙,风从虎",为万物气类相感的喻象。李白《胡无人》诗(见《李太白集》):"云龙风虎尽交回,太白入月敌可摧。"谭峭《化书》:"云龙风虎,得神气之道者也。"

【云从龙风从虎】 谓景云随着龙吟而出,谷风随着虎啸而生。后代语言中又省略为"云龙风虎"。语出《乾》卦《文言传》。旨在衍发《乾》九五"飞龙在天,利见大人"的象征意蕴。言此"大人"与万物相感应,众物亦因之互为交感,故广陈诸例以申明之。孔颖达《周易正义》:"龙是水畜,云是水气,故龙吟则景云出,是云从龙也;虎是威猛之兽,风是震动之气,此亦是同类相感,故虎啸则谷风生,是风从虎也。"来知德《周易集注》:"云,水气也,龙兴则云生,故云从龙;风,阴气也,虎啸则风烈,故风从虎。"

【云行雨施品物流形】 《乾》卦的《彖传》语。旨在阐发《乾》卦辞"亨"之义。意思是:夏天云朵飘行,霖雨降落,各类事物流布成形。品,《说文解字》:"众庶也。""品物"即各类事物;流形,谓流布成形。这是指自然界阳气旺盛,万物因雨水的滋润而不断发展变化、壮大成形。此犹夏天的景象,故《易》家以《乾》卦之"亨"德配属"夏"。孔颖达《周易正义》:"'云行雨施,品物流形'者,此二句释'亨'之德也。言《乾》能用天之德使云气流行,雨泽施布,故品类之物流布成形,各得亨通,无所壅蔽,是其'亨'也。"尚秉和先生《周易尚氏学》云:"此释'亨'义,于时配夏","乾施坤受,和而为雨,品物润泽,万物洁齐。"

【云行雨施天下平也】 《乾》卦《文言传》语。旨在赞美《乾》卦六爻如"六龙御天",遂能行云布雨,带来天下太平。孔颖达《周易正义》:"言天下普得其利,而均平不偏陂。"程颐《周易程氏传》:"乘六爻之时以当天运,则天之功用著矣。故见云行雨施,阴阳溥畅,天下和平之道也。"

【开国承家】 《师》卦上六爻辞之语。谓天子封赏功臣为诸侯、为大夫。开国,指功大者封为诸侯;承家,指功小者封为卿、大夫。此言上六居《师》卦之终,时当班师告捷,故有"开国承家"之赏。《后汉书·刘瑜传》:"殆乖开国承家之义。"《三国志·吴志·陆抗传》:"臣闻,开国承家,小人勿用。"参见"师上六"。

【井】 六十四卦之一。列居篇中第四十八卦。由下巽(☴)上坎(☵)组成,卦形作䷯,象征"水井"。陆德明《经典释文》引《周书》,有"黄帝穿井"的传说,据此可以推知,在远古时代就出现了井。孔颖达《周易正义》所谓"养物不穷,莫过乎井",即道出水井对人类生活造福至伟。《井》卦大旨,则是把"井"人格化了,通过展示水井"养人"的种种美德,譬喻"君子"应当修美自身、惠物无穷。卦辞一方面赞扬水井定居不移、不盈不竭、反复施用的特性,描绘出守恒不渝、大公无私的"君子"形象;另一方面告诫汲水者,当水将出井口时,若倾覆水瓶将有凶险,这又生动地暗示修德惠人者要善始善终,不可功败垂成。卦中六爻,从阴阳情状看,阳像井水,阴像井体,《周易折中》引邱富国云:"先儒以三阳为泉,三阴为井,阳实阴虚之象也。"若就诸爻所喻之"井德"看,则初、四两阴言井体有弊当修,或戒"井泥"必见弃于人,或曰井坏宜速治免咎;二、三两阳谓井水可汲当汲,或惜无人汲引将被枉作"射鱼"之用,或勉明者汲取必获井养之福;九五、上六一阳一阴,前者水洁味甘而人所共饮,后者井功大成而施用无穷。总观全卦的喻旨,无非强调"修身"与"养人"两端,其中九五以"井洌寒泉"为象,最见"井德"佳美。《艺文类聚》引后汉李尤《井铭》曰:"井之所尚,寒泉洌清。法律取象,不概自平。多取不损,少汲不盈。执宪若

斯,何有邪倾?"此《铭》把"寒泉"视为清廉公允的象征,称颂井水"不损"、"不盈"的品质,寄托了作者对政治清明的殷殷期望之情,这些均可看出作品的立意受到《井》卦义理的深刻影响。

【井养】 井水给养于人,无有穷尽,喻施泽惠人的美德。语本《井》卦《彖传》"井养而不穷"。孔颖达《周易正义》:"叹美井德,愈汲愈生,给养于人,无有穷已也。"《艺文类聚》引梁元帝《答刘缩求述制旨义书》:"叩而必应,已谢悬钟;汲而无竭,复乖井养。"

【井九二】 《井》卦九二爻。以阳爻居卦第二位。爻辞曰:"井谷射鲋,瓮敝漏。"意思是:井中容水的穴窍被枉作为射取小鱼之用,此时瓶瓮破败破漏无物汲水。井谷,《周易折中》:"井中出水之穴窍也",王引之《经义述闻》:"谷,犹'壑'也","井中容水之处也",与《折中》说同;鲋,音付 fù,谓"小鱼",《太平御览》"鳞介"部引王肃曰"鲋,小鱼也",《经义述闻》据《吕氏春秋》、《淮南子》、《说苑》等资料谓"古有射鱼之法","射鲋"犹言"射鱼";瓮,指古代汲水器。这是说明九二居《井》下卦中位,虽禀"刚中"之德,但失位无应,未能施用于上,犹如井中穴窍容有清水却未见汲,而被枉作为"射鲋"之用;又如汲水者瓶瓮敝漏,无法汲引取用。《周易折中》:"井能出水,则非泥井也。而其功仅足以'射鲋'者,上无汲引之人,如瓶瓮之'敝漏'然,则不能自济于人用也决矣。"按,《井》九二爻辞,两句各取一象:前句"射鲋",喻材非所用;后句"瓮敝漏",喻无人汲引。马振彪先生《周易学说》引李士鉁曰:"瓮敝而水下漏,汲与不汲同;此犹人君用贤,见不能举,举不能先也。"

【井九三】 《井》卦九三爻。以阳爻居卦第三位。爻辞曰:"井渫不食,为我心恻;可用汲,王明并受其福。"意思是:井水掏治洁净却不被汲食,使我心中隐隐凄恻;应该赶快汲取这清澈的井水,君王圣

明君臣将共受福泽。渫,音屑xiè,谓掏去污泥使水洁净;为,王弼《周易注》:"犹'使'也。"这是说明九三居《井》下卦之上,阳刚得正,而下无阴爻可据,犹如井水掏治洁净却未被汲食,故发"心恻"之叹;但九三与上卦的上六相应,又如井水终将有"可汲"之时,而"君王"也将因汲用之明,使君臣并受福泽,故曰"可用汲,王明并受其福"。李鼎祚《周易集解》引荀爽曰:"渫,去秽浊,清洁之意。三者得正,故曰'井渫';不得据阴,喻不得用,故'不食';道既不行,故'我心恻'。"孔颖达《周易正义》:"有应于上,是'可汲'也。井之可汲,犹人可用,若不遇明王,则滞其才用;若遭遇贤主,则申其行能,贤主既嘉其行,又钦其用,故曰'可用汲,王明并受其福'也。"按,《井》九三爻辞以充满希冀的情调,展示出井水已清,应当及时汲用的心境;其意是期盼"尊者"能够"思贤若渴"、"举贤授能"。司马迁为屈原作传,感于楚君弃逐贤臣终至国败身亡的史实,乃借此爻辞发论云:"怀王以不知忠臣之分,故内惑于郑袖,外欺于张仪,疏屈平而信上官大夫、令尹子兰。兵挫地削,亡其六郡,身客死于秦,为天下笑:此不知人之祸也。《易》曰:'井渫不食,为我心恻;可用汲,王明并受其福。'王之不明,岂足福哉!"(《史记·屈原贾生列传》)

【井九五】《井》卦九五爻。以阳爻居卦第五位。爻辞曰:"井洌,寒泉食"。意思是:井水清澈,洁净的寒泉可供汲食。洌,音列liè,许慎《说文解字》:"水清也。"此言九五居《井》卦尊位,阳刚中正,亲比上六,犹如"寒泉"般的清澈井水,可以汲上供人食用。李鼎祚《周易集解》引崔憬曰:"洌,清洁也。居中得正,而比于上,则是井渫水清,既寒且洁,汲上可食于人者也。"按,九五为"井德"至美的象征,犹如"贤君"高居尊位,"养人"无穷。杨万里认为,此爻"甘洁清寒"之水,可供"天下之人酌而饮之,若渴者之于井也";但他又从反面揭出该爻所隐含的鉴戒意义:"泉而不洌不寒,君而不中不正,人有吐井泥、羞污君而去之耳。故傅说非其后不食,伯夷非其君不事;君天下者可不惧哉!"(《诚斋易传》)

【井上六】《井》卦上六爻。以阴爻居卦最上之位。爻辞曰:"井收,勿幕;有孚,元吉。"意思是:水井的功事已成,不用覆盖井口;此时心怀诚信,至为吉祥。收,成也,孔颖达《周易正义》:"凡物可收成者,则谓之收,如五谷之有收也";幕,李鼎祚《周易集解》引虞翻曰:"盖也";孚,信也。这是说明上六居《井》卦之终,阴柔在上,下应九三,犹如井水已汲出井外,为井功大成之象;此时不可覆盖井口,而应当心怀诚信,广施"井养"之德,必获"元吉"。王弼《周易注》:"处《井》上极,水已出井;井功大成,在此爻矣,故曰'井收'也。群下仰之以济,渊泉由之以通者也。幕,犹覆也。不擅其有,不私其利,则物归之,往无穷矣,故曰'勿幕,有孚,元吉'也。"

【井六四】《井》卦六四爻。以阴爻居卦第四位。爻辞曰:"井甃,无咎"。意思是:水井正在修治,必无咎害。甃,音绉zhòu,谓以砖修井,孔颖达《周易正义》:"《子夏传》曰'甃,亦治也',以砖垒井,修井之坏,谓之为甃。"这是说明六四居《井》上卦之始,柔正得位,但下无所应,故当静守修德,不可急于进取;犹如井坏能修,则可"无咎"。王弼《周易注》:"得位而无应,自守而不能给上,可以修井之坏,补过而已。"按,《井》六四爻旨,主于修德补过。黄道周《易象正》申其义曰:"先王之法,一敝不修,必以所养人者害人。"

【井初六】《井》卦初六爻。以阴爻处卦下初位。爻辞曰:"井泥不食,旧井无禽。"意思是:井底污泥沉滞而井水不可用,此井经久未得修治连禽鸟也不屑一顾。旧,通"久"。这是说明初六处《井》卦初位,阴柔卑下,上无应援,正如井底沉滞污泥,其水淤浊而不可汲食;又如此井经久未修,濒临毁弃,故"禽"亦不屑一顾。王弼《周易注》:"最在井底,上又无应,沉滞淬秽,故曰'井泥不食'也。井泥而不可食,则是久井不见渫治者也;久井不见渫治,禽所不向,而况人乎?一时所共弃舍也。"按,《井》初六当"井养"之时,柔暗卑下,不能施用于物,故有"井泥"、"无禽"等象。蔡清《易经蒙引》曰:"井以阳刚为泉,而初六则阴柔也,故为'井泥',为'旧井';井以上出为功,而初六则居下,故为'不食',为'无禽'。"又按,李鼎祚《周易集解》引崔憬曰:"禽,古'擒'字;'禽'犹'获'也。"尚秉和先生《周易尚氏学》亦云:"禽,获也。无水故无所得。"可备一说。

【井卦辞】《井》卦的卦辞。其文曰:"井,改邑不改井,无丧无得,往来井井;汔至亦未繘井,羸其瓶,凶。"意思是:《井》卦象征水井,城邑村庄可以改移而水井从不迁徙,每日汲取未见枯竭而泉流注入也不满盈,往者来者都反复不断地依井为用;汲水时水瓶将升到井口尚未出井,此刻若使水瓶倾覆毁败,必有凶险。井,卦名,象征"水井";改,迁移;邑,泛指"邑里";往来,犹言"往者来者";井井,朱熹《周易本义》谓"井其井",即反复不断地以井为用;汔,音气 qì,谓"接近";繘,音橘 jú,通"鹬",意犹"出";羸,王弼《周易注》以"覆"释之,程颐《周易程氏传》谓"毁败",犹言"倾覆"。卦辞全文先借"井"的特性比拟"君子"的美德,即以"邑"可迁而"井"不可徙喻井德"不变",以井水汲之不竭而注之不盈喻井德"有常",以水井供人反复汲引喻井德"养物无穷",故总赞之曰"改邑不改井,无丧无得,往来井井";然后进一步揭明"汲水"之道,谓水将出井之际若倾覆水瓶,则无所获而有凶,比喻人的"德行"若不能善始善终必将导致凶咎,故又诫曰"汔至亦未繘井,羸其瓶,凶。"王弼《周易注》释"改邑不改井"云:"井以不变为德也,"又释"无丧无得"云:"德有常也,"又释"往来井井"云:"不渝变也,"又释"汔至

亦未繘井"云:"已来至而未出井也。"又释"羸其瓶,凶"云:"井道以已出为功也。几至而覆,与未汲同也。"孔颖达《周易正义》:"井者,物象之名也。古者穿地取水,以瓶引汲,谓之为'井'。此卦明君子修德养民,有常不变,始终无改,养物无穷,莫过乎井。故以修德之卦取譬,名之'井'焉。"又曰:"'改邑不改井'者","此明井体有常,邑虽迁移,而井体无改,故云'改邑不改井'也。'无丧无得'者,此明井用有常德,终日引汲未尝言损,终日泉注未尝言益,故曰'无丧无得'也。"又曰:"计覆一瓶之水,何足言凶? 但取喻人德行不恒,不能善始令终,故就人言之,'凶'也。"程颐《周易程氏传》:"井之为物,常而不可改。邑可改而之他,井不可迁也,故曰'改邑不改井'。汲之而不竭,存之而不盈,'无丧无得'也。至者皆得其用,'往来井井'也。无丧无得,其德也常;往来井井,其用也周。常也,周也,井之道也。"按,卦辞"未繘井",王弼《周易注》曰"未出井",则训"繘"为"出"。王引之《经义述闻》引王念孙云:《注》内'出'字正释'繘'字,《广雅》曰:'鹬,出也。''鹬'与'繘'通。"此可纠正孔颖达《周易正义》释"繘"为"绠"之说,似当从之。又按,《井》卦辞以"井"喻人,先言"水井"的各种德性功用,再言"汲水"之道,层次颇为分明。《周易折中》引邱富国曰:"'改邑不改井',井之体也;'无丧无得',井之德也;'往来井井',井之用也:此三句言井之事。'汔至亦未繘井',未及于用也;'羸其瓶',失其用也:此二句言汲井之事。"

【井彖传】《井》卦的《彖传》。旨在解说《井》卦的卦名、卦辞之义。其文为:"《彖》曰:巽乎水而上水,井,井养而不穷。改邑不改井,乃以刚中也;汔至亦未繘井,未有功也;羸其瓶,是以凶也。"意思是:"《彖传》说:顺沿水的渗性而往地下开孔引水使上,便是水井;水井养人的功德无穷无尽。城邑村庄可以改移而水井不可

71

迁徙,就像君子恒守阳刚居中的美德;汲水时水瓶将升到井口尚未出井,说明此时未曾实现井水养人的功用;此刻要是使水瓶倾覆毁败,那就必然要导致凶险。"全文可分两节理解。第一节,自"巽乎水而上水"至"井养而不穷"三句,举《井》卦下巽为逊顺、上坎为水之象,谓顺水之性引水而上即为井,并赞井有"养人"无穷之德,以释卦名"井"之义。第二节,自"改邑不改井"至"是以凶也"六句,谓《井》卦九二、九五两爻阳刚居中犹如"井"德有常不渝,又谓"井水"未汲出之时则"井功"难成,又谓汲水未出之际若倾覆水瓶必有危害"井德"之凶,以分别解说《井》卦辞"改邑不改井"、"汔至亦未繘井"、"羸其瓶"之义。按,《周易折中》引晁说之曰:"或谓《象》主三阳言:五'寒泉食',是阳刚居中,邑可改而井不可改也;三'井渫不食',是未有功也;二'瓮敝漏'是'羸其瓶'而凶者也。"这是认为《象传》侧重阐述九五、九三、九二这三阳爻的意义,可备一说。

【井大象传】《井》卦的《大象传》。其辞曰:"木上有水,井;君子以劳民劝相。"意思是:树木上端有水渗出,象征"水井";君子因此努力为庶民操劳而劝勉百姓互相资助。劳,劳瘁,"劳民"犹言"为民操劳";相,助也,"劝相"犹言"劝民互助"。这是先揭明《井》卦下巽为木、上坎为水之象,谓树木体内有水份津润而由根茎向上运行,犹如井水被汲上养人,正为"井"的象征;然后推阐出"君子"观此象,须悟知应当"劳民劝相"而广益于人,以效法"井养不穷"之德的道理。孔颖达《周易正义》:"劳,谓劳瘁;相,犹助也。井之为义,汲养而不穷;君子以劳瘁之恩,勤恤民隐,劝相百姓,使有功成,则此养而不穷也。"朱熹《周易本义》:"木上有水,津润上行,井之象也。劳民者,以君养民;劝相者,使民相养,皆取'井养'之义。"按,朱熹又指出:"草木之生,津润皆上行,直至树末,便是'木上有水'义也。虽至小之物亦然。

如菖蒲叶,每晨叶尾皆有水如珠颗,虽藏之密室亦然。非露水也。"又曰:"木上有水,便如水本在井底,却能汲上来给人之食,故取象如此。"(《朱子语类》)此说可以补足上引《周易本义》释象之语。又按,对"木上有水"之象的理解,旧注颇有歧义。兹举两例以备参考。一、李鼎祚《周易集解》引郑玄注,谓"木上有水"乃取"桔槔"(音洁高 jié gāo,亦称"吊杆",古人以横木支于木柱上,一端挂汲水器,另一端系重物,通过"杠杆"原理上下运动以汲水)之象,指出:"坎,水也;巽,木,桔槔也","桔槔引瓶,下入泉口汲水而出,井之象也。"二、朱骏声《六十四卦经解》认为:"井之为物,有木底以隔泥,使清泉上出木上,故'木上有水'。"

【井以辨义】谓《井》卦的道理可以用于指导人广养万物而辨明道义。语出《系辞下传》。为"三陈九卦"中的三陈第八卦《井》卦之义。辩,通"辨",阮元《周易校勘记》:"毛本作'辨'。"这是说明此卦之用,在于普施"井养"之德,辨明道义所在,即前文"初陈"所云"德之地"之旨。韩康伯《系辞注》:"施而无私,义之方也。"陆九渊曰:"君子之义,在于济物;于井之养人,可以明君子之义。"(《陆九渊集·语录上》)参见"三陈九卦"。

【井谷射鲋】《井》卦九二爻辞之语。意思是:井中容水的穴窍被枉作为射取小鱼之用。井谷,谓井中出水之处;鲋,音付fù,小鱼;"射鲋"犹言"射鱼"。这是说明九二居《井》下卦中位,虽禀"刚中"之德,但失位无应,未能施用于上,犹如井中穴窍容有清水却未见汲,而被枉作"射鲋"之用,故曰"井谷射鲋"。参见"井九二"。

【井收勿幕】《井》卦上六爻辞之语。意思是:水井的功事已成,不用覆盖井口。收,成也;幕,谓覆盖。此言上六居《井》卦之终,阴柔在上,下应九三,犹如井水已汲出井外,为井功大成之象;此时不可覆盖井口,而应当尽其功用,广施"井养"之德,故曰"井收,勿幕"。参见"井上六"。

【井泥不食】《井》卦初六爻辞之语。意思是:井底污泥沉滞而井水不可食用。此言初六处《井》卦初位,阴柔卑下,上无应援,正如井底沉滞污泥,其水淤浊而不可汲食,故曰"井泥不食"。参见"井初六"。

【井甃无咎】《井》卦六四爻辞。意思是:水井正在修治,必无咎害。甃,音绉zhòu,谓以砖修井,此言六四居《井》上卦之始,柔正得位,但下无所应,务当静守修德,不可急于进取,犹如井坏而能及时修治,则可免咎,故曰"井甃,无咎"。参见"井六四"。

【井受之以革】《周易》六十四卦,以象征"水井"的《井》卦列居第四十八卦;而水井历久必有浊秽之物壅塞,不能不加以变革整治,所以接《井》之后是象征"变革"的第四十九卦《革》卦。此称"《井》受之以《革》"。语本《序卦传》:"井道不可不革,故受之以《革》。"韩康伯《序卦注》:"井久则浊秽,宜革易其故。"

【井养而不穷】《井》卦的《象传》语。意为:水井养人的功德无穷无尽。这是赞美《井》卦所揭示的"井养"之德,以释卦名"井"之义。孔颖达《周易正义》:"叹美井德愈汲愈生,给养于人无有穷已也。"

【井洌寒泉食】《井》卦九五爻辞。意思是:井水清澈,洁净的寒泉可供汲食。洌,音列 liè,形容水清洁干净。此言九五居《井》卦尊位,阳刚中正,亲比上六,犹如"寒泉"般的清澈井水,可以汲上供人食用,故曰"井洌,寒泉食"。参见"井九五"。

【井德之地也】谓《井》卦象征井养不穷,是居守道德的处所。语出《系辞下传》。为"三陈九卦"中初陈第八卦《井》卦之义。说明人能遵循"井养"之道,则为居守美德之所。李鼎祚《周易集解》引姚信曰:"井养而不穷,德居地也。"参见"三陈九卦"。

【井九二小象传】《井》卦九二爻的《小象传》。其辞曰:"井谷射鲋,无与也。"意思是:井中容水的穴窍被枉作为射取小鱼之用,说明九二无人应与援引。这是解说《井》九二爻辞"井谷射鲋"的象征内涵。无与,犹言"无应"。程颐《周易程氏传》:"井以上出为功。二,阳刚之才,本可济用,以在下而上无应援,是以下比而射鲋。若上有与之者,则当汲引而上,成井之功矣。"按,程颐谓"下比而射鲋",即承孔颖达《周易正义》言九二"上无其应,反下比初"之说,可备参考。

【井九三小象传】《井》卦九三爻的《小象传》。其辞曰:"井渫不食,行恻也;求王明,受福也。"意思是:井水掏治洁净却不被汲食,说明九三的行为未被理解真令人凄恻;希望君王圣明,是为了君臣共受福泽。这是解说《井》九三爻辞"井渫不食"、"王明并受其福"的象征内涵。行恻,王弼《周易注》:"行感于诚,故曰'恻'也";求,谓盼求,犹言"希望"。程颐《周易程氏传》:"井渫治而不见食,乃人有才知而不见用,以不得行为忧恻也。既以不得行为恻,则岂免有求也?故求王明而受福,志切于行也。"按,程颐释"行恻"为"以不得行为忧恻",义亦可通。

【井九五小象传】《井》卦九五爻的《小象传》。其辞曰:"寒泉之食,中正也。"意思是:洁净的寒泉可供汲食,说明九五具有阳刚中正的美德。这是解说《井》九五爻辞"寒泉食"的象征内涵。程颐《周易程氏传》:"寒泉而可食,井道之至善者也。九五中正之德,为至善之义。"

【井上六小象传】《井》卦上六爻的《小象传》。其辞曰:"元吉在上,大成也。"意思是:上六高居上位而至为吉祥,说明此时井功已经大成。这是解说《井》上六爻辞"元吉"的象征内涵。孔颖达《周易正义》:"上六所以能获'元吉'者,只为居《井》之上,井功大成者也。"

【井六四小象传】《井》卦六四爻的《小象传》。其辞曰:"井甃无咎,修井也。"意思是:水井予以修治必无咎害,说明六四但可修井而不可急切施养于人。这是解说《井》六四爻辞"井甃无咎"的象征内涵。孔颖达《周易正义》:"但可修井之坏,未可上给养人也。"

【井居其所而迁】 谓《井》卦教人居得安适的处所而能广为迁施惠泽。语出《系辞下传》。为"三陈九卦"中的再陈第八卦《井》卦之义。迁,指施其泽而利惠于人。说明此卦主于效法"井养"之德,故能居其所而迁润泽。孔颖达《周易正义》:"言《井》卦居得其所,恒住不移,而能迁其润泽,施惠于外也。"参见"三陈九卦"。

【井泥不食下也】 《井》卦初六爻的《小象传》语。旨在解说初六爻辞"井泥不食"的象征内涵。意思是:井底污泥沉滞而井水不可食用,说明初六柔暗卑下。参见"井初六小象传"。

【井初六小象传】 《井》卦初六爻的《小象传》。其辞曰:"井泥不食,下也;旧井无禽,时舍也。"意思是:井底污泥沉滞而井水不可食用,说明初六柔暗卑下;此井经久未得修治连禽鸟也不屑一顾,说明初六此时被外物所共同舍弃。这是解说《井》初六爻辞"井泥不食,旧井无禽"的象征内涵。孔颖达《周易正义》:"《象》曰'下也'者,以其最在井下,故为'井泥'也;'时舍也'者,人既非食,禽又不向,即是一时共弃舍也。"

【井谷射鲋无与也】 《井》卦九二爻的《小象传》辞。旨在解说九二爻辞"井谷射鲋"的象征内涵。意思是:井中容水的穴窍被枉作射取小鱼之用,说明九二无人应与援引。参见"井九二小象传"。

【井通而困相遇也】 《杂卦传》语。说明《井》卦象征"水井",含有滋养广通之义;而《困》卦象征"困穷",寓有前途被挡之义,两卦旨趣正相对照。遇,犹言"抵挡"。韩康伯《杂卦注》:"井,物所通用而不吝。"项安世《周易玩辞》:"遇,为相抵而不通之象。"

【井渫不食行恻也】 《井》卦九三爻的

《小象传》语。旨在解说九三爻辞"井渫不食"的象征内涵。意思是:井水掏治洁净却不被汲食,说明九三的行为未被理解真令人凄恻。参见"井九三小象传"。

【井甃无咎修井也】 《井》卦六四爻的《小象传》辞。旨在解说六四爻辞"井甃无咎"的象征内涵。意思是:水井予以修治必无咎害,说明六四但可修井而不可急切施养于人。参见"井六四小象传"。

【井渫不食为我心恻】 《井》卦九三爻辞之语。意思是:井水掏治洁净却不被汲食,使我心中隐隐凄恻。渫,音屑 xiè,谓掏去污泥使水洁净;为,犹"使"。这是说明九三居《井》下卦之上,阳刚得正,而下无阴爻可据,犹如井水掏治洁净却未被汲食,遂发"心恻"之叹,故曰"井渫不食,为我心恻"。参见"井九三"。

【无妄】 六十四卦之一。列居篇中第二十五卦。由下震(☳)上乾(☰)组成,卦形作"䷘",卦名为《无妄》,象征"不妄为"。《无妄》卦的大义,主于处事不妄为。卦辞从正反两方面揭示其旨:先称万物"无妄"之时必然至为亨通,利于守正;再戒违背正道者此时将遭祸患,动辄失利。六爻情状,皆呈"不妄为"之象,但吉凶利咎却各不相同:初九起步不妄,往无不吉;六二不贪不妄,安顺获利;六三无所妄为,却飞来横灾;九四以刚守谦,不妄则无害;九五无妄得疾,勿药自愈;上九不妄自守,欲行却有祸。人们要问:既然六爻未尝有一爻"妄为",为何利弊如此悬殊呢?胡炳文曰:"善学《易》者在识'时'。初曰吉,二曰利,时也;三曰灾,五曰疾,上曰眚,非有妄以致之也,亦时也,初与二者可往,时当动而动;四可贞,五勿药,上行有眚,时当静而静。"(《周易本义通释》)可见,《无妄》卦认为:若欲长保"无妄",避害就利,凡事动静行止,不能不审时度势。当然,"识时"必须建立在"守正"的基础上;一旦"失正",则无利可言;此即卦辞所明"匪正有眚"之义。朱熹指出:"《无妄》一卦,虽云祸福之来也无常,然自家所守者,不可不利于'正'。"(《朱子语类》)至于"正"的概念,就古代伦理思想的范畴领会,莫过于遵循"礼"教。孔子曰"非礼勿视,非礼勿听,非礼勿言,非礼勿动"(《论语·颜渊》),实与《无妄》卦旨颇可相通。

【无咎】 《周易》卦爻辞中的常用语。犹言"免遭咎害"。"咎"字,《尔雅·释诂》谓"病也",《说文》"灾也,从人各,'各'者相违也",《广雅·释诂三》"恶也",《诗经·小雅·伐木》"微我有咎"《毛传》"咎,过也",《诗经·小雅·北山》"或惨惨畏咎"《郑笺》"咎,犹罪过也",又《广韵》"咎,愆也,过也"。据此诸说,《易》中"咎"字含有"灾病"、"罪过"、"咎害"之义。《系辞上传》云:"无咎者,善补过也。"即谓弥补过失、免遭咎害。李鼎祚《周易集解》于《乾》卦九三"无咎"下引干宝曰:"凡'无咎'者,忧中之喜,善补过者也。"

【无不利】 《周易》卦爻辞中的常用语。意为"无所不利",是对卦象、爻象吉美的赞词。如《屯》卦六四爻辞"往吉,无不利",程颐《周易程氏传》云:"济'屯'之时,则吉而无所不利也。"

【无交害】 《大有》卦初九爻辞之语。意为:不交往不惹害。害,承前文省一"无"字,即"无害"。此言初九处"大有"之始,以阳居下,与上卦的九四无应,有获物丰多却不与人交往之象,故"无交"亦"无害"。参见"大有初九"。

【无攸利】 《周易》卦爻辞中的常用语。谓无所利益。攸,语助词,犹"所"。《蒙》卦六三爻辞"勿用取女,见金夫,不有躬,无攸利",孔颖达《周易正义》云:"为女不能自保其躬,固守贞信,乃'非礼而动';行既不顺,若欲取之,无所利益。"

【无初有终】 ①《睽》卦六三爻辞之语。意为:起初乖睽而终将欢合。此言六三处《睽》下卦之终,与上九阴阳正应却睽违难合,且因睽极而处境艰难,并产生种种恐惧、疑虑;但由于笃情专恋上九,初始之艰难、疑惧必将消释,终能与上九欢合,故曰"无初有终"。参见"睽六三"。②《巽》卦九五爻辞之语。意思是:申谕命令起初不甚顺利而最终必能畅行。这是说明九五当"巽"之时,阳刚中正,为处"顺从"之世而"申命行事"的君主之象;此时九五居尊位而欲行政令,以其刚直,起初必难服众,但最终则能以正胜邪,开创上下顺从的局面,其令乃得畅行,故曰"无初有终"。参见"巽九五"。

【无妄之灾】 《无妄》卦六三爻辞之语。意为:不妄为却遭致的灾殃。这是说明六三当"无妄"之时,居下卦之终,阴柔失正而躁动,虽不妄为,也可能引来无故灾殃,故曰"无妄之灾"。参见"无妄六三"。

【无妄九四】 《无妄》卦九四爻。以阳爻居卦第四位。爻辞曰:"可贞,无咎。"意思是:能够守持正固,必无咎害。此言九四当"无妄"之时,居"近君"危地,处位不正,下无应与,本有咎害;但阳处阴位,比近九五,犹如能谦谨奉君、守正不妄,遂获"无咎"。王弼《周易注》:"处'无妄'之时,以阳居阴,以刚乘柔,履于谦顺,比近至尊,故可以任正,固有所守,而无咎也。"按,《无妄》九四失正"可贞",位危"无咎",在于刚而能柔,守谦不妄为。若欲长保无害,则必须始终如一地守持这种品质。此即九四《小象传》所云"固有之"之义。

【无妄九五】 《无妄》卦九五爻。以阳爻居卦第五位。爻辞曰:"无妄之疾,勿药有喜。"意思是:不妄为却偶染的疾病,无须用药将有自愈的欣喜。这是借小病不治自愈作譬喻,说明九五当"无妄"之时,阳刚中正,居尊善治,其下均不敢妄为;纵使偶逢小灾亦非生于"妄",故可不治以听其自消。孔颖达《周易正义》:"九五居得尊位,为无妄之主,下皆无妄而偶然有此疾害,故云'无妄之疾'。"又曰:"若疾自己招,或寒暑饮食所致,当须治疗;若其自然之疾,非己所致,疾当自损,勿须药疗而有喜也。"按《无妄》六三言"无妄之灾",九五言"无妄之疾"。"灾"重、"疾"微,由于六三失正居下,而九五中正居尊,故彼忧此喜。《周易折中》云:"此爻之疾,与六三之灾同;然此曰'有喜'者,刚中正而居尊位,德位固不同也。"

【无妄上九】 《无妄》卦上九爻。以阳爻居卦最上之位。爻辞曰:"无妄,行有眚,无攸利。"意思是:虽然不妄为,但时穷而行必有祸患,无所利益。眚,犹言祸患。这是说明上九当"无妄"之时,高居卦极,时穷难行,动辄遭灾,故爻辞戒之曰:虽不妄为,也不可以"行",行必"有眚"而"无攸利"。王弼《周易注》:"处不可妄之极,唯宜静保其身而已,故不可以行也。"按,《无妄》上九处物极必反之位,天下"无妄"将转为"有妄";当此之时,独以一己"无妄"行于天下"有妄",必穷塞不可通。因此,上九"行有眚,无攸利",实属"时"不利所致。朱熹《周易本义》云:"上九非有妄也,但以其穷极而不可行耳。"又按,李鼎祚《周易集解》引虞翻注,认为《无妄》上九"乘刚逆命",失正而行,故"无攸利";意谓卦辞"其匪正有眚,不利有攸往"即指此爻。可备一说。

【无妄六二】 《无妄》卦六二爻。以阴爻居卦第二位。爻辞曰:"不耕获,不菑畲,则利有攸往。"意思是:不事耕耘而不图收获,不务开垦而不谋良田,这样就利于有所前往。菑,音兹 zī,《尔雅·释地》:"田一岁曰'菑'",指初垦的瘠田,此处用如动词,犹言"开垦";畲,音余 yú,《尔雅·释地》"三岁曰'畲'",指耕作多年的良田。爻辞所言"不耕"、"不菑"均为诫语,意犹"不妄耕"、"不妄菑"。这是说明六二当"无妄"之时,柔正居中,上应九五,不敢妄为而安守"臣道",故以不妄耕以求"获"、不妄垦以求"畲"为喻,谓如此则"利有攸往"。朱熹《周易本义》:"柔顺中正,因时顺理而无私意期望之心,故有'不耕获,不菑畲'之象。言其无所为于前,无所冀于后也。占者如是,则利有所往也。"按《无

妄》卦辞指出,"无妄"之时"匪正有眚,不利有攸往"。六二能安顺守正,不妄不贪,故获上应而"利有攸往"。

【无妄六三】 《无妄》卦六三爻。以阴爻居卦第三位。爻辞曰:"无妄之灾,或系之牛,行人之得,邑人之灾。"意思是:不妄为却遭致的灾殃,就像有人系拴着一头耕牛,路人牵走攫为己有,邑中人家却遭受诘捕的飞灾。这是说明六三当"无妄"之时,居下卦之终,阴柔失正而躁动,虽不妄为,也可能引来无故灾殃,故以路人顺手牵牛,邑人横遭飞祸为譬喻,揭示"无妄之灾"的情状。朱熹《周易本义》:"无故而有灾,如行人牵牛以去,而居者反遭诘捕之扰也。"按,《杂卦传》曰:"《无妄》,灾也",正是因《无妄》六三爻义而发。《关氏易传》释此爻之旨曰:"运数适然,非己妄致,乃'无妄之灾'。"

【无妄初九】 《无妄》卦初九爻。以阳爻处卦下初位。爻辞曰:"无妄,往吉。"意思是:不妄为,努力往前必获吉祥。此言初九以阳居"无妄"之初,处阴柔之下,有谦恭不妄为之象,故"往"必获"吉"。王弼《周易注》:"体刚处下,以贵下贱,行不犯妄,故往得其志。"按,处事开初,便以谦下为本,不敢妄为,这是初九"往吉"的重要因素。《周易折中》引何楷曰:"此爻足蔽《无妄》全卦。震阳初动,诚一未分,是之谓'无妄'。以此而往,动与天合,何不吉之有?"

【无妄往吉】 《无妄》卦初九爻辞。意思是:不妄为,努力往前必获吉祥。此言初九以阳居"无妄"之初,处阴柔之下,有谦恭不妄为之象,故"往"必获"吉"。参见"无妄初九"。

【无妄卦辞】 《无妄》卦的卦辞。其文曰:"无妄,元亨,利贞;其匪正有眚,不利有攸往。"意思是:《无妄》卦象征不妄为,至为亨通,利于守持正固;背离正道必有祸患,不利于有所前往。无妄,卦名,《序卦传》释为"不妄",王弼《周易注》谓"不可

以妄"，犹言"不妄为"；匪，通"非"；眚，谓祸患。这是从正反两方面揭示《无妄》卦的义旨：先言物皆"不妄为"之时，至为亨通、利于守正，故曰"元亨，利贞"；然后从反面设诫，说明当"无妄"之时，不行正道者必有祸患，不利于有所往，故曰"其匪正有眚，不利于有攸往"。孔颖达《周易正义》："物皆无敢诈为虚妄，俱行实理，所以大得亨通，利于贞正。"又曰："物皆无妄，当以正道行之；若其匪依正道，则有眚灾，不利有所往也。"按，陆德明《经典释文》引马融、郑玄、王肃说，谓"妄"犹"望"，"无妄"即"无所希望"。尚秉和先生《周易尚氏学》以为"此训最古"，并谓焦赣、京房、王充皆以《无妄》为"大旱之卦"，指"年收失望"。此说可备参考。又按，"无希望"犹言"不敢奢望"；《周易折中》引邱富国曰"惟其'无妄'，所以'无望'也"，谓"不妄为"者必"不存奢望"，认为"无望"是"无妄"之义的引申。其说宜有可取。

【无妄象传】《无妄》卦的《象传》。旨在解说《无妄》卦的卦名、卦辞之义。其文为："《象》曰：无妄，刚自外来而为主于内，动而健，刚中而应；大亨以正，天之命也。其匪正有眚，不利有攸往，无妄之往，何之矣？天命不祐，行矣哉！"意思是："《象传》说：不妄为，譬如阳刚者从外部前来而成为内部的主宰，威势震动而又禀性刚强，刚正居中而又应合于下；如此大为亨通而万物守持正固，这是天的教命所致。背离正道者必有祸患，不利于有所前往，说明要是在万物不妄为的时候背离正道而前往，哪里有路可走呢？天的教命不给予祐助，怎敢这样妄行啊！"全文可分三节理解。第一节，自"无妄"至"刚中而应"四句，举《无妄》下卦震为动、上卦乾为健及九五爻刚中而下应六二之象，说明阳刚之卦（震）自外来内为主，内外二体既能震动又秉刚健，刚中居尊者更应和下者，故物皆不敢妄为，以释卦名"无妄"之义。第二节，"大亨以正，天之命也"二句，谓"无妄"

之时可致亨通、必须守正，是"天"的教命不可违抗，以释《无妄》卦辞"元亨，利贞"之义。第三节，自"其匪正有眚"至"行矣哉"六句，谓"无妄"之时，违背正道者不获"天祐"，故不得妄行，以释《无妄》卦辞"其匪正有眚，不利有攸往"之义。

【无德之卦】《乾》卦卦辞有"元，亨，利，贞"之语，《文言传》谓之"四德"；孔颖达认为，六十四卦的卦辞中有未曾言及"四德"中的任何一德者，共十一卦，称为"无德之卦"。《文言传》："君子行此四德者，故曰'乾，元，亨，利，贞'。"孔氏《周易正义》云："亦有全无德者，若《豫》、《观》、《剥》、《晋》、《蹇》、《解》、《夬》、《姤》、《井》、《艮》、《归妹》凡十一卦也。大略唯有凶卦无德者，若《剥》、《蹇》、《夬》、《姤》之属是也；亦有卦善而无德者，《晋》、《解》之属是也，各于卦下详之。"

【无号终有凶】《夬》卦上六爻辞。意思是：不必痛哭号咷，凶险终究难逃。号，谓放声痛哭。此言上六当君子"决除"小人之时，以一阴极居卦终，为"小人"凌高作恶之象，被下五阳所共同决除，故无须号咷，终必有凶。参见"夬上六"。

【无妄大象传】《无妄》卦的《大象传》。其辞曰："天下雷行，物与无妄；先王以茂对时育万物。"意思是：天下雷声震行，象征万物敬畏都"不妄为"；先代君王因此用天雷般的强盛威势来配合天时、养育万物。与，语气词，此处含有"皆"之意；茂，陆德明《经典释文》"盛也"，指天雷震奋的"强盛威势"；对，犹言"配合"，"对时"即"配合天时"。这是先揭明《无妄》卦上乾为天、下震为雷之象，谓天下雷声震行，正为万物敬畏而"不妄为"的象征；然后推阐出"先王"效法"天雷"的盛威用以配天时、育万物，使之各不妄为的意义。王弼《周易注》："与，辞也，犹'皆'也。天下雷行，物皆不可以妄也。茂，盛也。物皆不敢妄，然后万物乃得全其性，对时育物，莫盛于斯也。"程颐《周易程氏传》："对时，谓顺合天时。天道生万物,各正其性命而不妄;王者体天之道,养育人民,以致昆虫草木,使各得其宜,乃对时育物之道也。"按,"茂"字之义,陆德明《经典释文》又引马融曰"勉也",尚秉和先生《周易尚氏学》:"茂与懋通,勉也;对,答也。言因雷而勉答天威。"此说于义亦通。又按,孔颖达《周易正义》指出:"诸卦之象,直言两象即以卦名结之,若'雷在地中,复'。今《无妄》应云'天下雷行,无妄';今云'物与无妄'者,欲见万物皆无妄,故加'物与'二字也。其余诸卦未必万物皆与卦名同义,故直显象以卦结之。"此说分析《无妄》卦《大象传》的特殊体例,宜资参考。

【无妄行有眚】 《无妄》卦上九爻辞之语。意思是:虽然不妄为,但时穷而行必有祸患。眚,犹言祸患。这是说明上九当"无妄"之时,高居卦极,时穷难行,动辄遭灾,故爻辞深戒曰:虽不妄为,也不可以"行",行必"有眚"。参见"无妄上九"。

【无极而太极】 北宋周敦颐《太极图说》一文中的首句。朱熹《太极图说解》释曰:"上天之载,无声无臭,而实造化之枢纽,品汇之根柢也。故曰'无极而太极'。非'太极'之外复有'无极'也。"据朱熹的解说,此句乃揭示宇宙本体的两个侧面,就其"无形"言为"无极",就其"有理"言为"太极",二者本属一事,未可分离。此句是周敦颐《太极图说》的基本宗旨。然陆九渊兄弟则认为"太极"之上不可加"无极",如此必沦入佛、老"有生于无"之"空寂"玄言,故极力指摘。这场论争涉及面较广,后来以双方未能相互说服告终。按,《太极图说》另一本首句作"自无极而为太极",较朱熹所定本多"自"、"为"两字。朱熹《记濂溪传》曰:"戊申(1188)六月,邂逅洪景庐(迈)内翰,借得所修《国史》。中濂溪、程(程颢、程颐)、张(载)等传,尽载《太极图说》。盖濂溪于是始得立传,作史者于此为有功矣。然此《说》本语首句,但云'无极而太极';今《传》所载,乃至'自无极而为太极',不知何所据而增此'自'、'为'二字也。夫以本文之意,亲切浑全明白如此,而浅见之士犹或妄为讥议;若增此字,其为前贤之累,启后学之疑,益以甚矣。谓当请而改之,而或者以为不可。昔苏子容特以为父辨谤之故,请删《国史》所记草头木脚之语,而神祖犹俯从之。况此乃百世道学之所系耶!"(《朱文公集》卷七)清毛奇龄疑此《太极图说》首句原有"自"、"为"二字,后为朱熹所删改,其《太极图说遗议》云:《国史》于《濂溪传》中所载《图说》,首句作"自无极而为太极","夫史官无改人成文者,况景庐名迈,即洪容斋也。容斋博核忧直,定无讹错与益损之弊,即或非其手笔,系前人史官,然亦何苦为此? 乃后人以为朱子删去'自'、'为'二字,则又不可定。"周学武《周濂溪太极图说考辨》(台北学海出版社1981年版)力驳毛氏疑朱熹删字之说,谓其"顾此失彼,疏漏百出",并曰:"要之,朱汉上、胡五峰、祁宽之、张南轩、陆象山兄弟以及朱子,所见各本《通书》,《图说》篇首并作'无极而太极',朱子未有删字之事。至史馆《濂溪传》载作'自无极而为太极'者,疑为《通书》别出之本,而此'自'、'为'二字,又为浅人本老氏'有生于无'之旨,妄为增益耳。其后元人修《宋史》,乃本朱子之意除去。"又按,束景南撰《周敦颐太极图说新考》一文(载《中国社会科学》1988年第2期),亦曰:"朱震在绍兴四年(1134)所进《太极图易说》首句是'无极而太极',朱熹根据多数本子而定首句为'无极而太极',又加校记说明,这至少在校勘学上是有充分依据的。"并援引当时的有关史料,认为"'自无极而为太极'的版本纯属子虚乌有,周敦颐不是鼓吹'无生有'的理学家",《太极图说》首句增入"自"、"为"二字的"真正作伪者是王淮、洪迈之流"。

【无攸遂在中馈】 《家人》卦六二爻辞之语。意思是:无所成就,掌管家中饮食事宜。遂,成也,"无攸遂"谓"无所成";馈,进物于尊者之称,"中馈"犹言"家中饮食之事"。这是说明六二居《家人》下卦之中,柔顺中正,上应九五阳刚,有"妇人顺夫"之象,于是能无所专主,不求所成,唯掌"中馈",奉事尊者,故曰"无攸遂,在中馈"。参见"家人六二"。

【无攸利柔乘刚也】 《归妹》卦的《象传》语。意思是:无所利益,说明阴柔乘凌阳刚之上。这是解说《归妹》卦辞"无攸利"的象征内涵。柔乘刚,指《归妹》卦六三爻以阴乘九二之阳。李鼎祚《周易集解》引虞翻注,释"无攸利"云"谓二也","失正无应,以柔乘刚"。

【无所往其来复吉】 《解》卦的卦辞之语。意思是:没有危难而无所前往,返回静居其所可获吉祥。这是说明当"舒解"险难之时,若无险难,则无庸前往,以"来复"安居、修治其内为吉,故曰"无所往,其来复吉"。参见"解卦辞"。

【无鱼之凶远民也】 《姤》卦九四爻的《小象传》辞。旨在解说"无鱼"、"凶"的象征内涵。意思是:失去一条鱼而有凶险,说明九四居上卦犹如远离下民而失去民心。参见"姤九四小象传"。

【无初有终遇刚也】 《睽》卦六三爻的《小象传》语。旨在解说六三爻辞"无初有终"的象征内涵。意思是:起初乖睽而终将欢合,说明六三终必与相应的阳刚遇合。参见"睽六三小象传"。

【无妄九五小象传】 《无妄》卦九五爻的《小象传》。其辞曰:"无妄之药,不可试也。"意思是:不妄为却偶染微疾而无须服食的药物,是不可胡乱试用的。这是解说《无妄》九五爻辞"无妄之疾,勿药有喜"的象征内涵。不可试,即不可以药试。王弼《周易注》:"药攻有妄者也;而反攻无妄,故'不可试'也。"

【无妄九四小象传】 《无妄》卦九四爻的《小象传》。其辞曰:"可贞无咎,固有之也。"意思是:能够守持正固必无咎害,说明九四要牢固守正以长保无害。这是解说《无妄》九四爻辞"可贞无咎"的象征内涵。孔颖达《周易正义》:"所以可执贞正,言坚固有所执守,故曰'无咎'也。"

【无妄之往得志也】 《无妄》卦初九爻的《小象传》辞。旨在解说初九爻辞"无妄,往吉"的象征内涵。意思是:不妄为而努力往前,说明初九必然得遂进取的心愿。参见"无妄初九小象传"。

【无妄之往何之矣】 《无妄》卦的《彖传》语。意思是:在万物不妄为的时候背离正道而前往,哪里有路可走呢? 此以不可违正妄行,释《无妄》卦辞"其匪正有眚,不利有攸往"之义。孔颖达《周易正义》:"身居非正,在无妄之世,欲有所往,何所之适乎? 故云'无妄之往,何之矣'。"

【无妄六二小象传】 《无妄》卦六二爻的《小象传》。其辞曰:"不耕获,未富也。"意思是:不事耕耘而不图收获,说明六二未曾谋求富贵。这是解说《无妄》六二爻辞"不耕获"的象征内涵。未富,即谓六二的行为不存谋利求富之心。朱熹《周易本义》:"非计其利而为之也。"

【无妄六三小象传】 《无妄》卦六三爻的《小象传》。其辞曰:"行人得牛,邑人灾也。"意思是:路人顺手牵走获得耕牛,说明邑中人家将遭受被诘捕的飞灾。这是解说《无妄》六三爻辞"或系之牛,行人之得,邑人之灾"之义。参见"无妄六三"。

【无妄上九小象传】 《无妄》卦上九爻的《小象传》。其辞曰:"无妄之行,穷之灾也。"意思是:上九虽不妄为,但若有所行,则将由于时穷难通而遭殃祸。这是解说《无妄》上九爻辞"无妄,行有眚"的象征内涵。孔颖达《周易正义》:"位处穷极,动则致灾,故《象》云'无妄之行,穷之灾也'。"

【无妄初九小象传】 《无妄》卦初九爻的《小象传》。其辞曰:"无妄之往,得志也。"意思是:不妄为而努力往前,说明初九必然得遂进取的心愿。这是解说《无妄》初九爻辞"无妄,往吉"的象征内涵。

程颐《周易程氏传》："以无妄而往,无不得其志也。盖诚之于物,无不能动,以之修身则身正,以之治事则事得其理,以之临人则人感而化,无所往而不得其志也。"

【无妄受之以大畜】《周易》六十四卦,以象征"不妄为"的《无妄》卦列居第二十五卦;人但不妄为,便可以畜聚外物,所以接《无妄》之后是象征"大为畜聚"的第二十六卦《大畜》卦。此称"《无妄》受之以《大畜》"。语本《序卦传》:"有无妄然后可畜,故受之以《大畜》。"李鼎祚《周易集解》引荀爽曰:"物不妄者,畜之大也。畜积不败,故大畜也。"又引崔憬曰:"有诚实,则可以中心藏之,故言'有无妄然后可畜'也。"《周易折中》引阎彦升曰:"无妄然后可畜,所畜者在德。"

【无求备斋易经集成】 严灵峰编辑。精装三十二开本一百九十五册。1976年台湾成文出版社有限公司印行。此书大旨,在于广泛搜集历代《易》学著述及现当代名家论说,汇合影印而成。所采入之著分十五类编排,曰"正文"、"传注"、"通说"、"札记"、"答问"、"音义"、"图说"、"略例"、"占筮"、"杂著"、"纬书"、"校勘"、"辑佚"、"汇考"、"论辨"等;各类以著述年代先后为次。共收入《易》著三百六十二种,一千六百十四卷,含三百十九家。所影印各种《易》著,多采用宋、元、明、清以来之原刊本或善本;凡属改排重印之书,内容文字间有谬误者,均为校正。全书编例有序,搜罗宏富,颇便学者。

【无平不陂无往不复】《泰》卦九三爻辞之语。意思是:平地无不化险陂,去者无不重回复。陂,音皮pí,指水旁或山旁倾陡之处。此言九三当"通泰"之时,居《泰》内卦之终,为上下卦转折点,应当防备"通泰"转为"否闭",故取"无平不陂、无往不复"之象以示警戒。参见"泰九三"。

【无丧无得往来井井】《井》卦的卦辞之语。意思是:每日汲水未见枯竭而泉流注入也不满盈,往者来者都反复不断地依井为用。往来,谓往来之人;井井,犹言"井其井",即指井之用频繁不断。《井》卦大义,乃以"井"的特性比拟"君子"的美德;这两句卦辞即用井水汲之不竭而注之不盈喻君子之德"有常",用水井供人反复汲引喻君子之德"养物不穷",故赞之曰"无丧无得,往来井井"。参见"井卦辞"。

【无妄之疾勿药有喜】《无妄》卦九五爻辞。意思是:不妄为却偶染的疾病,无须用药将有自愈的欣喜。这是借小病不治自愈作譬喻,说明九五当"无妄"之时,阳刚中正,居尊善治,其下均不敢妄为;纵使偶遇小灾亦非生于"妄",可以不治而听其自消,故曰"无妄之疾,勿药有喜"。参见"无妄九五"。

【无妄之药不可试也】《无妄》卦九五爻的《小象传》辞。旨在解说九五爻辞"无妄之疾,勿药有喜"之义。意思是:不妄为却偶染微疾而无须服食的药物,是不可胡乱试用的。参见"无妄九五小象传"。

【无妄之行穷之灾也】《无妄》卦上九爻的《小象传》辞。旨在解说上九爻辞"无妄,行有眚"的象征内涵。意思是:上九虽不妄为,但若有所行,则将由于时穷难通而遭灾殃。参见"无妄上九小象传"。

【无往不复天地际也】《泰》卦九三爻的《小象传》辞。旨在解说九三爻辞"无往不复"的象征内涵。意思是:去者无不重回复,说明九三处在"天地"交接的边际。参见"泰九三小象传"。

【无不利撝谦不违则也】《谦》卦六四爻的《小象传》辞。旨在解说六四爻辞"无不利,撝谦"的象征内涵。意思是:无所不利、发挥扩散谦虚的美德,说明六四不违背谦虚的法则。参见"谦六四小象传"。

【无号之凶终不可长也】《夬》卦上六爻的《小象传》辞。旨在解说上六爻辞"无号"、"凶"的象征内涵。意思是:不必痛哭号咷而凶险难逃,说明上六的气势终究不能久长。参见"夬上六小象传"。

【夫妇为人伦之始】《周易》六十四卦,

第三十一卦《咸》卦居下经之首；此卦象征男女阴阳交感，以之冠居下经，乃喻示"夫妇之道"为人伦的本始。故《序卦传》下半部分开首即曰："有天地然后有万物，有万物然后有男女，有男女然后有夫妇，有夫妇然后有父子，有父子然后有君臣，有君臣然后有上下，有上下然后礼仪有所错。"李鼎祚《周易集解》引干宝曰："下经始于《咸》、《恒》，人道之首也。"又曰："《易》于《咸》、《恒》，备论礼仪所由生也。"韩康伯《序卦注》："言《咸》卦之义也。凡《序卦》所明，非《易》之缊也，盖因卦之次，托以明义。《咸》柔上而刚下，感应以相与，夫妇之象莫美乎斯。人伦之道，莫大乎夫妇，故夫子殷勤深述其义，以崇人伦之始，而不系之于《离》也。"

【夫子制义从妇凶也】 《恒》卦六五爻的《小象传》语。旨在解说六五爻辞"夫子凶"的象征内涵。意思是：男子必须裁制事宜，若像妇人那样柔顺必有凶险。参见"恒六五小象传"。

【夫征不复妇孕不育】 《渐》卦九三爻辞之语。意思是：夫君远征一去不返，妻子失贞得孕生育无颜。这是说明九三当"渐进"之时，以阳居下艮之上，刚亢躁进，与六四非阴阳正应而近比无间，相互投合，乐而忘返，犹如"丈夫"久征不归，遂致其妇非夫得孕，无颜生育，其凶可知，故曰"夫征不复，妇孕不育"。参见"渐九三"。

【夫征不复离群丑也】 《渐》卦九三爻的《小象传》语。旨在解说九三爻辞"夫征不复"的象征内涵。意思是：夫君远征一去不返，说明九三远离其所匹配的群类。参见"渐九三小象传"。

【夫妻反目不能正室也】 《小畜卦》九三爻的《小象传》辞。旨在解说九三爻辞"夫妻反目"之义。意思是：夫妻反目离异，说明九三不能规正妻室。参见"小畜九三小象传"。

【天子爻】 即"第五爻"。《易》卦六爻分居六位，凡为第五爻者亦称"天子"爻。《周易乾凿度》："五为天子。"《京氏易传》于《剥》卦曰："天子治世，反应大夫。""天子"即指六五。

【天子卦】 西汉《易》家倡"卦气"说，取六十四卦中的《坎》、《离》、《震》、《兑》为"四正卦"，主四时；余六十卦每卦主六日七分，每五卦值一月，分别配以"公"、"辟"、"侯"、"大夫"、"卿"的名称。"天子卦"即"辟"卦（"辟"训"君"），凡十二，为《复》、《临》、《泰》、《大壮》、《夬》、《乾》、《姤》、《遯》、《否》、《观》、《剥》、《坤》。参见"公辟侯大夫卿名义"。

【天山遯】 朱熹《周易本义》卷首所附《分宫卦象次序》歌诀中语，说明六十四卦之一的《遯》卦(䷠)，其卦象由上乾(☰)下艮(☶)即"天"与"山"组成。

【天水讼】 朱熹《周易本义》卷首所附《分宫卦象次序》歌诀中语，说明六十四卦之一的《讼》卦(䷅)，其卦象由上乾(☰)下坎(☵)即"天"与"水"组成。

【天风姤】 朱熹《周易本义》卷首所附《分宫卦象次序》歌诀中语，说明六十四卦之一的《姤》卦(䷫)，其卦象由上乾(☰)下巽(☴)即"天"与"风"组成。

【天与火】 《同人》卦的《大象传》语。意为：天、火两相亲和。与，犹言"亲"。这是揭明《同人》卦上乾为天、下离为火之象，谓天体在上、火性亦炎上，相互亲和，正为"和同于人"的象征。参见"同人大象传"。

【天行健】 《乾》卦《大象传》语。意思是：天的运行刚强劲健。此释《乾》卦上下乾均为"天"之象，说明"天"健行周流，永不衰竭。李鼎祚《周易集解》引宋衷曰："昼夜不息，以健详其名。"参见"乾大象传"。

【天地否】 朱熹《周易本义》卷首所附《分宫卦象次序》歌诀中语，说明六十四卦之一的《否》卦(䷋)，其卦象由上乾(☰)下坤(☷)即"天"与"地"组成。

【天泽履】 朱熹《周易本义》卷首所附

《分宫卦象次序》歌诀中语,说明六十四卦之一的《履》卦(☲),其卦象由上乾(☰)下兑(☱)即"天"与"泽"组成。

【天下有风】 《姤》卦的《大象传》语。意在揭明《姤》卦上乾为天、下巽为风之象,谓天下吹行着和风,无物不及,正为"相遇"的象征。参见"姤大象传"。

【天下有山】 《遯》卦的《大象传》语。意在揭明《遯》卦上乾为天、下艮为山之象,谓高天下面立着大山,犹如天在远避山,正为"退避"的象征。参见"遯大象传"。

【天下随时】 《随》卦的《彖传》语。意为:天下万方都相互随从于适宜的时机。这是以万物"随时"之理,释《随》卦辞"元亨,利贞,无咎"之义。孔颖达《周易正义》:"以有大亨、贞正、无有咎害,而天下随之,以正道相随故随之者广;若不以'大亨、贞、无咎'而以邪僻相随,则天下不从也。"程颐《周易程氏传》:"能大亨而得正,则为无咎。不能亨,不得正,则非可随之道,岂能使天下随之乎?天下所随者,时也,故曰'天下随时'。"

【天火同人】 朱熹《周易本义》卷首所附《分宫卦象次序》歌诀中语,说明六十四卦之一的《同人》卦(☲),其卦象由上乾(☰)下离(☲)即"天"与"火"组成。

【天在山中】 《大畜》卦的《大象传》语。意在揭明《大畜》卦下乾为天、上艮为山之象,谓天包涵在山中,正为"大为畜聚"的象征。参见"大畜大象传"。

【天地之数】 指一至十的数目中,奇数一、三、五、七、九为阳,为"天数";偶数二、四、六、八、十为阴,为"地数"。两类数字逐一相加,凡得五十五,合称"天地之数"。旧说这五对奇偶数相互配合,又象征"五行"。此概念出《系辞上传》:"天一地二,天三地四,天五地六,天七地八,天九地十。"又曰:"天数五,地数五,五位相得而各有合。天数二十有五,地数三十,凡天地之数五十有五。此所以成变化而行鬼神也。"李鼎祚《周易集解》引虞翻曰:"天数五,谓一、三、五、七、九;地数五,谓二、四、六、八、十。"韩康伯《系辞注》:"天地之数各五,五数相配,以合成金、木、水、火、土。"孔颖达《周易正义》:"此言天地阴阳,自然奇偶之数。"又曰:"若天一与地六相得,合为水;地二与天七相得,合为火;天三与地八相得,合为木;地四与天九相得,合为金;天五与地十相得,合为土也。"按,"五行"又与方位有关,故《周易折中》引龚焕曰:"既谓之五行相得,则是指一、六居北,二、七居南,三、八居东,四、九居西,五、十居中而言。"朱熹《周易本义》卷首所附《河图》,即是据此方位排列"天地之数"。可见,在古人的认识中,一至十这组数字,含有奇偶、阴阳、五行、五方等多种象征。

【天地不交】 《否》卦的《大象传》语。意在揭明《否》卦上乾为天、下坤为地之象,谓天居上、地处下互不交通,正为"否闭"的象征。参见"否大象传"。

【天地定位】 八卦以乾坤象征天地,而定上下之位,展示阴阳既对立又和谐的关系,称为"天地定位"。其余艮、兑、震、巽、坎、离六卦所象征的山、泽、雷、风、水、火,同样也是两两相对相通,其基点乃是立于"天地定位"之上。语出《说卦传》:"天地定位,山泽通气,雷风相薄,水火不相射,八卦相错。"薄,陆德明《经典释文》"马、郑、顾云'入也'",指雷、风兴动虽各异方,却能交相潜入应合;射,音亦yì,《经典释文》"虞、陆、董、姚、王肃音'亦',云'厌'也","不相射"指水火虽异性却能不相厌弃而相资助。孔颖达《周易正义》:"《易》以乾坤象天地,艮兑象山泽,震巽象雷风,坎离象水火。若使天地不交,水火异处,则庶类无生成之用,品物无变化之理。"曰:"今八卦相错,则天地人事莫不备矣。故云天地定位而合德,山泽异体而通气,雷风各动而相薄,水火不相入而相资。"按,孔氏释"不相射"为"不相入而相资",

于义亦通。今观《说卦传》此文,通过八卦所象征的八种基本物象:天地、山泽、雷风、水火之间矛盾而又和谐的运动状态,揭示了事物对立统一的变化发展规律。其义与《系辞上传》所揭出的"一阴一阳之谓道"的命题密相切合。故项安世《周易玩辞》云:"八卦虽八,实则'阴阳'二字而已。"又按,宋人所倡扬的《先天八卦方位图》,即根据《说卦传》此节文字所制,意在表明伏羲画八卦时所定之方位,故亦称《伏羲八卦方位》。朱熹《周易本义》卷首于此图下云:"邵子曰:此伏羲八卦之位。乾南坤北,离东坎西,兑居东南,震居东北,巽居西南,艮居西北。于是八卦相交而成六十四卦,所谓'先天之学'也。"尚秉和先生撰《周易尚氏学》,引《太玄·玄告》"天地相对,日月相刿,山川相流,轻重相浮"及"南北定位,东西通气,万物错离于其中"诸语,指出此即"乾南坤北,离东坎西"之义;又引《周易乾凿度》"其位也,天在上,地在下,君南臣北,父坐子伏"等语,指出此亦与"乾南坤北"义合。并云:"阳错阴,阴错阳,无一卦不相对,无一爻不相交也,此纯指先天八卦之方位形式,故特申之曰'八卦相错'。"此说发明《说卦传》"天地定位"一节之义,可资参考。又按,《说卦传》此文"水火不相射"五字,马王堆汉墓出土的《帛书周易》作"水火相射"(于豪亮《帛书周易》,载《文物》1984年第3期),宜存备考。

【天地交泰】 《泰》卦的《大象传》语。意在揭明《泰》卦下乾为天,上坤为地之象,谓天地交合,正为"通泰"的象征。参见"泰大象传"。

【天造草昧】 《屯》卦的《彖传》语。旨在喻示《屯》卦所寓"初生"之义,犹如大自然制造万物于草创之际、冥昧之时的情状。孔颖达《周易正义》:"草,谓草创;昧,谓冥昧。言天造万物于草创之始,如在冥昧之时也。"《文选》载班固《幽通赋》:"乱曰:天造草昧,立性命兮。"李善注:"曹大家曰:乱,理也;天道始造万物,草创于冥昧之中,皆立其性命也。"

【天尊地卑】 揭示《周易》哲学体系中关于阴阳尊卑等差的一个基本概念。语出《系辞上传》:"天尊地卑,乾坤定矣;卑高以陈,贵贱位矣;动静有常,刚柔断矣。方以类聚,物以群分,吉凶生矣;在天成象,在地成形,变化见矣。"《周易》哲学以阴阳为本,而阴阳概念的象征范围是至为广泛的,故《系辞传》一开篇便总结"天地"尊卑的性质,以揭明万物变化发展过程中的一个既定的核心规律。这一概念的思想内核,既是对自然界事物特性的高度概括与客观反映,也是对《周易》"扶阳抑阴"观念的形象归纳。韩康伯《系辞注》:"乾坤,其《易》之门户。先明天尊地卑,以定乾坤之体。"孔颖达《周易正义》:"谓天以刚阳而尊,地以柔阴而卑,则乾坤之体安定矣。乾健与天阳同,坤顺与地阴同,故得乾坤定矣。若天不刚阳,地不柔阴,是乾坤之体不得定也。此经明天地之德也。"俞琰《周易集说》:"天地者,乾坤二卦之象也。天居上而其道尊,地居下而其道卑。是故《易》之设卦也,先《乾》而后《坤》,则尊卑之道,如天高地下之不紊,而《乾》、《坤》二卦定矣。"来知德《周易集注》:"此一条言天地万物一对一待,《易》之象也。盖未画《易》之前,一部《易经》已列于两间。故天尊地卑,未有《易》卦之乾坤,而乾坤已定矣;卑高以陈,未有《易》卦之贵贱,而贵贱已位矣;动静有常,未有《易》卦之刚柔,而刚柔已断矣;方以类聚,物以群分,未有《易》卦之吉凶,而吉凶已生矣;在天成象,在地成形,未有《易》卦之变化,而变化已见矣。圣人之《易》,不过模写其象数而已,非有心安排也。"

【天雷无妄】 朱熹《周易本义》卷首所附《分宫卦象次序》歌诀中语,说明六十四卦之一的《无妄》卦(䷘),其卦象由上乾(☰)下震(☳)即"天"与"雷"组成。

【天与水违行】 《讼》卦《大象传》语。

意在揭明《讼》卦上乾为天、下坎为水之象，谓天西转与水东流背道而行，正为事物相违背不和睦而导致"争讼"的象征。参见"讼大象传"。

【天地自然之图】 亦称"先天太极图"、"太极真图"，又简称"先天图"、"太极图"。其图呈黑白双鱼合抱形，象"太极"生阴阳两仪（见书首图版十二），旧说南宋蔡元定得于蜀中隐者，后世传之最广，几与八卦并行而家喻户晓。明赵撝谦云："天地自然之图"，"虙戏时龙马负而出于荥河，八卦所由以画者也"；并云此图世传蔡元定得于蜀之隐者，秘而不传，赵氏得之于陈伯敷氏，"熟玩之有太极函阴阳，阴阳函八卦自然之妙。"（《六书本义》）。清胡渭撰《易图明辨》，广采旧说，谓袁桷《谢仲直易三图序》云蔡元定购得三图，其一即"先天太极图"，"后人谓之天地自然之图，又谓之太极真图"。并详释该图寓意，大略云："其环中为太极，两边黑白回互，白为阳，黑为阴。阴盛于北，而阳起而薄之。故邵子曰：震始交阴而阳生。自震而离、而兑以至于乾，而阳斯盛焉。震东北，白一分，黑二分，是为一奇二偶；兑东南，白二分，黑一分，是为二奇一偶；乾正南，全白，是为三奇纯阳；离正东，取西之白中黑点，为二奇含一偶，故云对过阴在中也。阳盛于南，而阴来迎之。故邵子曰：巽始消阳而阴生。自巽而坎、而艮以至于坤，而阴斯盛焉。巽西南，黑一分、白二分，是为一偶二奇；艮西北，黑二分、白一分，是为二偶一奇；坤正北，全黑，是为三偶纯阴；坎正西，取东之黑中白点，为二偶含一奇，故云对过阳在中也。坎、离为日、月，升降于乾坤之间，而无定位，纳甲寄中宫之戊、己，故东西交易，与六卦异也。"据此，图中既以黑白回环备阴阳、八卦之用，似不当称为"太极图"。杭辛斋《易楔》指出："可谓之'两仪生四象，四象生八卦'之图。但流传既久且远，世俗已无人不认此为'太极图'者，所谓习非胜是，辨不

胜辨，惟学者宜详究其义理，因名责实，而求真谛。"又曰："此图流传甚古，蕴畜宏深，决非后人所能臆造"，"要为三代以上之故物。"按，胡渭《易图明辨》又引明赵仲全《道学正宗》云："古太极图，阳生于东而盛于南，阴生于西而盛于北；阳中有阴，阴中有阳，而两仪、而四象、而八卦，皆自然而然者也。"遂据以制"古太极图"（见书首图版十三），实与"天地自然之图"无异，唯将黑白回环划分为八块，则所涵八卦之象更为显明。又按，清张惠言《易图条辨》以为，"天地自然之图"元初始出，明人盛传之，"其托于蔡季通（元定），非有证据"；并云此图盖由朱震纳甲图，用周敦颐"太极"之法环而入之，"其于卦画之象，则诚有巧合者，使后人观之，一览而既得先天八卦，更无一豪有待推排，此世所以笃信也。"可备参考。

【天地闭贤人隐】 《坤》卦《文言传》语。旨在衍发《坤》卦六四爻辞"括囊，无咎无誉"的象征意义。谓当《坤》六四之时，犹如天地闭塞黑暗，贤人隐退匿迹；故当"括囊"缄口，不求赞誉，慎保无咎。孔颖达《周易正义》："'天地闭，贤人隐'者，谓二气不相交通，天地否闭，贤人潜隐。"程颐《周易程氏传》："天地闭隔，则万物不遂；君臣道绝，贤者隐遁。四于闭隔之时，括囊晦藏，则虽无令誉，可得无咎。言当谨自守也。"

【天险不可升也】 《坎》卦的《象传》语。意为：天险高远无法升越。此举"天"之险为例，以明《坎》卦所寓含的"用险"意义。孔颖达《周易正义》："言天之为险，悬邈高远，不可升上，此天之险也。"

【天地交而万物通】 《泰》卦的《象传》语。意思是：天地阴阳交合而万物的生养之道畅通。天，指《泰》卦下乾为天；地，指《泰》卦上坤为地。这是根据《泰》卦的上下卦象，说明"通泰"之时天地交和，万物畅通之理，以释《泰》卦辞"吉、亨"之义。李鼎祚《周易集解》引何妥曰："此明天道

泰也。夫泰之为道,本以'通'生万物。若天气上腾,地气下降,各自闭塞,不能相交,则万物无由得生。明万物生由天地交也。"按,自然现象中,如地气受热上升为云,云气冷却下降为雨,在古人心目中正属"天地交"之理。

【天地节而四时成】 《节》卦的《彖传》语。意思是:天地运行有所节制而一年四季才能形成。这是举"天地"之节为例,衍发《节》卦所揭示的"节制"之道的广泛喻义。孔颖达《周易正义》:"天地以气序为节,使寒暑往来,各以其序,则四时功成之也。"

【天地革而四时成】 《革》卦的《彖传》语。意思是:天地变革而形成四季更迭。这是举"天地"之革为例,叹美《革》卦所揭示的"变革"之时的功效弘大。孔颖达《周易正义》:"天地之道,阴阳升降,温暑凉寒迭相变革,然后四时之序皆有成也。"

【天地鬼神恶满盈】 谓天地鬼神之道,皆主谦虚而恶满盈。语本《谦》卦《彖传》:"天道亏盈而益谦,地道变盈而流谦,鬼神害盈而福谦,人道恶盈而好谦。"颜之推《颜氏家训·止足》:"天地鬼神之道,皆恶满盈;谦虚冲损,可以免害。"

【天地解而雷雨作】 《解》卦的《彖传》语。意为:天地舒解于是雷雨兴作。雷,指《解》卦上震为雷;雨,指《解》卦下坎为雨。这是举《解》卦的上下卦象,谓天地舒解、雷雨兴作,必导致百果草木舒放生长,以喻《解》卦所揭示的事物舒解之义。孔颖达《周易正义》:"此因震坎有雷雨之象,以广明'解'义。天地解缓,雷雨乃作;雷雨既作,百果草木皆孚甲开坼,莫不解散也。"

【天地睽而其事同】 《睽》卦的《彖传》语。意为:天地上下乖睽但化育万物的事理则相同。此举"天地"的事状为例,说明事物虽"睽"却可有同之理,以推阐《睽》卦所揭示的"合睽"之义。程颐《周易程氏传》:"天高地下,其体睽也;然阳降阴升,相合而成化育之事则同也。"

【天命不祐行矣哉】 《无妄》卦的《彖传》语。意思是:天的教命不给予祐助,怎敢这样妄行啊!此言违背正道者不获"天祐",不得妄行,以释《无妄》卦辞"其匪正有眚,不利有攸往"之义。王弼《周易注》:"居不可以妄之时,而欲以不正有所往,将欲何之? 天命之所不祐,竟矣哉!"孔颖达《周易正义》:"必竟行矣哉,言终竟行此不祐之事也。"

【天道亏盈而益谦】 《谦》卦的《彖传》语。意为:天的规律是亏损盈满而补益谦虚。此举"天道"为例,说明宇宙间的事理无不抑满扶谦,进一步申明《谦》卦辞"谦,亨"之义。李鼎祚《周易集解》引崔憬曰:"若日中则昃,月满则亏,损有余以补不足,天之道也。"

【天道下济而光明】 《谦》卦的《彖传》语。意为:天的规律是下降济物而天体愈显光明。此以"天道"谦下而致"光明",释《谦》卦辞"谦,亨"之义。孔颖达《周易正义》:"下济者,谓降下济生万物;光明者,谓三光垂照而显明也。"

【天下雷行物与无妄】 《无妄》卦的《大象传》语。意思是:天下雷声震行,象征万物敬畏都"不妄为"。与,语气词,此处含有"皆"之意。这是揭明《无妄》卦上乾为天、下震为雷之象,谓"天下雷行",正为物皆敬畏而"不妄为"的象征。参见"无妄大象传"。

【天地相遇品物咸章】 《姤》卦的《彖传》语。意思是:天地阴阳相互遇合,各类事物的发展都能显明昭彰。品物,犹言众庶之物;章,通"彰"。这是举"天地"遇合为例,从正面展示《姤》卦所明事物"相遇"的重大意义。孔颖达《周易正义》:"卦得'遇'名,本由一柔与五刚相遇,故'遇'辞非美。就卦而取,遂言'遇'不可用,是'勿用取女'也。故孔子更就天地叹美'遇'之为义不可废也。天地若各亢所处,不相交遇,则万品庶物无由彰显;必须二气相遇,

85

乃得化生。"程颐《周易程氏传》："阴始生于下,与阳相遇,天地相遇也。阴阳不相交遇,则万物不生。天地相遇,则化育庶类;品物咸章,万物章明也。"

【天地盈虚与时消息】 《丰》卦的《象传》语。意思是:天地有盈满也有亏虚,无不伴随时运更替着消亡与生息。这是举天地盈虚互转的现象,衍发《丰》卦的象外之旨,揭明"丰"极必衰,处"丰"不可过"中"之理。孔颖达《周易正义》："天之寒暑往来,地之陵谷迁贸,盈则与时而息,虚则与时而消。"程颐《周易程氏传》："盈虚谓盛衰,消息谓进退。天地之运,亦随时进退也。"又曰:"于丰盛之时而为此诫,欲其守中,不至过盛。处丰之道,岂易也哉?"

【天地感而万物化生】 《咸》卦的《象传》语。意为:天地交感带来万物化育生长。这是举"天地"相感为例,赞美《咸》卦所展示的"交感"大义。孔颖达《周易正义》："天地二气,若不感应相与,则万物无由得变化而生。"

【天施地生其益无方】 《益》卦的《象传》语。意思是:上天施降利惠而大地受益化生,自然界的施化之益于是遍及万方。这是举"天地生物"为例,以明"益"道之大。孔颖达《周易正义》："天施气于地,地受气而化生,亦是损上益下义也;其施化之益,无有方所。"

【天地之道恒久而不已】 《恒》卦的《象传》语。意为:天地的运行规律,恒久而不停止。这是举"天地"运行恒久不已为例,谓守恒以往终能获利,以释《恒》卦辞"利有攸往"之义。王弼《周易注》："得其所久,故不已也。"孔颖达《周易正义》："将释'利有攸往',先举天地以为证喻,言天得其恒久之道,故久而不已也。"

【天地不交而万物不兴】 《归妹》卦的《象传》语。意思是:天地阴阳不相交,万物就不能繁殖兴旺。这是举"天地"阴阳交合而蕃衍万物之例,以释卦名"归妹"之

义。程颐《周易程氏传》："天地不交,则万物何从而生?女之归男,乃生生相续之道。男女交而后有生息,有生息而后其终不穷。"

【天地不交而万物不通】 《否》卦的《象传》语。意思是:天地阴阳互不交合而万物的生养之道不得畅通。天,指《否》卦上乾为天;地,指《否》卦下坤为地。这是根据《否》卦的上下卦象而言,犹如天在上地在下互不交合,故万物否塞,其生养不得畅通。李鼎祚《周易集解》引何妥曰:"此明天之道否也。"程颐《周易程氏传》："夫天地之气不交,则万物无生成之理。"

【天地以顺动故日月不过而四时不忒】 《豫》卦的《象传》语。意思是:天地顺沿物性而动,所以日月周转不致失,四季更替不出差错。忒,音特tè,李鼎祚《周易集解》引虞翻曰:"差迭也",犹言"差错"。这是举"天地"运行规律为例,说明万事万物均须"顺而动"才能成"豫"。孔颖达《周易正义》："天地以顺而动,则日月不有过差,依其晷度,四时不有忒变,寒暑以时。"程颐《周易程氏传》："天地之运,以其顺动,所以日月之度不过差,四时之行不愆忒。"

【王同】 西汉东武(今山东诸城)人,字子中(按,此据《汉书》,《史记》作"子仲")。汉初《易》学大师田何的弟子。著有《易传》数篇。以其学授杨何,何后来以《易》被征为太中大夫。《史记·儒林列传》："而汉兴,田何传东武人王同子仲。"《汉书·儒林传》："汉兴,田何以齐田徙杜陵,号杜田生,授东武王同子中、雒阳周王孙、丁宽、齐服生,皆著《易传》数篇。同授淄川杨何,字叔元,元光中征为太中大夫。"(《史记·仲尼弟子列传》及《儒林列传》记载略同)。颜师古注:"田生授王同、周王孙、丁宽、服生四人,而四人皆著《易传》也。子中,王同字也。中读曰'仲'。"

【王宏】(?—284) 西晋高平(治所今山东巨野南)人。字正宗。王弼之兄,王

粲之从孙。魏时，辟公府累迁尚书郎，历给事中。入晋，为汲郡太守，有政绩。官至大司农、司隶校尉。坐事免官，后起为尚书。太康五年（284）卒，追赠太常（见《三国志·魏书·钟会传》注及《晋书·良吏传·王宏传》）。治《易》，著有《易义》。张璠集魏晋二十二家《易》说，撰为《周易集解》十二卷，王宏亦属被采入诸家之一（见陆德明《经典释文序录》）。

【王济】 西晋太原晋阳（今山西太原市南晋源镇）人。字武子。少有逸才，风姿英爽，气盖一时。好弓马，勇力绝人。善《易》及《庄》、《老》。文词秀茂，伎艺过人，见称当世。与姐夫和峤及裴楷齐名。官至河南尹。年四十六，先其父王浑而卒。追赠骠骑将军（见《晋书·王济传》）。著有《易义》。张璠集魏晋二十二家《易》说，撰为《周易集解》十二卷，王济亦属被采入诸家之一（见陆德明《经典释文序录》）。

【王易】 三国魏王弼所传《易》学，亦称"王弼易"、"王辅嗣易"。据《三国志·魏志·钟会传》及裴松之注引何劭《王弼传》，王弼《易》学著述有《易注》、《周易大衍义》。陆德明《经典释文·序录》谓王弼注《周易》上下经六卷（又引《七志》云注《易》十卷），作《周易略例》一卷。《旧唐书·经籍志》著录：王弼《周易大演论》一卷（《新唐书·艺文志》作三卷），盖即《大衍义》。今《周易注》及《略例》存，《大衍义》佚。王弼《易》学，前人以为本于西汉费直之传，因费氏以《彖传》、《象传》解说经意，王弼亦然。且东汉郑玄传费氏学，注《易》用经传参合本，王弼亦录用而更定之。晁公武《郡斋读书志》云："凡以《彖》、《象》、《文言》等参入卦中，皆祖费氏。东京荀、刘、马、郑皆传其学。王弼最后出，或用郑说，则弼亦本费氏也。"王弼《易》学的重大贡献，不在于祖述费氏，而是不顾流俗，独树新帜，奋起矫两汉象数之弊，廓而清之。其说主于"得意忘象"、"得象忘言"；并综合发展了前人可取的《易》说，倡扬"卦以存时"、"案爻明体"、"承乘比应"、"卦主"等例，开一代《易》学新风。而后代"义理学"之兴，实于王氏发其端。然王弼据《老》、《庄》玄理以解《易》，又为后世《易》家所诟病。《四库提要》谓其阐明义理，使《易》不杂于术数，则深为有功；祖尚虚无，使《易》竟入于老、庄，则不能无过；"瑕瑜不掩，是其定评"（《周易注》提要）。又云："《易》本卜筮之书，故末派寖流于谶纬。王弼乘其极敝而攻之，遂能排击汉儒，自标新学。"（《周易正义》提要）。王弼《易》学，在魏时即有影响，《魏志》裴松之注引何劭《王弼传》载："太原王济好谈，病《老》、《庄》，常云：'见弼《易注》，所悟者多。'"晋以后，王弼《易注》日益盛行而独冠于世。《释文·序录》谓：永嘉之乱，诸家之《易》亡，"惟郑康成、王辅嗣所注行于世，而王氏为世所重"；又云"江左中兴，《易》唯置王氏博士"。《隋书·经籍志》曰："后汉，陈元、郑众皆传费氏之学，马融又为其《传》以授郑玄，玄作《易注》，荀爽又作《易传》。魏代，王肃、王弼并为之《注》，自是费氏大兴，高氏遂衰。梁丘、施氏、高氏亡于西晋，孟氏、京氏有书无师。梁、陈，郑玄、王弼二注列于国学。齐代唯传郑义。至隋，《王注》盛行，郑学浸微，今殆绝矣。"孔颖达《周易正义序》亦云："传《易》者，西都则有丁、孟、京、田，东都则有荀、刘、马、郑，大体更相祖述，非有绝伦。惟魏王辅嗣之注，独冠古今，所以江左诸儒，并传其学；河北学者，罕能及之。"可见，王《易》之势力，笼罩于魏晋南北朝之间，虽郑玄之注亦莫能抗行。至唐初修撰《五经正义》，《周易》定用王注（《系辞传》以下王无注，采用韩康伯注），一切并废。故王弼之《易》，在唐代几定于一尊。历宋、元、明、清，研讨考辨王弼《易》学者代不乏人，影响迄今未衰。

【王弼】（226—249） 三国魏山阳（今河南焦作东）人，字辅嗣。少聪慧，年十余，好《老子》，通辩能言。时何晏为吏部尚书,甚奇弼,赞叹曰:"仲尼称后生可畏,若斯人者,可与言天人之际乎!"正始中,黄门侍郎累缺,晏议用弼,因丁谧与晏争衡,遂为补台郎。为人通偈,事功亦雅非所长。好谈玄学,于《易》研治最深。性和理,乐游宴,解音律,善投壶。其论道,傅会文辞不如何晏,自然高拔则过之。颇以所长笑人,故时为人所疾。与钟会善,会每服弼之高致。何晏提出"圣人无喜怒哀乐"论,钟会等祖述。弼不与同,认为"圣人"茂于常人者以其"神明",同于常人者以其亦具"五情";神明茂故能体冲和以通无,五情同故不能无哀乐以应物。于是提出:圣人之情,应物而无累于物,今以无累,便谓不复应物,失之多矣。正始十年(249)秋,遇疠疾亡,年二十四(见《三国志·魏志·钟会传》及裴松之注引何劭《王弼传》)。著有《周易注》、《周易略例》、《老子注》、《周易大衍论》、《老子指略》、《论语释疑》等书。前三种今存,后二种有辑佚本,楼宇烈取以编为《王弼集校释》(中华书局1980年8月出版)。唯《周易大衍论》久佚无存(按,《系辞上传》"大衍之数"韩康伯注引王弼语凡七十八字,或以为即此书遗文)。王弼的《易》学,主于扫除两汉"象数"之说,以"得意忘象"、"得象忘言"为宗旨,开一代《易》学新风,所撰《易注》,参以老庄哲理,对后世影响至大。参见"王易"。

【**王肃**】(195—256) 三国魏东海郯(治所今山东郯城西南)人。字子雍。年十八,从宋衷读《太玄经》,而别有创见。研治群经倾向于贾逵、马融之学,不赞成郑玄之说,并采会诸家异同,阐解《尚书》、《诗经》、《论语》、《三礼》、《左传》,撰定其父朗所作《易传》,在晋代皆列于学官。历任散骑黄门侍郎、散骑常侍领秘书监兼崇文观祭酒、侍中、河南尹、太常等职。魏高贵乡公(曹髦)甘露元年(256)卒,门生缞绖者以百数。追赠卫将军,谥曰"景侯"。平生著述,遍及群经,所论驳朝廷典制、郊祀、宗庙、丧纪轻重者凡百余篇,并集《圣证论》以讥短郑玄,形成与"郑学"相对峙的"王学"。所撰各书均佚(参阅《三国志·魏书·王肃传》)。陆德明《经典释文序录》于《易》类列王肃《周易注》十卷。张惠言《易义别录》认为:"肃著书,务排郑氏,其托于贾、马以抑郑而已。故于《易》义,马、郑不同者则从马,马与郑同则并背马。"又谓:"然其训诂大义则出于马、郑者十七。盖《易注》本其父朗所为,肃更撰定,疑其出于马、郑者朗之学也,其掊击马、郑者肃之学也。"吴承仕先生《经典释文序录疏证》指出:"(王肃)《注》十卷,《隋·唐志》同。《崇文总目》十一卷,乃后人聚敛而成,非肃本书。王应麟曰:'今不传。"清孙堂《汉魏二十一家易注》、马国翰《玉函山房辑佚书》、黄奭《汉学堂丛书》均辑有王肃《周易注》。

【**王通**】(584—618) 隋绛州龙门(今山西河津)人。字仲淹,门人私谥"文中子"。唐初诗人王勃之祖。隋蜀郡司户书佐,大业末弃官归,以著述讲学为业(见《旧唐书·王勃传》及《新唐书·王绩传》)。著作今存《文中子》十篇,系门人记其言行答问诸事而成,或疑他人伪托附益。书中衍申《易》义以说哲理,并专有《问易》一篇。宋阮逸《关朗易传序》云:"尝读《文中子》,知王氏《易》宗于关子明(朗)。"据此,则王通《易》学或承北魏关朗之说。

【**王湜**】 南宋同州(今陕西大荔)人。平生喜《易》,尤潜心于邵雍之学。所著《易学》一卷,《四库全书》列入"子部术数类"。《提要》云:"是书《宋志》不著录,其名见晁公武《读书志》,但称同州王湜,而不详其始末。张世南《游宦记闻》称:'康节先生《皇极经世》,其学无传。此外有所谓《太乙数》,渡江后,有北客同州兔解进士王湜,潜心是书,作《太乙肘后备检》三卷,为阴阳二遁绘图一百四十有四。上自帝尧以来,至绍兴六年丙辰。'云云。是南宋初人矣。"按,尚秉和先生《易说评议》指出:"其《自序》曰'康节先生遗书,或得于家草稿,或得于外之传闻',是其时康节书尚未刊行。又曰:'自希夷先生陈公而下,如穆伯长、李挺之,以至刘长民《钩隐图》之类,兼而思之,罔或遗佚。'夫刘牧在仁宗时,传其学者有范谔昌、黄黎献、徐庚,皆祖述其说。而湜所称至刘牧而止,则湜为北宋人无疑。"此说可备参考。

【王璜】 西汉琅邪(治所今山东诸城)人。一作"王横"。字子中(音仲 zhòng)。传费直《易》学。又传古文《尚书》(见《汉书·儒林传·费直传》)。按,《汉书·沟洫志》载"大司空掾王横"言治河策,颜师古注:"横,字平中,琅琊人。见《儒林传》。中,读曰仲。"《后汉书·儒林列传》引《前汉书》云:"东莱费直传《易》,授琅邪王横,为费氏学。本以古字,号'古文《易》'。"据此,似当作"王横"。

【王横】 见"王璜"。

【王廙】(一 yì异) 东晋琅邪临沂(今属山东)人。字世将。王导从弟。少能属文,多所通涉,工书画,善音乐、射御、博弈等。晋元帝时曾任荆州刺史等职,深得朝廷信赖。其从兄王敦构乱,奉旨前往安抚,反被留住任职,不久病卒。元帝深悯之,赠侍中骠骑将军,谥曰"康明"(见《晋书·王廙传》)。治《易》,有著述。陆德明《经典释文序录》于《易》类列王廙《周易注》十二卷,又谓"《七志》、《七录》云十卷"。已佚。清孙堂《汉魏二十一家易注》、马国翰《玉函山房辑佚书》、黄奭《汉学堂丛书》均辑有王廙《周易注》一卷。张惠言《易义别录》认为:"东晋以后,言《易》者大率以王弼为本,而附之以玄言。其用郑、宋诸家,小有去取而已,非能通其说如王廙者也。"吴承仕先生《经典释文序录疏证》指出:"王氏遗说见存者鲜,不可审知。张氏谓东晋以后大率本于辅嗣,于事为近。"

【王骏】(?—前 15) 西汉琅邪皋虞(今山东即墨县东北)人。王吉之子。吉兼通《五经》,好梁丘贺《易》,使骏从贺子梁丘临受《易》,遂传"梁丘之学"。以孝廉为郎。官至御史大夫。汉成帝永始二年(前15)病卒(见《汉书·王骏传》及《儒林传·梁丘贺传》)。

【王夫之】(1619—1692) 明末清初衡阳(今属河南)人。字而农,号姜斋。晚隐居衡阳石船山,世称船山先生。明崇祯举人。与郭季林、管冶仲等组织"匡社"。张献忠攻下衡州,礼聘夫之,走匿南岳;献忠执其父为质,夫之引刀自刺肢体,由人抬往易父,献忠见其重创,免之,父子俱得脱。后获荐于南明桂王,授行人。寻归隐石船山,筑室曰"观生居",杜门著书。康熙间吴三桂反清,于衡州称帝,夫之又逃入深山;郡守馈粟帛请见,以疾辞。未几卒。平生论学,以汉儒为门户,宋五子为堂奥,尤神契张载《正蒙》之说。在深山研学垂四十年,对天文、历法、数学、地理学均有创获,尤精于经学、史学、文学,著作甚丰(见《清史稿·儒林传》)。《易》学专著今存《周易稗疏》四卷、《周易内传》十二卷、《周易内传发例》一卷、《周易外传》七卷、《周易大象解》一卷、《周易考异》一卷。

【王心敬】(1656—1738) 清鄠县(今陕西户县)人。字尔缉,号丰川。传李颙之学。为邑诸生,康熙中以贤良方正荐,两征不起。陈诜抚鄂,聘其主讲江汉书院。其论学以明心、止至善为归,谨严不及其师。注经好为异论,而《易》说则笃实。认为:"学《易》可以无大过矣,是孔子论《易》切于人身,即可知四圣之本旨。"(见《清史稿·儒林传》及《清史列传》)。《易》学专著今存《丰川易说》十卷。

【王申子】 元邛州(今四川邛崃)人。字巽卿。寓居慈利州天门山垂三十年,无心求仕,潜隐幽深,著成《春秋类传》、《大易缉说》二书。元仁宗皇庆二年(1313),允武昌路南阳书院山长(见《经义考》及《四库全书提要》)。《易》学专著今存《大易缉说》十卷。

· 89 ·

【王弘撰】 明末清初华阴（今属陕西）人。字无异，号山史。明诸生，博雅能古文，嗜金石。好《易》，精图象，学者翕然宗之，为关中人士领袖。与李颙、李柏、李因笃齐名，时以得一言为荣，凡碑版铭志非三李则宏撰；而宏撰工书法，故求者多于三李。明亡，奔走结纳有志节友朋。顾炎武尝曰："好学不倦，笃于朋友，吾不如王山史。"当时硕儒遗逸，皆与宏撰往来，颇推重之，清康熙间以鸿博征，不赴。初与因笃同学甚密，及因笃就征，遂与之绝。所居华山下，有"读易庐"与华峰相向，称绝胜。卒年七十五，有文集行世（见《清史稿·遗逸传》）。《易》学专著今存《周易筮述》八卷。

【王宗传】 南宋宁德（今属福建）人。字景孟。淳熙八年（1181）进士。官韶州教授（见《闽书》及《经义考》）。《易》学专著今存《童溪易传》三十卷。按，董真卿谓宗传临安（今浙江杭州）人，朱彝尊《经义考》指出："林焞亦宁德人，淳熙八年与宗传并举进士。焞《序》称与童溪'生同方、学同学、同及辛丑第'，则宗传为宁德人无疑。鄱阳董氏以为临安人，误矣。"

【王昭素】（894—982） 北宋开封酸枣（今河南延津）人。少笃学不仕，有志行，为乡里所称。常聚徒教授以自给。每市物，随商贾所言而还直，未尝论高下，县人相告曰："王先生市物，无得高取其价也。"修治居室，有椽木积门中，夜有盗者，抉门将入，昭素觉之，即自门中潜掷椽木于外，盗者惭而去，由是里中无盗。家有一驴，人多来借，将出，必先问僮仆："外无借驴者乎？"对曰："无。"然后出。乡人争讼，不诣官府，多就昭素决之。博通《九经》，兼究《庄》、《老》，尤精《诗》、《易》。以为王弼、韩康伯注《易》及孔颖达之疏义，或未尽是，乃著《易论》三十三篇。宋太祖闻其名，开宝三年（970）召见于便殿，时年已七十七。太祖问："何以不仕，致相见之晚？"昭素谢以："不能。"太祖令讲《易》之《乾》卦，至九五"飞龙在天，利见大人"，太祖曰："常人何可占得此爻？"昭素曰："何害？若臣等占得，则陛下是'飞龙在天'，臣等'利见大人'，是利见陛下。"因访以民间事，昭素所言诚实无隐。太祖嘉之，以衰老求归乡里，拜国子博士致仕。年八十九卒于家（见《宋史》本传、《续资治通鉴编》及《朱子语类》）。所著《易论》宋以后罕有传本，朱彝尊《经义考》注"未见"，各家《易》注或有引用其说者。

【王闿运】（1833—1916） 湖南湘潭人。初名开远，字纫秋，一字壬秋，五十岁后改名壬甫，号湘绮。清咸丰七年（1857）举人。治经，通训故章句。太平天国革命期间，曾应肃顺聘请，在其家教读。继入曾国藩幕。此后从事讲学，四川总督丁宝桢延请主讲成都尊经书院。主张治《易》必先知"易"字含数义，不当虚衍卦名；于《书》必先断句读；于《诗》，必先知男女赠答之辞，云云。三年而蜀中士风丕变。蜀学成，还为长沙思贤讲舍、衡州船山书院山长。清末，授翰林院检讨，加侍读衔。辛亥革命后，征为清史馆馆长，甫发凡起例，遽卒（参见《清史稿·儒林传》及《王湘绮先生全集》附王代功编《湘绮府君年谱》）。平生宗今文经学，诗文摹拟汉魏六朝，为当时拟古派所推重。著述甚富，合刊为《湘绮楼全书》。《易》学专著有《周易说》十一卷，大体取荀爽、虞翻遗法，而以己意说之。

【王凯冲】 约隋唐间人。字号、爵里不详。治《易》，著有《周易注》十卷。《隋书·经籍志》未著录。《旧唐书·经籍志》、《新唐书·艺文志》于《易》类均列王凯冲《易注》十卷。已佚。清马国翰《玉函山房辑佚书》辑有《周易王氏说》一卷。并谓其《易》说"盖宗辅嗣学而衍畅其义者"。黄寿祺先生云："凯冲不详何人，《隋书·经籍注》不著录，《唐书·艺文志》有'王凯冲注十卷'，疑凯冲或是隋唐间人。"（《易学群书平议》）

【王树枬】（1852—?） 河北新城人。字晋卿，号陶庐。清光绪十二年（1886）进士。历任户部主事，四川青神、资阳、新津、富顺等县知县，眉州知府，甘肃平庆泾固道、巩秦阶道、兰州道、新疆布政使等官。辛亥革命后，家居北平不复出。1914年，入清史馆任总纂。研治经史，长于辞章。著述甚富，合刊为《陶庐丛刻》。其《易》学专著有《费氏古易订文》十二卷、《周易释贞》一卷。

【王嗣宗】 约六朝至隋之间《易》家。字号、爵里无考。或疑即王弼之兄王宏字正宗者。或疑为南朝齐、梁间人。其《易》学著述久佚。清马国翰《玉函山房辑佚书》辑有《周易王氏义》一卷，并指出："遍考史志，无嗣宗《易注》之目。陆德明《释文》引其音义三节，与徐邈、梁武并称，又实以著作知名之士。考张璠《集解序》二十二家，有王宏字正宗，弼之兄，晋大司农赠太常，为《易义》。嗣宗或正宗之别字？弼字辅嗣，或缘此取义乎？然无显征，故仍题王嗣宗。"黄寿祺先生云："（《释文》）以嗣宗与梁武并称，疑嗣宗或是齐、梁间人。"（《易学群书平议》）

【王三锡命】 《师》卦九二爻辞之语。意思是：君王多次给予奖赏、委以重任。三，泛指多次；锡，即"赐"。此谓九二以阳刚居《师》下卦之中，获应于上卦六五之"君"，犹如率师有功多获赏赐、任命，故称"王三锡命"。参见"师九二"。

【王假有家】 《家人》卦九五爻辞之语。意思是：君王用美德感格众人然后保有其家。假，格也，犹言"感格"。这是说明九五尊居《家人》"君位"，阳刚中正，下应六二柔正，有以美德感格家人以保有其家之象，故曰"王假有家"。参见"家人九五"。

【王假有庙】 ①《萃》卦的卦辞之语。意思是：君王用美德感格神灵以保有庙祭。假，犹言"感格"。这是说明《萃》卦所揭示的事物"会聚"之时寓含的深义，遂拟取"君王"会萃人神之事为喻，谓其用美德感格神灵，会聚祖考的"精神"，以保有"庙祭"，于是可以使"社稷"永久长存，故曰"王假有庙"。参见"萃卦辞"。 ②《涣》卦的卦辞之语。字面意思与《萃》卦辞同。然《涣》卦取此象的喻旨乃是说明，万物当"涣散"之时，形态虽散，神质须聚，散与聚应当相依为用，才能导致亨通；犹如君王能以美德感格神灵，即是聚合散处四方的神灵之祐，乃可保有庙祭，长延社稷，故称"王假有庙"。参见"涣卦辞"。

【王肃易注】 三国魏王肃撰，清黄奭辑。一卷。《汉学堂丛书》本。王肃《易》注，《隋书·经籍志》、《旧唐书·经籍志》、《新唐书·艺文志》均作十卷，《崇文总目》作十一卷，王应麟《困学纪闻》云："王肃注《易》十卷，今不传。"可知其书至南宋已亡。清马国翰曾辑《周易王氏注》二卷、《周易王氏音》一卷，均载《玉函山房辑佚书》中。然不如孙堂《汉魏二十一家易注》中所辑王肃《周易注》之详密。后黄奭复就孙本辑之，而又据《一切经音义》、郑刚中《周易窥余》、熊过《周易象旨决录》、陈士元《易象钩解》四书增补考订，故尤密于孙堂。孙堂指出："《北史·儒林传》称'郑玄《易》大行于河北，王肃《易》亦间行焉，河南儒生讲王辅嗣所注，师训盖寡。'由斯而言，肃虽不如郑氏，而其《易》学固异于辅嗣，而不远于郑也。"（《汉魏二十一家易注》）黄寿祺先生以为，王肃注《易》"皆本象以立说，且不废互体，与《左传》合，较辅嗣之扫象废互，只演空理者区以别矣。至其书之文字与各家异同者，就今所见且四十事"，"其义往往胜于各家，不独足资考订也。"（《易学群书平议》）

【王用享于帝】 《益》卦六二爻辞之语。意为：君王正在献祭天帝祈求降福。帝，犹言"天帝"。这是说明六二当"益"之时，以柔中之德获应于上卦九五之"君"，受益至大；而居上之"君王"犹在"享帝"祈福，欲使"下民"遍获福泽，可知此时六二正处于"益下"之道盛行之世，故曰"王用享于

【王用亨于西山】《随》卦上六爻辞之语。意为：君王（兴师讨逆）在西山设祭。王，喻《随》卦九五爻；亨，通"享"，祭也，此处指古代出师设祭之礼；西山，王弼《周易注》以为"西"为上卦兑的方位，"山"喻险阻。这是说明上六以阴居"随"之极，极则反，有不愿随从、被九五拘禁强令随从之象；九五既强令上六顺服、随从，则有兴师讨逆之举，遂取"王者"设祭"西山"为喻，故曰"王用亨于西山"，即明上六"随极转逆"之义。参见"随上六"。

【王用亨于岐山】《升》卦六四爻辞之语。意思是：君王来到岐山祭祀神灵。王，当指殷王；亨，通"享"，谓祭祀；岐山，在陕西岐山县东北，周族古公亶父曾率众自豳迁于山下周原，筑城作邑。这是拟取古代殷王来到岐山设祭，而周人顺从服事的典故为喻，说明六四处《升》上卦之下，柔顺得正，宜守臣位，以此处"升"，则可获益而无害。参见"升六四"。

【王假之尚大也】《丰》卦的《象传》语。意思是：譬如有德君王可以达到丰大的境界，这是崇尚宏大的道德。此乃解说《丰》卦辞"王假之"的象征内涵。王弼《周易注》："大者，王之所尚，故至之也。"按，此处"尚大"当指美德弘大，故《象传》下文"宜照天下"即谓"德"施周普。

【王用三驱失前禽】《比》卦九五爻辞之语。意思是：君王田猎时三方驱围、网张一面，听任前方的禽兽走失。三驱，指田猎时三方驱围；禽，泛称禽兽。这是用古代天子田猎，虽三方驱围，仅张一面之网，让愿者入网，不愿者走离之事，譬喻九五广与众人亲比而能顺其自然而无私，以见九五"比"道至美之义。参见"比九五"。

【王居无咎正位也】《涣》卦九五爻《小象传》辞。旨在解说九五爻辞"（涣）王居无咎"的象征内涵。意思是：（疏散）王者的居积必无咎害，说明九五以正道处于君主尊位。参见"涣九五小象传"。

【王三锡命怀万邦也】《师》卦九二爻的《小象传》语。旨在解说九二爻辞"王三锡命"的象征内涵。意思是：君主多次赏赐、委以重任，说明有平定天下万方的志向。参见"师九二小象传"。

【王公设险以守其国】《坎》卦的《象传》语。意为：君王公侯设险以守护国境。此举"王公"设险守国为例，以明《坎》卦所寓含的"用险"意义。孔颖达《周易正义》："王公法象天地，固其城池，严其法令，以保守其国也。"程颐《周易程氏传》："王公，君人者。观《坎》之象，知险之不可陵也，故设为城廓沟池之险，以守其国，保其民人。"

【王用出征以正邦也】《离》卦上九爻的《小象传》辞。旨在解说上九爻辞"王用出征"的象征内涵。意思是：君王出师征伐，说明上九是为了端正邦国治理天下。参见"离上九小象传"。

【王用出征有嘉折首】《离》卦上九爻辞之语。意思是：君王出师征伐，建树丰功而斩折敌方首级。嘉，指嘉美之功；首，指敌方首级。这是说明上九以阳刚居《离》之极，"附丽"之道大成，众皆亲附，但亦有不亲附者，则宜征伐讨罪，并可建丰功而斩敌首，故曰"王用出征，有嘉折首"。参见"离上九"。

【王臣蹇蹇终无尤也】《蹇》卦六二爻的《小象传》辞。旨在解说六二爻辞"王臣蹇蹇"的象征内涵。意思是：君王的臣仆努力匡济蹇难，说明六二终将无所过尤。参见"蹇六二小象传"。

【王臣蹇蹇匪躬之故】《蹇》卦六二爻辞。意思是：君王的臣仆努力匡济蹇难，不是为了自身私事。臣，犹言"臣仆"；蹇蹇，形容努力济蹇的情状；匪，通"非"；躬，自身；故，犹"事"。这是说明六二当蹇难之时，柔顺居中，上应九五阳刚之"君"，志在济蹇，犹如"王臣"尽职勋劳不为己身，故曰"王臣蹇蹇，匪躬之故"。参见"蹇六二"。

【王弼改定周易体制】《周易》经传原皆单行,三国魏王弼承西汉费直、东汉郑玄之传,更定《周易》体制,使《周易》经传参合本以规范程式流传至今。西汉初,费直治古文《易》,无章句,徒以《十翼》解说经意(《汉书·儒林传》),此为变更古《易》、援传连经之滥觞。东汉郑玄传费氏《易》,分《彖传》、《象传》为六十四组,各附六十四卦经文之后,并于诸卦《彖》、《象》前增"彖曰"、"象曰",以别于经文。吕祖谦《古易音训》云:"郑康成合《彖》、《象》于经,故加'彖曰'、'象曰'以别之,诸卦皆然。"王弼继起,对经传合本《周易》体制更作改定。其所改定之要点有二:其一,将《象传》再行离析,以《彖》、《大象》分附卦辞后,各爻《小象》分附爻辞后,使《彖》、《象》附经更为贴近。孔颖达《周易正义》曰:"辅嗣之意,以为《象》者本释经文,宜相附近,其义易了,故分爻之《象辞》各附其爻下言之。"唯留《乾》卦仍依郑玄旧本之例,盖欲使读者明其古式。朱熹曰:"王弼注本之《乾》卦,盖存郑氏所分之例也;《坤》以下六十三卦,又弼之所自分也。"(胡一桂《周易启蒙翼传》引)其二,将《文言传》分割为二,各附《乾》、《坤》两卦之卦爻辞、《彖传》、《象传》之后,并各题"文言曰"以标明。孔颖达《周易正义》:"辅嗣以《文言》分附《乾》、《坤》二卦。"朱震《汉上易传丛说》:"自王弼而后,加上'文言曰'。"经王弼改定,费直、郑玄所传《周易》经传参合本遂以规范形式盛行一千七百余年,至今犹然。虽宋以后学者力图恢复古《易》旧制,但终难以取代王弼传本。

【王假有庙致孝享也】《萃》卦的《彖传》语。意思是:君王用美德感格神灵以保有庙祭,这是表达对祖考的孝意而奉献至诚之心。此为解说《萃》卦辞"王假有庙"之义,谓"君王"于天下"会聚"之时,以"庙祭"会通人神而表达对先祖的诚敬。程颐《周易程氏传》:"王者萃人心之道,至于建立宗庙,所以致其孝享之诚也。祭祀,人心之所自尽也,故萃天下之心者,无如孝享。王者萃天下之道,至于有庙,则其极也。"来知德《周易集注》:"尽志以致其'孝',尽物以致其'享'。"

【王假有家交相爱也】《家人》卦九五爻的《小象传》辞。旨在解说九五爻辞"王假有家"的象征内涵。意思是:君王用美德感格众人然后保其有家,说明此时人人交相亲爱和睦。参见"家人九五小象传"。

【王假有庙王乃在中也】《涣》卦的《彖传》语。意思是:君王以美德感格神灵而保有庙祭,说明君王聚合人心居处正中。这是解说《涣》卦辞"王假有庙"之义。在中,指《涣》卦九五阳刚中正,犹如"君王"居中而能感格神灵以聚人心之所散。《周易折中》:"王乃在中,谓九五居中,便含至诚感格之意。"

【王用亨于岐山顺事也】《升》卦六四爻的《小象传》辞。旨在解说六四爻辞"王用亨于岐山"的象征内涵。意思是:君王来到岐山祭祀神灵,说明六四要顺从服事君上。参见"升六四小象传"。

【五】①《周易》六十四卦中,凡居第五位之爻,不论阴阳,均可简称为"五"。如九五、六五,《易》家常谓之"五"。《系辞下传》曰"五多功",言第五爻多为事物成功的象征。《周易集解》引虞翻曰:"五在天,故'飞龙在天,利见大人'。" ②《系辞上传》所列"天数"之一。见"天地之数"。

【五爻】《易》卦六爻中,居卦中第五位的爻。亦称"五位",简称"五"。参见"爻位"。

【五行】 中国古代思想家把水、火、木、金、土视为构成大自然万物的五种基本元素,合称"五行"。"行"字之义,谓流行于天地万物之间。其说又与"阴阳"说相结合,形成影响深远的"阴阳五行学"。汉以后日趋发展的"易学术数学",即参入浓厚的阴阳五行思想。《尚书·洪范》云:"一,五行:一曰水,二曰火,三曰木,四曰金,五曰土。水曰润下,火曰炎上,木曰曲直,金曰从革,土爰稼穑。润下作咸,炎上作苦,曲直作酸,从革作辛,稼穑作甘。"孔颖达《尚书正义》:"言五行性异而味别,各为大之用。书传云:水火者,百姓之所饮食也;金木者,百姓之所兴作也;土者,万物之所资生也。是为人用五行,即五材也。襄二十七年《左传》云:'天生五材,民并用之。'言五者皆有材干也。谓之'行'者,若在天则五气流行,在地世所行用也。"

【五易】 清毛奇龄《仲氏易》所述《易》之五义,谓《易》含变易、交易、反易、对易、移易诸义。《仲氏易》云:"仲氏者,余仲兄与三。其言《易》有'五易',世第知'两易',而不知'三易',故但可言《易》,而不可以言《周易》。夫所谓'两易'者,何也?一曰变易,谓阳变阴,阴变阳也;一曰交易,谓阴交乎阳,阳交乎阴也。此两易者,前儒能言之,然此祇伏羲氏之《易》也。是何也?则以画卦用变易,重卦用交易也;画卦、重卦,伏羲之事也。若夫'三易',则一曰反易,谓相其顺逆,审其向背,而反见之;一曰对易,谓比其阴阳,絜其刚柔,而对视之;一曰移易,谓审其分聚,计其往来,而推移而上下之。"按,黄寿祺先生尝云,毛氏以'两易'属伏羲,以'三易'属文王,未必如是;而所言'反易'即虞翻之'反对','移易'即荀爽之'升降','对易'即虞氏之'旁通',竟诩为前儒所未知,亦违情实《周易名义考》)。参见"易兼五义"。

【五月卦】 ①指"十二辟卦"中代表五月的《姤》卦。 ②汉代《易》家孟喜、京房等倡"卦气"说,以四正卦之外的六十卦分值十二月气候,其中代表五月之卦为《大有》、《家人》、《井》、《咸》、《姤》五卦。详"六十卦次序"。 ③西汉京房创"八宫卦"条例,以"八宫卦"分值一年十二个月,其中代表五月之卦为"一世卦"《姤》、《豫》、《旅》、《困》四卦。详"世卦起月例"。

【五爻变】 指《易》筮过程中筮得五个爻变动的卦。亦称"五爻动"。其占断条

例,朱熹《易学启蒙》曰:"五爻变,则以之卦不变爻占。"这是说,筮得五爻变的卦,应当取"之卦"一个不变爻的爻辞占断吉凶。而任启运《周易洗心》曰"以不变爻占",则认为要兼取"本卦"和"之卦"不变爻的爻辞占断吉凶。但据旧籍所载筮例,并非尽如朱氏或任氏所言。故尚秉和先生《周易古筮考》指出:"如朱子之说,则舍'本卦'不用;如任氏之说,则'本卦'、'之卦'并重,只取其静者耳。而按之古人筮案,皆不尽然。朱子未详考,只引《左传》《艮》之《随》'为例,谓当以《随》不变爻'系小子,失丈夫'为占,以成其说;岂知即穆姜言观之,仍以繇辞(指卦辞)为占耳。"

【五爻动】 即"五爻变"。

【五世卦】 西汉京房倡"八宫卦"说,每宫本宫卦凡变至第五爻所成之卦称"五世卦"。"八宫卦"中,五世之卦有八:《乾》宫五世为《剥》卦,《震》宫五世为《井》卦,《坎》宫五世为《丰》卦,《艮》宫五世为《履》卦,《坤》宫五世为《夬》卦,《巽》宫五世为《噬嗑》卦,《离》宫五世为《涣》卦,《兑》宫五世为《谦》卦。参见"八宫卦"。

【五行易】 西汉《易》家焦赣、京房所《易》筮之法,六十四卦各配以五行、六亲等项,故称"五行《易》"。参见"京氏之学"。

【五十学易】 孔子语,谓年至五十而知晓事理之时,研习《周易》,可以有益于人生,免犯咎过。《论语·述而》:"子曰:加我数年,五十以学《易》,可以无大过矣。"何晏《集解》:"《易》穷理尽性以至于命,年五十而知天命,以知天命之年读'至命'之书,故可以无大过。"邢昺《正义》曰:"此章孔子言其学《易》年也。加我数年,方至五十,谓四十七时也。《易》之为书,穷理尽性以至于命,吉凶悔吝,豫以告人,使人从吉不从凶。故孔子言己四十七学《易》,可以无过咎矣。"又曰:"《汉书·儒林传》云:'孔子盖晚而好《易》,读之韦编三绝,而为之传。'是孔子读《易》之事也。言孔子知天命终始之年读穷理尽性以至于命之

书,则能避凶之吉,而无过咎。谦不敢自言尽无其过,故但言可以无大过矣。"按,陆德明《经典释文》出"学易",云:"如字。《鲁》读易为亦。今从《古》。"依陆氏所引《鲁论》,"易"当作"亦",从下句读,则此章文句宜作:"子曰:加我数年,五十以学,亦可以无大过矣。"这样,便与孔子学《易》之事无关。阮元《论语校勘记》云:"案《鲁论》作'亦',连下句读。惠栋云:《外黄令高彪碑》云'恬虚守约,五十以教',此从《鲁论》,'亦'字连下读也。"近世学者或据此以谓《古论》不足信,推证孔子未尝研《易》并作《十翼》的观点。钱穆《论十翼非孔子作》指出:"《论语》无孔子学《易》事,只有'加我数年五十以学易可以无大过矣'一条。据《鲁论》,'易'字当作'亦'。古人四十为强仕之年,孔子仕鲁为司寇将近五十。他在未仕以前说,再能加我数年,学到五十,再出做事,也可以没有大过失了,这本是很明白的话。《古论》上妄错易一字,便附会到'五十学《易》'等等话说。"然据陆德明《释文》读"易"为"如字",并云"今从《古》",则陆氏遵从《古论》,不以《鲁论》为是。视《史记·孔子世家》述孔子"读《易》,韦编三绝,曰:'假我数年,若是,我于《易》则彬彬矣。'"其文义与《论语·述而》略同。以之互证,可知《古论》作"易"字未必即非。前代学者研读《论语》,均以此为通行之义。故陆龟蒙《酬皮袭美诗》中咏及孔子之德云:"首赞五十《易》,又删三百《诗》。"(《甫里先生集》)

【五鹿充宗】 西汉代郡(治所在今河北蔚县西南)人。字君孟。曾任少府,左迁玄菟太守。党附石显,排陷异己。受《易》于梁丘贺之子梁丘临,传"梁丘之学"。汉元帝好梁丘《易》,欲考问诸家异同,令充宗与诸儒研讨。时朱云得韩婴《易》学之传,登堂辩难,连连折服充宗之说。诸儒为之语曰:"五鹿岳岳,朱云折其角。"(颜师古《汉书注》:"岳岳,长角之貌。")以所学授士孙张、邓彭祖、衡咸,皆有成就,于是"梁氏《易》"一派又有"士孙、邓、衡之学"(见《汉书·朱云传》及《儒林传·梁丘贺传》等)。《汉书·艺文志》于《易》列有:"五鹿充宗《略说》三篇",已佚。按,《艺文志》载冯商《续太史公》七篇,颜师古注:"《七略》云:商,阳陵人,治《易》,事五鹿充宗,后事刘向,能属文。据此,则冯商亦曾从五鹿充宗受梁丘《易》。

【五行生成之数】 《系辞上传》以一至十为"天地之数",其中奇数为阳、为天数,偶数为阴、为地数;古人又将"五行"概念纳入十数,遂以一至五为"五行生数",以六至十为"五行成数",合称"五行生成之数"。《尚书·洪范》:"五行,一曰水,二曰火,三曰木,四曰金,五曰土。"孔颖达《尚书正义》:"《易系辞》曰:'天一,地二;天三,地四;天五,地六;天七,地八;天九,地十。'此即是五行生成之数。天一生水,地二生火,天三生木,地四生金,天五生土,此其生数也。如此则阳无匹,阴无偶,故地六成水,天七成火,地八成木,天九成金,地十成土,于是阴阳各有匹配而物得成焉,故谓之成数也。《易系辞》又曰'天数五,地数五,五位相得而各有合,此所以成变化而行鬼神',谓此也。"朱熹《易学启蒙》:"天一生水,地六成之;地二生火,天七成之;天三生木,地八成之;地四生金,天九成之;天五生土,地十成之。"

【太卜】 古代执掌卜筮的长官。参见"大卜"。

【太阴】 ① 十二辟卦中的《姤》、《遁》、《否》、《观》、《剥》、《坤》六卦合称"消卦",亦称"太阴"卦。《汉书·京房传》载京房上封事,颜师古注引孟康曰:"消卦曰太阴。" ② 朱熹《周易本义》卷首附《伏羲八卦次序图》及《伏羲六十四卦次序图》中,称"四象"之一为"太阴",生艮、坤二卦。参见"四象"。

【太阳】 ① 十二辟卦中的《复》、《临》、《泰》、《大壮》、《夬》、《乾》六卦,合称"息卦",亦称"太阳卦"。《汉书·京房传》载京房上封事,颜师古注引孟康曰:"息卦曰太阳。" ②朱熹《周易本义》卷首附《伏羲八卦次序图》及《伏羲六十四卦次序图》中,称"四象"之一为"太阳",生乾、兑两卦。参见"四象"。

【太极】《周易》哲学体系中有关阴阳学说的一个基本概念。指天地阴阳混沌未分前大自然的本初状态。语出《系辞上传》。参见"太极生两仪"。

【太玄经】西汉扬雄撰,晋范望注。十卷。《四部丛刊》影印万宝堂翻宋本。此书乃模拟《周易》之作。自汉以后,先有宋衷、陆绩注;至晋范望,则又删定二家之注,并自注赞文,定为此本。卷末附唐王涯《说玄》五篇及宋林瑀《释文》一卷。全书所拟《周易》诸篇,大致以"家"准卦,以"首"准彖,以"赞"准爻,以"测"准象,以"文"准《文言》,以五辞(即玄摛、玄莹、玄掜、玄图、玄告)准《系辞传》,以"数"准《说卦传》,以"衡"准《序卦传》,以"错"准《杂卦传》。古本经传各自为篇,范望作注时,析《玄首》一篇分冠八十一"家"之前,析《玄测》一篇分系七百二十九"赞"之下,始变其旧。《四库全书》列此书于"子部术数类"。《太玄》文辞艰涩,据《汉书·扬雄传》,刘歆曾观《太玄》,谓雄曰:"空自苦!今学者有禄利,然尚不能明《易》,又如《玄》何?吾恐后人用覆酱瓿也。"雄唯笑而不答。自宋以来,注《太玄经》之书,又有宋司马光《太玄集注》、明叶子奇《太玄本旨》、清陈本礼《太玄阐秘》等。《太玄》虽是拟《易》之作,但从中可借以考索理解《易》象、《易》义之资料,故此书对《易》学研究亦颇有价值。

【太极图】①北宋周敦颐作,与其所撰《太极图说》并行,亦称"周子太极图"(见书首图版九)。全图旨在展示"太极"生阴阳,阴阳合成"五行"而生成男女、万物的衍化模式。图中自上而下分为五层:第一层,为一大圆圈"○",代表化生万物之最初本体,即《太极图说》所言"无极而太极"。朱熹云:"此所谓'无极而太极'也。所以动而阳,静而阴之本体也。然非有以离乎阴阳也,即阴阳而指其本体,不杂乎阴阳而为言耳。"(《太极图说解》)第二层,为黑白三轮图,亦称"水火匡廓图"(见书首图版十),右标"阴静",左标"阳动",黑白之圈轮廓环抱,象征"太极"动而生阳,静而生阴。第三层,为五行交合图,亦称"三五至精图"(见书首图版十一),象征"阳变阴合"而生水、火、木、金、土。五行以五小圈表示,分居五方,水居右上,火居左上,金居右下,木居左下,土居中央。代表五行之五小圈,既交系于其上"三轮图",又自相联系。朱熹云:"交系乎上,阴根阳,阴根阴也。水而木,木而火,火而土,土而金,金而复水,如环无端,五气布,四时行也。"(同前)五小圈下,又有一小圈与金、水、火、木相连,代表阴阳二气、五行交合无间,朱熹云:"此无极二五所以妙合无间也。"(同前)第四层,亦为一大圆圈"○",代表阴阳、五行之生成者皆禀"男"、"女"气质,故圆圈右标"坤道成女",左标"乾道成男"。朱熹云:"乾男、坤女,以气化者言也;各一其性,而男女一太极也。"(同前)第五层,亦为一大圆圈"○",代表由以上程序,化生出大自然中形态万殊之物,故圆圈下标"万物化生"。朱熹云:"万物化生,以形化者言也;各一其性,而万物一太极也。"(同前)这五层图式,从"太极"之阴阳动静到万物化生,层层推进,以表达对宇宙生成程序的一种推测。按,周敦颐《太极图》究竟是其自作,还是有所授受源流,旧说不一。大略有五种主要观点:其一,朱震《汉上易传》曰:"濮上陈抟以《先天图》传种放,放传穆修,修传李之才,之才传邵雍。放以《河图》、《洛书》传李溉,溉传许坚,坚传范谔昌,谔昌传刘牧。修以《太极图》传周敦颐,敦颐传程颐、程颢。"此谓周氏《太极图》远承陈抟之学,近得穆修之传。然据苏舜钦《哀穆先生文》(见《苏学士集》),穆修卒于明道元年

(1032)，时周敦颐仅十五岁，故学者多疑两者之授受关系。其二，晁公武《郡斋读书志》曰："景迂云：胡武平、周茂叔同师润州鹤林寺僧寿涯，其后武平传其学于家，茂叔则授二程。与震之说不同。"景迂即晁说之。此言周氏《太极图》得之僧寿涯。然钱穆《论太极与先天图之传授》云："晁景迂之道听途说，未见其必可信也。"（《中国学术思想史论丛》五）其三，黄宗炎《易学辨惑》以为，《太极图》本名《无极图》，创自汉河上公，魏伯阳得之以著《参同契》，钟离权得之以授吕洞宾，吕洞宾与陈抟同隐华山，因以授陈，陈遂刻此图于华山石壁，后又经种放、穆修而传至周敦颐。并谓《无极图》"自下而上，以明逆则成丹之法"；而《太极图》则自上而下，揭示万物化生之理，故断言周敦颐"乃颠倒其序，更易其名，以附于《大易》，指为儒者之秘传"。此谓周氏改易陈抟之《无极图》而作《太极图》。然钱穆则反黄氏之说曰："晦木（按，即黄宗炎）去濂溪亦已六百年，安知非有方外好事者，颠倒濂溪《太极图》以言养生？晦木闻其绪余，乃复颠倒说之，而转疑濂溪原本养生诀说太极。此为以颠倒为不颠倒，以不颠倒为颠倒。玄黄回惑，固孰为真颠倒者耶？"（同前）其四，毛奇龄《太极图说遗议》以为，东汉魏伯阳《周易参同契》有《水火匡廓图》、《三五至精图》，先被《道藏》中《真元妙经图》窃而制成《太极先天之图》；陈抟又转窃《道藏》之图作《太极图》，是为周敦颐图所本。此谓周氏《太极图》远承魏伯阳、《道藏》、陈抟而来。然钱穆驳云："毛奇龄大可作《太极图说遗议》，谓：'《道藏》有《上方大洞真元妙经》，有《先天太极合一之图》，陈抟先窃之，其图适与绍兴间朱震所进图合。'先天、太极本属两事，康节先天之学源于陈抟，濂溪《太极图》则别有来历。"今乃谓：'赵宋以前已有窃《参同契》为《太极先天图》者，陈抟又从而转窃之，然且一分为二，一曰《先天》，一曰《太极》。'是窃前又有窃，希夷、

康节、濂溪诸人，何专务偷袭乃尔？《道藏》本作伪之渊薮，毛氏不疑《真元品》之伪撰，而宁愿归狱于希夷、濂溪之攘窃，亦只见其困缚于一时之风气，而弗能自拔耳。"（同前）其五，潘兴嗣《濂溪先生墓志铭》谓：周敦颐"尤善谈名理，深于《易》学，作《太极图》、《易说》、《易通》数十篇，诗十卷"（《周濂溪先生全集》）。朱熹《周子太极通书后序》亦云："先生之学，其妙具于《太极》一图。《通书》之言，亦皆此图之蕴。""潘清逸（按，即兴嗣）誌先生之墓，叙所著书，特以作《太极图》为称首，则此图当为先生书首无疑也。""又尝读朱内翰震《进易说表》，谓此图之传，自陈抟、种放、穆修而来。而五峰胡氏作序，又以为先生非止为种、穆之学者，此特其学之一师尔，非其至者也。夫以先生之学之妙，不出此图，以为得之于人，则决非种、穆所及；以为非其至者，则先生之学，又何以加于此图哉！是以窃尝疑之，及得《誌》文考之，然后知其果先生所自作，而非有受于人者，二公盖未尝见此《誌》而然也。"（《朱文公集》卷七）此谓《太极图》乃周氏所自撰，而为历来多数学者之通谊。　②黑白回互环抱图之别称，见"天地自然之图"。

【**太极图说**】　北宋周敦颐撰，载《周元公集》中。旨在解释周氏所制《太极图》（见书首图版九）。全文如下："无极而太极。太极动而生阳，动极而静；静而生阴，静极复动。一动一静，互为其根。分阴分阳，两仪立焉。阳变阴合，而生水、火、木、金、土。五气顺布，四时行焉。五行，一阴阳也；阴阳，一太极也；太极，本无极也。五行之生也，各一其性。无极之真，二五之精，妙合而凝，乾道成男，坤道成女。二气交感，化生万物。万物生生，而变化无穷焉。惟人也，得其秀而最灵。形既生矣，神发知矣，五性感动而善恶分，万事出焉。圣人定之以中正仁义（自注：圣人之道仁义中正而已矣）而主静（自注：无欲故静），立人极焉。故圣人与天地合其德，日

月合其明,四时合其序,鬼神合其吉凶。君子修之吉,小人悖之凶。故曰:'立天之道,曰阴与阳;立地之道,曰柔与刚;立人之道,曰仁与义。'大哉《易》也,斯其至矣!"此文系南宋朱熹所校定,明代编入《周元公集》,清代又刻入《周子全书》中,流传颇广。视文中大旨,可分为前后两部分:前部分自首至"变化无穷焉",论宇宙万物之化生模式;后部分自"惟人也"至终,论人生当本太极精微之理以为用。据朱熹《太极图说解》,谓前部分含五小节,各与《太极图》之五层图式相当:第一节为首句"无极而太极",释第一层图式"○";第二节自"太极动而生阳"至"两仪立焉",释第二层图式"三轮图"(阴静阳动);第三节自"阳变阴合"至"各一其性",释第三层图式"五行交合图";第四节自"无极之真"至"坤道成女",释第四层图式"○"(坤道成女,乾道成男);第五节自"二气交感"至"变化无穷焉",释第五层图式"○"(万物化生)。又谓后部分亦含五小节,各述太极义理之用:第一节自"惟人也"至"万物出焉",论人生具动、静之理而常失之于"动";第二节自"圣人定之以中正仁义"至"鬼神合其吉凶",论圣人全动静之德而常本之于"静";第三节为"君子修之吉,小人悖之凶"两句,明君子、小人之别;第四节自"故曰立天之道"至"故知死生之说",援引《易》说证成太极之理;第五节为"大哉《易》也,斯其至矣"两句,归结此图奥义尽在《易》中。周氏《太极图说》之出,又经朱熹阐解,遂成为程朱理学的基础理论之一。南宋淳熙十五年(1188),陆九韶、陆九渊兄弟曾与朱熹就周氏《太极图说》的"无极"、"太极"问题展开过激烈论争,陆氏兄弟以为"太极"之上不可加"无极",此为佛氏语,疑非周氏之作,或为其学未成时所作;朱熹则谓"无极"、"太极"两者实为一物,前者"无形"、后者"有理",非太极之外复有无极。朱、陆之辨,其实质是对宇宙"本体论"的不同认识,朱主"道学",陆主"心学",在中国哲学史上至有影响。钱穆《朱子新学案》以为:"朱子盖以为'无极而太极'之'而'字本即'太极本无极'之'本'字,实是更为允惬。朱子谓《老》、《庄》言有、无,以'有'、'无'为二;周子论'有'、'无',以'有'、'无'为一:其所剖析,洵为深至。"又曰:"濂溪《太极图说》根据《易传》,自应与老、庄道家有别,故终当以朱子之释为是也。"按,前人尝考《太极图说》多用佛老二氏语意,清毛奇龄《太极图说遗议》谓"无极"、"根"、"真"、"合"、"凝"等词皆袭用佛经、《道藏》成语,故颇有指摘。周学武《周濂溪太极图说考辨》详析其委曲,驳正毛氏所误会者,指出:"夫文字,乃所以表思想之工具,而非思想之本身也。偶一借用二氏之名相,以说吾儒之至理,原无不可,奚足为濂溪罪!且佛道二家,由来已久,其义理犹不乏可相资为用者,况其外表之文辞乎?则西河撷拾一二成词,以定濂溪学术宗旨,自不免流于皮相之论也。"又按,近人但植之撰《晋纪瞻顾荣论易太极为周敦颐太极图说所本考》一文(载《制言》第二十期),举《晋书·纪瞻传》瞻与顾荣论"太极"之义,与周氏《太极图说》相契合;唯周氏阴宗老氏,不如顾荣之公然奉为宗主。故云:"太极、无极之说,周敦颐详之,朱、陆辨之;晋人已有开其先者,不始于敦颐也。"又曰:"使象山早举顾、纪二氏之说以质朱子,吾知朱子必当不复作无益之诘难也。"然周学武云:"濂溪是否曾见该传(按,指《晋书·纪瞻传》),今不能详,然其论《易》之太极,其理趣固有与濂溪相似者。若谓濂溪本其言以立《图说》,疑未然也。"(同前)

【太极真图】 即"天地自然之图"。

【太极生两仪】 《周易》哲学体系中有关阴阳学说的一个重要概念。谓大自然的本初是混沌未分的"太极",太极裂变而生天地阴阳"两仪",两仪再裂变而生太阳、太阴、少阳、少阴"四象",四象再各分裂而生天、地、雷、风、水、火、山、泽"八卦",而八卦的推衍变化则可判定吉凶而指导天下的盛大事业。此概念出《系辞上传》："是故《易》有太极，是生两仪，两仪生四象，四象生八卦，八卦定吉凶，吉凶生大业。"《周易乾凿度》："孔子曰：《易》始于太极，太极分而为二，故生天地；天地有春、夏、秋、冬之节，故生四时；四时各有阴阳刚柔之分，故生八卦。八卦成列，天地之道立，雷风水火山泽之象定矣。"李鼎祚《周易集解》引虞翻曰："太极，太一；分为天地，故'生两仪'也。"孔颖达《周易正义》："太极，谓天地未分之前，元气混而为一，即是'太初'、'太一'也。故《老子》云'道生一'，即此'太极'是也。又谓混元既分，即有天地，故曰'太极生两仪'，即《老子》云'一生二'也。"又曰："八卦既立，爻象变而相推，有吉有凶，故'八卦定吉凶'也。"又曰："万事各有吉凶，广大悉备，故能生天下大事业也。"马其昶《重定周易费氏学》引僧一行《大衍论》曰："三变皆刚，太阳之象；三变皆柔，太阴之象；一刚二柔，少阳之象；一柔二刚，少阴之象。"按，"太极"之"极"字，有"中"义（见"节九二小象传"），故郑玄释"太极"曰："极中之道，淳和未分之气也。"（王应麟辑《郑康成易注》）于义亦通。又按，关于"四象"之义，尚秉和先生《周易尚氏学》综合旧说，指出："四象即四时，春少阳，夏老阳，秋少阴，冬老阴也。老阳、老阴，即九、六；少阳、少阴，即七、八。故四象定则八卦自生。"此说可从。又按，朱熹《周易本义》承邵雍之说，以为《太极》至《八卦》的衍生原理，是一生二，二生四，四生八的过程，指出"两仪"即阳（—）与阴（——），"四象"即阴阳交互重叠为太阳（⚌）、太阴（⚏）、少阳（⚎）、少阴（⚍），"八卦"则由"四象"再分别加上阴阳画而成，并云："此数言者，实圣人作《易》自然之次第，有不假丝毫智力而成者；画卦揲蓍，其序皆然。"可备一说。

【太极图说述解】 明曹端撰。一卷，又《通书述解》一卷、《西铭述解》一卷。《四库全书》本。此编乃分别解说《太极图说》、《通书》、《西铭》，其说颇与《易》学有关。《四库全书》列于"子部儒家类"，《提要》指出："是编笺释三书，皆抒所心得，大旨以朱子为归。而《太极图》末附载《辨戾》一条，乃以朱子所论太极、阴阳，《语录》与《注解》互异，而考定其说。盖《注解》出朱子之手，而《语录》则门人之所记，不能无讹。端得于朱子者深，故能辨别微茫，不肯雷同附和，所由与依草附木者异也。前有端《自序》，作于宣德戊申，惟论《太极图说》及以《诗赞》、《辨戾》附末之意，而不及《西铭》。卷末有正德辛未黎尧卿《跋》，始兼《西铭》言之。《通书》前后，又有孙奇逢《序》及《跋》，《跋》但言《通书》，而《序》则言渑池令张爕合刻三书。盖尧卿始以《太极图说》、《西铭》合编，爕又增以《通书》也。据端本传，其书本名《释文》，所注《孝经》乃名《述解》。此本亦题曰《述解》，不知何人所改刊。版颇拙恶，排纂亦无体例；每句皆以正文与注连书，字画大小相等，但以方匡界正文每句之首尾，以为识别，殊混淆难读。今离而析之，使注与正文别行，以便省览焉。"

【太极图说遗议】 清毛奇龄撰。一卷。《西河合集》本。此书专就宋以来关于周敦颐《太极图说》之争论，详为考析评议，以为其图，其说源出于道家。《四库全书提要》列此书于"子部儒家类存目"，并指出："周子《太极图说》，本'《易》有太极'一语。特以'无极'二字，启朱、陆之争。奇龄又以其图与《参同契》合，并唐玄宗御制《上方大洞真玄妙经序》'无极'二字为证，因及于篇中'阴阳'、'动静'、'互根'等语，谓皆非儒书所有。立议原不为无因。惟是一元化为二气，二气化为五行，而万物生息于其间，此理经古不易。儒与道共此天地，则所言之天地，儒不能异于道，道亦不能异于儒。犹之日月丽天，万方并睹，不能谓彼教所见日月非我日月也。苟其说不悖于理，何必究其所从出？奇龄此论，不论此言之是非，而但于图绘字句辨其原出于道家。所谓舍本而争末者也。"

【不当位】 见"当位不当位"。

【不远复】《复》卦初九爻辞之语。意为：起步不远就回复正道。此言初九以一阳居《复》卦群阴之下，为"复"之始，最得"复善"之道，有"不远"即"复"之象，故称"不远复"。参见"复初九"。

【不明晦】《明夷》卦上六爻辞之语。意为：不发出光明却带来昏暗。此言上六当"明夷"之时，以阴居卦极，为"暗君"之象，其德非但不能灿明，反而导致黑暗，故曰"不明晦"。参见"明夷上六"。

【不出门庭】《节》卦九二爻辞之语。意为：不跨出门庭。这是说明九二当"节"之时，阳居阴位，为处"节"失正之象，其时六三、六四两阴有待于前，路途畅通，却仍怀失正无应之忧而拘于节制，犹如闭门自扰，裹足不前；当行而不敢行，其凶可知，故曰"不出门庭"。参见"节九二"。

【不出户庭】《节》卦初九爻辞之语。意为：不跨出户庭。这是说明初九以阳居《节》之始，上应六四阴柔，但前路有九二阻塞，时未可行，乃能节制慎守，犹如杜门静居，足不出户，遂可免咎，故称"不出户庭"。参见"节初九"。

【不成乎名】《乾》卦《文言传》语。旨在衍释《乾》初九爻辞"潜龙"之义。意思是：有"潜龙"之德者不迷恋于成就功名。李鼎祚《周易集解》引郑玄曰："当隐之时，以从世俗，不自殊异，无所成名也。"孔颖达《周易正义》："言自隐默，不成就于令名使人知也。"

【不言所利】《乾》卦《文言传》语。旨在盛赞《乾》卦所象征的"天"的美德。谓"天"的利惠之大，无所不在，难以言喻，故不言其"利"之具体所在。李鼎祚《周易集解》引虞翻注，援《论语》文以释之："天何言哉？四时行焉，百物生焉，故利者大也。"孔颖达《周易正义》："其实此'利'为无所不利。"

【不永所事】《讼》卦初六爻辞之语。意思是：不久缠于争讼事端。事，此处指讼事。谓初六以阴处《讼》卦之初，有退而不争之象，故能"不永"于讼事。参见"讼初六"。

【不易乎世】《乾》卦《文言传》语。旨在衍释《乾》初九爻辞"潜龙"之义。意思是：有"潜龙"之德者不会被污浊的世俗改变节操。不易，犹言不改移本节。孔颖达《周易正义》："不移易其心。在于世俗，虽逢险难，不易本志也。"李鼎祚《周易集解》引崔憬曰："言据当潜之时，不易乎世而行者，龙之德也。"

【不家食吉】《大畜》卦的卦辞之语。意为：不使贤人在家中自食可获吉祥。此言"大畜"之时，"大"者必须广"畜"贤者，故取"君主养贤"为喻，谓不使贤者"家食"，而食禄于朝则"吉"。参见"大畜卦辞"。

【不速之客】 不召而自至的客人。语出《需》卦上六爻辞，在爻辞中喻《需》下卦的三阳爻。参见"需上六"。

【不习无不利】《坤》卦六二爻辞之语。意思是：不学习也无所不利。此言六二所禀"坤"德至厚，以柔顺中正为本，故不用营修，其功自然而成。参见"坤六二"。

【不可荣以禄】《否》卦的《大象传》语。意谓不可追求荣华、谋取禄位。这是从《否》卦"天地不交"的卦象而推阐出的"君子"观此象，须悟知置身"否闭"之时，不可热衷于名利地位的道理。参见"否大象传"。

【不利有攸往】《周易》卦爻辞中的常用语。意为：不利于有所前往。攸，犹言"所"。如《无妄》卦辞"不利有攸往"，孔颖达《周易正义》云"不利有所往"。

【不利君子贞】《否》卦的卦辞之语。意为：天下无利，君子应当守持正固。此言"否"之时，人类上下不相交通，万物"否"塞，天下不得其利，唯君子不苟合于"否"道而独能守正，故称"君子贞"。按，"不利,君子贞",旧注多合为一句读,指"不利君子为正"。于义亦通。参见"否卦辞"。

【不见是而无闷】《乾》卦《文言传》语。旨在衍释《乾》初九爻辞"潜龙"之义。意思是:有"潜龙"之德者不被世人称许也不感到苦闷。是,犹言"赞许"。孔颖达《周易正义》:"言举世皆非,虽不见善,而心亦无闷。"李鼎祚《周易集解》引崔憬曰:"世人虽不己是,而己知不违道,故无闷。"

【不节若则嗟若】《节》卦六三爻辞之语。意思是:不能节制,于是嗟叹伤悔。若,语气助词。此言六三当"节"之时,以阴居下卦之终,不中不正,乘凌二阳,有骄侈而不能节制之象;但阴处阳位,未能自安,又有嗟伤自悔之象,遂可因伤悔而改过免咎,故曰"不节若,则嗟若"。参见"节六三"。

【不克讼归而逋】《讼》卦九二爻辞之语。意思是:争讼失利,逃窜速归。此谓九二当"讼"之时,与上卦九五阳刚无应致讼,二处下失利;以其阳刚居中,能适宜权衡讼事,故于失利后及早逃归隐居。参见"讼九二"。

【不胜而往咎也】《夬》卦初九爻的《小象传》辞。旨在解说初九爻辞"往不胜为咎"之义,然即取爻辞原文变更语序以为释。意思是:不能取胜而急于前往,说明初九若如此必遭咎害。参见"夬初九小象传"。

【不耕获未富也】《无妄》卦六二爻的《小象传》辞。旨在解说六二爻辞"不耕获"的象征内涵。意思是:不事耕耘而不图收获,说明六二未曾谋求富贵。参见"无妄六二小象传"。

【不耕获不菑畬】《无妄》卦六二爻辞之语。意为:不事耕耘而不图收获,不务开垦而不谋良田。菑,音兹 zī,初垦的瘠田,此处用如动词,犹言"开垦"畬,音余 yú,指耕作多年的良田。这是说明六二当"无妄"之时,柔正居中,上应九五,不敢妄为而安守"臣道",有不妄耕以求"获"、不妄垦以求"畬"之象,故称"不耕获,不菑畬"。参见"无妄六二"。

【不及其君遇其臣】《小过》卦六二爻辞之语。意思是:远不如其君主,君主于是遇合贤臣。君,喻《小过》六五爻;臣,喻《小过》六二爻。这是说明六二当"小过"之时,以阴居下卦中位,柔顺得正,其进畅遂,可以逾迈九三而超越上卦九四之阳,乃至得遇居尊位之六五;此时六五既居"尊位",而六二处"小有过越"之际,过越太甚必失,遂不敢妄超六五,惟恭顺臣事之,五乃得遇贤臣,故曰"不及其君,遇其臣"。辞义主于六二处"小过"得体不偏,能适中合宜地既过又不过,必可致福免害。参见"小过六二"。

【不宁方来后夫凶】《比》卦的卦辞之语。意思是:不获安宁者多方前来比辅,缓缓来迟者必有凶险。宁,犹言"安";方,指多方;夫,语气助词。此谓"亲密比辅"于人宜迅速而不可迟缓。参见"比卦辞"。

【不克讼归逋窜也】《讼》卦九二爻的《小象传》语。旨在解说九二爻辞"不克讼,归而逋"之义。意思是:争讼失利,就要逃窜速归。参见"讼九二小象传"。

【不克讼复即命渝】《讼》卦九四爻辞之语。意思是:争讼失利,回心归就正理,改变(争讼的)念头。复,回头;即,就也;命,理也,犹言"正理";渝,变也。此谓九四当"讼"之时,下应初六,先挑起与初六的争讼,初六能辩明,九四则败讼,故曰"不克讼";但九四阳刚阴位,刚而能柔,于败讼之后能"复"归正理,变"渝"斗讼的初衷,故曰"复即命,渝"。参见"讼九四"。

【不利为寇利御寇】《蒙》卦上九爻辞之语。意思是:(教治蒙稚者)不利于施用强寇暴起的方式,利于采用抵御强寇的方式。为寇,喻暴烈过甚;御寇,喻适当的严厉。这是说明上九以阳高居《蒙》卦之终,有治蒙严厉之象;因其阳刚极盛,恐治蒙过烈,故爻辞特戒可严不可暴,谓暴烈过度必"不利",合宜之严则有利。参见"蒙

【不家食吉养贤也】《大畜》卦的《象传》语。意思是：不使贤人在家中自食可获吉祥，说明要畜养贤人（让他们食禄于朝）。这是指出"大畜"之时应"养贤"于朝，以释《大畜》卦辞"不家食吉"之义。王弼《周易注》："有大畜之实，以之养贤，令贤者不家食，乃吉也。"

【不远之复以修身也】《复》卦初九爻的《小象传》辞。旨在解说初九爻辞"不远复"的象征内涵。意思是：起步不远就回复正道，说明初九善于修美自身。参见"复初九小象传"。

【不出门庭失时极也】《节》卦九二爻的《小象传》辞。旨在解说九二爻辞"不出门庭"的象征内涵。意思是：不跨出门庭，说明九二丧失了适中的时机。参见"节九二小象传"。

【不出户庭知通塞也】《节》卦初九爻的《小象传》辞。旨在解说初九爻辞"不出户庭"的象征内涵。意思是：不跨出户庭，说明初九深知路通则行而路塞则止的道理。参见"节初九小象传"。

【不宁方来上下应也】《比》卦的《象传》语。意思是：不得安宁者多方前来比辅，说明上者与下者相互应合。上，指《比》卦九五爻；下，指九五之下的四阴爻。此以九五与下四阴相比应，犹如四阴爻皆来亲密比辅于九五，释卦辞"不宁方来"之义。马其昶《重定周易费氏学》引王申子曰："四阴顺从乎五，五下比四阴，故曰'上下应'。"按，王弼《周易注》、朱熹《周易本义》均释"上下应"为"上下五阴均应于九五"，义亦可通，宜备参考。

【不节之嗟又谁咎也】《节》卦六三爻的《小象传》辞。旨在解说六三爻辞"不节若，则嗟若"的象征内涵。意思是：不能节制而及时嗟叹伤悔，又有谁会施加咎害呢！参见"节六三小象传"。

【不利东北其道穷也】《蹇》卦的《象传》语。旨在解说"不利东北"之义。意思是：不利于走向东北山麓，说明往东北必将路困途穷。孔颖达《周易正义》："之于险阻，更益其难，其道弥穷。"

【不戒以孚中心愿也】《泰》卦六四爻的《小象传》语。旨在解说六四爻辞"不戒以孚"的象征内涵。意思是：未相告诫都心存诚信，说明阴爻内心都有应合阳爻的意愿。参见"泰六四小象传"。

【不恒其德无所容也】《恒》卦九三爻的《小象传》辞。旨在解说九三爻辞"不恒其德"的象征内涵。意思是：不能恒久保持美德，说明九三长此以往将无处容身。参见"恒九三小象传"。

【不恒其德或承之羞】《恒》卦九三爻辞之语。意思是：不能恒久保持美德，或有人施加羞辱。承，奉也，此处犹言"施加"；羞，羞辱。这是说明九三当"恒"之时，以阳刚居下卦之终，应于上六，躁动盲进，有守德不恒之象，遂致有人或加之以羞，故曰"不恒其德，或承之羞"。参见"恒九三"。

【不拯其随其心不快】《艮》卦六二爻辞之语。意思是：未能举步上承本应随从的人，心中不得畅快。拯，通"承"。这是说明六二以阴柔处《艮》下卦之中，外卦无应，本须承上九之阳而随从之，但正值"抑止"之时，其"小腿肚"被止，乃至无法移步承阳；当行而不得行，承阳之志难遂，中心郁郁寡欢，故曰"不拯其随，其心不快"。爻义主于诫施止不得其所。参见"艮六二"。

【不拯其随未退听也】《艮》卦六二爻的《小象传》辞。旨在解说六二爻辞"不拯其随"的象征内涵。意思是：未能举步上承本应随从的人，说明六二又无法退而听从抑止之命（遂致心中不得畅快）。参见"艮六二小象传"。

【不事王侯志可则也】《蛊》卦上九爻的《小象传》辞。旨在解说上九爻辞"不事王侯"的象征内涵。意思是：不从事王侯的事业，说明上九的高洁志向值得效法。

参见"蛊上九小象传"。

【不事王侯高尚其事】《蛊》卦上九爻辞。意思是：不从事王侯的事业，把自己逍遥物外的行为看得至高无上。前一"事"字，为动词，犹言"从事"；后一"事"字，为名词，犹言"行为"。此谓上九居《蛊》卦之终，弊乱至极，"治蛊"道穷，遂不累于"王侯"之事，超然物外，以高洁自守，故称"不事王侯，高尚其事"。参见"蛊上九"。

【不及其君臣不可过也】《小过》卦六二爻的《小象传》辞。旨在解说六二爻辞"不及其君"的象征内涵。意思是：远不如其君主，说明六二作为臣属不可超越君上。参见"小过六二小象传"。

【不习无不利地道光也】《坤》卦六二爻的《小象传》语。旨在解说六二爻辞"不习无不利"的象征内涵。意思是：《坤》卦六二不学习也无所不利，是大地的柔顺之道发出光芒。这是强调六二"坤德"之美。参见坤六二小象传"。

【不永所事讼不可长也】《讼》卦初六爻的《小象传》语。旨在解说初六爻辞"不永所事"的象征内涵。意思是：（初六）不久缠于争讼事端，说明争讼不可长久不停。参见"讼初六小象传"。

【不利有攸往小人长也】《剥》卦的《彖传》语。意思是：不利于有所前往，说明小人的势力盛长。小人，喻指《剥》卦中的五阴爻。此以《剥》卦中五阴爻众多而有小人盛长之象，释卦辞"不利有攸往"之义。李鼎祚《周易集解》引郑玄曰："五阴一阳，小人极盛，君子不可有所之，故'不利有攸往'也。"

【不利涉大川入于渊也】《讼》卦的《彖传》语。意思是：不利于涉越大河巨流，说明恃刚乘险将陷入深渊。这是举《讼》卦的上下卦有乾刚乘坎险之象，说明恃刚犯难，将有陷入深渊之危，以释《讼》卦辞"不利涉大川"之义。孔颖达《周易正义》："若以讼事往涉于川，即必坠于深渊而陷于难也。"

【不知易不足以言太医】中国古代医学理论，多采用或融会《周易》的阴阳变化哲理以立说，精医者往往通《易》，故有是说。明张介宾《类经附翼》："宾尝闻之孙真人曰：'不知《易》，不足以言太医。'每窃疑焉。以谓《易》之为书，在开物成务，知来藏往；而医之为道，则调元赞化，起死回生。其义似殊，其用似异。且以医有《内经》，何借于《易》？舍近求远，奚必其然？而今也，年逾不惑，茅塞稍开；学到知羞，方克渐悟。乃知天地之道，以阴阳二气而造化万物；人生之理，以阴阳二气而长养百骸。《易》者，易也，具阴阳动静之妙；医者，意也，合阴阳消长之机。虽阴阳已备于《内经》，而变化莫大乎《周易》。故曰天人一理者，一此阴阳也；医《易》同源者，同此变化也。岂非医《易》相通，理无二致？可以医而不知《易》乎？"又云："一朝闻道，立证羲、黄。即道即心，谁无先觉？余虽不敏，犹企医王。因尔重申其义曰：不知《易》不足以言太医，亦冀夫披斯道之门墙。"

【不终日贞吉以中正也】《豫》卦六二爻的《小象传》辞。旨在解说六二爻辞"不终日，贞吉"的象征内涵。意思是：不等候一天终竟（就悟知欢乐必须适中的道理）、守持正固可获吉祥，说明六二居中持正。参见"豫六二小象传"。

【不富以其邻利用侵伐】《谦》卦六五爻辞之语。意思是：虚怀不有富实，与近邻一起都利于出征讨伐。不富，谓《谦》六五阴虚失实，喻"虚怀谦逊"之义；以，犹"与"；邻，指《谦》六四、上六两爻。这是说明六五当"谦"之时，柔中居尊，既能广泛施谦于下，又能协同居上者共伐骄逆，使"天下"尽归谦道；故先言"不富"以喻其虚怀谦逊，再称"以其邻利用侵伐"喻当讨伐骄逸。参见"谦六五"。

【不能退不能遂不详也】《大壮》卦上六爻的《小象传》语。旨在解说上六爻辞

"羝羊触藩,不能退,不能遂"的象征内涵。意思是:不能退却、不能前进,说明上六处事不够周详审慎。参见"大壮上六小象传"。

【不鼓缶而歌则大耋之嗟】《离》卦九三爻辞之语。意思是:若不敲起缶而怡然作歌自乐,必将导致老暮穷衰的嗟叹。缶,瓦器,此处指用为击节伴奏之器;耋,音迭dié,年至八十称"耋","大耋"极言年老。这是说明九三以阳刚处下离之终,阳极将衰,如日西偏,未能久"附丽"于物;此时若不及早"鼓缶"作歌行乐,而要勉强进取,将致"老暮"之嗟,必有凶险,故曰"不鼓缶而歌,则大耋之嗟"。参见"离九三"。

【屯】 六十四卦之一。列居篇中第三卦。由下震(☳)上坎(☵)组成,卦形作"䷂",卦名为《屯》。"屯"字之义,许慎《说文解字》云:"屯,难也,象艸木之初生,屯然而难,从中贯一,一地也,尾曲。"可见此字本为"草木初生"的象形,引申有"难"义。《屯》卦继《乾》、《坤》两卦之后,喻示事物初生之际的情状,义在阐明"初创艰难"。卦辞既言此时可致亨通,又谓利于守正、宜"建侯"广资辅助,表露了作者哲理浓厚的观点:认为初创虽艰难,若能把握正确的规律,前景必将充满光明。卦中六爻,通过不同的物象,揭示处"屯"之道:初爻"盘桓",以居正不出为利;二爻"屯邅",似女子"守贞待字"则宜;三爻"即鹿",当退不当进;四爻"求婚",亲下获吉;五爻"初创"局面将通,但不可疏忽,须守正防凶;上爻虽"泣血",但大局已畅通,必将化忧为喜。综言之,六爻皆围绕物之"初生"、时之"草创",明其吉凶利咎,大旨无不强调居正慎行。从哲学内涵分析,全卦所明"初生"、"艰难"的本旨,是勉励人沿着"草创"之时的发展趋势,不断开拓、进取,以求得"元亨"为最终目的。《大象传》申言"君子以经论",即体现"奋发图治"、处"屯"求通的精神。《宋书·谢灵运传》所谓"国屯难而思抚",正与此义合。因此,《屯》卦的积极意义,是以辩证的哲学观点,指出"初生"事物的发展前景,展示"君子有为之时"开"屯"致"通"的途径。

【屯坎】 《屯》、《坎》两卦寓有艰难、险难之义,故二字相合谓困顿之境。张仲素《穆天子宴瑶池赋》(见《全唐文》):"彼乃轻万里而崇一朝,孰若济众生于屯坎。"

【屯困】 《屯》卦谓艰难,《困》卦谓困穷,二字相连有处境惟艰之意。《梁书·武帝纪》:"险泰相沿,晦明非一;皆屯困而后亨,资多难以启圣。"

【屯否】 《屯》卦言艰难险阻,《否》卦言闭塞不通,二字相连有艰阻重重之意。《梁书·元帝纪》载梁元帝《劝农诏》:"顷岁屯否,多难荐臻。"

【屯剥】 《屯》卦寓艰难险阻之义,《剥》卦言阴气剥阳之事,二字相连犹言"险难"。《梁书·敬帝纪》载徐陵《禅位陈王诏》:"静惟屯剥,夕惕载怀。"《南史·羊侃羊鸦仁传论》:"既而,侃及鸦仁晚遇屯剥,侃则临危不挠,鸦仁则守义以殒,古人所谓心同铁石,此之谓乎?"

【屯难】 谓时运艰难。《屯》卦有艰难之义,故称。谢灵运《述祖德诗》(见《谢康乐集》):"屯难未靖,安之者莫先于兵。"柳宗元《叙志诗》(见《柳河东集》):"屯难果见凌,剥丧宜所遭。"

【屯邅】 即"屯邅"。难行不进貌,喻险难之时。语本《屯》卦六二爻辞"屯如邅如"。《汉书·叙传》:"纷屯邅与塞连兮,何艰多而智寡。"颜师古注:"《易·屯卦》六二爻辞曰'屯如邅如';《蹇卦》六四爻辞曰'往蹇来连',皆谓险难之时也。"王先谦《汉书补注》:"《文选》邅作邅。"

【屯蒙】 《屯》卦言初生艰难之时,《蒙》卦言蒙昧未开之际,两卦的卦序紧接于《乾》、《坤》之后,又喻事物处于草创时的蒙昧状态。钱起《同邬戴关中旅寓诗》(见《钱考功集》):"吞悲问唐虞,何路出屯蒙。"《资治通鉴·唐纪》:"武则天长寿元年,自文明草昧,天地屯蒙。"胡三省注:"《屯》者,物之始;《蒙》者,物之稚。言后称制之初,犹天地生物之始。"

【屯邅】 难行不进貌,喻险难困厄。语本《屯》卦六二爻辞"屯如邅如"。《后汉书·荀彧传论》:"方时运之屯邅,非雄才无以济其溺。"《文选》载班固《幽通赋》:"纷屯邅与蹇连兮,何艰多而智寡。"又载左思《咏史诗》:"英雄有屯邅,由来自古昔。"谢灵运《咏陈琳诗》(见《谢康乐集》):"皇汉逢屯邅,天下遭氛慝。"杜甫《秋日夔府咏怀一百韵》(见《杜工部集》):"生涯已寥落,世事乃屯邅。"

【屯蹇】 《屯》卦含艰难之义,《蹇》卦寓难进之旨,二字相连犹言"险阻"。曹植《神龟赋》(见《曹子建集》):"嗟缘运之屯蹇,终遇获于江滨。"《三国志·吴志·吾粲朱据传评》:"吾粲、朱据遭罹屯蹇,以正丧身,悲夫!"《晋阳秋》:"山涛尝与阮籍、嵇康诸人,著忘言之契,至于群子屯蹇于世,涛独保浩然之度。"

【屯九五】 《屯》卦九五爻。以阳爻居卦第五位。爻辞曰:"屯其膏。小,贞吉;大,贞凶。"意思是:"克服初创艰难,即将广施膏泽。柔小者,守持正固可获吉祥;刚大者,守持正固以防凶险。"屯,此处有"克服屯难"之意;其,语助词,含推测语气;膏,用如动词,谓"施膏泽",李鼎祚《周易集解》引虞翻曰:"坎雨称膏,《诗》云'阴雨膏之'是其义也",李道平《周易集解纂疏》:"《诗·曹风》文,'膏'去声,与'润'同义";小,指柔小者;大,指刚大者;贞凶,犹言"守正防凶"。爻辞全文的主旨,是说明九五当"屯难"之时,阳刚中正,高居尊位,有善处其位,努力打通初创局面之象;又能下应六二,犹如行将克服"屯难"而下施膏泽,故曰"屯其膏",亦即《周易集解》引崔憬所云:"得'屯难'之宜,有'膏泽'之惠。"由于九五之时,"屯难"正在克服,"膏泽"行将广施,故柔小处下者守正待时必获吉祥,此即"小,贞吉"之义;但刚大居上

者尚须敬慎行事,不可疏忽大意,功败垂成,故特诫其守正防凶,此即"大,贞凶"之义。按,王弼《周易注》释"屯其膏"云:"屯难其膏,非能广其施者",认为此"膏"为畜积不施之象。孔颖达《周易正义》释"小贞吉,大贞凶"云:"贞,正也,出纳之吝,谓之有司,是小正为吉;若大人不能恢弘博施,是大正为凶。"其说并可备为参考。

【屯上六】 《屯》卦上六爻。以阴爻居卦最上之位。爻辞曰:"乘马班如,泣血涟如。"意思是:乘马班班欲求偶,伤心泣血泪横流。涟如,形容泪流汪汪之状。此谓上六居《屯》卦之极,初创艰难的局面已经打通,正转向新的发展阶段;但上六质禀阴柔,仍持"屯难"的旧观念,欲效前爻六四"乘马"求贤,无奈与之居于相对之位的六三同为阴性而不应,故"泣血涟如",徒自伤悲。梁寅《周易参义》:"《屯》之极,乃亨之时也;而上六处《屯》极,则阴柔无应,不离于险,是安有亨之时哉?"按,上六"屯难"至极终通,"泣血"之忧必不致久长。这一点,正是特定的"时"、"位"所导致的结局。故本爻《小象传》云:"泣血涟如,何可长也!"即明此义。

【屯六二】 《屯》卦六二爻,以阴爻处卦第二位。爻辞曰:"屯如,邅如。乘马班如,匪寇婚媾;女子贞不字,十年乃字。"意思是:"初创之时多么艰难,回复徬徨不前。有人远来乘马班班,并非强寇而是聘求婚姻者;女子守持正固不急出嫁,久待十年才缔结良缘。"爻辞全用譬喻,以明六二善处"屯难"之道。如,语气词;邅,音詹zhān,陆德明《经典释文》引马融曰:"难行不进之貌";班如,尚秉和先生《周易尚氏学》谓"马多"之状;匪,通"非";字,女子许嫁之称,《礼记·曲礼上》:"女子许嫁笄而字。"爻辞首两句先言六二当"屯难"之时,柔顺中正,能审慎忖度,不急于进,故有"屯如、邅如"之象。接着,又以六二与上卦九五阴阳相应,遂拟九五"乘马班如"来求"婚媾"之象;但当"屯难"之际,六二前

105

有六三、六四两阴"阻格"(见《周易尚氏学》),不宜轻动,故守正待时,至"十年"难消时通"乃字"。谓之"十年",言时间之久,又含时极转通之义,孔颖达《周易正义》:"十者,数之极,数极则复,故云'十年'也。"通观爻辞全文,虽拟象于"女子"守贞待字之事,但其象征意义则归于事物初创时,发展宜缓不宜速之旨。故《周易正义》云:"是知万物皆象于此,非唯男女而已。诸爻所云阴阳男女之象,义皆仿于此。"张浚《紫岩易传》亦指出:"以二抱节守志于艰难之世,而不失其贞也。若太公在海滨,伊尹在莘野,孔明在南阳,义不苟合,是谓'女贞'。"此说泛引史例,印证《屯》六二爻象的喻意,可资参考。

【屯六三】《屯》卦六三爻,以阴爻居卦第三位。爻辞曰:"即鹿无虞,惟入于林中;君子几,不如舍,往吝。"意思是:追逐山鹿没有虞人引导,只是空入茫茫林海中;君子应当见机行事,此时不如舍弃不逐,要是一意前往必有憾惜。即,李鼎祚《周易集解》引虞翻曰"就也",谓追逐;虞,指虞人,古代管理山泽之官,《尚书·舜典》"汝作朕虞",《孔传》:"虞,掌山泽之官";吝,犹言"憾惜",许慎《说文解字》谓"恨惜也"。爻辞全文取"林中逐鹿"为譬喻,说明六三当"屯难"之时,处下卦之上,失正不中,躁于进取,犹如无虞人相助而"逐鹿",必无所获;此时应当"知机"退处,舍"鹿"不逐,否则将无益而有"吝"。程颐《周易程氏传》:"六三以阴柔居刚,柔既不能安屯,居刚而不中正,则妄动。虽贪于所求,既不足以自济,又无应援,将安之乎?如即鹿而无虞人也。入山林者,必有虞人以导之;无导之者,则惟陷入于林莽中。君子见事之几微,不若舍而勿逐,往则徒取穷吝而已。"按,六三于"屯难"时,有冒进之象,故爻辞强调"知几",并指出其行动应借助外力,须有"虞"才能"逐鹿"。此亦《屯》卦辞"勿用有攸往,利建侯"的寓意所在。《三国志·魏志·陈琳传》:"《易》称'即鹿无虞',谚有'掩目捕雀'。""掩目",适可作"无虞"的注脚。

【屯六四】《屯》卦六四爻,以阴爻居卦第四位。爻辞曰:"乘马班如,求婚媾;往吉,无不利。"意思是:乘马班班,欲求婚配;前往必获吉祥,无所不利。此谓六四当"屯难"之时,居位得正,下应初九,阴阳相合,故有乘马往求婚配之象;此时勉力前往,必可济"屯"获"吉"。尚秉和先生《周易尚氏学》:"四与初本为正应,婚媾而已;然必求者,以二、三为阻也。知其阻而求之,故往吉也。"按,六四居上卦而柔正得位,尊如"公卿";能以上求下,取刚济柔,必有利于打通"屯难"局面。程颐《周易程氏传》指出:"居公卿之位,己之才虽不足以济时之屯;若能求在下之贤,亲而用之,何所不济哉?"

【屯其膏】《屯》卦九五爻辞之语。意思是:克服初创艰难、即将广施膏泽。膏,用如动词,犹言"施膏泽"。此谓九五当"屯难"之时,刚正居中,善处尊位,下应六二,有"屯难"将通、"膏泽"将施之象,故曰"屯其膏"。参见"屯九五"。

【屯初九】《屯》卦初九爻。以阳爻处卦下初位。爻辞曰:"磐桓,利居贞,利建侯。"意思是:徘徊流连,利于静居守持正固,利于建立诸侯。"磐桓",即"盘桓"。此言初九处"屯"之时,事物初生而艰难,宜守正谨慎不进,多获资助,故云"利居贞,利建侯"。王弼《周易注》:"处《屯》之初,动则难生,不可以进,故磐桓也。处此时也,其利安在?不唯'居贞'、'建侯'乎?"按,本爻辞"磐桓",即《屯》卦辞"勿用有攸往"之义;"居贞"、"建侯",亦与卦辞同,旨在强调"屯"之初必须谨慎守正,广资辅助。此爻的《小象传》云"志行正"、"大得民",亦述此意。《周易折中》引杨万里云:"磐桓不进,岂真不为哉?居正有待,而其志未尝不欲行其正也。故周公言'居贞',孔子言'行正'。"

【屯卦辞】《屯》卦的卦辞。其文曰:

"屯,元亨,利贞;勿用有攸往,利建侯。"意思是:《屯》卦象征初生,至为亨通,利于守持正固;不宜有所前往,利于建立诸侯。"屯",本是"草木初生"的象形,又引申有"难"义,此处取为卦名,象征事物的"初生"情状;元亨,元者"大"也,犹言"至为亨通";利贞,谓利于守正;建侯,建立诸侯,喻广资辅助。就卦辞全文分析,可分为两层理解:一是总括该卦的大旨,谓事物"初生"之际,正待成长,故其势必能"元亨";但初生之物应当正其根本、固其体质,故强调"利贞"。二是揭明处"屯"当审慎稳妥、广资辅助的两方面要点,故诫以不可轻动"有攸往",并取"利建侯"喻当谋获多方辅助。孔颖达《周易正义》:"以其'屯难'之世,世道初创,其物未宁,故宜利建侯以宁之。"程颐《周易程氏传》:"《屯》有大亨之道,而处之利在贞固。非贞固何以济屯?方'屯'之时,未可有所往也。天下之'屯',岂独力所能济?必广资辅助,故'利建侯'也。"按,《乾》卦辞有"元亨利贞"四德,《屯》卦辞亦俱此"四德",但两卦立义不同。《周易正义》云:"《屯》之四德,劣于《乾》之四德。故'屯'乃'元亨',亨乃'利贞'。《乾》之四德无所不包。此即'勿用有攸往',又别言'利建侯',不如《乾》之无所不利。"此说以为《乾》"四德"不受限定,《屯》则有所限定,于义可通。六十四卦中又有《随》、《临》、《无妄》诸卦言"四德"者,可藉此参考。

【屯象传】 《屯》卦的《象传》。其辞为:"《象》曰:屯,刚柔始交而难生;动乎险中,大亨贞。雷雨之动满盈,天造草昧;宜建侯而不宁。"意思是:《象传》说:《屯》卦象征初生,譬如阴阳刚柔开始相交而艰难随着萌生;这是在危险中变化发展,前景尽管大亨通却要守持正固。每当雷雨将作而乌云雷声充盈宇间,恰似大自然制造万物于草创之际、冥昧之时的情状;这种时候王者应当建立诸侯治理天下而不可安居无事。"全文以阐说《屯》卦的卦名、卦辞为主旨,可分为三节理解。第一节,"屯,刚柔始交而难生"两句,释卦名"屯",谓事物初生之际,正是阴阳始交之时,此时必多艰难。第二节,"动乎险中,大亨贞",以上下卦象释卦辞"元亨,利贞",谓上坎为险,下震为动,说明物"初生"犹如动于险中,故虽"大亨"亦须守"贞"。第三节,自"雷雨之动满盈"至"宜建侯而不宁"三句,释卦辞"勿用有攸往,利建侯",谓上卦坎为雨,下卦震为雷,又有"雷声将作"、"天造草昧"之象,藉以譬喻初生之物将萌的状态,表明此时既不可盲目而动,又不得安居无事,应当度势慎行、广资辅助。

【屯大象传】 《屯》卦的《大象传》。其辞曰:"云雷,屯;君子以经纶。"意思是:乌云雷声交动,象征"初生";君子因此在时局初创之际努力经略天下大事。经纶,用如动词,《说文解字》"经,织从丝也","纶,青丝绶也",两字连用,即以治丝喻治国。全文先揭明《屯》卦上坎为云、下震为雷之象,谓云在雷上犹如将雨未成,故象征"初生"之际的情状;然后推阐出"君子"观此象,应当悟知局势初创多艰之际,尤须努力治理天下的道理。朱熹《周易本义》云:"屯难之世,君子有为之时也。"按,从《屯》卦的上下象看,云在雷上,将雨未成,故"坎"、"震"相重为《屯》;反之,若水在雷下,则雨已降,故"震"、"坎"相重为《解》。《周易折中》引李舜臣语,分析两卦象、义相反之事曰:"坎在震上为《屯》,以云方上升,畜而未散也;坎在震下为《解》,以雨泽既沛,无所不被也。故雷雨作者,乃所以散屯;而云雷方兴,则屯难之始也。"

【屯如邅如】 《屯》卦六二爻辞之语。意思是:初创之时多么艰难,回复徬徨不前。如,语气词,邅,音詹 zhān,难行不进之状。此谓六二处"屯难"之时,审慎忖度,不急于进。参见"屯六二"。

【屯邅否塞】 犹言困厄艰险。邅,亦作"蹍",谓挫折;《屯》卦寓艰难之义,《否》卦言闭塞之旨,故有是称。曾巩《寄欧阳舍人书》(见《元丰类稿》):"先祖之屯魘否塞以死,而先生显之。"

【屯受之以蒙】《周易》六十四卦,以象征事物初生的《屯》卦列居第三卦;事物初生必然蒙昧无知,所以接着是第四卦象征"蒙稚"的《蒙》卦。此称"《屯》受之以《蒙》"。语本《序卦传》:"《屯》者,物之始生也。物生必蒙,故受之以《蒙》。"李鼎祚《周易集解》引郑玄曰:"蒙,幼小之貌,齐人谓'萌'为'蒙'也。"又引崔憬曰:"万物始生之后,渐以长稚,故言'物生必蒙'。"

【屯九五小象传】《屯》卦九五爻的《小象传》。其辞曰:"屯其膏,施未光也。"意思是:克服初创艰险、即将广施膏泽,说明九五所施德泽尚未及光大。这是解说《屯》卦九五爻辞"屯其膏"的象征内涵。谓九五高居尊位,正努力克服"屯难"、行将广施"膏泽";但其时尚未彻底通泰,其德泽所施亦未及光大,故称"施未光"。按,《屯》卦《彖传》说:"天造草昧,宜建侯而不宁。"可知"草创"之时,事有缓急;以"治天下"为喻,此时当先"建侯"安定大局,然后逐步疏通,全面施治。《白虎通·封公侯篇》曰:"王者即位,先封贤者,忧民之急也。"《易》曰'利建侯',此言因所利故立之。"以此推之,《屯》九五《小象传》"施未光",正是说明为消解"屯难"而先施其急,尚未光大。

【屯六二小象传】《屯》卦六二爻的《小象传》。其辞曰:"六二之难,乘刚也;十年乃字,反常也。"意思是:六二难行不进,是由于阴柔乘凌阳刚之上;久待十年才许嫁,说明难极至通而事理又恢复正常。这是解说《屯》六二的居位特点及爻辞"女贞不字,十年乃字"的象征意义。乘刚,指六二以阴爻乘居初九阳爻之上,遂增其处"屯"之难,李鼎祚《周易集解》引崔憬曰:"下乘初九,故为之难也。"反,即"返";谓六二守贞不嫁,有背常理,至"十年"屯难消解乃嫁,即应合于上卦的"九五",返归常态,故称"反常"。孔颖达《周易正义》:

"已有前难,不得行常;十年难息,得反归于常,以适五也。"

【屯六三小象传】《屯》卦六三爻的《小象传》。其辞曰:"即鹿无虞,以从禽也;君子舍之,往吝,穷也。"意思是:六三追逐山鹿没有虞人引导,说明贪于追捕禽兽;君子舍弃不逐、一意往前必有憾惜,说明追逐不止将致穷困。从,犹言"追捕",尚秉和先生《周易尚氏学》"从禽,意与'逐鹿'同";禽,泛指禽兽,李鼎祚《周易集解》:"《白虎通》云:'禽者何?鸟兽之总名,为人所禽制也。'即《比》卦九五爻辞'王用三驱,失前禽',是其义也。"这是解说《屯》六三爻辞"即鹿无虞"、"君子几,不如舍,往吝"的象征内涵,谓六三于"屯难"之时"无虞"而逐鹿,是躁于进取;如不"见机"而止,终必困穷于"屯难"。程颐《周易程氏传》:"事不可而妄动,以从欲也;无虞而即鹿,以贪禽也。当屯之时,不可动而动,犹无虞而即鹿,以有从禽之心也。君子则见机而舍之不从,若往则可吝而困穷也。"

【屯六四小象传】《屯》卦六四爻的《小象传》。其辞曰:"求而往,明也。"意思是:有求于下而前往,说明六四是明智的。这是解说《屯》六四爻辞"乘马班如,求婚媾,往吉,无不利"之义。谓六四以阴求初九之阳,含有上者礼求下贤的寓意,故称"明智"。程颐《周易程氏传》:"知己不足,求贤自辅,可谓明矣。"

【屯上六小象传】《屯》卦上六爻的《小象传》。其辞曰:"泣血涟如,何可长也!"意思是:伤心泣血泪横流,上六又怎会长久如此呢? 这是解说《屯》上六爻辞"泣血涟如"的象征内涵。谓上六虽因不明"屯难"已消的局面而徒自"泣血"伤悲,但随着大局进一步亨通,必将恍然自悟、释然无忧。《周易折中》引杨简曰:"何可长者,言何可长如此也。非惟深悯之,亦觊其变也,变则庶乎通矣。"

【屯初九小象传】《屯》卦初九爻的《小象传》。其辞曰:"虽磐桓,志行正也;以贵下贱,大得民也。"意思是:尽管徘徊流连,但心志行为能保持端正;身份尊贵却下居卑位,说明初九可以大得民心。这是解说《屯》初九爻辞"盘桓,利居贞,利建侯"的象征内涵,并兼取初九爻位特征为说。贵,指阳为贵;贱,指阴为贱,初九以阳爻处群阴之下,故称"以贵下贱"。唯其能"志行正"、"以贵下贱",故能善处"屯难"之时,而最终可开拓通泰局面。孔颖达《周易正义》:"虽盘桓不进,非苟求晏安,志欲以静息乱,故居处贞也;非是苟贪逸乐,唯志行守正也。"又曰:"贵谓阳也,贱谓阴也。言初九之阳在三阴之下,是以贵下贱。'屯难'之世,民思其主之时,既能以贵下贱,所以大得民心。"

【屯其膏施未光也】《屯》卦九五爻的《小象传》辞。旨在解说九五爻辞"屯其膏"的象征内涵。意思是:克服初创艰难、即将广施膏泽,说明九五所施德泽尚未及光大。参见"屯九五小象传"。

【屯见而不失其居蒙杂而著】《杂卦传》语。说明《屯》卦象征"初生",含有事物生机呈现而不失所居之义;《蒙》卦象征"蒙稚",寓有稚气交错于明暗之间而童真昭著之义,两卦旨趣略可对照。按,见,指生机呈现,如《屯》卦中一阳动于震下;不失其居,指物萌生之初居其正位则可顺利生长,如《屯》卦中初、五二阳皆当位。故李鼎祚《周易集解》引虞翻曰:"阳出初震,故'见'。"尚秉和先生《周易尚氏学》云:"二阳皆当位,故'不失其居'。"又按,杂,交错之状,指童蒙未发而杂处于明暗之际,如《蒙》卦二阳皆处阴位;著,犹"明",指童真昭著正可发蒙,如《蒙》卦二阳处阴位而相杂成文。苏轼《东坡易传》云:"蒙正未分,故曰'杂';'童蒙求我',求人以自明,故曰'著'。"《周易尚氏学》:"《蒙》二阳皆失位,故曰'杂';物相杂则文生,故曰'著'。"

【比】① 六十四卦之一。列居篇中第八卦。由下坤(☷)上坎(☵)组成,卦形作"䷇",卦名为《比》,象征"亲密比辅"。《比》卦的要义,主于上下、彼此之间"亲密比辅"的道理。卦辞先总称能"比"必"吉",又分叙"比道"的三大要素:一、选择比辅的对象必须慎重,即当考察对方有否真情实意,然后决定比辅与否;二、应当比辅于有德长者,永守正道;三、亲比之时,宜速不宜缓。卦中六爻,九五阳刚居尊,为被人比辅之象;余五爻阴柔,分居上下卦,均为比辅于人之象。其中初六、六二、六四不失"比道",各能获吉;六三亲比不得其人,上六落居最后无所比辅,并失"比道",或不利、或"凶"。就六爻间的联系看,其大旨在于:不论"比"于人,还是被人"比",均当正而不邪、顺而不逆、明而不晦。事实上,这是涉及人与人关系的一个具有普遍意义的问题,其中尤为重要的是主、从关系的处理。九五所以能为一卦"尊主",正是基于"大公无私"、以"信"亲下的原因,遂获众人争相比辅。程颐《周易程氏传》称其"众所亲附,而上亦亲下":实是体现着"尊卑"关系至为融洽的象征。当然,作《易》者设立《比》卦的思想宗旨,或是偏向于为维护、稳固"上层统治"着想,《象传》所谓"比,辅也,下顺从也",已揭出这一微旨。《荀子·议兵》云:"六马不和,则造父不能以致远;士民不亲附,则汤、武不能以必胜也。"亦与"下顺从"之义相合。 ②《易》学常例,凡逐爻相连并列者谓之"比"。如初与二比,二与三比,三与四比,四与五比,五与上比即是。详"承乘比应"。

【比九五】《比》卦九五爻。以阳爻居卦第五位。爻辞曰:"显比;王用三驱,失前禽,邑人不诫,吉。"意思是:光明无私地与众人亲比;君王田猎时三方驱围、网张一面,听任前方的禽兽走失,属下邑人也不相警备,吉祥。显,明也,此处含"光明无私"之意,许慎《说文解字》"头明饰也",段玉裁注"引申为凡明之称";三驱,三方驱围,指田猎;禽,泛称禽兽;邑人,此处犹

109

言九五的"属下"。爻辞大义,可分两层理解。第一层,说明九五当"亲比"之时,居《比》尊位,阳刚中正,群阴皆来比辅,有光明无私地与众亲比之象,故称"显比"。第二层,用古代天子田猎,三方驱围,仅张一面之网,让愿者入网,不愿者走离之事,比喻九五与人亲比能顺其自然而无私,再申上文"显比"之义;"邑人不诫",则说明九五的"属下"也知晓"失前禽"之理,不相警备,进一步映衬九五"比"道至美,故为吉祥。朱熹《周易本义》:"一阳居尊,刚健中正,卦之群阴,皆来比己,显其比而无私。如天子不合围,开一面之网,来者不拒,去者不追,故为'用三驱,失前禽';而'邑人不诫'之象,盖虽私属,亦喻上意,不相警备以求必得也。凡此皆吉之道。"马振彪先生《周易学说》引刘沅曰:"显,光明之意;上下相比,至公无私,故曰'显比'。"按,《史记·殷本纪》:"汤出,见野张网四面,祝曰:'自天下四方,皆入吾网。'汤曰:'嘻,尽之矣!'乃去其三面,祝曰:'欲左,左;欲右,右。不用命,乃入吾网。'诸侯闻之,曰:'汤德至矣,及禽兽。'"此典似与"三驱失前禽"之义有合,可备参考。

【比六二】 《比》卦六二爻。以阴爻居卦第二位。爻辞曰:"比之自内,贞吉。"意思是:从内部亲密比辅于君主,守持正固可获吉祥。这是说明六二当"亲比"之时,居《比》内卦,柔顺中正,上应外卦的九五"尊主",与之亲密比辅,故称"贞吉"。朱熹《周易本义》:"柔顺中正,上应九五;自内比外,而得其正。吉之道也。"按,六二"比之自内",亲比"尊主"不难;但若不守正,也将有失。故《小象传》谓其"不自失",言外之意是说明"失正"将致凶。程颐《周易程氏传》叹曰:"《易》之为戒严密。"

【比六三】 《比》卦六三爻。以阴居卦第三位。爻辞曰:"比之匪人。"意思是:亲密比辅于行为不正当的人。匪,通"非"。此言六三当"亲比"之时,失位盲动,上无所应,所比者为六二、六四之阴,未得阳刚之主,故有"比之匪人"之象。朱熹《周易本义》:"阴柔不中正,承乘皆阴,所比者非其人之象。其占者大凶,不言可知。"按,《周易折中》引赵彦肃曰:"初比于五,先也;二,应也;四,承也。六三无是三者之义,将不能比五矣。"此说可取。又按,马振彪先生《周易学说》引刘沅曰:"凡居者之邻,学者之友,仕者之同僚,皆当戒'匪人'之伤焉。"此说把六三的鉴戒内涵揭示得颇为明澈。

【比六四】 《比》卦六四爻。以阴爻居卦第四位。爻辞曰:"外比之,贞吉。"意思是:在外亲密比辅于君主,守持正固可获吉祥。这是说明六四居《比》外卦,上承九五,柔顺得正,犹如在"外"而亲比"尊主",故获"贞吉"。李鼎祚《周易集解》引虞翻曰:"在外体,故称'外';得位比贤,故曰'贞吉'。"朱熹《周易本义》:"以柔居柔,外比九五,为得其正,吉之道也。"按,以《比》卦六四爻与六二爻相较,六四能"亲比"于九五的一个重要因素是"近承"。李光地《周易观彖》曰:"凡六四承九五者皆吉,况'比'时乎?"

【比上六】 《比》卦上六爻。以阴爻居卦最上之位。爻辞曰:"比之无首,凶。"意思是:亲密比辅于人却不领先居首,有凶险。无首,犹言"不领先"。此谓上六当"亲比"之时,柔居卦终,欲比于人却迟迟后来,"比"道遂穷,故有凶险。此即《比》卦辞"后夫凶"之义。王弼《周易注》:"无首,'后'也;处卦之终,是'后夫'也。亲道已成,无所与终,为时所弃,宜其凶也。"

【比初六】 《比》卦初六爻。以阴爻处卦下初位。爻辞曰:"有孚比之,无咎;有孚盈缶,终来有它,吉。"意思是:心怀诚信而亲密比辅于君主,免遭咎害;君主的诚信如美酒充盈缶缸,终于使远者来归而广应亲抚于他方,吉祥。孚,信也;比之,指初六亲比于上卦的九五;盈缶,指酒盈于缸,喻九五的诚信之德充盈天下;来,使动词,犹言"使来归",指九五使初六归附比辅;有它,指九五下应六二之外的其他阴爻。这是说明初六当"亲比"之时,以阴居《比》之初,与上卦的六四同为阴爻,本有"无应"之咎,但能以诚信比辅于上卦九五,故获"无咎";而初六最远于九五,此时九五亲下的诚信之德如美酒"盈缶"而广施于天下,遂使"荒远"似初六者也终来归附,九五也下应亲抚他方,上下亲比无间,故获吉祥。李鼎祚《周易集解》引荀爽曰:"初在应外,以喻殊俗;圣王之信,光被四表,绝域殊俗,皆来亲比,故'无咎'也。"马其昶《重定周易费氏学》引潘相曰:"来,即'不宁方来'之来。二、四比五不难,难在《比》之初六,至下极远,梯航以来,上必亲之。"尚秉和先生《周易尚氏学》:"五为卦主,故亦孚于初而比之;初失位,本有咎,比五故无咎。"又曰:"有它,谓有应于他方也。"按,尚先生以初六阴处初位为"失位",谓其"本有咎",于义亦通。又按,《比》初六爻的大义是:地位低微、遥居"荒外"者,欲亲比于"至尊",实有重重困难,因此,初六能"比之",其前提是九五"有孚盈缶";正由于远者"终"来,"上下亲比"之道才能切实体现。

【比卦辞】 《比》卦的卦辞。其文曰:"比,吉;原筮,元永贞,无咎;不宁方来,后夫凶。"意思是:《比》卦象征亲密比辅,吉祥;原穷真情、筮决挚意,(相比辅者)要有君长之德而永久不渝地守持正固,必无咎害;不获安宁者多方前来比辅,缓缓来迟者有凶险。比,卦名,象征"亲密比辅",《彖传》曰"比,辅也",许慎《说文解字》:"比,密也,二人为从,反从为比",孔颖达《周易正义》、朱熹《周易本义》承此,分别释为"相亲比"、"亲辅"(按,陆德明《经典释文》"比,毗志反",则"比"字旧音当读去声"必"bì);原筮,《周易正义》云"原穷其情,筮决其意",犹言考察真情实意;元,《文言传》云"善之长也",此处指所比者有

尊长之德;永贞,谓永久守正;不宁,犹言"不安";方,指"多方",夫,语气助词。卦辞全文可分三层理解:第一层,言人们能亲密比辅则可获吉祥;第二层,言比辅应在真情实意的基础上永守正固,则能"无咎";第三层,言比辅于人宜迅速而不可迟缓。孔颖达《周易正义》:"'比,吉'者,谓能相亲比而得其吉。'原筮,元永贞,无咎'者,欲相亲比,必能原穷其情,筮决其意,唯有元大、永长、贞正乃得无咎。元永贞者,谓两相亲比皆须永贞。'不宁方来'者,此是宁乐之时,若能与人亲比,则不宁之方皆悉归来。'后夫凶'者,夫,语辞也;亲比宜速,若及早而来,人皆亲己,故在先者吉;若在后而至者,人或疏己,亲比不成,故'后夫凶'。"程颐《周易程氏传》:"人相亲比,必有其道,苟非其道,则有悔咎。故必推原占决其可比者而比之。筮,谓占决卜度,非谓以蓍龟也。所比得'元、永、贞'则无咎。元,谓有君长之道;永,谓可以常久;贞,谓得正道。上之比下,必有此三者;下之比上,必求此三者,则无咎也。"按,卦辞"元永贞",为亲比至为完美之称,似主于卦中九五爻,即《彖传》所谓"以刚中也"。故王弼《周易注》曰:"使'永贞'而'无咎'者,其唯九五乎?"又按,卦辞"后夫凶"之"夫"字,前人亦有作名词解者,《周易正义》引或说"以'夫'为'丈夫',谓后来之人也",其义亦通。又按,朱熹《周易本义》分析《比》卦爻象曰:"九五以阳刚居上之中,而得其正,上下五阴比而从之:以一人而抚万邦,以四海而仰一人之象。"此说喻示六爻关系至为简明,有助于领会卦辞含义。

【比彖传】 《比》卦的《彖传》。旨在解说《比》卦的卦名、卦辞之义。其文为:"《彖》曰:比,吉也;比,辅也,下顺从也。原筮,元永贞,无咎,以刚中也。不宁方来,上下应也;后夫凶,其道穷也。"意思是:"《彖传》说:亲密比辅,必有吉祥;比,是比辅之意,譬如在下者都能顺从亲辅于

上。原穷真情,筮决挚意,(相比辅者)要有君长之德而永久不渝地守持正固,必无咎害,说明有德君长刚健居中。不获安宁者多方前来比辅,说明上者与下者相互应合;缓缓而迟者有凶险,说明迟缓将使比辅之道穷尽。"全文可分四节理解。第一节,自"比,吉也"至"下顺从也"五句,释卦名"比"并卦辞"吉"之义,谓亲比之时,下者皆顺从于上,故"吉"。第二节,自"原筮"至"以刚中也",以《比》卦九五刚健居中,成"比"道之至美,释卦辞"原筮,元永贞,无咎"。第三节,"不宁方来,上下应也"两句,以卦中九五爻与其下四阴爻相互比应,释卦辞"不宁方来"。第四节,"后夫凶,其道穷也"两句,以上六爻处《比》卦之终,犹如缓缓来迟而"亲比"之道穷尽,释卦辞"后夫凶"。按,此卦《彖传》"上下应"之义,马其昶《重定周易费氏学》引王申子曰:"四阴顺从乎五,五下比四阴,故曰'上下应'。"以为指九五与其下四阴爻的关系。然王弼《周易注》、朱熹《周易本义》均释"上下应"为"上下五阴应于九五",于义亦通,可备参考。

【比大象传】 《比》卦的《大象传》。其辞曰:"地上有水,比;先王以建万国,亲诸侯。"意思是:地上布满水,(水和地亲无间)象征"亲密比辅";先代君王因此封建万国,亲近诸侯。这是先揭明《比》卦下坤为地、上坎为水之象,谓水居地面正为"亲比"的象征;然后推阐出先王效法此象,建国封侯以相亲比的意义。程颐《周易程氏传》:"夫物相亲比而无间者,莫如水在地上,所以为《比》也。先王观此象,以建万国,亲诸侯。建立万国,所以比民也;亲抚诸侯,所以比天下也。"按《比》卦的《彖传》,偏重从"下比上"的角度解释卦义;《大象传》,则专从"上亲下"的角度阐发其旨:两相对照,《比》卦的义理因之显明。故朱熹《周易本义》云:"《彖》意人来比我,此取我往比人。"

【比之自内】 《比》卦六二爻辞之语。意思是:从内部亲密比辅于君主。此言六二居《比》内卦,柔顺中正,上应九五,与之亲密比辅,故称"比之自内"。参见"比六二"。

【比之无首】 《比》卦上六爻辞之语。意思是:亲密比辅于人却不领先居首。无首,犹言"不领先"。此谓上六当"比"之时,柔顺卦终,欲比于人却迟迟后来,"比道"遂穷,故为"比之无首"之象。参见"比上六"。

【比之匪人】 《比》卦六三爻辞。意思是:亲密比辅于行为不正当的人。匪,通"非"。此言六三当"比"之时,失位盲动,上无所应,亲比者为六二、六四之阴,未得阳刚之主,故有"比之匪人"之象。参见"比六三"。

【比乐师忧】 《杂卦传》语。说明《比》卦象征"亲密比辅",含有欢乐之义;《师》卦象征"兵众"兴动,寓有忧虞之义,两卦旨趣适相对照。韩康伯《杂卦注》:"亲比则乐,动众则忧。"

【比九五小象传】 《比》卦九五爻《小象传》。其辞曰:"显比之吉,位正中也;舍逆取顺,失前禽也;邑人不诫,上使中也。"意思是:光明无私地与众人亲比而获吉祥,说明九五居位刚正适中;田猎时舍弃违逆者取其顺从者,正譬如听任前方的禽兽走失;属下邑人也不相警备,这是君上使下属保持适中之道。此乃解说《比》九五爻辞"显比;王用三驱,失前禽,邑人不诫"的象征内涵。按,《比》卦九五的"显比"之德,《小象传》用"舍逆取顺"作了精约的概括。程颐《周易程氏传》又作更深一层的推阐,说:"非惟人君比天下之道如此,大率人之相比莫不然。以臣于君言之,竭其忠诚,致其才力,乃显其比君之道也;用之与否,在君而已,不可阿谀逢迎,求其比己也。在朋友亦然,修身诚意以待之;亲己与否,在人而已,不可巧言令色,曲从苟合,以求人之比己也。于乡党亲戚,于众人,莫不皆然。"

【比六二小象传】《比》卦六二爻的《小象传》。其辞曰:"比之自内,不自失也。"意思是:从内部亲密比辅于君主,说明六二不曾自失正道。这是解说《比》六二爻辞"比之自内"的象征内涵。朱熹《周易本义》:"得正则不自失矣。"按,尚秉和先生《周易尚氏学》谓"失"通"佚","言自内比五,不敢安逸也"。亦可备一说。

【比六三小象传】《比》卦六三爻的《小象传》。其辞曰:"比之匪人,不亦伤乎?"意思是:亲密比辅于行为不正当的人,岂不是可悲的事?这是解说《比》六三爻辞"比之匪人"的象征内涵。程颐《周易程氏传》:"人之相比,求安吉也。乃比于匪人,必将反得悔吝,其亦可伤矣。深戒失所比也。"

【比初六小象传】《比》卦初六爻的《小象传》。其辞曰:"比之初六,有它吉也。"意思是:《比》卦的初六爻,说明此时九五广应于他方必获吉祥。这是解说《比》初六爻辞"有它,吉"之义,实即以爻辞自为之解。有它,谓《比》九五下应于六二之外的其他阴爻,如此才能体现"上下广泛亲比"之道。参阅"比初六"。

【比六四小象传】《比》卦六四爻的《小象传》。其辞曰:"外比于贤,以从上也。"意思是:在外亲密比辅于贤君,说明六四顺从于尊上。这是解说《比》六四爻辞"外比之"的象征内涵。贤,犹言"贤君",指《比》卦九五爻。程颐《周易程氏传》:"外比,谓从五也。五,刚明中正之贤,又居君位,四比之,是比贤且从上,所以吉也。"

【比上六小象传】《比》卦上六爻的《小象传》。其辞曰:"比之无首,无所终也。"意思是:亲密比辅于人却不领先居首,说明六四终将无所归附。这是解说《比》上六爻辞"比之无首"的象征内涵。孔颖达《周易正义》:"既不能为'比'之初首,被人所弃,故无能与之共终也。"

【比受之以小畜】《周易》六十四卦,以象征"亲密比辅"的《比》卦列居第八卦;事物相互比辅,必然有所畜聚,所以接《比》之后是象征"小有畜聚"的第九卦《小畜》卦。此称"《比》受之以《小畜》"。语本《序卦传》:"比必有所畜,故受之以《小畜》。"韩康伯《序卦注》:"比非大通之道,则各有所畜以相济也。由比而畜,故曰《小畜》,而不能大也。"李鼎祚《周易集解》引崔憬曰:"下顺从而上下应之,则有所畜矣。"

【比之无首无所终也】《比》卦上六爻的《小象传》辞。旨在解说上六爻辞"比之无首"的象征内涵。意思是:亲密比辅于人却不领先居首,说明上六终将无所归附。

【比之自内不自失也】《比》卦六二爻的《小象传》辞。旨在解说六二爻辞"比之自内"的象征内涵。意思是:从内部亲密比辅于君主,说明六二不曾自失正道。参见"比六二小象传"。

【比之匪人不亦伤乎】《比》卦六三爻的《小象传》辞。旨在解说六三爻辞"比之匪人"的象征内涵。意思是:亲密比辅于行为不正当的人,岂不是可悲的事?参见"比六三小象传"。

【比之初六有它吉也】《比》卦初六爻的《小象传》辞。旨在解说初六爻辞"有它,吉"之义,实即以爻辞自为之解。意思是:《比》卦的初六爻,说明此时九五广应于他方必获吉祥。参见"比初六小象传"。

【互体】 六画卦中,第二爻至第四爻、第三爻至第五爻,交互而成两个三画卦,称为"互体",亦称"互卦"。其中二至四爻称"内互",或"下互";三至五爻称"外互",或"上互",京房则称为"约象"(《困学纪闻》引京氏曰"二至四为互体,三至五为约象")。因六画卦本有上、下两个三画卦,从中再分出内互、外互两卦,则共含四个三画卦,故"互体"之例又称"一卦备四卦",或"一卦含四卦"。兹举《蒙》卦示例如下:

上艮(☶) 　{䷃上互坤(☷)}下互震(☳)
下坎(☵)

可见,《蒙》卦中,以下坎、上艮,合下互震、上互坤,共具四个三画卦象。其余诸卦依此类推。但《乾》、《坤》两卦,为纯阳、纯阴卦,一般不言互体。王应麟云:"惟《乾》、《坤》无互体,盖纯乎阳、纯乎阴也。"(《辑周易郑注自序》)"互体"在《易》学中的运用,于春秋时代的筮例中即已言及。《左传》庄公二十二年载"陈侯使筮之,遇《观》䷓之《否》䷋",并谓:"坤,土也;巽,风也;乾,天也。风为天于土上,山也。"此以遇卦和之卦的上下象及互象为说。杜预注:"坤下巽上《观》,坤下乾上《否》;《观》六四爻变,而为《否》。"又曰:"《易》之为书,六爻皆有变象,又有互体,圣人随其义而论之。巽变为乾,故曰'风为天';自二至四有艮象,山也。"孔颖达疏曰:"二至四、三至五,两体交互各成一卦,先儒谓之'互体'。圣人随其义而论之,或取互体,言其取义为常也。"汉魏《易》家,用互体阐释《易》义者甚为普遍。而京房又结合"爻变"运用互体。如《大畜》卦《彖》传"利涉大川,应乎天也",《周易集解》引京房曰:"谓二变五,体坎,故'利涉大川';五天位,故曰'应乎天'。"此谓该卦九二爻变阴,则二至四爻为互体"坎"(为水);六五爻变阳,则上卦为"乾"(为天)。这是兼爻变言互体。三国虞翻出,更兼"半象"、"旁通"、"卦变"以言互体,甚至发展到一卦之中以初至五、二至上各友六画卦一,初至四、二至五、三至上也各友六画卦一。互卦之说于是极滋纷繁。按,旧说或谓《系辞传》"中爻"即指互卦。《系辞下传》"杂物撰德,辨是与非,则非中爻不备",《汉上易传》云:"中爻,崔憬所谓二、三、四、五,京房所谓'互体'是也。"顾炎武不同意此说,指出:"后人以'杂物撰德'之语当之,非也。其所论二与四、三与五同功而异位,特就两爻相较而言之,初何尝有互体之说?"(《日知录》)参见"虞氏互体"。

【互卦】 见"互体"。

【木上有火】 《鼎》卦的《大象传》语。意在揭明《鼎》卦下巽为木、上离为火之象,谓木上烧着火焰,正为"鼎器"在烹煮的象征。参见"鼎大象传"。

【木上有水】 《井》卦的《大象传》语。意在揭明《井》卦下巽为木、上坎为水之象,谓树木体内有水份津润而由根茎向上运行,犹如井水被汲上养人,正为"井"的象征。参见"井大象传"。

〔丨〕

【止而丽乎明】 《旅》卦的《彖传》语。意思是:安恬静止而附丽于光明。止,指《旅》卦下艮为止;丽、明,指《旅》卦上离为丽(附着)、为明。这是举《旅》卦的上下卦象,说明"行旅"之时贵于恬静而行为光明,以释卦辞"旅贞吉"之义。《周易折中》:"处旅之道,审机度势,贵于明也;待人接物,亦贵于明也。然明不可以独用,故必以止静为本而明丽焉。与《晋》、《睽》之主于顺、说者同。"

【止而说男下女】 《咸》卦的《彖传》语。意思是:交感之时要稳重自抑又能欣快悦,就像男子要以礼下求女子。止,指《咸》下艮为止;说,即"悦",指《咸》上兑为说;男,指《咸》下艮又有少男之象;女,指《咸》上兑又有少女之象。这是说明《咸》卦的上下卦象含有抑制其情而能欣悦,以及少男"礼下"少女的寓意,谓如此交感以正必可亨通获吉,以释《咸》卦辞"亨,利贞,取女吉"之义。孔颖达《周易正义》:"艮止而兑说也,能自静止,则不随动欲;以止行说,则不为邪谄,不失其正。"又曰:"婚姻之义,男先求女;亲迎之礼,'御轮三周'。皆是男先下于女,然后女应于男。"李道平《周易集解纂疏》:"《仪礼·士昏礼》,凡纳采、问名、纳吉、纳征、请期、亲迎诸礼,皆男下女之事。《郊特牲》曰:'男子亲迎,男先于女,刚柔之义也'。"按,朱熹《周易本义》释"止而说"曰:"艮止则感之专,兑说则应之至。"宜备一说。

【止而巽动不穷也】 《渐》卦的《彖传》

语。意思是：只要静止不躁而又谦逊和顺，这样逐渐行动就不致困穷。止，指《渐》卦下艮为止；巽，指《渐》卦上巽为逊顺。这是举《渐》卦的上下卦象，说明事物有静止逊顺的美德，即可渐进而获益，以推赞此卦所寓含的吉善义理。孔颖达《周易正义》："此就二体广明渐进之美也。止不为暴，巽能用谦，以斯适进，物无违拒，故能渐而动进，不有困穷也。"

【少阴】 ①《易》筮时，称三变两奇一偶所得之数"八"为"少阴"。详"阴阳老少"。 ②汉代《易》家尚"卦气"之学，取六十四卦中的《坎》、《离》、《震》、《兑》为"四正卦"，主四时；余六十卦每卦主"六日七分"，以配一年之日数。六十卦中，除"十二辟卦"外，余阴卦二十四卦称"少阴"，阳卦二十四卦称"少阳"。《汉书·京房传》载京房上封事"少阴倍力而乘消息"语，颜师古注引孟康曰：十二辟卦之外，"其余卦曰'少阴'、'少阳'，为臣下也，并力杂卦气干消息也。" ③朱熹《周易本义》卷首附《伏羲八卦次序图》及《伏羲六十四卦次序图》中的"四象"之一，生离、震二卦。参见"四象"。

【少阳】 ①《易》筮时，称三变两偶一奇所得之数"七"为"少阳"。详"阴阳老少"。 ②汉代《易》家称"四正卦"、"十二辟卦"之外的四十八卦中的二十四个阳卦为"少阳"。详"少阴"。 ③朱熹《周易本义》卷首附《伏羲八卦次序图》及《伏羲六十四卦次序图》中的"四象"之一，生巽、坎二卦。参见"四象"。

【曰动悔有悔征吉】 《困》卦上六爻辞之语。意思是：应当想一想，既然动辄后悔就要赶快悔悟，这样往前进取必获吉祥。曰，发语词，此处含有"思量"、"谋划"之意；动悔，谓动辄生悔，犹言"后悔"；有悔，谓应有所悔，犹言"悔悟"。这是说明上六以阴处极困之境，困穷至甚；但困极必反，此时只要因其"动悔"而及早"有悔"，吸取教训，谨慎思谋其行为，必能解

脱困境，开通道路，"征"而获"吉"，故爻辞特诫之云"曰动悔有悔，征吉"。参见"困上六"。

【曰闲舆卫利有攸往】 《大畜》卦九三爻辞之语。意思是：不断熟练车马防卫的技能，利于有所前往。曰，语气词；闲，犹言"熟练"；舆卫，指车马防卫之技。这是说明九三当"大畜"之时，畜德充沛，可以大展才用，有"良马奔逐"之象；但又不可自恃其刚，忘乎艰难，而应不断练习"舆卫"之技，继续自我畜德不已，才能利于有"往"，故称"曰闲舆卫，利有攸往"。参见"大畜九三"。

【日月为易】 《易》书命名之义的一种说法。许慎《说文解字》"易"部引秘书说：'日月为易，象阴阳也。'"陆德明《经典释文》于"易"下云："此经名也。虞翻注《参同契》云'字从日下月'。"按，此种说法，盖与道家炼丹术中的阴阳学说有关，故魏伯阳《周易参同契》亦用之，谓："坎戊月精，离己日光；日月为易，刚柔相当。土王四季，罗络始终；青赤白黑，各居一方，皆禀中宫，戊己之功。"邹䜣(即朱熹)《周易参同契考异》曰："此以造字之法，明坎月离日之合而为'易'也。盖坎戊、离己皆居中宫土位，而四方四行皆禀其气。"段玉裁《说文解字注》认为："谓上从日、象阳，下从月、象阴"，"此虽近理，要非六书之本，然下体亦非'月'也。"

【日昃之离】 《离》卦九三爻辞之语。意为：太阳将落而垂垂附丽在西天。昃，音仄 zè，谓日偏将落。此言九三以阳刚处《离》卦的下离之终，阳极将衰，如日西偏，未能长久"附丽"于物，故曰"日昃之离"。参见"离九三"。

【日可见之行】 指每日都可以体现出来的美好行为。语出《乾》卦《文言传》。旨在衍发《乾》初九爻辞"潜龙"之义。初九阳气尚微，如龙潜藏，亦如"君子"尚未体现出其美好的行为，故须潜修勿用，待时至而显现美行。孔颖达《周易正义》：

"君子之人,当以成就道德为行,令其德行彰显,使人日可见其德行之事;此君子之常也,不应潜隐。所以今日'潜'者,以时未可见,故须'潜'也。"按,"日"字,俞樾《群经平议》谓是"曰"字之讹,可备一说。

【日讲易经解义】 清牛钮等撰。十八卷。清康熙二十三年(1684)内府刊本。此书系牛钮等奉敕而撰,为御前侍讲所用之本。书前有康熙所制《序》一篇,谓"以经学为治法",已括此书宗旨。《四库全书提要》指出:"《易》为四圣所递传,则四圣之道法、治法具在于是。故其大旨在即阴阳往来、刚柔进退,明治乱之倚伏,君子小人之消长,以示人事之宜,于帝王之学,最为切要。儒者拘泥章句,株守一隅,非但占验禨祥,渐失其本,即推奇偶者言天而不言人,阐义理者言心而不言事,圣人立教,岂为是无用之空言乎? 是编为讲幄敷陈,睿裁鉴定。其体例与宋以来奏进讲义大致略同,而于观象之中,深明经世之道。"

【日月得天而能久照】 《恒》卦的《彖传》语。意为:日月顺行天道而能永久照耀天下。这是举"日月"久照为例,赞美《恒》卦所揭示的"恒久"大义。程颐《周易程氏传》:"日月,阴阳之精气耳。唯其顺天之道,往来盈缩,故能久照不已。得天,顺天理也。"

【日中见斗幽不明也】 《丰》卦九四爻的《小象传》语。旨在解说九四爻辞"日中见斗"的象征内涵。意思是:犹如太阳正当中天却出现斗星,说明九四处境幽暗而不见光明。参见"丰九四小象传"。

【日中则昃月盈则食】 《丰》卦的《彖传》语。意思是:太阳高居中天必将西斜,月亮圆满盛盈必将亏蚀。这是举日月盛盈必亏的现象,衍发《丰》卦的象外之旨,揭明"丰"极必衰,处"丰"不可过"中"之理。孔颖达《周易正义》:"此孔子因'丰'设戒。以上言王者以丰大之德照临天下,同于'日中'。然盛必有衰,自然常理:日中至盛,过中则昃;月满则盈,过盈则食。天之寒暑往来,地之陵谷迁贸,盈则与时而息,虚则与时而消。天地日月尚不能久,况于人与鬼神而能长保其盈盛乎? 勉令及时修德,仍戒居存虑亡也。"

【日昃之离何可久也】 《离》卦九三爻的《小象传》辞。旨在解说九三爻辞"日昃之离"的象征内涵。意思是:太阳将落而垂垂附丽在西天,说明九三若要附丽于物怎能保持长久呢? 参见"离九三小象传"。

【中】 《易》卦六爻所居位次,第二爻当下卦中位,第五爻当上卦中位,两者象征事物守持中道、行为不偏,《易》例称"中"。凡阳爻居中位(即九二、九五),象征"刚健守中"之德,称"刚中";凡阴爻居中位(即六二、六五),象征"柔顺守中"之德,称"柔中"。若阴爻处二位(六二),或阳爻居五位(九五),则是既中且正,在《易》爻中尤具美善象征,称为"中正"。以"中"爻与"正"爻相比较,"中"德又优于"正"。《周易折中》指出:"程子曰:正未必中,中则无不正也。六爻当位者未必皆吉,而二、五之中,则吉者独多,以此故尔。"《周易》强调"中"的思想,与先秦儒家所极力崇尚的"中庸"之道,正相吻合。

【中爻】 ①《易》卦六爻居中的四爻,即二、三、四、五爻。语出《系辞下传》:"若夫杂物撰德,辩是与非,则非中爻不备。"李鼎祚《周易集解》引崔憬曰:"上既具论初、上二爻,次又以明其四爻也。言中四爻杂合所主之事,撰集所陈之德,能辨其是非,备在卦中四爻也。"按,孔颖达《周易正义》认为,"中爻"指二、五两爻,以其居上下卦之中。可备参考。 ②《易》家或借以指称"互体"。朱震《汉上易传》云:中爻即"京房所谓'互体'是也"。王应麟《辑周易郑注自序》亦曰:互体,"《系辞》谓之'中爻'"。按,顾炎武《日知录》持不同意见,谓《系辞下传》"中爻"只是论"二与四、三与五同功异位"而已,非言互体。参见"互体"。

【中正】 指《易》卦中阴爻居二位者，或阳爻居五位者。即"六二"或"九五"。详见"中"。

【中吉】 《周易》卦爻辞中的常用语。意为持中不偏可获吉祥。多就一卦中的二、五之爻而发。如《讼》卦辞"中吉"，《彖传》云"刚来而得中也"，即指九二来居下卦之中而获吉。孔颖达《周易正义》："中道而止，乃得吉也。"又曰："此云'刚来而得中'，故知九二也。"程颐《周易程氏传》："中吉，得中则吉也。"

【中孚】 六十四卦之一。列居篇中第六十一卦。由下兑（☱）上巽（☴）组成，卦形作"䷼"，卦名为《中孚》，象征"中心诚信"。孔子曾经反复以"信"德施教，《论语》二十篇屡屡强调这一宗旨。如"敬事而信"（《学而》），"主忠信，徙义崇德也"（《颜渊》），"人而无信，不知其可也"（《为政》）等均是。《中孚》卦，正是阐明"中心诚信"的意义。卦辞用"感化小猪小鱼可获吉祥"，喻示诚信之德应当广被微物，并称此时利于涉险，利于守正。卦中诸爻从不同角度揭示其理：初安于下位以守信，二笃诚中实以感物，四专心致诚而不贰，五广施诚信而居尊，这四爻虽处位不同，阴阳有别，但皆为有"信"的正面形象；惟六三居心不诚而言行无常，上六信衰诈起而虚声远闻，则并为无"信"的反面形象。六爻中最受推崇的，是二、五两爻。九二取"鸣鹤在阴，其子和之"为喻，贾谊由此推得"爱出者爱反，福往者福来"（《新书·春秋》）的论旨。至于九五所取以"诚信"牵系"天下"之象，更蕴含着对"有国者"必须"取信于民"的期望，与卦辞申言"信及豚鱼"而感化万物的观点相合。刘向《新序·杂事篇》论曰："人君苟能至诚动于内，万民必应而感移。尧、舜之诚感于万国，动于天地，故荒外从风，凤麟翔舞，下及微物，咸得其所。《易》曰'中孚，豚鱼吉'，此之谓也。"可见，《中孚》卦所发"诚信"之义，既泛及一般的社会道德，又兼及特殊的政治理论。因此，在研究我国古代社会的伦理思想中，尤其探索"信"这一道理范畴的历史渊源时，《中孚》卦实可提供一定的资料依据。

【中馈】 指家内饮食等事，旧礼属妇人之职。语出《家人》六二爻辞"无攸遂，在中馈，贞吉"。孔颖达《周易正义》："妇人之道，巽顺为常，无所必遂，其所职主在于家中馈食、供祭而已。"《文选》载曹植《送应氏诗》："中馈岂独薄，宾饮不尽觞。"李善注："《周易》曰'在中馈'，王弼曰'妇人职中馈'；《仪礼》有'馈食之礼'，郑玄《周礼注》曰'进物于尊者曰馈'。"《颜氏家训·治家》："妇主中馈，唯事酒食衣服之礼耳。"

【中不在人】 《乾》卦《文言传》语。释《乾》九四的爻位特征。据《文言传》所释，九四和九三爻位的相同之处在于两爻都是"重刚而不中，上不在天，下不在田"；而九四则多了一句"中不在人"，这是与九三的不同之处，犹言"上不达于高天，下不立于地面，中不处于人境"。《系辞下传》云："《易》有天道、地道、人道，兼三才而两之"，即据《易》卦六爻之中，上、五两爻为"天"，初、二两爻为"地"，四、三两爻为"人"。九四本属"人"位，然接近于九五"天"位，故又有"中不在人"之象。孔颖达《周易正义》："三之与四，俱为'人道'。但人道之中，人下近于地，上远于天。九三近二，是下近于地，正是人道，故九三不云'中不在人'；九四则上近于天，下远于地，非人所处，故特云'中不在人'。"李鼎祚《周易集解》引侯果曰："案《下系》：《易》有天道、有地道、有人道，兼三才而两之。谓两爻为一才也。初兼二，地也；三兼四，人也；五兼六，天也。四是兼才，非正，故言'不在人'也。"

【中行独复】 《复》卦六四爻辞。意为居中行正而专心回复。中，指六四处《复》卦五阴爻之中；独，犹言"专"。这是说明六四当"复"之时，既居五阴之中，又处正位,于群阴中唯其一爻独应初九之阳,其情弥专,故有"中行独复"之象。参见"复六四"。

【中孚九二】 《中孚》卦九二爻。以阳爻居卦第二位。爻辞曰:"鸣鹤在阴,其子和之;我有好爵,吾与尔靡之。"意思是:鹤鸟在山阴鸣唱,其同类声声应和;我有一壶美酒,愿与你共饮同乐。鹤,喻《中孚》九二;阴,谓山阴,喻九二处两阴爻之下;其子,喻《中孚》九五;爵,许慎《说文解字》"饮器",朱骏声《说文通训定声》"凡酒器亦总名曰'爵'",此处借指"酒",《周易折中》"好爵,谓旨酒也";靡,陆德明《经典释文》:"《韩诗》云'共也',孟同。"这是说明九二当"中孚"之时,以"刚中"之德居下卦中位,笃诚信实,声闻于外,与上卦九五以诚相接,犹如鹤鸟虽鸣于山阴,而其类亦能遥相应和,故称"鸣鹤在阴,其子和之";此时九二之诚信既与九五互为交融,凡乐事亦愿与之共享,于是爻辞又以旨酒共饮为喻,谓九二倘有美酒一壶,亦不欲独饮,乃愿与九五举杯同乐,以见其中心诚信之至,故又称"我有好爵,吾与尔靡之"。朱熹《周易本义》:"九二'中孚'之实,而九五亦以中孚之实应之。"尚秉和先生《周易尚氏学》:"尔,谓五。言二、五共此爵也。"按,《系辞上传》引孔子语,释《中孚》九二之义曰:"君子居其室,出其言善,则千里之外应之,况其迩者乎?出其言不善,则千里之外违之,况其迩者乎?"其旨在于揭明,凡中心信实,善德真诚者,虽远亦能有应。即程颐《周易程氏传》所谓"至诚感通之理"。又按,陈骙《文则》以为"《易》文似《诗》",并指出:"《中孚》九二曰:'鸣鹤在阴,其子和之;我有好爵,吾与尔靡之。'使入《诗·雅》,孰别爻辞?"此说颇有见地。从这则爻辞看,不仅其句式整齐,偶句谐韵,而且形象鲜明生动;上两句"鹤鸣"、"子和",与下两句"我爵"、"尔靡",又具"比兴"情调。这类现象在《周易》六十四卦的卦爻辞中颇为多见,是研究先秦诗歌史的重要资料。

【中孚九五】 《中孚》卦九五爻。以阳爻居卦第五位。爻辞曰:"有孚挛如,无咎。"意思是:笃诚至信而广系天下之心,无所咎害。挛,谓牵系;如,语气助词(见"小畜九五")。这是说明九五当"中孚"之时,阳刚中正,尊居"君位",为一卦之主,能以诚信广系"天下"之心,而"天下"亦以诚信相应,故无所咎害。《周易折中》引胡瑗曰:"居尊而有中正之德,是有至诚至信之心,发之于内而交之于下,以挛天下之心;上下内外,皆以诚信相通,是得为君之道,何咎之有?"按,《中孚》卦《象传》称"孚乃化邦",正指九五爻。胡炳文《周易本义通释》云:"六爻不言'孚',惟九五言之,九五'孚'之主也。"

【中孚上九】 《中孚》卦上九爻。以阳爻居卦最上之位。爻辞曰:"翰音登于天,贞凶。"意思是:飞鸟的鸣叫声虚升于天,守持正固以防凶险。翰,谓高飞,"翰音"犹言"飞鸟鸣音";贞凶犹言"守正防凶"。这是说明上九当"中孚"之时,极居卦终,诚信衰而虚伪起,犹如飞鸟之音虚飘于天,伪而不实;但毕竟禀具阳刚本质。故爻辞又设守正防凶之诫。王弼《周易注》:"翰,高飞也。飞音者,音飞而实不从之谓也。居卦之上,处信之终,信终则衰,忠笃内丧,华美外扬,故曰'翰音登于天'也。"孔颖达《周易正义》:"信衰则诈起","若鸟之翰音登于天,虚声远闻也。"按,《中孚》九二"鸣鹤在阴",上九"翰音登天",一笃实一虚伪,两象适可对照。苏轼《东坡易传》云:"九二在阴而'子和',上九飞鸣而'登天',其道盖相反也。"又按,李鼎祚《周易集解》引虞翻曰:"鸡称'翰音'。"王弼《周易注》释"贞凶"为"正亦灭",孔颖达《周易正义》云"正之凶";朱熹《周易本义》则谓"虽得其贞,亦凶道也"。此均可备参考。

【中孚六三】 《中孚》卦六三爻。以阴爻居卦第三位。爻辞曰:"得敌,或鼓或罢,或泣或歌。"意思是:前临劲敌,或击鼓进攻、或疲惫退撤、或恐惧悲泣、或无忧欢歌。敌,喻《中孚》六四,李鼎祚《周易集解》引荀爽曰"三、四俱阴,故称敌";罢,通"疲",尚秉和先生《周易尚氏学》:"罢、疲通,音婆,下与'歌'叶。"这是说明六三当"中孚"之时,居下卦之终,阴柔失正不中,与六四同阴为敌,有存心不诚,急于取四而代之之象,遂显鼓欲进;但四位柔正,三不能取胜,只得疲惫而退;退毕又惧六四反击,不免忧惧悲泣;而六四谦柔守正,不加侵害,乃得无忧而歌,故曰"或鼓或罢,或泣或歌"。王弼《周易注》:"以阴居阳,欲进者也。欲进而阂敌,故'或鼓'也;四履正而承五,非已所克,故'或罢'也;不胜而退,惧见侵陵,故'或泣'也;四履乎顺,不与物校,退而不见害,故'或歌'也。不量其力,进退无恒,愈可知也。"按,《中孚》六三处不当位,自树其敌,遂有"鼓"、"罢"、"泣"、"歌"之象。正如人心不诚,私念杂起,往往多方钻营,言行无常,但终究徒劳无益。《周易折中》引刘牧曰:"人惟信不足,故言行之间变动不常如此。"

【中孚六四】 《中孚》卦六四爻。以阴爻居卦第四位。爻辞曰:"月几望,马匹亡,无咎。"意思是:月亮接近满圆,良马亡失匹配,必无咎害。几望,月将圆未盈(见"归妹六五");匹,配也,指《中孚》初九与六四为阴阳正应。这是说明六四当"中孚"之时,柔顺得正,以诚信之心上承九五"刚中"君主,其阴柔美德方盛而不盈,犹如月亮将圆而未满;此时六四既已专诚事五,则不可分心下应初九,必如马亡其"匹",与初割绝,才能"无咎",故曰"月几望,马匹亡,无咎"。朱熹《周易本义》:"六四居阴得正,位近于君,为'月几望'之象;马匹,谓初与已为匹,四乃绝之,而上以信于五,故为'马匹亡'之象。占者如是,则'无咎'也。"按,此爻之义旨是,当"中孚"之时,禀"阴顺"之德,诚信必须专一。故六四须"绝"初,才能承五。《周易折中》

谓:"孚不容于有二"是也。

【中孚初九】 《中孚》卦初九爻。以阳爻处卦下初位。爻辞曰:"虞吉,有它不燕。"意思是:安守诚信可获吉祥,别有它求不得安宁。虞,犹言"安",《仪礼·士虞礼》郑玄注"虞,安也";燕,通"宴",亦"安"之意;有它,谓有应于它方,此处指上应六四。这是说明初九以阳刚居《中孚》之始,一阳在下,务须潜修己德,不可施用,以能安守诚信为吉;其时虽与六四有应,然九二在前为阻,若欲"有它"而往应,必难安宁,故曰"虞吉,有它不燕"。李鼎祚《周易集解》引荀爽曰:"虞,安也。初应在四,宜自安虞,无意于四则吉,故曰'虞吉'也。四者承五,有它意于四,则不安,故曰'有它不燕'也。"尚秉和先生《周易尚氏学》:"有它,谓不安于初,不顾二阻,而它往应四,则'不燕'也。"按,《中孚》初九处"勿用"之位,能慎守诚信之德而无所求,必获吉祥。《周易折中》引项安世曰:"初九安处于下,不假它求,何吉如之?"又按,王弼《周易注》训"虞"为"专",并曰:"为信之始,而应在四,得乎专吉者也。志未能变,系心于一,故'有它不燕'也。"可备一说。

【中孚卦辞】 《中孚》卦的卦辞。其文曰:"中孚,豚鱼吉,利涉大川,利贞。"意思是:《中孚》卦象征中心诚信,能感化小猪小鱼必获吉祥,利于涉越大河巨流,利于守持正固。中孚,卦名,"中"谓内心,"孚"者信也,两字作为卦名,即象征"中心诚信";豚,音屯 tún,谓小猪,"豚鱼"犹言"小猪小鱼",喻微隐之物。卦辞说明,诚信之德若能广被微物,犹如信及"豚鱼"而感化之,必能获得吉祥;而一旦具备"中孚"之德,则无险不可涉,并可获"守正"之利,故曰"利涉大川,利贞"。孔颖达《周易正义》:"中孚,卦名也。信发于中,谓之'中孚'。鱼者,虫之幽隐;豚者,兽之微贱。人主内有诚信,则虽微隐之物,信皆及矣。"又曰:"既有诚信,光被万物,万物得

119

宜,以斯涉难,何往不通?故曰'利涉大川'。信而不正,凶邪之道,故利在贞也。"程颐《周易程氏传》:"孚信能感于豚鱼,则无不至矣,所以吉也。"按,朱熹曾辨析"孚"字与"信"字意义的区别及联系,指出:"伊川云'存于中为孚,见于事为信',说得极好。因举《字说》'孚'字从爪从子,如鸟抱子之象;今之'乳'字,一边从'孚'。盖中所抱者,实有物也;中间实有物,所以人自信之。"(《朱子语类》)此说颇可参考。又按,《中孚》卦中二爻阴虚,前人多以为此象蕴含着"信实"须以"中虚"为本的哲理。马其昶《重定周易费氏学》引曾国藩曰:"人必中虚不着一物,而后能真实无妄。盖'实'者,不欺之谓也。人之所以欺人,所以自欺者,以心中别着私物也。不欺者,心无私着。是故天下之至诚,天下之至虚者也。灵明无着,物来顺应,是之谓虚,是之谓诚而已矣。"此说亦可资品味《中孚》卦的象外之旨。

【中孚彖传】 《中孚》卦的《彖传》。旨在解说《中孚》卦的卦名、卦辞之义。其文为:"《彖》曰:中孚,柔在内而刚得中;说而巽,孚乃化邦也。豚鱼吉,信及豚鱼也;利涉大川,乘木舟虚也;中孚以利贞,乃应乎天也。"意思是:《彖传》说:中心诚信,譬如内呈柔顺谦虚至诚而中涵刚健笃实有信;上下欣悦而和顺,诚信之德就能被化邦国。能感化小猪小鱼必获吉祥,说明诚信之德足以施及小猪小鱼这些微物;利于涉越大河巨流,就像乘驾木船畅行无阻;中心诚信而利于守持正固,于是应合天的刚正美德。"全文可分两节理解。第一节,自"中孚"至"孚乃化邦也"四句,举《中孚》六三、六四两阴爻居一卦六爻内中之象,及九二、九五两阳爻分处上下卦正中之象,揭明此卦象含有"中虚"为诚、"中实"为信的寓意;又举《中孚》下兑为悦、上巽为逊顺之象,说明上下以"悦"、"顺"交孚,则其信可以"化邦",以共释卦名"中孚"之义。第二节,自"豚鱼吉"至"乃应乎天也"

六句,先言"中孚"之时诚信之德足以施及"豚鱼",以释卦辞"豚鱼吉"之义;次举《中孚》上巽为木、下兑为泽之象,谓此象喻示"中心诚信"之时犹如乘舟而行,涉险无阻,以释卦辞"利涉大川"之义;最后说明以正道而施诚信,必能应合于"天",以释卦辞"利贞"之义。

【中孚大象传】 《中孚》卦的《大象传》。其辞曰:"泽上有风,中孚;君子以议狱缓死。"意思是:大泽上吹拂着和风(抚物周至),象征"中心诚信";君子因此以诚信之德审议狱事而宽缓死刑。这是先揭明《中孚》卦下兑为泽、上巽为风之象,谓泽上有风,抚物周至,正为"中心诚信"以接物的象征;然后推阐出"君子"应当效法此象以广施信德,乃至慎议刑狱、宽缓死刑的道理。孔颖达《周易正义》:"风行泽上,无所不周;其犹信之被物,无所不至,故曰'泽上有风,中孚'。"程颐《周易程氏传》:"君子之于议狱,尽其忠而已;于决死,极其恻而已,故诚意常求于缓。缓,宽也。于天下之事,无所不尽其忠;而议狱缓死,最其大者也。"尚秉和先生《周易尚氏学》:"议狱缓死,欲孚及罪人而向善也。"按《周易折中》引徐几曰:《象》言'刑狱'五卦。《噬嗑》、《丰》,以其有离之明、震之威也;《贲》次《噬嗑》,《旅》次《丰》,离明不易,震皆反为艮矣。盖明贵无时不然,威则有时当止。至于《中孚》,则全体似离,互体有震、艮,而又兑以议之,巽以缓之。圣人即象垂教,其忠厚恻怛之意,见于谨刑如此。"此说比较五卦《大象传》关于"刑狱"的立论依据,可资参考。

【中行告公从】 《益》卦六四爻辞之语。意思是:持中慎行致意于王公必能言听计从。此言六四当"损上益下"之时,禀柔正之德居上卦之始,近承九五阳刚,有依附"君主"施益"下民"之象,故谓其当以"中行"之德"告公"益下,"公"必听从。爻辞之义主于譬喻阴柔者得位,承上以益下。参见"益六四"。

【中孚九二小象传】《中孚》卦九二爻的《小象传》。其辞曰:"其子和之,中心愿也。"意思是:鹤鸟的同类声声应和,这是发自内心的真诚意愿。此为解说《中孚》九二爻辞"其子和之"的象征内涵。中心,犹言"内心",谓九二与九五以真诚之愿相应和。程颐《周易程氏传》:"谓诚意所愿也,故通而相应。"

【中孚九五小象传】《中孚》卦九五爻的《小象传》。其辞曰:"有孚挛如,位正当也。"意思是:笃诚至信而广系天下之心,说明九五居位中正适当。这是解说《中孚》九五爻辞"有孚挛如"的象征内涵。孔颖达《周易正义》:"以其正当尊位,故戒以系信乃得无咎。若直以阳得正位而无有系信,则招有咎之嫌也。"

【中孚六三小象传】《中孚》卦六三爻的《小象传》。其辞曰:"或鼓或罢,位不当也。"意思是:或击鼓进攻、或疲惫退撤,说明六三居位不正当。这是解说《中孚》六三爻辞"或鼓或罢"的象征内涵。孔颖达《周易正义》:"所以'或鼓或罢',进退无恒者,止为不当其位,妄进故也。"

【中孚六四小象传】《中孚》卦六四爻的《小象传》。其辞曰:"马匹亡,绝类上也。"意思是:良马亡失匹配,说明六四要割绝其配偶而上承尊者。这是解说《中孚》六四爻辞"马匹亡"的象征内涵。类,犹言"配偶",指《中孚》初九;上,用如动词,犹言"上承"、"上从"。程颐《周易程氏传》:"绝其类,而上从五也。"按,尚秉和先生《周易尚氏学》以"类"为动词,谓"类上即承上"。于义亦通。

【中孚上九小象传】《中孚》卦上九爻的《小象传》。其辞曰:"翰音登于天,何可长!"意思是:飞鸟的鸣叫声虚升于天,这种虚幻的声音怎能保持长久呢!这是解说《中孚》上九爻辞"翰音登于天"的象征内涵。孔颖达《周易正义》:"虚声无实,何可久长也!"

【中孚初九小象传】《中孚》卦初九爻的《小象传》。其辞曰:"初九虞吉,志未变也。"意思是:初九安守诚信可获吉祥,说明笃诚潜修的心志未曾改变。这是解说《中孚》初九爻辞"虞吉"的象征内涵。李鼎祚《周易集解》引荀爽曰:"初位潜藏,未得变而应四也。"

【中孚受之以小过】《周易》六十四卦,以象征"中心诚信"的《中孚》卦列居第六十一卦;坚守诚信的人必然要过为果决地履行职责,所以接《中孚》之后是象征"小有过越"的第六十二卦《小过》卦。此称"《中孚》受之以《小过》"。语本《序卦传》:"有其信者必行之,故受之以《小过》。"《周易折中》引项安世曰:"有其信,犹《书》所谓'有其善',言以此自负而居有之也。自恃其信者,其行必果,而过于中。"

【中行无咎中未光也】《夬》卦九五爻的《小象传》辞。旨在解说九五爻辞"中行无咎"的象征内涵。意思是:居中行正必无咎害,说明九五的中正之道尚未光大。参见"夬九五小象传"。

【中行独复以从道也】《复》卦六四爻的《小象传》辞。旨在解说六四爻辞"中行独复"的象征内涵。意思是:居中行正而专心回复,说明六四遵从正道。参见"复六四小象传"。

【中孚以利贞乃应乎天也】《中孚》卦的《彖传》语。意思是:中心诚信而利于守持正固,于是应合天的刚正美德。这是解说《中孚》卦辞"利贞"的象征内涵。孔颖达《周易正义》:"天德刚正,而气序不差,是正而信也。今信不失正,乃得应于天,是中孚之盛,故须济以'利贞'也。"

【见龙在田】《乾》卦九二爻辞之语。意思是:巨龙出现田间。象征九二离隐出潜,阳刚渐增。参见"乾九二"。

【见恶人无咎】《睽》卦初九爻辞之语。意为:接待与己对立的恶人,不致咎害。见,犹言"接见"、"接待"。这是说明初九处《睽》之始,位卑无应,犹如初涉世便与人"乖睽";但以阳刚退处,不立异自显而广和于人。以此处"睽",睽违必合,正如接待"恶人",能使之改恶从善,亦自消"睽"而"无咎"。爻义主于诫初九退柔勿动,居易俟命,则一切"乖睽"均将自行消失。参见"睽初九"。

【见霜而知冰】 发现秋霜即知坚冰将至。即察微知著之意。语本《坤》卦初六爻辞"履霜坚冰至"。《淮南子·说山训》:"纣为象箸而箕子唏,鲁以偶人葬而孔子叹,故圣人见霜而知冰。"

【见金夫不有躬】 《蒙》卦六三爻辞之语。意思是:(这女子)眼中所见只是美貌郎君,不顾自身体统。金夫,男子的美称,喻《蒙》卦上九爻;躬,谓自身。这是说明六三处《蒙》下卦之终,与上九之阳相应,但六三阴柔失正,乘凌九二阳刚,既甚"蒙稚"又急于上进,犹如女子见美男亟欲求之,不顾"礼节",为蒙昧"不可教"之象。参见"蒙六三"。

【见群龙无首吉】 《乾》卦六爻之后所附"用九"文辞。意思是:出现一群巨龙都不以首领自居,吉祥。其辞乃归结《乾》卦六爻皆变,皆由阳刚变为阴柔之义,犹如一群巨龙均谦退而不居首,故取"群龙无首"为象。《周易》作者强调"谦",认为越是刚健,越有地位,越要不为物先;如此则刚而能柔,阳济以阴,方为阳刚之至美,方属吉祥之至善。"见群龙无首,吉",正体现这种思想。王弼《周易注》释"用九"云:"以刚健而居人之首,则物之所不与。"这是直接应用《老子》"后其身而身先"及"贵以贱为本"的观点为解,有合《易》理,并与《乾》卦《象传》"天德不可为首"的说法相符。参见"乾用九"。

【见舆曳其牛掣】 《睽》卦六三爻辞之语。意思是:似乎看见大车被拖曳难行,驾车的牛受牵制不进。曳,拖曳;掣,牵制。此言六三处《睽》下卦之终,与上九阴阳正应却睽违难合,兼之九二、九四两阳比近己身,造成心理威胁,犹如见到九二曳车于后、九四掣牛于前,遂致欲进不得,故曰"见舆曳,其牛掣"。辞义主于表明六三居内而睽违至极,处境艰难,并由此产生恐惧、疑虑。参见"睽六三"。

【见龙在田时舍也】 《乾》卦《文言传》语。以"时舍"释《乾》九二爻辞"见龙在田"之义。舍,犹言"舒",王弼《周易注》"见龙在田,必以时之通舍也",孔颖达《周易正义》"以通解舍,舍是通义",即训为"舒通"之意。此言九二之时,形势已经舒展通畅,故有"见龙在田"之象。李鼎祚《周易集解》引何妥曰:"此夫子洙泗之日,开张业艺,教授门徒。自非通舍,孰能如此?"《周易正义》:"以见龙在田,是时之通舍也。"

【见恶人以辟咎也】 《睽》卦初九爻的《小象传》辞。旨在解说初九爻辞"见恶人"的象征内涵。意思是:接待与己对立的恶人,是为了避免乖睽激化而导致的咎害。辟,通"避"。参见"睽初九小象传"。

【见舆曳位不当也】 《睽》卦六三爻的《小象》语。旨在解说六三爻辞"见舆曳"的象征内涵。意思是:似乎见到大车被拖曳难行,这是六三居位不妥当所致。参见"睽六三小象传"。

【见龙在田天下文明】 《乾》卦《文言传》语。以"天下文明"释《乾》九二爻辞"见龙在田"之义。指九二如阳气发出地面,万物焕发光彩,故有"见龙在田"之象。孔颖达《周易正义》:"阳气在田,始生万物,故天下有文章而光明也。"李鼎祚《周易集解》:"阳气上达大地,故曰'见龙在田';百草萌牙孚甲,故曰'文明'。"

【见龙在田德施普也】 《乾》卦九二爻的《小象传》辞。意思是:巨龙出现田间,说明美德昭著广施无涯。此以"德施普也"释九二"见龙在田"的象征内涵。参见"乾九二小象传"。

【见豕负涂载鬼一车】 《睽》卦上九爻辞之语。意思是:恍如看见丑猪背负污泥,又见一辆大车满载鬼怪在奔驰。此言上九当"睽"之时,以阳刚高居卦极,与下卦六三本为阴阳正应而违离至久,孤独烦躁,对六三妄生猜疑,遂于眼前出现种种幻觉:或见其变猪负土,或见鬼车奔驰,故曰"见豕负涂,载鬼一车"。辞义主于喻示上九睽极所产生的心理变异。参见"睽上九"。

【见险而能止知矣哉】 《蹇》卦的《彖传》语。意思是:面临险境而能停止不前,可以称为明智啊!险,指《蹇》卦上坎为险;止,指下艮为止;知,即"智"。此以《蹇》卦的上下卦象,释卦名"蹇"之义。孔颖达《周易正义》:"坎在其外,是险在前也;有险在前,所以为难。若冒险而行,或罹其害;艮居其内,止而不往,相时而动,非知不能。"

【见善则迁有过则改】 《益》卦的《大象传》语。意思是:看到善行就倾心向往,有了过错就迅速改正。迁,就也,犹言"向往"。这是从《益》卦"风雷"交助的卦象而推阐出的"君子"观此象,须悟知"迁善改过"以相增益美德的道理。参见"益大象传"。

【内互】 《易》卦"互体"中第二至第四爻所组成的三画卦。详"互体"。

【内卦】 见"二体"。

【内象】 ①指《周易》六画卦中的内卦之象。亦称"下象"。参见"内卦"。 ②北宋邵雍的《易》学概念,以《周易》所蕴含的内在的象征理致为"内象"。参见"易有内象外象"。

【内阳而外阴】 《泰》卦的《彖传》语。意思是:阳者居内而阴者居外。阳,指《泰》内卦三阳爻,喻"君子";阴,指《泰》外卦三阴爻,喻"小人"。这是根据《泰》卦的上下卦爻象,释卦辞"小往大来"之义。李鼎祚《周易集解》引何妥曰:"阴阳之名,就爻为语","顺而阴居外,故曰'小往';健而阳在内,故曰'大来'。"程颐《周易程氏传》:"阳来居内,阴往居外,阳进而阴退。"

【内阴而外阳】 《否》卦的《彖传》语。意思是:阴者居内而阳者居外。阴,指《否》内卦三阴爻,喻"小人";阳,指《否》外卦三阳爻,喻"君子"。这是根据《否》卦的上下卦象,释卦辞"大往小来"之义。李鼎祚《周易集解》引崔憬曰:"阴柔谓坤,阳刚谓乾也。"

【内柔而外刚】 《否》卦的《彖传》语。意思是:柔弱者居内而刚健者居外。柔,指《否》内卦坤,喻"小人";刚,指《否》外卦乾,喻"君子"。这是根据《否》的上下卦象,释卦辞"大往小来"之义。李鼎祚《周易集解》引崔憬曰:"阴柔谓坤,阳刚谓乾也。"

【内健而外顺】 《泰》卦的《彖传》语。意思是:刚健者居内而柔弱者居外。健,指《泰》内卦乾,喻"君子";顺,指《泰》外卦坤,喻"小人"。这是根据《泰》卦的上下卦象,释卦辞"小往大来"之义。李鼎祚《周易集解》引何妥曰:"健顺之称,指卦为言。顺而阴居外,故曰'小往';健而阳在内,故曰'大来'。"

【内小人而外君子】 《否》卦的《彖传》语。意思是:小人居内而君子居外。小人,指《否》内卦坤;君子,指《否》外卦乾。这是根据《否》卦的上下卦象,释卦辞"大往小来"之义。李鼎祚《周易集解》引崔憬曰:"君子在野,小人在位之义也。"

【内君子而外小人】 《泰》卦的《彖传》语。意思是:君子居内而小人居外。君子,指《泰》内卦乾;小人,指《泰》外卦坤。这是根据《泰》卦的上下卦象,释卦辞"小往大来"之义。李鼎祚《周易集解》引崔憬曰:"阳为君子,在内健于行事;阴为小人,在外顺以听命。"

【内文明而外柔顺以蒙大难】 《明夷》卦的《彖传》语。意思是:内含文明美德而外呈柔顺情态,以此经受巨大的患难。文明,指《明夷》卦下离为"明"之象;柔顺,指《明夷》卦上坤为"顺"之象。这是举《明夷》卦的上下卦象,及周文王被纣幽囚羑里蒙难事殷之例,说明天下"明夷"之时,"君子"慎度危难的情状,以释卦名"明夷"

之义。孔颖达《周易正义》："内怀文明之德,抚顺六州;外执柔顺之能,三分事纣,以此蒙犯大难,身得保全,惟文王能用之。"李道平《周易集解纂疏》:"离在内为文明,坤在外为柔顺;文王有文明柔顺之德而臣事殷纣,幽囚著《易》,故曰'以蒙大难'。"

〔丿〕

【升】 六十四卦之一。列居篇中第四十六卦。由下巽（☴）上坤（☷）组成。卦形作"䷭",卦名为《升》,象征"上升"。《升》卦阐明事物顺势上升、积小成大的道理。卦辞称扬"上升"之时至为亨通,强调宜于出现具备"刚中"美德的"大人",则可以顺畅无忧地上升,并可趋赴光明,获得吉祥。卦中六爻集中反映顺势求升之道:初六柔顺上承二阳,阴阳合志宜升;九二以刚中顺应柔中,心存诚信必升;九三阳刚和逊,顺升无碍如入无人之邑;六四柔正顺从尊者,必将获升得吉;六五柔中应下,其升如历阶直上;唯上六昏昧犹升,其势将消,当以守正不妄动为戒。可见,本卦大义主于"顺性"上升,侧重表明要遵循"自然规律";这与《晋》卦主于"顺明"求晋,侧重揭示要附丽光明"积极进取"的意义颇有区别。柳宗元的一篇著名寓言《种树郭橐驼传》,用植树规讽"为官"、处世之道,文中极称橐驼所自叙的"植树"要诀:"顺木之天,以致其性"(《柳河东集》)。试观《升》卦《大象传》所云"地中有木"为升,及"君子以顺德,积小以高大",述旨与柳文的寓意颇相吻合。马振彪先生《周易学说》谓郭橐驼之语"盖得《易》义",所论甚是。

【升阶】 《升》卦六五爻辞之语。意为:沿着阶级步步上升。这是说明六五当"升"之时,柔中居尊,下应九二,犹如任用下贤,不自专权,故有守正获吉,沿"阶"升至尊位之象。参见"升六五"。

【升降】 东汉《易》家荀爽所倡《易》学条例,认为阳爻处第二位者上升而居第五位,阴爻居第五位者下降处第二位;乾为阳,坤为阴,故又称"乾升坤降"。惠栋《易汉学》云:"荀慈明论《易》,以阳在二者当上升坤五为君,阴在五者当降居乾二为臣。盖乾升坤为坎,坤降乾为离,成《既济》定,则六爻得位。"荀爽以"升降"说解《易》之例,《周易集解》多有援引。如于《乾》卦九二《象传》引荀爽曰:"田谓坤也。二当升坤五,故曰'见龙在田'。"于《临》九二《象传》引荀爽曰:"阳当居五,阴当顺从;今尚在二,故曰'未顺命也'。"于《升》六五《象传》引荀爽曰:"阴正居中,为阳作阶,使升居五;己下降二,与阳相应,故吉而得志。"按,惠栋又谓,荀氏"升降"与《左传》所载古占法相合,并与虞翻"之正"成《既济》说同。其《易汉学》云:"《左传》史墨论鲁昭公之失民,季氏之得民云:在《易》卦雷乘乾曰'大壮',天之道。言九二之大夫当升五为君也。慈明之说合于古之占法。故仲翔注《易》亦与之同。(原注:王弼《泰》六四注云:乾乐上复,坤乐下复。此亦升降之义,而王弼不言升降。)"吴翊寅撰《易汉学考》,对此提出异议,认为荀氏"升降"本于《易纬·乾凿度》,虞翻"成《既济》"本于《周易参同契》,两者实不相同。

【升九二】 《升》卦九二爻。以阳爻居卦第二位。爻辞曰:"孚乃利用禴,无咎。"意思是:只要心存诚信即使微薄的禴祭也利于奉享神灵,必无咎害。孚,信也;禴,音跃 yuè,古代四时祭祀之一,殷称"春祭"为"禴",属较微薄之祭,此与《萃》卦六二爻辞所取之象同(见"萃六二")。这是说明九二当"升"之时,禀刚中之德上应六五,犹如心存诚信而受任于尊者,故有虽薄祭亦可荐神获福之象;以此而"升",必能遂愿,故"无咎"。孔颖达《周易正义》:"九二与五为应,往升于五,必见信任,故曰'孚';二体刚德,而履乎中,进不求宠,志在大业,用心如此,乃可荐其省约于神明而无咎也,故曰'孚乃利用禴,无咎'。"按,《萃》六二、《升》九二,均以"孚乃利用禴"为喻,可知两者虽阴阳不同,但或能以"柔中"获聚于尊者,或能以"刚中"获升于高位,其立足点并在于心存"孚信"。《周易折中》引张清子曰:"《萃》六二以中虚为'孚',而与九五应;《升》九二以中实为'孚',而与六五应:二爻虚实虽殊,其'孚'则一也。'孚'则虽'用禴'亦'利',故二爻皆曰'孚乃利用禴'。《象》言'刚中而应',指此爻也。"

【升九三】《升》卦九三爻。以阳爻居卦第三位。爻辞曰:"升虚邑。"意思是:上升顺畅犹如直入空虚的城邑。虚,陆德明《经典释文》:"空也。"这是说明九三当"升"之时,居下卦之终,阳刚得位,应于上六,将升至上卦之坤;坤阴为虚,故以"升虚邑"为喻,犹云上升之时,畅通无阻。王弼《周易注》:"履得其位,以阳升阴;以斯而举,莫之违距,故若'升虚邑'也。"按,九三之"升"能顺畅无碍,在于位正得时。程颐《周易程氏传》指出:"三以阳刚之才,正而且巽,上皆顺之,复有援应;以是而升,如入无人之邑,孰御哉!"至于爻辞不言"吉",《周易折中》引苏轼曰:"以阳用阳,其升也果矣,故曰'升虚邑,无所疑也'。不言'吉'者,其为祸福未可知也,存乎其人而已。"此合《升》九二《小象传》"无所疑"之义而言之,可资参考。又按,爻辞"虚"字,陆德明《经典释文》引马融曰:"虚,丘也。"尚秉和先生《周易尚氏学》云:"《左传》僖二十八年'晋侯登有莘之虚',《诗·卫风》'升彼虚矣','虚'者高丘;巽为高,故曰虚。坤为邑。'升虚邑'者,言升邑之高处也。"此说亦可通。

【升上六】《升》卦上六爻。以阴爻居卦最上之位。爻辞曰:"冥升,利于不息之贞。"意思是:昏昧至甚却仍然上升,利于不停息地守持正固。这是说明上六以阴处《升》之终,居坤暗之极,有昏昧至甚却仍升不已之象;故当守正不息,未可轻举妄动,亦不可擅为物主。王弼《周易注》:"处《升》之极,进而不息者也;进而不息,故虽冥犹升也。故施于不息之贞则可,用于为物之主则丧矣。"按,上六处"升"极必反之时,本有凶咎;但爻辞却谓"利于不息之贞",实从正面给予诫勉。即来知德《周易集注》所云:"为占者开迁善之门。"

【升六五】《升》卦六五爻。以阴爻居卦第五位。爻辞曰:"贞吉,升阶。"意思是:守持正固可获吉祥,沿着阶级步步上升。升阶,犹言"沿阶上升"。这是说明六五当"升"之时,柔中居尊,下应九二,犹如任用下贤,不自专权,故有守正获吉,沿"阶"升至尊位之象。王弼《周易注》:"升得尊位,体柔而应;纳而不距,任而不专,故'贞吉,升阶'而尊也。"《周易折中》引熊良辅曰:"以顺而升,如历阶然。"按,六五阴柔居中,顺时而升,其势犹如历阶而上,终获尊位。《周易折中》云:"不取'君'象,但为臣位之极者,与《晋》、《渐》之五同也。"

【升六四】《升》卦六四爻。以阴爻居卦第四位。爻辞曰:"王用亨于岐山,吉,无咎。"意思是:君王来到岐山祭祀神灵,吉祥,必无咎害。王,当指殷王。亨,通"享",谓祭祀,陆德明《经典释文》引马融曰"亨,祭也";岐山,在陕西岐山县东北,周族古公亶父曾率众自豳迁于山下周原,筑城作邑。这是拟取古代殷王来到岐山设祭,而周人顺从服事的典故为喻,说明六四处《升》上卦之下,柔顺得正,宜守臣位,以此处"升",则可获吉而"无咎"。马其昶《重定周易费氏学》引朱轼曰:"六四之升,升以顺也。上顺君,下顺民,顺之至矣。使之主祭,而百神享也。"按,《升》六四爻辞"王用亨于岐山"一句,《易》家说法不同。兹举三例以备参考。一、王弼《周易注》谓此句言"岐山之会,顺事之情,无不纳也"。孔颖达《周易正义》曰:"事同文王岐山之会,故曰'王用亨于岐山'也。"

二、马其昶《重定周易费氏学》谓此句用殷王帝乙与西伯王季之典故,比喻"五以四有顺德而使之主祭,所以无咎也"。三、尚秉和先生《周易尚氏学》认为此句体现周文王服事殷之本旨,"王"指殷纣王,比喻六四"望二升五,四得承阳,阴顺阳,犹臣事君;望二升五,犹望王至岐山,而有所亨献也"。诸说对"王"之喻象的解说虽不同,但关于六四应当柔顺事上的主旨却颇一致。

【升初六】 《升》卦初六爻。以阴爻处卦下初位。爻辞曰:"允升,大吉。"意思是:宜于上升,大为吉祥。允,当也,犹言"宜"。这是说明初六处"升"之始,柔顺在下,虽与六四无应,但上承二阳,与之合志而宜于上升,故曰"允升,大吉"。王弼《周易注》:"允,当也。巽三爻皆升者;虽无其应,处《升》之初,与九二、九三合志俱升。当'升'之时,升必大得,是以'大吉'也。"按,《升》初六以阴柔最处下巽之下,上承二阳,再上又是坤顺之地,正是宜于上升的良好时机,遂有"大吉"。《周易折中》引何楷曰:"初六巽主居下,犹木之根也,而得地气而滋之,其升也,允矣。所以为升者,巽也;所以为巽者,初也。'大吉'孰如之?"又按,爻辞"允"字,尚秉和先生《周易尚氏学》训为"进",指出:"允,施氏作'㕙',《说文》同,云'㕙,进也'。《晋》六三云'众㕙',即众进也;兹曰'㕙升',仍前进而升也。进遇阳,故'大吉'。"于义可通。

【升卦辞】 《升》卦的卦辞。其文曰:"升,元亨,用见大人,勿恤,南征吉。"意思是:《升》卦象征上升,至为亨通,宜于出现大人,不须忧虑,向光明的南方进发必获吉祥。升,卦名,象征"上升",陆德明《经典释文》"升,《序卦》云'上也'"(按今本《序卦传》无此句,盖陆氏所见本有),孔颖达《周易正义》"升者,登上之义",程颐《周易程氏传》"升者,进而上也";用,犹"宜";南,象征"光明",《说卦传》谓"离"为"南方之卦",并云"圣人南面而听天下,向明而治",即取"南"为"明"之义。卦辞说明,《升》卦下巽上坤,犹如事物和逊柔顺以上升,必获"元吉";但卦中阳爻不居尊位,有所忧恤,故宜于出现"大人"才能长保"刚中"美德而使事物顺升"勿恤";当此"上升"之时,事物既获益于"大人"之德,又朝着光明方向前进,则必畅通无阻,遂获"升"之至美景况,故又称"南征吉"。王弼《周易注》:"巽顺可以升;阳爻不当尊位,无严刚之正,则未免于忧,故'用见大人'乃'勿恤'也。"又曰:"以柔之南,则丽乎大明也。"孔颖达《周易正义》:"升而得大道,故曰'升,元亨'也。"又曰:"'南征吉'者,非直须见大德之人,复宜适明阳之地;若以阴之阴,弥足其暗也。南是明阳之方,故云'南征吉'也。"按,《升》卦辞"用见大人"之"用见",陆德明《经典释文》云:"本或作'利见'。"今检马王堆汉墓出土的《帛书周易》,正作"利见",与陆氏所引或本同。又按,卦辞"大人",似取卦中九二之象。谓当"升"之时,宜于出现九二"大人"。就爻位看,九二虽未居尊位,但已具备"刚中"大德,故称"大人"。此与《乾》卦九二称"利见大人"相似。马其昶《重定周易费氏学》引徐幾曰:"大人,二也;五当应二也,用见九二刚中之臣以升于德。"此说宜资参考。又按,"南"又象征"进",与"北"象征"退"相对;故程颐《周易程氏传》释《升》卦辞"南征"为"前进",可备一说。

【升彖传】 《升》卦的《彖传》。旨在解说《升卦》的卦名、卦辞之义。其文为:"《彖》曰:柔以时升。巽而顺,刚中而应,是以大亨。用见大人,勿恤,有庆也;南征吉,志行也。"意思是:《彖传》说:沿承柔道并适合时机而行必能上升。和逊而又柔顺,阳刚居中而能上应尊者,所以大为吉祥。宜于出现大人,不须忧虑,说明此时上升必有福庆;向光明的南方进发可获吉祥,说明上升的心志如愿以偿。"全文可分三节理解。第一节,"柔以时升"一句,举《升》上下卦均为阴卦之象,谓以"柔道"

适时而行能升,以释卦名"升"之义。第二节,自"巽而顺"至"是以大亨"三句,举《升》卦下巽为和逊、上坤为柔顺之象及九二刚中有应于六五之象,谓逊顺而又具备"刚中"能应之德,则可使上升之途大通,以释卦辞"元亨"之义。第三节,自"用见大人"至"志行也"五句,以"有庆"、"志行",分别解说卦辞"用见大人,勿恤"及"南征吉"之义。按,《升》卦"《象传》"是以大亨"句,程颐《周易程氏传》谓"大亨"为"元亨"之误,可备一说。

【升虚邑】《升》卦九三爻辞。意思是:上升顺畅犹如直入空虚的城邑。此言九三当"升"之时,居下卦之终,阳刚得位,应于上六,将升至上卦之坤,坤阴为虚,故以"升虚邑"为喻,犹云上升之时,畅通无阻。参见"升九三"。

【升大象传】《升》卦的《大象传》。其辞曰:"地中生木,升;君子以顺德,积小以高大。"意思是:地中生出树木,象征"上升";君子因此顺行美德,积累小善以建树崇高弘大的事业。这是先揭明《升》卦上坤为地、下巽为木之象,谓地中生木,自微及著,正为"上升"的象征;然后推阐出"君子"当效法此象,以顺行其美德,积小善以成就大事业的道理。李鼎祚《周易集解》引荀爽曰:"地谓坤,木谓巽;地中生木,以微至著,升之象也。"孔颖达《周易正义》:"地中生木,始于细微,终于合抱;君子象之,以顺行其德,积其小善以成大名。《系辞》云'善不积不足以成名'是也。"按,《升》卦《大象传》用"君子以顺德,积小以高大",阐发柔顺"上升"之义,正取"进德修业"为喻。程颐《周易程氏传》云:"万物之进,皆以顺道也。'善不积不足以成名',学业之充实,道德之崇高,皆由积累而至。"朱熹也指出:"木一日不长,便将枯瘁;学者之于学,不可一日少懈。"(《朱子语类》)

【升受之以困】《周易》六十四卦,以象征"上升"的《升》卦列居第四十六卦;事物上升不止必然要穷困,所以接《升》之后是象征"困穷"的第四十七卦《困》卦。此称"《升》受之以《困》"。语本《序卦传》:"升而不已必困,故受之以《困》。"程颐《周易程氏传》:"升者,自下而上,自下升上,以力进也,不已必穷矣,故《升》之后受之以《困》也。"

【升九二小象传】《升》卦九二爻的《小象传》。其辞曰:"九二之孚,有喜也。"意思是:九二的诚信美德,必将带来喜庆。这是解说《升》九二爻辞"孚"的象征内涵。孔颖达《周易正义》:"上升则为君所任,荐约则为神所享,斯之为喜,不亦宜乎?"

【升九三小象传】《升》卦九三爻的《小象传》。其辞曰:"升虚邑,无所疑也。"意思是:上升顺畅犹如直入空虚的城邑,说明九三此时上升可以无所疑虑。这是解说《升》九三爻辞"升虚邑"的象征内涵,程颐《周易程氏传》:"入无人之邑,其进无所疑阻也。"

【升上六小象传】《升》卦上六爻的《小象传》。其辞曰:"冥升在上,消不富也。"意思是:昏昧至甚却仍然上升而高居极位,说明上六的发展趋势必将削弱而不能富盛。这是解说《升》上六爻辞"冥升"的象征内涵。孔颖达《周易正义》:"虽为政不息,交免危贪,然劳不可久,终致消衰。"

【升六五小象传】《升》卦六五爻的《小象传》。其辞曰:"贞吉升阶,大得志也。"意思是:守持正固可获吉祥于是沿着阶级步步上升,说明六五大遂上升的心志。这是解说《升》六五爻辞"贞吉升阶"的象征内涵。孔颖达《周易正义》:"居中而得其'贞吉',处尊而保其'升阶',志大得矣。"

【升六四小象传】《升》卦六四爻的《小象传》。其辞曰:"王用亨于岐山,顺事也。"意思是:君王来到岐山祭祀神灵,说明六四要顺从服事君上。这是解说《升》六四爻辞"王用亨于岐山"的象征内涵。顺事,谓顺于上而勤于事。孔颖达《周易正义》:"顺物之情,而立功立事。"

【升初六小象传】《升》卦初六爻的《小象传》。其辞曰："允升大吉,上合志也。"意思是:宜于上升而大为吉祥,说明初六上承并顺合二阳的心志而俱升。这是解说《升》初六爻辞"允升大吉"的象征内涵。孔颖达《周易正义》:"上谓二、三也,与之合志俱升,乃得大吉也。"

【升虚邑无所疑也】《升》卦九三爻的《小象传》辞。旨在解说九三爻辞"升虚邑"的象征内涵。意思是:上升顺畅犹如直入空虚的城邑,说明九三此时可以无所疑虑。参见"升九三小象传"。

【丰】 六十四卦之一。列居篇中第五十五卦。由下离(☲)上震(☳)组成,卦形作"䷶",卦名为《丰》,象征"丰大"。《丰》卦立义在于说明事物"丰大"的道理。卦辞称扬物丰可致亨通,并强调指出善处"丰"时的两项准则:一是必须道德盛美,故称有德"君王"可以致"丰";二是必须光明常照,故云太阳正中可以无忧。显然,《丰》卦虽取名于"丰美硕大",却深诫:求丰不易,保丰更难。卦中六爻,分别表明处丰得失善否的情状:初九微阳处下,慎行求丰"有尚";六二阴处阳位,有蔽光明,须发挥"柔中"信德则可致丰获吉;九三居下离之终,过丰有损光明,当自折"右肱"才能"无咎";九四阳居阴位,虽丰却掩去光明,宜与阳刚在下的初九相遇相辅则吉;六五阴居尊位,内含刚美,又能召致六二以丰大光明盛德,最得"庆誉"并获吉祥;上六高居卦终,丰极柔暗,深藏自绝于人以致有凶。综观六爻大旨,凡处上下卦之极者,并为过丰损德之象,故三、上两爻虽阴阳有应,或不免"折肱",或终致凶险;凡在下守中者,均为谨慎修己以求丰保丰之象,故初、二、四、五诸爻虽阴阳不应,却多吉祥,而六五之吉尤为纯美。《周易折中》引熊良辅曰:"当丰大之时,以同德相辅为善,不取阴阳之应也。"但事物的发展规律,决定了任一"丰大"情态总是暂时、相对的,终究要趋向亏损。《彖传》阐发

《丰》卦的象外之旨曰:"日中则昃,月盈则食;天地盈虚,与时消息。"可见,作《易》者撰立《丰》卦的宗旨,又在于警醒人们"丰"不忘衰,盈不忘亏,寓意颇为深切。

【丰九三】《丰》卦九三爻。以阳爻居卦第三位。爻辞曰:"丰其沛,日中见沫;折其右肱,无咎。"意思是:丰大幡幔而掩遮了光明,犹如太阳正当中天却出现小星;若能像折断右臂一样屈己慎守,则不致咎害。沛,通"旆",陆德明《经典释文》"本或作'旆',谓幡幔也";沬,音昧 mèi,通"昧",谓小星,《经典释文》云郑玄作"昧",并引《子夏传》曰:"昧,星之小者。"这是说明九三当"丰"之时,与上六相应,上为阴爻,乃趋赴阴暗之所,适如丰大其幡幔以致遮去光明,又如日当正午而出现暮夜小星;此时九三所趋既为阴暗之处,则不可施其大用,应当屈己慎守,才能免咎,故爻辞以"折其右肱"为喻,以示诫意。王弼《周易注》:"沛,幡幔,所以御盛光也;沫,微昧之明也。应在上六,志在乎阴,虽愈乎以阴处阴,亦未足以免于暗也。所丰在沛,日中则见沫之谓也。"孔颖达《周易正义》:"施于大事终不可用。假如折其右肱,自守而已,乃得无咎。"按,王弼训"沬"为"微昧之明",焦循《周易补疏》曰:"盖用'小星'之义耳。"又按,《周易折中》指出:"《易》中所取者虽虚象,然必天地间有此实事,非凭虚造设也。'日中见斗',甚而至于'见沫',所取喻者固谓至昏伏于至明之中,然以实象求之,则如太阳食时是也。食限多,则大星见;食限甚,则小星亦见矣。所以然者,阴气蔽障之故。"此说可资参考。

【丰九四】《丰》卦九四爻。以阳爻居卦第四位。爻辞曰:"丰其蔀,日中见斗;遇其夷主,吉。"意思是:丰大蔽障而掩挡了光明,犹如太阳正当中天却出现斗星;但能遇合阳德相平衡之主,吉祥。蔀,通"蔽",犹言"蔽障";斗,谓斗星,"丰其蔀,日中见斗"取象与《丰》卦六二爻辞同(见

"丰六二");夷,平也,与"均"义近,"夷主"指《丰》初九。这是说明九四当"丰"之时,以阳居阴,即以刚明之质而处于柔暗之所,适如丰大其蔀障以致掩去光明,又如日当中天却出现昏夜斗星,亦属未能自丰其光明之德者,故与《丰》六二同有"丰其蔀,日中见斗"之象;但此时九四与下卦初九同德相遇,正如遇合其"夷主",两者阳刚之质均平比匹,相互发扬光大,以此处"丰",则能摆脱柔暗而合力丰大光明,遂获吉祥,故曰"遇其夷主,吉"。王弼《周易注》:"以阳居阴,丰其蔀也;得初以发,夷主吉也。"孔颖达《周易正义》:"九四以阳居阴,暗同于六二,故'丰其蔀'也。"又曰:"夷,平也。四应在初,而同是阳爻,能相显发而得其吉,故'遇其夷主,吉'也。言四之与初相为'主'者,若宾主之义也。若据初适四,则以四为主,故曰'遇其配主';自四之初,则以初为主,故曰'遇其夷主'也。二阳体敌,两主均平,故初谓四为'旬',而四谓初为'夷'也。"按,郭雍《郭氏传家易说》曰:"二之'丰蔀'、'见斗',以重阴而非正应也;而'有孚发若,吉'者,中正也。四之'丰蔀'、'见斗',非中正也;而'遇其夷主,吉'者,应初之求而有遇也。"又曰:"二爻之义实相类,故其辞同,而皆终之以吉。"此说比较《丰》卦六二、九四两爻之义,可备参考。

【丰六二】《丰》卦六二爻。以阴爻居卦第二位。爻辞曰:"丰其蔀,日中见斗;往得疑疾,有孚发若,吉。"意思是:丰大蔽障而掩盖了光明,犹如太阳正当中天却出现斗星;往前必有被猜疑的疾患,但由于能自我发挥诚信,遂获吉祥。蔀,音 bù,又音掊 pǒu,通"蔽",犹言"蔽障";斗,谓斗星;若,语气助词。这是说明六二当"丰"之时,以阴处阴,犹如丰大其蔀障以致掩去光明,又如日当中天却出现昏夜斗星;以此往见与之相对之位的上卦六五,必有被疑之患;此时六二尽管未能自丰其光明之德,但因处中得正,若能发其诚信,必可

摆脱昏暗,获得吉祥,故称"有孚发若,吉"。王弼《周易注》:"蔀,覆、暧、障光明之物也。处明之时,不能自丰以光大之德,既处乎内,又以阴居阴,所丰在蔀,幽而无睹者也,故曰'丰其蔀,日中见斗'也。日中者,明之盛也;斗见者,暗之极也:处盛明而丰其蔀,故曰'日中见斗'。不能自发,故往得疑疾。然履中当位,处暗不邪,有孚者也。若,辞也。有孚可以发其志,不困于暗,故获吉也。"按,王弼训"蔀"字云:"覆、暧、障光明之物也。"焦循《周易补疏》曰:"《广雅》'菩,蔽障也',菩与暧通,以覆、暧、障三字解'蔀'字,是以'蔀'为'蔽'之借也。"此说可从。又按,《周易折中》引徐几曰:"卦言'宜日中',以下体言之,则二为中;以一卦言之,则三、四为中。故二、三、四皆言'日中'。刚生明,故初应四则为'往有尚';柔生暗,故二应五为'往得疑疾'也。"此说分析《丰》卦诸爻取象之旨,宜资参考。

【丰六五】《丰》卦六五爻。以阴爻居卦第五位。爻辞曰:"来章,有庆誉,吉。"意思是:召致天下章美之才以丰大光明,必有福庆和佳誉,吉祥。章,指章美之才。这是说明六五当"丰"之时,以阴居上卦尊位,体虽阴柔而实含阳刚因素,遂能广"来"天下之"章"才,以努力丰大光明美德,故"有庆誉"而获吉。朱熹《周易本义》:"质虽柔暗,若能致天下之明,则有庆誉而吉矣。盖因其柔暗,而设此以开之。"按,王弼《周易注》释六五"来章"之义云:"以阴之质,来适尊阳之位,能自光大章显其德。"于义亦可通。又按,胡炳文《周易本义通释》曰:"三爻称'日中',皆有所蔽;六五不称'日中',盖宜日中,无蔽也。"《周易折中》亦曰:"五,君位也。象辞所谓'王假之'者,即此位,则五乃卦主也。卦义所重,在明以照天下;六五虽非明体,然下应六二为文明之主,而五有柔中之德,能资其章明以自助,则卦义所谓'勿忧,宜日中'者,实与此爻义合。"两说并可

备参考。

【丰上六】《丰》卦上六爻。以阴爻居卦最上之位。爻辞曰:"丰其屋,蔀其家,闚其户,闃其无人,三岁不觌,凶。"意思是:丰大其房屋,障蔽其居室,对着门户窥视,寂静毫无人踪,三年不见露面,有凶险。蔀,通"蔽",犹言"障蔽"(见"丰六二");闚,视也;闃,音去 qù,寂静之义。这是说明上六当"丰"之时,以阴居卦极,物丰亢盛而体柔昏暗,犹如丰大其屋,障蔽其家,甘于自处柔暗而高居深藏;乃至窥户亦寂然不见其人,三年之久不与人接,正为居"丰大"之世而自绝于人之象,故有凶险。程颐《周易程氏传》:"丰其屋,处太高也;蔀其家,居不明也。以阴柔居丰大,而在无位之地,乃高亢昏暗,自绝于人,人谁与之?故'闚其户,闃其无人'也。至于三岁之久,而不知变,其凶宜矣。不觌,谓尚不见人,盖不变也。六居卦终,有变之义,而不能迁,是其才不能也。"按,《周易折中》引何楷曰:"处丰之极,亢然自高,丰大其居,以明得意。方且深居简出,距人于千里之外,岂知凶将及矣,能无惧乎?"此说颇可参考。

【丰初九】《丰》卦初九爻。以阳爻处卦下初位。爻辞曰:"遇其配主,虽旬无咎,往有尚。"意思是:遇合相匹配之主,尽管两者阳德均等也不致咎害,前往必受尊尚。配主,相为比配之主,指《丰》九四;旬,犹言"均等",陆德明《经典释文》"均也","荀作'均'",指《丰》初九与九四均为阳爻。这是说明初九当"丰"之时,下处离明而上趋震动,与所遇"配主"九四阳德均等,相互发扬光大,以此处"丰",遂能"无咎"而"往有尚"。王弼《周易注》:"处《丰》之初,其配在四,以阳适阳,以明之动,能相光大者也。旬,均也。虽均无咎,往有尚也。初、四均阳爻,故曰'均'也。"按,《丰》卦上下各爻之立象之旨,以"同德"相互光大为美,而不取阴阳应合之义。胡炳文《周易本义通释》曰:"凡卦爻取刚柔相应,《丰》则取明动相资。"又曰:"初之刚与四之刚,同德而相遇,虽两阳之势均敌,往而从之,非特无咎,且有尚矣。"又按,《丰》初九爻辞"配主"与"旬"之义,《易》家有不同说法。兹举两例以备参考。一、郑玄、虞翻训"旬"为"十日"。《周易折中》引胡瑗曰:"旬者,十日也,谓数之盈满也。言初与四其德相符,虽居盈满盛大之时,可以无咎。"二、尚秉和先生《周易尚氏学》认为"配主"指六二,谓初与二阴阳相配,则"往有尚";并云"二、五为卦主",故二称"配主",五称"夷主"。

【丰卦辞】《丰》卦的卦辞。其文曰:"丰,亨,王假之;勿忧,宜日中。"意思是:《丰》卦象征丰大,亨通,譬如有德君王可以达到丰大的境界;不必忧虑,宜于像太阳正居中天一样保持充盈的光辉。丰,卦名,象征"丰大",含有丰大、丰硕、丰盛、丰满诸义,许慎《说文解字》"丰,豆之丰满者",陆德明《经典释文》引郑玄曰"丰之言腆,充满意也";假,至也,犹言"达到";日中,太阳正中。卦辞说明,事物当"丰大"之时,可以亨通;但致丰之道,必须有德才能获得,故又以"王假之"为譬;然获丰之后,又当谨慎保持其丰,此时应如日上中天一样长存盈盛的光辉以照万物,则可无忧,故又曰"勿忧,宜日中"。孔颖达《周易正义》:"丰,卦名也。《彖》及《序卦》皆以'大'训'丰'也。然则丰者,多、大之名,盈足之义。财多德大,故谓之为'丰'。德大则无所不容,财多则无所不济,无所拥碍,谓之为亨,故曰'丰,亨'。'王假之'者,假,至也。'丰亨'之道,王之所尚;非有王者之德,不能至之,故曰'王假之'也。'勿忧,宜日中'者,勿,无也。王能至于'丰亨',乃得无复忧虑,故曰'勿忧'也;用夫'丰亨'无忧之德,然后可以君临万国,遍照四方,如日中之时遍照天下,故曰'宜日中'也。"按,《丰》卦辞言"亨,王假之",已明有德者获"丰"可"亨";又言"勿忧,宜日中",则诫以保"丰"之道。吴汝纶《易说》云:"言王者履此'丰亨'之运,有易衰之忧,惟宜以至明处之也。"

【丰象传】《丰》卦的《象传》。旨在解说《丰》卦的卦名、卦辞之义。其文为:"《象》曰:丰,大也;明以动,故丰。王假之,尚大也;勿忧,宜日中,宜照天下也。日中则昃,月盈则食;天地盈虚,与时消息,而况于人乎?况于鬼神乎?"意思是:"《象传》说:丰,即言丰大;道德光明而后施于行动,所以能获丰大成果。譬如有德君王可以达到丰大的境界,这是崇尚宏大的道德;不必忧虑,宜于像太阳正居中天一样保持充盈的光辉,说明宜于让盛德之光遍照天下。太阳高居中天必将西斜,月亮圆满盈盛必将亏蚀;天地有盈满也有亏虚,无不伴随着时运更替着消亡与生息,又何况人呢?何况鬼神呢?"全文可分三节理解。第一节,自"丰"至"故丰"四句,举《丰》卦下离为明、上震为动之象,谓以光明之德而动必可获致"丰大",以释卦名"丰"之义。第二节,自"王假之"至"宜照天下也"五句,说明"丰"之所尚在于美德宏大,并谓既获"丰大"者当以其德照临天下,以释《丰》卦辞"王假之,勿忧,宜日中"之义。第三节,自"日中则昃"至"况于鬼神乎"六句,广引天地、日月盈盛必亏的现象,衍发《丰》卦的象外之旨,揭明"丰"极必衰,处"丰"不可过"中"之理。

【丰大象传】《丰》卦的《大象传》。其辞曰:"雷电皆至,丰;君子以折狱致刑。"意思是:雷震和电光一起到来,象征(威明之德)"丰大";君子因此效法雷电威明以审理讼狱及施用刑罚。致刑,犹言"用刑"。这是先揭明《丰》卦上震为雷、下离为电之象,谓雷电皆至,正为威明盛德"丰大"的象征;然后推衍出"君子"观此象,须悟知效法雷之威动以"折狱"、电之光明以"致刑",则刑狱之事不违情实的道理。孔颖达《周易正义》:"雷者,天之威动;电者,天之光耀。雷电俱至,威明备足,以是'丰'也。"又曰:"断决狱讼须得虚实之情,致用刑罚必得轻重之中;若动而不明,则淫滥斯及。故君子象于此卦,而折狱致刑。"按,《丰》卦下离上震,《大象传》云"折狱致刑";《噬嗑》卦下震上离,《大象传》谓"明罚饬法":两象恰好互反。朱熹解释这两者的差异曰:"《噬嗑》明在上,动在下,是明得事理,先立这法在此,未有犯底人,留待异时而用,故云'明罚饬法';《丰》威在上,明在下,是用这法时,须是明见下情曲折方得,不然,威动于上,必有过错也,故云'折狱致刑'。"(《朱子语类》)此说可资参考。

【丰川易说】 清王心敬撰。十卷。《四库全书》本。此书说《易》,旨在兼明象、理而切近人事。《四库全书》指出:王氏所注诸经,大抵好为异论,唯"此编推阐《易》理,最为笃实。其言曰:'学《易》可以无大过,是孔子明《易》之切于人身,即是可以知四圣人系《易》之本旨,并可以识学《易》之要领。'又曰:《易》是道人事之书,阴阳消长,只是借来作影子耳。故曰:《易》者,象也;象也者,像也。于阴阳消长处看得不明,是影子不真;若徒泥阴阳消长而无得于切己之人事,亦属捕风捉影。'又曰:'置象言《易》,是谓悬空;执象舍义,是为泥迹。象义双显,则体用一源,显微无间。'又曰:'《中庸》一书,是子思为当日之言道者视为高深玄远,故两引'中庸'之说以明道;《易翼》十篇,是孔子为当日之言《易》者视为高深玄远,故重申'易简'之说以明《易》。后儒往往索诸隐深,欲以张皇《易》妙而不知反失其本旨。'又曰:'若《易》不关象,不知义于何取?不属卜筮,不知设著何为?'又曰:'学者读《易》不知求设教之本旨,读《书》不知洪范经世之宏猷,每于河图、洛书穿凿附会,何切于实事实理?'曰:'大抵汉、唐之《易》,只成训诂;宋、明之《易》,多簸弄聪明。训诂非《易》,而《易》在;聪明乱《易》,而《易》亡。'又曰:'义言象占,同体共贯,废一不得,泥一不得。后儒纷纷主象、主数、主理、主卜筮、主错综之变,是舍大道而入旁蹊。'云云。其说皆明白正大,故其书皆切近人事,于学者深为有裨。至于互卦之说,老阴老阳始变之说,错综之说,卦变之说,皆斥而不信,并《左氏》所载古占法而排之。虽主持未免太过,要其立言之大旨,则可谓正矣。"

【丰亨豫大】《丰》卦卦辞谓"丰,亨",《豫》卦《象传》谓"豫之时义大矣哉",两卦含有财丰物亨、国富民豫之旨;南宋蔡京则以此为辞,大肆铺张浪费朝廷财力。《宋史·蔡京传》:"时承平既久,帑庾盈溢,京倡为'丰亨豫大'之说,视官爵财物如粪土,累朝所积扫地矣。"

【丰受之以旅】《周易》六十四卦,以象征"丰大"的《丰》卦列居第五十五卦;人凡穷极丰大,必将丧失安居的处所,所以接《丰》之后是象征外出"行旅"的第五十六卦《旅》卦。此称"《丰》受之以《旅》"。语本《序卦传》:"《丰》者,大也。穷大者必失其居,故受之以《旅》。"程颐《周易程氏传》:"丰盛至于穷极,则必失其所安,《旅》所以次《丰》也。"

【丰九三小象传】《丰》卦九三爻的《小象传》。其辞曰:"丰其沛,不可大事也;折其右肱,终不可用也。"意思是:丰大幡幔而掩遮了光明,说明九三不可置身于大事;像折断右臂一样屈已慎守,说明九三终究不可施展才用。这是解说《丰》九三爻辞"丰其沛"、"折其右肱"的象征内涵。孔颖达《周易正义》:"当光大之时,可为大事;而明不足,故不可为大事也。"又曰:"凡用事在右肱,右肱既折,虽有左在,终不可用也。"

【丰九四小象传】《丰》卦九四爻的《小象传》。其辞曰:"丰其蔀,位不当也;日中见斗,幽不明也;遇其夷主,吉行也。"意思是:丰大蔽障而掩挡了光明,说明九四居位不妥当;犹如太阳正当中天却出现星斗,说明九四处境幽暗而不见光明;遇合阳德相平衡之主,说明九四可获吉祥宜于前行。这是解说《丰》九四爻辞"丰其蔀,日中见斗,遇其夷主"的象征内涵。孔颖达《周易正义》:"《象》曰'位不当'者,谓中以阳居阴而位不当,所以丰蔀而暗者也;'幽不明也'者,日中盛明,而反见斗,以譬当光大而居阴,是应明而幽暗不明也;'吉行也'者,处于阴位,为暗已甚,更应于阴,无由获吉,犹与阳相遇,故得吉行也。"按,此爻《小象传》"遇其夷主,吉行也",郭京《周易举正》谓"行"上脱"志"字,则这两句当作"遇其夷主吉,志行也"。此说宜备参考。

【丰六二小象传】《丰》卦六二爻的《小象传》。其辞曰:"有孚发若,信以发志也。"意思是:自我发挥诚信,说明六二应当以诚信来开拓丰大光明的志向。这是解说《丰》六二爻辞"有孚发若"的象征内涵。孔颖达《周易正义》:"虽处幽暗而不为邪,是有信以发其丰大之志。"

【丰六五小象传】《丰》卦六五爻的《小象传》。其辞曰:"六五之吉,有庆也。"意思是:六五的吉祥,说明必有福庆。这是解说《丰》六五爻辞"吉"之义。程颐《周易程氏传》:"其所谓吉者,可以有庆福及于天下也。人君虽柔暗,若能用贤才,则可以为天下之福,唯患不能耳。"

【丰上六小象传】《丰》卦上六爻的《小象传》。其辞曰:"丰其屋,天际翔也;阒其户阒其无人,自藏也。"意思是:丰大其房屋,说明上六居位穷高犹如飞翔在天际;对着门户窥视却毫无人踪,说明上六自蔽深藏。这是解说《丰》上六爻辞"丰其屋"、"阒其户阒其无人"的象征内涵。程颐《周易程氏传》:"六处丰大之极,在上而自高,若飞翔于天际,谓其高大之甚。阒其户而无人者,虽居丰大之极,而实无位之地,人以其昏暗自高大,故皆弃绝之,自藏避而弗与亲也。"

【丰初九小象传】《丰》卦初九爻的《小象传》。其辞曰:"虽旬无咎,过旬灾也。"意思是:尽管阳德均等也不致咎害,说明初九和九四要是阳德不均必致竞争而有灾患。这是解说《丰》初九爻辞"虽旬无咎"的象征内涵。过旬,即"过均",犹言"不均等"。孔颖达《周易正义》:"言势若不均,则相倾夺;既相倾夺,则争竞乃兴而相违背,灾咎至焉。"

【丰其屋蔀其家】 《丰》卦上六爻辞之语。意思是:丰大其房屋,障蔽其居室。蔀,通"蔽",犹言"障蔽"。这是说明上六当"丰"之时,以阴居卦极,物亢盛而体柔昏暗,犹如丰大其屋,障蔽其家,甘于自处柔暗而高居深藏,故曰"丰其屋,蔀其家"。参见"丰上六"。

【丰其沛日中见沬】 《丰》卦九三爻辞之语。意思是:丰大幡幔而掩遮了光明,犹如太阳正当中天却出现小星。沛,通"旆",谓幡幔;沬,音昧 mèi,通"昧",谓小星。这是说明九三当"丰"之时,与上六相应,上为阴爻,则九三乃趋赴阴暗之所,适如丰其幡幔以致遮去光明,又如日当中天却出现暮夜小星,为自趋柔暗而不能自丰其光明之德之象,故曰"丰其沛,日中见沬"。参见"丰九三"。

【丰其蔀日中见斗】 ①《丰》卦六二爻辞之语。意思是:丰大蔽障而掩盖了光明,犹如太阳正当中天却出现斗星。蔀,通"蔽",犹言"蔽障";斗,谓斗星。这是说明六二当"丰"之时,以阴处阴,适如丰其蔽障以致掩去光明,又如日当中天却出现昏夜斗星,为自处柔暗而未能自丰其光明之德之象,故曰"丰其蔀,日中见斗"。参见"丰六二"。 ②《丰》卦九四爻辞之语。字面意思与六二爻辞同。其象征旨趣在于说明九四当"丰"之时,以阳居阴,犹如以刚明之质而处柔暗之所,亦属未能自丰其光明之德者,故与六二同有"丰其蔀,日中见斗"之象。参见"丰九四"。

【丰其屋天际翔也】 《丰》卦上六的《小象传》语。旨在解说上六爻辞"丰其屋"的象征内涵。意思是:丰大其房屋,说明上六居位穷高犹如飞翔在天际。参见"丰上六小象传"。

【丰其蔀位不当也】 《丰》卦九四爻的《小象传》语。旨在解说九四爻辞"丰其蔀"的象征内涵。意思是:丰大蔽障而掩挡了光明,说明九四居位不妥当。参见"丰九四小象传"。

【丰多故也亲寡旅也】 《杂卦传》语。说明《丰》卦象征"丰大",含有大则多事之义;而《旅》卦象征"行旅",寓有亲朋寡少之义,一多一寡,两卦旨趣适可对照。韩康伯《杂卦注》:"高者惧危,满者戒盈,丰大者多忧故也。"又曰:"亲寡,则寄旅也。"按,俞琰《周易集注》云:"丰之时富盛,而相亲者众,故多故旧;旅之时贫穷,而无上下之交,故相亲者寡。"于义亦通。又按,李鼎祚《周易集解》引虞翻注,谓旅人无所容,故先言"亲寡",后言卦名,与《杂卦传》叙它卦之例独异。江有诰《江氏音学十书》则云此句当作"《旅》亲寡",才与下文叶韵。二说并可参考。

【丰其沛不可大事也】 《丰》卦九三爻的《小象传》语。旨在解说九三爻辞"丰其沛"的象征内涵。意思是:丰大幡幔而掩遮了光明,说明九三不可置身于大事。参见"丰九三小象传"。

【长子帅师以中行也】 《师》卦六五爻的《小象传》语。旨在解说六五爻辞"长子帅师"的象征内涵。意思是:委任刚正长者可以统率兵众,说明六五的行为居中不偏。参见"师六五小象传"。

【长子帅师弟子舆尸】 《师》卦六五爻辞之语。意思是:委任刚正长者可以统率兵众,委任无德小子必将载尸败归。长子,谓刚正长者,喻《师》卦九二爻;弟子,谓无德小子,与"长子"义相对。这是说明六五当"行师"之时,以柔尊居"君位",不能亲往统兵,必委任于人;此时若任刚正"长子"可以取胜,若任无德"弟子"将致败绩,即申任人须正义之义。参见"师六五"。

【化光】 谓德化光大。语出《坤》卦《文言传》:"后得主而有常,含万物而化光。"

鲍照《河清颂》(见《鲍参军集》):"治博化光,民阜财盛。"

【仁者见仁知者见知】 谓《周易》所蕴含的"阴阳之道"弘博精深,能全面了解者甚少,故"仁者"所见唯"仁","智者"所见唯"智"。语本《系辞上传》:"仁者见之谓之仁,知者见之谓之知,百姓日用而不知,故君子之道鲜矣。"程颐《经说·易说》:"在众人则不能识,随其所知,故仁者谓之仁,知者谓之知,百姓则由之而不知。故君子之道,人鲜克知也。"俞琰《周易集说》:"仁者知者,莫不均具此性而俱有此善,但其气禀不同,故其所见亦不同尔。仁者之所见在仁,遂谓此道为'仁';知者之所见在知,遂谓此道为知,皆一偏也。至于百姓,则日月常行乎阴阳之中,无往而非阴阳之道,而莫之或知;犹之每日饮食,而弗知其味,此所以君子之道鲜矣。紫阳朱子曰:'仁者谓之仁,是见那发生处;智者谓之智,是见那收敛处;百姓日用而不知,是不知所谓发生,亦不知所谓收敛,醉生梦死而已。'"

【爻】 《周易》六十四卦的每一卦皆有六条线画,这些线画通称为"爻"。《系辞下传》:"八卦成列,象在其中矣;因而重之,爻在其中矣。"即言八卦重成六十四卦之后,每卦遂有六爻之称。朱熹《周易本义》云:"爻,六爻也。既重而后,卦有六爻也。"爻又有阴阳及位次之分,故阳爻因位次之别而有"初九"、"九二"、"九三"、"九四"、"九五"、"上九"的名称,阴爻因位次之别而亦有"初六"、"六二"、"六三"、"六四"、"六五"、"上六"的名称。参见"六爻"。

【爻位】 《周易》六十四卦每卦各有六爻,分处六级高低不同的等次,称为"爻位"。六爻的爻位,象征事物发展过程中所处的上或下、或贵或贱的地位、条件、身份等。六级爻位自下而上依次递进。名曰:初、二、三、四、五、上。这种由下及上的排列,《周易乾凿度》释云:"《易》气从下生。"即表明事物的生长变化规律,往往体现着从低级到高级的渐次进长。六级爻位的基本特点,约可概括为:初位象征事物发端萌芽,主于潜藏勿用;二位象征事物崭露头角,主于适当进取;三位象征事物功业小成,主于慎行防凶;四位象征事物新进高层,主于警惧审时;五位象征事物圆满成功,主于处盛戒盈;上位象征事物发展终尽,主于穷极必反。但这只是括其大要,在各卦各爻的具体环境中,由于种种因素的作用,诸爻又有错综复杂的变化。旧说或取人的社会地位譬喻爻位者,如认为初位象征元士(士民),二位象征大夫,三位象征三公,四位象征诸侯,五位象征天子,上位象征宗庙(或太上皇)。这一说法,在汉代《易》学中较有影响,如京房的《京氏易传》即普遍应用爻位的这六种象征解说爻旨。《周易乾凿度》也指出:"初为元士,二为大夫,三为三公,四为诸侯,五为天子,上为宗庙。凡此六者,阴阳所以进退,君臣所以升降,万人所以为象则也。故阴阳有盛衰,人道有得失,圣人因其象,随其变为之设卦。方盛则托吉,将衰则寄凶。"

【爻辰】 东汉郑玄所倡《易》学条例,以《乾》、《坤》十二爻,配子、丑、寅、卯、辰、巳、午、未、申、酉、戌、亥十二辰。其说始于西汉京房"八卦六位"法,郑氏小有变更。京氏之法,《乾》六爻自初至上,配子、寅、辰、午、申、戌;《坤》六爻自初至上,配未、巳、卯、丑、亥、酉。郑氏于《乾》爻所值六辰则从京氏,《坤》爻则依次值未、酉、亥、丑、卯、巳。郑氏"爻辰"说,又与十二律相配。其注《周礼·太师》云:"黄钟,初九也,下生林钟之初六,林钟又上生太簇之九二,太簇又下生南吕之六二,南吕又上生姑洗之九三,姑洗又下生应钟之六三,应钟又上生蕤宾之九四,蕤宾又上生大吕之六四,大吕又下生夷则之九五,夷则又上生夹钟之六五,夹钟又下生无射之上九,无射又上生中吕之上六。"韦昭注

《国语·周语下》用郑氏说,揭示十二月、十二律、十二爻的配值关系,申之尤详。惠栋《易汉学》据此制为《爻辰图》(见书首图版五)。郑氏所说"爻辰",更取二十八宿、二十四节气相配,惠栋《易汉学》据以成《爻辰所值二十八宿图》(见书首图版六)。两图互参,则可明瞭郑氏"爻辰"大义所在。然"爻辰"虽立于《乾》、《坤》十二爻,其用却可广泛引申于六十四卦三百八十四爻。《乾》、《坤》之外的六十二卦,凡阳爻所值之辰视《乾》爻之例,凡阴爻所值之辰视《坤》爻之例。郑玄《易》著亡佚已久,其"爻辰"遗说仅零星散见于《易纬》注文及《毛诗正义》、《春秋公羊传正义》、《三礼正义》所引。如孔颖达《毛诗正义》于《国风·宛丘》引郑玄注《坎》卦六四"樽酒簋贰用缶"云:六四"爻辰在丑,丑上值斗,可以斟之象。斗上有建星,建星之形似簋贰副也。建星上有弁星,弁星之形又似缶"。又于《小雅·无羊》引郑注《中孚》卦辞云:"三,辰在亥,亥为豕。"又曰:"四,辰在丑,丑为鳖蟹。"贾公彦《礼仪注疏》于《士冠礼》"爵弁"引郑玄注《困》卦九二爻辞云:"二据初,辰在未,未为土。此二为大夫,有地之象。未上值天厨,酒食象。"徐彦《春秋公羊传注疏》于"宣公元年"引郑玄注《坎》卦上六"系用徽纆"云:"爻辰在巳,巳为蛇。蛇之蟠屈似徽纆也。"据以上诸例可知,郑玄之说,乃以爻辰配各类物象以解《易》,大抵就十二辰属相及其辰所值五行、方位、时令、二十八宿等为说。按,以"爻辰"说《易》,清人王引之、焦循等多有攻驳,认为律吕阴阳相间故可相生,而《乾》、《坤》九、六之爻不能相生;以爻配律,义必难通。吴翊寅《易汉学考》云:"李鼎祚《集解》,补郑逸象,独删爻辰之说,颇知别择。"

【爻变】 《易》卦阴爻变阳爻、阳爻变阴爻称"爻变"。《系辞上传》"爻者,言乎变者也",谓三百八十四爻皆是模拟万物的变动情状,故《周易》占动不占静而用"九"、"六"变数(九为老阳可变为阴,六为老阴可变为阳)。汉魏以降,《易》家用"爻变"解说《周易》经义,其例各异。如京房的"八宫卦"说、荀爽的"乾坤升降"说等,均含爻变因素在内;而至虞翻的"之正"、"爻位消息"诸说,更将爻变衍申为纷繁复杂的《易》学条例。按,《周易》六十四卦不论一爻或数爻变,均可成为另一卦,故"爻变"与"卦变"关联密切而不可分。参见"卦变"。

【爻辞】 《周易》六十四卦三百八十四爻,每爻均有一节喻示该爻义旨的文辞,称"爻辞"。共有三百八十四节。因《乾》、《坤》两卦各附"用九"、"用六"辞一则,学者或将它们视同爻辞,故或有统计爻辞为三百八十六节者。参见"卦爻辞"。

【爻位消息推卦所来】 三国吴《易》家虞翻所倡"卦变"条例之一,以爻位阴消阳息之旨,推卦变之所由来。其说以十二消息卦《复》、《临》、《泰》、《大壮》、《夬》、《乾》、《姤》、《遯》、《否》、《观》、《剥》、《坤》为主,认为诸卦当由十二消息卦变来。故一阳五阴之卦,生自《复》、《剥》;一阴五阳之卦,生自《姤》、《夬》;二阳四阴之卦,生自《临》、《观》;二阴四阳之卦,生自《遯》、《大壮》;三阴三阳之卦,生自《泰》、《否》。但其中亦有变例,变例以一阴一阳之卦为多。据李鼎祚《周易集解》引虞氏《易》说,有关诸卦由爻位消息所变者,约可分析为五点:一、一阳五阴之卦凡六,为《复》、《师》、《谦》、《豫》、《比》、《剥》;二、一阴五阳之卦凡六,为《姤》、《同人》、《履》、《小畜》、《大有》、《夬》。此十二卦,依例均自《复》、《姤》来,但虞注《谦》、《比》、《履》、《小畜》四卦皆变例,《师》、《同人》、《大有》三卦注阙而不详所系;唯《豫》卦注曰"《复》初之四",则明言自《复》卦来,与例合。三、二阳四阴之卦凡十五,为《临》、《明夷》、《震》、《屯》、《颐》、《升》、《解》、《坎》、《蒙》、《小过》、《蹇》、《艮》、《萃》、《晋》、《观》。此十五卦,虞注除《屯》、

《颐》《蒙》《小过》四卦为变例外，余卦皆谓自《临》《观》来。四、二阴四阳之卦凡十五，为《遯》《讼》《巽》《鼎》《大过》《无妄》《家人》《离》《革》《中孚》《睽》《兑》《大畜》《需》《大壮》。此十五卦，虞注除《中孚》卦外，余皆谓自《遯》《大壮》来。五、三阴三阳之卦凡二十，为《泰》《归妹》《节》《损》《丰》《既济》《贲》《随》《噬嗑》《益》《恒》《井》《蛊》《困》《未济》《涣》《咸》《旅》《渐》《否》。此二十卦，虞注除《丰》卦外，余卦皆谓自《泰》《否》来。故虞氏此例，凡一阴、一阳、二阴、二阳、三阴、三阳者共六十二卦，皆当由消息卦所生；而十二消息卦又以《乾》《坤》二卦为主，则此六十二卦实皆《乾》《坤》之变。按，虞翻以爻位消息推卦变，以释《周易》经传意义，是总结前人如京房、荀爽等旧说而创为独特的《易》学条例。清张惠言善治虞氏《易》，所著《周易虞氏义》《周易虞氏消息》等书，对虞翻卦变之例研讨至深；凡虞注有阙，或支离未合其例者，皆采他说以补足之。然《易》家亦有极力指摘虞氏卦变说者。如焦循《易图略》载《论卦变》一文，详析虞氏变卦之例，指出："然则，卦之来，自《乾》《坤》，一也；自六子，二也；自十辟，三也；上下相加如《损》《益》，四也；上下刚柔相变如《小畜》《履》，五也；两象易，六也；两爻齐之，如《遯》先生《讼》，次生《中孚》，七也。谓诸卦各有所自来乎？谓每卦兼有所自来乎？予于此求之最深久，知其非《易》义所有，决其必无此说。"

【凶】 《周易》卦爻辞中的常用语。与"吉"之义相反，犹言"凶险"、"凶祸"。在具体的卦象、爻象中，多表示事物行为有所偏失不当而致"凶"。许慎《说文解字》："凶，恶也，象地穿交陷其中也。"段玉裁注："凶者，吉之反。"《系辞上传》："吉凶者，失得之象。"又曰："吉凶者，言乎其失得也。"李鼎祚《周易集解》引虞翻曰："吉，则象得；凶，则象失。"孔颖达《周易正义》：

"吉者，是得之象；凶者，是失之象。"朱熹《周易本义》："得则吉，失则凶。"

【介石】 巨石坚确屹立而不拔，喻美好的操行坚定不移。语出《豫》卦六二爻辞："介于石，不终日，贞吉。"《宋书·谢灵运传》："时来之机，悟先于介石。"参见"豫六二"。

【介于石不终日】 《豫》卦六二爻辞之语。意思是：耿介如石，不等候一天终竟（就悟知欢乐必须适中的道理）。介，耿介正直之状；于，介词，犹"如"。这是说明六二当"豫"之时，柔顺中正，有耿介如石之象，能不苟且求欢乐，"不终日"即"知几"速悟"豫"理，故称"介于石，不终日"。参见"豫六二"。

【分刚上而文柔】 《贲》卦的《象传》语。意为：分出阳刚居上文饰阴柔。刚，指《贲》卦上九为阳爻；柔，指《贲》卦六五为阴爻。此以《贲》卦五、上爻象，释卦辞"小利有攸往"之义，谓上九高居卦终而文饰六五，六五因所饰则有利，故"小利有攸往"。按，《贲》卦《象传》"分刚上而文柔"及前句"柔来而文刚"，李鼎祚《周易集解》引荀爽曰："此本《泰》卦，谓阴从上来，居乾之中，文饰刚道，交于中和，故'亨'也；分乾之二居坤之上，上饰柔道，兼据二阴，故'小利有攸往'矣。"此以"卦变"为说，谓《贲》卦自《泰》变二、上两爻而来，以明"柔来文刚"、"刚上文柔"之旨。可备参考。

【分宫卦象次序】 朱熹《周易本义》卷首所附"卦歌"之一。旨在把六十四卦按"乾"、"坎"、"艮"、"震"、"巽"、"离"、"坤"、"兑"八宫分为八组，每组八卦，每卦皆以两字揭明上下卦象，配以卦名。读者通过记诵各宫的卦象歌诀，即可熟知六十四卦的卦形。全文六十四句，每句表示一卦的卦象："《乾》为天，天风《姤》，天山《遯》，天地《否》，风地《观》，山地《剥》，火地《晋》，火天《大有》；《坎》为水，水泽《节》，水雷《屯》，水火《既济》，泽火《革》，雷火《丰》，地火《明夷》，地水《师》；《艮》为山，山火

《贲》,山天《大畜》,山泽《损》,火泽《睽》,天泽《履》,风泽《中孚》,风山《渐》;《震》为雷,雷地《豫》,雷水《解》,雷风《恒》,地风《升》,水风《井》,泽风《大过》,泽雷《随》;《巽》为风,风天《小畜》,风火《家人》,风雷《益》,天雷《无妄》,火雷《噬嗑》,山雷《颐》,山风《蛊》;《离》为火,火山《旅》,火风《鼎》,火水《未济》,山水《蒙》,风水《涣》,天水《讼》,天火《同人》;《坤》为地,地雷《复》,地泽《临》,地天《泰》,雷天《大壮》,泽天《夬》,水天《需》,水地《比》;《兑》为泽,泽水《困》,泽地《萃》,泽山《咸》,水山《蹇》,地山《谦》,雷山《小过》,雷泽《归妹》。"

【分而为二以象两】 两,谓天地两仪。《系辞上传》语,言占筮时的"第一营",即取五十根蓍策虚一不用,并随手分为两份,以象征天地。孔颖达《周易正义》:"'分而为二以象两'者,五十之内去其一,余有四十九,合同未分,是象'太一';今以四十九分而为二,以象两仪也。"参见"筮法"。

【公卦】 即"三公卦"。

【公用亨于天子】 《大有》卦九三爻辞之语。意思是:王公向天子献礼致敬。公,王公,喻《大有》九三;亨,通"享",谓"献享";天子,喻《大有》六五爻。此言九三处《大有》下卦之上,刚健居正,犹如"大有"之世的"王公",当以富有奉享于君主,故以"亨于天子"设喻。参见"大有九三"。

【公弋取彼在穴】 《小过》卦六五爻辞之语。意思是:王公射取隐藏穴中的恶兽。弋,音亦 yì,用缴(细绳)系在箭矢上射;在穴,即藏于穴中的狡兽,喻隐患、弊端。这是说明六五当"小过"之时,以阴居上卦尊位,阴质至盛,但下无阳应,正为"柔小者有所过越"而"不可大事"之象;此时六五虽不可独担"天下大事",但作为阴居尊位的"王公",却能过行其臣职,犹如亲自射取穴中狡兽一样,竭力除害矫弊,无隐而不至,故称"公弋取彼在穴"。参见

"小过六五"。

【公用射隼以解悖也】 《解》卦上六爻的《小象传》辞。旨在解说上六爻辞"公用射隼"的象征内涵。意思是:王公发矢射击恶隼,说明上六是在舒解悖逆者造成的险难。参见"解上六小象传"。

【公辟侯大夫卿名义】 西汉《易》家孟喜、京房等倡扬"卦气"说,取《坎》、《离》、《震》、《兑》为四正卦,主四时;余六十卦主六日七分,爻主三百六十五日四分日之一。这六十卦始于《中孚》,终于《颐》,有确定的卦序,其中每五卦值一月,分别配以"公"、"辟"、"侯"、"大夫"、"卿"的名称,反复不已。如《中孚》为"公",《复》为"辟",《屯》为"侯",《谦》为"大夫",《睽》为"卿";《升》又为"公",《临》为"辟",《小过》为"侯",《蒙》为"大夫",《益》为"卿",如是周而复始,配卦相从十二月二十四气七十二候的流转衍变,作为占验阴阳灾异之用。以"公"、"辟"、"侯"、"大夫"、"卿"的名目配入六十卦,其说在《易纬》中亦有言及。《易纬·稽览图》卷末列六阳月三十卦,六阴月三十卦,凡称"三公"者十二卦(三公即"公"),称"天子"者十二卦(天子即"辟"),称"侯"者十二卦,称"大夫"者十二卦,称"九卿"者十二卦(九卿即"卿"),与汉儒卦气说中值日之六十卦的名称一一相同。《易纬·乾元序制记》有"消息十二月"、"三公十二月"(按,《四库》馆臣谓"三公"下"尚应有'九卿'一条,方合五德之数,盖有脱文也")、"大夫十二月"、"诸侯十二月"诸语,并称值日的六十卦"合五德之分",郑玄注:"五德,辟、公、卿、大夫、诸侯也。"可见,用此五名配入六十卦,由来已久。《魏书·律历志》载《正光历》曰:"四正为方伯,《中孚》为三公,《复》为天子,《屯》为诸侯,《谦》为大夫,《睽》为九卿,《升》还从三公,周而复始。"俞樾《卦气直日考》认为此例"盖必京氏以来相承之旧说"。但诸卦分别称为"公"、"辟"、"侯"、"大夫"、"卿"的意义,似仍隐约难

明。庄存与《卦气解》对此解释说："辟卦十二，乾坤之爻各三十六；侯卦十二（指《屯》、《小过》、《需》、《豫》、《旅》、《大有》、《鼎》、《恒》、《巽》、《归妹》、《艮》、《未济》），乾坤之爻各三十六：凡百四十有四画，合坤之策。辟治天下，侯治一国，皆君道也。辟以序，而侯以错，让于辟也，臣道也。公卦十二（指《中孚》、《升》、《渐》、《解》、《革》、《小畜》、《咸》、《履》、《损》、《贲》、《困》、《大过》），乾爻四十一，坤爻三十一，有师保之谊焉。卿卦十二（指《睽》、《益》、《晋》、《蛊》、《比》、《井》、《涣》、《同人》、《大畜》、《明夷》、《噬嗑》、《颐》），乾爻三十五，坤爻三十七，让于侯也。大夫卦十二（指《谦》、《蒙》、《随》、《讼》、《师》、《家人》、《丰》、《节》、《萃》、《无妄》、《既济》、《蹇》），乾爻三十二，坤爻四十，让于卿也。公、卿、大夫，凡二百一十有六画，合乾之策也。"此说以乾坤爻数释五种名称的含义，虽用心颇细，但亦终未能令人理解冰释，兹姑录以备参考。参见"卦气图"。

【公用射隼于高墉之上】《解》卦上六爻辞之语。意为：王公发矢射击窃据高城之上的恶隼。隼，音笋 sǔn，恶鸟，喻《解》六三；墉，谓城。此言上六当"解"之时，尊居卦终，又处震动之极，为舒解危难的"王公"之象；而六三"小人窃位"，犹如恶隼盘踞"高墉之上"，上六遂能及时射而获之，排除患害，故曰"公用射隼于高墉之上"。参见"解上六"。

【公用亨于天子小人害也】《大有》卦九三爻的《小象传》辞。旨在解说九三爻辞"公用亨于天子，小人弗克"之义。意思是：王公向天子献礼致敬，要是小人当此大任必致祸害。参见"大有九三小象传"。

【月卦】即"十二辟卦"。因为这十二卦是用来展示十二月阴阳消息规律的，所以也称"月卦"。尚秉和先生《周易尚氏学》："后汉人注《易》，往往用月卦而不明言。以月卦人人皆知，不必揭出。其重要可知已。"

【月几望】①《小畜》卦上九爻辞之语。意为：月亮接近满圆而不过盈。此言上九当"小畜"之时，以阳居卦极，"阳"德被畜殆尽，已使"密云不雨"的"小畜"之道穷厄，而化为"既雨"，即言阴柔者已经畜过甚，将有凶险；故爻辞特从正面戒"阴"者处于此时，决不可畜阳盛满，应当如月将圆而不盈，则有合"小畜"之旨，不致遭凶。参见"小畜上九"。②《归妹》六五爻辞之语。字面意思与《小畜》上九爻辞同。但其象征旨趣乃在于说明六五当"归妹"之时，高居尊位，下应九二，有帝女下嫁之象，贵而能谦，其德美盛不盈，适如月将圆而未满，必能获吉致福，故爻辞称"月几望"。参见"归妹六五"。③《中孚》卦六四爻辞之语。字面意思与《小畜》上九、《归妹》六五爻辞并同。但其象征旨趣乃说明六四当"中孚"之时，柔顺居正，心存诚信，上承九五之尊，犹如"阴德"方盛而不盈，故亦有"月几望"之象。参见"中孚六四"。

【月几望马匹亡】《中孚》卦六四爻辞之语。意思是：月亮接近满圆，良马亡失匹配。几望，月将圆未满；匹，配也，指《中孚》初九与六四为阴阳正应。这是说明六四当"中孚"之时，柔顺得正，以诚信之心上承九五"刚中"君主，其阴柔美德方盛不盈，犹如月亮将圆而未满；此时六四既已专诚事五，则不可分心下应初九，必如马亡其"匹"，与初割绝，才能免咎，故曰"月几望，马匹亡"。参见"中孚六四"。

【勿用取女】①《蒙》卦六三爻辞之语。意为：不宜娶这女子。取，即"娶"。这是说明六三当"蒙"之时，与上九相应，但阴柔失正，既"蒙稚"又急于上进，故戒上九"勿取"此女，犹言其蒙昧"不可教也"。参见"蒙六三"。②《姤》卦的卦辞之语。字面意思与《蒙》六三爻辞同。但其象征旨趣乃是说明，当"遇合"之时，主于柔遇刚，阴遇阳，而此时阴柔者不可过"壮"，犹如"女子"若过强，遇男必多，则不宜娶其为妻,故曰"女壮,勿用取女"。辞义譬喻"相遇"之道当正,不可违"礼"致乱。参见"姤卦辞"。

【勿逐七日得】 ①《震》卦六二爻辞之语。意思是:不用追寻,过不了七日必将失而复得。七日,借取日序周期"七"象征转机迅速。这是说明六二当"震"之时,以柔乘刚,面临危险,其身将受大损,犹如大失其"贝";唯其禀具"柔中"之德,虽遇危却能守中不躁,不逐所失之"贝",遂致仅"七日"之内,其"贝"失而复得,故曰:"勿逐,七日得"。参见"震六二"。 ②《既济》卦六二爻辞之语。字面意思与《震》六二爻辞略同。但《既济》六二爻辞的象征旨趣乃是说明,六二当"既济"之时,诸事已成,上应九五,如九五之"妇"而禀柔顺中正之德,此时虽乘刚有咎,犹如丧失其"茀"(妇人所乘车辆上的蔽饰)而难以出行,但只须静俟不躁,必不失其所成,无庸追寻,已失之"茀"仅"七日"便将失而复得,故称"勿逐,七日得"。参见"既济六二"。

【勿用师自邑告命】 《泰》卦上六爻辞之语。意思是:不可出兵征战,自行减损典诰政令。邑,通"挹",犹言"减损";告命,即"诰命",谓训诰政令。此言上六居《泰》卦终,当"泰极否来"之时,居位尊高,不可兴师妄动,而要自我精减繁文,改革弊政,以求渡过艰难时期。即戒其必须"勿用"、退处。参见"泰上六"。

【勿用取女行不顺也】 《蒙》卦六三爻的《小象传》辞。旨在解说六三爻辞"勿用取女"的象征内涵。意思是:不宜娶这女子,说明六三行为不顺合礼节。参见"蒙六三小象传"。

【勿恤其孚于食有福】 《泰》卦九三爻辞之语。意思是:(能牢记艰难、永守正固)就不怕不取信于人,食享俸禄自有福庆。恤,谓"忧";孚,信也,此处含"取信于人"之义;食,谓食享俸禄。这是说明九三当"通泰"之时,居《泰》内卦之终,为上下

卦转折点,当防"通泰"转为"否闭",故特诚其必须牢记艰难、永守正固,便可"孚信"于人,长保俸禄。参见"泰九三"。

【勿用取女不可与长也】 《姤》卦的《象传》语。意思是:不宜娶这女子作妻室,说明不可与行为不正的女子长久相处。这是解说《姤》卦辞"勿用取女"之义。李鼎祚《周易集解》引王肃曰:"女不可取。以其不正,不可与长久也。"孔颖达《周易正义》:"女之为体,婉娩贞顺,方可期之偕老。淫壮若此,不可与之长久,故'勿用取女'。"

【勿忧宜日中宜照天下也】 《丰》卦的《象传》语。意思是:不必忧虑,宜于像太阳正居中天一样保持充盈的光辉,说明宜于让盛德之光遍照天下。这是解说《丰》卦辞"勿忧,宜日中"的象征内涵。孔颖达《周易正义》:"日中之时,遍照天下;王无忧虑,德乃光被,同于日中之盈。"

【风山渐】 朱熹《周易本义》卷首所附《分宫卦象次序》歌诀中语,说明六十四卦之一的《渐》卦(䷴),其卦象由上巽(☴)下艮(☶)即"风"与"山"组成。

【风水涣】 朱熹《周易本义》卷首所附《分宫卦象次序》歌诀中语,说明六十四卦之一的《涣》卦(䷺),其卦象由上巽(☴)下坎(☵)即"风"与"水"组成。

【风地观】 朱熹《周易本义》卷首所附《分宫卦象次序》歌诀中语,说明六十四卦之一的《观》卦(䷓),其卦象由上巽(☴)下坤(☷)即"风"与"地"组成。

【风雷益】 ①《益》卦的《大象传》语。意在揭明《益》卦上巽为风、下震为雷之象,谓风行雷发,两相交助,正为"增益"的象征。参见"益大象传"。 ②朱熹《周易本义》卷首所附《分宫卦象次序》歌诀中语,说明六十四卦之一的《益》卦(䷩),其卦象由上巽(☴)下震(☳)即"风"与"雷"组成。

【风火家人】 朱熹《周易本义》卷首所附《分宫卦象次序》歌诀中语,说明六十四

卦之一的《家人》卦（☲），其卦象由上巽（☴）下离（☲）即"风"与"火"组成。

【风天小畜】 朱熹《周易本义》卷首所附《分宫卦象次序》歌诀中语，说明六十四卦之一的《小畜》卦（☰），其卦象由上巽（☴）下乾（☰）即"风"与"天"组成。

【风自火出】《家人》卦的《大象传》语。意在揭明《家人》卦上巽为风、下离为火之象，谓风从火的燃烧生出，自内延外，正为"一家人"之事亦关社会风化的象征。参见"家人大象传"。

【风行天上】《小畜》卦的《大象传》语。意在揭明《小畜》卦上巽为风、下乾为天之象，谓和风飘行天上，微畜未发，正为"小有畜聚"的象征。参见"小畜大象传"。

【风行水上】《涣》卦的《大象传》语。意在揭明《涣》卦上巽为风、下坎为水之象，谓风行水面，正为"涣散"的象征。参见"涣大象传"。

【风行地上】《观》卦的《大象传》语。意在揭明《观》卦上巽为风、下坤为地之象，谓和风吹行地上，万物广受感化，正为下者"观仰"美德而从化的象征。参见"观大象传"。

【风泽中孚】 朱熹《周易本义》卷首所附《分宫卦象次序》歌诀中语，说明六十四卦之一的《中孚》（☲）卦，其卦象由上巽（☴）下兑（☱）即"风"与"泽"组成。

【反汗】 谓汗出而复反，喻出言之后而又收回。语本《涣》卦九五爻辞"涣汗其大号"。《汉书·刘向传》："《易》曰'涣汗其大号'，言号令如汗，汗出而不反者也。今出善令，未能逾时而反，是反汗也。"《宋史·李防传》："陛下若以明昭既颁，难于反汗，则当续遣使臣，严加戒饬。"

【反卦】 三国吴《易》家虞翻所倡《易》学条例。即以六画卦中六爻反转颠倒，遂成另一卦，后人亦谓"反对"卦。如《观》卦的卦象作"☷"，六爻反转成《临》卦"☱"，《观》、《临》互为反卦。但六十四卦中，《乾》、《坤》、《坎》、《离》、《颐》、《中孚》、《小过》、《大过》八卦为特殊卦形，反转颠倒均不变，故无"反卦"。李鼎祚《周易集解》于《颐》卦辞引虞翻曰："反复不衰，与《乾》、《坤》、《坎》、《离》、《大过》、《小过》、《中孚》同义。"虞翻《易》说中，用"反卦"之例甚多。如《周易集解》于《泰》卦辞引虞翻曰"反《否》也"，于《否》卦辞引曰"反《泰》也"，于《明夷》卦辞引曰"反《晋》也"，于《渐》卦辞引曰"反成《归妹》"等均是。按，"反卦"或"反对"之例，实为《周易》六十四卦形态的既有特征之一；明来知德撰《周易集注》，发明"综卦"、"错卦"等说，其"综卦"即虞翻所谓"反卦"。

【反身修德】《蹇》卦的《大象传》语。意为：反求自身而努力修美道德。这是从《蹇》卦"山上有水"的卦象而推阐出的"君子"观此象，须悟知处"蹇"之时，先要"反身修德"然后才能济蹇涉难的道理。参见"蹇大象传"。

【反复其道七日来复】《复》卦的卦辞之语。意思是：（阳气）返转回复沿着一定的规律，过不了七日必将回复转来。反复，指阳气返转回复；道，犹言"规律"；七日，借取日序周期"七"象征转机迅速，犹言"过不了七日"。这是说明当一阳回复之时，"复阳"之道必须沿内在规律，时至则复之甚速。参见"复卦辞"。

【反复其道七日来复天行也】《复》卦的《彖传》语。意思是：返转回复沿着一定的规律，过不了七日必将回复转来，这是大自然的运行法则。此举"天"的运行规律必将剥尽复来为说，以释《复》卦辞"反复其道，七日来复"之义。王弼《周易注》："以天之行，反复不过七日，复之不可远也。"朱熹《周易本义》："阴阳消息，天această理然也。"

【今文易学】 今文，指汉代通行的"隶书"。西汉《易》家以"今文"《易经》传授研习的《周易》学说，称"今文《易》学"。汉初经师崇尚"今文"，其时诸经博士立于学官者，皆今文家。西汉开创"今文《易》学"的

《易》师为田何,其再传弟子杨何,汉武帝时被首立为《易经》博士。而后发展为四大流派:一是施雠所创"施氏《易》",二是孟喜所创"孟氏《易》",三是梁丘贺所创"梁丘《易》",四是京房所创"京氏《易》"。四家今文《易》先后皆立于学官。与之相对的"古文《易》学",以费直为代表,未立学官,唯在民间传授。东汉以降,今文渐衰,古文日盛;至魏王弼《周易注》流行,则费氏"古文《易》学"大兴,完全取代了诸家"今文《易》学"。陆德明《经典释文序录》:"汉初立《易》杨氏博士,宣帝复立施、孟、梁丘之《易》,元帝又立京氏《易》。"吴承仕先生《经典释文序录疏证》:"汉今文《易》四家,唯京氏遗说传世稍远。"黄寿祺先生《群经要略》:"汉《易》施、孟、梁丘三家,具祖田何。京房受《易》焦延寿,延寿之学,亦出孟喜,说《易》长于灾异。京氏之学,合施、孟、梁丘为立学官,皆汉代《易》学之今文也。"

【从或戕之凶如何也】《小过》卦九三爻之《小象传》辞。旨在解说九三爻辞"从或戕之"的象征内涵。意思是:将要受人残害,说明九三的凶险多么严重啊!参见"小过九三小象传"。

【从周易方面研究中国之元学及道德哲学】 牟宗三撰。民国二十四年(1935)天津大公报馆印行。此书大旨,是将《周易》哲理置于中国历代哲学思想的时代背景中加以探讨,并取西方的哲学概念与之相比较,从而得出《周易》哲理是中国的"科学的哲学"之结论。其所谓"元学",即自然哲学;"道德哲学",即人生哲学。作者《自序》云:"本书最大目的,在确指中国思想中之哲学的系统;并为此哲学的系统,组一形式系统焉。"全书凡六章,第一章《汉之天人感应下的易学》,第二章《晋宋的佛老影响下之易学》,第三章《清胡煦的生成哲学下之易学》,第四章《清焦循的道德哲学之易学》,第五章《易理之繁合》,第六章《最后的解析》。张东荪《序》称此书"研究古籍方法,始足为'哲学的'"。

【毛奇龄】(1623—1716) 清萧山(今属浙江)人。字大可,一字齐于。本名甡,字初晴。学者称西河先生。年四岁,母口授《大学》,即成诵。总角时,推官陈子龙见而奇爱之,遂补诸生。明亡,哭于学官三日。于城南山筑土室,读书其中。为人好讥议,品目严峻,一时士流多忌之。康熙中召试博学鸿词科,授翰林院检讨,充《明史》修撰官。后以病乞归,不复出。平生淹贯群书,尤通经学,然好为驳辨,他人所已言者,必力反其词。文亦纵横排奡,睥睨一世。晚年性乐《易》,好奖借后进。年九十四卒,著述丰富(见《清史稿·儒林传》)。《易》学专著今存《仲氏易》三十卷、《推易始末》四卷、《易小帖》五卷、《易韵》四卷、《河图洛书原舛编》一卷、《太极图说遗议》一卷、《春秋占筮书》三卷。

【毛莫如】 西汉太山(治所在今山东泰安东北)人。字少路。受《易》于施雠弟子鲁伯,传施氏《易》学。官常山太守、光禄大夫(见《汉书·李寻传》及《儒林传·施雠传》)。按,王先谦《汉书补注》引诸家说,谓"毛莫如"当作"屯莫如"。可备参考。

〔丶〕

【方申】(1787—1840) 清江苏仪征人。字端斋。本姓申,从舅氏姓方。少孤,不治举子业。曾受学于刘文淇。年逾四十,始应童子试。道光中,以经解补县学生。通《易》,尤精虞氏学(见《清史稿·儒林传》、《清史列传》及《续碑传集》)。《易》学专著今存《诸家易象别录》一卷、《虞氏易象汇编》一卷、《周易卦象集证》一卷、《周易互体详述》一卷、《周易卦变举要》一卷,合编为《方氏易学五书》。

【方以智】(1611—1671) 明末清初桐城(今属安徽)人。字密之,号曼公。方孔炤之子。早年与陈贞慧、吴应箕、侯方域等参加"复社"活动,有"明季四公子"之称。崇祯十三年(1640)进士,任翰林院检讨。明亡,出家为僧,改名大智,字无可,别号弘智、药地、浮山愚者、愚者大师、极凡老人等。康熙十年(1671),赴吉安谒文天祥墓,道卒。平生博极群书,考据精核,凡天文、礼乐、律数、声音、文字、书画、医药,下逮琴剑、技勇,无不析其旨趣;既通晓中国传统自然科学,又深研当时传入的西方近代科学,各种著述甚丰(见《清史稿·遗逸传》及《桐城耆旧传·方以智传》)。《易》学专著《易学宗纲》、《易筹》等已佚,今存《周易图像几表》八卷。

【方实孙】 南宋人。年里不详。字端仲。累举不第。上所著《易说》于朝廷,以布衣入史局。又有《乐府》、《经史说》等(见《经义考》及《四库全书提要》)。《易》学专著今存《淙山读周易记》二十一卷。

【方伯卦】 即"四正卦"。汉代《易》家倡"卦气"说,以《坎》、《离》、《震》、《兑》主四时,称"四正卦",又称"方伯卦"。《汉书·京房传》"其说长于灾变,分六十四卦,更直日用事,以风雨寒温为候",颜师古注引孟康云:"分卦值日之法,一爻主一日,六十四卦,为三百六十日;余四卦,《震》、《离》、《兑》、《坎》,为方伯监司之官。所以用《震》、《离》、《兑》、《坎》者,是二至二分用事之日,又是四时各专王之气。各卦主时,其占法各以其日观其善恶也。"《魏书·律历志》载《正光历》曰:"四正为方伯。"

【方闻一】 南宋舒州(今安徽潜山)人。淳熙中为郡博士。曾穜守舒州时,命闻一辑《大易粹言》,今存(见《大易粹言》序跋及《四库全书提要》)。按,朱彝尊《经义考》承《宋史·艺文志》记载,将《大易粹言》题为曾穜撰,论者以为非,《四库提要》辨之已明。

【方雨亏悔】 《鼎》卦九三爻辞之语。意思是:待到出现阴阳调和的霖雨必能消除悔恨。方,将要,此处含有"待到"之意;雨,象征阴阳调和;亏,消也。这是说明九三处《鼎》下卦之上,以阴居阳,刚实不能虚中,犹如鼎耳变异,鼎用难行,故有"悔";但因其所居下巽为阴柔逊顺之卦,九三若能取阴调阳,必能出现阴阳和通之"雨",恢复鼎用,则可消悔,终获其吉,故曰"方雨亏悔"。参见"鼎九三"。

【方氏易学五书】 清方申撰。五卷。清道光十八年(1838)刊本。此为方氏《易》说五种,每种各为一卷。见"诸家易象别录"、"虞氏易象彙编"、"周易卦象集证"、"周易互体详述"、"周易卦变举要"。

【文言】 见"文言传"。

【文王课】 旧时以《周易》创自周文王,《易》之用为占筮,遂称金钱代蓍的占卦法为"文王课"。参见"单拆重交"。

【文言传】 旧称孔子所作《易传》中的一种,即《十翼》中的第七翼。亦简称《文言》。其主旨为阐说《乾》、《坤》两卦的象征义蕴。分为前后两部分:前部分释《乾》卦,称《乾文言》;后部分释《坤》卦,称《坤文言》。"文言"二字之义,李鼎祚《周易集解》引刘瓛曰:"依文而言其理,故曰《文言》。"又引姚信曰:"《乾》、《坤》为门户,文说《乾》、《坤》,六十二卦皆放焉。"孔颖达《周易正义》:"《文言》者,是夫子第七翼也。以'《乾》、《坤》,其《易》之门户邪',其余诸卦及爻皆从《乾》、《坤》而出,义理深奥,故特作《文言》以开释之。庄氏云:'文,谓文饰。以《乾》、《坤》德大,故特文饰以为《文言》。'今谓夫子但赞明《易》道,申说义理,非是文饰华彩。当谓释二卦之经文,故称《文言》。"按上述刘瓛、姚信、庄氏、孔颖达所释《文言》名义,略有异同,并可列为参考;然以姚、庄二氏"文饰《乾》、《坤》之言"的说法似较为近理。《文言传》所阐发《乾》、《坤》的卦辞、爻辞的寓意,是在这两卦《彖传》、《象传》的基础上作出进一步的拓展,其文意至为深刻详明而广为引申旁通。故前人以为,熟研《乾》、《坤》之《文言传》,其余六十二卦之理皆可依例推得。朱熹《周易本义》指出:"此篇申《彖》

142

传》、《象传》之意,以尽《乾》、《坤》二卦之蕴,而余卦之说,因可以例推云。"

【文王演易】 旧说周文王被商纣囚禁于羑里(今河南汤阴北)时,曾将八卦演为六十四卦,并作卦爻辞。《史记·周本纪》:"西伯盖即位五十年。其囚羑里,盖益《易》之八卦为六十四卦。"又《日者列传》:"自伏羲作八卦,周文王演三百八十四爻,而天下治。"又《报任少卿书》:"文王拘而演《周易》。"《汉书·艺文志》亦曰:"至于殷、周之际,纣在上位,逆天暴物,文王以诸侯顺命而行天道,天人之占可得而效。于是重《易》六爻,作上下篇。"

【文王八卦方位】 朱熹《周易本义》卷首所载九图之一(见书首图版二十一),亦称"后天八卦方位";因其旨在解释《说卦传》"帝出乎震"一节所示八卦方位,故又称"帝出乎震图";又因其图以离居南,以坎居北,则又称"离南坎北图"。《本义》卷首云:"右见《说卦》。邵子曰:此文王八卦。乃入用之位,后天之学也。"《说卦传》曰:"帝出乎震,齐乎巽,相见乎离,致役乎坤,说言乎兑,战乎乾,劳乎坎,成言乎艮。"又曰:"震,东方也","巽,东南也",离"南方之卦也","乾,西北之卦也","坎,正北方之卦也","艮,东北之卦也"。此图据以排成八卦方位:离南、坎北、震东、兑西、艮东北、巽东南、坤西南、乾西北。此方位与"伏羲八卦方位"(即"先天八卦方位")不同。按,黄宗羲《易学象数论》信"后天位"而不言"先天位",云:"离南坎北之位,见于经文,而卦爻所指之方亦与之相合,是亦可以无疑矣。盖画卦之时,即有此方位;《易》不始于文王,则方位亦不始于文王。故不当云'文王八卦方位'也。乃康节必欲言文王,因先天'乾南坤北'之位改而为此。"又按,尚秉和先生主张八卦"后天方位"自"先天方位"变来之说,指出:"八卦圆布四方,各有其位,而先后不同,盖《易》之道一动一静,互为其根。先天方位,乾南坤北,离东坎西,一阴一阳,相偶相对,乃天地自然之法象,静而无为。惟阴阳相对必相交,坤南交乾,则南方成离;乾北交坤,则北方成坎。先天方位,遂变为后天,由静而动矣,《周易》所用者是也。然《周易》虽用后天,后天实由先天禅代而来,不能相离。故《说卦》首以'天地定位,山泽通气'演先天卦位之义,再明指后天。诚以经中如《坤》卦、《蹇》卦,以坤为西南,从后天位;而《既济》九五,则以离为东,坎为西,从先天位:《说卦》不得不兼释也。"(《周易尚氏学》)

【文王作卦爻辞】 西汉学者,多承《史记》、《汉书》之说,认为《周易》的卦辞、爻辞皆是周文王所作。自东汉以后,又有学者提出异议,谓文王只作卦辞,周公续作爻辞。唐代孔颖达取后说,以为班固《汉书·艺文志》叙《周易》作者"只言三圣(指伏羲、文王、孔子),不数周公者,以父统子业故也"。《周易正义卷首·第四论卦辞爻辞谁作》云:"其《周易》系辞,凡有二说。一说,所以卦辞、爻辞并是文王所作。知者案《系辞》云:'《易》之兴也,其于中古乎?作《易》者,其有忧患乎!'又曰:'《易》之兴也,其当殷之末世,周之盛德邪?当文王与纣之事邪?'又《乾凿度》云:'垂皇策者羲,卦道演德者文,成命者孔。'《通卦验》又云:'苍牙通灵昌之成,孔演命,明道经。'准此诸文,伏牺制卦,文王系辞,孔子作《十翼》,《易》历三圣,只谓此也。故史迁云文王因而演《易》,即是'作《易》者其有忧患乎'。郑学之徒,并依此说也。二以为,验爻辞多是文王后事。案《升》卦六四'王用亨于岐山'武王克殷之后始追号文王为王,若爻辞是文王所制,不应云'王用亨于岐山'。又《明夷》六五'箕子之明夷',武王观兵之后,箕子始被囚奴,文王不宜豫言'箕子之明夷'。又《既济》九五'东邻杀牛,不如西邻之禴祭',说者皆云'西邻'谓文王,'东邻'谓纣;文王之时,纣尚南面,岂容自言己德受福胜殷,又欲抗君之国,遂言东西相邻而已?又《左传》韩宣子适鲁,见《易象》,云'吾乃知周公之德',周公被流言之谤,亦得为忧患也。验此诸说,以为卦辞文王,爻辞周公。马融、陆绩等并同此说。今依而用之。所以只言三圣,不数周公者,以父统子业故也。案《礼稽命徵》曰:'文王见礼坏乐崩,道孤无主,故设礼经三百,威仪三千。'其三百、三千,即周公所制《周官》、《仪礼》,明文王本有此意,周公述而成之,故系之文王。然则《易》之爻辞,盖亦是文王本意,故《易纬》但言文王也。"尚秉和先生不赞成孔颖达所论,并对其所列数条一一驳正。《周易尚氏学·总论》指出:"《左传》韩宣子适鲁,观《易象》与《鲁春秋》,曰:'吾乃知周公之德,与周之所以王也。'周公之德,由《鲁春秋》知之;周之所以王,则由《易象》知之。盖文王演《易》,其忧勤惕厉之精神,备见于《易》辞,故一观《易》辞(自注:凡《易》辞皆《易》象),即知文王之所以王。是春秋人以文王演《易》。《系辞》云:'《易》之兴也,其当殷之末世,周之盛德邪?当文王与纣之事邪?'是孔氏以文王演《易》。后太史公、扬子云之属,亦以文王演《易》于羑里。既曰'演《易》',则卦爻辞皆文王所作。自西汉以前,无异议也。只京氏《积算法》云:'西伯父子,推爻考象,加乎星宿,局于六十四所、二十四气。'夫以五星、二十八宿及二十四气入卦,乃占筮之事,京举此以明其术之所本,正言周公作《卦气图》与《时训》也,非谓周公作《易》。至东汉王充、马融、陆绩之傅,忽谓文王演卦辞,周公演爻辞(按,王充之说见《论衡·正说篇》),孔颖达、朱子等皆信之。而究其根据,则记载皆无。孔颖达以《升》六四言'王',《明夷》六五言'箕子',《既济》九五言'西邻受福',及韩宣子见《易象》'知周公之德'为解。岂知《升》六四言'王',以震为王,震为陵,形两歧,故曰'王用亨于岐山',岐、歧通也。即使有所指,亦指殷王;文王终身服事殷,故盼王来享,情见乎辞。今谓不合自称为王,以

文王追谥为说,故疑为周公,其谬一也。至《明夷》六五之'箕子',与《象传》之'箕子'绝对不同。《象传》之箕子,纣臣也。六五之箕子,则赵宾读为荄兹,刘向、荀爽读为荄滋,王弼读为其兹,蜀才读为其子,而焦氏《易林》则读为孩子。孩子指纣,与《论衡》读《微子》之刻子为孩子同也(自注:古亥音皆音喜,皆与箕音通)。且以六五之君位,而使纣臣居之可乎?马融知其不可,以箕子演畴,有帝王之德为解。然何以解于'箕子之明夷'?《象传》谓'箕子晦其明',今谓'箕子明夷',则竟不明矣。其谬二也。至《既济》九五之东邻、西邻,原以离坎为东、西,以离为牛,以互震为祭,纯是观象系辞。乃汉人忽有东邻指纣,西邻自谓之曲说,在文王固不合,在周公尤不合。周公时何来纣与为邻?且语意之肤浅,圣人有若是者乎?其谬三也。至韩宣子观《易象》之语,解已见前。且杜注云:'《易象》、《春秋》,文王、周公之制。'谓文王制《易象》,周公制《春秋》,解甚分明。今忽因'吾乃知周公之德'一语(自注:述孔旧说),谓周公遭流言,亦得为忧患,必亦演《易》,尤为虚妄不实。其谬四矣。故夫《周易》卦爻辞,纯为文王一人所作。其欲加入周公者,毫无根据,不可信也。(自注:《西谿易说》云,文王囚中演《易》,周公未必生,即生亦子云家之童乌也,岂能演《易》?驳孔说至详。)"尚先生此说,举证细密,可备参考。

【文王八卦次序】 朱熹《周易本义》卷首所载九图之一(见书首图版二十),亦称"后天八卦次序"。旨在揭示《说卦传》以乾、坤为"父"、"母",生成震、坎、艮、巽、离、兑三男三女之次序。《说卦传》曰:"乾,天也,故称乎父;坤,地也,故称乎母。震一索而得男,故谓之长男;巽一索而得女,故谓之长女。坎再索而得男,故谓之中男;离再索而得女,故谓之中女。艮三索而得男,故谓之少男;兑三索而得女,故谓之少女。"此图据以排成八卦之序:乾、

坤两卦"父"、"母"居上,乾左,坤右;震、坎、艮三男,巽、离、兑三女,六卦居下而依次自左而右排为一列。

【文明以止人文也】《贲》卦的《彖传》语。意思是:文章灿明止于礼义,这是人类的文彩。文明,指《贲》卦下离为火、为日之象;止,指《贲》卦上艮为止之象;人文,人类的文彩,指"文章"、"礼义"等。此举《贲》卦的上下卦象,说明人类的文饰表现在"文明"而能止于礼义,以揭示"文饰"之道的重大作用。李鼎祚《周易集解》引虞翻曰:"文明,离;止,艮也。"程颐《周易程氏传》:"有上则有下,有此则有彼,有质则有文;一不独立,二则为文。非知道者,孰能识之?天文,天之理也;人文,人之道也。"

【文明以说大亨以正】《革》卦的《彖传》语。意思是:凭着文明的美德使人愉快,守持正固使前景大为亨通。文明,指《革》卦下离为火;说,通"悦",指《革》卦上兑为说。这是以《革》卦的上下卦象释卦辞"元亨,利贞"之义,谓"变革"之时应当以"文明"美德使天下愉悦。孔颖达《周易正义》:"能用文明之德,以说于人,所以革命而为民所信也。"又曰:"民既说文明之德而从之,所以大通而利正也。"

【文明以健中正而应】《同人》卦的《彖传》语。意思是:禀性文明而又强健,行为中正而又相互应和。文明,指《同人》下卦离为火,如文德光明;健,指上卦乾为健;中正,指六二、九五位正居中。这是以《同人》上下卦象及二、五爻象解说卦辞"利君子贞"的涵义。孔颖达《周易正义》:"此以二象明之,故云'文明以健';'中正而应',谓六二、九五皆居中得正而又相应;是君子之正道也。"

【六】①《周易》六十四卦中阴爻的通称。阴爻居卦下第一位者为"初六",居第二位者为"六二",居第三位者为"六三",居第四位者为"六四",居第五位者为"六五",居卦终第六位者为"上六"。②《系辞上传》所列"地数"之一。见"天地之数"。③《易》筮时三变皆偶所得"老阴"之数,以符号"×"表示。详"七八九六"。

【六二】《周易》六十四卦三百八十四爻中,以数字"六"代表阴爻,故凡是阴爻居卦第二位者,均称"六二"。参见"六爻"。

【六三】《周易》六十四卦三百八十四爻中,以数字"六"代表阴爻,故凡是阴爻居卦第三位者,均称"六三"。参见"六爻"。

【六五】《周易》六十四卦三百八十四爻中,以数字"六"代表阴爻,故凡是阴爻居卦第五位者,均称"六五"。参见"六爻"。

【六四】《周易》六十四卦三百八十四爻中,以数字"六"代表阴爻,故凡是阴爻居卦第四位者,均称"六四"。参见"六爻"。

【六爻】六十四卦的每一卦皆有六条线画,称为"六爻"。其中阳爻(—)均以数字"九"代表,阴爻(--)均以数字"六"代表。每卦六画,又有高低不等的"爻位",自上而下,分别名曰:初、二、三、四、五、上。于是,各卦凡是阳爻(九)居此六位者,依次称"初九"、"九二"、"九三"、"九四"、"九五"、"上九";凡是阴爻(六)居此六位者,依次称"初六"、"六二"、"六三"、"六四"、"六五"、"上六"。由于六十四卦均是以三画的"八卦"两两重叠而成的,故六爻中的上下三爻分别为"八卦"中的一卦,上三爻称"上卦",下三爻称"下卦"。兹举《乾》、《坤》为例,展示阴阳爻位及上下卦的程式:

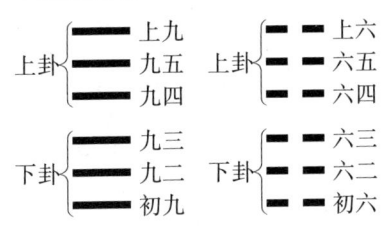

上卦 { 上九 / 九五 / 九四　　上卦 { 上六 / 六五 / 六四

下卦 { 九三 / 九二 / 初九　　下卦 { 六三 / 六二 / 初六

各卦六爻位次,又有奇位、偶位之分。奇

者为"阳位",偶者为"阴位"。故六爻以阳爻居阳位,阴爻居阴位者为"得位",反之为"失位"。

【六位】 《易》卦六爻的位次。《周易》六十四卦中,每卦六爻,其位序自下而上排列,分别称为:初、二、三、四、五、上。参见"爻位"。

【六爻动】 即"六爻变"。

【六爻变】 指《易》筮过程中筮得六爻全变的卦。亦称"六爻动"。其占断条例,朱熹《易学启蒙》曰:"六爻变,则《乾》、《坤》占'二用',余卦占之卦彖辞(即卦辞)。"这是说,筮得六爻皆变的卦,当分两种情况:若卦中六爻为纯老阳或纯老阴,成《乾》卦或《坤》卦,则《乾》卦以"用九"文辞为占,《坤》卦以"用六"文辞为占;若非纯老阳或纯老阴,则取"之卦"的卦辞为占。但据旧籍所载筮例,并非尽如朱熹所言。尚秉和先生辑史传筮案为证,说明此类情况皆须结合本卦、之卦的卦象推占吉凶;而对朱熹"《乾》、《坤》占'二用'"之说指摘尤切。认为"二用"只是表明《周易》筮法"用九、六,不用七、八"之义,决非《乾》、《坤》占辞。并指出:"设此而为六爻皆变之占辞,则其余六十二卦皆当有六爻变之占,而何以皆无?且《易》于一、二、三、四、五爻变皆未占及,而突及于六爻变之占,于义无取,于例何当哉?"(《周易古筮考》)

【六月卦】 ① 指"十二辟卦"中代表六月的《遯》卦。 ② 汉代《易》家孟喜、京房等倡"卦气"说,以四正卦之外的六十卦分值十二月气候,其中代表六月之卦的为《鼎》、《丰》、《涣》、《履》、《遯》五卦。详"六十卦次序"。 ③ 西汉京房创"八宫卦"条例,以"八宫卦"分值一年十二个月,其中代表六月之卦的为"二世卦"《遯》、《屯》、《家人》、《萃》四卦。详"世卦起月例"。

【六横图】 即"伏羲六十四卦次序"。

【六十四卦】 以八卦符号两两相重叠而成的六十四组各不相同的六画卦形,称为"六十四卦",《周礼》亦称"别卦"。《周礼·春官》云:太卜"掌《三易》之法,一曰《连山》,二曰《归藏》,三曰《周易》。其经卦皆八,其别皆六十有四。"贾公彦《疏》曰:"据《周易》,以八卦为本,是八卦重之,则得六十四。何者?伏羲本画八卦,直有三爻,法天、地、人,后以重之。重之法,先以乾之三爻为下体,上加乾之三爻,为纯《乾》卦;又以乾为下体,以坤之三爻加之,为《泰》卦;又以乾为本,上加震三爻于上,为《大壮》卦;又以乾为本,上加巽于上,为《小畜》卦;又以乾为本,上加坎卦于上,为《需》卦;又以乾为本,上加离卦于上,为《大有》卦;又以乾为本,上加艮于上,为《大畜》卦;又以乾为本,加兑卦于上,为《夬》卦。此是'乾'之一重,得七与八。又以坤之三爻为本,上加坤,为纯卦;又以坤为本,上加乾,为《否》卦;又以坤为本,上加震,为《豫》卦;又以坤为本,上加巽,为《观》卦;又以坤为本,上加坎,为《比》卦;又以坤为本,上加离,为《晋》卦;又以坤为本,上加艮,为《剥》卦;又以坤为本,上加兑,为《萃》卦,是以通本为八卦也。自震、巽、坎、离、艮、兑,其法皆如此,则为八八六十四。"依《周礼》所载,可知《周易》之前的筮书《连山》、《归藏》即运用六十四卦为占,则八卦重为六十四卦的时代实甚为古远。至于重卦者为谁,旧有四种主要说法:或以为伏羲画八卦后自重为六十四,或以为神农重卦,或以为夏禹重卦,或以为周文王重卦。与《周礼》的记载对照,后一说似不甚切;而前三说中,又以伏羲自重之说较为通行。其传说虽各异,但重卦时代之古,则是学者较一致的看法。《周易》六十四卦的名称,凡"八卦"自重而成的"纯卦",仍以八卦之名为名,如两乾相重仍为《乾》卦,两坤相重仍为《坤》卦,两震相重仍为《震》卦,余可类推;其它五十六卦,则各有别名,如下乾上坤相重为《泰》卦,下坤上震相重为《豫》卦等均是。《周易》六十四卦的每一卦,皆有六爻。其中阳爻（—）均以数字"九"代表，阴爻（--）均以数字"六"代表。因此，《周易》所言"九"，皆指阳爻；所言"六"，皆指阴爻。六爻又有高低不同的"爻位"，自下而上，分别称为"初"位、"二"位、"三"位、"四"位、"五"位、"上"位。于是，各卦凡是阳爻（九）居此六位者，依次称"初九"、"九二"、"九三"、"九四"、"九五"、"上九"；凡是阴爻（六）居此六位者，依次称"初六"、"六二"、"六三"、"六四"、"六五"、"上六"。《周易》六十四卦卦形，以特殊的象征形象，分别喻示六十四种事物、现象的特定情态，反映了作者对自然界、人类社会的种种认识。如《泰》（☷）卦天在下、地在上，犹如上下心志交通，象征社会"通泰"兴盛；《既济》（☲）卦火在下、水在上，犹如煮成食物，象征万事皆成。他卦均仿此。而卦中六爻之间阴阳交互变化，又显示出各种事理的发展规律。于是，六十四卦的出现，形成了《周易》以阴阳爻象为核心，以八卦物象为基础的完整的符号象征体系。《周易》六十四卦的排列，又有一定的次序，其中上经三十卦，始于《乾》、《坤》，终于《坎》、《离》；下经三十四卦，始于《咸》、《恒》，终于《既济》、《未济》。关于六十四卦相承相受的次序，《序卦传》有专门叙述。朱熹《周易本义》卷首，载有《上下经卦名次序歌》，以七言韵语综括六十四卦名次，甚便初学《周易》者熟记卦序。

【六十杂卦】 汉代《易》家尚"卦气"说，取六十四卦中的《坎》、《离》、《震》、《兑》为"四正卦"，主四时；余六十卦合称"杂卦"，每卦主"六日七分"，以配一年三百六十五日之数。吴翊寅《易汉学考》："十二消息卦，即《乾》、《坤》之十二爻；其六十杂卦，即《乾》、《坤》之三百六十策。然则孟氏卦气四正卦、十二消息、六十杂卦，皆不外乎《乾》、《坤》，实皆不外乎阴阳。"参见"杂卦②"。

【六日七分】 西汉孟喜、京房的《易》学，以卦气为本，阐扬《易》卦与十二月气候相配合之理，以用作占验阴阳灾异现象。其说取《坎》、《离》、《震》、《兑》为四正卦，主四时；余六十卦，卦主六日七分，爻主三百六十五日四分日之一，称为"六日七分"法。古代历学以三百六十五日又四分之一日为一年，六十卦既主一年之期，则将 $365\frac{1}{4}$ 日除以60，商数为 $6\frac{7}{80}$ 日，这就是每卦相当于"六日七分"之所由来。六十卦始于《中孚》，终于《颐》，有特定的卦序；每五卦又配以"公"、"辟"、"侯"、"大夫"、"卿"的名称，反复不已，应合十二月七十二候的流转变迁。"六日七分"法盛行于汉代，除孟、京广为运用之外，《易纬》中亦有较详细的记载。《易纬·稽览图》曰："甲子卦气起《中孚》，六日八十分日之七。"（郑玄注："六以候也，八十分为一日；之七者，一卦六日七分也。"）又曰："每岁十二月，每月五卦，卦六日七分，每期三百六十五日四分日之一。"（按，此文据《四库全书》校本改正。）又曰："《是类谋》以此四正之卦，卦有六爻，爻主一气；余六十卦，卦主六日七分，八十分日之七，正岁三百六十五日四分日之一，六十而一周。"（按，此文《四库》馆臣谓"当为后人所加"；俞樾《卦气直日考》云"《是类谋》之文，载入《稽览图》，后人所附益也"。）参见"卦气图"。

【六爻贵贱】 西汉《易》家京房的《易》学条例，以六爻位次高低，配官爵之贵贱。亦称"爻位贵贱"。其法具见《京氏易传》，即用六十四卦每卦的初爻代表"元士"（喻下层士民），二爻代表"大夫"，三爻代表"三公"，四爻代表"诸侯"，五爻代表"天子"，上爻代表"宗庙"（喻至为尊贵的虚位）。京氏此例《周易乾凿度》亦叙云："初为元士（郑玄注：在位卑下），二为大夫，三为三公，四为诸侯，五为天子，上为宗庙（郑玄注：宗庙，人道之终）。"京氏"六爻贵贱"之例，其义主要为占验阴阳灾异而设。后来荀爽、虞翻、干宝各家，则取以解《易》。《讼》卦上九"或锡之鞶带"，《周易集解》引荀爽曰："鞶带,宗庙之服;三应于上,上为宗庙,故曰'鞶带'也。"《解》卦上六"公用射隼",《周易集解》引虞翻曰："上应在三,公谓三,伏阳也。"

【六爻皆静】 《易》筮过程中,凡筮遇一卦,六爻皆不变者,称"六爻皆静"。其占断条例,朱熹《易学启蒙》曰："凡卦六爻皆不变,则占本卦彖辞(即卦辞)。"这是说,筮得六爻都不变的卦,应当取本卦的卦辞占断吉凶。但据旧籍所载筮例,亦非尽如朱熹所言。尚秉和先生《周易古筮考》指出:"按古人成例,固以占彖辞为常。然彖辞往往与我不亲,则视其所宜者而推之,斯察象为贵耳。"即说明此时既须以卦辞为占,又须重视分析卦象的寓义。

【六十卦次序】 西汉《易》家孟喜、京房等尚卦气之学,取《坎》、《离》、《震》、《兑》为四正卦,主四时;余六十卦,卦主六日七分,爻主三百六十五日四分日之一,合周天之数。这六十卦前后相承,与十二月气候配合,有一定的推衍次序,称为"六十卦次序"。《易纬·稽览图》列《小过》至《临》六十卦,郑玄于每五卦注以"寅"至"丑"十二辰,各卦顺序与孟、京"卦气"说正相同。《魏书·律历志》载《正光历·求四正术》,亦叙六十卦相承次序,甚为明确:"十一月《未济》、《蹇》、《颐》、《中孚》、《复》,十二月《屯》、《谦》、《睽》、《升》、《临》,正月《小过》、《蒙》、《益》、《渐》、《泰》,二月《需》、《随》、《晋》、《解》、《大壮》,三月《豫》、《讼》、《蛊》、《革》、《夬》,四月《旅》、《师》、《比》、《小畜》、《乾》,五月《大有》、《家人》、《井》、《咸》、《姤》,六月《鼎》、《丰》、《涣》、《履》、《遯》,七月《恒》、《节》、《同人》、《损》、《否》,八月《巽》、《萃》、《大畜》、《贲》、《观》,九月《归妹》、《无妄》、《明夷》、《困》、《剥》,十月《艮》、《既济》、《噬嗑》、《大过》、《坤》。"这是本于《稽览图》的说法。又考《稽览图》篇首"甲子卦气起《中孚》"一语,及诸家所作《卦气图》均以《中孚》卦居正南子位之例,可知六十卦的规

范次序当始于《中孚》,终于《颐》,犹如一年三百六十五日周而复始地循环流转。据此,制《卦气六十卦次序表》(见书首表三)以备参阅。俞樾《卦气直日考》指出:"以《坎》、《离》、《震》、《兑》为四正卦,而以《中孚》以下六十卦分直三百六十五日四分日之一,诸卦次序,莫详其义。然扬子《太玄》八十一首,始以《中》准《中孚》,终以《养》准《颐》,次第皆与此合,知其必有所受之矣。"但清初黄宗羲《易学象数论》中,曾对六十卦次序作过一番探讨,并有较为简明的解说。今据黄氏之说,增附诸卦所属"月次",制为《卦气六十卦次序解说表》(见书首表四),以资省览。黄宗羲所释六十卦次序,盖远本扬雄的《太玄经》。可见,卦气分六十卦值日的次序,两汉经师应用已久。参见"卦气图"。

【六十四卦横图】 即"伏羲六十四卦次序"。

【六十四卦经解】 清朱骏声撰。八卷。1958年古籍出版社出版。朱氏此书,原以稿本藏于家,其孙朱师辙交付刊行。全书阐释六十四卦经义,以《彖传》、《象传》、《文言传》分附各所当之卦辞、爻辞后,杂采历代诸家旧注为释,间发己意,而不及《系辞》、《说卦》、《序卦》、《杂卦》诸传。朱师辙《跋》称:"先大父著有《易》六种,而以《六十四卦经解》八卷为最要。综核汉宋以来各家之《易》说,详论其短长,附见于注中;训诂必穷其源,广引古籍蕴义、历史事实,以证明人事。又《易》之异同,咸为胪列,而判其得失。其于之卦变化、互卦文义相通者,言之尤详。非精熟深思,经数十年博览考证研究之功,不克臻此。盖其用力于《易》,与《说文通训定声》相等。"尚秉和先生《易说评议》亦云:"朱氏盖精于小学,训诂字义,独为真切,为可取耳。"

【六四当位疑也】 《贲》卦六四爻的《小象传》语。旨在解说六四的爻位特征。意思是:六四当位得正,但心中仍怀疑惧。参见"贲六四小象传"。

【六十四卦方圆图】 即"伏羲六十四卦方位"。

【六二之难乘刚也】 《屯》卦六二爻的《小象传》语。旨在解说六二的爻位特征。意思是：六二难行不进，是由于阴柔乘凌阳刚之上。乘刚，指六二以阴爻居初九阳爻之上，遂增其处"屯"之难。参见"屯六二小象传"。

【六五之吉有庆也】 ①《大畜》卦六五爻的《小象传》辞。旨在解说六五爻辞"吉"之义。意思是：六五的吉祥，说明止健得法值得庆贺。参见"大畜六五小象传"。 ②《丰》卦六五爻的《小象传》辞。旨在解说六五爻辞"吉"之义。意思是：六五的吉祥，说明处丰妥当必有福庆。参见"丰六五小象传"。

【六五之吉有喜也】 《贲》卦六五爻的《小象传》辞。旨在解说六五爻辞"吉"之义。意思是：六五的吉祥，说明必有喜庆。参见"贲六五小象传"。

【六五贞疾乘刚也】 《豫》卦六五爻的《小象传》语。旨在解说六五爻辞"贞疾"的象征内涵。意思是：六五必须守持正固防范疾病，说明阴柔乘凌阳刚不甚妥当。参见"豫六五小象传"。

【六四元吉有喜也】 《大畜》卦六四爻的《小象传》辞。旨在解说六四爻辞"元吉"之义。意思是：六四至为吉祥，说明止健有方值得欣喜。参见"大畜六四小象传"。

【六二之吉顺以巽也】 《家人》卦六二爻的《小象传》辞。旨在解说六二爻辞"吉"的象征内涵。意思是：六二的吉祥，是由于柔顺温逊所致。参见"家人六二小象传"。

【六二之吉顺以则也】 《明夷》卦六二爻的《小象传》辞。旨在解说六二爻辞"吉"的象征内涵。意思是：六二的吉祥，说明此时既柔顺又能坚守正确的法则。参见"明夷六二小象传"。

【六二之动直以方也】 《坤》卦六二爻的《小象传》语。旨在解说六二爻辞"直方大"的象征内涵。意思是：《坤》卦六二的变动，趋向正直、端方。这是强调六二"坤德"之美。参见"坤六二小象传"。

【六二征凶行失类也】 《颐》卦六二爻的《小象传》辞。旨在解说六二爻辞"征凶"的象征内涵。意思是：六二往前进发必有凶险，说明前行得不到朋类。参见"颐六二小象传"。

【六五之吉离王公也】 《离》卦六五爻的《小象传》辞。旨在解说六五爻辞"吉"的象征内涵。意思是：六五的吉祥，是由于附丽于王公的尊位。参见"离六五"。

【六五元吉自上祐也】 《损》卦六五爻的《小象传》辞。旨在解说六五爻辞"元吉"的象征内涵。意思是：六五至为吉祥，这是从上天施予的祐助。参见"损六五小象传"。

【六爻发挥旁通情也】 《乾》卦《文言传》语。旨在解说《乾》卦六爻的变动特征。意思是：《乾》卦六爻的变化发挥，可以曲尽旁通万物的发展情理。孔颖达《周易正义》："发，谓发越也；挥，谓挥散也。言六爻发越挥散，旁通万物之情也。"按，李鼎祚《周易集解》引陆绩曰："《乾》六爻发挥变动，旁通于《坤》；《坤》来入《乾》，以成六十四卦，故曰'旁通情也'。"此可备一说。

【亢龙】 飞腾过高之龙，喻阳刚极盛，将致衰亡。语出《乾》卦上九爻辞"亢龙有悔"。《后汉书·王莽传赞》："昔秦燔《诗》、《书》以立私议，莽诵《六艺》以文奸言，同归殊途，俱用灭亡，皆炕（按，即'亢'）龙绝气，非命之运。"

【亢悔】 谓行为过分刚强激烈、走向反面而致悔恨。语本《乾》卦上九爻辞"亢龙有悔"。东汉荀悦《申鉴》云："阳极则亢，阴极则凝；亢则有悔，凝则有凶。"

【亢龙有悔】 《乾》卦上九爻辞。亢，音抗 kàng，谓过甚、极度，李鼎祚《周易集解》引王肃曰"穷高曰亢"，此处形容"龙"

飞到极高的程度。全句意为：巨龙高飞穷极，终将有所悔恨。象征上九阳进亢极，将致灾害。参见"乾上九"。

【亢龙有悔与时偕极】《乾》卦《文言传》语。以"与时偕极"释《乾》上九爻辞"亢龙有悔"之义。指上九如阳气由亢盛至极而转衰，将随其时而消亡穷尽，故有"亢龙有悔"之象。程颐《周易程氏传》："时既极，则处时者亦极矣。"

【亢龙有悔穷之灾也】《乾》卦《文言传》语。以"穷之灾"释《乾》上九爻辞"亢龙有悔"之义。言上九穷居一卦之终，阳刚亢极，必致灾眚，故有"亢龙有悔"之象。孔颖达《周易正义》："言位穷而致灾，灾则悔也。非为大祸，灾也。"李鼎祚《周易集解》："此当桀、纣失位之时，亢极骄盈，故致悔恨穷毙之灾祸也。"

【亢龙有悔盈不可久也】《乾》卦上九爻的《小象传》辞。意思是：巨龙高飞穷极，终将有所悔恨，说明上九刚进过甚不久必衰。此以"盈不可久也"释上九"亢龙有悔"的象征内涵。参见"乾上九小象传"。

【火山旅】朱熹《周易本义》卷首所附《分宫卦象次序》歌诀中语，说明六十四卦之一的《旅》卦(☲)，其卦象由上离(☲)下艮(☶)即"火"与"山"组成。

【火风鼎】朱熹《周易本义》卷首所附《分宫卦象次序》歌诀中语，说明六十四卦之一的《鼎》卦(☲)，其卦象由上离(☲)下巽(☴)即"火"与"风"组成。

【火地晋】朱熹《周易本义》卷首所附《分宫卦象次序》歌诀中语，说明六十四卦之一的《晋》卦(☲)，其卦象由上离(☲)下坤(☷)即"火"与"地"组成。

【火泽睽】朱熹《周易本义》卷首所附《分宫卦象次序》歌诀中语，说明六十四卦之一的《睽》卦(☲)，其卦象由上离(☲)下兑(☱)即"火"与"泽"组成。

【火珠林】旧题五代末宋初麻衣道者撰。一卷。《百二汉镜斋秘书四种》本。此书专述以三钱代蓍之占筮术，即西汉京房所传之遗法。考《宋史·艺文志》，载有《六十四卦火珠林》一卷；马端临《文献通考·经籍考》亦有《火珠林》一卷，均不详撰人姓名。而今传此书则皆题"麻衣道者"撰。杭辛斋以为，今本乃宋以后人伪托之书，"盖宋时希夷之名倾动一世，麻衣为希夷所师事之人，更足取重于人，而其人又别无著作，名仅附于《希夷传》中，伪托其书，无可辨证，用心亦云巧矣"，又云："然书虽伪而法甚古，盖卜筮之道，非精神专壹，无以取验。揲蓍之四营成《易》，十有八变成卦，事既繁重，而需时甚久，欲意志不纷，终此六爻，殊非易易。乃易之以钱，则一钱代四营之用，三钱得一爻之象，减十有八而为六，缩短时间三分之二，庶心志不纷，精神易贯，而阴阳变化仍有合于大衍之数，而得乾元统天之义。是以后世习用不废。"又云："今日京氏之《易》，虽无完本，然所传者犹见大概，《火珠林》虽不尽用京法，而与京合者固十之七八也。"(《学易笔谈》)

【火天大有】朱熹《周易本义》卷首所附《分宫卦象次序》歌诀中语，说明六十四卦之一的《大有》卦(☲)，其卦象由上离(☲)下乾(☰)即"火"与"天"组成。

【火水未济】朱熹《周易本义》卷首所附《分宫卦象次序》歌诀中语，说明六十四卦之一的《未济》(☲)，其卦象由上离(☲)下坎(☵)即"火"与"水"组成。

【火在天上】《大有》卦的《大象传》语。意在揭明《大有》卦上离为火、下乾为天之象，谓火在天上，以照万物，正为"大获所有"的象征。参见"大有大象传"。

【火在水上】《未济》卦的《大象传》语。意在揭明《未济》卦上离为火、下坎为水之象，谓火在水上，难以煮物，正为"事未成"的象征。参见"未济大象传"。

【火雷噬嗑】朱熹《周易本义》卷首所附《分宫卦象次序》歌诀中语，说明六十四卦之一的《噬嗑》卦(☲)，其卦象由上离

(☲)下震(☳)即"火"与"雷"组成。

【火动而上泽动而下】《睽》卦的《象》传语。意在揭明《睽》卦上离为火、下兑为泽之象,谓火焰燃动炎上,泽水流动润下,正为"乖背睽违"的象征,以释卦名《睽》之义。李鼎祚《周易集解》引虞翻曰:"离火炎上,泽水润下也。"

【卞伯玉】 南朝宋济阴(今山东定陶西北)人。官至东阳太守、黄门郎。东晋至南北朝间,作《周易系辞注》者十人,卞伯玉为其中之一(见陆德明《经典释文序录》)。自韩康伯之注专行后,各家并废。《隋书·经籍志》谓:卞注《系辞》二卷"梁有,亡"。按,吴承仕先生《经典释文序录疏证》云:"《梁书·儒林传》:'卞华,济阴冤句人,壶六世孙,通《周易》。'疑伯玉其先人也。"

〔一〕

【夬】 六十四卦之一。列居篇中第四十三卦。由下乾(☰)上兑(☱)组成,卦形作"䷪",卦名为《夬》,象征"决断"。《红楼梦》第八十二回叙林黛玉语:"但凡家庭之事,不是东风压了西风,就是西风压了东风。"这虽是一句家常谚语,却包含着事物对立面的矛盾斗争在关键时刻或存或亡、不可调和的哲理。《夬》卦立意"果决刚断",正是从阴阳矛盾激化的角度,强调阳刚必须以"决断"性的气魄制裁阴柔,换言之,即"君子"应当清除"小人","正气"应当压倒"邪气"。卦辞的基本意义,是喻示君子"决"小人的三方面要领:一是公正无私,宜于在"王庭"上公开宣判"小人"的罪恶;二是谕人戒惕,即以孚诚之心号令众人戒备"小人"造成的危害;三是以德取胜,说明此时不利于滥用武力,而要通过颁告政令来宣扬美德以使人诚服。准此三端,则处《夬》必能"利有攸往"。就六爻之象分析,《夬》卦一阴高居五阳之上,恰如"小人"得势而凌驾于"君子",必被决除。显然,卦中阴阳爻的"力量"对比是悬殊的:以五阳之刚健盛长,制裁一阴之孤立困穷,足见阳胜阴败、正存邪亡是必然的结局。《象传》指出"刚长乃终",即明此理。然而,阳刚虽处优势,却不可掉以轻心,故爻辞时时发出处"夬"艰难的诫意:初诫"不胜"而往必有"咎",二诫时刻"惕号",三诫刚壮过甚有"凶",四诫刚决不足则"次且"难进,五诫居中慎行才能"无咎"。可见,尽管以"五阳"的强盛要彻底清除"一阴",也非轻而易举;那么,当"阴"盛之时若欲对之制裁,其艰难程度更是可想而知了。此中作《易》者所流露的"君子"戒防"小人"的用心,实甚深切。《周易折中》引徐几曰:"以盛进之五刚,决衰退之一柔,其势若甚易。然而圣人不敢以'易'而忽之。故于《夬》之一卦,丁宁深切,所以周防戒备者无所不至。"

【夬九二】《夬》卦九二爻。以阳爻居卦第二位。爻辞曰:"惕号,莫夜有戎,勿恤。"意思是:时刻戒惕呼号,尽管深夜出现战事,也不必忧虑。号,呼号,指发出警备之语;莫,即"暮";恤,忧也。这是说明九二当"君子"决除"小人"之时,以刚中之德处下卦,既果决刚断又小心谨慎,遂能时刻"惕号",虽深夜"有戎"也有备无患,故称"勿恤"。朱熹《周易本义》:"九二当决之时,刚而居柔,又得中道,故能忧惕呼号,以自戒备;而'莫夜有戎',亦可无患也。"按,《夬》九二爻辞断句,有不同说法。如《周易折中》云:"有以'惕号莫夜'为句,'有戎勿恤'为句者。言'莫夜'人所忽也,而犹'惕号',则所以警惧者素矣;'有戎'人所畏也,而不之'恤',则所以持重者至矣。"此义亦通,可备一说。

【夬九三】《夬》卦九三爻。以阳爻居卦第三位。爻辞曰:"壮于頄,有凶;君子夬夬独行,遇雨若濡,有愠,无咎。"意思是:强盛在脸部颧骨上,怒形于色必有凶险;君子应当刚毅果断独自前行(与小人周旋以伺行决除),尽管遇到阴阳和合的雨而被沾湿身体,乃至惹人愠怒,但终究能制裁小人而不遭咎害。頄，音求 qiú，陆德明《经典释文》曰"颧也"，又引翟玄曰"面颧，颊间骨也"；夬夬，"夬"谓"决"，"夬夬"即"决而又决"，犹言"刚毅果断"；独行，指《夬》九三独应上六之阴；遇雨，"雨"为阴阳二气和合之物，喻九三、上六阴阳相遇；若，语气词；濡，谓沾湿。爻辞全文说明，九三当"君子"决除"小人"之时，处下卦之极，以刚居刚，与上六为应，果决过度而急于除去上六"小人"，故以"壮于頄"喻其怒形于色；以此处"夬"，必失"决而和"的美善之道，故爻辞深戒以"有凶"；此时九三的妥善之法，应当刚毅果决地"独行"往应上六，决如暂与"小人"周旋以待时决除，这样尽管有"遇雨若濡"、与小人苟合之嫌，甚或招惹不明内情者愠怒，但最终必能制裁"小人"而不致咎害，故曰"君子夬夬独行，遇雨若濡，有愠，无咎"。朱熹《周易本义》："九三当决之时，以刚而过乎中，是欲决小人而刚壮见于面目也，如是则有凶道矣。然在众阳之中，独与上六为应，若能果决其决，不系私爱，则虽合于上六，如'独行遇雨'，至于'若濡'，而为君子所'愠'，然终必能决去小人而无所咎也。"马振彪先生《周易学说》引李士𬬹曰："善除小人者，往往与之周旋，结其欢心，形似之间为同侪所不悦；要其心无他，事亦终无害也。"按，朱熹又曾指出："君子之去小人，不必悻悻然见于面目；至于'遇雨'而为所濡湿，虽为众阳所愠，然志在决阴，必能终去小人，故亦可得'无咎'也。盖九三虽与上六为应，而以刚居刚有能决之象，故'壮于頄'则'有凶'，而和柔以去之乃'无咎'。"（《朱子语类》）此说可与上引《周易本义》注文相参照，甚见本爻大旨。又按，《夬》九三爻辞"君子"至"无咎"一节的句读，李鼎祚《周易集解》引荀爽注，读作"君子夬夬，独行遇雨，若濡，有愠无咎"；王弼《周易注》、孔颖达《周易正义》与此略同，义亦可通。

【夬九五】 《夬》卦九五爻。以阳爻居卦第五位。爻辞曰："苋陆夬夬，中行无咎。"意思是：像斩除柔脆的苋陆草一样刚毅果断地清除小人，居中行正必无咎害。苋，音现 xiàn，苋陆，草名，孔颖达《周易正义》引《子夏传》曰"木根草茎，刚下柔上也"，程颐《周易程氏传》"今所谓'马齿苋'是也，曝之难干，感阴气之多者也，而脆易折"，此处借喻阴邪之物，指《夬》卦上六爻；夬夬，谓"决而又决"，犹言"刚毅果断"。这是说明九五当"决除"小人之时，阳刚中正以居尊位，比近上六一阴，能像斩除"苋陆"一样果断而轻易地决除之；但九五贵居"君位"，却须亲自制裁最为贴近的"小人"，足见其德未能光大，遂当慎行中道，庶可免害。王弼《周易注》："苋陆，草之柔脆者也，决之至易，故曰'夬夬'也。《夬》之为义，以刚决柔，以君子除小人者也。而五处尊位，最比小人，躬自决者也；以至尊而敌至贱，虽其克胜，未克多也；处中而行，足以免咎而已，未足光也。"马其昶《重定周易费氏学》引姚配中曰："《春秋传》云：'为国家者，见恶如农夫之务去草焉，绝其本根，勿使能殖。'五为阴所掩，故'中未光'。刚长至上，决阴使尽，则所谓'其危乃光'者也。"此说以除恶草喻"去小人"，发《夬》九五爻之义，颇可参考。

【夬九四】 《夬》卦九四爻。以阳爻居卦第四位。爻辞曰："臀无肤，其行次且；牵羊悔亡，闻言不信。"意思是：臀部失去皮肤，行动趑趄难进；若能紧密牵系着羊一般强健的阳刚尊者则悔恨必将消亡，无奈听了此言不肯信从。次且，音资居 zī jū，古为双声连绵词，亦作"趑趄"，行止困难之状，陆德明《经典释文》引王肃曰"趑趄，行止之碍也"；牵，牵系附连；羊，强健刚劲之物，喻《夬》卦九五爻。这是说明九四当"决除"小人之时，以阳居阴，刚决不足，犹如臀部"无肤"，处其时而难安；又因下凌三阳，以此而进，欲"决"小人，必多艰难，故曰"其行次且"；但九四虽刚决不足，若能上承九五之阳，犹如与强健的"羊"紧相系连,则可补其不足而"悔亡";无奈九四以失正之刚,或至听而不信,一意孤行,终有凶咎。王弼《周易注》:"下刚而进,非己所据,必见侵伤,失其所安,故'臀无肤,其行次且'也。羊者,抵狠难移之物,谓五也。五为《夬》主,非下所侵,若牵于五,则可得'悔亡'而已;刚亢不能纳言,自任所处,'闻言不信',以斯而行,凶可知矣。"按,《夬》九四以"刚决"不足之体,意欲强行,所谓力不胜任而图"决除"小人,其行必"次且"难进。《小象传》云"位不当",《周易折中》曰:"借爻位以明四之未当事任,而欲'次且'前进之非宜也。"

【夬上六】 《夬》卦上六爻。以阴爻居卦最上之位。爻辞曰:"无号,终有凶。"意思是:不必痛哭号咷,凶险终究难逃。号,号咷,即放声痛哭。这是说明上六当君子"决除"小人之时,以一阴极居卦终,为"小人"凌高作恶之象,被下五阳所共同决除,故无须号咷,终必有凶。王弼《周易注》:"处《夬》之极,小人在上;君子道长,众所共弃,故非号咷所能延也。"按,《夬》上六之"凶",犹如"小人"凌驾"君子"之上,得势一时,但终被制裁,悲号莫及。杨万里《诚斋易传》引《诗经·王风·中谷有蓷》"啜其泣矣,何嗟及矣"两句,喻证上六"无号"之义,与爻象有合。

【夬初九】 《夬》卦初九爻。以阳爻处卦下初位。爻辞曰:"壮于前趾,往不胜为咎。"意思是:强盛在足趾前端,冒然前去必不能取胜反遭咎害。这是说明初九当"君子"决除"小人"之时,阳刚处下,犹如"壮于前趾",为果决有余而审慎不足之象;以此躁进前往"决除"小人,又无上应,必难取胜而终致咎患,故曰"往不胜为咎"。王弼《周易注》:"居健之初,为决之始,宜审其策,以行其事;壮其前趾,往而不胜,宜其咎也。"孔颖达《周易正义》:"体健处下,徒欲果决壮健,前进其趾;以此而往,必不克胜,非决之谋,所以为咎。"按《夬》初九谓"往不胜为咎",也是戒人"慎始"的意思。马其昶《重定周易费氏学》引欧阳修曰:"圣人之用刚,常深戒于其初。"

【夬卦辞】 《夬》卦的卦辞。其文曰:"夬,扬于王庭,孚号有厉;告自邑,不利即戎;利有攸往。"意思是:《夬》卦象征决断,可以在君王法庭上公布小人的罪恶予以制裁,并心怀诚信地号令众人戒备危险;此时应当颁告政令于城邑上下,不利于兴兵出师用武力强行制裁;这样就利于有所前往。夬,音怪 guài,卦名,犹言"决",象征"决断",谓"刚决柔",卦中五阳共决一阴,正含此象;扬,犹言宣布;王庭,指君王的执法之庭;孚,信也;号,号令;告自邑,犹言"颁告政令于邑";即戎,谓兴兵出师。卦辞说明,当"决断"之时,其义主于"阳刚决除阴柔",即"君子决除小人",此时"君子"应当光明正大地于"王庭"宣布"小人"的罪恶,以示公正无私,并须以"诚信"号令众人戒备"小人"之恶所造成的危险,故曰"夬,扬于王庭,孚号有厉";同时,"刚决柔"又必须以"德"制裁"小人",宜于城邑上下颁告政令以明其理,而非以武力取胜,故又曰"告自邑,不利即戎";能做到如上几点,则阳刚之德盛长,而处"夬"必利于往,故卦辞最后总称曰"利有攸往"。孔颖达《周易正义》:"夬,决也。此阴消阳息之卦,阳长至五,五阳共决一阴,故名为'夬'也。"又曰:"夬以刚决柔,施之于人则是君子决小人也。王庭,是百官所在之处。以君子决小人,故可以显然发扬决断之事于王者之庭,示公正而无私隐也。故曰'扬于王庭'。"程颐《周易程氏传》:"孚,信之在中,诚意也;号者,命众之辞。君子之道虽长盛,而不敢忘戒备;故至诚以命众,使知尚有危道。虽以此之甚盛,决彼之甚衰,若易而无备,则有不虞之悔;是尚有危理,必有戒惧之心,则无患也。"又曰:"君子之治小人,以其不善也,必以己之善道胜革之。故圣人诛乱,必先修己,舜之敷文德是也。邑,私邑。告自邑,先自治也。以众阳之盛,决于一阴,力固有余,然不可极其刚至于太过。太过,乃如《蒙》上九之'为寇'也。戎,兵者强武之事。不利即戎,谓不宜尚壮武也。即,从也。从戎,尚武也。利有攸往,阳虽盛,未极乎上;阴虽微,犹有未去;是小人尚有存者,君子之道未至也,故宜进而往也。不尚刚武,而其道益进,乃夬之善也。"

【夬象传】 《夬》卦的《象传》。旨在解说《夬》卦的卦名、卦辞之义。其文为:"《彖》曰:夬,决也;刚决柔也;健而说,决而和。扬于王庭,柔乘五刚也;孚号有厉,其危乃光也;告自邑,不利即戎,所尚乃穷也;利有攸往,刚长乃终也。"意思是:"《彖传》说:夬,即言决断,犹如阳刚君子果决制裁阴柔小人;于是能通过刚健手段令人心悦诚服,以果决气势导致众物协和。可以在君王的法庭上公布小人的罪恶予以制裁,是由于一柔妄意乘凌于五刚之上;心怀诚信地号令众人戒备危险,说明时时戒备小人的危害就能使正道光大;应当颁告政令于城邑上下,不利于兴师出兵,说明若崇尚于用武力强制小人将使正道困穷;利于有所前往,说明阳刚盛长终将能制胜阴柔。"全文可分两节理解。第一节,自"夬"至"决而和"五句,举《夬》卦五阳爻共决一阴爻之象及下卦乾为健、上卦兑为说(悦)之象,说明当阳刚决除阴柔、君子决除小人之时,由于君子刚健能决而令人悦服,并导致众物协合,以释卦名"夬"之义。第二节,自"扬于王庭"至"刚长乃终也"九句,列举《夬》卦一柔乘凌五刚而为恶之象,并说明此时决除小人当长存危惧戒备之心而光大正道,应以德取胜而不可尚武,凭着正道清除邪恶终将有利于阳刚之德盛长等义理,分别解说《夬》卦辞"扬于王庭"、"孚号有厉"、"告自邑,不利即戎"、"利有攸往"诸句之义。

【夬大象传】 《夬》卦的《大象传》。其辞曰:"泽上于天,夬;君子以施禄及下,居德则忌。"意思是:泽气蒸腾于天(决然降雨),象征"决断";君子因此要果决施降恩泽于下民,若居积德惠不施必遭憎恶。禄,尚秉和先生《周易尚氏学》:"谓恩泽";居,积也,"居德"与"施禄"前后对文为义;忌,许慎《说文解字》"憎恶也"。这是先揭明《夬》卦上兑为泽、下乾为天之象,谓决气上于天,决然降雨,正为"决断"的象征;然后推阐出"君子"观此象,须悟知应果决施德泽于下,不可积居不施以致民怨的道理。李鼎祚《周易集解》引陆绩曰:"水气上天,决降成雨,故曰'夬'。"来知德《周易集注》:"言譯体在于君,当施其泽,不可居其泽;居泽,则乃人君之所深忌者。"按,《夬》卦取名为"夬",意指"决断",《象传》举六爻"刚决柔"之象为释,正见"君子"果决制裁"小人"的旨趣。但《大象传》根据上下卦"泽上于天"之象,衍发"君子施禄及下"的义理,与"刚决柔"适为相反。来知德《周易集注》认为:"孔子此二句,乃生于'泽'字,非生于'夬'字。"尚秉和先生《周易尚氏学》进一步指出:"《象辞》每相反以取义,此亦其一也。"所论甚是。

【夬履贞厉】 《履》卦九五爻辞。意思是:刚断果决而小心行走,守持正固有危险。夬,音怪 guài,通"决";贞厉,犹言"守正防危"。这是说明九五阳刚中正,尊居"君位",当"履"之时,有刚断果决、小心行走之象;但以刚居刚,若刚来过甚,必违正道,故爻辞又诫其"守正防危"。参见"履九五"。

【夬受之以姤】 《周易》六十四卦,以象征"断然决除邪恶"的《夬》卦列居第四十三卦;能够决除邪恶,必然有所喜遇,所以接《夬》之后是象征"相遇"的第四十四卦《姤》卦。此称"《夬》受之以《姤》"。语本《序卦传》:"《夬》者,决也。决必有所遇,故受之以《姤》;姤者,遇也。"韩康伯《序卦注》:"以正去邪,必有喜遇也。"

【夬九二小象传】 《夬》卦九二爻的《小象传》。其辞曰:"有戎勿恤,得中道也。"意思是:出现战事也不必忧虑,说明九二深得居中慎行之道。这是解说《夬》九二爻辞"有戎勿恤"的象征内涵。程颐《周易程氏传》:"莫夜有兵戎,可惧之甚也;然可勿恤者,以自处之善也。既得中道,又知惕惧,且有戒备,何事之足恤也?九居二,虽得中,然非正;其为至善,何也?曰:阳决阴,君子决小人,而得中,岂有不正也?知时识势,学《易》之大方也。"

【夬九三小象传】《夬》卦九三爻的《小象传》。其辞曰:"君子夬夬,终无咎也。"意思是:君子刚毅果断,说明九三终究能制裁小人而不遭咎害。这是解说《夬》九三爻辞"君子夬夬"的象征内涵。俞琰《周易集说》:"君子当众阳决一阴之时,与上六小人为应,能'无咎'乎?今也决而又决,虽其间去就委折,不能不致疑于同列,逮夫事久则明,终亦无咎也。"

【夬九五小象传】《夬》卦九五爻的《小象传》。其辞曰:"中行无咎,中未光也。"意思是:居中行正必无咎害,说明九五的中正之道尚未光大。这是解说《夬》九五爻辞"中行无咎"的象征内涵。程颐《周易程氏传》:"夫人心正意诚,乃能极中正之道,而充实光辉。五心有所比,以义之不可而决之,虽行于外,不失中正之义,可以无咎;然于中道,未得为光大也。"

【夬九四小象传】《夬》卦九四爻的《小象传》。其辞曰:"其行次且,位不当也;闻言不信,聪不明也。"意思是:行动趑趄难进,说明九四居位不妥当;听了此言不肯信从,说明九四尽管能听却不能审明其理。这是解说《夬》九四爻辞"其行次且"、"闻言不信"的象征内涵。聪,犹言"听";明,犹言"审明事理"。程颐《周易程氏传》:"九处阴位,不当也;以阳居柔,失其刚决,故不能强进,'其行次且'。刚然后能明,处柔则迁失其正性,岂复有明也?故闻言而不能信者,盖其聪听之不明也。"尚秉和先生《周易尚氏学》:"不明,犹不审,俗所谓不清。"

【夬上六小象传】《夬》卦上六爻的《小象传》。其辞曰:"无号之凶,终不可长

也。"意思是:不必痛哭号咷而凶险难逃,说明上六的气势终究不能久长。这是解说《夬》上六爻辞"无号"、"凶"的象征内涵。孔颖达《周易正义》:"长,延也。凶危若此,非号咷所能延,故曰'终不可长也'。"程颐《周易程氏传》:"阳刚君子之道,进而益盛;小人之道,既已穷极,自然消亡,岂复能长久乎?虽号咷,无以为也。"

【夬初九小象传】《夬》卦初九爻的《小象传》。其辞曰:"不胜而往,咎也。"意思是:不能取胜而急于前往,说明初九若如此必遭咎害。这是解说《夬》初九爻辞"往不胜为咎"之义,然即取爻辞原文变更语序以为释。孔颖达《周易正义》:"经称'往不胜为咎',《象》云'不胜而往,咎',翻其文者。盖暴虎冯河,孔子所忌;谬于用壮,必无胜理。孰知不胜?果决而往,所以致于咎过。故注云:不胜之理,在往前也。"

【夬决也刚决柔也】①《夬》卦的《彖传》语。谓卦名"夬"字训"决",其卦五阳而共决一阴,故曰"刚决柔"。参见"夬彖传"。②《杂卦传》语。意与《夬》卦《彖传》之语略同。李鼎祚《周易集解》引虞翻曰:"以乾决坤,故'刚决柔也'。"俞琰《周易集说》:"《夬》则一阴在上,为众刚所决,故曰'刚决柔也'。"

【夬履贞厉位正当也】《履》卦九五爻的《小象传》辞。旨在解说九五爻辞"夬履贞厉"的象征内涵。意思是:刚断果决而小心行走,守持正固以防危险,说明九五居位正当。参见"履九五小象传"。

【引兑】《兑》卦上六爻辞。意思是:引诱他人相与欣悦。此谓上六当"悦"之时,以阴居柔终,为一卦"欣悦"之主,悦极不能自已,乃有引诱九五、九四两阳以相悦之象,故曰"引兑"。参见"兑上六"。

【引吉无咎】《萃》卦六二爻辞之语。意为:受人牵引相聚可获吉祥,不致咎害。引,谓牵引。这是说明六二当"萃"之时,柔中居正,上应九五刚中之"君",必得其

155

【引伸触类】 谓深究事物的内在规律，引伸增长而尽其义，触类拓展而通其旨。语本《系辞上传》"引而伸之，触类而长之"。江藩《汉学师承记》叙惠栋于《周易》"精研三十年，引伸触类，始得贯通其旨，乃撰《周易述》一编"。

【引吉无咎中未变也】 《萃》卦六二爻的《小象传》辞。旨在解说六二爻辞"引吉无咎"的象征内涵。意思是：受人牵引相聚可获吉祥而不致咎害，说明六二居中守正的心志未曾改变。参见"萃六二小象传"。

【书不尽言言不尽意】 《系辞上传》语。谓书面文字不能完全表达人的语言，而语言又不能尽行表达人的思想。故由此推出"圣人"作《易》通过"象征"来"尽言"、"尽意"的宗旨。孔颖达《周易正义》："书所以记言，言有烦碎；或楚夏不同，有言无字，虽欲书录，不可尽竭于其言，故云'书不尽言'也。"又曰："意有深邃委曲，非言可写，是'言不尽意'也。"又曰："圣人立象以尽其意，系辞则尽其言，可以说化百姓之心。"尚秉和先生《周易尚氏学》："意之不能尽者，卦能尽之；言之不能尽者，象能显之。故'立象以尽意，设卦以尽情伪'。"

【孔子】（前551—前479） 春秋鲁国陬邑（今山东曲阜东南）人，名丘，字仲尼。我国先秦时期著名的思想家、政治家、教育家，儒家学派的创始者。先世为宋国贵族，因乱，逃至鲁国，世为鲁人。少贫贱，及长，在鲁国任"委吏"（司会计）、"乘田"（管畜牧）等小官。相传曾问礼于老聃，学乐于苌弘，学琴于师襄。中年聚徒讲学，从事政治活动。鲁定公时，孔子年五十，由中都宰升为司空、司寇，行摄相事。后因齐人离间，遭鲁定公冷遇，遂率弟子离鲁，周游卫、宋、陈、蔡、齐、楚诸国，但终不见用。于鲁哀公十一年（前484）返鲁。晚年致力教育，整理《诗》、《书》等文献，并删修鲁国史官所记《春秋》，成为我国第一部编年体的历史著作。卒年七十三（见《史记·孔子世家》）。旧传孔子晚年作《易传》七种十篇（亦称《十翼》），故前人言《易》学史者，必推及孔子之功。

【孔颖达】(574—648) 唐冀州衡水（今属河北）人。字冲远（亦作仲达）。八岁就学，日诵千余言。及长，尤明《左氏传》、《郑氏尚书》、《王氏易》、《毛诗》、《礼记》，兼善算历，解属文。曾召刘焯门问业，焯不之礼，颖达请质疑滞，多出其意表，焯容敬之，颖达固辞归，焯坚留不可。还家以教授为业。隋大业初，举明经高第，授河内郡博士。炀帝召天下儒官集东都，诏国子秘书学士与论议，颖达为冠，又最年少，老师宿儒耻出其下，阴遣刺客图之，匿杨玄感家得免。入唐，历任国子博士、国子司业、国子祭酒等职。后以年老致仕，图形于凌烟阁，卒陪葬昭陵，谥曰"宪"。曾奉太宗命，主持修撰《五经正义》（见《旧唐书》、《新唐书》本传）。唐代用其书为科举取士的标准教科书。其中《周易正义》十卷，采王弼、韩康伯注，并引诸家义为之疏解，对后代《易》学影响至大。

【孔子作十翼】 "十翼"，即《易传》七种十篇。旧说伏羲画八卦，周文王撰卦爻辞，孔子作《十翼》以解说六十四卦经义。这种观点，在唐代以前的学术界是大体一致的。《史记·孔子世家》："孔子晚而喜《易》，序《彖》、《系》、《象》、《说卦》、《文言》。"《汉书·艺文志》：文王"重《易》六爻，作上下篇；孔氏为之《彖》、《象》、《系辞》、《文言》之属十篇"。又《儒林传》曰：孔子"盖晚而好《易》，读之韦编三绝，而为之《传》"。颜师古注："《传》谓《彖》、《象》、《系辞》、《文言》、《说卦》之属。"孔颖达《周易正义卷首》云："其《彖》、《象》等《十翼》之辞，以为孔子所作，先儒更无异论。"唯北宋欧阳修通过考辨《易传》的内容，指出《文言传》、《系辞传》、《说卦传》有相互牴牾之处，而《系辞传》前后文又有自相矛盾之处，认为《系辞传》、《文言传》、《说卦传》、《序卦传》、《杂卦传》非出自一人之手，不可视为孔子所作。其说略云："昔之学《易》者杂取以资其讲说，而说非一家。是以或同或异，或是或非。""余所以知《系辞》而下非圣人之作者，以其言繁衍丛脞而乖戾也。""至于'何谓'、'子曰'者，讲师之言也；《说卦》、《杂卦》者，筮人之占书也，此又不待言而可以知者。"（《易童子问》）欧阳修所疑，只是《易传》中的五种；而《彖传》、《象传》两种，则仍认为撰于孔子。此后，学者疑古之风日盛，至清崔述《洙泗考信录》、姚际恒《易传通论》、梁启超《古书真伪及其年代》、康有为《新学伪经考》等，所持论断基本上推翻了孔子作《十翼》的旧说。20世纪初至今的八十余年间，学术界就《十翼》作者问题进行过多番讨论，不少学者仍承欧阳修以来"非孔子作"的观点。郭沫若则进一步推测《十翼》中的大部分是荀子的门徒们、楚国人所著，著书时代当在秦始皇三十四年（前213）以后（见《周易之制作时代》）；钱玄同认为西汉初田何传《易》时，只有上下经和《彖》、《象》、《系辞》、《文言》诸传，西汉中叶后加入汉人伪作的《说卦传》、《序卦传》、《杂卦传》三篇（见《读汉石经周易残字而论及今文易的篇数问题》，载《北京大学图书部月刊》第一卷第二期）；李镜池又对诸篇作具体推测，以为《彖传》、《象传》作于秦汉间，《系辞传》、《文言传》作于汉昭、宣间，《说卦传》、《序卦传》、《杂卦传》作于昭、宣后（见《易传探源》，载《古史辨》第三册上编）。但较有影响的看法则是认为《十翼》作于春秋战国间，作者非止一人，当属孔门弟子们。按，关于《十翼》的作者，自欧阳修推翻旧说之后，迄今尚无定论。从《十翼》中保留的不少"子曰"云云的言论，以及大部分内容所反映的浓厚的儒家思想，似可说明其虽未必为孔子手著，但视为春秋战国之间孔子弟子秉承师说而撰，则是较合乎情实的。

【孔子晚而喜易】 司马迁语，谓孔子晚年喜读《周易》。见"孔子读易韦编三绝"。

【孔子读易韦编三绝】 韦编，古代编结书简的皮制细绳。司马迁语，谓孔子晚年喜好《周易》，刻苦研读，以至系编《周易》书简的"韦绳"多次断绝，终于撰成阐述六十四卦经义的《易传》十篇（即《十翼》）。《史记·孔子世家》："孔子晚而喜《易》，序《彖》、《系》、《象》、《说卦》、《文言》。读《易》，韦编三绝。曰：'假我数年，若是，我于《易》则彬彬矣。'"张守节《正义》："序，《易·序卦》也。夫子作《十翼》，谓《上彖》、《下彖》、《上象》、《下象》、《上系》、《下系》、《文言》、《序卦》、《说卦》、《杂卦》也。《易正义》曰：'文王既繇六十四卦，分为上下篇，先后之次，其理不易。孔子就上下二经，各序其相次之义。"

【孔子赞易以义理为教】 南宋朱熹的《易》学观点，他认为，《周易》的卦形和卦爻辞，皆为卜筮而作；而相传孔子所著《易传》（即《十翼》），则旨在阐发义理，不专明卜筮。《朱文公文集》卷八十一"书伊川先生易传版本后"云："若庖羲氏之象，文王之辞，皆依卜筮以为教，而其法则异。至于孔子之赞，则一以义理为教，而不专于卜筮。"《朱子语类》卷六十七录朱熹语亦曰："文王、周公之词，皆是为卜筮。后来孔子见得有是书必有是理，故因那阴阳消长盈虚，说出个进退存亡之道理来。要之，此皆是圣人事。"

【双剑誃易经新证】 于省吾撰。四卷。民国二十六年（1937）北平铅印本。作者斋名"双剑誃"；此书又以金文、甲骨文证解《易》中僻文涩义，独标新帜，故题为是名。卷一证"爻"、"彖"、"象"、"数"及《易》辞中"首、角、顶、趾、足、尾"诸字通义，卷二、三依六十四卦之次选释有关卦辞、爻辞文义，卷四选释《彖传》、《象传》、《系辞传》、《文言传》、《说卦传》有关文辞之义。于氏尝问《易》于尚秉和先生，得其以《易林》逸象证《易》之传，又精于金石文字，故是书能比勘《周易》经传句读,参稽语例,证之于古籀象形,究之于声音通假,以研求《易》象之本义。尚秉和先生《序》称:清端木国瑚治《易》无门户俗见,包扫汉宋,抽绎新义,为《易》学之一进也;"今得此书,以古文证古义,而复证以《易》象,及古今人小学诸说,使古义幽而复明,此又一进也。"

【以杞包瓜】 《姤》卦九五爻辞之语。意思是:用杞树枝叶蔽护树下的甜瓜。杞,高大之木,喻《姤》九五爻;包,裹也,犹言"蔽护";瓜,甜美处下,以喻"贤者"。这是说明九五当"遇"之时,阳刚中正而居尊位,有屈己谦下以求遇贤者之德,犹如杞树以绿叶蔽护其下之"瓜",故曰"以杞包瓜"。参见"姤九五"。

【以虚受人】 《咸》卦之《大象传》语。意为:虚怀若谷而广泛容纳感化众人。这是从《咸》卦"山上有泽"的卦象而推阐出的"君子"观此象,当悟知虚怀接物以成"感应"之道的意义。参见"咸大象传"。

【以亨行时中】 《蒙》卦的《彖传》语。旨在通过《蒙》九二爻象解说卦辞"亨"之义。谓九二处下卦之中,犹如顺沿"亨通"之道施行启蒙而能把握适中的时机。王弼《周易注》:"时之所愿,惟愿亨也;以亨行之,得时中也。"

【以言者尚其辞】 《系辞上传》语。意为:用《周易》来指导言论的人崇尚《周易》的文辞精义。参见"易有圣人之道四焉"。

【以动者尚其变】 《系辞上传》语。意为:用《周易》来指导行动的人崇尚《周易》的变化规律。参见"易有圣人之道四焉"。

【以美利利天下】 《乾》卦《文言传》语。旨在盛赞《乾》卦所象征的"天"的美德。前一"利"字为名词,犹言"利惠";后一"利"字为动词,谓"施利"。李鼎祚《周易集解》引虞翻曰:"美利,谓'云行雨施,品物流形',故利天下也。"孔颖达《周易正义》:"谓能以生长美善之道利益天下也。"

【以卜筮者尚其占】 《系辞上传》语。意为:用《周易》来指导卜问决疑的人崇尚《周易》的占筮原理。参见"易有圣人之道四焉"。

【以木巽火亨饪也】 《鼎》卦的《彖传》语。意思是:用木柴顺从火的燃烧,即为烹饪情状。木,指《鼎》卦下巽为木,巽,谓逊顺;火,指《鼎》卦上离为火,亨,通"烹"。这是说明《鼎》卦的上下卦象含有"木火"烹饪之状,以释卦名"鼎"之义。孔颖达《周易正义》:"此明上下二象有亨饪之用。此就用释卦名也。"

【以其邻不戒以孚】 《泰》卦六四爻辞之语。意思是:与近邻未相告诫都心存诚信。前一"以"字,犹"与";后一"以"字,连词,犹"而";邻,指六四相邻的六五、上六两阴爻。此言六四以阴居《泰》上卦之初,当"上下交泰"之时,与六五、上六两阴相比邻并连翩下降以交于下卦之阳,能不相诫告而均存求应阳刚的诚信心怀,故称"以其邻不戒以孚"。参见"泰六四"。

【以制器者尚其象】 《系辞上传》语。意为:用《周易》来指导制作器物的人崇尚《周易》的卦爻象征。参见"易有圣人之道四焉"。

【以宫人宠终无尤也】 《剥》卦六五爻的《小象传》辞。旨在解说六五爻辞"以宫人宠"的象征内涵。意思是:引领众宫女承宠于君王,说明六五终究无所过失。参见"剥六五小象传"。

【以贵下贱大得民也】 《屯》卦初九爻的《小象传》语。旨在分析初九的爻位象征,以明其善处"屯难"之道。意思是:身份尊贵却下居卑位,说明初九可以大得民心。贵,指阳;贱,指阴,此卦初九以阳爻处群阴之下,故称"以贵下贱"。参见"屯初九小象传"。

【以旅与下其义丧也】 《旅》卦九三爻的《小象传》语。旨在解说九三爻位所寓义理。意思是:旅居在外而擅自施惠于下,其理必致丧亡。参见"旅九三小象传"。

【以旅在上其义焚也】 《旅》卦上九爻的《小象传》语。旨在解说上九爻辞"鸟焚其巢"的象征内涵。意思是：作为行旅在外的人却高居上位，其理必然要导致鸟巢被焚的灾患。参见"旅上九小象传"。

【以讼受服亦不足敬也】 《讼》卦上九爻的《小象传》辞。旨在解说上九爻辞"或锡之鞶带，终朝三褫之"的象征内涵。意思是：由于争讼而受赐官禄，这也不值得尊敬。参见"讼上九小象传"。

【以祉元吉中以行愿也】 《泰》卦六五爻的《小象传》辞。旨在解说六五爻辞"以祉元吉"的象征内涵。意思是：以此获得福泽、至为吉祥，说明六五居中不偏以施行应下的心愿。参见"泰六五小象传"。

【允升大吉】 《升》卦初六爻辞。意思是：宜于上升，大为吉祥。允，当也，犹言"宜"。此谓初六处"升"之始，柔顺在下，虽与六四无应，但上承二阳，与之合志而宜于上升，故曰"允升，大吉"。参见"升初六"。

【允升大吉上合志也】 《升》卦初六爻的《小象传》辞。旨在解说初六爻辞"允升大吉"的象征内涵。意思是：宜于上升而大为吉祥，说明初六上承并顺合二阳的心志而俱升。参见"升初六小象传"。

【水山蹇】 朱熹《周易本义》卷首所附《分宫卦象次序》歌诀中语，说明六十四卦之一的《蹇》卦(䷦)，其卦象由上坎(☵)下艮(☶)即"水"与"山"组成。

【水天需】 朱熹《周易本义》卷首所附《分宫卦象次序》歌诀中语，说明六十四卦之一的《需》卦(䷄)，其卦象由上坎(☵)下乾(☰)即"水"与"天"组成。

【水风井】 朱熹《周易本义》卷首所附《分宫卦象次序》歌诀中语，说明六十四卦之一的《井》卦(䷯)，其卦象由上坎(☵)下巽(☴)即"水"与"风"组成。

【水地比】 朱熹《周易本义》卷首所附《分宫卦象次序》歌诀中语，说明六十四卦之一的《比》卦(䷇)，其卦象由上坎(☵)下坤(☷)即"水"与"地"组成。

【水泽节】 朱熹《周易本义》卷首所附《分宫卦象次序》歌诀中语，说明六十四卦之一的《节》卦(䷻)，其卦象由上坎(☵)下兑(☱)即"水"与"泽"组成。

【水洊至】 《坎》卦的《大象传》语。意为：水叠连流至。洊，音荐 jiàn，犹言"叠连"。这是揭明《坎》卦上下坎均为"水"之象，谓水流叠至，正为"重重险陷"的象征。参见"坎大象传"。

【水雷屯】 朱熹《周易本义》卷首所附《分宫卦象次序》歌诀中语，说明六十四卦之一的《屯》卦(䷂)，其卦象由上坎(☵)下震(☳)即"水"与"雷"组成。

【水火相息】 《革》卦的《彖传》语。意为：水火相灭而交互更革。水，指《革》卦上兑为泽；火，指《革》卦下离为火；息，犹言"灭"，陆德明《经典释文》："马云'灭也'，李斐注《汉书》同，《说文》作'熄'。"这是以《革》卦的上下卦象，释卦名"革"之义。按，"息"字，李鼎祚《周易集解》引虞翻曰"长也"。谓上下卦含水火相长、交互更革之象。尚秉和先生《周易尚氏学》亦云："息，长也，言更代用事也。"于义亦通。

【水火既济】 朱熹《周易本义》卷首所附《分宫卦象次序》歌诀中语，说明六十四卦之一的《既济》卦(䷾)，其卦象由上坎(☵)下离(☲)即"水"与"火"组成。

【水在火上】 《既济》卦的《大象传》语。意在揭明《既济》卦上坎为水、下离为火之象，谓水在火上，煮成食物，正为"事已成"的象征。参见"既济大象传"。

【水火二用图】 即"水火匡廓图"。

【水火匡廓图】 清毛奇龄称彭晓所传旧本《周易参同契》中之一图，谓北宋周敦颐《太极图》曾取用之，亦称"三轮图"(见书首图版十)。图中左半轮白、黑、白相套，象离卦(☲)；右半轮黑、白、黑相套，象坎卦(☵)；中间一小圈"○"，象坎离之胎，故又称"水火二用图"(坎为水，离为火)。此图在周氏《太极图》中为第二层图式，朱熹谓其象征"太极"动而生阳、静而生阴，中间小圈为太极之"本体"（《太极图说解》）。但毛奇龄以为周氏《太极图》寓意与《参同契》原图本旨不同，谓其变乱《参同契》之意而窃用之。毛氏《太极图说遗议》曰："《水火匡廓图》者，以（《周易参同契》）章首有'坎离匡廓，运毂正轴'二语。所云'水火'，即坎离也。丹家以坎离为用，故轮而象之。又名《水火二用图》，则又取'天地о,乾坤之象；坎离者，乾坤之用'二语。盖其图正作坎离二卦，而运为一轴，非所谓'两仪'也，亦非所谓'阳动生阴，阴静复生阳'也。其中一'○'，则坎离之胎也；左☵为离，白黑白，即☲也；右☵为坎，黑白黑，即☵也。夫亦惟坎离同廓，中分左右，则两皆卦体，合轴而运，因得就阴阳间错而画为三轮。如以为两仪，则两仪'两'也，乌得有三轮于其间哉？如以为'阳中有阴，阴中有阳'，则一为少阳，一为少阴，少阳、少阴固不宜有三轮，藉有之则亦四象中之二，其于'老阳'、'老阴'尚未之备也。在'两仪'既多其一，而在'四象'则又阙其二，展转相度，无一而可，则其明明为'坎离匡廓'而断非'太极'，亦可验矣。"胡谓《易图明辨》承此说，毛氏之论遂对后人至有影响。按，周学武撰《周濂溪太极图说考辨》（台北学海出版社 1981年4月出版），提出不同看法，以为毛氏所述"彭晓旧本"《参同契》之图盖后人所附益，未必可信，"《坎离匡廓图》之思想依据，在魏伯阳《参同契》中绝难发现"，乃后世丹家窃周氏《太极图》而为用，两者指趣各异，不可强合为说。其书指出："丹家重视水火二用，故轮坎离而象之，以备作丹之意；濂溪则以坎离之黑白对待，表明太极阴阳之象，各有所指目，原无不可。盖图象虽肖似，而寓意实不同，不必强彼以就此，混为一谭也。况周子《太极图》之第二位（原注：坎离图），坎居右而离居左，与《参同契》之说亦不相类，则明明其图为道家所窃用，安得谓此图反窃自道家？此不之察，而轻议前修，鲜有不失之愚诬者。"

【水流而不盈】《坎》卦的《象传》语。意为：水接连流进陷穴不见盈满。此谓《坎》卦上下两坎为两"险"相重之象，若水流陷穴、不能盈满，以释卦名及卦辞"习坎"之义。李鼎祚《周易集解》引陆绩曰："水性趋下，不盈溢崖岸也。"尚秉和先生《周易尚氏学》："水流若盈，则非坎矣；既曰'坎'，则不盈也。"

【水流湿火就燥】谓水向湿处流，火向干处烧。语出《乾》卦《文言传》。旨在衍发《乾》九五"飞龙在天，利见大人"的象征意蕴。言此"大人"与万物相感应，众物亦因之互为交感，故广陈诸例以申明之。孔颖达《周易正义》："此二者以形象相感。水流于地，先就湿处；火焚其薪，先就燥处。"来知德《周易集注》："湿者下地，故水之流趋之；燥者干物，故火之然就之。"

【尹涛】两晋南北朝间人。爵里不详。治《易》，著有《周易注》六卷（见陆德明《经典释文序录》）。《隋书·经籍志》谓：梁有六卷，亡。

【毋将永】西汉兰陵（今山东苍山县西南兰陵镇）人。受《易》于高相，传"高氏学"。官至豫章都尉（见《汉书·儒林传·高相传》）。

【邓彭祖】西汉沛（今江苏沛县东）人。字子夏。曾任真定太守。与士孙张、衡咸共受《易》于梁丘贺的再传弟子五鹿充宗。三人治《易》知名于世，故汉《易》梁丘一派又有"士孙、邓、衡之学"（见《汉书·儒林传·梁丘贺传》）。

五　画

〔一〕

【正义】　见"周易正义"。

【正月卦】　①指"十二辟卦"中代表正月的《泰》卦。　②汉代《易》家孟喜、京房等倡"卦气"说,以四正卦之外的六十卦分值十二月气候,其中代表正月之卦的为《小过》、《蒙》、《益》、《渐》、《泰》五卦。详"六十卦次序"。　③西汉京房创"八宫卦"条例,以"八宫卦"分值一年十二个月,其中代表正月之卦的为"三世卦"《泰》、《既济》、《恒》、《咸》及"归魂卦"《大有》、《渐》、《蛊》、《同人》等八卦。详"世卦起月例"。

【正位凝命】　《鼎》卦的《大象传》语。意为:端正居位而严守使命。正,用如动词,谓端正;凝,亦作动词,犹言严守而不疏失;命,谓使命。这是从《鼎》卦"木上有火",犹如鼎器烹物的卦象而推阐出的"君子"须效法鼎器体正实凝之象,正己位而严己命,以不负职守的道理。参见"鼎大象传"。

【正易心法】　旧题五代末宋初麻衣道者撰,陈抟受并消息。一卷。《津逮秘书》本。凡四十二章,每章四句,每句四言;各章后附训释文字。卷首《正易卦画》图,以对卦、反卦形式排列,得上经十八卦、下经十八卦,共三十六卦。书前小序云:"正易者,正谓卦画,若今经书正文也";"每章四句者,心法也;训于其下,消息也。"马端临《文献通考》载李潜《序》,谓此书"得之庐山异人"(原注:或云许坚);又载张栻《跋》,亦信乃麻衣道者所述、陈抟所传。然朱熹曾细为考证,指出该书系戴师愈撰作,而托名于麻衣道者及陈抟(见《朱子语类》)。姚际恒《古今伪书考》云:"戴师愈伪作,乃朱所亲见,其说固自无疑。"《四库全书总目》将此书列入"子部术数类存目",亦据朱熹之说断言:"是书之伪,审矣。"视书中内容,多取道家炼气养身之术发挥《易》义,间或杂以佛机、儒理,故可资窥探宋时道家《易》学特色之一斑。

【正家而天下定】　《家人》卦的《彖传》语。意为:端正了家道而天下就能安定。此以"正家"与"定天下"的逻辑关系,揭明《家人》卦的深刻寓义。李鼎祚《周易集解》引陆绩曰:"圣人教先从家始,家正而天下化之,修己以安百姓者也。"来知德《周易集注》:"定天下系于一家。岂可不利女贞?此推原所以当'女贞'之故。"

【正大而天地之情可见】　《大壮》卦的《彖传》语。意为:保持正直刚大而天地的性情也就可以明白了。这是举"天地"既正且大之例,赞美《大壮》卦所揭示的"盛大而须守正"之义。王弼《周易注》:"天地之情,正大而已矣。弘正极大,则天地之情可见矣。"程颐《周易程氏传》:"正而大者道也,极正大之理,则天地之情可见矣。天地之道,常久而不已者,至大至正也。正大之理,学者默识心通可也。"

【击蒙】　《蒙》卦上九爻辞之语。意为猛击以启发蒙稚。谓上九居《蒙》卦之终,阳刚极盛,犹如"蒙师"高居上位,以严厉措施教治蒙稚者,故曰"击蒙"。参见"蒙上九"。

【未济】　六十四卦之一。列居篇末最后一卦。由下坎(☵)上离(☲)组成,卦形作"䷿",卦名为《未济》,象征"事未成"。《周易》六十四卦,以《未济》为终,似乎蕴含着对"《易》者,变也"这一义理的归结。从卦名看,《未济》是借"未能济渡"喻"事未成"。而全卦大旨乃在于说明:当"事未成"之时,若能审慎进取,促使其成,则"未济"之中必有"可济"之理。但卦辞在指出

161

努力求济可致"亨通"的同时,仍不忘事物发展的另一面,又以"小狐"渡河将竟"濡尾"而徒劳无益为喻,诫人若不慎始慎终必难成济。卦中诸爻所示,下三爻尚未能"济",主于戒其"慎";上三爻已向"既济"转化,主于勉其"行"。《周易折中》引邱富国曰:"内三爻,坎险也,初言'濡尾'之吝,二言'曳轮'之贞,三有'征凶,位不当'之戒,皆未济之事也;外三爻,离明也,四言'伐鬼方,有赏',五言'君子之光,有孚',上言'饮酒,无咎',则未济为既济矣。"然而,六爻的寓意,以上六最为深长。就爻位看,其时虽已转为"既济",但若纵逸无度,必有重反"未济"之危,故爻辞既言"无咎"又发"失是"之诫,意在揭明:事物的成败,是随时均可转化的。《老子》曰:"祸兮福之所倚,福兮祸之所伏,孰知其极?"《序卦传》以为,六十四卦终于《未济》,是表明"物不可穷",即事物的对立、变化无时休止。可见,此卦的本旨,以设诫为最后归宿。从这一点看,其象征意义广泛展示了事物的"完美"或"成功"只是相对的,"缺陷"或"未成"却是时时伴随着前者而存在。龚自珍《己亥杂诗》之一曰:"《未济》终焉心缥缈,百事翻从阙陷好,吟到夕阳山外山,古今谁免余情绕?"诗中流露着浓厚的失意烦恼情绪;但所含藏的如何化"阙陷"为"完美",俟"夕阳"成"朝日"的内在意愿,却显然体现了从"未济"中求得"可济"的哲理。

【未占有孚】 《革》卦九五爻辞之语。意思是:毫无疑问必能昭显精诚信实的美德。占,有疑而问,"未占"犹言"不须置疑";孚,信也。这是说明九五当"革"之时,以阳刚中正高居尊位,彻底推行激烈变革;此时"革"道昭著,天下归心,遂至无须"占问",九五的孚信之德自显光彩,故曰"未占有孚"。

【未济九二】 《未济》卦九二爻。以阳爻居卦第二位。爻辞曰:"曳其轮,贞吉。"意思是:向后拖曳车轮不使猛行,守持正固可获吉祥。这是说明九二当"未济"之时,以阳刚居下卦之中,虽上应六五,但尚未脱出坎险,谨慎不敢轻进,犹如车曳轮而不猛行;以此谦谨守正,必能徐求可"济"之道,终将获吉,故称"曳其轮,贞吉"。《周易折中》引潘梦旂曰:"九二刚中,力足以济者也;然身在坎中,未可以大用,故曳其车轮,不敢轻进,待时而动,乃为吉也。不量时度力,而勇于赴难,适以败事矣。"按,九二在"未济"之时求"济",又处坎险之中,惟须审慎而后能成。故《周易折中》云:"'既济'之时,初、二两爻犹未敢轻济,况'未济'乎?故此爻'曳轮'之戒,与《既济》同。而差一位者,时不同也。"

【未济九四】 《未济》卦九四爻。以阳爻居卦第四位。爻辞曰:"贞吉,悔亡;震用伐鬼方,三年有赏于大国。"意思是:守持正固可获吉祥,悔恨消亡;以雷霆之势讨伐鬼方,经过三年奋战功成而被封为大国君侯。震,作副词,犹言"以雷霆之势";伐鬼方,取象与《既济》卦九三爻辞同(见"既济九三");有赏于大国,谓被封为大国之侯,王弼《周易注》:"以大国赏之。"这是说明九四当"未济"之时,以阳刚居上卦之始,事将可"济",虽失正有"悔",但能趋正而行,遂致吉而消悔,故称"贞吉,悔亡";九四既当此"未济"行将转为"可济"之际,遂须勉力持久地促成其事,犹如奋力讨伐"鬼方"小国,苦战"三年"之久,荣获封赏"大国",终必迎来功成事济之日,故曰"震用伐鬼方,三年有赏于大国"。朱熹《周易本义》:"以九居四,不正而有悔也;能勉而贞,则悔亡矣。然以不贞之资,欲勉而贞,非极其阳刚用力之久不能也,故为伐鬼方三年而受赏之象。"李简《周易记》引雷思曰:"先言'贞吉,悔亡',而后言'伐鬼方',先自治而后治人也。"

【未济上九】 《未济》卦上九爻。以阳爻居卦最上之位。爻辞曰:"有孚于饮酒,无咎;濡其首,有孚失是。"意思是:信任他人而自己安闲饮酒,不致咎害;但若逸乐无度将如小狐渡河被水沾湿头部,此系过分委信于人而自失正道。孚,信也;濡其首,取象与《既济》卦上九爻辞同(见"既济上九");是,李鼎祚《周易集解》引虞翻曰:"正也","失是"犹言"失正"。这是说明上九以阳刚居《未济》之极,正当"未济"至极而转向《既济》之时,诸事皆成,无所烦忧,遂信任委用他人,不必事事躬亲,于闲逸之日自可"饮酒"为乐,亦无咎害,故曰"有孚于饮酒,无咎";但上九此时又必须谨慎守德,防患于未然,庶可安保已成局面,否则,若自逸无度,荒废其事,则是过分委信于人而有失处事正道,将如狐渡河而水湿其首,其势必危,故爻辞又特诫"濡其首,有孚失是"。王弼《周易注》:"'未济'之极,则反于'既济'。'既济'之道,所任者当也;所任者当可信之无疑,而己逸焉,故曰'有孚于饮酒,无咎'。以其能信于物,故得逸豫而不忧于事之废;苟不忧于事之废,而耽于乐之甚,则至于失节矣。由于有孚,失于是矣,故曰'濡其首,有孚失是'也。"按,上九已从"未济"转为"既济",但若逸乐至极,必将再从"既济"返回"未济"。爻辞"无咎"二字,含"善补过"的意义;而"濡其首",则更谓若不自慎,将及"灭顶"之灾,正见设诫之深。李简《学易记》曰:"'未济'之终,甫及'既济',而复以濡首戒之。'惧以终始,其要无咎,此之谓《易》之道也'。"

【未济六三】 《未济》卦六三爻。以阴爻居卦第三位。爻辞曰:"未济,征凶,利涉大川。"意思是:事未成,急于进取必有凶险,但利于涉越大河巨流以脱险难。这是说明六三当"未济"之时,以阴柔居下卦坎险之上,力germination,诸事未成,唯须退处待时,缓图其"济",若躁进急征,必罹凶险,故爻辞特戒曰"未济,征凶";但此时六三又下比九二"刚中"之阳,若能不自求进,与二同舟共济,涉险排难,则可脱出坎险,济成其事,故爻辞又勉之曰"利涉大川"。王弼《周易注》:"以阴之质,失位居险,不能自济者也。以不正之身,力不能自济,而求进焉,丧其身也。故曰'征凶'也。二能拯难,而己比之,弃己委二,载二而行,溺可得乎?何忧未济?故曰'利涉大川'。"朱熹《周易本义》:"以柔乘刚,将出乎坎,有'利涉'之象。"按,《未济》六三爻辞既言"征凶",又言"利涉大川",义若反背。故朱熹《周易本义》又云:"或疑'利'字上当有'不'字。"可备参考。

【未济六五】 《未济》卦六五爻。以阴爻居卦第五位。爻辞曰:"贞吉,无悔;君子之光,有孚吉。"意思是:守持正固可获吉祥,必无悔恨;焕发君子的光辉,心怀诚信而得吉祥。孚,信也。这是说明六五尊居《未济》上卦中位,正值"未济"渐向"可济"转化之时,以"柔中"之德行正求"济",遂能获吉而无所悔,故曰"贞吉,无悔";六五既居"未济"渐见可济之世,体禀上离"文明"之质,又比应九四、九二两阳,犹如焕发"君子"的光辉美德,真诚待物,于是广获援助,终能济成大事,而得吉,故又称"君子之光,有孚吉"。朱熹《周易本义》:"以六居五,亦非正也,然文明之主,居中应刚,虚心以求下之助,故得贞而吉且无悔。又有光辉之盛,信实而不妄,吉而又吉也。"按,《未济》六五居上卦"离日"之中,所谓"君子之光",正是渐能化"未济"为"既济"的写照。《周易折中》引杨万里曰:"六五逢'未济'之世而光辉,何也?日之夏,暄之益热;火之在夜,宿之弥炽。六五变'未济'为'既济',光明之盛,又何疑焉?"

【未济初六】 《未济》卦初六爻。以阴爻处卦下初位。爻辞曰:"濡其尾,吝。"意思是:小狐渡河被水沾湿尾巴,有所憾惜。这是说明初六当"未济"之时,以阴柔处坎险之下,却急于上应九四,有求"济"心切而不能谨慎持中之象,犹如"小狐"涉水被濡湿其尾,未能成"济",其行必致憾惜,故曰"濡其尾,吝"。王弼《周易注》:"处《未济》之初,最居险下,不可以济者;而欲之其应,进则溺身。"《周易折中》引张振渊曰:"卦辞所谓'小狐',正指此爻。新进喜事,急于求济,而反不能济。"按,《既济》初九"濡其尾"获"无咎",《未济》初六却言"吝",象同而义异。陈梦雷《周易浅述》:"《既济》阳刚得正,离明之体,当既济之时,知缓急而不轻进,故'无咎'。此则才柔不正,坎险之下,又当未济之时,冒险躁进,则至于'濡尾'而不能济矣,故'吝'。"

【未济卦辞】 《未济》卦的卦辞。其文曰:"未济,亨;小狐汔济,濡其尾,无攸利。"意思是:《未济》卦象征事未成,勉力使成可致亨通;若像小狐渡河接近成功,被水沾湿尾巴,则无所利益。未济,卦名,本指渡水未竟,作卦名乃象征"事未成",与《既济》卦正相反;汔,谓接近(见"井卦辞")。卦辞说明,事物当"未成"之时,正可有为,勉力促使成功,遂能获"亨";但于"未济"之中求"济",须有小心谨慎的精神,及坚持不懈的毅力,若处事不敬慎,未能始终坚持如一,而像"小狐"涉水将竟,却濡湿其尾,必将不能成济,终究徒劳无益,故曰:"小狐汔济,濡其尾,无攸利。"孔颖达《周易正义》:"未济有可济之理,所以得通,故曰'未济,亨'。"朱熹《周易本义》:"未济,事未成之时也。水火不交,不相为用;卦之六爻,皆失其位,故为'未济'。汔,几也。几济而濡尾,犹未济也。"《周易折中》:"是戒人敬慎之意,自始济以至于将济,不可一息而忘敬慎也。"按,《未济》卦辞"小狐"之象,或以为与初六爻辞"濡其尾"正合,强调"未济"慎始之义。乔莱《乔氏易俟》曰:"小狐,专指初也。《既济》之乱在终,则《未济》之难在初,过此未必不济也。初爻词亦曰'濡其尾',则象中小狐指初明矣。"又按,李鼎祚《周易集解》引干宝曰:"《说文》曰'汔,涸也',"小狐力弱,汔乃可济;水既未涸而乃济之,故尾濡而无所利也。"于义亦通。

【未济象传】 《未济》卦的《象传》。旨在解说《未济》卦的卦名、卦辞之义。其文为:"《象》曰:未济,亨,柔得中也。小狐汔济,未出中也;濡其尾,无攸利,不续终也。虽不当位,刚柔应也。"意思是:"《象传》说:事未成,勉力使成可致亨通,说明此时行事者能够柔顺持中。小狐渡河接近成功,说明尚未最后脱出险中;被水沾湿尾巴,则无所利益,说明努力求济的精神不能持续至终。尽管卦中六爻居位都不妥当,但阴阳刚柔皆能相互应援则可促使成功。"全文可分三节理解。第一节,自"未济"至"柔得中也"三句,举《未济》卦九五以柔居中之象,说明以"柔中"之德处"未济",乃可勉力求济而获亨通,以释卦名及卦辞"未济,亨"之义。第二节,自"小狐汔济"至"不续终也"五句,举《未济》卦九二居下卦之中而未能出险之象,及初六卑居初而力弱不能求济至终之象,说明"未济"之时若没有始终敬慎努力的精神,则难以获济致通,以释卦辞"小狐汔济,濡其尾,无攸利"之义。第三节,"虽不当位,刚柔应也"二句,举《未济》卦六爻不当位但刚柔皆有应之象,说明阴阳上下若能密切应援,则可于"未济"之中求得"可济"之道,归结"未济"所以能致"亨"之理。

【未济征凶】 《未济》卦六三爻辞之语。意思是:事未成,急于求进必有凶险。此言六三当"未济"之时,以阴柔居下卦坎险之上,力弱失正,诸事未成,唯须退处待时,缓图其"济";若躁进急征,必罹凶险,故爻辞特戒曰"未济,征凶"。参见"未济六三"。

【未济大象传】 《未济》卦的《大象传》。其辞曰:"火在水上,未济;君子以慎辨物居方。"意思是:火在水上(难以煮物),象征"事未成";君子因此为促成其事而审慎分辨诸物使之各居适当的处所。方,犹"所"。这是先揭明《未济》卦上离为火、下坎为水之象,谓火在水上,难以煮物,正为"事未成"的象征;然后推阐出"君子"观对火居位不当之象,须悟知"未济"之时应当审慎辨物,使各居其所,则可促成"既济"的道理。王弼《周易注》:"辨物居方,令物各当其所。"孔颖达《周易正义》:"火在水上,不成烹饪,未能济物,故曰'火在水上,未济'。"来知德《周易集注》:"慎辨物,使物以群分;慎居方,使方以类聚,则分定不乱,阳居阳位,阴居阴位,'未济'而成'既济'矣。"按,处"未济"之道,以审慎为主,故《大象传》强调"慎"字。马其昶《重定周易费氏学》引项安世曰:"必加'慎'者,以其'未济'也。水火交则有难,辨之不早辨,居之不得其所,皆难之所由生也。"

【未济男之穷也】《杂卦传》语。说明《未济》卦象征"事未成",正是男子穷竭其力而行事之时。按,《未济》卦中六爻皆失位,而三阳为主,故独称男子穷极行事,含有于"未济"中努力求济之旨。故程颐《周易程氏传》释此句曰:"三阳皆失位。"尚秉和先生《周易尚氏学》亦指出:三阴亦不当位,而不穷者,"以三女皆承阳"。

【未济九二小象传】《未济》卦九二爻的《小象传》。其辞曰:"九二贞吉,中以行正也。"意思是:九二守持正固可获吉祥,说明此时要遵循中道而行事端正不偏。这是解说《未济》九二爻辞"贞吉"的象征内涵。孔颖达《周易正义》:"位虽不正,以其居中,故能行正也。"

【未济九四小象传】《未济》卦九四爻的《小象传》。其辞曰:"贞吉悔亡,志行也。"意思是:守持正固可获吉祥而悔恨消亡,说明九四求济的志向正在践行。这是解说《未济》九四爻辞"贞吉悔亡"的象征内涵。程颐《周易程氏传》:"如四之才与时合,而加以贞固,则能行其志,吉而悔亡。"

【未济上九小象传】《未济》卦上九爻的《小象传》。其辞曰:"饮酒濡首,亦不知节也。"意思是:饮酒逸乐过度而像小狐渡河被水沾湿头部,说明上九若是这样也太不知节制了。这是解说《未济》上九爻辞"饮酒"、"濡其首"的象征内涵。孔颖达《周易正义》:"释饮酒所以致濡首之难,以其不知止节故也。"

【未济六三小象传】《未济》卦六三爻的《小象传》。其辞曰:"未济征凶,位不当也。"意思是:事未成而急于进取必有凶险,说明六三居位不妥当。这是解说《未济》六三爻辞"未济,征凶"之义。孔颖达《周易正义》:"以不当其位,故有征则凶。"按,俞琰《周易集说》云:"六爻皆不当位,而独于六三曰'位不当',以六三才弱而处下体之上。"此说可资参考。

【未济六五小象传】《未济》卦六五爻的《小象传》。其辞曰:"君子之光,其晖吉也。"意思是:焕发君子的光辉,说明六五美德光耀必获吉祥。这是解说《未济》六五爻辞"君子之光"的象征内涵。晖,许慎《说文解字》:"光也。"程颐《周易程氏传》:"光盛则有晖;晖,光之散也。君子积充而光盛,至于有晖,善之至也。故重云'吉'。"

【未济亨柔得中也】《未济》卦的《彖传》语。意思是:事未成,勉力使成可致亨通,说明此时行事者能够柔顺持中。这是举《未济》卦六五爻以柔居中而下应九二阳刚之象,解说卦名及卦辞"未济,亨"的象征内涵。王弼《周易注》:"以柔处中,不违刚也;能纳刚健,故得亨也。"孔颖达《周易正义》:"此就六五以柔居中,下应九二,释'未济'所以得'亨'。"

【未济初六小象传】《未济》卦初六爻的《小象传》。其辞曰:"濡其尾,亦不知极也。"意思是:小狐渡河被水沾湿尾巴,说明初六的行为也太不知谨慎持中。这是解说《未济》初六爻辞"濡其尾"的象征内涵。极,中也,"不知极"指初六居下失中。李鼎祚《周易集解》:"'极,栋也',《逸雅》'栋,中也',居室之中也。"尚秉和先生《周易尚氏学》:"'濡尾'故'不知极',言初在下失中。"按,来知德《周易集注》云:"极者,终也。即《象传》'濡其尾,无攸利,不续终也。'言不量其才力而进,以至濡其

165

尾,亦不知其终之不济者也。"于义亦通。

【未济征凶位不当也】《未济》卦六三爻的《小象传》辞。旨在解说六三爻辞"未济,征凶"之义。意思是:事未成而急于进取必有凶险,说明六三居位不妥当。参见"未济六三小象传"。

【节】 六十四卦之一。列居篇中第六十卦。由下兑(☱)上坎(☵)组成,卦形作"䷻",卦名为《节》,象征"节制"。适当的节制,往往是事物顺利发展的一项重要因素。《礼记·曲礼上》谓"礼不逾节",《论语·学而》称:"知和而和,不以礼节之,亦不可行也。"其说虽针对"礼"而发,但所明"节制"之道却含有普遍性的意义。《周易》设立《节》卦,正是集中阐说"节制"应当"持正"、"适中"的道理,故卦辞既称节制可致亨通,又戒不可"苦节"。卦中六爻两两相比之间,呈三正三反之象。《周易折中》引邱富国曰:"初与二比,初'不出户庭'则'无咎',二'不出门庭'则'凶',二反乎初也;三与四比,四柔得正则为'安节',三柔不正则为'不节',三反乎四者也;五与上比,五得中则为节之'甘',上过中则为节之'苦',上反乎五者也。"其中凡有凶咎者,皆因不中不正所致。而最吉之爻,当推九五中正"甘节",来知德《周易集注》誉之为"节之尽善尽美","立法于今,而可以垂范于后也"。可见,《节》卦的基本含义在于:合乎规律的"节制",有利于事物的正常发展;反之则致凶咎。这一道理广见于自然界及人类社会的诸多物象,如季节的推展,动植物的繁衍,人类喜怒哀乐的情状,衣食住行的处置,均与"节制"有关。至于古代经济思想中"节用爱民"的观点,也与《节》卦的义理密切勾联。欧阳修《易童子问》分析此卦说:"君子之所以节于己者,为其爱于物也。故其《彖》曰'节以制度,不伤财,不害民'者是也。"从这一角度看,可以说,《节》卦在某种程度上反映了《周易》作者的经济思想。

【节九二】《节》卦九二爻。以阳爻居卦第二位。爻辞曰:"不出门庭,凶。"意思是:不跨出门庭,有凶险。门庭,谓门内庭院。这是说明九二当"节"之时,阳居阴位,为处"节"失正之象,其时六三、六四两阴有待于前,路途畅通,却仍怀失正无应之忧而拘于节制,犹如闭门自忧,裹足不前;当行而不敢行,其凶可知,故曰"不出门庭,凶"。朱熹《周易本义》:"门庭,门内之庭也。九二当可行之时,而失刚不正,上无应与,知节而不知通,故其象占如此。"尚秉和先生《周易尚氏学》:"二比重阴,阳遇阴则通;通则利往,乃竟不出,是失时也,故凶。"按《节》初九在路途"塞"时,节制不出:九二当路途"通"时,仍节制不出:可见前者"知几",后者"违时",故彼"无咎"而此"凶"。

【节九五】《节》卦九五爻。以阳爻居卦第五位。爻辞曰:"甘节,吉,往有尚。"意思是:甘美怡悦地节制,吉祥,往前进发必受尊尚。此谓九五当"节"之时,阳刚中正,尊居"君位",下据重阴,为《节》卦之主,能甘美而恰到好处地施行节制,故获吉而"往有尚"。王弼《周易注》:"当位居中,为《节》之主,不失其中,'不伤财,不害民'之谓也。为节之不苦,非甘而何?术斯以往,'往有尚'也。"按,《节》九五"甘节",与上六"苦节"之象正相反。马其昶《重定周易费氏学》引左光斗曰:"《礼》'和为贵',而节在其中矣。凡人过之过形皆苦,去其太甚则甘。知穷而通,惟此中正。节以制度,上下有分,名器有当,民自不识不知而由之。节何等甘邪!"

【节上六】《节》卦上六爻。以阴爻居卦最上之位。爻辞曰:"苦节,贞凶,悔亡。"意思是:节制过苦,应当守持正固防备凶险,悔恨则可消亡。贞凶,犹言"守正防凶"。这是说明上六当"节"之时,极卦终,有节制过苦,人所不堪之象;以此处"节",必有凶险,然以柔居上,尚未失正,于是爻辞又勉其守正防凶,庶可"悔亡"。王弼《周易注》:"过节之中,以致亢极,'苦节'者也。以斯施人,物所不堪,正之凶也;以斯修身,行在无妄,故得'悔亡'。"按,王弼释"贞凶"为"正之凶";朱熹《周易本义》则云"虽得正而不免于凶"。两说并可参考。又按,上六"苦节"而道穷,宜其有凶;但行"节"之苦心,又未可全非。故爻辞特加诫勉,寓含劝其改过守正,化"苦"为"甘"之义。

【节六三】 《节》卦六三爻。以阴爻居卦第三位。爻辞曰:"不节若,则嗟若,无咎。"意思是:不能节制,于是嗟叹伤悔,可免咎害。若,语气助词;嗟,伤叹。此言六三当"节"之时,以阴居下卦之终,不中不正,乘凌二阳,有骄侈而不能节制之象;但阴处阳位,不能自安,又有嗟伤自悔之象,遂可因伤悔而改过免咎,故曰"无咎"。张载《横渠易说》:"处非其位,'失节';然能居不自安,则人得容之,故'无咎'。"按,《节》六三"无咎"之义,王弼《周易注》释为"无所怨咎"。张载指出:"王弼于此'无咎'又别立一例。只旧例亦可推行:但能嗟其不节,有补过之心,则亦无咎也。"(《横渠易说》)此说可从。

【节六四】 《节》卦六四爻。以阴爻居卦第四位。爻辞曰:"安节,亨。"意思是:安然奉行节制,前景亨通。此言六四当"节"之时,柔正得位,顺承九五阳刚中正之"君",有安行节制之象,前景必通,故称"安节,亨"。王弼《周易注》:"得位而顺,不改其节,而能亨者也。"按,《节》六三、六四两爻,或失位,或柔正,适成反照。俞琰《周易集说》指出:"六三失位而处兑泽之极,是乃溢而'不节';六四当位而顺承九五之君,故为'安节'。"

【节初九】 《节》卦初九爻。以阳爻处卦下初位。爻辞曰:"不出户庭,无咎。"意思是:不跨出户庭,必无咎害。户庭,谓户外庭院。这是说明初九以阳居《节》之始,上应六四阴柔,但前路有九二阻塞,时未可行,乃能节制慎守,犹如杜门静居,足不出户,遂可免咎,故曰"不出户庭,无咎。"

朱熹《周易本义》:"户庭,户外之庭也。阳刚得正,居《节》之初,未可以行,能节而止者也。"尚秉和先生《周易尚氏学》:"二阳为阻,故不宜出;不出则'无咎'。《象》曰'知通塞',言二阻塞也。"按,《节》初九"不出户庭"之象,又含有慎言语、守机密的象征意义。《系辞上传》引孔子语,阐发此爻之义曰:"君不密则失臣,臣不密则失身,几事不密则害成。是以君子慎密而不出也。"

【节卦辞】 《节》卦的卦辞。其文曰:"节,亨;苦节不可,贞。"意思是:《节》卦象征节制,亨通;但节制过苦是不可以的,应当守持正固。节,卦名,象征"节制"。卦辞说明,凡事能适当节制,可致亨通;但过分节制则有伤事理,不可为法,唯当守"正",其道乃通,故曰"苦节不可,贞"。孔颖达《周易正义》:"节,卦名也。《彖》曰'节以制度',《杂卦》云'节,止也'。然则'节'者,制度之名,节止之义。制事有节,其道乃亨,故曰'节,亨'。"按,《节》卦辞"不可贞"三字,旧注多连读,但各家的解说亦有异。如王弼《周易注》释"贞"为正,曰:"为节过苦,物所不能堪也;物不能堪,不可复正也。"又如程颐《周易程氏传》释"贞"为"常",曰:"节至于苦,岂能常也?不可固守以为常。"此并可备为参考。

【节彖传】 《节》卦的《彖传》。旨在解说《节》卦的卦名、卦辞之义。其文为:"《彖》曰:节,亨,刚柔分而刚得中。苦节不可,贞,其道穷也。说以行险,当位以节,中正以通。天地节而四时成;节以制度,不伤财不害民。"意思是:"《彖传》说:节制,亨通,就像刚柔上下俨然区分而阳刚者获得中道主持节制。节制过苦是不可以的,应当守持正固,否则节制之道必致困穷。譬如内心欣悦就可趋赴险难,居位妥当即能有所节制,处中守正必将行事畅通。天地运行有所节制而一年四季才能形成;君主以典章制度为节制,就能不浪费资财而不损害百姓。"全文可分三节理解。第一节,自"节,亨"至"其道穷也"六句,举《节》卦上坎为阳、下兑为阴而刚柔区分之象,及九二、九五两爻阳刚居中之象,说明刚柔有别而刚中者主持节制,则节制之道可通,以释卦名及卦辞"节,亨"之义;又举《节》上六穷居节终之象,说明为节过苦,其道必穷,以释《节》卦辞"苦节不可,贞"之义。第二节,自"说以行险"至"中正以通"三句,举《节》卦下兑为说(悦)、上坎为险之象,及六四、九五两爻当位得正而九五既中且正之象,申明节制必须不违"悦",要适当而不过"中"之理,进一步阐发卦辞所含行节能"亨",而苦节必穷之义。第三节,自"天地节而四时成"至"不伤财不害民"三句,举"天地"及人皆当行"节"为例,衍发《节》卦所揭示的"节制"之道的广泛喻义。

【节大象传】《节》卦的《大象传》。其辞曰:泽上有水,节;君子以制数度,议德行。"意思是:沼泽上有水,象征"节制";君子因此制定礼数法度以为准则,评议道德行为任用得宜。数度,犹言"礼数法度";议,谓评议、商度。这是先揭明《节》卦下兑为泽、上坎为水之象,谓泽上有水、容居有限。正为"节制"的象征;然后推阐出"君子"应当效法此象,制定礼法作为"节制"的准则,及评议人的德行优劣以期任用得宜的道理。孔颖达《周易正义》:"水在泽中,乃得其节",又曰:"数度,谓尊卑礼命之多少;德行,谓人才堪任之优劣。君子象'戸',以制其礼数等差,皆使有度;议人之德行,任用皆使得宜。"朱震《汉上易传》:"泽之容水,固有限量,虚则纳之,满则泄之。水以泽为节也。"按,李鼎祚《周易集解》引侯果注,释《节》卦的卦象曰:"泽上有水,以堤防为节。"此说于义亦通,可资参考。

【节九二小象传】《节》卦九二爻的《小象传》。其辞曰:"不出门庭,失时极也。"意思是:不跨出门庭,说明九二丧失了适中的时机。这是解说《节》九二爻辞"不出

门庭"的象征内涵。极,谓"中"。李鼎祚《周易集解》引虞翻曰:"极,中也。"尚秉和先生《周易尚氏学》:"《说文》'极,栋也',栋居屋脊,当屋之中,故极为中。失时极,即失时之中也。"

【节九五小象传】《节》卦九五爻的《小象传》。其辞曰:"甘节之吉,居位中也。"意思是:甘美怡悦地节制而获吉祥,说明九五尊居正中之位。这是解说《节》九五爻辞"甘节,吉"的象征内涵。孔颖达《周易正义》:"以居尊位而得中,故致'甘节'之'吉'也。"程颐《周易程氏传》:"既居健位,又得中道,所以吉而有功。节以中为贵,得中则正矣,正不能尽中也。"

【节上六小象传】《节》卦上六爻的《小象传》。其辞曰:"苦节贞凶,其道穷也。"意思是:节制过苦而要守持正固防备凶险,说明上六的节制之道已经困穷。这是解说《节》上六爻辞"苦节,贞凶"的象征内涵。李鼎祚《周易集解》引荀爽曰:"乘阳于上,无应于下,故其道穷也。"

【节六三小象传】《节》卦六三爻的《小象传》。其辞曰:"不节之嗟,又谁咎也!"意思是:不能节制而及时嗟叹伤悔,又有谁会施加咎害呢!这是解说《节》六三爻辞"不节若,则嗟若"的象征内涵。又谁咎,犹言"未必有咎",义与《同人》卦初九爻的《小象传》同(见"同人初九小象传")。

【节六四小象传】《节》卦六四爻的《小象传》。其辞曰:"安节之亨,承上道也。"意思是:安然奉行节制而前景亨通,说明六四谨守顺承尊上之道。这是解说《节》六四爻辞"安节,亨"的象征内涵。承上道,指六四上承九五。李鼎祚《周易集解》引《九家易》曰:"言四得正奉五,上通于君,故曰'承上道也'。"

【节初九小象传】《节》卦初九爻的《小象传》。其辞曰:"不出户庭,知通塞也。"意思是:不跨出户庭,说明初九深知路通则行而路塞则止的道理。这是解说《节》初九爻辞"不出户庭"的象征内涵。程颐

《周易程氏传》:"爻辞于《节》之初,戒之谨守,故云'不出户庭'则无咎也。《象》恐人之泥于言也,故复明之云:虽当谨守,不出户庭,又必知时之通塞也。通则行,塞则止,义当出则出矣。"

【节受之以中孚】《周易》六十四卦,以象征"节制"的《节》卦列居第六十卦;行事既有所节制,就应当用诚信来守持,所以接《节》之后是象征"中心诚信"的第六十一卦《中孚》卦。此称"《节》受之以《中孚》"。语本《序卦传》:"节而信之,故受之以《中孚》。"韩康伯《序卦注》:"孚,信也。既已有节,则宜信而守之。"

【节以制度不伤财不害民】《节》卦的《象传》语。意思是:君主以典章制度为节制,就能不浪费资财而不损害百姓。这是举"君主"行节为例,衍发《节》卦所揭示的"节制"之道的广泛喻义。孔颖达《周易正义》:"王者以制度为节,使用之有道,役之有时,则不伤财不害民也。"

【左传国语易筮】 指《左传》、《国语》两书中记载的春秋时期用《周易》占筮的史例。两书所载筮例,多是涉及当时上层统治阶级间疑决难之事。其中如《左传》载陈厉公筮之子完诞生、毕万筮仕于晋、鲁桓公筮妻分娩、晋献公筮嫁女于秦穆公、秦穆公筮伐晋、鲁穆姜筮入东宫、鲁叔孙庄叔筮次子初生、齐崔杼筮娶棠姜、卫大夫筮立君、鲁国蒯筮降齐、晋阳虎筮救郑,《国语》载重耳筮归国、秦穆公筮助重耳得国等,均是较著名的例子。这些筮例,是先秦时代《易》筮运用的早期记录,也是研究先秦《易》学史可资参考的重要资料。其中所反映的《易》学条例,约有三方面:一是"变卦"说,即在占筮中,以所得的卦为"本卦"(也称"遇卦"、"贞卦"),以所变的卦为"变卦"(也称"之卦"、"悔卦");某卦变某卦,称为"某之某"(或"贞某悔某"),而占断吉凶时即以"本卦"和"变卦"的卦爻辞为占。二是"卦象"说,即在占筮和解说卦爻辞含义时,广泛取用八卦的各种喻象,交相比附牵合,以得出占筮者认为妥当的解释,决定筮占结果。三是"互体"说,即以六画卦中间四爻所互涵的两个三画卦,为解象的依据之一,对《周易》卦象内含的分析作了大幅度的推衍。这三方面,实是汉代《易》家"象数学"的直接渊源。《四库》馆臣认为,《左传》、《国语》所记《易》筮,当属上古"太卜之遗法"(《四库全书总目·经部·易类小序》)。因此,研究古占卜术以及汉《易》"象数学",则《左传》、《国语》中的《易》筮是不可或缺的探讨对象。清代毛奇龄著《春秋占筮书》,近人尚秉和先生著《左传国语易象释》(载《周易尚氏学》书末),并为这方面研究的重要著述。

【左次无咎未失常也】《师》卦六四爻的《小象传》辞。旨在解说六四爻辞"师左次,无咎"的象征内涵。意思是:撤退暂守免遭咎害,说明六四用兵不失通常之法。参见"师六四小象传"。

【玉铉】 铉,举鼎器具;谓鼎器上所配的玉制鼎杠,旧时象征职位尊高、肩负重任的刚正大臣。语出《鼎》卦上九爻辞:"鼎玉铉,大吉,无不利。"《晋书·王接传》:"处士王接,岐嶷隽异,十三而孤,居丧尽礼,学过目而知,义触类而长,斯玉铉之妙味,经世之徽猷也。"张华《祖道征西诗》(见《晋张司空集》):"内任玉铉,外惟鹰扬。"

【玉铉在上刚柔节也】《鼎》卦上九爻的《小象传》辞。旨在解说上九爻辞"玉铉"的象征内涵。意思是:玉制鼎杠高居在上,说明上九阳刚能用阴柔为调节。参见"鼎上九小象传"。

【平施】 公平地施与。语出《谦》卦《大象传》"君子以裒多益寡,称物平施"。张说《奉和圣制喜雨赋》(见《张说之集》):"乐云雨之平施,齐品物之流形。"韩愈《喜雪献裴尚书诗》(见《韩昌黎集》):"为祥矜大熟,布泽荷平施。"

【本义】 即"周易本义"。

【本卦】 即"遇卦"。

【本象】 北宋邵雍以天、地、雷、风、水、火、山、泽为八卦之"本象",其余各种象类则为"别象"。邵氏《皇极经世书·观物外篇》云:"乾为天之类,本象也;为金之类,别象也。"张行成《皇极经世观物外篇衍义》:"八卦以八物象之,本象也;其余别象,则《说卦》所言者犹其大凡,实未尽也。"

【本宫卦】 西汉京房倡"八宫卦"说,以八纯卦(六画卦)《乾》、《震》、《坎》、《艮》、《坤》、《巽》、《离》、《兑》各变为八卦,构成有特定规律的八组六十四卦,各组分别以八纯卦统领宫首。此八纯卦即称"本宫卦"。参见"八宫卦"。

【本义九图】 南宋朱熹《周易本义》卷首所载九幅《易》图。一为《河图》,二为《洛书》,三为《伏羲八卦次序》,四为《伏羲八卦方位》,五为《伏羲六十四卦次序》,六为《伏羲六十四卦方位》,七为《文王八卦次序》,八为《文王八卦方位》,九为《卦变图》。九图末总说云:"右《易》之图九。有天地自然之《易》,有伏羲之《易》,有文王、周公之《易》,有孔子之《易》。自伏羲以上,皆无文字,只有图画,最宜深玩,可见作《易》本原精微之意。文王以下,方有文字,即今之《周易》。然读者亦宜各就本文消息,不可便以孔子之说为文王之说也。"按,清胡渭《易图明辨》云:"《本义》卷首列九图于前,而总为之说。所谓'天地自然之《易》',河图、洛书也;'伏羲之《易》',先天八卦及六十四卦次序、方位也;'文王之《易》',后天八卦次序、方位及六十四卦之卦变也。(原注:《本义·卦变图》,朱子为释《彖传》而作,非康节反对之旨,故属于后天。)又以总说割裂"四圣"之《易》为不然,指出:"然则伏羲之象,得辞而益彰,纵合深玩图书而得其精微,亦不外乎文王、周公、孔子所言之理,岂百家众技之说所得窜入其中哉!九图虽妙,听其为《易》外别传,勿以冠经首可也。"又按,王懋竑撰

《易本义九图论》,详考朱熹所著诸书,指出:"《本义》九图,非朱子之作也;后之人以《启蒙》依放为之,又杂以己意,而尽失其本指者也。"又曰:"故尝反复参考九图,断断非朱子之作。而数百年以来,未有觉其误者,盖自朱子既没,诸儒多以其意改易《本义》,流传既久,有所窜入,亦不复辨。马端临《文献通考》载陈氏说,《本义》前列九图,后著揲法(原注:疑即《筮仪》)。学者遂以九图、揲法为《本义》原本所有。后之言《本义》者,莫不据此,而不知《本义》之未尝有九图、揲法也。明《永乐大典》出,以《本义》改附《易传》(按,指程颐《周易程氏传》),而九图、《筮仪》遂为朱子不刊之书矣。"

【本乎天者亲上本乎地者亲下】 谓自然万物之性依存于天的亲近于上,依存于地的亲近于下。语出《乾》卦《文言传》。旨在衍发《乾》九五"飞龙在天,利见大人"的象征意蕴。言宛如"飞龙"的"圣人"兴起之时,治世清明,故阴阳判然区分,万物各从其类。尚秉和先生《周易尚氏学》:"天地者,阴阳。本乎天者亲上,谓阳性上升顺行";"本乎地者亲下,谓阴性下降逆行。"按,孔颖达《周易正义》引庄氏曰:"天地絪缊,和合二气,共生万物。然万物之体,有感于天气偏多者,故《周礼·大宗伯》有天产、地产,《大司徒》云动物、植物。本受气于天者,是动物含灵之属;天体运动,含灵之物亦运动,是亲附于上也。本受气于地者,是植物无识之属;地体凝滞,植物亦不移动,是亲附于下也。"朱熹《周易本义》云"本乎天者谓动物,本乎地者谓植物",即取庄氏之义。其说亦可通。

【丙子学易编】 南宋李心传撰。一卷。《通志堂经解》本。此书系李氏于南宋嘉定丙子年(1216)以二百零八日之力撰摆而成,遂名《丙子学易编》。书中阐解《易》义,惟采王弼、张载、程颐、郭雍、朱熹五家之说,而以其父李舜臣所作《易本传》之说证之,亦间附己意。《四库全书提要》指

出：「原书十五卷，高斯得尝与诵诗训合刻于桐江，今已散佚。此本为元初俞琰所钞，后有琰《跋》曰：'此书系借闻德坊周家书肆所鬻者，天寒日短，老眼昏花，并日而钞其可取者。'云云。盖所存不及十之一矣。然琰邃于《易》学，凡有采撮，皆其英华，则大旨犹可概见也。心传《自序》称'采王氏、张子、程子与朱文公四家之传，而间以周子、邵子及先君子之说补之，自唐以上诸儒字义之异者亦附见焉'。而琰《跋》所列则无周子、邵子，而有郭子和。子和，郭雍之字，即著《郭氏传家易说》者也。心传原书不存，未详孰是。考周子《通书》、邵子《皇极经世》，虽皆阐《易》理，而实于《易》外别自为说，可以引为义疏者少。惟郭雍依经阐义，具有成书，或心传之《序》传写有误欤？」

【**古周易**】 南宋吕祖谦编。一卷。《通志堂经解》本。此书旨在恢复《周易》古本十二篇之次，以纠正郑玄、王弼以来援传连经、移掇经传旧次之失。《四库全书提要》指出：「古《易》上下经及《十翼》，本十二篇。自费直、郑玄以至王弼，递有移掇，孔颖达因弼本作《正义》，行于唐代，古《易》遂不复存。宋吕大防始考验旧文，作《周易古经》二卷，晁说之作《录古周易》八卷，薛季宣作《古文周易》十二卷，程迥作《古周易考》一卷，李焘作《周易古经》八篇，吴仁杰作《古周易》十二卷，大致互相出入。祖谦此书与仁杰书最晚出，而较仁杰为有据。凡分上经、下经、《彖上传》、《彖下传》、《象上传》、《象下传》、《系辞上传》、《系辞下传》、《文言传》、《说卦传》、《序卦传》、《杂卦传》，为十二篇。《宋志》作一卷；《书录解题》作十二卷，盖以一篇为一卷，其实一也。朱子尝为之跋，后作《本义》即用此本。其书与吕大防书相同，而不言本之大防，尤袤与吴仁杰书尝论之。然祖谦非窃据人书者，税与权《校正周易古经序》谓'偶未见大防本'，殆得其实矣。《书录解题》又载《音训》二卷，乃祖谦门人王莘叟所笔受；又称朱子尝刻是书于临漳、会稽，益以程氏是正文字及晁氏说。此本皆无之，殆传写者遗之欤？」

【**古文八卦**】 旧说以为八卦符号即古文「天」、「地」、「风」、「山」、「水」、「火」、「雷」、「泽」八字。《易纬·乾坤凿度》卷上：「古文八卦：☰，古文'天'字，今为乾卦。重(按，此字疑衍)圣人重三而成，立位得上下，人伦王道备矣。亦'川'字，覆万物。☷，古'堃'(地)字，尌于乾，古圣人以为坤卦。此文本于《坤凿度》录，后人益之，对乾位也。☴，古'风'字，今巽卦。风散万物，天地气脉不通，由风行之，逐形入也。风无所不入。☶，古'山'字，外阳内阴。圣人以山含元气，积阳之气成石，可感天雨，降石润然，山泽通元气。☵，古'坎'字，水情内刚外柔，性下不上，恒附于气也。大理在天潢篇。☲，古'火'字，为离。内弱外刚，外威内暗，性上不下。圣人知炎光不入于地。☳，古'雷'字，今为震。动雷之声，形能皱万物，息者起之，闭者启之。☱，古'泽'字，今之兑。兑泽，万物不有拒，上虚下实。」杨万里《诚斋易传》云：「☰、☷，古之'天'、'地'字也。曷由知之？由坎、离知之。偃之为☵、☲，立之为'水'、'火'。若雷、风、山、泽之字亦然。故《汉书》坤字作'巛'。八字立而声画不可胜穷矣，岂待鸟迹哉！后代草书，'天'字作'𠀑'，即'☰'也。」项安世《家说》亦曰：「《说文》益字，从水从皿；以水注皿，故谓之'益'。以此推之，坎卦☵即'水'字也。初作八卦之时，乾、坤、坎、离、震、兑、艮、巽，必皆以三画为字。今'巛'尚为坤，'𡿩'尚为水，余可知矣。」

【**古太极图**】 见「天地自然之图」。

【**古文易学**】 西汉《易》家以古文《易经》传授研习的《周易》学说。汉初费直传此学，至魏王弼《周易注》盛行，古文《易》大兴。详「古文易经」。

【**古文易经**】 西汉朝廷内所藏以古文(与当时通行的「隶书」字体不同)钞写的

《易经》。汉初《易》家费直传古文《易》，未立于学官，唯在民间授受；东汉以降，陈元、郑众、马融、郑玄、荀爽、王肃、王弼等均承其学。《汉书·艺文志》："刘向以中《古文易经》校施、孟、梁丘经，或脱去'无咎'、'悔亡'，唯费氏经与古文同。"颜师古注："中者，天子之书也。言'中'，以别于外耳。"陆德明《经典释文序录》："费直传《易》，授琅邪王璜，为费氏学，本以古文号《古文易》，无章句，徒以《彖》、《象》、《系辞》、《文言》解说上下经。"《隋书·经籍志》："汉初，又有东莱费直传《易》，其本皆古字，号曰《古文易》，以授琅邪王璜。璜授沛人高相，相以授子康及兰陵毋将永。故有费氏之学，行于人间而未得立。后汉陈元、郑众皆传费氏之学，马融又为其传，以授郑玄，玄作《易注》，荀爽又作《易传》，魏代王肃、王弼并为之注，自是费氏大兴。"黄寿祺先生《群经要略》："高氏《易》出于高相，渊源于丁宽，亦今文之支流。费氏《易》出于费直，字皆古文，马融、荀爽具传之，郑玄为费《易》作注，此殆汉代《易》学之古文也。"姚明辉《汉书艺文志注解》："今存者即费氏经，王弼注也。"

【古易音训】 南宋吕祖谦撰，清宋咸熙辑。二卷。《槐庐丛书》本。或题《周易音训》。据朱熹《跋》，此书系祖谦门人金华王莘叟所笔受，是莘叟因其师之述而笔之于书。原书久佚，朱熹之孙朱鑑曾附刊于《周易本义》后，其本亦不传。唯散见于元董真卿《周易会通》中，而分并失次。清宋咸熙始依吕氏《古周易》编第，辑董书所引者，以上下经为一卷，《十翼》为一卷，而吕氏《古易音训》乃完然可读。柯劭忞指出："吕氏取陆德明《易释文》，晁说之《古周易》著此书，所引《释文》胜于今通志堂、抱经堂所刻者，咸熙据所引以证今本之讹，凡得十余事。段玉裁《跋》又谓，晁说之所据《释文》胜于吕氏所据。"又曰："其疏瀹古义，实有裨于《易》学。按晁说之所撰《古周易》、《宋艺文志》八卷，《文献通考》

作十二卷，书久佚。其自序云'有所稽考具列其异同舛讹于字下'，盖精研训诂之学，幸赖吕氏此书得存梗概。又晁氏所引诸家之说，唐阴弘道《周易新论传疏》、陆希声《周易传释》、一行《易传》、宋王昭素《易论》、王洙《周易言象外传》，吉光片羽，存十一于千百，尤为无上之珍。盖诸家之说，赖晁氏以传；晁氏之书，又赖吕氏以传也。咸熙蒐辑之功，岂不伟哉！"（《续修四库全书提要》）吴承仕先生则于称引此书诸多精善之后，又云："然晁氏所称'古文作某'，或称'古文作某、篆文作某'者，犹通称古字云尔；如以为费氏古文本之异于施、孟、梁丘、京者如此，则失之矣。宋儒自胡旦、胡瑗、王洙、吕大防、晁说之、程迥以迄吕祖谦，皆规规然欲复汉《易》十二篇之旧第，不知今文施、孟、梁丘，古文费、高本皆然，至郑、王始合传于经耳。故当正名为'古本易'，不得泛称'古易'或'古文易'，此晁、吕辈所未能厝意者也。"（《检斋读书提要》）

【古周易订诂】 明何楷撰。十六卷。《四库全书》本。此书训解经传，大致以《易》上下经、《十翼》之篇次为本，杂采汉、魏以来旧注以立说。《四库全书提要》指出："是书成于崇祯癸酉，盖其筦榷江南时所作。卷末附以《答客问》一篇，借诘经以言时事也。观其《自序》，论分经合传之非古，然复引魏淳于俊对高贵乡公语，则又未始不以分附为便。故其前分上下经为六卷，而《彖》、《象》、《系辞》诸传之文仍随卦分列，犹祖费直之意；而七卷后则仍列《十翼》原文，以还田何之旧。盖分经合传以存古本，而经下所列《十翼》之文则引以互证，故皆低一格书之，以别于后之正文。其仍以《古周易》标目，盖以是也。惟于上下经内又别立初、中、终诸名，则自我作古耳。楷之学，虽博而不精。然取材宏富，汉、晋以来之旧说，杂采并陈，不株守一家之言。又辞必有据，亦不为悬空臆断、穿凿附会之说，每可以见先儒之余绪。明人解经,空疏者多,弃短取长,不得已而思其次,楷书犹足备采择者,正不可以驳杂废矣。"按,今存此书明崇祯间刻本数部(见《中国古籍善本书目》),可备参考。

【古周易章句外编】 南宋程迥撰。一卷。参见"周易古占法"。

【可贞无咎】 《无妄》卦九四爻辞。意为:能够守持正固,必无咎害。此言九四当"无妄"之时,居"近君"危地,处位不正,下无应与,本有咎害;但阳处阴位,比近九五,犹如能谦谨奉君、守正不妄,遂获"无咎"。参见"无妄九四"。

【可小事不可大事】 《小过》卦的卦辞之语。意思是:可以施行寻常柔小之事,不可践履天下刚大之事。这是说明当"小过"之时,以谦柔恭顺为本,其理唯见于处置"柔小之事",不宜广推于"刚大之事",故曰"可小事,不可大事"。参见"小过卦辞"。

【可贞无咎固有之也】 《无妄》卦九四爻的《小象传》辞。旨在解说九四爻辞"可贞无咎"的象征内涵。意思是:能够守持正固必无咎害,说明九四要牢固守正以长保无害。参见"无妄九四小象传"。

【可用行师征邑国也】 《谦》卦上六爻的《小象传》语。旨在解说上六爻辞"利用行师、征邑国"之义。意思是:可以出兵作战,说明此时只是征讨外旁国邑。参见"谦上六小象传"。

【可用汲王明并受其福】 《井》卦九三爻辞之语。意思是:应该赶快汲取这清澈的井水,君王圣明君臣将共受福泽。这是说明九三居《井》下卦之上,阳刚得正,而下无阴爻可据,犹如井水掏治洁净却未被汲食;但九三与上卦的上六相应,又如井水终将有"可汲"之时,而"君王"也将因汲用之明,使君臣并受福泽,故"可用汲、王明并受其福"。参见"井九三"。

【甘节】 《节》卦九五爻辞之语。意为:甘美怡悦地节制。此言九五当"节"之时,阳刚中正、尊居"君位",下据重阴,为《节》卦之主,能甘美而恰到好处地施行节制,故称"甘节"。参见"节九五"。

【甘临】 《临》卦六三爻辞之语。意为:靠甜言佞语监临于众。甘,指甜美巧佞的言辞。此谓六三居《临》下卦兑之上,当"临"之时,阴柔失正,犹如以言辞巧佞临人,故谓之"甘临"。参见"临六三"。

【甘临位不当也】 《临》卦六三爻的《小象传》语。旨在解说六三爻辞"甘临"的象征内涵。意思是:靠甜言佞语监临于众,说明六三居位不正当。参见"临六三小象传"。

【甘节之吉居位中也】 《节》卦九五爻的《小象传》辞。旨在解说九五爻辞"甘节,吉"的象征内涵。意思是:甘美怡悦地节制而获吉祥,说明九五尊居正中之位。参见"节九五小象传"。

【世】 ① 西汉京房"八宫卦"条例中,有一世卦、二世卦、三世卦、四世卦、五世卦之名,简称为"世"。《周易集解》于《谦》卦《象传》引《九家易》曰:"《谦》者,《兑》世。"李道平《纂疏》曰:"《谦》者,《兑》宫五世卦也。"参见"八宫卦"。 ② "八宫卦"条例中,称某宫某世卦及游魂、归魂卦所主之爻为"世",亦称"世爻"、"世位"。《京氏易传》于《小畜》卦云"初九元士居世",徐昂曰:"《小畜》隶《巽》宫一世,初九当世位。"(《京氏易传笺》)《周易集解》于《蒙》卦引干宝注曰:"《蒙》者,《离》宫阴也,世在四。"即言《蒙》卦的世爻为第四爻。参见"世爻"。

【世爻】 西汉《易》家京房"八宫卦"条例中,称某宫某世卦及游魂、归魂卦所主之爻为"世爻",亦简称"世"。其中本宫卦的世爻为上爻,一世卦的世爻为初爻,二世卦的世爻为二爻,三世卦的世爻为三爻,四世卦的世爻为四爻,五世卦的世爻为五爻,游魂卦的世爻为四爻(同四世卦),归魂卦的世爻为三爻(同三世卦)。《京氏易传·泰》:"三公立,九三为世。"即言《坤》宫三世卦《泰》的世爻为第三爻九三。惠栋《易汉学》引张行成曰："《乾》之世爻上九,不变","《坤》之世爻上六,不变。"

【世月】 西汉京房以"八宫卦"的各世卦(含本宫卦及游魂、归魂卦)分值十二月,用为卜筮占验;各世卦所代表的月份称"世月"。后代《易》家干宝等亦用"世月"之例说《易》。《周易集解》引干宝注《蒙》卦辞曰"《蒙》于世为八月",李道平《纂疏》云:"《蒙》为《离》宫四世卦,四阳变阴","世月之例,四世卦阴主八月"。参见"世卦起月例"。

【世位】 西汉京房"八宫卦"条例中,某宫某世卦及游魂、归魂卦所主之爻的位次称"世位",即"世爻"所居之位。参见"世爻"。

【世应】 西汉京房的《易》学条例。"世",指某卦在"八宫卦"体系中属某宫之第几世卦,则第几爻即为世;"应",指确定世卦之爻后,此爻若是初爻即与四爻应,二爻即与五爻应,三爻即与上爻应,反之亦然。"世应"在京氏《易》说中颇为重要,为推卦占筮的基本手段之一,《京氏易传》载之甚详。尚秉和先生曾论及"世应"的含义与推寻"世爻"、"应爻"的方法,指出:"世应者,卦中之主,所恃以推吉凶者也,略如贞悔(按,即内卦外卦)。世为我,应为彼。然世应究值何爻,仍原本于遇卦之本宫。"(《周易古筮考》)因此,探讨任何一卦"世应"的根源,均须从所属"八宫卦"中的本宫卦考究。以《乾》宫为例,本宫卦《乾》(☰)初爻变,为一世卦天风《姤》(䷫),因《姤》卦自《乾》初爻变来,故《姤》"世"即在初爻,"应"在四爻;《乾》二爻再变,为二世卦天山《遯》(䷠),因《遯》卦自《乾》二爻变来,故《遯》"世"即在二爻,"应"在五爻;《乾》三爻再变,为三世卦天地《否》(䷋),因《否》卦自《乾》三爻变来,故《否》"世"即在三爻,"应"在上爻;《乾》四爻再变,为四世卦风地《观》(䷓),因《观》卦自《乾》四爻变来,故《观》"世"即在

四爻,"应"在初爻;《乾》五爻再变,为五世卦山地《剥》(䷖),因《剥》卦自《乾》五爻变来,故《剥》"世"即在五爻,"应"在二爻;《乾》上爻不能变(变即出宫),由五世卦《剥》之五爻退后,将四爻仍变为阳,成游魂卦火地《晋》(䷢),《晋》"世"即退在四爻(与四世卦《观》同),"应"在初爻;再由游魂卦《晋》四爻退后,将下三爻全变,为归魂卦火天《大有》(䷍),《大有》"世"又退在三爻(与三世卦《否》同),"应"在上爻;至于本宫卦《乾》为天,"世"在上爻,"应"在三爻。其余七宫同此。略寻其中的规律,则一世至五世卦的"世"位分别在一至五爻,本宫卦在上爻,游魂卦同四世在四爻,归魂卦同三世在三爻。确定了"世爻",则"应爻"之位就显而易见,故尚秉和先生云:"世位既定,隔二爻即为应爻也。"(《周易古筮考》)所谓"隔二爻为应爻",是《易》卦六位奇偶阴阳相应的简便说法。《左传》昭公五年孔颖达《正义》说之甚明:"卦有六位,初、三、五奇数,为阳位也;二、四、上偶数,为阴位也。初与四,二与五,三与上,位相值为相应。"京房《易》学"世应"之例,具见《京氏易传》。如《乾》宫归魂卦《大有》,京氏曰:"三公临世,应上九为宗庙。"(《京氏易传·大有》)徐昂曰:"归魂当三公,世位即在第三爻。世爻辰土,与宗庙爻(按,即上爻,上居世终为宗庙)巳火相应。火能生土。"(《京氏易传笺》)后代卜筮家所用"世应"法,即出于京房之学。汉魏两晋《易》家如荀爽、干宝等,则常以"世应"条例解说《易》义。参见"八宫卦"。

【世卦】 西汉京房所倡"八宫卦"《易》学条例中,每宫均含本宫卦、一至五世卦、游魂卦、归魂卦,合称"世卦"。参见"八宫卦"。

【世卦起月例】 西汉京房的《易》学条例。其法以"八宫卦"分值十二月,与孟喜"卦气图"中以卦配月的体制不同。胡一桂《易学启蒙翼传·京易起月例》曰:"一

世卦,阴主五月,一阴在午也;阳主十一月,一阳在子也。二世卦,阴主六月,二阴在未也;阳主十二月,二阳在丑也。三世卦,阴主七月,三阴在申也;阳主正月,三阳在寅也。四世卦,阴主八月,四阴在酉也;阳主二月,四阳在卯也。五世卦,阴主九月,五阴在戌也;阳主三月,五阳在辰也。八纯上世,阴主十月,六阴在亥也;阳主四月,六阳在巳也。游魂,四世所主,与四世卦同。归魂,三世所主,与三世卦同。"此中所言"阴"、"阳"者,指某宫某世卦及游魂、归魂卦的"世爻"是阴爻或阳爻。据此说,制成《世卦起月例表》(见书首表七)。表中所示,凡十二消息卦,均合其所值之十二月;其余五十二卦,以其"世爻"所合于十二消息卦的"消息爻",亦分别列入十二月。故京氏起月例,正是由十二消息卦引申所得。此例之用本在于卜筮占验,后世干宝等亦援以说《易》。《周易集解》于《蒙》卦辞引干宝曰:"《蒙》者,《离》宫,阴也,世在四,八月之时。降阳布德,荠麦并生。而息来在寅,故《蒙》于世为八月,于消息为正月卦也。"又于《比》卦辞引干宝曰:"《比》者,《坤》之归魂也,亦世于七月。"

【厉】《周易》卦爻辞中的常用语。意为"危险"、"危害"。《广雅·释诂》谓:厉,"危也"。《乾》卦九三爻辞"厉无咎",《文言传》云:"虽危无咎。"孔颖达《周易正义》:"厉,危也。"

【东坡易传】 北宋苏轼撰。九卷。明焦竑刻《两苏经解》本。亦称《苏氏易传》、《毘陵易传》。此书系苏轼在其父苏洵旧作基础上所撰,并参合了其弟苏辙之解。《四库全书提要》指出:"是书一名《毘陵易传》,陆游《老学庵笔记》谓其书初遭元祐党禁,不敢显题轼名,故称毘陵先生,以轼终于常州故也。苏籀《欒城遗言》记苏洵作《易传》未成而卒,属二子述其志。轼书先成,辙乃送所解于轼,今《蒙》卦犹是辙解。则此书实苏氏父子兄弟合力为之,题曰轼撰,要其成耳。籀又称洵晚年读《易》,玩其爻象,因得其刚柔、远近、喜怒、逆顺之情。故朱子谓其惟发明'爱恶相攻,情伪相感'之义,而议其粗疏。胡一桂记晁说之之言,谓轼作《易传》,自恨不知数学,而其学又杂以禅,故朱子作《杂学辨》,以轼是书为首。然朱子所驳不过一十九条,其中辨文义者四条,又一条谓苏说无病然有未尽其说者,则朱子所不取者仅十四条,未足以为是书病。况《朱子语类》又尝谓其于物理上亦有看得著处,则亦未尝竟废之矣。今观其书,如解《乾》卦《彖传》性命之理诸条,诚不免杳冥恍惚,沦于异学;至其他推阐理势,言简意明,往往足以达难显之情,而深得曲譬之旨。盖大体近于王弼,而弼之说惟畅玄风,轼之说多切人事。其文辞博辨,足资启发,又乌可一概屏斥邪? 李衡作《周易义海撮要》、丁易东作《周易象义》、董真卿作《周易会通》,皆采录其说,非徒然也。明焦竑初得旧本刻之;乌程闵齐伋以朱墨板重刻,颇为工致而无所校正;毛晋又刻入《津逮秘书》中。三本之中,毛本最舛,如《渐》卦上九并经文皆改为'鸿渐于逵',则他可知矣。今以焦本为主,犹不甚失其真焉。"

【东谷易翼传】 南宋郑汝谐撰。二卷。《通志堂经解》本。此书大旨,宗主北宋程颐"义理"之学;题为《翼传》,即"羽翼"《周易程氏传》之意。但书中亦有不取程氏之说,而别阐一理者。《四库全书提要》指出:"盖圣贤精义,愈阐愈深。沈潜先儒之说,其有合者疏通之,其未合于心者别抒所见以发明之,于先儒乃为有功。是固不必守一先生之言,徒为门户之见也。是书前有《自序》及其子如冈、曾孙陶孙《题语》,如冈称'求得真德秀《序》',此本不载,盖传写佚之矣。"

【东北丧朋乃终有庆】 《坤》卦《彖传》语。旨在解说《坤》卦辞"东北丧朋"之义。意思是:往东北将丧失友朋,但最终也必有喜庆福祥。《易》理以异性为朋,故尚秉和先生取《十二辟卦图》(见书首图版一)为说,谓"坤"居西北"亥"位,沿西南方向前行遇"阳"渐盛,为"得朋";若沿东北方向前行失"阳"渐尽,为"丧朋"(见《周易尚氏学》)。然据《辟卦图》,往东北方向行至终极,必将旋转为"西南"向,则也出现"得朋"之"庆",故曰"乃终有庆"。这是揭示阴阳循环消长之理,表明只要安顺守持"坤"德,即使"丧朋",也将出现"得朋"之时。《周易折中》引乔中和曰:"坤惟合乾,故得主;得主,故'西南'、'东北'皆利方,'得朋'、'丧朋'皆吉事。"此说于"坤"卦之理有合。按,《周易尚氏学》既取《十二辟卦图》释"得朋"、"丧朋",指出"丧朋"之终在"亥"位;又取《后天八卦方位图》(见书首图版二十)与之对照,认为《辟卦图》"亥"下,正是《后天图》"乾"位(又称"亥下伏乾"),乾为阳,故终至得朋"有庆"。此说宜资参考。又按,王弼《周易注》以"东北"为阳方,并持"同性为朋"之论,认为《坤》之"阴"往东北行虽"丧朋",然趋附于其反类"阳",则可获"安贞吉"。孔颖达《周易正义》承王弼之说,指出:"以阴而诣阳,初虽离群,终久有庆善。"此亦可备一说。

【东邻杀牛不如西邻之时也】《既济》卦九五爻的《小象传》语。旨在解说九五爻辞"东邻杀牛,不如西邻之禴祭"的象征内涵。意思是:东边邻国杀牛盛祭,不如西边邻国微薄的禴祭适时明德。参见"既济九五小象传"。

【东邻杀牛不如西邻之禴祭】《既济》卦九五爻辞之语。意思是:东边邻国杀牛盛祭,不如西边邻国举行微薄的禴祭。东邻、西邻,假设之辞,犹言彼、此,主于为《既济》九五设诫;杀牛,指举行盛大祭祀,禴祭,谓薄祭。这是说明九五当"既济"之时,尊居"君位",阳刚中正,事成物丰,亟须敬慎修德以善保其成,不可骄逸奢侈,惟其美德纯笃,顺时而行,虽如"西邻"之薄祭亦可奉荐于神灵而获福,倘不修德,纵如"东邻"盛祭,亦不过亵渎于神,有害无益,故曰"东邻杀牛,不如西邻之禴祭"。参见"既济九五"。

【龙飞】 巨龙飞腾于高天,象征阳刚至盛、事业大成,旧时常借喻天子即位。语本《乾》卦九五爻辞"飞龙在天,利见大人"。《三国志·魏志·臧洪传》载洪答陈琳书:"昔高祖取彭越于钜野,光武创基兆于绿林,卒能龙飞中兴,以成帝业。"《文选》载应贞《晋武帝华林园集诗》:"于时上帝,乃顾惟眷。光我晋祚,应期纳禅。位以龙飞,文以虎变。玄泽滂流,仁风潜扇。区内宅心,方隅回面。"

【龙见】 巨龙出现于地面,喻阳刚渐进、事业初见成效。语本《乾》卦九二爻辞"见龙在田,利见大人"。《文选》载陆机《文赋》:"或虎变而兽扰,或龙见而鸟澜。"又载郭璞《游仙诗》:"进则保龙见,退为触藩羝。高蹈风尘外,长揖谢夷齐。"

【龙潜】 巨龙潜伏水底,象征阳刚之气尚微,宜潜藏待时;旧时常借喻帝王未即位之时。语本《乾》卦初九爻辞"潜龙勿用"。《南史·沈约范云传论》:"范云恩接龙潜,沈约情深惟旧。"《文选》载任昉《奉答敕示七夕诗启》:"臣早奉龙潜,与贾、马而入室。"

【龙仁夫】 元庐陵(今江西吉安市)人,一说永新(今属江西)人。字观复。学者称麟洲先生。官湖广儒学提举。博究经史,以道自任,为文奇逸流丽,所立《易》说多发前儒之所未发。晚年侨居黄州。著《周易集传》十八卷,今存八卷(见《宋史·儒学传·刘诜传》、《经义考》及《四库全书提要》)。

【龙德而隐者】 《乾》卦《文言传》语。旨在衍释《乾》初九爻辞"潜龙"之义。意思是:这是譬喻有龙一样品德而隐居的人。李鼎祚《周易集解》引何妥曰:"言圣人有隐显之龙德。今居初九穷下之地,隐而不见,故云勿用矣。"孔颖达《周易正义》:"此夫子以人事释'潜龙'之义,圣人有龙德隐居者也。"

【龙德而正中者】《乾》卦《文言传》语。旨在衍释《乾》九二"见龙在田,利见大人"之义。意思是:这是譬喻有龙一样品德而立身中正的人。李鼎祚《周易集解》引虞翻曰:"中,下之中;二非阳位,故明言能正中也。"孔颖达《周易正义》:"九二居中不偏,然不如九五居尊得位,故但云'龙德而正中者也'。"

【龙战于野其血玄黄】《坤》卦上六爻的爻辞。意思是:龙在原野上交合,流出青黄相杂的鲜血。龙,喻阳气;战,谓"接",犹言"交合";玄黄,天地之色,以喻阴阳交合所流之血色。此言《坤》上六阴气盛极返阳,故以"龙战"喻示阴阳和合之理。参见"坤上六"。

【龙战于野其道穷也】《坤》卦上六爻的《小象传》辞。旨在解说上六爻辞"龙战于野"的象征内涵。意思是:龙在原野上交合,说明上六的纯阴之道已经发展穷尽。此即揭示上六"阴极返阳"之理。参见"坤上六小象传"。

〔丨〕

【田何】西汉初淄川(今属山东淄博市)人,徙杜陵(今陕西西安东南)。字子庄(按,此据《史记》,《汉书》作子装)。因以齐地田姓而徙于杜陵,故号"杜田生"。孔子《周易》学说的第六代传人,西汉《易》学的开创者。以其学授王同、周王孙、丁宽、服生等四家。《史记·儒林列传》:"自鲁商瞿受《易》孔子,孔子卒,商瞿传《易》,六世至齐人田何。"又:"言《易》自菑川田生。"《汉书·艺文志》:"及秦燔书,而《易》为筮卜之事,传者不绝。汉兴,田何传之。"《儒林传》:"汉兴,田何以齐田徙杜陵,号杜田生,授东武王同子中、雒阳周王孙、丁宽、齐服生,皆著《易传》数篇。同授淄川杨何,字叔元,元光中征为太中大夫。齐即墨成,至城阳相。广川孟但,为太子门大夫。鲁周霸、莒衡胡、临淄主父偃,皆以《易》为大官。要言《易》者本之田何。"又载:"至成帝时,刘向校书,考《易》说,以为诸《易》家说皆祖田何、杨叔元、丁将军,大谊略同。"按,田何号"杜田生",颜师古《汉书注》曰:"初徙时未为杜陵,盖史家本其地追言之。"杨树达《汉书窥管》云:"徙诸田,高祖九年事,见《高纪》。吴承仕云:'田何授丁宽,宽授田王孙,田王孙亦称田生,后人恐其相乱,故以地望别之,若《尚书》之有大小夏侯,《礼》之有大小戴也。'"

【田王孙】西汉砀(在今安徽砀山县)人,汉初著名《易》师丁宽的学生。曾为博士。以其学授施雠、孟喜、梁丘贺,三人均成一家之学。《汉书·儒林传·丁宽传》:"宽授同郡砀田王孙。王孙授施雠、孟喜、梁丘贺。由是《易》有施、孟、梁丘之学。"《施雠传》:"雠为童子,从田王孙受《易》。后雠徙长陵,田王孙为博士,复从卒业,与孟喜、梁丘贺并为门人。"《孟喜传》:喜父孟卿"乃使喜从田王孙受《易》。喜好自称誉,得《易》家候阴阳灾变书,诈言师田生且死时枕喜膝,独传喜,诸儒以此耀之。同门梁丘贺疏通证明之,曰:'田生绝于施雠手中,时喜归东海,安得此事?'"《梁丘贺传》:"(贺)从太中大夫京房受《易》。房者,淄川杨何弟子也。房出为齐郡太守,贺更事田王孙。"

【田无禽】《恒》卦九四爻辞。意为:田猎获不到禽兽。田,指田猎;禽,泛指禽兽。此言九四当"恒"之时,阳刚失正,久居于不当之位,故以"田猎无获"喻其徒劳无益。参见"恒九四"。

【田间易学】清钱澄之撰。十二卷。《四库全书》本。钱氏家世学《易》,又曾问《易》于黄道周。初撰《易见》一书,因避兵闽地而失其本,又追忆原意而撰《易火传》;乱定归里,复得《易见》旧稿,乃合并二编,删其重复,增益诸家之说,勒为此书。全书用孔颖达《周易注疏》本,其说颇取《易》数,兼求义理,而大旨以朱熹之说为归。《四库全书提要》指出:"其学初从京房、邵康节入,故言数颇详,盖黄道周之余绪也。后乃兼求义理,参取王弼《注》、孔颖达《疏》、程子《传》、朱子《本义》,而大旨以朱子为宗。其说不废图,而以陈抟先天图及河、洛二图皆因《易》而生,非《易》果因此而作;图中奇偶之数,乃揲蓍之法,非画卦之本。持论平允,与元钱义方之论合,而义尤明畅。故卷首《图象》虽繁,而不涉支离附会之弊。独其《周易杂考》一条,既深慨今本非朱子之旧,而徒以《彖传》、《象传》篇首之注推其说,竟不能更其次第,以复古本。盖刘公旦刻,国初尚未得见,故知其误而不能改,仍用《注疏》本也。"按,《桐城钱饮光先生全书》刊入此书不分卷,可资参考。

【田获三品】 《巽》卦六四爻辞之语。意思是:田猎获取可供置干豆、宴客、充君庖三用的物品。三品,犹言"三类",此处指古代贵族田猎所获之物的三种效用,即供"干豆"(将猎获物晒制成干肉置于豆器供给祭祀)、"宾客"、"充庖"三用。这是说明六四当《巽》之时,以阴居阴,得正且顺承九五之阳,以此顺上而奉行君命,必能除暴建功,获益至大,犹如田猎而广获"三品",故称"田获三品"。参见"巽六四"。

【田有禽利执言】 《师》卦六五爻辞之语。意思是:田中有禽兽,利于捕取。禽,泛指禽兽;言,语气助词。此谓六五尊居《师》卦"君"位,体柔处中,当行师之时,不穷兵黩武,只在被侵犯之后予以还击;犹如"田"中有禽兽犯苗,则往捕取,故曰"利执言"。参见"师六五"。

【田获三狐得黄矢】 《解》卦九二爻辞之语。意思是:田猎捕获三只隐伏的狐狸,自身禀具黄色箭矢般刚直中和的美德。田,谓田猎;狐,喻险难舒解之后的隐伏之患;黄矢,喻《解》九二爻居中刚直。这是说明九二当危难舒解之时,上应六五之"君",身负清除隐患的重任,犹如"田猎"而捕获潜伏的"三狐";由于九二以阳居中,刚柔相济,有"黄矢"似的"刚中"美

质,遂能力排隐患而建功,故曰"田获三狐,得黄矢"。参见"解九二"。

【田获三品有功也】 《巽》卦六四爻的《小象传》辞。旨在解说六四爻辞"田获三品"的象征内涵。意思是:田猎获取可供置干豆、宴客、充君庖三用的物品,说明六四顺行君命而建树功勋。参见"巽六四小象传"。

【由颐】 《颐》卦上九爻辞之语。意为:天下依赖他获得颐养。由,谓"自"、"从"也,"由颐"犹言"由之以颐"。这是说明上九当"颐养"之时,最处卦极,阳刚充沛,有贤臣在上、君主恃之以立而天下赖之以获养之象,故曰"由颐"。参见"颐上九"。

【由吉免咎】 三国魏王弼《易》例,以为《易》辞称"吉,无咎"者,皆由于获吉,故能免咎。王弼《周易略例·略例下》曰:"'吉,无咎'者,本亦有咎,由吉故得免也。"邢璹注:"《师》'贞丈人,吉,无咎'。注云'兴役动众,无功,罪也,故吉乃免咎'。"

【由豫大有得】 《豫》卦九四爻辞之语。意思是:人们依赖他喜获欢乐,大有所得。由豫,犹言"由之以豫"。此谓九四当"豫"之时,以阳刚居上卦初位,卦中群阴均由其阳而获豫乐,阳刚之志大行,故称"由豫,大有得",亦即《豫》卦《彖传》"刚应而志行"之义。参见"豫九四"。

【由颐厉吉大有庆也】 《颐》卦上九爻的《小象传》辞。旨在解说上九爻辞"由颐,厉吉"的象征内涵。意思是:人们依他喜获欢乐、大有所得,说明九四的阳刚志向大为施行。参见"颐上九小象传"。

【由豫大有得志大行也】 《豫》卦九四爻的《小象传》辞。旨在解说九四爻辞"由豫,大有得"的象征内涵。意思是:人们依赖他喜获欢乐,大有所得,说明九四的阳刚志向大为施行。参见"豫九四小象传"。

【申命行事】 《巽》卦的《大象传》语。意为:申谕命令而施行政事。行事,犹言"施政"。这是从《巽》卦和风相随、无处不

顺的卦象而推阐出的"君子"应效法风行畅顺之象以"申命"于众,"行事"于天下的道理。参见"巽大象传"。

【四】①《周易》六十四卦中,凡居第四位之爻,不论阴阳,均可简称为"四"。如九四、六四,《易》家常谓之"四"。《系辞下传》曰"四多惧"。言第四爻处位多含惕惧之诫。《周易集解》于《乾》卦九四爻辞引干宝注云:"阳气在四,二月之时。"②《系辞上传》所列"地数"之一。见"天地之数"。

【四爻】《易》卦六爻中,居卦中第四位的爻。亦称"四位",简称"四"。参见"爻位"。

【四易】①西汉京房倡"八宫卦"说,每宫含八卦,为:本宫卦(即八纯卦)、一世卦、二世卦、三世卦、四世卦、五世卦、游魂卦、归魂卦。前人又将此八类卦分为"地《易》"、"人《易》"、"天《易》"、"鬼《易》"四种,合称"四《易》"。《京氏易传》下卷曰:"孔子《易》云:有四《易》,一世、二世为地《易》,三世、四世为人《易》,五世、八纯(按,本作"六世",据惠栋《易汉学》说改)为天《易》,游魂、归魂为鬼《易》。"以"天"、"地"、"人"为名,盖本于《说卦传》所谓六爻合天地人三才之道的说法。又名"鬼《易》"者,"鬼"训"复归",以游魂卦自第五爻游复而变于第四爻,归魂卦自第四爻再返归而变于卦下三爻,故称"鬼《易》"。《京氏易传》上卷于《大过》卦云:"阴阳代谢,至于游魂。《系》云'精气为物,游魂为变,是故知鬼神之情状'。"惠栋《易汉学》述其曾祖父语,谓《系辞传》这几句即是"游归为鬼《易》"之所本。②宋人以为《易》有"天地自然之《易》"、"伏羲之《易》"、"文王周公之《易》"、"孔子之《易》",合称"四《易》"。《周易本义》卷首九图末附语曰:"右《易》之图九,有天地自然之《易》,有伏羲之《易》,有文王、周公之《易》,有孔子之《易》。自伏羲以上,皆无文字,只有图画,最宜深玩,可见作《易》本原精微之意;文王以下,方有文字,即今之《周易》。然读者亦宜各就本文消息,不可便以孔子之说为文王之说也。"其谓天地自然之《易》,指河图、洛书的图象;伏羲之《易》,指八卦、六十四卦的卦画;文王、周公之《易》,指卦爻辞;孔子之《易》,指《十翼》(《易传》十篇)。③宋人以伏羲《易》、《连山》、《归藏》、《周易》为"四《易》"。王应麟《小学绀珠·艺文类》引张行成曰:"《易》有四,体一用三。伏羲先天,体也;《连山》天《易》,《归藏》地《易》,《周易》人《易》,用也。"④扬雄《太玄经》、关朗《洞极》、魏伯阳《周易参同契》、邵雍《皇极经世》,亦合称"四《易》"。王应麟《小学绀珠·艺文类·四易》引郑东卿云:"《易》百有余家,所可取者古先天图,扬雄《太玄经》、关子明《洞极》、魏伯阳《参同契》、邵尧夫《皇极经世》而已。"

【四营】营,谓经营。《周易》筮法,用五十根蓍策经过四个程序的演算而为"一变",称之"四营";又反复四营,历三变成一爻,十八变成一卦,遂可依卦占事决疑。"四营"为《易》筮的基本手段,故《系辞上传》谓"四营而成《易》"。"四营"的四个程序分别为:第一营,取五十根蓍策虚一不用,将四十九策随手分为两半;第二营,将右半之策取出一根挂于左手小指间;第三营,分别四策一组地揲算左右两部分蓍策(此营分为前后两次);第四营,分别将左右两部分揲算剩余的蓍策扐于左手无名指、中指间(此营亦分为前后两次)。这四营,朱熹《周易本义》用"分二"、"挂一"、"揲四"、"归奇"八字概括之。参见"筮法"。

【四象】《周易》哲学体系中有关阴阳学说的一个基本概念。指由"太极"、"两仪"递生而成的太阳、太阴、少阳、少阴这四种象征形态。语出《系辞上传》。参见"太极生两仪"。

【四德】《乾》卦卦辞有"元,亨,利,贞"之语,谓之"四德"。《文言传》云:"元者,善之长也；亨者，嘉之会也；利者，义之和也；贞者，事之幹也。君子体仁足以长人，嘉会足以合礼。利物足以和义，贞固足以幹事。君子行此四德者，故曰‘乾，元，亨，利，贞’。"孔颖达《周易正义》："以君子之人，当行此四种之德，是以文王作《易》称‘元、亨、利、贞’之德，欲使君子法之。"然六十四卦之中，卦辞言及"四德"者不止《乾》一卦，除《乾》卦之外尚有六卦；唯他卦虽或"四德"俱全，其内在意义却与《乾》卦不同。故《周易正义》又云："但阴阳合会，二象相成，皆能有德，非独《乾》之一卦。是以诸卦之中，亦有'四德'。但余卦'四德'有劣于《乾》，故《乾》卦直云'四德'，更无所言，欲见《乾》之四事无所不包。其余卦'四德'之下，则更有余事，以'四德'狭劣，故以余事系之，即《坤》卦之类是也。亦有'四德'之上，即论余事，若《革》卦云'己日乃孚，元亨利贞，悔亡'也，由'乃孚'之后有'元亨利贞'乃得'悔亡'也。有四德者，即《乾》、《坤》、《屯》、《临》、《随》、《无妄》、《革》七卦是也。亦有其卦非善而有'四德'者，以其卦凶，故有'四德'乃可也。故《随》卦有'元亨利贞'乃得'无咎'是也。'四德'具者，其卦未必善也。"

【四爻动】 即"四爻变"。

【四爻变】 指《易》筮过程中筮得四个爻变动的卦。亦称"四爻动"。其占断条例，朱熹《易学启蒙》曰："四爻变，则以之卦二不变爻占，仍以下爻为主。经传亦无文，今以例推之，当如此。"这是说，筮得四爻变的卦，应当取之卦的两个不变爻的爻辞占断吉凶，而以居下一爻的爻辞为主。但据旧籍所载筮例，并非尽如朱熹所言。尚秉和先生《周易古筮考》指出："按四爻动之占，传记亦有，朱子谓无明文者，未详考也。特晋郭璞、魏赵辅和等占法，皆与朱子之例异耳。故后人颇非朱说。"

【四月卦】 ①指"十二辟卦"中代表四月的《乾》卦。 ②汉代《易》家孟喜、京房等倡"卦气"说，以四正卦之外的六十卦分值十二月气候，其中代表四月之卦的为《旅》、《师》、《比》、《小畜》、《乾》五卦。详"六十卦次序"。 ③西汉京房创"八宫卦"条例，以"八宫卦"分值一年十二个月，其中代表四月之卦的为"八纯卦"《乾》、《艮》、《巽》、《离》。详"世卦起月例"。

【四正卦】 西汉《易》家孟喜等，倡"卦气"说，以《坎》、《离》、《震》、《兑》为"四正卦"，分主四时、四方；四卦二十四爻，分主二十四节气。因所主者至大，故又称"方伯卦"。其中《坎》主冬，北方之卦；《离》主夏，南方之卦；《震》主春，东方之卦；《兑》主秋，西方之卦。《坎》初爻主冬至，《离》初爻主夏至，《震》初爻主春分，《兑》初爻主秋分；其余诸爻亦各主一气。孟喜关于"四正卦"的学说，《新唐书·历志》载僧一行《卦议》引曰："《坎》、《离》、《震》、《兑》，二十四气，次主一爻；其初则二至、二分也。《坎》以阴包阳，故自北正，微阳动于下，升而未达，极于二月，凝固之气消，《坎》运终焉。春分出于《震》，始据万物之元，为主于内，则群阴化而从之，极于南正，而丰大之变穷，《震》功究焉。《离》以阳包阴，故自南正，微阴生于地下，积而未章，至于八月，文明之质衰，《离》运终焉。仲秋阴形于《兑》，始循万物之末，为主于内，群阳降而承之，极于北正，而天泽之施穷，《兑》功究焉。故阳七之静始于《坎》，阳九之动始于《震》，阴八之静始于《离》，阴六之动始于《兑》。故四象之变，皆兼四爻，而中节之应备矣。"考"四正"卦的名称，起源甚早。《说卦传》云："震，东方也；离也者，南方之卦也；兑，正秋也；坎者，北方之卦也。"这几句话，实是"四正"说的滥觞。《易纬·稽览图》曰："《坎》、《震》、《离》、《兑》(按，郑玄以"六"、"八"、"七"、"九"注此四卦，以明阴阳老少四象)，已上四卦者，四正卦，为四象。"又曰："冬至日在《坎》，春分日在《震》，夏至日在《离》，秋分日在《兑》。四正之卦，卦有六爻，爻主一气。"《易纬·乾元序制记》解说更明:"《坎》:初六,冬至,广莫风;九二,小寒;六三,大寒;六四,立春,条风;九五,雨水;上六,惊蛰。《震》:初九,春分,明庶风;六二,清明;六三,谷雨;九四,立夏,温风;六五,小满;上六,芒种。《离》:初九,夏至,景风;六二,小暑;九三,大暑;九四,立秋,凉风至;六五,处暑;上九,白露。《兑》:初九,秋分,阊阖风,霜下;九二,寒露;六三,霜降;九四立冬,始冰,不周风;九五,小雪;上六,大雪也。"视《易纬》的说法,均与孟喜的卦气说契合,可知"四正卦"在汉代卦气学中的运用甚为通行。据此,制《四正卦表》(见书首表一),以示其要旨。参见"卦气图"。

【四世卦】 西汉京房倡"八宫卦"说,每宫本宫第凡变至第四爻所成之卦称"四世卦"。"八宫卦"中,四世之卦有八:《乾》宫四世为《观》卦,《震》宫四世为《升》卦,《坎》宫四世为《革》卦,《艮》宫四世为《睽》卦,《坤》宫四世为《大壮》卦,《巽》宫四世为《无妄》卦,《离》宫四世为《蒙》卦,《兑》宫四世为《蹇》卦。参见"八宫卦"。

【四德之卦】 《乾》卦卦辞有"元、亨、利、贞"之语,称为"四德";故六十四卦的卦辞中凡"元亨利贞"四字俱全者,遂谓之"四德之卦"。详"四德"。

【四圣一心录】 明钱一本撰。六卷。清钱济世刻本。《四库全书提要》列此书于"经部易类存目",并谓其说乃"舍数而言理。其言理,舍天而言人。其言人,又舍事而言心。推阐之以至于性命,体例近乎语录。其论亦多支离。如谓许由让王为能知'河洛'之道,又谓《序卦传》为格物之学。大抵皆无根之高论也。"

【四象生八卦】 《周易》哲学体系中有关阴阳学说的一个重要概念。谓由"太极"、"两仪"而递生的太阳、太阴、少阳、少阴"四象",通过再各裂变,而生天、地、雷、风、水、火、山、泽"八卦"。语出《系辞上传》。参见"太极生两仪"。

【四时变化而能久成】 《恒》卦的《彖传》语。意为:四季往复变化而能永久生成万物。这是举"四时"久成为例,赞美《恒》卦所揭示的"恒久"大义。孔颖达《周易正义》:"四时更代,寒暑相变,所以能久生成万物。"程颐《周易程氏传》:"四时,阴阳之气耳。往来变化,生成万物,亦以得天,故常久不已。"

【叹卦三体】 《周易》六十四卦的《彖传》中,有十二卦均以"大矣哉"之辞叹美该卦所含哲理意义的广大宏深,分别为《豫》、《随》、《颐》、《大过》、《坎》、《遯》、《睽》、《蹇》、《解》、《姤》、《革》、《旅》等卦。而这十二卦《彖传》所含叹美之辞,又有三种体例,一是叹此卦之"时",二是叹此卦之"时"与"用",三是叹此卦之"时"与"义",合称"叹卦三体"。孔颖达《周易正义》就此论曰:"凡言不尽意者,不可烦文其说,且叹之以示情,使后生思其余蕴,得意而忘言也。然叹卦有三体:一直叹'时',如'大过之时大矣哉'之例是也;二叹'时'并'用',如'险之时用大矣哉'之例是也;三叹'时'并'义','豫之时义大矣哉'之例是也。"项安世《周易玩辞》沿承孔说,进一步分析曰:"《豫》、《随》、《遯》、《姤》、《旅》,皆若浅事而有深意,故曰'时义大矣哉',欲人之思之也;《坎》、《睽》、《蹇》,皆非美事,而圣人有时而用之,故曰'时用大矣哉',欲人之别之也;《颐》、《大过》、《解》、《革》,皆大事大变也,故曰'时大矣哉',欲人之谨之也。"

【叶山】(1504—?) 明代人,字八白,一说号八白。里贯未详。明诸生。自十岁即读《周易》。注《易》六十四卦,屡易其稿,至五十七岁始成《八白易传》十六卷,今存。大要以《诚斋易传》为宗旨,借《易》以言人事(见《经义考》及《四库全书提要》)。

【占筮】 以蓍策筮卦占验吉凶的方法。《系辞上传》谓"以卜筮者尚其占",即言《周易》被应用于占筮的一方面特色。详

"筮法"。

【史徵】 唐代人。爵里、事迹不详。或作"史证"、"史文徵"、"史之徵"。陈振孙《直斋书录解题》谓："非唐则五代人也。避讳作'证'。"《四库全书提要》云："《宋史·艺文志》又作'史文徵'，盖以'徵'、'徵'二字相近而譌；别本作'史之徵'，则又以'之'、'文'二字相近而譌耳。今定为'史徵'，从《永乐大典》；定为唐人，从朱彝尊《经义考》。"撰有《周易口诀义》一书，《宋史·艺文志》著录为六卷。宋以后罕有传本，《四库全书》唯据《永乐大典》所载钞出，缺《豫》、《随》、《无妄》、《大壮》、《晋》、《睽》、《蹇》、《中孚》八卦，仍编为六卷。

【卢氏】 约南北朝间人。名字爵里不详。学者或疑其即《魏书》所记"卢景裕"。治《易》，著《周易注》十卷。已佚。清马国翰《玉函山房辑佚书》辑有《周易卢氏注》一卷。并指出："《隋书·经籍志》、《唐书·艺文志》均有卢氏注《周易》十卷，不载其名。十卷之《注》，今颇佚亡。唯《正义》及李鼎祚《集解》引之，凡二十节，亦仅称'卢氏'而已。"考《魏书·卢景裕传》，谓景裕字仲孺，小字白头，范阳涿人。专经为学，尝注《周易》。北魏普泰初（531）为国子博士，东魏兴和中补齐王开府属。虽不聚徒讲授，所注《易》大行于世。故国翰以为："由是观之，卢氏注《易》，审为景裕矣。乃《隋、唐志》佚其名者，盖由萧梁之代，南北分疆，故《七录》所记详南而略北；《隋志》本《七录》，《唐志》因之，故多缺亡耳。兹既考定为景裕，而不敢直称其名，仍题'卢氏'，阙疑也。"又云："其说《易》爻用升降，与蜀才略相似，大抵宗荀氏之学者。"（见《玉函山房辑佚书·周易卢氏注序》）

【卢景裕】 见"卢氏"。

【旧井无禽】 《井》卦初六爻辞之语。意思是：水井经久未得修治连禽鸟也不屑一顾。旧，通"久"。此言初六处《井》卦初位，阴柔卑下，上无应援，犹如井久未修，唯积淤泥，乃至"禽"亦不屑一顾，故曰"旧井无禽"。参见"井初六"。

【旧井无禽时舍也】 《井》卦初六爻之《小象传》语。旨在解说初六爻辞"旧井无禽"的象征内涵。意思是：水井经久未得修治连禽鸟也不屑一顾，说明初六此时被外物所共同舍弃。参见"井初六小象传"。

【出处】 出，犹言登上仕途；处，犹言退隐家居。语本《系辞上传》"君子之道，或出或处"。《三国志·魏志·王昶传》："虽出处不同，然各有所取。"又《管宁传》："虽出处殊途，俯仰异体，至于兴治善俗，其揆一也。"《晋书·夏统传》："使统属太平之时，当与元凯评议出处。"

【出位】 逾越本分所守之位。语本《艮》卦《大象传》"君子以思不出其位"。（《论语·宪政》亦云"君子思不出其位"。）柳宗元《进平淮夷雅表》（见《柳河东集》）："臣官忝国学，思非出位，以为家室。"

【出处语默】 谓出仕、退隐、发言、沉默四种为人处世的方式，意在要求人们根据不同的环境、时机而正确把握不同的方式。一作"出处默语"。语本《系辞上传》"君子之道，或出或处，或默或语"。《风俗通义》："《易》设四科，出处语默。"《文选》载李康《运命论》："出处不违其时，默语不失其人。"

【出处默语】 见"出处语默"。

【出门交有功】 《随》卦初九爻辞之语。意为：出门与人交往必能成功。此言初九当"随"之时，阳刚在下，无所系应，为能随时无私以从善之象，故"出门"有交，必获其功。参见"随初九"。

【出涕沱若戚嗟若】 《离》卦六五爻辞之语。意思是：流出泪水滂沱不绝，忧戚嗟伤悲切。沱，泪流滂沱之状；若，语气助词。戚，忧伤。这是说明六五当"附丽"之时，阴居阳位，为九四刚阳之势所迫，遂致忧伤、哀泣，故曰"出涕沱若，戚嗟若"；但因附丽于尊位，终获众助，故先伤泣然后有吉。参见"离六五"。

【出入无疾朋来无咎】《复》卦的卦辞之语。意思是：阳气内生外长无所疾患，刚健友朋前来无所咎害。出，指阳气外长；入，指阳气内生；无疾，即无害；朋，指阳。这是说明《复》卦展示"阳刚之气"回复的意义，此时"阳气"在内外因素的交互作用下顺畅生长，必无阻碍；卦中一阳初动上复，群阴引以为朋，故有"朋来"之象；阴阳交合，"复"道畅通，故曰"无咎"。参见"复卦辞"。

【出门交有功不失也】《随》卦初九爻的《小象传》语。旨在解说初九爻辞"出门交有功"的象征内涵。意思是：出门与人交往必能成功，说明初九的行为不会有过失。参见"随初九小象传"。

【出门同人又谁咎也】《同人》卦初九爻的《小象传》辞。旨在解说初九爻辞"同人于门，无咎"之义。意思是：刚出门口就能和同于人，又有谁会施加咎害呢？参见"同人初九小象传"。

【出可以守宗庙社稷】《震》卦的《彖传》语。意思是：即使君主外出，长子也能够留守宗庙社稷。这是解说《震》卦辞"不丧匕鬯"之义。出，指君主外出；守宗庙，指《震》有"长子"之象，故可以留守执掌国权，《说卦传》："震一索而得男，故谓之长男"，《序卦传》："主器者莫若长子，故受之以《震》。"王弼《周易注》："明所以堪长子之义也。不丧匕鬯，则己出，可以守宗庙。"孔颖达《周易正义》："出，谓君出巡狩等事。君出，则长子留守宗庙社稷，摄祭主之礼事也。"

【归妹】 六十四卦之一。列居篇中第五十四卦。由下兑(☱)上震(☳)组成，卦形作䷵，卦名为《归妹》，象征"嫁出少女"。《归妹》以"嫁出少女"主一卦之义，旨在说明"男婚女嫁"是人类繁衍的根本因素。用《礼记·郊特牲》的话来说，就是："天地合，而后万物兴焉；夫昏礼，万世之始也。"然而，卦辞却谓"归妹，征凶，无攸利"，其理何在？原来，作者是为所"归"之"妹"设置诫辞，即强调女子出嫁必须严守正道，以"柔顺"为本，成"内助"之功；反此而行，必有凶险。可见，《归妹》的取象用意，实亦反映着古代礼教对女子的"约束"性质。六爻所揭示的意义，正是围绕卦辞而发：初安分卑居"侧室"，二嫁夫不良"守贞"，四"愆期"待时而嫁，五"贵女"谦逊下嫁，此四爻虽地位不同，但均合"妇德"故无凶有吉，其中以六五最为纯"吉"；至于三、上两爻，或有非分之念，或处穷高之所，故一"凶"、一"无攸利"。诚然，《归妹》卦大旨亦非拘限于"嫁出少女"一事；归根结底，还是阐发"天地阴阳"的"恒常不易"之道：申明"阴"以"阳"为归宿，则天地和合，万物繁殖。因此，《彖传》所谓"归妹，天地之大义也"；天地不交，而万物不兴"，正是此卦义理的核心所在。

【归魂】 西汉京房倡"八宫卦"说，每宫之本宫卦凡变至第六次成"游魂"卦，则再变卦下已变之三爻，如此所成之卦称"归魂"卦。"八宫卦"中，归魂卦有八：《乾》宫为《大有》卦，《震》宫为《随》卦，《坎》宫为《师》卦，《艮》宫为《渐》卦，《坤》宫为《比》卦，《巽》宫为《蛊》卦，《离》宫为《同人》卦，《兑》宫为《归妹》卦。《京氏易传》于《大有》卦曰："卦复本宫曰《大有》，内象见乾是本位。所谓"本宫"、"本位"，指《乾》宫变至归魂卦则下三爻复变回"乾"。陆绩注曰："八纯本从《乾》宫起，至《大有》为归魂。"名为"归魂"者，盖言其卦之变复归于本宫下卦本位之象。汉魏两晋《易》家荀爽、干宝等常用"归魂"之例说《易》。《周易集解》于《随》卦《彖传》引荀爽曰："《随》,《震》之归魂，震归从巽（按，指《震》三世卦下体成巽，至归魂卦始复本体成震），故大通（按，巽为逊顺，有"通"义）。"参见"八宫卦"。

【归藏】 旧传黄帝时代的筮书，含有与《周易》类同的八卦、六十四卦符号，但六十四卦次序以《坤》卦居首。其书流行于商代。《周礼·春官·太卜》："掌《三易》之法，一曰《连山》，二曰《归藏》，三曰《周易》。其经卦皆八，其别皆六十有四。"郑玄注："《归藏》者，万物莫不归而藏于其中。"并引杜子春曰："《归藏》黄帝。"贾公彦疏："此《归藏易》，以纯《坤》为首，坤为地，故万物莫不归而藏于其中，故名为《归藏》也。"孔颖达《周易正义》又引郑玄《易赞》及《易论》云："殷曰《归藏》。"王应麟《玉海》亦引《山海经》云："黄帝得河图，商人因之，曰《归藏》。"这是关于《归藏》一书的时代及命名之义的较通行看法。至于《归藏》的佚存问题，略为复杂。班固《汉书·艺文志》未曾著录《归藏》，但桓谭《新论》说"《归藏》藏于太卜"，又说"《归藏》四千三百言"；郑玄注《礼运》云"其书存者有《归藏》"。据此，则东汉间此书尚存。《太平御览》引《博物志》云："太古书今见存者《连山》、《归藏》，夏、殷之书。"则《归藏》至西晋犹存。到陆德明撰《经典释文序录》，指出："《归藏》不行于世。"尚秉和先生《周易尚氏学》认为，此书"亡于晋永嘉之乱"。至《隋书·经籍志》篇首虽列《归藏》十三卷，晋太尉参军薛贞注"，但其后又说："《归藏》汉初已亡（按，据前引资料，此论似未确）。案《晋中经》有之，唯载卜筮，不似圣人之旨。以本卦尚存，故取贯于《周易》之首，以备殷《易》之缺。"孔颖达《左传正义》于襄公九年"遇艮之八"疏中亦斥当时所见的《归藏易》是"伪妄之书，非殷《易》也。"可见，《隋志》所载薛贞注《归藏》十三卷，当出于汉以后人的伪托。《旧唐书·经籍志》、《新唐书·艺文志》，并载司马膺注《归藏》十三卷，其卷数与《隋志》所载同，而注者不同，疑属同一伪本而司马氏别为新注。郑樵《通志·艺文志》云："《归藏》，唐有司马膺注十三卷，今亦亡；隋有薛氏注十三卷，今所存者《初经》、《齐母》、《本蓍》三篇而已。"据此，两《唐志》记载的司马膺注伪本《归藏》至南宋时已亡佚，而《隋志》记载的薛贞注伪本《归藏》亦

仅残存三篇。至若近世通行的《三坟书》，次列《气坟》，谓为《归藏》，则是又产生的另一种伪《归藏》，故吴承仕先生斥为"尤伪中之伪也"（《经典释文序录疏证》）。清王谟辑《归藏》一卷（《汉魏遗书钞》）、马国翰辑《归藏一卷附诸家论说》（《玉函山房辑佚书》）、洪颐煊辑《归藏》一卷（《问经堂丛书》）、观颐道人辑《连山归藏逸文》一卷（《闻竹居丛书》）等，并可备参考辨证。参见"三易"。

【**归妹九二**】《归妹》卦九二爻。以阳爻居卦第二位。爻辞曰："眇能视，利幽人之贞。"意思是：宛如目眇而勉强瞻视，利于幽静安恬的人守持正固。眇能视，辞意与《履》卦六三爻辞之象同（见"履六三"），此处喻九二勉力奉事其"夫"；幽人，幽静安恬者（见"履九二"）。这是说明九二当"归妹"之时，以阳刚居下卦之中，有"女贤"之象；但上应六五阴柔不正，犹如配夫不良，故"眇能视"喻其勉强奉行为妇之道，并谓利于"幽人"抱道守"贞"。朱熹《周易本义》："九二阳刚得中，女之贤也；上有正应，而反阴柔不正，乃女贤而配不良，不能大成内助之功，故为'眇能视'之象。而其占则'利幽人之贞'也。幽人，亦抱道守正而不偶者也。"按，《楚辞》常发"美人香草"之怨，与《归妹》九二爻义有合。来知德《周易集注》云："幽人无贤君，正如九二无贤夫。"

【**归妹九四**】《归妹》卦九四爻。以阳爻居卦第四位。爻辞曰："归妹愆期，迟归有时。"意思是：嫁出少女超延佳期，迟迟未嫁静待时机。愆，音牵qiān，谓超延。这是说明九四当"归妹"之时，以阳处上卦之始，刚居柔位，谦退谨慎，下无其应，犹如"贤女"延期未嫁，静待良配，故曰"归妹愆期，迟归有时"。朱熹《周易本义》："九四以阳居上体，而无正应，贤女不轻从人而愆期以待所归之象。正与六三相反。"按，《归妹》六三为急于求嫁成"正室"之象，九四则为守静待时不苟嫁之象，两者

适可反照。故朱熹云九四"正与六三相反"。

【归妹上六】《归妹》卦上六爻。以阴爻居卦最上之位。爻辞曰:"女承筐,无实;士刲羊,无血,无攸利。"意思是:女子手奉竹筐,无物可盛;男子刀屠其羊,不见血星,无所利益。实,指"筐"中之物;刲,音亏kuī,谓割杀;"承筐"、"刲羊",当指"夫妇祭祀"之事,为古代贵族婚礼有关献祭宗庙的习俗。这是说明上六当"归妹"之时,极居卦终,位穷而无所适,下又无应,犹如女子承筐无实可盛,男子割羊无血可取;既无实、无血,难以献享,则夫妇祭祀之礼未成,譬喻"妹"无所"归",故"无攸利"。来知德《周易集注》:"凡夫妇祭祀,承筐而采蘋者,女之事也;刲羊而实鼎俎者,男之事也。今上与三,皆阴爻,不成夫妇,则不能供祭祀矣。'无攸利'者,人伦以废,后嗣以绝,有何攸利?刲者,屠也。"按,《礼记·昏义》:"昏礼者,将合二姓之好,上以事宗庙,而下以继后世也。"郑玄曰"宗庙之礼,主妇奉筐米",又曰"《士昏礼》云,妇入三月而后祭行"(王应麟辑《周易郑康成注》)。此可参证"承筐"、"刲羊"之事当与古代"夫妇祭祀"之礼有关。又按,《归妹》上六处穷极之位,犹如"妹"居过高,无所适从。故爻辞特发物极必反之义,以为"归妹"之诫。李道平《周易集解纂疏》云:"曰'女',曰'士',未成夫妇之辞;先'女'后'士',咎在女矣。故'无攸利'之占,与象繇(即卦辞)同。"

【归妹六三】《归妹》卦六三爻。以阴爻居卦第三位。爻辞曰:"归妹以须,反归以娣。"意思是:嫁出少女在引颈期待成正室,应当返回待时嫁作侧室。须,谓须待、期待;娣,犹言"侧室"(见"归妹初九")。这是说明六三当"归妹"之时,居下卦之极,不中不正,以柔乘刚,有欲求嫁为"室主"(正室)之象,于是日日在引颈须待;但因不得其位,不可存非分之念,宜回头俟时,嫁作与其身份相符的"侧室",故曰"反归以娣"。王弼《周易注》:"室主犹存,而求进焉,进未值时,故有'须'也;不可以进,故反归待时,以娣乃行也。"按,《归妹》六三爻辞"须"字之义,《易》家有不同解释。兹录三说以备参考。一、陆德明《经典释文》曰:"荀、陆作'嬬',陆云'妾也'。"今检马王堆汉墓出土的《帛书周易》亦作"嬬"。二、朱熹《周易本义》引或说,释"须"为"贱女",谓:"须,女之贱者。"此本《史记·天官书》"婺女"张守节《正义》:"须女,贱妾之称,妇职之卑者也。"三、尚秉和先生《周易尚氏学》据《易林》等资料,以为"须"当释为"面毛",指六三面长须毛,形容可怖,故反嫁为娣。

【归妹六五】《归妹》卦六五爻。以阴爻居卦第五位。爻辞曰:"帝乙归妹,其君之袂,不如其娣之袂良;月几望,吉。"意思是:帝乙嫁出少女,作为正室的衣饰,却不如侧室的衣饰美好;譬如月亮接近满圆而不过盈,必有吉祥。帝乙归妹,喻六五尊高而下嫁,与《泰》卦六五爻辞之象同(见"泰六五");君,《正字通》"夫称妇曰君",此处指六五嫁为"正室";袂,衣袖,句中借代"衣饰";娣,音弟dì,犹言"侧室"(见"归妹初九");几望,月将满圆,喻六五德盛不盈。这是说明六五当"归妹"之时,高居尊位,下应九二,犹如帝乙嫁出少女;其位贵而下嫁,德尚谦逊,虽为"正室",衣袂俭朴,反不如"侧室"美好,故曰"其君之袂,不如其娣之袂良";六五当此"下嫁"之时,尊贵能谦,其德美盛不盈,适如月将圆而未满,必能获吉致福,故爻辞又称"月几望,吉"。程颐《周易程氏传》:"月望,阴之盈也,盈则敌阳矣;几望,未至于盈也。五之贵高,常不至于盈极,则不亢其夫,乃为吉也。女之处尊贵之道也。"朱熹《周易本义》:"六五柔中居尊,下应九二,尚德而不贵饰,故为帝女下嫁而服不盛之象。"按,《归妹》六五之吉,在于谦柔居中,"以上下下"。故爻辞云"月几望"、"袂"不如娣良,而《小象传》亦称"位在中"、"以贵行"。

【归妹以娣】《归妹》卦初九爻辞之语。意思是：嫁出少女充当侧室。娣，音弟dì，古代以妹陪姊同嫁一夫，称妹曰"娣"，犹"侧室"。这是说明初九当"归妹"之时，最处下位，上无正应，犹如随姊出嫁而为"娣"，故曰"归妹以娣"。参见"归妹初九"。

【归妹初九】《归妹》卦初九爻。以阳爻处卦下初位。爻辞曰："归妹以娣，跛能履，征吉。"意思是：嫁出少女充当侧室，宛如足跛而努力行走，往前进发可获吉祥。娣，音弟dì，古代以妹陪姊同嫁一夫，称妹曰"娣"，犹"侧室"；跛能履，辞意与《履》卦六三爻辞之象同（见"履六三"），此处喻"娣"以"侧室"助"正室"。这是说明初九当"归妹"之时，最处下位，上无正应，犹如随姊出嫁而为"娣"，故曰"归妹以娣"；但有阳刚之贤，能以"偏"助"正"，犹如"跛"而"能履"，故获"征吉"。孔颖达《周易正义》："妹而继姊为'娣'，虽非正配，不失常道；譬犹跛人之足然，虽不正，不废能履，故曰'跛能履'。'征吉'者，少长非偶，为妻而行则凶焉，为娣而行则吉。"程颐《周易程氏传》："阳刚在妇人为贤贞之德。"按，《归妹》初九爻辞"跛能履"，是十分生动的喻象。胡瑗分析说："能尽其道以配君子，而广其孕嗣以成其家；犹足之虽偏而能履地而行，不至于废也。"（《周易口义》）

【归妹卦辞】《归妹》卦的卦辞。其文曰："归妹，征凶，无攸利。"意思是：《归妹》卦象征嫁出少女，(要是行为不当)往前进发必有凶险，无所利益。归，指女子出嫁；妹，女子后生之谓，犹言"少女"（见"泰九五"），"归妹"作为卦名，即象征"嫁出少女"。此卦下兑为少女、为悦，上震为长男、为动，犹如女上承男，欣悦而动，故为"归妹"之象；但卦中二至五爻均失位，六三既不中正又以阴乘阳，故卦辞戒以"征凶，无攸利"，言"归妹"之时若偏失正道，必"凶"而无"利"。王弼《周易注》："妹者，

少女之称也。兑为少阴，震为长阳，少阴而承长阳，说以动，'归妹'之象也。"按，李鼎祚《周易集解》引虞翻注，释"无攸利"曰："谓三也"，"失正无应，以柔乘刚。"《周易义海撮要》引陆希声曰："四爻失正，故'归妹，征凶。'"此均取诸爻之象以释卦爻之义。又按，《归妹》卦辞言"凶"，实非否定"归妹"一事，而是作《易》者"因象设诫"，说明"少女"出嫁须"正"，然后有吉。故孔颖达《周易正义》云："'征凶，无攸利'者，归妹之戒也。"

【归妹彖传】《归妹》卦的《彖传》。旨在解说《归妹》卦的卦名、卦辞之义。其文为："《彖》曰：归妹，天地之大义也。天地不交，而万物不兴；归妹，人之终始也。说以动，所归妹也。征凶，位不当也；无攸利，柔乘刚也。"意思是：《彖传》说：嫁出少女，这是天地阴阳的弘大意义。天地阴阳不相交，万物就不能繁殖兴旺；嫁出少女，人类就能终而复始地生息不止。欣悦而能动，说明可以嫁出少女。往前进发将有凶险，说明置身处位不妥当；无所利益，说明阴柔乘凌阳刚之上。"全文可分两节理解。第一节，自"归妹，天地之大义也"至"所归妹也"八句，广举"天地"、"万物"因阴阳交合而繁衍生息之例，说明"归妹"的弘大意义；并举此卦下兑为说(悦)、上震为动之象，谓因悦而动正可嫁出少女，以释卦名"归妹"之义。第二节，自"征凶"至"柔乘刚也"四句，举《归妹》卦中二至五爻均居位不当之象及六三以阴乘阳之象，以释卦辞"征凶，无攸利"之义。

【归妹大象传】《归妹》卦的《大象传》。其辞曰："泽上有雷，归妹；君子以永终知敝。"意思是：大泽上响着震雷（欣悦而动），象征"嫁出少女"；君子因此长久至终地保持夫妇之道并明白不可淫佚而敝坏此道。永，用如动词。这是先揭明《归妹》卦下兑为泽、上震为雷之象，谓泽上有雷，泽悦而雷动，正为"嫁出少女"的象征；然后推阐出"君子"观此象，须悟知夫妇之道

宜于"永终"，以及应当防止淫佚而不可敝坏此道的道理。程颐《周易程氏传》："雷震于上，泽随而动；阳动于上，阴说而从：女从男之象也，故为'归妹'。"马其昶《重定周易费氏学》引丁晏曰："永者，夫妇长久之道，'永'则可以有'终'；敝者，男女淫佚之行，'敝'必不能'永'，自然之理也。思其永而防其敝，君子有戒焉。"

【归妹女之终也】《杂卦传》语。说明《归妹》卦象征"嫁出少女"，是女子终得归依之时。李鼎祚《周易集解》引虞翻曰："归妹，人之终始。女终于嫁，从一而终，故'女之终也'。"韩康伯《杂卦注》："女终于出嫁。"

【归妹受之以丰】《周易》六十四卦，以象征"嫁出少女"使之终有归宿的《归妹》卦列居第五十四卦；事物既获依归，必能丰大，所以接《归妹》之后是象征"丰大"的第五十五卦《丰》卦。此称"《归妹》受之以《丰》"。语本《序卦传》："得其所归者必大，故受之以《丰》；丰者，大也。"程颐《周易程氏传》："物所聚者，必成其大，故《归妹》之后，受之以《丰》也。丰，盛大之义。"

【归奇于扐以象闰】奇，剩余；扐，夹于手指间。《系辞上传》语。言占筮时的"第四营"，即把揲算后剩余的蓍策夹于左手无名指、中指间，以象征岁月之"积余成闰"。孔颖达《周易正义》："'归奇于扐以象闰'者，奇谓四揲之余，归此残奇于所扐之策而成数，以法象天道归残聚余分而成闰也。"参见"筮法"。

【归妹人之终始也】《归妹》卦的《彖传》语。意思是：嫁出少女，人类就能终而复始地生息不止。这是就人类男女交合之理，以释此卦名"归妹"之义。王弼《周易注》："阴阳既合，长少又交，天地之大义，人伦之终始。"孔颖达《周易正义》："天地以阴阳相合而得生物不已，人伦以长少相交而得继嗣不绝。归妹，岂非天地之大义，人伦之终始也?"程颐《周易程氏传》："男女交而后有生息，有生息而后其终不

穷。前者有终，而后者有始，相继不穷，是人之终始也。"

【归妹九二小象传】《归妹》卦九二爻的《小象传》。其辞曰："利幽人之贞，未变常也。"意思是：利于幽静安恬的人守持正固，说明九二未曾改移严守妇节的经常之道。这是解说《归妹》九二爻辞"利幽人之贞"的象征内涵。来知德《周易集注》："一与之齐，终身不改，此妇道之常也。今能守幽人之贞，则未变其常也。"

【归妹九四小象传】《归妹》卦九四爻的《小象传》。其辞曰："愆期之志，有待而行也。"意思是：九四超越出嫁佳期的心志，在于静待时机而后行。这是解说《归妹》九四爻辞"愆期"的象征内涵。程颐《周易程氏传》："贤女，人所愿娶。所以愆期，乃其志欲有所待，待得佳配而后行也。"俞琰《周易集说》："爻辞言'愆期'，而爻传直述其'志'，以见愆期在我，而不苟从人。盖'有待而行'，非为人所弃也。行，谓出嫁，《诗·泉水》云'女子有行'是也。"

【归妹上六小象传】《归妹》卦上六爻的《小象传》。其辞曰："上六无实，承虚筐也。"意思是：上六阴虚无实，正如手奉空虚的竹筐。这是解说《归妹》上六爻辞"女承筐，无实"之义。程颐《周易程氏传》："筐无实，是空筐也。空筐可以祭乎？言不可以奉祭祀也。女子不可以承祭祀，则离绝而已，是女归之无终者也。"来知德《周易集注》："上爻有底而中虚，故曰'承虚筐'。"

【归妹六三小象传】《归妹》卦六三爻的《小象传》。其辞曰："归妹以须，未当也。"意思是：嫁出少女在引颈期待成正室，说明六三的行为不妥当。这是解说《归妹》六三爻辞"归妹以须"的象征内涵。来知德《周易集注》："未当者，爻位不中不正也。"

【归妹六五小象传】《归妹》卦六五爻的《小象传》。其辞曰："帝乙归妹，不如其

娣之袂良也；其位在中，以贵行也。"意思是：帝乙嫁出少女，（作为正室的衣饰）却不如侧室的衣饰美好；说明六五居位尊显而能守中不偏，身份高贵而能施行谦俭之道。这是解说《归妹》六五爻辞"帝乙归妹，（其君之袂）不如其娣之袂良"的象征内涵。王申子《大易缉说》："上二句举爻辞，下二句释之也。言五居尊位而用中，故能以至贵而行其勤俭谦逊之道也。"

【归妹以须未当也】《归妹》卦六三爻的《小象传》辞。旨在解说六三爻辞"归妹以须"的象征内涵。意思是：嫁出少女在引颈期待成正室，说明六三的行为不妥当。参见"归妹六三小象传"。

【归妹以娣以恒也】《归妹》卦初九爻的《小象传》语。旨在解说初九爻辞"归妹以娣"的象征内涵。意思是：嫁出少女充当侧室，说明初九的经历是婚嫁之常道。参见"归妹初九小象传"。

【归妹初九小象传】《归妹》卦初九爻的《小象传》。其辞曰："归妹以娣，以恒也；跛能履，吉相承也。"意思是：嫁出少女充当侧室，说明初九的经历是婚嫁之常道；宛如足跛而努力行走，说明初九的吉祥在于以偏助正相与承事夫君。这是解说《归妹》初九爻辞"归妹以娣，跛能履"的象征内涵。恒，常也。郑汝谐《东谷易翼传》："初少女，且微而在下，以娣媵而归，乃其常也。"俞琰《周易集说》："相承者，佐其嫡以相与奉事其夫也。"

【归妹以须反归以娣】《归妹》卦六三爻辞。意思是：嫁出少女在引颈期待成正室，应当返回待时嫁作侧室。须，谓须待、期待；娣，犹言"侧室"。这是说明六三当"归妹"之时，居下卦之极，不中不正，以柔乘刚，有欲求嫁于"室主"（正室）之象，于是日日引颈须待；但因不得其位，不可存非分之念，宜回头俟时，嫁作与其身份相符的"侧室"，故曰"归妹以须，反归以娣"。参见"归妹六三"。

【归妹天地之大义也】《归妹》卦的《彖

传》语。意思是：嫁出少女，这是天地阴阳的弘大意义。此举"天地"阴阳相合之理，以释此卦名"归妹"之义。程颐《周易程氏传》："一阴一阳之谓道。阴阳交感，男女配合，天地之常理也。归妹，女归于男也，故云'天地之大义也'。男在女上，阴从阳动，故为女归之象。"

【归妹愆期迟归有时】《归妹》卦九四爻辞。意思是：嫁出少女超延佳期，迟迟未嫁静待时机。愆，音牵 qiān，谓超延。这是说明九四当"归妹"之时，以阳处上卦之始，刚居柔位，谦退谨慎，下无其应，犹如"贤女"延期未嫁，静待良配，故曰"归妹愆期，迟归有时"。参见"归妹九四"。

〔J〕

【失正】见"当位不当位"。
【失位】见"当位不当位"。
【失律】谓统兵行师不严明律令，必致败绩。语出《师》卦初六爻《小象传》："师出以律，失律凶也。"《南史·张永传》："以北行失律，固请自贬。"

【失得勿恤往有庆也】《晋》卦六五爻的《小象传》辞。旨在解说六五爻辞"失得勿恤"的象征内涵。意思是：处事不须忧虑得失，说明六五往前必有福庆。参见"晋六五小象传"。

【白光】西汉东海（治所在今山东郯城北）人。字少子。与翟牧同受《易》于孟喜，传"孟氏学"。焦延寿曾自言从孟受《易》，焦氏弟子京房以为延寿《易》即孟氏学，白光、翟牧不肯，皆曰："非也。"白、翟二人治孟《易》知名于世，皆为博士，故学者又合称师弟三人所传为"翟、孟、白之学"（见《汉书·儒林传·孟喜传》及《京房传》）。按，《汉书·朱云传》谓"从博士白子友受《易》"，王先谦《汉书补注》引齐召南曰："案《儒林传》东海孟喜授同郡白光少子，为博士，由是有'白氏学'。然则白子友当即白光。但彼云字少子，此云子友，字不同耳。"此说可备参考。

【白贲无咎】《贲》卦上九爻辞。意思是：素白无华的文饰，必无咎害。白，素也。此言上九居《贲》之极，"贲"道反归于素；事物以"白"为饰，则见其自然真趣，为纯美至极的象征，无所咎害，故曰"白贲，无咎"。参见"贲上九"。

【白孟翟之学】 西汉白光、孟喜、翟牧所传《易》学。白、翟二人，系孟喜的学生。参见"孟氏易"。

【白贲无咎上得志也】《贲》卦上九爻的《小象传》辞。旨在解说上九爻辞"白贲，无咎"的象征内涵。意思是：素白无华的文饰、必无咎害，说明上九大遂贲道尚质的心志。参见"贲上九小象传"。

【仪羽】 用作仪饰的鸿鸟之羽，亦转化为表形、官爵等意。语本《渐》卦上六爻辞"鸿渐于陆，其羽可用为仪"。《宋史·度宗纪》："登朝为仪羽，而肠心不在焉。"

【乐行忧违】 语本《乾》卦《文言传》。见"乐则行之忧则违之"。

【乐则行之忧则违之】《乾》卦《文言传》语。旨在衍释《乾》初九爻辞"潜龙"之义。意思是：有"潜龙"之德者称心的事付诸实施，不称心的事决不实行。即对某事该不该施行有独自的主张。孔颖达《周易正义》："心以为乐，己则行之；心以为忧，己则违之。"

【鸟焚其巢】《旅》卦上九爻辞之语。意为：枝上鸟巢被焚烧，这是说明上九当"旅"之时，质禀阳刚而居高亢之位，以此行旅在外，必招祸害，适如鸟在高枝上筑巢而被焚烧，祸由自取，故有"鸟焚其巢"之象。参见"旅上九"。

【外互】《易》卦"互体"中第三至第五爻所组成的三画卦。详"互体"。

【外卦】 见"二体"。

【外象】 ① 指《周易》六画卦中的外卦之象。亦称"上象"。参见"二体"。② 北宋邵雍的《易》学概念，以《周易》所拟取的外在的象征物象为"外象"。参见"易有内象外象"。

【外比之】《比》卦六四爻辞之语。意思是：在外亲密比辅于君主。此言六四居《比》外卦，上承九五，柔顺得正，犹如在"外"而亲比于"尊主"，故称"外比之"。参见"比六四"。

【外比于贤以从上也】《比》卦六四爻的《小象传》辞。旨在解说六四爻辞"外比之"的象征内涵。意思是：在外亲密比辅于贤君，说明六四顺从于尊上。参见"比六四小象传"。

【用九】《乾》卦六爻之后所附一则文辞之名。"九"为可变的阳数，称"用九"者，乃以《乾》卦为例，指明《周易》哲学以"变"为主的一方面特色，并寓《周易》筮法用九不用七的原则于其中。参见"乾用九"。

【用六】《坤》卦六爻之后所附一则文辞之名。"六"为可变的阴数，称"用六"者，乃以《坤》卦为例，指明《周易》哲学以"变"为主的一方面特色，并寓《周易》筮法用六不用八的原则于其中。参见"坤用六"。

【用大牲吉】《萃》卦的卦辞之语。意为：用大牲祭祀可获吉祥。大牲，指祭祀时所用的重大"牺牲"品，如牛之类，这是说明《萃》卦所揭示的事物"会聚"之时所寓含的深义，故拟取"君主"会萃人神而行"祭庙"之事为喻，谓此时当用"大牲"致祭则吉，即言君主要配合此时，大有作为。参见"萃卦辞"。

【用易详解】 南宋李杞撰。十六卷。《四库全书》录《永乐大典》本。此书大旨，于解说《易》义之间，更引历代史事以证实之，与李光《读易详说》、杨万里《诚斋易传》颇类似。此外，尚多援据《老子》、《庄子》之文以立说。《四库全书提要》指出："其书原本二十卷，焦竑《经籍志》作《谦斋详解》，朱彝尊《经义考》作《周易详解》。考杞《自序》称：'经舍以史证，后世歧而为二，尊经太过，反入于虚无之域，无以见经为万世有用之学。故取《文中子》之言，以

《用易》名编。'其述称名之义甚详。竑及彝尊殆未见原书,故传闻讹异欤? 外间久无传本,惟《永乐大典》尚散见各韵中。采掇裒辑,仅阙《豫》、《随》、《无妄》、《大壮》、《睽》、《蹇》、《中孚》七卦及《晋》卦后四爻,其余俱属完善。谨排次校核,厘为十六卷。书中之例,于每爻解其辞义,复引历代史事以实之。如《乾》初九称舜在侧微、《乾》九二称四岳荐舜之类,案《易》爻有帝乙、高宗等象,《传》有文王、箕子之辞,是圣人原非空言以立训。故郑康成论《乾》之用九,则及舜与禹、稷、契、皋陶在朝之事;论《随》之初九,则取舜宾于四门之义。明《易》之切于人事也。宋世李光、杨万里等,更博采史籍以相证明,虽不无稍涉泛滥,而其推阐精确者,要于立象垂戒之旨,实多所发明。杞之说《易》,犹此志矣。其中不可训者,惟在于多引《老》、《庄》之文。"夫《老》、《庄》之书,其言虽似近《易》,而其强弱攻取之机,形就心和之论,与《易》之无方无体而定之以中正仁义者,指归实判然各殊,自叶梦得《岩下放言》称《易》之精蕴尽在《列》、《庄》,程大昌遂著为《易老通言》。杞作是编,复引而申之,是则王弼辈扫除汉学流弊无穷之明验矣。别白存之,亦足为崇尚清谈者戒也。"

【用晦而明】 《明夷》卦的《大象传》语。意为:自我晦藏明智而更加显示道德光明。这是从《明夷》卦"明入地中"的卦象而推阐出的"君子"观此象,须悟知治理众人应当用"晦明"之道,则其"明"益显的道理。参见"明夷大象传"。

【用拯马壮吉】 ①《明夷》卦六二爻辞之语。意思是:借助健壮的良马勉力拯济,可获吉祥。拯,犹言"拯济"。这是说明六二处柔顺中正之位,当天下"明夷"之时,其志难行,遂使"左股"损伤,自晦其智以守正,然后再借"良马"之拯,缓图徐行,乃得吉祥,故称"用拯马壮,吉"。参见"明夷六二"。 ②《涣》卦初六爻辞。字面意思与《明夷》六二爻辞略同,然其象征旨趣乃是说明,初六以阴居"涣散"之初,上承九二阳刚,犹如得壮马之助,济其阴柔弱质;以此拯"涣",不致离散,遂获吉祥,故爻辞亦取"用拯马壮,吉"之象。参见"涣初六"。

【用冯河不遐遗】 《泰》卦九二爻辞之语。意思是:可以涉越长河,广纳远方的贤者而无所遗弃。冯,音凭 píng,通"淜",谓涉越,"冯河"即涉水过河;不遐遗,"遗遐"的倒装。此言九二当"通泰"之时,阳刚居中,胸怀广阔,故其德足以涉越长河,并能广纳远方贤者而无所遗。参见"泰九二"。

【用史巫纷若吉】 《巽》卦九二爻辞之语。意思是:应当效法祝史、巫觋以谦卑奉事神祇则可获得盛多吉祥。用,谓"施用",此处含"效法"之意;史巫,古代事神者"祝史"、"巫觋"的合称;纷若,盛多之状,"若"为语气词。这是说明九二当"巽"之时,阳居阴位,有卑顺过分之象,不可用来屈从于威势,唯宜效法"史巫"而用于奉事神祇,则为守持中道而巽得其所之举,必能获吉纷多,故曰"用史巫纷若吉"。参见"巽九二"。

【用六永贞以大终也】 《坤》卦"用六"辞的《小象传》之文。意思是:用"六"数永久守持正固,说明阴柔以返回刚大为归宿。这是解说"用六"辞"利永贞"的象征内涵。参见"坤用六小象传"。

【用九天德不可为首也】 《乾》卦"用九"辞《小象传》之文。意思是:用"九"数,说明"天"的美德不自居首。这是解说"用九"辞"见群龙无首吉"的象征内涵。参见"乾用九小象传"。

【用见大人勿恤有庆也】 《升》卦的《彖传》语。意思是:宜于出现大人,不须忧虑,说明此时上升必有福庆。这是解说《升》卦辞"用见大人,勿恤"的象征内涵。孔颖达《周易正义》:"以大通之德,用见大人,不忧否塞,必致庆善,故曰'有庆'也。"

【用大牲吉利有攸往顺天命也】 《萃》

卦的《象传》语。意思是：用大牲祭祀可获吉祥，利于有所前往，说明会聚之时必须顺从"天"的规律。这是解说《萃》卦辞"用大牲吉，利有攸往"的象征内涵。孔颖达《周易正义》："天之为德，刚不违中。今顺以说，而以刚为主，是顺天命也。动顺天命，可以享于神明，无往不利；所以得'用大牲吉，利有攸往'，只为'顺天命'也。"

【包承】 《否》卦六二爻辞之语。意思是：被包容并顺承尊者。包，包容，指《否》六二被九五所包容；承，顺承，指六二顺承于九五。此言六二居《否》下卦之中，当"否闭"之时，上应九五，犹如以柔顺之道包容于九五，而奉承之，故有"小人"得利之象。参见"否六二"。

【包荒】 《泰》卦九二爻辞之语。意思是：有笼括大川似的胸怀。包，犹言"笼括"；荒，谓"大川"。此以"笼括大川"，喻九二当"泰"之时，阳刚居中，胸怀广阔而能包容一切。参见"泰九二"。

【包羞】 《否》卦六三爻辞。意思是：被包容为非、终致羞辱。包，包容。此言六三当"否闭"之时，处《否》下卦之终，不中不正，但有应于上九，犹如仗恃上九的包容而怀谄奉承，妄作非为，终遭羞辱。参见"否六三"。

【包蒙】 《蒙》卦九二爻辞之语。意为：包容培育一群蒙稚者。这是譬喻九二以阳刚居《蒙》下卦中位，包容初六、六三、六四、六五诸阴，犹如"蒙师"广育学子，正施教诲。参见"蒙九二"。

【包有鱼】 《姤》卦九二爻辞之语。意为：厨房里发现一条鱼。包，通"庖"；鱼，阴物，喻《姤》卦初六。此言九二当"遇"之时，以阳刚居下卦之中，初六以阴在下而近承，犹如"鱼"入其"庖"，不期而至，故曰"包有鱼"。参见"姤九二"。

【包牺氏】 见"伏羲"。

【包无鱼起凶】 《姤》卦九四爻辞。意思是：厨房中失去一条鱼，兴起争执必有凶险。包，通"庖"；鱼，阴物，喻《姤》卦初六；起，作也，此处犹言"争执"。这是说明九四当"遇"之时，居上卦之始，阳刚失正，所应初六背己而承二，犹如己"鱼"亡失，入于九二之"庖"；阴为民，"失鱼"恰似"失民"；因"失民"而争，将更孤立，必有凶险，故曰"包无鱼，起凶"。参见"姤九四"。

【包羞位不当也】 《否》卦六三爻的《小象传》辞。旨在解说六三爻辞"包羞"的象征内涵。意思是：被包容为非、终致羞辱，说明六三居位不正当。参见"否六三小象传"。

【包有鱼义不及宾也】 《姤》卦九二爻的《小象传》辞。旨在解说九二爻辞"包有鱼"的象征内涵。意思是：厨房里发现一条鱼，从九二所处时位这一意义看是不能擅用他人之物来宴享宾客。参见"姤九二小象传"。

【包荒得尚于中行以光大也】 《泰》卦九二爻的《小象传》辞。旨在解说九二爻辞"包荒"、"得尚于中行"的象征内涵。意思是：有笼括大川似的胸怀、能够佑助行为持中的君主，说明九二的道德光明正大。参见"泰九二小象传"。

【丘园】 山丘园圃，喻朴素自然之处及退居归隐之所。语出《贲》卦六五爻辞"贲于丘园，束帛戋戋"。孔颖达《周易正义》："贲于丘园者，丘园是质素之处，六五处尊位，为饰之主，若能施饰，在于质素之处，不华侈费用，则所束之帛，戋戋众多也。"《文选》载何晏《景福殿赋》："苍龙睹于陂塘，龟书出于河源。醴泉涌于池圃，灵芝生于丘园。"又载谢灵运《九日从宋公戏马台送孔令诗》："彼美丘园道，喟焉伤薄劣。"李善注："《毛诗》曰：'彼美孟姜。'《周易》曰：'六五，贲于丘园，束帛戋戋。'王肃曰：'失位无应，隐处丘园。'"《北史·韦夐传论》："韦夐隐不负人，贞不绝俗，怡神坟籍，养素丘园，哀乐无以动其心，名利不足干其虑，实近代之高人也。"

【生生之谓易】 谓阴阳转易相生，即是《周易》的变易思想。语出《系辞上传》。

李鼎祚《周易集解》引荀爽曰:"阴阳相易,转相生也。"孔颖达《周易正义》:"生生,不绝之辞。阴阳变转,后生次于前生,是万物恒生谓之'易'也。前后之生,变化改易;生必有死,《易》主劝戒,奖人为善;故云'生',不云'死'也。"来知德《周易集注》:"此一阴一阳之道,若以《易》论之,阳生阴,阴生阳,消息盈虚,始终代谢,其变无穷。此则'一阴一阳之道'在《易》书,《易》之所由名者,此也。"

〔丶〕

【主鬯】 鬯,古代祭祀所用酒名,"主鬯"谓君王的长子主持奉祭宗庙之事,即喻长子居君王接班人的要位。语出《震》卦卦辞"震惊百里,不丧匕鬯";震有长子之象,故"主鬯"喻长子之事。孔颖达《周易正义》云:"《震》卦施之于人,又为长子。长子则正体于上,将所传重,出则抚军,守则监国,威震百里,可以奉承宗庙彝器粢盛,守而不失也。"柳宗元《贺践阼表》(见《柳河东集》):"陛下奉离出曜,体乾继统。主鬯彰孝恭之美,抚军著神武之功。"《宋史·张昭传》:"时皇子竞尚奢侈,张昭疏谏曰:以此而欲托于主鬯,不亦难乎?"

【主父偃】 西汉临淄(故址在今山东淄博市东北)人。汉初《易》家。以研治《易经》得官。《史记·儒林列传》:"临淄人主父偃","以《易》至二千石"。《汉书·儒林传》:"临淄主父偃","以《易》至大官。"按,杨树达《汉书窥管》谓以上文"授"字贯下,主父偃《易》学当亦田何弟子王同所授。

【主卦之主】 《易》例所谓"卦主"之一,即卦中诸爻皆恃其为主之爻。王弼《周易略例·略例下》曰:"凡《彖》者,通论一卦之体者也。一卦之体,必由一爻为主,则指明一爻之美以统全卦之义,《大有》之类是也。"此言《大有》卦(☰)的主卦之主为六五爻。参见"卦主"。

【主敬存诚】 指为人治学应当持守恭敬笃诚之心。此为宋代学者普遍提倡的律身准则。其义本于《文言传》:"闲邪存其诚"、"君子敬以直内,义以方外,敬立而德不孤"。程颐《周易程氏传》:"既处无过之地,则唯在闲邪;邪既闲,则诚存矣。"又曰:"君子主敬以直其内,守义以方其外;敬立而内直,义形而外方。"王鼎《朱子原订近思录序》:"古之圣贤,戒慎恐惧,主敬存诚,默察乎天命民彝之本。"

【立不易方】 《恒》卦的《大象传》语。意为:树立永久不变的正确思想。方,犹言"道",指"正确的思想"。这是从《恒》卦"雷风"常相交助的卦象而推阐出的"君子"当效法此象,立身于恒久不变之道的义理。参见"恒大象传"。

【立心勿恒】 《益》卦上九爻辞之语。意为:居心不常安。恒,犹"安"。此言上九居《益》卦之极,阳刚亢盛,变"损上益下"为"损下益上",有贪得无厌、居心不长安而招致凶险之象,故爻辞特以"立心勿恒"示其戒。参见"益上九"。

【玄黄】 黑色与黄色,指天地之色,又借以指代"天地"。语见《坤》卦上六爻辞:"龙战于野,其血玄黄。"《文言传》云:"夫玄黄者,天地之杂也,天玄而地黄。"《文选》载扬雄《剧秦美新》:"玄黄剖判,上下相呕。"又载陆机《文赋》:"谬玄黄之秩序。"又载王巾《头陀寺碑文》:"质判玄黄,气分清浊。涉器千名,含灵万族。"

【永终知敝】 《归妹》卦的《大象传》语。意思是:长久至终地保持夫妇之道并明白不可淫佚而敝坏此道。永,用如动词。这是从《归妹》卦"泽上有雷"、欣悦而动的卦象而推阐出的"君子"观此象,须悟知夫妇之道宜于"永终",以及应当防止淫佚而不可敝坏此道的道理。参见"归妹大象传"。

【永贞之吉终莫之陵也】 《贲》卦九三爻的《小象传》辞。旨在解说九三爻辞"永贞吉"的象征内涵。意思是:永久守持正固可获吉祥,说明九三能作到这样就始终不会受人陵侮。参见"贲九三小象传"。

【兰言】 喻同心之言。语本《系辞上

传》："二人同心,其利断金;同心之言,其臭如兰。"骆宾王《上齐州张司马启》(见《骆宾王集》):"挹兰言于断金,交蓬心于匪石。"

【半象】 三国吴《易》家虞翻所创《易》学条例。以六画卦中的某两画代表一个三画卦之象;因其未足三画,故称"半象"。如《需》卦九二爻辞"小有言",《周易集解》引虞翻曰:"《大壮》震为言,兑为口;四之五,震象半见,故'小有言'。"此处虞氏先以变卦之例,谓《需》自《大壮》变来,故取《大壮》上下象震、兑为说;又以《需》四之五,则四成阳爻、五成阴爻,四、五两爻为震半象。因卦中有"言"、"口"之象,且利在半象,兑又为少女,遂称"小有言"。又如《小畜》卦《象传》"密云不雨,尚往也",《周易集解》引虞翻曰:"《需》坎升天为云,坠地为雨;上变为阳,坎象半见,故'密云不雨,尚往也'。"此亦取变卦之例合半象为释。按,虞氏半象之说,其用意实主于繁衍卦体、广牵众象,以便于援据卦象解说《周易》。后人对其傅会牵合之弊多有指摘。焦循《易图略》论半象云:"虞翻解'小有言'为震半象见,又有半坎之说。余以为不然。盖乾之半亦巽、兑之半,坤之半亦艮、震之半。震之下半,何异于坎、离之半?坎之半,又何异于兑、艮之半?"又曰:"半象之说兴,则《履》、《姤》之下,均堪半坎;《师》、《困》之下,皆可半震。究何从乎?"

【冯商】 西汉阳陵(治所在今陕西高陵西南)人。字子高。治《易》,事五鹿充宗,受"梁丘之学"。后从刘向问业。能属文,博通强记。汉成帝时为金马门待诏,受诏续司马迁《史记》十余篇,未终病故。《汉书·艺文志》列"冯商所续《太史公》七篇",颜师古注:"韦昭曰:'冯商受诏续《太史公》十余篇,在班彪《别录》。商字子高。'师古曰:《七略》云,商阳陵人,治《易》,事五鹿充宗。后事刘向。能属文。后与孟柳俱待诏,颇序列传。未卒,病死。"又《张汤传·赞》,颜注:"如淳曰:'班固《目录》:冯商,长安人,成帝时以能属书待诏金马门,受诏续《太史公书》十余篇。'师古曰:刘歆《七略》云,商,阳陵人。治《易》,事五鹿充宗。能属文,博通强记,与孟柳俱待诏,颇序列传。未卒,会病死。"王先谦《汉书补注》引周寿昌曰:"商,字子高。赋家有'待诏冯商赋九篇',知商所著尚多。"

【冯椅】 南宋南康都昌(今属江西)人。字仪之,一作奇之。号厚斋。性敏博学。举进士,官至江西运幹。后家居授徒。注《易》、《诗》、《书》、《论语》、《孟子》等,有《厚斋易学》、《周易辑说明解》、《经说》、《续史记》及诗文志录合二百余卷(见《宋史·冯去非传》及《经义考》)。《易》学专著今存《厚斋易学》五十卷、《附录》二卷。

【汉易】 指汉代《易》学。自秦始皇焚书,《周易》独以卜筮幸存,故较群经最为无阙。至汉代四百年间,经学复兴、昌盛,各家《易》说虽总以"象数"学为主,但其流别又较诸经之说最为复杂。大致言之,西汉《易》学约可分为"训故举大义"、"阴阳候灾变"、"章句守师说"、"象象解经意"四派。东汉《易》学,大略沿承西汉经师之说而颇有变异或发展,其中按诸家义例亦可分为四派:马融、刘表、宋衷、王肃、董遇为一派,郑玄、荀爽为一派,虞翻为一派,陆绩为一派。清吴翊寅撰《易汉学考》,曾参据《汉书》、《后汉书》之说,归纳两汉《易》学流派云:"西汉《易》学派别凡四:曰训故举大义,周(王孙)、服(光)、王(同)、丁(宽)、杨(何)、蔡(公)、韩(婴)七家《易传》是也;曰阴阳候灾变,孟喜、京房、五鹿充宗、段嘉四家《易传》是也(原注:京房受焦赣《易》,焦氏无章句,故《汉志》不著录);曰章句守师说,杨何、施(雠)、孟(喜)、梁丘(贺)、京(房)五家博士所立以教授者是也(按,此据《汉书·艺文志》将孟喜、京房分列两大类,盖以章句之学为正宗,以灾变占验为独成一家);曰象象解经意,费直、高相二家民间所用以传受者是也(按,费直无章句,专以《十翼》解说)。其东汉《易》学派别凡四:曰马融、刘表、宋衷、王肃、董遇,皆为费氏《易》作章句者也(原注:费《易》无章句,诸家各为立注);曰郑玄、荀爽,本治京氏《易》,而参以费氏者也(原注:郑玄从第五元先通京氏《易》,荀爽从陈寔受樊英章句亦京氏学);曰虞翻,本治孟氏《易》而改以《参同契》纳甲为主者也;曰陆绩,专治京氏《易》者也。郑、荀、陆三家皆主京氏,京出于孟,可谓同源异流;独虞翻五世传孟氏《易》,后据师说以《参同契》立注。"就上述吴氏所分析,两汉《易》派颇见纷繁复杂。然其间又以"训故举大义"、"章句守师说"为汉《易》的正宗学说。故吴氏《易汉学考》又云:"《易》汉学无他,'训故举大谊'而已,'章句守师说'而已。盈虚消息、升降往来,即汉学之大谊也;《说卦》逸象,即汉学之师说也。章句定,训故明,而《易》之象数在其中,即《易》之义理在其中。彼薄章句训故,而妄测象数,空谈义理,夫岂知《易》者哉!"

【汉上易传】 南宋朱震撰。十一卷,附《汉上易卦图》三卷、《汉上易丛说》一卷。《通志堂经解》本。题曰"汉上",盖因所居以为名;书首有《进书表》一篇,称此书始作于北宋政和丙申(1116),终于南宋绍兴甲寅(1134),凡十八年而成。全书解说经传,颇采汉、魏以降诸家《易》说,以"象数"之学为主,自谓宗法程颐,和会邵雍、张载之论,合郑玄、王弼之学为一。所附《卦图》三卷,专述图书、象数之义;《丛说》一卷,则杂论《易》旨。《四库全书提要》指出:"其说以象数为宗,推本源流,包括异同,以救《庄》、《老》虚无之失。陈善《扪虱新话》诋其'妄引《说卦》,分伏羲、文王《易》,将必有据杂卦反对造孔子《易》图者'。晁公武《读书志》以为'多采先儒之说,然颇舛谬'。冯椅《厚斋易学》述毛伯玉之言,亦讥其卦变、互体、伏卦、反卦之失。然朱子曰:'王弼破互体,朱子发用互体。互体自《左氏》已言,亦有道理,只是今推不合处多。'魏了翁曰:'《汉上易》太烦,却不可废。'胡一桂亦曰:'变、互、伏、反、纳甲之属,皆不可废,岂可尽以为失而诋之? 观其取象,亦甚有好处。但牵合处多,且文辞繁杂,使读者茫然,看来只是不善作文尔。'是得失互陈,先儒已有公论矣。惟所叙图书授受,谓陈抟以先天图传种放,更三传而至邵雍;放以河图、洛书李溉,更三传而至刘牧;穆修以太极图传周敦颐,再传至程颢、程颐;厥后雍得之以著《皇极经世》,牧得之以著《易数钩隐图》,敦颐得之以著《太极图说》、《通书》,颐得之以述《易传》。其说颇为后人所疑。又宋世皆以九数为洛书,十数为河图;独刘牧以十数为洛书,九数为河图。震此书亦用牧说,与诸儒互异。然古有河图、洛书,不云十数、九数;大衍十数见于《系辞》,太乙九宫见于《乾凿度》,不云河图、洛书。黑白奇偶、八卦互行,自后来推演之学,楚失秦得,正亦不足深诘也。"

【汉上易丛说】 南宋朱震撰。一卷。《通志堂经解》本。参见"汉上易传"。

【汉上易卦图】 南宋朱震撰。三卷。《通志堂经解》本。参见"汉上易传"。

【汉儒传易源流】 清纪磊撰。一卷。《吴兴丛书》本。此书主要摘抄朱彝尊《经义考》中有关两汉《易》家及其著述的资料,魏晋以后见于《经典释文》、《周易正义》、《周易集解》者亦抄录之,余则从略。书中间为案语,略加评述,以明诸家之授受源流。吴承仕先生谓此书"随手抄撮,取便省览","体例实多可议"。又指出:"盖杂抄《经义考》,不复原书检照,而又意为去取,间下案语,亦疏略无所发明,或聊为辑录,未尝视为著述定本也。刘承幹跋语云:'是书自两汉下逮隋唐,师师相传之绪,信者著之,疑者阙之,不附会以失真,抑亦求汉《易》师师承者所可征信。'斯真过誉失实者矣。"(《检斋读书提要》)

【汉魏二十一家易注】 汉魏至南朝间

人撰,清孙堂辑。三十二卷。清嘉庆四年(1799)平湖孙氏映雪草堂刊本。此书辑存汉、魏以来亡佚已久之《易》注,自《子夏易传》至南朝齐刘瓛《周易义疏》,凡二十一家;每家各撰《小序》,论其人及其书之宗旨,注下间引古文通假文字,辨证经义,或前人已言则详其姓氏而不攘为己有。阮元《序》称其"笃志研经,虚衷纂录"。柯劭忞指出:"其所辑《子夏易传》,不能出张澍辑本之外;郑君《易注》,不能出丁杰、张惠言辑本之外;马融、王肃《注》,不能出臧庸辑本之外。惟《陆绩注》,较前《提要》所收明姚士粦辑本多四分之一;《干宝注》,据元屠曾辑本,正其抄辑《集解》之舛误,并补其阙遗,洵为有功旧籍。至所辑《姚信注》,较马国翰《辑佚书》本多《乾》初九下引董氏《会通》一条,《屯》'君子以经纶'下多董氏《会通》所引'此君子之事也'一句,《系词上》据《正义》多'马季长、荀爽、姚信等又分"白茅"章,后取"负且乘"更为别章'一条,《说卦传》'昔者圣人之作《易》也'下多《正义序》、《玉海》、《汉上易传》一条;《王廙注》,较马辑本多'咸其腓'一条;《蜀才注》,较马辑本多《系词》'盛conocer之谓乾'一条;《张璠注》,订朱彝尊《经义考》以张璠为张伦之误。马国翰《辑佚书》无《九家易》,殊为疏漏,堂所辑有之。网罗整比,具见用力之勤,亦研究《易》学者不可少之书矣。"(《续修四库全书提要》)

【汉石经周易残字集证】 屈万里撰。三卷。1984年台北联经出版事业公司影印出版。为《屈万里全集》第十一集。按书首《自序》,此书完成于1969年8月。全书分三部分:卷一为《论证》,涉及汉石经之刊刻、兴废及《周易》残字之发现与著录等问题;卷二为《校文》,依《周易》经传次第,逐录全文,其有汉石经《周易》残字者,则以残字影印片嵌入,并附校语;卷三为《汉石经碑周易部分复原图》,以张国淦《汉石经碑图》为蓝本,而加以修订,凡遇石经残字,图中以朱笔书之,余用墨书。

屈氏此书,考证细密,所发论说亦多精切,为校订《周易》经传文字者所宜资参考。

【训故举大义】 西汉《易》学的一个支派,以周王孙、服光、王同、丁宽、杨何、蔡公、韩婴七家《易》说为代表。详见"汉易"。

【议狱缓死】 《中孚》卦的《大象传》语。意为:审议狱事而宽缓死刑。这是从《中孚》卦"泽上有风"、抚物周至的卦象而推阐出的"君子"应当效法此象以广施信德,及至慎议刑狱、宽缓死刑的道理。参见"中孚大象传"。

〔一〕

【司马光】(1019—1086) 北宋陕州夏县(今属山西)人。字君实。居涑水乡,世称涑水先生。七岁时,凛然如成人,闻讲《左氏春秋》,即了其大旨,于是手不释书,至不知饥渴寒暑。群儿戏于庭,一儿登瓮跌没水中,众皆弃去,光持石击破瓮,儿得活。宝元初进士。曾任翰林院学士、御史中丞。哲宗时任尚书左仆射兼门下侍郎,拜相,主持国政,尽罢王安石新法。卒赠太师温国公,谥文正。尝奉钦命设局编纂《资治通鉴》,历时十九年;其他著作亦甚丰(见《宋史》本传)。《易》学专著有《温公易说》六卷,及《集注太玄经》六卷、《潜虚》一卷。

【司马谈】(?—前110) 西汉夏阳(今陕西韩城南)人。司马迁之父。官至太史令,尊称太史公。曾受《易》于汉初今文《易》学大师、第一位《易经》博士杨何。所著《论六家要指》中,首称《系辞传》为《易大传》。《史记·太史公自序》曰:"太史公学天官于唐都,受《易》于杨何,习道于黄子。"又引《论六家要指》曰:"《易大传》:'天下一致而百虑,同归而殊途。'"裴骃《集解》引张晏释"易大传"云:"谓《系辞传》。"

【司马季主】 西汉楚地人。游学长安,通《易经》,好黄帝、老子之术,博闻远见。

卖卜于长安东市。宋忠、贾谊过之,谓:"窃观于世久矣,未有如先生者,何居之卑,何行之污也?"季主捧腹大笑,答以"贤者不与不肖者同列,故宁处卑以避众";又长论卜筮之业未尝卑污,云:"自伏羲作八卦,周文王演三百八十四爻而天下治。由是言之,卜筮有何负哉!"宋忠、贾谊怅然嗫口,再拜而辞。司马迁甚推崇季主之德,赞曰:"古者卜人所以不载者,多不见于篇。乃至司马季主,余志而著之。"(《史记·日者列传》)

【圣人以神道设教】 《观》卦的《彖传》语。意为:圣人效法大自然的神妙规律设教于天下。神道,犹言"神妙的自然规律"。这是举"圣人"设教可以使天下从化而顺服之例,阐说"观仰"之道的深刻内涵,以明《观》卦的象征义理。程颐《周易程氏传》:"至神之道,莫可名言,惟圣人默契,体其妙用,设为政教,故天下之人涵泳其德而不知其功,鼓舞其化而莫测其用,自然仰观而戴服。"朱熹《周易本义》:"神道设教,圣人之所以为观也。"

【圣人作而万物睹】 谓圣人奋起治世而万物昌盛、尽皆瞻睹。语出《乾》卦《文言传》。旨在衍发《乾》九五"飞龙在天,利见大人"的象征意蕴。圣人,犹"飞龙"之象;万物睹,犹"利见"之象。李鼎祚《周易集解》引陆绩曰:"阳气至五,万物茂盛,故譬以圣人在天子之位,功成制作,万物咸见之。"孔颖达《周易正义》:"圣人作,则飞龙在天也;万物睹,则利见大人也。"又曰:"此亦同类相感,圣人有生养之德,万物有生养之情,故相感应也。"

【圣人养贤以及万民】 《颐》卦的《彖传》语。意为:圣人养育贤者并养及万民。这是盛赞《颐》卦所体现的"颐养"之道的弘大。程颐《周易程氏传》:"圣人则养贤才,与之共天位,使之食天禄,俾施泽于天下,养贤以及万民也,养贤所以养万民也。"

【圣人感人心而天下和平】 《咸》卦的《彖传》语。意思是:圣人感化人心带来天下和平昌顺。这是举"圣人"与天下众人相感为例,赞美《咸》卦所展示的"交感"大义。孔颖达《周易正义》:"圣人设教,感动人心,使变恶从善,然后天下和平。"程颐《周易程氏传》:"圣人至诚以感亿兆之心,而天下和平。天下之心所以和平,由圣人感之也。"

【圣人久于其道而天下化成】 《恒》卦的《彖传》语。意为:圣人永久保持美好的道德而天下就能遵从教化形成美俗。这是举"圣人"恒久守道为例,赞美《恒》卦所揭示的"恒久"大义。孔颖达《周易正义》:"圣人应变随时,得其长久之道,所以能光宅天下,使万物从化而成也。"程颐《周易程氏传》:"圣人以常久之道,行之有常,而天下化之以成美俗也。"

【圣人以顺动则刑罚清而民服】 《豫》卦的《彖传》语。意思是:圣人顺沿民情而动,于是运用刑罚清明、百姓纷纷服从。这是举"圣人"治世为例,说明万事万物均须"顺而动"才能成"豫"。孔颖达《周易正义》:"圣人能以理顺而动,则不赦有罪,不滥无辜,故刑罚清也;刑罚当理,故人服也。"程颐《周易程氏传》:"圣人以顺动,故经正而民兴于善,刑罚清简而民服也。"

【圣人亨以享上帝而大亨以养圣贤】 《鼎》卦的《彖传》语。意思是:圣人烹煮食物祭享天帝,又大规模地烹物来奉圣贤。亨,通"烹";享,祭也;上帝,犹言"天帝"。这是举"圣人"烹物祭天帝、养贤者为例,极称鼎器的重大功用,再申此卦名"鼎"之义。孔颖达《周易正义》:"此明鼎用之美。亨任所须,不出二种:一供祭祀,二当宾客。若祭祀则天神为大,宾客则圣贤为重;故举其重大,则轻小可知。享帝直言'亨',养人则言'大亨'者,亨帝尚质,特牲而已,故直言'亨';圣贤既多,养须饱饫,故'亨'上加'大'字也。"

【弗损益之】 ①《损》卦九二爻辞之语。意思是:不必自我减损就可以施益于上。

弗损,指九二不自损;益之,谓有益于六五。这是说明九二当"减损"之时,阳居阴位,刚柔适中,非"有余"之刚;而上卦的六五阴居阳位,其柔刚亦适中,非"不足"之柔;两者虽为正应,但九二不可急往应之,惟不自损刚而长守其正,即能"益上",故曰"弗损益之"。参见"损九二"。 ②《损》卦上九爻辞之语。意为:不用自我减损即可施益于人。弗损,指上九不自损;益之,犹言"广益于下"。此语字面措辞虽与《损》九二爻辞同,但其内在象征旨趣乃是说明上九当"损"之时,以阳刚居卦终,"损下益上"必将转化为"损上益下";而此时上九受下之益已极,毋须自损便有以施益天下,故有"弗损益之"之象。参见"损上九"。

【弗遇过之已亢也】《小过》卦上六爻的《小象传》辞。旨在解说上六爻辞"弗遇过之"的象征内涵。意思是:不能遇合阳刚却更超过阳刚,说明上六已经处在过分亢极的境地。参见"小过上六小象传"。

【弗遇过之飞鸟离之】《小过》卦上六爻辞之语。意思是:不能遇合阳刚却更超过阳刚,犹如飞鸟穷飞不已必遭射杀。离,通"罹",犹言"遭受"。这是说明上六居《小过》之终,阴处穷高,"柔小者"已过越至极,不仅不能遇合下卦九三之阳,且自身之高亢已远超过阳刚,适如飞鸟穷飞而不止,终必遭射杀,其凶可知,故曰"弗遇过之,飞鸟离之"。参见"小过上六"。

【弗过防之从或戕之】《小过》卦九三爻辞之语。意思是:不肯过为防备,将要遭人残害。防,谓防备;从,作副词,犹"随着"、"从而";戕,音枪qiāng,害也。此言九三当"小过"之时,正值阴柔者过越之际,然因阳刚得位,自恃强健,不愿过为防备,必将为人所害,其凶可知,故曰"弗过防之,从或戕之"。参见"小过九三"。

【弗过遇之位不当也】《小过》卦九四爻的《小象传》语。旨在解说九四爻辞"弗过遇之"的象征内涵。意思是:不过分强求遇合阴柔者,说明九四未居适当的阳位而不可强自用刚。参见"小过九四小象传"。

【弗过遇之往厉必戒】《小过》卦九四爻辞语。意思是:不过分强求遇合阴柔者,若急往求应将有危险而务必自戒。遇之,指《小过》九四遇合初六。这是说明九四当"小过"之时,阳居阴位,慎退自守,有谦柔不为过刚之象;此时虽与下卦初六为阴阳正应,初六以阴柔"过越"之质而上,然九四却不可过分强求与应,唯静居以"遇之"则无妨,若急往求应必遭危害,宜随时自戒,才能长保无虞,故曰"弗过遇之,往厉必戒"。参见"小过九四"。

【弗损益之大得志也】《损》卦上九爻的《小象传》辞。旨在解说上九爻辞"弗损益之"的象征内涵。意思是:不用自我减损即可施益于人,说明上九大得施惠天下的心志,参见"损上九小象传"。

【发蒙】《蒙》卦初六爻辞之语。意为启发蒙稚。谓初六以阴爻最处卦下,为"蒙"之始,蒙稚至甚,亟待启发。参见"蒙初六"。

【皮锡瑞】(1850—1908) 清湖南善化(今长沙)人。字鹿门,一字籙云。因推崇西汉传《尚书》经师伏生,题所居曰"师伏堂",世称"师伏先生"。少有经世之志,留意国家利弊。应试不第,遂专心讲学著述。曾主讲湖南龙潭书院、江西经训书院。光绪二十四年(1898),因赞成"戊戌变法",受保守党打击,交地方官管束。后曾任京师大学堂经学教习。晚居湖南,授徒著书,卒年五十九(见《碑传集补》)。《易》学著述有《易经通论》一卷。

六　画

〔一〕

【吉】　《周易》卦爻辞中的常用语。事物"美善吉祥"之称。《说文解字》："吉，善也，从士口。"《系辞上传》"吉凶者，失得之象"，即谓获"吉"者乃行为美善而有所得。孔颖达《周易正义》："辞之吉者，是得之象。"

【吉凶悔吝循环】　南宋朱熹认为，《周易》中关于吉、凶、悔、吝的占断辞，是随着环境、条件的变动而互为循环转化的，即没有一成不变的吉凶之占。《朱子语类》卷七十四录朱熹语曰："吉凶悔吝四者，正如刚柔变化相似，四者循环，周而复始。悔了便吉，吉了便吝，吝了便凶，凶了便悔。"

【西铭述解】　明曹端撰。一卷。参见"太极图说述解"。

【西谿易说】　南宋李过撰。十二卷。《四库全书》本。此书系《四库》馆臣据浙江吴玉墀家钞本抄录，其解说只及《周易》上下经，而不涉《系辞》以下诸传，书首为《序说》一卷。《四库全书提要》指出："董真卿《周易会通》称此书有过《自序》，在庆元戊午，谓几二十年而成。此本佚去其《序》，而书中亦多阙文，盖传钞讹脱，又非真卿所见之旧矣。"又云："冯椅《易学》称其多所发明，而议其以毛渐《三坟》为信，又多割裂经文""汩乱颠倒，殆不可训矣。宜为胡一桂所讥。其论爻辞为文王作，谓先儒以'西山'等字指文王者为凿；而说《明夷》一卦以上三爻为箕子事，下三爻为文王事，则仍不免自乱其例。盖过晚而丧明，冥心默索，不能与师友相订正。意所独造，或不免毅然自为，而收视返听，用心刻挚，亦往往发先儒所未发。其乱经之罪与诂经之功，固约略可以相当也。"

【西汉易学两京房】　西汉治《易》学的经师中，有两位姓名并为"京房"者：一是杨何弟子，梁丘贺之师；一是焦延寿弟子，字君明，开创"京氏易"学派。两人亦合称"前后京房"。详"京房"第一、二义项。

【西南得朋乃与类行】　《坤》卦《彖传》语。旨在解说《坤》卦辞"西南得朋"之义。意思是：往西南将得到友朋，可以和朋类共赴前方。《易》理以异性为朋、为类，尚秉和先生《周易尚氏学》取《十二辟卦图》（即《消息卦图》，见书首图版一）中《坤》居西北"亥"位为说，认为："消息卦自西而南，阳日增，故曰'西南得朋'；阴以阳为类，故曰'乃与类行'。"按，孔颖达《周易正义》以《后天八卦方位图》（见书首图版二十）中"坤"居西南方位为说，并持"同性为朋"之论，指出："以阴而造坤位，是乃与类俱行。"可资参考。参见"西南得朋东北丧朋"。

【西南得朋东北丧朋】　《坤》卦的卦辞之语。意思是：往西南将得到友朋，往东北将丧失友朋。据《易》理，《易》中"阴"以"阳"为朋，"阳"以"阴"为朋。《坤》卦主阴，其谓"得朋"、"丧朋"，即"得阳"、"丧阳"之意。故尚秉和先生《周易尚氏学》取《十二辟卦图》（见书首图版一）为说，指出《坤》居西北"亥"位，阴气逆行，沿西南方向前行遇"阳"渐盛，若沿东北方向前行则失"阳"渐尽；而"阴得阳为朋"，故西南行"得朋"，东北行"丧朋"。其说于理颇顺。按，这两句旧解多歧，兹举两说以备参考：一、王肃曰："西南阴类，故得朋；东北阳类，故丧朋。"（孙堂辑《汉魏二十一家易注》）此说主张阳与阴为"朋类"。二、王弼《周易注》亦主张"同性为朋"，认为："西南致养之地，与《坤》同道者也，故曰'得朋'；东北，反西南者也，故曰'丧朋'。阴之为物,必离其党,之于反类,而后获安贞吉。"即谓"阴"者必须"丧朋"趋附于"阳"才能获吉,并以"东北丧朋"句连下文"安贞吉"为义,其说亦通。参见"坤卦辞"。

【老阴】 《易》筮时,称三变皆偶所得之数"六"为"老阴"。详"阴阳老少"。

【老阳】 《易》筮时,称三变皆奇所得之数"九"为"老阳"。详"阴阳老少"。

【老子知易之体】 老子,即李耳,春秋末期的著名思想家。作《道德经》五千言,阐发阴阳辩证之理,与《周易》学说的思想本质颇接近,故称其"知《易》之体"。北宋邵雍《皇极经世书·观物外编》云:"老子,知《易》之体者也。"又云:"《老子》五千言,大抵皆明物理。"张行成《皇极经世观物外篇衍义》:"老子知阴而不知阳,得《易》之体而已。不如孟轲得《易》之用。老子言知雄守雌、知白守黑,专气致柔;孟子知言集义,养浩然之气,各以《易》而反于身者也。"

【老妇士夫亦可丑也】 《大过》卦九五爻的《小象传》语。旨在解说九五爻辞"老妇得其士夫"的象征内涵。意思是:龙钟老太配了个强壮丈夫,说明九五的情状也太可羞丑。参见"大过九五小象传"。

【老夫女妻过以相与也】 《大过》卦九二爻的《小象传》辞。旨在解说九二爻辞"老夫得其女妻"的象征内涵。意思是:龙钟老汉配上年少娇妻,说明九二阳刚过甚但能和初六阴柔相互亲与。参见"大过九二小象传"。

【至临】 《临》卦六四爻辞之语。意为:十分亲近地监临众人。至,极也,此处犹言"十分亲近"。这是说明六四居《临》上卦之始,当"临"之时,以柔正应合初九,切近下体,犹如亲于所监临之众,故称"至临"。参见"临六四"。

【至赜】 极为深奥的道理。语出《系辞上传》"言天下之至赜而不可恶也。"《后汉书·崔骃传》:"穷至赜于幽微。"

【至日闭关】 《复》卦的《大象传》语。

意为:在微阳初动的冬至闭关静养。至日,谓冬至;闭关,即掩闭关阙。这是从《复》卦"雷在地中"微动的卦象而推阐出的"先王"效法此象,制定于冬至阳气复生之日休息静养的条例,以利微阳进一步发展的意义。参见"复大象传"。

【至哉坤元】 《坤》卦《彖传》语。旨在叹美《坤》卦辞"元"之义。意思是:美德至极啊,配合天开创万物的大地!至,犹言"极";坤元,谓"地"的元始之德。《坤》之"元"德与《乾》之"元"德的本质不同之处,在于《乾》是主导,《坤》是配合;故均称"元",而其义有别。李鼎祚《周易集解》引《九家易》曰:"谓乾气至坤,万物资受以生也。《坤》者纯阴,配《乾》生物,亦善之始,地之象也。故又叹言至美。"孔颖达《周易正义》:"'元'是《坤》德之首,故连言之。犹《乾》之'元'德与'乾'相连共文也。'至哉坤元'者,叹美《坤》德,故曰'至哉'。至,谓至极也,言地能生养至极,与天同功。但天亦至极,包笼于地;非但至极,又大于地。故《乾》言'大哉',《坤》言'至哉'。"

【至静而德方】 《坤》卦《文言传》语。旨在衍发《坤》卦辞所示"坤德"的象征内涵。方,古人以为"天圆地方",此处含"流布四方"之义。这是指明《坤》卦象征的大地极为安静但柔美的品德却流布四方。李鼎祚《周易集解》引荀爽曰:"坤性至静,得阳而动,布于四方也。"吴澄《易纂言》:"《坤》体隤然不动,故曰'至静';然其生物之德,普遍四周,无处欠缺,故曰'方'。"

【至于八月有凶】 《临》卦的卦辞之语。意为:到了(阳气日衰的)八月将有凶险。此言当"临"之时,"监临"盛极必有衰落的危险,犹如阳气发展至"八月"将转为衰微萧条;故卦辞取"八月有凶"为喻,以示"临人"者盛时防衰之诫。参见"临卦辞"。

【至临无咎位当也】 《临》卦六四爻的《小象传》辞。旨在解说六四爻辞"至临无咎"的象征内涵。意思是:十分亲近地监临于人、必无咎害,说明六四居位正当。参见"临六四小象传"。

【至于八月有凶消不久也】《临》卦的《象传》语。意思是:到了(阳气日衰的)八月将有凶险,说明临人盛极必接近衰亡而好景不能长久。此释《临》卦"至于八月有凶"之义,谓"临"之道盛极必衰,即揭明"临人"之时所寓含的"阴阳消长"的必然规律。程颐《周易程氏传》:"在阴阳之气言之,则消长如循环,不可易也。以人事言之,则阳为君子,阴为小人,方君子道长之时,圣人为之诫,使知极则有凶之理而虞备之,常不至于满极,则无凶也。"

【有孚】《周易》卦爻辞中的常用语。孚,《说文解字》"一曰'信也'",犹言"心怀诚信"。《需》卦辞"需,有孚",孔颖达《周易正义》曰:"无信即不立,所待唯信也,故云'需,有孚',言'需'之为体,唯有信也。"

【有厉利已】《大畜》卦初九爻辞。意为:有危险,利于暂停不进。厉,危也;已,谓停止。此言初九处"大畜"之时,阳德卑微,为上卦的六四所"畜止"、规正;此时若急于求进则"危",若暂停不进、自畜己德则"利",故曰"有厉,利已"。参见"大畜初九"。

【有孚比之】《比》卦初六爻辞之语。意谓心怀诚信而亲密比辅于君主。孚,信也。比之,指初六比辅于九五。此言初六当"亲比"之时,虽地位卑微、遥处卦下,但承"尊者"的信德广施,亦能以诚信比辅于上,遂呈现"上下亲比"的景象。参见"比初六"。

【有孚挛如】①《小畜》卦九五爻辞之语。意思是:心怀诚信而牵系群阳共信一阴。挛,犹言"牵系";如,语气助词。这是说明九五当"小畜"之时,阳刚中正,以诚信之德牵系下卦三阳爻共同施信于六四,蔚成《象传》所言"柔得位而上下应之"的"小畜"盛况,故称"有孚挛如"。参见"小畜九五"。 ②《中孚》卦九五爻辞之语。意思是:笃诚至信而广系天下之心。此言

九五当"中孚"之时,阳刚中正,尊居"君位",为一卦之主,能以诚信广系"天下"之心,而"天下"亦以诚信相应,故有"有孚挛如"之象。参见"中孚九五"。

【有孚改命】《革》卦九四爻辞之语。意思是:心存诚信以革除旧命。孚,信也;改,犹言"革"。此谓九四当"革"之时,处上卦"水火更革"之际,刚而能柔,正宜于推行变革,此时若能以孚诚之心全面革除旧命,必可顺应大势而有所成,故曰"有孚改命"。参见"革九四"。

【有孚窒惕】《讼》卦的卦辞之语。谓"争讼"之事,必须因"诚信"被窒塞、心有惕惧而导致的。孚,谓"信";窒,犹言"窒塞";惕,即"惕惧"。这是指明"讼"事之所由起,唯须起于"孚信"被窒息而生惕惧,方可涉身于"讼"。参见"讼卦辞"。

【有孚颙若】《观》卦的卦辞之语。意为:心中充满诚敬肃穆的情绪。孚,信也;颙,肃穆之貌;若,语气助词。此谓人们在"观仰"之时的心理感化作用,说明观仰美盛事物可以使人产生诚敬肃穆之情。参见"观卦辞"。

【有言不信】《困》卦的卦辞之语。意为:有所言未必信于人。这是说明当"困穷"之时,凡有所言必难令人获信,故"君子"宜多修己德,少说为佳。参见"困卦辞"。

【有渝无咎】《豫》卦上六爻辞之语。意为:及早改正则无咎害。渝,变也。此言上六当"豫"之时,以阴处卦之极,有盲目沉溺于豫乐之象,故须速"渝"方可"无咎"。参见"豫上六"。

【有攸往夙吉】《解》卦的卦辞之语。意思是:出现险难而有所前往,及早前去可获吉祥。夙,早也,此处与"速"义通。这是说明当"舒解"险难之时,若出现险难,应有所前往,并以及早前去、迅速舒解为吉,故曰"有攸往,夙吉"。参见"解卦辞"。

【有孚惠我德】《益》卦九五爻辞之语。

意思是：天下人必将真诚信实地感惠报答我的恩德。我，指《益》卦九五爻；惠，谓感惠。此言九五当"损上益下"之时，以阳刚中正之德尊居"君位"，下应六二，犹如怀有诚信惠下之心，以损己益物为念，获吉至大；而其吉不但在于使"天下"广受其益，还体现于"天下"也以诚信感惠于上，于是上下交信，心志相通，故曰"有孚惠我德"。参见"益九五"。

【有飞鸟之象焉】《小过》卦的《象传》语。意谓：此卦的卦辞中有飞鸟的喻象。即指《小过》卦辞"飞鸟遗之音，不宜上，宜下"诸语。王弼《周易注》："'不宜上，宜下'，即'飞鸟'之象。"按，李鼎祚《周易集解》引宋衷曰："二阳在内，上下各阴，有似飞鸟舒翩之象。"尚秉和先生《周易尚氏学》认为，《小过》上卦为"覆艮"，下卦亦艮，"艮为鸟"，故"有飞鸟之象，谓上下卦皆艮也"。两说并通，宜资参考。但程颐《周易程氏传》则云："此一句不类《彖》体，盖解者之辞，误入《彖》中。"亦可备一说。

【有孚在道以明】《随》卦九四爻辞之语。意思是：心怀诚信而合乎正道，立身光明磊落。孚，信也。此言九四当"随"之时，处"失正"之位而被人随从，颇有凶险；但其本具阳刚之德，故爻辞特从正面勉励其长怀诚信以体现正道，显扬光明美德，则可以化"凶"为"无咎"。参见"随九四"。

【有孚血去惕出】《小畜》卦六四爻辞之语。意思是：阳刚施予诚信，于是离去忧恤、脱出惕惧。孚，信也，指《小畜》九五施信于六四；血，即"恤"，忧也；惕，犹言"惕惧"。此谓六四当"小畜"之时，柔顺得正，为一卦"畜阳"之主，其时九五阳刚中正，下施诚信于六四，故称"有孚"；而六四既获九五下施之"孚信"，又以柔正承阳，"畜阳"有道，遂能离忧脱惧，故曰"血去惕出"。参见"小畜六四"。

【有命无咎畴离祉】《否》卦九四爻辞。意思是：奉行扭转否道的"天命"、无所咎害，众类相依附均获福祉。命，此处指扭转否道的"天命"，兼含《否》九五的"君命"之意；畴，通"俦"，犹言"众类"，此处指《否》下卦诸阴爻；离，依附；祉，福也。这是说明九四处《否》下卦进入上卦之始，"否闭"局面将有扭转，奉"命"济"否"，故获无咎；此时既当"否"道将转之际，则下卦群阴也依附九四"济否君子"而共获福祉，故称"畴离祉"。参见"否九四"。

【有孚于饮酒无咎】《未济》卦上九爻辞之语。意思是：信任他人而自己安闲饮酒，不致咎害。孚，信也。这是说明上九以阳刚居《未济》之终，正当"未济"至极而转向"既济"之时，诸事皆成，无所烦忧，遂信任委用他人，不必事事躬亲，于闲逸之日自可"饮酒"为乐，亦无咎害，故曰"有孚于饮酒，无咎"。参见"未济上九"。

【有孚在道明功也】《随》卦九四爻的《小象传》语。旨在解说九四爻辞"有孚在道"的象征内涵。意思是：心怀诚信而合乎正道，这是九四光明磊落品德的功效。参见"随九四小象传"。

【有命无咎志行也】《否》卦九四爻的《小象传》辞。旨在解说九四爻辞"有命无咎"的象征内涵。意思是：奉行扭转否道的天命、无所咎害，说明九四济否的志向正在施行。参见"否九四小象传"。

【有不速之客三人来】《需》卦上六爻辞之语。意思是：有不召而至的三位客人来访。此谓上六居《需》卦之终，有"落入陷穴"之厄；但上六下应九三，当"需"极之时，九三能偕同九二、初九两阳共同越过"坎"险，犹如"不速之客三人"同来应援上六，则上六的"入穴"之难终将可脱。参见"需上六"。

【有厉利已不犯灾也】《大畜》卦初九爻的《小象传》辞。旨在解说初九爻辞"有厉利已"的象征内涵。意思是：有危险、利于暂停不进，说明初九不可冒着灾患前行。参见"大畜初九小象传"。

【有戎勿恤得中道也】《夬》卦九二爻的《小象传》辞。旨在解说九二爻辞"有戎勿恤"的象征内涵。意思是：出现战事也不必忧虑，说明九二深得居中慎行之道。参见"夬九二小象传"。

【有孚不终乃乱乃萃】《萃》初六爻辞之语。意思是：内心诚信不能保持至终，导致行动紊乱而与人妄聚。孚，信也；乃，语气助词。这是说明初六以阴处"萃"之始，上应九四之阳，但前有六二、六三两阴相阻，六三又近承九四，遂对九四疑虑重重，与之真诚会聚之心不能保持至终，以致行动紊乱而妄聚，故曰"有孚不终，乃乱乃萃"。参见"萃初六"。

【有孚中行告公用圭】《益》卦六三爻辞之语。意思是：心存诚信而持中慎行，时时像手执玉圭致意于王公一样虔诚恭敬。孚，信也；告，犹言"晋见"、"致意"；圭，音归 guī，玉器名，古代天子诸侯祭祀或朝聘时，卿大夫等执此以表示"信"。这是说明六三处"益"之时，本不当位而受益至多，不可因"益"忘忧，纵欲妄为，而应当守"信"持"中"，时时像执圭"告公"一样诚敬不苟，才能长保无咎，故爻辞特以"有孚中行，告公用圭"为喻设诫。参见"益六三"。

【有孚挛如不独富也】《小畜》卦九五爻的《小象传》辞。旨在解说九五爻辞"有孚挛如，富以其邻"的象征内涵。意思是：心怀诚信而牵系群阳共信一阴，说明九五不独享自身的阳刚富实。参见"小畜九五小象传"。

【有孚挛如位正当也】《中孚》卦九五爻的《小象传》辞。旨在解说九五爻辞"有孚挛如"的象征内涵。意思是：笃诚至信而广系天下之心，说明九五居位中正适当。参见"中孚九五小象传"。

【有孚挛如富以其邻】《小畜》卦九五爻辞。意思是：心怀诚信而牵系群阳共信一阴，用阳刚充实丰富近邻。挛，犹言"牵系"、"连接"；富，阳称"富"，此处作动词，谓"增富"；邻，指《小畜》六四爻。这是说明九五当"小畜"之时，阳刚中正，以诚信

之德牵系下卦三阳爻共同施信于六四，蔚成《象传》所言"柔得位而上下应之"的"小畜"盛况，故称"有孚挛如"；且九五不但牵系群阳施信于六四，更以自身的阳刚之美增富比邻于己的六四，故曰"富以其邻"，此亦《小象传》所称"不独富"之义。参见"小畜九五"。

【有孚惕出上合志也】《小畜》卦六四爻的《小象传》辞。旨在解说六四爻辞"有孚"、"惕出"的象征内涵。意思是：阳刚施予诚信于是脱出惕惧，说明六四与阳刚尊上意志相合。参见"小畜六四小象传"。

【有孚惠心勿问之矣】《益》卦九五爻的《小象传》语。旨在解说九五爻辞"有孚惠心"之义，然即取爻辞"勿问元吉"转而相释。意思是：真诚信实地怀有施惠天下的心愿，说明九五的吉祥是毫无疑问的。参见"益九五小象传"。

【有孚惠心勿问元吉】《益》卦九五爻辞之语。意思是：真诚信实地怀有施惠天下的心愿，毫无疑问是至为吉祥的。孚，信也；惠心，指施惠"天下"之心；勿问，犹言"毫无疑问"。这是说明九五当"损上益下"之时，以阳刚中正之德尊居"君位"，下应六二，犹如怀有诚信惠下之心，以损己益物为念，于是不待问必有"元吉"，故曰"有孚惠心，勿问元吉"。参见"益九五"。

【有孚盈缶终来有它】《比》卦初六爻辞之语。意思是：君主的诚信如美酒充盈酒缸，终于使远者来归而广泛亲抚于他方。孚，信也；盈缶，指酒盈于缸，喻《比》卦九五的诚信之德充盈天下；来，犹言"使来归"，指九五使初六归附比辅；有它，指九五下应六二之外的其他阴爻。此谓初六当"亲比"之时，卑处卦初，最远于九五，但九五亲下的诚信之德旁盈广施，遂使"荒远"如初六者也"终来"归附，九五则下应亲抚他方，故称"有它"。参见"比初六"。

【有攸往夙吉往有功也】《解》卦的《彖传》语。意思是：出现危难而有所前往之

际,及早前去可获吉祥,说明速往解难必能建功。这是解说《解》卦辞"有攸往,夙吉"之义。孔颖达《周易正义》:"解难能速,则不失其几,故'往有功'也。"

【有言不信尚口乃穷也】 《困》卦的《彖传》语。意思是:(处困之时)有所言未必见信于人,说明崇尚言辞不但无益反而更致穷厄。这是解说《困》卦辞"有言不信"的象征内涵。孔颖达《周易正义》:"处困求通,在于修德,非用言以免困;徒尚口说,更致困穷,故曰'尚口乃穷也'。"

【有孚发若信以发志也】 《丰》卦六二爻的《小象传》辞。旨在解说六二爻辞"有孚发若"的象征内涵。意思是:自我发挥诚信,说明六二应当以诚信来开拓丰大光明的志向。参见"丰六二小象传"。

【有陨自天志不舍命也】 《姤》卦九五爻的《小象传》语。旨在解说九五爻辞"有陨自天"的象征内涵。意思是:必然有理想的遇合从天而降,说明九五的心志不违背天命。参见"姤九五小象传"。

【在师中吉】 《师》卦九二爻辞之语。意思是:统率兵众,持中不偏可获吉祥。在师,犹言"率师"。此谓九二以阳刚居《师》下卦之中,上应六五之"君",犹如率师能持中不偏,故"吉"而"无咎"。参见"师九二"。

【在下位而不忧】 《乾》卦《文言传》语。旨在衍释《乾》九三"君子"的象征内涵。九三居《乾》上卦之下,故称"下位";因其"识几"而知进取之时将至,故能努力振作而不忧。孔颖达《周易正义》:"处上卦之下,故称下位;以其知事将至,务几欲进,故不可忧也。"

【在师中吉承天宠也】 《师》卦九二爻的《小象传》语。旨在解说九二爻辞"在师,中吉"的象征内涵。意思是:统率兵众持中不偏可获吉祥,说明九二承获"天子"的宠信。参见"师九二小象传"。

【过揲】 指占筮时经过揲算并扣除"挂"、"扐"之后的蓍策。在"三变"成一爻、"十八变"成一卦的过程中,每三变所出现的过揲策数必居以下四种情况之一:或三十六策(除以四得"九"),为老阳爻;或三十二策(除以四得"八"),为少阴爻;或二十八策(除以四得"七"),为少阳爻;或二十四策(除以四得"六"),为老阴爻。参见"筮法"。

【过涉灭顶】 《大过》卦上六爻辞之语。意为:涉水过深以至淹没头顶。此言上六当"大过"之时,以阴柔之极而居卦终,虽下比九五阳刚,竭力取阳济阴,但因才力过弱,终究难免亡身,犹如涉水过深淹溺、遭灭顶之灾,故曰"过涉灭顶"。参见"大过上六"。

【过其祖遇其妣】 《小过》卦六二爻辞之语。意思是:超越祖父,得遇祖母。祖,谓祖父,喻《小过》九四爻;妣,谓祖母,喻《小过》六五爻。这是说明六二当"小过"之时,以阴居下卦中位,柔顺得正,其进畅遂,可以逾迈九三而超越上卦九四之阳,乃至得遇居尊位之六五,犹如越过"祖父"而幸遇"祖母",故称"过其祖,遇其妣"。辞义主于六二能适中合宜地施行"小有过越"之道。参见"小过六二"。

【过涉之凶不可咎也】 《大过》卦上六爻的《小象传》辞。旨在解说上六爻辞"过涉灭顶,凶,无咎"之义。意思是:涉水过深以至淹没头顶而有凶险,说明上六救时亡身而不可视为有咎害。参见"大过上六小象传"。

【过以利贞与时偕行也】 《小过》卦的《彖传》语。意思是:有所过越而利于守持正固,说明应当配合适当之时奉行此道。这是解说《小过》卦的卦辞"利贞"之义。谓处"小过"之旨,须以"正"行于其时,不可随意妄为。孔颖达《周易正义》:"矫枉过正,应时所宜,不可常也。"程颐《周易程氏传》:"过而利于贞,谓与时行也。时当过而过,乃非过也,时之宜也,乃所谓正也。"

【邢融】 两晋间人。爵里不详。治

《易》，著有《易义》。张璠集魏晋二十二家《易》说，撰为《周易集解》十二卷，邢融亦属被采入诸家之一（见陆德明《经典释文序录》）。

【成既济定】 三国吴虞翻所倡"卦变"条例之一，谓爻位不正者均当变之正，卦成《既济》，爻位乃定。详"之正"。

【成卦之主】 《易》例所谓"卦主"之一，即一卦之体所由以成之主爻。王弼《周易略例·略例下》云："凡《彖》者，统论一卦之体者也；《象》者，各辩一爻之义者也。故《履》卦六三，为兑之主，以应于乾；成卦之体，在斯一爻。"其《周易注》于《履》卦《象传》亦曰："成卦之体，在六三也"，"三为《履》主"。参见"卦主"。

【成都隐者未济说】 程颐在成都时，曾闻一隐者解说《周易》的《未济》卦义旨；认为该卦之所以名"未济"，不在于全卦六爻失位，关键是其中三个刚爻失位，遂使卦有"未济"之义，亦即《杂卦传》所谓"《未济》，男之穷也"的义蕴所在。程颐听毕颇感惊异，后著《程氏易传》，采入此说。《周易程氏传》于《未济》卦《彖传》"虽不当位，刚柔应也"注："《杂卦》云《未济》，男之穷也，谓三阳皆失位。斯义也，闻之成都隐者。"《河南程氏外书》卷十一《时氏本拾遗》："先生过成都，坐于所馆之堂读《易》。有造桶者前视之，指《未济》卦问。先生曰：'何也？'曰：'三阳皆失位。'先生异之，问其姓与居，则失之矣。《易传》（即《程传》）曰：'闻之成都隐者'。"按，宋朱鑑辑《朱文公易说》云："伊川说《未济》男之穷也'，为三阳失位，以为斯义也，得之成都隐者。张钦夫说伊川之在涪也，一日读《易》，有剞桶人以此问伊川，伊川不能答。其人云：'三阳失位。'故伊川记之。不知此语《火珠林》已有，盖伊川未曾看杂书，所以被他说动了。"

【成性存存道义之门】 谓运用《周易》哲理以修身，可以成就美善德性而反复涵养蕴存，亦即找到了通向"道义"的门户。

语出《系辞上传》。朱熹《周易本义》："成性，本成之性；存存，谓存而又存，不已之义。"俞琰《周易集说》："人之性浑然天成，无有不善者，更加以涵养功夫，存之又存，则无所往而非道，无所往而非义矣。谓之'门'者，道义皆自是而出也。"

【列其夤厉薰心】 《艮》卦九三爻辞之语。意思是：背上夹脊肉断裂，危险像烈火一样薰灼其心。列，通"裂"；夤，音寅yín，夹脊肉。这是说明九三当"止"之时，处《艮》上下卦之中，犹如人体"腰部"的运动被抑止，必致脊肉断裂，而有"薰心"之危，其凶可知，故曰"列其夤，厉薰心"。爻义主于诫施止不得其所。参见"艮九三"。

【动爻】 《易》筮过程中，凡筮得一卦，若有一爻或数爻变动，其爻称"动爻"，亦称"变爻"。筮卦出现动爻的占断条例，分为"一爻动"、"二爻动"、"三爻动"、"四爻动"、"五爻动"、"六爻动"六种，朱熹《易学启蒙》对各例均有论列规定，后代筮家或奉为法式，或有所指摘。尚秉和先生撰《周易古筮考》，采录朱熹成说，并指出："卦有一爻动、二爻动、三爻动，甚至四爻、五爻、六爻全动，吾人遇之，如何推断乎？兹按古人成例及朱子所论定以为法式。然不可泥也。盖《易》贵占变，象与辞之通变，及事实之拍合，神之所示，千变万化，有不可思议者，故不可执也。须就事以取辞，察象而印我，弃疏而用亲。"即说明既须按旧例为占，又应察象观变，灵活掌握。参见"筮法"。

【动而以顺行】 《复》卦的《彖传》语。意为：阳动上复而能顺畅通行。动，指《复》卦下震为动；顺，指《复》卦上坤为顺。此举《复》卦的上下卦象，说明当"回复"之时，阳气动而能顺行无碍，群阴必喜而引阳为朋，以释卦辞"出入无疾，朋来无咎"之义。程颐《周易程氏传》："下动而上顺，是以动而以顺行也。阳刚反而顺动，是以得出入无咎，朋来而无咎也。"尚秉和先生《周易尚氏学》："阳通故无疾。阴以阳为朋,《剥》穷上反下,故曰朋来;阳遇阴,故无咎。"

【动乎险中大亨贞】 《屯》卦《彖传》语。旨在解说《屯》卦辞"元亨,利贞"之义。意思是:在危险中变动发展,前景大为亨通,但要守持正固。动,指下卦震为动;险,指上卦坎为险;大亨,即卦辞"元亨";贞,即卦辞"利贞"。此以上下卦象为说,谓物"初生"犹如动于"险"中,故虽可致"元亨",其利则在于守"贞"。孔颖达《周易正义》:"坎为险,震为动,震在坎下,是'动于险中'。初动险中,故屯难;动而不已,将出于险,故得'大亨贞'也。大亨,即元亨也;不言'利'者,利属于'贞',故直言'大亨贞'。"

【动悔有悔吉行也】《困》卦上六爻的《小象传》语。旨在解说上六爻辞"动悔有悔"的象征内涵。意思是:既然动辄后悔就要赶快悔悟,说明上六这样往前而行必能解困并获得吉祥。参见"困上六小象传"。

【动静不失其时其道光明】《艮》卦的《彖传》语。意思是:或动或静不违背适当的时机,抑止的道理就能光辉灿烂。这是说明《艮》卦所揭示的"抑止"之道要适时而用,才能动静得当,"艮"道便因之而光明,以释卦名"艮"之义。孔颖达《周易正义》:"凡物之动息,自各有时运。用止之法,不可为常,必须应时行止,然后其道乃得光明也。"程颐《周易程氏传》:"在物为理,处物为义。动静合理义,不失其时,乃其道之光明也。君子所贵乎时,仲尼行止久速是也。《艮》体笃实,有光明之义。"

【地山谦】 朱熹《周易本义》卷首所附《分宫卦象次序》歌诀中语,说明六十四卦之一的《谦》卦(䷎),其卦象由上坤(☷)下艮(☶)即"地"与"山"组成。

【地水师】 朱熹《周易本义》卷首所附《分宫卦象次序》歌诀中语,说明六十四卦之一的《师》卦(䷆),其卦象由上坤(☷)下坎(☵)即"地"与"水"组成。

【地天泰】 朱熹《周易本义》卷首所附《分宫卦象次序》歌诀中语,说明六十四卦之一的《泰》卦(䷊),其卦象由上坤(☷)下乾(☰)即"地"与"天"组成。

【地风升】 朱熹《周易本义》卷首所附《分宫卦象次序》歌诀中语,说明六十四卦之一的《升》卦(䷭),其卦象由上坤(☷)下巽(☴)即"地"与"风"组成。

【地泽临】 朱熹《周易本义》卷首所附《分宫卦象次序》歌诀中语,说明六十四卦之一的《临》卦(䷒),其卦象由上坤(☷)下兑(☱)即"地"与"泽"组成。

【地势坤】 《坤》卦《大象传》语。意思是:大地的气势厚实和顺。坤,谓"顺"。此释《坤》卦上下"坤"均为"地"之象。参见"坤大象传"。

【地雷复】 朱熹《周易本义》卷首所附《分宫卦象次序》歌诀中语,说明六十四卦之一的《复》卦(䷗),其卦象由上坤(☷)下震(☳)即"地"与"雷"组成。

【地上有水】 《比》卦《大象传》语。意在揭明《比》卦下坤为地、上坎为水之象,谓地面上容居着水,正为"亲密比辅"的象征。参见"比大象传"。

【地火明夷】 朱熹《周易本义》卷首所附《分宫卦象次序》歌诀中语,说明六十四卦之一的《明夷》卦(䷣),其卦象由上坤(☷)下离(☲)即"地"与"火"组成。

【地中生木】 《升》卦的《大象传》语。意在揭明《升》卦上坤为地、下巽为木之象,谓地中生出树木,自微及著,正为"上升"的象征。参见"升大象传"。

【地中有山】 《谦》卦的《大象传》语。意在揭明《谦》卦上坤为地、下艮为山之象,谓高山低藏在地中,正为"谦虚"的象征。参见"谦大象传"。

【地中有水】 《师》卦的《大象传》语。意在揭明《师》卦上坤为地、下坎为水之象,谓地中藏聚着水源,正为"兵众"的象征。参见"师大象传"。

【地险山川丘陵】《坎》卦的《象传》语。意为：地面的险处为山川丘陵。此举"地"之险为例，以明《坎》卦所寓含的"用险"意义。俞琰《周易集说》："地险，乃有形之险也，山川丘陵是也。"

【地道卑而上行】《谦》卦的《彖传》语。意为：地的规律是低居卑微而地气源源上升。此以"地道"谦下而能"上行"，释《谦》卦辞"谦，亨"之义。孔颖达《周易正义》："地体卑柔而气上行，交通于天以生万物也。"

【地道变盈而流谦】《谦》卦的《彖传》语。意为：地的规律是改变盈满而充实谦虚。流，孔颖达《周易正义》释为"流布"，即流散盈满者而广布于虚处，含"充实"之义。此举"地道"为例，说明宇宙间的事理无不抑满扶谦，进一步申明《谦》卦辞"谦，亨"之义。李鼎祚《周易集解》引崔憬曰："高岸为谷，深谷为陵，是为变盈而流谦，地之道也。"

【地道无成而代有终】《坤》卦《文言传》语。旨在衍发《坤》卦六三爻辞"含章可贞，或从王事，无成有终"的象征意义。谓六三爻辞体现"地顺承天"的道理，表明成功不归己有而要替天效劳、奉事至终。代，犹言"替代"。此意强调"地道卑柔"之旨，故前文特详言："阴虽有美，含之以从王事，弗敢成也。地道也，妻道也，臣道也。"这里取"妻"、"臣"、"地"为喻，又极见"扶阳抑阴"的观点。李鼎祚《周易集解》引宋衷曰："臣子虽有才美，含藏以从其上，不敢有所成名也。地得终天功，臣得终君事，妇得终夫业，故曰'而代有终'也。"孔颖达《周易正义》："其地道卑柔，无敢先唱成物；必待阳始先唱，而后代阳有终也。"

【巩用黄牛之革】《革》卦初九爻辞。意思是：应当用黄牛的皮革牢固束缚住。巩，固也；黄，中之色，喻持中驯顺；牛革，坚韧之物，喻守常不变。这是说明初九以阳刚卑微处革之始，上无援应，未能适变，

故取以"黄牛之革"系缚之象，喻其必须安顺固守常规，不可妄变。参见"革初九。

【巩用黄牛不可以有为也】《革》卦初九爻的《小象传》辞。旨在解说初九爻辞"巩用黄牛之革"的象征内涵，唯引爻辞而省略"之革"二字。意思是：应当用黄牛的皮革牢固束缚住，说明初九不可有所作为而妄行变革。参见"革初九小象传"。

【扬雄】（前53—后18）西汉蜀郡成都（今属四川）人。一作杨雄（清段玉裁考证，作"杨"为是）。字子云。少而好学，博览无所不见，曾从同郡卜筮家严君平游，得其《易》学之传，甚推崇君平道德。为人简易佚荡，口吃不能剧谈，清静寡欲而好深思，不汲汲于富贵，不戚戚于贫贱。汉成帝时，为给事黄门郎；王莽时，校书天禄阁，官为大夫。早年好辞赋，作《反离骚》、《甘泉赋》、《河东赋》、《校猎赋》、《长杨赋》等，以讽谏成帝。后精研哲理，仿《论语》、《周易》而作《法言》、《太玄》。其草《太玄》前后，有人嘲之、难之，遂作《解嘲》、《解难》为说。晚年家贫，嗜酒，人希至其门。刘歆曾观《法言》、《太玄》，谓雄曰："空自苦！今学者有禄利，尚不能明《易》，又如《玄》何？吾恐后人用覆酱瓿也。"雄笑而不应。年七十一卒（见《汉书》本传及《严君平传》）。有《扬子云集》六卷，久佚，明人郑朴有辑本；清严可均编《全上古三代秦汉三国六朝文》收其赋、箴等共四卷。后代《易》家或据其所著《太玄》以推考《易》象。

【扬于王庭孚号有厉】《夬》卦的卦辞之语。意思是：在君王的法庭上公布小人的罪恶予以制裁，并心怀诚信地号令众人戒备危险。扬，犹言宣布；王庭，指君王的执法之庭；孚，信也；号，号令。这是说明《夬》卦之义主于"决断"，即阳刚决除阴柔，"君子"决除"小人"；此时"君子"应当光明正大地于"王庭"宣布"小人"的罪恶，以示公正无私，并须以"诚信"号令众人戒备"小人"之恶所造成的危险，故曰"扬于

王庭,孚号有厉"。参见"夬卦辞"。

【扬于王庭柔乘五刚也】 《夬》卦的《象传》语。意思是:可以在君王的法庭上公布小人的罪恶予以制裁,是由于一柔妄意乘凌五刚之上。柔,指《夬》卦上六的阴爻;刚,指《夬》卦中的五阳爻。这是以《夬》卦的六爻之象解释卦辞"扬于王庭"之义,谓一阴乘凌五阳,犹如"小人"作恶,故须果决制裁于"王庭"。王弼《周易注》:"刚德齐长,一柔为逆,众所同诛而无忌者也,故可'扬于王庭'。"

【执之用黄牛之革】 《遁》卦六二爻辞之语。意为:让黄牛皮制的革带束缚住。执,束缚。此言六二当"遁"之时,柔顺中正,体处艮止,上应九五之尊,犹身有所系,势不能"遁退",须守正自持,故有束以牛革,难以解脱之象。参见"遁六二"。

【执用黄牛固志也】 《遁》卦六二爻的《小象传》辞。旨在解说六二爻辞"执之用黄牛之革"的象征内涵。意思是:让黄牛皮制的革带束缚住,说明六二固守辅时不退的心志。参见"遁六二小象传"。

【权象】 三国吴虞翻所倡《易》例。见"三变受上"。

【夷于左股用拯马壮】 《明夷》卦六二爻辞之语。意思是:让左边大腿伤损,然后借助健壮的良马勉力拯济。夷,伤也。此言六二处柔顺中正之位,当天下"明夷"之时,其志难行,遂使"左股"伤损,自晦其智以守正,然后再借"良马"之"拯",缓图徐行,故曰"夷于左股,用拯马壮"。参见"明夷六二"。

【存象忘意】 三国时王弼指摘西汉以来《易》家拘泥象数之学,言必存象、忘忽《易》义的弊病。这一弊病,与王弼提出的"得意忘象"适相反照。《周易略例·明象》:"而或者定马于乾,案文责卦,有马无乾,则伪说滋漫,难可纪矣。互体不足,遂及卦变;变又不足,推致五行。一失其原,巧愈弥甚。纵复或值,而义无所取。盖存象忘意之由也。"

〔丨〕

【当位】 见"当位不当位"。

【当位不当位】 六爻位次,有奇偶之分:初、三、五位为奇,属阳位;二、四、上位为偶,属阴位。《周易》六十四卦三百八十四爻,凡阳爻居阳位,阴爻居阴位,均称"当位",亦称"得位"、"得正";反之,凡阳爻居阴位,阴爻居阳位,均称"不当位",亦称"失位"、"失正"。"当位"之爻,象征事物的发展遵循"正道"、符合规律;"不当位"之爻,象征背逆"正道"、违反规律。但当位、不当位亦非诸爻吉凶利弊的绝对标准,在各卦各爻所处的复杂条件、因素的影响下,得正之爻有转向不正的可能,不正之爻也有转化成正的可能。故爻辞常有警醒"当位"者守正防凶之例,以及诫勉"不当位"者趋正求吉之例。虞翻《易》学创立"之正"说,令诸卦不正之爻皆变正,盖因爻辞每含此类寓意而发。王弼以为,初、上两爻"无阴阳定位",即不论阴爻或阳爻处此两位,均象征"事之终始",不存在"当位"、"不当位"的意义(《周易略例·辨位》)。王氏阐发此例,是强调初爻位卑势微,阴阳处之皆当深藏勿进;而上爻位极势穷,刚柔居之皆宜慎防衰危。其例于理有征,虽未尽被诸家采纳,亦颇可备为一说。

【当位贞吉以正邦也】 《蹇》卦的《象传》语。旨在解说《蹇》卦辞"贞吉"之义。意思是:居得其位以守持正固可获吉祥,说明这样可以解除蹇难端正邦国。当位,指《蹇》卦六二以上诸爻居位均正;初爻虽以阴居阳位,但最处卑下,其义亦正,故全卦六爻皆合守正济蹇之义。程颐《周易程氏传》:"《蹇》之诸爻,除初外,余皆当正位,故为贞正而吉也;初六虽以阴居阳,而处下,亦阴之正也。以如此正道正其邦,可以济于'蹇'矣。"

【贞】 《周易》卦爻辞中的常用语。其义为"正",含有"贞正坚固"之旨。《师》卦

《彖传》云："贞，正也。"孔颖达《周易正义》、李鼎祚《周易集解》于《乾》卦辞均引《子夏传》曰："贞，正也。"(《尔雅·释诂》同)用"人事"譬喻，"贞"字，犹言行为守正，心志坚固，事必有成。故《乾》卦《文言传》云"贞者，事之干也"，"贞固足以干事"。但就诸卦的爻辞中出现的"贞"字具体分析，其意义又因该爻居位"得正"与否而略有差别：第一，若阳爻居初、三、五，阴爻居二、四、上，均得"正位"，此时爻辞称"贞"，意犹"继续保持正固"；第二，反之，若阳爻居二、四、上，阴爻居初、三、五，此时爻辞称"贞"，意犹"努力趋正自守"。第一义，如《屯》卦初九"利居贞"；第二义，如《讼》卦九四"贞吉"。余可类推。这两类意义上的微异，须根据爻位、辞旨细加玩味。《左传》襄公七年载穆子曰："正直为正，正曲为直。"无论曲、直，皆规范于"正"，允与上述"贞"之两义相契合。三国时虞翻的《易》学，有"之正"说，旨在"失正"之爻均令其"变正"，在义理上亦与"贞"第二义可通。按，王树枏撰《周易释贞》一书，专明"贞"义，训之为占卜之"卜"。尚秉和先生《周易尚氏学》偶取其说以为解。近人又颇有释"贞"为"卜"者。此亦可备一说。

【贞一】 谓守持正道而专一不偏。语本《系辞下传》"天下之动，贞夫一者也"。《列女传·贞顺传》："君子美，其贞一。"

【贞凶】 《周易》卦爻辞中的常用语。贞，犹言正。"贞凶"即谓守持正固以防凶险。案，"贞"字与不吉之辞连用时，如"贞凶"、"贞厉"、"贞吝"、"贞疾"等，其义旧说颇歧。今据《豫》卦六五爻辞"贞疾，恒不死"，王宗传《童溪易传》引《孟子》"生于忧患，而死于安乐"为说，则爻辞之义当为：守正防疾，可保长久不灭亡。而"贞疾"宜解为"守持正固以防疾患"。又，《履》卦九五爻辞"夬履，贞厉"，李鼎祚《周易集解》引干宝曰："恐夬失正，恒惧危厉"，《周易折中》引《尚书·君牙》"心之忧危，若蹈虎尾"为说，认为此爻"有中正之德，故能常存危厉之心"，则此"贞厉"意犹"守正以防危厉"。又，《巽》上九"丧其资斧，贞凶"，《小象传》曰："正乎凶也"，犹言"正于凶"，其义当指"守正避凶"。依此诸例，则《易》辞中凡言"贞凶"、"贞厉"、"贞吝"、"贞疾"者，似均当作"守正防凶"、"守正防危"、"守正防吝"、"守正防疾"解，乃与"贞"训"正"之义相切。然就诸卦的爻辞中出现的"贞凶(厉、吝、疾)"而言，其义又当因该爻居位得正与否而略有差别：一、若爻位已正，其辞称"贞凶(厉、吝、疾)"者，犹言：继续守正以防凶(厉、吝、疾)；二、若爻位不正，其辞称"贞凶(厉、吝、疾)"者，犹言：趋正自守以防凶(厉、吝、疾)。《系辞下传》曰："作《易》者其有忧患乎？"张载《正蒙》云："《易》为君子谋"。卦爻辞每设"贞凶"之类的占语，其义盖戒人常守正固、防备凶吝，适与"忧患"之作、"为君子谋"的特色契合。又按，"贞凶"之义，《易》家多释为"虽正亦不免于凶"(见朱熹《周易本义》于《屯》卦九五注)。"贞厉"、"贞吝"、"贞疾"亦多类此，而解为"虽正而不免于厉(吝、疾)"。此说通行较久，宜备为参考。

【贞厉】 《周易》卦爻辞中的常用语。贞，正也；厉，犹言"危"。谓守持正固以防危险。然旧解多释"贞厉"为"虽正亦危"，宜备参考。参见"贞凶"。

【贞吉】 《周易》卦爻辞中的常用语。贞，犹言"正"。谓守持正固而获吉祥。孔颖达《周易正义》于《需》卦辞"贞吉"释曰："于正则吉。"然就诸卦的爻辞中出现的"贞吉"而言，其义又因该爻居位得正与否而略有差别：一、若爻位已正，其辞称"贞吉"，犹言：继续保持正固必获吉祥；二、若爻位不正，其辞称"贞吉"，犹言：努力趋正自守可获吉祥。程颐《周易程氏传》云："凡'贞吉'者，有既正且吉者，有得正则吉者，当辨也。"

【贞观】 以正道示观于天下万物。语

出《系辞下传》"天地之道,贞观者也"。《文选》载班固《幽通赋》:"登孔昊而上下兮,纬群龙之所经。朝贞观而夕化兮,犹誼己而遗形。"唐太宗取"贞观"年号,亦本此义。

【贞吝】 《周易》卦爻辞中的常用语。贞,正也;吝,犹言"憾惜"。谓守持正固以防憾惜。然旧解多释"贞吝"为"虽正亦吝",宜备参考。参见"贞凶"。

【贞明】 以正道而焕发光明。语出《系辞下传》"日月之道,贞明者也"。《后汉书·律历志》:"日月贞明。"

【贞悔】 先秦《易》例,称六十四卦中的内卦为"贞",外卦为"悔"。《左传》僖公九年载:秦伯伐晋,卜徒父筮之,其卦遇《蛊》,曰:"《蛊》之贞,风也;其悔,山也。"此言《蛊》卦的内卦巽为风,外卦艮为山。《国语·晋语》载:晋公子重耳"亲筮之,曰:'尚有晋国。'得贞《屯》、悔《豫》,皆八也。"韦昭注:"震在《屯》为贞,在《豫》为悔;八,谓震两阴爻在贞、在悔皆不动,故曰'皆八'。"此以《屯》卦的内卦和《豫》卦的外卦皆"震"为说。又,《唐六典》云:"凡内卦为贞,朝占用之;外卦为悔,暮占用之。"按《周易》卦爻辞中多有"贞"、"悔"语,胡炳文别为之说曰:"《乾》上九,外卦之终,曰'有悔';《坤》六三,内卦之终,曰'可贞',贞、悔二字,岂非发诸例之凡例软?"(《周易本义通释》)

【贞下起元】 《乾》卦《象传》详尽阐释卦辞"元、亨、利、贞"之义,《易》家认为其中乃借用"春夏秋冬"比拟"元亨利贞";《象传》释毕"贞"义,最后又以"首出庶物,万国咸宁"两句回头再明"元"字之旨,犹如冬尽春来,新阳复苏,万方昌泰。就《乾》卦"元亨利贞"这"四德"而言,是从"贞"复返回"元"。《易》家称此中所寓含的意义为"贞下起元"。又作"贞下启元"。马其昶《重定周易费氏学》云:"贞下起元,万物又于是乎资始。"尚秉和先生《周易尚氏学》:"贞者元之本,元者贞之著";"首出

庶物,即贞下启元之义也。"又曰:"贞,非寂灭无为也,乃所以植'元亨'之基。故夫冬尽春来,贞久元至。首出庶物者,元也,言又复始也。"参见"首出庶物万国咸宁"。

【贞者事之干】 《乾》卦《文言传》语。释《乾》卦辞"贞"字之义。意思是:正固,是办事的根本。干,树木的主干,犹言根本。朱熹《周易本义》:"贞者,生物之成,实理具备,随在各足,故于时为冬,于人则为智,而为众事之干。干,木之身,而枝叶所依以立者也。"按,《左传》襄公九年载穆姜云:"贞者,事之干也。"与《文言传》之语同,可备参考。

【贞疾恒不死】 《豫》卦六五爻辞。意思是:守持正固防范疾病,必将长久康健不致丧亡。贞疾,犹言"守正防疾"。此谓六五处"豫乐"之世,以柔居"君位",下恃九四"强臣",有沈乐忘忧之危,故特诫其守正防疾,才能"恒不死",即发"乐不忘忧"之义。参见"豫六五"。

【贞固足以干事】 《乾》卦《文言传》语。旨在推衍《乾》卦辞"贞"字之义。意思是:坚持正固的节操就可以办好事务。李鼎祚《周易集解》:"贞为事干,以配于智,智主冬藏,北方水也。"朱熹《周易本义》:"贞固者,知正之所在而固守之,所谓知而弗去者也,故足以为事之干。"按,此句上承《文言传》前文释"贞"之语而发,参阅"贞者事之干"。

【贞厉无咎得当也】 《噬嗑》卦六五爻的《小象传》辞。旨在解说六五爻辞"贞厉,无咎"的象征内涵。意思是:守持正固以防危险、可免咎害,说明六五的行为符合正当的治狱之道。参见"噬嗑六五小象传"。

【贞吉悔亡志行也】 《未济》卦九四爻的《小象传》辞。旨在解说九四爻辞"贞吉悔亡"的象征内涵。意思是:守持正固可获吉祥而悔恨消亡,说明九四求济的志向正在践行。参见"未济九四小象传"。

【贞大人吉以刚中也】 《困》卦的《象

传》语。意思是：应当守持正固，大人可获吉祥，说明济困求亨必须具备阳刚中和的美德。这是解说《困》卦辞"贞，大人吉"的象征内涵。刚中，指《困》卦九二、九五两爻阳刚居中。程颐《周易程氏传》："困而能贞，大人所以吉也，盖以刚中之道也，五与二是也。非刚中，则遇困失其正矣。"

【贞吉升阶大得志也】 《升》卦六五爻的《小象传》辞。旨在解说六五爻辞"贞吉升阶"的象征内涵。意思是：守持正固可获吉祥于是沿着阶级步步上升，说明六五大遂上升的心志。参见"升六五小象传"。

【贞吉悔亡未感害也】 《咸》卦九四爻的《小象传》辞。旨在解说九四爻辞"贞吉悔亡"的象征内涵。意思是：守持正固可获吉祥而悔恨必将消亡，说明九四未曾因交感不正而遭害。参见"咸九四小象传"。

【同人】 六十四卦之一。列居篇中第十三卦。由下离（☲）上乾（☰）组成，卦形作"䷌"，卦名为《同人》，象征"和同于人"。《礼记·礼运》说："大道之行也，天下为公"，"故人不独亲其亲，不独子其子"，"是谓大同"。这显然是古人的一种美好理想。《同人》卦所发"和同于人"的意义，与这一理想的旨趣颇可相通。卦辞"同人于野"，就显露着"光明无私"的"同人"之道。然而，要实现"同人"的愿望，却不是轻而易举的。卦中六爻展示了"同人"之时的各种曲折情状：初九刚出门即与人和同，仅获"无咎"；六二"同人"于宗族，所同偏狭，未免憾惜；九三、九四争相强同于人，违"中"失"正"，故前者无益，后者改过乃吉；九五先遭危厄，后以刚正执中得遂"同人"之志；上九孤身远邂荒外，"同人"道穷。可见，《周易》作者毕竟正视现实，没有停留在抽象的理想境界，而是在"同"与"争"的尖锐矛盾中极力揭示出"同人"艰难的本质规律。尤其是三、四、五爻，以"兵戎"、"攻战"设喻，更见"同人"过程中矛盾激化的程度。王弼《周易注》于此卦叹曰："凡处'同人'而不泰焉，则必用

师矣"；换言之，今日"和同"，往往是在昔日"争战"的废墟上建立起来的。不过，从正面的宗旨分析，《同人》卦所追求的广泛"和同于人"的理想，在中国古代思想史上无疑是具有一定的进步意义。

【同人九三】 《同人》卦九三爻。以阳爻居卦第三位。爻辞曰："伏戎于莽，升其高陵，三岁不兴。"意思是：潜伏兵戎在草莽间，登上高陵频频察看，三年也不敢兴兵交战。戎，兵戎；莽，密生的草，犹言"草莽"。这是说明九三以阳刚居《同人》下卦高位，当"同人"之时，比近六二而不应于九五，有据二强"同"，与九五相争之象，故"伏戎于莽"，俟机而作；但九五居上卦中正之位，与六二为正应，九三虽"升其高陵"频频窥视，却因力弱终不敢交争，故曰"三岁不兴"。孔颖达《周易正义》："九三处上下之极，不能包弘上下，通夫大同，欲下据六二，上与九五相争也；但九五刚健，九三力不能敌，故潜伏兵戎于草莽之中。'升其高陵，三岁不兴'者，唯升高陵，以望前敌，量斯势也；纵令更经三岁，亦不能兴起也。"按，"同人"之时，应当顺合，不可强争。九三刚冗用强，有违正道，故尽管"伏戎"、"升陵"，也难以达到愿望。

【同人九五】 《同人》卦九五爻。以阳爻居卦第五位。爻辞曰："同人，先号咷，而后笑，大师克相遇。"意思是：和同于人，起先痛哭号咷，后来欣喜欢笑，大军出战告捷，志同者相遇会合。号咷，音嚎啕 háo táo，叠韵连绵词，形容大声痛哭，又作"号啕"、"嚎啕"、"嚎咷"等；大师，大军；克，战胜。这是说明九五当"同人"之时，阳刚中正，尊居"君位"，与六二同心相应，但因九三、九四为敌欲争，故开初不能与六二会合而"号咷"悲痛，直至克敌制胜之后才与六二"相遇"而"笑"。王弼《周易注》："近隔乎二刚，未获厥志，是以'先号咷'也；居中处尊，战必克胜，故'后笑'也；不能使物自归，而用其强直，故必须大师克之，然后'相遇'也。"按，胡炳文《周易本义通释》

云:"《同人》九五,刚中正而有应于六二,故'先号咷,而后笑';《旅》上九,刚不中正而无应于九三,故'先笑,后号咷'。"此以两卦"先笑"、"后笑"之异辨析象旨,义有可取。

【同人九四】 《同人》卦九四爻。以阳爻居卦第四位。爻辞曰:"乘其墉,弗克攻,吉。"意思是:高据城墙之上,又自退不能进攻,吉祥。墉,谓城墉;克,能也。此言九四当"同人"之时,失位无应,凌居下卦九三之上,本拟与九三争"同"于六二,故有"乘其墉"欲攻之象;但九四以阳居阴位,又有能退之象,故以"弗克攻"获"吉"。朱熹《周易本义》:"刚不中正,又无应与,亦欲同于六二,而为三所隔,故为乘墉以攻之象;然以刚居柔,故有自反而不克攻之象。占者如是,则是能改过而得吉也。"按,《同人》九三居位不中,九四又不正,两者以刚强争"同"于六二,并失"同人"之道。胡炳文《周易本义通释》曰:"卦惟三、四不言'同人'","三、四有争夺之象,非'同'者也。"但九四居柔能退,又许其改过获吉。

【同人六二】 《同人》卦六二爻。以阴爻居卦第二位。爻辞曰:"同人于宗,吝。"意思是:在宗族内部和同于人,有所憾惜。宗,犹言"宗族"。此谓六二当"同人"之时,居下卦中位,与上卦九五相应,犹如仅与亲近者和同,有"同人"偏狭之象,未免憾惜,故称"吝"。孔颖达《周易正义》:"系应在五,而和同于人在于宗族,不能弘阔。"尚秉和先生《周易尚氏学》:"卦五阳皆同于二,今二独亲五,则三、四忌之,致吝之道。"按,《同人》卦的《象传》称六二"柔得位得中而应乎乾",这是从卦象整体取义;六二爻辞则言"吝",是就爻象一端抒旨,两者颇有区别。董真卿《周易会通》引冯当可曰:"以卦体言之,则有大同之义;以爻义言之,则示阿党之戒。"

【同人上九】 《同人》卦上九爻。以阳爻居卦最上之位。爻辞曰:"同人于郊,无悔。"意思是:在荒远的郊外和同于人,(未获同志也)不觉悔恨。此谓上九居《同人》卦极,"同人"道穷,遂有处于荒外、难觅同志之象;但远避内争,超然自乐,也不觉悔恨。王弼《周易注》:"郊者,外之极也。处'同人'之时,最在于外,不获同志,而远于内争。故虽无悔吝,亦未得其志。"按,欲与人"同",自然要接近现实生活;上九独居荒远,"同人"之道不能不穷。故程颐《周易程氏传》云:"虽无悔,非善处也。"

【同人于门】 《同人》卦初九爻辞语。意为:刚出门就能和同宁人。此言初九以阳居《同人》卦初,为"同人"之始,不系应于上卦,故有出门便广泛与人和之象。参见"同人初九"。

【同人于宗】 《同人》卦六二爻辞之语。意思是:在宗族内部和同于人。宗,犹言"宗族"。此谓六二当"同人"之时,居下卦中位,与上卦九五相应,犹如仅与宗族中的亲近者和同,有"同人"偏狭之象,故曰"同人于宗"。参见"同人六二"。

【同人于郊】 《同人》卦上九爻辞之语。意思是:在荒远的郊外和同于人。此言上九居《同人》卦极,"同人"道穷,遂有处于荒外、难觅同志之象,故曰"同人于郊"。参见"同人上九"。

【同人于野】 《同人》卦的卦辞之语。意思是:在宽阔的原野和同于人。野,谓原野。这是说明与人和同必须处于广阔无私、光明磊落的境界,故特取"原野"喻"同人"之所。参见同人卦辞。

【同人初九】 《同人》卦初九爻。以阳爻处卦下初位。爻辞曰:"同人于门,无咎。"意思是:刚出门就能和同于人,必无咎害。此言初九以阳刚居《同人》卦初,为"同人"之始,不系应于上卦,有出门便广泛与人和之象,故获"无咎"。王弼《周易注》:"居《同人》之始,为'同人'之首者也。无应于上,心无系吝,通夫大同,出门皆同,故曰'同人于门'也;出门同人,谁与为咎?"

【同人卦辞】《同人》卦的卦辞。其文曰："同人于野，亨，利涉大川，利君子贞。"意思是：在宽阔的原野和同于人，亨通，利于涉越大河巨流，利于君子守持正固。同人，卦名，象征"和同于人"；野，原野。这是说明与人和同必须处于广阔无私、光明磊落的境界，故特取"原野"喻"同人"之所；以此"同人"，前景必能畅通，并能涉越险难而无阻，故曰"亨，利涉大川"；但"同人"又须行正道而不得为邪，故卦辞又强调利于"君子"守正。孔颖达《周易正义》："同人，谓和同于人；野，是广远之处。借其'野'名，喻其广远；言和同于人必须宽广无所不同，用心无私，处非近狭，远至于野，乃得亨通。"又曰："与人同心，足以涉难，故曰'利涉大川'也。"按，冯椅《厚斋易学》谓《履》、《否》、《同人》诸卦旧脱卦名。据其说，则当于"同人于野"前补"同人"二字，以为卦名。此宜备为参考。

【同人彖传】《同人》卦的《彖传》。旨在解说《同人》卦的卦名、卦辞之义。其文为："《彖》曰：同人，柔得位得中而应乎乾，曰同人。同人，曰同人于野，亨，利涉大川，乾行也。文明以健，中正而应，君子正也。唯君子为能通天下之志。"意思是："《彖传》说：和同于人，譬如柔顺者处得正位，守持中道又能上应刚健者，所以能够和同于人。和同于人，强调在宽阔的原野与人和同，可获亨通，利于涉越大河巨流，这是表明刚健者的求同心志在施行。禀性文明而又强健，行为中正而又相互应和，这是君子和同于人的纯正美德。只有君子才能会通统一天下民众的意志。"全文可分四节理解。第一节，自"同人"至"曰同人"三句，以《同人》卦六二爻柔顺得位得中，且与上卦九五阴阳相应之象，释卦名"同人"之义。第二节，自"同人，曰同人于野"至"乾行也"四句，以上卦乾健能施行"同人"之道，释卦辞"同人于野，亨，利涉大川"之义。第三节，自"文明以健"至"君子正也"三句，以《同人》下卦离为文明、上卦乾为健，六二与九五中正互应诸象，释卦辞"利君子贞"之义。第四节，"唯君子为能通天下之志"一句，总结此卦《彖传》全文，谓只有"君子"能以正道和同天下人心，进一步赞明卦辞"利君子贞"的深刻含义。按，《周易折中》将此卦《彖传》分为上下两部分理解，认为上部分解释卦辞"同人于野，亨，利涉大川"，下部分释"利君子贞"，并指出："上专以'乾行'释'于野'、'涉川'者，但取刚健无私之义也；下释'利贞'者，则兼取明健中正之义。盖健德但主于无私而已，必也有文明在于先，而所知无不明；有中正在于后，而所与无不当；然后可以尽无私之义，而为君子之贞也。"此说剖析《传》义颇为深入，宜资参考。

【同人大象传】《同人》卦的《大象传》。其辞曰："天与火，同人；君子以类辨物。"意思是：天、火相互亲和，象征"和同于人"；君子因此分析人类群体、辨别各种事物（以审异求同）。与，作动词，犹"亲"，《管子·霸言》"诸侯之所与也"，注谓："与，亲也"，此处犹言"亲和"；类，用如动词，犹言"类析"，与"辨"字义近互文；族，孔颖达《周易正义》曰："聚也"，意指人类"群体"。全文先揭明《同人》卦上乾为天、下离为火之象，谓天体在上、火性亦炎上，两相亲和，正为"和同于人"的象征；然后推阐出"君子"观此卦天火形异、其性有同之象，须悟知通过辨析人类、众物的异同特征，可以存其异而求"和同"的道理。孔颖达《周易正义》曰："天体在上，火又炎上，取其性同，故曰'同人'。"朱熹《周易本义》："类族辨物，所以审异而致同也。"《朱子语类》："类族，是就人上说；辨物，是就物上说。天下有不可皆同之理，故随他头项去分别。"按，"天与火"之义，李鼎祚《周易集解》引《九家易》曰："谓乾舍于离，同而为日，天日同明，以照于下，君子则之，上下同心，故曰'同人'。"又引荀爽曰："乾舍于离，相与同居，故曰'同人'也。"两说各从不同角度分析卦象,并可存备参考。又按,《睽》卦《大象传》称"君子以同而异",此卦言"类族辨物":两者在求"同"方面有相近之义。但《睽》卦是在事物"乖睽"的前提下揭示"合睽"之理,而《同人》卦却是展示广泛"和同于人"的过程中存异求同之道;这是两卦本质意义的区别。李光地《周易观象》指出:"虽大同之中,各从其类,自有区别。故上下有等,亲疏有杀,人之知愚善恶有分,物之贵贱精粗有品;类而辨之,各得其分,乃所以为'大同'也。"此说阐发《同人》卦《大象传》的意恉甚明。

【同人九三小象传】《同人》卦九三爻的《小象传》。其辞曰:"伏戎于莽,敌刚也;三岁不兴,安行也?"意思是:潜伏兵戎在草莽间,说明九三前敌刚强;三年也不敢兴兵交战,怎敢冒然行进呢?这是解说《同人》九三爻辞"伏戎于莽"、"三岁不兴"的象征内涵。安,王弼《周易注》:"辞也",谓疑问语气词,"安行"犹言"安可行"。程颐《周易程氏传》:"所敌者五,既刚且正,其可夺乎?故畏惮伏藏也。至于三岁不兴矣,终安能行乎?"

【同人九五小象传】《同人》卦九五爻的《小象传》。其辞曰:"同人之先,以中直也;大师相遇,言相克也。"意思是:和同于人、起先痛哭号咷,说明九五中正诚直(急与人同);大军出战才与志同者相遇会合,说明九五与敌对者交战获胜。这是解说《同人》九五爻辞"同人,先号咷"、"大师克相遇"的象征内涵。先,是"先号咷"的省略。孔颖达《周易正义》:"以其用中正刚直之道,物所未从,故先号咷也。但《象》略'号咷'之字,故直云'同人之先,以中直也'。"又曰:"以其用大师与三、四相伐而得克胜,乃与二相遇,故'言相克也'。"程颐《周易程氏传》:"先所以号咷者,以中诚理直,故不胜其忿切而然也。虽其敌刚强,至用大师,然义直理胜,终能克之,故言相克也。"

【同人九四小象传】《同人》卦九四爻的《小象传》。其辞曰:"乘其墉,义弗克也;其吉,则困而反则也。"意思是:高据城墙之上,说明九四在"和同于人"的意义上是不能发动进攻;获得吉祥,是由于困厄时候能够回头遵循正确的法则。这是解说《同人》九四爻辞"乘其墉,弗克攻,吉"的象征内涵。程颐《周易程氏传》:"所以乘其墉而弗克攻之者,以其义之弗克也。以邪攻正,义不胜也。其所以得吉者,由其义不胜,困穷而反于法则也。"

【同人上九小象传】《同人》卦上九爻的《小象传》。其辞曰:"同人于郊,志未得也。"意思是:在荒远的郊外和同于人,说明上九与人和同的志向未能实现。这是解说《同人》上九爻辞"同人于郊"的象征内涵。孔颖达《周易正义》:"同人在郊境远处,与人疏远,和同之志犹未得也。"

【同人于宗吝道也】《同人》卦六二爻的《小象传》辞,旨在解说六二爻辞"同人于宗,吝"之义。意思是:在宗族内部和同于人,这是导致憾惜之道。参见"同人六二小象传"。

【同人六二小象传】《同人》卦六二爻的《小象传》。其辞曰:"同人于宗,吝道也。"意思是:在宗族内部和同于人,这是导致憾惜之道。此为解说《同人》六二爻辞:"同人于宗,吝"之义。孔颖达《周易正义》:"和同于人在于宗族,不能弘阔,是鄙吝之道,故《象》云'吝道也'。"按,孔颖达训"吝"为"鄙吝",可备一说。

【同人初九小象传】《同人》卦初九爻的《小象传》。其辞曰:"出门同人,又谁咎也?"意思是:刚出门口就能和同于人,又有谁会施加咎害呢?这是解说《同人》初九爻辞"同人于门,无咎"的象征内涵。孔颖达《周易正义》:"言既心无系吝,出门逢人皆同,则谁与为过咎?"按,《小象传》发交辞之义,此爻《传》辞所释尤见明切。何楷《古周易订诂》曰:"爻言'同人于门',《传》以'出门同人'释之,加一'出'字,而意愈明。"

【同人受之以大有】《周易》六十四卦,以象征"和同于人"的《同人》卦列居第十三卦;凡事能与人和同,则外物必然纷纷归附,所以接《同人》之后是象征"大获所有"的第十四卦《大有》卦。此称"《同人》受之以《大有》"。语本《序卦传》:"与人同者,物必归焉,故受之以《大有》。"李鼎祚《周易集解》引崔憬曰:"以欲从人,人必从己,所以成《大有》。"

【同人之先以中直也】《同人》卦九五爻的《小象传》语。旨在解说九五爻辞"同人,先号咷"的象征内涵。先,为"先号咷"的省略。意思是:和同于人,起先痛哭号咷,说明九五中正诚直(急与人同)。参见"同人九五小象传"。

【同人于郊志未得也】《同人》卦上九爻的《小象传》辞。旨在解说上九爻辞"同人于郊"的象征内涵。意思是:在荒远的郊外和同于人,说明上九与人和同的志向未能实现。参见"同人上九小象传"。

【同心之言其臭如兰】《系辞上传》语。意为:心意相同的语言,其气味像兰草一样芬香。参见"二人同心其利断金"。

【同声相应同气相求】 谓同类的声音相互感应,同样的气息相互求合。后代语言中又省略为"声气应求"。语出《乾》卦《文言传》。旨在衍发《乾》九五"飞龙在天,利见大人"的象征意义。言此"大人"与万物相感应,众物亦因之互为交感,故广陈诸例以申明之。孔颖达《周易正义》:"同声相应者,若弹宫而宫应,弹角而角动是也;同气相求者,若天欲雨而础柱润是也。此二者声气相感也。"程颐《周易程氏传》:"人与圣人,类也。五以龙德升尊位,人之类莫不归仰,况同德乎?上应于下,下从于上,同声相应,同气相求也。"

【同归殊途一致百虑】 指天下万物若能自然感应,就可以沿着不同的道路走到共同的目标,使千百种思虑合并为统一的观念。语出《系辞下传》:"天下同归而殊

途,一致而百虑。"这是从《咸》卦九四爻辞所揭示的阴阳往来交感之旨,而引申到广义的天下万物自然感应之理。蔡清《易经蒙引》:"天下感应之理,本同归也,但事物则千形万状,而其途各殊异;天下感应之理,本一致也,但所接之物不一,而所发之虑亦因之有百耳。夫虑虽百而其致则一,途虽殊而归则同,是其此感彼之理,一皆出于自然而然,而不必少容心于其间者。吾之应事接物,一惟顺其自然之理而已矣,天下何思何虑?"

【吕羌】 东汉人。与梁恭、范升俱修"梁丘《易》"。深明经学,为山阳太守(见《后汉书·范升传》)。

【吕柟】(1479—1542) 明高陵(今属陕西)人。字仲木,号泾野,学者称"泾野先生"。正德三年(1508)登进士第一,授翰林修撰,累官礼部侍郎。立朝持正敢言,学守程、朱,与湛若水、邹守益共主讲席。仕三十余年,家无长物,终身未尝有惰容。及卒,高陵人为罢市三日,四方学者咸设位持心丧;讣闻,明世宗辍朝一日,赐祭葬。著书甚多(见《明史·儒林传》)。《易》学专著今存《周易说翼》五卷。

【吕嵓】 相传唐京兆(今陕西西安市)人。"嵓"一作"岩",字洞宾。喜戴华阳巾,衣黄白衬衫,系大皂绦,状似张良。唐咸通中及第,两调县令。值黄巢乱,移家修道于终南山,不知所终(见《全唐诗》、《唐才子传》及《能改斋漫录》引《雅言述》)。元明以来称为"八仙"之一,道教正阳派号为"纯阳祖师",又号"纯阳子",俗称"吕祖"。旧传《吕子易说》三卷(又作《寿山堂易说》),题吕嵓撰,然学者考定为后人伪托(见尚秉和先生《易说评议》)。

【吕祖谦】(1137—1181) 南宋婺州(今浙江金华)人。字伯恭。学者称东莱先生。幼承家学,有中原文献之传。长从林之奇、汪应辰、胡宪游。又与张栻、朱熹为友,讲索益精,世称"东南三贤"。初荫补入官,后举进士,复中博学宏词科。官至

直秘阁著作郎兼国史院编修。卒年四十五,谥曰"成",后改谥"忠亮"。平生以关、洛之学为宗,而旁稽载籍。自少年以来,性褊急,一日诵孔子"躬自厚而薄责于人"语,平时忿懥,忽涣然冰释。朱熹曾说:"学如伯恭,方是能变化气质。"晚年会友之地曰"丽泽书院",在金华城中。有文集及经史著述行世(见《宋史》本传及《宋元学案》)。《易》学专著《古易音训》二卷,曾为朱熹所推赞,朱熹撰《周易本义》多参考其说。

【吕子易说】 旧题唐吕嵓撰。无卷数。清道光年间刊本。又有《重刊道藏辑要》本,名为《易说》;另有咸丰间刊本,名为《寿山堂易说》,均为同书而异名。此书首列《河图》、《洛书》等三十六幅图解,次说上经三十卦,次说下经三十四卦,次说《系辞》以下诸传。书前有曾燠《序》,言该书为吕嵓所作,至后世始流传,并云:"惜虞山石室,书出太晚,前辈皆未之见,而近时人得书者,误列《道藏》及《吕子全书》中,予谨摘出,刊布专行。"书末载许承宣《跋》云:"《易说》藏于虞山之玉松,已久历年所矣。今庚戌冬,广陵净虚同人,乃梓而行之。"学者或以为,是书乃后人伪托,非吕嵓作。尚秉和先生据曾《序》、许《跋》之说,指出:"是《易说》原有刊板,藏虞山石室中,见者甚少。至嘉庆时,曾燠重刊之。燠字宾谷,江西南城人,世传《骈体文钞》,燠所选也。此本许《跋》称庚戌冬,按道光三十年为庚戌,则又后于曾刊矣。今观其说,如云伏羲之图,八卦方位也,外此而横图也、圆图也,则皆邵子之图也;又《三十六宫图》,将邵子《天根月窟诗》全首录出。岂吕子预知百余年后,宋有邵子其人? 邵子而必作《天根月窟诗》乎? 其伪托可立辨也。又观其诂《易》之处,空虚浮泛,无一实际。盖义理之流弊,至斯而极,已不知《易》为何物矣。"(《易说评议》)参见"寿山堂易说"。

【曳其轮贞吉】 《未济》卦九二爻辞。意思是:向后拖曳车轮不使猛行,守持正固可获吉祥。此言九二当"未济"之时,以阳刚居下卦之中,虽上应六五,但尚未脱出坎险,谨慎不敢轻进,犹如车曳轮而不猛行;以此谦谨守正,必能徐求可"济"之道,终将获吉,故称"曳其轮,贞吉"。参见"未济九二"。

【曳其轮濡其尾】 《既济》卦初九爻辞之语。意思是:向后拖曳车轮不使猛行,小狐渡河沾湿尾巴不使速进。这是譬喻初九以阳处"既济"之始,上应六四,但不急于求应,有谨慎守成之象,犹如车曳轮而不猛行,狐濡尾而不速进;事成之初,谨守如此,必可免咎,故曰"曳其轮,濡其尾"。参见"既济初九"。

【曳其轮义无咎也】 《既济》卦初九爻的《小象传》辞。旨在解说初九爻辞"曳其轮"的象征内涵。意思是:向后拖曳车轮不使猛行,说明初九的行为正合谨慎守成的意义而不致咎害。参见"既济初九小象传"。

【师】 六十四卦之一。列居篇中第七卦,由下坎(☵)上坤(☷)组成,卦形作"䷆",卦名为《师》,象征"兵众"。《师》卦之义,在于阐发"用兵"的规律。卦辞强调两项原则:一、用兵的前提在"正",即认为"能以众正"的"仁义之师",可以"毒天下而民从之"(《彖传》);二、出师胜负的关键,系于择将得当与否,故必用贤明"丈人"才能获"吉"。卦中六爻分别展示用兵的各方面要旨:初六极言严明军纪的必要,九二揭明主帅成功的条件,六三陈述失利败绩的教训,六四指出撤兵退守的情状,六五申言"君主"择将的标准,上六体论功行赏的法则。胡炳文《周易本义通释》曰:"六爻中,出师驻师、将兵将将、伐罪赏功,靡所不载。其终始节次严矣。"从卦中所揭示的用兵要旨看,《师》卦堪称一部古代兵法的总纲;若从全卦所反映的用兵须"正"的原则看,又可视为作《易》者战争思想的提要。《荀子·议兵》云:"彼兵者，所以禁暴除害也，非争夺也"，"此四帝、二王皆以仁义之兵行于天下也"。马振彪先生《周易学说》论此卦曰："天下归德谓之王，王者之师有征无战。'东征西怨，南征北怨'，民望之如云霓，从之如归市，所谓'能以众正'，乃可正也。"此论似已道出《师》卦蕴含的早期军事思想的核心所在。

【师律】 率师领兵的法则、律令。语本《师》卦初六爻辞"师出以律"。《南史·徐勉传》："军旅不以礼，则致乱于师律。"

【师九二】 《师》卦九二爻。以阳爻居卦第二位。爻辞曰："在师，中吉，无咎；王三锡命。"意思是：统率兵众，持中不偏可获吉祥，必无咎害；君王多次赏赐，委以重任。在师，犹言"率师"，马其昶《重定周易费氏学》："在，读'在视'之在，'在师'者，'视师'也；三，泛指多次；锡，即"赐"。这是说明九二以阳刚居《师》下卦之中，上应六五之"君"，犹如统率兵众能持正不偏，故"吉"而"无咎"；又因获应于六五，犹如率师有功多获赏赐、任命，故称"王三锡命"。王弼《周易注》："以刚居中，而应于五，'在师'而得其'中'者。承上之宠，为师之主，任大役重，无功则凶，故'吉'乃'无咎'也。"孔颖达《周易正义》："以其有功，故王三加锡命。"按，《师》卦六爻，唯九二为阳爻，刚中有应，正是卦辞所云"丈人"之象。胡炳文《周易本义通释》曰："卦辞'师，贞，丈人吉，无咎'，爻'在师，中吉，无咎'即卦辞意也。"又按，统军将帅的成功与失败，同君主的信任与否关系极大。九二获"吉"，显然有很大的因素得益于"王三锡命"。项安世《周易玩辞》曰："二所以胜，非己之功；以与五相应，得君宠也。"

【师上六】 《师》卦上六爻。以阴爻居卦最上之位。爻辞曰："大君有命，开国承家，小人勿用。"意思是：天子颁发命令，封赏功臣为诸侯、为大夫，小人不可重用。大君，指"天子"；开国，谓封为诸侯，承家，谓封为卿、大夫。这是说明上六处《师》卦之终，犹如正当班师告捷之时，故有"开国承家"的封赏；但其若为"小人"，则不被重用。孔颖达《周易正义》："上六处《师》之极，是师之终竟也。大君谓天子也，言天子爵命此上六，若其功大，使之开国为诸侯；若其功小，使之承家为卿、大夫。'小人勿用'者，言开国承家须用君子，勿用小人也。"按，赵汝楳《周易辑闻》谓"大君"喻指卦中六五爻，义似可通。又按，爻辞"小人勿用"的涵义，朱熹有一段辨析，曰："'开国承家，小人勿用'，旧时说只作论功行赏之时，不可及小人。今思量看理，去不得他。既一例有功，如何不及他得？看来'开国承家'一句，是公共得底，未分别君子、小人在。'小人勿用'，则是勿更用他与之谋议经画耳。汉光武能用此义，自定天下之后，一例论功行封；其所以用之在左右者，则用邓禹、耿弇、贾复数人，他不与焉。"又曰："此义方思量得如此，未曾改入《本义》，且记取。"(《朱子语类》)其说甚见理致，可资参考。

【师六三】 《师》卦六三爻。以阴爻居卦第三位。爻辞曰："师或舆尸，凶。"意思是：兵众时而载运尸体归来，有凶险。或，有时或然之辞；舆尸，以车载尸，喻兵败，马其昶《重定周易费氏学》引梁锡玙曰："古者兵虽败，不忍弃死者，故'载尸'。"这是说明六三处《师》下卦之上，阴柔失正，上无阳应，下又乘凌九二之刚，有力微任重，贪功冒进之象，因而取败。王弼《周易注》："以阴处阳，以柔乘刚，进则无应，退无所守；以此用师，宜获'舆尸'之凶。"按，用兵之道，贵知己知彼。《师》六三取败，正是不自量力所致。

【师六五】 《师》卦六五爻。以阴爻居卦第五位。爻辞曰："田有禽，利执言，无咎；长子帅师，弟子舆尸，贞凶。"意思是：田中有禽兽，利于捕取，无所咎害；委任刚正长者可以统帅兵众，委任无德小子必将载尸而归，守持正固以防凶险。禽，泛指禽兽;言,语气助词;长子,犹言刚正长者,喻指《师》卦九二爻,义同卦辞所谓"丈人",胡炳文《周易本义通释》:"自众尊之则曰'丈人',自君称之则曰'长子',皆长老之称";弟子,犹言无德小子,与"长子"义相对;贞凶,谓守正防凶。爻辞全文说明,六五尊居《师》卦"君"位,但体柔处中,不穷兵黩武,只在被侵犯时予以反击;犹如"田"中有禽兽犯苗,则利于捕取,故"无咎"。但六五既以柔居尊,当行师之时,则不能自往统兵,必委任于人;此时若委任刚正"长子"可以取胜,若任无德"弟子"将致败绩,故诫其守正防凶,即申任人须正之义。王弼《周易注》:"处师之时,柔得尊位。阴不先唱,柔不犯物;犯而后应,往必得直,故'田有禽'也。物先犯己,故可以'执言'而'无咎'也。柔非","柔非帅,阴非刚武,故不躬行,必以授也。授不得正,则众不从,故'长子帅师'可也,'弟子'之凶,故其宜也。"按,《师》六五爻辞"言"字,旧解多释为"言说",如李鼎祚《周易集解》引虞翻曰"震为言,艮为执,故'利执言'",又引荀爽曰"执行其言",程颐《周易程氏传》则释"执言"为"奉辞",朱熹《周易本义》乃云:"言,语辞也",颇可从。又按,爻辞"长子"、"弟子"之象,李鼎祚《周易集解》引虞翻曰:"长子谓二","弟子谓三";又引荀爽曰:"长子谓九二也",引宋衷曰:"弟子谓六三也。"孔颖达《周易正义》亦引庄氏曰:"长子谓九二,德长于人;弟子谓六三,德劣于物。"凡此诸说,以九二为"长子",后人多无异议;惟六三为"弟子",《易》家颇有不同说法。如:一、程颐《周易程氏传》谓:"弟子,凡非长者也",似以初、三、四爻为"弟子"。二、朱熹《周易本义》谓"弟子,三、四也",并云"若使君子任事,而又使小人参之,则是使之'舆尸'而归"。三、尚秉和先生《周易尚氏学》以为"长子"、"弟子"均针对九二而发,曰:"五应二,二震(指互震)主爻,震长子,居师中为主,故曰'长子帅师';二亦坎(指下坎)主

爻,坎为震弟、为尸,故曰'弟子舆尸'。"诸说所释角度虽歧,但于"弟子"与"长子"相对立之义则一致。又按,爻辞"贞凶"之义。孔颖达《周易正义》释曰"为正之凶",程颐《周易程氏传》释为"虽正亦凶",可备参考。又按,《师》卦六五作为"君主"之象,于用兵行师之际,择将选帅是决定胜败存亡的大事。故爻辞以"长子"、"弟子"为喻,从正反两方面设诫,强调六五必须任人以正,才能吉而免凶。

【师六四】 《师》卦六四爻。以阴爻居卦第四位。爻辞曰:"师左次,无咎。"意思是:兵众撤退暂守,免遭咎害。左次,犹言"撤退",程颐《周易程氏传》:"左次,退舍也",尚秉和先生《周易尚氏学》:"古人尚右,左次则退也。"此谓六四居《师》上卦之始,虽无下应,但柔顺得正,当不利时能撤退暂处,待时再进,故获"无咎"。王弼《周易注》:"得位而无应。无应,不可以行;得位,则可以处。故左次之而'无咎'也。"按,《师》六四审时度势,当退则退,正是等待下一步进取。马振彪先生《周易学说》引刘沅说,指出:六四"于行师为知难而退之象"。

【师左次】 《师》卦六四爻辞之语。意思是:兵众撤退暂守。左次,犹言"退处"。此谓六四居《师》上卦之始,虽无下应,但柔顺得正,当不利时候能撤退暂处,待时再进,故有"左次"之象。参见"师六四"。

【师初六】 《师》卦初六爻。以阴爻处卦下初位。爻辞曰:"师出以律,否臧凶。"意思是:兵众出发要用法律号令来约束,军纪不良必有凶险。否,即"不";臧,谓"善"。这是说明初六处《师》之始,为"兵众"初出之象,故诫其严明军法,反之必凶。朱熹《周易本义》:"律,法也;否臧,谓不善也。"又曰:"在卦之初,为师之始。出师之道,当谨其始;以律则吉,不臧则凶。"按,"慎始"之理,在《周易》六十四卦的初爻中屡屡言及。《师》初六谓"否臧凶",设诫尤为深切。

【师卦辞】 《师》卦的卦辞。其文曰："师,贞,丈人吉,无咎。"意思是:《师》卦象征兵众,应当守持正固,贤明长者统兵可获吉祥,必无咎害。师,卦名,象征"兵众",李鼎祚《周易集解》引何晏曰:"师者,军旅之名,故《周礼》云'二千五百人为师'也",朱熹《周易本义》:"师,兵众也";丈人,犹言"贤明长者",兼具"德"与"长"的素质,陆德明《经典释文》:"丈人,严庄之称,郑云'能以法度长于人'。"卦辞全文说明,"兵众"应以守正为本,而统率兵众又须赖于贤明的"丈人",才能获"吉"且"无咎"。孔颖达《周易正义》:"师,众也;贞,正也;丈人,谓严庄尊重之人。言为师之正,唯得严庄丈人监临主领,乃得吉、无咎。若不得丈人监临之,众不畏惧,不能齐众,必有咎害。"按,"丈人"二字,李鼎祚《周易集解》引崔憬曰:"《子夏传》作'大人'。"其义亦通。

【师彖传】 《师》卦的《彖传》。旨在解说《师》卦的卦名、卦辞之义。其文为:"《彖》曰:师,众也;贞,正也。能以众正,可以王矣。刚中而应,行险而顺,以此毒天下,而民从之,吉又何咎矣!"意思是:"《彖传》说:师,是部属众多的意思;贞,是守持正固的意思。能使众多部属坚守正道,可以做君王了。譬如刚健居中者在下相应于尊者,履行危险之事而顺合正理,凭藉这些来攻伐天下,百姓纷纷服从,势必获得吉祥、又哪有咎害呢?"毒,谓"攻伐"。许慎《说文解字》"毒,厚也,害人之艸,往往而生,从屮毒声",段玉裁注:"制字本义,因害人之艸往往而生","引申为凡厚之义";可见,"毒"字本义为"害人艸",李鼎祚《周易集解》引干宝曰:"荼苦也",又曰:"六军之锋,残破城邑,皆所荼毒奸凶之人使服王者也",陆德明《经典释文》引马融曰:"毒,治也",故此处"毒"字用如动词,犹言攻伐。全文可分两节理解。第一节,自"师"至"可以王矣"六句,释卦名"师"并卦辞"贞"之义,谓"师"乃率众之名,率众以"正"为本,兵众守"正"则可以为"王者"之师。第二节,自"刚中而应"至"吉又何咎矣"五句,举《师》上下卦象及九二、六五爻象,以释卦辞"丈人吉,无咎"之义。谓九二居中上应六五,下坎为险、上坤为顺,遂有"刚中而应,行险而顺"之象;以此行师,必能吉而无咎。按,王弼《周易注》训"毒"为"役",则"毒天下"犹言"役使天下",义亦通。又按,胡炳文《周易本义通释》云:"'毒'之一字,见得王者之师,不得已而用之;如毒药之攻病,非有沈痼坚症,不轻用也。其指深矣。"此说含有释"毒"为"攻治"之意,不直袭程颐《周易程氏传》及朱熹《周易本义》释为"毒害"之旧解,似有可取。

【师大象传】 《师》卦的《大象传》。其辞曰:"地中有水,师;君子以容民畜众。"意思是:地中藏聚着水源,象征"兵众";君子因此广容百姓、聚养众人。这是先揭明《师》卦上坤为地、下坎为水之象,谓地中藏水正为"兵众"的象征;然后推阐出"君子"观察此象,应当悟知"容民畜众"的道理。李鼎祚《周易集解》引陆绩曰:"坎在坤内,故曰'地中有水';师,众也,坤中众者,莫过于水。"朱熹《周易本义》:"水不外于地,兵不外于民,故能养民则可以得众矣。"按,孔颖达《周易正义》指出《师》卦《大象传》不说"地在水上"、"上地下水"、"水上有地",必说"地中有水"者,"盖以'容畜'之义也"。此论可取。又按,《师》卦欲明"王者"用兵之道,因此卦辞强调"贞"、"丈人吉"。《大象传》所阐发的意义,则主于兵众来源一事,即所谓"民"为"兵"之本。朱熹《周易本义》又云:此谓"古者寓兵于农",似颇有理。

【师出以律】 《师》卦初六爻辞之语。意谓兵众出发要用法律号令来约束。这是说明初六处《师》之始,为"兵众"初出之象,故诫其严明军纪,反之必凶。参见"师初六"。

【师或舆尸】 《师》卦六三爻辞之语。

意思是：兵众时而载运尸体归来，有凶险。或，有时或然之辞；舆尸，以车载尸，喻兵败。此谓六三处《师》下卦之上，阴柔失正，上无阳应，下又乘凌九二之刚，有力微任重、贪功冒进之象，因而取败。参见"师六三"。

【师受之以比】《周易》六十四卦，以象征"兵士众多"的《师》卦列居第七卦；凡是事物众多，必然有所比辅，所以接《师》之后是象征"亲密比辅"的第八卦《比》卦。此称"《师》受之以《比》"。语本《序卦传》："师者，众也。众必有所比，故受之以《比》；比者，比也。"韩康伯《序卦注》："众起而不比，则争无由息；必相亲比，而后得宁也。"李鼎祚《周易集解》引崔憬曰："方以类聚，物以群分。人众则群类必有所比矣。上比相阿党，下比相和亲也。相党则相亲，故言比者比也。"

【师九二小象传】《师》卦九二爻的《小象传》。其辞曰："在师中吉，承天宠也；王三锡命，怀万邦也。"意思是：统率兵众持中不偏可获吉祥，说明九二承获"天子"的宠信；君王多次赏赐、委以重任，说明有平定天下万方的志向。这是解说《师》九二爻辞"在师，中吉"、"王三锡命"的象征内涵。天宠，喻九二获应于上卦的六五，如获"天子"之宠。孔颖达《周易正义》："'承天宠'者，释'在师，中吉'之义也。正谓承受五之恩宠，故'中吉'也。"程颐《周易程氏传》："王三锡以恩命，褒其成功，所以怀万邦也。"

【师六三小象传】《师》卦六三爻的《小象传》。其辞曰："师或舆尸，大无功也。"意思是：兵众时而载运尸体归来，说明六三太不获战功了。这是解说《师》六三爻辞"师或舆尸"的意义。李鼎祚《周易集解》引卢氏曰："失位乘刚，内外无应，以此帅师，必大败。故有'舆尸'之凶，功业大丧也。"

【师上六小象传】《师》卦上六爻的《小象传》。其辞曰："大君有命，以正功也；小

人勿用，必乱邦也。"意思是：天子颁发命令，是为了定功封赏；小人不可重用，说明若用小人必将危乱邦国。这是解说《师》上六爻辞"大君有命"、"小人勿用"的象征内涵。正，用作动词，犹言"评定"。孔颖达《周易正义》："'大君有命，以正功也'者，正此上六之功也；'小人勿用，必乱邦'者，若用小人，必乱邦国，故不得用小人。"程颐《周易程氏传》："小人恃功而乱邦者，古有之矣。"

【师六五小象传】《师》卦六五爻的《小象传》。其辞曰："长子帅师，以中行也；弟子舆尸，使不当也。"意思是：委任刚正长者可以统率兵众，说明六五的行为居中不偏；委任无德小子必将载尸败归，这是使用人不得当的后果。此为解说《师》六五爻辞"长子帅师，弟子舆尸"的象征内涵，谓六五应保持"柔中"之德，任人以正，才能"行师"获胜而得"吉"。李鼎祚《周易集解》引宋衷曰："弟子舆尸，谓使不当其职也。"按，孔颖达《周易正义》云："'长子帅师，以中行也'，是九二居中也；'弟子舆尸，使不当也'，谓六三失位也。"以九二、六三爻象为说，其义可通。

【师六四小象传】《师》卦六四爻的《小象传》。其辞曰："左次无咎，未失常也。"意思是：撤退暂守免遭咎害，说明六四用兵不失通常之法。这是解说《师》六四爻辞"师左次，无咎"的象征内涵。未失常，谓六四及时退撤，不失用兵之常。孔颖达《周易正义》："以其虽未有功，未失常道。"程颐《周易程氏传》："行师之道，因时施宜，乃其常也，故'左次'未必为失也。如四退次，乃得其宜，是以无咎。"按，《师》六四撤退暂处，乃审时度势，暂为退守，而等待下一步进取。故马振彪先生《周易学说》引刘沅说，揭明此爻《小象传》"未失常"的微旨曰："师以慎重为常，恐人以退为怯，故曰'未失常'。"

【师初六小象传】《师》卦初六爻的《小象传》。其辞曰："师出以律，失律凶也。"

意思是：兵众出发要用法律号令来约束，说明若是丧失军纪必有凶险。这是解说《师》初六爻辞"师出以律"之义，谓失律必凶。孔颖达《周易正义》："言所以必须'以律'者，以其失律则凶。反经之文，以明经义。"

【师出以律失律凶也】《师》卦初六爻的《小象传》辞。旨在解说初六爻辞"师出以律"之义。意思是：兵众出发要用法律号令来约束，说明若是丧失军纪必有凶险。参见"师初六小象传"。

【师或舆尸大无功也】《师》卦六三爻的《小象传》辞。旨在解说六三爻辞"师或舆尸"之义。意思是：兵众时而载运尸体归来，说明六三太不获战功了。参见"师六三小象传"。

【刚中】 指《易》卦中居二位或五位之阳爻，即"九二"或"九五"。详见"中"。

【刚反】《复》卦的《彖传》语。意为：阳刚更甦返回。反，即"返"。此举《复》卦一阳回复上升之象，谓阳刚返回上复必可亨通，以释卦辞"复，亨"之义。程颐《周易程氏传》："阳刚消极而来反；既来反，则渐长盛而亨通矣。"

【刚揜】《困》卦的《彖传》语。意思为：阳刚被掩蔽不能伸展。揜，音掩 yǎn，即"掩"。此举《困》卦下坎为阳、上兑为阴之象，谓阳刚在下被掩而不能伸，以释卦名"困"之义。孔颖达《周易正义》："此就二体以释卦名。兑阴卦为柔，坎阳卦为刚；坎在兑下，是刚见揜于柔也。刚应升进，今被柔揜，施之于人，其犹君子为小人所蔽，以为困穷也。"按，"刚揜"之象，诸家解释不同。如李鼎祚《周易集解》引荀爽曰："谓二、五为阴所弇"；朱熹《周易本义》："九二为二阴所揜，四、五为上六所揜"；尚秉和先生《周易尚氏学》："坎刚揜，三至上刚揜"。此三说均可参考。

【刚决柔】《夬》卦的《彖传》语。意为：阳刚君子果决制裁阴柔小人。刚，指《夬》卦初至五爻均为阳爻；柔，指《夬》卦上爻为阴爻。这是举《夬》卦六爻的爻象，谓此卦大旨主于阳刚决除阴柔，即"君子"决除"小人"，以释卦名"夬"之义。孔颖达《周易正义》："夬，决也。此阴消阳息之卦也，阳长至五，五阳共决一阴，故名为'夬'也。"又曰："夬以刚决柔，施之于人，则是君子决小人也。"

【刚以动故壮】《大壮》卦的《象传》语。意为：气质刚健又能奋动，所以称强盛。刚，指《大壮》卦的下卦乾为刚；动，指《大壮》卦的上卦震为动。这是举《大壮》卦的上下卦象，谓刚健能动正是事物"强盛"的状态，以释卦名称"壮"之义。李鼎祚《周易集解》引荀爽曰："乾刚震动，阳从下升，阳气大动，故'壮'也。"孔颖达《周易正义》："乾刚而震动。柔弱而动，即有退溺；刚强以动，所以成壮。"

【刚来而不穷】《涣》卦的《彖传》语。意思是：阳刚者前来居阴柔之中而不困穷。刚，指《涣》卦九二爻。这是举九二阳刚来居下卦，与初六、六三、六四诸阴爻往不穷之象，说明此时阴阳虽散而能聚，遂见处"涣"能通之理，以释《涣》卦名及卦辞"涣，亨"之义。尚秉和先生《周易尚氏学》："刚来居二，临一阴则陷，二阴则通，故曰'不穷'。"

【刚来而得中】《讼》卦的《彖传》语。意思是：阳刚前来处险而保持适中。刚、中，指《讼》卦九二爻阳刚居中。这是举九二以刚来居下卦两阴之间的爻象，释《讼》卦辞"讼，有孚窒惕，中吉"之义。孔颖达《周易正义》："凡上下二象，在于下象者称'来'，故《贲》卦云'柔来而文刚'，是离下艮上而称'柔来'。今此云'刚来而得中'，故知九二也。且凡云'来'者，皆据异类而来，九二在二阴之中，故称'来'。"

【刚柔分而刚得中】《节》卦的《彖传》语。意思是：刚柔上下俨然区分而阳刚者获得中道主持节制。刚，指《节》上坎为阳卦；柔，指《节》下兑为阴卦；得中，指《节》九二、九五两爻阳刚居中。这是举《节》卦的上下卦象及二、五爻象,说明刚柔有别而刚中者主持节制,则节制之道可通,以释卦名及卦辞"节,亨"之义。王弼《周易注》:"坎阳而兑阴也,阳上而阴下,刚柔分也;刚柔分而不乱,刚得中而为制主,节之义也。节之大者,莫若刚柔分,男女别也。"孔颖达《周易正义》:"二、五以刚居中,为制之主,所以得节;节不违中,所以得亨。"

【刚柔始交而难生】《屯》卦《彖传》语。旨在解说卦名"屯"之义。意思是:阳刚阴柔开始相交而艰难随着萌生。即谓"屯"字兼"初生"、"艰难"而为义。刚柔,犹言"阴阳",说明事物初生之际,正是阴阳始交之时,此时必多艰难。孔颖达《周易正义》:"以阴阳二气始欲相交,未相通感,情意未得,故'难生'也。若刚柔已交之后,物皆通泰,非复难也。"案,朱震《汉上易传》:"震者,乾交于坤,一索得之,'刚柔始交'也";"坎,险难,'刚柔始交而难生'也。"此以内外卦象为说,于义可通。

【刚上而尚贤能止健】《大畜》卦的《彖传》语。意思是:阳刚者居上而崇尚贤人,能够看止制约健强者。刚,指《大畜》卦的上九爻,喻其在上而能礼贤于下;尚,崇尚;止,抑止,谓《大畜》上艮为止,含"规正"意;健,谓《大畜》下卦乾为健。这是举《大畜》卦的上九爻象及上下卦象,说明"大畜"之时既有"畜贤"之义,又有制约规正强健者之义,并谓此为至大的"正道",以释《大畜》卦辞"利贞"之义。王弼《周易注》云"尚贤"一句"谓上九也,处上而大通,刚来而不距,'尚贤'之谓也。"又云:"健莫过乾,而能止之,非夫'大正',未之能也。"

【刚中而应行险而顺】《师》卦的《彖传》语。意思是:刚健居中者在下相应于尊者,履行危险之事而顺合正理。刚中,指《师》卦九二爻刚居中;应,指九二与六五阴阳相应;险,指《师》卦下坎为险;顺,指《师》上坤为顺。这是举《师》卦九二、六五爻象及上下卦的卦象,以释卦辞"丈人吉"之义。孔颖达《周易正义》:"'刚中而应'者,刚中谓九二,而应谓六五;'行险而顺'者,行险谓下体坎也,而顺谓上体坤也。若刚中而无应,或有应而不刚中,或行险而不柔顺者,皆不可行师得吉也。"

【刚过而中巽而说行】《大过》卦的《彖传》语。意思是:阳刚过甚而能适中调济,驯顺而和悦地施行整治。刚、中,指《大过》卦九二、九五两爻刚居中;巽,指《大过》下卦巽为"驯顺"之象;说,即"悦",指《大过》上卦兑为"和悦"之象。这是举《大过》卦的二、五爻象及上下卦象,说明阳刚能居中调济,沿顺、悦之道而行,则利于整治"大过",往必有亨,以释《大过》卦辞"利有攸往,亨"之义。程颐《周易程氏传》:"刚虽过,而二、五皆得中,是处不失中道也;下巽上兑,是以巽顺和说之道而行也。在'大过'之时,以中道巽顺而行,故'利有攸往',乃所以能'亨'也。"

【刚来而下柔动而说】《随》卦的《彖传》语。意思是:阳刚者前来谦居于阴柔之下,有所行动必然使人欣悦(而物相随从)。刚、动,指《随》下卦震之象;柔、说(即"悦"),指《随》上卦兑之象。这是说明《随》卦的上下卦象有刚而下柔,物动则悦必能随从于人的寓旨,以释卦名"随"之义。孔颖达《周易正义》:"刚谓震也,柔谓兑也。震处兑下,是'刚来下柔';震动而兑说,既能下人,动则喜悦,所以物皆随从也。"

【刚应而志行顺以动】《豫》卦的《彖传》语。意思是:阳刚者与阴柔相应而心志畅行,又顺沿物性而动。刚应,指《豫》九四以阳刚与众阴相应;顺,指《豫》下卦坤为顺;动,指《豫》上卦震为动。这是举《豫》九四爻象及上下卦象,说明以刚应柔、顺性而动则可导致众物"欢乐"之理,以释卦名"豫"之义。李鼎祚《周易集解》引侯果曰:"四为卦主,五阴应之,刚志大行,故曰'刚应而志行'。"又引崔憬曰:"坤下震上,顺以动也。"程颐《周易程氏传》:"刚应,谓四为群阴所应,刚得众应也。志行,谓阳志上行,动而上下顺从,其志得行也。顺以动豫,震动而坤顺,为动而顺理;顺理而动,又为动而众顺,所以'豫'也。"

【刚柔之际义无咎也】 《解》卦初六爻的《小象传》辞。旨在解说初六爻辞"无咎"的象征内涵。意思是:初六与九四刚柔互为交际相应,就舒解险难的意义看必无咎害。参见"解初六小象传"。

【刚巽乎中正而志行】 《巽》卦的《彖传》语。意思是:阳刚者以中正之德被人顺从而其志得以施行。刚,指《巽》卦九五;巽,逊顺,此处含被顺从之意。这是说明《巽》九五居尊而阳刚中正,众爻皆巽顺,遂能行其"申命"之志,以释《巽》卦辞"小亨,利有攸往,利见大人"之义。李鼎祚《周易集解》引虞翻曰:"刚中正,谓五也。"

【刚遇中正天下大行】 《姤》卦的《彖传》语。意思是:刚者遇合居中守正的柔者,天下的人伦教化就大为通畅。这是举"刚柔"以正道遇合为例,从正面展示《姤》卦所明事物"相遇"的重大意义。孔颖达《周易正义》:"庄氏云:一女而遇五男,既不可取;天地匹配,则能成品物。由是言之,若刚遇中正之柔,男得幽贞之女,则天下人伦之化乃得大行也。"按,"刚遇中正"一句,李鼎祚《周易集解》引翟玄曰:"刚谓九五,遇中处正,教化大行于天下也。"于义亦通。

【刚健中正纯粹精也】 《乾》卦《文言传》语。旨在解说《乾》卦六爻的形体特征。意思是:卦中诸爻刚强劲健、居中守正,通体不杂、纯粹至精。中正,谓九二、九五居上下卦之中位,九五则既中且正;纯粹精,谓六爻皆为阳爻。孔颖达《周易正义》:"刚健中正,谓纯阳刚健,其性刚强,其行劲健;中,谓二与五也;正,谓五与二也。六爻俱阳,是纯粹也;纯粹不杂是精灵,故云'纯粹精也'。"李鼎祚《周易集解》引崔憬曰:"不杂曰纯,不变曰粹;言《乾》是纯粹之精。"

【刚上而柔下巽而止蛊】 《蛊》卦的《彖传》语。意为:阳刚居上而阴柔处下,顺沿物情而入就能抑止弊乱。刚、止,指《蛊》上卦艮为阳卦、为"抑止"之象;柔、巽,指《蛊》下卦巽为阴卦、为"顺入"之象。这是举《蛊》卦的上下卦象为说,谓刚柔相济、顺入止邪,必可治"蛊",以释卦名"蛊"之义。孔颖达《周易正义》:"以上刚能制断,下柔能施令,巽顺止静,故可以有为也。"程颐《周易程氏传》:"艮,止也;巽,顺也。下巽而上止,止于巽顺也。以巽顺之道治蛊,是以元亨也。"

【刚上而柔下雷风相与】 《恒》卦的《彖传》语。意思是:阳刚居上而阴柔处下,雷发风行常相交助。刚,指《恒》上卦震为阳卦;柔,指《恒》下卦巽为阴卦;雷,指《恒》上卦震为雷。风,指《恒》下卦巽为风。这是举《恒》卦的上下卦象,说明刚柔尊卑次序有定,雷风之作相须相助两种现象并恒常不变的事状,以释卦名"恒"之义。王弼《周易注》:"刚柔尊卑,得其序也。"程颐《周易程氏传》:"雷震则风发,二者相须,交助其势,故云'相与',乃其常也。"

【刚中正履帝位而不疚】 《履》卦的《彖传》语。意思是:阳刚居中守正者,小心践行"天子"之位而行为无所疵病。刚中正,指《履》卦九五爻阳刚中正;帝位,九五居"君位";疚,疵病。这是举《履》五中正而居尊位之象,赞"履"德之美。孔颖达《周易正义》:"以刚处中,得其正位,居九五之尊,是'刚中正履帝位'也","以刚中而居帝位,不有疚病,由德之光明故也。"

【刚中而柔外说以利贞】 《兑》卦的《彖传》语。意思是:阳刚居中而柔和处外,就能导致物情欣悦并利于守持正固。刚中,指《兑》卦九二、九五两爻阳刚居中;柔外,指《兑》卦六三、上六两爻阴柔处外;说,通"悦"。此举《兑》卦诸爻之象,说明柔悦不失内刚,刚正不失外悦,内外刚柔兼济,不谄媚、不暴戾,遂见处"悦"而能亨通并利在守正之旨,以释《兑》卦辞"亨,利贞"之义。王弼《周易注》:"说而违刚则谄,刚而违说则暴;'刚中而柔外',所以'说以利贞'也。刚中,故利贞;柔外,故说亨。"

【刚当位而应与时行也】《遯》卦的《象传》语。意思是:阳刚者正居尊位而能应合下者,随顺时势施行退避。刚当位,指《遯》卦九五爻得正居尊;应,指九五下应六二爻;与时,犹言"顺合时势",此处特指顺时退避。这是举《遯》卦九五爻象,说明当"遯"之时,刚大居尊者虽当位有应,但因"小人"势长而须毅然遯退,唯此才能使"正道"亨通,以释《遯》卦名及卦辞"遯亨"之义。李鼎祚《周易集解》引虞翻曰:"刚谓五,而应二。"尚秉和先生《周易尚氏学》:"不能不遯者,时不可也,故曰'与时行'。遯太早则有过情之讥,如严光是也;太晚则不能遯,沉溺于小人之中而不能免,如刘歆是也。"按。尚秉和先生举东汉严光早岁致光武帝思贤不得,及西汉刘歆事王莽不能遯致诛莽不成而自杀身亡,以证"遯"宜以"时",于义颇切。

【刚健笃实辉光日新其德】《大畜》卦的《象传》语。意思是:刚健笃实者畜聚不已,乃至光辉焕发、日日增新自身的美德。刚健,指《大畜》卦下乾刚劲健强;笃实,指《大畜》卦上艮静止充实。这是举《大畜》卦的上下卦象,说明"大畜"之时,畜物者"刚健笃实",所畜者"光辉美德",极称卦义之佳,并释卦名"大畜"之义。王弼《周易注》:"凡物既厌而退者,弱也;既荣而陨者,薄也。夫能'辉光日新其德'者,唯'刚健笃实'也。"孔颖达《周易正义》:"刚健,谓乾也,乾体刚性健,故言'刚健'也;笃实,谓艮也,艮体静止,故称'笃实'也。"按,"辉光日新其德"一句,陆德明《经典释文》引郑玄注,以"辉光日新"绝句,"其德"连下文"刚上而尚贤"为读。其义亦通,可备一说。

【刚浸而长说而顺刚中而应】《临》卦的《象传》语。意思是:(临人之时)阳刚正气日渐增长,临人者和悦温顺,刚健者居中而上下相应。刚,指《临》卦初九、九二两爻为阳爻;浸,渐也;说,即"悦",为《临》下卦兑之象;顺,为《临》上卦坤之象;刚中,指《临》卦九二爻阳刚居中;应,指《临》九二与六五上下相应。这是举《临》卦的上下卦象及诸爻爻象,展示以"德"临人之时的盛美情状,以释卦名"临"之义。《周易折中》:此三句"皆释卦名也。盖'刚浸而长',则阳道方亨;有'说顺'之德,则人心和附;'刚中而应',则上下交而志同。此其所以德泽及于天下,而足以有临也。"

【刚柔分动而明雷电合而章】《噬嗑》卦的《象传》语。意思是:刚柔上下先各分开,然后交相运动而啮合的意义显明;就像震雷闪电交击互合而啮合的道理昭彰。刚、动、雷,均为《噬嗑》下卦震之象;柔、明、电,均为《噬嗑》上卦离之象。这是举《噬嗑》卦的上下卦象,说明刚柔上下分处交动而"噬嗑"之义明,雷电相随兴作交合而"噬嗑"之理彰,以释《噬嗑》"亨"之义。王弼《周易注》:"刚柔分动不溷乃明,雷电并合不乱乃章。"孔颖达《周易正义》:"刚柔分,谓震刚在下,离柔在上。刚柔云分,雷电云合者,欲见明之与动各是一事,故刚柔云分也;明动虽各一事,相须而用,故雷电云合。但《易》之为体,取象既多,若取分义,则云震下离上;若取合义,则云离震合体,共成一卦也。"

【刚失位而不中是以不可大事也】《小过》卦的《象传》语。意思是:阳刚者有失正位而不能持中,所以不可践履天下刚大之事。刚,指《小过》卦九三、九四两阳爻。此以九三阳刚不中而九四失位之象,释《小过》卦辞"不可大事"之义。孔颖达《周易正义》:"刚健之人,乃能行大事;失位不中,是行大不中时,故曰'不可大事'也。"程颐《周易程氏传》:"刚失位而不中,是以不可大事,大事非阳刚之才不能济。三不中,四失位,是以'不可大事'。'小过'之时,自不可大事;而卦才又不堪大事,与时合也。"

〔J〕

【合订删补大易集义粹言】 清纳喇性德编。八十卷。《通志堂经解》本。此书系合辑宋陈友文《大易集义》、方闻一《大易粹言》而成,并互为删繁补缺。《四库全书提要》指出:"相传其稿本出陆元辅,性德殁后,徐乾学刻入《九经解》,始署性德之名,莫之详也。"又云:"友文书本六十四卷,所集诸儒之说凡十八家,又失姓名两家;闻一书本七十卷,所集诸儒之说凡七家。以二书校除重复外,《集义》视《粹言》实多得十一家。惟《粹言》有《系辞》、《说卦》、《序卦》、《杂卦》,而《集义》止于上下经,故所引未能赅备。性德因于十一家书中择其论《系辞》诸传者,以补其缺,与《粹言》合为一编。又删其繁芜,勒成此本。今《粹言》尚有传本,已著于录。《集义》流播较稀,今藉此以见梗概。其中理数兼陈,不主一说,宋儒微义,实已略备于斯。李衡删房审权之书,俞琰钞李心传之说,并以取精撷要,有胜原编。此书之作,其功亦约略相亚也。"

【众允悔亡】 《晋》卦六三爻辞。意为:获得众人信允,悔恨消亡。允,犹言"信"。此谓六三当"晋"之时,以阴居下卦之上,失位有"悔";但与下二阴均有"晋长"之志,为二阴所信而并进,遂得消悔,故曰"众允,悔亡"。参见"晋六三"。

【众允之志上行也】 《晋》卦六三爻的《小象传》辞。旨在解说六三爻辞"众允"的象征内涵。意思是:获得众人信允所体现的心志,说明六三意欲向上行进。参见"晋六三小象传"。

【乔莱】(1642—1694) 清宝应(今属江苏)人。字子静,号石林。康熙进士,官内阁中书;举鸿博,授翰林院编修,参与修撰《明史》,累迁侍读。后中蜚语,被罢归。治废圃曰"纵棹园",读《易》其中。有文集等行世(见朱彝尊《翰林院侍读乔君墓表》及《清史稿·文苑传》)。《易》学专著今存《乔氏易俟》十八卷。

【乔中和】 明内丘(今属河北)人。字还一。崇祯间拔贡生,官至太原府通判(见《经义考》及《四库全书提要》)。《易》学专著今存《大易通变》六卷、《说易》十二卷。

【乔氏易俟】 清乔莱撰。十八卷。《四库全书》本。此书卷首为《易》图,书中杂采宋、元以后诸家《易》说,参以己意,训解六十四卦经义,而不及《系辞》以下诸传。《四库全书提要》指出:"前列诸图,不主陈抟河图、洛书、先天、后天、方圆横直之说;于卦变亦不取虞翻以下诸家,而取来知德之反对。其解经多推求人事,参以古今之治乱得失","盖《诚斋易传》之支流。假借牵合,或所不免,而理关法戒,终胜《庄》、《老》之玄谈也。于经文兼注古韵,亦得失互陈。如《观》卦六四《象》下备引顾炎武方音之说,则非未见《音学五书》者;而《象传》协韵仍从吴棫之旧,则弃取有不可解者矣。经文用王弼之本,惟解上经下经,《系辞》以下一概阙如。盖宗旨主于随爻阐义,故余不及焉,非脱佚也。"按,今存此书清康熙间竹深荷净之堂刻本多部(见《中国古籍善本书目》),可资参考。

【向秀】(约227—272) 西晋河内怀(今河南武陟西南)人。字子期。"竹林七贤"之一。为人清悟有远识,雅好老庄之学。作《庄子注》,后郭象即祖述其说而增广之。官至散骑侍郎、散骑常侍。虽在朝而不任职,客迹而已(见《晋书·向秀传》)。曾撰《周易注》,张璠集魏晋二十二家《易》说,为《周易集解》十二卷,即用向秀《易注》本,亦采入向氏之说(见陆德明《经典释文序录》)。向秀《周易注》久佚。清孙堂《汉魏二十一家易注》、马国翰《玉函山房辑佚书》、黄奭《汉学堂丛书》均辑有向秀《周易义》一卷。

【向晦入宴息】 《随》卦的《大象传》语。意为：在向晚时入室休息。向晦，犹言"向晚"；宴，安也，"宴息"即"休息"。这是从《随》卦"泽中有雷"的卦象而推阐出的"君子观此象，须悟知凡事'随时'的道理，故早出晚入，于向晚按时休息。参见"随大象传"。

【后夫】 缓缓后至者。谓比附于有德者当快速先行，不可居后。语出《比》卦的卦辞"不宁方来，后夫凶"。南朝宋何承天《鼓吹铙歌》："归德戒оказ夫，贾勇尚先鸣。"

【后京房】 西汉《易》家，字君明，焦延寿弟子，汉元帝时立为《易经》博士，创"京氏易"学派。生活年代略后于梁丘贺之师京房者，故称"后京房"。参见"京房②"。

【后天之学】 北宋邵雍所倡扬的"先天之学"的一个附属概念。即认为"先天之学"立本，"后天之学"致用。故邵氏所传《易》图中，既有追源于伏羲的"先天卦图"，又有依托于文王的"后天卦图"。参见"先天之学"。

【后天八卦方位】 即"文王八卦方位"。

【后天八卦次序】 即"文王八卦次序"。

【后天而奉天时】 《乾》卦《文言传》语。旨在赞扬《乾》九五"大人"统理政事有时虽后于天象而施为，也能遵循天的变化规律。后天，此处指自然界出现变化之后，及时采取适当的措施；天时，犹言大自然的阴晴寒暑等变化规律。孔颖达《周易正义》："若在天时之后行事，能奉顺上天，是大人合天也。"李鼎祚《周易集解》引崔憬曰："奉天时布政，圣政也。"

【后得主而有常】 《坤》卦《文言传》语。旨在解说《坤》卦辞"先迷，后得主"之义。谓具备"坤德"者能以柔顺随从人后便有人作主，于是保持福庆久长。孔颖达《周易正义》："阴主卑退，若在事之后，不为物先，即'得主'也；此阴之恒理，故云'有常'。"

【后入于地失则也】 《明夷》卦上六爻的《小象传》语。旨在解说上六爻辞"后入于地"的象征内涵。意思是：最终坠入地下，说明上六违背了正确的法则。参见"明夷上六小象传"。

【后夫凶其道穷也】 《比》卦的《象传》语。意思是：缓缓来迟者有凶险，说明迟缓必使亲密比辅之道穷尽。此以上六爻处《比》卦之终，犹如"亲比"于人而不能速至，故其道穷尽，释卦辞"后夫凶"之义。孔颖达《周易正义》："他悉亲比，己独后来，比道穷困，无人与亲，故其凶也；此谓上六也。"

【先天之学】 北宋邵雍所倡扬的学说，主旨以《周易》思想为基础，推衍、探究大自然万物产生及发展过程的奥秘，形成一套独具特色、影响广泛、讲求心法的象数哲学体系，亦称为"先天象数学"。同时又有"先天"立本、"后天"致用之说，故随之又生与之相附属的"后天之学"的概念。其说发端于五代末宋初的陈抟，经种放、穆修、李之才等人迭相传授，至邵雍而集大成，并创许多自得之见。基本理论集中于邵氏所著《皇极经世书》及各种图说。《皇极经世书·观物外篇》云："先天学，心法也，故图皆自中起，万化万物生乎心也。"又云："先天之学，心也；后天之学，迹也；出入有无死生者，道也。"张行成《皇极经世观物外篇衍义》："《先天图》自《坤》而生始于《复》，自《乾》而生者始于《姤》，皆在天地之中。中者，心也，故先天之学为心法，而主乎诚。"又："先天造物之初，由心出迹之学也；后天生物之后，因迹求心之学也。"清纪大奎《双桂堂稿》云："夫先天之心，天地之心也一，故神者也；后天之迹，造化之迹也两，故化者也。""夫君子所过者化，所存者神。学《易》而欲穷神以知化，非先天、后天之道，其曷以致之乎？此邵子之言，所以得圣人不传之学也。"

【先天四图】 即"伏羲四图"。

【先否后喜】 《否》卦上九爻辞之语。意思是：起先犹存否闭，最后通泰欣喜。此谓上九处《否》卦之终，为"否"道穷极之时,以阳刚之健一举倾覆否闭局势;当此"倾否"之际,虽仍有残余之"否",但最后必能彻底倾覆,而转向天下通泰,故曰"先否后喜"。参见"否上九"。

【先号后庆】 先哭号后欢庆,与"先号后笑"意同,均喻初凶终吉。语本《同人》卦九五爻辞"先号咷而后笑"。《后汉书·郅恽传》:"志达义全,先号后庆。"李贤注:"《易》曰'先号咷而后笑',谓初凶后吉也。"

【先号后笑】 先哭号后欢笑,喻初凶终吉。语出《同人》卦九五爻辞"先号咷而后笑"。刘峻《辩命论》(见《文选》):"然命体周流,变化非一。或先号后笑,或始吉终凶;或不召自来,或因人以济。交错纠纷,回环倚伏。"

【先筮后卜】 周代卜筮之法,凡涉及大事,则先以蓍筮,后用龟卜;若筮占为凶,则不再卜龟。《周礼·春官·簭人》:"凡国之大事,先簭而后卜。"郑玄注:"当用卜者,先筮之,即事有渐也。于筮之凶,则止不卜。"贾公彦疏:"此大事者,即太卜之'八命'及'大贞'、'大祭祀'之事。太卜所掌者,皆是大事,皆先筮而后卜。故郑云'当用卜者,先筮之'。'即事渐也'者,筮轻龟重,贱者先,即事故卜,即事渐也。云'于筮之凶则止'者,《曲礼》云'卜筮不相袭',若筮不吉而又卜,是卜袭筮,故于筮凶则止不卜。按《洪范》云'龟从筮逆',又云'龟筮共违于人',彼有先卜后筮,筮不吉又卜,与此经违者,彼是箕子所陈,用殷法,殷质,故与此不同。"

【先天太极图】 即"天地自然之图"。

【先天象数学】 即"先天之学"。

【先迷后得主】 《坤》卦的卦辞之语。意思是:抢先居首必然迷入歧途,随从人后就会有人作主。《坤》卦大旨主于"柔顺",故抢先必迷,后则得主。李鼎祚《周易集解》引卢氏曰:"坤,臣道也,妻道也,后而不先。先,则迷失道矣,故曰'先迷';当后而顺之则利,故曰'后得主,利'。"孔颖达《周易正义》:"以其至阴,当待唱而后和。凡有所为,若在物之先,即迷惑;若在物之后,即得主,利。以阴不可先唱,犹臣不可先君,卑不可先尊故也。"按,朱熹《周易本义》以"主"字连属下文"利"字,读"先迷后得,主利",解为:"如有所往,则先迷后得,而主于利。"可备一说。

【先天八卦方位】 即"伏羲八卦方位"。

【先天八卦次序】 即"伏羲八卦次序"。

【先天而天弗违】 《乾》卦《文言传》语。旨在赞扬《乾》九五"大人"统理政事能先于天象而施为,"天"却不违背其意志。先天,此处指自然界尚未出现变化时,就预先采取必要的措施。孔颖达《周易正义》:"若在天时之先行事,天乃在后不违,是天合大人也。"李鼎祚《周易集解》引崔憬曰:"行人事,合天心也。"

【先号咷而后笑】 《同人》卦九五爻辞之语。意思是:起先痛哭号咷,后来欣喜欢笑。号咷,音嚎啕 háo táo,形容大声痛哭。此言九五当"同人"之时,阳刚中正,尊居"君位",与六二同心相应,但因九三、九四为敌欲争,故开初与六二不能会合而"号咷"悲哭,直至克敌制胜之后才与六二相遇而"笑"。参见"同人九五"。

【先天六十四卦方位】 即"伏羲六十四卦方位"。

【先天六十四卦次序】 即"伏羲六十四卦次序"。

【先甲三日后甲三日】 《蛊》卦的卦辞之语。意思是:预先思虑(喻示"终始转化"的)"甲"日前三天的事状,然后推求"甲"日后三天的治理措施。甲,"天干"十数之首,含有"终而复始"的喻义,卦辞取作"转化"弊乱、重为治理的象征;三日,泛指推虑之深远。这是说明处于拯治"蛊乱"之时,应当预先深虑开始"治理"之前的事状,详加辨析"蛊乱"的成因,引为鉴戒,故曰"先甲三日";又应当推求"治蛊"之后可能出现的事态,预为制定措施,谨慎治理,故曰"后甲三日":只有这样,才能根治蛊乱，获得"元亨"的前景。参见"蛊卦辞"。

【先庚三日后庚三日】《巽》卦九五爻辞之语。意思是：预先在象征变更的"庚"日前三天发布新令，而在"庚"日后三天实行新令。庚，"天干"数中第七位，在"己"之后，为"过中"之数，古人取为象征"变更"，此处喻示"更布新令"之日。这是说明九五当《巽》之时，阳刚中正，为处"顺从"之世以"申命行事"的君主之象；然此时九五虽尊居君位，而欲行政令，务必慎守"中"道，化之以渐，犹如在"庚"日前三天即提前发布变更政事的新令，使人先有所了解、准备，然于"庚"日后三天实行新令，如此则能深入人心，上下顺从，其令畅行，故曰"先庚三日，后庚三日"。参见"巽九五"。

【先迷失道后顺得常】《坤》卦《彖传》语。旨在阐释《坤》卦辞"君子有攸往，先迷，后得主，利"之义。意思是：要是抢先居首必然迷入歧途偏失正道，要是随从人后、温和柔顺就能使福庆久长。得常，谓"坤德"能顺，则福庆常保。李鼎祚《周易集解》引何妥曰："阴道恶先，故先致迷失；后顺于主，则保其常庆。"孔颖达《周易正义》："先迷失道者，以阴在物之先，失其为阴之道；后顺得常者，以阴在物之后，阳唱阴和，乃'得主，利'。"

【先秦汉魏易例述评】 屈万里撰。二卷。1968年台湾学生书局出版。据作者《自序》，此书草成于1940年，未及印行；后曾以删节稿分两次发表于《学术季刊》、《幼狮学志》。全书上下两卷，上卷评述先秦《易》例，涉及《彖》、《象》、《文言》、《系辞》、《说卦》诸篇义例，《左传》、《国语》筮例，及先秦诸子说《易》要例等；下卷评述汉魏《易》例，涉及孟喜、京房、郑玄、荀爽、虞翻、王弼诸家，包括消息、卦气、互体、爻变、八宫、飞伏、爻辰、升降、纳甲、半象、旁通、反对等各项主要《易》学条例。凡疑难复杂之例，经其条分缕析，多能揭明源流，判定是非，颇可助益于初学者。

【先秦诸子易说通考】 胡自逢撰。1974年台北文史哲出版社出版。此书专考先秦诸子书中有涉《易》义的资料，求其会通，辨其异同得失。全书五章，一曰《绪言》；二曰《先秦诸子易说辑存》，辑有"明引《易》文"者十七条，"直用《易》义"者三条，"约用《易》义"者五条，"与《易》义相合"者六条，计六十七条；三曰《先秦诸子易说析论》，依《周易》思想系统，类析所辑诸说的哲学意义；四曰《先秦诸子中所见之占筮法》，探究诸子之《易》筮程式；五曰《余论》，掇拾诸子散见之言论，间析其有关《易》书、《易》义之说。

【先王以茂对时育万物】《无妄》卦的《大象传》语。意思是：先代君王用天雷般的强盛威势来配合天时、养育万物。茂，盛也，此处指"天雷"的盛威；对，犹言"配合"，"对时"即"配合天时"。这是从《无妄》卦"天下雷行"的卦象而推阐出的"先王"效法"天雷"的盛威用以配天时、育万物，使之各不妄为的意义。参见"无妄大象传"。

【自昭明德】《晋》卦的《大象传》语。意为：自我昭著光辉的美德。昭，明也，犹言"昭著"；明德，即光明之德。这是从《晋》卦"明出地上"的卦象而推阐出的"君子"观此象，须悟知不断加强自我修养、昭著美德的道理。参见"晋大象传"。

【自强不息】《乾》卦《大象传》语。意为：不停地自我发愤图强。这是从《乾》卦的卦象"天行健"而推阐出的"君子"立身行事必须始终奋发不止的意义。李鼎祚《周易集解》引干宝曰："言君子通之于贤也。凡勉强以进德，不必须在位也。故尧、舜一日万机，文王日昃不暇食，仲尼终夜不寝，颜子欲罢不能。自此以下，莫敢淫心舍力。故曰'自强不息'矣。"参见"乾大象传"。

【自上下下其道大光】《益》卦的《彖传》语。意思是：从上方施利于下方，这种道义必能大放光芒。这是说明上者"损上益下",道必生光,以释卦名"益"之义。程颐《周易程氏传》:"自上而降己以下下,其道之大光显也。"来知德《周易集注》:"其道大光,就损益所行之事而言也,益在君也。人君居九重之上,而能膏泽及于闾阎之民,则其道与乾坤同其广大,与日月同其光明,何大光如之?卦本损上,然能损上以益下,则并上亦益矣。民益,君益,所以名'益'。"

【自下讼上患至掇也】 《讼》卦九二爻的《小象传》语。旨在解说九二爻辞"不克讼,归而逋"的象征内涵。意思是:居下者与尊上争讼,说明九二灾患临头(但及时躲避)而又中止。参见"讼九二小象传"。

【自天祐之吉无不利】 《大有》卦上九爻辞。意思是:从上天降下祐助,吉祥而无所不利。此言上九以阳刚之德居《大有》卦终,超然安处于"无位"之地,犹如获"天祐"长保富有,故"吉无不利"。参见"大有上九"。

【自我西郊施未行也】 《小畜》卦的《象传》语。意思是:(云气的升起)来自我方西邑郊外,说明阴阳交和之功方施却未畅行。此谓阴者能交和于阳者,虽有所施而未畅行,犹言"小畜"不能成大,以释《小畜》卦辞"自我西郊"之义。程颐《周易程氏传》:"二气不和,阳尚往而上,故不成雨。盖自我阴方之气先倡,故不和而不能成雨,其功'施未行'也。'小畜'之不能成大,犹西郊之云不能成雨也。"

【自我致戎又谁咎也】 《解》卦六三爻的《小象传》语。旨在解说六三爻辞"致寇至"的象征内涵。意思是:由于自身无德而招致兵戎之难,又该归咎于谁呢?参见"解六三小象传"。

【自求口实观其自养也】 《颐》卦的《象传》语。意思是:应当明白用正道自求口中食物,这是观察自我养育的正确方法。此谓"颐养"之时,应观察领会事物自养的主观方法,把握正确的"颐养"之道,以释

《颐》卦辞"自求口实"之义。程颐《周易程氏传》:"自求口实,谓其自求养身之道。"

【自我致寇敬慎不败也】 《需》卦九三爻的《小象传》语。旨在解说九三爻辞"致寇至"的象征内涵。意思是:自我招致强寇,说明九三要敬谨审慎才能避免危败。参见"需九三小象传"。

【朱云】 西汉鲁(今山东泰山以南)人,徙平陵(治所在今陕西咸阳市北)。少年时,有侠气。身材魁伟,以勇力著称。年四十,弃武习文,从博士白子友研治《周易》,事萧望之受《论语》,皆能传其业。偶傥豪爽,当世以此高之。其时少府五鹿充宗治"梁丘《易》",汉元帝欲考问各派《易》学异同,令充宗与诸《易》家相互讨论。充宗受宠于元帝,又善辩说,诸儒莫能抗争,皆称疾不敢与会。有人推荐朱云,召入,登堂发论,音动左右,连连折服充宗之说。诸儒称曰:"五鹿岳岳,朱云折其角。"(颜师古《汉书注》:"岳岳,长角之貌。")于是为博士。曾任杜陵令、槐里令。因憨直好谏,触犯显贵,被罢职、下狱,元帝时遭谗诛杀。晚年居家讲学,老病不呼医饮药,遗言以日常衣服着身入殓,用容身小棺,治容棺小冢,葬于平陵郊外。卒年七十余(见《汉书·朱云传》)。按,王先谦《汉书补注》引齐召南说,谓"白子友"或即孟喜弟子白光。若此说成立,则朱云亦传孟氏《易》学。此可备为参考。

【朱氏】 约汉魏六朝间人。名字爵里不详。或疑即李鼎祚《周易集解》所引"朱仰之"。陆德明《经典释文序录》于《易》类列"《荀爽九家易注》十卷",谓《注》内除荀爽等九家《易》说外,"又有朱氏","不知何人"。《九家易注》所录,多为汉魏《易》家之说;而其书之出,不迟于六朝,故朱氏生活年代当在汉魏六朝间寻考。朱彝尊《经义考》云:"按李鼎祚《集解》引诸家《易》中有'朱仰之',疑即其人。"清马国翰从之,其《玉函山房辑佚书》辑有朱仰之撰《周易朱氏义》一卷。

【朱轼】(1665—1736) 清江西高安人。字若瞻,号可亭。康熙进士。知湖北潜江县,有惠政。行取授刑部主事,督学陕西,倡扬张载学说,以礼教变化气质,关中儒学大兴。累官文华殿大学士,兼吏部尚书。卒谥"文端"(见《清史稿》本传及《清儒学案小识》)。《易》学专著今存《周易传义合订》十二卷。

【朱震】(1072—1138) 南宋荆门军(在今湖北荆门)人,一说邵武(今属福建)人。字子发。学者称为汉上先生。登政和进士第,仕州县以廉称。后被召为太常春秋博士、经筵侍讲。绍兴中谢病丐祠,以疾卒。震经学深醇,师承谢良佐,为二程再传弟子。尤精于《易》,尝自谓其《易》学以程颐《易传》为宗,和会邵雍、张载之论,合郑玄、王弼之学为一,"上采汉、魏、吴、晋、下逮有唐及今,包括异同,庶几道离而复和"(见《宋史》本传及《宋元学案》)。研《易》专著有《汉上易集传》十一卷、《易卦图》三卷、《易丛说》一卷。《宋史》对其《易》说特色分析曰:"盖其学以王弼尽去旧说,杂以《庄》《老》、专尚文辞为非,是故其于象数加详焉。"

【朱鑑】 南宋徽州婺源(今属江西)人,侨居建阳(今属福建)。字子明。朱熹之孙。以荫补迪功郎,累迁湖广总领。宝庆间迁建安之紫霞洲,建朱熹祠于所居之左(见《福建通志》及《经义考》)。《易》学著述有《朱文公易说》二十三卷,乃汇辑朱熹说《易》语录而成。

【朱熹】(1130—1200) 南宋徽州婺源(今属江西)人,侨居建阳(今属福建)。字元晦,一字仲晦,号晦庵,别号紫阳。幼颖悟,父授以《孝经》,一阅,题其上曰:"不若是,非人也!"尝从群儿戏沙上,独端坐以指画沙,视之,八卦也。青年时师事李侗,为程颢、程颐的四传弟子。登绍兴十八年(1148)进士第,主泉州同安簿。历事高、孝、光、宁四朝。主张抗金,认为"和议有百害而无一利";强调蓄锐待时,反对盲目用兵。凡所奏闻,皆正心诚意、齐治平均之道。平生博极群书,自经、史至诸子、佛老、天文、地理之学,无不广涉深研。累官转运副使、焕章阁待制、秘阁修撰,终宝文阁待制,庆元中致仕,旋卒。嘉泰初谥"文",宝庆中赠太师,追封"信国公",改"徽国"。诗文、学术著述甚丰。淳祐初,理宗视学,手诏以张载、周敦颐、二程及朱熹从祀孔子庙。黄榦曰:"道之正统,待人而后传。自周以来,任传道之责者不过数人,而能使斯道章章较著者,一二人而止耳。由孔子而后,曾子、子思继其微,至孟子而始著;由孟子而后,周、程、张子继其绝,至熹而始著。"(见《宋史》本传及《宋元学案》)其在学术思想史上的贡献,在于继承发展二程学说,建立起完整的理学体系,与二程合称"程朱学派"。《易》学专著,以《周易本义》、《易学启蒙》为主,是后人称为"宋《易》"的重要代表作。

【朱元昇】(?—1273) 南宋平阳(今山西临汾)人。字日华,号水簷。登右科,曾任建宁、松溪、政和巡检。著有《三易备遗》、《邵易略例》等(见《经义考》、《宋元学案》及《四库全书提要》)。《易》学专著今存《三易备遗》十卷。

【朱仰之】 李鼎祚《周易集解》中所引《易》家之一。唐以前人。其名史传无考,其书历代史志亦无著录。或疑《经典释文序录》列《荀爽九家易注》内之"朱氏"即仰之。参见"朱氏"。

【朱骏声】(1788—1858) 清江苏元和人。字丰芑,号允倩。道光中以举人授黟县训导。时朝廷诏海内文学士献所著书,骏声呈所自撰《说文通训定声》,赏国子监博士衔,旋升扬州府教授,引疾未赴任。寓居黟,著书甚富,诸经皆有成稿(见《石隐山人自订年谱》程朝仪续、朱师辙注及朱孔彰撰《行述》)。《易》学专著有《六十四卦经解》八卷等。

【朱文公易说】 南宋朱熹说,朱鑑编。二十三卷。《通志堂经解》本。朱鑑系朱熹之长孙，此书所采，为朱熹《易》学专著之外散见于《朱子语类》之《易》说，依经传次序厘为二十三卷。《四库全书提要》指出："朱子注《易》之书，为目有五：曰《易传》十一卷，曰《易本义》十二卷，曰《易学启蒙》三卷，曰《古易音训》二卷，曰《蓍卦考误》一卷，皆有成帙。其朋友论难与及门之辨说，则散见《语录》中。鑑汇而辑之，以成是编。昔郑玄笺注诸经，其孙魏侍中小同复笈其门人问答之词为《郑志》十一卷，鑑之编辑绪言，亦犹此例也。考朱子初作《易传》，用王弼本。后作《易本义》，始用吕祖谦本。《易传》，《宋志》著录，今已散佚。当理宗以后，朱子之学大行，賸语残编，无不奉为球璧，不应手成巨帙，反至无传；殆以未定之说，自削其稿，故不复流布欤？鑑是书全采《语录》之文，以补《本义》之阙。其中或门人记述，未必尽合师说；或偶然问答，未必勒为确论，安知无如《易传》之类为朱子所欲刊除者？然收拾放佚以备考证，亦可云能世其家学矣。"

【朱熹卦变图】　朱熹《周易本义》卷首所附九图之一（见书首图版二十二），旨在揭明《彖传》言卦变之例。《本义》卷首云："《彖传》或以卦变为说，今作图以明之。盖《易》中之一义，非画卦作《易》之本指也。"图中将诸卦分为五类，谓皆从十二辟卦变来，凡一阴一阳之卦各六自《复》、《姤》变来，凡二阴二阳之卦各十五自《临》、《遯》变来，凡三阴三阳之卦各二十自《泰》、《否》变来，凡四阴四阳之卦各十五自《大壮》、《观》变来，凡五阴五阳之卦各六自《夬》、《剥》变来。黄宗羲《易学象数论》曰："朱子言以《彖辞》考之，说卦变者凡十九卦。盖言成卦之由。《彖辞》不言成卦之由，则不言所变之爻。此是朱子自言其卦变也。《系》曰：'爻者，言乎变者也。'《易》中何卦不言变？辞有隐显，而理无不寓，即证之《彖辞》亦非止十九卦也。"又曰：朱子《卦变图》，"一阴一阳与五阴五

阳相重出，二阴二阳与四阴四阳相重出，《泰》与《否》相重出。除《乾》、《坤》之外，其为卦百二十有四，盖已不胜其烦矣。""朱子虽为此图，亦自知其决不可用，所释十九卦《彖辞》，尽舍主变之卦，以两爻相比者互换为变。"胡渭《易图明辨》云："邵子言重卦，不易者八，反复者二十八，以三十六变而为六十四，卦变之义，数言尽之矣。据此以释《彖传》，亦足矣。李挺之《相生图》已伤烦碎，况朱子之所定乎？黎洲一一指摘，无微不彰。但朱子专取十九卦者，第就《彖传》所谓刚柔往来、上下、内外者而求之，其它则未暇及。"按，朱熹《易学启蒙·考变占》中亦言卦变，其图以"一卦变六十四卦"为说，与《本义》卷首《卦变图》例不同；又《本义》仅于《讼》、《随》、《蛊》等十九卦《彖传》以卦变为解，其说多与《卷首》图例不合。故王懋竑《易本义九图论》云："卦变图，《启蒙》详之，盖一卦可变为六十四卦；《象传》卦变，偶举十九卦以为说尔。今图卦变皆自《复》、《姤》、《临》、《遯》等十二辟卦而来，以《本义》考之，惟《讼》、《晋》二卦为合，余十七卦皆不合。其为谬妄，尤为显然，必非朱子之旧明矣。"（《白田草堂存稿》卷一）

【多识前言往行】　《大畜》卦的《大象传》语。意为：多方记取前贤的言论及往圣的事迹。识，音志 zhì，即"记"；前言往行，指前代圣贤的言行。这是从《大畜》卦"天在山中"的卦象推阐出的"君子"应效法此象，多记"前言往行"以畜聚美德的道理。参见"大畜大象传"。

【负乘】　即"负且乘"。语出《解》卦六三爻辞。谓力薄任重、知小谋大必致咎害。《后汉书·崔琦传》载琦作《外戚箴》："匪贤是上，番为司徒。荷爵负乘，采食是都。诗人是刺，德用不忧。"《文选》载张华《答何劭》诗："道长苦智短，责重困才轻。周任有遗规，其言明且清。负乘为我戒，夕惕坐自惊。"参见"负且乘致寇至"。

【负且乘致寇至】　《解》卦六三爻辞语。

意思是：背负重物而身乘大车，必招致强寇前来夺取。这是说明六三当"舒解"险难之时，阴柔失正，乘凌九二阳刚之上，而攀附于九四，犹如"小人"窃据非分的高位，于是爻辞乃以负重乘车、招致强寇来夺为喻，谓其居位不能久长，故曰"负且乘，致寇至"。参见"解六三"。

【负且乘亦可丑也】 《解》卦六三爻的《小象传》语。旨在解说六三爻辞"负且乘"的象征内涵。意思是：背负重物而身乘大车，说明六三的行为也太可丑恶了。参见"解六三小象传"。

【朵颐】 垂腮进食之状。语出《颐》卦初九爻辞"观我朵颐"。李鼎祚《周易集解》："朵，颐垂下动之貌。"陈子昂《感遇诗》（见《陈拾遗集》）："深居观元化，悱然争朵颐。"

【杂卦】 ① 即"杂卦传"。 ② 汉代《易》家尚"卦象"之学，取六十四卦中的《坎》、《离》、《震》、《兑》为"四正卦"，主四时；余六十卦每卦主"六日七分"，以配一年三百六十五日之数。这六十卦亦合称"杂卦"。其中"十二辟卦"为主，象征"天子"；另外四十八卦中，阳卦二十四称"少阳"卦，阴卦二十四称"少阴"卦，均象征"臣下"。故此六十卦之称"杂卦"，犹言"君"、"臣"并力联合、交杂以形成卦气而显示阴阳消息之理。《易纬·乾凿度》"六十四卦三百八十四爻戒"，郑玄注："消息于杂卦为尊，每月者譬一卦而位属焉，各有所系。"《汉书·京房传》载京房上封事"少阴倍力而乘消息"语，颜师古注引孟康曰：十二辟卦之外，"其余卦曰'少阴'、'少阳'，为臣下也，并力杂卦气干消息也。"

【杂卦传】 《易传》之一。属《十翼》中的第十翼，亦简称《杂卦》。旧说为孔子所作，然后人多有不同看法。《杂卦传》篇幅简练，其内容是打散《序卦传》所揭明的卦序，把六十四卦两两分为三十二组两两对举，以精要的语言说明卦义。故韩康伯《杂卦注》释篇名"杂"字之义曰："杂糅众

卦，错综其义。"文中对举的两卦之间，一般在卦形上非"错"（旁通）即"综"（反对），在卦义上多成相反。如《乾》卦纯阳（䷀），义主"刚健"；旁通为《坤》卦纯阴（䷁），义主"柔顺"。又如《睽》卦下兑上离（䷥），义主"乖违于外"；反对为《家人》卦下离上巽（䷤），义主"相亲于内"。之所以如此对举见义，一方面由于事物的发展往往在正反相对的因素中体现其规律；另一方面六十四卦的卦体形式均存在反对、旁通的现象，尚秉和先生《周易尚氏学》云："卦象正则如此，反则如彼也。"这种"错"、"综"规律，是《杂卦传》作者所着重表现的内容，集中揭示了《周易》在卦形结构上反映的辩证观点。但文中自《大过》卦以下八卦，不以相对为说，《易》家有多种不同看法。兹举四说以备参考：一、李鼎祚《周易集解》引虞翻注，认为《大过》卦（䷛）"木灭于泽"为"死象"，下互《姤》卦（䷫），上互《夬》卦（䷪），故次以《姤》而终于《夬》。二、《周易集解》又引干宝注，认为："《杂卦》之末，又改其例，不以两卦反覆相酬者，以示来圣后王，明道非常道，事非常事也。化而裁之存乎变，是以终之《夬》，言能决断其中，唯阳德之主也。"三、朱熹《周易本义》指出："自《大过》以下，卦不反对，或疑其错简。今以韵叶之，又似非误，未详何义。"朱熹的看法，是存疑待考。四、尚秉和先生《周易尚氏学》认为："宋儒颇以为错简，然曰'女之终'、'男之穷'，上下对文，似非错简。"并谓诸卦"虽不对举，而义仍反对。"这四说所言，皆能成理。然诸说既未成为定论，则不妨存其仁智，以俟今后或有新资料的发见再作进一步辨析。《杂卦传》除了以两卦对举明义为特点外，在六十四卦的整体排列上，还可以看出作者用心细密之处：如前部分三十卦始于《乾》、《坤》，后部分三十四卦始于《咸》、《恒》，既合上下经的卦数，又各以上下经居首的两卦为首；而篇末以《夬》卦为终，义取"刚决柔，君子道长，小人道忧"，

深合《周易》推尚"阳刚正道"的宗旨,并与全《易》始于《乾》卦相应。由此可知,《杂卦传》虽"杂"叙诸卦,其条理却秩然分明,实当视为《序卦传》的姐妹篇,还应当提及,《杂卦传》属于通篇用韵的韵体文。这一特点,与卦爻辞及《象传》《彖传》等均多叶韵又相应合,是研究上古韵的重要参考资料。

【伏羲】 古代传说中原始社会早期的人物。又写作"包牺"、"庖牺"、"伏牺"、"宓羲"、"伏戏"等,亦称"牺皇"、"皇羲"。或说伏羲即"太皞氏"。旧传八卦是伏羲创造的,故前人言及《易》学史,必推源于伏羲氏。《系辞下传》:"古有包牺氏之王天下也,仰则观象于天,俯则观法于地,观鸟兽之文,与地之宜,近取诸身,远取诸物,于是始作八卦,以通神明之德,以类万物之情。"

【伏曼容】(420—502) 南朝梁平昌安丘(今属山东)人。字公仪。早孤,与母、兄客居南海(今广州市)。少笃学,善《易》《老》。倜傥好大言,曾说:"何晏疑《易》中九事,以吾观之,晏了不学也!"宋时,明帝好《周易》,集朝臣于清暑殿讲论,诏曼容执经。曼容美风采,明帝常比为嵇康,使人画嵇康像以赐之。任骠骑行参军、尚书外兵郎、辅国长史、南海太守等职。齐高帝时,任太子率更令、中散大夫。梁武帝初,以旧儒召拜司马,出为临海太守。天监元年(502)卒官,时年八十二。著有《周易集解》、《毛诗集解》、《丧服集解》、《老子义》、《庄子义》、《论语义》等(见《梁书》及《南史》本传)。《隋书·经籍志》于《易》类谓:"梁有临海令伏曼容注《周易》八卷,亡。"清马国翰指出:"'太守'云'令',集解'云'注',皆与旧史不合。当依本传。"《玉函山房辑佚书》)《旧唐书·经籍志》、《新唐书·艺文志》于"五行家"均列有伏曼容《周易集林》十二卷,又一卷,则与《周易集注》别为一书。今悉不传。马国翰《玉函山房辑佚书》辑有《周易伏氏集解》一卷。

【伏羲四图】 朱熹《周易本义》卷首所载九幅《易》图中的四种,为《伏羲八卦次序》、《伏羲八卦方位》、《伏羲六十四卦次序》、《伏羲六十四卦方位》。亦合称"先天四图"。《本义》卷首叙此四图的授受源流云:"伏羲四图,其说皆出邵氏,盖邵氏得之李之才挺之,挺之得之穆修伯长,伯长得之华山希夷先生陈抟图南者,所谓'先天之学'也。"按,黄宗羲《易学象数论》指出:"凡'先天四图',其说非尽出邵子也。朱震《经筵表》云:'陈抟以先天图传种放,放传穆修,修传李之才,之才传邵雍;放以河图、洛书传李溉,溉传许坚,坚传范谔昌,谔昌传刘牧。'故朱子云'宓戏四图,其说皆出邵氏'。然观刘牧《钩深索隐图》:'乾与坤数九也,震与巽数九也,坎与离,艮与兑,数皆九也。'其所谓九数者,'天(原注:一)地(八)定位,山(七)泽(二)通气,雷(四)风(五)相薄,水(六)火(三)不相射'。则知先天图之传,不仅邵氏得之也。"又按,王懋竑《易本义九图论》云:"邵氏止有先天一图。其八卦图,后来所推;六横图,朱子所作。而以为皆出邵氏,是诬邵氏矣。"又云:"'邵氏得之李之才挺之,挺之得之穆修伯长,伯长得之希夷先生陈抟图南',此明道叙康节学问源流如此。汉上朱氏以先天图属之,已无所据;今乃以移之四图,若希夷已有此四图者,是并诬希夷矣。"(《白田草堂存稿》卷一)

【伏羲画八卦】 旧传《周易》的八卦,是上古时代伏羲氏画的。但伏羲画八卦的缘起,则有许多不同说法。择其要者,约有三说:其一,认为伏羲通过"仰观"、"俯察"天地间的万物,有所感悟,遂作八卦。《系辞下传》:"古者包牺氏之王天下也,仰则观象于天,俯则观法于地,观鸟兽之文,与地之宜,近取诸身,远取诸物,于是始作八卦,以通神明之德,以类万物之情。"其二,认为上古黄河中出现"龙马",其背上布满神奇的图案,伏羲氏看到这些图案,便临摹下来，便成了八卦。此即伏羲氏模仿《河图》以画八卦之说。朱熹《易学启蒙》引孔安国曰："河图者，伏羲氏王天下，龙马出河，遂则其文，以画八卦。"（此本《尚书·顾命》、《洪范》篇《孔传》文）其三，认为伏羲氏聆听"八风"的气息，心受感触，遂作八卦。《太平御览》卷九引《王子年拾遗记》：伏羲"坐于方坛之上，听八风之气，乃画八卦"。

【伏羲八卦方位】 朱熹《周易本义》卷首所载九图之一（见书首图版十七），亦称"先天八卦方位"或"乾南坤北图"。旨在解释《说卦传》"天地定位"一节，揭明其所含的八种方位。《本义》卷首谓此图传自邵雍，并云："《说卦传》曰：'天地定位，山泽通气，雷风相薄，水火不相射。八卦相错，数往者顺，知来者逆。'邵子曰：乾南、坤北、离东、坎西、震东北、兑东南、巽西南、艮西北。自震至乾为顺，自巽至坤为逆。"此图方位，宋人以为创自伏羲，固未必信；然其渊源亦甚古远，盖出于道家。尚秉和先生云："先天方位，乾南坤北，离东坎西，一阴一阳，相偶相对，乃天地自然之法象。"又云此方位"在两汉皆未失传，至魏管辂，谓乾必宜在南生，以乾位西北而不合，而疑圣人矣，则以先天位已失传，辂但见其尾，不见其首也。历魏晋迄唐，无有知者。至宋邵子揭出，《易》本始大明。而黄梨洲、毛西河等，以邵氏所传，本于道士，肆力掊击。"并引据《左传》所载《易》占，指出："艮与乾同位西北，巽与坤同位西南，坎兑同位西，震离同位东（按，此言先后天方位的并用），左氏已备言之。故荀爽、郑玄资以注经。他若《乾凿度》，言先天义尤多也。"（《周易尚氏学》）今虽不敢质言先天方位必出自左氏，要非宋人杜撰则可知。按，黄宗羲以八卦方位于《说卦传》"帝出乎震"一节中言之至明，不外乎"离南坎北"之位而已；宋人所谓"乾南坤北"之"先天方位"不可信。其说略曰："然则前之'天地定位'四句，正为'离南坎北'之方位而言也，何所容'先天'之说杂其中耶？且卦爻之言方位者，西南皆指坤，东北皆指艮，南狩、北征必为离，西山、西郊必为兑。使有'乾南坤北'之位在其先，不应卦爻无阑入之者。"（《易学象数论》）

【伏羲八卦次序】 朱熹《周易本义》卷首所载九图之一（见书首图版十六），亦称"先天八卦次序"。旨在解释《系辞上传》"太极生两仪，两仪生四象，四象生八卦"之义。《本义》卷首谓此图传自邵雍，并云："《系辞传》曰：'《易》有太极，是生两仪，两仪生四象，四象生八卦。'邵子曰：'一分为二，二分为四，四分为八也。'《说卦传》曰：'《易》，逆数也。'邵子曰：乾一，兑二，离三，震四，巽五，坎六，艮七，坤八。自乾至坤，皆得未生之卦，若逆推四时之比也。"此图以黑白横格组成，黑为阴，白为阳。八卦之序，奇数为阳卦，偶数为阴卦，即乾一、离三、巽五、艮七为阳，兑二、震四、坎六、坤八为阴。八卦阴阳，不取《说卦传》所明"阳卦多阴，阴卦多阳"之例；故《说卦传》以震、坎为阳卦，以巽、离为阴卦，此图则反之。寻其规律，图中乃以诸卦第三爻之阴阳，定其卦之阴阳，故当视为《易》外别义"，而与《周易》本旨无涉。按，黄宗羲《易学象数论》指出："《易》言'阳卦多阴，阴卦多阳'，震、坎之为阳卦，巽、离之为阴卦，可无疑矣；反而置之，明背经文，而学者不以为非，何也？至于八卦之次序，乾、坤、震、巽、坎、离、艮、兑，其在《说卦》者亦可据矣；而易为乾一、兑二、离三、震四、巽五、坎六、艮七、坤八，以缘饰图之左阴右阳，学者信经文乎？信传注乎？"又曰："康节所谓已生、未生者，因横图乾一、兑二之序；乾一、兑二之序，一人之私言也，则左旋右行之说，益不足凭耳。"

【伏戎于莽敌刚也】 《同人》卦九三爻的《小象传》语。旨在解说九三爻辞"伏戎于莽"的象征内涵。意思是：潜伏兵戎在草莽间,说明九三前敌刚强。参见"同人九三小象传"。

【**伏羲六十四卦方位**】 朱熹《周易本义》卷首所载九图之一(见书首图版十九),亦称"先天六十四卦方位";因其作内方外圆形式,故又称"六十四卦方圆图"。旨在解说六十四卦排列方位及内在规律。《本义》卷首谓其传自邵雍,并云:"此图圆布者,《乾》尽午中,《坤》尽子中,《离》尽卯中,《坎》尽酉中;阳生于子中,极于午中,阴生于午中,极于子中;其阳在南,其阴在北。方布者,《乾》始于西北,《坤》尽于东南;其阳在北,其阴在南。此二者,阴阳对待之数,圆于外者为阳,方于中者为阴;圆者动而为天,方者静而为地者也。"图之蕴意,是通过把六十四卦排成方圆两种程式,指示天地阴阳的生成发展原理。朱熹《易学启蒙》引邵雍语阐释颇明,曰:"天以始生言之,故阴上而阳下,交泰之义也;地以既成言之,故阳上而阴下,尊卑之位也。《乾》、《坤》定上下之位,《坎》、《离》列左右之门,天地之所阖辟,日月之所出入,春夏秋冬,晦朔弦望,昼夜长短,行度盈缩,莫不由乎此矣。"又曰:"阳在阴中,阳逆行;阴在阳中,阴逆行;阳在阳中,阴在阴中,皆顺行。此真至之理,案图可见之矣。"又曰:"《复》至《乾》,凡百一十有二阳;《姤》至《坤》,凡八十阳。《姤》至《坤》凡百一十有二阴;《复》至《乾》,凡八十阴。"又曰:"先天学,心法也。故图皆自中起,万化万物生于心也。"据图中所示,外圆、内方各分六十四卦为阴阳两类,《复》至《乾》为阳,三十二卦;《姤》至《坤》为阴,亦三十二卦。六十四卦阴阳爻各一百九十二,杂居两类而运行。方、圆图阴阳之行皆始于中,即阳卦始于《复》,极于《乾》;阴卦始于《姤》,极于《坤》:阴阳循环消长,生息不已。其中阳卦运行可象征春夏,阴卦运行可象征秋冬,卦中的阴阳爻可象征昼夜,故《周易折中》引邵雍曰:"阳爻,昼数也;阴爻,夜数也。天地相衔,阴阳相交,故昼夜相离,刚柔相错。春夏阳也,故昼数多,夜数少;秋冬阴也,故昼数少,夜数多。"约言之,方圆图为"先天"之学,本于道家以《易》理阐发宇宙万物的生成、发展规律,虽非《周易》本旨,但宋以来经朱熹采用、解说,其学遂显明于世。后人颇有持异论者,然终不能阻其流传。按,清王懋竑《易本义九图论》以为:"《伏羲六十四卦方位图》,后载'此图圆布者'至'方者静而为地也'一条,《皇极经世纂图指要》以为西山蔡氏语,吴氏《纂言》又以为伯温邵氏语,未详孰是。要之,必非朱子语。"又按,十七世纪欧洲的莱布尼兹(Leibniz)看到"六十四卦方圆图"后,认为图中诸卦的排列形式,一阴一阳的递进程序,与其所创"二进制"数学原理十分契合,遂至为惊叹(日本五来欣造著、刘百闵译《莱布尼兹的周易学》,载《学艺》14卷3期,1935年4月)。其观察图式的角度,是自《坤》至《乾》循序而阅,未必是邵雍传此图的本意,但不妨视为对"方圆图"的一种新的理解。

【**伏羲六十四卦次序**】 朱熹《周易本义》卷首所载九图之一(见书首图版十八),亦称"先天六十四卦次序";因其作六层横式排列,又称"六横图"或"六十四卦横图"。旨在衍说六十四卦的生成次序;图内下半部分,即用"伏羲八卦次序"图当之。《本义》卷首谓此图传自邵雍,并云:"前'八卦次序图',即《系辞传》所谓'八卦成列'者。此图即其所谓'因而重之'者也。故下三画即前图之八卦,上三画则各以其序重之,而下卦亦各衍而为八也。若逐爻渐生,则邵子所谓'八分为十六,十六分为三十二,三十二分为六十四'者,尤见法象自然之妙也。"此图六十四卦之序,始于《乾》,终于《坤》;诸卦以阴阳相间隔排列,阴卦、阳卦各以上爻之阴阳为定。按,此图以"加一倍"法推说自"太极"至六十四卦的生成,后人多有指谪其非者。黄宗羲《易学象数论》云:"太极、两仪、四象、八卦,因全体而见。盖细推八卦(原注:即六十四卦)之中,皆有两仪、四象之理,而两仪、四象初不画于卦之外也。其言'生'者,即'生生谓《易》'之生,非次第而生之谓。康节加一倍之法,从此章(按,指《系辞上传》"《易》有太极"章)而得,实非此章之旨。又何待生十六、生三十二而后出经文之外也?"

【伏羲画八卦自然次序】 南宋朱熹认为,《系辞上传》"《易》有太极,是生两仪,两仪生四象,四象生八卦"数句,是揭示伏羲创制八卦的三道程序:一是先画出"阳"(—)和"阴"(--),即"两仪";二是将阴阳两画交互重叠递升,成"太阳"(⚌)、"少阳"(⚍)、"少阴"(⚎)、"太阴"(⚏),即"四象";三是在"四象"符号下依次加入阳画和阴画而使之递升,即成八卦"乾"(☰)、"兑"(☱)、"离"(☲)、"震"(☳)、"巽"(☴)、"坎"(☵)、"艮"(☶)、"坤"(☷)。这一说法,也是朱熹对邵雍所传"伏羲八卦次序"自"乾一"至"坤八"排列程式之所以然的解释。《朱文公文集》卷三十七《与郭冲晦第二书》云:"'《易》有太极,是生两仪,两仪生四象,四象生八卦',熹窃谓此一节乃孔子发明伏羲画卦自然之形体,次第,最为切要,古今说者惟康节、明道二先生为能知之"。同卷《答程可久第三书》云:"太极之义,正谓理之极致耳。有是理即有是物,无先后次序之可言,故曰'《易》有太极',则是太极乃在阴阳之中,而非在阴阳之外也。……有是理即有是气,气则无不两者,故《易》曰'太极生两仪'。……妄意二仪只可谓之阴阳,'四象'乃可各加以'太'、'少'之别,而其序亦当以太阳⚌、少阳⚍、少阴⚎、太阴⚏为次。盖所谓递升而倍之者,不得越⚍与⚎而先为⚏也。此序即定,又递升而倍之,适得乾一、兑二、离三、震四、巽五、坎六、艮七、坤八之序也,与邵氏先天图合。此乃伏羲画八卦自然次序,非人私智所能安排,学《易》者不可不知也"。

【伏戎于莽升其高陵三岁不兴】 《同人》卦九三爻辞。意思是:潜伏兵戎在草莽间,登上高陵频频察看,三年也不敢兴兵交战。戎,兵戎;莽,密生的草,犹言"草莽"。这是说明九三以阳刚居《同人》下卦高位,当"同人"之时,比近六二而不应于九五,有据二强"同",与九五相争之象,故"伏戎于莽",俟机而作;但九五居上卦中正之位,与六二为正应,九三虽"升其高陵"频频窥视,却因力弱终不敢交争,故曰"三岁不兴"。参见"同人九三"。

【任安】(124—202) 东汉广汉绵竹(今属四川)人。字定祖。年轻时就读太学,受"孟氏《易》",兼通数经。又从同郡杨厚(字仲桓)学图谶,深究其术。时人称曰:"欲知仲桓问任安。"又曰:"居今行古任定祖。"学成还家,教授徒众,诸生自远者而至。不营名利,朝廷接连征招任职,皆称疾不就。建安七年(202)卒于家,年七十九(见《后汉书·儒林传·任安传》)。按,任安弟子知名者有杜微、何宗、杜琼。王先谦《后汉书集解》引惠栋曰:"《华阳国志》云:安弟子杜微、何宗、杜琼皆名士,至卿佐。"

【任良】 西汉人。受业于《易》师京房(字君明),传"京氏《易》"。曾为中郎(见《汉书·京房传》)。

【任启运】(1670—1744) 清荆溪(今属江苏)人,一说宜兴(今属江苏)人。字翼圣。居近古钓台,世称"钓台先生"。少读《孟子》,至卒章辄哽咽,大惧道统无传。家贫无藏书,从人借阅,夜乏膏火,持书就月,至移墙不辍。事父母以孝闻。年五十四举于乡,雍正间成进士,改庶吉士,授翰林院检讨。官至宗人府府丞。卒年七十五。其学宗于朱熹,曾谓诸经已有朱子传,独未及《礼经》,遂深为研讨,所撰《礼》学著述颇见精核,足与郑注相参(见《清史稿·儒林传》及《清儒学案小识》)。《易》学专著今存《周易洗心》九卷。

【伊川易传】 北宋程颐撰。四卷。见

"周易程氏传"。

【休否】 谓休止否闭黑暗局面,开创通泰光明之时。语出《否》卦九五爻辞:"休否,大人吉"。意指九五尊居《否》卦"君"位,阳刚中正,当"否闭"之世即将转为"通泰"之时,以休止天下否闭为己任,故有"休否,大人吉"之象。《后汉书·李膺传》载荀爽致李膺书曰:"方今天地气闭,大人休否;智者见险,投以远害。"参见"否九五"。

【休复】 《复》卦六二爻辞之语。意为:美好的回复。休,美也。此言六二当阳气"回复"之时,以阴处《复》下卦中位,柔中居正,下比初九之阳,犹如亲仁下贤,有回复休美之象,故称"休复"。参见"复六二"。

【休复之吉以下仁也】 《复》卦六二爻的《小象传》辞。旨在解说六二爻辞"休复,吉"的象征内涵。意思是:美好的回复、吉祥,说明六二能够俯就亲近仁者。参见"复六二小象传"。

【仲氏易】 清毛奇龄撰。三十卷。《西河合集》本。此书训解《易》旨,以为《易》兼"五义":为变易、交易、反易、对易、移易,立说颇有新意。《四库全书提要》指出:"初,奇龄之兄锡龄遂于《易》,而未著书,惟时时口授其子文辉;后奇龄乞假归里,锡龄已卒,乃撮文辉所闻者以己意润饰成是书。或传奇龄假归之后,侨居杭州,一日著一卦,凡六十四日而卦成,虽以其兄为辞,实即奇龄所自解。以理断之,或当然也。大旨谓《易》兼五义。一曰变易,一曰交易,是为伏羲之《易》,犹前人之所知。一曰反易,谓相其顺逆,审其向背而反见之,如《屯》转为《蒙》,《咸》转为《恒》之类。一曰对易,谓比其阴阳,絜其刚柔而对观之,如上经《需》、《讼》与下经《晋》、《明夷》对,上经《同人》、《大有》(谨案:本师黄寿祺先生云,此当作《剥》、《复》,西河原书有误,《提要》仍而未改)与下经《夬》、《姤》对之类。一曰移易,谓审

其分聚,计其往来,而推移上下之,如《泰》为阴阳类聚之卦,移三爻为上爻,三阳往而上阴来则为《损》;《否》为阴阳(谨案:本师黄寿祺先生云,此当依原书作阳阴)类聚之卦,移四爻为初爻,四阳来而初阴往则为《益》之类。是为文王、周公之《易》,实汉、晋以来所未知。故以《序卦》为用反易,以分篇为用对易,以演《易》系辞为用移易,其言甚辨。虽不免牵合附会,以词求胜之失,而大致引用古人,终不同于冥心臆测者也。"按,黄寿祺先生《周易名义考》云:"《提要》此文,原本《仲氏易》卷一,而撮其大旨。"又云:"西河略总前人之说,谓《易》兼变易、交易、反易、对易、移易五义,虽未为详备,要不为冥心臆测,用心固亦勤也。然其以变易、交易属之伏羲,以反易、对易、移易属之文王,则未见其必是矣。西河持论,颇多与宋儒相左,而此说盖犹未免有先后天之见存焉。又西河所谓反易,实即虞氏之反对;所谓移易,实即荀氏之升降;所谓对易,亦同虞氏之旁通,竟谓为汉、晋以来所未知,未免言过其实。"

【行地】 行于地上,喻以坤德柔顺之道而行。语见《坤》卦《象传》"牝马地类,行地无疆"。《后汉书·曹皇后纪》:"乘刚多阻,行地必顺。"

【行有尚往有功也】 《坎》卦的《象传》语。意思是:努力前行必被崇尚,说明前进取可建功勋。此谓以"刚中"之德"险",行必有功,以释《坎》卦辞"行有尚"之义。程颐《周易程氏传》:"以其刚中之才而往,则有功,故可嘉尚;若止而不行,则常在险中矣。《坎》以能行为功。"

【行其庭不见其人】 《艮》卦的卦辞之语。意思是:行走在庭院里也两两相对,互不见对方所被抑止的邪恶。这是说明《艮》卦之义主于"抑止邪欲",而抑止人的邪欲,应当在其人尚未觉察到"邪欲"本身时,就不知不觉地制止掉,犹如被止者行走在庭院里,也两两相背,互不见"其人",

则施"止"之时亦互不见对方所止之"邪恶",遂可达到止欲于未萌,抑邪于无形的功效,故曰"行其庭,不见其人"。参见"艮卦辞"。

【行险而不失其信】《坎》卦的《彖传》语。意为:行于险境而不丧失信实。此举《坎》卦九二、九五两爻阳刚居中,为行险而不失信之象,以释《坎》卦辞"有孚"之义。李鼎祚《周易集解》引荀爽曰:"谓阳来为险而不失中,中称信也。"程颐《周易程氏传》:"阳刚中实,居险之中,行险而不失其信者也。"

【行人得牛邑人灾也】《无妄》卦六三爻的《小象传》辞。旨在解说六三爻辞"或系之牛,行人之得,邑人之灾"之义。意思是:路人顺手牵走获得耕牛,说明邑中人家将遭受被诘捕的飞灾。参见"无妄六三小象传"。

【行过乎恭丧过乎哀用过乎俭】《小过》卦的《大象传》语。意思是:行为举止稍过恭敬,身临丧事稍过悲哀,资财费用稍过节俭。这是从《小过》卦"山上有雷"、其声过常的卦象而推阐出的"君子"观此象,须悟知在行止之恭、丧事之哀、用费之俭这些寻常小事上,应当稍能过越,以正俗弊的道理。参见"小过大象传"。

【牝马地类行地无疆】《坤》卦《彖传》语。与下文"柔顺利贞"一句相接,阐释《坤》卦辞"利牝马之贞"的象征旨趣。意思是:雌马系地面上的柔顺动物,永久驰骋在无边的大地上。即言《坤》之所利,正在"牝马"之类的柔顺之"贞"。王弼《周易注》:"地之所以得无疆者,以卑顺行之故也。《乾》以龙御天,《坤》以马行地。"孔颖达《周易正义》:"以其柔顺,故云'地类';以柔为体,终无祸患,故行地无疆,不复穷已。"李鼎祚《周易集解》引侯果曰:"地之所以含弘物者,以其顺而承天也;马之所以行地远者,以其柔而伏人也。而又牝马,顺之至也。诚臣子当至顺,故作《易》者取象焉。"

【延寿问易孟喜】西汉京房向焦延寿学习《周易》,焦、京皆长于以《易》解说灾异现象,自成一家《易》学,延寿谓"尝从孟喜问《易》",京房认为延寿《易》即孟氏学;但孟喜弟子翟牧、白光不肯,皆曰"非也"。汉成帝时,刘向校书,考订《易》说,也指出焦、京《易》学与各家异趣,以为"焦延寿独得隐士之说,托之孟氏"(见《汉书·儒林传·京房传》)。清人吴翊寅《易汉学考》指出:"盖翟牧所传为孟氏章句之学,焦、京所传为孟氏候阴阳灾变之学,派别歧而源流无不合也。"尚秉和先生《易说评议》亦针对刘向之语曰:"自经义不明,后之人不于经求其象,昧厥本原,第见焦、京所言不与众同也,目为异党,何足怪乎!"

【旨远辞文】《周易》卦爻辞的语言特色之一,谓其所含旨深远,而修辞颇饰文彩。语出《系辞下传》:"其旨远,其辞文。"孔颖达《周易正义》:"近道此事,远明彼事,是其旨深远。"又曰:"不直言所论之事,乃以义理明之,是其辞文饰也。"

【名卦存时】三国魏王弼《易》例,以为六十四卦的卦名有吉凶之义,卦时有动静之用。其《周易略例·明卦适变通爻》云:"是故用无常道,事无轨度,动静屈伸,唯变所适。故名其卦,则吉凶从其类;存其时,则动静应其用。寻名以观其吉凶,举时以观其动静,则一体之变,由斯见矣。"邢璹注:"名其《谦》、《比》,则吉从其类;名其《蹇》、《剥》,则凶从其类。《震》时,则动应其用;《艮》时,则静应其用。"

〔丶〕

【交】占卦时遇得老阴爻称"交",画作"×";亦称"交爻"、"交钱"。详"单拆重交"。

【交爻】见"交"。

【交钱】见"交"。

【交孚无咎志行也】《睽》卦九四爻的《小象传》辞。旨在解说九四爻辞"交孚"、"无咎"的象征内涵。意思是:交相诚信而免遭咎害,说明九四在践行济睽的志向。参见"睽九四小象传"。

【亥下伏乾】 汉代《易》家荀爽结合运用消息卦方位、后天八卦方位及京房"飞伏"之例,解说《坤》卦上六爻辞而提出的《易》学观点。亥,指十二消息卦中"坤"居西北亥位;乾,在后天八卦方位中亦居西北亥位。《坤》上六爻辞称"龙战于野",为阴卦中出现阳卦之象(龙),荀爽以为"坤"(亥位)下隐伏着"乾"(即京房"飞伏"例中"阴伏阳,阳伏阴"之旨),故曰:"消息之位,坤在于亥,下有伏乾,为其兼于阳,故称龙也。"(李鼎祚《周易集解》引)荀爽释《坤》卦《文言传》"盖言顺也"及《系辞上传》"乐天知命故不忧"语,亦并称"坤下有伏乾"(同前),与"亥下伏乾"的观点一致。

【庄氏】 孔颖达《周易正义》中所引《易》家之一。名字、爵里不详,盖南朝梁陈之间人。其《易》学著述史志未载,当亡佚已久。清马国翰《玉函山房辑佚书》、黄奭《黄氏逸书考》并辑有《庄氏易义》一卷。国翰指出:"庄氏,不知何人。《隋、唐志》并不载,唯《正义》引之。"又曰:"其人在褚(按,梁人,名仲都)后,为《疏义》者。唐时其书尚存,《志》偶佚之。"

【庄存与】(1719—1788) 清江苏武进人。字方耕。乾隆十年(1745)一甲二名进士,授编修。官至礼部左侍郎。平生清廉鲠直。曾典浙江试,巡抚赠之以金,不受;遗以二品冠,受之。至途中从者告曰:"冠顶真珊瑚,值千金。"存与立使人行千余里归还之。通《五经》,尤长于《尚书》。著述颇多(见《清史稿·谢墉传》及《清史列传》)。《易》学专著今存《卦气解》一卷、《八卦观象解》二卷、《象传论》二卷、《象象论》一卷、《系辞传论》二卷。

【安节】 《节》卦六四爻辞之语。意为:安然奉行节制。此言六四当"节"之时,柔正得位,顺承九五阳刚中正之"君",有安行节制而前景亨通之象,故称"安节"。参见"节六四"。

【安贞吉】 ①《坤》卦的卦辞之语。意思是:安顺守持正固可获吉祥。《坤》卦大义主于"柔顺",故卦辞强调"安贞"则"吉"。尚秉和先生《周易尚氏学》:"《坤》道无成,故安静贞定则吉也。"按,王弼《周易注》承前文"西南得朋,东北丧朋"两句解"安贞吉"之义,认为"阴"必须背离"友朋"而趋附于反类"阳",才能安于"贞"而获吉。孔颖达《周易正义》详解之曰:"西南得朋者,是假象以明人事。西南坤位,是阴也,今以阴诣阴,是得朋俱是阴类,不获吉也。犹人既怀阴柔之行,又向阴柔之方,是纯阴柔弱,故非吉也。'东北丧朋,安贞吉'者,西南既为阴,东北反西南即为阳也;以柔顺之道往诣于阳,是丧失阴朋,故得安静贞正之吉,以阴而兼有阳故也。若以人事言之,象人臣离其党而入君之朝,女子离其家而入夫之室。庄氏云:'先迷,后得主,利者,唯据臣事君也;得朋丧朋,唯据妇适夫也。'其理褊狭,非《易》弘通之道。"其说于义可通,宜资参考。参见"坤卦辞"。 ②《讼》卦九四爻辞之语。意思与《坤》卦辞同。但其爻义则是:九四当"讼"之时,阳居阴位,刚而能柔,于败讼之后能回归正理,改变争讼的初衷,故以安顺守贞而获吉祥。参见"讼九四"。

【安甫遗学】 清江承之撰。三卷。《南菁书院丛书》本。承之系张惠言弟子。是书上、中二卷,为《虞氏易变表》,自《鼎》以下十五卦未成而承之卒,其师张惠言补之;下卷为《周易义》三则,《读易条记》二十五则,《读礼记条记》五十五则,《读仪礼条记》七则,《仪礼名物目录》一则,皆承之平时治学札记,待质于师者,惠言次录之,都为一卷。总题为《安甫遗学》。惠言《序》曰:"安甫生十四年而学,年十有八殁于京师。其学好郑氏《礼》、虞氏《易》。以为《易》亡于唐,《礼》晦于宋,本朝儒者始有从而发明之。而吴学往往以小辩相高,不务守大义;或求之章句文字之末,人人自以为许、郑,不可胜数也。故其治郑氏则依婺源江徵君,及歙金先生;其治虞氏则依余之《易》义,然皆贯穿经文,以求其合,其有未合,虽余口授不敢信,争之每断断,尽悟乃已。"柯劭忞指出:"承之笃信惠言之学,虽早卒,已为入室弟子。其《虞氏易变表》,发明义例,条理秩如;其《读易条记》,质难问疑,足裨惠言所未及,惠言已附著评答于下;其《读礼条记》,惠言云'安甫涉郑学未能深造,所条记皆校正疏说小义',又云'安甫读《仪礼》所得盖寡,然其悉心求是,于所条记可以见之'。盖承之深于虞氏《易》,于郑君《礼》学则所得尚浅也。是书下卷虽兼及《礼记》、《仪礼》,然本附《虞氏易变表》之后,故仍著录于《易》类云。"(《续修四库全书提要》)

【安节之亨承上道也】 《节》卦六四爻的《小象传》辞。旨在解说六四爻辞"安节,亨"的象征内涵。意思是:安然奉行节制而前景亨通,说明六四谨守顺承尊上之道。参见"节六四小象传"。

【安贞之吉应地无疆】 《坤》卦《象传》语。旨在解说《坤》卦辞"安贞吉"之义。意思是:安顺守持正固的吉祥,正应合大地柔顺的美德永保无疆。孔颖达《周易正义》:"安,谓安静;贞,谓贞正。地体安静而贞正,人若能静而能正,即得其吉,应合地之无疆,是庆善之事也。"

【庆余】 即"余庆",谓先辈多行善事而德泽余庆延及子孙。语本《坤》卦《文言传》"积善之家,必有余庆"。庾信《小园赋》(见《庾子山集》):"藉《文言》之庆余,门有通意,家承赐书。"

【江藩】(1761—1830) 清江苏甘泉(今扬州)人。字子屏,号郑堂,惠栋的再传弟子,师事江声、余萧客,终生未仕。博览群籍,尤通经史,颇有著述。曾撰《国朝汉学师承记》、《国朝宋学渊源记》,将经学分为汉、宋两大派,使清代经学传承流别脉络分明(见《清史列传》及《续碑传集》)。《易》学专著有《周易述补》四卷。

【江承之】(1783—1800) 清歙县(今属安徽)人。字安甫。受学于张惠言。时弟子从惠言受《易》、《礼》者十数人,其甥董士锡学《易》,通阴阳五行家言。承之兼受《易》、《礼》,著有《周易爻义》、《虞氏易变表》、《仪礼名物》、《郑氏诗谱》等。卒年仅十八(见《清史稿·儒林传》)。在中国《易》学史上,江承之实属享年最短的《易》家。其《易》学著述由其师张惠言整理成帙,编入《安甫遗学》。

【汔至亦未繘井未有功也】 《井》卦的《象传》语。意思是:汲水时水瓶将升到井口尚未出井,说明此时未曾实现井水养人的功用。这是解说《井》卦辞"汔至亦未繘井"的象征内涵。孔颖达《周易正义》:"水未及用,则井功未成;其犹人德未被物,亦是功德未就也。"

【汔至亦未繘井羸其瓶凶】 《井》卦的卦辞之语。意思是:汲水时水瓶将升至井口尚未出井,此刻若使水瓶毁败,必有凶险。汔,音气qì,谓"接近";繘,音橘jú,通"鹬",意犹"出";羸,犹言"倾覆"。《井》卦大义,乃以"井"的特性比拟"君子"的美德;这两句卦辞揭示使用水井以及"汲水"之道,谓水将出井之际若倾覆水瓶,则无所获而有凶,喻人的"令德美行"若不能善始善终,必将导致凶咎,故诫曰:"汔至亦未繘井,羸其瓶,凶"。参见"井卦辞"。

【汤武革命顺乎天而应乎人】 《革》卦的《象传》语。意思是:商汤、周武变革桀、纣的王命,既顺从天的规律又应合百姓的愿望。这是举"汤武革命"的史迹为例,说明《革》卦所揭示的"变革"之时的功效弘大。孔颖达《周易正义》:"夏桀、殷纣,凶狂无度,天既震怒,人亦叛主;殷汤、周武,聪明睿智,上顺天命,下应人心,放桀鸣条,诛纣牧野,革其王命,改其恶俗,故曰'汤武革命,顺乎天而应乎人'。计王者相承,改正易服,皆有变革,而独举汤、武者,盖舜、禹禅让,犹或因循;汤、武干戈,极其损益,故取相变甚者,以明人革也。"

【讲习】 讲求研习学业。语出《兑》卦

《大象传》"君子以朋友讲习"。《史记·乐书》:"通一经之士不能独知其辞,皆集会《五经》家,相与共讲习读之,乃能通知其意,多尔雅之文。"《后汉书·冯衍传》:"然后阖门讲习道德,观览乎孔、老之论。"

【讲周易疏论家义记残卷】 撰者未详。日本京都帝国大学文学部影印旧钞本。此书原为日本奈良兴福寺所藏,仅存释《乾》、释《噬嗑》、释《贲》、释《咸》、释《恒》、释《遯》、释《睽》、释《蹇》、释《解》九卦。而释《咸》条题曰:"讲周易疏论家义记释咸第十",知即书名。黄寿祺先生云:"其书释义,分设科段,颇类释家疏论体,而书中又往往用佛经中语。考孔颖达《周易正义序》云:'江南义疏十有余家,皆辞尚虚玄,义多浮诞。若论住内住外之空,就能就所之说,斯乃义涉于释氏,非为教于孔门也。'案冲远所斥,殆即指此类者而言"。并据日本狩野直喜《跋》语之说,取《陈书》、《释文》、《周易正义》、《唐石经》等书与之参校,指出此书虽疑为节抄,非为全本,文字讹夺之处亦多,但不失为六朝旧帙,且书中经注文字有与今本不同,往往合于《释文》所谓"一本"者;至所引《子夏易传》、马融《易注》及沈驎士、刘瓛、朱仰之、周弘正四家《易》说,多前人所未知,故以为:"足以补马、黄、孙诸家辑本之厥,裨益学者,是则其可宝贵,亦不特旧钞之故矣。"(《易学群书平议》)

【设险】 谓于险要之地建立防御设施。语见《坎》卦《彖传》"王公设险以守其国"。《北史·于宜敏传》:"山川设险,非亲勿居。"李百药《邺城怀古》诗(见《李百药集》):"霸功资设险,名都距江澳。"

【设教】 设布教化。语见《观》卦《彖传》"圣人以神道设教"及《大象传》"先王以省方观民设教"。旧题孔安国《尚书序》:"至于夏、商、周之书,虽设教不伦,雅诰奥义,其归一揆。是故历代宝之,以为大训。"

【讼】 六十四卦之一。列居篇中第六卦。由下坎(☵)上乾(☰)组成,卦形作"䷅",卦名为《讼》,象征"争讼"。《讼》卦的寓意,并非教人如何"争讼",而是诫人止讼免争。卦辞一方面指出,必须在"信实"被止塞的情状下才能"起讼";另一方面深诫"讼事"应当持"中",若"讼"极不止必凶。卦中九五爻喻"听讼"尊主,以中正、明决获"元吉";余五爻皆争系讼事,其中初六不与人争而获"终吉"、九二败讼速退而获"无眚"、六三安分不讼亦获"终吉"、九四败讼悔悟而获"安贞吉",唯上九穷争强讼,自取败辱。可见,全卦大旨是始终申言"讼"不宜穷争,应及早平息的道理。当然,若要杜绝争讼,务须治其本源。《大象传》称"君子作事谋始",提出"作事"之初先防"讼"于未萌的观点,即是强调凡事先明确章约、判定职分,使讼无从生,争无由起。王弼《周易注》引孔子曰:"听讼,吾犹人也,必也使无讼。"(语见《论语·颜渊》,又见《礼记·大学》)此语正合《大象传》的精蕴:既揭出《讼》卦的象外之旨,又反映了古人追求息事免争、人人平和的社会理想。

【讼九二】 《讼》卦九二爻。以阳爻居卦第二位。爻辞曰:"不克讼,归而逋,其邑人三百户,无眚。"意思是:争讼失利,逃窜速归,居于三百户人家的小邑,不遭祸患。克,犹言"胜";逋,谓逃亡;三百户,泛指小邑,孔颖达《周易正义》:"三百户者,郑注《礼记》云'小国,下大夫之制'";眚,音省 shěng,陆德明《经典释文》引马融曰"灾也",犹言"祸患"。这是说明九二当"讼"之时,与上卦的九五同刚无应致讼,九二处下失利,故"不克讼";但九二阳刚居中,能适宜权衡讼事,于失利时及早逃归三百户的小邑,故可免灾。王弼《周易注》:"以刚处讼,不能下物;自下讼上,宜其不克。若能以惧,归窜其邑,乃可以免灾,邑过'三百',非为'窜'也,窜而据强,灾未免也。"按,李鼎祚《周易集解》引荀爽注,谓"君不争则百姓无害也",则"无眚"

宜连"三百户"为句,读作"其邑人三百户无眚",于义亦通。又按,"争讼"义在适可而止,故《讼》卦辞强调"中吉"、"终凶"。九二之所以获"无眚",正在于阳刚能守"中"道。

【讼九五】 《讼》卦九五爻。以阳爻居卦第五位。爻辞曰:"讼,元吉。"意思是:明决争讼,至为吉祥。讼,此处犹言"决讼"。这是说明九五当"讼"之时,高居尊位,阳刚中正,为"君子"听讼、明断曲直之象,故称"元吉"。李鼎祚《周易集解》引王肃曰:"以中正之德,齐乖争之俗,'元吉'者也。"王弼《周易注》:"处得尊位,为讼之主,用其中正,以断枉直;中则不过,正则不邪,刚则无所溺,公则无所偏:故'讼,元吉。'"按,《讼》九五为"大人君主"之象,其德"中正",适与卦辞"利见大人"、《象传》"尚中正"之义切合。赵汝楳《周易辑闻》曰:"大人在上,平诸侯万民之讼,至于见逊畔逊路而息争,吉孰大焉!"

【讼九四】 《讼》卦九四爻。以阳爻居卦第四位。爻辞曰:"不克讼;复即命,渝,安贞吉。"意思是:争讼失利,回心归就正理,改变(争讼的)念头,安顺守持正固可获吉祥。复,回头;即,就也;命,理也,犹言"正理";渝,变也。这是说明九四当"讼"之时,下应初六,先是侵犯初六而挑起争讼,初六能辩明,九四则败讼,故"不克讼";但九四阳居阴位,刚而能柔,故于败讼之后能归就正理,改变初衷,遂安顺守贞而获吉祥。王弼《周易注》:"处上讼下,可以改变者也,故其咎不大。若能反从本理,变前之命,安贞不犯,不失其道,为仁由己,故吉从之。"孔颖达《周易正义》:"九四既非理陵犯于初,初能分辩道理,故九四讼不胜也。"按,《讼》卦九四阳刚,性健能讼;但居阴位,又为能退之象。爻辞"渝"字,正是变刚为柔,化"讼"为和的意思。杨简《杨氏易传》曰:"九刚四柔,有始讼终退之象。人惟不安于命,故欲以人力争讼;今不讼而即于命,变而安于贞,

吉之道也。"

【讼上九】 《讼》卦上九爻。以阳爻居卦最上之位。爻辞曰:"或锡之鞶带,终朝三褫之。"意思是:偶或(凭藉胜讼)获赐饰有大带的显贵之服,但在一天之内却三次被剥夺。锡,即"赐";鞶带,许慎《说文解字》"大带也",朱熹《周易本义》"命服之饰",此以显贵的服饰喻高官厚禄;三,谓次数之多;褫,音齿 chǐ,尚秉和先生《周易尚氏学》:"夺也",又曰:"《释文》'褫,郑本作拕',惠氏栋据《淮南子·人间训》'盗拕其衣服'高诱注云'拕,夺也',是仍与'褫'同。"这是说明上九以阳刚居《讼》之极,强讼不止,或因取胜而受赐厚禄,也将"终朝"之间多次被夺。王弼《周易注》:"处《讼》之极,以刚居上,讼而得胜者也;以讼受锡,荣何可保? 故终朝之间,褫带者三也。"按,《讼》卦六三不争,可以保有旧禄并获吉祥;上九强争,尽管受赐也将被夺回。两爻正从相反的角度,揭明"讼"不可极、"禄"不可争的义理。

【讼六三】 《讼》卦六三爻。以阴爻居卦第三位。爻辞曰:"食旧德,贞厉,终吉;或从王事,无成。"意思是:安享旧日的德业,守持正固以防危险,终将获得吉祥;或辅助君王的事业,成功不归己有。旧德,指旧有俸禄;贞厉,犹言"守正防危"。这是说明六三当"讼"之时,以柔居《讼》下卦之上,有不能争讼,唯"食旧德"之象;但六三之位不正,故又诫以守正防危,可获"终吉"。同时,六三既以柔处"讼",当以"从刚"为本,不主"讼事";即使其事有成,也不以成功自居。朱熹《周易本义》:"食,犹'食邑'之食,言所享也。六三阴柔,非能讼者,故守旧居正,则虽危而终吉。"《周易折中》引胡瑗曰:"无成者,不敢居其成;但从王事,守其本位,本禄而已。"按,上引朱熹释"贞厉终吉",谓"居正","虽危而吉",亦含有"守正防危"之意;但其句读作"贞,厉终吉",于义亦可通。又按,《讼》卦六三"食旧德",是安分守己不与人争的意思;

如此则可保禄不失,虽危亦吉。《周易折中》引徐幾曰:"圣人于初、三两柔爻,皆系之以'终吉'之辞,所以勉人之无讼也。"

【讼元吉】《讼》卦九五爻辞。意思是:明决争讼,至为吉祥。谓九五当"讼"之时,高居尊位,阳刚中正,为"君子"听讼、明断曲直之象,故称"元吉。"参见"讼九五"。

【讼初六】《讼》卦初六爻。以阴爻处卦下初位。爻辞曰:"不永所事,小有言,终吉。"意思是:不久缠于争讼事端,尽管略受言语中伤,终将获得吉祥。永,犹言"长久";事,此处指讼事。此谓初六以阴居《讼》之初,有退而不争之象,故能"不永"于讼事;又因初六与上卦的九四有应,九四阳刚好讼,乃以"言语"犯初,但初能退,故终能辨明是非而获吉。孔颖达《周易正义》:"永,长也。不可长久为斗讼之事,以讼不可终也。"又曰:"初六应于九四,然九四刚阳,先来非理犯己;初六阴柔,见犯乃讼,虽不能不讼,是不获已而讼也,故'小有言'。以处《讼》之始,不为讼先,故'终吉'。"按,胡炳文《周易本义通释》云:"初不曰'不永讼',而曰'不永所事',事之初,犹冀其不成讼也。"此说品玩"事"字微义,似有可取。

【讼卦辞】《讼》卦的卦辞。其文曰:"讼,有孚窒惕,中吉;终凶,利见大人,不利涉大川。"意思是:《讼》卦象征争讼,是诚信被窒塞、心有惕惧而导致的,持中不偏可获吉祥;始终争讼不息则有凶险,利于出现大人,不利于涉越大河巨流。讼,卦名,象征"争讼",许慎《说文解字》"争也,从言公声",陆德明《经典释文》"争也,言之于公也",朱熹《周易本义》释为"争辩";窒,谓窒塞;惕,谓惕惧。卦辞全文说明,"争讼"之事,必须因"诚信"被"窒"、心有惕惧而致,但"讼"不可过激,应当持"中"才有"吉";若始终争讼不止必"凶",故利于出现"大人"决讼;但此时既涉讼事,则不利于履险,故曰"不利涉大川"。

孔颖达《周易正义》:"窒,塞也;惕,惧也。凡讼者,物有不和,情相乖争,而致其讼。凡'讼'之体,不可妄与,必有信实被物止塞,而能惕惧,中道而止,乃得吉也。"又曰:"终凶者,讼不可长,若终竟讼事,虽复窒惕亦有凶也。利见大人者,物既有讼,须大人决之,故利见大人也。不利涉大川者,以讼不可长,若以讼而往涉危难,必有祸患,故不利涉大川。"按,从卦辞所寓含的卦象看,并参照《讼》卦《彖传》分析,则此卦辞各句又皆有所指:如"有孚窒惕,中吉",指《讼》卦的九二刚中处险;"终凶",指上九极讼致凶;"利见大人",指九五中正居尊;"不利涉大川",则指上下卦有以刚乘险之象(详见"讼彖传")。

【讼彖传】《讼》卦的《彖传》。旨在解说《讼》卦的卦名、卦辞之义。其文为:"《彖》曰:讼,上刚下险,险而健,讼。讼,有孚窒惕,中吉,刚来而得中也。终凶,讼不可成也。利见大人,尚中正也。不利涉大川,入于渊也。"意思是:"《彖传》说:争讼,譬如阳刚居上、险陷居下,临险而强健,就能争讼。争讼,由于诚信被窒塞、心有惕惧而导致,持中不偏可获吉祥,说明阳刚前来处险而保持适中。始终争讼不息则有凶险,说明穷极争讼不能成功。利于出现大人,说明决讼崇尚守正持中。不利于涉越大河巨流,说明恃刚乘险将陷入深渊。"全文可分五节理解。第一节,自"讼,上刚下险"至"险而健,讼"四句,以《讼》卦上乾为刚、下坎为险之象,喻临险刚健而能争讼,释卦名"讼"之义。第二节,自"讼,有孚窒惕"至"刚来而得中也"四句,举《讼》卦九二阳刚得中之象,谓九二以刚来居下卦二阴之间,释卦辞"讼,有孚窒惕,中吉"之义。第三节,"终凶,讼不可成也"二句,以《讼》上九"争讼"穷极难成之象,释卦辞"终凶"之义。第四节,"利见大人,尚中正也"二句,以《讼》卦九五中正决讼而被崇尚,释卦辞"利见大人"之义。第五节,"不利涉大川,入于渊也"二句,又举《讼》卦的上下卦乾刚乘坎险之象,说明恃刚犯难,将有陷入深渊之危,以释卦辞"不利涉大川"之义。《周易折中》引王安石曰:"《彖》,言乎其才也。'讼,有孚窒惕,中吉',此言九二之才也;'终凶',此言上九之才也;'利见大人',言九五之才也;'不利涉大川',言一卦之才也。"可见,《讼》卦的《彖传》解释卦辞之义,与该卦的卦象及各爻爻象颇为吻合。但未必各卦的卦辞均如此,故朱熹认为:"亦有不必如此取者,此特其一例也。"(《朱子语类》)

【讼大象传】 《讼》卦的《大象传》。其辞曰:"天与水违行,讼;君子以作事谋始。"意思是:天西转与水东流背道而行,象征(不和睦而)争讼;君子因此办事先考虑其初(杜绝争讼的本源)。这是先揭明《讼》卦上乾为天、下坎为水之象,谓天西行,水东流正为事物相违背不和而致"争讼"的象征;然后推阐出"君子观察此象,应当悟知凡事先谋其'始'、以杜绝'争讼'于未萌之前的意义。孔颖达《周易正义》:"天道西转,水流东注,是天与水相违而行","象人彼此两相乖戾,故致讼也。"又曰:"不云'水与天违行'者,凡讼之所起,必刚健在先,以为讼始,故云'天与水违行'也。"按,王弼《周易注》谓"讼"之所由生,始于"作制契之不明"("制契"犹言制度、契约),故孔颖达《周易正义》云"凡斗讼之起,只由初时契要之过",此即"作事"当"谋始"之义。又按,"作事谋始",是《大象传》从《讼》卦的寓意中引申出万事须慎"初"、治"本"的道理。程颐《周易程氏传》谓:"谋始之义广矣",即言此卦《大象传》大义在于衍发象外之旨。

【讼受之以师】 《周易》六十四卦,以象征"争讼"的《讼》卦列居第六卦;争讼必然要依靠众人力量的兴起,所以接着是象征"兵众"的第七卦《师》卦。此称《讼》受之以《师》"。语本《序卦传》:"讼必有众起,故受之以《师》;师者,众也。"李鼎祚《周易集解》引崔憬曰:"因争必起众相攻,故受之以《师》也。"

【讼九二小象传】 《讼》卦九二爻的《小象传》。其辞曰:"不克讼,归逋窜也;自下讼上,患至掇也。"意思是:争讼失利,就要逃窜速归;居下与尊上争讼,说明九二灾患临头(但及时躲避)而又中止。这是解说《讼》九二爻辞"不克讼,归而逋"的象征内涵。自下讼上,指九二与九五不相应而争讼;掇,通"辍",犹言"中止",谓九二"患至"而又中止,正释"归而逋"而及时躲避之义。吴汝纶《易说》:"掇,借为'辍'。辍,止也。患至而止,乃释'不克'而'逋'之义。"按,李鼎祚《周易集解》引荀爽注,训"掇"为"拾",曰:"下与上争,即取患害,如拾掇小物而不失也。"李道平《周易集解纂疏》:"取患害如拾掇小物,言至易也。"可备一说。

【讼九五小象传】 《讼》卦九五爻的《小象传》。其辞曰:"讼,元吉,以中正也。"意思是:明决争讼而至为吉祥,说明九五居中持正。这是解说《讼》九五爻辞"讼,元吉"的象征内涵。孔颖达《周易正义》:"所以讼得大吉者,以九五处中而得正位。中,则不有过差;正,则不有邪曲。中正为德,故'元吉'。"

【讼九四小象传】 《讼》卦九四爻的《小象传》。其辞曰:"复即命,渝,安贞不失也。"意思是:回心归就正理、改变(争讼的)念头,说明九四安顺守持正固必无损失。这是解说《讼》九四爻辞"复即命,渝,安贞吉"的象征内涵。孔颖达《周易正义》:"'安贞不失'者,释'复即命,渝'之义。以其反理变命,故得安贞之吉,不失其道。"

【讼上九小象传】 《讼》卦上九爻的《小象传》。其辞曰:"以讼受服,亦不足敬也。"意思是:由于争讼而受官赐禄,这也不值得尊敬。服,谓官服,指代官禄。这是解说上九爻辞"或锡之鞶带,终朝三褫之"的象征内涵。孔颖达《周易正义》:"释

'终朝三褫'之义。以其因讼得胜,受此锡服,非德而受,亦不足可敬;故终朝之间,三被褫脱也。"

【讼六三小象传】 《讼》卦六三爻的《小象传》。其辞曰:"食旧德,从上吉也。"意思是:安享旧日的德业,说明六三顺从阳刚尊上可获吉祥。这是解说《讼》六三爻辞"食旧德"、"终吉"的象征内涵。从上,谓六三以阴柔而上承阳刚,即不主"讼事",唯顺从于阳之意。尚秉和先生《周易尚氏学》:"从上,即承乾。"按,朱熹《周易本义》云:"从上吉,谓随人则吉,明自主事则无成功也。"也是揭明阴从阳之义,宜备参考。

【讼初六小象传】 《讼》卦初六爻的《小象传》。其辞曰:"不永所事,讼不可长也;虽有小言,其辩明也。"意思是:(初六)不久缠于争讼事端,说明争讼不可长久不停;纵然略受言语中伤,但初六通过辩析终将分明。这是解说《讼》初六爻辞"不永所事,小有言,终吉"的象征内涵。其辩明,谓初六虽受九四之"言语"中伤,但经辩析必能分明,故有"终吉"。孔颖达《周易正义》:"'讼不可长'者,释'不永所事';以讼不可长,故不长此斗争之事。'其辩明'者,释'小有言';以讼必辩析分明,四虽初时犯了,已能辩讼,道理分明,故初时'小有言也'。"

【讼元吉以中正也】 《讼》卦九五爻的《小象传》辞。旨在解说九五爻辞"讼,元吉"的象征内涵。意思是:明决争讼而至为吉祥,说明九五居中持正。参见"讼九五小象传"。

【许适】 两晋间人。爵里不详。治《易》,著有《易义》。张璠集魏晋二十二家《易》说,撰为《周易集解》十二卷,许适亦属被采入诸家之一(见陆德明《经典释文序录》)。

【许曼】 东汉汝南平舆(今属河南)人。字宁方。少传祖父许峻之学,治"京氏《易》"。擅长占卜。汉桓帝时,曾为陇西太守冯绲筮卦,推占有验(见《后汉书·方术列传·许曼传》)。按,许曼之字,王先谦《后汉书集解》引惠栋曰:"《风俗通》云:曼,字宁方。"

【许峻】 东汉汝南平舆(今属河南)人。字季山。传"京氏《易》",善占卜之术,多有显验,时人比之为西汉京房,自称少年时曾染重病,三年不愈,往太山寻医求治,路遇道士张巨君,授以方术,病遂愈。著《易林》。已佚。其孙许曼传峻之学(见《后汉书·方术列传·许曼传》)。按,许峻所著《易林》,学者或疑即旧题西汉焦延寿著之《焦氏易林》。王先谦《后汉书集解》引何焯曰:"今世所传《焦氏易林》,疑即峻所著。焦氏不闻有书也。"又引周寿昌曰:"焦赣《易林》,许峻《易新林》,并见《隋、唐志》。何说不可晓。"

【许衡】(1209—1282) 元怀庆河内(今河南沁阳)人。字仲平,学者称鲁斋先生。世代为农,其父避地河南,金泰和末生衡于新郑县(今属河南)。幼有异质,七岁入学授章句,问其师曰:"读书何为?"师曰:"取科第耳。"曰:"如斯而已乎?"师大奇之。每授书,又能问其旨义。久之,师谓其父母曰:"儿颖悟不凡,他日必有大过人者,吾非其师也。"遂辞去,父母强之不能止。如是者,凡更三师。稍长,嗜学如饥渴。但遭世乱,家贫无书,尝寓宿日者家手钞《尚书疏义》。逃难岨崍山,始得王弼《周易注》,日夜诵读,身体力行。往来河洛间,从柳城姚枢学,得程颐、朱熹书,益大有得。寻居苏门,与姚枢、宝默相讲习,慨然以道为己任。元世祖时召为国子祭酒,议事中书省,拜中书左丞。后谢病,请解机务。卒年七十三,四方学者闻丧皆聚哭,有数千里来祭哭墓下者。大德二年(1298)追谥"文正",皇庆二年(1313)诏从祀孔子庙廷。著书甚丰。(见《元史》本传)。《易》学著述今存《读易私言》一卷、《阴阳消长论》、《揲蓍说》等。

【刘安】(前179—前122) 西汉沛郡丰

(今江苏丰县)人。汉高祖刘邦之孙,袭父封为淮南王。好读书鼓琴,辨博善为文辞。招致宾客方术之士数千人,编写《鸿烈》(即《淮南鸿烈》,亦称《淮南子》)。后以谋反事发自杀。曾聘明晓《易》学者九人,共同研讨撰定《淮南道训》,亦称《淮南九师易说》(见《汉书·艺文志》及《刘安传》)。是书已佚。清马国翰《玉函山房辑佚书》辑有刘安撰《周易淮南九师道训》一卷。

【刘昆】(?—57) 东汉陈留东昏(属所在今河南开封东南)人。一作"刘琨"(见《论衡》)。字桓公。西汉平帝时,受业于沛人戴宾,治施氏《易》。王莽之世,授徒常达五百余人,春秋行礼至盛。王莽以"多聚徒众,私行大礼,有僭上心"罪,系昆及家属下狱。莽败得免。不久,天下大乱,避难河南负犊山中。东汉光武帝时,为侍中、弘农太守、光禄勋,拜骑都尉。以老乞归,中元二年(57)卒。以所学"施氏《易》"授于刘轶(见《后汉书·儒林列传·刘昆传》)。

【刘牧】 北宋衢州西安(今浙江衢县)人。字先之,号长民。年十六,举进士不第,曰:"有司岂枉我哉!"乃买书闭户研读。及再举,遂登榜首。调州军事推官,与州将争公事,为所挤,几不免。及范仲淹至,牧大喜曰:"此吾师也!"遂以为师。仲淹抚河东,举牧可治剧,于是为兖州观察推官。累官至荆湖北路转运判官卒。牧受《易》于范谔昌,谔昌本于许坚,坚本于种放,实与邵雍之学同所自出。著有《新注周易》十一卷、《卦德通论》一卷、《周易先儒遗论九事》一卷、《易数钩隐图》三卷(见《宋元学案》)。按,明弘治《衢州府志》称:刘牧西安人,字牧,官终屯田员外郎,著《易解》、《易象钩隐图》。《四库全书提要》云:"牧字长民,其《墓志》作字先之,未详孰是,或有两字也。彭城(今江苏徐州市)人。官至太常博士。"两说均与《宋元学案》不尽同,宜备稽考。

【刘表】(142—208) 东汉山阳高平(今山东微山县西北)人。字景升。与范滂、张俭等相交,号称"八顾"(顾,指以德行引导他人)。汉献帝初平元年(190),任荆州刺史,据有今湖南、湖北的大部地区,为当时一股较大的割据势力。表病卒,子琮投降曹操(见《后汉书·刘表传》及《三国志·魏书·刘表传》)。陆德明《经典释文序录》于《易》类列"刘表《章句》五卷",并云:"《中经簿录》云注《易》十卷,《七录》云九卷,《录》一卷。"吴承仕先生《经典释文序录疏证》指出:"刘氏《章句》、《七录》九卷,《目》一卷、《序录》及《隋、唐志》并云五卷,盖非完书。"按,裴松之《三国志注》引《英雄记》曰:刘表据荆州,"乃开立学官,博求儒士,使綦毋闿、宋忠等撰《五经章句》,谓之'后定'"。(《后汉书·刘表传》记载略同)张惠言认为《释文序录》引《中经簿录》云刘表"注《易》十卷"及引《七录》云"九卷,《录》一卷"者,即所谓"后定"之书;又指出:"景升《章句》,尤厥略难考,案其义于郑为近",其大要乃"费氏《易》"(《易义别录》)。其书已佚。马国翰《玉函山房辑佚书》辑有《周易刘氏章句》一卷。

【刘轶】 东汉陈留东昏(属所在今河南开封东南)人。字君文。一作"刘轼",字"君久"。刘昆之子。承父教,传"施氏《易》",门徒亦甚众多。永平中,为太子中庶子。建初中,稍迁宗正,卒于官(见《后汉书·儒林列传·刘昆传》)。按,王先谦《后汉书集解》引惠栋曰:"《东观记·儒林传》作'轶',字'君久'。"

【刘辅】(?—84) 东汉光武帝刘秀之子,郭皇后所生。封右翊公,徙为中山王,复徙封沛王。为人矜严有法度,好经书,善说"京氏《易》",并通《孝经》、《论语》、图谶。作《五经论》,时人号曰《沛王通论》。在国谨节,称为贤王。章帝元和元年(84)卒(见《后汉书·光武帝纪》及《光武十王列传》)。

【刘琨】 见"刘昆"。

【刘轶】 见"刘轶"。

【刘瓛】（—huán 环，约 434—489） 南朝齐沛国相（今安徽濉溪县西北）人。字子珪。小名"阿称"。笃志好学，博通五经。聚徒教授。丹阳尹袁粲荐为秘书郎，不见用；粲死，瓛微服往哭。齐高帝践祚，瓛母老阙养，拜彭城郡丞，迁会稽。性至孝。祖母病疽经年，手持膏药，溃指为烂。母孔氏甚严明，谓亲戚曰："阿称便是今世曾子。"及居母忧，住墓下，不出庐，足为之屈，杖不能起。或传此山常有鸲鹆鸟，瓛在山三年，不敢来，服释还家，此鸟乃至。性谦率，不以高名自居，都下士子贵游莫不下席受业，当世推为大儒。及卒，门人受学者并吊服临送，时年五十六。梁天监初诏谥"贞简先生"。有文集（见《南齐书》及《南史》本传）。陆德明《经典释文序录》列东晋以来作《周易系辞注》者十人，刘瓛为其中之一。自韩康伯之注专行后，各家并废。《隋书·经籍志》、《旧唐书·经籍志》、《新唐书·艺文志》均列刘瓛注《系辞》二卷。已佚。清孙堂《汉魏二十一家易注》、马国翰《玉函山房辑佚书》等皆辑有刘氏《周易义疏》一卷。

【刘宗周】（1578—1645） 明山阴（今浙江绍兴）人。字起东，号念台。万历二十九年（1601）进士。官至南京左都御史。南明政权灭亡后，绝食二十三日而卒。门人私谥"正义"，清朝廷赐谥"忠介"。其学以诚意为主，慎独为功，清修笃行，不愧衾影，学者称"念台先生"。又曾筑证人书院，讲学蕺山，又称"蕺山先生"。黄宗羲、陈确等均尝从其受业。著作甚多（见《明史》本传）。《易》学专著今存《易衍》、《易图说》等。

【壮于趾】 《大壮》卦初九爻辞之语。意为：足趾强盛。此言初九处"大壮"之始，无应欲进，躁动未安，有壮在足趾之象，故曰"壮于趾"。参见"大壮初九"。

【壮于頄有凶】 《夬》卦九三爻辞之语。意思是：强盛在脸部颧骨上，怒形于色必有凶险。頄，音求 qiú，谓颧骨。这是说明九三当"君子"决除"小人"之时，处下卦之极，以刚居刚，与上六为应，果决过度而急于除去上六"小人"，故"壮于頄"喻其怒形于色；以此处"夬"，必失"决而和"的美善之道，故爻辞又深戒以"有凶"。参见"夬九三"。

【壮于趾其孚穷也】 《大壮》卦初九爻的《小象传》辞。旨在解说初九爻辞"壮于趾"、"有孚"的象征内涵。意思是：足趾强盛，说明初九应当以诚信自守而善处困穷。参见"大壮初九小象传"。

【壮于前趾往不胜为咎】 《夬》卦初爻辞。意思是：强盛在足趾前端，冒然前去必不能取胜反遭咎害。此言初九当"君子"决除"小人"之时，阳刚处下，犹如"壮于前趾"，为果决有余而审慎不足之象；以此躁进前往"决除"小人，又无上应，必难取胜而终致咎患，故曰"壮于前趾，往不胜为咎"。参见"夬初九"。

【关朗】 北朝北魏河东解（今山西临晋）人。字子明。有经济大器，偶以占筮示人，而不求宦达。魏太和末，并州刺史王虬奏署为记室，因言于孝文帝，帝曰："张彝、郭祚昔曾言之，朕以卜筮之道，不足见尔。"虬曰："此人言微道深，非彝、祚所能知也。"遂召见，帝问《老》、《易》，朗言玄象，实陈王道。异日，帝谓虬曰："关朗管、乐之器，岂占算而已！"乃使虬与朗著成《疑筮论》数十篇，孝文帝崩，次年卒，朗遂不仕，居临汾山，授门人《春秋》、《老》、《易》，号"关先生学"（《经义考》引张晞《河东先贤传》）。《易》学著述今传《关氏易传》一卷，学者或疑乃宋人阮逸伪托之作。

【关氏易传】 旧题北魏关朗撰，唐赵蕤注，宋阮逸诠次刊正。一卷。《津逮秘书》本。全书十一篇，大抵就《系辞传》上下之旨为之推衍发挥，而以占卜之道为归。然此书《隋书·经籍志》、《旧唐书·经籍志》、《新唐书·艺文志》皆不著录。晁公武《郡斋读书志》谓："李淑《邯郸图书志》始有之，《中兴书目》亦载其名，云阮逸诠次刊正。"陈师道《后山丛谈》、何薳《春渚纪闻》及邵博《闻见后录》皆云："阮逸尝以伪撰之稿示苏洵。"《四库全书提要》据此以为此书"出自逸手，更无疑义"。并指出："逸与李淑同为神宗时人，故李氏书目始有也。吴莱集有此书《后序》，乃据《文中子》之说，力辨其真，文士好奇，未之深考耳。"黄云眉《古今伪书考补证》云："又考注者赵蕤，字太宾，梓州盐亭人。博学韬钤，长于经世。开元中召之不赴。著有《长短经》十卷（原注：见《唐书·艺文志》及孙光宪《北梦琐言》）。李白尝师事之（见《唐诗纪事》）。是其人似非注《易》者。且令蕤曾注此书，则此书不载于《隋志》，亦应载于《新旧唐志》，今乃始见于李淑《邯郸图书志》，则此书之产生，必在唐代以后，而阮逸之伪托，更无疑义矣。"

【问卦】　占卦以问吉凶。卢纶《早春游樊川》（见《卢纶集》）："问邻空遂约，问卦独无徵。"

【问易】　犹言学《易》。《汉书·儒林传》："京房受《易》梁人焦延寿，延寿云：尝从孟喜问《易》。"

【问易补】　明郝敬撰。六卷，《续录》一卷。《山草堂集》本。据郝氏《自序》，因其甥田文宰以诸生学《易》，取郝氏所著《周易正解》，摘疑义若干请益，遂著论以补《正解》之缺，故题曰《问易补》。《自序》又言："余幼授《毛诗》，疑《朱传》浅率；与同学听受《易》者说《易》，其浅尤甚于《诗》也。"黄寿祺先生《易学群书平议》指出："敬盖不满于《程传》、《朱义》之空言义理者。故此书虽有议论，而颇知注重象数。惟其于象数用力仍浅，汉魏古注亦未涉览，故所言每多支离穿凿。""然敬于象数虽疏，于《易》理则颇有所入，间有善言可采"，且能"不袭程、朱之误解，在明儒中固不失为不随流俗者也。"

〔一〕

【艮】　① 八卦之一。由上一阳画、下两阴画组成，形作"☶"，其名为"艮"，其义为"止"，其基本象征物象为"山"。艮卦上为一阳，而二阴畜其下，喻示石凝为山，《春秋说题辞》云"阴含阳，石凝为山"是也。艮卦的基本喻象虽为山，但在《易》理的旁通广涉中，又可博取众象，如"手"、"门阙"等，然诸象的象征旨趣则不离"止"之义。《说卦传》既指明"艮，止也"这一象征意义，又载录众多象例，曰："艮为狗"，又曰："艮为手"，又曰："艮三索而得男，故谓之少男"，又曰："艮为山，为径路，为小石，为门阙，为果蓏，为阍寺，为指，为狗，为鼠，为黔喙之属，其于木也为坚多节。"陆德明《经典释文》谓《荀爽九家集解》本《说卦传》此后更有三象："为鼻，为虎，为狐"。这是有关"艮"象的较早期资料。后儒如西汉焦延寿的《易林》、三国虞翻的《易注》，所采八卦的"逸象"尤多，治《易》者常取资考辨《易》义。　② 六十四卦之一。列居篇中第五十二卦。由两个三画的艮卦（☶）重迭而成，卦形作"䷳"，卦名为《艮》，象征"抑止"。《艮》卦取义于"止"，乃是阐发抑止邪欲的道理。《礼记·乐记》云"奸声乱色，不留聪明；淫乐慝礼，不接心术；惰慢邪辟之气，不设于身体。"所谓"不留"、"不接"、"不设"，正与《艮》卦"抑止"之理相通。卦辞反复申言"艮其背"之旨，正是展示"止邪"的最佳方式是"隔绝邪欲"，强调"心不乱"而邪已止的功效。钱锺书《管锥编》引《红楼梦》"风月宝鉴，宜照反面"为喻，指出"反面一照"，"妄动"能"治"。其说颇与《艮》卦之旨妙契。卦中六爻所发的意义，又分别取象于人体各部位，从不同角度揭明"抑止"或得或失的情状。六二如"小腿"当行不得行，九三似"腰部"宜动不能动，这两爻并属施止不当之象；初六止于"趾"动之前，六四自止其"身"，六五慎止其"口"，上九敦厚于止，这四爻均为施止妥当之象。若深究卦理，还可以发现，"抑止"并非绝对强调"不行"。《象传》"时止则止，时行则行"，已经道出"行"、"止"间的辩证关系；六五"止其辅"之后导致"言有序"，更是以"止"求"行"的明显象例。因此，《艮》卦尽管主于"止"义，"止"的目的却在于保持正确的"行"，含有"行正"必先"止邪"的微旨。而《大象传》言"思不出其位"，无疑是把"抑止"作为"进取"的前提。

【艮九三】《艮》卦的九三爻。以阳爻居卦第三位。爻辞曰："艮其限，列其夤，厉薰心。"意思是：抑止在腰部，致使背上夹脊肉断裂，危险像烈火一样薰灼其心。限，界也，句中指人体上下交界处，即"腰部"，陆德明《经典释文》："马云'限，要也'，郑、荀、虞同"；列，通"裂"；夤，音寅yín，《经典释文》引马融曰："夹脊肉也"。这是说明九三当"止"之时，处《艮》上下卦之中，犹如人体"腰部"被抑止；而腰动被止，必致脊肉断裂，故有"薰心"之危，其凶可知。王弼《周易注》："限，身之中也，三当两象之中，故曰'艮其限'；夤，当中脊之肉也，止加其限，中体分离，故'列其夤'而忧危薰心也。"按，《艮》九三阳刚得位，正宜慎行，却被"止"腰断脊。孔颖达《周易正义》云："此爻亦明施止不得其所也。"

【艮上九】《艮》卦上九爻。以阳爻居卦最上之位。爻辞曰："敦艮，吉。"意思是：以敦厚的品德抑止邪欲，吉祥。这是说明上九处《艮》卦之终，为抑止至极之象，故虽阳刚而能敦厚；以此抑止邪欲，必能获吉致福，故称"敦艮，吉"。王弼《周易注》："居止之极，极止者也；敦重在上，不陷非妄，宜其吉也。"按，《艮》上九取象的本旨，在于以"止邪"之道保持至终，故能"敦艮"而有"吉"。程颐《周易程氏传》云："天下之事，唯守终之为难。能敦于止，有终者也；上之吉，以其能厚于终也。"

【艮六二】《艮》卦六二爻。以阴爻居卦第二位。爻辞曰："艮其腓，不拯其随，其心不快。"意思是：抑止在小腿肚上，未能举步上承本应随从的人，心中不得畅快。腓，小腿肚，与《咸》卦六二爻辞之"腓"意同（见"咸六二"）；拯，通"承"，举也，此处犹言"举步上承"，陆德明《经典释文》出"承"字，曰："音拯救之拯，马云'举也'"。这是说明六二以柔处《艮》下卦之中，外卦无应，本须上承九三之阳，但"其腓"被止，无法移步承阳，故曰"艮其腓，不拯其随"；此时六二当行而不得行，承阳之志难遂，故曰"其心不快"。尚秉和先生《周易尚氏学》："腓之用在行，艮在腓，是不行也"，"然阴以顺阳为天职，仍须阳"；"既不可动，又须随阳，不能自主，故'其心不快'。"按，《艮》六二柔中得位，上承九三，动无不正，却被强止。孔颖达《周易正义》谓此爻乃"施止不得其所"的情状。

【艮六五】《艮》卦六五爻。以阴爻居卦第五位。爻辞曰："艮其辅，言有序，悔亡。"意思是：抑止其口不使妄语，发言就有条理。辅，上牙床，指代口腔，与《咸》上六爻辞"辅"之义同（见"咸上六"）；序，谓条理。这是说明六五居《艮》上卦尊位，柔中不偏，犹处人身之"口"位，当"止"之时，有慎止其口而不妄语之象；如此则所发言辞皆合条理，其"悔"必"亡"。王弼《周易注》："施止于辅，以处其中，故口无择言，能亡其悔也。"程颐《周易程氏传》："人之所当慎而止者，惟言行也。五在上，故以'辅'言。辅，言之所由出也。艮于辅，则不妄出而有序也。言轻发而无序，则有悔。止之于辅，则悔亡也。"按，《艮》六五之所以止其"口"，乃在于更利其"言"，而非缄口不言。《周易折中》引龚焕曰："艮其辅，非不言也；言而有序，所以为'艮'也。"

【艮六四】《艮》卦六四爻。以阴爻居卦第四位。爻辞曰："艮其身，无咎。"意思是：抑止自身不使妄动，必无咎害。身，指自身。这是说明六四居《艮》上卦，犹处人身上体,当"止"之时,有抑止自身而不妄动之象;以柔居柔,"止"得其所,遂获"无咎"。王弼《周易注》:"中上称'身',履得其位,止求诸身,得其所处,故不陷于咎也。"按,《艮》卦卦辞称"不获其身",六四爻辞言"艮其身",两者含义有别:前者指当"止"之时,不让其身面向所"抑止"的邪欲,即"不见可欲",心不知则不乱;后者则指抑止"自身",不令妄动,与《艮》卦《大象传》所谓"思不出其位"以安止本分之义同。

【艮止也】《说卦传》语。谓八卦之中,艮卦的象征意义为"静止"。参见"艮①"。

【艮为山】①《说卦传》语,谓八卦之一"艮"卦(☶)的基本象征物是"山"。② 朱熹《周易本义》卷首所附《分宫卦象次序》歌诀中语,说明六十四卦之一的《艮》卦(䷳),其卦象由上下两"艮"(即"山")组成。

【艮其限】《艮》卦九三爻辞之语。意为:抑止在腰部。限,界也,此处指人体上下交界位置,即"腰部"。这是说明九三当"止"之时,处《艮》上下卦之中,犹如人体腰部被抑止,故曰"艮其限"。爻义主于诫施止不得其所。参见"艮九三"。

【艮其身】《艮》卦六四爻辞之语。意为:抑止自身不使妄动。这是说明六四居《艮》上卦初位,犹如处人体上身,当"止"之时,柔顺得正,止得其所,有抑止自身而不妄动之象,故称"艮其身"。参见"艮六四"。

【艮其趾】《艮》卦初六爻辞之语。意为:抑止在足趾上。这是说明初六处《艮》卦最下之位,有"趾"之象;而当"止"之时,犹如施止于"足趾",于将动之前即不使有失正道,故曰"艮其趾"。参见"艮初六"。

【艮其腓】《艮》卦六二爻辞之语。意为:抑止在小腿肚上。腓,即小腿肚。这是说明六二以柔处《艮》下卦之中,柔顺中正,因外卦无应,本须上承九三之阳,无奈"小腿肚"被止,当行而不得行,故曰"艮其腓"。爻义主于诫施止不得其所。参见"艮六二"。

【艮初六】《艮》卦初六爻。以阴爻处卦下初位。爻辞曰:"艮其趾,无咎,利永贞。"意思是:抑止在足趾上,必无咎害,利于永久守持正固。这是说明初六处《艮》卦最下之位,有"趾"之象;而当"止"之时,犹如施止于"足趾",于将动之前即不使有失正道,故获"无咎";然初六阴柔弱质,恐其久则有失,故爻辞又勉其"利永贞",即言应始终守正,则可常保"无咎"。程颐《周易程氏传》:"六在最下,趾之象;趾,动之先也。艮其趾,止于动之初也。事止于初,未至失正,故'无咎'也。"胡炳文《周易本义通释》:"初六阴柔,惧其始之不能终也,故戒以'利永贞',欲常久而贞固也。"按,《艮》初六"无咎,利永贞",在于能止邪于未萌;《小象传》云:"未失正",即言未失正道之前先为抑止可能产生之邪恶。郭雍《郭氏传家易说》曰:"止于动之先,则易;而止于既动之后,则难。"又曰:"《象》言'未失正'者,止于未动之先,未有失正之事也。"

【艮卦辞】《艮》卦的卦辞。其文曰:"艮其背,不获其身;行其庭,不见其人,无咎。"意思是:(《艮》卦象征抑止)抑止于背后以避免觉察,不让身体朝向当止的私欲;譬如行走在庭院里,也两两相背,互不见对方所止的邪恶,必无咎害。艮,卦名,象征"抑止",其义主于抑止邪恶。卦辞全文说明,抑止人的邪欲,应当在其人尚未觉察到"邪欲"本身时,就不知不觉地制止掉,犹如施止于"背",则被止者眼不见"邪欲"为何物,遂使被止者自身不至于面向当止之私欲,故曰"艮其背,不获其身";又如被"止"者行走在庭院里,也两两相背,互不见"其人",则施"止"之时亦互不见对方所止之"邪恶"为何物,故曰"行其庭,不见其人";以此处"艮",则深得"止背"之道,而"抑止邪欲"之功必成,故曰"无咎"。

卦辞的基本意义，是揭示"止邪"的正确方法应当立足于"背"字：能在"相背"的情况下施止，则止欲于未萌，抑邪于无形，得其所止。王弼《周易注》释"艮其背"曰："目无患也"；又释"不获其身"曰："所止在后，故不得其身也"；又释"行其庭，不见其人"曰："相背故也。"又总论曰："凡物对面而不相通，否之道也。艮者，止而不相交通之卦也。各止而不相与，何得无咎？唯不相见乃可也。施止于背，不隔物欲，得其所止也。背者，无见之物。无见则自然静止，静止而无见，则不获其身矣。相背者，虽近而不相见，故'行其庭，不见其人'也。"孔颖达《周易正义》："艮，止也，静止之义；此是象山之卦，其以'艮'为名。施之于人，则是止物之情，防其动欲，故谓之'止'。艮其背者，此明施止之所也。施止得所，则其道易成；施止不得其所，则其功难成。故《老子》曰'不见可欲，使心不乱'也。"按，高亨《周易古经今注》及《周易大传今注》认为，卦辞"艮其背"之前，当重一"艮"字以为卦名，作"艮，艮其背"。此说宜备参考。

【艮象传】　《艮》卦的《象传》。旨在解说《艮》卦的卦名、卦辞之义。其文为："《彖》曰：艮，止也。时止则止，时行则行，动静不失其时，其道光明。艮其止，止其所也；上下敌应，不相与也，是以不获其身，行其庭，不见其人，无咎也。"意思是："《彖传》说：艮，即言抑止。其时应当抑止就抑止，应当前行就前行；或动或静不违背适当的时机，抑止的道理就能光辉灿烂。施止于应当抑止之处，说明抑止适得其所。上下之间相互敌对，不相交往亲与，所以就像不让身体朝向当止的私欲，犹如行走在庭院也两两相背，互不见对方所止的邪恶，这样抑止就不致咎害。"全文可分两节理解。第一节，自"艮，止也"至"其道光明"六句，阐说《艮》卦所揭示的"抑止"之道要适时而用，才能动静得当，而"抑止"的道理便之而光明，以释卦名

"艮"之义。第二节，自"艮其止"至"无咎也"八句，说明"抑止"之道应当止其所止，并举《艮》卦上下六爻皆敌对而不相亲与之象，指明"抑止邪欲"应"相背"而使被止者不见邪欲的道理，以释卦辞"艮其背，不获其身，行其庭，不见其人，无咎"之义。

【艮覆碗】　朱熹《周易本义》卷首所附《八卦取象歌》语。说明八卦之一的"艮"卦形状作"☶"，犹如一个覆盖在地面的碗。

【艮大象传】　《艮》卦的《大象传》。其辞曰："兼山，艮；君子以思不出其位。"意思是：两山重叠（稳固不动），象征"抑止"；君子因此所思所虑不超越本位。兼，犹言"重"；位，指本分所守之位。这是先揭明《艮》卦上下两"艮"皆为山之象，谓两山重叠，稳固不动，正为"抑止"的象征；然后推阐出"君子"观此象，须悟知应当抑止非分邪念的道理，故所思虑均不敢逾越本位。孔颖达《周易正义》："两山义重，谓之'兼山'也。直置一山，已能镇止，今两山重叠，止义弥大，故曰'兼山艮'也。"程颐《周易程氏传》："君子观《艮》止之象，而思安所止，不出其位也。位者，所处之分也。万事各有其所，得其所，则止而安；若当行而止，当速而久，或过或不及，皆'出其位'也。况逾分非据乎？"按，《艮》卦辞曰"艮其背"，《彖传》曰"时止则止，时行则行"，《大象传》曰"思不出其位"，杨万里《诚斋易传》从三个层次加以分析云："大哉止乎！有止而绝之者，有止而居之者，有止而约之者。'艮其背'，所以绝人欲而存天理，此止而绝之也；'时止时行'，必止乎道，此止而居之也；'思不出其位'，而各止其分，此止而约之也。"此说指出"艮"为"止"的含义有三：一是抑止邪恶，二是止于正道，三是止于本分。三者条理颇为分明。但若合以观之，能"止邪欲"，则必能"止于正道"、"止于本分"，因此前一义实可统包后二义。

【艮下艮上】　指下卦为"艮"，上卦亦为

"艮"。即六十四卦中的《艮》卦之象。

【艮下兑上】 指下卦为"艮",上卦为"兑"。即六十四卦中的《咸》卦之象。

【艮下坎上】 指下卦为"艮",上卦为"坎"。即六十四卦中的《蹇》卦之象。

【艮下坤上】 指下卦为"艮",上卦为"坤"。即六十四卦中的《谦》卦之象。

【艮下乾上】 指下卦为"艮",上卦为"乾"。即六十四卦中的《遯》卦之象。

【艮下离上】 指下卦为"艮",上卦为"离"。即六十四卦中的《旅》卦之象。

【艮下巽上】 指下卦为"艮",上卦为"巽"。即六十四卦中的《渐》卦之象。

【艮下震上】 指下卦为"艮",上卦为"震"。即六十四卦中的《小过》卦之象。

【艮为少男】 八卦之中,艮卦以居末位之阳为主画,犹如乾坤两卦末次相交而派生出来的阳卦,故古人以一家之"少男"作为艮的象征。语本《说卦传》。参见"乾坤六子"。

【艮宦易说】 清俞樾撰。一卷。《春在堂全书》本。此书为俞氏读《易》札记,旨在以其文字训诂之学,考究《易》中词义象理。柯劭忞指出:"樾精研训诂而求义理,不涉穿凿附会之习。此书为樾读《易》时所札记,《自序》谓'未离训诂',然精义实多。"又云:其说虽有"偶然失检"之处,但多数为"自创新义,突过前人","独得经义"(《续修四库全书提要》)。

【艮受之以渐】 《周易》六十四卦,以象征"抑止"的《艮》卦列居第五十二卦;事物不可能终久抑止,必将逐渐前进,所以接《艮》之后是象征"渐进"的第五十三卦《渐》卦。此称"《艮》受之以《渐》"。语本《序卦传》:"《艮》者,止也。物不可以终止,故受之以《渐》;渐者,进也。"程颐《周易程氏传》:"止必有进,屈伸消息之理也。止之所生亦进也,所反亦进也,《渐》所以次《艮》也。进以序为'渐'。今人以缓进为渐;进以序,不越次,所以缓也。"

【艮九三小象传】 《艮》卦九三爻的《小象传》。其辞曰:"艮其限,危薰心也。"意思是:抑止在腰部,说明九三的危险像烈火一样薰灼其心。这是解说《艮》九三爻辞"艮其限"的象征内涵,然即取另一句爻辞"厉薰心"改一字以为释。孔颖达《周易正义》:"既止加其身之中,则上下不通之义也,是分裂其夤;夤既分裂,身将丧亡,故忧危之切,薰灼其心矣。"

【艮上九小象传】 《艮》卦上九爻的《小象传》。其辞曰:"敦艮之吉,以厚终也。"意思是:以敦厚的品德抑止其邪欲而获吉祥,说明上九能将厚重的美质保持至终。这是解说《艮》上九爻辞"敦艮,吉"的象征内涵。孔颖达《周易正义》:"言上九能以敦厚自终,所以获吉也。"

【艮六二小象传】 《艮》卦六二爻的《小象传》。其辞曰:"不拯其随,未退听也。"意思是:未能举步上承本应随从的人,说明六二又无法退而听从抑止之命(遂致心中不得畅快)。这是解说《艮》六二爻辞"不拯其随"的象征内涵。听,谓听从;此言六二被强为抑止,进不能"拯其随",退不能听其止,遂生"不快"。尚秉和先生《周易尚氏学》:"听,从也。腓之用在动而前进,'不拯'是不动不前而'退听'也;然阳在上,义必随行,是又不能'退听'也;进退不克自主,故心不快也。"

【艮六五小象传】 《艮》卦六五爻的《小象传》。其辞曰:"艮其辅,以中正也。"意思是:抑止其口不使妄语,说明六五能够居中守正。这是解说《艮》六五爻辞"艮其辅"的象征内涵。孔颖达《周易正义》:"位虽不正,以居得其中,故不失其正,故言有序也。"程颐《周易程氏传》:"五之所善者,中也。艮其辅,谓止于中也。言以得中为正。止之于辅,使不失中,乃得正也。"

【艮六四小象传】 《艮》卦六四爻的《小象传》。其辞曰:"艮其身,止诸躬也。"意思是:抑止自身不使妄动,说明六四能够自我抑止而安守本位。这是解说《艮》六四爻辞"艮其身"的象征内涵。孔颖达《周易正义》》："躬,犹身也。明能静止其身,不为躁动也。"

【艮初六小象传】 《艮》卦初六爻的《小象传》。其辞曰："艮其趾,未失正也。"意思是：抑止在足趾上。说明初六能够预先止邪就不至于违失正道。这是解说《艮》初六爻辞"艮其趾"的象征内涵。程颐《周易程氏传》："当止而行,非正也。止之于初,故未至失正。事止于始则易,而未至于失也。"

【艮其辅言有序】 《艮》卦六五爻辞之语。意思是：抑止其口不使妄语,发言就有条理。辅,上牙床,指代口腔;序,谓条理。这是说明六五居《艮》上卦尊位,柔中不偏,犹处人身之"口"位,当"止"之时,有慎止其口而不妄语之象,如此则所发言辞皆合条理,故称"艮其辅,言有序"。参见"艮六五"。

【艮其止止其所也】 《艮》卦的《彖传》语。意思是：施止于应当抑止之处,说明抑止适得其所。这是说明《艮》卦所揭示的"抑止"之道,重在止其所止,以释《艮》卦辞"艮其背"之义。孔颖达《周易正义》："此释施止之所也。'艮其止'者,叠经文'艮其背'也;易'背'曰'止',以明'背'者无见之物,即是可止之所也。"又曰："艮既训'止',今言'艮其止',是止其所止也,故曰'艮其止,止其所也'。"

【艮其背不获其身】 《艮》卦的卦辞之语。意思是：抑止于背后以避免觉察,不让身体朝向当止的私欲。这是说明《艮》卦之义主于"抑止邪欲",而抑止人的邪欲,应当在其人尚未觉察到"邪欲"本身时,就不知不觉地被制止掉,犹如施止于"背",则被止者眼不见"邪欲"为何物,遂使被止者自身不至于面向当止之私欲,故曰"艮其背,不获其身"。参见"艮卦辞"。

【艮其身止诸躬也】 《艮》卦六四爻的《小象传》辞。旨在解说六四爻辞"艮其身"的象征内涵。意思是：抑止自身不使妄动,说明六四能够自我抑止而安守本位。参见"艮六四小象传"。

【艮其限危薰心也】 《艮》卦九三爻的《小象传》辞。旨在解说九三爻辞"艮其限"的象征内涵,然即取另一句爻辞"厉薰心"改一字以为释。意思是：抑止在腰部,说明九三的危险像烈火一样薰灼其心。参见"艮九三小象传"。

【艮其辅以中正也】 《艮》卦六五爻的《小象传》辞。旨在解说六五爻辞"艮其辅"的象征内涵。意思是：抑止其口不使妄语,说明六五能够居中守正。参见"艮六五小象传"。

【艮其趾未失正也】 《艮》卦初六爻的《小象传》辞。旨在解说初六爻辞"艮其趾"的象征内涵。意思是：抑止在足趾上,说明初六能够预先止邪就不至于违失正道。参见"艮初六小象传"。

【羽仪】 谓鸿鸟之羽所作之仪饰,亦转化为表形、官爵、楷模等意。语本《渐》卦上九爻辞："鸿渐于陆,其羽可用为仪。"左思《吴都赋》(见《文选》)："湛淡羽仪,随波参差。"韩愈《潇喜亭记》(见《韩昌黎集》)："智以谋之,仁以居之,谓其去是而羽仪于天朝也不远。"

【阳爻】 《周易》六十四卦每卦六爻,共三百八十四爻,其中阴爻、阳爻各半,故阳爻有一百九十二爻。凡阳爻均以数字"九"为代表,画作"—"。各爻又因所居位次的不同,有"初九"、"九二"、"九三"、"九四"、"九五"、"上九"的名称。参见"六爻"。

【阳复】 即"一阳来复"。《复》卦上五爻为阴,下一爻为阳,有阴气即将剥尽阳刚而一阳回复之象。李鼎祚《周易集解》于《复》卦卦辞"复,亨"引何妥曰："复者,归本之名。群阴剥阳至于几尽,一阳来下,故称反复;阳气复反而得交通,故云'复,亨'也。"高启《冬至夜喜逢徐七》诗(见《高青邱集》)："雪明窗促曙,阳复座销寒。"

【阳四宫】 西汉京房倡"八宫卦"说,其

中《乾》宫、《震》宫、《坎》宫、《艮》宫为"阳四宫",以此四卦分别为父、长男、中男、少男之象的缘故。阳四宫共领三十二卦。参见"八宫卦"。

【阳贵阴贱】 三国魏王弼注《屯》卦语,谓阳爻为贵,阴爻为贱。王氏《周易注》于《屯》卦初九《象传》"以贵下贱"曰:"阳贵而阴贱也。"孔颖达《周易正义》云:"贵,谓阳也;贱,谓阴也。言初九之阳,在三阴之下,是以贵下贱。"

【阳遇阴则通】 吴汝纶先生《易说》认为,《周易》中凡阳爻的行进,遇阴爻则畅通,遇阳爻则受阻。故《大畜》初、二两阳皆不进,因前临阳爻受阻;九三利往,以前行遇阳路通。尚秉和先生禀承师说,特为揭明此例,指出这是"全《易》之精髓"(《周易尚氏学》)。

【阳卦多阴阴卦多阳】 《系辞下传》语。指《周易》的八卦之中,除乾(☰)为纯阳,坤(☷)为纯阴外,其余六卦亦分阴阳:阳卦为震(☳)、坎(☵)、艮(☶),均为一阳二阴,故称"多阴";阴卦为巽(☴)、离(☲)、兑(☱),均为一阴二阳,故称"多阳"。孔颖达《周易正义》:"阳卦多阴,谓震、坎、艮一阳而二阴也;阴卦多阳,谓巽、离、兑一阴而二阳也。"

【阴爻】 《周易》六十四卦每卦六爻,共三百八十四爻,其中阴爻、阳爻各半,故阴爻有一百九十二爻。凡阴爻均以数字"六"为代表,画作"--"。各爻又因所居位次的不同,有"初六"、"六二"、"六三"、"六四"、"六五"、"上六"的名称。参见"六爻"。

【阴阳】 在《周易》哲学体系中,阴阳概念最先是用符号形式表示:"阳"用"—"表示,"阴"用"--"表示。八卦、六十四卦,就是以这两种一连一断的阴阳符号重叠组合成的。在《易》卦的象征义理中,"阳"与"阴"的象征范围至为广泛,两者可以分别喻示自然界或人类社会中的一切对立的物象,如天地、男女、昼夜、炎凉、上下、胜负、君臣、夫妻等等。而在卦象的具体反映中,阴阳概念又各显其义:八卦形体,自分阴阳,即乾、震、坎、艮为四阳卦,坤、巽、离、兑为四阴卦;六十四卦的卦画,既含有阳爻一百九十二个,阴爻一百九十二个,每卦中的六个爻位又有阴位、阳位之别。《系辞上传》以"一阴一阳之谓道"精炼地概括《易》理本质,《庄子·天下篇》也称"《易》以道阴阳"。可以说《周易》一书的"阴阳"大义,是关于事物对立统一的运动、变化、发展这一哲学原理,在特殊的"象征"形式中的反映,程颐说:"万物之生,负阴而抱阳,莫不有太极,莫不有两仪,絪缊交感,变化不穷。形一受其生,神一发其志,情伪出焉,万绪起焉,《易》所以定吉凶而生大业。故《易》者,阴阳之道也;卦者,阴阳之物也;爻者,阴阳之动也。"(《易序》)朱熹也指出:"天地之间,无往而非阴阳;一动一静,一语一默,皆是阴阳之理。"(《朱子语类·读易纲领》)这些,正可以作为《周易》"阴阳"喻象贯穿全书的注语。

【阴四宫】 西汉京房倡"八宫卦"说,其中《坤》宫、《巽》宫、《离》宫、《兑》宫为"阴四宫",以此四卦分别为母、长女、中女、少女之象的缘故。阴四宫共领三十二卦。参见"八宫卦"。

【阴宏道】 唐代人。一作"洪道"。曾任临涣(在今安徽宿县西南)令。原籍武威姑臧(今甘肃武威),远祖阴袭随南朝宋武帝南迁至南平,因家焉。父阴颢,为南朝梁尚书金部郎,后入周,撰《琼林》二十卷。宏道字号未详,《新、旧唐书》无传。唯《新唐书·艺文志》列其《周易新论传疏》十卷,并注云:"颢子,临涣令。"《崇文总目》著录此书云:"洪道,世其父颢之业,杂采子夏、孟喜等十八家之说,参订其长,合七十二篇,于《易》有助云。"郑樵《通志·艺文略》亦列是书,则题"阴宏道"撰,与《新唐书》同。其书已佚。清马国翰《玉函山房辑佚书》有辑本一卷。

【阴阳老少】 《周易》筮法,有七、八、九、六之数,分别谓为少阳、少阴、老阳、老阴;四者合称"阴阳老少"。孔颖达《周易正义》于《乾》卦初九云:"七为少阳,八为少阴","九为老阳,六为老阴"。唐僧一行认为,揲蓍占卦时,三变皆奇(即"三奇",亦称"三少"),得数九,为八卦中"乾"卦之象;皆偶(即"三偶",亦称"三多"),得数六,为八卦中"坤"卦之象;乾坤为父母,故称九、六为"老阳"、"老阴"。三变两偶一奇(即"两多一少"),得数七,为八卦中"震"、"坎"、"艮"之象;两奇一偶(即"两少一多"),得数八,为八卦中"巽"、"离"、"兑"之象;此六卦系乾坤所生三男、三女(见《说卦传》),故称七、八为"少阳"、"少阴"。一行之说曰:"三变皆少,则乾之象也;乾所以为老阳,而四数其余得九,故以'九'名之。三变皆多,则坤之象也;坤所以为老阴,而四数其余得六,故以'六'名之。三变而少者一,则震、坎、艮之象也;震、坎、艮所以为少阳,而四数其余得七,故以'七'名之。三变而多者一,则巽、离、兑之象也;巽、坎、兑所以为少阴,而四数其余得八,故以'八'名之。故七、八、九、六者,因余数以名阴阳,阴阳之所以为老少者,不在是而在乎三变之间八卦之象也。"(《苏氏易传》引)参见"七八九六"、"筮法"。

【阴阳候灾变】 西汉《易》学的一个支派,以孟喜、京房、五鹿充宗、段嘉四家《易》说为代表。详见"汉易"。

【阴疑于阳必战】 《坤》卦《文言传》语。旨在解说《坤》上六爻辞"龙战于野,其血玄黄"的象征意义。谓当《坤》上六之时,阴气凝情于阳气必然相互交合。疑,通"凝",犹言"凝情",陆德明《经典释文》"荀、虞、姚信、蜀才本作'凝'";战,谓交接、和合(见《坤上六》)。这是揭明上六处《坤》之极,阴极返阳,犹如凝情于阳,必致交合,遂有"其血玄黄"之象。《文言传》为进一步展示此说,于下文又详解曰:"为其嫌于无阳也,故称'龙'焉;犹未离其类也,故称'血'焉。夫玄黄者,天地之杂也,天玄而地黄也。"意思是:"作《易》者是怕读者疑惑于《坤》卦中没有阳爻,所以在上六爻辞中称'龙'以代表阳;又因为阴不曾离失其配偶阳,所以在爻辞中又称'血'代表阴阳交合。至于血的颜色为青黄相杂,这是说明天地阴阳的血交互混和,天为青色、地为黄色啊。"可见,文中揭示了上六爻辞取"龙"、"血"、"玄黄"等象的喻意,阐发了上六所蕴含的阴极阳生,阴阳在矛盾而又和谐的情状中变化发展的哲理。尚秉和先生《周易尚氏学》云:"称'龙',所以明有阳也。阴阳合为类,离则为独阴独阳。独阴独阳不能生,即不成'血'。既曰'血',即阴阳类也,即天地杂也。其血'玄黄'者,言此血非阴非阳,亦阴亦阳,为天地所合,故能生万物也。"按,对《坤》卦《文言传》此节的解说,旧注歧异不一。如李鼎祚《周易集解》引孟喜曰:"阴乃上薄,疑似于阳,必与阳战也。"又引王凯冲曰:"阴阳交战,故血玄黄。"王弼《周易注》云:"辩之不早,疑盛乃动,故必战。"孔颖达《周易正义》:"阴盛为阳所疑,阳乃发动,欲除去此阴;阴自强盛不肯退避,故必战也。"又如朱熹《周易本义》诂"疑"作比拟之"拟",指出:"疑,谓钧敌而无小大之差也。《坤》虽无阳,然阳未尝无也。血,阴属,盖气阳而血阴也。玄黄,天地之正色,言阴阳皆伤也。"诸说可备参考。

【阴阳不测之谓神】 谓《周易》所反映的阴阳矛盾变化情状不可测定,可称为微妙的"神"。语出《系辞上传》。韩康伯《系辞注》:"神也者,变化之极,妙万物而为言,不可以形诘者也,故曰'阴阳不测'。"孔颖达《周易正义》:"天下万物,皆由或生或成,本其所由之理,不可测量之谓'神'也。"来知德《周易集注》:"若其两在不测,则谓之神。盖此一阴一阳之道,其见之于人则谓之'仁知',见之于天地则谓之'德业',见之于《易》则谓之'乾坤'。占事,人皆得而测之,惟言阳矣,而阳之中未尝无阴;言阴矣,而阴之中未尝无阳。两在不测,则非天下之至神不能与于此矣,故又以'神'赞之。"

【阴阳只是一气消息】 南宋朱熹的《易》学观点。他认为,《周易》的"阴阳"之道,是反映事物发展过程(即"一气")或消或长、或进或退(即"消息")的矛盾情状。朱熹指出:"阴阳虽是两个字,然却只是一气之消息。一进一退,一消一长。进处便是阳,退处便是阴;长处便是阳,消处便是阴。只是这一气之消长,做出古今天地间无限事来。"(《朱子语类》卷七十四)又曰:"阴阳只是一气。阳之退,便是阴之生;不是阳退,又别有个阴生。"(同前卷六十五)

【防得无咎】 三国魏王弼《易》例,以为《易》辞称"无咎"者,皆因防患有方、不失其道,故能"无咎"。王弼《周易略例·略例下》曰:"凡言'无咎'者,本皆有咎者也;防得有道,故得无咎也。"邢璹注:"《乾》之九三'君子终日乾乾,无咎'。若防其失道,则有过咎也。"即言此时若防患有失道,仍为有咎。

【阮咸】 西晋陈留尉氏(今属河南)人。字仲容。与叔父阮籍为竹林之游,并属"竹林七贤"之列。任达不拘。妙解音律,善弹琵琶,虽处世不交人事,唯共亲朋知己者弦歌酣宴。居母丧,纵情越礼。素爱其姑之婢女,姑将嫁夫,初应允留下婢女与咸;既嫁则携婢而去。彼时阮咸方有客,闻讯急借客马追婢,追及,偕婢共骑而返。曾任始平太守。以寿终(见《晋书·阮咸传》)。治《易》,著有《易义》。张璠集魏晋二十二家《易》说,撰为《周易集解》十二卷,阮咸亦属被采入诸家之一(见陆德明《经典释文序录》)。《旧唐书·经籍志》列"《周易论》二卷,并谓"暨长成难,暨仲容答"。《新唐书·艺文志》于《易》类亦列"阮长成阮仲容难答论"二卷"。"长成",即咸堂兄弟阮浑(阮籍子)之字。

【阮浑】 西晋陈留尉氏(今属河南)人。字长成。阮籍之子。有其父风度。少慕通达,不饰小节。阮籍曾经感慨地告诫他说:"仲容(籍兄子阮咸)已豫吾此流,汝不得复尔!"晋武帝太康年间,为太子中庶子(见《晋书·阮籍传》)。治《易》,著有《易义》。张璠集魏晋二十二家《易》说,撰为《周易集解》十二卷,阮浑亦属被采入诸家之一(见陆德明《经典释文序录》)。《旧唐书·经籍志》及《新唐书·艺文志》均列有阮浑与其堂兄弟阮咸难答之《周易论》二卷。

【观】 六十四卦之一。列居篇中第二十卦。由下坤(☷)上巽(☴)组成,卦形作"䷓",卦名为《观》,象征"观仰"。春秋时代,吴国的季札观乐于鲁国,曾欣赏到《韶箾》舞蹈,深受感染,认为这是周朝"盛德"的高度体现,于是赞叹说:"观止矣!若有他乐,吾不敢请已!"(《左传》襄公二十九年)《观》卦大义,正是阐发"观仰"美盛事物可以感化人心的道理。卦辞取观仰祭祀为喻,说明观毕祭祀初始的盛礼,即使不观其后的细节,心中的"诚敬"之情已经油然萌生。此中的喻意,与季札"观止"之叹颇相吻合。卦中六爻,四阴主于自下观上:初六、六二两爻离九五阳刚最远,或如幼童浅见,或如隔户窃观,均不能尽获"大观"之美;六三接近上卦,得以观仰美德以自省察,未失其道;六四亲比九五,犹如亲临观光于"王朝"的盛治,获"作宾于王"之利,为尽得"大观"的象征。而九五、上九两阳爻,主于自上观下,既具阳刚美德让人观仰,又须自观其道、修养德行,故两者均发"君子无咎"的意旨。可见,本卦上下阴阳爻所寓涵的意义颇有区别。朱熹的学生曾经问道:"《观》六爻,一爻胜似一爻,岂所据之位愈高,则所见愈大耶?"朱子答云:"上二爻意自别,下四爻是所据之位愈近,则所见愈亲切底意思。"(《朱子语类》)当然,《观》卦所揭示的"观仰"作用,除了强调"上"者以美德感化于"下"之外,还体现了观"民风"可以正"君道"的思想,这从五、上两爻"观民"自省、其志"未平"的义理中不难看出。《毛诗大序》说道："上以风化下,下以风刺上,主文而谲谏,言之者无罪,闻之者足以戒,故曰'风'。"此论虽是针对《诗经·国风》而发,但与《观》卦的象征意义亦有可通之处。

【观光】 谓观仰一国盛治之光,后泛指参观美俗盛景。语本《观》卦六四爻辞"观国之光,利用宾于王"。《文选》载曹植《七启》："是以俊乂来仕,观国之光。"耶律楚材《和李世荣韵》诗(见《湛然居士集》):"黎民欢仰德,万国喜观光。"

【观盥】 盥,古代祭祀宗庙时用香酒浇灌地面以降神之礼;观盥,犹言观仰盛礼。语出《观》卦卦辞"观,盥而不荐,有孚颙若。"《文选》载颜延之《皇太子释奠会作诗》:"礼属观盥,乐荐歌笙。"李善注:"《周易》曰:'观,盥而不荐。'王弼曰:'可观者莫盛乎宗庙,宗庙之可观者莫盛于观盥也。'"

【观九五】 《观》卦九五爻。以阳爻居卦第五位。爻辞曰:"观我生,君子无咎。"意思是:受人观仰并对照省察自己的行为,君子必无咎害。观,此处含有受人观仰又自观其道之意;我生,犹言"自我行为"(参见"观六三")。这是说明九五处"观"之时,阳刚中正,尊居"君位",为《观》卦之主,犹如"贤君"以盛德为天下人所观仰,同时又能常常自我省察,不断美善其行,故称"君子无咎"。李鼎祚《周易集解》引王弼曰:"观我生,自观其道也。为众观之主,当宣文化,光于四表。上之化下,犹风之靡草;百姓有过,在予一人。君子风著,己乃无咎;欲察己道,当观民也。"按,《观》卦九五爻既为"人君"之象,其所"自观"、"观民",目的正为着改过扬善,美善治道,使其盛德常足以让"天下"观仰。《论语·子张》载:"子贡曰:君子之过也,如日月之食焉,过也,人皆见之;更也,人皆仰之。"此义与《观》九五爻辞"君子无咎"之旨有合。

【观上九】 《观》卦上九爻。以阳爻居卦最上之位。爻辞曰:"观其生,君子无咎。"意思是:人们都观仰他的行为,君子必无咎害。其生,犹言"其行为",与"我生"之意相对(参见"观六三")。这是说明上九处"观"之时,以阳刚居卦之终,虽属虚高之位,但下者均在观仰其施为,故须有"君子"之德才能"无咎"。其诚与《观》九五爻辞"君子无咎"略同。朱熹《周易本义》:"上九阳刚,居尊位之上,虽不当事任,而亦为下所观,故其戒辞略与五同。但以'我'为'其',小有主宾之异耳。"

【观六二】 《观》卦六二爻。以阴爻居卦第二位。爻辞曰:"阚观,利女贞。"意思是:暗中偷偷观仰美盛景物,利于女子持正固行。阚,暗中窃看。此言六二处"观"之时,虽得正而上应九五,但阴柔处下中,不能尽观大观之美,犹如身居户内,暗中窃观门外景物,故仅利于女子守正。爻辞的言外之意,谓男子如此则不利。李鼎祚《周易集解》引侯果曰:"得位居中,上应于五,阚观朝美,不能大观。处大观之时而为阚观,女正则利,君子则丑也。"按,深居户内而窃窥外物,自然不能尽观美景。《观》六二爻辞以"女贞"为喻,可见拟象贴切。但由此又可看出古代礼制对女子视野约束的一面。

【观六三】 《观》卦六三爻。以阴爻居卦第三位。爻辞曰:"观我生,进退。"意思是:观仰阳刚美德并对照省察自我的行为,谨慎抉择进退。观,此处含有既观仰于外又自观于内之意;我生,孔颖达《周易正义》释为"我身所由出",程颐《周易程氏传》谓"动作施为出于己者",犹言"自我行为";进退,指相时抉择进退。这是说明六三处"观"之时,虽与上九有应,渐近九五阳刚"君主",但阴柔失正,其位"多惧",故应当观于外而修于内,相机审时,慎其进退。《周易正义》:"三居下体之极,是有可进之时;又居上体之下,复是可退之地。远则不为'童观',近则未为'观国',居在进退之处，可以自观我之动出也。故时可则进，时不可则退。观风相机，未失其道，故曰'观我生，进退'也。"按，王弼《周易注》谓六三为"观风者"，《周易正义》谓"观风相机"即承此而言。视此爻的居位特点，所谓"自观"，实须先外观美盛风化，然后内自修省，才能妥为进退，免犯咎害。又按，与《观》卦初六、六二两爻的"童观"、"阚观"比较，六三已渐向九五的阳刚中正之德靠近，鉴见已有所深入、亲切，故虽不当位，却能善处其"观"，修美己德。六三《小象传》称"未失道"，即含此意。

【观六四】《观》卦六四爻。以阴爻居卦第四位。爻辞曰："观国之光，利用宾于王。"意思是：观仰王朝的光辉盛治，利于成为君王的贵宾。光，指国家大治而呈现的光辉景象；宾，用如动词，犹言"作宾"。这是说明六四处"观"之时，柔顺得正，亲比九五，犹如贤者观光于盛治之国，故称利于成为君王的座上宾，即言可以效用于贤君，其吉可知。程颐《周易程氏传》："四既观见人君之德，国家之治，光华盛美，所宜宾于王朝，效其智力，上辅于君，以施泽天下，故云'利用宾于王'也。古者有贤德之人，则人君宾礼之，故士之仕进于王朝则谓之'宾'。"按，古代统治者重视"观光"礼仪，从其政治目的看，一方面似在于显示国力强盛，另一方面又可藉此吸引人才。《尚书·周书·微子》所谓"修其礼物，作宾于王家"，曹植《七启》称"是以俊义来仕，观国之光"（《曹子建集》），并可据以参见《观》六四爻的义旨。

【观初六】《观》卦初六爻。以阴爻处卦下初位。爻辞曰："童观，小人无咎，君子吝。"意思是：像幼童一样观仰景物，小人不致咎害，君子必有憾惜。这是以"幼童"浅见为喻，说明初六处"观"之时，阴柔在下，远离九五刚正之"君"，所观甚浅；故不负重任的"小人"为"无咎"，于有所作为的"君子"则难免"憾惜"。王弼《周易注》："处于观时，而最远朝美，体于阴柔，

不能自进，无所鉴见，故曰'童观'。趣顺而已，无所能为，小人之道也，故曰'小人无咎'。君子处大观之时，而为童观，不亦鄙乎！"按，王弼训"吝"为"鄙"，于义亦通。又按，"童观"之吝，在于远离"大观"，实受具体条件所制约。故王弼《周易略例·卦略》又云："观之为义，以所见为美者也。故近尊为尚，远之为吝。"

【观卦辞】《观》卦的卦辞。其文曰："观，盥而不荐，有孚颙若。"意思是：《观》卦象征观仰，当观仰了祭祀开始时倾酒灌地的降神仪式，就可以不观后面的献享细节，心中已经充满诚敬肃穆的情绪。观，卦名，象征"观仰"，孔颖达《周易正义》："观者，王者道德之美而可观者也"，朱熹《周易本义》："观者，有以示人，而为人所仰者也"；盥，音灌 guàn，古代祭祀宗庙时用香酒浇灌地面以降神之礼，李鼎祚《周易集解》引马融曰："进爵灌地以降神也，此是祭祀盛时"；荐，献也，祭祀中向神献享之礼，"盥而不荐"句中，"盥"、"荐"之前均省略一"观"字，意即"观盥不观荐"；孚，信也；颙，音永阳平 yóng，犹言"肃敬"，《周易正义》："严正之貌"；若，语气助词。卦辞全文指出，"观仰"之道，应取最盛美庄严可观者，故设拟观仰祭祀典礼为喻，谓须观其初始盛美的降神礼，其后的献享礼可略而不观，因一旦观仰隆盛的"盥"礼，便可以使人产生诚信、肃敬之心，即已达到观仰过程中的感化作用。李鼎祚《周易集解》引马融曰："以下观上，见其至盛之礼，万民信敬，故云'有孚颙若'。"王弼《周易注》："王道之可观者，莫盛乎宗庙；宗庙之可观者，莫盛乎'盥'也。至'荐'，简略不足复观。故观'盥'而不观'荐'也。"孔颖达《周易正义》："观盥礼盛，则休而止，是观其大不观其细。"按，孔子说："禘自既灌而往者，吾不欲观之矣。"（《论语·八佾》）此说正指观仰祭祀之事，与《观》卦辞"盥而不荐"的义旨相同，均明"观仰"止于"盛大"的道理。又按，朱熹

《周易本义》认为"盥"为"将祭而洁手"之礼,取其"洁清"以见"孚信"。于义亦通。

【观象传】　《观》卦之《象传》。其文为:"《象》曰:大观在上,顺而巽,中正以观天下。观,盥而不荐,有孚颙若,下观而化也。观天之神道,而四时不忒;圣人以神道设教,而天下服矣。"意思是:"《象传》说:宏大壮观的气象总是呈现在崇高之处,譬如具备温顺和巽的美德,中和纯正就可以让天下人观仰。《观》卦象征观仰,当观仰了祭祀开始时倾酒灌地的降神仪式,就可以不观后面的献享细节,心中已经充满诚敬肃穆的情绪,这是说明在下者通过观仰能够领受美好的教化。观仰大自然运行的神妙规律,就能理解四季交转毫不差错的道理;圣人效法大自然的神妙规律设教于天下,天下万民于是纷纷顺服。"全文大旨在解说《观》卦的卦名、卦辞之义,可分三节理解。第一节,自"大观在上"至"中正以观天下"三句,举《观》卦下坤为温顺、上巽为和巽及九五阳刚中正之象,说明"大观"者的美盛道德足以让"天下"观仰,以释卦名"观"之义。第二节,自"观"至"下观而化也"四句,释《观》卦辞"观,盥而不荐,有孚颙若"之义,说明"观仰"的目的是为了使"天下"顺从美好的教化。第三节,自"观天之神道"至"而天下服矣"四句,举大自然神妙规律之可观,及"圣人"效法自然规律设教之可观,极言"观仰"之道的深刻意义。

【观大象传】　《观》卦的《大象传》。其辞曰:"风行地上,观;先王以省方观民设教。"意思是:和风吹行地上(万物广受感化),象征"观仰";先代君王因此省巡万方、观察民风、设布教化。这是先揭明《观》卦上巽为风、下坤为地之象,谓风行地上,万物普受感化,正为下者"观仰"美德而从化的象征;然后推阐出"先王"效法"风行地上"之象,省视万方,示民以教,使百姓有所"观仰"而顺于教化的意义。杨万里《诚斋易传》:"风行地上而无不周,故

万物日见。天王省天下而无不至,故天下日见。圣人随其地观其俗,因其情设其教,此省方之本意也。"按,《观》卦《大象传》所阐发的"观民设教"之义,已经把"下观上"与"上观下"融合为一体,表明居上者先须广泛省察下情,才能正确地设教于民,让"天下"观仰。《周易义海撮要》引刘牧曰:"风行地上,无所不至。散采万国之声诗,省察其俗,有不同者,教之使同。"此说可资参考。

【观物取象】　对《周易》创作特色的精约概括。谓其书的创作乃通过观察各种物象,而拟取之,以喻示深刻的哲理。《系辞上传》:"圣人有以见天下之赜,而拟诸其形容,象其物宜,是故谓之象。"《系辞下传》:"古者包牺氏之王天下也,仰则观象于天,俯则观法于地,观鸟兽之文,与地之宜,近取诸身,远取诸物,于是始作八卦,以通神明之德,以类万物之情。"孔颖达《周易正义》:"法象其物之所宜。若象阳物,宜为刚也;若象阴物,宜为柔也,是象其物之所宜。六十四卦皆'拟诸形容,象其物宜'也。"朱熹《周易本义》:"俯仰远近,所取不一,然不过以验阴阳消息两端而已。神明之德,如健顺动止之性;万物之情,如雷风山泽之象。"

【观国之光】　《观》卦六四爻辞之语。意为:观仰王朝的光辉盛治。光,指国家大治而呈现的光辉景象。此言六四处"观"之时,柔顺得正,亲比九五,犹如贤者观光于盛治之国,正待效用于明君,故曰"观国之光"。参见"观六四"。

【观易外编】　清纪大奎撰。六卷。《纪慎斋先生全集》本。此书本于宋人象数图书,撰为九十余图,皆有说以发明之,以示读《易》之别义。柯劭忞指出:"大奎《易》学出于刘牧《易数钩隐图》,而参以邵子先后天说",其学"盛为人推",然此编"推演虽详,徒滋流弊","纷纭胶葛,支曼愈多,愈无裨于经义,惟增学者之眩惑而已。"(《续修四库全书提要》)

【观变玩占】 谓善读《易》者,当观审《周易》的变化而探研玩味其占筮,以指导自身的行止趋避。语本《系辞上传》。参见"观象玩辞"。

【观象玩辞】 谓善读《易》者,当观审《周易》的卦象而探研玩味卦爻辞的深刻义旨,以指导其日常行为。与"观变玩占"相辅为义。语本《系辞上传》:"是故君子所居而安者,《易》之序也;所乐而玩者,爻之辞也。是故君子居则观其象而玩其辞,动则观其变而玩其占,是以'自天祐之,吉无不利'。"古人读《易》的一项基本目的,是通过研讨其象、辞、变、占,以利于立身处世、进德修业。张载《正蒙·大易篇》有"《易》为君子谋,不为小人谋"之说,亦含有劝勉人读《易》须端正其动机的微意。故《系辞传》揭出"观象玩辞"、"观变玩占"之旨,必冠以"君子"之义。孔颖达《周易正义》:"以《易》象则明其善恶,辞则示其吉凶,故君子自居处其身,观看其象,以知身之善恶;而习玩其辞,以晓事之吉凶。"又曰:"君子出行兴动之时,则观其爻之变化,而习玩其占之吉凶。《乾》之九四'或跃在渊',是动则观其变也;《春秋传》云'先王卜征五年',又云'卜以决疑',是动玩其占也。"来知德《周易集注》:"辞因象而系,占因变而决。静而未卜筮时,《易》之所有者,象与辞也;动而方卜筮时,《易》之所有者,变与占也。《易》之道一阴一阳,即天道也。如此观玩,则所趋者皆吉,所避者皆凶。静与天俱,动与天游,冥冥之中,若或助之矣,故'自天祐之,吉无不利'。"

【观我生进退】 《观》卦六三爻辞。意思是:观仰阳刚美德并对照省察自我的行为,谨慎抉择进退。观,此处含有既观仰于外又自观于内之意;我生,犹言"自我行为";进退,指相时抉择进退。这是说明六三处"观"之时,虽与上九有应,渐近九五阳刚"君主",但阴柔失正,其位"多惧",故应当观于外而修于内,相机审时,慎其进退。故曰"观我生,进退"。参见"观六三"。

【观九五小象传】 《观》卦九五爻的《小象传》。其辞曰:"观我生,观民也。"意思是:受人观仰并对照省察自己的行为,说明九五应当通过观察民风来自察己道。这是解说《观》九五爻辞"观我生"的象征内涵。程颐《周易程氏传》:"我生,出于己者;人君欲观己之施为善否,当观于民。民俗善,则政化善也。王弼云'观民以察己之道'是也。"

【观上九小象传】 《观》卦上九爻的《小象传》。其辞曰:"观其生,志未平也。"意思是:人们都观仰他的行为,说明上九修美道德的心志未可安逸松懈。这是解说《观》上九爻辞"观其生"的象征内涵。平,犹言"安宁无为";谓上九虽处不任事的"虚位",也得时时修美德行,未可安逸其志。程颐《周易程氏传》:"不可以不在于位故,安然放ности无所事也。"朱熹《周易本义》:"言虽不得位,未可忘戒惧也。"按,居"大观"之极,犹发"志未平"之义,可见《观》上九的喻旨在于:欲以美盛可观的道德化同"天下",实非轻而易举之事。马其昶《重定周易费氏学》云:"圣人之志,必使下观而化,天下皆为君子,大舜之善与人同是也。志未平,即尧、舜犹病,邹鲁悲悯之心。"此说甚合《观》上九《小象传》旨趣。

【观六二小象传】 《观》卦六二爻的《小象传》。其辞曰:"闚观女贞,亦可丑也。"意思是:暗中偷偷观仰美盛景物,女子可以守持正固,对男子来说这是可羞丑的。此为解说《观》六二爻辞"闚观,利女贞"的象征内涵。孔颖达《周易正义》:"如此之事,唯利女之所贞,非丈夫所为之事也。"朱熹《周易本义》:"在丈夫则为丑也。"

【观六三小象传】 《观》卦六三爻的《小象传》。其辞曰:"观我生进退,未失道也。"意思是:观仰阳刚美德并对照省察自己的行为,谨慎抉择进退,说明六三没有丧失正确的观仰之道。这是解说《观》六三爻辞"观我生,进退"的象征内涵。程颐《周易程氏传》:"观己之生,而进退以顺乎宜,故来至于失道也。"

【观六四小象传】《观》卦六四爻的《小象传》。其辞曰:"观国之光,尚宾也。"意思是:观仰王朝的光辉盛治,说明此时王朝正礼尚贤宾。这是解说《观》六四爻辞"观国之光"的象征内涵。杨简《杨氏易传》:"明其国贵尚宾贤,可以进也。"按,"尚宾"之义,孔颖达《周易正义》谓"慕尚为王宾";尚秉和先生《周易尚氏学》以为"言宾于上也"。两说于义并通。

【观我生观民也】《观》卦九五爻的《小象传》辞,旨在解说九五爻辞"观我生"的象征内涵。意思是:受人观仰并对照省察自己的行为,说明九五应当通过观察民风来自察己道。参见"观九五小象传"。

【观初六小象传】《观》卦初六爻的《小象传》。其辞曰:"初六童观,小人道也。"意思是:初六像幼童一样观仰景物,这是小人的浅见之道。此为解说《观》初六爻辞"童观"的象征内涵。程颐《周易程氏传》:"所观不明,如童稚,乃小人之分,故曰小人道也。"

【观颐自求口实】《颐》卦的卦辞之语。意思是:观察外物的颐养现象,应当明白用正道自求口中食物。此言"颐养"之道,在于养正则吉;故观物之"颐",即当知以正道"自求口实"之理。参见"颐卦辞"。

【观受之以噬嗑】《周易》六十四卦,以象征"观仰"的《观》卦列居第二十卦;既能广获众人观仰,然后上下四方必能融合无间,所以接《观》之后是象征"啮合"的第二十一卦《噬嗑》卦。此称"《观》受之以《噬嗑》"。语本《序卦传》:"可观而后有所合,故受之以《噬嗑》。嗑者,合也。"按,《序卦传》此处偏重发挥"嗑"字之义,即取卦名意义之一端为说。韩康伯《序卦注》:"可观则异方合会也。"李鼎祚《周易集解》引崔憬曰:"言可观政于人,则有所合于刑也,故曰'可观而有所合'。"

【观我生君子无咎】《观》卦九五爻辞。意思是:受人观仰并对照省察自己的行为,君子必无咎害。观,此处含有受人观仰又自观其道之意;我生,犹言"自我行为"。这是说明九五处"观"之时,阳刚中正,尊居"君位",为《观》卦之主,犹如"贤君"以盛德为天下人所观仰,同时又能常常自我省察,不断美善其行,故称"观我生,君子无咎"。参见"观九五"。

【观国之光尚宾也】《观》卦六四爻的《小象传》辞。旨在解说六四爻辞"观国之光"的象征内涵。意思是:观仰王朝的光辉盛治,说明此时王朝正礼尚贤宾。参见"观六四小象传"。

【观其生君子无咎】《观》卦上九爻辞。意思是:人们都观仰他的行为,君子必无咎害。其生,犹言"其行为"。这是说明上九处"观"之时,以阳刚居卦之终,虽属虚高之位,但下者均在观仰其施为,须有"君子"之德才能"无咎",故称"观其生,君子无咎"。参见"观上九"。

【观其生志未平也】《观》卦上九爻的《小象传》辞。旨在解说上九爻辞"观其生"的象征内涵。意思是:人们都观仰他的行为,说明上九修美道德的心志未可安逸松懈。参见"观上九小象传"。

【观颐观其所养也】《颐》卦的《彖传》语。意思是:观察外物的颐养现象,是观察获得养育的客观条件。此谓"颐养"之时,应观于外而自省"颐养"的正道,以释《颐》卦辞"观颐"之义。程颐《周易程氏传》:"所养,谓所养之人与养之之道。"

【观乎天文以察时变】《贲》卦的《彖传》语。意思是:观察天的文彩,可以知晓四季转变的规律。此举大自然的文饰情状,以明"文饰"之道的广泛作用。程颐《周易程氏传》:"天文,谓日月星辰之错列,寒暑阴阳之代变。观其运行,以察四时之迁改也。"

【观乎人文以化成天下】《贲》卦的《彖传》语。意思是:观察人类的文彩,可以推行教化促成天下昌明。此举人类的文饰情状,以明"文饰"之道的重大作用。李鼎祚《周易集解》引干宝曰:"四时之变,悬乎日月;圣人之化,成乎文章。观日月而要其会通,观文明而化成天下。"程颐《周易程氏传》:"观人文以教化天下,天下成其礼俗,乃圣人用'贲'之道也。"

【观我生进退未失道也】 《观》卦六三爻的《小象传》辞。旨在解说六三爻辞"观我生,进退"的象征内涵。意思是:观仰阳刚美德并对照省察自己的行为,谨慎抉择进退,说明六三没有丧失正确的观仰之道。参见"观六三小象传"。

【观我朵颐亦不足贵也】 《颐》卦初九爻的《小象传》辞。旨在解说初九爻辞"观我朵颐"之义。意思是:观看我垂腮进食,说明初九的求养行为不值得尊重。参见"颐初九小象传"。

【观天之神道而四时不忒】 《观》卦的《彖传》语。意思是:观仰大自然运行的神妙规律,就能理解四季交转毫不差错的道理。神道,犹言"神妙的自然规律";忒,差错。这是举大自然规律之可观,阐说"观仰"之道的深刻内涵,以明《观》卦的象征义理。程颐《周易程氏传》:"天道至神,故曰神道。观天之运行,四时无有差忒,则见其神妙。"朱熹《周易本义》:"四时不忒,天之所以为观也。"

【好谦】 喜好谦虚。语出《谦》卦《彖传》:"人道恶盈而好谦。"《后汉书·樊宏传》:"常戒其子曰:天道恶满而好谦,前世贵戚,皆明戒也。"

【好遯】 《遯》卦九四爻辞之语。意为:心怀情好而身已退避。好,犹言"情好"。这是说明九四当"遯"之时,以阳刚下应初六之阴,心存情好,但身居外卦,已有"遯退"之象,犹如"君子"毅然割爱而远遯,故曰"好遯"。参见"遯九四"。

【妇人吉夫子凶】 《恒》卦六五爻辞之语。意思是:妇人(长保柔德)可获吉祥,男子如此必有凶险。此言六五当"恒"之时,以"柔中"之德下应九二"刚中",有恒保"妇道"、守贞从夫之象,故称"妇人吉,夫子凶",谓男子不取此道。参见"恒六五"。

【妇子嘻嘻终吝】 《家人》卦九三爻辞之语。意思是:妇人孩童笑闹嘻嘻,终致憾惜。此言九三处《家人》下卦之上,阳刚亢盛,有治家过严之象,但仍不失正道;此时若反严为宽,放纵妇子笑闹逸乐,则有失家道,终将憾惜,故曰"妇子嘻嘻,终吝"。参见"家人九三"。

【妇贞厉月几望】 《小畜》卦上九爻辞之语。意思是:此时妇人必须守持正固以防危险,要像月亮将圆而不过盈。妇,喻阴;贞厉,谓守正防危;几,接近,"几望"即"月将圆"。这是说明上九处《小畜》卦终,阳刚尽被六四之阴畜止,以致"小畜"之道穷尽;而"小畜"的本义在于阴畜阳宜微小而不可极大,遂特戒"阴"者不得满盛,乃取妇人守正防危、当如月将圆不过盈为喻,故称"妇贞厉,月几望"。参见"小畜上九"。

【妇子嘻嘻失家节也】 《家人》卦九三爻的《小象传》语。旨在解说九三爻辞"妇子嘻嘻"的象征内涵。意思是:妇女孩童笑闹嘻嘻,说明有失家中礼节。参见"家人九三小象传"。

【妇孕不育失其道也】 《渐》卦九三爻的《小象传》语。旨在解说九三爻辞"妇孕不育"的象征内涵。意思是:妻子失贞得孕生育无颜,说明九三的行为导致违失夫妇相亲的道理。参见"渐九三小象传"。

【妇人贞吉从一而终也】 《恒》卦六五爻的《小象传》语。旨在解说六五爻辞"妇人吉"的象征内涵。意思是:妇人守持正固可获吉祥,说明要跟从一个丈夫终身不改。参见"恒六五小象传"。

【妇三岁不孕终莫之胜】 《渐》卦九五爻辞之语。意思是:(宛如夫君远出)妻子三年不怀身孕,但夫妇终合而外物终究不能侵阻取胜。三岁,泛指多年。此言九五当"渐"之时,阳刚中正,以渐进而居卦尊位,下应六二柔中之阴,然其间为九三、六四两爻阻隔,犹如六二未能与"夫君"会合,以至多年"不孕",但二、五乃阴阳正应,谨守"渐"道终有相合之时,非外物如三、四者所能侵阻取胜,故曰"妇三岁不孕,终莫之胜"。参见"渐九五"。

【妇丧其茀勿逐七日得】 《既济》卦六二爻辞。意思是:妇人丧失坐车的蔽饰(难以出行),不用追寻,过不了七日必将失而复得。妇,喻《既济》六二;茀,音弗fú,古代贵族妇女所乘车辆上的蔽饰;七日,喻为时之快。这是说明六二当"既济"之时,上应九五,犹如五之"妇"而柔顺中正,虽因"丧茀"以至未能出行,亦不急于追寻,惟静居以俟其自复;以此处"既济",必能不失所成,乃致"七日"之内又复得其"茀",故称"妇丧其茀,勿逐,七日得"。参见"既济六二"。

【孙盛】(约306—378) 东晋太原中都(今山西平遥西北)人。字安国。笃学不倦,自少至老,手不释卷。历官佐著作郎、浏阳令、长沙太守、秘书监加给事中。卒年七十二。作《魏氏春秋》、《晋阳秋》等,词直而理正,咸称"良史"。《易》学著述有《易象妙于见形论》(见《晋书·孙盛传》)。已佚。马国翰《玉函山房辑佚书》有辑本。

【孙期】 东汉济阴成武(今属山东)人。字仲彧。少为诸生,研习"京氏《易》"及《古文尚书》。家贫,事母至孝,每日在大泽中牧猪,以奉养其母。远方人从其学者,往往手执经书,沿垄畔奔走追随孙期。乡里因他的仁德颇蒙教化。黄巾军经过,相约"不犯孙先生舍"。朝廷以官征招,均不应命,终老于家(见《后汉书·儒林列传·孙期传》)。

【孙虞】 战国时期东武(今山东诸城)人,字子乘。孔子《周易》学说的第五代传人。按,《史记·仲尼弟子列传》作"淳于人光子乘羽",司马贞《索隐》:"淳于,县名,在北海(今山东潍坊市)。光羽,字子乘。"《汉书·儒林传》作"东武孙虞子乘"。后人多从《汉书》。

【孙奇逢】(1584—1675) 明末清初直隶容城(今属河北)人。字启泰,又字锺元。少倜傥好奇节,而内行笃修,负经世之学,欲以功业自著。明万历举人,与黄宗羲、李颙并称三大儒。明末避乱入易州五公山,晚岁移居苏门(今河南辉县境内)夏峰村,躬耕自食,收徒讲学,学者称夏峰先生。其学以慎独为宗,初主陆九渊、王守仁,晚更和通朱熹之说。自明及清,凡十一次征召不起。康熙中卒,年九十二。河南、河北学者祀之百泉书院,道光间从祀孔庙。门生众多,汤斌、魏象枢皆其知名高足。著书甚丰(见《清史稿·儒林传》)。《易》学专著今存《读易大旨》五卷。

【孙星衍】(1753—1818) 清阳湖(今湖北武进)人。字渊如。少与同里杨芳灿、洪亮吉、黄景仁文学相齐,袁枚评其诗曰"天下奇才",与订忘年交。但星衍雅不欲以诗名,深究经史、文字、音训之学,旁及诸子百家,皆必通其义。乾隆五十一年(1786)以一甲进士授翰林院编修,充《三通》馆校理。官至山东督粮道,引疾归。卒年六十六。曾应阮元之聘主讲于杭州"诂经精舍"。著述甚多。其中《尚书今古文注疏》,乃网罗旧闻,兼采众说,积二十余年之力而成之,被以后治《尚书》学者视为最精善之本(见《清史稿·儒林传》)。《易》学专著有《周易集解》十卷。

【约象】 "互体"中的"上互"之别称,即第三爻至第五爻所组成的三画卦象。《困学纪闻》引京房曰:"三至五为约象"。参见"互体"。

【纪磊】 清浙江乌程人。字位三,号石斋。诸生,家贫力学。接踵惠栋、张惠言之后,精研汉《易》,积思三十年,撰成《易》学著述十数种,藏稿于家。其中《读易随笔》、《周易集说》、《周易经文订誐》、《朱子卦变考正》等已不可见;今存《周易消息》十四卷、《虞氏逸象考正》一卷,《续纂》一卷,《虞氏易义补注》一卷,《附录》一卷、

《九家易象辨证》一卷、《周易本义辨证补订》四卷、《汉儒传易源流》一卷,民国间刘承幹为之刊入《吴兴丛书》。

【纪大奎】(1746—1825) 清江西临川人。字向辰,号慎斋。少习《易》学,尽通阴阳、历算、遁壬之术。乾隆四十四年(1779)举人,充《四库》馆誊录。历官昌乐、什邡等知县,所至有政声。擢知合州。道光二年(1822)以病乞归。卒年八十。著述颇多(见《清史稿·循吏传》及《清史列传》)。《易》学专著今存《易问》六卷、《观易外编》六卷,合称《双桂堂易说二种》;又有《俞氏参同契发挥五言注摘录》一卷、《周易参同契集韵》六卷、《六壬类聚》四卷等。

【寻门余论】 清黄宗炎撰。参见"周易象辞"。

【犴臂】 春秋战国间楚国人,字子弓(按,《史记·仲尼弟子列传》作"子弘",《正义》、《索隐》谓当据《荀子》、《汉书》作"子弓",今从之)。孔子曾以《周易》学说传授商瞿,商瞿授犴臂,则犴臂为孔子的再传弟子。《荀子·非十二子篇》云:"是圣人之不得势者也,仲尼、子弓是也",又云:"上则法舜、禹之制,下则法仲尼、子弓之义"。据此,犴臂当为孔子以后的一位有重要影响的人物。按,张守节《史记正义》、司马贞《史记索隐》均引应劭曰:"子弓,子夏门人。"《汉书·儒林传》述孔子传《易》商瞿,商瞿再传为犴臂;又谓犴臂为江东人,与《史记》微异。此并可备为参考。

【驯致】 犹言"顺致",谓积渐而致。语出《坤》卦初六《小象传》"驯致其道,至坚冰也"。《文选》载左思《魏都赋》:"著驯致之醇醲。"刘勰《文心雕龙》:"疏瀹五藏,澡雪精神,积学以储宝,酌理以富才,研阅以穷照,驯致以怿辞。"

【驯致其道至坚冰也】 《坤》卦初六爻的《小象传》语。旨在解说初六爻辞"履霜,坚冰至"的象征内涵。意思是:顺沿微霜的发展规律,坚冰必将到来。参见"坤初六小象传"。

七　画

〔一〕

【两仪】《周易》哲学体系中有关阴阳学说的一个基本概念。指天地阴阳相对立而并存的两大因素。语出《系辞上传》。参见"太极生两仪"。

【两象易】　三国吴《易》家虞翻所创《易》学条例,以六画卦中上下二体的两个卦象交相更易为说。如《系辞下传》："上古穴居而野处,后世圣人易之以宫室,上栋下宇,以待风雨,盖取诸《大壮》。"《周易集解》引虞翻曰:"《无妄》两象易也。《无妄》,乾在上,故称'上古';艮为穴居,乾为野,巽为处,《无妄》乾人在路,故'穴居野处'。震为后世,乾为圣人,'后世圣人'谓黄帝也;艮为宫室,变成《大壮》乾入宫,故'易以宫室'。"此处先谓《无妄》上乾、下震两象交易,成乾下震上之《大壮》,然后以两卦所含上下象及互体解说《系辞下传》之语。虞氏以"两象易"说《易》,乃仅见《集解》所引三例(余二例亦在《系辞下传》"盖取诸"十二卦中的《大过》、《夬》两卦),因所解原文中均有"易之以"语,故用此为释。

【两少一多】　《易》筮三变得"两奇一偶"之数(五、四、八,或九、四、四),亦称"两少一多",为"少阴"爻。孔颖达《周易正义》云:三变"若两少一多为少阴,谓初与二、三之间,或有四、或有五而有八也,或有二个四而有一个九,此为'两少一多'也。"参见"两奇一偶"。

【两多一少】　《易》筮三变得"两偶一奇"之数(九、八、四,或五、八、八),亦称"两多一少",为"少阳"爻。孔颖达《周易正义》云:三变毕,"其两多一少为少阳者,谓三揲之间,或有一个九、有一个八而有一个四,或有二个八而有一个五,此为'两多一少'也。"参见"两偶一奇"。

【两奇一偶】《周易》筮法,凡三变所得"挂扐之数"为五、四、八(五、八、四同)或九、四、四,称"两奇一偶",亦称"两少一多",即成一"少阴"爻,画作"--",谓为"拆"。朱熹《周易本义》卷首附《筮仪》:"挂扐两奇一偶合十七策,则过揲三十二策而为少阴,其画为--,所谓'拆也'。"参见"筮法"。

【两派六宗】《易》学史上的两大学派:象数派、义理派,以及这两派在发展过程中出现的六个流别,合称"两派六宗"。象数派的三个流别为:一、以西汉初《易家》为代表的沿承先秦《易》例立说的象数派,二、西汉中叶以后以焦赣、京房为代表的专主阴阳候灾变的象数派,三、北宋以后以陈抟、邵雍为代表的参入道家思想的先天象数派。义理派的三个流别为:一、三国时王弼扫象数而以玄理说《易》,二、北宋时胡瑗、程颐专以儒理说《易》,三、南宋时李光、杨万里参证史事以说《易》。这两派六宗,是历代《易》学研究的主干,其余各类《易》说虽至为纷繁,但皆为枝附,治《易》者当由主干而寻枝附。《四库全书提要·经部易类小序》叙此"两派六宗"云:"故《易》之为书,推天道以明人事者也。《左传》所记诸占,盖犹太卜之遗法,汉儒言象数,去古未远也;一变而为京、焦,入于禨祥;再变而为陈、邵,务穷造化,《易》遂不切于民用。王弼尽黜象数,说以《老》、《庄》;一变而胡瑗、程子,始阐明儒理;再变而李光、杨万里,又参证史事,《易》遂日启其论端。此两派六宗,已互相攻驳。又《易》道广大,无所不包,旁及天文、地理、乐律、兵法、韵学、算术,以逮方外之炉火,皆可援《易》以为说,而好异者又援以入《易》,故《易》说愈繁。"黄寿祺先生《论易学之门庭》(载《福建师大学报》1980年第3期)进一步指出:"《周易》源本象数,发为义理,故当以象数、义理为主干;其余涉及天文、地理、乐律、兵法、韵学、算术,以逮方外炉火,禅家妙谛,与夫近世泰西科学者,皆其枝附。不由主干而寻枝附者,是为浑不辨主客。"

【两偶一奇】《周易》筮法,凡三变所得"挂扐之数"为五、八、八或九、八、四(九、四、八同),称"两偶一奇",亦称"两多一少",即成一"少阳"爻,画作"—",谓为"单"。朱熹《周易本义》卷首附《筮仪》:"挂扐两偶一奇合二十一策,则过揲二十八策而为少阳,其画一,所谓'单'也。"

【两仪生四象】《周易》哲学体系中有关阴阳学说的一个基本概念。谓天地阴阳"两仪"通过裂变,而生太阳、太阴、少阳、少阴"四象"。语出《系辞上传》。参见"太极生两仪"。

【两汉易学史】高怀民撰。1971年台湾文津出版社出版。凡七章,书首载《本书主要易学家年表》、《两汉易学传承表》。此书专述两汉《易》学的发展历史,与作者所著《先秦易学史》相承接。书中将汉代《易》学分为"儒门《易》"和"象数《易》"两大类,以为"象数《易》"是汉《易》主流,故所述特详于前者。其撰写程式,乃以两汉学术思想的演变为经,以各家《易》说的介绍为纬。所介绍个别《易》家,如管辂、王弼、蜀才、干宝数人,论时代已在东汉以后,但作者认为从学术上说,均应纳入汉《易》范围:管辂为焦、京一脉嫡传,蜀才采虞翻卦变为说,王弼扫象数乃汉《易》时代的结束,干宝为汉代象数《易》的落日余晖,故皆罗列叙说。《自序》称:全书大旨在于清厘朦胧模糊的汉《易》流别,"寻绎其端绪,疏理其脉络,俾得以较清晰的面貌出现在学术史上,更由此可以看出汉《易》在整个中国《易》学的长流中所处的'史'的地位"。

【否】六十四卦之一。音痞 pǐ。列居篇中第十二卦。由下坤(☷)上乾(☰)组成,卦形作 ䷋,卦名为《否》,象征"否闭"。事物有"泰",必有"否",《杂卦传》曰:"《否》、《泰》反其类",即表明两卦之义相互反对。《否》卦所明"否闭"之理,体现于事物之间不相应和,即上下不交,阴阳不合。卦象天在上、地在下,《彖传》谓"上下不交而天下无邦",已明确揭示其义。卦中六爻,下三爻就阴柔者"处否"而言,初六知时能退获"贞吉",六二被包容顺承一时得"吉"、但为"大人"所不取,六三被包容为非、徒获羞辱,此主于警戒群阴守正勿进;上三爻就阳刚者"济否"而言,九四奉命扭转否道"无咎",九五休止否道获"吉",上六倾覆否道有"喜",此主于嘉勉群阳用力行志。可见,"否"时虽万物闭塞不通,但"否极泰来"是事物发展的必然规律。因此,本卦的核心思想是教人当"否"之时,要有转"否"成"泰"的毅力与信念,并给人带来在"否闭"中走向"通泰"的期望。《周书·萧詧传》载后梁宣帝萧詧《愍时赋》曰:"望否极而反泰,何杳杳而无津",正表露了处"否"求"泰"的焦虑心情。至于九五爻辞"其亡其亡,系于苞桑"所蕴含的"惧危能安"的哲理,又对后人产生过颇为深刻的影响。《潜夫论·思贤篇》曾就此发出一番议论:"《老子》曰:'夫唯病病,是以不病。'《易》称:'其亡其亡,系于苞桑。'是故养寿之士,先病服药;养世之君,先乱任贤。是以身常安而国脉永也。"

【否泰】《否》、《泰》两卦相对,故常用以比喻人事之穷达。《文选》载左思《吴都赋》:"否泰之相背也,亦犹帝之悬解,而与桎梏疏属也。"又载潘岳《西征赋》:"岂地势之安危,信人事之否泰。"又载陆机《赠冯文罴迁斥丘令》:"否泰苟殊,穷达有违。"

【否九五】《否》卦九五爻。以阳爻居卦第五位。爻辞曰:"休否,大人吉;其亡其亡,系于苞桑。"意思是:休止否闭局面,大人可获吉祥;(心中时时自警;)将要灭亡,将要灭亡,就能像系结于丛生的桑树一样安然无恙。休,作动词,犹言"休止";苞,此处指"丛生",《尚书·禹贡》"草木渐苞"《孔传》:"苞,丛生"。这是说明九五尊居《否》卦"君位",阳刚中正,当"否"世行将转"泰"之时,以休止天下否闭为己任,故有"大人吉"之象;但此时虽然"否"将转"泰",却仍须戒惧危亡,故特为警示九五要时时存"其亡其亡"的慎惕心念,才能使其事业如"系于苞桑"一样坚固不败。王弼《周易注》:"心存将危,乃得固。"程颐《周易程氏传》:"五以阳刚中正之德居尊位,故能休息天下之否,大人之吉也。"《朱子语类》:"有戒惧危亡之心,则便有苞桑固系之象。盖能戒惧危亡,则如系于苞桑,坚固不拔矣。"按,"惧危则安",是《否》九五爻辞的核心思想。《系辞下传》引孔子语对此论曰:"危者安其位者也,亡者保其存者也,乱者有其治者也。是故君子安而不忘危,存而不忘亡,治而不忘乱,是以身安而国家可保也。《易》曰:'其亡其亡,系于苞桑'。"

【否九四】《否》卦九四爻。以阳爻居卦第四位。爻辞曰:"有命无咎,畴离祉。"意思是:奉行扭转否道的天命、无所咎害,众类相依附均获福祉。命,此处指扭转否道的"天命",兼含《否》九五的"君命"之意;畴,通"俦",犹言"众类",此处指《否》下卦诸阴爻。离,依附;祉,福也。这是说明九四处《否》下卦进入上卦之始,"否闭"世道将有扭转,奉"命"济"否",故获无咎;此时既当"否"道将转之际,则下卦群阴当依附于九四"济否君子"而共获福祉,故称"畴离祉"。项安世《周易玩辞》:"《泰》虽极治,以命乱而成蛊;《否》虽极乱,以有命而成益。'命'者,天之所令,君子所造也。道之废兴,岂非天耶?世之治乱,岂非君耶?"马振彪先生《周易学说》:"'否'之世,小人得志。然君子之志未尝不各行其是,不与小人为缘;此志常行,即转'否'为'泰'之基。此即天命所寄,为天下造福

利,小人亦引同类而附离焉。九四之志,扶危济倾,故不疑其所行也。"按,《否》九四《小象传》谓"志行也",李鼎祚《周易集解》引荀爽曰"谓志行于群阴也",则认为爻辞"畴"指下卦三阴爻。然孔颖达《周易正义》乃云"畴"指初六,可备一说。又按,《泰》卦九三爻辞"无往不复",是将转否之象;《否》卦六四爻辞"有命无咎",是将转泰之征。胡炳文《周易本义通释》指出:"否泰之变,皆天也。然泰变为否易,故于内卦即言之;否变为泰难,故于外卦始言之。"

【否上九】《否》卦上九爻。以阳爻居卦最上之位。爻辞曰:"倾否,先否后喜。"意思是:倾覆否闭局势,起先犹存否闭、最后通泰欣喜。此言上九处《否》卦之终,乃"否"道穷极之时,刚健勇猛,故能一举倾覆否闭局势;当此"倾否"之际,虽仍有残余之"否",但最后必能彻底倾覆,天下通泰,故曰"先否后喜"。李鼎祚《周易集解》引侯果曰:"倾为覆也,否穷则倾矣。倾,犹否,故'先否'也;倾毕则通,故'后喜'也。"按,"否极泰来"的哲理,《否》卦上九爻辞喻之至明。但要彻底"倾否",没有刚健勇猛的势力是不可能的。上九积乾健至盛,实是"济否"功成的重要因素。程颐《周易程氏传》曰:"否终则必倾,岂有长否之理?极而必反,理之常也。然反危为安,易乱为治,必有刚阳之才而后能也。故《否》之上九则能倾否,《屯》之上六则不能变屯也。"

【否六二】《否》卦六二爻。以阴爻居卦第二位。爻辞曰:"包承,小人吉;大人否,亨。"意思是:被包容并顺承尊者,小人获得吉祥;大人否定此道,可获亨通。包,包容,指《否》六二被九五所包容;承,顺承,指六二顺承于九五;小人,喻六二;大人,喻上卦的九五,李鼎祚《周易解集》引荀爽曰:"大人谓五";否,犹言"否定",《周易集解》又引虞翻曰:"否,不也"。这是说明六二居《否》下卦之中,当"否闭"之时,

上应九五,犹如以柔顺之道包容于九五,而奉承之,故有"小人"获"吉"之象;但此时作为九五的"大人",则当否定"小人"之道,不与六二相"包承",方可致亨,故曰"大人否,亨"。王弼《周易注》:"居'否'之世,而得其位,用其至顺,包承于上。小人路通,内柔外刚;大人否之,其道乃亨。"王引之《经义述闻》:"六二包承于五,小人之道也;九五之大人若与二相包承,则以君子而入小人之群,是'乱群'也。故必不与相包承,而其道乃亨。"按,《否》六二爻辞兼取"小人"、"大人"之象,体现着处"否"的方式"正"、"邪"判然不同。爻中强调"大人"必须以"治否"为任,故不可见乱于"群小"。

【否六三】《否》卦六三爻。以阴爻居卦第三位。爻辞曰:"包羞。"意思是:被容为非,终致羞辱。包,包容。此言六三当"否闭"之时,处下卦之终,不中不正,但有应于上九,犹如仗恃上九的包容而怀谄奉承,妄作非为,终遭羞辱。王弼《周易注》:"俱用小道,以承其上,而位不当,所以包羞也。"按,《否》六三爻辞不言凶、咎,只说"羞",乃表明"否闭"之时"小人"势力正盛;但从"君子"的角度看,其道终为可"羞"。马其昶《重定周易费氏学》云:"当'小人道长'之时,三之所行,或无凶咎,然而君子耻之。"

【否初六】《否》卦初六爻。以阴爻处卦下初位。爻辞曰:"拔茅茹,以其汇;贞吉,亨。"意思是:拔起茅草、根系相牵,由于同质类聚并动;守持正固可获吉祥,亨通。茅,茅草;茹,根相牵引之状;汇,即"类",谓同质类聚。此言初六当"否"之时,万象否闭,以阴柔处卦之始,与下卦六二、六三两阴皆不应于上卦之阳而俱为退处,犹如拔茅草其根相连牵动;此时初六既当退处,不可苟进,故特诫其守正勿邪,则能获"吉"且"亨"。王弼《周易注》:"居否之时,动则入邪,三阴同道,皆不可进。故'拔茅茹'以类,贞而不谄则吉、亨。"按,

《否》初六爻辞与《泰》初九爻辞,均取"拔茅茹,以其汇"之象,但两爻喻义大殊:《泰》初九处"通泰"之始,三阳在下同质相连并进,与上卦之阴应合,故称"征吉";《否》初六处"否闭"之初,与上卦之阳本应而不应,故诫以守"贞"然后有"吉"可"亨"。简言之,《泰》之初"汇"动在上进,《否》之初"汇"动在退处。又按,王宗传《童溪易传》曰:"《否》之初六虽有其应,然当此之时,上下隔绝而不通,故初六无上应之义;惟其以汇守吾正而已。"此说谓初六本有应于上卦九四,当"否"之时不应而守"贞",颇可取。又按,杨万里《诚斋易传》谓"拔茅"是小人类进之象,"贞吉亨"是君子守正之诫,可备一说。

【否卦辞】《否》卦的卦辞。其文曰:"否之匪人,不利,君子贞;大往小来。"意思是:否闭之世人道不通,天下无利,君子应当守持正固;此时刚大者往外,柔小者来内。否,音痞 pǐ,卦名,象征"否闭";匪人,即"非人",谓人道不通;大往,指《否》卦三阳爻居于外卦;小来,指《否》卦三阴爻居于内卦。这是说明"否"之时人类上下不相交通,万物"否塞",天下不得共利,唯君子不苟合于"否"道而独能守正,故称"君子贞";但其时既为"否闭",则阳刚者衰亡而往,阴柔者盛昌而来,即《象传》所言"小人道长,君子道消"之义,故曰"大往小来"。孔颖达《周易正义》:"否闭之世,非是人道交通之时,故云'匪人'。"又曰:"阳气往而阴气来,故云'大往小来'。阳主生息,故称大;阴主消耗,故称小。"杨万里《诚斋易传》:"不曰'利'而必曰'不利',曷为'不利'也?用匪其人,小人之利,天下之不利也。曰'贞'而必曰'君子贞',曷为君子独贞也?君子之贞天下之不贞也。"又曰:"《否》之君子,以天下之正正一身,非不欲正天下也,时不可也,故曰'君子贞',言贞固自守而已。"按,"不利,君子贞",旧注多合为一句读,《周易正义》释为"不利君子为正",于义亦通。《周易正义》

又云："或疑'之匪人'三字衍文，由《比》六三而误也。《传》不特解其义，亦可见。"据此，则当删"之匪人"三字。然冯椅《厚斋易学》以为《履》、《否》、《同人》诸卦旧脱卦名，据其说，则当于"否之匪人"前补一"否"字为卦名。两说皆可备参考。

【否象传】《否》卦的《象传》。旨在解说《否》卦的卦辞之义及全卦指趣。其文为："《象》曰：否之匪人，不利，君子贞；大往小来，则是天地不交而万物不通，上下不交而天下无邦也。内阴而外阳，内柔而外刚，内小人而外君子：小人道长，君子道消也。"意思是："《象传》说：否闭之世人道不通，天下无利，君子应当守持正固，此时刚大者往外、柔小者来内，这是表明天地阴阳互不交合而万物的生养之道不得畅通，君臣上下互不交合而天下离异不成邦国。阴者居内，阳者居外，柔弱者居内，刚健者居外，小人居内，君子居外：于是小人之道增长，君子之道消亡。"全文可分两节理解。第一节，自"否之匪人"至"天下无邦也"六句，以天地自然及人类社会的阴阳不相交而"否闭"之理，释《否》卦辞"否之匪人，不利，君子贞，大往小来"之义。第二节，自"内阴而外阳"至"君子道消也"五句，以《否》卦外乾内坤之象，揭示"否闭"之时"小人"昌盛、"君子"衰亡的道理，以明《否》卦之大旨。

【否大象传】《否》卦的《大象传》。其辞曰："天地不交，否；君子以俭德辟难，不可荣以禄。"意思是：天地不相交合，象征"否闭"；君子因此以节俭为德、避开危难，不可追求荣华、谋取禄位。俭德，犹言"以俭为德"；辟，通"避"。这是先揭明《否》卦上乾为天、下坤为地之象，谓天居上、地处下互不交通，正为"否闭"的象征；然后推阐出"君子"观此象，须悟知置身"否"之时，应当"俭德避难"、不可追求名利地位的道理。李鼎祚《周易集解》引宋衷曰："天地不交，犹君臣不接；天气上升而不下降，地气沉入又不上升，二气特隔，故云

'否'也。"又引孔颖达曰："言君子于此'否'时，以节俭为德，辟其危难，不可荣华其身以居禄位。此若据诸侯公卿言之，辟其群小之难，不可重受官爵；若据王者言之，谓节俭为德，辟阴阳厄运之难，不可重荣贵而骄逸也。"按，《否》卦的卦形是天在上、地在下，在人们眼中看来似乎是正常、合理的，但在《周易》作者眼中却是反常、悖理的，故谓之"否闭"。由之可以窥见《易》理中"交易"、"变易"观念之一斑。

【否之匪人】《否》卦的卦辞之语。谓闭否之世人道不通。匪，通"非"。此言《否卦》展示"否闭"之时的情状，其时万物"否塞"，人类上下不相交通，故曰"否之匪人"。参见"否卦辞"。

【否极反泰】《否》卦发展至极而转为《泰》卦，喻厄运尽而佳运来。一作"否泰来"。《周书·萧詧传》载后梁宣帝萧詧《愍时赋》："望否极而反泰，何杳杳而无津。"白居易《遣怀诗》（见《白香山诗集》）："乐往必悲生，泰来犹否极。"

【否极泰来】见"否极反泰"。

【否九五小象传】《否》卦九五爻的《小象传》。其辞曰："大人之吉，位正当也。"意思是：大人的吉祥，说明九五居位中正得当。这是解说《否》九五爻辞"大人吉"的象征内涵。李鼎祚《周易集解》引崔憬曰："得位居中也。"程颐《周易程氏传》："有大人之德，而得至尊之正位，故能休天下之否，是以吉也。无其位，则虽有其道，将何为乎？故圣人之位，谓之大宝。"

【否九四小象传】《否》卦九四爻的《小象传》。其辞曰："有命无咎，志行也。"意思是：奉行扭转否道的天命、无所咎害，说明九四济否的志向正在施行。这是解说《否》九四爻辞"有命无咎"的象征内涵。程颐《周易程氏传》："有君命则得无咎，乃可以济否，其志得行也。"

【否上九小象传】《否》卦上九爻的《小象传》。其辞曰："否终则倾，何可长也。"意思是：否闭终极必被倾覆，怎能保持长

久呢？这是解说《否》上九爻辞"倾否"之义。孔颖达《周易正义》："否道已终,通道将至。故否终极则倾损,其否何得长久？"

【否六二小象传】 《否》卦六二爻的《小象传》。其辞曰:"大人否,亨,不乱群也。"意思是:大人否定小人之道可获亨通,说明不能被小人的群党所乱。这是解说《否》六二爻辞"大人否,亨"的象征内涵。群,犹言"群小"。谓当"否闭"之时,六二虽上应九五,而九五却不可应二,否则将入小人之党,必致正邪淆乱。尚秉和先生《周易尚氏学》:"不乱群,言五不能下施应二。"

【否六三小象传】 《否》卦六三爻的《小象传》。其辞曰:"包羞,位不当也。"意思是:被包容为非,终致羞辱,说明六三居位不正当。这是解说六三爻辞"包羞"的象征内涵。程颐《周易程氏传》:"阴柔居'否'而不中不正,所为可羞者,处不当故也。处不当位,所为不以道也。"

【否初六小象传】 《否》卦初六爻的《小象传》。其辞曰:"拔茅贞吉,志在君也。"意思是:拔起茅草根系相牵、守持正固可获吉祥,说明初六守正不进的意志是为君主着想。这是解说《否》初六爻辞"拔茅"、"贞吉"的象征内涵。孔颖达《周易正义》:"所以居而守正者,以其志意在君,不敢怀谄苟进,故得吉亨也。"程颐《周易程氏传》:"君子固守其节以处下者,非乐于不进独善也,以其道方'否',不可进,故安于耳,心固未尝不在天下也。其志常在得君而进,以康济天下,故曰'志在君'也。"

【否受之以同人】 《周易》六十四卦,以象征"否闭"的《否》卦列居第十二卦;但事物不可能永久否闭,否极终能开通,所以接《否》之后是象征"会通和同于人"的第十三卦《同人》卦。此称"《否》受之以《同人》"。语本《序卦传》:"物不可以终否,故受之以《同人》。"韩康伯《序卦注》:"否则思通,人人同志,故可以出门同人,不谋而合。"李鼎祚《周易集解》引崔憬曰:"否终则倾,故同于人,通而利涉矣。"

【否泰反其类也】 《杂卦传》语。说明《否》卦象征"否闭",《泰》卦象征"通泰",两者之义正为相反。李鼎祚《周易集解》:"否反而泰,泰反成否,故'反其类'。"俞琰《周易集说》:"《泰》下乾而上坤,故《泰》之象辞曰'小往大来';《否》下坤而上乾,故《否》之象辞曰'大往小来'。其类相反如此,故曰'《否》、《泰》反其类也'。夫文王卦序,先《泰》而后《否》,孔子乃先言《否》后言《泰》,同欤？异欤？曰:《泰》极则为《否》,《否》极则为《泰》,其道则一,不以先后拘也。或疑六十四卦皆两两相对,而其义皆相反,今特以《否》、《泰》言,何也？曰:《否》、《泰》皆三刚三柔,一上一下,最瞭然可见而易晓,故举而言之,以例其余也。"

【否终则倾何可长也】 《否》卦上九爻的《小象传》辞。旨在解说上九爻辞"倾否"之义。意思是:否闭终极必被倾覆,怎能保持长久呢？参见"否上九小象传"。

【严元】 西汉九江(治所今安徽寿县)人。字仲。与其叔父严望同受业于朱云,传"孟氏《易》"。为博士(见《汉书·朱云传》)。

【严望】 西汉九江(治所今安徽寿县)人。受业于朱云,传"孟氏《易》"。为博士,官至泰山太守(见《汉书·朱云传》)。

【严君平】(约前73—后17) 西汉成都(今属四川)人。名尊,以字行。隐居不仕,卜筮于成都市,以为"卜筮业贱,而可以惠众人"。每日只卜数人,得百钱足以自养,则闭肆下帘而授《老子》。平生善治《老》、《庄》,尤精于《易》,博览无不通。扬雄少时从其游学。年九十余,卒于其业,蜀人爱敬,盛为称颂。曾依《老》、《庄》之旨著书十余万言(见《汉书·王贡两龚鲍传》)。今存《老子指归》,载于《道藏》。

【丽泽兑】 《兑》卦的《大象传》语。意在揭明《兑》卦上下两"兑"皆为"泽"之象,谓两泽相连,交相浸润,正为"欣悦"的象

【远小人不恶而严】《遯》卦的《大象传》语。意思是：远避小人，不显露憎恶情态而能严然矜庄。恶，音务 wù，憎恶；严，犹言"威严"。这是从《遯》卦"天下有山"、犹如天远避山的卦象而推阐出的"君子"观此象，须悟知远离小人，于不显露憎恶之情的同时而矜严自守、不与苟同的道理。参见"遯大象传"。

【连山】旧传伏羲时代的筮书，含有与《周易》同类的八卦、六十四卦符号，但六十四卦次序以《艮》卦居首，其书流行于夏代。《周礼·春官·太卜》："掌《三易》之法，一曰《连山》，二曰《归藏》，三曰《周易》。其经卦皆八，其别皆六十有四。"郑玄注："名曰《连山》，似山出内气也。"并引杜子春曰："《连山》宓戏。"贾公彦疏："此《连山易》，其卦以纯《艮》为首，艮为山，山上山下，是名《连山》，云气出内于山。"孔颖达《周易正义》又引郑玄《易赞》及《易论》云："夏曰《连山》。"王应麟《玉海》亦引《山海经》云："伏羲氏得河图，夏后因之，曰《连山》。"这是关于《连山》一书的时代及命名之义的较通行看法。至于《连山》的佚存问题，略为复杂。班固《汉书·艺文志》未曾著录《连山》，但桓谭《新论》说："《连山》藏于兰台"，又说《连山》"八万言"，似乎东汉时实有此书。《太平御览》引《博物志》云："太古书今见存者《连山》、《归藏》，夏、殷之书。"则《连山》至西晋尚存。此后长期未见传本，《经典释文序录》谓"《连山》久亡"，尚秉和先生《周易尚氏学》认为"亡于永嘉之乱"，吴承仕先生《经典释文序录疏证》疑其"或绝于中兴之际"。《隋书·经籍志》亦无著录。但在北周时，却发生一起刘炫伪造《连山易》的事件。《北史·儒林传·刘炫传》记载："时牛弘奏购求天下遗逸之书，炫遂伪造书百余卷，题为《连山易》、《鲁史记》等，录上送官，取赏而去。后有人讼之，经赦免死，坐除名。归于家，以教授为务。"(《隋书·儒林传》载略同）至《新唐书·艺文志》列"《连山》十卷"，胡一桂《易学启蒙翼传》及马端临《文献通考》均以为即刘炫所伪造之书，盖刘炫伪造事发后除名，故《隋书·经籍志》不录伪《连山易》，而其书则流传于后世。据郑樵《通志·艺文略》云："《山》十卷，夏后氏《易》，至唐始出，今亡。"可见，刘炫所撰的伪《连山易》，到南宋间已亡佚。至于近世通行的《三坟书》，首列《山坟》，谓是《连山》，更属刘炫伪书之后又出现的另一种伪《连山》，故吴承仕先生斥为"尤伪中之伪也"（《经典释文序录疏证》)。清马国翰辑《连山》一卷（《玉函山房辑佚书》)、观颊道人辑《连山归藏逸文》一卷（《闰竹居丛书》)，并可备参考辨证。参见"三易"。

【连蹇】即"蹇连"。行路艰难之状，亦喻时运坎坷。语本《蹇》卦六四爻辞"往蹇来连"。《文选》载扬雄《解嘲》："孟轲虽连蹇，犹为万乘师。"

【克】谓子辈能继承父业主持家事。语出《蒙》卦九二爻辞"子克家"。杜甫《奉送苏州李二十五长史之任诗》（见《杜工部集》)："食德见从事，克家何妙年。"《金史·世宗纪》："譬之农家之种田，商人营财，但能不坠父业，即为克家子。"

【李光】(1078—1159) 南宋越州上虞(今属浙江)人。字泰发。童稚不喜戏弄，父曰："吾儿云间鹤，其兴吾门乎？"登崇宁五年(1106)进士。曾师事刘安世，安世告以所闻于司马光者，曰："学者当自'无妄'中入。"欣然领会。除太常博士，迁司封，首论"士大夫谀佞成风"，言甚切至，王黼恶之，贬知阳朔令。南宋高宗时累迁吏部尚书、参知政事，所论皆根本大计，以忤秦桧罢去。晚年论文考史，怡然自适；年逾八十，笔力精健。卒谥"庄简"（见《宋史》本传)。后人编有《庄简集》。其《易》学专著有《读易详说》十卷，与杨万里所著《诚斋易传》同为以史事参证《易》理的代表作，在《易》学史上有较大影响。

【李过】 南宋兴化（今福建莆田）人。字季辨。晚年双目失明，弃科举，家居授徒。著《西谿易说》十二卷，庆元四年（1198）《自序》称此书几历二十年而成（见《经义考》及《四库全书提要》）。

【李杞】 南宋眉山（今属四川）人。字子才，一作子材。号谦斋。仕履未详。作《周易详解》二十卷，今存十六卷（见《经义考》及《四库全书提要》）。

【李简】 元代人。里贯未详。元仁宗延祐六年（1319），曾官泰安倅。《易》学著述有《学易记》九卷（见《四库全书提要》）。

【李郃】 东汉南阳酂（音嵯 cuó，治所在今河南永城西酂县乡）人。字子然。研治京氏《易》。笃行好学，不羡荣禄。《后汉书·方术列传·樊英传》载：汉安帝建光元年（121），征招樊英及同郡李郃等入京，郃及英等四人不至。李贤注："《谢承书》曰：'郃，字子然，酂人也。笃行好学，不羡荣禄。习《鲁诗》、京氏《易》。室家相待如宾。州郡前后礼请不应。举茂才，除召陵令，不到官。公车征不行，卒'也。"

【李轨】 东晋江夏（今湖北云梦）人。字弘范。官至祠部郎中、都亭侯。著有《易音》（见陆德明《经典释文序录》）。《世说新语》刘孝标注引《中兴书》亦谓：轨"江夏人，仕至尚书郎"。《隋书·经籍志》列李轨《《周易音》一卷。已佚。清马国翰《玉函山房辑佚书》辑《周易李氏音》一卷。

【李贽】（1527—1602） 明泉州晋江（今福建泉州市）人。字宏甫，号卓吾。又号温陵居士。本姓林，名载贽，回族。曾任南京刑部员外郎、云南姚安知府。宦途中多与当道不合，五十四岁时，在姚安任上辞官，遂流寓南北，访友、求学、授徒、撰述，学说风行海内。一时追随仰慕者至众，而诋毁攻击者亦群起纷至。晚年横遭诽谤，被以"敢倡乱道，惑世诬民"罪名逮捕，自刎狱中，年七十六岁。有《焚书》、《续焚书》、《藏书》、《续藏书》、《李温陵集》等行世（见《焚书》卷首载袁中道《李温陵传》及林海权《李贽年谱考略》）。《易》学专著今存《易因》，及据《易因》又删修改订之《九正易因》。

【李塨】（1659—1733） 清保定蠡县（今属河北）人。字刚主，号恕谷。少时师事颜元，弃八股，专治礼、数、射、御、兵法、乐律等，与颜元同创"颜李学派"。康熙二十九年（1690）中进士后，出游结交名士，研讨学术，曾任通州学正。晚岁归隐讲学务农。平生博学，工文辞。其学以实用为主，解释经义多与宋儒立异。论《易》强调观象，兼用互体，而归言于人事。著作甚多，后人编有《颜李遗书》、《颜李丛书》（见《清史稿·儒林传》、《颜李师承记》及《清儒学案小识》）。《易》学专著今存《周易传注》七卷、《周易筮考》一卷。

【李衡】（1100—1178） 南宋江都（今属江苏）人。字彦平。幼善博诵。为文操笔立就。登进士第，授吴江主簿，有部使者怙势作威，侵害下民，衡不忍心以敲刻迎合，投劾于府，拂衣而归。后知溧阳县，专以诚意化民。累拜侍御史，晚年以秘阁修撰致仕。居昆山，聚书逾万卷，自号"乐庵"。平生博通群书，而以《论语》为根本。临殁沐浴冠栉，翛然而逝，享年七十九。周必大闻之，曰："世谓潜心释氏乃能达死生。衡非逃儒入释者，而临终超然如此，殆几孔门所谓'闻道'者欤？"（见《宋史》本传）《易》学著述有《周易义海撮要》十二卷，乃删节房审权《周易义海》而成。

【李觏】（1009—1059） 北宋建昌军南城（今属江西）人。字泰伯。曾创办盱江书院，学者称为盱江先生。俊辨能文，举茂才异等不中。亲老，以教授自资，学者常数十百人。晚年由范仲淹荐为太学助教；皇祐中，用国子监奏，召为海门主簿、太学说书而卒（见《宋史》本传及《宋元学案》）。著作编为《盱江集》（又作《直讲李先生文集》）。其中《易》学专著有《易论》一卷。

【李之才】（？—1045） 北宋青社（疑在

今山东)人。字挺之。天圣八年(1030)同进士出身。为人朴率自信,无少矫厉。师事河南穆修,修性庄严寡合,虽之才亦频在诃怒中,之才事之恭谨,终能传其《易》学。时苏舜钦等亦从修学《易》,其专授受者唯之才。穆修之《易》,受之种放,放受之陈抟,源流颇远。其图书象数变通之妙,秦汉以来鲜有知者。之才又以其学授邵雍,后雍卒以《易》名世。曾为泽州金署判官,泽人刘羲叟以受历法,世称"羲叟历法",远出古人,实之才授之。转殿中丞,丁母忧,甫除丧,暴卒于怀州官舍。归葬青社,邵雍表其墓,有曰:"求于天下,得闻道之君子李公以师焉。"(见《宋史》本传)朱震《进周易集传表》述陈抟至邵雍以"先天象数"学传承过程云:"濮上陈抟以《先天图》传种放,放传穆修,修传李之才,之才传邵雍。"按,朱熹《周易本义》卷首云:"伏羲四图,其说皆出邵氏。盖邵氏得之李之才挺之,挺之得之穆修伯长,伯长得之华山希夷先生陈抟图南者。"此说与朱震及《宋史》之说小异,可备稽考。又按,《宋史》称之才"青社人",考《史记·三王世家》司马贞《索隐》云"齐在东方,故云青社"。山东益都县旧有"青社驿"。故其地当在山东。

【李心传】(1166—1243) 南宋井研(今属四川)人。字徽之。李舜臣之子。庆元初下第,绝意不复应举,闭户读书。晚年因崔与之、许奕、魏了翁等合前后二十三人之荐,出为史馆校勘,赐进士出身,专修中兴四朝帝纪,又接修《十三朝会要》。擢工部侍郎,以言罢。卒年七十八(见《宋史·儒林传》)。《易》学专著今存《丙子学易编》一卷。

【李中正】 南宋人,旧题里贯清溪(在今四川内江)。说《易》参以史事,与李光、杨万里之学为近,但亦间采汉《易》之说。著有《秦轩易传》六卷。柯劭忞云:"此书与龚原《周易新讲义》,阮元《进呈四库未收书》俱著录,俱从日本本钞出,惟李中正为清溪人,误为清源,则校雠者失检也。"又云:"(董)洪《跋》署'嘉定上章执徐',为嘉定十三年,时中正已卒,则中正当为南宋初人。"(《续修四库全书提要》)按,柯劭忞又曰:此书"旧本题宋清溪李中正撰。按宋无清溪县,唐清溪宋改淳安,中正实淳安(今属浙江)人,以古县名自署也。"然宋改为淳安者,乃唐代之青溪县(以浙江又曰青溪故),非清溪。故柯氏之说似亦可商。

【李光地】(1642—1718) 清福建安溪人。字晋卿,号榕村。又号厚庵。幼颖异,力学慕古。康熙进士,由庶吉士授编修,乞假在籍。三藩之乱时,郑经由台湾攻入福建,光地曾遣使持蜡丸进京密报,后派员为清军引道击郑军。康熙间授内阁大学士,建议取台湾,朝廷用其言,台湾遂平。出为直隶巡抚,擢吏部尚书兼巡抚,拜文渊阁大学士。卒谥"文贞"(见《清史稿》本传)。平生精经学,通乐律、历算、音韵。曾奉命主编《性理精义》、《朱子大全》等书。著作甚多,后人编为《榕村全书》、《李文贞公全集》。其《易》学著述有奉敕修撰之《周易折中》二十二卷,及自撰之《周易通论》四卷、《周易观象》十二卷、《周易观象大指》二卷、《易义前选》五卷。

【李富孙】(1764—1843) 清浙江嘉兴人。字芗沚。幼承家学,与伯兄超孙、从弟遇孙有"后三李"之称。长游四方,就正于卢文弨、钱大昕、王昶、孙星衍、沃闻绪论。阮元抚浙,富孙曾肄业"诂经精舍",遂湛essuc深经术,尤好读《易》(见《清史稿·儒林传》)。《易》学著述有《李氏易解賸义》三卷、《易经异文释》六卷。

【李淳风】(602—670) 唐岐州雍(今陕西凤翔南)人。幼俊爽,博涉群书,尤明天文历算阴阳之学。贞观初,以将士郎直太史局,造浑天仪;参与修撰《晋书》、《五代史》中的《天文、律历、五行志》。每占候吉凶,合若符契,当时术者疑其别有役使,不因学习所致,然竟不能测也。累迁至太史令。唐高宗时,与算学博士梁述等受诏校注《五曹》、《孙子》十部算经。又增损刘焯《皇极历》,改撰《麟德历》奏之,术者称其精密(见《旧唐书》、《新唐书》本传)。其《易》学著述《周易玄义》,唐宋史志皆不载,唯郑樵《通志·艺文略》著录三卷。已佚。清马国翰《玉函山房辑佚书》辑有一卷,只"八卦六位图"一节,乃录自《火珠林》所引。

【李道平】 清湖北安陆人。字远山。嘉庆二十三年(1818)恩科举人。深研汉《易》,撰《周易集解纂疏》十卷(见《湖北通志》)。

【李鼎祚】 唐资州(今四川资中)人。官至秘书省著作郎。或谓官秘阁学士。通《易》,采辑两汉至唐初凡三十五家《易》说,撰为《周易集解》,流传至今。其书是后人考索汉《易》象数学流派的最重要参考资料。朱彝尊《经义考》引朱睦㮮《周易集解序》云:"鼎祚资州人,仕唐为秘阁学士,以经术称于时。及阅《唐列传》与《蜀志》,俱不见其人,岂遗之耶?抑别有所戴耶?"彝尊谓:"资州有李鼎祚读书台,见袁桷《清容居士集》。"《四库全书总目》云:"鼎祚,《唐书》无传,始末未详。惟据《序》末结衔,知其官为秘书省著作郎。据袁桷《清容居士集》载,资州有鼎祚读书台,知为资州人耳。朱睦㮮《序》称为'秘阁学士',不知何据也。其时代亦不可考。"

【李氏易传】 见"周易集解①"。

【李氏周易集解】 见"周易集解①"。

【李氏易解賸义】 清李富孙撰。三卷。《读书斋丛书乙集》本。富孙以李鼎祚《周易集解》辑汉以来三十五家之注,《易》汉学存于今者,犹得见其一二;然诸家之说,未采入《集解》者尚多,遂博搜群籍,缀而录之,附于《集解》之后,名曰《賸义》。卢文弨《序》称其"命意高而用力勤,述之功远倍于作"。柯劭忞指出:"鼎祚荟萃诸家之说,其取者固为菁英,其不取者亦未必遽为渣滓。富孙博采广甄,实可补资州之

未及。然援引诸书不无疏漏。"又云:"盖采摭既繁,絓漏时所不免。卢文弨誉之曰'几于一字不遗',则过矣"(《续修四库全书提要》)

【志在随人所执下也】 《咸》卦九三爻的《小象传》语。旨在解说九三爻辞"执其随"的象征内涵。意思是:心志在于盲目泛随于人,说明九三所执守之意是卑下的。参见"咸九三小象传"。

【来兑】 《兑》卦六三爻辞之语。意为:前来谋求欣悦。来,犹言"来求"。此谓六三当"悦"之时,以阴处下卦"兑"之终,其位不中不正,与上无应,而来求合九二、初九两阳,以谋欣悦,为柔媚邪佞之象,其凶可知,故曰"来兑"。参见"兑六三"。

【来知德】(1525—1604) 明梁山(今四川梁平)人。字矣鲜。号瞿塘。幼有至行,有司举为童015。嘉靖三十一年(1552)举于乡。双亲相继殁,庐墓六年,不饮酒茹荤。服除,哀情不息,终身麻衣蔬食,誓绝宦途。其学以"致知"为本,"尽伦"为要。自言学莫邃于《易》。曾结庐釜山,学《易》六年,无所得;后远客求溪山中,覃思数年,始悟《易》象;又数年,始悟《序卦》、《杂卦》之义;又数年,始悟卦变之非:凡二十九年,而后著成《周易集注》。万历三十年(1602),总督王象乾、巡抚郭子章合词论荐,特授翰林待诏,知德力辞不就任。诏以所官致仕,有司月给米三石终其身。年八十卒(见《明史·儒林传》及《明儒学案》)。所著《周易集注》十六卷今存。其《易》学主张,强调六十四卦"错"、"综"变化之旨,重阴阳消长之理,对明以后《易》家颇有影响。

【来之坎坎】 《坎》卦六三爻辞之语。意为:来去都处在险阻之间。来之,犹言"来去";坎坎,即两"险"相连。这是说明六三当"险陷"之时,阴居阳位,失正违中,又处上下两坎之间,而意欲行险,遂有来去皆险陷、动辄罹难之象。参见"坎六三"。

【来氏易注】 明来知德撰。十六卷。见"周易集注"。

【来章有庆誉吉】 《丰》卦六五爻辞。意思是：召致天下章美之才以丰大光明，必有福庆和佳誉，吉祥。章，指章美之才。这是说明六五当"丰"之时，以阴居上卦尊位，体虽阴柔而实含阳刚因素，遂能广"来"天下之"章"才，以努力丰大光明美德，终能有其"庆誉"而获吉祥，故称"来章,有庆誉,吉"。参见"丰六五"。

【来徐徐志在下也】 《困》卦九四爻《小象传》语。旨在解说九四爻辞"来徐徐"的象征内涵。意思是：迟疑缓缓地前来，说明九四的心志在于谨慎求合下方的初六。参见"困九四小象传"。

【来徐徐困于金车】 《困》卦九四爻辞之语。意思是：迟疑缓缓地前来，被一辆金车困阻。来，指《困》九四来应初六；徐徐，迟疑缓行之状；金车，喻《困》九二。这是说明九四当"困"之时，以阳刚居上卦之始，欲来下应初六，但自身失正，前路为九二之阳所隔，犹如"金车"当路困阻，遂致迟疑而缓行，故曰"来徐徐,困于金车"。参见"困九四"。

【来之坎坎终无用也】 《坎》卦六三爻的《小象传》辞。旨在解说六三爻辞"来之坎坎"的象征内涵。意思是：来去都处在险陷之间，说明六三终究难成行险之功。参见"坎六三小象传"。

【来兑之凶位不当也】 《兑》卦六三爻的《小象传》辞。旨在解说六三爻辞"来兑,凶"的象征内涵。意思是：前来谋求欣悦而有凶险，说明六三居位不正当。参见"兑六三小象传"。

【求而往明也】 《屯》卦六四爻的《小象传》辞。旨在解说六四爻辞"乘马班如,求婚媾;往吉,无不利"之义。意思是：有求于下而前往，说明六四是明智的。参见"屯六四小象传"。

【求王明受福也】 《井》卦九三爻的《小象传》语。旨在解说九三爻辞"王明并受

其福"之义。意思是：希望君王圣明，是为了君臣共受福泽。参见"井九三小象传"。

【求小得未出中也】 《坎》卦九二爻的《小象传》辞。旨在解说九二爻辞"求小得"的象征内涵。意思是：从小处谋求脱险必有所得，说明九二此时尚未脱出险中。参见"坎九二小象传"。

【进德修业】 ①《乾》卦《文言传》语。旨在衍释《乾》九三"君子终日乾乾,夕惕若,厉无咎"之义。意思是：这是譬喻君子要增进美德、营修功业。孔颖达《周易正义》："德,谓德行；业,谓功业。九三所以终日乾乾者,欲进益道德,营修功业。故终日乾乾匪懈也。" ②《乾》卦《文言传》语。旨在衍释《乾》九四爻义。见"进德修业欲及时"。

【进退志疑也】 《巽》卦初六爻的《小象传》辞。旨在解说初六爻辞"进退"的象征内涵。意思是：进退犹豫，说明初六的心志懦弱疑惧。参见"巽初六小象传"。

【进退无恒非离群】 《乾》卦《文言传》语。旨在衍释《乾》九四"或跃在渊,无咎"之义。意思是：贤人的进取、引退未必一定，并非脱离众人。此谓九四处《乾》卦可进可退之爻，须根据不同情况决定进退，而非"离群"。李鼎祚《周易集解》引荀爽曰："进谓居五,退谓居初。"孔颖达《周易正义》引何氏曰："所以进退无恒者,时使之然,非苟欲离群也。"

【进退利武人之贞】 《巽卦》初六爻辞。意思是：进退犹豫，利于勇武的人守持正固。这是说明初六以阴居《巽》之始，柔弱在下，卑顺太甚，当进不进，有过分犹豫不决之象；以此处"巽",未得其宜,于是爻辞特加诫勉,谓此时之利,在于"武人"守正,即言当取刚济柔,故曰"进退,利武人之贞"。参见"巽初六"。

【进得位往有功也】 《渐》卦的《彖传》语。意思是：渐渐行进获得正位，说明前往必能建立功勋。得位，指《渐》卦九五得居阳刚中正的尊位。此举九五爻象，说明

"渐进"得位必可"建功",以释《渐》卦辞"利贞"之义。孔颖达《周易正义》:"此就九五得位刚中,释'利贞'也。言进得于贵位,是往而有功也。"

【进德修业欲及时】 《乾》卦《文言传》语。旨在衍释《乾》九四"或跃在渊,无咎"之义。意思是:君子增益道德,营修功业,要抓住时机进取。即谓九四审时度势而求进,可免咎害。按,《文言传》释《乾》卦九三、九四之义,均言"君子进德修业",其意略同,然其旨趋又有微异。孔颖达《周易正义》:"进德,则欲上、欲进也;修业,则欲下、欲退也。进者,弃位欲跃,是进德之谓也;退者,仍退在渊,是修业之谓也。其意与九三同。但九四欲前进多于九三,故云'欲及时'也。九三则不云'及时',但'可与言机'而已。"

【进以正可以正邦也】 《渐》卦的《彖传》语。意思是:渐渐行进而遵循正道,就可以端正邦国民心。进以正,指《渐》卦九五居正阳刚中正的尊位。此举九五爻象,说明"渐进"得正必可"正邦",以释《渐》卦辞"利贞"之义。孔颖达《周易正义》:"此就九五得位刚中,释'利贞'也","以六二适九五,是进而以正,身既得正,可以正邦也。"

【苋陆夬夬中行无咎】 《夬》卦九五爻辞。意思是:像斩除柔脆的苋陆草一样刚毅果断地清除小人,居中行正必无咎害。苋,音现 xiàn,苋陆,一种阴湿柔脆的草,喻指《夬》卦上六爻;夬夬,谓"决而又决",犹言"刚毅果断"。这是说明九五当"决除"小人之时,阳刚中正以居尊位,比近上六一阴,能像斩除"苋陆"一样果断而轻易地决除之;但九五贵居"君位",却须亲自制裁最为贴进的"小人",足见其德未能光大,遂当慎行中道,庶可免害,故曰"苋陆夬夬,中行无咎"。参见"夬九五"。

【苏轼】(1037—1101) 北宋眉州眉山(今属四川)人。字子瞻。谪居黄州(今湖北黄冈)时筑室于东坡,自号东坡居士。与其父苏洵、弟苏辙合称"三苏"。博通经史,属文日数千言。好贾谊、陆贽书,既而读《庄子》,叹曰:"吾昔有见,口未能言;今见是书,得吾心矣。"嘉祐中试礼部,欧阳修擢置第二,曰:"吾当避此人出一头地。"对策入三等,签书凤翔府判官,召直史馆。后因反对王安石新法,贬黄州。哲宗时,任翰林学士,与执政者不和,出知杭、颍、定三州。回京后,官至礼部尚书。晚年,又先后被贬官惠州、琼州等地。卒于常州。谥"文忠"。尝自谓作文当如行云流水,其文体涵浑光芒,雄视百代。著作甚丰(见《宋史》本传)。在文学上,被列为"唐宋八大家"之一。其思想特点,主于儒、释、道三教合一。《易》学专著有《毗陵易传》(又称《东坡易传》、《苏氏易传》)九卷。

【苏氏易传】 北宋苏轼撰。九卷。见"东坡易传。"

【劳谦】 《谦》卦九三爻辞之语。意为:勤劳谦虚。此言九三为《谦》卦中唯一的阳爻,当"谦"之时,居下卦之终,以刚健承应于上,犹如勤劳而又谦虚的"君子",故称"劳谦"。《乐府诗集》载古辞《君子行》:"劳谦得其柄,和光甚独难。周公下白屋,吐哺不及餐。一沐三握发,后世称圣贤。"《昭明文选》载班固《典引》:"乃始虔巩劳谦,兢兢业业,贬成抑定,不敢论制作。"又载孔融《荐祢衡表》:"遭遇厄运,劳谦日仄。"参见"谦九三"。

【劳民劝相】 《井》卦的《大象传》语。意思是:努力为庶民操劳而劝勉百姓互相资助。劳,谓"劳赉";相,助也。这是从《井》卦"木上有水"、如井水被汲上养人的卦象而推阐出的"君子"观此象,须悟知应当"劳民劝相"而广益于人,以效法"井养不穷"之德的道理。参见"井大象传"。

【劳谦君子万民服也】 《谦》卦九三爻的《小象传》辞。旨在解说九三爻辞"劳谦,君子有终,吉"的象征内涵。意思是:勤劳谦虚的君子,广大百姓都服从他。参见"谦九三小象传"。

【坎】 ① 八卦之一。由上下两阴画、中间一阳画组成,形作"☵",其名为"坎",其义为"陷",其基本象征物象为"水"。坎卦上下为阴、中蓄一阳,而拟"水"之象,乃喻示水以阴为表而内中却蕴含着阳质,故李鼎祚《周易集解》引宋衷曰:"坎,阳在中,内光明,有似于水。"许慎《说文解字》释"水"字亦云:"像众水并流,中有微阳之气。"坎卦的基本喻象虽为"水",但在《易》理的旁通广涉中,又可博取众象,如"沟渎"、"耳"等,但诸象的象征本旨则不离"陷"义。《说卦传》既指明"坎,陷也"这一象征意义,又载录众多象例,曰:"坎为豕",又曰:"坎为耳",又曰:"坎再索而得男,故谓之中男",又曰:"坎为水,为沟渎,为隐伏,为矫輮,为弓轮,其于人也为加忧,为心病,为耳痛,为血卦,为赤,其于马也为美脊,为亟心,为下首,为薄蹄,为曳,其于舆也为多眚,为通,为月,为盗,其于木也为坚多心。"陆德明《经典释文》谓《荀爽九家集解》本《说卦传》此后更有八象:"为宫,为律,为可,为栋,为丛棘,为狐,为蒺藜,为桎梏。"这是有关"坎"象的较早期资料。后儒如西汉焦延寿的《易林》、三国虞翻的《易注》,所采八卦的"逸象"尤多,治《易》者常取资考辨《易》义。 ② 六十四卦之一。列居篇中第二十九卦。由两个三画的坎卦(☵)重迭而成,卦形作"䷜",卦名为《坎》,象征"重重险陷"。韩愈《复志赋》曰:"昔余之既有知兮,诚坎轲而艰难"(《昌黎先生集》);文天祥《过平原作》云:"崎岖坎坷不得志,出入四朝老忠节"(《文山集》)。两人均在诗赋中发出世途艰险难行的慨叹。《坎》卦大旨,正是喻示谨慎行险的道理。卦辞主于勉励,说明面临重重险陷之际,只要不失诚信,内心亨通,就能排险涉难,前行可获嘉尚。卦中六爻皆不言"吉",主于从正反两方面设诫。其中四阴爻除六四柔正承阳、慎处险境获"无咎"外,余三爻多呈凶象:初六柔

弱处重险之下,深落陷穴致"凶";六三阴柔失正,来去均不能出险,终难施用;上六阴处险极,被捆缚幽囚,"凶"延"三岁"。至于九二、九五两阳,刚健居中,是《坎》卦平险排难的希望所在:尽管两爻并未能彻底脱出险陷,但九二在"慎求小得"中不懈努力,九五于"铲平小丘"后继续奋发;卦辞"行有尚",《大象传》"常德行,习教事"的意旨,似乎在这两爻,尤在九五中,得到较深刻的体现。可见,《坎》卦"行险"的义理,是偏重建立在阳刚信实的基础上,强调谨慎守恒之德,如此则险陷可履,艰难可除。《史记·夏本纪》载夏禹治水的事迹,称其"劳心焦思,居外十三年,过家门不敢入",终于平定洪水滔天之患;《列子·汤问》叙愚公移山的寓言,谓其立志以"子子孙孙无穷匮"的恒之力量,誓要排除太行、王屋之险:这两例,似可并借以参证《坎》卦"行险而不失其信"、"乃以刚中"、"往有功"(《彖传》语)的象征内涵。

【坎九二】《坎》卦九二爻。以阳爻居卦第二位。爻辞曰:"坎有险,求小得。"意思是:在陷穴中困罹险难,从小处谋求脱险必有所得。小,指阴柔,又喻"小事"、"小处"等。这是说明九二当"险陷"之时,处下坎之中,失正罹险;但阳刚而能居中,以孚信比于上下二阴,故为求"小"有"得"、渐谋脱险之象。尚秉和先生《周易尚氏学》:"二失位,故有险;阴为小,二居中,孚于上下阴,故曰'求小得'。"按,明人陈仁锡曰:"求其小,不求其大,原不在大也。涓涓不已,流为江河,如掘地得泉,不待溢出外,然后为流水也。"《周易折中》录此语,并指出:"说极是。凡人为学作事,必自求小得始,如水虽涓涓而有源,乃行险之本也。"马其昶《重定周易费氏学》也认为:"二为泉源,因其未出中,故求小得,积而后流,盈科而后进。未出中,未盈科也;求小得,积细流以成大川也。"诸说均从《坎》九二阳居坎中、求小得大的行险之道,分析九二爻辞"求小得"及《小象传》

"未出中"的意旨,可资参考。

【坎九五】《坎》卦九五爻。以阳爻居卦第五位。爻辞曰:"坎不盈,祗既平,无咎。"意思是:险陷尚不满盈,小丘已被铲平,必无咎害。祗,当作"坻"(音止 zhǐ),与"坻"通,陆德明《经典释文》引郑玄曰:"小丘也";尚秉和先生《周易尚氏学》:"'坎不盈'为一事,'坻既平'又为一事,上下对文"。这是说明九五当"险"之时,阳刚中正,下比六四之阴,为居尊而履险有方之象,故险陷的深穴虽未填满,穴旁的小丘已被铲平;长此以往,必能渐填陷穴,开通前路,脱出险境,故"无咎"。按,"祗"为"坻"字之误,与《复》卦九二爻辞"无祗悔"同(参见"复九二"),但前者训"病",此训"小丘",义有区别。《周易尚氏学》引《毛诗传》、《说文》、《释文》、《文选》及俞樾、王引之诸家说,证"祗"、"坻"、"禔"音皆由"氐"得,从"氏"者误;并明其义为"小丘"。据此,今本《周易》作"祗"者当改作"坻",字通"坻";查《帛书周易》作"堤(堤)既平",亦可证从"土"训"小丘"者近是。又按,"坻既平"之义,《易》家解释多歧。兹举三说以备参考。一、李鼎祚《周易集解》引虞翻注,作"禔既平",训"禔"为"安",李道平《周易集解纂疏》释为"既安且平"。二、王弼《周易注》曰"祗,辞也",作语气虚词解,谓"既平乃无咎"。三、程颐《周易程氏传》曰:"祗,宜音柢,抵也",犹今语"抵达",谓"抵于已平则无咎"。

【坎上六】《坎》卦上六爻。以阴爻居卦最上之位。爻辞曰:"系用徽纆,寘于丛棘,三岁不得,凶。"意思是:被绳索捆绑,囚置在荆棘丛中,三年不得解脱,有凶险。纆,音墨 mò,"徽纆"均为绳索之名,陆德明《经典释文》:"刘表曰:三股曰'徽',两股曰'纆',皆索名";寘,音置 zhì,通"置";丛棘,李鼎祚《周易集解》引虞翻曰:"狱外种九棘,故称丛棘"。这是说明上六当"险陷"之时,以柔居险之极,所陷至深,犹如被捆绑囚置于"丛棘"中的牢狱,三年之久,未得解脱,故"凶"。程颐《周易程氏传》:"以阴柔而自居险之极,其陷之深者也。以其陷之深,取牢狱为喻,如系缚以徽纆,囚寘于丛棘之中;阴柔而陷之深,其不能出矣,故云至于三岁之久,不得免也,其凶可知。"按,《坎》上六爻辞"三岁",王弼《周易注》以为含有"险终乃反"之义,指出上六"因执寘于思过之地","自修三岁,乃可以求复"。《周易折中》也认为:"如悔罪思愆,是谓得道,则其困苦幽囚止于三岁矣。"此说可备参考。

【坎六三】《坎》卦六三爻。以阴爻居卦第三位。爻辞曰:"来之坎坎,险且枕,入于坎窞,勿用。"意思是:来去都处在险陷之间,往前有险而退居难安,落入陷穴深处,不可施展才用。来之,犹言"来去";坎坎,即两"险"相连;枕,朱熹《周易本义》:"倚着未安之意",即形容罹险难安的样子;窞,音旦 dàn,犹言"深坑"。这是说明六三当"险陷"之时,阴居阳位,失正违中,又处上下两坎之间,而意欲行险,遂有来去皆险陷、动辄罹难之象;当此之时,六三既进退未安、落入陷穴,故爻辞特戒其"勿用",宜静修待时以求脱险。王弼《周易注》:"既履非其位,而又处两坎之间,出则之坎,居则亦坎,故曰'来之坎坎'也。枕者,枝而不安之谓也。出则无之,处则无安,故曰'险且枕'。来之皆坎,无所用,之徒劳而已。"按,"枕"字之义,异说甚多。如李鼎祚《周易集解》引虞翻注,训"枕"为"止",李道平《周易集解纂疏》释为"安其蓄,利其危";《周易集解》又引干宝注,训"枕"为"安",并谓"安忍以暴政加民而无哀矜之心";马其昶《重定周易费氏学》据陆德明《经典释文》"枕,古文作沈",谓"沈者,浸也",遂以"枕"为"沈";尚秉和先生《周易尚氏学》据《经典释文》"郑、向本作'检且枕'",并据刘熙《释名》"检,枕也"之训,认为"检"、"枕"同义,"仍承'来之坎坎'言,言内外俱受检制。"诸说虽异,而罹险难安之意,则大多相同。

【坎六四】《坎》卦六四爻。以阴爻居卦第四位。爻辞曰:"樽酒,簋贰,用缶,纳约自牖,终无咎。"意思是:一樽薄酒,两簋淡食,用质朴的瓦缶盛物(虔诚地奉献尊者),通过明窗结纳信约,终将免遭咎害。簋,音鬼 guǐ,许慎《说文解字》:"黍稷方器也,从竹、皿、皀。""簋贰"犹言"两簋食";缶,瓦器(见"比初六"),"用缶"谓以瓦缶盛物;牖,音有 yǒu,窗户。这是说明六四当"险"之时,居《坎》卦的上坎之下,前后均为"陷穴",但柔顺得正,上承九五之阳,能以虔诚之心与之结交,犹如奉薄酒一樽、淡食两簋,盛物于瓦缶,虽简朴亦可呈献于尊者;此时九五、六四两爻均无它应,遂能开诚布公地相交,恰似"纳约"于明窗,于是六四得阳刚相助,不陷入坎险,故"终无咎"。王弼《周易注》:"处重险而履正,以柔居柔,履得其位,以承于五;五亦得位,刚柔各得其所,不相犯位,皆无余应以相承比,明信显著,不存外饰;处坎以斯,虽复一樽之酒,二簋之食,瓦缶之器,纳此至约,自进于牖,乃可羞之于王公,荐之于宗庙,故'终无咎'也。"按,《坎》卦六三、六四两爻并处两"坎"之间,或"勿用",或"无咎",原因在于:六三失位无应,六四得正承阳。故《小象传》于六三曰"终无功",于六四曰"刚柔际"。又按,朱熹《周易本义》曰:"晁氏云先儒读'樽酒簋'为一句,'贰用缶'为一句,以为可从,并释'贰'为'益'。"此可备一说。

【坎中满】朱熹《周易本义》卷首附《八卦取象歌》语。说明八卦之一的"坎"卦形状作"☵",中间为阳画(一),犹如内中盈满。

【坎为水】①《说卦传》语,谓八卦之一"坎"卦(☵)的基本象征物是"水"。② 朱熹《周易本义》卷首所附《分宫卦象次序》歌诀中语,说明六十四卦之一的《坎》卦(䷜),其卦象由上下两"坎"(即"水")组成。

【坎初六】《坎》卦初六爻。以阴爻处卦下初位。爻辞曰:"习坎,入于坎窞,凶。"意思是:面临重重险陷,落入陷穴深处,必有凶险。习,重也;坎,险也;窞,音旦 dàn,陆德明《经典释文》引《说文解字》曰:"坎中更有坎",李鼎祚《周易集解》引干宝曰:"坎之深者也",犹言"深坑"。这是说明初六当"坎"之时,以阴处重险之下,柔弱失正,难以出险,故有深陷"坎窞"而致"凶"之象。朱熹《周易本义》:"以阴柔处重险之下,其陷益深,故其象占如此。"按,履险唯需刚正,初六阴柔不正,身陷重险,其上又无应援,故必有"凶"。

【坎陷也】《说卦传》语。谓八卦之中,坎卦的象征意义为"险陷"。参见"坎①"。

【坎卦辞】《坎》卦的卦辞。其文曰:"习坎,有孚,维心亨,行有尚。"意思是:《坎》卦象征重重险陷,只要胸怀信实,就能使内心亨通,努力前行必被崇尚。习,犹言"重迭",李鼎祚《周易集解》引陆绩曰:"重也";坎,卦名,象征"险陷";孚,信也;维,语气助词。卦辞全文说明,处"险"之时,若常存孚信,其心亨通,则可排险涉难,必成嘉尚之功;此卦九二、九五两爻阳刚居中之象,正喻示此理。程颐《周易程氏传》:"阳实在中,为中有孚信;维心亨,维其心诚一,故能亨通。至诚可以通金石,蹈水火,何险难之不可亨也? 行有尚,谓以诚一而行,则能出险,有可嘉尚,谓有功也;不行,则常在险中矣。"朱熹《周易本义》:"习,重习也;坎,险陷也。其象为水,阳陷阴中,外虚而中实也。此卦上下皆坎,是为重险。"按,"习"字之义,王弼《周易注》训为"便习",可备一说。又按,孔颖达《周易正义》云:"诸卦皆于卦上不加其字,此《坎》卦之名特加'习'者,以坎为险难,故特加'习'名。'习'有二义:一者,重也,谓上下俱坎,是重迭有险,险之重迭,乃成险之用也;一者,人之行险,先须便习其事,乃可得通,故云'习'也。"此说可资参考。

【坎象传】《坎》卦的《象传》。旨在解

说《坎》卦的卦名、卦辞之义。其文为："《彖》曰：习坎，重险也，水流而不盈。行险而不失其信，维心亨，乃以刚中也；行有尚，往有功也。天险不可升也，地险山川丘陵也，王公设险以守其国，险之时用大矣哉！"意思是："《彖传》说：两米重迭，表示重重险陷，犹如水流进陷穴不见盈满。行于险境而不丧失信实，就能使内心亨通，这是由于阳刚居中不偏所致；努力前行必被崇尚，说明往前进取可建功勋。天险高远无法升越，地险山川丘陵（也难以逾越），君王公侯于是设险守护国境，险陷之时的功用是多么弘大啊！"全文可分三节理解。第一节，自"习坎"至"水流而不盈"三句，举《坎》卦上下坎两"险"相重之象，谓其若水流陷穴、不能盈满，以释卦名及卦辞"习坎"之义。第二节，自"行险而不失其信"至"往有功也"五句，举《坎》卦九二、九五两爻阳刚居中，为行险不失信之象，说明以此处"险"则内心亨通、行必有功，以释《坎》卦辞"有孚，维心亨，行有尚"之义。第三节，自"天险不可升也"至"险之时用大矣哉"四句，泛举"天险"、"地险"、"王公设险"为例，从"用险"的角度叹美"坎险"之时的弘大功用。

【坎大象传】 《坎》卦的《大象传》。其辞曰："水洊至，习坎；君子以常德行，习教事。"意思是：水叠连流至，象征"重重险陷"；君子因此恒久保持令德美行，反复熟习政教事务。洊，音荐 jiàn，《尔雅·释言》"再也"，王弼《周易注》："相仍而至"，犹言"叠连"；常，用如动词，指恒久保持；习，犹言"熟习"；教事，孔颖达《周易正义》："政教之事"。这是先揭明《坎》卦上下坎均为"水"之象，谓水流叠至，正为"重重险陷"的象征；然后再推阐出"君子"观此象，须悟知守"德行"当如水之长流不息，行"教事"当如两坎相受、时时熟习的道理。程颐《周易程氏传》："坎为水，水流仍洊而至。两坎相习，水流仍洊之象也。"又曰："君子观《坎》水之象，取其有常，则

常久其德行。人之德行，不常则伪也，故当如水之有常。取其洊习相受，则以习熟其教令之事。夫发政行教，必使民熟于闻听，然后能后，故三令五申之；若骤告未喻，遽责其从，虽严刑以驱之不能也，故当如水之洊习。"按，《坎》卦的《彖传》除了解说卦辞行险"有孚"、"心亨"必获嘉尚之义外，兼发"用险"的弘大功效；《大象传》则进一步衍申流水有恒、德教习习之理：两《传》解经角度有异，自当区别看待。

【坎下兑上】 指下卦为"坎"，上卦为"兑"。即六十四卦中的《困》卦之象。

【坎下艮上】 指下卦为"坎"，上卦为"艮"。即六十四卦中的《蒙》卦之象。

【坎下坎上】 指下卦为"坎"，上卦亦为"坎"。即六十四卦中的《坎》卦之象。

【坎下坤上】 指下卦为"坎"，上卦为"坤"。即六十四卦中的《师》卦之象。

【坎下乾上】 指下卦为"坎"，上卦为"乾"。即六十四卦中的《讼》卦之象。

【坎下离上】 指下卦为"坎"，上卦为"离"。即六十四卦中的《未济》卦之象。

【坎下巽上】 指下卦为"坎"，上卦为"巽"。即六十四卦中的《涣》卦之象。

【坎下震上】 指下卦为"坎"，上卦为"震"。即六十四卦中的《解》卦之象。

【坎为中男】 八卦之中，坎卦以居中位之阳为主画，犹如乾坤两卦第二次相交而派生出来的阳卦，故古人以一家之"中男"作为坎的象征。语本《说卦传》。参见"乾坤六子"。

【坎受之以离】 《周易》六十四卦，以象征"险陷"的《坎》卦列居第二十九卦；物遭险陷，必然要有所附丽，获取援应，才能脱险，所以接《坎》之后是象征"附丽"的《离》卦。此称《坎》受之以《离》。语本《序卦传》："《坎》者，陷也。陷必有所丽，故受之以《离》；离者，丽也。"韩康伯《序卦注》："物穷则变，极陷则反所丽也。"

【坎九二小象传】 《坎》卦九二爻的《小象传》。其辞曰："求小得，未出中也。"意

坎形

思是：从小处谋求脱险必有所得，说明九二此时尚未脱出险中。这是解说《坎》九二爻辞"求小得"的象征内涵。程颐《周易程氏传》："以刚中之才，不至陷于深险，是所求小得，然未能出坎中之险。"按，程颐释"求小得"为"所求小得"，于义亦通。

【坎九五小象传】 《坎》卦九五爻的《小象传》。其辞曰："坎不盈，中未大也。"意思是：险陷尚不盈满，说明九五虽居中位而平险之功尚未光大。这是解说《坎》九五爻辞"坎不盈"的象征内涵。按，"中未大"一句，阮元《周易校勘记》云：李鼎祚《周易集解》"大"上有"光"字，并指出孔颖达《周易正义》亦谓"未得光大"。据此，似当于"大"前增一"光"字。

【坎上六小象传】 《坎》卦上六爻的《小象传》。其辞曰："上六失道，凶三岁也。"意思是：上六违失履险正道，凶险将延续三年之久。这是解说《坎》上六爻辞"三岁不得，凶"的象征内涵。程颐《周易程氏传》："以阴柔而自处极险之地，是其失道也，故其凶至于三岁也。三岁之久，而不得免焉，终凶之辞也。"

【坎不盈祇既平】 《坎》卦九五爻辞之语。意思是：险陷尚不满盈，小丘已被铲平。祇，当作"坁"，与"坻"通，谓"小丘"。这是说明九五当"险"之时，阳刚中正，下比六四之阴，为居尊而履险有方之象，遂致其时险陷的深穴虽未填满，而穴旁的小丘已被铲平；长此以往，必能渐填陷穴，开通前路，脱出险境，故曰"坎不盈，祇既平"。参见"坎九五"。

【坎六三小象传】 《坎》卦六三爻的《小象传》。其辞曰："来之坎坎，终无功也。"意思是：来去都处在险陷之间，说明六三终究难成行险之功。这是解说《坎》六三爻辞"来之坎坎"的象征内涵。程颐《周易程氏传》："进退皆险，处又不安，若用此道，当益入于险，终岂能有功乎？以阴柔处不中正，虽平易之地，尚致悔咎，况处险乎？险者，人之所欲出也，必得其道，乃能

去之。求去而失其道，益困穷耳。故圣人戒如三所处，不可用也。"

【坎六四小象传】 《坎》卦六四爻的《小象传》。其辞曰："樽酒簋贰，刚柔际也。"意思是：一樽薄酒、两簋淡食（奉献尊者），说明六四阴柔与九五阳刚交互亲和。这是解说《坎》六四爻辞"樽酒簋贰"的象征内涵。孔颖达《周易正义》："所以一樽之酒、贰簋之食得进献者，以六四之柔与九五之刚两相交际而相亲，故得以此俭约而为礼也。"

【坎有险求小得】 《坎》卦九二爻辞。意思是：在陷穴中困罹险难，从小处谋求脱险必有所得。小，指阴柔，又喻"小事"、"小处"等。这是说明九二当"险陷"之时，处下坎之中，失正罹险；但阳刚而能居中，以孚信比于上下二阴，故为求"小"有"得"、渐谋脱险之象。参见"坎九二"。

【坎初六小象传】 《坎》卦初六爻的《小象传》。其辞曰："习坎入坎，失道凶也。"意思是：面临重重险陷而又落入陷穴深处，说明初六违失履险之道必有凶险。这是解说《坎》初六爻辞"习坎，入于坎窞"的象征内涵。程颐《周易程氏传》："由习坎而更入坎窞，失道也，是以凶。"

【坎不盈中未大也】 《坎》卦九五爻的《小象传》辞。旨在解说九五爻辞"坎不盈"的象征内涵。意思是：险陷尚不盈满，说明九五虽居中位但平险之功尚未光大。参见"坎九五小象传"。

【形而下者谓之器】 谓居于形体以下的物质状态叫作"器"。语出《系辞上传》。参见"形而上者谓之道"。

【形而上者谓之道】 谓居于形体之上的精神因素叫作"道"。语出《系辞上传》。与下文"形而下者谓之器"相承见义。形，指事物的形体；道，指主导形体动止消长的精神因素，如《周易》的阴阳变化之理；器，指表现形体的物质状态，如六十四卦、三百八十四爻的构成形式。此处提出的"道"、"器"范畴，说明居"形"之上的为抽

象的"道",居"形"以下(含"形"在内)的为具体的"器",目的在于阐述"道"指导"器",而"器"以"道"为用的辩证关系。孔颖达《周易正义》:"道在形之上,形在道之下。故自形外已上者谓之道也,自形内而下者谓之器也。形虽处道器两畔之际,形在器而不在道也。既有形质,可为器用,故云'形而下者谓之器'也。"按,《系辞传》提出"形上"、"形下"的"道"、"器"说,在中国古代哲学史上产生过较大的影响。但宋、明以后关于"道"、"器"的论争,其所发挥引申,往往不尽同于《系辞传》的本旨,故未可绝对等同地看待。

【折足】 鼎足折断,喻在职者不胜其任。亦作"折鼎"。与"折足覆餗"意同。语出《鼎》卦九四爻辞"鼎折足,覆公餗"。《汉书·叙传》:"遇折足之凶,伏鈇钺之诛。"《后汉书·窦融传赞》:"虽则折鼎,王灵以宣。"李贤注:"鼎三足,三公象;折足者,言其不胜任也。《易》曰'鼎折足,覆公餗'也。"

【折首】 谓斩折敌方首级。语出《离》卦上九爻辞"有佳折首"。《三国志·吴志·诸葛恪传》:"《诗》美执讯,《易》佳折首。"

【折像】 东汉广汉雒(今四川广汉北)人。字伯式。幼有仁心,不杀昆虫,不折萌芽。能通"京氏《易》",好黄老之言。其父卒,乃施散金银资财,周济亲疏。自知死亡之日,召宾客九族饮食诀别,忽然而终。时年八十四,家无余资(见《后汉书·方术列传·折像传》)。

【折鼎】 见"折足"。

【折足覆餗】 餗,鼎中所盛之食;谓鼎足折断而倾覆所盛之美食,喻在位者知小谋大、力薄任重遂致凶咎。语本《鼎》卦九四爻辞"鼎折足,覆公餗,其形渥,凶"。《后汉书·谢弼传》载弼上封事曰:"今之四公,唯司空刘宠断断守善,余皆素餐致寇之人,必有折足覆餗之凶。可因灾异,并加罢黜。"

【折狱致刑】 《丰》卦的《大象传》语。意为:审理讼狱及施用刑罚。致刑,犹言"用刑"。这是从《丰》卦"雷电皆至"、威明并盛的卦象而推阐出的"君子"观此象,须悟知效法雷之威动以"折狱"、电之光明以"致刑",则刑狱之事不违情实的道理。参见"丰大象传"。

【折其右肱无咎】 《丰》卦九三爻辞之语。意思是:若能像折断右臂一样屈己自守,则不致咎害。这是说明九三当"丰"之时,与上六相应,上为阴爻,则九三乃趋赴阴暗之所;唯其自趋柔暗,遂不可施其大用,应当屈己慎守,故爻辞以"折其右肱"为喻,以示诫意,谓如此方可"无咎"。参见"丰九三"。

【折其右肱终不可用也】 《丰》卦九三爻《小象传》语。旨在解说九三爻辞"折其右肱"的象征内涵。意思是:像折断右臂一样屈己慎守,说明九三终究不可施展才用。参见"丰九三小象传"。

【抌谦】 抌,音挥 huī,犹言"挥";谓发挥扩散谦虚的美德。语出《谦》卦六四爻辞"无不利,抌谦"。说明六四当"谦"之时,处九三之上、六五之下,柔顺得正,无论对上对下,均能发挥"谦"德,故有"抌谦"之象而获"无不利"。白居易《叙德书情四十韵上宣歙翟中丞》诗(见《白香山诗集》):"抌谦惊主宠。"参见"谦六四"。

【杨义】 西晋汝南(治所今河南平舆北)人。字玄舒。官至司徒左长史。治《易》,著有《易卦序论》。张璠集魏晋二十二家《易》说,撰为《周易集解》十二卷,杨义亦属被采入诸家之一(见陆德明《经典释文序录》)。《隋书·经籍志》、《旧唐书·经籍志》、《新唐书·艺文志》均列杨义《周易卦序论》一卷(《隋志》称杨义职官为"司徒右长史")。已佚。清马国翰《玉函山房辑轶书》辑有杨氏《周易卦序论》一卷。

【杨何】 西汉淄川(今属山东淄博市)人,字叔元。汉初《易》学大师田何的再传弟子,王同的学生。汉武帝立五经博士,杨何为第一位《易》博士,元光元年(前134)征为太中大夫。汉代学者以为,当时《易》家的各种学说皆祖田何、丁宽、杨何,其大义略同。司马迁之父司马谈及太中大夫京房,均曾从杨何受《易》。《易》学著述有《杨氏》二篇。已佚。《史记·儒林列传》:"自鲁商瞿受《易》孔子,孔子卒,商瞿传《易》,六世至齐人田何,字子庄,而汉兴。田何传东武人王同子仲,子仲传菑川人杨何。何以《易》,元光元年征,官至中大夫。齐人即墨成以《易》至城阳相。广川人孟但以《易》为太子门大夫。鲁人周霸、莒人衡胡、临菑人主父偃,皆以《易》至二千石。然要言《易》者本于杨何之家。"(按,《汉书·儒林传》记载与此稍有不同,谓杨何官"太中大夫",又谓"《易》本之田何"。)《太史公自序》:"太史公学天官于唐都,受《易》于杨何,习道于黄子。"《汉书·儒林传·梁丘贺传》:"(贺)从太中大夫京房受《易》。房者,淄川杨何弟子也。"又《京房传》:"至成帝时,刘向校书,考《易》说,以为诸《易》家说皆祖田何、杨叔元、丁将军,大谊略同。"又《儒林传赞》:"自武帝立《五经》博士,""初,《书》唯有欧阳,《礼》后,《易》杨,《春秋》公羊而已"。《艺文志》于《易》云:"《杨氏》二篇。名何,字叔元,菑川人。"

【杨政】 东汉京兆(治所今陕西西安市西北)人。字子行。少年时好学。从范升受"梁丘《易》",善于解说经书。当时人称曰:"说经铿铿杨子行。"授弟子数百人。为人嗜酒,不拘小节,果敢自矜,然笃于人。光武帝时,其师范升曾被弃出之妻所告,有罪系狱。杨政乃肉袒,以箭贯耳,抱范升的幼子潜伏道旁,等至光武帝车驾来,即上前叩头大声呼道:"范升三次娶妻,只生一子,现在才三岁,若让幼儿失父,甚为可哀!"武帝卫骑举弓射之,以戟刺之,虽胸脯遭伤仍不退却。哀泣陈辞,感动帝心,遂诏言:"把杨生之师交还他吧。"范升因此得以出狱。杨政也从此显名。章帝建初中,官至左中郎将(见《后汉书·儒林列传·杨政传》)。

【杨雄】 见"扬雄"。

【杨秉】(92—165) 东汉弘农华阴(今属陕西)人。字叔节。杨震之子。治"京氏《易》",博通书传。曾隐居教授生徒。年四十余,乃应司空辟,拜侍御史。汉桓帝延熹五年(162),至太尉。其性不饮酒,丧妻不复娶,以清廉著称。曾从容言曰:"我有三不惑:酒、色、财也。"延熹八年(165)卒,年七十四(见《后汉书·杨震列传》)。

【杨简】(1141—1225) 南宋慈湖(今属浙江)人。字敬仲。学者称慈湖先生。乾道进士,授富阳主簿。会陆九渊道过富阳,问答有契,遂定师弟之礼。调知乐平县,兴学训士,邑人以讼为耻,夜无盗警,路不拾遗,民呼"杨父"。绍兴中,召为国子博士。嘉定初,授秘书郎。出知温州。在郡廉俭,百姓爱之如父母,咸画像事之。官终宝谟阁学士。卒谥"文元"。著述甚丰(见《宋史》本传)。《易》学专著有《杨氏易传》二十卷。

【杨藻】 两晋间人。爵里不详。治《易》,著有《易义》。张璠集魏晋二十二家《易》说,撰为《周易集解》十二卷,杨藻亦属被采入诸家之一(见陆德明《经典释文序录》)。

【杨瓒】 西晋人。籍贯、字号未详。官至晋司徒右长史。治《易》,著有《易义》。张璠集魏晋二十二家《易》说,撰为《周易集解》十二卷,杨瓒亦属被采入诸家之一(见陆德明《经典释文序录》)。

【杨爵】(1493—1549) 明富平(今属陕西)人。字伯修,号斛山。年二十始读书,家贫,燃薪代烛,耕陇上,辄挟册以读。与杨继盛(号椒山)均曾受业于韩邦奇,以学行名于时,人称"韩门二杨"。举嘉靖八年(1529)进士。授行人,擢御史。以母老乞归。服阙,起为故官。时郭勋用事,旱灾连年,明世宗日夕建斋醮,不视朝政。爵上疏极谏,世宗震怒,下诏逮捕入狱,历五年获释。抵家甫十日,复逮系狱,又三年始还。居家二载卒。万历中赐谥"忠介"。在狱中多年,每日与狱友周怡、刘魁讲经论义,忘其困厄。所著《周易辨录》、《中庸解》,即狱中之作(见《明史》本传及《明儒学案》)。《易》学专著今存《周易辨录》四卷。

【杨万里】(1124—1206) 南宋吉州吉水(今属江西)人。字廷秀,号诚斋。绍兴进士,调零陵丞。时张浚谪居永州,杜门谢客,万里三往不得见,以书力请,始见之。浚勉以正心诚意之学,万里服其教终身,乃名读书之室曰"诚斋"。历官奉新知县、常州知县、广东提点刑狱、左司郎中等,后以宝文阁待制致仕,进宝谟阁学士。卒年八十三。力主抗金,曾上《千虑策》,抨击投降之非。宁宗时,韩侂胄用事,欲网罗四方知名人士,相为羽翼,尝筑南园,属万里为之作记,许以掖垣,万里曰:"官可弃,记不可作也!"及家居,侂胄专僭日甚,万里忧愤成疾。会族子忽告以侂胄用兵事,万里恸哭失声,亟呼纸书侂胄罪状,又书十四言别妻子,笔落而逝。精于诗文,著述甚丰。宋光宗曾为书"诚斋"二字。赐谥"文节"(见《宋史》本传)。《易》学专著有《诚斋易传》二十卷,是以史事参证《易》义的一部重要代表作,对后代《易》家颇有影响。

【杨氏易传】 南宋杨简撰。二十卷。明万历二十三年(1595)刘日升、陈道亨刻本。此书前十九卷解说《周易》经传,第二十卷皆泛论《易》学之语。全书大旨,乃以心性之学解《易》,与王宗传《童溪易传》并为宋代"援禅入《易》"之代表作。《四库全书提要》指出:"朱彝尊《经义考》载《慈湖易集》十卷、又《已易》一卷,书名、卷数皆与此本不合;所载《自序》一篇,与此本卷首题语相同,而无其前数行,亦为小异。明人凡刻古书,多以私意窜乱,万历以后尤甚。此或日升等所妄改欤?"又云:"简之学出陆九渊,故其解《易》惟以人心为主,而象数事物,皆在所略。甚至谓《系辞》中'近取诸身'一节为不知道者所伪作,非孔子之言。故明杨时乔作《易传考》,竟斥为异端;而元董真卿论林栗《易解》,亦引《朱子语类》称'杨敬仲文字可毁'云云。实简之务谈高远,有以致之也。考自汉以来,以《老》、《庄》说《易》始魏王弼,以心性说《易》始王宗传及简。宗传淳熙中进士,简乾道中进士,皆孝宗时人也。顾宗传人微言轻,其书仅存,不甚为学者所诵习。简则为象山弟子之冠,如朱门之有黄幹;又历官中外,政绩可观,在南宋为名臣,尤足以笼罩一世。故至于明季,其说大行。紫溪苏濬解《易》,遂以《冥冥篇》为名,而《易》全入禅矣。夫《易》之为书,广大悉备;圣人之为教,精粗本末兼该,心性之理未尝不蕴《易》中。特简等专明此义,遂流于恍惚虚无耳。"

【极深研几】 谓善治《易》者,能运用《周易》来穷究各种幽深事理而探研事物发展的细微征象。语本《系辞上传》:"夫《易》,圣人之所以极深而研几者也。"韩康伯《系辞注》:"极未形之理则曰'深',适动微之会则曰'几'。"孔颖达《周易正义》:"言《易》道弘大,故圣人用之以穷极幽深而研覈几微也。"朱熹《周易本义》:"研,犹审也;几,微也。所以极深者,至精也;所以研几者,至变也。"俞琰《周易集说》:"深,蕴奥而难见也;几,细微而未著也。极深,谓以《易》之至精穷天下之至精;研几,谓以《易》之至变察天下之至变。不极其深,无以研其几;深盖其体,几盖其用也。"

【拟议】 譬拟物象、审议物情,后多用于"拟度议论"之义。语出《系辞上传》:"拟之而后言,议之而后动,拟议以成其变化。"《东观汉记·明帝纪》:"帝尤垂意经学,删定拟议,稽合图谶。"《晋书·孟陋传》载桓温曰:"会稽王尚不能屈,非敢拟议也。"

【声气应求】 见"同声相应同气相求"。

【寿山堂易说】 旧题唐吕嵓撰。无卷数。清咸丰间刊本。此书即《吕子易说》之同书异名者。唯此本首载《吕子自叙》,而曾燠《序》则无之;书尾许承宣《跋》后,又有长白崇芳《跋》。崇芳云:同治丙寅寓济南趵突泉道院中,见楼下庋板片许多,问主者,乃前任东阿县知县汪君南金,寄存《吕子易说》之板,查阅缺一页,因取原书补刻其缺,与济南府太守萧质斋等,共醵金印刷多部,以广其传。又云:"原板藏虞山之玉松,兵燹后,有无不可知,续刻之汪君业已谢世。尚秉和先生指出:"按同治丙寅,为同治五年(1866),此本殆即此年所印,而汪君刊板之时为咸丰无疑。是《吕子易说》初刊于虞山,再刊于曾燠,再刊于许承宣,至汪刊已四板。盖世之信奉吕子者多,故极力广其传,以企福利。至经说之如何,皆懵然莫明也。"参见"吕子易说。"

【邴丹】(bǐng 丙一) 西汉琅邪(治所在今山东诸城)人。字曼容。受《易》于施雠弟子鲁伯,传施氏《易》学(见《汉书·儒林传·施雠传》)。

【杜育】 西晋襄城(今属河南)人。字方叔。官至国子祭酒。治《易》,著有《易义》。张璠集魏晋二十二家《易》说,撰为《周易集解》十二卷,杜育亦属被采入诸家之一(见陆德明《经典释文序目》)。

【杜田生】 即"田何"。

【医易同源】 见"医易相通"。

【医易相通】 谓中国古代医学理论与《周易》阴阳变化哲理密相沟通。亦称"医易同源"。明张介宾《类经附翼》:"天地之道,以阴阳二气而造化万物;人生之理,以阴阳二气而长养百骸。《易》者,易也,具阴阳动静之妙;医者,意也,合阴阳消长之机。故阴阳已备于《内经》,而变化莫大乎《周易》。故曰天人一理者,一此阴阳也;医《易》同源者,同此变化也。岂非医《易》

相通,理无二致?可以医而不知《易》乎?"又云:"致心于玄境,致身于寿域,气数可以挽回,天地可以反复。固无往而非医,亦无往而非《易》。《易》之与医,宁有二哉?然而用《易》者所用在变,用医者所用在宜。宜中有变,变即宜也;变中有宜,宜即变也。第恐求宜于变,则千变万变,孰者为宜?求变于宜,则此宜彼宜,反滋多变。有善求者,能于梦杂中而独知所归,千万中而独握其一,斯真知医《易》之要者矣。"

〔丨〕

【困】 六十四卦之一。列居篇中第四十七卦。由下坎(☵)上兑(☱)组成,卦形作"䷮",卦名为《困》,象征"困穷"。文天祥《正气歌》中有两句云:"时穷节乃见,一一垂丹青。"(《文山先生全集》)表明在困苦穷厄之际,最能检验人的品质。《困》卦大义,正是喻示处"困穷"的道理。卦辞极力说明,只有"君子"才能身当困境,其道亨通,称扬守持正固的"大人"可获吉祥而无咎;并进一步指出,此时凡有所言均难见信于人,因此务须洁身自守,修美己德。《彖传》用"刚掩"两字,揭示导致"困穷"的根本原因是阳刚被掩蔽不能伸展,亦即"君子"被"小人"压抑凌虐。卦中六爻分别展示不同的处"困"情状,其中三阴爻柔暗懦弱,罹困至甚:初六坐困不能自拔,六三困非其所而据非其地,两者难免凶危;惟上六当困极将通之时,能及早悔悟则可解困获吉。三阳爻虽亦在"困"中,但均以阳刚气质而能守正脱困:九二、九五禀刚中美德,或于贫困艰难之时舍身遂志而无咎,或以孚诚中正之志转危为安渐脱困境;九四前路受困阻,因谦谨缓行也能得遂己愿。可见,处"困"之道阴阳有别,因人而异。《周易折中》引吴曰慎曰:"困非自己致而时势适逢者,则当守其刚中之德,是谓'困而不失其所亨'也,其道主于'贞';若困由己之柔暗而致者,则当变其所为,以免于困也,其道主于'悔'。学者深察乎此,则处困之道,异宜而各得矣。"若细致体味《困》卦的"象外之旨",还可以看出作《易》者的一层深切寓意:困穷有时难以避免,正气却不可一刻消颓。《大象传》称"君子以致命遂志",正见此旨;孔子曰"三军可夺帅也,匹夫不可夺志也"(《论语·子罕》),与这一义理也甚为吻合。

【困蒙】 《蒙》卦六四爻辞之语。意为困陷于蒙稚。谓六四当"蒙"之时,以阴爻处于《蒙》卦六三、六五两阴之间,又远离九二阳刚之爻,故有独困蒙稚、暗昧莫发之象。参见"蒙六四"。

【困九二】 《困》卦九二爻。以阳爻居卦第二位。爻辞曰:"困于酒食,朱绂方来,利用享祀;征凶,无咎。"意思是:酒食贫乏困穷,荣禄即将到来,利于主持宗庙祭祀的大礼;此时进取虽多凶险,但无咎害。绂,音弗 fú,古代祭服的饰带,"朱绂"借喻"荣禄",尚秉和先生《周易尚氏学》:"朱绂,贵人所服以祭宗庙者","朱绂方来,言将膺锡命也";享祀,犹言"祭祀"。这是说明九二当"困"之时,虽"酒食"贫乏,艰难坎坷,但能刚中自守,安贫乐道,遂终有荣禄临身,乃至被提拔担任主持祭祀大典的要职,故曰"困于酒食,朱绂方来,利用享祀";此时九二既在"困"中求进,诚多凶险,然以"刚中"美德,努力济困,不顾安危而舍身"遂志",其终必无咎害,故爻辞又云:"征凶,无咎。"来知德《周易集注》:"九二以刚中之德,当困之时,甘贫以守中德,而为人君之所举用,故有'困于酒食,朱绂方来'之象。故教占者至诚以应之,虽'凶'而'无咎'也。"按,《困》九二爻大旨,主于"君子"身困道亨。故来知德《周易集注》又引史迹喻证爻辞之义曰:"此即孔明之事。'困酒食'者,卧南阳也;'朱绂方来'者,刘备三顾也;'利用享祀'者,应聘也;'征凶'者,死而后已也;'无咎'者,君臣之义无咎也。"

【困九五】 《困》卦九五爻。以阳爻居卦第五位。爻辞曰:"劓刖,困于赤绂;乃徐有说,利用祭祀。"意思是:施用削鼻截足的刑罚治理众人,以致困居在尊位;将会渐渐摆脱困境,利于举行祭祀。劓,削鼻之刑(见"睽六三");刖,音月 yuè,截足之刑;赤绂,古代贵族祭服之饰,借喻九五高居尊位;徐,渐也;说,通"脱"。这是说明九五当"困"之时,以阳居阳,行事刚猛,犹如过用施用刑罚以治下,乃至众叛亲离,困穷于尊位;然九五虽值"困"时,因有阳刚中正之德,遂能改正过猛行为,渐脱困境,而此时亟须广泛取信于人、神,才能保其"宗庙社稷",故爻辞终以"利用祭祀"结之。李鼎祚《周易集解》引崔憬曰:"劓、刖,刑之小者也。于困之时,不崇柔德,以刚遇刚,虽行其小刑,而失其大柄,故曰'劓刖'也。赤绂,天子祭服之饰。所以称'困'者,被夺其正,唯以祭祀,若《春秋传》曰'政由宁氏,祭则寡人',故曰'困于赤绂'。居中以直,在困思通;初虽暂穷,终则必喜,故曰'乃徐有说'。"按,"利用祭祀"之义,《小象传》谓"受福也",即言以至诚感格神灵,取信众人,则可长保"社稷"受福。又按,崔憬所引史例,见《左传》襄公二十六年记载卫献公与宁喜的一场政权之争。当时献公迫于困境,向宁喜表示愿作名义上的"君主",将实权让给宁氏。此即"政由宁氏,祭由寡人"的典故。崔憬援以解说"困于赤绂"之旨,于爻义似能切合。又按,《困》九二爻辞言"利用享祀",九五爻辞言"利用祭祀"。两者的异同,程颐《周易程氏传》作了一番分析,可资参考:"二云'享祀',五云'祭祀',大意则宜用至诚,乃受福也。'祭'与'祀'、'享',泛言之则可通;分而言之,'祭'天神、'祀'地示、'享'人神。五君位,言'祭';二在下,言'享':各以所当用也。"

【困九四】 《困》卦九四爻。以阳爻居卦第四位。爻辞曰:"来徐徐,困于金车,吝,有终。"意思是:迟疑缓缓地前来,被一辆金车困阻,有所憾惜,但终究能如愿应合配偶。来,指《困》九四来应初六;徐徐,迟疑缓行之状,陆德明《经典释文》:"疑惧儿,马云'安行儿'";金车,喻《困》九二。这是说明九四当"困"之时,以阳刚居上卦之始,欲来下应初六,但自身失正,前路为九二之阳所阻,犹如"困于金车",故迟疑缓行;但九四与初六毕竟为正应,四虽有受困不能速来之憾,其能谦虚而行终有阴阳应合之时,故虽"吝"而"有终"。王弼《周易注》:"金车,谓二也;二刚以载者也,故谓之金车。徐徐者,疑惧之辞也。志在于初,而隔于二,履不当位,威命不行;弃之则不能,欲往则畏二,故曰'来迟迟,困于金车'也。有应而不能济之,故曰'吝'也;然以阳居阴,履谦之道,量力而处,不与二争,虽不当位,物终与之,故曰'有终'也。"按,《困》九四之所以失位受困而能"有终",有一项重要原因是:阴阳相应,终难阻格。俞琰《周易集说》云:"六爻二、五皆刚,三、上皆柔,惟初与四刚柔相应,故特以'有与'言之。"此发《小象传》"有与"之义,颇可印证爻辞"有终"的象征内涵。

【困上六】 《困》卦上六爻。以阴爻居卦最上之位。爻辞曰:"困于葛藟,于臲卼;曰动悔有悔,征吉。"意思是:困在葛蔓藟藤之间,又困在摇动危坠之处;应当想一想:既然动辄后悔就要赶快悔悟,这样往前进取必获吉祥。藟,音垒 lěi,藤类植物,孔颖达《周易正义》:"葛藟,引蔓缠绕之草";于,此字前省略一"困"字,因前句而省;臲卼,音聂误 niè wù,意同"臬兀"、"陧杌"、"峴屼"等,形容动摇不安之状,《周易正义》:"臲卼,动摇不安之辞";曰,发语词,此处含有"思量"、"谋划"之意;动悔,动则生悔,犹言"后悔",承上文"困"极而发;有悔,应有所悔,犹言"悔悟",启下文"征吉"之占。这是说明上六以阴居"困"之极,乘凌二刚,下无应援,犹如困于藤蔓之缠,又如濒临危坠之地,故曰"困于葛藟,于臲卼";此时上六虽处极困之境,但困极必反,只要因"动悔"而能"有悔",

吸取教训,谨慎思谋其行为,必能解脱困境,"征"而获"吉",故云"曰动悔有悔,征吉"。王弼《周易注》:"居'困'之极,而乘于刚,下无其应,行则愈者也。行则缠绕,居不获安,故曰'困于葛藟,于臲卼'也。下句无'困',因于上也。处困之极,行无通路,居无所安,困之至也。凡物穷则思变,困则谋通。处至困之地,用谋之时也。'曰'者,思谋之辞也。谋之所行,有隙则获。言将何以通至困乎? 曰:动悔,令生有悔,以征则济矣。故曰'动悔有悔,征吉'也。"按,《困》卦六爻,唯上六称"吉",体现"困极必通"之理。易祓《周易总义》云:"阳刚不可终困,而二、四、五爻皆不言'吉';阴柔未免乎困,而上六独言'吉',困极则能变矣。如'否'之有'泰',虽险而终有济也。"

【困六三】 《困》卦六三爻。以阴爻居卦第三位。爻辞曰:"困于石,据于蒺藜;入于其宫,不见其妻,凶。"意思是:困在巨石下(石坚难移),凭据在蒺藜上(棘刺难践);即使退回自家居室,也盼不到配人为妻的一天,有凶险。石,喻《困》九四;蒺藜,音疾离 jí lí,一年生草本植物,果实有刺,喻《困》九二;宫,居室;见其妻,王弼《周易注》谓"得配偶",此处犹言"得以配人为妻"。这是说明六三当"困"之时,阴柔失正,以阴居阳,有"刚武"之志,因无而比近九四,欲求为配偶,但四已应初,六三犹如困于坚不可移的石下;又因乘凌九二,亦欲求配,但二刚中强毅不可据,则六三又如错足带刺的蒺藜,故有"困于石,据于蒺藜"之象;六三既处此穷厄至甚之时,纵使退居其室,以其失应不正之身,也只能茕茕独处,终难以配人为妻,故又有"入于其宫,不见其妻"之象。爻义主于处困失道,必有凶险,故爻辞总发其戒曰"凶"。王弼《周易注》:"石之为物,坚不可纳也,谓四也。三以阴居阳,志武者也。四自纳初,不受己者;二非所据,刚非所乘;上比困石,下据蒺藜。无应而入,焉得配偶？在困处斯，凶其宜也。"按，《困》六三之"凶"，一方面由于失位无应，另一方面更在于困非其所，据非其地。《系辞下传》引孔子语，释此爻之义曰："非所困而困焉，名必辱；非所据而据焉，身必危。既辱且危，死期将至，妻其可得见耶？"

【困初六】《困》卦初六爻。以阴爻处卦下初位。爻辞曰："臀困于株木，入于幽谷，三岁不觌。"意思是：臀部困在无枝叶的树木下不能安处，只得退入幽深的山谷，三年不见露出面目。株，树干，"株木"，程颐《周易程氏传》云"无枝叶之木也"；三岁，犹言"多年"；觌，音敌 dí，见也。这是说明初六处"困"之始，柔弱卑下，虽与九四相应，但四失位亦困，己又前临坎险，故穷厄不能自拔，犹如臀部困于"株木"下，居处难安；此时初六困陷既深，往前不获援应，静处又难安居，只得退避于"幽谷"，多年不露面目，以待困情解缓，故曰"入于幽谷，三岁不觌"。王弼《周易注》："最处底下，沉滞卑困，居无所安，故曰'臀困于株木'也。"又曰："居则困于株木，进不获拯，必隐遁者也，故曰'入于幽谷'也。困之为道，不过数岁者也，以困而藏，困解乃出，故曰'三岁不觌'也。"按，《困》初六阴柔懦弱，位卑而又缺乏阳刚气质，正是坐困穷厄，不能自拔之象。《周易折中》引张清子曰："人之体行则趾为下，坐则臀为下。初六困而不行，此坐困之象也。"《折中》并承此论曰："《诗》云：'出于幽谷，迁于乔木。'初不能自迁于乔木，而惟坐困株木之下，则有愈入于幽谷而已。阴柔处困之最下，故其象如此。在人则卑暗穷陋而不能自拔者。言'臀'者，况其坐而不迁也。"又按，郭京《周易举正》云，初六辞"三岁不觌"之下，本有"凶"字。今检马王堆汉墓出土的《帛书周易》亦有此字，似当从补。

【困卦辞】《困》卦的卦辞。其文曰："困，亨；贞，大人吉，无咎；有言不信。"意思是：《困》卦象征困穷，努力拯济必能亨通；应当守持正固，大人可获吉祥，不致咎害；此时有所言未必见信于人。困，卦名，象征"困穷"，陆德明《经典释文》："困，穷也，穷悴掩蔽之义。"卦辞说明，当"困穷"之时，"君子"处之必能自济，可致亨通；此时应以守"正"为本，有德"大人"能如此则必获"吉"而"无咎"；但时既"困穷"，凡有所言必难取信于人，故又宜多修己德，少说为佳。王弼《周易注》："困，必通也；处穷而不能自通者，小人也。"又曰："处困而言，不见信之时也；非行言之时，而欲用言以免，必穷者也。"孔颖达《周易正义》："困者，穷厄委顿之名，道穷力竭，不能自济，故名为'困'。亨者，卦德也；小人遭困则穷斯滥矣，君子遇之则不改其操。君子处困，而不失其自通之道，故曰'困，亨'也。'贞，大人吉，无咎'者，处困而能自通，必是履正体大之人能济于困，然后得吉而无咎，故曰'贞，大人吉，无咎'也。"

【困彖传】《困》卦的《彖传》。旨在解说《困》卦的卦名、卦辞之义。其文为："《彖》曰：困，刚揜也。险以说，困而不失其所亨，其唯君子乎！贞，大人吉，以刚中也；有言不信，尚口乃穷也。"意思是："《彖传》说：困穷，表明阳刚被掩蔽不能伸展。面临险难而心中愉悦，这样虽处困穷也不失亨通的前景，大概只有君子才能如此吧！应当守持正固，大人可获吉祥，说明济困求亨必须具备阳刚中和的美德；此时有所言未必见信于人，说明崇尚言辞不但无益反而更致穷厄。"全文可分三节理解。第一节，"困，刚揜也"二句，举《困》卦下坎为阳、上兑为阴之象，谓此象犹如阳刚在下而被阴邪掩蔽，遂使阳刚不能伸展乃至困穷，以释卦名"困"之义。第二节，自"险以说"至"其唯君子乎"三句，举《困》卦下坎为险、上兑为说（悦）之象，说明"君子"处困之时，临险犹悦，故能济困而致亨通，以释《困》卦辞"亨"之义。第三节，自"贞，大人吉"至"尚口乃穷也"五句，举《困》卦九二、九五阳刚居中之象，说明具备"刚中"之德必可守正济困而获吉,又谓若欲凭言辞免困则将愈加困穷,以分别解说《困》卦辞"贞,大人吉"及"有言不信"之义。

【困大象传】 《困》卦的《大象传》。其辞曰:"泽无水,困;君子以致命遂志。"意思是:泽上无水,象征"困穷";君子因此处困之时宁可舍弃生命也要坚持实现崇高的志向。致命,朱熹《周易本义》:"犹言授命,言持以与人而不之有也",含有"舍弃生命"之意;遂,成也,犹言"实现"。这是先揭明《困》卦上兑为泽、下坎为水之象,谓泽上无水,则水去泽涸,正为"穷困"的象征;然后推阐出"君子"观此象,须悟知处困之际要勇于"致命遂志"、不屈于邪恶的道理。王弼《周易注》:"泽无水,则水在泽下;水在泽下,困之象也。"孔颖达《周易正义》:"君子之人,守道而死,虽遭困厄之世,期于致命丧身,必当遂其高志,不屈挠而改移也。故曰'致命遂志'也。"按《困》卦《大象传》所称"致命遂志",事实上是赞美"君子"的气节,阐发困而致"亨"之道。来知德《周易集注》援史证曰:"患难之来,论是非不论利害,论轻重不论死生。杀身成仁,舍生取义,幸而此身存,则名固在;不幸而此身死,则名亦不朽;岂不身'困'而志'亨'乎?身存者,张良之椎,苏武之节是也;身死者,比干、文天祥、陆秀夫、张世杰是也。"

【困以寡怨】 谓《困》卦的道理可以用于指导人处困守操而不怨天尤人。语出《系辞下传》。为"三陈九卦"中的三陈第七卦《困》卦之义。说明此卦之用,在于处穷守德而不怨,即前文"初陈"所云"德之辨"之旨。孔颖达《周易正义》:"遇困守节不移,不怨天不尤人,是无怨于物,故'寡怨'也。"参见"三陈九卦"。

【困穷而通】 谓《困》卦教人在困穷时守正而求得亨通。语出《系辞下传》。为"三陈九卦"中的再陈第七卦《困》卦之义。说明此卦主于处穷守正以致通。孔颖达《周易正义》:"言《困》卦于困穷之时而能守节,使道通行而不屈也。"参见"三陈九卦"。

【困受之以井】 《周易》六十四卦,以象征"困穷"的《困》卦列居第四十七卦;事物若因上升不已而困穷于上,必然要返归于下,以求安居,所以接《困》之后是象征"水井"稳居于下的第四十八卦《井》卦。此称"《困》受之以《井》"。语本《序卦传》:"困乎上者必反下,故受之以《井》。"李鼎祚《周易集解》引崔憬曰:"《困》极于'臲卼',则反下以求安,故言困乎上必反下。"程颐《周易程氏传》:"承上'升而不已必困'为言,谓上升不已而困,则必反于下也。物之在下者莫如井,《井》所以次《困》也。"

【困德之辨也】 谓《困》卦象征遭困守操,是检验道德的准绳。语出《系辞下传》。为"三陈九卦"中初陈第七卦《困》卦之义。说明人于困穷之时,正可分辨并检验其是否固守德操,故云"德之辨"。李鼎祚《周易集解》引郑玄曰:"辩,别也。遭困之时,君子固穷,小人穷则滥,德于是别也。"孔颖达《周易正义》:"若遭困之时,守操不移,德乃可分辨也。"按,"辨"字,郑作"辩",陆德明《经典释文》所出同,两字音义并通。参见"三陈九卦"。

【困九二小象传】 《困》卦九二爻的《小象传》。其辞曰:"困于酒食,中有庆也。"意思是:酒食贫乏困穷,说明九二只要持刚中之道必有福庆。这是解说《困》九二爻辞"困于酒食"的象征内涵。来知德《周易集注》:"言有此刚中之德,则自亨其道矣,所以有此'朱绂方来'之福庆。"

【困九五小象传】 《困》卦九五爻的《小象传》。其辞曰:"劓刖,志未得也;乃徐有说,以中直也;利用祭祀,受福也。"意思是:施用削鼻截足的刑罚治理众人,说明九五困济的心志未有所得;将会渐渐摆脱困境,这是九五守持中正之道所致;利于举行祭祀,这样九五就能永久承受神灵施降的福泽。这是解说《困》九五爻辞"劓刖"、"乃徐有说"、"利用祭祀"的象征内涵。李鼎祚《周易集解》引陆绩曰："无据无应，故'志未得'也。"又引崔憬曰："以其居中当位，故'有说'。"又引荀爽曰："谓五爻合同据国，当位而主祭祀，故'受福也'。"

【困九四小象传】《困》卦九四爻的《小象传》。其辞曰："来徐徐，志在下也；虽不当位，有与也。"意思是：迟疑缓缓地前来，说明九四的心志在于谨慎求合下方的初六；尽管居位不妥当，但必然能获得相助终将遂愿。这是解说《困》九四爻辞"来徐徐"的象征内涵及其爻位不当而能"有终"之义。有与，犹言为物所赞与，指九四获得初六的应援相助。程颐《周易程氏传》："四应于初而隔于二，志在下求，故徐徐而来；虽居不当位为未善，然其正应相与，故有终也。"

【困上六小象传】《困》卦上六爻的《小象传》。其辞曰："困于葛藟，未当也；动悔有悔，吉行也。"意思是：困在葛藟藤蔓之间，说明上六所处地位未曾稳当；既然动辄后悔就要赶快悔悟，说明上六这样往前而行必能解困并获得吉祥。这是解说《困》上六爻辞"困于葛藟"、"动悔有悔"的象征内涵。吉行，犹言"行则吉"。孔颖达《周易正义》："《象》曰'未当也'者，处于困极，而又乘刚，所处不当，故致此困也。'吉行'者，知悔而征，行必获吉也。"

【困六三小象传】《困》卦六三爻的《小象传》。其辞曰："据于蒺藜，乘刚也；入于其宫，不见其妻，不祥也。"意思是：凭据在蒺藜上（棘刺难践），说明六三以阴柔乘凌阳刚之上；即使退回自家居室，也盼不到配人为妻的一天，这是不吉祥的现象。此为解说《困》六三爻辞"据于蒺藜，入于其宫，不见其妻"的象征内涵。孔颖达《周易正义》："《象》曰'乘刚'者，明二为蒺藜也。'不祥也'者，祥，善也，吉也；不吉必有凶也。"

【困初六小象传】《困》卦初六爻的《小象传》。其辞曰："入于幽谷，幽不明也。"意思是：退入幽深的山谷，说明初六苟且藏身在幽隐不明的处所。这是解说《困》初六爻辞"入于幽谷"的象征内涵。王弼《周易注》："入于不明，以自藏也。"

【困于石据于蒺藜】《困》卦六三爻辞之语。意思是：困在巨石下（石坚难移），凭据在蒺藜上（棘刺难践）。石，喻《困》九四；蒺藜，一年生草本植物，果实有刺，喻《困》九二。这是说明六三当"困"之时，阴柔失正，以阴居阳，有"刚武"之志，因无应而比近九四，欲求为配偶，但四已应初，则六三犹如困于石下；又因乘凌九二，亦欲求配，但二刚中强毅不可据，则六三又如错足蒺藜，故有"困于石，据于蒺藜"之象。爻义主于处困失道，必有凶险。参见"困六三"。

【困于葛藟于臲卼】《困》卦上六爻辞之语。意思是：困在葛蔓藟藤之间，又困在摇动危坠之处。藟，音蕾 lěi，藤类植物；臲卼，音聂误 niè wù，形容动摇不安之状，"于臲卼"句前省略一"困"字，因前句而省。这是说明上六以阴居"困"之极，乘凌二刚，下无应援，犹如困于藤蔓之缠，又如濒临危坠之地，故曰"困于葛藟，于臲卼"。参见"困上六"。

【困于葛藟未当也】《困》卦上六爻的《小象传》语。旨在解说"困于葛藟"的象征内涵。意思是：困在葛藟藤蔓之间，说明上六所处地位未曾稳当。参见"困上六小象传"。

【困于酒食中有庆也】《困》卦九二爻的《小象传》辞。旨在解说九二爻辞"困于酒食"的象征内涵。意思是：酒食贫乏困穷，说明九二只要守持刚中之道必有福庆。参见"困九二小象传"。

【困于酒食朱绂方来】《困》卦九二爻辞之语。意思是：酒食贫乏穷困，荣禄即将到来。绂，音弗 fú，古代祭服的饰带，"朱绂"借喻"荣禄"。这是说明九二当"困"之时，虽"酒食"穷乏，艰难坎坷，但能以刚中自守,安贫乐道,遂可济困获亨,终有荣禄临身,故曰"困于酒食,朱绂方来"。参见"困九二"。

【困蒙之吝独远实也】 《蒙》卦六四爻的《小象传》辞。旨在解说六四爻辞"困蒙,吝"的象征内涵。意思是:困陷于蒙稚的憾惜,说明六四独自远离刚健笃实(的蒙师)。参见"蒙六四小象传"。

【时大】 谓《易》卦所展示的特定的"时"所蕴含的弘大功效。《周易》六十四卦的《彖传》中,赞叹"时大"之卦凡有《颐》、《大过》、《解》、《革》四卦,为"叹卦三体"中的一体。如《颐》卦的《彖传》云"颐之时大矣哉"即是。程颐《周易程氏传》:"夫子推'颐'之道,赞天地与圣人之功,曰'颐之时大矣哉'。"项安世《周易玩辞》:"《颐》、《大过》、《解》、《革》,皆大事大变也,故曰'时大矣哉',欲人之谨之也。"

【时义】 谓《易》卦所展示的特定的"时"及其时所蕴含的深刻意义;后亦引申为适应时代而产生的价值意义,犹言"时宜"。《周易》六十四卦的《彖传》中,赞叹"时义"之卦凡有《豫》、《随》、《遯》、《姤》、《旅》五卦,为"叹卦三体"中的一体。如《豫》卦《彖传》"豫之时义大矣哉",孔颖达《周易正义》云:"言于逸豫之时,其义大矣,此叹卦也。"项安世《周易玩辞》:"《豫》、《随》、《遯》、《姤》、《旅》,皆若浅事而有深意,故曰'时义大矣哉',欲人之思之也。"《南齐书·张绪传》:"绪长于《周易》,言精理奥,见宗一时。常云:'何平叔所不解《易》中七事,诸卦中所有"时义"是其一也。'"谢朓《三日侍华光殿曲水宴代人应诏诗》(见《谢宣城集》):"作乐顺动,实符时义。"

【时用】 谓《易》卦所展示的特定的"时"及其时的施用要旨;后引申为应合时代的功用,即有益于当时之意。《周易》六十四卦的《彖传》中,赞叹"时用"之卦凡有《坎》、《睽》、《蹇》三卦,为"叹卦三体"中的一体。如《坎》卦《彖传》云"险之时用大矣哉"即是。项安世《周易玩辞》:"《坎》、《睽》、《蹇》,皆非美事,而圣人有时而用之,故曰'时用大矣哉',欲人之别之也。"《文选》载嵇康《与山巨源绝交书》:"为官得人,以益时用。"又载潘岳《在怀县作》诗:"虚薄乏时用,位微名日卑。驱役宰两邑,政绩竟无施。"

【时变】 时序的迁移变化。语见《贲》卦《彖传》"观乎天文,以察时变"。《史记·天官书》:"终始古今,深观时变。"

【时乘之梦】 谓适时驾乘六条巨龙的梦境;"时乘六龙"为《乾》卦的卦象,故犹言登居帝位之梦。语本《乾》卦《文言传》"时乘六龙以御天"。《南齐书·荀伯玉传》:"秦始七年,伯玉又梦太祖乘船在广陵北渚,见上两腋下有翅不舒,伯玉问:'何当舒?'上曰:'却后三年。'伯玉梦中自谓:是呪师向上唾呪之,凡六呪,有六龙出两腋下,翅皆舒,还而复敛。元徽二年而太祖破桂阳,威名大震,五年而废苍梧。太祖谓伯玉曰:'卿时乘之梦,今且效矣。'"

【时乘六龙以御天】 ①《乾》卦《彖传》语。承接其前文"大明终始,六位时成"两句,共释《乾》卦辞"利"之义。意思是:《乾》卦六爻犹如阳气按时乘着六条巨龙驾御大自然。六龙,喻《乾》卦六爻。此句紧承前文之义,说明六爻如六龙按时统御天道,恰似自然界沿四季程序发展至秋,万物尽趋成熟而施利天下。参见"大明终始六位时成"。 ②《乾》卦《文言传》语。旨在赞美《乾》卦六爻的象征内涵。其意与《彖传》之语同。孔颖达《周易正义》:"时乘六龙以御天者,重取《乾·彖》之文以赞美此《乾》之义。"

【时止则止时行则行】 《艮》卦的《彖传》语。意思是:其时应当抑止就抑止,应当前行就前行。这是说明《艮》卦所揭示的"抑止"之道要适时而用,不可妄施,以释卦名《艮》之义。王弼《周易注》:"止道不可常用,必施于不可以行,适于其时,道乃光明。"程颐《周易程氏传》："艮为止；止之道，唯其时。行止动静不以时，则妄也。不失其时，则顺理合义。"

【吴沆】 南宋抚州崇仁（今属江西）人。字德远。居环溪，又称环溪先生。幼孤，事母孝。博通经史。绍兴十六年（1146），与其弟吴澥献书于朝廷，澥所献为《宇内辨》、《历代疆域志》，沆所献为《易璇玑》、《三坟训义》，均不被采用，遂隐于环溪（见《经义考》）。其《易》学专著《易璇玑》三卷今存，清初被刻入《通志堂经解》。

【吴澄】(1249—1333) 元抚州崇仁（今属江西）人。字幼清。所居草屋，程钜夫曾题曰"草庐"，故学者称为草庐先生。幼颖悟，教之古诗随口成诵；五岁日受千余言，夜读书至旦，母忧其过勤，节膏火不多与，澄候母寝，燃火复诵习；九岁从群子弟试乡校，每中前列。既长，博通经传，知用力圣贤之学。至大初，为国子监司业，迁翰林学士。泰定初，开经筵，以澄为讲官。会修《英宗实录》，命总其事。《实录》成，即移疾，诏加资善大夫。平生以斯文自任，四方之士负笈从学者，不下千数百人。得暇即著书，撰述甚丰。卒年八十五，追封临川郡公，谥"文正"（见《元史》本传）。《易》学专著有《易纂言》十二卷、《易纂言外翼》八卷。

【吴仁傑】 南宋人，其先祖居洛阳（今属河南），后家于昆山（今属江苏）。博洽经史，讲学于朱熹之门。登淳熙进士第。历罗田令、国子学录。有《古周易》、《洪范辨图》、《汉书刊误补遗》等书（见《宋元学案》）。《易》学专著今存《易图说》三卷。

【吴曰慎】 清歙县（今属安徽）人。字微仲。论学主于敬，故自号"静庵"。诸生。尽心于宋五子书。初游梁豁，讲学东林书院。后归歙，会讲紫阳、还古两书院（见《清史稿·儒林传》及《清史列传》）。《易》学著述今存《周易本义爻徵》二卷。

【吴桂森】 明无锡（今属江苏）人。字叔美。与顾宪成、高攀龙讲学于东林书院。曾从同郡钱一本学《易》，日夜探索，几忘寝食。天启中，购小斋，曰"来复"，讲《易》于其中，学者称为"素衣先生"（见《经义考》）。《易》学专著今存《周易象像述》五卷。

【吴园易解】 北宋张根撰。九卷。《武英殿聚珍版书》本。亦题曰《吴园周易解》。此书系张氏诸多撰述中仅存的一种。《四库全书提要》云："明祁承煠家有其本。此为徐氏传是楼所钞。自《说卦传》'乾，健也'节以下，蠹蚀残阙。末有康熙壬申李良年《跋》，亦称此本不易得。然《通志堂经解》之中遗而不刻，岂得本于刻成后邪？书中次第，悉用王弼之本，诠义理而不及象数，不袭河洛之谈；注文简略，亦无支曼之弊。末有《序语》五篇，《杂说》一篇，皆论《系辞》，于经义颇有发明；又《泰卦论》一篇，于人事天道倚伏消长之机尤三致意焉。盖作于徽宗全盛时也，亦可云识微之士矣。"

【吴园周易解】 北宋张根撰。九卷。见"吴园易解"。

【邑人不诫上使中也】 《比》卦九五爻的《小象传》语。旨在解说九五爻辞"邑人不诫"的象征内涵。意思是：属下邑人也不相警备，这是君上使下属保持适中之道。参见"比九五小象传"。

【别卦】 即"六十四卦"。因为六十四卦均是以八卦两两相叠而成的，故称八卦为"经卦"，称六十四卦为"别卦"。《周礼·春官·太卜》："掌《三易》之法，一曰《连山》，二曰《归藏》，三曰《周易》。其经卦皆八，其别皆六十有四。"郑玄注："别者，重之数。"贾公彦疏："通本相乘，数之为六十四也。"

【别象】 北宋邵雍以乾为天之类，为八卦之"本象"；其余为金、为玉等等，为八卦之"别象"。参见"本象"。

【男女睽而其志通】 《睽》卦的《象传》语。意为：男女阴阳乖睽但交感求合的心志则相通。此举"男女"的事状为例，说明事物虽"睽"却有可同之理,以推阐《睽》卦所揭示的"合睽"之义。程颐《周易程氏传》:"男女异质,睽也;而相求之志则通也。"

【男女正天地之大义】 《家人》卦的《象传》语。谓"一家人"中的男女居位得正,即合乎天地、阴阳、尊卑之理,以释《家人》卦的卦名及卦辞"家人,利女贞"之义。孔颖达《周易正义》:"因正位之言,广明'家人'之义,乃道均二仪,非惟人事而已。"

【财成天地之道】 《泰》卦的《大象传》语。意思是:裁节促成天地交通之道。财,通"裁",犹言裁节调理;天地之道,即天地相交之道。这是从《泰》卦"天地交"的卦象而推阐出的"君主"观《泰》之象,须悟知当"通泰"之时,应当善为裁节调理,不使滥"通"失节,才能促成"天地交通"之道的道理。参见"泰大象传"。

【里堂易学】 王永祥撰。《孝鱼丛著》本。作者著有《焦学三种》,编入《孝鱼丛著》中,叙述焦循之学术思想,其第一种为《焦里堂先生年谱》,第二种为《里堂思想与戴东原》,第三种即为是书。旨在论说焦循的《易》学特征,认为其学《易》所得有三:一曰旁通,二曰相错,三曰时行,故沿此三端抒论。书中"旁通"、"相错"、"时行"图二十余幅,乃作者参照焦氏《易》著之意而绘,多非焦氏原书所有。《凡例》云:"'旁通'、'相错'诸图,大半为原本所无,兹特参具微意为之补作,或不无与里堂原旨违悖之处";又云:里堂"《易》学纲领全在时行一义,故于'时行'诸图绘之特详,庶可对于变通之迹一目了然,不致迷其所指。"

【里堂读杂卦而病愈】 里堂,清代《易》家焦循之字。焦循自称,曾染病垂危,迷糊间反复诵读《易传》中的《杂卦传》,其病乃愈,便专心研治《易》学。焦氏《易通释·叙》:"丁卯(清嘉庆十二年,1807)春三月,遘寒疾,垂绝者七日,昏瞀无所知,惟《杂卦传》一篇,往来胸中,既瘳,遂壹意于《易》。"

〔丿〕

【孚】 《周易》卦爻辞中的常用语。许慎《说文解字》:"一曰'信也'",犹言"诚信"。《需》卦辞"需,有孚",孔颖达《周易正义》曰:"无信即不立,所待唯信也,故云'需,有孚'。言'需'之为体,唯有信也。"

【孚兑】 《兑》卦九二爻辞之语。意为:诚信欣悦以待人。孚,信也。此言九二当"悦"之时,以阳刚居下卦中位,为"刚中"信实之象,犹如能孚诚欣悦以待人,吉必从之,故称"孚兑"。参见"兑九二"。

【孚于嘉】 《随》卦九五爻辞之语。意为:广施诚信给美善者。孚,信也;嘉,"美善"之称。此谓九五当"随"之时,阳刚居尊,以中正之德下应六二,有从善如流之象,遂能孚信于美善者,故称"孚于嘉"。参见"随九五"。

【孚乃利用禴】 ①《萃》卦六二爻辞之语。意思是:只要心存诚信即使微薄的禴祭也利于奉享神灵。孚,信也;禴,音跃yuè,古代四时祭祀之一,殷称"春祭"为"禴",属较微薄之祭。这是说明六二当"萃"之时,柔中居正,上有刚中"君主"为应,此时只须心存诚信,即可赢得"会聚"之美盛功效,犹如微薄的"禴祭"亦足以奉享神灵,获其赐福,故称"孚乃利用禴"。参见"萃六二"。 ②《升》卦九二爻辞之语。字面意思与《萃》六二爻辞同。但其象征内涵乃在于说明九二当"升"之时,禀刚中之德上应六五,犹如心存诚信而受任于尊者,以此而"升",必能遂愿,故亦有虽薄祭也足以荐神获福之象。参见"升九二"。

【孚于剥有厉】 《兑》卦九五爻辞。意思是:施诚信于消剥阳刚的柔邪小人,有危险。孚,信也。此言九五当"悦"之时,虽阳刚中正,高居尊位,却近比上六之阴,犹如被柔邪小人所引诱而孚信之,并与相悦,乃至阳刚气质亦被消剥。其危可知,故曰"孚于剥,有厉"。参见"兑九五"。

【孚于剥位正当也】《兑》卦九五爻的《小象传》辞。旨在解说九五爻辞"孚于剥"的象征内涵。意思是：施诚信于消剥阳刚的柔邪小人，可惜九五所居的正当之位啊！参见"兑九五小象传"。

【孚兑之吉信志也】《兑》卦九二爻的《小象传》辞。旨在解说九二爻辞"孚兑，吉"的象征内涵。意思是：诚信欣悦待人而获吉祥，说明九二志存信实。参见"兑九二小象传"。

【孚于嘉吉位正中也】《随》卦九五爻的《小象传》辞。旨在解说九五爻辞"孚于嘉，吉"的象征内涵。意思是：广施诚信给美善者、吉祥，说明九五居位正中不偏。参见"随九五小象传"。

【孚号有厉其危乃光也】《夬》卦的《彖传》语。意思是：心怀诚信地号令众人戒备危险，说明时时戒备小人的危害就能使正道光大。这是解说《夬》卦的卦辞"孚号有厉"之义。谓"君子"于决除"小人"之时，当使人们长存惧戒备之心，则阳刚正道必能光大。程颐《周易程氏传》："尽诚信以命其众，而知有危惧，则君子之道乃无虞而光大也。"

【余庆】 绵延充余的福庆。语出《坤》卦《文言传》"积善之家，必有余庆"。《三国志·吴志·贺邵传》载邵上疏语："余庆遗祚，至于陛下，陛下宜勉崇德器，以光前烈，爱民养士，保全先轨。"《文选》载潘岳《西征赋》："惟泰山其犹危，祀八百而余庆。"

【余殃】 存余的祸殃。语出《坤》卦《文言传》"积不善之家，必有余殃"。刘向《说苑·说丛》："贞良而亡，先人余殃；猖獗而活，先人余烈。"《汉书·天文志》："余殃不尽。"

【含章可贞】《坤》卦六三爻辞之语。意思是：蕴含阳刚的章美，可以守持正固。此言六三阴居阳位，犹内含章美而不轻易发露，故可守"贞"。参见"坤六三"。

【含万物而化光】《坤》卦《文言传》语。旨在盛赞《坤》卦辞所展示的"坤德"之美。谓"坤"体包容一切、普载万物于是焕发无限光芒。此句又与《坤》卦《彖传》"含弘光大，品物咸亨"之义同，兼明卦辞"亨"的象征内涵。

【含章有陨自天】《姤》卦九五爻辞之语。意思是：内心含藏章美，必然有理想的遇合从天而降。章，谓章美之德；陨，降也。这是说明九五当"遇"之时，阳刚中正以居尊位，内含章美，以此求遇，必有贤者"自天而降"与之应合，故曰"含章，有陨自天"。参见"姤九五"。

【含弘光大品物咸亨】《坤》卦《彖传》语。旨在阐释《坤》卦辞"亨"之义。意思是："坤德"含育一切之发扬光大，万物亨通畅达遍获滋养。弘，《尔雅·释诂》"大也"，邢昺疏："含容之大也"；品物，谓各种物类。李鼎祚《周易集解》引荀爽曰："天地交，万物生，故'咸亨'。"又引崔憬曰："含育万物为'弘'，光华万物为'大'；动植各遂其性，故言'品物咸亨'也。"孔颖达《周易正义》："包含弘厚，光著盛大，故品类之物，皆得亨通。但《坤》比《乾》，即不得'大'名；若比众物，其实大也，故曰'含弘光大'者也。"

【含章可贞以时发也】《坤》卦六三爻的《小象传》语。旨在解说六三爻辞"含章可贞"的象征内涵。意思是：蕴含着阳刚的章美，可以守持正固，说明六三应当根据时机发挥作用。以时，犹言审度时机。李鼎祚《周易集解》引崔憬曰："阳命则发，非时则含也。"参见"坤六三小象传"。

【告公从以益志也】《益》卦六四爻的《小象传》辞。旨在解说六四爻辞"告公从"的象征内涵。意思是：致意于王公必能言听计从，说明六四凭着施益天下的心志去劝谏王公。参见"益六四小象传"。

【告自邑不利即戎】《夬》卦的卦辞之语。意思是：颁告政令于城邑上下，不利于兴兵出师。告自邑，犹言"颁告政令于邑"；即戎，谓用兵。这是说明《夬》卦之义主于"决断",即阳刚决除阴柔,"君子"决除"小人";此时"君子"应当以"德"制裁"小人",宜于城邑上下颁告政令以宣明其理,而不可用武力取胜,故曰"告自邑,不利即戎"。参见"夬卦辞"。

【告自邑不利即戎所尚乃穷也】《夬》卦的《象传》语。意思是:应当颁告政令于城邑上下,不利于兴兵出师,说明若崇尚于用武力强制小人将使正道困穷。这是解说《夬》卦的卦辞"告自邑,不利即戎"之义。谓"君子"于制裁决除"小人"之时,若非以德取胜,而"尚"于武力,其道必穷。孔颖达《周易正义》:"刚克之道,不可常行;若专用威猛,以此'即戎',则便为尚力取胜,即是'决而不和',其道穷矣。"

【系辞】 ① 指系属于《周易》六十四卦符号下的文辞,即卦辞、爻辞的合称,亦即《周易》上下经的经文。孔颖达《周易正义》云:"圣人系属此辞于爻卦之下","上下二篇经辞是也"。参见"卦爻辞"。② 指《十翼》中的《系辞上传》、《系辞下传》,总称《系辞传》,为阐说《周易》经文的专论。孔颖达《周易正义》:"夫子本作《十翼》,申说上下二篇经文系辞,条贯义理,别自为卷,总曰《系辞》。"参见"系辞传"。

【系遯】《遯》卦九三爻辞之语。意为:心怀系恋而不能退避。系,犹言"系恋"。此谓九三当"遯"之时,处下卦之终,阳刚无应而亲比于六二,心为所系,未能遯退,为处"遯"不妥之象,故曰"系遯"。参见"遯九三"。

【系辞传】 阐说《周易》经文义旨的通论性专著,分《系辞上传》、《系辞下传》两篇,为《十翼》中的第五翼、第六翼。旧说孔子所作,然后人或有不同看法。《系辞传》分为上下二篇之旨,孔颖达《周易正义》引何氏云:"上篇明'无',故曰《易》有太极',太极即无也。又云'圣人以此洗心,退藏于密',是其'无'也。下篇明'几',从无入有,故云'知几其神乎'。"这是一种说法。又引或说:"以上篇论《易》之大理,下篇论《易》之小理。"这又是一种说法。孔颖达已驳"大小理"之说"事必不通",认为只是"以简编重大,是以分之"(《周易正义》);朱熹也说:"以其通论一经之大体凡例,故无经可附,而自分上下"(《周易本义》)。孔、朱之说似可从。合上下篇而论,《系辞传》的基本价值大略有两方面。第一,对《周易》的诸多内容作了较全面可取的辨析阐发,有助于后人理解八卦、六十四卦及卦爻辞的大义。其中有对《周易》作者、成书年代的推测,有对《周易》"观物取象"创作方法的论述;或辨阴阳之理,或释八卦之象,或疏解乾坤要旨,或展示《易》筮略例;同时穿插解说某些卦爻辞的深义,远引上古史迹,近取日常现象,尽行表述了作者的《易》学观点。从这一方面看,《系辞传》实可称为一部早期的、颇有系统的《易》义通论。第二,在阐释《易》理的同时,作者广泛表达了自己的哲学思想,尤其是披露了具有一定深度的辩证法认识。其中较为突出的如关于宇宙万物生于阴阳二气的看法,关于万物的发展"穷则变,变则通,通则久"的观点,以及贯穿整个《系辞传》的关于遵循变化规律、促进事物更新发展的积极进取倾向,均在中国哲学史上产生过重大影响,乃至成为今天研究古代哲学的重要资料。从这一方面看,《系辞传》又可称为一部内涵丰富而体现着古人宇宙观及认识论的哲学专著。若综合上述两端细为辨识,还应当看到,尽管作者在解《易》过程中阐发了各方面的哲学见解,其主旨又无不归趋于《易》理范畴。换言之,从创作宗旨这一角度认识,《系辞传》旨在发《易》义之深微,示读《易》之范例。朱熹曰:"熟读六十四卦,则觉得《系辞》之语甚为精密,是《易》之括例。"(《朱子语类》)此说尽赅《系辞传》作为"经"之"翼"的根本功用。此外,《系辞传》在流传过程中,似亦存在错简或被增删改易的现象。朱熹《周易本义》注《系辞下传》第六章曰:"多阙文疑字,不可尽通。后皆放此。"即对文字内容之准确与否提出存疑的看法。据近年湖南长沙马王堆汉墓出土的《帛书周易》，其《系辞传》分上下篇，但与通行本内容有异。主要见于：帛书上篇包括通行本《系辞上传》第一至七章（依朱熹《周易本义》章次，下同），九至十二章，及《系辞下传》第一至三章，第四章大部分，第七章后面数句（"若夫杂物撰德"以下数句），第九章；下篇包括通行本《系辞传》所无的部分约二千一百字，通行本《说卦传》的前三节，通行本《系辞下传》第五、六章，第七章前面部分（"若夫杂物撰德"以前部分），及第八章（参阅于豪亮《帛书周易》，载《文物》1984年第3期）。可见，帛书《系辞传》虽亦分上下篇，但简次不同于通行本，内容字数也颇有出入。两者之间，何本近古，何本精善，尚待学术界进一步考订、证实。

【系于金柅】 《姤》卦初六爻辞之语。意思为：紧紧系结在金属刹车器上。柅，音你 nǐ，古代大车下的刹车器；"金柅"质体刚坚，以喻《姤》卦九四阳爻。这是说明初六当"遇"之时，一阴在下，处巽风浮躁之体，有自纵无归的情状，恐其求遇为邪，故爻辞特明其事必专一应合于上卦九四之阳，犹如紧系于"金柅"而安静长守正固，不失正应，方可获吉。参见"姤初六"。

【系辞上传】 《系辞传》的上篇，为《十翼》中的第五翼，简称《上系》。凡分十二章，然旧说分章之法略有异同，以孔颖达《周易正义》、朱熹《周易本义》所分较为通行。《系辞上传》全文，始于"乾坤易简"，终于学《易》"存乎德行"，每章大略都侧重某一角度抒论。从整体看，其内容正如朱熹所云："或言造化以及《易》，或言《易》以及造化。不出此理。"(《朱子语类》)亦即把《周易》义理同自然界的发展规律结合起来探讨，以体现作者的哲学观点。这也是《系辞传》上下篇的通例。参见"系辞传"。

【系辞下传】 《系辞传》的下篇，为《十翼》中的第六翼，简称《下系》。与《系辞上传》一样分为十二章，然旧说分章之法略有异同，以孔颖达《周易正义》、朱熹《周易本义》所分较为通行。《系辞下传》全文，始于"八卦"、"吉凶"要义的分析，终于"象理"、"辞情"的概括。诸章也是各自侧重某一角度抒论，而章与章之间又有一定的联系；至其内容，均不离阐明《易》道，揭示哲理的主旨。参见"系辞传"。

【系辞传论】 清庄存舆撰。二卷。参见"彖传论"。

【系小子失丈夫】 《随》卦六二爻辞。意思是：倾心附从小子，失去阳刚丈夫。系，系属，犹言"附从"；小子，喻《随》卦初九爻；丈夫，喻《随》卦九五爻。此谓六二当"随"之时，柔居下卦，本与上卦的九五相应，却就近附从初九，有从正不专，"系"小"失"大之象，故曰"系小子失丈夫"。参见"随六二"。

【系丈夫失小子】 《随》卦六三爻辞之语。意思是：倾心附从阳刚丈夫，失去在下小子。系，犹言"附从"；丈夫，喻《随》卦九四爻；小子，喻《随》卦初九爻。此谓六三居《随》下卦之上，当"随"之时，以阴柔近承上卦九四阳刚，遂得附从此阳刚"丈夫"，而失去初九"小子"，故称"系丈夫，失小子"。参见"随六三"。

【系小子弗兼与也】 《随》卦六二爻的《小象传》辞。旨在解说六二爻辞"系小子，失丈夫"的象征内涵。意思是：倾心附从小子，说明六二随从于人不能多方兼获亲好。参见"随六二小象传"。

【系丈夫志舍下也】 《随》卦六三爻的《小象传》辞。旨在解说六三爻辞"系丈夫"的象征内涵。意思是：倾心附从阳刚丈夫，说明六三的意志是舍弃在下的小子。参见"随六三小象传"。

【系于金柅柔道牵也】 《姤》卦初六爻的《小象传》辞。旨在解说初六爻辞"系于金柅"的象征内涵。意思是：紧紧系结在金属刹车器上，说明初六必须守持柔顺之道而接受阳刚者的牵制。参见"姤初六小象传"。

【系用徽纆寘于丛棘】 《坎》卦上六爻辞之语。意为：被绳索捆缚，囚置在荆棘丛中。纆，音墨 mò；"徽纆"均为绳索之名；寘，音置 zhì，通"置"；丛棘，古代牢狱外种植多重荆棘，称"丛棘"，此处指代"牢狱"。这是说明上六当"险陷"之时，以柔居险之极，所陷至深，犹如被捆缚囚置于"丛棘"中的牢狱，故曰"系用徽纆，寘于丛棘"。参见"坎上六"。

【系遯之厉有疾惫也】 《遯》卦九三爻的《小象传》辞。旨在解说九三爻辞"系遯，有疾厉"的象征内涵。意思是：心怀系恋而不能退避以致有危险，说明九三将遭疾患而羸困不堪。参见"遯九三小象传"。

【饮食衎衎不素饱也】 《渐》卦六二爻的《小象传》辞。旨在解说六二爻辞"饮食衎衎"的象征内涵。意思是：安享饮食和乐欢畅，说明六二是尽心臣道而不是白白吃饭饱腹。参见"渐六二小象传"。

【饮酒濡首亦不知节也】 《未济》卦上九爻的《小象传》辞。旨在解说上九爻辞"饮酒"、"濡其首"的象征内涵。意思是：饮酒逸乐过度而像小狐渡河被水沾湿头部，说明上九若是这样也太不知节制了。参见"未济上九小象传"。

【我仇有疾不我能即】 《鼎》卦九二爻辞之语。意思是：我的配偶身有疾患，暂不前来加重我的负担。我，指《鼎》九二；仇，匹配，指《鼎》六五；即，就也，"不我能即"犹言"不能就我"。这是说明九二居《鼎》下卦之中，阳刚充实，为"鼎有实"之象；此时二又应于上卦六五，五因乘刚犹如"有疾"而不能前来就二，九二由是免增负荷，鼎实不致充溢，遂能专心效力于"鼎功"而获吉，故曰"我仇有疾，不我能即"。参见"鼎九二"。

【我仇有疾终无尤也】 《鼎》卦九二爻的《小象传》语。旨在解说九二爻辞"我仇有疾"的象征内涵。意思是：我的配偶身有疾患，说明九二（虽然暂未获应于六五但）终将无所过尤。参见"鼎九二小象传"。

【我有好爵吾与尔靡之】 《中孚》卦九二爻辞之语。意思是：我有一壶好酒，愿与你共饮同乐。爵，酒器之名，此处借指"酒"；靡，共也。这是说明九二当"中孚"之时，以"刚中"之德居下卦中位，笃诚信实，声闻于外，与上卦九五以诚相接，互为交融，虽有乐事亦愿与之共享；于是爻辞以旨酒共饮为喻，谓九二倘有美酒一壶，亦不欲独饮，乃愿与九五举杯同乐，以见其中心诚信之至，故称"我有好爵，吾与尔靡之"。参见"中孚九二"。

【利】 《周易》卦爻辞中的常用语。有两种基本含义：一、用作形容词，意为"和谐有利"。《乾》卦《文言传》："利者，义之和也。"孔颖达《周易正义》、李鼎祚《周易集解》于《乾》卦辞均引《子夏传》曰："利，和也。"二、用如动词，犹言"有利于"。如"利见大人"、"利涉大川"等语即是。

【利贞】 《周易》卦爻辞中的常用语。意为：利于守正。如《蒙》卦辞"利贞"，孔颖达《周易正义》释为"利于养正"，程颐《周易程氏传》释为"利以贞正"。

【利女贞】 ①《观》卦六二爻辞之语。意为：利于女子守持正固。此言六二处"观"之时，虽得正而上应九五，但阴柔处下守中，不能尽见大观之美，犹如身居户内，暗中窃观门外景物，故仅利于女子守正。爻辞的言外之意，谓男子如此则不利。参见"观六二"。 ②《家人》卦的卦辞之语。字面意思与《观》六二爻辞同。但其象征内涵乃言"家人"之道以女子操持"内事"为主要因素，故称"利女贞"。参见"家人卦辞"。

【利永贞】 ①《坤》卦六爻之后所附"用六"文辞之语。意思是：利于永久守持正固。"永贞"，谓永恒守正，含有"刚健"之旨，乃是《坤》"用六"所强调的柔能济之以刚则利的意义。参见"坤用六"。

296

②《艮》卦初六爻辞之语。意思与《坤》"用六"辞同。然其象征旨趣则在于：《艮》初六居卦最下，阴柔弱质，恐其不能长保善德，故勉以"利永贞"，则可无咎。参见"艮初六"。

【利西南】 《解》卦的卦辞之语。意为：利于西南众庶之地。西南，象征"众庶"。此言"舒解"险难之时，利在施于众庶，使群情共获舒解，故曰"利西南"。参见"解卦辞"。

【利用狱】 《噬嗑》卦的卦辞之语。意为：利于施用刑法。此言《噬嗑》卦乃以口中"啮合"食物喻施用刑法之义，说明事物当相间相隔之时，若能"啮"而合之则可亨通；犹如"刑法"可以除去间隔之物，以使正道畅行，故曰"利用狱"。参见"噬嗑卦辞"。

【利居贞】 ①语出《屯》卦初九爻辞。意思是：利于静居守持正固。此谓初九处"屯难"之初，犹如事物刚刚草创，不可急于求进，故其唯在安然居正以待时。参见"屯初九"。②语出《随》卦六三爻辞。意思与前项同。但主旨在说明《随》六三处于随附尊者，有求必得之时，不可肆意妄求，而应当广修美德，安居而守持正固。参见"随六三"。

【利艰贞】 《周易》卦爻辞中的常用语。意为：利于在艰难中守持正固。即含有"不忘艰难、长守正道"的诫意。如《噬嗑》卦九四爻辞"利艰贞"，程颐《周易程氏传》云："利在克艰其事而贞固其守"。

【利建侯】 ①《屯》卦的卦辞之语。意思是：利于建立诸侯。比喻当事物初创之时，应广资辅助，以实其根基。参见"屯卦辞"。②《屯》卦初九爻之辞语。意思与该卦卦辞之语同。其主旨则是比喻初九处"屯"之始，应守正谨慎，多获资助。参见"屯初九"。

【利见大人】 《周易》卦爻辞中的常用语。意为：利于出现大人物。然"大人"之义，又可析之为二：或指地位不高但有道德有作为的人，或指有道德并居于尊位的人。当据各卦爻辞的不同情形而加以区别，如《乾》卦九二"利见大人"属第一义，同卦九五"利见大人"则属第二义。参见"大人"。

【利有攸往】 《周易》卦爻辞中的常用语。意为：利于有所前往。攸，犹言"所"。如《大畜》卦九三爻辞"利有攸往"，孔颖达《周易正义》云："利有所往"。

【利涉大川】 《周易》卦爻辞中的常用语。谓利于涉越大河巨流。大川，即大河流，喻艰难险阻。《需》卦辞"利涉大川"，李鼎祚《周易集解》引何妥曰："大川者，大难也。须之待时，本欲涉难，既能以信而待，故可以'利涉大川'矣。"按，马其昶《重定周易费氏学》云："舟楫之利，最是天地大用。凡言涉川，其象皆取诸乾、坤、坎、巽四卦，其义则所谓'致远以利天下'者是也，非为涉险之喻。惟'不利涉大川'，乃取险象尔，皆在坎体。所谓水能载舟，水能覆舟，坎险故也。"此亦可备一说。

【利用为大作】 《益》卦初九爻辞之语。意思是：利于大有作为。大作，犹言"兴作大事"。此谓初九以阳刚居"益"之始，上应六四，为处下获益之象，宜于大有作为，才能不负此"益"，故曰"利用为大作"。参见"益初九"。

【利用宾于王】 《观》卦六四爻辞之语。意为：利于成为君王的贵宾。此言六四处"观"之时，柔顺得正，亲比九五，犹如贤者观光于盛治之国，成为君王的座上宾，即言可以效用于明君，故称"利用宾于王"。参见"观六四"。

【利牝马之贞】 《坤》卦的卦辞之语。意思是：利于像雌马一样柔顺地守持正固。《坤》卦大旨主"顺"，牝马为驯顺之物，故取作喻象。王弼《周易注》："《坤》贞之利，利于牝马也。马，在下而行者也；而又牝焉，顺之至也。至顺而后乃亨，故唯利于牝马之贞。"李鼎祚《周易集解》引干宝曰："行天者莫若龙，行地者莫若马。故

《乾》以龙繇,《坤》以马象也。坤阴类,故称'利牝马之贞'矣。"孔颖达《周易正义》:"此与《乾》异。《乾》之所贞,利于万事为贞;此唯云'利牝马之贞'。《坤》是阴道,当以柔顺为贞,假借柔顺之象,以明柔顺之德也。牝对牡,为柔;马对龙,为顺。假借此柔顺以明柔道,故云'利牝马之贞'。牝马,外物自然之象,此圣人因《坤》'元、亨,利牝马之贞'自然之德以垂教也。不云牛而云马者,牛虽柔顺,不能'行地无疆',无以见《坤》广生之德。马虽比龙为劣,所行亦能广远,象地之广育。"

【利者义之和】 《乾》卦《文言传》语。释《乾》卦辞"利"字之义。意思是:有利,是事物的和谐。义,犹言宜。朱熹《周易本义》:"利者,生物之遂,物各得宜,不相妨害,故于时为秋,于人则为义,而得其分之和。"按,《左传》襄公九年载穆姜云:"利者,义之和也",与《文言传》之语同,可备参考。

【利幽人之贞】 《归妹》卦九二爻辞之语。意为:利于幽静安恬的人守持正固。这是说明九二当"归妹"之时,以阳刚居下卦之中,有"女贤"之象;但上应六五阴柔不正,犹如配"夫"不良,惟勉力奉行为妇之道,适与"幽人"不遇贤君而抱道守"贞"之事同,故曰"利幽人之贞"。参见"归妹九二"。

【利建侯行师】 《豫》卦的卦辞之语。意为:利于建立诸侯、出师征战。此谓当众皆"豫乐"之时,应"建侯"广施治理、"行师"讨逆安民,使天下长保安乐,故曰"利建侯行师"。参见"豫卦辞"。

【利于不息之贞】 《升》卦上六爻辞之语。意为:利于不停息地守持正固。这是说明上六以阴处《升》之终,有昏昧至甚却仍然上升不已之象,应当守正不息,不可轻举妄动或擅为物主,故戒之曰"利于不息之贞"。参见"升上六"。

【利贞者性情也】 《乾》卦《文言传》语。释《乾》卦辞"利、贞"之义。谓"利"与"贞",是"天"所蕴含的本性和内情。李鼎祚《周易集解》引干宝曰:"以施化利万物之性,以纯一正万物之情。"按,王弼《周易注》:"不性其情,何能久行其正?"又曰:"利而正者,必性情也。"孔颖达《周易正义》:"所以能利益于物而得正者,由性制于情也。"于义亦通。

【利用为依迁国】 《益》卦六四爻辞之语。意思是:利于依附君主迁都益民。迁国,指古代迁徙国都以避害就利之举。这是说明六四当"损上益下"之时,禀柔正之德居上卦之始,近承九五阳刚,有因九五之尊而施益"下民"之象,故爻辞言其"利"在依附君主,播迁其国,以惠庶民。爻辞之义主于譬喻阴柔者得位,承上以益下。参见"益六四"。

【利物足以和义】 《乾》卦《文言传》语。意思是:施利于他物就符合"义"。和,犹言"合"。这是推衍《乾》卦辞"利"字之义。李鼎祚《周易集解》:"利为物宜,足以和义;义主秋成,西方金也。"朱熹《周易本义》:"使物各得其所利,则义无不和。"按,此句上承《文言传》前文释"利"之语而发,参阅"利者义之和"。

【利出否以从贵也】 《鼎》卦初六爻的《小象传》语。旨在解说初六爻辞"利出否"的象征内涵。意思是:利于倾倒废物,说明初六应当上从尊贵者(以期纳新)。参见"鼎初六小象传"。

【利用行师征邑国】 《谦》卦上六爻辞之语。意思是:利于出兵作战,征讨外旁国邑。邑国,犹言"外旁国邑",指较近之处。此谓上六当"谦"之时,高居《谦》卦极位,谦虚至极而名声远闻;以此"行师"征讨骄逆不谦者,所征又仅限于"邑国",故其行必"利"。参见"谦上六"。

【利用祭祀受福也】 《困》卦九五爻的《小象传》语。旨在解说九五爻辞"利用祭祀"的象征内涵。意思是:利于举行祭祀,这样九五就能永久承受神灵施降的福泽。参见"困九五小象传"。

【利有攸往刚长也】《复》卦的《象传》语。意为：利于有所前往，说明阳刚日益盛长。刚，指《复》卦初九阳爻。此举《复》卦中阳刚的发展之势日益盛长之象，释卦辞"利有攸往"之义。孔颖达《周易正义》："以阳气方长，往则小人道消。"程颐《周易程氏传》："消长相因，天之理也。阳刚君子之道长，故利有攸往。"

【利西南不利东北】《蹇》卦的卦辞之语。意思是：利于走向西南平地，不利于走向东北山麓。西南，象征平地；东北，象征山麓。这是说明当"蹇难"之时，所行宜于避险就夷，才能济蹇而解难，故曰"利西南，不利东北"。参见"蹇卦辞"。

【利西南往得中也】《蹇》卦的《象传》语。旨在解说《蹇》卦辞"利西南"之义。意思是：利于走向西南平地，这样前往就能合宜适中。孔颖达《周易正义》："之于平易，救难之理，故云'往得中也'。"《周易折中》："'得中'者，但取其进退之合宜，不躁动以犯难，为'利西南'之义耳。"

【利西南往得众也】《解》卦的《象传》语。意思是：利于西南众庶之地，说明前往解难必将获得众人拥护。这是解说《解》卦辞"利西南"之义。得众，指"西南"既象征"众"地，则前往解难必获众心，故有"利"。孔颖达《周易正义》："往之西南，得施解于众，所以为利也。"

【利艰贞吉未光也】《噬嗑》卦九四爻的《小象传》辞。旨在解说九四爻辞"利艰贞，吉"的象征内涵。意思是：利于在艰难中守持ীৗ固、吉祥，说明九四的治狱之道尚未发扬光大。参见"噬嗑九四小象传"。

【利艰贞晦其明也】《明夷》卦的《象传》语。意思是：利于牢记艰难并守持正固，说明要自我隐晦光明。此谓天下"明夷"之世，"君子"应当晦藏明智不用，以"艰"守"正"，以释《明夷》卦辞"利艰贞"之义。孔颖达《周易正义》："明在地中，是'晦其明'也；既处'明夷'之世，外晦其明，恐陷于邪道，故利在艰贞，不失其正。"

言所以'利艰贞'者，用晦其明也。"

【利见大人以从贵也】《蹇》卦上六爻的《小象传》语。旨在解说上六爻辞"利见大人"的象征内涵。意思是：利于出现大人，说明上六应当附从尊贵的阳刚君主。参见"蹇上六小象传"。

【利见大人尚中正也】《讼》卦的《象传》语。意思是：利于出现大人，说明决讼崇尚守正持中。这是以《讼》卦"九五"中正决讼而被崇尚之象，释卦辞"利见大人"之义。孔颖达《周易正义》："所以于讼之时利见此大人者，以时方斗争，贵尚居中得正之主而听断之。"

【利见大人往有功也】《蹇》卦的《象传》语。旨在解说《蹇》卦辞"利见大人"之义。意思是：利于出现大人，说明前往济蹇必能建功。程颐《周易程氏传》："蹇难之时，非圣贤不能济天下之蹇，故利于见大人也。大人当位，则成济蹇之功矣，往而有功也。"

【利用刑人以正法也】《蒙》卦初六爻的《小象传》辞。旨在解说初六爻辞"利刑人"的象征内涵。意思是：利于树立典型教育人，是为了让人就范于正确的法则。参见"蒙初六小象传"。

【利用刑人用说桎梏】《蒙》卦初六爻辞之语。意思是：利于树立典型教育人，使人免犯罪恶。刑，即"型"，用作动词；说，通"脱"。此谓初六处"蒙"之始，宜受启蒙教育，并当以正面典型施教，使之端正品性，免犯罪恶，不至于身罹桎梏。参见"蒙初六"。

【利用侵伐征不服也】《谦》卦六五爻的《小象传》辞。旨在解说六五爻辞"利用侵伐"的象征内涵。意思是：利于出征讨伐，说明六五是征伐骄横不顺者。参见"谦六五小象传"。

【利用御寇顺相保也】《渐》卦九三爻的《小象传》语。旨在解说九三爻辞"利御寇"的象征内涵。意思是：利于禀正用刚以抵御强寇，说明九三应当守正以使夫妇和顺相保。参见"渐九三小象传"。

【利有攸往上合志也】《大畜》卦九三爻的《小象传》辞,旨在解说九三爻辞"利有攸往"的象征内涵。意思是:利于有所前往,说明九三与上九的意志相合。参见"大畜九三小象传"。

【利有攸往中正有庆】《益》卦的《彖传》语。意思是:利于有所前往,说明尊者刚中纯正必将大呈庆祥。这是以《益》卦九五刚中居正而能益下的爻象,释卦辞"利有攸往"之义。王弼《周易注》:"五处中正,自上下下,故'有庆'也,以中正有庆之德有攸往也,何适而不利哉?"

【利涉大川木道乃行】《益》卦的《彖传》语。意思是:利于涉越大河巨流,正如木舟渡水征途通畅。这是解说《益》卦辞"利涉大川"之义。木,指《益》卦上巽为木,李鼎祚《周易集解》引虞翻曰:"谓三动成《涣》,涣,舟楫象,巽木得水,故'木道乃行'也",详虞氏之意,是以"木道"为"舟道";"木道乃行",犹今言"乘舟而行"。王弼《周易注》:"木者,以涉大川为常,而不溺者也;以'益'涉难,同乎木也。"

【利涉大川应乎天也】《大畜》卦的《彖传》语。意思是:利于涉越大河巨流,说明畜德美善者的行为应合天的规律。这是指出"畜德"至美者无虞险难,其行必应于"天",以释《大畜》卦辞"利涉大川"之义。王弼《周易注》:"尚贤制健,大正应天,不忧险难,故'利涉大川'也。"

【利涉大川往有功也】《需》卦的《彖传》语。意思是:利于涉越大河巨流,一往直前必获成功。这是解说《需》卦辞"利涉大川"之义。谓《需》下卦乾刚健而能需待,行险必能成功,故曰"往有功"。孔颖达《周易正义》:"释'利涉大川'之义。以乾刚健,故行险有功也。"

【利涉大川往有事也】《蛊》卦的《彖传》语。意为:利于涉越大河巨流,说明努力往前方可大有作为。此言"拯治蛊乱"之时,应当有为于事,以释《蛊》卦辞"利涉

大川"之义。孔颖达《周易正义》:"蛊者,有为之时;拔拯危难,往当有事,故'利涉大川'。"程颐《周易程氏传》:"方天下坏乱之际,宜涉艰险以往而济之,是往有所事也。"

【利武人之贞志治也】《巽》卦初六爻的《小象传》语,旨在解说初六爻辞"利武人之贞"的象征内涵。意思是:利于勇武的人守持正固,说明初六应当修立坚强的意志。参见"巽初六小象传"。

【利用御寇上下顺也】《蒙》卦上九爻的《小象传》辞,旨在解说上九爻辞"利御寇"的象征内涵。意思是:利于采用抵御强寇的方式(教治蒙稚者),这样可以使上下的意志顺合和谐。参见"蒙上九小象传"。

【利见大人亨聚以正也】《萃》卦的《彖传》语。意思是:利于出现大人而前景亨通,说明大人主持会聚必能遵循正道。这是解说《萃》卦辞"利见大人,亨"之义。程颐《周易程氏传》:"萃之时,见大人则能亨,盖聚以正道也。见大人,则其聚以正道,得其正则亨矣。萃不以正,其能亨乎?"按,李鼎祚《周易集解》本"聚以正也"下有"利贞"二字,并引有《九家易》之注。李道平《周易集解纂疏》云:"诸本《彖传》无'利贞'字,唯此本有之。"兹录以备考。

【利贞刚柔正而位当也】《既济》卦的《彖传》语。意思是:利于守持正固,说明阳刚阴柔都必须行为端正而处位适当。这是举《既济》卦中六爻刚柔均居正位之象,解说卦辞"利贞"的象征内涵。王弼《周易注》:"刚柔正而位当,则邪不可以行矣。故唯正乃'利贞'也。"《周易折中》引俞琰曰:"三刚三柔皆正而位皆当,六十四卦之中,独此一卦而已,故特赞之也。"

【利用恒无咎未失常也】《需》卦初九爻的《小象传》语,旨在解说初九爻辞"利用恒,无咎"的象征内涵。意思是:利于保持恒心、必无咎害,说明初九未曾离失(待时的)恒常之理。参见"需初九小象传"。

【利有攸往终则有始也】《恒》卦的《彖传》语。意思是：利于有所前往，说明事物的发展终而复始。这是举万物发展的规律终必复始为例，谓守恒以往终能获利，以释《恒》卦辞"利有攸往"之义。王弼《周易注》："得其常道，故终则复始，往无穷也。"孔颖达《周易正义》："人用恒久之道，会于变通，故终则复始，往无穷极，同于天地之不已，所以为利也。"

【利有攸往刚长乃终也】《夬》卦的《彖传》语。意思是：利于有所前往，说明阳刚盛长终将能制胜阴柔。这是解说《夬》卦的卦辞"利有攸往"之义。谓"君子"决除"小人"，其道成于刚德盛长，必以阳刚制胜阴柔长终。王弼《周易注》："刚德愈长，柔邪愈消，故'利有攸往'，道乃成也。"孔颖达《周易正义》："道成也，刚长柔消，'夬'道乃成也。"

【利幽人之贞未变常也】《归妹》卦九二爻的《小象传》辞。旨在解说九二爻辞"利幽人之贞"的象征内涵。意思是：利于幽静安恬的人守持正固，说明九二未曾改移严守妇节的经常之道。参见"归妹九二小象传。"

【利涉大川乘木有功也】《涣》卦的《彖传》语。意思是：利于涉越大河巨流，说明乘着木舟协力涉险必能成功。这是解说《涣》卦辞"利涉大川"之义。乘木，指《涣》卦上巽为木、下坎为水，正如舟行水上，以喻聚合人力之所散以共同济险。《周易折中》："乘木有功，谓木在水上，便含济险有具之意。"

【利涉大川乘木舟虚也】《中孚》卦的《彖传》语。意思是：利于涉越大河巨流，就像乘驾木船畅行无阻。这是解说《中孚》卦辞"利涉大川"之义。木，即"舟"，《中孚》上巽为木、下兑为泽，故有乘舟之象；虚，此处亦指"舟"，"木舟虚"三字合称"船"。尚秉和先生《周易尚氏学》据王应麟辑《郑康成易注》，认为古"舟"又名"虚"，指出："木、舟、虚三者平行为义，皆船也。"按，王弼《周易注》释"舟虚"为"舟之虚"，程颐《周易程氏传》云"卦虚中，为虚舟之象"，于义亦通。

【作乐崇德】《豫》卦的《大象传》语。意为：制作音乐、用来赞美功德。崇，谓推崇、褒扬。这是从《豫》卦"雷出地奋"的卦象而推阐出的"先王"观此象，悟知通过音乐的鼓动，可以歌功颂德的道理。参见"豫大象传"。

【作事谋始】《讼》卦的《大象传》语。意思是：办事先考虑其初（以杜绝争讼的本源）。这是从《讼》卦"天与水违行"的卦象所推阐出的"君子"应当悟知杜绝"争讼"于未萌之初的道理。参见"讼大象传"。

【体仁足以长人】《乾》卦《文言传》语。旨在推衍《乾》卦辞"元"字之义。意思是：用仁心作为本体可以当人们的尊长。体仁，犹言"以仁为体"。李鼎祚《周易集解》："元为善长，故能体仁；仁主春生，东方木也。"朱熹《周易本义》："以仁为体，则无一物不在所爱之中，故足以长人。"按，此句上承《文言传》前文释"元"之语而发，参阅"元者善之长"。

【体用一源显微无间】体，指卦理实质；用，指卦象之用。显，指卦象之显著；微，指卦理之隐微。这是北宋程颐提出的著名的《易》学观点，认为《周易》的"理"是本质，是"体"；而卦象之"用"，正是"体"（义理）的发挥、运用，于是"体"中即含有"用"，故谓"体用一源"。六十四卦之"显"者，在于卦象；六十四卦之"微"者，在于卦理，显著的卦象抒发出幽隐的卦理，于是"显"中即具备"微"，故谓"显微无间"。后来朱熹又对这一观点作了阐发，成为程朱理学中用以说明事理和物象之间相互联系的重要命题。程颐《易传序》曰："至微者，理也；至著者，象也。体用一源，显微无间。"《朱子语类》卷六十七录朱熹语曰："体用一源，体虽无迹，中已有用；显微无间者，显中便具微。天地未有，万物已具，此是体中有用;天地既立,此理亦存,此是显中有微。"

【何氏】 孔颖达《周易正义》中所引《易》家之一,即"何妥"。马国翰《玉函山房辑佚书》指出:"《正义》称'何氏',其说每与张氏、周氏、褚氏、庄氏并引。庄氏不详何人,周为周弘正,张为张讥,褚为褚仲都,何即何妥。皆唐近代为《讲疏》者。《正义》亦疏也,故题'某氏'。"又王应麟《玉海》称何襄城为《六象论》云云;'襄城',妥在周时所封男爵也。朱氏《经义考》,于何妥《讲疏》外,别出《正义》之'何氏',又出何氏《六象论》,云'失名'。一人凡三见,皆失深考。"

【何妥】 隋西城(今陕西安康)人。字栖凤。少机警,八岁游国子学,助教顾良戏之曰:"汝既姓何,是荷叶之荷,是河水之河?"妥应声答曰:"先生姓顾,是眷顾之顾,是新故之故?"众咸异之。年十七,以技巧事湘东王,后知其聪明,召为诵书左右。时兰陵萧眘亦有隽才,住青杨巷,妥住白杨头,时人为之语曰:"世有两隽,白杨何妥,青杨萧眘。"北周时,武帝尤重之,授太学博士。宣帝初,封"襄城县伯"。隋文帝时,累官国子祭酒。性劲急,有口才,好是非人物。曾言苏威不可信任,又上八事以谏。卒谥"肃"。著有《周易讲疏》十三卷、《孝经义疏》三卷、《庄子义疏》四卷、《文集》十卷等(见《北史》及《隋书》本传)。《旧唐书·经籍志》、《新唐书·艺文志》于《易》类均列有何妥《周易讲疏》十三卷,与本传同。按《隋书·经籍志》,有《周易私记》三十卷,不著撰人姓名,下次《周易讲疏》十三卷,注云"国子祭酒何晏撰"。其"晏"字乃"妥"字之讹。清马国翰指出:"考魏何晏官至吏部尚书,《隋志》集部题魏尚书《何晏集》十一卷。兹题'国子祭酒',乃隋何妥之官号。且书名、卷数并与妥传不殊,而次序又在陈周弘正之下,不著代者,以妥为隋人也。《志》偶误'妥'为'晏'。而《册府元龟》遂云何晏撰《周易私记》二十卷、《周易讲疏》十三卷。朱太史彝尊信之,载入《经义考》,展转承讹,失而愈远矣。"《玉函山房辑佚书》《宋史·艺文志》尚列《何氏易讲疏》十三卷。今佚。马国翰《玉函山房辑佚书》、黄奭《汉学堂丛书》均有辑本一卷。

【何晏】(190—249) 三国魏南阳宛(今河南南阳)人。字平叔。东汉大将军何进之孙。七岁随母在魏武宫中,曹操纳晏母尹氏,晏即同时被收养,为操所宠爱。少以才秀知名,好老、庄言。与夏侯玄、王弼等倡导玄学,竞事清谈,开一时风气。亦治《易》学。裴徽曾曰:"吾数与平叔共说老、庄及《易》,常觉其辞妙于理,不能折之。"曹爽秉政,作为心腹,累官侍中尚书,典选举。后被司马懿所杀。作《道德论》及诸文赋著述凡数十篇(见《三国志·魏书·曹爽传》、《管辂传》及注)。著作完整保留至今的有《论语集解》。按,何晏《易》学著述,旧籍未传。《隋书·经籍志》所列何晏《易》著,马国翰以为"何晏"乃"何妥"之讹;而《册府元龟》亦沿习此误。马氏指出:"《册府元龟》有何晏《周易私记》二十卷、《周易讲疏》十三卷。'晏'为'妥'字之讹,《隋志》传写偶误,沿习不觉。观《唐书·艺文志》题何妥《周易讲疏》十三卷可证。"又曰:"朱太史彝尊信之,载入《经义考》;展转承讹,失而愈远矣。"国翰又据孔颖达《周易正义》、李鼎祚《周易集解》、房审权《周易义海》等书所引何晏《易》说,辑为《周易何氏解》一卷,谓:"取以备魏《易》一家之数,且以著汉学之变自王弼者,晏实为之倡也。"(见《玉函山房辑佚书》)

【何楷】(?—约1656) 明漳州(治所在今福建龙海)镇海卫人。字元子。博综群书,尤邃经学。天启五年(1625)进士。值魏忠贤乱政,不谒选而归。崇祯间,迁工科给事中,举劾无所避。福王时,掌都察院,几为忌者所害。漳州破,遂抑郁而卒(见《明史》本传)。《易》学专著今存《古周易订诂》十六卷。

【何天之衢】《大畜》卦上九爻辞之语。意为：何等畅达的天上大路。何，感叹词，含"何等通达"之意；衢，音渠 qú，指四面畅通的大路。此言上九当"大畜"之时，以阳刚居上艮之终，为"止健"至极、"畜德"至盛之象，其时大通，如置身于四面畅达的"天衢"，故曰"何天之衢"。参见"大畜上九"。

【何校灭耳】《噬嗑》卦上九爻辞之语。意思是：肩荷刑具而遭受伤灭耳朵的重罚。何，通"荷"；校，指"木枷"之类的项械。此言上九当"噬嗑"之时，以穷亢之阳居卦终极，犹如积恶至重，触犯刑法，被套上枷锁，伤灭耳朵，故曰"何校灭耳"。参见"噬嗑上九"。

【何晏疑易中九事】三国魏何晏对《周易》经传有九处不解。其中之一即诸卦《象传》所言"时义"之事。后经管辂辨析，九事皆明。梁伏曼容以此讥何晏"了不学"。《三国志·魏书·管辂传》注引《管辂别传》："辂为何晏所请，果共论《易》九事，九事皆明。晏曰：'君论阴阳，此世无双。'"《南齐书·张绪传》："绪长于《周易》，言精理奥，见宗一时。常云：'何平叔所不解《易》中九（按，"九"原本作"七"，当据前史改）事，诸卦中所有时义，是其一也。'"（《南史》本传略同）《梁书·伏曼容传》：曼容"少笃学，善《老》《易》，倜傥好大言。常云：'何晏疑《易》中九事，以吾观之，晏了不学也！'"（《南史》本传同）

【何天之衢道大行也】《大畜》卦上九爻《小象传》辞。旨在解说上九爻辞"何天之衢"的象征内涵。意思是：何等畅达的天上大路，说明上九畜德之道大为通行。参见"大畜上九小象传"。

【何校灭耳聪不明也】《噬嗑》卦上九爻的《小象传》辞。旨在解说上九爻辞"何校灭耳"的象征内涵。意思是：肩荷刑具而遭受伤灭耳朵的重罚，说明上九积恶不改太不聪明了。参见"噬嗑上九小象传"。

【位乎天位以正中也】《需》卦的《象传》语。意思是：九五居于"天"的位置，而且处位正中。这是通过《需》卦九五爻象解说卦辞"需，有孚，光亨，贞吉"之义。九五阳刚中正而居尊位，故称"天位"、"正中"。孔颖达《周易正义》："以九五居乎天子之位，又以阳居阳，正而得中，故能有信、光明，亨通而贞吉也。"

【谷永】 西汉长安（今陕西西安西北）人。字子云。本名"并"，以尉氏樊并反，改名为"永"。汉成帝建始三年（前30），对贤良策，举上第。仕终大司农。平生博学经书，广为疏达。最精于《周易》"京氏之学"，善以《易》占验灾异（见《汉书·谷永传》）。

【邹湛】(？—约299） 西晋南阳新野（今属河南）人。字润甫。少以才学知名。仕魏，历任通事郎、太学博士。入晋，官至散骑常侍、国子祭酒，转少府。元康末卒。所著诗及论事议二十五首，为时所重（见《晋书·文苑传·邹湛传》）。治《易》，著有《易统论》。张璠集魏晋二十二家《易》说，撰为《周易集解》十二卷，邹湛亦属被采入诸家之一（见陆德明《经典释文序录》）。《隋书·经籍志》列邹湛"《周易统略》五卷"；《旧唐书·经籍志》、《新唐书·艺文志》均作"三卷"。其书已佚。清马国翰《玉函山房辑佚书》辑有邹氏《周易统略》一卷。

【免咎后吉】 三国魏王弼《易》例，以为《易》辞称"无咎，吉"者，皆当先避免其咎，然后可以致吉。王弼《周易略例·略例下》曰："《比》初六'有孚，比之无咎；终来，有它吉'之例也。"

【删订来氏易注象数图说】 清张恩霨撰。二卷。光绪间刊本。明来知德曾著《周易集注》十六卷，首、末各附图说甚多，颇涉繁碎，亦有支离不经者。张氏谓其中有后人所附益，来氏原本必不如此驳杂。遂重为删订，成三十四图，其说亦为增减点窜，较原本约存十之二三；注文则一字不移，只芟除眉批、旁批。黄寿祺先生《易

303

学群书平议》指出:"案来氏穷居深山,伏处村塾,不尽睹遗文秘籍,不尽闻老师宿儒之论,前人已讥其私心自智,其所著《图说》诚有可删者。惟其书通行已久,自明季以来,信其说者即多。恩霈必谓其《图说》驳杂不纯,非来氏原本,未免过为来氏护短文饰。又《太玄》、《洞极》、《潜虚》、《经世》诸书,世既不能毁弃,则来氏所附诸书之图,自亦可备条考,恩霈何故必欲扫而空之?"

〔丶〕

【亨】 《周易》卦爻辞中的常用语。意为"亨通"。《广雅·释诂》:"亨,通也。"《乾》卦辞"元,亨,利,贞",孔颖达《周易正义》、李鼎祚《周易集解》均引《子夏传》曰:"亨,通也。"按,在《易》辞中,"亨"之常用义为"通"。但于个别语句则音义与"享"并同,如《大有》九三爻辞"公用亨于天子","亨"即读如"享",陆德明《经典释文》分别引京房、姚信曰"献也"、"享祀也";朱熹《周易本义》亦云:"亨,《春秋传》作'享',谓'朝献'也。古者亨通之'亨',享献之'享',烹饪之'烹',皆作'亨'字。"

【亨嘉】 谓逢遇嘉时。语本《乾》卦《文言传》:"亨者,嘉之会也。"欧阳修《谢参知政事表》(见《欧阳文忠公集》):"早遭亨嘉之会,骇蒙奖拔之私。"

【亨衢】 亨通畅达的大道。语本《大畜》卦上九爻辞"何天之衢,亨"。唐薛廷珪《授郑谷右拾遗制》(见《全唐文》):"二稚驰声,甲科得隽,亦承遗构,自致亨衢。"

【亨者嘉之会】 《乾》卦《文言传》语。释《乾》卦辞"亨"字之义。意思是:亨通,是美好的会合。朱熹《周易本义》:"亨者,生物之通,物至于此,莫不嘉美,故于时为夏,于人则为礼,而众美之会也。"按《左传》襄公九年载穆姜云:"亨者,嘉之会也",与《文言传》之语同,可备参考。

【言象】 北宋邵雍《易》说,谓《周易》有"言象",即不拟它物而直言以明事。参见"易有意象以统三象"。

【言有物而行有恒】 《家人》卦的《大象传》语。意为:日常言语必切合实物而居家行事必守恒不变。这是从《家人》卦"风自火出"、自内延外的卦象而推阐出的"君子"观此象,须悟知日常居家小事亦关"风化"而应自修小节,言行扎实不妄的道理。参见"家人大象传"。

【吝】 《周易》卦爻辞中的常用语。犹言"憾惜",谓行事有小疵而心生遗憾、忧虞之情。许慎《说文解字》:"吝,恨惜也,从口,文声。"《屯》卦六三爻辞"往吝",李鼎祚《周易集解》引虞翻曰:"吝,疵也。"《系辞上传》云:"悔吝者,忧虞之象也。"又云:"悔吝者,言乎其小疵也。"《周易集解》引干宝曰:"悔亡则虞,有小吝则忧。忧、虞,未至于失得;悔、吝,不入于吉凶。"又引崔憬曰:"《系辞》著'悔'、'吝'之言,则异'凶'、'咎'。有其小病,比于'凶'、'咎',若疾病之与小疵。"按,程颐《周易程氏传》释"吝"为"羞吝",朱熹《周易本义》亦承之,可备一说。

【良马逐利艰贞】 《大畜》卦九三爻辞之语。意思是:良马在奔逐,利于牢记艰难而守持正固。这是说明九三当"大畜"之时,畜德既充、强健至盛,又与上九阳刚"合志",正可大展才用,故有"良马逐"之象;但因三位"多惧"难处,恐其刚亢过甚、冒进有失,故又戒以利在知"艰"守"正"。参见"大畜九三"。

【序卦】 见"序卦传"。

【序卦传】 《易传》之一。属《十翼》中的第九翼,亦简称《序卦》。旧说为孔子所作,然后人多有不同看法。《序卦传》的宗旨是分析《周易》六十四卦的编排次序,并揭示诸卦前后相承的意义。全文分为两段,前段叙上经三十卦的次序,后段叙下经三十四卦的次序。孔颖达《周易正义》述此篇的命名之义曰:"六十四卦分为上下二篇,其先后之次,其理不见,故孔子就上下二经,各序其相次之义,故谓之《序卦》焉。"文中以简约的语言概括诸卦名义,有于卦义切合者,有仅取其一端为说者,目的均在揭明卦与卦之间的有机联系,而不在于阐析各卦的完整意义。韩康伯《序卦注》指出:"凡《序卦》所明,非《易》之缊也,盖因卦之次,托以明义。"苏轼《东坡易传》也说:"《序卦》之论《易》,或直取其名而不本其卦者多矣,若赋诗断章然,不可以一理求也。"《序卦传》在分析六十四卦序次之理的同时,集中揭示了事物"相因"、"相反"的两种发展规律。如"节而信之,故受之以《中孚》","入而后说之,故受之以《兑》"等,即指明事物沿正面的趋势进展;"损而不已必益","益而不已必决",则指明事物向相反的方向转化。《周易折中》引蔡清云:"《序卦》之义,有相因者,有相反者。相反者,极而变者也;相因者,其未至于极者也。总不出此二例。"其文释义尽管简略,但卦次编排的原理,作者的辩证哲学观点,均得到显明的反映。可以说《序卦传》是一篇颇具哲理的《周易》六十四卦推衍纲要。《序卦传》还披露了一个客观事实:今本《周易》六十四卦的卦序及上下经的区分,是相沿已久的。张载《横渠易说》云:"《序卦》相受,圣人作《易》当有次序。"项安世《周易玩辞》亦曰:"《易》之称上下经者,未有考也。以《序卦》观之,二篇之分,断可知矣。"二人所论,正是基于上述事实而发。当然,《周易》创定之初,卦次是否如此排列,上下经是否如此区分,尚待将来学术界的进一步考证。应当指出,近年湖南长沙马王堆汉墓出土的《帛书周易》的卦序,与《序卦传》所列卦序,为两种不同的体例。帛书的六十四卦排次,是先定八卦之序,然后以上卦为纲、下卦为目而排列(详于豪亮《帛书周易》、张政烺《帛书六十四卦跋》及《马王堆帛书六十四卦释文》,载《文物》1984年第3期),此种排列方式比较便于检索,当是后人为了占筮实用而作的改编。然而,经过改编的帛书卦序,各卦之间的沿承已不复存在哲理的联系,因此,对于考究《序卦传》的叙《易》原理,则无所用处了。

【序卦分宫图】 清辛本荣、王殿黻撰。一卷。光绪十一年(1885)刊本。此书凡为图十篇:一为《先天八卦相错为后天序卦纲领图》,二为《后天八卦相错为序卦之根图》,三为《卦对总图》,四为《卦对为三十六宫图》,五为《上经第一宫图》,六为《上经第二宫图》,七为《上经第三宫图》,八为《下经第一宫图》,九为《下经第二宫图》,十为《下经第三宫图》。末附《上下经总论》一篇。每图之后,均有《集说》,甄录历代《易》家解说。全书大旨在发明邵雍"三十六宫"之说,持论较前儒特为详明,足备考览。卷首除《序》两首外,又载刘奉璋《先天图为三才说》一篇。按辛、王二人,均光绪间济南尚志书院诸生,黄寿祺先生云:"疑奉璋亦是尚志书院生徒,与辛、王为同志,故并附其说也。"(《易学群书平议》)

【序卦六门往摄】 南朝陈《易》家周弘正的《易》说,认为《序卦传》所述六十四卦相承相受之义,可分为六种门类,即"天道"、"人事"、"相因"、"相反"、"相须"、"相病"等类。孔颖达《周易正义》云:"其周氏就《序卦》以六门往摄:第一天道门,第二人事门,第三相因门,第四相反门,第五相须门,第六相病门。如《乾》之次《坤》,《泰》之次《否》等第是天道运数门也;如《讼》必有《师》,《师》必有《比》等,是人事门也;如因《小畜》生《履》,因《履》故通等,是相因门也;如《遯》极反《壮》,动竟归《比》等,是相反门也;如《大有》须《谦》,蒙稚待养等,是相须门也;如《贲》尽致《剥》,进极致伤等,是相病门也。"但尚秉和先生则指出:"弘正所言,浅而未当。且所谓'往摄'者,甚不类儒家语,直异端耳。《正义》取此,识陋甚矣。"(《易说评议》)按,"往摄"二字,阮元《周易校勘记》谓或本作"主摄"。

【应】 《易》学常例,凡处上下卦之六

爻,两两相对交感,谓之"应"。故六爻之中,初与四,二与五,三与上,分别为对应爻。对应爻为一阴一阳则"有应";若俱为阴爻,或俱为阳爻,则"无应"。此例《易传》中已多言及。《易纬·乾凿度》释之较详,曰:"物有阴阳,因而重之,故六画而成卦。三画已下为地,四画已上为天。物感以动,类相应也。《易》气从下生,动于地之下,则应于天之下;动于地之中,则应于天之中;动于地之上,则应于天之上。初以四,二以五,三以上,此之谓应。"参见"承乘比应"。

【应贞】(?—269) 西晋汝南南顿(今河南项城西)人。字吉甫。善谈论,以才学见称。魏末,被司马炎赏识,以为参军。西晋初,官至散骑常侍。以儒学,与太尉荀颛撰定《新礼》,未施行。泰始五年(269)卒。有文集行世(见《晋书·文宛传·应贞传》)。《易》学著述有《明易论》。张璠集魏晋二十二家《易》说,撰为《周易集解》十二卷,应贞亦属被采入诸家之一(见陆德明《经典释文序录》)。吴承仕先生《经典释文序录疏证》指出:"《唐志》有《明易论》一卷。寻朱昭之《难顾道士夷夏论》云:'昔应吉甫齐孔、老于前,吾贤又均李,释于后。'则应氏亦王、何之流亚也。"

【应天顺人】 顺应自然规律及民众意向。亦作"应天顺民"。语本《革》卦《彖传》"汤武革命,顺乎天而应乎人"。《汉书·叙传》:"革命创制,应天顺民,五星同晷。"《文选》载班彪《王命论》:"虽其遭遇异时,禅代不同,至于应天顺人,其揆一焉。"

【宋忠】 即"宋衷"。

【宋易】 指宋代《易》学。自三国王弼《易注》盛行之后,"汉《易》"逐渐衰微。唐初撰《五经正义》,《易》采王弼、韩康伯之注,于是,王弼之《易》在唐代几乎定于一尊;唯李鼎祚著《周易集解》,采汉儒以迄唐代象数家注《易》之说三十余家,汉《易》余绪,赖以仅存。到宋代,《易》学风气出现了全盘变化。北宋期间,既有以陈抟、刘牧、邵雍为代表的创制各种《易》图以探索大自然万物化生奥秘的"先天象数"派,又有以胡瑗、程颐为代表的"专阐儒理"派。至南宋,朱熹、蔡元定一面引申、发挥陈、邵之说,另一面继承、拓展胡、程之学,影响益加深广;而李光、杨万里参证史事以解《易》,使《易》理与史事密相沟连,《易》学之途遂别开蹊径。在此诸家的相互努力阐扬之下,"宋《易》"以其独特的面貌崛起,形成与"汉《易》"两相对峙之势。其中除陈、邵之学偏主"先天象数"之外,其余各家多侧重于阐说"义理",故"宋《易》"的主流当为义理之学。黄寿祺先生《论易学之门庭》(载《福建师大学报》1980年第3期)尝述宋《易》之大概云:"及宋,陈抟、刘牧、邵雍之徒出,而后遂有《先天图》、《后天图》、《河图》、《洛书》诸图说,《易》学之途,又为之一变。及朱熹、蔡元定等引申其说,而后遂有'宋《易》'之名与'汉《易》'相对峙。而胡瑗、程颐之专阐儒理,李光、杨万里之参证史事者,又各为宗派。《易》学派别之分歧,于焉益多ься。"

【宋衷】 东汉南阳章陵(今湖北枣阳县东)人。又作"宋忠"。字仲子。王肃、尹默、潘濬等曾从受业。为荆州五业从事。《易》学著述有《易注》十卷。已佚(见《三国志》、《经典释文序录》)。按,陆德明《经典释文序录》于《易》类列"宋衷《注》九卷",又云:"字仲子,南阳章陵人,后汉荆州五等从事。《七志》、《七录》云十卷。"吴承仕先生《经典释文序录疏证》指出:"宋《注》九卷,王、阮、陆及《唐志》并作十卷,而《隋志》云亡,疑《隋志》偶失之。'五等'字,《隋志》作'五业',卢文弨、张惠言等不能定其是非。马国翰云:'五业,不可解,当是五等之误。'按:《三国志注》引《魏略》云'乐详少好学,五业并受。'五业,谓《五经》之业也。'等'为'业'字形近之讹。"张惠言《易义别录》认为:以宋衷《易注》残文推之,"言乾升坤降,卦气动静,大抵出入荀氏",其大要为"费氏《易》"。马国翰《玉函山房辑佚书》、孙堂《汉魏二十一家易注》、黄奭《汉学堂丛书》等均辑有宋衷《周易注》一卷。

【兑】 ① 八卦之一。由上一阴画、下二阳画组成,形作"☱",其名为"兑",其义为"说"(悦),其基本象征物象为"泽"。兑卦二阳蓄于一阴之下,喻示泽为阴湿之所,李鼎祚《周易集解》引宋衷曰:"阴在上,令下湿,故为泽。"其说是也。兑卦的基本喻象虽为泽,但在《易》理的旁通广涉中,又可博取众象,如"少女"、"羊"等,但诸象的象征旨趣则不离"说"(悦)之义。《说卦传》既指明"兑,说也"这一象征意义,又载录众多象例,曰:"兑为羊",又曰:"兑为口",又曰:"兑三索而得女,故谓之少女",又曰:"兑为泽,为少女,为巫,为口舌,为毁折,为附决,其于地也为刚卤,为妾,为羊。"陆德明《经典释文》谓《荀爽九家集解》本《说卦传》此后更有二象:"为常,为辅颊"。这是有关"兑"象的较早期资料。后儒如西汉焦延寿的《易林》、三国虞翻的《易注》,所采八卦的"逸象"尤多,治《易》者常取资考辨《易》义。 ② 六十四卦之一。列居篇中第五十八卦。由两个三画的兑卦(☱)重叠而成,卦形作"䷹",卦名为《兑》,象征"欣悦"。欣悦,是人情所常有的事态:轻歌悦耳,美景悦目,无不如是。但《兑》卦所明"欣悦"之道,则强调以"刚中柔外"为悦,即刚为柔本而悦不失正。卦辞既称物情欣悦可致亨通,又云欣悦应当守持正固,正是揭明此旨。卦中六爻,两阴均以柔媚取悦,为被否定之象。四阳情状不同,初刚正和悦,最吉;二诚信而悦,"悔亡"亦吉;四商度抉择其悦,"有喜";五居尊位而悦信于小人,则深戒以"危厉"。纵观全卦大旨,无非说明:阳刚不牵于阴柔,禀持正德,决绝邪诣,才能成"欣悦"之至美;反之,偏离正德,曲为欣悦,则不论是取悦于人,还是因人而悦,均将导致凶咎。可见,《周易》所肯定的"欣

悦",是立足于鲜明的道德准则之上。张耒《出山诗》曰:"青山如君子,悦我非姿媚"(《宛邱集》),似与此理有合;而《孟子·告子上》:"理义之悦我心,犹刍豢之悦我口",则尤与《兑》卦"欣悦"之义映照成趣。

【兑九二】《兑》卦九二爻。以阳爻居卦第二位。爻辞曰:"孚兑,吉,悔亡。"意思是:诚信欣悦以待人,吉祥,悔恨消亡。孚,信也。此言九二当"悦"之时,以阳居阴,虽有"失位"之"悔",但刚中有信,能孚诚欣悦以待人,故获吉而"悔亡"。孔颖达《周易正义》:"九二说不失中,有信者也;说而有信,则吉从之,故曰'孚兑,吉'也。然履失其位,有信而吉,乃得亡悔。"按,《兑》九二之吉,在于"刚中",是既欣悦待人,又中心信实之象。《周易折中》引龚焕曰:"已以孚信为说,人不得而妄说之,所以吉也。"

【兑九五】《兑》卦九五爻。以阳爻居卦第五位。爻辞曰:"孚于剥,有厉。"意思是:施诚信于消剥阳刚的柔邪小人,有危险。孚,信也。这是说明九五当"悦"之时,虽阳刚中正,高居尊位,却近比上六之阴,犹如被柔邪小人所引诱而孚信之,并与相悦,乃至阳刚气质亦被消剥,其危可知,故曰"孚于剥,有厉"。王弼《周易注》:"比于上六,而与相得;处尊正之位,不悦信乎阳,而悦信乎阴,'孚于剥'之义也。'剥'之为义,小人道长之谓。"按,《兑》九五之"厉",在于所悦不当。胡炳文《周易本义通释》曰:"说之感人,最为可惧,感之者将以剥之也,况为君者易狃于所说?故虽圣人,且畏巧言令色,况凡为君子者乎?"

【兑九四】《兑》卦九四爻。以阳爻居卦第四位。爻辞曰:"商兑未宁,介疾有喜。"意思是:商度思量如何欣悦而心中未曾安宁,能隔绝诣邪者的疾患则颇为可喜。商,谓商度思量;介,犹言"隔绝";疾,喻《兑》六三的诣邪之患。这是说明九四

当"悦"之时,阳刚失正,下比六三之佞,上承九五之尊,故商度其"悦",抉择去取,中心未宁;此时若能毅然隔绝六三之"疾",努力趋正严守,则处"悦"不失其道,终为可喜,故曰"商兑未宁,介疾有喜"。王弼《周易注》:"商,商量裁制之谓也;介,隔也。"朱熹《周易本义》:"四上承九五之中正,而下比六三之柔邪,故不能决而商度所说,未能有定。然质本阳刚,故能介然守正,而疾恶柔邪也,如此,则有喜矣。"按,朱熹解"疾"为"疾恶柔邪",于义亦通。又按,杨简《杨氏易传》认为:《兑》九四以刚居柔,"近比六三谀佞之小人,心知其非,而实乐其柔媚。故商度所说,去取交战于胸中而未宁。圣人于是勉之曰:介然疾恶小人,则有喜。"此说可资参考。

【兑上六】 《兑》卦上六爻。以阴爻居卦最上之位。爻辞曰:"引兑。"意思是:引诱他人相与欣悦。此谓上六当"悦"之时,以阴居卦终,为一卦"欣悦"之主,悦极不能自已,乃有引诱九五、九四两阳以相悦之象,故曰"引兑"。朱熹《周易本义》:"上六成说之主,以阴居说之极,引下二阳相与为说,而不能必其从也,故九五当戒,而此爻不言其吉凶。"按,《周易折中》引毛璞曰:"所以为'兑'者,三与上也。三为内卦,故曰'来';上为外卦,故曰'引'。"此说辨析《兑》六三、上六爻辞的取象之义,宜资参考。又按,王弼《周易注》训"引"为"引导",谓上六"必见引,然后乃说"。可备一说。

【兑上缺】 朱熹《周易本义》卷首所附《八卦取象歌》语。说明八卦之一的"兑"卦形状作"☱",上画为阴画(--),犹如上部有缺口。

【兑六三】 《兑》卦六三爻。以阴爻居卦第三位。爻辞曰:"来兑,凶。"意思是:前来谋求欣悦,有凶险。来,犹言"来求"。此谓六三当"悦"之时,以阴处下卦"兑"之终,其位不中不正,与上无应,而来求合九二、初九两阳,以谋欣悦;以此处"兑",为

邪佞之象,故"凶"。王弼《周易注》:"以阴柔之质,履非其位,来求说者也;非正而求说,邪佞者也。"按,《兑》六三之"凶",在于阴柔失正,求悦心切。李鼎祚《周易集解》云:"以阴居阳,故位不当,诣邪求说,所以必凶。"

【兑为泽】 ①《说卦传》语,谓八卦之一"兑"卦(☱)的基本象征物是"泽"。参见"兑①"。 ②朱熹《周易本义》卷首所附《分宫卦象次序》歌诀中语,说明六十四卦之一的《兑》卦(☱),其卦象由上下两"兑"(即"泽")组成。

【兑初九】 《兑》卦初九爻。以阳爻处卦下初位。爻辞曰:"和兑,吉。"意思是:平和欣悦以待人,吉祥。这是说明初九当"悦"之时,以阳居下,不系应于九四,有广泛"和悦"待人之象;且以刚健为质,行为不邪,人所不疑,故获吉祥。王弼《周易注》:"居兑之初,应不在一,无所党系,'和兑'之谓也。说不在诣,履斯而行,未有见疑之者,吉其宜矣。"按,《兑》初九居初之位,体禀阳刚,和悦端正,遂能获吉。《周易折中》引蔡渊曰:"爻位皆刚,不比于柔,得说之正,和而不流者也。"

【兑卦辞】 《兑》卦的卦辞。其文曰:"兑,亨,利贞。"意思是:《兑》卦象征欣悦,亨通,利于守持正固。兑,音队 duì,卦名,象征"欣悦"。卦辞说明,事物当"欣悦"之时,必可亨通畅达;但不能"悦"于为邪,故诫其时之"利"在于守"正"。孔颖达《周易正义》:"兑,说(悦)也。《说卦》曰:'说万物者莫说乎泽。'以兑是象泽之卦,故以兑为名。泽以润生万物,所以万物皆说;施于人事,犹人君以恩惠养民,民无不说也。惠施民说,所以为'亨';以说说物,恐陷诣邪,其利在于贞正,故曰'兑,亨,利贞'。"

【兑说也】 《说卦传》语。说,即"悦"。谓八卦之中,兑卦的象征意义为"欣悦"。参见"兑①"。

【兑象传】 《兑》卦的《象传》。旨在解说《兑》卦的卦名、卦辞之义。其文为:

308

"《象》曰：兑，说也。刚中而柔外，说以利贞，是以顺乎天而应乎人。说以先民，民忘其劳；说以犯难，民忘其死：说之大，民劝矣哉！"意思是："《象传》说：兑，即言欣悦。譬如阳刚居中而柔和处外，就能导致物情欣悦并利于守持正固，这样就顺符天理而应合人情。君子大人悦于身先百姓，百姓也必能任劳忘苦；悦于趋赴危难，百姓也必能舍生忘死：欣悦的功效是那样弘大，足以使百姓勉力奋发啊！"全文可分三节理解。第一节，"兑，说也"两句，释卦名"兑"即"悦"之义。第二节，自"刚中而柔外"至"是以顺乎天而应乎人"三句，举《兑》卦九二、九五两爻阳刚居中及六三、上六两爻阴柔处外之象，说明柔悦不失内刚，刚正不失外悦，遂见处"悦"乃能亨通而利在守正之旨，亦能顺合"天人"的情理，以释《兑》卦辞"亨，利贞"之义。第三节，自"说以先民"至"民劝矣哉"六句，举"大人君子"悦于身先百姓以任劳、犯难，则百姓亦必欣然忘劳、忘死之例，叹美《兑》卦所揭示的"欣悦"之道足以"劝民"的深刻义理。

【兑大象传】 《兑》卦的《大象传》。其辞曰："丽泽，兑；君子以朋友讲习。"意思是：两泽并连（交相浸润），象征"欣悦"；君子因此相悦于朋友之间讲习道义学业。丽，王弼《周易注》："连也"，谓并连；讲习，指"学问"之道，即讲其所未明，习其所未熟。这是先揭明《兑》卦上下两"兑"皆为"泽"之象，谓两泽并连，交相浸润，正为"欣悦"的象征；然后推阐出"君子"应当效法两泽互悦之象，乐于朋友相互"讲习"的道理。孔颖达《周易正义》："同门曰朋，同志曰友。朋友聚居，讲习道义，相说之盛，莫过于此也。"程颐《周易程氏传》："丽泽，二泽相附丽也。两泽相丽，交相浸润，互有滋益之象。"按，《兑》卦《大象传》以"朋友讲习"引申"欣悦"的意义，正取"治学"为喻。《论语·学而》："学而时习之，不亦说乎？有朋自远方来，不亦乐乎！"似与此旨合有。俞琰《周易集说》云："若独学无友，则孤陋而寡闻。故《论语》以'学之不讲'为'忧'，以'学而时习'为'说'，以'有朋自远方来'为'乐'。"

【兑下乾上】 指下卦为"兑"，上卦为"乾"。即六十四卦中的《履》卦之象。

【兑下坤上】 指下卦为"兑"，上卦为"坤"。即六十四卦中的《临》卦之象。

【兑下震上】 指下卦为"兑"，上卦为"震"。即六十四卦中的《归妹》卦之象。

【兑下巽上】 指下卦为"兑"，上卦为"巽"。即六十四卦中的《中孚》卦之象。

【兑下坎上】 指下卦为"兑"，上卦为"坎"。即六十四卦中的《节》卦之象。

【兑下离上】 指下卦为"兑"，上卦为"离"。即六十四卦中的《睽》卦之象。

【兑下艮上】 指下卦为"兑"，上卦为"艮"。即六十四卦中的《损》卦之象。

【兑下兑上】 指下卦为"兑"，上卦亦为"兑"。即六十四卦中的《兑》卦之象。

【兑为少女】 八卦之中，兑卦以居末位之阴为主画，犹如乾坤两卦未次相交而派生出来的阴卦，故古人以一家之"少女"作为兑的象征。语本《说卦传》。参见"乾坤六子"。

【兑受之以涣】 《周易》六十四卦，以象征"欣悦"的《兑》卦列居第五十八卦；人若心中欣悦，必能推涣扩散其所悦，所以接《兑》之后是象征"涣散"的第五十九卦《涣》卦。此称"《兑》受之以《涣》"。语本《序卦传》："《兑》者，说也。说而后散之，故受之以《涣》；涣者，离也。"韩康伯《序卦注》："说不可偏系，故宜散也。"张栻《南轩易说》："惟说于道，故推而及人；说而后散，故受之以《涣》》。"

【兑九二小象传】 《兑》卦九二爻的《小象传》。其辞曰："孚兑之吉，信志也。"意思是：诚信欣悦待人而获吉祥，说明九二志存信实。这是解说《兑》九二爻辞"孚兑，吉"的象征内涵。信志，犹言"其志信"，即"心存诚信"。程颐《周易程氏传》：

"心之所存为志,二刚实居中,孚信存于中也。"

【兑九四小象传】 《兑》卦九四爻的《小象传》。其辞曰:"九四之喜,有庆也。"意思是:九四的抉择颇为可喜,这是值得庆贺的。此为解说《兑》九四爻辞"有喜"之义。俞琰《周易集说》:"九四,以位言;庆,幸之之辞。九四居此位,能截断六三,不使之为害,盖幸而有此喜,故曰'九四之喜,有庆也'。"

【兑九五小象传】 《兑》卦九五爻的《小象传》。其辞曰:"孚于剥,位正当也!"意思是:施诚信于消剥阳刚的柔邪小人,可惜九五所居的正当之位啊!这是解说《兑》九五爻辞"孚于剥"的象征内涵。位正当,乃以"正当"之位责备九五不该"孚于剥"。王弼《周易注》:"以正当之位,信于小人而疏君子,故曰:'位正当也!'"孔颖达《周易正义》:"以'当位'责之也。"

【兑上六小象传】 《兑》卦上六爻的《小象传》。其辞曰:"上六引兑,未光也。"意思是:上六引诱他人相与欣悦,说明处悦的正道未能光大。这是解说《兑》上六爻辞"引兑"的象征内涵。来知德《周易集注》:"未光者,私而不公也。盖悦至于极,则所悦者必暗昧之事,不光明矣。"

【兑六三小象传】 《兑》卦六三爻的《小象传》。其辞曰:"来兑之凶,位不当也。"意思是:前来谋求欣悦而有凶险,说明六三居位不正当。这是解说《兑》六三爻辞"来兑,凶"的象征内涵。孔颖达《周易正义》:"由位不当,所以致凶也。"

【兑见而巽伏也】 《杂卦传》语。说明《兑》卦象征"欣悦"。含有喜悦呈现于外之义;而《巽》卦象征"顺从",寓有卑逊顺伏于内之义,两卦旨趣适相对照。韩康伯《杂卦注》:"《兑》贵显说,《巽》贵卑退。"

【兑初九小象传】 《兑》卦初九爻的《小象传》。其辞曰:"和兑之吉,行未疑也。"意思是:平和欣悦待人而获吉祥,说明初九行为端正不为人所疑。这是解说《兑》

初九爻辞"和兑,吉"的象征内涵。孔颖达《周易正义》:"说不为诡,履斯而行,未见疑之者也,所以得吉也。"

【弟子舆尸使不当也】 《师》卦六五爻的《小象传》语。旨在解说六五爻辞"弟子舆尸"的象征内涵。意思是:委任无德小子必将载尸败归,这是使用人不得当的后果。参见"师六五小象传"。

【闲邪】 防止邪恶。语出《乾》卦《文言传》"闲邪存其诚"。《艺文类聚》引郭璞《瑾瑜玉赞》:"钟山之宝,爰有玉华。光采流映,气如虹霞。君子是佩,象德闲邪。"《晋书·舆服志》:"是以闲邪屏弃,不可入也。"

【闲有家】 《家人》卦初九爻辞之语。意为:防止邪恶然后保有其家。闲,防也,谓防恶。此言初九以阳刚处"家人"之始,家道初立,宜于严防邪辟,才能善保其家,故曰"闲有家"。参见"家人初九"。

【闲邪存其诚】 《乾》卦《文言传》语。旨在衍发《乾》九二"见龙在田,利见大人"之义。意思是:有"见龙"之德者能够防止邪恶的言行而保持诚挚。闲,犹言"防止";"闲邪"与"存其诚"为对文。李鼎祚《周易集解》引宋衷曰:"闲,防也。防其邪而存其诚也。二在非其位,故以闲邪言之;能处中和,故以存诚言之。"程颐《周易程氏传》:"既处无过之地,则唯在闲邪;邪既闲,则诚存矣。"

【闲有家志未变也】 《家人》卦初九爻的《小象传》辞。旨在解说初九爻辞"闲有家"的象征内涵。意思是:防止邪恶然后保有其家,说明初九在家人心志未变之时就预为防范。参见"家人初九小象传"。

【冶容】 谓女子的容态妖媚。语出《系辞上传》"冶容诲淫"。《后汉书·崔骃传》:"扬蛾眉于复关兮,犯孔戒之冶容。"又《蔡邕传》:"女冶容而淫。"《曹世叔妻传》:"出无冶容,入无废饰。"《文选》载陆机《日出东南隅行》:"遗芳结飞飚,浮景映清湍。冶容不足咏,春游良可叹。"又载陆机《演连珠》:"是以都人冶容,不悦西施之影;乘马班如,不辍太山之阴。"

【沈该】 南宋归安(今浙江吴兴)人。字守约,一作元约,或作约文。登嘉王榜进士。绍兴间为礼部侍郎,出知夔州,召还,除参知政事;二十六年(1156)以左仆射兼修国史。平生邃于《易》学,尝撰《易小传》六卷上于朝廷,主张《左传》卦变之旨,高宗降诏褒奖(见《浙江通志》、《经义考》及《宋元学案》等)。其书刊入《通志堂经解》。

【沈驎士】(418—503) 南朝齐吴兴武康(在今浙江)人。一作"沈麟士"。字云祯。少好学俊敏,长博通经史。家贫,织帘诵书,口手不息。乡里号为"织帘先生"。常苦无书,因游都下,历观四部毕,归不与人通。养孤兄子,义着乡曲。隐居余干吴差山,讲经教授,从学者数百人。永明中,沈约表荐,垂诏征为太学博士;建武中,征著作郎;永元中,征太子舍人,均不就。平时负薪汲水,并日而食,守操终老,笃学不倦。遭火烧书数千卷,时驎士年过八十,耳目聪明,犹以细书抄写于灯下,复成二三千卷,满数十箧。著《周易·两系》、《庄子·内篇》训注,《易经》、《礼记》、《春秋》、《尚书》、《论语》、《孝经》、《丧服》、《老子》要略数十卷。梁天监初,与何点同征,又不就。卒于家(见《南齐书》及《南史》本传)。清马国翰认为:据史传,驎士《易》学著述"当有二注,盖《周易两系》为一书,《易经要略》为一书。《隋唐志》皆不著录,散佚已久。"并据李鼎祚《周易集解》所引驎士说,辑为《周易沈氏要略》一卷(见《玉函山房辑佚书》)。

【沈麟士】 见"沈驎士"。

【沈氏改正揲著法】 杭辛斋撰。一卷。民国十二年(1923)研几学社铅印本。杭氏以为,《系辞上传》"大衍之数"章言揲著法而历代解释不一,朱熹所考定之法不可取,唯清末沈善登《需时眇言》内《原筮》一篇所言最当;然病其书叙述繁复,阅者难明,遂节录该篇内容,略加按语,名曰《沈氏改正揲著法》。考沈氏所叙揲著程序,乃不顾旧法,另立一式,实不足以言"筮"。尚秉和先生《易说评议》曾列其八谬,详加批驳,并指出:"朱子所言,仍汉、唐旧法。乃沈氏谓其不通,自行创法,自谓精审详密;杭辛斋氏震乎其言,凡所疑处,皆无所商榷。"

【补周易口诀义阙卦】 桑宣撰。无卷数。《铁研斋丛书》本。考唐代史徵著《周易口诀义》六卷,后世罕有传本,至清乾隆间,《四库全书》馆臣自《永乐大典》中钞录成帙,孙星衍又刻入《岱南阁丛书》,海内始得共窥秘籍。然《大典》载其书已缺《豫》、《随》、《无妄》、《大壮》、《晋》、《暌》、《蹇》、《中孚》八卦,学者憾焉。桑氏因承原书体例,取材孔颖达《周易注疏》,参以汉魏诸家精义,补其阙卦,卦自为篇,凡八篇四千余言。黄寿祺先生《易学群书平议》指出:"夫居千载之下,而续补前人之作,虽未见其必能与原阙之文悉相符合,然修堕补亡,儒者有责,过而存之,固亦足以备参考焉。"

【初】 即"初爻"。

【初九】《周易》六十四卦三百八十四爻中,以数字"九"代表阳爻,故凡是阳爻居卦下第一位者,均称"初九"。孔颖达《周易正义》于《乾》卦初九云:"居第一之位,故称初;以其阳爻,故称九。"参见"六爻"。

【初六】《周易》六十四卦三百八十四爻中,以数字"六"代表阴爻,故凡是阴爻处卦下第一位者,均称"初六"。参见"六爻"。

【初爻】《易》卦六爻中,居卦下第一位的爻。亦称"初位",简称"初"。参见"爻位"。

【初吉终乱】《既济》卦的卦辞之语。意思是:若不慎守成功则起初吉祥而终致危乱。这是说明《既济》卦所揭示的"事已成"之时,务须谨慎守成,谓此时若不勤修德业,骄逸妄为,必将导致危乱,故曰"初吉终乱"。参见"既济卦辞"。

【初上无定位】 三国魏王弼《易》例,以为初爻、上爻无确定的阴阳本位,故无论阴爻或阳爻处此两位,皆不言"得位"、"失位"。王弼《周易略例·辩位》曰:"案,《象》无初、上'得位''失位'之文;又,《系辞》但论三五、二四同功异位,亦不及初、上。何乎?唯《乾》上九《文言》云'贵而无位',《需》上六云'虽不当位'。若以上为阴位邪,则《需》上六不得云'不当位'也;若以上为阳位邪,则《乾》上九不得云'贵而无位'也。阴阳处之,皆云非位。而初亦不论当位、失位也。然则,初、上者是事之终始,无阴阳定位也。故《乾》初谓之'潜',过五谓之'无位'。未有处其位而云'潜',上有位而云'无'者也。历观众卦,尽亦如之。初、上无阴阳定位,亦以明矣。"又曰:"然事不可无终始,卦不可无六爻;初、上虽无阴阳本位,是终始之地也。统而论之,爻之所处则谓之位,卦以六爻为成,则不得不谓之'六位时成'也。"

【初六之吉顺也】 《涣》卦初六爻的《小象传》辞。旨在解说初六爻辞"吉"的象征内涵。意思是:初六的吉祥,是由于顺承阳刚。参见"涣初六小象传"。

【初吉柔得中也】 《既济》卦的《彖传》语。意思是:起初吉祥,说明其时能够以柔顺之德持中不偏。这是举《既济》卦六二爻以柔居中之象,解说卦辞"初吉"之义。李鼎祚《周易集解》引虞翻曰:"中谓二。"又引侯果曰:"刚得中,柔得中,故'初吉'也。"按《既济》卦六二、九五两爻刚柔俱得正得中,《彖传》只称"柔得中"者,或以为举柔已包刚,谓柔者尚能持中,何况刚者? 其义当与卦辞言"亨小"兼指"刚柔大小"同。故孔颖达《周易正义》云:"以柔小者尚得其中,则刚大之理皆获其济。"上举侯果之注兼"刚得中"以为言,盖亦取孔氏之意。此说可备参考。

【初筮告再三渎】 《蒙》卦的卦辞之语。谓启蒙之时,学子初次祈问可施以教诲,接二连三地滥问则是渎乱学务,渎乱就不予施教。筮,原指演卦筮问,此处特指学子向蒙师求问;渎,犹言"渎乱"。这是表明启发引导式的教学原则,与《论语·述而》所言"举一隅不以三隅反,则不复也"之义略通。参见"蒙卦辞"。

【初筮告以刚中也】 《蒙》卦的《彖传》语。旨在通过《蒙》九二爻象解说卦辞"初筮告"之义。谓九二阳刚居中,犹如"蒙师"刚严有方,故学子"初问"必施以教诲。李鼎祚《周易集解》引崔憬曰:"以二刚中,能发于蒙也。"程颐《周易程氏传》:"初筮,谓诚一而来求决其蒙,则当以刚中之道,告而开发之。"

【初九虞吉志未变也】 《中孚》卦初九爻的《小象传》辞。旨在解说初九爻辞"虞吉"的象征内涵。意思是:初九安守诚信可获吉祥,说明笃诚潜修的心志未曾改变。参见"中孚初九小象传"。

【初六鸣豫志穷凶也】 《豫》卦初六爻的《小象传》辞。旨在解说初六爻辞"鸣豫,凶"的象征内涵。意思是:初六沉溺于欢乐自鸣得意,说明欢乐之志必将穷极导致凶险。参见"豫初六小象传"。

【初六童观小人道也】 《观》卦初六爻的《小象传》辞。旨在解说初六爻辞"童观"的象征内涵。意思是:初六像幼童一样观仰景物,这是小人的浅见之道。参见"观初六小象传"。

【初登于天后入于地】 《明夷》卦上六爻辞之语。意思是:起初登临天上,最终坠入地下。此言上六当"明夷"之时,以阴居卦极,为"暗君"之象,其德不明反晦,犹如太阳初虽登临于天,终至西落沉坠,故曰"初登于天,后入于地"。参见"明夷上六"。

【初登于天照四国也】 《明夷》卦上六爻的《小象传》语。旨在解说上六爻辞"初登于天"的象征内涵。意思是:起初登临天上,足以照耀四方诸国。参见"明夷上六小象传"。

〔一〕

【君子易】 张承绪撰。民国二十六年(1937)大陆印书馆铅印本。此书专释六十四卦《大象传》及《系辞传》、《文言传》说爻、卦之片断,以推阐"君子"修身致用之道,故名《君子易》。《自序》述其著书宗旨云:"兹援读书不必全书之义,第采羲象孔传,而归重于君子取法,浅释详证,并约其旨,曰正曰中,功归补过。"书分两部分:前部分《君子易》,依六十四卦上下经之次释《大象传》;后部分《君子易续》,取《系辞传》上下说爻义十九则及《文言传》说《乾》卦辞一则,各为解释。解释之例,先释象,次辨辞,次证史,最后以诗赞作结;"赞结"诗均以四言四句为之。书首有《例言》、《图说》、《象义释略》、《数理分解》四篇;书末附《易杂记》,含《虞五易辨》、《鼎革通解》、《易学述跋》、《易义联句》、《易友迹存》五种。

【君平卜】 西汉严君平善卜筮,故有"君平卜"之称。《汉书·王贡两龚鲍传序》:蜀有严君平,卜筮于成都市,"裁日阅数人,得百钱足自养,则闭肆下帘而授《老子》。"秦观《双石诗》(见《秦少游诗集》):"支机亦何据,但出君平卜。"

【君子有终】 ①《谦》卦的卦辞之语。意思是:君子能够保持谦德至终。此谓当"谦"之时,必可"亨通",然"小人"行谦不能长久,唯"君子"才能"有终"。参见"谦卦辞"。 ②《谦》卦九三爻的爻辞之语。字面意思与卦辞同。然其旨趣则专就九三爻而发,谓九三为《谦》卦中唯一的阳爻,居下卦之终,以刚健之德承应于上,犹如勤劳而又谦虚的"君子",故行谦"有终"获吉。参见"谦九三"。

【君子征凶】 《小畜》卦上九爻辞之语。意思是:君子若往前进发必将遭凶。君子,喻阳;征,进也。此谓上九处《小畜》卦终,阳刚尽被阴四之阴畜止,而"小畜"

道已穷尽;当此之时,"阳刚"者应知危自养,不可再受"畜"于阴者,若继续沿着"小畜"穷极之途向前发展,让阴气尽载阳德,必致危亡,故戒以"君子征凶"。参见"小畜上九"。

【君子豹变】 《革》卦上六爻辞之语。意思是:君子像斑豹一样助成变革。这是说明上六处《革》之终,"革"道大成,犹如斑豹一样协助"大人"变革,从而建树功勋,故曰"君子豹变"。参见"革上六"。

【君子以经纶】 《屯》卦《大象传》语。意思是:君子因此在时局初创之际努力经略天下大事。这是从《屯》卦的上下卦象"云雷屯"而推阐出的"君子"应于"屯难"之时有所作为的象征意义。就客观现象而言,愈是"初生"之物、"草创"之事,愈迫切期待扶持、治理。故《大象传》于《屯》卦所引申的"君子经纶"的旨趣,至见贴切。参见"屯大象传"。

【君子维有解】 《解》卦六五爻辞之语。意为:君子能够舒解险难。维,语气助词。此言六五当"解"之时,柔中而居尊位,下应九二"刚中",为能舒解危难的"君子"形象,故称"君子维有解"。参见"解六五"。

【君子夬夬独行】 《夬》卦九三爻之语。意思是:君子刚毅果断独自前行(与小人周旋以待时决除)。夬夬,"夬"谓"决","夬夬"即"决而又决",犹言刚毅果断;独行,指《夬》九三独应上六之阴。这是说明九三当"决除"小人之时,阳刚亢盛而居下卦之上,全卦唯其一阳与上六有应,为了妥善决除上六"小人",不可操之过急,应当刚毅果决地"独行"往应上六,犹如暂与"小人"周旋以待时清除,必能最终奏效,故曰"君子夬夬独行"。

【君子几不如舍】 《屯》卦六三爻辞之语。此承爻辞前文六三无"虞人"引导而盲目"逐鹿"的喻象,指出"君子"应当见机行事,此时不如舍弃山鹿而不逐。几,即"机",犹言"见机"。这是就六三如何善处"屯难"而发出的诫语。参见"屯六三"。

【君子以同而异】《睽》卦的《大象传》语。意思是：君子因此谋求大同而并存小异。同而异，犹言求同存异。这是从《睽》卦"上火下泽"的卦象而推阐出的"君子"观此象，须悟知"睽"而能合之理，故能谋求事物之"大同"，并存不同之"小异"。参见"睽大象传"。

【君子以懿文德】《小畜》卦的《大象传》语。意思是：君子因此修美文章道德以待时。懿，用如动词，犹言"修美"。这是从《小畜》卦"风行天上"的卦象而推阐出的"君子"应修美"文德"的意义。参见"小畜大象传"。

【君子终日乾乾】《乾》卦九三爻辞之语。君子，喻九三；终日，孔颖达《周易正义》云："终竟此日"，因九三居下卦之终，故称；乾为健，"乾乾"犹言健而又健。全句意思是：君子整天健强振作不已。参见"乾九三"。

【君子之光有孚吉】《未济》卦六五爻辞之语。意思是：焕发君子的光辉，心怀诚信而得吉祥。孚，信也。此言六五尊居《未济》上卦中位，正值"未济"渐向"可济"转化之时，体禀上离"文明"之质，又以"柔中"之美比应九四、九二两阳，犹如焕发"君子"的光明盛德，真诚待物，于是广获援助，终能济成大事而获吉，故称"君子之光，有孚吉"。参见"未济六五"。

【君子以成德为行】谓君子以成就道德作为行动的目的。语出《乾》卦《文言传》。旨在衍发《乾》初九爻辞"潜龙"之义。初九阳气尚微，如龙潜藏，亦如"君子"尚未成就其美德，故须潜修勿用。李鼎祚《周易集解》引干宝曰："君子之行，动静可观，进退可度，动以成德，无所苟行也。"孔颖达《周易正义》："君子之人，当以成就道德为行，令其德行彰显，使人日可见其德行之事；此君子之常也，不应潜隐。所以今曰'潜'者，以时未可见，故须'潜'也。"

【君子以饮食宴乐】《需》卦的《大象传》语。意思是：君子待时饮用食物、举宴作乐。这是从《需》卦"云上于天"的卦象所推阐出的"君子"当悟知"饮食宴乐"也应"需待"其时的道理。参见"需大象传"。

【君子尚消息盈虚】《剥》卦的《彖传》语。意为：君子崇尚消亡生息、盈盛亏虚的转化哲理。消息，消亡与生息；盈虚，盈满与亏虚。此举"天道"盛衰互转的哲理，说明当"剥"之时，阴剥阳之势也未能终久，揭示"君子"顺势治"剥"、止"剥"之道。孔颖达《周易正义》："在'剥'之时，顺而止之"，"须量时制变，随物而动：君子通达物理，贵尚消息盈虚。"

【君子之光其晖吉也】《未济》卦六五爻的《小象传》辞。旨在解说六五爻辞"君子之光"的象征内涵。意思是：焕发君子的光辉，说明六五美德光耀必获吉祥。参见"未济六五小象传"。

【君子于行三日不食】《明夷》卦初九爻辞之语。意为：君子仓皇远走遯行，三日不顾充填饥肠。此言初九以阳刚处"明夷"之始，卑居卦下，其时方始"昏暗"，便有及早潜隐避难、自晦不用之象，犹如"君子"仓皇出走，饥不遑食，故曰"君子于行，三日不食"。参见"明夷初九"。

【君子于行义不食也】《明夷》卦初九爻的《小象传》辞。旨在解说初九爻辞"君子于行，三日不食"的象征内涵。意思是：君子仓皇远走遯行，说明初九在"自晦"的意义上是不求禄食。参见"明夷初九小象传"。

【君子夬夬终无咎也】《夬》卦九三爻的《小象传》辞。旨在解说九三爻辞"君子夬夬"的象征内涵。意思是：君子刚毅果断，说明九三终究能制裁小人而不遭害。参见"夬九三小象传"。

【君子有解小人退也】《解》卦六五爻的《小象传》辞。旨在解说六五爻辞"君子维有解"的象征内涵。意思是：君子能够舒解险难，说明小人必将畏服退缩。参见"解六五小象传"。

【君子舍之往吝穷也】《屯》卦六三爻的《小象传》语。旨在解说六三爻辞"君子几,不如舍,往吝"的象征内涵。意思是:君子舍弃"山鹿"不逐、执意前往必有憾惜,说明六三冒进不止将致穷困。参见"屯六三小象传"。

【君子好遯小人否也】《遯》卦九四爻的《小象传》辞。旨在解说九四爻辞"好遯,君子吉,小人否"之义,但即取爻辞之语为释。意思是:君子心怀情好而身已退避,说明小人难以办到。参见"遯九四小象传"。

【君子征凶有所疑也】《小畜》卦上九爻的《小象传》语。旨在解说上九爻辞"君子征凶"的象征内涵。意思是:君子若往前进发必遭凶险,说明往前将使阳质被阴气凝聚纯化。参见"小畜上九小象传"。

【君子道长小人道消】《泰》卦的《彖传》语。意思是:君子之道增长,小人之道消亡。君子,指《泰》内卦乾;小人,指《泰》外卦坤。这是根据《泰》卦的上下卦象,揭示"通泰"之时阳息阴消,利于"君子"不利于"小人"之理,并释卦辞"小往大来,吉,亨"之义。李鼎祚《周易集解》引《九家易》曰:"谓阳息而升,阴消而降也。"程颐《周易程氏传》:"君子在内,小人在外,是君子道长,小人道消,所以为'泰'也。既取阴阳交和,又取君子道长:阴阳交和,乃君子之道长也。"

【君子得舆小人剥庐】《剥》卦上九爻辞语。意思是:君子(摘取硕果)将能驱车济世,小人(摘取硕果)必致剥落万家。得舆,得乘大车,喻济世获吉;剥庐,剥落屋宇,喻害民致凶。这是说明上九高居《剥》卦之终,其德刚直,当诸爻俱"剥"成阴之时,独存阳实,有"硕果"未被摘食之象;此时上九若以"君子"获此硕果则吉,若为"小人"窃此硕果则凶,故爻辞从正反两方面设喻,谓"君子得舆,小人剥庐"。参见"剥上九"。

【君子得舆民所载也】《剥》卦上九爻的《小象传》语。旨在解说上九爻辞"君子得舆"的象征内涵。意思是:君子(摘取硕果)将能驱车济世,说明君子将受到天下百姓拥戴。参见"剥上九小象传"。

【君子豹变其文蔚也】《革》卦上六爻的《小象传》语。旨在解说上六爻辞"君子豹变"的象征内涵。意思是:君子像斑豹一样助成变革,说明上六的美德因大人的辉映蔚然成彩。参见"革上六小象传"。

【君子道长小人道忧也】《杂卦传》语。此《传》篇终特举《夬》卦五阳共决一阴之象为说,谓阳象"君子",阴象"小人",其时阳刚既能决除阴邪,则君子之道盛长,而小人之道困忧,故曰"君子道长,小人道忧"。俞琰《周易集说》:"君子,阳类也;小人,阴类也。君子之与小人相为盛衰,犹阴阳之消长,君子长则小人忧。小人盖以遭遇为喜,以决去为忧也。"按,沈善登《需时眇言》曰:"《杂卦传》以'《乾》刚《坤》柔'始,以《夬》'刚决柔'还复为《乾》终,是举全《易》而浑成一《乾》。"尚秉和先生《周易尚氏学》称:"此说最得《夬》卦居终之义。"

【君子以顺德积小以高大】《升》卦的《大象传》语。意思是:君子因此顺行美德,积累小善以建树崇高弘大的事业。这是从《升》卦"地中生木"、自微及著的卦象而推阐出的"君子"应当效法此象,以顺行其美德,积"小善"以成就高大事业的道理。参见"升大象传"。

【张氏】①约汉魏六朝间人。爵里不详。或疑即《周易释文》所引"张伦"。陆德明《经典释文序录》于《易》类列"《荀爽九家易注》十卷",谓《注》内除荀爽等九家《易》说外,"又有张氏","不知何人"。朱彝尊《经义考》云:"陆氏《释文》载有'张伦'本","未审即其人否?考之《序录》,又未列其姓氏,不敢臆定也。" ②孔颖达《周易正义》中所引《易》家之一,即"张讥"。马国翰《玉函山房辑佚书》指出:"《正义》称'何氏',其说每与张氏、周氏、褚氏、庄氏并引。庄氏不详何人，周为周弘正，张为张讥，褚为褚仲都，何即何妥。皆唐近代为《讲疏》者。《正义》亦疏也，故仅题'某氏'。"

【张讥】　南朝陈清河武城（今属山东）人。字直言。幼聪俊有思理，年十四通《孝经》、《论语》，笃好玄言，受学于汝南周弘正。梁大同中，召补国子正言生。梁武帝曾于文德殿释《乾坤文言》，讥与陈郡袁宪等参与其事，敕令议议，诸儒莫敢先出，讥乃整容而进，谘审循环，辞令温雅。梁武帝甚异之，赐裙襦绢等，云："表卿稽古之力。"迁士林馆学士。侯景乱起，曾为哀太子讲《老》、《庄》。入陈，为国子助教、武陵王限内记室、东宫学士、国子博士。其师周弘正曾在国学发《周易》题，弘正第四弟弘直亦在讲席。讥与弘正论议，弘正辞屈。弘直危坐厉声，助其兄申理。讥正色谓弘直曰："今日义集辩正名理，虽知兄弟急难，四公不得有助。"弘直曰："仆助君师，何为不可？"举座以为笑乐。弘正曾经对人说："我每登座，见张讥在席，便使人憪然。"陈亡入隋，卒于长安，年七十六。平生恬静，不求荣利，常慕闲逸。讲析《周易》、《老》、《庄》，教授生徒。陆德明、朱孟博、僧法才、慧休、道士姚绥，皆传其业。著有《周易义》三十卷、《尚书义》十五卷、《毛诗义》二十卷、《孝经义》八卷、《论语义》二十卷、《老子义》十一卷、《庄子内篇义》十二卷、《外篇义》二十卷、《杂篇义》十卷、《玄部通义》十二卷，又撰《游玄桂林》二十四卷，陈后主曾敕人就其家写入秘阁（见《陈书》及《南史》本传）。《隋书·经籍志》、《旧唐书·经籍志》、《新唐书·艺文志》于《易》类均列张讥《周易讲疏》三十卷。已佚。清马国翰《玉函山房辑佚书》有辑本一卷。

【张兴】（？—71）　东汉颍川鄢陵（今属河南）人。字君上。研习《梁丘《易》》，以教授门生。举孝廉，为博士。永平十年（67）拜太子少傅。汉明帝多次向他询问经术。于是名声大振，弟子自远方前来投奔，将近万人，成为当时《周易》"梁丘学"的宗主。子张鲂亦传"梁丘《易》"（见《后汉书·儒林列传·张兴传》）。

【张伦】　约汉魏六朝间人。见"张氏①"。

【张英】（1637—1708）　清桐城（今属安徽）人。字敦复，号乐圃。康熙进士。以编修充日讲起居注官，入直南书房。官至文华殿大学士，兼礼部尚书。秉性和易，不务表襮；有所荐举，终不使人知。在讲筵，凡民生疾苦、四方水旱，知无不言；奉职始终敬慎，有古大臣风。晚以衰病求致仕，遂优游林下，以务本力田、随分知足诰诫子弟。卒谥"文端"，有文集行世（见《清史稿》本传）。《易》学专著今存《易经衷论》二卷。

【张栻】（1133—1180）　南宋汉州绵竹（今属四川）人，迁居衡阳。字敬夫，一字乐斋，号南轩。张浚子。颖悟夙成，长师胡弘，弘告以孔门论仁亲切之旨，教以二程学说，益自奋励，以古圣贤自期。累官吏部侍郎、右文殿修撰。为人坦荡明白，表里洞然，尤严于义利之辨。力主抗金，反对言和。病且死，犹手疏劝上"亲君子，远小人，信任防一己之偏，好恶公天下之理"。卒谥"宣"（见《宋史》本传）。学术上与朱熹、吕祖谦齐名，时称"东南三贤"。《易》学专著有《南轩易说》三卷。

【张根】（1061—1120）　北宋饶州德兴（今属江西）人。字知常。元丰进士，官至淮南转运使。屡建言皆切指时弊，权倖为之侧目。后贬濠州团练副使、安置郴州。年六十终于家。秉性至孝，父病蛊戒盐，根随之食淡；母嗜河豚及蟹，母卒，根不复食；母方病，每至清晓鸡鸣则稍苏，根不忍闻鸡声（见《宋史》本传）。其《易》学专著今存《吴园易解》九卷。

【张浚】（？—1164）　南宋汉州绵竹（今属四川）人。字德远。四岁而孤，行直视端，识者知为大器。登进士第，为太常寺簿。时金兵没汴京,欲立张邦昌,浚逃入太学,不肯署状。闻高宗即位,即南去投奔,为川陕京西诸路宣抚使,力扼金人。寻知枢密院。会秦桧力主和议,贬徙永州。孝宗时除枢密使,都督江淮军马,封魏国公,卒谥"忠献"。平生志在恢复中原,始终不主和议,功虽不就,人称其忠。事母以孝称,学邃于《易》。诗文作品及经学著述甚丰(见《宋史》本传)。《易》学专著有《紫岩易传》十卷。

【张轨】(约255—314) 西晋安定乌氏(—zhī支,今甘肃平凉西北)人。字士彦。少明敏好学,有器望,姿仪典则。张华曾与之论经义及政事损益,甚器之。累迁征西军司。永宁初,出为凉州刺史,威著西州,化行河右。建兴中,拜太尉凉州牧西平公,轨固辞。在州十三年,寝疾,遗令将佐尽忠报国,务安百姓。卒年六十,谥"武公"。子张寔,创立前凉(见《晋书·张轨传》)。治《易》,著有《易义》。张璠集魏晋二十二家《易》说,撰为《周易集解》十二卷,张轨亦被采入诸家之一(见陆德明《经典释文序录》)。其书已佚。清马国翰《玉函山房辑佚书》辑有张轨《周易张氏义》一卷。

【张禹】(?—前5) 西汉河内轵(今河南济源东南)人,徙莲勺(属所在今西安市西北)。少年时数随家人至市,喜在卜筮占相者前观看,久之,颇晓其揲蓍布卦之意,时时从旁插语。卜者颇爱之,又奇其面貌出众,遂向禹父说道:"此儿多智,可令学经。"及壮,至长安学,受《易》于施雠,问《论语》于王阳、庸生。为博士,元帝时诏其授太子《论语》,迁光禄大夫,出为东平内史。成帝即位,尊以为师,任丞相,至受敬重。哀帝建元二年(前5)卒,谥"节侯"。平生治《论语》甚为知名,时儒有"欲为《论》,念张文"之称。于《易》,既承施雠所传,又授彭宣、戴崇。故西汉"施氏《易》"一派遂有"张、彭之家"(见《汉书·张禹传》及《儒林传·施雠传》)。

【张理】 元清江(今属江西)人。字仲纯。曾于武夷山师事杜本,尽得其学。举茂才异等。历任泰宁教谕,勉斋书院山长。延祐中,仕至福建儒学提举(见《闽书》及《宋元学案》)。《易》学著述今存《大易象数钩深图》三卷、《易象图说》六卷。

【张烈】(1622—1685) 清大兴(今属北京市)人。字武承,号孜堂。康熙进士,旋召试鸿博,授翰林院编修,参与修《明史》,分撰明孝宗、武宗两朝。专心理学,笃守朱熹之说。著《王学质疑》,举王守仁《传习录》条析而辨难之,宗闽洛之学者皆奉为圭臬(见《清史列传》及《清儒学案小识》)。《易》学专著今存《读易日钞》六卷。

【张辉】 西晋梁国(治所今河南商丘)人。字义元。官至侍中、平陵亭侯。著有《易义》。张璠集魏晋二十二家《易》说,撰为《周易集解》十二卷,张辉亦被采入诸家之一(见陆德明《经典释文序录》)。

【张鲂】 东汉颍川鄢陵(今属河南)人。张兴之子。承父业,传梁丘《易》学。官至张掖属国都尉(见《后汉书·儒林列传·张兴传》)。

【张载】(1020—1077) 北宋凤翔郿县(今陕西眉县)横渠镇人。字子厚。世称横渠先生。少喜谈兵,年二十一,以书谒范仲淹,仲淹劝其读《中庸》;载犹以为不足,又访诸释、老,累年研探其说,知无所得,返而求之《六经》。尝坐虎皮,讲《易》于京师,程颐兄弟与论《易》,次日谓弟子曰:"二程深明《易》道,吾所弗及,汝辈可师之。"遂撤坐辍讲。嘉祐间举进士,为云岩令。熙宁初,为崇政院校书。寻屏居南山下,终日危坐一室,与诸生讲学,告以知礼成性、变化气质之道。吕大防荐知太常礼院。以疾归。卒谥"明",后定谥"献"。其学以《易》为宗,以《中庸》为的,以《礼》为体,以孔孟为极。著《正蒙》、《西铭》、《易说》,传其学者称为"关学"(见《宋史》本传及《宋元学案》)。其思想对宋明理学影响甚大,关于人性论之说为程朱学派所

317

继承发展,关于一元论之说为明末清初的王夫之所衍申发挥。

【张璠】 东晋安定(治所今甘肃泾川北)人。曾任秘书郎参著作、令史等职。撰《后汉纪》,虽似未成,辞藻可观。并集前代二十二家《易》说,为《周易集解》十二卷(见《三国志·魏书·三少帝纪》注及陆德明《经典释文序录》)。其书已佚。清孙堂《汉魏二十一家易注》、马国翰《玉函山房辑佚书》、黄奭《汉学堂丛书》均辑有《周易张氏集解》一卷。柯劭忞认为:张璠的《易》学,与王弼"同出一源","盖绌象数而专主义理者"(《续修四库全书提要·易类·周易张氏集解》)。

【张行成】 南宋临邛(今属四川)人。字文饶,一作子饶。学者称为观物先生。由成都府路钤辖司干办公事,丐祠归。杜门十年,深研《易》义,并推阐发明扬雄、卫元嵩、司马炎、邵雍等人《易》说,著书七种,凡七十九卷。乾道二年(1166)表进其书,诏奖之,除直徽猷阁,官至兵部郎中。汪应辰帅蜀,荐其有捐躯殉国之忠,而又善于理财。论《易》多参图书、术数之学为说,贬之者谓其"牵合",赞之者称其"因象以推数"乃"论《易》之名言"(见《宋元学案》)。《易》学著述今存《易通变》四十卷、《翼玄》十二卷、《元包数总义》二卷、《皇极经世索隐》二卷、《皇极经世观物外篇衍义》九卷等。

【张次仲】(1589—1676) 明末清初海宁(今属浙江)人。字元岵,号待轩,一号钝庵。明天启元年(1621)举人。入清不仕(见黄宗羲《张元岵先生墓志铭》及《经义考》)。《易》学著述有《周易玩辞困学记》十五卷。

【张惠言】(1761—1802) 清江苏武进人。字皋文。少学《易经》,即通大义。年十四,为童子师,修学立行,敦礼自守,人皆称敬。嘉庆四年(1799)进士,改庶吉士,充《实录》馆纂修官。两年后散馆改部属,授翰林院编修,次年卒,年四十二。少

年时喜为词赋,尝拟司马相如、扬雄之文;及壮,又效韩愈、欧阳修。其貌清羸,须眉作青绀色。工篆书。曾从金榜问业,故其学要归《六经》,而尤精《易》、《礼》。研《易》又特重虞翻之学,遂以专治虞《易》名重海内(见《清史稿·儒林传》)。《易》学著述有《周易虞氏义》九卷、《周易虞氏消息》二卷、《虞氏易礼》二卷、《虞氏易事》二卷、《虞氏易候》一卷、《虞氏易言》二卷、《周易郑荀义》三卷、《周易荀氏九家义》一卷、《易图条辨》一卷、《易纬略义》三卷等,并辑有《易义别录》十四卷、《周易荀氏九家》三卷,订正《周易郑氏注》三卷及《周易郑注》十二卷。后人编有《张皋文笺易诠全集》。

【张献翼】(约1531—1601) 明长洲(在今江苏苏州市)人,一说昆山(今属江苏)人。字幼于。后更名敉。嘉靖间国子监生。为人放诞不羁,言行诡异,而说《易》乃平正通达,笃实不支。万历二十九年(1601),以被疑为《蕉扇记》传奇作者,为怨家刺死,年七十余(见《明史·文苑传·皇甫涍传》、《经义考》及《明清江苏文人年表》)。《易》学著述有《读易纪闻》六卷、《读易韵考》七卷、《读易约说》三卷、《易杂说》二卷、《读易臆说》二卷,凡五种。今存《纪闻》、《臆说》、《杂说》三种。

【张彭之学】 西汉张禹、彭宣所传《易》学。张、彭分别为施雠的一传、再传弟子,其学系施氏《易》派的一个支流。参见"施氏易"。

【改邑不改井】 《井》卦的卦辞之语。意思是:城邑村庄可以改移而水井从不迁徙。《井》卦大义,乃以"井"的特性比拟"君子"的美德;此句卦辞即用"邑"可改而"井"不可迁,喻君子之德"不变"。参见"井卦辞"。

【改命之吉信志也】 《革》卦九四爻的《小象传》辞。旨在解说九四爻辞"改命,吉"的象征内涵。意思是:革除旧命可获吉祥,说明九四畅行变革之志。参见"革

九四小象传"。

【改邑不改井乃以刚中也】《井》卦之《象传》语。意思是：城邑村庄可以改移而水井不可迁徙，就像君子恒守阳刚居中的美德。刚中，指《井》卦九二、九五两爻以阳居中位。这是以《井》卦的二、五爻象释卦辞"改邑不改井"的象征内涵。孔颖达《周易正义》："此释卦体有常，由二、五也；二、五以刚居中，故能定居其所而不改变也。"

【陆绩】(187—219) 三国吴国吴郡吴县(今属江苏)人。字公纪。少年聪慧。及长成，博学多识，星历算数无不通览。孙权辟为奏曹掾，以直言遭人畏惮，出为郁林太守，加偏将军。虽任军务，著述不废，作《浑天图》，注《周易》，释《太玄》，皆传当世。预知将亡之日，自撰遗辞曰："有汉志士，吴郡陆绩，幼敦《诗》、《书》，长玩《礼》、《易》，受命南征，遭疾逼厄，遭命不永，呜呼悲隔！"又曰："从今已去，六十年之外，车同轨，书同文，恨不及见也。"年三十二卒(见《三国志·吴书·陆绩传》)。其《易》学著作，陆德明《经典释文序录》列"陆绩《述》十三卷"，今佚。马国翰《玉函山房辑佚书》、孙堂《汉魏二十一家易注》、黄奭《汉学堂丛书》等均辑有陆绩《周易述》。另，今存陆绩注《京氏易传》三卷。吴承仕先生《经典释文序录疏证》指出："绩既述《易》十三卷，更注《京氏易》(现存三卷)，则陆为京氏学也。又与虞翻撰《日月变例》六卷(《隋志》云：梁有，亡)，则又兼治孟氏学者也。张惠言曰：'京氏《章句》既亡，存于唐人所引者仅文字之末。而京氏自言即孟氏学，由公纪之说，京氏之大指庶几见之。'(按，张氏语见《易义别录》。)"

【陆希声】 唐苏州吴(今江苏吴县)人。晚隐宜兴君阳山，自号君阳遁叟。博学善属文，书得拨灯法，通《易》、《春秋》、《老子》，论著甚多。为右拾遗，见州县刓弊，上言当谨视防乱，俄而王仙芝反，株蔓数

十州，遂不制。累擢歙州刺史。唐昭宗闻其名，召为给事中，拜户部侍郎，同中书门下平章事。以太子少师罢，卒谥"文"(见《新唐书》本传及《唐诗纪事》、《书小史》等)。《新唐书·艺文志》列陆氏《易传》二卷。已佚。朱彝尊《经义考》录其《自序》一篇，谓梦在大河之阳，有三人偃卧东首，上伏羲、中文王、下孔子，遂悟八卦小成之位，乃作《易传》以授门人云云。清黄奭《黄氏逸书考》有辑本一卷。

【陆德明】(约550—630) 唐苏州吴(今江苏吴县)人。名元朗，以字行。初受学于《易》家周弘正，善言玄理。南朝陈大建间，年始弱冠，参与承先殿名儒讲论，独与国子祭酒抗对，合朝赞叹。解褐仕陈，至国子助教。陈亡归乡里。隋炀帝时，擢秘书学士，迁国子助教。入唐，拜国子博士，封吴县男，贞观初卒。撰《经典释文》三十卷、《老子疏》十五卷、《易疏》二十卷。后唐太宗阅其书，嘉德明博辩，以布帛二百段赐其家(见《旧唐书》、《新唐书》本传)。其《经典释文》中，首为《周易释文》，是研究《周易》文字、音韵、训诂的重要参考书。

【陆氏易解】 三国吴陆绩撰，明姚士粦辑。一卷。见"易解"。

【陆绩易述】 三国吴陆绩撰。清黄奭辑。一卷。《汉学堂丛书》本。陆德明《经典释文序录》谓陆绩《周易述》十三卷。其书久佚。明姚士粦始有辑本一卷，载《盐邑志林》；朱彝尊《经义考》谓其"系抄撮陆氏《释文》、李氏《集解》二书为之"，《四库全书》已著录，作《陆氏易解》一卷，谓凡一百五十条；后马国翰重加辑录，得一百零四条，载《玉函山房辑佚书》中；嘉庆间孙堂就姚本补辑之，得二百零五条，较姚本增四分之一，载《汉魏二十一家易注》中，阮元盛称其博洽，为《序》弁其首；至道光间，黄奭又作补辑，较孙辑增七条，余尽与孙本同，载《汉学堂丛书》中，为收陆注最多之辑本。尚秉和先生《易说评议》认为，此书所辑陆注，其最要者莫过于对"巽为

风"之象的解说,能正前儒之误,独与《易林》暗合,"其有裨于经学甚大"。

【陈元】 东汉苍梧广信(治所在今广西梧州市)人。字长孙。从其父陈钦受《春秋左氏》。又传"费氏《易》学"。光武帝时,为博士。晚年以病归,卒于家(见《汉书·陈元传》及《儒林列传》)。

【陈抟】(?—989) 五代末宋初亳州真源(今河南鹿邑)人。道士。字图南,自号扶摇子。始四、五岁,戏涡水岸侧,有青衣媪乳之,自是聪悟日益。及长,读经史百家之言,一见成诵,悉无遗忘。颇以诗名。后唐长兴中,举进士不第,遂不求禄仕,隐居武当山。后移居华山,与隐士李琪、吕洞宾等为友。后周世宗好外丹术,显德三年(956)召抟问其术,赐号"白云先生"。北宋太平兴国年间,至京师,建议宋太宗招贤士,去佞臣,轻赋万民,重赏三军,赐号"希夷先生"。精于《易》学,读《易》手不释卷,其学不烦文字解说,止以一"先天图"寓其阴阳变化消长之数。著有《易龙图》、《九室指玄篇》等(见《宋史》本传及邵伯温《易学辨惑》)。其著作均佚。今有题为陈抟所撰之《阴真君还丹歌注》,收入《道藏》。

【陈寔】(104—187) 东汉颍川许(治所在今河南许昌县东)人。字仲弓。少年有志好学,坐立皆诵读。受业于樊英,习"京氏《易》"。曾任太丘长,修德清静,百姓以安。汉灵帝初,大将军窦武辟以为掾属。后居乡间,累征不起。中平四年(187),卒于家,年八十四。何进遣使吊祭,海内赴者三万余人,制衰麻者以百数。共刊石立碑,谥为"文范先生"(见《后汉书·陈寔传》及《方术列传·樊英传》)。

【陈瓘】(1057—1122) 北宋南剑州沙县(今属福建)人。字莹中,号了翁。学者称了斋先生。少好读书,不喜为进取学,父母勉以门户事,乃应举,登进士甲科。绍圣初,由章惇荐为太学博士,后与惇忤,不复用。曾布为相,荐为谏官,又以为忤而出之。为谏官时,极言蔡京不可用,京深恨之,屡遭贬谪,未有一日少安。宣和间卒于楚州。平生谦和,不与物竞,闲居矜庄自持,语不苟发;通于《易》数,言国家大事,后多应验。有《尊尧集》行世。南宋绍兴间追谥"忠肃"(见《宋史》及《宋元学案》)。其《易》学专著今存《了翁易说》一卷,一题《了斋易说》。

【陈士元】(1516—1579) 明应城(今属湖北)人。字心叔,号养吾。嘉靖二十三年(1544)进士。官至滦州知州(见《经义考》及《四库全书提要》)。《易》学专著今存《易象钩解》四卷、《易象彙解》二卷。

【陈应润】 元天台(今属浙江)人。字泽云。元延祐间,由黄岩文学起为郡曹掾,数年调明掾;至正五年(1345),调桐江宾幕。平时议论雄伟,剖决如流,凛凛然有骨鲠风。为文清新俊逸,歌诗美善刺恶,一出至公。精研《易》学,以二三十年之力,著成《周易爻变义蕴》四卷(见黄潜《周易爻变义蕴序》及《四库全书提要》)。

【陈寿熊】(1812—1860) 清江苏震泽(今江苏吴江)人。字献青,又字子松。诸生。其学兼综汉、宋,不务表暴,于《易》用力尤深。所著有《周易集义》、《读易汉学私记》、《读易启蒙》、《周易正义举正》、《周易本义笺》及《静远堂诗文集》、《明堂图考》、《考工记拾遗》、《诗说》等,因罹兵灾,颇多散佚(参见《续碑传集》)。其《易》学专著今存《读易汉学私记》一卷、《陈氏易说》四卷。

【陈祖念】 明连江(今属福建)人。字修甫。陈第之子。祖念音韵学不及其父,而说《易》乃胜其父。《易》学专著有《易用》五卷(见《四库全书提要》)。

【陈梦雷】(1650—1741) 清侯官(今福建福州市)人。字则震,又字省斋,号天一道人。康熙进士,授编修。假归,适逢"三藩之乱",驻福州之靖南王耿精忠起兵反清,逼迫梦雷任官职,梦雷托疾不受。精忠败,被诬下狱,谪戍东北尚阳堡。十余年始还京,任词臣、侍读。雍正初又被流放,卒于东北戍所,年九十一。曾主编《古今图书集成》一万卷,为历代最庞大之百科全书;然雍正帝为消除梦雷影响,于御制《序》中抹杀梦雷主编之事,改题蒋廷锡编(见《国朝耆献类征》及《福建通志》)。《易》学专著今存《周易浅述》八卷。

【陈氏易说】 清陈寿熊撰。四卷,附录一卷。清光绪三十三年(1907)刊木活字本。陈氏《易》著甚丰,因罹兵灾,颇多散佚。其弟子凌淦家存《献青治易稿》一种,就《周易正义》本蚁书之,有驳正《注疏》之言,有节乙《疏》文,眉列旁行,冗杂复沓,又屡似散稿,涂改漫漶,不可辨次。凌淦因请其友诸福坤等为之编次,去复存疑,厘订缮录,编为四卷:上经一卷,下经一卷,《系辞上传》、《系辞下传》一卷,《说卦传》、《序卦传》、《杂卦传》一卷;又别为《附录》一卷,题为《陈氏易说》。书中大旨,以推衍虞翻"之正"等说为主。黄寿祺先生指出:"虞氏之《易》,于消息、卦变之外,间有用覆象者","惟不多见耳,至寿熊始大畅其论","盖已深明乎象覆而辞即于覆中取义之意,骎骎乎与焦氏《易林》取象之消息相通。是不独为能绍述虞氏之义,抑且发挥而光大之矣。惜其书破碎不完,虽经诸福坤辈之苦心整理,其条贯仍不悉具。福坤尝疑此书即《周易集义》之稿,不知信否。世倘得其完书,则其见重当不在惠栋、张惠言之下,可断言也。"(《易学群书平议》)

【即墨成】 西汉齐(今山东泰山以北)人。汉初《易》家,以研治《易经》官至城阳相。《史记·儒林列传》:"齐人即墨成以《易》至城阳相。"《汉书·儒林传》同,颜师古注曰:"姓即墨,名成。"按,杨树达《汉书窥管》谓以上文"授"字贯下,即墨成《易》学当亦田何弟子王同所授。

【即鹿无虞】 《屯》卦六三爻辞之语。意思是:追逐山鹿没有虞人引导。即,犹言"追逐";虞,古代掌管山泽之官。此谓六三处"屯难"之时,失正不中,躁于进取,故有"无虞"而"逐鹿"之象。参见"屯六三"。

【即象名卦】 南宋朱熹认为,《周易》的卦名,是古代作《易》者根据卦象而取的。《朱子语类》卷六十七录朱熹语曰:"《易》卦乃圣人"因观天地自然之法象而画,乃其既画也,一卦自有一卦之象;象,谓有个形似он。故圣人即其象而命之名。以爻之进退而言,则如《剥》、《复》之类;以其形之肖似而言,则如《鼎》、《井》之类。此是伏羲即卦体之全,而立个名如此。乃文王观卦体之象,而为之彖辞;周公视卦爻之变,而为之爻辞,而吉凶之象益著矣。"

【即鹿无虞以从禽也】 《屯》卦六三爻的《小象传》语。旨在解说六三爻辞"即鹿无虞"之义。意思是:六三追逐山鹿没有虞人引导,说明贪于追捕禽兽。从,犹言"追捕";禽,泛指禽兽。参见"屯六三小象传"。

【邵雍】(1011—1077) 北宋共城(今河南辉县)人。字尧夫。谥康节。曾隐居苏门山百源之上,后人称为百源先生。少时自雄其才,慷慨欲树功名,于书无所不读。始为学,即坚苦刻厉,寒不炉,暑不扇,夜不就席者数年。已而叹曰:"昔人尚友于古,而吾独未及四方。"于是周游天下名胜古迹,归曰:"道在是矣!"遂不复出。北海李之才摄共城令,闻雍好学,曾造访其家,谓曰:"子亦闻物理性命之学乎?"雍对曰:"幸受教。"乃从之才学,受《河图》、《洛书》、《伏羲八卦六十四卦图象》。雍妙悟神契,洞彻蕴奥,遂衍伏羲先天之旨,著书十余万言,世人知其道者甚少。朝廷屡征不应,四时耕稼,自给衣食,名其居室为"安乐窝",自号"安乐先生"。当世名贤甚敬重之,晚年病重时,司马光、张载、程颢、程颐晨夕相候,将终共议丧葬事。卒年六十七。程颢《墓志铭》称其道"纯一不杂"。著有《皇极经世》、《伊川击壤集》、《渔樵问答》等(见《宋史》本传)。邵雍《易》学,远承陈抟一派所传"先天象数"之说,对宋《易》"象数"、"图书"学派的形成有重大影响。

【邵伯温】(1057—1134) 北宋共城(今河南辉县)人。字子文。邵雍之子。雍名重一时,如司马光、韩维、吕公著、程颐兄弟皆交其门,伯温入闻父教,出则事司马光等;而光等亦屈名位辈行,与伯温为再世交。故所闻日博,尤熟当世之务。司马光入相,曾欲荐伯温,未果而薨。后官至提点成都路刑狱。南宋绍兴中卒。著述近百卷(见《宋史》本传)。治《易》承其父"先天象数"之说,有《易学辨惑》一卷,又有《皇极系述》、《皇极经世序》、《观物内外篇解》等。

【邵康节】 即"邵雍"。

【邵村学易】 张其淦撰。二十卷。民国十五年(1926)铅印本。张氏号"邵村",又取孔子"假年学易"之义,故命其书为此名。全书大旨,约有两端:一是,认为《老子》所谓"道",即羲、农、黄帝、尧、舜、禹、汤、文、武相传之"道",《老子》五千言与《归藏》"首坤"之义有合,故颇采《老子》哲理释《易》,以补先儒之所未及;二是,认为《周易》义趣切合人事,故又采前代《易》家证史事、阐儒理之说,附录诸卦之后以发明之。其立说实质,即欲会通《老》、《易》之旨而仍附以儒家思想。于《同人》、《大有》二卦,以"大同之世"释之,自诩为"发前人之未发",且言:"他人见之,必有大笑之者。"黄寿祺先生《易学群书平议》指出:"实则张氏并世之易顺豫,著《周易讲义》,其释《同人》'先号咷而后笑',即言'此所谓大同之世',与张氏所说正同,特张氏未见其书耳。"

【邵易补原】 清俞樾撰。一卷。《春在堂全书》本。柯劭忞指出:"樾以邵子之《易》虽异于伏羲、文王、周公、孔子,然亦自成一家之言。惟太极、两仪、四象、八卦之相生,《易》言之;八卦又生两仪、四象,《易》所未言。毛西河驳以四五无名、三六无住法,虽邵子复生,无以自解。樾谓邵子之学出于陈图南,其说《易》必出于五十五点之'河图'、四十五点之'洛书',合五十五、四十五而成一百。此一百之数可以为邵《易》之太极,分之而五十者二,为两仪;又分之而二十五者四,为四象;又分之而十二者八,为八卦;而其中各有不能分者一焉,于是而八卦定。八卦之数各十有二,亦可以为太极;分而六者二,为两仪;又分之而三者四,为四象;又分之而一者八,为八卦;而其中各有不能分者一焉,于是而八八六十四卦定。乃作《邵易补原》,自诩为邵子之功臣。夫太极一数也,以一百之数为太极,又以十二之数为太极,恐邵子之《易》,其原必不在此。惟《易》之理无所不蕴,推之数亦无所不通,故仍著录此书,以备治《易》者参考焉。"(《续四库全书提要》)

【纷若之吉得中也】 《巽》卦九二爻的《小象传》辞。旨在解说九二爻辞"纷若吉"的象征内涵。意思是:获得盛多吉祥,说明九二能够守中不偏。参见"巽九二小象传"。

【纳甲】 汉魏《易》家所倡《易》学条例。其法以八卦纳配十天干数,天干以"甲"为首,故称"纳甲"。朱震《周易卦图说》指出:"纳甲何也?曰:举'甲'以该十日也。乾纳甲、壬,坤纳乙、癸,震巽纳庚、辛,坎离纳戊、己,艮兑纳丙、丁,皆自下生。"此说始于西汉京房。《京氏易传》卷下曰:"分天地《乾》、《坤》之象,益之以甲、乙、壬、癸(陆绩注:《乾》、《坤》二卦,天地阴阳之本,故分甲、乙、壬、癸,阴阳之终始);《震》、《巽》之象,配庚、辛(陆绩注:庚阳入《震》,辛阴入《巽》);《坎》、《离》之象,配戊、己(陆绩注:戊阳入《坎》,己阴入《离》);《艮》、《兑》之象,配丙、丁(陆绩注:丙阳入《艮》,丁阴入《兑》)。八卦分阴阳,六位配五行,光明四通,变易立节。"京氏纳甲法,乃用以创立"八卦六位"系统,结合"卦气"说以施于占验灾异(后世《火珠林》所载占法，悉与京氏说合，详"八卦六位"条)。至东汉魏伯阳作《周易参同契》，采用京说，比附月魄盈缩，以建立其鼎炉修炼的理论。《参同契》云："三日出为爽，震受庚西方；八日兑受丁，上弦平如绳；十五乾体就，盛满甲东方。蟾蜍与兔魄，日月气双明；蟾蜍视卦节，兔者吐生光。七八道已讫，屈折低下降。十六转受统，巽辛见平明；艮直于丙南，下弦二十三；坤乙三十日，东北丧其朋。节尽相禅与，继体复生龙；壬癸配甲乙，乾坤括始终。"这里借用卦象配天干，展示每月从上弦至下弦月魄的盈虚规律。自初三震(庚)、至初八兑(丁)、至十五乾(甲)，为上弦月盈；自十六巽(辛)、至二十三艮(丙)、至三十坤(乙)，为下弦月虚。壬、癸复配乾、坤，以明"始终"之义。然八卦之内不见坎、离，则是以坎、离为日月交易之象，配戊、己而主于中。此即《参同契》所谓："坎戊月精，离己日光；日月为易，刚柔相当；土王四季，罗络始终；青赤白黑，各居一方，皆禀中宫，戊己之功。"邹䜣(即朱熹)《周易参同契考异》据以制成《参同契纳甲图》(见书首图版七)，图中六个圆圈所示黑白多寡代表月魄盈虚规律，与六卦阴阳画的消长正合。虞翻援用《参同契》之说，衍申为解《易》条例。《周易集解》于《系辞上传》"在天成象"引虞翻曰："谓日月在天成八卦。震象出庚，兑象见丁，乾象盈甲；巽象伏辛，艮象消丙，坤象丧坤，坎象流戊，离象就己，故在天成象也。"又于"县象著明，莫大乎日月"引虞说："谓日月在天成八卦象。三日暮，震象出庚，八日兑象见丁，十五日乾象盈甲；十七日旦，巽象退辛，二十三日艮象消丙，三十日坤象灭乙。晦夕朔旦，坎象流戊；日中则离，离象就己。戊己土位，象见于中，日月相推而明生焉，故县象著明，莫大乎日月也。"此中所明"纳甲"之次，与《参同契》全然一致，即乾纳甲、坤纳乙、艮纳丙、兑纳丁、坎纳戊、离纳己、震纳庚、巽纳辛；八卦既终，循环复始，乾又纳壬，坤又纳癸(即三十日一会于壬，灭藏于癸)。清惠栋、张惠言、李锐等，皆制有《虞氏纳甲图》，今取李氏《周易虞氏略例》所载图录以备览(见书首图版八)。以京房始创之"纳甲"，与《参同契》的"纳甲"比较，虽各卦所配天干相同，但两者施用的本质却大异：前者用于卜筮占验吉凶，后者用于谕示炼丹火候；故前者所纳八卦为六画卦，后者则以三画卦为本而衍申于六画卦。至虞翻的"纳甲"法，取自《参同契》，唯纳于三画之卦，其基本运用，乃在解说《周易》经传大旨，这是虞氏的独创。其例李鼎祚《周易集解》采录甚多。如《坤》卦《象传》"西南得朋，乃与类行；东北丧朋，乃终有庆"，《集解》引虞翻曰："此指说《易》道阴阳消息之大要也。谓阳月三日变而成震出庚，至月八日成兑见丁；庚西、丁南，故'西南得朋'谓二阳为朋。"又曰："二十九日消乙入坤，灭藏于癸；乙东、癸北，故'东北丧朋'谓之以坤灭乾，坤为丧故也。"又如《归妹》卦《象传》"归妹，人之终始也"，《集解》引虞翻曰："人始生乾，而终于坤，故人之终始。《杂卦》曰'归妹，女之终'，谓阴终坤癸，则乾始震庚也。"然虞氏纳甲体系中，所配八卦方位，却与《说卦传》"帝出乎震"一节之说不同。兹列表比较如下：

配卦 方位	说卦传	纳甲法
东	震	乾、坤
东南	巽	
南	离	艮、兑
西南	坤	
西	兑	震、巽
西北	乾	
北	坎	乾、坤
东北	艮	
中		坎、离

上表所示,《说卦传》以八卦分属八方;而虞翻纳甲法则以六卦居四方,二卦居中。二者配方位的程式,迥然不同。按,以"纳甲"解《易》之法,清人有持批评态度者。胡渭《易图明辨》阐说"纳甲图"与《易》卦象义无涉甚详。王引之《经义述闻》云:"月体纳甲,见于魏伯阳《参同契》,乃丹家傅会之说,原非《易》之本义;而虞氏乃用之以注经,固宜其说之多谬也。"吴翊寅《易汉学考》认为:李鼎祚《周易集解》所采虞氏纳甲说,"皆仲翔《参同契》之注,而非孟氏所传之《易》说也。"

【纳妇吉】《蒙》卦九二爻辞之语。意思是:像纳配妻室一样(获得贤者为学子),吉祥。这是譬喻《蒙》九二与上卦的六五阴阳应合,当"蒙"之时,六五虽居尊位却下求于九二以启发其蒙,则二有"纳妇"之象;妇能配己成德,亦犹学子与师志向相合,故称"吉"。参见"蒙九二"。

【纳约自牖】《坎》卦六四爻辞之语。意为:通过明窗结纳信约。牖,音yǒu,即窗户。此言六四当"险"之时,以阴居上坎之下,前后均为"陷穴",但柔顺得正,上承九五之阳,以虔诚之心与之结交;此时九五、六四两爻均无它应,遂能开诚布公地相交,犹如"纳约"于明窗,于是六四得阳助而不陷入坎险,故曰"纳约自牖"。

八　画

〔一〕

【画地记爻】　古代占卦者筮得一卦时,用木笔画于地上以记卦爻之象,称"画地记爻"。《仪礼·士冠礼》"筮与席,所卦者,具馔于西塾",郑玄注:"所卦者,所以画地记爻,《易》曰'六画而成卦'";贾公彦疏曰:"筮法,依七八九六之爻而记之,但古用木画地,今则用钱",又曰:"案《少牢》云'卦者在左,坐卦以木',故知古者画卦以木也。"

【画沙成卦】　南宋朱熹年幼时的轶事,相传曾于沙地上画成八卦之形。《宋史·朱熹传》:"熹幼颖悟,甫能言,父指天示之曰:'天也。'熹问曰:'天之上何物?'松异之。就傅,授以《孝经》,一阅题其上曰:'不若是,非人也。'尝从群儿戏沙上,独端坐以指画沙,视之,八卦也。"

【画奇象阳画偶象阴】　南宋朱熹分析《周易》卦爻符号的形成原理,认为古人画一奇(—)来象征"阳",画一偶(- -)来象征"阴",然后自下而上三迭成八卦,再将八卦交互相重而成六十四卦。《周易本义》于《乾》卦卦辞下注曰:"伏羲仰观俯察,见阴阳有奇偶之数,故画一奇以象阳,画一偶以象阴。见一阴一阳各有生一阴一阳之象,故自下而上,再倍而三,以成八卦。"又曰:"三画已具,八卦已成,则又三倍其画以成六画,而于八卦之上各加八卦以成六十四卦也。"

【苦节贞凶】　《节》卦上六爻辞之语。意思是:节制过苦,应当守持正固防备凶险。贞凶,犹言"守正防凶"。此谓上六当"节"之时,极居卦终,有节制过苦,人所不堪之象;以此处"节",必有凶险,然以柔居上,尚未失正,于是爻辞又勉其守正防凶,故曰"苦节,贞凶"。参见"节上六"。

【苦节不可贞】　《节》卦的卦辞之语。意思是:节制过苦是不可以的,应当守持正固。这是说明处事能适当节制,可致亨通;但过分节制则有伤事理,不可为法,唯当守"正",其道乃通,故曰"苦节不可,贞"。参见"节卦辞"。

【苦节贞凶其道穷也】　《节》卦上六爻的《小象传》辞。旨在解说上六爻辞"苦节,贞凶"的象征内涵。意思是:节制过苦而要守持正固防备凶险,说明上六的节制之道已经困穷。参见"节上六小象传"。

【苦节不可贞其道穷也】　《节》卦的《象传》语。意思是:节制过苦是不可以的,应当守持正固,否则节制之道必致穷困。这是解说《节》卦辞"苦节不可,贞"之义。其道穷,指《节》上六穷居卦终。李鼎祚《周易集解》引虞翻曰:"位极于上,乘阳,故穷也。"

【直方大】　《坤》卦六二爻辞之语。意思是:正直、端方、宏大。这是从六二居位之正,地体之方,所用之大说明爻义之美。此爻阴居阴位,柔顺中正,所禀"坤"德至厚。《楚辞·远游》谓:"屈原履方直之行,不容于世",即以"直、方"之德赞屈原臣道忠正。朱熹指出:"《坤》卦中唯这一爻最纯粹。盖五虽尊位,却是阳爻(引者注:指阳位),破了体了;四重阴而不中;三又不正。惟此爻得中正,所以就这说个'直方大'。"(《周易折中》引《朱子语类》)参见"坤六二"。

【丧牛于易】　《旅》卦上九爻辞之语。意为:在荒远的田畔丧失了牛。易,通"埸",即田畔,此处喻荒远穷极之地。这是说明上九当"旅"之时,质禀阳刚而居高亢之位,以此行旅在外,必招祸害,而其所遭之祸又在远离家门之外,正如丧牛于荒远的田畔,既无人知悉,更无人援救,其凶

325

可知,故曰"丧牛于易"。参见"旅上九"。

【丧羊于易】《大壮》卦六五爻辞之语。意为:在田畔丧失了羊。易,通场(音易yì),即田畔。此言六五处《大壮》卦"壮"势已过之时,以柔中之德居上卦尊位而不用刚壮,犹如强壮之羊丧失于田畔,故曰"丧羊于易"。参见"大壮六五"。

【丧其资斧】《巽》卦上九爻辞之语。意思是:丧失了刚强的利斧。资斧,当作"齐斧",即"利斧"之意。此言上九当"巽"之时,极居卦终,以阳刚之质而顺从过甚,犹如丧失"利斧"而不存刚断之性,故曰"丧其齐斧"。参见"巽上九"。

【丧马勿逐自复】《睽》卦初九爻辞之语。意思是:马匹走失,不用追逐而静待其自行归来。这是说明初九处《睽》之始,位卑无应,犹如初涉世事便与人"乖睽";但以阳刚退处,不立异自显而广和于人。以此处"睽",睽违必合,犹去失马勿,不逐自复。爻义主于诫初九退柔勿动,居易俟命,则一切"乖睽"均将自行消失。参见"睽初九"。

【丧羊于易位不当也】《大壮》卦六五爻的《小象传》辞,旨在解说六五爻辞"丧羊于易"的象征内涵。意思是:在田畔丧失了羊,说明六五居位不甚适当。参见"大壮六五小象传"。

【丧其资斧正乎凶也】《巽》卦上九爻的《小象传》语。旨在解说上九爻辞"丧其资斧"的象征内涵。意思是:丧失了刚坚的利斧,说明上九应当守持阳刚正道以防凶险。参见"巽上九小象传"。

【丧牛于易终莫之闻也】《旅》卦上九爻的《小象传》语。旨在解说上九爻辞"丧牛于易"的象征内涵。意思是:在荒远的田畔丧失了牛,说明上九遭祸在外终将无人闻知。参见"旅上九小象传"。

【茂育】 犹言滋生养育而使之旺盛。语本《无妄》卦《大象传》"先王以茂对时育万物"。《汉书·王莽传》:"然后能奉天施而成地化,群生茂育。"《文选》载班固《东都赋》:"茂育群生,恢复疆宇。"

【其人天且劓】《睽》卦六三爻辞之语。意为:恍如自己身遭削发截鼻的酷刑。天,当作"而",古代"髡发"之刑,即剃削罪人的鬓发;劓,音yì,古代割鼻之刑。此言六三处《睽》下卦之终,与上九阴阳正应却睽违难合;而上九远在外卦之极,六三恐其对己猜疑而施刑罚,恍如自身已受削发、截鼻之刑,故曰"其人天且劓"。辞义主于表明六三居内而睽违至极,处境艰难,并由此产生恐惧、疑虑。参见"睽六三"。

【其匪正有眚】《无妄》卦的卦辞之语。意为:背离正道者必有祸患。匪,通"非";眚,谓祸患。此言当"无妄"之时,应以"守正"为本,若不行正道必将遭祸患。参见"无妄卦辞"。

【其羽可用为仪】《渐》卦上九爻辞之语。意为:(大雁)羽毛可作为高洁的仪饰。这是说明上九当"渐"之时,以刚健之德"渐进"于上位,远居卦极,不谋其功,高洁可法,犹如鸿鸟飞止于高山顶巅,其羽毛堪作洁美的仪饰,故称"其羽可用为仪"。参见"渐上九"。

【其子和之中心愿也】《中孚》卦九二爻的《小象传》辞。旨在解说九二爻辞"其子和之"的象征内涵。意思是:鹤鸟的同类声声应和,这是发自内心的真诚意愿。参见"中孚九二小象传"。

【其吉则困而反则也】《同人》卦九四爻的《小象传》语。旨在解说九四爻辞"吉"的象征内涵。意思是:获得吉祥,是由于九四困厄时能够回头遵循正确的法则。参见"同人九四小象传"。

【其亡其亡系于苞桑】《否》卦九五爻辞之语。意思是:(心中时时自警:)将要灭亡,将要灭亡,就能像系结于丛生的桑树一样安然无恙。苞,谓丛生。这是说明九五尊居《否》卦"君"位,阳刚中正,当"否"将转"泰"之时,以休止天下否闭为己任;但此时虽然"否"将转"泰",却仍须须戒惧危亡,故特为警示九五要时时存"其亡其亡"的慎惕之心念,才能使其事业如"系于苞桑"一样坚固不败。参见"否九五"。

【其来复吉乃得中也】 《解》卦的《象传》语。意思是:(没有危难而无所前往之时),返回静居其所可获吉祥,这样就能合宜适中。这是解说《解》卦辞"其来复吉"之义。孔颖达《周易正义》:"无难可解,退守静默,得理之中。"

【其位在中以贵行也】 《归妹》卦六五爻《小象传》语。旨在解说六五爻辞"帝乙归妹,其君之袂,不如其娣之袂良"的象征内涵。意思是:六五居位尊显而能守中不偏,身份高贵而能施行谦俭之德。参见"归妹六五小象传"。

【其行次且位不当也】 《夬》卦九四爻的《小象传》语。旨在解说九四爻辞"其行次且"的象征内涵。意思是:行动赳赳难进,说明九四居位不妥当。参见"夬九四小象传"。

【其行次且行未牵也】 《姤》卦九三爻的《小象传》辞。旨在解说九三爻辞"其行次且"的象征内涵。意思是:行动赳赳难行,说明九三的行为未受外物牵制(故虽无所遇也免遭邪伤)。参见"姤九三小象传"。

【其事在中大无丧也】 《震》卦六五爻的《小象传》语。旨在解说六五爻辞"亿无丧,有事"的象征内涵。意思是:长保祭祀盛事在于慎守中道,说明六五作到这样就可以万无一失。参见"震六五小象传"。

【其邑人三百户无眚】 《讼》卦九二爻辞之语。意思是:(九二讼事失利逃归)居于三百户人家的小邑,不遭祸患。三百户,泛指小邑;眚,音省shěng,犹言灾祸。此句九二当"讼"之时,与九五争讼失利;以其阳刚息中,遂能及早逃归而隐居小邑,故获"无眚"。参见"讼九二"。

【其初难知其上易知】 指《周易》六十四卦的爻位象征特点之一,谓凡诸卦初爻的义旨因拟喻事物发生的端绪,而较难理

解;凡上爻的旨归因展示事物发展的结局,而容易理解。语出《系辞下传》:"其初难知,其上易知,本末也;初辞拟之,卒成之终。"初,谓六十四卦的初爻,乃一卦之"本",说明事物产生初始的意义,微而未显;上,谓六十四卦的上爻,乃一卦之"末",说明事物发展终竟的意义,成败已著。韩康伯《系辞注》:"夫事始于微,而后至于著。初者,数之始,拟设其端,故'难知'也;上者,卦之终,事皆成著,故'易知'也。"孔颖达《周易正义》:"'初辞拟之'者,覆释'其初难知'也,以初时以辞拟设其始,故'难知'也;'卒成之终'者,覆释'其上易知'也,言上是事之卒了,而成就终竟,故'易知'也。"

【其羽可用为仪吉不可乱也】 《渐》卦上九爻的《小象传》辞。旨在解说上九爻辞"其羽可用为仪,吉"的象征内涵。意思是:(大雁)羽毛可作为高洁的仪饰而获吉祥,说明上九的洁美心志不可淆乱。参见"渐上九小象传"。

【其君之袂不如其娣之袂良】 《归妹》卦六五爻辞之语。意思是:作为正室的衣饰,却不如侧室的衣饰美好。君,古代夫称妇之语。此处指六五嫁为"正室";袂,衣袖,句中借代"衣饰";娣,音弟dì,犹言"侧室"。这是说明六五当"归妹"之时,高居尊位,下应九二,犹如帝女下嫁,德尚谦逊,虽为"正室",衣袂俭朴,反不如"侧室"美好,故曰"其君之袂,不如其娣之袂良"。参见"归妹六五"。

【其德刚健而文明应乎天而时行】 《大有》卦的《象传》语。意思是:秉持刚健而又文明的美德,顺应天的规律而万事按时施行。刚健,指《大有》下卦乾为健;文明,指《大有》上卦离为火。这是以《大有》的上下卦象释卦辞"元亨"之义。王弼《周易注》:"德应于天则行不失时矣;刚健不滞,文明不犯,应天则大,时行无违,是以元亨。"程颐《周易程氏传》:"卦之德,内刚健而外文明。六五之君,应于乾之九二。五

之性柔顺而明,能顺应乎二。二,乾之主也,是应乎乾也。顺应乾行,顺乎天时也,故曰'应乎天而时行'。其德如此,是以元亨也。"

【范升】 东汉代郡(治所今山西阳高西南)人。字辩卿。少年失父,依外家居。九岁通《论语》《孝经》,及长大成人,习梁丘《易》、《老子》,教授后生。光武帝建武二年,拜议郎,迁博士。当时有人上疏,欲为"费氏《易》"、"《左氏春秋》"立博士。范升极力反对。后被弃出之妻所告,有罪系狱,得出,还归乡里。明帝永平中,为聊城令,坐事免,卒于家。曾以梁丘《易》学授杨政(见《后汉书·范升传》及《儒林列传·杨政传》)。

【范长生】 见"蜀才"。

【范围天地曲成万物】 谓《周易》的哲理广大悉备,足以拟范包容天地的化育之道,曲尽细密地助成万物的生长畅达。语本《系辞上传》:"范围天地之化而不过,曲成万物而不遗。"韩康伯《系辞注》:"范围者,拟范天地而周备其理也。"孔颖达《周易正义》:"言法则天地以施其化,而不有过失违天地者。"又曰:"圣人随变而应,屈曲委细成就万物,而不有遗弃细小而不成也。"俞琰《周易集说》:"范,如铸金之模范;围,如匡郭之周围;曲,谓委屈;成,谓成就。天地之化大而无穷,万物微而且众,范围之而不过,曲成之而不遗。此圣人用《易》以赞其化育也。"

【或跃在渊】 《乾》卦九四爻辞之语。句中省略主语"龙"。或,用作副词,表不确定之义。意思是:或者腾跃上进,或者退处在渊。喻九四似龙欲飞,审时度势,待机奋进。参见"乾九四"。

【或之者疑之也】 《乾》卦《文言传》语。释《乾》九四爻辞"或跃在渊"的"或"字之义。谓爻辞所言"或",是强调九四要有所疑虑而多方审度,这样就能不遭咎害。孔颖达《周易正义》:"此夫子释经'或'字。经称'或',是疑虑之辞。欲进欲退,犹疑不定,故'疑之'也。九三中虽在人,但位卑近下,向上为难,故危惕,其忧深也;九四则阳德渐盛,去五弥近,前进稍易,故但疑惑,忧则浅也。"按,李鼎祚《周易集解》引虞翻曰:"非其位,故疑之也。"此以九四居位失正为说,义亦可通。

【或从王事无成】 《讼》卦六三爻辞之语。意思是:或辅助君王的事业,成功不归己有。此谓六三当"讼"之时,以柔居《讼》下卦之上,应该以"从刚"为本,不主"讼事";即使其事有成,也不以成功自居。参见"讼六三"。

【或跃在渊自试也】 《乾》卦《文言传》语。以"自试"释《乾》九四爻辞"或跃在渊"之义。自试,谓自我检试。此言九四居上卦之下,正在审时度势,自试己力,当跃则跃,当止则止,故有"或跃在渊"之象。李鼎祚《周易集解》引何妥曰:"欲进其道,犹复疑惑。此当武王观兵之日,以试观物情也。"孔颖达《周易正义》:"言圣人逼近五位,不敢果决而进,唯渐渐自试,意欲前进,迟疑不定,故云'自试'也。"

【或益之自外来也】 《益》卦六二爻的《小象传》辞。旨在解说六二爻辞"或益之十朋之龟"的象征内涵。意思是:有人赐下(价值十朋的大宝龟),说明六二所受增益是从外部不招自来。参见"益六二小象传"。

【或益之十朋之龟】 ①《损》卦六五爻辞之语。意思是:有人进献价值十朋的大宝龟。十朋,古代货币单位以双贝为"朋","十朋"即二十贝,犹言价值昂贵。这是说明六五当"损"之时,柔中居尊,下应九二,为"虚中"自损而不自益之象,故天下纷纷"益之",乃至受益"十朋之龟",即言尊居"君位",故称"或益之十朋之龟"。参见"损六五"。 ②《益》卦六二爻辞之语。字面意思与《损》六五爻辞同。但此处"十朋之龟",乃喻六二荣居"臣位";其象征旨趣是说明六二当"益下"之时,以柔中之德获应于上卦九五之"君",

受命荣居要职，犹如被赐"十朋之龟"，故曰"或益之十朋之龟"。参见"益六二"。

【或击之自外来也】《益》卦上九爻的《小象传》语。旨在解说上九爻辞"或击之"的象征内涵。意思是：有人攻击他，这是从外部不招自来的凶险。参见"益上九小象传"。

【或跃在渊乾道乃革】《乾》卦《文言传》语。以"乾道乃革"释《乾》九四爻辞"或跃在渊"之义。乾道，即天道，谓大自然的运行规律；革，指变革。此言九四从下卦进入上卦，如阳气发展到一个新阶段，万物正面临着变化，故有"或跃在渊"、伺时奋进之象。孔颖达《周易正义》："去下体，入上体，故云'乃革'也。"

【或跃在渊进无咎也】《乾》卦九四爻的《小象传》辞。意思是：或腾跃上进，或退处在渊，说明审时前进必无咎害。此以"进无咎也"释九四爻辞"或跃在渊"的象征内涵。参见"乾九四小象传"。

【或从王事无成有终】《坤》卦六三爻辞之语。意思是：或辅助君王的事业，成功不归己有而谨守臣职至终。无成，犹言不以成功自居；有终，谓尽"臣职"至终。此言六三居《坤》下卦之上，当以"坤道"、"臣道"为立身行事之本。参见"坤六三"。

【或从王事知光大也】《坤》卦六三爻的《小象传》语。旨在解说六三爻辞"或从王事"的象征内涵。意思是：或辅助君王的事业，说明六三智慧光大恢弘。知，即"智"。六三居《坤》下卦之上，有为臣颇多艰难之象，故须"知光大"才能摆正位置，慎行免咎。《周易折中》引吕祖谦曰："《传》云，唯其知之光大，故能含晦，此极有意味。寻常人欲去其晦者，多只去锄治骄矜，深匿名迹。然逾锄逾生，逾匿逾露者，盖不曾去根本上理会自己，知未光大，胸中浅狭，才有一功一善，便无安著处，虽强欲抑遏，终制不住。譬如瓶小水多，虽抑遏固闭，终必泛滥；若瓶大则自不泛滥，都不须闲费力。"此说多所发挥，但有助于理解《象传》意旨。参见"坤六三小象传"。

【或鼓或罢位不当也】《中孚》卦六三爻的《小象传》辞。旨在解说六三爻辞"或鼓或罢"的象征内涵。意思是：或击鼓进攻、或疲惫退撤，说明六三居位不正当。参见"中孚六三小象传"。

【或鼓或罢或泣或歌】《中孚》卦六三爻辞之语。意思是：或击鼓进攻、或疲惫退撤，或恐惧悲泣、或无忧欢歌。罢，通"疲"。这是说明六三当"中孚"之时，居下卦之终，阴柔失正，与六四同阴为敌，有存心不诚，急于取四而代之之象，遂击鼓欲进；但四位柔正，三不能取胜，只得疲惫而退；退毕又惧六四反击，不免忧惧悲泣；而六四谦柔守正，不加侵害，乃得无忧而歌，故曰"或鼓或罢，或泣或歌"。参见"中孚六三"。

【或得其桷顺以巽也】《渐》卦六四爻的《小象传》辞，旨在解说六四爻辞"或得其桷"的象征内涵。意思是：（大雁）或能寻得平柯栖止稳当，说明六四的行为温顺而又和逊。参见"渐六四小象传"。

【或锡之鞶带终朝三褫之】《讼》卦上九爻辞。意思是：偶或（凭藉胜讼）获赐饰有大带的显贵之服，但在一天之间内却三次被剥夺。锡，即"赐"；鞶带，显贵服饰，喻高官厚禄；三，喻次数之多；褫，谓"夺"。此言上九以阳刚居《讼》之极，强讼不止，或因取胜而受赐厚禄，也将"终朝"之间多次被夺。参见"讼上九"。

【或系之牛行人之得邑人之灾】《无妄》卦六三爻辞之语。意思是：有人系拴着一只耕牛，路人牵走，攫为己有，邑中人家却遭受诘捕的飞灾。这是说明六三当"无妄"之时，居下卦之终，阴柔失正而躁动，虽不妄为，也可能遭致无故灾祸，故以路人顺手牵牛、邑人横遭飞祸为喻，揭示"无妄之灾"的情状。参见"无妄六三"。

【苟非其人道不虚行】谓《周易》哲学有赖于贤明的人探研阐述，若非"其人"，则《易》道就难以凭空推行。语出《系辞下传》。其人,指贤明之人。李鼎祚《周易集解》引虞翻曰:"神而明之,存乎其人。"孔颖达《周易正义》:"若苟非通圣之人,则不晓达《易》之道理,则《易》之道不虚空而行也。"按,《系辞传》"苟非其人,道不虚行"二语,就广义而言,则是提出了学术的发展与治学者素质的关系这一鲜明主题,在认识论上颇有精确之见。

【**武人为于大君**】《履》卦六三爻辞之语。意思是:勇武的人要效力于大人君主。武人,勇武之人,喻六三;为,有"效劳"、"效力"之义;大君,犹言大人君主,喻上九。此言六三当"履"之时,处下卦之终,阴居阳位,乘凌九二之刚,不能"小心行走"却盲目妄动,将有凶险;但爻辞又从正面告诫六三,谓其若能履归正道,将刚武之志效用于上九,则上下相应,必无凶危。参见"履六三"。

【**武人为于大君志刚也**】《履》卦六三爻的《小象传》语。旨在解说六三爻辞"武人为于大君"之义。意思是:勇武的人要效力于大人君主,说明六三志向刚强。参见"履六三小象传"。

【**坤**】①八卦之一。由三条阴画组成,形作"☷",其名为"坤",其义为"顺",其基本象征物象为"地"。坤卦以三阴相叠而拟"地"之象,其取象依据略如《黄帝素问》所谓"积阴为地,故地者浊阴也"。朱熹《周易本义》云:"阴之成形,莫大于地。此卦三画皆耦,故名坤而象地。"坤卦的基本喻象虽为"地",而在《易》理的旁通广涉中,又可博取众象,如"臣"、"母"、"牛"、"文",等等;但诸象的象征旨趣均不离"顺"义。《说卦传》既指明"坤,顺也"这一象征意义,又载录众多象例,谓坤有"牛"、"腹"、"母"之象,又曰:"坤为地,为母,为布,为釜,为吝啬,为均,为子母牛,为大舆,为文,为众,为柄,其于地也为黑。"陆德明《经典释文》谓《荀爽九家集解》本《说卦传》此后更有八象:"为牝,为迷,为方,为囊,为裳,为黄,为帛,为浆。"这是有关

"坤"象的较早期资料。后儒如西汉焦延寿的《易林》、三国虞翻的《易注》,所载八卦的"逸象"尤多,治《易》者常取资考辨《易》义。②六十四卦之一。列居篇首第二卦。由两个三画的坤卦(☷)重叠而成,卦形作"䷁",卦名为《坤》,象征"地",朱熹《周易本义》称为"阴之纯,顺之至"。《周易》以《坤》卦继《乾》卦之后,寓有"天尊地卑"、"地以承天"的意旨。全卦大义,在于揭示"阴"与"阳"既相对立,又相依存的关系。在这对矛盾中,"阴"处于附从的、次要的地位,依顺于"阳"而存在、发展。就卦象看,《坤》以"地"为象征形象,其义主"顺"。卦辞强调:利于"雌马"之"贞","后得主"以随人,获吉于"安贞",均已暗示"柔顺"之义。六爻进一步抒发"阴"在附从"阳"的前提下的发展变化规律:二处下守中,五居尊谦下,三、四或"奉君"、或"退处",皆呈"坤"顺之德,而以二、五最为美善;至于初六"履霜"与上九"龙战",两相对照,又深刻体现了阴气积微必著、盛极返阳的辩证思想。《系辞上传》曰:"一阴一阳之谓道。"《周易》一书发端于《乾》、《坤》两卦,正反映了作者对阴阳辩证关系具有一定深度的认识。换言之,作者似乎流露出这样一种观点:阴阳两种力量相互作用,是宇宙间事物运动、变化、发展的源泉。

【**坤乾**】相传殷商时代的《易》书,如《归藏》之属,其六十四卦以《坤》卦居首,《乾》卦次之,故称《坤乾》。《礼记·礼运》载孔子曰:"我欲观夏道,是故之杞,而不足徵也,吾得《夏时》焉。我欲观殷道,是故之宋,而不足徵也,吾得《坤乾》焉。《坤乾》之义,《夏时》之等,吾以是观之。"郑玄注《坤乾》云:"得殷阴阳之书也,其书存者有《归藏》。"孔颖达疏:"先言'坤'者,熊氏殷《易》以《坤》为首,故先《坤》后《乾》。"

【**坤德**】《周易》"坤"卦之德,以柔顺为本,旧时代又为"妇德"之代称。《说卦传》:"坤,顺也。"李尤《漏刻铭》(见《艺文

类聚》引):"昔在先圣,配天垂则。仰厘七曜,俯顺坤德。乃建日官,俾立漏刻。"

【坤载】 谓大地能载万物。语本《坤》卦《彖传》"坤厚载物,德合无疆"。《宋史·乐志》:"乾元坤载同归,美乐宝册两光辉。"

【坤舆】 坤为地,又如大车能普载万物,故有"坤舆"之称。《说卦传》:坤为大舆。孔颖达《周易正义》:"为大舆,取其能载万物也。"

【坤上六】《坤》卦上六爻。以阴爻居卦最上之位。爻辞曰:"龙战于野,其血玄黄。"意思是:龙在原野上交合,流出青黄相杂的鲜血。龙,喻阳刚之气;战,犹言"接","龙战"指阴阳交合;玄黄,天地之色,喻阴阳交杂之色。此言《坤》上六阴气至盛,阴极阳来,二气交互和合,故有"龙战"、"其血玄黄"之象。许慎《说文解字》"壬"下云:"《易》曰'龙战于野',战者接也",惠士奇《易说》据此为训;朱骏声《六十四卦经解》承之,谓:"战之为言'接'也,阴阳交接和合,大生广生。"尚秉和先生《周易尚氏学》既从惠、朱之说,又引《乾凿度》、《九家易》、《易林》诸说进一步证明"战"训"接","接"有阴阳和合、交接之义。并云:"阴至上六,《坤》德全矣,故万物由以出生。然孤阴不能生也,荀爽云'消息之位,《坤》在于亥,下有伏乾',阴阳相和,故曰'龙战于野'。坤为野,龙者阳。"又云:"万物出生之本,由于血;血者,天地所遗氤氲之气。天玄地黄。'其血玄黄'者,言此血为天地所和合,故能生万物也。"(并见《周易尚氏学》)按,《坤》上六"龙战"的喻意,含两方面:一、阴气至盛,终究要导致阳来;二、"坤"道穷尽,则转入阴阳交合,所谓"天地生生之德",就在这两者矛盾统一中体现出来。可见,此爻明显反映了《周易》阴阳相推,交易不穷的思想。又按,此爻辞旧解多歧。王弼《周易注》认为"龙战"是阴极导致阳忌,两者争战,指出"阴之为道,卑顺不盈,乃全其美;盛而已,固阳之地,阳所不堪,故战于野。"其说可备参考。

【坤文言】《文言传》的后部分,阐述《坤》卦的象征义蕴,故称《坤文言》。详"文言传"。

【坤六二】《坤》卦六二爻,以阴爻居卦第二位。爻辞曰:"直方大,不习无不利。"意思是:正直、端方、宏大,不学习也无所不利。习,犹言"学习"。这是从六二的位、体、用三方面说明爻义之美。王弼《周易注》:"居中得正,极于地质。任其自然,而物自生;不假修营,而功自成。故不习焉,而无不利。"孔颖达《周易正义》:"生物不邪,谓之直也;地体安静,是其方也;无物不载,是其大也。既有三德,极地之美,自然而生,不假修营,故云'不习无不利'。"尚秉和先生《周易尚氏学》:"方者,地之体;大者,地之用;而二又居中直之位:故曰'直方大'。"

【坤六三】《坤》卦六三爻。以阴爻居卦第三位。爻辞曰:"含章可贞;或从王事,无成有终。"意思是:蕴含阳刚的章美,可以守持正固;或辅助君王的事业,成功不归己有而谨守臣职至终。章,指刚美章彩,此言六三阴居阳位,犹内含刚美而不轻易发露,故可守"贞";无成,谓不以成功自居。李鼎祚《周易集解》引虞翻曰:"以阴包阳,故'含章'。"王弼《周易注》:"不为事始,须唱乃应,待命乃发,含美而可正者也,故曰'含章可贞'也。有事则从,不敢为首,故曰'或从王事'也;不为事主,顺命而终,故曰'无成有终'也。"程颐《周易程氏传》:"为臣之道,当含晦其章美,有善则归之于君","或从上之事,不敢当其成功,惟奉事以守其终也。"

【坤六五】《坤》卦六五爻。以阴爻居卦第五位。爻辞曰:"黄裳,元吉。"意思是:黄色裙裳,至为吉祥。黄,居"五色"之"中色",象征"中道";裳,古代服装为上衣下裳,故"裳"象征谦下;元,大也,犹言"至大"。此谓《坤》六五以柔居上卦之中,其德谦下,故获"元吉"。孔颖达《周易正义》:"黄是中之色,裳是下之饰。坤是臣道,五居'君位',是臣之极贵也;能以中和通于物理,居于臣职,故云'黄裳,元吉'。元,大也;以其德能如此,故得大吉也。"按,《坤》六五获"元吉",在于居尊而能柔和谦下,与《乾》九五阳刚向上恰成对照。朱熹云:"这是那居中处下之道。《乾》之九五,自是刚健底道理;《坤》之六五,自是柔顺底道理:各随他阴阳,自有一个道理。"(《朱子语类》)

【坤六四】 《坤》卦六四爻。以阴爻居卦第四位。爻辞曰:"括囊,无咎无誉。"意思是:束紧囊口,免遭咎害,不求赞誉。括,《广雅·释诂四》"结也",《方言》十二"闭也",犹言"束紧"。此谓六四处位不中,其时不利施用,故以"括囊"喻缄口不言,隐居不出;这样虽不致惹害,但也不获赞誉,故曰"无咎无誉"。王弼《周易注》:"处阴之卦,以阴居阴;履非中位,无直方之质;不造阳事,无含章之类。括结否闭,贤人乃隐;施慎则可,非泰之道。"孔颖达《周易正义》:"括,结也。囊所以贮物,以譬心藏知也。闭其知而不用,故曰'括囊';功不显物,故曰'无誉';不与物忤,故曰'无咎'。"

【坤六断】 朱熹《周易本义》卷首所附《八卦取象歌》语。说明八卦之一的"坤"卦形状作"☷",犹如三条横线断为六截。

【坤为地】 ①《说卦传》语,谓八卦之一"坤卦"(☷)的基本象征物是"地"。② 朱熹《周易本义》卷首所附《分宫卦象次序》歌诀中语,说明六十四卦之一的《坤》卦(䷁),其卦象由上下两"坤"(即"地")组成。

【坤用六】 《坤》卦的"用六"辞,附于《坤》六爻之后。其文曰:"用六,利永贞。"意思是:用"六"数,利于永久守持正固。谓之"用六",乃以《坤》卦六爻为例,指明《周易》哲学以"变"为主的一方面特色,兼寓《周易》筮法的某些原则于其中。《易》筮过程中,凡筮得阴爻,其数或八、或六,"六"可变,"八"不变,故《周易》筮法原则之一是用"六"而不用"八",意即占其"变爻";若筮得六爻均"六"时,即以"用六"辞为占。其义与《乾》卦"用九"正相对。朱熹《周易本义》:"用六,言凡筮得阴爻者,皆用六而不用八。亦通例也。以此卦纯阴而居首,故发之。遇此卦而六爻俱变者,其占如此辞。"文辞云"利永贞",永谓"永久",含"健"义;能永久守正,即见阳刚之质。此言"坤"柔能济之以刚则利,可见《易》中阴爻能致美善者之本质所在。孔颖达《周易正义》:"六是柔顺,不可纯柔,故利在'永贞'。永,长也;贞,正也。言长能贞正也。"尚秉和先生《周易尚氏学》:"六为老阴,阴极不返则太柔矣。《文言》曰'贞固足以干事','永贞'则健而阳矣。"按,《乾》卦"用九"称"无首",是刚而能柔;《坤》卦"用六"利"永贞",是柔而能刚。《老子》提倡刚柔相济之旨,正与此义有合。因此,"用九"、"用六"在指示《易》筮通例的同时,也表露了《周易》的辩证哲理。

【坤初六】 《坤》卦初六爻。以阴爻处卦下初位。爻辞曰:"履霜,坚冰至。"意思是:踩上微霜,将要迎来坚冰。履,犹言"踩"、"践"。此谓阴气初起,必增积渐盛,犹如微霜预示着坚冰将至。孔颖达《周易正义》:"初六阴气之微,似若初寒之始,但履践其霜;微而积渐,故坚冰乃至。"

【坤卦辞】 《坤》卦的卦辞。其文曰:"坤,元,亨,利牝马之贞。君子有攸往,先迷;后得主,利。西南得朋,东北丧朋。安贞吉。"意思是:"《坤》卦象征地,元始,亨通,利于像雌马一样守持正固。君子有所前往,要是抢先居首必然迷入歧途;要是随从人后就会有人作主,必有利益。往西南将得到友朋,往东北将丧失友朋。安顺守持正固可获吉祥。"卦辞全文可分三节理解。第一节,自"坤"至"利牝马之贞"四句,总说《坤》卦"四德",谓其所象征之

"地"配合于"天",可以开创化生万物,并使之亨通,其"利"在于像"牝马"一样的柔顺之"贞"。牝马,即雌马。孔颖达《周易正义》云:"盖乾坤合体之物,故《乾》后次《坤》。言地之为体,亦能始生万物,各得亨通,故云'元,亨',与《乾》同也。"李鼎祚《周易集解》引干宝曰:"坤阴类,故称'利牝马之贞'矣。"第二节自"君子有攸往"至"利"四句,取君子有所往为喻,谓抢先必"迷",居后则"利",再明此卦"柔顺"之义。第三节自"西南得朋"至"安贞吉"三句。谓往西南遇阳渐多而阴得阳为朋,往东北遇阴渐多而同阴相敌为丧朋(参阅"西南得朋东北丧朋")。但无论"得"与"丧",只要安顺守正必吉,又以"安顺"点明本卦大旨。故合此三节观之,卦辞实是始终围绕"坤顺"之义取喻比譬。按,《乾》卦有"元,亨,利,贞"四德,《坤》卦也具此"四德",这是两者的共同之处。但《乾》德以"统天"为本,《坤》德以"顺承天"为前提;故《乾》刚《坤》柔、《乾》健《坤》顺,《乾》之"四德"无所限制,《坤》之"四德"则限于"牝马"、"后得主"、"安贞吉"等义:这是两者不同之处。《周易正义》云:"是以诸卦之中亦有'四德'。但余卦'四德'有劣于《乾》。故《乾》卦直云'四德',更无所言,欲见《乾》之'四德'无所不包。其余卦'四德'之下则更有余事,以'四德'狭劣,故以余事系之,即《坤》卦之类是也。"又按,《坤》卦辞的句读问题,学者颇有歧异。如"元,亨",朱熹《周易本义》连读作"元亨",训为"大亨"。"先迷,后得主,利"三句,《周易本义》读作"先迷后得,主利";朱骏声《六十四卦经解》以"利"属下文,读为"先迷后得主,利西南"云云。诸说并可参考。

【坤象传】 《坤》卦的《象传》。其文为:"《象》曰:至哉坤元,万物资生,乃顺承天。坤厚载物,德合无疆;含弘光大,品物咸亨。牝马地类,行地无疆。柔顺利贞,君子攸行;先迷失道,后顺得常。西南得朋,乃与类行;东北丧朋,乃终有庆。安贞之吉,应地无疆。"意思是:"《象传》说:美德至极啊,配合天开创万物的大地!万物依靠它成长,它顺从禀承天的志向。地体广厚而能普载万物,德性广合而能久远无疆;它含育一切使之发扬光大,万物亨通畅达遍受滋养。雌马是地面动物,永久驰骋在无边的大地上。它柔和温顺利于守持正固,君子像这样就可以有所前往;要是抢先居首必然迷入歧途偏失正道,要是随从人后、温和柔顺就能使福庆长久。往西南将得到友朋,可以和朋类共赴前方;往东北将丧失友朋,但最终也必有喜庆福祥。安顺守持正固的吉祥,正应合大地的美德永保无疆。"全文以阐说《坤》卦的卦辞为主,约可分为六节。第一节,自"至哉坤元"至"乃顺承天"三句,释卦辞"元",盛赞坤以"顺"承天,其生养万物之德美善至极。第二节,自"坤厚载物"至"品物咸亨"四句,释卦辞"亨",谓坤德丰厚,可以含育万物而使之亨通。第三节,自"牝马地类"至"柔顺利贞"三句,释卦辞"利牝马之贞",谓"牝马"之象正合《坤》"柔顺"之义,故利其正固。第四节,自"君子攸行"至"后顺得常"三句,释卦辞"君子有攸往,先迷,后得主,利",谓"先迷"者有违于"顺","后得"者立本于"顺"。第五节,自"西南得朋"至"乃终有庆"四句,释卦辞"西南得朋,东北丧朋",谓阴阳朋类有得有失。第六节,为"安贞之吉,应地无疆"二句,释卦辞"安贞吉",再明"安顺"获吉正合"坤德"之理。按,此章分句,孔颖达《周易正义》、李鼎祚《周易集解》、朱熹《周易本义》,均以"柔顺利贞,君子攸行"二句相连为读,以"往"字为文中韵脚。然就文意而言,"君子攸行"又应与下文"先迷失道"连属。故何楷《古周易订诂》云:"'君子攸行',虽趁上韵,然意连下文,释卦辞'君子有攸往'也。"其说可从。

【坤灵图】 旧题东汉郑玄注。一卷。《易纬八种》之一。见"易纬坤灵图"。

【坤顺也】 《说卦传》语。谓八卦之中,

坤卦的象征意义为"柔顺"。参见"坤①"。

【坤下乾上】 指下卦为"坤",上卦为"乾"。即六十四卦中的《否》卦之象。

【坤下坤上】 指下卦为"坤",上卦亦为"坤"。即六十四卦中的《坤》卦之象。

【坤下震上】 指下卦为"坤",上卦为"震"。即六十四卦中的《豫》卦之象。

【坤下巽上】 指下卦为"坤",上卦为"巽"。即六十四卦中的《观》卦之象。

【坤下坎上】 指下卦为"坤",上卦为"坎"。即六十四卦中的《比》卦之象。

【坤下离上】 指下卦为"坤",上卦为"离"。即六十四卦中的《晋》卦之象。

【坤下艮上】 指下卦为"坤",上卦为"艮"。即六十四卦中的《剥》卦之象。

【坤下兑上】 指下卦为"坤",上卦为"兑"。即六十四卦中的《萃》卦之象。

【坤大象传】 《坤》卦的《大象传》。其辞曰:"地势坤;君子以厚德载物。"意思是:大地的气势厚实和顺;君子因此增厚美德、容载万物。坤,犹言"顺";厚德,谓增厚美德。全文先揭明《坤》卦上下"坤"均为"地"之象;然后推阐出"君子"当效法"地"的厚实和顺,增厚其德以载万物的道理。李鼎祚《周易集解》引宋衷曰:"地有上下九等之差,故以形势言其性也。"王弼《周易注》:"地形不顺,其势顺。"林希元《易经存疑》:"惟其厚,故能无不持载。故君子以厚德,以承载天下之物多矣。"

【坤称乎母】 八卦之中,坤乃纯阴而顺辅于为主的乾阳之卦,故古人以一家之"母"作为坤的象征。语本《说卦传》。参见"乾坤六子"。

【坤乾之义】 相传殷商时代《易》书的含义。《礼记·礼运》载孔子曰:"《坤乾》之义,《夏时》之等,吾以是观之。"参见"坤乾"。

【坤上六小象传】 《坤》卦上六爻的《小象传》。其辞曰:"龙战于野,其道穷也。"意思是:龙在原野上交合,说明上六的纯阴之道已经发展穷尽。这是解说《坤》上六爻辞"龙战于野"的象征意义,谓"坤"阴发展至上六,阴极返阳,故纯阴之道乃穷。尚秉和先生《周易尚氏学》:"阴至上六而极,故曰'穷'。穷,尽也。"

【坤六二小象传】 《坤》卦六二爻的《小象传》。其辞曰:"六二之动,直以方也;不习无不利,地道光也。"意思是:六二的变动,趋向正直、端方;不学习也无所不利,是大地的柔顺之道发出光芒。这是解释六二爻辞"直方大,不习无不利"的象征内涵,强调六二"坤德"之美。地道,即"坤道"。李鼎祚《周易集解》引干宝曰:"女德光于夫,士德光于国。"孔颖达《周易正义》:言六二之体,所有兴动,任其自然之性,故云'直方'也;'不习无不利,地道光'者,言所以不假修习,物无不利,犹地道光大故也。"

【坤六三小象传】 《坤》卦六三爻的《小象传》。其辞曰:"含章可贞,以时发也;或从王事,知光大也。"意思是:蕴含阳刚的章美,可以守持正固,说明六三应当根据时机发挥作用;或辅助君王的事业,说明六三智慧光大恢弘。时,犹言审度时机;知,即"智"。这是解释六三爻辞"含章可贞"、"或从王事"之义,谓六三既守臣职,又不自擅其美,故称其"以时发"、"知光大",孔颖达《周易正义》:"以身居阴极,不敢为物之首,但内含章美之道,待时而发,是'以时发也'。"又曰:"既随从王事,不敢主成物始,但奉终而行,是智虑光大,不自擅其美,唯奉于上。"

【坤六五小象传】 《坤》卦六五爻的《小象传》。其辞曰:"黄裳元吉,文在中也。"意思是:黄色裙裳至为吉祥,说明六五以温文之德守持中道。这是解释《坤》六五爻辞"黄裳元吉"的象征意义。文,谓"温文",与"威武"相对,亦喻"坤"德。李鼎祚《周易集解》引王肃曰:"坤为文,五在中,故曰'文在中也'。"孔颖达《周易正义》:"释所以'黄裳元吉'之义,以其文德在中故也。既有中和,又奉臣职,通达文理,故云'文在中'。言不用威武也。"

【坤六四小象传】《坤》卦六四爻的《小象传》。其辞曰:"括囊无咎,慎不害也。"意思是:束紧囊口,免遭咎害,说明六四必须小心谨慎才能不惹祸患。这是解释六四爻辞"括囊无咎"之义。谓六四"括囊",即喻"缄口",乃戒其"慎";唯慎则能免害。李鼎祚《周易集解》引卢氏曰:"慎言,则无咎也。"孔颖达《周易正义》:"释所以'括囊无咎'之义,由谨慎不与物竞,故不被害也。"

【坤用六小象传】《坤》卦"用六"辞的《小象传》。其文曰:"用六永贞,以大终也。"意思是:用"六"数永久守持正固,说明阴柔以返回刚大为归宿。这是解说"用六"辞"利永贞"的象征内涵。大,谓刚大;以大终,犹言"以阳为归宿",此正见《坤》"用六"柔能济之以刚的旨趣。尚秉和先生《周易尚氏学》:"阳大阴小。以大终者,言阴极必返阳也。"

【坤初六小象传】《坤》卦初六爻的《小象传》。其辞曰:"履霜坚冰,阴始凝也;驯致其道,至坚冰也。"意思是:踩上微霜将迎来坚冰,说明阴刚开始凝积;顺沿其中的规律,坚冰必将来到。这是解释初六爻辞"履霜,坚冰至"的象征内涵,谓其寓有阴气始生、积渐必盛之旨。驯,犹言"顺"。孔颖达《周易正义》:"'阴始凝也'者,释'履霜'之义,言阴气始凝结而为霜也。'驯致其道,至坚冰也'者,驯,犹狎顺也,若鸟兽驯狎然;言顺其阴柔之道,习而不已,乃至坚冰也。褚氏云:'履霜者,从初六至六三;坚冰者,从六四至上六。阴阳之气无为,故积驯履霜,必至于坚冰;以明人事有为,不可不制其节度。故于履霜而逆之坚冰为戒,所以防渐虑微,慎终于始也。'"按,首句"坚冰"二字,与末句重复,郭京《周易举正》以为是衍文;朱熹《周易本义》据《三国志·魏志·文帝丕》注引作"初六履霜",认为首句当从补"初六"而删"坚冰"。两说并通,可备参考。

【坤至柔而动也刚】《坤》卦《文言传》语。旨在衍发《坤》卦辞所示"柔顺"之义。谓《坤》象征的大地极为柔顺但变动时却显示出刚强。李鼎祚《周易集解》引荀爽曰:"纯阴至顺,故柔也。"又引《九家易》曰:"阴动生阳,故动也刚。"孔颖达《周易正义》:"六爻皆阴,是至柔也;体虽至柔,而运动也刚。"尚秉和先生《周易尚氏学》:"坤柔,动刚。义与'用六'、'大终'同。言坤虽至柔,遇六则变阳矣,故曰动刚。"

【坤厚载物德合无疆】《坤》卦《象传》语。旨在阐释《坤》卦辞"亨"之义。意思是:地体广厚而能普载万物,德性广合而能久远无疆。无疆,兼含地域无涯和时间无限的旨趣。此言"坤"体厚重、"坤"德无疆,故能广载、生养万物而使之"亨通"。李鼎祚《周易集解》引蜀才曰:"坤以广厚之德载含万物,无有穷竟也。"又曰:"天有无疆之德,而坤合之,故云'德合无疆'也。"孔颖达《周易正义》:"以其广厚,故能载物;有此生长之德,合会无疆。凡言'无疆'者,其有二义:一是广博无疆,二是长久无疆也。"

【拆】 占卦时遇得少阴爻称"拆",画作"--";亦称"拆爻"、"拆钱"。详"单拆重交"。

【拆爻】 见"拆"。

【拆钱】 见"拆"。

【拂颐】《颐》卦六三爻辞之语。意为:违背颐养之道。拂,违也。此言六三当"颐养"之时,阴居阳位,违中失正,恃其有应于上九而求养不已,为大悖"颐"道之象,故曰"拂颐"。参见"颐六三"。

【拂经居贞吉】《颐》卦六五爻辞之语。意思是:违背颐养的常理,静居守持正固可获吉祥。拂,违也;经,常也,犹言"常理"。这是说明六五当"颐养"之时,处《颐》"君位",失正无应,阴柔无实,唯承上九阳刚之质以济己之阴,犹如不能养人而反赖上者养己以兼养天下,有违君主"养贤以及万民"的常理,故曰"拂经";然六五既赖上养以养下,则虽"拂经",亦可趋正居守而获吉,故又曰"居贞吉"。参见"颐六五"。

【拘系之上穷也】 《随》卦上六爻《小象传》辞。旨在解说上六爻辞"拘系之"的象征内涵。意思是:拘禁强令附从,说明上六居位极上而随从之道穷尽。参见"随上六小象传"。

【拘系之乃从维之】 《随》卦上六爻辞之语。意思是:拘禁强令附从,这样才顺服相随,再用绳索拴紧。拘,拘禁;系,系属,犹言"附从";维,以绳捆绑。这是说明上六当"随"之时,以阴居其极,极则反,有不愿随从、被九五拘禁乃从之象,且被迫顺从之后又得用绳索拴紧才不致背逆,故曰"拘系之,乃从,维之"。参见"随上六"。

【拔茅茹以其彙】 ①《泰》卦初九爻辞之语。意思是:拔起茅草、根系相牵,这是同质类聚并出。茅,茅草;茹,根相牵引之状;彙,即"类",谓同质类聚。此以拔茅草其根相牵为喻,说明初九当"泰"之时,阳刚处下,与九二、九三两阳俱有外应而志在上行,故一阳动则三阳并动,以呈"通泰"景况。参见"泰初九"。 ②《否》卦初六爻辞之语。意思是:拔起茅草,根系相牵,这是同质类聚并动。此言初六当"否"之时,万象否闭,以阴柔处卦之始,与下卦六二、六三两阴俱不应于上卦之阳而退处,犹如拔茅草其根相牵。此爻辞虽与《泰》初九爻辞相同,但其义迥异:《泰》初九在于三阳俱出而"进",《否》初六在于三阴俱动而"退"。参见"否初六"。

【拔茅贞吉志在君也】 《否》卦初六爻的《小象传》辞。旨在解说初六爻辞"拔茅"、"贞吉"的象征内涵。意思是:拔起茅草根系相牵、守持正固可获吉祥,说明初六守正不进的意志是为君主着想。参见"否初六小象传"。

【拔茅征吉志在外也】 《泰》卦初九爻的《小象传》辞。旨在解说初九爻辞"拔茅茹,以其彙;征吉"的象征内涵。意思是:拔起茅草、往前进发可获吉祥,说明初九的心志是向外进取。参见"泰初九小象传"。

【林至】 南宋嘉兴华亭(今上海松江)人。字德久。官秘书郎。曾为朱熹门人。有《易裨传》及文集(见《宋元学案》)。《易》学专著今存《易裨传》,《四库全书》采入"经部易类"。《提要》云:"至字德久,松江人;《书录解题》作樵李(今浙江嘉兴)人,未详孰是。淳熙中登进士第,官至秘书省正字。朱子《集》中有《答林德久书》,即其人也。是书《宋史·艺文志》作一卷,《文献通考》于二卷之外又有《外编》一卷。此本为元至正间陈泰所刊,总为二卷,盖泰所并也。"

【林栗】 南宋福州福清(今属福建)人。字黄中。登绍兴十二年(1142)进士第。累官兵部侍郎。朱熹以江西提刑被召为兵部郎官,既入国门,未就职,栗与熹相见,论《易》与《西铭》,不合。于是栗论朱熹本无学术,徒拾张载、程颐之绪余,妄自尊大。太常博士叶适上封事辨之,侍御史胡晋臣乃劾栗,遂出知泉州。卒谥"简肃"。平生为人,强介有才而性狷急,论者谓其:欲快私忿,遂至攻诋名儒,废绝师教;虽畴昔论事雄辩可观,不足以盖晚节之谬(见《宋史》本传)。《易》学专著有《周易经传集解》三十六卷。

【林希元】 明同安(今属福建)人。字茂贞,号次崖。正德十三年(1518)进士。授大理评事。世宗时,以议狱事被论,弃官归。大臣交荐之,起为寺正。辽东兵变,希元极言姑息之弊,谪知钦州。时安南不来朝贡,廷议征讨,擢希元兵备海道,希元主张必征之策,与督臣异议,罢归。著有《易经存疑》、《四书存疑》等书,为当时举业者所宗(见《宋史·儒林传·蔡清传》及《福建通志》)。《易》学专著今存《易经存疑》十二卷。

【杭辛斋】(1869—1923) 浙江海宁人。名慎修,以字行,别字一苇。幼读于杭州正蒙义塾,获童子试第一名。后肄业同文馆,习天算理化"经世致用之学"。清光绪二十二年(1896)至天津,次年与严复等创办《国闻报》,宣扬维新。光绪三十一年(1905)入同盟会,旋赴京创办《京话报》。因直言触犯清廷权贵,被囚刑部狱中,后解回浙江禁锢,王国维等为申诉获释。辛亥革命后,被选为众议员。1915年冬,因抗袁世凯称帝,被捕入狱,次年袁死后才出狱。自言在狱中得异人密传,遂深通《易》理。出狱后,搜集古今说《易》之书而精研之,与王用宾、陈爕枢等在广州组织研几学社,主讲《易》学。其治《易》特点,是贯串新知旧学为一体,将《易》理与古今中外的文化现象互为参较,蔚为一家之言。秦锡圭《易楔题辞》称其:"发挥刚柔变动奥,该括声光化电精。青出于蓝冰寒水,新说旧学畴抗衡。"主要《易》学著作有《易楔》六卷、《学易笔谈初集》四卷、《二集》四卷、《易数偶得》二卷、《读易杂识》一卷、《愚一录易说订》二卷、《沈氏改正揲蓍法》一卷,凡七种二十卷,合刊为《易藏丛书》。

【枚筮】 古代筮法的一种,谓不确指所问之事而泛卜吉凶。《左传》昭公十二年:"南蒯枚筮之,遇《坤》之《比》。"杜预注:"不指其事,泛卜吉凶。"孔颖达疏:"《礼》有'衔枚',所衔之木大如箸。今人数物云一枚两枚,是筹之名也。《尚书·大禹谟》:舜禅禹,禹让不受,请帝'枚卜功臣,惟吉之从'。孔安国云:'枚,谓历卜之而从其吉。'彼谓人下一筹,使历卜之也;此则不告筮者,以所筮之事空下一筹而使之筮。故杜云'不指其事,泛卜吉凶'也。或以为杜云'泛卜吉凶'谓枚雷摁卜。《曲礼》云无雷同,是摁众之辞也;今俗谚云'枚雷'则其义,理或然也。"

【玩易篇】 清俞樾撰。一卷。《春在堂全书》本。俞氏以"河洛之学"久失其传,汉宋《易》家分门别派,聚讼尤甚,乃著此书以阐发"观象玩辞,观变玩占"之大义。

第一为《始画八卦篇》,第二为《八卦成列篇》,第三为《重卦篇》,第四为《刚柔相易篇》,第五为《变卦篇》,凡为图三十二幅。柯劭忞云:"庖羲画卦之始,樾固谓不得而知,然决其不始于乾、坤,夏《易》首艮,商《易》首坤,樾固谓当别有说,然谓夏后之《易》以艮为首,则圣人之画卦殆始于艮;皆臆度之辞,不为典要也。至于荀、虞卦变,不易研究,概斥为无当于经义,而创为新说以易之,尤未免视古人太浅矣。"(《续修四库全书提要》)

【卦】 《周易》中的八卦、六十四卦符号。既可据以占筮,又含有内在的象征哲理。《说卦传》:"观变于阴阳而立卦。"《说文解字》:"卦,所以筮也,从卜,圭声。"《易》卦的构成元素是阳画(—)和阴画(--)两种线条形符号,凡由三画构成者共有八组,称为"八卦",如乾(☰)、坤(☷)、坎(☵)、离(☲)等。凡由六画构成者共有六十四组,称为"六十四卦",如《泰》(䷊)、《否》(䷋)、《既济》(䷾)、《未济》(䷿)等。参见"八卦"、"六十四卦"。

【卦气】 汉代《易》家孟喜、京房等以《易》卦分配于十二月气候,作为《易》筮、占验之用,称为"卦气"。见"卦气图"。

【卦主】 《易》卦六爻中,有为主之爻,称"卦主"。卦主通常有两种类型:一曰"成卦之主",谓卦之所由以成者。此不论爻位高下,其德善否,只要卦义因之而起,则皆得视为卦主。如《夬》(䷪)卦一阴极居上位被决,即为成卦之主。二曰"主卦之主",谓卦中诸爻均恃其为主者。此必爻德美善,得位得时者当之,故取五位者为多,他爻亦间有所取。如《乾》(☰)卦第五爻阳刚盛美,即为主卦之主。六十四卦《彖传》阐论卦爻义旨,往往反映出卦主所在。三国魏王弼《易》例,常取卦主为说,大体亦本于《彖传》所论。故其《周易略例·明彖》云:"夫《彖》者,何也?统论一卦之体,明其所由之主也。"按,由于六十四卦的爻位情况不一,故象对"卦主"的认识当作具体分析。王弼倡卦主之例，其说有"一阴主五阳"、"一阳主五阴"、"遗爻举体"（即举上下卦象为主）等。《周易折中》归结出四种情况："若其卦成卦之主，即主卦之主，则是一主也；若其卦有成卦之主，又有主卦之主，则两爻又皆为卦主矣；或其成卦者兼取两爻，则两爻又皆为卦主矣；或其成卦者兼取两象，则两象之两爻，又皆为卦主矣。亦当逐卦分别观之。"

【卦时】《周易》六十四卦，每卦各自象征某一事物、现象在特定背景中的产生、变化、发展的规律；伴随着卦义而存在的这种"特定背景"，《易》学通俗称为"卦时"。六十四卦，表示六十四"时"，即展示六十四种特定背景，从不同角度譬喻自然界、人类社会中某些具有典型意义的事理。如《泰》卦象征"通泰"之时的事理，《讼》卦象征"争讼"之时的事理，《未济》卦象征"事未成"之时的事理，余可类推。但每卦之"时"，总是处在变动之中；而每卦六爻，又均规限在特定的"时"中反映事物发展到某一阶段的变化情状。此例在三国魏王弼的《易》学中用之至广。其《周易略例·明爻通变》谓："卦以存时，爻以示变。"又《明卦适变通爻》云："夫卦者，时也；爻者，适时之变者也。夫时有否泰，故用有行藏；卦有小大，故辞有险易。一时之制，可反而用也；一时之吉，可反而凶也。故卦以反对，而爻亦皆变。是故用无常道，事无轨度，动静屈伸，唯变所适。故名其卦，则吉凶从其类；存时其用，则动静应其用。"

【卦者】 古代占筮时执掌画卦于地、辨识爻象之官。《仪礼·士冠礼》："卦者在左。"郑玄注："卦者，有司主画地识爻者。"贾公彦疏："以杖画地，记识爻之七八九六者也。"又《少牢馈食礼》："卦者在左坐，卦以木卒筮，乃书卦于木，示主人。"郑玄注："卦者，史之属也；卦以木著，每一爻画地以识之，六爻备，书于版，史受以示主人。"贾公彦疏："以其筮是史，故知卦者是史之

属也。"

【卦变】《周易》六十四卦，无论一爻变或数爻变（即阴爻变阳爻，或阳爻变阴爻），均可转化为另一卦，谓之"卦变"，亦称"变卦"。《左传》所载筮例中，有"之卦"说，即言筮占过程中的卦变情状。西汉焦赣《易林》，以一卦变为六十四卦，共得四千零九十六卦，构成以著筮为用的卦变体系。至京房、荀爽、虞翻等家，其卦变说又各有条例，而虞氏之例尤为繁杂，对后世《易》学较有影响。参见"八宫卦"、"京氏爻变"、"荀氏卦变"、"虞氏卦变"。

【卦候】 汉代《易》学家以六十四卦配四时气候之法，谓之"卦候"，亦称"卦气"。《后汉书·张衡传》载衡上疏指摘图谶之学云："此皆欺世罔俗，以昧势位，情伪较然，莫之纠禁。且律历、卦候、九宫、风角，数有征效，世莫肯学，而竞称不占之书。"参见"卦气图"。

【卦肆】 旧时卖卦之馆。刘克庄《除夕诗》："更残自算明年事，不就君平卦肆占。"（《后村集》）

【卦辞】《周易》六十四卦每卦均有一节总括该卦大义的文辞，称"卦辞"。共有六十四节。参见"卦爻辞"。

【卦筮】 占卦卜筮。《汉书·儒林传》："费直，字长翁，东莱人也。治《易》为郎，至单父令。长于卦筮，亡章句。"

【卦气表】 清蒋湘南撰。一卷。《春晖阁杂著》本。此书将汉代《易》家所倡扬之"卦气"图衍化为表，细加解说，末附《卦气序》、《卦气证》。黄寿祺先生指出：蒋氏之说卦气，谓《归藏》为黄帝之历，以卦气为《归藏》之法，"既无旧义可证，亦颇嫌近臆说。惟其变图为表，加入宫度日躔斗建八风十二律，以补《卦气图》之缺，颇为明备，亦便省览。末有《卦气序》，义多精当；又有《卦气证》，徵引亦翔实可观，固不得以其主张《归藏》为黄帝之历而并议之也。"（《易学群书平议》）

【卦气图】 西汉孟喜《易》学，以气为

本，取《周易》六十四卦与十二月气候相配合，谓之"卦气"。孟氏《卦气图》，以《坎》、《离》、《震》、《兑》为四正卦；余六十卦，卦主六日七分，合周天之数。内辟卦十二（《复》、《临》、《泰》、《大壮》、《夬》、《乾》、《姤》、《遯》、《否》、《观》、《剥》、《坤》），称"消息卦"，实即《乾》、《坤》十二爻阴阳消长情状的显示。四正卦主春夏秋冬四时，爻主二十四节气；十二辟卦主十二辰，爻主七十二候；其六十卦每卦既主六日七分，则三百六十爻共主三百六十五日四分日之一。其中辟卦象征"君"，余卦象征"臣"，四正卦象征"方伯"，值日的六十四卦中，每五卦配以"公"、"辟"、"侯"、"大夫"、"卿"的名称，反复不已，于是，一年四季的二至二分，风雨寒温之变迁交易，均以应卦爻为节度。此说出于孟喜，京房用之尤精，而《易纬·乾凿度》、《稽览图》、《乾元序制记》、《是类谋》等书均有言及（郑玄注辨之颇明）。后代《易》家所作图表甚多，繁简不一，兹列举四种以备省览。其一，惠栋《易汉学》载《卦气六日七分图》（见图版二），图内《坎》、《离》、《震》、《兑》分居四正，外六十卦分属十二月。其二，朱震《汉上易传》载李溉作《卦气七十二候图》（见图版三），图中以七十二候配十二辟卦的七十二爻，展示四季气候的演变规律，与十二卦各爻之间的阴阳消息盈虚正相符合。惠栋《易汉学》移录此图，以与其所制《六日七分图》相对照。其三，杭辛斋《易楔》载杭氏《卦气六日七分图》（见图版四），图内于四正、十二辟、六十卦所主，皆一览无遗，在诸家《卦气图》中最为详明。图列十二星次，系杭氏所加。《荀爽九家易解》于《系辞上传》"范围天地之化而不过"注云："范者，法也；围者，周也。言乾坤消息，法周天地，而不过十二辰也。辰，日，月所会之宿，谓诹訾、降娄、大梁、实沈、鹑首、鹑火、鹑尾、寿星、大火、析木、星纪、元枵之属是也。"据此，杭氏加入十二星次，亦为有本。又，阎汝弼《周易爻徵广义》卷首载《七十二候图》，与杭氏图略同，唯将候卦分属两候者分画两格，则为小异。杭氏之图盖本于此（但分属两候之候卦当分画两格始更清楚）。其四，蒋湘南作《卦气表》，表中根据《易纬·乾元序制记》加入八风，又配入十二律、十二星次、二十八宿等，颇称详备。按，汉代《易》家卦气说的应用，其初是作为《易》筮占验，解说自然灾异现象。《周易参同契》指出："君子居室，顺阴阳节，藏器俟用，勿违卦月。谨候日辰，审察消息，纤芥不正，悔吝为贼。二至改变，乖错委曲，隆冬大暑，盛夏霜雪。二分纵横，不应漏刻，水旱相伐，风雨不节，蝗虫涌沸，群异旁出。"这是揭明卦气不效，则分至寒温皆失节度的情状。后来，卦气又应用于历学，《魏·律历志》、《旧唐书·历志》、《新唐书·历志》均有详载，其中所含古代历学、气候学等方面的知识，是我国科技史研究中可资参考的重要材料。至若前人取为解经之说者亦多，如《复》卦"七日来复"一语，《易》家或以卦气为释即是。因此，对这一学说，不宜徒目为术数之学而完全忽视。参见"六日七分"。

【卦气解】 清庄存舆撰。一卷。参见"象传论"。

【卦爻辞】 系于六十四卦符号下的文辞，分别表明各卦各爻的寓意。亦称"《易》辞"或"筮辞"。其中卦辞每卦一则，总括全卦大义；爻辞每爻一则，揭示该爻旨趣。《周易》共有六十四卦三百八十四爻，故相应地系有六十四则卦辞、三百八十四则爻辞（因《乾》、《坤》两卦分别多出"用九""用六"文辞，故有的学者亦将之视同爻辞，谓爻辞三百八十六则）。卦爻辞的作者，旧有两说：一以为是周文王所撰，二以为是文王撰卦辞、周公撰爻辞（见孔颖达《周易正义卷首》）。现当代学者多推测卦爻辞是经过古人长时期积累、润色、加工而集体撰成的，最初writing定时期当在殷末周初。卦爻辞的出现，有两大意义：其一，使《周易》"经"部分成为卦形符号与语言文字有机结合的一部特殊的哲学著作。其二，使"《易》象"从隐晦的符号暗示，发展为用文字表述的带有一定文学性的象征形象。卦爻辞的基本特色是"假象喻意"，即借用人们生活中习见常闻的物象，通过文字的具体表述，使卦形、爻形内涵的象征旨趣更为鲜明生动。卦爻辞的另一方面特色，是常用"吉"、"凶"、"利贞"、"无咎"等占验词来表示该卦、该爻所寓含的对事物、现象或褒或贬的义理。占验词的运用，使卦爻辞带有浓厚的卜筮色彩。《周易》六十四卦的卦爻辞，有一定的编排次序，前三十卦（自《乾》至《离》）为"上经"，后三十四卦（自《咸》至《未济》）为"下经"。先秦文献如《左传》、《国语》等所称《周易》者，特指六十四卦的卦形与卦爻辞。因此，当卦爻辞撰成之后，一部兼具卦形和文辞两大要素的独特的古代哲学专著——《周易》，终于以完整的面目、严密的体系出现于世，流传不衰。

【卦气续考】 清俞樾撰。一卷。《春在堂全书》本。俞氏曾著《卦气直日考》一卷，后以为其书不能正旧说之误，又不能推阐六十四卦次第之义蕴，遂复作此编以补之。柯劭忞云："樾不信卦气起《中孚》之说，谓《易纬·乾元序》为后人所摭拾，不足依据。乃本《稽览图》定四正卦所直之节气，分直十二月；又以六十卦分直十二月，其余四卦，以《坎》、《离》所属十五卦直冬、夏至，《震》、《兑》所属十五卦直春、秋分。诋旧说四正卦皆跨历两时，不得其正。然如俞氏新义，四正卦既分直十二月矣，又各有属卦以配二分二至，得勿蹈叠床架屋之讥乎？"（《续修四库全书提要》）

【卦体爻用】 北宋程颐的《易》学观点，认为《周易》六十四卦三百八十四爻中，其哲学的本体为各卦的卦象，其义理的运用为六爻的变动。其所撰《易序》指出："故《易》者，阴阳之道也；卦者，阴阳之物也；爻者，阴阳之动也。卦虽不同，所同者奇偶；爻虽不同，所同者九六。是以六十四卦为其体，三百八十四爻互为其用。远在六合之外，近在一身之中，暂于瞬息，微于动静，莫不有卦之象焉，莫不有爻之义焉。至哉《易》乎，其道至大而无不包，其用至神而无不存。"

【卦变考略】 清董守谕撰。一卷。《四库全书》本。董氏以为，卦变之说出于汉学，至宋程颐始废弃之；朱熹作《周易本义》，兼采其说以释十九卦，然与《本义》卷首所列《卦变图》相合者仅二卦，余十七卦皆另有变例，不免前后互异，于是详考汉、魏以来诸家之说，以己意辨证之，撰为是编。《四库全书提要》指出：其书"每卦皆参列古法，断以己意。宋、元诸儒以及明来知德之属亦参考焉。其言率有根据，不同他家之穿凿。其证以象文，虽不免有所附会"，然亦多有论说切当者，"于经文亦往往巧合。惟其篇末有曰：'或谓变乃《易》中之一义，非画卦作《易》之本旨，愚独以为不然。'则主持未免太过。夫乾、坤之生六子，犹阴阳之生五行也；其配而为六十四卦，犹干支之配为甲子也。其因卦而推奇偶之变，犹干支相配而推冲合制化也。驳卦变者谓不应先有某卦，后有某卦，是犹谈五行者谓水生于庚辛不化于丙辛，火生于甲乙不化于戊癸也。主卦变者以此为作《易》之本，六十四卦皆自此来，是又犹以化气为本气，亦乖五行相生之旨矣。故卦变之说不可谓非《易》之一义，亦不可谓为本义。汉以来儒者相传，要必有取，并存以备参考可矣。"

【卦象蓍数】 晋韩康伯《易》学观点，以为卦以言象，蓍以言数；象数相辅相成，遂见《周易》之用。韩注《说卦传》"观变于阴阳而立卦"云："卦，象也；蓍，数也。"又云："蓍极数以定象，卦备象以尽数。"胡渭《易图明辨》指出："四语划然分晓。盖象中虽有数，而中以象为主；数中亦有象，而终以数为主。"

【卦气直日考】 清俞樾撰。一卷。《春

在堂全书》本。此书取资《易纬》及其它典籍记载,专考汉代《易》家之卦气直日学说。第一篇考四正卦,第二篇考十二辟卦,第三篇考六十四卦次序,第四篇考公辟侯大夫卿之名所自始,第五篇考每卦六日七分之说,第六篇考京房之说,第七篇考北齐"天保历"之说。柯劭忞指出:"《纬书》义既艰深,文字又多讹夺,樾诠辑详明,务使初学暸了。京房六日七分之说,与'天保历'依《易通统轨图》之说,僧一行虽言之,然略而不详,樾分别异同,并列图于后,亦便于初学之寻览。张惠言疑一行所谓京氏注者,传京氏者失之,又疑齐历之谬,皆不及俞氏之审细矣。至谓卦气直日西汉经师固有此说,视后世以先天图分配节候者实远胜之,尤不刊之论也。"(《续修四库全书提要》)

【卦气起中孚】 语出《易纬·稽览图》,犹言"大自然的阳气从《中孚》卦开始发生"。汉代《易》家的"卦气"说,以《坎》、《离》、《震》、《兑》为四正卦,主四时;余六十卦主六日七分,爻主三百六十五日四分日之一。这六十卦,起于《中孚》,终于《颐》,卦序正与一年十二月的气候相配。《稽览图》曰:"甲子卦气起《中孚》,六日八十分日之七。"郑玄注:"卦气,阳气也;《中孚》,卦名也。中者,和也;孕者,信也。"又注曰:"六以候也,八十分为一日;之七者,一卦六日七分也。"张惠言《易纬略义》以为,《稽览图》发端于"卦气起《中孚》"数句,是揭明"六十卦各主六日七分之通例"。参见"六十卦次序"。

【卦无定象爻无定位】 北宋程颐的《易》学观点,认为《周易》的六十四卦、三百八十四爻,虽有卦象、爻位之例,但每卦之象与每爻之位均非固定不变,应当结合各卦各爻的义理,以通变不拘的方法对之具体分析。其所撰《易序》:"时固未始有一,而卦未始有定象;事固未始有穷,而爻亦未始有定位。以一时而索卦,则拘于无变,非《易》也;以一事而明爻,则窒而不通,非《易》也;知所谓卦、爻、彖、象之义,而不知有卦、爻、彖、象之用,亦非《易》也。故得之于精神之运,心术之动,与天地合其德,与日月合其明,与四时合其序,与鬼神合其吉凶,然后可以谓之知《易》也。虽然,《易》之有卦,《易》之已形者也;卦之有爻,卦之已见者也。已形已见者可以言知,未形未见者不可以名求。则所谓《易》者果何如哉?此学者所当知也。"

【卦有小大辞有险易】 《周易》卦体及卦爻辞的象征义例之一。谓六十四卦的卦体有柔小与刚大之别,卦爻辞有险厄与平易之分。语出《系辞上传》:"是故卦有小大,辞有险易。辞也者,各指其所之也。"这里特明"各指其所之",乃揭示卦爻辞的"险易"情状,是根据卦体、爻位的不同而指导趋吉避凶的方向。《周易折中》引潘梦旂曰:"卦有小有大,随其消长而分;辞有险有易,因其安危而别。辞者,各指其所向,凶则指其可避之方,吉则指其可趋之所,以示乎人也。"按,尚秉和先生《周易尚氏学》认为,"各指其所之"含二义:一是指应爻间的趋适,即"初之四、二之五、三之上,其爻在此,而其辞往往指应爻;应爻即'所之'。"二是指阴阳异性间的比附或趋适,"凡爻之所比,得类失类,所关最大"。即阳遇阳则敌,遇阴则通;阴遇阴则敌,遇阳则通。此说对爻象大义颇有发明,宜资参考。

【欧阳修】(1007—1072) 北宋卢陵吉水(今属江西)人。字永叔,号醉翁,又号六一居士。四岁而孤,母郑氏亲诲之学,家贫至于以荻画地学书。幼敏悟过人,读书辄成诵。及冠,嶷然有声。举天圣八年(1030)进士甲科,官至枢密副使、参知政事。因议新法,与王安石不合,以太子少师致仕,退居颍川。卒谥"文忠"。平生天资刚劲,见义勇为,虽机穽在前,触发之不顾;放逐流离,至于再三,而志气自若。为文天才自然,丰约中度,其言简而明,信而通,引物连类。折之至理,以服人心,众莫能及,故举世翕然师尊之。奖引后进,如恐不及,曾巩、王安石、苏洵、苏轼、苏辙等名贤皆为其赏识、拔擢。笃于朋友,生则振掖之,死则调护其家。好古嗜学,曾辑周秦以降金石遗文编为《集古录》,与宋祁合修《新唐书》,自撰《新五代史》,经史文学著作甚丰。苏轼叙其文曰:"论大道似韩愈,论事似陆贽,记事似司马迁,诗赋似李白。"识者以为知言(见《宋史》本传)。著作由南宋周必大编为《欧阳文忠集》。其中《易童子问》三卷,对孔子作《易传》的旧说提出大胆怀疑,在《易》学史上产生重要影响。

【取女吉】 《咸》卦的卦辞之语。意为:求娶女子为妻可获吉祥。取,即"娶"。此言事物当"交感"之时,其利在于守正,故以人事为喻,谓男女交感,以"正道"相求结为婚姻必"吉"。参见"咸卦辞"。

【剡木】 剖凿大木使之中空成舟。语见《系辞下传》"剡木为舟"。《文选》载孙楚《为石仲容与孙皓书》:"自剡木以来,舟车之用,未有如今日之盛者也。"

【剡舟剡楫】 谓制造舟楫。语本《系辞下传》"(黄帝、尧、舜)剡木为舟,剡木为楫,舟楫之利以济不通,致远以利天下"。《后汉书·郎顗传》:"臣闻剡舟剡楫,将欲济江海也。"

〔丨〕

【罔孚裕无咎】 《晋》卦初六爻辞之语。意思是:不能见信于人,暂且宽裕待时则无咎害。罔孚,犹言"不见信于人";裕,谓宽裕缓进。这是说明初六处"晋"之始,阴柔在下,虽与九四有应,但前临重阴为"敌",始将晋长即受摧折,于是一时无法孚信于众,唯须宽裕静待,终能消难应四而免咎。故曰"罔孚,裕无咎"。参见"晋初六"。

【图书】 即"河图洛书"。

【图书辨惑】 清黄宗炎撰。一卷。参见"周易象辞"。

【易】 《周易》的简称。先秦文献中所引之《易》,一般指六十四卦经文(即卦形符号及卦爻辞);汉以后,则往往兼"经"、"传"而言之。《周易》取"易"为名之义,说者纷纭,但较为通行的说法是认为取其"变易"之旨。参见"周易名义"。

【易用】 明陈祖念撰。五卷。《四库全书》本。此书不载六十四卦经文,但于每卦阐说其义;《系辞》以下诸传亦不录原文,唯各标明章目而诠释之。其说详论义理,间涉互体之说,务以切于人事为主,故名《易用》。《四库全书提要》指出:陈祖念之父陈第"于韵学为大有功,而所作《伏羲图赞》则支离穿凿,一无可取。祖念学不及其父,而说《易》乃胜其父。"又云:此书"前有原《序》曰:'义理无穷,非言之所能尽。故传注于汉,疏义于唐,议论于宋,日起而日变,而《易》之用则随时随事可以自察。是以君子居则观象玩辞,动则观变玩占,圣人所以言《易》者,如是而已。《传》曰:"精义入神,以致用也;利用安身,以崇德也。"朱文公言:"人能取《易》一卦若一爻熟读而深玩之,推于事而反于身,则凶吉消长之理,进退存亡之道,无所求而不得,无所处而不当。"此则致用、利用之义也。'云云。其《序》后半佚脱,不知谁作。然一书大旨,具在于斯矣。每卦之末,率总论取象之义,多采互体之说。盖其学于汉儒、宋儒无所偏附云。"

【易考】 清李荣陛撰。二卷。《李厚冈集》本。全书为笔记体裁,卷一多考图说及爻辞作者、《系辞传》错简、《易传》"子曰"三事;卷二汇考古《易》及后人《易》本,以明历代《易》本之沿革。黄寿祺先生指出:此书所考,多"确然有见,不循流俗","于先儒无所偏袒,亦能不失持平。独其尊信顾炎武太过,竭力申引其'卦爻无别象'之说,以明《易》无互卦。夫互卦明见于《左氏传》,左氏之说若不可信,则其他先儒更无足言矣!此一蔽也。"(《易学群书平议》)

【易传】 ① 相传孔子所作的阐释《周易》六十四卦义理的专论,共有《彖传》上下、《象传》上下、《系辞传》上下、《文言传》、《说卦传》、《序卦传》、《杂卦传》七种,凡十篇,亦称《十翼》。司马迁《史记·孔子世家》及班固《汉书·艺文志》、《儒林传》等,均言孔子晚年作《易传》。《左传》昭公二年载晋侯使韩宣子聘鲁,"见《易象》与《鲁春秋》",孔颖达疏曰:"《易》有六十四卦,分为上下二篇,及孔子又作《易传》十篇以翼成之。后世谓孔子所作为《传》,谓本文为经,故云上下经也。"这种说法,两汉隋唐间学者均无异议。自北宋欧阳修撰《易童子问》,对孔子作《易传》提出疑问之后,学术界异论渐多。当代学者较为通行的看法是:《易传》当为孔门后学所撰,创作年代当在春秋、战国之间。《易传》七种原皆单行,汉代以后被合入六十四卦经文并行,遂使其学术价值被提高到与"经"并驾齐驱的地位。乃至人们在传述研究而提及《周易》一书时,事实上往往兼指"经"、"传"两部分。《易传》七种,是一组颇有深度的哲学著述。但《易传》的哲学思想,是在对《周易》"经"义的阐释、发挥的基点上产生的。因此,其中有相当一部分思想内容,如关于阴阳矛盾、运动变化的辩证观念,关于以乾坤为本的宇宙生成说,关于政治、伦理、道德各方面的观点等,常常是六十四卦大义的直接引申,与"经"的本旨是无法割裂的。当然,有不少内容是《易传》作者的独特见解,但也是在阐"经"过程中得出的。朱熹论《系辞传》云:"或言造化以及《易》,或言《易》以及造化,不出此理。"(《朱子语类》)意谓《系辞传》作者在"言《易》"的同时,泛及自然界的发展规律,以体现其哲学观点。这一看法用来说明整个《易传》,实也大略适合。可以说,没有"经"的哲学基础,就没有"传"的思想体系;有了"传"的推阐发挥,"经"的哲学也就更加明显昭著。所以,《易传》七种的性质,应当视为一组以阐解六十四卦经义为宗旨的富有鲜明思想观点的哲学著作。 ② 汉代以后《易》家的解《易》、注《易》著述,常常亦称《易传》。如《汉书·艺文志》谓"《易传周氏》二篇"、"《服氏》二篇"等均是。又如北宋程颐撰《周易程氏传》,亦通称《易传》。《河南程氏遗书》卷十七录程颐语曰:"某于《易传》,今却已自成书,但逐旋修改,期以七十,其书可出。"

【易守】 清叶佩荪撰。三十二卷。嘉庆十五年(1810)慎馀斋刊本。此书卷首为《易卦总论》,自卷一以下注释经文,不及《系辞传》、《文言传》、《序卦传》、《杂卦传》;其释经不用《十三经注疏》本,也不用古《易》本,自定篇次,先卦辞爻辞,次《彖传》,次《象传》。书首《易卦总论》只撮举二十四卦为说,柯邵忞谓其:"于阴阳消长之理,顺逆往来之数,发挥详尽,不为影响之谈。惟《贲卦论》谓:'自汉司马相如、枚皋、东方朔之徒,皆轻薄不修行谊,专以靡曼之词博取名高;继之扬雄、冯衍辈相仿效,迨其后曹氏兄弟专尚翰墨,沿及六朝流风益炽,徒以一篇之俊,一语之丽,辄相标榜以为胜流。乞于唐韩氏昌黎始疾之,能反而求之于《六经》,宋则欧阳、苏、曾皆能变绮靡猥亵之习;而究其趋终,不免沾沾以文自炫,故仿效之者,只求学为文词,而于实学无与焉。'极论八代文章之弊,与经义毫无干涉。此则支离已甚,徒骋浮词,佩荪自言之而自蹈之矣。"(《续修四库全书提要》)至注释经文,柯氏则称其:"大抵条理贯通,不泥于考象,亦不迁于说理,较之标榜天人,高谈河洛者,犹为有取焉。"(同前)

【易问】 清纪大奎撰。六卷。《纪慎斋先生全集》本。大奎曾著《观物外篇》,其门人刘凤友质疑问难,大奎答之;又类记其所未问者,以示弟大毕,大毕遂编次整录,撰为《易问》。故此书虽题大奎撰,实乃大毕所述。卷一论先天乾坤之摩荡、太极阴阳之动静;自卷二以下,则举六十四卦以发挥"包体"之义。所谓"包体",即一卦具两互体,取一互,留一互。如水天《需》,六四、九三、九二为内互兑,谓之"内兑取一互";余上六、九五、初九亦互兑,谓之"外兑留一互"。他卦仿此。柯劭忞以为:包体"亦《易》之一义,必以此括《易》之体用则隘矣。卷末大奎《自记》,引全祖望《经史答问》,谓林黄中已有'包体'之说,惟杨止庵常述之。大奎未见林氏、杨氏之书,按卦栗《周易经传集解》,说每卦必兼互体约象覆卦,董真卿讥其太泥。互体约象即是包体,全氏谓林之《经传集解》不载包体之说,亦误也。"(《续修四库全书提要》)

【易纬】 ①指秦汉间盛行的衍说《周易》之书,多泛及旁义,为经说之支流。其称为"纬"者,盖辅"经"以行之意。自隋末禁绝纬书,遂罕有传本。后人或将"谶"与"纬"混为一谈,《四库全书提要》辨之曰:"儒者名称'谶纬',其实谶自谶,纬自纬,非一类也。谶者,诡为隐语,预决吉凶,《史记·秦本纪》称卢生奏录图书之语,是其始也;纬者,经之支流,衍及旁义,《史记·自序》引《易》'失之毫厘,差以千里',《汉书·盖宽饶传》引《易》'五帝官天下,三王家天下',注者均以为《易纬》之文是也。盖秦、汉以来,去圣日远,儒者推阐论说,各自成书,与经原不相比附。如伏生《尚书大传》、董仲舒《春秋阴阳》,核其文体,即是纬书。特以显有主名,故不能托诸孔子。其他私相撰述,渐杂以术数之言,既不知作者为谁,因附会以神其说。迨弥传弥失,又益以妖妄之词,遂与谶合为一。然班固称:'圣人作经,贤者纬之。'杨侃称:'纬书之类,谓之秘经;图谶之类,谓之内学;河洛之图,谓之灵篇。'胡应麟亦谓:'谶、纬二书,虽相表里,而实不同。'则纬与谶别,前人固已分析。后人连类而讥,非其实也。" ②书名。旧题东汉郑玄注。十二卷。《武英殿聚珍版书》本。又称《易纬八种》。其书久佚,此八种系辑自《永乐大典》。凡为:《易纬乾坤凿度》二卷,《易纬稽览图》二卷、《易纬通卦验》二卷、《易纬是类谋》一卷、《易纬乾凿度》二卷、《易纬辨终备》一卷、《易纬乾元序制记》一卷、《易纬坤灵图》一卷。参见诸书条目。

【易林】 旧题西汉焦赣撰。十六卷。《津逮秘书》本。又名《焦氏易林》。此书以《周易》中每一卦各变六十四卦,六十四卦之变共为四千零九十六卦,各系文词,皆四言韵语,称为"林辞"。其用乃为占筮而设,使筮家每筮得一卦,即以"林辞"为占。《易林》之词,语颇雅训,具有一定的文学色彩。考《汉书·艺文志》,所载《易》十三家,"蓍龟"十五家,不及焦氏;至《隋书·经籍志》始著录于"五行家"。因其书大旨在于占筮之用,故《四库全书》将之列于"子部术数类",《提要》称:"盖《易》于象数之中,别为占候一派者,实自赣始。"后人或谓偶有林辞似言焦赣以后事,疑此书非焦氏所撰,《四库全书提要》则极力辨驳之,以为书出焦氏,实有明证。余嘉锡《四库提要辨证》又加详考,认为此书乃东汉王莽时崔篆所撰,其说可资参考。按《易林》之为书,其旨虽在占筮,然其中关涉《易》象、《易》义者至多。尚秉和先生指出,汉代释《易》之书,莫如《易林》之完善,凡《易林》文辞无一字不从卦象生,且无一象不本之《易》;于是精研林辞、搜求《易》象,撰《焦氏易林注》十六卷、《焦氏诂》十一卷,考索出《易林》中所保存的一百八十余例与《易》有关之逸象。仵埔《焦氏易林叙》称:《易林》逸象,二千年来无有识者,故《易》注多误,解《易林》之辞亦遂难通,今尚氏既著此书,"不但为焦氏之功臣,实于《易》学所关至巨,其有功于后学甚大。"

【易例】 清惠栋撰。二卷。《货园丛书》本。惠氏所作《周易述》目录中,列有《易微言》等七书,唯《易微言》二卷附刊卷末,其余六种皆缺。此《易例》二卷,即七书中的第三种,由惠氏弟子别刊单行。其书考究汉《易》学说,阐发《周易》之本例,共分九十类,其中有目而无文字者十三类。据原《跋》称,系未完之本。《四库全书提要》指出:"今考其书,非惟采摭未完,即目亦尚未分。意栋欲熔铸旧说,作为《易例》,先创草本,采摭汉儒《易》说,随手题识,笔之于册,以储作论之材。其标目有当为例而立一类者,亦有不当为例而立一类者;有一类为一例者,亦有一类为数例者"。"皆由未及排贯,遂似散钱满屋。至于《史记》读《易》之文,《汉书》传《易》之派,更与《易》例无与,亦必存为佐证之文,而传写者误为本书也。此类不一而足,皆不可据为定本。然栋于诸经深窥古义,其所掎摭,大抵老师宿儒专门授受之微旨,一字一句,具有渊源。苟汰其芜杂,存其菁英,因所录而排比参稽之,犹可以见圣人作《易》之大纲,汉代传经之崖略。正未可以残阙少绪竟弃其稿矣。"

【易学】 ①研究《周易》的学问。自西汉初期倡扬经学之后,《周易》即被列为学官讲授的经书之一,"易学"亦成为专门学问而代相承传、发展。《汉书·艺文志》:"及秦燔书,而《易》为筮卜之事,传者不绝。汉兴,田何传之。讫于宣、元,有施、孟、梁丘、京氏列于学官,而民间有费、高二家之说。"又《儒林传》:"繇是《易》有施、孟、梁丘之学。" ②书名。南宋王湜撰。一卷。《通志堂经解》本。此书旨在发明邵雍之学。《自序》称:康节先生遗书,或得于家之草稿,或得于外之传闻,间有讹谬,于是抉择是非,以成此书。书中首论太极、两仪、四象、八卦,而皆以先天为主;次论邵雍六十四卦方圆图;次论八卦数;次论揲蓍之法;末为《皇极经世节要法》。《四库全书》钞列"子部术数类"。其书辨析邵氏之图式、理趣,至见细密。尚秉和先生《易说评议》云:"非深明数理者,不能道也。至篇末所录《皇极经世节要》,似太简略,于后学殊无裨益。又谓伏羲《易》无

语言文字,亦无卦名,则考古太疏,为宋人之通病也。"

【易话】 清焦循撰。二卷。《焦氏丛书》本。焦氏既著《易学三书》,又取《三书》外之余义,撰为《易话》二卷。柯劭忞云:"其上卷《易释举要》,诠释句法,最有益于初学。然循谓两卦旁通,每以彼卦之义系于此卦之辞,则虞仲翔旁通之法固如此,不自循发之;'性善解'无关《易》说,亦属骈枝。下卷谓《易》至春秋淆乱于术士之口,乃推而求之《易》义,惜杜易服,刘规杜,均不能言;按尚辞、尚占本有分途,循诋《左氏传》所载之谬悠,而易以比例、旁通之说,亦未见其确当。至《尔雅》'伦,敉,劳也',以伦与轮同声,谓'劳谦'之劳即'曳其轮'之轮,敉与劳声转,《井》之'劳民'即《噬嗑》之'敉法',支离附会,安能与经义相比附乎?"(《续修四库全书提要》)

【易经】 即《周易》。先秦文献中,《周易》常被简称为《易》,却未曾名为《易经》。章学诚《文史通义·经解上》据《荀子》"学始乎诵经,终乎礼"及《庄子》言孔子"治《六经》"诸语,谓荀、庄皆出子夏门人,故认为《六经》之名,始于孔门弟子。但这只是关于《六艺》的一种通称,而以"经"为单项专书之名尚未流行。至汉武帝置"《五经》博士","经"的名称才广泛通用,《易》遂冠于诸经之首。《汉书·艺文志》载成帝时,刘向奉诏领校《五经》,曾"以中《古文易经》校施、孟、梁丘经"。然汉初所言《易经》者,通常特指六十四卦经文;后来费直、郑玄以《十翼》参合卦爻辞并行之后,学者所称《易经》,则往往兼指经、传部分。

【易贯】 清俞樾撰。五卷。《春在堂全书》本。此书旨在考究《易》象,评析汉魏《易》家之说,研究六十四卦经传一贯之义。柯劭忞指出:"樾经学大师,其平生精力萃于《群经平议》一书。此书为五十以后所撰,推求《易》象,触类引申,大旨与焦氏循之学说相出入,而详密过之,尤足见

其精力之不懈。"又云："樾《自序》曰：'圣人之辞亦姑就所见者而系之。其不必皆同者，机之所触，无一定也；其不妨偶同者，使人得由此而测之也。'不愧通儒之论。然则樾之释经，虽字字欲其贯通，固非刻舟求剑，勉强附会者比矣。"(《续修四库全书提要》)

【易图】 各种解《易》图式的总称。宋以前的《易》注，未尝有图。自周敦颐传陈抟《太极图》并为之说之后，渐开《易》图之例。朱熹《周易本义》卷首载有《河图》、《洛书》等九图，谓传自陈抟、邵雍，历代多有宗之者，图说之风于是盛行不衰。清代汉学家虽力攻宋学，但据汉《易》条例衍为图说者亦层出不穷。就诸家各类《易》图言，其中或有将繁琐复杂的《易》学义例用简明扼要的图式展示出来，实有便于学者；然无关《易》旨，徒以旁学相推演者，则不宜牵援入《易》。按，清胡渭力辟《易》图，以为他书须借图为说，唯《易》则不必，指出："古者有书必有图，图以佐书之所不能尽也。凡天文、地理、鸟兽、草木、宫室、车旗、服饰、器用、世系、位著之类，非图则无以示隐赜之形，明古今之制。故《诗》、《书》、《礼》、《乐》、《春秋》，皆不可以无图。唯《易》则无所用图。六十四卦，二体六爻之画，即其图矣。白黑之点、九十之数，方圆之体、《复》《姤》之变，何为哉？其卦之次序、方位，则乾坤三索、出震齐巽二章尽之矣，图可也，安得有先天、后天之别？"又指谪《周易本义》以陈、邵之图弁诸卷首云："故吾谓先天之图，与圣人之《易》离之则双美，合之则两伤。伊川不列于经首，固所以尊圣人，亦所以全陈、邵也。"(《易图明辨题辞》)

【易衍】 明刘宗周撰。《刘蕺山先生集》本。此编衍论《易》旨，抒发作者读《易》心得。凡分四十二章，每章论一事，文字或多或寡，无一定编次，如读书随笔之例。其大旨乃以儒理通于《易》，故首章论曰："《易》其至矣乎！夫《易》，圣人所以体人道之撰而顺性命之理也。"又曰："阴阳不滞于气，方圆不囿于形，以灵万物，以参地天，其人乎？其人乎？顺人而人，故曰道；道本然，故曰性；性自然，故曰命。吾举而归之，曰《易》。"

【易音】 ①清顾炎武撰。三卷。《音学五书》本。此书通过研讨《周易》用韵之例以探求古音规律。上卷为卦辞、爻辞，中卷为《彖传》、《象传》，下卷为《系辞传》、《文言传》、《说卦传》、《杂卦传》，其文字凡遇韵脚均加标注。因《周易》用韵情况与《诗经》不同，又往往有不押韵者，故炎武所注，遇与《诗经》不同之处皆以为偶用方音，遇不用韵处则阙如。《周易》之为书，正如周秦诸子著作，常为韵散相间，本无定体。卦辞、爻辞不用韵者多，用韵者少；《易传》十篇用韵者虽多，不用韵者亦错出其间。《四库全书提要》以为，顾氏于爻辞不可韵者，如《乾》卦九二、九四，以中间隔一爻为韵，未免穿凿；于卦辞只四卦有韵，似属偶合，乃标以为例，亦未免附会。但《提要》又云："其考核精确者，则于古音亦多有神，固可存为旁证焉。" ②徐昂撰。一卷。《徐氏全书》本。徐氏既著《诗经声韵谱》，又推究《周易》音韵，分析归纳，寻讨规律，间亦比较与《诗经》用韵之异同，遂成是书。书中所及，为《庚摄等韵通协》、《冈庚二摄相协》、《冈庚二摄与干根二摄相协》、《庚摄与干根二摄相协》、《系辞韵协在句中或前一字》、《彖传韵协在前句》、《象象间隔协韵》、《象传两韵分协前后》、《象传案判协韵》、《象传案判隔韵》、《久字韵》、《用字韵》等十二事。末附《六十四卦象传协韵表》，盖于《象传》韵例探之尤详。

【易祓】 南宋潭州宁乡（今属湖南）人。字彦章，号山斋。淳熙十一年(1184)上舍释褐出身。庆元六年(1200)八月除著作郎，九月知江州。谄事苏师旦，由司业躐擢左司谏。师旦败后，被贬死。有《周礼总义》、《周易总义》、《禹贡疆理记》、《易学举隅》、《周礼释疑》、《汉南北军制》、《山斋集》等(见《经义考》及《四库全书提要》)。《易》学专著今存《周易总义》二十卷。

【易说】 ① 旧题唐吕嵒撰。无卷数。《重刊道藏辑要》本。见"吕子易说"。② 北宋张载撰。三卷。《张子全书》本。见"横渠易说"。③ 北宋司马光撰。六卷。《武英殿聚珍版书》本。见"温公易说"。④ 南宋赵善誉撰。四卷。《四库全书》本。赵氏此书,《宋史·艺文志》作二卷,自明以降,罕有传本,故朱彝尊《经义考》注云"已佚";《四库》馆臣据《永乐大典》辑出,唯缺《豫》、《随》、《无妄》、《大壮》、《晋》、《睽》、《蹇》、《解》、《中孚》九卦,又以其文颇繁,遂厘为四卷。全书依上下经六十四卦之次,每卦为论一篇,于各卦名相似者,多参互以求其义;于一卦之六爻,亦往往比类以观之。《四库提要》称:"其论皆明白正大。朱子谓其能扩先儒之所未明。冯椅《易》学亦多取之,谓其本画卦命名之意,参稽卦爻象之辞,以贯通六爻之义而为之说。盖不虚美也。"⑤ 明王育撰。一卷。《娄东杂著》本。此书专释六十四卦卦义及各卦取名之字义,不解经文,亦不涉《彖传》、《象传》。于训释卦名,颇能独发新见。尚秉和先生《易说评议》云:"大抵说卦义皆就旧说敷衍,故空泛者多,精实者少。说字义则颇有可取者",虽偶有疏略,"然能独立为说,不为故训所拘,不为义理所缚,在明代象学大亡、野文极盛之时,能刊落浮辞若此者,亦少也。"⑥ 清查慎行撰。一卷。道光间刊《昭代丛书》本。此书原为查氏《周易玩辞集解》卷首,被抽出录入《昭代丛书》。内容凡十一则,为《河图说》一、二,《卦变说》,《天根月窟考》,《八卦相错说》,《辟卦说》一、二,《中爻说》,《中爻互体说》,《广八卦说》。《四库全书提要》曾谓:"其言皆明白笃实,足破外学附会之疑。"⑦ 清惠士奇撰。六卷。《皇清经解》本。此书杂释卦爻,专宗汉学,大旨以阐说卦象、爻象为主。《四库全书提要》谓其:"有意矫正王弼以来空言说经之弊,故征引极博,而不免稍失之杂。""然士奇博极群书,学有根柢,其精研之处,实不可磨,非暖暖姝姝守一先生之言者所可仿佛。"⑧ 清郝懿行撰。十二卷。《郝氏遗书》本。此书依《周易》经传,随文注释,未有特出发明。《自序》谓:荟萃儒先,泛滥众说;昔孔氏疏《诗》,既列己意于前,复取《毛传》、《郑笺》各附篇末,今用其例,己说大字单行,其传义异同用细字夹注于下。柯邵忞指出:"自从说经家,无此体例。至谓《毛诗正义》前列己意,后附传笺,按《正义》先释经文,后标传笺释之,非前列己意也。懿行经学大师,不应卤莽如此,殆出于后人之抄撮欤?"(《续修四库提要》)⑨ 清吴汝纶撰。二卷。《桐城吴先生全书》本。吴氏说《易》,自谓宗于扬雄;又谓于古今众说无所不采,亦无所不扫。书中每求《周易》经传文字之古言古义,由训诂文字而通于象数之学。其中认为"易"字本义指"占卜",又揭出《易》爻"阳遇阴则通"之例,均有一定影响。全书颇致扬雄《太玄经》证解《易》旨,认为《太玄》拟《易》六十四卦,皆含精深之义。柯劭忞称作者"据《玄》言以通《易》诂,可谓好学深思,心知其意者矣。"(《续修四库提要》)⑩ 清周锡恩撰。二卷。《是园遗书》本。此书择取《周易》上下经卦爻辞,辨证汉魏晋唐诸家注解,并参己意为之说。其中上经二十六则,为卷一;下经二十七则,为卷二。⑪ 蔡克猷撰。一卷。《散溪遗书》本。此书记录作者读《易》随感,凡六十二则,每则简说一卦要旨,唯《乾》、《屯》两卦未之及。所说多能简明扼要。

【易酌】 清刁包撰。十四卷。《用六居士所著书》本。此书用孔颖达《周易正义》本,其解说经传,宗主程颐《周易程氏传》及朱熹《周易本义》之说;虽亦偶言象数,然皆陈抟所传之学,非两汉以来相传之法。《四库全书提要》指出:"原《序》称:陆陇其官灵寿时,欲为刊板,不果。雍正初,其孙显祖又以己意附益之。卷首《凡例》、《杂卦诸图》及卷中细字称'谨案'者,皆显祖笔。原《序》又称:此书为经学之津梁,亦举业之准的。考包在国初,与诸儒往来讲学,其著书一本于义理,惟以明道为主,绝不提程试之计。是书推阐《易》理,亦大抵明白正大,足以羽翼程、朱,于宋学中实深有所得。以为科举之书,则失包之本意多矣。"

【易原】 南宋程大昌撰。八卷。《四库全书》录《永乐大典》本。程氏以两汉以来,《易》义之纠纷至甚,因作此书以贯通之,苦思力索,四年而成。陈振孙《直斋书录解题》谓:其书"首论天地五十有五之数,参之河图、洛书、大衍之异同,以此为《易》之原也。以及卦变、揲法,皆有图论,往往断以己见,出先儒之外。"《四库全书提要》云:程氏"虽排斥先儒,务申己说,不能脱南宋之风气。然其参互折衷,皆能根据《大传》,于《易》义亦有所阐明,与所作《诗议》欲并《国风》之名而废之者,固有别矣。其书久无传本,惟程敏政《新安文献志》载有三篇,故朱彝尊《经义考》注曰'已佚'。今考《永乐大典》尚存百有余篇,皆首尾完整,可以编次。谨采掇厘订,勒为八卷,备宋人说《易》之一家焉。"

【易家】 研究《周易》学说的专家。《汉书·儒林传·京房传》:"至成帝时,刘向校书,考《易》说,以为诸《易》家说皆祖田何、杨叔元、丁将军,大谊略同。"《后汉书·儒林列传·洼丹传》:"丹学义研深,《易》家宗之,称为大儒。"

【易通】 ①南宋赵以夫撰。六卷。《四库全书》本。此书系《四库》馆臣据淡生堂钞本抄录。《四库全书提要》指出:"是书前有以夫《自序》,皆自称'臣未有不敢自秘,将以进于上,庶几仰裨圣学缉熙之万一',则经进之本也。考赵汝腾《庸斋集》有《缴赵以夫不当为史馆修撰奏》割,曰:'郑清以进史属之以夫,四海传笑,谓其进《易》尚且代笔,而可进史乎?其后闻为史馆长,人又笑曰:是昔代笔进《易》人以为也!'又何乔远《闽书》曰:'以大作《易通》,莆田黄绩相与上下其论。'据其所说,则是书实出黄绩参定。汝腾所论,不尽无因,殆以以夫不协众论,故哗然以为绩代笔欤?胡一桂云:《易通》六卷、《或问类例图象》四卷。朱彝尊《经义考》曰:《宋志》十卷,又注曰《聚乐堂书目》作六卷。盖《宋志》连《或问类例图象》言之,《聚乐堂》本则惟有《易通》。此本亦止六卷,而无《或问类例图象》,其自《聚乐堂》本传写欤?其书大旨,在以不易、变易二义明人事动静之准。故其说曰:'奇偶,七八也;交重,九六也。卦画七八,不易也;爻画九六,变易也。卦虽不易,而中有变易,是谓之亨;爻虽变易,而中有不易,是谓之贞。《洪范》占用二贞悔,贞即静也,悔即动也。故静吉动凶则勿用,动吉静凶则不处;动静皆吉则随遇而皆可,动静皆凶则无所逃于天地之间。'于圣人作《易》之旨,可谓深切著明。至其真出于谁手,则传疑可矣。" ②苏渊雷撰。民国三十三年(1944)四川黄中出版社出版。此书原名《易学会通》,民国二十四年(1935)上海世界书局出版,后经作者重订,更为此名再版。全书分上下两篇:上篇《绪论》,分说《周易》之作者、名义、《易》学流别、读《易》界说等;下篇《广论》,论"生"、"感"、"变"、"反"、"成"、"时"、"中"、"通"、"进"、"忧患"等义。大旨是广采老庄、释氏、西哲、近儒之说,合己意以旁证《易》理,而不专主旧时门派之见。故其《自序》云:"此书以《易》为论本,而不限于《易》。" ③金景芳撰。民国三十四年(1945)重庆商务印书馆出版。凡十章,一曰《周易之命名》,二曰《易学之起源与发展》,三曰《先哲作易之目的》,四曰《易之体系》,五曰《周易之特质》,六曰《论象数义理》,七曰《筮仪考》,八曰《周易与孔子》,九曰《周易与老子》,十曰《周易与唯物辩证法》,末附《再论象数义理》一篇。全书旨在通说《易》学中的诸方面问题,而侧重于发掘《周易》的哲学思想。

【易理】 《周易》的哲理。孔颖达《周易正义序》:"原夫《易》理难穷,虽复玄而又玄,至于垂范作则,便是有而教有。"

【易笺】 清陈法撰。八卷。《四库全书》本。此书解《易》,立"《易》专言人事"之说,其论亦颇有新意。《四库全书提要》指出:"其书大旨,以为《易》专言人事,故象爻之辞未尝言天、地、雷、风诸象,亦并不言阴阳。考《震》象言'震惊百里',即象震雷;诸卦象言'利涉大川',即象坎水。法所云象词不言象者,未为尽合。然其持论之大旨,则切实不支。至来知德以伏卦为错,反对之卦为综,法则谓:'《大传》所云错综者,以揲蓍而言,错综其七八九六之数,遂定诸卦之象。今以错综诸卦定象,是先错综其象也;又以错综言数,是错综其象以定数也。先儒虽言卦变,未有易其阴阳刚柔之实,颠倒其上下之位者。今以乾为坤,以水为火,以上为下,混淆汩没,而《易》象反自此亡矣。'其辨最为明晰。又论筮法云:'《传》所谓挂者,悬之四揲之外,原以象三,而非与奇数同归于扐以象闰也。其曰再扐而后挂,是三变之中有不挂者矣。夫一变之中,初扐之挂,不待言矣;惟再扐不挂,故曰再扐而后挂,故知再扐为指第二变、第三变而言也。'其说与郭、朱迥异。而前一变挂一,后二变不挂,其挂一之策不入归奇之中,则三变皆以四、八为奇偶,不用五、九借象,与经义似有发明,固亦可备一解也。"

【易雅】 南宋赵汝楳撰。一卷。《通志堂经解》本。参见"周易辑闻"。

【易释】 清黄式三撰。四卷。《广雅书局丛书》本。此书第一卷为"象爻合释",第二卷为"同辞合释",第三卷为"疑义分析",第四卷为"通释"。傅梦占《序》称:"先儒注《易》,随文曲衍,或象与爻悖,或爻与爻悖,彼此矛盾,卦义难明,此'象爻合释'之不能不作也。同一'有它',于《比》则为正交,于《中孚》则为正应;同一'中行',于《师》、《泰》则为三、五,于《复》、《益》则为三、四,前后矛盾,《易》例何存?此'同辞合释'之不能不作也。说'见群龙无首'者,忘乾为首之本义;说'龙战血玄黄'者,昧震为龙、为玄黄之由来,管窥天小,全体不明,此'疑义分析'之不能不作也。不信'八卦成列'之文,而伏羲六十四卦之图出;不信'乾坤二策当期之日'之文,而焦、京六日七分卦气之说出,术数滋疑,经传益晦,此'通释'之不能不作也。"柯劭忞指出:傅《序》"推崇是书,以为囊括古今,不无过当。然式三谓著书者,非依据古人则不能独传,必尽同古人则可以不作。故其书贯穿经义,辨析是非,一扫标榜汉、宋之陋习。惟书中间标独得之义,有失于穿凿附会者",则为"自创新奇,亟订正者矣。"(《续修四库全书提要》)

【易象】 ①指《周易》六十四卦及卦爻辞,即"经"部分。《系辞下传》:"《易》者,象也。"《左传》昭公二年载韩宣子适鲁,"观书于大史氏,见《易象》与《鲁春秋》。"②指八卦的卦象。《系辞下传》:"八卦成列,象在其中矣。"尚秉和先生《左传国语易象释》(见《周易尚氏学·附录》):"《易》之为书,以象为本。故《说卦》专言象以揭其纲,九家逸象、孟氏易象一再引其绪。"参见"象"。

【易楔】 杭辛斋撰。六卷。民国十二年(1923)研几学社铅印本。此书名《易楔》,据作者《自序》云:"楔也者,契也。上古结绳而治,后世圣人易之以书契,百官以治,万民以察,盖取诸《夬》。夬,决也。故治事察物,非契莫决。后人制器尚象,广契之用,而楔兴焉。"卷一《图书》,卷二《卦位》、《卦材》、《卦名》,卷三《卦象》,卷四《卦数》、《卦气》、《卦用》,卷五《明爻》、《爻位》、《爻象》、《爻数》、《爻变》、《爻辰》、《爻征》、《运气》,卷六《正辞》。前五卷考论图书,卦爻,广采历代象数之说,颇为详明;第六卷所释,皆《易》中单词只字,亦每

多精理。尚秉和先生称："总全书论，博洽详赡，为杭氏七种之冠无疑也。"（《易说评议》）

【**易筮**】 以《周易》占筮决疑。《晋书·淳于智传》载智"有思议，能《易》筮，善厌胜之术。"

【**易解**】 三国吴陆绩撰。明姚士粦辑。一卷。《盐邑志林》本。《四库全书》本题《陆氏易解》。陆绩《易》著久佚。明姚士粦采辑其遗说，得一百五十条，厘为是编。《四库全书提要》指出：此书"朱彝尊《经义考》以为钞撮陆氏《释文》、李氏《集解》二书为之。然此本采《京氏易传》注为多，而彝尊未之及。又称其经文异诸家者，'履帝位而不疚'，疚作'疾'；'明辨皙也'，皙作'逝'；'纳约自牖'，牖作'诱'；'三年克之，惫也'，惫作'备'，此本又皆无之。岂所见别本欤？然彝尊明言《盐邑志林》，其故则不可详矣。彝尊又言曹溶曾见有三卷者，然诸家著录并无三卷之本。殆《京氏易传》三卷，旧本题曰'陆绩注'，溶偶观之未审，因误记误说也。昔宋王应麟辑《郑氏易注》，为学者所重。士粦此本，虽不及应麟搜讨之勤博，而掇拾残剩，存什一于千百，亦可以见陆氏《易注》之大略矣。"

【**易蔡**】 见"万远堂易蔡"。

【**易确**】 清许桂林撰。二十卷。道光十四年（1834）刊本。此书卷首为《自序》，卷一至卷六为《总论》、《易图》、《易理》、《易数》、《易用》、《易表》六篇，卷七至卷十八为《易说》，卷十九为《余论》，卷二十附《北堂永慕记》。全书大旨，以为《易》道有三：曰"造化"、"学术"、"治道"，故凡图书、象数、占筮、律历、算术、声音、训诂、心身性命、人事治道，无不综贯。然书中曼衍无经之说，亦颇有错杂。吴承仕先生指出："夫《易》道广大，圆转多通，苟能持之有故，言之成理，虽通以九章算术，会以六书条例，亦自足名家。至穿凿附会，持论不根，则君子所不尚也。"又云："许氏尝治

《诗》、《礼》、《春秋》，旁说《说文》音韵；至其为《易》，杂博胜人而穿穴过当，斯为下矣。《传》曰'夫乾，确然示人易矣'，许氏以是为称，而附会出人意表，安在其为'确然'乎？"（《检斋读书提要》）

【**易纂**】 唐僧一行撰，清马国翰辑。一卷。《玉函山房辑佚书》本。一行姓张氏，初名遂。此书唐、宋史志俱不载，宋《中兴书目》有《一行易传》十二卷，原缺四卷；王应麟《困学纪闻》引作《一行易纂》。其书久佚，马国翰据吕祖谦《古易音训》载晁氏所引及苏轼《易传》引一行之说，辑为一卷。柯劭忞指出："朱震谓孟喜、京房之学，其书概见于一行所集，大约皆自《子夏传》而出。今以辑本覈之，其经文多同于孟氏、京氏，震谓一行所集可以概见孟、京之学，是固然矣，然实不出于《子夏传》也。"又云：一行所述"四营成《易》"之说，"乃经师相传之旧法，孔颖达《正义》已言之。刘禹锡《辨易九六论》，谓闻诸毕中和，中和本其师，师之学本一行；朱子亦谓毕氏揲法视疏义为详。后世诸儒乃有前一变独挂、后二变不挂之说，考之于经而不应，全失一行之旧法矣。"（《续修四库全书提要》）

【**易大义**】 清惠栋撰。一卷。《海山仙馆丛书》本。惠氏所著《周易述》目录中，有《易大义》之名而无书，后人得其手稿，遂刊为是帙。其书大旨，乃以《中庸》之说，发明《周易》之义；亦藉《易》义以发《中庸》之蕴。惠氏弟子江藩序此书云："乾隆中叶以后，惠学大行，未刻之《易例》、《明堂大道录》、《禘说》、《易汉学》，好事者皆刊行之。惟《易大义》世无传本。阳城张子絜出此见示，为艮庭师手写本。藩手录一帙，知非《易大义》，乃《中庸注》也。盖徵君先作此注，其后欲著《易大义》，以推广其说，当时著于目而实无其书。嗣君汉光先生即以此为《易大义》耳。是书虽先生少作，然七十子之微言，亦具在是矣。"柯劭忞则云："惠氏说《中庸》曰：此仲尼微

言,子思传其家学,非明《易》不能通此书。是惠氏之《中庸注》,本为发明《易》义而作,藩谓先作注,复欲著《易大义》推广其说,殆失之矣。"(《续修四库全书提要》)

【易大传】 ①指《易传》中的《系辞传》。《史记·太史公自序》引司马谈《论六家要旨》曰:"《易大传》:'天下一致而百虑,同归而殊途。'"此二句乃《系辞下传》文。故裴骃《史记集解》引张晏注"易大传"云:"谓《易·系辞》"。朱熹《易学启蒙》:"《易大传》曰:'河出图,洛出书,圣人则之。'"即承此例,以《系辞传》为《易大传》。按,《汉书·郊祀志》载刘向答汉成帝问,谓:"《易大传》曰:'诬神者殃及三世'。"此句通行本《系辞传》无之,故前人或以为秦汉时诸儒又有别撰《易大传》之书者。李心传《丙子学易编》指出:"司马谈《论六家要旨》引'天下殊途而同归,一致而百虑',谓之《易大传》。此今《系辞下传》中语也。故相承以《系辞》为《大传》。然刘向封事,引《易大传》曰:'诬神者殃及三世。'此岂《系辞传》中语乎?意者秦汉诸儒,自为《易大传》,如伏生《尚书大传》之比,其间引《系辞》之文,而谈不考详,误以为《大传》耳。亦犹'差之毫厘,缪以千里',本《易纬》之文,而汉儒所引,乃冠以'《易》曰'二字。卤莽类此,要不足据也。"此说可备参考。 ②《系辞传》、《说卦传》等《易传》七种十篇,即旧说孔子所作之《十翼》,前人或又统称为《易大传》。朱震《进周易集传表》曰:"故前代号《系辞》、《说卦》为《周易大传》。"

【易广记】 清焦循撰。三卷。《焦氏丛书》本。焦氏《自序》称:自汉魏以来至今二千余年,凡说《易》之书必首尾阅之,其说有独到者,则笔之于策,撰为是书;命曰《广记》者,乃取其可以"广见闻,益神志"之意。柯劭忞指出:"按卷一杨诚斋《易传》,宋臣僚请抄录此书状云:'自淳熙戊申八月下笔,至嘉泰甲子四月脱稿,阅十七年而后书成',循自谓学《易》前后三十年,仅有四五年无一日不穷思苦虑,乃日有进境,杨氏之十七年未必能专一于此。周渔《加年堂讲易自序》,循称其学《易》艰苦,真不我欺,然或数月、或数年而通一卦,则与循异;循之稿成一次,以一、二处之疑则通身更改,其成之艰,较周氏尤甚。皆自述其学《易》之勤苦,无与于见闻、神智也。其称倪元璐《易嚮》上下篇'奇博精奥,可与顾亭林《日知录》论卜筮参看'。按元璐之《兒易内仪以》六卷、《外仪》十五卷,前《提要》谓'依经立训,不必以章句训诂核其离合';今观其《易嚮》上下篇,循以'奇博精奥'推之,信为知言,其识在馆臣之上矣。"(《续修四库全书提要》)

【易小传】 南宋沈该撰。六卷。《通志堂经解本》。此书不主程颐"义理"之说,亦不取邵雍"图书"之说,唯发爻象、变动之义,颇采《左传》筮例以为论证。《四库全书提要》指出:沈该"绍兴中官至左仆射、兼修国史,故宋人称是书为《沈丞相易传》。尝剖进于朝,高宗降敕褒谕,尤称其每卦后之论。其书以正体发明爻象之旨,以变体拟议变动之意,以求合于观象玩辞、观变玩占之义。其占则全用《春秋左传》所载筮例,如蔡墨所谓《乾》之《姤》曰'潜龙勿用'、其《同人》曰'见龙在田'者。林至作《易裨传》,颇以该说为拘挛。盖南渡以后,言《易》者不主程氏之理,即主邵氏之数,而该独考究遗经,谈三代以来之占法,违时异尚,其见排于至固宜。然《左氏》去古未远,所记卜筮,多在孔子之前,孔子赞《易》,未闻一斥其谬,毋乃太卜所掌周公以来之旧法,或在此不在彼乎?陈振孙《书录解题》称该又有《系辞补注》十余则,附于卷末。今本无之,盖已久佚矣。"按今存明祁氏淡生堂抄本《易小传》(有清沈复粲、张钧衡所作《跋》两篇),其末附《系辞补注》一卷,似属完帙,宜备参览。

【易小帖】 清毛奇龄撰。五卷。《西河合集》本。此书系毛氏平时说《易》之语,由其门人记录编次成书，共一百四十三条。《四库全书提要》指出：“奇龄所著经解，惟《仲氏易》及《春秋传》二种是其自编，余皆出其门人之手，故中间有附入门人语者。此《小帖》凡一百四十三条，皆讲《易》之杂说，与《仲氏易》相为引伸。朱彝尊《经义考》云：皆西河氏纪说《易》之可议者。今观其书，徵引前人之训诂以纠近代说《易》之失，于王弼、陈抟二派攻击尤力。其间虽不免有强词漫衍，以博济辨之处，而自明以来申明汉儒之学，使儒者不敢以空言说经，实奇龄开其先路。其论《子夏易传》及《连山》、《归藏》，尤为详核。第五卷所记皆商榷《仲氏易》之语，初稿原附载《仲氏易》末，后乃移入此编。旧目本十卷，今本五卷，盖其门人编录有所刊削。考盛唐所为《西河传》，又称《易小帖》八卷，盖十卷削为八卷，又削为五卷也。儒者尊奉一先生，每一字一句奉为蓍蔡，多以未定之说编入《语录》。故《二程遗书》，朱子有疑；《朱子语类》，又每与《四书章句集注》、《或问》相左，皆失于简汰之故。若盛唐者，可谓能爱其师矣。”

【易飞候】 西汉京房撰，清王谟辑。一卷。《汉魏遗书钞》本。京氏《易》学，长于占验灾异。此书之名，尚秉和先生云：“候者，候灾祥；飞候者，盖见何祥，即候何事，随兆而占，应机而断，事无一定，故曰'飞候'。大致与《五行志》所载《京房易传》同。故其事多有同者。”（《易说评议》）据《隋书·经籍志》载：“《周易飞候》九卷，京房撰；梁有《周易飞候六日七分》八卷亡，《周易飞候》六卷，京房撰”，此皆京氏飞候学之所流传者。唐以后，其书亡佚。元陶宗仪有辑本一卷，载《说郛》中；清李元春亦辑一卷，载《青照堂丛书》中。王谟所辑凡六十七条，较陶、季二辑为最详。

【易内传】 指关于《周易》的谶纬之书。汉代学者称谶纬书为"内学"，故凡各种《易纬》均谓《易内传》。《后汉书·方术列传序》："汉自武帝颇好方术，天下怀协道艺之士，莫不负策抵掌，顺风而届焉。后王莽矫用符命，及光武尤信谶言，士之赴趋时宜者，皆骋驰穿凿，争谈之也。故王梁、孙咸名应图录，越登槐鼎之任，郑兴、贾逵以附同称显，桓谭、尹敏以乖忤沦败。自是习为内学，尚奇文，贵异数，不乏于时矣。"李贤注："内学，谓图谶之书也。其事秘密，故称内。"又《郎顗传》载顗上汉顺帝章云："《易内传》曰：'久阴不雨，乱气也，《蒙》之《比》也。蒙者，君臣上下相冒乱也。'李贤注："《易稽览图》曰：'日食之比，阴覆阳也。《蒙》之《比》也，阴冒阳也。'郑玄注云：'蒙，气也。比非一也。邪臣谋覆冒其君，先雾从夜昏起，或从夜半或平旦。君不觉悟，日中不解，遂成蒙；君复不觉悟，下为雾也。'"王先谦《后汉书集解》引惠栋曰："汉时以谶纬之书为内学，故称《内传》。"

【易汉学】 清惠栋撰。八卷。《经训堂丛书》本。此书大旨，乃追考汉《易》学说，掇拾其余绪，陈述其要例。全书所考，凡孟喜《易》二卷、虞翻《易》一卷、京房《易》二卷（千宝《易》附见）、郑玄《易》一卷、荀爽《易》一卷，末一卷为惠氏发明汉《易》之理，以辨正河图洛书、先天太极之学。《四库全书提要》指出："其以虞翻次孟喜者，以《翻别传》自称五世传孟氏《易》；以郑玄次京房者，以《后汉书》称玄通京氏《易》也；荀爽别为一卷，则费氏《易》之流派矣。考汉《易》自田王孙后，始歧为施、孟、梁邱三派。然《汉书·儒林传》称：孟喜得《易》家候阴阳灾变书，诈言田生且死时，枕喜膝独传；而梁邱贺疏通证明，谓田生绝于施雠手中，时喜归东海，安得此事？又称：焦延寿尝从孟喜问《易》，京房以为延寿即孟氏学，而翟牧、白生不肯，皆曰非也；刘向亦称诸《易》家说皆祖田何、杨叔、丁将军，大义略同，惟京氏为异党。则汉学之有孟、京，亦犹宋学之有陈、邵，均所谓《易》外别传也。费氏学自陈元、郑众、马融、郑玄以下，递传以至王弼，是为今本。

然《汉书》称：直长于卦筮，无章句，徒以《象》、《彖》、《系辞》十篇文言解说上下经。又《隋志》'五行家'有直《易林》二卷、《易内神筮》二卷、《周易筮占林》五卷，则直《易》亦兼言卜筮，特其爻象承应、阴阳变化之说，与孟、京两家体例较异。合是三派，汉学之古法亦约略尽此矣。夫《易》本为卜筮作，而汉儒多参以占候，未必尽合周、孔之法。然其时去古未远，要必有所受之。栋采辑遗闻，钩稽考证，使学者得略见汉儒之门径，于《易》亦不为无功矣。孟、京两家之学，当归术数。然费氏为象数之正传，郑氏之学亦兼用京、费之说，有未可尽目为谶纬者。故仍列之经部焉。"

【易传灯】 旧题南宋徐总幹撰。四卷。《四库全书》录《永乐大典》本。此本仅题作者姓氏及官衔，未著其名。其书论《易》，良莠并存。《四库全书提要》指出："《易传灯》一书，诸家书目俱不著录。朱彝尊《经义考》亦不载其名。惟《永乐大典》散见于各卦之中，题其官曰徐总幹，而不著名字；又载其子子东《序》，谓其父尝师事吕祖谦、唐仲友。考《宋史》，徐侨尝受业于祖谦，著《读易记》、《尚书括旨》等书；祖谦门人又有徐侃、徐倬，《序》无明文，不能定其为谁也。'传灯'本释氏之语，乃取之以名经解，殊为乖剌。又谓《系辞下传》'《易》之为书'三章，皆汉儒《易》纬》之文，讹为夫子之作，以诳后世，亦沿欧阳修之误。又谓'圣人观河图有数有象，以从横十五之妙配乾坤九六之数，白紫者吉，黄黑者凶'，是直以《易》数为五行家言，尤未免于驳杂。然其八卦总论十六篇，参互以求，颇能得《易》之类例。"又谓《易》之取象，该三代制度。如《比》九五言'王用三驱'，见王田不合围，三面而驱之礼；《巽》九二言'史巫纷若'，见古有太史、男巫、女巫之制。论《易》、《礼》之相通，亦有证据。盖一知半解，可取者颇不乏。虽有丝麻，无弃菅蒯，固说《易》者之所旁采尔。"

【易图说】 南宋吴仁傑撰。三卷。《通志堂经解》本。此书解说《易》图，时出新意。《四库全书提要》指出："《宋史·艺文志》载仁傑《古周易》十二卷、《易图说》三卷、《集古易》一卷。今《古周易》世罕传本，仅《永乐大典》尚有全文。此书其《图说》也。其说谓六十四正卦，伏羲所作也，故首列'八纯卦各变八卦图'。又谓卦外六爻及六十四覆卦，文王所作也，故有'一卦变六十四卦图'、有'六爻皆变则占对卦皆不变则占覆卦图'。又谓《序卦》为伏羲，《杂卦》为文王，今之爻辞当为《系辞传》，《系辞传》当为《说卦传》。于诸家《古易》之中，其说特为新异，迥与先儒不合。然证以《史记》引'同归殊途'二语为《大传》，不名《系辞传》；《隋志》谓'《说卦》三篇，今止一篇，为后人乱其篇题'，所言亦时有依据。录而存之，用备一说云尔。"

【易图略】 清焦循撰。八卷。《焦氏丛书》本。为《雕菰楼易学三书》之一。焦氏既撰《易通释》二十卷，复提其要为《图略》。全书凡《图》五篇：《旁通图》、《当位失道图》、《时行图》、《八卦相错图》、《比例图》；《原》八篇：《原卦》、《原名》、《原序》、《原象彖》、《原辞》上下、《原翼》、《原筮》；《论》十篇：《论连山归藏》、《论卦变》上下、《论半象》、《论两象》、《论纳甲》、《论纳音》、《论卦气六日七分》上下、《论爻辰》。黄寿祺先生《易学群书平议》云："归纳其书，不外两端：前者所以表明其自所建树，后者所以破汉儒诸说之谬。当清代乾、嘉之隆，举世崇尚汉学，好古不好是之风正盛之时，而循能独立为说，力辟荀、虞及康成诸家之谬，固可谓豪杰之士。惟其自所建立诸例，以测天之法测《易》，以数之比例求《易》之比例，虽曰自成一家之说，竟皆牵合胶固，无当经旨，较之郑氏爻辰有过之而无不及。又以荀、虞卦变为不当，乃循所著《易通释》少则一卦五六变，多则十余变，视荀、虞为尤甚。所谓明于烛人闇于自照者，非耶！"

353

【易独断】 魏元旷撰。一卷。《魏氏全书》本。此书取名，盖本于东汉蔡邕《独断》之作。综其全书，所断定者约有十事：一曰，《易》为周代之书，《连山》、《归藏》不名《易》；二曰，文王非为卜筮而作《易》；三曰，重卦必系文王；四曰，八卦即古之文字；五曰，阴阳爻少，乾一兑二之说不足信；六曰，"太极生两仪，两仪生四象，四象生八卦"，乃大衍之法，非画卦之序；七曰，《十翼》或不皆成于孔子，门弟子本孔子之言成之，如《论语》之作，《文言》、《系辞》皆是；八曰，邵子所传《后天图》，非文王作，乃黄帝、神农所作；九曰，邵子所传《伏羲四图》，自《先天方位图》外，其他三图皆伪；十曰，《易》之诸图不必毁。黄寿祺先生《易学群书平议》指出，诸说大多持之有据，然个别说法亦未免有臆测之嫌："其既斥邵子诸图为伪，则不宜独信先天方位。盖伪则俱伪，何一是一不是？他如指五行数、九宫数为《河图》、《洛书》，仍袭宋人之误说，而未加考辨。指《后天图》为黄帝或神农所作，亦臆测无据。斯则未能悉当于人心者也。"

【易祖师】 西汉初《易》家丁宽，为当时《易》学界极有影响的重要人物，故后儒尊称为《易》祖师。《汉书·外戚传》："定陶丁姬，哀帝母也，《易》祖师丁将军之玄孙。"颜师古注："祖，始也。《儒林传》丁宽，《易》之始师。"

【易音注】 旧题薛虞撰，清黄奭辑。一卷。《汉学堂丛书》本。薛氏之字及爵里均无考，亦不知为何代人。晋张璠谓《子夏易传》："或轩臂子弓所作，薛虞记。"马国翰据此疑为汉魏间人。其书《汉书·艺文志》、《隋书·经籍志》均不著录，陆德明《经典释文》引其说亦不详其著书卷数。《周易正义》引《子夏传》下又言"薛虞记，如今注疏之例"，似其记原附《子夏传》内；而《释文》则分别引之，又似《子夏传》、《薛虞记》判为两书。其书久佚，马国翰曾就《释文》、《正义》所引，得十一节，辑为一

卷，题《周易薛氏记》，载入《玉函山房辑佚书》。黄奭又就熊过《周易象旨决录》等书增辑，凡得十三节，较马氏多两节，稍为加密。黄寿祺先生指出，薛注或有望文生义之误，又云："至《易音注》之名，盖本之《释文》。惟胡一桂《启蒙翼传》误引此书作虔薛《周易音注》，朱彝尊《经义考》又误据胡氏而别列虞薛一家，可谓以讹承讹矣。"（《易学群书平议》）

【易说醒】 明洪守美撰。四卷。《洪氏晦木斋丛书》本。卷首《凡例》五条，略谓《易》之为书，辞文旨远，是编演说，悉遵程颐、朱熹之义，次取时彦讲说，附以己意，宁简勿繁，宁浅勿深，俾阅者展卷豁然，因颜曰《易说醒》。全书引诸儒之说近百家，唯晚明《易》义为多。吴承仕先生指出："今观是编，上不攀京、孟、荀、虞之余绪，下不及河洛图书之新说，即训诂名物，亦所不谈，唯敷释程、朱，一以心身性命、修齐治平之道为主，意者当明义理，亦足自名其家。然好谈文章理法，拘拘于起讫照应之间，遣词造句，尤与八比制义相近。执业素同，气臭相及，故所援引，程敬承（汝继）、张彦陵（振渊）之伦。如《凡例》所云，'演说之外，兼采众说，仿先儒《四书涤理》、《易经九鼎》诸书体例'。《涤理》、《九鼎》，疑是举业讲章之流，以此为则，斯足以窥其著述宗旨矣。"（《检斋读书提要》）

【易通变】 南宋张行成撰。四十卷。《四库全书》录《永乐大典》本。此书系张氏《易》说七种之一。其说取陈抟至邵雍所传先天卦数等十四图，敷演解释以通其变，故谓之"通变"。《四库全书》列于"子部术数类"，《提要》详论曰："以数言《易》，本自汉儒。然孟喜之《易》，言六日七分而已；至京房之《易》，言飞伏、纳甲而已；费直之《易》，言乘承比应而已。至魏伯阳所作《参同契》，借《易》以明丹诀，始言甲壬、乙癸之方位；而《易纬·是类谋》亦谓冬至日在坎，春分日在震，夏至日在离，秋分日在兑；《易通卦验》又谓乾西北主立冬，坎

北方主冬至,艮东北主立春,震东方主春分,巽东南主立夏,离南方主夏至,坤西南主立秋,兑西方主秋分。盖《易》之支流,有此衍说。至宋而陈抟作图,由穆修而递授于邵子,始借儒者之力,大行于世。故南宋之后,以数言《易》者皆以陈、邵为宗;又以陈本道家,遂讳言陈而惟称邵。行成于蜀中作守,籍吏人之家,得邵子所传十四图,因著此书。其《自序》谓:康节之学主于交泰、既济二图,而二图尤以卦气为根柢;参伍错综以求之,而运世之否泰,人物之盛衰,皆莫能外。其自许甚高。其中如人之五脏,亦以《易》数推之,谓当重几斤几两,殊为穿凿。李心传讥其牵合,祝泌谓其发明处甚多而支蔓处亦甚多。然其说亦自成理,自袁枢、薛季宣以下虽往往攻之,迄不能禁其不传也。此本流传甚少,外间仅有宋刻本及明费宏家钞本。今以《永乐大典》所载参互勘校,录而存之,以备数术之一家。是书之名,《永乐大典》作《易通变》,费宏本作《皇极经世通变》,宋本但题曰《通变》而无'易'字,亦无'皇极经世'字。盖原刻其全书七种,此乃其一,故有细目而无大名,不能据以断两本之是非。以《永乐大典》所题在费氏本前,当为旧本,今姑据以著录焉。"

【易通例】 陈启彤撰。一卷。民国十二年(1923)刊本。此书凡六篇,曰《说道》、《说象数》、《说引申》、《说卦》、《说彖象》、《说爻》,末附《彖言作于周公说》一文。全书万余言,大旨依据《系辞上传》"引而申之,触类而长之,天下之能事毕矣"之语,以"引申"规律贯穿《易》中辞象、义理。认为"引申"之法有二:一为"归纳",一为"演绎";"引申"之例有三:曰"正引"(亦曰"直引"),曰"转引"(亦曰"旁引"),曰"反引"(亦曰"对引")。此外又立"质"、"德"、"用"三特例。所发议论,盖皆取近现代哲学、逻辑学以解《易》,不苟同于传统旧说,颇成一家之言。黄寿祺先生《易学群书平议》指出:"陈氏之说,纯以论

理学家之术推演《易》义,与旧来'两派六宗'之《易》皆异致。惟其推寻《易》例,能自成条贯,又明于训诂,故立言简奥,颇足以自名其学。"

【易通释】 ①清焦循撰。二十卷。《焦氏丛书》本。为《雕菰楼易学三书》之一。焦循治《易》,曾疑《易》辞、《易》象何以或见于此卦,又见于彼卦者,遍阅说《易》之书而无从得解。及研习天文算学,以数之比例求《易》之比例,所疑尽释,乃撰是书。书中举经传之文互相引证会通,字字求其贯彻。认为伏羲之卦,文王、周公之辞,孔子之《十翼》,皆参互错综,无不"旁通时行相错"。论说颇有新异支离而无当于《易》学者。尤其多因假借字引申《易》中辞义,如谓"邅"与"豚"、"疾"与"蒺"通假同意之类,学者多有非议。柯劭忞指出:"通假之字,有可以就本字引申者,有音同义异不能引申者。此由经师口授,音异而义遂异。非羲、文之《易》,即有通假字也。若借口于音声文字之本,遂谓'邅'与'豚'同意,'疾'与'蒺'同意,则龃龉矣。"(《续修四库全书提要》)。 ②陈启彤撰。二卷。民国十二年(1923)刊本。此书取名《易通释》者,因其设立纲目自成条贯,与焦循学说相似,焦又为陈氏乡先辈,故袭用焦氏《易》著之名。全书大要,与作者所撰《易通例》略同,亦取近现代哲学、逻辑学以解《易》,而更发挥演绎之。书中诠释义理,辞尚简要;而推阐卦象,则多空泛。黄寿祺先生《易学群书平议》云:"陈氏此书循理而读书,定界说而求道,颇有合于近治科学之程式;若律以汉、宋儒先之家法,则皆无与焉尔。"

【易章句】 清焦循撰。十二卷。《焦氏丛书》本。为《雕菰楼易学三书》之一。焦循治《易》有三术:曰旁通,曰时行,曰八卦相错,自称"初不知其何为旁通,实测经文、传文,而后知升降之说生于旁通;初不知其何为时行,实测经文、传文,而后知变化之道出于时行;初不知其何为相错,实

测经文、传文,而后知比例之义出于相错"(约《易图略自序》语)。此书即就"旁通"、"时行"、"相错"之说,以疏解《周易》经传之文。柯劭忞指出:"阮文达公谓其书'处处从实测而得,圣人复起不易斯言',高邮王文简公则谓'一一推求,至精至当,足使株守汉学者爽然自失',均未免推崇过甚。按伏羲十数曰'乾坤震巽坎离艮兑消息',荀、虞、马、郑之学未有不出于消息者。循独别开门径,不从消息入手,谓之为一家之学则可,如谓非此说不能通羲、文、周、孔之微言大义,则不敢信也。"(《续修四库全书提要》)

【易续考】 清李荣陛撰。二卷。《李厚冈集》本。李氏著《易考》未成而卒,其子光宬、光宸为之编定,凡已脱稿者定为《易考》,未脱稿者名为《易续考》,即此书。全书分两卷,所考者八事,卷上为《重卦》、《生蓍》、《立卦》、《说卦》,卷下为《羲图总考》、《河洛考》、《定位图考》、《出震图考》,末附河图左旋右旋等九图。黄寿祺先生指出:"是书本系未定之稿,故往往胪列旧说,论而未断。然其徵引有据,提撮得要,不为门户之见,不为苛刻之谈,学不分汉宋,人不论今古,惟其是者而从之,可谓信心自立之伦。至如论《说卦》,谓:'羲皇仅发其凡,以一反三,存乎其人。'又谓:'如伏羲《说卦》仅局此百十余物,是八卦不能尽之物尚无算矣!谓文王系辞仍局定《说卦》诸物,是书不尽言之意尚未通矣,恶足以窥两圣日新富有之宏旨哉!'若此之论,盖已深知卦象之重,及《说卦》之不足以尽《易》象矣。惜其书未成而卒,致未能于《易》象有所发明也。"(《易学群书平议》)

【易博士】 职掌教授《周易》学说的官名。西汉自武帝立《五经》博士,每经均设博士一名。汉初第一位《易经》博士为今文《易》师杨何。而后有施雠、孟喜、梁丘贺、京房等诸家相继立于学官。《汉书·武帝》纪:"建元五年(前136),置五经博士。"《成帝纪》:"儒林之官,四海渊原,宜皆明于古今,温故知新,通达国体,故谓之博士。"陆德明《经典释文序录》约《汉书·儒林传赞》之文曰:"汉初立《易》杨氏博士,宣帝复立施、孟、梁丘《易》,元帝又立京氏《易》。"

【易释文】 唐陆德明撰。一卷。《津逮秘书》本。此书为陆氏《经典释文》中的一卷,亦称《周易释文》、《周易音义》。陆氏《释文》凡三十卷,摘取群经旧籍之字为注音、释义,首为《序录》一卷,次《周易》一卷,《古文尚书》二卷,《毛诗》三卷,《周礼》二卷,《仪礼》一卷,《礼记》四卷,《春秋左氏》六卷,《公羊》一卷,《穀梁》一卷,《孝经》一卷。其书原为完帙流行,自宋代监本《注疏》以来,亦被离析分刊于群书之末。明毛晋取其《周易》之卷刻入《津逮秘书》中。此卷专释《周易》经传及王弼、韩康伯注文之音义,篇章次序依王、韩注本,末附王弼《周易略例》音义。《四库全书提要》指出:"原本音经者用墨书,音注者用朱书,以示分别。今本则经注通为一例,盖刊版不能备朱墨,又文句繁夥,不能如《本草》之作阴阳字,自宋以来已混而并之矣。"又云:此书广采汉魏六朝众家音切,"又兼载诸儒之训诂证各本之异同。后来得以考见古义者,《注疏》以外,惟赖此书之存,真所谓残膏賸馥,沾溉无穷者也。"按,敦煌石室所出《唐写本周易释文》一卷,与今存各本《释文》之文字异同详略差多,颇足以考证今本之是非谬误(参见"唐写本周易释文残卷")。又,何焯《经典释文汇校》,亦为读《释文》者可资参考之书。

【易象正】 明黄道周撰。十六卷。《石斋先生经传九种》本。此书前二卷为目次、凡例及《大象十二图》,末二卷为《易》图三十五幅,中十二卷则专明《周易》之卦"之义。《四库全书提要》指出:"此书孟应春谓:崇祯庚辰,道周在西库始创为之,成二十四图;逮过北寺,毒痛之下,指节初续,又为《六十四卦象正》。刘履丁则云:三十年前,道周即有《易本象》八卷,《畴象》八卷,盖是书之稿本也。道周初作《三易洞玑》,以卦图推休咎,而未及于诸爻之变象。是编则于每卦六爻皆即之卦以观其变。盖即左氏《内外传》所列古占法也。其《自序》曰:'凡《易》自春秋《左》、《国》暨两汉各名儒皆就动爻以论之,虞、王而下始就本卦正应以观攻取,只论阴阳刚柔,不分七八九六。虽《易》有刚柔杂居之文,而卦无不动玩占之理。《象正》专就动爻以明之。'此其述作之大旨。前列目次二卷,则以汉人分爻值日之法,案文王之卦序,以推历代之治乱。后二卷则以河图洛书之数自相乘除,为三十五图。其'诗斗差图'、'诗斗差退限图'、'诗元命图'、'春秋元命图',则本以汉人《纬书》四始五际之说而衍衍之,以为推测之术,与所著《三易洞玑》相为表里。虽其《大传》所释十一爻俱为明'之卦'而作,未免附会,故朱朝瑛曰:'《易象正》,道周之自为《易》也,孔子之所不尽言、言之不尽意者也';然引申触类,要亦《易》之一隅。宋儒沈该之《易传》、都絜之《易变体义》,皆发明'之卦',与是书体例相似。而是书则每爻之下先列本卦之彖辞,次列本卦之象辞,然后列本爻之象辞,与沈氏、都氏之书文各不同。存之以为二家之外传,亦无不可也。"

【易象钞】 明胡居仁撰。四卷。《四库全书》本。此书所述,乃胡氏平日读《易》札记汇编,大致以宋代《易》学为宗。其《自序》称:"读《易》二十年,有所得辄钞积之,手订成帙,取先儒图书论说合于心得者录之;三卷以下,则皆与人论《易》往复剖记及自记所学,又为纂括歌辞以举其要。"《四库全书提要》指出:"居仁之学虽出于吴与弼,而笃实则远逾其师。故在明代,与曹端、薛瑄俱号醇儒。所著《居业录》,至今称道学正宗。其说《易》亦简明确切,不涉支离玄妙之谈。考万历乙酉御史李颐请以居仁从祀孔子庙庭疏,称'所著有《易传》、《春秋传》,今颇散佚失次'。

朱彝尊《经义考》载有居仁《易通解》,注曰'未见',而不载此书,岂此书一名《易通解》欤?然李颐时已称'散佚失次',何以此本独完?疑后人哀其绪言,重为编次,非居仁手著也。"

【易辞危】 指《周易》的卦爻辞多含危惧警戒之义。旧说以为,卦爻辞乃周文王被囚羑里而处患难之时所作,故多以"危辞"垂诫于后人。语本《系辞下传》:"《易》之兴也,其当殷之末世,周之盛德邪? 当文王与纣之事邪? 是故其辞危。"李鼎祚《周易集解》引虞翻曰:"文王三分天下有其二,以服事殷,周德其可谓至德也。"韩康伯《系辞注》:"文王以盛德蒙难,而能亨其道,故称文王之德以明《易》之道也。"孔颖达《周易正义》:"以当纣世,忧畏灭亡,故作《易》辞多述忧危之事,亦以垂法于后,使保身危惧,避其患难也。"按,《周易正义》又引周氏曰:"谓当纣时,不敢指斥纣恶,故其辞危微而不正也。"此可备一说。

【易裨传】 南宋林至撰。二卷。《通志堂经解》本。此书杂论《易》学之象、数、变占等事,其说间有可取之处。《四库全书提要》指出:"是书《宋史·艺文志》作一卷,《文献通考》于二卷之外又有《外编》一卷。此本为元至正间陈泰所刊,总为二卷。盖泰所并也。凡三篇,一曰《法象》,一曰《极数》,一曰《观变》。《自序》称:《法象》本之太极,《极数》本之天地数,《观变》本之卦揲十有八变,皆据《易大传》之文。凡论太极者,惑于四象之说,而失参两之宗;论揲蓍者,惑于挂扐之间,而失阴阳之变:各厘而正之。其《外篇》则论反对、相生、世应、互体、纳甲、卦变、动爻、卦气八事,《自序》称'谓其非《易》之道则不可,谓《易》尽在于是则非'。今观其书,虽未免有主持稍过之处,而所论多中说《易》之弊。其谓'《易》道变化不穷,得其一端,皆足以为说',尤至论也。"

【易璇玑】 南宋吴沆撰。三卷。《通志

堂经解》本。此书凡论《易》之文二十七篇，每九篇为一卷。《自序》称：上卷明天理之自然，中卷讲人事之修，下卷备注疏之失。其大旨主于观象，因象而求卦、求象、求爻。名为"璇玑"者，乃取王弼《周易略例·明象》"处璇玑以观大运"语。《四库全书提要》云："胡一桂称沉尚有《易礼图说》，有《或问》六条、《图说》十二轴。今未见其书，殆亦散佚。惟其《环溪诗话》为人所记者，尚载《永乐大典》中，今别著录于集部云。"

【易翼宗】　清晏斯盛撰。六卷。参见"楚蒙山房易经解"。

【易翼说】　清晏斯盛撰。八卷。参见"楚蒙山房易经解"。

【易纂言】　元吴澄撰。十二卷。《通志堂经解》本。此书采用南宋吕祖谦所定《古周易》本经传次序，每卦先列卦变主爻，每爻先列变爻，次列象占；《十翼》亦各分章数。训解阐说之文，各附经传句下。又有音释考证，经则附每卦之末，传则附每章之末。全书纂释《易》旨，颇取汉魏《易》家象数之学，于宋元《易》著中为独具特色。《四库全书提要》指出："澄于诸经，好臆为点窜。惟此书所改则有根据者为多"，"皆援引古义，具有源流，不比师心变乱。其余亦多依傍胡瑗、程子、朱子诸说；澄所自为改正者，不过数条而已。惟以《系辞传》中说上下经十六卦十八爻之文定为错简，移置于《文言传》中，则悍然臆断，不可以为训矣。然其解释经义，词简理明，融贯旧闻，亦颇赅洽，在元人说《易》诸家，固终为巨擘焉。"

【易大义补】　清桂文灿撰。一卷。《南海桂氏经学》本。桂氏以惠栋《易大义》中，只有《中庸》之说，其《礼运》一卷则有目无书，知其已佚；乃遍考惠栋所著诸书，参以己意，揭明《礼运》与《易》之关系，撰为《易大义补》一卷。柯劭忞指出："按郑《目录》云：'《礼运》者，以其记五帝、三王相变易，阴阳转旋之道'，实与《说卦传》'立天之道曰阴与阳，立地之道曰柔与刚，立人之道曰仁与义'相表里。至所云五行、四时、十二月还相为本，即《易》孟氏卦气，京氏五行所从出；五声、六律、十二管还相为宫，即《易》郑氏爻辰以十二月辰配十二律所从出。文灿参稽互证，不但博洽《礼》文，亦藉以精研《易》象，补惠氏之阙遗，庶无愧色矣。"(《续修四库全书提要》)

【易义别录】　清张惠言撰。十四卷。《张皋文笺易诠全集》本。此书采辑汉魏六朝《易》说凡十四家，其中"孟氏《易》"四家，为孟喜、姚信、翟玄、蜀才；"京氏《易》"三家，为京房、陆绩、干宝；"费氏《易》"七家，为马融、宋衷、刘表、王肃、董遇、王廙、刘瓛，皆就《释文》、《集解》及他书所引者各为别录。各家之渊源流变，亦颇为辨析考正。柯劭忞指出：全书所辑，"虽单词碎义，条理不完，而苦心考证，往往通其家法"，"研究精细，非潜心古义者不能如此也。惟《汉书》称孟喜好自称誉，得《易》家候阴阳灾异书，自言师田生且死时枕喜膝独传喜，梁邱贺以为妄言；惠言乃据虞氏所说阴阳消息之序，神明参两之数、九六变化之用，以为田生所传于喜者果为秘奥。斤斤然为辨护之辞，以与梁邱贺相驳难，亦可谓不急之争矣。"(《续修四库全书提要》)

【易之失贼】　《礼记·经解》语。谓治《易》者若不节制于《易》教，将有伤理害物之虞。郑玄《礼记注》："失，谓不能节其教者也。""《易》精微，爱恶相攻，远近相取，则不能容人，近于伤害。"孔颖达《礼记正义》："《易》主洁静严正，远近相取，爱恶相攻，若不节制，则失在于贼害。"又析郑《注》之语曰："'《易》精微'者，《易》理微密，相责褊切，不能含容；云'爱恶相攻'者，谓《易》卦六爻，或阴爻乘阳，或阳爻据阴，近而不得，是爱恶相攻也；云'远近相取'者，谓彼此有应是远近相取也，或远而无应、近而不相得是远近不相取也；云'则不能容人，近于伤害'者，若意合则虽远必相爱,若意离则虽近必相恶,是不能容人不与己同,浪被伤害,是失于贼害也。"

【易之失鬼】 《淮南子·泰族训》语。谓《周易》言事物变化之理,治《易》者若偏离《易》教之本而侈谈变化将必有失。高诱《淮南子注》云:"《易》以气定吉凶,故鬼。"按,此语与《礼记·经解》"《易》之失贼",辞气相类。

【易之忧患】 指《周易》哲学含有忧思患难之义。语本《系辞下传》:"作《易》者,其有忧患乎?"欧阳修《送杨寘序》(见《欧阳文忠公全集》):"《易》之忧患,《诗》之怨刺。"

【易长于变】 西汉司马迁语。谓《周易》的内容特点,是擅长于展示事物发展变化的道理。《史记·太史公自序》:"《易》著天地阴阳四时五行,故长于变。"

【易长于数】 西汉董仲舒语。谓《周易》揭示天地万物之发展变化规律,故其特色在于推衍事物发展的"数"理。董氏《春秋繁露》云:"《易》本天地,故长于数。"

【易以神化】 谓《周易》的神理奇奥而变化叠出。《系辞下传》:"神而化之,使民宜之。"又曰:"穷神知化,德之盛也。"《史记·滑稽列传序》:"孔子曰:'六艺于治一也。《礼》以节人,《乐》以发和,《书》以道事,《诗》以达意,《易》以神化,《春秋》以义。'太史公曰:天道恢恢,岂不大哉!谈言微中,亦可以解纷。"

【易以道化】 西汉司马迁语。谓《周易》的内容特色,在于揭示事物的变化之理。《史记·太史公自序》:"是故《礼》以节人,《乐》以发和,《书》以道事,《诗》以达意,《易》以道化,《春秋》以道义。拨乱世,反之正,莫近于《春秋》。"

【易本田何】 田何,西汉初著名《易》家。班固以为,汉代《易》学,开创于田何。《汉书·儒林传》:"及秦禁学,《易》为筮卜之书,独不禁,故传受者不绝也。汉兴,田何以齐田徙杜陵,号杜田生,授东武王同子中、雒阳周王孙、丁宽、齐服生,皆著《易传》数篇。同授淄川杨何,字叔元,元光中征为太中大夫。齐即墨成,至城阳相。广川孟但,为太子门大夫。鲁周霸、莒衡胡、临淄主父偃,皆以《易》至大官。要言《易》者,本之田何。"陆德明《经典释文序录》承此说,指出:"汉初言《易》者,本之田何。"

【易本杨何】 杨何,西汉初著名《易》家。司马迁以为,汉代《易》学,以杨何为本。《史记·儒林列传》:"自鲁商瞿受《易》孔子,孔子卒,商瞿传《易》,六世至齐人田何,字子庄,而汉兴。田何传东武人王同子仲,子仲传菑川人杨何,何以《易》,元光元年征,官至中大夫。齐人即墨成以《易》至城阳相。广川人孟但以《易》为太子门大夫。鲁人周霸、莒人衡胡、临菑人主父偃,皆以《易》至二千石。然要言《易》者,本于杨何之家。"按,《汉书·儒林传》记载与《史记》略同,唯末句作"《易》本之田何"。盖班固从田何是汉初第一个《易》学传人的角度发论,称之为汉《易》的源头;司马迁则从杨何是汉初第一个《易经》博士的角度抒旨,称之为汉《易》的根本。又,司马迁之父司马谈曾受《易》于杨何(见《太史公自序》),司马迁就家学渊源出发,亦较为崇尚杨何,故有"《易》本杨何"之说。

【易史吟草】 邵孔亮撰。民国九年(1920)石印本。此书依《周易》六十四卦之次,录三百八十四爻爻辞及各爻所附之《小象传》,于每爻咏七绝一首,共成诗三百八十四首,皆取证史实,吟叹诸爻义理,故名为《易史吟草》。末附《读易须知节要》十七则。吕调元《序》称其诗"熔经铸史,深切著明,可使读《易》者每阅一爻,得此四语二十八字注脚,即可了然于爻词,而无庸纷纷聚论,洵可为羲经之羽翼,《易》学之津梁也。"

【易外别传】 ① 南宋朱熹以邵雍所著《皇极经世书》虽亦援引《周易》以为说,但究属"推步"之学,与《易》无干,故称为"易外别传"。后亦借以统称陈抟、邵雍所传先后天图书、象数诸说及一切依托于《易》之方外丹家之说。《朱子语类》:"《易》是卜筮之书,《皇极经世》是推步之书。《经世》以十二辟卦管十二会,绷定时节,却就中推吉凶消长,尧时正是《乾》卦九五。其书与《易》自不相干。"又曰:"康节自是《易》外别传。" ② 书名。元俞琰撰。一卷。《四库全书》本。此书据邵雍"先天图",阐明道教丹家之旨。因丹家之说虽依托于《易》,却非《易》之本义,故题其书曰《易外别传》。《四库全书》列此书于"子部道家类",《提要》指出:"考先天图,传自陈抟,南宋以来,无不推为伏羲之秘文,卦爻之本义。袁枢、林栗虽据理以攻之,然不能抉其假借之根。口众我寡,无以相胜也。迨元延祐间,天台陈应润始指为《参同契》炉火之说,其言确有根据。然宗河洛者深讳之,巧辨万端,轇轕弥甚。惟琰作此书,绝无文饰。其《后序》有曰:名之曰《易外别传》。盖谓丹家之说虽出于《易》,不过依仿而托之者,非《易》之本义也。可谓是非皎然,不肯自诬其心者矣。《后序》称是书附《周易集说》后。其子仲温《跋》亦云:《易外别传》,先君子之所著,而附于《周易集说》后者。今《通志堂》所刊《集说》,纳喇性德《序》中虽称《易图纂要》一卷、《易外别传》一卷附焉,而印本实无此卷。岂初锓于本,后觉其不类而删之耶?白云霁《道藏目录》以此书与《易图通变》、《易筮通变》同载于'太玄部若字号'中,并题曰雷思齐撰。考揭傒斯为思齐作《序》,称所著有《老子本义》、《庄子要旨》、《和陶诗》;吴全节《序》又称其别有《文集》,而均不及此书。殆云霁以三书同函而误欤?"

【易汉学考】 清吴翊寅撰。二卷。光绪十九年(1893)至二十年(1894)间广雅书局刊本。清代治汉《易》者,惠士奇、惠栋父子开其先,张惠言以专研虞学继其后,均为时人所宗仰。吴氏此书,在前人成果的基础上,又续为考辨。其大旨在考明西汉、东汉《易》学各四派的基本特征与说《易》条例,对惠栋《易汉学》考之不审者详加辨正。故一卷依《易汉学》之例,首述两汉师承,次考孟氏、京氏、郑氏、荀氏、虞氏五家之学,后附《易纬考》二篇;卷二复用惠氏《易例》之例,作《重卦考》、《三易考》、《消息考》、《之变考》、《元亨利贞考》、《七八九六考》七篇。全书辨析流别之异同,是正义训之讹失,颇具见识。徐绍桢《序》称:"洞达贯穿,求之经传,若合符节。其与惠、张二家,孰得孰失,后世必有能辨之者。"唯其崇信《纬书》,谓孟、京、郑、荀之学,皆自《纬》出,学者颇有异议。吴承仕先生谓:"夫《纬》始哀、平,汉人通说,且孟、京佚义今所传者,非尽汉师之旧。谓卦气与纬候相参,可也;谓孟、京悉出于纬候,不可也。"(《检斋读书提要》)

【易有四象】 《系辞上传》语。谓《周易》有太阳、太阴、少阳、少阴四种象征形态,用来喻示事物变动的征兆。此处所言"四象",与《系辞上传》另文"两仪生四象"之"四象"义同(见"太极生两仪")。所指阴阳老少,即"七八九六",亦可象征"春夏秋冬"、"南北东西"等。按,此处"四象"之义,孔颖达《周易正义》引庄氏曰:"六十四卦之中,有实象,有假象,有义象,有用象,为四象也。"又引何氏说,谓指《系辞上传》前文"神物"、"变化"、"垂象"、"图书"四者。孔氏均以为不然,指出:"辞既爻卦之下辞,则象为爻卦之象也。则上'两仪生四象',七、八、九、六之谓也。故诸儒有为七、八、九、六,今则从以为义。"尚秉和先生《周易尚氏学》云:"指七、八、九、六者是也。七、八、九、六,即南北东西,即春夏秋冬也。"

【易传评诂】 林汉仕撰。1983年台北文史出版社出版。此书主旨,是集评、训诂《周易》六十四卦历代传注,欲冶《易》、宋《易》于一炉,作一详明深刻之《易》笺。全书仅成《咸》、《恒》、《遯》、《大壮》、《晋》、《明夷》、《家人》、《姤》、《萃》、

《归妹》、《丰》十一卦,乃草创未完之部分稿本。视诸卦评诂体例,均于卦辞、爻辞后首引王弼《注》与孔颖达《疏》,然后依次援引汉、魏以至近现代名家《易》说,最后加以综合评说而归纳之。

【易纬八种】 旧题东汉郑玄注。十二卷。见"易纬"②。

【易纬略义】 清张惠言撰。三卷。《张皋文笺易诠全集》本。惠言以为,《易纬》八种之中,《乾坤凿度》伪书不足论,《乾元序制记》乃宋人抄撮为之,《坤灵图》、《是类谋》、《辨终备》亡佚颇多而不可指说。唯《稽览图》、《乾凿度》、《通卦验》三书接近完整,《稽览图》讲"六日七分",《通卦验》讲八卦暑气,乃孟喜、京房阴阳之学;《乾凿度》讲阴阳消息,统于一元,正于六位,《易》之大义存于其间,为汉初田何、杨何以来先儒所传习。故就三书寻其醇者而疏论之,凡《通卦验》十三则,《稽览图》十五则,《乾凿度》十八则,条而次之,以类相从,通说其可知者,阙其不可知者,题曰《略义》。柯劭忞指出:"《乾凿度》言消息之精义,郑君注尤为详尽,可与其《易注》相表里;《稽览图》、《通卦验》虽阴阳占候之学,然亦传义所有,不可废也。惠言删订三书,实有功于《易》学。是书惠言子成孙依江承之钞本,复以《聚珍四库》本校之,审别异同,注于下方,尤为精覈,不愧其家学也。"(《续修四库全书提要》)

【易陈负乘】 谓《周易》陈述背负重物而身乘大车的爻象,比喻小人窃居君子的高位。语本《解》卦六三爻辞"负且乘,致寇至"。《后汉书·明帝纪》载明帝诏曰:"《易》陈负乘,《诗》刺彼己,永念惭疚,无忘厥心。"李贤注:"《易》曰:'负且乘,致寇至。'负也者,小人之事也;乘也者,君子之器也。小人而乘君子之器,盗思夺之矣。"参见"解六三"。

【易林勘复】 徐昂撰。一卷。《徐氏全书》本。此书系作者晚年所著,旨在勘校《易林》中重复叠出的䌛词。《自序》称:

《易林》"䌛词义理深邃,非寻常文辞所可伦比。欲究其原,必先从事推勘重复,方能加以判定。"全书依《易林》卦次,勘出重复者二千四百九十八卦,占《易林》四千零九十六卦的半数以上。《易林》䌛词相重复,其字句或全同,或小异,或次第颠倒,或句数增减;书中对字句小同而异点较多者,则于所列重复之卦名加括号以别之。卷末附《绪论》一篇,叙焦赣《易》学特征,及自己之著书大旨。

【易林逸象】 《焦氏易林》中所用八卦象例,因久为人忘忽不谈,故谓之"逸象"。尚秉和先生以十余年之力研治《焦氏易林》,谓西汉释《易》之书无如《易林》之完善,凡《易林》之辞无一字不从卦象生,且无一象不本之《易》。遂撰《焦氏易林注》十六卷,以卦象释《易林》;又撰《焦氏易诂》十二卷,以《易林》逸象解《易》。其《焦氏易林注》卷首载《易林逸象原本考》一篇,列举与《易》有关之逸象一百七十余例,略注所本,并云:"《易林》逸象,其与《易》有关,可以解经并可以正《易》注之误者,其详皆在《焦氏易诂》中,凡百七十余象;其与《易》无关推广之象,尚不知其几千百,皆省而不录。录其有关者,下注明其所本,以见此逸象仍原本于《易》,俾阅者不至再有疑惑。"所例逸象如下:乾为日、河海、山陵、石、南、虎、大川;坤为水、江淮河海、鱼、蛇、渊、雲、壚、茅茹、逆、北、心、志、忧、疾、病、毒、劳、风、野、郊、原;震为武、旗、鸿、隼、射、南、爵、樽、食、鹤、君、征伐、周、姬、瓮、胎、舟船、飞翼、老夫、商旅、公、父、口、羊、神、襦、缶、瓶、辰、登、狩、乘、华、羽翰、髪、袂、东北、萌芽、箕子、孩子、田、山阴、嘉、邻、藩、斗、福、虚、岁年;巽为母、齐、姜、少姜、陨落、豕、豚、虫、腐、敝漏、隙、盗贼、烂、寇戎、病、枯、餗、疑;坎为首、大首、肉、肺、夫、矢、鬼、孤、西、泥、食、筮;离为星、东、金、巷、肤;艮为火、鸟、鸿、隼、面、簪、祖、臣、臣妾、角、啄、负、寿、贵、邑邦国、床、斯所、贝、金、观、视、光明、龟、西北、天、刀剑、枕、牛、豕、夫、巢、童仆、终日、谷、兑为月、华、老妇、鲁、资斧、井、牙齿、鸡、燕、耳、酒、穴、兵戎、雨。仵埔《焦氏易林注叙》称：《易林》逸象，二千年来无有识者，故《易》注多误，解《易林》之辞亦遂难通，今尚氏既著此书，"不但为焦之功臣，实于《易》学所关至巨，其有功于后学甚大。"

【易者象也】 指《周易》一书所表述的是象征哲理。语出《系辞下传》："是故《易》者，象也；象也者，像也。"孔颖达《周易正义》："但前章皆取象以制器，以是之故，《易》卦者写万物之形象。"尚秉和先生《周易尚氏学》："凡《易》辞无不从象生。韩宣子适鲁，不曰见《周易》，而曰'见《易象》'与《鲁春秋》'，诚以'《易》者，象也'。'象者，像也'，言万物虽多，而八卦无不像之也。像，俗字，《释文》：孟、京、虞、董、姚还作'象'。"按，尚先生引韩宣子适鲁见《易象》事，载《左传》昭公二年，是古人视《易》为"象"的显著例证。

【易明其知】 西汉董仲舒语。谓《周易》蕴含着洞明事物发展变化规律的智慧。董氏《春秋繁露》云："《诗》、《书》序其志，《礼》、《乐》纯其养，《易》、《春秋》明其知。六学皆大，而各有所长。"

【易变体义】 南宋都絜撰。十二卷。《四库全书》录《永乐大典》本。此书系都氏承其父之学而为之，大旨谓卦爻辞义，前代《易》家论之已详，故专明卦变之体。《四库全书提要》指出："考《左传》载《周易》诸占"，多为"未尝卜筮而咸称变体，知古来《周易》原有此一义矣。但古书散佚，其说不传。而絜以义理揣摩，求其崖略"。其中巧相符合者"，"皆不事傅会而自然贯通，立义亦皆正大。亦有涉于牵强者"，"则务为穿凿以求合乎卦变之说，而义亦不醇。又多引《老》、《庄》之辞以释文、周之经，则又王弼、韩康伯之流弊，一变而为王宗传、杨简者矣。然宋人遗籍，传者日稀，是书虽瑜不掩瑕，亦瑕不掩瑜，分别观之，以备以变体之一家，亦无不可也。《宋志》作十六卷。《玉海》引《续书目》曰：'自《乾》之《姤》至《未济》之《解》，以意演之，爻为一篇，凡三百八十四篇。'冯椅《易学附录》曰：'都氏《易》，先以理而次以象义，每卦终又有统论。'今考《永乐大典》所载，爻义皆分载于各爻之下，而无所谓卦终之统论，与《玉海》合。意应麟所见，即辑《永乐大典》时所据之本，已非其全矣。今《永乐大典》又阙《豫》、《随》、《大畜》、《大壮》、《睽》、《蹇》、《中孚》等七卦及《晋》卦之后四爻，谨裒合排比，编为十二卷。又其书单明爻义，不及彖及大小《象》，故经文亦不全载，从絜之旧焉。"

【易学十讲】 邹学熹撰。1986年四川科学技术出版社出版。此书十讲，分十个专题研探《易》学与中医学的关系，亦涉及《易》学在其他学科中的应用以旁证其与医学结合之正确性；书末附录三种：一为《蔡福裔关于易卦起源的论述》，二为《伍剑禅与章太炎论易卦归魂游魂书》，三为何仲皋《脏腑通》，均属可资参考之资料。全书大旨，在于对"医易相通"问题进行初步探讨，认为中医理论的活水源头在《易》学。

【易学丛书】 台湾广文书局编印。1971年台北出版。此套丛书旨在搜集清初至现当代《易》著，汇合成编。凡采入者，有王夫之、胡渭、惠栋、张惠言、焦循、江藩、姚配中、李道平、杭辛斋、章太炎、沈竹礽、沈廷国、钱基博、熊十力、张义德、王琼珊等十六家四十种《易》学著述。全书各册多取清至民国之间旧刊本影印而成。

【易学论丛】 台湾广文书局编印之《易学丛书》中的一种。1971年台北出版。书中收录论文五篇：一是章太炎《易论》，二是沈竹礽《惠栋易汉学正误》，三是沈廷国《京氏易传证伪》，四是钱基博《周易通志》，五是熊十力《易经大义》(此篇采自熊氏《读经示要》卷三)。诸篇抒论角度不同，立说实多精审。书末附张义德编《易学书目汇纂》一帙,唯影印罗振玉《经义考目录·易类》、《四库全书总目·易类》、《江苏省立国学图书馆图书总目·易类》、张心澂《伪书通考·易类》等数种目录学资料,合为一处,未加董理考辨;虽属《易》学书目的部分旧时信息,然汇辑成编,亦足资参考。

【**易学变通**】 元曾贯撰。六卷。《四库全书》录《永乐大典》本。此书罕有传本,朱彝尊《经义考》载有《周易变通》之名,注曰"佚"。《四库》馆臣从《永乐大典》辑出,原缺《豫》、《随》、《无妄》、《大壮》、《晋》、《睽》、《蹇》、《中孚》八卦,并据《大典》正其名为《易学变通》。其书大致以义理之学说《易》,偶亦兼取汉《易》之"互卦"说。其体例为每篇统论一卦六爻,又举它卦辞义与之相近者参互比较分析,以求其异同之故。《四库全书提要》例举其论说之精切者,认为:"立义皆为纯正。其他剖析微细,往往能出前儒训解之外。间取互体立说,兼存古义,尤善持平。在说《易》诸家,可谓明白而笃实。"

【**易学启蒙**】 南宋朱熹撰。四卷。《朱子遗书》本。此书系朱熹属稿于蔡元定。因其时以象数言《易》者多穿穴不根,言图书、卦画、著数者多创为异论而排斥前人旧说,朱熹颇以为病,遂属元定述成此编,以授学者,俾有以启蒙而得《易》学之门径。全书凡四篇,为《本图书》、《原卦画》、《明著策》、《考变占》。书前有朱熹《序》称:"圣人观象以画卦,揲著以命爻,使天下后世之人皆有以决嫌疑,定犹豫,而不迷于吉凶悔吝之途。其功可谓盛矣!然其为卦也,自本而幹,自幹而枝,其势若有所迫而自不能已;其为著也,分合进退,从横逆顺,亦无往而不相值焉。是岂圣人心思智虑之所得为也哉! 特气数之自然,形于法象,见于图者,有以启于其心而假手焉尔。近世学者,喜谈《易》而不察乎此,其专于文义者既支离散漫而无所根著,其涉于象数者又皆牵合傅会而或以为出于圣人心思智虑之所为也。若是者,予窃病焉。因与同志颇辑旧文,为书四篇,以示初学,使毋疑于其说云。"

【**易学新论**】 严灵峰撰。1969 年台北中正书局出版。据严氏《再版序》,作者 1945 年 10 月撰成此书于重庆,后二年由福州"左海学术研究社"出版。因排印文字讹误甚多,未曾发行。后又重加董理,删繁纠误,遂成是编。全书凡十四章,论及《周易》的哲学原理、卦爻辞产生的时代、经传文字的结构和错简、《易》与孔子的关系、河图八卦、卜筮方法、用九用六、《小象》与《大象》、《说卦》的文体和篇数等多方面问题,抒论颇有新颖可观者。

【**易学新探**】 林政华撰。1987 年台北文津出版社出版。此书专从语言学、文学、哲学、声韵学、文字学、修辞学等角度探讨《周易》经传的意义及价值。凡八章,一曰《诸卦之名义》,二曰《卦爻辞之谐声现象》,三曰《卦爻辞中所涵儒家之开明思想》,四曰《大象传之义理》,五曰《经传文学之美》,六曰《经传之倒装句法》,七曰《经传之省略修辞》,八曰《经传之成语》。

【**易学滥觞**】 元黄泽撰。一卷。《武英殿聚珍版书》本。此书系黄氏晚年所作,旨在阐发《易》学之大凡,于象数、义理之间,取折中持平之论,立说颇为精切。《四库全书提要》指出:"泽垂老之时,欲注《易》、《春秋》二经,恐不能就,故作此书及《春秋指要》发其大凡。卷首有延祐七年吴澄《题辞》。据其所言,二书盖合为一帙。今《春秋指要》亦无传本,惟此书仅存。朱彝尊《经义考》载此书,注曰'已佚',则彝尊亦未及见,知为稀遘之本矣。其说《易》以明象为本,其明象则以《序卦》为本,其占法则以《左传》为主。大旨谓王弼之废象数,遁于玄虚;汉儒之用象数,亦失于繁碎。故折中以酌其平。其历陈《易》学不能复古者,一曰《易》之名义,一曰重卦之义,一曰逆顺之义,一曰卦名之义,一曰卦变之义,一曰卦名,一曰《易》数之原,一曰《易》之辞义,一曰《易》之占辞,一曰蓍法,一曰占法,一曰《序卦》,一曰脱误疑字,凡十三事。持论皆有根据。虽未能勒为全书,而发明古义,体例分明,已括全书之宗要。因其说而推演之,亦足以为说《易》之圭臬矣。"

【易学辨惑】 ① 北宋邵伯温撰。一卷。《四库全书》录《永乐大典》本。伯温自述此书之撰作缘起,谓其父邵雍之《易》学,远承陈抟之传,又有独得之妙,平时未尝妄以语人,唯王天悦、张子望两人尝从学,又皆早死;时有郑夬者,于天悦临卒之际,贿赂天悦之仆窃得其书,遂以为己学,著《易传》、《易测》、《明范》、《五经时用》数书,皆破碎妄作,穿凿不根,因撰是书以辨之,题曰《易学辨惑》。《四库全书提要》指出:"考《书录解题》有郑夬《易传》十三卷,《宋史·艺文志》有郑夬《时用书》二十卷、《明用书》九卷、《易传辞》三卷、《易传辞后语》一卷,今并佚。《司马光集》有《进郑夬〈易测〉劄子》,称其'不泥阴阳,不涉怪妄,专用人事,指明六爻,求之等伦,诚难可得',与伯温所辨,褒贬迥殊。光亦知《易》之人,不应背驰如是。以理推之,夬窃邵子之书而变化其说,以阴求驾乎其上,所撰《易测》必尚随爻演义,不涉术数,故光有'不泥阴阳,不涉怪妄'之誉。至其《时用书》之类,则纯言占卜之法,故伯温辞而辟之;其兼《易测》言之者,不过憎与储胥之意耳。朱彝尊《经义考》载此书,注曰'未见'。此本自《永乐大典》录出,盖明初犹存。《宋史·艺文志》但题《辨惑》一卷,无'易学'字;《永乐大典》则有之,与《书录解题》相同,故今仍以《易学辨惑》著录焉。" ② 清黄宗炎撰。一卷。参见"周易象辞"。

【易经古本】 廖平撰。一卷。《新订六译馆丛书》本。廖氏认为:"《易》古本非反复系辞,则'上下无常,刚柔相易'之道不能显明,失《易》周流不居之旨。"因著是书,以推衍之。书中首先引《系辞传》"《易》之为书也"三节、"《易》之兴也"二节、"书不尽言"二节,以为序例。其次以《乾》、《坤》、《坎》、《离》、《颐》、《中孚》、《大过》、《小过》等八错卦,皆三爻反复为六爻,一卦自为一图;其余五十六综卦,则六爻反复系辞,每二卦合为一图,共计三十六图。最后再将《乾》、《坤》等八错卦分立八图,以见八卦自综之义;又合为四图,以见连反错综之法。按廖氏运用此类图式,表明六十四卦所以反易、不反、变易及错综诸义,图解明显,足资考览。但前代学者所言"《易经》古本",皆指《汉书·艺文志》"十二篇"旧次第,未有以"错综"诸图当"古本"者。故廖氏此书立名实未切当。书中又言:"合上下经诸卦,有顺逆两读,而每卦又有顺返两读之法。上经主内,顺行,每卦当由初而上,旧读不误;下经逆行,主外,每卦当由上而初。"黄寿祺先生《易学群书平议》指出:"此说昔儒所无,亦无甚确切之义据,则未免故为新说以矜奇立异矣。"

【易经本意】 清何志高撰。四卷。《西夏经义》本。此书篇第,不以《彖传》、《象传》附经,故经文分两卷,卷一上经,卷二下经;传文亦分两卷,卷三《彖象上》、《彖象下》、《文言传》,卷四《系辞上传》、《系辞下传》、《说卦传》、《序卦传》、《杂卦传》。黄寿祺先生指出:"察其意,颇欲复古《易》篇第。然古《易》十二篇,经两篇,而传十篇,则《彖传》与《象传》各分篇别上下,今以《彖象上》为一篇、《彖象下》为一篇,且参杂而行,使《十翼》仅有八篇,则复古而不尽,失所据矣。至其注释经传之辞,大抵推阐义理而证史事,说理尚为平实,援引亦多切当,盖宗法《程传》、《朱义》而益之以李光、杨万里之说者欤。"(《易学群书平议》)

【易经存疑】 明林希元撰。十二卷。《四库全书》本。此书体例,用孔颖达《周易正义》之本。训解经传,则宗主朱熹《周易本义》,兼取蔡清《易经蒙引》之说,其大旨在阐发"义理"之学。《四库全书提要》指出:"是书用《注疏》本。其解经一以朱子《本义》为主,多引用蔡清《蒙引》。故杨时乔《周易古今文》谓其'继《蒙引》而作,微有异同'。其曰《存疑》者,洪朝选《序》谓其'存朱子之疑以羽翼程、朱之《传》、《义》'也。《自序》谓:'今必下视程、朱,则吾之说焉能有易于彼? 无已则上宗郑、贾,郑、贾之说其可施于今乎?'盖其书本为科举之学,故主于祧汉而尊宋。然研究义理,持论谨严,比古经师则不足,要犹愈于剽窃庸肤为时文弋获之术者。盖正、嘉以前儒者犹近笃实也。原刻漫漶,此本为乾隆壬戌其裔孙廷玶所刻。旧有王慎中、洪朝选二《序》,载朱彝尊《经义考》,廷玶删之。所言皆无大发明,今亦不复补录焉。"按,今存明万历二年(1574)书林林氏鸣沙刻本《新刊增订的稿易经存疑》及清康熙十七年(1678)仇兆鳌等刻本《增订易经存疑的稿》(见《中国古籍善本书目》),均为十二卷,并可参考。

【易经衷论】 清张英撰。二卷。《张文端集》本。此书专辨六十四卦经传之旨,不及《系辞》、《说卦》、《序卦》、《杂卦》;每卦各为一篇以诠解大意,而不列原文。《四库全书提要》指出:其书"大抵以朱子《本义》为宗,然于《坎》卦之'贰用缶'句,又以《本义》为未安,而从《程传》以'樽酒簋贰'为句。则固未尝如胡炳文等胶执门户之见。其立说主于坦易明白,不务艰深。故解《乾》彖'元亨利贞'云'文王系辞本与诸卦一例';解《乾坤文言》云'圣人举《乾》、《坤》两卦,示人以读《易》之法',如此扩充体会。盖以经释经,一扫纷纭轇轕之见,大旨具是矣。《汉书·儒林传》称费直'惟以《彖》、《象》、《系辞》十篇文言解说上下经',知汉代专门,不矜繁说。英作是书,其亦此志欤?"

【易经通论】 清皮锡瑞撰。一卷。《皮氏经学丛书·经学通论》本。此书为皮氏晚年所撰《经学通论》之首篇。分三十章,各章均标明论题,自"三易"名义、画卦重卦、文周系辞、孔子作传、汉宋家法、古今宗派,以讫清代各《易》家,皆考其流别,辨其得失,断以己意,以示学人治《易》之术。其中论说颇多精当,然亦偶有疏失者。吴承仕先生指出:"虽然持论考事,违失人所时有,未为大过;谓卦爻之辞皆孔子作,于文、周无与,则向壁虚造,振古所无有也。近余杭章君作《驳议》一首,举十二证以明其诬,学者庶几不为所惑乎! 统观皮氏此书,凡论经传缘起者,时有愚诬之谈;评汉、宋学术者,颇多持平之论。不以彼一害此一,亦初学者所宜参考也。"(《检斋读书提要》)

【易经通注】 清傅以渐等撰。九卷。《四库全书》本。此书系清顺治年间傅以渐、曹本荣等人奉敕所撰,其大旨谓自唐孔颖达修《周易正义》后,至宋有程颐《周易程氏传》、朱熹《周易本义》出,学者宗之;元初胡广等撰《周易大全》,于《易》理有所发明,然其中芜杂寡要者亦多,且距其时已近三百年,诸儒发挥经义者不乏其人,遂细加采择,折衷诸论,纂成是编。《四库全书提要》称其:"熔铸众说,荟粹微言,词简理明,可为说经之圭臬。"

【易经揆一】 清梁锡玙撰。十四卷。清乾隆十六年(1751)刊本。此书大要,在于阐释《周易》,而全以"河图"、"洛书"之说为本。梁氏曾因将此书写呈朝廷,以举人遴授以翰林清职。尚秉和先生《易说评议》颇列其书所用《易》数、所释《易》辞、所取《易》象之误,并指出:"统观全书,立说芜杂,雅诂甚少;于所不知,不甘缺疑,所创误解,触目皆是。不知当时君臣,何以矜重若是?"

【易经象类】 清丁晏撰。一卷。《鄎斋丛书》本。此书取《易》中相类之辞象,比连列属,间释其义。柯劭忞云:"晏以《易》之为书,比物连类,而象分焉,乃取辞之相类者而属之,间附解义,期于文约旨明,无取于穿凿回穴之说,可为学《易》之初阶。其所诠释,多采之虞氏《易》,亦兼取王弼《注》、程子《易传》","皆能择善而从,不墨守一家之说者也。"(《续修四库全书提要》)

【易经蒙引】 明蔡清撰。十二卷。明万历三十八年(1610)刻本。此书以发明朱熹《周易本义》之说为主,故其书凡《本义》之文均照录以与《周易》经传本文并列,惟于《本义》每条之首加一圆圈以示区别,盖尊之为"亚经"。然解说《易》旨,却未必一依《本义》,乃至多有与朱熹之说相异而自创新解者。《四库全书提要》称其尊崇《本义》而"不肯委曲附和",并云:"朱子不全从《程传》,而能发明《程传》者莫若朱子;清不全从《本义》,而能发明《本义》者莫若清。醇儒心得之学,所由与争门户者异欤!"

【易图明辨】 清胡渭撰,十卷。《守山阁丛书本》。此书专就宋以来流传之主要《易》图,详加考证,溯其源流,辨其本末,持论颇为精审。《四库全书提要》指出:自陈抟、邵雍衍传先天诸图以来,朱熹《易学启蒙》及《本义》所列"九图"皆沿其说,同时袁枢、薛季宣则有异论,清王懋竑《白田杂著》则论"九图"非朱熹所作;元陈应润作《爻变义蕴》始指先天诸图为道家借《易》以言修炼之术,而吴澄、归有光等亦相继排击,各有论述;至清,毛奇龄、黄宗羲、黄宗炎皆著专书,争之尤力,"然各据所见,抵其罅隙,尚不能穷溯本末,一一抉所自来。渭此书卷一辨河图洛书,卷二辨五行九宫,卷三辨《周易参同契》、先天太极,卷四辨《龙图》、《易数钩隐图》,卷五辨《启蒙》图书,卷六、卷七辨先天古《易》,卷八辨后天之学,卷九辨卦变,卷十辨象数流弊。皆引据旧文,互相参证,以箝依托者之口,使学者知图书之说,虽言之有故,执之成理,乃修炼、术数二家旁分《易》学之支流,非作《易》之根柢。视所作《禹贡锥指》,尤为有功于经学矣。"

【易图通变】 元雷思齐撰。五卷,附《易筮通变》三卷。《四库全书》本。雷氏此二书,一述"图书"之学,一述著占之义,皆有所创获。《四库全书提要》指出:"其《易图通变自序》谓:河图之数以八卦成列,相荡相错,参天两地,参伍以变,其数实为四十,而以其十五会通于中。所述河图洛书参天两地倚数之图,错综会变图,乃河图遗论,大旨以天一为坎,地二为坤,天三为震,地四为巽,天七为兑,地六为乾,天九为离,地八为艮,而五、十则为虚数。其说虽与先儒不同,而案以'出震齐巽'之义,亦颇相吻合。林至《易裨传序》所谓'《易》道变化不穷,得其一端,皆足以为说'者也。其《易筮通变》凡五篇,一曰《卜筮》,二曰《立卦》,三曰《九六》,四曰《衍数》,五曰《命蓍》,亦多自出新意,不主旧法。白云霁《道藏目录》载二书于'太玄部若字号'中。盖图书之学,实出道家,思齐又本道家衍说之,以附于《易》,固亦有由云。"

【易说求源】 武春芳撰。六卷。民国七年(1918)铅印本。武氏中年潜心于《易》,凡有所见,随笔记识,粘附于经传之后,积四十余载,始整理修订,编为是书。卷一为《读易刍言》、《图说》、《总论》、《自述》四首,卷二至五为上下经,卷六为《系辞》以下诸传。经传先后章次,一以通行本《周易本义》为归。全书依经释义,以义理、象数为主。但所谓义理,乃天理人欲之说;所谓象数,乃河洛先天之谈。颇采宋、元、明、清《易》家旧说以为证明,而不重文字训诂,其曲解经旨处亦未能免。吴承仕先生谓其:"要亦宋《易》朱学之末流,以视惠栋、张惠言所乐道,若孟、京、荀、虞之学,则概乎未之有闻者也。"(《检斋读书提要》)

【易载羲农】 羲,伏羲氏;农,神农氏。指《周易》的《系辞传》记载了伏羲、神农的事迹。《系辞下传》:"古者包牺(即伏羲)氏之王天下也","始作八卦";"包牺氏没,神农氏作,斫木为耜,揉木为耒"。《后汉书·邓皇后纪》载刘毅上书安帝曰："臣闻《易》载羲、农而皇德著,《书》述唐、虞而帝道崇。故虽圣明,必书功于竹帛,流音于管弦。"

【易原奥义】 元宝巴撰。一卷,附《周易原旨》六卷。《四库全书》本。此二种书之大旨,皆本于程颐之说,阐发《周易》义理学说。《四库全书提要》指出:"是书原分三种,统名《易体用》,本程子之说,即卦体以阐卦用也,朱彝尊《经义考》载《易原奥义》一卷,存;《周易原旨》六卷,存;《周易尚占》三卷,佚。考陈继儒汇秘笈中,有《周易尚占》三卷,书名与卷数并符;书前又有大德丁未宝巴《序》,人名亦合。然《序》称为莹蟾子李清菴撰,不云宝巴自作。其书乃用钱代蓍之法,以六爻配十二时、五行、六亲、六神合月建日辰以断吉凶,亦非'尚占'之本义。《序》文鄙陋,尤不类读书人语。盖方技家传有是书,与宝巴佚书其名偶合。明人喜作伪本,遂撰宝巴《序文》以影附之。不知宝巴说《易》,并根柢宋儒,阐发义理,无一字涉京、焦谶纬之说,其肯以此书当古占法哉？今辨明其妄,别存目于术数类中。而宝巴原书则仍以所存二种著录,庶阙而真,犹胜于全而伪焉。按,北京图书馆今藏元刻本《周易系辞述》二卷,题"元保八"撰,或亦宝巴之著,可备稽考。

【易原就正】 清包仪撰。十二卷。《四库全书》本。此书解《易》,颇取陈抟、邵雍先天之学。然亦多能发明《易》理。《四库全书提要》指出:"观其《自序》,称早年闻有《皇极经世》而无由求得其书。自顺治辛卯至康熙己酉,七经下帷,贫不自存,薄游麻城,乃得其书于王可南家。至江宁寄食僧寺,玩求其旨者一年,始有所得。盖亦孤寒之士,刻志自立者也。仪之学既从邵子入,故于陈抟先天图信之甚笃。其《凡例》并谓:行世《易》说,种不胜数,要皆未尝读《皇极经世》,无怪乎各逞私智而总非以象尽意、观象玩辞之本旨。其持论尤谬于一偏。然其书发挥明简,词意了然,乃非抛荒经义、排比黑白、徒类算经者可比。其谓洛书无与于《易》,则差胜他家之缴绕。每爻皆注所变之卦,亦尚用《左氏》筮法,颇为近古。盖其学虽兼讲先天,而实则发明《易》理者为多。其盛推图学,特假以为重焉耳。"

【易兼五义】 清毛奇龄的《易》学观点,认为《周易》之"易",兼含变易、交易、反易、对易、移易五种意义。说见所著《仲氏易》。《四库全书提要》简括其说云:"大旨谓《易》兼五义:一曰变易,一曰交易,是为伏羲之《易》,犹前人之所知;一曰反易,谓相其顺逆,审其向背而反见之,如《屯》转为《蒙》,《咸》转为《恒》之类;一曰对易,谓比其阴阳,絜其刚柔而对观之,如上经《需》、《讼》与下经《晋》、《明夷》对,上经《同人》、《大有》(谨按,本师黄寿祺先生云,此当作《剥》、《复》,西河原书有误,《提要》仍而未改)与下经《夬》、《姤》对之类;一曰移易,谓审其分聚,计其往来而推移上下之,如《泰》为阴阳类聚之卦,移三爻上为上爻,三阳往上而阴来则为《损》;《否》为阴阳(谨按,本师黄寿祺先生云,此当依原书作阴阳)类聚之卦,移四爻为初爻,四阳来而初阴往则为《益》之类,是为文王、周公之《易》,实汉、晋以来所未知。故以《序卦》为用反易,以分篇为用对易,以演《易》系辞为移易。"黄寿祺先生《周易名义考》指出:"西河略总前人之说,谓《易》兼变易、交易、反易、对易、移易五义,虽未为详备,要不为冥心臆测,用心固亦勤也。然其以变易、交易属之伏羲,以反易、对易、移易属之文、周,则未见其必是矣。西河持论,颇多与宋儒相左,而说此盖未免有先后天之见存焉。又西河所谓反易,实即虞氏之反对;所谓移易,实即荀氏之升降;所谓对易,亦同虞氏之旁通,竟谓为汉、晋以来所未知,未免言过其实。"

【易象三样】 南宋朱熹的《易》说,认为《周易》的"象"可分三类,一是阴阳爻画之象,二是八卦拟取之象,三是卦爻辞之象。《朱子语类》:"《易》之象,似有三样:有本画自有之象,如奇画象阳、耦画象阴是也;有实取诸物之象,如乾坤六子,以天、地、雷、风之类象之是也;有只是圣人自取象来明是义者,如'白马翰如'、'载鬼一车'之类是也。"

【易象钩解】 明陈士元撰。四卷。《归云别集》本。此书专阐《周易》经文取象之义,其论说虽未必尽切,但精当者颇多。《四库全书提要》指出:"前有士元《自序》,称:'朱晦庵,张南轩善谈《易》者,皆谓互体、五行、纳甲、飞伏之类俱不可废。盖文、周象爻,虽非后世纬数琐碎,而道则不冒焉。传注者惟以虚玄之旨例之,有遗论矣。'其《履》卦注又曰:'京房之学授受有自,今之学士大夫摈斥不取,使圣人不因卜筮,而作《易》,惟欲立言垂训,则画卦撰著何为哉?朱子曰:《易》之取象,固必有所自来,而其为说必已具于太卜之官,今不可复考,亦不可谓象为假设。然则京氏之学安知非太卜所藏者耶?'云云。案太卜之法虽不可考,然《左传》所载变爻、互体诸占,犹可以见其崖略。汉《易》之自田何以下无异说。孟喜'六日七分'之学,云出于田王孙,而田王孙之徒以为非。刘向校书,亦云惟京氏为异党。《汉书·儒林传》源委秩然,可以覆案。京氏书虽多散佚,而《易传》三卷犹存,其占法亦大概可考,与《左传》所载迥殊。士元以《京氏易》当太卜所藏,殊无据。且京氏之法绝不主象,引以为明象之证,亦失其真。然其谓《易》以卜筮为用,卜筮以象为宗,则深有合于作《易》之本旨。故其论虽或穿凿,而犁然有当者为多,要胜于虚谈名理,荒蔑古义者矣。"

【易象通义】 清秦笃辉撰。六卷。《湖北丛书》本。秦氏以为,《易》有义而象以立,有象而义以明;义者象之所以然,象者义之所当然,通象而后通义,故名其书曰《易象通义》。又以为,卦变、互体实为象

爻取象之枢纽,自晋以前,谶纬、卦气、纳甲、飞伏之术,乱之于《易》外而《易》存;自宋以后,先天卦序、横图方图之说,乱之于《易》中而《易》亡。汉学郑康成诸家之说业已散佚,惟王辅嗣注号为近古,解义明正,十居六七;至孔冲远《正义》,虽以王、韩注为主,而兼取百家,包罗万有,非王、韩所能笼罩,诚得明者抉择,实《易》学之标准;此外精义理者,以义理取之,不涉老庄、禅寂,明象数者,以象取之,不假河洛、先天。秦氏著书宗旨,盖毕具于此。柯劭忞指出:"自宋元以后,崇尚程、朱之学,孔冲远之《周易正义》已弁髦弃之。然《注疏》究为《易》学根柢,不可诬也。阮文达公谓:'经学当从《注疏》始。空疏之士,高明之徒,读《注疏》不终卷而思卧者,是不能潜心研索,终身不知有圣贤诸儒经传之学。'实为先正格言。若笃辉者,可谓能读《注疏》者矣。至谓'取象不外阴阳刚柔;舍画言象,舍参伍错综言象,舍当名辨物、杂而不越言象,非象也',其持论尤为平实。读书有得之士,所由与剿说雷同者异欤!"(《续修四库全书提要》)

【易象意言】 南宋蔡渊撰。一卷。《四库全书》录《永乐大典》本。蔡氏此书,既有师承朱熹之学,阐述《周易》义理;亦有家传其父蔡元定之说,兼述《易》数。《四库全书提要》指出:"渊,蔡元定之子,而从学于朱子。故是书阐发名理,多本师传;然兼数而言,则又西山之家学也。其中惟不废互体,与朱子之学颇异。考互体之法,见于《左传》庄公二十二年,陈侯筮,遇《观》之《否》,曰'风为天于土上山也'。杜预注:'自二至四有艮象,艮为山也。'是周官太卜,旧有是法矣。顾炎武《日知录》曰:朱子《本义》不取互体之说,惟《大壮》六五云卦体似兑,有羊象焉。不言互而言似,此又创先儒所未有,不如言互体矣。然则朱子特不以互体为主,亦未尝竟谓无是理也。渊于师说,可谓通其变而酌其平矣。董真卿《周易会通》称渊《周易经传训

368

解》外又有《卦爻辞旨》,论六十四卦大义;《易象意言》,杂论卦爻、《十翼》;《象数余论》,杂论《易》大义,并成于开禧乙丑。今悉散佚,故朱彝尊《经义考》仅列其书名而不能举其卷数。惟此书载《永乐大典》中,尚首尾完具。犹当时秘府旧本。今录而传之,俾论《易》者知蔡氏之学不徒以术数见,而朱子之徒亦未尝全弃古义焉。"

【易象彙解】 明陈士元撰。二卷。《归云别集》本。士元先有《易象钩解》一书,随经立义,详解《易》象,与此书相为表里。此书乃综括《易》象之大凡,上卷为天文解、地象解、人象解、身象解、兽象解、木象解、衣象解、食象解、宫室象解、器象解、政学象解,下卷为《说卦》象解、大象解、数象解,皆援据经文,发明象学。柯劭忞云:"明人说《易》之书,能研究象学者,无过于士元者矣。"(《续修四库全书提要》)按,《四库全书》收入陈氏《易象钩解》四卷,《提要》指出:"其《序》又称'往为《彙解》二卷,括其大凡'。考《明史·艺文志》,载士元《易象钩解》四卷、《易象彙解》二卷。则《彙解》亦发明象学者。今以未见其书,故不著录。"盖当时《四库》馆未获《归云别集》全帙,故遗录此书。

【易象集解】 清黄守平撰。十卷。清同治十三年(1874)漱芳园刊本。此书大旨以明《易》象为主,所采多汉、魏诸儒及清人之说,但皆综合旧注,融贯成文,未标举名字。于宋代陈抟、邵雍、程颐、朱熹之说,则皆不取。黄寿祺先生以为:宋儒之说,未可尽废,"守平既不取于朱子,又何取乎汉《易》哉?斯皆胸有成见,未尽为能持平之论也。虽然,《易》也者,象也。象为《易》之本,后儒不识久矣。守平独能奋然自拔,以搜集《易》象为职志,则其识有过人者。观其于《说卦传》之末,广八卦象,除本《释文》补入《荀九家》逸象外,又增以毛西河所采辑于《左传注》、《国语注》及汉、魏以来诸儒者马融、郑玄、虞翻、何妥、干宝、蜀才、卢氏、侯果诸家之象尤夥,

则其重视《易》象,洞明《易》本,求之晚近,实鲜其人,斯足贵也。"(《易学群书平议》)

【易童子问】 北宋欧阳修撰。三卷。《欧阳文忠全集》本。此书设童子与师问对之语,以说《易》旨。卷一、卷二说六十四卦卦辞及《象传》、《象传》大义。卷三则考辨《易传》七种的内容,认为《系辞传》、《文言》、《说卦传》、《序卦传》、《杂卦传》五种非出自一人之手,不可视为孔子所作。此说发前人之所未发,至见疑古精神,在《易》学史上产生过重大影响。但其解说《易》辞大义,却未能悉当,尚秉和先生《易说评议》指出:"惟欧于《易》象,既一概不知,于《易》理所入尤浅,故其说多空泛不切,且于《易》辞妄生疑惑。"

【易辞衍义】 钟应梅撰。1971年台湾学生书局据作者清稿影印出版。此书旨在衍释《周易》六十四卦经传文辞大义。作者认为:王弼《周易注》、程颐《周易程氏传》,并为"尚辞"之作,所注皆始于《乾》终于《未济》;故其书以申王、程二家之说为主,亦仅注六十四卦及《彖》、《象》、《文言》,而不及《系辞传》以下诸篇。全书体例,先列卦、爻经传文辞,次依《王注》、《程传》以为"衍义",再附"补注";补注之文,乃补王、程二家之所未备。书首载《发凡》十一则,备陈治《易》主张。

【易数偶得】 杭辛斋撰。二卷。民国十二年(1923)研几学社铅印本。作者《绪言》自称:"钻研群籍,偶获一隙之明,恍然《易》数非他,与《九章》、《十书》,初无二理;与西来之几何原本,及近今之代数、微积,尤一一吻合。"于是遂将古今中外各种数学原理,与《易》数之理交互比较参证,发挥心得,著为是书。所论涉及"奇偶"、"九六"、"平等"、"勾股"、"五千六支"、"立体立方"等问题。其中"七九易位"、"时三位四"、"乾始巽齐"、"圆方互容"各节皆有新义,而以"阳顺阴逆"言天地数顺逆之旨最见精湛。

【易道广大】 谓《周易》的哲理广博弘

大，无所不至。语本《系辞上传》："夫《易》广矣大矣！以言乎远则不御，以言乎迩则静而正，以言乎天地之间则备矣。"孔颖达《周易正义》："此赞明《易》理之大。《易》之变化，极于四远，是广矣；穷于上天，是大矣。"又曰："《易》之变化，穷极幽深之远，则不有御止也，谓无所止息也。"又曰："《易》之变化，在于迩近之处，则宁静而得正，不烦乱邪僻也。"俞琰《周易集说》："《易》之为道也广大，其为书也亦广大。以言乎远，以言乎迩，以言乎天地之间，无所往而非《易》。以远而言，则其理通行而不御；以迩而言，则其理具在目前，静而正；以天地之间而言，则万事万物之理无不备焉。可谓广大矣！"来知德《周易集注》："'夫《易》广矣大矣！何也？盖《易》道不外乎阴阳，而阴阳之理则遍体乎事物。"

【易筮通变】　元雷思齐撰。三卷。《四库全书》本。参见"易图通变"。

【易翼述信】　清王又朴撰。十二卷。《诗礼堂全集》本。此书解《易》，专主《十翼》之义，而兼采诸家之论以为说。《四库全书提要》指出："是编经传次序，悉依王弼旧本，而冠以读《易》之法，终以所集诸儒杂论。其大旨专以《彖》、《象》、《文言》诸传解释经义，自谓笃信《十翼》，述之为书，故名曰《易翼述信》。而以朱子所云'不可便以孔子之说为文王之说'者为非。其徵引诸家，独李光地之言为最夥，而于《本义》亦时有异同。盖见智见仁，各明一义，原不能固执一说以限天下万世也。至其注释各卦，每爻必取变气，盖即之卦之遗法。其于河图、洛书及先天、后天皆不列图，而叙其说于杂论之末，特为有识。其时、位、德、大小、应比、主爻诸论，亦皆恪遵《御纂周易折中》之旨，阐发证明，词理条畅，可取者亦颇多焉。"

【易一名三义】　关于《周易》名书为"易"所寓含义的一种说法。此说认为，"易"字含有"简易"、"变易"、"不易"三层意思。《周易正义》引《易纬·乾凿度》曰："《易》一名而含三义，所谓易也、变易也、不易也。"又曰："易者，其德也。光明四通，简易立节，天以烂明，日月星辰，布设张列，通精无门，藏神无穴，不烦不扰，澹泊不失，此其易也。变易者，其气也。天地不变，不能通气，五行迭终，四时更废，君臣取象，变节相移，能消者息，必专者败，此其变易也。不易者，其位也。天在上，地在下，君南面，臣北面，父坐子伏，此其不易也。"《周易正义》又指出：郑玄根据此义作《易赞》与《易论》云："《易》一名而含三义：易简，一也；变易，二也；不易，三也。故《系辞》云：'乾坤其《易》之蕴邪？'又云：'《易》之门户邪？'又云：'夫乾确然示人易矣，夫坤隤然示人简矣；易则易知，简则易从。'此言其'易简'之法则也。又云：'为道也屡迁，变动不居，周流六虚，上下无常，刚柔相易，不可为典要，唯变所适。'此言顺时'变易'，出入移动者也。又云：'天尊地卑，乾坤定矣；卑高以陈，贵贱位矣；动静有常，刚柔断矣。'此言其张设布列，'不易'者也。"

【易义古象通】　明魏濬撰。八卷。《四库全书》本。魏氏撰述此书，颇采汉、魏以来《易》家言象之说以阐解《易》义，在明代万历以后学者中别具见识。《四库全书提要》指出："是书前有《明象总论》八篇，一曰《原古象》，二曰《理传象》，三曰《八卦正象》，四曰《六爻位》，五曰《卦爻画》，六曰《卦变》，七曰《互卦》，八曰《反对动爻》。大旨谓文、周之《易》即象著理，孔子之《易》以理明象。又于汉、魏、晋、唐诸人所论象义，取其近正者，故名《古象通》。而冠以'易义'，言即象以通义也。朱彝尊《经义考》改曰《周易古象通》，则与濬名书之意不合矣。明自万历以后经学弥荒，笃实者局于文句，无所发明；高明者骛于玄虚，流为恣肆。濬独能博考旧文，兼存古义，在尔时说《易》之家，譬以'不食之硕果'，殆庶几焉。按，南京图书馆今藏此书明刻本，末有清丁丙《跋》语，可备参考。

【易气从下生】《周易乾凿度》语,认为《周易》之理,说明万物的产生,均本于"气"的运动;而气之生成,均是由下及上、自微之著。故《周易》六爻,从下至上列其位序。《周易乾凿度》云:"物感以动,类相应也,《易》气从下生。""天地之气,必有始终;六位之设,皆由上下。故《易》始于一,分于二,通于三,□(此字原缺)于四,盛于五,终于上。"郑玄注:"《易》本无形,自微及著,故气从下生,以下爻为始也。"又曰:"《易》本无体,气变而为一,故气从下生也。"

【易以道阴阳】 指《周易》的特色,在于揭示阴阳之理。《庄子·天下篇》语。其文曰:"《诗》以道志,《书》以道事,《礼》以道行,《乐》以道知,《易》以道阴阳,《春秋》以道名分。"清郭庆藩《庄子集解》疏曰:"《易》明卦兆,通达阴阳。"

【易为君子谋】 北宋张载的《易》学观点。认为《周易》所揭示的哲理,是为"君子"立身处世着想,其义本于守正修德;而不是为"小人"之钻营邪道者着想。《张子正蒙·大易篇》:"《易》为君子谋,不为小人谋。故撰德于卦,虽爻有小大,及系辞其爻,必谕之以君子之义。"然朱熹尝云:"《易》中亦有时而为小人谋。如'包承,小人吉,大人否亨',言小人当'否'之时,能包承君子则吉。"(《朱子语类》)翁元圻《困学纪闻注》引章懋曰:"《易》不为小人谋,特不为之谋为小人之事尔。小人而欲为君子,《易》固未始不为之谋也。"王植《正蒙初义》亦谓章懋《易论》"引申张子之意甚畅"。

【易纬坤灵图】 旧题东汉郑玄注。一卷。《四库全书》本。又称《坤灵图》。为《易纬八种》之一。其书久佚,此本乃辑自《永乐大典》。《四库全书》列此书于"经部易类附录",《提要》指出:"案《坤灵图》,孙毂谓配《乾凿度》名篇。马氏《经籍考》著录一卷。今仅存论《乾》、《无妄》、《大畜》卦辞及史注所引'日月连璧'数语。则其阙佚盖已夥矣。考《后汉书注》,《易纬坤灵图》第三,在《辨终备》、《是类谋》之上;而王应麟《玉海》谓,三馆所藏有郑注《易纬》七卷,《稽览图》一、《辨终备》四、《是类谋》五、《乾元序制记》六、《坤灵图》七,二卷、三卷无标目。《永乐大典》篇次亦然。今略依原第编弆,盖从宋时馆阁本也。"

【易纬是类谋】 旧题东汉郑玄注。一卷。《四库全书》本。又称《是类谋》,一作《筮类谋》。为《易纬八种》之一。其书久佚,此本乃辑自《永乐大典》。《四库全书》列此书于"经部易类附录",《提要》指出:"案《是类谋》,一作《筮类谋》。马氏《经籍考》:一卷,郑康成注。其书通以韵语缀辑成文,古质错综,别为一体。《艺文类聚》、《太平御览》诸书引其文颇多,与此本参校并合。盖视诸纬略称完备。其间多言机祥推验,并及姓辅名号,与《乾凿度》所引《易历》者义相发明。而《隋书·律历志》载周太史上士马显所上表,亦有'玉羊金鸡'之语。则此书固隋以前言术数者所必及也。"

【易纬通卦验】 旧题东汉郑玄注。二卷。《四库全书》本。又称《通卦验》。为《易纬八种》之一。其书久佚,此本乃辑自《永乐大典》。《四库全书》列此书于"经部易类附录",《提要》指出:"案《易纬通卦验》,马端临《经籍考》及《宋史·艺文志》俱载其名。黄震《日抄》谓其书大率为卦气发。朱彝尊《经义考》则以为久佚,今载于《说郛》者,皆从类书中凑合而成,不逮什之二三。盖是书之失传久矣。《经籍考》、《艺文志》旧分二卷,此本卷帙不分。核其文义,似于'人主动而得天地之道则万物之蕴尽矣'以上为上卷;'曰凡《易》八卦之气验应各如其法度'以下为下卷。上明稽应之理,下言卦气之徵验也。至其中讹脱颇多,注与正文往往相混。其字句,与诸经《注疏》、《续汉书》刘昭《补注》、欧阳询《艺文类聚》、徐坚《初学记》、宋白《太平御览》、孙毂《古微书》等书所徵引,亦互有异同。第此书久已失传，当世并无善本可校；类书所载，亦辗转讹舛，不尽可据。谨于各条下拟列案语，其文与注相混者，悉为厘正；脱漏异同者，则详加参校，与本文两存之。盖通其所可知，阙其所不可知，亦阙疑仍旧之义也。"

【易纬乾凿度】 旧题东汉郑玄注。二卷。《易纬八种》之一。见"周易乾凿度"。

【易纬稽览图】 旧题东汉郑玄注。二卷。《四库全书》本。又称《稽览图》。为《易纬八种》之一。其书久佚，此本乃辑自《永乐大典》。《四库全书》列此书于"经部易类附录"，《提要》指出："案《后汉书·樊英传》注举《七纬》之名，以《稽览图》冠《易纬》之首。《隋志》：郑康成注《易纬》八卷，《唐志》：宋均注《易纬》九卷，皆不详其篇目。《宋志》有郑康成注《稽览图》一卷；《通志》七卷；而马氏《经籍考》载《易纬》七种，亦首列郑注《稽览图》二卷。独陈振孙《书录解题》别出《稽览图》三卷，称与上《易纬》相出入，而详略不同。似后人掇拾纬文，依托为之者，非即康成原注之本。自宋以后，其书亦久佚弗传。今《永乐大典》载有《稽览图》一卷，谨以《后汉书·郎顗、杨赐传》、《隋书·王劭传》所见纬文及注参校，无不符合。其为郑注原书无疑。惟陆德明《释文》引'无以教之曰蒙'、《太平御览》引'五纬各在其方'之文，此本皆阙如。则意者书亡仅存，已不免于脱佚矣。其书首言卦气起《中孚》，而以《坎》、《离》、《震》、《兑》为正四卦，六十卦卦主六日七分；又以自《复》至《坤》十二卦为消息，余杂卦主公、卿、侯、大夫，候风雨寒温以为徵应。盖即孟喜、京房之学所自出。汉世大儒言《易》者，悉本于此，最为近古。至所称轨轪之数，以及世应、游归，乃兼通于日家推步之法。考唐一行推大衍之策，以算术本于《易》，故其《本议》言代轨德运，及《六卦议》言一月之策九六七八，《发敛术》言中节候卦，皆与《稽览图》相同。独所云天元甲寅以来至周厉帝宣政元年，

则似甄鸾所推甲寅元历之术。而又有云太初癸巳，则古无以此为元者。其他杂引宋永初、元嘉、魏始光、唐上元、先天、贞元、元和年号，纷错不伦。盖皆六朝迄唐术士先后所附益，非《稽览图》本文。今审覈词义，退文附书以为区别。并援经注、史文，是正讹舛。依马氏旧录，析为上下二卷，庶言《易》学者或有所考见焉。"

【易纬辨终备】 旧题东汉郑玄注。一卷。《四库全书》本。又称《辨终备》，一作《辨中备》。为《易纬八种》之一。其书久佚，此本乃辑自《永乐大典》。《四库全书》列此书于"经部易类附录"，《提要》指出："案《辨终备》，一作《辨中备》。《后汉书·樊英传》注：《易纬》凡六，为《稽览图》、《乾凿度》、《坤灵图》、《通卦验》、《是类谋》，而终以此篇。马氏《经籍考》皆称为郑康成注，而《辨终备》著录为一卷。今《永乐大典》所载仅寥寥数十言，已非完本。且其文多近《是类谋》，而《史记正义》所引《辨终备》，孔子与子贡言世应之说，与此反不类。或其书先佚而后人杂取他纬以成之者，亦未可定也。然别无可证，姑仍旧题云。"

【易学讨论集】 李翊灼等编著。民国三十年（1941）商务印书馆出版。据书首《弁言》，此书编辑缘由，乃程石泉发起《易》学研究会，广集同人，相与讲述所得，讨论旨归，会后遂以诸人之讲论文章合编成册。全书收入李翊灼、方东美、高礀莊、张承绪、钱叔陵、何行之等人论文九篇（其中李、方文两篇由程石泉整理），涉及历代《易》学、《易》例、研《易》方法等问题；另有日本五来欣造著、刘百闵译《莱布尼兹的周易学》一文，叙《周易》对十八世纪德国哲学家莱布尼兹的影响。书末附李翊灼、方东美、高礀莊所拟《易》学研究参考书目各一篇。

【易学启蒙补】 清梁锡玙撰。二卷。清乾隆十六年（1751）刊本。此书大旨，乃补朱熹《易学启蒙》之所未备。尚秉和先

生以为,书中有与《启蒙》相复累赘者,有图仍《启蒙》之旧而解说误者,有不必图而强作图者,亦有颇可取而便于学者观览者及发前人之所未言者,并指出:"盖梁氏熟于'图书'之学,故能即旧图而生新义。惟考证颇疏,不考'图书'究为何物,遽以十、九两图当之,深信不疑,则诚宋人之《易》学也。"(《易说评议》)

【易学象征说】 三国时王弼提倡的《易》学观点,认为《周易》八卦所拟取的物象,运用于六十四卦的义理中,可以依类广譬,含有至为丰富的象征意义。譬如乾卦之义为"健",则其象可拟取"天"、"龙"、"马"、"君"、"父"等,诸象的喻意均在乎"健";坤卦之义为"顺",则其象可拟取"地"、"土"、"牛"、"臣"、"母"等,诸象的喻意均在乎"顺"。其他各卦,亦须作如是观。因此,王弼指出:"是故触类可为其象,合义可为其征。义苟在'健',何必马乎?类苟在'顺',何必牛乎?爻苟合顺,何必坤乃为牛?义苟应健,何必乾乃为马?"(《周易略例·明象》)王弼此说,实是针对其"得意忘象"的命题作出的进一步深入阐发,而且揭示"触类为象"、"合义为征"的旨趣,第一次把兼含譬喻、暗示、联想意义的"象征"视为《周易》一书的重要特色。

【易学象数论】 清黄宗羲撰。六卷。《广雅书局丛书》本。此书前三卷为《内篇》,皆论"象";后三卷为《外篇》,皆论"数"。其论说大旨,谓古圣人以象示人,有八卦之象、六爻之象、象形之象、爻位之象、反对之象、方位之象、互体之象、七象备而象穷;后儒之说伪象,有纳甲、动爻、卦变、先天,四者杂而七者晦。于是崇"七象"而斥"四象",于七象之中又必求其合于古,以辨象学之讹,又取郑玄"太乙行九宫法"、《吴越春秋》之占法、《国语》泠州鸠之对,以证太乙、六壬,以辨数学之失。《四库全书提要》指出:"《自序》云:'《易》广大无所不备,自九流百家借以行其说,而《易》之本义反晦。世儒过视象数,以为绝学,故为所欺。今一一疏通之,知其于《易》本了无干涉,而后反求《程传》,亦廓清之一端。'又称王辅嗣《注》简当而无浮义,而病朱子添入康节先天之学为添一障。盖《易》至京房、焦延寿而流为方术,至陈抟而歧入道家,学者失其初旨,弥推衍而耧辘弥增。宗羲病其末派之支离,先纠其本原之依托。"又云:"其持论皆有依据。盖宗羲究心象数,故一一能洞晓其始末,因而尽得其瑕疵。非但据理空谈,不中窾要者比也。惟本宋薛季宣之说,以河图为即后世《图经》,洛书为即后世《地志》,《顾命》之河图即今之黄册,则未免主持太过,至于矫枉过直,转使传陈抟之学者得据经典而反唇,是其一失。然其宏纲巨目,辨论精详,与胡渭《易图明辨》均可谓有功《易》道者矣。"

【易经论文集】 林尹等撰。1980年台北黎明文化事业股份有限公司出版。为《孔孟学说丛书》之一。全书采录林尹、吴康、高明、胡自逢、屈万里、程石泉、钟启禄、周鼎珩、史作柽、徐芹庭等三十三人的《易》学论文三十八篇。诸论涉及领域较广泛,略可窥见当代学人研究《周易》概况之一斑。

【易经异文释】 清李富孙撰。六卷。《皇清经解续编》本。此书取《易经》各本、各家之众多异文,广引群籍,详为考释辨证。柯劭忞指出:"《易》异文较诸经尤多,师读不同,文以音异,义又以文异;文有今古,有通假,有传写之讹,纷纭杂揉,不易爬梳。富孙博引旁征,以释经之异文;又采惠栋、钱大昕、段玉裁诸家说,为之证佐,使佔毕之士,不致囿于一先生之说,洵为读《易》者不可少之书。"虽偶有遗漏之处,亦属"百密一疏,时所不免"(《续修四库全书提要》)。

【易经徵实解】 清胡翔瀛撰。一卷。《胡峰阳先生遗书》本。此书取《周易》卦爻辞之为"吉"、为"凶"、为"悔"、为"吝"

者,徵以史实,溯其成败,部列而条比之,故题曰"徵实解"。黄寿祺先生指出:《易》经文中或有"与史事相涉"者,《传》文中若干条"已开引史证经之先河";"汉晋古注,今可考见者,如郑玄、干宝之徒,亦时以史事比附经文。论者谓'至宋李光、杨万里,参证史事,《易》遂日启其论端',实则启论端者非自李、杨,特李、杨为甚耳。然李、杨之引史证经,亦未卦卦爻爻悉如是也。至翔瀛此书,则六十四卦三百八十四爻,几无一不引史事以实之,则又本李、杨之术而加厉者也。夫《易》之为书,天道人事,古往今来一切万事万物之理,无所不赅,无所不包,故能成其大。若徒以史事证之,则《易》辞与史例无异,而《易》小矣。况乎翔瀛之比附,尽有不切者",而"必欲强合之,故终不免于傅会矣。"(《易学群书平议》)

【易理中正论】 刘锦标撰。民国十九年(1930)关东印书馆出版。此书凡四篇,第一篇《总论》,分述《易》之意义、卦之构成、爻之象征及研《易》所应注意之条例;第二、三篇论上下经六十四卦,各卦均先列卦爻辞,次以己意通说一卦六爻大旨;第四篇《十翼》集注,依《彖上传》、《彖下传》、《象上传》、《象下传》、《系辞上传》、《系辞下传》、《文言传》、《说卦传》、《序卦传》、《杂卦传》次序,逐录原文,间引历代《易》说以释之。书名《中正论》者,盖如《总论》所云:《周易》之理无非示人"制其过,勉其不及,克其邪,除其偏,引之于中正之道"。

【易数钩隐图】 北宋刘牧撰。三卷,附《易数钩隐图遗论九事》一卷。《通志堂经解》本。据《宋史·艺文志》载,刘牧有《新注周易》十一卷、《图》一卷,晁公武《郡斋读书志》作《图》三卷;其《新注》今不传,惟《图》存三卷,与晁氏之本同。今本《图》后所附《遗论九事》,一为《太皞氏授龙马负图》,二为《六十四卦推荡诀》,三为《大衍之数五十》,四为《八卦变六十四卦》、五为《辨阴阳卦》、六为《复见天地之心》、七为《卦终未济》、八为《蓍数揲法》、九为《阴阳律吕图》。《四库全书提要》指出:"汉儒言《易》,多主象数;至宋,而象数之中复歧出图书一派。牧在邵子之前,其首倡者也。牧之学出于种放,放出于陈抟,其源流与邵子之出于穆、李者同;而以九为河图、十为洛书,则与邵异。其学盛行于仁宗时。黄黎献作《略例隐诀》、吴祕作《通神》、程大昌作《易原》,皆发明牧说;而叶昌龄则作《图义》以驳之,宋咸则作《王刘易辨》以攻之,李觏复有《删定易图论》。至蔡元定,则以为与孔安国、刘歆所传不合,而以十为河图、九为洛书,朱子从之,著《易学启蒙》。自是以后,若胡一桂、董楷、吴澄之书,皆宗朱、蔡,牧之图几于不传。此本为通志堂所刊,何焯以为自《道藏》录出。今考《道藏目录》,实在'洞真部灵图类云字号'中(按,明《正统道藏》收入洞真部玉诀类)。是即图书之学出于道家之一证,录而存之,亦足广异闻也。南宋时,刘敏士尝刻于浙右漕司,前有欧阳修《序》。吴澄曰:'修不信河图而有此《序》,殆后人所伪为,而牧之后人误信之者。'俞琰亦曰:'《序》文浅俚,非修作。'其言有见,故今据而削之。其《遗论九事》","以先儒之所未及,故曰《遗论》。本别为一卷,徐氏刻《九经解》附之《钩隐图》末,今亦仍之焉。"按,《提要》此处所论"图书之学出于道家"一事,余嘉锡又加辨析云:"《四库全书总目》卷一百四十六'道家类'《道藏目录》,《提要》历举其所收诸书多非道家言,而议其一概收载为牵强。首举刘牧是书,谓旧入《易》类,从无以为道家者。是《提要》于彼,则讥其收入此书为非;于此,又以曾录收入,为此书出于道家之证:前后互异,未免近于矛盾。夫图书之学,出于道家,原有明徵,不必引此为证。如谓收入《道藏》即为出于道家,则执一羽流之言,可以定古今学术乎?恐转不足服牧之心矣。方东树《汉学商兑》卷上云:'刘牧《易数钩隐

· 374 ·

图》三卷,要是《道藏》收牧之书,非汉儒以来说河、洛者皆从《道藏》中来也。'"(《四库提要辨证》)

【易精蕴大义】 元解蒙撰。十二卷。《四库全书》录《永乐大典》本。此书久无传本,朱彝尊《经义考》注曰"佚",《四库全书》馆臣从《永乐大典》中录出,缺《豫》、《随》、《无妄》、《大壮》、《睽》、《蹇》、《中孚》七卦及《晋》卦后四爻,其他皆文义完备。其书体例,于卦爻之下先采辑前人《易》说;后抒发己意,各标"蒙谓"二字以别之。《四库全书提要》指出:"虽原为场屋经义而作,而荟萃群言,颇能得其精要。凡所自注,亦皆简明","其义虽多根柢前人,而诠释明晰,亦殊有裨于后学。至所引诸家之说,往往不署名氏,盖用朱子《诗集传》例,虽不能尽考其由来,要皆宋元以前诸经师之绪论也。谨依文排比,正其伪舛,厘为十二卷,著之于录。解缙《春雨堂集》,称是书为《易经精义》;《经义考》称书为《周易精蕴》。考《永乐大典》所题,实作解蒙《周易精蕴大义》。二人皆误记也。今据以为断,庶不失其本名焉。"

【易纂言外翼】 元吴澄撰。八卷。《四库全书》录《永乐大典》本。吴氏因所著《易纂言》之义例各散见诸卦中,不相统贯;其卷首所列卦画亦粗具梗概,未及详言,故复撰此书以畅明之。据吴氏《小序》,全书共十二篇:一曰《卦统》,二曰《卦对》,三曰《卦变》,四曰《卦主》,五曰《变卦》,六曰《互卦》,七曰《象例》,八曰《占例》,九曰《辞例》,十曰《变例》,十一曰《易原》,十二曰《易流》。其书罕有传本,朱彝尊《经义考》云:见明昆山叶氏《书目》载有四册,而亦未睹其书。《四库全书》馆臣从《永乐大典》录出,厘为八卷,然已非完本。《提要》指出:"今缺《卦变》、《变卦》、《互卦》三篇;《易流》缺半篇,《易原》疑亦不完。然其余尚首尾整齐,无所遗失。自唐定《正义》,《易》遂以王弼为宗,象数之学,久置不讲。澄为《纂言》,一决之于象,史谓其能尽破传注之穿凿,故言《易》者多宗之。是编类聚区分,以求其理之会通。如《卦统》、《卦对》二篇,言经之所以厘为上下,乃程、朱所未及。《象例》诸篇,阐明古义,尤非元明诸儒空谈妙悟者可比。虽稍有残缺,而宏纲巨目,尚可推寻。谨依原目编次,析为八卷,俾与《纂言》相辅而行焉。"按,北京图书馆今藏元刻本《易纂言外翼》十二卷,当为完本,宜资参考。

【易义清明条达】 谓《周易》的义旨,清澈明畅而理绪深远。语出《淮南子·泰族训》:"清明条达者,《易》之义也。"与《礼记·经解》"洁静精微,《易》教也",语意相类。

【易为五学之原】 五学,即《乐》、《诗》、《春秋》、《礼》、《书》五种经书之学。汉代崇尚经学,六经均立学官;班固指出《周易》的道理精奥,当为其他"五学"的本原。《汉书·艺文志·六艺略》:"六艺之文,《乐》以和神,仁之表也;《诗》以正言,义之用也;《礼》以明体,明者著见,故无训也;《书》以广听,知之术也;《春秋》以断事,信之符也:五者盖五常之道,相须而备,而《易》为之原。故曰:'《易》不可见,则乾坤或几乎息矣。'言与天地为终始也。"周敦颐以为:"圣人之精,画卦以示;圣人之蕴,因卦以发:《易》何止五经之原,其天地鬼神之奥乎!"(《易通·精蕴》)

【易为群经之首】 汉代以来研治经学的学者,以《周易》列于各种经籍之首,遂为学术界公认的通例。战国、秦、汉之间,已有"六经"、"六艺"的名称,《庄子·天运篇》引孔子对老聃之言:"丘治《诗》、《书》、《礼》、《乐》、《易》、《春秋》六经以为文。"以《周易》列第五位(《天下篇》所列位序同)。《礼记·经解篇》《史记·滑稽列传》及《太史公自序》言"六经"、"六艺"名次,亦与《庄子》略同。贾谊《新书·六术篇》曰:"《诗》、《书》、《易》、《春秋》、《礼》、《乐》六者之术,谓之'六艺'。"则以《周易》列第三位。至班固撰《汉书·艺文志》,以《周易》列"六艺略"首位,并谓《乐》、《诗》、

《礼》、《书》、《春秋》"五者盖五常之道,相须而备,而《易》为之原。"此后,各朝史书的《经籍志》、《艺文志》均将《周易》列为群经之首。陆德明《经典释文序录》云:"《周易》,虽文起周代,而卦肇伏羲,既处名教之初,故《易》为《七经》之首。"吴承仕先生《经典释文序录疏证》谓:"《七经》盖《五经》加《孝经》、《孟子》。"此言《周易》起源最早,故被冠于诸经首位。

【易为忧患之作】 旧说周文王于殷末之时被商纣囚于羑里,身罹患难,遂推衍六十四卦,撰《周易》卦爻辞,喻示修身明德以处患难之旨,故称《周易》为"忧患之作"。语本《系辞下传》:"《易》之兴也,其于中古乎?作《易》者,其有忧患乎?"孔颖达《周易正义》:"《易》之爻卦之象,则在上古伏羲之时,但其时理尚质素,圣道凝寂,直观其象足以垂教矣。但中古之时,事渐浇浮,非象可以为教,又须系以文辞,示以变动吉凶,故爻辞之时起于中古。"又曰:"若无忧患,何思何虑?不须营作。今既作《易》,故知有忧患也。身既忧患,须垂法以示后,以防忧患之事,故系以文辞,明其失得与吉凶也。其作《易》忧患,已于卷初详之也。"又孔氏《周易正义》卷首《论卦辞爻辞谁作》于列举有关周文王作卦爻辞的资料之后,指出:"准此诸文,伏羲制卦、文王系辞、孔子作《十翼》,《易》历三圣,只谓此也。故史迁云'文王囚而演《易》',即是'作《易》者其有忧患乎'。郑学之徒,并依此说也。"来知德《周易集注》:"《易》之兴,指《周易》所系之辞。《易》乃伏羲所作,然无斯辞,文王已前不过为占卜之书而已。至文王始有彖辞,教人以反身修德之道,则《易》书之著明而兴起者,自文王始也。因受羑里之难,身经乎患难,故所作之《易》无非处患难之道。"按,旧说以为文王作卦爻辞,固未必然;但《系辞传》推测《周易》兴于商末周初的"中古"时代,作《易》者流露忧患思想,实可参考。

【易以卜筮独存】 秦始皇兼并天下,焚毁一切非秦纪的旧籍文献、百家著述,唯医药、卜筮、种树之书不在禁中;故《周易》作为筮书独得幸免于燔,较其他遭焚残缺的经典最为完整地流传于后世。《史记·秦始皇本纪》载秦政三十四年(前213),李斯上书始皇"请史官非秦纪皆烧之","所不去者,医药、卜筮、种树之书",始皇制曰:"可。"于是造成了一场中国学术史上的"焚书"浩劫。《汉书·艺文志》:"及秦燔书,而《易》为卜筮之事,传者不绝。"又《儒林传》:"及秦禁学,《易》为卜筮之书,独不禁,故传受者不绝也。"

【易生行谱例言】 廖平撰。一卷。《新订六译馆丛书》本。廖氏自述撰著纲领略云:"《易》孳乳相生,宗友少长,最为森严。经有'祖'、'妣'、'婚媾'之名,传有'父母'、'男女'之说。考一卦生三子,三子生九孙,一图三十六内卦,主生孙九,孙客九;外卦客生九孙,又客九卦。生之谓'易',本谓所生九卦也。'憧憧往来',即谓为客之二十四卦也。又《易》由下生上,《周谱》旁行斜上,本法于《易》。今《史记》改为由上而下,不可解矣。分三十六卦为偶,以四声名之:去九卦,为孙;入九卦,为孙中客;上九卦,为客中孙;平九卦,为客中客。此指下行谱而言,合生与行,为生行图谱。"其说新异不经,学者未能置信。考清光绪《井研志·艺文艺》载廖氏此书作"《易类生行谱》二卷"。并谓:"(廖氏)癸巳于九峰先成此书,为四益《易》学之初阶。其书不用京氏八宫法,每卦内三爻为生,外三爻为行,一卦生三,故八别生二十四子息,八和生二十四子息。外卦则皆一人行,三人行于内为客,故曰'有不速之客三人来'。因取《左氏》一爻变之例,每卦六变爻为一卦,又六变合为三十六卦。因编为图,纵横往复,悉有条理。每卦一图,由一图以推三十六图。其辞说不下数十万言。"黄寿祺先生《易学群书平议》云:"按《志》之说,是平此书已有完书,今此本只刻《例言》,并无图说,盖系编刻未完之本无疑,则亦无由尽观其会通矣。"

【易汉学师承表】 清吴翊寅撰。一卷。光绪二十年(1894)至二十一年(1895)间广雅书局刊本。此书略依洪亮吉《传经表》之例,分汉代《易》家为杨何、施雠、孟喜、梁丘贺、京房、费直六派,根据史传,博采杂书,将各派《易》家列表归类排列,题别姓名,略注事迹,间为案语以疏通证明之。较洪氏《传经表》,更为详审。唯其中子夏、杨何、韩婴、焦延寿、高相、荀辉等人,其事迹、流别旧有异说或疑义者,未能周密考证,亦为小失。吴承仕先生谓:"吴氏专治汉《易》,所得甚多,考据之事,偶失检照,固无伤大体已。"(《检斋读书提要》)

【易有内象外象】 北宋邵雍的《易》学观点,认为《周易》有内在的象征理致,谓之"内象";又有外在象征物象,谓之"外象"。邵氏《皇极经世书·观物外篇》云:"《易》有内象,理致是也;有外象,指定一物而不变者是也。"清刘斯祖辑《皇极经世书绪言》述明黄粤洲注曰:"凡为《易》之定理定数而不得更者,皆内象也。其各指定一物,如《屯》之'乘马'、'即鹿',《蒙》之'纳妇'、'克家'之类,各象其物宜而不变,然皆象之外指而拟诸形容者也,故谓之外象也。"

【易穷通变化论】 清俞樾撰。一卷。《春在堂全书》本。此书大旨,取虞翻旁通、成《既济》定之例,及荀爽升降之例,通论《易》卦"穷则变,变则通"之理。柯劭忞指出:"樾以《易》之大义归于《既济》定,阴阳得正者一百九十二爻,失正者亦一百九十二爻;得正则《既济》定,失正宜化不正为正,然后可以定。故于旁通之卦,彼此互易。此一百九十二爻中阴阳可得而易者九十六爻,阳遇阳、阴遇阴不可得而易者亦九十六爻;可易斯谓之通,不可易斯谓之穷;穷则有变通之法,变则化,化则不正者可以为正。又谓欲知穷通必先知升降,则荀慈明之说也;欲知升降必先知旁通,则虞仲翔之说也。其参用升降、旁通为一事,则近儒焦里堂之说也。综其大旨,为通于他卦谓之通,不通于他卦谓之穷,穷于他卦而自变其阴阳、化不正以为正谓之变化。提纲挈领,可以导初学之门径。至于驳焦氏不求之旁通之卦,而先于本卦相易,犹家人无可配偶而后求之他族,其论折衷至当,尤足为里堂之诤友。"(《续修四库全书提要》)

【易纬乾坤凿度】 旧题东汉郑玄注。二卷。《易纬八种》之一。见"乾坤凿度"。

【易学丛书续编】 台湾广文书局印行。1974年台北出版。此套丛书续补《易学丛书》之所未备,旨在搜集宋、元至清朝《易》著,汇合成编。凡采入者,有宋代张载、司马光、苏轼、刘牧、赵彦肃、吕祖谦、张根、朱震、张浚、李衡、郭雍、郑汝谐、项安世、杨简、赵汝楳、俞琰,元代许衡、吴澄、黄泽、李简、梁寅,清代黄宗羲、毛奇龄、李光地、纳兰成德、李塨、惠士奇、庄存與、何秋涛、陈寿熊、张履祥、成蓉、李锐、李富孙、宋翔凤、孙星衍等,计三十六家四十三种《易》学著述。全书各册多取《通志堂经解》、《皇清经解》、《续皇清经解》等本影印而成,亦有取其他刊本影印者。

【易学启蒙小传】 南宋税與权撰。一卷。《通志堂经解》本。此书大旨,乃引据旧说,阐发邵雍"后天《易》"之义,以补述朱熹《易学启蒙》之所未备。《四库全书提要》指出:"初,朱子作《易学启蒙》,多发邵氏先天图义。至与袁枢论后天《易》,则谓尝以卦画纵横,反覆求之,竟不得文王所以安排之意,是以畏惧不敢妄为之说。与权从魏了翁讲明邵氏诸书,于《观物篇》得后天《易》上下经序卦图。证以《杂卦传》及扬雄所称'文王重《易》六爻互用两卦十二爻',孔颖达所称'六十四卦二二相偶,非覆即变'之说。知《乾》、《坤》、《坎》、《离》、《颐》、《中孚》、《大过》、《小过》不易之八卦,为上下两篇之干;其互易之五十六卦为上下两篇之用。即其图反覆观之,上下经皆为十八卦,始终不出九数,以明羲、文之《易》,似异而同。盖阐邵子之说,以补《启蒙》之未备,所谓持之有故,而执之成理者也。史子翚《跋》称因是书悟乾坤纳甲之义,乾自甲而壬,坤自乙而癸,其数皆九;而疑其乾九能兼坤六,坤阴不能包乾阳之说。谓六之中有一、三、五,则九数固藏于六,欲更与与权商之。盖天下之数,不出奇偶,任举一义,皆有说可通,愈推而愈各有理,此类是矣。谓非《易》之根本则可,谓非《易》中之一义则又不可也。"

【易学启蒙通释】 南宋胡方平撰。二卷。《四库全书》本。此书阐释朱熹《易学启蒙》之旨,多引朱熹门人及后学之说为释,是研读《启蒙》的可取参考书。《四库全书提要》指出:"方平之学,出于董梦程;梦程之学,出于黄榦;榦,朱子婿也。故方平及其子一桂皆笃守朱子之说。此书即发明朱子《易学启蒙》之旨。"又云:"盖《易》之为道,理数并存,不可滞于一说。朱子因《程传》专主明理,故兼取邵子之数以补其偏,非脱略《易》理,惟著此书以言数也。后人置《本义》不道,惟假借此书以转相推衍,至于支离樛轕而不已,是岂朱子之本旨乎?方平此书,虽亦专阐数学,而根据朱子之书,反覆诠释。所采诸书,凡黄榦、董铢、刘爚、陈埴、蔡渊、蔡沈六家。皆朱子门人。又蔡模、徐幾、翁泳三家,模,蔡渊子;幾、泳,皆渊之门人。故所衍说,尚不至他家之竟离其宗,是亦读《启蒙》者所当考矣。"又谓:董真卿《周易会通》云此书有方平《自序》一篇,"今本佚之,惟存《后序》一篇。朱彝尊《经义考》乃竟以朱子原《序》为方平之《序》,可谓千虑一失。徐氏通志堂刻本,于此《序》之末题'淳熙丙午暮春既望云台真逸手记',是显著朱子之别号矣,而其标目乃称《易学启蒙通释序》;淳熙丙午,下距至元己丑凡一百一十三年,朱子安知有《通释》乎?今刊正矣,俾无滋后来之疑焉。"

【易学启蒙意见】 明韩邦奇撰。五卷。《四库全书》本。此书旨在阐明朱熹《易学启蒙》之说。《四库全书提要》指出:"一卷曰《本图书》,二卷曰《原卦画》,皆推衍邵氏之学,详为图解;三卷曰《明蓍策》,亦发明古法,而附论近世'后二变不挂'之误;四卷曰《考占变》,述六爻不变及六爻递变之旧例;五卷曰《七占》,凡六爻不变、六爻俱变及一爻变者皆仍其旧,其二爻、三爻、四爻、五爻变者则别立新法以占之。所列卦图,皆以一卦变六十四卦,与焦延寿《易林》同。然其宗旨则宋儒之《易》,非汉儒之《易》也。"按,今存此书明正德九年(1514)李沧刻本及明嘉靖十三年(1534)苏祐刻本多部(见《中国古籍善本书目》),均作四卷,可备参考。

【易学启蒙翼传】 元胡一桂撰。四卷。《通志堂经解》本。此书乃胡氏为推阐、发明其父胡方平《易学启蒙通释》而作,故称《翼传》。《四库全书提要》指出:"《自序》称:去朱子才百余年,而承学渐失,如图书已厘正矣,复仍刘牧之谬者有之;卜筮之数灼如丹青矣,复祖尚玄旨者又有之。因于《本义附录纂疏》外,复辑为是书。凡《内篇》者三,一曰《举要》,以发辞变象占之义;二曰《明筮》,以考史传卜筮卦占之法;三曰《辨疑》,以辨河图洛书之同异。皆发明朱子之说者也。为《外篇》者一,《易》纬候诸书以及京房《飞候》、焦赣《易林》、扬雄《太玄》、司马光《潜虚》以至邵子《皇极经世》诸法,亦附录其概;以其皆《易》之支流,故别之曰'外'。大致与其父之书互相出入,而方平主于明本旨,一桂主于辨异学,故体例各殊焉。"

【易学群书平议】 黄寿祺撰。七卷。1988年6月北京师范大学出版社出版。此书取名"平议",据书首《凡例》所述,乃本之清儒俞樾《群经平议》、《诸子平议》之名。全书大旨,在搜罗《四库全书》所未入及后世续作之《易》学著述,详为评介,撰为提要,原书大部分内容写于三十年代末,乃作者应《续修四库提要》馆所撰之稿,1947年编定成帙,越四十年重加修订出版。书中所评《易》学专著,自汉魏至近代,或为《周易》传注,或为《易》者通论,或为辑佚之《易》书,或为各种《易》纬,凡一百三十四种。作者遵依《四库提要》旧例,每篇皆先述书名、卷数、版本、著者爵里(如一人而著数书者,其爵里唯见于第一部,后但云某人有某书已著录),次述全书内容,最后论其是非得失,则为重点所在。作者本师尚秉和先生《序》称:"凡解《易》之书经黄君商订解剖,其是非得失,判然立明,如镜之鉴物,妍媸好丑,毫无遁形。学者苟由其说以求之,绝不至有面墙之叹,歧途之入也。"

【易教洁静精微】 指《周易》一书的教义,在于清静纯正,精思入微,犹言教人冷静沉思立身处世之道。语出《礼记·经解》:"洁静精微,《易》教也。"又曰:"洁静精微而不贼,则深于《易》者也。"孔颖达《礼记正义》:"《易》之于人,正则获吉,邪则获凶,不为淫滥,是洁静;穷理尽性,言入秋毫,是精微。"又曰:"《易》主洁静严正,远近相取,爱恶相攻,若不节制,则失在于贼害。"

【易象大意存解】 清任陈晋撰。一卷。《四库全书》本。此书不载《周易》经传本文,唯折衷诸家《易》说,阐明《易》象大意,故题曰《易象大意存解》。《四库全书提要》指出:"考《左传》韩起聘鲁,见《易象》、《春秋》。则《易》之主象,古有明文。陈晋以象为宗,实三代以来旧法。卷首标《凡例》七则,多申尚象之旨。书中首论太极五行,兼谈河、洛、先天诸图,然发挥明简,惟标举其理所可通,凡一切支离推衍、布算经而绘奕谱者,剪除殆尽。其《凡例》有曰:'后之言象数者,流入艺术之科,其术至精,而其理亦更奥涩;然偏于一隅,似反涉形下之器。'可云笃论。次论象、论爻、论象,不废互体之说,盖以《杂卦传》为据;次论六十四卦,各括其大旨,亦大抵切人事立言;终以《系辞》、《序卦》、《说卦》、《杂卦》,其文颇略。盖著书之意在于六十四卦,余皆互相发明耳。"

【易象图说内篇】 元张理撰。三卷,附《易象图说外篇》三卷。《通志堂经解》本。此书《内篇》凡三卷,曰《本图书》、《原卦画》、《明蓍策》;《外篇》亦三卷,曰《象数》、《卦爻》、《度数》。全书于元会运世之升降,岁时寒暑之进退,日月行度之盈缩,以及治乱之所以倚伏、理欲之所以消长、古代制礼作乐、画井封疆等,一切推本于图书。《四库全书》列入"子部术数类",《提要》指出:其书"盖与张行成《易通变》相类,皆《皇极经世》之支流也。图书之学,王湜以为自陈抟以前莫知所自来;而说者则谓秘于道家,至抟始显。此书引《参同契》'巽辛见平明,十五乾体就'云云,以明圆图;引'朔旦为复,阳气始通,姤始纪绪,履霜最先'云云,以明方图。其说颇相吻合。意所谓遭秦焚书,此图流于方外者,即影附此类欤?黄虞稷谓邓锜《大易图说》与理此书俱为《道藏》所录。今以白云霁《道藏目录》考之,实在'洞真部灵图类灵字号'中,则其说出道家可知矣。"按,《正统道藏·洞真部·玉诀类》亦收入此书。

【易象图说外篇】 元张理撰。三卷。《通志堂经解》本。参见"易象图说内篇"。

【易本义附录纂疏】 元胡一桂撰。十五卷。《通志堂经解》本。此书阐解《易》义,以朱熹《周易本义》为宗,取朱熹《文集》、《朱子语类》中涉及于《易》者作为附录,并取诸家《易》说有合于《本义》者疏通纂释之,故名其书曰《易本义附录纂疏》。《四库全书提要》指出:"其去取别裁,惟以朱子为断。《元史》称其受《易》源流出于朱子,殆以《启蒙翼传》及是书欤?陈栎称一桂此书于杨万里《易传》无半字及之。今检其所引,栎说信然。盖宋末元初讲学者门户最严,而新安诸儒于授受源流辨别尤甚。万里《易传》虽远宗程子,而早工吟咏,与范成大、陆游齐名,不甚以讲学为事。故虽尝荐朱子拒韩侂胄,而庆元党禁独不列名。一桂盖以词人擯之,未必尽以其书也。"

【易纬乾元序制记】 旧题东汉郑玄注。一卷。《四库全书》本。又称《乾元序制记》。为《易纬八种》之一。其书久佚,此书乃辑自《永乐大典》。《四库全书》列此书于"经部易类附录",《提要》指出:"案《乾元序制记》,《后汉书注》'七纬'名,并无其目。马氏《经籍考》始见一卷,陈振孙疑为后世术士附益之书。今考此篇首简,'文王比隆兴始霸'云云,孔颖达《诗疏》引之,作《是类谋》;《疏》又引《坤灵图》'法地之瑞'云云,今《坤灵图》亦无其文,而与此篇文义相合。又《隋书·王劭传》引《坤灵图》'泰姓商名宫'之文,亦在此篇。至其所言风雨寒温消息之术,乃与《稽览图》相近。疑本古纬所无,而后人于各纬中分析以成此书者。晁公武谓其本出于李淑,当亦唐、宋间人所妄题耳。"

【易经系辞传新解】 萧冬然撰。1984年台北易学出版社出版。此书专释《系辞传》义理,依上下传二十四章之次,逐句解释,并演绎为现代汉语。作者的主张,谓"读《传》为入《易》之门",故著此书以便初学;并于解说之间,参入某些现代科学理论,相为比较阐析,以明《易》与科学的关系。书后附载作者论文两篇:一为《易经的哲学模式》,二为《易经与现代科学》。

【易象妙于见形论】 东晋孙盛撰。清马国翰辑。一卷。《玉函山房辑佚书》本。据《晋书·孙盛传》,孙氏曾撰《易经妙于见形论》,简文帝使殷浩难之,终不能屈。今其书已佚。马国翰从《世说新语注》辑其遗文,并孔颖达《周易正义序》中所引之说,合为一卷。尚秉和先生谓其论"习尚清谈,而杂以玄旨","至《正义》所言,重卦之人孙盛以为夏禹,纯为臆说,毫无根据,孔氏已驳之"(《易说评议》)。

【易有圣人之道四焉】 谓《周易》含有"圣人"常用的道理四方面,即"辞"、"变"、"象"、"占"。语出《系辞上传》:"《易》有圣人之道四焉:以言者尚其辞,以动者尚其变,以制器者尚其象,以卜筮者尚其占。"意用《周易》来指导言论的人崇尚其文辞,用《周易》来指导行动的人崇尚其变化,用《周易》来指导制作器物的人崇尚其象征,用《周易》来指导问决疑的人崇尚其占筮。李鼎祚《周易集解》引崔憬曰:"圣人德合天地,智周万物,故能用此《易》道,大略有四,谓尚辞、尚变、尚象、尚占也。"俞琰《周易集说》:"《易》有圣人之道四焉,曰辞、曰变、曰象、曰占。得其主而用之者,各有所主。是故用之于言者主辞,用之于动者主乎变,用之于制器以尽创物之智者主乎象,用之于卜筮以明龟策之吉凶者主乎占。以,用也;尚,主也。"

【易有意象以统三象】 北宋邵雍《易》学观点,认为《周易》学说以"意象"为主,而统领"言象"、"像象"、"数象"三者。邵氏《皇极经世书·观物外篇》云:"《易》有意象,立意皆所以明象,统下三者:有象,不拟物而直言以明事;有像象,拟物以明意;有数象,七日、八月、三年、十年之类是也。"张行成《皇极经世观物外篇衍义》:"《易》有意、言、象、数。意萌于心,言出于口;有气则有象,有名则有数。此世之所知也。而不知一萌于心,即有象数,况已出于言乎?是故健、顺、动、止、陷、丽、说,入皆系象数,不必至于天、地、日、月、雷、风、山、泽之形而后有一、二、三、四、五、六、七、八之数也。所以雍皆谓之象。若无象可见,天地鬼神安得而知之耶?"

【易是假托说包含说】 南宋朱熹《易》学见解,认为《周易》一书的特色,是通过假托譬喻、包含囊括来展示万事万物之理。《朱子语类》载朱熹述《易》之总纲云:"它是假托说、包含说。假托,谓不惹着那事;包含,是说影像在这里,无所不包。"

【易道在天三爻足矣】 三国吴虞翻述

陈桃梦道士教诲虞翻的一句话(见《三国志·吴志·虞翻传》注引《虞翻列传》),意谓《周易》之道在天,三画之卦已足以应用。说者以为,此中隐含虞氏纳甲法取自道家炼丹书《周易参同契》之事,而"之正"成《既济》定的《易》例亦由此可见其本。吴翊寅《易汉学考》指出:"至谓六十四卦皆成《既济》而后位正,其说亦受之道士,所谓'《易》道在天,三爻已足'者也。"

【易数钩隐图遗论九事】 北宋刘牧撰。一卷。《通志堂经解》本。见"易数钩隐图"。

【易穷则变变则通通则久】《系辞下传》语。谓《周易》的哲理表明事物穷极就出现变化,变化就能畅通,畅通就可以长久。孔颖达《周易正义》:"言《易》道若穷则须随时改变,所以须变者,变则开通得久长,故云'通则久'也。"俞琰《周易集说》:"时当变则变,不变则穷,于是乎有变而通之之道焉。变而通之,所以趣时也。民之所未厌,圣人不强去之;民之所未安,圣人不强行。夫惟其数穷而时将变,圣人因而通之,则民不倦。不然,则民皆以为纷更,安得不倦?由之而莫知其所以然者,神也;以渐相忘于不言之中者,化也。神而化之,所以使民宜之也。不然,则民皆以为不便,何宜之有?《易》无有穷也,穷者数也。阳数穷于九,阴数穷于六。穷则变,变则通,通则久;久则穷。是以'自天祐之,吉无不利'也。"

【明夷】 六十四卦之一。列居篇中第三十六卦,由下离(☲)上坤(☷)组成,卦形作"䷣",卦名为《明夷》,象征"光明殒伤"。夷,谓"伤"也。事物的盛衰,社会的治乱,自有不可抗拒的发展规律。《明夷》卦以"明入地中"为喻,展示了政治昏暗、光明泯灭之世的情状以及"君子"自晦不明、守正不移的品质。卦辞"利艰贞"之义,强调在艰难中维护正道,在"自晦"中期待着转衰为盛、重见光明的一天。当然,就具体环境而言,"事"有可济、不可济之别,"时"有可居、不可居之分;于是卦中除上六为"暗君"之象外,余五爻分别从不同角度揭出"君子"处"明夷"的特点。苏轼《东坡易传》指出:"夫君子有责于斯世,力能救则救之,六二之'用拯'是也;力能正则正之,九三之'南狩'是也;既不能救,又不能正,则君子不敢辞其辱以私便其身,六五之'箕子'是也。君子居明夷之世,有责必有以塞之,无责必有以全身而不失其正。初九、六四无责于斯世,故近者则'入腹、获心、于出门庭',而远者则'行不及食'也。"这是对诸爻意义的较正确归纳。借此可以看出,初、四两爻是以消极反抗的态度处"明夷",二、三、五三爻是以积极救治的精神处"明夷";而积极救治又有"汤、武"式的毅烈行动,与"箕子"式的忍辱守持之分。要言之,处"明夷"的特点虽有不同,立足于"艰贞守正"的卦旨却全然一致。此旨在六五爻言之尤切,即极称时世虽暗而道不可没,立身纯正则危不足忧;《小象传》所谓"明不可息"是也。

【明两作】《离》卦的《大象传》语。意为:光明接连升起(悬附高空)。两,犹言"接连";作,起也。这是揭明《离》卦上下离均为"日"、为"明"之象,谓光明迭起,高悬天空,正为"附丽"的象征。参见"离大象传"。

【明僧绍】(? —483) 南朝齐平原鬲(今山东平原西北)人。字承烈。一字休烈。宋元嘉中再举秀才。明经,有儒术。屡辟不就。隐长广郡崂山,聚徒讲学。后住摄山建栖霞寺。尝往候沙门僧远。齐高帝欲见之,僧远为言,终不肯。高帝赐以竹根如意笋箨冠。永明元年(483),敕召僧绍,称疾不肯见;诏征国子博士,不就,卒(见《南齐书》及《南史》本传)。陆德明《经典释文序录》列东晋以来作《周易系辞注》者十人,明僧绍为其中之一。自韩康伯之注专行后,各家并废。僧绍《系辞注》,《隋书·经籍志》不载,盖亡佚已久。

【明入地中】 ①《明夷》卦的《象传》语。

意在揭明《明夷》卦下离为明、上坤为地之象,谓光明隐入地中、如日西落,正为"光明殒伤"的象征,以释卦名"明夷"之义。孔颖达《周易正义》:"此就二象以释卦名。"程颐《周易程氏传》:"明入于地,其明灭也,故为'明夷'。" ②《明夷》卦的《大象传》语。意与《彖传》之语同,揭明下离上坤之所以为"光明殒伤"的象征。参见"明夷大象传"。

【明出地上】 ①《晋》卦的《彖传》语。意在揭明《晋》卦上离为明、下坤为地之象,谓光明出现地面,正为"晋长"的象征,以释卦名"晋"之义。孔颖达《周易正义》:"离上坤下,故言'明出地上'。明既出地,渐就进长,所以为'晋'。" ②《晋》卦的《大象传》语。意与《彖传》之语同,揭明上离下坤之所以为"晋长"的象征。参见"晋大象传"。

【明夷九三】 《明夷》卦九三爻。以阳爻居卦第三位。爻辞曰:"明夷于南狩,得其大首;不可疾,贞。"意思是:光明殒伤时在南方狩猎而努力征伐,诛灭元凶首恶;此时不可操之过急,应当守持正固。南,孔颖达《周易正义》:"文明之所",指《明夷》卦九三爻处下离之上,"离"于后天方位象征"南";狩,《周易正义》:"征伐之类";大首,《周易正义》:"谓暗君",犹今言"元凶首恶",喻《明夷》卦上六爻;疾,急也。这是说明九三阳刚得正,居下卦之上,于"明夷"之世,志在诛灭上六"暗君",以著明正德,故有"南狩"、"得大首"之象;然此时天下"明夷"已久,除暗复明之事宜渐不宜急,须持正待时,故曰"不可疾,贞",其旨与卦辞"利艰贞"之义同。王弼《周易注》:"处下体之上,居文明之极,上为至晦'入地'之物也。故夷其明以获南狩,得大首也。南狩者,发其明也。"尚秉和先生《周易尚氏学》:"不可疾,言虽'得其大首',不可持之过急也。贞,谓宜安定也。''疾'与'贞'相对为义。旧读'疾贞'连文,《九家》谓'不可疾正',最为害理。

独项氏《玩辞》以'贞'自为句,与经义合。"按,尚秉和先生之说甚可取;来知德《周易集注》亦以"贞"为句,谓"不可疾,惟在于贞",即言此义。又按,朱熹《周易本义》云:"成汤起于夏台,文王兴于羑里,正合此爻之义。而小事亦有然者。"可见,《周易》的象征意义至为广泛,无论古事、今事、大事、小事,皆可触类为征,未必泥于一象,拘于一事。

【明夷上六】 《明夷》卦上六爻。以阴爻居卦最上之位。爻辞曰:"不明晦;初登于天,后入于地。"意思是:不发出光明却带来黑暗;起初登临天上,最终坠入地下。不明晦,犹言"不明反晦"。这是说明上六当"明夷"之时,以阴居卦极,为"暗君"之象,其德非但不能灿明,反而导致黑暗;犹如太阳初虽登临于天,终至西落沉坠。王弼《周易注》:"处'明夷'之极,是至晦者也。本其初也,在乎光照;转至于晦,遂入于地也。"按,胡炳文《周易本义通释》云:"下三爻以'明夷'为句首,四、五'明夷'之辞在句中,上六不曰'明夷'而曰'不明晦';盖惟上六不明而晦,所以五爻之明皆为其所夷也。"此说玩味《明夷》卦六则爻辞的措辞之意,于理有合。

【明夷六二】 《明夷》卦六二爻。以阴爻居卦第二位。爻辞曰:"明夷;夷于左股,用拯马壮,吉。"意思是:光明殒伤;让左边大腿伤损,然后借助健壮的良马勉力拯济,可获吉祥。拯,犹言"拯济"。这是说明六二处柔顺中正之位,当天下"明夷"之时,其志难行,故使"左股"伤损,自晦其智以守正,然后再借"良马"之"拯",缓图徐行,遂获吉祥。孔颖达《周易正义》:"左股被伤,行不能壮;六二以柔居中,用夷其明,不行刚壮之事者也。"又曰:"夷在于股,明避难不壮,不为暗主所疑,犹得处位,不至怀惧而行,然后徐徐用马以自拯济而获其壮,吉也。"按,来知德《周易集注》援引文王与纣之事证此爻喻义,曰:"文王囚于羑里,'夷于左股'也;散宜生之徒献珍珠美女,'用拯马壮'也;脱羑里之囚,得专征伐,'吉'也。"此说认为《明夷》六二爻辞的象征寓旨,即《象传》所云"内文明而外柔顺,以蒙大难,文王以之"之义。可备参考。

【明夷六五】《明夷》卦六五爻。以阴爻居卦第五位。爻辞曰:"箕子之明夷,利贞。"意思是:殷朝箕子的光明殒伤,利于守持正固。箕子,殷纣王的诸父,被纣囚而佯狂为奴。这是说明六五当"明夷"之时,最近上六"暗君",却能不失"柔中"之德,犹如箕子身罹内难、晦明守志,故其利在贞正不移,不为昏暗所没。此即《象传》所云"晦其明"、"内难而能正其志,箕子以之"之义。孔颖达《周易正义》:"六五最比暗君,似箕子之近殷纣,故曰'箕子之明夷'也。'利贞'者,箕子执志不回,暗不能没,明不可息,正不忧危,故曰'利贞'。"按,来知德《周易集注》释《明夷》六爻之象曰:"初爻指伯夷,二爻指文王,三爻指武王,四爻指微子,五爻指箕子,上六指纣。"若认为作《易》者的本意即指此,似未必尽然;但作为借以理解各爻的喻意,则亦可参考。又按,尚秉和先生《周易尚氏学》详考旧说,以为"箕子"即"孩子","箕"、"孩"音同通用;而"孩子"谓殷纣,指出:"六五天子位,孩子之明夷,谓纣昏蒙。"此说亦可通。

【明夷六四】《明夷》卦六四爻。以阴爻居卦第四位。爻辞曰:"入于左腹,获明夷之心,于出门庭。"意思是:顺入退处于左方腹部地位,深刻了解光明殒伤时的内中情状,于是毅然跨出门庭远去。左,含"退"、"顺"之义,喻《明夷》六四柔顺处事,孔颖达《周易正义》:"凡右为用事也,从其左不从其右,是卑顺不逆也";腹,《周易正义》:"事情之地",喻六四居腹要之位;心,心意,犹言"内情",此处指天下"明夷"的内在缘故。这说明六四居上卦坤体之始,犹如当"明夷"之时,身在暗地,以柔顺退处于"腹要"之位,遂能获知"明夷"时的内情,故及时抉择去从,毅然出门远遁。王弼《周易注》:"左者,取其顺也。入于左腹,得其心意,故虽近不危;随时避难,门庭而已,能不逆忤也。"尚秉和先生《周易尚氏学》:"四坤体,故曰'入于左腹';坤暗,故曰'获明夷之心,于出门庭'。"又曰:"言行至四入坤,悉'明夷'之故,正在于是也。"按,《明夷》卦下离为明体,上坤为暗体,上下卦诸爻皆依此发"明夷"之义。朱熹《周易本义》分析云:"下三爻明在暗外,故随其远近高下,而处之不同。六四以柔正处暗地而尚浅,故犹可以得意于远去;五以柔中居暗地而已迫,故为内难正志以晦其明之象;上则极乎暗矣,故为自伤其明以至于暗,而又足以伤人之明。盖下五爻皆为君子,独上一爻为暗君也。"此说甚得卦旨。

【明夷初九】《明夷》卦初九爻。以阳爻处卦下初位。爻辞曰:"明夷于飞,垂其翼;君子于行,三日不食;有攸往,主人有言。"意思是:光明殒伤时向外飞翔,低垂掩抑着翅膀;君子仓皇远走遁行,三日不顾充填饥肠;此时有所前往,所遇主人将疑怪责言。言,指责怪之言。这是说明初九以阳刚处"明夷"之始,卑居卦下,有及早潜隐避难、自晦不用之象,犹如鸟在"明夷"昏暗中垂翼远飞,又如"君子"仓皇出走、饥不遑食,故曰"明夷于飞"、"君子于行";但初九以卑微之阳刚而识时已早,未必为人所理解,此时"自晦其明"而远避"有往",所遇"主事之人"必疑怪责言,故又曰"有攸往,主人有言",辞义含有诫初九"用晦"审慎的意思。王弼《周易注》:"明夷之主,在于上六,上六为至暗者也。初处卦之始,最远于难也。远难过甚,明夷远遁,绝迹匿形,不由轨路,故曰'明夷于飞'。怀惧而行,行不敢显,故曰'垂其翼'也。尚义而行,故曰'君子于行'也。志急于行,饥不遑食,故曰'三日不食'也。殊类过甚,以斯适人,人必疑之,故曰'有攸往,主人有言'。"尚秉和先生《周易尚氏

383

学》："凡有所往，而为主人所恶，责让不安。"按，《明夷》初九爻辞的前四句，喻象生动，形式谐美，且偶句用韵，可视为一首意味隽永的小诗。就其表现手法看，前两句用鸟飞垂翼先为"起兴"，后两句以君子遯行表示"所言之词"：此与《诗经》的"兴体"颇类似；而四句的整体意义又是比喻初九处"明夷"的情状。章学诚《文史通义·易教》云："《易》象虽包六艺，与《诗》之比兴，尤为表里。"此说至为可取。

【明夷卦辞】《明夷》卦的卦辞。其文曰："明夷，利艰贞。"意思是：《明夷》卦象征光明殒伤，利于牢记艰难而守持正固。明夷，卦名，象征"光明殒伤"；夷，《序卦传》云"伤也"。此卦的上下体为日入地中之象，犹如光明伤灭，故名为"明夷"；而当天下"明夷"之时，"君子"利在自"艰"守"正"，不可忘忽艰难，轻易用事，故曰"利艰贞"。李鼎祚《周易集解》引郑玄曰："日之明伤，犹圣人君子有明德而遭乱世，抑在下位，则宜自艰，无干事政，以避小人之害也。"孔颖达《周易正义》："此卦日入地中，'明夷'之象；施之于人事，暗主在上，明臣在下，不敢显其明智，亦'明夷'之义也。"按，《明夷》卦辞以"利艰贞"立义，深见作者警戒之旨。《周易折中》引李舜臣曰："《易》卦诸爻，《噬嗑》之九四、《大畜》之九三，曰'利艰贞'；未有一卦全体以'利艰贞'为义者。此盖睹君子之明伤为可惧，而危辞以戒之。其时可知也。"

【明夷彖传】《明夷》卦的《彖传》。旨在解说《明夷》卦的卦名、卦辞之义。其文为："《彖》曰：明入地中，明夷；内文明而外柔顺，以蒙大难，文王以之。利艰贞，晦其明也；内难而能正其志，箕子以之。"意思是：《彖传》说：光明隐入地中，象征光明殒伤；譬如内含文明美德而外呈柔顺情态，以此经受巨大的患难，周文王就是用这种方法渡过危难。利于牢记艰难并守持正固，说明要自我隐晦光明；尽管身陷内难也能秉正坚持精诚的意志，殷朝的箕子就是用这种方法晦明守正。"全文可分两节理解。第一节，自"明入地中"至"文王以之"五句，举《明夷》卦下离为日、为文明之象及上坤为地、为柔顺之象，并引周文王之例为说，指出天下"明夷"之时，犹如日落地中，君子应内含"文明"之德，外呈"柔顺"之状，慎度危难，以释卦名"明夷"之义。第二节，自"利艰贞"至"箕子以之"四句，举殷末的箕子处"内难"而守正的史例为说，指出处"明夷"之道，在于"正其志"、"晦其明"而以艰难自守，以释《明夷》卦辞"利艰贞"之义。按，《彖传》举文王之事释卦名"明夷"，又举箕子之事解释卦辞"利艰贞"：两事与卦旨甚相切合，且箕子事又与六五爻辞"箕子之明夷"相应。张载《横渠易说》云："文王体一卦之用，箕子以六五一爻之德；文王难在外，箕子难在内也。"

【明罚勑法】《噬嗑》卦的《大象传》语。意为严明刑罚、肃正法令。勑，音赤 chì，即"敕"，犹言"正"。这是从《噬嗑》卦"雷电"交加的卦象而推阐出的"先王"效法此象，明其刑罚、正其法令，使天下合一的意义。参见"噬嗑大象传"。

【明夷大象传】《明夷》卦的《大象传》。其辞曰："明入地中，明夷；君子以莅众，用晦而明。"意思是：光明隐入地中，象征"光明殒伤"；君子因此慎于治理众人，能够自我晦藏明智而更加显出道德光明。莅，临也，"莅众"犹言"治众"。这是先揭明《明夷》卦下离为明、上坤为地之象，谓明入地中，如日西落，正为"光明殒伤"的象征；然后推阐出"君子"观此象，须悟知治理众人应当用"晦明"之道，则其"明"益显的道理。李鼎祚《周易集解》引郑玄曰："日出地上，其明乃光；至其入地，明则伤矣，故谓之'明夷'。"程颐《周易程氏传》："明所以照，君子无所不照。然用明之过，则伤于察，太察则尽事而无含弘之度。故君子观明入地中之象，于莅众也，不极其明察而用晦，然后能容物和众，众亲而安。是用晦乃所以明也。"按,此卦命名"明夷"的象征主旨,在于"天下"昏暗,"君子"晦明不用,"艰贞"守志。故《彖传》以文王、箕子处患难为说,揭示特殊环境中不得已而"用晦"的道理。《大象传》则从"莅众"的角度,引申出"晦明"施治、其明益显的普遍意义。这一点实为古代统治阶级总结出来的一种政治"艺术",本于《老子》"无为而无不为"的思想。王弼《周易注》指出:"莅众显明,蔽伪百姓者也;故以'蒙'养正,以'明夷'莅众。藏明于内,乃得明也;显明于外,巧所辟也。"孔颖达《周易正义》更举古代帝王仪饰为例,认为"冕旒"象征"蔽明"、"黈纩"象征"蔽聪",指出:"冕旒垂目,黈纩塞耳,无为清静,民化不欺。"此均为对《明夷》卦《大象传》立意的深刻理解。

【明以动故丰】 《丰》卦的《彖传》语。意思是:道德光明而后施于行动,所以能获得大成果。明,指《丰》卦下离为明;动,指《丰》卦上震为动。这是以《丰》卦的上下卦象,释卦名"丰"之义。孔颖达《周易正义》:"此就二体释卦得名为'丰'之意。动而不明,未能光大;资明以动,乃能致丰。"

【明夷九三小象传】 《明夷》卦九三爻的《小象传》。其辞曰:"南狩之志,乃大得也。"意思是:在南方狩猎而努力征伐的志向,说明九三必将大有所得。这是解说《明夷》九三爻辞"南狩"的象征内涵。孔颖达《周易正义》:"志欲除暗,乃得大首,是其志大得也。"程颐《周易程氏传》:"夫以下之明除上之暗,其志在去害而已。如商、周之汤、武,岂有意于利天下乎?得其大首,是能去害,而大得其志矣。志苟不然,乃悖乱之事也。"

【明夷上六小象传】 《明夷》卦上六爻的《小象传》。其辞曰:"初登于天,照四国也;后入于地,失则也。"意思是:起初登临天上,足以照耀四方诸国;最终坠入地下,说明上六违背了正确的法则。这是解说《明夷》上六爻辞"初登于天,后入于地"的象征内涵。孔颖达《周易正义》:"本其初也,其意在于光照四国;其后由乎不明,其意在于光照四国;其后由乎不明,遂入于地,谓见诛灭也。《象》曰'失则'者,由失法则故诛灭也。"

【明夷六二小象传】 《明夷》卦六二爻的《小象传》。其辞曰:"六二之吉,顺以则也。"意思是:六二的吉祥,说明此时既柔顺又能坚守正确的法则。这是解说《明夷》六二爻辞"吉"的象征内涵。来知德《周易集注》:"言外虽柔顺,而内实文明有法则也,所以'用拯马壮'也。"

【明夷六五小象传】 《明夷》卦六五爻的《小象传》。其辞曰:"箕子之贞,明不可息也。"意思是:殷朝的箕子守持正固,说明六五内心的光明不可熄灭。这是解说《明夷》六五爻辞"箕子之明夷,利贞"的象征内涵。息,通"熄"。孔颖达《周易正义》:"息,灭也。《象》称'明不可灭'者,明箕子能保其贞,卒以全身为武王师也。"

【明夷六四小象传】 《明夷》卦六四爻的《小象传》。其辞曰:"入于左腹,获心意也。"意思是:顺入退处于左方腹部地位。说明六四能够深刻了解光明殒伤时的内中情状。这是解说《明夷》六四爻辞"入于左腹"的象征内涵。孔颖达《周易正义》:"心有所存,既不逆忤,能顺其旨,故曰'获心意'。"

【明夷初九小象传】 《明夷》卦初九爻的《小象传》。其辞曰:"君子于行,义不食也。"意思是:君子仓皇远走遯行,说明初九在"自晦"的意义上是不求禄食。这是解说《明夷》初九爻辞"君子于行,三日不食"的象征内涵。程颐《周易程氏传》:"君子遯藏而困穷,义当然也;唯义之当然,故安处而无闷,虽不食可也。"尚秉和先生《周易尚氏学》:"方自晦之不遐,当然不得禄食也。"

【明夷于飞垂其翼】 《明夷》卦初九爻辞之语。意为:光明殒伤时向外飞翔,低垂掩抑着翅膀。此言初九以阳刚处"明夷"之始,卑居卦下,有及早潜隐避难、自晦不用之象,犹如鸟在"光明殒伤"、暮色昏暗中垂翼远飞,故曰"明夷于飞,垂其翼"。参见"明夷初九"。

【明夷受之以家人】 《周易》六十四卦,以象征"光明殒伤"的《明夷》卦列居第三十六卦,"夷"犹言"伤";人若在外遭受损伤,必然要返回家中,以求家庭温暖的慰藉,所以接《明夷》之后是象征"一家人"的第三十七卦《家人》卦。此称《明夷》受之以《家人》。语本《序卦传》:"夷者,伤也。伤于外者必反其家,故受之以《家人》。"李鼎祚《周易集解》引韩康伯曰:"伤于外者,必反诸内矣。"苏轼《东坡易传》:"人穷则反本,疾痛则呼叫父母,故伤则反于家。"程颐《周易程氏传》:"夫伤困于外,则必反于内,《家人》所以次《明夷》也。"

【明庶政无敢折狱】 《贲》卦的《大象传》之语。意思是:修明众多的政务,但不敢靠文饰处理讼狱。这是从《贲》卦"山下有火"的卦象而推阐出"君子"观此象,须悟知以"文明"理政,但不可以"文饰"断狱的道理。参见贲大象传。

【明慎用刑而不留狱】 《旅》卦的《大象传》语。意为:明决审慎地动用刑罚而不稽留讼狱。这是从《旅》卦"山上有火"、火势流动的卦象而推阐出的"君子"观此象,须悟知"用刑"当如"山火"之明决谨慎,而不滞留狱事的道理。参见旅大象传。

【明夷于南狩得其大首】 《明夷》卦九三爻辞之语。意思是:光明殒伤时在南方狩猎而努力征伐,诛灭元凶首恶。南,指《明夷》九三处下离之上,"离"于后天方位象征"南";狩,狩猎,指征伐之事;大首,犹言"元凶首恶",喻《明夷》上六为"暗君"。这是说明九三阳刚得正,居下卦之上,于"明夷"之世,志在诛灭上六"暗君",以著明正德,故有"明夷于南狩,得其大首"之象。参见"明夷九三"。

【尚秉和】(1870—1950) 河北行唐人。字节之。家临滋河之滨,故晚自号滋溪老人;京寓植有双槐,学者因称槐轩先生。少肄业本邑龙泉书院,后游学于保定莲池书院,师事吴汝纶。遍治经史,精研辞章,颇有创获。清光绪十七年(1891)成进士,分工部。三十年(1904)入进士馆,学习法政,后任巡警部主事、员外郎。宣统元年(1909),入京师大学堂为教习,次年丁父忧,服阕复为民政部员外郎。辛亥革命后,任内务部第三科科长、署理营缮司司长。浮沉郎署者十余年。后遂辞官,执教于国立清华大学。1929年受沈阳萃升书院之聘,主讲席三年。日本侵陷东北,还为北平中国大学教授。1936年受聘执教于保定莲池讲学院。卢沟桥事变起,家居不复出。抗日战争胜利后,南京"国史馆"聘为纂修。1950年病殁。平生口讷于言,于学则无所不窥,精通方术、医药,又工绘事,善鉴赏金石文玩。著述甚丰,遍涉经、史、子、集,其《辛壬春秋》、《历代社会风俗事物考》颇见重于世。于《易》研讨最深,主张"象为学《易》之本"。曾全面考究汉《易》象数学的特点,详探《左传》、《国语》、《逸周书》尤其是《易林》中久已为人忘忽的《周易》内外卦象、互象、对象、正反象、半象、大象等百二十余象的应用规律。凡立说与取象,多有创见,而不苟同于先儒。时贤王树枏称其"将二千年《易》家之盲词呓语一一驳倒,使西汉《易》学复明于世,孟子所谓其功不在禹下。"(忭埔《焦氏易林注叙》)主要《易》学专著有《周易尚氏学》二十卷、《焦氏易林注》十六卷、《焦氏易诂》十二卷、《易林评议》十二卷、《读易偶得录》二卷、《左传国语易象释》一卷、《太玄筮法正误》一卷、《易说评议》(不分卷)、《周易古筮考》十卷、《周易时训卦气图易象考》一卷、《连山归藏卦名卦象考》一卷等。

【贤人在下位而无辅】 《乾》卦《文言传》语。旨在衍释《乾》上九爻辞"亢龙有悔"之义。贤人,指下卦的九三。此以三、上两阳爻不相应,喻上九穷居高位而得不到在下位的"贤人"辅助,故终致"有悔"。李鼎祚《周易集解》引荀爽曰:"三阳德正,故曰贤人;别体在下,故曰在下位;两阳无应,故无辅。"按,此语又见《系辞下传》,亦释《乾》上九爻辞之义,孔颖达《周易正义》认为乃《系辞传》特举"亢龙"之穷高以与前文释"劳谦"之卑恭相对照;朱熹《周易本义》则认为"当属《文言》,此盖重出"。两说并可参考。

【果行育德】 语出《蒙》卦《大象传》"君子以果行育德"。意思是:君子果决坚定自己的行为来培育美德。这是从《蒙》卦的上下卦象"山下出泉"而推阐出的"君子"应长期不懈地"发蒙"、"启智"的象征意义。参见"蒙大象传"。

【虎变】 喻事物的变革达到完美阶段。语出《革》卦九五爻辞"大人虎变,未占有孚"。《关尹子》:"圣人道虽虎变,事则鳖行;道虽丝纷,事则棋布。"《文选》载陆机《文赋》:"或虎变而兽扰,或龙见而鸟澜。"

【虎尾春冰】 虎可噬人,春冰薄而易陷,喻极危险的处境。《履》卦卦辞云:"履虎尾,不咥人,亨";又六三爻辞云:"履虎尾咥人,凶"。《尚书·君牙》:"心之忧危,若蹈虎尾,涉于春冰。"

【虎视眈眈其欲逐逐】 《颐》卦六四爻辞之语。意思是:犹如猛虎眈眈注视,迫切求物接连不绝。眈眈,专一注视之状;逐逐,形容连接不绝。这是说明六四当"颐养"之时,柔正得位,下应初九之阳,犹如上者向下求养再用以养下;此时六四求养于初九专诚不二,其所需求之物连继不绝,故有"虎视眈眈,其欲逐逐"之象。参见"颐六四"。

【盱豫悔】 《豫》卦六三爻辞之语。意为:美目媚上寻求欢乐,必致悔恨。盱,音需 xū,喜悦而目上视之状。此言六三当"豫"之时,阴柔失正,上承九四之阳,有媚上求乐之象,将致悔恨,故曰"盱豫悔"。参见"豫六三"。

【盱豫有悔位不当也】 《豫》卦六三爻的《小象传》辞。旨在解说六三爻辞"盱豫"、"有悔"的象征内涵。意思是:媚眼悦上寻求欢乐而必有悔恨,说明六三居位不正当。参见"豫六三小象传"。

【忠信所以进德】 《乾》卦《文言传》语。旨在衍释《乾》九三"君子"的象征内涵。意思是:九三"君子"忠诚信实,就可以不断增进美德。孔颖达《周易正义》:"复解'进德'之事。推忠于人,以信待物,人则亲而尊之,其德日进,是进德也。"李鼎祚《周易集解》引崔憬曰:"推忠于人,以信待物,故其德日新也。"

【鸣谦】 ①《谦》卦六二爻辞之语。意为:谦虚名声外闻。鸣,谓声闻于外。此言六二当"谦"之时,柔顺居中得正,谦声外闻,故有"鸣谦"之象。参见"谦六二"。②《谦》卦上六爻辞之语。为:谦虚名声远闻。其字面之意与《谦》六二爻辞略同,但六二处内"鸣"于外,上六居上"鸣"于下,两者特点不同。此言上六高居《谦》卦极位,谦虚至极而名声远闻,故亦有"鸣谦"之象。参见"谦上六"。

【鸣豫】 《豫》卦初六爻辞之语。意思是:沉溺于欢乐自鸣得意。此言初六当"豫"之时,阴居阳位,以失正之体上应九四,有沉溺于乐而自鸣得意之象。参见"豫初六"。

【鸣谦志未得也】 《谦》卦上六爻的《小象传》语。旨在解说上六爻辞"鸣谦"的象征内涵。意思是:谦声名声远闻,但上六的心志尚未完全实现。参见"谦上六小象传"。

【鸣谦贞吉中心得也】 《谦》卦六二爻的《小象传》辞。旨在解说六二爻辞"鸣谦,贞吉"的象征内涵。意思是:谦虚名声外闻,守持正固可获吉祥,说明六二靠中心纯正赢得名声。参见"谦六二小象传"。

【鸣鹤在阴其子和之】 《中孚》卦九二爻辞之语。意思是:鹤鸟在山阴鸣唱,其同类声声应和。鹤,喻《中孚》九二;阴,谓山阴,喻九二处两阴爻之下;其子,喻《中孚》九五。这是说明九二当"中孚"之时,以"刚中"之德居下卦中位,笃诚信实,声闻于外,与上卦九五以诚相接,犹如鹤鸟虽鸣于山阴,而其类亦能遥相应和,故称"鸣鹤在阴,其子和之"。参见"中孚九二"。

〔J〕

【周公】(?—约前1095) 西周初年政治家、思想家。姬姓,周武王之弟,名旦,亦称叔旦。因其采邑在周地(今陕西岐山北),故称周公。曾助武王伐纣灭商。建立西周王朝次年,武王逝世,成王年幼,由他摄政。制礼作乐,完善了西周的典章制度。或说周文王作《周易》六十四卦的卦辞,周公作三百八十四爻的爻辞。于是前代《易》家叙《周易》作者时,亦或言及周公。

【周氏】 孔颖达《周易正义》中所引《易》家之一,即"周弘正"。马国翰《玉函山房辑佚书》指出:"《正义》称'何氏',其说每与张氏、周氏、褚氏、庄氏并引。庄氏不详何人,周为周弘正,张为张讥,褚为褚仲都,何即何妥。皆唐近代为《讲疏》者。《正义》亦疏也,故仅题'某氏'。"

【周易】 我国古代最早的一部独具体系的特殊的哲学著作,又称《易》、《易经》。《周易》原只有"经"的部分,后来出现了解释古经的《易传》十篇,汉儒将之连经并行,故通常义上的《周易》兼指经传两部分。"经"部分含六十四卦符号及卦辞六十四则,爻辞三百八十四则(又有两则"用九"、"用六"文辞);"传"部分含《文言传》、《彖传》上下、《象传》上下、《系辞传》上下、《说卦传》、《序卦传》、《杂卦传》七种,凡十篇,亦称《十翼》。《周易》的作者,前人说法不一,通常以为伏羲画八卦、周文王重为六十四卦并作卦爻辞、孔子作《易传》,故班固《汉书·艺文志》称:"《易》道深矣,人更三圣,世历三古。"当代学术界对《周易》的创作时代及作者问题迄无定论,但多数学者认为,《周易》经传的创作经历了远古时代至春秋战国之间的漫长过程,是人更多手、时历多世的集体撰成的作品。其中八卦和六十四卦,当在西周以前颇为古老的年代即已创成;《周易》的卦爻辞,当为殷末周初的学者(或筮人)根据旧筮书新编重撰而成的,时约公元前十一世纪,《系辞下传》所谓"《易》之兴也,其当殷之末世,周之盛德邪",正是对卦爻辞创作时代较为审慎而且可取的推测;至于《易传》十篇,虽未必为孔子亲撰,但根据文中保留的不少"子曰"云云的言论,以及大部分内容所反映的浓厚的儒家思想,似可说明其作者当属孔门弟子们,而创作时代当在春秋战国之间。《周易》的命名之义,也是众说纷歧,要言之,最为学人所接受的看法是:"周"为代名,指其书撰成于西周,"易"主变易,指其书内容为展示变化哲理。古代典籍多简称《周易》为《易》,即强调其所言之"变化"大旨;视《周易》书名的西语翻译,多作《变化的书》(The Book of Changes),亦是立足于"变易"之义,颇见确切。而"六经"之名,起于孔门弟子(章学诚《文史通义》说);西汉初,《周易》被列为学官的"经"书之一,学者遂尊称为《易经》。又因《易传》被合入"经"内并行,于是治《易》者所称《周易》多合经传而言。《周易》的性质,学者或以为专明占筮之书,或以为阐论哲理之作。但细究《周易》经传的内容,则必须认为,《周易》的创制虽是以卜筮为用,其实质乃含藏着深邃的哲学意义。宋儒朱熹尽管力主《易》为卜筮而作,却也指出:孔子作《十翼》是"恐义理一向没卜筮中,故明其义"(《朱子语类》)。程颐说:"六十四卦、三百八十四爻,皆所以顺性命之理,尽变之道也。散之在理,则有万殊;统之在道,则无二致。"(《二程集·易序》)不过,《周易》经传有别,六十四卦义理和《易传》思想是不同时代的产物。就"经"部分言,"占筮"仅仅是古人对六十四卦义理的一方面运用,"象征"是六十四卦哲学内容的基本表现形式;而贯穿一体的反映事物对立、运动、变化规律的思想,则是六十四卦哲理的根本核心。就"传"部分言,《易传》诚然有体现其时代特色的思想因素,但其思想是建立在对六十四卦经义的阐释发挥的基点上。应当认为,没有"经"的哲学基础,就没有"传"的思想体系;有了"传"的推阐发挥,"经"的哲学义蕴就更加显明昭著。因此,对《周易》的性质当作如下认识:包涵经传在内的《周易》一书,由于其内容诞生之古远,及其核心思想之深邃,宜为我国古代一部特殊的哲学专著。

【周醜】 战国时期燕国人,字子家。孔子《周易》学说的第四代传人。按《史记·仲尼弟子列传》作"周子家竖",司马贞《索隐》:"周竖,字子家,有本作'林'。"《汉书·儒林传》作"周醜"。后人多从《汉书》。

【周霸】 西汉鲁(今山东泰山以南)人。汉初《易》家。以研治《易经》得官,至胶西内史。《史记·儒林列传》:"鲁人周霸","以《易》至二千石"。《汉书·儒林传》:"鲁周霸","以《易》至大官"。王先谦《汉书补注》:"周寿昌曰:霸与议封禅,见《郊祀志》;以议郎在军中,见《卫青传》。后官至胶西内史。"按,杨树达《汉书窥管》谓以上文"授"字贯下,周霸《易》学当亦田何弟子王同所授。

【周王孙】 西汉洛阳(今属河南)人,以字行。汉初《易》学大师田何的弟子。精通《周易》古义,田何的另一位学生丁宽读《易》颇为精敏,曾至洛阳向周王孙学习"古义",号为《周氏传》。又以其学授卫人蔡公。著有《易传周氏》二篇。已佚。《汉书·儒林传》:田何以《易》学"授东武王同子中、雒阳周王孙、丁宽、齐服生,皆著《易传》数篇。"又:"(丁)宽至雒阳,复从周王孙受古义,号《周氏传》。"《艺文志》:"《易传周氏》二篇。字王孙也。"又:"《蔡公》二篇。卫人,事周王孙。"

【周文王】 商末周族领袖。姬姓,名昌,商纣时为西伯,亦称伯昌。曾被商纣囚禁于羑里(今河南汤阴北)。治周族期间,国势强盛。建丰邑(今陕西长安沣河以西)为国都,在位五十年。周武王伐纣灭商,建立西周王朝之后,追号其父为"文王"。根据《史记》、《汉书》记载,文王被囚羑里时,曾将八卦演为六十四卦,并作卦爻辞。故前代《易》家叙及《周易》作者时,必推崇周文王之功。但近现代学者或以为司马迁、班固之说不足信。

【周弘正】(496—574) 南朝陈汝南安城(在今河南)人。字思行。幼孤,与两弟并为叔父周捨所养。年十岁,通《老子》、《周易》。十五岁补国子生,仍于国学讲《易》,诸生传习其义。迁国子博士,讲学于士林馆,听者倾朝野。曾启梁武帝《周易》疑义五十条,又请释《乾》、《坤》、《二系》之旨。弘正知玄象,善占候,大同末预知侯景之乱。又善清谈,为梁末玄学之冠。入陈,累官尚书右仆射。太建六年(574)卒,年七十九。谥"简子"。有《周易讲疏》、《论语疏》、《庄子疏》、《老子疏》、《孝经疏》及《文集》行世(见《陈书》及《南史》本传)。陆德明《经典释文序录》于《易》类谓周弘正著有《易义》。《隋书·经籍志》列弘正《《周易义疏》十六卷"。已佚。清马国翰《玉函山房辑佚书》、黄奭《汉学堂丛书》皆有辑本一卷。

【周易义】 西晋向秀撰,清孙堂辑。一卷。《汉魏二十一家易注》本。据《晋书》本传,向氏尝注《易》,然其书罕传,隋、唐《志》皆不著录。东晋张璠用二十二家《易》说为《集解》,依向秀为本,亦入传者绝少。唯陆德明《经典释文》,孔颖达《周易正义》、李鼎祚《周易集解》间有征引,孙堂辑为一卷,采拾精审,较马国翰所辑《周易向氏义》殊胜。黄寿祺先生指出:"盖马氏之弊,在贪多务得,往往不免滥取。如谓'诸凡引张作某字者,盖即向本,故亦复向义中',此何足据? 又如《解》、《益》卦注,误引《正义》语作向注,尤为纰缪。最后有甘泉黄奭辑本,载《汉学堂经解》,异于马而同于孙,可谓知所去取矣。"(《易学群书平议》)

【周易述】 清惠栋撰。二十三卷。《四库全书》本。此书专取汉《易》学说以训释《周易》经传,所取以荀爽、虞翻为主,兼参郑玄、宋衷、干宝诸家之说,融会其义,自注而自疏之。《四库全书提要》指出:"其目录凡四十卷。自一卷至二十一卷,皆训释经文;二十二卷、二十三卷为《易微言》,皆杂钞经典论《易》之语。二十四卷至四十卷,凡载《易大义》、《易例》、《易法》、《易正譌》、《明堂大道录》、《禘说》六名,皆有录无书。其注疏尚缺下经第四卷及《序卦》、《杂卦》两传,盖未完之书。其《易微言》二卷,亦皆杂录旧说以备参考;他时藏事,则此为当弃之糟粕,非欲刬勒一编,附诸注疏之末。故其文皆未诠次。栋殁之后,其门人过尊师说,并未定残稿而刻之,实非栋本意也。自王弼《易》行,汉学遂绝,宋元儒者,类以意见揣测,去古寖远。中间言象数者又歧为图书之说,其书愈衍愈繁,而未必皆四圣之本旨。故说经之家莫多于《易》与《春秋》,而《易》尤丛杂。栋能一一原本汉儒,推阐考证,虽掇拾散佚,未能备睹专门授受之全,要其引据古义,具有根柢,视空谈说经者则相去远矣。"按,清阮元刻《皇清经解》,收入此书,删其原本末二卷《易微言》,故仅二十一卷。又,惠氏此书既缺而未完,其弟子江藩、李林松各撰《周易述补》以补之,并可参考。

【周易注】 三国魏王弼注上下经六卷,东晋韩康伯注《系辞传》以下三卷,附王弼撰、唐邢璹注《周易略例》一卷。凡十卷。清乾隆四十八年(1783)武英殿仿宋相台岳氏刊《五经》本。《隋书·经籍志》载:"《周易》十卷,魏尚书郎王弼注六十四卦,韩康伯注《系辞》以下三卷,王弼又撰《易略例》一卷。"《经典释文序录》引王俭《七志》云"王弼《易注》十卷",盖即《隋志》所

录之本。据此,则併王、韩之作为一书,由来已久。旧说郑玄传费氏《易》,离析《十翼》附于六十四卦经文,王弼承其例又有所更定。更定之处有三:一是,郑氏《易》六十四卦体制,诸卦均先列卦爻辞,次《彖传》、《象传》,如今本《乾》卦之例;王弼更将诸卦《彖传》附卦辞之后,次以《大象传》,而《小象传》则分附各爻辞之后,如今本《坤》卦以下之例。晁说之《古易序》曰:郑玄学费氏,"初变乱古制时,犹若今《乾》卦、《彖》、《象》系卦之末","卒大乱于王弼"。二是,将《文言传》分而为二以附于《乾》、《坤》两卦之末。郑玄《易注》旧本,隋唐以后渐佚,至北宋仅残存一卷,王尧臣等撰《崇文总目》谓所存之卷为《文言》、《说卦》、《序卦》、《杂卦》四篇,则今本《文言》分附《乾》、《坤》之后乃王弼所改定。三是,于六十四卦所分之六卷,各题"乾传第一"、"泰传第二"、"噬嗑传第三"、"咸传第四"、"夬传第五"、"丰传第六",诸卷均以卷首第一卦为名。吕祖谦《古易音训》、王应麟《玉海》并云:此目亦王弼增标。此盖沿用《诗毛氏传》之例。王弼既更定《周易》经传编排体制,又为之作注;而《系辞传》以下未之及,东晋韩康伯承王弼本旨为续注之,王、韩合注遂为通行本。至王弼所撰《周易略例》,唐邢璹注颇发王氏义蕴,乃附王弼书以行。王弼《易》学,源出西汉费直,但其学又别树一帜,力扫象数之说,倡扬"忘象"、"忘言"之旨,以义理为主而参以《老》、《庄》玄学。韩康伯续注《系辞传》以下,立说皆宗王氏。《四库全书提要》指出:"平心而论,阐明义理,使《易》不杂于术数者,弼与康伯深为有功;祖尚虚无,使《易》竟入于《老》、《庄》者,弼与康伯亦不能无过。瑕瑜不掩,是其定评。诸儒偏好偏恶,皆门户之见,不足据也。"

【周易指】 清端木国瑚撰。三十八卷。附《易例》一卷、《周易图》五卷、《易断辞》一卷。清道光间刊本。此书专主象数之

学,欲熔汉焦赣、京房及宋陈抟、邵雍诸家《易》说于一炉而冶之,并以己意衍申发挥,刱为条例,以释《周易》经传指趣。所附《易例》一卷,乃撮举《周易指》之大纲,揭示义例;《周易图》五卷,绘制各种图说一百余幅;《易断辞》一卷,则援据《周易正义》"断辞"之说,通论辞象、卦象、爻象等义;书末又附《往来卦》、《八卦世位》、《卦候》、《六日七分六十四卦》、《逸象》五篇,亦杂述汉《易》象数诸说。柯劭忞指出:"国瑚《易》学以象数为宗,其意欲包罗汉宋焦、京、陈、邵之学,融合为一,而博引繁征,支离曼衍,几于不可究诘。其乡人黄式三谓国瑚'自欺欺人',虽不免诋之过甚,然国瑚谓《易》之指尽于《十翼》,《十翼》之作,一言以蔽之,曰'圣人之情见乎辞',故国瑚说《易》法皆从'情见乎辞'一言而出,则大言不实,固欺人之论也。"又谓:"国瑚以词章受知于阮文达(元),晚岁成进士,又出文达之门,而无一语及国瑚《易》学,则其学为文达所不取可知矣。"又谓《易例》颇有"国瑚臆造,无义例之可言"者;《周易图》"奇形异状,欲眩人之耳目,其实浅陋已甚,不值一噱";《易断辞》多"支离诡诞之辞,尤不足与辩"(《续修四库全书提要》)。

【周易说】 清王闿运撰。十一卷。光绪三十二年(1906)湖南刊本。此书节取李鼎祚《周易集解》为本注,而以己意说之,故名《周易说》。上下经六卷,《系辞传》上下各一卷,《说卦传》、《序卦传》、《杂卦传》各一卷,凡十一卷。《乾》、《坤》二卦,依《集解》本,附《文言》于《象传》后;自《屯》卦以下,则首列卦爻辞,次列《彖传》、大小《象传》,又与《集解》本异。解释经传文字,每据互体、旁通之例,以明取象所由。但其说多怪异新奇,或附会俗说,吴承仕先生曾举例极力指责之,并谓为:"《易》家末流虽多怪迂,盖未有若斯之甚者也。"(《检斋读书提要》)

【周敦颐】(1017—1073) 北宋道州营道(今湖南道县)人。原名敦实,避宋英宗(赵曙,曾名宗实)旧讳改,字茂叔。因筑书堂于庐山莲花峰下,前有溪,取营道旧居濂溪以名之,故后人又称濂溪先生。曾官郴州郴县令、大理寺丞、知洪州南昌、国子博士、通判虔州、广南东路转运判官等。有政绩。程颢、程颐尝师事之。黄庭坚称其:"人品甚高,胸怀洒落,如光风霁月。廉于取名而锐于求志,薄于徼福而厚于得民,菲于奉身而燕及茕嫠,陋于希世而尚友古人。"卒年五十七。南宋嘉定十三年(1220)赐谥曰"元公";淳祐元年(1241)封"汝南伯",从祀孔子庙(见《宋史》本传及《宋元学案》)。著《太极图》、《太极图说》、《通书》等,后人编有《周子全书》。其学说根柢于《周易》,主张以"太极"为理,以"阴阳五行"为气,并据以解释大自然及人类社会的发展规律,对宋明理学影响甚大。《宋史》列其传于《道学传》之首,并曰:"至宋中叶,周敦颐出于舂陵,乃得圣贤不传之学,作《太极图说》、《通书》,推明阴阳五行之理","然后道之大原出于天者,灼然而无疑焉。"后人尊为"理学开山"。

【周氏易注】 南朝陈周弘正撰,清黄奭辑。一卷。《汉学堂丛书》本。据《陈书》本传,周弘正著有《周易讲疏》十六卷;《隋书·经籍志》作《义疏》,卷数同。原书久佚。清马国翰曾辑得十六条,名为《周易周氏义疏》,载入《玉函山房辑佚书》中。后黄奭复辑之,增四条,共二十条。尚秉和先生《易说评议》云:"今观其注,见于《释文》者四,余大半皆从孔氏《正义》搜得。《正义》不标其名,只称'周氏',盖以时代近,人人皆知也。大抵梁、陈之间说《易》者,皆染王弼余风,义多空虚,辞多浮诞,魏管辂所谓'美而多伪'也。故弘正之说,李氏《集解》无一采录。"柯劭忞则云:"弘正疏王(弼),而时据郑君(玄)之义。""是时辅嗣之学盛行,而弘正独兼收郑说,亦可谓硕果矣"(《续修四库全书提要》)

【周易大义】 南朝梁武帝萧衍撰,清马

国翰辑。一卷。《玉函山房辑佚书》本。据《隋书·经籍志》,梁武帝著《周易大义》二十一卷,《旧唐书·经籍志》《新唐书·艺文志》作二十卷,今亡。马氏从陆德明《经典释文》等资料中,辑得遗文七节。尚秉和先生《易说评议》以为,马氏所辑"皆无特殊之义,独以'文言'为'文王所制',与众说不同,识出诸家之上。盖《乾》、《坤》卦爻辞皆文王所制,故曰《文言》,言文王之意如此耳。与'彖曰'、'象曰'同例。"

【周易大全】 明胡广等撰。二十四卷。《四库全书》本。旧本题《周易传义大全》。此书系明永乐间所修《五经大全》中的第一种,由胡广、杨荣、金幼孜主编,参与修撰者又有叶时中等三十九人。其书大旨,宗主程颐、朱熹之学,兼取诸家《易》解而融贯为说。朱彝尊《经义考》云:胡广等惟就董楷《周易传义附录》、董真卿《周易会通》、胡一桂《周易本义附录纂疏》、胡炳文《周易本义通释》四书杂为钞录,而隐去姓名,"于诸书外未寓目者至多"。《四库全书提要》指出:"今勘验旧文,一一符合。彝尊所论,未可谓之苛求。然董楷、胡一桂、胡炳文笃守朱子,其说颇谨严;董真卿则以程、朱为主而博采诸家以翼之,其说颇为赅备。取材于四家之书,而刊除重复,勒为一编,虽不免守匮抱残,要其宗旨则尚可谓不失其正。且二百余年以此取士,一代之令甲在焉。录存其书,见有明儒者之经学,其初之不敢放轶者由于此,其后之不免固陋者亦由于此。郑晓《今言》曰:'洪武开科,《五经》皆主古《注疏》及宋儒。《易》,程、朱;《书》,蔡;《诗》,朱;《春秋》、《公羊》、《穀梁》,程、胡、张;《礼记》,陈。后乃尽弃《注疏》,不知始于何时。或曰始于颁《五经大全》时,以为诸家说优者采入故耳。然古《注疏》终不可废也。'当明盛时,识者已忧其弊矣。观于是编,未始非千古得失之林也。"按,今存明永乐以来刻本《周易传义大全》多种

(《中国古籍善本书目》),书后多有《纲领》、《朱子图说》等附录,可资参考。

【周易口义】 北宋胡瑗说,倪天隐纂述。十二卷。《武英殿聚珍版书》本。此书系胡瑗口说《易》义,其弟子倪天隐纂述之,故名《口义》。邵伯温《闻见前录》曾云:程颐《与谢湜书》言"读《易》当先观王弼、胡瑗、王安石三家"。足见胡氏《易》学在北宋时已备受程颐推崇。《四库全书提要》指出:"考《伊川年谱》,皇祐中游太学,海陵胡翼之先生方主教道,得先生文试,大惊,即延见,处以学识。意其时必从而受业焉。世知其从事濂溪,不知其讲《易》多本于翼之也。其说为前人所未及。今核以《程传》,良然。《朱子语类》亦称:胡安定《易》分晓正当。则是书在宋时,固以义理说《易》之宗也。王得臣《麈史》曰:安定胡翼之,皇祐至和间国子直讲,朝廷命主太学,时千余士日讲《易》。是书殆即是时所说。《宋志》载瑗《易解》十卷、《周易口义》十卷。朱彝尊《经义考》引李振裕之说云:'瑗讲授之余,欲著述而未逮;其门人倪天隐述之,以非其师手著,故名曰《口义》。后世或称《口义》,或称《易解》,实无二书也。'其说虽古无明文,然考晁公武《读书志》有云:'胡安定《易传》,盖门人倪天隐所纂,非其自著,故序首称"先生曰"。'其说与《口义》合,又列于《易传》条下,亦不另出《口义》一条。然则《易解》、《口义》为一书明矣,《宋志》盖误分为二也。"

【周易内传】 清王夫之撰。六卷,附《周易内传发例》一卷。《船山遗书》本。此书大旨,在阐发六十四卦经传义蕴,并参以著者思想,衍论自然、社会哲学。末附《发例》一卷,则重在综述作者的《易》观点,旁涉对历代《易》家的评价,为王夫之《易》学思想的纲领性著作。柯劭忞指出:"(夫之)《易》学以乾坤并建为宗,错综合一为象,彖爻一致、四圣一揆为释,占学一理、得失吉凶一道为义;辟京房、陈抟、

日者、黄冠之图说,即朱子之《易本义》,亦以专言象占摈之于《火珠林》之列,谓与孔子穷理尽性之言相抵牾。夫之服膺宋五子之学,然于朱子不肯瞻徇如此,盖独抱遗经,发抒心得,视剿说雷同、依托前贤之门户者,不可同日语矣。夫之前明遗逸,志节皎然,自称志无可酬,业无可广,惟《易》之为道则未尝旦夕敢忘于心,而拟议之难又未敢轻言也。曾文正公序其书,谓其著述太繁,不免醇驳互见。按夫之说《易》之大纲,以乾坤并建为第一义,夫地道无成而代有终,阴顺从于阳,恶有所谓乾坤并建者乎?是亦蕫斋之驳义也。"(《续修四库全书提要》)

【周易文诠】 明赵汸撰。四卷。《四库全书》本。此书大旨,以程颐、朱熹之"义理"学说诠释《周易》文意,间亦兼采邵雍"先后天"之学。《四库全书提要》指出:"此书大旨源出程、朱,主于略数言理。然其门人金居敬《跋》,称其'契先天内外之旨,且悟后天卦序之义',则亦兼用邵氏学也。《经义考》载八卷,此书旧钞止四卷,然首尾完具,不似有所阙佚,或后人合并欤?原书上方,节节标题细字,详其词意,不类汸笔,或后来读者所题识,于经义亦无所发明,今并从删削。汸平生学力,多在《春秋》,所著说《春秋》之书亦最多,并已别著于录。其说《易》只有此本,流传颇罕,其中诠释义理,大抵宋儒绪论为多,不及其《春秋》诸书之深邃。然其于天道人事吉凶悔吝之际,反覆推阐,亦颇明畅。观其名书曰《文诠》,其宗旨固可见矣。"

【周易孔义】 明高攀龙撰。三卷。明崇祯九年(1636)秦墉刻本。此书大旨,以为读《易》之道,当以孔子所述《十翼》入门;谓《十翼》乃孔子注《易》之书,故由孔注而入经,则《易》不难读。于是阐发《十翼》解《易》之义,遂名其书曰《周易孔义》。《自序》云:"《六经》惟《易》易读。何者?经非注则无门入,注非经,则从门入者注也,非经也。惟《易》注自夫子,故即注即经,非夫子而吾乌知《易》之所语何语哉?学《易》者当以夫子之注学,字绎而句味之,经不难读也。按,朱彝尊《经义考》著录此书作"一卷",疑所见非完本,或其本合为一卷。

【周易本义】 南宋朱熹撰。十二卷。南宋咸淳元年(1265)吴革刻本。亦简称《本义》。此书系朱熹《易》学之代表作,大旨在推本象占,阐发义理;既宗主程颐之学,亦不废陈抟、邵雍之说。其解说经传之旨,言简意赅,寓理深切,对后代《易》学影响极大。经传篇次不用王弼注本,乃依吕祖谦所定之《古周易》本,以上下经为二卷,以《十翼》自为十卷,凡十二卷,经传判然有别。卷首载《九图》,卷末系以《周易五赞》及《筮仪》。此本乃吴革所刻,前有吴革《序》一篇,每卷之末均署"敷原后学刘公校正"。至南宋末,董楷撰《周易传义附录》,遂割裂《周易本义》之文散附程颐《周易程氏传》之中,使朱熹原定之《本义》篇次更变旧貌而依从《程传》所用之王弼经传参合注本;及明代永乐中胡广等纂《周易大全》,亦仍其误;乃至明成矩专刻《周易本义》亦用《程传》之次序,此后便出现了经传参合之四卷本《周易本义》。其本卷一、二为上下经(含《彖传》、《象传》、《文言传》),卷三为《系辞传》上下,卷四为《说卦传》、《序卦传》、《杂卦传》;并升《筮仪》于书首,又增列《八卦取象歌》、《分宫卦象次序歌》、《上下经卦名次序歌》、《上下经卦变歌》等四首,体例与原本迥然不同。然明清以来,四卷本《周易本义》至为通行,学者传习不衰。故《四库全书》著录《本义》,既载原刻十二卷本,又附重刻四卷本,《提要》指出:"成矩重刻之本,自明代以来,士子童而习之,历年已久,骤令改易,虑烦扰难行。且其本虽因永乐《大全》,实亦王、韩之旧本,唐用之作《正义》者。"又云:"自古以来,经师授受,不妨各有异同。即秘府储藏,亦各兼存众本。苟其微言大义,本不相乖,则篇章分合,未为大害于宏旨。故今但著其割裂《本义》之失,而仍附原本之后,以备参考焉。"

【周易正义】 唐孔颖达撰。十卷。《十三经注疏》本。此书系唐贞观年间孔颖达奉敕修撰,其经传采用王弼、韩康伯注,而孔氏为之疏,亦称《周易注疏》;又因《周易正义》与陆德明《周易音义》合刻为一书,故又题曰《周易兼义》。简称《正义》或《注疏》。全书前六卷为上下经,卷七为《系辞上传》,卷八为《系辞下传》,卷九为《说卦传》、《序卦传》、《杂卦传》,末附《周易音义》一卷。《四库全书提要》指出:"《易》本卜筮之书,故末派寖流于谶纬。王弼乘其极敝而攻之,遂能排击汉儒,自标新学。然《隋书·经籍志》载晋扬州刺史顾夸等有《周易难王辅嗣义》一卷,《册府元龟》又载顾悦之(原注:案悦之即顾夸之字)《难王弼易义》四十余条,京口闵康之又申王难顾。是在当日已有异同。王俭、颜延年以后,此扬彼抑,互诘不休。至颖达等奉诏作疏,始专崇王注而众说皆废。故《隋志·易类》称'郑学寖微,今殆绝矣'。盖长孙无忌作《志》之时,在《正义》既行之后也。"余嘉锡《四库提要辨证》谓,顾夸当作"顾夷","夸"、"夷"即一字,"不知《提要》何以须改写为'夸'",其谓顾悦之即夸之字,亦"毫无证据";并云"王氏《易》之行,为日久矣,谓由颖达奉诏作疏,始专崇王注,殆必不然"。其说不虚。但王弼《易》学盛行,固早在隋、唐之前;而孔颖达《周易正义》之出,使王《易》在唐代几乎定于一尊,则亦是无可置疑之事实。《四库提要》又云:孔氏"诠释文句,多用空言,不能如诸经《正义》根据典籍,源委粲然。则由王注扫弃旧文,无古义之可引,亦非考证之疏矣。此书初名《义赞》,后诏改《正义》。然卷端又题曰《兼义》,未喻其故。《序》称十四卷,《唐志》作十八卷,《书录解题》作十三卷;此本十卷,乃与王、韩注本同,殆后人从注本合并欤?"按《提要》谓未喻卷端题《兼义》之故,阮元《周易正义校勘记》则云:"'兼义'字,乃合刻注疏者所加,取兼并《正义》之意也。盖其始无合一之本,南北宋之间,以《疏》附于《经注》者,谓之'某经兼义',至其后则直谓之《注疏》,此变易之渐也。"黄寿祺先生引柯劭忞驳阮氏之说云:"'兼义'谓合孔《正义》、陆《音义》而刻之,无他意也,《校勘记》失之";并谓"柯先生之说近是"(《六庵易话》)。

【周易古义】 杨树达撰。七卷。民国十八年(1929)上海中华书局铅印本。此书仿阮元集《诗书古训》之例,遍采周秦至三国经传子史所载《易》说,辑为一帙。名《古义》者,据《自序》称,取《汉书·儒林传》记丁宽已从田何受《易》,"复从周王孙受古义"之语。作者辑录大旨,谓今所传汉儒象数《易》说,殆一家之学,非其全;而所辑"古义",大要皆明人事,以为说《易》之道当如此。凡采辑诸文,皆依《周易正义》经传次序,列于所当释之卦、爻辞或传文下。卷一、二为上经,卷三、四为下经,卷五、六为《系辞传》上、下,卷七为《说卦传》、《序卦传》。书中对旧有疑义之文,间为考证,均标明"树达按"以别之。

【周易外传】 清王夫之撰。七卷。《船山遗书》本。按王氏《周易内传发例》称,此书乙未年作于晋宁山寺。"乙未"乃清顺治十二年(南明永历九年,1655),时为王夫之咯血解职之后。故此书多援引历代史事,借衍申经传义理,以寄托作者嫉愤现实及对史学、哲学的见解。柯劭忞指出:"夫之自谓,《外传》以推广于象数之变通、极酬酢之大用。其实夫之从永明王于广西,其时权臣恣肆,朋党交讧,谏不行而言不听,愤而丐去,假学《易》以明其忠悃。""其言感慨淋漓,虽不必为经义之所应有,尚论者亦可以悲其志事矣。"(《续修四库全书提要》)

【周易玄义】 唐李淳风撰,清马国翰辑。一卷。《玉函山房辑佚书》本。据郑樵《通志·艺文略》,李淳风有《周易玄义》

三卷。今佚。马国翰从《火珠林》录得说"八卦六位图"一节。尚秉和先生《易说评议》指出："今观此图，及其《易》说，于八卦精奥、卜筮本根洞明详悉，虽未窥其全书，亦可得其为学之大概矣。"

【周易考异】 ① 清王夫之撰。一卷。《船山遗书》本。此书专就《说文解字》、《左传》、《周易举正》诸书所引《周易》经传文辞与通行本有异者，加以考辩。其中引郭京《周易举正》之说居多，然所采颇为审慎，自谓："《举正》有经文可通，但据王辅嗣、韩康伯所解辄为改易者，皆不取入。"故全书考释异文凡五十八条，多有益于治《易》者辨析研究。 ② 清宋翔凤撰。二卷。《皇清经解续编》本。柯劭忞云："是书考证异文异义，与李富孙《周易异文释》相出入。不及富孙书之详备，而研究细密，则在富孙之上。"（《续修四库全书提要》）

【周易传注】 清李塨撰。七卷，附《周易筮考》一卷。《四库全书》本。此书训释《周易》经传，颇重《易》象，兼用互体，立说较纯实不杂。所附《筮考》，推溯《易》筮源流，采录自春秋至明清之《易》占筮例为说，并对朱熹《易学启蒙》之说颇有辨正。《四库全书提要》指出："是编大旨，谓圣教罕言性天，《乾》、《坤》四德，必归人事；以下《屯》建侯、《蒙》初筮，每卦亦皆以人事立言。陈抟《龙图》、刘牧《钩隐》，以及探无极、推先天者，皆使《易》道入于无用；《参同契》、《三易洞玑》诸书，皆异端方技之传，其说适足以乱《易》；即五行胜负、分卦值日，一世、二世、三世、四世诸说，亦皆于三圣所言之外再出枝节。故其说颇为淳实，不涉支离恍惚之谈。其驳卦变之说，发例于《讼》卦彖辞；驳河图洛书之说，发例于《系辞传》；驳先天八卦之说，发例于《说卦传》。其余则但明经义，不复驳正旧文。其《凡例》论先儒辨难，卷不胜载，惟甚有关者，始不得已而辨之也。大抵以观象为主，而亦兼用互体。于古人多采李鼎祚《集解》，于近人多取毛奇龄《仲氏易》、《图书原舛编》、胡渭《易图明辨》。其《自序》，排击诸儒，虽未免过激，然明自隆、万以后，言理者以心学窜入《易》学，率持禅偈以诂经；言数者奇偶与黑白递相推衍，图日积而日多，反置象占辞变、吉凶悔吝于不问。其蠹蚀经术，实弊不胜穷。塨引而归之人事，深得圣人垂教之旨。其矫枉过直，惩羹吹齑者，分别观之，不以词害意可矣。"

【周易名义】 《周易》书名的含义。这一问题颇为复杂，历代学者的说法亦未一致。关于"周"字，自来有两说：一曰"周"指周代。《周易正义·论三代易名》云："案《世谱》等群书，神农一曰连山氏，亦曰列山氏；黄帝一曰归藏氏。既《连山》、《归藏》并是代号，则《周易》称'周'取岐阳地名。《毛诗》云'周原膴膴'是也。又文王作《易》之时，正在羑里，周德未兴，犹是殷世也，故题'周'别于殷；以此文王所演，故谓之《周易》。其犹《周书》、《周礼》，题'周'以别余代。故《易纬》云：'因代以题周'是也。"二曰"周"字义取"周普"。《周易正义·论三代易名》又引郑玄释《周礼》"三易"之义曰："《连山》者，象山之出云，连连不绝；《归藏》者，万物莫不归藏于其中；《周易》者，言《易》道周普，无所不备。"陆德明《经典释文》认为："周，代名也；周，至也，遍也，备也，今名书义取周普。"是陆氏虽兼取两说，而实主"周普"之义。然孔颖达谓陆说未妥，又指出："先儒又兼取郑说，云既指周代之名，亦是普遍之义，虽欲无所遐弃，亦恐未可尽通。其《易》题'周'，因代以称周，是先儒更不别解。"（《周易正义·论三代易名》）自孔颖达以来，注《易》之家专主"周"为代名者至为众多，今当从之。关于"易"字，古今说者尤多，择其重要者约有七种：其一，谓是"蜥易"的象形字。《说文解字》云："易，蜥易，蝘蜓，守宫也。象形。"其字篆文作"易"，正象蜥易之形；蜥易（又称蝘蜓、守宫）即壁虎类动物,以其能十二时变色,故假借为"变易"之"易"。孔颖达指出:"夫'易'者,变化之总名,改换之殊称。自天地开辟,阴阳运行,寒暑迭来,日月更出,孚萌庶类,亭毒群品,新新不停,生生相续,莫非资变化之力,换代之功。然变化运行,在阴阳二气,故圣人初画八卦,设刚柔两画,象二气也;布以三位,象三才也。谓之为《易》,取变化之义。"(《周易正义·论易之三名》)其二,认为"易"字一名而含三义,《周易乾凿度》指出"易"有"简易"、"变易"、"不变"三层意义。其三,《说文》又引"秘书说:'日月为易,象阴阳也。'一曰'从勿'。"考虞翻《易注》引《参同契》云"字从日下月",取日月更迭、交相变易为说,意义与《说文》引正相同。唯"从勿"之义,则颇难通。其四,清初毛奇龄撰《仲氏易》,谓"易"兼有"变易"、"交易"、"反易"、"对易"、"移易"五义。他说的"反易"实即虞翻的"反对","移易"即荀爽的"升降","对易"亦同虞翻的"旁通":此多取汉魏学者说《易》条例以释"易"名,义虽未为详备,用力亦勤。其五,吴汝纶先生《易说》认为:"易者,占卜之名,因以名其官。"尚秉和先生《周易尚氏学》宗其说,谓《史记·礼书》"能虑勿易",即言能虑者则不占,故坚主"易"字本诂谓"占卜"。其六,余永梁《易卦爻辞的时代及其作者》一文(载《历史语言研究所集刊》第一本第一分,1931年出版),认为筮法是周人所创,以代替或辅助卜法,较龟卜为简易,以其简易,故名书曰《易》。此说与《乾凿度》"简易"之义,名同则实异。其七,黄振华《论日出为易》一文(载《哲学年刊》第五辑,1968年11月台湾商务印书馆印行),据殷代甲骨文"易"字作"矛",认为其字形象征"日出",并谓"日出"象征阴阳变化,大义亦主于"变易"。观此七说,立言纷纭。平心而论,其义当就本义与后起义分别辨析。《系辞上传》云:"圣人设卦观象,系辞焉而明吉凶,刚柔相推而生变化。"《下传》云:

"八卦成列,象在其中矣;因而重之,爻在其中矣;刚柔相推,变在其中矣;系辞焉而命之,动在其中矣。"于此可见,"易"之名书本义为"变易",《说文》所释可从;简易、不变等义,当为后起之说。而所谓兼有"变易、交易、反易、对易、移易"五义,实皆不出"变易"一义之范围,举"变易"而五义可尽赅。至如以"日月"、"日出"释字形者,其旨不离"变易",亦并可备为参考。要言之,《周易》命名之义,"周"为代名,"易"主变易。古代典籍征引时多简称之为《易》,即强调其书所言之"变化"大旨。

【周易杂论】 高亨撰。1962年山东人民出版社出版。此书收入作者历年创作的五篇《易》学论文,分别为:《周易卦象所反映的辩证观点》、《周易卦爻辞的哲学思想》、《周易大传的哲学思想》、《周易卦爻辞的文学价值》、《左传国语的周易说通解》。书前《小序》称:因所涉专题不一,故名为《杂论》。

【周易会通】 元董真卿撰。十四卷。《通志堂经解》本。此书原名《周易经传集程朱解附录纂注》,后改今名。全书大旨,乃尊崇程颐、朱熹、胡一桂《易》说,并广采历代《易》家之解,集为是编。《四库全书提要》指出:"斯编实本一桂之《纂疏》而广及诸家。初名《周易经传集程朱解附录纂注》。盖其例,编次伏羲、文王、周公之经而翼以孔子之《传》,各为标目,使相亲而不相杂;其无经可附之《传》,则总附于六十四卦之后,是为'经传'。又取程子之《传》,朱子之《本义》夹注其下,是为'集解'。其程子经说、朱子《语录》,各续于《传》之后,是为'附录'。又取一桂《纂疏》而增以诸说,是为'纂注'。其后定名《会通》者,则以《程传》用王弼本,《本义》用吕祖谦本,次第既不同,而或主义理,或主象占,本旨复殊;先儒诸说,亦复见智见仁,各明一义,断断为门户之争。真卿以为诸家之《易》,途虽殊而归则同,故兼搜博采,不主一说,务持象数、义理二家之平,即苏轼、朱震、林栗之书为朱子所不取者,亦并录焉。视胡一桂之排斥杨万里《易传》,不肯录其一字者,所见之广狭,谓之青出于蓝可也。惟其变易经文,则不免失先儒谨严之意,可不必曲为之词耳。"按,今存此书元、明刻本均题《周易经传集程朱解附录纂注》十四卷,后附《朱子易图附录纂注》一卷、《朱子启蒙五赞附录纂注》一卷、《朱子筮仪附录纂注》一卷(见《中国古籍善本书目》),可资参考。

【周易论略】 陈柱撰。民国十八年(1929)上海商务印书馆出版。为王云五主编《万有文库》第一集中的一种。此书杂论《周易》学说的有关问题。先论《乾》、《坤》两卦及《彖传》、《象传》、《文言传》,次论《系辞传》、《说卦传》、《序卦传》、《杂卦传》之文体特征,又次论六十四卦符号规律,最后论《易》义有合于近代科学者十事。全书间引中外学者《易》说,参以己意而抒论,盖欲用浅近文字简介《周易》经传而撰为读《易》入门之书者。

【周易讲座】 金景芳讲述,吕绍纲整理。1987年吉林大学出版社出版。此书系据作者讲《易》录音整理,并经作者校订后出版。凡二十一讲,第一讲《绪论》,第二、三讲为《系辞传》上、下。第四讲为《说卦》、《序卦》、《杂卦》,第五至二十一讲依次解说六十四卦;书末附王弼《周易略例》。作者《序》谓:"所述经传大义,本于个人所了解的程度,知则讲之,不知则缺之;并云:"讲六十四卦多用《程传》之说,于项安世、俞琰之说,间亦有所甄采。"

【周易观象】 清李光地撰。十二卷。《李文贞公全集》本。此书用孔颖达《周易正义》本,大旨在阐述《易》理,兼参《易》象。《四库全书提要》指出:"光地尝奉命纂修《周易折中》,请复用朱子古本;是编乃仍用《注疏》本,盖成书在前也。其《语录》及《榕村全集》所载,颇申明先天诸图;而是编则惟解《说卦传》'天地定位'一章,附举此义,然亦不竟其说。余皆发明《易》理,兼证以《易》象,而数则略焉。盖亦谓邵子之学为《易》外别传也。其解《系辞传》'知者观其彖辞,则思过半矣'二句,曰:'彖辞所取,或有直用其爻义者,或有通时宜而爻义吉凶准以为决者。故以是观之,不中不远,惟其合始终以为质,故时物不能外。'云云。《观象》之名,盖取诸此。"又谓其书多不取前儒有关经传文字或訾脱衍误之说,"惟据《汉律历志》移'天一地二'二十字,从《程传》;'能研诸侯之虑'句,'侯之'二字衍文,从《本义》耳。(原注:案光地谓'诸'为'侯之'合音,想以古经旁注字切而误增。不知反切始自孙炎,古经安得注字切? 其说殊误,谨附订于此。)盖尊信古经,不敢窜乱,犹有汉儒笃守之遗。其大旨虽与程、朱二家颇有出入,而理足相明,有异同而无背触也。"

【周易折中】 清李光地等撰。二十二卷。清康熙五十四年(1715)内廷刊本。此书系李光地等奉康熙之诏而撰。经传原文用古《易》上下经、《十翼》次第。其说宗主程颐、朱熹之注,而广采先秦汉魏以来众家之解,为之折中。卷首列《图说》,卷末附朱熹《易学启蒙》。《四库全书提要》指出:"自宋以来,惟说《易》者至夥,亦惟说《易》者多歧。门户交争,务求相胜,遂至各倚一偏。故数者《易》之本,主数太过,使魏伯阳、陈抟之说窜而相杂,而《易》入于道家;理者《易》之蕴,主理太过,使王宗传、杨简之说溢而旁出,而《易》入于释氏。明永乐中官修《易经大全》,庞杂割裂,无所取裁,由群言淆乱,无圣人以折其中也。"又云:此编"冠以《图说》,殿以《启蒙》,未尝不用数而不以盛谈河洛致晦玩占象之原;冠以《程传》,次以《本义》,未尝不主理而不以屏斥谶纬并废互体变爻之用。其诸家训解,或不合于伊川、紫阳而实足发明经义者,皆兼收并采,不病异同。惟一切支离幻渺之说,咸斥不录,不使溷四圣之遗文。盖数百年分朋立异之见,至是而尽融;数千年画卦系辞之旨,乃至是而大彰矣。至于经传分编，一从古本，尤足正费直以来割裂缀附之失焉。"

【周易译注】 黄寿祺、张善文撰。十卷。1989年上海古籍出版社出版。此书以《十三经注疏》本《周易正义》为底本，按六十四卦经传次序，逐卦逐文译注。书中含原文、译文、注释、评论四部分。原文部分，参照不同版本作了精细校勘；译文部分，将经传内容译成通畅的现代汉语；注释部分，征引历代诸家《易》说，对原文义旨详为解说；评论部分，既有六十四卦及《系辞》以下诸传的"总论"六十九篇，又有三百八十四爻及各传具体章节的"说明"文字四百多则。全书的主要特点在于：一方面努力吸收《易》学史上"象数"、"义理"两大流派的可取成果，并对之进行严谨周详的考证辨析；另一方面充分发挥作者研究《周易》经传的独得之见，力图解决《易》学史上一些久讼未决的难题。卷首载《前言》、《读易要例》、《译注简说》，卷末附《主要引用书目》。其《译注简说》云："著者是在前人研究成果的基础上撰写《周易译注》，基本宗旨是：努力帮助一般读者比较容易地读懂《周易》，在运用新的观点研究《周易》，继承古代文化遗产的学术领域中，奉献一块引玉之砖。"

【周易证签】 清茹敦和撰。四卷。《茹氏经学十二种》本。此书上经分上下两卷，下经亦分上下两卷，大旨以六十四卦证六十四卦，即以甲证乙，以丙证丁。而曰"签"者，《说文》训"验也"，一曰"锐也，贯也"，盖取其锐利贯穿之义。茹氏另有《周易二间记》、《周易小义》、《周易象考》等书，是编乃言《易》理以补诸书之所未备，宜与诸书相对照阅览。尚秉和先生指出："今观其说，虽六十四卦经文及传文俱备，而并不章解句释，且亦不穷究卦象，盖以所有《易》象，皆具于《二间记》、《小义》及《象考》诸书，故此只言《易》理，以补其不足。乍视似空疏，又好用卦变，漫衍无经，为焦循之先导。然其所阐发，多为前人所未言。"但亦间有"说太勉强"，则"分别观之可也"(《易说评议》)。

【周易补疏】 清焦循撰。二卷。《焦氏丛书》本。焦循以为，王弼之学虽尚空谈，而以六书通假解经之法，尚未远于马、郑诸儒，特孔颖达所撰《正义》不能发明之，乃作《补疏》二卷，以订孔氏之舛漏。柯劭忞云：此书所论，"皆援据精确，足以补《正义》所不及，惟循自命太高，而视古人太浅，其《自序》称弼'或可由一隙贯通，惜其秀而不实'，俨若严师之诲弟子，非著书之体也。"(《续修四库全书提要》)

【周易玩辞】 南宋项安世撰。十六卷。《通志堂经解》本。此书宗旨，欲兼象数、义理以解《易》。《四库全书提要》指出：项氏"《自序》谓：'《易》之道四，其实则二，象与辞是也；变则象之进退也，占则辞之吉凶也。不识其象，何以知其变？不通其辞，何以决其占？'又《自述》曰：'安世之学，盖伊川程子之书也。今以其所得于《易传》者，述为此书，而其文无与《易传》合者，合则无用述此书矣。'盖《伊川易传》惟阐义理，安世则兼象数而求之。其意于《程传》之外补所不及，所谓各明一义也。马端临、虞集作《序》，皆盛相推挹。而近时王懋竑《白田杂著》中，有是书《跋》，独排斥甚力，至谓端临等未观其书。其殆安世《自述》中所谓'以《易传》之文观我'者欤？安世又有《项氏家说》，其第一卷亦解《易》，董真卿尝称之，世无传本。今始以《永乐大典》所载裒合成编，别著于录。合观两书，安世之经学深矣，何可轻诋也！"

【周易择言】 清鲍作雨撰。六卷。同治三年(1864)清慎堂刊本。此书阐析《易》旨，旁考诸家之说，而不囿于门户宗派之见，尤不介于汉学、宋学之争，惟择善而从，独抒精义。柯劭忞指出："作雨潜心《易》学，项传梅序其书，谓于《易》性命相依，一身之出处，遇事之疑难，一一卜之于《易》。盖讲求义理之学，参汇诸家，不断断于汉、宋者也。""是时惠栋、张惠言之汉学,为一时所崇尚;李文贞以理学名儒,纂《周易折中》,备载先后天之说,亦人无异词。独作雨引绳批根,不肯雷同,可谓能自树立者矣。"(《续修四库全书提要》)

【周易述义】 清傅恒等撰。十卷。《四库全书》本。此书系傅恒等奉乾隆之诏而撰。上下经卦爻辞四卷,《象传》一卷,《彖传》二卷,《系辞传》二卷,《文言传》《说卦传》《序卦传》《杂卦传》一卷,凡十卷。全书多推阐《周易折中》之蕴,故乾隆赐其名曰《述义》。《四库全书提要》指出:"所解皆融会群言,撷取精要,不条列姓名,亦不驳辨得失,而随文诠释,简括宏深。大旨以切于实用为本。故于《乾》卦发例曰:'诸爻皆龙,而三称君子,明《易》之立象,皆人事也。'全书纲领,具于斯矣。又于取象,则多从古义,"兼取变与互",颇能"根据先儒,阐明经义。盖汉《易》之不可训者,在于杂以谶纬,推衍机祥;至其象数之学,则去古未远,授受具有端绪。故王弼不取汉《易》,而解'七日来复'不能不仍用'六日七分'之说;朱子亦不取汉《易》,而解'羝羊触藩'亦不能不仍用互兑之义。岂非理有不可易欤?"故盛称是书"于宋《易》、汉《易》酌取其平,探义、文之奥蕴,以决王、郑之是非,千古《易》学,可自此更无异议矣。"

【周易述传】 清丁晏撰。二卷。《颐志斋丛书》本。此书祖述程颐《程氏易传》,援引史事,比照《易》义,颇有引申发挥,故命曰《述传》。柯劭忞据书首朱琦《序》,指出:"此书为晏晚年所作,因涉历忧患,于程子之书独有心得,借经义以为龟鉴者。琦《序》又谓'能以汉学而通宋学者,独晏一人',窃谓学问之途,无分汉、宋,琦之说殆犹皮傅之论矣。惟《程传》间引史事证经,晏之《述传》遂泛滥于史事,援引恒不切当。""然发挥《程传》,亦多精切之义,不能以瑕掩其瑜矣。"(《续修四库全书提要》)

【周易述补】 ① 清江藩撰。四卷。《皇清经解》本。江藩之师惠栋曾著《周易述》二十卷,未竟而卒,缺《鼎》至《未济》十五卦及《序卦》《杂卦》二传,后书虽刊行而缺帙如故。江氏以其师承之学,毅然起而补足之,遂成是编。凌廷堪《叙》称"读其所补十五卦,引证精博,羽翼惠氏",并谓其遵循惠书旧体,严守荀爽、虞翻诸家之义例,"方之惠书殆有过之无不及也"。然柯劭忞指出:"惠氏于荀、虞诸家之说,融会贯通,为一时之绝学;藩渊源有自,赘续其书,不失家法,然谓过于原书,谈何容易?廷堪为失言矣。藩于训诂之学,研究持细",所释字义多"援证古义,发前人所未发。"(《续修四库全书提要》) ② 清李林松撰。五卷。《皇清经解续编》本。林松与江藩均为惠栋弟子,惠栋《周易述》所缺下经十五卦及《序卦》《杂卦》两传,李、江俱撰《周易述补》以续之;唯李氏书除前四卷补惠书之缺外,尚附《读易述劄记》一卷,对惠栋之书有所发正。柯劭忞以为:"林松书《震》初二注自'坤为茜'至'故七日得也'五十七字,'丰亨'注自'二阴之例'至'此卦之谓也'五十四字,与藩注一字不易,是林松已见藩书,沿袭其文之确证。林松援据博赡,欲驾藩而上之,然究不及藩能谨守惠氏之家法。""其第五卷为《读易述劄记》,订讹正误,具有心得,则非标榜汉学者所及也。"(《续修四库全书提要》)

【周易述闻】 清林庆炳撰。一卷。光绪八年(1882)刊本。此书摘论《易》义及辨析郑玄爻辰、虞翻旁通等例之得失。柯劭忞云:"庆炳撼《易》义十八事,荟萃群言,以己意折衷之,大抵渊源古义,非游谈无根者比;至于郑之爻辰、虞之旁通,王氏引之攻驳最力,庆炳斤斤辩护,亦等于起废箴盲。"(《续修四库全书提要》)

【周易述翼】 清黄应麟撰。五卷。《忏花盦丛书》本。黄氏曾以《易》教授生徒,因著是书。书名《述翼》,盖述孔子以《十翼》解经之意。此书次序，先《序卦传》，次《杂卦传》，次上经，次下经，次《系辞传》，次《杂卦传》。黄寿祺先生指出：是书考订训诂，虽有疏略失当之处，然"其述说《易》理，则颇有胜人者"，其"冥思精索，于《易》理大有所悟，能与古《易》注相契合，非空演义理者所能及。又观其注，义有不尽，每云'详见总论'，今此本无之。倘获见其全书，则其所贯通者当不止此也。"（《易学群书平议》）

【周易明报】 清陈懋侯撰。三卷。光绪八年（1882）陈氏家刻本。此书谓之《明报》，盖取《系辞下传》"因贰以济民行，以明失得之报"语意。故于六十四卦三百八十四爻文辞句下，依其凶吉利咎之旨，分别注明"得"或"失"，自谓："使读者兼正句读"。全书训释简略，大旨在明义理，不取象数。书后附辑《易义节录》及《读易要言》，多采宋、元、明理学家之说。黄寿祺先生《易学群书平议》云："夫《易》之句读难分，离经以明句读，便学者，其法未为不善。至若'失得之报'，则似宜随其卦爻时位而易，非可执一而论。"

【周易易解】 清沈绍勋撰。十卷。民国二十年（1931）铅印本。此书大旨，盖欲破除汉宋门户之见，合象数、义理于一炉而冶之。故所采择历代《易》说，上及汉师，下兼宋世诸儒之学，包罗广博。而于"先天之说"，主之尤力。黄寿祺先生《易学群书平议》指出："夫先天之说，清儒攻评不遗余力，而不知《左氏》及《焦氏易林》并汉人《易》注言之已详，特后人不察耳。绍勋生清儒之后，而能不惑于清儒之好恶，是真可谓能独立为说者。"又云："但沈氏解《易》，好用爻变，常以殷周史事参证《易》爻，又或杂用术数之学，虽"创解甚多，而违失固亦难免"。

【周易浅述】 清陈梦雷撰。八卷。《四库全书》本。此书为陈氏被谪放期间所作，其训释《周易》经传，大旨本于缘象诠理，义颇简明而切于人事。末附《易》图三

十幅，乃陈氏之友杨道声所作。《四库全书提要》指出："是编成于康熙甲戌，乃其初赴尚阳堡时所作。大旨以朱子《本义》为主，而参以王弼《注》、孔颖达《疏》、苏轼《传》、胡广《大全》、来知德《注》；诸家所未及，及所见与《本义》互异者，则别抒己意以明之。盖行箧乏书，故所据止此。其《凡例》称'解《易》数千家，未能广览'，其实也。然其说谓《易》之义蕴不出理、数、象、占，顾数不可显，理不可穷，故但寄之于象，知象则理、数在其中，而占亦可即象而玩，故所解以明象为主。持论多切于人事，无诸家言心言天、幻窅支离之说。其诠理虽多尊朱子，而不取其卦变之说；取象虽兼采来氏，而不取其错综之论。亦颇能扫除槃鞿。惟卷末所附三十图乃其友杨道声所作，穿凿烦碎，实与梦雷书不相比附。以原本所载，姑仍其旧存之，置诸不论不议可矣。"

【周易注疏】 唐孔颖达撰。十卷。《十三经注疏》本。简称《注疏》。见"周易正义"。

【周易浅释】 清潘思榘撰。四卷。《四库全书》本。此书系潘氏未完之稿，只释《屯》至《未济》六十二卦，《乾》、《坤》两卦及《文言传》、《系辞传》、《说卦传》、《序卦传》、《杂卦传》均缺。其说注重卦变，以变推象而阐明义理。《四库全书提要》指出："是书皆即卦变之法以求象，而即象以明理，每卦皆注自某卦来，谓之'时来'。《易》道广大，无所不该，其中阴阳变化，宛转关生，亦具有相通之理。故汉学如虞翻诸家，皆有是说。宋学即程子、朱子，亦阐明是理。虽非《易》之本义，要亦《易》之一义也。前有白瀛《序》，称思榘点勘通志堂所刊《易》解四十二家，竭毕生之力以成此书，比其没也，力疾属草，尚阙《乾》、《坤》二卦未注，遂以绝笔。故此本所说惟六十二卦，其《象传》、《象传》则以用《注疏》本附经并释，而《文言》、《系辞》、《说卦》、《序卦》、《杂卦》则未之及。盖主理者多发挥

《十翼》,主象主数者多研索卦爻,其宗派然也。后有松江沈大成与其门人福唐林迪光二《跋》。迪光述思桀之言曰:'彖多言象,而变在其中;爻多言变,而象在其中。不明时来,不知卦之来处;不求爻变,不知卦之去处。爻无所不包,旧说一概讲入身心政治上去,遗却许多道理,不如就其浅处说,而深处亦可通也。'固足括是书之大旨也。"

【周易详说】 清刘绍攽撰。十八卷。《西京清麓丛书外编》本。此书第一卷论汉宋《易》学诸家之得失,及朱熹《周易本义》所载《九图》;第二卷论《周易本义》,博考诸家之说与《本义》异同者,以见朱熹去取之审,但也多有纠正;第三卷至第十五卷诠释经文,贯通理数;第十六、十七两卷论《左传》筮法,谓《易学启蒙》求爻之法不尽合于左氏;第十八卷为卜筮余论,考纳甲、纳音、飞伏、卦气值日诸法。全书立说多为可取,征引旧说亦多精切。柯劭忞认为:绍攽"学派于李安溪(光地)为近","引朱子先儒旧说,皆不可废之语,皆能化门户之成见,非墨守一先生之说者所及。"(《续修四库全书提要》)

【周易参义】 明梁寅撰。十二卷。《通志堂经解》本。此书参合程颐、朱熹《易》说,旁采诸家之解,以阐释《周易》经传义蕴。《四库全书提要》指出:"其大旨以《程传》主理,《本义》主象,稍有异同,因融会参酌,合以为一,又旁采诸儒之说,以阐发之。其分上下经、《十翼》,一依古《易》篇次,即朱子所用吕祖谦本。其诠释经义,平易近人,言理而不涉虚无,言象而不涉附会。大都本日用常行之事,以示进退得失之机,故简切详明,迥异他家之轇轕。虽未能析精微,论其醇正,要不愧为儒者之言焉。"

【周易要义】 ①南宋魏了翁撰。十卷。《四库全书》本。此书系魏氏所撰《九经要义》中的第一种,其大旨欲熔象数、义理于一炉以说《易》义,故采撷旧说至为严谨,自下己意亦多精当。《四库全书提要》指出:"方回《桐江集》有《周易集义跋》,载了翁尝言:'辞变象占,《易》之纲领,而彖象爻之辞,画爻位虚之别,互反飞伏之说,乘承比应之例,一有不知,则义理阙焉。'盖其大旨主于以象数求义理,折衷于汉学、宋学之间。故是编所录,虽主于《注疏》、《释文》,而采掇谨严,别裁精审,可谓翦除支蔓,独撷英华。王袆《杂说》云:'孔颖达作《九经正义》,往往援引《纬书》之说,欧阳公常欲删而去之,其言不果行。迨鹤山魏氏作《要义》,始加黜削,而其言绝焉。'则亦甚与以廓清之功矣。"又指出:了翁所撰《九经要义》,今诸经或存或佚,"朱彝尊《经义考》群经类中,载《九经要义》二百六十三卷,注曰'分见各经'。然各经皆载《要义》,而《易》类则但据《宋志》载了翁《周易集义》六十四卷,不载此书。似乎即以《集义》为《要义》。考方回《周易集义跋》曰:'鹤山先生谪靖州,取诸经《注疏》,摘为《要义》。又取濂洛以来诸大儒《易》说,为《周易集义》。'则为二书审矣。"②清宋书升撰。十卷。齐鲁书社1988年6月出版。卷一、二为上下经,卷三为《卦象传》上下篇,卷四为《彖象传》上下篇,卷五为《爻象传》上下篇,卷六为《文言传》,卷七为《系辞传》上下篇,卷八为《说卦》、《序卦》、《杂卦》三篇,卷九、十则为《附说》,载图表数十幅。此书原系撰者手稿,藏山东省博物馆,由张雪庵点校、刘方复校后出版。全书强调"占《易》用变"、"《易》占贵变"的观点,解说经传则颇有自创新见之处;书末所附图说,亦多异于前人旧例。 ③周大利撰。1981年台北文史哲出版社出版。分两部,第一部《易经简史》,叙《周易》经传的创作及先秦汉魏至清代之《易》学概况;第二部《周易要义》,论八卦之由来、六十四卦之形成、爻位之特征及《易》象之各种象数条例;末附《占筮法》及《火珠林法》两篇,言《易》占之应用方式。全书简明扼要,旨在展示读

《易》的途径。陈立夫《序》称：此书所述"均为学《易》者所应先事瞭解"。

【周易图说】 元钱义方撰。二卷。《四库全书》本。此书辨说《易图》凡二十七幅，上卷七图，下卷二十图。《四库全书提要》指出："朱彝尊《经义考》作一卷，疑传写误也。其说谓：河图为作《易》之本；《大传》云'河出图，洛出书，圣人则之'，乃圣人即理推数，二者可以相通，故并言之，非谓作《易》兼取洛书。又引朱子之说，谓圆图有造作，且欲挈出方图在圆图之外。又谓朱子《易本义》于先天后天卦位必归其说于邵子，似欿然有所未足。是以不揆其陋，而有所述云云。其说较他家为近理。然犹据陈抟以来相传之图书言也。其实河图、洛书虽见经传，而今之五十五点、四十五点两图，其为古之图、书与否，则经传绝无题证。援《左传》有《三坟》，而谓即毛渐之书；援《周礼》有《连山》、《归藏》，而谓即刘炫之书，考古者其疑之矣。且《系辞》言洛书，不言即九畴；《洪范》言九畴，不言即洛书。卢辩注《大戴礼记》，始云明堂九室法龟文，其说起于后周。阮逸伪作《关朗易传》，因而述之。于是洛书之文始传为四十五点，而九畴亦遂并于《易》。义方知九畴之非《易》，而不知洛书本非九畴，其辨犹为未审。至其谓自汉以来惟孟喜本《易纬・稽览图》推《易》，《离》、《坎》、《震》、《兑》各主一方，余六十卦每卦主六日七分为有图之始，寥寥千载，至陈抟始本《易》有太极、两仪、四象、八卦，因而重之，及天地定位等说，为横圆大小四图，传穆、李以及邵子。又本帝出乎震之说，为后天圆图，内大横图之卦为《否》、《泰》，反类方图。则于因《易》而作图，非因图而作《易》，本末源流，粲然明白。不似他家务神其说，直以为古圣之制作，可谓独识其真矣。其所演二十七图，亦即因旧图而变易之。奇偶之数，愈推愈有；人自为说，而其理皆通。譬之自古至今，变无同局，固亦不妨存之以备一家焉。"

【周易洗心】 清任启运撰。九卷。《四库全书》本。此书罗列《易》图颇多，然其训解经传大义，则多有创见。《四库全书提要》指出："是编大旨，谓读《易》者当先观象。故首卷备列诸图，自朱子、邵子而外，如国朝李光地、胡煦所作诸图，皆以采入，而又以己见推广之，端绪颇为繁赜。《自序》谓：其要不外《论语》'五十以学《易》'之言，文、周卦画自羲图出，羲图自河、洛出，'五十'者，图书之中也；学《易》不以'五十'，失其本矣。其说颇务新奇。然其诠释经义，则多发前人所未发。大抵观象玩辞。时阐精理，实不尽从图书生解。其文句异同，亦多从马、郑、王弼、王肃诸家之本，即或有不从旧本，必注某本作某字，以存古义，亦非图书之外废训诂而不言。然则其研寻奇偶，特好语精微而已，非如张行成等竟舍经而谈数也。"

【周易洞林】 东晋郭璞撰。清马国翰辑。三卷，《补遗》一卷。《玉函山房辑佚书》本。据《晋书・郭璞传》，郭氏曾撰前后筮验六十余事，名为《洞林》。《隋书・经籍志》作三卷。《玉海》云："《崇文总目》止存一卷，载二十二事。"胡一桂《易学启蒙翼传》常引用《洞林》文辞，学者以为此书元时尚未亡佚。然《说郛》所载辑本只得数条；至清马国翰、王谟等人又为重辑，以马辑本较善，得有卦之占十九条，有占验而本卦不存者二十条。尚秉和先生《易说评议》云："阅明人所著《断易大全》，引《洞林》四条，皆存本卦，皆为马辑、王辑之所无。其'梦嫁'一条，马、王所辑虽有，然不得其本卦，故亦无占辞及郭所自为解说，《大全》则皆有之。由是证《洞林》至明尚未必果亡也。倘得好事者，即马、王所辑，及《汉上易》所录，合《断易大全》所引，而汇萃之，其有卦验之占，殆足三十条，可得原书之半。不惟学占验者有大益，于《易》象、《易》理均有补助。以坤水、坤鱼失传之象，及以《大壮》之《夬》为争讼，璞独知之，可藉以解《易》也。其余失去本卦者,有无不足重也。"

【周易衍义】 元胡震撰。十六卷。《四库全书》本。据书前胡氏《自序》及其子胡光大《识语》,胡氏撰此书将近完稿而卒,后由其子纂集成编。其书经传次序颇多混乱。衍释经旨颇引史事以为证,然论说《易》义则尚平正。《四库全书提要》指出:"书中于《乾》、《坤》二卦卦辞下接《象传》,继以释象之《文言》,次《大象》,次爻辞,下接《小象》,继以释爻之《文言》;又置《杂卦》于《序卦》之前,序次颇多颠倒。昔李过作《西谿易说》,改《乾》、《坤》二卦经文次第,割裂《文言》分附卦爻,胡一桂讥其混乱古经。此书实同其病。前后脱简,亦不一而足。或传写者失其原次,故错紊若此欤?其于经文训诂,大都皆举史事以发明之,不免太涉泛滥,非说经家谨严之体。然议论尚为平正,所引诸儒之解,亦颇详核,多可以备参考。视言理而空谈玄妙,言数而漫衍奇耦者,犹为此善于被焉。"按,邵懿辰《四库简明目录标注》云:"《四库》著录系吴玉墀家钞本,振绮堂有钞本八册,不分卷。此十六卷乃《四库》馆所分。"按,湖南省图书馆今藏清钞本《周易衍义》亦不分卷,可资参考。

【周易音义】 见"易释文"。

【周易音训】 见"古易音训"。

【周易总义】 南宋易祓撰。二十卷。《四库全书》本。易祓曾以谄事苏师旦而擢官,后师旦败遭贬死,其人品颇为世所议,然此书解《易》则笃实可取,多有创见。《四库全书提要》指出:"祓人不足重,其书世亦不甚传,故朱彝尊《经义考》注曰'未见。'然其说《易》,兼通理数,折衷众论,每卦先括为总论,复于六爻之下各为诠解,于经义实多所发明。与耿南仲之《新讲义》,均可以人废言也。前有祓门人陈章《序》,称祓侍经筵日,尝以是经进讲,又称祓别有《易学举隅》四卷,衰象与数为之图说。与此书可以参考。今未见传本。惟所撰《周礼总义》尚散见《永乐大典》中耳。乐雷发有《谒山斋诗》曰:'淳熙人物到嘉熙,听说山斋亦白髭。细嚼梅花读《总义》,只应姬老是相知。'盖指此二书。山斋,祓别号也。则当时亦颇重其书矣。"按《湖南丛书》刊有《周易总义》二十卷,末附民国间孙文昱所作《考证》一卷,可备参考。

【周易举正】 旧题唐郭京撰。三卷。《津逮秘书》本。按撰者《序》称:郭氏曾得王弼、韩康伯手写之《周易注》真本,遂用以比校当世所流传之各种本子,举其错谬而纠正之,故曰《周易举正》;凡所改定之处,皆以朱墨星别之。《四库全书提要》指出:"其书《崇文总目》始著录,《书录解题》于宋咸《易补注》条下称咸得此书于欧阳修,是天圣、庆历间乃行于世也。洪迈、李焘并以为信。晁公武则谓,以繇彖相正,有阙漏可推而知,托言得王、韩手札及《石经》;赵汝楳亦诋其挟王、韩之名以更古文;王应麟又援《后汉书·左雄传》'职斯禄薄'句,证其改《旅》卦'斯'字为'傂'之非;近时惠栋作《九经古义》,驳之尤力。今考是书,《唐志》不载。李焘以为京开元后人,故所为书不得著录(原注:案焘说见《文献通考》),然但可以解《旧书·经籍志》耳;若《新书·艺文志》,则唐末之书无不具例,岂因开元以后而遗之?疑其书出宋人依托,非惟王、韩手札不可信,并唐郭京之名亦在有无疑似之间也。顾其所说,推究文义,往往近理。故晁公武虽知其托名,而所进《易解》,乃多引用;即朱子《本义》,于《坤·象传》之'履霜坚冰'、《贲·象传》之'刚柔交错'、《震·象传》之'不丧匕鬯',亦颇从其说。则亦未尝无可取矣。晁公武《读书志》载京原《序》,称所改正者一百三十五处、二百七十三字,而洪迈《容斋随笔》、赵汝楳《易序丛书》皆作一百三处,今本所载原《序》亦称差谬处一百三节,则晁氏所云,殆为疏舛。又原本称别以朱墨,盖用《经典释文》之例。今所行本已全用墨书,盖非其旧,以非宏旨之所系,

403

故仍从近刻焉。"

【周易说余】 清沈绍勋撰。一卷。民国二十年(1931)铅印本。此书为沈氏说《易》之文散见各处者，钟歆编次为一卷。其中有论世位、辟卦、之变、游归，有说《子夏传》、《孟喜易》、《蜀才易》，有释卦象、爻象、卦辞、爻辞，凡二十余条。虽多与所著《周易示儿录》相复，或大义已见于《周易易解》，然其中仍有不少独特发明。如"论先后天同位"一节，黄寿祺先生《易学群书平议》称其："真所谓深思妙悟，发前人所未发，足以杜汉学反对先天方位者之口矣。"唯沈氏好干宝之学，每以殷周故事比附卦爻，故其语亦有隐晦而令人难解者。

【周易统略】 西晋邹湛撰。清马国翰辑。一卷。《玉函山房辑佚书》本。据《隋书·经籍志》载，邹湛有《周易统略》五卷，《旧唐书·经籍志》、《新唐书·艺文志》作三卷，今已佚。马氏仅据陆德明《经典释文》辑得遗文两则。尚秉和先生《易说评议》谓其说乃"祖述王弼而又下之"。

【周易原旨】 元宝巴撰。六卷。《四库全书》本。参见"易原奥义"。

【周易兼义】 唐孔颖达撰。十卷。《十三经注疏》本。见"周易正义"。

【周易消息】 清纪磊撰。十四卷。《吴兴丛书》本。此书首卷为《凡例》及《卦图》，卷二至卷十四则依经作传注，大体用王弼之本；然次《文言》于《系辞传》后、《说卦传》前，则又参用郑玄本。全书旨趣，以为《杂卦传》一篇乃文王所定、孔子所述，而"消息"皆从此出，遂据以立体例、作卦图，以解说经传；书中所用卦象，或比附《说卦传》，或杂采汉儒之说，或自创新意，至为繁多。吴承仕先生指出："是书独以《杂卦》为消息，事不师古，又广为涂傅，取象乃增倍于荀、虞，盖欲兼综旧闻，创造体例，以自名其家；而经训字诂之学，审思明辨之力，远下于焦循、姚配中。故其为书也，似通而实拘，似博而实陋，则姑视为汉学之末流，《易》家之别子可矣。"(《检斋读

书提要》)

【周易通义】 李镜池撰，曹础基整理。1981年中华书局出版。此书依《周易》上下经卦次，简释卦爻辞之义。《前言》称该书本着三项原则撰写：一是经、传须分开，不可据《易传》解经；二是须将《周易》看作古代占筮参考书；三是须明了《周易》卦爻辞是反映西周末年社会状况的史料。全书所释经义，一概不取历代各家《易》注，唯凭己意为说。

【周易通论】 清李光地撰。四卷。《李文贞公全集》本。此书综论《易》理，所论各自为篇，前二卷发明上下经大旨，后二卷阐论《系辞》、《说卦》、《序卦》、《杂卦》之义。《四库全书提要》指出：其书"冠以《易本》、《易教》两篇，次及卦爻象象、时位德应、河图洛书，以及占筮挂扐、正变环互，无不条析其意，而推明其所以然。在宋学中，可谓融会贯通，卓然成一家之说。其论《复》、《无妄》、《中孚》、《离》四卦为圣人之心学，亦皆以消息盈虚观天道而修人事，与慈湖《易传》以心言《易》者迥殊。光地作《大学古本说序》称'于《易》之卜筮灼然无疑'。盖宗旨既明，则卮言不得而淆之矣。其学一传为扬名时，有《周易剖记》二卷；再传为夏宗澜，有《易义随记》八卷、《易卦剖记》二卷。虽递相祖述，而其宏深简括，则皆不及光地也。"

【周易通略】 明黄俊撰。一卷。《豫章丛书》本。黄氏曾官国子监助教，诸生同业，先授以《四书会要》；有未能融会贯通者，又编集先儒成说以示之，凡《易》三十三条，《书》二十八条，《诗》二十一条，《春秋》十七条，《礼记》十条，《五经》各为一卷，名曰《五经通略》。后诸书均佚，仅存明钞本《周易通略》一卷，胡思敬重加校勘，撰《校勘记》一卷附后，刊入《豫章丛书》。此书内容，乃设为疑难答问，辨析异同。柯劭忞谓其："大抵发明朱子之学，其笃守师承，尚得元儒说经之遗意。"(《续修四库全书提要》)

【周易理解】 傅隶朴撰。1978年台湾中华书局出版。此书大旨,在于屏弃汉代《易》家的象数之学,亦不取近人以《周易》为科学之说,而尊崇王弼以"理"解《易》的思想。故全书依照王弼《周易注》的观点,解析六十四卦及《彖传》、《象传》、《文言传》的意义;《系辞传》以下王弼不注,遂亦从略。书中对各卦的解说,均含"卦名解"、"卦辞解"、"爻辞解"三部分。《自序》称其著书"目的在使此一忧深而辞危之古籍,成为人人能读,而且一读即懂之书"。

【周易探玄】 唐崔憬撰,清马国翰辑。三卷。《玉函山房辑佚书》本。崔憬不详何人,《唐书》无传,亦不载其书。唯据李鼎祚《周易集解》引述之语,知其为唐初人,在孔颖达后,所著书名为《周易探玄》。马国翰《集解》辑得一百八十余条,厘为三卷。柯劭忞指出:"憬诠释经文,好为新说";"国翰称其不墨守辅嗣之注,是固然矣,谓于荀、虞、马、郑之学有所窥见,则过情之誉也。"(《续修四库全书提要》)又黄奭《汉学堂丛书》亦辑有崔憬《易探玄》一卷,可资参考。

【周易探原】 郑衍通撰。1976年日本株式会社中国教育出版社出版。此书1972年曾由新加坡南洋大学印行,是本乃就原书重版。凡四篇,第一篇《周易探原概说》,第二篇《六十四卦新解上》,第三篇《六十四卦新解下》,第四篇《周易大传新解》。全书始终紧扣古代天文历数这一主要线索,与《周易》经传内容相互牵联,进行独具体系的全面探讨,立说自有其新异特色。

【周易探源】 李镜池撰。1978年中华书局出版。此书乃作者历年创作的《易》学论文结集,正文收九篇,为:《周易筮辞考》、《周易筮辞续考》、《关于周易的性质和它的哲学思想》、《关于周易几条爻辞的再解释》、《周易的编纂和编者的思想》、《易学思想的历史发展》、《谈易传大象的体例》;书末附录三篇,为《古代的物占》、《与顾颉刚先生讨论易传著作时代书》、《左国中易筮之研究》。各篇抒论大旨,欲以社会发展史的观点研探《周易》中保存的古史资料;对于《周易》经传作者及成书年代,则多承"古史辨"派的"疑古"主张,不取"三圣"、"四圣"之旧说,而谓"经"作于西周晚期,"传"作为战国末至西汉中叶。

【周易劄记】 明逯中立撰。三卷。《四库全书》本。此书首卷为《启蒙集略》,卷一、二为上下经,卷三为《系辞》以下诸传,均不载经传原文,仅标卦名、篇名,随笔记录。《四库全书提要》指出:"是书《明史·艺文志》不著录,朱彝尊《经义考》亦不载。盖当时编次无法,与其《两垣奏议》合为一书,故录经解者无由而著其名也。"又谓:其书"采之诸家者为多,其以己意论著者仅十之四、五。然去取颇为精审,大旨以义理为主,不失纯正。至《中孚》、《复》、《姤》诸卦,亦参用《易纬》卦气起《中孚》及一卦值六日七分之说。盖平心论义,不立门户之见者也。"按,中共中央党校图书馆今藏此书明刻本,可资参考。

【周易略例】 三国魏王弼撰,唐邢璹注。一卷。简称《易略例》。邢注曰:"略例者,举释纲目之名,统明文理之称。略,不具也;例,举并也。辅嗣以先儒注二十余家,虽小有异同,而迭相祖述。推比所见特殊,故作《略例》以辨诸家之惑,错综文理略录之也。"凡七篇,一《明彖》,二《明爻通变》,三《明卦适变通爻》,四《明象》,五《辩位》,六《略例下》,七《卦略》。大旨述说一卦之主、六爻位次、刚柔变化、比应承乘等条例,而阐论"得意忘象"、"得象忘言"的宗旨尤为透澈。王弼扫象数、明义理的《易》学特色由此可见概略。邢璹之注,简说王氏旨奥。璹里籍无考,《旧唐书·王鉷传》称其官至鸿胪少卿(《新唐书》同)。其注今附弼书以行。有《汉魏丛书》本、《学津讨原》本、汲古阁《津逮秘书》本等,又有附刻于《周易注》、《周易正义》

书后者。按，陈振孙《直斋书录解题》称："蜀本《略例》有璐所注，止有篇首释'略例'二字文与此同，余皆不然。"《四库全书提要》据此云："是宋代尚有一别本。今则惟此本存。所谓'蜀本'者，已久佚矣。"（《周易注》提要）参见"周易注"。

【周易释文】　见"易释文"。

【周易集义】　清强汝谔撰。八卷。《求恕斋丛书》本。此书大旨，宗尚程颐《周易程氏传》，以阐明义理为主，而不涉汉魏以降象数之学。于元代以后《易》家，独取明来知德言"错综"及王夫之释《系辞》之说。黄寿祺先生《易学群书平议》谓其书中或有考据疏略、前后矛盾、惶惑多歧者，"盖卫道心切，故多客气之谈；义理念深，则考据之功自疏矣。惟其一意欲效法乎《程传》，故于'太极'、'无极'之纷纭，《河图》、《洛书》之缴绕，以及近世一切声、光、化、电之新学说，尚能无所沾染傅会，在近人《易》说中，虽曰空疏，犹未觭袤也。"

【周易集传】　元龙仁夫撰。八卷。《四库全书》本。此书原本十八卷，仅存八卷，而上下经及《彖传》、《象传》俱全。其阐说《易》旨，宗主程颐、朱熹之解为多；但又兼重《易》象，颇有独到创获之处。《四库全书提要》指出："是书成于至治辛酉。董真卿《周易会通》称其有《自序》一篇，此本无之。朱彝尊《经义考》于旧《序》例皆全录，而亦无是篇，则其佚已久矣。《吉安府志》云：仁夫《周易集传》十八卷，立说主《本义》，每卦爻下各分变象辞占。今观所注，虽根据程、朱者多，而意在即象括义，于卦象爻象互观折观，反覆推阐，颇能抒所心得，非如胡炳文等徒墨守旧文者也。《吉安府志》又称其谓《杂卦》为占筮书，引《春秋传》'《屯》固《比》入，《坤》安《震》杀'皆以一字断卦义为证。其说似创而有本，亦异夫游谈无根者。《元史》称仁夫'所著《周易》多发前儒之所未发'，殆不诬矣。原书十八卷，今仅存八卷。然上下经及《彖》、《象传》皆已全具。朱彝尊《曝书亭集》有是书《跋》，谓通志堂刻《经解》时，以其残阙，故未开雕云云。夫传录古书，当问其义理之是非，不当论其篇页之完阙。残篇断简，古人尚且搜辑。仁夫是书，上下经衷然俱完，而以不全弃之，何其慎也。况傅寅《禹贡说断》、程大昌《禹贡图说》、林之奇《三山书传》，今以《永乐大典》校之，皆非完帙。而徐氏仍登梨枣，是又何说欤？今特录存之，俾重著于世，庶于经义有所裨焉。"

【周易集注】　明来知德撰。十六卷。清康熙二十七年（1688）崔华刻本。又称《来氏易注》。此书系来氏积二十九年之力而成，专取《系辞传》中"错综其数"以论《易》象，故于六十四卦每卦均列"错卦"、"综卦"，并广求诸象以为训解。其说虽或嫌繁碎，然独创可取之处亦多。《四库全书提要》指出："其立说专取《系辞》中'错综其数'以论《易》象，而以《杂卦》治之。错者，阴阳对错，如先天圆图《乾》错《坤》，《坎》错《离》，八卦相错是也；综者，一上一下，如《屯》、《蒙》之类本是一卦，在上为《屯》，在下为《蒙》，载之文王《序卦》是也。其论错，有四正错，有四隅错；论综，有四正综，有四隅综。有以正综隅，有以隅综正。其论象，有卦情之象，有卦画之象，有大象之象，有中爻之象，有错卦之象，有综卦之象，有爻变之象，有占中之象。其注皆先释象义、字义及错综义，然后训本卦本爻正意。皆由冥心力索，得其端倪，因而参互旁通，自成一说。当时推为绝学。然上下经各十八卦，本之旧说；而所说中爻之象，亦即汉以来互体之法。特知德纵横推阐，专明斯义，较先儒为详尽耳。其《自序》乃高自位置，至谓'孔子没后而《易》亡，二千年有如长夜'。岂非伏处村塾，不尽睹遗文秘籍之传，不尽闻老师宿儒之论，师心自悟，偶有所得，遽夜郎自大哉？故百余年来，信其说者颇多，攻击其说者亦不少。然《易》道渊深，包罗众义，随得一隙而入，皆能宛转关通，有所阐发，亦不必尽以支离繁碎斥也。"

【周易集说】 元俞琰撰。四十卷。《通志堂经解》本。亦称《俞氏易集说》。俞氏曾裒集历代《易》家之说为《大易会要》一百三十卷,后乃掇其精华以成是书,前后历三十多年而四易其稿。其初宗主程颐、朱熹之说,后于程、朱之外自出新义,颇有创获精审之处。《四库全书提要》指出:俞氏立说,虽有离奇怪异者,"然其覃精研思,积三、四十年,实有冥心独造,发前人所未发者,固不可废也。据琰自作《后序》,尚有《读易举要》、《读易须知》、《易图纂要》、《易经考证》、《易传考证》、《六十四卦图》、《古占法》、《卦爻象占分类》、《易图合璧连珠》、《易外别传》诸书。今惟《易外别传》有本单行,《读易举要》、《易图纂要》见《永乐大典》,余皆未见。《序》称诸篇皆旧所作,将毁之而儿辈以为可惜,又略加改窜而存于后。则旧刻本附此数书,今佚之矣。"

【周易集解】 ① 唐李鼎祚撰。十七卷。《津逮秘书第二集》本。书名或有题作《李氏周易集解》、《李氏易传》者。此书博采汉魏至唐初三十五家《易》说,重在采择象数学说,以注释经传义蕴,《自序》称撰书宗旨在于"刊辅嗣之野文,补康成之逸象"。经传编次,仍用王弼注本,唯以《序卦传》散缀六十四卦之首,盖仿《毛诗》分冠《小序》于三百零五篇之例。《新唐书·艺文志》著录此书作十七卷。晁公武《郡斋读书志》云:"今所有止十卷,而始末皆全,无所亡失,岂后人并之耶?"明朱睦㮮撰《周易集解序》亦云:"《自序》称十卷。"《四库全书提要》据李鼎祚《自序》中"别撰《索隐》"一语,详辨诸说,指出:"《集解》本十卷,附(王弼)《略例》一卷为十一卷,尚别有《索隐》六卷,共成十七卷。《唐志》所载盖并《索隐》、《略例》数之,实非舛误。至宋而《索隐》散佚,刊本又削去《略例》,仅存《解集》十卷,故与《唐志》不符。至毛氏刊本,始析十卷为十七卷,以合《唐志》之文;又改《序》中'一十卷'为'一十八卷',以合附录《略例》一卷之数,故又与朱睦㮮《序》不符。盖自宋以来,均未究《序》中'别撰《索隐》'一语,故疑者误疑,改者误改;即辨其本止十卷者,亦不能解《唐志》称十七卷之故,至愈说愈讹耳。今详为考正,以袪将来之疑。至十卷之本,今既未见,则姑仍以毛本著录,盖篇帙分合,无关宏旨,固不必一一追改也。"又指出:"盖王学既盛,汉《易》遂亡,千百年后学者,得考见画卦之本旨者,惟赖此书之存耳。是真可宝之古笈也。"② 清孙星衍撰。十卷。《岱南阁丛书》本。此书取李鼎祚《周易集解》合于王弼《周易注》,又采集书传所载马融、郑玄诸家之注,及唐史徵《周易口诀义》中古注,附于其后;凡许慎《说文解字》、陆德明《经典释文》、晁说之《古易音训》所引经文异字、异音,亦采录附见于本文,命曰《周易集解》。后伍崇曜以王弼《注》、李鼎祚《集解》为单行之本,世所常见,乃甄录孙星衍所辑者,署曰《孙氏周易集解》,刊入《粤雅堂丛书》中别行,亦作十卷。孙氏是书,实由毕以田协助裒辑,以田亦为究心训诂之学者。伍崇曜《序》称:"星衍搜罗之富,抉择之精,当与所撰《尚书今古文注疏》并传。"

【周易释贞】 王树枏撰。二卷。《陶庐丛刻》本。此书专释《周易》中的"贞"字。认为:"《易》为卜筮之书。《三易》掌于太卜,《周易》凡言'贞'者,皆'占'之假字。'贞'上从'卜',其义可知。贞、占一声之转。"并举出《周礼·春官·天府》"季冬陈玉,以贞来岁之媺恶"郑众注及《太卜》"凡国大贞,卜立君,卜大封"郑玄注,以证明"贞"字之义必为"占问"。按《周易》卦爻辞中的"贞"字,旧说为"正"、"固"之义,《彖传》、《文言传》均有明训,《子夏易传》、《春秋左氏传》也有解说,历代《易》家皆遵守之,允非无据。王氏必欲坚执其说,以"占问"释"贞"推广全《易》,于是便訾《文言传》为"伪",《子夏易传》为"不足据",

《左传》解《易》乃"筮家占断之法，不必与《易》相符"，甚至怀疑《同人》卦《象传》"君子正也"之"正"字"当是'贞'字，为后儒窜易"。这些说法，未免勇于自信，过于疑古。黄寿祺先生《易学群书平议》指出："盖《易》中之字，往往非一义所能尽贯，必有数诂，然后可通。'贞'固有'占问'之训，亦未尝无'正'、'固'之义，何可执一也！"

【周易象义】 元丁易东撰。十六卷。《四库全书》录《永乐大典》本。此书据《易》象以明义，故名曰《象义》。全书取象之例凡十二，为本体、互体、卦变、正应、动爻、变卦、伏卦、互对、反对、比爻、原画、纳甲等。《四库全书提要》指出："其于前人旧说，大抵以李鼎祚《周易集解》、朱震《汉上易传》为宗，而又谓李失之泥，朱伤于巧。故不主一家。如卦变之说，则取邵子、朱子；变卦之说，则取沈该、都絜；筮占之说，则取朱子、蔡渊、冯椅。远绍旁搜，要归于变动不居之旨，亦言象者所当考也。诸家著录，多作十卷，惟朱睦㮮《授经图》作《易传》十一卷，焦竑《经籍志》作《易传》十四卷。考易东所著，别无《易传》之名，盖即此编。朱氏并其《论例》一卷数之，为十一卷；焦氏又并其《大衍索隐》三卷数之，遂为十四卷耳。朱彝尊《经义考》作十卷，注曰：'存'。然世所传本残阙特甚，仅存十之二三，又非彝尊之所见。惟散见《永乐大典》中者排比其文，仅阙《豫》、《随》、《无妄》、《大壮》、《睽》、《蹇》、《中孚》七卦及《晋》卦之后四爻，余皆完具。与残本互相参补，遂还旧观。以篇页颇繁，谨析为一十六卷，以便循览。原本附有《大衍策数》诸图，多已见《大衍索隐》中，今不复录。其《论例》一卷，自述撰述之旨颇备，今仍录以弁首焉。"按，余嘉锡《四库提要辨证》云："瞿镛藏有宋刻残本，《四库》本所阙《豫》、《随》、《无妄》、《大壮》、《睽》、《蹇》、《中孚·象传》注及《系辞上》'象也者，言乎其失得'至'各指其所

也'之注，宋本皆全。瞿氏录其文入《铁琴铜剑楼藏书目录》卷一。好事者若刻此书，可据以补入。惟《四库》本《豫》、《随》、《无妄》经注之阙也，瞿氏宋本亦阙，则终无可考焉。"又按，北京图书馆今藏此书元刻本，题《周易象义》十二卷，有清季锡畴校语，可资参考。

【周易象考】 清茹敦和撰。一卷。《茹氏经学十二种》本。此书略依汉代《易》家互体、旁通、之变、飞伏之法，比辑卦爻辞的词例，以证明《说卦传》及荀爽、虞翻各家取象之所由。凡以为诸家有违误者，则驳正之；以为有脱漏者，则补苴之，共得二百十八事。吴承仕先生指出："茹氏书作于乾隆中叶，当惠氏(栋)之后，张氏(惠言)之前，而研精汉学，专明取象，亦可谓声应气求，臭味相及者矣。"(《检斋读书提要》)

【周易象辞】 清黄宗炎撰。二十一卷，附《寻门余论》二卷、《图书辨惑》一卷。《四库全书》本。宗炎之学，力辟陈抟"图书"之说。其《周易象辞》，训释《易》辞，专主义理。所附《寻门余论》，又称《周易寻门余论》，于论《易》之余兼排佛氏之说；《图书辨惑》，又称《易学辨惑》，则以考辨陈抟所传《易》图为主。《四库全书提要》指出：《周易象辞》之解，或发"前人所未发"，或"分明融洽"，或"颇有根据不为牵合"，或"能得文外之意"，"皆可备《易》家之一解。至于'归妹以须'，须为女之贱者，旧解本无可易，而宗炎谓'须附颐以动'，则以为须发之须，未免于好奇。又于《易》之字义，多引篆文以释之，亦不免王氏新义用《字说》之弊。当分别观之可也。后附录《寻门余论》二卷、《图书解惑》一卷，宗旨大略相同。《寻门余论》兼排释氏之说，未免曼衍于《易》外。其诋斥宋儒，词气亦伤太激。然其论四圣相传，不应文王、周公、孔子之外别有伏羲之《易》，为不传之秘；《周易》未经秦火，不应独禁其图，转为道家藏匿二千年，至陈抟

而始出,则笃论也。《图书辨惑》谓陈抟之图书乃道家养生之术,与元陈应润之说合(原注:见应润所作《爻变义蕴》);谓周子《太极图说》,图杂以仙真,说冒以《易》道,亦与朱彝尊、毛奇龄所考略同(原注:彝尊说见《经义考》二百八十三,奇龄说见所作《太极图说遗议》)。至谓朱子从而字析之,更流于释,则不免有意深文,存姚江朱、陆之门户矣。二书各有别本单行。然考《周易象辞》目录,实列此二书,谓之附录,则非别自为编也。今仍合之,俾相辅而行焉。"按,道光间刊本《昭代丛书》收入《周易寻门余论》、《易学辨惑》,均作一卷,可备参考。

【周易禅解】 明释智旭撰。十卷。明崇祯十四年(1641)释通瑞刻本。此书卷一至卷七解六十四卦,卷八、卷九解《系辞》以下诸传,卷十附《图说》八篇。《自序》称:其书"以禅入儒,务诱儒以知禅"。故通释《周易》经传,皆援禅理以为说,并名书曰《禅解》。按《四库全书提要》曾云:以佛理说《易》,始于宋人王宗传、杨简,"至于明季,其说大行,紫溪苏濬解《易》遂以《冥冥篇》为名,而《易》全入禅矣"(《四库全书提要·经部易类》论《杨氏易传》);又云"明万历以后,动以心学说《易》,流别于杨简及宗传二人"(同上论《童溪易传》)。据此,智旭《易》学似远源于杨、王二人,为《易》家之别派。黄寿祺先生指出:此书"援引禅理,间虽不免傅会,然亦颇有可取者","未可以其援禅入儒而悉非之"(《易学群书平议》)。

【周易概论】 刘大钧撰。1986年齐鲁书社出版。此书收入作者的论《易》文章九篇,前七篇泛说《周易》经传内容及卦象、卦变、占筮等问题;后两篇为《历代易学研究概论》上、下,略述先秦至清的《易》学发展概况。

【周易辑闻】 南宋赵汝楳撰。六卷,附《易雅》一卷、《筮宗》一卷。《通志堂经解》本。此书系汝楳承其父善湘之学而作。

其《辑闻》六卷,阐说六十四卦经传义旨;所附《易雅》一卷,略仿《尔雅》释《诗》之例,类释《易》学名义;《筮宗》一卷,则考述《易》筮。于《辑闻》中,谓《说卦》、《序卦》、《杂卦》皆为汉儒窜入,《系辞传》亦非孔子所作,遂皆置不解;唯注上下经文。并用王弼《易》本,以《象传》散附卦辞后,以《象传》散附爻辞后;又自创新意,移《大象传》分附卦画之后,移《文言》分附《乾》、《坤》之《象传》及《小象传》后。《四库全书提要》谓其:"割裂颠倒,殊属师心。又王弼本虽移传附经,尚有'象曰'、'象曰'、'文言曰'字,以存识别。汝楳并此而去之,使经传混淆,茫然莫辨,尤为治丝而棼。其每卦之中皆以卦变立论,亦未免偏主一隅。然其说推阐详明,于比应乘承之理,盈虚消长之机,皆有所发挥,不同穿凿。于宋人《易》说之中,尤为明白笃实。《易雅》一卷,略如《尔雅》之释《诗》,故名曰'雅'。其目《通释》,曰《书释》,曰《学释》,曰《情释》,曰《位释》,曰《象释》,曰《辞释》,曰《变释》,曰《占释》,曰《卦变释》,曰《爻变释》,曰《得失释》,曰《八卦释》,曰《六爻释》,曰《阴阳释》,曰《太极名义释》,曰《象数体用图释》,曰《图书释》,凡十八篇。其论图书曰:'《易》有衍数,有积数。自五衍而为五十者,衍数也;自一、二、三、四、五积而为五十五者,积数也。图、书二数,皆积数之傅,不可以与于揲蓍也。故舍图、书之名而论二数,则自有妙理;强二数以图、书之名,则于经无据。'可谓善于解纷矣。《筮宗》一卷,朱彝尊《经义考》作三卷,盖是书原本题《释本第一》、《述筮第二》、《先传考第三》,彝尊以一篇为一卷也。其推明大衍之数,颇为明白。于诸家旧说,一一条辨,亦具有考订云。"

【周易解故】 清丁晏撰。一卷。《广雅书局丛书》本。此书摘取《易》辞训诂之有疑义者,博引众说,为之考辨。柯劭忞指出:"晏自序此书,谓:'本之训诂以正其文,求之义理以衷其解,而训诂则非博考不明,非研究不精。故是正文字,未可以识小而忽之。'又讥从事汉学者'展转贩鬻,无异攘他人之滕箧而有之'。今覈其所作,盖自封'识小'者,而'展转贩鬻,无异攘窃他人',晏亦不免此病也。"然书中所辨析,多"惬心贵当,不愧义之安,理之是。附录《利执言解》,谓'执言'即执讯;《旧井无禽解》,引《易林》'旧井无鱼',谓'无禽'为无鱼,汉人已有此义。辨析群疑,亦有功于训诂。"(《续修四库全书提要》)

【周易新义】 唐徐郇撰,清马国翰辑。一卷。《玉函山房辑佚书》本。据《唐会要》记载,徐郇有《周易新义》三卷。今佚。马国翰从吕祖谦《古易音训》等书,辑得九条,内容多为辨证文句脱误,及经字多寡。马氏并云:"其书要与郭京《举正》相似,王昭素、胡安定亟取之。宋儒好改经文,源实启于郭京。及徐氏书名《新义》,未知于古有据否,姑依采录,以见《易》学之一变云。"尚秉和先生《易说评议》则以为:"夫徐郇所言,其当否尚难遽定;即使果当,于《易》义有何关?胡变之有哉?太重视矣。"

【周易新论】 宋祚胤撰。1982年湖南教育出版社出版。凡四章,分别论述《周易》的写作时代、研究方法、宇宙观、政治观。全书专叙《周易》经文,不涉《易传》,不取历代《易》家旧说,唯自立新义。较突出的观点,认为《周易》古经写成于周厉王末年,则属前人未发之论。

【周易窥余】 南宋郑刚中撰。十五卷。《四库全书》录《永乐大典》本。此书以程颐《易》学主"义理",朱震《易》学主"象数",遂参取两家,阐发其所未尽之义。《自序》称:"《伊川易传》《汉上易传》二书,颇弥缝于象义之间,但《易》道广大,有可窥之余,吾则窥之。"故名其书曰《窥余》。书中《乾》、《坤》二卦及《系辞传》以下原缺不解。其本罕传,朱彝尊《经义考》注曰:"未见。"唯《永乐大典》尚存其文,但缺《豫》、《随》、《大畜》、《大壮》、《睽》、《蹇》、《中孚》七卦。《四库全书》馆臣据以采掇裒辑,依经编次,所缺七卦但录经文,或其说别见他书者亦搜录补入,仍依原目定为十五卷。《四库全书提要》指出:"自唐人以王弼注定为《正义》,于是学《易》者专言名理。惟李鼎祚《集解》不主弼义,博采诸家,以为'刊辅嗣之野文,补康成之逸象',而当时经生不能尽从其学。宋儒若胡瑗、程子,其言理精粹,自非晋唐诸儒所可及,然于象亦多有阙略。刚中是书,始兼取汉学,凡荀爽、虞翻、干宝、蜀才九家之说,皆参互考稽,不主一家。其解义间异先儒,而亦往往有当于理","能自出新意,不为成说所拘。至于解《泰》之九二,《大有》之《大象》,议论尤正大精粹,通于治体。虽其人因秦桧以进身,依附和议,捐弃旧疆,颇不见谅于公论,然阐发经义则具有理解,要为说《易》家所不废也。"

【周易筮考】 清李塨撰。一卷。见"易传注"。

【周易筮述】 清王弘撰撰。八卷。《四库全书》本。王氏因朱熹曾谓"《易》本卜筮之书",故作此编,以述其义。《四库全书提要》指出:"其卷一曰《原筮》、曰《筮仪》,曰《蓍数》,《筮仪》本朱子,并参以沂水赵氏;其卷二曰《揲法》;其卷三曰《变占》,尊圣经,黜《易林》,稽之《左传》,与朱子大同小异;其卷四曰《九六》、曰《三极》、曰《中爻》,中爻即互体;其卷五曰《卦德》、曰《卦象》、曰《卦气》,卦气本邵子、朱子,并附《太乙秘要》;其卷六曰《卦辞》;其卷七曰《左传国语占》、曰《余论》;其卷八曰《推验》,采之陆氏,其涉于太异可骇者弗载。其书虽专为筮书而设,而大旨辟焦、京之术,阐文、周之理,立论悉推本于经义。较之方技者流,实区以别。故进而《易》类,不以术数论焉。"

【周易稗疏】 清王夫之撰。四卷。《船山遗书》本。此书系王氏读《易》之时所作随笔札记,每条但举《易》中文词数字以为标目,不全载经传原文;或偶有疑义,乃为考辨,而不逐卦逐爻一一尽为之说,故题其书曰《稗疏》。《四库全书提要》指出:"大旨不信陈抟之学,亦不信京房之术,于先天诸图、纬书、杂说皆排之甚力,而亦不空谈玄妙,附合《老》、《庄》之旨。故言必徵实,义必切理,于近时说《易》之家为最有根据。""卷帙虽少,固不失为徵实之学焉。"

【周易劄记】 清杨名时撰。二卷。《四库全书》本。此书系杨氏读《易》时所作札记,其说多承李光地之学,侧重于阐发《周易》义理。《四库全书提要》指出:"是编乃其读《易》所记,前后无《序》、《跋》,未详其成书年月。观书中所引证,盖犹在《钦定周易折中》之后也。名时本李光地所取士,故其《易》学多得之光地。虽《说卦传》及附论《启蒙》之类颇推衍先天诸图,尚不至于支离附会。至其诠解经传则纯以义理为宗,不涉象数。大抵于程、朱之义不为苟异,亦不为苟同。在宋学之中,可谓明白而笃实矣。名时为云南巡抚时,夏宗澜尝从之问《易》,所作《易》说,皆质正于名时,其问答具载宗澜书中。然宗澜所说,如《渐》卦'御寇',证以孤雁打更之类,颇为肤廓。不及名时所论,犹有光地之遗也。"按,《杨氏全书》收入此书作三卷,以上经、下经、《系辞传》以下各为一卷;而《四库》本则下经与《系辞传》以下并作一卷,故全书只分二卷。

【周易辨录】 明杨爵撰。四卷。《四库全书》本。此书乃杨氏被系狱中时所作,惟解六十四卦经义,多旁引人事以说之。《四库全书提要》指出:杨氏"以上疏极论符瑞下诏狱,系七年始得释","其书前有《自序》,题嘉靖二十四年乙巳,盖即其与周怡、刘魁等在狱中讲论所作,故取《系辞》'困,德之辨'一语为名。《明史》本传作《周易辨说》,其名小异。然《艺文志》仍作《周易辨录》,盖刊本字误也。所释惟六十四卦,每卦惟载上下经卦辞。然其训解则六爻及《彖传》、《象传》皆兼及之,特不列其文耳。其说多以人事为主,颇剀切著明。盖以正直之操,处机阱之会,幽居远念,寄托良深,有未可以经生常义律之者。然自始至终,无一字之怨尤,其所以为纯臣欤?"按,中国科学院图书馆今藏明刻本四卷及山东省图书馆藏清钞本(《四库》底本)四卷(有清李文藻批校并《跋》),均可资参考。

【周易辨画】 清连斗山撰。四十卷。《四库全书》本。此书释《易》,专就卦画为之详辨,虽或不免附会之失,然亦颇有揭明精理之处。《四库全书提要》指出:"是书大旨,谓一卦之义在于爻,爻画有刚有柔,因刚柔之画而立之象,即因刚柔之画而系以辞,其道先在于'辨画',故以为名。末有辑图一卷,则即朱子之图而略为损益之。其说专主卦画立义。如《屯》之《大象》,云'四偶以次,条列如丝,中贯一奇如梭;上互艮手,下动震足,如织纴然。故有经纶之象。'未免穿凿太甚。然其逐卦详列互体,剖析微渺,亦颇有合于精理者。盖即爻论爻,乃能以《易》诠《易》。虽间有附会之失,而错综变化之本旨,犹可藉以参观。固与高谈性道以致惝恍无归者,尚较有实际焉。"按,武汉图书馆今藏此书原稿本四十卷,可资参考。

【周子太极图】 见"太极图"。

【周公作爻辞】 东汉《易》家马融、陆绩等,不同意前儒关于周文王作卦爻辞的说法,认为文王只作卦辞,而周公续作爻辞。孔颖达《周易正义卷首·第四论卦辞爻辞谁作》指出:"二以为验爻辞多是文王后事","又《左传》韩宣子适鲁,见《易象》,云'吾乃知周公之德'。周公被流言之谤,亦得为忧患也。验此诸说,以为卦辞文王,爻辞周公。马融、陆绩等并同此说。"但后代《易》家并不尽取马、陆之说。参阅"文王作卦爻辞"。

【周易丁氏传】 题西汉丁宽撰。清马国翰辑。二卷。《玉函山房辑佚书》本。

据《汉书·儒林传》,丁宽"作《易说》三万言,训故举大谊而已";《艺文志》列《丁氏八篇》,《隋书·经籍志》不著录,盖亡佚已久。马国翰因陆德明《经典释文序录》"《子夏易传》"下引荀昂云:"丁宽所作",认为丁宽《易传》必本子夏而成,故既辑《周易子夏传》二卷,又以之为《周易丁氏传》,谓可备以考见"师承渊源"。按前人考据,多以《子夏传》为韩婴所作;谓丁宽撰者,实乃一家揣测之语。故孙堂辑《汉魏二十一家易注》,及黄奭《汉学堂丛书》所辑《易》注,于西汉只辑《子夏传》及孟喜、京房二家,皆不及于丁氏,以其无资料可辑录。黄寿祺先生《易学群书平议》以为马国翰乃"无可辑而强以《子夏传》充之",并云国翰"辑宋以前佚书凡六百余种,为世所重,独此《丁氏传》及《周易韩氏传》颇涉虚妄,而《丁氏传》尤甚。"

【周易大象解】 清王夫之撰。一卷。《船山遗书》本。此书专释《十翼》中的《大象传》。书首《自序》云:"《大象》与彖、爻,自别为一义。取《大象》以释彖、爻,必龃龉不合;而强欲合之,此《易》学之所由晦也。惟《大象》则纯乎学《易》之理,而不与于筮。"柯劭忞指出:"象与彖、爻,有别为一义者,亦有同义者,不尽龃龉不合;《易》本卜筮之书,谓《大象》不与于筮,亦非通论。夫之撰《易内传》,诠释《大象》之义已详尽矣,此书作于《易内传》之前,词义与《内传》间涉复重。然谓'否而可以俭德避难'、'剥而可以厚下安宅'、'归妹而可以永终知敝'、'姤而可以施命告四方',略以德之凶危,而反诸诚之通复,则深切著明,有裨于反身之学,不当以有复重而废之矣。夫之《自序》,其文又见于《易内传发例》,不应重出于此,则刊书者之失检也。"(《续修四库全书提要》)

【周易口诀义】 唐史徵撰。六卷。《四库全书》录《永乐大典》本。此书大旨,乃采择旧说,诠释《周易》经传大义。《四库全书提要》指出:"《永乐大典》载徵《自序》云:'但举宏机,纂其枢要;先以王《注》为宗,后约孔《疏》为理。'故《崇文总目》及晁氏《读书志》皆以为直钞《注疏》,以便讲习,故曰'口诀'。今详考之,实不尽然。"遂举书中所引汉魏以来《易》说二十二例,认为:"多出孔颖达《疏》及李鼎祚《集解》之外。又如《贲·大象》所引王氏说、《颐·大象》所引荀爽说,虽属《集解》所有,而其文互异;《坎》上六所引虞翻说,则《集解》删削过略,此所载独详。盖唐去六朝未远,《隋志》所载诸家之书犹有存者,故徵得以旁搜博引。今阅年数百,旧籍佚亡,则遗文绪论,无一非吉光片羽矣。近时惠栋作《九经古义》、余萧客辑《古经解钩沉》,于唐以前诸儒旧说,单辞只义搜采至详,而此书所载,均未之及。信为难得之秘本。虽其文义间涉拙滞,传写亦不免讹脱,而唐以前解《易》之书,《子夏传》既属伪撰,王应麟所辑《郑玄注》、姚士粦所辑《陆绩注》亦非完书;其实存于今者,京房、王弼、孔颖达、李鼎祚四家,及此书而五耳。固好古者所宜宝重也。"徵《自序》作六卷,诸家书目并同。今仅阙《豫》、《隋》、《无妄》、《大壮》、《晋》、《睽》、《蹇》、《中孚》八卦,所佚无多,仍编为六卷,存其旧焉。

【周易王氏义】 约六朝至隋间王嗣宗撰,清马国翰辑。一卷。《玉函山房辑佚书》本。嗣宗不详何人,历代史志均无嗣宗《易》注之目,唯陆德明《经典释文》引其《离》卦音训三节,马国翰据以辑为一卷。马氏并云:三国魏王弼之兄王宏,字正宗,为《易义》,"疑嗣宗或正宗之别字。弼字辅嗣,或缘此取义。"黄寿祺先生则以《释文》引嗣宗《易》说与梁武帝并称,遂"疑嗣宗或是齐梁之间人";又谓马国翰之推测"虽无确征,存之亦足以备一说"(《易学群书平议》)。

【周易王氏注】 ①三国魏王肃撰,清马国翰辑。二卷。《玉函山房辑佚书》本。参见"王肃易注"。 ②东晋王廙撰,清马国翰辑。一卷。《玉函山房辑佚书》本。据陆德明《经典释文序录》,王廙著《周易注》十二卷,又引王俭《七志》、阮孝绪《七录》并作十卷;《隋书·经籍志》作三卷,注云"残缺,梁有十卷"。其书久佚。马国翰从《经典释文》、《周易正义》、《周易集解》及《世说新语注》、《太平御览》等书所引辑得一卷。国翰谓王廙"穷经根柢,宜非荀、虞、马、郑之比"。张惠言《易义别录》则云:"东晋以后,言《易》者大率以王弼为本;其用郑、宋诸家,小有去取而已,非能通诸家,如王廙者是也。"又孙堂《汉魏二十一家易注》、黄奭《汉学堂丛书》亦各辑有王廙《易注》一卷,可资参考。 ③ 约隋唐间人王凯冲撰,清马国翰辑。一卷。《玉函山房辑佚书》本。据《旧唐书·经籍志》、《新唐书·艺文志》著录,凯冲有《周易注》一卷。其书久佚,马国翰从李鼎祚《周易集解》所引辑得四则,厘为一卷。并云:王氏注《易》"循文解说,颇有理致,盖宗辅嗣学而衍畅其义者"(《玉函山房辑佚书》)。

【周易王氏音】 三国魏王肃撰,清马国翰辑。一卷。《玉函山房辑佚书》本。据陆德明《经典释文序录》,王肃、李轨、徐邈各有《易音》之作;然《隋书·经籍志》谓王肃《易注》十卷,不言其著《易音》,马国翰疑其《易音》或并入《易注》中。今王肃诸书亡佚已久。马国翰从《经典释文》所引,辑为《王氏音》专书一卷,并云"可与李、徐两家互考同异"。

【周易互体徵】 清俞樾撰。一卷。《春在堂全书》本。俞氏以为,《易》有"互体",乃为古法,故引《左传》"陈侯之筮"以证之;又取《泰》六五、《归妹》六五之象论析辨明互体之义,撰为是编。柯劭忞谓其"引证古义,最为的确";而据《泰》、《归妹》"二卦以明互体,尤显而可徵矣"(《续修四库全书提要》)。

【周易示儿录】 清沈绍勋撰。三卷。民国二十年(1931)铅印本。此书乃沈氏用以教其子祖緜,故题《示儿录》。全书凡三篇:上篇十五章,论成卦之理,大致皆发挥邵雍太极、两仪、四象、八卦、先后天、河洛之说,兼及世应、游归、互卦等义;中篇十五章,分论辟卦、先天乾坤后天坎离迭成游归、贵阴贱阳、八卦正位、中正不中正、《易》尚变,用九用六即出后天卦位、生成之数,后天数本出先天、互卦之理等;下篇亦十五章,分论爻辰、纳甲、《易》数、《三易》及扬雄、魏伯阳、关朗、来知德、冯景、姜尧、端木国瑚六家《易》学等。抒论颇多创获,其中卷论"游魂、归魂即先天之理",下卷谓《焦氏易林》繇词皆原本象数,尤为精绝,发前人之所未发。

【周易古占法】 南宋程迥撰。一卷,又附《古周易章句外编》一卷。《四库全书》本。此二书旧本传写多混而为一。《四库全书提要》考曰:"凡藏书家所传写者均作二卷。前卷题曰《周易古占法上》,凡十一篇。后卷杂论《易》说及记古今占验,题曰《周易古占法下》,又题曰《古周易章句外编》,中有一条云'迥作《周易古占法》,其《序》引'云云,显非《占法》之下卷矣。考《宋史·艺文志》载迥《古易占法》、《周易外编》二书,均止一卷,然则止前卷十一篇者为《周易古占法》,其后卷自为《周易章句外编》,后人误合为一书,因妄标卷上、卷下字耳。然陈振孙《书录解题》以迥《周易章句》一卷、《外编》一卷、《占法》一卷、《古易考》一卷并列,而总注其下曰'程可久撰,其论占法、杂记占事尤详'。则通为一编,自宋已然。传写淆乱,固已有由矣。其说本邵子加一倍法,据《系辞》、《说卦》发明其义,用逆数以尚占知来,大旨备见于《自序》。后朱子作《启蒙》,多用其例。吴澄谓迥于朱子为丈人行,朱子以师礼事之云。"

【周易古史观】 胡朴安撰。二卷。1986年上海古籍出版社出版。此书撰定于1942年,原有作者自刊之《朴学丛书》本。全书大旨,认为《周易》古经反映了中国古代特定时期的历史：上经《乾》、《坤》两卦是绪论,《屯》卦至《离》卦是草昧时代至殷末历史；下经《咸》卦至《小过》卦为周初文王、武王、成王的历史,《既济》、《未济》两卦则为余论。故广征史事以附证卦旨,题曰《古史观》。书首《自序二》称："《六经》皆史,章实斋尚是一句空言；必如是实实在在证佐出来,与人共见,始得与人共信也。"

【周易古筮考】 尚秉和撰。十卷。民国十五年(1926)刊本。此书大旨,在于考索古代《易》筮之例,以证筮法的基本程式。卷一详解朱熹《周易本义》所载《筮仪》及"用九"、"用六"之义；卷二至七辑录自春秋迄明清传记所载以辞象为占而存有本卦之筮案,得一百零六则、一百一十卦,分为"静爻"、"一爻动"、"二爻动"、"三爻动"、"四爻动"、"五爻动"、"六爻动"七类排列,各类略依时代先后为次,其或词义怪奇、深奥难知者则章解句释,以期学者洞明而有所遵循；卷八、九杂考纳甲、六亲、世应、干支、五行、飞伏、互卦、金钱卜、八宫卦等古代占筮中常为参用的条例；卷十为作者亲身筮验辑存,得二十五则。全书重在剖析历代筮案,于朱熹所论定之筮法规则间有辨证发明,而阐述《乾》、《坤》"二用"大义尤具创获,刘殿臣《跋》称"足正汉魏以来注疏家之谬,扫除蒙说,独标真谛,于经义阐明尤为有功"。

【周易卢氏注】 约南北朝间卢氏撰,清马国翰辑。一卷。《玉函山房辑佚书》本。卢氏不详其名,《隋书·经籍志》、《唐书·艺文志》均列卢氏《周易注》十卷。其书久佚。马国翰据孔颖达《周易正义》所引一事,李鼎祚《周易集解》所引十九事,辑为一卷。柯劭忞以为："卢氏之学,当出于郑、荀两家；国翰谓大抵宗荀氏之学,失之。"(《续修四库全书提要》)又黄奭《黄氏逸书考》亦辑有《卢氏易注》一卷,可资参考。

【周易对象释】 徐昂撰。二十卷。《徐

氏全书》本。此书大旨,在于证解《周易》辞象正反相对之义。故将经传一切文辞所反映之"象",依相对意义归纳类举,以虞翻消息条例详为解释。全书分元、亨、利、贞四编,凡"对象"在一卦中并见,而又有相对之象分见于各卦或传文者,列为元编；"对象"不在一卦中并见,但分见者,列为亨编；某卦象前,加一否定词而与之成"对象"者,列为利编；某卦名前,加一否定词而与卦名适成"对象"者,列为贞篇。元篇十一卷,亨篇一卷,利篇七卷,贞编一卷,共二十卷。各编象例排列,大体以所属经传卦次先后为序。《自序》称：此书"以归纳为原则。归纳有二点,一归纳《周易》经传全部对象,研求卦爻之变化,而条分其系统；一归纳《周易虞氏义》及《虞氏消息》全部解释,以贯通其义理,证明对象之有所会归。"

【周易朱氏义】 约隋、唐以前《易》家朱仰之撰,清马国翰辑。一卷。《玉函山房辑佚书》本。仰之名,史传无考；其书历代史志亦无著录,唯唐李鼎祚《周易集解》引其《易》说二则,马国翰据以辑为一卷。朱彝尊《经义考》谓《经典释文序录》列《荀爽九家易注》内有"朱氏",疑即仰之。然无确证。黄寿祺先生以为,《集解》所录仰之《易》说二则,"高出诸家","惜只此二则耳,故表而出之,使学者知此零词膡语,于经义所关有极重者,且以见李氏集录之详焉。"(《易学群书平议》)

【周易庄氏义】 约南朝齐梁陈之间庄氏撰,清马国翰辑。一卷。《玉函山房辑佚书》本。庄氏未详何人。《隋书·经籍志》、《唐书·艺文志》并不载其书,唯孔颖达《周易正义》常引之。此书久佚。马国翰从《正义》等书所引辑为一卷。柯劭忞谓庄氏"论《象》十有二体,援据经文,发明义例,为他家所未及"(《续修四库全书提要》)。又黄奭《黄氏逸书考》亦辑有《庄氏易义》一卷,可资参考。

【周易李氏音】 东晋李轨撰。清马国

翰辑。一卷。《玉函山房辑佚书》本。据陆德明《经典释文序录》，李轨著有《易音》；《隋书·经籍志》著录一卷。其书失佚。马国翰从《经典释文》所引辑其遗说，仅得七条，厘为一卷。马氏云：以此七条与所存徐邈《易音》相较，"不及徐《音》十中之一。辑合存之，以备《易音》三家云"。

【周易何氏解】 三国魏何晏撰。清马国翰辑。一卷。《玉函山房辑佚书》本。所辑共得四则，尚秉和先生谓其"皆无精义"，并云："王弼之显达，及其《易注》之见重，何晏之力为多。人皆罟王弼扫象，破春秋人古法，不知其专以附何晏。管辂称'何晏注《易》，美而多伪'，此虽六代人通病，晏实为首倡。"（《易说评议》）

【周易宋氏注】 东汉宋衷撰。清马国翰辑。一卷。《玉函山房辑佚书》本。据陆德明《经典释文序录》，宋衷有《易注》九卷；又引《七录》、《七志》作十卷。其书亡佚已久。马国翰从《经典释文》、《周易集解》中辑出四十余条遗义，合为一卷。孙堂《汉魏二十一家易注》、黄奭《汉学堂丛书》亦各辑有宋衷《易注》一卷。张惠言《易义别录》曾云：宋衷《易》学"大抵出于荀氏（爽）"。柯劭忞指出："刘表开立学官，使綦毋闿、宋忠等撰《五经章句》，谓之后定。今观刘、宋两家之《易》，渊源迥别，可知当日经师，墨守家法，不肯曲徇于人矣。"（《续修四库全书提要》）

【周易张氏义】 西晋张轨撰。清马国翰辑。一卷。《玉函山房辑佚书》本。张轨有《易义》一书，张璠《周易集解》列入二十二家中，而《隋书·经籍志》、《旧唐书·经籍志》、《新唐书·艺文志》均不著录，盖亡佚已久。马国翰据陆德明《经典释文》所引，仅辑得一节。尚秉和先生《易说评议》谓其说"与蔡邕同，甚为得解，惜太尠耳"。

【周易纵横录】 唐明邦、罗炽、张武、萧汉明编。1986年湖北人民出版社出版。此书为1984年武汉《周易》学术讨论会上与会者所提交之部分论文选编，收文四十七篇。基本内容约含四端：一是研究《周易》的哲学思想，二是探讨《易》卦的起源问题，三是论述《易》学的发展历史，四是揭示《周易》同古今自然科学的关系。全书略可反映当代学人对《周易》进行多学科综合研究新趋势之一斑。

【周易易简说】 明高攀龙撰。三卷。《四库全书》本。此书大略抄自高氏《周易孔义》而小有删改。全书阐释《易》旨，兼取朱熹、陆九渊之学，以"学《易》以检心"为主。《四库全书提要》指出："是书诠解《易》义，每条不过数言。《自序》云：'其知易知其能简能，易简而天下之理得。'又曰：'《五经》注于后儒，《易》注于夫子，说《易》者明夫子之言而《易》明矣。'是其著书大旨也。攀龙之学，出入朱、陆之间，故以心言《易》。然其说曰：'天下有非易之心，而无非心之易，是故贵于学也。学也者，知非易则非心，非心则非易，易则吉，非易则凶、悔、吝。'云云。则其说主于学《易》以检心，非如杨简、王宗传等引《易》以归心学，引心学以归禅学，务屏弃象数，离绝事物，遁于恍惚窅冥，以为不传之秘也。是固不得谓以心言《易》，为攀龙之失也。"

【周易尚氏学】 尚秉和撰。二十卷。1980年中华书局出版。此书撰定于二十世纪三四十年代间，作者殁后，由其哲嗣尚骧交付出版。全书依《周易正义》经传次序，注释经传全文。卷一至十七为上下经，卷十八至二十为《系辞》以下诸传；卷首载《说例》、《总论》，卷末附《左传国语易象释》、《滋溪老人自传》。作者继承汉代《易》家象数学传统，认为《易》辞皆观象而系，故重在以象释《易》。除了依据《易传》所取象外，又从《左传》、《国语》、《逸周书》尤其是《易林》中研寻出许多人们忘忽已久的佚象，并提出"覆象"、"半象"等说法，用以解释《周易》。对郑玄的爻辰说及虞翻的爻变法，不予采取；对王弼"扫象"说及宋儒"义理"学，斥为"空泛谬悠"；但对邵雍所传先天卦位说，则谓有合《易》旨，表示赞同。于省吾《序》称其"解决了旧所不解的不可胜数的《易》象问题"，"对《易》象的贡献是空前的"。

【周易郑氏注】 东汉郑玄撰。南宋王应麟辑，清丁杰后定，清张惠言订正。十二卷，附《叙录》一卷。《湖海楼丛书》本。郑玄《易注》亡佚后，宋王应麟先有辑本一卷，刊于《玉海》中，清《四库全书》曾钞入；明胡震亨、姚士粦别有增补，清惠栋复加审正，厘为三卷，刻于《雅雨堂丛书》中，《四库全书》又将之改名为《新本郑氏周易》钞入。王应麟原辑本皆未署明出处，惠栋审正本则于每条下注出引据之书。丁杰又在王氏、惠氏两本的基础上，更为之考辑整理，撷补其未备者，依孔颖达《周易正义》所称"先师篇次以《彖》、《象》附本经，如王弼本《乾》卦之列"，先为六十四卦经传六卷；次以《系辞上传》第七、《系辞下传》第八、《文言传》第九、《说卦传》第十、《序卦传》第十一、《杂卦传》第十二，以恢复刘向《七录》记载之篇数，定为十二卷，于诸家最见详整。卢文弨《序》有"扶微振坠"之称。至张惠言，又依惠栋之本，参以丁杰后定本及各种校本，更为稽核订正，精审之义尤多。末附臧庸撰《叙录》，亦惠言所增入，其文旁徵博引，足为郑学之羽翼。柯劭忞云："欲研究郑《易》者，固不能不以此本为根柢也。"（《续修四库全书提要》）又张氏此本对惠栋审定之本，凡有擅改郑注文字之处，皆一一指出，尚秉和先生《易说评议》称其能"正惠氏之妄，则此书之功也。"按《张皋文全书》收入此书作三卷，盖从惠栋所定之卷数，与张氏所撰《周易郑荀义》相辅而行。

【周易郑荀义】 清张惠言撰。三卷。《张皋文笺易诠全集》本。惠言以郑玄、荀爽俱为费氏学，故述两家《易》义，合为一编，前二卷为《郑氏义》、后一卷为《荀氏九家义》。柯劭忞指出：惠言"谓郑言《礼》，荀言升降，按以《易》例言之，当云郑言爻辰，不当云郑言《礼》"，然其驳郑玄"七八九六"说、"爻辰"说及荀爽"乾坤升降"说则"义皆精当，学《易》者不可不知"；又指出："虞氏谓荀异俗儒，郑未得其门，特以荀言卦变，言消息，言乾升坤降，成《既济》定，与虞家差近耳。其实郑君据《礼经》以说《易》"，"其学说非荀、虞所及也"（《续修四库全书提要》）。

【周易参同契】 东汉魏伯阳撰。二卷。《百陵学山》本。《隋书·经籍志》未著录此书，《旧唐书·经籍志》始有《周易参同契》二卷。今所传最古之《参同契》注本，乃后蜀彭晓《周易参同契通真义》三卷，将全书分为九十章，以应"阳九"之数；又《鼎器歌》一篇字句零碎，难以分章，独附于后，以应"水一"之数；彭晓自作前后《序》，阐发其义甚详。考《参同契》大旨，实乃借《周易》之理以展示道家炼丹之术。葛洪《神仙传·魏伯阳传》云：伯阳作《参同契》，"其说如似解释《周易》，其实假借爻象以论作丹之意，而儒者不知神仙之事，多作阴阳注之，殊失其奥旨矣！"故《四库全书》将之列入"子部道家类"，《提要》指出："其书多借纳甲之法，言坎离水火，龙虎铅汞之要，以阴阳五行昏旦时刻为进退持行之候。后来言炉火者，皆以是书为鼻祖。"又云："《唐志》列《参同契》于五行类，固为失当；朱彝尊《经义考》列《周易》之中，则又不伦。惟葛洪所云，得魏伯阳作书本旨，若预睹陈抟以后牵异学以乱经者。是此书本末源流，道家原了了，儒者反愦愦也。今仍列之于道家，庶可知丹经自丹经，《易》象自《易》象，不以方士之说淆羲、文、周、孔之大训焉。"然此书虽属道家丹经之祖，亦颇可资以考寻汉代《易》家象数学说之一斑；三国虞翻《易》学，尤与《参同契》之说深有关联，故此书在《易》学史上的影响不宜轻忽。

【周易孟氏学】 沈祖緜撰。三卷，《补遗》一卷，《孟氏易传授考》一卷。民国二十五年(1936)章氏国学讲习会铅印本。作者以西汉孟喜《易》注久佚，虽清儒惠栋、张惠言尝考其遗说，马国翰辑有《孟氏章句》逸文，然抉择是正，犹有未及，遂复辑校钩稽孟氏《易》说，定其舛譌，研核训释，撰为《周易孟氏学》三卷，卷上为上经，卷中为下经，卷下为《系辞》以下诸传；又有《补遗》一卷，则补前三卷之所遗漏。末附《孟氏易传授考》一卷，历述两汉孟《易》传授源流，繁征博引，考辨详审。蒋维乔《序》称举此书之主要创获云："《坤》之'龙战于野'，《丰》之'阒其无人'，前人不能绌其义，今咸疏通证明，更无遗蕴，此一事也。'天一地二'节，敷析象数，条决分明，非精于天人之际，不能属辞，此二事也。虞氏逸象，自为家法，为骈、为拘、为羔，不可以补孟氏，虞注其言某旧作某，其显证也；辑家不了，悉入孟氏《易》中，未为善别源流。今书并加刊落，信得枢要，此三事也。它如辨商瞿传《易》，六世至田何，以光羽、孙虞为两人；论虞翻纳甲，出于《参同契》，即明潮汐之理：皆能卓然利解，又不独以称引繁博胜矣。非学有本原，其能如是乎？"

【**周易故训订**】 清黄以周撰。一卷。《十三经读本》本。黄氏于十九岁时，即有《十翼后录》之作，后约其说为《周易故训订》，仅成上经，其弟子唐文治为刊入《十三经读本》中。此书旨在阐释经传大义；其篇章次第，似以郑玄旧本为据，故于《乾》、《坤》二卦不录《文言传》，盖退在《系辞传》之后。《自序》云："学者必广搜古注，互证得失，务求其是。若夫舍古求是，讵有独是？然学必求古，古亦未必尽是，亦惟择是而从，勿矫异，勿阿同，斯为善求古、善求是已。"吴承仕先生指出："综观全书体例，有若集注。而题为《故训订》者，谓平议旧义，择善而从，实事求是，无所偏执。斯《汉书·儒林传》所谓'训诂举大谊'者邪？颇疑以周以《十翼后录》为少作，故约为此编。又因专研《礼》书，无暇兼顾，仅讫上经而止。"又称："其审定文字也，以陆氏《释文》、李氏《集解》为据，详列异同而不辄改；其训义也，不分汉、宋，不偏主义理与象数，杂采古义而折衷以己意。"(《检斋读书提要》)

【**周易姚氏注**】 ① 三国吴姚信撰，清马国翰辑。一卷。《玉函山房辑佚书》本。据陆德明《经典释文序录》，姚信有《易注》十卷，并谓《七录》作十二卷。其书久佚。马国翰从《经典释文》、《周易正义》、《周易集解》所引辑得遗文一卷。又孙堂《汉魏二十一家易注》、黄奭《黄氏逸书考》亦各辑有此书一卷，可备参考。 ② 南朝齐梁间姚规撰，清马国翰辑。一卷。《玉函山房辑佚书》本。据《隋书·经籍志》，姚规有《周易注》七卷。今佚。马氏仅从李鼎祚《周易集解》辑得一条，乃注《大有》卦辞"元亨"之文。尚秉和先生《易说评议》指出：此注"语语说象，且不废互体。《左氏》所纪春秋人说《易》，正如是耳，是最古之法也。以六代人之浮华，崇尚空虚，尊信《王注》，能探原《易》象，语不离宗如规者，殆六代人所仅见也。由是以推其余，其能刊落辅嗣之野文，推求《左氏》之逸象无疑也。不知李氏所采，胡为只此一条，则不得其故也。"

【**周易姚氏学**】 清姚配中撰。十六卷。《一经庐丛书》本。此书阐解《周易》经传，大体宗主郑玄《易》学，兼采荀爽、虞翻诸家之说，而以己意发挥辨析；卷首《通论》三篇，为《赞元》、《释数》、《定名》，乃全书总纲，以示其治《易》主张。柯劭忞指出："自张惠言以后，治虞氏《易》者一时风靡。配中研究汉《易》，独谓郑君最优，殚精竭思，至形梦寐，初为《周易参象》十四卷，又为《论》十篇说其通义；后乃点窜原书至什七八，删《通义》十篇为三，冠于卷首，改名《周易姚氏学》。大旨主发明郑学，郑君所未备者，取荀、虞诸家补之，然必与郑义相比附；荀、虞诸家所未及者，附加案语，亦本郑君家法，由卦象以求义理，一洗附会穿凿之陋。至郑君间取爻辰、征之星宿为后人所驳斥者，配中悉皆删去，一字不登，尤见择善而从，不为门户之标榜，可谓善学郑君者矣。"又云："《通论》三篇，为全书之纲领，繁称博引，奥衍宏深，实不出郑学范围之外。"(《续修四库全书提要》)

【周易侯氏注】 唐侯果撰。清马国翰辑。三卷。《玉函山房辑佚书》本。侯果不详何人，《唐书》无传，亦不载其书，唯李鼎祚《周易集解》常引其说。马国翰疑侯果即侯行果，唐初人；并据《集解》所引，辑为是书。柯劭忞以为侯氏《易》学"渊源于高密(郑玄)而参以荀(爽)、虞(翻)之卦变"，指出："唐之初叶，郑氏《易》学行于河北，王辅嗣之学盛于江南，侯氏固北方之学者，李鼎祚刊王辅郑，宜乎采摭侯氏之注至百余事之多也。"(《续修四库全书提要》)又黄奭《汉学堂丛书》亦辑有侯氏《易注》一卷，可资参考。

【周易校勘记】 清阮元撰。九卷，附《周易略例校勘记》一卷、《周易释文校勘记》一卷。《皇清经解》本。阮元曾刻《十三经注疏》，撰《校勘记》二百四十二卷，为读《注疏》者之圭臬。此书则校勘《周易注疏》，以宋刻十行本《注疏》为底本，而取唐《石经》、宋相台本、山井鼎《七经考文》所引之宋本、足利本、钱遵王所校之宋单疏本、明钱保孙所校之影宋《注疏》本以及闽本、汲古阁本，参互校订，共成九卷。宋刻十行本《周易注疏》后附《周易释文》一卷，闽本则附《周易略例》一卷、《周易释文》一卷，阮元取闽本之《略例》附于十行本并校之，遂合为十一卷。其《自序》称："属元和生员李锐笔之于书。"则是书阮元校之而李锐述之。《四库全书提要》谓《周易正义》"卷端又题曰'兼义'，未喻其故"，阮氏《校勘记》云："'兼义'字，乃合刻《注疏》者所加，取兼并《正义》之意也。盖其始无合一之本，南北宋之间以《疏》附于经注者，谓之'某经兼义'，至其则直谓之'某经注疏'。此变易之渐也。"柯劭忞以为：

"'兼义'谓合孔《正义》、陆《音义》合刻之，无他意也。《校勘记》失之。"(《续修四库全书提要》)

【周易徐氏音】 东晋徐邈撰。清马国翰辑。一卷。《玉函山房辑佚书》本。据陆德明《经典释文序录》，徐邈著有《易音》；《隋书·经籍志》著录一卷。其书久佚。马国翰从《经典释文》所引辑得一百余条，厘为一卷。柯劭忞以为："其书既注音，亦'兼释经义，可以考其治经之门径，惜陆氏所采者太少耳。"(《续修四库全书提要》)

【周易倚数录】 清杨履泰撰。三卷。《聚学轩丛书》本。杨氏以为，汉儒解《易》尚"象"，宋儒尚"理"，未有言"数"专家，《易》之为用，实兼象、理、数三者。于是乃取《易传》"参天两地而倚数"之义，采录经传文辞中涉数字者凡百事，说以数理，稽合经文，厘为二卷；又将数之由象而见者，如积数、开方、勾股和较、方圆相容、弧矢测量诸法，详列图式，为《附录》一卷。其中图说稍有残缺，后茅肺山据算理补完之，即此本之所由刊者。吴承仕先生指出："是书杂采孟、京、荀、虞旧义，凡消息、旁通、纳甲、互体、半象及坎离二用卦成《既济》诸说，皆所取资；谓宋儒据'五位相得而各有合'、'数往者顺，知来者逆'诸句，辄造'河图'及'先天方位'为不可通。承胡渭、惠栋、张惠言之后者，自宜尔。"又指出其书有"持论巧慧者"，亦有"牵合不可通"者；并云："盖《易》有七八九六之策，天地奇偶之数，参以五行、九宫、十二辰、律吕、月令，左右采获，展转多通，故以算术治《易》者，代不乏人，杨氏其一也。刘世珩《跋》文云'此作乃经生之算，非畴人之算也'，斯言近之。"(《检斋读书提要》)

【周易黄氏注】 东晋黄颖撰。清马国翰辑。一卷。《玉函山房辑佚书》本。据陆德明《经典释文序录》，谓黄颖著《周易注》十卷；《隋书·经籍志》作四卷，注云"梁有十卷，今残阙"。其书久佚。马国翰从《经典释文》辑得一卷。黄奭《汉学堂丛书》亦有辑本一卷。柯劭忞疑黄颖本于虞翻《易》学(《续修四库全书提要》)。

【周易乾凿度】 旧题东汉郑玄注。三卷。《四库全书》本。又称《乾凿度》或《易纬乾凿度》。为《易纬八种》之一。其书久佚,此本乃辑自《永乐大典》。《四库全书》列此书于"经部易类附录",《提要》指出:"案《周易乾凿度》,郑康成注,与《乾坤凿度》本二书。晁公武并指为仓颉修古籀文,误并为一。《永乐大典》遂合加标目。今考《宋志》,有郑康成注《易乾凿度》三卷,而不及《乾坤凿度》,则知宋时固自单行也。说者称其书出于先秦,自《后汉书》、南北朝诸史及唐人撰《五经正义》、李鼎祚作《周易集解》,徵引最多,皆于《易》旨有所发明,较他纬独为醇正。至于太乙九宫、四正四维,皆本于十五之说,乃宋儒'戴九履一'之图所由也。朱子取之,列于《本义·图说》。故程大昌谓,汉魏以降言《易》学者皆宗而用之,非后世所托为,诚稽古者所不可废矣。原本文字断阙,多有譌舛。谨依经史所引各文,及旁采明钱叔宝旧本互相校正,增损若干字。其定为上下二卷,则从郑樵之《通志》之目也。"

【周易崔氏注】 南朝齐梁间崔觐撰。清马国翰辑。一卷。《玉函山房辑佚书》本。据《隋书·经籍志》,崔觐有《周易注》十二卷。今佚。马氏从孔颖达《周易正义》、李鼎祚《周易集解》分别辑得说《周易》名义一则及释《文言》"纯粹精也"一则。尚秉和先生《易说评议》指出:其释"纯粹精也"句,"能破经师昆仑之病,发前人所未发。惜太少,不知何何如耳。至孔颖达《周易正义序》所引说'周易'一则,皆仍袭旧说,无新义,不足贵也。"

【周易韩氏传】 题西汉韩婴撰。清马国翰辑。二卷。《玉函山房辑佚书》本。韩婴以《诗》学著名于汉初,与齐、鲁二家,并立于学官;亦精于《易》,本书谓"亦以《易》授人,推《易》义而为之《传》"。《汉书·艺文志》列《易》十三家",有《韩氏二篇》,注云"名婴",即《韩氏易传》。又王俭《七志》引刘向《七略》云:"《易传》子夏,韩氏婴也。"(见《唐会要》载开元七年司马贞语)学者或以为韩婴字子夏,并谓旧传《子夏易传》即韩婴所作。马国翰据此,以所辑《子夏易传》二卷重又系于韩婴名下,谓"备考源流,无嫌重复";另从《韩诗外传》辑得韩氏《易》说六节,统附于后,题为《周易韩氏传》,仍作二卷。尚秉和先生《易说评议》指出:此书"所辑皆《子夏传》,则不宜名曰《周易韩氏传》;即名《韩氏》,应用《汉志》旧名,或本《盖宽饶传》曰《韩氏易传》也。"

【周易程氏传】 北宋程颐撰。四卷。《河南程氏全书》本。又称《伊川易传》,简称《程传》。此书但解上下经及《彖传》、《象传》、《文言传》,用王弼注本;又以《序卦传》分置诸卦之首,乃用李鼎祚《周易集解》体例。全书大旨,以儒理说《易》,阐论深至,为宋代《易》学"义理派"之重要代表作,对后代《易》家甚有影响。其书原属未成之作,后由程氏弟子杨时校正而为定本。《四库全书提要》指出:"卷首有元符二年《自序》,考程子以绍圣四年编管涪州,元符三年迁峡州,则当成于编管涪州之后,王偁《东都事略》载是书六卷,《宋史·艺文志》作九卷,《二程全书》通作四卷。考杨时《跋语》,称:'伊川先生著《易传》,未及成书,将启手足,以其书授门人张绎。未几绎卒,故其书散亡,学者所传无善本。谢显道得其书于京师,以示余,错乱重复,几不可读。东归待次毗陵,乃始校正,去其重复,逾年而始完。'云云。则当时本无定本,故所传各异耳。"又云:"惟《系辞传》、《说卦传》、《杂卦传》无注,董真卿谓亦从王弼。今考程子《与金堂谢湜书》,谓《易》当先读王弼、胡瑗、王安石三家。谓程子有取于弼,不为无据;谓不注《系辞》、《说卦》、《杂卦》以拟王弼,则似未尽然。当以杨时草具未成之说为是也。

程子不信邵子之数，故邵子以数言《易》，而程子此《传》则言理。一阐天道，一切人事。盖古人著书，务抒所见而止，不妨各明一义。守门户之见者，必坚护师说，尺寸不容逾越，亦异乎先儒之本旨矣。"

【周易傅氏注】 南朝齐梁间傅氏撰。清马国翰辑。一卷。《玉函山房辑佚书》本。傅氏不详其名。据《隋书·经籍志》，傅氏有《周易注》十三卷，《旧唐书·经籍志》、《新唐书·艺文志》作十四卷，《易学启蒙翼传》亦云十四卷。今佚。马国翰从陆德明《经典释文》辑得三节，音训皆与常说异。尚秉和先生《易说评议》云："总观其说，似不钞袭前人，能独立为义者。惟太少，不得知其究竟耳。"

【周易象理证】 张承绪撰。民国二十年(1931)大陆印书馆铅印本。此书首列《穷易概要》、《辞变通例》、《周易附说》，以为读《易》导引；次释《周易》经传意义，大旨在融会旧注，归宗虞翻《易》说，而择其释象简明易晓者，通以己意，证以史事。书中于六十四卦的卦辞、爻辞，均从"象"、"理"、"证"三端阐说。"象"者，释卦象、爻象；"理"者，释义理所在；"证"者，取古今人物事迹以为参证。《易传》诸篇，亦随经解说，依各传章节之次简注其大意。《自序》称："是书以象解《易》，义明辞简，务博快览。"

【周易虞氏义】 清张惠言撰。九卷。附《周易虞氏消息》二卷。《张皋文笺易诠全书》本。李鼎祚《周易集解》采录汉魏《易》家之说，于虞氏最为详备。惠栋曾作《周易述》，大抵祖述虞氏，其未能尽通之处，则补以他家之义。学者或以未能专一少之。惠言继起，独宗虞氏，穷探力索，积三年而后通虞学，遂成是书。其《自序》云："翻之学既世（按，谓世传孟喜《易》学），又具见马、郑、荀、宋氏书，考其是否，故其义为精。又古书亡，而汉魏师说可见者十余家，然唯郑、荀、虞三家略有梗概可指说，而虞又较备。然则求七十子之微言，田何、杨叔、丁将军之所传者，舍虞氏之注，其何所自焉？故求其条贯，明其统例，释其疑滞，信其亡阙，为《虞氏义》九卷。又表其大指，为《消息》二卷。庶以探赜索隐，存一家之学。"惠言早卒，阮元得是书为之序，惠言弟子陈善为刊行之。寻其大要，《虞氏义》乃以虞氏《易》说阐释《周易》经传意义，《消息》则归纳虞氏《易》学之纲要。陈善《周易虞氏义后序》述其师著《虞氏义》之例曰："其书原例，则经文皆依李氏、陆氏本，间有从众家者，亦有依注改者，以有《释文》及注可证，不著出处，从简也。注文或分《象》入卦辞，或分《象》入爻辞，省读也。宋人《易》说所引，权置不录，传信也。近时《易》说，于惠氏栋外，附载江承之说，承之为先生弟子，早卒，先生辑其遗学，因采其说于书，同善也。《系辞》分章，有师说可考者大书，无可考而以文义分者细书，谦也。音义，有读为、读如，而无反切，依经注立义也。注文隐奥者句读之，错脱者补之，讹谬者正之。盖古人为学，非苟为称述而已，必会通其条例，纠正其讹脱，信之至亦好之至也。"其《虞氏消息》，凡立十六目，上卷为《易》有太极为乾元第一，日月在天成八卦第二，包牺则天八卦第三，《乾》、《坤》六位第四，乾坤立八卦第五，八卦消息成六十四卦第六，下卷为卦气用事第七，乾元用九第八，元第九，中等第十，权第十一，反卦第十二，两象易第十三，《系辞》引爻第十四，归象闰第十五，占第十六。就虞氏《易》学之要例，条分缕析，辨解至详；惟六十四卦消息为虞氏最精之义，故以"消息"名书。阮元《序》曰："其大要明乾元以立消息之本，正六位以定消息之体，叙六十四卦以明消息之次，推九六变化以尽消息之用。始于'幽赞神明'，终于'乾元用九而天下治'。"柯劭忞称："其义例精深，初学不易入门，亦可谓孤经绝学矣。"（《续修四库全书提要》）

【周易虞氏学】 徐昂撰。六卷。《徐氏全书》本。清张惠言以治虞翻《易》名家，著有《周易虞氏义》、《虞氏消息》等书。徐氏好虞氏学，颇推崇惠言之书，遂取而深研之，择其邃奥难解或义有未尽者，依象推阐，披陈己见，著为是书。前三卷《义释》上、中、下，依经传次序，择取虞翻《易》说及张氏《虞氏义》注语，详加阐释；后三卷为杂说虞氏《易》例，包括五行、纳甲之正、消息、权变、互卦等重要条例。《自序》谓：虞翻世传孟氏学，与京君明之《易》同源；虞虽未明言宫位世数，仍可据京说为之推及八宫各世，以见虞氏消息阳盈阴虚诸卦之配合，非漫无规律。故书中说虞氏《易》例时，亦推论游魂归魂、六十四卦消息配合八宫世魂等义。

【周易蜀才注】 西晋范长生撰。清马国翰辑。一卷。《玉函山房辑佚书》本。据陆德明《经典释文序录》，蜀才名范长生，著《周易注》十卷。其书久佚。清张澍曾从《经典释文》及《周易集解》所引辑为一卷，载入《蜀典》。马国翰据澍辑本，又加补正著录，并谓蜀才说《易》"盖本荀氏学"。而张惠言《易义别录》则谓"蜀才之《易》，大约同郑、虞之《易》为多"。柯劭忞以为："郑、荀、费氏学也；虞，孟氏学也"，考蜀才《易》说，皆本于郑《易》，"然则蜀才固为费学，故升降之义依荀氏，训诂依郑氏矣。惟《明夷》'箕子之明夷'，《释文》'蜀才箕作其'，则从蜀人赵宾，殆因乡人而用其学说欤？"（《续修四库全书提要》）

【周易新讲义】 ① 北宋龚原撰。十卷。《佚存丛书》本。龚氏受业于王安石，说《易》多承王弼余绪。此书一出，颇为当时学者所崇尚，邹浩《序》称："自熙宁以来，凡学《易》者靡不以原为宗师。"其书罕有传本，《四库全书》亦未有著录。柯劭忞云："原书久佚，惟日本有活字本，宜都杨守敬刊入《佚存丛书》，又据朱彝尊《经义考》补邹浩《序》一篇。按彝尊亦未见原书，浩《序》从《道乡集》录出也。原虽学于安石，其注《易》实为王弼之支流。原《自

序》'《易》无常体，以万物为体；无常名，以万物为名'，与弼之清言无以异。杨时谓：'龚深父说《易》元无所见，一生用功都无是处。'龟山为程子之学，宜与原凿枘矣。"（《续修四库全书提要》） ② 北宋耿南仲撰。十卷，缺卷七至十。《四库全书》本。存前六卷，至《震》卦辞止，以下皆缺。其书大体以"义理"之学为主。《四库全书提要》指出："是书旧本或题《进周易解义》，疑为侍钦宗于东宫时经进之本。前有南仲《自序》，曰：'《易》之道，有要在无咎而已。要在无咎者何？善补过之谓也。'又曰：'拂乎人情是为小过，拂乎天道是为大过。'南仲是说，盖推衍尼山'无大过'之旨。然孔子作《文言传》，称'知进退存亡而不失其正'；作《象传》，称'云雷屯，君子以经纶'。行止断以天理，所以教占者之守道；艰险济以人事，所以教占者以尽道。其曰'无大过'者，盖论是非，非论祸福也。如仅以'无咎'为主，则圣贤何异于黄老？仅曰'无拂天道'，则唐六臣辈亦将谓之知运数设？南仲畏战主和，依违迁就，即此苟求无咎与无拂天道之说有以中之。是则经术之偏，祸延国事者也。然大致因象诠理，随事示戒，亦往往切实有裨，究胜于高语玄虚，推衍奇偶，晦蚀作《易》之本者。节取所长可矣。"

【周易像象述】 明吴桂森撰。五卷。《四库全书》本。吴氏曾从钱一本学《易》，一本著有《像象管见》等书，吴氏即尊其意而推阐之，以成是书，故名曰《像象述》。其经传次序用《周易正义》本，唯删去卦首六画；书前列《像象金鍼》一篇，总述大旨。《四库全书提要》指出："卷中所注，皆一字一句，究寻义理，颇有新意可参。据桂森《自序》，是书成于天启乙丑，其上方朱字评语，称景逸高先生批者，高攀龙笔；称钱师批者，钱一本笔也。考攀龙以天启丙寅家居时闻逮自裁，乙丑在前一年，当尤及见。一本在万历中为御史，建言黜死，天启辛酉已追赠太仆寺少卿，不应及见此

书。盖桂森以万历丁巳从一本于龟山,此书业已属草,《自序》所谓'间有所述以呈先生,先生为面订之,惜未及半而先生曳杖'是也。然则桂森是书,具有渊源,非师心自用者矣。"按,苏州市图书馆今藏此书明崇祯间刻本六卷,附《像象金鍼》一卷,可资参考。

【周易大传今注】 高亨撰。六卷。1979年齐鲁书社出版。此书解说《易传》,与作者旧著只解卦爻辞的《周易古经今注》相辅而行。卷首为《周易大传通说》,叙《易传》内容及其说《易》条例;卷一至卷四为上下经,依六十四卦次序逐录经传文辞,于经文后先列"经意"、次列"传解",传文后直释传意,每卦之末又有"附考",辨证经传中旧有疑难的问题;卷五至卷六为《系辞》以下诸传,分章句解;书末附《先秦诸子之周易说》,则采摘杨树达《周易古义》所辑有关先秦时代的各种《易》说,备为参考。全书大旨,在"以传观传",别立新注,而不取两汉以来《易》家旧义,尤其排斥象数之学。《自称》称:"我撰《易经今注》,则力求经文之原意,不受《易传》之束缚,尽扫象数之陈说;撰《易传今注》,则力求传文之本旨,只讲《易传》固有之象数说,不讲《易传》原无之象数说。"

【周易大传新注】 徐志锐撰。六卷。1986年齐鲁书社出版。卷一至卷四为六十四卦经传,只注《彖》、《象》、《文言》,卦辞、爻辞则列而不注;卷五至卷六为《系辞》以下诸传,分章字解句释。全书简明扼要,间引历代《易》家的义理说以为参证,而侧重研求《易传》的哲理内涵。书首《自序》云:"《周易大传》哲学有一个庞大而复杂的体系,既有其进步的一面,又有其保守的一面,对它的研究和评价不能采取简单化的方法。《周易大传今注》着意于探讨它的哲学思想,通过注释对它的哲学体系作了较为全面的剖析。"

【周易义证类纂】 闻一多撰。《闻一多全集》本。此书系闻氏《古典新义》中的一种,民国三十年(1941)四月作于昆明。书前小序云:"以钩稽古代社会史料之目的解《周易》,不主象数,不涉义理,计可补旧注者数十事,删汰芜杂,仅得九十。即依社会史料性质,分类录出。"书中将六十四卦卦爻辞,按"经济事类"、"社会事类"、"心灵事类"分别引录,并加以解释疏证,又有若干条无类可入者,则列归"余录"。所训释辞义,博引经史文献及金石文字为证,多有独发新见之处。

【周易义海撮要】 南宋李衡删定。十二卷。《通志堂经解》本。北宋熙宁间,蜀人房审权病《易》说多歧,择郑玄至王安石凡一百家之说,共为一百卷,名《周易义海》。李衡因其芜杂重复,乃删掇精要,以成此书,故名《撮要》。《四库全书提要》指出:"其程子、苏轼、朱震三家之说,则原本未收,衡所续入。第十二卷《杂论》,亦衡所补缀,故婺州教授朱汝能楼锷《跋》称'卷计以百,今十有一',盖专指所删房本也。《书录解题》作十卷,又传写之误矣。是书成于绍兴三十年,至乾道六年衡以御史守婺州,始镂于木。自唐以来,唯李鼎祚《周易集解》合汉后三十五家之说,略称该备,继之者审权《义海》而已。然考《宋史·艺文志》,但有衡书,而无审权书。陈振孙《书录解题》亦惟载残本四卷。岂卷帙重大,当时即已散佚,抑衡书出而审权书遂废欤?然则采撷精华,使古书不没于后世,衡亦可谓有功矣。"按,邵懿辰《四库简明目录标注》称"《绛云楼书目》有房审权《义海》一百卷",或钱谦益尚藏此书,则至明末《义海》仍有传本。

【周易互体详述】 清方申撰。一卷。《方氏易学五书》本。是编为作者《易学五书》之四。大旨谓《周易》"互体"之别有九类:为二、三、四爻互卦之法,三、四、五爻互卦之法,中四爻互卦之法,下四爻互卦之法,上四爻互卦之法,下五爻互卦之法,上五爻互卦之法,两画互卦之法,一画互卦之法。这九类之中,凡四画、五画能互成诸卦，三画又为四画、五画之本，均为"正例"；而二画仅互八卦，一画又分二画之余，均为"附例"。柯劭忞指出："贾公彦《仪礼疏》、孔冲远《左传正义》，俱云凡卦爻三至四，二至五，两体交互，各成一卦，先儒谓之'互体'。以交互释互体，最为明了。二画已不得谓之互，况一画乎？申谓一画分二画之余，岂有当于交互之义？申《自序》'确守先哲之旧章，不用后儒之新说'，其实自逞胸臆，汉、宋诸家俱无此等学说也。"(《续修四库全书提要》)

【周易内传发例】 清王夫之撰。一卷。参见"周易内传"。

【周易今注今译】 南怀瑾、徐芹庭撰。1974年12月台湾商务印书馆出版。此书为王云五主编《古籍今注今译》系列书籍中的一种。全书大旨，是将《周易》文字译为现代汉语，并加必要的注解与释义，故全《易》经传之各卦、爻、章、节，均附有"今注"、"今译"、"今释"三部内容。书中《乾》至《观》二十卦由南怀瑾注译，《噬嗑》卦以下由南氏弟子徐芹庭续成。撰者多采明代来知德《易》说，并承其"错综"之说，于六十四卦的卦名、卦画下各列该卦的"错卦"与"综卦"符号，以相比照。书首《凡例》云：该书中"有融会汉儒、宋儒及王弼、孔颖达等历代注《易》专家的解说处，也有独排众意，而用自己的新解处，总在会通先儒的长处，发挥一己研究之心得。"

【周易爻变义蕴】 元陈应润撰。四卷。《四库全书》本。此书以古占法"之卦"爻变之例解说六十四卦三百八十四爻义蕴，各爻颇引史事以为证。并力破陈抟所传之学，于宋、元《易》家中独树一帜。《四库全书提要》指出："其书大旨，谓义理玄妙之谈，堕于《老》、《庄》；先天诸图，杂以《参同契》炉火之说，皆非《易》之本旨。故其论八卦，惟据《说卦传》'帝出乎震'一节，为八卦之正位；而以'天地定位'一节，邵氏指为先天方位者，定为八卦相错之用。谓文王演《易》，必不颠倒伏羲之文，致相矛盾。其论太极、两仪、四象，以天地为两仪，以四方为四象，谓未分八卦，不应先有揲蓍之法，分阴、阳、太、少。周子无极、太极、二气、五行之说，自是一家议论，不可释《易》。盖自宋以后，毅然破陈抟之学者，自应润始。所注用王弼本，惟有上下经六十四卦，据《春秋传》某卦之某卦例。如《乾》之《姤》曰'潜龙勿用'，《乾》之《坤》曰'见群龙无首吉'之类，故曰'爻变'。其称一卦可变六十四卦，六爻可变三百八十四爻，即汉焦赣《易林》之例。盖亦因古占法而推原其变通之意，非臆说也。每爻多证以史事，虽不必尽合，而因卦象以示吉凶，以决进退，于圣人作《易》垂训之旨实有合焉。在宋、元人《易》解之中，亦翘然独秀者矣。"

【周易孔义集说】 清沈起元撰。二十卷。《四库全书》本。此书大旨，以《十翼》为孔子所作，学《易》者当以此为主，因取明高攀龙《周易孔义》之名，别加纂集；所录古今《易》说无所偏主，惟合于孔《传》者即取之。《四库全书提要》指出："其篇次则仍依今本，以《彖传》、《象传》系于经文之下，谓《易》之亡不亡不系于古本之复不复，王氏以《传》附经，亦足以资观玩；惟《大象传》往往别自起义，《文言》则引伸触类，以阐《易》蕴，皆无容附于本卦，故别出之。前列三图：一为八卦方位图，一为乾坤生六子图，一为因重图，皆执《系辞》、《说卦》之文。至于河图、洛书、先天、后天、方圆诸图，则谓此陈、邵之《易》，非夫子所本有，概从删薙，颇能扫除纷纭轇轕之习。其中亦多能推验旧说，引伸新义。""其释《大象传》，比类求义，于字句相似而义不同者，推阐更为细密。在近来说《易》家中，亦可云有本之学矣。"按，清华大学图书馆、湖北省图书馆今并藏此书清乾隆十九年(1754)学易堂刻本，可资参考。

【周易引经通释】 清李钧简撰。十卷。嘉庆十九年(1814)鹤阴书屋刊本。钧简以为，《论语》"学《易》"章后，继言"诗书执礼",则《易》为《五经》之原,孔子删订群经,无往而非《易》,后之学《易》者,以群经明之可也。遂依通行本《周易注疏》篇次,博采《书》、《诗》、《三礼》、《春秋三传》、《论语》、《孟子》、《国语》、《大戴礼记》、《尔雅》、《逸周书》、《山海经》、《孔子家语》中关涉象爻义类之文,为大字录于经传本文之下,又自为小注附于引书之下。《自序》谓"字释其诂,句释其义,节释其旨,以疏通而证明之"。吴承仕先生指出:是书"有类于诵诗断章,非以经解经之谓",且所引所注亦颇有"迂阔不切"之处,"然其《自序》称'积思数十年,广览注家,博参经解'云云,用力之久,辑录之勤,自可概见。治《易》者涉猎及之,资为旁证,亦未始无补云耳。"(《检斋读书提要》)

【**周易古经今注**】 高亨撰。1984 年中华书局出版。此书包括《通说》和《注释》两部分,四十年代间曾分别由贵阳文通书局和上海开明书店印行,五十年代中华书局又分别以《周易古经通说》、《周易古经今注》之名重印,后又经作者重加修订遂合并出版。卷首《通说》七篇,一曰《周易琐语》,二曰《周易卦名脱误表》,三曰《周易卦名来历表》,四曰《周易筮辞分类表》,五曰《元亨利贞解》,六曰《吉咎厉悔吝凶解》,七曰《周易筮法新考》;卷一至卷四为《今注》,依六十四卦之次注释卦爻辞之义。全书特点有二:不守《十翼》之说,不涉象数之学。注释中多以通假字释义,颇发新见,然亦有未妥切者,故作者《旧序》自谓:"在《周易古经今注》中,我提出了许多新的见解,其中有的见解直到今天我还认为不差;有的见解,我已经认为应该修改,可惜没有时间来从事这一工作。至于自读者看来,自然更有些不同的看法。"

【**周易本义爻徵**】 清吴曰慎撰。二卷。《惜阴轩丛书》本。此书博引历代史事,印证六十四卦三百八十四爻之义,故名曰《爻徵》。路德《序》称:"先生著有《易义集释》及《周易本义翼》,海内学者仰为山斗。

又辑为《爻徵》二卷,取上下数千年事,合之三百八十四爻,俾学者触类引申,得之渔猎,一一可会之于《易》。此非独邃于《易》,盖精于史也。"曰慎《自序》亦云:"徵之往迹则显而易见,不俟穷探极微,而善可为法,恶可为戒者,已昭然于心目。"柯劭忞指出:"然覈其全书,以史事证经,往往不能确当","谓之邃于经、精于史,岂non誉言?惟《周易折中》引曰慎十余事","则不突兀,皆发挥精切,为先儒所未及,视滥引史事以比附于经义者,殆不可以同日语,当为曰慎《本义翼》之说。按前《四库存目》有《易经本义翼》,题签'苏州府学附生曹濋手辑,吴敬庵《羲经本义翼》二十本,上大宗师鉴定',不知即曰慎之书否?曰慎侄吴昌序《本义爻徵》云:'所著《易义集粹》已刊行,《本义翼》未刊。'今《周易集粹》、《本义翼》均未见传本,道光中汪孟熙辑《惜阴轩丛书》,始得《周易本义爻徵》刊行之,知二书之佚久矣。"(《续修四库全书提要》)

【**周易本义卦歌**】 朱熹《周易本义》卷首所附四首歌诀,分别为《八卦取象歌》、《分宫卦象次序》、《上下经卦名次序歌》、《上下经卦变歌》。这四首歌诀,均以简练或形象的语言,将八卦的卦象、六十四卦的卦象、上下经的卦序以及六十四卦的卦变问题作了概括,甚便于初学者记诵掌握《易》学的基本知识。

【**周易本义通释**】 元胡炳文撰。十二卷。《通志堂经解》本。此书据朱熹《周易本义》,折衷是正,并采录诸家《易》说,相互发明。《自序》称,其书初名《周易本义精义》,后病其繁冗,删而约之,改名《通释》。《四库全书提要》指出:胡氏"所著《云峰集》中,有《与吴澄书》曰:'《本义通释》,郭文卿守浮梁时为刊其半,出之太早,今悔之无及也。刊本今以呈似,中有谬戾,阁下削之绳之,幸甚。'云云。考炳文生于宋理宗淳祐十年,其与澄书时称年七十,则当在延祐七年庚申,在作《序》之后三年，其所悔者改正与否，则不可考矣。王懋竑《白田杂著》曰：'今刻云峰《本义通释》，上下经解极详，以《大全》本考之，增多者十之三、四；《象传》以后，语皆与《大全》同，无增多者。疑《通释》自《象传》后已失去，后人钞集《大全》所载以续之耳。又《大全序例》，谓胡氏《通释》既辄变古《易》，又于今《易》不免离析先后。考今刻乃一依古《易》，此不可晓，或者今刻非原本欤？'云云。案此本前有明潘旦《序》，称书经兵灾，多至亡佚，其九世孙琪及弟玠募遗书，得上下经而阙《十翼》，乃复汇蒐诸集中以补之。然则今本《十翼》，乃琪、玠所裒录，非炳文之旧。懋竑盖未见旦《序》，故有此疑。惟《大全》称炳文辄变古《易》，又离析今文之先后，则《彖传》、《象传》必附经文之中，何以解《传》者佚而解经者不佚？又何以琪、玠所得旧本上下经文厘然完具而不以《彖传》、《象传》？此则诚不可晓。然《大全》为胡广等庞杂割裂之书。所言亦不尽可据也。"

【**周易本义集成**】 元熊良辅撰。十二卷。《通志堂经解》本。此书以朱熹《周易本义》为主，兼采旧说，以释《周易》经传之旨。其中立说亦颇有与《本义》不同者。《四库全书提要》指出："是书前有良辅《自序》，称'丁巳以《易》贡，同志信其僭说，闵其久勤，出工费锓梓'。丁巳即延祐四年。元举乡试始于延祐甲寅，是科其第二举也。考《元史·选举志》，是时条制，汉人、南人试经疑二道，经义一道，《易》用程氏、朱氏，而亦兼用古《注疏》，不似明代之制，惟限以程、朱，后并祧程而专尊朱。故其书大旨虽主于羽翼《本义》，而与《本义》异者亦颇多也。黄虞稷《千顷堂书目》称良辅是书外有《易传集疏》，不传。考《易传集疏》，元熊凯撰。《江西通志》载，凯字舜夫，南昌人，以明经开塾四十年，时称遥谿先生，同邑熊良辅受业焉。良辅《序》中亦称受《易》于遥谿熊氏，与《通志》合。截然两人，两书。虞稷以同姓同里同时，遂误合为一耳。"

【**周易本义辩证**】 清惠栋撰。五卷。《省吾堂四种》本。朱熹所著《周易本义》，其篇次原依吕祖谦所定《古周易》本，分为《经》二卷、《传》十卷；明人修《周易大全》，将朱熹《本义》卷次割裂分附于程颐《易传》之后，坊刻本《周易本义》遂以程颐之次第为朱熹之次第，沿讹袭谬，学者莫辨其非。惠栋此书，则专为更正之；《本义》原无音释，惠栋又采吕祖谦《古易音训》附之，并据《说文》、《玉篇》、《广韵》各书以补《音训》之未备；朱熹所依《古周易》之本与王弼注本字句不同，惠栋据李心传、胡一桂、董楷、胡炳文诸家之说悉为改正，而坊刻本之讹字亦一一勘订之；至《本义》解说经传有未详备者，间采《朱子语类》、《程氏易传》以补之，且广以汉儒旧说。柯劭忞以为：此书"为读《易本义》之善本。惟不全刻经文，仅标举经文及《本义》之一二语附加辩证于后，则以坊本沿袭已久，限于当时功令，不敢擅改原书也。"（《续修四库全书提要》）

【**周易旧疏考正**】 清刘毓崧撰。一卷。《皇清经解续编》本。刘氏以孔颖达《周易正义序》称"江南《义疏》十有余家"，而《正义》所引者唯庄氏、张氏、褚氏三家；褚氏即褚仲都，或谓孔《疏》多本于仲都，实则多袭取前人，往往并采诸说，以致间有彼此互异不能一贯，故摘其所引六朝旧疏前后牴牾者十八事，细为考正，都为一帙，题为《周易旧疏考正》。柯劭忞指出：刘氏所考，偶亦失检、不切，然多"抉摘精当，实为读《正义》者必不可少之书"（《续修四库全书提要》）。

【**周易考文补遗**】 日本山井鼎撰、物观补。十卷。《七经孟子考文补遗》本。初，日本西条掌书记山井鼎撰《周易考文》，以其国足利学宋版《周易正义》、古写本《周易》三通及足利本《周易》，与明正德、嘉靖、万历、汲古各本，校其经文注疏、文字异同，成书载于《七经孟子考文》中。西条侯闻之,俾录上其所校,共三十二卷。后政府复命东都讲官物观平直清及诸生校其书,以前书颇有遗漏,又掇拾补缀,以补其阙,题曰"补遗"。《四库全书》曾著录此书。阮元作《十三经注疏校勘记》,皆采入记中,唯阮只校其异同,未观其是非。尚秉和先生《易说评议》云:"今观其本,宋本固可贵,古本尤可贵,凡其所异之字,常优于各本。"并条举数则,以例其余。又云:"虽'或跃在渊','或'作'惑';'草木蕃,下多'茂'字,不尽可从,要其善者亦多。山井书记之功,为不可没也。"

【周易传义大全】 明胡广等撰。二十四卷。见"周易大全"。

【周易传义合订】 清朱轼撰。十二卷。《朱文端公全书》本。此书因程颐《周易程氏传》、朱熹《周易本义》互有异同,遂为参校俾归一是,不使两可其说以滋歧义;其中两义各有发明,可以并存不悖者仍为俱录,并附以诸家之论;凡诸家之论有胜程、朱者,则舍程、朱以从之,朱轼所见亦各附载于后。《四库全书提要》指出:"其《凡例》有曰:'遗象言理,自王辅嗣始。然《易》者象也,有象斯有理,理从象也。孔子《彖》、《象》二传,何尝非言象?雷、风、山、泽以及乾马、坤牛、震龙、巽鸡之类,皆象也。即卦之刚柔上下、应比承乘,亦何莫非象乎?舍是而言理,不知所谓理者安在矣!《易》道之取类大,精粗巨细,无所不有,即纳甲、飞伏等术数之学,不可谓非《易》之一端也。况中爻、互卦、倒巽、倒兑、厚离、厚坎之象,皆卦体之显而易明者乎?'又称:'卦有对易、反易之义,先儒言之已备,来知德谓之卦综,谬矣。'又称:'程子不取卦变,谓凡卦皆自《乾》、《坤》来,牵合之《象传》,究未尽协。今一遵朱子一阴一阳自《姤》、《复》之说。'又称:'宋、元以来《易》图不下数千,于四圣人之精义,全无干涉,今一概不录。止缕析朱子各图之义而图仍不载。'云云。其全书宗旨,具见于斯。较之分门别户,尊一先

生之言,而先儒古义无不曲肆掊击者,其识量相去远矣。"又谓乾隆曾亲为此书作《序》,称其:"简而当,博而不支,钩深探赜而不凿。盖玩之熟,故择言也精;体之深,故析理也密。"

【周易传义附录】 南宋董楷撰。十四卷。《通志堂经解》本。此书将程颐《周易程氏传》和朱熹《周易本义》合为一帙,并采辑程、朱论《易》之说别见他书者作为附录,故题曰《传义附录》。《四库全书提要》指出:董楷之学"出于陈器之,器之出于朱子,故其说《易》惟以洛、闽为宗。是编成于咸淳丙辰,合程子《传》、朱子《本义》为一书,而采二子之遗说附录其下,意在理数兼通。又引程、朱之语以羽翼程、朱,亦愈于逞臆凿空,务求奇于旧说之外者。惟程子《传》用王弼本,而朱子《本义》则用吕祖谦所定'古本',楷以程子在前,遂割裂朱子之书,散附《程传》之后。沿及明永乐中,胡广等纂《周易大全》,亦仍其误。至成矩专刻《本义》,亦用《程传》之次序。乡塾之士,遂不复知有古刻,则楷肇其端也。然楷本以经文平书,而《十翼》之文则下一格书之,其《本义》无所附丽者则仿诸经疏文'某句至某句'之例,朱书其目以明之,犹为有别。今本经传一例平书,而《本义》亦意为割缀,则愈失愈远,又非楷所及料矣。"

【周易杂卦证解】 周善培撰。四卷。民国二十四年(1935)周氏铅印本。此书前三卷解释上下经,第四卷释《系辞》以下诸传。书名《杂卦证解》,乃以一卦互五卦为说,如《屯》卦三至上互《蹇》,三至上互《比》,二至五互《剥》,初至五互《颐》,初至四互《复》;不名"互卦",而称"杂卦"者,以为"互"字不见于《易传》,乃汉儒所立之名,遂据《系辞下传》"杂物撰德,辨是与非,则非其中爻不备",谓"杂物"即"互卦"。于是全书取一卦所杂之卦的卦辞、爻辞,以证本卦之卦辞、爻辞,牵合解说,致使六十四卦外,又演成互卦三百二十

卦。书中所解经文，虽有勉强可傅会成说者，但多扞格难通；又以此法解释《系辞》以下各传，则相去益远。尚秉和先生指出："盖著者专精于互卦，用力过深，故忽略其他也。"（《易说评议》）

【周易刘氏义疏】 南朝齐刘瓛撰。清马国翰辑。一卷。《玉函山房辑佚书》本。据《隋书·经籍志》，刘瓛有《周易乾坤义》一卷、《周易四德例》一卷、《周易系辞义疏》二卷等；《旧唐书·经籍志》、《新唐书·艺文志》载相同，唯《乾坤义》亦称《义疏》。今其书俱亡。清孙堂先有辑本，列《汉魏二十一家易注》中，名《刘氏周易义疏》；马国翰又辑之，亦统名《义疏》；至黄奭，始分别辑为《刘瓛乾坤义》、《刘瓛系辞义疏》二种，列《汉学堂丛书》中。马国翰云："陆德明《释文》、唐释元应《一切经音义》，李善《文选注》引数节，皆《系辞疏》；孔氏《正义》及李鼎祚《集解》亦引其说《乾》、《坤》二卦，则《乾坤义》之佚文也。合辑一卷，即从《唐志》，总以《义疏》题之。至'四德'之例，泯不可见，存其目焉。"尚秉和先生认为：其注"深切者少，循常者多，辑之以备一家，以存古注可也"（《易说评议》）。

【周易刘氏章句】 东汉刘表撰。清马国翰辑。一卷。《玉函山房辑佚书》本。据陆德明《经典释文》引荀勖《中经簿》载：刘表《易注》十卷，阮孝绪《七录》云九卷、《录》一卷。然《释文序录》、《隋书·经籍志》俱称刘表《易章句》五卷，或其书在隋、唐时已非完帙。今已久佚。马国翰从《经典释文》、《周易正义》、《周易集解》及晁说之、吕祖谦所引辑其遗文，合为一卷。张惠言《易义别录》曾指出：考刘表《易》义，"于康成为近"。孙堂《汉魏二十一家易注》、黄奭《汉学堂丛书》亦辑有刘表《易章句》一卷，可备参考。

【周易讼卦浅说】 清丁晏撰。一卷。《颐志斋丛书》本。此书亦释《周易》中《讼》卦之义，告人以止讼息争之旨。吴承仕先生云："丁氏自称少而读《易》，自汉、唐迄宋、元、明之注解，泛滥旁求，殆无所得，年逾六旬，笃嗜《程传》，日玩一卦，深观有得，撰为《述传》二卷。是编之作，在道光丙午之岁，时年五十有三，距其专研《程传》不逾十年，故其解释经传，大抵以《王注》、《程传》、《朱义》为宗；汉儒旧说，一所不用。名为《浅说》者，以附近诸县民汩于俗染，好为讼争，因讼而失业、废时、破产、丧命者时有所闻，而卒莫之悔，闵其迷误不渝，故于治《易》之暇，作为此篇，欲使人人易晓，庶几争讼可息，民安其生，亦儒者之用心也。志在借经说以善俗，考核诂训，自非所急，故于'邑人三百户'、'三褫盘带'之类，皆不详释云。"（《检斋读书提要》）

【周易寻门余论】 清黄宗炎撰。二卷。参见"周易象辞"。

【周易何氏讲疏】 隋何妥撰。清马国翰辑。一卷。《玉函山房辑佚书》本。据《北史》本传及《新唐书·艺文志》，何妥著《周易讲疏》十三卷。原书久佚。马国翰从《周易正义》、《周易集解》所引，辑得遗说一卷。柯劭忞以为："妥为辅嗣《注》作《疏》，而注释经义，乃与辅嗣不合。"（《续修四库全书提要》）又黄奭《汉学堂丛书》亦辑有何妥《周易讲疏》一卷。可资参考。

【周易沈氏要略】 南朝齐沈驎士撰。清马国翰辑。一卷。《玉函山房辑佚书》本。据《南齐书·沈驎士传》，沈氏著《周易两系》、《庄子内篇》训注及《易经》、《礼记》、《春秋》、《尚书》、《论语》、《孝经》、《丧服》、《老子》要略数十卷。其中《易》学专书当有二种，一为《周易两系训注》，一为《易经要略》，然隋、唐史志均不著录，盖散佚已久。马国翰从李鼎祚《周易集解》所引，仅辑得其说"潜龙勿用"一节，题为《要略》。尚秉和先生云：其"说颇精赅，能补马融、荀爽、干宝、崔憬诸家之所未备。而《集解》即取之，可见李氏采辑之精。然只此一条，他无所取，得毋其说多华而不实，

以王弼为宗主者欤？不然，李氏不能遗美若是之多也。"(《易说评议》)

【周易张氏讲疏】 南朝陈张讥撰。清马国翰辑。一卷。《玉函山房辑佚书》本。据《隋书·经籍志》，张讥著《周易讲疏》三十卷。原书久佚。马国翰从《经典释文》、《周易正义》等书所引，辑得遗说一卷。柯劭忞指出："讥学于周弘正，传于陆德明，渊源具在，亦《易》学家之大师矣。惠栋《易例》谓：'七为少阳，八为少阴，九为老阳，六为老阴之义，见于孔颖达之《易·乾坤·正义》及贾公彦之《周礼·大卜疏》，崔憬之《周易新义》。孔、贾、崔之说，本之陈谘议参军张讥，《易·乾卦·正义》所称张氏即讥也。讥之说又本之郑康成。郑注"《易》有四象"云：布六于北方以象水，布八于东方以象木，布九于西方以象金，布七于南方以象火。又注"精气为物，游魂为变"云：精气谓七八，游魂谓九六；七八木火之数，九六金水之数；言水火之神生物东南，金水之神终物西北。若然生物故谓之少，终物故谓之老，是老少之义也。'由此言之，讥之学实康成之嫡派。张惠言辨析《易》学源流，而不及于张氏，盖皋文固宗虞挑郑者矣。"(《续修四库全书提要》)

【周易张氏集解】 东晋张璠撰。清马国翰辑。一卷。《玉函山房辑佚书》本。据陆德明《经典释文序录》，张璠有《周易集解》十二卷（又引《七志》作十卷），集钟会、向秀等二十二家之说，依向秀为本。其书亡佚已久。马国翰从《经典释文》、《周易正义》、李鼎祚《周易集解》及《文选注》等书，辑得一卷，所辑者凡向秀、杨乂、邹湛、张轨四家，余十八家则皆泯绝而无可采辑。但马国翰别有向秀《周易义》、杨乂《周易卦序论》、邹湛《周易统略》、张轨《周易张氏义》辑本，其文皆见于是书，柯劭忞谓其"未免叠床架屋"，均宜"删之"（《续修四库全书提要》）。又孙堂《汉魏二十一家易注》、黄奭《汉学堂丛书》亦各辑有张璠《易集解》一卷，可资参考。

【周易卦变举要】 清方申撰。一卷。《方氏易学五书》本。是编为作者《易学五书》之五。大旨依据《周易》经传之文及汉儒旧注，归纳卦变义例：为"旁通"、"反复"、"上下易"、"变化"、"往来"、"升降"；又以变化附于旁通，往来附于反复，升降附于上下易；"变化"则兼及某宫第几卦，"往来"则兼及阴阳消息，"升降"则兼及当位、不当位。柯劭忞云：其书"务使端绪分明，阅者易瞭，虽无精深之义，亦可为学《易》之初阶。惟申所谓'变化'者，即《易》之'爻变'；《系辞》'爻者，言乎变者也'，不若改称'爻变'，较为确当矣。"(《续修四库全书提要》)

【周易卦象集证】 清方申撰。一卷。《方氏易学五书》本。是编为作者《易学五书》之三。方氏《自序》以为，两汉以前，注《易》者无不引《说卦》以证经文，至王弼、韩康伯则倡"得意忘象"之说；唐以后，引《说卦》以解《易》者罕有其人，弃卦象如弁髦。于是博考古注、《易纬》及《左传》、《国语》注所引之卦象，条理次第，各系于本文之下，共得象二百零四例，用以对照《说卦》之象，求证经文，无不相符，遂谓"忘象者断不能得意也"。柯劭忞指出："申之论切中舍卦象讲义理之流弊，虽其书为襞积之学，亦有裨考证也"，其"义例矜慎，不同臆为去取者"。(《续修四库全书提要》)

【周易玩辞集解】 清查慎行撰。十卷。《四库全书》本。此书训解《易》义，用孔颖达《周易正义》本；卷首论《易》图等事，颇为笃实可取。《四库全书提要》指出："慎行受业黄宗羲，故能不惑于图书之学。卷首《河图说》二篇，一谓河图之数圣人非因之以作《易》，乃因之以用蓍，自汉、唐以下未有列于经之前者；一谓河图出于谶纬，而附以朱子亦用河图生蓍之证。次为《横图圆图方图说》，论其顺逆、加减、奇偶、相错之理；次为《变卦说》，谓变卦为朱子之《易》，非孔子之《易》；次为《天根月窟考》，列诸家之说凡六，而以为老氏双修性命之学，无关于《易》；次为《八卦相错说》，谓相错是对待，非流行，又谓相错只八卦，非六十四卦相错；次为《辟卦说》二，一论十二月自然之序，一论阴阳升降不外乾坤；次为《中爻说》，以孔颖达用二、五者为是；次为《中爻互体说》，谓正体则二、五居中，互体则三、四居中，三、四之中由变而成；次为《广八卦说》，谓《说卦》取象不尽可解，当阙所疑。其言皆明白笃实，足破外学附会之疑。经文次序用《注疏》本，《乾》卦之末注曰：'案胡云峰《本义通释》，《乾》、《坤》二卦自《文言》起至末，别为一卷，编在《说卦》之前。窃意《本义》原本当如是，而《通释》遵之。今原本不复见矣。'云云。盖未见刘安刻本者。案宏之旧刻，圣祖仁皇帝特命开雕，慎行侍直内庭，何以不见？其理殆不可解。然其说经则大抵醇正而简明，在近时讲《易》之家，特为可取焉。"按，湖北省图书馆今藏清乾隆间此书刻本，可资参考。

【周易郑康成注】 东汉郑玄撰。南宋王应麟辑。一卷。《秘阁汇函》本。据《隋书·经籍志》，载郑玄《周易注》九卷，《新唐书·艺文志》作十卷；宋《崇文总目》，只载一卷；至《中兴书目》，始不著录（见冯椅《易学》引），盖其书亡于南北宋之间。应麟旁摭诸书，辑其散见之遗说，裒为此帙；其经文异字，亦皆并存；其无经文可缀者，则总录于书末；又以郑氏多言互体，并取《左传正义》、《礼记正义》、《周礼正义》中论互体者八条，以类附焉。《四库全书提要》指出："考玄初从第五元先受京氏《易》，又从马融受费氏《易》，故其学出入于两家。然要其大旨，费义居多，实为传《易》之正脉。齐陆澄与王俭书曰：'王弼注《易》，玄学之所宗。今若崇儒，郑注不可废。'其论最笃。唐初诏修《正义》，仍黜郑崇王，非远识也。应麟能于散佚之余，蒐罗散失，以存汉《易》之一线，可谓笃志遗经，研心古义者矣。"其后，清惠栋重辑《新本郑氏周易》三卷，丁杰、张惠言重订《周易郑注》十二卷，递有增补考正，均可资对照省览。

【周易京氏章句】 西汉京房撰。清马国翰辑。一卷。《玉函山房辑佚书》本。据陆德明《经典释文·序录》，于《易》类旧籍列《京房章句》十二卷，又引《七录》云十卷录一卷。其书久佚。清张惠言《易义别录》曾辑《周易京氏》一卷，并指出："陆德明、李鼎祚往往引京氏之文，率与《易传》（指《京氏易传》）大异，盖出于《章句》。"国翰是编所辑，亦采自陆德明《经典释文》、孔颖达《周易正义》、李鼎祚《周易集解》、晁说之《易诂训传》、吕祖谦《古易音训》诸书，大致与惠言辑本相出入，唯晁氏、吕氏所引者，惠言悉遗之。又，孙堂《汉魏二十一家易注》、黄奭《汉学堂丛书》，亦有京房《易章句》辑本；王仁俊《玉函山房辑佚书续编》，更就国翰辑本重加增补，并可参考。

【周易注疏賸本】 清黄以周撰。一卷。《十三经读本》本。此书乃黄氏约所作《周易故训订》而成，仅及《乾》、《坤》、《屯》三卦，为未定之书，其弟子唐文治为刊入《十三经读本》中。全书体例，"注"采汉魏诸家《易》说，如有隐略异同则自下己意，仿郑玄注《周礼》之例以"周谓"云云以别之；"疏"则杂引书传及汉、宋儒言以申"注"义。吴承仕先生指出："假令经传毕讫，诚《易》家之伟业也。观其所辑各注，字诂一依雅训，注释爻象，亦用荀、虞升降、旁通诸例以明取象所由，而爻辰、纳甲、世应、飞伏之等，皆所不用。是其著作大旨。及援引各家《易》义，皆与《故训订》略同，唯彼随文作解，故杂用汉、唐、宋、清儒言；此名《注疏》，体例有殊，故注则一准旧说，以简要为归，疏则杂引诸家，以辨析为职，斯其异也。"又云："当黄氏以此稿本授唐文治而语之曰：'读此，则于《易》例得过半矣。'按《易》道广大，自立凡例以名其家者古今多有，要以《大传》释经者最为近之；

此为集注体,《易》例在是,恐不尽然。然广蒐佚义,择善而从,并自为疏证以考辨之,诚治《易》者之一术,后生有所作宜矜式,书虽不具,固应过而存之。"(《检斋读书提要》)

【周易孟氏章句】 西汉孟喜撰。清马国翰辑。二卷。《玉函山房辑佚书》本。孟氏《易》著,亡佚已久。清张惠言《易义别录》曾辑《孟氏易》一卷,采摭最为谨严。国翰所辑,视惠言倍之,柯劭忞谓其"殊为泛滥",又云:"惟国翰是编附六十四卦用事配七十二候图及卦气图,实孟、京之遗法,为孟氏之学者,固常参考者矣。"(《续修四库全书提要》)按,清孙堂《汉魏二十一家易注》、王谟《汉魏遗书钞》、黄奭《汉学堂丛书》,亦均有孟喜《易章句》辑本,详略不一,宜资省览。

【周易函书约存】 清胡煦撰。十八卷,附《周易函书约注》十八卷、《周易函书别集》十六卷。清乾隆三十八年(1773)胡氏葆朴堂刊本。此书原本由《周易函书正集》、《周易函书别集》组成,其中《正集》九十九卷(含《首传》五十卷、《经解》四十九卷)、《别集》十九卷。共一百零八卷。《别集》先已刊版。《正集》因卷帙浩繁,乃取解经之四十九卷约为十八卷,名曰《函书约注》;又取《首传》五十卷约为十六卷,附以《续约旨》二卷,共十八卷,名曰《函书续集》。皆胡氏所手订。后《正集》原稿散佚,《别集》原板亦漫漶,胡氏之子季堂重为校订,遂取《函书续集》编为十五卷,以《函书约》三卷弁首,名为《函书约存》十八卷;原释经之十八卷,仍名《函书约注》;原刊《函书别集》略加增删为十六卷,亦仍旧名,共计五十二卷,即为此本。《四库全书提要》指出:"煦研思《易》理,平生精力尽在此书。其持论酌于汉学、宋学之间,与朱子颇有异同。然考《朱子语录》有曰:'某作《易本义》,欲将文王卦辞大概略说,至其所以然之故,于孔《象辞》中发之。如此乃不失文王大意,但未暇整顿尔。'云

云。是朱子于《本义》盖欲有所改定而未能,则后人辨定,亦未始非朱子之志也。陆游《渭南集》有《朱氏易传跋》,曰:'《易》道广大,非一人所能尽,坚守一家之说,未为得也。元晦尊程氏至矣,然其为说亦又大异,读者当自知之。'斯可谓天下之通论矣。"

【周易函书约注】 清胡煦撰。十八卷。参见"周易函书约存"。

【周易函书别集】 清胡煦撰。十六卷。参见"周易函书约存"。

【周易经传训解】 南宋蔡渊撰。二卷。《四库全书》本。此书原本四卷,今仅存二卷,解说上经、下经,大旨主于义理之学。《四库全书提要》指出:"案朱彝尊《经义考》:蔡渊《周易经传训解》四卷,注曰'存三卷'。此本惟存上下经二卷,题曰《周易卦爻经传训解》,与朱彝尊所记不符。据董真卿《周易会通》称:此书以《大象》置卦辞下,以《彖传》置《大象》后,以《小象》置各爻辞后,皆低一字,以别卦爻。与此本体例相合,知非赝托。董楷又言:其《系辞》、《文言》、《说卦》、《序卦》、《杂卦》亦皆低一字,则此本无之。又《经义考》载渊弟沈《后序》,称《易》有太极之说,知至知终之义,正直义方之语,皆义理之大原,为后学之至要,实发前贤之所未发云云。其文皆在《系辞》、《文言》,则是书原阙《系辞》、《文言》诸篇,确有明证。非但解卦爻,不应揭'卦爻'以标目。盖楷所见者四卷之全本。彝尊所见佚其一卷。此本又佚其一卷,传写者讳其残阙,因之书名增入'卦爻'二字,若原本但解上下经者,此书贾作伪之技,不足据也。今删去'卦爻'二字,仍以本名著录,存其真焉。"

【周易经传集解】 南宋林栗撰。三十六卷。《四库全书》本。此书前三十二卷为六十四卦经传,三十三至三十四卷为《系辞上传》、《系辞下传》,三十五卷为《文言传》、《说卦传》、《序卦传》、《杂卦传》,三十六卷则附河图洛书八卦九畴大衍总会

图、六十四卦立成图、大衍揲蓍解等。《宋史》本传载林氏与朱熹论《易》及《西铭》不合,遂相讦奏。《四库全书提要》指出:"朱彝尊《经义考》引董真卿之言,谓其说每卦必兼互体、约象、覆象为太泥。时杨敬仲有《易论》,黄中(按林栗之字)有《易解》,或曰'黄中文字可毁',朱子曰'却是杨敬仲文字可毁'。是朱子并不欲废其书。考陈振孙《书录解题》曰:'其与朱侍讲有违言,以论《易》不合。'今以事理推之,于时朱子负盛名,骎骎向用,而栗之登第在朱子前七年,既以前辈自居;又朱子方除兵部郎中,而栗为兵部侍郎,正其所属,辞色相轧,两不肯下,遂致激而成讦奏。盖其衅始于论《易》,而其故不全由于论《易》,故振孙云然。后人以朱子之故,遂废栗书,似非朱子之意矣。《经义考》又曰:'福清林黄中、金华唐与政,皆博通经学,而一纠朱子,一为朱子所纠,其所著经说,学者遂置而不问。与政之书无复存者。黄中虽有《易解》,而流传未广,恐终泯没。然当黄中既没,勉斋黄氏以文祭之,其略曰:"嗟哉我公,受天劲气,为时直臣。玩羲经之爻象,究笔削于获麟。至其立朝正色,苟咈吾意,虽当世大儒,或见排斥;苟异吾趣,虽前圣笃论,亦不乐于因循。规公之过,而公之近仁者,抑可见矣。"论者固不以一眚而掩其大醇也。勉斋为文公高弟,而好恶之公,推许之至若是。然则黄中之《易》,其可不传钞乎?'持论颇为平允。昔刘安世与伊川程子各为一代伟人,其《元城语录》、《尽言集》亦不以尝劾程子而竟废。耿南仲媚敌误国,易袚依附权奸,其所撰《易解》,今亦并行。栗虽不得比安世,视南仲与袚则有间矣。故仍录其书而并存彝尊之论焉。"

【周易思想研究】 张立文撰。1980 年湖北人民出版社出版。为陈克明主编《中国哲学史丛书》中的一种。作者《前言》以为:"《易经》和《易传》当是两个不同历史时期与思想体系的著作。只有把它们放到各自的历史范围之内,联系其当时的社会政治、经济关系,进行阶级的、理论的分析,才能比较符合历史实际。"故上编为《易经思想研究》,论《周易》"经"部分的时代性质、经济思想、政治思想、无神论思想、朴素辩证法思想因素、关于自然和社会的知识及道德理论思想;下编为《易传思想研究》,论《周易》"传"部分的时代作者、政治思想、唯物主义的自然观、朴素辩证法思想、唯物主义认识论、道德伦理思想及社会进化的伦理观。末附《名词索引》、《人名索引》、《书名索引》。

【周易图书质疑】 清赵继序撰。二十四卷。《四库全书》本。此书说《易》,多取卦变,兼采汉、宋之学;其辨河图、洛书,不主陈抟、邵雍之说。原本不分卷,《四库全书》馆臣为厘定二十四卷。《提要》指出:"其书以象数言《易》,而不主陈、邵河洛之说,谓作图者本于《易》,而反谓作《易》者本于图。盖因钱义方之说而畅之。全书不分卷数。首为古经十二篇。次逐节诠释经义而不载经文,但标卦爻,用汉儒经传别行之例。次为图三十有二,各系以说,而终以《大衍象数考》、《春秋传论易考》、《易通历数》、《周易考异》、《卦爻类象》。又一篇辨吴仁傑本费直本而不立标题,列于《周易考异》前,疑即《考异》之末简,传写颠倒也。全书多从卦变起象,而兼取汉、宋之说。持论颇平允。惟以'帝出乎震'为夏之《连山》,'坤以藏之'为殷之《归藏》,本程智之说而推衍之,未免曲解夫子所赞《周易》也。岂忽攟说旧法,自乱其例乎?"按,今《四库全书》本此书末仅有《春秋论易考》、《卦爻类象》二篇,而《大衍象数考》、《易通历数》、《周易考异》诸文均无,盖《四库》馆臣所删削。

【周易施氏章句】 题西汉施雠撰。清马国翰辑。一卷。《玉函山房辑佚书》本。施雠与孟喜、梁丘贺同受《易》于田王孙,世称"施、孟、梁丘三家《易》"。永嘉乱后,施、梁丘二家皆亡,故李鼎祚《周易集解》

无录其说。陆德明《经典释文》偶引之,皆作"三家",不能确指何氏之说。马国翰或据许慎《五经异义》,或据蔡渊《石经》,或据陆德明《释文》,辑得施氏佚说十二节。其中录自《释文》者仍作"三家",与所辑梁丘贺《易》说同;又凡"无"字,皆据汉碑从俗作"無"。尚秉和先生谓此"殊未必然",又云:"其为施氏所独有者,只'鞁升'及'鼎折足'二条。其以'允'为'鞁',训'鞁'为'进',与许氏《说文》引《易》同,较诸家训'允'为'信'者过之远矣。故夫古注虽一字,亦可珍也。"(《易说评议》)

【周易通论月令】 清姚配中撰。二卷。《一经庐丛书》本。姚氏曾于注《易》之暇,会通《易》与《月令》之相关联者,撰《月令笺》五卷;又探研其间微言大义,统而论之,自成条贯,为《周易通论月令》二卷。上卷用"七八九六"之义,与《月令》之五神、五虫、五音、五味、五祀、五藏及干支十二律相比附,杂引群书以证之;下卷专以卦象说七十二候,一依李溉所传孟喜《卦气图》为准。吴承仕先生谓其说牵强不切,指出:"姚氏自命巧慧,左右采获,穿穴无所不通,加之博征古义,旁引马、郑、荀、虞,训辞深厚,似若深有典据,宋翔凤至以'豪杰之士'称之,其实乃汉学之末流,惠栋、张惠言之遗法,其远于皖南朴学之风远矣。"(《检斋读书提要》)

【周易乾坤凿度】 旧题东汉郑玄注。二卷。《易纬八种》之一。见"乾坤凿度"。

【周易章句证异】 清翟均廉撰。十一卷。《四库全书》本。此书考证《周易》历代各种版本篇章、句读之异同,其辨析校勘颇为详密。《四库全书提要》指出:"是书取《周易》古今诸本同异之处,互相考证。如李鼎祚,卦辞前分冠《序卦》;周燔,卦辞前列《大象》,卦辞后列《彖传》;赵汝楳,卦辞前列《大象》,卦辞后列《彖传》,次《文言》,次爻辞;李过、方逢辰,《乾》卦卦辞后列《彖传》,次《文言》释象处,次《大象》,次爻辞;蔡渊,卦辞后列《大象》,次

《彖传》,《文言》别为一传,传低一字;王洙,于篇中不载卦辞,别为一篇之类。此篇章之同异也。如《乾》卦三爻,孟喜作'夕惕若夤'句,'厉无咎'句;荀爽、虞翻、王弼作'夕惕若厉'句;邵子、朱震、朱子作'夕惕若'句。此句读之同异也。逐卦逐爻,悉为胪列,间或附以己意,以'廉案'二字别之。古今本同异之处,校勘颇多精密。虽近时之书,而所言皆有依据,转胜郭京《举正》,以意刊改,托言于王、韩旧本者也。"

【周易董氏章句】 三国魏董遇撰。清马国翰辑。一卷。《玉函山房辑佚书》本。据陆德明《经典释文序录》云,董遇《易章句》十二卷,并引《七志》、《七录》并作十卷。其书久佚。马国翰从《经典释文》、《周易正义》等书所引辑为一卷。其中有从赵汝楳《周易辑闻》中采得一条,柯劭忞以为乃"汝楳引申董义,非董语,国翰羼入失之"(《续修四库全书提要》)。又孙堂《汉魏二十一家易注》、黄奭《汉学堂丛书》亦各辑有此书一卷,可备参考。

【周易集解纂疏】 清李道平撰。三十六卷。清光绪十七年(1891)思贤书局刊本。道平以唐李鼎祚《周易集解》一书表章汉学,使象数之说绵延弗绝,而行世千余载却无人起为作疏,遂毅然独任之。《自序》云:"古人之说《易》也,言象数而理在其中;后人之说《易》也,言义理而象数因之以隐。"又云:"使象数可废,则圣人之言为无稽,而羲、文之假象数以垂训者反为骈拇附赘。"又云:"作《易》者不能离象数以设爻象,说《易》者即不能外象数而空谈乎性命矣。"书中所作疏语,以采择惠栋父子及张惠言的成说为多,杂合成文,但不详著姓氏。《集解》所录古人《易》说,不拘宗派,兼收并蓄,多两存其说,道平之疏亦两释之,以重家法,间有注义未协经旨者必详加辨正;《集解》所录旧义亦有不详不确,道平或兼引诸家、另申一说以备参考者,但加"案"字,而自摅己见者

则加"愚案"以别之。全书义例谨严,条理秩然。但书中内容也难免有不善者,此本卷首所载陈宝彝《重校纂疏识略》已列举五事:一曰擅改古文;二曰谬所发明,复穷佐证;三曰援引多误;四曰袭诸家之说以为己见;五曰用汉儒《易》义以释王弼、韩康伯、孔颖达三家之说。除陈氏所举之外,书中疏义不甚了彻妥切者尚多。黄寿祺先生《六庵易话》曾指出:《乾》卦《象》卦"大明终始"一语,《集解》录荀爽注以十二月消息卦为说,而《纂疏》未指出消息方位却徒以一阴、二阴、一阳、二阳为释,使荀义不明;又《观》卦九五爻辞及《系辞下传》"重门击柝"语,《集解》录虞翻注均用覆象,而《纂疏》不知虞氏此例,所释未切。柯劭忞亦谓:道平此书之名物训诂有未尽翔实之处,"盖考订之事非其所尚也"(《续修四库全书提要》)。然此书对《易》学研究的贡献还是应当充分肯定的,故黄寿祺先生又云:"要之,道平于《集解》疏通证明,厥功已多,虽有一眚,固不足以掩其大德矣。"(《易学群书平议》)

【**周易象旨决录**】 明熊过撰。七卷。《四库全书》本。此书大旨,颇取汉代《易》家重视《易》象之说,并对《周易》经传文字、音义多有考证辨析。《四库全书提要》指出:"是书据过《自序》,初名《易象旨》,后遂加'决录'之名。案《三辅决录》,名始赵岐,而命名之义,古无传说。以意推之,盖定本之谓也。《自序》又称:'初闻闽人蔡清善为《易》,购得其书,惟开陈宗义,不及象,于是稍记疑者为赘言。辛丑谪入滇,晤杨慎,劝成此书。'盖初读宋《易》,觉不合,乃去而为汉《易》,故其说以象为主。考《左传》韩起适鲁,见《易象》、《春秋》,古人既以《象》名,知象为《易》之本旨。故《系辞传》曰'《易》者,象也','象也者,象也'。王弼以下,变而谈理;陈抟以下,变而言数。所谓各明一义者也。后人并而一之,概称'象数',于是喜为杳冥之说者并而扫之,乃讳言'象数'。明人《易》,言数者入道家,言理者入释氏,职是故矣。过作此书,虽未能全复汉学,而义必考古,实胜支离恍惚之谈。其据旧说以证今文者,凡证字一百有一,证音三十有八,证句二十有六,证脱字七十有九,证衍文三十,证当移置者三十有二,证旧以不误为误者三。所据之书,如郭京之伪托旧本,吴澄之妄改古经者,概用引援,不免轻信。又如《坤》卦《小象》,但知《魏志》之作'初六,履霜',不知《后汉书》之实作'履霜坚冰',亦间有未审。然皆据前文,非由臆撰。又但注'某字据某书当作某;亦不敢擅更一字,犹属谨严。在明人《易》说之中,固卓然翘楚矣。"按,北京图书馆今藏明嘉靖四十一年(1562)熊迥刻本七卷,末附《读周易象旨私识》一卷,可资参考。又按,《提要》推测熊氏此书名为《决录》即"定本"之意,余嘉锡复辨之曰:"《后汉书·赵岐传》云:'著《孟子章句》、《三辅决录》,传于时。'注引《决录序》曰:'三辅者,本雍州之地,其为士好高尚义,贵于名行,其俗失则趣势进权,唯利是视。余以不才,生于西土,耳能听而闻故老之言,目能视而见衣冠之畴,心能识而观其贤愚,常以玄冬,梦黄发之士与余寤言,言必有中,善否之间,无所依违,命操笔者书之。近于建武以来,暨于斯今,其人已亡,行乃可书,玉石、朱紫,由此定矣,故谓之《决录》矣。'是则《决录》之决,犹决嫌疑之决,谓决断其贤愚善否而录之,使有定论耳。非谓定本也。《提要》不知赵岐《自序》尚有,乃谓《决录》命名之义古无传说,以意解为定本,可谓不考之甚也。"(《四库提要辨证》)

【**周易虞氏义笺**】 清曾钊撰。九卷。清嘉庆二十四年(1819)曾氏刊本。此书取张惠言《周易虞氏义》详为考索笺释,书中偶有未切之处虽未能免,然凡所补充惠言之疏漏,一准虞氏家法;其驳正惠言之义,尤为审细。柯劭忞极称:"虞氏《易》推张惠言为专家,惠言以后,惟钊可以继之。"又谓此书中笺释精切之说,"皆为治虞《易》者不可不知之义"(《续修四库全书提要》)。

【周易虞氏消息】 清张惠言撰。二卷。参见"周易虞氏义"。

【周易虞氏略例】 清李锐撰。一卷。《皇清经解续编》本。此书专述虞翻一家《易》学，厘为十八篇条例，辨析周详细密。柯劭忞谓其："备载虞氏《易》注，每篇后附以己说，则皆发挥虞义，或引古训以明之；至虞所未言，与后人疑虞为误者，概不屑入，体例尤为谨严。"又谓其书有纠正张惠言释虞义之误者，称其"亦不愧茗柯诤友也"(《续修四库全书提要》)。

【周易新论传疏】 唐阴宏道撰。清马国翰辑。一卷。《玉函山房辑佚书》本。据《新唐书·艺文志》，阴宏道有《周易新论传疏》十卷。今佚。马国翰从吕祖谦《古易音训》载晁说之所引，辑得二条。并云："玩其体例，与陆德明《释文》略似。其引《苍颉篇》、《字林》、《古今字诂》、《埤仓》，皆汉晋人小学高品，而今人所罕见者。残膏腾馥，亦足资人沾丐焉。"尚秉和先生《易说评议》亦指出，观阴氏之说二条，其训释音义，至见确切，足使"千秋晦义"、"一旦而明"。

【周易爻辰申郑义】 清何秋涛撰。一卷。《皇清经解续编》本。郑玄爻辰之说，清惠栋、钱大昕、张惠言等人皆曾撰述，颇示扶微起废之旨；而王引之、焦循则独辞辟之，抉摘不遗余力。秋涛以为，爻辰之义，必有所受，今所可见者出于残缺掇拾之余，非郑氏说之全貌，是非已难具悉；即有迂曲，亦当过而存之，不得以謷閒见弃，故揉合近儒驳郑之说，设为"十难"而自答之，故题曰《爻辰申郑义》。柯劭忞论清戴棠所撰《郑氏爻辰补》，特引何氏此书曰："爻辰者，《易》之一象，而非《易》之全义。郑君之说爻辰，亦随事取象，而非注释全经。郑取象于爻辰者，尚不必泥；况郑未取爻辰之象者，又岂得概求诸爻辰乎？"并称此说"实为持平之论"(《续修四库全书提要》)。吴承仕先生则指出：此书所辨析，虽"似亦绰然有理据"，但"《易》道难知，而附会则易，自消息、辟杂、纳甲、世应以下，苟可涂傅，皆足自名其家，爻辰特其一术耳。何氏虽辨，亦言'郑义不免有迂曲穿凿之处，诸儒攻之，诚中其短，譬之纳甲、卦气，不可尽废而亦不可专用；以爻辰之说为无与于经者，固矫枉过正，而欲强经义以从爻辰，亦皮傅之学'云云。盖郑说既见斥于王、焦之伦，义难强通，故为此模棱两可之论。以此申郑，则所申者亦廑矣。何氏既审知爻辰不可尽信，乃谓《大传》'道有变动故曰爻，爻有等故曰物'二语，即以爻直辰所由仿。夫等物之谊，广矣大矣，安见其必为十二辰乎？"(《检斋读书提要》)

【周易系辞明氏注】 南朝齐明僧绍撰。清马国翰辑。一卷。《玉函山房辑佚书》本。据陆德明《经典释文序录》载，注《系辞传》者十人，有明僧绍，而不言卷数。隋、唐史志均不著录其书，盖亡佚已久。马国翰从《释文》辑得三节，其内容只考文字之异同，不涉注语。尚秉和先生《易说评议》谓此三节或颇可取，或不妥切。

【周易系辞荀氏注】 南朝宋荀柔之撰。清马国翰辑。一卷。《玉函山房辑佚书》本。据《隋书·经籍志》、《旧唐书·经籍志》、《新唐书·艺文志》均著录荀柔之《系辞注》二卷。今佚。马国翰从《经典释文》所引，辑得三节。尚秉和先生云：其说或义深长，或不切当，"然只此三则，他无所见，欲以此定其注之良否亦难也"。(《易说评议》)

【周易系辞桓氏注】 东晋桓玄撰。清马国翰辑。一卷。《玉函山房辑佚书》本。据《隋书·经籍志》，桓玄有《周易系辞》二卷。《旧唐书·经籍志》云三卷。其书久佚。马国翰据陆德明《经典释文》所引辑得三节遗文。尚秉和先生云，除"何以守位曰仁"一节未妥之外，余两节皆有可取(《易说评议》)。

【周易译注与考辨】 宋祚胤撰。1987年湖南人民出版社出版。此书依《周易》六十四卦的卦序，以己意将卦爻辞演绎为现代汉语，各卦并附简要辨析及对卦爻辞的注释。全书仍沿作者前著《周易新论》的观点，认为《周易》古经写成于周厉王末年；并进一步推衍出《周易》的创作目的是为周厉王出谋划策，故于六十四卦注解中，处处牵连周厉王的史实为说。书首《自序》概括云：向周厉王"提供种种办法，以摆脱困境，复兴西周王朝"，是"贯穿在《周易》中的一条主线"。

【周易玩辞困学记】 清张次仲撰。十五卷。《四库全书》本。此书解《易》，尽弃象数、谶纬旧说，专主义理，其大旨多切于人事。《四库全书提要》指出："是书前有《自序》，谓：赋性颛愚，不敢侈谈象数，又雅不信谶纬之说，惟于语言文字间求其谛当有益于身心者，辄便疏录，岁久成帙。经二十余年，凡六七易稿而后成。持论最为笃实。于《乾》卦遵用王弼本，以便解诂，而仍列郑康成本于简端。前集诸儒之论及己论数十条为《读易大意》。其所论辨，如谓八卦因重之法，自十六、三十二以至六十四，卦变某卦自某卦来，皆夫子所不言。河图洛书之外，别无他图。后人依托夫子之言而支离蔓衍。又谓一卦六爻如主伯亚旅，无此以为君子，彼以为小人，反背错综之理。盖扫除轇轕之说，独以义理为宗旨，虽尽废诸家义例，未免开臆断之门。然其尽废诸图，则实有剿削榛芜之力。且大旨切于人事，于学者较为有裨。视绘画连篇，徒类算经弈谱，而《易》理转置不讲者，胜之远矣。"

【周易的构成时代】 郭沫若撰。民国二十九年(1940)商务印书馆出版。为《孔德研究所丛刊》之二。此书专论《周易》经传的创作时代，凡十二章，附有法文对照本。全书大旨，认为《周易》"经"部分作者为战国初年的楚人馯臂子弓；"传"部分大多数为秦时代的荀子的门徒们楚国人所著，著书时间当在秦始皇三十四年以后。书末附陈梦家《郭沫若周易的构成时代书后》一文，对郭氏的观点提出质疑，认为旧说《周易》产生于商末周初，"并非毫无来历"；又谓《易传》精神颇近《老子》，故其成书当与《庄子》略同、当皆甚晚。

【周易注疏及补正】 杨家骆主编。为《十三经注疏补正》第一种。1962年台北世界书局印行。此编将孔颖达《周易正义》、陆德明《周易释文》、阮元《周易正义校勘记》、《周易释文校勘记》、王弼《周易略例》、阮元《周易略例校勘记》、焦循《周易补疏》、李鼎祚《周易集解》等汇集一处，以旧刊本影印成帙。各书之提要、序、跋等文字，亦一并附于原书书首。

【周易参同契新探】 周士一、潘启明撰。1981年湖南教育出版社出版。此书以现代科学观点研探《周易参同契》，论证了《参同契》的体系与生物场能量的研究、人工智能的模拟设计及中医脉学、针灸、气功、五运六气学说等科学学科的直接联系，并就爱因斯坦和李约瑟对中国科技史发表的一些意见作了说明。书末附朱熹《周易参同契考异》原文。

【周易研究论文集】 黄寿祺、张善文编。一至四辑。北京师范大学出版社1987年至1990年出版。全书凡四辑，每辑各为一册。共选编二十世纪初至八十年代有代表性的《易》学论文一百五十八篇。第一辑书首载编者《序言》云："本世纪以来，我国学术界研究《周易》的基本特点是，既有继承旧传统，注重象数、义理两方面研究者，又有新的发展，即开始从新的历史学的角度探讨《周易》的起源、名义、流派，或以新的理论辨析《周易》内容的诸方面性质。为了窥探本世纪《易》学研究的概况，我们纂辑了《周易研究论文集》，选编近八十年来较有代表性的《易》学论文，分为四辑：第一辑侧重考证《周易》的起源、名义、作者、流派及探讨考古学中发现的有关《周易》的新材料，第二辑侧重象数学,第三辑侧重义理学,第四辑侧重以新观点研究《周易》之作。"全书选入论文之时代跨度较大,研究领域较宽,然又如《序言》之末所云:"至于所选的内容,恐未必能真正达到'去粗取精、去伪存真'的标准,唯期识者予以匡正,庶几有补于当前《周易》研究的工作。"

【周易原义新证实】 孙再生撰。1981年台北正中书局出版。此书旨在结合人生哲理,用新的观点证明《周易》的原初意义。全书十二章,前七章简说先天卦、后天卦、太极图与自然科学的关系,并述《周易》经传梗概;后五章分别浅释《序卦》、经文、《系辞》、《说卦》、《杂卦》的要义。作者的撰书目的是要揭明《周易》为切实有用的"智慧的泉源或智慧的宝库",故其《自序》云:"希望能使有意阅读者,都能理解其中实用学理,消除用占卜——碰运气的迷信,借以恢宏我固有文化的真价值于今世。"

【周易虞氏义笺订】 李翊灼撰。二十卷。民国十八年(1929)东北大学印刷部铅印本。此书以张惠言《周易虞氏义》、曾钊《周易虞氏义笺》会为一编,而订正之。全书依《周易正义》经传次序,凡经传之文皆顶格写,而虞注、张义、曾笺、李订之文并低一格,各以"注"、"义"、"笺"、"订"标明之。书首附载张惠言、阮元、董士锡、陈善旧《序》四篇。所考订之处,多能旁征博引,实事求是。其《笺订略例》云:"此书之订,盖准申正、补阙、正误、备考之例,举其所知,以资研究,间亦窃附己意;其所不知,盖阙如也。"

【周易本义辨证补订】 清纪磊撰。四卷。《吴兴丛书》本。按惠栋曾撰《周易本义辨证》五卷,谓朱熹《本义》沿伪已久,宜有刊正,故字或谬说则据陆德明《经典释文》、吕祖谦《周易音训》以正之,义有隐略则采《周易程氏传》、《朱子语类》以补之,说有违异则推汉、魏以来之旧义以广之。纪氏谓惠栋既著《辨证》,从汉儒之象数,参宋儒之义理,剖析详明,诚有功朱子,然惜尚有漏略处,故复疏证朱熹之书,参订惠栋之注,续撰《辨证补订》四卷。其书仍依通行本《周易本义》,先论图书,次释经传,皆条举朱、惠原文,而自为案语于后。吴承仕先生以为,纪氏之补订,有可取者,亦有偏颇不当者。并指出:"《本义》卷首《九图》,乃后人依放《启蒙》为之,非《本义》所旧有,王懋竑考之审矣,纪氏撰《辨证补订》时,或未见王氏书邪?"(《检斋读书提要》)

【周易经传象义阐释】 朱维焕撰。1980年台湾学生书局出版。此书大旨,在于阐发解说《周易》经传的立象、用象之义。全书以通行的经传参合本为底本,先列经传文辞,次引历代《易》说为注解,次加案语详加阐释。其大体本于孔颖达《周易正义》、程颐《程氏易传》、朱熹《周易本义》,而参以诸家成说。

【周易淮南九师道训】 原题西汉刘安撰,清马国翰辑。一卷。《玉函山房辑佚书》本。据《汉书·艺文志》载:"《淮南道训》二篇,淮南王安聘明《易》者九人,号九师说。"则是书当为刘安招集九位《易》师所共撰。但隋、唐史志均不著录此书,仅见于李善《文选注》,所称书名与《汉书·艺文志》合。柯劭忞云:"是其书唐初尚未佚,特《隋·经籍志》遗之耳。国翰据《淮南鸿烈》所引者,辑为一卷。然遗漏尚多,近人撰《淮南子周易古义》,征引颇详,宜据补。淮南当孝武之时,唯有杨何《易》立博士,则淮南所述当为田、杨之学,施、孟、梁丘三家皆其支派也。其说义蕴宏深,庶几与《文言》、《系辞》相表里,非唐宋以来学《易》者所知也。"

【周易程朱传义折衷】 元赵采撰。三十三卷。《四库全书》本。此书用孔颖达《周易正义》之本,节录程颐《周易程氏传》及朱熹《周易本义》之说,并增列程、朱《语录》有关《易》说于前,而各以己意附述于后,谓之"折衷"。全书大旨,虽以宋代义理之学为宗,但亦颇取汉魏以来之象数《易》学。《四库全书提要》指出:此书"所注仅上下经,殆以程子所传不及《系辞》以下欤？前有采《自序》,称:'其康节邵子推明羲、文之卦画而象数之学著,有伊川程子推衍夫子之意而卦画之理明。洎武夷朱文公作《本义》,厘正上下经、《十翼》而还其旧；作《启蒙》,本邵子而发先天。虽《本义》专主卜筮,然于门人问答又以《易》中先儒旧说皆不可废。但互体、飞伏、纳甲之类,未及致思耳。故愚以为今时学者之读《易》,当由邵、程、朱三先生之说沂而上之。'云云。故其书虽以宋学为宗,而兼及于象数变互,尚颇存古义,非竟暖暖姝姝守一先生之言也。顾炎武《日知录》谓'割裂《本义》以入《程传》,始于胡广之修《大全》'。然董楷已用程子之本而附以《本义》,采又因之,则其来有渐矣。炎武专责胡广,殆未见二书欤？"

【**周易解题及其读法**】 钱基博撰。民国二十年(1931)上海商务印书馆出版。为王云五主编《国学小丛书》中的一种。凡七章,第一至六章为绪论及《周易》解题、作者、先秦诸子引《易》、汉以后《易》学、《周易》本子；第七章《周易之读法》,为书中重点,分四事简说:一曰《明易之学》,二曰《读易之序》,三曰《籀易之例》,四曰《说易之书》。全书大旨,盖欲略述《易》学之基本问题,以导引初学者入门。

【**周子望月岩而悟太极**】 周子,即北宋周敦颐；月岩,周敦颐家乡山中的一个岩洞。旧传月岩之洞顶呈圆形,如月满圆；若从东西方向视之,则如上下弦之月牙。周敦颐常游于此,于是悟出万物化生之理,后来撰《太极图》及《太极图说》流传后世。宋度正《元公年表》于"天圣庚午"(1030)条下曰:"濂溪之西十里,有山拔苍,中为岩洞,门通东西,当洞之中虚,其顶圆,象月之望,离而东西视之,则月之上下弦焉,故俗呼为'月岩'。先生(即周敦颐)好游其间,世传先生睹此而悟太极理,或然也。"(《周濂溪先生全集》卷十)

【**周濂溪太极图说考辨**】 周学武撰。1981年台北学海出版社出版。此书专考周敦颐所作"太极图"及《图说》,凡五章,一曰《太极图与道家诸图》,二曰《太极图之授受》,三曰《图位与图说之依据》,四曰《关于无极而太极》,五曰《太极图说释义》。全书大旨,以为"太极图"不传于穆修、寿涯,非出自方外道士,乃周敦颐自得之妙；并援据诸家之说,考辨《太极图说》的内容,详释其意义。

【**周易经传程朱解附录纂注**】 元董真卿撰。十四卷。见"周易会通"。

【**受兹介福于其王母**】 《晋》卦六二爻辞之语。意思是:将要承受弘大的福泽,来自尊贵的王母。介,大也；于其,犹言"由其"；王母,即祖母,喻《晋》卦六五爻。这是说明六二当《晋》之时,上无应援,晋途坎坷；然其身柔顺中正,与上卦的六五虽非阴阳正应,而五居尊位,二、五同质且俱有"中德",于是六二终将获得六五之益,犹如承受"王母"之惠,得福至大,故曰"受兹介福,于其王母"。参见"晋六二"。

【**受兹介福以中正也**】 《晋》卦六二爻的《小象传》辞。旨在解说六二爻辞"受兹介福"的象征内涵。意思是:将要承受弘大的福泽,是由于六二居中守正。参见"晋六二小象传"。

【**帛书周易**】 1973年12月长沙马王堆第三号汉墓出土。约汉文帝初年(约前180—前170)写定,墨书隶字。凡三部分:一、《六十四卦》,含卦画及卦爻辞,即通常所称《周易》的"经"部分,共约四千九百余字。其卦名、卦爻辞之字与通行本颇有异同,六十四卦排列次序也不相同。二、《六十四卦卷后佚书》,估计原有一万一千余字,因帛书残破,现存九千余字。其中除少部分见于今本《系辞下传》外,其余部分均是不曾流传之佚书,内容系孔子与学生讨论卦爻辞含义的记录。三、《系辞传》,共约六千七百余字。与今本《系辞传》有较大出入：今本《系辞上传》第八章(即"大衍之数五十"章)为帛书《系辞传》所无，今本《系辞下传》第四章的第五、第六、第八、第九等四节见于上述帛书《卷后佚书》之内；除此之外，今本《系辞传》大致都包含在帛书《系辞传》中，唯两者章节次序不尽相同，文句亦颇有差异；帛书《系辞传》尚包含今本《说卦传》之前三节，又有两千余字为今本《系辞传》所无。《帛书周易》的三部分，《六十四卦》、《卷后佚书》、《系辞传》，总计约二万一千余字(见于豪亮《帛书周易》，载《文物》1984年第3期)。其中《帛书六十四卦释文》已由"马王堆汉墓帛书整理小组"整编成帙，刊于《文物》1984年第3期。由于《帛书周易》的内容与历来流传之《周易》各本多有异同，故有较大的参考研究价值。

【帛书周易校释】 邓球柏撰。湖南人民出版社1987年11月出版。此书以"马王堆汉墓帛书整理小组"整编之《马王堆帛书六十四卦释文》(载《文物》1984年第3期)为底本，取《四部丛刊》影印宋本王弼注《周易》为校本，并参校《经典释文》、《周易集解》、《唐开成石经》、《周易音训》等书，将《帛书六十四卦》逐卦、逐爻校释。全书按《帛书六十四卦》之八宫编次，包括校勘、注释、试译三部分。每一卦释文末附记本卦在帛书中的位置、字数、缺损情况以及与通行本不同的字数。

【舍尔灵龟观我朵颐】 《颐》卦初九爻辞之语。意思是：舍弃你灵龟般的美质，而观看我垂腮进食。尔，指《颐》卦初九爻；灵龟，喻初九的阳刚美质；我，指《颐》卦六四爻；朵，进食时口腮垂动之貌；颐，谓"口腮"。这是说明初九当"颐养"之时，上应六四，犹如以阳刚之实求养于阴虚，养身不得其道，故爻辞借六四的口吻责之曰：岂能舍弃你的灵龟，而观我垂腮食物？贪欲如是，必致凶险。参见"颐初九"。

【舍车而徒义弗乘也】 《贲》卦初九爻辞的《小象传》辞。旨在解说初九爻辞"舍车而徒"的象征内涵。意思是：舍弃大车而甘于徒步行走，说明初九就所处地位这一意义来看是不应该乘坐大车。参见"贲初九小象传"。

【舍逆取顺失前禽也】 《比》卦九五爻辞的《小象传》语。旨在解说九五爻辞"失前禽"的象征内涵。意思是：田猎时舍弃违逆者取其顺从者，正譬如听任前方的禽兽走失。参见"比九五小象传"。

【金钱卜】 用铜钱三枚代替蓍草卜卦之法。于鹄《江南曲》："偶向江边采白蘋，还随女伴赛江神。众中不敢分明语，暗掷金钱卜远人。"(《全唐诗》卷十九《相和歌辞》)详"金钱代蓍"。

【金钱代蓍】 先秦时代，占筮者皆以五十根蓍草揲卦；汉以后，术数家出于简便计，用三枚铜钱代替蓍草筮卦，称为"金钱代蓍"或"以钱代蓍"，亦称"金钱卜"、"钱卜"。其法是：取三枚铜钱同时掷之，以有字之面为阴，无字之背为阳，若遇三枚皆背则为老阳，谓之"重"，即揲蓍所遇之"三少"，其数为"九"；若遇三枚皆面则为老阴，谓之"交"，即揲蓍所遇之"三多"，其数为"六"；若遇二枚面一枚背则为少阳，谓之"单"，即揲蓍所遇之"两多一少"，其数为"七"；若遇二枚背一枚面则为少阴，谓之"拆"，即揲蓍所遇之"两少一多"，其数为"八"。这样，每掷一次得一爻，六次成一卦，即可依卦占断吉凶。旧说此法起于西汉京房；《火珠林》及郭璞《洞林》亦用之。《仪礼·士冠礼》"筮与席，所卦者，具馔于西塾"，郑玄注："所卦者，所以画地记爻"，贾公彦疏："筮法，依七八九六之爻而记之，但古用木画地，今则用钱。以三少为重钱，重钱则九也；三多为交钱，交钱则六也；两多一少为单钱，单钱则七也；两少一多为拆钱，拆钱则八也。"项安世指出："以京氏《易》考之，今世所传《火珠林》者，即其法也。今占家以三钱掷之，两背一面为'拆'，此即两少一多，为少阴爻也；两面一背为'单'，此即两多一少，为少阳爻也；

俱面者为'交',交者拆之,此即三多,为老阴爻也;俱背者为'重',重者单之,此即三少,为老阳爻也。盖以钱代蓍,一钱当一揲,此自后人务为径捷,以趋卜肆之便,而其本意则尚可考也。"(《项氏家说》)尚秉和先生亦曰:"揲蓍为占,其法太繁,有不能用于仓卒之时者,故古人以金钱代之,盖自京、郭(按,谓京房、郭璞而已然矣。"又曰:"以其与揲蓍法合,故用之而亦验。然揲蓍四营,皆有所取象,而钱则不能。筮者若非处不得已之时,总以揲蓍为愈也。"(《周易古筮考》)

【垂裳】 即"垂衣裳而天下治",语见《系辞下传》。谓以无为之道施政,故能"垂裳"而治。李质《艮岳赋》(见《全唐文》):"融至道以垂裳。"

【肥遯】 《遯》卦上九爻辞之语。意为:高飞远退。肥,通"蜚",即"飞"。此言上九当"遯"之时,阳居卦极,有高飞远引,遨然退避之象,故曰"肥遯"。参见"遯上九"。

【肥遯无不利无所疑也】 《遯》卦上九爻《小象传》辞。旨在解说上九爻辞"肥遯,无不利"的象征内涵。意思是:高飞远退而无所不利,说明上九无所疑虑留恋。参见"遯上九小象传"。

【朋盍簪】 谓群朋像簪子括束头发一样聚合。语本《豫》卦九四爻辞"勿疑,朋盍簪"。李鼎祚《周易集解》引侯果曰:"朋从大合,若以簪笄之固括也。"苏轼《无咎生日诗》(见《东坡先生集》):"寿樽余沥到朋簪,要与郎君夜语深。"江藩《汉学师承记》:"王昶归田后,往来吴门,宾从益盛。与王两汀、钱竹汀两先生舣舟白公堤下,朋簪杂遝,诗酒飞腾,望之者若神仙然。"

【朋盍簪】 《豫》卦九四爻辞之语。意为:友朋象头发括束于簪子一样聚合相从。朋,友朋,指《豫》卦诸阴爻;盍,通"合";簪,古代用以括束头发的首饰。此言九四当"豫"之时,为卦中唯一的阳爻,刚直不疑,与群阴相应,故群阴作为九四

的"友朋"而欣然毕至共相欢乐,如"盍簪"似地聚合相从。参见"豫九四"。

【朋友讲习】 《兑》卦的《大象传》语。意为:朋友之间讲习道义学业。讲习,谓"学问"之道,即讲其所未明,习其所未熟。这是从《兑》卦两泽并连、交相浸润的卦象而推阐出的"君子"应当效法两泽互悦之象,乐于朋友互相"讲习"的道理。参见"兑大象传"。

【朋亡得尚于中行】 《泰》卦九二爻辞之语。意思是:不结党营私,能够佑助行为持中的君主。朋,谓朋党;亡,即"无","朋亡"犹言不结朋党;尚,犹言"佑助";中行,指《泰》卦六五爻居尊位而行为持中。此言九二当"通泰"之时,阳刚居中,道德光明,有"不结党营私"之象;其时又上应六五柔中之"尊",犹如能用广阔无私的胸怀佑助行为持中的"君主",治世以保持"通泰",故称"得尚于中行"。参见"泰九三"。

【服生】 西汉齐(在今山东泰山以北黄河流域及胶东半岛地区)人,学者称服生,又号服先("先"或作"光",似误),名字无考。汉初《易》学大师田何的弟子。《周易》著述有《服氏》二篇。已佚。《汉书·儒林传》:田何以《易》学"授东武王同子中、雒阳周王孙、丁宽、齐服生,皆著《易传》数篇"。《艺文志》于《易》云:"《服氏》二篇"。陆德明《经典释文序录》引刘向《别录》云:"齐人,号服先。"按,《汉书·艺文志》颜师古注引刘向《别录》云:"服氏,齐人,号服光。"杨树达《汉书窥管》:"吴承仕云:服光,《释文序录》作服先,是也。先者,先生之省称,如《梅福传》称叔孙通为叔孙先之比。以系尊称,故云号服先。若光是其名,不得云号矣。"

【往蹇来反】 《蹇》卦九三爻辞。意为:往前将遇蹇难,归来返居其所。这是说明九三当"蹇难"之时,以阳处下艮之上,前临坎险不可行,后拥二阴则可据,此时往必遇"蹇",返乃得所,故曰"往蹇,来反"。

参见"蹇九三"。

【往蹇来连】《蹇》卦六四爻辞。意为：往前遇到蹇难，归来又逢蹇难。连，犹言"接连蹇难"。这是说明六四当"蹇"之时，虽柔顺得正，但以阴柔乘凌九三之刚，下与初六无应，自身又处坎险，有往来皆蹇难之象，故曰"往蹇，来连"。参见"蹇六四"。

【往蹇来誉】《蹇》卦初六爻辞。意为：往前将遇蹇难，归来必获美誉。这是说明初六处"蹇"之始，阴柔卑下，上无应援，犯难冒进必"蹇"，识时退处则有"誉"，故曰"往蹇，来誉"。参见"蹇初六"。

【往蹇来硕】《蹇》卦上六爻辞之语。意思是：往前必遇蹇难，归来可建大功。硕，谓硕大之功。这是说明上六以阴居《蹇》上卦之终，蹇极将通，若往前则不但无益而将更生蹇难，若回归本位附从九五之尊则有大功，故曰"往蹇，来硕"。参见"蹇上六"。

【往遇雨则吉】《睽》卦上九爻辞之语。意为：此时前往而遇到阴阳和合的甘雨必能获得吉祥。雨，古人认为是阴阳二气交和之物，此处喻《睽》卦上九、六三两爻"睽"极终合。这是说明上九以阳居《睽》卦极，与下卦六三本属阴阳正应而违离已久，孤独烦躁，妄生猜疑；但"睽"极则反，上九的群疑终必消释，并知悉六三实为己之"良配"，故宜速往应合，必能"遇雨"获吉。参见"睽上九"。

【往无咎上巽也】《萃》卦六三爻的《小象传》辞。旨在解说六三爻辞"往无咎"的象征内涵。意思是：往前将无咎害，说明六三能够向上驯顺于阳刚。参见"萃六三小象传"。

【往蹇来誉宜待也】《蹇》卦初六爻的《小象传》辞。旨在解说初六爻辞"往蹇来誉"的象征内涵。意思是：往前将遇蹇难而归来必获美誉，说明初六应当等待时机。参见"蹇初六小象传"。

【往蹇来反内喜之也】《蹇》卦九三爻的《小象传》辞。旨在解说九三爻辞"往蹇来反"的象征内涵。意思是：往前遇蹇难而归来返居其所，说明此时内部阴柔者都欣喜九三返归。参见"蹇九三小象传"。

【往蹇来连位当实也】《蹇》卦六四爻的《小象传》辞。旨在解说六四爻辞"往蹇来连"的象征内涵。意思是：往前遇到蹇难而归来又逢蹇难，说明六四正当本实之位（蹇难并非妄招）。参见"蹇六四小象传"。

【往蹇来硕志在内也】《蹇》卦上六爻的《小象传》语。旨在解说上六爻辞"往蹇来硕"的象征内涵。意思是：往前必遇蹇难而归来可建大功，说明上六的志向在于联合内部共同济蹇。参见"蹇上六小象传"。

【往厉必戒终不可长也】《小过》卦九四爻的《小象传》语。旨在解说九四爻辞"往厉必戒"的象征内涵。意思是：若急往求应将有凶险务必自戒，说明九四要是强行终究不能长保无害。参见"小过九四小象传"。

【往得疑疾有孚发若吉】《丰》卦六二爻辞之语。意思是：往前必有被猜疑的疾患，但由于能自我发挥诚信，遂获吉祥。孚，信也；若，语气助词。这是说明六二当"丰"之时，以阴处阴，有自处柔暗而不能自丰其光明之德之象，以此往见与之相对之位的上卦六五，必有被疑之患；但因处中得正，若能发其诚信，必可摆脱昏暗，处于光明而获吉，故曰"往得疑疾，有孚若，吉"。参见"丰六二"。

【征凶】《周易》卦爻辞中的常用语。意为：往前进发必遭凶险。征，犹言"行动"、"前行"。如《小畜》卦上九爻辞"君子征凶"，孔颖达《周易正义》云："虽复君子之行，亦有凶也。"程颐《周易程氏传》："君子动则有凶也。"

【征凶位不当也】《归妹》卦的《象传》语。意思是：往前进发将有凶险，说明置身处位不妥当。这是解说《归妹》卦辞"征凶"的象征内涵。位不当,指《归妹》卦中二至五爻居位均不当。孔颖达《周易正义》:"此因二、三、四、五皆不当位,释'征凶'之义。"

【知临】 《临》卦六五爻辞之语。意为:聪慧明智地监临于众。知,即"智"。此言六五居《临》尊位,以柔处中,下应九二,犹如任用刚健大臣以辅己"君临"天下,正见"君主"明智之象,故称"知临"。参见"临六五"。

【知非斋易注】 清陈懋侯撰。三卷。光绪十四年(1888)陈氏家刻本。作者先有《周易明报》锓行,后虑经注过简,且恐学者误会"明报"二字类于佛氏"因果"之说,遂임旧注略加增润,改题是名。书中于各卦爻下仍逐句注"失"或"得"字,与《明报》体例同。《明报》卷末附有《易义节录》及《读易要言》两篇,此书改《易义节录》为《纲领》,移置卷首;《读易要言》则散附注中,不另名篇。黄寿祺先生《易学群书平议》谓其书中释"用九"、"用六"、阴阳"应与"等颇有谬误;又谓其立注常泥于"扶阳抑阴"之旨,"岂其生当同、光之际,睹女后之专横,惕嗣君之幼弱,有激于中而借经义以寄意欤?"

【知非斋易释】 清陈懋侯撰。三卷。光绪十四年(1888)陈氏家刻本。此书将《周易》的象、辞意义,故训名物,进行分类解释,其体例颇类《尔雅》。卷上七目,为《释象》、《释辞》、《释位》、《释名》、《释义》、《释得》、《释失》;卷中三目,为《释天》、《释地》、《释人》;卷下四目,为《释身》、《释物》、《释鸟兽》、《释草木》:共十四目。黄寿祺先生《易学群书平议》以为:卷上七篇析义或有不切者;至卷中、下释"天"、"地"、"人"、"身"、"物"、"草木"、"鸟兽",其"分析故训名物虽无所发明,而训义解诂大抵祖述先儒,无多臆造,则仍不失为有本之学焉"。

【知存而不知亡】 《乾》卦《文言传》语。旨在衍发《乾》上九"亢龙"之义,谓"亢龙"象征某种人只晓得生存而不知终将衰亡。李鼎祚《周易集解》引荀爽曰:"在上当阴,今反为阳,故曰'知存而不知亡'也。"孔颖达《周易正义》引庄氏曰:"存亡据身。"来知德《周易集注》:"存亡者位。"

【知进而不知退】 《乾》卦《文言传》语。旨在衍发《乾》上九"亢龙"之义,谓"亢龙"象征某种人只晓得进取而不知及时引退。李鼎祚《周易集解》引荀爽曰:"阳位在五,今乃居上,故曰'知进而不知退'也。"孔颖达《周易正义》引庄氏曰:"进退据心。"来知德《周易集注》:"进退者身。"

【知得而不知丧】 《乾》卦《文言传》语。旨在衍发《乾》上九"亢龙"之义,谓"亢龙"象征某种人只晓得获利而不知所得必失。李鼎祚《周易集解》引荀爽曰:"得谓阳,丧谓阴。"李氏亦云:"此论人君骄盈过亢,必有丧亡。若殷纣招牧野之灾,太康遭洛水之怨,即其类矣。"孔颖达《周易正义》引庄氏曰:"得丧据位。"来知德《周易集注》:"得丧者物。"

【知至至之可与言几】 谓知道进取的目标而努力实现它,这种人可以跟他商讨事物发展的征兆。语出《乾》卦《文言传》。旨在衍释《乾》九三"君子"的象征内涵。至,犹言"达到",前一"至"为名词,指要达到的目标;后一"至"为动词,指努力达到这一目标。几,指事物发展变化的先兆。此言九三居《乾》下卦之极,有"知几"进取、审慎无咎之象。王弼《周易注》:"处一体之极,是至也";"处事之至而不犯咎,知至者也,故可与成务矣。"孔颖达《周易正义》:"九三处一体之极,方至上卦之下,是至也;既居上卦之下而不犯凶咎,是知至也;既能知是将至,则是识几知理,可与共论几事。几者,去无入有,有理而未形之时。此九三既知时节将至,知理欲到,可与共营几也。"

【知终终之可与存义】 谓知道终止的时刻而及时终止,这种人可以跟他共同保全事物发展的适宜状态。语出《乾》卦《文言传》。旨在衍释《乾》九三"君子"的象征内涵。终,谓终止,前一"终"为名词,指事物的终了;后一"终"为动词,指结束。义,宜也,"存义"犹言"保存其适宜状态"。此言九三为《乾》下卦最后一爻,有事物发展到一个阶段而暂告终结之象,唯知其终而终之,事物之"义"可存。王弼《周易注》:"居一卦之尽,是终也";"处终而能全其终,知终者也。夫进物之速者,义不若利;存物之终者,利不及义。故'靡不有初,鲜克有终'。夫可与存义者,其唯知终者乎!"孔颖达《周易正义》:"居一体之尽,而存其终竟,是知终也;既能知此终竟是终尽之时,可与保全其义。义者,宜也。保存其位,不有失丧,于事得宜。九三既能知其自全,故可存义。然九三唯是一爻,或使之欲进知几也,或使之欲退存义也。一进一退,其意不同。以九三处进退之时,若可进则进,可退则退,两意并行。"

【知进退存亡而不失其正】 《乾》卦《文言传》语。旨在衍发《乾》上九"亢龙"之义,谓"亢龙"象征某种人"知进而不知退,知存而不知亡,知得而不知丧";故深知进取、引退、生存、消亡的道理而行为不偏失正确途径的,唯有"圣人"而已。这是从"亢龙"这一反面喻象引申出正面的鉴诫意义。孔颖达《周易正义》:"圣人非但只知进退存亡,又能不失其正道。"程颐《周易程氏传》:"极之甚为'亢'。至于'亢'者,不知进退、存亡、得丧之理也。圣人则知而处之,皆不失其正,故不至于'亢'也。"按,此二句亦释《乾》上九爻辞。然李鼎祚《周易集解》以为乃释"用九"之辞,谓含有"乾元用九而天下治"之义。可备一说。

【和兑】 《兑》卦初九爻辞之语。意为:平和欣悦以待人。此言初九当"悦"之时,以阳居下,不系应于九四,有广泛"和悦"待人之象,其吉可知,故称"和兑"。参见"兑初九"。

【和兑之吉行未疑也】 《兑》卦初九爻的《小象传》辞。旨在解说初九爻辞"和兑,吉"的象征内涵。意思是:平和欣悦待人而获吉祥,说明初九行为端正不为人疑。参见"兑初九小象传"。

【物相杂故曰文】 指《周易》六十四卦阴阳相杂而成文。就诸卦的具体爻位分析,六爻奇位为阳,偶位为阴,故各卦初至上爻均阴阳爻位交错,遂呈文理。朱熹《周易本义》:"相杂,谓刚柔之位相间。"项安世《周易玩辞》:"物相杂者,初、三、五与二、四、上,阴阳相间也。"按,"物相杂故曰文"之语,与《国语·郑语》引史伯"声一无听,物一无文"的说法,颇可相通,在美学意义上似乎均隐含着古人以辩证的观点总结出的审美经验。

【制数度议德行】 《节》卦的《大象传》语。意为:制定礼数法度以为准则,评议道德行为任用得宜。数度,犹言"礼数法度";议,谓评议、商度。这是从《节》卦"泽上有水"、容居有节的卦象而推阐出的"君子"应当效法此象,制定礼法作为"节制"的准则,及评议人的德行优劣以期任用得宜的道理。参见"节大象传"。

【瓮敝漏】 《井》卦九二爻辞之语。意思是:瓶瓮敝坏破漏无物汲水。瓮,指古代汲水器。这是说明九二居《井》下卦中位,虽禀"刚中"之德,但失位无应,未能施用于上;犹如井中容有清水,无奈汲水者瓶瓮敝漏,无法汲引取用,故曰"瓮敝漏"。参见"井九二"。

【非礼弗履】 《大壮》卦的《大象传》语。意为:不践行非礼的事情(以长葆盛壮)。这是从《大壮》卦"雷在天上"、刚强威盛的卦象而推阐出的"君子"观此象,须悟知于强盛之时应守正履礼,善葆其"壮"的道理。参见"大壮大象传"。

【咎】 《周易》卦爻辞中的常用语。犹言"罪咎"、"过咎"、"咎害"。参见"无咎"。

【兒易外仪】 明倪元璐撰。十五卷。参见"兒易内仪以"。

【兒易内仪以】 明倪元璐撰。六卷,附

《兒易外仪》十五卷。《四库全书》本。此书《内仪以》,专就《大象传》阐释经义,每卦列卦爻辞至《大象》而止,因六十四卦《大象传》均有"以"字,其意犹"用",故取为书名。其《外仪》,共含总目六,曰《原始》、《正言》、《能事》、《尽利》、《曲成》、《申命》等,总目下又别为诸多小目,皆以《系辞传》中词语名篇,每篇各附有图。《四库全书提要》指出:"朱彝尊《经义考》曰:倪氏元璐《兒易内仪》六卷,《外仪》十五卷。'内仪'之下无'以'字。然此编为当时刊本,实有'以'字,则《经义考》误脱也。其名《兒易》者,蒋雯阶《序》谓:公作《兒易》,兒者,姓也。考《说文》,倪、兒本二字,惟《汉书·兒宽传》兒与倪同。则是古字本可通用。然考元璐《自序》,实作'孩始'之义,其文甚明。则雯阶不免于附会。万历中桑溪苏濬已先有《兒易》,岂亦寓姓乎?元璐是书,作于明运阽危之日,故其说大抵忧时感世,借《易》以抒其意,不必尽为经义之所有。然《易》兴于中古,而作《易》者有忧患,其书不尽言,其言不尽意,而引伸触类,其理要无不包。《春秋繁露》其言不尽比附《春秋》,而儒者至今尊用之,为其大义与《春秋》相发明也。元璐是书,可作是观。盖与黄道周《三易洞玑》等书同为依经立训者也。其人足并传,其言亦足并传。必以章句训诂核其离合,则细矣。"按,今存此书明崇祯间刻本数部(见《中国古籍善本书目》),或附清人批点及跋语,可资参考。

〔丶〕

【京房】① 西汉《易》家,著名《易》师杨何的弟子,官太中大夫,出为齐郡太守。梁丘贺曾从之受业。后人称为"前京房",以与焦延寿学生京房字君明者相区别。事迹略见《汉书·儒林传·梁丘贺传》。颜师古注:"自别一京房,非焦延寿弟子为课吏法者。或书字误耳,不当为京房。"② (前77—前37)西汉东郡顿丘(今河南清丰西南)人。本姓李,推律自定为京氏。汉代今文《易》"京氏学"的开创者。又称"后京房"。好音乐钟律,据八卦原理用"三分损益法"将十二律扩展为六十律。师事焦延寿(延寿自称曾从孟熹问《易》),治《易》精深,擅长用六十四卦分值四时气候,以解说阴阳灾异、占验吉凶。汉元帝初元四年(前45)以孝廉为郎。立为《易经》博士。每用《易》卦解说自然灾变与社会政治的联系,数上疏元帝,所言屡中。但公卿朝臣多谓房言烦碎而不可行。曾与元帝论"任贤必治,任不肖必乱"之旨,以微言劾奏石显等专权,被显嫉恨。不久因石显进言,出为魏郡太守。又频上封事,持"卦气"说评议灾变及朝政。石显等趁机谮告京房与叛党通谋,"非谤政治,归恶天子",遂被下狱处死,年四十一。其初,京房从焦延寿受《易》期间,尽获阴阳候灾变之传,焦氏尝曰:"得我道以亡身者,必京生也。"后来果然以此被杀。京房《易》学,承孟喜、焦延寿之传,长于卦气"六日七分"法,提倡纳甲、世应、飞伏、游归等术。授东海殷嘉(按《艺文志》作"段嘉")、河东姚平、河南乘弘,皆为郎、博士。于是西汉《易》遂有"京氏之学"(见《汉书·京房传》及《儒林传》)。其《易》学著述,《汉书·艺文志》载:"《孟氏京房》十一篇,《灾异孟氏京房》六十六篇","《京房段嘉》十二篇"。《隋书·经籍志》所载颇多,有:《周易章句》十卷,《周易错》八卷(以上"易家");《京氏征伐军候》八卷(以上"兵家");《京氏释五星灾异传》一卷,《京氏日占图》三卷(以上"天文家");《风角要占》三卷(原注:梁八卷),《风角五音占》五卷(原注:亡),《风角杂占五音图》十三卷,《逆刺》一卷,《晋灾祥》一卷,《周易占》十二卷,《周易妖占》十三卷,《周易守林》三卷,《周易集林》十二卷(原注:《七录》云伏万寿撰),《周易正候》九卷,《周易飞候六日七分》八卷(原注:亡),《周易飞候》六卷,《周易四时候》四卷,《周易错卦》七卷,

《周易混沌》四卷,《周易委化》四卷,《周易逆刺占灾异》十二卷,《占梦书》三卷(以上"五行家"),凡二十三种一百五十三卷。唐以后,京氏著作传世渐少,日趋亡佚。今仅存陆绩注《京氏易传》三卷。另有清马国翰《玉函山房辑佚书》辑《周易京氏章句》一卷,王谟《汉魏遗书钞》辑京房《易飞候》一卷。又王保训辑《京氏易》八卷,则合《京氏章句》、《京氏易传》及所采其它《易》占遗文于一书,为汇录京氏《易》学资料之最详备者。按,对于《隋志》所列京房的诸多《易》著,学者颇有疑义。吴承仕先生《经典释文序录》指出:"今存陆绩注《易传》三卷,即传自宋世者也(谨按《宋史·艺文志》列京氏《易传》三卷)。寻《隋志》所列卷秩夥颐,多非《汉志》之旧。盖弟子述师说,或称本师以名其家,如《孟氏京房》、《京氏段嘉》即其明比,后世不察,遂以为本师所自作,故有旧无目而晚世始出者,一也;术数占验之书依托尤众,二也;《隋志》有《晋灾异》一事,典午之事非京氏所与知,盖说晋时灾异而以京法推之,故署'京房'之名,如《晋·天文志》引《京房易占》曰'日蚀乙酉,君弱臣强,司马将兵,反征其王',指谓成济之变,三也;或后师之作,传之者误仞为京氏书,四也;作者主名旧来即有异说,五也。《隋志》所录亡佚来久,其诚伪固难质言矣;今世所传三卷中有'太卜《三易》'之语,疑亦非京氏本文。"

【京氏易】 ① 西汉《易》家京房开创的《易》学流派。亦称"京氏之学"。京房受业于《易》师焦延寿,延寿自称曾从孟喜问《易》。京氏有《易章句》之学,但尤长于以《易》占验阴阳灾变。以其学传段嘉、姚平、乘弘。东汉戴冯、孙期、魏满均传"京氏《易》"。至西晋"永嘉之乱"后,郑玄、王弼《易》学盛行,京《易》衰微,虽有其书,却无师传授。但后世筮家多以京氏占验之法为本,故其遗说传世颇为深远。陆德明《经典释文序录》:"京房受《易》梁人焦延寿。延寿云尝从孟喜问《易》。会喜死,房以延寿《易》即孟氏学,翟牧、白生不肯,曰:'非也。'延寿曰:'得我术以亡身者,京生也。'房为《易章句》,说长于灾异。以授东海段嘉(原注:《汉书·儒林传》作殷嘉)及河东姚平、河南乘弘,皆为郎、博士。由是前汉多京氏学。后汉戴冯、孙期、魏满并传之。"吴承仕先生《经典释文序录疏证》:"此约《前、后汉书·儒林传》及《京房传》文,略明'京《易》'授受源流也。《儒林传》曰:'成帝时,刘向考《易》学,以为诸《易》家说皆祖田何、杨叔元、丁将军,大义略同。唯京氏为异党,焦延寿独得隐士之说,托之孟氏,不与相同。'按,孟喜自托于田生,梁丘证明其伪;焦赣自托于孟喜,翟、白皆以为非。然则灾变之书、隐士之说,要非田生、杨、丁之旧可知也。"又云:"自京氏长于占候,《易》家世应、飞伏、六位、十甲、五星、四气、六亲、九族、福德、刑杀之法皆以京氏为本,后世治'京《易》'者颇能言之。汉今文《易》四家,唯京氏遗说传世稍远。"按,《释文序录》又谓:西晋"永嘉之乱",孟氏、京氏《易》"人无传者"。吴承仕先生指出:"《隋志》所谓'有书无师'是也。盖孟、京《易》行而施、梁丘衰;郑、王《易》行而孟、京衰;王氏大行而郑氏衰。术数之学绌于玄言,于此可以观世变矣。"(《经典释文序录疏证》) ② 书名。西汉京房撰,清王保训辑。清光绪间德化李盛铎《木犀轩丛书》本。王氏因《汉魏丛书》有《京氏易传》三卷,遂于三卷之外别采遗文,辑为是书。凡分八卷:卷一《周易章句》,卷二《易传》,卷三《易占上》,卷四《易占下》,卷五《易妖占》、《易飞候》,卷六《别对灾异易说》、《五星占》、《风角要占》,卷七《外传》,卷八《灾异后序》、《周易集林》、《易逆刺律术》。卷首自《目录》外,附载《序录》、《传述》、《论证》三篇。共四万余言,凡京氏《易》学所散见之遗文,大都具于此。其书虽辑自王保训,实经过严可均董理正讹补阙,始成定本。严氏曾为之作序,文载《铁桥漫稿》卷五。李氏既刻此书,却漏刊严可均序,使后人莫知是书系严氏所校补,亦其偶失(参见黄寿祺先生《易学群书平议》)。

【京氏之学】 见"京氏易"。

【京氏爻变】 西汉京房《易》例,其法使阴爻变为阳爻,或阳爻变为阴爻。《大畜》卦《彖传》"利涉大川,应乎天也",《周易集解》引京房曰:"谓二变五,体坎,故'利涉大川';五天位,故曰'应乎天'。"此处言《大畜》九二阳爻变阴,则二至四爻为互体"坎",坎为水,遂称"利涉大川";又六五阴爻变阳,则上卦为乾,乾为天,二应五,遂称"应乎天"。可见,京氏爻变,实与互体说合参应用。自京氏爻变之例起,后世卦变说因之纷然杂陈,至虞翻推衍愈繁。

【京氏易传】 西汉京房撰,三国吴陆绩注。三卷。《津逮秘书》本。其书虽以"易传"为名,却不诠释经文,亦不附合《易》义。依八宫卦之序排列六十四卦,每宫一纯卦统七变卦,叙其世应、飞伏、游魂、归魂诸例。上卷首《乾》宫八卦,次《震》宫八卦,次《坎》宫八卦,次《艮》宫八卦。中卷首《坤》宫八卦,次《巽》宫八卦,次《离》宫八卦,次《兑》宫八卦。下卷首论圣人作《易》、揲蓍布卦,次论纳甲法,次论二十四气候配卦,及天、地、人、鬼"四《易》",天官、地官与五行生死所寓之类。晁公武《郡斋读书志》谓为"星行气候之学,非章句也"。后世钱卜之法,实出于此;旧传《火珠林》之用,亦祖于是书。《四库全书》著录此书于"子部术数类"。《搜神记》等书或引京房《易传》,虽亦言灾异,但文多不见此书,疑为另一书。

【京房钱卜】 用三枚铜钱代替蓍草以占卦的方法,旧说起于西汉京房,故称此法为"京房钱卜"。《朱子语类》卷六十六录朱熹云:"南轩(张栻)家有《真蓍》,云'破宿州时得之',又曰'卜《易》卦以钱,以甲子起卦(按,此可谓京房卦气六日七分法),始于京房。"参见"金钱代蓍"。

【京氏易传笺】 徐昂撰。三卷。《徐氏全书》本。世传《京氏易传》一书,凡三卷,三国吴陆绩注。徐氏据原书详为笺释,卷一笺《乾》、《震》、《坎》、《艮》四宫三十二卦,卷二笺《坤》、《巽》、《离》、《兑》四宫三十二卦,皆先列京传、陆注原文,次低一格为笺释,笺释之文加"昂按"以别之;卷三不录原书文字,而归纳京氏《易》学的诸多条例,并附《八宫世魂表》、《八宫六十四卦五行统计表》、《京传陆注飞伏异同表》、《八宫飞伏三卦表》、《八宫游归两魂飞伏表》、《八宫六十四卦纳辰建候干支对照表》、《八宫六十四卦世魂建候积算表》、《八卦建算干支起点表》(一、二)、《八宫六十四卦五星值位表》、《卦气贞辰表》等。陆注《京传》行世以来,少有问津者,徐氏笺之既详,凡《易》所及卦体、象数、消息、飞伏、世应、建候、积算、星宿、气候、变动、周流之道,皆一一为之解释,而传、注之疑文、误字、衍夺者亦细加考订辨正,实为治京氏学者所宜资参考。

【京房学易以亡身】 西汉《易》家京房,字君明,初从焦延寿学《易》,尽得焦氏阴阳占筮之学。焦氏曾说:"得我道以亡身者,必京生也"(《汉书·京房传》)后果以屡上封事,评说灾异、指摘时政,被下狱处死。参见"京房"。

【宗庙爻】 即"上爻"。《易》卦六爻分居六位,凡为上爻者亦称"宗庙"爻。《周易乾凿度》:"上为宗庙。"《京氏易传》于《大有》卦曰:"三公临世,应上九为宗庙。"

【享于帝立庙】 《涣》卦的《大象传》语。意为:祭享天帝而建立宗庙。这是从《涣》卦"风行水上"、水纹涣散的卦象而推阐出的"先代君王"观此象,乃悟知"散中有聚"之理,故能祭天帝、立宗庙以归系天下人心。参见"涣大象传"。

【实象假象】 《十翼》中的《大象传》以解说六十四卦的卦象为主旨,前人谓其释象方式约有两类:一是以现存实有的物象为说,称"实象";二是以虚拟假设的物象为说,称"假象"。孔颖达《周易正义》:"先儒所云此等象辞,或有实象,或有假象。实象者,若'地上有水,比'也,'地中生木,升'也,皆非虚,故言实也。假象者,若'天在山中'、'风自火出',如此之类,实无此象,假而为义,故谓之假也。虽有实象、假象,皆以义示人,总谓之象也。"

【实受其福吉大来也】 《既济》卦九五爻的《小象传》语。旨在解说九五爻辞"实受其福"的象征内涵。意思是:(西邻)更能切实地承受神灵降予的福泽,说明吉祥将源源来临。参见"既济九五小象传"。

【宝巴】 见"保巴"。

【宝位】 谓帝位。语本《系辞下传》:"圣人之大宝曰位。"《晋书·宣帝纪论》:"天非启时,宝位犹阻。"《魏书·肃宗纪》:"朕以冲眇,篡成宝位。"李白《书怀示息秀才》诗:"一朝让宝位,剑玺传无穷。"(见《李太白集》)

【宜日中】 《丰》卦的卦辞之语。意为:宜于像太阳正居中天一样保持充盈的光辉。这是说明事物当"丰大"之时,必须谨慎保持其丰,应当如日上中天一样长存盈盛的光辉以照万物,则可无忧,故曰"宜日中"。

【宜建侯而不宁】 《屯》卦《彖传》语。旨在配合前文"雷雨之动满盈,天造草昧"两句,共释《屯》卦辞"勿用有攸往,利建侯"之义。谓当"屯"之时,万物"初生"、万事"草创",应当像王者建立诸侯治理天下一样勤勉于事,既不得盲目而动,亦不可安居无为。不宁,犹言"不可安宁无事"。孔颖达《周易正义》:"于此草昧之时,王者当法此《屯》卦,宜建立诸侯,以抚恤万方之物,而不得安居于事。"

【官有渝】 《随》卦初九爻辞之语。意为:思想观念随时改善。官,"人心"主守之称,犹今言"思想观念";渝,变也,此处谓"改善"。这是说明初九当"随"之时,以阳爻处二阴之下,无所系应,为能变渝其心,随时从善之象,故称"官有渝"。参见

"随初九"。

【官有渝从正吉也】 《随》卦初九爻的《小象传》语。旨在解说初九爻辞"官有渝,贞吉"的象征内涵。意思是:思想观念随时改善,说明初九随从正道可获吉祥。参见"随初九小象传"。

【学易记】 ①元李简撰。九卷。《通志堂经解》本。此书以采辑历代《易》家之说为主,凡录《子夏易传》以下六十四家解说,一一标明姓氏;或有集数人之说为一条者,亦注曰"兼采某某";又有不注者,则为李简自立之新义。《四库全书提要》指出:"大抵仿李鼎祚《集解》、房审权《义海》之例。《自序》称:'在东平时,与张中庸、刘佚菴、王仲徽聚诸家《易》解节取之。张与王意在省文,刘之设心务归一说;仆之所取,宁失之多,以俟后来观者去取。'又称:'已未岁,取向所集重加去取。'则始博终约,盖非苟作。故所言多淳实不支。其所见杨彬夫《五十家解》、单沨《三十家解》,今并不存。即所列六十四家遗书,亦多散佚。因简所辑犹有什一之传,则其功亦不在鼎祚、审权下也。" ②明金贲亨撰。五卷。《惜阴轩丛书》本。此书乃金氏晚年读《易》时所作,不录经文,第一卷论《九图》,第二、三卷论六十四卦并《象传》、《象传》、《文言》,第四卷论《系辞传》,第五卷论《说卦传》、《序卦传》、《杂卦传》。全书博采宋、元以来《易》说凡五十余家,其中不少《易》家原著之书已佚,其学说仅载于此书,则尤有益于汲古钩沉。柯劭忞指出:是书"采取程朱以外诸家之说,断其是非,不依傍古人,亦不掊击古人,盖得之澄心涵养,非耳剽目袭者所及也。"(《续修四库全书提要》)

【学易枝言】 明郝敬撰。四卷。《山草堂集》本。郝氏自作《题辞》称:"《经》曰'中心疑者其辞枝',余学《易》未忘疑,道其实而已矣。"则此书名为《枝言》,乃心有所疑之意。全书四卷,郝敬自撰者仅前两卷,后两卷乃附刻其友鲍士龙《易说》。

郝氏所著前两卷,卷一凡五篇,为《易理》、《易数》、《阴阳》、《动静》、《五行》;卷二亦五篇,为《人身》、《易画》、《易卦》、《易象》、《易学》。黄寿祺先生《易学群书平议》指出:"其书前后之说多相矛盾。""又书中屡言管、郭之占筮,并谓朱元晦以《易》为卜筮之书,盖惑于杂家隐怪之说。夫筮人之职立于《周官》,尚占之辞明见《系传》,而占筮之验则《春秋内外传》载之尤详;及秦焚书,而《易》且以卜筮独存。朱子又何隐怪之惑乎?若以朱子尊信各传旧闻犹为惑于隐怪,则书中《人身》、《易卦》诸篇多论养身家提咽之术,明出道家,不尤为隐怪乎?信矣其为枝言也!至后半所附鲍子《易说》,大旨发挥致良知、良能之学说,而多杂道家之言,盖敬《人身》、《易卦》诸篇之所本也。"

【学易初津】 清晏斯盛撰。二卷。参见"楚蒙山房易经解"。

【学易浅论】 曹敏等撰。1986年台北黎明文化事业股份有限公司出版。此书系曹氏及其学生所著《易》学论文合集。据杨孟升《序》云,曹氏于1963年主讲"心庐",为生徒传授《易》学,曾有《心庐师生传习录》初、续集之编;越二十余年,汇合重刊,遂成是书。书中收曹氏论文七编,诸生阮瑞初等十四人每人各一篇,凡二十一篇。大旨为阐论《周易》哲理,或以《易》义与西方哲学、现当代自然科学相比较,立说间有颇新颖者。

【学聚问辩】 见"学以聚之问以辩之"。

【学易笔谈二集】 杭辛斋撰。四卷。民国十二年(1923)研几学社铅印本。杭氏既有《学易笔谈初集》之作,后又陆续笔录札记,成此《二集》。书中或释一句《易》辞,或解一字一象,或评议先后天卦位及《河图》、《洛书》诸义,与《初集》体例相同,亦属随笔记录之文,无先后次序。所论内容,颇为广博,多出新意。唯考证或有疏误处。尚秉和先生《易说评议》以为:"杭氏《易》学,长于博览,短于切诂;华美有余,而朴实不足。"

【学易笔谈初集】 杭辛斋撰。四卷。民国十二年(1923)研几学社铅印本。杭氏于研几学社主讲《周易》期间,成《易楔》六卷,又与同志、弟子继续研讨问难,随时笔录,积稿良多,遂厘为是书。卷首《述恉》云:"讲《易》与诂经不同。诂经当有家法,有体例,义不容杂。而讲《易》则以阐明卦爻象数之原理、原则,但以经文为之证明。故凡与象数有涉,足与《易》道相发明者,博采旁搜,不限时地,更无所谓门户派别也。"书中除第一卷叙《易》学源流略依时代编次外,其余均无先后次序,乃随笔纪录之《易》学杂感。所论先秦《易》学渊源、汉魏晋唐《易》注派别得失、宋元明清之汉宋两派《易》说等,颇为博洽详尽;又有说《易》数、用九、用六、象义等,尤能自发新义,贯通透彻。然亦有考证偶见疏略者。至如卷四取十字架、化学以证《易》理,似亦可见其思想新颖处,然尚秉和先生《易说评议》则云:"夫《易》无所不包,以是言《易》,则不胜其说矣。"

【学以聚之问以辩之】 谓"君子"靠学习来积累知识,靠发问来辨决疑难。辩,通"辨"。后代用语中亦省略为"学聚问辩"。语出《乾》卦《文言传》。旨在衍发《乾》九二爻辞"见龙在田,利见大人"之义。此言九二虽阳气渐增,犹如巨龙出现于地面,但仍要勤于学问,增长知识。孔颖达《周易正义》:"君子学以聚之者,九二从微而进,未在君位,故且习学以畜其德;问以辩之者,学有未了,更详问其事,以辩决于疑也。"程颐《周易程氏传》:"圣人在下,虽已显而未得位,则进德修业而已。学聚问辩,进德也;宽居仁行,修业也。"

【单】 占卦时遇得少阳爻称"单",画作"一";亦称"单爻"、"单钱"。详"单拆重交"。

【单爻】 见"单"。

【单钱】 见"单"。

【单拆重交】 汉代以后筮者用三枚铜

钱代替五十根蓍草占卦,凡占得少阳爻称"单",即揲蓍所遇之"两多一少",其数七,画作"一";占得少阴爻称"拆",即揲蓍所遇之"两少一多",其数八,画作"--";占得老阳爻称"重",即揲蓍所遇之"三少",其数九,画作"口";占得老阴爻称"交",即揲蓍所遇之"三多",其数六,画作"×"。贾公彦疏郑玄注《仪礼·士冠礼》"筮与席"之语,叙及以钱代蓍之法云:"以三少为'重钱',重钱则九也;三多为'交钱',交钱则六也;两多一少为'单钱',单钱则七也;两少一多为'拆钱',拆钱则八也。"朱熹《周易本义》卷首载《筮仪》述占筮程式时指出:少阳爻,"其画为一,所谓单也";少阴爻,"其画为--,所谓拆也";老阳爻,"其画为口,所谓重也";老阴爻,"其画为×,所谓交也"。按,《唐六典》曰:"凡《易》之策四十有九",李林甫注:"用四十九算,分而揲之,其变有四:一曰单爻,二曰拆爻,三曰交爻,四曰重爻;凡十八变而成卦。"惠栋据此以为,"单拆重交"之说,揲蓍亦用之,非专属"金钱卜"的用语(《易汉学》)。参见"金钱代蓍"。

【变爻】 即"动爻"。

【变动不居周流六虚】 谓《周易》哲学主于不断地变化运动而不居止,其理周流于各卦上下六爻之间。六虚,即六爻之位。语出《系辞下传》:"《易》之为书也,不可远。为道也屡迁,变动不居,周流六虚,上下无常,刚柔相易,不可为典要,唯变所适。"李鼎祚《周易集解》引虞翻曰:"六虚,六位也。"孔颖达《周易正义》"阴阳周遍流动在六位之虚。六位言'虚'者,位本无体,因爻始见,故称'虚'也。"又曰:"六位错综,上下所易皆不同,是不可为典常要会也。"俞琰《周易集说》:"《易》者,载道之书也,道不可须臾离也。君子居则观象玩辞,动则观变玩占,可一日远之哉?屡迁,谓六爻之变动也。"又曰:"变动不居,指爻变动,或为九,或为六也。六虚即六爻之位;周,遍也;流,行也。位因爻而见,爻

之九六未定,则其位虚也。"

【郎宗】 东汉北海安丘(今属山东)人。字仲绥。学"京氏《易》",善风角、星算、六日七分等术,能望气占候吉凶,曾以卖卜维持生计。汉安帝时应招入朝,对策为诸侯表,后拜吴令。一日吴地刮暴风,郎宗推占京师当发生大火,遂记下日期,派人赴京了解验证,果如其言。地方贤达闻知此事,上表朝廷,安帝以博士征之。郎宗认为,因占验之术知遇于君主,颇为羞耻。于是,闻朝廷征书将到,连夜把印绶悬挂县衙内,遁逃而去,终身不仕(见《后汉书·郎顗传》)。

【郎顗】 东汉北海安丘(今属山东)人。字雅光。郎宗之子。承父业,治"京氏《易》"。通晓经典,隐居海畔,招收学生数百人。昼研精义,夜占星象,勤心锐思,朝夕不倦。州郡推举任职,均不就。汉顺帝时,灾异屡见,阳嘉二年(133),朝廷以公车征招,郎顗乃赴阙拜章,陈述关于各地灾异的见解。顺帝特诏拜郎中,辞病不就,离京归家。当年的天时人事,后来多如郎顗所预言。不久又派公车征招入京,推辞不行。同县有孙礼者,积恶凶暴,仰慕郎顗名德,想与之交往,郎顗不顾。于是孙礼怀恨在心,郎顗遂为其所杀(见《后汉书·郎顗传》)。

【郑众】(?—83) 东汉河南开封(今属河南)人。字仲师。官至大司农,故旧"郑司农"以别于同时代的宦官郑众。承其父郑兴《左氏春秋》学,明三统历,兼通《易》、《诗》。学者称兴、众父子为"先郑",另称郑玄为"后郑"。在职以清正闻名。汉章帝建初八年(83)卒于官。于《周易》,传西汉"费氏之学"(见《后汉书·郑众传》及《儒林列传》)。

【郑玄】(127—200) 东汉北海高密(今属山东)人,字康成。世称"后郑",以别于郑兴、郑众父子。少家贫,为乡官"啬夫",不乐为吏,常诣学官求教。入太学受业,师事京兆第五元先,通今文《京氏易》、《公

羊春秋》等。又西入关,问业于扶风马融。马融治古文经,门徒四百余人;郑玄在门下,三年不得见,所学由同门高业弟子代师传授。玄日夜寻诵,未尝怠倦。一日,马融集诸生考论图纬,召见郑玄,玄因从质诸疑义,问毕辞归。马融喟然谓门人曰:"郑生今去,吾道东矣。"郑玄游学十余年,乃归乡里,聚徒讲学,弟子相随者已至数百千人。因党锢事被禁,遂杜门隐修经业。时任城何休好《公羊》学,著《公羊墨守》、《左氏膏肓》、《穀梁废疾》;郑玄针对其义,作《发墨守》、《鍼膏肓》、《起废疾》。何休见而叹曰:"康成入吾室,操吾戈,以伐我乎!"汉灵帝末,党锢之禁解,郑玄复讲学授徒,弟子自远方至者数千。何进、董卓、袁绍等先后延召,礼待甚优,郑玄多以老病为辞。因袁绍逼,载病随军,疾笃卒,年七十四(见《后汉书·郑玄传》)。作为东汉经学大师,郑玄以古文学为主,兼采今文经说,著述囊括群经,凡百余万言,今多已亡佚。于《易》,先治京氏,后参以费氏(按,马融传费直古文《易》,郑玄从受之),创六十四卦爻辰说。撰《周易注》九卷(《隋书·经籍志》说,按《释文》作十卷,又引《七录》作十二卷),宋以后亡。王应麟辑《周易郑康成注》一卷,清惠栋等为之补苴,尤为完具。参见"郑氏易"。

【郑氏易】 东汉郑玄所传《易》学,亦称"郑易"、"郑康成易"。据《后汉书》记载,郑玄初从第五元先治京氏《易》(今文学);后从马融问业,马融传费氏《易》(古文学)。于是,郑玄《易》学以费氏为主,又参以京氏。旧说《易》家援传连经始于郑玄。《三国志·魏志·高贵乡公传》引《易》博士淳于俊云:"郑玄合《彖》、《象》于经者,欲使学者寻省易了也。"郑氏《易》学的主要特点,是倡"爻辰"之例,取十二辰配入《乾》、《坤》十二爻以推阐《周易》经传义旨。魏晋以降,郑玄《易》学与王弼《易》注均有传者,然郑不如王之重于世,盖以其玄学大行所致。《经典释文·序录》云:永嘉乱后,"唯郑康成、王辅嗣所注行于世,而王氏为世所重"。《晋书·荀崧传》载:"崧上疏,请置《郑易》博士一人,议者多请从之,会王敦之难不行。"又,《南史·陆澄传》载,澄与王俭书,谓"王弼注《易》,玄学之所宗;今若弘儒,郑注不可废"(《南齐书》本传详录陆、王往来之书)。历宋、齐、梁、陈、郑、王二家《易》学之传互为消长:大抵北朝用郑,南学宗王;至隋则"王注盛行,郑学寖微"(《隋书·经籍志》语);唐初撰《周易正义》,定用王弼、韩康伯注本,而郑氏《易》学益衰。郑玄所撰《周易注》,宋以后亡佚。惟李鼎祚《周易集解》,间引郑说,郑《易》余绪赖之以存。王应麟旁搜群书,辑成《周易郑康成注》一卷;此后,明胡震亨、姚士粦,清惠栋、丁杰、张惠言等,均有续补订正,郑氏遗说之所可见者遂趋完备。又有戴棠撰《郑氏爻辰补》、何秋涛撰《周易爻辰申郑义》及近人徐昂撰《释郑氏爻辰补》,则皆为研讨郑《易》"爻辰说"的专著。

【郑氏学】 见"郑氏易"。

【郑刚中】(1088—1154) 南宋婺州金华(今属浙江)人。字亨仲。登绍兴进士甲科,累官四川宣抚副使,治蜀颇有方略,威震境内。初,刚中尝为秦桧所荐,后桧怒其在蜀专擅,责濠州团练副使,徙封州安置卒。桧死后,追谥"忠愍"(见《宋史》本传)。《易》学著述有《周易窥余》十五卷。

【郑汝谐】 南宋处州青田(今属浙江)人。字舜举,自号东谷居士。仕至吏部侍郎,一说至徽猷阁待制。有《东谷易翼传》、《论语意源》、《东谷集》(见《浙江通志》、《经义考》及《四库全书提要》)。《易》学专著今存《东谷易翼传》二卷。

【郑氏易谱】 明郑疏撰。十二卷。清道光六年(1826)郑永谋刻本。梁元柱《序》称:(郑氏)"童年即有《易》癖,篝灯面壁者几四十年,是编寿梨梓而《易》无余蕴";李廷龙《序》亦称:"《易谱》尤为理道之大原,百家之鼻祖,君子谓其尤精博"。全书多设"青松问"、"环中子答"之语,故书名或著录作《青松问》。凡十二卷,所述多涉及河图、洛书、先后天卦、互体、卦变、卦气、占卜、历法、丹术等,至为庞杂。黄寿祺先生指出:"中间惟卷七《五略》、卷八《四体像象》颇合经旨外,其余诸卷立义肤浅,铸词鄙俚,举凡先后之位、河洛之数、推算之法、炉火之术,以及日月之运行、江海之潮汐,莫不滥厕其间,因而演为黑白方圆,图为纵横顺逆。乍观之,莫不疑为《弈谱》、《算经》。""梁元柱、李廷龙二《序》既为妄叹,而元柱之孙廷枏为之跋,始则讥为'歧中之歧',谓'不知当时诸失达何以取此',末又谓其'别生枝节',终以为'可删'。乌乎!若廷枏者,真可谓笃论君子哉!故其书虽以《易》名,似宜退而列之于术数中焉。"(《易学群书平议》)

【郑氏爻辰补】 清戴棠撰。六卷。清道光二十九年(1849)燕山书屋刊本。郑玄爻辰说,今零星散见于《易纬》注文及《毛诗正义》、《春秋公羊正义》、《三礼正义》所引,仅存十余条。戴棠谓以爻辰释《周易》三百八十四爻,当无不可通,遂比附郑义,逐条补之;卷首载惠栋《郑氏爻辰图》,张惠言《二十八舍值宿图》,王昶《六十四卦爻辰分配图》、《天文近南北极星图》,采择颇为详备。柯劭忞以为:"此书以爻辰释《易》三百八十四爻,附会穿凿之失,均所不免。正所谓强经义以就爻辰者。用力虽勤,亦皮傅之学而已。"(《续修四库全书提要》)

【视履考祥其旋元吉】 《履》卦上九爻辞。意思是:回顾小心行走的过程、考察祸福得失的征祥,转身下应阴柔至为吉祥。祥,征祥,即吉凶祸福的体现;旋,转也,犹言"转身"。这是说明上九处《履》卦之终,阳居阴位,能冷静总结"履"道得失之征;此时以高居上卦乾极之阳,能转身下应下卦兑终六三之阴,为刚能返柔,履能守谨之象,故获吉至大。参见"履上九"。

【诚斋易传】 南宋杨万里撰。二十卷。《武英殿聚珍版书》本。此书颇承程颐《周易程氏传》之说,又常援据历代史事以阐说《易》理,与李光《读易详说》并为宋代"引史证《易》"之重要代表作。《四库全书提要》指出:"是书大旨本程氏,而多引史传以证之。初名《易外传》,后乃改定今名。宋代书肆,曾与《程传》并刊以行,谓之《程杨易传》。新安陈栎极非之,以为'足以耸文士之观瞻,而不足以服穷经士之心'。吴澄作《跋》,亦有微词。然圣人作《易》,本以吉凶悔吝示人事之所从,箕子之贞、鬼方之伐、帝乙之归妹,周公明著其人,则三百八十四爻可以例举矣。舍人事而谈天道,正后儒说《易》之病,未可以引史证经病万里也。理宗嘉熙元年,尝给札写藏秘阁,其子长孺进状称'自草创至脱稿,阅十有七年而后成',亦可谓尽平生之精力矣。元胡一桂作《易本义附录纂疏》,博采诸家,独不录万里一字,所见盖与陈栎同。然其书究不可磨灭,至今犹在人间也。"

【泽山咸】 朱熹《周易本义》卷首所附《分宫卦象次序》歌诀中语,说明六十四卦之一的《咸》卦(䷞),其卦象由上兑(☱)下艮(☶)即"泽"与"山"组成。

【泽天夬】 朱熹《周易本义》卷首所附《分宫卦象次序》歌诀中语,说明六十四卦之一的《夬》卦(䷪),其卦象由上兑(☱)下乾(☰)即"泽"与"天"组成。

【泽无水】 《困》卦的《大象传》语。意在揭明《困》卦上兑为泽、下坎为水之象,谓泽上无水,则水去泽涸,正为"困穷"的象征。参见"困大象传"。

【泽火革】 朱熹《周易本义》卷首所附《分宫卦象次序》歌诀中语,说明六十四卦之一的《革》卦(䷰),其卦象由上兑(☱)下离(☲)即"泽"与"火"组成。

【泽水困】 朱熹《周易本义》卷首所附《分宫卦象次序》歌诀中语,说明六十四卦之一的《困》卦(䷮),其卦象由上兑(☱)下坎(☵)即"泽"与"水"组成。

【泽灭木】 《大过》卦的《大象传》语。意在揭明《大过》卦上兑为泽、下巽为木之象,谓泽水过盛乃至淹没树木,正属事物"大为过甚"的象征。参见"大过大象传"。

【泽雷随】 朱熹《周易本义》卷首所附《分宫卦象次序》歌诀中语,说明六十四卦之一的《随》卦(䷐),其卦象由上兑(☱)下震(☳)即"泽"与"雷"组成。

【泽上于天】 《夬》卦的《大象传》语。意在揭明《夬》卦上兑为泽、下乾为天之象,谓泽气蒸腾于天,决然降雨,正为"决断"的象征。参见"夬大象传"。

【泽上于地】 《萃》卦的《大象传》语。意在揭明《萃》卦上兑为泽、下坤为地之象,谓泽居地上,水潦必归汇之,正为"会聚"的象征。参见"萃大象传"。

【泽上有风】 《中孚》卦的《大象传》语。意在揭明《中孚》卦下兑为泽、上巽为风之象,谓大泽上吹拂着和风,抚物周至,正为"中心诚信"以接物的象征。参见"中孚大象传"。

【泽上有水】 《节》卦的《大象传》语。意在揭明《节》卦下兑为泽、上坎为水之象,谓沼泽上有水,容居有限,正为"节制"的象征。参见"节大象传"。

【泽上有地】 《临》卦的《大象传》语。意在揭明《临》卦下兑为泽、上坤为地之象,谓低泽之上有高地,高者临卑,正为"监临"的象征。参见"临大象传"。

【泽上有雷】 《归妹》卦的《大象传》语。意在揭明《归妹》卦下兑为泽、上震为雷之象,谓大泽上响着震雷,欣悦而动,正为"嫁出少女"的象征。参见"归妹大象传"。

【泽中有火】 《革》卦的《大象传》语。意在揭明《革》卦上兑为泽、下离为火之象,谓水泽中有烈火,两不相得,正为"变革"的象征。参见"革大象传"。

【泽中有雷】 《随》卦的《大象传》语。意在揭明《随》卦上兑为泽、下震为雷之象,谓泽中响雷,泽随雷动,正为"随从"的象征。参见"随大象传"。

【泽风大过】 朱熹《周易本义》卷首所附《分宫卦象次序》歌诀中语,说明六十四卦之一的《大过》卦(䷛),其卦象由上兑(☱)下巽(☴)即"泽"与"风"组成。

【注疏】 见"周易注疏"。

【注系辞十家】 三国魏王弼撰《周易注》,其说盛行,然王弼仅注上下经及《彖》、《象》、《文言》,《系辞传》以下阙而不注。晋以后,续注《系辞》者凡十家,为谢万、韩伯、袁悦之、桓玄、卞伯玉、荀柔之、徐爰、顾懽、明僧绍、刘瓛,均承王弼以《老》、《庄》玄学之旨作注。自唐初修撰《周易正义》,《系辞传》以下采用韩伯之注,其余九家之说遂趋废绝。陆德明《经典释文序录》:"谢万、韩伯、袁悦之、桓玄、卞伯玉、荀柔之、徐爰、顾懽、明僧绍、刘瓛,自谢万以下十人并注《系辞》。"吴承仕先生《经典释文序录疏证》:"自元嘉以来,王《易》盛行,独阙《系辞》以下不注,故自谢讫刘,专注《系辞》,皆继辅嗣而作,其同以玄远为宗可知也。自韩氏专行,而各家并废。"又云:"《隋志》桓、谢、韩、荀、刘并注《系辞》二卷,卞、徐二家'梁有,亡'。《唐志》唯存桓、谢、刘三家。"任化远先生校云:"《新唐志》尚有荀柔之一家。"

【河图】 朱熹《周易本义》卷首所载九幅《易》图之一。见"河图洛书"。

【河洛】 即"河图洛书"。

【河图洛书】 朱熹《周易本义》卷首所载九图中的两种,亦简称"河洛"或"图书"。旨在解说《系辞上传》"河出图,洛出书,圣人则之"诸语及"天地数"之义。其中《河图》(见书首图版十四),即以天地之数一至十,排成"一六居下,二七居上,三八居左,四九居右,五十居中"的方位。《系辞上传》曰:"天一、地二,天三、地四,天五、地六,天七、地八,天九、地十。天数五,地数五,五位相得而各有合。天数二十有五,地数三十,凡天地之数五十有五,此所以成变化而行鬼神也。"《周易本义》

卷首云:"此河图之数也。"《洛书》(见书首图版十五),则以一至九数,排成"戴九履一,左三右七,二四为肩,六八为足,五居中央"的"龟形"方位,亦称"戴九履一图"。《本义》卷首云:"盖取龟象。"两图均由黑白点组成,白点表示奇数(阳),即"天数";黑点表示偶数(阴),即"地数"。朱熹《易学启蒙》释"图"、"书"之义甚详,曰:"《河图》之位,一与六共宗而居乎北,二与七为朋而居乎南,三与八同道而居乎东,四与九为友而居乎西,五与十相守而居乎中。盖其所以为数者,不过一阴一阳,以两其五行而已。所谓'天'者,阳之轻清而位乎上者也;所谓'地'者,阴之重浊而位乎下者也。阳数奇,故一、三、五、七、九皆属乎天,所谓'天数五'也;阴数偶,故二、四、六、八、十皆属乎地,所谓'地数五'也。天数、地数,各以类相求,所谓五位之相得者然也。天以一生水,而地以六成之;地以二生火,而天以七成之;天以三生木,而地以八成之;地以四生金,而天以九成之;天以五生土,而地以十成之:此又其所谓'各有合'焉者也。积五奇而为二十五,积五偶而为三十,合是二者,而为五十有五。此《河图》之全数,皆夫子之意,而诸儒之说也。"又曰:"《河图》以五生数统五成数,而同处其方,盖揭其全以示人,而道其常,数之体也。《洛书》以五奇数统四偶数,而各居其所,盖主于阳以统阴,而肇其变,数之用也。"又曰:"《河图》之一、二、三、四,各居其五象本方之外;而六、七、八、九、十者,又各因五而得数,以附于其生数之外。《洛书》之一、三、七、九,亦各居其五象本方之外,而二、四、六、八者,又各因其类,以附于奇数之侧。盖中者为主,而外者为客;正者为君,而外者为客:亦各有条而不紊也。"又曰:"《河图》以生出之次言之,则始下、次上、次左、次右以复于中,而又始于下也;以运行之次言之,则始东、次南、次中、次西、次北,左旋一周,而又始于东也。其生数之在内者,则阳居下左,而阴

居上右也;其成数之在外者,则阴居下左,而阳居上右也。《洛书》之次,其阳数,则首北、次东、次中、次西、次南;其阴数,则首西南、次东南、次西北、次东北也。合而言之,则首北、次西南、次东、次东南、次中、次西北、次西、次东北而究于南也。其运行,则水克火、火克金、金克木、木克土,右旋一周,而土复克水也。是亦各有说矣。"又曰:"《河图》六、七、八、九,既附于生数之外矣,此阴阳老少、进退饶乏之正也。其九者,生数一、三、五之积也,故自北而东,自东而西,以成于四之外;其六者,生数二、四之积也,故自南而西,自西而北,以成于一之外;七,则九之自西而南者也;八,则六之自北而东者也。此又阴阳老少,互藏其宅之变也。《洛书》之纵横十五,而七、八、九、六,迭为消长,虚五分十,而一含九,二含八,三含七,四含六,则参伍错综,无适而不遇其合焉。此变化无穷之所以为妙也。"又曰:"圣人则《河图》者虚其中,则《洛书》者总其实也。《河图》之虚五与十者,太极也;奇数二十、偶数二十者,两仪也;以一、二、三、四为六、七、八、九者,四象也;析四方之合以为乾、坤、离、坎,补四隅之空以为兑、震、巽、艮者,八卦也。《洛书》之实,其一为五行,其二为五事,其三为八政,其四为五纪,其五为皇极,其六为三德,其七为稽疑,其八为庶徵,其九为福极:其位与数尤晓然也。"以上诸节,叙及《河图》、《洛书》的数序、方位、阴阳运行消长之理,七八九六成数之旨,并落实到"圣人"效法《河图》作八卦、效法《洛书》制《洪范》"九畴"之所以然。其中言及《洛书》九位数的排列纵横相加均为十五,可列表示如:

四	九	二
三	五	七
八	一	六

此种数序排列,实即"九宫数",《大戴礼·明堂》已叙及《徐岳《术数记遗》所载古算法亦及之);《河图》的数序,实即"五行数",扬雄《太玄经》亦已用之。宋人制作《河图》、《洛书》,盖取此两种数理程式以当之。"图"、"书"之学,自朱熹《易学启蒙》后,探索推演者甚众。惟旧说以为伏羲得《河图》而画八卦,夏禹受《洛书》而演《洪范》,当属流布已久的传说,遂至宋人制立两图以附合其说。按,《本义》卷首于"河图"、"洛书"下附语云:"蔡元定曰:图、书之象,自汉孔安国、刘歆、魏关朗子明,有宋康节先生邵雍尧夫,皆谓如此。自刘牧始两易其名,而诸家因之。今复之,悉从其旧。"据此,则刘牧等人以《河图》为《洛书》,以《洛书》为《河图》,而蔡元定更正之以复旧说。又按,清毛奇龄撰《河图洛书原舛编》,力辟"图"、"书"之说。胡渭撰《易图明辨》,又详作考释,谓宋人《河图》当称为"五行之数生成图",《洛书》当称为"太乙下行九宫图",非古之《河图》、《洛书》。又指出:伏羲观察天地万物以作八卦,"河图、洛书乃仰观俯察中之一事。后世专以图、书为作《易》之由,非也。《河图》之象不传,故《周易》古经及注疏未有列图、书于其前者。有之,自朱子《本义》始。《易学启蒙》属蔡季通起稿(原注:见《宋史·儒林传》),则又首本图书,次原卦画。遂觉《易》之作,全由图、书;而舍图、书,无以见《易》矣。学者溺于所闻,不务观象玩辞,而唯汲汲于图、书,岂非《易》道之一厄乎!"(《易图明辨》卷一)

【河洛数释】 徐昂撰。二卷。《徐氏全书》本。此书大旨,谓《河图》总数五十五,《洛书》总数四十五,皆包蕴天地自然之数,皆以五数居中央,四周之数多与五相关;并谓《周易》之数起于《河图》,《尚书》之数起于《洛书》。于是卷一论"易数",取《周易》经传中"一"至"十",以至"百"、"千"、"万"之数,逐条推释其义;卷二论"书数",取《尚书》中"一"至"十",以至"百"、"千"、"万"、"亿万"、"亿兆"之数,举例简说其义。释《易》数根据虞翻《易》说,释《书》数采取《伪孔传》说。

【河洛精蕴】 清江永撰。九卷。清乾隆三十九年(1774)蕴真书屋刊本。此书分内外两篇,内篇三卷,为"河洛之精";外篇六卷,为"河洛之蕴"。各卷又分十余篇至二十余篇不等,皆立篇题,详论"河洛"之旨。《自序》称:"余思之,《易》前似有《易》,陈希夷之《龙图》是也;《易》中复有《易》,中爻之十六互卦是也;《易》后又有《易》,焦赣之《易林》及后世《火珠林》占法是也。更举图书卦画同源而共流、旁推而交通者,若算家之勾股乘方,乐家之五音六律,天文家之七曜高下,五行家之纳甲纳音,音学家之字母清浊,堪舆家之罗经理气,择日家之斗首奇门,以至天有五运六气,人有经脉动脉,是为医学之根源、治疗之准则者,亦自图书卦画而来。信乎!天地之文章万理于是乎根本,圣人之文章万法于是乎权舆。精固精也,亦何蕴之非精哉?"黄寿祺先生指出:"盖永潜心宋儒之学,而笃信朱子,故从朱子以十为'河图',以九为'洛书'。又本周子'圣人之精画卦以示,圣人之蕴因卦以发'之语,故名其书为《河洛精蕴》。"又云:"其为书,内而卦画、方位、蓍策、变占,一一说河洛而抉其精;外而天文、地理、人事,一一从河洛而阐其蕴。其中如《大衍之数五十说》、《参天两地以倚数说》、《揲蓍说》、《变占说》、《占法考》、《互卦说》、《卦变说》、《卦象说》等篇,均抉择精详,论列允当,足以津逮后学。其他各篇虽其所论间或失之广泛庞杂,然亦藉此可以悟术数之所自始,而得万法之权舆,固非殚见洽闻、学殖深邃者不能为也。"(《易学群书平议》)

【河出图洛出书】 传说上古时代黄河出现龙图,洛水出现龟书,于是伏羲氏效法"河图"作八卦,夏禹效法"洛书"作"九畴"。语出《系辞上传》:"河出图,洛出书,圣人则之。"朱熹《易学启蒙》引孔安国曰:"河图者,伏羲氏王天下,龙马出河,遂则其文,以画八卦;洛书者,禹治水时,神龟负文而列于背,有数至九,禹遂因而第之,以成九类。"(此本《尚书·顾命》、《洪范》篇《孔传》文。)按,"河图"、"洛书",当为古代人关于《周易》卦形及《尚书·洪范》"九畴"创作过程的传说。假托于"龙马"、"神龟",似属对两书的崇拜心理所致,故添上神话色彩。又按,"图"、"书"之义,旧说至歧。兹举三说以资参考。一、李鼎祚《周易集解》引郑玄曰:"《春秋纬》云:河以通乾,出天苞;洛以流坤,吐地符。河,龙图发;洛,龟书成。《河图》有九篇,《洛书》有六篇。"此说视"河图"、"洛书"为书名。二、宋人以一至十数,排成"一六居下,二七居上,三八居左,四九居右,五十居中"(此即"五行数"方位)的形式,称为"河图";又以一至九数,排成"戴九履一,左三右七,二四为肩,六八为足,五居中央"(此即"九宫数"方位)的形式,称为"洛书"。此说视"河图"、"洛书"为图形,但以"五行数"和"九宫数"当之,未知所据,故后代学者多以为不足信。三、尚秉和先生《周易尚氏学》引《礼纬·含文嘉》云:"伏羲德合上下,天应以鸟兽文章,地应以河图洛书,乃则以作《易》。"又引《河图挺辅佐》云:"黄帝问于天老,天老曰:河出龙图,洛出龟书,所纪帝录,列圣人之姓号。"并据此认为,"河图"、"洛书"皆出于伏羲时代,因能则以画卦。此说辟汉人"洛书出禹"之论,指出"图"、"书"并为作《易》者所法,于义可通。

【河图洛书原舛编】 清毛奇龄撰。一卷。《西河合集》本。此书考辨宋以来所传河图洛书之非,极力排击"异学"。《四库全书提要》列此书于"经部易类存目",并指出:"河图洛书,辨者既非一家,驳者亦非一说。奇龄谓:今之河图,即大衍之数,当名'大衍图',而非古所谓'河图';今之洛书,则'太乙行九宫'之法,亦非《洪

范》九畴。既著其说于前,更列其图于后。其排击异学,殊有功于经义。顾其所列之图,又复自生名例,转起葛藤。左右佩剑,相笑无休,是仍以斗解斗,转益其斗而已矣。"

【治历明时】 《革》卦的《大象传》语。意为:撰制历法而辨明四季的更迁。这是从《革》卦"泽中有火"、两不相得的卦象而推阐出的"君子"观此象,须悟知事物变革的道理,故撰制历法,以明四时之变。参见"革大象传"。

【泣血涟如何可长也】 《屯》卦上六爻的《小象传》辞。旨在解说上六爻辞"泣血涟如"的象征内涵。意思是:伤心泣血泪横流,上六又怎会长久如此呢!参见"屯上六小象传"。

〔一〕

【居贤德善俗】 《渐》卦的《大象传》语。意为:逐渐积累贤德而改善风俗。居,积也;善,作动词。这是从《渐》卦"山上有木"、渐渐高大的卦象而推阐出的"君子"观此象,须悟知积德、善俗亦当渐进以成的道理。参见"渐大象传"。

【居上位而不骄】 《乾》卦《文言传》语。旨在衍释《乾》九三"君子"的象征内涵。九三居《乾》下卦之上,故称"上位";因有"识几知终"的素质,故能谨慎而不骄。孔颖达《周易正义》:"谓居下体之上位而不骄也。以其知终,故不敢怀骄慢。"

【居贞之吉顺以从上也】 《颐》卦六五爻的《小象传》辞。旨在解说六五爻辞"居贞吉"的象征内涵。意思是:静居守持正固可获吉祥,说明六五应当顺从依赖上九阳刚贤者。参见"颐六五"。

【贯鱼】 如鱼贯串相列,喻宫女众多、依次成列。亦作"贯鱼之次"。语出《剥》卦六五爻辞"贯鱼以宫人宠"。《后汉书·杨赐传》:"慎贯鱼之次。"《宋书·孝武文穆王皇后传》载使人代作之刘毅《让婚表》:"礼则有列媵,象则有贯鱼。"《北史

后妃传》:"论宫闱有贯鱼之美。"

【贯鱼之次】 见"贯鱼"。

【贯鱼以宫人宠】 《剥》卦六五爻辞之语。意为:像贯鱼一排鱼一样引领众宫女承宠于君王。贯鱼,众鱼相贯成行;宫人,喻《剥》卦六五以下的群阴;宠,指"宫人"获宠于君王,句中省略的主语"君王"当指《剥》卦上九爻。这是说明六五当"剥"极将"复"之时,以阴居卦尊位,虽自身与四阴一样已"剥"成阴,但其志上承上九阳刚,有"贯串"诸阴承应上九,欲转"剥"道之象,正如妃后引领一列宫女承宠君王,故曰"贯鱼以宫人宠"。参见"剥六五"。

【承】 《易》学常例,以下爻紧依上爻谓之"承"。如阳爻居上,阴爻紧附于下,即为以阴承阳。详"承乘比应"。

【承家】 承袭其家,本义指承袭卿大夫之家,后泛指承继家业。语出《师》卦上六爻辞"大君有命,开国承家"。徐陵《与王僧辩书》(见《徐仆射集》):"应龙图以建国,御凤邸以承家。"苏辙《送千之侄诗》(见《颍滨先生集》):"文字承家怜汝在,风流似舅慰人心。"

【承乘比应】 在《易》卦六爻的相互关系中,由于诸爻的位次、性质、远近距离等因素,常反映出承、乘、比、应的复杂现象,故《易》家多据以解经。要例如下:一、凡下爻紧依上爻谓"承"。此中又侧重于阴爻上承阳爻的意义,以象征卑微、柔弱者顺承尊高、刚强者,求获援助。其时,爻义须视具体情状而定。大略以阴阳爻当位的相承为吉,不当位的相承多凶。二、凡上爻凌据下爻谓"乘"。通常以阴爻乘阳爻为"乘刚",象征弱者乘凌强者、"小人"乘凌"君子",爻义多不吉。但阳爻居阴爻之上则不言"乘",《易》义以为此乃理之所常。由此可见《周易》"扶阳抑阴"的思想。三、凡逐爻相连并列者谓"比"。如初与二比,二与三比,三与四比,四与五比,五与上比即是。两爻互比之际,也体现着"承"、"乘"现象,例如初六与九二相比,则初以阴承阳;九二与六三相比,则三以柔乘刚。爻位互比的关系,象征事物处在相邻环境中的作用与反作用,往往在其它因素的交互配合下影响着爻义的吉凶。四、凡处上下卦之六爻,两两相对交感,谓"应"。即初、四交应,二、五交应,三、上交应。对应之爻为一阴一阳则可交感,谓之"有应";若俱为阴爻,或俱为阳交,必不能交感,谓"无应"。爻位对应的关系,象征事物矛盾、对立面存在着谐和、统一的运动规律。综言之,六爻位次之间的承、乘、比、应,是《周易》爻象变动过程的四方面要素,亦即从四种角度展示事物在复杂的环境中变化发展的或利或弊的内在规律。承、乘、比、应之例,《易传》(尤其是《彖传》、《象传》)中时时言及。汉代《易》家解经,亦常援用此四例。而《易纬·乾凿度》论事物上下感应一节,释"应"之例益为详备。至三国魏王弼,总结前代成说,更广泛运用承、乘、比、应条例阐解《易》爻旨趣。其《周易略例》曾综述四例要领。如《明卦适变通爻》篇云:"承、乘者,逆顺之象也。"邢璹注:"阴承阳则顺,阳承阴则逆。故《小过》六五'乘刚',逆也;六二'承阳',顺也。"此言承、乘之例。又如《略例下》篇云:"凡阴阳二爻,率相比而无应,则近而不相得;有应,则虽远而相得。"此言比、应之例。至若王氏《周易注》,于六十四卦则屡屡综合使用此四者以释卦爻义理,多有独到见解。

【承天而时行】 《坤》卦《文言传》语。旨在赞美《坤》卦辞所展示的"坤顺"之德。谓大地体现的规律至为柔顺,能禀承天的意志沿着四时运行得当。李鼎祚《周易集解》引荀爽曰:"承天之施,因四时而行之也。"

【参伍以变错综其数】 谓善用《周易》者,能三番五次地变化研求,错综往复地推衍蓍数。语出《系辞上传》:"参伍以变,错综其数。通其变,遂成天地之文;极其数,遂定天下之象。非天下之至变,其孰能与于此?"参伍,犹言"三番五次",与"错综"互文。李鼎祚《周易集解》引虞翻曰:"变而通之,观变阴阳始立卦;乾坤相亲,故成天地之文。物相杂故曰'文'也。"朱熹《周易本义》:"参者,三数之也;伍者,五数之也。既参以变,又伍以变,一先一后,更相考覈,以审其多寡之实也。错者,交而互之,一左一右之谓也;综者,总而挈之,一低一昂之事也。此亦皆谓揲蓍求卦之事。"又曰:"参伍、错综,皆古语,而'参伍'尤难晓。按《荀子》云'窥敌制变,欲伍以参'。《韩非》曰:'省同异之言,以知朋党之分;偶参伍之验,以责陈言之实。'又曰:'参之以比物,伍之以合参。'《史记》曰:'必参而伍之',又曰:'参伍不失'。《汉书》曰:'参伍其贾,以类相准。'此足以相发明也。"按,尚秉和先生《周易尚氏学》释"参伍以变"云:"爻数至三,内卦终矣,故曰必变","此从三才而言;若从五行言,至五而盈,故过五必变。"于义亦通

【孟但】 西汉广川(今河北景县西南广川镇)人。汉初《易》家,以研治《易经》官至太子门大夫。《史记·儒林列传》:"广川人孟但,以《易》为太子门大夫。"《汉书·儒林传》同。按,杨树达《汉书窥管》谓以上文"授"字贯下,孟但《易》学当亦田何弟子王同所授。

【孟喜】 西汉东海兰陵(今山东苍山兰陵镇)人,字长卿。汉代今文《易》"孟氏学"的开创者。父号孟卿,善治《礼》、《春秋》二经,授后苍、疏广,当时所传《后氏礼》、《疏氏春秋》,皆出孟卿。孟卿以《礼经》多,《春秋》烦杂,命喜学《易经》。孟喜与施雠、梁丘贺同从田何的再传弟子田王孙受《易》,各成一家,因此西汉《易》有施、孟、梁丘之学。孟喜好自我称誉,尝得《易》家候阴阳灾变的书籍,诈言其师田王孙临终时枕孟喜膝,独传喜,诸儒以此称赞孟喜。同门梁丘揭发说:"先生死于施雠身旁,其时孟喜返归东海,焉有此事?"孟喜遂不见信于人。曾举孝廉为郎,曲台署长,以病免,为丞相掾。汉宣帝时,《易经》博士缺,众人荐举孟喜,宣帝闻喜改易师法,遂不用。孟喜传授同郡白光(字少子)、沛翟牧(字子兄,兄音况 kuàng),两人皆为博士,于是《易》又有翟、孟、白之学(见《汉书·儒林传》)。孟喜的《易》学,长于阴阳候灾变,以卦气说为本。《汉书·艺文志》著录:"《易经》十二篇,施、孟、梁丘三家",又"《孟氏京房》十一篇、《灾异孟氏京房》六十六篇",《章句》施、孟、梁丘各二篇"。孟喜《易》著,唐以后俱已亡佚。唯陆德明《经典释文》、孔颖达《周易正义》、李鼎祚《周易集解》等书间引其说。清儒张惠言辑有《周易孟氏》一卷(见《易义别录》),马国翰辑《周易孟氏章句》二卷(见《玉函山房辑佚书》),黄奭辑《孟喜易章句》不分卷(见《汉学堂丛书》)。

【孟氏易】 西汉《易》家孟喜开创的《易》学流派。亦称"孟氏之学"。孟喜受业于著名《易》师田王孙。以其学传白光、翟牧,故其时又称《易》有"白、孟、翟之学"。东汉洼丹、觟阳鸿、任安均传"孟氏《易》"。至西晋"永嘉之乱"后,郑玄、王弼《易》学盛行,孟《易》衰微,虽有其书,却无师传授。孟氏《易》的基本特点,是以卦气为本,奥衍于阴阳消息;既承田何、丁宽、田王孙之学,又有独自创获。陆德明《经典释文序录》:"孟喜父孟卿,善为《礼》、《春秋》。孟卿以《礼经》多,《春秋》繁杂,乃使喜从田王孙受《易》。喜为《易章句》,授同郡白光及沛翟牧。后汉洼丹、觟阳鸿、任安皆传'孟氏《易》'。"吴承仕先生《经典释文序录疏证》:"此约《前、后汉书·儒林传》文,略明'孟《易》'传授源流。《孟喜传》云:'喜好自称誉,得《易》家候阴阳灾变书,诈言师田生且死时,枕喜膝独传喜,诸儒以此耀之。同门梁丘贺疏通证明之,曰:"田生绝于施雠手中,时喜归东海,安得此事?"又蜀人赵宾持论巧慧,云受孟喜,喜为名之。后宾死,莫能持其说。

喜因不肯仞,以此不见信。'按,汉初言《易》者本之田何,何受丁将军,作《小章句》,训故举大义而已。以阴阳灾变说《易》则始于孟喜,其授受本暗昧不可质。而汉世《易》家终不出于阴阳灾变之域,固由博士曲学阿世,亦囚齐学大行,多与巫道相糅。故田、杨、丁宽之学,再传而遂失其真矣。"惠栋《易汉学》叙孟《易》特点云:"孟氏《卦气图》,以《坎》、《离》、《震》、《兑》为四正卦;余六十卦,卦主六日七分,合周天之数;内辟卦十二,谓之消息卦,《乾》盈为息,《坤》虚为消,其实《乾》、《坤》十二画也。"又云:"四卦主四时,爻主二十四气;十二卦主十二辰,爻主七十二候;六十卦主六日七分,爻主三百六十五日四分日之一。辟卦为君,杂卦为臣,四正为方伯;二至二分,寒温风雨,总以应卦为节。"按,《释文序录》又谓:西晋"永嘉之乱",孟氏、京氏《易》"人无传者",吴承仕先生指出:"《隋志》所谓'有书无师'是也。盖孟、京《易》行而施、梁丘衰;郑、王《易》行而孟、京衰;王氏大行而郑氏衰。术数之学绌于玄言,于此可以观世变矣。"(《经典释文序录疏证》)

【孟氏之学】 见"孟氏易"。

【孟子善用易】 孟子,即孟轲,战国时期的著名思想家。其学说往往能运用变化的哲理来阐述事物或现象的本质,与《周易》理趣颇相吻合,故称之"善用《易》"。北宋邵雍《皇极经世书·观物外篇》云:"知《易》者不必引用讲解始为知《易》。孟子著书,未尝及《易》,其间《易》道存焉,但人见之者鲜耳。人能用《易》,是为知《易》。如孟子,可谓善用《易》者也。"张行成《皇极经世观物外篇衍义》:"孟子达道之权而不执滞,是知《易》也。其言'子莫执中,犹执一',益见其知《易》矣。性善之论,则天之一,《易》之用数也。"

【孟氏易传授考】 沈祖緜撰。一卷。见"周易孟氏学"。

【建万国亲诸侯】 《比》卦的《大象传》语。意谓封建万国,亲近诸侯。这是从《比》卦"地上有水"的卦象而推阐出的"先王"效法此象,建国、封侯以相亲比的意义。参见"比大象传"。

【艰贞无咎】 《泰》卦九三爻辞之语。意思是:牢记艰难、守持正固必可免遭咎害。此言九三当"通泰"之时,居《泰》内卦之终,为上下卦转折点,当防"通泰"转为"否闭",故特戒其必须牢记艰难、永守正固,才能"无咎"。参见"泰九三"。

【艰则无咎】 《大有》卦初九爻辞之语。意为:牢记艰难才能无所咎害。此言初九当"大有"之始,与上卦的九四无应,有不与人相交而不若祸害之象,但此时物始富有,尚须牢记其"艰"才能长保"无咎"。参见"大有初九"。

【艰则吉咎不长也】 《大壮》卦上六爻的《小象传》语。旨在解说上六爻辞"艰则吉"的象征内涵。意思是:在艰难中自守可获吉祥,说明上六所遭咎害不致于长久。参见"大壮上六小象传"。

【弥纶】 谓周匝包罗。语出《系辞上传》"《易》与天地准,故能弥纶天地之道"。《晋书·文苑传序》:"移风俗于王化,崇孝敬于人伦,经纬乾坤,弥纶中外,故知文之时义大哉远矣!"

【终吉】 《周易》卦爻辞中的常用语。意为终将获得吉祥。如《需》卦九二爻辞"终吉",孔颖达《周易正义》云:"终得其吉。"

【终日戒有所疑也】 《既济》卦六四爻的《小象传》辞。旨在解说六四爻辞"终日戒"的象征内涵。意思是:应当整天戒备祸患,说明六四此时要有所疑惧而慎行。参见"既济六四小象传"。

【终日乾乾行事也】 《乾》卦《文言传》语。以"行事"释《乾》九三爻辞"终日乾乾"之义。行事,谓践行事务。此言九三居下卦之上,正勤勉地从事于某项事业,故有"终日乾乾"、振作不懈之象。李鼎祚

《周易集解》引何妥曰:"此当文王为西伯之时,处人臣之极,必须事上接下,故言'行事'也。"

【终以誉命上逮也】 《旅》卦六五爻辞《小象传》辞。旨在解说六五爻辞"终以誉命"的象征内涵。意思是:终将获得美誉而荣膺爵命,说明六五能够向上承及尊者。参见"旅六五小象传"。

【终凶讼不可成也】 《讼》卦的《象传》语。意思是:始终争讼不息则有凶险,说明穷极争讼不能成功。这是举《讼》卦上九"争讼"穷极难成之象,释卦辞"终凶"之义。孔颖达《周易正义》:"以争讼之事不可使成,故'终凶'也。"

【终则有始天行也】 《蛊》卦的《彖传》语。意为:事物总是终结前事之后又重新开始发展,这是大自然的运行规律。此以自然界事物的发展,体现"终始往复"的规律,释《蛊》卦辞"先甲三日,后甲三日"之义,谓拯弊治乱应当鉴前虑后。程颐《周易程氏传》:"夫有始则必有终,既终则必有始,天之道也。圣人知终始之道,故能原始而究其所以然,要终而备其将然,'先甲'、'后甲'而为之虑,所以能治蛊而致'元亨'也。"

【终止则乱其道穷也】 《既济》卦的《象传》语。意思是:最终若停止修德守正必致危乱,说明成功之道已经困穷。这是解说《既济》卦辞"终乱"的象征内涵。李鼎祚《周易集解》引侯果曰:"正有终极,济有息止。止则穷乱,故曰'终止则乱,其道穷也'。"按《象传》"终止则乱"之义,一方面指出《既济》至终必乱的客观规律;另一方面也表明"乱"的产生,又由于"止"而不前、懈怠不振的主观因素。《周易折中》引张清子曰:"非终之能乱也,于其终有止心,此乱之所由生也。"

【终日乾乾与时偕行】 《乾》卦《文言传》语。以"与时偕行"释《乾》九三爻辞"终日乾乾"之义。行,犹言"发展"。指九三如阳气发展到一定阶段,万物将趋繁茂,故有"终日乾乾"、振作不懈之意。孔颖达《周易正义》:"此以天道释爻象也。所以九三乾乾不息、终日自戒者,同于天时生物不息,言'与时偕行'也。偕,俱也。"

【终日乾乾反复道也】 《乾》卦九三爻的《小象传》文辞。意思是:整天健强振作,说明反复行道不使偏差。此以"反复道也"释九三"终日乾乾"的象征内涵。参见"乾九三小象传"。

【终莫之胜吉得所愿也】 《渐》卦九五爻的《小象传》辞。旨在解说九五爻辞"终莫之胜,吉"的象征内涵。意思是:外物终究不能侵阻取胜而获吉祥,说明九五必将得遂应合六二的心愿。参见"渐九五小象传"。

【经卦】 即"八卦"。因为六十四卦皆是以八卦为本,两两相重叠而成的,故称之为"经卦"。《周礼·春官·太卜》:"掌《三易》之法,一曰《连山》,二曰《归藏》,三曰《周易》。其经卦皆八,其别皆六十有四。"贾公彦疏:"《连山》、《归藏》、《周易》,皆以八卦乾、坤、震、巽、坎、离、艮、兑为本。"

【经传诂易】 徐昂撰。一卷。《徐氏全书》本。此书以作者平日研读群经传记,发现其义有与《易》理相通者,随笔杂录,阐述心得,集为一帙。其中所援举资料,分别采自《尚书》、《诗经》、《礼记》、《论语》、《孟子》、《国语》等;所与《易》义比较者,则多以己意为说,间亦参证虞翻《易》注。

九　画

〔一〕

【茹敦和】(1720—1791)　清浙江会稽人。字三樵。初嗣妇翁李为子,占籍广东;乾隆十九年(1754)成进士,归本宗。曾任直隶南乐、大名知县,有政绩,内迁大理寺评事,寻复出为湖北德安府同知署宜昌知府,后缘事降秩卒(见《清史稿·循吏传》)。《易》学专著有《周易证签》四卷、《周易二闾记》三卷、《读易日札》一卷、《易讲会签》一卷、《两孚益记》一卷、《八卦方位守传》一卷、《大衍守传》一卷、《大衍一说》一卷、《周易象考》一卷、《周易辞考》一卷、《周易占考》一卷、《周易小义》二卷。

【荀辉】　西晋颍川颍阴(今河南许昌市)人。字景文。曾任太子中庶子。为《易义》。一说作《周易注》十卷。张璠集魏晋二十二家《易》说,撰为《周易集解》十二卷,荀辉亦属被采入诸家之一(见陆德明《经典释文序录》)。按,《三国志·魏书·荀彧传》及裴松之注,言及"荀辉"者两处:一是字景文,晋太子中庶子,作《易集解》;一是字长倩,魏虎贲中郎将,魏文帝时卒。吴承仕先生《经典释文序录疏证》对此考曰:"荀辉,《魏志·荀彧传》注引《荀氏家传》云:'闳从孙恽,字景文,太子中庶子,亦知名,与贾充共定音律,又作《易集解》。'按《魏志》称:'彧甍,子恽嗣侯,官至虎贲中郎将,与植善,又与夏侯尚不睦。文帝深恨之。早卒。'(原注:《注》引《荀氏家传》云恽字长倩。)据此,则恽为彧子,魏文帝时卒。其字'景文'著《易义》者,为闳之从孙(原注:闳为谌之子,谌为彧之兄)。即彧之曾孙行。仕晋为太子中庶子者也。二人不应同名,或应据《序录》以定《志》、《注》矣。《隋志》云:'梁有魏散骑常侍荀辉注《周易》十卷',以为魏人,

误。朱彝尊以'景文'、'长倩'为一人,尤误。"

【荀爽】(128—190)　东汉颍川颍阴(今河南许昌市)人,字慈明,一名谞。幼好学,年十二能通《春秋》、《论语》。太尉杜乔见而称之,曰:"可为人师。"于是耽思经书,不行庆吊,不应征命。兄弟八人,时人谓:"荀氏八龙,慈明无双。"拜郎中,上疏指摘时政,盛称儒家礼义。奏闻,即弃官去。后遭党锢,隐居著述,积十余年,遂以"硕儒"见称于世。董卓征召,欲遁命未得,拜平原相,旋追为光禄勋,视事三日又进拜司空;自被征命、起于布衣,凡九十五日而升至三公。见董卓';既暴滋甚,与王允等欲共图之,适病卒,年六十三(见《后汉书·荀爽传》)。著述广涉群经、子史,合百余篇,均佚。于《易》学,治费直古文《易》,以《十翼》解说经意,创"乾坤升降"义例。清马国翰《玉函山房辑佚书》辑有《周易荀氏注》三卷,孙堂《汉魏二十一家易注》辑有《荀爽周易注》一卷。参见"荀氏易"。

【荀氏学】　见"荀氏易"。

【荀氏易】　东汉荀爽所传《易》学,亦称"荀易"、"荀慈明易"。荀爽《易》学,其源可溯至西汉费直。《后汉书·儒林传》云:"建武中,范升传孟氏《易》,以授杨政,而陈元、郑众皆传费氏《易》,其后马融亦为其传。融授郑玄,玄作《易注》,荀爽又作《易传》,自是费氏《易》兴,而京氏遂衰。"据此,荀氏《易》学实承费《易》之脉而相传。荀爽之侄荀悦撰《汉纪》曰:"孝桓帝时,故南郡太守马融著《易解》,颇生异说。及臣悦叔父故司空爽著《易传》,据爻象承应、阴阳变化之义,以十篇之文(按,即《十翼》)解说经意。由是兖、豫之言《易》者,咸传荀氏学。"荀爽《易》学的特征,是创立

"升降"说，并参以"卦变"、"消息"等例以阐发《易》旨。所著《易解》已佚。清马国翰、王谟、孙堂均辑有荀氏《易》说遗文，而以孙堂《汉魏二十一家易注》中所辑较为详密。惠栋《易汉学》对荀《易》颇有考辨。

【荀柔之】 南朝宋颍川颍阴（今河南许昌市）人。官至奉朝请。东晋至南北朝间，作《周易系辞注》者十人，荀柔之为其中之一（见陆德明《经典释文序录》）。自韩康伯之注专行后，各家并废。《隋书·经籍志》、《新唐书·艺文志》均列有荀注《系辞》二卷。已佚。

【荀氏卦变】 东汉荀爽《易》例。其卦变之法，于"乾升坤降"中即见大旨，然此外更有别例。一、有谓自《乾》、《坤》变来者。如《周易集解》于《谦》卦《彖传》引荀爽曰"《乾》来之《坤》"，又于《解》卦《彖传》引曰"《乾》动之《坤》"，"《乾》、《坤》交动，动而成《解》"。二、有谓自六子卦变来者。如《集解》于《屯》卦《彖传》引荀爽曰："此本《坎》卦也。案初六升二，九二降初，是刚柔始交也。"又于《蒙》卦《彖传》引曰："此本《艮》卦也。案二进居三，三降居二，刚柔得中，故能通。"三、有谓自消息卦变来者。如《集解》于《讼》卦卦辞引荀爽曰："阳来居二，而孚动于初。"（焦循《易图略》认为此言《讼》本于《遯》。）又于《贲》卦《彖传》引曰："此本《泰》卦，谓阴从上来，居乾之中。"按，荀爽《易》说涉及卦变者所存不多，其例是否止此，未能邃定。至虞翻《易》学兴，卦变之例愈臻细密而有体系。

【荀爽周易注】 东汉荀爽撰，清孙堂辑。一卷。《汉魏二十一家易注》本。孙氏辑是书，大都采自李鼎祚《周易集解》、陆德明《经典释文》所引荀爽《易》说，与马国翰《玉函山房辑佚书》中之《周易荀氏注》略同。惟马辑多《大有》"明辨晳也"一条，采自朱震《汉上易传》，此本无之；此本多《蒙》上九"击蒙"一条，采自晁以道《古易》，马辑无之。又，《屯》卦《大象传》，此本从《释文》作"君子以经论"，马辑从孔颖达《周易正义》作"经纶"。异同如此而已。此外，马辑以上经为一卷，下经为一卷，《系辞传》以下为一卷，共三卷；此本虽作一卷，亦衷然成帙。汉魏《易》家遗说，见诸后人辑本者，除虞翻《易》注外，莫多于是编。荀氏《易》学，于经传文字多有与通行本异者，孙氏尽能援引旧籍疏通证明之。尚秉和先生《易说评议》称其："不惟有功于荀氏，其津逮后学，实甚大也"。

【革】 六十四卦之一。列居篇中第四十九卦。由下离（☲）上兑（☱）组成，卦形作"䷰"，卦名为《革》，象征"变革"。朱熹指出："革，是更革之谓，到这里须尽翻转更变一番"，"须彻底从新铸造一番，非止补苴罅漏而已。"（《朱子语类》）此语揭示了《革》卦所谕"变革"意义的激烈性质。从卦辞的主旨分析，则是集中强调变革取得成功的两大要素：首先，要把握时机，犹如选择亟待转变的"已日"断然推行变革，必能顺畅；其次，要存诚守正，即推行变革者必须遵循正道，以孚诚之心取信于人。以此行革，"元亨"可致，"悔恨"皆消。《彖传》称"汤武革命，顺乎天而应乎人"，正是用史例说明上述两义："顺天"，则顺当变之机；"应人"，则行正获人信从。六爻的喻象均围绕卦辞大义申发其旨，展示事物变革初期到末期的发展过程，体现了作者对变革规律的深刻认识：初九阳爻位卑，时未可变须固守常制；六二柔中有应，其时将变当断然行革；九三变革小成，不可激进宜慎抚人心；九四以刚处柔，变局将著当力改旧命；九五阳刚中正，"虎变"创制而信德昭彰；上六助成革命，"豹变"立功要安守成果。显然，诸爻分别反映变革过程某一阶段的特征。初爻与上爻，或始于固守旧规，或终于安保新制的义理，又表露出事物全面、彻底更革的"质变"情状。《周易》哲学立足于"变"，《革》卦则是论"变"的典型。尽管诸家《易》说多从政治变革的角度阐述卦旨，但其象征意义实可广为旁通。就文学现象而言，刘勰《文心雕龙》撰立《通变》一篇,论说文学发展的"参伍因革"之道,即与此卦理趣相通。唐代韩愈、柳宗元等人力扫齐、梁积弊,推行旨在改革文风的"古文运动",极力倡扬"惟陈言之务去"、"变浮靡为雅正",更是"变革"哲理在文学理论上的体现。

【革命】 古人以天子受命于天,故称王者易姓、更革朝代为"革命";后泛指各种领域的剧烈变革。语出《革》卦《彖传》"汤武革命,顺乎天而应乎人"。《汉书·叙传》:"革命创制,三章是纪。"《文选》载班固《东都赋》:"且夫建武之元,天地革命。"又载陆倕《石阙铭》:"虽革命殊乎因袭,揖让异于干戈,而晷纬冥合,天人启瞢,克明俊德,大庇生民,其揆一也。"

【革面】 谓顺应变革而改变倾向,后又引申为改过、归顺之意。语出《革》卦上六爻辞"君子豹变,小人革面"。《三国志·魏志·武帝纪》:"远人革面,华夏充实。"《晋书·殷浩传》:"仰凭皇威,群丑革面。"《文选》载陆机《汉高祖功臣颂》:"睹几蝉蜕,悟主革面。"

【革九三】 《革》卦九三爻。以阳爻居卦第三位。爻辞曰:"征凶,贞厉;革言三就,有孚。"意思是:急于求进必生凶情,守持正固以防危险;变革初见成效而要多番俯就人心安定大局,处事要心存诚信。贞厉,犹言"守正防危";言,语气助词,赵汝楳《周易辑闻》"革言,犹《诗》之'驾言'";三,泛指多番;就,谓俯就。这是说明九三处《革》下卦之上,有"革"道小成之象,宜于审慎稳进,但三以阳居阳,刚亢躁行,故戒以"征凶,贞厉";又谓此时变革措施须以暂退求进,即"三就"于旧制,抚慰人心,安定大局,巩固成果,如此则能以"孚诚"取信于民,稳步推行变革,故"革言三就,有孚"。此亦《革》卦《彖传》所云"革而当,其悔乃亡"之义。李鼎祚《周易集解》引崔憬曰:"夫安者,有其危也。故受命之君,虽诛元恶,未改其命者,以即行改命,习俗不安,故曰'征凶';犹以正自危,故曰

'贞厉'。是以武王克纣,不即行周命,乃反商政,一就也;释箕子囚,封比干墓,式商容闾,二就也;散鹿台之财,发钜桥之粟,大赉于四海,三就也。故曰'革言三就'。"马其昶《重定周易费氏学》引李翱曰:"重卦之内至于三位,则有小成变革之理。"按,九三变革虽已初成,但物情未安,行事若稍有不慎,必将前功尽弃,危及大局。故爻辞特言此时尚有"凶"、"厉",深寓戒意。又按,上引崔憬注,释"贞厉"曰"以正自危";程颐《周易程氏传》亦云"守贞正而怀危惧",均与"守正防危"义略同。然孔颖达《周易正义》乃释为"正之危",可备参考。

【革九五】 《革》卦九五爻。以阳爻居卦第五位。爻辞曰:"大人虎变,未占有孚。"意思是:大人像猛虎一样推行变革,毫无疑问必能昭显精诚信实的美德。占,有疑而问,"未占"犹言"不须置疑";孚,信也。这是说明九五当"革"之时,以阳刚中正高居尊位,犹如"大人"彻底推行激烈变革,势如猛虎奋威;此时"革"道昭著,天下归心,遂至无须"占问",九五的孚信之德自显光彩。孔颖达《周易正义》:"九五居中处尊,以大人之德为革之主;损益前王,创制立法,有文章之美,焕然可观,有似虎变,其文彪炳,则是汤、武革命,广大应人,不劳占决,信德自著,故曰'大人虎变,未占有孚'也。"按,《革》九五以中正居尊,当其推行变革之时,既显其德,又见其威,天下无不信从。李鼎祚《周易集解》引马融曰:"虎变威德,折冲万里,望风而信。"

【革九四】 《革》卦九四爻。以阳爻居卦第四位。爻辞曰:"悔亡,有孚改命,吉。"意思是:悔恨消亡,心存诚信以革除旧命,必获吉祥。孚,信也;改,犹言"革"。这是说明九四当"革"之时,本因失位有"悔",但处上卦"水火更革"之际,刚而能柔,正可推行变革,故"悔亡";其"悔"既亡,则宜于以孚诚之心全面革除旧命,必能顺应大势而获"吉",故曰"有孚改命,

吉"。朱熹《周易本义》："以阳居阴，故有悔；然卦已过中，水火之际，乃革之时，而刚柔不偏，又'革'之用也，是以'悔亡'。然又必'有孚'然后革，乃可获吉。"按，《革》九四处上体之下，"革"道即将大成，故以"有孚改命"为吉。

【革上六】《革》卦上六爻。以阴爻居卦最上之位。爻辞曰："君子豹变，小人革面；征凶，居贞吉。"意思是：君子像斑豹一样助成变革，小人纷纷改变旧日倾向；此时继续激进不止必有凶险，静居守持正固可获吉祥。面，谓朝向，"革面"犹言"改变倾向"。这是说明上六处《革》之终，"革"道大成，犹如斑豹一样协助"大人"变革，从而建树功勋；此时变革全局已定，"小人"纷纷顺应大势，改变倾向，故曰"君子豹变，小人革面"；上六既当此变革成功之日，宜于静居持正，守成则吉，若不安守既有成果，再思变革，则过犹不及，必致凶险，故曰"征凶，居贞吉"。孔颖达《周易正义》："上六居《革》之终，变道已成。君子处之，虽不能同九五革命创制，如虎文之彪炳，然亦润色鸿业，如豹文之蔚缛。"又曰："革道已成，宜安静守正；更有所征则凶，居而守正则吉。"马其昶《重定周易费氏学》引项安世曰："上六'革'之效，'君子'、'小人'以臣、民言之也。面，向也，古者'面'皆谓'向'。"按，《革》上六处"大人"变革已成之时，"豹变"之象，正见其助成变革有功。尚秉和先生《周易尚氏学》指出："君子豹变者，谓革命后佐命之勋，皆得封拜而有茅土，尊显富贵，易世成名，故曰'豹变'。"又按，孔颖达《周易正义》释"小人革面"曰："小人处之，但能变其颜面容色，顺上而已。"亦可备一说。

【革六二】《革》卦六二爻。以阴爻居卦第二位。爻辞曰："己日乃革之，征吉，无咎。"意思是：在亟须转变的"己日"断然推行变革，往前进发必有吉祥，不致咎害。己日，为"转变"之时的象征，与《革》卦辞"己日"取象之意同（见"革卦辞"）。这是

说明六二处"革"之时，柔中得正，上应九五，又居下离之中，犹如时当"日中将昃"，正值"己日"待变之际，故须把握时机，断然奉行变革；以此有"征"，必能获"吉"而"无咎"。尚秉和先生《周易尚氏学》："二离主爻，离贞己，故曰'己日'。二有应，曰'己日乃革'。二遇阳，故'征吉'而'无咎'也。"按，尚秉和先生谓"离贞己"，盖据"纳甲法"离纳"己"之说，且六二又得正位。又按，《革》六二柔中有应，时值将变，必当配合"阳刚尊者"，努力革故除弊，故爻辞勉以"征吉，无咎"，《小象传》称其"行有佳"。

【革初九】《革》卦初九爻。以阴爻处卦下初位。爻辞曰："巩用黄牛之革。"意思是：应当用黄牛的皮革牢固束缚住。巩，固也；黄，中之色，喻持中驯顺；牛革，坚韧之物，喻守常不变。这是说明初九以阳刚卑微处革之始，上无援应，未能应变，故取以"黄牛之革"系缚之象，喻其必须安顺固守常规，不可妄变。王弼《周易注》："在革之始，革道未成，固夫常中，未能应变者也。此可以守成，不可以有为也。巩，固也；黄，中也；牛之革，坚忍不可变也。固之所用，常中坚忍，不肯变也。"按，《革》初九阳微位卑，力不胜革，时未可变，故须"巩用黄牛之革"，固守常制；此与《遯》六二身有所系，势不能遯，遂称"执之用黄牛之革"意义相近。《周易折中》引龚焕曰："《易》言'黄牛之革'者二：《遯》之二，居中有应，欲遯而不可遯者也；《革》之初九，在下无应，当革而不可革者也。所指虽殊，而意实相类。"

【革卦辞】《革》卦的卦辞。其文曰："革，己日乃孚，元亨，利贞，悔亡。"意思是：《革》卦象征变革，在亟须转变的"己日"推行变革才能取信于众，前景至为亨通，利于守持正固，悔恨必将消亡。革，卦名，象征"变革"；己日，古代以"十干"纪日，"己"正当前五数与后五数之中而交转相变之时，含有"转变"的象征寓意，其后

一数"庚"则有"已变更"之义;孚,信也。卦辞说明,推行"变革"的两大要素是把握时机与存诚守正,遂取"己日"为象,谓面临当须转变的"己日"果断行革,并能够心怀"孚信",则天下也将以"信"应之;这样就可获得"元亨",利于守"正",其"悔"必消。李鼎祚《周易集解》引郑玄曰:"革,改也,水火相息而更用事,犹王者受命,改正朔,易服色,故谓之'革'也。"孔颖达《周易正义》:"革者,改变之名也;此卦明改制革命,故名'革'也。"朱震《汉上易传》:"(己)当读作'戊己'之'己',十日至'庚'而更;更,革也。"顾炎武《日知录》录朱氏之说,指出:"天地之化,过中则变。日中则昃,月盈则食,故《易》所贵者中。十干则'戊己'为中,至于'己'则过中而将变之时矣,故受之以'庚';庚者,更也。天下之事当过中而将变之时,然后革而人信之矣。"按,"变革"取得成功的重要前提,当建立在两项基点上:一是适当其时,把握转机,此即卦辞取"己日"象征"转变时机"之义;二是取信于人,推行正道,此亦卦辞强调"乃孚"、"利贞"之义。前者是外在条件,后者是内在因素;内外相济,"革"道乃成,于是可获"元亨"、"悔亡"。又按,"己日"之"己"字,诸本通作"巳";王弼《周易注》以"即日不孚"训"已日乃孚",则王弼读作"已然"之"已";李鼎祚《周易集解》引虞翻注,释己日"曰:"离为日",盖以"纳甲法"之"离纳己"为说,则虞氏读作"戊己"之"己",似当从之。

【革象传】 《革》卦的《象传》。旨在解说《革》卦的卦名、卦辞之义。其文为:"《象》曰:革,水火相息;二女同居,其志不相得,曰革。己日乃孚,革而信之;文明以说,大亨以正;革而当,其悔乃亡。天地革而四时成;汤武革命,顺乎天而应乎人,革之时大矣哉!"意思是:"《象传》说:变革,譬如水火相灭交互更革;又像两个女子同居一室,双方志趣不合终将生变,这就称为变革。在亟须转变的'己日'推行变革

才能取信于众,于是变革过程就赢得天下纷纷信服;凭着文明的美德使人愉悦,守持正固使前景大为亨通;推行变革稳妥得当,一切悔恨必将消亡。天地变革而形成四季更迭;商汤、周武变革桀、纣的王命,那是既顺从天的规律又应合百姓的愿望,变革之时的功效是多么弘大啊!"全文可分三节理解。第一节,自"革"至"曰革"五句,举《革》卦上兑为水、为少女之象及下离为火、为中女之象,说明上下卦象犹如水火相灭,又如二女同居而终将各有新的归宿,此均寓有"变革"的喻旨,以释卦名"革"之义。第二节,自"己日乃孚"至"其悔乃亡"六句,谓"变革"应当令天下信服,又谓《革》卦下离为文明、上兑为欣悦(说)含有变革之时应当以"文明"美德使天下愉悦的喻意,以及"变革"应当稳妥得当等哲理,以分别解说《革》卦辞"己日乃孚"、"元亨,利贞"、"悔亡"之义。第三节,广举"天地"变革、"汤武"变革为例,叹美《革》卦所揭示的"变革"之时的弘大功效。

【革大象传】 《革》卦的《大象传》。其辞曰:"泽中有火,革;君子以治历明时。"意思是:水泽中有烈火,象征"变革";君子因此撰制历法而辨明四季的更迁。这是先揭明《革》卦上兑为泽,下离为火之象,谓泽中有火,两不相得,正为"变革"的象征;然后推阐出"君子"观此象当悟知事物变革的道理,故撰制历法,以明四时之变。李鼎祚《周易集解》引崔憬曰:"火就燥,泽资湿,二物不相得,终宜易之,故曰'泽中有火,革'也。"程颐《周易程氏传》:"君子观变革之象,推日月星辰之迁易,以治历数,明四时之序也。"按,"变革"的义理,所涉至广。《革》卦《大象传》谓:"治历明时",则是就"天地变化"一端抒发其旨。朱熹曰:"治历明时,非谓历当改革;盖四时变革中,便有个治历明时底道理。"(《朱子语类》)

【革言三就】 《革》卦九三爻辞之语。意思是:变革初见成效而要多番俯就人心

安定大局。言,语气助词;三,泛指多番;就,谓俯就。这是说明九三处《革》下卦之上,有革道小成之象,宜于审慎而不躁行,且此时变革措施须以退求进,即"三就"于旧制,抚慰人心,才能安定大局,巩固成果,故曰"革言三就"。此亦《革》卦《彖传》所云"革而当,其悔乃亡"之义。参见"革九三"。

【革故鼎新】 见"鼎新革故"。

【革受之以鼎】《周易》六十四卦,以象征"变革"的《革》卦列居第四十九卦;变革事物没有比鼎器化生为熟更显著的,所以接《革》之后是象征"鼎器"的第五十卦《鼎》卦。此称"《革》受之以《鼎》"。语本《序卦传》:"革物者莫若鼎,故受之以《鼎》。"韩康伯《序卦注》:"《革》去故,《鼎》取新。既以去故,则宜制器立法以治新也。鼎所以和齐生物,成新之器也,故取象焉。"

【革九三小象传】《革》卦九三爻的《小象传》。其辞曰:"革言三就,又何之矣!"意思是:变革初见成效而要多番俯就人心安定大局,说明九三此时又何必过急前行呢!这是解说《革》九三爻辞"革言三就"的象征内涵。参见"革九三"。

【革九五小象传】《革》卦九五爻的《小象传》。其辞曰:"大人虎变,其文炳也。"意思是:大人像猛虎一样推行变革,说明九五的美德文彩炳焕。这是解说《革》九五爻辞"大人虎变"的象征内涵。文,谓"文彩"、"文章",指"道德"言。孔颖达《周易正义》:"其文炳者,义取文章炳著也。"

【革九四小象传】《革》卦九四爻的《小象传》。其辞曰:"改命之吉,信志也。"意思是:革除旧命可获吉祥,说明九四畅行变革之志。这是解说《革》九四爻辞"改命,吉"的象征内涵。信,通"伸"。尚秉和先生《周易尚氏学》:"改命,即实行革命,故曰'伸志';言得行其志也,志行'吉'。"按"信"字,旧说多以"诚信"为解。如程颐《周易程氏学》:"改命而吉,上下

信其志也。诚既至,则上下信矣。革之道,以上下之信为本。"于义亦通。

【革上六小象传】《革》卦上六爻的《小象传》。其辞曰:"君子豹变,其文蔚也;小人革面,顺以从君也。"意思是:君子像斑豹一样助成变革,说明上六的美德因大人的辉映蔚然成彩;小人纷纷改变旧日倾向,这是顺从君主的变革。此为解说《革》上六爻辞"君子豹变,小人革面"的象征内涵。蔚,文彩映耀之状,此言上六助成革的美德,由"大人"辉映而成章。孔颖达《周易正义》释"文蔚"曰:"文细而相映蔚"。项安世《周易玩辞》:"当是时也,小人易向而遵王之道矣,故曰'小人革面,顺以从君也'。君子本与君同向,因是而追琢成章尔;小人本不同向,故以'革面'言之。"

【革之时大矣哉】《革》卦的《彖传》语。意为:变革之时的功效是多么弘大啊!这是归结《革》卦《彖传》全文,叹美此卦所揭示的"变革"之时的弘大功效。程颐《周易程氏传》:"天道变改,世故迁易,革之至大也,故赞之曰'革之时大矣哉'。"尚秉和先生《周易尚氏学》:"四时相代实相革,期无或爽,信也;汤武革命,天人皆应,亦信也;不信则不能革,故时之所关甚大,此其义也。"

【革六二小象传】《革》卦六二爻的《小象传》。其辞曰:"己日革之,行有佳也。"意思是:在亟须转变的"己日"断然推行变革,说明六二努力前行必获佳美之功。这是解说《革》六二爻辞"己日乃革之"的象征内涵。尚秉和先生《周易尚氏学》:"行有佳,谓二征则遇阳,遇阳故吉。"

【革初九小象传】《革》卦初九爻的《小象传》。其辞曰:"巩用黄牛,不可以有为也。"意思是:应当用黄牛的皮革牢固束缚住,说明初九不可有所作为而妄行变革。这是解说《革》初九爻辞"巩用黄牛之革"的象征内涵,唯引爻辞而省略"之革"二字。孔颖达《周易正义》:"有为,谓适时之

变,有所云为也。既坚忍自固,可以守常,不可以有为也。"

【革而当其悔乃亡】《革》卦的《象传》语。意思是:推行变革稳妥得当,一切悔恨必将消亡。这是解说《革》卦辞"悔亡"之义。孔颖达《周易正义》:"革而当理,其悔乃亡消也。"《周易折中》引胡炳文曰:"彖未有言'悔亡'者,唯《革》言之。革,易有悔也;必革而当,其悔乃亡。'当'字;即是'贞'字。一有不贞,则有不信,有不通,皆不当者也。"

【革去故也鼎取新也】《杂卦传》语。说明《革》卦象征"变革",含有革除故旧之义;而《鼎》卦象征"鼎器",寓有烹物成新之义,两卦旨趣适可对照。李鼎祚《周易集解》引虞翻曰:"革更故去;鼎亨饪,故取新也。"

【革言三就又何之矣】《革》卦九三爻的《小象传》辞。旨在解说九三爻辞"革言三就"的象征内涵。意思是:变革初见成效而要多番俯就人心安定大局,说明九三此时又何必过急前行呢!参见"革九三小象传"。

【南征吉】《升》卦的卦辞之语。意为:向光明的南方进发必获吉祥。南,象征"光明"之方。此言事物当"升"之时,既能获益于"大人"之德,又能朝着光明方向前进,则必畅通无阻,并获"上升"之至美境界,故称"南征吉"。参见"升卦辞"。

【南轩易说】南宋张栻撰。三卷。《四库全书》本。此书系残缺之本,仅存《系辞上传》"天一地二"章以下至《杂卦传》。《四库全书提要》指出:"案曹学佺《蜀中广记》,载是书十一卷,以为张浚所作。考浚《紫岩易传》,其本犹存,与此别为一书,学佺殊误。朱彝尊《经义考》亦作十一卷,注云'未见';又引董真卿说,谓已阙《乾》、《坤》二卦。此本乃嘉兴曹溶从至元壬辰赣州路儒学学正胡顺父刊本传写,并六十四卦皆佚之。仅始于《系辞》'天一地二'一章,较真卿所见弥为残缺。然卷端题曰'系辞上卷下',而顺父《序》称:'鲁人东泉王公,分司廉访、章贡等路,公余讲论,尝谓《伊川易传》特阙《系辞》,留心访求,因得南轩解说《易·系》,缮写家藏。倘合以并传,斯为完书。乃出示知事吴将仕,刊之学宫,以补遗阙,使与《周易程氏传》大字旧本同传于世。云云。是初刊此书,亦仅托始于《系辞》,溶所传写,仅佚其上卷之上耳。《序》末有钩摹旧本三小印,一作'谦卦';一曰'赣州胡氏',知顺父即赣人;一曰'和卿',盖其字也。"按,《枕碧楼丛书》本此书作五卷,乃将《说卦》、《序卦》、《杂卦》三篇分为三卷,故较《四库》本多出两卷,而内容则无异。又其本前载胡顺父《序》及沈家本《跋》。沈《跋》云:"原本五卷,馆本并《序卦》、《说卦》、《杂卦》为一卷,故作三卷。原题曰《南轩先生张侍讲易说》,今改定曰《南轩易说》,从馆本也。"书末又载《南轩易说校勘记》一篇,亦可供参考。

【南征吉志行也】《升》卦的《象传》语。意思是:向光明的南方进发可获吉祥,说明上升的心志如愿以偿。这是解说《升》卦辞"南征吉"的象征内涵。孔颖达《周易正义》:"之于暗昧,则非其本志;今以柔顺而升大明,其志得行也。"

【南狩之志乃大得也】《明夷》卦九三爻的《小象传》辞。旨在解说九三爻辞"南狩"的象征内涵。意思是:在南方狩猎而努力征伐的志向,说明九三必将大有所得。参见"明夷九三小象传"。

【贲】六十四卦之一。列居篇中第二十二卦。由下离(☲)上艮(☶)组成,卦形作"䷕",卦名为《贲》,象征"文饰"。《左传》襄公二十五年引孔子曰:"《志》有之:'言以足志,文以足言。'不言,谁知其志?言之无文,行而不远。"《礼记·礼器》曰:"先王之立礼也,有本有文。忠信,礼之本也;义理,礼之文也。无本不立,无文不行。"这两则记载表明,古人在言"志"、立"本"的前提下,对"文饰"的功用颇为重视。《贲》卦，即是集中阐发"文饰"的意义。卦辞称事物获饰，可致亨通；并特别指出，柔小者一经适当的文饰，必有利于增显其美。卦中六爻，在阴阳交错相杂中呈现互贲之象，其中初与四相应相贲；二与三，五与上，则相比相贲。《周易折中》引邱富国曰："阴阳二物，有应者以应而相贲，无应者以比而相贲。"正道出《贲》卦刚爻柔爻之间的交饰特点。然而，诸爻实非无条件地泛言文饰，而是主张适如其分的贲饰，并崇尚朴素自然的至美境界。试观爻义，初九"舍车"不尚华饰，六四"白马"向往淡美，两者分处上下卦之始，已见"贲"道端倪；六二"贲须"志在承阳，九三"濡如"永守正固，两者并在内卦，以顺合"礼义"为美；六五饰于"丘园"但求简朴，上九饰终返"白"归趋本真，两者并居外卦，以质素自然为美。可见，《贲》卦大旨略见于两事：一是刚柔相杂成文，二是文饰不尚华艳。《系辞下传》谓"物相杂故曰文"，《杂卦传》云"《贲》，无色也"，正可印证这两方面的义旨。就美学意义而论，《贲》卦的象征哲理，与先秦美学理论中"物一无文"（《国语》）、"大巧若拙"（《老子》四十五章）之类的观点，实可互相比较；这在研究古代美学史中，是值得注意的资料。

【贲九三】 《贲》卦九三爻。以阳爻居卦第三位。爻辞曰："贲如，濡如，永贞吉。"意思是：文饰得何等俊美，与人频频相施惠泽，永久守持正固可获吉祥。如，语气助词；濡，润泽，用如动词，喻《贲》卦九三与六二互施润泽、相亲相贲。此谓九三当"贲"之时，下比六二，与之俱无应而两相贲饰，又相施润，故有"贲如、濡如"之象；但此时不可因贲忘忧，故又诫其"永贞"则吉。王弼《周易注》："处下体之极，居得其位，与二相比，俱履其正，和合相润以成其文者也。既得其饰，又得其润，故曰'贲如，濡如'也；永保其贞，物莫之陵，故曰'永贞吉'也。"按，《贲》卦三、二两爻

以刚柔之正亲比互贲，惠泽相施，所谓文饰适到其美之象。但九三又有"永贞"之诫，可见下卦终极的地位"多凶"而难处。

【贲上九】 《贲》卦上九爻。以阳爻居卦最上之位。爻辞曰："白贲，无咎。"意思是：素白无华的文饰，必无咎害。白，素也。此言上九居《贲》之极，"贲"道反归于素；事物以"白"为饰，则见其自然真趣，为纯美至极的象征，故"无咎"。王弼《周易注》："处饰之终，饰终反素，故任其质素，不劳文饰，而无咎也。"按，《周礼·考工记》谓："画绘之事，后素功"；《论语·八佾》曰："绘事后素。"两者或言绘画程序，或以"素"喻"礼"，与《贲》上九"饰终反质"的意旨自有区别。但就"素"在"文饰"中为本真之色这一点看，上两说与"白贲"的拟象基础又有可通之处。故《周易义海撮要》引刘牧曰："绘事后素，居上者而能正五彩也。"惠栋《周易述》也指出："上者，贲之成。《考工记》云'画绘之事，后素功。'《论语》'绘事后素。'郑彼注云：'素，白采也，后布之，为其易渍污，是功成于素之事也。'"

【贲六二】 《贲》卦六二爻。以阴爻居卦第二位。爻辞曰："贲其须。"意思是：文饰尊者的美须。须，面上的须毛，喻《贲》六二所上承的九三。此言六二当"贲"之时，处下卦之中，与九三均得位无应而两相亲比，故二专意承三，犹如文饰三之美须，于是阴阳互贲、相得益彰。此即"贲得其所"之义。王弼《周易注》："得其位而无应，三亦无应，俱无应而比焉，近而相得者也。须之为物，上附者也。循其所履，以附于上，故曰'贲其须'。"按，《贲》六二饰于九三，正是《象传》"柔来文刚"之意。刘沅《周易恒解》曰："阴随阳而动，文附质而行"，"刚为质，柔为文，文不附质，焉得为文？"又按，尚秉和先生《周易尚氏学》谓艮为须，认为"贲其须"之"其"指上卦，言六二往上成艮，贲于上九。此可备一说。

【贲六五】 《贲》卦六五爻。以阴爻居

卦第五位。爻辞曰："贲于丘园，束帛戋戋；吝，终吉。"意思是：文饰在山丘园圃，持一束微薄的丝帛（礼聘贤士）；尽管下者无应而有憾惜，但上者相应终将吉祥。丘园，山丘园圃，朴素自然之处，喻《贲》上九远居卦极；束帛，一束丝帛，喻微薄无华之物，朱熹《周易本义》谓"薄物"；戋戋，形容物少，《周易本义》："浅小之意"。这是说明六五当"贲"之时，居上尊位，柔中无华，饰尚朴素，虽无下应却能亲比于远处卦终的上九阳刚，故有贲饰于"丘园"之象，犹如持微薄的"束帛"礼聘"贤士"，共相辅治，以成"贲"道之至美；但六五"贲"道虽美，下无应与，则不免含"吝"，惟其能持中行事，与上九"白贲"之阳相互合志，故终获吉祥。刘沅《周易恒解》："五艮体得中，文明以止。柔中而密比于上九之贤，贲于丘园之中以求贤士。"又曰："礼薄意厚，不过乎文"，"是能求贤自辅，以成贲之治者也。"尚秉和先生《周易尚氏学》："下无应，故'吝'；上承阳，故'终吉'。象谓'小利往'，以此。"按，《贲》六五"丘园"的喻象，与上九"白贲"正相切合。当此"贲"道大成之时，朴素柔美与自然刚美密相贲饰，故《小象传》称"有喜"。卦辞谓"小利有攸往"，其意本就六五而发，在此也得以明显的体现。

【贲六四】《贲》卦六四爻。以阴爻居卦第四位。爻辞曰："贲如，皤如，白马翰如；匪寇，婚媾。"意思是：文饰得那样素美，全身那样洁白，坐下白马又是那样清纯无杂；前方并非强寇，而是聘求婚配的佳偶。皤，音婆 pó，李鼎祚《周易集解》："亦白，素之貌也"；翰，陆德明《经典释文》引郑玄曰："白也"。匪，通"非"。这是说明六四当"贲"之时，居上卦之初，"贲"道已变，其饰尚素，故取"皤"、"白"、"翰"为喻；又因柔正得位，下应初九，宜于速往相应互贲，故有"白马"奔驰之象；而初九处下卦，虽体阳刚，却非强寇，实为六四相应的配偶，故曰"匪寇，婚媾"。"匪寇"之辞，正因六四处"多惧"之位而发，意在勉其勿疑，速往应初。梁寅《周易参义》："六四在离明之外，为艮止之始，乃贲之盛极而当反质素之时也，故云'贲如，皤如'。夫初之舍车，为在下而无所乘故也；四在九三之上，则有所乘矣，故云'白马翰如'。人既质素，则马亦白也。"按，梁寅谓《贲》初九处卦下初位，下无所乘，乃有"舍车而徒"之象；而六四居上卦之始，下乘九三之刚，则有"白马翰如"之象。其说可通。又按，《屯》卦六二上应九五，其爻辞曰："屯如，邅如，乘马班如；匪寇，婚媾。"其辞与《贲》六四爻辞的句式、用词颇相似。但《屯》六二为艰难缓行之象，《贲》六四则发去疑速应之旨，寓义各别。胡炳文《周易本义通释》云："《屯》二应五，下求上也，不可以急；《贲》四应初，上求下也，不可以缓。"再从《贲》卦六四与初九相应的情状看：四"白马"尚素，初"舍车"弃华，可见两者志趣互合，故六四不须疑虑，往必有得。

【贲其须】《贲》卦六二爻辞。意思是：文饰尊者的美须。须，面上的须毛，喻《贲》六二所上承的九三。此言六二当"贲"之时，处下卦之中，与九三均得位无应而相亲比，二遂专意承三，犹如文饰三之美须，于是阴阳互贲、相得益彰。此即"贲得其所"之义。故曰"贲其须"。参见"贲六二"。

【贲初九】《贲》卦初九爻。以阳爻处卦下初位。爻辞曰："贲其趾，舍车而徒。"意思是：文饰自身的足趾，舍弃大车而甘于徒步行走。徒，谓步行。此言初九当"贲"之始，位卑处下，不敢贪求华饰，故自贲其趾，喻饰所当饰；而舍车安步，则喻弃所不当饰。即寓含"贲不失礼"之义。王弼《周易注》："在贲之始，以刚处下，居于无位，弃于不义，安夫徒步，以从其志也。故饰其趾，舍车而徒，'义弗乘'之谓也。"马振彪先生《周易学说》引李士鉁曰："初以礼自饰，自贲其趾，不越礼以求贲，此其所以可行与？世以奢僭为荣，君子以辱,谓其饰礼而反蔑礼也。"按,马振彪先生云:"贤者安步当车,终身不辱;揆之于义,弗背乘车,虽徒行亦为之生色,即'贲其趾'之义也。"(《周易学说》)此说将"贲"当循"礼"合"义"的道理阐析得颇为明白。就《贲》初九有应于上卦六四这一情状而言,其"义"似体现于安步缓行、静待四应,故不乘"非义"之车。《礼记·坊记》云:"君子苟无礼,虽美不食焉。"亦可与《贲》初九之义相发明。

【贲卦辞】 《贲》卦的卦辞。其文曰:"贲,亨,小利有攸往。"意思是:《贲》卦象征文饰,亨通,柔小者利于有所前往。贲,音必bì,许慎《说文解字》:"饰也,从贝卉声",陆德明《经典释文》"傅氏云'贲,古斑字,文章皃',郑玄'变也,文饰之皃'",即象征"文饰";小,阴称小,犹言"柔小"。卦辞说明,事物加以必要的文饰,可致亨通;而当"文饰"之时,柔小者尤须加饰,可显其美,故谓"小利有攸往"。《贲》卦六五爻以上九为贲饰,则利于发展,正见此象。程颐《周易程氏传》:"物有饰而后能亨,故曰'无本不立,无文不行'。有实而加饰,则可以亨矣。"尚秉和先生《周易尚氏学》承虞翻"小谓五"之说(李鼎祚《周易集解》引),指出:"五得中承阳,故曰'小利有攸往'。"按,卦辞"小利有攸往"之义,旧说不一,兹举两例以备参考。一、程颐《周易程氏传》曰:"文饰之道,可增其光彩,故能小利于进也。"二、王申子《大易缉说》曰:"文盛则实必衰,苟专尚文,以往则流,故曰'小利有攸往'。小者,谓不可太过以灭其质也。"

【贲象传】 《贲》卦的《象传》。旨在解说《贲》卦的卦辞之义。其文为:"《象》曰:贲,亨,柔来而文刚,故亨;分刚上而文柔,故小利有攸往。天文也;文明以止,人文也。观乎天文,以察时变;观乎人文,以化成天下。"意思是:《象传》说:文饰,亨通,譬如阴柔前来文饰阳刚,阴阳交饰于是亨通;又分出阳刚居上文饰阴柔,所以柔小者利于有所前往。(刚美和柔美交相错杂)这是天的文彩;文章灿明止于礼义,这是人类的文彩。观察天的文彩,可以知晓四季转变的规律;观察人类的文彩,可以推行教化促成天下昌明。"全文可分三节理解。第一节,自"贲"至"故亨"四句,举《贲》卦六二柔爻居下卦之中以文饰九三刚爻之象,谓阴阳交贲故获亨通,以释卦辞"贲,亨"之义。第二节,"分刚上而柔,故小利有攸往"二句,举《贲》卦分出刚爻上九高居卦终而文饰六五柔爻之象,谓六五因所饰而有利,以释卦辞"小利有攸往"之义。第三节,自"天文也"至"以化成天下"七句,广举"天文"、"人文"为例,进一步揭明"文饰"之道的重大作用。按,"天文也"一句,郭京《周易举正》谓"上脱'刚柔交错'一句"。今查王弼《周易注》:"刚柔交错而成文焉,天之文也。"孔颖达《周易正义》云:"刚柔交错成文,是'天文'也。"似王弼旧本"天文也"前原有"刚柔交错"四字。故郭京之说宜备参考。

【贲大象传】 《贲》卦的《大象传》。其辞曰:"山下有火,贲;君子以明庶政,无敢折狱。"意思是:山下燃烧着火焰(山形焕彩),象征"文饰";君子因此修明众多的政务,但不敢靠文饰处理讼狱。这是先揭明《贲》卦上艮为山、下离为火之象,谓山下有火,山形披彩,正为"文饰"的象征;然后推阐出"君子"观此象,须悟知以"文明"理政,但不可以"文饰"断狱的道理。程颐《周易程氏传》:"山者,草木百物之所聚生也;火在其下而上照,庶类皆被其光明,为贲饰之象也。君子观山下有火明照之象,以修明其庶政,成文明之治。"又曰:"折狱者,专用情实,有文饰则没其情矣。故无敢用文以折狱也。"按,治理"庶政",当追求"文明"景象;"折狱",则以"明"为本,不可文饰其事。《贲》卦《大象传》强调"无敢折狱",正是指出"文饰"不宜滥施的道理。故程颐称此"乃圣人之用心,为戒深矣!"(《周易程氏传》)

【贲如濡如】《贲》卦九三爻辞之语。意思是：文饰得何等俊美，与人频频相施惠泽。如，语气助词；濡，润泽，用如动词，喻《贲》卦九三与六二互施润泽、相亲相贲。此谓九三当"贲"之时，下比六二，与之俱无应而两相贲饰，又相施润，故有"贲如，濡如"之象。参见"贲九三"。

【贲受之以剥】《周易》六十四卦，以象征"文饰"的《贲》卦列居第二十二卦；凡过分致力于文饰，则亨通的路途必将穷尽，所以接《贲》之后是象征"剥落"的第二十三卦《剥》卦。此称"《贲》受之以《剥》"。语本《序卦传》："《贲》者，饰也。致饰然后亨则尽矣。故受之以《剥》；剥者，剥也。"李鼎祚《周易集解》引荀爽曰："极饰反素，文章败，故为《剥》也。"韩康伯《序卦注》："极饰则实丧也。"《周易折中》引张栻曰："贲饰则贵于文；文之太过，则又灭其质，而有所不通。故致饰则亨有所尽。"

【贲九三小象传】《贲》卦九三爻的《小象传》。其辞曰："永贞之吉，终莫之陵也。"意思是：永久守持正固可获吉祥，说明九三能作到这样就始终不会受人陵侮。这是解说《贲》九三爻辞"永贞吉"的象征内涵。李鼎祚《周易集解》引卢氏曰："体刚履正。故永贞吉；与二同德，故终莫之陵也。"程颐《周易程氏传》："饰而不常，且非正，人所陵侮也，故戒能永正则吉也。其贲既常而正，谁能陵之乎？"

【贲上九小象传】《贲》卦上九爻的《小象传》。其辞曰："白贲无咎，上得志也。"意思是：素白无华的文饰，必无咎害，说明上九大遂贲道尚质的心志。这是解说《贲》上九爻辞"白贲无咎"的象征内涵。上得志，谓上九与六五阴阳亲比互饰，大得"白贲"之志。尚秉和先生《周易尚氏学》："言阳得阴而通也。《大畜》上九曰'道大行也'，《损》上九曰'大得志'，《益》九五曰'大得志'，《颐》上九曰'大有庆'，与此义皆同。"

【贲六二小象传】《贲》卦六二爻的《小象传》。其辞曰："贲其须，与上兴也。"意思是：文饰尊者的美须，说明六二与其上的九三同心兴起而互为文饰。这是解说《贲》六二爻辞"贲其须"的象征内涵。上，指九三；兴，起也。胡瑗《周易口义》："上与九三合志，同心兴起也。"程颐《周易程氏传》："以须为象者，谓其与上同兴也。随上而动，动止惟系所附也。犹加饰于物，因其质而贲之，善恶在其质也。"

【贲六五小象传】《贲》卦六五爻的《小象传》。其辞曰："六五之吉，有喜也。"意思是：六五的吉祥，说明必有喜庆。这是解说《贲》六五爻辞"吉"之义。有喜，谓六五与上九亲比，阴阳互为文饰而获吉。尚秉和先生《周易尚氏学》："五承阳，故有喜。"

【贲六四小象传】《贲》卦六四爻的《小象传》。其辞曰："六四当位，疑也；匪寇婚媾，终无尤也。"意思是：六四当位得正，但心中仍怀疑惧；前方并非强寇而是聘求婚配的佳偶，说明六四尽管前往终将无所怨尤。这是解说《贲》六四的爻位特征并释爻辞"匪寇婚媾"的象征内涵。疑，谓六四居"多惧"之位，虽得正而心仍存疑惧，未敢速往应初，故爻辞特以"匪寇婚媾"勉之。按，孔颖达《周易正义》取王弼以九三为"寇"之说，释《小象传》云："以其当位，得与初为应；但碍于三，故迟疑也。"又云："若待匪有寇难，乃为婚媾，则终无尤过；若犯寇难而为婚媾，则终有尤也。"此说可备参考。

【贲初九小象传】《贲》卦初九爻的《小象传》。其辞曰："舍车而徒，义弗乘也。"意思是：舍弃大车而甘于徒步行走，说明初九就所处地位这一意义来看是不应该乘坐大车。这是解说《贲》初九爻辞"舍车而徒"的象征内涵。程颐《周易程氏传》："舍车而徒行者，于义不可以乘也"；"君子之贲，守其义而已。"

【贲其须与上兴也】《贲》卦六二爻的《小象传》辞，旨在解说六二爻辞"贲其

【贲其趾舍车而徒】 《贲》卦初九爻辞。意思是：文饰自身的足趾，舍弃大车而甘于徒步行走。徒，谓步行。此言初九当"贲"之始，位卑处下，不敢贪求华饰，故自贲其趾，喻饰所当饰；而舍车安步，则喻弃所不当饰。即寓含"贲不失礼"之义。参见"贲初九"。

【贲于丘园束帛戋戋】 《贲》卦六五爻辞之语。意思是：文饰在山丘园圃，持一束微薄的丝帛（礼聘贤士）。丘园，朴素自然之处，喻《贲》卦上九爻；束帛，一束丝帛，喻微薄无华之物；戋戋，形容物少。这是说明六五当"贲"之时，居卦尊位，柔中无华，饰尚朴素，虽无下应却能亲比于远处卦终的上九阳刚，遂有贲饰于"丘园"之象，犹如持微薄的"束帛"礼聘贤士，共相辅治，以成"贲"道之至美，故曰"贲于丘园，束帛戋戋"。参见"贲六五"。

【贲如皤如白马翰如】 《贲》卦六四爻辞之语。意思是：文饰得那样素美，全身那样洁白，坐下白马又是那样清纯无杂。皤，音婆 pó，素白之貌；翰，亦形容白。这是说明六四当"贲"之时，居上卦之初，"贲"道已变，其饰尚素，故取"皤"、"白"、"翰"为喻；又因柔正得位，下应初九，宜于速往相应互贲，遂有"白马"奔驰之象，故称"贲如，皤如，白马翰如"。参见"贲六四"。

【牵复】 《小畜》卦九二爻辞之语。意为：被牵连复返阳刚之道。牵，谓牵连。此言九二当"小畜"之时，以阳处下卦之中，本欲上行以畜于六四，因初九返回阳刚之道不为阴者所"畜"，遂亦被所"牵"而"复"其阳，故有"牵复"之象。参见"小畜九二"。

【牵羊悔亡闻言不信】 《夬》卦九四爻辞之语。意思是：若能紧密牵系着羊一般强健的阳刚尊者则悔恨必将消亡，无奈听了此言不肯信从。牵，牵系附连；羊，强健刚劲之物，喻《夬》卦九五爻。这是说明九四当"决除"小人之时，以阳居阴，刚决不足，行止艰难，此时若能密切上承九五之阳，犹如与强健的"羊"紧相系连，则可补其刚之不足而"悔亡"；无奈九四以失正之刚，或听此言而不信从之，一意孤行，终难"决除"小人而徒致凶咎，故爻辞取"牵羊悔亡，闻言不信"为象以喻示其诫。参见"夬九四"。

【牵复在中亦不自失也】 《小畜》卦九二爻的《小象传》辞。旨在解说九二爻辞"牵复"的象征内涵。意思是：被牵连复返阳刚之道而居守中位，说明九二也能不自失阳德。参见"小畜九二小象传"。

【厚载】 谓地厚而能载物众多，亦喻人的品德淳厚美善。语本《坤》卦《彖传》"坤厚载物，德合无疆"及《大象传》"君子以厚德载物"。《礼记·中庸》："博厚，所以载物也。"《后汉书·皇后纪赞》："坤惟厚载，阴正乎内。"李贤注："《易》曰'坤厚载物'，又曰'女正位乎内，男正位乎外'。"

【厚下安宅】 《剥》卦的《大象传》语。意为：丰厚基础、安固住宅。下，指下处，犹言"基础"。这是从《剥》卦"山附于地"的卦象而推阐出"居上者"观此象，须悟知"厚下安宅"、以防"剥落"的道理。参见"剥大象传"。

【厚斋易学】 南宋冯椅撰。五十二卷。《四库全书》录《永乐大典》本。冯氏此书，旧本散佚，唯《永乐大典》尚存其文，《四库全书》馆臣据以录出，并依《自序》所云，厘为《辑注》四卷、《辑传》三十卷、《外传》十八卷，凡五十二卷，合称《厚斋易学》。全书解说《周易》经传，广采前代《易》家之说，而断以己意。《四库全书提要》指出："《辑注》多用古文"，"虽异今本而皆根旧义。至于《履》、《否》、《同人》诸卦，以为旧脱卦名宜补；《姤》彖'女壮勿用取'下以为衍'女'字之类，则椅之自抒所见者也。《辑传》各卦，皆分卦序、卦义、象义、爻义、象占诸目,缕析条分,至为详悉,其搜采亦颇博洽。如王安石、张汝明、张弼、李椿年、李元量、李舜臣、间邱昕、毛朴、冯时行、蘭廷瑞诸家,其书今皆不传,尚藉是以存梗概。《外传》荟萃群言,亦多所阐发。其以《系辞》为《说卦》,宗吴仁傑之本,董真卿《周易会通》驳之,良允。明杨时乔《周易古今文》乃以'合于《随志》'取之,斯好奇之过矣。然合观三书,大抵元元本本,淹贯宏通,要不以一二微瑕掩也。《启蒙翼传》又云:鄱阳汪标手编诸家《易》解为一巨集,名《经传通解》,以椅《易》解为底本,求古今解增入。盖宋元之际,甚重其书。今标书亦不传,则此书弥可宝贵矣。董真卿、胡一桂皆称是书为《易辑》,《宋史·艺文志》作《易学》,《文献通考》则作《厚斋易学》。考王湜先有《易学》,宜有所别,故今从《通考》之名焉。"

【厚德载物】 《坤》卦的《大象传》语。意为:增厚美德而容载万物。厚,用如动词。这是从《坤》卦的卦象"地势坤"而推阐出的"君子"当效法"地"以修德载物的道理。参见"坤大象传"。

【威如之吉反身之谓也】 《家人》卦上九爻的《小象传》辞。旨在解说上九爻辞"威如"、"吉"的象征内涵。意思是:威严治家而获吉祥,说明上九先要反身自察以严格要求自己。参见"家人上九小象传"。

【威如之吉易而无备也】 《大有》卦六五爻的《小象传》语。旨在解说六五爻辞"威如,吉"的象征内涵。意思是:威严自显的吉祥,说明六五行为简易、无所防备(而人自敬畏)。参见"大有六五小象传"。

【咸】 六十四卦之一。列居篇中第三十一卦,亦即"下经"的第一卦。由下艮(☶)上兑(☱)组成,其卦形作"䷞",卦名为《咸》,象征"交感"。《礼记·乐记》认为:"人生而静,天之性也;感于物而动,性之欲也。"《序卦传》曰:"有天地然后有万物,有万物然后有男女,有男女然后有夫妇。"并谓"夫妇之道,不可以不久也。"显然,《咸》卦的主旨,从广义看是普遍阐明事物"感应"之道,从狭义看却是侧重男女"交感"之理。卦辞称"交感"能"正"必致亨通,又言男子"取女"可获吉祥,已明确表露上述意义。六爻以人体感应设喻,分别展示"交感"的不同情状及是非得失:初六感于"足趾",未显吉凶;六二感于"腿肚",安居则吉;九三感于"大腿",泛随有吝;九四感于"心神",守正致吉;九五感于"背脊",未能广应,仅得"无悔";上六感于"口头",感应转微,吉凶难测。诸爻由下体感应到上体,取象简明贴切。其中九四所感,最具"贞吉"美德;爻辞赞扬"朋从尔思"的境界,无非强调"感"止于"正"必吉,悦以能静为宜,恰似"窈窕淑女,君子好逑"(《诗·关雎》)之义在《易》理中的体现。就这一点分析,《咸》卦的"咸以利贞"论,又可与《国风》"好色而不淫"的"诗教",一并纳入封建社会早期关于男女、夫妇礼教的道德范畴之中,为研究古代社会礼法制度尤其是婚配制度提供了一方面资料。至于卦中蕴含的超出男女"交感"之外的"天地感而万物化生,圣人感人心而天下和平"的思想,则更是值得重视的《周易》哲学体系中"变化"、"发展"理论之一端。

【咸临】 ①《临》卦初九爻辞之语。意为:感应于尊者而施行监临。咸,通"感",犹言"感应"。此谓初九当"临"之始,阳刚处下,上应六四,犹如下者感应于尊者而施监临,故有"咸临"之象。参见"临初九"。 ②《临》卦九二爻辞之语。字面意思与《临》初九爻辞同。但其爻象寓义则言九二以阳刚处《临》下卦中位,当"临"之时,上应六五,亦如感应于尊者而施监临,故也有"咸临"之象。参见"临九二"。

【咸九三】 《咸》卦九三爻。以阳爻居卦第三位。爻辞曰:"咸其股,执其随,往吝。"意思是:交感相应在大腿,执意盲从泛随于人,如此往前必有憾惜。股,即大腿;执,犹言"执意",孔颖达《周易正义》释为"其志意所执";随,此处含盲目泛随、心无专主之意。这是说明九三处《咸》下卦之终,阳盛刚亢,应于上六,犹如交感至"股";"股"动则随足而行,即喻其执意泛随、相感不专,以此处"感",故"往"必有"吝"。王弼《周易注》:"股之为物,随足者也。进不能制动,退不能静处,所感在股,志在随人者也。志在随人,所执亦以贱矣;用斯以往,吝其宜也。"按,《咸》九三处"多凶"之位,阳盛性躁;上应一阴,下履两阴,为三心二意,交感不专之象,故动辄致"吝"。马其昶《重定周易费氏学》释九三《小象传》"所执下也"之义云:"君子观于三,不责其行之随,而责其志之所执者下也。"

【咸九五】 《咸》卦九五爻。以阳爻居卦第五位。爻辞曰:"咸其脢,无悔。"意思是:交感相应在背脊肉上,不致悔恨。脢,音梅 méi,孔颖达《周易正义》据《子夏传》、许慎《说文解字》及马融、郑玄、王肃、王弼诸家说,认为"脢"即"背脊肉",位于"心之上,口之下"。这是说明九五当"感"之时,阳刚居尊,虽与六二之阴有应,却不能"大感"于二;犹如感应在"脢"上,其心难通,故仅获"无悔"。王弼《周易注》:"进不能大感,退亦不为无志;其志浅末,故'无悔'而已。"按,"背脊肉"于人体为未能通感之象,犹如《咸》九五虽居尊位,却同"槁木"无情,不能以心感应其下。视《咸》六二"动凶居吉",似亦与九五之"无情"有关。马其昶《重定周易费氏学》释九四《小象传》"志末也"之义云:"'圣人感人心而天下和平',若枯槁独善之流,君子不取其志也。"

【咸九四】 《咸》卦九四爻。以阳爻居卦第四位。爻辞曰:"贞吉,悔亡;憧憧往来,朋从尔思。"意思是:守持正固可获吉祥,悔恨必将消亡;心意不定地频频往来,友朋终究顺从你的思念。憧,音充 chōng,"憧憧"形容心意不定而频频往来之状,许慎《说文解字》"憧,意不定也",陆德明《经

典释文》引王肃曰"往来不绝貌",又引刘表曰"意未定也"(此即李鼎祚《周易集解》引虞翻谓"怀思虑"之义);朋,指《咸》卦初六爻;尔,指《咸》卦九四爻;思,即思念。这是说明九四当"咸"之时,居上卦之初,本有"失正"之悔,但阳居阴位有谦退之象,犹如能趋正自守,并与所应之初六以诚相须、以心神相感、静俟心志通同之日,故获"吉"而"悔亡";于是爻辞又拟"憧憧往来,朋从尔思"之象,喻示九四与初六的"交感"从"心意不定"而有悔守直,到友朋两相通感、倾心相从而"悔亡"获"吉"的过程。王弼《周易注》:"处上卦之初,应下卦之始,居体之中,在股之上,二体始相交感,以通其志,心神始感者也。凡物始感而不以之于正,则至于害'故必'贞'然后乃'吉',吉然后乃得'亡'其'悔'也。始在于感,末尽感极,不能至于无思,以得其党,故有'憧憧往来',然后'朋从'其'思'也。"按,《咸》九四爻辞极言男女交感须"正":即初六阴柔,当恬静不妄动;九四阳刚,宜守正通其感。爻辞后两句喻象颇为生动:"憧憧往来",状思虑不定之忧,适如《诗·关雎》"求之不得"、"辗转反侧";"朋从尔思",抒终成眷属之喜,亦犹"窈窕淑女,钟鼓乐之"。然而,"交感"之理原非限于男女情事。所"感"至正至大者,不但"思虑不定"之求不复存在,乃至"天下"因之心志归一,人无所思,意均通同。故《系辞下传》引孔子语发挥此爻象征意义曰:"天下何思何虑? 天下同归而殊途,一致而百虑,天下何思何虑?"

【咸上六】 《咸》卦上六爻。以阴爻居卦最上之位。爻辞曰:"咸其辅颊舌。"意思是:交感相应在口头上。辅,即上牙床,许慎《说文解字》:"人颊车也";辅、颊、舌均与"口"有关,三者合称犹今言"口头言语",来知德《周易集注》:"舌动则辅应而颊从之,三者相须用事,皆所以言者。"这是说明上六以阴居《咸》卦之终,"感"极而反,其应徒在口头言语而已。王弼《周易

注》："'咸'道转末,故在口舌言语而已。"又曰："辅、颊、舌者,所以为语之具也。"按,《咸》卦上六感应于言辞,含有交感虚伪不诚之义。但爻辞未言吉凶,刘沅以为："上六以阴居兑说之终,以言感人,未为全非,但所感者浅耳,故不言吉凶,俟占者自审。"(马振彪先生《周易学说》引)马其昶《重定周易费氏学》云："《咸》之极则发诸口,言者心之声也,心之感有诚伪,故于言亦难定其吉凶焉。"两人所论,略同《论语·公冶长》"听其言而观其行"之义,颇可借以品味《咸》上六爻辞的"象外之旨"。

【咸六二】 《咸》卦六二爻。以阴爻居卦第二位。爻辞曰:"咸其腓,凶;居吉。"意思是:交感相应在小腿肚,有凶险;静居安守可获吉祥。腓,音肥féi,小腿肚,程颐《周易程氏传》"足肚也";此字许慎《说文解字》训为"胫也",又训"腨"曰"腓肠也",段玉裁注云:"胫骨后之肉也,腓之言肥,似中有肠者然"。这是说明六二以阴柔处《咸》下卦之中,柔正上应九五阳刚,犹如交感至于"腓";"腓"为动象,躁动必凶,故爻辞先戒以凶险,再勉其静居安守则吉。王弼《周易注》:"'咸'道转进,离'拇'升'腓';腓体动躁者也,感物以躁,凶之道也。由躁故凶,居则吉矣;处不乘刚,故可以居而获吉。按,《咸》六二柔和中正,感"腓"而动,本无可咎,但爻辞却以"凶"深诫之。可知《周易》作者于《咸》卦虽言"交感",却以守正"不动"为美,此中似有男女交感,当以"礼"为防之意寓焉。朱熹《周易本义》云:"此卦虽主于'感',然六爻皆宜静不宜动也。"又按,尚秉和先生《周易尚氏学》指出:"五为正应,乃三、四亦阳;二独与五,则为三、四所忌,故动凶居吉。"此释《咸》六二与三、四、五诸爻的关系,可备参考。

【咸初六】 《咸》卦的初六爻。以阴爻处卦下初位。爻辞曰:"咸其拇。"意思是:交感相应在脚拇指。拇,陆德明《经典释文》:"马、郑、薛云'足大指也'。"这是说明初六以阴处《咸》之始,上应九四,所感尚浅,未动于心,故以感于足之"拇"为喻,言其欲动而未动。孔颖达《周易正义》:"初应在四,俱处卦始,为感浅末;取譬一身,在于足指而已。"按,《咸》初六感应于"拇",固为浅末;但既有所应,故必萌萌然而"志在外"(《小象传》语)。方宗诚《读易笔记》以为,爻辞不言吉凶的原因,是由于"将动之始,善与恶尚未定也;故但曰'咸其拇',使人存慎动谨几之意"。

【咸其拇】 《咸》卦初六爻辞。意为:交感相应在脚拇指。拇,谓"足大指"。这是说明初六以阴处《咸》之始,上应九四阳刚,所感尚浅,未动于心,故心感于足之"拇"为喻,言其欲动而未动。参见"咸初六"。

【咸其腓】 《咸》卦六二爻辞之语。意为:交感相应在小腿肚。腓,音肥féi,小腿肚之名。此言六二以阴处《咸》下卦之中,柔正上应九五阳刚,犹如交感至于"腓",有感而欲动之象,故曰"咸其腓"。参见"咸六二"。

【咸其脢】 《咸》卦九五爻辞之语。意为:交感相应在背脊肉上。脢,音梅méi,即"背脊肉"。此言九五当"感"之时,阳刚居尊,虽与六二之阴有应,却不能"大感"于二;犹如感应在"背脊肉"上,其心难通,故曰"咸其脢"。参见"咸九五"。

【咸卦辞】 《咸》卦的卦辞。其文曰:"咸,亨,利贞,取女吉。"意思是:《咸》卦象征交感,亨通,利于守持正固;求娶女子为妻可获吉祥。咸,即"感",卦名,象征"交感"或"通感"、"感应"之义;取,即"娶"。卦辞说明,事物当"交感"之时,可致亨通,其利在于守正;并以人事为喻,谓男女交感,能以"正道"结为婚姻必"吉"。孔颖达《周易正义》:"咸,感也。此卦明人伦之始,夫妇之义,必须男女共相感应,方成夫妇。既相感应,乃得亨通;若以邪道相通,则凶害斯及,故利在贞正;既感通以正,即是婚媾之善。"

【咸象传】《咸》卦的《象传》。旨在解说《咸》卦的卦名、卦辞之义。其文为:"《彖》曰:咸,感也;柔上而刚下,二气感应以相与。止而说,男下女,是以亨,利贞,取女吉也。天地感而万物化生,圣人感人心而天下和平;观其所感,而天地万物之情可见矣。"意思是:"《彖传》说:咸,即是交感;譬如阴柔往上而阳刚来下,阴阳二气交感互应而两相亲和。交感之时稳重自抑又能欢快欣悦,就像男子以礼下求女子,所以亨通,利于守持正固,求娶女子为妻可获吉祥。天地交感带来万物化育生长,圣人感化人心带来天下和平昌顺;观察交感现象,天地万物的性情就可以明白了。"全文可分三节理解。第一节,自"咸"至"二气感应以相与"四句,举《咸》上卦兑为阴卦、下卦艮为阳卦之象,说明上下两象有刚柔交感之义,以释卦名"咸"。第二节,自"止而说"至"取女吉也"五句,举《咸》下卦艮为止、为少男之象及上卦兑为说(悦)、为少女之象,说明上下两象含有抑制其情而能欣悦之义,又含有少男"礼下"少女之义,谓如此交感以正必可亨通获吉,以释《咸》卦辞"亨,利贞,取女吉"。第三节,自"天地感而万物化生"至"而天地万物之情可见矣"四句,广举"天地"、"圣人"、"万物"的相感之例,归结并叹美《咸》卦的"交感"大义。

【咸大象传】《咸》卦的《大象传》。其辞曰:"山上有泽,咸;君子以虚受人。"意思是:山上有大泽,(山泽相通)象征"交感";君子因地虚怀若谷而广泛容纳感化众人。受,犹言"容纳"。这是先揭明《咸》卦下艮为山、上兑为泽之象,谓山上有泽、山泽相通,正为"交感"的象征;然后推阐出"君子"观此象,当知虚怀接物以成"感应"之道的意义。王弼《周易注》:"以虚受人,物乃感应。"孔颖达《周易正义》:"泽性下流,能润于下;山体上承,能受其润;山感泽,所以为咸。"又曰:"君子法此《咸》

卦下山上泽,故能空虚其怀,不自有实;受纳于物,无所遗弃。以此感人,莫不皆应。"按《咸》卦的卦辞举男女之间的"交感"为喻,而《彖传》、《大象传》则盛称圣人、君子对于众人、庶民的"感化",显然是一种发挥。但就象征角度言,"交感"之义本至为广泛,故两《传》所阐发者亦无不在卦理之中。

【咸其辅颊舌】《咸》卦上六爻辞。意思是:交感相应在口头上。辅,即上牙床;辅、颊、舌均与"口"有关,三者合称犹今言"口头言语"。这是说明上六以阴居《咸》卦之终,"感"极而反,其应徒在口头言语而已,故曰"咸其辅颊舌"。参见"咸上六"。

【咸受之以恒】《周易》六十四卦,第三十一卦是象征男女阴阳交感的《咸》卦,居下经之首,喻示"夫妇之道"为人伦之本始;夫妇相处以恒久不渝为美,所以接《咸》之后是象征"恒久"的第三十二卦《恒》卦。此称"《咸》受之以《恒》"。语本《序卦传》:"夫妇之道不可以不久也,故受之以《恒》;恒者,久也。"李鼎祚《周易集解》引郑玄曰:"言夫妇当有终身之义。夫妇之道,谓《咸》、《恒》也。"

【咸速也恒久也】《杂卦传》语。说明《咸》卦象征"交感",含有感应神速之义;而《恒》卦象征"恒久",寓有恒心永久之义,一速一久,两卦旨趣适可对照。李鼎祚《周易集解》引虞翻曰:"相感者不行而至,故速也;日月久照,四时久成,故久也。"

【咸九三小象传】《咸》卦九三爻的《小象传》。其辞曰:"咸其股,亦不处也;志在随人,所执下也。"意思是:交感相应在大腿,说明九三不能恬静退处;心志在于盲目泛随于人,说明九三所执守之意是卑下的。这是解说《咸》九三爻辞"咸其股,执其随"的象征内涵。处,犹言"静处"。孔颖达《周易正义》:"非但进不能制动,退聚不能静处也。"又曰:"既志在随人,是其志意所执下贱也。"

【咸九五小象传】 《咸》卦九五爻的《小象传》。其辞曰:"咸其脢,志末也。"意思是:交感相应在背脊肉上,说明九五的交感志向颇为浅微。这是解说《咸》九五爻辞"咸其脢"的象征内涵。孔颖达《周易正义》:"末,犹浅也。感以心为深,过心则谓之浅末也。"

【咸九四小象传】 《咸》卦九四爻的《小象传》。其辞曰:"贞吉悔亡,未感害也;憧憧往来,未光大也。"意思是:守持正固可获吉祥而悔恨必将消亡,说明九四未曾因交感不正而遭害;心意不定地频频往来,说明九四的交感之道尚未光大。这是解说《咸》九四爻辞"贞吉悔亡,憧憧往来"的象征内涵。未感害,朱熹《周易本义》:"言不正而感,则有害也";未光大,孔颖达《周易正义》:"非感之极,不能无思无欲,故未光大也。"

【咸上六小象传】 《咸》卦上六爻的《小象传》。其辞曰:"咸其辅颊舌,滕口说也。"意思是:交感相应在口头上,说明上六不过腾扬空言而已。这是解说《咸》上六爻辞"咸其辅颊舌"的象征内涵。滕,音腾 téng,通"腾",陆德明《经典释文》:"达也,《九家》作'乘'",程颐《周易程氏传》训为"腾扬";尚秉和先生《周易尚氏学》:"朱子云'滕'与'腾'通,即'达'也,李鼎祚本正作'腾'(谨按,李鼎祚《周易集解》本作"腠",即'腾'之古文);口说,犹言"空言"。《周易程氏传》:"唯至诚为能感人,乃以柔说腾扬于口舌,言说岂能感于人乎?"

【咸六二小象传】 《咸》卦六二爻的《小象传》。其辞曰:"虽凶居吉,顺不害也。"意思是:尽管有凶险但静居安守可获吉祥,说明六二顺从交感正道必能免遭祸害。这是解说《咸》六二爻辞"凶,居吉"的象征内涵。程颐《周易程氏传》:"二居中得正,所应又中正,其才本善;以其在'咸'之时,质柔而上应,故戒以先动求君则凶,居以自守则吉。《象》复明之云:非戒之不

得相感,唯顺理则不害,谓守道不先动也。"

【咸初六小象传】 《咸》卦初六爻的《小象传》。其辞曰:"咸其拇,志在外也。"意思是:交感相应在脚拇指,说明初六的感应志向是往外发展。这是解说《咸》初六爻辞"咸其拇"的象征内涵。孔颖达《周易正义》:"外,谓四也。与四相应,所感在外;处于感初,有志而已,故云'志在外也'。"

【咸其股执其随】 《咸》卦九三爻辞之语。意思是:交感相应在大腿,执意肓从泛随于人。股,即大腿;执,犹言"执意";随,此处名盲目泛随、心无专主之意。这是说明九三处《咸》下卦之终,阳盛刚亢,应于上六,犹如交感至"股";"股"之动随足而行,即喻其执意泛随、相感不专而有失"交感"正道。故曰"咸其股,执其随"。参见"随九三"。

【咸其脢志末也】 《咸》卦九五爻《小象传》辞,旨在解说九五爻辞"咸其脢"的象征内涵。意思是:交感相应在背脊肉上,说明九五的交感志向颇为浅微。参见"咸九五小象传"。

【咸其拇志在外也】 《咸》卦初六爻的《小象传》辞。旨在解说初六爻辞"咸其拇"的象征内涵。意思是:交感相应在脚拇指,说明初六的感应志向是往外发展。参见"咸初六小象传"。

【咸其股亦不处也】 《咸》卦九三爻的《小象传》语。旨在解说九三爻辞"咸其股"的象征内涵。意思是:交感相应在大腿,说明九三不能恬静退处。参见"咸九三小象传"。

【咸临贞吉志行正也】 《临》卦初九爻的《小象传》辞。旨在解说初九爻辞"咸临贞吉"的象征内涵。意思是:感应于尊者而施行监临、守持正固可获吉祥,说明初九的心志行为端正不阿。参见"临初九小象传"。

【咸其辅颊舌滕口说也】 《咸》卦上六

爻的《小象传》辞。旨在解说上六爻辞"咸其辅颊舌"的象征内涵。意思是：交感相应在口头上，说明上六不过腾扬空言而已。滕，音腾 téng，通"腾"，犹言"腾扬"。参见"咸上六小象传"。

【咸临吉无不利未顺命也】《临》卦九二爻的《小象传》辞。旨在解说九二爻辞"咸临，吉无不利"的象征内涵。意思是：感应于尊者而施行监临、吉祥无所不利，说明九二并非仅仅是顺从君命。参见"临九二小象传"。

【春秋占筮书】 清毛奇龄撰。三卷。《西河合集》本。此书采摭《左传》、《国语》（合称《春秋内外传》）中所载占筮之例，以揭明古人之《易》学，故名曰《春秋占筮书》。《四库全书提要》指出："自汉以来，言占筮者不一家，而取象玩占存于世而可验者，莫先于《春秋传》。奇龄既于所著《仲氏易》、《推易始末》诸书发明其义，因复举《春秋内外传》中凡有得于筮占者汇记成书。而汉、晋以下占筮有合于古法者，亦随类附见焉。《易》本卜筮之书，圣人推衍天下之理，而即数以立象；后人推究《周易》之象，而即数以明理。羲、文、周、孔之本旨，如是而已。厥后象、数、理歧为三家，而数又歧为数派，孟喜、焦赣、京房以下，其法不可殚举，而《易》于是乎愈杂。《春秋内外传》所记，虽未必无所附会，而要其占法则固古人之遗轨。譬之史书所载，是非褒贬，或未尽可凭，至其一代之制度，则固无伪撰者也。奇龄因春秋诸占以推三代之筮法，可谓能探其本，而足辟诸家之喙者矣。"

【括囊】 束紧囊口，喻缄口不言、闭智不用。语出《坤》卦六四爻辞"括囊，无咎无誉"。孔颖达《周易正义》："括，结也。囊所以贮物，以譬心藏知也；闭其知而不用，故曰括囊。"《后汉书·杨震传》："括囊避咎。"《晋书·王羲之传》："未有深谋远虑，括囊至计。"元耶律楚材诗（见《湛然居士集》）："避祸宜缄口，当言肯括囊。"

【括囊守禄】 谓在职者不肯尽言，尸位素餐。语本《坤》卦六四爻辞"括囊无咎无誉"。《后汉书·崔骃传》："见信之佐，括囊守禄。"李贤注："《易》曰'括囊，无咎无誉'。括，结也。结囊不言，持禄而已。"

【括囊无咎无誉】《坤》卦六四爻的辞。意思是：束紧囊口，免遭咎害，不求赞誉。此言《坤》六四处位不中正，其时不利施用，故须"括囊"隐居，不求赞誉而保"无咎"。参见"坤六四"。

【括囊无咎慎不害也】《坤》卦六四爻的《小象传》辞。旨在解说六四爻辞"括囊无咎"的象征内涵。意思是：束紧囊口、免遭咎害，说明六四必须谨慎小心才能不惹祸患。六四以阴居阴，有谦退自守、慎而又慎之象。这是处位不利能获"无咎"的重要条件，故爻辞以"括囊"为喻，《小象传》以"慎不害"设戒。参见"坤六四小象传"。

【挂扐之数】《周易》筮法，凡"四营"为一变，三变成一爻，十八变成一卦；其中每一变均有"一挂二扐"之策，将之相加，即为该变所得"挂扐之数"。参见"筮法"。

【挂一以象三】 一，谓一根蓍策；三，指天、地、人三才。《系辞上传》语，言占筮时的"第二营"，即从"第一营"所分两份蓍策（喻天地两仪）的右份中取出一策，悬挂在左手小指间，与左右两份蓍策配合以象征"人"与"天"、"地"。孔颖达《周易正义》："'挂一以象三'者，就两仪之间，于天数之中分挂其一，而配两仪以象三才也。"参见"筮法"。

【胡广】(1370—1418) 明吉水（今属江西）人。字光大。建文二年（1400）举进士，明惠帝亲擢为第一，赐名"靖"，授翰林修撰。成祖即位，广迎降，复名"广"，累官至文渊阁大学士，兼左春坊大学士。两从成祖北征，以醇谨见幸；擅长书法，每勒石，成祖皆命广书之。卒年四十九，赠礼部尚书，谥"文穆"（见《明史》本传）。曾主编《周易传义大全》二十四卷，为明代取士

【胡瑗】（993—1059） 北宋泰州海宁（今江苏泰县）人，一说如皋（今属江苏）人。字翼之。世居陕西路安定堡。学者称安定先生。七岁善属文，十二通《五经》，即以圣贤自期许，邻父见而异之，谓其父曰："此子乃伟器，非常儿也。"家贫无以自给，往泰山与孙复、石介同学，攻苦食淡，终夜不寝。一去十年不归，得家书，见上有"平安"二字，即投入涧中，不复展阅，恐扰其心。后以经术教授吴中。教人有法，科条纤悉备具，以身先之，虽盛暑必公服坐堂上，严师弟子之礼，视诸生如其子弟，诸生亦信爱如其父兄，从之游者常数百人。官至太常博士致仕，东归之日，弟子祖帐饯行，百里不绝，时以为荣。年六十七卒于家（见《宋史》本传及《宋元学案》）。其讲论《周易》，主于以儒理阐说《易》义，对宋《易》义理派的形成有重大影响。《易》学著述有《易传》、《周易口义》。今存《口义》十二卷，乃其弟子倪天隐述师说而成之。

【胡煦】（1655—1736） 清河南光山人。字沧晓，号紫弦。初以举人官安阳教谕。治《周易》，有所撰述。康熙五十一年（1712）成进士，授检讨。玄烨闻其通《易》理，召对乾清宫，问河洛理数及卦爻中疑义，煦绘图进讲，玄烨赏之曰："真苦心读书人也！"越二年，奉命协同李光地分纂《周易折中》。后又参与修撰《卜筮精蕴》、《卜筮彙义》等书。雍正间官至礼部侍郎，以衰老夺官。乾隆元年（1736）诣阙召见，命还原衔，寻疾作卒于京师，后追谥"文良"。平生正直忠厚，所建白必归本于教化（见《清史稿》本传及《清儒学案小识》）。《易》学专著今存《周易函书约存》十八卷、《约注》十八卷、《别集》十六卷。

【胡渭】（1633—1714） 清德清（今属浙江）人。初名渭生。字朏明，号东樵。年十二而孤，母携之避乱山谷间。年十五为县学生，后弃科举。笃志经义，尤精舆地之学。曾与阎若璩等佐徐乾学修《大清一统志》。又著《禹贡锥指》二十卷、《图》二十七篇，精核典赡，为宋以来注《禹贡》者之冠。另有《易图明辨》、《周易揆方》、《洪范正论》、《大学翼真》等，一扫汉儒附会及宋儒变乱之习。康熙南巡时，曾献书行在，颇受嘉奖。卒年八十二（见《清史稿·儒林传》）。《易》学专著今存《易图明辨》十卷。

【胡震】 元初人。年里未详。曾以南康路儒学教授致仕。《易》学著述有《周易衍义》十六卷（见《周易衍义自序》及《四库全书提要》）。

【胡一桂】（1247—？） 元徽州婺源（今属江西）人。字庭芳，学者称为双湖先生。胡方平之子。幼承父教，颖悟好读书，尤精于《易》，得朱熹学派源委之正。南宋景定五年（1264）一桂年十八，领乡荐，试礼部不第，遂退而讲学，远近师之。著有《周易本义附录纂疏》、《本义启蒙翼传》、《朱子诗传附录纂疏》、《十七史纂》等并行于世（见《元史·儒林传》）。《易》学专书今存《周易本义附录纂疏》十五卷、《易学启蒙翼传》四卷。

【胡方平】 南宋徽州婺源（今属江西）人。字师鲁，号玉斋。胡一桂之父。初，沈贵宝受《易》于董梦程，梦程受朱熹之《易》于黄榦，而方平曾从沈、董学，得朱熹学说之正源。故精于《易》，著有《易学启蒙通释》、《外易》、《易余闲记》等书（见《经义考》及《四库全书提要》）。研《易》专著今存《易学启蒙通释》二卷。

【胡居仁】（1434—1484） 明余干（今属江西）人。字叔心，学者称敬斋先生。青年时，受业于吴与弼之门，绝意仕进。其学以主忠信为先，求放心为要。筑室梅溪山中，四方来学者日众。曾主讲白鹿书院及贵溪洞源书院。过饶城，淮王闻之，请讲《易》于其府，待以宾师之礼。以布衣终其身，卒年五十一。万历十三年（1585）从祀孔子庙，追谥"文敬"，有文集等行世（见

《明史·儒林传》及《宋元学案》)。《易》学专著今存《易象钞》四卷。

【胡炳文】 元徽州婺源(今属江西)人。字仲虎,学者称云峰先生。与胡一桂同郡。胡斗元之子。笃志家学,以治《易》知名,于朱熹所注《四书》用力尤深。元武宗延祐年间,以荐为信州道一书院山长,调兰溪学正,不赴。有《易本义通释》、《书集解》、《春秋集解》、《礼书纂述》、《四书通》、《大学指掌图》、《五经会义》、《尔雅韵语》等(见《宋史·儒林传》及《宋元学案》)。《易》学著述今存《周易本义通释》十二卷、《辑录云峰文集易义》一卷。

【郝敬】(1558—1639) 明京山(今属湖北)人。字仲与,号楚望。举万历十七年(1589)进士,累迁礼科给事中。因不满朝政,弹劾权臣,屡被降职,遂挂冠而归,杜门著书(见《明史·文苑传·李维桢传》)。所撰经史著述甚多,其中《易》学专著今存《易领》四卷、《问易补》七卷、《学易枝言》四卷、《周易正解》二十卷。

【城隍】 城为城墙,隍为城沟,二字合为古城建筑之称。语出《泰》卦上六爻辞:"城复于隍。"赵翼《陔余丛考》:"王敬哉《冬夜笺记》谓:城隍之名,见于《易》,所谓'城复于隍'也。"

【城复于隍】 《泰》卦上六爻辞之语。意思是:城墙倾覆到干涸的城沟里。复,通"覆";隍,指无水的城沟。此言上六居《泰》终极,"通泰"之途将穷,故取"城复于隍"之象,以喻"泰极否来"之理。参见"泰上六"。

【城复于隍其命乱也】 《泰》卦上六爻的《小象传》辞。旨在解说上六爻辞"城复于隍"的象征内涵。意思是:城墙倾覆到干涸的城沟里,说明上六的发展趋向已经错乱转化。参见"泰上六"。

【项生】 西汉梁(治所今河南商丘南)人。在田何门下受《易》。当时丁宽为项生的从者,读《易》精敏,胜过项生(见《汉书·儒林传·丁宽传》)。

【项安世】(?—1208) 南宋人,其先祖居括苍(今浙江丽水东南),后家于江陵(今属湖北)。字平父,一作平甫。号平庵。淳熙二年(1175)进士。除秘书正字。光宗以疾不过重华宫,安世上书切谏,不报,求去,寻迁校书郎。宁宗即位,朱熹被召至阙,不久,予祠。安世率馆上书留之,曰:"朱熹本二千里外一庶官,陛下即位未数日,召侍经帷,天下皆以为初政之美。供职甫四十日,即以内批逐之,举朝不知所措。愿留朱熹,使辅圣学。"不报。俄为言者劾去。后除户部员外郎、湖广总领,坐事免。又以直龙图阁为湖南转运判官,未上,用台章夺职。嘉定元年(1208)卒。著述甚丰(见《宋史》本传及《宋元学案》)。《易》学专著有《周易玩辞》十六卷。

【研几】 研探细微的征兆及事理。语出《系辞上传》:"夫《易》,圣人之所以极深而研几也。"《文选》载任昉《王文宪集序》:"公乘理照物,动必研几。"

【查慎行】(1650—1727) 清海宁(今属浙江)人。初名嗣琏,字夏重。后更此名,字悔馀。号初白,又号查田。少受学于黄宗羲,治经遂于《易》。性喜作诗,游览所至,辄有吟咏,名闻禁中。康熙时,以举人特赐进士,官编修。后告归家居。弟庭嗣狱起,尽室赴诏狱,世宗雍正知其端谨,特放归。卒年七十八。所著《敬业堂集》,黄宗羲比之陆游(见《清史稿·文苑传》及《清儒学案小识》)。《易》学专著今存《周易玩辞集解》十卷、《易说》一卷。

【赵汸】(1319—1369) 明休宁(今属安徽)人。字子常。学者称东山先生。生而姿禀卓绝,尽读朱熹之书。闻九江黄泽有学行,往从之游。泽之学以精思自悟为主,其教人引而不发,汸一再登门,乃得《六经》疑义千余条以归。复往留居二岁,得口授六十四卦大义与学《春秋》之要领。后又从临川虞集游,获闻吴澄之学。遂筑"东山精舍",读书、著述于其中。每日鸡鸣辄起,澄心默坐,于是造诣精深,通贯诸经,著书甚多。元末兵乱连年,泞于颠沛流离之间,进修之功不懈。入明,太祖诏修《元史》,征泞预其事。书成辞归,未几卒,年五十一(见《明史·儒林传》)。《易》学专著今存《周易文诠》四卷。

【赵采】 元潼川(今四川三台)人。字德亮,号隆斋。仕履、生卒年未详。《易》学专著有《周易程朱传义折衷》三十三卷(见《经义考》及《四库全书提要》)。

【赵以夫】 南宋人,宋宗室子,居于长乐(今属福建)。字用父。嘉定进士。历官资政殿学士。作《易通》。与莆田黄绩相交往,上下其论,谓绩为"益友"(见《闽书》及《经义考》)。《易》学专著今存《易通》六卷。

【赵汝楳】 南宋人,宋宗室子,居于明州(治所今浙江宁波)。其父赵善湘于《易》用功最久,颇有著述。汝楳承其家学,卑退自修,精《易》象,有《易叙丛书》(含《周易辑闻》、《易雅》、《筮宗》三种)。宋理宗时,官至户部侍郎(见《经义考》及《四库全书提要》)。《易》学专著今存《周易辑闻》六卷、《易雅》一卷、《筮宗》一卷。

【赵彦肃】 南宋严州建德(今属浙江)人。字子钦。陆九渊之私淑弟子。学者称复斋先生。少志圣贤之学,穷理尽性,深造自得。乾道进士,官宁海军节度推官。平生以陆九渊为宗师,严州之为陆学者,自彦肃始。著述有《易说》、《广学杂辨》、《士冠士昏馈食图》行于世(见《宋元学案》)。《易》学专著今存《复斋易说》六卷,编入《通志堂经解》。

【赵善誉】(1143—1189) 南宋涿郡(今河北涿县)人。字静之。宋太宗后裔。幼敏慧力学,乾道五年(1169)试礼部第一。历高川路提刑转运判官。居官廉靖自将,威惠并著。引年乞祠,归处一室,以图书自娱。无疾而卒,年四十七。平生多著述,郭雍、朱熹曾取其《易说》(见《宋史》本传)。《易》学专著今存《易说》四卷。

【枯杨生华何可久也】 《大过》卦九五爻的《小象传》语。旨在解说九五爻辞"枯杨生华"的象征内涵。意思是:枯槁的杨树开出新花,生机怎能长久呢?参见"大过九五小象传"。

【枯杨生华老妇得其士夫】 《大过》卦九五爻辞之语。意思是:枯槁的杨树开出新花,龙钟老太配了个强壮丈夫。这是说明九五当"大过"之时,阳刚壮盛,以居尊位,能亲比上六衰极之阴,犹如繁花开于"枯杨",壮夫配与"老妇",两者勉力调济,阴阳遂得和合,故曰"枯杨生华,老妇得其士夫"。参见"大过九五"。

【枯杨生稊老夫得其女妻】 《大过》卦九二爻辞之语。意思是:枯槁的杨树生出嫩芽新枝,龙钟老汉娶了个年少娇妻。稊,音题 tí,通"荑",指树木新生的枝芽。这是说明九二当"大过"之时,阳刚过甚,但能以阳处得中位,下比初六柔稚之阴,犹如枯杨生新枝、老汉娶幼妻,即能以柔济刚,刚柔各自获益,故曰"枯杨生稊,老夫得其女妻"。参见"大过九二"。

【栋桡凶】 《大过》卦九三爻辞。意思是:栋梁曲折弯挠,有凶险。栋,即栋梁;桡,音挠 náo,通"挠",谓曲折。这是说明九三当"大过"之时,阳刚过甚,又以阳居阳位,且处下卦之极而应于上卦之终,刚亢益烈,正如"栋"之中体过于刚盛而本末必弱以至挠曲,故有"栋桡"之象;以此处"大过",必致凶险,故曰"凶"。参见"大过九三"。

【栋隆吉】 《大过》卦九四爻辞之语。意思是:栋梁隆起平复,吉祥。栋,即栋梁;隆,隆起,指栋梁下挠之势平复。这是说明九四处《大过》上卦之始,于阳刚过甚之时,阳居阴位,犹如能自损过刚之质,以救"栋梁"首尾之挠折弯曲,遂使栋体隆起平复,故获"吉"。参见"大过九四"。

【栋桡本末弱也】 《大过》卦的《象传》语。意思是:栋梁曲折弯挠,说明首尾两端过于柔弱。本末,指《大过》卦的初六、上六两阴爻。这是举《大过》首尾两爻为阴爻柔弱之象,说明"栋梁"之所以弯曲也正是由于两端柔弱而难胜重压,以释卦辞"栋桡"之义。王弼《周易注》:"初为本,而上为末也。"程颐《周易程氏传》:"谓上下二阴衰弱。阳盛则阴衰,故为大者过。"

【栋桡利有攸往】 《大过》卦的卦辞之语。意思是:栋梁曲折弯桡,利于有所前往。栋,即栋梁;桡,音挠náo,通"挠",谓"曲折"。这是以栋梁两端柔弱不胜重压以至曲折弯桡,譬喻"大过"之象;而当"大过"之时,物既反常,亟待整治,故曰"利有攸往"。参见"大过卦辞"。

【栋隆之吉不桡乎下也】 《大过》卦九四爻的《小象传》辞。旨在解说九四爻辞"栋隆,吉"的象征内涵。意思是:栋梁隆起平复而获吉祥,说明九四使栋梁不再往下曲折弯桡。参见"大过九四小象传"。

【栋桡之凶不可以有辅也】 《大过》卦九三爻的《小象传》辞。旨在解说九三爻辞"栋桡,凶"的象征内涵。意思是:栋梁曲折弯桡而有凶险,说明九三的刚势不能再加以辅助。参见"大过九三小象传"。

〔丨〕

【显比】 《比》卦九五爻辞之语。意思是:光明无私地与众人亲比。显,犹言"光明"。此谓九五当"比"之时,居卦尊位,阳刚中正,群阴皆来比辅,有光明无私地与众亲比之象,故称"显比"。参见"比九五"。

【显比之吉位正中也】 《比》卦九五爻的《小象传》语。旨在解说九五爻辞"显比"的象征内涵。意思是:光明无私地与众人亲比而获吉祥,说明九五居位刚正适中。参见"比九五小象传"。

【是类谋】 旧题东汉郑玄注。一卷。《易纬八种》之一。一作《筮类谋》。见《易纬是类谋》。

【思不出其位】 《艮》卦的《大象传》语。意为:所思所虑不超出本位。这是从《艮》卦两山重叠,静止不动的卦象而推阐出的

"君子"观此象,须悟知应当抑止非分邪念的道理,故所思虑均不敢越其本位。参见"艮大象传"。

【思患而豫防之】 《既济》卦的《大象传》语。意为:事成之后思虑可能出现的祸患而预先防备。豫,即"预"。这是从《既济》卦"水在火上",煮成食物的卦象而推阐出的"君子"观此象,须悟知事成之后或又将致乱的道理,故当思其隐患而预防之。参见"既济大象传"。

【虽不当位有与也】 《困》卦九四爻的《小象传》语。旨在解说九四爻位不当而能"有终"之义。意思是:九四尽管居位不妥当,但必然能获得相助终将遂愿。参见"困九四小象传"。

【虽磐桓志行正也】 《屯》卦初九爻的《小象传》语。旨在解说初九爻辞"磐桓,利居贞"的象征内涵。意思是:《屯》初九尽管徘徊流连,但心志行为能保持端正。参见"屯初九小象传"。

【虽不当位未大失也】 《需》卦上六爻的《小象传》语。旨在解说上六爻辞"有不速之客三人来,敬之,终吉"的象征内涵。意思是:上六尽管处位不妥当,但未至于遭受重大损失。参见"需上六小象传"。

【虽小有言以终吉也】 《需》卦九二爻的《小象传》语。旨在解说九二爻辞"小有言,终吉"之义。意思是:尽管略受言语中伤,但能坚持需待至终必获吉祥。按,阮元《周易校勘记》谓"以终吉也",当作"吉终也",以"终"字与前文"中"叶韵。似当据改。参见"需九二小象传"。

【虽小有言其辩明也】 《讼》卦初六爻的《小象传》语。旨在解说初六爻辞"小言,终吉"的象征内涵。意思是:纵然略受言语中伤,但初六通过辩析终将分明。参见"讼初六小象传"。

【虽不当位刚柔应也】 《未济》卦的《彖传》语。意思是:尽管卦中六爻居位都不妥当,但阴阳刚柔皆能相互援应则可促使成功。这是举《未济》卦六爻不当位但刚

柔皆有应之象,说明阴阳上下若密切应援,则能于"未济"之中求得"可济"之道,归结"未济"所以能致"亨"之理。王弼《周易注》:"位不当,故未济;刚柔应,故可济。"孔颖达《周易正义》:"重释'未济'之义。凡言'未'者,今日虽未济,复有可济之理。以其不当其位,故即时未济;刚柔皆应,是得相拯,是有可济之理。故称'未济',不言'不济'也。"

【虽凶无咎畏邻戒也】《震》卦上六爻的《小象传》语。旨在解说上六爻辞"征凶"、"无咎"的象征内涵。意思是:尽管有凶险却不致咎害,说明上六应当畏惧近邻所受的震惊而预先戒备。参见"震上六小象传"。

【虽凶居吉顺不害也】《咸》卦六二爻的《小象传》辞。旨在解说六二爻辞"凶,居吉"的象征内涵。意思是:尽管有凶险但静居安守可获吉祥,说明六二顺从交感正道必能免遭祸害。参见"咸六二小象传"。

【虽旬无咎过旬灾也】《丰》卦初九爻的《小象传》辞。旨在解说初九爻辞"虽旬无咎"的象征内涵。意思是:尽管阳德均等也不致咎害,说明初九和九四要是阳德不均必致竞争而有灾患。参见"丰初九小象传"。

【贵而无位】《乾》卦《文言传》语。旨在衍释《乾》上九"亢龙有悔"之义。意思是:上九譬喻某种人尊贵而没有实位。李鼎祚《周易集解》引荀爽曰:"在上故贵,失正故无位。"按,王弼《周易略例·辨位》主张"初、上无阴阳定位",谓初爻、上爻为"无位"之爻,皆不言得位、失位。故孔颖达《周易正义》:"承其说,认为:"以上九非位,而上九居之,是无位也。"于义可通。又按,此语又见《系辞下传》,亦释《乾》上九爻辞之义,孔颖达《周易正义》认为乃《系辞传》特举"亢龙"之穷高以与前文释"劳谦"之卑恭相对照;朱熹《周易本义》则认为"当属《文言》,此盖重出"。两说并可

参考。

【眇能视】①《履》卦六三爻辞之语。意思是:目眇而强视。眇,一目小之称,此处指视力极弱;能,连词,犹"而",含转折意。此言六三当"履"之时,处下卦之终,阴居阳位,乘凌九二之刚,不能"小心行走"却盲目妄动,故有"眇"而强视之象。参见"履六三"。 ②语出《归妹》卦九二爻辞。意为:目眇而勉强瞻视。此谓九二当"归妹"之时,阳刚居中,有"女贤"之象;但上应六五阴柔不正,犹如配夫不良,而勉强相从,遂取"眇"而勉力瞻视为譬。其辞与《履》六三爻辞同,然寓义却有别。参见"归妹九二"。

【眇能视不足以有明也】《履》卦六三爻的《小象传》语。旨在解说六三爻辞"眇能视"之义。意思是:目眇而强视,不足以辨物分明。参见"履六三小象传"。

【临】 六十四卦之一。列居篇中第十九卦。由下兑(☱)上坤(☷)组成,卦形作"䷒",卦名为《临》,象征"监临"。寻"临"字的特定意义,可视为"统治"的代名词。故《临》卦所谓"监临",正是侧重揭示上统治下、尊统治卑、君主统治臣民的道理。卦辞先以"至为亨通,利于守正"赞美"监临"之道;又以"至于八月有凶"为喻,发盛极必衰之诫,以期"临人"者预防盈满,长久临众。六爻之中,两阳处下而刚健之德浸长,能"感应"于尊者以施监临,故或"贞吉",或"吉,无不利";四阴皆居上临下,情状各异:三以巧佞临人"无攸利",四以亲近临人"无咎",五以"大君"之"明智"临人获"吉",上以温柔敦厚临人获"吉,无咎"。综观诸爻义理,可以看出本卦的两方面旨趣:其一,"临人"除了必须根据不同的地位、条件采取不同的方式外,还要求在下者以刚美感应于上,居上者以柔美施惠于下,此与《尚书·洪范》"沈潜刚克,高明柔克"之义略可相通。其二,凡处"临人"之时,只要善处其位,必将多吉,故诸爻皆不言"凶";其中六三虽"无攸利",但若能自

惧改过,也获"无咎"。可见,本卦的核心思想是为"临人"、"治人"者着想。至于《大象传》所发"教思无穷,容保民无疆"的意义,似又流露出统治者在"治人"的同时重视"教育"的作用;从历史的角度考察,这一点颇可藉以印证古代教育与政治的密切联系。

【临九二】《临》卦九二爻。以阳爻居卦第二位。爻辞曰:"咸临,吉无不利。"意思是:感应于尊者而施行监临,吉祥而无所不利。咸,通"感",犹言"感应"。此谓九二当"临"之时,以阳刚处《临》下卦中位,上应六五,犹如下者感应于尊者而施监临,故与《临》初九爻相类而有"咸临"之象;但九二又含"中"德,较初九之阳更见盛美,故称"吉无不利"。程颐《周易程氏传》:"二方阳长而渐盛,感动于六五中顺之君,其交之亲,故发见信任,得行其志,所临吉而无不利也。吉者,已然,如是故吉也;无不利者,将然,于所施为无所不利也。"

【临上六】《临》卦上六爻。以阴爻居卦最上之位。爻辞曰:"敦临,吉,无咎。"意思是:温柔敦厚地监临于众,吉祥,必无咎害。敦,敦厚。这是说明上六居《临》之极,以阴处"无位"之地,不为刚猛,犹如以敦厚仁惠之德临人,故获"吉,无咎"。朱熹《周易本义》:"居卦之上,处临之终,敦厚于临,吉而无咎之道也。"按《临》卦辞云"至于八月有凶",诚"监临"盛极必危;上六处"临"极之时,其性柔和,而其德敦厚,故能临物宽柔有道,免凶获吉。

【临六三】《临》卦六三爻。以阴爻居卦第三位。爻辞曰:"甘临,无攸利;既忧之,无咎。"意思是:靠甜言佞语监临于众,无所利益;要是已经忧惧自己的过失而改正,则可免遭咎害。甘,王弼《周易注》:"佞邪说媚,不正之名",指甜美巧佞的言辞。这是说明六三居《临》下卦兑之上,当"临"之时,阴柔失正,犹如以言辞巧佞临人,故"无攸利";但此时六三若能自知不

正,心有忧惧而改过,则亦可免咎,故曰"既忧之,无咎"。程颐《周易程氏传》:"三居下之上,临人者也。阴柔而说体,又处不中正,以甘说临人者也。在上而以甘临下,失德之甚,无所利也。"又曰:"既知危惧而忧之,若能持谦守正,至诚以自处,则无咎也。"按,众不可欺,"临"不可"甘"。《临》卦六三以"甘"临人,正是哗众取宠之象;爻辞又设"忧之"之诫,则体现《周易》作者的劝勉意味。

【临六五】《临》卦六五爻。以阴爻居卦第五位。爻辞曰:"知临,大君之宜,吉。"意思是:聪慧明智地监临于众,大人君主应当这样,吉祥。知,即"智"。此谓六五居《临》尊位,以柔处中,下应九二,犹如任用刚健大臣以辅己"君临"天下,正见"君主"明智之象,故称"大君之宜,吉"。朱熹《周易本义》:"以柔居中,下应九二,不自用而任人,乃知之事,而大君之宜,吉之道也。"按《礼记·中庸》曰:"唯天下之至圣,为能聪明睿知,足以有临也。"此义既合《临》六五爻辞"知临"的大旨,又与《小象传》"行中"之语相切。

【临六四】《临》卦六四爻。以阴爻居卦第四位。爻辞曰:"至临,无咎。"意思是:十分亲近地监临于众,必无咎害。至,极也,此处犹言"十分亲近"。这是说明六四居《临》上卦之始。当"临"之时,以柔正应合初九,切近下体,犹如亲近于所临之众,故获"无咎"。程颐《周易程氏传》:"四居上之下,与下体相比,是切临于下,临之至也。临道尚近,故以比为至。四居正位,而下应于阳刚之初,处近君之位,守正而任贤,以亲临于下,是以无咎,所处当也。"按,上者临近下者,自能有益于"监临"。《周易折中》引王宗传曰:"四以上临下,其与下体最相亲,故曰'至临'。以言上下二体,莫亲于此也。"

【临初九】《临》卦初九爻。以阳爻处卦下初位。爻辞曰:"咸临,贞吉。"意思是:感应于尊者而施行监临,守持正固可

获吉祥。咸,通"感",犹言"感应"。此谓初九当"临"之始,阳刚处下,上应六四,犹如下者感应于尊者而施监临,故以守正获吉。李鼎祚《周易集解》引虞翻曰:"咸,感也。得正应四,故贞吉也。"程颐《周易程氏传》:"四,近君之位。初得正位,与四感应,是以正道为当位者所信任,得行其志。获乎上而得行其正道,是以吉也。"按,上能感下,下则应上。《临》卦初九处位虽卑,其德已足以临人、临事。但此时为"临"之始,尽管见信于上,尚不宜大用,故须谨守贞正,可获吉祥。

【临卦辞】《临》卦的卦辞。其文曰:"临,元亨,利贞;至于八月有凶。"意思是:《临》卦象征监临,至为亨通,利于守持正固;但是到了(阳气日衰的)八月将有凶险。临,卦名,许慎《说文解字》:"监也",《尔雅·释诂》:"视也",《穀梁传》哀公七年"有临天下之言焉"范宁注:"临,抚有之也,"此三说,均明"临"字含有"由上视下"、"以尊临卑"之义,而作为卦名,即象征"监临"或"监视临察";《序卦传》所谓"临,大也",亦是就"临人"者必须崇高、尊大而言。此卦初九、九二两爻阳刚浸长,从全卦之象看,正寓以德临人的意义,故名为"临";尊者若能以德临人,必然至为亨通、利于守正,故称"元亨,利贞";但"监临"盛极必有衰落的危险,犹如阳气发展至"八月"将转为衰微萧条,《礼记·月令》谓仲秋之月"杀气浸盛,阳气日衰"即是,故卦辞又取"八月有凶"为喻,以示"临"人者盛时防衰之戒。孔颖达《周易正义》:"以阳之浸长,其德壮大,可以监临于下,故曰'临'也。刚既浸长,说而且顺;又以刚居中,有应于外,大得亨通而利正也,故曰'元亨,利贞'也。"程颐《周易程氏传》:"二阳方长于下,阳道向盛之时,圣人豫为之戒曰:阳虽方长,至于八月,则其道消矣,是有凶也。大率圣人为戒,必于方盛之时。方盛而虑衰,则可以防其满极,而图其永久。若既衰而后戒,亦无及矣。"

【临彖传】《临》卦的《彖传》。旨在解说《临》卦的卦名、卦辞之义。其文为:"《彖》曰:临,刚浸而长,说而顺,刚中而应。大亨以正,天之道也。至于八月有凶,消不久也。"意思是:"《彖传》说:监临,说明此时阳刚正气日渐增长,临人者和悦温顺,刚健者居中而上下相应。获得至大亨通又要守持正固,这才顺合大自然的规律。到了(阳气日衰的)八月将有凶险,说明临人盛极必接近衰亡而好景不能长久。"全文可分三节理解。第一节,自"临"至"刚中而应"四句,举《临》卦初九、九二两爻为刚爻、九二又为刚中并与六五上下相应及下卦兑为说(悦)、上卦坤为顺诸象,展示以"德"临人之时的盛美情状,以释卦名"临"之义。第二节,"大亨以正,天之道也"二句,释《临》卦辞"元亨,利贞"之义,谓"监临"之时至为亨通而又长守正固,则可顺应"天之道"。第三节,"至于八月有凶,消不久也"二句,释《临》卦辞"至于八月有凶"之义,谓"临"之道盛极必衰,即揭明"临人"之时所寓含的"阴阳消长"的必然规律。

【临大象传】《临》卦的《大象传》。其辞曰:"泽上有地,临;君子以教思无穷,容保民无疆。"意思是:低泽之上有高地,象征"监临";君子因此花费无穷的思虑教导百姓,发挥无边的美德容纳养育民众。教思,两字均作动词,犹言施行教导、费尽思虑。这是先揭明《临》卦下兑为泽、上坤为地之象,谓地居泽上、高者临卑,正为"监临"的象征;然后推阐出"君子"观此象,当悟知用心教导百姓、容民保民、以德临人的道理。李鼎祚《周易集解》引荀爽曰:"泽卑地高,高下相临之象也。"程颐《周易程氏传》:"君子观亲临之象,则教思无穷,亲临于民,则有教导之意思也";"观含容之象,则有容保民之心。"按,胡炳文《周易本义通释》云:"不徒曰'教',而曰'教思',其意思如兑泽之深;不徒曰'保民',而曰'容民',其度量如坤土之大。"此从"教思"、"容保民"的措辞蕴义,分析《临》卦《大象传》的论象特色,颇为可取。

【临受之以观】 《周易》六十四卦,以象征地位尊高而"监临"于众的《临》卦列居第十九卦;既居尊高盛大,然后可以受人观仰,所以接《临》之后是象征"观仰"的第二十卦《观》卦。此称"《临》受之以《观》"。语本《序卦传》:"《临》者,大也;物大然后可观,故受之以《观》。"李鼎祚《周易集解》引崔憬曰:"言德业大者可以观政于人,故受之以《观》也。"

【临九二小象传】 《临》卦九二爻的《小象传》。其辞曰:"咸临吉无不利,未顺命也。"意思是:感应于尊者而施行监临、吉祥无所不利,说明九二并非仅仅是顺从君命。这是解说《临》九二爻辞"咸临,吉无不利"的象征内涵。未,此处含有"并非由于"之意,谓九二与六五乃内心相感而临人,并非由于外在的"顺承君命"。程颐《周易程氏传》:"未者,未遽之辞";"九二与五感应以临下,盖以刚德之长,而又得中,至诚相感,非由顺上之命也,是以吉而无不利。"按,"未顺命"之义,前人有不同看法。如:一、孔颖达认为:"未可尽顺五命,须斟酌事宜,有从有否,故得'无不利'也。"(《周易正义》)二、朱熹曰"未详"(《周易本义》),乃持阙疑待考之见。三、马其昶承李光地之说,释为"不委顺于命"(《重定周易费氏学》)。诸说并可参考。

【临上六小象传】 《临》卦上六爻的《小象传》。其辞曰:"敦临之吉,志在内也。"意思是:温柔敦厚地监临于众而获吉祥,说明上六的心志系于邦国天下。这是解说《临》上六爻辞"敦临,吉"的象征内涵。志在内,犹言"志在邦国",谓上六非高处"虚位"、不理"内事"者。《周易折中》引张振渊曰:"志在内,即万物一体之意,所以能'敦';若将天下国家置在度外,虽有些小德泽,终是浅薄。"

【临六三小象传】 《临》卦六三爻的《小象传》。其辞曰:"甘临,位不当也;既忧之,咎不长也。"意思是:靠甜言佞语监临于众,说明六三居位不正当;要是已经忧惧自己的过失而改正,那咎害就不会久长。这是解说《临》六三爻辞"甘临"、"既忧之"的象征内涵。程颐《周易程氏传》:"阴柔之人,处不中正,而居下之上,复乘二阳,是处不当位也;既能知惧而忧之,则必强勉自改,故其咎不长也。"

【临六五小象传】 《临》卦六五爻的《小象传》。其辞曰:"大君之宜,行中之谓也。"意思是:"大人君主应当这样,说明六五应奉行持中不偏之道。这是解说《临》六五爻辞"大君之宜"的象征内涵。程颐《周易程氏传》:"五有中德,故能倚任刚中之贤,得大君之宜,成知临之功,盖由行其中德也。"

【临六四小象传】 《临》卦六四爻的《小象传》。其辞曰:"至临无咎,位当也。"意思是:十分亲近地监临于人,必无咎害,说明六四居位正当。这是解说《临》六四爻辞"至临无咎"的象征内涵。程颐《周易程氏传》:"居近君之位,为得其任;以阴处四,为得其正;与初相应,为下贤;所以无咎,盖由位之当也。"

【临初九小象传】 《临》卦初九爻的《小象传》。其辞曰:"咸临贞吉,志行正也。"意思是:感应于尊者而施行监临、守持正固可获吉祥,说明初九的心志行为端正不阿。这是解说《临》初九爻辞"咸临,贞吉"的象征内涵。程颐《周易程氏传》:"所谓贞吉,九之志在于行正也。以九居阳,又应四之正,其志正也。"

【临观之义或与或求】 《杂卦传》语。说明《临》卦象征"监临",含有高临于众,须能施予之义;而《观》卦象征"观仰",寓有俟人观仰,必有营求之义,两卦旨趋适可对照。韩康伯《杂卦注》:"以我临物,故曰'与';物来观我,故曰'求'。"按,郭雍《郭氏传家易说》云:"临与所临,观与所观,二卦皆有与、求之义。或有与无求,或有求无与,皆非《临》、《观》之道。"此亦可备一说。

【幽赞】 谓以精深的智慧赞祝神明而显著于世。语出《说卦传》"昔者圣人之作《易》也,幽赞于神明而生蓍"。《汉书·眭两夏侯京翼李传赞》:"幽赞神明,通合天人之道者,莫著乎《易》、《春秋》。"又《兒宽传》:"六律五声,幽赞圣意。"《后汉书·方术传》:"仲尼称,《易》有君子之道四焉,曰卜筮者尚其占;占也者,先王所以定祸福,决嫌疑,幽赞于神明,遂知来物者也。"

【幽人之贞】 谓安恬幽居者的节操。语本《履》卦九二爻辞"履道坦坦,幽人贞吉"。《三国志·魏志·管宁传》:"盘桓利居,高尚其事,虽有素履幽人之贞,而失考父兹恭之义。"

【幽人贞吉中不自乱也】 《履》卦九二爻的《小象传》辞。旨在解说九二爻辞"幽人贞吉"的象征内涵。意思是:幽静安恬的人守持正固可获吉祥,说明九二不自我淆乱心中的循礼信念。参见"履九二小象传"。

【省方观民设教】 《观》卦的《大象传》语。意为:省巡万方、观察民风、设布教化。这是从《观》卦"风行地上"的卦象而推阐出的"先王"效法此象,出巡四方,示民以教,使百姓有所观仰而顺从教化的意义。参见"观大象传"。

【毘陵易传】 北宋苏轼撰。九卷。见"东坡易传"。

【咥人之凶位不当也】 《履》卦六三爻的《小象传》语。旨在解说六三爻辞"履虎尾咥人,凶"之义。意思是:猛虎咬人的凶险,说明六三爻位不适当。参见"履六三小象传"。

【哑哑】 笑声。语出《震》卦卦辞"震来虩虩,笑言哑哑"。唐阙名《吴公子听乐观风赋》(见《全唐文》):"荒笑语之哑哑,溺衣裳之楚楚。"

〔丿〕

【食旧德】 《讼》卦六三爻辞之语。意思是:安享旧日的德业。旧德,指旧有俸禄。此谓六三当"讼"之时,以柔居《讼》下卦之上,有不能争讼,唯"食旧德"之象。参见"讼六三"。

【食旧德从上吉也】 《讼》卦六三爻的《小象传》辞。旨在解说六三爻辞"食旧德"、"终吉"的象征内涵。意思是:安享旧日的德业,说明六三顺从阳刚尊上可获吉祥。参见"讼六三小象传"。

【重】 占卦时遇着老阳爻称"重",画作"囗";亦称"重爻"、"重钱"。详"单拆重交"。

【重爻】 ①古人将八卦两两相重,成六十四卦,卦画亦由三画而成六画,遂有爻位,谓之"重爻"。《系辞下传》:"八卦成列,象在其中;因而重之,爻在其中也。"《汉书·艺文志》:文王"重《易》六爻,作上下篇"。左思《魏都赋》:"思重爻,摹《大壮》;览荀卿,采萧相。"(《文选》) ②占卦时遇得老阳之文,称为"重爻"。见"重"。

【重钱】 见"重"。

【重刚而不中】 ①《乾》卦《文言传》语。释《乾》九三的爻象特征。谓九三所处之位是多重阳刚之爻叠成的而居位不正中。初九、九二均为阳刚之爻,九三仍为阳爻,故称"重刚";六十四卦的每卦只有二、五两爻居中,故九三"不中"。孔颖达《周易正义》:"重刚者,上下俱阳,故'重刚'也;不中者,不在二、五之位,故'不中'也。"②《乾》卦《文言传》语。释《乾》九四的爻象特征。与释九三之"重刚而不中"意义相同。按,《文言传》释九三、九四两爻之象,俱用"重刚而不中",《易》家亦有就两爻处于上乾、下乾之间以解"重刚"之义者。李鼎祚《周易集解》引虞翻曰:"以乾接乾,故重刚;位非二、五,故不中也。"李氏亦云:"三居下卦之上,四处上卦之下,俱非得中,故曰'重刚而不中'也。"其说于义亦通。

【重巽以申命】 《巽》卦的《彖传》语。意思是:上下顺从可以申谕命令。重巽,指《巽》上下卦皆"巽";巽为逊顺。而当上下皆顺从之时,则宜于尊者申命施治,以此释《巽》卦名"巽"之义。王弼《周易注》:"未有不巽而命行也。"

【重订周易小义】 清茹敦和撰,李慈铭重订。二卷。《绍兴先正遗书》本。此书取《周易》中异卦同辞者,比物连类,以相证引;至于单名只义,考核尤精。名为《小义》者,据《自序》称:自明以来,科场拟题,有大题,有小题,科举之例用其大者,不用其小者;今之"小义",乃用其小者,不用其大者,题小故义小也。尚秉和先生云:"今观其书,虽只释一字一物,然旁征远引,无不该贯。以为言《易》也可,以为不仅言《易》也亦可;以为集群书之义以释《易》也可,以为借《易》以通群书之义亦无不可。其最精于他人者,在不拾汉人牙慧,精者取之,驳者弃之。""惟亦有穿凿过甚者","盖智者千虑之一失"(《易说评议》)。

【重订周易二闾记】 清茹敦和撰,李慈铭重订。三卷。《绍兴先正遗书》本。此书旨在玩《易》辞、考《易》象,设为二人问答之语。名《二闾记》者,据敦和《自序》云,一曰"茶闾",居会稽城外二十里之紫洪山;一曰"薑闾",居城外十二里之楼凫山,尝以《易》义质之,而记其语。盖托于寓言。后李慈铭校定是书,以"茶闾"、"薑闾"名不雅训,改为"左闾"、"右闾"。今书中"左闾曰"、"右闾曰",皆慈铭所改。尚秉和先生指出:"观其记,博引故训,贯穿经史,直抒胸臆,不蹈袭前人,而字必求其真实,诂必溯其源本,不惟可药宋儒空虚之病,即讲汉学如惠栋、如张惠言、如江藩等之宗主虞氏申述其义不敢违者,视之亦有愧色。"然亦指出其书"又往往有漫衍无经之病"(《易说评议》)。柯劭忞亦曰:"是书多卦变、互体,贯穿群经,以为证据,不愧实事求是之学。亦间有涉于支离蔓衍者,慈铭重加删订,尤有功于乡献。"(《续修四库全书提要》)

【重定周易费氏学】 马其昶撰。八卷、首末各一卷。民国九年(1920)抱润轩刊本。此书注释《周易》经传者八卷,卷首《易例举要》一卷,卷末《序录》一卷,凡十卷。其初,马氏首主讲潜川书院三年,成《易费氏学》八卷,光绪三十一年(1905)其门人李国松刊入《集虚草堂丛书》;十余年后,马氏又加重定,即成是本。马氏《易》学主张,大旨有四:一是观《易》象以窥制礼,二是明《易》辞以举大义,三是言《易》变必察时位,四是论《易》占不信焦、京、管、郭。其书以采录历代诸家《易》说为主,上自周秦,下迄清末,所采将及四百家,参考既博,抉择亦精。间或参以己说,立论多甚允当。唯其以"费氏学"名书,说者颇有非议,以为该书乃杂采众家,非仅传述费氏之学。柯绍忞为此书作序,曾曲为辩解。黄寿祺先生《易学群书平议》谓:"亦终不足以杜非议者之口也。"

【重明以丽乎正乃化成天下】 《离》卦的《象传》语。意思是:光明叠连而能附丽于正道,就能推行教化以促成天下昌盛。重明,指《离》卦上下《离》均为日、为火之象,犹如两明相重;正,指《离》卦六二、六五爻上下卦之中而六二又得正位。这是举《离》卦的上下卦象及二、五爻象,说明以"光明"之德附丽于"正道",必能促成"天下"教化,以释《离》卦辞"利贞"之义。孔颖达《周易正义》:"重明,谓上下俱离;丽乎正也者,谓两阴在内。既有重明之德,又附于正道,所以化成天下也。"程颐《周易程氏传》:"上下皆离,重明也。五二皆处中正,丽乎正也。君臣上下皆有明德,而处中正,可以化成天下,成文明之俗也。"

【皇极经世书】 北宋邵雍撰。十二卷。《四库全书》本。卷一至卷六以《易》六十四卦分配元会运世、年月日辰,以证古今治乱,卷七至卷十为律吕声音,此十卷总合为《内篇》;卷十一、十二比物引类,发挥蕴奥,为《外篇》。《四库全书》列入"子部术数类",《提要》详论曰:"《皇极经世》,盖即所谓物理之学也。其书以元经会,以会经运,以运经世,起于尧帝甲辰,至后周显德六年己未,凡兴亡治乱之迹,皆以卦象推。厥后王湜作《易学》,祝泌作《皇极经世解起数诀》,张行成作《皇极经世索隐》,各传其学。《朱子语录》尝谓:'自《易》以后,无一人做得一物如此整齐,包括得尽',又谓'康节《易》看了,都看别人的不得',其推之甚至。然《语录》又谓:'《易》是卜筮之书,《皇极经世》是推步之书。《经世》以十二辟卦管十二会,绷定时节,却就中推吉凶消长,与《易》自不相干。'又谓:'康节自是《易》外别传。'蔡季通之数学亦传邵氏者也,而其子沈作《洪范皇极内篇》,则曰:'以数为象则畸零而无用,《太玄》是也;以象为数则多耦而难通,《经世》是也。'是朱子师弟于此书亦在然疑之间矣。明何瑭讥其天以日月星辰变为寒暑昼夜,地以水火土石变为风雨露雷,涉于牵强;又议其乾不为天而为日,离不为日而为星,坤反为水,坎反为土,与伏羲之卦象大异。至近时黄宗炎、朱彝尊攻之尤力。夫以邵子之占验如神,则此书似乎可信;而此书之取象配数,又往往实不可解。据王湜《易学》所言,则此书实不尽出于邵子;流传既久,疑以传疑可矣。至所云'学以人事为大',又云'治生于乱,乱生于治,圣人贵未然之防,是谓《易》之大纲',则粹然儒者之言,非术数家所能及,斯所以得列于周、程、张、朱间欤?"

【皇极经世索隐】 南宋张行成撰。二卷。《四库全书》录《永乐大典》本。此书系张氏《易》说七种之一,内容乃推衍邵雍《皇极经世书》之大旨。原书朱彝尊《经义考》注云:"未见",《四库全书》馆臣从《永乐大典》录出,编成二卷,复为完书。《提要》云:"邵子数学,源出陈抟,于羲、文、周、孔之《易》理截然异途。故尝以其术授程子,而程子不受;朱子亦称为《易》外别传,非专门研究其说者不能得其端绪。儒者或引其书以解《易》,或引《易》以解其书,适以相淆,不足以相发明也。行成于邵子之学用力颇深,以伯温之解于象数未详,复为推衍其意义,故曰《索隐》。《宋史·艺文志》作一卷,考行成进书原表自称二卷,《宋史》显为字误。今以原表为据,厘为二卷云。"

【皇清经解易类汇编】 台湾艺文印书馆编印。此书据清阮元刊《皇清经解》本,将其中《易》类著作一一抽出影印成编。全书凡收清代《易》著八家十六种,颇便省览。

【皇极经世观物外篇衍义】 南宋张行成撰。九卷。《四库全书》录《永乐大典》本。此书专明邵雍《皇极经世·观物外篇》之义,乃张氏《易》说七种之一。《皇极经世》含《观物内篇》与《观物外篇》两大部分,张氏以《内篇》理深而数略,《外篇》数详而理显,学先天者当自《外篇》始,因补阙正误,使原文以类相从,并推绎其旨奥,以成是书。上三卷言数,中三卷言象,下三卷言理,皆张氏以意更定,非复原书旧第。《四库全书》列入"子部术数类",《提要》指出:"(邵氏)原书由杂纂而成,本无义例。行成区分排比,使端绪易寻,亦颇有条理。虽乾坤阖辟,变化无穷,行成依据旧图,循文生义,于造化自然之妙未必能窥,至于邵氏一家之学则可谓心知其意矣。魏了翁尝称其能得《易》数之详,而书不尽传,则宋代已不免散佚。朱彝尊《经义考》但载其《皇极经世索隐》而不及此书,则沈湮已久。惟《永乐大典》所载尚为完本,今据原目,仍厘为九卷著于录。"

【复】 六十四卦之一。列居篇中第二十四卦。由下震(☳)上坤(☷)组成,卦形作"䷗",卦名为《复》,象征"回复"。《复》卦喻示事物正气回复、生机更发的情状;犹如描绘了一幅大地微阳初动,春天即将返回的图景。全卦意旨主于:生命剥落不尽,一阳终将来复,揭示"正道"复兴是不可抗拒的自然规律。卦辞极力称述阳刚"回复"之际顺畅无碍,疾速利物,表明

"复"必致"亨"的道理。卦中六爻,初九为全卦"回复"的根本,是"仁"与"善"的喻象;《象传》所谓"天地"生育万物之"心",即系此一阳。因此,五阴爻凡与初阳相得者均获"复善"之吉:六二比初,有"下仁"的美称;六四应初,有"从道"的佳誉。余三阴与初九未曾相得,但六三处阳位,能勉力"复善"获"无咎";六五居尊位,能敦厚"复善"获"无悔";唯上六与初阳背道而驰,迷不知复,终致灾凶。可见,《复》卦是借助阳刚喻"美善",其象征意义以"复善趋仁"为归。陈梦雷《周易浅述》指出:"天地之一阳初动,犹人善念之萌,圣人所最重。"即属此意。《系辞下传》引孔子称颜回"有不善未尝不知,知之未尝复行";屈原《离骚》曰:"回朕车以复路兮,及行迷之未远":显然都是《复》卦所盛赞的"复善"美德的具体体现。

【复上六】 《复》卦上六爻。以阴爻居卦最上之位。爻辞曰:"迷复,凶,有灾眚。用行师,终有大败;以其国,君凶,至于十年不克征。"意思是:"迷入歧途不知回复,有凶险,有灾殃祸患。要是用于带兵作战,终将惨遭败绩;用于治国理政,必致国乱君凶,直至十年之久也不能振兴发展。"迷复,犹言"迷不知复";灾眚,谓灾殃祸患,陆德明《经典释文》引郑玄云:"异自内生曰'眚',自外曰'祥',害物曰'灾'";用,谓"施用";以,与前句"用行师"之"用"同义互文,王弼《周易注》训"用";十年,指时间之久;征,前行,含"振兴发展"之义。爻辞全文说明,上六当"复"之时,阴居卦极,不应于初九之阳,上无所承,为迷不知复之象,故曰"凶,有灾眚";此时上六既迷不知复,若用为行师、治国,势必败绩、害君,并将带来深重危害,故曰"终有大败"、"君凶"、"十年不克征"。程颐《周易程氏传》:"以阴柔居《复》之终,终迷不复者也。迷而不复,其凶可知。有灾眚,灾,天灾,自外来;眚,己过,由自作。既迷不复善,在己则动皆过失,灾祸亦自外而至,盖所招

也。迷道不复,无施而可,用以行师,则终有大败;以之为国,则君之凶也。十年者,数之终。至于十年不克征,谓终不能行。"尚秉和先生《周易尚氏学》:"不克征,言不能兴起也";"国君受胁,根本动摇,故其凶至于十年也。"按,胡炳文《周易本义通释》云:"'迷复'与'不远复'相反","'十年不克征'亦'七日来复'之反"。可见,《复》上六穷居极上,已彻底背离"回复"之道,故爻辞以"凶"、"灾眚"为戒。

【复六二】 《复》卦六二爻。以阴爻居卦第二位。爻辞曰:"休复,吉。"意思是:美好的回复,吉祥。休,美也。此谓六二当阳气"回复"之时,以阴处《复》下卦中位,柔中居正,下比初九之阳,犹如亲仁下贤,故以回复休美而获吉。李鼎祚《周易集解》引王弼曰:"得位居中,比初之上而附顺之,下仁之谓也。既处中位,亲仁善邻,复之休也。"按,阳刚有"仁"、"善"的象征,《复》六二复善亲仁,是获吉的关键所在。朱熹指出:"学莫便于近乎仁。既得仁者而亲之,资其善以自益,则力不劳而学美矣。"(《朱子语类》)

【复六三】 《复》卦六三爻。以阴爻居卦第三位。爻辞曰:"频复,厉无咎。"意思是:皱眉勉强回复,虽有危险却无咎害。频,犹言"颦蹙",皱眉之状,李鼎祚《周易集解》引虞翻注训为"频蹙",王弼《周易注》亦谓"频蹙之貌";厉,危也。这是说明六三当"阳气回复"之时,以阴居下卦之上,失正无应,乘承皆阴,"复善"多艰,故有皱眉回复之象;六三此时处位虽多危厉,但若能知危而审慎力行"复"道,则无咎害。尚秉和先生《周易尚氏学》:"三失位,故'频复'。按'频'古文'颦'字,故云'颦蹙'。三失位,承乘皆阳,又无应予,失类极矣,故'频复,厉'。知其危而振奋焉,则无咎矣。"按,程颐《周易程氏传》训"频"为"频数",认为:"三以阴躁,处动之极,复之频数而不能固者也。复贵安固,频复频失,不安于复。复善而屡失,

危之道也。圣人开迁善之道,与其复而危其屡失,故云'厉无咎'。"此亦可备一说。

【复六五】《复》卦六五爻。以阴爻居卦第五位。爻辞曰:"敦复,无悔。"意思是:敦厚笃诚地回复,无所悔恨。敦,谓敦厚。此言六五当"复"之时,柔居尊位,持中不偏,有敦厚自察、笃诚向善之象;故虽失位无应,也能"敦复"而免"悔"。王弼《周易注》:"居厚而履中,居厚则无怨,履中则可以自考;虽不足以及'休复'之吉,守厚以复,悔可免也。"程颐《周易程氏传》:"六五以中顺之德,处君位,能敦笃于复善者也,故无悔。虽本善,戒亦在其中矣。阳复方微之时,以柔居尊,下复无助,未能致亨吉也,能无悔而已。"

【复六四】《复》卦六四爻。以阴爻居卦中第四位。爻辞曰:"中行独复"。意思是:居中行正而专心回复。中,指六四处《复》卦五阴爻之中;独,犹言"专"。这是说明六四当"复"之时,既居五阴之中,又处正位,于群阴中唯其一爻独应初九之阳,其情弥专,故有"中行独复"之象。朱震《汉上易传》引郑玄云:"爻处五阴之中,度中而行,四独应初。"王弼《周易注》:"四,上下各有二阴,而处厥中,履得其位,而应于初,独得所复。顺道而反,物莫之犯,故曰'中行独复'也。"《周易折中》引缪昌期曰:"盖《复》之所以为'复',全在初爻,犹人之初念也。五阴皆复此而已,惟四在阴中,有所专向,故发此义。"

【复初九】《复》卦初九爻。以阳爻处卦下初位。爻辞曰:"不远复,无祇悔,元吉。"意思是:起步不远就回复正道,必无灾患、悔恨,至为吉祥。祇,当为"祇"之误,此处意为"灾患",陆德明《经典释文》引郑玄云"病也"。这是说明初九以一阳居《复》卦群阴之下,为"复"之始,最得"复善"之道,有"不远"即"复"之象,故无灾无悔而获"元吉"。王弼《周易注》:"不远而复,几悔而反,以此修身,患难远矣。"按,尚秉和先生《周易尚氏学》详考"祇"为

"祇"之误,引证郑玄训"祇"为"病",盖本于《毛诗传》,继而指出:"病犹菑(灾)也;《复》'出入无疾',故'无菑悔'。"此说当从。又按,《复》初九《小象传》以"修身"释爻辞"不远复"之义,是对爻辞象征寓意的推阐发挥。《系辞下传》引孔子语释此爻义,有"知不善未尝复行"之谓。程颐《周易程氏传》据此论曰:"不远而复者,君子所以修其身之道也。学问之道无它也,唯其知不善,则速改以从善而已。"

【复卦辞】《复》卦的卦辞。其文曰:"复,亨。出入无疾,朋来无咎;反复其道,七日来复。利有攸往。"意思是:"《复》卦象征回复,亨通。阳气内生外长无所疾患,刚健友朋前来无所咎害;返转回复沿着一定的规律,过不了七日必将回复转来。此时利于有所前往。"复,卦名,象征"回复";出入,指阳气外长与内生;无疾,无害;朋,指阳,《复》卦一阳初动上复,群阴引以为朋,故曰"朋来";反复,指阳刚反转回复;道,犹言"规律";七日,借取日序周期"七"象征转机迅速,犹言"过不了七日"。卦辞全文可分三层理解:第一层,先言当"阳刚之气"回复之时,必然亨通畅达;第二层,揭明此时阳气复返有利无害,阴气得阳有益无咎,而"复阳"之道又顺沿内在规律,时至则复之甚速;第三层,归结"复,亨"之旨,说明"回复"之时,阳刚气势发展顺畅无碍,故利有所往。李鼎祚《周易集解》引何妥曰:"复者,归本之名。群阴剥阳,至于几尽;一阳来下,故称反复。阳气复反,而得交通,故云'复,亨'也。"程颐《周易程氏传》:"出入,谓生长。复生于内,入也;长进于外,出也。先云'出',语顺耳。阳生非自外也,来于内,故谓之入。"又曰:"春阳之发,为阴寒所折,观草木于朝暮,则可见矣。'出入无疾',谓微阳生长,无害之者也。"尚秉和先生《周易尚氏学》:"阳通故无疾。阴以阳为朋,《剥》穷上反下,故曰'朋来';阳遇阴,故无咎。"按,"七日来复"之义,乃从"阳复"规

律的角度,申说阳刚"来复"之快。我国出土的青铜器铭文中,保留有一种现存文献失载的周初纪日法,即按月亮盈亏规律,分每月为四期,每期七日(或因大小月有八日者),从月初至月末依序取名为"初吉"、"既生霸"、"既望"、"既死霸"(见王国维《观堂集林》卷一《生霸死霸考》)。据此,"七日"正为日序周期转化之数;"七日来复",即取为象征"转机迅速"之义,犹今语"一星期之间"。联系下经《震》、《既济》两卦,均言及"七日得",当与《复》卦辞"七日"取义略同。王弼《周易注》释"七日"曰:"阳气始剥尽,至来复时,凡七日",意谓"来复"快速,似有可取。又按,"七日来复"一语,旧释纷歧,未臻一致。除上引王弼说外,兹再选录较有影响的三种说法以备参考。一、《易纬·稽览图》以六十四卦中的《坎》、《震》、《离》、《兑》为"四正卦",其二十四爻主二十四节气;余六十卦则每卦分别各主六日七分:自《中孚》至《复》,历六日七分,当"七日",故谓"七日来复"。二、侯果以"十二消息卦"为说,谓阳自《姤》卦消,又沿《剥》至《复》,历七卦而复生;七卦原指七月,《诗·豳风》称"月"为"日",故当"七日"(李鼎祚《周易集解》引)。三、李鼎祚以为"消息卦"中九月《剥》卦阳尽,十月纯《坤》用事,《坤》尽而《复》生阳,《坤》六爻加《复》初阳为七爻,当"七日",故称"七日来复"(《周易集解》)。

【复象传】 《复》卦的《象传》。旨在解说《复》卦的卦名、卦辞之义。其文为:"《象》曰:复,亨,刚反;动而以顺行,是以出入无疾,朋来无咎。反复其道,七日来复,天行也。利有攸往,刚长也。复,其见天地之心乎?"意思是:"《象传》说:回复,亨通,说明阳刚更甦返回;阳动上复而能顺畅通行,所以阳气内生外长无所疾患,刚健友朋前来无所咎害。返转回复沿着一定的规律,过不了七日必将回复转来,这是大自然的运行法则。此时利于有所前往,说明阳刚日益盛长。回复的规律,大概体现着天地生育万物的用心吧?"全文可分五节理解。第一节,自"复"至"刚反"二句,举《复》卦下一阳回复上升之象,谓阳刚返回上复必可亨通,以释卦名及卦辞"复,亨"之义。第二节,自"动而以顺行"至"朋来无咎"三句,举《复》卦下震为动、上坤为顺之象,说明时当"回复",阳动而能顺行无碍,群阴必喜而引阳为朋,以释卦辞"出入无疾,朋来无咎"之义。第三节,自"反复其道"至"天行也"三句,举大自然运行规律必然剥尽复来为说,以释《复》卦辞"反复其道,七日来复"之义。第四节,"利有攸往,刚长也"二句,举《复》卦中阳刚之势日益盛长之象,释卦辞"利有攸往"之义。第五节,"复,其见天地之心乎"二句,谓"复阳"为天地"生物"之心,叹美《复》卦大义。

【复大象传】 《复》卦的《大象传》。其辞曰:"雷在地中,复;先王以至日闭关,商旅不行,后不省方。"意思是:震雷在地中微动,象征阳气"回复";先代君王因此在微阳初动的冬至闭关静养,商贾旅客不外出远行,君后也不省巡四方。至日,谓冬至;闭关,掩闭关阙;后,泛指君主;省方,即省视四方。这是先揭明《复》卦下震为雷、上坤为地之象,谓雷在地中微动,正为阳气"回复"的象征;然后推阐出"先王"效法此象,于冬至阳气复生之日休息静养,以利进一步发展,而"商旅"皆不外行,"君主"也不出巡,使天下共相静养以助微阳回复的意义。《白虎通·诛伐篇》:"冬至所以休兵,不举事,闭关,商旅不行,何?此日阳气微弱,王者承天理物,故率天下静,不复行役,扶助微气,成万物也。"李鼎祚《周易集解》引宋衷曰:"商旅不行,自天子至公侯不省四方之事,将以辅遂阳体,成致君之道也。制之者,王者之事;奉之者,为君之业也,故上言'先王'而下言'后'也。"《周易折中》引刘蜕曰:"雷在地中,殷殷隆隆;阳来而复,复来而天下昭融乎!"按,"至日",王弼《周易注》谓指"冬至、夏至"。尚秉和先生《周易尚氏学》亦云"兼二至而言也",并指出:"盖古最重二至。《汉书·薛宣传》:'日至休吏,所緜来久';《后汉书·鲁恭传》:'《易》五月《姤》用事',先王'施命令止四方行者'。是夏至亦休息,与冬至同。"此说宜备参考。

【复以自知】 谓《复》卦的道理可以用于指导人自我省知得失。语出《系辞下传》。为"三陈九卦"中的三陈第三卦《复》卦之义。说明此卦之用,在于审知不善以复正道,即前文"再陈"所云"小而辨于物"之旨。李鼎祚《周易集解》引虞翻曰:"有不善未尝不知,故曰'自知'也。参见"三陈九卦"。

【复斋易说】 南宋赵彦肃撰。六卷。《通志堂经解》本。此书大旨,欲缘《易》之象数,以求义理。《四库全书提要》出:"彦肃所著有《广杂学辨》、《士冠礼婚礼馈食图》,皆为朱子所称。惟论《易》与朱子不合。故《朱子语录》谓其为说太精,取义太密,或伤简易之趣。然彦肃说《易》,在即象数以求义理,以六画为主,故其言曰:'先圣作《易》,有画而已。后圣系之,一言一字皆自画中来。譬如画师传神,非画烟云草木比也。'然则彦肃冥思力索,固皆研搜义义,务求其所以然耳。其沈潜于《易》中,尤胜支离于《易》外矣。"

【复德之本也】 谓《复》卦象征回复正途,是遵循道德的根本。语出《系辞下传》。为"三陈九卦"中初陈第三卦《复》卦之义。说明人能归复善道,则为进德的根本。陆九渊曰:"《复》者,阳复,为复善之义。"又曰:"知物之为害而能自反,则知善者乃吾性之固有,循吾固有而进德,则沛然无它适矣。故曰'《复》,德之本也'。"(《陆九渊集·语录上》)参见"三陈九卦"。

【复上六小象传】 《复》卦上六爻的《小象传》。其辞曰:"迷复之凶,反君道也。"意思是:迷入歧途不知回复的凶险,说明上六与阳刚君主之道背逆而行。这是解

说《复》卦上六爻辞"迷复,凶"的象征内涵。反君道,"反"犹言违背;阴为臣,阳为君,《复》上六迷失而不知复阳之道,故曰"反君道"。《左传》襄公二十八年释"迷复凶"谓"弃其本";马其昶《重定周易费氏学》云"阴不从阳",其说可从。

【复六二小象传】 《复》卦六二爻的《小象传》。其辞曰:"休复之吉,以下仁也。"意思是:美好的回复、吉祥,说明六二能够俯就亲近仁者。这是解说《复》六二爻辞"休复,吉"的象征内涵。孔颖达《周易正义》:"得位处中,最比于初。阳为仁行,己在其上,附而顺之,是降下于仁,是休美之复,故云'休复吉'也。以其下仁,所以吉也。"

【复六三小象传】 《复》卦六三爻的《小象传》。其辞曰:"频复之厉,义无咎也。"意思是:皱眉勉强回复而有危险,但从六三努力回复正道的意义看却无咎害。这是解说《复》卦六三爻辞"频复,厉无咎"的象征内涵。程颐《周易程氏传》:"频复频失,虽为危厉,但复善之义则无咎也。"按,程氏释"频复"为"频复频失",亦可备一说。

【复六五小象传】 《复》卦六五爻的《小象传》。其辞曰:"敦复无悔,中以自考也。"意思是:敦厚笃诚地回复、无所悔恨,说明六五居中不偏并能自我考察以促成复善之道。这是解说《复》卦六五爻辞"敦复无悔"的象征内涵。考,陆德明《经典释文》引郑玄曰"成也",又引向秀曰"察也";自考,犹言自我反省考察、成就复善之道。孔颖达《周易正义》:"以其处中,能自考成其身,故无悔也。"程颐《周易程氏传》:"以中道自成也。五以阴居尊,处中而体顺,能敦笃其志,以中道自成,则可以无悔也。"陈梦雷《周易浅述》:"五与初非比非应而复,困知勉行者也,故曰'自考'。自,即'人一己百'之意。盖五本远于阳,但以居中能顺,因四自返,加厚其功,故能自成也。"

【复六四小象传】《复》卦六四爻的《小象传》。其辞曰:"中行独复,以从道也。"意思是:居中行正而专心回复,说明六四遵从正道。这是解说《复》六四爻辞"中行独复"的象征内涵。孔颖达《周易正义》:"从道而归,故《象》曰'以从道也'。"程颐《周易程氏传》:"称其独复者,以其从阳刚君子之善道也。"

【复小而辨于物】 谓《复》卦教人针对微小的征兆辨析事物的善恶以及早回复正道。语出《系辞下传》。为"三陈九卦"中的再陈第三卦《复》卦之义。说明此卦喻示察知善恶而及早复善,故旨在辨析事物发展的细微征兆,知不正则速复。孔颖达《周易正义》:"言《复》卦于初细微小之时,即能辨于物之吉凶,不远速复也。"参见"三陈九卦"。

【复受之以无妄】《周易》六十四卦,以象征"回复"的《复》卦列居第二十四卦,既能回复正道,则不致于胡作妄为,所以接《复》之后是象征"不妄为"的第二十五卦《无妄》卦。此称《复》受之以《无妄》"。语本《序卦传》:"复则不妄矣,故受之以《无妄》。"李鼎祚《周易集解》引崔憬曰:"物复其本,则为诚实,故言'复则无妄矣'。"周敦颐《通书》:"不善之动,妄也。妄复,则无妄矣;无妄,则诚矣,故《无妄》次《复》。"

【复自道何其咎】《小畜》卦初九爻辞之语。意思是:复返自身的阳刚之道,哪有什么咎害呢?复自道,犹言"自复其道"。此谓初九以阳处《小畜》之始,上应六四,有"被畜"之象;但初九阳质甚弱,被畜必危,遂"知机"自复阳道,故无咎而有吉。参见"小畜初九"。

【复初九小象传】《复》卦初九爻的《小象传》。其辞曰:"不远之复,以修身也。"意思是:起步不远就回复正道,说明初九善于修美自身。这是解说《复》初九爻辞"不远复"的象征内涵。孔颖达《周易正义》:"所以不远速复者,以能修正其身,有过则改故也。"

【复自道其义吉也】《小畜》卦初九爻的《小象传》辞。旨在解说初九爻辞"复自道"的象征内涵。意思是:复返自身的阳刚之道,说明初九行为合宜可获吉祥。参见"小畜初九小象传"。

【复其见天地之心乎】《复》卦的《彖传》语。意为:阳气回复的道理,大概体现着天地生育万物的用心吧?此以"复阳"为天地"生物"之心,叹美《复》卦大义。欧阳修《易童子问》:"天地之心见乎动。复也,一阳动于下矣,天地所以生育万物者此,故曰'天地之心'也。天地以生物为心也。"

【复即命渝安贞不失也】《讼》卦九四爻的《小象传》辞。旨在解说九四爻辞"复即命,渝,安贞吉"的象征内涵。意思是:回心归就正理、改变(争讼之)念头,说明九四安顺守持正固必无损失。参见"讼九四小象传"。

【鬼神害盈而福谦】《谦》卦的《彖传》语。意为:鬼神的规律是危害盈满而施福谦虚。此举"鬼神"之道为例,谓骄盈者为鬼神所害,谦恭者为鬼神所佑,说明宇宙间的事理无不抑满扶谦,进一步申明《谦》卦辞"谦,亨"之义。李鼎祚《周易集解》引崔憬曰:"朱门之家,鬼阚其室;黍稷非馨,明德惟馨:是其义也。"

【顺以说刚中而应】《萃》卦的《彖传》语。意思是:物情和顺欣悦,阳刚居上者能够守持中道并应合于下。顺,指《萃》下卦坤为顺;说,通"悦",指《萃》上卦兑为说;刚中,指《萃》九五爻阳刚居中。这是举《萃》卦的上下卦象及九五爻象,谓物情顺悦,刚中居尊者广应其下,则能会聚众物,以释卦名"萃"之义。李鼎祚《周易集解》引荀爽曰:"谓五以刚居中,群阴顺说而从之,故能聚众也。"王弼《周易注》:"顺说而以刚为主,主刚而履中,履中以应,故得聚也。"

【顺而止之观象也】《剥》卦的《彖传》

语。意思是：应当顺势抑止小人之道,这从观察卦象可以获知。顺,指《剥》下卦坤之象;止,指《剥》上卦艮之象;观象,指观《剥》卦的上下卦象。此谓观察《剥》卦的卦象,当知于"剥落"之时应顺势抑止小人之道,亦即"君子"处"剥"而止"剥"之义。王弼《周易注》："坤顺而艮止也。所以顺而止之,不敢以刚止者,以观其卦形也。强亢激拂,触忤以陨身;身既倾焉,功又不就,非君子之所尚也。"

【顺以动故天地如之】 《豫》卦的《象传》语。意为：顺沿物性而动,天地的运行也像这样。顺,指《豫》下卦坤为顺;动,指《豫》上卦震为动。这是举《豫》卦的上下卦象,以天地"顺动"之理,释卦辞"利建侯行师"之义。李鼎祚《周易集解》引虞翻曰："谓天地亦动以成四时,而况'建侯行师'？言其皆应而豫也。"又引《九家易》曰："建侯,所以兴利;行师,所以除害。利兴害除,民所豫乐也。天地有生杀,万物有始终,王者盛衰亦有迭更。犹武王承乱而应天地,建侯行师,奉辞除害,民得豫说,君得安乐也。"程颐《周易程氏传》："以豫顺而动,则天地如之而弗违,况建侯行师,岂有不顺乎？天地之道,万物之理,唯至顺而已。大人所以先天、后天而不违者,亦顺乎理而已。"

【顺而巽中正以观天下】 《观》卦的《象传》语。意思是：具备温顺和巽的美德,中和纯正就可以让天下人观仰。顺,指《观》下卦坤为顺之象;巽,指《观》上卦巽为和巽之象;中正,指《观》九五爻居中得正。这是举《观》卦的上下卦象及九五爻象释卦名"观"之义,说明具备美盛的道德足以让"天下"观仰。程颐《周易程氏传》："'下坤而上巽,是能'顺而巽'也;五居中正,以巽顺中正之德,为观于天下也。"

【顺而丽乎大明柔进而上行】 《晋》卦的《象传》语。意思是：下者顺从而又附丽于上者的弘大光明,以柔顺之道进长乃至向上直行。顺,指《晋》卦下卦坤为顺;丽乎大明,指《晋》卦上离为丽、为明;柔进,指《晋》卦六五以柔上进而居尊位。这是举《晋》卦的上下卦象及六五爻象,说明事物本于柔顺而附丽于光明必能顺利晋长,以释《晋》卦辞"康侯用锡马蕃庶,昼日三接"之义。孔颖达《周易正义》："坤,顺也;离,丽也,又为明。坤能顺从而丽著于大明;六五以柔而进,上行贵位。顺而著明,臣之美道也;柔进而上行,君上所与也,故得厚赐而被亲宠也。"李鼎祚《周易集解》引崔憬曰："坤,臣道也;日,君德也。臣以功进,与君恩接,是以'顺而丽乎大明'。虽以卦名'晋',而五爻为主,故言'柔进而上行'也。"

【独立不惧遁世无闷】 《大过》卦的《大象传》语。意思是：独自屹立而毫不畏惧,毅然逃世而无所苦闷。遁,即逃避。这是从《大过》卦"木灭泽"的卦象而推阐出的"君子"观此象,须悟知处"大过"之时而"独立不惧,遁世无闷"的道理。参见"大过大象传"。

【保八】 见"保巴"。

【保巴】 元初色目人,居洛阳(今属河南)。一作"宝巴",又作"保八"。字普庵。曾任黄州路总管、大中大夫、兼管内劝农事等官(见《四库全书提要》)。《易》学著述今存《易原奥义》一卷、《周易原旨》六卷、《周易系辞述》二卷。

【保合太和乃利贞】 《乾》卦《象传》语。与前文"乾道变化,各正性命"二句共同阐发《乾》卦辞"贞"之义。意思是：万物均保全太和元气,以利于守持正固而等待来年生长。太和,朱熹《周易本义》释为"阴阳会合冲和之气",即万物的"太和元气"。此言自然界的变化,导致万物眠伏潜息,静保元气,以利守正而重萌生机;这犹如冬天景象,故《易》家以《乾》卦"贞"德配属"冬"。尚秉和先生《周易尚氏学》："此释'贞'义,于时为冬";"保合太和,言万物静定而无为,正所以养育其生命也。各正性命、保合太和,略如人入夜寝息,休息神明。《系辞》云:'尺蠖之屈,以求信也;龙蛇之蛰,以存身也;精义入神,以致用也。'正谓此也。"

【侯果】 其名于史志无考,时代爵里未详。李鼎祚《周易集解》多引其《易》说,大旨论升降、旁通,不失荀爽、虞翻之旧法。或疑即唐国子博士侯行果。《新唐书·儒学传·褚无量传》云:"无量与马怀素为侍读,后秘书少监康子原、国子博士侯行果亦践其选。"(《旧唐书》褚本传略同)清马国翰《玉函山房辑佚书》云:"意侯行果即侯果。唐人多以字行,'果'名而'行果'其字也。然《唐书·艺文志》不载,姑阙疑不著其代。"马氏并据李鼎祚《集解》辑《周易侯氏注》三卷,黄奭《汉学堂丛书》亦有辑本。

【侯卦】 即"诸侯卦"。

【侯行果】 见"侯果"。

【俭德辟难】 《否》卦的《大象传》语。意思是:以节俭为德、避开危难。辟,通"避"。这是从《否》卦"天地不交"的卦象而推阐出的"君子"观此象,须悟知置身"否"之时,应当以俭为德、避其危难的道理。参见"否大象传"。

【钟会】(225—264) 三国魏颍川长社(今河南长葛西)人。字士季。太傅钟繇的少子。幼年敏惠。十三岁即读毕《孝经》、《论语》、《诗经》、《尚书》、《周易》、《左传》、《国语》、《周礼》、《礼记》等书,十四岁又诵其父所作《易记》。及壮,博学精练名理,研学以夜继昼,颇获声誉。历官中书侍郎、黄门侍郎、司隶校尉,进为司徒。综典朝政,为司马昭心腹。曾构陷嵇康,遭世讥贬。灭蜀后谋叛,为乱兵所杀。治《易》与王弼齐名。曾论《易》无互体",《易》学著述有《周易尽神论》一卷、《周易无互体论》三卷(见《三国志·魏书·钟繇传》、《钟会传》及《隋书·经籍志》)。东晋张璠集魏晋二十二家《易》说,撰为《周易集解》,钟会亦属被采入诸家之一。

【钟繇】(151—230) 三国魏颍川长社(今河南长葛西)人。字元常。东汉末年举孝廉,官至侍中、尚书仆射。入魏,进太傅。善书。太和四年(230)卒,谥曰"成侯"。《易》学著述有《易记》(见《三国志·魏书·钟繇传》及《钟会传》)。按,卢弼《三国志集解》指出:"《世说·言语篇》注,钟繇为《周易训》。姚振宗曰:《易记》,疑'记'为'说'、'训'、'注'等字之讹。"

【郤巡】 东汉陈郡阳夏(音假 jiǎ,今河南太康县)人。字仲信。传樊英之学,习"京氏《易》"。官至侍中(见《后汉书·方术列传·樊英传》)。按,王先谦《后汉书集解》引沈钦韩曰:"《太平广记》:《英别传》云:英尝忽被发拔刀,斫击舍中。妻怪问其故,英曰:'郤(按,即郤)生道遇钞贼。'郤生者,名巡,是英弟子。时远行还,云:'道遇贼,赖披发老人相救,得全。'《御览》三百七十三:《英别传》云:郤巡,字仲信,陈郡阳夏人,能传英业。"

【种放】(?—1015) 北宋河南洛阳(今洛阳市)人。字名逸。沉默好学,七岁能属文,不与群儿戏。父令举进士,辞曰:"业未成,不可妄动。"往来嵩、华间,慨然有山林意。父卒,数兄皆干进,独放奉母偕隐终南山,以讲习为业。咸平元年(998)母卒,水浆不入口三日,庐于墓侧。前后隐居三十年。咸平中,征召赴阙,累拜给事中,迁工部侍郎。后真宗召为左司谏。辞归山。一日晨起,服道衣,聚诸生列饮,取平生所作章疏悉焚之,酒数行而卒(见《宋史》本传)。种放通《易》,承陈抟"先天象数"学之传。朱震《进周易集解表》云:"濮上陈抟以《先天图》传种放,放传穆修,修传李之才,之才传邵雍。"(《宋史·李之才传》载略同)按,朱震《周易本义》卷首云:"伏羲四图,其说皆出邵氏。盖邵氏得之李之才挺之,挺之得之穆修伯长,伯长得之华山希夷先生陈抟图南者。"此说未列种放,与朱震及《宋史》之说小异,可备稽考。

【段嘉】 见"殷嘉"。

【看易须看卦爻未画以前】 南宋朱熹的《易》学研究观点。他认为，读《周易》必须明白《易》理是在八卦、六十四卦创成之前就存在的，而卦形爻形及卦爻辞均是展示此"理"，故读《易》须知原初之理。这一观点，与他一贯主张的"理在气先"的哲学思想正相符合。《朱子语类》卷六十七录朱熹语曰："看《易》是看他卦爻未画以前，是怎模样，却就这上见得许多卦爻象是自然如此，不是杜撰。"又曰："盈乎天地之间，无非一阴一阳之理。有是理则有是象，有是象则其数便在，……因观天地自然之法象而画。"朱熹曾作两首诗，也表明这一观点："立卦生爻事有因，两仪四象已前陈。须知三绝韦编者，不是寻行数墨人。""潜心虽出重爻后，著眼何妨未画前。识得两仪根太极，此时方好绝韦编。"（《朱文公文集》卷十）

【俞琰】（约1253—约1314） 元吴郡（今江苏苏州）人。字玉吾。自号林屋山人；所居傍石涧，学者称石涧先生。生于宝祐间，以辞赋名。宋亡入元，隐居著书。精于《易》，潜心三十余年，著《周易经传考证》、《读易须知》、《六十四卦图》、《古占法》、《卦爻象占分类》、《易图合璧连珠》等书，皆佚。唯《周易集说》十三卷，附以《易图纂要》、《易外别传》，元武宗至大二年（1309）由其门人王都中为之刊刻行世（见《宋元学案》及《新元史》本传）。按俞氏《易》学著述，今可见者有《周易集说》十三卷（《通志堂经解》本）、《读易举要》四卷（《四库全书》录自《永乐大典》）、《易外别传》一卷（《道藏》本）、《周易参同契发挥》九卷《释疑》一卷（同前）等。《四库全书提要》谓俞《易》"其初主程、朱之说，后乃于程朱之外自出新义"，"实有冥心独造，发前人所未发者"。

【俞樾】（1821—1907） 清浙江德清人。字荫甫，号曲园。道光进士，改庶吉士，授翰林院编修，官至河南学政。后罢归，侨居苏州，一意治经。主讲苏州"紫阳"、上海"求志"各书院，而主杭州"诂经精舍"至三十一年之久。其治经以高邮王念孙、王引之父子为宗，大要在正句读，审字义，通古文假借。自少至老，著述不倦，为一时朴学正宗。同时如曾国藩、李鸿章、彭玉麟等均与倾心纳交，日本文士亦有来执业门下者。樾平生湛深经学，律己尤严，笃天性，尚廉直，布衣蔬食，海内翕然称"曲园先生"。光绪末卒，年八十六。著作合编为《春在堂全集》，凡五百余卷（见《清史稿·儒林传》）。《易》学专著有《周易平议》二卷、《易贯》五卷、《艮宦易说》一卷、《卦气直日考》一卷、《卦气续考》一卷、《玩易篇》一卷、《邵易补原》一卷、《八卦方位说》一卷、《易穷通变化论》一卷、《周易互体徵》一卷。

【俞氏易集说】 元俞琰撰。四十卷。《通志堂经解》本。见"周易集说"。

〔丶〕

【帝乙归妹】 ①《泰》卦六五爻辞之语。意为：帝乙嫁出少女。帝乙，商代帝王之名，一说即商汤，一说为商纣王之父；归，女子出嫁之称；妹，女子之后生者谓"妹"。此以古代帝女出嫁的故事为喻，说明六五当"通泰"之时，阴居尊位，下应九二，犹如"帝乙"下嫁贵女以配贤者，正见上下交通之理，为阴阳"交泰"的至美之象。参见"泰六五"。 ②《归妹》卦六五爻辞之语。字面意思与《泰》卦六五同。但其象征旨趣却在于表明《归妹》六五当"嫁配"之时，位贵下嫁，德尚谦逊，是"阴"以"阳"为归宿的完美象征，故亦称"帝乙归妹"。参见"归妹六五"。

【帝出乎震】 关于八卦方位的一种说法。谓主宰大自然生机的元气使万物生于象征东方和春分的"震"位。亦即确定八卦中的"震"卦代表东方之位。帝，甲骨文作"帝"、"帝"，为花草萌发而含苞欲放之形，王国维谓其"象花萼全形"（《观堂集林》），故其义当指事物生机初萌。语出

《说卦传》。其下文详言震为东方,巽为东南,离为南方,坤为西南,兑为西方,乾为西北,坎为北方,艮为东北的象征涵义,揭明八卦分居八方之位。这是有关八卦方位的较早期的明确系统的记载。与《说卦传》前文所述"天地定位"的位次不同。按,前人对《说卦传》"帝出乎震"一章的理解,颇多歧义。朱熹《周易本义》指出文中"所推卦位之说,多有未详者"。然宋人所倡扬的《后天八卦方位图》,即本于《说卦传》此章文字,明确指示"离南坎北,震东兑西"的位次,意在表明此为周文王演《易》时所定之方位,故亦称《文王八卦方位》。朱熹《周易本义》卷首于此图下云:"邵子曰:此卦位乃文王所定,所谓'后天之学'也。"平心而论,宋以来流行的"先天八卦"、"后天八卦"的图式,其源于何时虽未能遽定,然而"乾南坤北"与"离南坎北"这两种卦位象征实由来已久,乃至对中国古代自然科学及社会科学均产生过显著的影响。因此,对《说卦传》所载八卦方位学说的历史渊源与产生原理,尚有进一步探讨的价值。

【帝出乎震图】 即"文王八卦方位"。

【突如其来如】 《离》卦九四爻辞之语。意为:突然而来的火红暾霞。如,均为语气助词。这是取日出之际的霞光为喻,说明九四处《离》卦的上下两离之间,急欲上进附丽于六五,但阳刚失正,欲速不达,犹如清晓东方的暾霞突喷而起,瞬息间即消散不存,终难上附于高天。参见"离九四"。

【突如其来如无所容也】 《离》卦九四爻的《小象传》辞。旨在解说九四爻辞"突如其来如"的象征内涵。意思是:突然而来的火红暾霞,说明九四以虚势上进必将无处附丽容身。参见"离九四小象传"。

【宣舒】 西晋陈郡(治所今河南淮阳)人。字幼骥。曾任宜城令。研治《周易》,著有《通知来藏往论》。张璠集魏晋二十二家《易》说,撰为《周易集解》十二卷,宣舒亦属被采入诸家之一(见陆德明《经典释文序录》)。按,吴承仕先生《经典释文序录疏证》云:"宣舒,《唐志》有《通易象论》一卷。"任化远校:"《旧唐书》作'宣聘',《新唐志》作'宣驶'。"

【闻言不信聪不明也】 《夬》卦九四爻的《小象传》语。旨在解说九四爻辞"闻言不信"的象征内涵,意思是:听了此言不肯信从,说明九四尽管能听却不能审明此理。参见"夬九四小象传"。

【养正则吉】 《颐》卦的《彖传》语。意为:用正道养身才能导致吉祥。此言万物之所养,均须"正"然后"吉",以释《颐》卦名"颐"及卦辞"贞吉"之义。李鼎祚《周易集解》引宋衷曰:"君子割不正不食,况非其食乎?是故所养必得贤明,自求口实必得体宜,是谓'养正'也。"

【首出庶物万国咸宁】 《乾》卦《彖传》语。《彖传》既详细阐说《乾》卦辞"元、亨、利、贞"之义,最后又用这两句回头再明"贞"字之旨。意思是:阳气周流不息而又开始重新萌生万物,天下万方于是又尽呈和美昌顺景象。首,犹言"始";万国,李道平《周易集解纂疏》:"地有九州,故曰万国",即天下万方之意。此言阳气变化循环,犹如冬尽春来,新阳复苏,万物昌泰;就《乾》卦"四德"而言,这是复返"元"德,故亦称"贞下起元"。马其昶《重定周易费氏学》:"贞下起元,万物又于是乎资始矣。"尚秉和先生《周易尚氏学》:"元亨利贞,相循环者也。贞,非寂灭无为也,乃所以植'元亨'之基。故夫冬尽春来,贞久之至。首出庶物者,元也,言又复始也。"又云:"贞者元之本,元者贞之著";"首出物,即贞下启元之义也。"按,李鼎祚《周易集解》引刘瓛曰:"阳气为万物之所始,曰'首出庶物';立君而天下皆宁,故曰'万国咸宁'也。"这是以阳气"首出庶物"比拟拥立君主以使"万国咸宁",亦可备一说。

【前京房】 西汉《易》家,梁丘贺曾从问《易》。生活年代略先于焦延寿弟子京房字君明者,故称"前京房"。参见"京房①"。

【前言往行】 前古圣贤的言行。语出《大畜》卦《大象传》"君子以多识前言往行"。孔颖达《尚书正义序》:"斯乃前言往行,足以垂法将来者也。"

【类聚】 谓以类相聚。语出《系辞上传》"方以类聚,物以群分"。《后汉书·边让传》载让《章华赋》:"金石类聚,丝竹群分。被轻桂,曳华文,罗衣飘飘,组绮缤纷。"

【类族辨物】 《同人》卦的《大象传》语。意为:分析人类群体、辨别各种事物(以审异求同)。这是从《同人》卦"天与火"的卦象而推阐出的"君子"观此卦天火异形、其性有同之象,须悟知通过辨析人类、众物的异同特征,可以存其异而求"和同"的道理。参见"同人大象传"。

【迷复】 《复》卦上六爻辞之语。意为:迷入歧途不知回复。此言上六当"复"之时,阴居卦极,不应于初九之阳,上无所承,为迷不知之象,故曰"迷复"。参见"复上六"。

【迷复之凶反君道也】 《复》卦上六的《小象传》辞。旨在解说上六爻辞"迷复,凶"的象征内涵。意思是:迷入歧途不知回复的凶险,说明上六与阳刚君主之道背逆而行。参见"复上六小象传"。

【神草】 谓古代用以演卦的"蓍草"。李时珍《本草纲目》:"蓍,乃蒿属,神草也。"

【神卦】 谓神奇的八卦。《文选》载扬雄《剧秦美新》:"金科玉条,神卦灵兆。"李善注:"蓍曰卦,龟曰兆;神、灵,尊之也。"柳宗元《龟背戏》(见《柳河东集》):"八方定位开神卦,六甲离离齐上下。"

【施雠】 西汉沛(今江苏沛县东)人,字长卿。汉代今文《易》"施氏学"的开创者。为童子时,从邻县《易》师田王孙学习《周易》。后施雠徙居长陵(今陕西咸阳市东北),田王孙为博士,又随之治《易》,与孟喜、梁丘贺并为田氏门人。施雠秉性谦让,常常自称学业荒废,不愿教授门徒。至同学梁丘贺任少府,公事繁多,遣子梁丘临及徒张禹等随从施雠问业,雠藏匿不肯见;贺坚意固请,才不得已收下。于是,梁丘贺向朝廷举荐说:"我自早年与施雠同窗数十载,所获学问远不如他。"朝廷遂诏拜施雠为《易经》博士。汉宣帝甘露三年(前51),曾参加石渠阁议,与诸儒讨论《五经》异同。其著名门生有张禹、鲁伯,张禹又授彭宣,故西汉施雠《易》遂有"张、彭之学"传世(见《汉书·儒林传,施雠传》)。《汉书·艺文志》:"《易经》施、孟、梁丘三家",并著录《施氏章句》二篇。已佚。清马国翰《玉函山房辑佚书》辑有《周易施氏章句》一卷。

【施氏易】 西汉《易》家施雠开创的《易》学流派。亦称"施氏之学"。施雠受业于著名《易》师田王孙。以其学传张禹、鲁伯,禹传彭宣、戴崇,伯传毛莫如、邴丹。此间张禹、彭宣影响较著,于是西汉"施氏《易》"一家遂有"张、彭之学"。东汉戴宾、刘昆、刘轶均传"施氏《易》"。至西晋"永嘉之乱"后,施氏《易》学遂亡,无有传者。陆德明《经典释文序录》:"施雠传《易》,授张禹及琅邪鲁伯。禹授淮阳彭宣及沛戴崇;伯授太山毛莫如及琅邪邴丹。后汉刘昆受'施氏《易》'于沛人戴宾,(传)其子轶。吴承仕先生《经典释文序录疏证》:"此约《汉书·儒林传》、《张禹传》、《彭宣传》及《后汉书·儒林传》文,略明'施《易》'传授源流。昆传云:'子轶传昆业,门徒亦盛。'《序录》'其子轶'上疑夺'传'、'授'等字。《释文序录》又云:"永嘉之乱,施氏、梁丘之《易》亡。"

【施氏之学】 见"施氏易"。

【施命诰四方】 《姤》卦的《大象传》语。意为:施发命令而传告四方。这是从《姤》卦"天下有风"、无物不遇的卦象而推阐出的"君主"效法此象,施令传告四方以求上下遇合的意义。参见"姤大象传"。

【施孟梁丘之学】 即西汉《易》家施雠

开创的"施氏《易》"、孟喜开创的"孟氏《易》"、梁丘贺开创的"梁丘《易》"。分别详见此三条。

【施禄及下居德则忌】《夬》卦的《大象传》语。意思是：应当果决施降恩泽于下民，若居积德惠不施必遭憎恶。禄，此处犹言"恩泽"；居，积也，"居德"与"施禄"前后对文为义。忌，谓"憎恶"。这是从《夬》卦"泽上于天"，决然降雨的卦象而推阐出的"君子"观此象，须悟知应果决施德泽于下，不可积居不施以致民怨的道理。参见"夬大象传"。

【说卦】 见"说卦传"。

【说易】 明乔中和撰。十二卷。《跻新堂集》本。此书第一卷为《图说》，取刘牧"九为河图、十为洛书"之说；第二卷以下，发挥卦象，《象传》、爻象、《文言》、《系辞传》、《说卦传》、《序卦传》、《杂卦传》之义例。清李光地撰《周易折中》屡引其说。大旨根据程颐、朱熹《易》学，义尚醇正。乔若雯《序》称："近代言《易》诸家，推吴临川（澄）、熊南沙（过）、文西极（安之）、邓武林（伯羔）、杨信州（时高）、西洋利氏（利玛窦），此数子者，皆所称精义入神、穷神知化。而中和兼之。"柯劭忞以为：此序"未免推崇过当。又自吴草庐（澄）外，其余数子著述具存，亦未足当'精义入神'之誉也。况利玛窦乃创时宪历新法者，与中和之《说易》尤无关涉者乎？"（《续修四库全书提要》）

【说卦传】 《易传》之一。属《十翼》中的第八翼，亦简称《说卦》。旧说为孔子所作，然后人多有不同看法。"说卦"二字的名义，孔颖达《周易正义》曰："说卦者，陈说八卦之德业变化，及法象所为也。"故其内容要旨是辨析八卦的基本象征意义和取象范围。《说卦传》的章节，诸家所分不尽同，而以朱熹《周易本义》分为十一章者较为通行。视其全文内容，是先追溯《周易》的创作者用蓍衍卦的历史，再申言八卦的两种方位，然后集中说明八卦的取象

特点，并广引众多象例，是今天探讨《易》象的产生及推展的重要资料。就文中末章所集中列举的卦象为计，凡一百一十二例。陆德明《经典释文》引《荀爽九家集解》本《说卦传》则多出三十一例，《易》家或称为"逸象"。尚秉和先生《周易尚氏学》指出：《易林》及汉魏人注经每见采用"九家"之象，不应视为"逸象"，而当增入今本《说卦传》。据此，则《说卦传》末章所举象共计一百四十三例。在众多的例子中，最基本的象例是：乾为天，坤为地，震为雷，巽为风（木），坎为水，离为火，艮为山，兑为泽。这是六十四卦的《大象传》每卦必释之象，故可视为八卦的本象。由"本象"扩展的卦象虽至为繁杂，但其取义大体上皆不离乾健、坤顺、震动、巽入、坎陷、离丽（附着）、艮止、兑说（悦）这八种基本不变的象征内涵。然而，由于《说卦传》只举象例，未作详释，遂致不少卦象的立义依据晦而不明。朱熹说："其间多不可晓者，求之于经，亦不尽合也。"（《周易本义》）尚秉和先生云："诚哉其有不合。盖《说卦》乃自古相传之象，至《周易》愈演愈精，故经所用象，不尽与《说卦》同。"（《周易尚氏学》）据《晋书·束晳传》："《汲冢竹书》有《卦下易经》一篇，似《说卦》而异。"近年湖南长沙马王堆汉墓出土的《帛书周易》，其《系辞传》中杂有今本《说卦传》前三章内容（于豪亮《帛书周易》，载《文物》1984年第3期）。可见，《说卦传》在流传过程中也不可避免地存在着钞录错讹，或被增删改易的现象。陆德明《经典释文》所引或本末章卦象序次与今本有异，及引《九家》本多出的象例，即可为证。《说卦传》值得今天继续研究的内容，主要有两方面：一是被后人称为"先天"、"后天"八卦方位的本来面目及其在历史上产生的各方面的影响；二是早期《易》象设立的背景，推衍的规律，及其在解《易》、用《易》中的重要功用。这两方面的研究，均当立足于对《周易》"以象为本"的特色的科学辨

析,以利于揭示此书所蕴含的特异的象征哲学体系。

【说而丽乎明】 《睽》卦的《彖传》语。意为:和悦而附丽于光明。说,通"悦",指《睽》卦下兑为说;丽乎明,指《睽》卦上离为明、为附丽。此举《睽》卦的上下卦象,谓事物当"乖睽"之时,能以和悦附着于光明,即能以小心柔顺之道求得"和谐",以释《睽》卦辞"小事吉"之义。程颐《周易程氏传》:"兑,说也;离,丽也,又为明,故为说顺而附丽于明。"

【说之大民劝矣哉】 《兑》卦的《彖传》语。意思是:欣悦的功效是那样弘大,足以使百姓勉力奋发啊!说,通"悦";劝,勉也。这是归结并叹美《兑》卦所揭示的"欣悦"之道的深刻义理。程颐《周易程氏传》:"说道之大,民莫不知劝。劝,谓信之而勉力顺从。人君之道,以人心说服为本,故圣人赞其大。"杨万里《诚斋易传》:"劝民与民自劝,相去远矣。是以圣人大之曰:'说之大,民劝矣哉!'"

【说以动所归妹也】 《归妹》卦的《彖传》语。意思是:欣悦而能动,说明可以嫁出少女。说,即"悦",指《归妹》卦下兑为说;动,指《归妹》卦上震为动;所,犹言"可",陆德明《经典释文》:"本或作'所以归妹'。"马其昶《重定周易费氏学》:"《经传释词》云'所,犹可也',此当从'可'训","'所以'者,'可以'也。"这是举《归妹》的上下卦象,谓因悦而动正可嫁出少女,以释卦名"归妹"之义。程颐《周易程氏传》:"以二体释'归妹'之义。男女相感,说而动者,少女之事;故以说而动,所归者妹也。"

【说而巽孚乃化邦】 《中孚》卦的《彖传》语。意思是:上下欣悦而和顺,诚信之德就能被化邦国。说,即"悦",指《中孚》卦下兑为说;巽,指《中孚》卦上巽为和顺。这是举《中孚》上下卦象,说明上下之间能以"悦"、"顺"交孚,则其信可以"化邦",以释卦名"中孚"之义。程颐《周易程

氏传》:"上巽下说,为上至诚以顺巽于下,下有孚以说从其上。如是,其孚乃能化于邦国也。"

【说以先民民忘其劳】 《兑》卦的《彖传》语。意思是:(君子大人)悦于身先百姓,百姓也必能任劳忘苦。说,通"悦"。这是阐发并叹美《兑》卦所揭示的"欣悦"之道的深刻义理。程颐《周易程氏传》:"君子之道,其说于民,如天地之施,感于其心而说服无致。故以之先民,则民心说随而忘其劳。"

【说以犯难民忘其死】 《兑》卦的《彖传》语。意思是:(大人君子)悦于趋赴危难,百姓也必能舍生忘死。说,通"悦"。这是阐发并叹美《兑》卦所揭示的"欣悦"之道的深刻义理。《周易折中》引吕祖谦曰:"当适意时而说,与处安平时而说,皆未足为难。惟当劳苦患难而说,始见真说。圣人以之先之,故能使之任劳苦而不辞,赴患难而不畏也。"

【说以行险当位以节中正以通】 《节》卦的《彖传》语。意思是:内心欣悦就可趋赴险难,居位妥当就能有所节制,处中守正必将行事畅通。说,即"悦",指《节》卦下兑为说;险,指《节》卦上坎为险;当位,指《节》六四、九五两爻居得正位;中正,指《节》九五阳刚中正。这是举《节》卦的上下卦象及四、五爻象,申明节制必须不违悦,要适当而不过"中"之理,进一步阐发卦辞所含行节能"亨",而"苦节"必穷之义。李鼎祚《周易集解》引虞翻曰:"兑说,坎险","中正谓五"。孔颖达《周易正义》:"更就二体及四、五当位,重释行节得'亨',以明'苦节'之穷也。'行险以说',则为节得中;'当位以节',则可以为正。良由中而能正,所以得通,故曰'中正以通',此其所以为'亨'也。"

【洛书】 朱熹《周易本义》卷首所载九幅《易》图之一,亦称《戴九履一图》。见"河图洛书"。

【洗心革面】 洗涤心胸、改变面目。语

本《系辞上传》"圣人以此洗心"及《革》卦上六爻辞"君子豹变,小人革面"。《后汉书·郭泰传》:"洗心向善。"《三国志·魏志·武帝纪》:"远人革面。"

【洗心斋读易述】 明潘士藻撰。十七卷。《四库全书》本。亦题曰《读易述》。此书阐释《周易》经传,大致采用义理之学。前十卷为上下经,后七卷为《系辞》以下诸传。其体例乃先列己见,复采缀诸家之说附于后。《四库全书提要》指出:"前有焦竑《序》,称:'主理莫备于房审权,主象莫备于李鼎祚,士藻哀而择之。'则所据旧说,惟采《周易义海》、《周易集解》二书。然大旨多主于义理,故取《义海》者较多;《集解》所载如虞翻、干宝诸家涉于象数者,率置不录。盖以房书为主,而李书辅之也。案《义海》一百卷已佚,今所存者乃李衡《撮要》十五卷,非其旧本。竑《序》云云,岂万历中旧本犹存耶?然《宋志》已不著录,陈振孙《书录解题》亦云仅见四卷,其一百卷者未见,士藻安得而见之?竑殆夸饰之词。然衡所编者其源本出于房氏,即谓之房氏书亦可也。"按,邵懿辰《四库简明目录标注》称"《绛云楼书目》有房审权《义海》一百卷",或钱谦益尚藏此书,则至明末仍有传本。又按,北京图书馆今藏明万历三十四年(1606)潘师鲁刻本《读易述》十七卷,可资参考。

【洊至】 流水相仍而至。语出《坎》卦《大象传》:"水洊至,习坎;君子以常德行,习教事。"《文选》载谢灵运《富春渚诗》:"洊至宜便习,兼山贵止托。"李善注:"《周易》曰:'水洊至,习坎。'王弼曰:'重险悬绝,故水洊至也;不以坎为隔绝,相仍而至,习乎坎者也。习,谓便习之也。'"参见"坎大象传"。

【洊雷】 雷声叠连而至;为《震》卦《大象传》辞,"震"有"长子"之象,故"洊雷"又借以喻"太子"。《震》卦《大象传》:"洊雷,震;君子以恐惧修省。"庾信《哀江南赋》(见《庾子山集》):"游洊雷之讲肆,齿明离

之胄筵。"

【洊雷震】 《震》卦的《大象传》语。意思是:叠连轰响着巨雷,象征"震动"。洊,再也,犹言"叠连"。这是揭明《震》卦上下两"震"均为"雷"之象,谓巨雷叠响,正为"震动"的象征。参见"震大象传"。

【洼丹】(洼,音圭 guī,前 28—41) 东汉南阳育阳(属所在今河南南阳)人。字子玉。世传"孟氏《易》"。王莽时,避世授徒,专志不仕,弟子众数百人。光武帝时,为博士。至大鸿胪。研治《易》学精深,《易》家宗之,称为"大儒"。建武十七年(41),卒于官,年七十。著有《易通论》七篇,世号《洼君通》,已佚(见《后汉书·儒林列传·洼丹传》)。

【恒】 六十四卦之一。列居篇中第三十二卦,由下巽(☴)上震(☳)组成,卦形作"䷟",卦名为《恒》,象征"恒久"。《恒》卦所发事物"恒久"之理,就人事而言,即教人立身处世要有"持之以恒"的精神。卦辞以"亨通,无所咎害,利于守正,利有所往",极力赞美"恒"道可行。然而,卦中六爻无一爻全吉:初六急于深求"恒道",欲速不达,诫以守正防凶;九二失位,因能恒守刚中,遂得消"悔";九三守德不恒,或致"羞"、"吝";九四久居不当之位,徒劳无益;六五恒守柔德,于妇人有吉,男子则凶;上六好动不能守恒,面临凶险。显然,诸爻虽得失不同,但均不能尽"恒"之义,乃至邱富国有"恒之道岂易言哉"(《周易折中》引)的慨叹。试究"恒"这一概念本身的寓意,似非一时、一事所能即刻尽赅,谚云"路遥知马力,日久识人心",正属此理;因之,一爻之中难获"完吉",则是卦旨所限,不能不如此。至于六五称"妇人吉,夫子凶",虽是喻象,却深刻反映了古代的"妇德"、"男权"思想。纵观全卦大义,无论各爻的占语是否理想,作者所喻示的道理却无不在于勉人守"正"处"恒"。就此而言,"人贵有恒"的思想,实为此卦象征要义的核心。《荀子·劝学》曰:"锲而舍

500

之，朽木不折；锲而不舍，金石可镂。"又曰："真积力久则入，学至于没而后止也。"此说固为论"学"，亦与《恒》卦旨趣无异。

【恒九二】《恒》卦九二爻。以阳爻居卦第二位。爻辞曰："悔亡。"意为：悔恨消亡。此言九二当"恒"之时，阳居阴位，本有失正之"悔"；但其又处于下卦中位，犹如能恒久守持"中"道而不偏，遂获"悔亡"。王弼《周易注》："虽失其位，恒位于中，可以消悔也。"按《恒》九二以恒久守"中"消"悔"，可见《周易》重视"中"的思想。郭雍《郭氏传家易说》云："可久之道无它焉，中而已矣；过犹不及，皆非可久也。故《中庸》曰：'中者，天下之大本也。'"

【恒九三】《恒》卦九三爻。以阳爻居卦第三位。爻辞曰："不恒其德，或承之羞；贞吝。"意思是：不能恒久保持美德，时或有人施加羞辱；要守持正固以防憾惜。承，许慎《说文解字》云"奉也"，此处犹言"施加"；羞，羞辱；贞吝，犹言"守正以防憾惜"。这是说明九三当"恒"之时，以阳刚居下卦之终，应于上六，躁动盲进，有守德不恒之象，遂致有人或加之以羞；然九三虽"不恒其德"，其居位尚正，故爻辞又勉其正归"恒"，庶可免"吝"。爻义含劝邪反正的微旨。朱熹《周易本义》："位虽得正，然过刚不中，志从于上，不能久于其所，故为'不恒其德，或承之羞'之象。或者，不知何人之辞，承，奉也，言人皆得奉而进之，不知所自来也。"按《论语·子路》云："子曰：'南人有言曰"人而无恒，不可以作巫医"，善夫！'"不恒其德，或承之羞'，子曰：'不占而已矣！'"从孔子的口气看，实对守德不恒者至为鄙夷，足见《恒》卦九三寓诫深刻。又按，"贞吝"之义，孔颖达《周易正义》释为"正之所贱"；朱熹《周易本义》云："正而不恒，为可羞吝。"两说并备为参考。

【恒九四】《恒》卦九四爻。以阳爻居卦第四位。爻辞曰："田无禽。"意为：田猎获不到禽兽。田，指田猎；禽，泛指禽兽。这是说明九四当"恒"之时，阳刚失正，久居不当之位，故以"田猎无获"喻其徒劳无益。王弼《周易注》："恒于非位，虽劳无获也。"孔颖达《周易正义》："田者，田猎也，以譬有事也；无禽者，田猎不获，以喻有事无功也。恒于非位，故劳而无功也。"按，《恒》卦九二不当位，但能守"中"，故"悔亡"；九四既不当位又失中，故劳而无获。吕柟《泾野先生周易说翼》引申九四爻旨云："君子久于仁义之政，则下足以化民；久于仁义之谟，则上足以正君。舍是而恒焉，则虽术之如彼其诈也，行之如彼其久也，祇以滋乱耳，田也何所获禽乎？"

【恒上六】《恒》卦上六爻。以阴爻居卦最上之位。爻辞曰："振恒，凶。"意思是：振动不安于恒久之道，有凶险。振，陆德明《经典释文》引马融曰："动也。"此谓上六以阴居《恒》上震之终，性动不能持恒，有"恒"极致反、振动无常之象，故"凶"。朱熹《周易本义》："振者，动之速也。上六居《恒》之极，处震之终；恒极则不常，震终则过动。又阴柔不能固守，居上非其所安，故有'振恒'之象，而其占则凶也。"按，《恒》初六在下，求"恒"过深；上六居终，不能守恒。两象虽相反，但均违处"恒"之道，故前者"无攸利"，后者《小象传》云"大无功"。马其昶《重定周易费氏学》引吕祖谦曰："立天下之大功，必悠久胶固，然后能成。若振动躁扰，暂作易辍，安能成功？"

【恒六五】《恒》卦六五爻。以阴爻居卦第五位。爻辞曰："恒其德，贞；妇人吉，夫子凶。"意思是：恒久保持柔顺美德，长守正固；妇人如此可获吉祥，男子必有凶险。德，此处特指"柔德"。这是说明六五当"恒"之时，以"柔中"之德居上卦尊位，下应九二刚中，故有恒其柔德、长守正固之象；此时六五既以"柔中"下应"刚中"，则又有恒于"妇德"、守贞从夫之象，故爻辞又称"妇人吉，夫子凶"，谓男子不取此道。王弼《周易注》:"居得尊位,为恒之主,不能制义,而系应在二,用心专贞,从唱而已,妇人之吉,夫子之凶也。"按,《恒》六五"妇人守恒"之象,蕴义有合于"妇从夫"的古代礼教。《孟子·滕文公下》云:"必敬必戒,无违夫子,以顺为正者,妾妇之道也。"并谓:"是焉得为大丈夫!"正可视为"妇人吉,夫子凶"的注脚。由此亦可见古代礼教对女子的制约,在此爻表现得颇为明显。

【恒初六】《恒》卦初六爻。以阴爻处卦下初位。爻辞曰:"浚恒,贞凶,无攸利。"意思是:过早深求恒久之道,守持正固以防凶险,否则无所利益。浚,音俊jùn,深也;贞凶,犹言守正防凶。这是说明初六处《恒》之始,阴柔浅下,却急于上应九四之阳,犹如急于深求"恒"道,欲速不达,故有"浚恒"之象;然初九之行虽失正,其求"恒"心切却亦不可全非,故爻辞又勉其趋正自守,以期避免凶险,不然,若执意"浚恒",必无所利。《周易义海撮要》引陆希声曰:"常之为义,贵久于其道,日以浸深。初为常始,宜以渐为常,而体異性躁,遽求深入,是失久之其道之义,不可以为常。"按,《恒》初六"浚恒"之诫,义可广拟于"治学"、"治政"诸事。胡瑗阐释爻旨曰:"是故为学既久,则道业可成,圣贤可到;为治既久,则教化可行,尧舜可至;为朋友既久,则契合愈深;为君臣既久,则谏从言听而泽下于民:若是之类,莫不由积日累久而后至,固非骤而及也。今此初六居下卦之初,为事之始,责其长久之道,永远之效,是犹为学之始,欲亟至于周、孔;为治之始,欲化及于尧、舜;为朋友之始,欲契合之深;为君臣之始,欲道之大行:是不能积久其事,而求常道之深。"(《周易口义》)又按,"贞凶"之义,王弼《周易注》训为"凶正",即"为正之凶";朱熹《周易本义》释为"虽贞亦凶"。并可备为参考。

【恒卦辞】《恒》卦的卦辞。其文曰:"恒,亨,无咎,利贞,利有攸往。"意思是:《恒》卦象征恒久,亨通,无所咎害,利于守持正固,利于有所前往。恒,卦名,象征"恒久"。卦辞之义,在于极力赞美"恒久"之道,认为守"恒"者不但可致"亨通",并且"无害"、"利正"、"利有所往"。王弼《周易注》:"恒而亨,以济三事也;恒之为道,亨乃无咎也;恒通无咎,乃利正也;各得所恒,修其常道,终则有始,往而无违,故'利有攸往'也。"按,王弼所言"济三事",孔颖达《周易正义》引褚氏曰:"谓'无咎'、'利贞'、'利有攸往'。"又按,卦名"恒"字之义,可析为二端:一曰恒久不易,如守持正道不可一刻动摇;二曰恒久不已,如施行正道必须坚持不懈。但这两方面的意义又是相辅相成,不能割裂。董真卿《周易会通》引徐几云:"'利贞'者,不易之恒也;'利有攸往'者,不已之恒也。合而言之,乃常道也;倚于一偏,则非道矣。"

【恒彖传】《恒》卦的《彖传》。旨在解说《恒》卦的卦名、卦辞之义。其文为:"《彖》曰:恒,久也。刚上而柔下,雷风相与,巽而动,刚柔皆应,恒。恒,亨,无咎,利贞,久于其道也。天地之道,恒久而不已也;利有攸往,终则有始也。日月得天而能久照,四时变化而能久成,圣人久于其道而天下化成;观其所恒,而天地万物之情可见矣!"意思是:《彖传》说:恒,即言恒久。譬如阳刚居上而阴柔处下,雷发风行常相交助,先要逊顺然后可动,阳刚阴柔都能相互应合,这些都是恒久可行的事状。恒久,亨通,无所咎害,利于守持正固,说明要恒久保持美好的道德。天地的运行规律,恒久而不停止;利于有所前往,说明事物的发展终而复始。日月顺行天道而能永久照耀天下,四季往复变化而能永久生成万物,圣人永久保持美好的道德而天下就能遵从教化形成美俗;观察各种恒久事状,天地万物的性情就可以明白了!"全文可分四节理解。第一节,自"恒,久也"至"刚柔皆应,恒"七句,举《恒》卦上震为刚、为雷、为动之象,下巽为柔、为风、为逊顺之象,及卦中六爻阴阳刚柔皆能相应之象,说明刚柔尊卑次序有定、雷风之作相须相助、事物逊顺而后能动、阴阳刚柔相互应合等现象皆属恒常不变的事状,以释卦名"恒"之义。第二节,自"恒,亨"至"久于其道也"五句,谓能恒久守持美好道德必可亨通免害、利其守正,以释卦辞"恒,亨,无咎,利贞"之义。第三节,自"天地之道"至"终则有始也"四句,举"天地"运行恒久不已,事物发展终而复始的规律为例,谓守恒以往终能获利,以释《恒》卦辞"利有攸往"之义。第四节,自"日月得天而能久照"至"而天地万物之情可见矣"五句,广举"日月"、"四时"、"圣人"守恒之例,归结全文并赞美《恒》卦大义。

【恒大象传】 《恒》卦的《大象传》。其辞曰:"雷风,恒;君子以立不易方。"意思是:雷发风行(常相交助),象征"恒久";君子因此树立永久不变的正确思想。方,犹言"道",此处指"正确的思想"。这是先揭明《恒》卦上震为雷、下巽为风之象,谓雷风相须、常相交助,正为"恒久"的象征;然后推阐出"君子"当效法此象,立身于恒久不变之道的义理。孔颖达《周易正义》:"君子立身,得其恒久之道,故不改易其方。方,犹'道'也。"程颐《周易程氏传》:"雷震则风发,二者相须,交助其势,故云'相与',乃其常也。"又曰:"君子观雷风相与成恒之象,以常久其德,自立于大中常久之道,不变易其方所也。"按,《恒》卦《大象传》谓"雷风,恒",即《象传》所云"雷风相与"之义,故程颐据此为释。然其训"方"为"方所",则与孔颖达训"道"者不同,于义亦可通。又按,李鼎祚《周易集解》引宋衷曰:"雷以动之,风以散之,二者常相薄而为万物用;故君子象之,以立身守节,而不易道也。"此取《说卦传》"雷风相薄"解《大象传》"雷风恒"之义,可备参考。

【恒以一德】 谓《恒》卦的道理可以用于指导人始终不移地纯一守德。语出《系辞下传》。为"三陈九卦"中的三陈第四卦《恒》卦之义。说明此卦之用,在于守正不移而恒一其德,即前文"初陈"、"再陈"所云"德之固"、"杂而不厌"之旨。孔颖达《周易正义》:"恒能始终不移,是纯一其德也。"参见"三陈九卦"。

【恒其德贞】 《恒》卦六五爻辞之语。意为:恒久保持柔顺美德,长守正固。德,此处特指"柔德"。这是说明六五当"恒"之时,以"柔中"之德居上卦尊位,下应九二刚中,有恒保柔德、长守正固之象,故曰"恒其德,贞"。参见"恒六五"。

【恒杂而不厌】 谓《恒》卦教人在正邪相杂的环境中恒久守德而不厌倦。语出《系辞下传》。为"三陈九卦"中的再陈第四卦《恒》卦之义。杂,指正邪相杂。说明此卦喻示守操有恒,故虽居正邪相杂之处,亦能长守正道而不厌。孔颖达《周易正义》:"言《恒》卦虽与物杂碎并居,而常执守其操,不被物之不正也。"参见"三陈九卦"。

【恒受之以遯】 《周易》六十四卦,以象征"恒久"的《恒》卦列居第三十二卦;事物不可能永久安居于一个处所,所以接《恒》之后是象征"退避"的第三十三卦《遯》卦。此称"《恒》受之以《遯》"。语本《序卦传》:"《恒》者,久也。物不可以久居其所,故受之以《遯》;遯者,退也。"韩康伯《序卦注》:"夫妇之道,以恒为贵。而物之所居,不可以终恒,宜与时升降,有时而遯者也。"

【恒德之固也】 谓《恒》卦象征守正有恒,是巩固道德的前提。语出《系辞下传》。为"三陈九卦"中初陈第四卦《恒》卦之义。说明人以恒心守持正道,则美德能固。孔颖达《周易正义》:"为德之时,恒能执守,始终不变,则德之坚固。"参见"三陈九卦"。

【恒九二小象传】 《恒》卦九二爻的《小象传》。其辞曰:"九二悔亡,能久中也。"意思是:九二悔恨消亡,说明能恒久守中不偏。这是解说《恒》九二爻辞"悔亡"的象征内涵。孔颖达《周易正义》:"处恒故能久,位在于中,所以消悔也。"程颐《周易程氏传》:"所以得'悔亡'者,由其能恒久于中也。人能恒久于中,岂止亡其悔,德之善也。"

【恒九三小象传】 《恒》卦九三爻的《小象传》。其辞曰:"不恒其德,无所容也。"意思是:不能恒久保持美德,说明九三长此以往将无处容身。这是解说《恒》九三爻辞"不恒其德"的象征内涵。孔颖达《周易正义》:"谓不恒之人,所往之处皆不纳之,故无所容也。"程颐《周易程氏传》:"人既无恒,何所容处?当处之地,既不能恒,处非其地,岂能恒哉?是不恒之人,无所容处其身也。"

【恒九四小象传】 《恒》卦九四爻的《小象传》。其辞曰:"久非其位,安得禽也?"意思是:九四久居不当之位,田猎哪能获得禽兽呢?这是解说《恒》九四爻辞"田无禽"的象征内涵。孔颖达《周易正义》:"在恒而失位,是久非其位;田猎而无所获,是安得禽也。"

【恒上六小象传】 《恒》卦上六爻的《小象传》。其辞曰:"振恒在上,大无功也。"意思是:振动不安于恒久之道而又高居在上,说明上六处事必然大为无功。这是解说《恒》上六爻辞"振恒"的象征内涵。程颐《周易程氏传》:"居上之道,必有恒德,乃能有功;若躁动不常,岂能有所成乎?居上而不恒,其凶甚矣。《象》又言其不能有所成立,故曰'大无功也'。"

【恒六五小象传】 《恒》卦六五爻的《小象传》。其辞曰:"妇人贞吉,从一而终也;夫子制义,从妇凶也。"意思是:妇人守持正固可获吉祥,说明要跟从一个丈夫终身不改;男子必须裁制事宜,若像妇人那样柔顺必有凶险。这是解说《恒》六五爻辞"妇人吉,夫子凶"的象征内涵。从一而终,犹言"从夫不改",即《礼记·郊特牲》所谓"壹与之齐,终身不改,故夫死不嫁";制义,即裁制事宜;从妇,指遵循妇人的"顺从"之道。来知德《周易集注》:"制者,裁制也;从妇者,从妇人顺从之道。夫子刚果独断,以义制事;若如妇人之顺从,委靡甚矣,岂其所宜? 故凶。"

【恒初六小象传】 《恒》卦初六爻的《小象传》。其辞曰:"浚恒之凶,始求深也。"意思是:过早深求恒久之道而有凶险,说明初六刚开始就求之过深。这是解说《恒》初六爻辞"浚恒"有"凶"之义。俞琰《周易集说》:"《论语》云'欲速则不达',《孟子》云'其进锐者其退速'。恒贵久于其道,凡为学,为治皆然。《恒》之初,岂可以遽求深? 求深则凶也。逍遥李氏曰:譬如掘井,始浚便求深,决无所成。"

【恒不死中未亡也】 《豫》卦六五爻的《小象传》语。旨在解说六五爻辞"恒不死"的象征内涵。意思是:必将长久康健不致丧亡,说明六五居中不偏就未必败灭。参见"豫六五小象传"。

〔一〕

【费直】 西汉东莱(郡治今山东掖县)人。字长翁。汉代古文《易》"费氏学"的开创者。以研治《周易》被征为郎,至单父令。长于卦筮,不撰章句,只以《彖传》、《象传》、《系辞传》、《文言传》等《十翼》解说六十四卦上下经。其学未立于学官,唯在民间授受。琅琊王璜(一作"王横")传费氏学(见《汉书·儒林传》)。《汉书·艺文志》云:"刘向以中《古文易经》校施、孟、梁丘经,或脱去'无咎'、'悔亡'。唯费氏经与古文同。"东汉马融、郑玄、荀爽等均传费氏《易》;今尚通行的王弼《周易注》本,亦远承费直之传。马国翰《玉函山房辑佚书》辑有《费氏易》一卷、《费氏易林》一卷、《周易分野》一卷。

【费元珪】 南朝齐时蜀(今四川)人。曾任齐安西将军。治《易》,著有《周易注》九卷(见陆德明《经典释文序录》)。《隋书·经籍志》谓:梁有九卷,亡。

【费氏易】 ① 西汉《易》家费直开创的古文《易》学流派。亦称"费氏之学"。费氏未立于学官,唯在民间传授。其学以古文《易经》为本,不撰章句,取《十翼》解说经意。西汉王璜(一作"王横")传费氏《易》。东汉相继承传者有陈元、马融、郑众、郑玄、荀爽等人。至魏王弼承费直、郑玄所传《易经》文本,作《周易》注流行至今,则费氏《易》的脉绪实已延续了二千年之久。可见,费氏学是西汉《易》学影响至为深远的一大派别。陆德明《经典释文序录》:"费直传《易》,授琅琊王璜,为费氏学。本以古文号'古文《易》',无章句,徒以《彖》、《象》、《系辞》、《文言》解说上下经。汉成帝时,刘向典校书,考《易》说,以为诸《易》家说皆祖田何、杨叔元、丁将军,大义略同,唯京氏为异。向又以中《古文易经》校施、孟、梁丘三家之《易经》,或脱去'无咎'、'悔亡',唯费氏经与古文同。范晔《后汉书》云:京兆陈元、扶风马融、河南郑众、北海郑玄、颍川荀爽并传费氏《易》。"吴承仕先生《经典释文序录疏证》:"此约《汉书·艺文志》、《儒林传》、《后汉书·儒林传》及陈元等本传文,略述费《易》授受源流,兼明费氏殊异之故。按,费氏之《易》视四家(谨按,指施、孟、梁丘、京)不同,盖有五事:费氏先师传无明说,一也;费本以古字号'古文《易》',二也;以《大传》说经而无章句,三也;今文多脱'无咎'、'悔亡',费氏独与中古文应,四也;费氏长于卦筮(原注:《儒林传》文),而《艺文志》所列独无费氏卦筮之书,明不与孟、京、焦赣同流,五也。自马、郑作,费氏兴,京氏遂衰(《后·儒林传》文);自辅嗣《注》行,而众家式微矣。费《易》无章句而自有本经,故刘向得而校之。《七录》云:'《章句》四卷,残阙。'《隋志》云:'梁有费注《周易》四卷,亡。'疑即残阙之《章句》言之;《隋、唐志》又有《易林》、《神筮》二书,并不应《录》、《略》,疑后世为费氏学者附益之。又《晋书·天文志》述十二分野,云'费直说《周易》、蔡邕《月令章句》,所言颇有先后,今附而次之。'《开元占经》亦引之,盖费氏义之仅存者。" ② 书名。一卷。清马国翰辑。《玉函山房辑佚书》本。马氏沿承旧说,根据《汉书·艺文志》关于刘向以中《古文易经》校诸家经,"唯费氏经与古文同"的记载,认为费直《易》以古文为本。故从陆德明《经典释文》、晁说之《古易》等书中蒐罗所列古字,悉以属之费氏。如"坤"古文作"巛","凝"古文作"疑","恤"作"血"、"墉"作"庸"、"砎"作"介"、"趾"作"止"、"埸"作"易"、"狩"作"守"、"箕"作"其"之类,共一百三十则,汇萃成篇,谓为《费氏易》。所辑是否必为费直之《易》,盖无确证,唯可取资参考。按,尚秉和先生对"费直传古文《易》"的旧说持异议。指出:"费《易》既亡章句,故李氏《集解》无有费说;陆氏《释文》云某字古文作某字,亦未言费氏。徒以刘向云以中《古文易》校三家,或脱去'无咎'、'悔亡',惟费氏经与古文同。夫曰'与古文同',明费氏非古文也。'同'者,言其字之多寡同于中古文,无脱缺也。其校《尚书》,亦专重脱简,岂谓其字皆从古文乎?如费《易》字皆古文,凡东汉马融、荀爽、郑玄皆习费《易》者,胡为其读不尽同,且不尽用古文乎?"故认为马国翰辑《易》中古字属于费氏,未为允当。但尚先生又谓:"喜其将全《易》古文,辑录无遗","检查甚易,故过而存之,以便后学焉。"(《易说评议》)

【费氏之学】 见"费氏易"。

【费氏古易订文】 王树枏撰。十二卷。《陶庐丛刻》本。此书大旨在于辨明《周易》今文、古文的异同。汉儒治经,分今、古文两派。《易》学之中,施雠、孟喜、梁丘贺、京房皆治今文,唯费直治古文。西汉费《易》不列于学官,故未能盛行。东汉郑众、马融、郑玄、荀爽等均传费学,于是费氏古文《易》大为流行。至魏王弼作《周易注》,立说虽与郑玄不同,但所据经传文字,仍依郑本,亦即费学之流。因此,后人凡言费学,盖不得不以上述诸家为断。王氏订正费直古《易》,正是以马融、郑玄、荀爽三家为主要依据。郑众未传《易注》,其说散见于其他经注足资考证者,亦备为采录。王弼的《易》说,也间有取资。全书断制谨严,家法慎明。书中订正文字,也多所发见。黄寿祺先生《易学群书平议》指出:"近世言费氏者二家,一为桐城马氏(其昶),一为王氏。若律以汉人家法,则王氏较为得之。"

【柔中】 指《易》卦中居二位或五位之阴爻,即"六二"或"六五"。详见"中"。

【柔变刚】《剥》卦的《象传》语。意为:阴柔者浸蚀改变了阳刚的本质。柔,指《剥》卦中的五阴爻。此以《剥》卦五阴已剥落阳质,释卦名"剥"之义。孔颖达《周易正义》:"释所以此卦名'剥'之意也。"程颐《周易程氏传》:"柔变刚也,柔长而刚变也。"

【柔遇刚】《姤》卦的《象传》语。意为:阴柔遇合阳刚。柔,指《姤》卦初六为阴爻;刚,指《姤》卦九二至上九均为阳爻。这是举《姤》卦一阴在下而上遇五阳之象,谓此卦义主柔者遇合刚者,以释卦名"姤"并兼明其卦辞"女壮,勿用取女"之义。王弼《周易注》:"施之于人,即女遇男也;一女而遇五男,为壮至甚,故不可取也。"

【柔以时升】《升》卦的《象传》语。意为:沿承柔道并适合时机而行必能上升。柔,指《升》上下卦坤、巽均为阴卦。此举《升》卦的上下卦象,言事物以柔道适时而行则能升,以释卦名"升"之义。王弼《周易注》:"柔以其时,乃得升也。"程颐《周易程氏传》:"以二体言,柔升谓坤上行也。巽既体卑而就下,坤乃顺时而上升以时也,谓时当升也。"按,孔颖达《周易正义》云:"升之为义,自下升高,故就六五尊位,以释名'升'之意。六五以阴柔之质,超升贵位,若不得时,则不能升耳,故曰'柔以时升'也。"此谓"柔"指六五爻,于义亦通。

【柔来而文刚】《贲》卦的《象传》语。意为:阴柔前来文饰阳刚。柔,指《贲》卦六二为阴爻;刚,指《贲》卦九三为阳爻。此以《贲》卦二、三爻象,释卦名及卦辞"贲,亨"之义,谓六二来居下卦之中以文饰九三,阴阳交贲故获亨通。参见"分刚上而文柔"。

【柔丽乎中正】《离》卦的《象传》语。意为:柔顺者附丽于适中方正之处。柔,指《离》卦的六二、六五两爻均为阴柔之爻;中正,指六二、六五居上下卦中位且二又得其正。这是举《离》卦的二、五爻象,谓以柔顺之质附丽于"中正"之道,必能成"离"之至美而走向亨通,以释《离》辞"利贞,亨,畜牝牛吉"之义。王弼《周易注》:"柔著于中正,乃得通也;柔通之吉,极于畜牝牛,不能及刚猛也。"孔颖达《周易正义》:"六五、六二之柔,皆丽于中则不偏,故云'中正'。以中正为德,故万事亨;以中正得通,故畜养牝牛而得吉也。"程颐《周易程氏传》:"二、五以柔顺丽于中正,所以能亨。人能养其至顺,以丽中正则吉,故曰'畜牝牛吉'也。"按,《离》卦六五爻虽居上卦中位,却为阳位,本失其正,《周易正义》解曰:"虽非阴阳之正,乃是事理之正,故总云'丽于正'也。"此说可备参考。

【柔在内而刚得中】《中孚》卦的《象传》语。意思是:内呈柔顺谦虚至诚而外涵刚健笃实有信。柔,指《中孚》六三、六四两阴爻;刚,指《中孚》九二、九五两阳爻。这是举《中孚》卦三、四两爻以阴虚居一卦六爻内中之象,及二、五两爻以阳实分处上下卦正中之象,说明此象含有"中虚"为诚、"中实"为信的寓意,以释"中孚"之义。程颐《周易程氏传》:"二在内,中虚为诚之象;二刚得上下体之中,中实为孚之象,卦所以为'中孚'也。"

【柔顺利贞君子攸行】《坤》卦《象传》语。前句"柔顺利贞"承前文"牝马地类,行地无疆",释《坤》卦辞"利牝马之贞";后句"君子攸行"接下文"先迷失道,后顺得

506

常",释《坤》卦辞"君子有攸往,先迷,后得主,利"之义。故这两句在《坤》卦《象传》中有承上、启下的作用,意思是:"牝马"柔和温顺利于守持正固,君子像这样就可以有所前往。孔颖达《周易正义》:"'柔顺利贞,君子攸往'者,重释'利贞'之义是君子之所行。兼释前文。"朱熹《周易本义》:"柔顺利贞,《坤》之德也;君子攸行,人之所行如《坤》之德也。"

【柔得位乎外而上同】 《涣》卦的《象传》语。意思是:阴柔者在外获得正位而上与阳刚之志协同。柔,指《涣》卦六四爻。这是举六四当位居上卦,顺承九五、上九两阳而心志协同之象,说明此时阴阳虽散而能聚,遂见处《涣》能通之理,以释《涣》卦名及卦辞"涣,亨"之义。尚秉和先生《周易尚氏学》:"四当位,上承一阳固吉,承二阳尤吉。"

【柔得位而上下应之】 《小畜》卦的《象传》语。意思是:柔顺者得其位而上下阳刚与之相应。柔,指《小畜》卦六四爻;上下,指《小畜》上下卦的五阳爻。此谓卦中六四阴柔得正,上下五阳爻与之相应,犹如阴者正畜聚阳者,以释卦名"小畜"之义。程颐《周易程氏传》:"以阴居四,又处上位,柔得位也;上下五阳皆应之,为所畜也。以一阴而畜五阳,能系而不能固,是以为'小畜'也。"

【柔得中乎外而顺乎刚】 《旅》卦的《象传》语。意思是:阴柔者在外居得适中之位而顺从刚强者。柔,指《旅》卦六五爻。这是举六五以"柔中"居《旅》外卦而顺于上九阳刚之象,说明"行旅"之时当以谦柔中顺为本,以释《旅》卦的卦名及卦辞"旅,小亨"之义。王宗传《童溪易传》:"用刚非旅道也,故莫善于用柔。然柔不可过也。故莫善于得中。以六居五,得中位而属外体,丽乎二刚之间,故曰'柔得中乎外而顺乎刚'。"

【柔得中是以小事吉也】 《小过》卦的《象传》语。意思是:阴柔者居中不偏,所以施行寻常柔小之事可获吉祥。柔,指《小过》卦六二、六五以柔居上下卦中位。此以二、五爻象,释《小过》卦辞"可小事"之义。孔颖达《周易正义》:"柔顺之人,惟能行小事;柔而得中,是行小中时,故曰'小事吉'也。"程颐《周易程氏传》:"柔得中,二、五居中。阴柔得位,能致'小事吉'耳,不能济大事也。"

【柔得位得中而应乎乾】 《同人》卦的《象传》语。意思是:柔顺者处得正位、守持中道又能上应刚健者。柔,指《同人》卦六二爻;乾,健也,指九五爻。这是以《同人》六二得位居中、与九五志同相应,释卦名"同人"之义。孔颖达《周易正义》:"此释所以能同于人之义。柔得位得中者,谓六二也;上应九五,是应于乾也。"

【柔履刚也说而应乎乾】 《履》卦的《象传》语。意思是:阴柔者小心行走在阳刚者之后,以和悦应合健强。柔,指《履》卦六三爻;刚,指《履》上卦乾为刚;说,即"悦",指《履》下卦兑为说;乾,健也,亦指《履》上卦乾为健。这是以六三爻象及上下卦象解说《履》卦的卦名"履"及卦辞"履虎尾,不咥人,亨"的意思。谓六三行于上乾阳刚之后,正如"履"之本旨主乎柔者履危,即卦辞"履虎尾"之义;而六三既居下卦兑体之上,所应者为上卦乾健,有以和悦应合强健刚正者之象,所以履虎尾不见咥而亨。王弼《周易注》:"成卦之体,在六三也;'履虎尾'者,言其危也。三为《履》主,以柔履刚,履危者也。履虎尾有不见咥者,以其说而应乎乾也。乾,刚正之德者也。不以说行乎佞邪,而以说施乎乾,宜其履虎尾不见咥而亨。"

【柔进而上行得中而应乎刚】 《睽》卦的《象传》语。意为:用柔顺之道求进而向上直行,处事适中可应合阳刚者。柔进,指《睽》卦六五以柔进居尊位;得中、应刚,指六五居得中位而下应九二阳刚。这是举《睽》卦的六五爻象,说明应当以柔顺中和而应合阳刚之道小心处"睽",其睽终合,以释《睽》卦辞"小事吉"之义。程颐《周易程氏传》:"六五以柔居尊位,有说顺丽明之善,又得中道而应刚。"何楷《古周易订诂》:"下卦兑说,上卦柔中,皆以小心行柔道者,象之所谓'小事吉'者此耳。"②《鼎》卦的《象传》语。意为:尊者凭着谦柔美德前进并向上直行,高居中位又能下应阳刚贤者。柔进、得中,指《鼎》卦六五爻上行居尊而得处中位;刚,指《鼎》卦九二爻。这是举《鼎》六五所含"柔中"、"应刚"之德,喻尊者以鼎养贤、"自新新人"的美盛功效,以释《鼎》卦辞"元吉,亨"之义。王弼《周易注》:"谓五也,有斯二德,故能'成新'而获'大亨'也。"孔颖达《周易正义》:"此就六五释'元吉,亨'。以柔进上行,体已获通;得中应刚,所通者大。故能制法成新,而获大亨也。"

【柔得尊位大中而上下应之】《大有》卦的《象传》语。意思是:阴柔者得居尊位,高大并能保持中道,而上下阳刚纷纷相应。柔,指《大有》卦六五爻;上下,指《大有》卦的上下五阳爻。这是以《大有》卦一阴获五阳之应,释卦名"大有"之义。王弼《周易注》:"处尊以柔,居中以大,体无二阴以分其应,上下应之,靡所不纳,'大有'之义也。"孔颖达《周易正义》:"柔处尊位,是其大也;居上卦之内,是其中也。"

【退思易话】清王玉树撰。八策。道光十年(1830)芳椒堂刊本。此书钞撮汉宋诸家《易》说,撰为编帙。全书以策代卷,第一策为汉学,第二策为古义,第三策为宋学,第四策为图书,第五策为诸儒诠释,第六策为各家异义,第七策为篇章,第八策为字句。玉树《自序》云:"取诸家《易》说读之,分其源流,考其时事,其有论解详明及古今本不同者,悉笔记之,题曰《退思易话》。"柯劭忞指出:"其书不分卷而分策,盖取简策之义,未免好为立异。"又云:"惟玉树此书成于道光乙酉,乾嘉之际张惠言治虞氏《易》,海内推为绝学,玉树胪列汉学,独无一言及之,盖僻处乡间,未见其书也。然于孟、京之卦气,陈、邵之图书,俱能言其大概,较之空谈义理者,终有取焉。"(《续修四库全书提要》)

【既济】 六十四卦之一。列居篇中第六十三卦。由下离(☲)上坎(☵)组成,卦形作"䷾",卦名为《既济》,象征"事已成"。《既济》卦名的取义,是借"涉水已竟"喻"事已成";但全卦大旨却是阐发"守成艰难"的道理。唐太宗曾问身边的侍臣:"帝王之业,草创与守成孰难?"魏徵答曰:"帝王之起,必承衰乱,覆彼昏狡,百姓乐推,四海归命,天授人与,乃不为难。然既济之后,志趣骄逸;百姓欲静,而徭役不休;百姓凋残,而侈务不息:国之衰弊,恒由此起。以斯而言,守成更难。"(《贞观政要·论君道》)此论虽言"帝王事业",但其义却甚合《既济》卦旨。从卦辞看,其辞虽称"事成"之时,物无大小,俱获亨通,但又以"利贞"二字强调不可忘忽守"正";而"初吉终乱"一语,更是深明此时稍不敬慎必将复乱的诫意。卦中六爻,无不见警戒之旨:初戒"曳轮"不可前,二戒"丧茀勿逐",三戒"小人勿用",四"终日戒",五有"东邻杀牛"之戒,上更以"濡首厉"为戒。可见,"既济"之时虽万事皆成,但要安保这一既成局面,却非易事。《大象传》言"君子以思患而豫防之",意味实颇深长。欧阳修论曰:"人情处危则虑深,居安则意殆,而患常生于忽忽也。是以君子既济,则思患而豫防之也。"(《易童子问》)此语可以视为本卦精义的概括。

【既济九三】《既济》卦九三爻。以阳爻居卦第三位。爻辞曰:"高宗伐鬼方,三年克之;小人勿用。"意思是:殷高宗讨伐鬼方,持续三年终于获胜;小人不可轻易任用。高宗,孔颖达《周易正义》:"殷王武丁之号";鬼方,国名,古代西北地区"玁狁"部落之一。这是说明九三以阳刚居《既济》下卦之终,有"事成"之后尚致力于排除余患之象,适如殷朝高宗当治世功成之时仍用兵于讨伐平定"鬼方"小国;值此之时,虽仅存余患,但也必须以"三年克之"的精神持久努力,才能安保其成,而若任用焦躁激进的"小人"必致危乱,故爻辞特戒"小人勿用"。《淮南九师道训》:"鬼方,小蛮夷也;高宗,殷之盛天子也。以盛天子伐小蛮夷,三年而后克之,言用心之不可不重也。"(马国翰《玉函山房辑佚书》)马其昶《重定周易费氏学》引潘士藻曰:"盖盛世勤民之难也。小人居盛不虑其衰,成功不虑其难,故戒以'勿用'。"按,《既济》九三阳居阳位,禀性刚亢,故爻辞从正反两方面设诫。所谓"小人勿用",正恐其不能守持"初吉"而导致"终乱"。

【既济九五】 《既济》卦九五爻。以阳爻居卦第五位。爻辞曰:"东邻杀牛,不如西邻之禴祭,实受其福。"意思是:东边邻国杀牛盛祭,不如西边邻国举行微薄的禴祭,更能切实地承受神灵降予的福泽。东邻、西邻,假设之辞,犹言彼、此,主于为《既济》九五设诫;杀牛,指举行盛大祭祀,王弼《周易注》"牛,祭之盛者也";禴祭,谓薄祭(见"萃六二")。这是说明九五当"既济"之时,尊居"君位",阳刚中正,事成物丰,亟须敬慎修德以守成,不可骄逸奢侈;惟其美德纯笃,顺时而行,虽如"西邻"之薄祭,亦可奉荐于神灵而获福;倘不修德,纵如"东邻"盛祭,亦不过亵渎于神,有害无益,故曰:"东邻杀牛,不如西邻之禴祭,实受其福。"《周易折中》引潘士藻曰:"五以阳刚中正,当物大丰盛之时,故借东邻祭礼以示警惧。夫祭,时为大,时苟得矣,则明德馨而黍稷可荐,明信昭而沼毛可羞。是以'东邻杀牛,不如西邻之禴祭,实受其福',在于合时,不在物丰也。东西者,彼此之辞。"按,九五居"既济"盛时,最忌骄奢不修道德。故爻辞既以东、西邻为诫,又以"禴祭"明德为勉。又按,朱熹《周易本义》云:"东阳西阴,言九五居尊而时已过,不如六二之在下而始得时也。"于义亦通。

【既济上六】 《既济》卦上六爻。以阴爻居卦最上之位。爻辞曰:"濡其首,厉。"意思是:小狐渡河沾湿头部,有危险。濡其首,与《既济》初九爻辞"濡其尾"均取小狐渡河之象(见"既济初九")。这是说明上六以阴居"既济"之终,修德不笃,盛时已过,济极终乱,而转向"未济",犹如狐渡河而水湿其首,将淹及顶,其势必危,故曰"濡其首,厉"。王弼《周易注》:"处《既济》之极,既济道穷,则之于未济。"朱熹《周易本义》:"《既济》之极,险体之上,而以阴柔处之,为狐涉水而濡其首之象。"王申子《大易缉说》:"不言'凶',而言'厉'者,欲人知危惧而速改,则济犹可保。"

【既济六二】 《既济》卦六二爻。以阴爻居卦第二位。爻辞曰:"妇丧其茀,勿逐,七日得。"意思是:妇人丧失坐车的蔽饰(难以出行),不用追寻,过不了七日必将失而复得。妇,喻《既济》六二;茀,音弗fú,古代贵族妇女所乘车辆上的蔽饰,《诗经·卫风·硕人》"翟茀以朝"孔颖达疏:"茀,车蔽也,妇人乘车不露见,车之前后设障以自隐蔽,谓之茀";七日,喻为时之快,此处取象与《震》卦六二爻辞同(见"震六二")。这是说明六二当"既济"之时,上应九五,犹如五之"妇"而柔顺中正,虽因"丧茀"以至未能出行,亦不急于追寻,惟静居以俟其自复;以此处"既济",必能不失所成,乃致"七日"之内又复得其"茀",故称"勿逐,七日得"。马振彪先生《周易学说》引刘沅曰:"六二柔中得位,上应九五中正之主,光明中正,不以去茀为嫌,静以俟之。此柔中之最美者。"按,《既济》卦《象传》称"初吉,柔得中也",正见六二吉美之义。

【既济六四】 《既济》卦六四爻。以阴爻居卦第四位。爻辞曰:"繻有衣袽,终日戒。"意思是:华裳美服将变成敝衣破絮,应当整天戒备祸患。繻,音儒rú,彩色的丝帛,此处借指美服,许慎《说文解字》"繻,缯采色也",又"缯,帛也";有,王引之

《经传释词》"犹'或'也",句中含"将要"之意;衵,音如 rú,败絮,指衣服破敝。这是说明六四当"既济"之时,柔顺得正;然居上卦之始,"既济"之道将有转化,犹如美服或将变作敝衣,务必终日戒备,守正防患,方可免害,故曰"繻有衣衵,终日戒"。《周易义海撮要》引陆希声曰:"繻,亦作襦,饰之盛也;衵者,衣之弊也。"又引石介曰:"美服有时而弊,如当既济则亦有未济","故终日防,慎而戒,疑其有弊。"按,《既济》六四居"多惧"之地,上体坎险,过中生变,"既济"将向"未济"转化,故爻辞设戒尤切。又按,王弼《周易注》以为"繻"当作"濡","衣衵"为"塞舟漏"之用,爻义谓舟漏则濡湿,故须预备衣衵为防。于义亦通。

【既济初九】《既济》卦初九爻。以阳爻处卦下初位。爻辞曰:"曳其轮,濡其尾,无咎。"意思是:向后拖曳车轮不使猛行,小狐渡河沾湿尾巴不使速进,必无咎害。这是说明初九以阳处"既济"之始,上应六四,但不急于求应,有谨慎守成之象,犹如车曳轮而不猛行,狐濡尾而不速进;事成之初,能谨守如此,必可免咎,故曰"无咎"。朱熹《周易本义》:"轮在下,尾在后,初之象也。曳轮则车不前,濡尾则狐不济。既济之初,谨戒如是,'无咎'之道。"按,《既济》初九处"事已成"之始,阳刚居下,谦虚稳重,故能"守成"。来知德《周易集注》云:"刚得其正,不轻于动,故有'曳轮'、'濡尾'之象。以此守成,'无咎'之道。"又按,《既济》初九爻辞"濡其尾",与上六爻辞"濡其首",并指"小狐"渡河,与《未济》卦辞"小狐汔济,濡其尾"之象一致。狐渡河必掀尾不沾水面,才能速济,故陈梦雷《周易浅述》承程颐《周易程氏传》"兽之涉水必揭其尾"之说,指出:"狐必揭其尾而后济,濡则不掉,不速济也。"

【既济卦辞】《既济》卦的卦辞。其文曰:"既济,亨小,利贞;初吉终乱。"意思是:《既济》卦象征事已成,此时连柔小者也获得亨通、利于守持正固;若不慎守成功则起初吉祥而终致危乱。既济,卦名,本指渡水已竟,作卦名乃象征"事已成";亨小,犹言"小亨","小"指阴柔弱小。卦辞说明,"既济"之时,诸事皆成,不但刚大者亨通,柔小微弱者也均获亨通;而此时又宜于守正,卦中六爻皆得正位,即见守正之象,故曰"亨小,利贞";然"事已成"之后,务须谨慎守成,此时若不修德业,骄逸妄为,必将导致危乱,故卦辞特发诫语曰"初吉终乱"。陆德明《经典释文》引郑玄曰:"既,已也,尽也;济,渡也。"孔颖达《周易正义》:"济者,济渡之名;既者,皆尽之称。万事皆济,故以'既济'为名。既万事皆济,若小者不通,则有所未济,故曰'既济,亨小'也。小者尚亨,何况于大?则大小刚柔各当其位,皆得其所。当此之时,非正不利,故曰'利贞'也。但人皆不能居安思危,慎终如始,故戒以今日'既济'之初,虽皆获吉;若不进德修业,至于终极,则危乱及之,故曰'初吉终乱'也。"按,卦辞"既济,亨小,利贞",李鼎祚《周易集解》引虞翻注,以"亨小"为句。故陆德明《经典释文》出"亨小",并谓:"绝句,以'小'连'利贞'者非。"但后人对此又有多种不同看法,兹举三说以备参考。一、朱熹《周易本义》认为"亨小,当作'小亨'",并谓《彖传》"既济,亨"之"亨"上当有"小"字。二、毛奇龄《仲氏易》以为当读作"既济亨,小利贞"。三、俞樾《群经平议》谓"小"字为衍文,其理由是《彖传》云"既济,亨,小者亨也;利贞,刚柔正而位当也",则卦辞本无"小"字,并指出:"其作'亨小'者,涉《未济》'亨,小狐汔济'之文而衍耳。"尚秉和先生《周易尚氏学》赞成俞说,认为"征之《彖传》,其为衍文无疑。今检马王堆汉墓出土的《帛书周易》,亦有"小"字;可知此字若为衍文,盖西汉人钞写《帛书》所据之本已衍。又按,《周易尚氏学》释卦名"既济"为"终止",曰:"其在既济之初,上下得所，民物咸宜，故'初吉'；然《易》之道以变通为贵，无或休息，止而终于是，则《易》道穷也，故'终乱'。"可备一说。

【既济彖传】《既济》卦的《彖传》。旨在解说《既济》卦的卦名、卦辞之义。其文为："《彖》曰：既济，亨，小者亨也。利贞，刚柔正而位当也。初吉，柔得中也；终止则乱，其道穷也。"意思是："《彖传》说：事已成，亨通，说明此时连柔小者也都获得亨通。利于守持正固，说明阳刚阴柔都必须行为端正而处位适当。起初吉祥，说明其时能够以柔顺之德持中不偏；最终若停止修德守正必致危乱，说明成功之道已经困穷。"全文可分三节理解。第一节，自"既济"至"小者亨也"三句，说明"事已成"之时，柔小微弱者亦皆获亨通，以释卦名及卦辞"既济，亨小"之义。第二节，"利贞，刚柔正而位当也"二句，举《既济》卦中六爻刚柔均得正当位之象，说明"既济"之时利于守正，以释卦辞"利贞"之义。第三节，自"初吉"至"其道穷也"四句，举《既济》卦六二柔中得正之象，说明此时应当以"柔顺中正"之德谨慎守成，若停止修德则"既济"之道必穷而终致危乱，以释卦辞"初吉终乱"之义。

【既忧之无咎】《临》卦六三爻辞之语。意为：要是已经忧惧自己的过失而改正，则可免遭咎害。此谓六三居《临》下卦兑之上，当"临"之时，阴柔失正，有以言辞巧佞临人之象；但此时六三若能自知不正，心有忧惧而改过，则亦可免咎，故曰"既忧之，无咎"。参见"临六三"。

【既济大象传】《既济》卦的《大象传》。其辞曰："水在火上，既济；君子以思患而豫防之。"意思是：水在火上（煮成食物），象征"事已成"；君子因此于事成之后思虑可能出现的祸患而预先防备。豫，即"预"。这是先揭明《既济》卦上坎为水、下离为火之象，谓水在火上，煮物成熟，正为"事已成"的象征；然后推阐出"君子"观此象，须悟事成之后或又将致乱的道理，

故当思其隐患而预防之。李鼎祚《周易集解》引荀爽曰："六爻既正，必当复乱，故君子象之，思患而豫防之，治不忘乱也。"王弼《周易注》："存不忘亡，既济不忘未济也。"孔颖达《周易正义》："水在火上，炊爨之象。饮食以之而成，性命以之而济，故曰'水在火上，既济'也。"按，《大象传》谓"思患豫防"，正是对《既济》卦辞"初吉终乱"所含诚意的进一步阐发。王申子《大易缉说》指出："既济虽非有患之时，患每生于既济之后。君子思此而豫防之，则可以保其'初吉'，而无'终乱'之忧矣。"

【既忧之咎不长也】《临》卦六三爻的《小象传》语。旨在解说六三爻辞"既忧之"的象征内涵。意思是：要是已经忧惧自己的过失而改正，那咎害就不会久长。参见"临六三小象传"。

【既济九三小象传】《既济》卦九三爻的《小象传》。其辞曰："三年克之，惫也。"意思是：持续三年终于获胜，说明九三为安保其成必须持久努力到疲惫的程度。这是解说《既济》九三爻辞"三年克之"的象征内涵。李鼎祚《周易集解》引侯果曰："兴役动众，圣犹疲惫，则非小人为能。"

【既济九五小象传】《既济》卦九五爻的《小象传》。其辞曰："东邻杀牛，不如西邻之时也；实受其福，吉大来也。"意思是：东边邻国杀牛盛祭，不如西边邻国微薄的禴祭适时明德；西邻更能切实地承受神灵降予的福泽，说明吉祥将源源来临。这是解说《既济》九五爻辞"东邻杀牛，不如西邻之禴祭，实受其福"的象征内涵。时，谓合时。王弼《周易注》："在于合时，不在于丰也。"孔颖达《周易正义》："《象》曰'不如西邻之时'者，神明飨德，能修德致敬，合于祭祀之时，虽薄降福，故曰'时'也。'吉大来'者，非惟当身，福流后世。"

【既济上六小象传】《既济》卦上六爻的《小象传》。其辞曰："濡其首厉，何可久也！"意思是：小狐渡河沾湿头部而有危险，说明上六事成之后修德不笃怎能长久

守成!这是解说《既济》上六爻辞"濡其首,厉"的象征内涵。孔颖达《周易正义》:"首既被濡,身将陷没,何可久长者也!"

【既济六二小象传】 《既济》卦六二爻的《小象传》。其辞曰:"七日得,以中道也。"意思是:过不了七日必将失而复得,说明六二能守持中正不偏之道。这是解说《既济》六二爻辞"七日得"的象征内涵。程颐《周易程氏传》:"中正之道,虽不为时所用,然无终不行之理,故'丧茀'七日当复得,谓其自守其中,异时必行也。不失其中,则正矣。"按,程颐谓"丧茀"喻六二"不为时所用",于义可通。

【既济六四小象传】 《既济》卦六四爻的《小象传》。其辞曰:"终日戒,有所疑也。"意思是:应当整天戒备祸患,说明六四此时要有所疑惧而慎行。这是解说《既济》六四爻辞"终日戒"的象征内涵。程颐《周易程氏传》:"终日戒惧,常疑患之将至也。处既济之时,当畏慎如是也。"

【既济亨小者亨也】 《既济》卦的《彖传》语。意思是:事已成而亨通,说明此时连柔小者也都获得亨通。这是解说《既济》卦的卦名及卦辞"既济,亨小"之义。王弼《周易注》:"既济者,以皆济为义也。小者不遗,乃为皆济,故举'小者'以明'既济'也。"按,卦辞谓"既济,亨小",而《彖传》只举"既济,亨"三字为释,似有省略"小"字。故孔颖达《周易正义》云:"具足为文,当更有一'小'字;但既叠经文,略以见,故从省也。"然郭京《周易举正》则谓《彖传》"亨"下脱一"小"字。而朱熹《周易本义》又以为卦辞、《彖传》均当作"既济,小亨",则卦辞之"亨小"当乙,而《彖传》"亨"上脱一"小"字。两说并可参考。

【既济初九小象传】 《既济》卦初九爻的《小象传》。其辞曰:"曳其轮,义无咎也。"意思是:向后拖曳车轮不使猛行,说明初九的行为正合谨慎守成的意义而不致咎害。这是解说《既济》初九爻辞"曳其轮"的象征内涵。程颐《周易程氏传》:"既济之初,而能止其进,则不至于极,其义自无咎也。"

【既雨既处尚德载】 《小畜》卦上九爻辞之语。意思是:密云已经降雨、阳刚已被畜止,至高极上的阳德被阴气积载。处,谓止,即阳被阴所"畜止";尚,即"上",尚德犹言"阳德";载,谓积载。这是说明上九居《小畜》之终,"小畜"穷极,已化"不雨"为"既雨",上九的阳刚尽为六四之阴所畜,遂有"已降雨"、"被畜止"、"阳德被积载"诸象,故曰"既雨既处,尚德载"。参见"小畜上九"。

【既雨既处德积载也】 《小畜》卦上九爻的《小象传》语。旨在解说上九爻辞"既雨既处,尚德载"的象征内涵。意思是:密云已经降雨、阳刚已被畜止,说明此时阳德被阴气积聚满载。参见"小畜上九小象传"。

【既济受之以未济终焉】 《周易》六十四卦,以象征"事已成"的《既济》卦列居第六十三卦;但事物的发展不可能穷尽,行事成功之后又将带来新的未成功因素,所以接《既济》之后是象征"事未成"的《未济》卦,作为六十四卦的终了。此称"《既济》受之以《未济》终焉"。语本《序卦传》:"物不可穷也,故受之以《未济》终焉。"按,《序卦传》此语,既含事物发展未有穷尽之义,又勉人不可因成功而固步自封,寓旨深远。韩康伯《序卦注》:"有为而能济者,以己穷物者也。物穷则乖,功极则乱,其可济乎?故受之以《未济》也。"程颐《周易程氏传》:"既济矣,物之穷也。物穷而不变,则无不已之理;《易》者变易而不穷也,故《既济》之后,受之以《未济》而终焉。未济则未穷也,未穷则有生生之义。"

【险之时用大矣哉】 《坎》卦的《彖传》语。意为:险陷之时的功用是多么弘大啊!这是从"用险"的角度,叹美"坎险"之时的弘大功用。李鼎祚《周易集解》引王肃曰:"守险以德,据险以时,成功大矣。"程颐《周易程氏传》:"是有用险之时,其用甚大,故赞其大矣哉!山河城池,设险之大端也。若夫尊卑之辨,贵贱之分,明等威,异物采,凡所以杜绝陵僭,限隔上下者,皆体险之用也。"

【险且枕入于坎窞】 《坎》卦六三爻辞之语。意思是:往前有险而退居难安,落入陷穴深处。枕,形容罹难难安之状;窞,音旦 dàn,犹言"深坑"。这是说明六三当"险陷"之时,阴柔失正,处上下两坎之间,意欲行险,而来去皆罹于难,遂有进退未安,落入陷穴之象,故曰"险且枕,入于坎窞"。参见"坎六三"。

【险以动动而免乎险】 《解》卦的《彖传》语。意思是:置身险境而能奋动,奋动解脱就能免除险难。险,指《解》卦下坎为险;动,指《解》卦上震为动。这是举《解》卦的上下卦象,说明处险能动,则可解难而脱险,以释卦名"解"之义。王弼《周易注》:"动乎险外,故谓之'免';免险则解,故谓之'解'。"孔颖达《周易正义》:"此就二体以释卦名。遇险不动,无由解难;动在险中,亦未能免咎。今动于险外,即见免说于险,所以为'解'也。"

【险在前也刚健而不陷】 《需》卦的《彖传》语。意思是:艰难险阻在前方,刚强健实而不陷入厄境。这是通过《需》卦的上下卦象解说卦名"需"之义。谓《需》上坎为险、下乾为健,犹如险难在前,刚健者冷静待时以涉险,遂能不陷于险,故象征"需待"。李鼎祚《周易集解》引何妥曰:"此明得名由于坎也。坎为险也,有险在前,不可妄涉,故须待时然后动也。"又引侯果曰:"乾体刚健,遇险能通,险不能险,义不穷也。"

【险以说困而不失其所亨】 《困》卦的《彖传》语。意思是:面临险难而心中愉悦,这样虽处困穷也不失亨通的前景。险,指《困》卦下坎为险;说,即"悦",指《困》卦上兑为说。这是举《困》卦的上下卦象,说明"君子"处困,临险犹悦,故能济困而致亨通,以释《困》卦辞"亨"之义。王弼《周易注》:"处险而不改其说,困而不失其所亨也。"孔颖达《周易正义》:"坎险而兑说。所以困而亨者,良由君子遇困,安其所遇,虽居险困之世,不失畅说之心,故曰'险以说,困而不失其所亨'也。"

【彖】 ①指六十四卦的卦辞。《系辞上传》:"彖者,言乎象者也",韩康伯《系辞注》:"彖,总一卦之义也。"孔颖达《周易正义》:"彖,谓卦下之辞,言说乎一卦之象也。"朱熹《周易本义》:"彖,谓卦辞,文王所作者。" ②指六十四卦的《彖传》。孔颖达《周易正义》于《乾》卦释"彖曰"云:"夫子所作《彖辞》,统论一卦之义。"参见"彖传"。

【彖传】 旧称孔子所作《易传》中的一种,即《十翼》中的《上彖》、《下彖》两翼。其基本宗旨是解说六十四卦的卦名、卦辞及一卦大义。每卦一节,共六十四节,随上下经而分为上下两部分:自《乾》至《离》三十节为上部分,谓之《上彖》或《彖上传》;自《咸》至《未济》三十四节为下部分,谓之《下彖》或《彖下传》。《彖传》常简称《彖》,亦称《彖辞》或《彖辞传》。孔颖达《周易正义》于《乾》卦《彖传》云:"夫子所作《彖辞》,统论一卦之义。或说其卦之德,或说其卦义,或说其卦之名。故《略例》(即王弼《周易略例》)云:'《彖》者,何也?统论一卦之体,明其所由之主。'案褚氏、庄氏并云:'彖,断也,断定一卦之义,所以名为《彖》也。'"《彖传》阐释六十四卦的卦名、卦辞、卦义的体例,往往取卦象、爻象为说,多能指明每卦中的为主之爻,而以简约明了的文字论断该卦主旨。《彖传》原独自成篇单行,汉以后被合入六十四卦经文并行,并被分割为六十四节各附于所释之卦的卦辞之后。故汉唐以来通行的经传参合本《周易》,凡卦辞后所附"彖曰"云云,即为《彖传》文辞。

【彖辞】 ①指六十四卦的卦辞。《系辞下传》:"知者观其彖辞,则思过半矣。"孔颖达《周易正义》:"彖辞,言文王卦下之辞。"陆德明《经典释文》引马融曰:"彖辞,卦辞也。" ②指三百八十四爻的爻辞。陆德明《经典释文》又引郑玄曰:彖辞,"爻辞也。" ③通称六十四卦三百八十四爻的卦辞及爻辞。陆德明《经典释文》又云:彖辞,"师说通谓爻卦之辞也"。 ④指六十四卦的《彖传》。陆德明《经典释文》又引或说:"即夫子《彖辞》。"参见"彖传"。

【彖上传】 《彖传》的上部分,亦称《上彖》。详"彖传"。

【彖下传】 《彖传》的下部分,亦称《下彖》。详"彖传"。

【彖传论】 清庄存与撰。二卷,又《彖象论》一卷、《系辞传论》二卷、《八卦观象解》二卷附《卦气解》一卷。《味经斋遗书》本。此五种著述,乃庄氏之系列性《易》说。前三种统论《彖传》、象象、《系辞传》之大义;《八卦观象解》,则考二仪之运行,以揭示垂统吉凶之旨;所附《卦气解》,李兆洛为之校刊,则专释汉儒卦气之说。柯劭忞称庄氏解《易》"贯串群经,不囿于一家之说","皆义蕴宏深,章句小儒不足以望其项背";并谓其《卦气解》一卷"可以得研究卦气者之要领"(《续修四库全书提要》)。

【彖象论】 清庄存与撰。一卷。参见"彖传论"。

【彖辞传】 即"彖传"。

【彖象解经意】 西汉《易》学的一个支派,其学无章句,专取《彖传》、《象传》等《十翼》之文以解经意,以费直、高相二家民间所用以传授者为代表。详见"汉易"。

【结绳之政】 指上古时代以结绳代表文字的社会状况。语见《系辞下传》:伏羲"作结绳而为网罟";又曰:"上古结绳而治,后世圣人易之以书契。许慎《说文解字叙》):"及神农氏结绳为治,而统其事"。旧题孔安国撰《尚书序》则云:"古者伏羲氏之王天下也,始画八卦,造书契,以代结绳之政,由是文籍生焉。

【除戎器戒不虞】 《萃》卦的《大象传》

语。意思是:修治刀枪兵器,戒备不测变乱。除,犹言"修治";戎器,即兵器;不虞,谓不测。这是从《萃》卦泽居地上、水潦归汇的卦象而推阐出的"君子"观此象,须悟知事物久聚必生变乱,人情久聚或萌异心,当及早修治兵器以防不测的道理。参见"萃大象传"。

【昼接】 一日间频获接见,谓深受尊者宠信、拔擢。语本《晋》卦卦辞"康侯用锡马蕃庶,昼日三接"。贾餗《庄周梦为蝴蝶赋》:"六梦粉其夜动,七情忘于昼接。"(见《全唐文》)

【姚平】 西汉河东(今山西省西南部)人。受业于《易》师京房(字君明),传"京氏《易》"。为郎、博士(见《汉书·儒林传·京房传》)。

【姚信】 三国吴国吴兴(治所今浙江吴兴南)人。字德祐,一说字"元直"。吴名将陆逊的外甥。曾因"亲附太子"事被孙权流徙。孙皓时,官至太常。《易》学著述有《周易注》(见《三国志·吴书·陆逊传》及《经典释文序录》)。已佚。清孙堂《汉魏二十一家易注》、马国翰《玉函山房辑佚书》、黄奭《黄氏逸书考》均辑有姚信《易注》一卷。张惠言《易义别录》指出:姚氏"言乾坤致用,卦变旁通,九六上下,则与虞氏之注若应规矩。元直岂仲翔之徒欤?抑孟氏之传在吴,元直亦得有旧闻欤?"疑姚信治《易》,或承孟喜、虞翻之学。

【姚规】 约南朝齐梁间人。字号、爵里不详。治《易》,著《周易注》七卷。已佚。清马国翰《玉函山房辑佚书》辑有《周易姚氏注》一卷。并指出:"规不详何人。《隋书·经籍志》有《周易》七卷,姚规注,不著何代,盖在隋时已无考。但系《姚注》于梁何胤、伏曼容、朱异之下,当是齐梁间人。《唐志》不著录,亡佚已久。李鼎祚《集解》引一节说,言互体,盖亦治郑、虞学者。

【姚配中】(1792—1844) 清安徽德舆人。字仲虞。道光时诸生。工书嗜琴,治经长于《易》(见《清史列传》及《国朝耆献类征》)。《易》学著述有《周易姚氏学》十六卷、《周易通论月令》二卷、《易学阐元》一卷。

【姤】 六十四卦之一。列居篇中第四十四卦。由下巽(☴)上乾(☰)组成,卦形作"䷫",卦名为《姤》,象征"相遇"。《姤》卦的主旨,是阐明事物"相遇"之理。但卦辞的"说理"方式却是"反证":先用"女壮",譬喻卦中初阴爻与其上五阳爻的关系是"一女遇五男";然后戒人勿娶此"女"。可见,作者主张"相遇"之道必须合"礼"守"正",而对不正当的遇合深恶痛绝。司马迁《史记·佞幸列传序》云:"谚曰'力田不如逢年,善仕不如遇合',固无虚言。非独女以色媚,而士宦亦有之。"这是用憎嫉的笔调鞭笞以巧言佞色求遇者流,与《姤》卦的象征内涵颇有可通之处。再视卦中六爻,初六一阴是全卦设诫的主要因素,就其自身而论,必须专一系应于九四,守"贞"则"吉";若轻浮自纵,邪媚求遇必"凶"。五阳爻的处"遇"情状,则主于严守正道,避防阴邪:九二刚中不擅有阴物,获"无咎";九三过刚而进止艰难,虽无所遇,亦"无大咎";九四失遇阴物,不可强争,争执必有凶险;九五阳刚中正,暂未有遇合,宜含藏章美以待贤者;上九居处穷极,所遇无人,但未遭阴邪之伤故"无咎"。显然,诸阳爻虽当"阴遇阳"、"柔遇刚"之时,却不可遇合不正之阴柔。这一点,与卦辞"勿用取女"的喻意正相呼应。若从正面意义分析,《姤》卦实又深寓着作《易》者对理想、美好的"上下遇合"的寻求:九五爻辞所谓"有陨自天",正是"尊者"修德求贤的典型象征,流露出"君臣际遇"将从天而降的期望与渴盼。这无疑是《姤》卦义理中所蕴含的政治思想之一端。杨万里《诚斋易传》从这一角度,援史证曰:"舜遇尧,为天人之合,'有陨自天'之象,何忧驩兜?何畏孔壬?"

【姤九二】 《姤》卦九二爻。以阳爻居卦第二位。爻辞曰:"包有鱼,无咎;不利宾。"意思是:厨房里发现一条鱼,不致咎害;但不利于擅自用来宴享宾客。包,通"庖",陆德明《经典释文》:"包,本亦作'庖'";鱼,阴物,喻指《姤》初六。这是说明九二当"遇"之时,以阳刚居下卦之中,初六以阴在下而近承,犹如"鱼"入其"庖",不期而至,于九二自是"无咎";但此"鱼"本与九四为正应,实非九二之物,故不宜擅自动用,以享宾客。李鼎祚《周易集解》引王弼曰:"初阴而穷下,故称'鱼'也;不正之阴,处遇之始,不能逆近者也。初自乐来,应己之厨,非为犯应,故'无咎'也。擅人之物,以为己惠,义所不为,故不及宾。"按,当"姤"之时,九二禀刚中之德,虽遇于初六,却能以"正道"为制约,不擅据初为己有,也不使之遇于"宾客",实为善处"姤"时之象,故获"无咎"。《周易折中》引吴曰慎曰:"以义言之,不可使之遇于宾也;若不制而使遇于宾,则失其义矣。"此释《小象传》"义不及宾",颇有可取。

【姤九三】 《姤》卦九三爻。以阳爻居卦第三位。爻辞曰:"臀无肤,其行次且;厉,无大咎。"意思是:臀部失去皮肤,行动越趄难进;有危险,但没有重大咎害。次且,音资居 zī jū,行止艰难之状,亦作"趑趄"。前两句辞意与《夬》卦九四爻辞同(见"夬九四")。这是说明九三当"遇"之时,居下卦之终,过刚不中,上无其应而下无所遇,犹如"臀无肤",欲居则不安,欲行却越趄难进;此时九三虽无应而未获所遇,行止颇有危厉,但因居位得正,庶可免遭阴邪之伤,故"无大咎"。朱熹《周易本义》:"九三过刚不中,下不遇于初,上无应于上,居则不安,行则不进,故其象占如此。然既无所遇,则无阴邪之伤,故虽危厉而无大咎也。"按,《困》初六谓"臀困于株木",《夬》九四、《姤》九三谓"臀无肤,其行次且",三卦皆取"臀"象。李简《学易记》云:"居则'臀'在下,故《困》初六言'臀';行则'臀'在中,故《夬》、《姤》三、四言'臀'。"此从"居"、"行"的角度分析辞象与爻位的联系,可资参考。

【姤九五】《姤》卦九五爻。以阳爻居卦第五位。爻辞曰:"以杞包瓜;含章,有陨自天。"意思是:用杞树枝叶蔽护树下的甜瓜;内心含藏章美,必然有理想的遇合从天而降。杞,孔颖达《周易正义》引马融曰"大木也",此以高大的杞树喻《姤》九五爻;包,裹也,犹言蔽护。瓜,以甜美处下,喻指"贤者";章,谓章美之德;陨,降也。这是说明九五当"遇"之时,阳刚中正以居尊位,有屈己谦下以求遇贤者之德,犹如高大的杞树用绿叶蔽护树下的甜瓜;此时九五既以刚中居正,内含章美,以此求遇,必有贤者"自天而降"与之应合。程颐《周易程氏传》:"夫上下之遇,由相求也。杞,高木而叶大;处高体大而可以包物者,杞也。美实在之下者,瓜也;美而居下者,侧微之贤之象也。九五尊居君位,而下求贤才,以至高而求至下,犹以杞叶而包瓜,能自降屈如此。又其内蕴中正之德,充实章美,人君如是,则无有不遇所求者。虽屈己求贤,若其德不正,贤者不屑也;故必含畜章美,内积至诚,则'有陨自天'矣,犹言自天而降,言必得之也。"按,《姤》九五既禀"中正"美德,必不愿与"不正"者苟遇,故自含章美,屈己谦下,以待"天降"理想的遇合。《周易折中》认为:"五为卦主,而与阴无比、应,得卦'勿用取女'之义也。夫与阴虽无比、应,而为卦主,则有制阴之任焉,故极言修德回天之道。"此说有合爻理,宜备参考。

【姤九四】《姤》卦九四爻。以阳爻居卦第四位。爻辞曰:"包无鱼,起凶。"意思是:厨房中失去一条鱼,兴起争执必有凶险。包,通"庖",即厨房;鱼,阴物,喻《姤》卦初六;起,作也,此处犹言"争执"。这是说明九四当"遇"之时,居上卦之始,阳刚失正,所应之初六背己承二,犹如己"鱼"亡失,入于九二之"庖";阴为民,"失鱼"恰似"失民";因"失民"而争,将更孤立,故有

凶险。王弼《周易注》:"二有其鱼,故失之也;无民而动,失应而作,是以凶也。"按,"姤"之时必须以"正"相遇,九四居位既不正,又因失去初六而强争,故凶险难免。反之,若能静居不争,趋正自守,则九二阴中必不擅据其"鱼",九三"次且"难进,初六于是守"贞"系结于"金柅":四、初之遇遂能实现。可见,九四"起凶"是反面戒语,意即不"起"即无"凶"。

【姤上九】《姤》卦上九爻。以阳爻居卦最上之位。爻辞曰:"姤其角;吝,无咎。"意思是:遇见空荡的角落;心有憾惜,但不遭咎害。角,谓角落。此言上九当"遇"之时,居卦之终,穷高极上,犹如遇见荒远空荡的"角落";此时虽因所遇无人而生"吝",但能恬然不争,未遭阴邪之伤,故亦"无咎"。王弼《周易注》:"进之于极,无所复遇,遇角而已,故曰'姤其角'也。进而无遇,独恨而已;不与物争,其道不害,故无凶咎也。"按,《姤》卦九三、上九两爻均以阳刚而无所遇,但或称"无大咎",或称"无咎"。两者之义表明:与其遇合非正,宁可不遇免咎。胡炳文《周易本义通释》曰:"九三以刚居下卦之上,于初阴无所遇,故虽'厉'而'无大咎';上九以刚居上卦之上,于初阴亦不得其遇,故虽'吝'亦'无咎'。遇本非正,不遇不足为咎也。"

【姤其角】《姤》卦上九爻辞之语。意为:遇见空荡的角落。此言上九当"遇"之时,居卦之终,穷高极上,犹如面临荒远空荡的"角落",所遇无人,故曰"姤其角"。参见"姤上九"。

【姤初六】《姤》卦初六爻。以阴爻居卦下初位。爻辞曰:"系于金柅,贞吉;有攸往,贞凶,羸豕孚蹢躅。"意思是:紧紧结在金属刹车器上,守持正固可获吉祥;要是急于有所前往,必将出现凶险,像羸弱的牝猪一样轻浮躁动不能安静。柅,音你nǐ,孔颖达《周易正义》引马融曰:"在车之下,所以止轮令不动者也",即刹车器,"金柅"质体刚坚,以喻《姤》九四阳爻;羸

豕,羸弱之豕,此处犹言"牝猪",喻《姤》初六之阴;孚,通"浮",谓"轻浮躁动";蹢躅,音敌烛 dí zhú,同"踯躅",不安静而徘徊之状,陆德明《经典释文》:"蹢,一本作踯",又曰:"躅,本亦作'躄',蹢躅,不静也。"爻辞全文说明,初六当"遇"之时,一阴在下,处巽风浮躁之体,有"自纵"无归的情状,恐其求遇为邪,故特明其务必专一应合于上卦的九四,犹如紧系于"金柅"而安静长守正固,不失正应,则可获吉祥;若是急于有所前往,像"羸豕"浮躁妄动而蹢躅不静,心不专一,则必有凶险。王弼《周易注》:"金者,坚刚之物;柅者,制动之主,谓九四也。初六处'遇'之始,以一柔而承五刚,体夫躁质,得遇而通,散而无主,自纵者也。柔之为物,不可以不牵;臣妾之道,不可以不贞,故必系于正应,乃得'贞吉'也。若不牵于一,而有攸往,行则唯凶是见矣。羸豕,谓牝豕也。群豕之中,豭强而牝弱,故谓之'羸豕'也。孚,犹务躁也。夫阴质而躁恣者,羸豕特甚焉。言以不贞之阴,失其所牵,其为淫丑,若羸豕之孚务蹢躅也。"按,焦循《周易补疏》认为王弼训"孚"与"浮"通,所言"务躁"即"鹜躁",指出:"王氏以'孚'为'务躁',盖读'孚'为'浮'。浮,轻也,谓轻躁也。孚、浮古字通,《释名》'浮,孚也'是也。'务'为'鹜'之通借;务、鹜,《尔雅》皆训'强'。乱驰为鹜,'鹜躁'言其奔驰而轻躁也。下直云'孚务',即'浮鹜'也。"今检郭京《周易举正》引王弼《周易注》,"务"正作"鹜",足证焦氏说是也。又按,《姤》卦辞以初六为"女壮",是从全卦有"一女遇五男"之象而言,故戒阳刚者"勿用取女";爻辞以初六为"羸豕",乃据此爻处位卑微低弱而言,故戒阴柔者守"贞"不动。可见卦辞、爻辞的拟象角度各异。胡炳文《周易本义通释》曰:"彖总一卦而言,则以一阴而当五阳,故于'女'为'壮';爻指一画而言,五阳之下,一阴甚微,故于'豕'为'羸'。壮可畏也,羸不可忽也。"

【姤卦辞】《姤》卦的卦辞。其文曰:"姤,女壮,勿用取女。"意思是:《姤》卦象征相遇,要是女子过分强盛,不宜娶作妻室。姤,音构 gòu,卦名,象征"相遇",又写作"遘",音义与"姤"均同,陆德明《经典释文》曰:"薛云古文作'遘',郑同";用,犹"宜";取,通"娶"。《姤》卦的卦象为一阴在下,上遇五阳,故名之为"姤",义主"柔遇刚"、"阴遇阳";卦辞承此象而指出,当"遇"之时,阴柔者不可过"壮",犹如"女子"若过强,遇男必过多,则不宜娶其为妻。辞义譬喻"相遇"之道当正,不可违"礼"致乱。李鼎祚《周易集解》引郑玄曰:"一阴承五阳,一女当五男,苟相遇耳,非礼之正,故谓之'姤'。女壮如是,壮健以淫,故不可娶。妇人以婉娩为其德也。"按,《姤》卦之旨,极见《周易》"扶阳抑阴"的思想。卦辞"女壮,勿用取女",虽是喻象,却反映出古代礼法对女子特加的禁锢,以及明显的"男权"观念。

【姤彖传】《姤》卦的《彖传》。旨在解说《姤》卦的卦名、卦辞之义。其文为:"《彖》曰:姤,遇也,柔遇刚也。勿用取女,不可与长也。天地相遇,品物咸章也;刚遇中正,天下大行也。姤之时义大矣哉!"意思是:"《彖传》说:姤,即言相遇,譬如阴柔遇到阳刚而能相合。不宜娶这女子作妻室,说明不可与行为不正的女子长久相处。天地阴阳相互遇合,各类事物的发展都能显明昭彰;刚者遇合居中守正的柔者,天下的人伦教化就大为通畅。相遇之时的意义是多么弘大啊!"全文可分三节理解。第一节,自"姤"至"柔遇刚也"三句,举《姤》卦一阴在下而上遇五阳之象,谓此卦义主柔者遇合刚者,以释卦名"姤"之义。第二节,"勿用取女,不可与长也"二句,谓男子不可与"不正"之女长相处,以释《姤》卦辞"勿用取女"之义。第三节,自"天地相遇"至"姤之时义大矣哉"五句,广举"天地"、"刚柔"相遇为例,叹美《姤》卦所揭示的事物"相遇"之时的弘大意义。

【姤大象传】 《姤》卦的《大象传》。其辞曰："天下有风，姤；后以施命诰四方。"意思是：天下吹行着和风（无物不遇），象征"相遇"；君主因此施发命令而传告四方。后，即言"君主"；诰，用如动词，犹言"传告"、"晓谕"。这是先揭明《姤》卦上乾为天、下巽为风之象，谓风行天下、无物不遇，正为"相遇"的象征；然后推阐出"君主"效法此象，施令传告四方以求上下遇合的意义。李鼎祚《周易集解》引翟玄曰："天下有风，风无不周布；故君以施令，告化四方之民矣。"孔颖达《周易正义》："风行天下，则无物不遇，故为'遇'象。"按，《姤》卦的卦辞之义见于反面，表明不正之"遇"不足称美，故诫以"勿用取女"；《彖传》乃先释"勿取"之旨，再发挥阴阳相遇的正面意义，前后正反相映，故先言"不可与长"，后称"姤之时义大矣哉"；《大象传》则专从正面引申上下遇合之道，故极力赞美"后以施命告四方"。可见，"经"辞固有一定，而《传》文自可从不同的角度加以阐释。

【姤受之以萃】 《周易》六十四卦，以象征"相遇"的《姤》卦列居第四十四卦；事物相遇而后便有会聚，所以接《姤》之后是象征"会聚"的第四十五卦《萃》卦。此称"《姤》受之以《萃》"。语本《序卦传》："《姤》者，遇也。物相遇而后聚，故受之以《萃》；萃者，聚也。"李鼎祚《周易集解》引崔憬曰："天地相遇，品物咸章，故言'物相遇而后'也。"程颐《周易程氏传》："物相会遇则成群，《萃》所以次《姤》也。"

【姤九二小象传】 《姤》卦九二爻的《小象传》。其辞曰："包有鱼，义不及宾也。"意思是：厨房里发现一条鱼，从九二所处的时位这一义看是不能擅和他人之物来宴享宾客。这是解说《姤》九二爻辞"包有鱼"的象征内涵。孔颖达《周易正义》："言有他人之物，于义不可及宾也。"

【姤九三小象传】 《姤》卦九三爻的《小象传》。其辞曰："其行次且，行未牵也。"意思是：行动趑趄难进，说明九三的行为

未受外物牵制（故虽无所遇也免遭邪伤）。这是解说《夬》九三爻辞"其行次且"的象征内涵。未牵，指九三虽行动"次且"，不获所遇，但也因之不牵制于外物，不遭阴邪之伤，以见"无大咎"之义。按，程颐《周易程氏传》云："其志始在求遇于初，故其行迟迟；未牵，不促其行也，既知危而改之，故未至于大咎也。"此说亦通，可备参考。

【姤九五小象传】 《姤》卦九五爻的《小象传》。其辞曰："九五含章，中正也；有陨自天，志不舍命也。"意思是：九五内心含藏章美，是由于居中守正；必然有理想的遇合从天而降，说明九五的心志不违背天命。这是解说《姤》九五爻辞"含章，有陨自天"的象征内涵。舍，谓"违背"；命，犹言"天命"。程颐《周易程氏传》："所谓含章，谓其含蕴中正之德也。德充实，则成章而有辉光。"又曰："命，天理也。舍，违也。至诚中正，屈己求贤，存志合于天理，所以有陨自天，必得之矣。"

【姤九四小象传】 《姤》卦九四爻的《小象传》。其辞曰："无鱼之凶，远民也。"意思是：失去一条鱼而有凶险，说明九四身上卦犹如远离下民而失去民心。这是解说《姤》九四爻辞"无鱼"、"凶"的象征内涵。远民，喻《姤》九四居上卦而远离与之相应的初六之阴，遂致初六弃去九四，近承九二。孔颖达《周易正义》："阴为阳之民，为二所据，故曰'远民'也。"

【姤上九小象传】 《姤》卦上九爻的《小象传》。其辞曰："姤其角，上穷吝也。"意思是：遇见空荡的角落，说明上九居位穷高极上而导致相遇无人的憾惜。这是解说《姤》上九爻辞"姤其角"的象征内涵。孔颖达《周易正义》："处于上穷，所以遇角而吝也。"

【姤初六小象传】 《姤》卦初六爻的《小象传》。其辞曰："系于金柅，柔道牵也。"意思是：紧紧系结在金属刹车器上，说明初六必须守持柔顺之道而接受阳刚者的

牵制。这是解说《姤》初六爻辞"系于金柅"的象征内涵。孔颖达《周易正义》："阴柔之道,必须有所牵系也。"

【姤之时义大矣哉】 《姤》卦的《彖传》语。意为:事物相遇之时的意义是多么弘大啊。这是归结《姤》卦《彖传》的全文,旨在叹美此卦所揭示的事物"遇合"之时的弘大意义。李鼎祚《周易集解》引陆绩曰:"天地相遇,万物亦然,故其义大也。"孔颖达《周易正义》:"上既博美,此又结叹。欲就卦而取义,但是一女而遇五男,不足称美;博论天地相遇,乃致品物咸章,然后'姤'之时义大矣哉。"

【姤其角上穷吝也】 《姤》卦上九爻的《小象传》辞。旨在解说上九爻辞"姤其角"的象征内涵。意思是:遇见空荡的角落,说明上九居位穷高极上而导致相遇无人的憾惜。参见"姤上九小象传"。

【姤遇也柔遇刚也】 ①《姤》卦的《彖传》语。谓卦名"姤"字训"遇",其卦一阴在下而遇五阳,故曰"柔遇刚"。参见"姤彖传"。 ②《杂卦传》语。意与《姤》卦《彖传》之语略同。李鼎祚《周易集解》引虞翻曰:"坤遇乾也",即言阴遇阳。俞琰《周易集说》:"《姤》之时,一阴在下,而与众刚相遇,故曰'柔遇刚也'。"

十　画

〔一〕

【晋】　六十四卦之一。列居篇中第三十五卦。由下坤（☷）上离（☲）组成，卦形作䷢，卦名为《晋》，象征"晋长"。《晋》卦揭示事物"晋长"的途径。从"人事"角度分析，就是郭雍所说的"以人臣之进，独备一卦之义"（《郭氏传家易说》）。卦辞取"康侯"受赐为喻，已经表露此旨。《象传》进一步指出"顺而丽乎大明，柔进而上行"：以"柔"、"顺"两字，点明"晋长"的要旨。视卦中诸爻，四阴爻为处"晋长"有道之象，初六虽受挫折、宽裕待进，六二虽有愁绪、守正获福，六三见信于众"悔亡"，六五不忧得失有"吉"：此均由于柔顺使"晋"途畅通，其中尤以六五居尊，最为佳美，与卦辞的"康侯"的喻象相应。两阳爻则为处"晋"不当之象，九四失正不中，"晋"必有危；上九晋极刚亢，难免致"吝"：此皆因有失柔顺使"晋途"阻碍。诚然，《晋》卦极力肯定的"柔顺"，又必须以"光明道德"为重要前提，即下者要附着于"明"求进，上者更须向"明"施治。卦象下顺上明，六五尊居"离明"之中：是这一要点的明显体现。因此，"柔顺"是求"晋"的手段，"光明"是获"晋"的方向：两者结合，则是《晋》卦大义所在。《大象传》称"君子以自昭明德"，正是强调充实丰富"光明"的素质。否则，离开这一条件独言"柔顺"，必将导致"君昏臣佞"、天下"明夷"的境况。

【晋九四】　《晋》卦九四爻。以阳爻居卦第四位。爻辞曰："晋如鼫鼠，贞厉。"意思是：晋长之时却像身无专技的鼫鼠，守持正固以防危险。如，语气助词；鼫鼠，鼫音石 shí，即"梧鼠"，亦称"五技鼠"（陆德明《经典释文》引《子夏传》作"硕鼠"，尚秉和先生《周易尚氏学》谓"音同通用"），其特点是身兼多能而无一专长；贞厉，犹言"守正防危"。这是说明九四当"晋"之时，以阳居上卦之初，失正不中，犹如身无专技、贪而畏人的"鼫鼠"，以此晋长，其道必危，故曰"晋如鼫鼠"；此时九四虽失正有危，但能亲比六五、下应初六，阳处阴位又含谦退之象，故爻辞又诫勉其趋正自守、以防危厉。孔颖达《周易正义》："蔡邕《劝学篇》云：'鼫鼠五能，不成一伎术。'注曰：'能飞不能过屋，能缘不能穷木，能游不能度谷，能穴不能掩身，能走不能先人。'"朱熹《周易本义》："不中不正，以窃高位，贪而畏人，盖危道也，故为'鼫鼠'之象。"按，"晋"之道主于柔顺，九四以阳刚失正，故有危厉。项安世《周易玩辞》曰："三虽不正，以其能顺故能信其志而上行；四虽已进乎上，以其失柔顺之道，故如鼫鼠之穷而不得遂。"又按，"贞厉"之义，王弼《周易注》释为"正之危"；朱熹《周易本义》谓"虽正亦危"。并可备为一说。

【晋上九】　《晋》卦上九爻。以阳爻居卦最上之位。爻辞曰："晋其角，维用伐邑，厉吉，无咎；贞吝。"意思是：晋长至极，而高达兽角尖端，宜于征代邑国，虽处险境但可获吉祥，不致咎害；应当守持正固以防憾惜。角，兽角，喻上九晋长至极，维，语气助词；用，助词，犹"宜"；贞吝，犹言"守正防吝"。这是说明上九当"晋"之时，以阳刚高居卦穷，犹如"晋长"穷高、居于"兽角"尖端，有晋极则反、光明将损之虞，故不可安居无为，宜于征伐立功、以尽其职，则虽"厉"可"吉"，并获"无咎"；但以"征伐"免咎，毕竟有用"强"之憾，未能"全吉"，故爻辞再诫上九要趋正自守以防"吝"。王弼《周易注》："处进之极，过明之中，明将夷焉。已在乎角，而犹进之，非亢如何？失夫道化无为之事，必须攻伐然后服邑。危乃得吉,吉乃无咎。"按,"晋"极必反,犹如"明出地上",盛极则衰。上九晋长至"角",靠"伐邑"免咎,可见光明之德正临"式微"。于是既不能似六五行"无为"之道,不忧得失;又不能似六三获众信允,顺畅"上行"。王弼所谓"明将夷焉",深得爻旨。又按,"贞吝"之义,王弼《周易注》释为"用斯为正,亦以贱矣";程颐《周易程氏传》云"于贞正之道为可吝";朱熹《周易本义》谓"虽得其正亦可吝"。诸说并可参考。

【晋六二】《晋》卦六二爻。以阴爻居卦第二位。爻辞曰:"晋如愁如,贞吉;受兹介福,于其王母。"意思是:晋长之际满面愁容,守持正固可获吉祥;将要承受宏大的福泽,来自尊贵的王母。愁,陆德明《经典释文》引郑玄曰:"变色貌",即忧愁;介,大也;于其,犹言"由其";王母,即祖母,喻《晋》卦六五爻。这是说明六二处《晋》下卦之中,居两阴之间,上无应援,"晋"途坎坷,遂生愁绪,故曰"晋如愁如";但柔顺中正,不躁于进,则可守正获吉,故称"贞吉";此时六二与上卦的六五虽非阴阳正应,但五居尊位,与二同质而俱有"中德",于是六二终将获得六五之益,犹如承受"王母"之惠,得福至大,故曰"受兹介福,于其王母"。程颐《周易程氏传》:"六二在下,上无应援,以中正柔和之德,非强于进者也。故于晋为可忧愁,谓其进之难也;然守其贞正,则当得吉,故云'晋如愁如,贞吉'。王母,祖母也,谓阴之至尊者,指六五也。二以中正之道自守,虽上无应援,不能自进,然其中正之德,久而必彰,上之人自当求之。盖六五大明之君,与之同德,必当求之,加之宠禄,受介福于王母也。介,大也。"按,"王母"之义,《易》家说有异者。如王弼《周易注》谓指六二,以六二"处内而成德";尚秉和先生《周易尚氏学》也认为指六二,谓"下坤为母"、"伏乾为王",故称"王母"。两说并可参考。

【晋六三】《晋》卦六三爻。以阴爻居卦第三位。爻辞曰:"众允,悔亡。"意思是:获得众人信允,悔恨消亡。允,李鼎祚《周易集解》引虞翻曰:"信也"。此言六三当"晋"之时,以阴居下卦之上,失位有"悔";但与下二阴均有"晋长"之志,为二阴所信而并进,遂得消悔,故曰"悔亡"。朱熹《周易本义》:"三不中正,宜有悔者;以其与下二阴皆欲上进,是以为众所信而悔亡也。"按,《晋》六三居下卦高位,必须先取信于"众",扎稳根基,才能遂志"上行",获信于"君"。《周易折中》引吴曰慎曰:"初'罔孚',未信也;三'众允',见信也。信于下,斯信于上。故弗信乎友,弗获于上矣。"此举《晋》初六"罔孚"之象与六三"众允"之象比较,可资参考。

【晋六五】《晋》卦六五爻。以阴爻居卦第五位。爻辞曰:"悔亡,失得勿恤;往吉,无不利。"意思是:悔恨消亡,处事不须忧虑得失;往前进发必获吉祥,无所不利。恤,谓忧虑。这是说明六五当"晋"之时,虽以阴处阳,不得位有"悔",但居处尊高,禀受"离明"之德,委任得人,下者顺从,其"悔"遂"亡";且诸事得失责之于人,己可"勿恤",故"往"必获"吉",无所不利。孔颖达《周易正义》:"居不当位,'悔'也;柔得尊位,阴为明主,能不自用其明,以事任委于下,故得'悔亡'。既以事任下,委物责成,失之与得,不须忧恤,故曰'失得勿恤'也。能用此道,所往皆吉而无不利,故曰:'往吉,无不利。'"按,"失得勿恤"之义,诸家说法有异,兹举两例以备参考。一、朱熹《周易本义》释为"一切去其计功谋利之心",谓六五不计较自身得失。二、陆德明《经典释文》引孟喜、马融、郑玄、虞翻、王肃本"失"作"矢";今考马王堆汉墓出土的《帛书周易》亦作"矢",与各本合。尚秉和先生《周易尚氏学》从"矢"立说,以为"矢得勿恤"指六五"得矢为用,故勿恤",犹《噬嗑》六四爻辞"得金矢"之例。

【晋初六】《晋》卦初六爻。以阴爻处卦下初位。爻辞曰:"晋如摧如,贞吉;罔孚,裕无咎。"意思是：晋长之初就受摧折抑退,守持正固可获吉祥；不能见信于人,暂且宽裕待时则无咎害。如,语气助词；摧,摧折；罔孚,犹言"不见信于人",马其昶《重定周易费氏学》："孚有在己之孚,有交际之孚",此即所谓"交际之孚"；裕,宽裕缓进。这是说明初六处"晋"之始,阴柔在下,虽与九四有应,但前临重阴为"敌",有始将晋长即受摧折之象,此时当以"正"自守,静俟九四之应则有吉祥,故曰"贞吉"；初六既遇前阴阻隔,始晋受摧,则一时难以孚信于众,唯须宽裕待时,终必消难应四而免咎,故曰"罔孚,裕无咎"。尚秉和先生《周易尚氏学》："初阴,二、三亦阴,得敌,故进而见摧；有应,故贞吉。然初虽应四,以为二、三所隔,应之甚难,故曰'罔孚'；裕,缓也,言初与四终为正应,缓以俟之则'无咎'也。与《屯》六二'十年乃字'义同也。"按,《周易折中》引王安石曰："初六以柔进,君子也,度礼义以进退者也。常人不见孚,则或急于进以求有为,或急于退则怼上之不知。孔子曰：'我待贾者也',此罔孚而裕于进也；孟子久于齐,此罔孚而裕于退者也。"此援举孔、孟之事为说,于《晋》初六义理有合。

【晋卦辞】 《晋》卦的卦辞。其文曰："晋,康侯用锡马蕃庶,昼日三接。"意思是：《晋》卦象征晋长,尊贵的公侯蒙受天子赏赐众多车马,一天之内荣获三次接见。晋,卦名,象征"晋长"；康,陆德明《经典释文》："美之名也",犹言"尊贵"；锡,通"赐"；马,此处兼指"车马"；蕃庶,谓众多；三接,即多次接见。卦辞充分肯定事物处于"晋长"之时的美盛情状,并拟取公侯获天子赏赐、宠信之象为喻,以明"晋长"之义。孔颖达《周易正义》："晋者,卦名也。晋之为义,进长之名；此卦明臣之升进,故谓之'晋'。康者,美之名也；侯,谓升进之臣也。臣既柔进,天子美之,赐以车马蕃多而众庶,故曰：'康侯用锡马蕃庶'也。'昼日三接'者,言非惟蒙赐蕃多,又被亲

宠频数,一昼之间三度接见也。"按,近人顾颉刚考《周易》卦爻辞中含有商、周史实。指出此卦"康侯"即西周武王之弟卫康叔。并认为,《大壮》"丧羊于易"、《旅》"丧牛于易",指商先祖王亥丧牛羊于有易国之事；《既济》"高宗伐鬼方"、《未济》"用伐鬼方",指殷高宗征伐鬼方部落之事；《泰》、《归妹》"帝乙归妹",指殷帝乙嫁女于文王之事；《明夷》"箕子之明夷",指殷末仁人箕子之事等（见顾著《周易卦爻辞中的故事》,载《燕京学报》第六期,又载《古史辨》第三册）。其说引据较多资料,可备参考。

【晋其角】 语出《晋》卦上九爻辞。意为：晋长至极而高达兽角尖端。此言上九当"晋"之时,以阳刚高居卦极,犹如晋长穷高、居于兽角,有晋极则反、光明将损之虞,故曰"晋其角"。参见"晋上九"。

【晋象传】 《晋》卦的《象传》。旨在解说《晋》卦的卦名、卦辞之义。其文为："《象》曰：晋,进也,明出地上。顺而丽乎大明,柔进而上行,是以康侯用锡马蕃庶,昼日三接。"意思是：《象传》说：晋,犹言进长,就像光明出现在地面。譬如下者顺从而又附丽于上者的弘大光明,以柔顺之道进长乃至向上直行,所以正像尊贵的公侯一样蒙受天子赏赐众多车马,一天之内荣获三次接见。全文可分两节理解。第一节,自"晋"至"明出地上"三句,举《晋》卦上离为火、为日之象及下坤为地之象,谓光明出现地面,正为"晋长"的象征,以释卦名"晋"之义。第二节,自"顺而丽乎大明"至"昼日三接也"四句,举《晋》卦下坤为顺、上离为大明之象及六五爻以柔上进而居尊位之象,说明事物本于柔顺而附丽于光明必能顺利晋长,以释《晋》卦辞"康侯用锡马蕃庶,昼日三接"之义。按,《周易》中有《晋》、《升》、《渐》三卦,分别象征"晋长"、"上升"、"渐进"。三者在一定程度上都含有"进"的意思,但卦旨却不同。《周易折中》对三卦的卦象、名义作了

简明的辨析曰:"《晋》如日之方出,其义最优;《升》如木之方生,其义次之;《渐》如木之既生,而以渐高大,其义又次之。观其《象辞》皆可见矣。"此说可备参考。

【晋大象传】 《晋》卦的《大象传》。其辞曰:"明出地上,晋;君子以自昭明德。"意思是:光明出现地面,象征"晋长";君子因此自我昭著光辉的美德。昭,明也,作动词,犹言"昭著";明德,即光明之德。这是先揭明《晋》卦上离为明、下坤为地之象,谓光明出于地面,正为"晋长"的象征;然后推阐出"君子"观此象,须悟知不断加强自我修养、昭著美德的道理。程颐《周易程氏传》:"君子观'明出地上'而益明盛之象,而以自昭其明德。去蔽致知,昭明德于己也。"李道平《周易集解纂疏》:"日出于地,进于天而照地,故曰'明出地上'。"按,《礼记·大学》论"古之欲明明德于天下者"之事,其结语为:"自天子以至于庶人,壹是皆以修身为本。"可见,古人强调的"明明德",不分"天子"、"庶人",均当力行。而《晋》卦之义主于"臣道",故《大象传》所谓"自昭明德",也偏重于"人臣"在"晋长"过程中的自我修养。

【晋如摧如】 《晋》卦初六爻辞之语。意为:晋长之初就受摧折抑退。如,语气助词;摧,摧折。此言初六处"晋"之始,阴柔在下,虽与九四有应,但前临重阴为"敌",有始将晋长即受摧折之象,故曰"晋如摧如"。参见"晋初六"。

【晋如愁如】 《晋》卦六二爻辞之语。意为:晋长之际满面愁容。此言六二处《晋》下卦之中,居两阴之间,上无应援,"晋"途坎坷,遂生愁绪,故曰"晋如愁如"。参见"晋六二"。

【晋如鼫鼠】 《晋》卦九四爻辞之语。意为:晋长之时却像身无专技的鼫鼠。如,语气助词;鼫鼠,鼫音石 shí,即"梧鼠",亦称"五技鼠",其特点是身兼多能而无一专长。这是说明九四当"晋"之时,以阳居上卦之初,失正不中,犹如身无专技、贪而畏人的"鼫鼠",以此晋长,其道必危,故曰"晋如鼫鼠"。参见"晋九四"。

【晋九四小象传】 《晋》卦九四爻的《小象传》。其辞曰:"鼫鼠贞厉,位不当也。"意思是:像身无专技的鼫鼠而要守持正固以防危险,说明九四居位不适当。这是解说《晋》九四爻辞"晋如鼫鼠,贞厉"的象征内涵。程颐《周易程氏传》:"贤者以正德,宜在高位,不正而处高位,则为非据。贪而惧失则畏人,固处其地,危可知也。"按,程氏以"固处"则"危"释"贞厉"之义,可备一说。

【晋上九小象传】 《晋》卦上九爻的《小象传》。其辞曰:"维用伐邑,道未光也。"意思是:宜于征伐邑国,说明上九的晋长之道未曾光大。这是解说《晋》上九爻辞"维用伐邑"的象征内涵。尚秉和先生《周易尚氏学》:"离为光明,至上光将熄矣。夫王道大光,则无用征伐;用征伐,必'未光'也。"

【晋六二小象传】 《晋》卦六二爻的《小象传》。其辞曰:"将要承受弘大的福泽,是由于六二居中守正。这是解说《晋》六二爻辞"受兹介福"的象征内涵,程颐《周易程氏传》:"受兹介福,以中正之道也。人能守中正之道,久而必亨,况大明在上而同德,必受大福也。"

【晋六三小象传】 《晋》卦六三爻的《小象传》。其辞曰:"众允之志,上行也。"意思是:获得众人信允所体现的心志,说明六三意欲向上行进。这是解说《晋》六三爻辞"众允"的象征内涵。程颐《周易程氏传》:"上行,上顺丽于大明也。上从大明之君,众志之所同也。"

【晋六五小象传】 《晋》卦六五爻的《小象传》。其辞曰:"失得勿恤,往有庆也。"意思是:处事不须忧虑得失,说明六五往前必有福庆。这是解说《晋》六五爻辞"失得勿恤"的象征内涵。孔颖达《周易正义》:"委任得人,非惟自得无忧,亦将人所庆说,故曰'有庆'也。"

【晋初六小象传】《晋》卦初六爻的《小象传》。其辞曰:"晋如摧如,独行正也;裕无咎,未受命也。"意思是:晋长之初就受摧折抑退,说明初六应当独自践行正道;暂且宽裕待时则无咎害,说明初六此时尚未受到任命。这是解说《晋》初六爻辞"晋如摧如"、"裕无咎"的象征内涵。受命,犹言获晋长封任之命。尚秉和先生《周易尚氏学》:"初阴遇阴得敌,故曰'独行';有应,故曰'正'。未受命者,言初居勿用之位,尚未膺官守之命也。"

【晋受之以明夷】《周易》六十四卦,以象征"晋长"的《晋》卦列居第三十五卦;事物往前进取必然有所损伤,所以接《晋》之后是象征"光明殒伤"第三十六卦《明夷》卦。此称"《晋》受之以《明夷》"。语本《序卦传》:"晋者,进也。进必有所伤,故受之以《明夷》;夷者,伤也。"李鼎祚《周易集解》引《九家易》曰:"日在坤下,其明伤也。言晋极当降,复入于地,故曰'明夷'也。"程颐《周易程氏传》:"夫进不已,必有所伤,理自然也,《明夷》所以次《晋》也。"

【晋昼也明夷诛也】《杂卦传》语。说明《晋》卦象征"晋长",犹如白昼太阳上进;而《明夷》卦象征"光明殒伤",犹如暮夜光亮伤灭,两卦意旨正为相反。李鼎祚《周易集解》引虞翻曰:"诛,伤也。离日在上,故昼也;明入地中,故诛也。"郭雍《郭氏传家易说》:"《晋》与《明夷》,朝暮之象也。"

【晋如摧如独行正也】《晋》卦初六爻的《小象传》语。旨在解说初六爻辞"晋如摧如"的象征内涵。意思是:晋长之初就受摧折抑退,说明初六应当独自践行正道。参见"晋初六小象传"。

【莫益之或击之】《益》卦上九爻辞之语。意为:没有人增益他,有人攻击他。此言上九居《益》卦之极,阳刚亢盛,贪求不已,变"损上益下"为"损下益上",遂致天下莫之或益,反而群起而攻之,故曰"莫益之,或击之"。参见"益上九"。

【莫益之偏辞也】《益》卦上九爻的《小象传》语。旨在解说上九爻辞"莫益之"的象征内涵。意思是:没有人增益他,说明上九是片面发出求益的言辞。参见"益上九小象传"。

【泰】 六十四卦之一。列居篇中第十一卦。由下乾(☰)上坤(☷)组成,卦形作"䷊",卦名为《泰》,象征"通泰"。事物立面的交合、统一,往往是走向亨通的先决条件。《泰》卦,正是以上下交通、阴阳应合,阐明事物"通泰"之理。卦象天在下,地居上,《象传》谓"上下交而志同",已明确喻示其义。曹丕论曰:"夫阴阳交,万物成;君臣交,邦国治;士庶交,德行光。同忧乐,共富贵,而友道备矣。《易》曰:'上下交而其志同。'由是观之,'交'乃人伦之本务,王道之大义,非特士友之志也。"(《初学记》引《魏文帝集》)此说将物"交"而"泰"的道理,又作了进一步的推阐。《泰》卦六爻所示,无不见"交通"之旨。《周易折中》引刘定之曰:"六爻之中,相交之义重:初与四相交,泰之始也,故言'以其彙'、如茅之连茹,四言'以其邻'、如鸟之连翩;二与五相交,泰之中也,故五言人君降其尊贵以任夫臣,二言大臣尽其职以答夫君;三与上交,泰之终也,故三言平变而为陂,上言城复而于隍。"然而,六爻中诚意最深的,当属三、上两爻所体现"泰极否来"的哲理:九三是转化的苗头,以"无平不陂,无往不复"示警;上六是转化的终极,以"城复于隍"见义。《诗经·小雅·十月之交》曰:"高岸为谷,深谷为陵",《论语·子路》谓:"君子泰而不骄",似均可藉以印证《泰》卦寓涵的"处泰虑否"的鉴诫意义。

【泰九二】《泰》卦九二爻。以阳爻居卦第二位。爻辞曰:"包荒,用冯河,不遐遗;朋亡,得尚于中行。"意思是:有笼括大川似的胸怀,可以涉越长河,远方的贤者也无所遗弃;同时不结党营私,能够佑助行为持中的君主。包,犹言"笼括";荒,陆德明《经典释文》："本亦作'冹'"，李鼎祚《周易集解》引虞翻曰："大川也"；冯，音凭píng，通"淜"，谓涉越，许慎《说文解字》："淜，无舟渡河也"段玉裁注："'淜'正字，'冯'假借字"，《尔雅·释训》"冯河，徒涉也"，即涉水过河；不遐遗，"不遗遐"的倒装；朋，朋党；亡，即"无"，"朋亡"犹言不结朋党；尚，王引之《经义述闻》据《尔雅·释诂》"尚，右也"，释为"佑助"；中行，指《泰》卦六五爻居尊位而行为持中。爻辞全文说明，九二当"通泰"之时，有包容一切的广阔胸怀，其德足以涉越长河而畅行无阻，又能广纳远方贤者而无所遗弃，且品性光明而不结党营私，故有"包荒"、"冯河"、"不遐遗"、"朋亡"诸象；其时九二又以刚中上应六五柔中之尊，犹如能用广阔无私的胸怀佑助行为持中的"君主"，治世以保持"通泰"，故称"得尚于中行"。王弼《周易注》："体健居中，而用乎'泰'，能包含荒秽，受纳冯河者也。用心弘大，无所遐弃，故曰'不遐遗'也。无私无偏，存乎光大，故曰'朋亡'也。如此，乃可以'得尚于中行'。尚，犹配也；中行，谓五。"程颐《周易程氏传》："二虽居臣位，主治泰者也。"按，王弼释"包荒"为"包含荒秽"，训"尚"为"配"，可备一说。又按，《泰》九二爻辞的义理含有：世道通泰，往往体现于"治世"之臣胸襟广阔，秉公无私，即朱熹《周易本义》所谓"不遗遐远，而不昵朋比"。

【泰九三】 《泰》卦九三爻。以阳爻居卦第三位。爻辞曰："无平不陂，无往不复；艰贞无咎，勿恤其孚，于食有福。"意思是：平地无不化险陂，去者无不重回复；只要牢记艰难、守持正固就无所咎害，不怕不取信于人，食享奉禄自有福庆。陂，音皮pí，水旁或山旁倾陡之处，许慎《说文解字》："阪也，一曰池也"，段玉裁注："陂得训'池'者，陂言其外之障"；恤，李鼎祚《周易集解》引虞翻曰："忧也"；孚，信也，此处含"取信于人"之义；食，谓食享俸禄，《礼记·坊记》"食浮于人"郑玄注："食，谓禄也"。爻辞全文说明，九三当"通泰"之时，居《泰》内卦之终，为上下卦转折点，应当防备"通泰"转为"否闭"，故取"无平不陂，无往不复"之象为警；并戒其不可处泰忘忧，唯牢记"艰难"、长守"正固"则能"无咎"，且可以"孚信"于人，永保俸禄。程颐《周易程氏传》："三居《泰》之中，在诸阳之上，泰之盛也。物理如循环，在下者必升，居上者必降。泰久而必否，故于泰之盛与阳之将进，而为之戒曰：无常安平而不险陂者，谓无常泰也；无常往而不返者，谓阳当复也。平者陂，往者复，则为否矣。当知天理之必然，方泰之时，不敢安逸，常艰危其思虑，正固其施为，如是则可以无咎。处泰之道，既能艰贞，则可常保其泰，不劳忧恤；得其所求也，不失所期。为孚如是，则于其禄食有福益也。"按，事物的发展往往正反互为转化，《泰》九三正处于"泰"、"否"交转的特殊阶段，故朱熹《周易本义》云："将过于中，泰将极而否欲来之时也。"然处泰若能忧否，则足以避害：这是九三爻辞"艰贞无咎"之旨。

【泰上六】 《泰》卦上六爻。以阴爻居卦最上之位。爻辞曰："城复于隍，勿用师，自邑告命，贞吝。"意思是：城墙倾覆到干涸的城沟里；不可出兵征战，自行减损典诰政令，守持正固以免憾惜。复，通"覆"，许慎《说文解字》引作"覆"；隍，李鼎祚《周易集解》引虞翻曰："城下沟，无水称'隍'，有水称'池'"；邑，通"挹"，犹言"减损"；告命，即"诰命"，谓训诰政令；贞吝，犹言"守正防吝"，"吝"谓憾惜。爻辞全文说明，上六居《泰》终极，"通泰"之途将穷，故取"城墙塌入城沟"之象，以喻"泰极否来"之理；上六既处此时，居位尊高，故不可兴师妄动，而要自我精减繁文、改革弊政，以求度过危难时期；但上六将临"通泰"转为"否闭"之世，实因"时穷"所致，故希冀其自守正固，或可避害免"吝"，遂特戒以"贞吝"。王弼《周易注》："居《泰》上极，各反所应；泰道将灭，上下不交；卑不上承，尊不下施，是故'城复于隍'，卑道崩也。"尚秉和先生《周易尚氏学》承吴汝纶先生《易说》，指出："邑，挹之省文，挹损也。言自挹损其命令，如后世之下诏罪己也。"此即揭明处《泰》上六之时，当"勿用"，退处。按，孔颖达《周易正义》释"自邑告命"曰："于自己之邑而施告命"；朱熹《周易本义》承程颐《周易程氏传》之说，释"贞吝"为"虽得其正，亦不免于羞吝"，均可备参考。又按，《泰》上六居卦终，其时泰极必反。故朱熹云："此亦事势之必然。治久必乱，乱久必治，天下无久而不变之理。"(《朱子语类》)

【泰六五】　《泰》卦六五爻。以阴爻居卦第五位。爻辞曰："帝乙归妹，以祉元吉。"意思是：帝乙嫁出少女，以此获得福泽、至为吉祥。帝乙，商代帝王，《子夏易传》、京房、荀爽以为即商汤，虞翻以为商纣王之父；归，女子出嫁之称；妹，许慎《说文解字》"女弟也"，段玉裁注引《毛传》谓"女子后生曰'妹'"；祉，福也，文中用如动词。这是取古代帝女出嫁的故事为喻，说明六五当"通泰"之时，阴居尊位，下应九二，犹如"帝乙"下嫁贵女以配贤者，以获福泽，正见上下交通之理，为阴阳"交泰"的至美之象，故称"元吉"。李衡《周易义海撮要》引陆希声曰："五以柔在上，帝女之象；下配于二，下嫁之象。"尚秉和先生《周易尚氏学》："以祉元吉者，言二升五，五来二(原注：来二即归)，各当其位，永为俪耦，故'元吉'也。"按，居尊下交，尤见可贵。《泰》九五称"元吉"，正含"通泰"大成的象征。程颐《周易程氏传》曰："元吉，大吉而尽善者也。谓成治泰之功也。"

【泰六四】　《泰》卦六四爻。以阴爻居卦第四位。爻辞曰："翩翩，不富，以其邻不戒以孚。"意思是：连翩下降，虚怀不有富实，与近邻未相告诫都心存诚信。翩翩，相从连翩下降之状，《诗经·小雅·苍伯》"缉缉翩翩"《毛传》："往来貌"，许慎

《说文解字》："翩，疾飞也"；不富，俞琰《周易集说》："《易》以阴虚为不富，六四阴爻，故曰'不富'"；"以其邻"的"以"字，"与"，《广雅·释诂三》："与也"；"不戒以孚"的"以"字，为连词，犹"而"；邻，指与六四相邻的六五、上六两阴爻。这是说明六四以阴居《泰》上卦之初，当"上下交泰"之时，与六五、上六两阴连翩下降求应于下卦之阳，以成"通泰"景况；六四既能虚怀下应初阳，故有"不富"之象，即不有富实而资富于阳，亦李简《学易记》所谓"上以谦虚接乎下"之意；此时既为"上下交泰"，则六四与近邻两阴皆能不相诫告而均有下应阳刚的诚信心怀，故称"以其邻不戒以孚"。何楷《古周易订诂》："此正阴阳交泰之爻也"，"邻指五、上，四虽'不富'而能挟其并居之邻相从而下者，以三阴皆欲求阳，故不待教戒而能以之下孚乎阳也。"尚秉和先生《周易尚氏学》："以其邻不戒以孚者，言四及五、上，皆有应予，下孚于阳也。阴得阳应必吉，故曰'不戒以孚'。戒，告诫也。"按，本爻辞断句从《周易尚氏学》之说。然旧读多作"翩翩，不富以其邻，不戒以孚"(见孔颖达《周易正义》、李鼎祚《周易集解》)，宜备参考。又按，《泰》卦主旨在于"交泰"，故阳能亲实应上，阴能虚己应下：阴阳上下交济，遂呈"通泰"景象。六四爻辞"翩翩"，与初九爻辞"拔茅"，两象正是上下呼应。

【泰初九】　《泰》卦初九爻。以阳爻处卦下初位。爻辞曰："拔茅茹，以其汇；征吉。"意思是：拔起茅草、根系相牵，这是同质类聚并出；往前进发可获吉祥。茅，茅草，许慎《说文解字》："菅也"；茹，根相牵引之状，陆德明《经典释文》："茹，牵引也"；汇，《经典释文》"类也"，谓同质类聚。此以拔茅草其根相牵为喻，说明初九当"泰"之时，阳刚处下，与九二、九三两阳俱有外应而志在上行，故一阳动则三阳并动；以此进取，必能通达，故曰"征吉"。王弼《周易注》："茅之为物，拔其根而相牵引

者也。茹,相牵引之貌也。三阳同志,俱志在外;初为类首,己举则从,若'茅茹'也。上顺而应,不为违距,进皆得志,故以其类征吉。"按,"通泰"之时,阳刚盛长;当其初始,一阳获"泰"则诸阳皆泰。《泰》初九拟"拔茅"之象,表明此时宜于进取,"征"必获"吉"。

【泰卦辞】《泰》卦的卦辞。其文曰:"泰,小往大来,吉,亨。"意思是:《泰》卦象征通泰,柔小者往外,刚大者来内,吉祥亨通。泰,卦名,象征"通泰",《序卦传》"泰者,通也";小往,指《泰》卦三阴爻居于外卦;大来,指《泰》卦三阳爻居于内卦。这是就《泰》卦的上下卦为内乾外坤之象,说明"通泰"之时阳刚者盛昌而来,阴柔者衰亡而往,即《彖传》所言"君子道长,小人道消"之义,故此时既"吉"且"亨"。孔颖达《周易正义》:"阴去故'小往',阳长故'大来',以此吉而通。"程颐《周易程氏传》:"小谓阴,大谓阳。往,往之于外也;来,来居于内也。阳气下降,阴气上交也。阴阳和畅,则万物生遂,天地之泰也。以人事言之:大则君上,小则臣下,君推诚以任下,臣尽职以事君,上下之志通,朝廷之泰也;阳为君子,阴为小人,君子来处于内,小人往处于外,是君子得位,小人在下,天下之泰也。泰之道,吉而且亨也。"

【泰彖传】《泰》卦的《彖传》。旨在解说《泰》卦的卦名、卦辞之义及全卦大旨。其文为:"《彖》曰:泰,小往大来,吉,亨,则是天地交而万物通也,上下交而其志同也。内阳而外阴,内健而外顺,内君子而外小人;君子道长,小人道消也。"意思是:"《彖传》说:通泰,柔小者往外,刚大者来内,吉祥,亨通,这是表明天地阴阳交合而万物的生养之道畅通,君臣上下交合而人们的思想意识协同。此时阳者居内、阴者居外,刚健者居内、柔弱者居外,君子居内、小人居外:于是君子之道增长,小人之道消亡。"全文可分两节理解。第一节,自"泰"至"其志同也"六句,以天地自然及人类社会的阴阳相交而"通泰"之理,释《泰》卦的卦名及卦辞"泰,小往大来,吉,亨"之义。第二节,自"内阳而外阴"至"小人道消"五句,以《泰》卦内乾外坤之象,揭示"通泰"之时"君子"昌盛、"小人"衰亡的道理,以明《泰》卦之大旨。

【泰大象传】《泰》卦的《大象传》。其辞曰:"天地交,泰,后以财成天地之道,辅相天地之宜,以左右民。"意思是:天地交合,象征"通泰";君主因此裁节促成天地交通之道,辅助赞勉天地化生之宜,以此保佑天下百姓。后,《尔雅·释诂》:"君也";财,陆德明《经典释文》引荀爽本作"裁",李鼎祚《周易集解》引郑玄曰"节也",朱熹《周易本义》谓"财,裁同",犹言裁节调理;天地之道,即天地相交之道;相,读去声 xiàng,"辅相"犹言"辅助",与前句"财成"对文;天地之宜,即天地化生之宜;左右,即"佐佑",犹言"保佑"。全文先揭明《泰》卦下乾为天、上坤为地之象,谓天地上下交通,正为"通泰"的象征;然后推阐出"君子"观《泰》之象,须悟知处"泰"不可安逸无事,应当促成"天地之道",辅助赞勉"天地之宜",使上下交融、治国保民,才能长获"通泰"的道理。李鼎祚《周易集解》引荀爽曰:"坤气上升,以成天道;乾气下降,以成地道。天地二气若时不交,则为闭塞;今既相交,乃通泰。"王弼《周易注》:"泰者,物大通之时也。上下大通,则物失其节,故'财成'而'辅相',以左右民也。"按,"财"字之义,李鼎祚《周易集解》引虞翻注,主张谓"财用",指出:"守位以人,聚人以财,故曰成天地之道";惠栋《周易述》发挥虞义曰:"言后资财用以成教,赞天地之化育";近人黄元炳《易学探源经传解》也认为:"人以财交通,即以成天地交应之道。"此均可备参考。又按,《泰》卦的卦形为天在下,地居上,似乎把天地位置颠倒了;但这正说明本卦强调"交"而后"泰"的义理。《周易折中》引邱富国曰:"天地之形不可交而可以气交,气交而物通者，天地之泰也；上下之分不可交乃以心交，心交而志同者，人事之泰也。"然而，当事物通泰昌盛之时，又需妥善处之，才不至转"泰"成"否"。《大象传》所谓"财成"、"辅相"、"左右民"，正是阐发保"泰"之义。

【泰轩易传】 南宋李中正撰。六卷。《佚存丛书》本。此书卷末刊"迪功郎福州福清尉李舜举编集，迪功郎漳州龙溪尉李熙绩校正"；又有董洪《跋》称"从游听讲，未睹全书，今其编次已就，且喜刻成之"。据此，是书乃中正授徒之讲义，由舜举编集成书，非中正所手订。柯劭忞指出："是书《宋史·艺文志》不著录，诸家书目亦未见其名。惟日本有影钞本，用活字版排印，杨守敬刊入《佚存丛书》。惜第一卷脱首页，第二卷脱末叶，无从校补矣。此书与龚原《周易新讲义》，阮元《进呈四库未收书》俱著录，俱从日本本钞出，惟李中正为清溪人，误为清源，则校雠者失检也。中正说经参以史事，其学派与李光、杨万里为近，然掊撼汉《易》之说尤多。"又云："自朱汉上《易传》外，宋人研究汉学未有如中正者。其书久佚，乃海外仅存之本，复流传于中国，亦学者所乐为表彰者也。"(《续修四库全书提要》)

【泰筮有常】 泰，谓"大"，赞美词。古代卜筮家揲算《易》卦前的祝语，欲藉此以得确切无误的占断。《礼记·曲礼上》："假尔泰龟有常，假尔泰筮有常。"孔颖达疏："泰，大中之大也，欲褒美此龟筮，故谓泰龟、泰筮也。"朱熹《周易本义》卷首《筮仪》叙筮者于临筮前，盥手、焚香、致敬而"命之曰：'假尔泰筮有常，假尔泰筮有常。某官姓名，今以某事云云，未知可否，爰质所疑于神于灵，吉凶得失，惟尔有神，尚明告之。'"

【泰受之以否】 《周易》六十四卦，以象征"通泰"的《泰》卦列居第十一卦；但事物难以终久通泰，泰极必有否来，所以接《泰》之后是象征"否闭"的第十二卦《否》卦。此称"《泰》受之以《否》"。语本《序卦传》："泰者，通也。物不可终通，故受之以《否》。"李鼎祚《周易集解》引崔憬曰："物极则反，故不终通而否矣。所谓'城复于隍'者也。"

【泰九二小象传】 《泰》卦九二爻的《小象传》。其辞曰："包荒，得尚于中行，以光大也。"意思是：有笼括大川似的胸怀而能够佑助行为持中的君主，说明九二的道德光明正大。这是解说《泰》九二爻辞"包荒"、"得尚于中行"的象征内涵。孔颖达《周易正义》："所以'包荒'，得配此六五之中者，以无私无偏，存乎光大之道。"《周易折中》："《传》只举'包荒'，非省文以包下，盖'包荒'是治道之本。然'包荒'而得乎中道者，以其光明正大，明断无私。"

【泰九三小象传】 《泰》卦九三爻的《小象传》。其辞曰："无往不复，天地际也。"意思是：去者无不重回复，说明九三处在"天地"交接的边际。这是解说《泰》九三爻辞"无往不复"的象征内涵。际，谓边际，《广韵》："边也，畔也"。李鼎祚《周易集解》引宋衷曰："位在乾极，应在坤极"，即言九三处《泰》下卦乾的终极，所应上爻居上卦坤的终极：两极各为天、地之际，寓有"泰"将转"否"的危险，故爻辞戒以"无往不复"。

【泰上六小象传】 《泰》卦上六爻的《小象传》。其辞曰："城复于隍，其命乱也。"意思是：城墙倾覆到干涸的城沟里，说明上六的发展趋向已经错乱转化。这是解说《泰》上六爻辞"城复于隍"的象征内涵。命，命运，犹言"发展趋向"。尚秉和先生《周易尚氏学》："言泰极返否，为天地自然之命运，无可避免。"

【泰六五小象传】 《泰》卦六五爻的《小象传》。其辞曰："以祉元吉，中以行愿也。"意思是：以此获得福泽、至为吉祥，说明六五居中不偏以施行应下的心愿。这是解说《泰》六五爻辞"以祉元吉"的象征内涵。行愿，谓六五行其下应九二之愿。

程颐《周易程氏传》:"所以能祉福且元吉者,由其以中道合而行其志愿也。有中德,所以能任刚中之贤,所听从者皆其志愿也。"尚秉和先生《周易尚氏学》:"谓五愿归二也。"

【泰六四小象传】 《泰》卦六四爻的《小象传》。其辞曰:"翩翩不富,皆失实也;不戒以孚,中心愿也。"意思是:连翩下降、虚怀不有富实,说明上卦阴爻都损去了殷实;未相告诫都心存诚信,说明阴爻内心都有应合阳爻的意愿。这是解说《泰》六四爻辞"翩翩,不富"及"不戒以孚"的象征内涵。失实,阴虚之称,即爻辞"不富"之义。当"上下交泰"之时,《泰》上卦三阴均以下交于阳为本旨,故"不富"、"失实",皆其"中心"之"愿"。何楷《古周易订诂》:"'不富'而其邻肯从之旨,以三爻皆不富而欲资富实于阳故也。"《周易折中》引俞琰曰:"愿者,'上下交而其志同'也。泰之时,上下不相疑忌,盖出自本心,故曰'中心愿'也。"

【泰初九小象传】 《泰》卦初九爻的《小象传》。其辞曰:"拔茅征吉,志在外也。"意思是:拔起茅草、往前进发可获吉祥,说明初九的心志是向外进取。这是解说《泰》初九爻辞"拔茅茹,以其汇,征吉"的象征内涵,谓初九与同卦九二、九三之志,俱在上进。孔颖达《周易正义》:"以其三阳,志意皆在于外,己行则从,而似拔茅,往行而得吉。"程颐《周易程氏传》:"时将泰,而群贤皆欲上进。三阳之志欲进,同,故取茅茹汇征之象。志在外,上进也。"

【匪其彭】 《大有》卦九四爻辞之语。意思是:富有不过盛。匪,通"非";彭,盛多之状。此言九四以阳刚居《大有》上卦之始,"富有"渐盛;但能以阳居阴位,有不过盛、谦恭顺承六五之象,故称"匪其彭"。参见"大有九四"。

【匪躬之节】 匪,即"非";谓不顾自身利害得失而尽忠君主的节操。语本《蹇》卦六二爻辞"王臣蹇蹇,匪躬之故"。韩愈《争臣论》(见《韩昌黎集》):"居无用之地,而致匪躬之节。"

【匪寇婚媾】 《周易》卦爻辞中的常用语。匪,通"非"。意为"不是强寇而是来求婚配者"。多用于喻示阴阳交爻的应合情状。《周易折中》于《屯》卦六二爻辞"匪寇婚媾"云:"言彼乘马者非寇,乃吾之婚媾也";"言'匪寇婚媾',不过指明其为正应而可从耳。"

【匪我求童蒙】 《蒙》卦的卦辞之语。谓启蒙之事,并非"蒙师"强求"学子"来启发蒙稚。匪,通"非";我,指代"蒙师",在卦中喻九二爻;童蒙,即学子,卦中喻六五爻。参见"蒙卦辞"。

【匪寇婚媾终无尤也】 《贲》卦六四爻的《小象传》语。旨在解说六四爻辞"匪寇婚媾"的象征内涵。意思是:前方并非强寇而是聘求婚配的佳偶,说明六四尽管前往终将无所怨尤。参见"贲六四小象传"。

【匪其彭无咎明辩晳也】 《大有》卦九四爻的《小象传》辞。旨在解说九四爻辞"匪非彭,无咎"的象征内涵。辩,通"辨";晳,音哲 zhé,谓"明智"。意思是:富有不过盛则无咎害,说明九四具有明辨事理、权衡自身处境的智慧。参见"大有九四小象传"。

【原始要终】 指《周易》哲学的特色之一,在于推原事物发生的初始情状,归纳事物发展的最终结局,以形成六十四卦的卦体大义。语出《系辞下传》:"《易》之为书也,原始要终以为质也。"原,即推原;要,谓"要会",犹言"归纳";质,体也,指六十四卦之体。韩康伯《系辞注》:"质,体也,卦兼终始之义也。"孔颖达《周易正义》:"言《易》之为书,原穷其事之初始,《乾》初九'潜龙勿用'是原始也;又要会其事之终末,若上九'亢龙有悔'是要终也。"又曰:"此'潜龙'、'亢龙',是一卦之始终也,诸卦亦然。"

【原筮元永贞】 《比》卦的卦辞之语。

意思：原穷真情，筮决挚意，（相比辅者）要有君长之德而永久不渝地守持正固。原筮，犹言考察真情实意；元，《文言传》云"善之长也"，此处指所比辅者当有尊长之德。参见"比卦辞"。

【致远】 ①穷极远大境地，亦喻堪担重任。语见《系辞上传》"探赜索隐，钩深致远"。《艺文类聚》引诸葛亮《诫子》："夫君子之行，静以修身，俭以养德。非澹泊无以明志，非宁静无以致远。" ②谓到达远方。语见《系辞下传》："服牛乘马，引重致远，以利天下。"《吕氏春秋·知度》："致远者托于骥。"

【致命遂志】 《困》卦的《大象传》语。意为：（处困之时）宁可舍弃生命也要坚持实现崇高的志向。致，犹言"放弃"；遂，成也，犹言"实现"。这是从《困》卦"泽无水"则水去泽涸的卦象而推阐出的"君子"观此象，须悟知处困之时要勇于"致命遂志"、不屈于邪恶的道理。参见"困大象传"。

【恐惧修省】 《震》卦的《大象传》语。意为：时时惶恐惊惧而自我修身省过。这是从《震》卦雷震叠响的卦象而推阐出的"君子"观此象，须悟知应当恐惧"天威"而自我修省的道理。参见"震大象卦"。

【酌损之】 《损》卦初九爻辞之语。意为：斟酌减损自己的刚质。这是说明初九当"损"之时，上应六四，以"损下益上"为本旨，即损己之刚以益四之柔；但又不可过损其刚，当以"酌损"为宜，故又诫其"酌损之"。参见"损初九"。

【损】 六十四卦之一。列居篇中第四十一卦。由下兑（☱）上艮（☶）组成，卦形作"䷨"，卦名为《损》，象征"减损"。《损》卦的本质意义，重在"损下益上"。卦辞指出，"减损"之道应当以"诚信"为本，就能"元吉，无咎，可贞，利有攸往"；并认为，只要心存孚信，虽微薄之物如"二簋淡食"者，亦足以奉献"益上"。《彖传》进一步阐明此义，极言："损益盈虚，与时偕行"。这是把"诚信"与"合时"联系起来分析，表明"损下"不可滥损，"益上"不可滥益。这一义理，可以用"垒土筑墙"为喻：损取墙下土石增益墙上之高，若取之不正、用非其时，则墙必危坠（略本程颐《周易程氏传》）。卦中六爻，分上下体抒发"损益"之义：下三爻在下自损，与上三爻居上受益两两相对。其中初九"酌损"已刚"遄往"应四，与六四"有喜"为对；九二不自滥损、"守正"益上，与六五受益"十朋之龟"为对；六三当以"专一"之诚益上，与上九"得臣无家"为对。可见，《易》爻阴阳对应的情状，在《损》卦中体现为损益的关系。再从爻辞与爻象考察诸爻大旨，下卦有"酌损"、"弗损"及"三人行则损一人"之诫，可知其义主于"损所当损"；上卦四、五两爻以阴居上，有虚己谦下而受益之象，并见"损中有益"；至于上九居卦之极，因所受之益广益于下，表露了损益互为转化的哲理，说明"自损"者损极必获益，"受益"者益极当益人。约言之，《损》卦以颇具辩证色彩的观点，喻示了这样一种道理：事物的发展，或有损下益上、损小益大、损有余益不足的过程，但损益之际必须适合其时。当然，《损》卦的象征意义是十分广泛的。《大象传》谓"抑止忿怒，堵塞邪欲"，即是从"修身"的角度推阐"自损不善"的旨趣。马振彪先生《周易学说》指出："'损'之为道，重在损下益上。推此义之，在为学则自损其私欲以益公理，在处则自损其身家以益天下，是皆损道得其正而合于时中者也。"此论可与《损》卦《大象传》的寓意相互发明。

【损益】 ①谓减损与增益。语见《损》卦《彖传》："损刚益柔有时，损益盈虚，与时偕行。"《论语·为政》："殷因于夏礼，所损益可知也。"《荀子·荣辱》："谨守其数，慎不敢损益也。"《史记·礼书》："观三代损益。" ②谓《损》卦与《益》卦。《杂卦传》："《损》、《益》，盛衰之始也。"杜甫《两当县吴十侍御江上宅》诗（见《杜工部集》):"仲尼甘旅人,向子识《损》《益》。"《集注》:"修可曰:后汉向长,字子平,潜隐于家,读《易》至《损》《益》,喟然叹曰:'吾知富不如贫,贵不如贱,未知死何如生耳。'"

【损九二】 《损》卦九二爻。以阳爻居卦第二位。爻辞曰:"利贞,征凶;弗损益之。"意思是:利于守持正固,急于求进则有凶险;不必自我减损就可以施益于上。弗损,指九二不自损;益之,谓有益于六五。这是说明九二当"减损"之时,阳居阴位,刚柔适中,非"有余"之刚;而上卦的六五阴居阳位,其柔刚亦适中,非"不足"之柔;两者虽为正应,但九二不可急往应之,惟不自损刚而长守其正,即能"益上",故曰"弗损益之",并诫其"利贞,征凶"。朱熹《周易本义》:"九二刚中,志在自守,不肯妄进,故占者利贞,而征则凶也。"项安世《周易玩辞》:"损以有'过'与'不及',故损一益一,以求中也。若九二、六五,则既中矣;二非有余,五非不足:一有增损,则反失其中矣。"按,《损》卦九二爻以"不进"为义,似不能行"益上"之道;但就其"刚中"之位视之,正是以自守贞正施益于六五。林希元《易经存疑》认为:"夫自守而不妄进,宜若无益于上矣;然由是而启时君尊德乐道之心,止士大夫奔竞之习,其益于上也不少。是'弗损'乃所以'益之'也。"

【损上九】 《损》卦上九爻。以阳爻居卦最上之位。爻辞曰:"弗损益之;无咎,贞吉;有攸往,得臣无家。"意思是:不用自我减损即可施益于人;必无咎害,守持正固可获吉祥;有所前往,将得到广大臣民的拥戴而不限于一家。弗损,指上九不自损;益之,犹言"广益于下";无家,孔颖达《周易正义》:"光宅天下,无适一家也",犹言"不限一家"。这是说明上九当"损"之时,以阳刚居卦终,"损下益上"必将转化为"损上益下";但上九受下之益已极,毋须"自损"便有以施益于下,故有"弗损益之"之象;上九既能"弗损"而"益"下,遂获"无咎",且以守正获吉,以此有"往"势必大得"臣民",不限一家,故又称其"得臣无家"。此极言"益下"之德弘大,从而亦获益无穷。朱熹《周易本义》:"上九当'损下益上'之时,居卦之上,受益之极,而欲自损以益人也;然居上而下下,有所谓'惠而不费'者,不待损己,然后可以益人也。能如是则'无咎',然亦必以'正'则'吉'而利有所往;'惠而不费',其惠者广,故又曰'得臣无家'。"按,《损》上九、九二爻辞均言"弗损益之"。九二是不自损即可益上,上九是不自损即可益下:两者居位不同,义旨亦别。《论语·尧曰》云:"因民之所利而利之,斯亦惠而不费乎?"朱熹注语即本于此,实与上九爻义至相吻合。

【损六三】 《损》卦六三爻。以阴爻居卦第三位。爻辞曰:"三人行,则损一人;一人行,则得其友。"意思是:三人同行欲求一阳,必将损彼阳刚一人;一人独行专心求合,就能得其刚健友朋。三人,泛指多人,此处特谓阴性;一人,前句指《损》卦上九,后句指六三。这是说明六三当"减损"之时,以阴居下兑之极,应于上九之阳,悦而求之,欲损己以益彼,但此时若偕群阴并行以求,将反而有损上九一阳;若以己一人独往,则不当有益于上九,且阴阳专情和合,必能得己之"友朋"。王弼《周易注》:"损之为道,损下益上,其道上行。三人,谓自六三已上三阴也;三阴并行以承于上,则上失其友,内无其主,名之曰'益',其实乃'损'。故天地相应,乃得化醇;男女匹配,乃得化生。阴阳不对,生可得乎? 故六三独行,乃得其友;二阴俱行,则必疑矣。"按,王弼以六三、六四、六五三阴爻为"三人",谓"三"为确数,于义亦通。又按,《系辞下传》引孔子语,以"天地絪缊,万物化醇,男女构精,万物化生"释此爻之义,并谓"言致一也",正是表明六三"一人行"体现着阴阳互合的"专一"之道。从"三人行,则损一人"中,又可以看出，不适当的"益上"，事实上是"损上"之举。此即《象传》所谓"损益盈虚，与时偕行"之理。

【损六五】《损》卦六五爻。以阴爻居卦第五位。爻辞曰："或益之十朋之龟，弗克违，元吉。"意思是：有人进献价值十朋的大宝龟，无法辞谢，至为吉祥。十朋，古代货币单位以双贝为"朋"，"十朋"即二十贝，犹言价值昂贵。李鼎祚《周易集解》引崔憬曰："元龟价直二十大贝，龟之最神贵者"，"双贝曰朋也"；王引之《经义述闻》："崔氏之说本于《汉书·食货志》"，并云："崔林注《食货志》亦曰'两贝为朋'"，"十朋之龟，犹言'百金之鱼'耳"。这是说明六五当"损"之时，柔中居尊，下应九二，为"虚中"自损而不自益之象，故天下纷纷"益之"，乃至受益"十朋之龟"，未能辞谢，即言尊居"君位"，遂获"元吉"。朱熹《周易本义》："柔顺虚中，以居尊位，当损之时，受天下之益者也。"又曰："十朋之龟，大宝也。或以此益之而不能辞，其吉可知。"按，《损》六五以"虚中"之德，虽自损而人必"益之"。故爻辞谓"弗克违"，《小象传》称"自上祐"。此亦《大有》卦上九爻"自天祐之，吉无不利"之义。

【损六四】《损》卦六四爻。以阴爻居卦第四位。爻辞曰："损其疾，使遄有喜，无咎。"意思是：自我减损思恋的疾患，能够迅速接纳阳刚必有喜庆，不致咎害。疾，指六四思恋初九所致"相思之疾"；遄，谓迅速。这是说明六四当"损"之时，柔正得位，处上卦艮之始，与下卦初九之阳相应，能自损其思恋初九之"疾"，迅速接纳阳刚，故"有喜"而"无咎"。孔颖达《周易正义》："疾者，相思之疾也。初九自损已'遄往'，已以正道速纳，阴阳相会，同志斯来，无复'企予'之疾。故曰'损其疾'。疾何可久？速乃有喜，乃无咎，故曰'使遄有喜，无咎'。"按，《损》六四爻辞所谓"损其疾"，既是自损"相思之疾"，亦是克服柔弱之质。这一爻象，与初九之象密相联系，

反映特定条件下阴阳刚柔之间富有辩证哲理的损益关系。因此，从初九的角度分析，旨在"损刚益柔"；从六四的角度分析，主于克服柔弱而获阳刚之益：两者一重在损己，一重在受益，喻意有别。《诗经·国风·草虫》咏女子相思之情，有曰："未见君子，忧心忡忡；亦既见止，亦既觏止，我心则降。"孔颖达《周易正义》又援此阐释本爻旨趣，指出："《诗》曰'亦既见止'、'我心则降'，不亦有喜乎！"就六四、初六阴阳互应而四有赖初速来施"益"的关系看，孔氏之解甚合爻理。又按，程颐《周易程氏传》谓六四"损疾"为"损其不善"；杨万里《诚斋易传》认为"使遄"指六四使初九"遄往"来应。两说于义亦通。

【损初九】《损》卦初九爻。以阳爻居卦下初位。爻辞曰："已事遄往，无咎；酌损之。"意思是：完成了自我修养之事就迅速前往辅助尊者，必无咎害；应当斟酌减损自己的刚质。已，竟也，犹言"告成"；事，此处犹言"修养德业"之事，遄，音船chuán，迅速。这是说明初九当"损"之时，阳刚处下，上应六四，故于"自修"之事已成之后，宜速往应四，以为辅助，乃能"无咎"；此时初九上应六四，即为"损刚益柔"，但不可盲目过损其刚，当以"酌损"为宜，故又诫其"酌损之"。孔颖达《周易正义》："已，竟也；遄，速也。损之为道，损下益上，如人臣欲自损奉上。然各有所掌，若废事而往，咎莫大焉；若事已不往，则为傲慢。竟事速往，乃得无咎。"又曰："刚胜则柔危，以刚奉柔，初未见亲也，故须酌而减损之，乃得合志。"按，孔颖达认为《损》初九爻辞犹言人臣"竟事速往"而"损己奉上"，含有"学而优则仕"的意味。事实上这是从象征的角度阐释爻旨。《周易折中》指出："孔氏说'已事'之义，谓如'学优而后从政'之类，于理亦精。"

【损卦辞】《损》卦的卦辞。其文曰："损，有孚，元亨，无咎，可贞，利有攸往。曷之用？二簋可用享。"意思是："《损》"卦

象征减损,心存诚信,至为吉祥,必无咎害,可以守持正固,利于有所前往。用什么来体现减损之道呢?两簋淡食就足以奉献给尊者及神灵。"损,卦名,象征"减损",其义主于"损下益上";孚,信也;曷,疑问代词,犹"何";二簋,喻微薄之物,与《坎》六四爻辞"簋贰"之义同(见"坎六四");享,奉献,泛指贡物给尊者或献祭于神灵之事。卦辞说明,当"减损"之时,其道应以"诚信"为前提,然后可获"元吉,无咎",并可守正而利有所往;唯其内心诚信,则所损虽微薄之物亦足以奉献于上,故曰"曷之用,二簋可用享"。孔颖达《周易正义》:"损者,减损之名。此卦明损下益上,故谓之'损'。"李鼎祚《周易集解》引崔憬曰:"曷,何也。言其道上行,将何所用?可用二簋而享也。以喻损下益上,惟在乎心,何必竭于不足而补有余者也?"来知德《周易集注》:"凡曰'损',本拂人情之事,或过、或不及、或不当其时,皆非合正理而有孚也;非'有孚',则不吉有咎,非可贞之道,不能攸往矣。惟'有孚',则'元吉'也、'无咎'也、'可贞'也、'利有攸往'也,有是四善矣。"

【损彖传】 《损》卦的《彖传》。旨在解说《损》卦的卦名、卦辞之义。其文为:"《彖》曰:损,损下益上,其道上行。损而有孚,元吉,无咎,可贞,利有攸往。曷之用?二簋可用享。二簋应有时,损刚益柔有时。损益盈虚,与时偕行。"意思是:"《彖传》说:减损,即言减损于下而增益于上,其道理是下者有所奉献于上者。减损之时能够心存诚信,于是就至为吉祥,必无咎害,可以守持正固,利于有所前往。用什么来体现减损之道呢?两簋淡食就足以奉献给尊者及神灵。奉献两簋淡食必须应合其时,减损在下之阳刚而增益居上之阴柔也要适时。事物的减损增益或盈满亏虚,都是配合其时而自然进行的。"全文可分四节理解。第一节,自"损"至"其道上行"三句,谓《损》卦上艮为阳能止

于上,下兑为阴能悦而顺其上,有"损下益上"之象,其旨在于奉上而行,以释卦名"损"之义。第二节,自"损而有孚"至"利有攸往"五句,于卦辞"损,有孚"之间加一"而"字,揭明孚信是"损"道之本,以释其下"元亨,无咎,可贞,利有攸往"诸句,谓此"四善"均因"有孚"而得。第三节,自"曷之用"至"损刚益柔有时"四句,说明施行"减损"必须适时,即不论以"二簋淡食"奉上,还是损下之刚以益上之柔,均当顺"时"而不滥为,以释《损》卦辞"曷之用,二簋可用享"之义。第四节,损益盈虚,与时偕行"二句,归结全文,总说《损》卦所揭示的"损益"之道重在适时的意义。

【损大象传】 《损》卦的《大象传》。其辞曰:"山下有泽,损;君子以惩忿窒欲。"意思是:山下有深泽(犹如泽自损以增山高),象征"减损";君子因此抑止忿怒而堵塞邪欲以自损不善。惩,止也;窒,音至zhì,堵塞。这是先揭明《损》卦上艮为山、下兑为泽之象,谓山下有泽,犹如泽自损以增山高,正为"减损"的象征;然后推阐出"君子"观此象,须悟知应time而止忿堵欲以自损不善的道理。孔颖达《周易正义》:"泽在山下,泽卑山高,似泽之自损以崇山之象也。君子以法此损道,以惩止忿怒,窒塞情欲。夫人之情也,感物而动:境有顺逆,故情有忿欲。惩者,息其既往;窒者,闭其将来。忿、欲皆有往来,惩、窒互文而相足也。"按,《损》卦所明"减损"的意义颇为广泛,《大象传》独申"惩忿窒欲"之旨,显然是着眼于"修身立德"的义理。故朱熹《周易本义》指出:"君子修身所当损者,莫切于此。"

【损上益下】 谓减损于上,增益于下。语出《益》卦《彖传》"损上益下,民说无疆"。《三国志·魏志·管宁传》:"躬秉劳谦,引喻周、秦,损上益下。"

【损以远害】 谓《损》卦的道理可以用于指导人自损不善而远离祸害。语出《系辞下传》。为"三陈九卦"中的三陈第五卦

《损》卦之义。说明此卦之用,在于自损不善,修身避害,即前文"初陈"所云"德之修"之旨。韩康伯《系辞注》:"止于修身,故可以远害而已。"参见"三陈九卦"。

【损德之修也】 谓《损》卦象征自损不善,是修美道德的途径。语出《系辞下传》。为"三陈九卦"中初陈第五卦《损》卦之义。说明人能自损不善,减抑忿欲,必可修美道德。李鼎祚《周易集解》引荀爽曰:"征忿窒欲,所以修德。"参见"三陈九卦"。

【损受之以益】 《周易》六十四卦,以象征"减损"的《损》卦列居第四十一卦;凡能自我减损以施益于他人者,必然也获人增益,所以接《损》之后是象征"增益"的第四十二卦《益》卦。此称"《损》受之以《益》"。语本《序卦传》:"损而不已必益,故受之以《益》。"李鼎祚《周易集解》引崔憬曰:"《损》终则'弗损,益之',故言'损而不已必益'也。"程颐《周易程氏传》:"盛衰损益如循环,损极必益,理之自然,《益》所以继《损》也。"

【损九二小象传】 《损》卦九二爻的《小象传》。其辞曰:"九二利贞,中以为志也。"意思是:九二利于守持正固,说明应当以坚守中道作为自己的志向。这是解说《损》九二爻辞"利贞"的象征内涵。俞琰《周易集说》:"损下益上之道,损有余以补不足,适中而已。盖有余则损之,为中。九二非有余者,则以弗损为中。九二以位言,其位得中,而其志如此,故曰'中以为志'也。"

【损上九小象传】 《损》卦上九爻的《小象传》。其辞曰:"弗损益之,大得志也。"意思是:不用自我减损即可施益于人,说明上九大得施惠天下的心志。这是解说《损》上九爻辞"弗损益之"的象征内涵。程颐《周易程氏传》:"居上,不损下而反益之,是君子大得行其志也。君子之志,唯在益于人而已。"按,程颐释"弗损"为"不损下",于义亦可通。

【损六三小象传】 《损》卦六三爻的《小象传》。其辞曰:"一人行,三则疑也。"意思是:一人独行可以专心求合,三人同行将使对方疑惑无主。这是解说《损》六三爻辞"三人行则损一人,一人行则得其友"之义。孔颖达《周易正义》:"言一人则可,三人益加疑惑也。"

【损六五小象传】 《损》卦六五爻的《小象传》。其辞曰:"六五元吉,自上祐也。"意思是:六五至为吉祥,这是从上天施予的祐助。此为解说《损》六五爻辞"元吉"的象征内涵。上祐,犹言"天祐"。孔颖达《周易正义》:"上,谓天也。故与'自天祐之,吉无不利'义同也。"

【损六四小象传】 《损》卦六四爻的《小象传》。其辞曰:"损其疾,亦可喜也。"意思是:自我减损思恋的疾患,说明六四接纳阳刚颇为可喜。这是解说《损》六四爻辞"损其疾"的象征内涵。孔颖达《周易正义》:"相感而久不相会,则有鞅望之忧,故速乃有喜。"

【损初九小象传】 《损》卦初九爻的《小象传》。其辞曰:"已事遄往,尚合志也。"意思是:完成了自我修养之事就迅速前往辅助尊者,说明初九与上卦的六四心志。程颐《周易程氏传》:"四赖于初,初益于四,与上合志也。"《周易折中》:"《易》例,初九与六四虽正应,却有往从之之义,在下位不援上也。惟《损》初爻言'遄往',而《传》谓'上合志',盖当'损下益上'之时故也。"

【损刚益柔有时】 《损》卦的《彖传》语。意为:减损在下之阳刚而增益居上之阴柔要适合其时。此言"减损"必须适时,即使是损下之刚以益上之柔亦当顺"时"而不可滥为。孔颖达《周易正义》:"损之所以能损下益上者,以下不敢刚亢,贵于奉上,则是损于刚亢而益柔顺也。损刚者,谓损兑之阳爻也;益柔者,谓益艮之阴爻也。人之为德,须备刚柔;就刚柔之中,刚为德长,既为德长,不可恒减,故损之'有时'。"

【损先难而后易】 谓《损》卦教人先为自损之难而后成获益之易。语出《系辞下传》。为"三陈九卦"中的再陈第五卦《损》卦之义。说明此卦喻示自损不善而获益,自损则"先难",获益则"后易"。孔颖达《周易正义》:"先自减损,是先难也;后乃无患,是后易也。"参见"三陈九卦"。

【损益盛衰之始也】 《杂卦传》语。说明《损》卦象征"减损",《益》卦象征"增益",两卦意义相反,含有事物盛衰互转之始的喻旨。韩康伯《杂卦注》:"极损则益,极益则损。"

【损其疾亦可喜也】 《损》卦六四爻的《小象传》辞。旨在解说六四爻辞"损其疾"的象征内涵。意思是:自我减损思恋的疾患,说明六四接纳阳刚颇为可喜。参见"损六四小象传"。

【损其疾使遄有喜】 《损》卦六四爻辞之语。意思是:自我减损思恋的疾患,能够迅速接纳阳刚必有喜庆。疾,指六四思恋初九所致"相思之疾";遄,谓迅速。这是说明六四当"损"之时,柔正得位,处上卦艮之始,与下卦初九之阳相应,能自损其思恋初九之"疾",迅速接纳阳刚,遂能获益而有阴阳谐合之"喜",故曰"损其疾,使遄有喜"。参见"损六四"。

【损上益下民说无疆】 《益》卦的《彖传》语。意思是:减损于上以增益于下,这样民众就欣悦不可限量。这是说明《益》卦上巽为阴,下震为阳,有上巽顺合于下震之象,谓以此"益下"则民众欣悦无量,以释卦名"益"之义。王弼《周易注》:"震,阳也;巽,阴也。巽非违震者也。处上而巽,不违于下,'损上益下'之谓也。"孔颖达《周易正义》:"此就二体释卦名之义。柔巽在上,刚动在下;上巽不违于下,'损上益下'之义也。既居上者能自损以益下,则下民欢说无复疆限。《益》卦所以名'益'者,正以'损上益下,民说无疆'者也。"

【损下益上其道上行】 《损》卦的《彖传》语。意思是:减损于下而增益于上,其道理是下者有所奉献于上者。上行,犹言"向上奉献"。这是以《损》卦的上下卦象释卦名"损"之义,谓上艮为阳能止于上,下兑为阴能悦而顺其上,有"损下益上"以奉尊者的象征内涵。王弼《周易注》:"艮为阳,兑为阴;凡阴,顺于阳者也。阳止于上,阴说而顺;损下益上,上行之义也。"《周易折中》:"如人臣之致身事主,百姓之服役奉公,皆损下益上之事也。必如此,然后上下交而志同,岂非'其道上行'乎?"

【损益盈虚与时偕行】 《损》卦的《彖传》语。意思是:事物的减损增益及盈满亏虚,都是配合其时而自然进行的。这是归结《损》卦《彖传》的全文,总说该卦所揭示的"损益"之道重在适时的意义。王弼《周易注》:"自然之质,各定其分,短者不为不足,长者不为有余,损益将何加焉?非道之常,故必'与时偕行'也。"孔颖达《周易正义》:"凫足非短,鹤胫非长,何须损我以益人?虚此以盈彼?但有时宜用,故应时而行。"

【振民】 犹言"济民"。语出《蛊》卦《大象传》"君子以振民育德"。《文选》载陆机《汉高祖功臣颂》:"拔奇夷难,迈德振民。"

【振恒】 《恒》卦上六爻辞之语。意为:振动不安于恒久之道。振,犹言"动"。此谓上六以阴居《恒》上震之终,性动不能持恒,有"恒"极致反、振动无常之象,故曰"振恒"。参见"恒上六"。

【振民育德】 《蛊》卦的《大象传》语。意为:振济百姓、培育道德。这是从《蛊》卦"山下有风"的卦象而推阐出的"君子"观此象,须悟知当社会"蛊乱弊坏"之时,应济民育德、努力救弊的道理。参见"蛊大象传"。

【振恒在上大无功也】 《恒》卦上六爻的《小象传》辞。旨在解说上六爻辞"振恒"的象征内涵。意思是:振动不安于恒久之道而又高居在上,说明上六处事必然大为无功。参见"恒上六小象传"。

【获匪其丑无咎】《离》卦上九爻辞之语。意思是：俘获不愿亲附的异己，必无咎害。匪，通"非"，"匪其丑"即"非其类"，指不愿附从的异己。这是说明上九以阳居《离》之极，"附丽"之道大成，众皆亲附，但亦有不亲附者，则宜征伐讨罪，并可建立丰功；此时所俘获者皆为异己之类，遂无所咎害，故曰"获匪其丑，无咎"。参见"离上九"。

【桓玄】(369—404) 东晋谯国龙亢(在今安徽)人。字敬道。一名灵宝。桓温之子。袭父爵为南郡公。自负才地。补义兴太守，弃官归。安帝时，为江州刺史，都督荆、江等八州军事，据江陵。元兴元年(402)，举兵东下，攻入建康，迫安帝禅位，建号"楚"，年号"建始"，旋改"永始"。刘裕起兵讨玄，玄兵败被执，斩于江陵(见《晋书·桓玄传》)。陆德明《经典释文序录》列东晋以来作《周易系辞注》者十人，桓玄为其中之一。自韩康伯之注专行后，各家并废。《隋书·经籍志》、《旧唐书·经籍志》、《新唐书·艺文志》均列有桓玄注《系辞》二卷。已佚。

【桥庇】 春秋战国间鲁国人，字子庸。孔子《周易》学说的三传弟子。按，《史记·仲尼弟子列传》作"江东人矫子庸疵"，则姓矫，名疵，字子庸。司马贞《史记索隐》："《儒林传》及《系本》皆作'蟜'。疵音自移反。疵字或作'疪'。蟜是姓，疵，名也，字子肩。然蟜姓，鲁庄公族也，《礼记》'蟜固见季武子'。盖鲁人，《史记·儒林传》皆云鲁人，独此云江东人，盖亦误耳。《儒林传》云玕臂，江东人；桥疵，楚人也。"《汉书·儒林传》作："鲁桥庇子庸。"今从《汉书》。又，《汉书》云："自鲁商瞿子木受《易》孔子，以授鲁桥庇子庸"，则桥庇为孔子《易》学的再传弟子，亦与《史记》所载微异，可备参考。

【夏恭】 东汉梁国蒙(今河南商丘东北)人。字敬公。研治《韩诗》、《孟氏易》，教授门生曾达千余人。光武帝时，拜为郎中，再迁太山都尉。善为文，著作有赋、颂、诗、《厉学》凡二十篇。年四十九卒于官，诸儒共谥曰"宣明君"(见《后汉书·文苑列传·夏恭传》)。

【都絜】 南宋丹阳(在今安徽)人。字圣与。其父都郁，《易》学纯粹，为乡里师，曾任惠州教授。絜幼承家学。绍兴中登进士第，曾任德庆知府、吏部郎中等职。撰《周易变体》十六卷、《周易说义》十四卷(见《经义考》)。今存《易变体义》十二卷，系《四库全书》馆臣录自《永乐大典》。

【耿南仲】(？—约1127) 北宋末开封(今属河南)人。字希道。元丰进士。政和二年(1112)，以礼部员外郎为太子右庶子，改定王嘉王侍读，迁宝文阁直学士。在东宫十年。钦宗即位，擢尚书右丞。金人来犯，力主割地求和。高宗既即位，薄其为人，罢知宣州，已而言者论其主和误国罪，责临江军居住，降授别驾，安置南雄，行至吉州卒。建炎四年(1130)追复观文殿大学士(见《宋史》本传及《宋元学案》)。《易》学专著有《周易新讲义》十卷(今缺卷七至十)。

【素履】《履》卦初九爻辞之语。意思是：朴素无华、小心行走。素，朴素。此言初九处《履》之始，阳刚在下，要守朴素之礼以处"履"，故称"素履"。后亦通作"平凡自安"或布衣寒士之称。《三国志·魏志·毛玠传评》："毛玠清公素履。"《宋书·谢灵运传》载灵运《撰征赋》："思嘉遯之余风，绍素履之落绪。"参见"履初九"。

【素履之往独行愿也】《履》卦初九爻的《小象传》辞。旨在解说初九爻辞"素履，往无咎"的象征内涵。独，犹言"专心"。意思是：朴素无华、小心行走而有所前往，说明初九专心奉行循礼的意愿。参见"履初九小象传"。

【顾欢】 南朝齐吴郡盐官(在今浙江)人。字景怡。一字玄平。家世寒贱，父、祖均为农夫。欢独好学。年六七岁，知推六甲。家贫，父使田中驱雀，欢作《黄雀赋》而归,雀食稻过半。父怒,欲挞之,见赋乃止。乡中有学舍,欢贫无以受业,于舍壁后倚听,无遗忘者。夕则燃松节读书,或燃糠自照。及长,治学笃志不倦。母亡,水浆不入口者六日,庐于墓次,遂隐不仕。于剡天台山开馆聚徒,受业门生常近百人。欢早孤,每读《诗》至"哀哀父母",则执书痛泣。高帝辅政,征为扬州主簿,及践祚乃至,自称"山谷臣",进《政纲》一卷,东归,上赐麈尾、素琴。永明元年(483),诏征为太学博士,不就。欢口不辩言,善于著论,又注《王弼易·二系》,学者传之。性好黄老,有道术。知将终,赋诗言志。卒于剡山,时年六十四(见《南齐书》及《南史》本传)。陆德明《经典释文序录》列东晋以来作《周易系辞注》者十人,顾欢为其中之一。自韩康伯注行后,各家并废。顾欢《系辞注》,《隋书·经籍书》不载,盖亡佚已久。

【袁安】(?—92) 东汉汝南汝阳(今河南商水县西北)人。字邵公。少年时,承祖父袁良之学,研习"孟氏《易》"。举孝廉。官至司徒。汉和帝永元四年(92)卒。其子袁京、袁敞,皆传孟《易》(见《后汉书·袁安传》)。

【袁良】 东汉汝南汝阳(今河南商水县西北)人。研治"孟氏《易》"。西汉平帝时举明经,为太子舍人。东汉建武初,至成武令(见《后汉书·袁安传》)。

【袁京】 东汉汝南汝阳(今河南商水县西北)人。字仲誉。袁安之子。承父、祖世传之学,治"孟氏《易》"。作《难记》三十万言。初拜郎中,稍迁侍中,出为蜀郡太守(见《后汉书·袁安传》)。

【袁敞】(?—117) 东汉汝南汝阳(今河南商水县西北)人。字叔平。袁安之子。少承父、祖世传之学,研习"孟氏《易》"。以父任太子舍人。汉和帝时,历任将军、大夫、侍中,出为东郡太守,征拜太仆、光禄勋。安帝元初三年(116),至司空。次年,因子之罪被免官,遂自杀(见

《后汉书·袁安传》)。

【袁悦之】 东晋陈郡阳夏(今河南太康)人。字元礼。能"长短说",甚有精理。始为谢玄参军。后甚为会稽王道子所亲爱,每劝道子专揽朝权,道子颇纳其说。寻为孝武帝司马曜所诛(见《晋书·袁悦之传》)。陆德明《经典释文序录》列东晋以来作《周易系辞注》者十人,袁悦之为其中之一。自韩康伯之注行后,各家并废。袁氏《系辞注》,《隋书·经籍志》不载,盖亡佚已久。

〔丨〕

【晏斯盛】(?—1752) 清江西新喻人。字虞际,一说字一斋。康熙五十九年(1720)举乡试第一,次年成进士,改庶吉士。乾隆间官至湖北巡抚。晚以母老求归终养。乾隆十七年(1752)卒(见《清史稿》本传)。《易》学专著今存《学易初津》二卷、《易翼宗》六卷、《易翼说》八卷,合编为《楚蒙山房易经解》。

【晖光日新】 谓日日增新其光辉。语本《大畜》卦《象传》:"刚健笃实,辉光日新其德。"《文选》载张华《励志诗》:"进德修业,晖光日新。"

〔丿〕

【乘】 《易》学常例,凡上爻凌据下爻谓之"乘"。一般以阴爻乘阳爻为"乘刚"。但阳爻居阴爻之上则通常不言"乘"。详"承乘比应"。

【乘弘】 西汉河南(今内蒙古河套以南)人。受业于《易》师京房(字君明),传"京氏《易》"。为郎、博士(见《汉书·儒林传·京房传》)。

【乘其墉弗克攻】 《同人》卦九四爻辞之语。意思是:高据城墙之上,又自退不能进攻。墉,谓城墙;克,能也。此言九四当"同人"之时,失位无应,凌居下卦九三之上,本拟与九三争"同"于六二,故有"乘其墉"欲攻之象;但九四以阳居阴位,又有

能退之象,故终以"弗克攻"而获吉祥。参见"同人九四"。

【乘其墉义弗克也】《同人》卦九四爻的《小象传》语。旨在解说九四爻辞"乘其墉,弗克攻"的象征内涵。意思是:高据城墙之上,说明九四在"和同与人"的意义上是不能发动进攻。参见"同人九四小象传"。

【乘马班如求婚媾】《屯》卦六四爻辞之语。意思是:乘马班班,欲求婚配。此谓《屯》六四与初九阴阳相应,于"屯难"之时下求初九以共同济"屯",故有"乘马求婚"的喻象。参见"屯六四"。

【乘马班如泣血涟如】《屯》卦上六爻辞。意思是:乘马班班欲求偶,伤心泣血泪横流。此言上六居《屯》之极,"屯难"局面已通,但质禀阴柔,仍持"屯难"旧观念,欲效六四"乘马"求贤;然六三与之不应,故徒自伤悲,有"泣血涟如"之象。参见"屯上六"。

【乘马班如匪寇婚媾】《屯》卦六二爻辞之语。意思是:有人远来乘马班班,并非强寇而是聘求婚姻者。班如,马多之状;匪,通"非"。此以《屯》六二与九五阴阳相应,故拟九五"乘马"来求"婚媾"之象。参见"屯六二"。

【钱一本】(1539—1610) 明常州武进(今属江苏)人。字国端(一作国瑞),别号启新。万历十一年(1583)进士。除庐陵知县,征授福建道御史,出按广西。因上疏论政敝,被削籍为民。归乡后,潜心研探《六经》,尤精于《易》。与顾宪成等人分主东林讲席。著作甚多(见《明史》本传和《明儒学案》)。《易》学专著今存《像象管见》九卷、《象钞》六卷、《续象钞》二卷、《四圣一心录》六卷。

【钱义方】 元湖州(今浙江吴兴)人。字子宜。曾举进士。《易》学著述有《周易图说》二卷(见《经义考》及《四库全书提要》)。

【钱澄之】(1612—1694) 明末清初桐城(今属安徽)人。字饮光。初名秉镫,字幼光。少以名节自励。曾辅南明唐王、桂王政权,后辞官还乡,入清,杜门讲学著书,自号田间老人。曾问《易》于黄道周,依京房、邵雍之说,究极象数,后乃兼求义理(见《清史稿·遗逸传》)。研《易》专著今存《田间易学》十二卷。

【称名小取类大】《周易》卦爻辞的象征特色之一,谓其所称述的物象之名虽小,而所取喻的事类却十分广大。语出《系辞下传》:"其称名也小,其取类也大。"韩康伯《系辞注》:"托象以明义,因小以喻大。"孔颖达《周易正义》:"'其称名也小'者,言《易》辞所称物名多细小,若'见豕负涂'、'噬腊肉'之属,是其辞碎小也。'其取类也大'者,言虽是小物,而比喻大事,是所取义类而广大也。"

【倾否】《否》卦上九爻辞之语。意为:倾覆否闭局势。此言上九处《否》卦之终,当"否"道穷极之时,刚健勇猛,能一举倾覆否闭局势,故曰"倾否"。参见"否上九"。

【倪元璐】(1593—1644) 明上虞(今浙江)人。字汝玉,号鸿宝。天启进士,授编修。崇祯初,魏忠贤遗党维持政局,力扼东林,元璐抗疏击之;又请毁《三朝要典》,上《制实八策》及《制虚八策》,累迁国子祭酒。后为人所忌,落职;复起为兵部侍郎,以母老固辞。俄闻畿辅被兵,遂冒锋镝北上,陈制敌机宜,超拜户部尚书。李自成攻下京师,自缢死。谥"文正",清谥"文贞"。平生善行草书法,工山水竹石画,著述颇多(见《明史》本传)。《易》学著今存《兒易内仪以》六卷,《兒易外仪》十五卷。

【健而说决而和】《夬》卦的《彖传》语。意思是:通过刚健手段令人心悦诚服,以果决气势导致众物协合。健,指《夬》卦下乾为健;说,通"悦",指《夬》卦上兑为说。这是举《夬》卦的上下卦象,说明"君子"能以刚健决除"小人"而令人悦服,并使众物协合，以释卦名"夬"之义。王弼《周易注》："健而说，则决而和矣。"孔颖达《周易正义》："乾健而兑说，健则能决，说则能和。"

【健而巽刚中而志行】 《小畜》卦的《象传》语。意思是：健强而又逊顺，阳刚居中而志向可以施行。健，指《小畜》下卦乾；巽，逊顺，指上卦巽；刚中，指九二、九五两爻以阳居中。这是举《小畜》上下卦象及二、五爻象，说明"小畜"之时，上下强健逊顺，阳刚者居中而其志能行，故得"亨通"，以释卦辞"亨"之义。程颐《周易程氏传》："内健而外巽，健而能巽也；二、五居中，刚中也；阳性上进，下复乾体，志在于行也。刚居中，为刚而得中，又为中刚。言畜阳则以柔巽，言能亨则由刚中。以成卦之义言，则为阴畜阳；以卦才言，则阳为刚中，才如是，故畜虽小而能亨也。"

【徐昂】(1877—1953)   江苏南通人。乳名考，初字亦轩。读《易》至《系辞下传》"损，德之修也；益，德之裕也"，因更字"益修"。复取《尚书·周官》"作德心逸日休"之义，自号"逸休"。幼承家学。清光绪二十五年(1899)入江阴南菁书院肄业。后相继执教于南通、江阴等地中学、中专及之江大学、无锡国专等高校，以国文法、《周易》、声韵学等课程授业，从事教育达四十年之久。1953年被聘为江苏文史研究馆职员，是年病卒。平生治学专心凝虑，手不释卷。认为"不通《周易》不能窥义理本源，不通古音不能明经传训诂"(《徐氏全书·自述》)。于《易》研探甚深，对汉魏《易》家焦赣、京房、郑玄、虞翻之学均有发明推阐。著述凡三十三种，都一百余卷，合刊为《徐氏全书》。其中《易》学专著有《京氏易传笺》三卷、《释郑氏爻辰补》四卷、《周易虞氏学》七卷、《周易对象通释》二十卷、《河洛数释》二卷、《经传诂易》一卷、《爻辰表》一卷、《易林勘复》一卷等。

【徐爱】(394—475)   南朝宋琅邪开阳(今山东临沂北)人。字长玉。原名"瑗"，以与傅亮父同名而改。累官游击将军，兼尚书左丞。巧于将迎，能得人主微旨，宠待隆密。明帝在藩时，爱礼敬甚简；及即位，遂徙爱交州。后听还，除中散大夫。元徽三年(475)卒，年八十二(见《宋书》及《南史》本传)。陆德明《经典释文序录》列东晋以来作《周易系辞注》者十人，徐爱为其中之一。自韩康伯之注专行后，各家并废。《隋书·经籍志》谓：徐注《系辞》二卷"梁有，亡"。

【徐郓】 唐代人。与韩愈同时。字号里居未详。曾任直讲。通《易》，著有《周易新义》三卷。《旧唐书·经籍志》、《新唐书·艺文志》均不著录，唯《唐会要》记："太和元年(827)六月，直讲徐郓上《周易新义》三卷。"尚秉和先生《易说评议》云："太和元年为文宗元年，韩愈此时为吏部侍郎。然则徐郓与韩愈同时，故其书孔《正义》、陆《释文》、李《集解》皆不及采录，唯吕祖谦《古易音训》及晁氏引之。"其书久佚，清马国翰《玉函山房辑佚书》有辑本一卷。

【徐邈】(344—397)   东晋东莞姑幕(今山东诸城西北)人。家京口(今江苏镇江市)。字仙民。姿性端雅，勤行励学，博学多闻，以慎密自居。下帷读书，不游城邑。孝武帝司马曜招延儒学，谢安举以应选，年四十四始补中书舍人，在西省侍帝。虽口不传章句，然开释文义，标明指趣，撰正《五经音训》，学者宗之。达于从政，颇受君主宠待。安帝即位，拜骁骑将军。隆安元年(397)，遭父忧，先染疾患，因哀毁而病增剧，不逾年卒，年五十四。所注《穀梁传》，见重于时(见《晋书·儒林传·徐邈传》)。陆德明《经典释文序录》谓其著有《易音》。《隋书·经籍志》列徐邈《周易音》一卷"。已佚。清马国翰《玉函山房辑佚书》、黄奭《黄氏逸书考》皆有辑本。

【徐总幹】 南宋人。总幹为其官衔，其名字、里居均无考。曾受业于吕祖谦。《易》学专著今存《易传灯》四卷。《四库全书提要》云:"《易传灯》一书,诸家书目俱不著录。朱彝尊《经义考》亦不载其名。惟《永乐大典》散见于各卦之中,题其官曰徐总幹,而不著名字;又载其子子东《序》,谓其父尝师事吕祖谦、唐仲友。考《宋史》,徐侨尝受业于祖谦,著《读易记》《尚书括旨》等书;祖谦门人又有徐侃、徐倬,《序》无明文,不能定其为谁也。"

【射鲋井谷】 语本《井》卦九二爻辞"井谷射鲋",谓井未被施用于汲饮而枉被用于射取鲋鱼,喻失去养人济物之道。《文选》载左思《吴都赋》:"虽复临河而钓鲤,无异射鲋于井谷。"参见"井九二"。

【射雉一矢亡终以誉命】 《旅》卦六五爻辞。意思是:射取雉鸡,一支箭矢亡失,终将获得美誉而荣膺爵命。雉,野鸡。此言六五当"旅"之时,以柔居上离之中,上承上九阳刚,有文明柔顺而得中道之象;此时虽行旅在外,略有损失,犹如射取雉鸡,费去"一矢",但终能以"柔中"、"文明"之德喜获美誉,荣膺爵命,故曰"射雉,一矢亡,终以誉命"。参见"旅六五"。

【殷荐】 以隆盛之礼献祭天地或祖考的神灵。语出《豫》卦《大象传》:"先王以作乐崇德,殷荐之上帝,以配祖考。"《后汉书·班固传》:"崇严祖考,殷荐宗祀。"

【殷嘉】 西汉东海(治所今山东郯城北)人。一作"段嘉"。著有《京氏段(殷)嘉》十二篇,已佚(见《汉书·艺文志》及《儒林传·京房传》)。按,《艺文志》列"京氏段嘉"十二篇,颜师古注:"苏林曰:'东海人,为博士。'晋灼曰:'《儒林》不见。'师古曰:苏说是也。嘉即京房所从受《易》者也,见《儒林传》及刘向《别录》。"周寿昌《汉书注校补》:"按《传》云'房授东海殷嘉',是殷非段,或以字近而讹。而云房授嘉,则是房弟子,非房所从受《易》者也。"王先谦《汉书补注》:"钱大昭曰:《传》作'殷嘉'。沈钦韩曰:京房弟子所撰,故冠以'京氏'。《史记索隐》引《别录》:《易》家有救氏,注:救乃'段'之讹。先谦曰:据《传》,当云'从京房受《易》者也',颜注误。苏林,官本作'苏氏'。"

【殷荐之上帝以配祖考】 《豫》卦的《大象传》语。意思是:通过隆盛的典礼(用音乐)献祀天帝,并让祖先的神灵配合共享。殷,盛也;荐,献也;之,介词,犹"之于";上帝,犹言"天帝";配,古代祭礼中的"配飨"礼;祖考,即祖先。这是从《豫》卦"雷出地奋"的卦象而推阐出的"先王"观此象,悟知制作音乐以歌功颂德,并可以奉祀"上帝"、"祖考"的道理。参见"豫大象传"。

【积善余庆】 即《坤》卦《文言传》语"积善之家,必有余庆"。《后汉书·杨彪传》载孔融往见曹操曰:"杨公四世清德,海内所瞻。《周书》父子兄弟罪不相及,况以袁氏归罪杨公。《易》称'积善余庆',徒欺人耳。"《北史·杨播传论》:"诸子秀立,青紫盈庭;积善之庆,盖有凭也。"

【积善之家必有余庆】 谓修积善行的家族,必然留下许多庆祥。语出《坤》卦《文言传》。旨在配合下文"积不善之家,必有余殃",衍发《坤》卦初六爻辞"履霜,坚冰至"的象征意义。孔颖达《周易正义》:"欲明初六其恶有渐,故先明其所行善;恶事由久而积渐,故至后之吉凶。"参见"积不善之家必有余殃"。

【积不善之家必有余殃】 谓累积恶行的家族,必然留下许多祸殃。语出《坤》卦《文言传》。旨在承接上文"积善之家,必有余庆",以正反两方面对照,衍发《坤》卦初六爻辞"履霜,坚冰至"的象征义理。含有祸乱皆起于微末,积久而著,故当防微杜渐的诫意。故《文言传》又续此义而论曰:"臣弑其君,子弑其父,非一朝一夕之故,其所由来者渐矣!由辩之不早辩也。《易》曰'履霜,坚冰至',盖言顺也。"文中"辩"字,通"辨";"顺",犹言"循其理"。李鼎祚《周易集解》:"以明阳生阴杀,天道必然;理国修身,积善为本。故于《坤》爻初六阴始生时,著此微言,永为深诫。欲使防萌杜渐,灾害不生;开国承家,君臣同德者也。故《系辞》云'善不积不足以成名，恶不积不足以灭身'，是其义也。"程颐《周易程氏传》："天下之事，未有不由积而成。家之所积者善，则福庆及于子孙；所积不善，则灾殃流于后世。其大至于弑逆之祸，皆因积累而至，非朝夕而能成也。明者则知渐不可长，小积成大，辩之于早，不使顺长，故天下之恶无由而成，乃知'霜冰之戒'也。霜而至于冰，小恶而至于大，皆事势之顺长也。"《周易折中》引吕祖谦曰："'盖言顺也'，此一句尤可警。非心邪念，不可顺养将去；若顺将去，何所不至？惩治遏绝，正要人着力。"

【笑言哑哑后有则也】 ①《震》卦的《象传》语。意思是：慎行保福遂有声声笑语，说明警惧之后行为就能遵循法则。这是解说《震》卦辞"笑言哑哑"的象征内涵。则，谓法则。孔颖达《周易正义》"致福之后，方有笑言；以曾经戒惧，不敢失则。"②《震》卦初九爻的《小象传》语。字面意思与《震》卦《象传》之语略同，但其旨乃是解说《震》初九爻辞"后笑言哑哑"的象征内涵。意为：慎行保福遂有声声笑语，说明初九警惧之后行为就能遵循法则。参见"震初九小象传"。

【候卦】 即"十二辟卦"。因为这十二卦是用来喻示十二月气候阴阳消息的变化规律，所以也称"候卦"、"消息卦"。《周易尚氏学》论消息卦之古，谓其"亦曰月卦，曰候卦，曰十二辟卦，为全《易》之本根，《大玄》之纲领。"

【息卦】 十二辟卦中阳爻递生的六卦：《复》、《临》、《泰》、《大壮》、《夬》、《乾》，合称"息卦"。《汉书·京房传》载京房上封事，颜师古注引孟康曰："息卦曰太阳。"惠栋《易汉学》录此句，并云息卦谓《复》、《临》、《泰》、《大壮》、《夬》、《乾》。

【卿卦】 即"九卿卦"。

【修辞立其诚】 谓修饰言辞出于诚挚的感情。语出《乾》卦《文言传》"修辞立其诚，所以居业也。"旨在衍释《乾》九三"君子"的象征内涵。居业，犹言"积蓄功业"。李鼎祚《周易集解》引荀爽曰："修辞，谓终日乾乾；立诚，谓夕惕若厉；居业，谓居三也。"又引翟玄曰："居三修其教令，立其诚信，民敬而从之。"孔颖达《周易正义》："辞谓文教，诚谓诚实也。外则修理文教，内则立其诚实，内外相成，则有功业可居，故云'居业'也。"按，"修辞立诚"这一命题，对宋代理学家所倡"存诚守敬"的立身准则颇有影响。《周易折中》引程子曰："修辞立其诚，不可不子细理会。言能修省言辞，便是要立诚；若只是修饰言辞为心，只是为伪也。修辞立其诚，正为立己之诚意。"

【眚】 《周易》卦爻辞中的常用词。音省 shěng，犹言"祸患"。许慎《说文解字》："眚，目病生翳也，从目，生声。"段玉裁注："引伸为过误"，"又为灾眚"。《讼》卦九二爻辞"无眚"，陆德明《经典释文》引马融曰：眚，"灾也"；孔颖达《周易正义》："无灾眚。"

【豹变】 喻变革已成功。后亦指大幅度的变更现象。语出《革》卦上六爻辞"君子豹变，小人革面"。《三国志·蜀志·刘禅传》："降心回虑，应期豹变，履信思顺，以享左右无疆之休。"《晋书·应贞传》："于时上帝，乃顾惟眷。光我晋祚，应期纳禅。位以龙飞，文以豹变。玄泽旁流，仁风潜扇。区内宅心，方隅回面。"

〔丶〕

【离】 ①八卦之一。由上下两阳画，中间一阴画组成，形作"☲"，其名为"离"，其义为"丽"（附着），其基本象征物象为"火"。离卦上下为阳、中蓄一阴，乃喻示"火"以阳为表，即李鼎祚《周易集解》引崔憬曰"取卦阳在外，象火之外照也"；又喻示其内中却蕴藏着阴质，如火之燃烧，无不伴随着其中水汽的散发，故《淮南子·说林训》谓"火中有水"是也。离卦的基本喻象虽为"火"，但在《易》理的旁通广涉

离

中,又可博取众象,如"日"、"甲胄"等,但诸象的象征旨趣则不离"丽"(附着)之义。《说卦传》既指明"离,丽也"这一象征意义,又载录众多象例,曰"离为雉",又曰:"离为目",又曰:"离再索而得女,故谓之中女",又曰:"离为火,为日,为电,为中女,为甲胄,为戈兵,其于人也为大腹,为干卦,为鳖,为蟹,为蠃,为蚌,为龟,其于木也为科上槁"。陆德明《经典释文》谓《荀爽九家集解》本《说卦传》此后更有"为牝牛"一象。这是有关"离"象的较早期资料。后儒如西汉焦延寿的《易林》、三国虞翻的《易注》,所采八卦的"逸象"尤多,治《易》者常取资参考辨《易》义。 ② 六十四卦之一。列居篇中第三十卦,亦即"上经"的最后一卦。由两个三画的离卦(☲)重叠而成,卦形作"䷝",卦名为《离》,象征"附丽"。《左传》僖公十四年载虢射曰:"皮之不存,毛将安傅?"说明事物往往需要附着于一定的环境。就自然物象而言,太阳依附于天空广照大地,火焰依附于燃料发出光热,是最为显明的事例。《离》卦所示"附丽"之义,正是以"火"、"日"为基本喻象。卦辞称"畜养牝牛"可获吉祥,则是强调"附丽"之时必须柔顺守正才能亨通畅达。从六爻的情状分析,六二、六五两爻获吉,在于阴柔居中,守持正道,以成"附丽"之美;九三、九四两爻皆凶,则是阳刚不中不正,或面临穷衰,或虚势"无所容",均不能遂"附丽"之志;至于初、上两阳,初九处下敬慎,渐能附丽于物,上九"离"道已成,物皆亲附,故两爻并获"无咎"。若以《坎》、《离》两卦互为比较,又可进一步看出,"行险"当以"刚中"为主,"附丽"则以"柔中"为宜:这是两卦适为相反的核心意义。当然,《离》卦的象征喻旨也是十分广泛的,取"人事"为说,不论人的地位尊卑如何,均须附丽于所处的时代、社会;而人与人之间的不同层次,又存在附丽与被附丽的关系:人类的社会结构,于是不可避免地反映出一种特定的组合。

《离》卦的《象传》极称:"重明以丽乎正,乃化成天下。"程颐《周易程氏传》曰:"天地之中,无不丽之物,在人当审其所丽,丽得其正则能亨也。"又曰:"君臣上下,皆有明德,而处中正,可以化成天下,成文明之俗。"这事实上是把《离》卦的哲学意义纳入古代政治思想的范畴中去了。

【离九三】 《离》卦九三爻。以阳爻居卦第三位。爻辞曰:"日昃之离,不鼓缶而歌,则大耋之嗟,凶。"意思是: 太阳将落而垂垂附丽在西天,此时要是不敲击缶器而怡然作歌自乐,必将导致老暮穷衰的嗟叹,有凶险。昃,音仄 zè,谓日西偏将落;缶,瓦器,此处指用为击节伴乐之器,许慎《说文解字》:"秦人鼓之,以节歌";耋,音迭 dié,《说文解字》:"年八十曰耋","大耋"极言年老。这是说明九三以阳刚处《离》卦的下离之终,阳极将衰,如日西偏,未能长久"附丽"于物;此时若不及早"鼓缶"作歌行乐,而要勉强进取,将致"老暮"之嗟,必有凶险。王弼《周易注》:"处下离之终,明在将没,故曰'日昃之离'也。明在将终,若不委之于人,养志无为,则至于耋老有嗟,凶矣。"按,李鼎祚《周易集解》引荀爽曰:"初为日出,二为日中,三为日昃。"此将《离》下卦三爻之象揭示甚明。作《易》者于《离》九三设"嗟"、"凶"之诫,实欲人悟知事物有"日暮途穷"之际,故目及时自抑,不可亢进不已。

【离九四】 《离》卦九四爻。以阳爻居卦第四位。爻辞曰:"突如其来如,焚如,死如,弃如。"意思是: 突然而来的火红暾霞,如烈焰在燃烧,顷刻间消散灭亡,被弃除净尽。如,均为语气助词。这是取日出之际的霞光为喻,说明九四处《离》卦的上下两离之间,急欲上进附丽于六五,但阳刚失正,欲速不达,犹如清晓东方的暾霞突喷而起,有烈焰"焚如"之势,但霞光终究不能上附高天,瞬息间即消散不存,落得"死如,弃如"的结局。王弼《周易注》:"处于明道始变之际,昏而始晓,没而始出,故曰'突如其来如'。其明始进,其炎始盛,故曰'焚如';逼近至尊,履非其位,欲进其盛,以炎其上,命必不终,故曰'死如';违离之义,无应无承,众所不容,故曰'弃如'也。"按,朝霞的出现,是突来即消,只能暂显于东方低空,无法上附高天。爻辞取此譬喻《离》九四急欲附五,终难遂愿的情状,似甚引当。《周易折中》认为九四"不能以顺德养其明","非人不容之,自若无所容",正合爻旨。

【离上九】 《离》卦上九爻。以阳爻居卦最上之位。爻辞曰:"王用出征,有嘉折首,获匪其丑,无咎。"意思是:君王出师征伐,建树丰功而斩折敌方首级,俘获不愿亲附的异己,必无咎害。嘉,指嘉美之功;首,指敌方首级;匪,通"非","匪其丑"即"非其类",指不愿附从的"异己"。这是说明上九以阳刚居《离》之极,"附丽"之道大成,众皆亲附,但亦有不亲附者,则宜征伐讨罪,并可建丰功而斩敌首;此时出征既可建功,所俘又皆异己之类,则无所咎害,故又曰"获匪其丑,无咎"。孔颖达《周易正义》:"处《离》之极,离道既成,物皆亲附,当除去其非类,以去民害,故'王用征'也。"又曰:"以出征罪人,事必剋获,故有嘉美之功,所断罪人之首,获得匪其丑类,乃得无咎也。"按,程颐《周易程氏传》释《离》上九爻辞"首"为"魁首",认为"获匪其丑"即"《尚书·胤征》'歼厥渠魁,胁从罔治'之义。可备一说。又按,《离》上九以刚明之德尊居卦极,下所附丽者必众,背逆者必少;故此时征伐"异己",势将有获无咎;《彖传》"化成天下"、《大象传》"以继继照于四方"之义,似在此爻有所体现。

【离六二】 《离》卦六二爻。以阴爻居卦第二位。爻辞曰:"黄离,元吉。"意思是:保持中正的黄色附丽于物,至为吉祥。黄,中和之色。这是用"黄"色喻六二居《离》下卦中位,阴柔得正,谓其能以柔顺中正之德附丽于物,大得"离"道之美,故获"元吉"。此即《离》卦《彖传》"柔丽乎中正,故亨"之义。王弼《周易注》:"居中得位,以柔处柔,履文明之盛而得其中,故曰'黄离,元吉'也。"按,《周易折中》引刘牧曰:"离为火之象,焰猛而易烬,九四是也;过盛则有衰竭之凶,九三是也;惟二得中,离之元吉也。"此说就《离》卦二、三、四爻之象加以比较,义有可取。

【离六五】 《离》卦六五爻。以阴爻居卦第五位。爻辞曰:"出涕沱若,戚嗟若,吉。"意思是:流出泪水滂沱不绝,忧戚嗟伤悲切,(但居尊获助)将有吉祥。沱,泪流滂沱之状;若,语气助词;戚,即"慽",忧伤。这是说明六五当"附丽"之时,阴居阳位,为九四阳刚之势所迫,遂致忧伤,哀泣;但因附丽于尊位,终获众助,故先伤泣然后有"吉"。王弼《周易注》:"履非其位,不胜所履;以柔乘刚,不能制下。下刚而进,将来害己;忧伤至深,众之所助,故乃'沱'、'嗟'而获吉也。"按,李过《西谿易说》以为《离》六五有新君"继世嗣位"之象。王夫之《周易内传》云:"后明继前明兴,以柔道居尊。高宗宅忧而三年不言,成王即政而嬛嬛在疚。"此举殷高宗、周成王史迹为说,与六五爻的象征意义略有相合之处。

【离中虚】 朱熹《周易本义》卷首所附《八卦取象歌》语。说明八卦之一的"离"卦形状作"☲",中间为阴画(--),犹如内中虚亏。

【离为火】 ①《说卦传》语,谓八卦之一"离"卦(☲)的基本象征物是"火"。②朱熹《周易本义》卷首所附《分宫卦象次序》歌诀中语,说明六十四卦之一的《离》卦(䷝),其卦象由上下两"离"(即"火")组成。

【离初九】 《离》卦初九爻。以阳爻处卦下初位。爻辞曰:"履错然,敬之,无咎。"意思是:践行事务郑重不苟,保持恭敬谨慎,必无咎害。履,犹言"行事";错然,错落有致,指行事敬慎之貌。尚秉和先生《周易尚氏学》:"又有郑重不苟之意"。

这是说明初九阳刚处下,当此行将"附丽"之时,立身行事能郑重不苟、恭敬谨慎,故获"无咎"。李鼎祚《周易集解》引王弼曰:"错然,敬慎之貌也。处'离'之始,将进其盛,故宜慎所履,以敬为务,辟其咎也。"按,"附丽"之道,贵在"柔正"。《离》初九阳刚,本有咎害;但居下谦柔敬慎,遂免其咎。《周易折中》引胡瑗曰:"居《离》之初,如日之初生。于事之初,则当常错然警惧,以进德修业,所以得免其咎。"

【离丽也】 《说卦传》语。丽,犹言"附丽"。谓八卦之中,离卦的象征意义为"附丽"。参见"离①"。

【离卦辞】 《离》卦的卦辞。其文曰:"离,利贞,亨;畜牝牛吉。"意思是:《离》卦象征附丽,利于守持正固,亨通。畜养母牛可获吉祥。离,卦名,象征"附丽",即"附着"之意;牝牛,即母牛。卦辞全文说明,事物于有所"附丽"之时,利于守正,而后可致亨通;此卦以阴柔为主,又含有"以柔为王"之旨,故卦辞特取"畜牝牛"为喻,专明"附丽"之道当本于"柔顺",才能获吉。王弼《周易注》:"《离》之为卦,以柔为正,故必贞而后乃亨,故曰'利贞,亨'也。"又曰:"柔处于内而履正中,牝之善也;外强而内顺,牛之善也。《离》之为体,以柔顺为主者也,故不可以畜刚猛之物,而吉于'畜牝牛'也。"孔颖达《周易正义》:"《离》之为卦以柔为正者,二与五俱是阴爻,处于上下两卦之中,是以柔为正。"

【离象传】 《离》卦的《象传》。旨在解说《离》卦的卦名、卦辞之义。其文为:"《彖》曰:离,丽也,日月丽乎天,百谷草木丽乎土。重明以丽乎正,乃化成天下;柔丽乎中正,故亨,是以畜牝牛吉也。"意思是:"《彖传》说:离,即是附丽,譬如太阳月亮附丽在天上,百谷草木附丽在地上。光明叠连而能附丽于正道,就能推行教化以促成天下昌盛;柔顺者附丽于适中方正之处,于是前景亨通,所以畜养母牛可获吉祥。"全文可分两节理解。第一节,自"离"至"百谷草木丽乎土"四句,举日月附丽于天、草木附丽于土为例,解说《离》卦的卦名"离"之义。第二节,自"重明以丽乎正"至"是以畜牝牛吉也"五句,举《离》卦上下"离"为光明相重之象及《离》卦六二、六五两爻柔顺居中而六二又得正之象,说明以光明之德及柔顺之质附丽于"中正"之道,必能促成"天下"教化,走向亨通,以释《离》卦辞"利贞,亨,畜牝牛吉"之义。

【离大象传】 《离》卦的《大象传》。其辞曰:"明两作,离;大人以继明照于四方。"意思是:光明接连升起(悬附高空),象征"附丽";大人因此连续不断地用光明之德照临天下四方。两,犹言"接连";作,起也。这是先揭明《离》卦上下离均为"日"、为"明"之象,谓光明迭起、高悬天空,正为"附丽"的象征;然后推阐出"大人"应效法光明连继之象,绵延不断地用"明德"照临天下的道理。孔颖达《周易正义》:"离为日,日为明。今有上下二体,故云'明两作,离'也。"又曰:"继续其明,乃照于四方;若明不继续,则不得久为照临。"

【离下乾上】 指下卦为"离",上卦为"乾"。即六十四卦中的《同人》卦之象。

【离下坤上】 指下卦为"离",上卦为"坤"。即六十四卦中的《明夷》卦之象。

【离下震上】 指下卦为"离",上卦为"震"。即六十四卦中的《丰》卦之象。

【离下巽上】 指下卦为"离",上卦为"巽"。即六十四卦中的《家人》卦之象。

【离下坎上】 指下卦为"离",上卦为"坎"。即六十四卦中的《既济》卦之象。

【离下离上】 指下卦为"离",上卦亦为"离"。即六十四卦中的《离》卦之象。

【离下艮上】 指下卦为"离",上卦为"艮"。即六十四卦中的《贲》卦之象。

【离下兑上】 指下卦为"离",上卦为"兑"。即六十四卦中的《革》卦之象。

【离为中女】 八卦之中,离卦以居中位之阴为主画,犹如乾坤两卦第二次相交而派生出来的阴卦,故古人以一家之"中女"作为离的象征。语本《说卦传》。参见"乾坤六子"。

【离南坎北图】 即"文王八卦方位"。

【离上而坎下也】 《杂卦传》语。说明《离》卦象征"附丽",犹如火焰炎附于上;而《坎》卦象征"险陷",犹如水势流陷于下,两卦旨趣正为相反。韩康伯《杂卦注》:"火炎上,水润下。"

【离九三小象传】 《离》卦九三爻的《小象传》。其辞曰:"日昃之离,何可久也。"意思是:太阳将落而垂垂附丽在西天,说明九三若要附丽于物怎能保持长久呢?这是解说《离》九三爻辞"日昃之离"的象征内涵。程颐《周易程氏传》:"日既倾昃,明能久乎?明者知其然也,故求人以继其事,退处以休其身,安常处顺,何足以为凶也!"

【离九四小象传】 《离》卦九四爻的《小象传》。其辞曰:"突如其来如,无所容也。"意思是:突然而来的火红暾霞,说明九四以虚势上进必将无处附丽容身。这是解说《离》九四爻辞"突如其来如"的象征内涵。孔颖达《周易正义》:"违于离道,无应无承,众所不容,故云'弃如',是以《象》云'无所容也'。"

【离上九小象传】 《离》卦上九爻的《小象传》。其辞曰:"王用出征,以正邦也。"意思是:君王出师征伐,说明上九是为了端正邦国治理天下。这是解说《离》上九爻辞"王用出征"的象征内涵。孔颖达《周易正义》:"言所出征者,除去民害,以正邦国故也。"

【离六二小象传】 《离》卦六二爻的《小象传》。其辞曰:"黄离元吉,得中道也。"意思是:保持中正的黄色附丽于物而至为吉祥,说明六二有得于适中不偏之道。这是解说《离》六二爻辞"黄离元吉"的象征内涵。孔颖达《周易正义》:"以其得中央黄色之道也。"程颐《周易程氏传》:"所以元吉者,以其得中道也。不云正者,《离》以中为重。所以成文明,由中也,正在其中矣。"

【离六五小象传】 《离》卦六五爻的《小象传》。其辞曰:"六五之吉,离王公也。"意思是:六五的吉祥,是由于附丽于王公的尊位。这是解说《离》六五爻辞"吉"的象征内涵。孔颖达《周易正义》:"此释六五'吉'义也。所以终得吉者,以其所居在五,离附于王公之位,被众所助,故得吉也。五为王位,而言'公'者,此连'王'而言'公',取其便文以会韵也。"按,蔡清《易经蒙引》不取孔颖达"王公"为偏义词,意指"君王"之说,认为:"味'离王公'之词,则诸爻之五,所谓尊位者,不必皆得'天王',凡诸侯之各君其国者亦足当五也。"可备一说。

【离初九小象传】 《离》卦初九爻的《小象传》。其辞曰:"履错之敬,以辟咎也。"意思是:践行事务郑重不苟、保持恭敬谨慎,说明初九如此才能避免咎害。这是解说《离》初九爻辞"履错然,敬之"的象征内涵。辟,通"避"。孔颖达《周易正义》:"若能如此恭敬,则得避其祸而无咎。"

【高相】 西汉沛(今江苏沛县东)人。汉《易》"高氏学"的开创者。治《易》与费直同时,其学亦不撰章句,专说阴阳灾异。自言其学出于汉初著名《易》师丁宽。高《易》未曾立于学官,只在民间授受。传子高康及兰陵毋将永(见《汉书·儒林传·高相传》)。

【高康】(?—7) 西汉沛(今江苏沛县东)人。《易》师高相之子。承家学,传"高氏《易》"。以通晓《易经》为郎。王莽居摄二年(7),东郡太守翟谊(即"翟义")谋划举兵诛莽,尚未起事;而高康预测东郡将有兵起,私下与门人语及。门人向朝廷上书言之。数月后,翟谊果然起兵。王莽召问上书者何以知之。谓业师高康所言。王莽恶怒,以为惑众,康遂被斩(见《汉书·儒林传·高相传》)。

【高氏易】 西汉《易》家高相开创的

《易》学流派,亦称"高氏之学"。高相《易》未立学官,只在民间传授。自言出于汉初今文《易》师丁宽,则亦属今文《易》学的支流。授子高康及毋将永。其学至东汉衰亡。陆德明《经典释文序录》:"沛人高相治《易》,与费直同时,其《易》亦无章句,专说阴阳灾异。自言出于丁将军,传至相。相授子康及兰陵毋将永,为'高氏学'。"吴承仕先生《经典释文序录疏证》:"此约《汉书·儒林传》文,略明高《易》授受源流。"黄寿祺先生《群经要略》:"高氏《易》出于高相,渊源于丁宽,亦今文之支流。"按,《释文序录》又云:"后汉费氏兴而高氏遂微",言高氏《易》亡于东汉。但《隋书·经籍志》谓:魏代王肃、王弼注《易》,"自是费氏大兴,高氏遂衰。梁丘、施氏、高氏亡于西晋。"与《序录》之说异。吴承仕先生指出:"高相授子康及毋将永而止。中兴以来,不闻有传高氏学者,其衰微久矣。《隋志》乃谓'二王《注》行,高氏遂衰',又云'高氏亡于西晋',殆非事实。"(《经典释文序录疏证》)

【高攀龙】(1562—1626) 明无锡(今属江苏)人。字存之,别号景逸。年少读书,即有志于程、朱之学。举万历十七年(1589)进士,授行人。上疏劾权臣,谪揭阳典史。去官家居垂三十年。明熹宗立,累官左都御史。发魏忠贤党崔呈秀罪,为忠贤所恶,削籍归;又被矫旨逮问,肃衣冠,草遗表,投池中死。崇祯初谥"忠宪"。平生操履笃实,涵养邃密,被称为当代大儒。与顾宪成修复东林书院,讲学其中;宪成卒,攀龙专讲席,世称"高顾"(见《明史》本传及《明儒学案》)。《易》学著述有《周易孔义》、《周易易简说》等。

【高氏之学】 见"高氏易"。

【高而无民】 《乾》卦《文言传》语。旨在衍释《乾》上九"亢龙有悔"之义。意思是:上九譬喻某种人虽崇高却管不到百姓。李鼎祚《周易集解》引何妥曰:"既不处九五帝王之位,故无民也;夫'率土之滨,莫非王臣',既非王位,则民不隶属也。"按,王弼《周易注》:"下无阴也",以阳为君,阴为民,上九以下皆阳爻而无阴爻,乃"无民"之象。故孔颖达《周易正义》云:"六爻皆无阴,是无民也。"于义可通。又按,此语又见《系辞下传》,亦释《乾》上九爻辞之义,孔颖达《周易正义》认为乃《系辞传》特举"亢龙"之穷高以与前文释"劳谦"之卑恭相对照;朱熹《周易本义》则认为"当属《文言》,此盖重出"。两说并可参考。

【高宗伐鬼方三年克之】 《既济》卦九三爻辞之语。意思是:殷高宗讨伐鬼方,持续三年终于获胜。高宗,殷朝君主武丁之号;鬼方,国名,古代西北地区"玁狁"部落之一。这是说明九三以阳刚居《既济》下卦之终,有"事成"之后尚致力于排除余患之象,适如殷朝高宗当治世成功之时仍用兵于讨伐平定"鬼方"小国;值此之际,虽仅存余患,但也必须以"三年克之"的精神持久努力,才能安保其成,故曰"高宗伐鬼方,三年克之"。参见《既济九三》。

【畜牝牛吉】 《离》卦的卦辞之语。意为:畜养牝牛可获吉祥。此言《离》卦以阴柔为主,含有"以柔为正"之旨,故卦辞特取"畜牝牛"为喻,专明"附丽"之道当本于"柔顺"才能获吉。参见"离卦辞"。

【畜臣妾吉】 《遯》卦九三爻辞之语。意为:畜养臣仆侍妾,可获吉祥。臣,臣仆;妾,侍妾。此言九三当"遯"之时,亲比于六二,心为所系而未能遯退,为处"遯"不妥之象,此时仅利于操理小事,不可施于治国大事,故曰畜养臣妾则"吉",即谓若施于大事必凶。参见"遯九三"。

【畜臣妾吉不可大事也】 《遯》卦九三爻的《小象传》语。旨在解说九三爻辞"畜臣妾吉"的象征内涵。意思是:畜养臣仆侍妾可获吉祥,说明九三此时不可施用于治国大事。参见"遯九三小象传"。

【旁通】 三国吴《易》家虞翻所倡《易》学条例。谓两个六画卦相比,爻体阴阳互异，即此阳则彼阴，此阴则彼阳，两两旁相交通。如《比》(☷)卦，李鼎祚《周易集解》引虞翻曰："与《大有》(☰)旁通。"又《大有》卦，《集解》引虞曰："与《比》旁通。"其它诸卦类此者甚多，可知"旁通"是虞翻《易》说中的重要条例之一。按，《乾》卦《文言传》"六爻发挥，旁通情也"，谓《易》爻变动不居；虞翻盖据此取"旁通"之名而变其义，创成自己的《易》例。至明来知德《周易集注》，发明"综卦"、"错卦"等说，时人称为"绝学"，其中"错卦"即是采用虞翻的"旁通"例。

【家人】 六十四卦之一。列居篇中第三十七卦。由下离(☲)上巽(☴)组成，卦形作☴，卦名为《家人》，象征"一家人"。《家人》卦的宗旨，在于阐发"治家"之道。卦辞主于"女子守正获吉"，六爻却并发男女如何"正家"的意义。《周易折中》引吴曰慎曰："家人之道，男以刚严为正，女以柔顺为正。初曰'闲'，三曰'厉'，上曰'威'，男子之道也；三、四《象传》皆曰'顺'，妇人之道也。五刚而中，非不严也，严而泰也。"深究作《易》者的意旨，卦辞之所以强调"女贞吉"，乃责求女子之"正"须绝对"柔顺"、无所专遂："妇德"缘此能立，"家道"于是不失。那么，真正的治家主权自然非"男"莫属了，上九"威如"之喻便成为"男权"的绝好象征。《象传》所谓"男女正，天地之大义"，也是本于男严女顺，阳唱阴随的观念。诚然，人伦尊卑是人类社会发展过程中产生的客观现象，自有一定的规律；但由此引发出"男尊女卑"的思想，根深蒂固地影响了中国两千多年的封建社会，今天实当深加批判。至于《家人》卦蕴含的超乎"家人"之外的意义，从《象传》"正家而天下定"一语，以及《大象传》"君子"居家不忘修言行、美风化的阐述中，可以看出贯穿在"身"、"家"、"天下"之间的一条具有浓厚政治色彩的线索。就这一角度分析，《家》卦的大旨，又与《礼记·大学》宣扬"修身，齐家，治国，平天下"的政治思想密合无间。

【家人九三】 《家人》卦九三爻。以阳爻居卦第三位。爻辞曰："家人嗃嗃，悔厉，吉；妇子嘻嘻，终吝。"意思是：一家人伤怨嗷嗷，尽管有悔恨、有危险，但必获吉祥；要是让妇人孩童笑闹嘻嘻，终致憾惜。嗃，音鹤 hè，"嗃嗃"犹言"嗷嗷"，众口愁怨之声，与下文"嘻嘻"相对，均为象声词，程颐《周易程氏传》谓："以文义及音意观之，与'嗷嗷'相类"；嘻嘻，欢乐笑闹声，陆德明《经典释文》："马云'笑声'，郑云'骄佚喜笑之意'。"这是说明九三处《家人》下卦之上，阳刚亢盛，有治家过严，家人嗷嗷愁怨之象，此时虽多"悔"有"危"，但仍以治家不失正道而获吉祥；若反严为宽，放纵妇子笑闹逸乐，则有失家道，终将憾惜。李鼎祚《周易集解》引王弼曰："以阳居阳，刚严者也，处下体之极，为一家之长，行与其慢也，宁过乎恭；家与其渎也，宁过乎严。是以家虽'嗃嗃'，'悔厉'犹得吉也；'妇子嘻嘻'，失家节也。"按，孔颖达《周易正义》释王弼注"悔厉"之意为"悔其酷厉"，于义亦通。又按，《家人》九三立义，主于治家宁严勿宽。胡炳文《周易本义通释》云："'嗃嗃'，以义胜情，虽'悔厉'而吉；'嘻嘻'，以情胜义，终吝。'悔'自凶而吉，'吝'自吉而凶。九三以刚居刚，若能严于家人者；比乎二柔，又若易昵于妇子者：三其在吉凶之间乎？悔吝之占，两言之。"此说颇中象理，宜资参考。

【家人九五】 《家人》卦九五爻。以阳爻居卦第五位。爻辞曰："王假有家，勿恤，吉。"意思是：君王用美德感格众人然后保有其家，无须忧虑，吉祥。假，王弼《周易注》："至也"，陆德明《经典释文》"更白反"，则旧音读如"格"(gé)，此处犹言"感格"，尚秉和先生《周易尚氏学》引《尚书·尧典》"格于上下"《孔传》云"格，至也"，是"格"、"至"互训之证；恤，忧也。这是说明九五尊居《家人》"君位"，阳刚中正，下应六二柔正，有以美德感格家人以保有其家之象,故"勿恤"而"吉"。文旨并含"正家而天下定"之义。王弼《周易注》:"履正而应,处尊体异,至至斯道,以有其家者也。居于尊位,而明于家道,则下莫不化矣。父父,子子,兄兄,弟弟,夫夫,妇妇,六亲和睦,交相爱乐,而家道正。正家而天下定矣。故'王假有家',则'勿恤'而'吉'。"《周易尚氏学》:"言王以至德感格家人,无有不正,故无所忧而吉也。"按,何楷《古周易订诂》认为,《家人》九五要义在于:"身范既端","故能感格其家"。《诗经·大雅·思齐》所谓"刑于寡妻,至于兄弟,以御于家邦",似与此爻同旨。又按,李鼎祚《周易集解》引陆绩注,训"假"为"大",指出:"五得尊位,据四应二,以天下为家,故曰'王大有家';天下正之,故无所忧则吉。"于义亦通。

【家人上九】 《家人》卦上九爻,以阳爻居卦最上之位。爻辞曰:"有孚,威如,终吉。"意思是:心存诚信,威严治家,终获吉祥。孚,信也。此言上九以阳刚处《家人》之终,居一家之上,既能心存诚信,又能威严治家,故获"终吉"。王弼《周易注》:"凡物以猛为本者,则患在寡恩;以爱为本者,则患在寡威。故'家人'之道,尚威严也。家道可终,唯信与威;身得威敬,人亦如之;反之于身。则知施于人也。"

【家人六二】 《家人》卦六二爻。以阴爻居卦第二位。爻辞曰:"无攸遂,在中馈,贞吉。"意思是:无所成就,掌管家中饮食事宜,守持正固可获吉祥。遂,成也。"无攸遂"谓"无所成";馈,音愧 kuì,《周礼·天官·膳夫》"王之馈食",郑玄注:"进物于尊者曰馈","中馈"犹言"家中饮食之事"。这是说明六二居《家人》下卦之中,柔顺中正,上应九五阳刚,有"妇人顺夫"之象,故无所专主,不求所成,唯掌"中馈"而守正获吉。李鼎祚《周易集解》引荀爽曰:"六二处和得正,得正有应,有应有实,阴道之至美者也。坤道顺从,故无所得遂;供肴中馈,酒食是议,故曰'中馈'; 居中守正,永贞其志则吉,故曰'贞吉'也。"按,《家人》卦的《象传》称"女正乎内",即指六二爻,其喻象为古代礼教所宣扬的"妇德"典型。《诗·小雅·斯干》云:"无非无仪,唯酒食是议",《郑笺》:"妇人无所专于家事。有非,非妇人也;有善,亦非妇人也。妇人之事,惟议酒食尔。"《诗》、《笺》之义,正合六二爻旨。但这种束缚、限制女性的思想,则是今天所应批判的。

【家人六四】 《家人》卦六四爻。以阴爻居卦第四位。爻辞曰:"富家,大吉。"意思是:增富其家,大为吉祥。富,用如动词,谓"增富"。此言六四处《家人》上卦之下,阴虚本不富;但柔顺得正,下应初九,上承九五,大得阳刚之富实,故有"富家,大吉"之象。马振彪先生《周易学说》引李士鉁曰:"巽之主爻,又承阳应阳,故富。"又曰:"卦中二阴皆得正承阳。二在下,故事人;四在上,故养人。"按,关于《家人》六四爻的居位特点,《周易折中》分析说:"四在他卦臣道也,在《家人》卦亦妻道也。夫,主教一家者也;妇,主养一家者也。《老子》所谓'教父食母'是也。自二之'在中馈',而至于四之'富家',则内职举矣。"

【家人初九】 《家人》卦初九爻。以阴爻处卦下初位。爻辞曰:"闲有家,悔亡。"意思是:防止邪恶然后保有其家,悔恨始能消亡。闲,防止,谓防止邪恶。这是说明初九以阳刚处"家人"之始,家道初立,宜于严防邪辟,才能保有其家而"悔亡"。王弼《周易注》:"凡教在初,而法在始。家渎而后严之,志变而后治之,则'悔'矣。处《家人》之初,为'家人'之始,故宜必以'闲有家',然后'悔亡'也。"孔颖达《周易正义》:"治家之道,在初即须严正,立法防闲;若渎乱之后方始治之,即有悔矣。初九处《家人》之初,能防闲有家,乃得悔亡。"按,防闲于初,即言防恶于未萌。胡炳文《周易本义通释》云:"初之时,当'闲';九之刚,能闲。""颜之推曰:'教子婴孩,教妇初来。'其得此爻之义乎?"胡氏引颜说以明"慎初"之义,与《家人》初九爻旨颇切合。

【家人卦辞】《家人》卦的卦辞。其文曰:"家人,利女贞。"意思是:《家人》卦象征一家人,利于女子守持正固。家人,卦名,象征"一家人",陆德明《经典释文》:"人所居称家,《尔雅》'室内谓之家'是也。"卦辞说明,"家人"之道,女子为主要因素,故强调利于女子守正。孔颖达《周易正义》:"家人者,卦名也。明家内之道,正一家之人,故谓之'家人'。利女贞者,既修家内之道,不能知家外他人之事,统而论之,非君子丈夫之正,故但言'利女贞'。"

【家人彖传】《家人》卦的《彖传》。旨在解说《家人》卦的卦名、卦辞之义。其文为:"《彖》曰:家人,女正位乎内,男正位乎外;男女正,天地之大义也。家人有严君焉,父母之谓也。父父,子子,兄兄,弟弟,夫夫,妇妇,而家道正;正家而天下定矣。"意思是:《彖传》说:一家人,女子在家内居正当之位,男子在家外居正当之位;男女居位都正当得体,这是天地阴阳的大道理。一家人有严正的君长,指的是父母。父亲尽父亲的责任,儿子尽儿子的责任,长兄尽长兄的责任,幼弟尽幼弟的责任,丈夫尽丈夫的责任,妻子尽妻子的责任,这样家道就能端正;端正了家道而天下就能安定。"全文可分两节理解。第一节,自"家人"至"天地之大义也"五句,举《家人》卦六二爻阴居内卦而得正之象及九五爻阳居外卦而得正之象,说明"家人"之道,女子以正主家内事,男子以正主家外事,以释卦名及卦辞"家人,利女贞"之义。第二节,自"家人有严君焉"至"正家而天下定矣"十句,广举父母、兄弟、夫妇等家庭人伦之道,推阐出"正家"与"定天下"的逻辑关系,以揭明《家人》卦的深刻寓义。按,《家人》卦辞仅言"利女贞",而《彖传》则广明"男女"、"父子"、"天下"之事,足见

其推衍阐发"象外之旨"的解经特点。俞琰《周易集说》云:"彖辞举其端,故但言'利女贞';《彖传》极其全,故兼言男女之正,而又以父子、兄弟、夫妇推广而备言之。"

【家人大象传】《家人》卦的《大象传》。其辞曰:风自火出,家人;君子以言有物而行有恒。意思是:风从火的燃烧生出(自内延外),象征"一家人"(事关社会风化);君子因此于日常言语必切合实物而居家行事必守恒不变。这是先揭明《家人》卦上巽为风、下离为火之象,谓内风外火,犹如家事自内影响到外,正为"一家人"事关社会风化的象征;然后推阐出"君子"观此象,须悟知日常居家小事亦关"风化"而应自修小节、言行扎实不妄的道理。王弼《周易注》:"由内以相成炽也。家人之道,修于近小而不妄也。故君子以言必有物,而口无择言;行必有恒,而身无择行。"孔颖达《周易正义》:"巽在离外,是风从火出。火出之初,因风方炽;火既炎盛,还复生风,内外相成,有似'家人'之义。"按,"风自火出"之义,实含"家事"与"社会风化"的象征,来知德《周易集注》云:"风化之本,自家而出",甚切《大象传》之旨。又按,朱骏声《说文通训定声》谓"'择'假借为'斁'",训为"败";则王弼注引《孝经》"无择言"、"无择行",即谓言行信实不败。又按,《家人》卦的《彖传》推衍"正家"有"定天下"之义,《大象传》归原"天下"风化于"君子"一身:两者实含异曲同工之妙。俞琰《周易集说》云:"君子知风之自,于是齐家以修身为本,而修身以言行为先。"是为《大象传》主旨。

【家人受之以睽】《周易》六十四卦,以象征"一家人"的《家人》卦列居第三十七卦;而家庭之间若失于节制,荡检逾闲,将会流于穷困,必然要产生种种乖睽事端,所以接《家人》之后是象征"乖背睽违"的第三十八卦《睽》卦。此称《家人》受之以《睽》"。语本《序卦传》:"家道穷必乖,故

受之以《睽》；睽者，乖也。"韩康伯《序卦注》："室家至亲，过在失节。"李鼎祚《周易集解》引崔憬曰："妇子嘻嘻，过在失节；失节则穷，穷则乖。"李道平《周易集解纂疏》："嘻嘻失节，必致荡检逾闲，而家道穷矣；穷则家人乖离。"

【家人九三小象传】《家人》卦九三爻的《小象传》。其辞曰："家人嗃嗃，未失也；妇子嘻嘻，失家节也。"意思是：一家人伤怨嗷嗷，说明此时尚未敢放逸纵乐；妇人孩童笑闹嘻嘻，说明有失家中礼节。这是解说《家人》九三爻辞"家人嗃嗃"、"妇子嘻嘻"的象征内涵。"未失"之失，通"佚"，即放逸纵乐之意。孔颖达《周易正义》："若纵其嘻嘻，初虽欢乐，终失家节也。"尚秉和先生《周易尚氏学》："失、佚古通。'未失'者，言不敢放逸也；若'嘻嘻'则淫佚而不中节矣，故曰'失家节'。失，下读'得失'之失；上读佚，以与'节'韵。"

【家人九五小象传】《家人》卦九五爻的《小象传》。其辞曰："王假有家，交相爱也。"意思是：君王用美德感格众人然后保有其家，说明此时人人交相亲爱和睦。这是解说《家人》九五爻辞"王假有家"的象征内涵。交相爱，指九五与六二交应，犹如家人亲和；并含家道正而天下安定之义。尚秉和先生《周易尚氏学》："谓二、五交孚，即释'格'义。"

【家人上九小象传】《家人》卦上九爻的《小象传》。其辞曰："威如之吉，反身之谓也。"意思是：威严治家而获吉祥，说明上九先要反身自察以严格要求自己。这是解说《家人》上九爻辞"威如"、"吉"的象征内涵。反身，即反求自身。程颐《周易程氏传》："治家之道，以正身为本，故云'反身之谓'。"文辞谓治家当有威严，而夫子又复戒云：当先严其身也。"按，"反身"，含有"身教重于言教"的道理。这是《小象传》作者对爻义的引申发挥。《小象传》推衍引发爻辞之义，在《周易》三百八十四爻中为通同之例，于此爻可见一斑。

【家人六二小象传】《家人》卦六二爻的《小象传》。其辞曰："六二之吉，顺以巽也。"意思是：六二的吉祥，是由于柔顺温逊所致。这是解说《家人》六二爻辞"吉"的象征内涵。巽，温和逊顺之意；顺以巽，指六二以柔顺中和之德上应九五阳刚。李鼎祚《周易集解》引《九家易》曰："谓二居贞，巽顺于五则吉矣。"

【家人六四小象传】《家人》卦六四爻的《小象传》。其辞曰："富家大吉，顺在位也。"意思是：增富其家而大为吉祥，说明六四顺承居于尊位的阳刚者。这是解说《家人》六四爻辞"富家大吉"的象征内涵。顺在位，指六四顺承九五。尚秉和先生《周易尚氏学》："言富之故，以顺阳也；五得位，故曰'顺在位'。"

【家人初九小象传】《家人》卦初九爻的《小象传》。其辞曰："闲有家，志未变也。"意思是：防止邪恶然后保有其家，说明初九在家人心志未变之时就预为防范。这是解说《家人》初九爻辞"闲有家"的象征内涵。孔颖达《周易正义》："所以在初防闲其家者，家人志未变黩也。"程颐《周易程氏传》："闲之于始，家人志意未变动之前也。正志未流散变动而闲之，则不伤恩，不失义，处家之善也，是以悔亡。志变而后治，则所伤多矣，乃有悔也。"

【家人嗃嗃未失也】《家人》卦九三爻的《小象传》语。旨在解说九三爻辞"家人嗃嗃"的象征内涵。意思是：一家人伤怨嗷嗷，说明此时尚未敢放逸纵乐。失，通"佚"，即放纵之意。参见"家人九三小象传"。

【家人嗃嗃悔厉吉】《家人》卦九三爻辞之语。意思是：一家人伤怨嗷嗷，尽管有悔恨、有危险，但必获吉祥。嗃，音鹤hè，"嗃嗃"犹言"嗷嗷"，众口愁怨之声。这是说明九三处《家人》下卦之上，阳刚亢盛，有治家过严，以致家人嗷嗷愁怨之象；此时虽多"悔"有"危"，但仍以治家不失正道而获吉祥，故曰"家人嗃嗃，悔厉，吉"。

参见"家人九三"。

【容民畜众】 《师》卦的《大象传》语。意谓广容百姓、聚养众人。这是从《师》卦"地中有水"的卦象而推阐出的"君子"应当养民才能得"众"的道理。参见"师大象传"。

【容保民无疆】 《临》卦的《大象传》语。意为：发挥无边的美德容纳养育百姓。这是从《临》卦"泽上有地"的卦象而推阐出的"君子"观此象，当悟知容民保民、以德临人的道理。参见"临大象传"。

【宽居仁行】 见"宽以居之仁以行之"。

【宽以居之仁以行之】 谓"君子"胸怀宽阔而居于适当之位，心存仁爱而施诸一切行为。后代语言中亦省略为"宽居仁行"。语出《乾》卦《文言传》。旨在衍发《乾》九二爻辞"见龙在田，利见大人"之义。此言九二虽阳气渐增，犹如巨龙出现于地面，但仍以宽仁之心为行事准则，故更加增益其美德。孔颖达《周易正义》："宽以居之者，当用宽裕之道居处其位也；仁以行之者，以仁恩之心行之被物。"程颐《周易程氏传》："圣人在下，虽已显而未得位，则进德修业而已。学聚问辩，进德也；宽居仁行，修业也。"

【兼山】 两山兼立，为《艮》卦上下卦象。语出《艮》卦《大象传》"兼山艮"。《文选》载谢灵运《富春渚诗》："洊至宜便习，兼山贵止托。"

【兼山艮】 《艮》卦的《大象传》语。意在揭明《艮》卦上下两《艮》皆为山之象，谓两山重叠，稳固不动，正为"抑止"的象征。参见"艮大象传"。

【益】 六十四卦之一。列居篇中第四十二卦。由下震（☳）上巽（☴）组成，卦形作䷩，卦名为《益》，象征"增益"。《益》卦的意义，立于"损上益下"。用"垒土筑墙"作譬喻：犹如损取墙上多余的土石，增益墙下基础，则墙基坚实而墙体安固（略本程颐《周易程氏传》）。范仲淹谓"损上则益下，益下则固其本"（《范文正公集·易义》）是也。因此，卦辞云"益"之时"利有攸往，利涉大川"，即盛称"益"道美善可行。就六爻大义分析，下卦三爻主"受益"，上卦三爻主"自损"。其中初九阳刚处卑位而获益，利在"大有作为"，遂致"元吉，无咎"；六二柔中得正被赐"十朋之龟"，当长守中正美德，以"永贞"为吉；六三不当位而受益至甚，须不辞辛劳，努力施用于"救凶平险"之事则"无咎"。这三爻以居下获益，均当有所施为，不可安逸无事。至于六四柔正而居上卦之始，利于依附尊者行"益下"之道；九五刚中而居尊位，能够真诚施惠天下遂获"元吉"。这两爻体现损己益人的意旨，并表明凡施惠于人者，终将也获人之益。惟上九一爻极处高位而不能自损，反有损人利己、求益无厌的居心，故被"击"致"凶"。若将《损》、《益》两卦相互比较，还可以看出，两者的立义是相通互补的：损下足以益上，上者受益又当施惠于下；损上足以益下，下者受惠亦可转益于上。显然，"损"、"益"的转化之理，一方面流露出《周易》作者对现实社会中上层与下层之间作用与反作用的深刻认识；另一方面，在广义的象征哲理中，则着重揭示作者所理解的事物发展过程中时常体现的利弊、祸福的交互变化规律。旧籍记载，孔子读《易》至《损》、《益》两卦时，曾经发出"自损者益，自益者缺"的慨叹（见《说苑·敬慎篇》），乃至抒衍其论曰："《益》、《损》者，其王者之事与！或欲以利之，适足以害之；或欲害之，乃反以利之。利害之反，祸福之门户，不可不察也。"（见《淮南子·人间训》）

【益九五】 《益》卦九五爻。以阳爻居卦第五位。爻辞曰："有孚惠心，勿问元吉，有孚惠我德。"意思是：真诚信实地怀有施惠天下的心愿，毫无疑问是至为吉祥的，因为天下人也必将真诚信实地感惠报答我的恩德。孚，信也；惠心，指施惠"天下"之心；勿问，犹言"毫无疑问"；我，指《益》卦九五爻，"惠我德"即"感惠我的恩德"。这是说明九五当"损上益下"之时，以阳刚中正之德尊居"君位"，下应六二，犹如怀有诚信惠下之心，以损己益物为念，故不待问必有"元吉"；而九五之吉不但在于"天下"广受其益，还体现于"天下"也以诚信感惠于上，于是上下交信，心志相通，其吉至大。程颐《周易程氏传》："五阳刚中正居尊位，又得六二之中正相应，以行其益，何所不利？以阳实在中，有孚之象也；以九五之才、之德、之位，而中心至诚，在惠益于勿，其至善大吉，不问可知，故云'勿问元吉'。"又曰："人君至诚益于天下，天下之人，无不至诚爱戴，以君之德泽为恩惠也。"按，李鼎祚《周易集解》引崔憬注，训"问"犹"言"，认为"不问"指"不言以彰己功"，可备一说。又按，《损》、《益》两卦第五爻均有"元吉"之称，但前者是因下之所益而施益于下，后者一心自损以益下，两爻立义的角度不同。由此也可以看出，"损"、"益"在义理上的相对与互补之处。《周易折中》引郑维嶽曰："《损》之六五，受下之益者也；《益》之九五，益下者也。《损》六五受益，而获'元吉'；《益》九五但知民之当益而已，'勿问元吉'也。"

【益上九】　《益》卦上九爻。以阳爻居卦最上之位。爻辞曰："莫益之，或击之；立心勿恒，凶。"意思是：没有人增益他，有人攻击他，居心不常安，有凶险。立心，即"居心"；恒，犹"安"，《周礼·夏官·司弓矢》"恒矢痺矢"郑玄注："恒矢，安居之矢也。"这是说明上九居《益》卦之极，阳刚亢盛，贪求不已，变"损上益下"为"损下益上"，故天下莫之或益，并群起而攻之；之所以如此，乃上九居心不能常安其位，求益无厌，故爻辞又谓其"立心勿恒"，必有凶险。王弼《周易注》："处《益》之极，过盈者也。求益无已，心无恒者也。无厌之求，人弗与也。"又曰："人道恶盈，怨者非一，故曰'或击之'也。"孔颖达《周易正义》："'勿'，犹'无'也。求益无已，是立心无恒者也；无恒之人，必凶咎之所集，故曰

'立心勿恒，凶'。"按，《损》卦上九本于损己益人之心，终能获益于人，以至"得臣无家"；《益》卦上九却抱有损人益己之念，反而受损于人，终致被"击"罹"凶"。两爻之义适相反照，表明自损必益、自益必损的道理。

【益六二】　《益》卦六二爻。以阴爻居卦第二位。爻辞曰："或益之十朋之龟，弗克违，永贞吉；王用享于帝，吉。"意思是：有人赐下价值十朋的大宝龟，无法辞射，永久守持正固可获吉祥；此时君王正在献祭天帝祈求降福，吉祥。十朋之龟，犹言价值昂贵之龟，词义与《损》卦六五爻辞同（见"损六五"），此处喻六二荣居"臣位"；帝，犹言"天帝"。这是说明六二当"益"之时，以柔中之德获应于上卦九五之"君"，受命荣居要职，犹如被赐"十朋之龟"，获益至大，无所辞谢，故当永守正固而后有"吉"；此时六二既获赐"十朋之龟"，天下亦受益至广，而居上之"君王"犹在"享帝"祈福，欲使"下民"遍获福泽，可知六二正处"益下"之道盛行之世，故再称"吉祥"。孔颖达《周易正义》："帝，天也。王用此时，以享祭于帝，明灵降福，故曰'王用享于帝，吉'也。"朱熹《周易本义》："六二当'益下'之时，虚中处下，故其象占与《损》六五同；然爻、位皆阴，故以'永贞'为戒。"按，《益》六二、《损》六五两爻均称"或益之十朋之龟，弗克违"，所受之益皆为不招自来。但两爻的寓意却大不相同：《损》卦六五居上而受下益，故得"龟"者为"君位"，其占"元吉"；《益》卦六二居下而受上益，故得"龟"者为"臣位"，其占"永贞吉"。又按，《周易折中》引郑维嶽曰："王用享帝，言王用六二以享帝也。"于义亦通，可备参考。

【益六三】　《益》卦六三爻。以阴爻居卦第三位。爻辞曰："益之用凶事，无咎；有孚中行，告公用圭。"意思是：受益至多应该努力施用于救凶平险的事务，必无咎害；要心存诚信而持中慎行，时时像手持

玉圭致意于王公一样虔诚恭敬。之,语气助词;凶事,指救凶平险之事;孚,信也;告,犹言"晋见"、"致意";圭,音归guī,玉器名,古代天子诸侯祭祀或朝聘时,卿大夫等执此以表示"信",《礼记·郊特牲》:"大夫执圭而使,所以申信也。"这是说明六三当"益"之时,以阴居下卦之上,为受益至甚而位势弥壮之象,此时必须因所受之益广益于人,努力投身于拯救衰危的"凶事"之中,则为善处其时,乃得"无咎";又由于六三本不当位而受益至多,不可因"益"忘忧,纵欲妄为,而应当守"信"持"中",时时像执圭"告公"一样诚敬不苟,才能长保无咎,故又诫其"有孚中行,告公用圭"。王弼《周易注》:"以阴居阳,处下卦之上,壮之甚也;用救危急,物所恃也,故'用凶事'乃得'无咎'也。若能益不为私,志在救难,壮不至亢,不失中行,以此告公,国主所任也。'用圭'之礼,备此道矣。"程颐《周易程氏传》:"凡祭祀朝聘,用圭玉,所以通达诚信也。有诚孚而得中道,则能使上信之;是犹告公上用圭玉也,其孚能通达于上矣。"按,《益》六三谓"用凶事",实即戒其不可无功受益;但语意比初九"利用为大作"更见强烈,则是由于六三既"失正"又居"多凶"之位。爻辞后两句称"中行"、"用圭",正是重申此爻处"益"而获"无咎"之道,以进一步强调前文之诫。

【益六四】《益》卦六四爻。以阴爻居卦第四位。爻辞曰:"中行告公从,利用为依迁国。"意思是:持中慎行而致意于王公必能言听计从,利于依附君主迁都益民。告,犹言"致意";迁国,指古代迁徙国都以避害就利之举,如《尚书·盘庚》所载"迁殷"之事即是。这是说明六四当"损上益下"之时,禀柔正之德居上卦之始,近承九五阳刚,有依附"君主"施益"下民"之象,故谓其当以"中行"之德"告公"益"下","公"必听从;又言其利在依附君主,播迁其国,以惠庶民。爻辞之义主于譬喻阴柔者得

位,承上以益下。朱熹《周易本义》:"此言以'益下'为心,而合于'中行',则'告公'而见从矣。《传》曰:'周之东迁,晋、郑焉依。'盖古者迁国以益下,必有所依,然后能立。"按,《益》六四虽居上卦,但尚属"臣"位,权力有限,故须依承尊者才能行"益下"之志。《周易折中》引吴曰慎曰:"四正主于'益下'者,然非君位,不敢自专,必告于公也,'中行'则见从矣。"又按,《益》六三、六四两爻言"中行",均因居位不中,恐其有失,特申诫勉之意;谓当趋向"中和",施行正道。故朱熹《周易本义》又云:"三、四皆不得中,故皆以'中行'为诫。"但蔡渊《周易卦爻经传训解》则认为:"在一卦之中者也,故三爻四爻皆曰'中行'。"这是合六爻言其"中",可备一说。

【益初九】《益》卦初九爻。以阳爻处卦下初位。爻辞曰:"利用为大作,元吉,无咎。"意思是:利于大有作为,至为吉祥,必无咎害。大作,孔颖达《周易正义》:"兴作大事。"这是说明初九以阳刚居"益"之始,上应六四,为居下获益之象,宜于大有作为,故获"元吉";唯其"元吉",故虽居卑位而任大事也无所咎害。王弼《周易注》:"处《益》之初,居动之始,体夫刚德,以莅其事,而之乎巽;以斯大作,必获大功。夫居下非厚实之地,在卑非任重之处,大作非小功所济,故元吉乃得无咎也。"按,《益》初九获应于上卦的六四,犹如六四自损以益初。爻辞强调"大作",表明初九不可无功受益,必须"兴作大事",广益他人,才能长保其益,免遭危咎。《周易折中》指出:"必大为益人之事,然后可以自受其益;非然,则受大益者,乃所以为大损也。"又按,李鼎祚《周易集解》引虞翻曰:"大作,谓耕播耒耨之利。"又引侯果曰:"大作,谓耕植也。处'益'之始,居震之初,震为稼穑,又为大作。益之大者,莫大于耕植,故初九之利,利为大作。"此以初九为居下耕作之象,可备参考。

【益卦辞】《益》卦的卦辞。其文曰:

"益,利有攸往,利涉大川。"意思是:《益》卦象征增益,利于有所前往,利于涉越大河巨流。益,卦名,象征"增益",其义主于"损上益下",陆德明《经典释文》:"益,增长之名,又以弘裕为义。"卦辞说明,当"益"之时,既行"损上益下"之道,广惠众物,则有往必利,无险不可涉。孔颖达《周易正义》:"益者,增足之名。损上益下,故谓之'益'。下已有矣,而上更益之,明圣人利物之无已也。"又曰:"既上行惠下之道,利益万物,动而无违,何往不利?故曰'利有攸往'。以益涉难,理绝险阻,故曰'利涉大川'。"按,《损》、《益》两卦,义相关联;而取名由来,也有可资类比之处。孔颖达《周易正义》又指出:"《损》卦则'损下益上',《益》卦则'损上益下'。得名皆就下,而不据上者,向秀云:'明王之道,志在惠下,故取下谓之损,与下谓之益。'"向秀谓为"王道"所在,固未必然;视为作《易》者之志,则有可取。

【益象传】 《益》卦的《象传》。旨在解说《益》卦的卦名、卦辞之义。其文为:"《象》曰:益,损上益下,民说无疆;自上下下,其道大光。利有攸往,中正有庆;利涉大川,木道乃行。益动而巽,日进无疆;天施地生,其益无方。凡益之道,与时偕行。"意思是:"《象传》说:增益,即言减损于上以增益于下,这样民众就欣悦不可限量;从上方施利于下方,这种道义必能大放光芒。施行增益利于有所前往,说明尊者刚中纯正必将大呈庆祥;利于涉越大河巨流,正如木舟渡水征途通畅。增益之时下者兴动而上者逊顺,其益就能日日增进广大无疆;譬如上天施降利惠而大地受益化生,自然界的施化之益于是遍及万方。事物当增益之时所体现的道理,都说明要配合其时施行得当。"全文可分四节理解。第一节,自"益"至"其道大光"五句,谓《益》卦上巽为阴、下震为阳,有巽顺于震而上益于下之象,以此"益下"则民众欣悦而道义生光,用以释卦名"益"之义。第二节,自"利有攸往"至"木道乃行"四句,举《益》卦九五阳刚中正之象及上巽为木之象,谓尊者刚中居正必能"益下",而木舟涉水必能畅行,以释《益》卦辞"利有攸往,利涉大川"之义。第三节,自"益动而巽"至"其益无方"四句,举《益》卦下震为动、上巽为逊顺之象,谓下动而上顺之,则下者获益无穷;亦如天施于上而地受益于下,其益广敷,以明"益"道之大。第四节,"凡益之道,与时偕行"二句,归结全文,说明《益》卦所揭示的"增益"之道必须适时而行的义旨。

【益大象传】 《益》卦的《大象传》。其辞曰:"风雷,益;君子以见善则迁,有过则改。"意思是:风雷交助,象征"增益";君子因此看到善行就倾心向往,有了过错就迅速改正。迁,就也,犹言"向往"。这是先揭明《益》卦上巽为风、下震为雷之象,谓风行雷发,两相交助,正为"增益"的象征;然后推阐出"君子"观此象,须悟知"迁善改过"以相增益美德的道理。王弼《周易注》:"迁善改过,益莫大焉。"程颐《周易程氏传》:"风烈则雷迅,雷激则风怒,二物相益者也。"按,《益》卦大旨在"损上益下",施利于物,故《象传》极赞"民说无疆"、"其道大光"、"中正有庆"。《大象传》则从"风雷相益"之象,推阐"迁善改过"的义理,乃是着眼"修身"之道。与《损》卦《大象传》比较,彼卦谓"惩忿窒欲",侧重于自"损"不善;此卦则是侧重于自"益"美德:两者抒理的角度自有区别。《周易折中》认为:"雷者,动阳气者也,故人心奋发,而勇于善者如之;风者,散阴气者也,故人心荡涤,以消其恶者如之。"此说把《益》卦上下象与"迁善"、"改过"之义融为一理,可备参考。

【益以兴利】 谓《益》卦的道理可以用于益人益己而广兴福利。语出《系辞下传》。为"三陈九卦"中的三陈第六卦《益》卦之义。说明此卦之用,在于施益于物,亦能益己,人己两全其利,即前文"初陈"、

"再陈"所云"德之裕"、"长裕而不设"之旨。孔颖达《周易正义》："既能益物，物亦益己，故'兴利'也。"参见"三陈九卦"。

【益之用凶事】《益》卦六三爻辞之语。意思是：受益至多应该努力施用于救凶平险的事务。之，语气助词；凶事，指救凶平险之事。这是说明六三当"益"之时，以阴居下卦之上，为受益至甚而位势弥壮之象，此时必须因所受之益广益于人，努力投身于拯救衰危的"凶事"之中，则为善处其时，故曰"益之用凶事"。参见"益六三"。

【益受之以夬】《周易》六十四卦，以象征"增益"的《益》卦列居第四十二卦；事物增益不止必然满盈流溃而被断然决除，所以接《益》之后是象征"决除"的第四十三卦《夬》卦。此称《益》受之以《夬》。语本《序卦传》："益而不已必决，故受之以《夬》。夬者，决也。"韩康伯《序卦注》："益而不已则盈，故必决也。"俞琰《周易集说》："益而不已，则所积盈满，故必决。"又曰："《益》之后继以《夬》，高岸为谷之意也。"

【益德之裕也】谓《益》卦象征施益于人，是充裕道德的方法。语出《系辞下传》。为"三陈九卦"中初陈第六卦《益》卦之义。说明人能施益于外，则可充裕己德。韩康伯《系辞注》："能益物者，其德宽大也。"参见"三陈九卦"。

【益九五小象传】《益》卦九五爻的《小象传》。其辞曰："有孚惠心，勿问之矣；惠我德，大得志也。"意思是：真诚信实地怀有施惠天下的心愿，说明九五的吉祥是毫无疑问的；天下人必将感惠报答我的恩德，说明九五大得损上益下的心志。这是解说《益》九五爻辞"有孚惠心"、"惠我德"的象征内涵。程颐《周易程氏传》："人君有至诚惠益天下之心，其'元吉'不假言也，故云'勿问之矣'。天下至诚怀吾德以为惠，是其道大行，人君之志得矣。"

【益上九小象传】《益》卦上九爻的《小象传》。其辞曰："莫益之，偏辞也；或击之，自外来也。"意思是：没有人增益他，说明上九是片面发出求益的言辞；有人攻击他，这是从外部不招自来的凶险。此为解说《益》上九爻辞"莫益之、或击之"的象征内涵。偏，谓片面；"偏辞"犹言"片面求益之辞"，指上九反"损上益下"之道而行，片面私心求益，故无人响应。王弼《周易注》："独唱莫和，是'偏辞'也。"孔颖达《周易正义》："'偏辞'者，此有求而彼不应，是偏辞也。'自外来'者，怨者非一，不待召也。"

【益六二小象传】《益》卦六二爻的《小象传》。其辞曰："或益之，自外来也。"意思是：有人赐下（价值十朋的大宝龟），说明六二所受增益是从外部不招自来。这是解说《益》六二爻辞"或益之十朋之龟"的象征内涵。孔颖达《周易正义》："明益之者从外自来，不召而至也。"按，六二所受之益从外自来，非己招取，此与《损》卦六五爻《小象传》谓"自上祐也"之义略为接近。

【益六三小象传】《益》卦六三爻的《小象传》。其辞曰："益用凶事，固有之也。"意思是：受益至多应该施用于救凶平险的事务，说明六三只有这样才能牢固保有所获之益。这是解说《益》六三爻辞"益之用凶事"的象征内涵。孔颖达《周易正义》："施之凶事，乃得固有其功也。"

【益六四小象传】《益》卦六四爻的《小象传》。其辞曰："告公从，以益志也。"意思是：致意于王公必能言听计从，说明六四凭着施益天下的心志去劝谏王公。这是解说《益》六四爻辞"告公从"的象征内涵。程颐《周易程传》："告公而获从者，告之以益天下之志也。志苟在益天下，上必信而从之。事君者，不患上之不从，患其志之不诚也。"

【益初九小象传】《益》卦初九爻的《小象传》。其辞曰："元吉无咎，不厚事也。"意思是：至为吉祥而无所咎害，说明初九原本不能胜任大事(但此时获益则可以大有作为)。这是解说《益》初九爻辞"元吉无咎"的象征内涵。厚事,犹言"大事"。王弼《周易注》:"时可以大作,而下不可以厚事;得其时而无其处,故'元吉'乃得'无咎'也。"按,李鼎祚《周易集解》引侯果注,释"不厚事"为"不厚劳于下民,不夺时于农畯"。可备参考。

【**益长裕而不设**】 谓《益》卦教人施益于人长久充裕己德而不虚设其益。语出《系辞下传》。为"三陈九卦"中的再陈第六卦《益》卦之义。设,犹言"虚设"。说明此卦主于施益他人,故已德长裕而其益不虚设。韩康伯《系辞注》:"有所兴为,以益于物,故曰'长裕';因物兴务,不虚设也。"参见"三陈九卦"。

【**益用凶事固有之也**】 《益》卦六三爻的《小象传》辞。旨在解说六三爻辞"益之用凶事"的象征内涵。意思是:受益至多应该施用于救凶平险的事务,说明六三只有这样才能牢固保有所获之益。参见"益六三小象传"。

【**益动而巽日进无疆**】 《益》卦的《象传》语。意思是:增益之时下者兴动而上者逊顺,其益就能日日增进广大无疆。动,指《益》卦下震为动;巽,指《益》卦上巽为逊顺。此以《益》卦的上下卦象,说明"益"道之大。孔颖达《周易正义》:"执二体更明得益之方也。若动而骄盈,则彼损无已;若动而卑巽,则进益无疆。"程颐《周易程氏传》:"下动而上巽,动而巽也。为益之道,其动巽顺于理,则其益日进,广大无有疆限也。动而不顺于理,岂能成大益也?"

【**唐檀**】 东汉豫章南昌(今属江西)人。字子产。少游太学,习"京氏《易》"及《韩诗》、《颜氏春秋》,尤好灾异星占。还乡里,教授生徒常百余人。汉顺帝永建五年(130),举孝廉,除郎中。后弃官去。著书二十八篇,名为《唐子》。卒于家(见《后汉书·方术列传·唐檀传》)。按,王先谦《后汉书集解》引沈钦韩曰:"《隋志》'道家',《唐子》十卷,吴唐滂撰。不云唐檀,盖别一人。"

【**唐写本周易释文残卷**】 唐陆德明撰,唐人抄写。残一卷。民国间上虞罗氏影印《鸣沙石室古籍丛残》本。此书出敦煌石室,起《大有》至卷末,前佚《乾》至《同人》十三卦。后有记五行,记此卷写于开元二十六年(738),又记明年校勘,及于晋州卫杲本写指例略。黄寿祺先生以今存各本《释文》与之互校,指出其间异同详略甚多,云:凡此本所有,为今本所无者,计四十余则;凡今本所有,为此本所无者,计一百二十余则;凡此本所有,而足以证明今各本之是非谬误者,可七十余则;亦有今本不误,而此本抄写显然错误不可以从者若干则。又云:"夫古籍沦亡,不可胜数,虽宋、元镌本,今已寥寥不易多观,况此唐人手写之本,竟历千余纪而独幸存,且又足资考证如是!真经苑之秘笈,艺林之鸿宝已。"(《易学群书平议》)

【**唐写本周易王注残卷**】 三国魏王弼撰,唐人钞写。残二卷。民国间上虞罗氏影印《鸣沙石室古籍丛残》本。此书原藏于敦煌石室,现残存第三、第四两卷,其中第三卷存《噬嗑》后数行讫《离》,第四卷存《解》至《益》,均有后题。罗振玉将其影印行世,并考定为初唐人所抄。黄寿祺先生据罗振玉之说,以《经典释文》、开成石经本及宋以降诸本《周易王注》与此写本相校,指出此本文字资料有与《释文》本合者;亦有与孔颖达作《周易正义》所据本合,今本注文经后人妄改而《正义》中尚不失孔本之旧者:这两方面,或可据以校勘他书,或可据以是正今本,其价值至为可取。并云:"振玉尝作《校勘记》,论列綦详,兹摘其大要于此,后之君子其知所宝焉。"(《易学群书平议》)

【**郭京**】 唐代人。字号里居不详。曾官苏州司户参军。通《易》,著有《周易举正》。《宋史·艺文志》著录此书,为三卷。

王尧臣等撰《崇文总目》云:"唐苏州司户参军郭京撰。京世授《五经》,得王辅嗣、韩康伯手写《易经》,比世所行或颇差驳,故举正其讹,而著于篇。"《旧唐书·经籍志》、《新唐书·艺文志》均不列是书,李焘以为郭京乃唐开元后人,故所为书不得著录(见《文献通考》)。《四库全书提要》则云:此"但可以解《旧书·经籍志》耳,若《新书·艺文志》则唐末之书无不具列,岂因开元以后而遗之?疑其书出宋人依托,非惟王、韩手札不可信,并唐郭京之名亦在有无之间也。"其书今尚存,宋以来学者常据以考校《周易》经传文字。

【郭雍】(1091—1187) 南宋河南洛阳(今河南洛阳市)人,一说开封(今河南开封市)人,隐居峡州(今湖北宜昌)。字子和,自号白云先生。郭忠孝之子。幼传父学,隐居峡州,放浪长杨山谷间。乾道间旌召不起,赐号"冲庵处士"。孝宗稔知其贤,问侍讲谢谔曰:"郭雍学问甚好,向曾见程颐否?"谔奏曰:"雍父忠孝,尝事颐。雍所传,盖得于父。"于是更封"颐正先生",令部使者遣官就问其所欲言。淳熙十四年(1187)卒,年九十七。平生研治《周易》最深,发明精到(见《宋史》本传及《宋元学案》)。《易》学专著今存《郭氏传家易说》十一卷,盖承其父忠孝《易说》而衍申推阐已见。

【郭璞】(276—324) 东晋河东闻喜(今属山西)人。字景纯。好经术,博学有高才,而讷于言论。词赋为东晋之冠。好古文奇字,妙于阴阳历算。曾从郭公受业,公以青囊中书与之,由是遂精通五行、天文、卜筮之术,所占多奇验。避地过江,晋元帝重之,以为著作佐郎,迁尚书郎,后王敦任为记室参军,寻为敦所杀,卒年四十九。尝集筮验之例六十余事,撰为《洞林》;又抄京房、费直诸家要旨,更撰《新林》十篇、《卜韵》一篇;注释《尔雅》、《方言》、《穆天子传》、《山海经》、《楚辞》等数十万言;作诗、赋、诔、颂亦数万言(见《晋书·郭璞传》)。今传《郭弘农集》二卷,系明张溥辑本。后人以郭璞与三国时管辂均以卜筮名于世,遂并称为"管郭之术"。

【郭忠孝】(?—1126) 北宋河南开封(今河南开封市)人。字立之。曾以"兼山"名其书室,学者称兼山先生。受《易》、《中庸》于程颐。以荫补官,第进士,不忍去亲侧,多仕于管库间。宣和中,为河东路提举,忤宰相王黼,免官。靖康初,召为军器少监,斥和议,陈追击之策,复条上战守十余事,不用,改永兴军路提点刑狱。金人犯永兴,与经略使唐重分城而守,城陷,与重俱死之。赠太中大夫。朱熹《伊洛渊源录》尝云:"兼山深于《易》,故得《中庸》之义焉。兼山登程门,终始中庸之道,体用之说,实得于心传面命者也。"(见《宋史》本传及《宋元学案》)所著《兼山易解》已佚,其子郭雍《郭氏传家易说》中多存其遗义。

【郭氏传家易说】 南宋郭雍撰。十一卷。《武英殿聚珍版书》本。据《宋史》记载,郭雍之父忠孝受业于程颐,著《兼山易解》;忠孝没后,其书散佚,雍则承父之学,撰为是书,故题曰《传家易说》。其大旨乃宗主程颐,阐发《周易》经传义理。《四库全书提要》指出:"朱子云:'《兼山易》溺于象数之学。'陆游跋《兼山易说》则谓:'程氏《易》学,立之父子实传之。'立之,忠孝字也。忠孝书自《大易粹言》所引外,别无完本,今观雍书,则大抵剖析义理,与《程传》相似。其谓:'《易》之为书,其道其辞,皆由象出,未有忘象而知《易》者。如首、腹、马、牛之类,或时可忘,此象之末也。'云云。实非专主象数者,游所跋或近实也。至雍又不以卦辞为象,而谓'观乎象辞'者,即孔子自谓其《彖传》。冯椅《厚斋易学》深斥其非,则公论也。朱彝尊《经义考》谓雍原书不传,仅散见《大易粹言》中。此本十一卷,与《宋志》相合,盖犹旧本,彝尊偶未见也。陈振孙《书录解题》作六卷,考《中兴书目》别有雍《卦爻旨要》六卷,殆误以彼之卷数为此之卷数欤？"

【读易述】 明潘士藻撰。十七卷。见"洗心斋读易述"。

【读易三种】 屈万里撰。1983年台北联经出版事业公司出版。此书为《屈万里全集》第一集，乃屈氏生前未刊之遗稿。含三部分内容：其一为对《周易》经传的校释，自署《周易集释初稿》；其二为读《易》零笺，自署《学易劄记》；其三为作者晚年授《易》教本中的小注，屈氏弟子黄沛荣依性质定名为《周易批注》，并合前两种汇编成帙，统称《读易三种》。书后附录屈氏《易》说十条，乃李汉三《周易卦爻辞释义》中所称引而未见于屈氏其它论著者。全书所载，虽多零散论说，然亦足以窥见作者晚年治《易》之心得。

【读易大旨】 清孙奇逢撰。五卷。《孙夏峰全集》本。此书系孙氏入清后流寓河南时所作，其意主于阐发义理，推戒人事。《四库全书提要》指出："前有《自序》云：至苏门始学《易》，年老才尽，偶据见之所及，撮其体要，以示门人子弟。原非逐句逐字作解，故曰《大旨》。其门人耿极为之校订。末附'兼山堂问答'及与三无道人李封论《易》之语，别为一卷。封，雄县人，奇逢所从学《易》者也。后奇逢曾孙用正复取其论《易》之语散见他著述者五条，汇冠卷首，题曰《义例》。《跋》称：原本序文、凡例皆阙，故以是补亡。案奇逢说《易》，不显攻图书，亦无一字及图书。大意发明义理，切近人事，以《象传》通一卦之旨，由一卦通六十四卦之义。凡所训释，皆先列己说。后附旧训。其平生之学，主于实用，故所言皆关法戒，有足取焉。"

【读易日钞】 清张烈撰。六卷。《四库全书》本。此书说《易》，尊崇朱熹《周易本义》之解，主于因象设事，就事陈理。《四库全书提要》指出："是书一以朱子《本义》为宗。谓《易》者象也，言有尽，象无穷。伏羲画为奇偶，再倍而三，因重而六，文、周逐卦系为，逐画系爻，全是假物取象，不

言理，不指事，而万事万理毕具。大旨在因象设事，就事陈理，犹说《易》家之不支蔓者。前有其子益孙、升孙《纪实》云：'此稿已删润四十余过，至易箦前数日，尚合《蒙引》、《通典》、《存疑》诸书，考订知来、藏往二义，旋加改补。'云云。则其用力尚可谓勤矣。烈之没也，门人私谥曰'志道先生'。杨允长作《私谥议》一篇，冠于此书之首。昔宋儒张载之没，门人欲为作私谥，司马光力言其非。当时手帖，犹载《张子全书》之首。古人以礼处人，不欲妄相尊重，干国家易名之典，其谨严如是。允长等未之闻乎？今录是书，而削除是《议》，用杜标榜之渐焉。"

【读易会通】 清丁寿昌撰。八卷。民国二十四年（1935）上海商务印书馆出版。王云五主编《国学基本丛书》之一。此书完稿于清同治元年（1862），作者早殁，其父丁晏为之缮写就叙。寿昌幼承家学，尤笃于《易》，撰作此书之大旨，乃欲融合汉唐宋元诸儒之说，而归原于《王注》、《孔疏》、《程传》、《朱义》。卷一为《总论》，杂述读《易》要例三十则；卷二至卷八为上下经注，依六十四卦次序逐卦爻解说，大体先列王弼、孔颖达、程颐、朱熹注解，次引两汉以来诸家经说并参己见而为之说。《系辞》以下诸传，依王弼、程颐旧例略而不注。其《自序》云："大抵训诂宗汉，义理宗宋。而汉儒未尝不明义理，宋儒未尝不精训故，实事求是，不尚专门，融汉宋为一家，合理数为一学。"

【读易余言】 明崔铣撰。五卷。《崔洹野集》本。此书卷一《上经卦略》，卷二《下经卦略》，卷三《大象说》，卷四《系辞辑》，卷五《说卦训》。其说以程颐《周易程氏传》为主，兼采王弼、吴澄之说，与朱熹《周易本义》颇有异同。《四库全书提要》指出：其书"大旨舍象数而阐义理，故谓陈抟所传图象皆衍术数，与《易》无干。诸儒卦变之说亦支离无取。其《上经卦略》、《下经卦略》、《大象说》皆但标卦名，不载经

文;《系辞辑》、《说卦训》则备录传文,盖书非一时所著,故体例偶殊。且经有卦名,而《系辞》、《说卦》则无章名,其势亦不能不异也。惟删《说卦》广象八章,而别以蔡清之说增损之;又《序卦》、《杂卦》、《文言》三传一概从删,则未免改经之嫌。要其笃实近理,固不失为洛、闽之传矣。朱彝尊《经义考》载铣《读易余言》五卷,又载铣《易大象说》一卷。考此书第三卷即《大象说》,彝尊以其别本单行,遂析为二,偶未考也。今附著于此,不更复出也。"

【读易杂识】 杭辛斋撰。一卷。民国十二年(1923)研几学社铅印本。《自序》略云:频年读《易》,偶有所得,辄为乙记,以其间多为前人所未言者,不欲散弃,复辑录之,诠次成帙。书中所论,有"老子之《易》"、"诸子之《易》",有评介《九师易》、《参同契》、《火珠林》等书,有推阐"光为气始"、"周官皆本于《易》"等说。立论广为旁通比较,常发新意,并涉及一些近现代科学内容。尚秉和先生《易说评议》则云:"此书所言,多与《易》无关,似勉强凑集,以足其七种之数者,故无甚可取也。"

【读易考原】 元萧汉中撰。一卷。《四库全书》本。此书凡三篇,一论分卦,一论合卦,一论卦序。其中虽未攻驳《序卦传》,亦不用《序卦传》之说。书中大旨,以邵雍所传《六十四卦圆图》之《乾》、《坤》、《坎》、《离》居四正方,为上经之主卦;《兑》、《艮》、《巽》、《震》居四隅方,为下经之主卦。又按图列说,申明上经三十卦、下经三十四卦,多寡分合之不可改易;以及《乾》、《坤》之后受以《屯》、《蒙》,《屯》、《蒙》之后受以《需》、《讼》,先后次序之不可紊乱。卷后论三十六宫阴阳消长之机,以互明其义。《四库全书提要》指出:"汉中书不甚传,明初朱升作《周易旁注》,始采录其文,附于末卷。升自记称'谨节缩为上下经二图于右,而录其原文于下,以广其传'。则是书经升编辑,不尽汉中之旧。今升书残缺,而汉中书反附得存,此本即从升书中录出别行者。朱彝尊《经义考》作三卷,盖以一篇为一卷,实无别本也。其说虽出于邵氏,而推阐卦序,颇具精理。盖犹依经立义,视黑白奇偶蔓衍而不可极者,固有殊焉。"按,《豫章丛书》刊入此书,末附民国间魏元旷所撰《读易考原校勘记》一卷,可资参考。

【读易纪闻】 明张献翼撰。六卷。《四库全书》本。此书以读书札记之体解说《易》旨,大致阐发"义理"之学。《四库全书提要》指出:"此书乃其早年读书上方山中所著。献翼放诞不羁,言行诡异,殆有狂易之疾。而其说《易》乃平正通达,笃实不支,祧《庄》、《老》之玄虚,阐程、朱之义理,凡吉凶、悔吝、进退、存亡足为人事之鉴者,多所发明,得圣人示戒之旨。朱彝尊《经义考》载献翼《易》注凡五种,惟《读易韵考》注'存';其《读易约说》三卷、《易杂说》二卷、《读易臆说》二卷及此书六卷,均注曰'未见'。今蒐采遗编,惟得《读易韵考》及此书。《韵考》纰漏殊甚,如盲谈黑白,聋辨宫商,已别存目。此书不载经文,但逐节拈说,有如剖记之体。《江南通志·文苑传》称献翼好《易》,十年中笺注凡三易。盖亦积渐研思而始就者。殆中年笃志之时,犹未颓然自放欤?"按,中国社会科学院历史研究所及天一阁文物保管所藏明万历间张一鲲刻此书六卷;又上海图书馆藏明万历龙宗武刻本《牺经臆说》三卷、《杂说》三卷,亦题张献翼撰,盖为罕传之本,可资参考。

【读易私言】 元许衡撰。一卷。《通志堂经解》本。此书专论《易》卦六爻之"德位",大旨多阐发《系辞传》"同功异位"、"柔危刚胜"之义;且又类聚诸卦各爻居于六位者,分别评析之。《四库全书提要》指出:"盖健、顺、动、止、入、说、陷、丽,其吉凶悔吝又视乎所值之时,而必以正且得中为止。孔子《彖》、《象传》每以当位、不当位、得中、行中为言。衡所发明,盖本斯旨。此书本在衡《文集》中,元苏天爵《文类》、明刘昌《中州文表》皆载之。国朝曹溶采入《学海类编》。通志堂刊《九经解》，遂从旧本收入，而何焯《校正九经解目录》以为即元李简之书。今考简所撰《学易记》，其书具在，未尝与此书相复。且《永乐大典》所载，亦作许衡，则非简书明甚。焯之所校，不知何以云然也。"

【读易贵时】 时，指"卦时"，即六十四卦中每一卦所表示的特定背景。前人阅读《周易》六十四卦，颇为注重"时"的重要性，王弼《周易略例》谓"卦者，时也"，"时有否、泰，故用有行藏"等即是，《朱子语类》卷六十七载朱熹的学生问曰："读《易》贵时，今观爻辞，皆是随时取义。然非圣人见识卓绝，尽得义理之正，则所谓随时取义，安得不差？"朱熹答曰："古人作《易》，是为卜筮。今说《易》者，乃是硬去安排。圣人随时取义，只事到面见，审验个是非，难为如此安排下也。"

【读易别录】 清全祖望撰。三卷。《知不足斋丛书》本。祖望以为，旧史《艺文志》所列研《易》书籍，自传义章句之外，或有依内容特点分属"蓍龟家"、"五行家"、"天文家"、"兵家"、"道家"、"释家"、"神仙家"诸类者，足见旧史卫经之深意；而朱彝尊《经义考》则概取而列之于《易》类，甚有"乱经"之弊，遂作是书以订正之。第一卷为图讳之属，第二卷为丹灶之学，第三卷为蓍龟之书，各卷均依类著录其书，并疏辨门户异同、源流派别，题为《读易别录》。柯劭忞指出："祖望学殖淹通，文章尔雅，持之有故，言之成理，足以纠《经义考》之舛疏。"（《续修四库全书提要》）

【读易图说】 明刘宗周撰。《刘蕺山先生集》本。此编先冠以《河图》、《洛书》及《河图拟图》、《洛书拟图》，后次以作者自创之十二图，每图后各附以说，皆据《易》旨以推衍之，极言《易》"道"与"人道"之相通。其图其说虽多能自圆其理，但亦未免或有师心自用之嫌。篇末附语云："盈天地间皆《易》也，盈天地间之《易》皆人也。"又曰："惟人心之妙，无所不至而不可以图像求；故圣学之妙，亦无所不至而不可以思议入。学者苟能读《易》而见吾心焉，盈天地间皆心也。任取一法以求之，安往而非学乎？因述为图如左，题之曰《读易图说》。"

【读易详说】 南宋李光撰。十卷。《四库全书》录《永乐大典》本。诸家书目或题《读易老人解说》。此书多援引史事，解说《易》旨，与杨万里《诚斋易传》并为"以史证《易》"之代表作。《四库全书提要》指出："光为刘安世门人，学有师法。绍兴庚申以论和议忤秦桧，谪岭南，自号'读易老人'，因摭其所得，以作是书。故于当世之治乱，一身之进退，观象玩辞，恒三致意。"又云："光尝作《胡铨易解序》曰：'《易》之为书，凡以明人事，学者泥于象数，《易》几为无用之书。邦衡说《易》，真可与论天人之际。'又曰：'自昔迁贬之士，率多怨怼感愤。邦衡流落瘴乡，而玩意三画，可谓困而不失其所亨，非闻道者能之乎？'其《序》虽为铨作，实则自明其著述之旨也。书中于卦爻之辞，皆即君臣立言，证以史事，或不免间有牵合。然圣人作《易》以垂训，将使天下万世无不知所从违，非徒使上智数人矜谈妙悟，如佛家之传心印，道家之授丹诀。自好异者推阐性命，钩稽奇偶，其言愈精愈妙，而于圣人立教牖民之旨愈南辕而北辙，转不若光作是书，切实近理，为有益于学者矣。自明以来，久无传本，朱彝尊《经义考》亦云未见。兹从《永乐大典》荟萃成编，原阙《豫》、《随》、《无妄》、《睽》、《蹇》、《中孚》六卦及《晋》卦六三以下；其《复》与《大畜》二卦《永乐大典》本不阙，而所载光解《复》卦阙《大象》及后四爻，《大畜》则一字不存，《系辞传》以下则无解，其为原本如是或传写佚脱，均不可知，姑仍其旧。其书《宋史》作《易传》，诸家书目或作《读易老人解说》，或作《读易详说》，殊不画一，而十卷之数则并同，殆一书而异名也。今从《永乐大典》题为《读易详说》,仍析为十卷,存其旧焉。"

【读易举要】 元俞琰撰。四卷。《四库全书》录《永乐大典》本。此书凡存三十二目,例说《易》学要义。《四库全书提要》指出:"是书《文渊阁书目》、焦竑《经籍志》、朱睦㮮《授经图》皆著于录,外间传本殊稀,故朱彝尊《经义考》亦云'未见'。今惟《永乐大典》尚散见于各韵之中,可以采辑,谨裒合编次,仍定为四卷。"又云:俞氏此书之说,有不苟合于邵雍、朱熹而说义较胜者,亦有采用前人说法不甚可取者,"然琰于《易》苦思力索,积平生之力为之,意所独契,亦往往超出前人。所列'诸家著述',虽多本于晁公武、陈振孙两家,而名字、爵里间有异同,亦可资考证。固宜与所撰《集说》并行也。琰别有《六十四卦图》、《易图合璧联珠》、《易图纂要》诸书,旧与此书合刻,修《永乐大典》之时割裂庞杂,淆其端绪。惟'八分为十六'、'十六分为三十二'两图犹标俞琰'纂图'之目,其余诸图尽冒《读易举要》之名合并为一,殊为瞀乱。今悉考订汰除,以还其旧焉。"

【读易新纲】 张承绪撰。民国二十四年(1935)大陆印书馆铅印本。此书含《易学》、《学易》两篇:前者分"精蕴"、"分析"、"总合"、"变通"四节,出三十七目为说,乃作者研究《易》学之随笔札记;后者分"体认"、"反修"、"致用"、"元妙"四节,出四十六目为说,乃作者认为学《易》当切用于人生之心得体会。书末附《古筮考》十八则,叙古人"辞占"、"象占"之筮例。是书系作者继《周易象理证》后又一部《易》著,《自序》述其著述大旨云:"兹择关于阴阳互根、卦爻通变,与夫修齐治平、尽性至命之微,节要阐述。"

【读易笔记】 清方宗诚撰。二卷。《柏堂经说》本。方氏平生致力理学,以程、朱为依归。故此书专明义理,纯以程颐《周易程氏传》及朱熹《周易本义》为宗,以《易》辞为行己处世指南,以阴阳刚柔为君臣、父子、夫妇人伦之准则,如此则吉,如

彼则凶。末又杂引古人之事,以为征验、劝戒。尚秉和先生《易说评议》云:"吾人读圣贤书,所为何事,正当如此耳。然此系以《易》为修身、齐家、治国、平天下之通鉴则可,谓之治经则不可也。""故是书空言义理之处,皆正大可风;偶尔解经,便入歧误,或迂曲不合。"

【读易当分三等】 南宋朱熹的《易》学观点,认为研读《周易》必须明瞭其成书的三个层次:一是"伏羲"的《易》学,即创立八卦;二是"文王"的《易》学,即由八卦重成的六十四卦及系于卦下的卦辞、爻辞;三是"孔子"的《易》学,即《易传》十篇。但朱熹并非主张把《周易》的"三等"内容机械地割裂,而是强调读《易》应沿其书的三层内容结构,依序层层探讨,才能领会《周易》经传的本来义蕴。此中贯串着朱熹关于"伏羲"、"文王"之《易》为卜筮而作,"孔子"之《易》为义理而作的认识。《朱子语类》卷六十六录朱熹语曰:"今人读《易》,当分为三等:伏羲自是伏羲之《易》,文王自是文王之《易》,孔子自是孔子之《易》。读伏羲之《易》,如未有许多《彖》、《象》、《文言》说话,方见得《易》之本意,只是要作卜筮用。如伏羲画八卦,那里有许多文字言语?只是说八个卦有其象,乾有乾之象而已,其大要不出于阴阳、刚柔、吉凶消长之理。然亦尝说破,只是使人知卜得此卦如此者吉,彼卦如此者凶。今人未曾明得乾坤之象,便先说乾坤之理,所以说得都无情理。及文王、周公分为六十四卦,添入'乾:元亨利贞'、'坤:元亨,利牝马之贞',早不是伏羲之意,已是文王、周公自说他一般道理了。然犹是就人占处说,如卜得《乾》卦则大亨而利于正耳。及孔子系《易》作《彖》、《象》、《文言》,则以'元亨利贞'为《乾》之四德,又非文王之《易》矣。到得孔子,尽是说道理,然犹就卜筮上发出许多道理,欲人晓得所以凶所以吉。"

【读易老人解说】 南宋李光撰。十卷。

见"读易详说"。

【读易汉学私记】 清陈寿熊撰。一卷。《皇清经解续编本》。寿熊以惠栋所著《易汉学》一书,规模略具,考核实疏,乃作是书以正之。柯劭忞指出,其书多"抉摘精当,非好学深思之士不能辨此",然亦有"吹求过甚,或失其平"者(《续修四库全书提要》)。

【读卦爻如占筮所得】 南宋朱熹的《易》学研究法。他认为,《周易》是为卜筮而作的,所以凡是阅读一卦一爻的卦辞、爻辞,都应视此卦此爻为占筮得来,即假设自己置身于占筮之中,以推求卦爻寓意,施用于人生,才能深得《周易》本旨。《朱文公文集》卷六十《答刘君房书》云:"读《易》之法,窃疑卦爻之词,本为卜筮者断吉凶,而因以训戒。至《象》、《象》、《文言》之作,始因其吉凶训戒之意,而推说其义理以明之。"又曰:"故今欲凡读一卦一爻,便如占筮所得,虚心以求其词爻之所指,以为吉凶可否之决,然后考其象之所已然者,然后推之于事,所以修身治国,皆有可用。私窃以为如此求之,似得三圣之遗意。"

【旅】 六十四卦之一。列居篇中第五十六卦。由下艮(☶)上离(☲)组成。卦形作"䷷",卦名为《旅》,象征"行旅"。《旅》卦的宗旨,专明"行旅"之理。《杂卦传》曰:"旅,亲寡",《序卦传》曰:"旅而无所容";《文选》载张衡《思玄赋》云:"颙羁旅而无友兮,余安能留乎此"。显然,在古人心目中,"羁旅"生涯是充满孤独、愁郁情调的。《周易》作者设此一卦,似乎也是基于"旅"而难"居"的因素,喻人善处"行旅"之道。卦辞所谓"小亨"、"贞吉",表明"行旅"既须守正,又当以柔顺持中为本。视其六爻,凡阴柔中顺皆吉,但以卑屈者设反面之戒;凡阳刚高亢者皆危,而以穷骄者最呈凶象。范仲淹曰:"夫旅人之志,卑则自辱,高则见嫉;能执其中,可谓智矣。是故初'琐琐'而四'不快'者,以其处二体之下,卑以自辱者也;三'焚次'而上'焚巢'者,以其据二体之上,高而见嫉者也;二'怀资'而五'誉命',柔而不失其中者也。"(《范文正公集》)此说从六爻位次析其吉凶,颇见理致。当然,本卦大旨并非拘于狭义的"行旅",略推之,如梁寅《周易参义》所谓"诸侯之寄寓,大夫之去乱,圣贤之周游皆是"。广言之,则李白《春夜宴桃李园序》称"天地者,万物之逆旅",更将人生万物均视为"行旅"之事,此中含有明显的消极思想,但与《旅》卦的"象外之旨"亦有可通之处。《旅》卦《彖传》极言"旅之时义大矣哉",于上述之例似能见其一斑。

【旅次】 谓行旅者所居之处。语本《旅》卦六二爻辞"旅即次,怀其资"。杜甫《毒热诗》:"老夫转不乐,旅次兼百忧。"(见《杜工部集》)

【旅九三】 《旅》卦九三爻。以阳爻居卦第三位。爻辞曰:"旅焚其次,丧其童仆;贞厉。"意思是: 行旅之时被火烧毁客舍,丧失童仆;应当守持正固防备危险。次,舍也,指"客舍";贞厉,犹言"守正防危"。这是说明九三当"旅"之时,处下861之上,刚亢不中,下比六二之阴,犹如旅居在外而擅自施惠于下,必遭上者疑忌,遂致客舍被焚,童仆丧失;以此处旅,有失谦柔中顺之道,故爻辞特诫其守正防危。王弼《周易注》:"居下体之上,与二相得。以寄旅之身而为施下之道,与萌侵权,主之所疑也。故次焚仆丧而身危也。"孔颖达《周易正义》:"'与萌侵权'者,言与得政事之萌,渐侵夺主君之权势,如齐之田氏,故为主所疑也。"按《旅》九三之危,在于居下之上,刚亢躁动。《周易折中》引潘梦旂曰:"居刚而用刚,平时犹不可,况旅乎?以此与下,焚次、丧仆,固其宜也。九三以刚居下体之上,则'焚次';上九以刚居上体之上,则'焚巢'。位愈高,刚愈亢,则祸愈深矣。"

【旅九四】 《旅》卦九四爻。以阳爻居

卦第四位。爻辞曰："旅于处，得其资斧，我心不快。"意思是：行旅之时暂作栖处，获得利斧以斫荆棘，但我心中不甚畅快。处，指暂为栖处，未能安居；资斧，陆德明《经典释文》："《子夏传》及众家并作'齐斧'"，又曰："应劭云'齐，利也'"，尚秉和先生《周易尚氏学》："资、齐音同通用"，据此，"资斧"当作"齐斧"，即"利斧"之意。这是说明九四当"旅"之时，居位不正，犹如行旅不得安居，唯暂为栖处，虽得利斧以斫除居处之荆棘，但其心毕竟不快。王弼《周易注》："斧，所以斫除荆棘，以安其舍者也。虽处上体之下，不先于物，然而不得其位，不获平坦之地；客于所处，不得其次，而得其资斧之地，故其心不快也。"李道平《周易集解纂疏》："九四以阳处阴，是失位而居艮山之上，山非平坦之地，当用'资斧'以除荆棘。"按，蒋悌生《五经蠡测》云："凡卦爻阳刚皆胜阴柔，惟《旅》卦不然。二、五皆以柔顺得吉，三、上皆以阳刚致凶。盖人无栖身之地，不得已而依于他人，岂得恃其刚明？"又曰："六爻，六五最善，二次之；上九最凶，三次之。九四虽得其处，姑足以安其身而已。"此说辨析《旅》卦诸爻吉凶利弊之所以然，可资参考。

【旅上九】《旅》卦上九爻。以阳爻居卦最上之位。爻辞曰："鸟焚其巢，旅人先笑，后号咷；丧牛于易，凶。"意思是：枝上鸟巢被焚烧，行旅的人先是欣喜欢笑，后来痛哭号咷，犹如在荒远的田畔丧失了牛，有凶险。易，通"埸"，即田畔，与《大壮》卦六五爻辞之"易"同（见"大壮六五"），此处指荒远的田畔，喻穷极之地。这是说明上九当"旅"之时，质禀阳刚而居高亢之位，以此行旅在外，必招祸害，适如鸟在高枝上筑巢而被焚烧，祸由自取，故曰"鸟焚其巢"；而上九既是旅居高位，先以其位崇高而自喜欣笑，当其亢极致祸之后，终亦难免痛哭号号，故曰"旅人先笑，后号咷"；追本上九招灾之源，实因行旅于穷厄之时，罹祸于远去家门之外，正如丧牛于荒远田畔，既无人知悉，更无人援救，即《小象传》所谓"终莫之闻也"之义，其凶可知，故又曰"丧牛于易，凶"。王弼《周易注》："居高危而以为宅，巢之谓也。客旅得上位，故'先笑'也；以旅而处于上极，众之所嫉也，以不亲之身而当嫉害之地，必凶之道也，故曰'后号咷'。"俞琰《周易集说》："易，当依王肃音亦，与'疆场'之'场'同。场，畔也。按《周易折中》引徐几曰："旅贵柔顺中正，三阳爻皆失之，而最亢者上九也。"此说良是。然上九之凶，又在于先以旅居穷高之处为乐，乃至有"先笑，后号咷"之象，此象正与《同人》九五"先号咷，而后笑"相反。阮籍《通易论》云："《同人》先号，思其终也；《旅》上之笑，乐其穷也。"（《阮籍集》）评析两爻之异甚切。又按，王弼《周易注》释"丧牛于易"为"难易"之"易"，后人多承其说，可备参考。

【旅六二】《旅》卦六二爻。以阴爻居卦第二位。爻辞曰："旅即次，怀其资，得童仆，贞。"意思是：行旅就居在客舍，怀藏资财，拥有童仆，应当守持正固。即，就也，犹言"就居"；次，舍也，指"客舍"。这是说明六二当"旅"之时，柔中居正，犹如行旅安居于客舍；且上承九三之阳，阳为实，犹如畜有资财；又下乘初六之阴，阴处下者贱，犹如拥有童仆；其时行旅所需之"舍"、"资"、"仆"三者俱全，故宜于守"贞"以处"旅"。李鼎祚《周易集解》引《九家易》曰："即，就；次，舍；资，财也。以阴居二，即就其舍，故'旅即次'；承阳有实，故'怀其资'；初者卑贱，二得履之，故'得童仆'；处和得位正居，是故曰'得童仆，贞'矣。"按，《旅》六二体柔居中而得正，故有"次"、有"资"、有"仆"。《周易折中》引赵玉泉曰："二处旅有柔顺中正之德，则内不失己，而己无不安；外不失人，而人无不与。凡旅之所恃以不可无者，皆有以全之也。"

【旅六五】《旅》卦六五爻。以阴爻居

卦第五位。爻辞曰："射雉，一矢亡，终以誉命。"意思是：射取雉鸡，一支箭矢亡失，终将获得美誉而荣膺爵命。雉，野鸡。这是说明六五当"旅"之时，以柔居上离之中，上承于九阳刚，有文明柔顺而得中道之象；此时虽行旅在外，略有损失，犹如射取雉鸡，费去"一矢"，但终能以"柔中"、"文明"之德喜获美誉，荣膺爵命，故曰"射雉，一矢亡，终以誉命"。朱熹《周易本义》："雉，文明之物，离之象也。六五柔顺文明，又得中道，为离之主。故得此爻者，为'射雉'之象，虽不无亡矢之费，而所丧不多，终有誉命也。"按，《旅》卦《象传》称"柔得中乎外而顺乎刚"，正指六五爻。《周易折中》引朱震曰："五在《旅》卦，不取君象。有文明之德，则令誉升闻，而爵命之矣。"

【旅贞吉】 语出《旅》卦的卦辞。意为：行旅能守持正固必获吉祥。这是说明"行旅"之事不可苟且轻率，若旅外而妄作非为必凶，应当谨守正道方可获吉，故曰"旅贞吉"。参见"旅卦辞"。

【旅初六】 《旅》卦初六爻。以阴爻处卦下初位。爻辞曰："旅琐琐，斯其所取灾。"意思是：行旅之初举动猥琐卑贱，这是自我招取灾患。琐琐，猥琐卑贱之状；斯，犹"此"，马王堆汉墓出土的《帛书周易》作"此"字。这是说明初六以阴处《旅》之始，其位卑下，犹如初出"行旅"，即卑贱不堪，虽有上应亦无济于事，必将自取其灾，故曰"旅琐琐，斯其所取灾。"程颐《周易程氏传》："六以阴柔在旅之时，处于卑下；是柔弱之人，处旅困而在卑贱，所存污下者也。志卑之人，既处旅困，鄙猥琐细，无所不至，乃其所以致侮辱，取灾咎也。琐琐，猥细之状。当旅困之时，才质如是，上虽有援，无能为也。"按，爻辞"斯其所取灾。"孔颖达《周易正义》训"斯"为"此"，与《帛书周易》作"此"之义正合，今取其说。但《易》家对此爻辞又有不同解说，兹引两例以备参考。一，郭京《周易举正》"斯"作

"撕"，谓："撕，贱之义。"焦循《周易补疏》认为王弼"读'斯'为"撕"","故云'斯贱之役'"。然焦循所用《周易注疏》本，注语"斯"下无"卑"字，以"斯贱"联文，故谓王读"斯"为"撕"，此盖焦氏歧义产生之所由。二、尚秉和先生《周易尚氏学》云："斯，《释言》'离也'。斯其所，言离其所，欲应四也。二得敌故取灾。"这是把"斯"解为动词"离"，则爻辞也相应读作"斯其所，取灾"。

【旅卦辞】 《旅》卦的卦辞。其文曰："旅，小亨，旅贞吉。"意思是：《旅》卦象征行旅，谦柔小心可致亨通，行旅能守持正固必获吉祥。旅，卦名，象征"行旅"；小，阴柔弱小之称，又指行事小心谦顺，"小亨"与《睽》卦辞"小事吉"之义略近（见"睽卦辞"）。卦辞说明，当"行旅"之时，以柔小谦顺之道处之则亨，若刚大亢盛则难通，故曰"小亨"；而"行旅"之事又不可苟且轻率，若旅外而妄为必凶，应当谨守正道方可获吉，故又曰"旅贞吉"。孔颖达《周易正义》："旅者，客寄之名，羁旅之称；失其本居，而寄他方，谓之为旅。"朱熹《周易本义》："旅非常居，若可苟者；然道无不在，故自有其正，不可须臾离也。"按，《旅》卦六五爻柔中居尊，顺于刚而丽于明，正见谦柔小心可致亨通之象，似即合于卦辞"小亨"之义。故李鼎祚《周易集解》引虞翻曰："小，谓柔。得贵位而顺刚，丽乎大明，故'旅小亨'。"尚秉和先生《周易尚氏学》亦云："六五得尊位，故小亨，贞吉。"

【旅彖传】 《旅》卦的《彖传》。旨在解说《旅》卦的卦名、卦辞之义。其文为："《彖》曰：旅，小亨，柔得中乎外而顺乎刚，止而丽乎明，是以小亨，旅贞吉也。旅之时义大矣哉！"意思是："《彖传》说：行旅，谦柔小心可致亨通，譬如阴柔者在外居得适中之位而顺从刚强者，安恬静止而附丽于光明，所以谦柔小心可致亨通，行旅能守持正固必获吉祥。行旅之时的意义是多么弘大啊！"全文可分两节理解。第一

节,自"旅,小亨"至"旅贞吉也"六句,举《旅》卦六五爻以"柔中"居外卦而顺于刚之象,及下艮为止、上离为丽(附着)为明之象,说明行旅之时当以谦柔中顺为本,并贵于恬静而行为光明,以释卦名及卦辞"旅,小亨,旅贞吉"之义。第二节,"旅之时义大矣哉"一句,叹美归结《旅》卦所揭示的"行旅"之时的意义之弘大。

【旅大象传】《旅》卦的《大象传》。其辞曰:"山上有火,旅;君子以明慎用刑而不留狱。"意思是:山上燃烧着火(火势流动),象征"行旅";君子因此明决审慎地动用刑罚而不稽留讼狱。这是先揭明《旅》卦下艮为山、上离为火之象,谓山上有火,火势流动,正为"行旅"的象征;然后推阐出"君子"观此象,须悟知"用刑"当如"山火"之明决谨慎,而不滞留狱事的道理。李鼎祚《周易集解》引侯果曰:"火在山上,势非长久,旅之象也。"程颐《周易程氏传》:"火之在高,明无不照,君子观明照之象,则与'明慎用刑'。明不可恃,故戒于'慎';明而止,亦慎象。观火行不处之象,则不留狱。"按,《旅》卦辞揭示"行旅"之义,而《大象传》却阐发"刑罚"之理,正见其对象旨之衍申。张英《易经衷论》云:"犴狴桎梏,淹滞拘留,或为无辜之株连,或为老弱之纍系,动经岁时,宜仁人君子隐恻于此。然非至明至慎,亦不敢轻言决狱。能明慎而不留狱,斯可谓祥刑矣。"

【旅受之以巽】《周易》六十四卦,以象征外出"行旅"的《旅》卦列居第五十六卦;行旅而无处容身,必然要顺从于人才能进入客居寓所,所以接《旅》之后是象征"顺从"而能入的第五十七卦《巽》卦。此称"《旅》受之以《巽》"。语本《序卦传》:"旅而无所容,故受之以《巽》;巽者,入也。"李鼎祚《周易集解》引韩康伯曰:"旅而无所容,以巽则得所入也。"程颐《周易程氏传》:"羁旅亲寡,非巽顺何所取容?苟能巽顺,虽旅困之中,何往而不能入?《巽》所以次《旅》也。"

【旅九三小象传】《旅》卦九三爻的《小象传》。其辞曰:"旅焚其次,亦以伤矣;以旅与下,其义丧也。"意思是:行旅之时被火烧毁客舍,说明九三也因此遭受损伤;旅居在外而擅自施惠于下,其理必致丧亡。这是解说《旅》九三爻辞"旅焚其次"的象征内涵及其爻位所寓义理。孔颖达《周易正义》:"'其义丧'者,言以旅与下,理是丧亡也。"程颐《周易程氏传》:"旅焚失其次舍,亦以困伤矣。"

【旅九四小象传】《旅》卦九四爻的《小象传》。其辞曰:"旅于处,未得位也;得其资斧,心未快也。"意思是:行旅之时暂作栖处,说明九四未能居于妥当之位;获得利斧以斫荆棘,说明此时九四心中不甚畅快。这是解说《旅》九四爻辞"旅于处,得其资斧"的象征内涵。孔颖达《周易正义》:"九四处上体之下,不同九三之自尊,然不得其位。"又曰:"求安处而得资斧之地,所以其心不快也。"

【旅上九小象传】《旅》卦上九爻的《小象传》。其辞曰:"以旅在上,其义焚也;丧牛于易,终莫之闻也。"意思是:作为行旅在外的人却高居上位,其理必然要导致鸟巢被焚的灾患;在荒远的田畔丧失了牛,说明上九遭祸在外终将无人闻知。这是解说《旅》上九爻辞"鸟焚其巢"、"丧牛于易"的象征内涵。俞琰《周易集说》:"《易》中凡称卦名,皆言其所遇之时;凡曰'在上',皆言其所处之位。以旅之时,而其位在人之上,自高如此,人必怒其僭而害之,宜乎其遭'焚',故曰'其义焚也'。刚亢绝物,况又无应,则其'丧牛于易'也,竟无一人告之,故曰'终莫之闻也'。"

【旅六二小象传】《旅》卦六二爻的《小象传》。其辞曰:"得童仆贞,终无尤也。"意思是:拥有童仆而守持正固,说明六二终将无所过尤。这是解说《旅》六二爻辞"得童仆,贞"的象征内涵。俞琰《周易集说》:"在旅得童仆之代劳,而不至困乏;又能以正道固守,何尤之有?"

【旅六五小象传】《旅》卦六五爻的《小象传》。其辞曰:"终以誉命,上逮也。"意思是:终将获得美誉而荣膺爵命,说明六五能够向上承及尊者。这是解说《旅》六五爻辞"终以誉命"的象征内涵。逮,及也;谓六五上承上九阳刚,故有"誉命"。孔颖达《周易正义》:"逮,及也。以能承及于上,故得'终以誉命'也。"

【旅初六小象传】《旅》卦初六爻的《小象传》。其辞曰:"旅琐琐,志穷灾也。"意思是:行旅之初举动猥琐卑贱,说明初六意志穷迫而自取灾患。这是解说《旅》初六爻辞"旅琐琐"的象征内涵。程颐《周易程氏传》:"志意穷迫,益自取灾也。"按,《旅》初六行旅不能自尊持正,故《小象传》谓其"志穷"致"灾"。《周易折中》引谷家杰曰:"爻贱其行,《象》鄙其志。"

【旅人先笑后号咷】《旅》卦上九爻辞之语。意思是:行旅的人先是欣喜欢笑,后来痛哭号咷。这是说明上九当"旅"之时,以阳刚极居卦终,犹如行旅在外而处于高位,先以其位崇高而自喜欢笑;然旅居而位高,必招祸害,当其灾祸临身之后方且痛悔哭号,已是悔之莫及,故曰"旅人先笑,后号咷"。参见"旅上九"。

【旅之时义大矣哉】《旅》卦的《彖传》语。意为:行旅之时的意义是多么弘大啊。这是归结叹美《旅》卦所揭示的"行旅"之时的寓义之大。李鼎祚《周易集解》引王弼曰:"旅者,物失其所居之时也。物失所居,咸愿有所附,岂非智者有为之时?"程颐《周易程氏传》:"天下之事,当随时而各适其宜,而旅为难处,故称其时义之大。"

【旅于处未得位也】《旅》卦九四爻的《小象传》语。旨在解说九四爻辞"旅于处"的象征内涵。意思是:行旅之时暂作栖处,说明九四未能居于妥当之位。参见"旅九四小象传"。

【旅琐琐志穷灾也】《旅》卦初六爻的《小象传》辞。旨在解说初六爻辞"旅琐琐"的象征内涵。意思是:行旅之初举动猥琐卑贱,说明初六意志穷迫而自取灾患。参见"旅初六小象传"。

【旅琐琐斯其所取灾】《旅》卦初六爻辞。意思是:行旅之初举动猥琐卑贱,这是自我招取灾患。琐琐,猥琐卑贱之状;斯,犹"此"。这是说明初六以阴处《旅》之始,其位卑下,犹如初出"行旅",即卑贱不堪,虽有上应亦无济于事,必将自取其灾,故曰"旅琐琐,斯其所取灾"。参见"旅初六"。

【旅焚其次丧其童仆】《旅》卦九三爻辞之语。意思是:行旅之时被火烧毁客舍,丧失童仆。次,舍也,指"客舍"。此言九三当"旅"之时,处下卦之上,刚亢不中,下比六二之阴,犹如旅居在外而擅自施惠于下,必遭上者疑忌,遂致客舍被焚,童仆丧失,为处旅失道而身危之象,故曰"旅焚其次,丧其童仆"。参见"旅九三"。

【旅焚其次亦以伤矣】《旅》卦九三爻的《小象传》语。旨在解说九三爻辞"旅焚其次"的象征内涵。意思是:行旅之时被火烧毁客舍,说明九三也因此遭受损伤。参见"旅九三小象传"。

【旅即次怀其资得童仆贞】《旅》卦六二爻辞。意思是:行旅就居在客舍,怀藏资财,拥有童仆,应当守持正固。即,就也,犹言"就居";次,舍也,指"客舍"。这是说明六二当"旅"之时,柔中居正,犹如行旅安居于客舍;且上承九三之阳,阳为实,犹如畜有资财;又下乘初六之阴,阴处下者贱,犹如拥有童仆;其时行旅所需之"舍"、"资"、"仆"三者俱全,遂宜于守"贞"以处"旅",故曰"旅即次,怀其资,得童仆,吉"。参见"旅六二"。

【旅于处得其资斧我心不快】《旅》卦九四爻辞之语。意思是:行旅之时暂作栖处,获得利斧以斫荆棘,但我心中不甚畅快。处,指暂为栖处,未能安居;资斧,尚作"齐斧","齐"通"利",即"利斧"之意。这是说明九四当"旅"之时,居位不正,犹如行旅不得安居，唯暂为栖处，虽得利斧以斫除居处之荆棘，但其心毕竟不甚畅快，故曰"旅于处，得其资斧，我心不快"。参见"旅九四"。

【悔】 《周易》卦爻辞中的常用语。犹言"悔恨"。《说文解字》："悔，悔恨也。从心每声。"《系辞上传》："悔吝者，忧虞之象也。"《乾》卦上九爻辞"亢龙有悔"，李鼎祚《周易集解》引王肃曰："知进忘退，故悔也。"孔颖达《周易正义》："悔者，其事已过，有所追悔也。"

【悔亡】 《周易》卦爻辞中的常用语。意为：悔恨消亡。亡，犹言"消失"。如《恒》卦九二爻辞"悔亡"，王弼《周易注》云："恒位于中，可以消悔也。"程颐《周易程氏传》："德之胜也，足以亡其悔矣。"

【浚恒】 《恒》卦初六爻辞之语。意为：过早深求恒久之道。浚，音俊 jùn，深也。这是说明初六处《恒》之始，阴柔浅下，却急于上应九四之阳，犹如急于深求"恒"道，欲速不达，故有"浚恒"之象。参见"恒初六"。

【浚恒之凶始求深也】 《恒》卦初九爻的《小象传》辞。旨在解说初九爻辞"浚恒"有"凶"之义。意思是：过早深求恒久之道而有凶险，说明初六刚开始便求之过深。参见"恒初六小象传"。

【酒食贞吉以中正也】 《需》卦九五爻的《小象传》辞。旨在解说九五爻辞"需于酒食，贞吉"的象征内涵。意思是：（需待于）酒醴食肴、守持正固可获吉祥，说明九五居中得正。参见"需九五小象传"。

【消卦】 十二辟卦中阴爻递消的六卦：《姤》、《遯》、《否》、《观》、《剥》、《坤》，合称"消卦"。《汉书·京房传》载京房上封事，颜师古注引孟康曰："消卦曰太阴"，惠栋《易汉学》录此句并云消卦谓"《姤》、《遯》、《否》、《观》、《剥》、《坤》"。

【消息卦】 即"十二辟卦"。因为这十二卦喻示十二月阴阳消息，所以简称"消息卦"。《易纬·乾凿度》"六十四卦三百八十四爻戒"，郑玄注："消息于杂卦为尊，每月者譬一卦而位属焉，各有所系。"惠栋《易汉学》指出：孟喜《卦气图》"内辟卦十二，谓之消息卦；乾盈为息，坤虚为消，其实《乾》、《坤》十二画也。"又云："每月譬一卦者，如《乾》之初九属《复》，《坤》之初六属《姤》是也。《临》、《观》以下仿此。"

【涉川】 涉越川流，喻济险涉难。即《周易》卦爻辞常用语"利涉大川"之意。《晋书·郑冲传》："譬彼涉川，罔知攸济。"欧阳修《画舫斋记》："《周易》之象，至于履险蹈难，必曰'涉川'。"（见《欧阳文忠全集》）

【涣】 六十四卦之一。列居篇中第五十九卦。由下坎（☵）上巽（☴）组成，卦形作"䷺"，卦名为《涣》，象征"涣散"。《涣》卦所谓"涣散"，并非立义于"散乱"，而是兼从对立的角度揭示"散"与"聚"互为依存的关系。卦辞以"君王"祭庙喻聚合"神灵"之祐，以涉越大河喻聚合人心济难，说明事物形态虽散而神质能聚必致亨通，并强调此时行事利于守正。卦中六爻虽然均处"涣散"之时，但阴阳刚柔相比相应，已流露出"聚"的气象。如初六阴柔在下，九二阳刚处中，时当"涣散"而两心系联，故前者如获"良马"拯助而致"吉"，后者亦得"几案"凭依而"悔亡"；六三、上九两爻刚柔交应，或散其自身附从尊者而"无悔"，或散极见聚而"无咎"。四、五两爻的情状则更为典型，六四上承九五，有散小群以聚大群的美质；九五阳刚居尊，有散居积以聚民心的盛德，故四得"元吉"而五获"无咎"。可见，《涣》卦所明处"涣"之道，是立足于散而不乱，散而能聚的基点上；从哲学意义看，即是展示事物"散"与"聚"既对立又统一的特定规律。马振彪先生云："涣者其形迹，不涣者其精神"（《周易学说》），实为《涣》卦义理的内蕴所在。至于卦象"风行水上"所显露的"自然成文"的美学意蕴，则是《涣》卦的又一特色。马振彪先生又援据苏洵、姚鼐借卦论文之说,指出"'风行水上'有自然之妙境",故以"推论文章之妙"(《周易学说》)。这种推论引申,正与"形散神聚"、"涣然有文"的卦义相契合。因此,《涣》卦所蕴含的美学因素,也是值得注意的一项内容。

【涣九二】 《涣》卦九二爻。以阳爻居卦第二位。爻辞曰:"涣奔其机,悔亡。"意思是:涣散之时奔就几案似的可供凭依之处,悔恨消亡。机,通"几",即"几案",喻指《涣》初六,王弼《周易注》:"机,承物者也,谓初也。"这是说明九二当"涣散"之时,身处坎险,乃有"悔";但阳刚居中,与初六俱为无应而能相比,犹如获得"几案"凭依,阴阳相合而不致离散,遂能消"悔",故曰"涣奔其机,悔亡"。程颐《周易程氏传》:"在涣离之时,而处险中,其有'悔'可知。若能奔就所安,则得'悔亡'也。机者,俯凭以为安者也。俯,就下也;奔,急往也。二与初虽非正应,而当涣离之时,两皆无与,以阴阳亲比相求,则相赖者也。故二目初为'机',初谓二为'马'。"按,《涣》九二阳刚居中,得阴阳相合之愿,故能固其根本而聚时之所散。《周易折中》曰:"聚涣者,先固其本。以刚中居内,固本之象也。机者,所以凭而坐也。有所凭依而安居,然后可以动而不穷矣。"

【涣九五】 《涣》卦九五爻。以阳爻居卦第五位。爻辞曰:"涣汗其大号,涣王居,无咎。"意思是:像发散身上汗水出而不返一样发布盛大号令,又能疏散王者的居积以聚合天下人心,必无咎害。号,谓号令;居,犹言"居积"。这是说明九五当"涣"之时,阳刚中正,尊居"君位",能以正道聚天下之所散,其时所发盛大号令犹如人身"发汗"一样散出而不返,则人心因之而聚;又能散发居积,施惠民众,则天下无不归心;以此处"涣",不失其正,必无咎害,故称"涣汗其大号,涣王居,无咎"。朱熹《周易本义》:"阳刚中正,以居尊位,当涣之时,能散其号令与其居积,则可以济涣而无咎矣。故其象占如此。九五巽体,

有号令之象。汗,谓如汗之出而不反也。涣王居,如陆贽所谓'散小储而成大储'之意。"按,《周易折中》分析《涣》卦爻辞中"号"字为"呼号"之义,指出:"在常人则为哀痛迫切,写情输心也;在王者则是至诚恳恻,发号施令也。"又解《涣》九五爻辞"涣汗其大号"曰:"言其大号也,如涣然,足以通上下之壅塞,回周身之元气。"此说宜资参考。又按,李鼎祚《周易集解》引荀爽注,释"王居"为"王居其所"。可备一说。

【涣上九】 《涣》卦上九爻。以阳爻居卦最上之位。爻辞曰:"涣其血去逖出,无咎。"意思是:涣散至极四方聚合遂能离去忧恤而脱出惕惧,必无咎害。血,通"恤",犹言"忧恤";逖,通"惕",即"惕惧"。这是说明上九以阳刚居《涣》之极,散极然后四方聚合,出现天下"归于一统,非复前日之离散"(来知德《周易集注》)的景象,于是能去"忧"出"惕",无所咎害,故曰"涣其血去逖去,无咎"。按,"血去逖出",当与《小畜》卦六四爻辞"血去惕出"同(见"小畜六四")。朱熹《周易本义》谓:"逖,当作'惕'。"尚秉和先生《周易尚氏学》谓两字"音同通用"。今检马王堆汉墓出土的《帛书周易》,"逖"作"汤",正取"惕"音,于通假之例合。又按,《涣》上九爻辞之义,诸家说法不同,兹举三例以备参考。一、李鼎祚《周易集解》引虞翻注,训"血"为"血液"之"血"。二、王弼《周易注》释"血"为"伤","逖"为"远"。三、王申子《大易缉说》认为以诸爻文法律之,当以"涣其血"为句,谓:"涣其所伤而免于难。"

【涣王居】 《涣》卦九五爻辞之语。意为:疏散王者的居积。此言九五当"涣"之时,阳刚中正,尊居君位,志在以正道聚天下之所散,遂能散发其居积,广泛施惠民众,则天下无不归心,故曰"涣王居"。参见"涣九五"。

【涣六三】 《涣》卦六三爻。以阴爻居卦第三位。爻辞曰:"涣其躬,无悔。"意思

是：涣散自身(以附从阳刚)，无所悔恨。这是说明六三当"涣"之时，以阴居下卦之终，与上九阳刚相应，有涣散其身，附从上九，而无所悔恨之象，故曰"涣其躬，无悔"。《周易折中》："《易》中六三应上九，少有吉义。惟当'涣'时，则有应于上者，忘身徇上之象也。按，《涣》卦自六三爻至上九爻，言"涣散"之时，当散则散，当聚则聚，正见此卦所含"聚"、"散"相互依存之意义。王申子《大易缉说》云："自此以上四爻，皆因'涣'以拯'涣'者。谓涣所当涣，则不当涣者聚矣。"

【涣六四】 《涣》卦六四爻。以阴爻居卦第四位。爻辞曰："涣其群，元吉；涣有丘，匪夷所思。"意思是：涣散朋党，至为吉祥；涣散小群而聚成山丘似的大群，这不是平常人思虑所能达到的。群，犹言"朋党"；丘，谓山丘，喻"大"；匪，通"非"；夷，平也，谓常人。这是说明六四当"涣散"之时，柔正得位，上承九五"刚中"之君，下无应而无私，遂能散其朋党，挚诚奉上，获吉至大，故称"涣其群，元吉"；此时六四既能散其朋党，则志在化小群以成大群，使之固聚若山，协心同力承事君主，成"混一天下"之功，此非平常凡夫所能思及，故又曰"涣有丘，匪夷所思"。朱熹《周易本义》："居阴得正，上承九五，当济涣之任者也。下无应与，为能散其朋党之象。占者如是，则大善而吉。又言能散其小群以成大群，使所散者聚而若丘，则非常人思虑之所及也。"按，《涣》六四获"元吉"，足见"散"中有"聚"之理。朱熹引苏洵曰："《涣》之六四曰'涣其群，元吉'。夫群者，圣人之所欲涣以混一天下者也。"并据以推论云："盖当人心涣散之时，各相朋党，不能混一，惟六四能涣小人之私群，成天下之公道，此所以'元吉'也。"(《朱子语类》)

【涣其躬】 《涣》卦六三爻辞之语。意思是：涣散自身(以附从阳刚)。此言六三当"涣"之时，以阴居下卦之终，与上九阳刚相应，有涣散其身，附从上九之象，故曰"涣其躬"。参见"涣六三"。

【涣初六】 《涣》卦初六爻。以阴爻处卦下初位。爻辞曰："用拯马壮吉。"意思是：借助健壮的良马勉力拯济，可获吉祥。拯，犹言"拯济"。这是说明初六以阴居"涣散"之初，上承九二阳刚，犹如得壮马之助，济其阴柔弱质；以此拯"涣"，不致离散，故可获"吉"。朱熹《周易本义》："居卦之初，'涣'之始也。始涣而拯之，为力既易，又有壮马，其吉可知。初六非有济涣之才，但能顺乎九二，故其象占如此。"按，初六处《涣》下卦坎险之下，当"涣散"初始而及早"拯"之，故能免于离散。胡炳文《周易本义通释》曰："五爻皆言'涣'，初独不言者，救之尚蚤，可不至于涣也。"

【涣卦辞】 《涣》卦的卦辞。其文曰："涣，亨，王假有庙，利涉大川，利贞。"意思是：《涣》卦象征涣散，亨通，君王以美德感格神灵而保有庙祭，利于涉越大河巨流，利于守持正固。涣，卦名，象征"涣散"；假，犹言"感格"，"王假有庙"句式与《家人》卦九五爻辞"王假有家"类同(见"家人九五")。卦辞说明，事物当"涣"之时，形态虽散，神质须聚，散与聚相依为用，必致亨通；犹如君王能以美德感格神灵，即是聚合散处四方的神灵之祐，乃可保有庙祭，长延社稷；又如涉越大河，其利亦在于聚合分散之人力而共同济难，故称"亨，王假有庙，利涉大川"；然此时行为又须守正，才能广获处"涣"而求聚之利，故又强调"利贞"。《周易折中》："《涣》与《萃》对。'假庙'者，所以聚鬼神之既散也；'涉川'者，所以聚人力之不齐也。盖尽诚以感格，则幽明无有不应；秦越而共舟，则心力无有不同；此二者，涣而求聚之大端也。然不以正行之，则必有黩神、犯难之事，故曰'利贞'。"按，《涣》卦谓"散"，《萃》卦谓"聚"，两卦取义相对应，而卦辞又皆取"王假有庙"为象，故《周易折中》称《涣》与《萃》对。又按，《涣》卦的卦名"涣"字之义,可见于两端:一曰散,即离披解散。《序卦传》:"说而后散之,故受之以《涣》,'涣'者,离也";朱熹《周易本义》:"涣,散也,为卦下坎上巽,风行水上,离披解散之象,故为涣。"二曰文,即文理焕然。此义从"散"义引申而来:如物散而不乱,秩然围绕于一个"中心",必见自然文理。朱骏声《六十四卦经解》:"涣,流散也,又文貌,风行水上,而文成焉。《太玄》曰'阴敛其质,阳散其文',《京传》曰'水上见风,涣然而合',此'涣'字之义也。"尚秉和先生《周易尚氏学》亦据扬雄《太玄经》拟"换"为"文"以及司马光注谓"扬子盖读'涣'为'焕'"等资料,认为"涣本有文义","而风行水上,文理烂然,故为文也。"

【涣象传】《涣》卦的《象传》。旨在解说《涣》卦的卦名、卦辞之义。其文为:"《彖》曰:涣,亨,刚来而不穷,柔得位乎外而上同。王假有庙,王乃在中也;利涉大川,乘木有功也。"意思是:"《彖传》说:涣散,亨通,譬如阳刚者前来居阴柔之中而不困穷,阴柔者在外获得正位而上与阳刚之志协同(于是阴阳虽散而心神聚通)。君王以美德感格神灵而保有庙祭,说明君王聚合人心居处正中;利于涉越大河巨流,说明乘着木舟协力涉险必能成功。"全文可分两节理解。第一节,自"涣"至"柔得位乎外而上同"四句,举《涣》卦九二阳刚来居下卦与初、三、四诸阴交往不穷之象,以及六四当位居上卦顺承五、上两阳而心志协同之象,说明阴阳散而能聚,遂见处"涣"能通之理,以释卦名及卦辞"涣、亨"之义。第二节,自"王假有庙"至"乘木有功也"四句,举《涣》卦九五阳刚中正为能聚物之所散之象,及《涣》卦上巽为木、下坎为水正如舟行水上以聚合人力济险之象,以释《涣》卦辞"王假有庙,利涉大川"之义。

【涣大象传】《涣》卦的《大象传》。其辞曰:"风行水上,涣;先王以享于帝立庙。"意思是:风行水面,象征"涣散";先代君王因此祭享天帝而建立宗庙(以聚合天下人心之所散)。这是先揭明《涣》卦上巽为风、下坎为水之象,谓风行水上,正为"涣散"的象征;然后推阐出"先代君王"观此象乃悟知"散中有聚"之理,故能"享帝"、"立庙"以归系天下人心。孔颖达《周易正义》:"风行水上,激动波涛,散释之象,故有'风行水上,涣。'"程颐《周易程传》:"风行水上,有涣散之象。先王观是象,救天下之涣散,至于享帝立庙也。收合人心,无如宗庙;祭祀之报,出于其心。故享帝立庙,人心之所归也。系人心,合离散之道,无大于此。"按,《涣》卦取名为"涣",含有散而不乱,文理灿然之义。推其寓旨,凡物之聚,必来自散;而秩然有序之散,又能各显物用:分中见合,形散神聚,正是处"涣"之道。观其卦象,"风行水上",则水面沧漪泛起,正见自然之"文"。于是,《涣》卦的卦象便被后代文论家所引申发挥,成为"自然成文"说的源头。如苏洵谓"风行水上"为"天下之至文",并称"天下之无营而文生者,唯水与风而已"(《嘉祐集》卷十四《仲兄字文甫说》);李贽以为"风行水上之文,决不在于一字一句之奇"(《李氏焚书》卷二《杂说》)。乃至顾炎武评析诗文的"繁简"时,也指出:"昔人之论谓:'风行水上,自然成文。'若不出于自然,而有意于繁简,则失之矣。"(《日知录》)可见,《涣》卦大象所含藏的美学因素,是值得认真挖掘的。

【涣奔其机】《涣》卦九二爻辞之语。意思是:涣散之时奔就几案似的可供凭依之处。机,通"几",谓"几案",喻指《涣》初六。这是说明九二当"涣散"之时,身处坎险,乃有"悔";但阳刚居中,与初六俱为无应而能相比,犹如获得"几案"凭依,其悔遂消,终使阴阳相合而不致离散,故曰"涣奔其机"。参见"涣九二"。

【涣受之以节】《周易》六十四卦,以象征"涣散"的《涣》卦列居第五十九卦;但事物不能终久无节制地涣发离散,所以接

《涣》之后是象征"节制"的第六十卦《节》卦。此称"《涣》受之以《节》"。语本《序卦传》："《涣》者，离也。物不可以终离，故受之以节。"韩康伯《序卦注》："夫事有其节，则物之所同守而不散越也。"李鼎祚《周易集解》引崔憬曰："离散之道，不可终行，当宜节正之，故言物不可以终离，受之以《节》。"

【涣汗其大号】《涣》卦九五爻辞之语。意思是：像发散身上汗水出而不返一样发布盛大号令。此言九五当"涣"之时，阳刚中正，尊居"君位"，能以正道聚天下之所散，其时所发盛大号令犹如人身"发汗"一样散出而不返，则人心因之而聚，故称"涣汗其大号"。参见"涣九五"。

【涣其群元吉】《涣》卦六四爻辞之语。意思是：涣散朋党，至为吉祥。群，犹言"朋党"。这是说明六四当"涣散"之时，柔正得位，上承九五"刚中"之君，下无应而无私，遂能散其朋党，挚诚奉上，获吉至大，故称"涣其群，元吉"。参见"涣六四"。

【涣九二小象传】《涣》卦九二爻的《小象传》。其辞曰："涣奔其机，得愿也。"意思是：涣散之时奔就几案似的可供凭依之处，说明九二得遂阴阳聚合的心愿。这是解说《涣》九二爻辞"涣奔其机"的象征内涵。得愿，指《涣》九二与初六阴阳相合，散而能聚，故"得愿"。程颐《周易程氏传》："涣散之时，以合为安。二居险中，急就于初，求安也。赖之如机而亡其悔，乃得所愿也。"

【涣九五小象传】《涣》卦九五爻的《小象传》。其辞曰："王居无咎，正位也。"意思是：（疏散）王者的居积必无咎害，说明九五以正道处于君主尊位。这是解说《涣》九五爻辞"（涣）王居无咎"的象征内涵。按，孔颖达《周易正义》释"正位"曰："以九五是王之正位，若非王居之则有咎矣。"其说训"居"为"居处"之意，后代《易》家多从之。可备参考。

【涣上九小象传】《涣》卦上九爻的《小象传》。其辞曰："涣其血，远害也。"意思是：涣散至极四方聚合遂能离去忧恤，说明上九已经远脱出离散的咎害。这是解说《涣》上九爻辞"涣其血（去）"的象征内涵。按，程颐《周易程氏传》："盖'血'下脱'去'字。血去惕出，谓能远害则无咎也。"程氏之意，此爻《小象传》首句当作"涣其血去"；其释"血"之义，则承王弼《周易注》"伤害"之说。此可备为参考。

【涣六三小象传】《涣》卦六三爻的《小象传》。其辞曰："涣其躬，志在外也。"意思是：涣散自身（以附从阳刚），说明六三的心志是向外发展。这是解说《涣》六三爻辞"涣其躬"的象征内涵。来知德《周易集注》："志在外卦之上九也。"

【涣六四小象传】《涣》卦六四爻的《小象传》。其辞曰："涣其群元吉，光大也。"意思是：涣散朋党而至为吉祥，说明六四的品德光明正大。这是解说《涣》六四爻辞"涣其群，元吉"的象征内涵。来知德《周易集注》："凡树私党者，皆心之暗昧狭小者也。惟无一毫之私，则光明正大，自能涣其群矣，故曰'光大也'。"

【涣其血去逖出】《涣》卦上九爻辞之语。意思是：涣散至极四方聚合遂能离去忧恤而脱出惕惧。血，通"恤"，犹言"忧恤"；逖，通"惕"，即"惕惧"。这是说明上九以阳刚居《涣》之极，散极然后返聚，出现天下"归于一统，非复前日之离散"的景象，于是能去"忧"出"惕"，免遭离散之害，故曰"涣其血去逖出"。参见"涣上九"。

【涣其血远害也】《涣》卦上九爻的《小象传》辞。旨在解说上九爻辞"涣其血（去）"的象征内涵。意思是：涣散至极四方聚合遂能离去忧恤，说明上九已经远脱出离散的咎害。参见"涣上九小象传"。

【涣初六小象传】《涣》卦初六爻的《小象传》。其辞曰："初六之吉，顺也。"意思是：初六的吉祥，是由于顺承阳刚。这是解说《涣》初六爻辞"吉"的象征内涵。程颐《周易程氏传》："初之所以吉者，以其能顺从刚中之才也。始涣而用拯,能顺乎时也。"

【涣离也节止也】《杂卦传》语。说明《涣》卦象征"涣散",含有离披泛散之义;而《节》卦象征"节制",寓有制约不流之义,两卦旨趋适相对照。李鼎祚《周易集解》引虞翻曰:"《涣》散,故离;《节》制数度,故止。"

【涣有丘匪夷所思】《涣》卦六四爻辞之语。意思是:涣散小群而聚成山丘似的大群,这不是平常人思虑所能达到的。丘,谓山丘,喻"大";匪,通"非";夷,平也,谓常人。这是说明六四当"涣散"之时,柔正得位,上承九五"刚中"之君,下无应而无私,遂能散其朋党,志在化小群以成大群,使之固聚若山,协心同力承事君主,成"混一天下"之功,此非平常凡夫所能思及,故曰"涣有丘,匪夷所思"。参见"涣六四"。

【涣奔其机得愿也】《涣》卦九二爻的《小象传》辞。旨在解说九二爻辞"涣奔其机"的象征内涵。意思是:涣散之时奔就几案似的可供凭依之处,说明九二得遂阴阳聚合的心愿。参见"涣九二小象传"。

【涣其躬志在外也】《涣》卦六三爻的《小象传》辞。旨在解说六三爻辞"涣其躬"的象征内涵。意思是:涣散自身(以附从阳刚),说明六三的心志是向外发展。参见"涣六三小象传"。

【涣其群元吉光大也】《涣》卦六四爻的《小象传》辞。旨在解说六四爻辞"涣其群,元吉"的象征内涵。意思是:涣散朋党而至为吉祥,说明六四的品德光明正大。参见"涣六四小象传"。

【诸侯爻】 即"第四爻"。《易》卦六爻分居六位,凡为第四爻者亦称"诸侯"爻。《周易乾凿度》:"四为诸侯。"《京氏易传》于《大壮》卦曰:"九四诸侯之世,初九元士在应。"

【诸侯卦】 西汉《易》家倡"卦气"说,取六十四卦中的《坎》、《离》、《震》、《兑》为"四正卦",主四时;余六十卦每卦主六日七分,每五卦值一月,分别配以"公"、"辟"、"侯"、"大夫"、"卿"的名称。"诸侯卦",亦简称"侯卦",凡十二,为《屯》、《小过》、《需》、《豫》、《旅》、《大有》、《鼎》、《恒》、《巽》、《归妹》、《艮》、《未济》。参见"公辟侯大夫卿名义"。

【诸家易象别录】 清方申撰。一卷。《方氏易学五书》本。是编为作者《易学五书》之一,旨在辑录汉代诸家《易》象。柯劭忞云:"其撰集诸家《易》象,以《易纬》及郑君《易纬注》为大宗,《易》注则取之李鼎祚《集解》。若他书所引,往往遗之。""至于非逸象而强名为象","不遵枚举,亟应刊削者矣"(《续修四库全书提要》)。

【栾肇】 西晋太山(治所今山东泰安东北)人。字永初。官至太保掾、尚书郎。治《易》,著有《易论》。张璠集魏晋二十二家《易》说,撰为《周易集解》十二卷,栾肇亦属被采入诸家之一(见陆德明《经典释文序录》)。《隋书·经籍志》列栾肇"《周易象论》三卷";《旧唐书·经籍志》、《新唐书·艺文志》均作"一卷"。已佚。

【冥升】《升》卦上六爻辞之语。意为:昏暗至甚却仍然上升。这是说明上六阴处《升》之终,居坤暗之极,有昏昧至甚却仍上升不已之象,故谓之"冥升"。参见"升上六"。

【冥豫】《豫》卦上六爻辞之语。意为:昏冥沈溺于欢乐。此言上六当《豫》之时,以阴处卦之极,盲目纵乐无度,故有"冥豫"已成之象。参见"豫上六"。

【冥升在上消不富也】《升》卦上六爻的《小象传》辞。旨在解说上六爻辞"冥升"的象征内涵。意思是:昏昧至甚却仍上升而高居极位,说明上六的发展趋势必将消弱而不能富盛。参见"升上六小象传"。

【冥豫在上何可长也】《豫》卦上六爻的《小象传》辞。旨在解说上六爻辞"冥豫"的象征内涵。意思是:昏冥纵乐、高居上位,这种欢乐怎能保持长久呢? 参见

"豫上六小象传"。

〔一〕

【通卦验】 旧题东汉郑玄注。二卷。《易纬八种》之一。见"易纬通卦验"。

【通书述解】 明曹端撰。一卷。参见"太极图说述解"。

【剥】 六十四卦之一。列居篇中第二十三卦。由下坤（☷）上艮（☶）组成，卦形作☷，卦名为《剥》，象征"剥落"。《剥》卦喻示事物发展过程中，"阳"被"阴"剥落的情状，犹如描绘了一幅秋气萧瑟、万物零落的图景。全卦义旨，阐发善处"剥落"之时的要义，揭明"剥"极必"复"、顺势止"剥"的哲理。卦辞谓"不利有攸往"，诫人此时必须谨慎居守，把握转"剥"复阳之机。六爻之中，五阴处下、一阳居上，通过不同的喻象，指出事物被逐渐消剥的过程，以及处"剥"、转"剥"的规律。其中三阴爻以床体被浸蚀剥落设喻：初六剥及床足，六二剥及床头，尚未致毁败，均戒以守正防凶；六四剥至床面，此"床"行将败坏，故有凶险。余两阴爻虽也置身于"剥"，却能"含阳"、"承刚"，蕴育着复阳的期望，因此六三获"无咎"、六五"无不利"。至于上九，是极处卦终的唯一阳爻，代表事物"剥"而不尽、终将回复，其"硕果"独存、阳刚不灭的形象寓意深刻：一方面生动地表明自然界以及人类社会"生生不止"的客观规律；另一方面显示了只有象征"君子"的"阳刚"，才能使"硕果"萌发生机、转"剥"为"复"。《周易折中》引乔中和曰："'硕果不食'，核也，仁也，生生之根也。自古无不朽之株，有相传之果，此'剥'之所以'复'也。"

【剥上九】 《剥》卦上九爻。以阳爻居卦最上之位。爻辞曰："硕果不食，君子得舆，小人剥庐。"意思是：硕大的果实未被摘食，君子摘取将能驱车济世，小人摘取必致剥落万家。不食，犹言不曾摘食；得舆，得乘大车，喻济世获吉；剥庐，剥落屋宇，喻害民致凶。这是说明上九高居《剥》卦之终，其德刚直，当诸爻俱"剥"成阴之时，独存阳实，故有"硕果"未被摘食之象；此时上九若以"君子"获此硕果则吉，若为"小人"窃此硕果则凶，故爻辞又从正反两方面设喻，谓"君子得舆，小人剥庐"。李鼎祚《周易集解》引侯果曰："处《剥》之上，有刚直之德，群小人不能害也，故果至硕大不被剥食矣。君子居此，万姓赖安，若得乘其车舆也；小人处之，则庶方无控，被剥其庐舍。"按，《剥》上九一阳独居卦终，完葆硕果，正是"剥"尽"复"来，"君子"有为之时。但爻辞又谓"小人剥庐"，则见作《易》者特设"危辞"，深寓诫意。

【剥六二】 《剥》卦六二爻。以阴爻居卦第二位。爻辞曰："剥床以辨，蔑；贞凶。"意思是：剥落大床已经剥至床头，床头必致蚀灭；守持正固以防凶险。以，介词，犹言"及"；辨，犹言"床头"，尚秉和先生《周易尚氏学》据《周礼·天官·小宰》"廉辨"杜子春注"或作'廉端'"，以为"辨、端音近通用"，并曰："端，首也，剥床以端，是剥及床头也"；蔑，通"灭"，谓"蚀灭"（参见"剥初六"）；贞凶，犹言"守正防凶"。这是说明六二当"剥"之时，以阴居下坤之中，犹如床头处于"床足"、"床架"之间；此时初六之"床足"已剥落，乃又剥及床头，并将灭坏，故曰"剥床以辨，蔑"；六二之位虽居中得正，但与六五无应，且"剥床"之势已至"床头"，故爻辞特戒其守正防凶。按，"辨"字，陆德明《经典释文》曰"徐音'辨具'之'辨'，足上也，马、郑同"，又引薛虞曰"膝下也"，后人多承此释"辨"为"足上膝下"，可备参考。又按，当"剥"之时，上能助下，则有益于止"剥"抑"剥"；六二既无上应，自当防凶。《周易折中》引龚焕曰："六二阴柔中正，使上有阳刚之与，则必应之助实，而不为剥矣。惟其无与，所以杂于群阴之中而为剥。若三则有与，故虽不如二之中正，而得无咎。"此辨《剥》六二、六三两爻象征涵意的区别，颇为可取。

【剥六三】《剥》卦六三爻。以阴爻居卦第三位。爻辞曰:"剥,无咎。"意思是:虽处剥落之时,却无咎害。此谓六三处《剥》下卦之终,其体虽已消剥成阴,但居阳位,又与上九阳刚相应,故其表似已消剥,其里却仍存阳质,有"含阳待复"之义,故获"无咎"。按,马其昶《重定周易费氏学》指出,《剥》卦诸阴爻所言"剥",皆"本爻变刚自剥之象",即"阳"已消剥成"阴",非往剥它爻;故六三之"剥"亦"指本爻也"。其说可从。又按,《剥》六三爻辞"剥,无咎",陆德明《经典释文》云:"一本作'剥之,无咎',非。"尚秉和先生《周易尚氏学》以为"之"字"乃从《象辞》而衍,无者是也。"又按,《坤》卦六三曰"含章可贞","章"即"阳质"。可见,第三位若为阴爻所居,必蕴含阳质。《剥》卦六三又兼应上九之阳,内含阳质益充;以此处"剥"待"复",自可"无咎"。此卦六五亦处阳位,比近上九阳刚,获"利"之理与六三同。故赵彦肃《复斋易说》云:"三应、五比,皆能存阳而免凶。"又按,李鼎祚《周易集解》引荀爽注,认为《剥》卦中群阴"皆剥阳",六三"独应上,无剥害意,是以无咎。"此义颇为后人所取,可备一说。

【剥六五】《剥》卦六五爻。以阴爻居卦第五位。爻辞曰:"贯鱼以宫人宠,无不利。"意思是:像贯串一排鱼一样引领众宫女承宠于君王,无所不利。贯鱼,众鱼相贯成行;宫人,喻《剥》卦六五以下的群阴;宠,指"宫人"获宠于君王,句中省略的宾语"君王"当指《剥》卦上九。这是说明六五当"剥"极将"复"之时,以阴居卦尊位,虽自身与四阴一样已"剥"成阴,但其志上承上九阳刚,有"贯串"诸阴承应上九、欲转"剥"道之象,正如妃后引领一列宫女承宠君王,故虽处"剥"而"无不利"。李鼎祚《周易集解》引何妥曰:"夫《剥》之为卦,下比五阴,骈头相次,似'贯鱼'也。鱼为阴物,以喻众阴也。夫'宫人'者,后、夫人、嫔、妾各有次序,不相渎乱,此则贵贱有

章,宠御有序。六五既为众阴之主,能有'贯鱼'之次第,故得'无不利'矣。"按,《周礼·天官·九嫔》郑玄注曰:"女御八十一人当九夕,世妇二十七人当三夕,九嫔九人当一夕,三夫人当一夕,后当一夕;亦十五日而遍云。自望后反之。"可见周朝内宫礼制是宫人每夕三至九人承侍君王,十五日一反复,其中"后"最尊以一人居后,独当一夕(郑注:"卑者宜先,尊者宜后")。据此,《剥》六五取"贯鱼以宫人宠"之象,正是借周朝宫嫔制度为喻。又按,此爻辞拟象,至为巧妙:先以"贯鱼"喻"宫人",再合"贯鱼"、"宫人"喻六五与四阴爻的情状,宜视为"复叠式"的譬喻。《周易乾凿度》引孔子语,谓《剥》之六五犹"阴贯鱼而欲承君子也",可谓深得喻旨。

【剥六四】《剥》卦六四爻。以阴爻居卦第四位。爻辞曰:"剥床以肤,凶。"意思是:剥落大床已剥至床面,有凶险。以,介词,犹"及";肤,原意为"皮肤",此处喻"床面"。这是说明六四当"剥"之时,处上卦之初,犹如大床剥落至于床面,此床将败坏,故"凶"。尚秉和先生《周易尚氏学》:"足、辨、肤,皆指床言;肤,犹言'床面'也。人卧床,身与床切;剥及于是,言'近灾'。"按,李鼎祚《周易集解》引王肃注,释"肤"为"人身",认为:"床剥尽以及人身,为败滋深,害莫甚焉。"于义亦通。又按,"剥落"至于六四,床体已消剥殆尽,面临委颓,岂可坐卧? 故《剥》六四的《小象传》云"切近灾也"。然而,"剥落"至极,"复元"的转机也将随之而来。此卦六五谓"无不利",正显示出这一苗头。

【剥无咎】《剥》卦六三爻辞。意为:虽处剥落之时,却无咎害。参见"剥六三"。

【剥初六】《剥》卦初六爻。以阴爻处卦下初位。爻辞曰:"剥床以足,蔑;贞凶。"意思是:剥落大床先剥及床足,床足必致蚀灭;守持正固以防凶险。以,介词,王引之《经传释词》:"犹'及'也";蔑,通"灭",谓"蚀灭",陆德明《经典释文》:"削

也,楚俗有'削灭'之言",又引荀爽本作"灭";贞凶,犹言"守正防凶"。这是说明初六当"剥"之时,以阴处卦下,居坤之始,犹如大床剥落灭坏,先始于足,故曰"剥床以足,蔑";由于初六处位最卑,无应失正,爻辞持诫其趋"正"自守、以防剥落之"凶",故又曰贞凶。俞琰《周易集说》:"阴之消阳,自下而进;初在下,故为剥床而先以床足灭于下之象。"按,"蔑"字,旧说多属下句读,作"蔑贞凶";俞琰《集说》属上读,似较胜。但据文势,"蔑"字独作一句则更切,故尚秉和先生《周易尚氏学》特指出"蔑"自为句。又按,王弼《周易注》合"蔑"字释"贞凶",解为"正削而凶",于义亦通。

【剥卦辞】 《剥》卦的卦辞。其文曰:"剥,不利有攸往。"意思是:《剥》卦象征剥落,不利于有所前往。剥,卦名,陆德明《经典释文》:"剥,马云'落也'",即象征"剥落"。卦辞指出,"剥落"之时,阳刚被消剥殆尽,阴气盛长,故诫"君子"不宜有所往。李鼎祚《周易集解》引郑玄曰:"阴气侵阳,上至于五,万物零落,故谓之'剥'。"孔颖达《周易正义》:"剥者,剥落也。今阴长变刚,刚阳剥落,故称'剥'也。小人既长,故'不利有攸往'也。"

【剥象传】 《剥》卦的《象传》。旨在解说《剥》卦的卦名、卦辞之义。其文为:"《彖》曰:剥,剥也,柔变刚也。不利有攸往,小人长也。顺而止之,观象也;君子尚消息盈虚,天行也。"意思是:"《彖传》说:剥,意为剥落,譬如阴柔者浸蚀改变了阳刚的本质。不利于有所前往,说明小人的势力盛长。此时应当顺势抑止小人之道,这从观察卦象可以得知;君子崇尚消亡生息、盈盛亏虚的转化哲理,这是大自然的运行规律啊。"全文可分三节理解。第一节,自"剥"至"柔变刚也"三句,以《剥》卦中五阴爻已剥蚀并改变阳刚的本质,释卦名"剥"之义。第二节,"不利有攸往,小人长也"二句,举《剥》卦中五阴众多而有小人盛长之象,以释卦辞"不利有攸往"之义。第三节,自"顺而止之"至"天行也"四句,举《剥》卦下坤为顺、上艮为止之象及"天道"盛衰互转的哲理,说明阴剥阳之势未能终久,揭示"君子"顺势止剥之道。

【剥大象传】 《剥》卦的《大象传》。其辞曰:"山附于地,剥;上以厚下安宅。"意思是:高山颓落委附在地面,象征"剥落";居上者因此丰厚基础、安固住宅。上,谓居上者;下,下处,犹言"基础"。这是先揭明《剥》卦上艮为山、下坤为地之象,谓高山而委附于地,正为事物被"剥落"的象征;然后推阐出"居上者"观此象,须悟知"厚下安宅",以防"剥落"的道理。李鼎祚《周易集解》引卢氏曰:"山高绝于地,今附地者,明被剥矣。"孔颖达《周易正义》:"剥之为义,从下而起。故在上之人当须丰厚于下,安物之居,以防于剥也。"按,《剥》卦的卦辞强调"剥落"时不利有所往,《大象传》指出平日应当固本防剥;两者阐说角度不同,所寓之理则可贯通。所谓"安宅",也是一种比喻,其旨颇可触类引申。《周易折中》引刘牧曰:"君以民为本,厚其下,则君安于上。"即是一例。

【剥床以足】 《剥》卦初六爻辞之语。意为:剥落大床先剥及床足。以,介词,犹言"及"。这是说明初六当"剥"之时,以阴处卦下,居坤之始,犹如大床剥落灭坏,先始于足,故曰"剥床以足"。参见"剥初六"。

【剥床以肤】 《剥》卦六四爻辞之语。意为:剥落大床已剥至床面。以,介词,犹言"及";肤,喻指床面。此言六四当"剥"之时,处上卦之初,犹如大床剥落至于床面,此床即将败坏,故曰"剥床以肤"。参见"剥六四"。

【剥床以辨】 《剥》卦六二爻辞之语。意为:剥落大床已剥至床头。以,介词,犹"及";辨,通"端",犹言"床头"。这是说明六二当"剥"之时,以阴居下坤之中,犹如床头处于"床足"、"床架"之间;此时初六的"床足"已剥落,乃又剥及床头,并将灭坏,故曰"剥床以辨"。参见"剥六二"。

【剥复之机】 《剥》卦之象,为一阳在上,五阴剥阳将尽;《复》卦之象,为五阴在上,一阳回复于下。《周易》六十四卦,《剥》、《复》相承,含有阴气盛极必衰、阳气终将来复的义旨,谓为"剥复之机",亦喻社会兴衰治乱的转化。《宋史·程元凤传》:"极论世运剥复之机,及人主所当法天者。"

【剥受之以复】 《周易》六十四卦,以象征"剥落"的《剥》卦列居第二十三卦;事物不可能终久穷剥,剥尽于上必将导致回复于下,所以接《剥》之后是象征"回复"的第二十四卦《复卦》。此称"《剥》受之以《复》"。语本《序卦传》:"物不可以终尽,剥穷上反下,故受之以《复》。"李鼎祚《周易集解》引崔憬曰:"夫《易》穷则有变,物极则反于初,故《剥》之为道,不可终尽,而受之于《复》也。"

【剥上九小象传】 《剥》卦上九爻的《小象传》。其辞曰:"君子得舆,民所载也;小人剥庐,终不可用也。"意思是:君子(摘取硕果)将能驱车济世,说明君子将受到天下百姓拥戴;小人(摘取硕果)必致剥落万家,说明小人终究不可任用。这是解说《剥》上九爻辞"君子得舆,小人剥庐"的象征内涵。孔颖达《周易正义》:"若君子居处此位,养育其民,民所仰戴也。"又曰:"小人处此位为君,剥彻民之庐舍,此小人终不可为君也。"

【剥六二小象传】 《剥》卦六二爻的《小象传》。其辞曰:"剥床以辨,未有与也。"意思是:剥落大床已经剥至床头,说明六二未获得互应者相助。这是解说《剥》六二爻辞"剥床以辨"的象征内涵。未有与,指六二得不到六五的应,故有"凶"宜"贞"。李鼎祚《周易集解》引崔憬曰:"未有与者,言至三则应,故二未有与也。"

【剥六三小象传】 《剥》卦六三爻的《小象传》。其辞曰:"剥之无咎,失上下也。"意思是:虽处剥落之时而无咎害,说明六三离开上下群阴(独应阳刚)。这是解说《剥》六三爻辞"剥,无咎"的象征内涵。失上下,指六三不与六四、六二两阴爻为伍,独应上九,潜含阳质,故处"剥"而"无咎"。尚秉和先生《周易尚氏学》:"不党于二阴,故曰'失上下'。"

【剥六四小象传】 《剥》卦六四爻的《小象传》。其辞曰:"剥床以肤,切近灾也。"意思是:剥落大床已剥至床面,说明六四迫近灾祸了。这是解说《剥》六四爻辞"剥床以肤"的象征内涵。尚秉和先生《周易尚氏学》:"人卧床,身与床切;剥及于是,故言'近灾'。"

【剥六五小象传】 《剥》卦六五爻的《小象传》。其辞曰:"以宫人宠,终无尤也。"意思是:引领众宫女承宠于君王,说明六五终究无所过失。这是解说《剥》六五爻辞"以宫人宠"的象征内涵。无尤,指六五上承于九阳刚,遂能转"剥"为"复"。尚秉和先生《周易尚氏学》:"五得承阳,故无尤悔。"

【剥初六小象传】 《剥》卦初六爻的《小象传》。其辞曰:"剥床以足,以灭下也。"意思是:剥落大床先剥及床足,说明最初先蚀灭下部基础。这是解说《剥》初六爻辞"剥床以足"的象征内涵。李鼎祚《周易集解》引卢氏曰:"坤所以载物,床所以安人,在下故称足;先从下剥,渐及于上,则君政崩灭,故曰'以灭下也'。"

【剥烂也复反也】 《杂卦传》语。说明《剥》卦象征"剥落",犹如果实烂熟剥落;而《复》卦象征"回复",犹如阳气复返正道,两卦旨趋适可对照。韩康伯《杂卦注》:"物熟则剥落也。"俞琰《周易集说》:"烂,谓一阳消亡于上;反,谓一阳复生于下。《剥》极而为《复》。犹硕果不食,烂而坠地;则核中之仁,又从而发生也。"

【剥之无咎失上下也】 《剥》卦六三爻的《小象传》辞。旨在解说六三爻辞"剥,无咎"的象征内涵。意思是:虽处剥落之时而无咎害,说明六三离开上下群阴(独应阳刚)。参见"剥六三小象传"。

【**剥床以足以灭下也**】 《剥》卦初六爻的《小象传》辞,旨在解说初六爻辞"剥床以足"的象征内涵。意思是:剥落大床先剥及床足,说明最初先蚀灭下部基础。参见"剥初六小象传"。

【**剥床以肤切近灾也**】 《剥》卦六四爻的《小象传》辞。旨在解说六四爻辞"剥床以肤"的象征内涵,意思是:剥落大床已剥至床面,说明六四迫近灾祸了。参见"剥六四小象传"。

【**剥床以辨未有与也**】 《剥》卦六二爻的《小象传》辞。旨在解说六二爻辞"剥床以辨"的象征内涵。意思是:剥落大床已经剥至床头,说明六二未获得互应者相助。参见"剥六二小象传"。

【**能以众正可以王矣**】 《师》卦的《彖传》语。意思是:能使众多部属坚守正道,就可以作君王了。这是解说《师》卦辞"师,贞"之义。程颐《周易程氏传》:"能使众人皆正,可以王天下矣。得众心服从而归正,王道止于是也。"

【**继照**】 喻光明美德延继不绝地照临天下。语本《离》卦《大象传》"继明照于四方"。宋真宗赵恒幼时所居之堂,取名"继照"。《宋史·周起传》:"真宗尝临幸问劳,起请曰:'陛下昔龙潜于此,请避正寝居西庑。'诏从之,名其堂曰'继照'。"

【**继明照于四方**】 《离》卦的《大象传》语。意为:连续不断地用光明之德照临天下四方。这是从《离》卦"光明接连升起"的卦象而推阐出的"大人"应效法此象,绵延不断地用"明德"照临天下的道理。参见"离大象传"。

十一画

〔一〕

【黄泽】(1260—1346) 元九江(今属江西)人,其先自资州(今四川资中)徙家焉。字楚望。生有异质,慨然以明经学道为志。好为苦思,常积劳成疾,疾止复思。治经以汉唐注疏为据,于名物度数考核精审,而义理一宗程颐、朱熹。元成宗大德间授江州景星书院山长,又为东湖书院山长。任满即归,闭门授徒以养亲。卒年八十七。著述传世者有《易学滥觞》、《春秋指要》等十二、三种(见《元史》本传)。研《易》专著今存《易学滥觞》一卷。

【黄颖】 东晋南海(治所今广东广州市)人。晋广州儒林从事。治《易》,著有《周易注》十卷(见陆德明《经典释文序录》)。吴承仕先生《经典释文序录疏证》指出:"《隋志》:'《注》四卷。梁有十卷,今残缺。'《唐志》仍列十卷。《释文》仅引音训数事,不能窥其流别。"其书已佚。清马国翰《玉函山房辑佚书》、黄奭《汉学堂丛书》均辑有黄氏《周易注》一卷。

【黄以周】(1828—1899) 清浙江定海人。初名元同,后为字。号儆季,晚号哉生。黄式三之子。同治举人,任浙江分水县训导。光绪间主讲南菁书院十五年。晚选处州府教授,以特荐授内阁中书。卒年七十二。平生事亲至孝,为学不拘汉宋门户,尤邃《三礼》。所撰《礼书通故》百卷,博采众说而折衷之,俞樾称其精核(见《续碑传集》及章炳麟《黄以周传》)。其《易》学专著,于十九岁时即有《十翼后录》之作;后约其说为《周易故训订》一卷,又约为《周易注疏賸本》一卷,皆为未完之书,其弟子唐文治为刊于《十三经读本》中。

【黄宗炎】(1616—1686) 明末清初余姚(今属浙江)人。字晦木,一字立豀。黄宗羲之弟。崇祯中贡生。与兄宗羲、弟宗会俱受业于刘宗周。学行与宗羲等,而傲岸过之。明亡,提药笼游海昌、石门间,以刻印、绘画以自给。于象纬、律吕、轨革、壬遁之学,皆有神悟。治《易》力辟陈抟之说。学者称"鹧鸪先生"(见《清史稿·儒林传》及《清史列传》)。研《易》专著今存《周易象辞》二十一卷、《周易寻门余论》一卷、《易学辨惑》一卷。

【黄宗羲】(1610—1695) 明末清初余姚(今属浙江)人。字太冲,号南雷,学者称梨洲先生。自幼受东林党人影响。十九岁时,为其父黄尊素死诏狱事,入都讼冤,以铁锥毙伤仇人,明思宗叹为忠义孤儿。归乡,益肆力于学,尽发家藏书读之,不足,复借钞之。后领导"复社",坚持反对魏忠贤余党。清兵南下,募兵成立"世忠营"以抗击之,被鲁王任命为左副都御史等职。明亡后,奉母返里,毕力著述。曾受业于刘宗周。与孙奇逢、李颙并称三大儒。学问极博,于经史百家以及天文、算术、乐律、释道之书,无不研讨。康熙中,举鸿博、荐修《明史》,均力辞。诏取所著书宣付史馆;史局大案,必咨之。卒年八十六,私谥"文孝"。宣统元年(1909)从祀孔庙。平生著书甚多,其中《宋元学案》、《明儒学案》、《明夷待访录》、《南雷文案》等影响较大(见《清史稿·儒林传》)。研《易》专著今存《易学象数论》六卷。

【黄道周】(1585—1646) 明漳浦(今属福建)人。字幼平;一说字幼玄,又字螭若。号石斋。天启进士。崇祯初官右中允,后进少詹事兼翰林院侍读学士。福王时官礼部尚书。南都覆,唐王以为武英殿大学士,率师至婺源,与清军遇,兵败被俘,不屈死。平生工书善画,以文章风节高天下；严冷方刚，不谐流俗,公卿多畏而忌之。各种著述甚多（见《明史》本传及《明儒学案》)。《易》学专著今存《易象正》十六卷、《三易洞玑》十六卷。

【黄离元吉】 《离》卦六二爻辞。意思是：保持中正的黄色附丽于物,至为吉祥。黄,中和之色。这是用"黄"色喻六二居《离》下卦中位而阴柔得正,谓其能以柔顺中正之德附丽于物,大得"离"道之美,故称"黄离,元吉"。参见"离六二"。

【黄裳元吉】 《坤》卦六五爻的爻辞。意思是：黄色裙裳,至为吉祥。在古代的"五色"及服饰中,黄为"中之色",裳为"下之饰",故"黄裳"象征"中和谦下"。《坤》六五以柔居上卦之中,其德谦下,故以"黄裳"为喻,并获"元吉"。参见"坤六五"。

【黄中通理正位居体】 《坤》卦《文言传》语。旨在衍发《坤》卦六五爻辞"黄裳,元吉"的象征意义。谓"君子"当《坤》六五之时,其美质好比黄色中和、通达文理,其身居在正确的位置。黄,中之色,六五以柔居上卦中位,故称"黄中"；理,谓文理；正位居体,犹言"体居正位"。这是盛赞六五居尊位而中和谦下的美德,故下文又极言："美在其中,而畅于四支,发于事业,美之至也!"李鼎祚《周易集解》引侯果曰："六五以中和通理之德,居体为正位,故能美充于中,而旁畅于万物,形于事业,无不得宜,是美之至也。"程颐《周易程氏传》："黄中,文居中也。君子文中而达于理,居正位而不失为下体。五尊位,在《坤》则惟取中正之义。美积于中,而通畅于四体,发见于事业,德美之至盛也。"

【黄离元吉得中道也】 《离》卦六二爻的《小象传》辞。旨在解说六二爻辞"黄离,元吉"的象征内涵。意思是：保持中正的黄色附丽于物而为吉祥,说明六二有得于适中不偏之道。参见"离六二小象传"。

【黄裳元吉文在中也】 《坤》卦六五爻的《小象传》辞。旨在解说六五爻辞"黄裳,元吉"的象征内涵。意思是：黄色裙裳至为吉祥,说明《坤》六五以温文之德守持中道。参见"坤六五小象传"。

【龚原】 北宋处州遂昌（今属浙江)人。字深之,又字深甫。第进士,元丰中为国子直讲,徽宗初进给事中,以论哲宗丧服事谪知南康军；再起,历兵工二部侍郎,又夺职居和州,起为亳州,命下而卒,年六十七。少时师事王安石。为国子司业时,曾以王氏父子所撰经义刊板以传学者,一时学校举子之文,靡然从之,其敝自龚原始（参见《宋史》本传)。《易》学著述今存《周易新讲义》十卷。

【曹端】（1376—1434） 明渑池（今属河南)人。字正夫。学者称月川先生,私谥"静修"。五岁见《河图》、《洛书》,即画地以问其父。及长,专心性理之学,读宋儒《太极图》、《通书》、《西铭》,叹曰："道在是矣!"遂笃志研究,坐下著足处两砖皆穿。其学务躬行实践,以静存为要。永乐中举人。授霍州学正,修明儒学,人服其化。丁二亲忧归乡,霍州诸生多随之就墓次受学。服阕,改蒲州学正。霍、蒲两邑各上章争之,霍州之奏先,得请之。先后在霍十六载,卒于官。诸生服心丧三年,霍人罢市巷哭,童子皆流涕。家贫不能归葬,遂留葬于霍,二子守墓相继死,亦葬墓侧。后改葬渑池。平生以倡明绝学为己任,论者推为"明初理学之冠"。所著有《孝经述解》、《四书详说》、《周易乾坤二卦解义》、《太极图说通书西铭释文》、《性理文集》、《儒学宗统谱》等（见《明史·儒林传》)。今所存《太极图说述解》、《通书述解》、《西铭述解》各一卷,皆与《易》学有关。

【萧汉中】 元泰和（今属江西)人。字景元。仕履未详。《易》学著述有《读易考原》三卷,《四库全书》合为一卷（见《经义考》及《四库全书提要》)。

【萃】 六十四卦之一。列居篇中第四十五卦。由下坤（☷)上兑（☱)组成,卦形作"䷬",卦名为《萃》,象征"会聚"。"方以类聚,物以群分",自然界万物是在"群居"的形式中发展进化。《公羊传》庄公四年曰:"古者诸侯,必有会聚之事。"《白虎通义·宗族篇》云:"生相亲爱,死相哀痛,有会聚之道,故谓之族。"可见,人类的"会聚",既有纯属生态领域的内容,又有充满政治色彩的内容。《萃》卦,即揭示事物"会聚"之理。全卦大义,以人与人在政治关系中的相聚为喻,强调"会聚"应当立足于"正道"的基点上。卦辞拟象于祭祀,说明"君王"、"大人"必须用美德、正道聚合人神,会通上下,就能亨通畅达,利有所往。其旨适如《彖传》所概括的"聚以正"则利,"顺天命"必吉诸语。卦中四阴爻主于求聚于人,其中初六位卑不可妄聚,当专一孚诚求应;六二柔顺中正,利于受尊者牵引得聚;六三失正无应,能近比阳刚亦可往聚;惟上六穷居"萃"极,欲聚无门。至于九四、九五两阳,并主于获人来聚。但四不当位而获三阴之聚,须"大吉"然后"无咎";五虽居尊而尚未取信于众,当修"元永贞"之德然后"悔亡"。综观六爻喻义,未有一爻呈现"凶"象,即使上六求聚不得,亦以忧惧知危而免害;但也未有一爻顺畅完美地得遂聚合之愿,虽九五阳刚中正也多见诫意。于是,六爻一例系以"无咎"之辞。《系辞上传》曰:"无咎者,善补过也。"尚秉和先生《周易尚氏学》云:"无咎,非全美之辞。"由此似可看出,《周易》作者认为"会聚"之时稍一失正即生变乱,故极力强调要长存戒防咎患之心。《大象传》申发"修治兵器,以备不虞"的意义,正是这一方面旨趣的集中体现。

【萃九五】《萃》卦九五爻。以阳爻居卦第五位。爻辞曰:"萃有位,无咎,匪孚;元永贞,悔亡。"意思是:广聚众庶而保有尊位,不致咎害,但还未能广泛取信于众;作为有德君长应当永久不渝地守持正固,则悔恨必将消亡。匪,通"非";孚,信也;元,善之长也;永,久也;贞,正也,"元永贞"与《比》卦的卦辞用语同,犹言"有德君长永久守正"(见"比卦辞")。这是说明九五当天下"大聚"之时,以阳刚中正高居尊位,志在广聚众庶;但此时九四擅聚三阴,己德未能广乎于众,故只能自守刚正以免咎;而九五既禀阳刚尊长之德,则必能永久守正,其"匪孚"之"悔"亦必将消亡,故又称"元永贞,悔亡"。王弼《周易注》:"处'聚'之时,最得盛位,故曰'萃有位'也;四专而据,己德不行,自守而已,故曰'无咎,匪孚'。"程颐《周易程氏传》:"'元永贞'者,君之德,民所归也。故比天下之道,与萃天下之道,皆在此三者。"又曰:"元,首也,长也,为君德首出庶物,君长群生,有尊大之义焉,有主统之义焉;而又恒永贞固,则通于神明,光于四海,无思不服矣,乃无'匪孚',而其悔亡也。"按,《萃》九五要实现会萃天下的心志,不能单凭居位高,而更要修美"元永贞"之德。朱熹门徒曾经发问:九五阳刚居尊,为何"匪孚"?朱子回答说:"此言有位而无德,则虽萃而不能使人信。故人有不信,当修'元永贞'之德,而后'悔亡'也。"(《朱子语类》)

【萃九四】《萃》卦九四爻。以阴爻居卦第四位。爻辞曰:"大吉,无咎。"意思是:大为吉祥,必无咎害。此言九四当"萃"之时,以阳刚居上卦之始,下据三阴,至获所"聚",故"大吉";但其位不正,本有咎,唯"大吉"而建树伟功,然后得免其咎。王弼《周易注》:"履非其位,而下据三阴;得其所据,失其所处。处'聚'之时,不正而据,故必大吉,立夫大功,然后无咎也。"按,《萃》九四阳刚失正,未居尊位,却广聚下卦三阴,其先须"大吉"然后"无咎",实含以"吉"补"咎"之义。项安世《周易玩辞》云:"无尊位而得众心,故必'大吉'而后可以'无咎'。如《益》之初九,在下位而任'厚事',亦必'元吉'而后可以'无咎'也。"

【萃上六】《萃》卦上六爻。以阴爻居卦最上之位。爻辞曰:"齎咨涕洟,无咎。"意思是:咨嗟哀叹而又痛哭流涕,可免咎害。齎,音稽jī,"齎咨",双声叠韵连绵词,悲叹之声,陆德明《经典释文》"嗟叹之辞也,郑同,马云'悲声怨声'";涕洟,犹言"痛哭流涕",许慎《说文解字》"洟,鼻液也",《玉篇》"目汁出曰'涕'"。这是说明上六居《萃》之终,下无应援,穷极而无所聚,又以阴乘凌九五阳刚尊长,求聚不得,故悲叹"齎咨",痛哭"涕洟";唯其悲泣知惧,故亦得免害而"无咎"。王弼《周易注》:"处'聚'之时,居于上极,五非所乘,内无应援。处上独立,近远无助,危莫甚焉。齎咨,嗟叹之辞也。若能知危之至,惧祸之深,忧病之甚,至于'涕洟',不敢自安,亦众所不害,故'无咎'也。"按,《周易折中》引黄淳耀曰:"上乃孤孽之臣子也。萃极将散,而不得所萃,乃不得于君亲者。'齎咨涕洟'四字,乃极言悒艾求萃之情,故终得萃而无咎。"此说认为上六处"萃"极将反之时,欲聚无门,遂生怨艾之情。似于爻义可通,宜备参考。

【萃六二】《萃》卦六二爻。以阴爻居卦第二位。爻辞曰:"引吉,无咎;孚乃利用禴。"意思是:受人牵引相聚可获吉祥,不致咎害;只要心存诚信,即使微薄的禴祭也利于奉享神灵。引,牵引;孚,信也;禴,音跃yuè,古代四时祭祀之一,殷称"春祭"为"禴",属较微薄之祭。这是说明六二当"萃"之时,柔中居正,上应九五"刚中"之"君",必得其牵引会聚,遂获吉祥而无害;六二此时既柔中获应,则只须心存诚信,即可赢得"会聚"之美盛功效,犹如微薄的"禴祭"亦足以奉享神灵,获其赐福。李鼎祚《周易集解》引王弼曰:"居'萃'之时,体柔当位,处坤之中,己独履正,与众相殊,异操而聚。民之多僻,独正者危,未能变体以远于害,故必待五引,然后乃吉而无咎。禴,殷春祭名,四时之祭省者也。居'聚'之时,处于中正,而行以忠信,可以省薄于鬼神矣。"按《萃》六二之"吉",在于孚信长存,不变柔顺中正之志,于是以诚心见引于"尊者",虽薄祭亦

可获享于"神灵"。张载《横渠易说》云:"能自持不变,引而后往,吉乃无咎。凡言'利用禴',皆诚素著白于幽明之际。"

【萃六三】《萃》卦六三爻。以阴爻居卦第三位。爻辞曰:"萃如嗟如,无攸利;往无咎,小吝。"意思是:会聚无人以致嗟叹声声,无所利益;往前将无咎害,但小有憾惜。萃如,形容求聚不得之状。这是说明六三当"萃"之时,处下卦之终,失位无应,求聚心切却不得其类,故徒自"嗟叹"而"无攸利";此时六三虽无上应,却与九四之阳相比,往而与聚则获"无咎";但三、四均失正,两者非属阴阳正应,故又有"小吝"。《周易折中》引俞琰曰:"'萃'之时'利见大人',三与五非应非比,而不得其萃,未免有嗟叹之声,则'无攸利'矣。既曰'无攸利',又曰'往无咎',三与四比,其可往也,舍四可乎? 三之从四,四亦巽而受之,故'无咎'。第无正应,而近比于四,所聚非正,有此小疵耳。"按,马其昶《重定周易费氏学》指出:"六爻唯三、上无应,又俱值穷位,一嗟一咨,求萃不得也,故'无攸利'。然天命不可顺,四、五为萃之主,合诸侯而发禁命事;三若比四以萃五,虽位不当,小吝,然当萃时,不能自外于会同之盟,故三与初皆曰'往无咎。'"此说揭明《萃》卦初、三、四、五、上诸爻之间的不同关系,义颇可取。又按,王弼《周易注》谓三、四相比而不正,故"嗟如,无攸利";然六三若往"聚"于上六,则虽非阴阳之应却可"无咎"。此亦可备一说。

【萃有位】《萃》卦九五爻辞之语。意为:广聚众庶而保有尊位。此言九五当天下"大聚"之时,以阳刚中正高居"君位",志在广聚众庶,故称"萃有位"。参见"萃九五"。

【萃初六】《萃》卦初六爻。以阴爻处卦下初位。爻辞曰:"有孚不终,乃乱乃萃,若号,一握为笑,勿恤,往无咎。"意思是:内心诚信不能保持至终,导致行为紊乱而与人妄聚;如果专情向上呼号,就能

萃

与阳刚友朋一握手间重见欢笑,不须忧虑,往前必无咎害。孚,信也;乃,语气助词;号,呼号。这是说明初六以阴处"萃"之始,上应九四之阳,但前有六二、六三两阴相阻,六三又近承九四,遂对九四疑虑重重,与四真诚会聚之心不能保持至终,以致行动紊乱而妄聚,故曰"有孚不终,乃乱乃萃";但初六毕竟与九四为正应,若能执情呼号九四,四必来应,两者将握手言欢,欣然会聚,故又勉其"勿恤,往无咎"。朱熹《周易本义》:"初六上应九四,而隔于二阴,当'萃'之时,不能自守,是有孚而不终,志乱而妄聚也。"《周易折中》引王宗传曰:"初之于四,相信之志,疑乱而不一也。然居'萃'之时,上下相求,若号焉,四必悦而应之,则一握之顷,变号咷而为笑乐矣,谓得其所萃也。故戒之曰'勿恤',又勉之曰'往无咎'。"按,王宗传训"号"为"号咷",则"一握为笑"含有"破啼为笑"之意,于义亦通。又按,《萃》初六的咎患在于"疑",孔颖达《周易正义》指出:"只为疑四与三,故志意迷乱。"一旦疑消,必然"往无咎"而有"笑"。

【萃卦辞】《萃》卦的卦辞。其文曰:"萃,亨,王假有庙;利见大人,亨利贞;用大牲吉,利有攸往。"意思是:《萃》卦象征会聚,亨通,此时君王用美德感格神灵以保有庙祭;利于出现大人,前景亨通而利于守持正固;用大牲祭祀可获吉祥,利于有所前往。萃,卦名,其义为"聚",象征"会聚";假,犹言"感格","王假有庙"句式与《家人》卦九五爻辞"王假有家"类同(见"家人九五");大牲,许慎《说文解字》"牛,大牲也",此处泛指祭祀所用的重大"牺牲"品。卦辞全文可分为三层理解。第一层,"萃,亨,王假有庙"三句,总说"会聚"之时有"亨通"之道,并拟"君王"会萃人神为象,谓其用美德感格神灵,会聚祖考的"精神",以保有"庙祭",意即如此可以保持"社稷"永久长存。故孔颖达《周易正义》云:"萃,聚也,聚集之义也;能招民聚

物,使物归而聚己,故名为'萃'也。"《周易折中》引龚焕曰:"假字,疑当作'昭假烈祖'之'假',谓感格也。王者致祭于宗庙,以己之精神感格祖考之精神,所以为'萃'也。"尚秉和先生《周易尚氏学》亦指出:"王假有庙,言王以至诚,格于宗庙而有事也。"第二层,"利见大人,亨利贞"二句,进一步指出"天下会聚"之时,利于出现"大人"以主持会聚之事,乃可导致亨通,并利于守正;此卦九五阳刚中正,则具"大人"之象。王弼《周易注》:"聚,得'大人'乃得通而利正也。"孔颖达《周易正义》:"聚而无主,不散则乱;惟有大德之人,能弘正道,乃得常通而利正。"第三层,"用大牲吉,利有攸往"二句,回头再发前文以"庙祭"会通人神的重大意义,谓于天下"大聚"之际,用"大牲"祭祀则吉,且利于有所前往;辞义主于"君主"要配合此时,大有作为。李鼎祚《周易集解》引郑玄曰:"大牲,牛也。言大人有嘉会时可干事,必杀牛而盟;既盟则可以往,故曰'利往'。"按,《萃》卦辞分别拟取"君王"庙祭,利见"大人",祭用"大牲"诸象,其义总归于"聚神"、"聚人",以使"萃"之时亨通畅达。《周易折中》指出:"'王假有庙'者,神人之聚也;'利见大人'者,上下之聚也;'用大牲吉',广言群祀,由'假庙'而推之,皆所以聚于神也;'利有攸往',广言所行,由'见大人'而推之,皆所以聚于人也。"此说解剖卦辞之义,亦颇见理绪,可资参考。又按,《萃》卦辞"萃,亨"之"亨"字,陆德明《经典释文》云"王肃本同,马、郑、陆、虞等并无此字";朱熹《周易本义》认为"'亨'字衍文";《周易折中》引项安世曰:"卦名下元无'亨'字,独王肃本有,王弼遂用其说,孔子《彖传》初不及此。"今检马王堆汉墓出土的《帛书周易》,"萃"下亦无"亨"字,诚可补证此字属衍文之说。

【萃彖传】《萃》卦的《彖传》。旨在解说《萃》卦的卦名、卦辞之义。其文为:"《彖》曰:萃,聚也;顺以说,刚中而应,故

聚也。王假有庙，致孝享也；利见大人亨，聚以正也；用大牲吉，利有攸往，顺天命也。观其所聚，而天地万物之情可见矣！"意思是：《彖传》说：萃，即言会聚；譬如物情和顺欣悦之时，阳刚居上者能够守持中道并应合于下，就能广聚众庶，此时君王用美德感格神灵以保有庙祭，这是表达对祖考的孝意而奉献至诚之心；利于出现大人而前景亨通，说明大人主持会聚必能遵循正道；用大牲祭祀可获吉祥，利于有所前往，说明会聚之时必须顺从'天'的规律。观察会聚现象，天地万物的性情就可以明白了！"全文可分三节理解。第一节，自"萃"至"故聚也"五句，举《萃》卦下坤为顺，上兑为说（悦）之象及九五爻阳刚居中而应六二之象，说明当物情顺悦之时，阳刚中正的尊者有应于下，遂能会聚众庶而有为，以释卦名"萃"之义。第二节，自"王假有庙"至"顺天命也"七句，说明"会聚"之时可以通过"祭祀"会通人神而表达对先祖的诚敬，此时"大人"可以用正道聚合众庶、施行"会聚"之事能顺"天命"必利于往，以分别解说《萃》卦辞"王假有庙"、"利见大人亨"、"用大牲吉，利有攸往"之义。第三节，"观其所聚，而天地万物之情可见矣"二句，谓事物会聚之时，必能反映出物情事理相互勾通投合的本质规律，以归结叹美《萃》卦所揭示的"会聚"大义。按，李鼎祚《周易集解》本"聚以正也"句下又有"利贞"二字，并引有《九家易》之注。李道平《周易集解纂疏》云："诸本《彖传》无'利贞'字，唯此本有之。"兹录备考。

【萃大象传】《萃》卦的《大象传》。其辞曰："泽上于地，萃；君子以除戎器，戒不虞。"意思是：泽居地上（水潦归汇），象征"会聚"；君子因此修治刀枪兵器，戒备不测变乱。除，犹言"修治"，李鼎祚《周易集解》引虞翻曰："除，修"；戎，许慎《说文解字》"兵也"，指兵器；不虞，即不测。这是先揭明《萃》卦上兑为泽、下坤为地之象，谓泽居地上，水潦必归汇之，正为"会聚"

的象征；然后推阐出"君子"观此象，须悟知事物久聚必生变乱，人情久聚或萌异心，当及早修治兵器以防不测的道理。李鼎祚《周易集解》引荀爽曰："泽者卑下，流潦归之，万物生焉，故谓之'萃'也。"王弼《周易注》："聚而无防，则众生心。"孔颖达《周易正义》："人既聚会，不可无防备，故君子于此之时，修治戎器，以戒备不虞也。"按，王申子《大易缉说》云："'泽上有地，临'，则聚泽者地岸也；'泽上于地，萃'，则聚泽者堤防也。以地岸而聚泽，则无堤防之劳；以堤防而聚泽，则有溃决之忧。故君子观此象，为治世之防，除治其戎器，以为不虞之戒。若以治安而忘战守之备，则是以旧防为无用而坏之也，其可乎？"此说比较《萃》、《临》两卦之象，义有可取。

【萃如嗟如】《萃》卦六三爻辞之语。意为：会聚无人以致嗟叹声声。萃如，形容求聚不得之状。此言六三当"萃"之时，处下卦之终，失位无应，求聚心切却不得其类，遂致徒发"嗟叹"而无济于事，故曰"萃如嗟如"。参见"萃六三"。

【萃受之以升】《周易》六十四卦，以象征"会聚"的《萃》卦列居第四十五卦；事物相会聚，则能共相促勉而升进，所以接《萃》之后是象征"上升"的第四十六卦《升》卦。此称"《萃》受之以《升》"。语本《序卦传》："《萃》者，聚也。聚而上者谓之升，故受之以《升》。"张栻《南轩易说》："天下之物，散之则小；合而聚之，则积小以成其高大，故聚而上者升也。"

【萃九五小象传】《萃》卦九五爻的《小象传》。其辞曰："萃有位，志未光也。"意思是：广聚众庶而保有尊位，说明九五会聚天下的心志尚未光大。这是解说《萃》九五爻辞"萃有位"的象征内涵。孔颖达《周易正义》："虽有盛位，然德未行；久乃悔亡，今时志意未光大也。"

【萃九四小象传】《萃》卦九四爻的《小象传》。其辞曰："大吉无咎，位不当也。"

意思是：大为吉祥然后才无咎害,说明九四居位尚不妥当。这是解说《萃》九四爻辞"大吉无咎"的象征内涵。孔颖达《周易正义》:"《象》曰'位不当'者,谓以阳居阴也。"

【萃上六小象传】 《萃》卦上六爻的《小象传》。其辞曰:"赍咨涕洟,未安上也。"意思是：咨嗟哀叹而又痛哭流涕,说明上六求聚不得而未能安居穷上之位。这是解说《萃》上六爻辞"赍咨涕洟"的象征内涵。俞琰《周易集说》:"萃之时,天下皆利见九五之大人,我独背之,而位处其上；人虽不我咎,我则未能自安于其上也。"

【萃六二小象传】 《萃》卦六二爻的《小象传》。其辞曰:"引吉无咎,中未变也。"意思是：受人牵引相聚可获吉祥而不致咎害,说明六二居中守正的心志未曾改变。这是解说《萃》六二爻辞"引吉无咎"的象征内涵。孔颖达《周易正义》:"释其所以须引乃吉,良由居中未变也。"

【萃六三小象传】 《萃》卦六三爻的《小象传》。其辞曰:"往无咎,上巽也。"意思是：往前将无咎害,说明六三能够向上驯顺于阳刚。这是解说《萃》六三爻辞"往无咎"的象征内涵。尚秉和先生《周易尚氏学》:"巽,顺也。上巽,言上顺四、五；四、五阳,故无咎。"按,《萃》六三既聚于九四,九四位承九五,故尚秉和先生云六三"上顺四、五",于义可通。

【萃初六小象传】 《萃》卦初六爻的《小象传》。其辞曰:"乃乱乃萃,其志乱也。"意思是：行为紊乱而与人妄聚,说明初六的心志产生迷乱。这是解说《萃》初六爻辞"乃乱乃萃"的象征内涵。王宗传《童溪易传》:"初以阴柔之才,而居下位,才与位俱不足者也。当萃之时,其才与位既俱不足,而六三又以无应而与四有相聚之嫌,故初疑四之不己应也,而相信之志至于疑乱而不一。"

【萃有位志未光也】 《萃》卦九五爻的《小象传》辞。旨在解说九五爻辞"萃有位"的象征内涵。意思是：广聚众庶而保有尊位,说明九五会聚天下的心志尚未光大。参见"萃九五小象传"。

【萃聚而升不来也】 《杂卦传》语。说明《萃》卦象征"会聚",含有事物会聚共相处之义；而《升》卦象征"上升",寓有事物上升不返来之义,两卦旨趣正可对照。韩康伯《杂卦注》:"来,还也。方在上升,故不返也。"俞琰《周易集说》:"地气萃而在下,是以聚而不去；地气升而向上,是以散而不来。"

【梦吞三爻】 三国虞翻谓郡吏陈桃梦翻与道士遇而吞《易》三爻,遂受命知经,著《易注》传世。《三国志·吴志·虞翻传》注引《虞翻别传》:翻初立《易注》,作疏上奏,奏文中言及:"又臣郡吏陈桃,梦臣与道士相遇,放发披鹿裘,布《易》六爻,挠其三以饮臣。臣乞尽吞之。道士言'《易》道在天,三爻足矣'。岂臣受命,应当知经!"

【赦过宥罪】 《解》卦的《大象传》语。意为：赦免过失而宽宥罪恶。这是从《解》卦"雷雨作"、万物舒发生机的卦象而推阐出的"君子"观此象,须悟知对众人"赦过宥罪"以体现舒缓"仁政"的意义。参见"解大象传"。

【探赜】 探求幽深难见之理。语出《系辞上传》"探赜索隐,钩深致远。"《后汉书·胡广传》:"探赜穷理。"《三国志·吴志·虞翻传》:"探赜穷通。"孔颖达《春秋正义序》:"探赜钩深,未能致远。"

【探赜索隐钩深致远】 谓窥探求索幽隐难见之理,钩取招致深远穷避之物。语出《系辞上传》:"圣人探赜索隐,钩深致远,以定天下之吉凶,成天下之亹亹者,莫大乎蓍龟。"这是叹美《周易》用于卜筮决疑的功用。赜,音责 zé,形容幽深难见之状；亹,音娓 wěi,"亹亹"同"娓娓",勤勉貌,《尔雅·释诂》:"亹亹,勉也。"蓍龟,指《易》筮与龟卜。孔颖达《周易正义》:"探,谓窥探求取；赜,谓幽深难见。卜筮则能窥探幽昧之理,故云'探赜'也。索,谓求索;隐,谓隐藏。卜筮能求索隐藏之处,故云'索隐'也。物在深处,能钩取之;物在远方,能招致之,卜筮能然,故云'钩深致远'也。"朱熹《周易本义》:"亹亹,犹勉勉也,疑则息,决故勉。"《朱子语类》:"人到疑而不能自明处,便放倒了,不复能向前,动有疑阻;既有卜筮,知是吉是凶,便自勉勉住不得。其所以勉勉者,是卜筮成之也。"

【推易始末】 清毛奇龄撰。四卷。《西河合集》本。毛氏既有《仲氏易》之作,又取汉、唐以来《易》家有关卦变之说,别加分析考核,撰为是书。《四库全书提要》指出:"其名《推易》,盖本《系辞传》'刚柔相推'一语,仍《仲氏易》'移易'义也。大旨谓朱子《本义》虽载卦变图于卷首,而止以为孔子之《易》,未著其为文、周之《易》。因上稽干宝、荀爽、虞翻诸家,凡有卦变、卦综之说,与宋以后相生反对诸图具列于卷,而以推易折衷之图系于后。朱子谓卦变乃《易》中之一义,而奇龄则以为演画系辞之本旨,未免主持太过。然《易》义广大,触类旁通,见知见仁,各明一理,亦足与所撰《仲氏易》互相发明也。"

【据于蒺藜乘刚也】 《困》卦六三爻的《小象传》语。旨在解说六三爻辞"据于蒺藜"的象征内涵。意思是:凭借在蒺藜上(棘刺难践),说明六三以阴柔乘凌阳刚之上。参见"困六三小象传"。

【硕果不食】 《剥》卦上九爻辞之语。意为:硕大的果实未被摘食。此言上九高居《剥》卦之终,其德刚直,当诸爻俱"剥"成阴之时,独存阳刚之实,故有"硕果"未被摘食之象。参见"剥上九"。

【教思无穷】 《临》卦的《大象传》语。意为:花费无穷的思虑教导百姓。教思,两字均作动词,犹言施行教导,费尽思虑。这是从《临》卦"泽上有地"的卦象而推阐出的"君子"观此象,当悟知用心教导百姓、以德临人的道理。参见"临大象传"。

【辅相天地之宜】 《泰》卦的《大象传》语。意思是:辅助赞勉天地化生之宜。相,读去声 xiàng,"辅相"犹言辅助赞勉;天地之宜,即天地化生之宜。这是从《泰》卦"天地交"的卦象而推阐出的"君主"观《泰》之象,须悟知当"通泰"之时,应当多加扶持,不断赞勉促进天地化生之宜的道理。参见"泰大象传"。

【辅嗣易行无汉学】 辅嗣,三国魏王弼之字。王弼治《易》,尽扫两汉象数学之流弊,独标新帜,以《老子》、《庄子》哲理阐《易》,提倡"得意忘象"之说。所著《易注》在魏晋南北朝之间大为盛行,而汉《易》日趋衰微;至唐代撰《五经正义》,《易》采用王弼之注,其说几定于一尊。"辅嗣易行无汉学",即是针对这一背景而发。语出南宋赵师秀《秋夜偶成》诗(见《清苑斋诗集》),全诗云:"此生漫与蠹鱼同,白发难收纸上功。辅嗣易行无汉学,玄晖诗变有唐风。夜长灯烬挑频落,秋老蛩声听不穷。多少故人天禄贵,肯羚寂寞叹扬雄。"

【乾】 ① 八卦之一。由三条阳画组成,形作"☰",其名为"乾",其义为"健",其基本象征物象为"天"。乾卦以三阳相叠而拟"天"之象,其取象依据略如《淮南子·天文训》所谓"宇宙生气,气有涯限,清阳者薄靡而为天"。朱熹《周易本义》云:"伏羲仰观俯察,见阴阳有奇耦之数,故画一奇以象阳,画一耦以象阴;见一阴一阳有各生一阴一阳之象,故自下而上,再倍而三,以成八卦;见阳之性健,而其成形之大者为天,故三奇之画名之曰'乾',而拟之于'天'也。"乾卦的基本喻象虽为"天",而在《易》理的旁通广涉中,又可博取众象,如"君"、"父"、"马"、"首"等等;但诸象的象征旨趣均不离"健"义。《说卦传》既指明"乾,健也"这一象征意义,又载录众多象例,曰:"乾为马",又曰:"乾为首",又曰:"乾,天也,故称乎父",又曰:"乾为天,为圜,为君,为父,为玉,为金,为寒,为冰,为大赤,为良马,为老马,为瘠马,为驳马,为木果。"陆德明《经典释文》谓《荀爽九家集解》本《说卦传》此后更有四象:"为龙,为首,为衣,为言。"这是有关"乾"象的较早期资料。后儒如西汉焦延寿的《易林》、三国虞翻的《易注》,所载八卦的"逸象"尤多,治《易》者常取资考辨《易》义。　②六十四卦之一。居篇首第一卦。由两个三画的"乾"卦(☰)重叠而成,卦形作"䷀",卦名《乾》,象征"天",朱熹《周易本义》称为"阳之纯而健之至也"。《乾》卦作为《周易》六十四卦之首,取"天"为基本物象,象征具有开创气质的"阳刚强健"元素的本质作用及其发展变化规律。孔颖达云:"此既象天,何不谓之'天',而谓之'乾'?"他解释道:"天"是"定体之名","乾"是"体用之称","天以健为用者,运行不息,应化无穷,此天自然之理"(《周易正义》)。因此,《乾》卦的基本命意,是勉人效法"天"的刚健精神,奋发向上,即《大象传》所极力推赞的"天行健,君子以自强不息"。就卦爻辞看,全卦立足于"变化"的观点,反映"阳刚"之气的发展原理。卦辞以"元、亨、利、贞"四言,集中赞美"天"具有开创万物的巨大功德,也就是表明阳气是宇宙"资始"之本。但阳刚之气的发展,又有一定的规律,于是,爻辞拟取"龙"作为"阳"的象征,从初爻的"潜龙"到上爻的"亢龙",层层深入,形象地展示了阳气从萌生、进展、盛壮,乃至亢极穷衰的变化过程。其中九五"飞龙在天",体现阳刚气质至为完美的情状;而上九"亢龙有悔",则披露物极必反、阳极生阴的哲理。顺此以推,《乾》卦终竟而《坤》卦继起:刚柔相易,变动不居,《周易》的辨证哲学体系因之垫下了重要的基石。若进一步从"象也者,像也"(《系辞下传》)的角度分析,还可以发现,《乾》卦的卦体以"天"为象,固是比喻;而六爻以"龙"为象,也是比喻:其旨均在于说明"阳刚强健"气质的内在义蕴。朱熹说:"《易》难看,不比他书,《易》说一个物,非真是一个物,如说'龙'非真龙。"

(《朱子语类·读易纲领下》)这种假象寓意,广见于六十四卦,是《周易》作为古代第一部特殊的哲学著作所具备的重要特征。

【乾九二】《乾》卦九二爻。以阳爻居卦第二位。爻辞曰:"见龙在田,利见大人。"意思是:巨龙出现田间,利于出现大人。此爻阳刚渐增,头角初露,迈开了重要的一步;虽距最后成功尚远,但居下卦中位而不偏,已具备成功的素质,故有"大人"之誉。王弼《周易注》:"出潜离隐,故曰'见龙';处于地上,故曰'在田'。德施周普,居中不偏,虽非君位,君之德也。"李鼎祚《周易集解》引干宝曰:"二为地上,田在地之表,而有人功者也。阳气将施,圣人将显。此文王免于羑里之日也。故曰'利见大人'。"按,干宝以"文王出羑里"为说,爻辞虽未必实指其事,然作为一种比拟,则有益于理解此爻之义。

【乾九三】《乾》卦九三爻。以阳爻居卦第三位。爻辞曰:"君子终日乾乾,夕惕若,厉无咎。"意思是:君子整天健强振作不已,直到夜间还时时警惕慎行,这样即使面临危险也免遭咎害。"终日",谓终竟一日,因九三居下卦之终,故称;乾乾,犹言健而又健;"若",语气词;"厉",危也;"无咎",谓无害。此爻处于下卦与上卦之际,其位颇危,但能振健不已,朝夕慎行,故终获无咎。李鼎祚《周易集解》引干宝曰:"君子以之忧深思远,朝夕匪懈,仰忧佳会之不序,俯惧义和之不逮,反复天道,谋始反终,故曰'终日乾乾'。"朱熹《周易本义》云:"九,阳爻;三,阳位。重刚不中,居下之上,乃危地也。然性体刚健,有能乾乾惕厉之象。""能忧惧如是,则虽处危地而无咎也。"按《乾》卦诸爻爻辞均取"龙"为象,唯九三爻辞称"君子",《周易集解》引郑玄谓:"三于三才为人道,有乾德而在人道,君子之象。"然而,《周易》是"随其事而取象",即灵活地运用各种象征物表示特定的象征意义。在《乾》卦的爻辞中，"龙"为阳刚之物，"君子"为健强之人：从象征的角度看，两者都寓意于刚强不息的气质。王弼《周易注》指出："余爻皆说龙，至于九三独以君子为目，何也？夫《易》者，象也；象之所生，生于义也。有斯义，然后明之以其物。""统而举之，《乾》体皆龙；别而叙之，各随其义。"又按，此爻辞后两句的句读，唐以前《易》家多读作"夕惕若厉，无咎"，训"若"作"如似"，解为"直到夜间还时时警惕，犹如面临危险一样，这样即可免遭咎害。"（见王弼《周易注》）孔颖达《周易正义》虽依王注作疏，然对此却颇有微议，认为："此卦九三所居之处，实有危厉。又《文言》云'虽危无咎'，是实有危也。据其上下文势，'若'字宜为语辞。但诸儒用以'若'为'如'，如似有厉，是实无厉也，理恐未尽。"孔氏此说，颇为后代学者所采纳。

【乾九五】《乾》卦九五爻。以阳爻居卦第五位。爻辞曰："飞龙在天，利见大人。"意思是：巨龙高飞上天，利于出现大人。此爻上居尊位，阳刚中正，是阳气发展到至盛至美的象征，也是开创性的事业达到最完美阶段的象征，故爻辞借"飞龙"为喻。李鼎祚《周易集解》引郑玄曰："五于三才为天道，天者清明无形而龙在焉，飞之象也。"孔颖达《周易正义》："言九五阳气盛至于天，故云'飞龙在天'。此自然之象，犹若圣人有龙德，飞腾而居天位，德备天下，为万物所瞻睹，故天下利见此居王位之大人也。"按，第五爻居上卦之中，往往是每卦最吉之爻，旧说称此爻为"君位"，故前人每以《乾》九五"飞龙在天"喻帝王登基之事。孔氏所谓"居王位之大人"，即属此意。

【乾九四】《乾》卦九四爻。以阳爻居卦第四位。爻辞曰："或跃在渊，无咎。"意思是：或者腾跃上进、或者退处在渊，必无咎害。句中省略主语"龙"。"或"用作副词，表示不确定之义。《文言传》曰："或之者，疑之也。"此谓九四处上卦之下，阳刚渐积已多，但地位难处，故须"疑惑"审慎，当进则进，当退则退，方可免咎。孔颖达《周易正义》："言九四阳气渐进，似若龙体，欲飞犹疑惑也。"但这种"疑"并非犹疑不决，而是审时度势，待机奋进。按，《周易》的第三、四爻，均表示比较难处的地位：三虽居于下卦之上，但未升至上卦；四虽已进入上卦，却又居于上卦之下。这两种位置若处之不妥，往往导致下抵、上压，所以《系辞下传》指出"三多凶"、"四多惧"。而《乾》九三所谓"终日乾乾，夕惕若"，九四所谓"或跃在渊"，都是针对其艰难地位而发的。这是《周易》爻位的一个重要特点。

【乾三连】朱熹《周易本义》卷首所附《八卦取象歌》语。说明八卦之一的"乾"卦形状作"☰"，犹如三截没有中断的线条。

【乾上九】《乾》卦上九爻。以阳爻居卦最上之位。爻辞曰："亢龙有悔。"亢，音抗 kàng，谓过甚、极度，此处形容"龙"飞到极高之处。全句意思是：巨龙高飞穷极，终将有所悔恨。此爻阳刚而居卦终，刚亢至极，极则必反，故有"亢龙"之象。孔颖达《周易正义》："上九阳之至，大而极盛，故曰'亢龙'。此自然之象。以人事言之，似圣人有龙德，上居天位，久而亢极，物极则反，故'有悔'也。纯阳虽极，未至大凶，但有悔吝而已。"按，事物的发展，盛极必衰。《周易》第六爻多寓这一哲理。《乾》上九"亢龙"既高飞穷极，势必遭受挫折。朱熹指出："当盛极时，便须虑其亢。如这般处，最是。《易》之大义，大抵于盛满时致戒。"（《朱子语类》）

【乾文言】《文言传》的前部分，阐说《乾》卦的象征义蕴，故称《乾文言》。详"文言传"。

【乾为天】①《说卦传》语，谓八卦之一"乾"卦（☰）的基本象征物是"天"。②朱熹《周易本义》卷首所附《分宫卦象次序》歌诀中语，说明六十四卦之一的

《乾》卦（䷀），其卦象由上下两"乾"（即"天"）组成。

【乾用九】 《乾》卦的"用九"辞，附于《乾》六爻之后。其文曰："用九，见群龙无首，吉。"意思是：用"九"数，出现一群巨龙都不以首领自居，吉祥。谓之"用九"，乃以《乾》卦六爻为例，指明《周易》哲学以"变"为主的一方面特色，兼寓《周易》筮法的某些原则于其中。《易》筮过程中，凡筮得阳爻，其数或七或九，"九"可变，"七"不变，故《周易》筮法原则之一是用"九"而不用"七"，意即占其"变爻"；若筮得六爻均"九"时，即以"用九"辞为占。朱熹《周易本义》："用九，言凡筮得阳爻者，皆用九而不用七。盖诸卦百九十二阳爻之通例也。以此卦纯阳居首，故于此发之。而圣人因系之辞，使遇此卦而六爻皆变者即此占之。"文辞所谓"群龙"，指《乾》卦六爻皆为阳爻；而六阳皆变，皆由阳刚变为阴柔，所以取群龙都不以首领自居之象。尚秉和先生《周易尚氏学》云："'见群龙无首，吉'者，申遇'九'则变之义也。九何以必变？阳之数九为极多，故曰'群'。阳极反阴，乃天地自然之理。乾为首，以阳刚居物首，易招物忌；变坤则无首，无首则能以柔济刚，故吉。"

【乾初九】 《乾》卦初九爻。以阳爻居卦下初位。爻辞曰："潜龙勿用。"意思是：巨龙潜伏水中，暂不施展才用。李鼎祚《周易集解》引沈驎士曰："称龙者，假象也。天地之气有升降，君子之道有行藏，龙之为物，能飞能潜，故借龙比君子之德也。初九既尚潜伏，故言勿用。"按，此爻为《乾》卦第一爻，象征阳气初生低下，位卑力微，须养精蓄锐，但其目的在于进一步发展。因此，爻辞诫以"潜龙勿用"，实为时机未到，暂行潜藏而已；一旦形势许可，就要步步进展，以达"飞龙在天"的境界。

【乾卦辞】 《乾》卦的卦辞。其文曰："乾，元，亨，利，贞。"意思是：《乾》卦象征天，元始，亨通，和谐有利，贞正坚固。孔颖达《周易正义》："此《乾》卦本以象天，天乃积诸阳气而成。"又曰："《子夏传》云：'元，始也；亨，通也；利，和也；贞，正也。'言此卦之德，有纯阳之性，自然能以阳气始生万物，而得元始、亨通，能使物性和谐各有其利，又能使物坚固贞正得终。"就《乾》卦卦辞的内在意义看，《周易》作者是通过对大自然的直感的观察，认为"天"体现着元始、亨通、和谐有利、贞正坚固这四种德性；之所以如此，在于"天"的本质元素是沛然刚健的阳气，这种阳气"运行不息，变化无穷"，沿春、夏、秋、冬四季而循环往复，制约、主宰着整个大自然。尚秉和先生《周易尚氏学》曾据《太玄经》之说，以"四季"配《乾》"四德"，极见阳气运行规律。因此，此卦赞美"天"，事实上即是赞阳刚之德。按，对《乾》卦辞"元亨利贞"四字的解释，旧注颇多异议，如朱熹《周易本义》训"元"为大，训"利"为宜，读作"元亨，利贞"，谓其义为"大通而必利在正固"。然仍以《子夏传》的"四德"说较为通行，故孔颖达《周易正义》、李鼎祚《周易集解》均取其说。又观本卦《彖传》及《文言传》发挥"四德"之义最为详尽，颇可参觉。

【乾彖传】 《乾》卦的《彖传》。其辞为："《彖》曰：大哉乾元！万物资始，乃统天。云行雨施，品物流形。大明终始，六位时成，时乘六龙以御天。乾道变化，各正性命，保合太和，乃利贞。首出庶物，万国咸宁。"意思是："《彖传》说：伟大啊，开创万物的春天阳气！万物依靠它开始产生，它统领着大自然。夏天云朵飘行，霖雨降落，各类事物流布成形。光辉灿烂的太阳反复运转带来秋天，《乾》卦六爻按不同的时位组合而有所就，就像阳气按时乘着六条巨龙驾御大自然。大自然的运行变化迎来冬天，万物各自静定精神，保全太和元气，以利于守持正固等待来年生长。阳气周流不息，又开始重新萌生万物，天下万方都和美顺昌。"全文以阐说《乾》卦的卦辞"元亨利贞"为主,约可分为五节。第一节自"大哉乾元"至"乃统天",释卦辞"元",盛赞"天"的元始之德,即充沛宇间、开创万物的阳气;以季节为喻,犹如春天景象。第二节为"云行雨施,品物流行"两句,释卦辞"亨",谓万物因雨水的滋润而不断变化发展、壮大成形;犹如夏天景象。第三节自"大明终始"至"以御天",释卦辞"利",谓日月运行,至时有成,六爻之变如六龙御天,恰似自然界沿四季程序发展至秋天,万物尽趋成熟。第四节自"乾道变化"至"乃利贞",释卦辞"贞",谓自然界的变化,导致万物静定精神、眠伏潜息,保全"太和元气",此犹冬天景象。第五节为"首出庶物,万国咸宁"两句,又回头释卦辞"元",谓阳气变化循环不已,如冬尽春来,万物又萌生、昌盛;就《乾》卦"四德"言,这是复返"元"德,故亦称"贞下起元",马其昶《重定周易费氏学》云:"贞下起元,万物又于是乎资始矣。"《彖传》所阐发卦辞"元亨利贞"之义,甚为详尽。按,扬雄《太玄·文》"罔、直、蒙、酋、冥",范望注云:"此五者为《太玄》之德,犹《易》'元、亨、利、贞'也。"《太玄》并说明:直,东方,春;蒙,南方,夏;酋,西方,秋;罔、冥,北方,冬。细审其义,"直"之言殖,为繁殖,故以为春;"蒙"为蒙覆,草木修长,故以为夏;"酋"为蓄聚,万物成就,故以为秋;"罔"、"冥"为闭藏、无形,故以为冬。尚秉和先生撰《周易尚氏学》,极力肯定《太玄》之说,指出:"其所谓直、蒙、酋,即震春、离夏、兑秋,即元、亨、利也;其所谓罔、冥,坎冬,即贞也。"又云:"盖天之体,以健为用;而天之德,莫大于四时。元亨利贞,即春夏秋冬,即东南西北。震元、离亨、兑利、坎贞,往来循环,不忒不穷,《周易》之名,即以此也。后儒释此者,莫过于《太玄》。"尚先生此说,既可使《乾》卦"四德"寓意了然,又使此卦《彖传》大旨更为明确,允甚可取。

【乾健也】 《说卦传》语。谓八卦之中,乾卦的象征意义为"强健"。参见"乾①"。

【乾凿度】 旧题东汉郑玄注。二卷。《易纬》八种之一。见"周易乾凿度"。

【乾大象传】 《乾》卦的《大象传》。其辞曰:"天行健;君子以自强不息。"意思是:天的运行刚强劲健;君子因此不停地自我发愤图强。天,谓《乾》卦象征天;行健,言"天"健行周流,永不衰竭,李鼎祚《周易集解》引宋衷曰:"昼夜不懈,以健详其名。"孔颖达《周易正义》:"行者运动之称,健者强壮之名。"全文先以"天行健"释《乾》卦上下"乾"均为"天"之象;然后以"自强不息"推阐出"君子"效法《乾》卦"健行"的象征,立身、行事始终奋发不止的意义。《周易正义》云:"此以人事法天所行,言君子之人用此卦象,自彊勉力,不有止息。"

【乾下乾上】 指下卦为"乾",上卦亦为"乾"。即六十四卦中的《乾》卦之象。

【乾下坤上】 指下卦为"乾",上卦为"坤"。即六十四卦中的《泰》卦之象。

【乾下震上】 指下卦为"乾",上卦为"震"。即六十四卦中的《大壮》卦之象。

【乾下巽上】 指下卦为"乾",上卦为"巽"。即六十四卦中的《小畜》卦之象。

【乾下坎上】 指下卦为"乾",上卦为"坎"。即六十四卦中的《需》卦之象。

【乾下离上】 指下卦为"乾",上卦为"离"。即六十四卦中的《大有》卦之象。

【乾下艮上】 指下卦为"乾",上卦为"艮"。即六十四卦中的《大畜》卦之象。

【乾下兑上】 指下卦为"乾",上卦为"兑"。即六十四卦中的《夬》卦之象。

【乾大坤广】 谓象征"阳"与"阴"的乾坤两卦的性质,一为刚大,一为宽广。语本《系辞上传》:"夫乾,其静也专,其动也直,是以大生焉;夫坤,其静也翕,其动也辟,是以广生焉。"此文从动静情态,分别揭示两卦的本质特征,然后概括出"乾大坤广"之旨。李鼎祚《周易集解》引宋衷曰:"乾静不用事,则清静专一,含养万物矣;动而用事,则直道而行,导出万物矣。一专一直,动静有时,而物无夭瘁,是以大生也。"又曰:"翕,犹'闭'也。坤静不用事,闭藏微伏,应育万物矣;动而用事,则开阖群蛰,敬导沉滞矣。一翕一阖,动静不失时,而物无灾害,是以广生焉。"来知德《周易集注》:"《易》之所以广大者,一本于乾坤而得之也。盖乾画奇,不变则其静也专,变则其动也直;坤画偶,不变则其静也翕,变则其动也阖。是以大生,广生焉。《易》不过模写乾坤之理,《易》道之广大,其原盖出于此。"

【乾称乎父】 八卦之中,乾乃纯阳为主之卦,故古人以一家之"父"作为乾的象征。语本《说卦传》。参见"乾坤六子"。

【乾坤六子】 八卦之中,乾卦三画皆阳,为纯阳之卦;坤卦三画皆阴,为纯阴之卦。其余六卦,震、坎、离均为一阳二阴,巽、离、兑均为一阴二阳,犹如各因乾坤的交合而派生出来的"子女卦"。故古人以家庭的构成来比喻八卦,谓乾、坤两卦为父母,震、坎、离为三男,巽、离、兑为三女,合称"乾坤六子"。语本《说卦传》:"乾,天也,故称乎父;坤,地也,故称乎母。震一索而得男,故谓之长男;巽一索而得女,故谓之长女;坎再索而得男,故谓之中男;离再索而得女,故谓之中女;艮三索而得男,故谓之少男;兑三索而得女,故谓之少女。"索,陆德明《经典释文》引王肃曰"求也",文中犹言"求合",指阴阳相求。此文前四句既明乾坤为父母,以下诸句则指出其余六卦各属"父"、"母"相互求合所生的子女。其例以乾阳求合坤阴得男性,故一索、再索、三索得震长男、坎中男、艮少男;以坤阴求合乾阳得女性,故一索、二索、三索得巽长女、离中女、兑少女。阴阳卦之长幼,又见于阴阳主画所居位序之先后,故震阳居初位(☳)谓"长男",坎阳居二位(☵)谓"中男",艮阳居三位(☶)谓"少男";巽阴居初位(☴)谓"长女",离阴居二位(☲)谓"中女",兑阴居三位(☱)谓"少女"。朱熹曰:"男女指卦中一阴一阳之爻而言。"(《周易本义》)又曰:"乾求于坤,而得震、坎、艮;坤求于乾,而得巽、离、兑。一、二、三者,以其画之次序言也。"(《朱子语类》)尚秉和先生《周易尚氏学》亦云:"阳求阴得三男,阴求阳得三女,而以初、中、上三爻为次序。"按,孔颖达《周易正义》曰"得父气者为男,得母气者为女",认为坤初求得乾气为震、二求得乾气为坎、三求保乾气为艮,乾初求得坤气为巽、二求得坤气为离、三求得坤气为兑。于义亦通。

【乾坤易简】 概括《周易》哲学的阴阳乾坤之理至简至易的一个基本概念。语本《系辞上传》:"乾以易知,坤以简能;易则易知,简则易从;易知则有亲,易从则有功;有亲则可久,有功则可大;可久则贤人之德,可大则贤人之业。易简,而天下之理得;天下之理得,而成位乎其中矣。"这段论述,先言乾之"易"在于以平易为人所知,坤之"简"在于以简约见其功能,然后层层深入推阐"易简"之道的弘大意义,乃至归结于此道尽赅"天下之理";而人得此理,便可配合"天地"所宜,居中不败。孔颖达《周易正义序》引郑玄"《易》一名而含三义"之说,首义为"易简",则与《系辞上传》此节论述可以相互印证。韩康伯《系辞注》:"天地之道,不为而善始,不劳而善成,故曰'易简'。"朱熹《周易本义》:"人之所为,如乾之易,则其心明白,而人易知;如坤之简,则其事要约,而人易从。易知,则与之同心者多,故有亲;易从,则与之协力者多,故有功。有亲则一于内,故可久;有功则兼于外,故可大。"又曰:"此言人法乾坤之道至此,则可以为贤矣。"俞琰《周易集说》:"乾之始物,以其易也;坤能成物,以其简也。易者,平易而不难,非轻易之谓;简者,简约而不烦,非苟简之谓。乾主乎健,要动便动,故易;坤顺乾而行,凡其所能,皆顺从乎乾而不敢为主,故简。然则,乾知大始于其前,坤作成物于其后,坤之能盖成乾之能也。"又曰："易如乾之易,简如坤之简,则天下万事万物虽众而其理得矣。天下之理得,则成位乎天地之中,而与天地参矣。"

【乾坤升降】 东汉荀爽《易》学条例,谓乾爻(阳)居二当升于五,坤爻(阴)居五当降于二。详"升降"。

【乾坤凿度】 旧题东汉郑玄注。二卷。《四库全书》本。又称《易纬乾坤凿度》或《周易乾坤凿度》。为《易纬八种》之一。其书久佚,此本乃辑自《永乐大典》。《四库全书》列此书于"经部易类附录"。《提要》指出:"案《乾坤凿度》,隋、唐《志》、《崇文总目》皆未著录,至宋元祐间始出。《绍兴续书目》有仓颉注《凿度》二卷,后以郑氏所注《乾凿度》有别本单行,故亦称此本为《凿度》。程龙谓:隋焚谶纬,无复全书,今行于世惟《乾》、《坤》二《凿度》是也。其书分上下二篇。上篇论四门四正、取象取物,以至卦爻蓍策之数。下篇谓坤有十性,而推及于荡配、陵配。又杂引《万形经》、《地形经》、《制灵经》、《蓍灵经》、《含灵孕》诸纬文,词多聱牙不易晓。故晁公武疑为宋人依托,胡应麟亦以为《元包》、《洞极》之流。而胡一桂则谓:汉去古未远,尚有祖述,有裨《易》教。评骘纷然,真伪莫辨。伏读《御制题乾坤凿度》诗,定作者为后于庄子,而举《应帝王篇》所云儵忽混沌,分配乾坤太始,以推求'凿'字所以命名之义。援据审核,折衷至当。臣等因考《列子》、《白虎通》、《博雅》诸书,皆以太易、太初、太始、太素为气形质之始,与《凿度》所言相合。独《庄子》于《外篇·天地》略及泰初有无之语,而其他名目,概未之见。则'儵忽混沌',实即南华氏之变文,作'凿度'者复本其义而缘饰之耳。仰蒙圣明剖示,精确不刊,洵为是书定论矣。案七经纬皆佚于唐,存者独《易》。逮宋末而尽失其传。今《永乐大典》所载,《易纬》具存,多宋以后诸儒所未见,而此书实为其一。谨校定讹阙,厘勘审正,冠诸《易

纬》之首,而恭疏其大旨于简端。"

【乾刚坤柔】 《杂卦传》语。说明《乾》卦的象征以"刚"为本,《坤》卦的象征以"柔"为本,两卦涵义正相对照。按,《乾》、《坤》两卦,是《周易》六十四卦三百八十四爻阴阳刚柔之义的本根,故《杂卦传》对举卦义,以此为始。郭雍《郭氏传家易说》:"卦中之刚柔,皆《乾》之刚、《坤》之柔也。是以独《乾》、《坤》为刚柔。"

【乾元序制记】 旧题东汉郑玄注。一卷。《易纬八种》之一。见"易纬乾元序制记"。

【乾南坤北图】 即"伏羲八卦方位"。

【乾坤占二用】 二用,《乾》卦的"用九"文辞及《坤》卦的"用六"文辞。朱熹认为,在《易》筮过程中,若筮得六爻全变且均为纯老阳或纯老阴,成《乾》卦或《坤》卦,则《乾》卦取"用九"文辞占断吉凶,《坤》卦取"用六"文辞占断吉凶。朱熹《易学启蒙》曰:"六爻变,则《乾》、《坤》占'二用'。"《周易本义》于《乾》卦"用九,见群龙无首吉"曰:"用九,言凡筮得阳爻者,皆用九而不用七,盖诸卦百九十二阳爻之通例也。以此卦纯阳而居首,故于此发之。而圣人因系之辞,使遇此卦而六爻皆变者,即此占之。"又于《坤》卦"用六,利永贞"曰:"用六,言凡筮得阴爻者,皆用六而不用八,亦通例也。以此卦纯阴而居首,故发之。遇此卦而六爻俱变者,其占如此辞。"但后代《易》家颇有不赞成朱熹之说者。尚秉和先生指出,"二用"之辞只是表明《周易》筮法"用九、六,不用七、八"的原则,决非《乾》、《坤》两卦的"占辞";而筮得六爻皆变的《乾》卦或《坤》卦,须结合本卦、之卦的卦象推占吉凶;并谓"《乾》、《坤》占二用"的误说,不自朱熹始,在杜预注《左传》"蔡墨论龙"一节中已有此误(《周易古筮考》)。

【乾坤变坎离】 三国吴《易》家虞翻所倡"卦变"条例之一,谓《乾》、《坤》二五互之,以成《坎》、《离》。其法即:《乾》卦九五

之《坤》六五,九二之《坤》六二,则《坤》变成《坎》;《坤》卦六五之《乾》九五,六二之《乾》九二,则《乾》变成《离》。《周易集解》于《坎》卦辞引虞翻曰"《乾》二、五之《坤》",又于《离》卦引虞翻曰"《坤》二、五之《乾》"。可见此例主于解说《坎》、《离》两卦。但于《易传》亦有涉及者。如《系辞上传》"是故刚柔相摩,八卦相荡",《集解》引虞翻曰:"《乾》以二、五摩《坤》,成震、坎、艮;《坤》以二、五摩《乾》,成巽、离、兑。故'刚柔相摩,八卦相荡'也。"此言《坎》卦上下象及内外互体,合有震、坎、艮之象;《离》卦上下象及内外互体,合有巽、离、兑之象;《坎》、《离》又由《乾》、《坤》二五互之而成,故含"八卦相荡"之义。

【乾九二小象传】《乾》卦九二爻的《小象传》。其辞曰:"见龙在田,德施普也。"意思是:巨龙出现田间,说明美德昭著广施无涯。这是用"德施普"解释九二爻辞"见龙在田"的象征内涵,谓九二阳气出现于地面,其生养之德普及万物。孔颖达《周易正义》:"此以人事言之,用龙德在田,似圣人已出在世,道德恩施能普遍也。比初九'勿用',是其周普也;若比九五,则犹狭也。"

【乾九三小象传】《乾》卦九三爻的《小象传》。其辞曰:"终日乾乾,反复道也。"意思是:整天健强振作,说明反复行道不使偏差。反复,反复不断地践行;道,指合理的行为。这是用"反复道"解释九三爻辞"终日乾乾"的象征内涵。谓九三阳气渐盛,当审慎涵养、振强不懈。朱熹《周易本义》:"反复,重复践行之意。"项安世《周易玩辞》:"三以自修,故曰反复。"

【乾九五小象传】《乾》卦九五爻的《小象传》。其辞曰:"飞龙在天,大人造也。"意思是:巨龙高飞上天,说明大人奋起大展雄才。造,陆德明《经典释文》引郑注"为也",朱熹《周易本义》"犹作也",即兴起而有所作为之意。这是用"大人造"解释九五爻辞"飞龙在天"的象征内涵,谓九

五阳气美盛,犹如"大人"崛起而大有作为。孔颖达《周易正义》:"此亦人事言之。飞龙在天,犹圣人之在王位。造,为也,唯大人能为之而成就也。"

【乾九四小象传】《乾》卦九四爻的《小象传》。其辞曰:"或跃在渊,进无咎也。"意思是:或腾跃上进、或退处在渊,说明审时前进必无咎害。这是用"进无咎"解释九四爻辞"或跃在渊"的象征内涵,谓九四阳气较盛,能审时度势以求进则能无咎。李鼎祚《周易集解》引荀爽曰:"阳道乐进,故曰进无咎也。"孔颖达《周易正义》:"此亦人事言之,进则跳跃在上,退则潜处在渊。犹圣人疑或而在于贵位也。心所欲进,意在于公,非是为私,故进无咎也。"

【乾上九小象传】《乾》卦上九爻的《小象传》。其辞曰:"亢龙有悔,盈不可久也。"意思是:巨龙高飞穷极、终将有所悔恨,说明刚进过甚不久必衰。这是用"盈不可久"解释上九爻辞"亢龙有悔"的象征内涵,谓上九阳气盈盛至极,未能久持,故终至"有悔"。孔颖达《周易正义》:"此亦人事言之。九五是盈也,盈而不已则至上九,而至亢极有悔恨也,故云'盈不可久也'。"

【乾用九小象传】《乾》卦"用九"辞的《小象传》。其文曰:"用九,天德不可为首也。"意思是:用"九"数,说明"天"的美德不自居首。天德,犹言阳刚之德。这是用"天德不可为首"解释"用九"辞"见群龙无首吉"的象征内涵,谓阳刚之德以不自居首、刚而能柔为美。孔颖达《周易正义》:"天德刚健,当以柔和接待于下,不可更怀尊刚为物之首,故云'天德不可为首也'。"朱熹《周易本义》:"言阳刚不可为物先,故六阳皆变而吉。"

【乾初九小象传】《乾》卦初九爻的《小象传》。其辞曰:"潜龙勿用,阳在下也。"意思是:巨龙潜伏水中、暂不施展才用,说明阳气初生居位低下。这是用"阳在下"解释初九爻辞"潜龙勿用"的象征内涵,谓

初九阳气初生而居下。李鼎祚《周易集解》引荀爽曰:"气微位卑,虽有阳德,潜藏在下,故曰'勿用'也。"

【乾坤受之以屯】 《周易》六十四卦以《乾》、《坤》两卦居首,意在表明"天"、"地"是大自然万物产生的本原;接着是第三卦象征事物初生情状的《屯》卦,故称"《乾》、《坤》受之以《屯》"。语本《序卦传》:"有天地然后万物生焉。盈天地之间者唯万物,故受之以《屯》;屯者盈也,屯者物之始生也。"受,谓承继,《广雅·释诂》"受,继也","受之以",犹言"接着是"。韩康伯《序卦注》:"《屯》,刚柔始交,故为物之生。项安世《周易玩辞》:"'屯'不训'盈'也。当《屯》之时,刚柔始交,天地絪缊,雷雨动荡,见其气之充塞也,是故谓之'盈'尔。故谓之'盈'者,其气也;谓之'物之始生'者,其时也;谓之'难'者,其事也。"

【乾坤为万物之始】 《周易》六十四卦的排次,以《乾》、《坤》两卦冠居其首,其意义在于表明这两卦所象征的"天"、"地",是大自然万物产生的本原。故《序卦传》首句云:"有天地然后万物生焉。"李鼎祚《周易集解》引干宝曰:"物有先天地而生者矣。今正取始于天地,天地之先,圣人弗之论也。故其所法象,必自天地而还。"又引崔憬曰:"此仲尼序文王次卦之意。不序《乾》、《坤》之次者,以'一生二,二生三,三生万物',则天地次第可知。而万物之先后宜序也。万物之始生者,言刚柔始交,故万物资始于《乾》,而资生于《坤》也。"

【乾坤其易之门邪】 《系辞下传》语。谓"乾"、"坤"两卦为《周易》哲学思想的门户。即强调两卦在《易》学体系中的重要作用。李鼎祚《周易集解》引荀爽曰:"阴阳相易,出于乾坤,故曰'门'。"孔颖达《周易正义》:"《易》之变化,从乾坤而起;犹人之兴动,从门而出。"朱熹《周易本义》:"诸卦刚柔之体,皆以乾坤合德而成,故曰'乾坤,易之门'。"俞琰《周易集说》:"《易》三百八十四爻,凡九皆乾阳之阖,凡六皆坤阴之阖,故曰'乾坤,其《易》之门邪'。门,犹阖户闢户之义。或以为学《易》自《乾》、《坤》两卦而入,非也。乾阳物也,坤阴物也,一阖一闢,为《易》之门;而其变至于四千九十六,皆此二物也。以二物之德言,则阴与阳合,阳与阴合,而其情相得;以二物之体言,则刚自刚,柔自柔,而其质不同,故曰'阴阳合德,而刚柔有体'。"

【乾坤其易之缊邪】 谓"乾"、"坤"两卦是《周易》大义的精蕴所在。语出《系辞上传》:"乾坤,其《易》之缊邪? 乾坤成列,而《易》立乎其中矣;乾坤毁,则无以见《易》;《易》不可见,则乾坤或几乎息矣。"缊,同"蕴",韩康伯《系辞注》:"缊,渊奥也";息,谓止息。孔颖达《周易正义》:"此明《易》之所立,本乎乾坤;若乾坤不存,则《易》道无由兴起。故乾坤是《易》道之所缊积之根源也,是与《易》为川府奥藏。"又曰:"《易》既从乾坤而来,乾坤若缺毁,则《易》道损坏,故云'无以见《易》'也。"又曰:"若《易》道毁坏,不可见其变化之理,则乾坤亦坏,或其近乎止息矣。"

【乾乾因其时而惕】 《乾》卦《文言传》语。旨在衍释《乾》九三爻辞"君子终日乾乾,夕惕若,厉无咎"之义。乾乾,犹言"健而又健",谓健强振作不已;因,沿也;时,每日之各个时辰。此言九三健强不已,朝夕戒惕慎行,故虽临危境亦不致咎害。尚秉和先生《周易尚氏学》云:"'君子终日乾乾,夕惕若',是自朝及夕,无不乾惕也,故曰'因时'。"按,王弼《周易注》:"惕,怵惕之谓也。处事之极,失时则废,懈怠则旷,故乾乾因其时而惕,虽危无咎。"孔颖达《周易正义》:九三"恒乾乾也,因其已终、已至之时而心怀惕惧,虽危不宁,以其知终、知至故无咎"。其说亦通。

【乾元用九乃见天则】 《乾》卦《文言传》语。以"乃见天则"释《乾》"用九"之义。用九,谓运用由阳变阴的"九"数;天则,即大自然运行的法则。此言"乾元用九"所体现的刚而化柔的旨趣,正吻合于宇宙间阳气必然要转化为阴气的自然规律。李鼎祚《周易集解》引何妥曰:"阳消,天气之常;天象法则,自然可见。"尚秉和先生《周易尚氏学》:"阳极反阴,阴极反阳,乃天道之自然,故曰'乾元用九,乃见天则'。则者,法也,一定之理也。"

【乾元用九天下治也】 《乾》卦《文言传》语。以"天下治"释《乾》"用九"之义。"九"为阳数之可变者,"用九"的内涵旨趣在于"阳刚"而有"化柔"的美德,以此施政,刚柔调济,无为而无不为,故能"天下大治",乾元,即《乾》卦阳刚美德之本。孔颖达《周易正义》:"用九之文,总是乾德;又'乾'字不可独言,故举'元'德以配'乾'也。言此乾元用九德而天下治。"李鼎祚《周易集解》:"此当三皇五帝礼让之时,垂拱无为而天下治矣。"

【乾元者始而亨者也】 《乾》卦《文言传》语。释《乾》卦辞"元,亨"之义。谓"元,亨"二字,乃象征"天"的美德在于首创万物并使之亨通。李鼎祚《周易集解》引虞翻曰:"乾始开通,以阳通阴,故始通。"王弼《周易注》:"不为乾元,何能通物之始?"又曰:"是故始而亨者,必乾元也。"孔颖达《周易正义》:"'乾元者,始而亨者也',以《乾》非自当分有德,以'元亨利贞'为德。'元'是四德之首,故夫子恒以'元'配'乾'而言,欲见'乾元'相将之义也。以有'乾'之'元'德,故能为物之始而亨通也。此解'元,亨'二德也。"按,王念孙《读书杂志》以为此二句"元"下脱一"亨"字,原本首句当作"乾元亨者",才与所释"始而亨者也"相合,并与下文"利贞者"相应。其说似可从。

【乾道变化各正性命】 《乾》卦《彖传》语。与下文"保合太和,乃利贞"共同阐发《乾》卦辞"贞"之义。意思是:大自然的运行变化迎来冬天,万物于是各自静定精神以养息。乾道,犹言天道,即大自然运行规律;正,犹"定",此处指静定;性命,孔颖达《周易正义》云:"性者天生之质,若刚柔迟速之变;命者人所禀受,若贵贱夭寿之属。"尚秉和先生《周易尚氏学》谓"性命者,精神"。此言天道变化而致万物静养守正,犹如冬天景象,故《易》家以《乾》卦"贞"德配属"冬"。参见"保合太和乃利贞"。

〔丨〕

【蛊】 六十四卦之一。列居篇中第十八卦。由下巽(☴)上艮(☶)组成,卦形作"䷑",卦名为《蛊》,象征"拯弊治乱"。《蛊》卦大义,集中于除治"弊乱"这一主旨。卦辞既指明此时利于涉难、至为亨通的前景,又用"先甲"、"后甲"喻示鉴前戒后,谨始慎终的"治蛊"之道。卦中六爻,初、三、四、五诸爻均以匡正父弊设喻:初六志承"先业"、虽危"终吉",九三刚直遽行、终"无大咎",六四柔弱不争、久必"见吝",六五柔中寓刚、备受称誉;唯九二以匡正母弊为喻,戒其因势利导、慎守"中道";而上九独居"治蛊"穷厄之时,则以远避在外、"不事王侯"为宜。若细加探寻诸爻取象于"子正父蛊"的蕴义,似又可看出作者意识到"弊乱"往往是积久而成的,甚或延续一代、两代人,终至酿成大患。苏轼《东坡易传》曾就这一问题分析说:"器久不用而虫生之,谓之'蛊';人久宴溺而疾生之,谓之'蛊';天下久安无为而弊生之,谓之'蛊'。""蛊之灾非一日之故也,必世而后见,故爻皆以'父子'言之。"当然,各爻所示,均是提出在特定条件下治蛊的可行之道;至于拯治弊乱的根本措施,《蛊》卦《大象传》从"救世"的角度阐发"振民育德"之义,似属古人汲取历史和现实的教训而总结出的一条"政治理论"。

【蛊九二】 《蛊》卦九二爻。以阳爻居卦第二位。爻辞曰:"干母之蛊,不可贞。"意思是:匡正母辈的弊乱,情势不许可则不勉强而要守持正固以待时。干,谓"匡正";不可贞,犹言"不可则守正以待"。这是说明九二处《蛊》下卦之中,于"拯弊治乱"之时,阳居阴位,上应六五,有刚而能柔之象;犹如匡正"母弊",当其性阴辟不从之时,不强行"干蛊",而能守正待时,故曰"不可贞"。此即《蛊》九二《小象传》"得中道"之义。按,王弼《周易注》云:"居于内中,宜干母事,故曰'干母之蛊'也;妇人之性难可全正,宜屈己刚,既干且顺,故曰'不可贞'也。"其释"不可贞"为"不可全正",即陈梦雷《周易浅述》所谓"不可固执以为正"。于义亦通。

【蛊九三】《蛊》卦九三爻。以阳爻居卦第三位。爻辞曰:"干父之蛊,小有悔,无大咎。"意思是:匡正父辈的弊乱,稍致悔恨,但没有重大咎害。干,谓"匡正";小有悔,即"稍有悔"。此言九三当"蛊"之时,以阳居下卦之极,与上九无应,犹如匡正"父弊"而不被理解,故"小有悔";但阳刚居正,直道遵行,故"无大咎"。王弼《周易注》:"以刚干事而无其应,故有悔也;履得其位,以正干父,虽小有悔,终无大咎矣。"按,在封建君主制时代,下者刚正不阿以拯治尊者之弊,有时必须不顾"小悔",犯难而行。韩愈所谓:"一封朝奏九重天,夕贬潮阳路八千。本为圣朝除弊政,肯将衰朽惜残年!"(《左迁至蓝关示侄孙湘》)似可作为《蛊》九三爻喻象的写照。

【蛊上九】《蛊》卦上九爻。以阳爻居卦最上之位。爻辞曰:"不事王侯,高尚其事。"意思是:不从事王侯的事业,把自己逍遥物外的行为看得至高无上。前一"事"字,为动词,犹言"从事";后一"事"字,为名词,犹言"行为"。此谓上九居《蛊》卦之终,弊乱至极,"治蛊"道穷,遂不累于"王侯"之事,超然物外,以高洁自守。故称"不事王侯,高尚其事"。尚秉和先生《周易尚氏学》:"不事王侯,言不事王侯之事也,""若共伯和、吴季札之流是也。"按,"不事王侯"一句,孔颖达《周易正义》释曰"不承事王侯",训"事"为"奉事"之意。可备一说。又按,儒家"穷则独善其身"的思想,实出于"时"不可为而暂作遯避,其宗旨主于抱道守志,以待来日复兴再起。杨万里认为《蛊》卦上九爻"不事王侯",正处于"不必为"、"不得为"、"不可为"之时,非"事之高尚",而是人"高尚其事";并谓上九犹如"畎亩不忘君,江湖存魏阙"者的形象(《诚斋易传》)。其说颇值参考。

【蛊六五】《蛊》卦六五爻。以阴爻居卦第五位。爻辞曰:"干父之蛊,用誉。"意思是:匡正父辈的弊乱,备受称誉。干,谓"匡正";用,语气助词,修饰动词"誉","用誉",孔颖达《周易正义》释为"用有声誉",朱熹《周易本义》谓"可致闻誉"。这是说明六五以柔居《蛊》尊位,下应九二,上承上九,犹如匡正"父弊"有方,故获称誉。李鼎祚《周易集解》引荀爽曰:"体和应中,承阳有实,用斯干事,荣誉之道也。"按,《蛊》卦六五居尊位而能上承下应,既是治时之"蛊",又是树己之德。《周易折中》引熊良辅曰:"不特干其事之已坏",更在于"立身扬名"。由此可见卦辞所云"元亨"之旨,亦是《彖传》"终则有始"、"天下治也"之义。

【蛊六四】《蛊》卦六四爻。以阴爻居卦第四位。爻辞曰:"裕父之蛊,往见吝。"意思是:宽裕不急地缓治父辈的弊乱,长此以往必然出现憾惜。裕,宽裕,指"治蛊"宽缓不急,即李鼎祚《周易集解》引虞翻曰:"不能争也。"这是说明六四处《蛊》上卦之始,阴柔懦弱,又居阴位,有不能速治"父弊"、宽延顺容之象,故"往"必"见吝"。朱熹《周易本义》:"以阴居阴,不能有为,宽裕以治蛊之象也。如是则蛊将日深,故往则见吝。按,治蛊宽裕不急,无异于容恶养弊。故《蛊》六四爻辞言"往见吝",《小象传》云"往未得",皆是否定"裕蛊"之道。

【蛊初六】《蛊》卦初六爻。以阴爻处卦下初位。爻辞曰:"干父之蛊,有子,考无咎,厉终吉。"意思是:匡正父辈的弊乱,有正直的儿子,则父辈必无咎害,即使面临危境也终将获得吉祥。干,《广雅·释诂一》"正也",犹言"匡正";考,先辈,此处特指"父",孔颖达《周易正义》:"对文父没称'考',若散而言之,生亦称'考';若《康诰》云'大伤厥考心',是父在称考。此避'干父'之文,故变云'考'也。"这是说明初六当"蛊"之时,以柔处下卦之始,初临"弊乱",有子正父弊之象,父辈遂能免遭咎害;初六既以阴柔之质而"干父之蛊",处身则有"危厉",但其上承二阳,堪任其事,故终能获"吉"。王弼《周易注》:"处事之首,始见任者也。以柔巽之质,干父之事,能承先轨,堪其任者也,故曰'有子'也。任为事首,能堪其事,考乃无咎,故曰'有子,考无咎'也。当事之首,是以危也,能堪其事,故'终吉'。"马振彪先生《周易学说》引李光曰:"天下蛊坏,非得善继之子,不足以振起。宣王承厉王,修车马、备器械,复合诸侯于东都,可谓'有子'矣。"此以东周史事参证《易》理,甚切《蛊》初六爻大义。

【蛊卦辞】 《蛊》卦的卦辞。其文曰:"蛊,元亨,利涉大川;先甲三日,后甲三日。"意思是:《蛊》卦象征拯弊治乱,至为亨通,利于涉越大河巨流;应当预先思考(喻示"终始转化"的)"甲"日前三天的事状,然后推求"甲"日后三天的治理措施。蛊,音古 gǔ,许慎《说文解字》谓"腹中虫也",引申为蛊害、蛊乱、蛊惑等意,作为卦名之义,则主于"拯弊治乱";甲,"天干"十数之首,在此十数中含有"终而复始"的喻义,故卦辞取"甲日"作为"转化"弊乱、重为治理的象征,即《蛊》卦《彖传》"终则有始"之旨;三日,泛指推虑之深远。卦辞全文说明,当事物弊乱之时,能努力、合理地拯治必可"元亨",并利于涉险济难;但于"治蛊"之际,当预先深虑开始"治理"之前的事状,详加辨析,引为鉴戒,故曰"先甲三日";又当推求"治蛊"之后可能出现的事态,预为制定措施,谨慎治理,故曰"后甲三日":只有这样,才能根治蛊乱,获

得"元亨"的前景。孔颖达《周易正义》:"蛊者,事也。有事营为,则大得亨通;有为之时,利在拯难,故'利涉大川'。"又引褚氏曰:"蛊者,惑也。物既惑乱,终致损坏,当须有事也,有为治理也。"程颐《周易程氏传》:"甲,数之首,事之始也。如辰之甲乙,甲第,甲令,皆谓首也,事之端也。治蛊之道,当思虑其先后三日,盖推原先后,为救弊可久之道。先甲,谓先于此,究其所以然也;后甲,谓后于此,虑其将然也。一日、二日至于三日,言虑之深,推之远也。"按,《蛊》卦辞"甲"之义,旧说未臻一致。如:郑玄以为指"造作新令之日"(《周易正义》引);王弼以为指"创制之令"(《周易注》)。说法虽歧,但诸家均本于"数之始"这一寓意。细求卦辞的象征内涵,"先甲"、"后甲"实又流露着"前车覆后车戒"、"殷鉴不远"的意味。

【蛊彖传】 《蛊》卦的《彖传》。旨在解说《蛊》卦的卦名、卦辞之义。其文为:"《彖》曰:蛊,刚上而柔下,巽而止蛊。蛊,元亨而天下治也。利涉大川,往有事也。先甲三日,后甲三日,终则有始,天行也。"意思是:"《彖传》说:拯弊治乱,譬如阳刚居上而阴柔处下,顺沿物情而入就能抑止弊乱。拯弊治乱,至为亨通而后必能重见天下大治。利于涉越大河巨流,说明努力往前可以大有作为。应当预先思虑(喻示终始转化的)'甲'日前三天的事状,然后推求'甲'日后三天的治理措施,说明事物总是终结前事之后又重新发展,这是大自然的运行规律。"全文可分四节理解。第一节,自"蛊"至"巽而止蛊"三句,此举《蛊》上卦艮为刚、为止及下卦巽为柔、为驯顺之象,谓刚柔兼济、顺人止邪,则可以治"蛊",以释卦名"蛊"之义。第二节,"蛊,元亨而天下治"二句,以"治蛊"可以使"天下治"之理,释《蛊》卦辞"元亨"之义。第三节,"利涉大川,往有事也"二句,以"治蛊"之时当有为于事,释《蛊》卦辞"利涉大川"之义。第四节,自"先甲三日"

至"天行也"四句,举大自然的发展体现"终始往复"的规律,谓"治蛊"之时应鉴前虑后,以释《蛊》卦辞"先甲三日,后甲三日"之义。

【蛊大象传】《蛊》卦的《大象传》。其辞曰:"山下有风,蛊;君子以振民育德。"意思是:山下吹来大风(物坏待治),象征"拯弊治乱";君子因此振济百姓、培育道德。振,犹言"振济",许慎《说文解字》谓"举救之也",陆德明《经典释文》云"济也"。这是先揭明《蛊》卦上艮为山、下巽为风之象,谓山下来风,物遭损坏待治,正为"拯弊治乱"的象征;然后推阐出"君子"观此象,须悟知当"蛊"之时,应济民育德、努力救弊的道理。王弼《周易注》:"蛊者,有事而待能之时也,故君子以济民养德也。"程颐《周易程氏传》:"山下有风,风遇山而回,则物皆散乱,故为有事之象。君子观有事之象,以振济于民,养育其德也。在己则养德,于天下则济民,君子之所事,无大于此二者。"按,"振民育德",是用社会弊坏为例,阐发治"蛊"之义。马振彪先生《周易学说》指出:"《康诰》言'作新民',即治其国民之蛊也。"此说与《蛊》卦《大象传》之旨有合。

【蛊受之以临】《周易》六十四卦,以象征"拯弊治乱"的《蛊》卦列居第十八卦;能够拯治事务而后功业可以盛大,所以接《蛊》之后是象征"高临"于众人的第十九卦《临》卦。此称"《蛊》受之以《临》"。语本《序卦传》:"《蛊》者,事也。有事而后可大,故受之以《临》;临者,大也。"李鼎祚《周易集解》引宋衷曰:"事立功成,可推而大也。"又引崔憬曰:"有蛊元亨,则可大之业成,故曰'有事然后可大'也。"项安世《周易玩辞》:"'临'不训'大'。临者,以上临下,以大临小。凡称'临'者,皆大者之事也,故以'大'释之。若'丰者,大也',则'丰'真训'大'矣。是以六十四卦之中,有二'大'两不相妨焉。"俞琰《周易集说》:"有事然后可大,无事则何大之有?故

《蛊》后继以《临》。'临者,大也',谓其所临者大,非训'临'为'大'也。"

【蛊九二小象传】《蛊》卦九二爻的《小象传》。其辞曰:"干母之蛊,得中道也。"意思是:匡正母辈的弊乱,说明九二能够掌握刚柔适中的方法。这是解说《蛊》九二爻辞"干母之蛊"的象征内涵。王弼《周易注》:"干不失中,得中道也。"

【蛊九三小象传】《蛊》卦九三爻的《小象传》。其辞曰:"干父之蛊,终无咎也。"意思是:匡正父辈的弊乱,说明九三最终必无咎害。这是解说《蛊》九三爻辞"干父之蛊"的象征内涵。孔颖达《周易正义》:"履得其位,故终无大咎也。"程颐《周易程氏传》:"以三之才,干父之蛊,虽小有悔,终无大咎也。盖刚断能干,不失正而有顺,所以终无咎也。"

【蛊上九小象传】《蛊》卦上九爻的《小象传》。其辞曰:"不事王侯,志可则也。"意思是:不从事王侯的事业,说明上九的高洁志向值得效法。这是解说《蛊》上九爻辞"不事王侯"的象征内涵。孔颖达《周易正义》:"身既'不事王侯',志则清虚高尚,可法则也。"

【蛊六五小象传】《蛊》卦六五爻的《小象传》。其辞曰:"干父用誉,承以德也。"意思是:匡正父辈的弊乱而备受称誉,说明六五用美德来继承先业。这是解说《蛊》六五爻辞"干父之蛊,用誉"的象征内涵。孔颖达《周易正义》:"奉承父事,唯以中和之德,不以威力,故云'承以德也'。"

【蛊六四小象传】《蛊》卦六四爻的《小象传》。其辞曰:"裕父之蛊,往未得也。"意思是:宽裕不急地缓治父辈的弊乱,说明六四长此以往无法获得治弊之道。这是解说《蛊》六四爻辞"裕父之蛊"的象征内涵。来知德《周易集注》:"未得者,未得治其蛊也。九三之刚失之过,故悔;悔者,渐趋于吉,故终无咎。六四之柔失之不及,故吝;吝者,渐趋于凶,故往未得。宁为悔,不为吝。"

【蛊初六小象传】 《蛊》卦初六爻的《小象传》。其辞曰:"干父之蛊,意承考也。"意思是:匡正父辈的弊乱,说明初六的意愿在于继承前辈的成就。这是解说《蛊》初六爻辞"干父之蛊"的象征内涵。孔颖达《周易正义》:"凡堪干父事,不可小大损益一依父命,当量事制宜,以意承考而已。"

【常德行习教事】 《坎》卦的《大象传》语。意思是:恒久保持令德美行,反复熟习政教事务。习,犹言"熟习";教事,谓"政教之事"。这是从《坎》卦"水流叠至"的卦象而推阐出的"君子"观此象,须悟知守"德行"当如水之长流不息,行"教事"当如两坎相受、时时熟习的道理。参见"坎大象传"。

【崔铣】(1478—1541) 明乐安(今属江西)人。字子钟,一字仲凫,号后渠。弘治十八年(1505)进士,选庶吉士,授编修,参与修撰《孝宗实录》。见太监刘瑾长揖不拜,由是忤瑾。书成,出为南京吏部主事。瑾败,召充经筵讲官。明世宗即位,擢南京国子监祭酒。因疏劾显贵,世宗不悦,勒令致仕。家居十六年,以皇太子立,选宫僚,起为少詹事兼侍读学士,转南京礼部右侍郎。入京贺节,过家疾作而卒。赠礼部尚书,谥"文敏"。其学以程、朱为的,言行皆有规则,斥王守仁为"霸儒"。著书颇多(见《明史·儒林传》及《明儒学案》)。《易》学专著今存《读易余言》五卷。又有《易大象说》一卷者,乃取自《读易余言》第三卷,而抽出单行之本。

【崔憬】 唐代人。生活年代约在孔颖达之后,李鼎祚之前。字号爵里未详。通《易》,撰有《周易探玄》。然史志不载其人,书亦不传。唯李鼎祚《周易集解》颇引崔氏《易》说,其说"大衍之数五十"节述及《孔疏》,李鼎祚谓崔氏"探玄",病诸先达";清马国翰《玉函山房辑佚书》据此云"知为唐人,在孔颖达后","'探玄'为其书名"。马氏并据《集解》等书辑《周易探玄》

三卷,黄奭《汉学堂丛书》亦有辑本。

【崔觐】 约南朝齐梁间人。字号、爵里不详。或疑即《北史·儒林传》所记清河"崔瑾"。治《易》,著《周易注》十三卷、《周易统例》十卷。已佚。清马国翰《玉函山房辑佚书》辑有《周易崔氏注》一卷。并指出:"觐不详何人,时代、爵字、里居并佚。《隋书·经籍志》有'《周易》十三卷,崔觐注',又有'《周易统例》十卷,崔觐撰',亦仅题'崔觐'而已。《唐书·艺文志》尚有崔觐《注》十三卷。《隋志》崔觐《注》次姚规,于《统例》次周颙、范氏,当是齐梁间人。考《北史·儒林传》,有清河崔瑾,与范阳卢景裕同为徐遵明弟子。觐、瑾音同,或一人而传写各异与?今其书并不传。"

【虚一不用】 《周易》占筮条例中,用以揲蓍衍卦的"大衍之数"为五十,而实际"用数"为四十九,习称"虚一不用"。参见"大衍之数"、"筮法"。

【唯君子为能通天下之志】 《同人》卦的《象传》语。意思是:只有君子才能会通统一天下民众的意志。这是归结《同人》卦《象传》全文,进一步赞明卦辞"利君子贞"之义。孔颖达《周易正义》:"唯君子之人,于'同人'之时能以正道通达天下之志,故利君子之贞。"

【晦庵易学探微】 曾春海撰。1983年台北辅仁大学出版社出版。是书专论朱熹研治《周易》的特点、方法、成就。凡十章,前七章分论朱子的学术思想、《易》学著作、说《易》特征、注《易》体例等;后三章推阐朱子《易》学的形上学、宇宙论、人生哲学等。

〔丿〕

【豚鱼吉】 《中孚》卦的卦辞之语。意思是:能感化小猪小鱼必获吉祥。豚,音屯 tún,谓小猪,"豚鱼"犹言"小猪小鱼",喻微隐之物。这是说明,《中孚》卦揭示"中心诚信"之理,而诚信之德若能广被微物,犹如信及"豚鱼"而感化之,则其德无所不至,必能获得吉祥,故称"豚鱼吉"。参见"中孚卦辞"。

【豚鱼吉信及豚鱼也】《中孚》卦的《象传》语。意思是:能感化小猪小鱼必获吉祥,说明诚信之德足以施及小猪小鱼这些微物。这是解说《中孚》卦辞"豚鱼吉"之义。程颐《周易程氏传》:"信能及于豚鱼,信道至矣,所以吉也。"

【船山易学研究】 萧汉明撰。1987年华夏出版社出版。此书专论王夫之的《易》学成就,含外、内两篇,《外篇》探讨船山《易》学的外部结构,凡四章,曰《易学源流概叙》、《船山易学的特征》、《论卦象卦德与卦序》、《论占筮》;《内篇》考索船山《易》学的内在意旨,凡五章,曰《论易与象》、《船山宇宙观的太极模型》、《太极之为太和说》、《絪缊太和之真体》、《万有之化流行而成用》。末附作者注释船山《周易内传发例》,俾读者进一步了解船山《易》学的基本条例。全书重在总结王夫之所建构的《易》学体系,以揭示其在哲学史上的地位。

【第一营】《周易》占筮法基本手段"四营"的第一项程序,即取五十根蓍策虚一不用、分而为二。详"四营"。

【第二营】《周易》占筮法基本手段"四营"的第二项程序,即从"第一营"所分右半蓍策中取出一根挂于左手小指间。详"四营"。

【第三营】《周易》占筮法基本手段"四营"的第三项程序,即把蓍策四根一组地揲算。详"四营"。

【第四营】《周易》占筮法基本手段"四营"的第四项程序,即把两次揲算剩余之策夹扐于无名指、中指间。详"四营"。

【第五元先】 东汉京兆(今陕西西安市)人。治"京氏《易》"。郑玄初从受业(见《后汉书·郑玄传》)。按,王先谦《后汉书集解》引惠栋曰:"按《玄别传》,故兖州刺史也。"

【得正】 见"当位不当位"。
【得位】 见"当位不当位"。
【得敌】《中孚》卦六三爻辞之语。意为:前临劲敌。此言六三当"中孚"之时,居下卦之终,阴柔失正,与六四同阴为敌,有存心不诚,急于取四而代之之象;然四位柔正,非三所能取胜,则三唯自树劲敌而已,故曰"得敌"。参见"中孚六三"。

【得臣无家】《损》卦上九爻辞之语。意为:得到广大臣民的拥戴而不限于一家。无家,犹言不限一家。这是说明上九当"损"之时,以阳刚居卦终,"损下益上"必将转化为"损上益下";而上九此时受下之益已极,毋须自损便能广泛施益于天下,于是大得"臣民"拥戴且不限一家,故称"得臣无家"。参见"损上九"。

【得象忘言】 三国时王弼的《易》学主张,以为《周易》的"言"(卦辞、爻辞)是用来说明"象"(卦画、爻画),故通晓其象,则言可忘。犹言得知卦画爻画的本旨,则解说卦爻的卦辞、爻辞含义必迎刃而解,不必拘泥文辞而反塞《易》义。此概念与"得意忘象"相互见义,均出王弼《周易略例·明象》。参见"得意忘象"。

【得意忘象】 三国时王弼提倡的《易》学观点,认为西汉以来《易》家多泥于象数之学,刻意求象,反使《周易》本旨隐晦,故尽扫旧例,独树一帜,揭明"得意忘象"、"得象忘言"的主张。据王弼之说,《易》象(即卦画爻画)是用以"出意",《易》言(即卦辞爻辞)是用以"明象",因此,可以"寻言以观象"、"寻象以观意",得其象则"言"可忘,得其意则"象"可忘。譬如《乾》卦初九之"言"(爻辞)为"潜龙勿用",若知此爻之"象"为该卦下乾初画(即卦下第一条阳爻"—"),则"潜龙勿用"这句比喻性之"言"可忘;若知此爻之"意"指刚健元素初萌未发的情状,则借以表明此意的卦象(☰)、爻象(—)亦并可忘。王弼这种观点,是运用《庄子·外物篇》所谓"得鱼而忘筌(捕鱼的竹器)"、"得兔而忘蹄(捕兔的器具)"、"得意而忘言"的思想来解《易》,旨在使读《易》者对《周易》的象征形象与象征意义作出完整的、符合哲学指趣的理解。其说略曰:"夫象者,出意者也;言者,明象者也。尽意莫若象,尽象莫若言。言生于象,故可寻言以观象;象生于意,故可寻象以观意。意以象尽,象以言著。故言者,所以明象,得象而忘言;象者,所以存意,得意而忘象。犹蹄者所以在兔,得兔而忘蹄;筌者所以在鱼,得鱼而忘筌也。然则,言者,象之蹄也;象者,意之筌也。是故,存言者,非得象者也;存象者,非得意者也。象生于意而存象焉,则所存者乃非其象也;言生于象而存言焉,则所存者乃非其言也。然则,忘象者,乃得意者也;忘言者,乃得象者也。得意在忘象,得象在忘言。故立象以尽意,而象可忘也;重画以尽情,而画可忘也。"(《周易略例·明象》)

【得妾以其子】《鼎》卦初六爻辞之语。意思是:宛如为妾生子而被扶作正室。妾,喻《鼎》初六;子,喻《鼎》九四。这是说明初六处《鼎》之始,阴虚在下,有颠转鼎身,清倒废物之象,此时鼎器既已清除废物,正待纳物烹饪,而初六处位虽阴柔卑下,却上应九四之刚,犹如虽为妾却因生子贤贵而被扶作正室,此亦"鼎功"去旧成新之义,于理无咎,故曰"得妾以其子"。参见"鼎初六"。

【得其资斧心未快也】《旅》卦九四爻的《小象传》语。旨在解说九四爻辞"得其资斧"之义,然即取另一句爻辞"我心未快"以为释。意思是:获得利斧以斫荆棘,说明此时九四心中不甚畅快。参见"旅九四小象传"。

【得童仆贞终无尤也】《旅》卦六二爻的《小象传》辞。旨在解说六二爻辞"得童仆,贞"的象征内涵。意思是:拥有童仆而守持正固,说明六二终将无所过尤。参见"旅六二小象传"。

【逸易】汉宣帝时(前73—前49)出土的一篇《周易》逸文,或以为即《说卦传》。王充《论衡·正说篇》:"至汉宣帝之时,河内女子发老屋,得逸《易》、《礼》、《尚书》各一篇奏之,宣帝下示博士,然后《易》、《礼》、《尚书》各益一篇,而《尚书》二十九篇始定矣。"《隋书·经籍志》云:"及秦焚书,《周易》独以卜筮得存,唯失《说卦》三篇,后河内女子得之。"据《隋志》之意,谓王充言汉宣帝时所出之逸《易》乃《说卦传》,然彼云一篇、此云三篇,于篇数颇有出入。疑其事本属传言,当时已无确证,故仅可阙疑待考。

〔丶〕

【商瞿】(前522—?) 春秋时鲁国人,字子木。孔子弟子,比孔子年少二十九岁。好《易》,孔子传之,颇能记诵。孔子卒后,以所受《易》学授徒,凡六世而至西汉田何。田何遂开汉代《易》学宗派。《史记·儒林列传》:"自鲁商瞿受《易》孔子,孔子卒,商瞿传《易》,六世而至齐人田何,字子庄,而汉兴。"

【商兑未宁介疾有喜】《兑》卦九四爻辞。意思是:商度思量如何欣悦而心中未曾安宁,能隔绝诣邪者的疾患则颇为可喜。商,谓商度思量;介,犹言"隔绝";疾,喻《兑》六三的诣邪之患。这是说明九四当"悦"之时,阳刚失正,下比六三之佞,上承九五之尊,故商度其"悦",抉择去取,中心未宁;此时若能毅然隔绝六三之"疾",努力趋正严守,则处"悦"不失其道,终为可喜,故曰"商兑未宁,介疾有喜"。参见"兑九四"。

【商旅不行后不省方】《复》卦的《大象传》语。意思是:(冬至之日)商贾旅客不外出远行,君主不省巡四方。后,泛指君主;省方,指省视四方。这是从《复》卦"雷在地中"微动的卦象而推阐出的"先王"效法此象,制定于冬至阳气复生之日修息静养的条例,使"商旅"不外行,"君主"不出巡,让天下共相静养以助微阳回复的意义。参见"复大象传"。

【章句守师说】 西汉《易》学的一个支派,以杨何、施雠、孟喜、梁丘贺、京房五家《易经》博士所立以教授者为代表。详见"汉易"。

【麻衣道者】 五代末宋初人。里居及生卒年未详。当为避世隐居之道士者流。旧传曾以《正易心法》授陈抟。宋释志盘《佛祖统纪》卷四十四云:"五季之际,有方服而衣麻者,妙达《易》道,始发'河图'之秘,以授希夷,希夷始著诀传世。"卷四十三云:开宝四年(971)"处士陈抟,受《易》于麻衣道者,得所述《正易心法》四十二章,理极天人,历诋先儒之失"。戴师愈《正易心法跋》记载:"五代李守正叛河中,周太祖亲征,麻衣语赵韩王曰:'李侍中安得久?其城下有三天子气。'未几城陷。时周世宗与宋朝太祖侍行。钱文僖公若水,陈希夷每见,以其神观清粹,谓可学仙,有升举之分;见之未精,使麻衣决之。麻衣云:'无仙骨,但可作贵公卿耳!'夫神仙与帝王之相,岂易识哉? 麻衣一见决之,则其识为何如也! 即其识神仙、识帝王眼目以论《易》,则其出于寻常万万也。固不容于其言矣。"宋释文莹《湘山野录》亦记麻衣观相的类似事迹,略云:陈抟邀钱若水入山斋,见老僧拥衲附火;僧谓若水无仙骨,可作贵公卿。据此,麻衣似属以僧为表,以道为里之人物。学者或疑《正易心法》乃伪托之书,非麻衣道者所著。

【康侯用锡马蕃庶】 《晋》卦的卦辞之语。意为:尊贵的公侯蒙受天子赏赐众多车马。康,美之名,犹言"尊贵";锡,通"赐";马,此处兼指"车马";蕃庶,谓众多。这是说明事物处于"晋长"之时的美盛情状,故拟取公侯受天子赏赐、宠信之象为喻,以明"晋长"之义。参见"晋卦辞"。

【庸言之信庸行之谨】 《乾》卦《文言传》语。旨在衍发《乾》九二"见龙在田,利见大人"之义。意思是:有"见龙"之德的平凡言论说到做到,其日常行动谨动有节。庸,犹言"平常"。李鼎祚《周易集解》引《九家易》曰:"以阳居阴位,故曰'谨'也。庸,常也。谓言常以信,行常以谨矣。"孔颖达《周易正义》:"从始至末,常言之信实,常行之谨慎。"

【庾运】 西晋新野(今属河南)人。字玄度。官至尚书。著有《易义》。张璠集魏晋二十二家《易》说,撰为《周易集解》十二卷,庾运亦属被采入诸家之一(见陆德明《经典释文序录》)。

【密云不雨已上也】 《小过》卦六五爻的《小象传》辞。旨在解说六五爻辞"密云不雨"的象征内涵。意思是:浓云密布却不降雨,说明六五阴气旺盛已经高居在上。参见"小过六五小象传"。

【密云不雨尚往也】 《小畜》卦的《象传》语。意思是:浓云密布却不降雨,说明阳气畜聚未足而犹上行离去。此以阳气犹在上行,谓阴畜阳不足,故未成雨,犹言"所畜者小",释《小畜》卦辞"密云不雨"之义。程颐《周易程氏传》:"畜道不能成大,如密云而不成雨。阴阳交而和,则相固而成雨;二气不和,阳尚往而上,故不成雨。"

【密云不雨自我西郊】 ①《小畜》卦的卦辞之语。意思是:浓云密布却不降雨,(云气的升起)来自我方西郊。西,古人以为象征"阴方";我,《小畜》卦以"阴"为主,故称"西方"为"我"。这是举"云气"为譬喻,说明《小畜》之义在于以阴畜阳,所畜不能盛大,犹如阴气先从阴方升起,聚阳甚微,未足以和阳成雨,故有"密云不雨,自我西郊"之象。参见"小畜卦辞"。②《小过》卦六五爻辞之语。字面意思与《小畜》卦辞同。但其象征旨趣是说明六五当"小过"之时,阴居阳位,下无阳应,犹如西郊阴方唯浓云密布,无阳而不能化雨,其旨正合《小过》卦以阴柔为主而喻示"小者过"、"不可大事"之义。参见"小过六五"。

【惕厉】 厉,犹言"危";谓谨慎戒惕,心存危惧。语本《乾》卦九三爻辞"夕惕若厉"(此为《周易》旧注中较通常的断句法之一,参见"乾九三")。《后汉书·马皇后纪》:"日夜惕厉,思自降损;居不求安,食不念饱。"

【惕号莫夜有戎勿恤】 《夬》卦九二爻辞。意思是:时刻戒惕呼号,尽管深夜出现战事,也不必忧虑。号,谓发出警备之语;莫,即"暮";恤,忧也。此言九二当"君子"决除"小人"之时,以刚中之德处于下卦,既果决刚断又小心谨慎,遂能时刻"惕号",虽深夜"有戎"也有备无患,故曰"惕号,莫夜有戎,勿恤"。参见"夬九二"。

【惧以终始其要无咎】 《周易》卦爻辞多涵危惧警戒之义,故把握《易》理亦当自始至终保持惕惧,而其要旨乃归于慎求"无咎"之道。语出《系辞下传》:"惧以终始,其要无咎,此之谓《易》之道也。"张栻《南轩易说》:"既惧其始,使人防微杜渐;又惧其终,使人持盈守成。其要之以无咎而补过,乃《易》之道也。"按,《系辞传》此语实是揭示了《周易》哲理的一方面重要特点。胡远濬《劳谦室易说·读易通识》云:"《诗三百》,一言以蔽之,曰:'思无邪。'《易》六十四卦,一言以蔽之,曰:'惧以终始,其要无咎。'"

【梁恭】 东汉安定乌氏(—zhī,今甘肃平凉)人。梁𫫇之弟。与吕羌、范升俱修"梁丘《易》"。明经学,为博士(见《后汉书·范升传》)。

【梁𫫇】 东汉安定乌氏(—zhī,今甘肃平凉)人。字叔敬。梁统之子。少年时研习"孟氏《易》",弱冠即能教授生徒。汉明帝永平年间,因其兄梁松犯罪事,与弟梁恭俱被流放江南,至沅、湘,感悼伍子胥、屈原无辜沈江丧生,遂作《悼骚赋》,系玄石投水为祭。后诏听还本郡,闭门自养,以经籍为娱。著书数篇,名曰《七序》,班固见后称道:"孔子作《春秋》而乱臣贼子惧,梁𫫇作《七序》而窃位素餐者惭。"章帝建初八年(83),二女在宫内为贵人遭窦氏谮杀,累及己身,被下狱问罪,死狱中(见《后汉书·梁统列传》)。

【梁寅】(1303—1389) 明新喻(今属江西)人。字孟敬。世代务农,家贫,自力于学,淹贯群经诸子。累举不第,遂弃去科业。元末辟集庆路儒学训导,以亲老辞。次年兵起,遂隐居教授。入明,太祖征修《礼》、《乐》书,寅就征,年已六十余;书成,将授官,复以老病辞归。结庐石门山,四方之士多从学,称为"梁五经",又称"石门先生"。邻邑子初入官,诣寅讲教,寅曰:"清、慎、勤,居官三字符也!"又问"天德"、"王道"之要旨,寅微笑曰:"言忠信,行笃敬,天德也;不伤财,不害民,王道也。"其人退曰:"梁子所言平平耳!"后以不检点败事,语人曰:"我不敢再见石门先生。"(见《明史·儒林传》)寅著书甚多,其《易》学专著今存《周易参义》十二卷。

【梁丘临】 西汉琅邪诸(今山东诸城)人。《易》家梁丘贺之子。承家学,又从施雠问业,为汉《易》"梁丘学"的第二代传人。任黄门郎。汉宣帝甘露三年(前51),奉使出席石渠阁议,向诸儒询问《五经》指趣。《易》学精熟,专行京房法。传五鹿充宗、王骏等(见《汉书·儒林传·梁丘贺传》及《施雠传》)。按,《儒林传》有"(梁丘)临代五鹿充宗君孟为少府"一句,学者以为"代"字乃"授"或"传"之误。王先谦《汉书补注》引刘奉世曰:"'临代五鹿充宗',代当为'授',后人误改之。代充宗者召信臣也,亦非临也。"杨树达《汉书窥管》:"刘校意是,而改'代'为'授',则非。'代'乃'传'之形近坏字耳,非由误改也。陆氏《释文序录》云'临传少府五鹿充宗',正用《汉书》文,知唐时本尚未误也。"又按,《汉书·百官公卿表下》于汉元帝建昭元年(前38)曰"尚书令五鹿充宗为少府,五年贬为玄菟太守",于竟宁元年(前33)曰"河南太守召信臣为少府"。王先谦《汉书补注》指出:"《儒林传》:梁丘临代五鹿充宗为少府。此不载,而书召信臣为少府。疑五鹿之后、信臣之前,临尚任职,不久即免,而史失之。"杨树达《汉书窥管》曰:"《儒林传》'代'字乃'传'字之误文。王据误文为说,非是。"

【**梁丘贺**】 西汉琅邪诸(今山东诸城)人。字长翁。汉代今文《易》"梁丘学"的开创者。初从太中大夫京房(即"前京房",杨何弟子)受《易》;房出为齐郡太守,贺改投著名《易》家田王孙门下问业。宣帝时,闻京房治《易》甚明,求其门人,得贺。当时,贺坐事,由都司空令免为庶人。被宣帝召见,陈说《易》义,宣帝善之,以贺为郎。适逢八月宣帝出祀孝昭庙,发行官的旄头剑突然自行挺出坠地,剑首垂泥中,剑刃向车舆,马匹惊起。宣帝使梁丘贺筮之,不吉,谓有兵谋。当夜果然有叛党谋刺宣帝,被发觉,伏诛。贺以占筮应验,为宣帝宠幸,为太中大夫,给事中,神爵三年(前59)至少府。为人小心周密,宣帝信重之。终老于官,其形貌被绘入麒麟阁。以所学传子梁丘临,临授五鹿充宗、王骏,充宗授士孙张、邓彭祖、衡咸,故西汉梁丘《易》遂有"士孙、邓、衡之学"传世(见《汉书·儒林传·梁丘贺传》及《李广苏建传》)。《汉书·艺文志》"《易经》施、孟、梁丘三家",并著录《梁丘氏章句》二篇。已佚。清马国翰《玉函山房辑佚书》辑有《周易梁丘氏章句》一卷。

【**梁丘易**】 西汉《易》家梁丘贺开创的《易》学流派。亦称"梁丘之学"。梁丘贺先从太中大夫京房("前京房")受《易》,后改事著名《易》家田王孙(王孙承田何、丁宽之传)。其学传子梁丘临,临传五鹿充宗、王骏,充宗传士孙张、邓彭祖、衡咸,于是西汉"梁丘《易》"一家遂有"士孙、邓、衡之学"。东汉范升、杨政、张兴、张鲂,均传"梁丘《易》"。至西晋"永嘉之乱"后,梁丘《易》学遂亡,无有传者。陆德明《经典释文序录》云:"梁丘贺本从太中大夫京房受《易》,后更事田王孙,传子临。临传五鹿充宗及琅邪王骏。充宗授平陵士孙及沛邓彭祖、齐衡咸。后汉范升传'梁丘《易》',以授京兆杨政。又颍川张兴传'梁丘《易》',弟子著录且万人,子鲂传其业。"吴承仕先生《经典释文序录疏证》:"此约《前、后汉书·儒林传》及《后汉书·范升传》文,略明'梁丘《易》'授受源流也。《艺文志》有《章句》二篇。《序录》称施、梁丘之《易》永嘉之乱亡,今唯《释文》引三家音一事而已。本传云:'贺从京房受《易》,又以筮有应得幸。传其子临,乃专行京房法。'明贺《易》犹田生、丁将军之遗教也。再传为五鹿充宗,《艺文志》列其《略说》三篇于京、孟之次,亦可以窥其流变矣。"

【**梁武帝**】(464—549) 南朝梁南兰陵(今江苏武进西北)人。姓萧名衍,字叔达。小字"练儿"。与南齐同族。初仕齐为雍州刺史,镇守襄阳。兄懿为豫州刺史,被齐王所杀,衍遂起兵入建康,废齐王,奉南康王萧宝融为帝,自为大司马,专朝政。次年废杀宝融,称帝,建号"梁"。太清二年(548)正月接纳东魏叛将侯景,八月景又叛梁,次年攻陷台城,衍幽死。在位四十七年。子纲立,追尊为"武皇帝"。衍笃学,卷不辍手,烛光常至深夜。长于文学、乐律、书法,凡阴阳纬候、卜筮占决、骑射等亦无不称妙。初重儒立学,设士林馆,命儒臣递相讲述,四方趋学向风。后崇信佛教,三次舍身同泰寺,所立寺院遍于境内。经史、文学著述甚丰。其《易》学专著有《周易讲疏》、《六十四卦二系文言序卦等义》(见《南齐书》及《南史》本纪)。《隋书·经籍志》于《易》类列梁武帝《周易大义》二十一卷、《周易讲疏》三十五卷;《旧唐书·经籍志》及《新唐书·艺文志》又有《周易大义疑问》二十卷。俱已亡佚。清马国翰《玉函山房辑佚书》辑有《周易大义》遗文一卷。

【**梁丘之学**】 见"梁丘易"。

【**渎蒙**】 《蒙》卦的《象传》语。旨在解说《蒙》卦辞"再三渎,渎则不告"之义。谓"学子"再三滥问便是渎乱学务,不可施教,因为这是渎乱了启蒙的正常程序。孔颖达《周易正义》：“所以再三不告，恐渎乱蒙者。”程颐《周易程氏传》：“再三，烦数也。来筮之意烦数，不能诚一，则渎慢矣，不当告也。告之必不能信受，徒为烦渎，故曰'渎蒙'也。求者、告者皆烦渎矣。”

【鸿仪】　鸿鸟羽毛所作的仪饰，象征清远高洁，亦借喻身居官职。语本《渐》卦上九爻辞"鸿渐于陆，其羽可用为仪"。《隋书·崔廓传》载廓子崔赜《答豫章王书》："谬齿鸿仪，虚班骥皂。"

【鸿渐】　鸿鸟渐飞而进，亦借喻仕进。语出《渐》卦初六至上九爻辞"鸿渐于干"、"鸿渐于磐"诸文。《汉书·公孙弘卜式儿宽传赞》："公孙弘、卜式、儿宽皆以鸿渐之翼困于燕爵，远迹羊豕之间，非遇其时，焉能致此位乎？"《文选》载班固《幽通赋》："皇十纪而鸿渐兮，有羽仪于上京。"又载刘峻《辩命论》："君山鸿渐，铩羽仪于高云；敬通凤起，摧迅翮于风穴。"

【鸿渐于干】　《渐》卦初六爻辞之语。意为：大雁飞行渐进于水涯边。鸿，水鸟名，即大雁；干，水涯，即"岸"。这是说明初六处《渐》之始，柔弱卑下，上无应援，所进尚浅，适如鸿鸟渐飞而进于涯岸，未获安宁，故有"鸿渐于干"之象。参见"渐初六"。

【鸿渐于陆】　①《渐》卦九三爻辞之语。意为：大雁飞行渐进于小山顶。陆，较平的山顶。此言九三居《渐》卦下艮之上，以阳处阳，刚健能进，有鸿飞渐至小山顶之象，故曰"鸿渐于陆"。参见"渐九三"。②《渐》卦上九爻辞之语。字面意思与九三爻辞略同，但此处之"陆"当指"高山顶"，比九三之"陆"为高。其象征旨趣在于说明，上九当"渐"之时，以阳"渐进"上位，远居卦极，犹如鸿飞而止于高山顶巅，故亦曰"鸿渐于陆"。参见"渐上九"。

【鸿渐于陵】　《渐》卦九五爻辞之语。意为：大雁飞行渐进于丘陵。这是说明九五当"渐"之时，阳刚中正，以渐进而居卦尊位，犹如鸿鸟高飞而渐至于陵上，故曰"鸿渐于陵"。参见"渐九五"。

【鸿渐于木或得其桷】　《渐》卦六四爻辞之语。意思是：大雁飞行渐进于高木上，或能寻得平柯栖止稳当。桷，音觉jué，树木枝间的平柯。此言六四当"渐"之时，居位柔正，上承九五阳刚，渐进不躁，犹如鸿飞木杪，栖止平柯，故曰"鸿渐于木，或得其桷"。参见"渐六四"。

【鸿渐于磐饮食衎衎】　《渐》卦六二爻辞之语。意思是：大雁飞行渐进于磐石上，安享饮食和乐欢畅。磐，磐石，喻安稳之所；衎，音看kàn，"衎衎"，和乐貌。这是说明六二当渐进之时，柔中得正，上应九五，犹如鸿鸟渐飞而至磐石之上，安然得食，故称"鸿渐于磐，饮食衎衎"。参见"渐六二"。

【淙山读周易记】　南宋方实孙撰。二十一卷。《四库全书》本。此书取朱熹《卦变图》，发展而为《易卦变合图》，以补《易学启蒙》之所不足；又立说不喜空谈，多据爻象以抒论。《四库全书提要》指出："此书旧本但题曰《读周易》，案朱彝尊《经义考》作《淙山读周易记》，盖此本传写脱讹。《经义考》又引曹溶之言曰：《宋志》八卷，《淡生堂目》作十卷，《聚乐堂目》作十六卷；今世所行凡二本，一本不分卷，不知孰合之。此本凡上经八卷，下经八卷，《系辞》二卷，《序卦》、《说卦》、《杂卦》各一卷，又不知谁所分也。其书取朱子《卦变图》别为《易卦变合图》，以补《易学启蒙》所备。其说多主于爻象，不涉空谈。《自序》有曰：'《易》者道也，象数也，言道则象数在其中矣。道果有耶？《系辞》曰：《易》无体。道果无耶？《系辞》曰：《易》有太极。是道自无而有也。'可以识其宗旨也。其据《随》上六爻'王用亨于西山'，《升》六四爻'王用亨于岐山'，《明夷·象》'文王以之'，《革·象》'汤武革命'，证爻、象非文王作，自为确义；其据《大有》九三爻'公用亨于天子'，《解》上六爻'公用射隼于高墉之上'，《小过》六五爻'公弋取彼在穴'，证爻辞非周公作，则必不然。说《易》者本不云'公'周公也。其其大旨则较诸家为淳实也。"

【淮南九师】 西汉淮南王刘安聘请的九名通晓《周易》的学者。这九人在刘安招集下，共同研讨《易》义，撰定《淮南道训》一书，亦称《淮南九师易说》。《汉书·艺文志》载："《淮南道训》二篇。淮南王安聘明《易》者九人，号九师说。"按，《初学记》引刘向《别录》："所校雠中《易传》，《淮南九师道训》除复重定著十二篇，淮南王聘善为《易》者九人，从之采获，署曰淮南九师书。"据此，则与《艺文志》所云"二篇"之数不符。故沈钦韩《汉书疏证》认为："《志》作'二篇'，与总数不合，明脱'十'字。"又按，"九师"究为何人，《汉志》未言。诸家凡有三说，一是陈振孙《直斋书录解题》以《荀爽九家》当之，然荀爽乃东汉人，惠栋《易汉学》指出："《九家易》，魏晋以后人所撰，其说以荀爽为宗。"则振孙之说未妥。二是朱彝尊《经义考》谓"九师"即陆德明《释文》所引称"师"者，清儒多不以为然。马国翰云："《释文》于他经亦称'师说'，决非'九师'。"（《玉函山房辑佚书》）则朱氏之说亦未妥。三是高诱《淮南鸿烈序》："天下方术之士多往归焉。于是遂与苏飞、李尚、左吴、田由、雷被、毛被、伍被、晋昌等八人及诸儒大山、小山之徒共讲论道德，总统仁义，而著此书。"马国翰据此认为："然则《道训》之'九师'，亦其流也。"（同前）马说似较可征信。

【渐】 六十四卦之一。列居篇中第五十三卦。由下艮（☶）上巽（☴）组成，卦形作"䷴"，卦名为《渐》，象征"渐进"。全卦旨趣，是阐明事物发展过程中"循序渐进"的道理。《孟子·公孙丑上》有一则"揠苗助长"的寓言，赵岐注曰："喻人之情，邀福者必有害；若欲急长苗，而反使之枯死也。"此义与"渐进"的哲学内涵正可对照。卦辞拟"女子出嫁"为象，意在"礼备"而后渐行，已见全卦大旨。六爻以鸿鸟飞行设喻，形象更为生动：沿初爻至上爻，鸿飞所历，为水涯、磐石、小山陆、山木、山陵、大山陆，由低渐高，由近渐远，秩然有序。各爻立义，均主于守正渐行，因此多"吉"、"无咎"之占。其中九三虽过刚有"凶"，但也勉其慎行"渐"道，化害为利。可见，《渐》卦自始至终嘉美"渐进"的道理，乃至上九"位"穷而"用"无穷，所谓积渐大成，"仪型万方"，"贲一切也"（尚秉和先生《周易尚氏学》）。《礼记·学记》叙古代的教学程序，谓七年"小成"，九年"大成"，又曰"大学"之教"不陵节而施之谓'孙'（按照顺序）"。显然，这种"教学理论"的创制者，是深知"学"宜循"渐"然后能成的规律。

【渐九三】 《渐》卦九三爻。以阳爻居卦第三位。爻辞曰："鸿渐于陆，夫征不复，妇孕不育，凶；利御寇。"意思是：大雁飞行渐进于小山，宛如夫君远征一去不复返，妻子失贞得孕生育无颜，有凶险；但利于禀正用刚以抵御强寇。陆，较平的山顶，《尔雅·释地》"高平曰陆"，陆德明《经典释文》"陆，高之顶也，马云'山上高平曰陆'"，若对《渐》上九亦云"陆"而言，则此处之"陆"当可视为"小山顶"。爻辞全文说明，九三居《渐》卦下艮之上，有鸿飞渐至山顶之象，故曰"鸿渐于陆"；当此渐进之时，九三刚亢躁进，与六四非阴阳正应而近比无间，相互投合，乐而忘返，犹如"丈夫"久征不归，遂致其妇非夫得孕，无颜生育，故为"凶"兆；但九三又为阳刚得正之爻，若其能慎用刚强，渐进不亢，不为淫邪，则利于以刚外御强寇，可避"夫征不复，妇孕不育"之凶，故爻辞特从正面诫勉之曰"利御寇"。王弼《周易注》："陆，高之顶也。进而之陆，与四相得，不能复反者也。夫征不复，乐于邪配，则妇亦不能执贞矣；非夫而孕，故不育也。三本艮体，而弃乎群丑，与四相得，遂乃不返，至使'妇孕不育'，见利忘义，贪进忘旧，凶之道也。"《周易折中》引程敬承曰："三以过刚之资,当渐进之时,惧其进而犯难也,故有戒辞焉。'征'、'孕'皆'凶',言不可进也;利在御寇,言可止也。"按,《渐》九三居位虽正,但过刚不"中",躁进必失,故爻辞以"凶"设诫;并谓若能取柔济刚,守"渐"有道,必可化凶为吉。《周易折中》云:"惟能谨慎自守,使寇无所乘,则可以救其过刚之失而利。"又按,爻辞"利御寇"句,李鼎祚《周易集解》本"利"下有"用"字,孔颖达《周易正义》疏文引经辞亦作"利用御寇",与此爻《小象传》辞同,似有"用"者近是。

【渐九五】 《渐》卦九五爻。以阳爻居卦第五位。爻辞曰:"鸿渐于陵,妇三岁不孕,终莫之胜,吉。"意思是:大雁飞行渐进于丘陵,(宛如夫君远出)妻子三年不怀身孕,但夫妇必合而外物终究不能侵阻取胜,吉祥。三岁,泛指多年。这是说明九五当"渐"之时,居卦尊位,犹如鸿鸟高飞而渐至于陵上,故曰"鸿渐于陵";此时九五阳刚中正,下应六二柔中之阴,然其间为九三、六四两爻阻隔,犹如六二未能与"夫君"会合,以至多年"不孕",但二、五乃阴阳正应,谨守"渐"道,终有相合之时,非外物如三、四者所能侵阻取胜,故曰"终莫之胜,吉"。王弼《周易注》:"进得中位,而隔乎三、四,不得与其应合,故'妇三岁不孕'也。各履正而居中,三、四不能久塞其途者也,不过三岁,必得所愿矣。"按,《渐》卦九五、六二两爻,为居正守中之象,因此均获"吉"占。马其昶《重定周易费氏学》引华学泉曰:"二不轻进,五不轻任,相须之久,相信之深也。"

【渐上九】 《渐》卦上九爻。以阳爻居卦最上之位。爻辞曰:"鸿渐于陆,其羽可用为仪,吉。"意思是:大雁飞行渐进于高山,其羽毛可作为高洁的仪饰,吉祥。陆,此处当指高山顶,比九三之"陆"为高,并在九五"陵"之上(见"渐九三")。这是说明上九当"渐"之时,以刚健之德"渐进"于上位,远居卦极,不谋其功,高洁可法,犹如鸿鸟飞止于高山顶巅,其羽堪作洁美的仪饰,故为吉祥。王弼《周易注》:"进处高洁,不累于位,无物可以屈其心而乱其志,峨峨清远,仪可贵也。故曰'其羽可用为仪,吉'。"按,《渐》上九爻辞"陆"字,与上三爻辞重,前人对此有不同说法。兹举两例以备参考:一、朱熹《周易本义》承胡瑗、程颐之说,指出"陆当作'逵',谓云路也"。并认为作"逵"与次句末字"仪"正可叶韵。二、《周易折中》以为"逵"、"仪"古韵不叶,指出:"陆字乃'阿'之误。阿,大陵也,进于'陵'则'阿'矣。'仪'古读'俄',正与'阿'叶。"

【渐六二】 《渐》卦六二爻。以阴爻居卦第二位。爻辞曰:"鸿渐于磐,饮食衎衎,吉。"意思是:大雁飞行渐进于磐石上,安享饮食和乐欢畅,吉祥。磐,磐石,喻安稳之所;衎,音看 kàn,"衎衎",和乐貌,《尔雅·释诂》"衎,乐也"。这是说明六二当"渐进"之时,柔中得正,上应九五,犹如鸿鸟渐飞而至磐石之上,安然得食,故获吉祥。王弼《周易注》:"磐,山石之安者也。少进而得位,居中而应,本无禄养,进而得之,其为欢乐,愿莫先焉。"按,"鸿"之行止,本在近水之处,而《渐》卦诸爻辞取象,多言山石陵陆。孔颖达《周易正义》对此论曰:"鸿是水鸟,非是集于山石陵陆之禽。而爻辞以此言'鸿渐'者,'渐'之为义,渐渐之于高,故取山石陵陆以应渐之义,不复系水鸟也。"

【渐六四】 《渐》卦六四爻。以阴爻居卦第四位。爻辞曰:"鸿渐于木,或得其桷,无咎。"意思是:大雁飞行渐进于高木上,或能寻得平柯栖止稳当,不致咎害。桷,音觉 jué,树木枝间的平柯,许慎《说文解字》"桷,榱也,椽方曰桷",程颐《周易程氏传》"桷,横平之柯"。这是说明六四"渐"之时,居位柔正,上承九五阳刚,渐进不躁,犹如鸿飞木杪,栖止平柯,故获"无咎"。王弼《周易注》:"鸟而之木,得其宜也;或得其桷,遇安栖也。虽乘于刚,志相得也。"按,马其昶《重定周易费氏学》云:

"鸿不木栖,之木而得桷,或可暂安,言能称物之宜也。"此说可资参考。

【渐初六】《渐》卦初六爻。以阴爻处卦下初位。爻辞曰:"鸿渐于干;小子厉,有言,无咎。"意思是:大雁飞行渐进于水涯边;犹如童稚小子遭逢危险,蒙受言语中伤,但不遭咎害。鸿,水鸟名,即大雁;干,水涯,即"岸";有言,指受言语中伤。这是说明初六处《渐》之始,柔弱卑下,上无应援,所进尚浅,适如鸿鸟渐飞而进于涯岸,未获安宁;此时初六既处卑位而未安,遂又有"小子"面临危厉而身受言语中伤之象,但因其能渐进不躁,虽遭"厉"、"有言",终可免害,故曰"小子厉,有言,无咎"。孔颖达《周易正义》:"鸿,水鸟也;干,水涯也。渐进之道,自下升高,故取譬鸿飞自下而上也。初之始进,未得禄位,上无应援,体又穷下,若鸿之进于河之干,不得安宁也。"又曰:"始进未得显位,易致陵辱,则是危于'小子',而被毁于谤言,故曰'小子厉,有言';小人之言,未伤君子之义,故曰'无咎'也。"按,《渐》卦的卦辞拟"女归"象,六爻辞则取"鸿飞"为喻。李鼎祚《周易集解》分析两者间的联系曰:"鸿,随阳鸟,喻女从夫;卦明渐义,爻皆称焉。"《周易折中》引何楷曰:"六爻皆取鸿象,往来有时,先后有序,于'渐'之义为切也。昏礼用雁,取不再偶,又于'女归'之义为切也。"两论可资参考。若就"象征"的角度看,"女归"、"鸿飞"之象虽不同,但"渐进"的意义则是完全一致的。

【渐卦辞】《渐》卦的卦辞。其文曰:"渐,女归吉,利贞。"意思是:《渐》卦象征渐进,譬如女子出嫁循礼渐行可获吉祥,利于守持正固。渐,卦名,象征"渐进";归,女子出嫁之称。卦辞取古代女子出嫁须备礼渐进、利于守正为喻,揭明事物徐进有渐之理,并强调"渐进"的立足点应建立在"正"之上。王弼《周易注》:"渐者,渐进之卦也。"孔颖达《周易正义》:"渐者,不速之名。凡物有变移,徐而不速,谓之

'渐'也。"又曰:"归,嫁也。女人生有外成之义,以夫为家,故谓嫁曰'归'也。妇人之嫁,备礼乃动,故渐之所施,吉在女嫁。"又曰:"女归有渐,得礼之正,故曰'利贞'也。"按,《渐》卦卦辞拟取"女归"之象,《周易折中》引胡瑗曰:"天下万事,莫不有渐,然于女子,尤须有渐。何则?女子处于闺门之内,必须男子之家问名、纳采、请期,以至于亲迎,其礼毕备,然后乃成其礼,而正夫妇之道。君子之人,处穷贱不可以干时邀君,急于求进;处于下位者,不可诌谀佞媚,以希高位:皆由渐而致之,乃获其吉也。"此说分析事物"渐进"之理,可资参考。但卦辞专以"女归"设喻,是从旧礼教的角度看待女子,此又宜加辨析批判。

【渐彖传】《渐》卦的《彖传》。旨在解说《渐》卦的卦名、卦辞之义。其文为:"《彖》曰:渐之进也,女归吉也。进得位,往有功也;进以正,可以正邦也。其位,刚得中也;止而巽,动不穷也。"意思是:"《彖传》说:渐渐向前行进,譬如女子出嫁循礼渐行可获吉祥。渐行行进获得正位,说明前往必能建立功勋;渐渐行进而遵循正道,就可以端正邦国民心。事物能够渐居尊位,往往由于阳刚强健又有中和美德;只要静止不躁而又谦逊和顺,这样逐渐行动就不致困穷。"全文可分三节理解。第一节,"渐之进也,女归吉也"二句,谓事物循"渐"而能进,正合"女归"而获"吉"之象,以释卦名"渐"及卦辞"女归吉"之义。第二节,自"进得位"至"可以正邦也"四句,举《渐》卦九五高居尊位之象为例,说明"渐进"而得位、得正,必可以"建功"、"正邦",以释《渐》卦辞"利贞"之义。第三节,自"其位"至"动不穷也"四句,再举《渐》卦九五阳刚居中而处尊位之象,及下卦艮为止、上卦巽为逊顺之象,说明事物有刚健中和、静止逊顺的美德,即可渐进而获益,以推赞《渐》卦所寓含的吉善义理。按,《渐》卦《彖传》谓"渐之进",立足于"渐"字;《晋》卦《彖传》称"晋,进也",主

于"进长"。两卦虽均言进,而"进"之本旨却不相同。《周易折中》引毛璞曰:"《易》未有一义明两卦者。《晋》,进也;《渐》,亦进,何也?'渐'非'进',以渐而进耳。"

【渐大象传】 《渐》卦的《大象传》。其辞曰:"山上有木,渐;君子以居贤德善俗。"意思是:山上有树木(渐渐高大),象征"渐进";君子因此逐渐积累贤德而改善风俗。居,积也;善,作动词,陆德明《经典释文》:"善俗,王肃本作'善风俗'。"这是先揭明《渐》卦下艮为山,上巽为木之象,谓山上有木,渐趋高大,正为"渐进"的象征;然后推阐出"君子"观此象,须悟知积德、善俗者当渐进以成的道理。《周易折中》引杨氏曰:"地中生木,以时而升;山上有木,其进以渐。"又引冯当可曰:"居,积也。德以渐而积,俗以渐而善。"按,杨氏之说,旨在区别《渐》、《升》两卦象义。《周易折中》又指出:"地中生木,始生之木也;山上有木,高大之木也。凡木始生,枝条骤长,旦暮而夕不同;及既高大,则自拱把而合抱,自捩手而干霄,必须逾年积岁:此《升》与《渐》之义所以异也。"又按,马其昶《重定周易费氏学》引黄道周曰:"渐,序也,序贵,序齿,序贤,皆序也。圣人所以教弟也。《诗》云'受爵不让,至于己斯亡'。夫知'渐'之义者,庶可以善俗矣。"黄氏引《诗经·小雅·角弓》为说,揭明"竞进"的危害,反衬"渐进"的意义,并及《大象传》"善俗"之旨,颇宜参考。

【渐九三小象传】 《渐》卦九三爻的《小象传》。其辞曰:"夫征不复,离群丑也;妇孕不育,失其道也;利用御寇,顺相保也。"意思是:夫君远征一去不返,说明九三远离其所匹配的群类;妻子失贞得孕生育无颜,说明九三的行为导致违失夫妇相亲的道理;利于禀正用刚以抵御强寇,说明九三应当守正以使夫妇和顺相保。这是解说《渐》九三爻辞"夫征不复,妇孕不育"、"利御寇"的象征内涵。丑,类也,指《渐》卦初六、六二两阴爻;顺相保,指九三不宜刚亢躁进,而应慎守正道,与其类和顺相保。孔颖达《周易正义》:"丑,类也,言三与初、二虽有阴阳之殊,同体艮卦,故谓之'群丑'也。"《周易折中》引杨简曰:"三不中,有失道之象,故'凶';非正者足以害我,故曰'寇'。虑三之失道,或亲于寇而不能御也,故教之'御寇',则我不失于正顺,而夫妇可以相保矣。"

【渐九五小象传】 《渐》卦九五爻的《小象传》。其辞曰:"终莫之胜吉,得所愿也。"意思是:外物终究不能侵阻取胜而获吉祥,说明九五必将得遂应合六二的心愿。这是解说《渐》九五爻辞"终莫之胜,吉"的象征内涵。孔颖达《周易正义》:"所愿在于与二合好,既各履中正,无能胜之,故终得其所愿也。"

【渐上九小象传】 《渐》卦上九爻的《小象传》。其辞曰:"其羽可用为仪吉,不可乱也。"意思是:(大雁)羽毛可作为高洁的仪饰而获吉祥,说明上九的洁美心志不可淆乱。这是解说《渐》上九爻辞"其羽可用为仪,吉"的象征内涵。孔颖达《周易正义》:"进处高洁,不累于位,无物可以乱其志也。"按,《渐》六二《小象传》云"不素饱也",上九《小象传》云"不可乱也",胡炳文《周易本义通释》就此两者论曰:"二居有用之位,有益于人之国家,非'素饱'者;上在无位之地,亦足为人之仪表,而非无用者。二志不在温饱,上志卓然不可乱。士大夫出处,于此当有取焉。"此说通过比较二、上两爻《小象传》之旨,以引申其爻的象征义蕴,可备参考。

【渐六二小象传】 《渐》卦六二爻的《小象传》。其辞曰:"饮食衎衎,不素饱也。"意思是:安享饮食和乐欢畅,说明六二是尽心臣道而不是白白吃饭饱腹。这是解说《渐》六二爻辞"饮食衎衎"的象征内涵。素,谓白、空,"素饱"犹《诗经·魏风·伐檀》"素餐"之义。此言六二近承九三,远应九五,正如臣下事君而获禄养,非"素餐"者。李鼎祚《周易集解》引虞翻曰:

"素,空也。承三近五,故'不素饱'。"李道平《周易集解纂疏》:"《诗·魏风》'不素餐兮',《毛传》:'素,空也。''素饱'犹'素餐'也。二阴在中,能尽臣道,近承三,远应五,以阴辅阳,措国家于磐石之安,以功诏禄,故曰'不素饱也'。"

【渐六四小象传】《渐》卦六四爻的《小象传》。其辞曰:"或得其桷,顺以巽也。"意思是:(大雁)或能寻得平柯栖止稳当,说明六四的行为温顺而又逊。这是解说《渐》六四爻辞"或得其桷"的象征内涵。顺以巽,指六四逊顺而上承九五、上九之阳。尚秉和先生《周易尚氏学》:"言顺承五、上二阳。"

【渐初六小象传】《渐》卦初六爻的《小象传》。其辞曰:"小子之厉,义无咎也。"意思是:童稚小子遭逢危险,从初六渐进不躁的意义看是不致咎害的。这是解说《渐》初六爻辞"小子厉"的象征内涵。来知德《周易集注》:"小子之厉,似有咎矣。然处当进之时,以渐而进,亦理之所宜,以义揆之,终无咎也。"

【渐受之以归妹】《周易》六十四卦,以象征"渐进"的《渐》卦列居第五十三卦;事物渐进,必将有所归依,所以接《渐》之后是象征"嫁出少女"使之终有归宿的第五十四卦《归妹》卦。此称"《渐》受之以《归妹》"。语本《序卦传》:"《渐》者,进也。进必有所归,故受之以《归妹》。"李鼎祚《周易集解》引崔憬曰:"'鸿渐于磐,饮食衎衎',言六二比三,女渐归夫之象也,故云'进必有所归'也。"程颐《周易程氏传》:"进则必有所至,故'渐'有归义,《归妹》所以继《渐》也。"

【渐女归待男行也】《杂卦传》语。说明《渐》卦象征"渐进",犹如女子出嫁,宜待男子礼备而后行。韩康伯《杂卦注》:"女从男也。"

【渐之进也女归吉也】《渐》卦的《彖传》语。意思是渐渐向前行进,犹如女子出嫁循礼渐行可获吉祥。这是说明事物循"渐"而能进,正合"女归"而获吉之象,以释《渐》卦的卦名"渐"及卦辞"女归吉"之义。孔颖达《周易正义》:"'渐之进也'者,释卦名也。渐是徐动之名,不当进退,但卦所名'渐'是之于进也。'女归吉也'者,渐渐而进之,施于人事,是'女归'之吉也。"

【羝羊触藩羸其角】《大壮》卦九三爻辞之语。意思是:大羊强触藩篱,羊角必被拘累缠绕。羝,泛指大羊。羸,谓钩绕拘缠。这是说明九三当"大壮"之时,居下乾之终,刚亢强盛,但若恃强用"壮"、躁于进取必有危厉,故爻辞拟取"羝羊触藩,羸其角"之象为喻,深诫九三若不守正而妄动"用壮",凶危必将临身。参见"大壮九三"。

【羝羊触藩不能退不能遂】《大壮》卦上六爻辞之语。意思是:大羊抵触藩篱,不能退却,不能前进。羝,音低 dī,泛指"大羊";遂,与"退"相对,犹言"进"。这是说明上六居《大壮》卦终,处震动之极,求进心切,但无奈体柔质弱,其壮已衰,犹如羊触藩篱,进退两难,故曰"不能退,不能遂"。参见"大壮上六"。

【盖宽饶】(?—前60) 西汉魏郡(治所在今河北临漳西南)人。字次公。明经为郡文学,以孝廉为郎。本受《易》于孟喜,见韩婴的后代涿郡韩生说《易》而好之,遂改从韩生学《易》。其后在上封事中,曾引用《韩氏易传》语。官至司隶校尉。为人刚直高节,志在奉公。家贫,奉钱每月数千,必分一半给服役的下属吏民。身为司隶,其子与庶民一样赴戍北边,公廉如此。又嫉恶如仇,屡屡劾奏朝臣恶行,故被在位及贵戚怨恨。且奏事常含讥刺,干犯上意,汉宣帝以其儒者,优容之,然亦不得升迁。神爵二年(前60),上封事抨击宣帝用刑法、信宦官,以语及"怨诽"被下有司治罪,不屈引佩刀自刭于北阙下,众莫不怜之(见《汉书》本传及《儒林传·韩婴传》)。

〔一〕

【维心亨乃以刚中也】 《坎》卦的《象传》语。意思是：能使内心亨通，这是由于阳刚居中不偏所致。刚中，指《坎》卦九二、九五两爻阳刚而居中位。此举《坎》卦的二、五爻象，谓以"刚中"之德行险，则内心信实可致亨通，释卦辞"维心亨"之义。李鼎祚《周易集解》引侯果曰："二、五刚而居中，则心亨也。"程颐《周易程氏传》："中实为有孚之象。至诚之道，何所不通？以刚中之道而行，则可以济险难而亨通也。"

【维用伐邑道未光也】 《晋》卦上九爻的《小象传》辞。旨在解说上九爻辞"维用伐邑"的象征内涵。意思是：宜于征伐邑国，说明上九的晋长之道未曾光大。参见"晋上九小象传"。

【婚媾有言】 《震》卦上六爻辞之语。意为：若谋求阴阳婚配将导致言语争端。有言，指言语争执而不相和合。这是说明上六当《震》之时，以阴处卦极，惊恐至甚，惧极而多存疑虑，难与外物相合，故爻辞戒其不可急于谋求阴阳应合，若必欲"婚媾"，则难免"有言"。辞意主于上六此时不宜妄动。参见"震上六"。

【逯中立】 明聊城（今山东聊城市）人。字与权，号确斋。万历十七年（1589）进士，官给事中。遇事敢言，先后抗疏，为高攀龙、顾宪成等人讼冤，贬陕西按察司知事，引疾归，家居二十年卒（见《明史》本传）。《易》学著述有《周易剖记》三卷。

【续经解易类汇编】 台湾艺文印书馆编印。此书据清王先谦刊《皇清经解续编》本，将其中《易》类著作一一抽出，影印成编。全书凡收清代《易》著十七家二十二种。与该馆印行之《皇清经解易类汇编》可配套阅读。

【隐而未见行而未成】 谓隐藏而不露面，行为尚未显著。语出《乾》卦《文言传》。旨在衍发《乾》初九爻辞"潜龙"之义。初九阳气尚微，象取"潜龙"，故有"隐而未见，行而未成"之称。孔颖达《周易正义》："此夫子解'潜龙'之义。此经中'潜龙'之言，是德之幽隐而未宣见，所行之行未可成就。"程颐《周易程氏传》："初方潜隐未见，其行未成。未成，未著也，是以君子弗用。"

【随】 六十四卦之一。列居篇中第十七卦。由下震（☳）上兑（☱）组成，卦形作"䷐"，卦名为《随》，象征"随从"。孔子说："三人行，必有我师焉；择其善者而从之，其不善者而改之。"（《论语·述而》）此语充分反映这位古代伟大思想家、教育家虚心向善的美德。《随》卦所发"随从"之义，正是集中体现"从善"的宗旨。卦辞"元亨，利贞"，高度赞美"随从"之道；"无咎"，又强调以"正"相随则无害的观点。六爻喻义，以初、五最为美好：初九处下守正，迁善不已；九五居尊中正，竭诚向善——因此，这两爻展示了本卦以"善"为"随"的象征主体，均获吉祥。至于二、三、四、上诸爻，或有失有得，或守正可以化"凶"为"无咎"，或受强制才能从正：各见不同的处"随"情状，但所发诚意，皆不离"正"字。可见，《随》卦义理中蕴含着一项鲜明而寓意广泛的"相随"原则：不论是人与人关系中的上随下、下随上，已随人、人随己，还是日常生活中的朝作晚息、遇事随时，均当不违正道，诚心从善。此中明显表露《周易》作者处世、修身的哲学观念。《孟子·公孙丑下》盛赞"七十子之服孔子"，正与《随》卦大旨相合，成为古人极力肯定的"从善"典范。

【随九五】 《随》卦九五爻。以阳爻居卦第五位。爻辞曰："孚于嘉，吉。"意思是：广施诚信给美善者，吉祥。孚，信也；嘉，犹言"美善"。这是说明九五当"随"之时，阳刚居尊，以中正之德下应六二，有从善如流之象，故能孚信于美善者而获"吉"。程颐《周易程氏传》："九五居尊，得正而中实，是其中诚在于随善，其吉可知。嘉，善也。自人君至于庶人，随道之吉惟在随善而已；下应二之正中，为随善之义。"按，《随》九五的象征意旨是：居尊而能以诚从善，善者也纷纷相随。故王弼《周易注》称此爻"尽随时之宜"。杨万里《诚斋易传》以为："此圣君至诚，乐从天下之善者也。"

【随九四】《随》卦九四爻。以阳爻居卦第四位。爻辞曰："随有获，贞凶；有孚在道，以明，何咎！"意思是：被人随从而多有所获，守持正固以防凶险；只要心怀诚信而合乎正道，光明磊落，又有什么咎害呢！随，谓《随》卦九四被六三所随从；贞凶，犹言守正防凶。这是说明九四以阳处"随"之时，居上卦之初，在兑"说"（悦）之体，为下卦六三所承，故有被随、有获之象；但九四阳居阴位，其身违正，又近九五"君位"而擅为人从，故特诫其趋正自守、谨防凶险；然九四本具阳刚之德，故爻辞又从正面勉励九四以诚信体现正道，显扬光明美德，则必无咎害。王弼《周易注》："处说之初，下据二阴，三求系己，不距则获，故曰'随有获'也。居于臣地，履非其位，以擅其民，失于臣道，违正者也，故'贞凶'。体刚居说，而得民心，能干其事，而成其功者也；虽违常义，志在济物，心存公诚，著信在道，以明其功，何咎之有！"按，为人所从，必须具备"君子"之德。《随》九四之位"多凶"，又兼"失正"，故爻辞先从反面警戒其谨防凶险；然后从正面激励其发扬美德，遂可化"凶"为"无咎"。董真卿《周易会通》引袁枢曰："其义凶者，有凶之理而未必凶也；处得其道，如下所云，则无咎矣。"按，"贞凶"，王弼《周易注》谓"违正"则凶，程颐《周易程氏传》释为"虽正亦凶"，并可备参考。

【随上六】《随》卦上六爻。以阴爻居卦最上之位。爻辞曰："拘系之，乃从，维之；王用亨于西山。"意思是：拘禁强令附从，这样才顺服相随，再用绳索拴紧；君王（兴师讨逆）在西山设祭。拘，拘禁；系，系属，犹言"附从"；维，以绳捆绑；王，喻《随》

卦九五爻；亨，通"享"，陆德明《经典释文》引陆绩曰"祭也"，此处指古代出师设祭之礼；西山，王弼《周易注》以为"西"为上卦兑的方位，"山"喻险阻。这是说明上六当"随"之时，以阴居卦极，极则反，有不愿随从、被九五拘禁乃从、并缚以绳索以强令随从之象；此时九五既强令上六顺服、随从，则有兴师讨逆之象，爻辞乃又取"王者"设祭"西山"为喻，故曰"王用亨于西山"。王弼《周易注》："随之为体，阴顺阳者也；最处上极，不从者也。随道已成，而特不从，故拘系之乃从也。'率土之滨，莫非王臣'，而为不从，王之所讨也，故'维之'。用亨于西山者，兑为西方，山者途之险隔也。处西方而为不从，故王用通于西山。"按，王弼释"亨"为"通"，亦合爻义。又按，"随"与"不随"，相对立而存在。当举世"从善"之际，必有逆其道而行者，则不得不强令归正。因此，《随》上六有"拘"、"维"、"王用亨于西山"诸象。又按，《随》上六爻辞的意义，诸家说法不一。兹引两例以备参考。一、朱熹《周易本义》谓"拘系"、"维"，为"随之固结而不可解"之象，即指上六极获"随从"之义；并认为"西山"指西周"岐山"。二、尚秉和先生《周易尚氏学》引《丙豁易说》，驳"遇'西山'、'西邻'，皆曰文王事"之说；并谓"亨"为"宴享"，"西山"喻上六"隐居之所"，认为："六穷于上，五恐其去，拘系之，从维之，或即其隐居之处而宴享之，言六无所随，而五必随之也。"

【随六二】《随》卦六二爻。以阴爻居卦第二位。爻辞曰："系小子，失丈夫。"意思是：倾心附从小子，失去阳刚丈夫。系，系属，犹言"附从"；小子，喻《随》卦初九爻；丈夫，喻《随》卦九五爻。此谓六二当"随"之时，柔居下卦，本与上卦的九五相应，却就近附从初九，故有从正不专，"系"小"失"大之象。孔颖达《周易正义》："六二既是阴柔，不能独立所处，必近系属初九，故云'系小子'；既属初九，则不能往应于五,故云'失丈夫'也。"按,"随从"之时,若优柔寡断,必将顾此失彼、因小失大。故程颐《周易程氏传》指出:《随》六二"戒人从正当专一"。

【随六三】 《随》卦六三爻。以阴爻居卦第三位。爻辞曰:"系丈夫,失小子;随有求得,利居贞。"意思是:倾心附从阳刚丈夫,失去在下小子,随从于人有求必得,利于安居守持正固。系,犹言"附从";丈夫,喻《随》卦九四爻;小子,喻《随》卦初九爻。这是说明六三居《随》下卦之上,当"随"之时,以阴柔近承上卦九四阳刚,因得随从此阳刚"丈夫",而失去初九"小子";此时六三、九四两爻均无正应,互比相亲,故六三紧随九四,有求必得;但六三应当求之以正,不可邪佞妄求,故又诫其利在安居守正。王弼《周易注》:"阴之为物,以处随世,不能独立,必有系也。虽体下卦,二已据初,将何所附? 故舍初系四,志在丈夫。四俱无应,亦欲于己,随之则得其所求矣,故曰'随有求得'也。应非其正,以系于人,何可以妄? 故'利居贞'也。初处己下,四处己上,故曰'系丈夫,失小子'也。"按,《随》六三爻辞的鉴诫之意在于:下者随从尊上,当备受亲宠、有求必得之时,自应广修美德、守正慎"求"。不然,必有朱熹《周易本义》所指出的"邪媚之嫌"。

【随风巽】 《巽》卦的《大象传》语。意在揭明《巽》卦上下两"巽"皆为"风"之象,谓和风连连相随,无处不顺,正为"顺从"的象征。参见"巽大象传"。

【随有获】 《随》卦九四爻辞之语。意为:被人随从而多有收获。此言九四以阳处"随"之时,居上卦初位,在兑"说"(悦)之体,为下卦六三所承,阴阳亲密相比,故为被随、有获之象。参见"随九四"。

【随初九】 《随》卦初九爻。以阳爻处卦下初位。爻辞曰:"官有渝,贞吉;出门交有功。"意思是:思想观念改善,守持正固可获吉祥;出门与人交往必能成功。

官,孔颖达《周易正义》:"谓执掌之职,人心执掌与'官'同称,故人心所主谓之'官'",故程颐《周易程氏传》释"官"为"主守",犹今言"思想观念";渝,变也,此处有"改善"之义。这是说明初九当"随"之时,以阳爻处二阴之下,无所系应,为能变渝其心、随时从善之象,故"贞"而获"吉";其时既无系应,又含所随无私、唯正是从之象,故"出门"有交,必获其功。《周易正义》:"初九既无其应,无所偏系,可随则随,是所执之志有能变渝也;唯正是从,故'贞吉'也;'出门交有功'者,所随不以私欲,故见善则往随之,以此出门,交获其功。"按,《随》初九《小象传》云"从正吉",即指明初九"官有渝"的方向。时值"随从",一阳居初,倘若失正,必将误人歧途。故爻义又含"慎始"之诫。

【随卦辞】 《随》卦的卦辞。其文曰:"随,元亨,利贞,无咎。"意思是:《随》卦象征随从,至为亨通,利于守持正固,必无咎害。随,卦名,许慎《说文解字》云"从也",象征"随从"。《随》卦下震为动、上兑为说(悦),含有内动外悦、人愿随从之义;当物相随之时,必至为亨通、利于守正,遂能无所咎害,故称"元亨,利贞,无咎"。李鼎祚《周易集解》引郑玄曰:"震,动也;兑,说也。内动以德,外说以言,则天下之人咸慕其行而随从之,故谓之'随'也。"孔颖达《周易正义》:"'元亨'者,于相随之世,必大得亨通,若其不大亨通,则无以相随,逆于时也;'利贞'者,相随之体,须利在得正,随而不正,则邪僻之道,必须利贞也;'无咎'者,有此四德乃无咎,以苟相从,涉于朋党,故必须四德乃无咎也。"按,程颐《周易程氏传》分析卦名"随"之义有三端:一是"君子之道,为众所随";二是"己随于人";三是"临事择所随"。并指出:"凡人君之从善,臣下之奉命,学者之徙义,临事而从长,皆'随'也。"《周易折中》以为,《随》卦上下卦象及诸爻居位,均反映刚下于柔之义,犹如"以贵下贱,以多问寡",故

• 612 •

名为"随";并曰:"然则卦义所主,在以己随人;至于物来随已,则其效也。若以为物之所随为卦名之本义,则非矣。"此两说并可参考。

【随象传】《随》卦的《象传》。旨在解说《随》卦的卦名、卦辞之义。其文为:"《象》曰:随,刚来而下柔,动而说。随,大亨,贞无咎,而天下随时。随时之义大矣哉!"意思是:"《象传》说:随从,譬如阳刚者前来谦居于阴柔之下,有所行动必然使人欣悦(而物相随从)。随从,大为亨通,守持正固必无咎害,于是天下万方都相互随从于适宜的时机。随从于适宜时机的意义多么弘大啊!"全文可分三节理解。第一节,自"随"至"动而悦"三句,举《随》下卦震为刚、为动及上卦兑为柔、为说(悦)之象,谓刚而下柔,物动则悦必能随从于人,以释卦名"随"之义。第二节,自"随,大亨"至"而天下随时"四句,举天下万物皆随从于合宜的时机为例,释《随》卦辞"元亨,利贞,无咎"之义。第三节,"随时之义大矣哉"句,归结全文并赞叹《随》卦寓义之美。

【随大象传】《随》卦的《大象传》。其辞曰:"泽中有雷,随;君子以向晦入宴息。"意思是:大泽中响着雷声(泽随雷动),象征"随从";君子因此随着作息规律在向晚时入室休息。向晦,犹言"向晚";宴,安也,"宴息"即"休息"之意。全文先揭明《随》卦上兑为泽、下震为雷之象,谓泽中响雷、泽随雷动,正为"随从"的象征,然后推阐出"君子"观此象,须悟知凡事"随时"的道理,故早出晚入、于向晚按时休息。程颐《周易程氏传》:"雷震于泽中,泽随震而动,为随之象。君子观象,以随时而动。随时之宜,万事皆然,取其最明且近者言之。君子以向晦入宴息:君子昼则自强不息,及向昏晦,则入居于内,宴息以安其身,起居随时,适其宜也。《礼》'君子昼不居内,夜不居外',随时之道也。"

【随有求得】《随》卦六三爻辞之语。意为:随从于人有求必得。此言六三当"随"之时,以阴柔居《随》下卦之上,近承上卦九四阳刚,此时三、四两爻均无正应,互比相亲,于是六三紧密随从于九四,有求必得,故称"随有求得"。参见"随六三"。

【随受之以蛊】《周易》六十四卦,以象征"随从"的《随》卦列居第十七卦;既以喜悦之心随从于人,必然要有所用事,所以接《随》之后是象征致力于"拯弊治乱"的第十八卦《蛊》卦。此称"《随》受之以《蛊》"。语本《序卦传》:"以喜随人者必有事,故受之《蛊》;蛊者,事也。"李鼎祚《周易集解》引《九家易》曰:"子行父事,备物致用,而天下治也。备物致用,立成器以为天下利,莫大于圣人子修圣道,行父之事,以临天下,无为而治也。"朱震《汉上易传》:"臣事君,子事父,妇事夫,弟子事师,非乐于所事者其肯随乎?"俞琰《周易集说》:"以喜说之道随人,必有事也。无事则何喜何随?故曰'以喜随人者必有事'。事久则弊,弊则坏,故《随》之后继之以《蛊》也。"

【随九五小象传】《随》卦九五爻的《小象传》。其辞曰:"孚于嘉吉,位正中也。"意思是:广施诚信给美善者、吉祥,说明九五居位正中不偏。这是解说《随》九五爻辞"孚于嘉,吉"的象征内涵。程颐《周易程氏传》:"处正中之位,由正中之道,孚诚所随者正中也,所谓嘉也,其吉可知。所孚之嘉,谓六二也。"

【随九四小象传】《随》卦九四爻的《小象传》。其辞曰:"随有获,其义凶也;有孚在道,明功也。"意思是:被人随从而多有所获,从九四所处地位这一意义看是有凶险;心怀诚信而合乎正道,这是九四光明磊落品德的功效。此为解说《随》九四爻辞"随有获"、"有孚在道"的象征内涵。程颐《周易程氏传》:"居近君之位而有获,其义固凶;能有孚而在道,则无咎,盖明哲之功也。"按,程氏释"明"为"明哲",可备一说。

【随上六小象传】《随》卦上六爻的《小象传》。其辞曰:"拘系之,上穷也。"意思是:拘禁强令附从,说明上六居位极上而随从之道穷尽。这是解说《随》上六爻辞"拘系之"的象征内涵。孔颖达《周易正义》:"所以须拘系者,以其在上而穷极,不肯随从故也。"

【随六二小象传】《随》卦六二爻的《小象传》。其辞曰:"系小子,弗兼与也。"意思是:倾心附从小子,说明六二随从于人不能多方兼获亲好。这是解说《随》六二爻辞"系小子,失丈夫"的象征内涵。孔颖达《周易正义》:"既随此初九小子,则失彼九五丈夫,是不能两处兼有,故云'弗兼与'也。"

【随六三小象传】《随》卦六三爻的《小象传》。其辞曰:"系丈夫,志舍下也。"意思是:倾心附从阳刚丈夫,说明六三的意志是舍弃在下的小子。这是解说《随》六三爻辞"系丈夫"的象征内涵。孔颖达《周易正义》:"六三既系九四之丈夫,意则舍下之初九也。"程颐《周易程氏传》:"既随于上,则是其志舍下而不从也。舍下而从上,舍卑而从高也,于随为善矣。"

【随初九小象传】《随》卦初九爻的《小象传》。其辞曰:"官有渝,从正吉也;出门交有功,不失也。"意思是:思想观念随时改善,说明初九随从正道可获吉祥;出门与人交往必能成功,说明初九的行为不会有过失。这是解说《随》初九爻辞"官有渝,贞吉;出门交有功"的象征内涵。程颐《周易程氏传》:"既有随而变,必所从得正则吉也。所从不正,则有悔吝。出门而交,非牵于私,其交必正矣,正则无失而有功。"

【随有获其义凶也】《随》卦九四爻的《小象传》语。旨在解说九四爻辞"随有获"的象征内涵。意思是:被人随从而多有所获,从九四所处地位这一意义看是有凶险。参见"随九四小象传"。

【随时之义大矣哉】《随》卦的《彖传》语。意为:随从于适宜时机的意义多么弘大啊!这是对《随》卦含义深广的叹美之辞。孔颖达《周易正义》:"特云'随时'者,谓随其时节之义,谓此时宜行'元亨,利贞',故云'随时'也。"又曰:"可随则随,逐时而用,所利则大,故云'随时之义大矣哉'。"程颐《周易程氏传》:"君子之道,随时而动,从宜适变,不可为典要,非造道之深,知几能权者,不能与于此也。故赞之曰'随时之义大矣哉!'凡赞之者,欲人知其义之大,玩而识之也。"

【随无故也蛊则饬也】《杂卦传》语。说明《随》卦象征"随从",含有对人毫无成见之义;而《蛊》卦象征"拯弊治乱",寓有用心治理弊乱之义,或无成见,或当用心,两卦旨趣适可对照。韩康伯《杂卦注》:"随时之宜,不系于故也。"又曰:"饬,整治也。蛊所以整治其事也。"《周易折中》:"无故,犹《庄子》言'去故',人心有旧见,则不能随人。故尧舜舍己从人者,无故也。"李道平《周易集解纂疏》:"故者,一成之见也。随时则无一成之意见,故'无故'也。"

十二画

〔一〕

【惠栋】(1697—1758) 清吴县(今属江苏)人。字定宇,号松崖,人称小红豆先生。惠周惕孙,士奇次子。惠氏世守汉学,栋所得最精。自幼笃志向学,家多藏书,日夜讲诵,于经史诸子、稗官野乘及七经谶纬之学,无所不通。家贫,课徒自给,行义至高。乾隆中,诏举经明行修之士,陕甘总督尹继善、两江总督黄廷桂交章论荐,会大学士九卿索所著书,未及呈进,罢归。栋于诸经熟洽,尤邃于《易》。著述甚丰,钱大昕谓:"拟诸前儒,当在何休、服虔之间,马融、赵岐辈不及也。"卒年六十二。其弟子知名者,以余萧客、江声最为纯实(见《清史稿·儒林传》及《清儒学案小识》)。《易》学专著今存《周易述》二十三卷、《易汉学》八卷、《周易古义》一卷、《周易本义辩证》五卷、《周易爻辰图》一卷、《易例》二卷、《易大谊》一卷,及增补《郑氏周易注》三卷。

【惠士奇】(1671—1741) 清吴县(今属江苏)人。字天牧,一字仲儒,晚号半农居士,学者称红豆先生。惠周惕之子。康熙进士,选庶吉士,授编修。再任广东学政,倡扬经学,士风大振。累官侍读,以病告归。初兼治经史,晚岁尤邃于经。于《易》以象为主,力矫王弼以来空疏说经之习。卒年七十一。子七人,以惠栋最知名(见《清史稿·儒林传》及《清儒学案小识》)。《易》学专著今存《易说》六卷。

【惠我德大得志也】 《益》卦九五爻的《小象传》语。旨在解说九五爻辞"惠我德"的象征内涵。意思是:天下人必将感惠报答我的恩德,说明九五大得损上益下的心志。参见"益九五小象传"。

【焚如死如弃如】 《离》卦九四爻辞之语。意思是:(朝霞)像烈焰在焚烧,顷刻间消散灭亡,被弃除净尽。如,均为语气助词。这是取日出之际的霞光为喻,说明九四处上下离之间,急欲上进附丽于六五,但阳刚失正,欲速不达,犹如清晓东方的暾霞突喷而起,有烈焰"焚如"之势;但霞光终究不能上附高天,瞬息间即消散不存,且被弃除净尽,故又曰"死如、弃如"。参见"离九四"。

【厥宗噬肤】 《睽》卦六五爻辞之语。意思是:相应的宗亲者正像在咬噬柔嫩皮肤一样(以和顺之道期待遇合)。宗,宗族内部,喻六五获九二应合,犹如"宗亲"关系;噬肤,咬啮柔脆的皮肤,喻柔顺平易的"济睽"途径。这是说明六五当"睽"之时,柔中居尊,下应九二阳刚,二正以和顺适中的"噬肤"之道期待遇合,六五往应必能"合睽",故曰"厥宗噬肤"。参见"睽六五"。

【厥孚交如威如】 《大有》卦六五爻辞之语。意思是:用诚信交接上下,威严自显。厥,其也;孚,信也;如,语气助词。这是说明六五以柔居《大有》"君"位,以信交接上下众阳,为富有至盛、大获人心之象,故曰"厥孚交如";六五既以诚信待物,其威自显,故称"威如"。参见"大有六五"。

【厥宗噬肤往有庆也】 《睽》卦六五爻的《小象传》辞,旨在解说六五爻辞"厥宗噬肤"的象征内涵。意思是:相应的宗亲者正像在咬噬柔嫩皮肤一样(以和顺之道期待遇合),说明六五此时前往应合必有喜庆。参见"睽六五小象传"。

【厥孚交如信以发志也】 《大有》卦六五爻的《小象传》语。旨在解说六五爻辞"厥孚交如"的象征内涵。意思是:用诚信交接上下,说明六五以自己的诚信启发他人的忠信之志。参见"大有六五小象传"。

615

【董楷】 南宋台州临海（今属浙江）人。字正叔。师事陈器之，传朱熹之学。宝祐四年（1256）进士。初为绩溪簿，迁知洪州，皆有惠政。官至吏部郎中。有《克斋集》、《程朱易解》（见《浙江通志》、《经义考》及《四库全书提要》）。《易》学专著今存《周易传义附录》十四卷。

【董遇】 三国魏弘农华阴（今属陕西）人。字季直。性质讷而好学。汉献帝兴平年间，与其兄依附于将军段煨幕下。平日采割野生稻稿，负往市集贩卖，而身边常挟持经书，寻间隙研读。虽其兄讥笑，亦不改。善治《周易》、《老子》、《左传》。曾说："读书百遍，而义自见。"从学者说："苦于没时间读。"董遇回答："当以'三余'。"或问"三余"之意，遇曰："冬者岁之余，夜者日之余，阴雨者时之余。"与贾洪、邯郸淳、薛夏、隗禧、苏林、乐详七人被称为"儒宗"。魏明帝时，官至侍中、大司农。以病卒（见《三国志·魏书·王肃传》注引《魏略》）。陆德明《经典释文序录》载董遇《周易章句》十二卷，谓"《七志》、《七录》并云十卷。张惠言《易义别录》认为："遇著书在王肃前，故无与王肃合者，于郑、荀则多同。义虽不可考，要之为'费氏《易》'也。"吴承仕先生《经典释文序录疏证》指出："今以并注《老子》一事证之，或与辅嗣为近。《隋志》云'梁有十卷，亡'。《唐志》云'《注》十卷'。《集解》不引董说，疑唐时已亡。"孙堂《汉魏二十一家易注》、马国翰《玉函山房辑佚书》、黄奭《汉学堂丛书》均辑有董遇《周易章句》一卷。

【董守谕】（1596—1664） 明末清初鄞（今属浙江）人。字次公。明天启举人。鲁王时官户部主事，有刚直声。清兵渡江，遂杜门著书以终。对《易》学尤苦心研讨，曾聚古今言《易》者数十家以考其异同，著有《读易一抄》、《读易二抄》、《卦变考略》、《易韵补遗》等编藏于家（见《经义考》）及黄宗羲《次公董公墓志铭》）。今存《读易一钞易余》四卷、《卦变考略》一卷。

【董真卿】 元鄱阳（今江西波阳）人。字季真。董梦程族弟董鼎之子。曾受业于胡一桂。《易》学专著有《周易会通》十四卷，明杨士奇称为"集大成之书"（见《宋元学案》）。今存。

【韩生】 西汉涿郡（治所今河北涿县）人。韩婴的后代。承家学，传"韩氏《易》"。汉宣帝时，以治《易》被征，待诏殿中，谓"韩《诗》不如韩氏《易》深"。以所学授盖宽饶（见《汉书·儒林传·韩婴传》）。

【韩伯】（332—380） 东晋颍川长社（今河南长葛西）人。字康伯。幼颖悟。年数岁，家贫，冬月母为作襦衣，令捉熨斗取暖，云："先着襦，后当更作复裈。"伯谓："不须。"母问其故，对曰："火在斗中，而柄尚热；今既着襦，下亦当暖。"母甚异之。及长，清和有思理，留心文艺。其舅殷浩称曰："康伯能自标置，居然是出群之器。"名贤庾龢亦曰："思理伦和，我敬韩康伯。"简文帝居藩，引为谈客。仕至吏部尚书、领军将军，改太常，未拜而卒，时年四十九，即赠太常（见《晋书·韩伯传》）。陆德明《经典释文序录》列东晋以来作《周易系辞注》者十人，韩伯为其中之一。后韩注专行，各家并废。吴承仕先生《经典释文序录疏证》："自元嘉以来，王（弼）《易》盛行，独阙《系辞》以下不注。故自谢（万）迄刘（瓛）专注《系辞》，皆继辅嗣而作，其同以玄远为宗可知也。自韩氏专行，而各家并废。"所作《系辞》以下注，今附王弼《周易注》并行，具载孔颖达《周易正义》中。

【韩商】 西汉燕（郡治今北京市）人。韩婴之孙。承家学。传"韩氏《易》"。为博士（见《汉书·儒林传·韩婴传》）。

【韩婴】 西汉燕（郡治今北京市）人。汉文帝时为博士。景帝时至常山太傅。武帝时，尝与董仲舒辨，气质精悍，处事分明，仲舒不能难之。传"韩《诗》"。亦以《周易》授人，推《易》意而为之《传》。但燕、赵学者喜好《诗经》，故韩婴《易》学未能盛行，唯在自家子弟传授。汉宣帝时，涿郡韩生即韩婴的后代,以研治《周易》被征,待诏殿中。曾说:"所受《易》学即先辈太傅韩婴所传。韩《诗》不如韩氏《易》精深,故先太傅专传之。"当时司隶校尉盖宽饶本受《易》于孟喜,见韩生,听其说《易》而深好之,遂改从韩生受"韩氏《易》"。后盖宽饶在上封事中引《韩氏易传》曰:"五帝官天下,三王家天下。家以传子,官以传贤,若四时之运,功成者去,不得其人则不居其位。"(见《汉书·儒林传》及《盖宽饶传》)按《汉书·艺文志》列"《韩氏》二篇",即韩婴的《易》学著述。已佚。清马国翰《玉函山房辑佚书》辑有《周易韩氏传》二卷。然所采资料未必信实。

【韩氏易】 西汉韩婴所传《易》学。其学未曾盛行,只在韩家子弟间逐代传授。韩婴之孙韩商,及汉宣帝时韩氏后代涿郡韩生,均传其学。韩生又以韩氏《易》授盖宽饶。参见"韩婴"。

【韩邦奇】(1479—1555) 明朝邑(今陕西大荔)人。字汝节,号苑洛。正德进士。任吏部员外郎,遇京师地震,上疏评论时政阙失,谪平阳通判,稍迁浙江按察佥事。中官采富阳茶、鱼,为民害,邦奇作歌哀之,遂被诬奏怨谤,遭逮捕夺官。嘉靖初,起为山西参议。此后屡起屡罢,终以南兵部尚书致仕。卒谥"恭简"。平生刚直尚节概,性嗜学,自诸经子史及天文、地理、乐律、术数、兵法之书,无不通究。著作甚多(见《明史》本传及《明儒学案》)。研《易》专著今存《易学启蒙意见》五卷。

【韩康伯】 即"韩伯"。

【敬义立而德不孤】 《坤》卦《文言传》语。谓为人处世做到恭敬不苟、行为适宜,就能使美德广布而不孤立。与前文"敬以直内,义以方外"相承,旨在衍发《坤》卦六二爻辞"直方大,不习无不利"的象征义理。孔颖达《周易正义》:"身有敬义,以接于人,则人亦敬义以应之,是'德不孤'也。"程颐《周易程氏传》:"敬立而内直,义形而外方。义形于外,非在外也。

敬义既立,其德盛矣,不期大而大矣,德不孤也。"

【敬以直内义以方外】 《坤》卦《文言传》语。谓为人恭敬不苟足以使内心正直,行为适宜足以使外行端方。与下文"敬义立而德不孤"相接,旨在衍发《坤》卦六二爻辞"直方大,不习无不利"的象征义理。孔颖达《周易正义》:"内,谓心也。用此恭敬以直内理","用此义事以方正外物。"程颐《周易程氏传》:"君子主敬以直其内,守义以方其外。敬立而内直,义形而外方。"

【揲蓍】 揲,犹言"分"。即占筮。《易》筮以揲算蓍策为法,故称。参见"筮法"。

【揲之以四以象四时】 《系辞上传》语,言占筮时的"第三营",即把蓍策四根、四根地分算,以象征四季。孔颖达《周易正义》:"'揲之以四以象四时'者,分揲其蓍,皆以四、四为数,以象四时。"参见"筮法"。

【援传连经】 《易传》七种原皆单行,后来被合入《周易》古经(六十四卦)并行,称"援传连经"。关于经传并连始于何时,旧有两说。一说始于西汉费直。宋王尧臣等撰《崇文总目》云:"凡以《彖》、《象》、《文言》杂入卦中者,自费氏始。"晁公武《郡斋读书志》亦曰:"凡以《彖》、《象》、《文言》等参入卦中,皆祖费氏。东京荀、刘、马、郑皆传其学。王弼最后出,或用郑说,则弼亦本费氏也。"一说始于东汉郑玄。《三国志·魏志·高贵乡公传》记载曹髦与《易》博士淳于俊的对话云:"帝又问曰:'孔子作《彖》、《象》,郑玄作注,虽圣贤不同,其所释经义一也。今《彖》、《象》不与经文相连,而注连之,何也?'俊对曰:'郑玄合《彖》、《象》于经者,欲使学者寻省易了也。'帝曰:'若郑玄合之,于学诚便,则孔子曷为不合以了学者乎?'俊对曰:'孔子恐其与文王相乱,是以不合,此圣人以不合为谦。'"按,援传连经当始于费直以《十翼》解说经意;更定于郑玄分《彖传》、《象传》各为六十四组附之诸卦末;最后完成于三国魏王弼再割裂《彖》、《象》依附所当之卦辞、爻辞后，并分《文言传》附《乾》、《坤》二卦之末。参见"王弼改定周易体制"。

【彭宣】 西汉淮阳阳夏(治所在今河南太康县)人。字子佩。治《易》，师事张禹。为博士，迁东平太傅，历成帝、哀帝两朝，累官至大司空，封长平侯。王莽时，上书求退，家居数年卒。研《易》既承施雠弟子张禹所传，且知名于世，故西汉"施氏《易》"一派遂有"张、彭之学"(见《汉书·彭宣传》及《儒林传·施雠传》)。

【确乎其不可拔】 《乾》卦《文言传》语。旨在衍发《乾》初九"潜龙"之义。意思是：有"潜龙"之德者具备坚定不可动摇的意志。孔颖达《周易正义》："身虽逐物推移，隐潜避世，心志守道，确乎坚其不可拔，此是'潜龙'之义也。"

【朝乾夕惕】 乾，犹言"健"；惕，警惕。谓朝起健强振作，至夕仍警惕慎行。语本《乾》卦九三爻辞"君子终日乾乾，夕惕若，厉无咎"。参见"乾九三"。

〔丨〕

【鼎】 六十四卦之一。列居篇中第五十卦。由下巽（☴）上离（☲）组成，卦形作"䷱"，卦名为《鼎》，象征"鼎器"。鼎，作为烹饪之器，有"养人"的功用；作为"法器"，又是"权力"的象征。李鼎祚《周易集解》引《九家易》曰："鼎者，三足一体，犹三公承天子也。三公，谓调阴阳；鼎，谓调五味。"可见，《鼎》卦立义，是借烹物化生为熟，譬喻事物调剂成新之理，其中侧重体现行使权力，"经济天下"、"自新新人"的意义；《杂卦传》所谓"《革》去故也，《鼎》取新也"，即明此旨。马振彪先生《周易学说》指出："革之大者，无过于迁九鼎之重器，以新一世之耳目；而鼎之为用，又无过于变革其旧者，咸与为新，而成调剂大功。故《鼎》承《革》卦，以相为用。若器主烹饪以养，犹其小焉者也。《大象》括以'正位凝命'四字，养德养身、治家治国之道，为有天下者所取法，皆不出其范围。"从卦辞的大义看，所称"君子"掌持鼎器至为吉祥，前景亨通，也是立足于强调"去故取新"、法制昌明的宗旨。观卦中六爻，各取鼎器的某一部位或配件为喻，无非说明在一定的环境条件下，任事执权的不同情状。诸爻吉美之占者居多，如初六阴柔在下，颠倒鼎脚以清除废物可获"无咎"；九二鼎中有实，谨慎处之而不使充溢可致"吉祥"；九三鼎耳变异而鼎用受碍，若能调济刚柔亦终有吉；至于六五、上九两爻，如金玉之"铉"，则佳美尤甚，前者为一卦掌鼎之主而"利"在守"正"，后者鼎用大成而"大吉，无不利"。全卦惟九四一爻不称职权，"折足"、"覆𫗧"，是寓诫最为深刻的反面形象。董仲舒《春秋繁露·精华篇》论曰："以所任贤，谓之尊国安；所任非其人，谓之主卑国危。万世必然，无所疑也。其在《易》曰：'鼎折足，覆公𫗧。'夫鼎折足者，任非其人也；覆公𫗧者，国家倾也。是故任非其人而国家得不倾者，自古至今，未尝闻也。"显然，六爻的正反面喻象集中揭示了本卦的核心意义：鼎器功用之所能成，事物新制之所以立，必须依赖多方面的纯正与坚实力量的协心撑持；《大象传》盛称"君子"应当端正居位、严守使命，实是对这一义理的绝好阐述。

【鼎革】 即"鼎新革故"，语本《鼎》卦、《革》卦意旨。旧时常用于改朝换代、王者易姓之称。徐浩《谒禹庙》诗(见《全唐诗》)："鼎革固天启，运兴匪人谋。"

【鼎铉】 举鼎的器具，象征掌鼎之主及鼎用大成，亦借喻建立殊功或尊居要职。语本《鼎》卦六五爻辞"鼎黄耳金铉"及上九爻辞"鼎玉铉"。《文选》载史岑《出师颂》："况我将军，穷城极边。鼓无停响，旗不蹔褰。泽霑遐荒，功铭鼎铉。"又载潘尼《赠河阳》诗："逸骥腾夷路，潜龙跃洪波。弱冠步鼎铉，既立宰三河。"

【鼎九二】 《鼎》卦九二爻。以阳爻居

卦第二位。爻辞曰："鼎有实；我仇有疾，不我能即，吉。"意思是：鼎中盛物充实；我的配偶身有疾患，暂不前来加重我的负担，吉祥。我，指《鼎》九二；仇，匹配，指《鼎》六五；即，就也，"不我能即"谓"不能就我"。这是说明九二居《鼎》下卦之中，阳刚实充，故为"鼎有实"之象；而九二又应于上卦六五，五乘刚犹如"有疾"而不能前来就二，九二由是免增负荷，鼎实不致充溢，故获吉祥。王弼《周易注》："以阳之质，处鼎之中，有实者也。有实之物，不可复加；益之则溢，反伤其实。我仇，谓五也，困于乘刚之疾，不能就我，则我不溢，得全其'吉'也。"按，《鼎》九二有"刚中"美德，能慎行而不偏颇；九四却失位不中，力不胜其任以致"鼎折足"：两爻适相反衬，故此吉彼凶。

【鼎九三】《鼎》卦九三爻。以阳爻居卦第三位。爻辞曰："鼎耳革，其行塞，雉膏不食；方雨亏悔，终吉。"意思是：鼎器耳部变异，插杠举移的路途堵塞，精美的雉膏不得获食；待到出现阴阳调和的霖雨必能消除悔恨，终获吉祥。革，犹言"变异"；雉，音至 zhì，野鸡，"雉膏"谓"野鸡羹"，陆德明《经典释文》引郑玄曰"食之美者"；方，将要，此处含"待到"之意；雨，象征阴阳调和；亏，消也。这是说明九三处《鼎》下卦之上，当"鼎耳"之位，但以阳居阳，刚实不能虚中，犹如鼎耳中空处变异堵塞，无法插杠举鼎运行；又因九三与上九俱为阳爻而不相应，此时既难行又失援，则徒有鼎器无所为用，虽有"雉膏"不能见食，故曰"鼎耳革，其行塞，雉膏不食"；当此之时，九三虽阳刚太甚，有"耳革"、"行塞"、"雉膏不食"之悔，但所居下巽为阴柔逊顺之卦，若能取阴调阳，必能出现阴阳和通之"雨"，则可消此悔，终获其吉。王弼《周易注》："鼎之为义，虚中以待物者也。而三处下体之上，以阳居阳，守实无应，无所纳受。耳宜空以待铉，而反全其实塞，故曰'鼎耳革，其行塞'，虽有'雉膏'而终不

能食也。雨者，阴阳交和，不偏亢者也。虽体阳爻，而统属阴卦，若不全任刚亢，务在和通，'方雨'则悔亏，终则吉也。"按，《鼎》九三爻辞取阴阳调和之"雨"为象，即诫勉九三改变刚亢之性，恢复虚中之宜，则鼎耳不"革"，其行不"塞"，此鼎遂能用于烹饪，"雉膏"之美必可见食，故悔消而终吉。

【鼎九四】《鼎》卦九四爻。以阳爻居卦第四位。爻辞曰："鼎折足，覆公𫗧，其形渥，凶。"意思是：鼎器难承重荷折断足，王公的美食全被倾覆，鼎身沾濡一派腥腥，有凶险。𫗧，音速 sù，许慎《说文解字》又作"𩱧"，谓"鼎实，惟苇及蒲"，孔颖达《周易正义》"𫗧，糁也，八珍之膳，鼎之实也"；形，指鼎身；渥，沾濡之状。这是说明九四居《鼎》上卦之始，上承六五，所任已重，而又下应初六，且失正不中，有行事不自量力之象，犹如鼎器难承重荷，必致"折足"、"覆𫗧"，其体亦遭沾渥，故有"凶"。王弼《周易注》："处上体之下，而又应初，既承且施，非己所堪，故曰'鼎折足'也。初已出否，至四所盛则已洁矣，故曰'覆公𫗧'也。渥，沾濡之貌也。既覆公𫗧，体为渥沾；知小谋大，不堪其任，受其至辱，灾及自身，故曰'其形渥，凶'也。"按，《鼎》九四的寓意在于：立身凡不自量力，强任其行者，难免罹及凶灾。《系辞下传》引孔子曰："德薄而位尊，知小而谋大，力小而任重，鲜不及矣。《易》曰：'鼎折足，覆公𫗧，其形渥，凶'，言不胜其任也。"又按，《鼎》九四爻辞"形渥"二字，《周礼·秋官·司烜氏》贾公彦疏引作"刑屋"，并引郑玄注云："若三公倾覆王之美道，屋中刑之。"朱熹《周易本义》引晁说之曰："形渥，诸本作'刑剭'，谓重刑也。"尚秉和先生《周易尚氏学》详考旧籍，以为"形渥"与"刑剭"乃"古音同，通用"，意指九四因"覆公𫗧"而"及于刑辟"，此说亦可通。今检马王堆汉墓出土的《帛书周易》，此二字作"刑屋"，与贾疏引文同，可为郑玄注义增一证。

619

【鼎上九】《鼎》卦上九爻。以阳爻居卦最上之位。爻辞曰："鼎玉铉,大吉,无不利。"意思是:鼎器配着玉制鼎杠,大为吉祥,无所不利。玉,刚坚温润之物,喻上九以阳处柔;铉,举鼎的器具,即"鼎杠"(见"鼎六五")。这是说明上九居《鼎》之终,阳处阴位,犹如用刚润之玉所制的鼎杠;此时上九不系应于九三,意在广应下者,犹如"玉铉"极其举鼎之用,为鼎功大成之象,故"大吉,无不利"。孔颖达《周易正义》:"玉者,坚刚而有润者也。上九居《鼎》之终,鼎道之成,体刚处柔,则是用玉铉以自举者也,故曰'鼎玉铉'也。"又曰:"应不在一,即靡所不举,故'大古'而'无不利'。"按,《鼎》上九阳刚在上,鼎用昭著,故以"玉铉"为喻,言其举鼎功成,极见"烹物养人"之义。《周易折中》引熊良辅曰:"《井》、《鼎》皆以上爻为吉,盖水以汲而出井为用,食以烹而出鼎为用也。"

【鼎六五】《鼎》卦六五爻。以阴爻居卦第五位。爻辞曰:"鼎黄耳金铉,利贞。"意思是:鼎器配着黄色鼎耳和金铸鼎杠,利于守持正固。黄,中之色,喻《鼎》六五居阳位又与九二刚爻相应;铉,音宣去声xuàn,举鼎的器具,即"鼎杠",《仪礼·士冠礼》"设扃鼏"郑玄注"扃,今文为'铉'",陆德明《经典释文》"扃,鼎杠也"。这是说明六五以"柔中"居《鼎》上卦尊位,既处阳位又获九二刚爻之应,犹如鼎器配着"黄耳"、插入"金铉",适可举移以供烹饪;故利于守正,而尽获鼎用之美。孔颖达《周易正义》:"黄,中也;金,刚也。五为中位,故曰'黄耳';应在九二,以柔纳刚,故'金铉'。所纳刚正,故曰'利贞'也。"按,朱熹《周易本义》云:"或曰'金铉'以上九而言。"《周易折中》引胡一桂曰:"铉,所以举鼎者也,必在耳上,方可贯耳;九二在下,势不可用。或说为优。然上九又自谓'玉铉'者,金象以九爻取,玉象以爻位刚柔相济取。"此说似亦可通。

【鼎玉铉】《鼎》卦上九爻辞之语。意为:鼎器配着玉制鼎杠。玉,刚坚温润之物,喻《鼎》上九以刚处柔;铉,举鼎的器具,即"鼎杠"。这是说明上九《鼎》之终,阳处阴位,犹如用刚润之玉所制的鼎杠,极其举鼎之用,为鼎功大成之象,故称"鼎玉铉"。参见"鼎上九"。

【鼎有实】《鼎》卦九二爻辞之语。意为:鼎中盛物充实。此言九二居《鼎》下卦之中,阳刚充实,居位行事能审慎而不偏颇,故为"鼎有实"之象。参见"鼎九二"。

【鼎初六】《鼎》卦初六爻。以阴爻处卦下初位。爻辞曰:"鼎颠趾,利出否;得妾以其子,无咎。"意思是:鼎器颠转脚跟,利于倾倒废物;宛如为妾生子而被扶作正室,必无咎害。否,不善之物,此处犹言"废物";妾,喻《鼎》初六;子,喻《鼎》九四,李鼎祚《周易集解》引虞翻曰"(初)应在四"。这是说明初六处"鼎"之始,阴虚在下,有"颠鼎"之象,而鼎器始将纳物烹煮,宜先颠转倾倒废物,才能利于烹饪,故曰"鼎颠趾,利出否";初六既当"颠趾"、"出否"之际,鼎器正待纳物烹饪,而其位虽阴柔卑下,却上应九四之刚,犹如虽为妾却因生子贤贵而被扶作正室,此亦"鼎功"去旧成新之义,故曰"得妾以其子,无咎"。王弼《周易注》:"凡阳为实而阴为虚。鼎之为物,下实而上虚;而今阴在下,则是覆鼎也,鼎覆则趾倒矣。否,谓不善之物也。"孔颖达《周易正义》:"妾者,侧媵,非正室也。施之于人,正室虽亡,妾犹不得为室主。妾为室主,亦犹鼎之颠趾而有咎过;妾若有贤子,则母以子贵,以之继室,则得无咎,故曰'得妾以其子,无咎'也。"按,《鼎》初六"颠趾"与"得妾",均表明事物的外在现象有时似乎违背常规,但当"烹物成新"之时,此类物情的实质却不悖义理,故初六《小象传》云"未悖也"。来知德《周易集注》曰:"凡事迹虽若悖其上下尊卑之序,于义则无咎也。"

【鼎卦辞】《鼎》卦的卦辞。其文曰:"鼎,元吉,亨。"意思是:《鼎》卦象征鼎器,至为吉祥,亨通。鼎,卦名,象征"鼎器",其作为器物之象,有两义:一指烹饪器,二指古代统治者用以象征权力的"法象"器,陆德明《经典释文》:"鼎,法象也,即鼎器也。"卦辞说明,《鼎》卦所象征的"鼎器",有烹物成新之用,又有权力法制之象,故"君子"掌持此器也意味着执行权力、"自新新人",此时必获"元吉"而后可致"亨通"。王弼《周易注》:"《革》去故,而《鼎》取新。取新而当其人,易故而法制齐明,吉然后乃亨,故先'元吉'而后'亨'也。《鼎》者,成变之卦也。《革》既变矣,则制器立法以成之焉。变而无制,乱可待也;法制应时,然后乃吉。贤愚有别,尊卑有序,然后乃亨。故先元吉而后乃亨。"孔颖达《周易正义》:"鼎者,器之名也。自火化之后,铸金而为此器,以供亨饪之用,谓之为'鼎'。亨饪成新,能成新法。然则鼎之为器,且有二义:一有亨饪之用,二有物象之法。故《彖》曰'鼎,象也',明其有法象也;《杂卦》曰'《革》去故而《鼎》取新',明其亨饪有成新之用也。此卦明圣人革命,示物法象,惟新其制,有鼎之义;以木巽火,有鼎之象,故名为'鼎'焉。变故成新,必须当理,故先元吉而后乃亨,故曰'鼎,元吉,亨'。"按,《鼎》卦的《彖传》释卦辞只举"元亨"二字,程颐《周易程氏传》谓"吉"为衍文。可备一说。又按,朱熹《周易本义》认为《鼎》卦的卦形备具鼎器之象,指出:"鼎,烹饪之器,为卦下阴为足,二、三、四阳为腹,五阴为耳,上阳为铉,有鼎之象。"毛奇龄《仲氏易》本朱子之说,谓《鼎》卦六爻之象寓含鼎足、鼎腹、鼎耳、鼎铉诸形态,指出:"下画偶,似足;二、三、四画奇,皆中实似腹;五画偶,似耳;上画奇,似铉。"于省吾《双剑誃易经新证》又承毛说,并取《易传》、《易纬》及金文"鼎"字之形加以补证,曰:"《象传》云'鼎,象也';《乾坤凿度》云'鼎象以器'。均谓卦画象鼎之形也。'鼎'字,《史兽鼎》作'𩰬',《㝬鼎》作'𪔅',正象下足、中腹、上耳之形,与毛说相合。铉则移动随时方贯之,故不为象。"此说分析《鼎》卦取名与卦象的关系,可资参考。

【鼎彖传】《鼎》卦的《彖传》。旨在解说《鼎》卦的卦名、卦辞之义。其文为:"《彖》曰:鼎,象也;以木巽火,亨饪也。圣人亨以享上帝,而大亨以养圣贤。巽而耳目聪明,柔进而上行,得中而应乎刚,是以元亨。"意思是:"《彖传》说:鼎器,是烹饪养人的物象;用木柴顺从火的燃烧,即为烹饪情状。于是圣人烹煮食物祭享天帝,又大规模地烹物来奉养圣贤。烹物养贤可以使贤人逊顺辅助尊者而尊者就能耳聪目明,乃至尊者凭着谦逊美德前进并向上直行,高居中位,又能下应阳刚贤者,所以至为亨通。"全文可分三节理解。第一节,自"鼎"至"亨饪也"四句,举《鼎》卦下巽为木、上离为火之象,谓以木顺火之势燃烧,即为以鼎烹饪的事状,以释卦名"鼎"之义。第二节,"圣人亨以享上帝,而大亨以养圣贤"二句,举"圣人"烹物以祭天帝、养贤者为例,极称鼎器的重大功用,再申此卦名"鼎"之义。第三节,自"巽而耳目聪明"至"是以元亨"四句,举《鼎》卦下巽为逊顺、上离为明之象,及六五柔中居尊而下应九二阳刚之象,说明"尊者"以鼎养贤、"自新新人"的情状,以释《鼎》卦"元吉,亨"之义。

【鼎象也】《鼎》卦的《彖传》语。意为:鼎器,是烹饪养人的物象。此言《鼎》卦下巽为木、上离为火,犹如以木顺火,正为用鼎烹饪之象,以释卦名"鼎"之义。李鼎祚《周易集解》引虞翻曰:"六十四卦皆观象系辞,而独于《鼎》言'象'者,何也?象事知器,故独言也。"又引《九家易》曰:"鬻以示火,是鼎镬亨饪之象;亦象三公之位,上则调和阴阳,下而抚毓百姓。鼎能孰物养人,故云'象也'。"

【鼎大象传】《鼎》卦的《大象传》。其辞曰:"木上有火,鼎;君子以正位凝命。"意思是:木上烧着火焰,象征"鼎器"在烹煮；君子因此效法鼎象端正居位而严守使命。正，用如动词，谓端正；凝，王弼《周易注》"严整之貌"，亦作动词，犹言严守而不疏失；命，犹言"使命"。这是先揭明《鼎》卦下巽为木、上离为火之象，谓木上有火，正为"鼎器"烹物的象征；然后推阐出"君子"须效法鼎器体正实凝之象，正己位而严己命，以不负职守的道理。孔颖达《周易正义》："木上有火，即是'以木巽火'，有亨饪之象，所以为'鼎'也。"尚秉和先生《周易尚氏学》："鼎偏倚则势危，故贵正，不正则餗覆；鼎敛食于内，故贵凝，不凝则实漫矣。故君子取之，以正位凝命。"按，《鼎》卦辞之义主于"鼎"的功用，故称"君子"掌此器必获"元吉"，可致"亨通"。《大象传》则引申出鼎器体"正"实"凝"乃可烹饪养人的意义，故告勉"君子"当效法此象，"正位凝命"。

【鼎新革故】谓更新除旧。多用于政治上的变革。亦作"革故鼎新"。语本《鼎》、《革》两卦之旨，《杂卦传》云："《革》，去故也；《鼎》，取新也。"韩康伯注《序卦传》："《革》去故，《鼎》取新。既以去故，则宜制器立法，以治新也。鼎，所以和齐生物成新之器也，故取象焉。"杨万里《诚斋易传》："去故取新，何独鼎哉！食者，生民之大本，鼎者，火化之元勋。革鸿荒而新万法，孰为革故取新之初乎？孰有大于革茹毛为火化之初乎？一初既立，而万法类从矣。"

【鼎受之以震】《周易》六十四卦，以象征"鼎器"的《鼎》卦列居第五十卦；古代王朝的政例是选定君主的长子主持鼎器，作为国君的继承人，而《易》卦"震"有长子之象，所以接《鼎》之后是象征权威"雷动"的第五十一卦《震》卦。此称"《鼎》受之以《震》"。语本《序卦传》："主器者莫若长子，故受之以《震》。"李鼎祚《周易集解》引崔憬曰："鼎，所以亨饪享于上帝。主此器者，莫若冢适，以为祭主也。故曰'主器者莫若长子'也。"程颐《周易程氏传》："震为

长男，故取主器之义，而继《鼎》之后。长子，传国家，继位号者也，故为主器之主。《序卦》取其一义之大者。"

【鼎黄耳金铉】《鼎》卦六五爻辞之语。意思是：鼎器配着黄色鼎耳和金铸鼎杠。黄，中之色，喻《鼎》卦六五有"柔中"之德；金，刚坚之物，喻六五居阳位又与九二刚爻相应；铉，音宣去声 xuàn，举鼎的器具，即"鼎杠"。这是说明六五以"柔中"居《鼎》上卦尊位，既处阳位又获九二刚爻之应，犹如鼎器配着"黄耳"、插入"金铉"，适可举移以供烹饪，而尽获鼎用之美，故曰"鼎黄耳金铉"。参见"鼎六五"。

【鼎九二小象传】《鼎》卦九二爻的《小象传》。其辞曰："鼎有实，慎所之也；我仇有疾，终无尤也。"意思是：鼎中盛物充实，说明九二要谨慎前行；我的配偶身有疾患，说明九二（虽然暂未获应于六五但）终将无所过尤。这是解说《鼎》九二爻辞"鼎有实，我仇有疾"的象征内涵。尤，谓过尤。王弼《周易注》："有实之鼎，不可复有所取；才任已极，不可复有所加。"孔颖达《周易正义》："《象》曰'慎所之'者，之，往也，自此已往，所宜慎之也；'终无尤也'者，五既有乘刚之疾，不能加我，则我终无尤也。"

【鼎九三小象传】《鼎》卦九三爻的《小象传》。其辞曰："鼎耳革，失其义也。"意思是：鼎器耳部变异，说明九三有失虚中之宜。这是解说《鼎》卦九三爻辞"鼎耳革"的象征内涵。义，宜也。李鼎祚《周易集解》引虞翻曰："鼎以耳行，耳革行塞，故失其义也。"孔颖达《周易正义》："失其虚中纳受之义也。"

【鼎九四小象传】《鼎》卦九四爻的《小象传》。其辞曰："覆公餗，信如何也！"意思是：王公的美食全被倾覆，说明九四怎么值得信任呢！这是解说《鼎》九四爻辞"覆公餗"的象征内涵。王弼《周易注》："不量其力，果致凶灾，信如之何！"程颐《周易程氏传》："大臣当天下之任，必能成

天下之治安,则不误君上之所倚,下民之所望,与己致身任道之志,不失所期,乃所谓'信'也。不然,则失其职,误上之委任,得为信乎?故曰'信何如也'!"

【鼎上九小象传】 《鼎》卦上九爻的《小象传》。其辞曰:"玉铉在上,刚柔节也。"意思是:玉制鼎杠高居在上,说明上九阳刚能用阴柔以调节。这是解说《鼎》上九爻辞"玉铉"的象征内涵。来知德《周易集注》:"言以阳居阴,刚而能节之以柔;亦如玉之温润矣,所以为玉铉也。"

【鼎六五小象传】 《鼎》卦六五爻的《小象传》。其辞曰:"鼎黄耳,中以为实也。"意思是:鼎器配着黄色鼎耳,说明六五居中而获刚实之益。这是解说《鼎》六五爻辞"鼎黄耳"的象征内涵。尚秉和先生《周易尚氏学》:"五得中应二,故中以为实。实,指二。"

【鼎初六小象传】 《鼎》卦初六爻的《小象传》。其辞曰:"鼎颠趾,未悖也;利出否,以从贵也。"意思是:鼎器颠转脚跟,说明初六的行为未曾悖理;利于倾倒废物,说明初六应当上从尊贵者(以期纳新)。这是解说《鼎》初六爻辞"鼎颠趾,利出否"的象征内涵。从贵,指初六上从九四之刚,得其纳物以为烹饪;犹如"妾"因贵子而扶为正室。王弼《周易注》:"弃秽以纳新也。"孔颖达《周易正义》:"《象》曰'未悖也'者,倒趾以出否,未为悖逆也。'以从贵'者,旧,秽也;新,贵也。弃秽纳新,所以从贵也。然则去妾之贱名而为室主,亦从子贵也。"

【鼎颠趾未悖也】 《鼎》卦初六爻的《小象传》语。旨在解说初六爻辞"鼎颠趾"的象征内涵。意思是:鼎器颠转脚跟,说明初六的行为未曾悖理。参见"鼎初六小象传"。

【鼎颠趾利出否】 《鼎》卦初六爻辞之语。意思是:鼎器颠转脚跟,利于倾倒废物。否,犹言无用杂废之物。这是说明初六处"鼎"之始,阴虚在下,有"颠鼎"之象。

而鼎器始将纳物烹煮,宜先颠转倾倒废物,才能利于烹饪,故曰"鼎颠趾,利出否"。参见"鼎初六"。

【鼎耳革失其义也】 《鼎》卦九三爻的《小象传》辞。旨在解说九三爻辞"鼎耳革"的象征内涵。意思是:鼎器耳部变异,说明九三有失虚中之宜。参见"鼎九三小象传"。

【鼎有实慎所之也】 《鼎》卦九二爻的《小象传》语。旨在解说九二爻辞"鼎有实"的象征内涵。意思是:鼎中盛物充实,说明九二要谨慎前行。参见"鼎九二小象传"。

【鼎黄耳中以为实也】 《鼎》卦六五爻的《小象传》辞。旨在解说六五爻辞"鼎黄耳"的象征内涵。意思是:鼎器配着黄色鼎耳,说明六五居中而获刚实之益。参见"鼎六五小象传"。

【鼎折足覆公餗其形渥】 《鼎》卦九四爻辞之语。意思是:鼎器难承重荷折断足,王公的美食全被倾覆,鼎身沾濡一派腥腻。餗,音速 sù,指鼎中美食;形,指鼎身;渥,沾濡之状。这是说明九四居《鼎》上卦之始,上承六五,所任已重,而又下应初六,且失正不中,有行事不自量力之象,犹如鼎器难承重荷,必致"折足"、"覆餗",其体亦遭沾渥,难免罹及凶灾,故曰"鼎折足,覆公餗,其形渥"。参见"鼎九四"。

【鼎耳革其行塞雉膏不食】 《鼎》卦九三爻辞之语。意思是:鼎器耳部变异,插杠举移的路途堵塞,精美的雉膏不得食。革,犹言"变异";雉膏,野鸡羹,喻精美之食。这是说明九三处《鼎》下卦之上,当"鼎耳"之位,但以阳居阳,刚实不能虚中,犹如鼎耳中空处变异堵塞,无法插杠举鼎运行;又因九三与上九俱为阳爻而不相应,此时既难行又失援,则徒有鼎器无所为用,虽有"雉膏"不能见食,故曰"鼎耳革,其行塞,雉膏不食"。参见"鼎九三"。

【紫岩易传】 南宋张浚撰。十卷。《通志堂经解》本。此书前九卷解说经传,末一卷为《读易杂说》。《四库全书提要》云："其曾孙献之《跋》云：'忠献公潜心于《易》，尝为之传，前后两著稿，亲题其第二稿云：此本改正处极多，绍兴戊寅四月六日，某书始为定本矣。献之尝缮录之，附以《读易杂说》，通为十卷，藏之于家。'据此，则《杂说》一卷似献之所续附。然考献之是《跋》在嘉定庚辰，而朱子作浚《行状》已称有《易解》及《杂说》共十卷，则献之特缮录而已，未尝编次也。其书立言醇粹，凡说阴阳动静皆适于义理之正。末一卷即所谓《杂说》，胡一桂议其专主刘牧。今观所论河图，信然。朱子不取牧说，而作浚《行状》但称'尤深于《易》、《春秋》、《论》、《孟》'，不言其《易》出于牧，殆讳之欤？"

【跛能履】 ①《履》卦六三爻辞之语。意思是：足跛而强行。能，连词，犹"而"，含转折意。此言六三当"履"之时，处下卦之终，阴居阳位，乘凌九二之刚，不能"小心行走"却盲目妄动，故有"跛"而强行之象。参见"履六三"。②《归妹》初九爻辞之语。意思是：足跛而努力行走。此谓初九当"归妹"之时，最处卦下，上无正应，犹如随姊出嫁而为"娣"；但初九有阳刚之贤，能以"偏室"协助"正室"，故取"跛"而努力行走为譬。其辞与《履》六三爻辞同，然寓意却有别。参见"归妹初九"。

【跛能履吉相承也】《归妹》卦初九爻的《小象传》语。旨在解说初九爻辞"跛能履"的象征内涵。意思是：宛如足跛而努力行走，说明初九的吉祥在于以偏助正相与承事夫君。参见"归妹初九小象传"。

【跛能履不足以与行也】《履》卦六三爻的《小象传》语。旨在解说六三爻辞"跛能履"之义。意思是：足跛而强行，不足以踏上征程。参见"履六三小象传"。

【景鸾】 东汉广汉梓潼（今属四川）人。字汉伯。少随师学经，游历各地。治《齐诗》及《施氏《易》》，兼明河洛图纬。州郡以官职招征，均不就。以寿终。著述甚丰，除《易说》、《诗解》外，尚有涉及《礼记》、占验之书，凡五十余万言。已佚。（见《后汉书·儒林列传·景鸾传》）。

【遇卦】《易》筮过程中，凡筮得一卦，称"遇卦"，亦称"本卦"，遇卦若有变爻，须变为另一卦，则所变的卦称"之卦"。《左传》庄公二十二年载：陈公子完奔齐，其年少时，"周史有以《周易》见陈侯者，陈侯使筮之，遇《观》（☷）之《否》（☷）"。杜预注："《观》六四变爻，而为《否》。"即指"遇卦"为《观》，"之卦"为《否》。

【遇主于巷】《睽》卦九二爻辞之语。意思是：在巷道中不期然遇合主人。主，指《睽》卦六五爻，以其居尊下应九二故称。此言九二当"睽"之时，失位不安；但阳居阴位，守谦顺时，又处中道，终能于不期然间与所应之六五遇于巷道，"睽违"遂合，故曰"遇主于巷"。参见"睽九二"。

【遇元夫交孚】《睽》卦九四爻辞之语。意思是：遇合阳刚大丈夫，交相诚信。元夫，指《睽》卦初九爻，阳称"大"，犹言"大丈夫"；孚，信也。此言九四以阳处"睽"之时，孤立无应，适遇下卦初九亦以阳刚独处失应，于是两阳引为同志，相交以诚，其"睽"终合，故曰"遇元夫，交孚"。参见"睽九四"。

【遇其夷主吉】《丰》卦九四爻辞之语。意思是：遇合阳德相平衡之主，吉祥。夷，平也，与"均"义近，"夷主"指《丰》初九。这是说明九四当"丰"之时，以阳居阴，犹如以刚明之质而处于柔暗之所，为未能丰其光明之德之象；但此时九四与下卦初九同德相遇，正如遇合其"夷主"，两者阳刚之质均平比匹，相互发扬光大，以此处"丰"，则终能摆脱柔暗而合力丰大光明，遂获吉祥，故曰"遇其夷主，吉"。参见"丰九四"。

【遇毒位不当也】《噬嗑》卦六三爻的《小象传》辞。旨在解说六三爻辞"遇毒"的象征内涵。意思是：（咬啮坚硬的腊肉而又）碰到毒物，说明六三居位不妥当（以致受刑者生怨)。参见"噬嗑六三小象传"。

【遇其夷主吉行也】 《丰》卦九四爻的《小象传》语。旨在解说九四爻辞"遇其夷主"的象征内涵。意思是:遇合阳德相平衡之主,说明九四可获吉祥宜于前行。参见"丰九四小象传"。

【遇主于巷未失道也】 《睽》卦九二爻的《小象传》辞。旨在解说九二爻辞"遇主于巷"的象征内涵。意思是:在巷道不期然遇合主人,说明九二未曾违失处睽之道。参见"睽九二小象传"。

【遇其配主虽旬无咎】 《丰》卦初九爻辞之语。意思是:遇合相匹配之主,尽管两者阳德均等也不致咎害。配主,相为比配之主,指《丰》九四;旬,犹言"均",指《丰》初九与九四均为阳爻。这是说明初九当"丰"之时,下处离明而上趋震动,与所遇"配主"九四阳德均等,相互发扬光大,以此处"丰",遂能免咎而获佳尚,故曰"遇其配主,虽旬无咎"。参见"丰初九"。

【遇雨之吉群疑亡也】 《睽》卦上九爻的《小象传》辞。旨在解说上九爻辞"遇雨"、"吉"的象征内涵。意思是:遇到阴阳和合的甘雨而获得吉祥,说明上九的种种猜疑都已经消失。参见"睽上九小象传"。

【遇雨若濡有愠无咎】 《夬》卦九三爻辞之语。意思是:遇到阴阳和合的雨而被沾湿身体,乃至惹人愠怒,但不致咎害。雨,为阴阳二气合和之物,"遇雨"喻九三、上六阴阳相遇;若,语气词;濡,谓沾湿。这是说明九三当"决除"小人之时,阳刚亢盛而居下卦之上,独与上六有应,为了妥善清除上六"小人",应当暂与之应合周旋以待时制裁之,这样尽管有"遇雨若濡"、与小人苟合之嫌,甚或招惹不明内情者愠怒,但最终必能决除小人而不致咎害。故曰"遇雨若濡,有愠,无咎"。参见"夬九三"。

【遏恶扬善顺天休命】 《大有》卦的《大象传》语。意思是:遏止邪恶,倡扬善行,顺从天的意志、休美万物性命。休,用如动词,犹言"休美"。这是从《大有》卦"火在天上"的卦象而推阐出的"君子"观此卦明照万物之象,须悟在所获丰多之时,应当不忘止恶扬善,顺从"天意"、休美"物命"的道理。参见"大有大象传"。

【遗爻举体】 三国魏王弼倡"卦主"之例,谓《易》卦六爻有为主之爻;或有不以爻为主,而举上下二体之象为主者,则称"遗爻举体"。王弼《周易略例·明象》曰:"或有遗爻而举二体者,卦体不由乎爻也。"(《略例下》亦曰:"卦体不由乎一爻,则全以二体之义明之,《丰》卦之类是也。")邢璹注:"遗,弃也。弃此中之一爻,而举二体以明其义,卦体之义不在一爻。《丰》、《归妹》之类是也。"即言《丰》(䷶)卦离下震上,为光明雷动之象(《彖传》谓"明以动,故丰");《归妹》(䷵)卦兑下震上,为泽说(悦)雷动之象(《彖传》谓"悦以动,所以归妹也"):此二卦并为"遗爻举体"以见卦主之例。参见"卦主"。

〔丿〕

【象】 ①《周易》为象征哲学,《易》中之"象",含有"形象"、"象征"之意。《系辞下传》云:"象也者,像此者也。"孔颖达《周易正义》:"言象此物之形象也。" ②指《周易》的卦形和卦爻辞。《系辞下传》:"《易》者,象也",《左传》昭公二年叙韩宣子适鲁"见《易象》与《鲁春秋》",均指此。故南宋项安世《周易玩辞》谓"凡卦辞皆曰象,凡卦画皆曰象",而卦辞、爻辞亦称"象辞"。③指八卦、六十四卦的卦象及三百八十四爻的爻象。如乾为天之类为八卦卦象,两卦之象相重而为六画卦的卦象,三百八十四爻所居之位及承乘比应情状即构成各爻之爻象。 ④指《十翼》中的《象传》,旨在阐释卦象、爻象的象征意义。《象传》又有《大象传》、《小象传》之分:前者六十四则,每卦一则:释上下卦象,《周易正义》云:"总象一卦,故谓之《大象》";后者三百八十四则，每卦六则，释六爻爻象，《周易正义》云："释六爻之《象辞》，谓之《小象》"。

【象传】 旧称孔子所作《易传》中的一种，含《象上传》、《象下传》两篇，即《十翼》中的第三、第四两翼。其基本宗旨是解说六十四卦的卦象及三百八十四爻的爻象。每卦一组，共六十四组，随上下经而分为上下两部分：自《乾》至《离》三十组为上部分，谓之《上象》或《象上传》；自《咸》至《未济》三十四组为下部分，谓之《下象》或《象下传》。《象传》常简称《象》，亦称《象辞》或《象辞传》。六十四组《象传》中，释卦象者六十四则，称《大象传》；释爻象者三百八十四则，称《小象传》（按，《乾》、《坤》两卦六爻之后各附有"用九"、"用六"文辞，亦各有一则《小象传》，故或统计《小象传》之数为三百八十六则）。《大象传》的体例，是先释每卦内外象相重之旨，然后从重卦的卦象中推衍出切近人事的象征意义，文辞多取"君子"的言行、道德为喻。如《乾》卦《大象传》称"天行健，君子以自强不息"，即表明该卦内外象均为"天"，君子当效法"天"的健行气质，奋发图强。又如《损》卦《大象传》称"山下有泽，损，君子以惩忿窒欲"，即表明该卦上"山"下"泽"，有损下益上之象，君子当效法此象，时时自损不善。其它诸卦的义例，无不如此。《小象传》的体例，是根据每爻的性质、处位特点，分析爻义吉凶利弊之所以然。如《乾》卦初九爻的《小象传》曰"潜龙勿用，阳在下也"，指明此爻微阳初萌，不可急于施用；又如《明夷》卦六二爻《小象传》曰"六二之吉，顺以则也"，指明此爻柔顺中正、不违法则，故获吉祥。其它各爻亦均类此。《象传》以言简意明的文辞，逐卦逐爻地解说六十四卦、三百八十四爻的立象所在，使《周易》经文的象征意趣有了比较整齐划一的阐说。《象传》原独自成篇单行，汉以后被合入六十四卦经文并行，并被分割依附于所当释的卦爻之后。

故汉唐以来通行的经传参合本《周易》，凡卦、爻后所附"象曰"云云，即为《象传》文辞。

【象辞】 ①指六十四卦的卦爻辞。《系辞下传》云"《易》者，象也"，《左传》昭公二年叙韩宣子适鲁"见《易象》与《鲁春秋》"，均称《易》为《象》，故《易》中的卦爻辞亦被称为"象辞"。项安世《周易玩辞》谓"凡卦辞皆曰象"，即含此意。 ②指六十四卦的《大象传》及三百八十四爻的《小象传》之辞。见"象传"。

【象数】 《周易》六十四卦、三百八十四爻的卦象、爻象及阴阳奇偶之数的合称。以"象数"解《易》，是《易》学史上的一个重要的治《易》方法。《左传》僖公十五年载韩简曰："龟，象也；筮，数也。物生而后有象，象而后有滋，滋而后有数。"此言"象数"二字之始。《系辞上传》云："参伍以变，错综其数；通其变，遂成天地之文；极其数，遂定天下之象。"此言《易》学"象数"之义。《周易集解》引虞翻曰："数，六画之数。六爻之动，三极之道，遂定天下之象。"韩康伯《系辞注》："斯盖功用之母，象数所由立。"象与数的概念，本虽有别，但在后代《易》学发展中，常为人合而称之。《四库全书提要》论明熊过《象旨决录》云："考《左传》韩起适鲁，见《易象》、《春秋》，古人既以象名，知象为《易》之本旨。故《系辞传》曰'《易》者，象也；象也者，像也。'王弼以下，变而谈理；陈抟以下，变而言数。所谓各明一义也。后人并而一之，概称'象数'。于是喜为杳冥之说者，并而扫之，乃讳言象数。"但历代《易》家主象数之学者颇众，且其流变甚为显著。参见"象数学"。

【象上传】 《象传》的上部分，亦称《上象》。详"象传"。

【象下传】 《象传》的下部分，亦称《下象》。详"象传"。

【象辞传】 即"象传"。

【象数派】 以象数解释《周易》的学派。

与以义理阐《易》的"义理派"并为《易》学史上最重要的两大学派。其发展及流变过程,约经三个阶段:一是以西汉初《易》家为代表的沿承先秦旧例立说的象数派,二是西汉中叶以后以焦赣、京房为代表的专主阴阳候灾变的象数派,三是北宋以后以陈抟、邵雍为代表的参入道家思想的"先天象数"学派。参见"象数学"。

【象数学】 以象数解释《周易》的学说。与以义理阐《易》的"义理学"并为《易》学史上最重要的两大学说。其说因时代不同又有显著的变化与发展。西汉初,周王孙、丁宽、杨何等专主"训故举大谊"、"章句守师学"诸观点,大体沿承先秦卦变、互体等旧例以讲象数,尤属太卜之遗法。至汉中叶以后,孟喜、焦赣、京房等则倡扬卦气、世应、飞伏诸说,使象数之学流于機祥,泛滥为占候阴阳灾变之术。至北宋,陈抟、邵雍等人又参以道家思想,创立《先天图》、《后天图》、《河图》、《洛书》诸图说,探索大自然万事万物的化生奥秘,发展为自成体系的"先天象数学"。《四库全书提要·经部易类小序》曾就这三阶段《周易》象数学的流变简述云:"故《易》之为书,推天道以明人事者也。《左传》所记诸占,盖尤太卜之遗法。汉儒言象数,去古未远也;一变而为京、焦,入于機祥;再变而为陈、邵,务穷造化,《易》遂不切于民用。"

【傅氏】 约南朝齐梁间人。名字、爵里不详。治《易》,著《周易注》十三卷(或作十四卷)。已佚。清马国翰《玉函山房辑轶书》辑有《周易傅氏注》一卷。并指出:"《隋书·经籍志》有'《周易》十三卷,傅氏注',《唐书·艺文志》有傅氏《注》十四卷,《启蒙翼传》亦云十四卷,皆言傅氏不知何代人。《隋志》在卢氏上,《唐志》在何胤、卢氏下,殆亦齐梁间作者。"

【释郑氏爻辰补】 徐昂撰。四卷。《徐氏全书》本。东汉郑玄解《易》,创"爻辰"之例,然其注散佚,见引于他书者颇少,清戴棠曾杂采汉魏以降诸家用爻辰解《易》之说,逐爻依例补之,著《郑氏爻辰补》六卷。徐氏以汉《易》沈沦既甚,戴氏所著亦几无问津者,遂取戴著研索阐释,遇有舛误辄加订正,即成是书。卷一通说"爻辰",制《四方列宿十二辰配卦纳音图》及《六十四卦配辰表》各一;卷二、三依十二宫星次,综合六十四卦所居爻辰与所值五行、方位、时令等为说,末附《郑氏爻辰补校勘记》一篇。

【鲁伯】 西汉琅邪(治所在今山东诸城)人。治《易》,师事施雠。任会稽太守。以所学"施氏《易》"传毛莫如、邴丹(见《汉书·儒林传·施雠传》)。

【智旭】(1599—1655) 明末僧人。俗姓锺。名际明,字蒻益(一作藕益),号八不道人,又从所居而称灵峰老人。苏州吴县(今属江苏)人。少习儒书,誓灭释老,著《辟佛论》数十篇。后读莲池《自知录序》及《竹窗随笔》,始笃信佛,取论尽焚之。二十四岁就憨山弟子雪岭剃度出家,改名智旭。此后广涉诸宗,主张禅、教、律三学融合,佛、道、儒三教一致(见《灵峰蒻益大师宗论》、《净土圣贤录》)。与憨山、紫柏、莲池并称明代"四大高僧"。崇祯间住持江浙各地,佛学著述甚丰。其中介绍佛教典籍的目录学著作《阅藏知津》四十四卷,为研习诸经的入门书。又欲"诱儒以知禅",专著《周易禅解》一书,援引佛理说《易》,所论非尽涉虚无,颇有可取者。

【程传】 即"周易程氏传"。

【程迥】 南宋应天府宁陵(今属河南)人,家于沙随,靖康之乱徙绍兴余姚(今属浙江)。字可久。学者称沙随先生。年十五,父母双亡,孤贫飘泊,无以自振,至二十余始知读书。时乱甫定,西北士大夫多在钱塘,迥遂得以考德问业。登隆兴元年(1163)进士第,历宰泰兴、德兴、进贤、上饶诸县,政宽令简,所至有异绩。卒官朝奉郎。尝受经学于昆山王葆、嘉禾闻人茂德、严陵喻樗。经史著述甚丰。朱熹曾寄书迥子程绚,盛称迥曰:"博闻至行,追配古人，释经订史，开悟后学"、"著书满家，足以传世，是亦足以不朽"（见《宋史》本传）。其《易》学专著今存《周易古占法》二卷，下卷又题《古周易章句补编》。

【程颐】（1033—1101） 北宋河南洛阳（今洛阳市）人。字正叔。程颢之弟，与颢同受学于周敦颐，并为理学奠基人，合称"二程"。年十八，游太学，著《颜子好学论》，胡瑗大惊异之，即延见，处以学职。哲宗初，擢崇政殿说书，每进讲，色甚庄，继以讽谏。后因反对王安石新政，被列为奸党贬至四川涪州，在涪讲学著述达三十余年。颐学本于诚，以《大学》、《语》、《孟》、《中庸》为标指，而达于《六经》；动止语默，一以圣人为师。平生诲人不倦，故学者出其门甚多，渊源所渐，皆为名士。涪州人曾祠颐于北岩，世称为"伊川先生"。卒谥"正公"，淳祐初封伊阳伯，从祀孔子庙庭。著有《易传》、《春秋传》、《语录》、《文集》等（见《宋史》本传）。其《易》学，主于以儒理阐说《易》义。颐与兄颢的学说，后被南宋朱熹所继承发展，称"程朱学派"。后人将他与程颢的著作合编为《二程全书》。1981年中华书局点校出版《二程集》。

【程颢】（1032—1085） 北宋河南洛阳（今洛阳市）人。字伯淳。举进士，调鄠县、上元县主簿。熙宁初为御史里行，神宗数召见，颢前后进说，大旨以"正心窒欲、求贤育才"为言，务以诚意感悟君主。后与王安石议新法不合，出签书镇宁军判官，知扶沟县。哲宗立，召为宗正丞，未赴卒，谥"纯公"，淳祐初封河南伯，从祀孔子庙庭。颢资性过人，而充养有道，和粹之气，盎于面背。门人交友相从数十年，未尝见其忿厉之容。得不传之学于遗经，以兴起斯文为己任。文彦博题其墓曰"明道先生"（见《宋史》本传）。曾与弟程颐从学于周敦颐，同为理学奠基人，世称"二程"。其《易》学与程颐相类，均以儒理阐说《易》义。后人集其遗文、语录，名《程子遗书》；

又将之与程颐著作合编为《二程全书》。1981年中华书局点校出版《二程集》。

【程大昌】（1123—1195） 南宋徽州休宁（今属安徽）人。字泰之。十岁能属文。登绍兴二十一年（1151）进士第。孝宗时累官吏部尚书，出知泉、汀等州，以龙图阁学士致仕。卒谥"文简"。平生笃学，于古今事无不考究，有《禹贡论》、《易原》、《雍录》、《易老通言》、《考古篇》、《演繁露》、《北边备对》等书行于世（见《宋史》本传）。《易》学专著今存《易原》八卷。

【程廷祚】（1691—1767） 清江宁（今属江苏）人。初名默。字启生，号绵庄。少好治经。康熙五十九年（1720），李塨南游金陵，廷祚常过坊求教，得闻"颜（元）李（塨）"之学。读颜元《存学编》，题其后云："古人害道，出于儒之外；今之害道，出于儒之中。颜氏起于燕、赵，当四海倡和、翕然同气之日，乃能折衷至当，而有以斥其非，盖五百年间一人而已。"故曾谓：颜氏"其势难于孟子，其功倍于孟子"。于是力屏异说，以颜氏为主，而参以顾炎武、黄宗羲。乾隆初，以诸生召试鸿词科，未入等。自此遂不应乡举，闭户穷经。晚年自号"青溪居士"。卒年七十七。著书多能救先儒之非（见《清史稿·儒林传》及《清史列传》）。《易》学专著今存《大易择言》三十六卷、《周易正解》四卷、《易学精义》一卷、《占法订误》一卷。

【惩忿窒欲】《损》卦的《大象传》语。意为：抑止忿怒而堵塞邪欲。惩，止也；窒，堵塞。这是从《损》卦"山下有泽"、犹如泽自损以增山高的卦象而推阐出的"君子"观此象，须悟知应随时止忿堵欲以自损不善的道理。参见"损大象传"。

【焦循】（1763—1820） 清扬州甘泉（今江苏江都）人。字里堂。嘉庆六年（1801）举人。其家世传《易》学。循少颖异，八岁在阮赓尧家与宾客辨壁上"冯夷"字，曰："此当如《楚词》读皮冰切，不当读如缝。"阮奇之，妻以女。既壮，雅尚经术，与阮元齐名。元督学山东、浙江,俱招徕往游。性至孝,父母亡故,哀毁至深,托足疾不入城市者十余年。葺其老屋曰"半九书塾",复构一楼曰"雕菰楼",有湖光山色之胜,读书著述其中。曾叹曰:"家虽贫,幸蔬菜不乏,天之疾我福我也,吾老于此矣!"卒年五十八。著书甚丰。平生博闻强记,识力精卓,每遇一书,无论隐奥平衍,必究其源。故经史、历算、声音、训诂无所不精。壮年即名重海内,钱大昕、王鸣盛、程瑶田等皆推敬之。始入都,谒座主英和,和曰:"吾知子之字曰里堂,江南老名士,屈久矣!"殁后,阮元作《传》称:其学精深博大,名曰通儒,世谓不愧云(见《清史稿·儒林传》)。其治《易》特征,乃以数之比例求《易》之比例,主于"旁通"、"相错"、"时行"之义,而不拘守汉魏师法,在《易》学史上颇有影响。研《易》专著今存《易章句》十二卷、《易通释》二十卷、《易图略》八卷(此三种又合称《雕菰楼易学三书》)、《周易补疏》二卷、《易话》二卷、《易广记》三卷等。

【焦延寿】 西汉梁(今河南商丘一带)人。字赣(按,此据《汉书·京房传》,但《儒林传》颜师古注谓"延寿其字,名赣",黄伯思《东观余论》说同,可备参考)。出身贫贱,以好学为梁王所重,王供其资用。学成为郡史,察举补小黄(今属河南开封县)令,有政绩。延寿专治《易》学,自谓曾从孟喜问《易》,授与京房,其学长于以《易》解说阴阳灾变,后人称为"焦京之学"。延寿曾说:"得我道以亡身者,必京生也。"后京房果以上封事屡言灾异,被汉元帝下狱处死(见《汉书·京房传》及《儒林传》)。《隋书·经籍志》著录:延寿著有《易林》十六卷、《易林变占》十六卷。今《易林》存,明代《道藏》、清代《四库全书》均有收入。尚秉和先生《焦氏易诂》、《焦氏易林注》研探焦氏之学甚精。

【焦氏易林】 见"易林"。

【焦氏易诂】 尚秉和撰。十一卷,附录一卷。民国二十三年(1934)刊本。作者尝以十余年之力著《焦氏易林注》十六卷,又辑其平日随注于《易林》简册上下四旁以参证诂训《易》义者,裒为是编。书名盖取以焦氏《易林》解诂《周易》之意。其书汇录札记,无有先后次序,书首《凡例》云:"阅者以随笔视之可也。"卷一至十一,收其说三百二十三则,《补遗》二十五则,凡三百四十八则;末附录《左传国语易象解》一卷。全书大旨,谓焦氏《易林》所载逸象,有对象、覆象、大象、半象等,多至一百数十例,为东汉《易》家所不知,故东汉《易》说多误;用此逸象参解《易》辞,则旧所不解者均可豁然开通。其所释《左传》、《国语》中之《易》象,亦据《易林》逸象为说。王树枏《焦氏易诂序》称:此书"使前汉之《易》说晦而复明,不但为焦氏之功臣,而抑亦西汉先师之厚幸也。"然读此书者,又当与作者所撰《焦氏易林注》相对照研讨,则可窥其学说之全貌。

【焦氏易林注】 尚秉和撰。十六卷。民国二十九年(1940)刊本。自《焦氏易林》问世以来,历代未有为之详注者;至于以卦象解释《易林》之义,更无一人。作者认为,西汉释《易》之书,莫如《易林》之完善,凡《易林》文辞无一字不从卦象生,且无一象不本之《易》;于是搜求《易》象之根源,考稽林词之依据,校勘板本之沿革,纠正音韵之讹谬,逐字注释,撰为是书。同时所成之《焦氏易诂》,则为注余札记,重在以《易林》逸象诂《易》,与此书互可参照。全书依《易林》原本次序,每则林词均取卦象详加解析,有误字、讹字、疑字者附为订正校勘。书首载《例言》、《校勘记说例》;又有《易林逸象原本考》一篇,备举《易林》中与《易》有关之八卦逸象一百七十余例,以便读者省阅,并指出:"《易林》逸象,其与《易》有关,可以解经并可以正《易》注之误者,其详皆在《焦氏易诂》中,凡百七十余象;其与《易》无关推广之象,尚不知几千百,皆省而不录。录其有关者,下注明其所本,以见此逸象仍原本于

《易》，俾阅者不至再有疑惑。"仵塽《焦氏易林注叙》称：《易林》逸象，二千年来无有识者，故《易》注多误，解《易林》之辞亦遂难通，今尚氏既著此书，"不但为焦氏之功臣，实于《易》学所关至巨，其有功于后学甚大；至于爬梳字句，阐发幽滞，考稽故事，为先儒所不能释或释之而误为一一订正其失者，犹其余事也"。

【税與权】 南宋巴郡临邛（今四川邛崃）人。字巽甫。受业于魏了翁之门。精于经学（见《经义考》及《四库全书提要》）。《易》学著述今存《易学启蒙小传》一卷、《周易古经传》一卷。

〔丶〕

【善世而不伐】 《乾》卦《文言传》语。旨在衍发《乾》九二"见龙在田，利见大人"之义。意思是：有"见龙"之德者为善于世而不自夸。孔颖达《周易正义》："谓为善于世而不自伐其功。"

【谢万】 东晋陈郡阳夏（今河南太康）人。字万石。谢安之弟。才器儁秀，早有时誉，工言论，善属文。简文帝作相，招为抚军从事中郎。再迁豫州刺史，领淮南太守监司豫冀并四州军事假节。王羲之与桓温笺曰："谢万才流经通，处廊庙，参讽议，故是后来一器。而今屈其迈往之气，以俯顺荒余，近是违才易务矣。"温不从。万既受任北征，矜豪傲物，以啸咏自高，未尝抚众，诸将恨之。军溃，被废为庶人。后复以为散骑常侍。会卒，时年四十二（见《晋书·谢万传》）。陆德明《经典释文序录》列东晋以来作《周易系辞注》者十人，谢万为其中之一。自韩康伯之注专行后，各家并废。《隋书·经籍志》、《旧唐书·经籍注》、《新唐书·艺文志》均列有谢氏注《系辞》二卷。已佚。

【湘芗漫录】 清查彬撰。四卷，末附《易经集说》一卷。清道光十九年（1839）有怀堂刊本。此书以六十四卦参证经史，不章解句释，依《象传》及六爻之义，顺次征引史事，以明其吉凶是非善恶忠奸之成败及起因。尚秉和先生《易说评议》云：其书可"使人憬然悟，毅然兴起，所谓通经致用者，最为得之。大致与宋杨诚斋之《易传》相类。惟诚斋释及章句，此则浑言大意，微不同耳。然参证古今得失，俾学者有所会归，独为亲切，则较诚斋有过之而无不及，与晋干宝《易注》之强以某卦之辞谓指殷周间某事者，迥不同也。惟所诂《易》理，皆以宋人为宗，凡宋人疏漏者，皆仍而不改"。又云："谓此书以经证人事可，谓为'经解'则太疏矣。至末卷之《易经集说》，多取之宋儒，间及于汉魏，而所取亦多不当。"按，柯劭忞指出：查氏平日著书，凡《易》、《诗》、《书》、《春秋》、《三礼》、《孝经》、《四书》，诸子皆有考订，合二十四卷，题曰《湘芗漫录》，其第一种《周易经史彙纂》四卷附《易经集说》一卷先镂版，彬之子仍其名《湘芗漫录》，未免名不副实，当改题为原书之名（《续修四库全书提要》）。

【温公易说】 北宋司马光撰。六卷。《四库全书》录《永乐大典》本。亦有题作《易说》者。此书为司马光未完成之作，然其解说《易》旨颇有可取之处。《四库全书提要》指出："考苏轼撰光《行状》，载所作《易说》三卷，注《系辞》二卷；《宋史·艺文志》作《易说》一卷，又三卷，又《系辞说》二卷。晁公武《读书志》云：'《易说》杂解《易》义，无诠次，未成书。'朱子语类》又云：'尝得《温公易说》于洛人范仲彪，尽《随》卦六二，其后阙焉。后数年，好事者于北方互市得版本，喜其复全。'是其书在宋时所传本，已往往多寡互异，其后仍并失其传。故朱彝尊《经义考》亦注为'已佚'。今独《永乐大典》中有之，而所列实不止于《随》卦，似即朱子所称后得之本；其释每卦或三四爻，或一二爻，且有全无说者，惟《系辞》差完备，而《说卦》以下仅得二条，亦与晁公武之言相合。又以陈友文《集传精义》、冯椅《易学》、胡一桂《会通》诸书所引光说核之，一一具在。知为宋代原本无疑。其解义多阙者,盖光本撰次未成,亦如所著《潜虚》,转以不完者为真本,并非有所残佚也。光《传家集》中有《答韩秉国书》,谓王辅嗣以《老》、《庄》解《易》,非《易》之本旨,不足为据。盖其意在深辟虚无玄渺之说,故于古今事物之情状,无不贯彻疏通,推阐深至","大都不袭先儒旧说而有德之言,要如布帛菽粟之切于日用。"

【曾贯】 元泰和(今属江西)人。字传道。天历年间举人。官绍兴照磨。值元季兵乱,弃官家居。乡人推其率领义军,后御龙泉寇,战败死。平生以治《易》为学者所宗。所著书有《易变通》、《四书类辨》、《庸学标旨》等(见《江西通志》、《经义考》及《四库全书提要》)。研《易》专著今存《易学变通》六卷。

【哀多益寡称物平施】 《谦》卦的《大象传》语。意思是:引取过多以补充不足,权衡各种事物以公平地施予。哀,音抔 póu,谓"引取";称,读去声 chèng,犹言"权衡"。这是从《谦》卦"地中有山"的卦象而推阐出的"君子"观此象,须悟知凡事不可盈满,应当取多益寡、均平施物的道理。参见"谦大象传"。

【游归】 即"游魂"、"归魂"。西汉《易》家京房倡"八宫卦"之例,每宫除本宫卦及一世至五世卦外,尚有"游魂"、"归魂"之卦,合称"游归"。《京氏易传》谓"孔子《易》"云:"游魂、归魂为鬼《易》。"鬼者,复归也;游魂卦自第五爻游复而变于第四爻,归魂卦自第四爻再返归而变于卦下三爻,其例均含"复归"之旨。参见"游魂"、"归魂"、"八宫卦"。

【游魂】 西汉京房倡"八宫卦"说,每宫之本宫纯卦凡变至第五爻,则上爻不变而游变于已变之第四爻,如此所成之卦称"游魂"卦。"八宫卦"中,游魂卦有八:《乾》宫为《晋》卦,《震》宫为《大过》卦,《坎》宫为《明夷》卦,《艮》宫为《中孚》卦,《坤》宫为《需》卦,《巽》宫为《颐》卦,《离》

宫为《讼》卦,《兑》宫为《小过》卦。《京氏易传》于《晋》卦曰:"精粹气纯,是为游魂。"陆绩注:"为阴极剥尽,阳道不可尽灭,故返阳复道;不复本位,为游魂,例八卦。"(按,注文"阳"下"复"字本误作"道","游"字误作"归",并据徐昂《京氏易传笺》之说改。)"游魂"之名,本于《系辞上传》"精气为物,游魂为变"语,京氏"八宫卦"取用为本宫卦第六变所成卦的名称。汉魏两晋《易》家荀爽、干宝等常用"游魂"卦之例说《易》。《周易集解》于《讼》卦引干宝注曰:"《讼》,《离》之游魂也。离为戈兵,此天气将刑杀,圣人将用师之卦也。"参见"八宫卦"。

【富家大吉】 《家人》卦六四爻辞。意思是:增富其家,大为吉祥。此言六四处《家人》上卦之下,阴虚本不富;但柔顺得正,下应初九,上承九五,大得阳刚之富实,故有"富家,大吉"之象。参见"家人六四"。

【富家大吉顺在位也】 《家人》卦六四爻的《小象传》辞。旨在解说六四爻辞"富家大吉"的象征内涵。意思是:增富其家而大为吉祥,说明六四顺承居于尊位的阳刚者。参见"家人六四小象传"。

【寒泉之食中正也】 《井》卦九五爻的《小象传》辞。旨在解说九五爻辞"寒泉食"的象征内涵。意思是:洁净的寒泉可供汲食,说明九五具有阳刚中正的美德。参见"井九五小象传"。

【裕蛊】 谓以宽裕之道治蛊。语本《蛊》卦六四爻辞"裕父之蛊,往见吝"。刘基《伐寄生赋》(见《刘诚意伯集》):"信知斧钺之神用,宁能裕蛊以生患也。"

【裕无咎未受命也】 《晋》卦初六爻的《小象传》语。旨在解说初六爻辞"裕无咎"的象征内涵。意思是:暂且宽裕待时则无咎害,说明初六此时尚未受到任命。参见"晋初六小象传"。

【裕父之蛊往见吝】 《蛊》卦六四爻辞。意思是:宽裕不急地缓治父辈的弊乱,长此以往必然出现憾惜。裕,宽裕,指"治蛊"宽缓不急。此言六四处《蛊》上卦之始,阴柔懦弱,又居阴位,有不能速治"父弊"、宽延顺容之象,故"往"必"见吝"。参见"蛊六四"。

【裕父之蛊往未得也】 《蛊》卦六四爻的《小象传》辞。旨在解说六四爻辞"裕父之蛊"的象征内涵。意思是:宽裕不急地缓治父辈的弊乱,说明六四长此以往无法获得治弊之道。参见"蛊六四小象传"。

【童观】 《观》卦初六爻辞之语。意为:像幼童一样观仰景物。此以"幼童"浅见为喻,说明初六处"观"之时,阴柔在下,远离九五刚正之"君",所观甚浅,故谓之"童观"。参见"观初六"。

【童蒙】 幼童蒙稚未启的情状。语出《蒙》卦卦辞"匪我求童蒙,童蒙求我"及六五爻辞"童蒙吉"。《淮南子·俶真训》:"皆欲离其童蒙之心,而觉视于天地之间。"《后汉书·梁翼传》:"臣特以童蒙见拔,故敢忘忌讳。"

【童蒙吉】 《蒙》卦六五爻辞。意思是:幼童的蒙稚(正受启发),吉祥。这是说明六五当"蒙"之时,以阴柔居于《蒙》卦尊位,中和谦下而应合于九二之阳,犹如"蒙童"虚心柔顺,承教于师,以接受启蒙,故称"吉"。参见"蒙六五"。

【童牛之牿】 《大畜》卦六四爻辞之语。意为:在无角小牛头上加缚的木牿。童牛,无角牛,即"小牛",喻《大畜》初九爻;牿,音固 gù,缚于牛角上的横木,即"木牿",喻《大畜》六四爻。这是说明六四当"大畜"之时,柔正得位,与下卦的初九相应,志在畜初之阳、止初之健,于初九过恶未萌之时先施"畜止",犹如在无角"童牛"头上加"牿",妥为规正,此即《大畜》卦《象传》"能止健"之义,故曰"童牛之牿"。参见"大畜六四"。

【童溪易传】 南宋王宗传撰。三十卷。《通志堂经解》本。此书解说《易》旨,宗主王弼之学,而排斥象数流弊;并多以心性之说阐《易》,与杨简《杨氏易传》皆为宋代"援禅入《易》"之代表作。书前有林焞《序》一篇。《四库全书提要》指出:"宗传之说,大概祧梁、孟而宗王弼,故其书惟恁心悟,力斥象数之弊,至譬于'误注《本草》之杀人'。"焞《序》述宗传之论,有'性本无说,圣人本无言'之语,不免涉于异学,与杨简《慈湖易传》宗旨相同。盖弼《易》祖尚玄虚,以阐发义理,汉学至是而始变。宋儒扫除古法,实从是萌芽。然胡、程祖其义理,而归诸人事,故似浅近而醇实;宗传及简祖其玄虚,而索诸性天,故似高深而幻窅。考沈作喆作《寓简》,第一卷多谈《易》理,大抵以佛氏为宗。作喆为绍兴五年进士,其作《寓简》在淳熙元年,正与宗传同时。然则以禅言《易》,起于南宋之初。特作喆无成书,宗传及简则各有成编。显阐别径耳。《春秋》之书事,《檀弓》之记礼,必谨其变之所始,录存是编,俾学者知明万历以后,动以心学说《易》,流别于此二人,亦说《周礼》者存俞庭椿、邱葵意也。"

【童蒙求我】 《蒙》卦的卦辞之语。谓启蒙之事,应是"学子"需要启发蒙稚而有求于"蒙师"。童蒙,即学子,在卦中喻六五;我,指代"蒙师",卦中喻九二爻。参见"蒙卦辞"。

【童蒙求我志应也】 《蒙》卦的《象传》语。旨在通过《蒙》卦九二、六五两爻的交象解说卦辞"匪我求童蒙,童蒙求我"之义。谓六五下应九二,阴阳交感,犹如"学子"虔心求教于"蒙师",志趣相合。李鼎祚《周易集解》引荀爽曰:"二与五志相应也。"程颐《周易程氏传》:"二以刚明之贤处于下,五以童蒙居上。非是二求于五,盖五之志应于二也。贤者在下,岂可自进以求于君?苟自求之,必无能信用之理。古之人所以必待人君致敬尽礼而后往者,非欲自为尊大,盖其尊德乐道,不如是不足与有为也。"

【童蒙之吉顺以巽也】 《蒙》卦六五爻

的《小象传》辞。旨在解说六五爻辞"童蒙,吉"的象征内涵。意思是:幼童的蒙稚(正受启发)而获吉祥,说明六五对蒙师恭顺谦逊。参见"蒙六五小象传"。

【敦艮】 语出《艮》卦上九爻辞。意思是:以敦厚的品德抑止邪欲。此言上九居《艮》卦之终,为抑止至极之象,故虽阳刚而能敦厚;以此抑止邪欲,必能获吉致福,故称"敦艮"。参见"艮上九"。

【敦临】 《临》卦上六爻辞之语。意为:温柔敦厚地监临于人。敦,敦厚。此言上六居《临》之极,以阴处"无位"之地,不为刚猛,犹如以敦厚仁惠之德临人,故称"敦临"。参见"临上六"。

【敦复】 《复》卦六五爻辞之语。意为:敦厚笃诚地回复。敦,谓敦厚。此言六五当"复"之时,柔居尊位,持中不偏,有敦厚自察、笃诚向善之象,故称"敦复"。参见"复六五"。

【敦艮之吉以厚终也】 《艮》卦上九爻的《小象传》辞。旨在解说上九爻辞"敦艮,吉"的象征内涵。意思是:以敦厚的品德抑止邪欲而获吉祥,说明上九能将厚重的美质保持至终,参见"艮上九小象传"。

【敦临之吉志在内也】 《临》卦上六爻的《小象传》辞。旨在解说上六爻辞"敦临,吉"的象征内涵。意思是:温柔敦厚地监临于众而获吉祥,说明上六的心志系于邦国天下。参见"临上六小象传"。

【敦复无悔中以自考也】 《复》卦六五爻的《小象传》辞。旨在解说六五爻辞"敦复无悔"的象征内涵。意思是:敦厚笃诚地回复、无所悔恨,说明六五居中不偏并能自我考察以促成复善之道。参见"复六五小象传"。

【谦】 六十四卦之一。列居篇中第十五卦。由下艮(☶)上坤(☷)组成,卦形作"䷎",卦名为《谦》,象征"谦虚"。《尚书·大禹谟》称"满招损,谦受益",自古以来被人奉为至理名言。《谦》卦大义,即主于赞扬"谦虚"美德。卦辞指出"谦,亨,君子有

终",正表明"谦"道美善可行。周公旦曾经藉此告诫伯禽曰:《易》有一道,大足以守天下,中足以守其国家,小足以守其身:谦之谓也。"(《韩诗外传》卷三引)全卦六爻,一一揭示行谦必益的道理:初六卑下"谦谦",无往不吉;六二谦德广闻,中正获吉;九三勤劳谦虚,"有终"至吉;六四发挥其谦,无所不利;六五居尊行谦,亦"无不利";上六谦极有闻,利于"行师"。胡一桂《周易本义附录纂疏》曰:"《谦》一卦六爻,下三爻皆吉而无凶,上三爻皆利而无害。《易》中吉利,罕有若是纯全者:谦之效故如此也。"然而,"谦"与"骄",又是相对立而并存的现象,欲使"天下归谦",必当平"骄"去"逆"。六五、上六两爻有"侵伐"、"行师"之象,正见此义;《大象传》谓"裒多益寡,称物平施",亦寓此旨。马振彪先生《周易学说》云:"君子以德服人,然有时亦不得不用兵","周公东征,四国是皇","其用行师,志虽未得,所以济谦德而妙其用,平天下之不平者一归于平,故五、上两爻言'征伐'也。可见,《周易》作者在强调"谦"的思想的同时,还注意到排except"骄逆"的一面:这又是本卦辩证观念的体现。

【谦光】 谓谦逊者居尊位而道德更见光明。语本《谦》卦《彖传》及《系辞下传》"谦尊而光"。《三国志·魏志·高贵乡公传》:"大将军固让相国、晋公、九锡之宠。太后诏曰:'夫有功不隐,《周易》大义;成人之美,古贤所尚。今听所执,出表示外,以章公之谦光焉。'"《晋书·傅祗传》:"祗既居端右,每宣君臣谦光之道,由此上下雍穆。"又《潘尼传》:"德以谦光,仁以恩怀。"

【谦谦】 谦而又谦之状。语出《谦》卦初六爻辞"谦谦君子,用涉大川"。《汉书·谷永传》:"收太伯之让,保谦谦之路。"《后汉书·章帝纪》:"深执谦谦,自称不德。"

【谦九三】 《谦》卦九三爻。以阳爻居

卦第三位。爻辞曰："劳谦，君子有终，吉。"意思是：勤劳谦虚，君子保持谦德至终，吉祥。此言九三为《谦》卦中唯一的阳爻，当"谦"之时，居下卦之终，以刚健承应于上，犹如勤劳而又谦虚的"君子"，故以"有终"获"吉"。王弼《周易注》："居谦之世，何可安尊？上承下接，劳谦匪解，是以吉也。"按，《谦》九三位处上、下之际，行事颇多艰难。故既要守谦不骄，又要勤劳不息。其处境与《乾》卦九三颇为相似，故胡炳文《周易本义通释》云："所谓'劳'者，即《乾》之'终日乾乾'。"

【谦上六】《谦》卦上六爻。以阴爻居卦最上之位。爻辞曰："鸣谦，利用行师、征邑国。"意思是：谦虚名声远闻，利于出兵作战、征讨外旁国邑。邑，许慎《说文解字》"国也"；邑国，孔颖达《周易正义》释为"外旁国邑"，指较近之处。这是说明上六当"谦"之时，高居《谦》卦极位，谦虚至极而名声远闻，故有"鸣谦"之象；以此"行师"征讨骄逆不谦者，所征又仅限于"邑国"，故其行必"利"。《周易折中》引何楷曰："所征止于邑国，毋敢侵伐，亦谦之象。"按，《谦》上六有"鸣谦"之德，顺从者必众，背逆者必寡，这是利于"行师、征邑国"的重要条件。朱熹《周易本义》曰："谦极有闻，人之所与，故可用行师。"又按，《谦》六二与上六爻辞均言"鸣谦"，但六二为处内"鸣"于外，上六为居上"鸣"于下，两者特点不同，程度亦异，当区别理解。

【谦六二】《谦》卦六二爻。以阴爻居卦第二位。爻辞曰："鸣谦，贞吉。"意思是：谦虚名声外闻，守持正固可获吉祥。鸣，谓声闻于外。此言六二当"谦"之时，柔顺居中得正，谦声外闻，遂以守正获吉。王弼《周易注》："鸣者，声名闻之谓也。得位居中，谦而正焉。"孔颖达疏曰："二处正得中，行谦广远，故曰鸣谦，正而得吉也。"按，谦虚的美德，因纯诚积于中心所致；越享有名声，越须保持"中正"的内质。故《谦》六二爻辞强调"贞"则能"吉"。

【谦六五】《谦》卦六五爻。以阴爻居卦第五位。爻辞曰："不富，以其邻利用侵伐，无不利。"意思是：虚怀不有富实，与近邻一起都利于出征讨伐，无所不利。不富，谓《谦》六五阴虚失实，喻"虚怀谦逊"之义；以，犹"与"；邻，指《谦》六四、上六两爻（不富、以、邻，可参阅"泰六四"条）。这是说明六五当"谦"之时，柔中居尊，既能广泛施谦于下，又能协同居上者共伐骄逆，使"天下"尽归谦道；故爻辞先言"不富"以喻其虚怀谦逊，再称"以其邻利用侵伐"喻当讨伐骄逆，如此则"无不利"。按，爻辞句读从尚秉和先生《周易尚氏学》之说。然王弼《周易注》以"不富以其邻"连读为句，训"以"为"用"，认为六五"居于尊位，用谦与顺，故能不富而用其邻也；以谦顺而侵伐，所化皆骄逆也"。其说于义可通。又按，有谦必有骄，有顺必有逆。《谦》卦六五以"谦"德居尊位，对顺从者自然施之以谦，但对骄逆者却不可一味用谦姑息，而要用"侵伐"制服。此与《谦》卦《大象传》"哀多益寡，称物平施"之义正合。

【谦六四】《谦》卦六四爻。以阴爻居卦第四位。爻辞曰："无不利，㧑谦。"意思是：无所不利，发挥扩散谦虚的美德。㧑，音挥 huī，许慎《说文解字》："裂也"，段玉裁注："㧑谦者，溥散其谦，无所往而不用谦，'裂'之义引申也。"此言六四当"谦"之时，处九三之上、六五之下，柔顺得正，无论对上对下，均能发挥"谦"德，故"无不利"。王弼《周易注》："处三之上而用谦焉，则是'自上下下'之义也；承五而用谦顺，则是'上行'之道也。"程颐《周易程氏传》："四居上体，切近君位，六五之君又以谦柔自处；九三又有大功德，为上所任，众所宗，而己居其上，当恭畏以奉谦德之君，卑巽以让劳谦之臣，动作施为，无不利于㧑谦也。㧑，施布之象，如人手之㧑也。动息进退，必施其谦，盖居多惧之地，又在贤臣之上故也。"按，《谦》六四处"多惧"之位,乘三承五,其"利"在于敬慎自修,努力"搗谦"。朱熹《周易本义》云:"更当发挥其谦,以示不敢自安之意也。"

【谦初六】《谦》卦初六爻。以阴爻处卦下初位。爻辞曰:"谦谦君子,用涉大川,吉。"意思是:谦而又谦的君子,可以涉越大河巨流,吉祥。谦谦,犹言"谦而又谦"。此谓初六当"谦"之时,阴柔谦逊,低处下卦之下,有"谦谦"之象;以此涉难,所往必吉,故称"用涉大川,吉"。王弼《周易注》:"处《谦》之下,谦之谦者也。能体'谦谦',其唯君子;用涉大难,物无害也。"按,初六处《谦》之始,其位最下。能以"谦谦"获吉,即"象传""卑而不可逾"之义。但若没有厚实的"道德"基础和必要的"克己"精神,是难以做到的。爻辞称"君子",此爻的《小象传》又言"卑以自牧",正寓此理。

【谦卦辞】《谦》卦的卦辞。其文曰:"谦,亨,君子有终。"意思是:《谦》卦象征谦虚,亨通,君子能够保持谦德至终。谦,卦名,陆德明《经典释文》:"谦,卑退为义,屈己下物也。"卦辞大旨谓谦虚之时,必能亨通,然唯"君子"才能始终长保谦德。孔颖达《周易正义》:"谦者,屈躬下物,先人后己;以此待物,则所在皆通,故曰'亨'也。小人行谦,则不能长久,唯君子有终也。"程颐《周易程氏传》:"谦有亨之道也。有其德而不居,谓之谦。人以谦巽自处,何往而不亨乎!君子有终,君子志存乎谦巽,达理,故乐天而不竞,内充,故退让而不矜;安履乎谦,终身不易,自卑而人益尊之,自晦而德益光显,此所谓君子有终也。在小人则有欲必竞,有德必伐,虽使勉慕于谦,亦不能安行而固守,不能有终也。"

【谦象传】《谦》卦的《象传》。其文为:"《象》曰:谦,亨。天道下济而光明,地道卑而上行。天道亏盈而益谦,地道变盈而流谦,鬼神害盈而福谦,人道恶盈而好谦。谦尊而光,卑而不可逾:君子之终也。"意思是:《象传》说:谦虚,亨通。譬如天的

规律是下降济物而天体愈显光明,地的规律是低居卑微而地气源源上升。天的规律是亏损盈满、补益谦虚,地的规律是变易盈满、充实谦虚,鬼神的规律是危害盈满、施福谦虚,人类的规律是憎恶盈满、爱好谦虚。谦虚的人高居尊位、道德更加光明,下处卑位、人们也难以超越:只有君子能够保持谦德至终啊。"全文大旨在于解说《谦》卦的卦名、卦辞之义,可分三节理解。第一节,自"谦,亨"至"地道卑而上行"四句,以天地之道均谦下而能导致"光明"、"上行",释《谦》卦名及卦辞"谦,亨"之义。第二节,自"天道亏盈而益谦"至"人道恶盈而好谦"四句,泛举"天道"、"地道"、"鬼神"、"人道"对"谦"的好恶损益情状为例,说明宇宙间的事理无不抑满扶谦,进一步申明卦辞"谦,亨"之义。第三节,自"谦尊而光"至"君子之终也"三句,谓"君子"无论居尊处卑均不改其谦,美德常保,以释《谦》卦辞"君子有终"之义。

【谦大象传】《谦》卦的《大象传》。其辞曰:"地中有山,谦;君子以裒多益寡,称物平施。"意思是:高山低藏在地中,象征"谦虚";君子因此引取过多以补充不足,权衡各种事物以公平地施予。裒,音抔 póu,陆德明《经典释文》"郑、荀、董、蜀才作'捊'(音抔 póu),云'取也'",许慎《说文解字》"捊,引取也"(《说文》无"裒"字,据其引《诗经·小雅·常棣》"原隰裒矣"作"捊",可知两字音同互假);称,读去声chèng,犹言"权衡"。全文先揭明《谦》卦上乾为地、下艮为山之象,谓山藏在地中,正为"谦虚"的象征;然后阐发出"君子"观此象,须悟知事物不可盈满,应该取多益寡、均平施物的道理。李鼎祚《周易集解》引郑玄曰:"艮为山,坤为地。山体高,今在地下;其于人道,高能下下:谦之象。"程颐《周易程氏传》:"山而在地下,是高者下之、卑者上之,见抑高举下,损过益不及之义;以施于事,则裒取多者,增益寡者,称物之多寡以均其施与,使得其平也。"按,

《谦》卦《大象传》谓"地中有山",似又含有外虽谦卑内实高大之意。故《周易程氏传》又指出:"不云'山在地中',而曰'地中有山',言卑下之中,蕴其崇高也。"

【谦以制礼】 谓《谦》卦的道理可以用于指导人控制礼节。语出《系辞下传》。为"三陈九卦"中的三陈第二卦《谦》卦之义。制,犹言"控制"。说明此卦之用,可以控制礼节、谦逊待物,即前文"初陈"所云"德之柄"之旨。孔颖达《周易正义》:"性能谦顺,可以裁制于礼。"参见"三陈九卦"。

【谦尊而光】 ①谓谦虚的人高居尊位而道德更加光明。语出《谦》卦的《彖传》。参见"谦尊而光卑而不可逾"。 ②谓《谦》卦教人要谦虚才能被尊崇而光大其德。语出《系辞下传》。为"三陈九卦"中的再陈第二卦《谦》卦之义。说明此卦喻示以谦逊接物,必受人尊崇,其德愈光。孔颖达《周易正义》:"以能谦卑,故其德益尊而光明也。"参见"三陈九卦"。

【谦谦君子】 《谦》卦初六爻辞之语。意为:谦而又谦的君子。此言初六当"谦"之时,阴柔谦逊,低处下卦之下,故有"谦谦君子"之象。参见"谦初六"。

【谦受之以豫】 《周易》六十四卦,以象征"谦虚"的《谦》卦列居第十五卦;凡人在所获广大之时又能谦逊接物,其人必多愉乐,所以接《谦》之后是象征"愉乐"的第十六卦《豫》卦。此称"《谦》受之以《豫》"。语本《序卦传》:"有大而能谦必豫,故受之以《豫》。"李鼎祚《周易集解》引郑玄曰:"言国既大而能谦,则于政事恬豫。'雷出地奋,豫',豫,行出而喜乐之意。"按,郑氏拟取"政事"为说,于义可通。

【谦德之柄也】 谓《谦》卦象征行为谦虚,是施行道德的柯柄。语出《系辞下传》。为"三陈九卦"中初陈第二卦《谦》卦之义。说明人能行谦,犹如把握道德有了"柯柄",故称"德之柄"。孔颖达《周易正义》:"若行德不用谦,则德不施用;是谦为德之柄,犹斧刃以柯柄为用也。"参见"三陈九卦"。

【谦九三小象传】 《谦》卦九三爻的《小象传》。其辞曰:"劳谦君子,万民服也。"意思是:勤劳谦虚的君子,广大百姓都服从他。这是解说《谦》九三爻辞"劳谦,君子有终,吉"的象征内涵。孔颖达《周易正义》:"以上下群阴象万民,皆来归服,事须引接,故疲劳也。"程颐《周易程氏传》:"能劳谦之君子,万民所尊服也。"吴澄《易纂言》:"万民服,谓有终而吉也。"

【谦上六小象传】 《谦》卦上六爻的《小象传》。其辞曰:"鸣谦,志未得也;可用行师,征邑国也。"意思是:谦虚名声远闻,但上六的心志尚未完全实现;可以出兵作战,说明此时只是征讨外旁国邑。这是解说《谦》上六爻辞"鸣谦,利用行师、征邑国"的象征内涵。志未得,指上六位高谦极,足以感化众人;但毕竟还有骄逆不顺者,故其安定"天下"、尽归谦道之志尚未完全实现。《周易折中》:"其志未得者,乃未能遂其大同之心。"

【谦六二小象传】 《谦》卦六二爻的《小象传》。其辞曰:"鸣谦贞吉,中心得也。"意思是:谦虚名声外闻,守持正固可获吉祥,说明六二靠中心纯正赢得名声。这是解说《谦》六二爻辞"鸣谦,贞吉"的象征内涵。《周易口义》:"言君子所作所为,皆组诸心,然后发之于外,则无不中于道也。故此谦谦皆由中心得之,以至于声闻流传于人,而获自正之吉也。"

【谦六五小象传】 《谦》卦六五爻的《小象传》。其辞曰:"利用侵伐,征不服也。"意思是:利于出征讨伐,说明六五是征伐骄横不顺者。这是解说《谦》六五爻辞"利用侵伐"的象征内涵。何楷《古周易订诂》:"侵伐非黩武。以其不服,不得已征之,正以释征伐用谦之义。"

【谦六四小象传】 《谦》卦六四爻的《小象传》。其辞曰:"无不利,㧑谦,不违则也。"意思是:无所不利、发挥扩散谦虚的美德,说明六四不违背谦虚的法则。这是解说《谦》六四爻辞"无不利,㧑谦"的象征内涵。程颐《周易程氏传》:"凡人之谦,有所宜施,不可过其宜也。""惟四以处近君之地,据劳臣之上,故凡所动作,靡不利于施谦,如是然后中于法则。故曰'不违则',谓得其宜也。"

【谦初六小象传】《谦》卦初六爻的《小象传》。其辞曰:"谦谦君子,卑以自牧也。"意思是:谦而又谦的君子,说明初六用谦卑来制约自己。这是解说《谦》初六爻辞"谦谦君子"的象征内涵。牧,谓"治",犹言"制约"。俞樾《群经平议》:"《荀子·成相篇》'请牧基,贤者思',杨倞注曰'牧,治也'。然则'卑以自牧'者,卑以自治也。《方言》曰'牧,治也',又曰'牧,察也',司、察二义与'治'义相近。"按,王弼《周易注》训"牧"为"养",于义亦通。

【谦轻而豫怠也】《杂卦传》语。说明《谦》卦象征"谦虚",含有轻己重人之义;而《豫》象征"愉乐",寓有乐豫至极而生懈怠之义,两卦旨趣适相对照。韩康伯《杂卦注》:"谦者不自重大。"郭雍《郭氏传家易说》:"以乐豫,故心怠。"按,李鼎祚《周易集解》引虞翻注,"怠"作"怡",谓:"《豫》荐乐祖考,故怡。"可备一说。

【谦谦君子卑以自牧也】《谦》卦初六爻的《小象传》辞。旨在解说初六爻辞"谦谦君子"的象征内涵。牧,谓"治",犹言"制约"。意思是:谦而又谦的君子,说明初六用谦卑来制约自己。参见"谦初六小象传"。

【谦尊而光卑而不可逾】《谦》卦的《彖传》语。意思是:谦虚的人高居尊位而道德更加光明,下处卑位而人们也难以超越。此谓谦者无论地位高低,均可受益,以释《谦》卦辞"君子有终"之义。李鼎祚《周易集解》引孔颖达曰:"尊者有谦而更光明盛大,卑者有谦而不逾越,是君子之终也。言君子能终其谦之善,而又获谦之

福,故曰'君子有终'也。"

〔巺〕

【巺】 ① 八卦之一。由上二阳画、下一阴画组成,形作"☴",其名为"巺",其义为"入",其基本象征物象为"风"。巺卦二阳动上,一阴静下,喻示地上阳气流动而为风,《庄子》谓"大块噫气,其名为风",李鼎祚《周易集解》引陆绩曰"风,土气也",其说并是。巺卦的基本喻象虽为风,但在《易》理的旁通广涉中,又可博取众象,如"木"、"长女"等,但诸象的象征旨趣多不离"入"之义。《说卦传》既指明"巺,入也"这一象征意义,又载录众多象例,曰:"巺为鸡",又曰:"巺为股",又曰"巺一索而得女,故谓之长女",又曰:"巺为木,为风,为长女,为绳直,为工,为白,为长,为高,为进退,为不果,为臭,其于人也为寡发,为广颡,为多白眼,为近利市三倍,其究为躁卦。"陆德明《经典释文》谓《荀爽九家集解》本《说卦传》此后更有二象:"为杨,为鹳。"这是有关"巺"象的较早期资料。后儒如西汉焦延寿的《易林》、三国虞翻的《易注》,所采八卦的"逸象"尤多,治《易》者常取资考辨《易》义。 ② 六十四卦之一。列居篇中第五十七卦。由两个三画的巺卦(☴)重叠而成,卦形作"䷸",卦名为《巺》,象征"顺从"。巺象"风",风以逊顺而能"入";故两巺相重而为《巺》卦,其义主于"顺从"。全卦所明"顺从"的意义,况诸阴阳之理,为阴顺于阳;譬诸君臣之道,则臣顺于君。卦辞一方面表明此时柔小谦顺者可致亨通而利有所往,另一方面指出上下巺顺的最终归宿是利于"大人"申命施治。但卦中诸爻所喻示"顺从"的内在意义,却并非一味强调无条件的盲从卑顺,而往往是以刚健之德为勉。如初六勉以"武人之贞",六四嘉以"田获"之功:两爻均须柔而能刚则美;九三以刚屈柔而生"吝",上九以阳顺极而有凶:两爻均因丧失刚德致危。至于九二、九五之吉,前

者以刚中之道顺事神祇,不屈于威势;后者以中正之德申命行事,居一卦之尊。可见,六爻关于"顺从"的义理,无论是下顺乎上,还是上被下顺,均不离两项原则:一是,"巽"之道在持正不阿;二是,"巽"之时在有所作为。因此,所谓"顺从",当本于阳刚气质,与"屈从"之义格格不入。郭雍《郭氏传家易说》云:"'巽'之为道,岂柔弱畏懦之义哉?"正明此理。然而,若就《周易》所蕴含的政治思想而言,阴阳顺,臣顺君,又是直接为"君子"、"大人"申谕政令、行使权力服务的。《象传》谓"重巽以申命",《系辞下传》谓"巽以行权",并可揭示作者设立此卦的一项重要宗旨。

【巽入也】《说卦传》语。谓八卦之中,巽卦的象征意义为"逊入"。参见"巽①"。

【巽九二】《巽》卦九二爻。以阳爻居卦第二位。爻辞曰:"巽在床下,用史巫纷若吉,无咎。"意思是:顺从屈居在床下,应当效法祝史、巫觋以谦卑奉事神祇则可获得盛多吉祥,必无咎害。用,谓"施用",此处含"效法"之意;史巫,古代事神者"祝史"、"巫觋"的合称;纷若,盛多之状;"若"为语气词。这是说明九二当"巽"之时,阳居阴位,犹如自屈己刚而卑居于"床下",有过为卑顺之嫌,故曰"巽在床下";卑顺如是,则不可用来屈事于威势,宜效法"史巫"而用于奉事神祇,乃为守其中道而巽得其所之举,必能获吉纷多,不致咎害,故曰"用史巫纷若吉,无咎"。王弼《周易注》:"处'巽'之中,既在下位,而复以阳居阴,卑巽之甚,故曰'巽在床下'也。卑甚失正,则入于咎过矣。能以居中而施至卑于神祇,而不用之于威势,则乃至于'纷若'之吉,而亡其过矣。故曰'用史巫纷若吉,无咎'也。"按,《巽》九二有阳刚之德,当"巽"之时,应以正道顺从于上,不可卑屈于威势。故爻辞以"事神"为勉,《小象传》申"得中"之旨。

【巽九三】《巽》卦九三爻。以阳爻居卦第三位。爻辞曰:"频巽,吝。"意思是:颦蹙不乐而勉强顺从,必有憾惜。频,即"颦",颦蹙忧郁之状。这是说明九三当"巽"之时,居下卦之终,质禀阳刚,却为其上六四之阴所乘,压抑颦蹙,志穷委屈而勉强顺从,终有憾惜,故曰"频巽,吝"。王弼《周易注》:"频,频蹙,不乐而穷,不得已之谓也。以其刚正而为四所乘,志穷而巽,是以'吝'也。"尚秉和先生《周易尚氏学》:"王弼云,频,'频蹙不乐';按《玉篇》'颦'下云《易》本作频',是'频'即古文'颦'字。"按,《巽》九三居位本正,但下无阴可据,上反为柔者所凌,遂致忍屈顺从,故《小象传》谓之"志穷"。

【巽九五】《巽》卦九五爻。以阳爻居卦第五位。爻辞曰:"贞吉,悔亡,无不利;无初有终;先庚三日,后庚三日,吉。"意思是:守持正固可获吉祥,悔恨消亡,无所不利;申谕命令起初不甚顺利而最终必能畅行;预先在象征变更的"庚"日前三天发布新令,而在"庚"日后三天实行新令,必获吉祥。庚,"天干"数中居第七位,在"己"之后,为"过中"之数,古人取为象征"变更",与《革》卦辞取"己日"象征"变革"之时相类(见"革卦辞"),此处喻示"更布新令"之日。爻辞全文说明,九五当"巽"之时,以阳居阳,似有不甚谦逊之"悔",但禀具阳刚中正美德,为处"顺从"之世以"申命行事"的君主之象,故能"悔亡"获"吉"而"无不利";当此之时,九五居君主之位欲行政令,以其刚直,起初必难服众,但最终则能以正胜邪,开创上下顺从的局面,其令遂得畅行,故曰"无初有终";然爻辞之意犹有未尽,又进一步指出,九五在"申命行事"的过程中,务必慎守"中"道,渐行其事,犹如在"庚"日前三天即提前发布变更政事的新令,使人先有所了解、准备,然后于"庚"日后三天实行新令,如此则能入人心,众皆顺从,并获吉祥,故曰"先庚三日,后庚三日,吉"。王弼《周易注》:"以阳居阳,损于谦巽;然秉乎中正以宣其令,物莫之违,故曰'贞吉,悔亡,无不利'也。

化不以渐,卒以刚直用加于物,故初皆不说也;终于中正,邪道以消,故'有终'也。"程颐《周易程氏传》:"'先庚三日,后庚三日,吉',出命更改之道,当如是也。甲者,事之端也;庚者,变更之始也。十干'戊己'为中,过中则变,故谓之'庚'。事之改更,当原始要终,如'先甲后甲'之义,如是则吉也。"按,《蛊》卦言拨乱反正,卦辞云"先甲三日,后甲三日";《巽》卦言因顺申命,九五称"先庚三日,后庚三日"。两者均含慎始慎终之义。《周易折中》引张清子曰:"《易》于'甲'、'庚'皆曰先后三日,盖圣人谨其始终之意也。"

【巽上九】 《巽》卦上九爻。以阳爻居卦最上之位。爻辞曰:"巽在床下,丧其资斧;贞凶。"意思是:顺从至极屈居在床下,犹如丧失了刚坚的利斧;守持正固以防凶险。资斧,当作"齐斧",即"利斧"之意。取象与《旅》卦九四爻辞同(见"旅九四"),《汉书·王莽传》引此爻正作"丧其齐斧";贞凶,犹言"守正防凶"。这是说明上九处《巽》之极,以阳刚之质而顺从过甚,犹如自屈己刚而甘屈床下,又如丧失"利斧"而不存刚断之性;以此处"巽",颇有凶险,故爻辞特诫其守"贞"防"凶"。王弼《周易注》:"处《巽》之极,极巽过甚,故曰'巽在床下'也。斧,所以断者也;过巽失正,丧所以断,故曰'丧其资斧,贞凶'也。"按,《巽》上九与九二同有"巽在床下"之象,但上不能如二之顺事神祇,而是穷极于"顺从",大失刚正之德,故爻辞既以"丧斧"为喻,又以"贞凶"为诫。又按,孔颖达《周易正义》释"贞凶"为"正之凶",朱熹《周易本义》云"虽贞亦凶"。并可备为一说。

【巽下断】 朱熹《周易本义》卷首所附《八卦取象歌》语。说明八卦之一的"巽"卦形状作"☴",下画为阴画(--),犹如下部有断裂口。

【巽六四】 《巽》卦六四爻。以阴爻居卦第四位。爻辞曰:"悔亡,田获三品。"意思是:悔恨消亡,田猎获取可供干豆、宴客、充君庖三用的物品。三品,犹言"三类",此处指古代贵族田猎所获之物的三种效用,即供"干豆"(将猎获物晒制成肉置于豆器供祭祀)、"宾客"、"充庖"三用,《礼记·王制》云:"天子、诸侯无事则岁三田,一为干肉,一为宾客,一为充君之庖",郑玄注:"干肉,谓腊之以为祭祀豆实也。"爻辞说明,六四当"巽"之时,因乘刚而有"悔",但以阴居阴,得正且顺承九五之阳,故"悔亡";以此顺从于上而奉行君命,必能除暴建功,获益至大,犹如田猎而广获"三品"。王弼《周易注》:"乘刚,'悔'也。然得位承五,卑得所奉,虽以柔御刚,而依尊履正;以斯行命,必能获强暴,远不仁者也。获而有益,莫善三品,故曰'悔亡,田获三品'。一曰干豆,二曰宾客,三曰充君之庖。"按,《巽》卦于初六勉以"武人"之贞,于六四嘉以"田获"之功,足见"顺从"之道亦在于有所建树。郭雍《郭氏传家易说》曰:"六四至柔,不当有'田获'之功,而此以顺乎刚而得之。"又曰:"'巽'之为道,岂柔弱畏懦之义哉?"

【巽为风】 ①《说卦传》语,谓八卦之一"巽"卦(☴)的基本象征物是"风"。②朱熹《周易本义》卷首所附《分宫卦象次序》歌诀中语,说明六十四卦之一的《巽》卦(☴),其卦象由上下两"巽"(即"风")组成。

【巽初六】 《巽》卦初六爻。以阴爻处卦下初位。爻辞曰:"进退,利武人之贞。"意思是:进退犹豫,利于勇武的人守持正固。这是说明初六以阴居《巽》之始,柔弱在下,卑顺太甚,当进不进,有过分犹疑不决之象;以此处"巽",未得其宜,于是爻辞特加诫勉,谓此时之利,在于以"武人"守正,即言当取刚济柔,故曰"进退,利武人之贞"。朱熹《周易本义》:"初以阴居下,为巽之主,卑巽之过,故为进退不果之象;若以'武人之贞'处之,则有以济其所不及,而得所宜矣。"按,《巽》卦所明"顺从"之义,以初、四两阴为主。但初六位卑弱极，恐其不能有为，故勉之以"武人之贞"。

【巽卦辞】 《巽》卦的卦辞。其文曰："巽，小亨，利有攸往，利见大人。"意思是：《巽》卦象征顺从，谦柔小心可致亨通，利于有所前往，利于出现大人。巽，音逊xùn，卦名，象征"顺从"；小，指阴柔弱小者，又指行事小心谦顺，"小亨"之义与《旅》卦辞略同（见"旅卦辞"）。卦辞全文可分三层理解。第一层，"小亨"，说明《巽》卦所揭示的"顺从"之道，主于阴顺阳、臣顺君，以柔小逊顺处之则亨，若刚大逆上则难通。卦中二阴处二体之下，主于顺从阳刚，正见"小亨"之象。李鼎祚《周易集解》引陆绩曰："阴为卦主，故小亨。"尚秉和先生《周易尚氏学》："初、四皆承阳，故曰'巽'；巽，顺也，顺阳故'小亨'。"第二层，"利有攸往"，说明此时能谦柔顺从，必利于有所行。卦中初、四两爻，柔遇阳得通，即见"利往"之象。王弼《周易注》："巽悌以行，物无距也。"《周易尚氏学》："往遇阳故利。"第三层，"利见大人"，说明《巽》卦所喻示的下顺上、臣顺君的最终目的，是利于"大人君主"申命施治。卦中九五阳刚居尊，上下顺从，正为"大人"之象。李鼎祚《周易集解》引虞翻曰："大人谓五。"王弼《周易注》："大人用之，道愈隆。"按，八卦之中，巽象风，其义为"入"，又有"顺"之旨；凡物沿"顺"则能"入"，故顺、入并可训"巽"。而重卦之义，则侧重强调"顺从"。孔颖达《周易正义》云："巽者，卑顺之名。《说卦》云'巽，入也'，盖以巽是象风之卦，风行无所不入，故以'入'为训。若施之于人，能自卑巽者亦无所不容。然'巽'之为义，以卑顺为体，以容入为用，故受'巽'名矣。"

【巽象传】 《巽》卦的《象传》。旨在解说《巽》卦的卦名、卦辞之义。其文为："《象》曰：重巽以申命。刚巽乎中正而志行，柔皆顺乎刚，是以小亨，利有攸往，利见大人。"意思是：《象传》说：上下顺从可以申谕命令。譬如阳刚尊者以中正之德被人顺从而其志得以施行，阴柔者都能谦顺上承阳刚，所以谦柔小心可致亨通，利于有所前往，利于出现大人。"全文可分两节理解。第一节，"重巽以申命"一句，举《巽》上下卦均为"巽"之象，谓寓有"上下顺从"的涵意，而上下既顺，则宜于尊者申命施治，以释卦名"巽"之义。第二节，自"刚巽乎中正而志行"至"利见大人"五句，举《巽》卦九五阳刚中正而被众爻所顺从之象及初六、六四两阴皆顺于刚之象，谓"巽"之时有刚大中正之德则能获人顺从，有谦柔守下之德则能顺从于人，以释《巽》卦辞"小亨，利有攸往，利见大人"之义。

【巽大象传】 《巽》卦的《大象传》。其辞曰："随风，巽；君子以申命行事。"意思是：和风连连相随，象征"顺从"；君子因此效法风行周遍之象以申谕命令而施行政事。随，连续相随之意；行事，犹言"施政"。这是先揭明《巽》卦上下两"巽"皆为"风"之象，谓和风相随，无处不顺，正为"顺从"的象征；然后推阐出"君子"应效法风行而顺之象以"申命"于众、"行事"于天下的道理。《周易口义》述胡瑗曰："《巽》之体，上下皆巽，如风之入物，无所不至，无所不顺，故曰'随风，巽'。君子法此巽风之象，必申其命，行其事于天下，无有不至，而无有不顺者也。"按，《巽》卦之旨，立足于下能"顺从"，归结于上可"申命"：下以顺承上，上以顺治下，上下相辅相成，遂见其义。故《彖传》云"重巽以申命"，《大象传》言"申命行事"。郭雍《郭氏传家易说》指出："君子之德，风也；有风之德，而下无不从，然后具重巽之义。"

【巽下乾上】 指下卦为"巽"，上卦为"乾"。即六十四卦中的《姤》卦之象。

【巽下坤上】 指下卦为"巽"，上卦为"坤"。即六十四卦中的《升》卦之象。

【巽下震上】 指下卦为"巽"，上卦为"震"。即六十四卦中的《恒》卦之象。

【巽下巽上】 指下卦为"巽"，上卦亦为"巽"。即六十四卦中的《巽》卦之象。

【巽下坎上】 指下卦为"巽",上卦为"坎"。即六十四卦中的《井》卦之象。

【巽下离上】 指下卦为"巽",上卦为"离"。即六十四卦中的《鼎》卦之象。

【巽下艮上】 指下卦为"巽",上卦为"艮"。即六十四卦中的《蛊》卦之象。

【巽下兑上】 指下卦为"巽",上卦为"兑"。即六十四卦中的《大过》卦之象。

【巽在床下】 ①《巽》卦九二爻辞之语。意思是:顺从屈居在床下。此言九二当"巽"之时,阳居阴位,犹如自屈己刚而卑屈于"床下",有过为卑顺之嫌,故曰"巽在床下"。参见"巽九二"。②《巽》卦上九爻辞之语。字面意思与九二爻辞同。然其象征旨趣乃是说明上九当"巽"之时,穷居卦极,犹如顺从过甚而自抑其阳刚素质,故亦有"巽在床下"之象。参见"巽上九"。

【巽以行权】 谓《巽》卦的道理可以用于指导人顺势利导而行使权力。语出《系辞下传》。为"三陈九卦"中的三陈第九卦《巽》卦之义。说明此卦之用,在于因势利导,申命行权,略合前文"再陈"所云"称而隐"之旨。韩康伯《系辞注》:"巽而后可以行权也。"孔颖达《周易正义》:"若不顺时制变,不可以行权也。"参见"三陈九卦"。

【巽为长女】 八卦之中,巽卦以居初位之阴为主画,犹如乾坤两卦首次相交而派生出来的阴卦,故古人以一家之"长女"作为巽的象征。语本《说卦传》。参见"乾坤六子"。

【巽称而隐】 谓《巽》卦教人顺势称扬号令而不自我显露。语出《系辞下传》。为"三陈九卦"中的再陈第九卦《巽》卦之义。称,扬也,犹言"申命";隐,藏也,指不自显露。说明此卦主于因顺申命,故能称其令而不露其威,即"因势利导"之旨。韩康伯《系辞注》:"称扬命令而百姓不知其由也。"孔颖达《周易正义》:"言《巽》称扬号令,而不自彰伐也幽隐也。"参见"三陈九卦"。

【巽受之以兑】《周易》六十四卦,以象征"顺从"的《巽》卦居列第五十七卦;人但具备顺从之德便能进入适宜的处所,而后心中欣悦,所以接《巽》之后是象征"欣悦"的第五十八卦《兑》卦。此称"《巽》受之以《兑》"。语本《序卦传》:"巽者,入也。入而后说之,故受之以《兑》。兑者,说也。"程颐《周易程氏传》:"物相入则相说,相说则相入,《兑》所以次《巽》也。"

【巽德之制也】 谓《巽》卦象征因顺申命,是展示道德的规范。语出《系辞下传》。为"三陈九卦"中初陈第九卦《巽》卦之义。制,犹言"制立规范"。说明人能因顺申谕命令,则可展示道德而立其规范,故曰"德之制"。孔颖达《周易正义》:"《巽》,申明号令,以示法制,故可与德为制度也。"参见"三陈九卦"。

【巽九二小象传】《巽》卦九二爻的《小象传》。其辞曰:"纷若之吉,得中也。"意思是:获得盛多吉祥,说明九二能够守中不偏。这是解说《巽》九二爻辞"纷若吉"的象征内涵。孔颖达《周易正义》:"用卑巽于神祇,是行得其中,故能致纷若之吉也。"

【巽九三小象传】《巽》卦九三爻的《小象传》。其辞曰:"频巽之吝,志穷也。"意思是:颦蹙不乐勉强顺从而有憾惜,说明九三心志困穷不振。这是解说《巽》九三爻辞"频巽,吝"的象征内涵。孔颖达《周易正义》:"志意穷屈,所以为吝也。"

【巽九五小象传】《巽》卦九五爻的《小象传》。其辞曰:"九五之吉,位正中也。"意思是:九五的吉祥,是由于居位得正又能守持中道。这是解说《巽》九五爻辞"吉"的象征内涵。程颐《周易程氏传》:"九五之吉,以处正中也。得正中之道,吉而其悔亡也。正中,谓不过,无不及,正得其中也。"

【巽上九小象传】《巽》卦上九爻的《小象传》。其辞曰:"巽在床下,上穷也;丧其资斧,正乎凶也。"意思是:顺从至极屈居在床下,说明上九极居卦上穷厄之位;丧失了刚坚的利斧,说明上九应当守持阳刚正道以防凶险。这是解说《巽》上九爻辞"巽在床下,丧其资斧"的象征内涵。正乎凶,犹言"正于凶",谓于有凶之时更宜守正,即守正避凶之义。程颐《周易程氏传》:"巽在床下,过于巽也。处卦之上,巽至于穷极也。居上而过极于巽,至于自失,得为正乎?乃凶道也。巽本善行,故疑之曰:'得为正乎?'复断之曰:'乃凶也。'"按,程颐解此爻《小象传》末句为:"正乎?凶也。"可备一说。

【巽六四小象传】 《巽》卦六四爻的《小象传》。其辞曰:"田获三品,有功也。"意思是:田猎获取可供祭干豆、宴客、充君庖三用的物品,说明六四顺行君命而建树功勋。这是解说《巽》六四爻辞"田获三品"的象征内涵。孔颖达《周易正义》:"田猎有获,以喻行命有功也。"

【巽乎水而上水】 《井》卦的《彖传》语。意思是:顺沿水的渗性而掘地开孔引水使上。巽,谓逊顺,指《井》下卦为巽;水,指《井》上卦坎为水;上水,犹言"使水上"。这是以《井》卦的上下卦象释卦名"井"之义,说明井的挖掘与形成过程。马其昶《重定周易费氏学》:"雨雪消化之水,渗入土石,积聚则成泉源;由地开孔以通泉,谓之'井',此即'巽乎水而上水'之说。"按,孔颖达《周易正义》释"巽"为木、为入,认为:"以木入于水,而又上水,井之象也。"于义亦通。

【巽而耳目聪明】 《鼎》卦的《彖传》语。意思是:(烹物养贤)可以使贤人逊顺辅助尊者而尊者就能耳聪目明。巽,逊顺,指《鼎》下卦为巽;聪明,指《鼎》上卦离为明。这是取《鼎》卦的上下卦象为说,谓"鼎"用之利,可使贤人获养然后逊顺以辅助于上,故上者获助而"耳目聪明",乃至无所为而有成,以释《鼎》卦辞"元吉,亨"之义。王弼《周易注》:"圣贤获养,则己不为而成矣,故'巽而耳目聪明'也。"

【巽初六小象传】 《巽》卦初六爻的《小象传》。其辞曰:"进退,志疑也;利武人之贞,志治也。"意思是:进退犹豫,说明初六的心志懦弱疑惧;利于勇武的人守持正固,说明初六要修立坚强的意志。这是解说《巽》卦初六爻辞"进退,利武人之贞"的象征内涵。治,修治、修立之意。程颐《周易程氏传》:"进退不知所安者,其志疑惧也。利用武人之刚贞以立其志,则其志治也。治,谓修立也。"

【巽在床下上穷也】 《巽》卦上九爻的《小象传》语。旨在解说上九爻辞"巽在床下"的象征内涵。意思是:顺从至极屈居在床下,说明上九极居卦上穷厄之位。参见"巽上九小象传"。

【巽而动刚柔皆应】 《恒》卦的《彖传》语。意思是:先要逊顺然后可动,阳刚阴柔都要相互应合。巽,谓"逊顺",为《恒》下卦巽之象;动,为《恒》上卦震之象;刚柔皆应,指《恒》卦六爻刚柔均能相应。这是举《恒》卦的上下卦象及六爻的爻象,说明事物逊顺而后能动、阴阳刚柔相互应合两种现象并属恒常不变的事状,以释卦名"恒"之义。孔颖达《周易正义》:"震动而巽顺,无有违逆,所以可恒也。"又曰:"此卦六爻刚柔皆相应和,无孤媲者,故可长久也。"

【巽而顺刚中而应】 《升》卦的《彖传》语。意思是:和逊而又柔顺,阳刚居中而能上应尊者。巽,指《升》下卦巽为和逊;顺,指《升》上卦坤为柔顺;刚中而应,指《升》九二阳刚居中而应六五。此举《升》卦的上下卦象及九二爻象,谓事物既逊顺而又具备"刚中"能应之德,则可使上升之途大通,以释《升》卦辞"元亨"之义。王弼《周易注》:"纯柔则不能自升,刚亢则不从;既以时升,又巽而顺,刚中而应,以此而升,故得大亨。"程颐《周易程氏传》:"二以刚中之道应于五,五以中顺之德应于二,能巽而顺,其升以时,是以元亨也。"

十三画

〔一〕

【雷水解】 朱熹《周易本义》卷首所附《分宫卦象次序》歌诀中语,说明六十四卦之一的《解》卦(䷧),其卦象由上震(☳)下坎(☵)即"雷"与"水"组成。

【雷火丰】 朱熹《周易本义》卷首所附《分宫卦象次序》歌诀中语,说明六十四卦之一的《丰》卦(䷶),其卦象由上震(☳)下离(☲)即"雷"与"火"组成。

【雷风恒】 ①《恒》卦的《大象传》语。意在揭明《恒》卦上震为雷、下巽为风之象,谓风雷相须、常相交助,正为"恒久"的象征。参见"恒大象传"。②朱熹《周易本义》卷首所附《分宫卦象次序》歌诀中语,说明六十四卦之一的《恒》卦(䷟),其卦象由上震(☳)下巽(☴)即"雷"与"风"组成。

【雷地豫】 朱熹《周易本义》卷首所附《分宫卦象次序》歌诀中语,说明六十四卦之一的《豫》卦(䷏),其卦象由上震(☳)下坤(☷)即"雷"与"地"组成。

【雷思齐】(1231—1303) 元临川(今属江西)人。字齐贤。幼年弃家修道,居乌石观。宋亡,独处空山之中,遍览云笈,深究玄学。晚年,讲学于广信山中。临终,复归乌石观,治其空,自表其墓曰"空山雷道士之墓"(见袁桷《青容居士集》卷三十一《空山雷道士墓志铭》)。《易》学著述有《易图通变》五卷、《易筮通变》三卷。

【雷山小过】 朱熹《周易正义》卷首所附《分宫卦象次序》歌诀中语,说明六十四卦之一的《小过》卦(䷽),其卦象由上震(☳)下艮(☶)即"雷"与"山"组成。

【雷天大壮】 朱熹《周易本义》卷首所附《分宫卦象次序》歌诀中语,说明六十四卦之一的《大壮》卦(䷡),其卦象由上震(☳)下乾(☰)即"雷"与"天"组成。

【雷在天上】《大壮》卦的《大象传》语。意在揭明《大壮》卦上震为雷、下乾为天之象,谓震雷响彻天上、刚强威盛,正为"大为强盛"的象征。参见"大壮大象传"。

【雷在地中】《复》卦的《大象传》语。意在揭明《复》卦下震为雷、上坤为地之象,谓震雷在地中微动,正为阳气"回复"的象征。参见"复大象传"。

【雷出地奋】《豫》卦的《大象传》语。意在揭明《豫》卦上震为雷、下坤为地之象,谓雷声发出、大地振奋,正为万物"欢乐"的象征。参见"豫大象传"。

【雷电皆至】《丰》卦的《大象传》语。意在揭明《丰》卦上震为雷、下离为电之象,谓雷震与电光一起到来,正为威明盛德"丰大"的象征。参见"丰大象传"。

【雷电噬嗑】《噬嗑》卦的《大象传》语。意在揭明《噬嗑》卦下震为雷、上离为电之象,谓雷电上下交击,正为"啮合"的象征。参见"噬嗑大象传"。

【雷雨作解】《解》卦的《大象传》语。意为:雷雨兴起(草木萌芽),象征"舒解"。这是揭明《解》卦上震为雷、下坎为雨之象,谓雷雨兴作,万物当春而纷纷舒发生机,正为"舒解"的象征。参见"解大象传"。

【雷泽归妹】 朱熹《周易本义》卷首所附《分宫卦象次序》歌诀中语,说明六十四卦之一的《归妹》卦(䷵),其卦象由上震(☳)下兑(☱)即"雷"与"泽"组成。

【雷雨之动满盈】《屯》卦的《彖传》语。意思是:雷雨将作之时乌云雷声充盈宇宙。雷,指《屯》下卦震为雷;雨,指《屯》上卦坎为雨。这是以《屯》卦的上下卦有雷雨将作、雷声乌云充盈之象,譬喻刚柔始交、物将萌生时的"氤氲"情状。王弼《周易注》:"雷雨之动,乃得满盈,皆刚柔始交之所为。"

【蔀家】 谓过度丰大其房屋,以致障蔽居室而幽暗无光。语本《丰》卦上六爻辞"丰其屋,蔀其家"。《文选》载左思《魏都赋》:"虽星有风雨之好,人有异同之性,庶睹蔀家与剥庐,非苏世而居正。"

【楚蒙山房易经解】 清晏斯盛撰。十六卷。《楚蒙山房集》本。此书含三种:《学易初津》三卷,《易翼宗》六卷,《易翼说》八卷。《四库全书提要》指出:"《学易初津》为全书之宗旨,谓今所传图书乃大衍之数,因《大传》之言而图之,不取河洛奇偶之说,所见最确。又谓辞占不遗象辞,而不取卦变、互体之说,则尽废汉《易》之古法,未免主持稍过。《易翼宗》以经文为主,而割《十翼》散附于句下,意在以经解经,颇伤破碎。又每爻之首,画一全卦而间以一动爻,奇作'○',偶作'()',亦自我作古。《易翼说》全解《十翼》,而先《系辞》,次《说卦》,次《序卦》,次《杂卦》,次《象传》,次《文言》,次《象传》,非古非今,更不知所据何本。然不废象数而不为方技术数之曲说,不废义理而不为理气心性之空谈,在近日说《易》之家,犹可云笃实近理焉。"

【蒙】 六十四卦之一。列居篇中第四卦。由下坎(☵)上艮(☶)组成,卦形作"䷃",卦名为《蒙》,象征"蒙稚"。自然界事物发展的初期阶段,必多蒙昧。《尚书·太甲》叙伊尹语曰:"先王昧爽丕显,坐以待旦;旁求俊彦,启迪后人。"《礼记·学记》云:"玉不琢,不成器;人不学,不知道。是故古之王者,建国君民,教学为先。"可见,中国古代对传道授业、启蒙育智是十分重视的。《蒙》卦取名《蒙稚》,其义在于揭示"启发蒙稚"的道理。卦辞称"匪我求童蒙,童蒙求我",体现"尊师敬学"的思想,与《礼记·曲礼上》所谓"礼闻来学,不闻往教"之义相同;又称"童蒙"初问则"告",再三渎问则"不告",展示了启发引导式的教学原则,与《论语·述而》所谓"举一隅不以三隅反,则不复也"之义略通。六爻大旨,九二、上九两阳爻喻"师",初六、六三、六四、六五四阴爻喻"蒙童",即程颐《周易程氏传》云:"二阳为治蒙者,四阴皆处蒙者也。"其中九二阳刚处下,启迪群蒙,为有道"师表"之象;上九刚健居终,以严施教则利,以暴施教则不利:这是从"教"的角度揭示"启蒙"规律。六五居尊谦下,"蒙以养正",为好学"君子"之象;初六阴弱蒙稚,潜心"发蒙"则可,急于求进必"吝";六三、六四两爻,或不循学径、盲目躁动,或远离其"师"、困陷蒙昧,均不能去蒙发智:这是从"学"的角度揭明"治蒙"规律。综观全卦,无非紧扣"教"、"学"两端,抒发作《易》者颇具辩证因素的教育思想。蔡清《易经蒙引》曰:"在蒙者当求明者,在明者便当发蒙者,而各有其道。"正是此卦大义的概括。若联系中国古代教育史,进一步考究《蒙》卦的思想内容,似乎又有利于追溯、挖掘先秦时期以孔子为代表的某些教育理论的哲学渊源:这是此卦值得重视的一方面价值。

【蒙上九】 《蒙》卦上九爻。以阳爻居卦最上之位。爻辞曰:"击蒙;不利为寇,利御寇。"意思是:猛击以启发蒙稚;不利于施用强寇暴起的方式,利于采用抵御强寇的方式。击,陆德明《经典释文》引王肃曰"治也",即以严厉手段治"蒙";为寇,喻暴烈过甚的方式;御寇,喻适当的严厉。这是说明上九阳居《蒙》终,犹如"蒙师"高居上位,以严厉措施教治蒙稚者,故曰"击蒙";但因上九阳刚极盛,恐其治蒙过烈,故爻辞又特戒以可严不可暴,谓暴烈过甚必"不利",合宜之严则有"利"。程颐《周易程氏传》:"九居《蒙》之终,是当蒙极之时,人之愚蒙既极,如苗民之不率,为寇为乱者,当击伐之。然九居上,刚极而不中,故戒'不利为寇'。治人之蒙,乃'御寇'也;肆为刚暴,乃'为寇'也。若舜之征有苗,周公之诛三监,'御寇'也;秦皇、汉武

644

穷兵诛伐，'为寇'也。"按，《蒙》卦上九谓"击蒙"，九二谓"包蒙"；两爻均为"蒙师"之象，而"治蒙"的方式不同，当由于"蒙师"自身的气质有异及"蒙童"的程度不一而致。吴澄《易纂言》云："九二刚而得其中，其于蒙也，能'包'之，治之以宽者也；上九刚极不中，其于蒙也，乃'击'之，治之以猛者也。"

【蒙九二】《蒙》卦九二爻。以阳爻居卦第二位。爻辞曰："包蒙，吉。纳妇，吉；子克家。"意思是："包容培育一群蒙稚者，吉祥。像纳配妻室一样（获得贤者为学子），吉祥，又像身为儿辈却能治家。"爻辞全文拟取三层譬喻来说明九二的义旨。首先，以"包蒙"喻九二阳刚居下卦中位，所"包"者有初、三、四、五诸阴，犹如"蒙师"广育众"学子"，正施教诲，故"吉"。其次，以"纳妇"喻九二与上卦的六五应合，六五居尊位，下求于九二，则二有"纳妇"之象；妇能配己成德，故再称"吉"。复次，又以"子克家"喻九二处下而能为六五尊者之师，犹如子辈却能治家。王弼《周易注》："以刚居中，童蒙所归，包而不距，则远近咸至，故'包蒙，吉'也。"又曰："妇者，配己而成德者也，体阳而能包蒙，以刚而能居中，以此纳配，物莫不应，故'纳妇，吉'也。"程颐《周易程氏传》："以家言之，五，父也；二，子也。二能主《蒙》之功，乃人子克治其家也。"按，《蒙》九二爻辞分别取"包蒙"、"纳妇"、"子克家"为象，爻义统归于阳刚居中、启迪群蒙这一象征本旨。杨万里《诚斋易传》曰："乃谓'子克家'，何也？臣之事君，如子之事父。责难纳诲，陈善闭邪，正使致君于尧，格君于天；如伊尹、周公，亦臣子分内事耳，亦如子之干蛊克家耳。"此说将"子克家"的象外之意申解得颇为明彻。韩愈在他的名作《师说》中写道："生乎吾前，其闻道也固先乎吾，吾从而师之；生乎吾后，其闻道也亦先乎吾，吾从而师之。吾师道也，夫庸知其年之先后生于吾乎？是故无贵无贱，无长无

少，道之所存，师之所存也。"尽管韩愈并非在解《易》，但其意恉却与"子克家"的喻义颇有默契。

【蒙六三】《蒙》卦六三爻。以阴爻居卦第三位。爻辞曰："勿用取女，见金夫，不有躬，无攸利。"意思是：不宜娶这女子，她眼中所见只是美貌郎君，不顾自身体统，娶她无所利益。取，即"娶"；金夫，犹言"美貌男子"，尚秉和先生《周易尚氏学》"金夫者，美称；《诗》'有匪君子，如金如锡，如圭如璧'，《左传》'思我王度，式如玉，式如金'，皆以金喻人之美"；躬，谓自身。爻辞全文以"女"喻六三，以"金夫"喻上九。说明六三处《蒙》下卦之终，与上九相应，但六三阴柔失正，乘凌九二阳刚，既甚"蒙稚"又急于上进，犹如女子见美男子亟欲求之，不顾"礼节"；故爻辞诫上九"勿取"此女，取之必"无攸利"，犹言六三之蒙稚"不可教也"。王弼《周易注》："童蒙之时，阴求于阳，晦求于明，各求发其昧者也。六三在下卦之上，上九在上卦之上，男女之义也。上不求三，而三求上，女先求于男者也。女之为体，正行以待命者也，见刚夫而求之，故曰'不有躬'也。施之于女，行在不顺，故勿用取女，而无攸利。"孔颖达《周易正义》："为女不能自保其躬，固守贞信，乃'非礼而动'；行既不顺，若欲取之，无所利益。"按，王弼释"金夫"为"刚夫"，乃以"刚"训"金"，正指上九，于义亦通。又按，《蒙》卦于本爻辞既贬六三"见金夫，不有躬"，又戒上九"勿用取女"、"无攸利"，马其昶《重定周易费氏学》引丁晏云："臣道、妻道，皆当诫此。士大夫立身，必先以廉耻为本。"这是从古代礼教的角度引申爻义；惟细玩此爻微旨，实为譬喻"蒙稚"之时，不可置"启蒙"教育于不顾，弃本求末，而盲目躁进。

【蒙六五】《蒙》卦六五爻。以阴爻居卦第五位。爻辞曰："童蒙，吉。"意思是：幼童的蒙稚（正受启发），吉祥。此谓六五当"蒙"之时，柔居尊位，谦下应和于九二

之阳,犹如"蒙童"虚心柔顺,承教于师,以接受启蒙,故称"吉"。朱熹《周易本义》:"柔中居尊,下应九二,纯一未发,以听于人,故其象为'童蒙'。"按,马其昶《重定周易费氏学》认为六五阴居阳位,有"失正"之象,故《象传》所言"蒙以养正"是"为五言也。六五非正,应二以养其正"。可备一说。

【蒙六四】 《蒙》卦六四爻。以阴爻居卦第四位。爻辞曰:"困蒙,吝。"意思是:困陷于蒙稚,有所憾惜。谓六四当"蒙"之时,以阴处《蒙》卦六三、六五上下两阴之间,与九二之阳隔之甚遥,犹如远离"蒙师"、独困蒙稚,故有"吝"。王弼《周易注》:"独远于阳,处两阴之中,闇莫之发,故曰'困蒙'也。"按,《荀子·劝学》云:"学莫便乎近其人。"六四"困蒙"有吝,正是不"近其人"所致。

【蒙初六】 《蒙》卦初六爻。以阴爻处卦下初位。爻辞曰:"发蒙,利用刑人,用说桎梏;以往吝。"意思是:启发蒙稚,利于树立典型教育人,使人免犯罪恶;要是急于前往必有憾惜。刑,即"型",用如动词;说,通"脱";桎梏,喻人犯罪恶。这是说明初六处"蒙"之始,宜受启蒙教育,才能端正品质,免犯罪恶,不至于身罹"桎梏";但初六若不专心受教"发蒙",急于求进,必将"往"而有"吝"。尚秉和先生《周易尚氏学》:"《诗·大雅·思齐》篇曰'刑于寡妻',《左传》襄十三年'一人刑善,数世赖之',注皆训'刑'为'法',是'刑'与'型'同。'利用刑人'者,言宜树立模型,使童蒙有所法式,得为成人,永免罪辟也。"按,初六阴爻最处卦下,蒙稚至甚,故亟待启发。马振彪先生《周易学说》引李士鉁曰:"物生必蒙,故果木有甲孚蔽之;人蒙无知,亦若有蔽之者。木之甲不自解,待雷雨解之;人之蒙不自说,待人说之。"其说用果木脱甲,喻人"发蒙",义有可取。又按,孔颖达《周易正义》释"刑人"为"刑戮于人",可备一说。

【蒙卦辞】 《蒙》卦的卦辞。其文曰:"蒙,亨。匪我求童蒙,童蒙求我;初筮告,再三渎,渎则不告。利贞。"意思是:"《蒙》卦象征蒙稚,亨通。并非我强求幼童来启发蒙稚,而是幼童需要启发蒙稚有求于我;初次祈问施以教诲,接二连三地滥问是渎乱学务,渎乱就不予施教。利于守持正固。"蒙,为卦名,象征"蒙稚";匪,通"非";我,指"启蒙之师",喻卦中九二爻;童蒙,喻九五爻;筮,原指以蓍草演卦占问,此处特指"学子"向"蒙师"问疑求决;渎,陆德明《经典释文》:"乱也。"卦辞全文大义,可分四层理解。第一层,先言事物蒙稚之时,若合理启发,必可致"亨通"。第二层,说明启蒙之事,是"学子"有求于"师",并非"师"求"学子",而卦中六五下应九二,正合"童蒙求我"之象。第三层,指明"治蒙"的规律,谓"蒙稚"者应当虚心循序求问,不可"再三"滥问、渎乱学务;而"蒙师"也必须教之有方,故初告、渎不告。第四层,总结卦辞之义,说明"治蒙"之道,利在守正。《序卦传》:"物生必蒙","蒙者,蒙也,物之稚也。"李鼎祚《周易集解》引干宝曰:"蒙,为物之稚也;施之于人,则童蒙也。苟得其运,虽蒙必亨,故曰'蒙,亨'。"又引虞翻曰:"童蒙,谓五";"我,谓二。"王弼《周易注》:"筮,筮者决疑之物也;童蒙之来求我,欲决所惑也。决之不一,不知所从,则复惑矣。故'初筮'则告,'再三'则渎,渎蒙也。"孔颖达《周易正义》:"贞,正也,言《蒙》之为义,利于养正。"

【蒙彖传】 《蒙》卦的《彖传》。旨在阐说《蒙》卦的卦名、卦辞之义。其文为:"《彖》曰:蒙,山下有险,险而止,蒙。蒙,亨,以亨行时中也。匪我求童蒙,童蒙求我,志应也。初筮告,以刚中也;再三渎,渎则不告,渎蒙也。蒙以养正,圣功也。"意思是:"《彖传》说:蒙稚,譬如高山下有险阻,遇险止步、徬徨不前,正像蒙稚的情状。蒙稚,亨通,说明可以顺沿亨通之道施行启蒙、并把握适中的时机。并非强求幼童来启发蒙稚,而是幼童需要启发蒙稚有求于我,这样双方的志趣就能相应。初次祈问施以教诲,说明蒙师有阳刚气质、行为适中;接二连三地渎问是渎乱学务,渎乱就不予施教,因为渎乱了启蒙蒙稚的正常程序。蒙稚之时可以培养纯正无邪的品质,这是造就圣人的成功之路。"全文可分五节理解。第一节,自"蒙"至"险而止,蒙"四句,以《蒙》上卦艮为山、为止,下卦坎为险之象,谓有遇险止步、徬徨不前之义,以释卦名"蒙"。第二节,自"蒙,亨"至"行时中也"三句,谓《蒙》九二处下卦之中,犹沿亨通之道"治蒙"而能把握适中的时机,以释卦辞"蒙,亨"之义。第三节,自"匪我求童蒙"至"志应也"三句,以《蒙》卦九二、六五两爻阴阳相应,犹如"蒙师"、"学子"志趣投合,以释卦辞"匪我求童蒙,童蒙求我"之义。第四节,自"初筮告"至"渎蒙也"五句,以《蒙》卦九二阳刚居中,犹如"蒙师"刚毅有方,行为适中,释卦辞"初筮告,再三渎,渎则不告"之义。第五节,为"蒙以养正,圣功也"二句,归结"治蒙"的基本准则及最终功用,以释卦辞"利贞"之义。

【蒙大象传】《蒙》卦的《大象传》。其辞曰:"山下出泉,蒙;君子以果行育德。"意思是:高山下流出泉水,象征渐启"蒙稚";君子因此果决坚定自己的行为来培育美德。果行,犹言"果决其行",含百折不挠之意。全文先揭明《蒙》卦上艮为止,下坎为水之象,谓泉流出山,必渐汇成江河,正如"蒙稚"渐启;然后推阐出"君子"应当效法"山下出泉"之象,"果行"不止、"育德"不懈的道理。朱熹《周易本义》:"泉,水之始出者,必行而有渐。"董真卿《周易会通》引真德秀曰:"泉之始出也,涓涓之微,壅于沙石,岂能遽达哉?惟其果决必行,虽险不避,故终能流而成川。"又曰:"君子观《蒙》之象,果其行如水之必行,育其美德如水之有本。"按,《蒙》卦的指趣,主于启迪"蒙稚"。《大象传》从"山下有泉"引申出"果行育德"的意义,正说明"启蒙发智"需要坚毅的心态和长期的过程。

【蒙受之以需】《周易》六十四卦,以象征事物蒙稚的《蒙》卦列居第四卦;事物蒙稚亟待养育,所以接《蒙》之后是象征"需待"饮食的第五卦《需》卦。此称"《蒙》受之以《需》"。语本《序卦传》:"物稚不可不养也,故受之以《需》;需者,饮食之道也。"李鼎祚《周易集解》引郑玄曰:"言孩稚不养,则不长也。"

【蒙九二小象传】《蒙》卦九二爻的《小象传》。其辞曰:"子克家,刚柔接也。"意思是:身为儿辈却能治家,说明九二阳刚和六五阴柔互为应接。这是解说《蒙》九二爻辞"子克家"的象征内涵。谓九二处《蒙》下卦中位,主"治蒙"之功,获六五之应,有"子"能治家,下者能为尊者师之象;而六五阴柔居于高位,下应九二,有尊者下求贤师、虚心受教之象;二、五阴阳应合,故称"刚柔接"。程颐《周易程氏传》:"二能主《蒙》之功者,五之信任专也。二与五,刚柔之情相接,故得行其刚中之道,成发蒙之功。苟非上下之情相接,则二虽刚中,安能尸其事乎?"

【蒙上九小象传】《蒙》卦上九爻的《小象传》。其辞曰:"利用御寇,上下顺也。"意思是:利于采用抵御强寇的方式(教治蒙稚者),这样可以使上下的意志顺合和谐。这是解说上九爻辞"利御寇"的象征内涵。御寇,喻适当严厉的治蒙方式。此言上九居《蒙》之终,阳刚极盛,若能避免粗暴的治蒙手段,而以合宜适中的严厉方式教治蒙稚者,必能获得"治蒙"功效,并使教者与受教者两相顺合,故曰"上下顺"。程颐《周易程氏传》:"上不为过暴,下得击去其蒙,'御寇'之义也。"

【蒙六三小象传】《蒙》卦六三爻的《小象传》。其辞曰:"勿用取女,行不顺也。"意思是:不宜娶这女子,说明六三行为不顺合礼节。这是解说《蒙》六三爻辞"勿用取女"的象征内涵。谓六三处《蒙》下卦之终,阴居阳位,蒙昧躁进,又下乘九二阳刚之爻,故有"行不顺"之象。李鼎祚《周易集解》引虞翻曰:"失位乘刚,故行不顺也。"

【蒙六五小象传】 《蒙》卦六五爻的《小象传》。其辞曰:"童蒙之吉,顺以巽也。"意思是:幼童的蒙稚(正受启发)而获吉祥,说明六五对蒙师恭顺谦逊。这是解说《蒙》六五爻辞"童蒙,吉"的象征内涵。以,连词,犹"而";巽,犹言"谦逊",朱骏声《说文通训定声》"巽,叚借为愻","愻"即"逊"。六五居《蒙》尊位,谦下应合于九二之阳,以接受"启蒙",故有"顺以巽"之象。孔颖达《周易正义》:"巽,亦顺也。犹委物于二。顺,谓心顺;巽,谓貌顺。故褚氏曰:'顺者,心不违也;巽者,外迹相卑下也。'"

【蒙六四小象传】 《蒙》卦六四爻的《小象传》。其辞曰:"困蒙之吝,独远实也。"意思是:困陷于蒙稚的憾惜,说明六四独自远离刚健笃实(的蒙师)。这是解说《蒙》六四爻辞"困蒙,吝"的象征内涵。实,指阳刚,《易》理以阳为实、以阴为虚;此处特指《蒙》卦九二爻。六四居《蒙》六三、六五两阴爻之间,独远于九二阳刚之爻,犹如学子远离其"师",故称"独远实"。尚秉和先生《周易尚氏学》:"实为阳。初、三、五皆近阳,四独否,故曰'独远实'。"

【蒙初六小象传】 《蒙》卦初六爻的《小象传》。其辞曰:"利用刑人,以正法也。"意思是:利于树立典型教育人,是为了让人就范于正确的法则。正法,犹言"以法为正"。这是解说《蒙》初六爻辞"利用刑人"的象征内涵。尚秉和先生《周易尚氏学》:"言以法则示人,俾童蒙有所则效,即释'刑人'之义。"

【蒙以养正圣功也】 《蒙》卦的《彖传》语。旨在解说《蒙》卦辞"利贞"之义。谓蒙稚之时可以培养纯正无邪的品质,这是造就圣人的成功之路。圣功,犹言"致圣之功"。程颐《周易程氏传》:"以纯一未发之蒙而养其正,乃作圣之功也。"

【颐】 六十四卦之一。列居篇中第二十七卦。由下震(☳)上艮(☶)组成,卦形作"䷚",卦名为《颐》,象征"颐养"。《汉书·食货志下》尝云:"酒者,天下之美禄,帝王所以颐养天下,享祀祈福,扶衰养疾。"诚然,佳酿美酒可以颐养人体,但若狂饮无度,必成为伤身损德的媒介。同理,《颐》卦虽发"颐养"之义,卦辞开句便戒:守正则吉。卦中所揭明的"养正"意义,基本宗旨体现在两端:"自养"之道,当本于德,不可弃德求欲;"养人"之道,当出于公,必须养德及物。六爻的喻旨,下三爻皆"自养"不得其道,因此初"凶"、二"征凶"、三"无攸利";上三爻皆努力"养人",故四"吉",五"居贞吉",上"吉"且"利"。《周易折中》引吴曰慎曰:"初九、六二、六三,皆自养口体,私而小者也;六四、六五、上九,皆养其德以养人,公而大者也。公而大者吉,得'颐'之正;私而小者凶,失'颐'之贞也。可不'观颐'而自求其正耶?"可见,六爻大义,是集中赞美"养人"、"养贤"、"养天下"的"颐养"盛德。若回头就卦辞"自求口实"之义看,则卦中尽管强调"养德",其立足点仍未尝偏离物质基础。据此辨析《颐》卦"养天下"的义理,似与《孟子》提倡的"民本"思想以及《管子》所发"王者以民为天,民以食为天"的言论略可沟联;此中自然也可看出《周易》作者的进步观念。

【颐上九】 《颐》卦上九爻。以阳爻居卦最上之位。爻辞曰:"由颐;厉吉,利涉大川。"意思是:天下依赖他获得颐养;知危能慎可致吉祥,利于涉越大河巨流。由颐,犹言"由之以颐"。这是说明上九当"颐养"之时,最处卦极,阳刚充沛,有贤臣在上,君主恃之以立而天下赖之以获养之象,故称"由颐";上九担此重任,知危能慎则吉,排险涉难必利,故又曰"厉吉,利涉大川"。朱熹《周易本义》："六五赖上九之养以养人，是物由上九以养也。位高任重，故厉而吉；阳刚在上，故'利涉大川'。"按，《颐》卦上九曰"由颐"，《豫》卦九四曰"由豫"，两者语法结构相似，而爻义也值得比较。王宗传《童溪易传》云："《豫》之九四，天下由之以豫，故曰'大有得'；《颐》之上九，天下由之以颐，故曰'大有庆'也。"

【颐六二】《颐》卦六二爻。以阴爻居卦第二位。爻辞曰："颠颐，拂经，于丘颐，征凶。"意思是：既颠倒向下求获颐养，又违背常理，向高丘上的尊者索取颐养，往前进发必有凶险。颠，倒也；拂，违也；经，犹言"常理"；丘，高丘，喻《颐》卦上九。这是说明六二当"颐养"之时，与上卦的六五无应，反以"柔中"之德向下求养于初九之阳，有失"颐"道，故为"颠颐"之象；非但如此，六二既不能以柔顺中正自养，而"颠颐"求初，又违背"奉上"的常理，向上九索取颐养，故又有"拂经，于丘颐"之象；以此往前必凶，故曰"征凶"。朱熹《周易本义》："丘，土之高者，上之象也。"项安世《周易玩辞》："得位得中，有可养之势而不能自养，反由养于不中无位之爻（指上九），与常经相悖。"又曰："上又艮体，故为'于丘'。"按，《颐》六二本属"中正"之爻，因与五无应，故"颠"以下乞，"拂"以上求，大失"颐养"之道，终致有"凶"。又按，《颐》六二爻辞的句读及含义，诸家说有不同。如：一、李鼎祚《周易集解》引王肃注，以"拂经于丘"为句，谓二养初曰"颠"，违常于五曰"拂经于丘"，无应而征故"凶"。二、朱熹《周易本义》以"颠颐拂经"为句，释曰："求养于初，则颠倒而违于常理；求养于上，则往而得凶。"此并可参考。

【颐六三】《颐》卦六三爻。以阴爻居卦第三位。爻辞曰："拂颐，征凶，十年勿用，无攸利。"意思是：违背颐养之道，守持正固以防凶险，十年之久不可施展才用，要是施用必将无所利益。拂，违也；贞凶，犹言"守正防凶"。这是说明六三当"颐养"之时，阴居阳位，违中失正，恃其有应于上九而求养不已，为大悖"颐"道之象，故曰"拂颐"；此时六三既违"颐"道，故爻辞警戒规劝其应当改邪趋正，谨守正固以防凶，并谓"十年"之久不可施用，若施用则必无所利。王弼《周易注》："履夫不正以养于上，纳上而诣者也，拂'养正'之义。"按，《颐》六三的"求养"行为虽至为不正，但爻辞仍有勉其自反的意思。郑汝谐《东谷易翼传》云："'十年勿用，无攸利'，戒之也"，"因其有多欲妄动之心，示之以自反之理，作《易》之本意也。"又按，孔颖达《周易正义》释"贞凶"为"拂颐贞而有凶"，朱熹《周易本义》谓"拂于颐，虽正亦凶"。两说并可参考。

【颐六五】《颐》卦六五爻。以阴爻居卦第五位。爻辞曰："拂经，居贞吉，不可涉大川。"意思是：违背颐养的常理，静居守持正固可获吉祥，不可涉越大河巨流。拂，违也；经，常也，犹言"常理"。这是说明六五当"颐养"之时，处《颐》"君位"，失正无应，阴柔无实，唯承上九阳刚之质以济己之阴，犹如不能养人、反赖上者养己以兼养天下，有违君主"养贤以及万民"的常理，故曰"拂经"；六五既赖上养以养天下，则虽"拂经"，亦可趋正居守而获吉，故曰"居贞吉"；然六五此时才力柔弱，唯宜从阳补阴，不可率意犯难涉险，故又戒其"不可涉大川"。程颐《周易程氏传》："六五，'颐'之时居君位，养天下者也。然其阴柔之质，才不足以养天下，上有刚阳之贤，故顺从之，赖其养己以济天下。君者养人者也，反赖人之养，是违拂于经常。既以己之不足而顺从于贤师傅，上，师傅之位也，必居守贞固，笃于委信，则能辅翼其身，泽及天下，故吉也。阴柔之质，无贞刚之性，故戒以能居贞则吉。以阴柔之才，虽倚赖刚贤，能持循于平时，不可处艰难变故之际，故云'不可涉大川'也。"按，《颐》卦六五的喻意在于：高居尊位者必须以充实的美德"养天下",但己身无法自养,故不得不依赖"上贤"的力量。《小象传》谓"顺以从上",即表明六五才德薄弱,不称其位。但因尚有"养天下"之心,故爻辞仍许其"居贞吉"。

【颐六四】 《颐》卦六四爻。以阴爻居卦第四位。爻辞曰:"颠颐,吉;虎视眈眈,其欲逐逐,无咎。"意思是:颠倒向下求获颐养(再用来养人),吉祥;犹如猛虎眈眈注视,迫切求物接连不绝,必无咎害。颠,倒也;眈眈,专一注视之状;逐逐,程颐《周易程氏传》:"相继而不乏",犹言"连接不绝"。这是说明六四当"颐养"之时,阴居上卦,柔正得位,下应初九之阳,犹如上者"颠倒"向下求养,再用以养下,故虽"颠颐"却能获"吉";此时六四求养于初九专诚不二,其所需求之物连接不绝,故又有"虎视眈眈,其欲逐逐"之象;以其本于"养正"之德,求之有道,用之于公,必无所害,故曰"无咎"。朱熹《周易本义》:"柔居上而得正,所应又正,而赖其养以施于下,故虽颠而吉。虎视眈眈,下而专也;其欲逐逐,求而继也。又能如是,则无咎也。"按,《颐》卦六四、六二两爻并称"颠颐",为何此吉彼凶?《周易折中》引游酢云:"二之志在物,而四之志在道。""在物",则无应强求,故凶;"在道",则养正利物,故吉。六四《小象传》称"上施光",似正表明六四涵有"取之于民,用之于民"的微旨;因此,"其欲逐逐"可以"无咎"。

【颐初九】 《颐》卦初九爻。以阳爻处卦下初位。爻辞曰:"舍尔灵龟,观我朵颐,凶。"意思是:舍弃你灵龟般的美质,而观看我垂腮进食,有凶险。尔,指《颐》卦初九爻;灵龟,喻初九的阳刚美质,程颐《周易程氏传》"龟能咽息不食,灵龟喻其明智而可以不求养于外";我,指《颐》卦六四爻;朵,李鼎祚《周易集解》"颐垂下动之貌";颐,谓口腮。这是说明初九当"颐养"之时,上应六四,犹如以阳刚之实求养于阴虚,养身不得其道;故爻辞借六四的口

吻责之曰:岂能舍弃你的灵龟,而观我垂腮食物?贪欲如是,必有凶险。朱熹《周易本义》:"初九阳刚在下,足以不食;乃上应六四之阴,而动于欲,凶之道也。"按,郑汝谐《东谷易翼传》云:"《颐》之上体皆吉,而下体皆凶;上体止也,下体动也。在上而止,养人者也;在下而动,求养于人者也。动而求养于人者,必累于口体之养,故虽以初之刚阳,未免于动其欲而观朵颐也。"此谓《颐》上下卦爻义有别,可备参考。

【颐卦辞】 《颐》卦的卦辞。其文曰:"颐,贞吉;观颐,自求口实。"意思是:《颐》卦象征颐养,守持正固可获吉祥;观察外物的颐养现象,应当明白用正道自求口中食物。颐,"口腔"之称,作为卦名即象征"颐养",此卦下震上艮,正有下动上止、以口嚼物而颐养之象;口中实,谓口腹所需的食物。这是说明事物的"颐养"之道,在于养正则吉;故观外物的"颐养"现象,即当知以正道"自求口实"之理。李鼎祚《周易集解》引郑玄曰:"颐,口车辅之名也。震动于下,艮止于上;车口动而上,因辅嚼物以养人。"程颐《周易程氏传》:"颐之道,以正则吉也。人之养身、养德、养人、养于人,皆以正道则吉也。天地造化,养育万物,各得其宜者,亦正而已矣。'观颐,自求口实',观人之所颐,与其自求口实之道,则善恶吉凶可见矣。"

【颐象传】 《颐》卦的《象传》。旨在解说《颐》卦的卦名、卦辞之义。其文为:"《象》曰:颐,贞吉,养正则吉也。观颐,观其所养也;自求口实,观其自养也。天地养万物,圣人养贤以及万民,颐之时大矣哉!"意思是:"《象传》说:颐养,守持正固可获吉祥,说明用正道养身才能导致吉祥。观察外物的颐养现象,是观察获得养育的客观条件;应当明白用正道自求口中食物,是观察自我养育的正确方法。天地养育万物,圣人养育贤者并养及万民,颐养之时的功效多么弘大啊!"全文可分三

节理解。第一节,自"颐"至"养正则吉也"三句,谓万物之所养,均须"正"而后"吉",以释《颐》卦的卦名"颐"及卦辞"贞吉"之义。第二节,自"观颐"至"观其自养也"四句,谓当"颐养"之时,应观察外物获养的客观条件,也应观察领会事物自养的主观方法,才能把握正确的"颐养"之道,以释《颐》卦辞"观颐,自求口实"之义。第三节,自"天地养万物"至"颐之时大矣哉"三句,援举"天地"、"圣人"养育万物、贤者、百姓为例,盛赞"颐"养之时的弘大功效。

【颐大象传】 《颐》卦的《大象传》。其辞曰:"山下有雷,颐;君子以慎言语,节饮食。"意思是:山下响动着震雷(下动上止、如口嚼食),象征"颐养";君子因此慎发言语以养德,节制饮食以养身。这是先揭明《颐》卦上艮为山、下震为雷之象,谓下动上止、如口嚼食,正为进食以"颐养"的象征;然后推阐出"君子"观此象,应效法"养正"之道,以"慎言"养德、"节食"养身的意义。李鼎祚《周易集解》引郑玄曰:"颐,口车辅之名也。震动于下,艮止于上;车口动而上,因辅嚼物以养人,故谓之'颐'。"又引刘表曰:"山止于上,雷动于下,颐之象也。"孔颖达《周易正义》:"先儒云'祸从口出,患从口入'。故于颐养而'慎'、'节'也。"按,《颐》卦辞谓"颐养"当正,《大象传》举"慎言"、"节食"以养德、养身发其义,至为明白贴切。《孔子家语·观周》曰:"有金人焉,三缄其口,而铭其背曰:'古之慎言人也。'"此即"慎言语"之诫。

【颐上九小象传】 《颐》卦上九爻的《小象传》。其辞曰:"由颐厉吉,大有庆也。"意思是:天下依赖他获得颐养、知危能慎可致吉祥,说明上九大有福庆。这是解说《颐》上九爻辞"由颐,厉吉"的象征内涵。程颐《周易程氏传》:"若上九之当大任为是,能兢畏为ż,天下被其德泽,是大有福庆也。"

【颐之时大矣哉】 《颐》卦的《彖传》语。意为:颐养之时的功效多么弘大啊!这是对《颐》卦所体现的"颐养"之道的叹美之辞。李鼎祚《周易集解》:"天地养物,圣人养贤以及万民,人非养不生,故大矣。"程颐《周易程氏传》:"夫天地之中,品物之众,非养则不生。圣人裁成天地之道,辅助天地之宜,以养天下,至于鸟兽草木,皆有养之之政,其道配天地。故夫子推颐之道,赞天地与圣人之功曰:'颐之时大矣哉!'或云'义',或云'用',或止云'时',以其大者也。万物之生与养,时为大,故云时。"

【颐六二小象传】 《颐》卦六二爻的《小象传》。其辞曰:"六二征凶,行失类也。"意思是:六二往前进发必有凶险,说明前行得不到朋类。这是解说《颐》六二爻辞"征凶"的象征内涵。失类,指六二若上行,所遇均阴,同性非"类",故有凶。尚秉和先生《周易尚氏学》:"阴阳相遇方为类。今六二不遇阳,故曰'失类'。"

【颐六三小象传】 《颐》卦六三爻的《小象传》。其辞曰:"十年勿用,道大悖也。"意思是:十年之久不可施展才用,说明六三的行为与颐养正道大相背逆。这是解说《颐》六三爻辞"十年勿用"的象征内涵。孔颖达《周易正义》:"以其养上以谄媚,则于正道大悖乱。"程颐《周易程氏传》:"所以戒终不可用,以其所由之道,大悖义理也。"

【颐六五小象传】 《颐》卦六五爻的《小象传》。其辞曰:"居贞之吉,顺以从上也。"意思是:静居守持正固可获吉祥,说明六五应当顺从依赖上九阳刚贤者。这是解说《颐》六五爻辞"居贞吉"的象征内涵。程颐《周易程氏传》:"居贞之吉者,谓能坚固顺从于上九之贤,以养天下也。"

【颐六四小象传】 《颐》卦六四爻的《小象传》。其辞曰:"颠颐之吉,上施光也。"意思是:颠倒向下求获颐养(再用来养人)可致吉祥,说明六四居上而能下施光明美德。这是解说《颐》六四爻辞"颠颐,吉"的象征内涵。程颐《周易程氏传》:"颠倒求养,而所以吉者,盖得刚阳之应以济其事,致己居上之德施,光明被于天下,吉孰大焉?"

【颐初九小象传】 《颐》卦初九爻的《小象传》。其辞曰:"观我朵颐,亦不足贵也。"意思是:观看我垂腮进食,说明初九的求养行为不值得尊重。这是解说《颐》初九爻辞"观我朵颐"之义。程颐《周易程氏传》:"既为欲所动,则虽有刚健明智之才,终必有失,故其才亦不足贵也。"

【颐受之以大过】 《周易》六十四卦,以象征"颐养"的《颐》卦列居第二十七卦;若没有超常富足的颐养,就不能兴动振作以应大事,所以接《颐》之后是象征"大为过甚"的第二十八卦《大过》卦。此称"颐受之以《大过》"。语本《序卦传》:"《颐》者,养也。不养则不可动,故受之以《大过》。"韩康伯《序卦注》:"不养则不可动,养过则厚。"孔颖达《周易正义》:"郑玄云:'以养贤者,宜过于厚。'王辅嗣注此卦云:'音相过之过。'韩氏云'养过则厚',与郑玄、辅嗣义同。"《周易折中》引姜宝曰:"无所养则其体不立,不可举动以应大事。惟养充而动,动必有大过人者矣。"

【颐中有物曰噬嗑】 《噬嗑》卦的《象传》语。意思是:口腔中有食物(可以咬合),这就叫作"啮合"。颐,上下颚之间的总称,犹言"口腔",许慎《说文解字》:"古文𦣝",段玉裁注:"此文当横视之,横视之则口上、口下、口中之形俱见矣。"这是以口腔含物,正须啮合,释卦名"噬嗑"之义。王弼《周易注》:"颐中有物,啮而合之,'噬嗑'之义也。"

【颐养正也既济定也】 《杂卦传》语。说明《颐》卦象征"颐养",含有养身持正之义;而《既济》卦象征"事已成",寓有事成安定之义。李鼎祚《周易集解》引虞翻曰:"(养正)与'蒙以养正,圣功'同义也。"又曰:"济成六爻,得位定也。"尚秉和先生《周易尚氏学》:"《颐》求口实,得养之正。"

十三画

〔 l 〕

【虞翻】(164—233) 三国吴会稽余姚(今属浙江)人,字仲翔。少好学,有高气。初从太守王朗,后从孙策为功曹。汉室召为侍御史,曹操为司空辟,皆不就。孙权时为骑都尉,常随军划谋。性疏直,数犯颜谏争;又不协俗情,多见谤毁。曾被流徙丹杨泾县(今属安徽),后获释。关羽既败,孙权使虞翻筮之,得《节》卦,五爻变之《临》,翻曰:"不出二日,必当断头。"果如翻所言。孙权称曰:"可与东方朔比矣!"孙权称吴王,欢宴之末,虞翻佯醉失礼,险遭击杀。权与张昭论及神仙,翻指昭曰:"彼皆死人,而语神仙,世岂有仙人邪!"权积怒非一,遂徙翻交州(今广东、广西一带)。虽处流放,而讲学不倦,门徒常数百人。为《老子》、《论语》、《国语》训注;尤精《易》学,长于"纳甲"、"旁通"、"之正"、"卦变"诸法。尝与孔融书,示以所著《易注》。融答书谓睹其治《易》,"乃知东南之美者,非徒会稽之竹箭也。"以《易注》奏上,称其家五世治孟氏《易》,并云:"蒙先师之说,依经立注","所览诸家解不离流俗,有不当实,辄悉改定,以就其正"。流放交州十余岁而卒,年七十(见《三国志·吴志·虞翻传》)。《经典释文·序录》载:虞翻《周易注》十卷;《隋书·经籍志》作九卷。已佚。清孙堂、黄奭等有辑本。

【虞氏学】 见"虞氏易"。

【虞氏易】 三国吴虞翻所传《易》学,亦称"虞易"、"虞仲翔易"。据《三国志·吴志·虞翻传》注引《虞翻别传》谓,翻以《易注》奏上,称其家五世治孟氏《易》,则虞《易》乃承西汉孟喜之学而传。而孟《易》又传自田何、杨何、丁宽。张惠言指出:"汉儒说《易》大指可见者三家:郑氏、荀氏、虞氏。郑、荀、费氏《易》也;虞、孟《易》也。自王弼以空虚之言解《易》,唐立之学官,而汉世诸儒之说微,李鼎祚作《集解》,颇采古《易》家言,而翻注为多。

然则求七十子之微言,田何、杨叔、丁将军之所传者,舍虞氏之注,其何所自焉?"(约《周易虞氏义自序》语)然虞《易》虽传孟氏之学,其"纳甲"法又取自魏伯阳《周易参同契》说,故吴翊寅云:"虞翻本治孟氏《易》,而改以《参同契》纳甲为主。"(《易汉学考》)虞氏《易》学的条例颇为繁杂,较重要者有"纳甲"、"之正"、"旁通"、"爻位消息"、"互体"、"半象"、"权象"、"两象易"等法。所撰《周易注》已佚,李鼎祚《周易集解》所采虞氏《易注》遗文视诸家为最多,清孙堂、黄奭等有辑本;张惠言以治虞氏学名家,著《周易虞氏义》、《周易虞氏消息》、《虞氏易礼》、《虞氏易言》、《虞氏易候》、《虞氏易事》诸书,研求至密。

【虞氏互体】 三国吴《易》家虞翻所用"互体"条例。"互体"之说,《左传》载录筮例中即已言及。汉魏《易》家用以解《易》者甚为普遍。至虞翻用之尤甚,其类例滋衍繁多。据李鼎祚《周易集解》所引虞氏《易》注,有涉互体者略可诸三类:一是,以二至四爻、三至五爻互三画之卦二。此为互体通例。如《乾》卦《彖传》虞翻注(《集解》引,下同)曰"已成《既济》,上坎为云,下坎为雨",所言"下坎"即指二至四爻为互坎。又《乾》九五爻辞虞注"谓四已变,则五体离",即言三至五为互体离。二是,以初至五爻、二至上爻互六画之卦二。如《蒙》卦《彖传》虞注"二体《师》象",即言《蒙》卦初爻至五爻互有六画之《师》卦。又同卦《彖传》虞注"体《颐》,故养",即言该卦二至上爻另互有六画之《颐》卦。三是,以初至四、二至五、三至上互六画之卦三。如《小畜》卦《大象传》虞注"初至四体《夬》,为书契",即言《小畜》初爻至四爻互有六画之《夬》卦。又《师》卦《大象传》虞注:"五变执时!,有颐养象,故以'容民畜众'矣。"此言《师》卦六五爻变阳,则二至五爻互有六画之《颐》卦。又《泰》九三爻辞虞注"从三至上,体《复》",即言《泰》卦三至上爻互有六画之《复》卦。以上三类互体之用,除第一类为诸家通用的常例外,第二、三类则是对旧规的发展。于是,虞翻言互体,一卦中既可互有两个三画卦,又可互有两个六画卦,乃至三个六画卦。若从虞氏兼其他《易》例以言互体的角度分析,则其互体说更可归为多类:曰兼爻变言互体。如上引虞注《乾》九五"四已变则五体离"即是。曰兼卦变所生言互体。如《涣》卦辞虞注"《否》体《观》",即言《涣》卦自《否》卦变来,《否》初至五爻互有六画之《观》卦。曰兼旁通言互体。如《离》卦辞虞注"与《坎》旁通"、"体《颐》",即言《离》的旁通卦《坎》二至五爻互有六画之《颐》卦。曰兼半象言互体。如《需》卦《大象传》虞注:"二失位变,体《噬嗑》,为食,故以饮食。"即言《需》卦九二变阴之正,初、二两爻为震半象,与三至五爻互体离合为《噬嗑》卦。此外,尚可兼"权象"、"两象易"等例以言互体。可见,虞翻在前人研究的基础上,进一步发展为他的内涵繁富的"互体"说。参见"互体"。

【虞氏卦变】 三国吴《易》家虞翻所倡《易》学条例。卦变,指六画卦中,不论一爻或数爻变,均成不同的另一卦。西汉京房"爻变"说,东汉荀爽"升降"说,皆属卦变之例。至虞翻《易》说兴,则卦变愈显繁杂。虞氏卦变条例,最主要者约有四端:一曰"《乾》《坤》变《坎》《离》";二曰"之正"(亦称"成《既济》定");三曰"爻位消息推卦所来";四曰"震巽特变"。详见四条分目。

【虞氏易礼】 清张惠言撰。二卷。《张皋文笺易诠全集》本。此书以为虞翻解《易》与郑玄依《礼》释《易》有相合之处,遂为之牵连辨述。柯劭忞指出:"郑君据《礼》释《易》为专家之学;虞氏诋郑注为不得其门,则虞氏不主《礼》可知。惠言谓揆诸郑氏原流本末,盖有合焉,未免曲为附会。然其原文本质,发挥经义,足以补康成之缺,正不必援虞入郑,混淆家法也。"(《续修四库全书提要》)

【虞氏易言】 清张惠言撰。二卷。《张皋文笺易诠全书》本。《易传》有《文言》一篇，专为阐说《乾》、《坤》两卦的象征义旨，余六十二卦则无。朱熹《周易本义》指出："此篇申《彖传》、《象传》之意，以尽《乾》、《坤》二卦之蕴，而余卦之说，因可以例推云。"惠言依《乾》、《坤》二卦《文言》之例以撰是书，自《屯》、《蒙》始，亦本《彖传》、《象传》之意以推言诸卦大义；又以三国虞翻为《易》学专家，因兼取虞氏义以发挥其言，遂名书曰《虞氏易言》。然书中多引群经古义，以相佐证，则是书又非仅阐述虞氏一家之言。作者于说《易》之际，时或根据自己的思想抒发议论，柯劭忞谓为："经义宏深，固非墨守章句之士所能窥其涯涘者。"（《续修四库全书提要》）惟缺自《鼎》以下十四卦，则属未成之帙。按刘逢禄《刘礼部集》卷二《易言篇跋》及卷五《易虞氏五述序》，刘氏尝补惠言此书之缺。黄寿祺先生云："苟能合刊刘氏所补而行之，虽未足以薄王、程，越传、注，要亦为言义理者所必当取资焉尔。"（《易学群书平议》）

【虞氏易候】 清张惠言撰。一卷。《张皋文笺易诠全书》本。张氏以为，《易》气应卦必以其象，遂取虞翻《易》象以发明占候之义，据虞《易》消息以推时训，撰为是书。书中所辨析虞氏《易》象与《易》候之旨，颇为广博。柯劭忞指出："惠言诠释详明，然亦时有疏舛。"（《续修四库全书提要》）

【虞氏易事】 清张惠言撰。二卷。《皇清经解续编》本。张氏认为，《周易》之学唯"天道"、"人事"而已，虞氏论象皆气，人事虽具，却略不贯穿，遂撰是书以通说之；书中征引广泛，虽名《虞氏易事》，实不囿于一家之学。柯劭忞指出："惠言合象，'比事合象，推爻附卦'，实为治《易》者之准的；至云'象无所不具，而事著于一端'，则举一反三，是在善学者之得其通而已矣。"（《续修四库全书提要》）

【虞氏逸象】 三国吴虞翻注《易》所用八卦之象，不见于《说卦传》者，称"虞氏逸象"。清惠栋《易汉学》据虞注遗文，辑有虞氏逸象三百三十一例，并指出："《荀九家》逸象三十有一，载见陆氏《释文》，朱子采入《本义》。虞氏仲翔，传其家五世孟氏之学，八卦取象十倍于《九家》。"又于所辑逸象末附云："虽大略本诸经，然其授受必有所自，非若后世向壁虚造、漫无根据者也。"张惠言撰《周易虞氏义》，在惠栋的基础上重录虞氏逸象四百五十六例，其中"乾"八十例，"坤"一百一十例，"震"五十六例，"巽"四十四例，"坎"六十九例，"离"二十九例，"艮"五十二例，"兑"十六例，总数较惠氏所辑多一百二十五例，考核转益精审，以为这些逸象"盖孟氏所传"。按，清纪磊撰《虞氏逸象考正》二卷，取惠、张二家所辑虞氏逸象，证其正是，辨其违失，又续蒐得逸象六十六例，附张氏书后。另有方申撰《虞氏易象汇编》，共辑逸象一千二百八十七例，其爬罗剔抉、辨析异同之功，实颇精细，然错出重复者未能免。又按，虞氏逸象，常配合其爻变、卦变之说而为用，《易》家有甚重视者，亦有颇贬抑者。尚秉和先生《易说评议》以为虞翻对《易林》所用之象多不知，指出："《易》象至东汉多失传，象失故《易》多不能解。先儒遇此，阙疑不解；《易》说疏阔，职是之由。翻则反是，于象之不知者，则强令某爻变以就其象。"又曰："虞翻不知《说卦》之象，略引其端；又不知经之取象，与《说卦》常相反。不知而不阙疑，尽恃爻变、卦变以为解，后之人以其便利，无所不通，遂相祖失之，而《易》象失真。"

【虞翻周易注】 三国吴虞翻撰。清孙堂辑。十卷。《附录》一卷。《汉魏二十一家易注》本。虞翻《易注》，《隋书·经籍志》、《旧唐书·经籍志》、《新唐书·艺文志》均作九卷，《经典释文》作十卷。已亡佚。李鼎祚《周易集解》采录独多。清张惠言曾辑之，参以己之阐释，撰《周易虞氏义》九卷，成一家言。孙堂仍以《集解》为本，辅以《经典释文》《汉上易传》等书所引，依《释文》所云卷数辑为十卷。凡汉魏人《易》注存者，莫多于是。其书前题词云：虞翻《易》说，"实焦、京所未发。其《上易注奏》云'臣依经立注'，又云'《易》道在天，三爻足矣'，不信然与！惜其书久佚，《集解》所录，与三十余家相间，以经文准之，殆不能半。然虞之大义，至今未泯者，不可谓非李氏之功。今以《集解》为主，而更采他书以附益之，厘为十卷（原注：此依《释文·序录》，《隋志》则云九卷），以志不忘元书之意云尔"。书末《附录》，载《三国志》本传裴松之注所引《虞翻别传》文，及《艺文类聚》卷五十五所录孔融《答虞翻书》（与本传节文不同）。黄奭亦辑有《虞翻易注》不分卷，载《黄氏逸书考》中，与孙辑本无多差异。

【虞氏易义补注】 清纪磊撰。一卷。《附录》一卷。《吴兴丛书》本。纪氏以为，汉季《易》师，以虞翻为巨擘，然其说支离，其注存者残缺，虽张惠言治虞氏学，亦不得不采用他说以补之；盖虞主纳甲而本于《参同契》，郑玄主爻辰而本自《乾凿度》，今张氏每引《乾凿度》文，则虽曰"虞氏"而实非虞氏本然。于是遂撰《补注》一卷，凡张惠言引《乾凿度》、《稽览图》以析虞义及其他立说未审者，皆驳正之；又以《书张氏虞易消息后》一篇，为《附录》一卷。吴承仕先生指出："纪氏以虞主《参同契》，是也；谓郑之爻辰本于《乾凿度》，盖袭取惠栋《易汉学》之说。钱塘以爻辰本月律；焦循则谓爻辰为郑氏一家之学，不本《乾凿度》，亦不本月律。然则，纪氏说亦未足为定论也。"又云书中间有沿譌袭谬，取证未切之说。（《检斋读书提要》）

【虞氏易象彙编】 清方申撰。一卷。《方氏易学五书》本。是编为作者《易学五书》之二。其《自序》称，述虞翻《易》象者，以惠栋、张惠言最为详备，然遗漏、舛误、脱字、重见、错出者亦颇有之；故就二家所述，凡有疑者则置之，有误者则正之，有脱

者则补之，字之通用者则仍存之，义之各殊者则并列之，重见者则叠引之，错出者则分纪之，共得虞氏逸象一千二百八十七则，都为一卷。柯邵忞指出："其爬罗剔抉，辨析异同，较前人实为精细。惟错出之文分见各门，未免重复无谓"，"然则申自谓得逸象一千二百八十七，斟其重复，宜汰十之三四矣。"（《续修四库全书提要》）。

【虞氏逸象考正】 清纪磊撰。二卷。《吴兴丛书》本。虞翻《易》说，取象广博，惠栋《易汉学》曾采辑其逸象三百三十一例；张惠言《周易虞氏义》录四百五十六例，较惠氏约多一百二十五例；纪磊取惠、张二家说，考正其是非得失，又续搜得虞氏逸象六十六例，以附于张氏书之后。吴承仕先生指出：纪氏"说义拘滞，时亦有之"，"惠、张之伦，诚不免于穿凿，若纪氏者又穿凿之拙者邪"；然又谓其书"虽有疏失，亦治汉《易》者所宜取资也"。（《检斋读书提要》）

【虞吉有它不燕】 《中孚》卦初九爻辞。意思是：安守诚信可获吉祥，别有它求不得安宁。虞，犹言"安"；燕，通"宴"，亦"安"之意。这是说明初九以阳刚居《中孚》之始，一阳在下，务须潜修己德，不可施用，以能安守诚信为吉；其时虽与六四有应，然九二在前为阻，若欲"有它"而往应，必难安宁，故曰"虞吉，有它不燕"。参见"中孚初九"。

【虞翻五世治孟易】 三国《易》家虞翻，自叙其高祖以来，凡五世皆治西汉孟喜《易》学。《三国志·吴志·虞翻传》注引《虞翻别传》，谓翻初立《易》注，奏上，称"臣高祖父故零陵太守光，少治孟氏《易》；曾祖父故平舆令成，缵述其业；至臣祖父凤，为之最密；臣亡考故日南太守歆，受本于凤，最传旧书，世传其业，至臣五世"。按，虞翻世传孟《易》之言，后世《易》家有不同看法。清吴翊寅《易汉学考》以为"虞翻本治孟氏《易》而改以《参同契》纳甲为

主",并指出:"仲翔虞氏,世传孟学,旁通、消息之变、往来,较郑、荀义例为密;逸象数百,颇见精详。然其说主纳甲,则本道家之言,入异端而违古义,两汉师法背弃殆尽。"又曰:"姚信晚出,亦宗孟氏,唯主爻位,不参卦气。以视虞之惑于邪说固不可同年而语矣。"尚秉和先生《易说评议》则曰:"孟喜《易》于阴阳灾变,独得其传,为施、梁所未及。而焦延寿亲问《易》于孟喜,凡《易林》所用之象,如坤为水、为风、为疾病,兑为月、为华、为老妇,艮为龟、为牛、为鸟、为夫,坎为夫、为矢,及以正反兑、正反震为'有言',与《易》极有关之象,何以虞氏皆不知?世传孟《易》之言,宁足信乎?"

【虞翻注易益美东南】 三国时孔融称赞虞翻治《易》精深之语。《三国志·吴志·虞翻传》:"翻与少府孔融书,并示以所著《易注》。融答书曰:'闻延陵之理乐,睹吾子之治《易》,乃知东南之美者,非徒会稽之竹箭也。又观象云物,察应寒温,原其祸福,与神合契,可谓探赜穷通者也。'"

【蜀才】 两汉晋间人。一说是王弼后人。一说为蜀中隐者"范长生",一名"贤",自号"蜀才",十六国时成汉李雄以为丞相。陆德明《经典释文序录》列蜀才《周易注》十卷,并谓:"《七录》云不详何人,《七志》云是王弼后人。按《蜀李书》云:姓范,名长生,一名贤,隐居青城山,自号'蜀才',李雄以为丞相。"吴承仕先生《经典释文序录疏证》:"《颜氏家训》曰:'《易》有蜀才注,王俭题云王弼后人;谢灵、夏侯该并读数千卷书,皆疑是谯周;而《蜀李书》一名《汉之书》,云姓范名长生自称蜀才。南方以晋家渡江后,北间传记,皆名为伪书,不贵省读,故不见也。'《华阳国志》云:'范贤名长生,一名延久,又名九重,一曰支,字元寿,涪陵丹兴人。'《十六国春秋》云:'雄即成都王位,长生乘素舆诣成都,即拜丞相,尊曰蜀贤。长生善天文,有术数,民奉之如神。玉衡八年卒(原注:当晋大兴元年)。'"《隋书·经籍志》、《旧唐书·经籍志》、《新唐书·艺文志》,亦并列蜀才《周易注》十卷。已佚。清孙堂《汉魏二十一家易注》、马国翰《玉函山房辑佚书》、黄奭《汉学堂丛书》均辑有一卷。张惠言《易义别录》以为:"蜀才之《易》,大约用郑、虞之义为多,卦变全取虞氏。"

【蜕私轩易说】 姚永朴撰。二卷。《周氏师古堂所编书》本。作者斋号"蜕私轩",因以之名书。全书通说六十四卦经义,依诸卦次序,先列卦名、卦象,次以己意分析该卦理趣及各爻间的关系。卷上说上经三十卦,卷下说下经三十四卦。其大旨在于以《十翼》解经,故论说中多取《彖》、《象》、《系辞》、《文言》诸传为据;又专主义理,不取象数之学,故历代《易》家阐义理之说亦间为采录参证。

【愚一录易说订】 杭辛斋撰。二卷。民国十二年(1923)研几学社铅印本。据杭氏《序》,清郑献甫原著《愚一录易说》,献甫字小谷,与俞樾年齿科名相先后,著述亦相等,顾辟处岭南,江左以北鲜知其名;杭氏客羊城时,见其全集,高可等身,遂手抄其《易说》二卷,间有异义,或意有未尽者,逐条疏订,附以己见,因成是书。但其中却有郑氏原著不误,经杭氏订后反误者;或有郑氏原著不妥,而杭氏之订亦未确切者:这些均未可取。尚秉和先生《易说评议》指出:"郑氏《易说》,考订详明,列举鸿博,虽未章解句释,然举一义而贯穿全经,求其凝滞,订其同异,朴实详尽,望而知为深于汉学者。至辛斋所订,多毛举细故,无所发明。""盖杭氏于考订训诂之学,本非所长,故其所订正,多浮泛不切也。"

【频复】 《复》卦六三爻辞之语。意为:皱眉勉强回复。频,犹言"颦蹙",皱眉之状。这是说明六三当"阳气回复"之时,以阴居下卦之上,失正无应,乘承皆阴,"复善"多艰,遂有皱眉勉力回复之象,故曰"频复"。参见"复六三"。

【频巽】 《巽》卦九三爻辞之语。意思是:颦蹙不乐而勉强顺从。频,即"颦",颦蹙不乐之状。这是说明九三当"巽"之时,居下卦之终,质禀阳刚,处位得正,却为其上六四之阴所乘,压抑颦蹙,志穷委屈而勉强顺从,故曰"频巽"。参见"巽九三"。

【频巽之吝志穷也】 《巽》卦九三爻的《小象传》辞。旨在解说九三爻辞"频巽,吝"的象征内涵。意思是:颦蹙不乐勉强顺从而有憾惜,说明九三心志困穷不振。参见"巽九三小象传"。

【频复之厉义无咎也】 《复》卦六三爻的《小象传》辞。旨在解说六三爻辞"频复,厉无咎"的象征内涵。意思是:皱眉勉强回复,有危险,但从六三努力回复正道的意义看却无咎害。参见"复六三小象传"。

〔丿〕

【辞变象占】 谓《周易》之道为人所常用者,主要有尚辞、尚变、尚象、尚占四方面。语本《系辞上传》。参见"易有圣人之道四焉"。

【愆期之志有待而行也】 《归妹》卦九四爻的《小象传》辞。旨在解说九四爻辞"愆期"的象征内涵。意思是:九四超延出嫁佳期的心志,在于静待时机而后行。参见"归妹九四小象传"。

【觟阳鸿】(觟,音画 huà) 东汉中山(治所今河北定县)人。姓觟阳,名鸿,字孟孙。以"孟氏《易》"授徒,知名于世。永平中为少府(见《后汉书·儒林列传·洼丹传》)。

【筮人】 古代职掌《易》筮之官。《仪礼·士冠礼》:"筮人执策。"郑玄注:"筮人,有司主《三易》者。"贾公彦疏:"案《周礼·春官》,筮人掌《三易》,一曰《连山》,二曰《归藏》,三曰《周易》。注云:问蓍者曰筮,其占《易》。是筮人主《三易》者也。"

【筮仪】 旧题南宋朱熹撰,解说《周易》占筮程序及方法的文章,载《周易本义》卷首。全文先叙蓍室的安排、筮具的布置等筮前准备工作,次说四营成一变、三变成一爻、十八变成一卦等占筮细节,而以礼毕焚香而退为终。其中解析"分二揲四"、"一挂二扐"、"七八九六"、"阴阳老少"、"单拆重交"之义颇为明确,对后人研习筮法甚有影响。尚秉和先生撰《周易古筮考》一书,其首篇即据朱熹此文作《筮仪详解》,并指出:"《易》本用以卜筮。不娴筮法,九、六之义即不知其何来,而《系辞》'大衍'一章尤难索解,《春秋传》所谓'某卦之某卦'亦莫明其故。故学《易》者宜先明筮法。兹就朱子所传《筮仪》用之。至此《筮仪》为朱子所定,抑或传自先儒,朱子未言,则亦不必论也。"按,清王懋竑《易本义九图论》以为,"今详《筮仪》之文,绝不类朱子语";又据《筮仪》注中"筮者北面,见《仪礼》"一语,谓《仪礼》多言筮者西面,唯"士丧礼"筮宅以不在庙筮者北面,遂指出:"朱子岂不见《仪礼》者而疏谬若是耶?由是以言,《筮仪》亦断非朱子之作。"(《白田草堂存稿》卷一)

【筮宗】 南宋赵汝楳撰。一卷。《通志堂经解》本。参见"周易辑闻"。

【筮法】 《周易》的占筮方法。《系辞上传》指出:《周易》含有四方面"圣人之道",其一是"占筮",并于"大衍之数"章中专节概述了筮法要旨。但《系辞传》所叙至为简约,读者不易索解。旧题朱熹所撰《筮仪》一篇(载《周易本义》卷首),对筮法作了详明的解说。其说重在讲析"四营"、"三变成爻"、"十八变成卦"的程序。首先,备蓍草五十策纳于椟中(椟以圆竹筒或木筒为之,置筮案上),椟南置木格(以横木板为之,中刻两大槽,大槽左侧刻三小槽),筮时两手执五十根蓍策,以右手取其一策返于椟中(此《系辞传》所谓"大衍之数五十,其用四十有九",亦称"虚一不用"),再以左右手随意分四十九策,置于木格之左右两大槽,这即是"第一营"(营,谓经营),亦即《系辞传》所谓"分而为二以象两"(两,谓阴阳两仪)。其次,以左手取左大槽之策执之,再以右手取右大槽之一策挂于左手小指间,这即是"第二营",亦即《系辞传》所谓"挂一以象三"(三,谓天地人三才)。再次,以右手四揲(即四策一组地算)左手之策,这即是"第三营"的前半,亦即《系辞传》所谓"揲之以四以象四时"。再次,将四揲所余之策,或一策、或二策、或三策、或四策,扐(即夹)于左手无名指间,这即是"第四营"的前半,亦即《系辞传》所谓"归奇于扐以象闰"。再次,以右手将过揲(已经揲算过的)之策返于左大槽,并取右大槽的蓍策执之,以左手四揲之,这即是"第三营"的后半。再次,将四揲所余之策,如前或一策、或二策、或三策、或四策,扐于左手中指之间,这即是"第四营"的后半,亦即《系辞传》所谓"再扐以象再闰"。此时,两次揲算所扐的余策,左大槽若余一策则右大槽必三策,左余二策则右亦二策,左余三策则右必一策,左余四策则右亦四策;将两次余策与挂一之策合计,则非五即九。"四营"既毕,以右手将过揲之策返于右大槽,并合拢左手一挂二扐之策置于格上左侧第一小槽。这时,就完成了"一变"。一变所得余策总数,即上述所言"非五即九",兹列表如下:

第一变所得挂扐之数表

挂策数 (挂一)	左大槽 余策数 (一扐)	右大槽 余策数 (再扐)	合计一 变得数 (一挂二扐)
1	1 2 3	3 2 1	5
	4	4	9

一变之后,将左右两大槽的一变过揲之策合在一起执之,再按一变的程序"四营",而将一挂二扐之策置于格上左侧第二小槽,这时,就完成了"二变"。二变所得余策总数,非四即八,兹列表如下:

第二变所得挂扐之数表

挂策数 (挂一)	左大槽 余策数 (一扐)	右大槽 余策数 (再扐)	合计二 变得数 (一挂二扐)
1	1 2	2 1	4
	3 4	4 3	8

二变之后,将左右两大槽的二变过揲之策合在一起执之,再按一变、二变的程序"四营",而将一挂二扐之策置于格上左侧第三小槽,这时,就完成了"三变"。三变所得余策总数,非四即八(与二变同),兹列表如下:

第三变所得挂扐之数表

挂策数 (挂一)	左大槽 余策数 (一扐)	右大槽 余策数 (再扐)	合计三 变得数 (一挂二扐)
1	1 2	2 1	4
	3 4	4 3	8

三变完毕,则视三次变化所得挂扐及第三变过揲之策的情状,记下所成之爻画。三次变化所得挂扐之数,无非五、四、九、八,五、四为奇(两数中均只含一个"四",故为奇),九、八为偶(两数中均含两个"四",故为偶)。若三次变化的挂扐之数为三奇(即五、四、四,亦称"三少"),合计十三策(即五、四、九相加),则过揲之策三十六(即四十九策减十三策),除以四得"九",为老阳,其画为"▫",筮家称为"重";若三次变化的挂扐之数为两奇一偶(即五、四、

八、或九、四、四，亦称"两少一多"），合计十七策（即五、四、八相加，或九、四、四相加），则过揲之策三十二（即四十九策减十七策），除以四得"八"，为少阴，其画为"--"，筮家称为"拆"；若三次变化的挂扐之数为两偶一奇（即九、八、四，或五、八、八，亦称"两多一少"），合计二十一策（即九、八、四相加，或五、八、八相加），则过揲之数二十八（即四十九策减二十一策），除以四得"七"，为少阳，其画为"—"，筮家称为"单"；若三次变化的挂扐之数为三偶（即九、八、八，亦称"三多"），合计二十五策（即九、八、八相加），则过揲之策二十四（即四十九策减二十五策），除以四得"六"，为老阴，其画为"×"，筮家称为"交"。简言之，筮法凡三变必成一爻，其爻无非少阳、少阴、老阳、老阴（简称"阴阳老少"），其数为七、八、九、六，筮家称单、拆、重、交。兹将"三变成爻"之结果列表如下：

三变成一爻表

三　　变	第 一 变		第 二 变		第 三 变	
挂扐数	5	9	4	8	4	8
成　爻 推　断	成爻的四种情况					
挂扐数之和	5＋4＋4	5＋4＋8 （或9＋4＋4）	9＋4＋8 （或5＋8＋8）	9＋8＋8			
奇　偶	三奇	两奇一偶	两偶一奇	三偶			
多　少	三少	两少一多	两多一少	三多			
计算过揲数	49策－ (5＋4＋4)	49策－ (5＋4＋8)	49策－ (9＋4＋8)	49策－ (9＋8＋8)			
过揲数（除以四）	36(÷4)	32(÷4)	28(÷4)	24(÷4)			
商　数	9	8	7	6			
别　称	重	拆	单	交			
符　号	□	--	—	×			

三变既成一爻，再将四十九根蓍策合为一处，如前三变之例反复揲算，凡十八变得六爻而成卦。其中首三变所得为初爻，第四至六变所得为二爻，第七至九变所得为三爻，第十至十二变所得为四爻，第十三至十五变所得为五爻，第十六至十八变所得为上爻。这便是《周易》筮法"四营成一变"、"三变成一爻"、"十八变成一卦"的大体程式。依此法所筮得卦中，或有可变之爻（老阴、老阳），或有不变之爻（少阴、少阳），或六爻皆变，或六爻皆不变。这样，在筮得的卦形中，若有一爻或数爻为变爻，其爻阴可变阳，阳可变阴，该卦就变成另一卦；此时，筮得的卦形称"本卦"，所变的卦形称"之卦"。古代筮法，便是依据筮得卦形的变或不变情况占断吉凶利咎。关于《易》筮的具体规则，前人说法不一，朱熹《易学启蒙》归纳出七条筮占法式，兹

录以参考：其一，"一爻变，则以本卦变爻辞占"；其二，"二爻变，则以本卦二变爻辞占，仍以上爻为主"；其三，"三爻变，则占本卦及之卦之象辞（指卦辞，下同），而以本卦为'贞'（内），之卦为'悔'（外）"；其四，"四爻变，则以之卦二不变爻占，仍以下爻为主"；其五，"五爻变，则以之卦不变爻占"；其六，"六爻变，则《乾》、《坤》占'二用'（指用九、用六辞），余卦占之卦彖辞"；其七，"六爻皆不变，则占本卦彖辞"。此种归纳，似亦自成条理。但视《左传》、《国语》所载筮例，有合者，亦有不合者。盖古代筮法多因象求占，其法灵活，不能执一，且筮家在占断吉凶时往往兼取互体及八卦的诸多喻象为说；后来又有参入各家的卦变法、互体法及旁通、飞伏、世应、纳甲、爻辰等不同名目者，形成自《左传》、《国语》筮例至两汉以降不断增益、发展的占筮方式。尚秉和先生撰《周易古筮考》一书，既采朱熹说法，又引据不同之说细加考证，并从历代史籍中辑得筮案一百余例，一一详为辨析，可资寻见古人运用《周易》筮法的基本规律。按，先秦筮法以五十根蓍草为筮策揲算，其法较繁；西汉京房用三枚铜钱代替蓍策，较为简便，遂有"金钱卜"之说，其原理则与揲蓍法无异。参见"金钱代蓍"。

【筮验】 谓占筮后所获的验证。《晋书·郭璞传》："璞撰前后筮验六十余事。"

【筮类谋】 见"是类谋"。

【筮渎不告】 指蒙童求问者，初问当告之以解惑；若再三求问则有渎于学，不可再告。语本《蒙》卦卦辞。班固《汉书·艺文志》："及至衰世，解于齐戒，而娄烦卜筮，神明不应。故筮渎不告，《易》以为忌。"颜师古注："《易·蒙卦》之辞曰：'初筮告，再三渎，渎则不告。'言童蒙之来决疑，初则以实而告，至于再三，为其烦渎，乃不告也。"参见"蒙卦辞"。

【筮短龟长】 春秋时晋国卜人之语，认为筮占不如龟卜可取。这是卜人针对一时一事所发表的观点，并非对"筮"与"龟"彼此长短优劣的评价。《左传》僖公四年："初，晋献公欲以骊姬为夫人，卜之不吉，筮之吉。公曰：'从筮。'卜人曰：'筮短龟长，不如从长。'"杜预注："物生而后有象，象而后有滋，滋而后有数。龟象筮数，象长数短。"孔颖达疏："'筮数'以上，皆十五年《传》文。象者，物初生之形；数者，物滋见之状。凡物皆先有形象，乃有滋息，是数从象生也。龟以本象金、木、水、火、土之兆以示人，故为长；筮以末数七、八、九、六之策以示人，故为短。《周礼·占人》'掌占龟'，郑玄云：'占人亦占筮，言占龟者，筮短龟长，主于长者。'亦用此《传》为说。案《易·系辞》云'蓍之德圆而神，卦之德方以知'，'神以知来，知以藏往'。然则，知来藏往，是为极妙，虽龟之长，无以加此。圣人演筮以为《易》，所知岂短于卜？卜人欲令公舍筮从卜，故云'筮短龟长'，非是龟能实长。杜欲成'筮短龟长'之意，故引《传》文以证之。若至理而言，卜筮实无短长。"

【解】 六十四卦之一。列居篇中第四十卦。由下坎（☵）上震（☳）组成，卦形作"䷧"，卦名为"解"，象征"舒解"险难。全卦大旨，在于说明如何舒解险难的道理。卦辞先言解难利在施于"西南"众庶之地，强调其目的是使群情共获舒缓。然后分两层揭示解难的基本原则：无难，以"来复"安居为吉；有难，以早去速解为吉。朱熹《周易本义》指出："若无所往，则宜来复其所而安静；若尚有往，宜早往早复，不可久烦扰也。"可见，《解》卦的宗旨是要通过排患解难，追求一种安宁和平的环境。六爻的喻义，侧重于展示"解难"过程的具体情状，反复申言清除"小人"、排解"内患"的重要意义。陈梦雷《周易浅述》认为："六爻之义，主于去小人。六三一阴，为小人非据以致天下之兵者，诸爻皆欲去之；二之获狐，获三也；四之解拇，解三也；上之射隼，射三也；五之有孚，亦退三也。唯初六才柔位卑,不任解难而在解时,无咎而已。"显然,全卦之"难"集于六三,以致群起而"解"之。视三以阴居内卦坎险之上,实喻"内部隐患"。那么,《解》卦所示"舒解"之时的主要矛盾,亦即危害安宁环境的重要因素,无疑是在"内"、在"隐"了。

【解作】 谓天地舒解,雷雨兴作而万物勃发生机;后借以比喻春天的景况。语本《解》卦《象传》:"天地解而雷雨作,雷雨作而百果草木皆甲坼。"《文选》载谢灵运《于南山往北山经湖中瞻眺》诗:"石横水分流,林密蹊绝踪。解作竟何感,升长皆丰容。"李善注:"《周易》曰:'天地解而雷雨作,雷雨作而百果草木皆甲坼。'"

【解蒙】 元吉水(今属江西)人。字求我;一作字"来我",盖字形相近而误。天历二年(1329)举人。与兄解子尚并以善《易》名于时。《易》学著述今存《易精蕴大义》十二卷(见《江西通志》、《经义考》及《四库全书提要》)。

【解九二】 《解》卦九二爻。以阳爻居卦第二位。爻辞曰:"田获三狐,得黄矢;贞吉。"意思是:田猎捕获三只隐伏的狐狸,自身禀具黄色箭矢般刚直中和的美德;守持正固必获吉祥。田,谓田猎;狐,喻险难舒解之后的隐伏之患;黄矢,喻《解》九二爻居中刚直。这是说明九二当危难舒解之时,上应六五之"君",身负清除隐患的重任,犹如"田猎"而捕获潜伏的"三狐";由于九二以阳居中,刚柔相济,遂有"黄矢"似的"刚中"美质;以此趋正长守,必能不负解难除患的使命,故曰"贞吉"。王弼《周易注》:"狐者,隐伏之物也。刚中而应,为五所任;处于险中,知险之情,以斯解物,能获隐伏也。故曰'田获三狐'也。黄,理中之称也;矢,直也。田而获三狐,得乎理中之道,不失枉直之实,能全其正者也。故曰'田获三狐,得黄矢,贞吉'也。"按,从爻位看,《解》卦九二以阳居阴,有"失正"之象。但刚直处中,乃有"得黄矢"之美,遂能排除隐患,建树"田获三

狐"之功,故爻辞称其"贞吉"。《小象传》"得中道"一语,即指明九二能够守"正"获"吉"的关键所在。

【解九四】 《解》卦九四爻。以阳爻居卦第四位。爻辞曰:"解而拇,朋至斯孚。"意思是:像舒解你足大趾的隐患一样摆脱小人的纠附,然后友朋就能前来以诚信之心相应。而,孔颖达《周易正义》"汝也",指《解》卦九四爻;拇,陆德明《经典释文》引陆绩曰"足大趾也";朋,友朋,指《解》卦初六爻;斯,介词,王引之《经传释词》"犹'乃'";孚,信也。这是说明九四当"舒解"险难之时,阳居阴位,下比六三,为之所附,犹如足趾生患,阻碍其与正当应合的初六相应;于是亟须"解"其"拇",然后可致初六"朋"来,阴阳相"孚"之德乃见。王弼《周易注》:"失位不正而比于三,故三得附之,为其拇也;三为之拇,则失初之应,故解其拇然后朋至而信矣。"按,《解》九二、九四两爻皆有"王臣"之象,而居位均未正。九二能"获三狐",赖其"中"德;九四被"小人"纠附,一方面由于居位"未当",另一方面又因其"不中"之故。

【解上六】 《解》卦上六爻。以阴爻居卦最上之位。爻辞曰:"公用射隼于高墉之上,获之,无不利。"意思是:王公发矢射击窃据高城之上的恶隼,一举射获,无所不利。隼,音笋sǔn,恶鸟,孔颖达《周易正义》"贪残之鸟,鹯鹞(音沾耀 zhān yào)之属",此处喻《解》卦六三爻;墉,陆德明《经典释文》引马融曰"城也"。这是说明上六当"解"之时,尊居卦终,又处震动之极,为舒解危难的"王公"之象;而六三"小人窃位",犹如恶隼盘据"高墉之上",上六遂能及时"射"而获之,排除患害,故"无不利"。王弼《周易注》:"初为四应,二为五应。三不应上,失位负乘,处下体之上,故曰'高墉';墉非隼之所处,高非三之所履。上六居动之上,为'解'之极,将解荒悖而除秽乱者也,故用射之;极而后动,成而后举,故必获之而无不利也。"按,《系辞下传》引

解

孔子曰:"隼者,禽也;弓矢者,器也;射之者,人也。君子藏器于身,待时而动,何不利之有?"此说一方面表明上六"射隼",正当其时,故"无不利";另一方面又揭示上六处"解"之极,危难虽已舒解,但新患或将又萌,故当预藏"成器",随时警惕,不可因一时之"解",而忘他日之"塞"。

【解六三】 《解》卦六三爻。以阴爻居卦第三位。爻辞曰:"负且乘,致寇至;贞吝。"意思是:背负重物而身乘大车,必招致强寇前来夺取;守持正固以防憾惜。贞吝,犹言守正防吝。这是说明六三当"舒解"险难之时,阴柔失正,乘凌九二阳刚之上,而攀附于九四,犹如"小人"窃据非分的高位,于是爻辞乃以负重乘车、招致强寇来夺为喻,谓其居位不能久长,故曰"负且乘,致寇至";然爻辞又发规劝"小人"改邪向善之义,故特诫其趋正自守,以防憾惜,故又曰"贞吝"。王弼《周易注》:"处非其位,履非其正,以附于四,用夫柔邪以自媚者也。乘二负四,以容其身,寇之来也,自己所致。"按,《解》六三爻的大旨是,当危难舒解之后,局势固已安稳,但隐伏之患必然存在,而"小人窃位"则是最可忧的隐患。故《小象传》指出,此患将能导致"兵戎"之灾,即申述爻辞"致寇至"的涵义。《周易折中》引雷思曰:"负且乘,小人自以为荣,而君子所耻,故'可丑'也。寇小则为'盗',大则为'戎';任使非人,则变'解'而'塞',天下起戎矣。"又按,《系辞上传》引孔子曰:"作《易》者其知盗乎?《易》曰'负且乘,致寇至'。负也者,小人之事也;乘也者,君子之器也。小人而乘君子之器,盗思夺之矣;上慢下暴,盗思伐之矣。慢藏诲盗,冶容诲淫,《易》曰'负且乘,致寇至',盗之招也。"此说阐释《解》六三爻辞的寓意至为明畅,而"上慢下暴"之论,则揭示出"小人"窃据高位的根源是"上"者任人轻忽不慎,深得爻辞的言外之意。又按,"贞吝"之义,王弼《周易注》释为"正之所贱",程颐《周易程氏传》云"虽

使所为得正,亦可鄙吝"。此并可备参考。

【解六五】 《解》卦六五爻。以阴爻居卦第五位。爻辞曰:"君子维有解,吉,有孚于小人。"意思是:君子能够舒解险难,必获吉祥,并能用诚信之德感化小人。维,语气助词;孚,信也。这是说明六五当"解"之时,柔中居尊,下应九二"刚中",为能舒解危难的"君子"形象,故获吉祥;由于六五柔德弘敷,此时不但能解难,又能孚信于"小人"而感化之,使之诚服无怨,故曰"有孚于小人"。王弼《周易注》:"居尊履中,而应乎刚,可以有解而获吉矣。以君子之道解难释险,小人虽暗,犹知服之而无怨矣,故曰'有孚于小人'也。"按,《解》六五以"柔中"之德舒解危难,故能以诚信感化"小人"。此即转化邪恶者向善,排除隐患之义。

【解初六】 《解》卦初六爻。以阴爻处卦下初位。爻辞曰:"无咎。"意为:无所咎害。这是说明初六当危难初解之时,以柔处下,上应九四之刚,其身舒缓而无难,故"无咎"。朱熹《周易本义》:"难既解矣,以柔在下,上有正应,何咎之有?"按,《解》初六爻辞仅言"无咎"二字,全爻的喻义实已显现于爻位、爻象之中。胡炳文《周易本义通释》云:"《恒》九二'悔亡',《大壮》九二'贞吉',《解》初六'无咎',三爻之占只二字,其言甚简,象在爻中,不复言也。"

【解卦辞】 《解》卦的卦辞。其文曰:"解,利西南;无所往,其来复吉;有攸往,夙吉。"意思是:《解》卦象征舒解险难,利于西南众庶之地;没有危难而无所前往之时,返回静居其所可获吉祥;出现危难而有所前往之际,及早前去可获吉祥。解,卦名,象征"舒解"险难,孔颖达《周易正义》"解者,险难解释,物情舒缓";西南,象征"众庶"之地;夙,早也,此处与"速"义通,焦循《周易补疏》:"凡事早则速,速、夙音义皆通。"卦辞说明,当舒解险难之时,利在施于众庶,使群情共获舒缓,故曰"利西南";此时若无险难,则无所前往,以"来

复"安居、修治其内为吉,故曰"无所往,其来复吉";若出现险难,则应有所前往,并以及早前去,迅速舒解为吉,故又曰"有攸往,夙吉"。王弼《周易注》:"西南,众也。解难济险,利施于众。"又曰:"解之为义,解难而济厄者也。无难可往,以解来复,则不失中;有难而往,则以速为吉者。无难则能复其中,有难则能济其厄也。"按,《周易正义》引褚氏曰:"世有无事求功,故诫以无难宜静;亦有待败乃救,故诫以有难须速也。"此说申明卦辞"来复吉"与"夙吉"的义理,甚为可取。又按,《说卦传》谓坤为"西南"之卦,坤又为"众",故《解》卦辞"西南"象征"众庶"。王弼曰"西南,众也",义当本此。而"西南"之象,自《坤》卦辞"西南得朋"发其端,《蹇》、《解》两卦又延申其义。试析三卦异同,《坤》之"得"在"西南",《蹇》、《解》之"利"亦在"西南",三者取象皆同,但寓旨各有所主:《坤》卦主于阴柔者沿"西南"前行遇阳渐多而"得朋",《蹇》卦主于济蹇利在从平易之处入手,《解》卦主于舒解险难应当施于众庶。三卦用象同而旨趣异,各须具体辨析。

【解象传】 《解》卦的《象传》。旨在解说《解》卦的卦名、卦辞之义。其文为:"《象》曰:解,险以动,动而免乎险,解。解,利西南,往得众也;其来复吉,乃得中也;有攸往,夙吉,往有功也。天地解而雷雨作,雷雨作而百果草木皆甲坼,解之时大矣哉!"意思是:"《象传》说:舒解,譬如置身险境而能奋动,奋动解脱就能免除险难,这就是舒解。舒解险难,利于西南众庶之地,说明前往解难必将获得众人拥护;(没有危难而无所前往之时,)返回静居其所可获吉祥,这样就能合宜适中;出现危难而有所前往之际,及早前去可获吉祥,说明速往解难必能建功。天地舒解于是雷雨兴起,雷雨兴起于是百果草木的种子都舒展萌芽而绽开外皮,舒解之时的功效是多么弘大啊!"全文可分三节理解。第一节,自"解"至"动而免乎险,解"四句,举《解》卦下坎为险、上震为动之象,谓处险能动,则可解难而脱险,以释卦名"解"之义。第二节,自"解,利西南"至"往有功也"八句,分别从舒解险难当施益于众、无险即归乃得适中之道、有险速解可以建功等三个角度,释《解》卦的卦辞"利西南"、"其来复吉"、"有攸往夙吉"之义。第三节,自"天地解而雷雨作"至"解之时大矣哉"三句,举《解》卦上震为雷、下坎为雨之象,以天地舒解、雷雨兴作、草木舒展为例,广喻事物"舒解"之时的情状,并归结叹美《解》卦所揭示的"舒解"之时的弘大功效。

【解大象传】 《解》卦的《大象传》。其辞曰:"雷雨作,解;君子以赦过宥罪。"意思是:雷雨兴起(草木萌芽),象征"舒解";君子因此赦免过失而宽宥罪恶。这是先揭明《解》卦上震为雷、下坎为雨之象,谓雷雨兴作,万物当春而纷纷舒发生机,正为"舒解"的象征;然后推阐出"君子"观此象,须悟知对众人"赦过宥罪"以体现舒缓"仁政"的意义。孔颖达《周易正义》:"赦谓放免,过谓误失,宥谓宽宥,罪谓故犯。过轻则赦,罪重则宥,皆'解缓'之义也。"来知德《周易集注》:"雷雨交作,天地以之解万物之屯;赦过宥罪,君子以之解万民之难。此正《杂卦》'解,缓'之意。"按,胡炳文《周易本义通释》云:"《解》上下体易,为《屯》。动乎险中为'屯',动而出乎险之外为'解';'屯'象草穿地而未申,'解'则雷雨作而百果草木皆甲坼。"此说揭示《解》、《屯》两卦象旨相对之处,宜有可取。

【解受之以损】 《周易》六十四卦,以象征"舒缓解散"的《解》卦列居第四十卦;事物过于舒缓必然有所损失,所以接《解》之后是象征"减损"的第四十一卦《损》卦。此称《解》受之以《损》"。语本《序卦传》:"《解》者,缓也。缓必有所失,故受之以《损》。"李鼎祚《周易集解》引崔憬曰:"宥罪缓死,失之于侥幸,有损于政刑,故言缓必有所失,故受之以《损》者也。"程颐《周易程氏传》:"纵缓则必有所失,失则损也,

《损》所以继《解》也。"

【解九二小象传】 《解》卦九二爻的《小象传》。其辞曰:"九二贞吉,得中道也。"意思是:九二守持正固可获吉祥,说明有得于居中不偏之道。这是解说《解》九二爻辞"贞吉"的象征内涵。孔颖达《周易正义》:"明九二位既不当,所以得'贞吉'者,由处于中,得乎理中之道故也。"

【解九四小象传】 《解》卦九四爻的《小象传》。其辞曰:"解而拇,未当位也。"意思是:像舒解你足大趾的隐患一样摆脱小人的纠附,说明九四居位尚未妥当。这是解说《解》九四爻辞"解而拇"的象征内涵。孔颖达《周易正义》:"四若当位履正,即三为邪媚之身不得附之也。既三不得附,四则无所解。今须'解拇',由不当位也。"

【解上六小象传】 《解》卦上六爻的《小象传》。其辞曰:"公用射隼,以解悖也。"意思是:王公发矢射击恶隼,说明上六是在舒解悖逆者造成的险难。这是解说《解》上六爻辞"公用射隼"的象征内涵。孔颖达《周易正义》:"悖,逆也。六三失位负乘,不应于上,是悖逆之人也。上六居动之上,能解除六三之荒悖,故'以解悖'也。"

【解之时大矣哉】 《解》卦的《彖传》语。意为:舒解之时的功效是多么弘大啊! 这是归结并叹美《解》卦所揭示的"解"之"时"的弘大功效。程颐《周易程氏传》:"天地之功,由解而成,故赞解之时大矣哉! 王者法天道,行宽宥,施恩惠,养育兆民,至于昆虫草木,乃顺解之时,与天地合德也。"

【解六三小象传】 《解》卦六三爻的《小象传》。其辞曰:"负且乘,亦可丑也;自我致戎,又谁咎也?"意思是:背负重物而身乘大车,说明六三的行为也太可丑恶了;由于自身无德窃位而招致兵戎之难,又该归咎于谁呢? 这是解说《解》六三爻辞"负且乘,致寇至"的象征内涵。程颐《周易程氏传》:"负荷之人,而且乘载,为可丑恶

也。处非其据,德不称其器,则寇戎之致,乃己招取,将谁咎乎?"

【解六五小象传】 《解》卦六五爻的《小象传》。其辞曰:"君子有解,小人退也。"意思是:君子能够舒解险难,说明小人必将畏服退缩。这是解说《解》六五爻辞"君子维有解"的象征内涵。孔颖达《周易正义》:"小人谓作难者,信君子之德,故退而畏服之。"

【解初六小象传】 《解》卦初六爻的《小象传》。其辞曰:"刚柔之际,义无咎也。"意思是:初六与九四刚柔互为交际相应,就舒解险难的意义看必无咎害。这是解说《解》初六爻辞"无咎"的象征内涵。刚,指《解》九四爻;柔,指《解》初六爻;际,交际,即相应。程颐《周易程氏传》:"初、四相应,是刚柔相际接也;刚柔相际,为得其宜。难既解而处之刚柔得宜,其义无咎也。"

【解缓也蹇难也】 《杂卦传》语。说明《解》卦象征"舒解",含有松懈舒缓之义;而《蹇》卦象征"蹇难",寓有坎坷艰难之义,两卦旨趣适可对照。李鼎祚《周易集解》引虞翻曰:"雷动出物,故缓;蹇险在前,故难。俞琰《周易集说》:"动而已出乎坎险之上,则时势宽缓矣,故曰'《解》缓也';止而正在乎坎险之中,则时势急难矣,故曰'《蹇》难也'。言解缓则知蹇之急,言蹇难则知解之易,互文见意也。"

【解而拇未当位也】 《解》卦九四爻的《小象传》辞。旨在解说九四爻辞"解而拇"的象征内涵。意思是:像舒解你足大趾的隐患一样摆脱小人的纠附,说明九四居位尚未妥当。参见"解九四小象传"。

【解而拇朋至斯孚】 《解》卦九四爻辞。意思是:像舒解你足大趾的隐患一样摆脱小人的纠附,然后友朋就能前来以诚信之心相应。而,犹"汝",指《解》九四;拇,足大趾;朋,友朋,指《解》初六;斯,介词,犹"乃";孚,信也。这是说明九四当"舒解"险难之时,阳居阴位,下比六三,

664

为之所附,犹如足趾生患,阻碍其与正当应合的初六相应;于是亟须"解"其"拇",然后可致初六"朋"来,阴阳相"孚"之德乃见,故曰"解而拇,朋至斯孚"。参见"解九四"。

〔丶〕

【褚氏】 孔颖达《周易正义》中所引《易》家之一,即"褚仲都"。马国翰《玉函山房辑佚书》指出:"《正义》称'何氏',其说每与张氏、周氏、褚氏、庄氏并引。庄氏不详何人,周为周弘正,张为张讥,褚为褚仲都,何即何妥。皆唐近代为《讲疏》者。《正义》亦疏也,故仅题'某氏'。"

【褚仲都】 南朝梁吴郡钱塘(今浙江杭州市)人。通晓《周易》,名冠当时。梁武帝天监年间,曾任《五经》博士(见《梁书》及《南史》之《褚修传》)。陆德明《经典释文序录》谓褚仲都著有《易义》。《隋书·经籍志》列仲都《周易讲疏》十六卷"。已佚。清马国翰《玉函山房辑佚书》、黄奭《汉学堂丛书》均有辑本。

【褚氏易注】 南朝梁褚仲都撰,清黄奭辑。一卷。《汉学堂丛书》本。据《隋书·经籍志》,褚仲都有《周易讲疏》十六卷。今佚。清马国翰曾辑得十五条遗文,名为《周易褚氏讲疏》,载入《玉函山房辑佚书》中。黄氏所辑,较马辑多三条,名曰《褚氏易注》;而疏证字义,则详于马氏。尚秉和先生《易说评议》以为,观褚氏之注,有取义明审而独具创获者,亦有立说不当者,其要或以王弼《易》义为主。柯劭忞亦论褚氏之学,乃云:"《正义序》称'江南义疏十有余家,皆辞尚虚诞'。今就诸条论之,不谓之'虚诞'得乎?"(《续修四库全书提要》)

【数】 ①《周易》六十四卦、三百八十四爻的阴阳、奇偶之数。与卦象、爻象相合,以展示《周易》的变化哲理。《系辞上传》:"参伍以变,错综其数;通其变,遂成天地之文;极其数,遂定天下之象。"李鼎祚《周易集解》引虞翻曰:"数,六画之数。六爻之动,三极之道,故定天下吉凶之象也。"王弼《周易注》:"斯盖功用之母,象数所由立。"孔颖达《周易正义》释"极其数"云:"谓穷极其阴阳之数,以定天下万物之象。犹若极二百一十六策以定《乾》之老阳之象,穷一百四十四策以定《坤》之老阴之象,举此余可知也。" ②由于《易》学的应用与流变,"数"又含有"术数"之义。如汉、宋以来流行的五行数、河图洛书之数、先天后天之数、皇极数等。《四库全书提要·经部易类后语》云:"圣人因卜筮以示教,如是焉止矣。宋人以数言《易》,已不甚近于人事。又务欲究数之所以然,于是由画卦推奇偶,由奇偶推河图、洛书,由河图洛书演为黑白方圆,纵横顺逆,至于汗漫而不可纪。"

【数象】 北宋邵雍《易》说,谓《周易》有"数象",即七日、八月、三年、十年之类。参见"易有意象以统三象"。

【意象】 北宋邵雍《易》说,谓《周易》以"意象"为主,而统领"言象"、"像象"、"数象"三者。参见"易有意象以统三象"。

【慎辨物居方】 《未济》卦的《大象传》语。意为:审慎分辨诸物使之各居适当的处所。方,犹"所"。这是从《未济》卦"火在水上"、难以煮物的卦象而推阐出的"君子"观水火居位不当之象,须悟知"未济"之时应当审慎辨物,使各居其所,则可促成"既济"的道理。参见"未济大象传"。

【慎言语节饮食】 《颐》卦的《大象传》语。意思是:慎发言语以养德,节制饮食以养身。这是从《颐》卦"山下有雷"、如口嚼食以"颐养"的卦象而推阐出的"君子"观此象,应效法"养正"之道,以"慎言"养德、"节食"养身的意义。参见"颐大象传"。

【新本郑氏周易】 东汉郑玄撰,南宋王应麟辑,清惠栋增补。三卷。《四库全书》本。郑玄《周易注》佚后,王应麟曾辑有遗文一卷,后人附刻于《玉海》之末。然王辑本皆不标明采自何书,各条次序先后或与经文不应,亦有遗漏未载者。惠栋遂因其旧本，重为补正，凡应麟书已载者，一一考求原本，注明出处；其次序先后，亦悉依经文厘定；更搜采群籍，上经补二十八条，下经补十六条，《系辞传》补十四条，《说卦传》补二十二条，《序卦传》补七条，《杂卦传》补五条；移应麟所附《易赞》一篇于卷端；删去所引诸经《正义》论互卦者八条，而别据郑玄《周礼·太师注》作《十二月爻辰图》，据其《月令注》作《爻辰所值二十八宿图》，附于卷末，以驳朱震《汉上易传》之误。《四库全书提要》称其"信而有征，极为详核"，又云："虽因人成事，而考核精密，实胜原书。应麟固郑氏之功臣，栋之是编，亦可谓王氏之功臣矣。"其后，丁杰、张惠言又重订《周易郑注》十二卷，则是在王、惠二本的基础上复为增补厘正，宜资参览。

〔一〕

【辟卦】 又称"消息卦"、"月卦"、"候卦"、"十二辟卦"、"十二消息卦"、"十二月卦"、"天子卦"等。见"十二辟卦"。

十四画

〔一〕

【静爻】《易》筮过程中,筮得一卦,卦中凡有不变之爻,称为"静爻"。参见"六爻皆静"。

【蔡公】 西汉卫(故址在今河南沁阳)人。汉初《易》师周王孙的弟子。《易》学著述有《蔡公》二篇。已佚。《汉书·艺文志》于《易》列:"《蔡公》二篇。卫人,事周王孙"。按,虞翻《易注》有称"彭城蔡景君"说,马国翰疑即《蔡公》,谓"殆卫人而官彭城,虞氏称其官号"(《玉函山房辑佚书》)。尚秉和先生以为:"马说皆臆测,难以为信。"(《易说评议》)

【蔡清】(1453—1508) 明晋江(今福建泉州市)人。字介夫。少从侯官林玭学《易》,尽得其精义。成化十三年(1477)举乡试第一,二十年(1484)成进士。累官江西提学副使,以忤逆宁王宸濠,乞致仕。后复起为南京国子监祭酒,命甫下而卒。其学初主静,后主虚,故以"虚"名斋,学者称"虚斋先生"。万历中追谥"文庄"。有《易经蒙引》、《四书蒙引》、《虚斋集》等(见《明史·儒林传》)。《易》学专著今存《易经蒙引》十二卷。

【蔡渊】 南宋建州建阳(今属福建)人。字伯静,号节斋。蔡元定子。平生清修苦学,有文风,躬耕不仕。于《易》研探深邃(见《宋史·蔡元定传》、《宋元学案》及《建州府志》)。《易》学著述有《周易卦爻经传训解》二卷、《易象意言》一卷。

【蔡元定】(1135—1198) 南宋建州建阳(今属福建)人。字季通。幼承庭训,父以二程、邵雍、张载之书授之,曰:"此孔孟正脉也。"元定深涵其义。既长,辨析益精。登西山绝顶,忍饥啖荠读书。闻朱熹名,往师事之。熹扣其学,大惊曰:"此吾老友也,不当在弟子列。"遂与对榻讲论诸经奥义,每至夜分。四方来学者,熹必俾先从元定质正。韩侂胄兴"伪学"之禁,被流谪道州。至春陵,远近来学者日众。贻书训诸子曰:"独行不愧影,独寝不愧衾,勿以吾得罪故遂懈。"卒后追谥"文节"。平生于书无所不读,于事无所不究,为学长于天文、地理、乐律、历数、兵阵之说;古书奇辞奥义,人所不能晓者,一过目辄解。朱熹曾曰:"人读书难,季通读难书易。"熹疏解《四书》及作《易传》、《诗传》、《通鉴纲目》等,皆与元定往复参订。及葬,朱熹以文诔之曰:"精诣之识,卓绝之才,不可屈之志,不可穷之辩,不复可得而见矣!"学者尊之曰"西山先生"(见《宋史》本传及《宋元学案》)。著有《律吕新书》、《皇极经世太玄潜虚指要》、《洪范解》、《大衍详说》、《燕乐原辨》等。题朱熹撰之《易学启蒙》四卷,实属稿于元定。

【蔡景君】 约两汉间彭城(今江苏徐州市)人。或疑景君乃其字,名、爵未详。通《周易》。李鼎祚《周易集解》于《谦》卦引虞翻注称"彭城蔡景君说",又朱震《汉上易丛说》亦有引及。清马国翰《玉函山房辑佚书》辑有《蔡氏易说》一卷,并云:"景君,当是蔡氏之字,名、爵未详。虞翻称'彭城蔡景君',翻生汉季,及引述之,则蔡氏汉人,在翻前。"按,马国翰又疑蔡景君即《汉书·艺文志》所载之"卫人蔡公",似未可信。参见"蔡公"。

【蔡氏易说】 题汉蔡景君撰。清马国翰辑。一卷。《玉函山房辑佚书》本。书中仅据李鼎祚《周易集解》辑得虞翻注引蔡景君说一节,又附朱震《汉上易丛说》泛引虞翻、蔡景君、伏曼容等人之说两节。按《汉书·艺文志》有"《蔡公易传》二篇",马国翰以为"蔡公"即蔡景君,故辑此以当

667

之。尚秉和先生谓国翰之说乃"臆测,难以为信";至其所辑内容,亦无可取,"后儒驳之者多矣"(《易说评议》)。

【嘉遯】 《遯》卦九五爻辞之语。意为:嘉美及时的退避。此言九五当"遯"之时,高居尊位,阳刚中正,下应六二柔中,虽可不遯,却能知几远虑,及时退避,故有"嘉遯"之象。参见"遯九五"。

【嘉会足以合礼】 《乾》卦《文言传》语。旨在推衍《乾》卦辞"亨"字之义。意思是:寻求美好的会合就符合"礼"。李鼎祚《周易集解》:"亨为嘉会,足以合礼;礼主夏养,南方火也。"朱熹《周易本义》:"嘉其所会,则无不合礼。"按,此句上承《文言传》前文释"亨"之语而发,参阅"亨者嘉之会"。

【嘉遯贞吉以正志也】 《遯》卦九五爻的《小象传》辞。旨在解说九五爻辞"嘉遯贞吉"的象征内涵。意思是:嘉美及时的退避而守持正固必有吉祥,说明九五能够端正退避的心志。参见"遯九五小象传"。

【舆说輹】 《大畜》卦九二爻辞。意为:大车脱卸车輹不前行。说,通"脱";輹,音复 fù,即"轮輹",古代大车的车箱下钩住轮轴的木制器件。这是用大车"脱輹"不行,比喻九二当"大畜"之时,阳刚居下处中,被上卦的六五"畜止"、规正,遂能审度其势,停止不前而自我畜德,故曰"舆说輹"。参见"大畜九二"。

【舆说輹中无尤也】 《大畜》卦九二爻的《小象传》辞。旨在解说九二爻辞"舆说輹"的象征内涵。意思是:大车脱卸轮輹不前行,说明九二居中谨慎所以不犯过错。参见"大畜九二小象传"。

【舆说辐夫妻反目】 《小畜》卦九三爻辞。意思是:车轮辐条散脱解体,结发夫妻反目离异。说,通"脱";辐,车轮中的直木。此言九三当"小畜"之时,居下卦之终,刚亢躁动,比近六四之阴,受其所畜三、四遂成"轮"、"辐"或"夫"、"妻"的关系;但六四乘凌九三之刚,三受其所制,终

致冲突,故有"脱辐"、"反目"之象。参见"小畜九三"。

【需】 六十四卦之一。列居篇中第五卦。由下乾(☰)上坎(☵)组成,卦形作"䷄",卦名为《需》,象征"需待"。《需》所发"需待"之义,在于阐明事物在发展过程中当耐心待时的道理。卦辞称"亨"、"吉"、"利涉大川",即是守"正"需待所致。卦中六爻,不论刚柔,各能容忍守静、敬慎待时,故或吉、或无咎、或化险为夷,皆不呈"凶"象。《周易折中》引吕祖谦曰:"《需》初九、九五二爻之吉,固不待言。至于余四爻,如二则'小有言,终吉',如三之《象》则曰'敬慎不败',四之《象》则曰'顺以听也',上则曰'有不速之客三人来,敬之,终吉'。大抵天下之事,若能款曲停待,终是少错。"《论语·子罕》有一段记载:"子贡曰:'有美玉于斯,韫椟而藏之,求善贾沽诸?'子曰:'沽之哉,沽之哉,我待贾者也。'"刘宝楠《论语正义》曰:"君子以玉比德。时夫子抱道不仕,故子贡借玉以观夫子藏用之意。'善贾',喻君也。虽有贤君,亦待聘乃仕,不能枉道以事人也。"孔子所言"待贾",意谓"藏德待用";就"待"这一意义看,实与《需》卦"守正待时"之旨相切。

【需九二】 《需》卦九二爻。以阳爻居卦第二位。爻辞曰:"需于沙,小有言;终吉。"意思是:在沙滩需待,略受言语中伤;坚持需待至终必获吉祥。沙,沙滩,喻坎水之险较近;小有言,谓略遭言词之伤,喻微小的灾害。这是说明九二处《需》下卦之中,离上卦坎险不远,犹如在近水的沙滩需待,又如稍受言语中伤,两层比喻都体现九二虽未及"难",却正在向危难靠近;但由于其爻阳刚居中,有静待不躁之象,故获"终吉"。朱熹《周易本义》:"沙,则近于险矣;言语之伤,亦灾害之小者。渐进近坎,故有此象;刚中能需,故得终吉。"按,胡炳文《周易本义通释》针对《需》卦初九、九二两爻的爻象、爻辞,进行分析

比较,指出:"初九最远坎,'利用恒'乃'无咎';九二渐近坎,'小有言'矣,而曰'终吉'者:初九以刚居刚,恐其躁急,故虽远险,犹有戒辞;九二以刚居柔,性宽而得中,故虽近险而不害其为吉。"其说颇为可取。

【需九三】《需》卦九三爻。以阳爻居卦第三位。爻辞曰:"需于泥,致寇至。"意思是:在泥滩需待,招致强寇到来。泥,谓"泥滩",喻濒临坎水之险;寇,喻重大危害。这是说明九三处《需》下卦之上,濒临上卦坎险,犹如在"泥滩"需待,将陷水中;又以阳居阳位,有刚亢躁进之象,故将致"寇"害。此乃诫九三当敬慎需待,宽柔不躁,才能避免祸败。孔颖达《周易正义》:"泥者,水旁之地,泥溺之处,逼近于难,欲进其道,难必害己,故'致寇至';犹且迟疑而需待时,虽即有寇至,亦未为祸败也。"朱熹《周易本义》:"泥,将陷于险矣;寇,则害之大者。九三去险愈近,而过刚不中,故其象如此。"按,《需》卦的下卦三爻,以"乾"为体,性禀阳刚,而上卦为坎水之险,故下三爻的爻辞分别取"郊"、"沙"、"泥"为象,均针对上卦坎而发。《周易折中》引龚焕曰:"郊、沙、泥之象,视坎水远近而为言者也,《易》之取象如此。"

【需九五】《需》卦九五爻。以阳爻居卦第五位。爻辞曰:"需于酒食,贞吉。"意思是:需待于酒醴食肴,守持正固可获吉祥。酒食,食物之丰美者,此处喻"德泽"。这是说明九五居《需》卦"君位",阳刚中正,犹如需待丰美的食物以施惠于民,故"贞"而获"吉"。王弼《周易注》:"《需》之所须,以待达也。已得天位,畅其中正,无所须贞;故酒食而已,获'贞吉'也。"马振彪《周易学说》引王亶曰:"酒食,德泽之谓也;九五之君,当天中正,以泽乎民。"按,《周易折中》曰:"《需》之为义最广,其大者莫如王道之以久而成化,而不急于浅近之功。"又曰:"卦惟九五刚健中正以居尊位,是能尽'需'之道者。故《彖传》特举此爻,以当彖辞之意;而《大象传》又特取此爻辞以蔽'需'义之全。"可见《需》九五作为一卦之主,其所"需待"实已至臻完美。

【需上六】《需》卦上六爻。以阴爻居卦最上之位。爻辞曰:"入于穴,有不速之客三人来;敬之,终吉。"意思是:落入陷穴,不召而至的三位客人来访;恭敬相待,终将获得吉祥。穴,喻险之极;三人,喻《需》下卦的三阳爻。这是说明上六以阴居《需》卦之终,身罹坎险,"需待"至极而转躁,不复冷静需待时,故陷入坎穴,未能自脱;然上六下应九三,当"需"极之时,九三能偕同九二、初九两阳共同越过坎险,犹如"不速之客三人"同来应援上六;此时上六当以柔顺之道敬待越险而上的"三阳",则"入穴"之难终必可脱,故曰"敬之,终吉"。全爻大义主于:"需待"至极,虽有险难,也终有众物相助而获吉。朱熹《周易本义》:"阴居险极,无复有'需',有陷而入穴之象。下应九三,九三与下二阳需极并进,为'不速之客三人来'之象。柔不能御而能顺之,有'敬之'之象。占者当陷险中,然于非意之来,敬以待之,则得'终吉'也。"

【需六四】《需》卦六四爻。以阴爻居卦第四位,爻辞曰:"需于血,出自穴。"意思是:在血泊中需待,从陷穴里脱出。血,喻伤之重;穴,喻险之深。这是说明六四居《需》上卦坎险之下,犹如罹险遭伤,而需待于"血泊"之中;但因阴柔得正,在危难中冷静需待,故又能从"深穴"中脱出。爻义主于"需待"有方,则虽险也能化夷。朱熹《周易本义》:"血者,杀伤之地;穴者,险陷之所。四交坎体,入乎险矣,故为'需于血'之象;然柔得其正,需而不进,故又为'出自穴'之象。占者如是,则虽在伤地而终得出也。"按,《需》六四居坎陷之下,爻辞以"穴"为喻,似甚贴切。程颐《周易程氏传》训"穴"为"物之所安",朱熹曾有不同看法,说:"穴是陷处,唤作'所安',不得。分明有个'坎,陷也'一句。柔得正了,需而不进,故能出于坎陷。"(《朱子语类》)又按,尚秉和先生《周易尚氏学》考"血"为"洫"之省字,即"沟洫",认为:"四之所处,前临沟洫,故曰'需于洫'。"于义可通。

【需初九】 《需》卦初九爻。以阳爻处卦下初位。爻辞曰:"需于郊,利用恒,无咎。"意思是:在郊外需待,利于保持恒心,必无咎害。郊,指城邑之外的周围地区,《尔雅·释地》"邑外谓之郊"。这是说明初九处《需》卦之始,远离上卦坎险,犹如在邑郊"需待"其时;但此时当以恒心久待,不可躁动,故曰"利用恒,无咎"。孔颖达《周易正义》:"难在于坎,初九去难既远,故待时在于郊;郊者,是境上之地,亦去水远也。恒,常也;远难待时,以避其害,故宜保守其常,所以无咎也。"按,梁寅《周易参义》云:"《需》下三爻,以去险远近为吉凶。"初九虽最远于险,因其位卑体刚,恐力弱心躁,所以又诫以"用恒"需待,才能"无咎"。

【需卦辞】 《需》卦的卦辞。其文曰:"需,有孚,光亨,贞吉,利涉大川。"意思是:《需》卦象征需待,心怀诚信,光明亨通,守持正固可获吉祥,利于涉越大河巨流。需,为卦名,象征"需待";孚,谓"诚信";光亨,犹言"光明亨通"。这是说明处于有所"需待"之时,若能心怀诚信、光明守正,即可获"亨"得"吉",《需》卦九五爻阳刚中正,正与此象有合:既能需待,又获"亨"、"吉",必利于排除艰难险阻,故曰"利涉大川"。李鼎祚《周易集解》引何妥曰:"大川者,大难也。须之待时,本欲涉难,既能以信而待,故可'利涉大川'矣。"孔颖达《周易正义》:"需者,待也,物初蒙稚,待养而成。"程颐《周易程氏传》:"需者,须待也,以二体言之,乾之刚健上进,而遇险未能进也,故为需待之义。以卦才言之,五居君位,为《需》之主,有刚健中正之德,而诚信充实于中,中实有孚也。有孚则光明而能亨通,得贞正而吉也。以此

而需,何所不济? 虽险无难矣,故'利涉大川'也。"

【需彖传】 《需》卦的《彖传》。旨在解说《需》卦的卦名、卦辞之义。其文为:"《彖》曰:需,须也;险在前也,刚健而不陷,其义不困穷矣。需,有孚,光亨,贞吉,位乎天位,以正中也;利涉大川,往有功也。"意思是:"《彖传》说:需,指有所需待;譬如艰难险阻正在前方,刚强健实而不陷入厄境,因为待时适宜便不致路困途穷。需待,心怀诚信,光明亨通,守持正固可获吉祥,说明九五居于天位,而且处身正中;利于涉越大河巨流,说明一往直前必获成功。"全文可分三节理解。第一节,自"需,须也"至"其义不困穷矣"五句,以《需》卦上坎为险、下乾为健之象,谓有险难在前、刚健不陷而"需待"之义,以释卦名"需"。第二节,自"需,有孚"至"以正中也"六句,以《需》卦九五爻居于"天"位、得正持中,释卦辞"需,有孚,光亨,贞吉"之义。第三节,"利涉大川,往有功也"两句,以《需》下卦乾刚健而能需待,行险必能成功,释卦辞"利涉大川"之义。按,孔颖达《周易正义》针对《需》卦《彖传》分析如下:"'刚健而不陷',只由二象之德;'位乎天位以正中',是九五之德也。凡卦之为体,或直取象而为卦德者;或直取爻而为卦德者;或以兼象兼爻而为卦德者,此卦之例是也。"此说指出六十四卦《彖传》的三种体例,值得参考。

【需大象传】 《需》卦的《大象传》。其辞曰:"云上于天,需;君子以饮食宴乐。"意思是:云气上集于天(待时降雨),象征"需待";君子因此待时饮用食物、举宴作乐。这是先揭明《需》卦上坎为云(水)、下乾为天之象,谓云聚于天,待时降雨,正为"需待"的象征;然后推阐出"君子"观察此象,当悟知"饮食宴乐"也应该"需时"的道理。李鼎祚《周易集解》引宋衷曰:"云上于天,须时而降也。"孔颖达《周易正义》:"不言'天上有云',而言'云上于天'者,若

是天上有云,无以见欲雨之义。故云'云上于天'。"朱熹《周易本义》:"云上于天,无所复为,待其阴阳之和而自雨尔。事之当'需'者,亦不容更有所为;但饮食宴乐,俟其自至而已,一有所为,则非需也。"按,《需》卦《大象传》举"饮食宴乐"来阐发"需"的意义,旨在揭明:事物的"需待",既是求其所"需",又要"待"其适时。李光地《周易观象》云:"需之义不止处险,凡事皆当顺其理而待其成,不可妄有为作,故需有'养'义。又为饮食之道焉,饮食养人也渐,如物稚而至长,待之而已。"

【需于酒食】《需》卦九五爻辞之语。意思是:需待于酒醴食肴。此谓九五居《需》卦"君位",阳刚中正,犹如需待丰美的食物以施惠于民。参见"需九五"。

【需受之以讼】《周易》六十四卦,以象征"需待"饮食的《需》卦列居第五卦;但凡面临饮食问题,必将有所争端,所以接着是象征"争讼"的第六卦《讼》卦。此称"《需》受之以《讼》"。语本《序卦传》:"饮食必有讼,故受之以《讼》。"李鼎祚《周易集解》引郑玄曰:"讼,犹争也。言饮食之会,恒多争也。"韩康伯《序卦注》:"夫有生则有资,有资则争兴也。"

【需九二小象传】《需》卦九二爻的《小象传》。其辞曰:"需于沙,衍在中也;虽小有言,以终吉也。"意思是:在沙滩需待,说明九二宽绰不躁而平和居中;尽管略受言语中伤,但能坚持需待至终必获吉祥。这是解说《需》九二爻辞"需于沙,小有言,终吉"的象征内涵。衍,犹言"宽绰"。谓九二阳刚居中,能宽绰需待,故虽近"险"但最终能静待以获"吉"。程颐《周易程氏传》:"衍,宽绰也。二虽近险,而以宽裕居中,故虽小有言语及之,终得其吉,善处者也。"按,阮元《周易校勘记》以为《需》九二《小象传》末句"终"字,与第二句"中"字叶韵,故末句可应从《石经》、岳本、监、毛本作"以吉终也"。似本据改。

【需九三小象传】《需》卦九三爻的《小象传》。其辞曰:"需于泥,灾在外也;自我致寇,敬慎不败也。"意思是:在泥滩需待,说明九三灾祸尚在身外;自我招致强寇,说明九三要敬谨审慎才能避免危败。这是解说《需》九三爻辞"需于泥,致寇至"的象征内涵。孔颖达《周易正义》:"泥,犹居水之外,即灾在身外之义。"又曰:"自,由也。由我欲进,而致寇来;己若敬慎,则不有祸败。程颐《周易程氏传》:"'需'之时,须而后进也。其义在相时而动,非戒其不得进也,直使敬慎,毋失其宜耳。"

【需九五小象传】《需》卦九五爻的《小象传》。其辞曰:"酒食贞吉,以中正也。"意思是:(需待于)酒醴食肴、守持正固可获吉祥,说明九五居中得正。这是解说《需》九五爻辞"需于酒食,贞吉"的象征内涵。九五以阳居上卦中位,并得其"正",故称"以中正也"。程颐《周易程氏传》:"需于酒食而贞且吉者,以五得中正而尽其道也。"

【需上六小象传】《需》卦上六爻的《小象传》。其辞曰:"不速之客来,敬之终吉;虽不当位,未大失也。"意思是:不召而至的客人来访,恭敬相待终将获得吉祥;说明上六尽管处位不妥当,但未至于遭受重大损失。这是解说《需》上六爻辞"有不速之客三人来,敬之,终吉"的象征内涵。不当位,王弼《周易注》以"上"为"虚位",曰:"处无位之地,不当位者也。"上六于"需"极之时,陷于"坎穴",但因下应九三而得下卦三阳之助,终得脱险,故称"未大失"。按,《需》上六《小象传》"不当位"之义,除王弼以"处无位"为说外,《易》家尚有不同看法。如:一、朱熹《周易本义》指出:"以阴居上,是为当位;言'不当位',未详。"这是持"阙疑"态度。二、蔡清《易经蒙引》认为:"虽不当位,谓其阴居险极,正与《困》上六'困于葛藟,未当也'一般。"这是理解为"处于不稳当的环境",于义亦通。

【需于血出自穴】《需》卦六四爻辞。意思是:在血泊中需待,从陷穴里脱出。

血,喻伤之重;穴,喻险之深。谓六四居《需》上坎之下,犹如罹险遭伤,需待于"血泊"之中;但因柔顺得正,在危难中冷静待时,故终能从"陷穴"里脱出。参见"需六四"。

【需于沙小有言】 《需》卦九二爻辞之语。意思是:在沙滩需待,略受言语中伤。此谓九二处《需》下卦之中,离上卦坎险不远,犹如在近水的沙滩需待,又如稍受言语之伤:两层比喻均体现九二虽未及"难",却正在向危难靠近。参见"需九二"。

【需于郊利用恒】 《需》卦初九爻辞之语。意思是:在郊外需待,利于保持恒心。此谓初九处《需》卦之始,远离上卦坎"险",犹如在郊邑"需待"其时;但此时当以恒心久待,不可躁动,故诫以"利用恒"。参见"需初九"。

【需于泥致寇至】 《需》卦九三爻辞。意思是:在泥滩需待,招致强寇到来。此谓九三处《需》下卦之上,濒临上卦坎险,犹如需待于"泥滩",将陷水中;又以阳居阳位,有刚亢躁进之象,故将致"寇"害。参见"需九三"。

【需六四小象传】 《需》卦六四爻的《小象传》。其辞曰:"需于血,顺以听也。"意思是:在血泊中需待,说明六四冷静等待而顺从听命于时势。这是解说《需》六四爻辞"需于血"的象征内涵。顺、听,两字义近为互文。程颐《周易程氏传》:"顺从以听时,所以不至于凶也。"杨简《杨氏易传》:"六四入险而伤,然不言吉凶,何也?能需而退ающ'出自穴'故也。"

【需初九小象传】 《需》卦初爻的《小象传》。其辞曰:"需于郊,不犯难行也;利用恒无咎,未失常也。"意思是:在郊外需待,说明初九不朝着险难之处前行;利于保持恒心,必无咎害,说明初九未曾失(待时的)恒常之理。这是解说《需》初九爻辞"需于郊,利用恒,无咎"的象征内涵。初九离上卦"坎"险最远,故有"不犯难行"之

义;常,谓避险待时的恒常之理。孔颖达《周易正义》:"去难既远,故不犯难而行。"程颐《周易程氏传》:"君子之需时也,安静自守,志虽有须,而恬然若将终身焉,乃能用常也。"

【需于血顺以听也】 《需》卦六四爻的《小象传》辞。旨在解说六四爻辞"需于血"的象征内涵。意思是:在血泊中需待,说明六四冷静等待而顺从听命于时势。参见"需六四小象传"。

【需于泥灾在外也】 《需》卦九三爻的《小象传》语。旨在解说九三爻辞"需于泥"的象征内涵。意思是:在泥滩需待,说明九三灾祸尚在身外。参见"需九三小象传"。

【需于沙衍在中也】 《需》卦九二爻的《小象传》语。旨在解说九二爻辞"需于沙"的象征内涵。意思是:在沙滩需待,说明九二宽绰不躁而平和居中。参见"需九二小象传"。

【需于郊不犯难行也】 《需》卦初九爻的《小象传》语。旨在解说初九爻辞"需于郊"的象征内涵。意思是:在郊外需待,说明初九不朝着险难之处前行。参见"需初九小象传"。

【需不进也讼不亲也】 《杂卦传》语。说明《需》卦象征"需待",含有审慎待时不躁进之义;而《讼》卦象征"争讼",寓有争执纷起难相亲之义,两卦旨趣略可对照。李鼎祚《周易集解》引虞翻曰:"险在前也,故不进;天水违行,故不亲。"

〔 | 〕

【睽】 六十四卦之一。列居篇中第三十八卦。由下兑(☱)上离(☲)组成,卦形作"䷥",卦名为《睽》,象征"乖背睽违"。古往今来,人情物理,总是好合不好离,喜聚不喜散。《古诗十九首》:"行行重行行,与君生别离;相去万余里,各在天一涯"几句,便是较有代表性的嗟怨睽违离别的诗歌艺术反映。《睽》卦名义虽为"乖背睽

违",其卦旨却在于提示如何化"睽"为"合"的道理。卦辞谓"小心处事可获吉祥",即表明事物虽"睽",必有可同可合之处,用柔和细致的方法顺势利导,乖背能消,睽违终合。卦中六爻虽均在"睽"时,但未尝一爻久睽不合。《周易折中》引冯当可曰:"内卦皆睽而有所待,外卦皆反而有所应:初'丧马勿逐',至四'遇元夫',而初、四合矣;二委曲以求遇,至五'往何咎',而二、五合矣;三'舆曳'、'牛掣',至上'遇雨',而三、上合矣。天下之理,固未有终睽也。"可见,诸爻均以"小心"、"委婉"之道,并收济睽、合睽之功,故《周易折中》云"委曲巽入则易通也"。从各爻的义理中,可以明显看出《周易》作者对于事物"同"、"异"、"睽"、"合"辩证关系的认识;《彖传》称"天地睽而其事同也,男女睽而其志通也,万物睽而其事类也",正阐发这一意义。至于《大象传》所明"求大同存小异"的旨趣,则是对"小心处睽"这一抽象概念的具体发挥,从而使《睽》卦蕴含的"对立统一"的哲学因素进一步显露出应有的色彩。

【睽孤】 ①《睽》卦九四爻辞之语。意为:乖背睽违而孑然孤立。此言九四处"睽"之时,居上卦失正之位,孤立无应,三、五两阴虽上下比近,但各有专主,故独显"睽孤"之象。参见"睽九四"。②《睽》卦上九爻辞之语。意为:睽违至极而孤独狐疑。其字面意思与九四爻辞略同,但其象征旨趣则言上九当"睽"之时,以阳高居卦极,与所应之六三违离至久,遂致孤独烦躁,妄生猜疑,故曰"睽孤"。参见"睽上九"。

【睽九二】 《睽》卦九二爻。以阳爻居卦第二位。爻辞曰:"遇主于巷,无咎。"意思是:在巷道中不期然遇合主人,必无咎害。主,犹言"主人",指《睽》卦六五爻,以其居尊位下应九二故称。这是说明九二当"睽"之时,失位不安,本有咎害;但阳居阴位,守谦顺时,又处中道,终能于不期然间与所应之六五遇于巷道,"睽违"遂合,故获"无咎"。王弼《周易注》:"注'睽'失位,将无所安;然五亦失位,俱求其党,出门同趣,不期而遇,故曰'遇主于巷'也。"按,九二"小心"处睽的方法,在于刚而能柔,行不失中。所谓不强求合睽,其睽自合,足见其济"睽"之小心顺理。

【睽九四】 《睽》卦九四爻。以阳爻居卦第四位。爻辞曰:"睽孤;遇元夫,交孚,厉无咎。"意思是:乖背睽违而孑然孤立;遇合阳刚大丈夫,交相诚信,虽有危险也能免遭咎害。元夫,指初九,阳称"大",犹言"大丈夫",来知德《周易集注》:"元者大也,夫者人也,阳为大人";孚,信也。这是说明九四处"睽"之时,孤立无应,六三、六五两阴虽上下比近,但各有专主,故独显"睽孤"之象;九四既当"睽孤"无应之际,遂不强求阴阳交应,适逢下卦初九亦独处无应,两刚引为同志,相交以诚,故虽存"乖睽"之"厉",终能"合睽"而"无咎"。王弼《周易注》:"无应独处,五自应二,三与己睽,故曰'睽孤'也。初亦无应特立,处睽之时,俱在独立,同处体下,同志者也;而己失位,比于三、五,皆与己乖,处无所安,故求其畴类而自托焉,故曰'遇元夫'也。同志相得而无疑焉,故曰'交孚'也。虽在乖隔,志故得行,故虽危无咎。"按,《睽》初九处下位,阳而能退;九四居阴位,刚而能柔:两者均禀谦和之德,交相孚信,终能化"睽"为"合"。可见,九四与初九是以"求同存异"的信念,履行济睽之志,故九四《小象传》称"志行也"。

【睽上九】 《睽》卦上九爻。以阳爻居卦最上之位。爻辞曰:"睽孤,见豕负涂,载鬼一车,先张之弧,后说之弧;匪寇,婚媾;往遇雨则吉。"意思是:睽违至极而孤独狐疑,恍如看见丑猪背负污泥,又见一辆大车满载鬼怪在奔驰,先是张弓欲射,后又放下弓矢;原来并非强寇,而是与己婚配的佳丽;此时前往而遇到阴阳和合的甘雨必能获得吉祥。豕、鬼,均喻《睽》上九猜疑与己相应的六三已变态化为丑形；涂，泥土；说，通"脱"；婚媾，喻上九、六三两爻的正应关系；雨，古人认为是阴阳二气交和之物，此处喻上九、六三两爻"睽"极终至相合。这是说明上九当"睽"之时，以阳刚高居卦极，与下卦六三本属正应而违离至久，孤独烦躁，对六三妄生猜疑，遂于眼前出现种种幻觉：或见其变猪负土，或见鬼车奔驰；当张弓欲射之际，又发现非鬼怪而作罢。辞义主于喻示上九睽极所产生的心理变异；但最终群疑必消，并知悉六三非但不是"强寇"，实为己之"良配"，故宜速往应合，必能"遇雨"获吉。程颐《周易程氏传》："上之与三，虽为互应，然居'睽'极，无所不疑，其见三如豕之污秽，而又背负泥土，见其可恶之甚也。既恶之甚，则猜成其罪恶，如见载鬼满一车也；鬼本无形，见载之一车，言其以无为有，妄之极也。"又曰："先张之弧，始疑恶而欲射之也；疑之者妄也，妄安能常？故终必复正。三实无恶，故后说弧而弗射。'睽'极而反，故与三非复为寇仇，乃婚媾也。"又曰："阴阳合而益和则为雨，故云'往遇雨则吉'。往者，自上以往也，谓既合而益和则古也。"按，从人类的心理规律分析，睽违与猜疑，恶梦与苦恋，往往有一定的联系。马其昶《重定周易费氏学》指出："今见道涂之间，豕负载、鬼乘车，皆疑极所生幻象。"《睽》上九既有此状，则六三的"舆曳"、"牛掣"，身遭"髡"、"劓"之刑，也未必不如是。当此睽极而"群疑"纷生之际，只能心平气和地加强了解，以"柔道"缓缓疏通，才能消疑合睽，复相亲和，六三、上九两爻"无初有终"、"遇雨则吉"，正体现这一道理。

【睽六三】 《睽》卦六三爻。以阴爻居卦第三位。爻辞曰："见舆曳，其牛掣；其人天且劓；无初有终。"意思是：似乎看见大车被拖曳难行，驾车的牛受牵制不进；又恍如自己身遭削发截鼻的酷刑；起初乖睽，终将欢合。曳，拖曳；掣，牵制；天，当

作"而"，古代"髡发"之刑，即剃削罪人的鬓发；劓，音艺 yì，古代割鼻之刑；无初有终，犹言"初睽终合"。这是说明六三处《睽》下卦之终，与上九阴阳正应却睽违难合，兼之九二、九四两阳比近己身，造成心理威胁，犹如见到九二曳车于后、九四掣牛于前，遂致欲进不得；又因上九远在外卦之极，六三恐其对己猜疑而施惩罚，故恍如自身已受削发、截鼻之刑。辞义主于表明六三居内而睽违至极，处境艰难，并由此产生恐惧、疑虑；但因笃情专态上九，九二、九四非正应难以牵制，故初虽睽违，最终上九必能消疑而致欢合。倪天隐《周易口义》述胡瑗曰："'天'当作'而'字，古文相类，后人传写之误也。然谓'而'者，在汉法，有罪髡其鬓发曰'而'。"朱熹《周易本义》："六三、上九正应，而三居二阳之间，后为二所曳，前为四所掣；而当睽之时，上九猜狠方深，故又有'髡'、'劓'之伤。然邪不胜正，终必有合，故其象占如此。"按，《睽》六三爻辞"天"字，诸家尚有不同说法。如：一、陆德明《经典释文》引马融曰："剠凿其额曰'天'。"李鼎祚《周易集解》引虞翻曰："黥额为天"，与马说同。指在罪人额上刺字为罚。二、俞樾《群经平议》认为："天"当作"兀"字，谓《玉篇》引古文"天"作"兂"，以形近，故"兀"讹为"天"。并据《庄子·德充符》"鲁有兀者"《释文》云"刖足曰'兀'"，以训其义。两说并可参考。又按，《睽》六三以阴居内，睽违至极而生忧惧；上九以阳居外，睽违更甚，故所产生猜疑、幻觉更为强烈。两爻颇可对照理解。

【睽六五】 《睽》卦六五爻。以阴爻居卦第五位。爻辞曰："悔亡，厥宗噬肤，往何咎？"意思是：悔恨消亡，相应的宗亲正像在咬噬柔嫩皮肤一样（以和顺之道待遇合），前往应合有何咎害？宗，宗族内部（见"同人六二"），此处喻六五获九二应合，犹如"宗亲"关系；噬肤，咬噬柔脆的皮肤（见"噬嗑六二"），此处喻柔顺平易的

"济睽"途径。这是说明六五当"睽"之时,阴处阳位,本有"失正"之悔;但居尊而柔顺,下应九二阳刚,二正以和顺适中的"噬肤"之道期待遇合,往应必能"合睽",故"悔亡"而"无咎"。《周易折中》:"'睽'之时'小事吉'者,迳情直行则难合,委曲巽入则易通也。如食物然,齧其体骨则难,而噬其肤则易。九二遇我乎巷,是'厥宗'之来'噬肤'也;我往合之,睽者不睽矣。此其所以'悔亡'也,何咎之有?"按,《睽》六五所以"悔亡",不但在于九二相应,更在于九二能小心寻求平易和顺之道期待遇合;因此《小象传》谓六五"往有庆",言其两相欢合。《象传》称"得中而应乎刚",正发六五旨趣。

【睽初九】 《睽》卦初九爻。以阳爻处卦下初位。爻辞曰:"悔亡;丧马,勿逐自复;见恶人,无咎。"意思是:悔恨消亡;马匹走失,不用追逐而静待其自行归来;接待与己对立的恶人,不致咎害。见,犹言"接见"、"接待",孔颖达《周易正义》:"谓逊接之也。"这是说明初九处《睽》之始,位卑无应,犹如初涉世便与人"乖睽",故有"悔";但以阳刚退处,不立异自显而广和于人,则其悔自消;能以此处"睽",睽违必合,犹如走失马匹,不逐自复;又如接待"恶人",能使之改恶从善,亦自消"睽"而"无咎"。爻义主于诫初九退柔勿动,居易俟命,则一切"乖睽"均将自行消失。王弼《周易注》:"处《睽》之初,居下体之下,无应独立,'悔'也;与人合志,故得'悔亡'。"王申子《大易缉说》:"失马逐之,则愈逐愈远;恶人激之,则愈激愈睽;故勿逐而听其自复,见之而可以免咎也。处睽之初,其道当如此;不然,'睽'终于睽矣。"按,初九处"睽"的原则见于两方面:一是"和同",即孔颖达所谓"和光同尘","不"标显自异"(《周易正义》)。二是"守静",即何楷所谓:"静以俟之,逊以接之,泊然若不见其'睽'者。夫惟不见其'睽',而后睽可合。"(《周易折中》引)

【睽卦辞】 《睽》卦的卦辞。其文曰:"睽,小事吉。"意思是:《睽》卦象征乖背睽违,小心处事可获吉祥。睽,音葵 kuí,卦名,象征"乖背睽违",《序卦传》:"睽,乖也",许慎《说文解字》谓"目不相听",指两目相背,即"乖违"之意;小,阴柔之称,此处含"小心"之义。卦辞说明,凡物相"睽"之时,必须以柔顺的方法,小心寻求其中可合之处,才能转"乖睽"为"谐和";若刚断强合,必难济睽,故曰"小事吉"。卦中六五以柔得中应刚,正合此象。李鼎祚《周易集解》引虞翻曰:"小谓五,阴称小,得中应刚故吉。"《周易折中》引何楷曰:"业已睽矣,不可以忿疾之心驱迫之也;惟不为已甚,徐徐转移,此'合睽'之善术也。故曰'小事吉'。小事,犹言以柔为事;非大事不吉,而小事吉之谓。"按,"小事吉"之义,孔颖达《周易正义》云:"物情乖异,不可大事。大事谓兴役动众,必须大同之世方可为之;小事谓饮食衣服,不待众力,虽乖而可。"此说以"小事"谓细小之事,可备参考。

【睽象传】 《睽》卦的《象传》。旨在解说《睽》卦的卦名、卦辞之义。其文为:"《彖》曰:睽,火动而上,泽动而下;二女同居,其志不同行。说而丽乎明,柔进而上行,得中而应乎刚,是以小事吉。天地睽而其事同也,男女睽而其志通也,万物睽而其事类也,睽之时用用大矣哉!"意思是:"《彖传》说:乖背睽违,譬如火焰燃动炎上,泽水流动润下(两相违行);又如两个女子同居一室,志向不同而行为乖背。此时应当和悦而附丽于光明,用柔顺之道求进而向上直行,还要处事适中而应合于阳刚者,这就是小心处事可获吉祥的道理。天地上下乖睽但化育万物的事理则相同,男女阴阳乖睽但交感求合的心志则相通,天下万物尽管乖背睽违但禀受天地阴阳气质的情实却相类似,乖睽之时正待谐合的功用多么弘大啊!"全文可分三节理解。第一节,自"睽"至"其志不同行"五句,举

《睽》卦上离为火、为中女之象及下兑为泽、为少女之象，说明火与泽的动势上下不同，"二女"共处而长成后亦必有各不相同的归适心志，此均为乖睽事状，以释卦名"睽"之义。第二节，自"说而丽乎明"至"是以小事吉"四句，举《睽》卦下兑为说(悦)、上离为明之象及六五爻以柔中居尊位而下应九二阳刚之象，说明以和悦附于光明之德，用柔顺应和阳刚而小心处"睽"，必能成"合睽"之功，以释《睽》卦辞"小事吉"之义。第三节，自"天地睽而其事同也"至"睽之时用大矣哉"四句，广举天地、男女、万物之例，说明事物虽"睽"却有可同之理，以叹美《睽》卦所揭示的"济睽"、"合睽"的弘大功用。

【睽大象传】《睽》卦的《大象传》。其辞曰："上火下泽，睽；君子以同而异。"意思是：上为火下为泽，象征"乖背睽违"；君子因此谋求大同而并存小异。同而异，犹言求同存异。这是先揭明《睽》卦上离为火、下兑为泽之象，谓上火下泽、其势相背，正为"乖背睽违"的象征；然后推阐出"君子"观此象，须悟知"睽"而能合之理，遂能谋求事物之"大同"，并存不可同之"小异"。李鼎祚《周易集解》引荀爽曰："火性炎上，泽性润下，故曰'睽'也。"又曰："大归虽同，小事当异。百官殊职，四民异业；文武并用，威德相反，共归于治。故曰'君子以同而异'也。"按，程颐《周易程氏传》用《礼记·中庸》"和而不流"一语，说明"同而异"的道理是："于大同之中，而知所当异也"，甚切《睽》卦《大象传》意。李中正《泰轩易传》云："《彖》曰'异而同'，所以成济睽之功；《象》言'同而异'，所以明用睽之理。"马其昶《重定周易费氏学》依此发论曰："持一说建立一宗教，必强人之同于己，徒党怨怒攻击，甚且酿成兵祸，是皆不知'君子以同而异'之理。南郭惠子问于子贡曰：'夫子之门，何其杂？'呜呼！此孔子之所以为大也。"马氏援据孔子授徒为说，正揭明孔子的"有教无类"的教育思想与《睽》卦《大象传》"同而异"在义理上的相通，至为可取。

【睽受之以蹇】《周易》六十四卦，以象征"乖背睽违"的《睽》卦列居第三十八卦；事物乖背睽违，必然导致蹇难，所以接《睽》之后是象征"蹇难"的第三十九卦《蹇》卦。此称"《睽》受之以《蹇》"。语本《序卦传》："睽者，乖也。乖必有难，故受之以《蹇》；蹇者，难也。"程颐《周易程氏传》："睽乖之时，必有蹇难，《蹇》所以次《睽》也。"

【睽九二小象传】《睽》卦九二爻的《小象传》。其辞曰："遇主于巷，未失道也。"意思是：在巷道中不期然遇合主人，说明九二未曾违失处睽之道。这是解说《睽》九二爻辞"遇主于巷"的象征内涵。王弼《周易注》："处睽得援，虽失其位，未失道也。"

【睽九四小象传】《睽》卦九四爻的《小象传》。其辞曰："交孚无咎，志行也。"意思是：交相诚信而免遭咎害，说明九四在践行济睽的志向。这是解说《睽》九四爻辞"交孚"、"无咎"的象征内涵。程颐《周易程氏传》："云可以行其志，救时之睽也。盖以君子阳刚之才，而至诚相辅，何所不能济也？唯有君子，则能行其志矣。"

【睽上九小象传】《睽》卦上九爻的《小象传》。其辞曰："遇雨之吉，群疑亡也。"意思是：遇到阴阳和合的甘雨而获得吉祥，说明上九的种种猜疑都已经消失。这是解说《睽》上九爻辞"遇雨"、"吉"的象征内涵。程颐《周易程氏传》："雨者，阴阳和也。始睽而能终和，故吉也。所以能和者，以群疑尽亡也。其始睽也，无所不疑，故云'群疑'；睽极而合，则皆亡矣。"

【睽六三小象传】《睽》卦六三爻的《小象传》。其辞曰："见舆曳，位不当也；无初有终，遇刚也。"意思是：似乎看见大车被拖曳难行，这是六三居位不妥当所致；起初乖睽而终将欢合，说明六三终必与相应的阳刚遇合。这是解说六三爻辞"见舆曳"、

"无初有终"的象征内涵。遇刚,指六三与上九应合。孔颖达《周易正义》:"《象》曰'位不当'者,由位不当,故'舆'被'曳';'遇刚'者,由遇上九之刚,所以'有终'也。"

【睽六五小象传】 《睽》卦六五爻的《小象传》。其辞曰:"厥宗噬肤,往有庆也。"意思是:相应的宗亲者正像在咬噬柔嫩皮肤一样(以和顺之道期待遇合),说明六五此时前往应合必有喜庆。这是解说《睽》六五爻辞"厥宗噬肤"的象征内涵。项安世《周易玩辞》:"五以二为宗而亲之,二、五以中道相应,当'睽'之时,其间也微而易合。如肤之柔,噬之则入矣。二方委曲以求入,五能往而应之,则君臣交通,岂独无咎?又将有庆矣。二、五阴阳正应,故其辞如此。"

【睽初九小象传】 《睽》卦初九爻的《小象传》。其辞曰:"见恶人,以辟咎也。"意思是:接待与己对立的恶人,是为了避免乖睽激化而导致的咎害。这是解说《睽》初九爻辞"见恶人"的象征内涵。辟,通"避"。程颐《周易程氏传》:"睽离之时,人情乖违,求和合之且病其不能得也,若以恶人而拒绝之,则将众仇于君子,而祸咎至矣。故必见之,所以免避怨咎也。无怨咎,则有可合之道。"

【睽之时用大矣哉】 《睽》卦的《彖传》语。意为:乖睽之时正待谐合的功用多么弘大啊!这是对《睽》卦所揭示的"合睽"功用的叹美之辞。程颐《周易程氏传》:"物虽异而理本同,故天下之大,群生之众,睽散万殊,而圣人为能同之。处睽之时,合睽之用,其事甚大,故云'大矣哉'。"

【睽外也家人内也】 《杂卦传》语。说明《睽》卦象征"乖背睽违",含有乖睽于外之义;而《家人》卦象征"一家人",寓有和睦于内之义,两卦旨趋适相对照。《周易折中》引徐幾曰:"《睽》者,疏而外也;《家人》者,亲而内也。"

【裴藻】 两晋间人。爵里不详。治《易》,著有《易义》。张璠集魏晋二十二家《易》说,撰为《周易集解》十二卷,裴藻亦属被采入诸家之一(见陆德明《经典释文序录》)。

【蜥易说】 《周易》取名"易"字寓意的一种重要说法。"蜥易"为壁虎类动物,又有"蝘蜓"、"守宫"、"蠦蠬"等名,旧说能随一日十二时变色,"易"字即象其形(篆文作"𦔮"),横视正如蜥易之形),而取"变化"之义以书名。《说文解字》:"易,蜥易、蝘蜓、守宫也。象形。"段玉裁注:"上象首,下象四足,尾甚微故不象。扬雄《方言》:"或谓之蠦蠬。"张华《博物志》:"蜥蜴,或名蝘蜓。以器养之,食以朱砂,体尽赤。所食满七斤,治擣万杵,点女人支体,终年不灭,唯房屋事则灭。故号守宫。传云,东方朔汉武帝试之有验。"杨慎《升庵经说》云:"易者,庐蠬之名,守宫是矣。守宫即蜥蜴也,与龙同气,故可祷雨;与蝌蚪同形,故能呕霓。身色无恒,日十二变。是则《易》者,取其变也。"

〔丿〕

【管辂】(208—255) 三国魏平原(今属山东)人。字公明。容貌粗丑,无威仪而嗜酒。年八、九岁,便喜仰视星辰,得人辄问其名,夜不肯寐,父母禁之不止。常云:"家鸡野鹄,犹尚知时,况于人乎?"有"神童"之称。及成人,果明《周易》,精通仰观、风角、占筮、相学,世人以之比西汉京房,誉为"一代之奇"。尝从郭恩(字义博)学《易》及天文事要,学未一年,所得胜师,郭恩反从辂学,每听辂语,未尝不推几慷慨。所占断之事,均能应验。初为清河太守华表文学掾,后冀州刺史裴徽辟为文学从事,迁治中别驾、少府丞。何晏曾自言不解《易》中九事,请辂为之讲论,九事皆明,晏称:"君论阴阳,此世无双。"至为推崇西汉初筮家司马季主之学,赵孔曜谓其"俯览《周易》则能思齐季主"。正元二年(254),自言"不寿"之相,次岁卒,年四十八(见《三国志·魏书·方技传》)。

【箕子之明夷】《明夷》卦六五爻辞之语。意为：殷朝箕子的光明殒伤。箕子，殷纣王的诸父，被纣囚而佯狂为奴。此言六五当"明夷"之时，最近上六"暗君"，却能不失"柔中"之德，犹如箕子身罹内难、晦明守志，故曰"箕子之明夷"。参见"明夷六五"。

【箕子之贞明不可息也】《明夷》卦六五爻《小象传》辞。旨在解说六五爻辞"箕子之明夷，利贞"的象征内涵。意思是：殷朝的箕子守持正固，说明六五内心的光明不可熄灭。参见"明夷六五小象传"。

【僧一行】即"一行"。

【像钞】明钱一本撰。六卷。明万历间刻本。《四库全书提要》列此书于"经部易类存目"，并指出："是书虽以'像'为名，实则衍陈抟之数学。凡卦图二卷，附录书札及杂吟二卷，上下经解二卷。其卦图以朱子《本义》所列九图衍为三十二图，图各有说，纵横比对，自谓'言象而理在其中'。然孔子所谓'象者，像也'，即指卦爻。朱子所列九图，后儒已不免异同。一本借以旁推，尤为支蔓。虽《易》道广大，随拈一义皆有理可通，然究非圣人设教本旨也。"

【像象】北宋邵雍《易》说，谓《周易》有"像象"，即模拟外物以明意。参见"易有意象以统三象"。

【像象管见】明钱一本撰。九卷。《四库全书》本。此书大旨，乃据《周易》卦爻以索求《易》象，推明人事。《四库全书提要》指出："一本研究《六经》，尤邃于《易》。是书不取京、焦、管、郭之说，亦不取陈抟、李之才之义，惟即卦爻以求象，即象以明人事，故曰《像象》。象者，天道；像其象者，尽人合天之道也。大旨谓由辞得象而后无虚悬说理之病，知象为像而后有神明默成之学。而深辟言象遗理，言理遗象，仿佛其象而仍不知所以为象之弊。虽间有支蔓，而笃实近理者为多。自称用力几二十年，亦可谓笃志矣。"按，今存明万历间此书刻本亦均作九卷（见《中国古籍善本书目》），可资参考。

【遯】六十四卦之一。列居篇中第三十三卦。由下艮（☶）上乾（☰）组成，卦形作"䷠"，卦名为《遯》。象征"退避"。《遯》卦所言"退避"，并非宣扬无原则的消极"逃世"；而是说明事物的发展受阻碍时，必须暂行退避，以俟来日振兴复盛。用"人事"比喻，犹如"君子"当衰坏之世，"身退而道亨"。欧阳修《易童子问》曰"遯者，见之先也"；程颐《周易程氏传》云"君子退藏以伸其道"，两说分别表明处"遯"贵在"见几"，行"遯"主于"伸道"。卦辞先称"遯，亨"，已经揭示"遯"而求"亨"之理；又称"柔小"者利在守正，则强调此时应当抑制阻力的增长，辅助"刚大"者顺利行"遯"。卦中六爻，下三爻因各种环境条件所限，或不及遯、或不愿遯、或不能遯，以贞定自守，不图"大事"为宜；上三爻阳刚在外，均能识时遯退，以不恋私好，毅然远去为美。项安世《周易玩辞》指出："下三爻艮也，艮主于止，故为'不往'、为'固志'、为'系遯'；上三爻乾也，乾主施行，故为'好遯'、为'嘉遯'、为'肥遯'。"显然，全卦行"遯"之事重在上卦；而上卦又以上九"高飞远退"的喻象最为典型。张衡《思玄赋》曰："利飞遯以保名"，《归田赋》曰："苟纵心于物外，安知荣辱之所如"（并见《文选》），均流露了作者不满现实、欲退隐伸志的思想情绪，可视为以诗赋语言道出了《遯》卦的一方面义理。

【遯尾】《遯》卦初六爻辞之语。意为：退避不及而落在末尾。尾，犹言"末尾"。这是说明初六当"遯"之时，以阴卑居卦下，未及退避而落于末尾，情状甚危，故曰"遯尾"。参见"遯初六"。

【遯九三】《遯》卦九三爻。以阳爻居卦第三位。爻辞曰："系遯，有疾厉；畜臣妾，吉。"意思是：心怀系恋而不能退避，将有疾患与危险；若是畜养臣仆侍妾，可获吉祥。系，犹言"系恋"；臣，臣仆；妾，侍妾。这是说明九三当"遯"之时，处下卦之终,阳刚无应而亲比于六二,心为所系,未能遯退,为处"遯"不妥之象,故爻辞诫以"有疾厉";然九二既如此系恋而不遯,则此时仅利于操持小事,不可施于治国大事,故爻辞又言其畜养臣妾则"吉",谓若施于大事必凶。孔颖达《周易正义》:"亲于所近,系在于下;施之于人,畜养臣妾则可矣,大事则凶,故曰'畜臣妾,吉'。"《周易折中》引胡瑗曰:"为遯之道,在乎远去,九三居内卦之上,切比六二之阴,不能超然远遯,是有疾病而危厉者也。"按,《遯》九三之所以未能遯退,在于亲恋六二,不忍离去,故引为"臣妾"相亲相畜。马其昶《重定周易费氏学》引徐幾曰:"系者,我为彼所系,阴为主;畜者,彼为我所畜,阳为主。"此将九三、六二两爻的关系揭示颇明,可资参考。

【遯九五】《遯》卦九五爻。以阳爻居卦第五位。爻辞曰:"嘉遯,贞吉。"意思是:嘉美及时的退避,守持正固必有吉祥。嘉,嘉美。此谓九五当"遯"之时,高居尊位,阳刚中正,下应六二柔中,虽可不遯,却能知几远虑,及时遯避,故有"嘉遯"之象;此时守正而行,必获吉祥。尚秉和先生《周易尚氏学》:"五居中当位,下有应与,不必遯也;乃识微虑远,及此嘉时而遯焉,故曰'贞吉'。"按,《遯》卦的《象传》称"刚当位而应,与时行也",正指九五"嘉遯"。但九五之"位"的喻象,诸家说有异者。如:一、《周易折中》曰:"此爻虽不主君位,然居尊则亦臣之位高者也。凡功成身退者,人臣之道,故伊尹曰:'臣罔以宠利居成功',岂非遯之嘉美者乎?"此说以为九五是"大臣"象,义主"功成身退"。二、马其昶《重定周易费氏学》曰:"《盖宽饶传》引《韩氏易传》云:'五帝官天下,三王家天下;家以传子,官以传贤。若四时之运,功成者去,不得其人则不居其位。'《韩氏易传》今仅存此,当是此爻之义。传贤、传子,皆嘉遯也。尧老舜摄,当此爻矣。曰'正志',不曰'正位',明其志在让

贤,不居其位,盖言九五之将变也。"此说认为九五是"天子"之象,并举《小象传》"以正志"之语为证,谓其义主于"禅位让贤"。两说释象虽不同,于及时引退,不恋尊位的大义却相吻合,故并可参考。

【遯九四】《遯》卦九四爻。以阳爻居卦第四位。爻辞曰:"好遯,君子吉,小人否。"意思是:心怀情好而身已退避,君子必获吉祥,小人难以办到。好,犹言"情好";否,即"不",谓"不能"。这是说明九四当"遯"之时,以阳刚下应初六之阴,心存情好,但身居外卦,已有"遯退"之象;此时唯君子才能毅然割爱而遯去,小人则牵恋不舍而未能速退,故曰"君子吉,小人否"。王弼《周易注》:"处于卦外而有应于内,君子'好遯',故能舍之;小人系恋,是以否之。"按,《遯》九四割爱遯避,程颐《周易程氏传》称为"克己复礼,以道制欲",似合爻义。但除了"制欲"之外,九四的遯退还有"识时"之义。尚秉和先生《周易尚氏学》云:"当祸患未形之时,从容而遯也,然知几其神,惟君子能之。"

【遯上九】《遯》卦上九爻。以阳爻居卦最上之位。爻辞曰:"肥遯,无不利。"意思是:高飞远退,无所不利。肥,通"蜚",即"飞"。此言上九当"遯"之时,阳居卦极,有高飞远引,遨然退避之象,遯退畅飞无阻,故无所不利。尚秉和先生《周易尚氏学》指出,"肥"字,《淮南九师道训》、《易林》及王弼《周易注》均读作"飞",并云:"朱芹引姚宽《西溪丛语》云'古肥作萉,萉、蜚同字'。是'肥'即'蜚','蜚'即'飞'也。盖上九居极上,高飞远引,无有阻隔,故'无不利'。"按,《遯》上九居乾健之极,下无应、上无阻,以孑然一身"飞遯"天外,独得"逍遥"之利。马振彪先生《周易学说》引李士鉁曰:"如鸟高飞远去,不罹网罟之害。天空任鸟飞,此象以之。"

【遯六二】《遯》卦六二爻。以阴爻居卦第二位。爻辞曰:"执之用黄牛之革,莫之胜说。"意思是:让黄牛皮制的革带束缚

住,没有人能够解脱。执,束缚;说,通"脱"。这是说明六二当"遯"之时,柔顺中正,体处艮止,上应九五之尊,犹身有所系,势不能"遯退",须守正自持,故有束以牛革、难以解脱之象。李鼎祚《周易集解》引侯果曰:"体艮履正,上应贵主,志在辅时,不随物遯,独守中直,坚如革束:执此之志,莫之胜说。殷之父师当此爻矣。"按,侯氏谓"殷之父师",指殷朝的"父师"箕子,其当殷衰之时不肯隐遯避祸,《尚书·微子》载箕子语"我不顾行遯"即是。以此喻六二爻义,似可切合。又按,《遯》六二爻辞以"牛革"执缚为喻,《小象传》谓"固志",当指六二自甘不退,贞定自守,尚秉和先生《周易尚氏学》云:"仍'小利贞'之恉也。"但《易》家对此爻的分析,亦多不同说法,兹引两例以备参考。一、孔颖达《周易正义》曰:"坚固遯者之志,使不云己",此承王弼《周易注》而发,认为六二束缚遯退者,不使遯去。二、朱熹《周易本义》曰:"以中顺自守,人莫能解,必遯之志也。"此谓六二志在退避,固不可移。

【遯初六】 《遯》卦初六爻。以阴爻处卦下初位。爻辞曰:"遯尾;厉,勿用有攸往。"意思是:退避不及而落在末尾;有危险,不宜有所前往。尾,犹言"末尾"。这是说明初六当"遯"之时,以阴卑居卦下,未及退避而落于末尾,情状甚危,故爻辞特言有"厉",并戒其不可有所往。李鼎祚《周易集解》引陆绩曰:"阴气已至于二,而初在其后,故曰'遯尾'也;避难当在前,而在后,故'厉';往则与灾难会,故'勿用有攸往'。"按,《周易折中》引杨启新曰:"卦中以二阴为小人,至爻中则均退避之君子,盖皆《遯》爻,则发遯义。"此说表明,卦象主全卦大义,爻象言一爻旨趣,两者有异,当区别看待。

【遯卦辞】 《遯》卦的卦辞。其文曰:"遯,亨,小利贞。"意思是:《遯》卦象征退避,亨通,柔小者利于守持正固。遯,音盾dùn,卦名,象征"退避",陆德明《经典释

文》:"遯,字又作'遁',又作'遯',同;隐退也,匿迹避时,奉身退隐之谓也。"小,喻柔小者,并指《遯》卦中两阴爻。卦辞说明,当"遯"之时,阴渐长而阳渐衰,"君子"处"遯",身退而后"正道"可通,故曰"遯,亨";此时柔小者之利唯在守正,不宜妄动以害阳刚者,故又曰"小利贞"。孔颖达《周易正义》:"遯者,隐退逃避之名,阴长之卦。小人方用,君子日消;君子当此之时,若不隐遯避世,即受其害,须遯然后得通,故曰'遯,亨'。"尚秉和先生《周易尚氏学》:"阳大阴小,'小利贞'者,谓宜贞定也;《传》曰'浸而长',谓阴方长,长则消阳,故利于静,不利于动也。"

【遯彖传】 《遯》卦的《彖传》。旨在解说《遯》卦的卦名、卦辞之义。其文为:"《彖》曰:遯,亨,遯而亨也;刚当位而应,与时行也。小利贞,浸而长也。遯之时义大矣哉!"意思是:"《彖传》说:退避,亨通,说明此时必须先作退避然后可致亨通;譬如阳刚者正居尊位而能应合下者,随顺时势施行退避。柔小者利于守持正固,说明阴气浸润而渐渐盛长(但不可妄动害阳)。退避之时的意义多么弘大啊!"全文可分三节理解。第一节,自"遯"至"与时行也"五句,举《遯》卦九五爻阳刚当位而下应六二之象,说明此时刚大居尊者趋下"顺时"而退,唯此才能使"正道"亨通,以释《遯》卦名及卦辞"遯,亨"之义。第二节,"小利贞,浸而长也"两句,举《遯》卦初六、六二两阴爻渐长之象,谓柔小者势虽渐盛,却利在守正,不宜妄动害阳,以释《遯》卦辞"小利贞"之义。第三节,"遯之时义大矣哉"句,归结全文,并叹美《遯》卦的"时义"之弘大。

【遯大象传】 《遯》卦的《大象传》。其辞曰:"天下有山,遯;君子以远小人,不恶而严。"意思是:高天下面立着大山(犹如天在远避山),象征"退避";君子因此远避小人,不显露憎恶情态而能严然矜庄。恶,音务wù,憎恶;严,犹言"威严"。这是

先揭明《遯》卦上乾为天、下艮为山之象，谓天下有山、犹如天远避山，正为"退避"的象征；然后推阐出"君子"观此象，须悟知远避小人，于不显露憎恶之情的同时而矜严自守、不与苟同的道理。李鼎祚《周易集解》引崔憬曰："天喻君子，山比小人。小人浸长，若山之侵天；君子遯避，若天之远山。"又引侯果曰："群小浸盛，刚德殒削，故君子避之，高尚林野，但矜严于外，亦不憎恶于内，所谓'吾家耄逊于荒'也。"李道平《周易集解纂疏》："'吾家耄逊于荒'，《书·微子》文。言吾家老成之人，皆逃遯于荒野之外。引以明'远小人'之意。"按，《遯》卦的卦辞谓"遯"而能"亨"，揭示"遯避"之理；《大象传》称"君子远小人，不恶而严"，则是具体阐明"遯避"之道。郭雍《郭氏传家易说》云："君子当遯之时，畏小人之害道，志在远之而已。""远之之道何如？不恶其人而严其分是也。孔子曰：'人而不仁，疾之已甚，乱也。'疾之则恶也，不恶则不疾矣。"此引《论语·泰伯》语释"不恶"之义，即谓对"小人"若疾恶过甚，反致其为乱；故宜先远避，再图整治，正合"遯"旨。

【遯世无闷】 ①《乾》卦《文言传》语。旨在衍释《乾》初九爻辞"潜龙"之义。意思是：有"潜龙"之德者逃避这个世俗并不感到苦闷。孔颖达《周易正义》："谓逃遯避世，虽逢无道，心无所闷。"李鼎祚《周易集解》引崔憬曰："道虽不行，达理无所闷也。" ②《大过》卦《大象传》语。参见"独立不惧遯世无闷"。

【遯九三小象传】 《遯》卦九三爻的《小象传》。其辞曰："系遯之厉，有疾惫也；畜臣妾吉，不可大事也。"意思是：心怀系恋而不能退避以致有危险，说明九三将遭疾患而羸困不堪；畜养臣仆侍妾可获吉祥，说明九三此时不可施用于治国大事。这是解说《遯》九三爻辞"系遯，有疾厉；畜臣妾，吉"的象征内涵。孔颖达《周易正义》："释此'系遯'之人，以畜臣妾吉，明其不可为大事也。"程颐《周易程氏传》："遯而有系累，必以困惫致危；其有疾，乃惫也，盖力亦不足矣。以此昵爱之心畜养臣妾则吉，岂可以当大事乎？"

【遯九五小象传】 《遯》卦九五爻的《小象传》。其辞曰："嘉遯贞吉，以正志也。"意思是：嘉美及时的退避而守持正固必有吉祥，说明九五能够端正退避的心志。这是解说《遯》九五爻辞"嘉遯贞吉"的象征内涵。程颐《周易程氏传》："志正则动必由正，所以为遯之嘉也。居中得正，而应中正，是其志正也，所以为吉。人之遯也，止也，唯在正其志而已矣。"

【遯九四小象传】 《遯》卦九四爻的《小象传》。其辞曰："君子好遯，小人否也。"意思是：君子心怀情好而身已退避，说明小人难以办到。这是解说《遯》九四爻辞"好遯，君子吉，小人否"之义，然即取爻辞之语为释。程颐《周易程氏传》："君子虽有好而能遯，不失于义；小人则不能胜其私意，而至于不善。"按，程颐训"否"为"不善"，于义亦可通。

【遯上九小象传】 《遯》卦上九爻的《小象传》。其辞曰："肥遯无不利，无所疑也。"意思是：高飞远退而无所不利，说明上九无所疑虑留恋。这是解说《遯》上九爻辞"肥遯，无不利"的象征内涵。俞琰《周易集说》："三比阴，四、五应阴，皆有反顾之心，而不能无疑。上九在外而下无系应，是以无所疑也。"尚秉和先生《周易尚氏学》："上九逍遥世外，故无所疑。"

【遯六二小象传】 《遯》卦六二爻的《小象传》。其辞曰："执用黄牛，固志也。"意思是：让黄牛皮制的革带束缚住，说明六二固守辅时不退的心志。这是解说《遯》六二爻辞"执之用黄牛之革"的象征内涵。程颐《周易程氏传》："上下以中顺之道相固结，其心志甚坚，如执之以牛革也。"来知德《周易集注》："坚固其二五中正相合之志也。"

【遯初六小象传】 《遯》卦初六爻的《小

象传》。其辞曰:"遯尾之厉,不往何灾也?"意思是:退避不及而落在末尾以致有危险,说明初六只要不往前进取又有什么灾祸呢?这是解说《遯》初六爻辞"遯尾,厉"的象征内涵。孔颖达《周易正义》:"既为遯尾,出必见执;不如不往,不往即无害。'何灾'者,犹言无灾也。"程颐《周易程氏传》:"见几先遯,固为善也;遯而为尾,危之道也。往既有危,不若不往而晦藏,可免于灾,处微故也。古人处微下,隐乱世,而不去者多矣。"

【遯受之以大壮】《周易》六十四卦,以象征"退避"的《遯》卦列居第三十三卦;事物不可能终久退避,必将重新振兴盛大,所以接《遯》之后是象征"大为强盛"的第三十四卦《大壮》卦。此称"《遯》受之以《大壮》"。语本《序卦传》:"《遯》者,退也。物不可以终遯,故受之以《大壮》。"韩康伯《序卦注》:"遯,君子以远小人。遯而后亨,何可终邪?则小人遂陵,君子日消也。"又曰:"阳盛阴消,君子道胜。"程颐《周易程氏传》:"遯为违去之义,壮为进盛之义。遯者,阴长而阳遯也;大壮,阳之壮盛也。衰则必盛,消息相须,故既遯则必壮,《大壮》所以次《遯》也。"

【遯之时义大矣哉】《遯》卦的《象传》语。意为:退避之时的意义多么弘大啊!这是对《遯》卦所揭示的"退避"之时深刻意义的叹美。孔颖达《周易正义》:"相时度宜,避世而遯,自非大人照几,不能如此;其义甚大,故云'大矣哉'。"

【遯尾之厉不往何灾也】《遯》卦初六爻的《小象传》辞。旨在解说初六爻辞"遯尾,厉"的象征内涵。意思是:退避不及而落在末尾以致有危险,说明初六只要不往前进取又有什么灾祸呢?参见"遯初六小象传"。

〔丶〕

【慢藏】谓不慎所藏。语出《系辞上传》"慢藏诲盗"。《后汉书·杜笃传》:"慢藏招寇,复致赤眉。"《魏书·乌洛侯传》:"慢藏野积,而无寇盗。"

【慢藏诲盗冶容诲淫】《系辞上传》语。意为:轻忽于收藏财物就是引人为盗,妖冶其容貌姿色就是引人淫荡。这是举"慢藏"、"冶容"之事为喻,以释《解》卦六三爻所含"小人"窃踞高位骄矜不慎而终致"寇至"的意义。孔颖达《周易正义》:"若慢藏财物,守掌不谨,则教诲于盗者,使来取此物;女子妖冶其容,身不精悫,是教诲淫者,使来淫己也。"

【演易台】① 在河南汤阴县北羑里城,传说周文王演《易》之处。《彰德府志》:"羑里城在汤阴北七里,周回二百五十步,高二丈,中实。羑里,盖商狱名也,纣听崇侯虎谮,囚文王于此。今高丘上有文王庙、演《易》亭。" ② 在四川云阳县北,传说北宋邵雍研究《易》理之处。《夔州府志·云阳县》:"演《易》台,去治北三十里,宋邵康节于此著《易》,即向阳坪。御史卢雍立石表之。"

【端木国瑚】(1773—1837) 清青田(今属安徽)人。青田故产鹤,国瑚生而清傲似鹤,其祖父为取字曰鹤田。晚号太鹤山人。初,阮元督学,得国瑚,常夸示人曰:"此青田一鹤也!"国瑚好学深思,通天文之奥及堪舆家言。道光中被召相吉地,授内阁中书。十三年(1833)成进士,选用知县,性不耐剧务,投牒就原官。著《周易指》,属稿二十六年而后成。诗才清丽,有《太鹤山人集》。又著《周易葬说》、《地理元文》,后颇悔之,不轻为人营葬(见《清史稿·文苑传》)。《易》学专著今存《周易指》三十八卷、《易断辞》一卷、《周易图》五卷。

【彰往察来微显阐幽】指《周易》的哲学体系博大精深,故称其可以彰著往昔的变故而察辨将来的事态,显示初微的征象而阐明幽深的道理。语出《系辞下传》:"夫《易》,彰往而察来,而微显阐幽。"微显,犹言"显微"。韩康伯《系辞注》:"《易》

无往不彰,无来不察,而微以之显,幽以之阐。阐,明也。"孔颖达《周易正义》:"往事必载,是彰往也;来事豫占,是察来也。"又曰:"阐,明也。谓微而之显,幽而阐明也。言《易》之所说,论其初微之事,以至其终末显著也;论其初时幽暗,以至终末阐明也。皆从微以至显,从幽以至明。观其《易》辞,是微而幽暗也;演其义理,则显见著明也。以体言之,则云微显也;以理言之,则云阐幽,其义一也。但以体以理,故别言之。"按,朱熹《周易本义》云:"'而微显',恐当作'微显而'。"即疑这两句原文应为"彰往而察来,微显而阐幽"。可备一说。

【恝恝终吉志行也】 《履》卦九四爻的《小象传》辞。旨在解说九四爻辞"恝恝终吉"的象征内涵。意思是:保持恐惧谨慎终将获得吉祥,说明九四奉行小心循礼的志愿。参见"履九四小象传"。

【廖平】(1852—1932) 四川井研人。原名登廷,字旭陔,又作勖斋,旋改名平,字季平,晚号六译。早年就学于成都尊经书院,为王闿运入室弟子。清光绪十五年(1889)进士。选授龙安府学教授,历任射洪安岳教谕、绥安府学教授、尊经书院襄校等职。辛亥革命后,长成都国学院甚久。其治经思想凡六变:最初认为经学当自小学始,以明大义为主,一变为分今古学,二变为尊今抑古,三变为分大小二统,四变为分人学天学,五变为融今天人大小为一,六变为发明《诗》、《易》天学哲理。所持"尊今抑古"之说,对康有为的《新学伪经考》、《孔子改制考》影响至大。廖平著述丰富,曾合刊为《四益馆丛书》、《六译馆丛书》。其中《易》学专著有《易生行谱例言》一卷、《易经新义疏证凡例》一卷、《四益易说》一卷及《易经古本》一卷,立说多有新意。

〔翟〕

【翟玄】 约当魏晋间人。爵里不详。又作"翟子玄",或疑"子玄"为其字。治《易》,著有《易义》。陆德明《经典释文序录》于《易》类列"《荀爽九家集注》十卷",谓其《序》有"翟子玄",则子玄为"九家"之一;又谓"子玄不详何人,为《易义》"。张惠言云:"李鼎祚《集解》有翟元,翟元即子玄,李书讳'玄'为'元',郑玄字亦如此。"(《易义别录》)马国翰云:"古人多有名与字同者,如韩伯字康伯之类。或玄字子玄欤?'九家'次第,翟在姚信之后,则玄盖亦魏晋间人也。"(《玉函山房辑佚书》)所著《易义》久佚。清孙堂《汉魏二十一家易注》、马国翰《玉函山房辑佚书》、黄奭《汉学堂丛书》等均辑有一卷。张惠言《易义别录》认为:子玄《易》学,本于"孟氏《易》"。

【翟牧】 西汉沛(今江苏沛县东)人。字子兄(音况 kuàng)。与白光同受《易》于孟喜,传"孟氏学"。焦延寿曾自言从孟喜受《易》,焦氏弟子京房以为延寿《易》即孟氏学,翟牧、白光不肯,皆曰:"非也。"翟、白二人治孟《易》知名于世,故学者又合称师弟三人所传为"翟、孟、白之学"(见《汉书·儒林传·孟喜传》及《京房传》)。

【翟子玄】 见"翟玄"。

【翟玄易义】 魏晋间翟玄撰。清黄奭辑。一卷。《汉学堂丛书》本。翟玄此书卷数,旧籍无考。清儒皆就陆德明《经典释文》、李鼎祚《周易集解》二书辑其遗说,张惠言所辑载《易义别录》,孙堂所辑载《汉魏二十一家易注》,马国翰所辑载《玉函山房辑佚书》,黄奭所辑载《汉学堂丛书》。黄寿祺先生指出:"较诸家优劣,惟黄本能据郑刚中《周易窥余》、熊过《周易象旨决录》、魏濬《易义古象通》诸书增补考订,所获为多。子玄之生平既不详,而其书又早亡,无由观其会通。第就今所见言之,如说《随·象》'君子向晦入宴息'云:'雷者阳气,春夏用事,今在泽中,秋冬时也。故君子象之,日出视事,其将晦冥,退入宴寝而休息也。'其义最精。余如说'终朝三拕'云:'上以六三锡下二阳,群刚交争，得不以让，故终一朝之间，各一夺之。'说'革言三就'云：'言三就上二阳，乾得共有信，据于二阴，故曰革言三就。'皆俚俗无理，弃之亦无可惜也。"(《易学群书平议》)

【熊过】 明富顺(今属四川)人。字叔仁。嘉靖八年(1529)进士。累官礼部郎中，坐事贬秩，复除名为民。与陈束等有"嘉靖八才子"之称(见《明史·文苑传·陈束传》)。《易》学专著今存《周易象旨决录》七卷。

【熊良辅】 元南昌(今属江西)人。字任重，别号梅边。举延祐四年(1317)乡贡。早岁师事同邑熊凯学《易》，后得凯友龚焕《易》说之传。试礼部不第，归家训徒乡塾，研究《易》旨。著有《周易本义集成》、《易传集疏》、《风雅遗音》、《小学入门》等书(见《经义考》、《宋元学案》及《四库全书提要》)。《易》学专著今存《周易本义集成》十二卷。

十五画

〔一〕

【横渠易说】 北宋张载撰。三卷。《通志堂经解》本。亦题曰《易说》或《横渠先生易说》。此书《宋史·艺文志》著录作十卷，今本唯上经一卷、下经一卷、《系辞传》以下一卷，末附总论十一则，与《宋志》所载不合。《四库全书提要》指出："然《书录解题》已称《横渠易说》三卷，则《宋志》误也。杨时乔《周易古今文》称今本只六十四卦，无《系辞》，实未全之书，则又时乔所见之本偶残阙耳。是书较《程传》为简，往往经文数十句中一无所说，末卷更不复全载经文，载其有说者而已。董真卿谓《横渠易说》发明二程所未到处，然考《宋史》，张子卒于神宗时，程子《易传序》则作于哲宗元符二年，其编次成书则在徽宗崇宁后，张子不及见矣。此卿谓'发明所未到'，非确论也。"又云："其书解说《乾·彖传》、《文言传》、《系辞传》等三处，"皆借《老子》之言而实异其义，非如魏、晋人合《老》、《易》为一者也。惟其解《复》卦'后不省方'，以'后'为继体守成之主，以'不省方'为富庶优暇、不甚省事，则于义颇属未安。此又不必以张子故而曲为之辞矣。"

【樊英】 东汉南阳鲁阳（治所今河南鲁山县）人。字季齐。少年求学于京畿之地，习"京氏《易》"，兼明《五经》。又通晓风角、星算、河洛、七纬、推步、灾异等。隐居壶山之阳，受业者自四方至。州郡、公卿礼请，皆不应。占断灾异，常有应验。汉安帝初，征为博士。建光元年（121），朝廷派公车招请，不至。永建二年（127），被强请入京，顺帝不能屈之，而敬其名，待以师傅之礼，拜五官中郎将。数月，称疾告归。朝廷每有灾异，辄下诏问变复之效。年七十余，卒于家。著《易章句》，世称"樊氏学"，以图纬教授生徒。弟子闻名者有陈寔、郈巡（见《后汉书·方术列传·樊英传》）

【蕅益】 即"智旭"。

【震】 ①八卦之一。由上两阴画、下一阳画组成，形作"☳"，其名为"震"，其义为"动"，其基本象征物象为"雷"。震卦上二阴、下一阳，喻示阴阳冲突，暴发为雷，《淮南子·地形训》谓"阴阳相薄为雷"是也。震卦的基本喻象虽为雷，但在《易》理的旁通广涉中，又可博取众象，如"足"、"龙"等，但诸象的象征旨趣则不离"动"之义。《说卦传》既指明"震，动也"这一象征意义，又载录众多象例，曰："震为龙"，又曰："震为足"，又曰："震一索而得男，故谓之长男"，又曰："震为雷，为龙，为玄黄，为旉，为大涂，为长子，为决躁，为苍莨竹，为萑苇，其于马也为善鸣，为馵足，为作足，为的颡，其稼也为反生，其究为健，为蕃鲜。"陆德明《经典释文》谓《荀爽九家集解》本《说卦传》此后更有三象："为玉，为鹄，为鼓。"这是有关"震"象的较早期资料。后儒如西汉焦延寿的《易林》、三国虞翻的《易注》，所采八卦的"逸象"尤多，治《易》者常取资考辨《易》义。②六十四卦之一。列居篇中第五十一卦。由两个三画的震卦（☳）重迭而成，卦形作"䷲"，卦名为《震》，象征"雷动"。《淮南子·人间训》载《尧戒》云："战战栗栗，日谨一日；人莫踬于山，而踬于垤。"这是用登山不至跌跤，而平地常使人栽倒为喻，说明凡事要警惕戒惧，谨慎小心，沈德潜称此戒为"大圣人忧勤惕厉语"（《古诗源》）。《震》卦取象于"雷动"威盛，正是揭明"震惧"可至"亨通"的道理。卦辞设拟两层相互见旨的譬喻：先言雷动奋起万物畏惧，于是慎行获福笑语声声；再言君主教令震惊百里,遂致万方警惧而社稷长保。《大象传》用"恐惧修省"四字,对全卦大义作了精要概括,揭出"惶恐惊惧"与"修身省过"之间的内在联系。卦中六爻分别喻示处"震"的不同情状:初九阳刚在下而知惧致福,六二因危守中而失"贝"复得,六三惶惶未安而慎行免祸,六五柔中"危行"而善保尊位,这四爻均见"惕惧修德"之功,故多吉无害;惟九四陷于阴中,惧而不能振奋,难以自拔;上六惧极有凶,但若因人之惧预先戒备,亦得"无咎"。显然,《震》卦的象征主旨是建立在"震惧"的基点上,然后谨慎前行,开拓"亨通"境界:此中寓涵着处"危"而后"安"的辩证哲理。马振彪先生《周易学说》论曰:"人当颠沛造次之时,如履薄临深之可惧;国际风雨飘摇之会,有内忧外患之交乘:其危乃光,惩前毖后,必如此卦之爻象,始终戒惧乃可免祸而致福。"

【震九四】 《震》卦九四爻。以阳爻居卦第四位。爻辞曰:"震遂泥。"意思是:雷动之时惊惶失措坠陷于泥泞中。遂,朱骏声《说文通训定声》谓假借为"队",即"坠"。这是说明九四当"震"之时,阳刚失位,刚德不足,又陷于上下四阴之间,乃至面临雷动而惊恐失措,坠入泥泞不能自拔,故曰"震遂泥"。尚秉和先生《周易尚氏学》:"遂,'隧'之省文,'隧'即'坠'也,《论语》'文武之道,未坠于地',《石经》作'隧';又《列子》'矢隧地而尘不扬',皆以'隧'为'坠'。遂,古文'隧'之省,《荀子·理论篇》'入焉而队'杨倞注云'队,古坠字',故荀爽作'队'。"又曰:"陷四阴中,故'隧泥'。"按,《震》卦之义,在于因惧修省,因恐自振。若六三虽失位,能承阳慎行故可免灾;九四亦失位,但阳刚削弱,沉陷阴中,惊恐而不能有为,实属坠落委颓之象,《小象传》所谓造德"未光",正明此旨。

【震上六】 《震》卦上六爻。以阴爻居卦最上之位。爻辞曰:"震索索,视矍矍,征凶;震不于其躬,于其邻,无咎。婚媾有言。"意思是:雷动之时恐慌得双足畏缩难行,两目惶顾不安,冒然进取必遭凶险;若能在雷动尚未震及自身,才及于近邻时就预先戒备,则不致咎害;但若谋求阴阳婚配将导致言语争端。索索,陆德明《经典释文》引郑玄曰:"犹'缩缩',足不正也",形容惧极而双足畏缩难行;矍,音决 jué,"矍矍",《经典释文》引郑玄曰:"目不正",即双目旁顾不安之状;躬,谓自身;有言,指言语争执而不相和合,与《需》卦九二爻辞"小有言"义略近(见"需九二")。爻辞全文说明,上六当"震"之时,以阴处卦之极,惊恐至甚,无所安适,乃至双足"索索",两目"矍矍",以此而"征",必遭凶险,故曰"震索索,视矍矍,征凶";然上六若能在雷威未震及自身,仅震及近邻时,就预先"恐惧修省",及早戒备,则可免遭咎害,故爻辞又诫勉曰"震不于其躬,于其邻,无咎";而上六既当此极惧之时,必多疑虑,难与外物相合,于是爻辞再戒其不可急于谋求阴阳应合,若必欲"婚媾",则难免"有言",辞意主于此时不宜妄动,与前文"征凶"之戒互为发明。王弼《周易注》:"处《震》之极,极震者也。居震之极,求中未得,故惧而索索,视而矍矍,无所安亲也。已处动极而复征焉,凶其宜也。若恐非己造,彼动故惧,惧邻而戒,合于备豫,故'无咎'也。极惧相疑,故虽'婚媾'而'有言'也。"按,《震》上六于惧极有凶之时,爻辞又勉以因"邻"之震惧而预为修省,必可"无咎"。辞中诫意至见深切。郑汝谐《东谷易翼传》指出:"人之过于恐惧者,固无足取;若能举动之际,睹事之未然而知戒,亦圣人之所许也。"

【震六二】 《震》卦六二爻。以阴爻居卦第二位。爻辞曰:"震来,厉,亿丧贝,跻于九陵,勿逐,七日得。"意思是:雷动骤来,有危险;大失货贝,应当跻登远避于峻高的九陵之上,不用追寻,过不了七日必将失而复得。亿,陆德明《经典释文》引郑玄曰:"十万曰亿",犹言"大",作副词;贝,古代货币之称；跻，登也；九，以阳数之极喻高，"九陵"犹言"峻高之陵"；七日，借取日序周期"七"象征转机迅速，与《复》卦辞"七日"之意同，犹言"过不了七日"(见《复》卦辞）。爻辞全文说明六二当"震"之时，以柔乘刚，犹如惊雷突响，面临危险，故曰"震来，厉"；此时六二之危至见严重，其身将受大损，正如其人大失财币，唯因禀具"柔中"之德，虽遇危却能守中不躁，自避于"九陵"而不予追寻，则所失之"贝"仅"七日"便将失而复得，故又曰："亿丧贝，跻于九陵，勿逐，七日得"。此处"七日得"之旨，与《既济》六二爻《小象传》所云"七日得，以中道也"之义略同。朱熹《周易本义》："六二乘初九之刚，故当震之来而危厉也。"马其昶《重定周易费氏学》："勿逐，谓二之中正不可变也；七日来复，理数自然之期。《既济》六二曰'七日得，以中道也。'略于此者，见于彼也。"按，《震》六二于"震来"之际，因乘刚而有危，因危厉而警惧，遂能慎守柔中，不恋所失，终致失而复得。此亦"恐惧修省"、"恐致福"之旨。又按，《震》六二爻辞"亿"字之义，李鼎祚《周易集解》引虞翻曰："惜辞也。"陆德明《经典释文》云："本又作'噫'。"此并作感叹语气词解，于义亦通。

【震六三】《震》卦六三爻。以阴爻居卦第三位。爻辞曰："震苏苏，震行无眚。"意思是：雷动之时惶惶不安，面临雷动而能警惧前行将不遭祸患。苏苏，陆德明《经典释文》引郑玄曰"不安也"；震行，犹言"震惧而行"；眚，音省 shěng，犹言"祸患"。这是说明六三处"震"之时，居位不当，忧惧不安，故有"震苏苏"之象；但无乘刚之失，遂能因"震惧"而慎行，终可免灾，故又曰"震行无眚"。王弼《周易注》："不当其位，位非其处，故惧苏苏也；而无乘刚之逆，故可以惧行而无眚也。"孔颖达《周易正义》："验注以训'震'为'惧'，盖惧不自为惧，由'震'故'惧'也。"按《震》六三下不乘刚，上又承阳，虽不当位，却能怀危惧之心以慎行，终日惶恐修省，遂可避灾免患。《周易折中》引赵光大曰："天下不患有忧惧之时，而患无修省之功。若能因此惧心而行，则持身无妄动，应事有成规，又何眚之有？"

【震六五】《震》卦六五爻。以阴爻居卦第五位。爻辞曰："震往来，厉；亿无丧，有事。"意思是：雷动之时不论上下往来，都有危险；但慎守中德就万无一失，可以长保祭祀盛事。亿，谓"大"，与《震》卦六二爻辞之"亿"义同（见震六二），"亿无丧"，来知德《周易集注》云"大无丧也"，犹言"万无一失"；事，李鼎祚《周易集解》引虞翻曰："谓祭祀之事"。这是说明六五当"震"之时，阴柔居尊，上往则遇阴得敌，下行则乘刚有失，故"往来"皆"厉"；但六五又禀具"柔中"美德，能以危惧之心慎守中道，不冒然"往来"，遂能万无一失，长保祭祀之事，即卦辞"不丧匕鬯"之义，故曰"亿无丧，有事"。《周易折中》："春秋凡祭祀，皆曰'有事'，故此'有事'谓'祭'也。"又曰："然二'丧贝'而五'无丧'者，二居下位，所有者'贝'耳；五居尊，所守者宗庙社稷也。贝可丧也，宗庙社稷可以失守乎？故二以'丧贝'为中，五以'无丧，有事'为中。"尚秉和先生《周易尚氏学》："往得敌，来乘刚，故往来皆危厉也。"按，六五以阴柔居尊处"震"，凡一举一动均能戒惧危厉，慎行中道，故"无丧"、"有事"。此即《小象传》所云"危行"、"其事在中"之义。《周易折中》引熊良辅曰："震往亦厉，来亦厉，皆以危惧待之，故能'无丧有事'，盖不失其所有也。此卦辞所谓'不丧匕鬯'，能主器以君天下者与？"

【震来厉】《震》卦六二爻辞之语。意为：雷动骤来，有危险。此言六二当"震"之时，以柔乘刚，犹如惊雷突响，面临危险，故曰"震来厉"。参见"震六二"。

【震仰盂】朱熹《周易本义》卷首所附《八卦取象歌》语。说明八卦之一的"震"卦形状作"☳"，犹如一个仰放的盆盂。

【震为雷】 ①《说卦传》语,谓八卦之一"震"卦(☳)的基本象征物是"雷"。②朱熹《周易本义》卷首所附《分宫卦象次序》歌诀中语,说明六十四卦之一的《震》卦(䷲),其卦象由上下两"震"(即"雷")组成。

【震初九】 《震》卦初九爻。以阳爻处卦下初位。爻辞曰:"震来虩虩,后笑言哑哑,吉。"意思是:雷动骤来而能惶恐畏惧,然后慎行保福遂有声声笑语,吉祥。虩,音隙 xì,"虩虩"形容恐惧情状;哑哑,欢笑声。爻辞首两句与《震》卦辞"震来虩虩,笑言哑哑"相比较,唯于"笑"前多一"后"字,语意亦略同(参见"震卦辞")。此言初九当"震"之时,阳刚在下,慎守勿用,犹如惊闻雷动而能惶恐戒惕,加强自我修省,遂致获福欢笑,故得"吉祥"。王弼《周易注》:"体夫刚德,为卦之先,能以恐惧修其德也。"孔颖达《周易正义》:"刚则不暗于几,先则能有前识,故处震惊之始,能以恐惧自修而获其吉。"按,《震》初九以阳刚之德,最处卦下,为慎始惧初之象,终能因"惧"获"吉"。《周易折中》引范仲淹曰:"君子之惧于心也,思虑必慎其始,则百志弗违于道;惧于身也,进退不履于危,则百行弗罹于祸。故初九'震来'而致福,慎于始也。"

【震苏苏】 《震》卦六三爻辞之语。意为:雷动之时惶惶不安。苏苏,不安之状。此言六三当"震"之时,以阴居阳,处位不当,遂致忧惧不安,故有"震苏苏"之象。参见"震六三"。

【震动也】 《说卦传》语。谓八卦之中,震卦的象征意义为"奋动"。参见"震①"。

【震卦辞】 《震》卦的卦辞。其文曰:"震,亨,震来虩虩,笑言哑哑;震惊百里,不丧匕鬯。"意思是:《震》卦象征雷动,亨通,雷动骤来万物惶恐畏惧,于是慎行保福遂有声声笑语;君主的教令像雷动惊闻百里,这样宗庙祭祀就能长延不绝。震,卦名,象征"雷动";虩,音隙 xì,"虩虩",陆德明《经典释文》引马融曰:"恐惧皃";哑哑,《经典释文》引马融曰:"笑声";百里,喻地域之广,兼指古代诸侯国以"百里"为封地,荀悦《汉纪・哀帝纪论》:"古者诸侯之国,百里而已,故《易》曰'震惊百里',以象诸侯之国也";匕,指勺、匙之类盛食物的器具,古代祭祀时用以盛"鼎实",王弼《周易注》"所以载鼎实";鬯,音唱 chàng,祭祀所用酒名,王弼《周易注》"香酒",句中"匕鬯"借代"祭祀"。卦辞全文拟象于"雷威震动",其本旨在揭明事物因"震惧"可以致"亨通"的义理,故先总称曰"震,亨";然后分两层喻示"震"之所以能"亨"之理,第一层,言雷动奋起而天下惶恐,于是慎行不敢妄为,遂能获福而欢笑,故曰"震来虩虩,笑言哑哑";第二层,言诸侯的"教令"如雷动惊闻百里,则国内整肃,就能"不丧"宗庙祭祀,"社稷"因之长保,故曰"震惊百里,不丧匕鬯"。李鼎祚《周易集解》引郑玄曰:"震为雷。雷,动物之气也;雷之发声,犹人君出政教以动中国之人也,故谓之'震'。"又曰:"雷发声闻于百里,古者诸侯之象;诸侯出教令,能警戒其国,内则守其宗庙社稷,为之祭主,不亡匕与鬯也。"孔颖达《周易正义》:"震,动也,此象雷之卦,天之威动,故以'震'为名。震既威动,莫不惊惧;惊惧以威,则物皆整齐,由惧而获通,所以'震'有'亨'德,故曰'震,亨'也。"又曰:"虩虩,恐惧之貌也。哑哑,笑语之声也。震之为用,天之威怒,所以肃整急慢,故迅雷风烈,君子为之变容;施之于人事,则是威严之教行于天下也。故震之来也,莫不恐惧,故曰'震来虩虩'也。物既恐惧,不敢为非,保安其福,遂至笑语之盛,故曰'笑言哑哑'也。"又曰:"匕鬯者,'匕'所以载鼎实,'鬯'香酒也,奉宗庙之盛者也。震卦施之于人,又为长子。长子则正体于上,将所传重,出则抚军,守则监国;震惊于百里,可以奉承宗庙,彝器粢盛,守而不失也。故曰'震惊百里,不丧匕鬯'。"按,孔颖达谓"震"为"长子",乃本于《说卦传》;其以"长子"奉承宗庙释"震惊百里,不丧匕鬯",义亦可通。

【震象传】《震》卦的《象传》。旨在解说《震》卦的卦名、卦辞之义。其文为:"《象》曰:震,亨。震来虩虩,恐致福也;笑言哑哑,后有则也。震惊百里,惊远而惧迩也;出,可以守宗庙社稷,以为祭主也。"意思是:"《象传》说:雷动,可致亨通。雷动骤来万物能恐畏惧,说明恐惧谨慎必能导致福泽;慎行保福遂有声声笑语,说明警惧之后行为就能遵循法则。君主的教令像雷动惊闻百里,说明不论远近都震惊恐惧;(宗庙的祭祀能长延不绝,说明)此时即使君主外出,长子也能够留守宗庙社稷,成为祭祀典礼的主持人。"全文可分三节理解。第一节,"震,亨",即举卦辞"亨"以释卦名"震"之义,谓事物因"震惧"必可致"亨通"。第二节,自"震来虩虩"至"后有则也"四句,说明事物能恐惧便可获福,恐惧之后便能守法,以释《震》卦辞"震来虩虩,笑言哑哑"之义。第三节,自"震惊百里"至"以为祭主也"五句,举《震》卦上下"震"为"长子"之象,说明"君主"教令如震雷威及长远,其"长子"亦能承继祭祀大业,以释《震》卦辞"震惊百里,不丧匕鬯"之义。按,此卦《象传》首二字"震,亨",即以卦辞"亨"释卦名"震";然旧本或无此二字者。孔颖达《周易正义》云:"但举经而不释名德所由者,正明由惧得通,故曰'震,亨',更无他义。或本无此二字。"又按,"出,可以守宗庙社稷"之前,疑有脱文。郭京《周易举正》此前有"不丧匕鬯"四字,似当从补。朱熹《周易本义》亦云:"程子以为'迩也'下脱'不丧匕鬯'四字,今从之。"

【震遂泥】《震》卦九四爻辞。意思是:雷动之时惊惶失措坠陷于泥泞中。遂,通"坠"。此言九四当"震"之时,阳刚失位,刚德不足,又陷于上下四阴之间,乃至面临雷动而惊恐失措,坠入泥泞不能自拔,

故曰"震遂泥"。参见"震九四"。

【震大象传】《震》卦的《大象传》。其辞曰:"洊雷,震;君子以恐惧修省。"意思是:叠连轰响着巨雷,象征"震动";君子因此时时惶恐警惧而自我修身省过。洊,再也,犹言"叠连",与《坎》卦《大象传》"水洊至"之"洊"同意(见"坎大象传")。这是先揭明《震》卦上下两"震"均为"雷"之象,谓巨雷叠响,正为"雷动"的象征;然后推阐出"君子"观此象,须悟知应当恐惧"天威"而自我修省的道理。孔颖达《周易正义》:"洊者,重也,因仍也;雷相因仍,乃为威震也。此是重震之卦,故曰'洊雷,震'也。"又曰:"君子恒自战战兢兢,不敢懈惰;今见天之怒,畏雷之威,弥自修身,省察己过,故曰'君子以恐惧修省'也。"按,《震》卦《大象传》谓"恐惧修省",即是卦辞所谓"震"而后"亨","虩虩"、"震惊"然后"笑言哑哑"、"不丧匕鬯";亦与《象传》"恐致福"、"后有则"之义相同。

【震下乾上】指下卦为"震",上卦为"乾"。即六十四卦中的《无妄》卦之象。

【震下坤上】指下卦为"震",上卦为"坤"。即六十四卦中的《复》卦之象。

【震下震上】指下卦为"震",上卦亦为"震"。即六十四卦中的《震》卦之象。

【震下巽上】指下卦为"震",上卦为"巽"。即六十四卦中的《益》卦之象。

【震下坎上】指下卦为"震",上卦为"坎"。即六十四卦中的《屯》卦之象。

【震下离上】指下卦为"震",上卦为"离"。即六十四卦中的《噬嗑》卦之象。

【震下艮上】指下卦为"震",上卦为"艮"。即六十四卦中的《颐》卦之象。

【震下兑上】指下卦为"震",上卦为"兑"。即六十四卦中的《随》卦之象。

【震为长男】八卦之中,震卦以居初位之阳为主画,犹如乾坤两卦首次相交而派生出来的阳卦,故古人以一家之"长男"作为震的象征。语本《说卦传》。参见"乾坤六子"。

【震行无眚】《震》卦六三爻辞之语。意思是：面临雷动而能警惧前行将不遭祸患。震行，犹言"震惧而行"；眚，音 shěng，谓"祸患"。这是说明六三处"震"之时，居位不当，忧惧不安；但无乘刚之失，遂能因"震惧"而慎行，终可免灾，故曰"震行无眚"。参见"震六三"。

【震往来厉】《震》卦六五爻辞之语。意思是：雷动之时，不论上下往来，都有危险。此言六五当"震"之时，阴柔居尊，上往则遇阴得敌，下行则乘刚有失，故"往来"皆"厉"。参见震六五。

【震巽特变】 三国吴《易》家虞翻所倡"卦变"条例之一。虞氏以为，八卦中乾为天、坤为地、坎为水、离为火、艮为山、兑为泽，六者皆有形质；惟震为雷、巽为风，二者无形，故其卦须特变。特变之法，谓震变为巽，巽变成震，三爻俱变，与其他卦变之条例不同。如《周易集解》于《蛊》卦《象传》引虞翻曰："谓初变成乾，乾为甲；至二成离，离为日。谓乾三爻在前，故'先甲三日'，《贲》时也。变三至四体离，至五成乾，乾三爻在后，故'后甲三日'，《无妄》时也。"此言《蛊》卦变至第三爻，下体"巽"已变为"震"，卦成《噬嗑》。又，《集解》于《恒》卦辞引虞翻曰："终变成《益》，则初、四、二、五皆得其正。"此言《恒》卦下巽上震，下体巽变成震，上体震变成巽，故为《益》卦。按，虞氏此例，乃有时用之；非凡有震、巽之卦，皆以特变言也。视其"旁通"例，谓阴阳爻两两相通，则卦中六爻皆变必成旁通之卦；而于特变，亦使震、巽三爻俱变，其注《恒》卦更使上下体六爻皆变，故李锐《周易虞氏略例》认为"震巽特变"乃"旁通之变例"。

【震受之以艮】《周易》六十四卦，以象征"雷震奋动"的《震》卦列居第五十一卦；事物不可终久奋动，应当适时抑止，所以接《震》之后是象征"抑止"的第五十二卦《艮》卦。此称"《震》受之以《艮》"。语本《序卦传》："《震》者，动也。物不可以终动，止之，故受之以《艮》；艮者，止也。"李鼎祚《周易集解》引崔憬曰："《震》极则'征凶'、'婚媾有言'，当须止之，故言'物不可以终动，止之'矣。"程颐《周易程氏传》："动静相因，动则有静，静则有动。物无常动之理，《艮》所以次《震》也。"

【震九四小象传】《震》卦九四爻的《小象传》。其辞曰："震遂泥，未光也。"意思是：雷动之时惊惶失措坠陷泥泞之中，说明九四的阳刚之德未能光大。这是解说《震》九四爻辞"震遂泥"的象征内涵。程颐《周易程氏传》："阳者刚物，震者动义。以刚处动，本有光亨之道；乃失其刚正，而陷于重阴，以致遂泥，岂能光也？云'未光'，见阳刚本能震也，以失德故泥耳。"

【震上六小象传】《震》卦上六爻的《小象传》。其辞曰："震索索，中未得也；虽凶无咎，畏邻戒也。"意思是：雷动之时恐慌得双足畏缩难行，说明上六未能居处适中的位置；尽管有凶险却不致咎害，说明上六应当畏惧近邻所受的震惊而预先戒备。这是解说《震》上六爻辞"震索索"、"征凶"、"无咎"的象征内涵。孔颖达《周易正义》："《象》曰'中未得也'者，犹言未得中也；'畏邻戒也'者，畏邻之动，惧而自戒，乃得无咎。"

【震六二小象传】《震》卦六二爻的《小象传》。其辞曰："震来厉，乘刚也。"意思是：雷动骤来而有危险，说明六二乘凌阳刚之上。这是解说《震》六二爻辞"震来，厉"的象征内涵。俞琰《周易集说》："乘刚，谓乘初九之刚。刚在初，而二乘之，则其震也出于不意，遂仓惶失措而不得其安。"

【震六三小象传】《震》卦六三爻的《小象传》。其辞曰："震苏苏，位不当也。"意思是：雷动之时惶惶不安，说明六三居位不妥当。这是解说《震》六三爻辞"震苏苏"的象征内涵。程颐《周易程氏传》："其恐惧自失苏苏然，由其所处不当故也。不中不正，其能安乎？"

【震六五小象传】《震》卦六五爻的《小象传》。其辞曰:"震往来厉,危行也;其事在中,大无丧也。"意思是:雷动之时不论上下往来都有危险,说明六五应当心存危惧谨慎前行;长保祭祀盛事在于慎守中道,说明六五作到这样就可以万无一失。这是解说《震》六五爻辞"震往来,厉;亿无丧,有事"的象征内涵。来知德《周易集注》:"危行者,往行危,来行危,一往一来皆危也。其事在中者,言所行虽危厉,而犹能以有事者,以其有中德。有是中德,而能有事,故大无丧。"

【震初九小象传】《震》卦初九爻的《小象传》。其辞曰:"震来虩虩,恐致福也;笑言哑哑,后有则也。"意思是:雷动骤来而能惶恐畏惧,说明初九恐惧谨慎必能导致福泽;然后慎行保福遂有声声笑语,说明初九恐惧之后行为就能遵循法则。这是解说《震》初九爻辞"震来虩虩,后笑语哑哑"的象征内涵。程颐《周易程氏传》:"震来而能恐惧周顾,则无患矣,是能因恐惧而反致福。因恐惧而自修省,不敢违于法度,是由震而后有法则,故能保其安吉,而笑言哑哑也。"

【震起也艮止也】《杂卦传》语。说明《震》卦象征"雷动",含有谕人奋动振起之义;而《艮》卦象征"抑止",寓有诫人稳静安止之义,两卦旨趋适相对照。李鼎祚《周易集解》引虞翻曰:"《震》阳动行,故起;《艮》阳终止,故止。"俞琰《周易集说》:"阳起于下,而止于上。震之阳在下,起也;艮之阳在上,止也。三画卦与重卦皆然。"

【震来厉乘刚也】《震》卦六二爻的《小象传》辞。旨在解说六二爻辞"震来,厉"的象征内涵。意思是:雷动骤来而有危险,说明六二乘凌阳刚之上。参见"震六二小象传"。

【震索索视矍矍】《震》卦上六爻辞之语。意思是:雷动之时恐慌得双足畏缩难行,两目惶顾不安。索索,犹"缩缩",形容惧极而双足畏缩不前;矍矍,双目旁顾不安之状,矍,音决 jué。这是说明上六当"震"之时,以阴处卦之极,惊恐至甚,无所安适,遂有双足"索索"、两目"矍矍"之象,故曰"震索索,视矍矍"。参见"震上六"。

【震遂泥未光也】《震》卦九四爻的《小象传》辞。旨在解说九四爻辞"震遂泥"的象征内涵。意思是:雷动之时惊惶失措坠陷于泥泞中,说明九四的阳刚之德未能光大。参见"震九四小象传"。

【震往来厉危行也】《震》卦六五爻的《小象传》语。旨在解说六五爻辞"震往来厉"的象征内涵。意思是:雷动之时不论上下往来都有危险,说明六五应当心存危惧谨慎前行。参见"震六五小象传"。

【震苏苏位不当也】《震》卦六三爻的《小象传》辞。旨在解说六三爻辞"震苏苏"的象征内涵。意思是:雷动之时惶惶不安,说明六三居位不妥当。参见"震六三小象传"。

【震索索中未得也】《震》卦上六爻的《小象传》语。旨在解说上六爻辞"震索索"的象征内涵。意思是:雷动之时恐慌得双足畏缩难行,说明上六未能居处适中的位置。参见"震上六小象传"。

【震来虩虩恐致福也】 ①《震》卦的《彖传》语。意思是:雷动骤来万物惶恐畏惧,说明恐惧谨慎必能导致福泽。这是解说《震》卦辞"震来虩虩"的象征内涵。孔颖达《周易正义》:"威震之来,初虽恐惧,能因惧自修,所以致福也。" ②《震》卦初九爻的《小象传》语。字面意思与《震》卦《彖传》之语略同,但其旨乃是解说《震》初九爻辞"震来虩虩"的象征内涵。意为:雷动骤来而能惶恐畏缩,说明初九恐惧谨慎必能导致福泽。参见"震初九小象传"。

【震来虩虩笑言哑哑】《震》卦的卦辞之语。意思是:雷动骤来万物惶恐畏惧,于是慎行保福遂有声声笑语。虩,音隙 xì,"虩虩",形容恐惧情状;哑哑,欢笑声。这是说明《震》卦所揭示的事物因"震惧"

【震惊百里不丧匕鬯】 《震》卦的卦辞之语。意思是：君主的教令像雷动惊闻百里，这样宗庙祭祀就能长延不绝。百里，喻地域之广，兼指古代诸侯国以"百里"为封地；匕，谓勺、匙之类盛食物的器具，古代祭祀时用以盛"鼎实"；鬯，音唱chàng，祭祀所用酒名，句中以"匕鬯"借代祭祀。这是说明《震》卦所揭示的事物因"震惧"可以致"亨通"的义理，言诸侯的"教令"如雷惊百里，则国内整肃，就能"不丧"宗庙祭祀，"社稷"因之长保，故曰"震惊百里，不丧匕鬯"。参见"震卦辞"。

【震来虩虩后笑言哑哑】 《震》卦初九爻辞之语。意思是：雷动骤来而能惶恐畏惧，然后慎行保福遂有声声笑语。其辞与《震》卦辞首二句略同。此言初九当"震"之时，阳刚在下，慎守勿用，犹如惊闻雷动而能惶恐戒惕，加强自我修省，遂致获福欢笑，故曰"震来虩虩，后笑言哑哑"。参见"震初九"。

【震不于其躬于其邻无咎】 《震》卦上六爻辞之语。意思是：在雷动尚未震及自身，才及于近邻时就预先戒备，则不致咎害。躬，谓自身。这是说明上六当"震"之时，以阴处卦之极，惊恐至甚，无所安适，进必遭凶；然其若能于雷威未震及自身，仅震及近邻时，就预为"恐惧修省"，及早戒备，则可免遭咎害，故爻辞诫免之曰"震不于其躬，于其邻，无咎"。参见"震上六"。

【震惊百里惊远而惧迩也】 《震》卦的《象传》语。意思是：君主的教令像雷动惊闻百里，说明不论远近都震惊恐惧。这是解说《震》卦辞"震惊百里"的象征内涵。迩，近也。程颐《周易程氏传》："雷之震，及于百里，远者惊，迩者惧，言其威远大也。"

【震用伐鬼方三年有赏于大国】 《未济》卦九四爻辞之语。意思是：以雷霆之势讨伐鬼方，经过三年奋战功成而被封为大国君侯。震，作副词，犹言"以雷霆之势"；有赏于大国，谓被封为大国之侯。这是说明九四以阳刚居《未济》上卦之始，正当"未济"行将转化为"可济"之时，务须努力持久以求"济"，才能促成其事；犹如奋力讨伐"鬼方"小国，苦战三年之久，荣获"大国"之赏，终究迎来功成事济之日，故曰"震用伐鬼方，三年有赏于大国"。参见"未济九四"。

〔丿〕

【稽览图】 旧题东汉郑玄注。二卷。《易纬八种》之一。见"易纬稽览图"。

【德博而化】 《乾》卦《文言传》语。旨在衍发《乾》九二"见龙在田，利见大人"之义。意思是：有"见龙"之德者其道德广博而能感化天下。孔颖达《周易正义》："言德能广博，而变化于世俗。初爻则全隐遁避世，二爻则渐见德行以化于俗也。若舜渔于雷泽，陶于河滨，以器不窳，民渐化之是也。"

【磐桓】 《屯》卦初九爻辞之语。即"盘桓"，谓徘徊流连，不进之状。此言初九处"屯"之始，为事物草创之初，颇多艰难，故当谨慎居贞，不可盲目冒进。参见"屯初九"。

〔丶〕

【憧憧往来未光大也】 《咸》卦九四爻的《小象传》语。旨在解说九四爻辞"憧憧往来"的象征内涵。意思是：心意不定地频频往来，说明九四的交感之道尚未光大。参见"咸九四小象传"。

【憧憧往来朋从尔思】 《咸》卦九四爻辞之语。意思是：心意不定地频频往来，友朋终究顺从你的思念。憧，音充chōng，"憧憧"形容心意不定而频频往来之状；朋，指《咸》卦初六爻；尔，指《咸》卦九四爻;思,即思念。这是说明九四当"咸"之时,居上卦之初,本有失正之"悔",但阳居阴位为谦退之象,犹如能趋正自守,并与所应之初六以诚相须、以心神相感、静俟心志通同之日,遂能获"吉"而消"悔";故爻辞拟取"憧憧往来,朋从尔思"之语,喻示九四与初六的"交感",从"心意不定"而有悔守正,到友朋两相通感、倾心相从而"悔亡"获"吉"的过程。参见"咸九四"。

【翩翩不富】 《泰》卦六四爻辞之语。意思是:连翩下降,虚怀不有富实。翩翩,相从飞降之状;不富,阳实为"富",阴虚为"不富"。此言六四以阴居《泰》上卦之初,当"上下交泰"之时,与六五、上六两阴连翩下求应于下卦之阳,以成"通泰"景况;六四既能虚怀上应初阳,故有"不富"之象,即不有富实而资富于阳,亦"上以谦虚交于下"之意。参见"泰六四"。

【翩翩不富皆失实也】 《泰》卦六四爻的《小象传》语。旨在解说六四爻辞"翩翩,不富"的象征内涵。意思是:连翩下降,虚怀不有富实,说明上卦阴爻都损去了殷实。参见"泰六四小象传"。

【潘士藻】(1537—1600) 明婺源(今属江西)人。字去华,号雪松。万历进士。历官监察御史,因惩办宦官,被谪广东布政司照磨。寻擢南京吏部主事,再迁尚宝卿。卒年六十四。曾受业于耿定向、李贽。初至京师,入讲学之会,如外国人骤听华语,不知所云;后经朋友为述所闻,随方开释,辄少宽之(见《明史·李沂传》及《明儒学案》)。《易》学著述有《洗心斋读易述》十七卷。

【潜龙勿用】 《乾》卦初九爻辞。意思是:巨龙潜伏水中,暂勿施展才用。象征养精蓄锐,待时而动。参见"乾初九"。

【潜龙勿用下也】 《乾》卦《文言传》语。以"下也"二字,释《乾》初九爻辞"潜龙勿用"之义。谓初九居于卦下最初之位,犹如人的地位低下,故有"潜龙勿用"之象。李鼎祚《周易集解》引何妥曰:"当帝舜耕渔之日,卑贱处下,未为时用,故云'下'。"孔颖达《周易正义》:"言圣人于此潜龙之时,在卑下也。"

【潜龙勿用阳在下也】 《乾》卦初九爻的《小象传》辞。意思是:巨龙潜伏水中,暂不施展才用,说明阳气初生居位低下。此以"阳在下也"释初九"潜龙勿用"的象征内涵。参见"乾初九小象传"。

【潜龙勿用阳气潜藏】 《乾》卦《文言传》语。以"阳气潜藏"释《乾》初九爻辞"潜龙勿用"之义。指初九如阳气潜伏,藏而未发,故有"潜龙勿用"之象。李鼎祚《周易集解》引何妥曰:"当十一月,阳气虽动,犹在地中,故曰'潜龙'也。"

〔履〕

【履】 六十四卦之一。列居篇中第十卦。由下兑(☱)上乾(☰)组成,卦形作"☰☱",卦名为《履》,象征"小心行走"。《履》卦取名于"小心行走",譬喻处事必须循礼而行的道理。卦辞"履虎尾,不咥人",即形象地揭示出小心行走,虽危无害的寓意。卦中六爻,根据不同的地位、性质,分别陈述处"履"的情状。初九居下守"素",九二持中不乱,九四恐惧谨慎,九五循礼果决,上九"履道"大成,这五爻均以阳刚善处其身,行不违礼,故多"无咎"、"吉"、"元吉";其中九五虽诫"危厉",能"贞"则无害。唯六三阴柔躁进,有"履虎尾咥人"之"凶",但也勉其改过归正,以避凶危。纵观全卦,多从正反两方面示警,尤以"危辞"设诫最深。胡炳文《周易本义通释》云:"大抵人之处世,多是危机,不为所伤,乃见所履。《大传》曰:'《易》之兴也,其当文王与纣之事邪?是故其辞危。'危莫危于'履虎尾'之辞矣!九卦处忧患,以《履》为首。"若就《履》卦《彖传》"刚中正,履帝位而不疚"之语分析,此卦的象征意义,又含有对统治者规劝警诫之旨。《新序·杂事四》载孔子谓鲁哀公曰:"丘闻之:'君者,舟也;人者,水也。水则载舟,水则覆舟。'君以此思危,则危将安,不至矣!夫执国之柄,履民之上,懔乎如以腐索御奔马。《易》曰'履虎尾',《诗》曰'如履薄冰':不亦危乎!"可见,《履》卦所包含的象征旨趣,其意义十分广泛;这一点,事实上也是《周易》六十四卦的共同特征。

【履尾】 行走于虎尾之后,喻临危境而小心谨慎。语本《履》卦卦辞"履虎尾,不咥人,亨"。《晋书·袁宏传》:"仁者必勇,德亦有言;虽遇履尾,神气恬然。"

【履霜】 谓履践秋霜而预知坚冰将至,喻小事的发展必将至巨大,有防微杜渐之戒义。语出《坤》卦初六爻辞"履霜,坚冰至"。《文选》载潘岳《寡妇赋》:"自仲秋而在疚兮,逾履霜以践冰。雪霏霏而骤落兮,风浏浏而夙兴。"李善注:"《周易》曰:'履霜,坚冰至'。"

【履九二】 《履》卦九二爻。以阳爻居卦第二位。爻辞曰:"履道坦坦,幽人贞吉。"意思是:小心行走在平易坦坦的大道上,幽静安恬的人守持正固可获吉祥。幽人,谓幽静安恬者。此言九二以刚处《履》下卦之中,犹如小心行走于平坦大道;但平路易于令人忘忽慎谨,故爻辞又诫"幽人"守正可获吉祥。程颐《周易程氏传》:"九二居柔,宽裕得中,所履坦坦然平易之道也;虽所履得坦易之道,亦必幽静安恬之人处之则能贞固而吉也。"按,《履》九二以阳刚谦居下卦阴位,得"中"不偏,故能守正获吉,而《小象传》亦称其"中不自乱"。梁寅《周易参义》曰:"夫行于道路者,由中则平坦,从旁则崎险。九二以刚居中,是履道而得其平坦者也。持身如是,乃君子不轻自售而安静恬淡者,故为'幽人贞吉'。"

【履九五】 《履》卦九五爻。以阳爻居卦第五位。爻辞曰:"夬履,贞厉。"意思是:刚断果决而小心行走,守持正固以防危险。夬,音怪 guài,通"决";贞厉,犹言"守正防危"。这是说明九五阳刚中正,尊

居"君位",当"履"之时,有刚断果决、小心行走之象;但以刚居刚,若刚决过甚,必违正道,故爻辞又诫其"守正防危"。李鼎祚《周易集解》引干宝曰:"夬,决也。居中履正,为《履》贵主;万方所履,一决于前。恐夬失正,恒惧包厉。"按,干氏谓"恐失正"故"惧危",意犹释"贞厉"为"守正防危"。《周易折中》以《履》卦《彖传》赞九五爻"履帝位而不疚",而爻辞却谓"贞厉"者,发表议论曰:"凡《彖传》中所赞美,则其爻辞无'凶'、'厉'者,何独此爻不然?盖'履'道贵柔,九五以刚居刚,是决于'履'也;然以其有中正之德,故能常存危厉之心,则虽决于履,而动可无过举矣。《书》云'心之忧危,若蹈虎尾',此其所以'履帝位而不疚'也与?凡《易》中'贞厉'、'有厉',有以'常存危厉之心'为义者,如《噬嗑》之'厉,无咎',《夬》之'其危乃光'是也。然则此之'贞厉'、《兑》五之'有厉'当从此例也。"此说释"贞厉"亦犹"守正防危",略同上引干宝之义,颇可参考。又按,程颐《周易程氏传》、朱熹《周易本义》均释"贞厉"为"虽使得正,亦危道也",可备一说。

【履九四】 《履》卦九四爻。以阳爻居卦第四位。爻辞曰:"履虎尾,愬愬,终吉。"意思是:小心行走在虎尾之后,保持恐惧谨慎,终将获得吉祥。愬,音索 suǒ,"愬愬",陆德明《经典释文》引《子夏传》曰"恐惧貌",又谓:"马本作'虩虩',音许逆反,云恐惧也,《说文》同",此处兼含"谨慎"之义。这是说明九四当"履"之时,居《履》上卦之始,不当位而近九五之"君",有"履虎尾"之危;但以阳居阴,又有谦谨之象,故能恐惧小心而获"终吉"。朱熹《周易本义》:"九四亦以不中不正,履九五之刚;然以刚居柔,故能戒惧而得终吉。"按,"履虎尾",在《履》卦中凡三见:卦辞首见,取上下卦"和说以履刚强"之象,故其"虎"乃"不咥人,亨";六三又见,指该爻乘刚妄动,违背"履"道,故"咥人,凶";九四复见,谓此爻虽危却能以刚居柔,故"终

吉"。这三者的不同,说明卦辞示一卦之义,爻辞明一爻之旨,应当区别对待。

【履上九】《履》卦上九爻。以阳爻居卦最上之位。爻辞曰:"视履考祥,其旋元吉。"意思是:回顾小心行走的过程、考察祸福得失的征祥,转身下应阴柔至为吉祥。祥,征祥,即吉凶祸福的体现;旋,转也,犹言"转身"。这是说明上九处《履》卦之终,阳居阴位,能冷静总结"履"道得失之征;此时高居上卦乾极之阳,能转身下应下卦兑终六三之阴,为刚能返柔、履能守谨之象,故获吉致大。王弼《周易注》:"祸福之祥,生乎所履,处《履》之极,'履'道成矣,故可'视履'而'考祥'也。居极应说,高而不危,是'其旋'也;履道大成,故'元吉'也。"按,《周易》六十四卦的上爻,多寓物极必反的哲理,常有凶象。《履》上九乃称"元吉",可知作者认为,"小心行走"之道,随时均须奉行,而"吉"亦必随之。

【履六三】《履》卦六三爻。以阴居卦第三位。爻辞曰:"眇能视,跛能履,履虎尾咥人,凶;武人为于大君。"意思是:目眇而强视,足跛而强行,行走在虎尾之后被猛虎咬啮,有凶险;勇武的人要效力于大人君主。眇,许慎《说文解字》"一目小也",此处指视力极弱;能,连词,犹"而",含转折意;武人,勇武之人,喻《履》卦六三;为,有"效劳"、"效力"之义;大君,犹言大人君主,喻指《履》卦上九。这是说明六三当"履"之时,处下卦之终,阴居阳位,乘凌其下九二之阳,不能"小心行走"却盲动妄为,犹如"眇"却强视、"跛"却强行、行于虎尾之后而被咬啮,故为"凶"象;但六三若能履归正道,将刚武之志效用于上九,则上下相应,必无凶危,亦即《小象传》所云"志刚"之义。王弼《周易注》:"居《履》之时,以阳处阳,犹曰不谦,而况以阴居阳,以柔乘刚者乎?故以此为明,眇目者也;以此为行,跛足者也;以此履危,见'咥'者也。"杨万里《诚斋易传》:"圣人所

以恨其才而惜其居位之不当也,若夫其志,则可怜矣。甚武,而欲有为于吾君;甚刚,而欲有立于当世:夫何罪哉? 故前言其'凶',而后止言'志刚'而已,亦不深咎之也。"按,李道平《周易集解纂疏》:"三应在上,故曰'武人为于大君'。"其说乃以上九为"大君"。然孔颖达《周易正义》云:"以六三之微,欲行九五之志,顽愚之甚",意以九五为"大君",可备一说。又按,《履》六三爻辞连取四象为喻,前三象"眇"、"跛"、"虎咥人"均为反面示警,后一象"武人"独从正面设诫:三反一正,其警至切,其诫至深,把该爻大旨展示得颇为明畅。

【履初九】《履》卦初九爻。以阳爻处卦下初位。爻辞曰:"素履,往无咎。"意思是:朴素无华、小心行走,有所前往必无咎害。素,朴素。此谓初九处《履》之始,阳刚在下,安守卑下朴素之礼;以此"小心行走",所往必无咎。王弼《周易注》:"处《履》之初,为履之始,履道恶华,故'素'乃无咎。"按,《履》卦初九称"素履,往无咎",《贲》卦上九称"白贲,无咎",胡炳文《周易本义通释》对此论曰:"《履》初言'素',礼以质为本也。'贲',文也;《贲》上言'白',文之极,反而质也。'白贲无咎',其即'素履往无咎'与?"此说把《履》初爻与《贲》上爻的意义相互比较,颇可取。

【履卦辞】《履》卦的卦辞。其文曰:"履虎尾,不咥人,亨。"意思是:小心行走在虎尾之后,猛虎不咬人,亨通。履,卦名,象征"小心行走",又合下文"虎尾"以成卦辞之义;咥,音迭 dié,犹言"咬"。卦辞全文是借行走于虎尾之后而不被咬伤,比喻人能"小心行走",则虽危无害,可致亨通。从卦象看,《履》卦下兑为和悦,上乾为刚健,卦中六三以柔行于乾下,正有履危不见害而获亨之象。孔颖达《周易正义》:"《履》卦之义,以六三为主","以六三在兑体,兑为和悦,以应乾刚,虽履其危而不见害,故得亨通;犹若履虎尾不见咥啮

于人。此假物之象以喻人事。"按,冯椅《厚斋易学》谓《履》、《否》、《同人》诸卦旧脱卦名,宜补足之;刘沅《周易恒解》亦云:"'履'字上当有'履'字,盖传写脱误,观《象传》可知。"依此,则卦辞当作"履,履虎尾,不咥人,亨。"其说可取,宜备参考。又按,《履》卦名"履"之义,《序卦传》谓:"物蓄然后有礼,故受之以《履》",《尔雅·释言》:"履,礼也",含有践履不可违礼之意,尚秉和先生《周易尚氏学》云:"《太玄》即拟为'礼',礼莫大于辨上下,定尊卑","人之行履,莫大于是";又,朱熹《周易本义》云:"履,有所蹑而进之义也",则兼有小心循礼而行的意思。据此诸说,"履"作为卦名,其义当为"小心行走"。

【履象传】 《履》卦的《象传》。旨在解说《履》卦的卦名、卦辞之义。其文为:"《象》曰:履,柔履刚也,说而应乎乾,是以履虎尾,不咥人,亨。刚中正,履帝位而不疚,光明也。"意思是:"《象传》说:小心行走,犹如阴柔者小心行走在阳刚者之后,以和悦应合健强,所以就像小心行走在虎尾之后,猛虎不咬人,亨通。再如阳刚居中守正者,小心践行'天子'之位而行为无所疵病,于是显现出光明的道德。"全文可分两节理解。第一节,自"履"至"亨"六句,以《履》卦上下卦象及六三爻象释卦名"履"、卦辞"履虎尾,不咥人,亨"的意义。柔,指卦中六三爻;刚,指上乾为刚;说,即"悦",指下兑为说。谓六三行于上乾阳刚之后,正如"履"之本旨主于柔者履危,即卦辞"履虎尾"之义;而六三既居下卦兑体之上,所应者为上卦乾健,有以和悦应合强健刚正者之象,所以履虎尾不咥而亨。第二节,自"刚中正"至"光明也"三句,举《履》九五阳刚中正之象,谓其尊居"君位",行为无所疵病,以赞"履"德之光明。

【履大象传】 《履》卦的《大象传》。其辞曰:"上天下泽,履;君子以辨上下,定民志。"意思是:上为天下为泽(尊卑有别),象征(循礼)"小心行走";君子因此辨别上下名分,端正百姓循礼的意志。辨,通"辨";定,定正,即规定端正之意。这是先揭明《履》卦上乾为天、下兑为泽之象,谓天、泽尊卑有别,正为循礼"小心行走"的象征;然后推阐出君子效法此象,辨定上下尊卑之礼,使人遵循践行的意义。孔颖达《周易正义》:"天尊在上,泽卑处下。君子法此《履》卦之象,以分辨上下尊卑,以定正民之志意,使尊卑有序也。"程颐《周易程氏传》:"天在上,泽居下,上下之正理也。人之所履者当如是,故取其象而为'履'。"按,"履"与"礼"的关系,《履》卦《大象传》阐发甚明。惠栋《周易述》又加以引证说:"《荀子·大略》曰:'礼者,人之所履也。'失所履,则颠蹶陷溺。所失微而其为乱大者礼,是以取义于虎尾也。"

【履以和行】 谓《履》卦的道理可以用来指导人和顺小心地行走。语出《系辞下传》。为"三陈九卦"中的三陈第一卦《履》卦之义。说明此卦之用,在于小心和顺、循礼而行,即前文"再陈"所云"和而至"之旨。李鼎祚《周易集解》引虞翻曰:"礼之用,和为贵。"参见"三陈九卦"。

【履和而至】 谓《履》卦教人和顺小心而行走到目的地。语出《系辞下传》。为"三陈九卦"中的再陈第一卦《履》卦之义。至,犹言"到达"。说明此卦喻示小心行走,和顺不违礼,则可以践行而至于终点,犹如行事可达到目的。韩康伯《系辞注》:"和而能至,故可履也。"参见"三陈九卦"。

【履霜之戒】 谓当防微杜渐。语本《坤》卦六二爻辞。义见"履霜"。《新唐书·高宗纪赞》:"以太宗之明,昧于知子,废立之际,不能自决,卒用昏童高宗,溺爱衽席,不戒履霜之渐,而毒流天下,贻祸邦家。呜呼!父子夫妇之间,可谓难哉!可不慎哉?"元王恽《羽林万骑歌》(见《王文定公秋涧集》):"履霜得冰忽深戒,祸始房陵帝私语。"

【履受之以泰】 《周易》六十四卦,以象征循礼"小心行走"的《履》卦列居第十卦;

行事既能小心，又能循礼，则必可导致通泰，而万事均安，所以接《履》之后是象征"通泰"的第十一卦《泰》卦。此称"《履》受之以《泰》"。语本《序卦传》："履而泰，然后安，故受之以《泰》。"李鼎祚《周易集解》引姚信曰："安上治民，莫过于礼。有礼然后泰，泰然后安也。"又引崔憬曰："以礼导之必通，通然后安。所谓'君子以辩上下，定民志'，通而安也。"

【履德之基也】 谓《履》卦象征小心履礼，是树立道德的初基。语出《系辞下传》。为"三陈九卦"中初陈第一卦《履》卦之义。说明人能遵循《履》道，则可防危避患而不违礼，故为"立德之基"。孔颖达《周易正义》："为德之时，先须履践其礼，敬事于上，故《履》为德之初基也。"参见"三陈九卦"。

【履霜坚冰至】 《坤》卦初六爻辞。意思是：踩上微霜，将要迎来坚冰。《坤》初六为阴气始生之象，朱熹《周易本义》云："其端甚微，而其势必盛。"谚云："冰冻三尺，非一日之寒"，似合此理。参见"坤初六"。

【履九二小象传】 《履》卦九二爻的《小象传》。其辞曰："幽人贞吉，中不自乱也。"意思是：幽静安恬的人守持正固可获吉祥，说明九二不自我淆乱心中的循礼信念。这是解说九二爻辞"幽人贞吉"的象征内涵。程颐《周易程氏传》："履道在于安静。其中恬正，则所履安裕。中若躁动，岂能安其所履？故必'幽人'，则能坚固而吉。盖其中心安静，不以利欲自乱也。"按，孔颖达《周易正义》释"中不自乱"云："以其居中，不以危险而自乱也。"其说亦通。

【履九五小象传】 《履》卦九五爻的《小象传》。其辞曰："夬履贞厉，位正当也。"意思是：刚断果决而小心行走、守持正固以防危险，说明九五居位正当。这是解说《履》九五爻辞"夬履贞厉"的象征内涵，谓九五能"守正防危"，乃由于其位正当。

【履九四小象传】 《履》卦九四爻的《小象传》。其辞曰："愬愬终吉，志行也。"意思是：保持恐惧谨慎终将获得吉祥，说明九四奉行小心循礼的志愿。这是解说九四爻辞"愬愬终吉"的象征内涵，谓以谦谨而施行小心履礼之志。孔颖达《周易正义》："以谦志得行，故终吉也。"

【履上九小象传】 《履》卦上九爻的《小象传》。其辞曰："元吉在上，大有庆也。"意思是：至为吉祥而高居上位，说明上九大有福庆。这是解说《履》上九爻辞"元吉"的象征内涵，谓上九之时"履道"大成，故上下皆有福庆。李鼎祚《周易集解》引卢氏曰："王者履礼于上，则万方有庆于下。"

【履六三小象传】 《履》卦六三爻的《小象传》。其辞曰："眇能视，不足以有明也；跛能履，不足以与行也；咥人之凶，位不当也；武人为于大君，志刚也。"意思是：目眇而强视，不足以辨物分明；足跛而强行，不足以踏上征程；猛虎咬人的凶险，说明六三居位不适当；勇武的人要效力于大人君主，说明六三志向刚强。这是解说《履》六三爻辞"眇能视，跛能履，履虎尾咥人，凶；武人为于大君"的象征内涵。程颐《周易程氏传》："阴柔之人，其才不足，视不能明，行不能远，而乃务刚，所履如此，其能免于害乎？"又曰："以柔履三，履非其正，所以致祸害，被咥而凶也。"杨万里《诚斋易传》："甚武，而欲有为于吾君；甚刚，而欲有立于当世：夫何罪哉？故前言其凶，而后止言'志刚'而已，亦不深咎之也。"

【履初九小象传】 《履》卦初九爻的《小象传》。其辞曰："素履之往，独行愿也。"意思是：朴素无华、小心行走而有所前往，说明初九专心奉行循礼的意愿。这是解说《履》初九爻辞"素履，往无咎"的象征内涵。独，犹言"专心"。指初九无所杂念，专心循礼。程颐《周易程氏传》："独，专也。若欲贵之心，与行道之心，交战于中，岂能安履其素？"

【履虎尾不咥人】《履》卦的卦辞之语。意思是：小心行走在虎尾之后，猛虎不咬人。履，践行，此处犹言"小心行走"；咥，音迭dié，谓"咬"。这是借行走于虎尾之后而不被咬伤，比喻人能"小心行走"，则虽危无害。参见"履卦辞"。

【履虎尾咥人凶】《履》卦六三爻辞之语。意思是：行走在虎尾之后被猛虎咬啮，有凶险。此言六三当"履"之时，处下卦之终，阴居阳位，乘凌九二之刚，不能"小心行走"却盲目妄动，犹如行于虎尾之后而被咬啮，故为"凶"象。参见"履六三"。

【履虎尾愬愬终吉】《履》卦九四爻辞。意思是：小心行走在虎尾之后，保持恐惧谨慎，终将获得吉祥。愬，音索suǒ，愬愬，恐惧貌，此处兼含"谨慎"之义。这是说明九四当"履"之时，居《履》上卦之始，不当位而近九五之"君"，有"履虎尾"之危；但以阳居阴，又有谦谨之象，故能恐惧小心而获"终吉"。参见"履九四"。

【履错然敬之无咎】《离》卦初九爻辞。意思是：践行事务郑重不苟，保持恭敬谨慎，必无咎害。履，犹言"行事"；错然，错落有致，指行事敬慎之貌，又有郑重不苟之义。这是说明初九阳刚处下，当此行将"附丽"之时，立身行事能郑重不苟、恭敬谨慎，遂能免遭咎害，故曰"履错然，敬之，无咎"。参见"离初九"。

【履道坦坦幽人贞吉】《履》卦九二爻辞。意思是：小心行走在平易坦坦的大道上，幽静安恬的人守持正固可获吉祥。幽人，谓幽静安恬者。此言九二以刚处《履》下卦之中，犹如小心行走于平坦大道；但平路易于令人忘忽谨慎，故爻辞又诫以"幽人"守正则吉。参见"履九二"。

【履错之敬以辟咎也】《离》卦初九爻的《小象传》辞。旨在解说初九爻辞"履错然，敬之"的象征内涵。意思是：践行事务郑重不苟、保持恭敬谨慎，说明初九如此才能避免咎害。参见"离初九小象传"。

【履霜坚冰阴始凝也】《坤》卦初六爻的《小象传》语。旨在解说初六爻辞"履霜，坚冰至"的象征内涵。意思是：踩上微霜将迎来坚冰，说明阴气刚开始凝积。参见"坤初六小象传"。

【屦校灭趾】《噬嗑》卦初九爻辞之语。意为：足着刑具而伤灭脚趾。屦，音具jù，用如动词，犹言"足着"；校，指"脚桎"之类的木制刑具；灭，犹言"伤灭"。这是说明初九处"噬嗑"之始，犹如初触刑法，其过尚微，仅受到着足械、伤脚趾的小惩，故谓之"屦校灭趾"。参见"噬嗑初九"。

【屦校灭趾不行也】《噬嗑》卦初九爻的《小象传》辞。旨在解说初九爻辞"屦校灭趾"的象征内涵。意思是：足着刑具而伤灭脚趾，说明初六不至于再前行重犯过失。参见"噬嗑初九小象传"。

十六画

〔一〕

【薛虞】 约汉魏间人。其字及爵里不详。说《易》之书已久佚,唯《经典释文》、《周易正义》等书引其遗说十余节。清马国翰、黄奭各有辑本,分别载于《玉函山房辑佚书》及《汉学堂丛书》。马国翰云:"虞字及爵里皆无考,亦不知其为何代人。晋张璠于《子夏易传》云:'或犴臂子弓所作,薛虞记。'大抵为汉魏间儒生也。其书诸志皆不著录,陆德明《释文》引其说亦不详其著书卷数。《正义》引《子夏传》下又言'薛虞记,如今注疏之例',似其记原附《子夏传》内;而《释文》各引之,又似子夏传、薛虞之记判为两书。当是其书在唐已佚,《释文》、《正义》第从向所征引者间采之,其详不可得闻矣。"又谓胡一桂《易学启蒙翼传》误引薛虞之书为虞薛《周易音注》,朱彝尊《经义考》又误据胡氏而别列虞薛一家,以为"贻误后人,信非浅鲜,是不可不亟正之也"(《玉函山房辑佚书》)。

【颠颐吉】 《颐》卦六四爻辞之语。意思是:颠倒向下求获颐养(再用来养人),吉祥。颠,倒也。此言六四当"颐养"之时,阴居上卦,柔正得位,下应初九之阳,犹如上者"颠倒"向下求养,再用以养下,故虽"颠颐"却能获"吉"。参见"颐六四"。

【颠颐拂经于丘颐】 《颐》卦六二爻辞之语。意思是:既颠倒向下求获颐养,又违背常理,向高丘上的尊者索取颐养。颠,倒也;拂,违也;经,犹言"常理";丘,高丘,喻《颐》卦上九。这是说明六二当"颐养"之时,与上卦的六五无应,反以"柔中"之德向下求养于初九之阳,有失"颐"道,故有"颠颐"之象;非但如此,六二既不能以柔顺中正自养,而"颠颐"求初,又违背"奉上"的常理,向上九之尊索取颐养,故又有"拂经,于丘颐"之象。参见"颐六二"。

【颠颐之吉上施光也】 《颐》卦六四爻的《小象传》辞。旨在解说六四爻辞"颠颐,吉"的象征内涵。意思是:颠倒向下求获颐养(再用来养人)可获吉祥,说明六四居上而能下施光明美德。参见"颐六四小象传"。

【樽酒簋贰用缶】 《坎》卦六四爻辞之语。意思是:一樽薄酒,两簋淡食,用质朴的瓦缶盛物(虔诚地奉献尊者)。簋,音鬼guǐ,竹编方器,"簋贰"犹言"两簋食";缶,瓦器,"用缶"谓以瓦缶盛物。这是说明六四当"险"之时,居《坎》卦的上坎之下,前后均为"陷穴",但柔顺得正,上承九五之阳,能以虔诚之心与之结交,犹如奉薄酒一樽、淡食两簋,盛物于瓦缶,虽简朴亦可呈献于尊者,如此则可获阳刚相助而不陷入坎险,故曰"樽酒,簋贰,用缶"。参见"坎六四"。

【樽酒簋贰刚柔际也】 《坎》卦六四爻的《小象传》辞。旨在解说六四爻辞"樽酒簋贰"的象征内涵。意思是:一樽薄酒、两簋淡食(奉献尊者),说明六四阴柔与九五阳刚交互亲和。参见"坎六四小象传"。

【翰音登于天】 《中孚》卦上九爻辞之语。意思是:飞鸟的鸣叫声虚升于天。翰,谓高飞,"翰音"犹言"飞鸟鸣音"。这是说明上九当"中孚"之时,极居卦终,诚信衰而虚伪起,犹如飞鸟之音虚飘于天,伪而不实,故曰"翰音登于天"。参见"中孚上九"。

【翰音登于天何可长也】 《中孚》卦上九爻的《小象传》辞,旨在解说上九爻辞"翰音登于天"的象征内涵。意思是:飞鸟的鸣叫声虚升于天,这种虚幻的声音怎能保持长久呢!参见"中孚上九小象传"。

【豮豕之牙】《大畜》六五爻辞之语。意为：制约被阉割过的猪的尖牙。豮，音坟fén，豕去势之谓；豕，即猪。这是说明六五当"大畜"之时，柔中居尊，下应九二，志在"畜止"九二之刚；而九二此时既已脱卸"车輹"、停止不前，犹如猪被阉割，凶性已除，其"牙"亦未足惧，六五遂能"畜止"而规正制约之，故曰"豮豕之牙"。参见"大畜六五"。

〔|〕

【噬嗑】 六十四卦之一。列居篇中第二十一卦。由下震(☳)上离(☲)组成，卦形作"䷔"，卦名为《噬嗑》，象征"啮合"。卦旨以口中"啮合"食物为喻，阐发"施用刑法"之义。卦辞谓"亨，利用狱"，已经明示顺从正确的规律"治狱"可致亨通的义理。六爻之象，以初九、上九两阳爻喻触刑受罚，前者初犯能改获"无咎"，后者积罪深重致"凶"，均含深刻诫意；二至五爻，喻施刑于人，其中六二以柔乘刚，六三、六五阴处阳位，九四阳处阴位，均流露着刚柔相济的"治狱"之道。《周易折中》引李过曰："五，君位也，为治狱之主；四，大臣位也，为治狱之卿；三、二，又其下也，为治狱之吏。"然而，这四爻处位虽有高低之别，其"治狱"过程却普遍存在着"咎"、"吝"、"艰"、"厉"的情状，此中似乎表明《周易》作者深知"治狱"之艰难。朱熹指出："大抵才是治人，彼必为敌，不是易事"，"须立艰难正固处之。"(《朱子语类》)至于最能体现全卦大义的，当属柔中居尊的六五：其德本于"文明"，犹如用刑期于无刑；其illustrate于刚严，犹如雷震奋发声威。《大象传》"明罚敕法"的寓义，正见于此。马振彪先生《周易学说》认为："圣世彰善瘅恶，明威并用，道在雷厉风行。水懦弱，民狎而玩之，故多死焉；火猛烈，民望而畏之，故鲜死焉。制刑之法，取火雷为象，盖有道矣。然以柔中为主，仍不失辟以止辟，刑期无刑之意。老子善用柔，经言：

'民不畏死，奈何以死惧之？'盖得柔中之道矣。"此论深推"柔中"的寓意，颇能发显《噬嗑》卦的哲理。

【噬肤灭鼻】《噬嗑》卦六二爻辞之语。意思是：像咬啮柔嫩的皮肤一样施刑顺利，伤灭犯人的鼻梁。噬，喻施用刑法；肤，柔嫩之物，喻用刑顺利无碍。这是说明六二柔顺中正，当"噬嗑"之时，有施刑于人、顺当无阻之象，故以"噬肤"为喻；又因其以柔乘凌初九之刚，用刑稍过，犹如对服罪者施用"灭鼻"的严刑，故曰"噬肤、灭鼻"。参见"噬嗑六二"。

【噬嗑九四】《噬嗑》卦九四爻。以阳爻居卦第四位。爻辞曰："噬干胏，得金矢；利艰贞，吉。"意思是：像咬啮干硬带骨的肉一样施刑不顺利，但具备金质箭矢似的刚直气魄；利于在艰难中守持正固，吉祥。噬，喻施用刑法；胏，音子zǐ，带骨的肉脯，陆德明《经典释文》引马融曰："有骨谓之胏"，喻受刑者不服；金矢，喻刚直。这是说明九四当"噬嗑"之时，阳刚失位不中，以此施刑于人必难获顺利，故有咬啮"干胏"、触之遇骨之象；但九四禀性阳刚纯直，又有"得金矢"之象，故利于在艰难中守正，则可获吉祥。王弼《周易注》："虽体阳爻，为阴之主，履不失中，而居非其位；以斯噬物，物亦不服，故曰'噬干胏'也。金，刚也；矢，直也。'噬干胏'而得刚直，可以利于艰贞之吉，未足以尽通理之道也。"按，《噬嗑》九四不中失正，与六三相同；故其施刑于人难以顺利，亦与六三相同。唯九四刚直不阿，则能在艰难中正自守，求获吉祥。但就"用狱"之道而言，此时实未能光大，故《小象传》言"未光"，王弼谓"未足以尽通理之道"。

【噬嗑上九】《噬嗑》卦上九爻。以阳爻居卦最上之位。爻辞曰："何校灭耳，凶。"意思是：肩荷刑具而遭受伤灭耳朵的重罚，有凶险。何，通"荷"；校，指"木枷"之类的项械。这是说明上九当"噬嗑"之时，以穷亢之阳居卦终极，犹如积恶至重，触犯刑法,被套上枷锁,伤灭耳朵,故有"凶"。王弼《周易注》:"处罚之极,恶积不改者也。罪非所惩,故刑及其首,至于'灭耳'。及首非诫,灭耳非惩,凶莫甚焉。"按,《噬嗑》初九"屦校灭趾",与上九"何校灭耳",一为小惩大诫,一为积恶不改,其义适可相互对照。《系辞下传》引孔子曰:"善不积不足以成名,恶不积不足以灭身。小人以小善为无益而弗为也,以小恶为无伤而弗去也,故恶积而不可掩,罪大而不可解。《易》曰:'何校灭耳,凶。'"此说把本爻的深刻戒意披露得至为明切。

【噬嗑六二】 《噬嗑》卦六二爻。以阴爻居卦第二位。爻辞曰:"噬肤,灭鼻,无咎。"意思是:像咬啮柔嫩的皮肤一样施刑顺利,伤灭犯人的鼻梁,不致咎害。噬,喻施用刑法;肤,柔嫩之物,喻用刑顺利无碍。这是说明六二柔顺中正,当"噬嗑"之时,有施刑于人、顺当无阻之象,故以"噬肤"为喻;又因其以柔乘凌初九之刚,用刑稍过,犹如对服罪者施用"灭鼻"的严刑;但所刑深中要害,故"无咎"。王弼《周易注》:"噬,啮也;啮者,刑克之谓也。处中得位,所刑者当,故曰'噬肤'也。乘刚而刑,未尽顺道,噬过其分,故'灭鼻'也。刑得所疾,故虽'灭鼻'而'无咎'也。肤者,柔脆之物也。"按,《噬嗑》六二愈是乘凌刚强之上,愈不可用纯柔;唯须以刚严济其柔中,才能行"噬嗑"之义。程颐《周易程氏传》谓"刑刚强之人,必须深痛"是也。

【噬嗑六三】 《噬嗑》卦六三爻。以阴爻居卦第三位。爻辞曰:"噬腊肉,遇毒;小吝,无咎。"意思是:像咬啮坚硬的腊肉,肉中又碰到毒物一样施刑不顺利;稍致憾惜,却不遭咎害。噬,喻施用刑法;腊肉,孔颖达《周易正义》云"坚刚之肉",喻受刑者不服;毒,原指害草,此处如《周易正义》所云"苦恶之物",即以腊肉含有毒物喻受刑者生怨。这是说明六三居《噬嗑》下卦之上,为施刑于人之象,但阴柔失位,受刑者不服生怨,犹如咬啮腊肉而遇毒苦之物,故曰"噬腊肉,遇毒";然六三又能顺承九四之阳,下不乘刚,其刑不施于正顺者,故虽失位"遇毒",唯小有憾惜而已,不致咎害。王弼《周易注》:"处下体之极而履非其位,以斯食物,其物必坚;岂唯坚乎,将遇其毒! 噬,以喻刑人;腊,以喻不服;毒,以喻怨生。然承于四,而不乘刚,虽失其正,刑不侵顺,故虽'遇毒',小吝、无咎。"

【噬嗑六五】 《噬嗑》卦六五爻。以阴爻居卦第五位。爻辞曰:"噬干肉,得黄金;贞厉,无咎。"意思是:像咬啮干硬的肉脯一样施刑不甚顺利,但具备黄金似的刚坚中和的气魄;守持正固以防危险,可免咎害。噬,喻施用刑法;干肉,干硬的肉脯,喻受刑者不服;黄,为中色,比拟六五居于中位;金,喻刚坚;贞厉,犹言"守正防危"。这是说明六五当"噬嗑"之时,得处尊位,但以阴居阳,不获正位,施刑于人未能尽顺,故有"噬干肉"之象;然而,六五虽失其正,但所居既为尊高之阳位,又处中和不偏之所,则其已具"刚中"气质,故以"得黄金"为喻;以此趋正长守,谨防危厉,必得"用狱"之道,故"无咎"。王弼《周易注》:"干肉,坚也;黄,中也;金,刚也。以阴处阳,以柔乘刚,以噬于物,物亦不服,故曰'噬干肉'也。然处得尊位,以柔乘刚,而居于中,能行其戮者也。履不正而能行其戮,刚胜者也;噬虽不服,得中而胜,故曰'噬干肉,得黄金'也。己虽不正,而刑戮得当,故虽贞厉而无咎也。"按,王弼以"刑戮得当"释"贞厉,无咎",乃取《小象传》"得当"之义,其旨亦谓六三"趋正防危"故无咎。程颐《周易程氏传》释"贞厉"云:"必正固而怀危厉",亦与王弼之说相合。

【噬嗑初九】 《噬嗑》卦初九爻。以阳爻处卦下初位。爻辞曰:"屦校灭趾,无咎。"意思是:足着刑具而伤灭脚趾,不致咎害。屦,音具 jù,用如动词,犹言"足着";校,木制刑具,此处指"脚桎"之类的木械;灭,孔颖达《周易正义》释为"灭没",犹言"伤灭"。这是说明初九处《噬嗑》之始,犹如初触刑法,其过尚微,故仅受到着足械、伤脚趾的小惩;因其本阳刚,有受"小惩"而能"大诫"之象,不致重犯大过,故"无咎"。王弼《周易注》:"凡过之所始,必始于微,而后至于著;罚之所始,必始于薄,而后至于诛。过轻戮薄,故'屦校灭趾',桎其行也,足惩而已,故不重也。"按,《系辞下传》引孔子曰:"小人不耻不仁,不畏不义,不见利不劝,不威不惩。小惩而大诫,此小人之福也。《易》曰:'屦校灭趾,无咎',此之谓也。"此说深阐《噬嗑》初九爻的象外之旨,至见义理。

【噬嗑卦辞】 《噬嗑》卦的卦辞。其文曰:"噬嗑,亨,利用狱。"意思是:《噬嗑》卦象征啮合,亨通,利于施用刑法。噬嗑,音是合 shì hé,卦名,噬谓"啮",嗑谓"合",象征"啮合",即以口中啮物使合为喻,说明施用刑法之义。孔颖达《周易正义》:"物在于口,则隔其上下;若啮去其物,上下乃合而得亨也。此卦之名,假借口象以为义,以喻刑法也。"狱,犹言"刑法"。此言事物当相间相隔之时,若能"啮合"则可亨通;犹如"刑法"可以除去间隔之物,以使正道畅行,故曰"亨,利用狱"。王弼《周易注》:"凡物之不亲,由有间也;物之不齐,由有过也。有间有过,啮而合之,所以通也。刑克以通,狱之利也。"尚秉和先生《周易尚氏学》:"上下之不能相合者,中必有物间之;啮而去其间,则合而通矣。国家之有刑狱,亦复如是。民有梗化者,以刑克之,则顽梗去,而上下通矣,故曰'利用狱'。"按,朱熹以为《噬嗑》卦的取名乃本于卦形,指出:"为卦上下两阳而中虚,颐口之象;九四一阳间于其中,必啮之而后合,故为'噬嗑'。"(《周易本义》)李士鉁也认为:"上、初象辅颊,二、三、五象上下齿,九四在中象物;四不中正,故须啮而去之。"(马振彪先生《周易学说》引)此二说可备参考。

【噬嗑彖传】 《噬嗑》卦的《彖传》。旨在解说《噬嗑》卦的卦名、卦辞之义。其文为:"《彖》曰:颐中有物,曰噬嗑。噬嗑而亨,刚柔分,动而明,雷电合而章。柔得中而上行,虽不当位,利用狱也。"意思是:"《彖传》说:口腔中有食物(可以咬合),这就叫作'啮合'。啮合然后亨通,譬如刚柔上下先各分开,然后交相运动而啮合的意义显明,就像震雷闪电交击互合而啮合的道理昭彰。此时柔和者处得中道并能向上奋行,尽管不当纯柔之位(但正好刚柔兼济),所以利于施用刑法。"全文可分三节理解。第一节,"颐中有物,曰噬嗑"两句,以口腔含物,须啮而合之,释卦名"嗑"之义。第二节,自"噬嗑而亨"至"雷电合而章"四句,举《噬嗑》下卦震为刚、为动、为雷及上卦离为柔、为明、为电之象,说明刚柔上下分处交动而"噬嗑"之义明,雷电相随兴作交合而"噬嗑"之理彰,以释卦辞"噬嗑,亨"之义。第三节,自"柔得中而上行"至"利用狱也"三句,举《噬嗑》六五柔中居尊之象,谓其虽不当于纯柔正位,却能刚柔相济,以释卦辞"利用狱"之义。

【噬腊肉遇毒】 《噬嗑》卦六三爻辞之语。意思是:像咬啮坚硬的腊肉,肉中又碰到毒物一样施刑不顺利。噬,喻施用刑法;腊肉,坚硬的干肉,喻受刑者不服;毒,苦毒之物,喻受刑者生怨。这是说明六三居《噬嗑》下卦之上,为施刑于人之象,但阴柔失位,受刑者不服生怨,犹如咬啮腊肉而遇苦毒之物,故曰"噬腊肉,遇毒"。参见"噬嗑六三"。

【噬嗑大象传】 《噬嗑》卦的《大象传》。其辞曰:"雷电,噬嗑;先王以明罚勑法。"意思是:雷电交击,象征"啮合";先代君因此严明刑罚、肃正法令。明,用如动词,犹言"严明";勑,音赤 chì,即"勅",犹言"正",陆德明《经典释文》:"郑云:'勑,犹理也',一云'整也'。"这是先揭明《噬嗑》卦下震为雷、上离为电之象,谓雷电上下交击,正为"啮合"的象征;然后推阐出"先王"效法此象,明其刑罚、正其法令,使天下合一的意义。李鼎祚《周易集解》引侯果曰:"雷所以动物,电所以照物,雷电震照则万物不能怀邪。故先王则之,明罚勅法,以示万物,欲万方一心也。"程颐《周易程氏传》:"雷电相须并见之物,亦有嗑象,电明而雷威。先王观雷电之象,法其明与威,以明其刑罚,饬其法令。"按,《噬嗑》卦取象"啮合",是拟喻于"颐中啮物使合",其义则重在"用狱"。故《大象传》以"明罚勅法"阐述卦旨。宋衷指出:"雷动而威,电动而明,二者合而其道章也。用刑之道,威明相兼。若威而不明,恐致淫滥;明而无威,不能伏物:故须雷电并合而噬嗑备。"(李鼎祚《周易集解》引)此说释《噬嗑》卦《大象传》的寓理甚明。又按,《大象传》"雷电"两字,《周易程氏传》谓"象无倒置者,疑此文互也",朱熹《周易本义》亦曰"当作'电雷'";项安世《周易玩辞》指出:"石经作'电雷',晁公武氏曰六十四卦《大象》无倒置者,当从石经。"此诸说并可参考。

【噬嗑受之以贲】 《周易》六十四卦,以象征"啮合"的《噬嗑》卦列居第二十一卦,"嗑"犹言"合";事物的交合不能草率,应当有所修饰,所以接《噬嗑》之后是象征"文饰"的第二十二卦《贲》卦。此称"《噬嗑》受之以《贲》"。语本《序卦传》:"嗑者,合也。物不可以苟合而已,故受之以《贲》;贲者,饰也。"韩康伯《序卦注》:"物相合则须饰以修外也。"苏轼《东坡易传》:"君臣、父子、夫妇、朋友之际,所谓'合'也。直情而行谓之'苟',礼以饰情谓之'贲'。"

【噬干胏得金矢】 《噬嗑》卦九四爻辞之语。意思是:像咬啮干硬带骨的肉一样施刑不顺利,但具备金质箭矢似的刚直气魄。噬,喻施用刑法;胏,音子zǐ,带骨的肉脯,喻受刑者不服;金矢,喻刚直。这是说明九四当"噬嗑"之时,阳刚失位不中,

以此施刑于人必难获顺利,故有咬啮"干胏"、触之遇骨之象;但九四禀性阳刚纯直,有"金矢"似的本质,利于在艰难中守正获吉,故曰"噬干胏,得金矢"。参见"噬嗑九四"。

【噬干肉得黄金】 《噬嗑》卦六五爻辞之语。意思是:像咬啮干硬的肉脯一样施刑不甚顺利,但具备黄金似的刚坚中和的气魄。噬,喻施用刑法;干肉,喻受刑者不服;黄,为中色,比拟六五居于中位;金,喻刚坚。这是说明六五当"噬嗑"之时,处得尊位,但以阴居阳,其位不正,施刑于人未能尽顺,有"噬干肉"之象;然而,六五虽失其正,但所居既为尊高之阳位,又处中和不偏之所,则其已具"刚中"气质,遂有"得黄金"之象,故曰"噬干肉,得黄金"。参见"噬嗑六五"。

【噬肤灭鼻乘刚也】 《噬嗑》卦六二爻的《小象传》辞。旨在解说六二爻辞"噬肤,灭鼻"的象征内涵。意思是:像咬啮柔嫩的皮肤一样施刑顺利、伤灭犯人的鼻梁,说明六二乘凌于刚强者之上(必须用严刑服众)。参见"噬嗑六二小象传"。

【噬嗑九四小象传】 《噬嗑》卦九四爻的《小象传》。其辞曰:"利艰贞吉,未光也。"意思是:利于在艰难中守持正固、吉祥,说明九四的治狱之道尚未发扬光大。这是解说《噬嗑》九四爻辞"利艰贞,吉"的象征内涵。程颐《周易程氏传》:"凡言未光,其道未光大也。戒于'利艰贞',盖其所不足也,不得中正故也。"

【噬嗑六二小象传】 《噬嗑》卦六二爻的《小象传》。其辞曰:"噬肤灭鼻,乘刚也。"意思是:像咬啮柔嫩的皮肤一样施刑顺利、伤灭犯人的鼻梁,说明六二乘凌于刚强者之上(必须用严刑服众)。这是解说《噬嗑》六二爻辞"噬肤,灭鼻"的象征内涵。孔颖达《周易正义》:"以其乘刚,故用刑深也。"程颐《周易程氏传》:"乘刚乃用刑于刚强之人,不得不深严也。深严则得宜,乃所谓中也。"

【噬嗑上九小象传】 《噬嗑》卦上九爻的《小象传》。其辞曰:"何校灭耳,聪不明也。"意思是:肩荷刑具而遭受伤灭耳朵的重罚,说明上九积恶不改太不聪明了。这是解说《噬嗑》上九爻辞"何校灭耳"的象征内涵。孔颖达《周易正义》:"以其聪之不明,积恶致此。"程颐《周易程氏传》:"人之聋暗不悟,积其罪恶,以至于极。古人制法,罪之大者,何之以校。为其无所闻知,积成其恶,故以校而灭伤其耳,诚聪之不明也。"

【噬嗑六三小象传】 《噬嗑》卦六三爻的《小象传》。其辞曰:"遇毒,位不当也。"意思是:(咬啮坚硬的腊肉而又)碰到毒物,说明六三居位不妥当(以致受刑者生怨)。这是解说《噬嗑》六三爻辞"遇毒"的象征内涵。程颐《周易程氏传》:"六三以阴居阳,处位不当;自处不当,故所刑者难服而反毒之也。"按,治理刑狱,必先正位,才能服众。《噬嗑》六三"遇毒",实由于其位未正而匆匆施用刑法,故《小象传》特发"位不当"之义。

【噬嗑六五小象传】 《噬嗑》卦六五爻的《小象传》。其辞曰:"贞厉无咎,得当也。"意思是:守持正固以防危险、可免咎害,说明六五的行为符合正当的治狱之道。这是解说《噬嗑》六五爻辞"贞厉,无咎"的象征内涵。得当,犹言"得正",谓得"用狱"之正。赵汝楳《周易辑闻》:"释彖言'不当位',此言'得当'者,释彖以位言,此以事言。六五以柔用狱,行以贞厉,其无咎者,得用狱之当者也。"按,《噬嗑》六五阴处阳位,又居中不偏,遂有"得黄金"之正。故《小象传》所言"得当",与《彖传》谓"虽不当位,利用狱也"之理实相一致。

【噬嗑初九小象传】 《噬嗑》卦初九爻的《小象传》。其辞曰:"屦校灭趾,不行也。"意思是:足着刑具而伤灭脚趾,说明初六不至于再前行重犯过失。这是解说《噬嗑》初九爻辞"屦校灭趾"的象征内涵。程颐《周易程氏传》:"屦校而灭其趾,则知惩诫而不敢长其恶,故云'不行'也。"

【噬嗑食也贲无色也】 《杂卦传》语。说明《噬嗑》卦象征"啮合",其状犹如以口食物;而《贲》卦象征"文饰",至美之饰不须色彩,一有为一无为,两卦旨趋适可对照。李鼎祚《周易集解》引虞翻曰:"颐中有物,故食。"郭雍《郭氏传家易说》:"《贲》以'白贲无咎',故无色;无色则质全,有天下之至贲存焉。"《周易折中》:"若竞于华美,则目迷无色,而非自然之文。"

【默语】 谓沉默与言说,侧重要求人们对此二者能根据不同的对象、环境、时机而正确把握。语本《系辞上传》"君子之道,或出或处,或默或语"。《后汉书·仲长统传》:"统性俶傥,敢直言,不矜小节,默语无常,时人或谓之狂生。"《文选》载左思《魏都赋》:"缪默语之常伦,牵膠言而逾侈。"

〔J〕

【雕菰楼易义】 程石泉撰。民国二十九年(1940)商务印书馆出版。作者颇为崇尚清焦循的治《易》方法及学说,遂精研焦氏《雕菰楼易学》五种,阐发其例,撰为是书,全书凡四章,一曰《导言》,综论焦循《易》学;二曰《略述虞仲翔易例》,以虞翻《易》说为崇汉学者所尊,故略评其得失,俾与焦循《易》学比较;三曰《焦氏易例》,揭明焦循"旁通"、"时行"、"比例"等《易》学条例,间发己意品评之;四曰《焦氏易教》,展示焦循对《周易》在文化史上的地位之认识。作者于《导言》自述其著作大旨云:"欲介绍焦氏《易》例,并于《易》例之有矛盾处加以检讨,俾读者明乎焦氏《易》例之得失;更略述虞仲翔《易》学,以彼之《易》例以参证焦氏,则焦氏《易》例虽有失,于学术之立场上远胜虞氏,读者可按图索之,必有启发。"

【雕菰楼易学三书】 清焦循撰。四十卷。《焦氏丛书》本。亦称《焦氏易学三书》。包括《易章句》十二卷、《易图略》八卷、《易通释》二十卷。焦氏著此三书，在当时颇负盛名，亟为英和、阮元、王引之等人所称道；近代梁启超亦推服其精诣，以为乃"《易》说之最近真者"。黄寿祺先生《易学群书平议》指出："今考循所破汉儒卦变、半象、纳甲、纳音、卦气、爻辰之非，咸能究极其弊；至其所自建树之说，则又支离穿凿，违于情理，实有较汉儒诸述过之而无不及焉者。"又云："英和、阮元、王引之之徒，以故旧之雅而妄相推许，后儒不察，随声附和。独南皮张之洞撰《书目答问》以告学者，于循之《易》取其《周易补疏》，而舍此《易学三书》，可谓知所去取矣。"参见"易章句"、"易图略"、"易通释"。

【衡咸】 西汉齐(今山东泰山以北)人。字长宾。曾任王莽讲学大夫。与士孙张、邓彭祖共受《易》于梁丘贺的再传弟子五鹿充宗。三人治《易》知名于世，故汉《易》梁丘一派又有"士孙、邓、衡之学"(见《汉书·儒林传·梁丘贺传》)。

【衡胡】 西汉莒(今山东莒县)人。汉初《易》家。以研治《易经》得官。《史记·儒林列传》："莒人衡胡"，"以《易》至二千石"。《汉书·儒林传》："莒衡胡"，"以《易》至大官"。颜师古注："莒人姓衡，名胡也。"按，杨树达《汉书窥管》谓以上文"授"字贯下，衡胡《易》学当亦田何弟子王同所授。

【劓刖志未得也】 《困》卦九五爻的《小象传》语。旨在解说九五爻辞"劓刖"的象征内涵。意思是：施用削鼻截足的刑罚治理众人，说明九五济困的心志未有所得。参见"困九五小象传"。

【劓刖困于赤绂】 《困》卦九五爻辞之语。意思是：施用削鼻截足的刑罚治理众人，以致困居在尊位。劓，削鼻之刑；刖，音月yuè，截足之刑；赤绂，古代贵族祭服之饰，借喻九五高居尊位。这是说明九五当"困"之时，以阴居阳，行事刚猛，犹如过为施用刑罚以治下，乃至众叛亲离，困穷于尊位，故有"劓刖，困于赤绂"之象。参见"困九五"。

【穆修】(979—1032) 北宋郓州(今山东东平)人。字伯长。幼嗜学，不事章句。性刚介好论，与众多龃龉。宋真宗时，赐进士出身。累官颍州文学参军，徙蔡州。时学者从事声律，修独以古文称，苏舜钦兄弟多从之游。故一时士大夫言能文者，必曰"穆参军"。欧阳修尤称之。明道中卒，有《文集》三卷(见《宋史》本传)。穆修通《易》，传陈抟"先天象数"学。朱震《进周易集传表》云："濮上陈抟以《先天图》传种放，放传穆修，修传李之才，之才传邵雍。"(《宋史·李之才传》载略同)按，朱熹《周易本义》卷首云："伏羲四图，其说皆出邵氏。盖邵氏得之李之才挺之，挺之得之穆修伯长，伯长得之华山希夷先生陈抟图南者。"此说与朱震及《宋史》之说小异，可资参考。

〔丶〕

【辨中备】 见"辨终备"。

【辨终备】 旧题东汉郑玄注。一卷。《易纬八种》之一。一作《辨中备》。见"易纬辨终备"。

【辩上下定民志】 《履》卦的《大象传》语。意思是：辨别上下名分，端正百姓循礼的意志。辩，通"辨"；定，定正，即规定端正之意。这是从《履》卦"上天下泽"的卦象而推阐出的"君子"应当效法此象，以辨定上下尊卑之礼，使人遵循践行的意义。参见"履大象传"。

【羲经】 即《易经》。旧说伏羲作《易》八卦，故称。王珪《除富弼西京留守制》(见《华阳集》)："不处成功，专《老氏》荣名之畏；其旋元吉，要《羲经》履道之终。"

【羲文之易】 旧说伏羲作八卦并重为六十四卦，周文王撰卦爻辞，故称《周易》为"羲文之易"。《文选》载班固《东都赋》："今论者但知诵虞夏之《书》，咏殷周之《诗》，讲羲文之《易》，论孔氏之《春秋》。"李善注："《周易》曰：'古者庖羲氏始作八卦，以通神明之德。'又曰:'《易》之兴也,其当殷之末世,周之盛德邪?当文王与纣之事邪?'"《后汉书·延笃传》:"朝则诵羲文之《易》,虞夏之《书》,历公旦之典礼,览仲尼之《春秋》。"

〔一〕

【豫】 六十四卦之一。列居篇中第十六卦。由下坤(☷)上震(☳)组成,卦形作"䷏",卦名为《豫》,象征"欢乐"。《豫》卦揭示"欢乐"所寓含的意义,强调处"乐"的两个要点:一、应当顺性而乐,适可而止,即《象传》"顺以动"之义;二、必须与物同乐,广氏天下,即《象传》"刚应而志行"之义。卦辞取"利建侯行师"为喻,其旨在于:顺天下之势而动,使天下同归安乐。《左传》襄公二十七年叙赵文子语曰:"乐而不荒,乐以安民",正与《豫》卦大义有合。卦中六爻,九四一阳主于施乐,故全卦的"欢乐"由之而得;五阴爻主于处乐,故吉凶得失不同:初六过乐自鸣得意致"凶",六三谄媚寻求欢乐"有悔",六五居尊不可沈乐忘忧、须守正防"疾",上六昏冥纵乐、不改必有"咎",唯六二"中正"不苟豫获"吉"。可见,《豫》卦虽以"欢乐"为义,但处处戒人不得穷欢极乐。《礼记·曲礼上》谓"志不可满,乐不可极";《孟子·告子下》称"生于忧患,死于安乐";相传汉武帝《秋风辞》曰"欢乐极兮哀情多"(《乐府诗集》引《汉武帝故事》):均含同类诫意,若进一层从事物矛盾的规律分析,"忧"、"乐"两端又是互为依存的;九四以广施欢乐为己任而"大有得",实属《易》者所表露的使万物去"忧"存"乐"的一种良好愿望。范仲淹抒发"先天下之忧而忧,后天下之乐而乐"(《岳阳楼记》))的情怀,近似于九四爻义,但反映的思想境界显然已远远高出前者。

【豫九四】 《豫》卦九四爻。以阳爻居卦第四位。爻辞曰:"由豫,大有得;勿疑,朋盍簪。"意思是:人们依赖他喜获欢乐,大有所得;刚直不疑,友朋像头发括束于簪子一样聚合相从。由,自,从也,"由豫"犹言"由之以豫";朋,友朋,指《豫》卦诸阴爻,尚秉和先生《周易尚氏学》:"阳以阴为朋";盍,通"合";簪,音赞,平声 zān,古代用以括束头发的首饰。这是说明九四当"豫"之时,以阳刚居上卦初位,卦中群阴均由其阳而获豫乐,阳刚之志大行,故称"由豫,大有得",即《象传》"刚应而志行"之义;九四当此之时,刚直不疑,与群阴相应,故群阴作为九四之"友朋"而欣然毕至,如"盍簪"似地聚合相从,亦即前文"大有得"之义。李鼎祚《周易集解》引侯果曰:"为豫之主,众阴所宗,莫不由之以得其豫。体刚心直,志不怀疑,故得群物依归,朋从大合,若以簪篸之固括也。"按,《豫》九四是全卦唯一的阳爻,群阴因之获"豫"。卦辞谓"建侯、行师",正俟此爻施行。但因居于阴位、"臣"位、"多惧"之位,恐其疑虑,故爻辞特勉以"勿疑"。马其昶《重定周易费氏学》云:"一阳,化则无阳;九四疑位,曰'勿疑',惧其以失位为疑而化也。"马振彪先生《周易学说》又以《乾》卦九四爻与之比较,指出:"《乾》九四'或'之者,疑之也。是审情而行,不敢以轻心掉之也。《豫》九四'大有得,勿疑',是直道而行,不敢以'贰心'失之也。"

【豫上六】 《豫》卦上六爻。以阴爻居卦最上之位。爻辞曰:"冥豫成,有渝无咎。"意思是:形成昏冥纵乐的恶果,及早改正则无咎害。冥豫,犹言"昏冥沈溺于豫乐";渝,变也。此谓上六当"豫"之时,以阴处卦之极,盲目纵乐无度,为"冥豫"已"成"之象,故须速"渝"方可"无咎"。王弼《周易注》:"处动豫之极,极豫尽乐,故至于'冥豫成'也。过豫不已,何可长乎?故必渝变,然后无咎。"按,《豫》上六爻义主于警诫盲目纵乐者改过从善。王应麟《困学纪闻》举《升》卦上六"冥升"与之比较,指出:"冥于豫而勉其'有渝',开迁善之门也;冥于升而勉其'不息',回进善之机也。"

【豫六二】《豫》卦六二爻。以阴爻居卦第二位。爻辞曰："介于石，不终日，贞吉。"意思是：耿介如石，不等候一天终竟（就悟知欢乐必须适中的道理），守持正固可获吉祥。介，耿介正直之状；于，介词，犹"如"。这是说明六二当"豫"之时，柔顺中正，有耿介如石之象，能不苟且求欢乐，"不终日"即"知几"速悟"豫"理；如此守正必吉，故称"贞吉"。王弼《周易注》："处豫之时，得位履中，安夫贞正，不求苟豫者也。顺不苟从，豫不违中，是以上交不谄，下交不渎。明祸福之所生，故不苟说；辩必然之理，故不改其操：介如石焉，不终日明矣。"程颐《周易程氏传》："唯六二一爻处中正，又无应，为自守之象。当豫之时，独能以中正自守，可谓特立之操，是其节介如石之坚也。"按，《豫》六二欢乐得体，以"中正"获吉。《系辞下传》引孔子语，称其"上交不谄，下交不渎"，有"知几"之德。《宋书·谢灵运传》谓"时来之机，悟先于介石"，即属此义。

【豫六三】《豫》卦六三爻。以阴爻居卦第三位。爻辞曰："盱豫悔，迟有悔。"意思是：美目媚上寻求欢乐，必致悔恨，要是悔悟太迟必将又生悔恨。盱，音需 xū，许慎《说文解字》谓"张目"，王弼《周易注》释为"睢盱"，李鼎祚《周易集解》引向秀曰："睢盱，小人喜悦佞媚之貌也。"这是说明六三当"豫"之时，阴柔失正，上承九四之阳，有媚上求乐之象，故将致"悔"；当此之时，若悔悟太迟，必生新"悔"。王弼《周易注》："居下体之极，处两卦之际，履非其位，承动豫之主，若其睢盱而豫，悔亦生焉。"朱熹《周易本义》："盱，上视也。阴不中正，而近于四。四为卦主，故六三上视于四而下溺于豫，宜有悔者也。故其象如此。而其占为事者当速悔，若悔之迟则必有悔也。"按，《豫》六二知几疾速，以"贞"获吉；《豫》六三若悔悟太迟，将悔上加悔。两爻之义适可对照。《周易折中》引胡炳文曰："'盱豫'与'介石'相反，'迟'与'不终日'相反：中正与不中正故也。六三虽柔，其位则阳，犹有能悔之意；然悔之速可也，悔之迟则又必有悔矣。"又按，"迟有悔"，王弼《周易注》释为："迟而不从，豫之所疾"，孔颖达《周易正义》云："居豫之时，若迟停不求于豫，亦有悔也。"可备一说。

【豫六五】《豫》卦六五爻。以阴爻居卦第五位。爻辞曰："贞疾，恒不死。"意思是：守持正固防范疾病，必将长久康健不致丧亡。贞疾，犹言"守正防疾"。此谓六五处"豫乐"之世，以柔居《豫》卦"君位"，下恃九四"强臣"，有耽乐忘忧之危，故特诫其守正防疾，才能"恒不死"，即发"乐不忘忧"之义。《周易折中》引何楷曰："六五柔居尊位，当豫之时，易于沉溺，必战兢畏惕，乃得恒而不死，所谓'生于忧患'者也。"按，《豫》六五防"疾"而"不死"，犹如惧危则安。王宗传《童溪易传》云："《孟子》曰：'人则无法家拂士，出则无敌国外患者，国恒亡。然后知生于忧患，而死于安乐也。'则六五之得九四，所得'法家拂士'也。故虽当豫之时，不得不纵其所乐，夫惟不得以纵其所乐，则'恒不死'，宜也。"又云："夫当豫之时，而不为豫者，以正自守也，六二是也；当豫之时，而不得豫者，见正于人也，六五是也。此《豫》之六爻，惟六二、六五所以不言'豫'焉。"此说颇为可取。又按，孔颖达《周易正义》释"贞疾"为"正得其疾"，程颐《周易程氏传》谓"贞而有疾"，可备参考。

【豫初六】《豫》卦初六爻。以阴爻处卦下初位。爻辞曰："鸣豫，凶。"意思是：沉溺于欢乐自鸣得意，有凶险。此言初六当"豫"之时，阴居阳位，以失正之体上应九四，有沉溺于乐而自鸣得意之象，故"凶"。王弼《周易注》："处豫之初，而特得志于上，乐过则淫，志穷则凶。豫何可鸣！"程颐《周易程氏传》："初六以阴柔居下，四，《豫》之主也，而应之，是不中正之小人处豫，而为上所宠，其志意满极，不胜其豫,至发于声音,轻浅如是,必至于凶也。鸣,发于声音也。"按,《谦》卦上六"鸣谦"而有"利",《豫》卦初六"鸣豫"而致"凶":可见,谦虚之极不妨有闻于外,欢乐之初则不能得意忘形。《周易折中》引龚焕曰:"《豫》之初六,即《谦》上六之反对","谦而鸣则吉,豫而鸣则凶。"

【**豫卦辞**】 《豫》卦的卦辞。其文曰:"豫,利建侯行师。"意思是:《豫》卦象征欢乐,利于建立诸侯、出师征战。豫,卦名,《尔雅·释诂》:"乐也",象征"欢乐"。此卦下坤上震,有顺性以动、物皆欢乐之义,当众皆欢乐之时,宜于"建侯"广施治理、"行师"讨逆安民,使天下长保安乐,故曰"利建侯行师"。李鼎祚《周易集解》引郑玄曰:"坤,顺也;震,动也。顺其性而动者,莫不得其所,故谓之'豫'。豫,喜豫、说乐之貌。"孔颖达《周易正义》:"动而众说,故可利建侯也;以顺而动,不加无罪,故可以行师也。"程颐《周易程氏传》:"《豫》之义,所利在建侯行师。夫建侯树屏,所以共安天下,诸侯和顺则万民悦服;兵师之兴,众心和悦,则顺从而有功。故悦豫之道,利于建侯行师也。"

【**豫彖传**】 《豫》卦的《彖传》。其文为:"《彖》曰:豫,刚应而志行,顺以动,豫。豫,顺以动,故天地如之,而况建侯行师乎?天地以顺动,故日月不过,而四时不忒;圣人以顺动,则刑罚清而民服。豫之时义大矣哉。"意思是:"《彖传》说:欢乐,譬如阳刚者与阴柔相应而心志畅行,又顺沿物性而动,就能导致欢乐。欢乐,既然是顺沿物性而动,连天地的运行都像这样,更何况建立诸侯、出师征战这些事呢?天地顺沿物性而动,所以日月周转不致过失,四季更替不出差错;圣人顺沿民情而动,于是运用刑罚清明、百姓纷纷服从。欢乐之时包涵的意义多么弘大啊!"全文大旨在于解说《豫》卦的卦名及卦辞之义,可分三节理解。第一节,自"豫"至"顺以动,豫"四句,以《豫》卦九四爻与众阴相应而志行,及上下卦所含"顺动"致"豫"之象,释卦名"豫"之义。第二节,自"豫,顺以动"至"而况建侯行师乎"四句,以天地"顺动"之理,释《豫》卦辞"利建侯行师"之义。第三节,自"天地以顺动"至"豫之时义大矣哉"六句,又泛举"天地"、"圣人"以顺动为例,说明万事万物均须"顺而动"才能成"豫",进一步赞叹《豫》卦"时义"之美。

【**豫大象传**】 《豫》卦的《大象传》。其辞曰:"雷出地奋,豫;先王以作乐崇德,殷荐之上帝,以配祖考。"意思是:雷声发出而大地振奋,象征"欢乐";先代君王因此制作音乐、用来赞美功德,通过隆盛的典礼献祀天帝,并让祖先的神灵配合共享。崇,推崇、褒扬;殷,盛也,许慎《说文解字》:"作乐之盛偶殷";荐,献也;之,介词,犹"之于";上帝,犹言"天帝",古人视为主宰万物的至高无上之神;配,古代祭礼中的"配饗"礼,此言以祖先配饗上帝;祖考,即祖先。全文先揭明《豫》卦上震为雷、下坤为地之象,谓雷声发动、大地振奋,正为万物"欢乐"的象征;然后推阐出"先王"观此象,悟知通过音乐的鼓动,可以歌功颂德,并献祀"上帝"、"祖考"的道理。李鼎祚《周易集解》引郑玄曰:"奋,动也。雷动于地上,而万物乃豫也。以者,取其喜佚动摇,犹人至乐则手欲鼓之,足欲舞之也;崇,充也;殷,盛也;荐,进也;上帝,天帝也。王者功成作乐,以文得之者作'籥舞',以武得之者作'万舞',各充其德而为制;祀天帝以配祖考者,使与天共饗其功也。故《孝经》云'郊祀后稷以配天,宗祀文王于明堂以配上帝'是也。"按,郑玄训"崇"作"充",本于《尔雅·释诂》,于义亦通。又按,音乐的鼓动作用,《礼记·乐记》说:"发以声音而交以琴瑟,从以箫管,奋至德之光,动四气之和。"《豫》卦《大象传》引申出"先王作乐"之义,似表明古代统治者创造音乐的一方面重要目的:当"功成"颂"德"之时,以及献享"天帝"、"祖考"之际，用来渲染、鼓舞特定的"政治"气氛，以寻求人神共相欢乐的效果。由此可以推见古代"乐"礼之一斑。

【豫受之以随】《周易》六十四卦，以象征"欢乐"的《豫》卦列居第十六卦；既能与人共相欢乐，必然有人随从，所以接《豫》之后是象征"随从"的第十七卦《随》卦。此称"《豫》受之以《随》"。语本《序卦传》："豫必有随，故受之以《随》。"韩康伯《序卦注》："顺以动者，众之所随。"俞琰《周易集说》："豫者，安和说乐之谓也。安和说乐而无拒人之意，则人皆欣然愿随之，故《豫》后继以《随》。"

【豫九四小象传】《豫》卦九四爻的《小象传》。其辞曰："由豫大有得，志大行也。"意思是：人们依赖他喜获欢乐、大有所得，说明九四的阳刚志向大为施行。这是解说《豫》九四爻辞"由豫，大有得"的象征内涵。孔颖达《周易正义》："众阴既由之而豫，大有所得，是志意大行也。"李鼎祚《周易集解》引崔憬曰："以一阳而众阴从己，合簪交欢，故其志大行也。"程颐《周易程氏传》："由己而致天下于乐豫，故为大有得，谓其志得大行也。"

【豫上六小象传】《豫》卦上六爻的《小象传》。其辞曰："冥豫在上，何可长也？"意思是：昏冥纵乐、高居上位，这种欢乐怎能保持长久呢？这是解说《豫》上六爻辞"冥豫"的象征内涵。李鼎祚《周易集解》引荀爽曰："阴性冥昧，居尊在上，而犹豫说，故不可长。"程颐《周易程氏传》："昏冥于豫，至于终极，灾咎行及矣。其可长然乎？当速渝也。"

【豫六二小象传】《豫》卦六二爻的《小象传》。其辞曰："不终日、贞吉，以中正也。"意思是：不等候一天终竟（就悟知欢乐必须适中的道理）、守持正固可获吉祥，说明六二居中持正。这是解说《豫》六二爻辞"不终日，贞吉"的象征内涵。程颐《周易程氏传》："能不终日而贞且吉者，以有中正之德也。中正故其守坚，而能辨之早，去之速。爻言六二处豫之道，为教之意深矣。"

【豫六三小象传】《豫》卦六三爻的《小象传》。其辞曰："盱豫有悔，位不当也。"意思是：媚眼悦上寻求欢乐、必有悔恨，说明六三居位不正当。这是解说《豫》六三爻辞"盱豫"、"有悔"的象征内涵。孔颖达《周易正义》："以六三居不当位，进退不得其所，故'盱豫有悔'。"程颐《周易程氏传》："自处不当，失中正也，是以进退有悔。"

【豫六五小象传】《豫》卦六五爻的《小象传》。其辞曰："六五贞疾，乘刚也；恒不死，中未亡也。"意思是：六五必须守持正固防范疾病，说明阴柔乘凌阳刚不甚妥当；必将长久康健不致丧亡，说明六五居中不偏就未必败灭。这是解说《豫》六五爻辞"贞疾，恒不死"的象征内涵。乘刚，指《豫》六五乘居九四阳刚之上；中，指六五柔居中位。李鼎祚《周易集解》引侯果曰："六五居中而乘于四，四以刚动，非己所乘；乘刚为政，终亦病。若恒不死者，以其中也。"

【豫初六小象传】《豫》卦初六爻的《小象传》。其辞曰："初六鸣豫，志穷凶也。"意思是：初六沉溺于欢乐自鸣得意，说明欢乐之志必将穷极导致凶险。这是解说《豫》初六爻辞"鸣豫，凶"的象征内涵。孔颖达《周易正义》："初时鸣豫，后则乐志穷尽，故为凶也。"程颐《周易程氏传》："谓其以阴柔处下，而志意穷极，不胜其豫，至于鸣也，必骄肆而致凶矣。"

【豫之时义大矣哉】《豫》卦的《彖传》语。意思是：欢乐之时包涵的意义多么弘大啊！此系对《豫》卦含义深广的叹美之辞。孔颖达《周易正义》："叹美为'豫'之善，言于逸豫之时，其义大矣。"程颐《周易程氏传》："既言豫顺之道矣，然其旨味渊永，言尽而意有余也，故复赞之云：'豫之时义大矣哉！'欲人研味其理，优柔涵泳而识之也。"

【盥而不荐】 《观》卦的卦辞之语。意为：观仰祭祀开始时倾酒灌地的降神仪式而不观后面的献享细节。盥，音灌 guàn，古代祭祀宗庙时用香酒浇灌地面以降神之礼；荐，献也，祭祀中向神献享之礼；此句"盥"、"荐"前均省略一"观"字，即谓"观盥而不观荐"。这是说明"观仰"之道应取最庄严可观者，犹如观仰祭祀宗庙的典礼，则观其初始盛美的降神礼，其后的献享礼即可略而不观。参见"观卦辞"。

十七画

〔一〕

【藉用白茅】《大过》卦初六爻辞之语。意为：用洁白的茅草衬垫承放(奉献尊者的物品)。藉，谓衬垫，即用物垫于下以承物；白茅，洁白的茅草。这是说明初六当"大过"之时，一阴在下，柔弱位卑，应当极为敬慎地承事上之阳刚，济己之柔，才能免咎；故爻辞拟其以白茅衬地承物以奉上为喻，明其敬慎承阳而有大过凡常之义。参见"大过初六"。

【藉用白茅柔在下也】《大过》卦初六爻的《小象传》辞。旨在解说初六爻辞"藉用白茅"的象征内涵。意思是：用洁白的茅草衬垫承放(奉献尊者的物品)，说明初六柔顺处下而行为要敬慎。参见"大过初六小象传"。

【藏器】 喻含藏才质。语出《系辞下传》："君子藏器于身，待时而动"。《晋书·曹毗传》："宝以含珍为贵，士以藏器为峻，麟以绝迹标奇，松以负霜称隽。"

【戴宾】 东汉沛(治所在今安徽濉溪县西北)人。传施雠《易》学。西汉末平帝时，授刘昆，施《易》遂行于东汉(见《后汉书·儒林列传·刘昆传》)。按，一说戴宾即施雠再传弟子戴崇的后代。王先谦《后汉书集解》引惠栋曰："《前书》施雠授张禹，禹授戴崇子平。宾盖崇之后也。"

【戴凭】 东汉汝南平舆(今属河南)人。字次仲。研习"京氏《易》"。光武帝时，征试博士，拜郎中，又以侍中兼领虎贲中郎将。一年正旦朝贺，百官毕会，光武帝令群臣中能说经者更相质难，义若不通，辄夺其席以增益能通者。当时戴凭坐上重叠五十余席。京师人为之称赞说："解经不穷戴侍中。"在职十八年，卒于官(见《后汉书·儒林列传·戴凭传》)。

【戴崇】 西汉沛郡(治所在今安徽濉溪县西北)人。字子平。与彭宣同受《易》于施雠弟子张禹，传"施氏《易》学"。官至少府九卿。禹所授弟子甚众，唯彭宣、戴崇最有成就。然宣为人恭俭有法度，崇恺弟多智，二人性格相异。故张禹爱宣而亲之，敬宣而远之。戴崇每趋府拜候张禹，常常要求其师置酒设乐与弟子相娱。张禹则带崇入后堂饮食，妇女相对，优人莞弦铿锵，至昏夜乃罢(见《汉书·张禹传》及《儒林传·施雠传》)。

【戴九履一图】 即朱熹《周易本义》卷首所载《洛书》。见"河图洛书"。

〔丿〕

【魏满】 东汉南阳(今属河南)人。字叔牙。研习"京氏《易》"，教授生徒。明帝永平中，官至弘农太守(见《后汉书·儒林列传》)。

【魏濬】 明松溪(今属福建)人。字苍水。万历三十二年(1604)进士。累官都察院右佥都御史、巡抚湖广(见《经义考》)。《易》学著述有《易义古象通》八卷。

【魏了翁】(1178—1237) 南宋邛州蒲江(今属四川)人。字华父，号鹤山。少英悟绝出，日诵千余言，过目不再览，乡里称为神童。从学朱熹甚久，与辅广为友，讲论颇多。庆元进士。以校书郎出知嘉定府。丁父忧解官，筑室白鹤山下，开门授徒，士争从之，学者称鹤山先生。起知汉州，徙眉州、泸州，累官至端明殿学士同签枢密院事。卒赠太师，谥"文靖"。文学、经史著述甚丰(见《宋史》本传)。《易》学专著今存《周易要义》十卷。

【魏伯阳】 东汉会稽上虞(今属浙江)人。名翱，号伯阳，又号云牙子。原高门子弟，而性好道术，博赡文词，闲居养性，不肯仕宦。携弟子三人入山炼丹。丹成，知两弟子心不尽诚，乃试之。先自取丹吞服，入口即死。一弟子又服之，亦死。余二弟子畏死不服，相共出山。二人去后，伯阳与死弟子皆起。作《周易参同契》，其说如似解释《周易》，实乃假借爻象以论作丹炼气之术（见葛洪《神仙传》及彭晓《周易参同契通真义序》等）。后虞翻《易》学之"纳甲说"，多取《参同契》之说而推衍之。

〔丶〕

【蹇】 六十四卦之一。列居篇中第三十九卦。由下艮（☶）上坎（☵）组成，卦形作"䷦"，卦名为《蹇》，象征"蹇难"。《蹇》卦之旨，在于喻示济涉蹇难的道理。卦辞所发之义约有三事：一、济蹇必须进退合宜。所谓利于"西南"平地，不利于"东北"山麓，即表明此时可进则进，不可进则退。二、"大人"是济蹇的主导因素。所谓"利见大人"，事实上是揭示"蹇难"之时，期待着聚合各方力量、统一上下意志的"权威"性因素，有此"权威"为主导，则险厄可济，蹇难可解。三、济蹇又必须守持正固。所谓"贞吉"，即行为不违正道，上下同舟共济，必能济蹇获吉。卦中六爻，便围绕着这三方面意义，展示了处在不同环境、地位中的济蹇情状。初六位卑无应，犯难冒进则遇蹇，退处待时则有誉；六二柔中应刚，当如"王臣"不计私利、尽心济难；九三刚正而险难当前，须暂退"安内"，然后求进；六四柔正而前后均险，不可进而须自守正固；九五阳刚中正，为"大人"济蹇之象，虽时值"大蹇"，却有"友朋"来归，共济危难；上六蹇难将解，附从"贵君"以建硕大之功，终获吉祥。综观六爻大义，各爻均示人善处蹇时，勉力济蹇；但全卦到了上爻才言"吉"，则隐含着匡济蹇难必须经历长期、艰苦的过程，才能见其功效之旨。《孟子·告子下》曰："必先苦其心志，劳其筋骨，饿其体肤"，似与这一道理略可谐合。

【蹇连】 行路艰难之状，亦喻时运坎坷。一作"连蹇"。语本《蹇》卦六四爻辞"往蹇来连"。《文选》载班固《幽通赋》："纷屯邅与蹇连兮，何艰多而智寡。"蔡邕《述行赋》（见《蔡中郎集》）："余有行于京洛兮，遘淫雨之经时。途迍邅其蹇连兮，潦汙滞而为灾。"

【蹇剥】 《蹇》卦寓难进之旨，《剥》卦言阴气剥阳之事，二字相连犹言"时运不济"。白居易《草堂记》（见《白氏长庆集》）："一旦蹇剥，来佐江郡。"

【蹇九三】 《蹇》卦九三爻。以阳爻居卦第三位。爻辞曰："往蹇，来反。"意思是：往前将遇蹇难，归来返居其所。此言九三当"蹇难"之时，以阳处下艮之上，前临坎险不可行，后拥二阴则可据，故往必遇"蹇"，返乃得所。王弼《周易注》："进则入险，来则得位，故曰'往蹇，来反'。"按，《蹇》卦九三阳刚得正，坎险在前，其济"蹇"之道是先退后进。此即《象传》所谓"见险而能止，知矣哉"之义。马其昶《重定周易费氏学》认为："济蹇之术亦多矣，九三之来而复反，盖欲先安其内也。"

【蹇九五】 《蹇》卦九五爻。以阳爻居卦第五位。爻辞曰："大蹇，朋来。"意思是：大为蹇难，友朋纷纷来归。此言九五居《蹇》上卦坎中，正当"大蹇"之时；然以阳刚中正之德下应六二，遂致友朋纷来，共济蹇难，故曰"朋来"。王弼《周易注》："处难之时，独在险中，难之大者也，故曰'大蹇'；然居不失正，履不失中，执德之长，不改其节，如此则同志者集而至矣，故曰'朋来'也。"按，胡炳文《周易本义通释》曰："诸爻皆以'往'为'蹇'，圣人又虑天下皆不'往'，'蹇'无由出矣；二、五君臣，复不往，谁当往乎？是以于二曰'蹇蹇'，于五曰'大蹇'。"《周易折中》指出："二、五独无往来之文，盖君臣相与济蹇者。其责不得辞，而于义无所避。犹之《遯》卦，诸爻皆遯，六二独以应五，而固其不遯之志也。"

胡氏之说得之。凡《易》之应,莫重于二、五,故二之称'王臣'者,指五也;五之称'朋来'者,指二也。如在下者占得五,则当念国事之艰难,而益致其'匪躬'之节;如在上者占得二,则当谅臣之忠贞,而益广其'朋来'之助。正如朱子说《乾》卦二、五相为宾主之例也。推之《蒙》、《师》诸卦,无不皆然。"此说辨析二、五爻义的关系之处,似有可取。

【蹇上六】 《蹇》卦上六爻。以阴爻居卦最上之位。爻辞曰:"往蹇,来硕;吉,利见大人。"意思是:往前必遇蹇难,归来可建大功;吉祥,利于出现大人。硕,谓硕大之功。这是说明上六以阴居《蹇》上卦之终,蹇极将通,若往前则不但无益而将更生蹇难,若回归本位附从九五之尊则有大功,故"吉",并利见九五之"大人"。朱熹《周易本义》:"已在卦极,往无所之,益以蹇耳;来就九五,与之济蹇,则有硕大之功。大人,指九五。"按《蹇》上六居一卦之终,当位有应,附从"贵君",此时济蹇之功必成,故爻辞称"吉"。朱熹又云:"诸爻皆不言吉,盖未离乎'蹇'中也;至上六'往蹇,来硕,吉',却是蹇极有可济之理。"(《朱子语类》)

【蹇六二】 《蹇》卦六二爻。以阴爻居卦第二位。爻辞曰:"王臣蹇蹇,匪躬之故。"意思是:君王的臣仆努力匡济蹇难,不是为了自身私事。臣,犹言"臣仆",马王堆汉墓出土的《帛书周易》作"仆"字;蹇蹇,形容努力济蹇的情状,尚秉和先生《周易尚氏学》"言勤劳也";匪,通"非";躬,自身;故,《广雅·释诂三》"事也"。这是说明六二当蹇难之时,柔顺居中,上应九五阳刚之"君",志在济蹇,犹如"王臣"尽职勤劳不为己身,故曰"匪躬之故"。王弼《周易注》:"处难之时,履当其位,居不失中,以应于五。不以五在难中,私身远害,执心不回,志匡王室者也。故曰'王臣蹇蹇,匪躬之故'。"王引之《经义述闻》:"不言'事'而言'故'者,以韵初六之'誉'。"

按,六二所谓"蹇蹇",含有奋力济蹇,不计得失成败之义。朱熹《周易本义》认为:"不言吉凶者,占者但当鞠躬尽力而已,至于成败利钝,则非所论也。"

【蹇六四】 《蹇》卦六四爻。以阴爻居卦第四位。爻辞曰:"往蹇,来连。"意思是:往前遇到蹇难,归来又逢蹇难。连,犹言"接连蹇难",陆德明《经典释文》引马融曰:"亦难也"。这是说明六四当"蹇"之时,虽柔顺得正,但以阴柔乘凌九三之刚,下与初六无应,自身又处坎险,故有往来皆遇蹇难之象。爻义主于"时位"如此,其难不可避免。王弼《周易注》:"往则无应,来则乘刚,往来皆难,故曰'往蹇,来连'。"按,《蹇》六四"来连"之义,诸家说法不同。如:一、李鼎祚《周易集解》引荀爽曰:"来返承五,则与至尊相连。"此言六四连于九五。二、朱熹《周易本义》曰:"连于九三,合力以济。"此言六四连于九三。两说并可参考。

【蹇初六】 《蹇》卦初六爻。以阴爻处卦下初位。爻辞曰:"往蹇,来誉。"意思是:往前将遇蹇难,归来必获美誉。此言初六处"蹇"之始,阴柔卑单,上无应援,故犯难冒进必"蹇",识时退处则有"誉"。王弼《周易注》:"处难之始,居止之初,独见前识,睹险而止,以待其时,知矣哉!故往则遇蹇,来则得誉。"按《蹇》卦初六、九三、六四、上六诸爻辞均称"往"、"来",并见处"蹇"之时,行止必须适宜之义。何楷《古周易订诂》指出:"此卦中言'来'者皆就本爻言,谓来而止于本位也,对'往'之辞。初六去险最远,其止最先,独见前识,正《传》之所谓'智'也。"何氏所言《传》,即《蹇》卦《象传》"知矣哉"之语。

【蹇卦辞】 《蹇》卦的卦辞。其文曰:"蹇,利西南,不利东北;利见大人,贞吉。"意思是:《蹇》卦象征蹇难,利于走向西南平地,不利于走向东北山麓;利于出现大人,守持正固可获吉祥。蹇,音简 jiǎn,卦名,象征"蹇难",即"行走艰难",《象传》云

"蹇,难也"(《序卦传》同)。朱熹《周易本义》:"足不能进,行之难也";西南,象征平地;东北,象征山麓。卦辞说明,当"蹇难"之时,所行宜于避险就夷,故曰"利西南,不利东北";此时又利于"大人"奋起济难,并须长守正固才能获吉,故又曰"利见大人,贞吉"。王弼《周易注》:"西南,地也;东北,山也。以难之平,则难解;以难之山,则道穷。"孔颖达《周易正义》:"西南,顺位,平易之方;东北,险位,阻碍之所。世道多难,率物以适平易,则蹇难可解;若入于险阻,则弥加拥塞。去就之宜,理须如此。"朱熹《周易本义》:"当'蹇'之时,必见大人,然后可以济难;又必守正,然后得吉。而卦之九五,刚健中正,有'大人'之象;自二以上五爻,皆得正位,则又'贞'之义也。按,《说卦传》谓"坤"为"西南"之卦,"艮"为"东北"之卦;坤象地,艮象山,故西南、东北分别象征平地、山麓。王弼《周易注》之意,当本于此。但在《坤》卦的卦辞中,"西南"譬喻阴者沿此前行失阳渐尽,故或"得朋"或"丧朋"。可见,《坤》、《蹇》两卦虽均取"西南"、"东北"为象,其用意则不相同。

【蹇象传】 《蹇》卦的《象传》。旨在解说《蹇》卦的卦名、卦辞之义。其文为:"《彖》曰:蹇,难也,险在前也;见险而能止,知矣哉! 蹇,利西南,往得中也;不利东北,其道穷也。利见大人,往有功也;当位贞吉,以正邦也。蹇之时用大矣哉!"意思是:"《彖传》说:蹇,谓行走艰难,譬如险境在前而欲行必难;面临险境而能停止不前,可以称为明智啊! 蹇难之时,利于走向西南平地,这样前往就能合宜适中;不利于走向东北山麓,往东北必将路困途穷。利于出现大人,说明前往济蹇必能建功;居得其位以守持正固可获吉祥,说明这样可以解除蹇难端正邦国。处蹇难之时而济蹇的功用是多么弘大啊!"全文可分四节理解。第一节,自"蹇"至"知矣哉"五句,举《蹇》卦上坎为险、下艮为止之象,谓上下卦象有见险而止、不犯难而行的寓意,以释卦名"蹇"之义。第二节,自"蹇,利西南"至"其道穷也"五句,谓"蹇难"之时应以适中之道行于平顺之地,才不致困穷,以释《蹇》卦辞"利西南,不利东北"之义。第三节,自"利见大人"至"以正邦也"四句,谓蹇难之时当建树"济蹇"之功而端正邦国,以释《蹇》卦辞"利见大人,贞吉"之义。第四节,"蹇之时用大矣哉"一句,总结全文,叹美"蹇"之时的济蹇功用之大。

【蹇大象传】 《蹇》卦的《大象传》。其辞曰:"山上有水,蹇;君子以反身修德。"意思是:高山上有恶水,象征"蹇难";君子因此当蹇难之时要反求于自身而努力修美道德。反身,即"反求自身"。这是先揭明《蹇》卦下艮为山、上坎为水之象,谓山上有水,攀行弥危,正为"蹇难"的象征;然后推阐出"君子"观此象,须悟知当处"蹇"之时,先要"反身修德"然后才能济蹇涉难的道理。孔颖达《周易正义》:"山者是岩险,水是阻难;水积山上,弥益危难,故曰'山上有水,蹇'。"又曰:"蹇难之时,未可以进,惟宜反求诸身,自修其德也。"按,《大象传》谓"山上有水",已经形象地喻示着"蹇难"的情状。《孟子·离娄上》曰:"行有不得者,皆反求诸己。"程颐《周易程氏传》引此阐释《大象传》"反身修德"的寓义,并指出:"君子之遇险阻,必反求诸己而益自修。"其说甚切《大象传》之旨。

【蹇受之以解】 《周易》六十四卦,以象征"蹇难"的《蹇》卦列居第三十九卦;事物不可能终久蹇难,所以接《蹇》之后是象征"舒解"的第四十卦《解》卦。此称"《蹇》受之以《解》"。语本《序卦传》:"《蹇》者,难也。物不可以终难,故受之以《解》;解者,缓也。"李鼎祚《周易集解》引崔憬曰:"《蹇》终则'来硕,吉,利见大人',故言不可以终难,故受之以《解》者也。"程颐《周易程氏传》:"物无终难之理,难极则必散,解者散也,所以次《蹇》也。"

【蹇九三小象传】 《蹇》卦九三爻的《小象传》。其辞曰:"往蹇来反,内喜之也。"意思是:往前将遇蹇难而归来返居其所,说明此时内部阴柔者都欣喜九三归返。这是解说《蹇》九三爻辞"往蹇来反"的象征内涵。内,指《蹇》卦内卦的两阴爻,阴喜阳归;之,指九三"来反"之事。孔颖达《周易正义》:"内卦三爻,惟九三一阳,居二阴之上,是内之所恃,故云'内喜之'也。"

【蹇九五小象传】 《蹇》卦九五爻的《小象传》。其辞曰:"大蹇朋来,以中节也。"意思是:大为蹇难而友朋纷纷来归,说明九五保有阳刚中正的气节。这是解说《蹇》九五爻辞"大蹇朋来"的象征内涵。中节,谓"中正之节"。孔颖达《周易正义》:"得位居中,不易其节,故致朋来,故云'以中节也'。"

【蹇上六小象传】 《蹇》卦上六爻的《小象传》。其辞曰:"往蹇来硕,志在内也;利见大人,以从贵也。"意思是:往前必遇蹇难而归来可建大功,说明上六的志向在于联合内部共同济蹇;利于出现大人,说明上六应当附从尊贵的阳刚君主。这是解说《蹇》上六爻辞"往蹇来硕"、"利见大人"的象征内涵。志在内,谓上六既归从九五,而九五下应六二,上六下应九三、二、三均处内卦,则上、五之志并在合内以济"蹇",故曰"志在内";从贵,九五贵居"君位",上六从之,故称。程颐《周易程氏传》:"上六应三而从五,志在内也。"又曰:"利见大人,谓从九五之贵也。所以云'从贵',恐人不知'大人'为指五也。"

【蹇六二小象传】 《蹇》卦六二爻的《小象传》。其辞曰:"王臣蹇蹇,终无尤也。"意思是:君王的臣仆努力匡济蹇难,说明六二终将无所过尤。这是解说《蹇》六二爻辞"王臣蹇蹇"的象征内涵。孔颖达《周易正义》:"处难以斯,岂有过尤?"

【蹇六四小象传】 《蹇》卦六四爻的《小象传》。其辞曰:"往蹇来连,位当实也。"意思是:往前遇到蹇难而归来又逢蹇难,说明六四正当本实之位(蹇难并非妄招)。这是解说《蹇》六四爻辞"往蹇来连"的象征内涵。位当实,指六四位当其实,难非自招。王弼《周易注》:"得位履正,当其实;虽遇于难,非妄所招也。"

【蹇初六小象传】 《蹇》卦初六爻的《小象传》。其辞曰:"往蹇来誉,宜待也。"意思是:往前将遇蹇难而归来必获美誉,说明初六应当等待时机。这是解说《蹇》初六爻辞"往蹇来誉"的象征内涵。孔颖达《周易正义》:"既往则遇蹇,宜止以待时也。"

【蹇之时用大矣哉】 《蹇》卦的《彖传》语。意思是:处蹇难之时而济蹇的功用是多么弘大啊! 这是对《蹇》卦所揭示的济蹇"时用"的叹美之辞。程颐《周易程氏传》:"天下之难,岂易平也? 非圣贤不能,其用可谓大矣。"胡炳文《周易本义通释》:"上文所谓'往得中'、'有功'、'正邦',即其用之大者也。"

【濡首】 饮酒逸乐过度而遭致祸害,犹如小狐渡河被淹湿头部。后用于沉溺于酒者之戒。语本《未济》卦上九爻辞:"有孚于饮酒,无咎;濡其首,有孚失是。"《象传》曰:"饮酒濡首,亦不知节也。"《晋书·周顗传》:"顗荒酒失仪,复为有司所奏。诏曰:'顗参副朝右,职曼铨衡,当敬慎德音,式是百辟。屡以酒过,为有司所绳,吾亮其极欢之情,然亦濡首之诫也。顗必能。克己复礼者,今不加黜责。'"参见"未济上九"。

【濡其尾吝】 《未济》卦初六爻辞。意思是:小狐渡河被水沾湿尾巴,有所憾惜。这是说明初六当"未济"之时,以阴柔处坎险之下,却急于上应九四,有求"济"心切而不能谨慎持中之象,犹如"小狐"涉水被濡湿其尾,未能成"济",其行必致憾惜,故曰"濡其尾,吝"。参见"未济初六"。

【濡其首厉】 《既济》卦上六爻辞。意思是:小狐渡河沾湿头部,有危险。此言上六以阴居"既济"之终,修德不笃,盛时已过,济极终乱,而转向"未济",犹如狐渡河而水湿其首,将淹及顶,其势必危,故曰"濡其首,厉"。参见"既济上六"。

【濡其首有孚失是】《未济》卦上九爻辞之语。意思是:犹如小狐渡河被水沾湿头部,此系过分委信于人而自失正道。孚,信也。这是喻示上九以阳刚居《未济》之终,正当"未济"至极而转向"既济"之时,诸事皆成,可以信任委用他人,于闲逸之日自可宴乐亦无害;但此时上九又必须不忘谨慎守德,防患于未然,庶可安保已成局面,否则,若自逸无度,荒废其事,则是过分委信于人而有失处事正道,将如狐渡河而水湿其首,其势必危,故爻辞特诫曰"濡其首,有孚失是"。参见"未济上九"。

【濡其尾亦不知极也】《未济》卦初六爻的《小象传》辞。旨在解说初六爻辞"濡其尾"的象征内涵。意思是:小狐渡河被水沾湿尾巴,说明初六的行为也太不知谨慎持中。参见"未济初六小象传"。

【濡其首厉何可久也】《既济》卦上六爻的《小象传》辞。旨在解说上六爻辞"濡其首,厉"的象征内涵。意思是:小狐渡河沾湿头部而有危险,说明上六事成之后修德不笃怎能长久守成!参见"既济上六小象传"。

【濡其尾无攸利不续终也】《未济》卦的《彖传》语。意思是:(小狐渡河未竟)被水沾湿尾巴,则无所利益,说明努力求济的精神不能持续至终。这是解说《未济》卦辞"濡其尾,无攸利"之义。不续终,指《未济》初六爻居卦下初位而"濡尾",涉水力弱未能坚持至终,遂使九二也难以出险,而求"济"不成。程颐《周易程氏传》:"其进锐者其退速,始虽勇于济,不能继续而终之,无所往而利也。"陈梦雷《周易浅述》:"不续终,指初也,初在下为'尾'。二所以不能出险,以初阴柔力弱,故首济而尾不济,不能续其后也。"

〔一〕

【臀困于株木】《困》卦初六爻辞之语。意思是:臀部困在无枝叶的树木下不能安处。株,树干,"株木"犹言无枝叶之木。这是说明初六处"困"之始,柔弱卑下,虽与九四有应,但四失位亦困,己又前临坎险,遂至穷厄不能自拔,犹如臀部困于"株木"下,居处难安,故曰"臀困于株木"。参见"困初六"。

【臀无肤其行次且】 ①《夬》卦九四爻辞之语。意思是:臀部失去皮肤,行动赵赳难进。次且,音资居 zī jū,行止困难之状,亦作"趑趄"。这是说明九四当"决除"小人之时,以阳居阴,刚决不足,犹如臀部"无肤",处其时而难安;又困下凌三阳,以此欲进而"决"小人,必多艰难,故曰"臀无肤,其行次且"。参见"夬九四"。 ②语出《姤》卦九三爻辞。字面意思与《夬》九四爻辞同,但其象征旨趣在于说明《姤》九三当"遇"之时,居下卦之极,过刚不中,上无其应而下无所遇,行止艰难困窘,故爻辞亦取"臀无肤,其行次且"为象。参见"姤九三"。

【繻有衣袽终日戒】《既济》卦六四爻辞。意思是:华裳美服将变成敝衣破絮,应当整天戒备祸患。繻,音儒 rú,彩色的丝帛,此处借指美服;有,犹"或",句中含"将要"之意;袽,音如 rú,败絮,指衣服敝。这是说明六四当"既济"之时,柔顺得正;然居上卦之始,"既济"之道将有转化,犹如美服或将变成敝衣,务必终日戒备,守正防患,方可免害,故曰"繻有衣袽,终日戒"。参见"既济六四"。

十八画

〔一〕

【覆餗】 意同"折足覆餗"。谓鼎足折断而倾覆所盛之美食,喻在位者智小谋大、力薄任重遂致凶咎。语本《鼎》卦九四爻辞"鼎折足,覆公餗,其形渥,凶"。《后汉书·谢弼传》载弼上封事曰:"今之四公,唯司空刘宠断断守善,余皆素餐致寇之人,必有折足覆餗之凶。可因灾异,并加罢黜。"《晋书·蔡谟传》:"上亏圣朝栋隆之举,下增微臣覆餗之衅。"

【覆公餗信何如也】 《鼎》卦九四爻的《小象传》辞。旨在解说九四爻辞"覆公餗"的象征内涵。意思是:王公的美食全被倾覆,说明九四怎么值得信任呢!参见"鼎九四小象传"。

【藩决不羸尚往也】 《大壮》卦九四爻的《小象传》辞。旨在解说九四爻辞"藩决不羸"的象征内涵。意思是:藩篱触开了缺口而羊角不被拘累缠绕,说明九四利于往前进取。参见"大壮九四小象传"。

【藩决不羸壮于大舆之輹】 《大壮》卦九四爻辞之语。意思是:犹如藩篱触开了缺口而羊角不被拘累缠绕,又似大车的轮輹强盛适用。藩,指藩篱;决,开也,谓藩篱被羊触开决口;羸,音雷 léi,谓拘累缠绕;輹,古代大车的轮輹,即车箱下钩住轮轴的木制器件。这是说明九四当"大壮"之时,处四阳爻最盛之际,阳居阴位,能行谦持正以处"壮",遂致前行无阻,前路遇阴畅通,犹如羊触"藩篱"豁然决开、其角不被缠住,又如车下轮輹强壮适用、车行快速,故曰"藩决不羸,壮于大舆之輹"。辞义主于九四强盛适当,利于施用。参见"大壮九四"。

〔丿〕

【鼫鼠贞厉位不当也】 《晋》卦九四爻的《小象传》辞。旨在解说九四爻辞"晋如鼫鼠,贞厉"的象征内涵。意思是:像身无专技的鼫鼠而要守持正固以防危险,说明九四居位不适当。参见"晋九四小象传"。

十九画

〔丶〕

【羸其瓶是以凶也】《井》卦的《象传》语。意思是：（汲水未出之时）要是使水瓶倾覆毁败，那就必然要导致凶险。这是解说《井》卦辞"羸其瓶"之义。孔颖达《周易正义》："汲水未出而覆，喻修德未成而止，是以凶也。"

【羸豕孚蹢躅】《姤》卦初六爻辞之语。意为：像羸弱的牝猪一样轻浮躁动不能安静。羸豕，羸弱之豕，此处犹言"牝猪"，喻《姤》卦初六；孚，通"浮"，谓"轻浮躁动"；蹢躅，音敌烛 dí zhú，同"踯躅"，不安静而徘徊之状。这是说明初六当"遇"之时，一阴在下，处巽风浮躁之体，此时应当专心应合于上卦的九四而长守正固；若是急于有所前往，像"羸豕"浮躁妄动而蹢躅不静，心不专一，则必有凶险，故爻辞特拟"羸豕孚蹢躅"为象喻示其诫。参见"姤初六"。

〔一〕

【阚观】《观》卦六二爻辞之语。意为：暗中偷偷观仰美盛景物。阚，暗中窃看。此言六二处"观"之时，虽得正而上应九五，但阴柔处下守中，不能尽见大观之美，犹如身居户内，暗中窃观门外景物，故谓之"阚观"。参见"观六二"。

【阚观女贞亦可丑也】《观》卦六二爻的《小象传》辞。旨在解说六二爻辞"阚观，利女贞"的象征内涵。意思是：暗中偷偷观仰美盛景物、女子可以守持正固，对男子来说这是可羞丑的。参见"观六二小象传"。

【阚其户阒其无人自藏也】《丰》卦上六爻的《小象传》语。旨在解说上六爻辞"阚其户，阒其无人"的象征内涵。意思是：对着门户窥视却寂静毫无人踪，说明上六自蔽深藏。参见"丰上六小象传"。

【阚其户阒其无人三岁不觌】《丰》卦上六爻辞之语。意思是：对着门户窥视，寂静毫无人踪，三年不见露面。阚，视也；阒，音去 qù，寂静之意。这是说明上六当"丰"之时，以阴居卦极，物丰亢盛而体柔昏暗，犹如丰大其屋，障蔽其家，甘处柔暗而高居深藏，乃至窥户亦寂然不见人踪，三年之久不与人接，正为居"丰大"之世而自绝于人之象，故曰"阚其户，阒其无人，三岁不觌"。参见"丰上六"。

廿一画

〔丶〕

【齎咨涕洟】 《萃》卦上六爻辞之语。意为：咨嗟哀叹而又痛哭流涕。齎，音羁jī，"齎咨"，悲叹之声。此言上六居《萃》之终，下无应援，穷极而无所聚，又以阴乘凌九五阳刚尊长，求聚不得，遂至悲叹痛哭，故有"齎咨涕洟"之象。参见"萃上六"。

【齎咨涕洟未安上也】 《萃》卦上六爻的《小象传》辞。旨在解说上六爻辞"齎咨涕洟"的象征内涵。意思是：咨嗟哀叹而又痛哭流涕，说明上六求聚不得而未能安居穷上之位。参见"萃上六小象传"。

廿二画

〔一〕

【囊括】 谓包罗尽取。语本《坤》卦六四爻辞"括囊,无咎无誉"。贾谊《过秦论》(见《贾长沙集》):"有席卷天下,包举宇内,囊括四海之意,并吞八荒之心。"扬雄《羽猎赋》(见《扬子云集》):"野尽山穷,囊括其雌雄。"阮籍《通易论》(见《阮步兵集》):"《易》之为书也,覆焘天地之道,囊括万物之情。"

分类词目表

【说明】本《词目表》凡分七类：一、易学常识，二、易派易例，三、经传要语，四、易辞衍用，五、治易名家，六、易学要籍，七、别类参列。

一、易学常识

易	342
易经	345
三易	17
羲经	705
大易	24
卦	337
爻	134
八卦	9
经卦	458
别卦	291
六十四卦	146
三百八十四爻	21
卦爻辞	339
卦辞	338
爻辞	135
上下经	45
上经	45
下经	44
十翼	6
援传连经	617
易大传	351
彖	513
彖传	513
彖辞	513
彖辞传	514
上彖	45
下彖	44
彖上传	514
彖下传	514
象传	626
象辞	626
象辞传	626

上象	45
下象	45
象上传	626
象下传	626
大象	24
小象	52
大象传	25
小象传	52
系辞	294
系辞传	294
系辞上传	295
系辞下传	295
上系	45
下系	44
二系	4
文言传	142
说卦	498
说卦传	498
序卦	304
序卦传	304
杂卦	231
杂卦传	231
二体	4
内卦	123
外卦	189
上卦	45
下卦	44
上体	45
下体	44
六爻	145
六位	146
爻位	134
初爻	311
二爻	4

721

分类词目表

词目	页码	词目	页码
三爻	17	易一名三义	370
四爻	179	乾三连	587
五爻	93	坤六断	332
上爻	45	震仰盂	687
初	311	艮覆碗	250
上	45	离中虚	543
阳爻	252	坎中满	278
阴爻	253	兑上缺	308
初九	311	巽下断	639
九二	13	乾为天	587
九三	13	天风姤	81
九四	13	天山遯	81
九五	13	天地否	81
上九	45	风地观	139
初六	311	山地剥	48
六二	145	火地晋	150
六三	145	火天大有	150
六四	145	坎为水	278
六五	145	水泽节	159
上六	45	水雷屯	159
象	625	水火既济	159
数	665	泽火革	450
象数	626	雷火丰	643
义理	49	地火明夷	205
易象	349	地水师	205
易理	349	艮为山	249
阴阳	253	山火贲	47
三才	17	山天大畜	48
三材	17	山泽损	48
八纯卦	10	火泽睽	150
人更三圣世历三古	13	天泽履	81
伏羲画八卦	232	风泽中孚	140
文王演易	143	风山渐	139
文王作卦爻辞	143	震为雷	688
周公作爻辞	411	雷地豫	643
孔子作十翼	156	雷水解	643
孔子读易韦编三绝	157	雷风恒	643
易家	348	地风升	205
易以卜筮独存	376	水风井	159
易为群经之首	375	泽风大过	451
周易名义	395	泽雷随	451

分类词目表

巽为风	639	坤下震上	334
风天小畜	140	坤下巽上	334
风火家人	139	坤下坎上	334
风雷益	139	坤下离上	334
天雷无妄	83	坤下艮上	334
火雷噬嗑	150	坤下兑上	334
山雷颐	48	震下乾上	689
山风蛊	47	震下坤上	689
离为火	543	震下震上	689
火山旅	150	震下巽上	689
火风鼎	150	震下坎上	689
火水未济	150	震下离上	689
山水蒙	48	震下艮上	689
风水涣	139	震下兑上	689
天水讼	81	巽下乾上	640
天火同人	82	巽下坤上	640
坤为地	332	巽下震上	640
地雷复	205	巽下巽上	640
地泽临	205	巽下坎上	641
地天泰	205	巽下离上	641
雷天大壮	643	巽下艮上	641
泽天夬	450	巽下兑上	641
水天需	159	坎下乾上	279
水地比	159	坎下坤上	279
兑为泽	308	坎下震上	279
泽水困	450	坎下巽上	279
泽山咸	450	坎下坎上	279
水山蹇	159	坎下离上	279
地山谦	205	坎下艮上	279
雷山小过	643	坎下兑上	279
雷泽归妹	643	离下乾上	544
乾下乾上	589	离下坤上	544
乾下坤上	589	离下震上	544
乾下震上	589	离下巽上	544
乾下巽上	589	离下坎上	544
乾下坎上	589	离下离上	544
乾下离上	589	离下艮上	544
乾下艮上	589	离下兑上	544
乾下兑上	589	艮下乾上	251
坤下乾上	334	艮下坤上	251
坤下坤上	334	艮下震上	251

723

艮下巽上	251	古文易学	171
艮下坎上	251	古文易经	171
艮下离上	251	费氏易	505
艮下艮上	250	费氏之学	505
艮下兑上	251	高氏易	545
兑下乾上	309	高氏之学	546
兑下坤上	309	韩氏易	617
兑下震上	309	郑氏易	449
兑下巽上	309	郑氏学	449
兑下坎上	309	荀氏易	459
兑下离上	309	荀氏学	459
兑下艮上	309	虞氏易	652
兑下兑上	309	虞氏学	652
		王易	87

二、易派易例

两派六宗	264	卦气图	338
今文易学	140	四正卦	180
易本田何	359	方伯卦	142
易本杨何	359	卦气	337
汉易	193	卦候	338
彖象解经意	514	六日七分	147
章句守师说	601	七十二候	8
阴阳候灾变	254	卦气起中孚	341
训故举大义	195	六十卦次序	148
宋易	306	六十杂卦	147
象数学	627	杂卦	231
义理学	49	公辟侯大夫卿名义	137
象数派	626	三公卦	18
义理派	50	公卦	137
施氏易	497	诸侯卦	572
施氏之学	497	侯卦	494
张彭之学	318	大夫卦	25
孟氏易	456	九卿卦	13
孟氏之学	457	卿卦	541
白孟翟之学	189	十二辟卦	7
梁丘易	603	辟卦	666
施孟梁丘之学	497	月卦	138
梁丘之学	603	候卦	541
士孙邓衡之学	23	天子卦	81
京氏易	444	十二消息卦	7
京氏之学	445	消息卦	567
		消卦	567

724

分类词目表

词目	页码	词目	页码
息卦	541	大夫爻	25
太阳	95	三公爻	18
太阴	95	诸侯爻	572
正月卦	161	天子爻	81
二月卦	4	宗庙爻	445
三月卦	18	互体	113
四月卦	180	互卦	114
五月卦	94	中爻	116
六月卦	146	一卦备四卦	3
七月卦	8	上互	45
八月卦	10	内互	123
九月卦	13	约象	262
十月卦	6	下互	44
十一月卦	6	外互	189
十二月卦	6	卦变	338
飞伏	62	爻变	135
世卦起月例	174	纳甲	322
世	173	易气从下生	371
世卦	174	爻辰	134
世爻	173	升降	124
世位	174	乾坤升降	591
世应	174	荀氏卦变	460
世月	174	亥下伏乾	238
八宫卦	10	虞氏卦变	653
八宫卦次序	12	虞氏互体	653
阳四宫	252	之正	50
阴四宫	253	之变	50
本宫卦	170	成既济定	204
一世卦	1	旁通	546
二世卦	4	反卦	140
三世卦	18	两象易	264
四世卦	181	乾坤变坎离	591
五世卦	94	爻位消息推卦所来	135
游魂	631	震巽特变	690
归魂	183	三变受上	20
游归	631	权象	207
四易	179	半象	193
六爻贵贱	147	上坎为云下坎为雨	47
京氏爻变	445	虞翻五世治孟易	655
八卦六位	11	日月为易	115
元士爻	67	九家逸象	14

分类词目表

词目	页码	词目	页码
易林逸象	361	叹卦三体	181
虞氏逸象	654	四德	179
卦时	338	一德之卦	2
卦主	337	二德之卦	4
主卦之主	192	三德之卦	20
成卦之主	204	四德之卦	181
承乘比应	455	无德之卦	77
承	455	左传国语易筮	169
乘	537	遇卦	624
比	109	本卦	170
应	305	之卦	50
当位不当位	207	贞悔	209
当位	207	筮法	657
不当位	100	占筮	181
失正	188	揲蓍	617
失位	188	画地记爻	325
得正	599	四营	179
得位	599	第一营	599
中	116	第二营	599
柔中	506	第三营	599
刚中	220	第四营	599
中正	117	三变成爻	19
王弼改定周易体制	93	十八变成卦	7
得意忘象	599	分而为二以象两	137
得象忘言	599	挂一以象三	476
存象忘意	207	揲之以四以象四时	617
易学象征说	373	归奇于扐以象闰	187
初上无定位	312	一挂二扐	2
免咎后吉	303	挂扐之数	476
防得无咎	255	过揲	203
由吉免咎	178	阴阳老少	254
遗爻举体	625	七八九六	8
名卦存时	237	老阳	199
阳贵阴贱	253	老阴	199
卦象蓍数	340	少阳	115
一阳主五阴	2	少阴	115
一阴主五阳	3	金钱代蓍	438
辅嗣易行无汉学	585	金钱卜	438
注系辞十家	451	京房钱卜	445
序卦六门往摄	305	单拆重交	447
实象假象	445	单	447

726

分类词目表

词目	页码	词目	页码
单爻	447	河图洛书	451
单钱	447	本义九图	170
拆	335	河图	451
拆爻	335	洛书	499
拆钱	335	戴九履一图	711
重	485	河洛	451
重爻	485	图书	342
重钱	485	伏羲八卦次序	233
交	237	先天八卦次序	226
交爻	237	伏羲八卦方位	233
交钱	237	先天八卦方位	226
三奇	17	乾南坤北图	591
三少	17	伏羲六十四卦次序	234
三偶	17	先天六十四卦次序	226
三多	17	六十四卦横图	148
两奇一偶	264	六横图	146
两少一多	264	伏羲六十四卦方位	234
两偶一奇	265	六十四卦方圆图	149
两多一少	264	先天六十四卦方位	226
筮仪	657	文王八卦次序	144
泰筮有常	528	后天八卦次序	225
动爻	204	文王八卦方位	143
变爻	448	后天八卦方位	225
一爻变	1	离南坎北图	545
一爻动	1	帝出乎震图	496
二爻变	4	朱熹卦变图	230
二爻动	4	太极图	96
三爻变	18	周子太极图	411
三爻动	18	三轮图	18
四爻变	180	水火匡廓图	159
四爻动	180	水火二用图	159
五爻变	94	三五至精图	20
五爻动	94	天地自然之图	84
六爻变	146	古太极图	171
六爻动	146	太极真图	98
静爻	667	先天太极图	226
六爻皆静	148	太极图说	97
乾坤占二用	591	无极而太极	78
易图	346	先天之学	225
伏羲四图	232	先天象数学	226
先天四图	225	后天之学	225

易有内象外象	377
内象	123
外象	189
本象	170
别象	291
易有意象以统三象	380
意象	665
言象	304
像象	678
数象	665
易为君子谋	371
体用一源显微无间	301
周易本义卦歌	424
八卦取象歌	12
分宫卦象次序	136
上下经卦名次序歌	46
上下经卦变歌	46
伏羲画八卦自然次序	235
即象名卦	321
卦体爻用	340
易象三样	367
读易贵时	560
读易当分三等	561
吉凶悔吝循环	198
阴阳只是一气消息	255
画奇象阳画偶象阴	325
元亨利贞譬诸谷	68
读卦爻如占筮所得	562
孔子赞易以义理为教	157
看易须看卦爻未画以前	495
易是假托说包含说	380
卦无定象爻无定位	341
贞下起元	209
易兼五义	367
五易	94
阳遇阴则通	253

三、经传要语
常用语

吉	198
凶	136
厉	175
咎	442
元	67
亨	304
利	296
贞	207
孚	292
悔	567
吝	304
眚	541
元吉	67
元亨	67
利贞	296
无咎	75
大人	23
中吉	117
有孚	200
终吉	457
征凶	440
贞吉	208
贞凶	208
贞厉	208
贞吝	209
悔亡	567
无不利	75
无攸利	75
利艰贞	297
利涉大川	297
利见大人	297
利有攸往	297
匪寇婚媾	529
不利有攸往	100

六十四卦经传
上 经
乾卦

乾	585
乾卦辞	588
元亨利贞	67
乾彖传	588

分类词目表

词目	页码	词目	页码
大哉乾元	33	文言	142
万物资始	44	乾文言	587
云行雨施品物流形	68	元者善之长	67
大明终始六位时成	43	亨者嘉之会	304
时乘六龙以御天	290	利者义之和	298
乾道变化各正性命	594	贞者事之干	209
保合太和乃利贞	493	体仁足以长人	301
首出庶物万国咸宁	496	嘉会足以合礼	668
乾大象传	589	利物足以和义	298
天行健	81	贞固足以干事	209
自强不息	227	龙德而隐者	176
乾初九	588	不易乎世	100
潜龙勿用	693	不成乎名	100
乾初九小象传	592	遁世无闷	681
潜龙勿用阳在下也	693	不见是而无闷	101
乾九二	586	乐则行之忧则违之	189
见龙在田	121	确乎其不可拔	618
乾九二小象传	592	龙德而正中者	177
见龙在田德施普也	122	庸言之信庸行之谨	601
乾九三	586	闲邪存其诚	310
君子终日乾乾	314	善世而不伐	630
夕惕若	49	德博而化	692
乾九三小象传	592	进德修业	274
终日乾乾反复道也	458	忠信所以进德	387
乾九四	587	修辞立其诚	541
或跃在渊	328	知至至之可与言几	441
乾九四小象传	592	知终终之可与存义	441
或跃在渊进无咎也	329	居上位而不骄	454
乾九五	587	在下位而不忧	203
飞龙在天	63	乾乾因其时而惕	593
乾九五小象传	592	上下无常非为邪	46
飞龙在天大人造也	63	进退无恒非离群	274
乾上九	587	进德修业欲及时	275
亢龙有悔	149	同声相应同气相求	214
乾上九小象传	592	云从龙风从虎	68
亢龙有悔盈不可久也	150	水流湿火就燥	160
乾用九	588	圣人作而万物睹	196
用九	189	本乎天者亲上本乎地者亲下	170
见群龙无首吉	122	贵而无位	481
乾用九小象传	592	高而无民	546
用九天德不可为首也	190	贤人在下位而无辅	386

729

潜龙勿用下也	693	**坤卦**	
见龙在田时舍也	122	坤	330
终日乾乾行事也	457	坤卦辞	332
或跃在渊自试也	328	利牝马之贞	297
飞龙在天上治也	63	先迷后得主	226
亢龙有悔穷之灾也	150	西南得朋东北丧朋	198
乾元用九天下治也	594	安贞吉	238
潜龙勿用阳气潜藏	693	坤彖传	333
见龙在田天下文明	122	至哉坤元	199
终日乾乾与时偕行	458	万物资生	44
或跃在渊乾道乃革	329	坤厚载物德合无疆	335
飞龙在天乃位乎天德	63	含弘光大品物咸亨	293
亢龙有悔与时偕极	150	牝马地类行地无疆	237
乾元用九乃见天则	593	柔顺利贞君子攸行	506
乾元者始而亨者也	594	先迷失道后顺得常	227
利贞者性情也	298	西南得朋乃与类行	198
以美利利天下	158	东北丧朋乃终有庆	175
不言所利	100	安贞之吉应地无疆	239
刚健中正纯粹精也	222	坤大象传	334
六爻发挥旁通情也	149	地势坤	205
时乘六龙以御天	290	厚德载物	471
云行雨施天下平也	68	坤初六	332
君子以成德为行	314	履霜坚冰至	697
日可见之行	115	坤初六小象传	335
隐而未见行而未成	610	履霜坚冰阴始凝也	698
学以聚之问以辩之	447	驯致其道至坚冰也	263
宽以居之仁以行之	551	坤六二	331
重刚而不中	485	直方大	325
上不在天下不在田	47	不习无不利	100
中不在人	117	坤六二小象传	334
或之者疑之也	328	六二之动直以方也	149
与天地合其德	45	不习无不利地道光也	103
与日月合其明	45	坤六三	331
与四时合其序	45	含章可贞	293
与鬼神合其吉凶	45	或从王事无成有终	329
先天而天弗违	226	坤六三小象传	334
后天而奉天时	225	含章可贞以时发也	293
知进而不知退	441	或从王事知光大也	329
知存而不知亡	441	坤六四	332
知得而不知丧	441	括囊无咎无誉	476
知进退存亡而不失其正	442		

坤六四小象传	335
括囊无咎慎不害也	476
坤六五	331
黄裳元吉	579
坤六五小象传	334
黄裳元吉文在中也	579
坤上六	331
龙战于野其血玄黄	177
坤上六小象传	334
龙战于野其道穷也	177
坤用六	332
用六	189
利永贞	296
坤用六小象传	335
用六永贞以大终也	190
坤文言	331
坤至柔而动也刚	335
至静而德方	199
后得主而有常	225
含万物而化光	293
承天而时行	455
积善之家必有余庆	540
积不善之家必有余殃	540
敬义立而德不孤	617
敬以直内义以方外	617
地道无成而代有终	206
天地闭贤人隐	84
黄中通理正位居体	579
阴疑于阳必战	254

屯卦

屯	104
屯卦辞	106
利建侯	297
屯彖传	107
刚柔始交而难生	221
动乎险中大亨贞	205
雷雨之动满盈	643
天造草昧	83
宜建侯而不宁	446
屯大象传	107

云雷屯	68
君子以经纶	313
屯初九	106
磐桓	692
利居贞	297
屯初九小象传	108
虽磐恒志行正也	480
以贵下贱大得民也	158
屯六二	105
屯如邅如	107
乘马班如匪寇婚媾	538
女子贞不字十年乃字	51
屯六二小象传	108
六二之难乘刚也	149
十年乃字反常也	7
屯六三	106
即鹿无虞	321
君子几不如舍	313
屯六三小象传	108
即鹿无虞以从禽也	321
君子舍之往吝穷也	315
屯六四	106
乘马班如求婚媾	538
屯六四小象传	108
求而往明也	274
屯九五	105
屯其膏	106
小贞吉大贞凶	59
屯九五小象传	108
屯其膏施未光也	109
屯上六	105
乘马班如泣血涟如	538
屯上六小象传	108
泣血涟如何可长也	454

蒙卦

蒙	644
蒙卦辞	646
初筮告再三渎	312
匪我求童蒙	529
童蒙求我	632

分类词目表

词目	页码
蒙彖传	646
山下有险险而止	48
以亨行时中	158
童蒙求我志应也	632
初筮告以刚中也	312
渎蒙	603
蒙以养正圣功也	648
蒙大象传	647
山下有泉	48
果行育德	387
蒙初六	646
发蒙	197
利用刑人用说桎梏	299
蒙初六小象传	648
利用刑人以正法也	299
蒙九二	645
包蒙	191
纳妇吉	324
子克家	64
蒙九二小象传	647
子克家刚柔接也	65
蒙六三	645
勿用取女	138
见金夫不有躬	122
蒙六三小象传	647
勿用取女行不顺也	139
蒙六四	646
困蒙	285
蒙六四小象传	648
困蒙之吝独远实也	290
蒙六五	645
童蒙吉	632
蒙六五小象传	648
童蒙之吉顺以巽也	632
蒙上九	644
击蒙	161
不利为寇利御寇	101
蒙上九小象传	647
利用御寇上下顺也	300

需卦

词目	页码
需	668
需卦辞	670
需彖传	670
险在前也刚健而不陷	513
位乎天位以正中也	303
利涉大川往有功也	300
需大象传	670
云上于天	68
君子以饮食宴乐	314
需初九	670
需于郊利用恒	672
需初九小象传	672
需于郊不犯难行也	672
利用恒无咎未失常也	300
需九二	668
需于沙小有言	672
小有言终吉	59
需九二小象传	671
需于沙衍在中也	672
虽小有言以终吉也	480
需九三	669
需于泥致寇至	672
需九三小象传	671
需于泥灾在外也	672
自我致寇敬慎不败也	228
需六四	669
需于血出自穴	671
需六四小象传	672
需于血顺以听也	672
需九五	669
需于酒食	671
需九五小象传	671
酒食贞吉以中正也	567
需上六	669
入于穴	15
有不速之客三人来	201
不速之客	100
需上六小象传	671
虽不当位未大失也	480

分类词目表

讼卦

讼	240
讼卦辞	242
有孚窒惕	200
讼彖传	242
上刚下险险而健	46
刚来而得中	220
终凶讼不可成也	458
利见大人尚中正也	299
不利涉大川入于渊也	103
讼大象传	243
天与水违行	83
作事谋始	301
讼初六	242
不永所事	100
讼初六小象传	244
不永所事讼不可长也	103
虽小有言其辩明也	480
讼九二	240
不克讼归而逋	101
其邑人三百户无眚	327
讼九二小象传	243
不克讼归逋窜也	101
自下讼上患至掇也	228
讼六三	241
食旧德	485
或从王事无成	328
讼六三小象传	244
食旧德从上吉也	485
讼九四	241
不克讼复即命渝	101
讼九四小象传	243
复即命渝安贞不失也	492
讼九五	241
讼元吉	242
讼九五小象传	243
讼元吉以中正也	244
讼上九	241
或锡之鞶带终朝三褫之	329
讼上九小象传	243

| 以讼受服亦不足敬也 | 159 |

师卦

师	215
师卦辞	218
丈人吉	23
师彖传	218
能以众正可以王矣	577
刚中而应行险而顺	221
师大象传	218
地中有水	205
容民畜众	551
师初六	217
师出以律	218
师初六小象传	219
师出以律失律凶也	220
师九二	216
在师中吉	203
王三锡命	91
师九二小象传	219
在师中吉承天宠也	203
王三锡命怀万邦也	92
师六三	216
师或舆尸	218
师六三小象传	219
师或舆尸大无功也	220
师六四	217
师左次	217
师六四小象传	219
左次无咎未失常也	169
师六五	216
田有禽利执言	178
长子帅师弟子舆尸	133
长子帅师以中行也	133
师六五小象传	219
弟子舆尸使不当也	310
师上六	216
大君有命开国承家	43
开国承家	69
师上六小象传	219
大君有命以正功也	43

733

小人勿用必乱邦也 ………… 62

比卦

比	109
比卦辞	111
原筮元永贞	529
不宁方来后夫凶	101
比彖传	111
不宁方来上下应也	102
后夫凶其道穷也	225
比大象传	112
地上有水	205
建万国亲诸侯	457
比初六	110
有孚比之	200
有孚盈缶终来有它	202
比初六小象传	113
比之初六有它吉也	113
比六二	110
比之自内	112
比六二小象传	113
比之自内不自失也	113
比六三	110
比之匪人	112
比六三小象传	113
比之匪人不亦伤乎	113
比六四	110
外比之	189
比六四小象传	113
外比于贤以从上也	189
比九五	109
显比	480
王用三驱失前禽	92
比九五小象传	112
显比之吉位正中也	480
舍逆取顺失前禽也	438
邑人不诫上使中也	291
比上六	110
比之无首	112
比上六小象传	113
比之无首无所终也	113

小畜卦

小畜	52
小畜卦辞	57
密云不雨自我西郊	601
小畜彖传	58
柔得位而上下应之	507
健而巽刚中而志行	539
密云不雨尚往也	601
自我西郊施未行也	228
小畜大象传	59
风行天上	140
君子以懿文德	314
小畜初九	57
复自道何其咎	492
小畜初九小象传	61
复自道其义吉也	492
小畜九二	56
牵复	470
小畜九二小象传	61
牵复在中亦不自失也	470
小畜九三	56
舆说辐夫妻反目	668
小畜九三小象传	61
夫妻反目不能正室也	81
小畜六四	57
有孚血去惕出	201
小畜六四小象传	61
有孚惕出上合志也	202
小畜九五	56
有孚挛如富以其邻	202
小畜九五小象传	61
有孚挛如不独富也	202
小畜上九	56
既雨既处尚德载	512
妇贞厉月几望	261
君子征凶	313
小畜上九小象传	61
既雨既处德积载也	512
君子征凶有所疑也	315

履卦

履	693
履卦辞	695
履虎尾不咥人	698
履彖传	696
柔履刚也说而应乎乾	507
刚中正履帝位而不疚	222
履大象传	696
上天下泽	46
辩上下定民志	705
履初九	695
素履	536
履初九小象传	697
素履之往独行愿也	536
履九二	694
履道坦坦幽人贞吉	698
履九二小象传	697
幽人贞吉中不自乱也	485
履六三	695
眇能视	481
跛能履	624
履虎尾咥人凶	698
武人为于大君	330
履六三小象传	697
眇能视不足以有明也	481
跛能履不足以与行也	624
咥人之凶位不当也	485
武人为于大君志刚也	330
履九四	694
履虎尾愬愬终吉	698
履九四小象传	697
愬愬终吉志行也	683
履九五	694
夬履贞厉	154
履九五小象传	697
夬履贞厉位正当也	155
履上九	695
视履考祥其旋元吉	450
履上九小象传	697
元吉在上大有庆也	68

泰卦

泰	524
泰卦辞	527
小往大来	56
泰彖传	527
天地交而万物通	84
上下交而其志同	46
内阳而外阴	123
内健而外顺	123
内君子而外小人	123
君子道长小人道消	315
泰大象传	527
天地交泰	83
财成天地之道	292
辅相天地之宜	585
泰九二	524
拔茅茹以其汇	336
泰初九小象传	529
泰初九	526
拔茅征吉志在外也	336
包荒	191
用冯河不遐遗	190
朋亡得尚于中行	439
泰九二小象传	528
包荒得尚于中行以光大也	191
泰九三	525
无平不陂无往不复	80
艰贞无咎	457
勿恤其孚于食有福	139
泰九三小象传	528
无往不复天地际也	80
泰六四	526
翩翩不富	693
以其邻不戒以孚	158
泰六四小象传	529
翩翩不富皆失实也	693
不戒以孚中心愿也	102
泰六五	526
帝乙归妹	495
泰六五小象传	528

以祉元吉中以行愿也	159
泰上六	525
城复于隍	478
勿用师自邑告命	139
泰上六小象传	528
城复于隍其命乱也	478

否卦

否	265
否卦辞	267
否之匪人	268
不利君子贞	100
大往小来	33
否彖传	268
天地不交而万物不通	86
上下不交而天下无邦	47
内阴而外阳	123
内柔而外刚	123
内小人而外君子	123
小人道长君子道消	62
否大象传	268
天地不交	82
俭德辟难	494
不可荣以禄	100
否初六	267
否初六小象传	269
拔茅贞吉志在君也	336
否六二	266
包承	191
小人吉大人否亨	59
否六二小象传	269
大人否亨不乱群也	42
否六三	267
包羞	191
否六三小象传	269
包羞位不当也	191
否九四	266
有命无咎畴离祉	201
否九四小象传	268
有命无咎志行也	201
否九五	265

休否	236
其亡其亡系于苞桑	326
否九五小象传	268
大人之吉位正当也	42
否上九	266
倾否	538
先否后喜	225
否上九小象传	268
否终则倾何可长也	269

同人卦

同人	210
同人卦辞	212
同人于野	211
同人彖传	212
柔得位得中而应乎乾	507
文明以健中正而应	145
唯君子为能通天下之志	598
同人大象传	212
天与火	81
类族辨物	497
同人初九	211
同人于门	211
同人初九小象传	213
出门同人又谁咎也	183
同人六二	211
同人于宗	211
同人六二小象传	213
同人于宗吝道也	213
同人九三	210
伏戎于莽升其高陵三岁不兴	235
同人九三小象传	213
伏戎于莽敌刚也	233
三岁不兴安行也	21
同人九四	211
乘其墉弗克攻	537
同人九四小象传	213
乘其墉义弗克也	538
其吉则困而反则也	326
同人九五	210
先号咷而后笑	226

大师克相遇	37	自天祐之吉无不利	228
同人九五小象传	213	大有上九小象传	41
同人之先以中直也	214	大有上吉自天祐也	43
大师相遇言相克也	43		
同人上九	211	**谦卦**	
同人于郊	211	谦	633
同人上九小象传	213	谦卦辞	635
同人于郊志未得也	214	君子有终	313
		谦彖传	635
大有卦		天道下济而光明	85
大有	24	地道卑而上行	206
大有卦辞	29	天道亏盈而益谦	85
大有象传	29	地道变盈而流谦	206
柔得尊位大中而上下应之	508	鬼神害盈而福谦	492
其德刚健而文明应乎天而时行	327	人道恶盈而好谦	13
大有大象传	37	谦尊而光卑而不可逾	637
火在天上	150	谦大象传	635
遏恶扬善顺天休命	625	地中有山	205
大有初九	29	裒多益寡称物平施	631
无交害	75	谦初六	635
艰则无咎	457	谦谦君子	636
大有初九小象传	41	谦初六小象传	637
大有初九无交害也	43	谦谦君子卑以自牧也	637
大有九二	28	谦六二	634
大车以载	25	鸣谦	387
大有九二小象传	40	谦六二小象传	636
大车以载积中不败也	44	鸣谦贞吉中心得也	387
大有九三	28	谦九三	633
公用亨于天子	137	劳谦	275
大有九三小象传	40	谦九三小象传	636
公用亨于天子小人害也	138	劳谦君子万民服也	275
大有九四	28	谦六四	634
匪其彭	529	扐谦	281
大有九四小象传	40	谦六四小象传	636
匪其彭无咎明辩晢也	529	无不利撝谦不违则也	80
大有六五	29	谦六五	634
厥孚交如威如	615	不富以其邻利用侵伐	103
大有六五小象传	40	谦六五小象传	636
厥孚交如信以发志也	615	利用侵伐征不服也	299
威如之吉易而无备也	471	谦上六	634
大有上九	28	利用行师征邑国	298

737

谦上六小象传	636	豫上六	706
鸣谦志未得也	387	冥豫	572
可用行师征邑国也	173	有渝无咎	200
		豫上六小象传	709
豫卦		冥豫在上何可长也	572
豫	706	**随卦**	
豫卦辞	708	随	610
利建侯行师	298	随卦辞	612
豫彖传	708	随彖传	613
刚应而志行顺以动	221	刚来而下柔动而说	221
顺以动故天地如之	493	天下随时	82
天地以顺动故日月不过而四时不忒	86	随时之义大矣哉	614
圣人以顺动则刑罚清而民服	196	随大象传	613
豫之时义大矣哉	709	泽中有雷	451
豫大象传	708	向晦入宴息	225
雷出地奋	643	随初九	612
作乐崇德	301	官有渝	446
殷荐之上帝以配祖考	540	出门交有功	182
豫初六	707	随初九小象传	614
鸣豫	387	官有渝从正吉也	446
豫初六小象传	709	出门交有功不失也	183
初六鸣豫志穷凶也	312	随六二	611
豫六二	707	系小子失丈夫	295
介于石不终日	136	随六二小象传	614
豫六二小象传	709	系小子弗兼与也	295
不终日贞吉以中正也	103	随六三	612
豫六三	707	系丈夫失小子	295
盱豫悔	387	随有求得	613
豫六三小象传	709	随六三小象传	614
盱豫有悔位不当也	387	系丈夫志舍下也	295
豫九四	706	随九四	611
由豫大有得	178	随有获	612
朋盍簪	439	有孚在道以明	201
豫九四小象传	709	随九四小象传	613
由豫大有得志大行也	178	随有获其义凶也	614
豫六五	707	有孚在道明功也	201
贞疾恒不死	209	随九五	610
豫六五小象传	709	孚于嘉	292
六五贞疾乘刚也	149	随九五小象传	613
恒不死中未亡也	504	孚于嘉吉位正中也	293

随上六	611
拘系之乃从维之	336
王用亨于西山	92
随上六小象传	614
拘系之上穷也	336

蛊卦

蛊	594
蛊卦辞	596
先甲三日后甲三日	226
蛊彖传	596
刚上而柔下巽而止蛊	222
元亨而天下治	68
利涉大川往有事也	300
终则有始天行也	458
蛊大象传	597
山下有风	48
振民育德	535
蛊初六	595
干父之蛊有子考无咎	23
蛊初六小象传	598
干父之蛊意承考也	23
蛊九二	594
干母之蛊不可贞	22
蛊九二小象传	597
干母之蛊得中道也	22
蛊九三	595
干父之蛊小有悔无大咎	23
蛊九三小象传	597
干父之蛊终无咎也	22
蛊六四	595
裕父之蛊往见吝	631
蛊六四小象传	597
裕父之蛊往未得也	632
蛊六五	595
干父之蛊用誉	22
蛊六五小象传	597
干父用誉承以德也	23
蛊上九	595
不事王侯高尚其事	103
蛊上九小象传	597

不事王侯志可则也	102

临卦

临	481
临卦辞	483
至于八月有凶	199
临彖传	483
刚浸而长说而顺刚中而应	223
大亨以正天之道也	43
至于八月有凶消不久也	200
临大象传	483
泽上有地	451
教思无穷	585
容保民无疆	551
临初九	482
咸临	471
临初九小象传	484
咸临贞吉志行正也	475
临九二	482
临九二小象传	484
咸临吉无不利未顺命也	476
临六三	482
甘临	173
既忧之无咎	511
临六三小象传	484
甘临位不当也	173
既忧之咎不长也	511
临六四	482
至临	199
临六四小象传	484
至临无咎位当也	199
临六五	482
知临	441
大君之宜	32
临六五小象传	484
大君之宜行中之谓也	44
临上六	482
敦临	633
临上六小象传	484
敦临之吉志在内也	633

观卦

观	255
观卦辞	257
盥而不荐	710
有孚颙若	200
观彖传	258
大观在上	32
顺而巽中正以观天下	493
下观而化	45
观天之神道而四时不忒	261
圣人以神道设教	196
观大象传	258
风行地上	140
省方观民设教	485
观初六	257
童观	632
观初六小象传	260
初六童观小人道也	312
观六二	256
闚观	718
利女贞	296
观六二小象传	259
闚观女贞亦可丑也	718
观六三	256
观我生进退	259
观六三小象传	259
观我生进退未失道也	261
观六四	257
观国之光	258
利用宾于王	297
观六四小象传	260
观国之光尚宾也	260
观九五	256
观我生君子无咎	260
观九五小象传	259
观我生观民也	260
观上九	256
观其生君子无咎	260
观上九小象传	259
观其生志未平也	260

噬嗑卦

噬嗑	700
噬嗑卦辞	702
利用狱	297
噬嗑彖传	702
颐中有物曰噬嗑	652
刚柔分动而明雷电合而章	223
噬嗑大象传	702
雷电噬嗑	643
明罚勑法	384
噬嗑初九	701
屦校灭趾	698
噬嗑初九小象传	704
屦校灭趾不行也	698
噬嗑六二	701
噬肤灭鼻	700
噬嗑六二小象传	703
噬肤灭鼻乘刚也	703
噬嗑六三	701
噬腊肉遇毒	702
噬嗑六三小象传	704
遇毒位不当也	624
噬嗑九四	700
噬干胏得金矢	703
噬嗑九四小象传	703
利艰贞吉未光也	299
噬嗑六五	701
噬干肉得黄金	703
噬嗑六五小象传	704
贞厉无咎得当也	209
噬嗑上九	700
何校灭耳	303
噬嗑上九小象传	704
何校灭耳聪不明也	303

贲卦

贲	465
贲卦辞	468
贲彖传	468
柔来而文刚	506

分刚上而文柔	136
文明以止人文也	145
观乎天文以察时变	260
观乎人文以化成天下	260
贲大象传	468
山下有火	48
明庶政无敢折狱	386
贲初九	467
贲其趾舍车而徒	470
贲初九小象传	469
舍车而徒义弗乘也	438
贲六二	466
贲其须	467
贲六二小象传	469
贲其须与上兴也	469
贲九三	466
贲如濡如	469
贲九三小象传	469
永贞之吉终莫之陵也	192
贲六四	467
贲如皤如白马翰如	470
贲六四小象传	469
六四当位疑也	148
匪寇婚媾终无尤也	529
贲六五	466
贲于丘园束帛戋戋	470
贲六五小象传	469
六五之吉有喜也	149
贲上九	466
白贲无咎	189
贲上九小象传	469
白贲无咎上得志也	189

剥卦

剥	573
剥卦辞	575
剥彖传	575
柔变刚	506
不利有攸往小人长也	103
顺而止之观象也	492
君子尚消息盈虚	314

剥大象传	575
山附于地	48
厚下安宅	470
剥初六	574
剥床以足	575
剥初六小象传	576
剥床以足以灭下也	577
剥六二	573
剥床以辨	575
剥六二小象传	576
剥床以辨未有与也	577
剥六三	574
剥无咎	574
剥六三小象传	576
剥之无咎失上下也	576
剥六四	574
剥床以肤	575
剥六四小象传	576
剥床以肤切近灾也	577
剥六五	574
贯鱼以宫人宠	455
剥六五小象传	576
以宫人宠终无尤也	158
剥上九	573
硕果不食	585
君子得舆小人剥庐	315
剥上九小象传	576
君子得舆民所载也	315
小人剥庐终不可用也	62

复卦

复	487
复卦辞	489
出入无疾朋来无咎	183
反复其道七日来复	140
复彖传	490
刚反	220
动而以顺行	204
反复其道七日来复天行也	140
利有攸往刚长也	299
复其见天地之心乎	492

741

复大象传	490
雷在地中	643
至日闭关	199
商旅不行后不省方	600
复初九	489
不远复	100
复初九小象传	492
不远之复以修身也	102
复六二	488
休复	236
复六二小象传	491
休复之吉以下仁也	236
复六三	488
频复	656
复六三小象传	491
频复之厉义无咎也	657
复六四	489
中行独复	117
复六四小象传	492
中行独复以从道也	121
复六五	489
敦复	633
复六五小象传	491
敦复无悔中以自考也	633
复上六	488
迷复	497
复上六小象传	491
迷复之凶反君道也	497

无妄卦

无妄	74
无妄卦辞	76
其匪正有眚	326
无妄象传	77
大亨以正天之命也	43
无妄之往何之矣	79
天命不祐行矣哉	85
无妄大象传	77
天下雷行物与无妄	85
先王以茂对时育万物	227
无妄初九	76

无妄往吉	76
无妄初九小象传	79
无妄之往得志也	79
无妄六二	76
不耕获不菑畲	101
无妄六二小象传	79
不耕获未富也	101
无妄六三	76
无妄之灾	75
或系之牛行人之得邑人之灾	329
无妄六三小象传	79
行人得牛邑人灾也	237
无妄九四	75
可贞无咎	173
无妄九四小象传	79
可贞无咎固有之也	173
无妄九五	75
无妄之疾勿药有喜	80
无妄九五小象传	79
无妄之药不可试也	80
无妄上九	76
无妄行有眚	78
无妄上九小象传	79
无妄之行穷之灾也	80

大畜卦

大畜	25
大畜卦辞	36
不家食吉	100
大畜象传	36
刚健笃实辉光日新其德	223
刚上而尚贤能止健	221
不家食吉养贤也	102
利涉大川应乎天也	300
大畜大象传	38
天在山中	82
多识前言往行	230
大畜初九	36
有厉利已	200
大畜初九小象传	42
有厉利已不犯灾也	201

大畜九二	34	颐六二小象传	651
舆说輹	668	六二征凶行失类也	149
大畜九二小象传	42	颐六三	649
舆说輹中无尤也	668	拂颐	335
大畜九三	35	颐六三小象传	651
良马逐利艰贞	304	十年勿用道大悖也	7
曰闲舆卫利有攸往	115	颐六四	650
大畜九三小象传	42	颠颐吉	699
利有攸往上合志也	300	虎视眈眈其欲逐逐	387
大畜六四	36	颐六四小象传	651
童牛之牿	632	颠颐之吉上施光也	699
大畜六四小象传	42	颐六五	649
六四元吉有喜也	149	拂经居贞吉	335
大畜六五	35	颐六五小象传	651
豮豕之牙	700	居贞之吉顺以从上也	454
大畜六五小象传	42	颐上九	648
六五之吉有庆也	149	由颐	178
大畜上九	35	颐上九小象传	651
何天之衢	303	由颐厉吉大有庆也	178
大畜上九小象传	42		
何天之衢道大行也	303	**大过卦**	
颐卦		大过	23
颐	648	大过卦辞	27
颐卦辞	650	栋桡利有攸往	480
观颐自求口实	260	大过彖传	27
颐彖传	650	栋桡本末弱也	479
养正则吉	496	刚过而中巽而说行	221
观颐观其所养也	260	大过之时大矣哉	40
自求口实观其自养也	228	大过大象传	37
圣人养贤以及万民	196	泽灭木	451
颐之时大矣哉	651	独立不惧遯世无闷	493
颐大象传	651	大过初六	27
山下有雷	48	藉用白茅	711
慎言语节饮食	665	大过初六小象传	40
颐初九	650	藉用白茅柔在下也	711
舍尔灵龟观我朵颐	438	大过九二	25
颐初九小象传	652	枯杨生稊老夫得其女妻	479
观我朵颐亦不足贵也	261	大过九二小象传	39
颐六二	649	老夫女妻过以相与也	199
颠颐拂经于丘颐	699	大过九三	26
		栋桡凶	479

大过九三小象传	39	坎六三	277
栋桡之凶不可以有辅也	480	来之坎坎	273
大过九四	26	险且枕入于坎窞	513
栋隆吉	479	坎六三小象传	280
大过九四小象传	39	来之坎坎终无用也	274
栋隆之吉不桡乎下也	480	坎六四	278
大过九五	26	樽酒簋贰用缶	699
枯杨生华老妇得其士夫	479	纳约自牖	324
大过九五小象传	39	坎六四小象传	280
枯杨生华何可久也	479	樽酒簋贰刚柔际也	699
老妇士夫亦可丑也	199	坎九五	277
大过上六	26	坎不盈祗既平	280
过涉灭顶	203	坎九五小象传	280
大过上六小象传	40	坎不盈中未大也	280
过涉之凶不可咎也	203	坎上六	277
		系用徽纆寘于丛棘	296
坎卦		坎上六小象传	280
坎	276	上六失道凶三岁也	47
坎卦辞	278	**离卦**	
习坎	50	离	541
坎彖传	278	离卦辞	544
习坎重险也	51	畜牝牛吉	546
水流而不盈	160	离彖传	544
行险而不失其信	237	重明以丽乎正乃化成天下	486
维心亨乃以刚中也	610	柔丽乎中正	506
行有尚往有功也	236	离大象传	544
天险不可升也	84	明两作	381
地险山川丘陵	206	继明照于四方	577
王公设险以守其国	92	离初九	543
险之时用大矣哉	512	履错然敬之无咎	698
坎大象传	279	离初九小象传	545
水洊至	159	履错之敬以辟咎也	698
常德行习教事	598	离六二	543
坎初六	278	黄离元吉	579
习坎入于坎窞	51	离六二小象传	545
坎初六小象传	280	黄离元吉得中道也	579
习坎入坎失道凶也	51	离九三	542
坎九二	276	日昃之离	115
坎有险求小得	280	不鼓缶而歌则大耋之嗟	104
坎九二小象传	279	离九三小象传	545
求小得未出中也	274		

日昃之离何可久也 …… 116	咸其股亦不处也 …… 475
离九四 …… 542	志在随人所执下也 …… 273
突如其来如 …… 496	咸九四 …… 472
焚如死如弃如 …… 615	憧憧往来朋从尔思 …… 692
离九四小象传 …… 545	咸九四小象传 …… 475
突如其来如无所容也 …… 496	贞吉悔亡未感害也 …… 210
离六五 …… 543	憧憧往来未光大也 …… 692
出涕沱若戚嗟若 …… 182	咸九五 …… 472
离六五小象传 …… 545	咸其脢 …… 473
六五之吉离王公也 …… 149	咸九五小象传 …… 475
离上九 …… 543	咸其脢志末也 …… 475
王用出征有嘉折首 …… 92	咸上六 …… 472
获匪其丑无咎 …… 536	咸其辅颊舌 …… 474
离上九小象传 …… 545	咸上六小象传 …… 475
王用出征以正邦也 …… 92	咸其辅颊舌滕口说也 …… 475

下　经
咸卦

咸 …… 471	

恒卦

咸卦辞 …… 473	恒 …… 500
取女吉 …… 342	恒卦辞 …… 502
咸彖传 …… 474	恒彖传 …… 502
二气感应以相与 …… 5	刚上而柔下雷风相与 …… 222
止而说男下女 …… 114	巽而动刚柔皆应 …… 642
天地感而万物化生 …… 86	天地之道恒久而不已 …… 86
圣人感人心而天下和平 …… 196	利有攸往终则有始也 …… 301
咸大象传 …… 474	日月得天而能久照 …… 116
山上有泽 …… 48	四时变化而能久成 …… 181
以虚受人 …… 158	圣人久于其道而天下化成 …… 196
咸初六 …… 473	恒大象传 …… 503
咸其拇 …… 473	雷风恒 …… 643
咸初六小象传 …… 475	立不易方 …… 192
咸其拇志在外也 …… 475	恒初六 …… 502
咸六二 …… 473	浚恒 …… 567
咸其腓 …… 473	恒初六小象传 …… 504
咸六二小象传 …… 475	浚恒之凶始求深也 …… 567
虽凶居吉顺不害也 …… 481	恒九二 …… 501
咸九三 …… 471	恒九二小象传 …… 503
咸其股执其随 …… 475	九二悔亡能久中也 …… 15
咸九三小象传 …… 474	恒九三 …… 501
	不恒其德或承之羞 …… 102
	恒九三小象传 …… 504
	不恒其德无所容也 …… 102

恒九四	501	好遯	261
田无禽	177	遯九四小象传	681
恒九四小象传	504	君子好遯小人否也	315
久非其位安得禽也	49	遯九五	679
恒六五	501	嘉遯	668
恒其德贞	503	遯九五小象传	681
妇人吉夫子凶	261	嘉遯贞吉以正志也	668
恒六五小象传	504	遯上九	679
妇人贞吉从一而终也	261	肥遯	439
夫子制义从妇凶也	81	遯上九小象传	681
恒上六	501	肥遯无不利无所疑也	439
振恒	535		
恒上六小象传	504		
振恒在上大无功也	535		

遯卦

大壮卦

遯	678	大壮	24
遯卦辞	680	大壮卦辞	31
小利贞	52	大壮彖传	31
遯彖传	680	大壮大者壮也	38
刚当位而应与时行也	223	刚以动故壮	220
小利贞浸而长也	60	大壮利贞大者正也	42
遯之时义大矣哉	682	正大而天地之情可见	161
遯大象传	680	大壮大象传	38
天下有山	82	雷在天上	643
远小人不恶而严	270	非礼弗履	442
遯初六	680	大壮初九	31
遯尾	678	壮于趾	246
遯初六小象传	681	大壮初九小象传	41
遯尾之厉不往何灾也	682	壮于趾其孚穷也	246
遯六二	679	大壮九二	30
执之用黄牛之革	207	大壮九二小象传	41
遯六二小象传	681	九二贞吉以中也	15
执用黄牛固志也	207	大壮九三	30
遯九三	678	小人用壮君子用罔	62
系遯	294	羝羊触藩羸其角	609
畜臣妾吉	546	大壮九三小象传	41
遯九三小象传	681	小人用壮君子罔也	62
系遯之厉有疾惫也	296	大壮九四	30
畜臣妾吉不可大事也	546	藩决不羸壮于大舆之輹	717
遯九四	679	大壮九四小象传	41
		藩决不羸尚往也	717
		大壮六五	31
		丧羊于易	326

746

大壮六五小象传	41	晋上九小象传	523
丧羊于易位不当也	326	维用伐邑道未光也	610
大壮上六	31		

明夷卦

羝羊触藩不能退不能遂	609	明夷	381
大壮上六小象传	41	明夷卦辞	384
不能退不能遂不详也	103	明夷彖传	384
艰则吉咎不长也	457	明入地中	381

晋卦

		内文明而外柔顺以蒙大难	123
晋	520	利艰贞晦其明也	299
晋卦辞	522	明夷大象传	384
康侯用锡马蕃庶	601	用晦而明	190
晋彖传	522	明夷初九	383
明出地上	382	明夷于飞垂其翼	385
顺而丽乎大明柔进而上行	493	君子于行三日不食	314
晋大象传	523	明夷初九小象传	385
自昭明德	227	君子于行义不食也	314
晋初六	521	明夷六二	382
晋如摧如	523	夷于左股用拯马壮	207
罔孚裕无咎	342	明夷六二小象传	385
晋初六小象传	524	六二之吉顺以则也	149
晋如摧如独行正也	524	明夷九三	382
裕无咎未受命也	631	明夷于南狩得其大首	386
晋六二	521	明夷九三小象传	385
晋如愁如	523	南狩之志乃大得也	465
受兹介福于其王母	437	明夷六四	383
晋六二小象传	523	入于左腹获明夷之心于出门庭	16
受兹介福以中正也	437	明夷六四小象传	385
晋六三	521	入于左腹获心意也	15
众允悔亡	224	明夷六五	383
晋六三小象传	523	箕子之明夷	678
众允之志上行也	224	明夷六五小象传	385
晋九四	520	箕子之贞明不可息也	678
晋如鼫鼠	523	明夷上六	382
晋九四小象传	523	不明晦	100
鼫鼠贞厉位不当也	717	初登于天后入于地	312
晋六五	521	明夷上六小象传	385
晋六五小象传	523	初登于天照四国也	312
失得勿恤往有庆也	188	后入于地失则也	225
晋上九	520		
晋其角	522		

家人卦

家人	547
家人卦辞	549
利女贞	296
家人彖传	549
女正位乎内男正位乎外	51
男女正天地之大义	292
正家而天下定	161
家人大象传	549
风自火出	140
言有物而行有恒	304
家人初九	548
闲有家	310
家人初九小象传	550
闲有家志未变也	310
家人六二	548
无攸遂在中馈	78
家人六二小象传	550
六二之吉顺以巽也	149
家人九三	547
家人嗃嗃悔厉吉	550
妇子嘻嘻终吝	261
家人九三小象传	550
家人嗃嗃未失也	550
妇子嘻嘻失家节也	261
家人六四	548
富家大吉	631
家人六四小象传	550
富家大吉顺在位也	631
家人九五	547
王假有家	91
家人九五小象传	550
王假有家交相爱也	93
家人上九	548
家人上九小象传	550
威如之吉反身之谓也	471

睽卦

睽	672
睽卦辞	675
小事吉	52
睽彖传	675
火动而上泽动而下	151
二女同居其志不同行	5
说而丽乎明	499
柔进而上行得中而应乎刚	507
天地睽而其事同	85
男女睽而其志通	291
万物睽而其事类	44
睽之时用大矣哉	677
睽大象传	676
上火下泽	46
君子以同而异	314
睽初九	675
丧马勿逐自复	326
见恶人无咎	121
睽初九小象传	677
见恶人以辟咎也	122
睽九二	673
遇主于巷	624
睽九二小象传	676
遇主于巷未失道也	625
睽六三	674
见舆曳其牛掣	122
其人天且劓	326
无初有终	75
睽六三小象传	676
见舆曳位不当也	122
无初有终遇刚也	79
睽九四	673
睽孤	673
遇元夫交孚	624
睽九四小象传	676
交孚无咎志行也	237
睽六五	674
厥宗噬肤	615
睽六五小象传	677
厥宗噬肤往有庆也	615
睽上九	673
见豕负涂载鬼一车	122
往遇雨则吉	440

睽上九小象传	676	利见大人以从贵也	299
遇雨之吉群疑亡也	625		

蹇卦

解卦

蹇	712	解	660
蹇卦辞	713	解卦辞	662
利西南不利东北	299	利西南	297
蹇彖传	714	无所往其来复吉	79
见险而能止知矣哉	123	有攸往夙吉	200
利西南往得中也	299	解彖传	663
不利东北其道穷也	102	险以动动而免乎险	513
利见大人往有功也	299	利西南往得众也	299
当位贞吉以正邦也	207	其来复吉乃得中也	327
蹇之时用大矣哉	715	有攸往夙吉往有功也	202
蹇大象传	714	天地解而雷雨作	85
山上有水	48	解之时大矣哉	664
反身修德	140	解大象传	663
蹇初六	713	雷雨作解	643
往蹇来誉	440	赦过宥罪	584
蹇初六小象传	715	解初六	662
往蹇来誉宜待也	440	解初六小象传	664
蹇六二	713	刚柔之际义无咎也	222
王臣蹇蹇匪躬之故	92	解九二	661
蹇六二小象传	715	田获三狐得黄矢	178
王臣蹇蹇终无尤也	92	解九二小象传	664
蹇九三	712	九二贞吉得中道也	15
往蹇来反	439	解六三	662
蹇九三小象传	715	负且乘致寇至	230
往蹇来反内喜之也	440	解六三小象传	664
蹇六四	713	负且乘亦可丑也	231
往蹇来连	440	自我致戎又谁咎也	228
蹇六四小象传	715	解九四	661
往蹇来连位当实也	440	解而拇朋至斯孚	664
蹇九五	712	解九四小象传	664
大蹇朋来	37	解而拇未当位也	664
蹇九五小象传	715	解六五	662
大蹇朋来以中节也	44	君子维有解	313
蹇上六	713	解六五小象传	664
往蹇来硕	440	君子有解小人退也	314
蹇上六小象传	715	解上六	661
往蹇来硕志在内也	440	公用射隼于高墉之上	138
		解上六小象传	664

749

公用射隼以解悖也 ……………… 137

损卦

损 ……………………………	530
损卦辞 …………………………	532
二簋可用享 ……………………	5
损彖传 …………………………	533
损下益上其道上行 ……………	535
二簋应有时 ……………………	4
损刚益柔有时 …………………	534
损益盈虚与时偕行 ……………	535
损大象传 ………………………	533
山下有泽 ………………………	48
惩忿窒欲 ………………………	628
损初九 …………………………	532
已事遄往 ………………………	50
酌损之 …………………………	530
损初九小象传 …………………	534
已事遄往尚合志也 ……………	50
损九二 …………………………	531
弗损益之 ………………………	196
损九二小象传 …………………	534
九二利贞中以为志也 …………	15
损六三 …………………………	531
三人行则损一人 ………………	21
一人行则得其友 ………………	3
损六三小象传 …………………	534
一人行三则疑也 ………………	3
损六四 …………………………	532
损其疾使遄有喜 ………………	535
损六四小象传 …………………	534
损其疾亦可喜也 ………………	535
损六五 …………………………	532
或益之十朋之龟 ………………	328
损六五小象传 …………………	534
六五元吉自上祐也 ……………	149
损上九 …………………………	531
得臣无家 ………………………	599
损上九小象传 …………………	534
弗损益之大得志也 ……………	197

益卦

益 ……………………………	551
益卦辞 …………………………	553
益彖传 …………………………	554
损上益下民说无疆 ……………	535
自上下下其道大光 ……………	227
利有攸往中正有庆 ……………	300
利涉大川木道乃行 ……………	300
益动而巽日进无疆 ……………	556
天施地生其益无方 ……………	86
凡益之道与时偕行 ……………	49
益大象传 ………………………	554
风雷益 …………………………	139
见善则迁有过则改 ……………	123
益初九 …………………………	553
利用为大作 ……………………	297
益初九小象传 …………………	555
元吉无咎不厚事也 ……………	68
益六二 …………………………	552
王用享于帝 ……………………	91
益六二小象传 …………………	555
或益之外来也 …………………	328
益六三 …………………………	552
益之用凶事 ……………………	555
有孚中行告公用圭 ……………	202
益六三小象传 …………………	555
益用凶事固有之也 ……………	556
益六四 …………………………	553
中行告公从 ……………………	120
利用为依迁国 …………………	298
益六四小象传 …………………	555
告公从以益志也 ………………	293
益九五 …………………………	551
有孚惠心勿问元吉 ……………	202
有孚惠我德 ……………………	200
益九五小象传 …………………	555
有孚惠心勿问之矣 ……………	202
惠我德大得志也 ………………	615
益上九 …………………………	552
莫益之或击之 …………………	524

750

立心勿恒	192	苋陆夬夬中行无咎	275
益上九小象传	555	夬九五小象传	155
莫益之偏辞也	524	中行无咎中未光也	121
或击之自外来也	329	夬上六	153
		无号终有凶	77
夬卦		夬上六小象传	155
夬	151	无号之凶终不可长也	80
夬卦辞	153	**姤卦**	
扬于王庭孚号有厉	206	姤	515
告自邑不利即戎	293	姤卦辞	517
夬彖传	154	女壮勿用取女	51
刚决柔	220	姤彖传	517
健而说决而和	538	柔遇刚	506
扬于王庭柔乘五刚也	207	勿用取女不可与长也	139
孚号有厉其危乃光也	293	天地相遇品物咸章	85
告自邑不利即戎所尚乃穷也	294	刚遇中正天下大行	222
利有攸往刚长乃终也	301	姤之时义大矣哉	519
夬大象传	154	姤大象传	518
泽上于天	451	天下有风	82
施禄及下居德则忌	498	施命诰四方	497
夬初九	153	姤初六	516
壮于前趾往不胜为咎	246	系于金柅	295
夬初九小象传	155	羸豕孚蹢躅	718
不胜而往咎也	101	姤初六小象传	518
夬九二	151	系于金柅柔道牵也	295
惕号莫夜有戎勿恤	602	姤九二	515
夬九二小象传	154	包有鱼	191
有戎勿恤得中道也	201	姤九二小象传	518
夬九三	151	包有鱼义不及宾也	191
壮于頄有凶	246	姤九三	515
君子夬夬独行	313	姤九三小象传	518
遇雨若濡有愠无咎	625	其行次且行未牵也	327
夬九三小象传	155	姤九四	516
君子夬夬终无咎也	314	包无鱼起凶	191
夬九四	152	姤九四小象传	518
臀无肤其行次且	716	无鱼之凶远民也	79
牵羊悔亡闻言不信	470	姤九五	516
夬九四小象传	155	以杞包瓜	158
其行次且位不当也	327	含章有陨自天	293
闻言不信聪不明也	496	姤九五小象传	518
夬九五	152		

九五含章中正也 …	15
有陨自天志不舍命也	203
姤上九 …	516
姤其角 …	516
姤上九小象传 …	518
姤其角上穷吝也 …	519

萃卦

萃 …	579
萃卦辞 …	582
王假有庙 …	91
用大牲吉 …	189
萃彖传 …	582
顺以说刚中而应 …	492
王假有庙致孝享也 …	93
利见大人亨聚以正也 …	300
用大牲吉利有攸往顺天命也 …	190
萃大象传 …	583
泽上于地 …	451
除戎器戒不虞 …	514
萃初六 …	581
有孚不终乃乱乃萃 …	202
一握为笑 …	2
萃初六小象传 …	584
乃乱乃萃其志乱也 …	16
萃六二 …	581
引吉无咎 …	155
孚乃利用禴 …	292
萃六二小象传 …	584
引吉无咎中未变也 …	156
萃六三 …	581
萃如嗟如 …	583
萃六三小象传 …	584
往无咎上巽也 …	440
萃九四 …	580
萃九四小象传 …	583
大吉无咎位不当也 …	43
萃九五 …	580
萃有位 …	581
萃九五小象传 …	583
萃有位志未光也 …	584

萃上六 …	580
赍咨涕洟 …	719
萃上六小象传 …	584
赍咨涕洟未安上也 …	719

升卦

升 …	124
升卦辞 …	126
南征吉 …	465
升彖传 …	126
柔以时升 …	506
巽而顺刚中而应 …	642
用见大人勿恤有庆也 …	190
南征吉志行也 …	465
升大象传 …	127
地中生木 …	205
君子以顺德积小以高大 …	315
升初六 …	126
允升大吉 …	159
升初六小象传 …	128
允升大吉上合志也 …	159
升九二 …	124
升九二小象传 …	127
九二之孚有喜也 …	15
升九三 …	125
升虚邑 …	127
升九三小象传 …	127
升虚邑无所疑也 …	128
升六四 …	125
王用亨于岐山 …	92
升六四小象传 …	127
王用亨于岐山顺事也 …	93
升六五 …	125
升阶 …	124
升六五小象传 …	127
贞吉升阶大得志也 …	210
升上六 …	125
冥升 …	572
利于不息之贞 …	298
升上六小象传 …	127
冥升在上消不富也 …	572

困卦

困	284
困卦辞	287
有言不信	200
困象传	287
刚掩	220
险以说困而不失其所亨	513
贞大人吉以刚中也	209
有言不信尚口乃穷也	203
困大象传	288
泽无水	450
致命遂志	530
困初六	287
臀困于株木	716
入于幽谷三岁不觌	15
困初六小象传	289
入于幽谷幽不明也	15
困九二	285
困于酒食朱绂方来	289
困九二小象传	288
困于酒食中有庆也	289
困六三	286
困于石据于蒺藜	289
入于其宫不见其妻	15
困六三小象传	289
据于蒺藜乘刚也	585
入于其宫不见其妻不祥也	16
困九四	285
来徐徐困于金车	274
困九四小象传	289
来徐徐志在下也	274
虽不当位有与也	480
困九五	285
劓刖困于赤绂	705
乃徐有说利用祭祀	16
困九五小象传	288
劓刖志未得也	705
乃徐有说以中直也	16
利用祭祀受福也	298
困上六	286
困于葛藟于臲卼	289
曰动悔有悔征吉	115
困上六小象传	289
困于葛藟未当也	289
动悔有悔吉行也	205

井卦

井	69
井卦辞	71
改邑不改井	318
无丧无得往来井井	80
汔至亦未繘井羸其瓶凶	239
井象传	71
巽乎水而上水	642
井养而不穷	73
改邑不改井乃以刚中也	319
汔至亦未繘井未有功也	239
羸其瓶是以凶也	718
井大象传	72
木上有水	114
劳民劝相	275
井初六	70
井泥不食	73
旧井无禽	182
井初六小象传	74
井泥不食下也	74
旧井无禽时舍也	182
井九二	69
井谷射鲋	72
瓮敝漏	442
井九二小象传	73
井谷射鲋无与也	74
井九三	69
井渫不食为我心恻	74
可用汲王明并受其福	173
井九三小象传	73
井渫不食行恻也	74
求王明受福也	274
井六四	70
井甃无咎	73
井六四小象传	73

井甃无咎修井也	74	改命之吉信志也	318
井九五	70	革九五	461
井洌寒泉食	73	大人虎变	25
井九五小象传	73	未占有孚	162
寒泉之食中正也	631	革九五小象传	464
井上六	70	大人虎变其文炳也	42
井收勿幕	72	革上六	462
井上六小象传	73	君子豹变	313
元吉在上大成也	68	小人革面	52
		革上六小象传	464
革卦		君子豹变其文蔚也	315
		小人革面顺以从君也	62
革	460		
革卦辞	462	**鼎卦**	
己日乃孚	50		
革彖传	463	鼎	618
水火相息	159	鼎卦辞	620
二女同居其志不相得	5	鼎彖传	621
己日乃孚革而信也	50	鼎象也	621
文明以说大亨以正	145	以木巽火亨饪也	158
革而当其悔乃亡	465	圣人亨以享上帝而大亨以养圣贤	196
天地革而四时成	85	巽而耳目聪明	642
汤武革命顺乎天而应乎人	239	柔进而上行得中而应乎刚	507
革之时大矣哉	464	鼎大象传	621
革大象传	463	木上有火	114
泽中有火	451	正位凝命	161
治历明时	454	鼎初六	620
革初九	462	鼎颠趾利出否	623
巩用黄牛之革	206	得妾以其子	600
革初九小象传	464	鼎初六小象传	623
巩用黄牛不可以有为也	206	鼎颠趾未悖也	623
革六二	462	利出否以从贵也	298
己日乃革之	50	鼎九二	618
革六二小象传	464	鼎有实	620
己日革之行有佳也	50	我仇有疾不我能即	296
革九三	461	鼎九二小象传	622
革言三就	463	鼎有实慎所之也	623
革九三小象传	464	我仇有疾终无尤也	296
革言三就又何之矣	465	鼎九三	619
革九四	461	鼎耳革其行塞雉膏不食	623
有孚改命	200	方雨亏悔	142
革九四小象传	464	鼎九三小象传	622

分类词目表

鼎耳革失其义也	623
鼎九四	619
鼎折足覆公𫗧其形渥	623
鼎九四小象传	622
覆公𫗧信何如也	717
鼎六五	620
鼎黄耳金铉	622
鼎六五小象传	623
鼎黄耳中以为实也	623
鼎上九	620
鼎玉铉	620
鼎上九小象传	623
玉铉在上刚柔节也	169

震卦

震	685
震卦辞	688
震来虩虩笑言哑哑	691
震惊百里不丧匕鬯	692
震彖传	689
震来虩虩恐致福也	691
笑言哑哑后有则也	541
震惊百里惊远而惧迩也	692
出可以守宗庙社稷	183
震大象传	689
洊雷震	500
恐惧修省	530
震初九	688
震来虩虩后笑言哑哑	692
震初九小象传	691
笑言哑哑后有则也	541
震六二	686
震来厉	687
亿丧贝跻于九陵	49
勿逐七日得	139
震六二小象传	690
震来厉乘刚也	691
震六三	687
震苏苏	688
震行无眚	690
震六三小象传	690

震苏苏位不当也	691
震九四	686
震遂泥	689
震九四小象传	690
震遂泥未光也	691
震六五	687
震往来厉	690
亿无丧有事	49
震六五小象传	691
震往来厉危行也	691
其事在中大无丧也	327
震上六	686
震索索视矍矍	691
震不于其躬于其邻无咎	692
婚媾有言	610
震上六小象传	690
震索索中未得也	691
虽凶无咎畏邻戒也	481

艮卦

艮	247
艮卦辞	249
艮其背不获其身	252
行其庭不见其人	236
艮彖传	250
时止则止时行则行	290
动静不失其时其道光明	205
艮其止止其所也	252
上下敌应不相与也	47
艮大象传	250
兼山艮	551
思不出其位	480
艮初六	249
艮其趾	249
艮初六小象传	252
艮其趾未失正也	252
艮六二	248
艮其腓	249
不拯其随其心不快	102
艮六二小象传	251
不拯其随未退听也	102

· 755 ·

艮九三	248
艮其限	249
列其夤厉薰心	204
艮九三小象传	251
艮其限危薰心也	252
艮六四	248
艮其身	249
艮六四小象传	251
艮其身止诸躬也	252
艮六五	248
艮其辅言有序	252
艮六五小象传	251
艮其辅以中正也	252
艮上九	248
敦艮	633
艮上九小象传	251
敦艮之吉以厚终也	633

渐卦

渐	605
渐卦辞	607
女归吉	51
渐彖传	607
渐之进也女归吉也	609
进得位往有功也	274
进以正可以正邦也	275
止而巽动不穷也	114
渐大象传	608
山上有木	48
居贤德善俗	454
渐初六	607
鸿渐于干	604
小子厉有言无咎	59
渐初六小象传	609
小子之厉义无咎也	62
渐六二	606
鸿渐于磐饮食衎衎	604
渐六二小象传	608
饮食衎衎不素饱也	296
渐九三	605
鸿渐于陆	604

夫征不复妇孕不育	81
渐九三小象传	608
夫征不复离群丑也	81
妇孕不育失其道也	261
利用御寇顺相保也	299
渐六四	606
鸿渐于木或得其桷	604
渐六四小象传	609
或得其桷顺以巽也	329
渐九五	606
鸿渐于陵	604
妇三岁不孕终莫之胜	261
渐九五小象传	608
终莫之胜吉得所愿也	458
渐上九	606
其羽可用为仪	326
渐上九小象传	608
其羽可用为仪吉不可乱也	327

归妹卦

归妹	183
归妹卦辞	186
归妹彖传	186
归妹天地之大义也	188
天地不交而万物不兴	86
归妹人之终始也	187
说以动所归妹也	499
征凶位不当也	440
无攸利柔乘刚也	79
归妹大象传	186
泽上有雷	451
永终知敝	192
归妹初九	186
归妹以娣	186
跛能履	624
归妹初九小象传	188
归妹以娣以恒也	188
跛能履吉相承也	624
归妹九二	184
眇能视	481
利幽人之贞	298

756

归妹九二小象传	187
利幽人之贞未变常也	301
归妹六三	185
归妹以须反归以娣	188
归妹六三小象传	187
归妹以须未当也	188
归妹九四	184
归妹愆期迟归有时	188
归妹九四小象传	187
愆期之志有待而行也	657
归妹六五	185
帝乙归妹	495
其君之袂不如其娣之袂良	327
月几望	138
归妹六五小象传	187
其位在中以贵行也	327
归妹上六	185
女承筐无实士刲羊无血	51
归妹上六小象传	187
上六无实承虚筐也	47

丰卦

丰	128
丰卦辞	130
宜日中	446
丰彖传	131
明以动故丰	385
王假之尚大也	92
勿忧宜日中宜照天下也	139
日中则昃月盈则食	116
天地盈虚与时消息	86
丰大象传	131
雷电皆至	643
折狱致刑	281
丰初九	130
遇其配主虽旬无咎	625
丰初九小象传	132
虽旬无咎过旬灾也	481
丰六二	129
丰其蔀日中见斗	133
往得疑疾有孚发若吉	440

丰六二小象传	132
有孚发若信以发志也	203
丰九三	128
丰其沛日中见沫	133
折其右肱无咎	281
丰九三小象传	132
丰其沛不可大事也	133
折其右肱终不可用也	281
丰九四	128
遇其夷主吉	624
丰九四小象传	132
丰其蔀位不当也	133
日中见斗幽不明也	116
遇其夷主吉行也	625
丰六五	129
来章有庆誉吉	274
丰六五小象传	132
六五之吉有庆也	149
丰上六	130
丰其屋蔀其家	133
阒其户闃其无人三岁不觌	718
丰上六小象传	132
丰其屋天际翔也	133
阒其户闃其无人自藏也	718

旅卦

旅	562
旅卦辞	564
旅贞吉	564
旅彖传	564
柔得中乎外而顺乎刚	507
止而丽乎明	114
旅之时义大矣哉	566
旅大象传	565
山上有火	48
明慎用刑而不留狱	386
旅初六	564
旅琐琐斯其所取灾	566
旅初六小象传	566
旅琐琐志穷灾也	566
旅六二	563

旅即次怀其资得童仆贞	566	用史巫纷若吉	190
旅六二小象传	565	巽九二小象传	641
得童仆贞终无尤也	600	纷若之吉得中也	322
旅九三	562	巽九三	638
旅焚其次丧其童仆	566	频巽	657
旅九三小象传	565	巽九三小象传	641
旅焚其次亦以伤矣	566	频巽之吝志穷也	657
以旅与下其义丧也	158	巽六四	639
旅九四	562	田获三品	178
旅于处得其资斧我心不快	566	巽六四小象传	642
旅九四小象传	565	田获三品有功也	178
旅于处未得位也	566	巽九五	638
得其资斧心未快也	600	先庚三日后庚三日	227
旅六五	563	无初有终	75
射雉一矢亡终以誉命	540	巽九五小象传	641
旅六五小象传	566	九五之吉位正中也	15
终以誉命上逮也	458	巽上九	639
旅上九	563	丧其资斧	326
鸟焚其巢	189	巽上九小象传	641
旅人先笑后号咷	566	巽在床下上穷也	642
丧牛于易	325	丧其资斧正乎凶也	326
旅上九小象传	565		
以旅在上其义焚也	159	**兑卦**	
丧牛于易终莫之闻也	326	兑	307
		兑卦辞	308
巽卦		兑彖传	308
巽	637	刚中而柔外说以利贞	222
巽卦辞	640	说以先民忘其劳	499
巽彖传	640	说以犯难民忘其死	499
重巽以申命	485	说之大民劝矣哉	499
刚巽乎中正而志行	222	兑大象传	309
巽大象传	640	丽泽兑	269
随风巽	612	朋友讲习	439
申命行事	178	兑初九	308
巽初六	639	和兑	442
进退利武人之贞	274	兑初九小象传	310
巽初六小象传	642	和兑之吉行未疑也	442
进退志疑也	274	兑九二	307
利武人之贞志治也	300	孚兑	292
巽九二	638	兑九二小象传	309
巽在床下	641	孚兑之吉信志也	293

兑六三	308		涣其群元吉	571
来兑	273		涣有丘匪夷所思	572
兑六三小象传	310		涣六四小象传	571
来兑之凶位不当也	274		涣其群元吉光大也	572
兑九四	307		涣九五	568
商兑未宁介疾有喜	600		涣汗其大号	571
兑九四小象传	310		涣王居	568
九四之喜有庆也	15		涣九五小象传	571
兑九五	307		王居无咎正位也	92
孚于剥有厉	292		涣上九	568
兑九五小象传	310		涣其血去逖出	571
孚于剥位正当也	293		涣上九小象传	571
兑上六	308		涣其血远害也	571
引兑	155			
兑上六小象传	310		**节卦**	
上六引兑未光也	46		节	166
			节卦辞	167
涣卦			苦节不可贞	325
涣	567		节彖传	167
涣卦辞	569		刚柔分而刚得中	220
涣彖传	570		苦节不可贞其道穷也	325
刚来而不穷	220		说以行险当位以节中正以通	499
柔得位乎外而上同	507		天地节而四时成	85
王假有庙王乃在中也	93		节以制度不伤财不害民	169
利涉大川乘木有功也	301		节大象传	168
涣大象传	570		泽上有水	451
风行水上	140		制数度议德行	442
享于帝立庙	445		节初九	167
涣初六	569		不出户庭	100
用拯马壮吉	190		节初九小象传	168
涣初六小象传	571		不出户庭知通塞也	102
初六之吉顺也	312		节九二	166
涣九二	568		不出门庭	100
涣奔其机	570		节九二小象传	168
涣九二小象传	571		不出门庭失时极也	102
涣奔其机得愿也	572		节六三	167
涣六三	568		不节若则嗟若	101
涣其躬	569		节六三小象传	168
涣六三小象传	571		不节之嗟又谁咎也	102
涣其躬志在外也	572		节六四	167
涣六四	569		安节	238

节六四小象传	168	马匹亡绝类上也	66
安节之亨承上道也	239	中孚九五	118
节九五	166	有孚挛如	200
甘节	173	中孚九五小象传	121
节九五小象传	168	有孚挛如位正当也	202
甘节之吉居位中也	173	中孚上九	118
节上六	166	翰音登于天	699
苦节贞凶	325	中孚上九小象传	121
节上六小象传	168	翰音登于天何可长也	699
苦节贞凶其道穷也	325		

中孚卦

小过卦

中孚	117	小过	51
中孚卦辞	119	小过卦辞	55
豚鱼吉	598	可小事不可大事	173
中孚彖传	120	飞鸟遗之音不宜上宜下	63
柔在内而刚得中	506	小过彖传	55
说而巽孚乃化邦	499	小者过而亨	59
豚鱼吉信及豚鱼也	599	过以利贞与时偕行也	203
利涉大川乘木舟虚也	301	柔得中是以小事吉也	507
中孚以利贞乃应乎天也	121	刚失位而不中是以不可大事也	223
中孚大象传	120	有飞鸟之象焉	201
泽上有风	451	上逆而下顺	46
议狱缓死	195	小过大象传	58
中孚初九	119	山上有雷	48
虞吉有它不燕	655	行过乎恭丧过乎哀用过乎俭	237
中孚初九小象传	121	小过初六	54
初九虞吉志未变也	312	飞鸟以凶	63
中孚九二	118	小过初六小象传	60
鸣鹤在阴其子和之	387	飞鸟以凶不可如何也	63
我有好爵吾与尔靡之	296	小过六二	53
中孚九二小象传	121	过其祖遇其妣	203
其子和之中心愿也	326	不及其君遇其臣	101
中孚六三	118	小过六二小象传	60
得敌	599	不及其君臣不可过也	103
或鼓或罢或泣或歌	329	小过九三	52
中孚六三小象传	121	弗过防之从或戕之	197
或鼓或罢位不当也	329	小过九三小象传	60
中孚六四	119	从或戕之凶如何也	141
月几望马匹亡	138	小过九四	53
中孚六四小象传	121	弗过遇之往厉必戒	197
		小过九四小象传	60

弗过遇之位不当也	197
往厉必戒终不可长也	440
小过六五	54
公弋取彼在穴	137
小过六五小象传	60
密云不雨已上也	601
小过上六	53
弗遇过之飞鸟离之	197
小过上六小象传	60
弗遇过之已亢也	197

既济卦

既济	508
既济卦辞	510
初吉终乱	311
既济彖传	511
既济亨小者亨也	512
利贞刚柔正而位当也	300
初吉柔得中也	312
终止则乱其道穷也	458
既济大象传	511
水在火上	159
思患而豫防之	480
既济初九	510
曳其轮濡其尾	215
既济初九小象传	512
曳其轮义无咎也	215
既济六二	509
妇丧其茀勿逐七日得	262
既济六二小象传	512
七日得以中道也	9
既济九三	508
高宗伐鬼方三年克之	546
既济九三小象传	511
三年克之惫也	21
既济六四	509
繻有衣袽终日戒	716
既济六四小象传	512
终日戒有所疑也	457
既济九五	509
东邻杀牛不如西邻之禴祭	176

既济九五小象传	511
东邻杀牛不如西邻之时也	176
实受其福吉大来也	446
既济上六	509
濡其首厉	715
既济上六小象传	511
濡其首厉何可久也	716

未济卦

未济	161
未济卦辞	164
小狐汔济濡其尾	61
未济彖传	164
未济亨柔得中也	165
小狐汔济未出中也	62
濡其尾无攸利不续终也	716
虽不当位刚柔应也	480
未济大象传	164
火在水上	150
慎辨物居方	665
未济初六	163
濡其尾吝	715
未济初六小象传	165
濡其尾亦不知极也	716
未济九二	162
曳其轮贞吉	215
未济九二小象传	165
九二贞吉中以行正也	15
未济六三	163
未济征凶	164
未济六三小象传	165
未济征凶位不当也	166
未济九四	162
震用伐鬼方三年有赏于大国	692
未济九四小象传	165
贞吉悔亡志行也	209
未济六五	163
君子之光有孚吉	314
未济六五小象传	165
君子之光其晖吉也	314
未济上九	162

有孚于饮酒无咎 ……………… 201	探赜索隐钩深致远 ……………… 584
濡其首有孚失是 ……………… 716	河出图洛出书 ……………… 453
未济上九小象传 ……………… 165	易有四象 ……………… 360
饮酒濡首亦不知节也 ……………… 296	书不尽言言不尽意 ……………… 156

系辞传

系辞上传 ……………… 295	乾坤其易之缊邪 ……………… 593
天尊地卑 ……………… 83	形而上者谓之道 ……………… 280
乾坤易简 ……………… 590	形而下者谓之器 ……………… 280
观象玩辞 ……………… 259	系辞下传 ……………… 295
观变玩占 ……………… 259	易穷则变变则通通则久 ……………… 381
卦有小大辞有险易 ……………… 341	易者象也 ……………… 362
范围天地曲成万物 ……………… 328	阳卦多阴阴卦多阳 ……………… 253
一阴一阳之谓道 ……………… 3	同归殊途一致百虑 ……………… 214
仁者见仁知者见知 ……………… 134	乾坤其易之门邪 ……………… 593
生生之谓易 ……………… 191	彰往察来微显阐幽 ……………… 682
阴阳不测之谓神 ……………… 254	称名小取类大 ……………… 538
易道广大 ……………… 369	旨远辞文 ……………… 237
乾大坤广 ……………… 589	易为忧患之作 ……………… 376
成性存存道义之门 ……………… 204	三陈九卦 ……………… 19
观物取象 ……………… 258	履德之基也 ……………… 697
二人同心其利断金 ……………… 5	谦德之柄也 ……………… 636
同心之言其臭如兰 ……………… 214	复德之本也 ……………… 491
慢藏诲盗冶容诲淫 ……………… 682	恒德之固也 ……………… 503
天地之数 ……………… 82	损德之修也 ……………… 534
大衍之数 ……………… 33	益德之裕也 ……………… 555
虚一不用 ……………… 598	困德之辨也 ……………… 288
易有圣人之道四焉 ……………… 380	井德之地也 ……………… 73
辞变象占 ……………… 657	巽德之制也 ……………… 641
以言者尚其辞 ……………… 158	履和而至 ……………… 696
以动者尚其变 ……………… 158	谦尊而光 ……………… 636
以制器者尚其象 ……………… 158	复小而辨于物 ……………… 492
以卜筮者尚其占 ……………… 158	恒杂而不厌 ……………… 503
参伍以变错综其数 ……………… 455	损先难而后易 ……………… 535
极深研几 ……………… 283	益长裕而不设 ……………… 556
太极 ……………… 96	困穷而通 ……………… 288
太极生两仪 ……………… 98	井居其所而迁 ……………… 74
两仪 ……………… 264	巽称而隐 ……………… 641
两仪生四象 ……………… 265	履以和行 ……………… 696
四象 ……………… 179	谦以制礼 ……………… 636
四象生八卦 ……………… 181	复以自知 ……………… 491
	恒以一德 ……………… 503
	损以远害 ……………… 533

益以兴利	554		离为火	543
困以寡怨	288		艮为山	249
井以辩义	72		兑为泽	308
巽以行权	641			
变动不居周流六虚	448		**序卦传**	
苟非其人道不虚行	329		序卦	304
原始要终	529		乾坤为万物之始	593
其初难知其上易知	327		乾坤受之以屯	593
二多誉四多惧	5		屯受之以蒙	108
三多凶五多功	21		蒙受之以需	647
三才之道	18		需受之以讼	671
物相杂故曰文	442		讼受之以师	243
易辞危	357		师受之以比	219
惧以终始其要无咎	602		比受之以小畜	113
			小畜受之以履	59
说卦传			履受之以泰	696
说卦	498		泰受之以否	528
天地定位	82		否受之以同人	269
帝出乎震	495		同人受之以大有	214
乾健也	589		大有受之以谦	38
坤顺也	333		谦受之以豫	636
震动也	688		豫受之以随	709
巽入也	638		随受之以蛊	613
坎陷也	278		蛊受之以临	597
离丽也	544		临受之以观	484
艮止也	249		观受之以噬嗑	260
兑说也	308		噬嗑受之以贲	703
乾坤六子	590		贲受之以剥	469
乾称乎父	590		剥受之以复	576
坤称乎母	334		复受之以无妄	492
震为长男	689		无妄受之以大畜	80
巽为长女	641		大畜受之以颐	39
坎为中男	279		颐受之以大过	652
离为中女	544		大过受之以坎	38
艮为少男	251		坎受之以离	279
兑为少女	309		夫妇为人伦之始	80
乾为天	587		咸受之以恒	474
坤为地	332		恒受之以遯	503
震为雷	688		遯受之以大壮	682
巽为风	639		大壮受之以晋	39
坎为水	278		晋受之以明夷	524

763

明夷受之以家人	386		兑见而巽伏也	310
家人受之以睽	549		随无故也蛊则饬也	614
睽受之以蹇	676		剥烂也复反也	576
蹇受之以解	714		晋昼也明夷诛也	524
解受之以损	663		井通而困相遇也	74
损受之以益	534		咸速也恒久也	474
益受之以夬	555		涣离也节止也	572
夬受之以姤	154		解缓也蹇难也	664
姤受之以萃	518		睽外也家人内也	677
萃受之以升	583		否泰反其类也	269
升受之以困	127		大壮则止遯则退也	42
困受之以井	288		大有众也同人亲也	43
井受之以革	73		革去故也鼎取新也	465
革受之以鼎	464		小过过也中孚信也	62
鼎受之以震	622		丰多故也亲寡旅也	133
震受之以艮	690		离上而坎下也	545
艮受之以渐	251		小畜寡也履不处也	62
渐受之以归妹	609		需不进也讼不亲也	672
归妹受之以丰	187		大过颠也	28
丰受之以旅	132		姤遇也柔遇刚也	519
旅受之以巽	565		渐女归待男行也	609
巽受之以兑	641		颐养正也既济定也	652
兑受之以涣	309		归妹女之终也	187
涣受之以节	570		未济男之穷也	165
节受之以中孚	169		夬决也刚决柔也	155
中孚受之以小过	121		君子道长小人道忧也	315

杂卦传

杂卦	231
乾刚坤柔	591
比乐师忧	112
临观之义或与或求	484
屯见而不失其居蒙杂而著	109
震起也艮止也	691
损益盛衰之始也	535
大畜时也无妄灾也	43
萃聚而升不来也	584
谦轻而豫怠也	637
噬嗑食也贲无色也	704

小过受之以既济 60
既济受之以未济终焉 512

四、易辞衍用

几微	16
干事	22
三接	18
下济	44
夕惕	48
屯否	104
屯困	104
屯剥	104
屯亶	104
屯蒙	104
屯蹇	105
屯邅	105
屯难	104

分类词目表

屯坎	104	连蹇	270
井养	69	拟议	283
中馈	117	撝谦	281
化光	133	折鼎	281
反汗	140	折首	281
介石	136	折足	281
亢悔	149	否泰	265
亢龙	149	克家	270
龙飞	176	时义	290
龙潜	176	时用	290
龙见	176	时大	290
玉铉	169	时变	290
玄黄	192	余殃	293
平施	169	余庆	293
出处	182	闲邪	310
出位	182	冶容	310
失律	188	亨嘉	304
仪羽	189	亨衢	304
丘园	191	虎变	387
主鬯	192	茂育	326
兰言	192	坤载	331
至赜	199	剥木	342
师律	216	坤舆	331
贞一	208	坤德	330
贞观	208	朋簪	439
贞明	209	垂裳	439
后夫	225	宝位	446
负乘	230	弥纶	457
行地	236	承家	455
朵颐	231	贯鱼	454
休否	236	类聚	497
庆余	239	革面	461
好谦	261	革命	461
设教	240	研几	478
观盥	256	括囊	476
观光	256	城隍	478
设险	240	厚载	470
讲习	239	幽赞	485
阳复	252	哑哑	485
羽仪	252	洊至	500
驯致	263	洊雷	500

765

分类词目表

昼接	514	屯䵒否塞	107
豹变	541	丰亨豫大	132
致远	530	引伸触类	156
殷荐	540	出处语默	182
损益	530	出处默语	182
振民	535	乐行忧违	189
兼山	551	主敬存诚	192
旅次	562	先号后笑	226
继照	577	先号后庆	226
鸿仪	604	折足覆𫗧	281
鸿渐	604	否极反泰	268
涉川	567	否极泰来	268
探赜	584	声气应求	284
惕厉	601	时乘之梦	290
鼎铉	618	应天顺人	306
鼎革	618	虎尾春冰	387
谦谦	633	刳舟剡楫	342
谦光	633	易之忧患	359
裕蛊	631	易陈负乘	361
童蒙	632	学聚问辩	447
菑畲	644	贯鱼之次	455
解作	661	革故鼎新	464
慢藏	682	洗心革面	499
履霜	694	括囊守禄	476
履尾	694	幽人之贞	485
默语	704	前言往行	497
蹇连	712	结绳之政	514
蹇剥	712	积善余庆	540
濡首	715	损上益下	533
覆𫗧	717	匪躬之节	529
藏器	711	晖光日新	537
囊括	720	射鲋井谷	540
一阳生	1	宽居仁行	551
一阳来复	1	剥复之机	576
一阴一阳	2	鼎新革故	622
一谦四益	2	朝乾夕惕	618
十言之教	7	筮渎不告	660
九五之尊	13	履霜之戒	696
三阳交泰	19	见霜而知冰	122
三阳开泰	19	天地鬼神恶满盈	85
云龙风虎	68		

五、治易名家

伏羲	232
包牺氏	191
周文王	389
周公	388
孔子	156
商瞿	600
子夏	64
卜商	9
馯臂	263
桥庇	536
周醜	389
孙虞	262
田何	177
杜田生	284
司马季主	195
王同	86
周王孙	389
丁宽	7
丁将军	8
易祖师	354
服生	439
项生	478
韩婴	616
刘安	244
淮南九师	605
九师	13
杨何	281
田王孙	177
即墨成	321
孟但	456
周霸	389
衡胡	705
主父偃	192
蔡公	667
司马谈	195
京房	443
前京房	496
施雠	497
孟喜	456

梁丘贺	603
韩商	616
韩生	616
焦延寿	629
盖宽饶	609
后京房	225
费直	504
高相	545
梁丘临	602
张禹	317
鲁伯	627
白光	188
翟牧	683
彭宣	618
戴崇	711
毛莫如	141
邴丹	284
朱云	228
五鹿充宗	95
王骏	89
谷永	303
殷嘉	540
段嘉	494
姚平	514
乘弘	537
任良	235
王璜	89
王横	89
高康	545
毋将永	160
士孙张	23
邓彭祖	160
衡咸	705
冯商	193
严望	269
严元	269
严君平	269
扬雄	206
杨雄	282
陈元	320
戴宾	711

洼丹	500	刘表	245
袁良	537	宋衷	306
夏恭	536	宋忠	306
刘昆	245	蔡景君	667
刘琨	245	薛虞	699
梁竦	602	钟繇	494
梁恭	602	董遇	616
吕羌	214	虞翻	652
范升	328	陆绩	319
杨政	282	何晏	302
张兴	316	王肃	88
刘辅	245	管辂	677
戴凭	711	王弼	87
觟阳鸿	657	姚信	514
袁安	537	钟会	494
张鲂	317	翟玄	683
郑众	448	翟子玄	683
魏满	711	向秀	224
折像	281	庾运	601
刘轶	245	应贞	306
刘轪	246	荀辉	459
袁京	537	张辉	317
袁敞	537	王宏	86
李郃	271	阮咸	255
许峻	244	阮浑	255
郎宗	448	杨乂	281
第五元先	599	王济	87
马融	65	卫瓘	66
杨秉	282	栾肇	572
樊英	685	邹湛	303
郎顗	448	杜育	284
陈寔	320	张轨	317
郤巡	494	杨瓒	282
任安	235	宣舒	496
唐檀	556	邢融	203
郑玄	448	裴藻	677
荀爽	459	许适	244
孙期	262	杨藻	282
许曼	244	蜀才	656
景鸾	624	范长生	328
魏伯阳	711	郭璞	557

768

分类词目表

王廙	89		何氏	302
干宝	21		何妥	302
张璠	318		王通	88
李轨	271		王凯冲	90
黄颖	578		王嗣宗	91
孙盛	262		陆德明	319
谢万	630		孔颖达	156
韩伯	616		李淳风	272
韩康伯	617		阴宏道	253
袁悦之	537		侯果	494
徐邈	539		侯行果	494
桓玄	536		崔憬	598
卞伯玉	151		李鼎祚	273
荀柔之	460		一行	1
徐爰	539		僧一行	678
尹涛	160		徐郎	539
顾欢	536		郭京	556
明僧绍	381		吕嵓	214
刘瓛	246		陆希声	319
沈驎士	311		史徵	182
沈麟士	311		麻衣道者	601
费元珪	504		陈抟	320
褚氏	665		王昭素	90
褚仲都	665		种放	494
伏曼容	232		穆修	705
梁武帝	603		李之才	271
姚规	514		胡瑗	477
崔觐	598		刘牧	245
傅氏	627		欧阳修	341
周氏	388		李觏	271
周弘正	389		邵雍	321
张讥	316		邵康节	322
张氏	315		周敦颐	391
庄氏	238		司马光	195
卢氏	182		张载	317
卢景裕	182		程颢	628
朱氏	228		程颐	628
朱仰之	229		苏轼	275
张伦	316		龚原	579
关朗	246		陈瓘	320
卫元嵩	66		邵伯温	322

张根	316	税與权	630
郭忠孝	557	赵汝楳	479
耿南仲	536	李杞	271
朱震	229	方实孙	142
李光	270	董楷	616
张浚	316	胡方平	477
沈该	311	朱元昇	229
王湜	88	许衡	244
郑刚中	449	丁易东	8
郭雍	557	雷思齐	643
李衡	271	吴澄	291
吴沆	291	俞琰	495
都絜	536	黄泽	578
李中正	272	胡一桂	477
林栗	336	保巴	493
程大昌	628	宝巴	446
程迥	627	保八	493
杨万里	283	赵采	479
朱熹	229	胡震	477
张栻	316	王申子	89
蔡元定	667	胡炳文	478
吕祖谦	214	熊良辅	684
赵彦肃	479	张理	317
张行成	318	李简	271
杨简	282	龙仁夫	176
项安世	478	萧汉中	579
赵善誉	479	解蒙	661
徐总干	539	曾贯	631
方闻一	142	董真卿	616
吴仁傑	291	钱义方	538
林至	336	陈应润	320
冯椅	193	梁寅	602
王宗传	90	赵汸	478
易祓	346	胡广	476
李过	271	曹端	579
李心传	272	胡居仁	477
赵以夫	479	蔡清	667
蔡渊	667	崔铣	598
魏了翁	711	吕柟	214
郑汝谐	449	韩邦奇	617
朱鑑	229	林希元	336

杨爵	282	胡煦	477
熊过	684	王心敬	89
叶山	181	晏斯盛	537
陈士元	320	李塨	271
来知德	273	朱轼	229
李贽	271	任启运	235
张献翼	318	惠士奇	615
潘士藻	693	程廷祚	628
钱一本	538	惠栋	615
逯中立	610	庄存与	238
郝敬	478	茹敦和	459
高攀龙	546	纪大奎	263
魏濬	711	孙星衍	262
吴桂森	291	张惠言	318
陈祖念	320	江藩	239
刘宗周	246	焦循	628
黄道周	578	李富孙	272
倪元璐	538	端木国瑚	682
智旭	627	江承之	239
蕅益	685	方申	141
何楷	302	李道平	273
乔中和	224	朱骏声	229
孙奇逢	262	姚配中	514
张次仲	318	丁晏	8
董守谕	616	陈寿熊	320
刁包	16	纪磊	262
黄宗羲	578	俞樾	495
方以智	141	黄以周	578
钱澄之	538	王闿运	90
黄宗炎	578	皮锡瑞	197
王弘撰	90	王树枏	91
王夫之	89	廖平	683
张烈	317	马其昶	65
毛奇龄	141	杭辛斋	336
胡渭	477	尚秉和	386
张英	316	徐昂	539
吴曰慎	291		
乔莱	224	**六、易学要籍**	
李光地	272	连山	270
查慎行	478	归藏	183
陈梦雷	320	周易	388

分类词目表

易传	343	易纬坤灵图	371
帛书周易	437	坤灵图	333
子夏易传	64	荀爽周易注	460
周易丁氏传	411	周易参同契	416
周易韩氏传	419	周易刘氏章句	427
周易淮南九师道训	436	周易宋氏注	415
周易施氏章句	431	蔡氏易说	667
周易孟氏章句	430	易音注	354
易林	344	汉魏二十一家易注	194
焦氏易林	629	周易董氏章句	432
京氏易	444	虞翻周易注	654
京氏易传	445	易解	350
周易京氏章句	429	陆氏易解	319
易飞候	352	陆绩易述	319
费氏易	505	周易何氏解	415
太玄经	96	王肃易注	91
马融易传	65	周易王氏注(王肃)	412
马王易义	65	周易王氏音	413
周易郑康成注	429	周易注	390
新本郑氏周易	665	唐写本周易王注残卷	556
周易郑氏注	416	周易略例	405
易纬	344	周易姚氏注(姚信)	417
易纬八种	361	九家周易集注	14
乾坤凿度	591	翟玄易义	683
周易乾坤凿度	432	周易义	389
易纬乾坤凿度	377	周易统略	404
易纬稽览图	372	周易张氏义	415
稽览图	692	周易蜀才注	421
易纬通卦验	371	周易洞林	402
通卦验	573	周易王氏注(王廙)	412
易纬是类谋	371	干宝周易注	22
是类谋	480	周易张氏集解	428
筮类谋	660	周易李氏音	414
周易乾凿度	419	周易黄氏注	418
易纬乾凿度	372	易象妙于见形论	380
乾凿度	589	周易徐氏音	418
易纬辨终备	372	周易系辞桓氏注	434
辨终备	705	周易系辞荀氏注	434
辨中备	705	周易系辞明氏注	434
易纬乾元序制记	380	周易刘氏义疏	427
乾元序制记	591	周易沈氏要略	427

分类词目表

褚氏易注	665	周易口义	392
周易大义	391	易数钩隐图	374
周易姚氏注(姚规)	417	易数钩隐图遗论九事	381
周易崔氏注	419	易童子问	369
周易傅氏注	420	皇极经世书	486
周氏易注	391	温公易说	630
周易张氏讲疏	428	易说(司马光)	347
周易庄氏义	414	横渠易说	685
周易卢氏注	414	易说(张载)	347
周易朱氏义	414	周易程氏传	419
讲周易疏论家义记残卷	240	程传	627
关氏易传	246	伊川易传	235
元包	67	东坡易传	175
周易何氏讲疏	427	苏氏易传	275
周易王氏义	412	毘陵易传	485
周易王氏注(王凯冲)	413	周易新讲义	421
易释文	356	了翁易说	16
周易释文	406	易学辨惑(邵伯温)	364
周易音义	403	吴园易解	291
唐写本周易释文残卷	556	吴园周易解	291
周易正义	394	汉上易传	194
周易注疏	400	汉上易卦图	194
周易兼义	404	汉上易丛说	194
正义	161	读易详说	560
注疏	451	读易老人解说	561
周易玄义	394	紫岩易传	623
周易新论传疏	434	易小传	351
周易侯氏注	418	易学	345
周易探玄	405	周易窥余	410
周易集解(李鼎祚)	407	郭氏传家易说	557
李氏易传	273	周易义海撮要	422
李氏周易集解	273	易璇玑	357
易纂	350	易变体义	362
周易新义	410	泰轩易传	528
周易举正	403	周易经传集解	430
寿山堂易说	284	易原	348
吕子易说	215	周易古占法	413
易说(吕嵒)	347	古周易章句外编	173
周易口诀义	412	诚斋易传	450
正易心法	161	周易本义	393
火珠林	150	本义	169

773

易学启蒙	363	易筮通变	370
朱文公易说	229	易纂言	358
南轩易说	465	易纂言外翼	375
古易音训	172	周易集说	407
周易音训	403	俞氏易集说	495
古周易	171	读易举要	561
复斋易说	491	易外别传	359
易通变	354	易学滥觞	363
元包数总义	67	易本义附录纂疏	379
皇极经世索隐	487	易学启蒙翼传	378
皇极经世观物外篇衍义	487	易原奥义	367
杨氏易传	283	周易原旨	404
周易玩辞	398	周易程朱传义折衷	436
易说(赵善誉)	347	周易衍义	403
易传灯	353	大易缉说	32
大易粹言	33	周易本义通释	424
易图说	353	周易本义集成	425
易裨传	357	大易象数钩深图	41
厚斋易学	470	易象图说内篇	379
童溪易传	632	易象图说外篇	379
周易总义	403	学易记(李简)	446
西谿易说	198	周易集传	406
丙子学易编	170	读易考原	559
易通(赵以夫)	348	易精蕴大义	375
周易经传训解	430	易学变通	363
易象意言	368	周易会通	396
周易要义(魏了翁)	401	周易经传集程朱解附录纂注	437
东谷易翼传	175	周易图说	402
易学启蒙小传	377	周易爻变义蕴	423
周易辑闻	409	周易参义	401
易雅	349	周易文诠	393
筮宗	657	周易大全	392
用易详解	189	周易传义大全	426
淙山读周易记	604	太极图说述解	99
周易传义附录	426	西铭述解	198
易学启蒙通释	378	通书述解	573
三易备遗	20	周易通略	404
读易私言	559	易象钞	357
周易象义	408	易经蒙引	366
大衍索隐	34	读易余言	558
易图通变	366	易学启蒙意见	378

易经存疑	364	卦变考略	340
学易记（金贲亨）	446	易酌	347
周易辨录	411	易经通注	365
周易象旨决录	433	易学象数论	373
八白易传	11	周易考文补遗	425
易象钩解	368	田间易学	177
易象彙解	369	易音（顾炎武）	346
周易集注	406	周易象辞	408
来氏易注	274	周易寻门余论	427
九正易因	14	寻门余论	263
读易纪闻	559	图书辨惑	342
洗心斋读易述	500	易学辨惑（黄宗炎）	364
读易述	558	周易筮述	410
像象管见	678	周易稗疏	410
像钞	678	周易内传	392
四圣一心录	181	周易内传发例	423
周易剳记	405	周易外传	394
问易补	247	周易大象解	412
学易枝言	446	周易考异（王夫之）	395
周易孔义	393	读易日钞	558
周易易简说	415	仲氏易	236
易说醒	354	推易始末	585
易义古象通	370	易小帖	351
周易像象述	421	河图洛书原舛编	454
易用	342	太极图说遗议	99
易衍	346	春秋占筮书	476
读易图说	560	日讲易经解义	116
易象正	356	易图明辨	366
三易洞玑	19	易经衷论	365
兒易内仪以	442	周易本义爻徵	424
兒易外仪	442	乔氏易俟	224
九公山房易问	14	周易折中	397
郑氏易谱	449	周易通论	404
周易禅解	409	周易观象	397
古周易订诂	172	周易玩辞集解	428
说易	498	易说（查慎行）	347
易说（王育）	347	周易浅述	400
万远堂易蔡	44	合订删补大易集义粹言	224
易蔡	350	易原就正	367
读易大旨	558	大易通解	32
周易玩辞困学记	435	周易函书约存	430

分类词目表

周易函书约注	430	周易象考	408
周易函书别集	430	重订周易小义	486
丰川易说	131	周易图书质疑	431
楚蒙山房易经解	644	易守	343
学易初津	447	周易章句证异	432
易翼宗	358	易考	342
易翼说	358	易续考	356
周易传注	395	易问	343
周易筮考	410	观易外编	258
周易劄记	411	湘芗漫录	630
周易传义合订	426	周易集解(孙星衍)	407
周易洗心	402	周易引经通释	423
易说(惠士奇)	347	周易述闻	399
易经徵实解	373	易说(郝懿行)	347
易翼述信	370	周易虞氏义	420
河洛精蕴	453	周易虞氏消息	434
易笺	349	虞氏易礼	653
周易孔义集说	423	虞氏易事	654
大易择言	32	虞氏易候	654
周易浅释	400	虞氏易言	654
周易述	390	周易郑荀义	416
易汉学	352	易纬略义	361
周易本义辩证	425	易义别录	358
易例	344	周易述补(江藩)	399
易大义	350	周易述补(李林松)	399
读易别录	560	周易详说	401
周易述义	399	雕菰楼易学三书	704
易象大意存解	379	易章句	355
易经揆一	365	易通释(焦循)	355
易学启蒙补	372	易图略	353
周易辨画	411	周易补疏	398
象传论	514	易话	345
卦气解	339	易广记	351
八卦观象解	12	李氏易解賸义	273
象象论	514	易经异文释	373
系辞传论	295	周易校勘记	418
周易证签	398	周易虞氏略例	434
重订周易二闰记	486	周易指	390
八卦方位守传	12	周易考异(宋翔凤)	395
大衍守传	34	安甫遗学	238
大衍一说	33	易確	350

776

方氏易学五书	142	邵易补原	322
诸家易象别录	572	易穷通变化论	377
虞氏易象彙编	655	周易互体徵	413
周易卦象集证	428	周易爻辰申郑义	434
周易互体详述	422	周易故训订	417
周易卦变举要	428	周易注疏賸本	429
周易集解纂疏	432	易说(吴汝纶)	347
郑氏爻辰补	450	周易说	391
退思易话	508	易汉学考	360
易象通义	368	易汉学师承表	377
六十四卦经解	148	易大义补	358
易释	349	周易易解	400
周易姚氏学	417	周易说余	404
周易通论月令	432	周易示儿录	413
周易述传	399	易经通论	365
周易解故	409	序卦分宫图	305
易经象类	365	删订来氏易注象数图说	303
周易讼卦浅说	427	周易要义(宋书升)	401
周易择言	398	周易明报	400
读易汉学私记	562	知非斋易注	441
陈氏易说	321	知非斋易释	441
周易消息	404	周易集义	406
虞氏逸象考正	655	易说(周锡恩)	347
虞氏易义补注	655	费氏古易订文	505
九家易象辨证	14	周易释贞	407
周易本义辨证补订	436	易生行谱例言	376
汉儒传易源流	194	易经古本	364
易象集解	369	重定周易费氏学	486
周易旧疏考正	425	易说求源	366
读易笔记	561	补周易口诀义阙卦	311
读易会通	558	易史吟草	359
易经本意	364	易楔	349
周易述翼	399	学易笔谈初集	447
卦气表	338	学易笔谈二集	447
周易倚数录	418	易数偶得	369
周易虞氏义笺	433	读易杂识	559
易贯	345	愚一录易说订	656
艮宧易说	251	沈氏改正揲蓍法	311
卦气直日考	340	易通例	355
卦气续考	340	易通释(陈启彤)	355
玩易篇	337	邵村学易	322

周易古义	394	周易古经今注	424
周易尚氏学	415	周易杂论	396
焦氏易林注	629	周易大传今注	422
焦氏易诂	629	周易探源	405
周易古筮考	414	周易通义	404
里堂易学	292	周易讲座	397
易独断	354	易通(金景芳)	348
易说(蔡克猷)	347	易学论丛	362
京氏易传笺	445	易学丛书	362
释郑氏爻辰补	627	易学丛书续编	377
周易虞氏学	420	易辞衍义	369
周易对象释	414	周易探原	405
河洛数释	453	先秦诸子易说通考	227
经传诂易	458	两汉易学史	265
易林勘复	361	周易今注今译	423
易音(徐昂)	346	周易理解	405
周易论略	397	皇清经解易类汇编	487
周易虞氏义笺订	436	续经解易类汇编	610
易学讨论集	372	周易经传象义阐释	436
易理中正论	374	易经论文集	373
周易解题及其读法	437	周易思想研究	431
周易象理证	420	周易要义(周大利)	401
读易新纲	561	周易原义新证实	436
君子易	313	周濂溪太极图说考辨	437
蜕私轩易说	656	周易参同契新探	435
周易杂卦证解	426	周易新论	410
从周易方面研究中国之元学及道德哲学	141	周易译注与考辨	435
周易孟氏学	416	易传评诂	360
孟氏易传授考	457	晦庵易学探微	598
双剑誃易经新证	157	大易类聚初集	39
雕菰楼易义	704	易经系辞传新解	380
周易义证类纂	422	学易浅论	447
周易的构成时代	435	周易大传新注	422
周易古史观	413	周易概论	409
先秦汉魏易例述评	227	易学十讲	362
汉石经周易残字集证	195	周易纵横录	415
读易三种	558	易学新探	363
易学新论	363	帛书周易校释	438
无求备斋易经集成	80	船山易学研究	599
易通(苏渊雷)	348	易学群书平议	378
周易注疏及补正	435	周易研究论文集	435
		周易译注	398

七、别类参列

一	1
二	4
三	17
四	179
五	93
六	145
七	8
八	9
九	13
十	6
卜钱	9
卜筮	9
八象	10
大卜	23
三玄	17
太卜	95
五行	93
问易	247
问卦	247
坤乾	330
枚筮	337
卦者	338
卦筮	338
卦肆	338
易筮	350
神草	497
神卦	497
逸易	600
筮验	660
筮人	657
八卦台	11
五行易	94
文王课	142
君平卜	313
易内传	352
易博士	356
蜥易说	677
演易台	682
一六为水	1
一九之数	1
一画开天	2
一奇一偶	2
一奇二偶	2
五十学易	94
古文八卦	171
先筮后卜	226
医易相通	284
医易同源	284
易之失鬼	359
易之失贼	358
易长于变	359
易长于数	359
易以神化	359
易以道化	359
易载羲农	366
坤乾之义	334
易明其知	362
画沙成卦	325
梦吞三爻	584
筮短龟长	660
羲文之易	705
易以道阴阳	371
孟子善用易	457
一卦不问二事	3
五行生成之数	95
孔子晚而喜易	157
老子知易之体	199
延寿问易孟喜	237
易为五学之原	375
易教洁静精微	379
易义清明条达	375
西汉易学两京房	198
成都隐者未济说	204
何晏疑易中九事	303
京房学易以亡身	445
二程论易横渠撤讲	5
里堂读杂卦而病愈	292
易道在天三爻足矣	380
虞翻注易益美东南	656
不知易不足以言太医	103
周子望月岩而悟太极	437

词目汉语拼音索引

〔说明〕

一、本索引只收词目的首字。单字按现代汉语拼音字母排列,并按声调阴平(ˉ)、阳平(ˊ)、上声(ˇ)、去声(ˋ)分类。一字数读的,或据不同读音分别列出。

二、单字后面的数字,表示该字在本辞典中的页码。

A

ān
安 ………… 238

B

bā
八 ………… 9
bá
拔 ………… 336
bái
白 ………… 188
bàn
半 ………… 193
bāo
包 ………… 191
bǎo
宝 ………… 446
保 ………… 493
bào
豹 ………… 541
běn
本 ………… 169
bǐ
比 ………… 109
bì
贲 ………… 465
辟 ………… 666
biàn

卞 ………… 151
变 ………… 448
辨 ………… 705
bié
别 ………… 291
bǐng
丙 ………… 170
邴 ………… 284
bō
剥 ………… 573
bó
帛 ………… 437
bǒ
跛 ………… 624
bǔ
卜 ………… 9
补 ………… 311
bù
不 ………… 100
薜 ………… 644

C

cái
财 ………… 292
cài
蔡 ………… 667
cān
参 ………… 455
cáng

藏 ………… 711
cáo
曹 ………… 579
cháng
常 ………… 598
chè
拆 ………… 335
chén
陈 ………… 320
chēng
称 ………… 538
chéng
成 ………… 204
诚 ………… 450
承 ………… 455
城 ………… 478
乘 ………… 537
程 ………… 627
惩 ………… 628
chōng
憧 ………… 692
chóng
重 ………… 485
种 ………… 494
chū
出 ………… 182
初 ………… 311
chú
除 ………… 514

chǔ
楚 ………… 644
褚 ………… 665
chuán
船 ………… 599
chuí
垂 ………… 439
chūn
春 ………… 476
cí
辞 ………… 657
cóng
从 ………… 141
淙 ………… 604
cuī
崔 ………… 598
cuì
萃 ………… 579
cún
存 ………… 207

D

dà
大 ………… 23
dài
戴 ………… 711
dān
单 ………… 447
dàng

词目汉语拼音索引

当	207	端	682	非	442	gān	
dé		duàn		féi		干	21
得	599	段	494	肥	439	甘	173
德	692	duì		fěi		gàn	
dèng		兑	307	匪	529	干	21
邓	160	dūn		fèi		gāng	
dī		敦	633	费	504	刚	220
羝	609	dùn		fēn		gāo	
dì		遯	678	分	136	高	545
地	205	duō		纷	322	gào	
弟	310	多	230	fén		告	293
帝	495	duǒ		焚	615	gé	
第	599	朵	231	豮	700	革	460
diān				fēng		gèn	
颠	699	**E**		丰	128	艮	247
diāo		è		风	139	gěng	
刁	16	哑	485	féng		耿	536
雕	704	遏	625	冯	193	gōng	
dié		ér		fū		公	137
咥	485	儿	442	夫	80	龚	579
揲	617	èr		fú		gǒng	
dīng		二	4	弗	196	巩	206
丁	7			伏	232	gǒu	
dǐng		**F**		孚	292	苟	329
鼎	618	fā		拂	335	gòu	
dōng		发	197	服	439	姤	515
东	175	fān		fǔ		gǔ	
dǒng		藩	717	辅	585	古	171
董	616	fán		fù		谷	303
dòng		凡	49	负	230	蛊	594
动	204	樊	685	妇	261	gù	
栋	479	fǎn		复	487	顾	536
dū		反	140	傅	627	guà	
都	536	fàn		富	631	卦	337
dú		范	328	覆	717	挂	476
独	493	fāng				guài	
读	558	方	141	**G**		夬	151
渎	603	fáng		gǎi		guān	
dù		防	255	改	318	关	246
杜	284	fēi		gài		观	255
duān		飞	62	盖	609	官	446

781

词目汉语拼音索引

	guǎn		亨	304	婚	610	江	239
管	677		héng		huǒ		jiǎng	
	guàn		恒	500	火	150	讲	239
贯	454		横	685		huò		jiāo
盥	710		衡	705	或	328	交	237
	guī			hóng	获	536	焦	628
归	183		鸿	604				jiào
洼	500			hóu	**J**		教	585
	guǐ		侯	494		jī		jié
鬼	492			hòu	几	16	节	166
	guì		后	225	击	161	结	514
贵	481		厚	470	积	540		jiě
	guō		候	541	箕	678	解	660
郭	556			hú	稽	692		jiè
	guǒ		胡	476		jí	介	136
果	387			hǔ	吉	198	藉	711
	guò		虎	387	极	283		jīn
过	203			hù	即	321	今	140
			互	113		jǐ	金	438
H				huà	己	50		jìn
	hài		化	133		jì	进	274
亥	238		画	325	纪	262	晋	520
	hán		舡	657	系	294		jīng
驲	263			huái	既	508	京	443
含	293		淮	605	继	577	经	458
韩	616			huán		jiā		jǐng
寒	631		桓	536	家	547	井	69
	hàn			huàn	嘉	668	景	624
汉	193		涣	567		jiān		jìng
翰	699			huáng	艰	457	敬	617
	háng		皇	486	兼	551	静	667
杭	336		黄	578		jiǎn		jiǔ
	hǎo			huī	蹇	712	九	13
好	261		撝	281		jiàn	久	49
郝	478		晖	537	见	121	酒	567
	hé			huǐ	建	457		jiù
合	224		悔	567	俭	494	旧	182
何	302			huì	洊	500	咎	442
和	442		晦	598	健	538		jū
河	451		惠	615	渐	605	拘	336
	hēng			hūn		jiāng	居	454

· 782 ·

词目汉语拼音索引

	jù			坤	………	330	了	liǎo	………	16	茂	mào	………	326
据	………	585			kùn			liào				méi		
惧	………	602	困	………	284	廖	………	683	枚	………	337
屦	………	698		kuò		列	liè	………	204		méng		
	jué		括	………	476		lín		蒙	………	644
厥	………	615		**L**		林	………	336		mèng		
	jūn			lái		临	………	481	孟	………	456
君	………	313	来	………	273		lìn		梦	………	584
	jùn			lán		吝	………	304		mí		
浚	………	567	兰	………	192		liú		弥	………	457
	K			láng		刘	………	244	迷	………	497
	kāi		郎	………	448		liù			mì		
开	………	69		láo		六	………	145	密	………	601
	kǎn		劳	………	275		lóng			miǎn		
坎	………	276		lǎo		龙	………	176	免	………	303
	kàn		老	………	199		lú			miǎo		
看	………	495		lè		卢	………	182	眇	………	481
	kāng		乐	………	189		lǔ			míng		
康	………	601		léi		鲁	………	627	名	………	237
	kàng		雷	………	643		lù		明	………	381
亢	………	149	羸	………	718	陆	………	319	鸣	………	387
	kě			lèi		逯	………	610	冥	………	572
可	………	173	类	………	497		luán			mò		
	kè			lí		栾	………	572	莫	………	524
克	………	270	离	………	541		luò		默	………	704
	kǒng			lǐ		洛	………	499		mù		
孔	………	156	李	………	270		lǚ		木	………	114
恐	………	530	里	………	292	吕	………	214	穆	………	705
	kū			lì		旅	………	562		**N**		
刳	………	342	厉	………	175	履	………	693		nà		
枯	………	479	立	………	192		**M**		纳	………	322
	kǔ		丽	………	269		mǎ			nǎi		
苦	………	325	利	………	296	马	………	65	乃	………	16
	kuān			lián		麻	………	601		nán		
宽	………	551	连	………	270		màn		男	………	291
	kuī			liáng		慢	………	682	南	………	465
阒	………	718	良	………	304		máo			náng		
睽	………	672	梁	………	602	毛	………	141	囊	………	720
	kūn			liǎng						nèi		
			两	………	264							

783

词目汉语拼音索引

内	123		píng		R		shě	
	néng	平	169		rén	舍	438	
能	577		póu	人	13		shè	
	ní	裒	631	仁	134	设	240	
倪	538		**Q**	任	235	射	540	
	nǐ		qī		rì	涉	567	
拟	283	七	8	日	115	赦	584	
	niǎo		qí		róng		shēn	
鸟	189	其	326	容	551	申	178	
	nǚ	齐	717		róu		shén	
女	51		qì	柔	506	神	497	
	O	汔	239		rú		shěn	
	ōu	泣	454	茹	459	沈	311	
欧	341		qiān	濡	715		shèn	
	ǒu	牵	470	繻	716	慎	665	
漚	685	谦	633		rù		shēng	
	P	愆	657	入	15	升	124	
	pān		qián		ruǎn	生	191	
潘	693	前	496	阮	255	声	284	
	pán	钱	538		**S**		shěng	
磐	692	乾	585		sān	省	541	
	páng	潜	693	三	17		shèng	
旁	546		qiáo		sàng	圣	196	
	péi	乔	224	丧	325		shī	
裴	677	桥	536		sēng	失	188	
	péng		qīng	僧	678	师	215	
朋	439	倾	538		shān	施	497	
彭	618	卿	541	山	47		shí	
	pí		qìng	删	303	十	6	
皮	197	庆	239		shàn	时	290	
	pǐ		qiū	善	630	实	445	
毗	485	丘	191		shāng	食	485	
	pǐ		qiú	商	600	鼫	717	
否	265	求	274		shàng		shǐ	
	piān		qǔ	上	45	史	182	
翩	693	取	342	尚	386		shì	
	pín		quán		shào	士	23	
频	656	权	207	少	115	世	173	
	pìn		què	邵	321	视	450	
牝	237	确	618			是	480	
						释	627	

词目汉语拼音索引

筮	657	随	610	蜕	656	毋	160
噬	700	sūn		tún		吴	291
shǒu		孙	262	屯	104	wǔ	
首	496	sǔn		豚	598	五	93
shòu		损	530	臀	716	武	330
寿	284	**T**		**W**		wù	
受	437	tài		wài		勿	138
shū		大	23	外	189	物	442
书	156	太	95	wán		**X**	
shǔ		泰	524	玩	337	xī	
蜀	656	tàn		wàn		夕	48
shù		叹	181	万	44	西	198
数	665	探	584	wáng		息	541
shuāng		tāng		王	86	蜥	677
双	157	汤	239	wǎng		羲	705
shuǐ		táng		罔	342	xí	
水	159	唐	556	往	439	习	50
shuì		tǐ		wēi		xǐ	
税	630	体	301	威	471	洗	499
shùn		tì		wéi		xì	
顺	492	惕	601	唯	598	系	294
shuō		tiān		维	610	郤	494
说	498	天	81	wèi		xià	
shuò		tián		卫	66	下	44
硕	585	田	177	未	161	夏	536
sī		tōng		位	303	xiān	
司	195	通	573	魏	711	先	225
思	480	tóng		wēn		xián	
sì		同	210	温	630	闲	310
四	179	童	632	wén		贤	386
sòng		tū		文	142	咸	471
讼	240	突	496	闻	496	xiǎn	
宋	306	tú		wèn		显	480
sū		图	342	问	247	险	512
苏	275	tuàn		wèng		xiàn	
sù		彖	513	瓮	442	见	121
素	536	tuī		wǒ		苋	275
愫	683	推	585	我	296	xiāng	
suī		tuì		wú		湘	630
虽	480	退	508	无	74	xiǎng	
suí							

785

词目汉语拼音索引

享	445	畜	546	曳	215	用	189
xiàng		续	610	yī		yōu	
向	224	xuān		一	1	幽	485
项	478	宣	496	伊	235	yóu	
象	625	xuán		医	284	由	178
像	678	玄	192	yí		游	631
xiāo		xuē		仪	189	yǒu	
消	567	薛	699	夷	207	有	200
萧	579	xué		宜	446	yú	
xiǎo		学	446	遗	625	余	293
小	51	xún		颐	648	俞	495
xiào		寻	263	yǐ		虞	652
笑	541	驯	263	已	50	愚	656
xiè		荀	459	以	158	舆	668
谢	630	xùn		yì		yǔ	
解	660	训	195	亿	49	与	45
xīn		巽	637	义	49	羽	252
新	665			议	195	庾	601
xíng		**Y**		邑	291	yù	
邢	203	yán		易	342	玉	169
行	236	延	237	益	551	遇	624
形	280	严	269	逸	600	裕	631
xǐng		言	304	意	665	豫	706
省	485	研	478	劓	705	yuán	
xiōng		yǎn		yīn		元	67
凶	136	演	682	阴	253	原	529
xióng		yàn		殷	540	袁	537
熊	684	晏	537	yǐn		援	617
xiū		yáng		引	155	yuǎn	
休	236	扬	206	尹	160	远	270
修	541	阳	252	饮	296	yuē	
xū		杨	281	隐	610	曰	115
盱	387	yǎng		yīng		约	262
虚	598	养	496	应	305	yuè	
需	668	yáo		yìng		月	138
xú		爻	134	应	305	说	498
徐	539	姚	514	yōng		yún	
xǔ		yě		庸	601	云	68
许	244	冶	310	yǒng		yǔn	
xù		yè		永	192	允	159
序	304	叶	181	yòng			

词目汉语拼音索引

Z

zá
杂 231

zài
在 203

zé
泽 450

zēng
曾 631

zhā
查 478

zhái
翟 683

zhān
占 181

zhāng
张 315
章 601
彰 682

zhǎng
长 133

zhàng
丈 23

zhāo
朝 618

zhào
赵 478

zhé
折 281

zhēn
贞 207

zhèn
振 535
震 685

zhēng
正 161
征 440

zhèng
正 161
郑 448

zhī
之 50
知 441

zhí
执 207
直 325

zhǐ
止 114
旨 237

zhì
至 199
志 273
知 441
制 442
治 454
致 530
智 627

zhōng
中 116
忠 387
终 457
钟 494

zhòng
众 224
仲 236

zhōu
周 388

zhòu
昼 514

zhū
朱 228
诸 572

zhǔ
主 192

zhù
注 451

zhuāng
庄 238

zhuàng
壮 246

zhuó
酌 530

zǐ
子 64
紫 623

zì
自 227

zōng
宗 445

zōu
邹 303

zūn
樽 699

zuǒ
左 169

zuò
作 301

后　　记

　　十五年前,我曾以既偶然又非偶然的机遇,有幸在本师黄寿祺教授指导下工作一载有余。尔后,又考入先生门下,受业三年,攻研先秦文学,遂获文学硕士学位。嗣留校执教于福建师范大学,兼任先生的学术助手。从此朝夕从游,备获先生的学术熏陶,以为《周易》冠居中国古代经籍之首,而研治古代文化者必当注重《周易》的象数、义理之学,于是深喜读《易》,于《易》亦稍有所得。

　　我在易学领域诚有志于寻探入门之径,然而,倘无先生的精心培育,实莫能为也。先生字之六,号六庵,学者称六庵先生,1912年9月14日生于福建霞浦,1990年7月27日卒于福州,享年七十有九。先生幼承家学,早年游学北平,毕业于中国大学国学系,师事吴承仕、尚秉和、马振彪、高步瀛、杨树达、余嘉锡、朱师辙等学术界的名流学者。其中吴承仕教授为章太炎高足、礼学大师,尚秉和教授为吴汝纶高足、易学大师,而先生尤承吴、尚二老厚爱,被称为二老的入室高弟。二十世纪三十年代末,先生即以《易》知名于世,并与吴、尚二老为民国《续修四库全书总目》撰写易类、礼类提要。先生的学说,有家传,有师承,尤有自己的创获。其学术成就是多方面的。于《易》,有《易学群书平议》七卷、《六庵论易杂著》一卷、《历代易家考》五卷、《历代易学书目考》一卷、《尚氏易要义》二卷、《汉易条例》五卷;于《礼》,有《六庵读礼录》一卷、《丧服浅说》四卷;于经学总义,有《群经要略》十四卷;其他还有《宋儒学说讲稿》十四卷、《明儒学说讲稿》七卷、《闽东风俗记》十篇、《阿比西尼亚王国记》十二篇、《六庵读书札记》一百余册等。这些著作除《平议》、《杂著》、《易话》、《读礼录》、《群经要略》五种尚存,《汉易条例》首卷残存外,其余惜因抗战、"文革"而散佚。

　　先生治学,广涉群书。对于易学研究,更有两大原则,他说:"一、从源及流。首须熟读经传本文,考明《春秋内外传》诸占筮,其次观汉魏古注,其次观六朝隋唐诸家义疏,最后始参稽宋元以来各家之经说。不从古注入手者,是为迷不知本源。二、强干弱枝。须知《周易》源本象数,发为义理,故当以义理、象数为主干,其余涉及天文、地理、乐律、兵法、韵学、算术,以及方外炉火、禅家妙谛,与夫近世泰西科学者,皆其枝叶。不由根干而寻枝叶者,是为浑不辨主客。"(《论易学之门庭》)兼宗汉宋,网罗古今,辨源流宗派,探家法师承,明主宾本末,这是先生治《易》的特点。

我既承学于先生,又多年作为助手奉侍先生,遂能对先生的学术修养耳濡而目染之。近年在先生的悉心指导下,努力撰写、编纂了几部易学专书。记得1982年秋,我攻读的研究生学业刚结束,即承上海古籍出版社稿约,撰写《周易译注》。当时先生以此事与我相商,并嘱托我全力为之。四载之后,《译注》脱稿,先生不辞高龄,伏案细为审阅一通,高兴地说:"此书的成功,远出我意料之外。出版后必能成为传世之作。"并亲笔为书稿写一学术鉴定,举南宋朱熹以《易学启蒙》一书属稿于学生蔡元定为例,对我倍加褒奖,使我益觉先生的道德文章不愧为一代师表之风。

《周易辞典》的撰写,亦与先生的关怀分不开。此书的编撰念头,虽初萌于我草创《周易译注》之际,然真正动笔,则始于1988年初夏,上海古籍出版社总编室以公函相约之后。令我记忆犹新的是,当辞典条目草案及样稿拟毕,先生即逐条逐篇审校删润,为全书的顺利编撰奠定了重要基石。1990年夏,《周易辞典》大致完稿,其时先生病笃卧榻,仍扶疾为我撰写《周易辞典序》,对此书的写成表示了极大的欣悦之情及殷切的嘉勉之意。此后仅隔四十四日,先生竟尔匆匆捐馆。时至今日,《辞典》全书改定脱稿,却未能再得先生的朱笔审批,每念及此,总不免追怀先生的恂恂大德,使我潸然泪下。

写了以上这些,不仅仅是追念我从游受业十余年的尊敬的先生,也不仅仅是感怀先生生前对《周易辞典》一书撰写过程所赋予的极大关心,我的主旨乃偏重于表明自己的承学本源,换言之,不论我过去、现在、将来在学业上取得多少成绩,无不归本于先生的学术渊源,归功于先生的培育陶冶。《易》曰:"苟非其人,道不虚行。"在弘扬中华民族的优秀传统文化,繁荣古籍整理研究事业的进程中,我们要永远记住为传道授业而奉献毕生心血的前辈学者。

从另一方面言之,这部《周易辞典》虽然脱稿了,但我的内心仍存惴惴不安之感。《周易》六十四卦,以《未济》为终,表明事物的发展规律决定了任何事态的"完美"与"成功"只是相对的,"缺陷"或"未成"却是时时伴随着前者而存在。龚自珍《己亥杂诗》之一云:"《未济》终焉心缥缈,百事翻从阙陷好。"我自然不希望这部《辞典》有太多的缺陷,但其中不自觉的谬误,或因学力所限而导致的疏漏、不足之处,又不可能顺从我的主观愿望而绝然

后 记

避免。这正是我的"不安"之所在,也是我真诚期盼广大读者对此书多加批评指正之所在,庶可使之有得以日臻完善的机会。

　　同时,对关心、支持、协助此书撰写的师友同道,我实怀有深挚的感荷之情。从本书草拟词目、试撰样稿,到全书完成,始终得到上海古籍出版社副编审李剑雄先生、编辑卢守助先生的多方指教,并获该社总编室的信任与扶持,这也是本书顺利完稿的一个重要因素。福建师范大学"易学研究所"的詹石窗、连镇标、王筱婧、郭天沅、林怡等同志在提供资料及整理词目工作中对我帮助至多,黄小文同志协助绘制《易》图二十二幅,颜良重、连晨草、郑亨钰、陈惠琴、刘国平、黄黎星、李向阳、庄志松、郭碧青、林航、吴华英、杨建义、许群辉、肖可旺、陈勇、苏杏童、王兆水、张恒林、罗增桂、沈庆松、何钊、林琛、王标、周绍青、刘宝兴、林红、苏孙棋、许杰武、黄珊、陈良等同志协助编定词目索引、抄写清稿等工作,在此一并致以谢意。

张善文

一九九一年二月十四日　福州